EUROPA UND DER ORIENT
800–1900

# EUROPA

UND DER

# Orient

800-1900

*Govert Flinck,*
*Morgenländischer Fürst*
*(12/1), Trustees of*
*National Museums and*
*Galleries on Merseyside,*
*Liverpool*

Herausgegeben von
Gereon Sievernich
und Hendrik Budde

Berliner Festspiele
Bertelsmann Lexikon Verlag

## *Impressum*

EUROPA UND DER ORIENT: 800–1900
28. Mai–27. August 1989

Eine Ausstellung des
4. Festivals der Weltkulturen Horizonte '89
im Martin-Gropius-Bau, Stresemannstr. 110
1000 Berlin 61 (Kreuzberg)

*Veranstalter*
Berliner Festspiele GmbH
*Intendant*
Dr. Ulrich Eckhardt
*Geschäftsführung*
Hinrich Gieseler
*Leitung Horizonte '89*
Gereon Sievernich

Mit freundlicher Unterstützung
der Kaiser's Kaffee Geschäft AG,
der Deutschen Lufthansa AG,
der Air France und des Grand Hotel Esplanade

AUSSTELLUNG

*Idee und Gesamtleitung*
Gereon Sievernich

*Konzeption und Wissenschaftliche Leitung*
Hendrik Budde
Gereon Sievernich

*Wissenschaftliche Mitarbeit*
Angelika Paape

Katrin Achilles-Syndram
Sabine Böhme
Wolfgang Cilleßen
Michaela Diener
Kai-Henning Gerlach
Sabine Hollburg
Reinhard Lenfant
Regine Marth
Marlene Müller-Haas
Annegret Nippa
Maria Ocon Fernández
Kristine Patz
Franz Reitinger
Rhoda-Christine Riccius
Jeannette Rohrbacher
Astrit Schmidt-Burkhardt
Christoph Schwarz
Liselotte Steinwender
Irena Waszkiewicz

*Für wissenschaftlichen Rat danken wir insbesondere*
Christian Beaufort-Spontin (Wien)
Tilo Brandis (Berlin)
Dominique Beyer (Paris)
Pieter Biesboer (Haarlem)
Andreas Fingernagel (Berlin)
Gunther Joppig (München)
Annie Gilet (Tours)
Almut von Gladiß (Berlin)
Friedrun R. Hau (Bonn)
Hans-Günter Klein (Berlin)
Jens Kröger (Berlin)
Jan Peter Lamm (Stockholm)
Enrichetta Leospo (Turin)
Volker Manuth (Berlin)
Anthony Richard E. North (London)
Werner Schnell (Berlin)
Klaus P. Schwarz (Berlin)
Dirk Syndram (Bielefeld)
Rachel Ward (London)
Dietrich Wildung (Berlin)

*Organisation*
Sabine Hollburg
Christoph Schwarz
Mitarbeit
Francesca Spinazzi

*Sekretariat*
Mieke Coenemans
Sabine Peters
Katharina Wendt

*Konservatorische Betreuung*
Klaus Büchel
Ernst Bartelt
Waltraud Berner
Friederike Beseler
Rüdiger Tertel
Mitarbeit
Stephan Böhmer
Wolfgang Bouvié
Sharon Jodjaja
Carola Zeman

*Photographie*
Margret Nissen

*Ausstellungsgestaltung und Produktion*
Christian Axt

*Produktionsleitung*
Ruben Erber

*Produktionsbüro*
Evelyn Simhart
Sigrid Weiß

*Ausstellungsbau*
Adlung & Kaiser
Klaus Bannmann
Bel-Tec, Ausstattungen
Martin Nägele
Wilhelm Noack
Pro Forma
State of the Art GmbH
Egon Wüstenberg, Glaserei

*Transporte*
Hasenkamp – Internationale Transporte

*Versicherung*
Hanseatische Assekuranz-Vermittlungs-AG, Berlin, u. a.

KATALOG

Europa und der Orient: 800–1900
Herausgegeben von
Gereon Sievernich und Hendrik Budde
im Auftrage der Berliner Festspiele

*Redaktion*
Hendrik Budde
Angelika Paape
Gereon Sievernich
Mitarbeit
Eberhard Delius

*Bildredaktion*
Christoph Schwarz

*Kataloggestaltung und Herstellung*
Lidwien Steenbrink
Mitarbeit
Eberhard Delius

Die Objekte der Ausstellung wurden beschrieben von:
AF: Andreas Fingernagel
AG: Annie Gilet
AN: Anthony Richard Eustache North
AP: Angelika Paape
AR: Andrea Rosemann
AVG: Almut von Gladiß
BBS: Beata Biedronska-Slotowa
CAF: Celina Anna Fox
CBS: Christian Beaufort-Spontin
CZ: Christine Zandbergen
DB: Dominique Beyer
DS: Dirk Syndram
DW: Dietrich Wildung
EF: Erik Fischer
FRH: Friedrun R. Hau
GJ: Gunther Joppig
GK: Gudrun Körner
GP: Gabriele Marcetus Poggendorf
GRB: Graziella Berti
HB: Hendrik Budde
HGK: Hans-Günter Klein
ID: Isolde Döbele
JF: Jürgen Fitschen
JK: Jens Kröger
JPL: Jan Peder Lamm
JR: Jeannette Rohrbacher
JW: Jörg Wunder
KAS: Katrin Achilles-Syndram
KP: Kristine Patz
KSC: Katharina Schmidt
KS: Klaus P. Schwarz
KUS: Karl Ulrich Syndram
LK: Lennart Karlsson
MD: Michaela Diener
MEP: Maria Elisabeth Pape
MMH: Marlene Müller-Haas
MOF: Maria Ocón Fernández
MSH: Michael Scholz-Hänsel
OG: Ortwin Gamber
PB: Pieter Biesboer
R/SB: Franz Reitinger / Astrit Schmidt-Burkhardt
RL: Reinhard Lenfant
RM: Regine Marth
RR: Rhoda-Christine Riccius
RW: Rachel Ward
SB: Sabine Böhme
SBA: Sabine Bark
SD: Sonja Dustmann
SDR: Saskia Durian-Ress
SG: Sybille Girmond
SK: Stanislaw Kozak
UT: Ursula Timann
VM: Volker Manuth
WS: Werner Schnell

*Übersetzungen*
der Essays von Enrichetta Leospo: Heike Behlmer, von Celina Fox: Reinhard Kaiser, von Dominique Beyer und Annie Gilet: Brigitta Restorff, von Rachel Ward: Angelika Schweikhart, von Pieter Biesboer: Rosemarie Still, von Lynne Thornton: Volker Sobottke.
Die Katalogeinträge übersetzten aus dem Englischen: Frank Miething und Angelika Schweikhart, aus dem Französischen: Brigitta Restorff, aus dem Holländischen: Rosemarie Still und Marlene Müller-Haas, aus dem Italienischen: Gabriele Marcetus Poggendorf.

*Umschrift arabischer Namen und Begriffe:*
siehe Anhang

*Bildnachweise*
siehe Anhang

*Abbildung Titelseite*
Govert Flinck, Morgenländischer Fürst (12/1), Trustees of National Museums and Galleries on Merseyside, Liverpool.
*Abbildung Rückseite*
Emailplattte mit Greifenflug Alexanders des Großen (1/254), Victoria & Albert Museum, London

Bertelsmann Lexikon Verlag GmbH,
Gütersloh/München 1989

*Satzbearbeitung:* Mohndruck Graphische Betriebe GmbH, Gütersloh
*Lithographie:* O.R.T. OffsetReprotechnik Kirchner & Graser, Berlin
*Druck:* Heenemann GmbH & Co., Berlin
*Bindung:* Lüderitz & Bauer, Berlin
ISBN 3-570-04814-4 (Ausstellungsausgabe)
ISBN 3-570-05076-9
Printed in Germany

## *Inhalt*

Katalog



Anhang

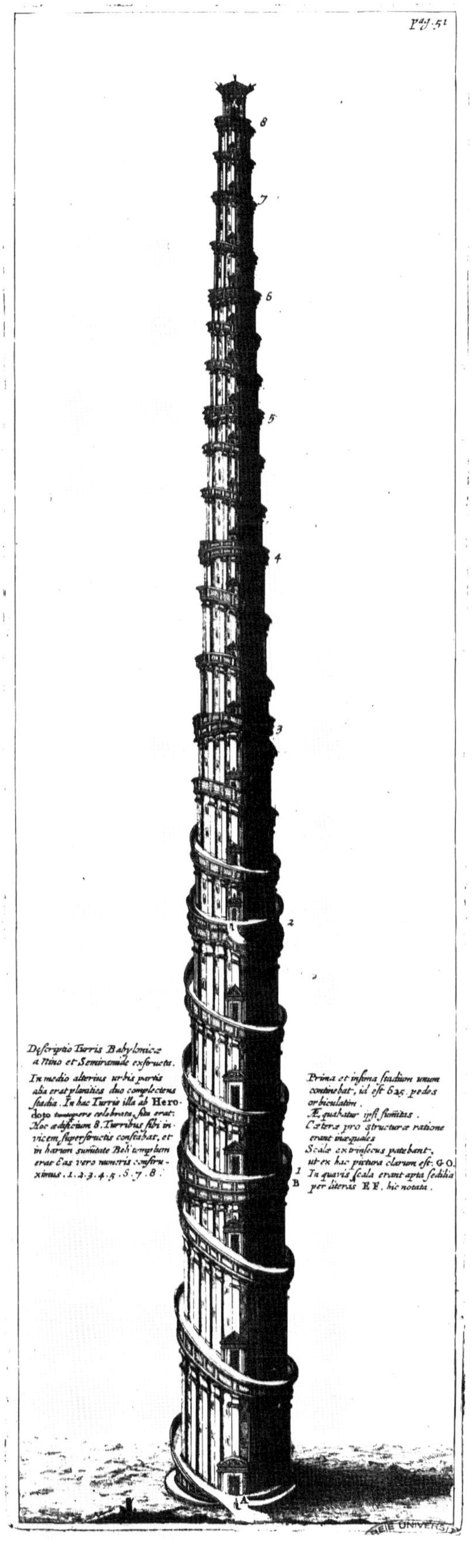


*Der Turm zu Babel, in:*
*Athanasius Kircher,*
*Turris Babel, Amsterdam 1679,*
*Tafel 51*

## Grusswort

Mit »Horizonte '89« haben sich die Berliner Festspiele erneut auf ein faszinierendes Projekt eingelassen. Wieder einmal wird ein großer Bogen gespannt, zeitlich wie räumlich, um kulturhistorische Zusammenhänge aufzuzeigen und begreifbar zu machen.

So wie nur ein Diamant den anderen schleift und der Genius sich nur am anderen bildet, so haben Europa und der Orient über Jahrhunderte hinweg aufeinander eingewirkt und sich aneinander gebildet. Die so oft bestaunte ferne Welt des Orients war und ist in Wirklichkeit der unseren gar nicht so fremd. Man braucht zum Beispiel nur an unser Zahlensystem oder an die Grundlagen unserer modernen Medizin zu denken, um zu erkennen, wie die Kulturen dieser beiden Welten aufeinander aufgebaut und sich schon zu frühen Zeiten in vielem verschmolzen haben.

Dennoch bestand vielfach Interesse, das Fremde dieser angeblich so anderen Welt herauszustellen, sei es, um sich daran staunend, sei es, sich daran schaudernd zu ergötzen. Die Motive hierzu waren vielfältig, waren zum Teil religiöser oder auch, wie im 19. Jahrhundert, wohl vornehmlich politischer oder ästhetischer Natur.

Diese Ausstellung wird Gelegenheit bieten, zu überprüfen, inwiefern auch unsere Sicht der Kultur des mediterranen Orients noch durch überbrachte Klischeevorstellungen oder verklärte Bilder geprägt ist. Zugleich wird sie uns Schätze und anderes Staunenswertes vor Augen führen. Der Gropius-Bau verspricht, nach allen Regeln der Kunst, für drei Monate, eine west-östliche Schatzkammer zu werden. Ich wünsche der Ausstellung den gebührenden Erfolg, daß sie zahlreiche Bewunderer von nah und fern finden wird und dabei auch ein wenig zu der Erkenntnis beiträgt, wie sehr Europa den Kulturen des Orients verpflichtet ist.

Den Veranstaltern dieser Ausstellung und ihren Helfern, aber auch den vielen Leihgebern und großzügigen Förderern gilt unser aller Dank und Anerkennung.

Walter Momper
Regierender Bürgermeister von Berlin

## Vorwort

Zum dritten Mal zeigt eine Ausstellung der Berliner Festspiele, wie Europa die Begegnung mit der außereuropäischen Welt künstlerisch und intellektuell aufnahm. Nach »Mythen der Neuen Welt« (1982) und »Europa und die Kaiser von China« (1985) zeigt die Ausstellung »Europa und der Orient: 800–1900«, wie über 1100 Jahre hin Europas Vorstellung vom Orient zwischen Bewunderung und Ablehnung oszillierte. Ein Beitrag zur Debatte über die Geschichte Europas will die Ausstellung sein, im Wissen darum, daß nur in der Erkenntnis der ›fremden Welten‹ die eigene verstehbar wird.

Staunen läßt es sich in der Ausstellung über Schätze aus dem Orient, wie sie viele europäische Museen und Sammlungen als Leihgaben zur Verfügung gestellt haben. Kostbare illuminierte Handschriften geben Einblick in wissenschaftlichen Austausch zwischen Orient und Okzident, Gemälde und graphische Blätter machen die Rezeption des Orients in der Bildenden Kunst Europas sinnlich erfahrbar, um nur einige Aspekte der Ausstellung hervorzuheben.

Mehr als 200 europäische Leihgeber haben über 900 kostbare Leihgaben für Berlin, für den Martin-Gropius-Bau zur Verfügung gestellt. Erneut wird so dieses vielleicht schönste Ausstellungsgebäude Berlins zu einem Forum für Kunst und Geschichte.

Besonders hervorheben wollen wir: Bibliothèque Nationale Paris, British Museum, Musée du Louvre, Museo dell'Opera del Duomo Pisa, Tesoro di Basilica di San Marco Venedig, Universitätsbibliothek Leiden, Eremitage Leningrad, Kunsthistorisches Museum Wien, die Museen und Bibliotheken der Stiftung Preußischer Kulturbesitz Berlin.

Die Zahl der Leihgeber, Ministerien, Botschaften, Behörden und derjenigen, die diese Ausstellung unterstützt haben ist so groß, daß wir nur auf die umfangreichen Listen hinweisen können, in denen alle Institutionen und Personen aufgeführt sind, deren Hilfe diese große Ausstellung ermöglicht hat und denen wir sehr dankbar sind.

Ulrich Eckhardt
Gereon Sievernich

## *Leihgeber*

### Bundesrepublik Deutschland

**Aachen**

Stadt Aachen

Domkapitel Aachen, Domschatzkammer

**Bad Gandersheim**

Stiftskirchengemeinde

**Berlin**

Botanischer Garten und Botanisches Museum Berlin-Dahlem

Deutsches Archäologisches Institut

Evangelische Kirche der Union, Bereich Bundesrepublik Deutschland und Berlin West (EKU)

Hochschule der Künste, Bibliothek

Ibero-Amerikanisches Institut Preußischer Kulturbesitz

Peter Nottebaum

Jürgen Settgast

Staatliche Museen Preußischer Kulturbesitz (SMPK)

- Ägyptisches Museum
- Gemäldegalerie
- Kunstbibliothek
- Kunstgewerbemuseum
- Kupferstichkabinett
- Museum für Islamische Kunst
- Skulpturengalerie

Staatsbibliothek Preußischer Kulturbesitz

- Benutzungsabteilung
- Handschriftenabteilung
- Musikabteilung
- Orientabteilung

Technische Universität Berlin, Plansammlung der Universitätsbibliothek

Universitätsbibliothek der Freien Universität Berlin

Verwaltung der Staatlichen Schlösser und Gärten, Schloß Charlottenburg

**Bielefeld**

Dirk Syndram

**Bonn**

Rheinisches Landesmuseum Bonn

**Braunschweig**

Städtisches Museum Braunschweig

**Darmstadt**

Hessisches Landesmuseum Darmstadt

**Düsseldorf**

Hetjens-Museum / Deutsches Keramikmuseum

Kunstmuseum Düsseldorf

**Emmerich-Hochelten**

Katholische Kirchengemeinde St. Vitus

**Hamburg**

Museum für Kunst und Gewerbe

**Karlsruhe**

Badisches Landesmuseum Karlsruhe

Staatliche Schlösser und Gärten – Oberfinanzdirektion Karlsruhe

**Kassel**

Staatliche Kunstsammlungen Kassel, Hessisches Landesmuseum

**Kirchheim**

Fürstlich-Fugger Glött'sche Kunstsammlung

**Köln**

Erzbischöfliches Diözesan-Museum

Schnütgen-Museum

**Lübeck**

Museum für Kunst und Kulturgeschichte der Hansestadt Lübeck

**München**

Bayerisches Nationalmuseum München

Bayerische Staatsbibliothek München

Bayerische Staatsgemäldesammlungen, Alte Pinakothek

Bayerische Verwaltung der staatlichen Schlösser, Gärten und Seen

Fa. Konrad O. Bernheimer

Gunther Joppig

Münchner Stadtmuseum

Musikinstrumentenmuseum im Münchner Stadtmuseum

Staatliche Graphische Sammlung München

Staatliche Sammlung Ägyptischer Kunst

Städtische Galerie im Lenbachhaus

**Münster**

Domkammer der Kathedralkirche St. Paulus zu Münster

**Nürnberg**

Germanisches Nationalmuseum

Staatsarchiv Nürnberg

**Regensburg**

Kollegiatsstift U.L. Frau zur Alten Kapelle

Museen der Stadt Regensburg

**Salem**

Markgräflich Badische Hauptverwaltung

**Schleswig**

Schleswig-Holsteinisches Landesmuseum

**Siegburg**

St. Servatius

**Stuttgart**

Württembergisches Landesmuseum Stuttgart

**Wienhausen**

Kloster Wienhausen

### Belgien

**Brüssel**

Koninklijke Bibliotheek Albert I., Afdeling Handschriften

Koninklijke Musea voor Kunst en Geschiedenis

Koninklijke Musea voor Schone Kunsten van Belgie

### Dänemark

**Kopenhagen**

Det Kongelige Bibliotek

The National Museum of Denmark, Department of Medieval and Later Antiquities

Statens Museum for Kunst

- Den kgl. kgl. Maleri- og Skulptursamling
- Den kgl. Kobberstiksamling

### Frankreich

**Aix-en-Provence**

Musée Granet

**Angers**

Musée des Beaux-Arts

**Beauvais**

Musée départemental de l'Oise

**Besançon**

Musée des Beaux-Arts et d'Archéologie de Besançon

**Chartres**

Musée des Beaux-Arts de Chartres

**La Rochelle**

Musée des Beaux-Arts

**Lille**

Musée des Beaux-Arts

**Lyon**

Musée Historique des Tissus

**Marseille**

Académie des Sciences, Lettres et Arts de Marseille

Musée des Beaux-Arts

Musée Cantini Contemporain

**Metz**

Le Chapitre de la Cathédrale St. Etienne

**Montauban**

Musée Ingres

**Olréans**

Musée des Beaux-Arts

**Paris**

Archives nationales

Bibliothèque de l'Institut de France

Bibliothèque Nationale

- Bibliothèque de l'Arsenal
- Bibliothèque et Musée de l'Opéra
- Cabinet des Estampes
- Cabinet des Monnaies, Médailles et Antiques
- Département des Cartes et Plans
- Département des Manuscrits
- Département des Manuscrits Orientaux

Fondation Custodia (coll. F. Lugt) Institut Néerlandais

Eric Grünberg

Mobilier national

Musée Carnavalet

Musée du Louvre

- Cabinet des Dessins
- Département des Antiquités Orientales
- Section Islamique
- Département des Antiquités Egyptiennes
- Département des Objets d'Art
- Département des Peintures

Musée d'Orsay

Musée du Petit Palais

Privatsammlung Samir Traboulsi

**Poitiers**

Musée de la Ville de Poitiers et de la Société des anitiquaires de l'Ouest

**Sèvres**

Musée national de Céramique

Strasbourg
Musées de la Ville de Strasbourg, Musée des Beaux-Arts
Toulouse
Musée des Augustins
Musée Paul-Dupuy
Tours
Musée des Beaux-Arts
Valenciennes
Musée des Beaux-Arts
Versailles
Musée National du Château de Versailles

Grossbritannien

Barlaston
The Trustees of the Wedgwood Museum
Birmingham
Birmingham City Museum and Art Gallery
The Barber Institute, University of Birmingham
Bristol
City of Bristol, Museum and Art Gallery
Cambridge
The Syndics of the Fitzwilliam Museum
The Master and Fellows, Trinity College
The Syndics of Cambridge University Library
Edinburgh
Edinburgh University Library
Scottish National Portrait Gallery
Faringdon
The Trustees of the Faringdon Collection
Glasgow
Glasgow University Library
Habrough
The Earl of Yarborough
Liverpool
The Trustees of National Museums & Galleries on Merseyside (Walker Art Gallery)
London
Guildhall Art Gallery, City of London
National Portrait Gallery
Royal Academy of Arts
Royal Geographical Society
The Board of Trustees of the Victoria & Albert Museum
- Department of Ceramics
- Department of Designs, Prints and Drawings
- Department of Metalwork
- Department of Sculpture
- Department of Textile, Furnishings and Dress
- Wellington Museum

The British Library
- The Manuscript Collections
- Oriental Collections
- India Office Library and Records

The Museum of London
The Royal Collection
The Trustees of The British Museum
- Department of Egyptian Antiquities
- Department of Oriental Aniquities
- Department of Medieval and Later Antiquities
- Department of Coins and Medals
- Department of Western Asiatic Antiquities

London, The Trustees of The National Gallery
Manchester, Manchester City Art Galleries
Manchester, The John Rylands University Library of Manchester
Windsor Castle, The Royal Library

Irland

Dublin
The Chester Beatty Library and Gallery of Oriental Art
The National Gallery of Ireland

Italien

Florenz
Biblioteca Medicea Laurenziana
Gabinetto Disegni e Stampe degli Uffizi
Genua
Cassa di Risparmio di Genova e Imperia
Mailand
Civica Galleria di Arte Moderna di Milano
Pinacoteca del Castello Sforzesco di Milano
Pisa
Museo dell'Opera del Duomo di Pisa
Museo Nazionale di S. Matteo
Turin
Soprintendenza al Museo delle Antichità Egizie di Torino
Venedig
Museo Correr
Tesoro della Basilica di San Marco in Venezia
Verona
Civico Museo Castelvecchio

Liechtenstein

Vaduz
Sammlungen des Fürsten von Liechtenstein, Schloß Vaduz

Niederlande

Amsterdam
Rijksmuseum
- Afdeling Beeldhouwkunst en Kunstnijverheid
- Afdeling Schilderijen

Rijksprentenkabinet, Rijksmuseum
Dordrecht
Dordrechts Museum
Den Haag
Mauritshuis
Haarlem
Stadsbibliotheek Haarlem
Frans Halsmuseum
Leiden
Universiteitsbibliotheek
Maastricht
Stichting Schatkamer St. Servaas
Rotterdam
Museum Boymans – van Beuningen

Österreich

Innsbruck
Tiroler Landesmuseum Ferdinandeum
Innsbruck-Ambras
Sammlungen Schloß Ambras / Kunsthistorisches Museum Wien
Klosterneuburg
Stiftsmuseum Klosterneuburg
Petronell
Otto Graf Abensperg-Traun
Wien
Graphische Sammlung Albertina
Kunsthistorisches Museum
- Ägyptisch-orientalische Sammlung
- Gemäldegalerie
- Waffensammlung
- Sammlung für Plastik und Kunstgewerbe

Museen der Stadt Wien, Historisches Museum
Österreichisches Museum für angewandte Kunst
Haus-, Hof- und Staatsarchiv Wien

Polen

Kraków
Muzeum Narodowe w Krakowie
Staatliche Kunstsammlungen auf dem Wawel

Schweden

Gävle
Länsmuseet i Gävleborgs län
Stockholm
Ehem. Sammlung Carl Robert Lamm
Statens historiska museum
Königl. Bibliothek, Karten- und Graphiksammlung

Schweiz

Bern
Burgerbibliothek Bern (Bongarsiana)
Genf
Musée d'art et d'histoire de la Ville de Genève
Bibliothèque publique et universitaire
Lausanne
Musée cantonal des Beaux-Arts
Lugano
Fondazione Thyssen-Bornemisza

Türkei

Istanbul
Rahmi M. Koç

Udssr

Leningrad
Staatliche Ermitage

und weitere Leihgeber, die ungenannt bleiben wollen

## *Danksagung*

Europaweit haben wir für unsere Ausstellung nachhaltige und tatkräftige Unterstützung gefunden. So viele haben geholfen, daß wir im folgenden nur die Namen aufführen können, um uns zu bedanken. Wir bitten dafür um Verständnis und zugleich Nachsicht.

Otto Graf Abensperg-Traun, Petronell
Hans Chr. Ackermann, Basel
David George Coke Patrick 13th Earl of Airlie, London
Susanne Albrecht, Hamburg
Daniel Alcouffe, Paris
Rudolf F. Alexejew, Berlin
Gert Ammann, Innsbruck
Robert Anderson, Edinburgh
Rolf Andree, Düsseldorf
Frhr. von Andrian-Werburg, Nürnberg
Martin Angerer, Regensburg
Claude Anthenaise, Paris
Pierre Arizzoli-Clementel, Lyon
Erwin Arnold, München
John Ashman, Glasgow
Alfred Auer, Innsbruck-Ambras
Graham Austin, London
Göran Bäärnhielm, Stockholm
R. J. Baarsen, Amsterdam
Zdzislaw Balewski, Gdansk
F. H. P. Barker, Warwick Castle
Melvyn Barnes, London
Dominique Baudis, Toulouse
Margrit Bauer, Frankfurt
Rotraud Bauer, Wien
Tina Bauermeister, Berlin
Walter Baumann, Bad-Gandersheim
Renate Baumgärtel-Fleischmann, Bamberg
Reinhold Baumstark, Vaduz
Christian Beaufort, Wien
Laure Beaumont, Paris
Yves Beauvaloc, Metz
Wolfgang Beeh, Darmstadt
Kurt Behrens, München
Sir Geoffrey de Bellaigue, London
Mogens Bencard, Kopenhagen
Giovanni Bergamini, Turin
Konrad O. Bernheimer, München
Marthe Bernus-Taylor, Paris
Giovanna Gaeta Bertelà, Florenz
Holm Bevers, München
Peter Bexte, Berlin
Dominique Beyer, Paris
Beata Biedronska-Slotowa, Kraków
M. L. Bierbrier, London
Pieter Biesboer, Haarlem
Erika Billeter, Lausanne
Marcus Bishop, London
Monique Blanc, Paris
Peter Bloch, Berlin
H. Bochnak, Kraków
Henning Bock, Berlin
Juliette De Boeck, Brüssel
J. den Boer, Den Haag
Raymond Boissau, Paris
Beatrice de Boisseson, Paris
Vincenza Bono Parion, Rom
Evelina Borea, Rom
Principe Camillo Borghese, Rom
Helmut Börsch-Supan, Berlin
Giorgio Bosco, Berlin
Roland Bossard, Versailles
Gerhard Bott, Nürnberg
Yves Bottineau, Versailles
Allan Braham, London National Gallery
Tilo Brandis, Berlin
Judith Breadfield, London
Arnauld Brejon de Lavergnée, Lille
Dietrich Briesemeister, Berlin
Peter Brosch, Genua
Alexander Brugsch, Berlin
Karl-Ernst Brugsch, G.-Partenkirchen
Yvonne Brunhammer, Paris
Adelin de Buck, Köln
Maraike Bückling, Frankfurt
David Buckton, London
Rainer Budde, Köln
Anne Buddle, London
Rainer Bürgel, Berlin
Werner Burkart, Paris
Thérèse Burollet, Paris
Maria Giulia Burresi, Pisa
Françoise Cachin, Paris
Florence Callu, Paris
Cesare Campart, Genua
Marian Campbell, London
Franco Carraro, Rom
Etienne Carrot, Lyon
Lucia Cassol, Lugano-Castagnola
Annie Caubet, Paris
Il Patriarca di Venezia Cardinale Marco Cè
Jean-Louis de Cénival, Paris
Jan Chapman, Dublin
Olivier Chevrillon, Paris
F.-J. Christiani, Braunschweig
Monique Cohen, Paris
John Coleman, Dublin
Claire Constanz, Versailles
Pascale Cornuel, Bonn
Jean Coural, Paris
Marcel Courdurié, Marseille
Henry-Claude Cousseau, Nantes
Denis Coutagne, Aix-en-Provence
Joseph Cowell, London
The Earl of Crawford, Colinsburgh
W. H. Crouwel, Rotterdam
Lucy M. Cullen, London
Silvio Curto, Turin
Karl Dachs, München
Avv G. B. Gianni Dagnino, Genua
Barbara Dalheimer, Berlin
Melissa Dalziel, Cambrigde
William Davies, London
Ian A. C. Dejardin, London
Aurora Del Bene, Rom
Guy Delmarcel, Brüssel
Michael Diamond, Birmingham
Angela Bussi Dillon, Florenz
Gianvittorio Dillon, Florenz
Rainer Dobbelstein, Warszawa
Isolde Döbele, Brackenheim
Georges Dogaer, Brüssel
Anna Maria Donadoni Roveri, Turin
Brigitte Dreyspring, Krefeld
Wolf-Dieter Dube, Berlin
Alexander Dückers, Berlin
H. J. Duijzer, Haarlem
Françoise Dumas, Paris
Saskia Durian-Ress, München
Günter Düriegl, Wien
Y. Djukow, Leningrad
E. Ebbinge, Haarlem
Peter Eberhard, Baden-Baden
Richard Edgcumbe, London
Christine Ekelhart, Wien
Volkmar Enderlein, Berlin/DDR
Gérard Ermisse, Paris
Philipp K. Escreet, Glasgow
Oliver Everett, Windsor Castle
Bernd Evers, Berlin
K. M. T. Ex, Utrecht
Tilman Falk, Augsburg
Lady Sarah and Lord Faringdon, Faringdon
Jean-Louis Faure, Straßburg
Jean Favier, Paris
Deirdre le Faye, London
Ingo Fessmann, Berlin
Hermann Fillitz, Wien
Giuseppe Fioretti, Venedig
Maria Teresa Fiorio, Mailand
Erik Fischer, Kopenhagen
Jean Forneris, Nizza
Doris Fouquet-Plümacher, Berlin
Celina A. Fox, London
Lanfranco Franzoni, Verona
Janos Frecot, Berlin
Angela Fürstin Fugger von Glött, Kirchheim
Barbara Gaehtgens, Berlin
Rolf Gafner, Stein am Rhein
Manfred Gaida, Bordeaux
Denis Gaillard, Paris
Josette Galiegue, Beauvais
Annabel Teh Gallop, London
Sabine Ganidel, Bordeaux
Mercedes Precerutti Garberi, Mailand
Jean-Claude Garreta, Paris
Bruno Gaudichon, Poitiers
Albertine Gaur, London
Hannelore Geisler, Berlin
Alauzen di Genova, Marseille
J. J. M. van Gent, Leiden
Josef Gerighausen, Genua
Susan Giles, Bristol
Annie Gilet, Tours
G. Giltaij, Rotterdam

Almut von Gladiß, Berlin
Hermann Glaser, Nürnberg
Phillippa Glanville, London
Virginia Glenn, Edinburgh
Catherine Goeres, Paris
Giesela Goldberg, München
L. S. Gösslingen, Lüneburg
Norbert Götz, München
Juan Goytissolo, Madrid
G. Gräf, München
V. I. Green, London
Anneliese Greulich, Köln
Werner Greuter, Berlin
Roger de Grey, London
Ernst Günther Grimme, Aachen
Blanche Grinbaum, Meaux
Horst Gronemeyer, Hamburg
J. M. de Groot, Dordrecht
Guido Grosse Boymann, Münster
Heinz und Sophia Grotzfeld, Münster
Eric Grünberg, Paris
Noëlle Guibert, Paris
Gilbert Guillard, Bonn
Jeanne C. Guillevic, Toulouse
Rainer Güntzer, Berlin
Ulf Hagberg, Stockholm
Antoinette Hallé, Sèvres
Peter Hardie, Bristol
Carlos van Hasselt, Paris
Volker Hassemer, Berlin
Friedrun Hau, Bonn
Waltraut Hauk, Wien
Tjark Hausmann, Berlin
Frances A. Hazlehurst, Cambridge
Henry J. Heaney, Glasgow
Detlev Heikamp, Berlin
Felix Heinzer, Stuttgart
Hannelore Herrmann, Bamberg
Martin Hesekiel, Lübeck
Sabine Heym, München
Volker Himmelein, Karlsruhe
Timothy D. Hobbs, Cambridge
Niall Hobhouse, London
H. R. Hoetink, Den Haag
Johann Georg Prinz von Hohenzollern, München
Gerhard Hojer, München
Simone Hoog, Versailles
Wilhelm Hornbostel, Hamburg
The Countess and The Earl of Horrowby, Beaconsfield Bucks
John Howard, Edinburgh
Nick Howarth, London
Viviane Huchard, Angers
Claire Hunter-Craig, London
Maximilian Hurnaus, Dublin
Eva Irblich, Wien
Monique Jacob, Saumur
Sabine Jacob, Braunschweig
Jörg Jacoby, Berlin
Michael Jaffé, Cambridge
T. G. H. James, London
Axel Janeck, Nürnberg
Géza Jászai, Münster
Jeremy Johnson, London
Gunther Joppig, München
Fabienne Joubert, Paris
Jürgen Julier, Berlin
Rolf Junghanns, Bad Krozingen/Berlin
Martine Kahane, Paris
Rainer Kahsnitz, Nürnberg
Franz Kaindl, Wien
Reinhard Kaiser, Frankfurt
Georg Kaltwasser, München
Lennart Karlsson, Stockholm
Renata Kassal-Mikula, Wien
Erwin Kaufhold, Brüssel
Raymond Keaveney, Dublin
J. P. C. Kent. London
Gerhard Kirchhoff, Toulouse
Hans-Günter Klein, Berlin
Heidrun Klein, Berlin
Rüdiger Klessmann, Braunschweig
Reinhard Klockow, Berlin
Vivien Knight, London
Werner Knopp, Berlin
Rahmi M. Koç, Istanbul
Olaf Koester, Kopenhagen
Erland Kolding Nielsen, Kopenhagen
Fritz Koreny, Wien
Andreas Körting, Bonn
Hermann Köstlbacher, Regensburg
Dietrich Kötzsche, Berlin
Stanislav Kozak, Kraków
M. Kramer, Gütersloh
Sigrid Krause, Berlin
Jens Kröger, Berlin
Peter O. Krückmann, München
Werner Künzel, Berlin
J. Kuhnmünch, Valenciennes
Dieter Kuhrmann, München
H. Kusion, Kraków
Helmut Kyrieleis, Berlin
Geneviève Lacambre, Paris
H. W. Lack, Berlin
Muriel Lafon, Bonn
Patrick Laharie, Paris
Jan Peder Lamm, Stockholm
Abbé Michel Lamy, Saint-Mathieu
Richard Landwehrmeyer, Berlin
Claude Lapaire, Genf
Marie-Hélène Lavallée, Lille
Antonio Lazzarini, Pisa
Emmanuel le Roy Ladurie, Paris
Annette Lefort, London
Thierry Lefrançois, La Rochelle
Anton Legner, Köln
Manfred Leithe-Jasper, Wien
Albert Lemeunier, Lüttich
Serge Lemoine, Grenoble
Anna Lenzuni, Florenz
Enrichetta Leospo, Turin
Helmut R. Leppien, Hamburg
Johanna Lessmann, Hamburg
Santina M. Levey, London
S. H. Levie, Amsterdam
Philippe Le Leyzour, Bordeaux
Niels-Knud Liebgott, Kopenhagen
Fürst von Liechtenstein, Vaduz
R. Lightbown, London
Lady Amabel Lindsay, London
Msgr. Angelo Livi, Florenz
Christopher Lloyd, London
Kurt Löcher, Nürnberg
Richard Lockett, Birmingham
Wilfrid Lockwood, Dublin
Steffi Lodzik, Berlin
Jerry P. Losty, London
Msgr. Théo Louis, Metz
Catrina Lucas, Manchester
Torben Lundbæk, Kopenhagen
François Mace de Lepinay, Paris
Neil MacGregor, London
Regina Mahlke, Berlin
J. Maillard, Angers
John V.G. Mallet, London
Jean-François Mancel, Beauvais
Jonathan M. Marsden, Gwynedd
Jonathan Mason, Edinburgh
Liliane Masschelin, Brüssel
Glenise A. Matheson, Manchester
Caroline Mathieu, Paris
Otto Mazal, Wien
David J. McKitterick, Cambridge
David McNeff, Manchester
Michael Meinecke, Berlin
Christina Meklenborg, Berlin
Msgr. Antonio Meneguolo, Venedig
Jörn Merkert, Berlin
Costantino Messina, Rom
H. de Meulenaere, Brüssel
Hans Mielke, Berlin
H. A. D. Miles, Birmingham
Denis Milhau, Toulouse
Keith Miller, London
Georg Minkenberg, Aachen
Helmut Minkowski, Berlin
André Miquel, Paris
T. C. Mitchell, London
Elmar Mittler, Heidelberg
Bruno Mocci, Bonn
Elisabeth Mognetti, Marseille
Philippe Monnier, Genf
Kasper Monrad, Kopenhagen
Bernard de Montgolfier, Paris
Cécile Morisson, Paris
Edward Morris, Liverpool
Theresa-Mary Morton, Windsor Castle
Rosetta Mosco-Agresti, Rom
Christian Mothes, Berlin
Annedore Müller-Hofstede, Berlin
Barbara Mundt, Berlin
John Murdoch, London
Anna Murlarczyk, Kraków
Joachim Naumann, Düsseldorf
Bruno Neundorfer, Nürnberg
Waltraud Neuwirth, Wien
Karl Neuzil, Klosterneuburg
Jacques Nicourt, Tours
J. W. Niemeijer, Amsterdam
Genoveva Nitz, Regensburg
Peter Noever, Wien
Gabriel Normand, Metz
Anthony R. E. North
W. F. Northam, Cambridge

F. Van Noten, Brüssel
Peter Nottebaum, Berlin
Kazimierz Nowacki, Kraków
P. F. J. Obbema, Leiden
Konrad Oberhuber, Wien
Alojzy Oborny, Kraków
David Ojalvo, Orléans
Christian Ollivier, Beauvais
Olaf Olsen, Kopenhagen
A. E. B. Owen, Cambridge
Beatrice Paolozzi Strozzi Majorca, Florenz
Antonio Paolucci, Florenz,
Natalja Parchomenko, Moskau
Pamela Parker, Glasgow
Sue Parkes, Birmingham
Mireille Pastoureau, Paris
Henri Pauwels, Brüssel
Michael A. Pegg, Manchester
Monique Pelletier, Paris
Anneliese Peschlow, Berlin
Irmgard Peter-Müller, Basel
August Peters, Aachen
Hans Albert Peters, Düsseldorf
Annamaria Petrioli Tofani, Florenz
Wolfgang Pfeiffer, Regensburg
Christoph Graf von Pfeil, Karlsruhe
Lotte Philipson, Kopenhagen
Ulrich Pietsch, Lübeck
Boris Piotrovski, Leningrad
Magdalena Piwocka, Kraków
Brian Platt, London
J. E. Poole, Cambridge
Pamela J. Porter, London
Homan Potterton, Dublin
Andrée Pouderoux, Paris
Elisabeth Pourcines, Vaduz
Maurice Prin, Toulouse
Wolfgang Prohaska, Wien
A. F. Radcliffe, London
Dieter Radicke, Berlin
Msgr. Raffin, Evêque de Metz
Frederick W. Ratcliffe
Gian Alberto Ravalli Modoni, Venedig
Jessica Rawson, London
Roland Recht, Straßburg
Jutta Redifi, Paris
Karl Rehberger, St. Florian
Hermann Reidel, Regensburg
Peter Reindl, Oldenburg
Franz Reitinger, Berlin
Lieselotte Renner, München
Sophie Renouard de Bussierre, Paris
Michel Rerolle, Poitiers
Alain Richard, Bonn
Gerhard Rill, Wien
Gert Rispling, Stockholm
E. F. D. Roberts, Edinburgh
Gaye Blake Roberts, Barlaston Stoke-on-Trent
Jean-Pierre Perette della Rocca, Aix-en-Provence
Jean-Pierre Peretti della Rocca
Michael Rogers, London
Floridus Röhrig, Klosterneuburg
Giandomenico Romanelli, Venedig
Pierre Rosenberg, Paris
Michael Roth, Stuttgart
Natalie Rothstein, London
Giovanna Rotondi Terminiello, Genua
Christoph B. Rüger, Bonn
Friedrich Ruth, Rom
Axel von Saldern, Hamburg
H. E. Saleh, Liverpool
Marie-José Salmon, Beauvais
Bo Sandberg, Gävle
Reinhard Sänger, Karlsruhe
Bruno Santi, Florenz
Helmut Satzinger, Wien
Bernd Schälicke, Hannover
Elisabeth Scheicher, Innsbruck-Ambras
Wolfgang Schepers, Düsseldorf
Annemarie Schimmel, Bonn
Eckehard Schmidberger, Kassel
Hans M. Schmidt, Bonn
Ulrich Schmidt, Kassel
Elisabeth Schmuttermeier, Wien
Peter Schoenwaldt, Lyon
Sylvia Schoske, München
Walter Schulten, Köln
Hans-Jürgen Schulz, Salem
Michael Schulz, Berlin
Klaus Schwarz, Berlin
David Scrase, Cambridge
Lorenz Seelig, München
Paul Seesing, Emmerich
Louis Seguin, Boulogne-sur-Mer
Jürgen Settgast, Berlin
Francesco Sisinni, Rom
Gregory Smith, Manchester
Virginia Smithson, London
D. P. Snoep, Haarlem
Lydija Soljetowa, Moskau
Hubertus F. von Sonnenburg, München
Françoise Soulier-François, Besançon
Vitali Souslov, Leningrad
Julian Spalding, Manchester
Heinz Spielmann, Schleswig
Francesca Spinazzi, Berlin
G. Sporbeck-Bressem, Köln
Sara Staccioli, Rom
Gabriele Stähler, Gütersloh
Frauke Steenbock, Berlin
Chr. von Steiger, Bern
Mary Anne Stevens, London
Margaret Stewart, London
Sheena Stoddard, Bristol
Ursula Strate, Hamburg
Neil Stratford, London
Jean-Claude Strobino, Genf
C. C. Stuart, London
Jean Sudre, Toulouse
Ingmar Svensson, Gävle
Georg Syamken, Hamburg
Dirk Syndram, Bielefeld
Jerzy Szablowski, Kraków
L. Tagage, Maastricht
Laura Tagliaferro, Genua
Maria Taszycka, Kraków
Göran Tegnér, Stockholm
J. R. Ter Molem, Rotterdam
Jean-Marie Theurillat, Saint-Maurice
Max Tiefenbacher, München
P. J. J. van Thiel, Amsterdam
Hedwig Thierfelder, Wienhausen
Peter Thilo, Berlin
Nicholas Thomas, Bristol
Duncan Thomson, Edinburgh
Christina Thon, Berlin
N. R. Thorp, Glasgow
Hans Heinrich Baron Thyssen-Bornemisza, Lugano-Castagnola
Wolfgang Till, München
Giuseppe Toniolo, Pisa
Samir Traboulsi, Paris
Julian B. Treuherz, Manchester
Helmut Trnek, Wien
Renate Trnek, Wien
K. Tuchelt, Berlin
Sarah Tyacke, London
Maïthé Valles-Bled, Chartres
Raniero Vanni d'Archirafi, Bonn
Katerina Vatsella, Zürich
Natalja Vladimirowna Venevtsewa,
Tonny Verschaffel, Brüssel
Klaus Vetter, Turin
L. H. J. Veugen, Maastricht
Marie-Paul Vial, Marseille
Françoise Viatte, Paris
Georges Vigne, Montauban
Florence Viguier, Montauban
Ettore Vio, Venedig
D. de Vries, Leiden
Gretel Wagner, Berlin
Colin Wakefield, Oxford
C. B. F. Walker, London
Brian Walsh, Dublin
Rachel Ward, London
The Earl of Warwick, Warwick Castle
Irena Waszkiewicz, Berlin
Wilfried Werner, Heidelberg
Peter von Wesendonk, Rom
Hanne Westergaard, Kopenhagen
Johannes Wieninger, Wien
Wolfgang Wiese, Karlsruhe
Glennys Wild, Birmingham
Eliane de Wilde, Brüssel
Stephen Wildman, Birmingham
Dietrich Wildung, Berlin
Dagmar Wilhelm, Berlin
Sir David Wilson, London
Tim Wilson, London
J. J. Witkam, Leiden
Barthold C. Witte, Bonn
Martin Wittek, Brüssel
Wolfgang Wolters, Berlin
Hilary Woolley, Bristol
Linda Woolley, London
Sofia Wysocka, Berlin
The Earl of Yarborough, Brocklesby Hall
Kai Kin Yung, London
Claus Zoege von Manteuffel, Stuttgart
Paul Zubek, Schleswig
Armin Zweite, München
Zdzislaw Zygulski, Kraków

# EUROPA UND DER ORIENT: 800–1900 EINE ANNÄHERUNG

*Hendrik Budde*
*Gereon Sievernich*

Menschen formen die Welt, die sie nicht kennen, nach dem Vorbild der Welt, die sie kennen. Wie ›Europa‹ eher ein Konstrukt aus den Werkstätten der Philologen und Politiker ist, so muß ›der Orient‹, analysiert man alle Facetten, auch als ein Amalgam aus Urteilen und Vorurteilen, als ideeller Gesamtentwurf aus den Laboren europäischer Wissenschaftler und Künstler, Politiker und Theologen gesehen werden, in dem sich eher europäisches Denken denn orientalische Realität zeigt.

Nur skizzenhaft annähern kann sich die Ausstellung künstlerischen Ausformungen und Denkfiguren, wie sie sich in diesen, gewiß eurozentrischen, Entwürfen fremder Welten repräsentieren, die, oft als ›nur exotisch‹, also ›nur ausländisch‹ denunziert, bewußt und unbewußt europäisches Denken, europäische Geschichte beeinflußt haben, somit auch Teil einer europäischen, sowieso auch Teil einer deutschen Geschichte sind.

Vielleicht will die Ausstellung die These des amerikanischen Literaturwissenschaftlers Edward Said untermauern, der 1978 in seiner bahnbrechenden Studie »Orientalismus« behauptete, der ›Westen‹ habe den Orient mit Hilfe seiner wissenschaftlichen, künstlerischen und theologischen ›Orientalisten‹ ›vereinnahmt‹, ›erfunden‹, um vor dieser Folie die eigenen Erfolge, die eigene Rationalität, den Anspruch auf weltweite kulturelle und politische Dominanz hervorzuheben. Bedenkt man, daß ein großer Teil des europäischen Wissens über den Orient wesentlich im 19. und 20. Jahrhundert formuliert wurde, weiß man weiterhin, daß die direkte europäische Kolonialherrschaft in der Zeit von 1815 bis 1914 von 35 auf 85 Prozent der Erdoberfläche vergößert worden war, so ließe sich die These einer dieser Herrschaftsform korrespondierenden geistigen Vereinnahmung der außereuropäischen Welt durchaus belegen.

Somit ist die Ausstellung »Europa und der Orient: 800–1900« – zweifellos – ein Beitrag zur Analyse europäischer und auch deutscher Geschichte, weil eben diese Geschichte nur dann, annähernd wiederum, geschrieben ist, wenn sie die künstlerischen, intellektuellen und politischen Reflexe auf die Begegnung mit den ›fremden Welten‹ berücksichtigt.

Nach den Ausstellungen »Mythen der Neuen Welt: Zur Entdeckungsgeschichte Lateinamerikas« (aus Anlaß von Horizonte '82) und »Europa und die Kaiser von China« (aus Anlaß von Horizonte '85) ist dies nun die dritte (aus Anlaß von Horizonte '89) in einer Reihe von Ausstellungen, denen die Aufgabe gestellt war, den Reaktionen Europas auf die außer-europäische Welt nachzuspüren.

Der französische Historiker Georges Duby sagt: »Wir haben die Quelle, wir haben sie im Mittelmeer-Raum, die innerste Quelle der Kultur, aus der unsere Zivilisation sich speist.« Die Ausstellung »Europa und der Orient« versucht, zum einen, eklektisch, diese Quellen zu ›entdekken‹, untersucht Aspekte wissenschaftlicher und künstlerischer Beziehungen zwischen dem, im weiteren Sinne, mediterranen Orient und Europa, sie analysiert zum anderen europäische Vorstellungskraft, imaginierte Bilder vom Orient.

Sie verfolgt, in fünfzehn Kapiteln, zwei Spuren; die Wiederentdeckung des Alten Orients: Ägypten, Mesopotamien, Persien in der Zeit zwischen dem 15. und 19. Jahrhundert, deren Geschichte in Europa zuvor nur aus der Bibel und von den antiken Autoren bekannt war; sodann die vielfältigen Kontakte zwischen dem islamischen Orient und Europa in der Zeit zwischen 800 und 1900.

Zwischen dem 10. und 14. Jahrhundert beeinflußte die islamische Welt das westliche Europa nachhaltig. Die islamische Welt hatte, auch mit der Hilfe christlicher und jüdischer Übersetzer und Wissenschaftler, das Wissen der Antike aufbewahrt und weiterentwickelt. Europa sollte ab dem 10. Jahrhundert an diesem Wissen teilhaben, hierdurch die moderne

Natur- und Geisteswissenschaft begründen können. Berühmt ist das Beispiel eines Mönches, eines spanischen Juden und einiger arabischer Ärzte, die sich 951 in Cordoba zusammenfanden und die arabische Übersetzung der Arzneimittellehre des Dioskurides, die der Nestorianer Hunain Ibn Ishaq (809–873) angefertigt hatte, überarbeiteten.

Das in der arabischen Welt aufbewahrte Wissen der Antike gelangte, durch Vermittlung arabischer und jüdischer Übersetzer und Kommentatoren, zwischen dem 10. und 13. Jahrhundert nach Europa. Gerühmt waren die Übersetzerschulen auf Sizilien und Toledo. Die Rezeption medizinischer und naturwissenschaftlicher Schriften, sowohl der arabischen Übersetzungen antiker Autoren als auch der Werke arabischer Autoren, sollte die moderne Medizin in Europa begründen. Avicennas Kompendium »De medicinae« sollte in Europa bis ins 17. Jahrhundert Lehrbuch sein.

Seit dem Anfang des 11. Jahrhunderts zierte ein Greif einen Giebel des Domes von Pisa. Diesen Greif, der größte erhaltene figürliche Bronzeguß aus der islamischen Welt, werden die Pisaner von einer Schlacht im maurischen Spanien als Kriegsbeute mitgebracht haben. Die mittelalterlichen Berührungen Europas mit der orientalischen Welt waren jedoch nicht nur gekennzeichnet durch kriegerische Auseinandersetzungen. Die italienischen Hafenstädte und Seerepubliken wie Pisa befanden sich zwar ständig im Kampf mit sarazenischen Seeräubern, führten aber dennoch Handel mit der arabischen Welt. So zierten arabische Keramikschalen die Fassaden der Kirchen von Pisa und auch anderer italienischer Regionen.

Der Greif von Pisa könnte eine Brunnenanlage im umayyadischen Reich von Cordoba geziert haben, eine Stadt, die Roswitha von Gandersheim im 10. Jahrhundert als »die helle Zierde der Welt (...) berühmt durch ihre Wonnen, die sie umschließt« hymnisch beschrieb. Cordoba war im 10. Jahrhundert, noch vor Konstantinopel, die größte und reichste Stadt Europas. Vom Reichtum des Orients und den Schätzen, die Karl der Große als Gesandtschaftsgeschenke entgegennahm, berichten schon karolingische Quellen. Auch während der Zeit der Kreuzzüge kamen Beschreibungen über den Reichtum der arabischen Welt nach Europa. Diese Schätze – Bergkristalle, Gläser, Seidengewebe, Elfenbeinarbeiten, Metallgeräte – wurden von Kreuzfahrern und Pilgern nach Europa gebracht. In Kirchenschätzen, aber auch in weltlichen Sammlungen haben sie die Zeit überdauert. Viele dieser Stücke, die in dieser Ausstellung gezeigt werden, zählen zu den kostbarsten erhaltenen Zeugnissen des islamischen Kunstgewerbes. Sie gaben dem europäischen Kunstgewerbe Anregungen, Formen und Ornamente wurden übernommen; besonders die europäische Seidenweberei war orientalischen Vorbildern verpflichtet.

Die Bedeutung der islamischen Welt für Europa ab dem 15. Jahrhundert war weniger von einer direkten kulturellen Beeinflussung gekennzeichnet. Das Europa seit der Eroberung Konstantinopels, 1453, bedrohende osmanische Reich konsolidierte das europäische Machtgefüge. Die Verklärung des Orients zu einer romantischen Traumwelt konnte erst beginnen, als die Grenzen des osmanischen Reiches nach der erfolglosen zweiten Belagerungs Wiens, 1683, kontinuierlich zurückgedrängt worden waren, eine Gefahr für Europa von dort nicht mehr auszugehen schien. Diese Form der Aneignung eines phantastischen Orients kulminierte in der Malerei der ›Orientalisten‹ des 19. Jahrhunderts, einer Zeit, in der Europa begann, sein Kolonialreich an die Mittelmeerküste Nordafrikas auszudehnen. Wie Alexander der Große, der das griechische Reich mit dem persischen zu verbinden trachtete, eine Verschmelzung des Orients mit dem Okzident anstrebte, so hat sich auch Napoleon, als er auf dem Flaggschiff L'Orient mit seiner Flotte nach Ägypten (1799) segelte, als ›Weltenherrscher‹ verstanden. Die ihn begleitenden Wissenschaftler erschlossen für Europa die Welt des alten Ägypten.

Mehr als 200 Leihgeber aus ganz Europa haben über 900 Leihgaben zur Verfügung gestellt. Daß die (europäische) Idee des Projektes bei allen Leihgebern auf so großes Interesse stieß, hat diese Ausstellung erst möglich gemacht, allen gilt unser nachdrücklicher Dank.

# ESSAYS

*Dirk Syndram*

# DAS ERBE DER PHARAONEN
# ZUR IKONOGRAPHIE ÄGYPTENS IN EUROPA

*Ich gehe nun dazu über, ausführlicher über Ägypten zu sprechen, weil es sehr viel Wunderbares enthält im Vergleich zu jedem anderen Land und Bauwerke aufweist, die größer sind, als sich sagen läßt (...)»* (Herodot II. 35)

## Antike

Die europäische Vorstellung von Ägypten, das Bild, das sich die Europäer von dem uralten und unermeßlich fruchtbaren Land am Nil gemacht haben, dem einst mächtigen und wohlhabenden Königreich der gottgleichen Pharaonen, bevölkert von weisen Priestern, die in geheimnisvollen Riten bizarre Tiergötter verehrten, wurde in erheblichem Maße von den antiken Schriftquellen geprägt.[1] Sie fügten sich zu einer graecozentrischen Vorstellungswelt zusammen, die auch noch im 18. Jahrhundert, als die wissenschaftliche Erforschung des Niltales und der kulturellen Zeugnisse der einstigen Hochkultur begann, die Erfahrung der ägyptischen Kunst und Kultur bestimmte. Ein kurzer Rückblick auf die antiken Grundlagen des neuzeitlichen Ägyptenbildes ist daher unerläßlich.

Es war die Beschreibung des Griechen Herodot, der um 450 v. Chr. das persisch besetzte Ägypten der ausgehenden Spätzeit bis nach Assuan bereist hatte, die immer wieder als Hauptquelle herangezogen wurde.[2] Herodot leistete mit seiner Darstellung eines ihm sehr fremdartig erscheinenden Kulturlandes den wohl bedeutendsten Beitrag zur Entwicklung des europäischen Ägyptenbildes. Er beschrieb in seinem ethnographischen Exkurs ausführlich die ihm rätselhaften Sitten der Einwohner, ihren Totenkult und ihre Götterverehrung. Die Schilderungen der Großartigkeit der ägyptischen Landschaft, der baulichen Monumente und der unvorstellbaren zeitlichen Dimension der überlieferten Geschichte, aber auch der Weisheit der Priester und der erstaunlichen Dauerhaftigkeit ägyptischer Kulturzeugnisse mit ihrer von einem tieferen Sinn geprägten Gestalt, bestimmen seine anekdotenhaften Ausführungen. Herodots Lesern mußte nach dieser Lektüre Ägypten auch fast als Ursprungsort aller Hochkulturen erscheinen, denn Herodot führte immer neue Beispiele religionsgeschichtlicher und kultureller Übernahmen aus dem ägyptischen Erbe an. Diese Herleitungen einiger Aspekte der griechischen Kulturwelt aus der Ägyptens prägten die Geschichtsdiskussion im Klassizismus des 18. Jahrhunderts.

Der rund zwei Generationen jüngere Philosoph Platon fügte in verschiedenen seiner Schriften dem europäischen Bild von der ägyptischen Kultur weitere Züge hinzu, die seit der Renaissance erhebliche Bedeutung gewannen.[3] Platon war wohl selbst in Ägypten gewesen wie auch Thales von Milet, Solon, Pythagoras, Anaximander, Demokrit und Eudoxos von Knidos. Ihn beindruckten die unvorstellbare Dauer und Stetigkeit, ja Zeitlosigkeit, der ägyptischen Kunst und Kultur, die ihre einmal entwickelten Normen über Jahrtausende fast unverändert beibehielt. Deshalb wertete er insbesondere die ägyptische Kunst als maximal idealistisch und in ihrer strengen Vergesetzlichung als optimal vorbildlich für seine eigene Zeit. Dem in vieler Hinsicht konservativen Philosphen erschienen die streng regelhaften Kunstwerke als Beleg für die vortreffliche Gesetzgebung und Staatskunst der Ägypter. Wie Herodot ging auch Platon davon aus, daß die Kulturen der Menschheit ihre Quellen in Ägypten zu suchen hätten und schrieb die Erfindung der Wissenschaften, insbesondere der Schrift dem ägyptischen Gotte Thot zu.[4]

Zu den weiteren, für das europäische Ägyptenbild der Neuzeit wichtigen literarischen Zeugnissen der Antike zählen die

*1 G. Clovio (zugeschr.), Seite aus der Colonna-Missale, Illuminierte Federzeichnung, Italien um 1532 (1/9)*

In natiuitate sancti io
annis baptiste
E uen
tre ma
tris mee
uocauit
me do
minus
nomine
meo et posu
it os meum ut gladium
acutum sub tegumento
manus sue protexit me
et posuit me quasi sagit
DIVO POMPEIO
CARDINALI COLVMNAE

1

2

2 *C. Buys d. J. (zugeschr.), Der Auszug Jakobs; Holz, vor 1546, Liège, Musée d'Art Religieux et d'Art Mosan (Ancien Musée Diocésain)*

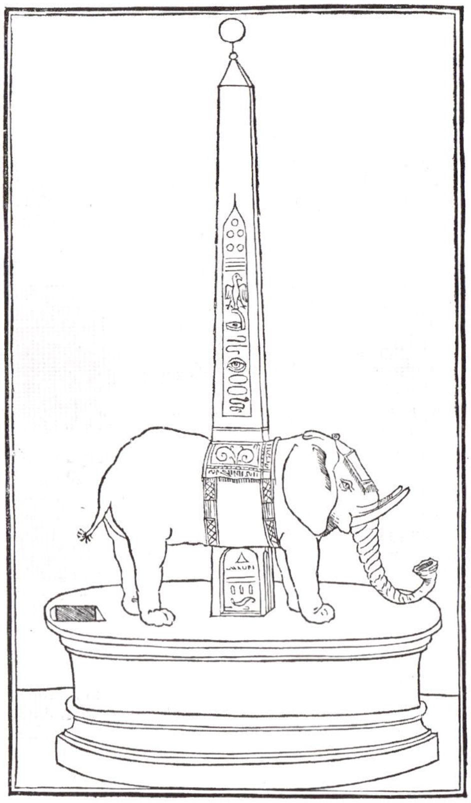

3

3 *Elefant mit Obelisk; in: Hypnerotomachia Poliphili (...), Venedig, 1499, Berlin, Staatsbibliothek Preußischer Kulturbesitz*

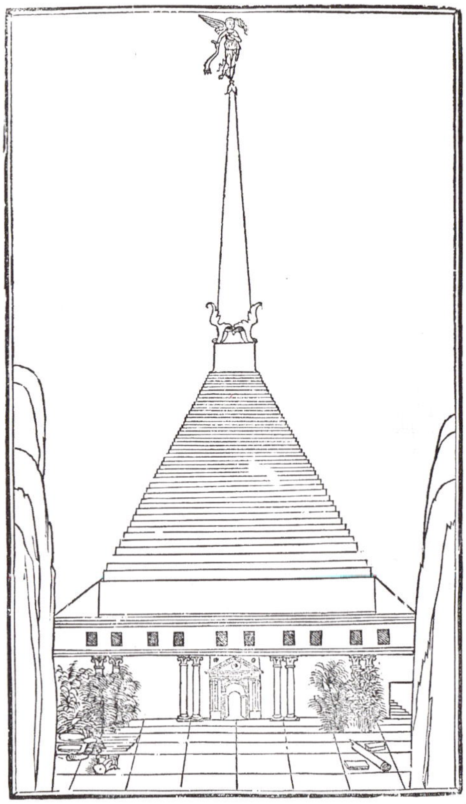

4

4 *Pyramide mit Obelisk; in: F. Colonna, Hypnerotomachia Poliphili (...), Venedig, 1499, Berlin, Staatsbibliothek Preußischer Kulturbesitz*

*Weltgeschichte* des Diodorus Siculus, die *Erdkunde* des Geographen Strabon und die *Naturgeschichte* des älteren Plinius. Ihren Beitrag leisteten auch Plutarch, Macrobius und Heliodorus, die sich mit den geheimnisvollen Riten der Ägypter beschäftigten und schließlich auch die Schriften der frühen Kirchenlehrer, die sich ebenso eingehend mit dem ägyptischen ›Aberglauben‹ auseinandersetzten.

Mit der Eroberung des Nillandes durch den Griechen Alexander 332 v. Chr. näherten sich die beiden unterschiedlichen Kulturkreise Hellas und Ägypten weiter an. Die Philosophen Alexandrias, der neugegründeten griechischen Metropole und Residenz *ad Aegyptum*, nahmen allmählich Elemente der ägyptischen Religion auf, verfremdeten und integrierten sie in ihre synkretistisch-neoplatonischen Denksysteme.

Ein bedeutendes Zeugnis dieser griechisch-ägyptischen Kultursynthese des Hellenismus ist der aus verschiedenen Schriften in der Spätantike zusammengefügte *Corpus Hermeticum*, eine Sammlung theologisch-philosophischer Erbauungsschriften. Diese Folge von Offenbarungen und Dialogen, die dem pseudoägyptischen Gott Hermes Trismegistos zugeschrieben und in eine graue Vorzeit datiert wurde, beinhaltet in ihrem Hauptteil, dem *Poimandres*, eine mystische Kosmologie und Anthropologie, die

5

in theosophischen Kreisen seit ihrer Wiederentdeckung im 15. Jahrhundert große Beachtung fand und das mystische Ägyptenbild der Neuzeit weitgehend prägte.

Zur römischen Zeit, nach der Schlacht von Actium 31 v. Chr. und der darauf folgenden endgültigen Eroberung Ägyptens durch den späteren Kaiser Augustus, wurde das Nilland zu einem wichtigen und wohlhabenden Teil des Weltreiches und die reiche Kornkammer zum persönlichen Besitz des Herrschers. In Rom entwickelte sich eine erste europäische Ägyptenmode, die sich in verschiedenen Formen äußerte. Ägyptisierende Gräber wurden errichtet, beispielsweise die heute noch vorhandene *Cestius-Pyramide* oder die zu Beginn des 16. Jahrhunderts zerstörte *Meta Romuli*. Ägyptische Motive beeinflußten Wandmalerei und Mosaikkunst der Kaiserzeit, in denen sich auch einige Darstellungen ägyptischer Landschaften erhalten haben, beispielsweise das Nilmosaik von Praeneste.

Mit dem ersten römischen Kaiser wurde es auch üblich, die größten noch beweglichen Monumente des unterworfenen Landes, die Obelisken, in die Hauptstadt des Weltreiches zu schaffen, um sie öffentlichkeitswirksam aufzustellen. Die Errichtung ägyptischer oder pseudoägyptischer Obelisken entwickelte sich zu einem Signum kaiserlichen Herrscherwillens. Augustus ließ den ersten der heute noch in Rom nachweisbaren sieben ägyptischen Obelisken 10 v. Chr. als Siegestrophäe im *Circus Maximus* aufstellen – er befindet sich seit dem 16. Jahrhundert auf der Piazza del Popolo. Ein weiterer jener riesigen Granitmonolithe aus Oberägypten diente als

5 *F. Francken d. J., Die goldenen Vasen der Ägypter; Kupfer, nach 1600 (1/70)*

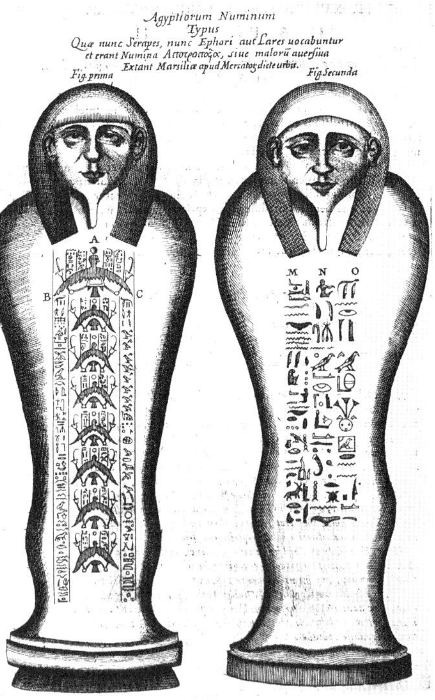


6 *Ägyptischer Sarkophagdeckel; in: A. Kircher, Oedipus Aegyptiacus (...), Bd. 3, Rom 1654 (1/14)*

7 *Sarkophagdeckel; Ägypten, (Memphis?), Basalt, um 150 v. Chr. (1/2)*

gewaltiger Polos der Sonnenuhr des Augustus auf dem Marsfeld und wurde dem Sonnengott geweiht.

Seit der Eroberung Ägyptens drangen ägyptische Mysterienkulte verstärkt in die antike Religionswelt ein. Dies äußerte sich unter anderem in der Errichtung vieler Isis- und Serapisheiligtümer im römischen Imperium. Ein literarisches Zeugnis dafür ist die ausführliche Beschreibung des Isismysteriums in Apuleius' Roman *Der goldene Esel*.

Diese religiöse Form der Kulturaneignung und der kaiserzeitliche Ägyptentourismus gaben der künstlerischen Rezeption Ägyptens in Europa immer neue Impulse. Ägyptische Skulpturen gelangten als Import nach Italien, wurden dort aber auch als römische Nachahmungen hergestellt, nicht allein als verehrungswürdige Objekte für die Heiligtümer der neuen Götter, sondern auch als Schmuck für die Gärten und Häuser der römi schen Oberschicht. Ein herausragendes Beispiel dafür ist die *Villa suburbana* Hadrians in Tivoli. Hier ließ der Kaiser in seinem weiträumigen Gartenareal eine *ägyptische* Landschaft nachbauen, die er nach Kanopos, einer mondänen Hafenstadt bei Alexandria benannte und in der er zahlreiche ägyptisierende Skulpturen aufstellten ließ. Aus hadrianischer Zeit stammen auch die Darstellungen des kaiserlichen Geliebten Antinoos in seiner vergöttlichten Erscheinung als Osiris, die dieser nach seinem gewaltsamen Tod im Nil erhielt.

Seit dem 16. Jahrhundert wurde das ägyptische Areal der kaiserlichen Villa in Tivoli ausgegraben. Aber auch in der Stadt Rom selbst entdeckte man viele ägyptisierende und ägyptische Skulpturen, die bis zur französischen Ägyptenexpedition und den sich daran anschließenden Ausgrabungen im frühen 19. Jahrhundert als Vorbilder der künstlerischen Aneignung ägyptischer Motive dienten.

## Mittelalter

Die Christianisierung des Nillandes im 4. Jahrhundert zerstörte nicht nur die ägyptische Religion, sondern auch die von ihr geprägte uralte Kultur endgültig. Die Eroberung Ägyptens durch den Islam im Jahre 642 markierte schließlich eine wichtige Zäsur in den zuvor engen Beziehungen zu Europa.

Das Ägyptenbild des Mittelalters prägten weniger die antiken Quellen, als vielmehr die Kirchenlehrer und vor allem die Bibel. Ägypten erschien als Wirkungsbereich Josephs, als Ort der Knechtschaft des israelitischen Volkes und ihres Anführers Moses, als Land, das die heilige Familie vor den Verfolgungen durch Herodes schützte. In Ägypten wirkten aber auch die ersten Eremiten, insbesondere der Hl. Antonius, und die Stadt Alexandria entwickelte sich zu einem Hauptzentrum frühchristlicher Theologie.

Die europäischen Ägyptenreisenden waren zumeist Palästinapilger, die auf ihren Reisen auch bis nach Oberägypten vordrangen, um dort biblische Stätten aufzusuchen oder an koptischen Wallfahrtsorte zu beten.

Die Deutung der Pyramiden als Kornspeicher Josephs, in christlichen Enzyklopädien zu finden, ist für diese Rezeptionsphase ägyptischer Kulur eher typisch. Nur sehr selten lassen sich genuin ägyptische Elemente in der mittelalterlichen Ikonographie nachweisen. Dazu gehören einige Darstellungen ägyptischer Sphingen, die in mehreren Kreuzgängen Mittelitaliens, unter anderem in dem

8

*8 Standbild des Gottes Horus; Ägypten, schwarzer Syenit, um 1250 (1/1)*

9 *N. Poussin, Die Auffindung Moses; Leinwand, 1647, Musée du Louvre, Département des Peintures*

9

von S. Giovanni in Laterano in Rom, im Laufe des 13. Jahrhunderts entstanden.[5] In welcher Weise diese und die eher sirenenartigen Sphingen an romanischen Kapitellen auch in ihrem ägyptischen Ursprung erkannt und in welcher Form sie rezipiert wurden, ist bisher noch ungeklärt.

## Renaissance

Hingegen läßt sich belegen, wie das wiederauflebende Interesse an der Antike zu Beginn des 15. Jahrhunderts in Italien auch zu einer Renaissance der Ägyptenrezeption geführt hat, zunächst in literarischer Form oder durch philologische Studien; zum Ende des Jahrhunderts entfaltete sie dann auch Wirkung in der bildenden Kunst.

Ausgelöst wurde die Ägypten-Renaissance möglicherweise durch die 1419 von Christoforo Buondelmonte auf der Insel Andros in der Ägäis entdeckten griechischen Transkription des bereits oben erwähnten *Corpus Hermeticum*. Die pseudo-ägyptische Schrift ließ Cosimo il Vecchios 1463 durch den florentinischen Philosophen Marsiglio Ficino ins Italienische übertragen. Bereits 1471 wurde sie zum erstenmal gedruckt. Spätestens seit dieser Zeit gewann die hermetische Philosophie, in der man das Vermächtnis der uralten und arkanen Weisheit des ägyptischen Wunderlandes, insbesondere der Lehre des von Platon erwähnten Gottes Thot, gefunden zu haben glaubte, einen großen Einfluß auf die neoplatonischen Zirkel Italiens. Mit der Ausdeutung der Hieroglyphen befaßten sich zu jener Zeit unter anderem Niccolo Niccoli und Poggio Bracciolino.

Als ein offenkundiges Resultat jener aufkommenden philologischen Ägyptenbegeisterung können die von den Hieroglypheninterpretationen der hermetischen Schriften und des spätantiken Philosophen Plotin abgeleiteten Impresen und Devisen der Renaissance angesehen werden.[6] Als erste nachweisbare jener sehr persönlichen Hieroglyphen der Humanisten ist wohl das geflügelte Auge des Architekten und Kunsttheoretikers Leon Battista Albertis mit dem Motto *Quid tum* anzusehen, von ihm um 1450 entworfen. Albertis Beschäftigung mit dem ägyptischen Erbe, mit den Obelisken, Pyramiden und Hieroglyphen in Rom, werden auch durch seine theoretischen Abhandlungen belegt. Die nach seiner Einschätzung großartigen Werke Ägyptens, als deren höchste Steigerung er die Pyramiden ansah, wertete er als Resultate der ›Gefallsucht‹ der Könige. In seiner von der aristotelischen Wachstumsmetapher geprägte Baugeschichte ordnet er die ägyptische Baukunst als

10

*10 Bau der Pyramide in: Cornelis de Bruyn, Reizen ..., Delft 1698*

11

12

*11 Gang zur Grabkammer in der Cheopspyramide; in: C. Bruyn, Reizen (...) Aegypten, Syrien en Palestina, Delft 1698*

*12 A. Tempesta, Pyramidenbau; Kupferstich (1/62)*

13

*13 G. B. Piranesi, Ägyptischer Obelisk in Rom (Lateransobelisk); Kupferstich, 1759 (1/44)*

*14 B. Breenbergh, Joseph verkauft Korn in Ägypten; Leinwand, 1655 (1/69)*

Zeugnis der Jugendzeit der Architektur ein.

Ein anderer Architekt und Theoretiker, Antonio Averlino, genannt Filarete, ein Altersgenosse Albertis, verfaßte in den sechziger Jahren ebenfalls ein Architekturtraktat, das für die Geschichte des wachsenden Ägypteninteresses der Renaissance von Bedeutung ist. Er beschreibt darin ausführlich die von ihm selbst erdachte Idealstadt Sforzinda. Diese besaß unter anderem auch die Kopie eines ägyptischen Obelisken, der, so Filarete, mit Hieroglyphen geschmückt werden sollte. Der Autor der Idealstadt ahnte die große städtebauliche Bedeutung monumentaler Obeliskenaufstellungen. Er selbst kannte diese aber nur von dem einzigen noch aufrecht stehenden Obelisken, der sich an der Seite des alten Petersdomes befand. Die Überreste von anderen Obelisken waren in der Renaissance allerdings bereits bekannt.

Mit dem Pontifikat von Sixtus V. nahm dann die bis ins 20. Jahrhundert fortgeführte Reihe der Wiederaufstellungen römischer Obelisken ihren Anfang. 1586 versetzte der päpstliche Architekt Domenico Fontana den vaticanischen Obelisken vor die Fassade des Petersdomes, 1588 wurde ein restaurierter Obelisk vor der Lateransbasilika aufgestellt und 1589 ein weiterer auf der Piazza del Popolo.

Die monumentale Wirkung ägypischer Bauformen erkannte auch der Illustrator der *Hypnerotomachia Poliphili* des Francesco Colonna. Der 1499 in Venedig erschienene Roman gehört zu den besonders qualitätvoll illustrierten Büchern. Es finden sich darin konkrete Beipiele einer Aneignung ägyptischer Formen, so symbolhaltige Pyramidengebäude, Obeliskenaufstellungen und Neuerfindungen von Hieroglyphen.[7] Die nachweisbar große Wirkung der Holzschnitte der *Hypnerotomachia* reicht von einer hierogylphenartigen Inschrift, die Bramante nach dieser Vorlage entwickelte und die im Belvedere-Hof des Vatikan zu Ehren des Papstes Julius II. und seiner selbst angebracht werden sollte, bis hin zu einer Obeliskenaufstellung auf dem Rükken einer Elefantenskulptur vor der Kirche Sta. Maria sopra Minerva nach Plänen Berninis im Jahre 1666/67. Durch die Holzschnitte der *Hypnerotomachia* wurde dann auch der mit Ägypten verbundene Rebus-Gedanke über ganz Europa verbreitet.[8] Die Wirkungsgeschichte der inspirierenden Holzschnitte läßt sich bis weit ins 18. Jahrhundert verfolgen.

Das Interesse der Päpste an der ägyptischen Kultur war erheblich. So fühlte sich bereits der Vorgänger Julius' II., Papst Alexander VI. Borgia, ägyptischer Kultur besonders verbunden, denn seine Familie führte ihren Stammbaum bis auf Osiris zurück. Um diese Genealogie zu legitimieren, ging man dazu über, pseudoägyptische Texte, also Fälschungen, herzustellen. Die von den Borgias beschäftigten Altertumsforscher, insbesondere Annius von Viterbo, versuchten auch, die enge kulturelle Beziehung zwischen Etrurien, dem Stammland der Papstfamilie und Ägypten, dem Wunderland am Nil zu beweisen.

*14*

15

*15 G. B. Piranesi, Ansicht der Piazza del Popolo; Kupferstich, um 1750 (1/43)*

16

*16 »Pyramides Aegyptiaca«; in: J. B. Fischer von Erlach, Abbildung unterschiedlicher berühmter Gebäude des Alterthums (...), Wien, 1721 (1/63)*

Ihren noch heute greifbaren Ausdruck fand das Ägypteninteresse des Renaissancepapstes in der 1493–95 durch Pinturicchio erfolgten Ausmalung der Sala dei Santi *(Appartamenti Borgia)* im vatikanischen Palast. Das Deckenfresko schildert die auf Diodors Bericht zurückgehende Legende der ägyptischen Kulturbringer Isis und Osiris. Das ägyptische Thema erscheint dort in ikonographischen Formen der Renaissance.

Der Versuch einer archäologischen Annäherung an die altägyptische Kunst und Kultur wurde nicht unterommen.[9] Dem gleichen Gedankengut, der kulturellen Verbindung der etrurischen mit der ägyptischen Kultur, verpflichtet war auch Vicino Orsini, der zwischen 1558 und 1564 in seinen Garten in Bomarzo ein Isis-Heiligtum errichten und die Besucher an zwei Sphingen vorbei sein persönliches Zauberland betreten ließ.[10] Diese Skulpturen, die bisher frühesten belegten Gartensphingen, hatten eine dezidierte Wächterfunktion, die durch die in ihren Sockel eingemeißelten Inschriften zum Ausdruck gebracht wurde. Die später für ähnliche Gartenskulpturen nachweisbare Funktion als Symbole der Weisheit und Schöpferkraft der Isis und damit auch der Urnatur deutet sich bei den Wächtersphingen von Bomarzo bereits in ihrer hervorgehobenen Vielbrüstigkeit an. Diese ist das Zeichen der ephesischen Diana, die als Symbol der Natur schlechthin interpretiert wurde.

Ebenso wie die Borgia führten auch die Colonna die Abstammung der Familie auf einen ägyptischen Gott, auf Apis zurück. Eine Seite des in den 30er Jahren des 16. Jahrhunderts wohl im Auftrag des Kardinals Pompeo Colonna entstandene *Colonna-Missale* verdeutlicht diese genealogische Herleitung auf eindrucksvolle Weise. Das Blatt, das die Messe Johannes des Täufers einleitet, enthält ein ganzes Kompendium ägyptischer und pseudoägyptischer Formen.

Die dargestellten Motive gehen teilweise direkt auf die in den ersten Jahrzehnten des 16. Jahrhunderts gefundene spätantike Bronzeplatte mit ägyptisierenden Darstellungen, die *Mensa Isiaca*, zurück, teilweise werden sie von ihr nur inspiriert. Die kostbar mit Gold und Silber eingelegte Tafel, deren zweite gebräuchliche Benennung als *Tabula Bembi* sie mit dem Humanisten Pietro Bembo, dem Freund Raphaels und Bibliothekar des Vaticans, verbindet, wurde zu einer der wichtigsten Inspirationsquellen der künstlerischen Auseinandersetzung mit Ägypten bis hinein ins späte 18. Jahrhundert. Man war überzeugt, eine authentische Quelle ägyptischer Religion vor sich zu haben. Seit Enea Vicos (1559) Beschreibung der spätantiken Bronzetafel unternahmen immer wieder Wissenschaftler gelehrte Deutungsversuche, so auch 1792 Lessing mit seiner Abhandlung *Fragment über die Isische Tafel*.

Vielleicht ist auch die Darstellung einer erkennbar ägyptischen Trägerfigur 1515–17 in der Stanza dell'Incendio im Vatican ein Ergebnis des damals sensationellen Fundes der *Tabula Bembi*. Die Fresken, von Giulio Romano ausgeführt, gehen auf einen Entwurf Raphaels zurück und sind um vieles authentischer als die Darstellungen Pinturicchios. Raphaels' Entwurf griff auf die beiden so-

17

*17 J. van Kessel, »Piramide«; Kupfer, München, Alte Pinakothek*

18

*18 F. L. Norden, Die Sphynx von Gizeh; in: Travels in Egypt and Nubia (...), London, 1757 (1/55)*

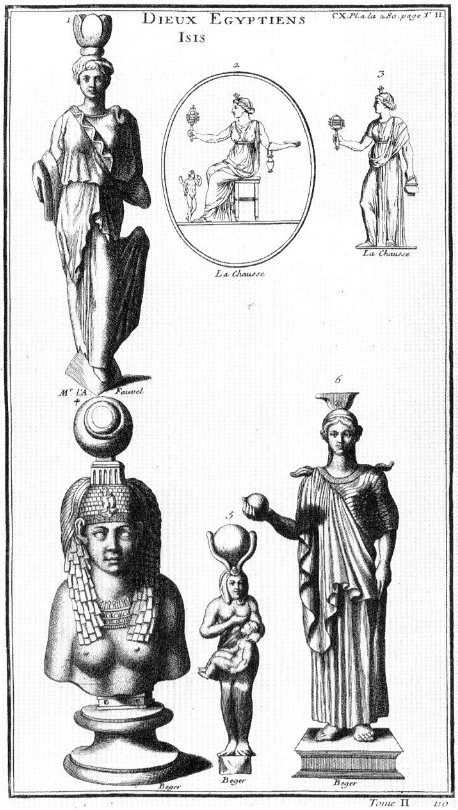


19

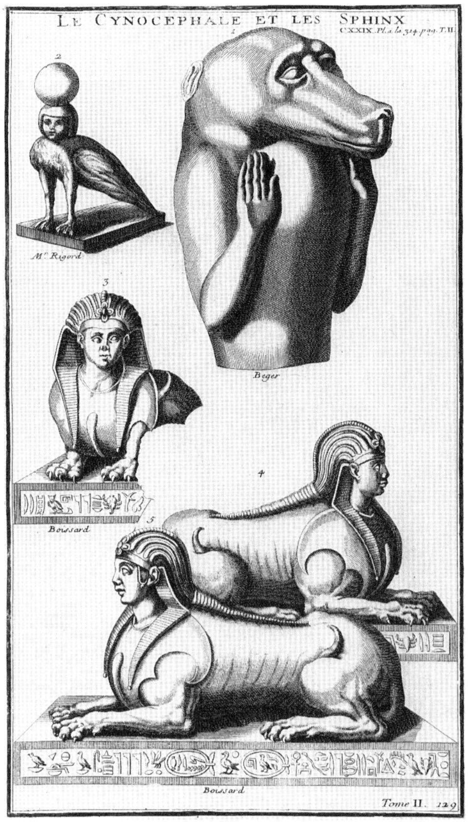


20

19 *Ägyptische Gottheiten (Isis), darunter zwei Objekte aus der Preußischen Kunstkammer in Berlin; in: B. de Montfaucon, L'Antiquité (...), Bd. 2.2, Paris, 1729 (1/40)*

20 *Oberkörper einer ägyptischen Affenstatuette aus der Preußischen Kunstkammer in Berlin und Sphyngen; in: B. de Montfaucon, L'Antiquité (...), Bd. 2.2, Paris, 1729 (1/40)*

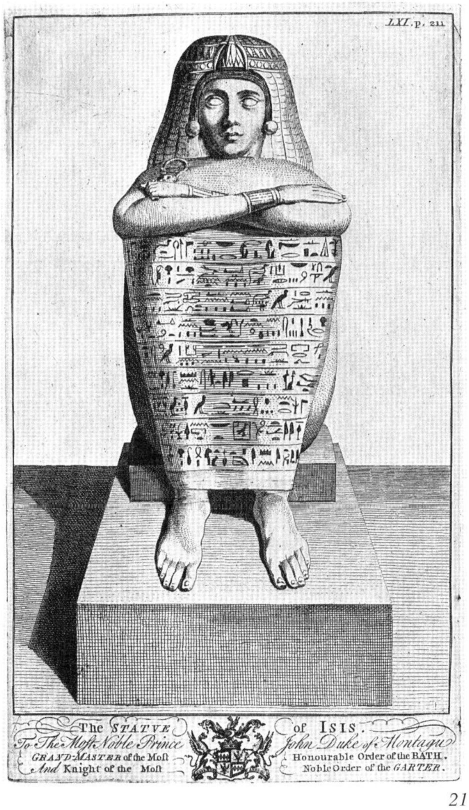


21

21 *Isis-Statue; in: R. Pococke, A Description of the East (...), London, 1743 (1/54)*

genannten Telamone zurück, die vielleicht schon unter Pius II. (1458–64) am Kardinalspalast von Tivoli aufgestellt worden waren und wohl aus der Villa des Kaisers Hadrian stammen.

Raphael entwarf auch das pyramidenförmige Wandgrab in der Capella Chigi in Sta.Maria del Popolo. Das architektonisch schlichte Monument ist wohl das erste pyramidenförmige Grabmal der Neuzeit und führte wieder ägyptische Formen in die Sepulkralarchitektur ein. Es steht am Anfang einer Reihe typologisch verwandter Grabmonumente, die insbesondere im Klassizismus des 18. und 19. Jahrhunderts sehr häufig errichtet wurden.

Kurz nach 1500 wurde das Interesse an der Darstellung ägyptischer Kunstwerke immer breiter. Dies belegen die Aufnahme ägyptischer Skulpturen und Inschriften in die Skizzenbüchern Giuliano da Sangallos, Pirro Ligorios, Balthasare Peruzzis und Maerten van Heemskercks, um nur die bekanntesten zu nennen. Auch außerhalb Italiens befaßte

22

22 *H. Robert, Phantasieansicht der Cestius-Pyramide und einer Tempelruine; Leinwand, 1760-1770 (1/74)*

man sich mit ägyptischen Formen und Inhalten. So geht die Ikonographie der von Dürer um 1515 geschaffenen Holzschnitte der Ehrenpforte Kaiser Maximilians auf die Hieroglypheninterpretation des Horapoll zurück, ohne allerdings ägyptische Formen zu verwenden. Diese finden sich aber als ägyptische Hermen an einem um 1540 im Auftrag Franz I. von Frankreich errichteten Portal des Palastes von Fontainbleau (Jardin de Diane). Ägyptische Hermen bildeten auch zusammen mit der Mondsichel der Diana, das Emblem Henri II., das 1566 von H. Ruscelli im seinem Buch *Imprese* veröffentlicht wurde.

Neben diesen sehr speziellen ägyptischen Formen gehörte vor allem die Sphinx zu den auch außerhalb Italiens mit der Renaissance bekanntgewordenen Übernahmen ägyptischer Kunst. Das einstige männliche Symbol der Stärke, welches das Haupt des Gottes oder des Herrschers mit dem Körper und der Kraft des Löwen vereinte, wurde in einer Mißdeutung des Kopftuches und auf Grund einer Gleichsetzung mit der griechischen Sphinx zum weiblichen Genius. Neben der bereits oben genannten Gartensphinx lassen sich im 16. Jahrhundert diese Mischwesen bei einer ganzen Reihe von Gräbern feststellen. Ihre Funktion als Teil der Sepulkralikonographie begründet sich aus der griechischen Überlieferung, in der die Sphinx als weiblicher Todesdämon der Ödipussage erscheint. Als Beispiel sei das von Vincenzo de' Rossi um 1550 für den Konsitorialadvokaten Angelo Cesi in der Cesi Kapelle von S. Maria della Pace in Rom geschaffene Grabmal genannt. Dort tragen zwei Sphingen, deren Form sich relativ streng an den altägyptischen Vorbildern orientiert, den Sarkophag, auf der die Figur des Grabinhabers *all'etrusca* liegt.

Sowohl als Element der Innendekoration als auch als neugewonnenes Symbol sepulkraler Ikonographie fand die Sphinx im Laufe des 16. Jahrhunderts eine immer weitreichendere Rezeption. Am Beispiel des Sphingenpaares des Hôtel de Sully in Paris läßt sich neben der Gartensphinx und der Sepulkralsphinx eine dritte Form der Verwendung und der Rezeption des genuin ägyptischen Mischwesen mit nochmals erweiterter Bedeutung feststellen. Diese Sphingen, die zum Schmuck des Gebäudes aus dem ersten Drittel des 17. Jahrhunderts gehören, zählen zu den frühesten Außenplastiken dieser Art. Der ihnen traditionell zugeteilte Symbolwert

23

23 *J.-L. Deprez, Entwurf für eine ägyptisierende Grabkammer; Handzeichnung, um 1780 (1/65)*

24 *E.-L. Boullée, Kenotaph im ägyptischen Stil; Handzeichnung, 1780-1790 (1/66)*

als Bewahrerin der Geheimnisse und Sinnbild der Klugheit verbindet sich gut mit der Person des Maximilien de Béthune, Duc de Sully, des ehemals mächtigen Ministers Heinrichs IV. von Frankreich.

Die Auseinandersetzung mit den Formen und Inhalten des ägyptischen Erbes vollzog sich aber auch weiterhin auf literarischem Wege. Zu nennen sind dabei vor allem Vincenzo Cartaris 1596 in Venedig erschienenes und vielgelesenes Werk *Imagines degli dei delli antichi* und der *Thesaurus Hieroglyphicorum*, der um 1610 in München herausgegebene ägyptische Götterkatalog des Georg Johann Herwart von Hohenberg. Neben diesen Kompendien waren es vor allem die Abhandlungen zur geheimnisvollen Bedeutung der Hieroglyphen, allen voran die *Hieroglyphica* des Giovanni Piero Valeriano (1556), die das Ägyptenbild der Zeit prägten.

## Barock und Rokoko

Wie kaum eine andere Kultur der Antike faszinierte diejenige des Niltales die alchemistisch und astrologisch interessierten Forscher um 1600. Ihnen galt Ägypten als Ursprung der geheimen Wissenschaften denen sie sich widmeten. Ihren Ausdruck fand dies im Werk des Grafen Michael Maier, des Arztes Kaiser Rudolfs II., der 1614 seine Erkenntnisse unter dem Titel *Arcana Arcanissima hoc est Hieroglyphica Aegyptio-Graeca* veröffentlichte. Maier war ursächlich mit der Stiftung des Rosenkreuzerordens verbunden, dem er später zwei weitere Bücher widmete.[11] Fast wie eine katholische Antwort auf diesen protestantisch geprägten Geheimorden und seine Aneignung ägyptischen ›Wissens‹ wirkt das gewaltige Werk zur ägyptischen Sprache und Kultur, das der Gelehrte und Jesuit Athanasius Kircher veröffentlichte und das ihn zum bedeutendsten Ägyptenforscher des 17. Jahrhunderts werden ließ.[12] Der Poly-

24

25

histor, der sich auch als Naturwissenschaftler betätigte und, unter anderem, die Laterna Magica entwickelte, legte in seinen Schriften den Grundstein zur koptischen Grammatik (1636). Darüber hinaus veröffentlichte er aber auch, unterstützt von seinem Orden und den jeweiligen Päpsten, eine große Zahl prächtiger Folianten, in denen das seit der Renaissance geformte, mystifizierte Ägyptenbild kulminierte. 1644 erschien *Lingua aegyptiaca restituta*, 1652–54 das in seiner Art bedeutendste Werk Kirchers, der *Oedipus aegyptiacus*, 1676 *Sphynx mystagoga* und ein Jahr vor seinem Tode, 1679, veröffentlichte er *Turris Babel*. Neben diesen Arbeiten, die sich um eine Entzifferung der Hieroglyphen im Sinne des Rebusgedankens der Renaissance bemühten und die antiken Überlieferungen zur ägyptischen Kultur zum Ausgangspunkt komplizierter, neoplatonisch motivierter Spekulationen machte, verfaßte Kircher zwei umfangreiche Abhandlungen, die sich mit einigen in Rom befindlichen Trägern der Hieroglypheninschriften, den Obelisken, beschäftigten. Das 1650 erschienene Buch über den *Obeliscus Pamphilius* und das 1666 erschienene Werk zum *Obeliscus Chigius* begleiteten zwei spektakuläre Wiederaufrichtungen von Obelisken, die Papst Innozenz X. (Obelisk auf der Piazza Navona) und sein Nachfolger Alexander VII. (Obelisk auf der Piazza della Minerva) in Auftrag gegeben hatten.[13]

Zur gleichen Zeit, in der durch die Veröffentlichungen Kirchers das Ägypteninteresse in Rom einem neuen Höhepunkt entgegenging, arbeitete dort Nicolas Poussin. Im Œuvre dieses bedeutendsten Vertreters der Historienmalerei des Klassizismus im 17. Jahrhundert finden sich Bilder, deren Handlung in Ägypten spielen, auffallend häufig.[14] Mindestens dreizehn Mal befaßte sich Poussin mit solchen Themen, mit Darstellungen aus der Kindheitsgeschichte des Prophe-

*25 L. Gauffier, Ruhepause der Heiligen Familie; Leinwand, 1792 (1/77)*

26

27

*26/27 G. B. Piranesi, Dekoration für das Caffé Inglese; in: Diverse maniere d'adornare i camini (...), o. O., 1769 (1/64)* ten Moses oder der Flucht der Heiligenamilie nach Ägypten. Durch Versatzstücke – Palmen, Pyramiden, Obelisken und einen breiten Fluß mit dem Flußgott Nil – charakterisierte Poussin den Handlungsort eindeutiger als seine Zeitgenossen, die ihn in diesen Sujets folgten. Poussins Streben nach historisch genauer Darstellung der Zeit und des Ambientes läßt sich besonders gut an dem 1655–57 für Mme. de Montmort gemalten Bild der *Heiligen Familie in Ägypten* aufzeigen.[15] Die Heilige Familie lagert an einem Brunnen in einer ägyptischen Stadt. Während der Esel aus dem Brunnen trinkt, sind zwei Frauen und ein Junge zur Familie getreten und verpflegen diese. Im Hintergrund erblickt man mehrere Gebäude von großer architektonischer Strenge, Obelisken sowie eine Prozession, die sich durch einen kleinen Säulenbau auf einen Tempel zubewegt. Poussin selbst erklärte in einem Brief an Chantelou, daß er für die Darstellung des Bildhintergrundes auf das sogenannte Nilmosaik von Praeneste bei Palestrina zurückgegriffen habe. Von dort leiten sich die Serapis-Prozession und auch die kleinsten Details dieses Teils des Bildes her. Das Mosaik galt noch bis ins frühe 19. Jahrhundert als authentische Quelle für das tägliche Leben in Ägypten.[16]

Poussin schuf seine antiquarisch genauen Bilder fast ausschließlich für ein französisches Publikum. In Frankreich bestand wohl zu dieser Zeit bereits eine gesteigerte Bereitschaft, sich mit der fremdartigen ägyptischen Kunst zu befassen.[17] Die Bedeutung und das Ausmaß der Ägyptenrezeption in der Regierungszeit Ludwig XIV. wurde bisher noch nicht eingehend bearbeitet. Es erscheint jedoch als sicher, daß in der zweiten Hälfte des 17. Jahrhunderts viele theoretische und künstlerische Grundlagen der dann sehr umfangreichen und bedeutenden *Ägyptenmode* des europäischen Klassizismus geschaffen worden sind.

Einige markante Beispiele hierfür seien erwähnt. Über Poussin fand das ägyptische Sujet allgemein Zutritt in die akademische Historienmalerei, sei es mit religiösen Themen, wie der Kindheit Mosis, sei es mit antiken Sujets, wie dem Leben und Sterben Kleopatras. Im Bereich der Ornamentik tauchten unter dem Einfluß Jean Berains d. Ä., der seit 1674 als Entwerfer am königlichen Hof tätig war, ägyptisierende Motive, insbesondere Sphingen in verschiedenen Variationen, auf. Für die gleiche Zeit läßt sich die Verwendung dieser Mischwesen als figuraler Schmuck bei Möbelentwürfen und Kleinmöbeln des bedeutendsten Ebenisten der Epoche, André-Charles Boulle, nachweisen.

Für die am Hof verwendete Ikonographie hatte die Sphinx ebenfalls eine Bedeutung. Bereits 1668 wurde ein Sphingenpaar aus Marmor im Garten des noch

28

*28 G. B. Piranesi, Dekoration für das Caffé Inglese; in: Diverse maniere d'adornare i camini (...), o. O., 1769 (1/64)*

29

*29 W. Hogarth, Moses vor der Tochter des Pharaos; Leinwand, 1746, London, The Thomas Coram Foundation For Children*

allein als Lustschloß benutzten Versailles aufgestellt. Die Sphingen, die Lerambert und Houzeau schufen, kopieren in einer bis dahin einzigartigen Weise die Geschlossenheit und Strenge des ägyptischen Darstellungsmodus. Im europäischen Klassizismus des 18. Jahrhunderts wurden sie zum Vorbild vieler Skulpturen dieses Typs innerhalb und außerhalb Frankreichs.[18]

Von großer ikonographischer Bedeutung war schließlich die Darstellung von Sphingen im Spiegelsaal des Versailler Schlosses. Dort ließ sie Charles Lebrun nach eigenem Entwurf zwischen 1678 und 1686 von der Werkstatt des Antoine Coysevox in vergoldetem Stuck anbringen. Die Sphingen flankieren die Beschriftung des zentralen allegorischen Deckenbildes, das die Übernahme der Regierungsgewalt durch den jungen König Ludwig XIV. darstellt. Die durch die *Iconologie* Cesare Ripas verbreitete Bedeutung der Sphinx als Zeichen der *Prudentia* (Klugheit) vermischt sich hier – wohl unabsichtlich – mit der ursprünglichen Funktion dieser Mischwesen als Symbole königlicher Stärke.

1681, zeitgleich mit der Entstehung dieser Sphingen, publizierte Jacques-Benigne Bossuet das von ihm formulierte Ägyptenbild als Teil seines *Discours sur l'histoire universelle*. Dem Erzieher des Thronfolgers diente dieses Buch als historische Legitimation der Staatsform seines Herrschers. Bossuet schilderte darin das ägyptische Altertum und seine baulichen und kulturellen Leistungen als Resultat eines durch eine vorbildliche absolute, aber auch aufgeklärte Monarchie bewirkten *goldenen Zeitalters*. Caylus, der das Ägyptenbild des Klassizismus ganz wesentlich prägte, griff erklärtermaßen auf diese Darstellung zurück.

Das wichtigste Werk zur ägyptischen Kunst, das vor den Veröffentlichungen des Comte de Caylus erschien, war Bernhard de Montfaucons zehnbändig L'Antiquité expliquée (1719–1724). Das wissenschaftlich kommentierte und mit hervorragenden Stichen versehene Werk des Benediktiners entsprach den antiquarischen Idealen der beginnenden Aufklärung und umfaßte unter anderem fast alle damals bekannten als ägyptisch angesehenen Kunstwerke. Neben Skulpturen, Werken der Kleinkunst und der Glyptik zeigen die Tafeln Montfaucons auch einige phantasievolle Ansichten ägyptischer Großbauten. Das Antikenkompendium wurde zu einer der am häufigsten benutzten Bildquellen des 18. Jahrhunderts.

Zu Beginn dieses Jahrhunderts hatte sich, gefördert durch die Aufklärung, das wissenschaftliche Interesse an der ägyptischen Kultur verstärkt. Es sollte nach und nach das traditionelle, mystifizierende Ägyptenbild, dessen Exponent Kircher war, überlagern und bis hin zur Entwicklung der Ägyptologie als akademische Wissenschaft führen. Dem allgemeinen Bedürfnis nach verifizierbarer Information über das Land am Nil entsprachen die verschiedenen Reiseberichte, die in der ersten Jahrhunderthälfte veröffentlicht wurden. Neben Lucas (1714) und Maillet (1735) waren es der kritische und ausführliche Bericht von Pococke (1743) und das hervorragend illustrierte Stichwerk von Norden (1751)[19]. Vor allem die Werke von Pococke und Norden lieferten außerordentlich eingehende Informationen, wie sie zu diesem Zeitpunkt für die klassischen Stätten Griechenlands noch nicht vorlagen und wurden von Wissenschaftlern, Architekten, Malern und Reisenden, unter anderem auch von Vivant De-

30

*30 Ägyptisierendes Steingut, Steitz, 1772-1800 (1/103 u. 1/102)*

non, als Informations- und Inspirationsquelle genutzt.

Die Neugier auf die gewaltigen Großbauten des ägyptischen Altertums suchte aber einige Jahrzehnte früher schon der 1721 in Wien erschienene *Entwurff einer historischen Architektur* von Johann Bernhard Fischer von Erlach zu befriedigen. Für die Phantasieentwürfe zur Baukunst war es als Anregung für ägyptisierende Bauten, unter anderem für Piranesi und Boullée, sehr bedeutsam. Der Textteil des Stichwerks, in dem die ägyptische Baukunst nach Maßgabe des damaligen Forschungsstandes genau und vorurteilsfrei behandelt wurde, gehört zu den Gründungschriften der Architekturgeschichtsschreibung.

Die Bedeutung und Wirkungsweise dieser Quellenbücher auf die zeitgenössische Kunst läßt sich besonders gut am Beispiel des Apis-Altares aufzeigen, den der Goldschmied Johann Melchior Dinglinger 1731 im Auftrag des sächsischen Königs vollendet hatte. Dinglinger griff für dieses wahrhaft kostbare Beispiel einer Ägyptenmode auf Abbildungen aus Montfaucons Werk zurück, die er geschickt in die Kleinkunst umzusetzten verstand.[20]

Das rege Interesse am ägyptischen Erbe in Sachsen dokumentieren auch die Sphingen in den königlichen Gärten zum Beispiel jene, die Pöppelmann 1720 an der Elbtreppe des Wasserpalais von Pillnitz aufstellte. Weitere finden sich in den Parkanlagen von Großsedlitz und Joachimstein. Den reichen, Gartenarchitekten zu Verfügung stehenden Typenschatz dieser Statuengattung vermitteln schließlich zwanzig Sphingen, die zu Beginn des Jahrhunderts in das Gartenprogramm des Wiener Belvedere aufgenommen wurden. Über die Gartenkunst gelangten die Sphingen auch in die Porzellanplastik. So schuf 1732 der Meißener Bildhauer Johann Gottlieb Kircher Sphingen in Porzellan. Andererseits

31

*31 L.-F. B. Lejeune,*
*Die Schlacht bei den Pyramiden;*
*Leinwand, 1808, Versailles,*
*Musée National des Château de*
*Versailles et de Trianon*

32

*32 F.-L.-J. Watteau,*
*Die Schlacht bei den Pyramiden;*
*Leinwand, 1798-1799 (7/102)*

33

33 *J.-L. Gérôme, Ödipus; Leinwand, 1867-1868, San Simeon, Hearst Memorial Castle*

übernahmen die von Ferdinand Dietz um 1768 für den Park von Veitshöchheim bei Würzburg geschaffenen Skulpturen die Formen der Porzellanversionen. Als Dietz seine galanten Rokokosphingen schuf, war die durch den europäischen Klassizismus geführte intensive Auseinandersetzung mit dem ägyptischen Erbe bereits im vollen Gange.

## Klassizismus

Unter dem Klassizismus versteht man allgemein eine Phase in der Kunstgeschichte, die sich direkt oder indirekt auf die ästhetischen Ideale der griechischen Klassik der Antike bezieht und diese historische Klassik als normgebenden und vorbildhaften Kunststil anerkennt. Insbesondere gilt dies für die europäische Kulturepoche, die um die Mitte des 18. Jahrhunderts begann und bis ins frühe 19. Jahrhundert reichte. Das bewußte Zurückgreifen auf die Antike in dieser Zeit brachte aber auch eine historische Reflexion des künstlerischen Vor-

34

34 *J. L. Gérôme, General Bonaparte in Cairo; Holz, um 1863, The Art Museum Princeton University, Museum Purchase, John Maclean Magie and Gertrude Magie Fund*

35

*35 J. P. Franque, Bonaparte in Ägypten von einer Vision der Zustände in Frankreich zur Rückkehr gemahnt; Leinwand, 1810, Paris, Musée du Louvre*

bildes der Vergangenheit mit sich, welche die Leistungen der gefeierten Antike an denen vorhergehender und nachfolgender Epochen maß. So ist es nicht erstaunlich, daß nun auch die Kunst und Kultur des alten Ägypten als Vorgänger der ›Klassik‹ Griechenlands eingehender untersucht und von Künstlern und Theoretikern des Klassizismus neu bewertet wurden.

Zu den bedeutendsten Theoretikern des Frühklassizismus zählte der Comte de Caylus, Angehöriger des französischen Hochadels; er war nicht nur ein einflußreicher und engagierter Kunstmäzen, sondern auch ein erfolgreicher Dilettant und ein begabter Altertumswissenschaftler. Als einer der Ersten versuchte er den ›griechischen Geschmack‹ als Reform der Künste und auch der Kultur seines Zeitalters in Paris durchzusetzen.[21] Dabei half ihm seine Vorbildung als praktizierender Künstler (Radierung und Kupferstich) ebenso wie sein enormes Wissen als Archäologe und sein einflußreicher Freundeskreis.[22] In der Mitte des 18. Jahrhunderts nahm Caylus, der heute nur noch wenigen Fachleuten bekannt ist, in Frankreich eine kulturelle Position ein, die ihn fast zu einer selbständigen Institution im Kunstbetrieb werden ließ.

Seine reformerischen Ansichten im Sinne des Klassizismus vertrat der Comte in unzähligen Vorträgen vor den beiden königlichen Akademien in Paris denen er angehörte, der Kunstakademie und der Akademie für Altertumskunde. Vor allem aber publizierte er sie in seinen von 1752 bis 1767 herausgegebenen *Recueils d'antiquités*.[23] Sie dienten den Künstlern der zweiten Hälfte des 18. Jahrhunderts vielfach als Quelle für genaue Darstellungen von Werken des Altertums. Die Künstler fanden darin allerdings auch, ebenso wie die Altertumswissenschaftler, die erste Abhandlung zur Kunst der Antike und Ägyptens, die dieser einen ihr eigenen hohen kulturellen Zeugniswert beimaß und ihr eine klar definierte ästhetische Qualität zusprach. Dadurch wurde die *Recueil d'antiquités* noch vor Winckelmanns *Geschichte der Kunst des Altertums* (1764) zu einer Inkunabel der Kunstgeschichtsschreibung. In dem siebenbändigen Sammelwerk formulierte Caylus auch sein Antikenbild, das neben dem von Winckelmann das bedeutendste des Frühklassizismus wurde.

Im Gegensatz zu dem noch heute berühmten deutschen Protagonisten des Klassizismus war Caylus allerdings nicht der Ansicht, daß einzig die Rückbesinnung auf die griechische Kunst und Kultur und deren kreative Verarbeitung für seine Zeit heilsam sei. Caylus fand vielmehr auch in der bis dahin von den Kunsttheoretikern abgewerteten archaisch wirkenden Monumentalkunst Ägyptens neue ästhetische Werte, deren Übernahme er den Künstlern empfahl. Der Comte führte in seinen Schriften immer wieder aus, daß die gemeinsame Grundlage aller Kulturen des Altertums diejenige Ägyptens gewesen sei. Von dieser ersten Hochkultur angeregt und in Konkurrenz zu den gewaltigen, für die Ewigkeit bestimmten Werken der Bildhauerei und der Baukunst der Pharaonen hätten sich alle anderen Kulturen der Antike und auch diejenigen Vorderasiens und Chinas entwickelt.

Die monumentale Kunstgesinnung und die ewigkeitsbezogenen Werke der Ägypter erschienen ihm selbst für seine Zeitgenossen als nahezu unerreichbar. Sie waren für ihn das Resultat eines idealen, aufgeklärt-absolutistischen Königreiches, das in einer fast endlosen Friedensperiode und in einem von der Na-

36

*36 Rosette-Stein; Ägypten, Ptolemäerzeit, 196 v. Chr. Basalt, Abguß (1/81)*

*37 Obelisk; Kairo, ursprünglich wohl aus Hermopolis Parva (Tell Baklia) im Nordostdelta, Grauwacke, um 350 v. Chr. (1/80)*

37

*38 Titelseite in: Description d'Egypte (...), Paris, 1809 (1/83)*

tur gesegneten Land sich entwickeln konnte.

Die Werke der Ägypter und der Griechen wurden im Antikenbild des Comte de Caylus gleichermaßen zu Exponenten zweier, scheinbar antagonistischer Kunstprinzipien, der Dauerhaftigkeit und Hoheit ägyptischer Monumentalkunst einerseits und der Feinheit und Eleganz des griechischen Naturalismus und seiner Säulenarchitektur andererseits. Beiden Völker war es nach der Auffassung des Comte gelungen, die ihnen eigenen künstlerischen Ausdrucksformen, in denen sich auch ihre hohen kulturellen Werte visualisierten, bis zur Vollendung zu führen, wobei denen der Griechen am ehesten unter den Voraussetzungen seiner eigenen Zeit nachgestrebt werden konnte. Caylus steht mit seinem dualistischen Antikenideal den beiden ästhetischen Kategorien des Erhabenen *(sublime)* und des Schönen *(beautiful)*, die der englische Philosoph Burke in der Mitte des 18. Jahrhunderts formulierte, denkbar nahe. Burkes neue Ästhetik sollte das ästhetische Empfinden im letzten Viertel des 18. Jahrhunderts nachhaltig bestimmen.[24]

Das aristokratisch-konservative Ägyptenbild des Comte de Caylus, das die ägyptische Frühgeschichte als ›goldene Zeit‹ des Altertums begriff, traf bei vielen Mitgliedern des Hochadels auf großes Interesse und führte unter seinen akademischen Fachkollegen zu einer intensiveren Beschäftigung mit Ägypten. Seine Thesen erregten aber auch heftigen Widerspruch bei Anhängern der bürgerlichen Aufklärung, so Diderot und Winckelmann. In jedem Fall bestimmten sie die klassizistische Theoriediskussion von der Abstammung und der Eigenwertigkeit der Kunst des Altertums in erheblichem Maße mit.

Die eigentliche künstlerische Auseinandersetzung mit Ägypten vollzog sich allerdings zunächst nicht in Paris, sondern in Rom. Hier allein war es den Künstlern bis ins frühe 19. Jahrhundert möglich, der ägyptischen Großplastik und Monumenten wie Obelisk und Pyramide zu begegnen, deren Wirkung am Objekt selbst zu studieren. Seit 1748 gab es in Rom die erste öffentlich zugängliche Schausammlung ägyptischer bzw. ägyptisierender Kunst im kapitolini-

ALEXANDRIE
CHOBRAKIS
PYRAMIDES
SALAHIEH
SEDMENT
EL-ARICH
GAZA
NAZARETH
MONT-TABOR
SYÈNE
THÈBES
ABOUKIR

*38*

39

*39 Rekonstruktion der Portikus des Tempels von Dendera; in: Description d'Egypte (...), Paris, 1812 (1/87)*

*40 Rekonstruierte Ansicht der Säle des Totentempels Ramses II.; in: Description d'Egypte (...), Paris, 1812 (1/85)*

*41 Die Pyramiden von Gizeh; in: Description d'Egypte (...), Paris, 1812 (1/88)*

schen Museum. Daneben befanden sich eine größere Anzahl derartiger Kunstwerke in den privaten Sammlungen der Stadt, so vor allem in der Sammlung der Borghese und in der des Kardinals Albani.

Bei der Aneignung des ägyptischen Erbes nahm die Académie de France in Rom und einige ihrer bedeutendsten Schüler eine wichtige Mittlerfunktion zwischen der Rezeption ägyptischer Kunstwerke in Italien und der Theoriediskussion in Frankreich ein. Zu nennen ist hier vor allem der Ruinenmaler Hubert Robert, der sich seit 1754 als Stipendiat der Akademie in der heiligen Stadt aufhielt und dort bis 1765 blieb. In seinem Werk besaß die Beschäftigung mit den erhabenen Zeugnissen ägyptischer Kultur schon sehr früh eine wichtige Stellung. Um 1760 geriet Robert durch den Antikeneinkäufer Paciaudi und durch den Abbé de Saint-Non in den Kreis des Comte de Caylus. Dies führte dazu, daß Robert sich nun noch eingehender mit der malerischen Wirkung ägyptischer Bauten auseinandersetzte. Belegt wird dies durch zwei Pyramidenbilder und ein ägyptisches Capriccio, die in dieser Zeit entstanden.[25] Weitere Bilder und vorbereitende Zeichnungen dieser Art, in denen sich Robert mit der baulichen Pracht der gewaltigen Denkmäler Ägyptens befaßte, sind überliefert.

Die Ägyptenfaszination, die um 1760 die französischen Stipendiaten in Rom erfaßt hatte, visualisiert sich auch durch die ägyptisierenden Entwürfe des späteren Hauptmeisters des galanten Rokoko, Fragonard, der mit Robert und Saint-Non befreundet war. Fast gleichzeitig datiert auch die Zeichnung eines ägyptischen Tempels, den Cherpitel, ein anderer Stipendiat dieser Zeit, 1762 dem Marquis de Marigny nach Paris sandte, um nur ein weiteres Beispiel zu nennen.[26]

In den folgenden Jahren blieb die künstlerische Beschäftigung mit Ägypten im Interessensbereich der französischen Akademieschüler. Genannt seien nur eine 1772 datierte Zeichnung von Vincent, die die Verehrung einer ägyptischen Gottheit darstellt, und vor allem die düsteren Sepulkralszenen, die Desprez um 1780 in eine Aquatintaradierung umsetzte.[27]

Zumeist wurde die um 1760 in Rom feststellbare künstlerische Auseinandersetzung mit Ägypten bisher dem Einfluß des Vorbildes Piranesis zugesprochen. Dieser hatte 1769 ein Stichwerk unter dem Titel *Diverse maniere d'adornare i cammini* veröffentlicht, in dem er sich für die Verwendung ägyptischer Formen in der Innendekoration einsetzte. Er belegte die Möglichkeiten einer Ägyptenmode durch elf Entwürfe für ägyptische Kamin- und Raumensembles und durch zwei Ansichten des von ihm ausgemalten Caffé degl'Inglesi. Die große Bedeutung Piranesis für das Kunstleben des Frühklassizismus ließ vielen Kunsthistorikern diese Herleitung sehr wahrscheinlich erscheinen, zumal der Italiener mit den meisten Schülern der französischen Akademie, insbesondere mit Hubert Robert, gut bekannt war.

Untersucht man jedoch den Text- und den Bildteil der Stichsammlung, so kommt man zu einem anderen Schluß. Sowohl der kunsttheoretische Teil, als auch die ägyptischen Entwürfe sind von einer gemeinsamen Quelle abhängig, und zwar von Caylus *Recueils d'antiquités*.[28] Aus dem Antikenbild des französischen Archäologen leiten sich erhebliche Passagen der Erläuterungen her. Die Kaminentwürfe gehen noch eindeutiger auf die Bildquelle der *Recueils* zurück, in der sich fast alle Elemente der Kamine wiederfinden lassen. Die Bände der *Recueils*, aus denen Piranesi seine Vorbilder bezog, erschienen zwischen 1759 und 1764 (Bd. 3-5). Eine längere chronologische Entwicklung der Entwürfe kann nicht festgestellt werden. Sie sind wohl alle kurz nach 1764 entstanden und damit vier Jahre, nachdem Robert und Fragonard ihre eigenen Entwürfe mit ägyptischen Kunstgewerbe und Themen angefertigt hatten. Auch die künstlerische Wirkung des ägyptisch geschmückten Schankraumes im Caffé degl'Inglesi an der spanischen Treppe, in dem sich vor allem die englische Künstlerkolonie traf, war zunächst eher unerheblich. Die skurrile Erscheinungsweise des Raumes überliefert übrigens der deutsche Architekt Weinlig in einer bisher unbekannten

*40*

*41*

*42 Kaffeeservice »Tête-à-Tête«; Wiener Porzellanmanufaktur, Porzellan, um 1800 (1/111)*

42

*43 J.-F.-J. Swebach-Defontaines, Teller mit Motiven aus dem ägyptischen Feldzug Napoleons; Sèvres, Porzellan, 1811-1812 (1/100)*

43

Textquelle.[29] Die Rezeption der ägyptisierenden Entwürfe Piranesis setzte erst in den letzten beiden Jahrzehnten des 18. Jahrhunderts ein, als die Ägyptenmode in Europa bereits ein breites Fundament besaß.

Künstlerisch einflußreicher als das Café Piranesis war der ägyptische Raum, den Mengs zwischen 1771 und 1773 für die Papyrussammlung des Papstes im Vatican entwarf und teilweise eigenhändig ausmalte.[30] Der schlichte Raum, dessen noble Eleganz durch die Auskleidung mit kostbaren Hartgesteinen und durch eine archaisierende Architekturordnung geprägt ist, wird von einer bemalten Decke überfangen, auf der Mengs und Unterberger ein Bildprogramm entwickelten, das christliche und altägyptische Motive und Formen miteinander verband.

Mengs hatte sich bereits 1759 und 1760 mit der archäologisch genauen Verbindung klassisch-antiker und ägyptischer Motive in zwei gemalten Versionen der Darstellung des Zusammentreffens der Kleopatra mit ihrem Besieger Octavianus beschäftigt.[31] Diese ägyptischen Historienbilder, die die Tradition Poussins bewußt wieder aufgreifen, und die ägyptischen Tempelansichten, die der Architekturmaler Mauro Tesi in Bologna, ebenfalls um 1760 entwarf, belegen, wie verbreitet das Interesse am ägyptischen Erbe in diesen Jahren auch außerhalb der französischen Künstlerkolonie in Italien war.[32]

Die Raumkonzeption, die Mengs für sein ägyptisches Zimmer entwickelt hatte und die gänzlich von der Piranesis abwich, wurde zwischen 1778 und 1782 bei der Neuausstattung eines Sammlungsraumes in der Villa Borghese in Rom durch den Architekt Asprucci wieder aufgenommen.[33] In dieser *Stanza Egizia* verband sich erneut die virtuose Verarbeitung härtester exotischer Gesteinsarten, die man damals allgemein mit Ägypten assoziierte, mit einem umfangreichen ägyptischen Bildprogramm. Die Malereien in der Villa Borghese umfassen nicht allein als Skulpturen erscheinende ägyptische Sphingen und Statuen, sondern auch einen Zyklus von Darstellungen aus der Liebesgeschichte der Kleopatra und des Marcus Antonius. Der Deckenspiegel wird von einem großen Bild eingenommen, das die einstige Größe und den Reichtum des Nillandes feiert. In zeitgenössische Erläuterungen des Raumprogrammes durch Parisi und Visconti wird deutlich, daß sich die Idee der Ikonographie an dem konservativen Ägyptenbild orientiert, das der Comte de Caylus einige Jahre zuvor in seiner *Recueils d'Antiquités* formuliert hatte.[34]

Als die Stanza Egizia der Villa Borghese 1782 unter großer Beachtung der Öffentlichkeit eingeweiht wurde, erreichte in Frankreich die Ägyptenmode des Frühklassizismus gerade ihren ersten Höhepunkt. Bereits 1768 hatte der Ornamentstecher Neufforge eine Entwurfsammlung herausgegeben, die auch Beispiele für Möbel und Uhren mit ägyptischen Formen umfaßte. Diese lassen sich auf Entwürfe zurückführen, die aus der Zeit Ludwig XIV. stammen.[35] Eindrucksvolle Beispiele für den Beginn der Ägyptenmode des Klassizismus stellen die Porphyrtische des Duc d'Aumont mit ihren prachtvollen ägyptischen Hermen aus Bronze dar, die vor 1773 von Gouthière nach einem Entwurf von Belanger angefertigt und später durch ein Paar Jaspistische mit ebenfalls ägyptischen Formen ergänzt wurden.[36] Diese beiden Tischpaare wurden 1782 auf der Nachlaßauktions ihres Auftraggebers von Ludwig XVI. und Marie-Antoinette ersteigert.

Zu diesem Zeitpunkt hatte sich die französische Königin bereits die ägyptische Sphinx als eines ihrer persönlichen Symbole erwählt. Schon bei der Ankunft Marie-Antoinettes in Frankreich im Jahre 1770 erwartete die österreichische

44

*44 J. Martin, Die Siebente Plage in Ägypten; Wasserfarbe, 1823, Newcastle upon Tyne, Laing Art Gallery and Museum*

Prinzessin ein neugestaltetes Schlafzimmer in Versailles, an dessen Decke die Sphinx als Symbol der Königin dem königlichen Löwen als Machtsymbols ihres Mannes zugeordnet war.[37] Als nach 1780 die Neumöblierung der königlichen Gemächer begonnen wurde, erschien die ägyptische Sphinx zunehmend häufiger an den Sitzmöbeln und in den Täfelungen der privaten Gemächer Marie-Antoinettes, so im Chambre, im Boudoir und im Cabinet doré des Schlosses von Versailles, im Boudoir und im Salon de jeu von Fontainbleau und im Chambre sowie im Cabinet de toilette von Saint Cloud. Die letztgenannten Möbel von Saint Cloud wurden erst 1788 geliefert. Es handelt sich dabei um eine Liege und zwei Armlehnstühle, die mit ihren ägyptischen Hermen fast wie Werke des Empire wirken.[38] Das modische Vorbild der Marie-Antoinette zeigte Wirkungen. Auch ihr Schwager, der Comte d'Artois, ließ sein luxeriöses Lustschloß Bagatelle bei Paris und den dazugehörigen Landschaftsgarten von Belanger mit ägyptischen Symbolen schmücken.

Aus den 80er Jahren des 18. Jahrhundert haben sich eine Vielzahl von Möbeln, Leuchtern, Feuerböcken und Uhren erhalten, die mit Sphingen und ägyptischen Hermen versehen wurden. Ihre Verbreitung im luxuriösen Kunstgewerbe dieser Zeit leitet sich wohl nicht allein von dem königlichen Vorbild her. Es läßt sich auch mit dem zunehmenden Interesse an ägyptischen Geheimgesell-

45

*45 C. F. Thiele nach C. F. Schinkel, Dekorationen zu der Oper »Die Zauberflöte«; »Decoration zu der Schluss Scene (...)«, Aquatinta, koloriert, ab 1819 (1/166)*

*46 »Act I« (1/168)*
*47 »Act I, Scene XV«*
*48 »Act II, Scene I«*
*49 »Act II Szene VII« (1/167)*
*50 »Act II Szene XX«*
*51 »Act II Szene XXVIII« (1/169)*

*Berlin, Hochschule der Künste, Bibliothek*

schaften in Verbindung bringen, deren auffälligster Exponent der Graf Cagliostro war.

Die Wirkung der Ägyptenmode auf das Kunstgewerbe kann hier allerdings nicht weiter behandelt werden. Gesagt sei nur, daß auch außerhalb Frankreichs diese extravagante Luxusmode aufgenommen wurde. Beispiel dafür sind die ägyptischen Porzellane der Porzellanmanufakturen von Berlin, Wien, Meißen und Neapel sowie die Steinguterzeugnise mit ägyptischen Formen der Firma Wedgwood in England und Steitz in Kassel. Auch sei darauf hingewiesen, daß zur gleichen Zeit der Architekt Henry Holland und sein Schüler Tatham ägyptisierendes Kunstgewerbe entwickelten, um es in den modischen Palästen des englischen Adels, so im Carlton House des Prince of Wales, aufzustellen.

In die letzten beiden Jahrzehnte des 18. Jahrhunderts datieren auch eine Reihe von Entwürfen für ägyptische Zimmer, die allerdings nur sehr selten realisiert wurden. So beispielsweise der Billardraum des Cairness-House in Schottland von Playfair aus dem Jahre 1793. Andere finden sich als Anregung für ein interessiertes Publikum in deutschen Kulturjournalen, so 1796 bei von Racknitz und im gleichen Jahr im Journal des *Luxus und der Moden*. 1795 publiziert das *Magazin für Freunde des guten Geschmacks* einen Dekorationsvorschlag für ein solches Zimmer von dem gesagt wird, daß dieses *»nur in gewissen Umständen, und diese Umstände können vielleicht bei Verzierung einer Freymaurer-Loge nächstens eintreten, in Ermangelung eines geschickten Mahlers oder Architekten ein Muster zu einer zweckmäßigen Verzierung dieser Art«* benutzt werden sollte.[39] Nicht zuletzt durch Mozarts *Zauberflöte*, 1791 uraufgeführt, wurde die Verbindung ägyptischer Formen mit dem Geheimorden der Freimaurer allgemein bekannt. Die von Athanasius Kircher im 17. Jahrhundert vertretene Rückführung alles geheimen Wissens auf Ägypten beherrschte viele Gespräche der Jahre vor der französischen Revolution.

46

47

48

49

50

51

52

*52 H. Beechey, Kopie einer Wandmalerei aus dem Grab Sethos I.; Aquarell, Feder und Tusche, um 1818 (1/148)*

Eine irrationale Komponente der Ägyptenmode vor 1800 wird auch bei vielen ägyptisierenden Garteneinbauten, wie Pyramiden und Obelisken, deutlich, die sich noch heute in europäischen Gärten nachweisen lassen. Ein prägnantes Beispiel dafür sind die vielen ägyptischen Elemente des Neuen Gartens König Friedrich Wilhelms II. in Potsdam und die Pyramide im Parc Monceau in Paris, die Philippe d'Orleans dort hatte errichten lasssen. In deutschen Journalen findet sich ebenfalls eine Vielzahl von Vorschlägen ägyptisiernder Verschönerungen der Gärten mit Monumenten und Gartensitzen.

Schließlich kann hier auf die Bedeutung ägyptischer Monumentalbauten für die Architekturphantasien dieser Zeit, insbesondere die sogenannte Revolutionsarchitektur, nur hingewiesen werden: die Ideen des *Erhabenen*, wie sie Burke und auch Caylus vertraten, ließen sich in diesen Visionen zumindest auf dem Papier realisieren. Am eindrucksvollsten visualiseren sich diese ägyptischen Träume in den Entwürfen des Akademieprofessor Etienne-Louis Boullée.

Ihre theoretische Untermauerung erhielten die Architekturvisionen durch mehrere Abhandlungen, die teilweise auf Grund einer 1785 öffentlich ausgeschriebenen Akademiefrage zum Verhältnis der griechischen zur ägyptischen Architektur und zur ästhetischen Erscheinungsweise der ägyptischen Baukunst entstanden.[40]

53

*53 Kniefigur des Vizekönigs Pa-ser; Ägypten, Sandstein, um 1250 v. Chr. (1/127)*

## Revolutionszeit und Empire

Die Große Revolution in Frankreich entzog zwar einer Klientel ägyptisierender Luxusmoden die finanzielle Basis, das Interesse an Ägypten aber erlosch nicht. Allerdings wurde das konservative Ägyptenbild des *Ancien Régime*, das vielfach das Ägypteninteresse bestimmt hatte, einer neuen Bewertung unterzogen. Ägyptische Formen interpretierte man nunmehr als Symbole der Schöpferkraft der Natur und als Zeugnisse einer unverdorbenen Urkultur. In diesem Sinne wurde für das *Fest der Einheit und Unteilbarkeit* am 10. August 1793 eine ägyptische Brunnenfigur als Darstellung der Natur *(fontaine de la régénération)* auf dem Platz errichtet, auf dem sich einst die Bastille erhob. Aus dem Brunnen tranken die vielen tausend Festteilnehmer, bevor der Umzug begann. Ein anderes Beispiel revolutionärer Ägyptenmode findet sich noch heute in den *Jardins de Tuileries:* Bänke an deren Enden jeweils eine geflügelte, vielbrüstige Sphinx hockt.[41] Der verwendete Typus entspricht ziemlich genau jenem, der sich in den 80er Jahren als avangardistischer Schmuck von Uhren und Kaminböcken großer Beliebtheit erfreute. Als Siegeszeichen der Revolution und als für die Ewigkeit bestimmte Grab- und Denkmäler der Revolutionshelden entstanden eine Vielzahl von Obelisken und Pyramiden in zumeist vergänglichen Materialien.

54

*54 Bernardino Drovetti und seine Mitarbeiter in Ägypten; in: L. C. de Forbin, Voyage dans le Levant en 1817 et 1819, Paris, 1819 (1/128)*

Auch im Bereich des Kunstgewerbes lebte die Ägyptenmode weiter fort. Diese nunmehr revolutionäre Mode muß sich sogar soweit verstärkt haben, daß sie als typisch französisch empfunden wurde. Das geht aus einer 1796 veröffentlichten Besprechung verschiedener neuer Möbelentwürfe aus Paris hervor.[42] Der darin beschriebene Schreibschrank, der als Beispiel des *neufranzösischen Geschmacks* charakterisiert wird, entspricht ziemlich genau dem Typus, der bisher als Entwurf Perciers und typisches Möbel der Ägyptenmode des frühen Empire angesehen wurde.

Auf den Spuren Alexanders segelte General Napoleon Bonaparte im Mai 1798 auf seinem Flaggschiff L'Orient, begleitet von 400 Schiffen, 40.000 Soldaten und einer Gruppe von mehr als hundert Wissenschaftlern und Künstlern nach Ägypten. Kriegsziel war, die Einwohner dieser türkischen Provinz vom Joch ihrer Unterdrücker zu befreien, die Handelswege des Feindes England zu behindern und den kulturellen und wirtschaftlichen Reichtum des Niltales für Frankreich nutzbar zu machen. Die Intentionen des Feldzuges deckten sich in wesentlichen Aspekten mit Vorschlägen zu einer Eroberung Ägyptens, wie sie bereits 1785 und 1787 in Savarys und Volneys damals sehr populären Reisebeschreibungen des Nillandes formuliert worden waren.[43]

Die Besetzung des Landes gelang zwar, die gesamte französische Mittelmeerflotte wurde aber bereits am 1. August durch eine englische Flotte unter Lord Nelson bei Abukir vernichtet. Damit war der Feldzug aussichtslos geworden. Die zu Beginn siegreichen französischen Truppen wurden durch einen

55

*55 G. Angellini, Die französisch-toskanische Expedition in Ägypten 1828-1829, geleitet von F. Champollion und F. Rossellini; Leinwand, um 1836, Florenz, Ministerio per i Beni Culturali e Ambientali, Museo Egizio*

fortgesetzten Partisanenkrieg der Mamelucken und von Seuchen allmählich dezimiert. Als Bonaparte am 23. August 1799 heimlich, seine Truppen zurücklassend, die englische Seeblockade Ägyptens durchbrach, um in das militärisch äußerst gefährdete Frankreich zurückzukehren, reiste Vivant Denon, der Chronist des Ägyptenfeldzuges, mit ihm. Das politische Geschick des Generals und die bereits 1802 in luxuriösen Ausgaben erscheinenden, prächtig illustrierten Darstellungen der militärischen Taten und der kulturellen Schätze des eroberten Landes durch Denon konnten dazu verhelfen, die eindeutige Niederlage des Generals propagandistisch in einen Sieg umzuwandeln. So ließ sich Napoleon, nach den militärischen Erfolgen gegen die vereinten europäischen Heere und seinem Staatsstreich vom 18. Brumaire 1799 nunmehr ausgerufen zum Ersten Konsul Frankreichs, als Bezwinger Ägyptens feiern.

Die erste Modewelle, die auf den Ägyptenfeldzug folgte, entstand allerdings nicht in Frankreich, sondern in England, wo man den Sieger von Abukir gebührend zu ehren wußte. Die nach 1800 in Paris geschickt initiierte Ägyptenmode war dann allerdings so fruchtbar und erfolgreich, daß man sie noch heute vielfach als die einzige künstlerische Auseinandersetzung mit Ägypten ansieht, die Jahrzehnte nach den Entwürfen Piranesis Wirkung entfalten konnte. Von ihr berichtet ein deutsches Magazin 1801 aus Paris: *»Aegyptische Formen werden, wie Sie unter anderen aus einigen ohnlängst erschienenen Kupferstichen haben sehen können, zu Mobiliar und Zimmerverziehrungen ziemlich häufig angewandt (...) Sogar zu Aushängeschildern und Farben für Tücher hat Aegypten Stoff liefern müssen«.*[44]

In großer Zahl wurden die bereits im Ancien Régime entwickelten Typen an Möbeln, Uhren, Kaminböcke und Porzellanen wieder aufgenommen und in die strengen Formen des Empire übersetzt. Häufig waren dafür die gleichen Künstler verantwortlich, die bereits vor der Revolution diese Formen benutzt hatten, beispielsweise die Tischlerfamilie Jacob und der Bronzegießer Thomire.

Zur gleichen Zeit wurden auch ägyptische Monumente zu Ehren des Ägyptenfeldzuges aufgestellt, so das Denkmal für

56

57

*56 Der gewaltsam geöffnete Eingang zur Chephrenpyramide; in: G. B. Belzoni, Atlas des voyages (...), Paris, 1821 (1/126)*

*57 Die Grabkammer der Chephrenpyramide; in: G. B. Belzoni, Atlas des voyages (...), Paris, 1821 (1/126)*

58

*58 D. Roberts, Der Tempel von Dendera; Leinwand, 1841 (1/173)*

den General Desaix auf der Place des Victoires, das Brunnendenkmal für die Große Armee mit dem Palmenkapitell und den Sphingen auf der Place de Châtelet und der Fellachenbrunnen *(fontaine du fellah)* in der Rue du Sèvres. Ägyptisierende Formen wurden zum Signum des Ersten Konsuls und späteren Kaisers der Franzosen.[45] Napoleon stattete seine neuen Residenzen mit ägyptisierenden Möbeln aus. So sehr suchte er Identität mit Ägypten, daß er seinen Vater, Charles Bonaparte, in einer ägyptisch gebauten Grabkapelle im Landschaftsgarten von Saint-Leu-la-Forêt bestatten ließ und sich selbst, in der Nachfolge der Pharaonen, legte er eine königliche Kartusche mit der Hieroglyphe für Biene zu.[46]

Zu den eindrucksvollsten, noch heute vorhandenen Zeugnissen der Ägyptenmode des Empire zählen im Bereich des Kunstgewerbes zwei vielteilige Porzellanservice, die 1810–12 für den russischen Zaren und die Kaiserin Josephine von der Manufaktur in Sèvres hergestellt wurden, für die Architektur kann das Eingangsportal des Hôtel Beauharnais, eines Palastes des kaiserlichen Stiefsohnes erwähnt werden.[47] Ein eher eigenwilliges Zeugnis napoleonischer Ägyptenmode stellt schließlich die Fassade der ersten überdachten Passage von Paris, der *Passage de Caire*, dar, die kurz nach 1800 entstand. Archäologisch genau gebildete Hathorkapitelle und ein Fries nach ägyptischen Vorlagen schmücken die Schauseite. Die Hauskanten sind nach Vorbild ägyptischer Tempel mit Rundstäben eingefaßt, ebenso die Fenster des ersten Stockwerks. Die einzelnen Architekturdetails wurden sorgfältig beobachtet und belegen den wissenschaftlichen Anspruch, mit dem im 19. Jahrhundert historische Formen in der zeitgenössischen Kunst Verwendung finden.

Die Ägyptenrezeption des Empire mündete in die sich bereits formierenden Kunstideale des Historismus. Die ägyptischen Formen faszinierten auch weiterhin Architekten, Innendekorateure und Maler. Diese historistische Faszination verbalisierte 1809 der Bautheoretiker Jacques Guilleaume Legrand, der den Architekten riet, frei aus allen Stilen der Vergangenheit ihre Ideen zu schöpfen. Das Studium und das Zurückgreifen auf die ägyptische Architektur führe zu

59

59 *D. Roberts, Der Auszug der Israeliten aus Ägypten; Leinwand, 1830, Birmingham, Birmingham Museum and Art Gallery*

einer noblen, strengen und besonders imposanten, letztlich auf die Ewigkeit gerichteten Baukunst. Das ägyptische Bauen empfahl Legrand denen, die ein aufsehenerregendes Werk schaffen wollten, das den Ruhm seines Erbauers auf alle Zeiten bewahren könne.[48]

Einen erheblichen Anteil an der Ägyptenrezeption des Historismus hatte schließlich die zwischen 1809 und 1828 in 24 Bänden erschienene *Description de l'Egypte*, in der die wissenschaftlichen Forschungsergebnisse der französischen Ägyptenexpedition niedergelegt wurden. Die *Description* stellte nicht allein alles Wissen der Zeit zusammen, sondern enthielt auch ein grandioses Kompendium mit Ansichten und Details ägyptischer Kulturzeugnisse. Die militärische Aktion Napoleons hatte eine Flut ziviler Ägyptenexpeditionen zur Folge, die das ehedem geheimnisvolle Land am Nil für Europa entzauberten. Zusammen mit dem Stein von Rosette, dessen Kenntnis es 1822 Champollion ermöglichte, die Hieroglyphen zu entziffern, begründete die *Description* die Wissenschaft der Ägyptologie. Im Laufe des 19. Jahrhunderts erweiterte sich die Kenntnis der altägyptischen Kultur stetig, das ägyptische Erbe wurde Allgemeingut Europas.

60

60 *E. Long, Jahr des Herrn oder Flucht nach Ägypten; Leinwand, 1883, Bournemouth, Russel-Cotes Art Gallery and Museum*

*61 E. J. Poynter, Israel in Ägypten; Leinwand, 1867 (1/174)*

61

*Enrichetta Leospo*

# ATHANASIUS KIRCHER UND DAS MUSEO KIRCHERIANO

Eine Bestandsaufnahme dessen, was sich im ehemaligen Museo Kircheriano in Rom, im Collegio Romano, befand, sei es auch nur der Aegyptiaca, ist in mehrfacher Hinsicht von Interesse.

Einerseits ist das Museum ein gutes Beispiel für frühes Sammlerwesen und die Entstehungsgeschichte der Museen, denn es ist nach den Kriterien einer *Wunderkammer* entstanden, wird von René Taylor[1] gar als *Apotheose der Wunderkammer* bezeichnet, und dies zu einer Zeit, als sich bereits Anfänge einer Spezialisierung im Sammlungswesen abzeichneten. Auf der anderen Seite läßt die didaktische Ausrichtung des von Athanasius Kircher (1602–1680) begründeten Museums, es diente dem Unterricht von Zöglingen des Jesuitenkollegs, es auch zum Prototyp wissenschaftlich orientierter Universitätssammlungen werden.

Unter den Aegyptiaca der Kircherschen Sammlung befanden sich viele im engeren Sinne archäologische Objekte, welche die Verbreitung ägyptischer Kultur in der hellenistisch-römischen Welt belegen: Viele der ägyptischen und ägyptisierenden Objekte des Museums, gleich ob Importware oder einheimische Erzeugnisse, wurden wahrscheinlich nicht auf dem Antikenmarkt, durch Schenkungen oder Tausch erworben, vielmehr im Boden der Stadt Rom gefunden, und diese Objekte wurden seit den Anfängen des Museums gerade auch von Kircher selbst nicht nur als Kuriosität, sondern auch als historische bedeutende Zeugnisse der kulturellen Hinterlassenschaft Ägyptens gewertet.

In Kirchers ägyptologischen Werken schlägt sich diese Erfahrung nieder, einige dieser Stücke sind neben den römischen Obelisken und anderen Denkmälern als Grundlage für eine systematische Behandlung erwähnt, die trotz aller Ungereimtheiten in ihrer Bedeutung für die Wissenschaftsgeschichte der Ägyptologie nicht vernachlässigt werden darf.

## Aegyptiaca zur römischen Zeit

Seit Beginn des 15. Jahrhundert entsteht im Rahmen der Wiederentdeckung der antiken Welt auch ein neues Interesse für die in Rom aufgefundenen Aegyptiaca. Ihre Einfuhr begann im 1. Jahrhundert v. Chr. und hielt während der gesamten Kaiserzeit an, es gab jedoch auch eine eigenständige Produktion von ägyptisierenden Stücken. In den Kunst- und Kuriositätenkabinetten der Renaissance und des Barock fanden sie sich als Einzelstücke oder in kleinen Gruppen, nahmen jedoch gegenüber den Werken griechischer und römischer Herkunft nur einen nachgeordneten Rang ein.

Erst nach der napoleonischen Expedition (Beginn 1798) nahm das Sammeln ägyptischer Kunstwerke einen deutlichen Aufschwung, was dann zur Entstehung der großen Museen für ägyptische Kunst innerhalb und außerhalb Europas führt.

Das Vorhandensein ägyptischer und ägyptisierender Objekte in Rom liegt hauptsächlich darin begründet, daß Götterbilder, Einrichtungs- und Kultgegenstände für die Tempel der Isis und des Serapis benötigt wurden, deren Kulte unter Caligula offiziellen Charakter annahmen, aber schon seit dem 1. Jahrhundert v. Chr. nachzuweisen sind. Die Funde stammen zumeist aus der (ägyptischen) Spätzeit und der griechisch-römischen Zeit, Herkunftsgebiet ist das Nildelta.

Außer von politischen und propagandistischen Faktoren (der Kult der erwähnten Gottheiten verband sich bald mit dem Kaiserkult) wurde die Nachfrage nach ägyptischen Altertümern von individueller Frömmigkeit oder auch reiner Sammelleidenschaft bestimmt, die zuweilen von der Mode oder dem Zeitgeschmack am Exotischen abhängig war, der sich in der Ausstattung von Villen und Gärten, in Malereien und Mosaiken niederschlug.

62

*62 Das Museo Kircheriano, Kupferstich, Amsterdam 1677*

Dies bedingte, daß ganz bestimmte Kategorien von Stücken ihren Weg nach Rom fanden und später in den ersten Sammlungen wieder zutage traten, die aus einheimischen Funden gebildet wurden: Obelisken, Sphingen und Löwen, tierköpfige Gottheiten, ornamentale Statuen und Götterbilder sowie Amulette.

Kirchers Ägypteninteresse zeigte sich, ebenso wie in der Erforschung der römischen Obelisken, im Erwerb gerade solcher Stücke für das Museum des Collegio Romano, in der im *Oedipus Aegyptiacus* beschriebenen Absicht, alle bekannten Zeugnisse jener alten Kultur zu katalogisieren, um den *symbolischen* Gehalt der Hieroglyphen verstehen und deuten zu können.

Als hervorstechender Charakterzug Athanasius Kirchers, geboren am 2. Mai 1602 in Geisa bei Fulda, gestorben am 27. November 1680 in Rom[2], kann das stete Bemühen gewertet werden, einen inhaltlichen Ausgleich zwischen seinen zahlreichen Forschungs- und Experimentiertätigkeiten auf allen Wissensgebieten, seiner Sammlertätigkeit in Kunst und Wissenschaft, deren tieferer Zweck in der Erforschung einer vermuteten einheitlichen Kosmologie lag, sowie den gewichtigen Werken, in denen er sein Weltbild vorstellte, zu erreichen.

Diese Voraussetzungen führte ihn auch dazu, jeder Ausdrucksform seiner eklektischen Kenntnisse einen didaktischen Stempel aufzudrücken. Seine universale Gelehrsamkeit umfaßt Philosophie, Philologie, Theologie und Liturgie, Astronomie, Mathematik und Physik, Naturwissenschaft, Geographie und Chorographie, Ethnographie und Orientalistik, besonders aber das Interesse für die ägyptische und die chinesische Kultur, das nicht wenig durch Berichte und Mitbringsel von Reisenden und Missionaren der Jesuiten genährt worden war.[3]

Kircher, der am 2. Oktober 1618 in den Jesuitenorden eintrat, unterrichtete seit 1629 an Seminaren seines Ordens in verschiedenen deutschen Städten orientalische Sprachen, Philosophie und Mathematik. Vor den Truppen Gustav Adolfs von Schweden im Dreißigjährigen Krieg und der Verfolgung der Jesuiten seitens der Protestanten mußte er 1632 Würzburg verlassen und siedelte nach Avignon, in das dortige Kolleg über.

Dort machte er die Bekanntschaft des Humanisten Nicolas Claude Tabri de Peiresc (1580–1637), dessen Interesse an orientalischen Sprachen und der Entzifferung der Hieroglyphen möglicherweise den Anstoß zu seinen eigenen Bemühungen gab, deren Ausgangspunkt ein Werk über die römischen Obelisken war, das er in Mainz hatte einsehen können. Wahrscheinlich handelt es sich dabei um J. G. Herwarth von Hohenburgs *Thesaurus Hieroglyphicorum*.[4]

Peiresc, angetan von der vielseitigen Begabung Kirchers, wurde sein Gönner und verschaffte ihm alle Hilfsmittel, die seine Arbeit erleichtern konnten. Nicht genug damit, die ersten ägyptischen Stücke, die Kircher mit nach Rom, in das Museum des Collegio Romano brachte, stammten aus der Privatsammlung Peiresc', der sie ihm geschenkt hatte.[5]

Es war wiederum Peiresc, der bei Kardinal Francesco Barberini, er betrieb gleichfalls orientalistische Studien, für ihn eintrat. Durch seine Fürsprache wurde der Gelehrte von Urban VIII. nach Rom berufen, um am Jesuitenkolleg Mathematik zu lehren. Dort konnte er sich seinen ägyptologischen Interessen widmen und die Entzifferung der Hieroglyphen anhand der Inschriften der Obelisken versuchen, welche die römischen Kaiser in die Hauptstadt geholt und denen die Päpste des 16./17. Jahrhundert, nach einer langen Phase der Vergessenheit, eine repräsentative Aufstellung gesichert hatten.

Nach acht Jahren gab er seine Lehrtätigkeit sogar ganz auf, um sich ganz seinen Forschungen zu widmen, die ihn am meisten fesselten und, zusammen mit der Sorge für sein Museum, für den Rest seines Lebens beschäftigten.

Kirchers *ägyptische Hypothese* hat ihren Platz in jener neuplatonischen und hermetischen[6] Strömung, die in der Kulturpolitik der Gegenreformation überleben sollte und sich in einer Zeit durchsetzen konnte, in der sich eine wissenschaftliche Geisteshaltung mit ihrer rationalen Erkenntnis der Wirklichkeit ständig ausbreitet.

Wie Iversen[7] richtig bemerkt, steht die Kirchersche Deutung der ägyptischen Schrift in vollem Einklang mit seiner gesamten Gedankenwelt: alle Phänomene sind symbolische Einheiten in einem kos-

63

*63 Die Mensa Isiaca; in: A. Kircher, Oedipus Aegyptiacus (...), Bd. 3, Rom, 1654 (1/14)*

64

*64 Die Mensa Isiaca; Ägypten, Bronze, Intarsien aus Silberfäden, Niello, 1. Jh. n. Chr., Turin, Museo Egizio*

65

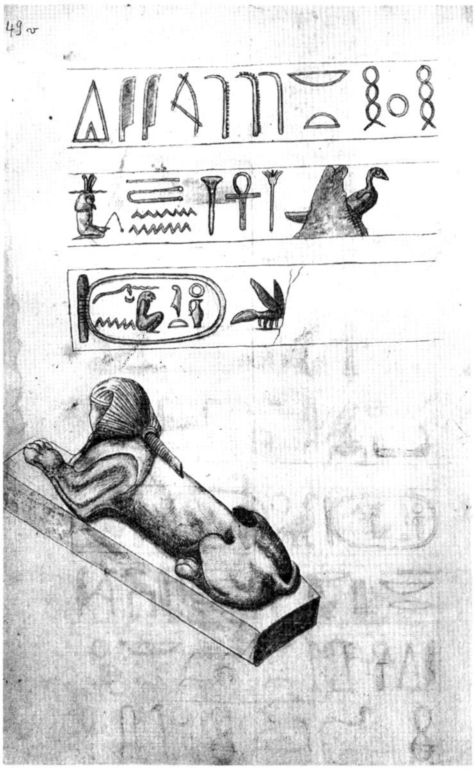

66

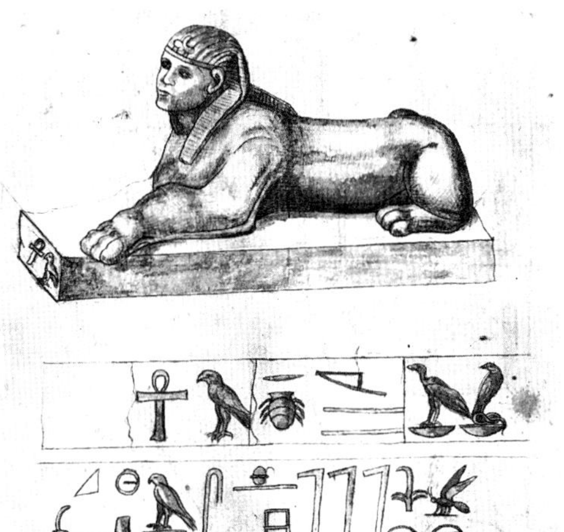

67

*65 Tabula Bembi (Mensa Isiaca); aquarellierte Federzeichnungen in: S. Pighius, Codex Pighianus, o. O., Mitte 16. Jh., Berlin, Staatsbibliothek Preußischer Kulturbesitz*

*66 Rückwärtige Ansicht einer ägyptischen Sphinx mit Hieroglyphen; in: S. Pighius, Codex Pighianus, o. O., Mitte 16. Jh., Berlin, Staatsbibliothek Preußischer Kulturbesitz*

*67 Seitenansicht einer ägyptischen Sphinx mit Hieroglyphen; in: S. Pighius, Codex Pighianus, o. O., Mitte 16. Jh., Berlin, Staatsbibliothek Preußischer Kulturbesitz*

mischen Ganzen von vollkommener Harmonie, und die Ägypter hatten ein graphisches Symbolsystem entwickelt, das besonders geeignet war, diese Vorstellungen auszudrücken. Der Sinngehalt des hieroglyphischen Systems, seine *lectio idealis*, war nur den Eingeweihten zugänglich. Für rein praktische Zwecke konnten die gleichen Zeichen auch alphabetische Lautwerte annehmen, und auf dieser Linie hatten sie sich, so nahm er an, bis zum Koptischen entwickelt.[8]

Die Absicht Kirchers bei der Ausarbeitung dieser Theorie lag in dem Versuch, alles Wissen in ein alles erklärendes, einheitliches Weltbild zu fassen.

Was die Einschätzung Ägyptens angeht, so steht das Werk Kirchers in einer langen, ununterbrochenen Denktradition.[9] Selbst in den Jahrhunderten, in denen das Bewußtsein von der kulturellen Vielfalt Ägyptens aufgrund des nur spärlichen nach Europa gelangten Materials, sowie der Unentzifferbarkeit der Schrift geschwunden war, hatte doch die Ausstrahlungskraft des Landes nie aufgehört zu wirken, und seit der griechisch-römischen Zeit läßt sich diese Wirkung in vielerlei Hinsicht und auf verschiedenen Ebenen an bestimmten Erscheinungsformen des abendländischen Denkens und Zeitgeschmacks festmachen.

Im ersten Jahrtausend v. Chr. verbreiteten Phönizier und Griechen im gesamten Mittelmeerraum das Gedankengut und die Erzeugnisse des Landes am Nil, wodurch eine wahre Exportindustrie ins Leben gerufen wurde und verschiedene

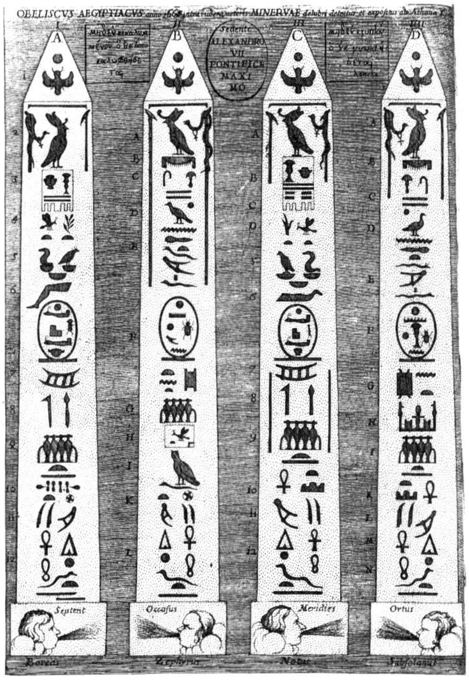


68

*68 Ansichtsseiten des ägyptischen Obelisken vor S. Maria sopra Minerva; in: A. Kircher, Oedipus Aegyptiacus (...), Bd. 3, Rom, 1654 (1/14)*

Zentren entstanden, die Imitationen herstellten. Skarabäen, Amulette, Votivgaben, Salbgefäße aus Glaspaste, Behälter für Nilwasser, dem Heilkräfte zugeschrieben wurden, waren im wesentlichen wegen des ihnen zugeschriebenen Sinngehalts geschätzt, der mit einer abergläubischen, fast fetischistischen Einstellung zu Ägypten verbunden war.

In der zweiten Hälfte des 1. Jahrtausends verstärkte sich der Austausch infolge der Ansiedlung von Griechen im Lande, und mit dem Jahr 332 wurde Ägypten Teil der hellenistischen Welt, deren Kultur sich in der mediterranen Welt ausbreitete. Während der Zeit des Römischen Reiches, zu dem es seit 30 v. Chr. als Provinz mit Sonderstatus gehört, wurde es als exotische Welt angesehen, die ihre Anziehungskraft aus vielfältigen Ausformungen bezog: der Geographie und dem sagenhaften Reichtum des Landes, den historischen Ereignissen, insbesondere aber auch aus religiösen Vorstellungen und der Schrift, all dies bewirkte große Bewunderung.

Es kristallisierte sich nunmehr ein *manieriertes* Ägyptenbild heraus, zu dessen Entstehung die Ptolemäerzeit beigetragen hat und das über Rom in die abendländische Kultur eingeht, wo sein ›Erfolg‹ bis heute unverändert anhält. Das stereotype Bild eines geheimnisvollen, magischen Ägypten dauert in der Tat auch nach der ›Wiederentdeckung‹ seiner eigentlichen Vergangenheit an.

Einer der Hauptfaktoren bei der Vermittlung ägyptischer Kultur ins Ausland war die Verbreitung ägyptischer Kulte in der griechisch-römischen Welt.[10] Unter den Gottheiten mit der größten Anziehungskraft auf Griechen und Römer wären zuerst Isis und Osiris zu nennen, letzterer in seiner hellenistischen Form als Serapis, deren Kult sich mit der Ausweitung des Mittelmeerhandels zu verbreiten begann. Im Römischen Reich wurden diese und andere, als *theoi synnaoi* mit ihnen verbundene, Gottheiten (Harpokrates, Anubis, Apis) Teil eines Mysterienkultes, der in der hellenistischen und römischen Welt bis zum Ende des Heidentums andauerte.

Auf das zweite Jahrhundert v. Chr. gehen das Serapeum von Pozzuoli und das Iseum von Pompeji zurück, und von dieser Zeit an fand der Isiskult auch in Rom seine Anhänger in allen sozialen Schichten, obwohl er von der Regierung der Republik mehrfach drastisch bekämpft wurde.

Seit dem Beginn der Kaiserzeit breitete sich der Kult langsam nach Norditalien und in den römischen Provinzen aus. Der ihm unter Augustus und Tiberius entgegengesetzte Widerstand der Zentralgewalt brach angesichts seines Erfolgs zusammen, und in der folgenden Zeit wurde er sogar in den Herrscherkult integriert. 38 n. Chr. ließ Caligula auf dem Marsfeld einen großen Isistempel erbauen, das Iseum Campense, das später unter Domitian erweitert und ausgeschmückt wird. Die ägyptischen Kulte fanden, mit einem Höhepunkt im dritten Jahrhundert, die Billigung aller folgenden Herrschergeschlechter (unter Caracalla werden sie Teil der Staatsreligion) bis hin zu Theodosius und Justinian, und die Zahl der Heiligtümer ägyptischer Gottheiten vervielfachte sich.

Andererseits findet sich in den Werken der griechischen und lateinischen Schriftsteller ein konstantes Interesse an der ägyptischen Schrift als *ethnologischer Kuriosität*, das später, gefiltert durch den neuplatonischen und hermetischen Synkretismus, der mittelalterlichen christlichen Symbolik neue Impulse geben sollte.

69

*69 Frauenkopf »Isisbüste«; schwarzer Marmor, 17. Jh. (1/28)*

*70 Fragment einer Wasseruhr; Ägypten, Rosengranit, wohl 30. Dynastie (1/29)*

*71 Torso einer magischen Statue, Ägypten, schwarzer Granit, Ende 4. Jh. v. Chr. (1/27)*

Horapollo Niloo und seine aus dem Ägyptischen ins Griechische übersetzten *Hieroglyphica*, die vermutlich ins 4. Jahrhundert n. Chr. zu datieren sind, werden die wichtigste Quelle, auf die sich alle Deutungsversuche ägyptischen Gedankengutes, die letzten Endes auf der *interpretatio graeca* der Hieroglyphen beruhen[11], stützen, und von der ausgehend sie sich auch in der byzantinischen Kultur entwickelte.

Die Wiederentdeckung der Schriften Horapollos und anderer griechischer Werke mit Übersetzungen hieroglyphischer Texte, wie der Obeliskeninschriften, durch den Humanismus (die erste gedruckte Ausgabe Horapollos erscheint 1505) und die Veröffentlichung der Werke des Hermes Trismegistos – einer fiktiven Gestalt, die den Inbegriff ägyptischer Weisheit darstellen will – durch Marsilio Ficino, am Ende des 15. Jahrhunderts schürte das rein philologische Interesse am Antiken und begründen eine *hieroglyphische* Tradition sowohl in der bildenden Kunst als auch in Emblematik und archäologischer Literatur und führte darüber hinaus zu einem neuen Formenrepertoire von bisweilen übertriebenem Symbolwert.

## Mensa Isiaca

Zu den schriftlich überlieferten Texten und den bereits bekannten Denkmälern gesellten sich neue Funde wie die *Mensa Isiaca*[12] die schon bald eine herausragende Stellung in Bezug auf die Deutung ägyptischer Schriftzeichen und Darstellungen einnehmen sollte. Während Kirchers Aufenthalt in Avignon hatte ihm Peiresc eine Kupferstichreproduktion der Mensa verschafft, die gleiche, die er selbst dem *Oedipus Aegyptiacus* als Abbildung beigab. In der Mitte thront die Göttin Isis in einem Naos, an den Seiten der zentralen Szene und in den anderen Registern, durch bedeutungslose hieroglyphische Inschriften abgetrennt, finden sich Gottheiten und königliche Personen, die ihnen opfern, ein Blütenkranz schließt die Fläche ab. In den senkrechten Seitenstreifen wechseln Opferszenen mit der Anbetung tiergestaltiger Gottheiten ab.

Das Bildrepertoire, das einen Komplex von Kultszenen darstellen will, die eine mehr oder weniger deutliche Verbindung zur zentralen Szene aufweisen, hängt offensichtlich ikonographisch von ägyptischen Vorbildern ab, stilistische Elemente und Details der Darstellungsweise, die von der genuin ägyptischen Tradition abweichen, weisen das Stück jedoch dem Bereich der ägyptisierenden Produktion Kampaniens und Latiums zu und datieren es in das 1. Jahrhundert n. Chr. Auf ihrem Gebiet stellt die Mensa Isiaca ein Unikat dar, sowohl wegen des rein archäologischen Wertes als auch wegen ihrer Bedeutung für das Antiquarwesen seit der Zeit ihrer Auffindung.

Wie man aus diversen Quellen erfahren kann, hauptsächlich von Pignorio, dem Autor der ersten Monographie über das Stück, gehört die *Mensa Isiaca* in den ersten Jahrzehnten des 16. Jahrhundert zur Kunstsammlung des Kardinals Pietro Bembo, sei es als Geschenk Pauls III. oder als Zufallsfund in der Werkstatt eines Schmiedes, der sie sich während der Plünderung Roms 1525 verschafft hatte. Ihr ursprünglicher Aufbewahrungsort bleibt unbekannt, da sie jedoch als Altar oder Opferplatte für den Isiskult bestimmt war, handelt es sich höchstwahrscheinlich um ein römisches Iseum, vielleicht das auf dem Marsfeld. Beim Tode Bembos (1547) ging die Sammlung an seinen Sohn Torquato, der 1592 einen Teil an den Herzog Vincenzo Gonzaga verkaufte. Bis etwa 1630, bis zur Plünderung der Stadt Mantua, verblieb die *Mensa* in der herzoglichen Pinakothek. Von dort aus gelangte sie nach Turin zu den Herzögen von Savoyen, zunächst ins königliche Archiv, dann, ab 1775, in die Antikensammlung der Universität. 1799 wurde sie von der Provisorischen Regierung Piemonts dem französischen Direktorium ausgehändigt, kehrte aber nach dem Untergang des napoleonischen Reiches nach Turin zurück, wo sie 1832 ihren endgültigen Platz im Ägyptischen Museum fand.

## Die sogenannte Isisbüste

Einer häufig anzutreffenden Geisteshaltung gegenüber dem Alten Ägypten entspricht die Neigung, alles, was seltsam, geheimnisvoll, ›magisch‹ anmutet, mit ihm in Verbindung zu bringen. Ein typisches Beispiel ist die sog. *Isisbüste*, ein Frauenkopf, der auf dem Gesicht einige eingeritzte Zeichen aufweist.[13]

Needham zufolge, der das Stück 1760 im *Kuriositätenkabinett* der Antikensammlung der Universität entdeckte und es in einer *De inscriptione quadam Aegyptiaca Taurini inventa...* (Roma 1761) betitelten Schrift veröffentlichte, war der Kopf in Rom, zusammen mit der *Mensa Isiaca*, deren Schicksal er geteilt hatte, aufgefunden und der Universität von den Savoyen geschenkt worden. Material, Stil

*70*

*71*

72

*72 Titelseite in: A. Kircher, Ad Alexandrum VII. Pont. Max. obelisci Aegyptiaci (...), Rom, 1666 (1/15)*

und eingeritzte Zeichen seien ägyptisch und die Hieroglyphen, die er mit den archaischen chinesischen Schriftzeichen gleichsetzte und auf dieser Grundlage las, gäben einen Text wieder, der sich auf eine Gottheit, mit Sicherheit Isis, beziehe.

Diese Schrift hatte eine Kontroverse über die Echtheit des Stückes und die Bedeutung der Zeichen zur Folge. Die Stellungnahme einer Gelehrtenkommission lehnte die These Needhams ab, und die Ansicht der Wissenschaftler setzte sich durch: die Büste habe zur Sammlung der Savoyen gehört und sei 1739 der Universität geschenkt worden, sie sei von Marmor aus Chiavenna und von moderner Machart, und die eingeritzten Zeichen entsprächen keiner antiken Schrift, in der Kopie Needhams schienen sie sogar absichtlich verändert worden zu sein. Unter den Gutachten finden wir auch dasjenige Winckelmanns, der im Stil nichts Ägyptisches oder Graeco-ägyptisches erkennen kann, das des Kardinals Albani und das Assemanis, damals Leiters der Vatikanischen Bibliothek, der in den Zeichen *»moderne astronomische Anmerkungen«* sah. Schließlich bezeichnet Champollion, der das Stück 1824 in Turin sah, es als zweifelsohne falsch.

Laut Curto illustriert die Büste, ein klassizistisches Werk des 17. Jh., *»eine im gesamten 18. Jahrhundert verbreitete Theorie der Schönheitsflecken, die im 16. Jahrhundert von Cardano entwickelt und im 17. Jahrhundert von Richard Saunders in einer Abhandlung von großer organischer Geschlossenheit perfektioniert wurde. Diese Theorie bestand darin, bestimmte Male im menschlichen Gesicht mit Tierkreissymbolen gleichzusetzen und daraus Rückschlüsse auf den Charakter und das zukünftige Schicksal der Person zu ziehen.«* Des weiteren erkennt er in dem Werk *»die Absicht, die Figuren des Gottes Kanopus mit Menschenkopf und gefäßförmigem Leib nachzuahmen, die in Ägypten während der Spätzeit aufkamen und im 17. Jahrhundert gern imitiert wurden.«*

73

*73 Die löwenköpfige Göttin Sachmet; Ägypten, Fayence, Neues Reich (1/19)*

## Ägyptologie der Jesuiten

Im 17. Jahrhundert leisteten die Jesuiten einen bedeutenden Beitrag zur Kenntnis der Entwicklungsgeschichte ägyptischer Zeichen und Bilder, die von ihnen als pädagogische und didaktische Werkzeuge benutzt und als Symbole von Grundwahrheiten, Trinität und Embleme der christlichen Religion nicht ausgenommen, interpretiert wurden.

Eine der bedeutendsten Figuren der Vorgeschichte der Ägyptologie, wie sie innerhalb des Jesuitenordens betrieben wurde, ist eben Kircher, dessen symbolische Deutungen der Obeliskeninschriften und dessen Entzifferungsversuche und Vergleiche mit anderen Schriftsystemen, wie zum Beispiel dem chinesischen, trotz ihrer Unhaltbarkeit ein interessantes wissenschaftsgeschichtliches Zeugnis bleiben.

Auf dem Gebiet der rein esoterischen Spekulationen, die Renaissance und Barock über die Hieroglyphenschrift anstellten, sind die Hypothesen Kirchers vielleicht die gewagtesten, aber gleichzeitig auch diejenigen, deren Zugriff auf das zu seiner Zeit vorliegende Material am ehesten eine gewisse wissenschaftliche Methodik aufweist.

Am überaus umfangreichen Briefwechsel Kirchers mit Fürsten, Päpsten und hohen kirchlichen Würdenträgern lassen sich zugleich das Interesse, das seine Forschungen in der zeitgenössischen europäischen Kultur hervorrief, und die Kontroversen erkennen, welche die Kühnheit einiger seiner Gedankengänge in einer Zeit auslösten, in der wissenschaftliches Denken sich auszubreiten begann.

74

*74 Ägyptische Gräber und Pyramiden; in: A. Kircher, Sphinx Mystagoga (...), Amsterdam, 1676 (1/16)*

## Museo Kircheriano

Das Museum, das Kircher nach dem Vorbild fürstlicher Sammlungen, wie sie damals in ganz Europa entstanden, 1651 im Collegio Romano der Jesuiten einrichtete, vereinte Kuriositäten und Raritäten aus allen damals bekannten Kulturen.[14]

An diesem Ort blieb das Museum, dessen Bestand mehrfach vergrößert wurde, bis 1874. Die in diesem Jahr beginnende Zerstückelung der Sammlung fand 1913,

75 *Statuette des Ptah-Sokar-Osiris; Ägypten, stuckiertes und bemaltes Holz, teilweise vergoldet, frühe Ptolemäerzeit (1/24)*

75

mit der Aufteilung des Restbestandes auf verschiedene Museen in Rom und anderswo, ihren Abschluß.

Die ägyptischen und ägyptisierenden Stücke sind zum größten Teil in das Ägyptische Museum Turin[15] überführt worden, teilweise jedoch auch in das Römische Nationalmuseum[16] und das Museo Gregoriano Egizio im Vatikan.[17] Nur wenige der übriggebliebenen ägyptischen Funde hatten schon in den Anfangszeiten (von 1651 bis zum Tode Kirchers) zum Bestand des Museums gehört.

Wenn auch dem ersten Katalog (G. de Sepibus: *Romani Collegii S. J. Musaeum celeberrimum...*, Amsterdam 1678) keine genauen Informationen über die vorhandenen Aegyptiaca zu entnehmen sind, auf die durch die Obelisken, mumifizierten Krokodile und die ägyptisierenden Einrichtungsgegenstände und Ornamente exotisch gefärbte Atmosphäre aber durchaus hingewiesen wird, so lassen sich aus den Werken Kirchers einige Rückschlüsse gewinnen, die erlauben, wenigstens teilweise den frühesten ägyptischen Bestand des Museums zu rekonstruieren. Im *Oedipus Aegyptiacus* erwähnt der Autor das Fragment einer Wasseruhr und den Torso einer magischen Statue. Diese Stücke, die sich heute im Ägyptischen Museum Turin befinden, sollten auch später zu den aussagekräftigsten Exemplaren der Sammlung gehören.

Ersteres[18], Teil eines kegelstumpfförmigen Gefäßes aus Rosengranit, geht vermutlich auf die 30. Dynastie (378–341 v. Chr.) zurück und ist wegen der Seltenheit ähnlicher Funde von besonderem Wert. Kircher erwähnt, daß das Fragment eines *Nilgefäßes* zusammen mit einigen Obeliskenteilstücken in der Umgebung des Collegio Romano aufgefunden wurde, wo, wie er richtig vermutet, ein Isistempel gestanden hatte.

Die magische Statue aus schwarzem Granit läßt sich, abgesehen vom Kopf, fast vollständig mit ihrem unteren Teil, heute im Ägyptischen Museum Florenz[19], wieder zusammensetzen, der ebenfalls im *Oedipus* genannt wird. Letzterer zeigt auf der Vorderseite eine Stele mit dem heilkräftigen Bild des Gottes Horus, der Schlangen, Skorpione und andere gefährliche Tiere in den Händen gepackt

76

*76 Pavian auf Palmenkapitell, das heilige Tier des Gottes Thot; Ägypten, Bronze, Spätzeit (1/21)*

hält, gegen die diese Art Statue, die in der Spätzeit (4. Jh. v. Chr.) weit verbreitet war, einen magischen Schutz gewähren sollte, dessen Wirksamkeit noch durch die Inschriften, welche die Oberfläche bedecken, verstärkt wurde.

Gegenüber den zahlreichen Ankäufen, die aus dem Katalog von Ph. Bonanni: *Musaeum Kircherianum...*, Roma 1709, hervorgehen, verzeichnet der Katalog von C. Contucci: *Musei Kircheriani in Romano S. J. Collegio Aerea notis illustrata*, Roma 1763, nur eine einzige Neuerwerbung, einen Spiegel, dessen Griff mit einem Kopf der Göttin Hathor verziert ist. Die Zugänge bestehen im wesentlichen aus Objekten, die vermutlich von Reisenden oder Missionaren nach Rom gebracht

77

77 *Titelseite in: A. Kircher, Turris Babel (...), Amsterdam, 1679 (1/17)*

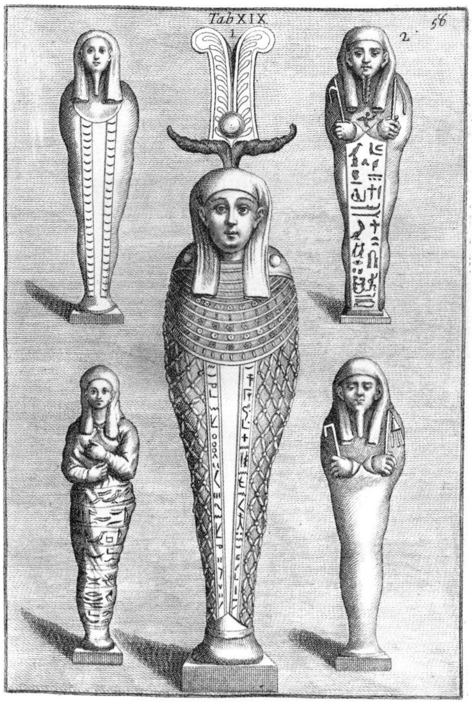


78

78 *Ägyptische Statuetten, in: P. Bonanni, Musaeum Kicherianum (...), Rom 1709 (1/18)*

oder aber, vielleicht zufällig, im Boden der Stadt aufgefunden worden waren: zumeist Götterstatuetten für den Totenkult, Amulette, Mumien oder Teile davon und ein sehr schönes Exemplar eines Sistrums, das vielleicht mit dem Vatikanischen Sistrum[20] identisch ist, eines Musikinstruments, das besonders im Isiskult Verwendung fand.

Ein recht wertvolles Stück aus stuckiertem, in lebhaften Farben bemaltem Holz, teilweise vergoldet, das sich heute im Ägyptischen Museum Turin befindet, hielt Bonanni fälschlicherweise für eine Isisstatue. Die Statuette, die vielmehr eine synkretistische Verschmelzung von Ptah, dem Hauptgott von Memphis, Sokar, dem Nekropolengott von Saqara und dem Herrscher des Jenseits, Osiris[21], darstellt, diente im Totenkult dazu, die Wiedergeburt des Verstorbenen sicherzustellen. Andere erwähnenswerte Neuzugänge sind im vergangenen Jahrhundert bis 1870 vermerkt, unter ihnen ein fein gearbeiteter männlicher Kopf aus schwarzem Basalt[22], der in die Reihe römischer Porträts aus republikanischer Zeit eingegliedert werden kann, die sich durch die ›realistische‹ Strömung der spätägyptischen Kunst, durch die hellenistisch-alexandrinische Kultur vermittelt, anregen ließen.

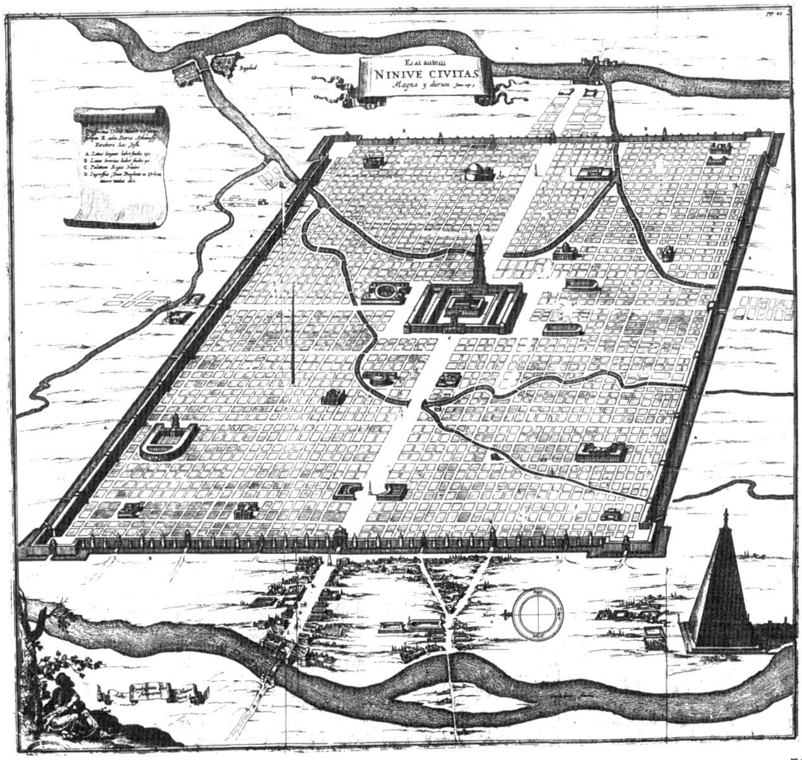


79

*79 Ninive; in: A. Kircher, Turris Babel (...), Amsterdam, 1679 (1/17)*

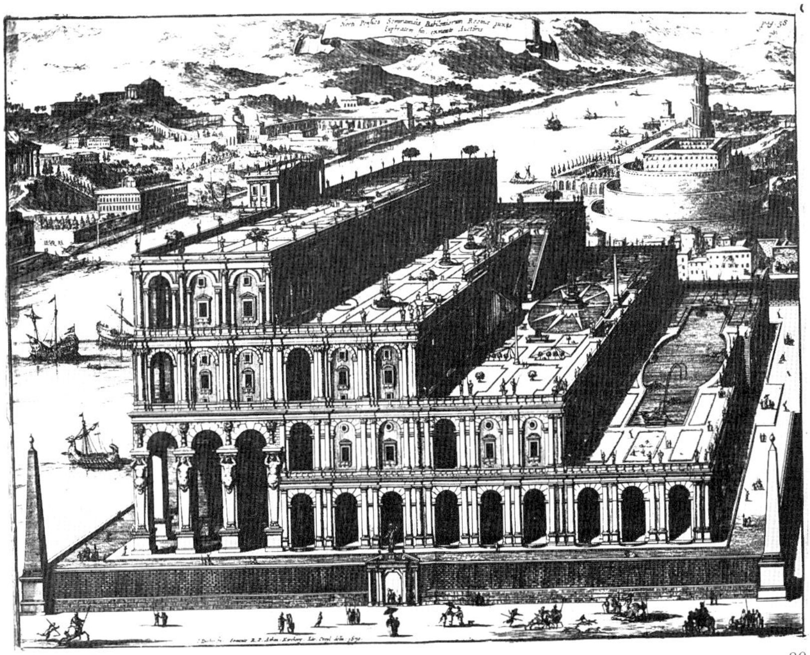

80

*80 Die hängenden Gärten von Babylon; in: A. Kircher, Turris Babel (...), Amsterdam, 1679 (1/17)*

*Celina Fox*

# KLEOPATRAS NADEL IN LONDON

Am 12. September 1878 wurde ein 20,87 Meter hoher, fast 187 Tonnen schwerer Obelisk aus rosarotem Granit *(Syenit, rosso di Assuan)* mit aller Vorsicht herabgelassen und auf dem Londoner *Themse Embankment*, am linken Themse-Ufer zwischen Waterloo-Bridge und Hungerford-Bridge, zur Aufstellung gebracht.

Der Vorgang weckte allgemeine Begeisterung, denn *Cleopatra's Needle* (Cleopatras Nadel), wie der Obelisk genannt wurde, bewegte die Phantasie der Öffentlichkeit. Es gab Lieder, Souvenirs, Sonderbeilagen in illustrierten Zeitschriften und Witze im *Punch*, das ganze Hurra und Hallo, das auch zwei andere Geschenke des Khediven, des ägyptischen Vizekönigs, an Großbritannien begleitet hatte: eine vom Unglück verfolgte Giraffe im Jahre 1826 und ein Nilpferd im Jahre 1850. Lange Zeit hindurch war das Obelisken-Geschenk jedoch viel weniger verlockend gewesen als diese, zudem war es sehr viel unhandlicher. Das erste Anerbieten stammte aus dem Jahre 1802 und war auf Drängen britischer Offiziere zustande gekommen, die in Ägypten stationiert waren und ihrem Sieg über die Franzosen ein Denkmal setzen wollten. Daß sich die unglücklichen Empfänger des Geschenks mehr als fünfundsiebzig Jahre lang nicht entschließen konnten, die freundliche Gabe zu übernehmen, erinnerte einen Kommentator an die Geschichte von der alten Dame, die in der Lotterie einen Elefanten gewonnen hatte. Aber neben den logistischen Schwierigkeiten gab es auch Probleme mit der öffentlichen Meinung. Zu der extremen Zurückhaltung bei öffentlichen Ausgaben auf Seiten der britischen Regierung gesellte sich eine Gleichgültigkeit gegenüber der ägyptischen Zivilisation bei tonangebenden Kreisen, und schließlich kamen auch Schwierigkeiten mit dem ägyptischen Khedivat hinzu, die im Laufe des 19. Jahrhunderts noch zunahmen. Am Ende indessen siegte privater Unternehmergeist; die patriotischen Bemühungen energischer Militärs wurden durch ein wachsendes Interesse der Allgemeinheit an Ägypten bestärkt und schließlich mit einer glanzvollen, wenngleich beinahe in die Katastrophe mündenden technischen Improvisationsleistung in die Tat umgesetzt.

Der heutige Standort des Obelisken ist der dritte in seiner langen Geschichte. Gebrochen wurde der Stein in einem Stück um das Jahr 1470 v. Chr. am Ostufer des Nils, in Oberägypten nahe Assuan, und dann rund neunhundert Kilometer flußabwärts in die Sonnenstadt transportiert, nach Heliopolis, heute am Stadtrand von Kairo gelegen. Hier stand er zusammen mit einem zweiten Obelisken, einem Gegenstück, am Eingang zum Tempel des Sonnengottes Re, das innerhalb des pharaonischen Sonnenkults und als geistiges Zentrum von internationaler Bedeutung eine wichtige Rolle spielte.

Die großen Tempelobelisken trugen Inschriften mit den Namen und Titeln des Königs, der sie errichtet hatte, in diesem Falle Thutmosis III. (1490–1468 v. Chr.), der mächtige Kriegerpharao der 18. Dynastie, dessen Reich sich vom Euphrat bis zum Sudan erstreckte. Die Inschriften bekundeten, daß die Obelisken zum dritten Jahrestag seines Herrschaftsantritts errichtet worden waren und daß die *Pyramidions*, die pyramidalen Spitzen der Monolithen, wie damals üblich, mit *Elektrum*, einer Legierung aus Gold und Silber, bedeckt gewesen seien. Auf diese Weise reflektierten die Obelisken die Strahlen der Sonne; sie hatten, wie man glaubte, Anteil an der lebensspendenden Kraft der Sonne und sicherten die Einbeziehung des Königs in den ewigen Kreislauf der Welt.

Zweihundert Jahre später fügte Ramses II. (1290–1224 v. Chr.) in den äuße-

*81 H. Robert, Classical Ruins; Leinwand, 1798, Montreal, The Montreal Museum of Fine Arts*

*81*

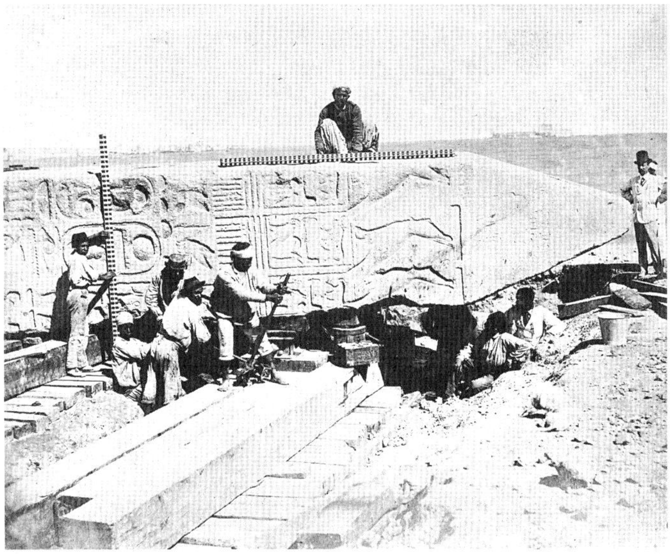

82

83

84

ren Spalten auf jeder Seite des Obelisken seine Inschriften hinzu, und außerdem finden sich dort auch Name und Titel eines Pharaos aus der 21. Dynastie, Siamun, vielleicht zum Gedenken an einen Besuch, den er dem Tempel abstattete. Aber als Ägypten nach dem Tod des letzten der Ptolemäer, der Königin Kleopatra, im Jahre 30 v. Chr. Teil des Römischen Reiches wurde, schaffte man die beiden Obelisken fort. Einer in Latein und Griechisch abgefaßten Inschrift zufolge, die man 1870 auf einer der erhalten gebliebenen Bronzeklammern entdeckte, die als Astragal zwischen Schaft und Sockel eingesetzt waren, wurden die beiden Obelisken im achtzehnten Jahr der Herrschaft des Augustus, also etwa 12 v. Chr., von dem Statthalter in Ägypten, Publius Rubrius Barbarus, mit Hilfe des Architekten Pontius bei Alexandria, am Gestade des Mittelmeers aufgestellt. Hier standen sie vor dem Caesareum, dem Tempel der vergöttlichten Caesaren. Trotz ihres Namens, den sie übrigens schon im 17. Jahrhundert hatten, stehen sie in keinerlei Zusammenhang mit Kleopatra, es sei denn, sie hätte ihre Entfernung vor ihrem Tod selbst befohlen.

Anders als das Caesareum, das sie schmückten, überdauerten die Obelisken den Zusammenbruch des Römischen Reiches und waren im Mittelalter für Reisende, die über das Mittelmeer nach Ägypten kamen, deutlich sichtbar. Arabische Berichte aus dem 12. Jahrhundert bezeugen ihr Vorhandensein, aber im 15. Jahrhundert erwähnen europäische Kommentatoren nur noch einen. Der zweite war inzwischen umgestürzt, möglicherweise bei dem schweren Erdbeben von 1303. Deshalb war die noch aufrecht stehende ›Nadel‹ die erste, die im 16. Jahrhundert auf graphischen Darstellungen erschien, während ihr Gegenstück, die ›Londoner Nadel‹, unbeachtet und, wie man glaubte, zerbrochen unter Sand und Marmorschutt fast vergraben lag. Die für das 18. Jahrhundert typische Ansicht des Ortes – wie sie der dänische Schiffskapitän Frederick Lewis Norden 1737 zeichnete oder auch Louis-François Cassas und Dominique Vivant Denon gegen Ende des Jahrhunderts – zeigt kleine Gestalten, die die aufrecht stehende Nadel betrachten, während der glücklose

85

*85 J. Dixon, Der Obelisk in seinem beschädigten Zylinder; Aquarell, 1877 (1/164)*

Stumpf der zweiten aus dem Sand im Vordergrund hervorragt: das Paar lieferte eine hübsche Allegorie auf den Aufstieg und Niedergang großer Reiche.

Gewiß sah man in nach-antiker Zeit im Obelisken vor allem das imperiale Siegessymbol und nicht das Symbol des pharaonischen Sonnenkults. Diese Ansicht wurde noch untermauert durch die außerordentlich große Zahl von Obelisken, die die Römer aus Ägypten in ihre eigene Hauptstadt schafften: angeblich zweiundvierzig, von denen dreizehn noch heute stehen. Die ingenieurtechnische Meisterleistung, mit der Domenico Fontana Ende der achtziger Jahre des 16. Jahrhunderts im Auftrag von Papst Sixtus V. vier der eindrucksvollsten Exemplare wieder aufrichtete, machte diese rege römische Importtätigkeit zusätzlich bekannt und trug dazu bei, daß der Obelisk in der Nach-Renaissance zu einem festen Bestandteil der Stadtanlage wurde. In der zweiten Hälfte des 17. Jahrhunderts, als die ersten britischen Touristen die Obelisken von Rom bewunderten, zogen die Stadtplaner von London nach dem großen Brand von 1666 die Errichtung eines monumentalen Obelisken auf der Hauptdurchgangsstraße von Cheapside in Erwägung, ein ehrgeiziges Unterfangen, daß freilich an der Sparsamkeit der Stadtbehörde scheiterte. Im 18. Jahrhundert hatten die Obelisken in England viel von ihrer ikonologischen Bedeutung verloren, aber eine gedankliche Verbindung zu triumphalen Siegen blieb hier und da erhalten, etwa im Falle des Obelisken, der 1714 zu Ehren des Herzogs von Marlborough auf Castle Howard errichtet wurde, oder des Obelisken in Stowe (1759), der an den Sieg von General Wolfe in Quebec erinnert. So war es eigentlich nicht verwunderlich, daß die nach der Kapitulation der Franzosen im September 1801 in Ägypten zurückgebliebenenbritischen Offiziere in der ›Nadel‹, die da komplett und fertig in unmittelbarer Nähe des Ortes lag, an dem sich das wichtigste Gefecht des Feldzugs abgespielt hatte und wo ihr Kommandeur, Sir Ralph Abercromby, gefallen war, ein geeignetes Denkmal für ihre Taten erblickten.

Nachdem in irgendeiner Form die Erlaubnis der türkischen Behörden eingeholt war, entwarf der Anführer der Streitmacht, Generalmajor Earl of Cavan, zusammen mit dem Chef seiner Pioniertruppen, Major Bryce, einen Plan für den Abtransport des Obelisken. Das für dieses Projekt erforderliche Geld brachten die Truppen auf, die offensichtlich bereit waren, zur *»Förderung eines Zwecks beizutragen, der ihrem nationalen und*

*82 Der ausgegrabene Obelisk wird hydraulisch gehoben.*

*83 Der Obelisk, umgeben von einem metallenen Schwimmkörper*

*84 Der erste mißlungene Versuch, den Obelisken in seinem Zylinder ins Meer zu ziehen. Photos, London, The Museum of London ihrem beruflichen Stolz so sehr entgegenkam«.*[1] Mit dieser Summe wurde die größte Fregatte, die man von den Franzosen erbeutet hatte, die *El Corso*, den Prisen-Agenten abgekauft, während die Mannschaften daran gingen, am nächstliegenden Punkt der Küste einen Steindamm zu errichten und den Obelisken auf Rollen dorthin zu befördern. Alles ging zügig voran, als von Lord Keith und General Fox, den Kommandeuren der britischen Flotte bzw. der britischen Armee im Mittelmeer, der Befehl einging, die Arbeiten einzustellen. Eine zufriedenstellende Erklärung für ihre Entscheidung hat sich nie gefunden: möglicherweise hatten die Türken keine förmliche Genehmigung erteilt, vielleicht fürchtete Lord Keith für die Sicherheit des Schiffes oder General Fox für die Disziplin seiner Leute; und einleuchtend wäre es auch, wenn beide das ganze Unterfangen als eine gewaltige Zeit- und Kraftverschwendung abgetan hätten. Sicher ist jedenfalls, daß dieser erste Versuch, Kleopatras Nadel in Bewegung zu setzen, sehr wenig mit einem Sinn für die Bedeutung der archäologischen Reichtümer des Orients zu tun hatte, sondern ganz einfach als eine naheliegende Möglichkeit erschien, dem Triumph britischer Waffen ein Denkmal zu setzen. Diese Motive sollten sich im Laufe der Jahre wandeln.

Ein Rest von Interesse an Cavans Plan muß auch den Architekten George Smith inspiriert haben, der 1803 in der *Royal Academy of Arts* einen phantastischen Entwurf für ein von einem Obelisken gekröntes Mausoleum ausstellte, das er zum Gedenken an Abercromby und die, die mit ihm gefallen waren, in Alexandria errichten wollte.[2] Ein Indiz für die wachsende Beliebtheit eines ägyptisch inspirierten dekorativen Stils in England ergibt sich daraus, daß Josiah Wedgwood, der Gründer einer berühmten Steingutmanufaktur, schon in den Jahren nach 1770 eine ganze Auswahl von ägyptischem Geschirr auf den Markt gebracht hatte, wobei er sich vor allem auf die eklektischen ägyptischen Phantasien des Bernard de Montfaucon stützte. Der Bankier und Virtuoso Thomas Hope hatte Ägypten schon vor der Invasion Napoleons besucht und in den Jahren 1800–1804 die Empfangsräume seines Hauses in der Duchess Street im ägyptischen Stil eingerichtet. Aber es besteht kein Zweifel, daß der eigentliche Impuls zur Wiederentdeckung der Kunst Altägyptens von der französischen Kommission für Kunst und Wissenschaften ausging, die, aus 167 Fachleuten bestehend, Napoleon nach Ägypten begleitete. Obwohl ihr vierundzwanzig Bände umfassendes, mit 930 Stichen illustriertes Monumentalwerk *Déscription de l'Egypte* erst 1809 zu erscheinen begann, waren andere illustrierte Bücher schon früher herausgekommen, namentlich Cassas' *Voyage Pittoresque de la Syrie, de la Phénicie, de la Palestine et de la Basse Egypte* (1799) und Denons *Voyage dans la Basse et la Haute Egypte*, die 1802 sowohl in Frankreich als auch in England erschienen und sich das durch den anglo-französischen Konflikt geweckte Interesse an Ägypten mit Erfolg zunutze machten. Im Jahre 1812 wurde am Picadilly William Bullocks *London Museum*, mit seiner angeblich an den Tempel von Dendera angelehnten äygptischen Pylonen-Fassade, nach den Entwürfen von Peter Frederick Robinson, fertiggestellt und bekam rasch den Namen *Egyptian Hall*. Hier, in dem großen Saal, den J.B.Papworth 1819 in ägyptischer Manier neu gestaltet hatte, stellte Giovanni Battista Belzoni mit gewaltiger Wirkung beim Publikum seine Sammlung von Altertümern aus, die er in Ägypten ausgegraben hatte.

Belzoni, ein Wanderschausteller mit technischen Kenntnissen, war 1815 mit der Idee nach Ägypten gekommen, sich dem Khediven, Mehmet Ali, als Berater für hydraulische Probleme zu empfehlen. In Kairo wurde er durch den Schweizer Orientalisten Johann Ludwig Burkhardt dem britischen Generalkonsul Henry Salt als der ideale Mann für die Ausgrabungen im Auftrage des Britischen Museums vorgestellt. Belzoni übertraf alle Erwartungen, als es ihm gelang, den unter dem Namen des *Jungen Memnon* bekannten Kolossalkopf Ramses' II. von Luxor nach Alexandria zu schaffen. Von dort wurde er nach London transportiert und 1817 von Salt und Burkhardt dem Britischen Museum geschenkt. Wenn Salt geglaubt hatte, auf diese Weise den Appetit des Museums zu wecken, so hatte er sich getäuscht. Die *Trustees* des Museum, von Hause aus klassische Altertumsforscher, äußerten

86

sich bei den Verhandlungen um Salts eigene Sammlung und Belzonis neue Entdeckungen hinhaltend und unverbindlich. Belzoni ließ sich nicht beirren und organisierte seine Ausstellung selbst. Nachdem sein Werk *Narrative of the Operations and Recent Discoveries within the Pyramids, Temples, Tombs, and Excavations in Egypt and Nubia* für die nötige Vorausreklame gesorgt hatte, lockte die Ausstellung mehr als ein Jahr lang staunende Menschenmassen an.

In Anbetracht seiner Erfahrung – die sich nicht zuletzt auch auf den Transport eines sieben Meter hohen Obelisken von Philae nach England erstreckte, den er gegen den Widerstand des französischen Generalkonsuls Bernardino Drovetti für den adeligen Liebhaber William Bankes organisiert hatte – war Belzoni gewiß qualifiziert, einem neuen Enthusiasten zu versichern, auch *Kleopatras Nadel* könne wohlbehalten an einen anderen Ort gebracht werden. Samuel Briggs, ein Kaufmann, der sich zur Ruhe gesetzt hatte und eine Zeitlang britischer Konsul in Alexandria gewesen war, hatte sich schon längere Zeit um eine Wiederbelebung von Cavans Plan bemüht, und bei einer von Salt arrangierten Audienz erfuhr er, daß Mehmet Ali bereit sei, den Obelisken der britischen Krone zu schenken. Vordergründig sollte diese Geste persönliche Hochachtung und Dankbarkeit signalisieren, wahrscheinlich aber wollte sich Mehmet Ali auf diese Weise auch bei den Briten beliebt machen, deren Hilfe er beim Ausbau seiner Flotte brauchte. Nachdem diese technischen und diplomatischen Vorfragen geklärt waren, schrieb Briggs im April 1821 an Sir Benjamin Bloomfield, den Privatsekretär Georges IV. In seinem Brief stellte er die Frage, ob der König das Geschenk gnädig annehmen werde, und wies ausführlich darauf hin, daß der Obelisk eine *»wertvolle Ergänzung der für die britische Metropole vorgesehenen Verschönerungen«* sei, indem er London auf eine Stufe mit Rom und Konstantinopel hebe

*86 E. W. Cooke, Die Cleopatra und das Dampfschiff Olga bei Sturm auf hoher See; Leinwand, 1877, London, The Trusters of The Victoria & Albert Museum*

und ein dauerhaftes Denkmal britischer Tatkraft darstelle. Schließlich stimmte der Außenminister, Lord Castlereagh, dem Vorschlag zu; die Marine wurde angewiesen, einen Plan für den Transport zu entwerfen, aber die Bemühungen blieben halbherzig, wahrscheinlich wegen der zu erwartenden Kosten, und so verlief auch dieser zweite Versuch bald im Sande.

Von Zeit zu Zeit lebte während der nächsten fünfzig Jahre das Interesse an der Nadel Kleopatras von neuem auf, kam aber wegen Meinungsunterschieden immer wieder zum Erliegen. Einzelne Verfechter des Plans, ganz gleich, wieviel Zustimmung sie in der Öffentlichkeit fanden, stießen sehr bald auf die deutliche Reserve der Regierung, die in ihrer Haltung noch durch einen Mangel an Begeisterung bei einigen fachkundigen Gelehrten bestärkt wurde, die ihre Zweifel am künstlerischen Wert des Obelisken hatten. Als Mehmet Ali im Jahre 1831 die britische Regierung an das mißachtete Geschenk erinnerte, ließ man diesen Wink unbeachtet. Die französische Regierung, der die noch aufrecht stehende Nadel angeboten worden war, hatte unterdessen erklärt, daß sie die besser erhaltenen Obelisken von Luxor, das einzige Paar, das sich noch an seinem ursprünglichen Standort befand, vorziehen würde – und Mehmet Ali hatte ihr gnädig gestattet, einen der beiden nach Frankreich zu bringen. Nach siebenjährigen Mühen und Ausgaben von 2,5 Millionen Francs wurde der Obelisk im Oktober 1836 auf der Place de la Concorde aufgestellt. Die britische Regierung nahm diese Herausforderung jedoch nicht an, selbst dann noch nicht, als Prinz Albert im Jahre 1847 mahnte, die Franzosen hegten auch Absichten auf die *britische* ›Nadel‹. Zwar erklärte Schatzkanzler Sir Charles Wood dem Parlament in verbindlichem Ton, *»die Frage müsse von der Regierung in allem Ernst erwogen werden«*, gleichzeitig aber fügte er sich der von dem damals angesehensten Ägyptologen, Sir Gardner Wilkinson, geäußerten Ansicht, der Obelisk sei so stark beschädigt, daß sich die Kosten für den Transport nicht lohnten.[3] Diese Argumente wurden noch einmal wiederholt, als die *Crystal Palace Company* in Sydenham im Jahre 1853 ihren *Egyptian Court* durch die ›Nadel‹ zu verschönern suchte. Aber die Aktionäre wurden von dem Plan, die Kosten für den Transport nach England zu übernehmen, abgeschreckt, weil sich die Regierung ein Vorkaufsrecht zugunsten der Nation vorbehielt, sobald der Obelisk eingetroffen sei.

Die eigentlichen Probleme der britischen Regierung mit Ägypten betrafen damals jedoch den Handel: es ging um die Durchsetzung der aggressiven Freihandelspolitik Lord Palmerstons, mit der britische Kaufleute in Konkurrenz zu den Franzosen Konzessionen erlangten, Eisenbahnen bauten und das zerbröckelnde Osmanische Reich der Reform öffneten. Kurzfristig bestand die Wirkung darin, daß Ägypten der Allgemeinheit zugänglicher und vertrauter wurde. Sehenswürdigkeiten entlang der sogenannten *Overland Route* nach Indien durch Ägypten wurden dem Publikum in Werken von Künstlern, Schriftstellern und, besonders spektakulär, von den großen Panoramen auf ihren Tourneen vor Augen geführt. Aber um die Mitte des Jahrhunderts geriet die Orient-Politik in eine Sackgasse, und der Khedive war bei den europäischen Bankiers schwer verschuldet. Unter diesen Umständen war das Geschenk der ›Nadel‹ Kleopatras allenfalls belanglos, wenn nicht gar lästig. So lag sie denn da, *»niedergestreckt und geschändet von allen möglichen Widrigkeiten«*, wie der Romanschriftsteller William Makepeace Thackeray sie im Jahre 1844 fand. Den Tiefpunkt ihrer Geschichte erreichte sie 1867, als der Boden, auf dem sie lag, an den griechischen Kaufmann Giovanni Demetrio verkauft wurde, der das Khedivat zur Entfernung der seine Erschließungspläne behindernden Nadel zu zwingen versuchte, indem er drohte, sie auseinanderbrechen zu lassen und Baumaterial daraus zu machen.

Obwohl der Khedive Ismail Pascha die Briten nicht dazu bewegen konnte, sie zu holen, war Hilfe zur Hand – und zwar in Gestalt von General Sir James Alexander, dem letzten Vorkämpfer für die ›Nadel‹. Seiner eigenen Darstellung zufolge, hatte ihn der Anblick des Obelisken aus Luxor in Paris stark beeindruckt und an die ›Nadel‹ Kleopatras erinnert, an der sich zu Anfang des Jahrhunderts sein Großonkel, Major Bryce, versucht hatte. Als General Alexander nun von

87

87 *J. Dixon, Der auf dem Victoria-Kai in London liegende Obelisk; Aquarell, 1878 (1/165)*

88

88 *W. Beck, Vorbereitungen für die endgültige Aufstellung des Obelisken am 11. September 1878; Aquarell, London, Museum of London*

der drohenden Gefahr für den Obelisken hörte, beschloß er, alles daran zu setzen, um ihn nach London zu bringen. Aber bei der Regierung kam er nicht weiter, die sich, wie voraussehbar, weigerte, die Ausgaben von schätzungsweise £ 15.000 zu übernehmen. Gerüstet mit einem Empfehlungsschreiben des Außenministers, des Earl of Derby, an den Generalkonsul in Kairo, Generalmajor Stanton, reiste Alexander 1875 selbst nach Kairo, um sich ein Bild vom Zustand des Obelisken zu machen. Stanton verschaffte ihm eine Unterredung mit dem Khediven, der ihm versicherte, daß der Obelisk seiner Meinung nach tatsächlich Eigentum Großbritanniens sei. Der Zufall brachte Alexander nun mit zwei Ingenieuren zusammen, den Brüdern Waynman und John Dixon, die einen Plan entwickelt hatten, den Obelisken für schätzungsweise £ 10.000 mit einem zylindrischen Schwimmer zu ummanteln, der ins Meer gerollt und nach

England geschleppt werden konnte. Auch für diesen Vorschlag kam von der Regierung keinerlei Unterstützung, und Alexander plante schon, das Geld in der Londoner City aufzutreiben, als sich ein berühmter Chirurg, Professor Erasmus Wilson, der sich als medizinischer Wohltäter schon einen Namen gemacht hatte, bereit erklärte, sämtliche Kosten zu übernehmen. Im November 1876 unterzeichnete John Dixon ein Abkommen mit Wilson, Kleopatras ›Nadel‹ für £ 10.000 an die Ufer der Themse zu bringen.

Im März 1877 wurde ein Vertrag mit den *Thames Iron Works* über den Bau einer schmiedeeisernen Walze von rund dreißig Meter Länge und fünf Meter Durchmesser geschlossen, die in vorgefertigten Teilen an Ort und Stelle um den Obelisken montiert werden sollte. Unterdessen wurde in Alexandria Demetrio durch geduldige Diplomatie mit dem Plan versöhnt. Waynman Dixon überwachte die vollständige Freilegung des Obelisken und seine Verschiebung mittels hydraulischer Winden, bis er parallel zur Küstenböschung lag. Im Juni trafen Eisenteile mit einem Gesamtgewicht von 60 Tonnen in Alexandria ein, und in den nächsten zwei Monaten wurde der Obelisk mit wasserdichten Schotts umgeben und nach und nach in seinen eisernen Sarg gehüllt.

Der erste Versuch, den Zylinder zu Wasser zu lassen, fand am 28. August statt. Der durch Holzbalken an beiden Enden geschützte Zylinder wurde mit an seiner Unterseite angesetzten hydraulischen Hebern vorwärtsgerollt, wobei an Winden befestigte Stahltrossen den Zug auffingen. Während die beiden Schlepper den Zylinder ins Wasser zogen, riß unglücklicherweise ein großer Stein ein Loch in den Eisenmantel, und der ganze Schwimmer füllte sich mit Wasser, weil die wasserdichten Türen der Schotts nicht geschlossen worden waren. Nach einigem Überlegen ordnete John Dixon den Bau eines massiven Gerüsts an, auf das die Walze gehoben werden konnte, um sie dann so weit zu drehen, bis die beschädigte Platte sichtbar wurde. Dann konnte sie geflickt und das ganze Gefährt leergepumpt werden. Am 7. September wurden die Schlepper zum zweiten Mal gerufen und die Walze mit Erfolg in ein Trockendock in Alexandria gezogen, wo man die Reparatur zu Ende führte und das Gefährt mit einer kleinen Kabine, einem Laufsteg, Mast und Ruder versah. Ein paar Tage später wurde es auf den Namen *Cleopatra* getauft, und am 27. September begann unter dem Kommando des erfahrenen Kapitäns Henry Carter mit einer siebenköpfigen Besatzung die Reise nach England – im Schlepp des Handelsschiffes Olga für eine vereinbarte, zur Hälfte im Voraus fällige Summe von £ 900.

Am 14. Oktober hatten sie trotz der etwas unberechenbaren Bewegungen der *Cleopatra* das Kap Finisterre erreicht, da gerieten sie bei der Einfahrt in den Golf von Biskaya in einen heftigen Sturm. Unter dem wütenden Westwind verrutschte der Ballast des Fahrzeugs, und Carter hatte keine andere Wahl, als von Bord zu gehen. Das Rettungsboot der *Cleopatra* war jedoch schon in Stücke gegangen, und ein tapferer Versuch von sechs Freiwilligen der *Olga*, die Männer zu retten, endete mit einer Tragödie: ihr eigenes Boot wurde von den Wellen verschlungen, und keiner überlebte. Schließlich wurde die Mannschaft mit Hilfe eines Taus und eines unbemannten Boots getrettet, aber die *Cleopatra* mußte man den Wellen und ihrem eigenen Schicksal überlassen. Als die *Olga* am 17. Oktober Falmouth erreichte, waren noch immer keine Nachrichten eingetroffen, doch ein anderer britischer Frachter, die *Fitzmaurice*, hatte das seltsame Geisterfahrzeug gesichtet und noch am selben Abend in den Hafen von Ferrol geschleppt. Dort blieb es liegen, bis man im Hinblick auf eine noch ausstehende Gerichtsentscheidung eine vorläufige Einigung über den Bergelohn ausgehandelt hatte. Schließlich traf die *Cleopatra* im Schlepp des größten und stärksten Schaufelradschleppers des Londoner Hafens, der *Anglia*, am Morgen des 21. Januar 1878 in Gravesend ein und wurde unter dem Jubel der Zuschauer flußaufwärts zu einem sicheren Liegeplatz am *East India Export Dock* gebracht.

Unterdessen war während der Monate des Wartens in London reichlich Zeit für eine ausgiebige Kontroverse über den endgültigen Standort des Obelisken geblieben. Im Gedenken an die glorreichen Siege über die Franzosen zu Beginn des Jahrhunderts und an den ursprüngli-

*89 Der Obelisk auf seinem Sockel am Themseufer; zeitgenössisches Photo, London, Museum of London*

chen *Beweggrund* für das Heranschaffen des Obelisken bevorzugten General Alexander und viele Militärs einen Platz im St. James Park, direkt gegenüber der Admiralität und den Horse Guards. Professor Wilson und die Brüder Dixon gaben dem Parliament Square neben dem Palace of Westminster den Vorzug, und probeweise stellte man hier ein hölzernes Modell auf. Aber manche hielten den ästhetischen Gegensatz zu den Houses of Parliament für allzu groß, und auch aus praktischen Gründen hatte dieser Plan keine Chance. Direkt unter dem vorgesehen Standort verlief ein Eisenbahntunnel, und die Direktoren der Metropolitan District Railway bestanden darauf, ihr Tunnel müsse gegen mögliche Absenkungen verstärkt und die Gesellschaft auf immer von eventuellen Schadenersatzforderungen freigestellt werden. Andere Vorschläge nannten den Platz vor dem Britischen Museum, den Platz vor der St. Paul's Cathedral, den Portland Place, den Piccadilly Circus, die Kensington Gardens und das Greenwich Hospi-

90

*90 Karikatur »Cleopatra's Needle-Woman«; in: Punch, 3. November 1877, London, The Museum of London*

tal. Am 15. Februar erklärte sich die städtische Baubehörde, das Metropolitan Board of Works – die erste für ganz London zuständige Verwaltungsbehörde – endlich bereit, einen Platz am Embankment zur Verfügung zu stellen, vor der Adelphi Terrace, dem großen neoklassizistischen, von den Brüdern Adams in den Jahren nach 1770 vollendeten Spekulationsobjekt. Während die Vorbereitungen für die Aufstellung getroffen wurden, schaffte man den Zylinder stromaufwärts und vertäute ihn bei Lambeth, wo er, nachdem man mehrere Deckplatten entfernt hatte, bald eine beliebte Touristenattraktion wurde und noch einmal das öffentliche Interesse ankurbelte, das schon seine Reise und die sogenannte *Battle of the Sites*, die Schlacht um den Standort, begleitet hatte.

Zunächst wurde das Embankment verstärkt (auf Kosten Dixons und nicht etwa des Metropolitan Board of Works), und am 30. Mai ging Kapitän Carter zum letzten Mal an Bord der *Cleopatra*, die nun stromabwärts zu den Adelphi-Stufen geschleppt wurde. Bei Flut wurde das Gefährt auf eine im Flußbett abgestützte Bühne aus Holzbalken bugsiert. Die Entfernung der gesamten Metallverschalung konnte jetzt beginnen, und am 12. Juni war die ›Nadel‹ Kleopatras wieder vollständig sichtbar. Mit paarweise angeordneten hydraulischen Winden wurde der Obelisk während mehrerer Wochen langsam gehoben, bis er in der Vertikalen einen Höhenunterschied von fast zehn Meter überwunden und in der Horizontalen eine vom Ufer schräg verlaufende Bahn von fast dreißig Metern zurückgelegt hatte. Mitte Juli wurde er in horizontaler Position auf Holzbalken gehoben, und zwar so, daß sich sein Schwerpunkt genau über der Mitte des Granitsockels befand, auf dem er schließlich stehen sollte. Nun wurde um das Mittelstück der ›Nadel‹ ein gußeiserner Gürtel gelegt, der mit Drehzapfen versehen war, um die sich der Obelisk schwenken ließ. Anschließend errichtete man auf beiden Seiten ein massives Holzgerüst mit eingebauten hydraulischen Winden. Die Drehzapfen am Gürtel kamen auf zwei Doppel-T-Träger zu liegen, die vom 7. August an langsam gehoben wurden und dabei den Obelisken mitnahmen. Am 7. September hatten sie die Höhe (16 Meter) erreicht, die erforderlich war, um den Obelisken in die senkrechte Position zu schwenken.

Nachdem die Probe planmäßig verlaufen war, legte John Dixon Datum und Uhrzeit für den letzten Akt fest. Am 12. September, gegen drei Uhr nachmittags, drängte sich auf dem Themse Embankment eine große Menge Schaulustiger, angeführt von Wilson, Dixon und ihren Gästen, um zu verfolgen, wie die Nadel auf ihren Zapfen in die Senkrechte gedreht wurde, und zwar mit Hilfe von Seilen, die an zwei, von jeweils drei Mann bedienten Winden befestigt waren. Kurz vor vier Uhr gingen unter großem Jubel neben dem Pyramidion der Union Jack und die türkische Flagge hoch, und die Operation war fast abgeschlossen. Am nächsten Tag wurde der Obelisk noch vorsichtig die letzten paar Zentimeter auf den Sockel abgesenkt und wenige Tage später der Gürtel abgenommen. Im Oktober fielen die letzten Teile des Holzgerüstes, und der Obelisk stand frei an seinem Standort.

Aber auch jetzt noch umhüllte, wie feuchte Londoner Luft, eine Aura von Groll und Mißgunst den urtümlichen Monolithen. Zwar hatte Dixon Glückwunschadressen von der Königin und dem Khediven erhalten, aber der Prinz von Wales, der sich bereit gezeigt hatte, an der Zeremonie teilzunehmen, war am Ende doch verhindert gewesen. Auch die Regierung scheint nicht vertreten gewesen zu sein, was nicht unbedingt überrascht, wenn man an die voraufgegangene fünfundsiebzigjährige Tatenlosigkeit denkt. Und das Khedivat war zusammen mit dem übrigen Osmanischen Reich seit 1876 bankrott; die Krise, die sich daraus ergab, führte dazu, daß Großbritannien, wenn auch widerstrebend, 1882 direkt in Ägypten intervenierte.

Dixon mußte einen Prozeß gegen seine Versicherer anstrengen, um sie zur Zahlung der £ 2.000 Bergegeld zu veranlassen, die das Admiralitätsgericht der Firma Messrs. Burrell and Son, Glasgow, den Besitzern der Fitzmaurice, zugesprochen hatte. Aber er unterlag in der Berufungsverhandlung, und mußte am Ende nicht nur die £ 2.000, sondern auch sämtliche Gerichtskosten bezahlen. Auch nachdem Professor Wilson ihm die versprochenen £ 10.000 übergeben hatte, war er noch £ 10.000 ärmer als zuvor: soviel machten die Gerichtskosten, das Bergegeld, die Kosten für die Instandsetzung der *Cleopatra* in Ferrol und die für den Schlepptransport nach London aus. Offiziellen Dank erntete nur Erasmus Wilson, der im Jahre 1881 in den Ritterstand erhoben wurde.

Doch noch einmal zurück zu dem Obelisken: Sein Sockel wurde vom Metropolitan Board of Works mit vier Bronzeplatten verschönert, die Auskunft geben über seine Herkunft, über die Schenkung Mehmet Alis an die britische Nation im Jahre 1819, über die Rolle, die Wilson und Dixon bei seinem Transport nach London spielten, und auch die Namen der sechs Matrosen des Schiffes *Olga* sind hier verzeichnet, die bei dem Versuch, die Mannschaft der *Cleopatra* zu retten, ums Leben kamen. Die abgerundeten Ecken am Fuß des Obelisken wurden mit dekorativen Bronzeplatten in Form von Flügeln verdeckt, die der Architekt der Behörde, George Vulliamy, entworfen hatte. Nach dem Modell der schwarzen Basaltsphinx von Alnwick Castle, die man irrigerweise der gleichen Periode wie die ›Nadel‹ zuordnete, wurden außerdem zwei Bronzesphingen gegossen. Seltsamerweise stellte man sie mit dem Blick nach innen auf, so als würden sie die Hieroglyphen studieren, und nicht als Wächter mit dem Blick nach außen. In den Sockel schloß man in zwei großen Steingutkrügen eine bizarre Sammlung von Relikten des 19. Jahrhunderts ein: Standardmaße und -gewichte, einen Satz britischer Münzen, darunter auch eine Rupie der Kaiserin von Indien, eine Darstellung der Geschichte des Obelisken und seines Transports nach London, eine Übersetzung seiner Inschriften, eine hydraulische Winde der Firma Tangye, die bei der Aufrichtung verwendet worden war, ein Bildnis der Königin Victoria, Bibeln in mehreren Sprachen, Bradshaws Eisenbahnführer, ein Rasiermesser der Firma Mappin, eine Schachtel mit Haarnadeln, eine Alexandra-Säuglingsflasche und Kinderspielzeug, außerdem Tageszeitungen und Illustrierte Wochenzeitschriften sowie ein Dutzend Photographien schöner Engländerinnen, die Kapitän Carter beigesteuert hatte.

Nachdem er in zwei Weltkriegen seiner Zerstörung knapp entging, steht der Obelisk auch heute noch in stolzer Isolation auf dem Thames Embankment. Unter ihm rauscht der Verkehr vorüber, und wenig deutet auf seine uralten Beziehungen zu Sonnenkulten und großmächtigen Siegen hin. Aber so sehr er auch als ein Fremdkörper erscheinen mag – er liefert ein irgendwie erbauliches Zeugnis dafür, daß gewisse Bauwerke des Menschen die Kreisläufe von Zerstörung und Wiederaufbau großer Städte überdauern können. Und bis jetzt haben ihn die Ägypter noch nicht zurückgefordert.

# BABYLON

91

*91 Turmbau zu Babel; Miniatur aus einer burgundischen (?) Handschrift, Tusche auf Pergament, um 1470 (1/233)*

92

*92 Der Turmbau zu Babel; in: R. v. Ems, Weltchronik (...), Pergament, Bayern-Österreich, um 1340-1350, Stuttgart, Württembergische Landesbibliothek*

*93 P. Bril, Der babylonische Turmbau; Leinwand, München, Alte Pinakothek, Leihgabe der Bayerischen Verwaltung der staatlichen Schlösser, Gärten und Seen*

*94 I. van der Block (zugeschr.), Turmbau zu Babel; Leinwand, 1609-1616, Gdánsk, Muzeum Historiee M. Gdánsk*

93

94

95

95 »Der Thurn zu Babel«; in: E. W. Happel, Gröste Denckwürdigkeiten der Welt (...), Hamburg 1683 (1/242)

96

96 *P. Brueghel d. J. / J. Rottenhamer, Der Turmbau zu Babel; Kupfer (1/235)*

97

97 *Babylon; in: J. B. Fischer von Erlach, Entwurff einer Historischen Architectur.(...), Bd. 1, Kupferstich, Wien, 1725 (1/63)*

98

99

100

*100 J. Martin, Das Fest des Belsazer; Leinwand, um 1820, Newcastle upon Tyne, Laing Art Gallery and Museum*

*98 L. Toeput (Pozzoserato), Turmbau zu Babel; Leinwand, um 1583-1587 (1/234)*

*99 J. Martin, Der Fall Babylons; Mezzotinto, 1831 (1/245)*

*Dominique Beyer*

# KHORSABAD ODER DIE ENTDECKUNG DER ASSYRER

Nachdem der französische Konsul in Mossul, Paul-Emile Botta, eine Zeit lang vergeblich an der Stelle des alten Ninive, der Hauptstadt der Assyrer, geschürft hatte, begann er Ende März 1843 mit Ausgrabungen bei Khorsabad, die den Auftakt zu den großen archäologischen Nachforschungen in Mesopotamien und im gesamten Vorderen Orient bilden sollten. Am 5. April 1843 verkündete ein an den Sekretär der asiatischen Gesellschaft, Jules Mohl, gerichteter Brief, der *Académie des Inscriptions et Belles Lettres* übermittelt und dann im *Journal Asiatique* veröffentlicht, der gelehrten Welt die *Entdeckung der Assyrer*, die damals durch kaum mehr als aus der Bibel oder den Schriften Herodots bekannt waren.

Damit begann im Vorderen Orient die Ära der *Diplomaten-Ausgräber*, zu denen neben Botta sein Nachfolger Victor Place und die Engländer Austin Henry Layard, Henry Creswicke Rawlinson oder W. K. Loftus gehören, die sich, neben anderen, den Stätten von Nimrud und Ninive widmeten. Diese archäologiebegeisterten Diplomaten des 19. Jahrhunderts waren jedoch nicht die Ersten, die sich für die Überreste der vergangenen antiken Zivilisationen Mesopotamiens, des von Euphrat und Tigris bewässerten Landes, interessierten. Andere Reisende und Forscher waren ihnen vorausgegangen.

## Zeit der Reisen und Erkundungen

Die weit zurückliegenden Anfänge der Assyriologie sieht man im Allgemeinen bereits im 12. Jahrhundert. Damals, um 1260 begab sich sich ein Rabbiner, Benjamin von Tudela, auf die Reise über das Mittelmeer in den Vorderen Orient und nach Ägypten. Auf der anderen Seite des Tigris, Mossul gegenüber, erkannte er als erster Europäer die Überreste *»Ninives, das heute gänzlich verfallen ist und an dessen Stelle sich zahlreiche Dörfer befinden.«*

*101 Kudurru (»Caillou Michaux«); Babylon, schwarzer Serpentin, Anf. 11. Jh. v. Chr. (1/182)*

In den folgenden Jahrhunderten wurden die von den offenkundig nicht sehr zahlreichen Reisenden hier und da verbreiteten Nachrichten allmählich genauer, die Beobachtungen zuverlässiger. So vermerkte im Jahre 1583 ein englischer Kaufmann, John Eldred, die Ausmaße des Zikkurat von Aqarquf, das er für den Turm von Babel hielt, und dessen eigentümliche Bauweise: denn seine Mauern bestanden aus ungebrannten Lehmziegeln, die mit regelmäßig dazwischengeschobenen Schilfschichten wechselten.

Im 17. Jahrhundert kopierte Pietro della Valle in Persepolis einige Inschriften und brachte aus Mesopotamien beschriftete Lehmziegel mit. Sie trugen eine geheimnisvolle Schrift, die man später Keilschrift nennen sollte. Jedoch bis 1767, dem Ende der 1761 von Friedrich V. von Dänemark nach Arabien entsandten Expedition, mußte man warten, bevor die Gelehrten Europas über getreue Kopien von Keilschrifttexten verfügten. Wir verdanken sie dem wissenschaftlichen Denken Carsten Niebuhrs. 1786 dann brachte der Botaniker A. Michaux das erste bedeutende epigraphische Denkmal nach Frankreich: ein Kudurru, einen babylonischen Grenzstein, auf dem ein Eigentumsrecht eingeritzt war. Kaum war er bekannt, wurde der *Michaux-Stein* Gegenstand zahlreicher Entzifferungsversuche, die aber lange Zeit unrichtig waren.

Zur selben Zeit nützte ein anderer Wissenschaftler, ein Astronom, Abbé Joseph de Beauchamp, seine Stellung als Generalvikar in Bagdad, um die alten Stätten der Gegend zu erkunden, oft bemerkenswerte Beschreibungen sandte er nach Paris. Er scheint der erste echte Ausgräber gewesen zu sein, denn er begann dort zu graben, wo einst das alte Babylon gelegen war. 1790 veröffentlichte er im *Journal des Savants* einen Bericht, der zwei Jahre später, ins Englische übersetzt, auch im *European Magazine* er-

101

102

*102 Geflügelter Genius; Khorsabad, Palast Sargons II., gipshaltiger Stein, Ende 8. Jh. v. Chr. (1/214)*

*103 Geflügelter Genius mit Vogelkopf; Khorsabad, Palast Sargons II., gipshaltiger Stein, Ende 8. Jh. v. Chr. (1/213)*

schien. Seine Ausführungen sollten für die Entwicklung des europäischen Interesses an den Ruinen der großen, längst vergangenen Städte des Vorderen Orients eine bedeutende Rolle spielen.

Das beginnende 19. Jahrhundert entdeckte den Alten Orient erneut. Bei der Ostindischen Kompagnie beschäftigte englische Residenten und auch der berühmte Lord Byron waren Hauptakteure. Eine der auffallendsten Persönlichkeiten jener Zeit, welche die noch in den Kinderschuhen steckende Assyriologie vorantreiben sollte, war Claudius James Rich. Er beherrschte einige orientalische Sprachen, hatte den Orient von Damaskus bis Bombay bereist und wurde mit zwanzig Jahren zum Residenten der Indischen Kompagnie in Bagdad und Generalkonsul ernannt. Methodisch und gewissenhaft erforschte er die alten Stätten Mesopotamiens, wie seine Beschreibungen belegen, die gespickt sind mit Zahlenangaben und sorgfältig geprüften Sachverhalten. 1812 erschienen in Bagdad seine *Memoirs on the Ruins of Babylon*, worin die ehemalige Hauptstadt mit ihren genau voneinander getrennten Bezirken deutliche Konturen annimmt. 1820 begab sich Rich nach Kurdistan; eingehend besichtigte er das alte Arbela (Erbil), Nimrud und Mossul. Auf der anderen Seite des Tigris gewann er die Erkenntnis, daß die beiden Tells Kujundschik und Nebi-Junus Überreste der alten Hauptstadt Ninive bergen müssen. Erschüttert vom Tod seines Sekretärs Bellino, verließ er Mesopotamien und begab sich nach Bombay. Da er Persien wiedersehen wollte, zog er nach Buschir, Persepolis und Schiraz. Dort starb er, noch nicht fünfunddreißigjährig, an der Cholera. Rich's Witwe trug Sorge dafür, daß seine kostbaren Aufzeichnungen veröffentlicht wurden. Seine Sammlung antiker Kunstschätze, die insbesondere bedeutende Inschriften enthielt, wurde von der englischen Regierung erworben und bildete den Grundstock der Orientsammlung im British Museum.

Andere Engländer dieser Zeit verdienen Erwähnung: James Silk Buckingham etwa, oder Sir Robert Ker-Porter, auch J. Baillie Fraser und Dr. John Ross. Es waren unerschrockene und passionierte Abenteurer, die ohne Unterstützung einer Regierungsstelle aufbrachen. Im

Jahre 1829 wurde gleichwohl eine offizielle Expedition unter der Leitung des Obersten F. R. Chesnay zur Erforschung der Flußläufe von Euphrat und Tigris entsandt. Frankreich trat erst im Jahre 1839, mit der Entsendung der Expedition von Flandin und Coste in Erscheinung, die den Auftrag hatte, die Baudenkmäler und Inschriften Persiens und Mesopotamiens aufzunehmen.

1842 eröffnete die Regierung Louis-Philippes ein französisches Konsulat in Mossul. Paul-Emile Botta (1802–1870), Sohn des piemontesischen Historikers Carlo Botta, der nach dem Sturz des Kaiserreiches nach Frankreich geflohen war, wurde der erste Amtsträger. Der neue Konsul war kein Anfänger: von 1826–1829 hatte er mit der geographischen und naturkundlichen Expedition des Kapitäns Duhaut-Cilly die Welt umrundet. Als Konsul von Alexandria und guter Arabist bereiste er Ägypten, den Jemen und Libanon auf der Suche nach botanischen und zoologischen Proben, die für das Musée d'Histoire Naturelle in Paris bestimmt waren.

## Die Entdeckung Khorsabads

Im Brief vom 5. April 1843, den Botta an Jules Mohl gerichtet hatte, ist von der Entdeckung *»von Ruinen eines Denkmals«* die Rede, *»das durch die Anzahl und die Art der es schmückenden Skulpturen bemerkenswert ist«*. Botta, der sich der Bedeutung des Ereignisses bewußt war, fährt fort: *»Ich lasse weiter abtragen und dies mit um so mehr Interesse, als ich der erste zu sein glaube, der Skulpturen entdeckt hat, die man mit einiger Wahrscheinlichkeit der Zeit zuschreiben darf, da Ninive in Blüte stand«*.

Als vollendeter englischer Gentleman gestand Austin Henry Layard, der spätere Entdecker der alten assyrischen Großstadt Kalach in Nimrud, Botta den Ruhm zu, *»das erste assyrische Denkmal wiedergefunden zu haben«*.

Dieses Denkmal ist nichts anderes als der erstaunliche Palast, den der assyrische König Sargon II. (721–705 v. Chr.) an der Stätte von Khorsabad, etwa fünfzehn Kilometer nordöstlich von Mossul, errichten ließ. Erst später wird man wissen, daß der König in sieben Jahren, von 713 bis 705 v. Chr., hier eine neue Stadt,

*103*

104

*104 Rekonstruktion der Paläste von Nimrud, in: A. H. Layard, The Monuments of Nineveh, London 1853, Pl. 1 (1/224)*

Dur-Scharukin (Stadt von Sargon), gebaut hatte, deren quadratische Umfassung von 1750 x 1685 m eine Unterstadt und eine Zitadelle umschlossen hatte. Sargons neue Residenz, deren Bau am Morgen nach einer Schlacht gegen Urartu, seinen mächtigen Feind im Norden, beschlossen worden war, blieb unvollendet: der König starb während eines seiner Feldzüge in die anatolischen Berge. Mehrere Gründungsinschriften, die entweder Botta oder sein Nachfolger Victor Place gefunden hatte, geben ein deutliches Bild vom Ehrgeiz des assyrischen Königs: *»Palast von Sargon, Statthalter des Gottes Enlil, Priester des Gottes Assur, des mächtigen Königs, der vom einen Ende der Welt bis zum anderen seine Herrschaft über die vier Himmelsrichtungen errichtet und seine Oberbefehlshaber dort eingesetzt hat. Der Neigung meines Herzen folgend, habe ich in der Ebene von Ninive, am Fuße des Berges Musri eine Stadt gebaut und sie Dur-Scharukin genannt. Aus 16.283 großen Ellen, was dem Wert meines Namens entspricht, habe ich den Umfang ihres Walls gemacht und sie fest auf das Felsgestein gesetzt. Ich ließ kunstvoll ihre göttlichen Bilder machen, die in ewigen Heiligtümern ihren Platz finden. Elfenbeinpaläste und Paläste aus Ahorn-, Buchsbaum-, Maulbeer-, Zedern-, Wacholder-, Pinien- und Pistazienholz habe ich dort gebaut. Mit Tieren, die den Geschöpfen des Gebirges und des Meeres gleichen und aus weißem Stein gehauen sind, habe ich ihre Tore besetzt (...). Auf Gold-, Silber-, Bronze-, Blei-, Talkerde-, Lapislazuli- und Alabastertafeln schrieb ich meinen Namen und verwahrte ihn in den Fundamenten ihrer Mauern. Wer das Werk meiner Hände zerstört, löscht den Bericht meiner Taten aus. Assur, der große Herr, tilgte seinen Namen und seine Nachkommenschaft von der Erde!«*

Dieser Text, der mehrere Varianten enthält, wurde sowohl im Lehm der Palastfundamente als auch zwischen den Klauen der mächtigen geflügelten Stiere mit Menschenkopf gefunden. Diese Steinkolosse, die an den Türpfosten standen, schützten die zahlreichen Zugänge zum Palast, zur Zitadelle oder zur Stadt. Die ersten Ausgräber waren von ihnen tief beeindruckt, wie im Altertum die Besucher der assyrischen Paläste beeindruckt gewesen sein mögen.

Das ikonographische Programm des assyrischen Palastes hatte das Ziel, dieje-

105

*105 Tontafel des Epos von Gilgamesch; Khorsabad, Ton, 668-627 v. Chr. (1/220)*

nigen zu erschrecken, die seine Pforten überschritten, den Fremden mit der Hilfe von Schlacht- und Stadtbelagerungsszenen, aus denen jegliches menschliche Gefühl gebannt zu sein scheint, und langen Aufmärschen von Tributbringern oder Verschleppten eine Vorstellung von der Macht Assyriens und seinen Herrschern zu vermitteln.

Wegen einer vom türkischen Pascha der Provinz Mossul bekundeten Feindschaft ging Bottas erste Kampagne im Oktober 1843 zu Ende. Man mußte auf die Intervention des französischen Repräsentanten in Konstantinopel warten, um vom Sultan der Hohen Pforte einen neuen Ferman zur Wiederaufnahme der Ausgrabungen zu erlangen. Paris gewährte offiziell neue Geldmittel, und entsandte einen talentierten Zeichner, den Maler Eugène Napoléon Flandin. All dies erlaubte es Botta, die Grabungsstelle von Mai bis Oktober 1844 wieder zu öffnen. Mit seinen in Persien gesammelten Erfahrungen und der Unterstützung Pascal Costes zeichnete Flandin die Pläne der von den Grabungen freigelegten Flächen und erstellte detailgetreue Zeichnungen der zahlreichen Basreliefs aus gipshaltigem Stein, die die Mauersockel der vielen Säle und Höfe des Palastes zierten. Die Reliefs, oft nur als auf dem Boden verstreute Bruchstücke gefunden, fügte man mit großer Sorgfalt und Genauigkeit auf dem Plan der Mauerverläufe wieder ein. Botta selbst nahm zahlreiche Keilinschriften auf.

Führt man sich die schwierigen Bedingungen vor Augen, unter denen die Arbeiten vor sich gehen mußten, und den Grad des Verfalls zahlreicher Skulpturen – sie hatten sowohl unter dem Palastbrand als auch unter dem langen Aufenthalt im feuchten Lehm gelitten – so ist die Qualität der vollbrachten Arbeit für jene Zeit besonders ungewöhnlich,

106

107

108

109

*106 Stier mit Menschenkopf, Palast von Khorsabad, Portalpfosten an der M-Fassade, Handzeichnung, 1846 (1/206)*

*107 Geflügelter Genius, Reliefbruchstück; Nimrud, Kalkstein, 9. Jh. v. Chr. (1/221)*

110

*110 Geflügelter Genius, Palast von Khorsabad, Handzeichnung, 1846 (1/205)*

ebenso ungewöhnlich wie Bottas und Flandins Veröffentlichung eines fünfbändigen Prachtwerkes *Monument de Ninive* in der Imprimerie Nationale Paris (1894 bis 1850) nur wenige Jahre nach Beendigung der Ausgrabungen. Die nach den Originalzeichnungen gefertigten Stiche machten es möglich, die zahlreichen Reliefs wieder in ihren architektonischen Kontext einzuordnen und das Ausmaß dessen zu begreifen, was nicht vor dem Verfall gerettet werden konnte.

Nach Flandins Abreise fiel Botta selbst die schwere Aufgabe zu, die ausgewählten Werke nach Frankreich transportieren zu lassen. Sie wurden auf Fuhrwerken von Khorsabad nach Mossul und den Tigris hinunter auf Keleks (auf Flößen, unter denen zur besseren Tragfähigkeit Luftschläuche angebracht waren) gen Bagdad und dann nach Bassorah transportiert, wo sie schließlich das französische Schiff *Kormoran* übernahm. Von Le Havre wurden sie 1846 auf Schleppkähnen bis nach Paris gebracht, wo sie im Februar 1847 anlangten. Und noch eine grandiose Leistung ist zu verzeichnen: nur einiger Monate bedurfte es, bis die geretteten Reliefs im Louvre ausgestellt werden konnten. So wurde am 1. Mai 1847 die erste assyrische Sammlung Europas eingeweiht.

*108 Figur mit einem Löwen, Palast von Ninive, N-Fassade, in: M. P. E. Botta und M. E. Flandin, Monuments de Ninive, (...), Paris, 1849 Bd. 1 (1/203)*

*109 Bronzelöwe; Khorsabad, Palast Sargons II., Ende 8. Jh. v. Chr. (1/215)*

*111*

*112*

Im Herbst 1844 waren die Ausgrabungen des Palastes von Khorsabad noch lange nicht abgeschlossen. Botta hatte lediglich die Nordwestecke mit vierzehn Sälen und einigen Fassaden freigelegt. Als er sich zu neuen Expeditionen rüsten wollte, fiel er wegen seiner politischen Positionen während der Revolution von 1848 in Ungnade. 1870 starb er vergessen in Achères, in der Nähe von Paris.

Diese Unterbrechung der Ausgrabungen und der französischen Präsenz in Assyrien machte des Feld frei für die Engländer, für Layard und Rawlinson, die von Rassam unterstützt wurden und ihre Anstrengungen sowohl auf Nimrud und Ninive als auch auf Assur konzentrierten. Aber schon 1851 öffnete die französische Regierung wieder ihr Konsulat in Mossul und ernannte dort Victor Place (1818–1875) zum Generalkonsul.

Zum gleichen Zeitpunkt wurde auch eine wissenschaftliche Expedition unter der Leitung des französischen Konsuls in Bagdad, Fulgence Fresnel, nach Mesopotamien entsandt (1851–1854). Diese Mission, an der auch aktiv der Architekt Félix Thomas und der Orientalist Jules Oppert teilnahmen, stand unter keinem guten Stern: die entdeckten Kunstschätze und mit ihnen die aus Places Grabungen stammenden Kisten versanken 1855 im Tigris.

Place, der die Ausgrabungen des Palastes von Khorsabad wieder aufgenommen hatte, legte zwischen 1852 und Anfang 1854 hundertsechsundachtzig weitere Säle frei, enthüllte so ein majestätisches Denkmal des assyrischen Altertums, das sich zudem in einem relativ gut erhaltenen Zustand befand. Place interessierte sich auch für den Stadtwall, der von riesigen Toren durchsetzt war. Von einem dieser Tore wird er dem Louvre einen der menschenköpfigen Stiere übergeben, dem ein großer übelabwehrender Geist folgen sollte.

An Places Seite finden wir auch Félix Thomas wieder, der sich wie sein Vorgänger Flandin der Bestandsaufnahme der überdauerten Bauwerke und Skulpturen widmete und 1870 einen Band mit Stichen veröffentlichte, der große Wirkung entfalten sollte. Ein Freund von Place, der Ingenieur Gabriel Tranchand, der sich zum ersten Mal an einem archäologischen Fundplatz im Orient auf-

113

*113 M-Portal des Palastes von Ninive, in: V. Place, Ninive et l'Assyrie, Paris, 1867, Bd. 3, Pl. 21 (1/225)*

hielt, betätigte sich als Photograph. Er arbeitete sowohl mit Daguerreotypie als auch mit der damals neuen Papierphotographie, nahm Ansichten von Khorsabad, aber auch von anderen Stätten wie Ninive, Maltai oder Djigan auf.

Nicht alle von Place freigelegten Säle im Palast waren mit Steinreliefs verziert, so der Gesindetrakt in der Südostecke des Palastes, wo Victor Place verschiedene Magazine und Speicher fand, in denen unter anderem beeindruckende Mengen von Barren und Eisenwerkzeugen verborgen waren.

Manche Säle wiesen gemalte Verzierungen auf, leider im Zustand äußersten Verfalls. Die Farben dieser Malereien fanden sich auch auf Steinreliefs wieder, die manches Mal teilweise koloriert waren. An anderen Stellen, häufig oberhalb der Steinreliefs, verläuft an den Innenwänden ein aus farbig emallierten Ziegeln bestehender Dekor, auf dem sich die Darstellung von Schutzgötter mit Blumenmotiven abwechselt. Den in dieser Hinsicht vollendetsten Dekor fand Victor Place an einem Ort, den er für den *Harem* hielt, der sich aber als einer eng mit dem Palast verbundenen Gruppe von Heiligtümern zugehörig erwies. In der Nähe ragt übrigens ein Zikkurat in die Höhe, das Place zur Zeit der Ausgrabungen als Observatorium interpretierte. Die Fassade dieser Türme, mit einem von künstlichen Palmen umrahmten Hauptportal, zeigten eine Grundmauer aus emaillierten Ziegeln, deren Motive bis heute noch keine befriedigende Erklärung fanden.

Die Ära der großen Pioniere der Assyriologie nahm für die französischen Ausgräber kein gutes Ende. Die Inkonsequenz der Regierungsämter trug ein gut Teil Schuld daran: Botta starb in Ungnade, Fresnel im Elend, Place, anderswohin versetzt, erhielt keine Erlaubnis, den Transport der bedeutenden, wiedergefundenen Altertümer zu begleiten. Eine Katastrophe ließ nicht auf sich warten: seine Boote wurden von aufständischen Beduinen überfallen und gingen im Schatt-el-Arab unter. Die Verluste waren erheblich, nur wenige Werke wurden gerettetet, sie trafen im Juli 1856 im Louvre ein. Place blieb nur der Trost, das Ergebnis seiner Ausgrabungen in sorgfältig von der kaiserlichen Druckerei edierten Bänden veröffentlichen zu können. Place, von Posten zu Posten geschickt, der Unterschlagung angeklagt,

*111 Vorbeitung für den Transport einer geflügelten Torwächterfigur, in: A. L. Layard, Nineveh and its remains, (...), London 1849, Bd 1 (1/223)*

*112 Assyrisches Relief mit Darstellung des Transportes einer Torwächterfigur, in: V. Place, Ninive et l'Assyrie, Paris, 1867, Bd. 3, Pl 44 (1/225)*

114

115

116

verurteilt und von Thiers begnadigt, verließ Frankreich schließlich 1873 und ging nach Rumänien. Dort starb er zwei Jahre später.

Die Freilegung Khorsabads, weit davon entfernt, beendet zu sein, wurde erst sehr viel später, von 1927 bis 1934, von einer amerikanischen Mission des Chicagoer Orientinstituts unter Leitung von Henri Frankfort und, daran anschließend, von Gordon Loud fortgesetzt. Die amerikanischen Archäologen, die jetzt mit ausgebildeten Teams arbeiten konnten, waren in der Lage, eine Anzahl von Beobachtungen ihrer Vorgänger Botta und Place zu korrigieren und zu ergänzen. Sie legten darüberhinaus die gesamte Zitadellenfläche am Fuß des Königspalastes frei, wo sich einst große Residenzen und der Nabutempel befunden hatten.

In einigen Jahren wird in Paris der 150. Geburtstag der Entdeckung der Assyrer in Khorsabad mit einer Ausstellung im Louvre begangen. Dies wird der Moment sein, den von Paul-Emile Botta und Victor Place aufgebrachten Mut und die außerordentliche, von diesen großen Pionieren der Assyriologie geleistete Arbeit zu ehren.

*114 Transport eines Monoliths, in: V. Place, Ninive et l'Assyrie, Paris, 1867, Bd. 3, Pl. 44 (1/225)*

*115 Schlachtszenen, Palast von Khorsabad, Dekor des Saales 2, Handzeichnung, 1846 (1/208)*

*116 »Nineveh« in: C. J. Rich, Narrative of a residence in Kordistan (...), Bd 2, London 1836 (1/196)*

*117 Verschiffung der Grabungsfunde aus Ninive nach Paris, in: V. Place, Ninive et l'Assyrie, Paris, 1867, Bd. 3, Pl. 43 (1/225)*

1 TRANSPORT SUR KÉLEK D'APRÈS UN BAS RELIEF.

2. OPÉRATION DU GONFLEMENT DES OUTRES D'APRÈS UN BAS RELIEF.

3. NAVIGATION SUR LE TIGRE.

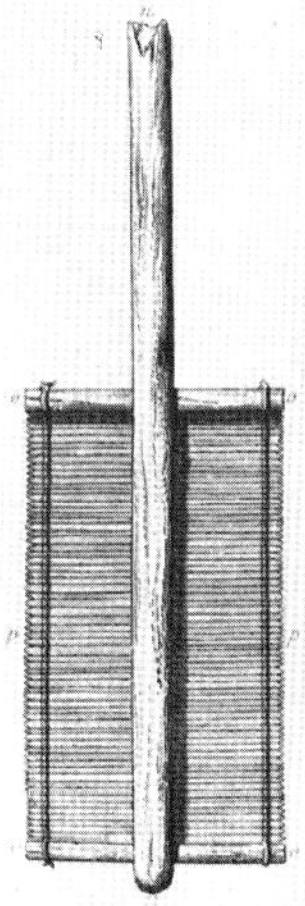

RAME

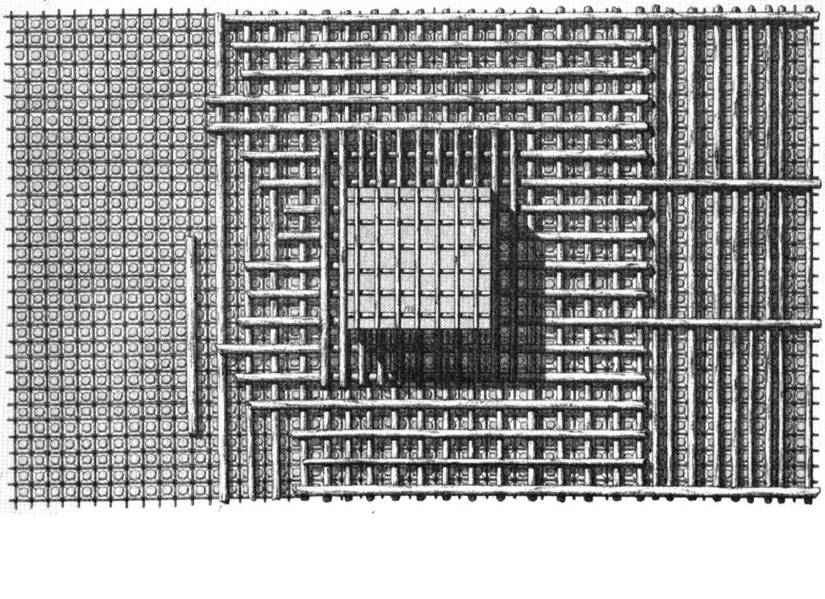

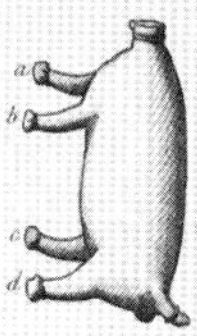


5. OUTRE.

*Alistair C. Crombie*

# GRIECHISCH-ARABISCHE NATURWISSENSCHAFTEN UND ABENDLÄNDISCHES DENKEN

Die neue Naturwissenschaft, die im 12. Jahrhundert in das christliche Abendland einzusickern begann, war der Form nach großenteils arabisch, aber ihre Grundlage waren die Werke der alten Griechen. Die Araber bewahrten und vermittelten eine Fülle griechischer Gelehrsamkeit, und was sie selbst hinzufügten, war vielleicht nicht so wichtig wie der Wandel in der Auffassung des Zweckes, um dessentwillen Naturforschung betrieben werden sollte.

Die Araber selber erwarben ihre Kenntnis der griechischen Naturwissenschaft aus zwei Quellen. Das meiste lernten sie wohl direkt von den Griechen des Byzantinischen Reiches, aber auch erst aus zweiter Hand, nämlich von den syrisch sprechenden nestorianischen Christen Ostpersiens. Im 6. und 7. Jahrhundert übersetzten nestorianische Christen in ihrem Zentrum Gondeschapur eine Anzahl wichtiger griechischer wissenschaftlicher Werke, hauptsächlich über Logik und Medizin, ins Syrische, das seit dem 3. Jahrhundert als literarische Sprache Westasiens an die Stelle des Griechischen getreten war. Gondeschapur blieb nach den arabischen Eroberungen noch eine Zeitlang das wichtigste naturwissenschaftliche und medizinische Zentrum des Islams; dort arbeiteten christliche, jüdische und andere Untertanen des Kalifen an der Übersetzung von Texten aus dem Syrischen ins Arabische. Damaskus und Bagdad wurden ebenfalls Zentren für diese Arbeit, und im frühen 9. Jahrhundert wurden in Bagdad auch Übersetzungen direkt aus dem Griechischen gemacht. Im 10. Jahrhundert standen fast alle naturwissenschaftlichen griechischen Texte, die in der westlichen Welt bekannt werden sollten, auf Arabisch zur Verfügung.

Als die Handelsbeziehungen zwischen den christlichen und islamischen Völkern langsam auflebten, drang auch das von den Arabern gesammelte Wissen allmählich in das Abendland vor. Im 9. Jahrhundert begannen Städte wie Venedig, Neapel, Bari und Amalfi, später auch Pisa und Genua, mit den Arabern Siziliens und des östlichen Mittelmeers Handel zu treiben. Im 11. Jahrhundert war ein Benediktinermönch von Monte Cassino, Konstantin der Afrikaner, hinreichend vertraut mit der arabischen Naturwissenschaft, um eine Paraphrase des Galen und Hippokrates aus der medizinischen Enzyklopädie des persischen Arztes Haly Abbas (Ali Ibn al-Abbas †994) verfassen zu können. Im 12. Jahrhundert ist bekanntlich Adelard von Bath durch Süditalien und sogar durch Syrien gereist; Anfang des 13. Jahrhunderts war Leonardo Fibonacci aus Pisa auf Geschäftsreisen in Nordafrika, wo er seine Kenntnisse der arabischen Mathematik erwarb.

Die Hauptzentren, von denen aus sich die Kenntnis der arabischen und letztlich der griechischen Naturwissenschaft ausbreitete, waren Sizilien und Spanien. Toledo fiel 1085 an Alfons VI. und wurde um die Mitte des 12. Jahrhunderts, unter dem Patronat seines Erzbischofs, zum spanischen Zentrum der Übersetzungen vom Arabischen ins Lateinische. Die sehr große Zahl von Versionen, die man einem Manne wie Gerard von Cremona zuschrieb, legt die Vermutung nahe, daß eine Art Schule existierte. Die Namen bekannter Übersetzer, Adelard von Bath, Robert von Chester, Alfred von Sareshel (der Engländer), Gerard von Cremona, Plato von Tivoli, Burgundio von Pisa, Jakob von Venedig, Eugen von Palermo, Michael Scotus, Hermann von Kärnten, Wilhelm von Moerbeke, bezeugen den europäischen Charakter dieser Bewegung, wie auch ihre eigenen Worte – die Adelards sind typisch dafür – von der Leidenschaft zeugen, mit der die Gelehrten jener Zeit sich aufmachten, um die arabische Bildung für das christliche Abendland zu erobern. Viele der Über-

*118 Avicenna, Kompendium ›De medicina‹; lateinische Übersetzung von G. v. Cremona, illuminierte Pergamenthandschrift, 15. Jh. (6/42)*

Medicina est scia qua huani corporis dispões noscuntur ex pte qua sanat' vel ab ea remouet' et habita sanitas cōseruetur et amissa recuperet'. Post autē aliquis dicet q medicina diuidit' in theoricā z pticā: sed tu totā ipam posuisti theoricā cum dixisti qd est scia. Dic⁹ aūt respōdebim' nūc et dicemus qd artiū quedā est que est theorica et pratica: et de phia q est theorica et ptica: et de medicina dr q ē theorica et pratica. Cu vnaquaq autē harū diuisionū aliud volu' dicere cū dicimus theoricam: et aliud cū dicimus praticā: nō tn̄ nob necē ē declarare diuersitatē que inter eas

existit nisi in medicina. Cū ergo de medicina dixerim' q eius est theorica ex ea est ptica: nō est existimandum q volumus dicē q vna diuisionū medicīe est scire: et altera operari quēadmodum multi hūc locū pscrutātes existimant. Sed debes scire q illud qd volum' est q et q nulla duarū diuisionū medicīe est n̄ scia sed vna earū ē ad sciendum principia: et altera ad sciēdū operādi qualitatē. Post vero primā earum noiē sciē aut theorice approximamus et alterā approximaui' noiē pratice: per theoricā vero nos volum' q quād ea scire rim' sciaz tm̄ acquerim' ita q in declaratiōe qualitatis opan̄ nōs nō amittemus. sicut dr̄ in medicina q spēs febrium sunt tria: et continuas sūt noue et xxx vticā ... volum' nō operatiōe in effectu: nz Laborē motionū corporearū ...

118

119

*119 Arabische Gelehrte am normannischen Hofe in Palermo; in: P. de Ebulo, Liber ad honorem Augusti, illuminierte Pergamenthandschrift, Palermo (?), 1195-96, Bern, Burgerbibliothek*

setzungen waren Gemeinschaftsarbeiten, z. B. das Werk des spanischen Juden Johannes von Sevilla, der das Arabische in die Landessprache Kastilisch übersetzte, aus dem es dann von Dominicus Gundissalinus ins Lateinische übertragen wurde. Das älteste bekannte lateinisch-arabische Glossar ist in einem vielleicht aus dem 12. Jahrhundert stammenden spanischem Manuskript enthalten. Aber das Übersetzen griechischer und arabischer Texte wurde sehr behindert durch unzulängliche Beherrschung der betreffenden Sprachen, durch die Schwierigkeit des Stoffes und die komplizierte technische Terminologie. Die Übersetzungen waren oft wörtlich, und oft wurden Wörter, deren Bedeutung man nicht ganz verstand, einfach in ihrer arabischen und hebräischen Form übernommen. Viele dieser Wörter haben sich bis zum heutigen Tage erhalten, so z. B. Alkali, Zirkon, Alembik (der obere Teil eines Destilliergefäßes), Sherbet, Kampfer, Borax, Elixier, Talk, die Namen von Sternen wie Aldebaran, Altair und Beteigeuze, Nadir, Zenit, Azur, Zero, Ziffer, Algebra, Algorismus, Laute, Rebec (Streichinstrument des Mittelalters), Artischocke, Kaffee, Jasmin, Safran und Taraxakum. Solche neuen Wörter trugen dazu bei, den Wortschatz des mittelalterlichen Lateins zu bereichern, aber es ist nicht verwunderlich, daß diese mit befremdlichen Ausdrücken durchsetzten wörtlichen Übertragungen anderen Gelehrten zu Klagen Anlaß gaben. Viele der Übersetzungen wurden im 13. Jahrhundert auf Grund besserer Kenntnis des Arabischen überarbeitet, oder die Texte wurden unmittelbar aus dem Griechischen neu übersetzt.

In Sizilien erschienen außer Übersetzungen aus dem Arabischen einige der ersten Übertragungen unmittelbar aus dem Griechischen. Die Verhältnisse auf der Insel waren besonders günstig für den Gedankenaustausch zwischen arabischen, griechischen und lateinischen Gelehrten. Bis zum Fall von Syrakus im Jahre 878 war Sizilien von Byzanz regiert worden. Dann kam es für fast 200 Jahre unter die Herrschaft des Islams, bis 1060 ein normannischer Abenteurer mit einer kleinen Gefolgschaft Messina einnahm und seine Macht so erfolgreich behauptete, daß um 1090 die Insel ein normannisches Königreich geworden war, in dem lateinische, griechische und mohammedanische Untertanen zusammen lebten, unter Bedingungen, die für die Übersetzungsarbeit noch weit günstiger waren als die in Spanien.

Vom Ende des 12. bis zum Ende des 13. Jahrhunderts wurde immer mehr direkt aus dem Griechischen übersetzt und immer weniger auf dem Umweg über das Arabische; im 14. Jahrhundert hörte das Übersetzen aus dem Arabischen praktisch ganz auf, als Mesopotamien und Persien von den Mongolen überrannt wurden. Es ist behauptet worden, daß seit dem Ende des 12. Jahrhunderts ganze Schiffsladungen von griechischen Manuskripten von Byzanz nach Italien gekommen seien, obwohl man nur von

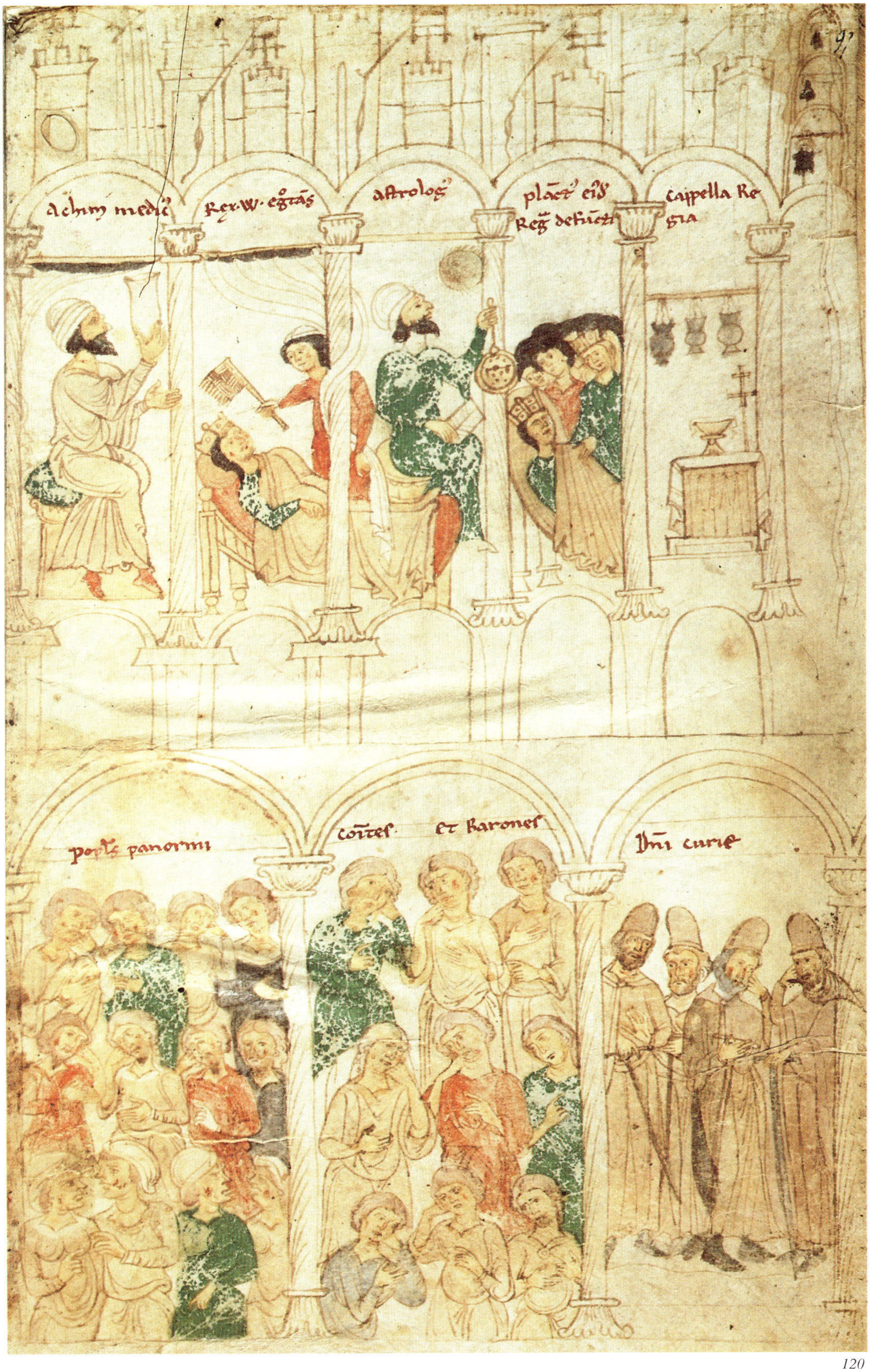

120

120 *Arabische Ärzte und Astronomen am Totenbett des normannischen Königs Wilhelm II. in Palermo; in: P. de Ebulo, Liber ad honorem Augusti, illuminierte Pergamenthandschrift, Palermo (?), 1195-96, Bern, Burgerbibliothek*

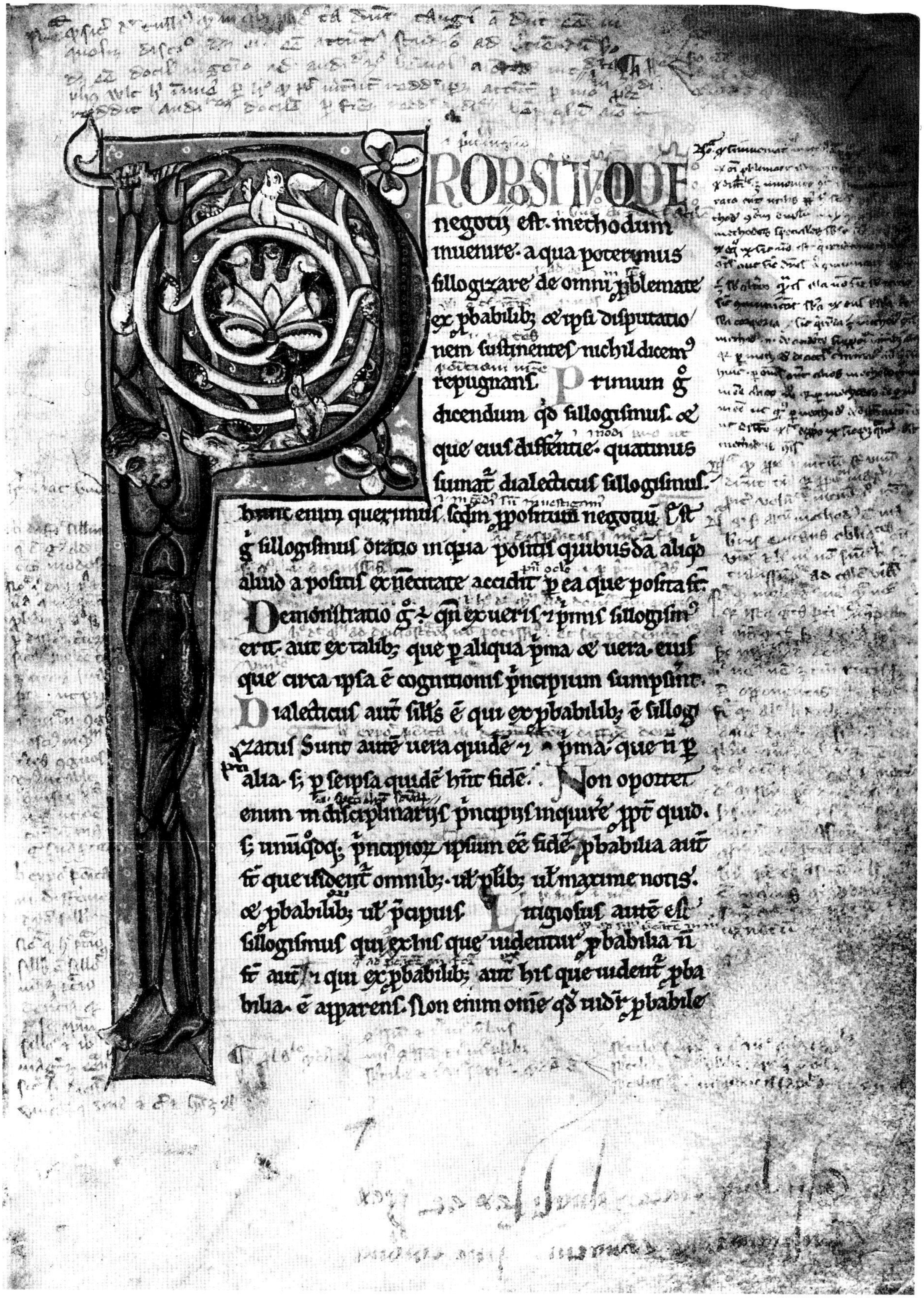

121

wenigen mit Sicherheit nachweisen kann, daß sie diesen Weg genommen haben. Als der Vierte Kreuzzug sich gegen Byzanz richtete, das 1204 von den Kreuzfahrern eingenommen wurde, war eine der Folgen, daß viele Manuskripte in den lateinischen Westen gelangten. Im Jahre 1205 ermahnte Innozenz III. die Magister und Scholaren von Paris, nach Griechenland zu gehen und das Studium der Literatur in deren Geburtsland wieder zu beleben, und Philipp August gründete ein Kolleg an der Seine, wo Griechen aus Byzanz Latein lernen sollten. Im späteren 13. Jahrhundert schrieb Robert Bacon eine griechische Grammatik. Wilhelm von Moerbeke überarbeitete und vervollständigte auf Anraten des Thomas von Aquin die Übersetzung fast sämtlicher Werke des Aristoteles in einer wortgetreuen Übertragung direkt aus dem Griechischen.

Um die Mitte des 12. Jahrhunderts waren unter den neuen Werken, die das europäische Wissen bereicherten, Aristoteles' *Logica nova,* d.h. die *Analytica* und die anderen Werke über Logik, die nicht in den längst bekannten Übersetzungen des Boethius, der *Logica vetuas,* enthalten waren, ferner Euklids *Elemente*, *Optik* und *Kataptrik* und Heros *Pneumatica*. Aus dem 12. Jahrhundert stammt auch die lateinische Version des pseudoeuklidischen *De Ponderoso et Levi,* ein Werk griechischen Ursprungs, dem sowohl der Islam als auch das christliche Abendland ihre Kenntnisse über das spezifische Gewicht, den Hebel und die Waage verdanken. Im dritten Viertel des Jahrhunderts übersetzte man die Hauptwerke des Ptolemäus, Galen und Hippokrates, von denen Volksausgaben vor allem aus Spanien kamen, und von Aristoteles die *Physik, De Caelo* und andere *Libri naturales* sowie die vier ersten Bücher der *Metaphysik*. Im frühen 13. Jahrhundert wurde die Metaphysik vollständig übertragen, und um 1217 erschien *De Animalibus*, das die *Geschichte*, die *Teile* und die *Zeugung der Tiere* umfaßte. Zur selben Zeit wurde das pseudoaristotelische *Liber de Plantis* oder *De Vegetabilibus* übersetzt, das die moderne Forschung dem Nikolaus von Damaskus (1. Jahrhundert v.Chr.) zugeschrieben hat und das, abgesehen von den Kräuterbüchern, die auf Dioskurides und Apulejus zurückgehen, die wichtigste Spezialquelle der späteren mittelalterlichen Botanik war. Um die Mitte des 13. Jahrhunderts waren fast alle wichtigen Werke der griechischen Naturwissenschaft in lateinischen Übersetzungen verfügbar. Einige Werke wurden auch in verschiedene Landessprachen übersetzt, besonders ins Italienische, Kastilische, Französische und später ins Englische.

122

*122 M. Lorch, Bildnis des Aristoteles; Kupferstich, 1561 (6/19)*

*121 Aristoteles, Topica und Elenchi; Pergamenthandschrift, Paris, um 1280 (6/25)*

*123*

Von allen diesen Schriften waren die einflußreichsten die des Aristoteles, der für die Naturphilosophie der Griechen und Araber das Fundament geschaffen hatte. Die Übersetzungen seiner Werke waren die Hauptursache für die um 1200 einsetzende Hinwendung des Bildungsinteresses zur Philosophie und Naturwissenschaft. Schon Johannes von Salisbury (um 1115–80) hatte beklagt, daß sie der Dichtkunst und Geschichte, die man in seiner Jugend gepflegt habe, vorgezogen würden.

Zu den wichtigsten Kenntnissen aus der Fülle griechischen Wissens, das die Araber, um eigene Beobachtungen und Kommentare vermehrt, dem Abendland überlieferten, gehörte die neue ptolemäische Astronomie und die dazugehörige Trigonometrie. Diese erreichte Europa durch Übersetzungen von Autoren wie al-Khwarizmi, al-Battani (†929) und al-Farghani (9. Jahrhundert). Aber diese Gelehrten hatten eigentlich den Prinzipien, auf denen das astronomische System des Ptolemäus beruhte, nichts Neues hinzugefügt. Im 12. Jahrhundert erweckte al-Bitruji, lateinisch als Alpetragius bekannt, das astronomische Werk des Aristoteles wieder zum Leben; doch auch hier gelangte der Araber nicht viel über den Griechen hinaus. Das eigentliche Verdienst der Araber war die Verbesserung von Beobachtungsinstrumenten und die Zusammenstellung von immer exakteren Tafeln sowohl für astronomische als auch für nautische Zwecke. Die berühmtesten wurden in Spanien ausgearbeitet, das seit dem Erscheinen der *Toledanischen Tafeln oder Canones Azarchelis* von az-Zarqali († um 1087) ein Zentrum der astronomischen Beobachtungen gewesen war, bis diese Tafeln unter König Alfons dem Weisen (†1284) durch andere, in derselben Stadt zusammengestellte, ersetzt wurden. Der Meridian von Toledo war lange Zeit maßgebend für die Berechnung im Okzident, und die *Alfonsinischen Tafeln* blieben bis zum 16. Jahrhundert im Gebrauch.

Die zweite große Menge wissenschaftlichen Materials, die dem Abendland aus griechischen Werken durch arabische Übersetzungen und Kommentare zugänglich gemacht wurde, bestand aus medizinischen Schriften. Auf diesem Gebiet trugen die arabischen Gelehrten, obwohl sie an den Grundprinzipien nicht viel änderten, einige wertvolle eigene Beobachtungen bei. Der größte Teil ihrer Kenntnisse stammte von Hippokrates und Galen und wurde sorgfältig aufbewahrt in den Enzyklopädien von Haly Abbas (Ali Ibn al-Abbas, †994), Avicenna (Ibn Sina, 980–1037) und Rhazes (Abu Bakr ar-Razi, †924). Aber die Araber konnten einige neue Mineralien, wie z. B. Quecksilber, und eine Anzahl anderer Arzneimittel zu der vorwiegend auf Kräutern basierenden *materia medica* der Griechen hinzufügen, und Rhazes vermochte eigene Beobachtungen beizusteuern, wie in seiner Diagnose der Blattern und Masern.

Bedeutender war die eigene Leistung der Araber auf den Gebieten der Optik und Perspektive, denn obgleich schon die Werke des Euklid und Ptolemäus sich damit befaßt haben, taten al Kindi († um 873) und al-Khazin um 965–1039) einen großen Schritt über das hinaus, was die Griechen gewußt hatten. Al-Khazin schrieb unter anderm über sphärische und parabolische Spiegel, die *camera obscura,* Linsen und den Vorgang des Sehens.

Auf dem Gebiet der Mathematik vermittelten die Araber der abendländischen Christenheit eine Fülle höchst wertvoller Kenntnisse, die den Griechen niemals zur Verfügung gestanden hatten, obwohl hier die Araber nichts Eigenes schufen, sondern lediglich dafür sorgten, daß die hochentwickelte Mathematik der Inder weithin bekannt wurde. Anders als die Griechen, hatten die Inder nicht so sehr die Geometrie als vielmehr die Arithmetik und Algebra entwikkelt. Die indischen Mathematiker, unter denen Aryabhata (geb. 476 n. Chr.), Brahmagupta (geb. 598 n. Chr.) und später Bhaskara (geb. 1114) die bedeutendsten waren, hatten ein Zahlensystem ausgebildet, in dem der Wert einer Ziffer durch ihre Stelle angezeigt wurde; sie kannten den Gebrauch der Null, sie konnten Quadrat- und Kubikwurzeln ziehen, sie verstanden sich auf die Bruchrechnung, kannten Probleme der Zinsrechnung, die Summation arithmetischer und geometrischer Reihen, die Lösung von bestimmten und unbestimmten Gleichungen ersten und zweiten Grades, Permutationen und Kombinationen und

*123 Maimonides, Führer der Unschlüssigen; hebräische Übersetzung von S. Ibn Tibbon, illuminierte Pergamenthandschrift, Barcelona, 1348 (6/26)*

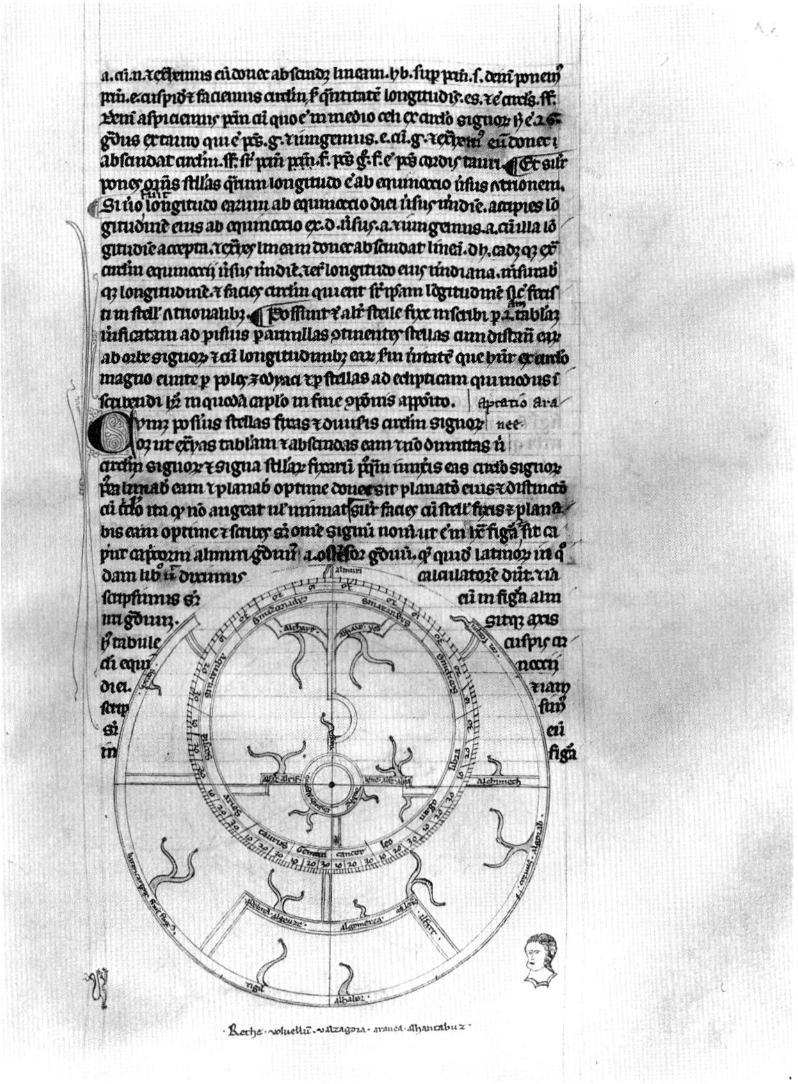

124

*124 Traktat über das Astrolabium; in: Sammlung mathematischer und astronomischer Traktate, Pergamenthandschrift, Paris, 1276-1277 (6/10)*

*125 Astrolabium; Bronze, Spanien/Toledo, 1029 (6/9)*

andere Operationen der elementaren Arithmetik und Algebra. Sie entwickelten auch die trigonometrische Technik, um die Bewegung der Himmelskörper auszudrücken, und führten trigonometrische Sinustafeln ein.

Die wichtigste mathematische Errungenschaft, welche die Araber von den Indern übernahmen, war deren Zahlensystem. Die Übernahme dieses Systems war einer der ganz großen Fortschritte in der europäischen Wissenschaft. Der große Vorzug dieses Systems, das unserm heutigen zugrunde liegt, bestand darin, daß es das Symbol für Null enthielt; außerdem konnte jede beliebige Zahl einfach dadurch dargestellt werden, daß man die Ziffern in eine bestimmte Anordnung brachte, wobei der Wert einer Ziffer durch ihren Abstand von Null oder von der ersten Ziffer auf der linken Seite angezeigt wurde. Es hatte sehr große Vorteile gegenüber dem schwerfälligen römischen System. In dem neuen System, das die Araber von den Indern lernten, wurden die ersten drei Zahlen je durch einen, zwei, und drei Striche dargestellt, und die 4, 5, 6, 7, 9 und möglicherweise auch die 8 wurden wahrscheinlich abgeleitet aus den Anfangsbuchstaben der Wörter, durch die jene Zahlen im Indischen bezeichnet wurden. Einiges von diesem System hatten die Araber von den Indern dadurch kennengelernt, daß sie schon seit dem 8. Jahrhundert nicht unbedeutende Handelsbeziehungen mit ihnen unterhielten; ein ausführlicher Bericht darüber wurde im 9. Jahrhundert von al-Khwarizmi gegeben. Durch eine Verdrehung seines Namens wurde das System auf lateinisch als »Algorismus« bekannt.

Die indischen Zahlen wurden vom 12. Jahrhundert an allmählich in Europa eingeführt. Es war bezeichnend für die Neigung zum Praktischen bei den Mathematikern, daß al-Khwarizmi, dessen Werk von Adelard von Bath übersetzt wurde, selber sagte (nach der Wiedergabe von F. Rosen in seiner Ausgabe *The Algebra of Mohammed ben Musa*, London 1831, S. 3), er habe seine Arbeit auf das beschränkt, *»was das Leichteste und Nützlichste in der Arithmetik ist, was die Menschen täglich brauchen bei Erbschaften, Legaten, Teilung, Prozessen, beim Handeln und bei allen Geschäften, die sie miteinander machen, oder wo es um Landmessung, Kanalgraben, geometrische Berechnung und andere Objekte der verschiedensten Art geht.«*

Später, im selben Jahrhundert gab Rabbi ben Ezra, der Abstammung nach ein spanischer Jude, eine ausführliche Erklärung des arabischen Zahlensystems, insbesondere für den Gebrauch des Symbols Null. Gerard von Cremona erweiterte diese Erklärung. Aber erst im 13. Jahrhundert wurde das arabische System weit bekannt. Das war zu einem sehr großen Teil dem Wirken des Leonardo Fibonacci oder Leonardo von Pisa († nach 1240) zu verdanken. Leonardos Vater war ein Kaufmann in Pisa, der nach Bugia in der Berberei geschickt wurde, um eine Handelsniederlassung zu übernehmen. Dort scheint Leonardo eine ganze

125

Menge über den praktischen Wert der arabischen Zahlen und über die Schriften des al-Khwarizmi gelernt zu haben. 1202 veröffentlichte er sein *Liber Abaci,* in dem er, was aus dem Namen nicht hervorgeht, den Gebrauch der arabischen Zahlen ausführlich erklärte. Er war persönlich nicht an Handelsarithmetik interessiert; sein Werk war in hohem Maße theoretisch. Nach seiner Zeit wurde es allmählich für italienische Kaufleute allgemein üblich, sich des arabischen oder indischen Zahlensystems zu bedienen.

Im 13. und 14. Jahrhundert wurde die Kenntnis der arabischen Zahlen im Abendland durch die populären Almanache und Kalender verbreitet. Weil die Daten von Ostern und den anderen Kirchenfesten für alle Ordenshäuser äußerst wichtig waren, war gewöhnlich in solchen Häusern mindestens ein Almanach oder Kalender zu finden. Schon 1116 war in Frankreich ein Kalender in der Landessprache verfaßt worden; isländische Kalender gehen ungefähr bis in dieselbe Zeit zurück. Diese Kenntnisse wurden gefördert durch volkstümliche Erklärungen des neuen Systems von Schriftstellern wie Alexaner von Villedieu und John Holywood oder, wie er genannt wurde, Sacrobosco und sogar von Henri von Mondeville in einer chirurgischen Abhandlung. Um die Mitte des 13. Jahrhunderts erklärten zwei griechische Mathematiker das System den Byzantinern. Die indischen Zahlen vertrieben die römischen nicht mit einem Schlage, und außerhalb Italiens wurden bis zur Mitte des 16. Jahrhunderts vielfach noch römische Zahlen gebraucht. Aber um 1400 waren die arabischen Zahlen weit bekannt und wurden überall verstanden, zumindest unter Männern von Bildung.

Ein Gebiet, auf dem die Araber einen sehr wichtigen und selbständigen Beitrag zur Geschichte der europäischen Naturwissenschaft leisteten, war das der Alchemie, Magie und Astrologie. Das lag zum Teil daran, daß die Araber auf eine besondere Art an die Probleme der Natur herangingen, die für eine bestimmte, lange nachwirkende Tradition arabischen Denkens typisch war. In dieser Tradition war die Hauptfrage nicht, welche Aspekte der Natur die moralischen Zwecke Gottes am lebendigsten veranschaulichten oder welche natürlichen Ursachen für die Geschehnisse, die in der Bibel beschrieben oder in der alltäglichen Erfahrung beobachtet wurden, eine rationale Erklärung bildeten, sondern es ging um ein Wissen, das Macht über die Natur verleihen sollte. Die Forscher suchten nach *»dem Lebenselexier, dem Stein der Weisen, dem Talisman, dem Bannwort, nach den magischen Eigenschaften der Pflanzen und Mineralien.«* Die Antwort auf ihre Fragen war die Alchimie. Unter anderem war es der Wunsch, an dieser viel beredeten magischen Macht teilzuhaben, der die ersten Übersetzer aus dem Abendland in die Zentren arabischer Gelehrsamkeit, wie Toledo und Sizilien, trieb. Manche Gelehrte glaubten, daß schon die alten Griechen magisches Wissen besessen und in Geheimschriften und alchimistischen Symbolen verborgen hätten.

Vor dem 12. Jahrhundert geschriebene lateinische Werke waren keineswegs frei von Magie und Astrologie gewesen, aber bei den Arabern und den von ihnen beeinflußten lateinischen Autoren wucherten Magie und Astrologie geradezu tropisch. Es wurde nicht scharf geschieden zwischen Naturwissenschaft und dem Magischen oder Okkulten, denn physische und okkulte Ursachen wurden als gleich fähig anerkannt, physische Phänomene zu verursachen. Diese Auffassung hat Alkindi, ein arabischer Neuplatoniker des 9. Jahrhunderts, in seinem Werk *Über Sternstrahlen* oder *Die Theorie der magischen Kunst* klar ausgesprochen. Objekte am Himmel und auf der Erde bewirkten einen *»Einfluß«* durch Strahlen, deren letzte Ursache die himmlische Harmonie war. Auch der menschliche Geist vermochte dasselbe durch die Macht bestimmter Worte. Die Wirkungen der Strahlen variierten, wie man annahm, mit den Konfigurationen der Himmelskörper. *»Himmlische Wirkkraft«* wurde von fast allen lateinischen Autoren des 13. Jahrhunderts als Ursache anerkannt, und Roger Bacons berühmte Erörterung der alten Theorie der *»Vermehrung der Arten«* (Multiplikation der Species) ist verschieden interpretiert worden: als Beitrag zur Physik und als Schilderung astraler Einflüsse, die sich geradlinig fortpflanzen. *»Wunder«* wurden, wenn nicht als Werk von

126 *Sternbilder; in: as-Sufi, Liber de stellis fixarum, illuminierte Pergamenthandschrift, Spanien, 13. Jh (6/1)*

*126*

*127*

128

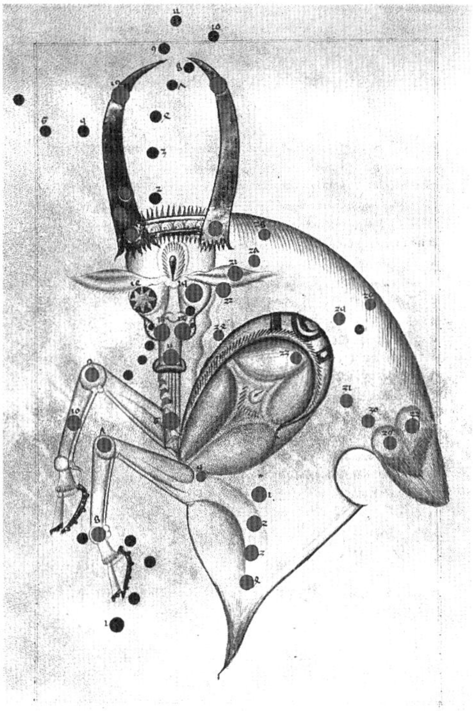

130

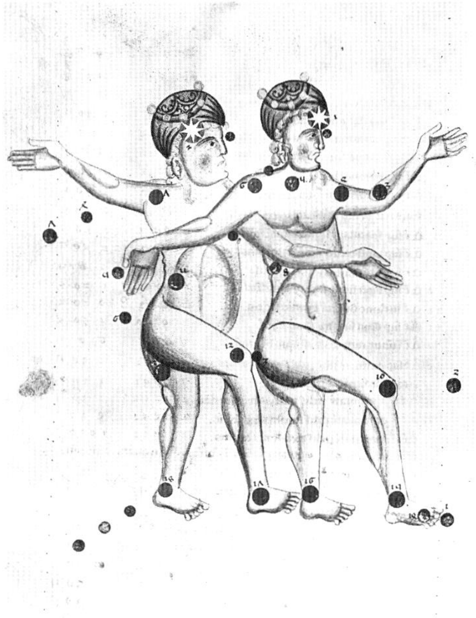

129

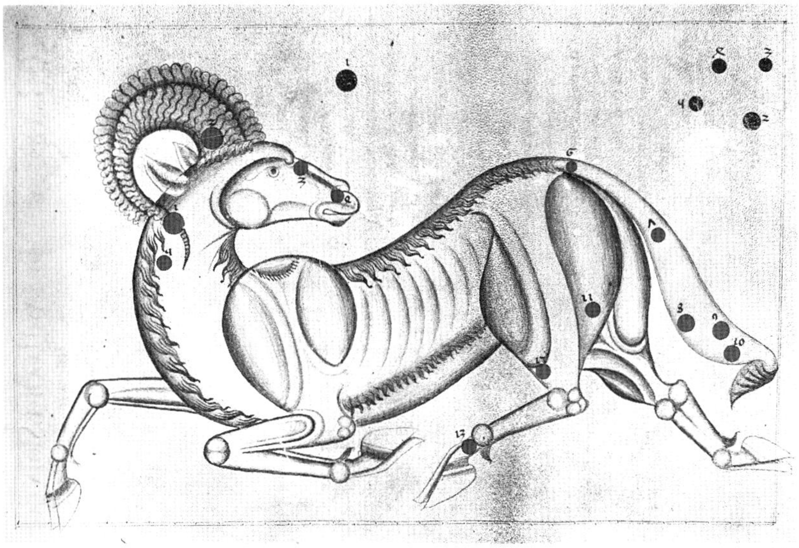

131

*127-131 Sternbilder; in: as-Sufi, Liber de stellis fixarum, illuminierte Pergamenthandschrift, Spanien, 13. Jh. (6/1)*

132

*132 C. Ptolemaeus, Tabulae stellarum fixarum (Alfonsische Sterntafeln des Ptolemaeus); Illuminierte Pergamenthandschrift, Oberitalien, 14. Jh. (6/2)*

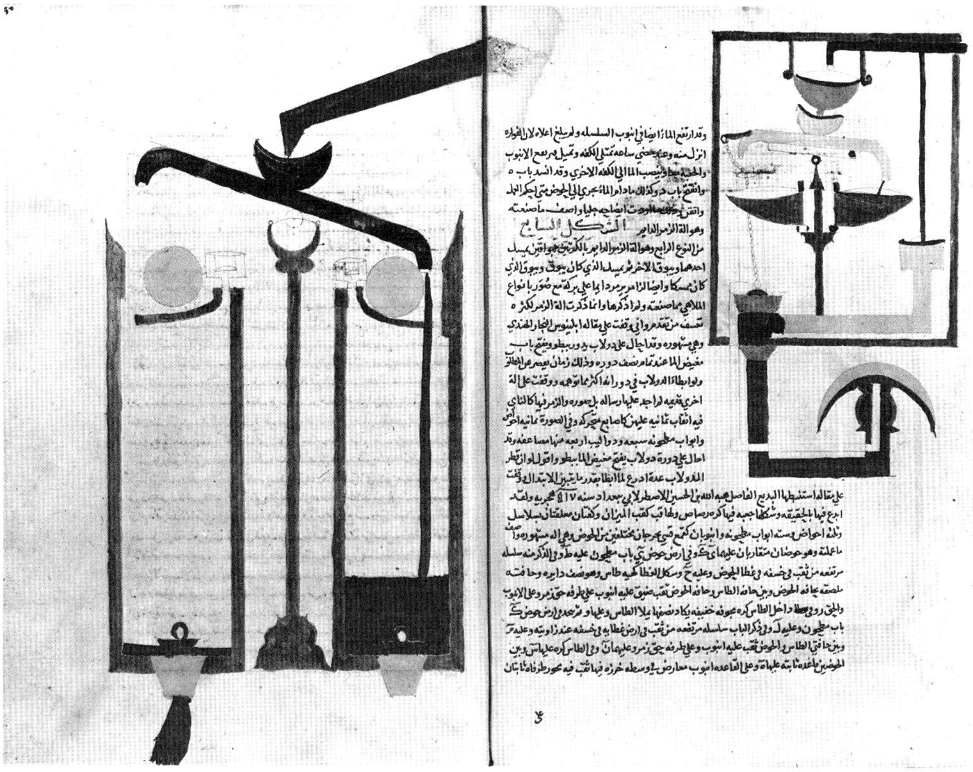

133

133 *al-Dschazari, Traktat über Automaten; illuminierte arabische Handschrift, 12.-13. Jh. (6/15)*

Dämonen und als solche böse, als mögliche Produkte okkulter Kräfte angesehen, die bestimmten Naturgegenständen innewohnten, d.h. als Wirkungen *»natürlicher Magie«*. An der Unterscheidung von böser und natürlicher Magie hielten eine Anzahl scholastischer Naturphilosophen, wie Wilhelm von Auvergne, Albertus Magnus und Roger Bacon, fest. Die Entdeckung okkulter Kräfte war eines der Hauptziele vieler mittelalterlicher Experimentatoren. Die Alchimisten hofften Metalle umzuwandeln, das menschliche Leben zu verlängern, möglicherweise auch so viel Macht über die Natur zu gewinnen, daß die Namen derer, die einen Diebstahl oder Ehebruch begangen hatten, offenbar wurden.

Bis weit ins 16. Jahrhundert hinein bestand eine enge Verbindung zwischen Magie und einer bestimmten Art des Experimentierens. Noch im 17. Jahrhundert führte Bischof Wilkins, einer der Gründer der Royal Society, in einem Buch über Mechanik, betitelt *Mathematische Magie* (Mathematical Magick), unter den anerkannten Methoden menschlicher Fortbewegung auch das Durch-die-Luft-Getragenwerden durch Vögel oder Hexen an. Aber schon im 13. Jahrhundert waren viele Naturphilosophen des Abendlandes imstande, ihre Werke weitgehend von Magie freizuhalten. Albertus Magnus, Petrus Peregrinus und Rufinus sind mit ihren Beobachtungen und Experimenten Beispiele dafür. Roger Bacon (?1214–92), dessen Streben nach Macht über die Natur als Forschungsziel zwar sicherlich ebenso wie sein Glaube an die okkulten Kräfte von Steinen und Kräutern den Bestrebungen und Vor-

134 *Kombinationsschloß; in: al-Dschazari, Safar, 1486, Oxford, Bodleian Library*

134

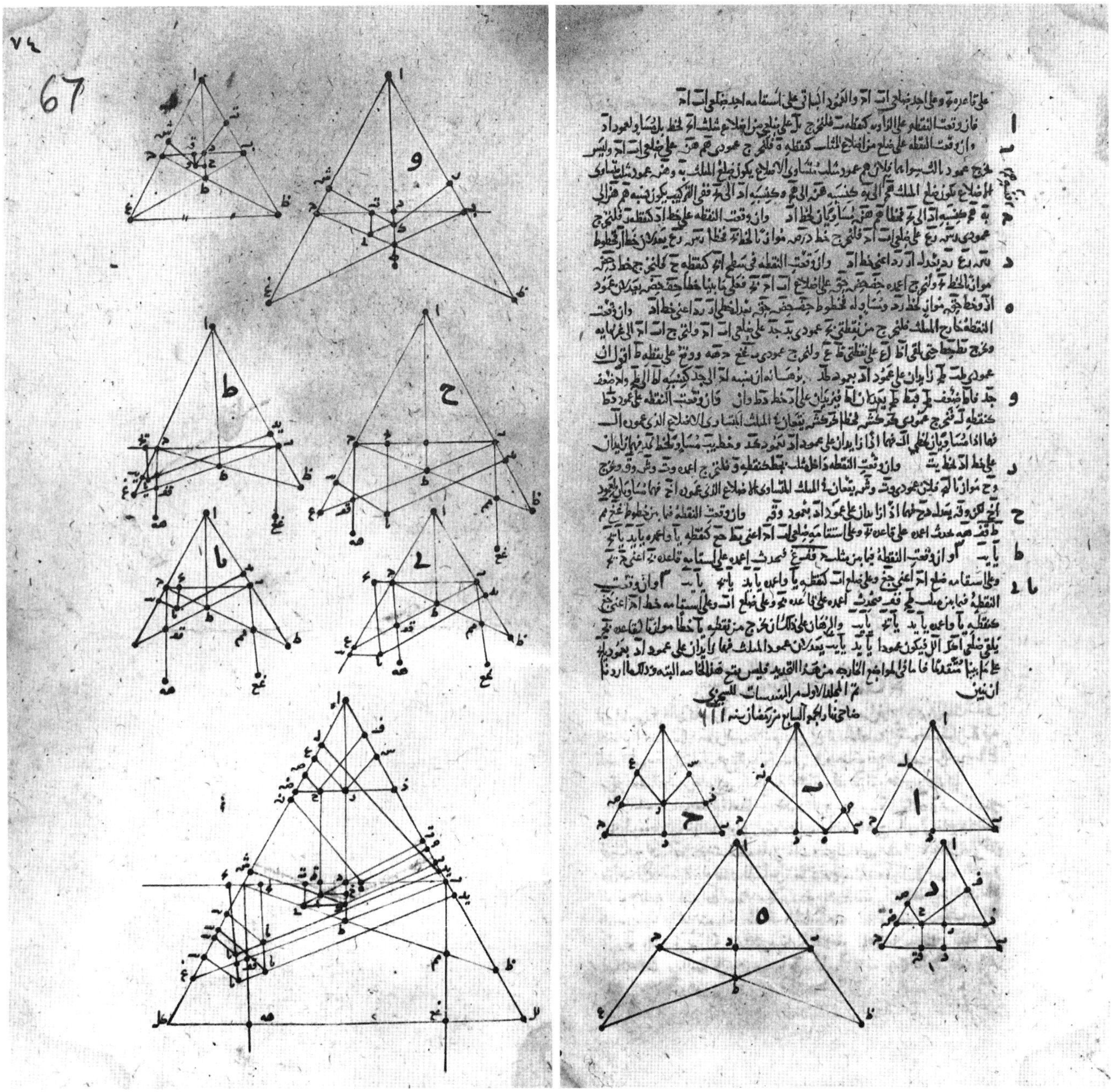

135

*135 as-Sigazi, Über die Eigenschaft der Senkrechten; Pergamenthandschrift, Bagdad, 1215 (6/18)*

aussetzungen der Alchimie entstammte, hat dennoch eine Einstellung zum wissenschaftlichen Experiment entwickelt, die vielleicht die früheste ausdrückliche Bekundung einer praktischen Auffassung von den Zielen der Naturwissenschaft ist.

Mit ihm hat der abendländische Genius begonnen, die Magie von *Tausendundeiner Nacht* in die Errungenschaften einer angewandten Naturwissenschaft umzuwandeln.

In seinem *Opus Tertium,* Kap. 12, sagt Roger Bacon, nachdem er die spekulative Alchimie erörtert hat, weiter: *»Aber es gibt doch eine andere Alchimie, eine operative und praktische, die lehrt, wie man die edlen Metalle und Farben und viele andere Dinge durch Kunst besser und in größerer Fülle machen kann, als die in der Natur gemacht sind. Und eine Naturwissenschaft dieser Art ist größer als alle vorhergehenden, weil sie größeren Nutzen bringen. Denn sie kann nicht nur Reichtum und sehr viele andere Dinge für das*

*Gemeinwohl beschaffen, sondern sie lehrt auch, wie man Dinge entdeckt, die das menschliche Leben um viel größere Zeitspannen verlängern können, als auf natürlichem Wege erreicht werden kann (...). Darum ist die Naturwissenschaft von besonderem Nutzen, während sie gleichwohl durch ihre Werke die theoretische Alchimie bestätigt.«*

In seiner Auffassung von dem, was an Nützlichem durch die Naturwissenschaft erreicht werden könnte, teilte Roger Bacon die Ansicht seines Zeitalters: Man werde die Zukunft exakter erkennen können als in den Sternen; die Kirche werde den Antichrist und die Tataren überwinden. Der höchste Wert der Wissenschaft werde es sein, im Dienste der Kirche Gottes, der Gemeinschaft der Gläubigen, die Christenheit zu schützen durch die Macht über die Natur und der Kirche beizustehen in ihrem Bekehrungswerk an der Menschheit; sie nämlich könne den Geist durch die naturwissenschaftliche Wahrheit zur Betrachtung des Schöpfers führen, wie er schon in der Theologie geoffenbart war, zu einer Betrachtung, in der alle Wahrheit eins wäre. In seiner Vorstellung stand er jedoch beinahe auf dem Standpunkt des 19. Jahrhunderts.

*»Als Nächstes«*, sagt er in seiner *Communia Naturalium* von der Landwirtschaft, *»kommt die spezielle Wissenschaft von der Natur der Pflanzen und aller Tiere, mit Ausnahme des Menschen, der auf Grund seiner Menschenwürde unter eine besondere Wissenschaft, Medizin genannt, fällt. Aber die erste in der Ordnung des Unterrichtens ist die Wissenschaft von den Tieren, die dem Menschen vorausgehen und für seinen Gebrauch notwendig sind. Diese Wissenschaft steigt zunächst hinunter zur Betrachtung jeder Art von Boden und der Produkte der Erde, wobei sie vier Arten von Böden unterscheidet, je nach dem, was für eine Ernte sie hervorbringen: Der eine Boden ist der, in den man Getreide und Hülsenfrüchte sät, ein anderer ist mit Wäldern bedeckt, wieder ein anderer mit Weiden und Heide, und wiederum ein anderer ist Gartenboden, in dem man Obstbäume und Gemüse, Kräuter und Wurzeln zur Nahrung wie auch zu medizinischen Zwecken zieht. Nun erstreckt sich diese Wissenschaft auf das vollständige Studium aller Nutzpflanzen, deren Kenntnis sehr unvollständig überliefert ist in Aristoteles' Abhandlung* De Vegetabilibus; *deshalb ist eine spezielle und ausreichende Kenntnis der Pflanzen erforderlich, die in Büchern über die Landwirtschaft gelehrt werden sollte. Aber da die Landwirtschaft nicht gedeihen kann ohne zahme Tiere, da auch die Nützlichkeit der Böden, wie Wald-, Wiesen- und Heideböden, nicht eingesehen werden kann, wenn sie nicht wilde Tiere ernähren, da schließlich das Wohlbefinden des Menschen nicht erhöht werden kann ohne solche Tiere, deshalb erstreckt sich diese Wissenschaft auf das Studium aller Tiere.«*

Bacon hat dies nicht weiter ausgeführt, aber seine richtige Einschätzung des möglichen Nutzwerts solcher Studien ist klar. Seine Prophezeiungen über das Unterseeboot und den motorisierten Wagen in der *Epistola de Secretis Operibus*,

*136*

*136 M. de Monte Imperiali, Liber de herbis; illuminierte Pergamenthandschrift, 14. Jh. (6/41)*

137

137 *Dioskurides, De materia medica; arabische Übersetzung und Illustrationen von Ibn al-Fazl, Gouache auf Papier, Bagdad, 1222 (6/51)*

Kapitel 4, sind wohlbekannt und ein weiteres Beispiel für die radikale Wendung zum Praktischen, die er den naturwissenschaftlichen Studien gab: *»Maschinen für die Schiffahrt ohne Ruderer können so gebaut werden, daß die größten Schiffe auf Flüssen oder Meeren von einem einzigen Mann mit größerer Geschwindigkeit fortbewegt werden können, als wenn sie vollbemannt wären. Auch Wagen können so gebaut werden, daß sie sich ohne Zugtiere mit unglaublicher Schnelligkeit bewegen; etwas derartiges waren unserer Meinung nach die Sichelwagen, mit denen die Männer der Vorzeit kämpften. Auch Flugapparate können so konstruiert werden, daß ein Mann in der Mitte der Maschine sitzt und einen Motor in Schwung hält, durch den künstliche Flügel die Luft schlagen wie bei einem fliegenden Vogel. Auch eine Maschine von kleinem Ausmaß zum Heben oder Senken enormer Gewichte – nichts nützlicher als so etwas in Notfällen! Denn durch eine Maschine von drei Fingern Höhe und Breite und noch geringerem Umfang könnte einer sich selber und seine Freunde aus jeder gefährlichen Gefangenschaft befreien und auf- und niedersteigen. Auch kann man leicht eine Maschine bauen, durch die ein einziger Mann 1000 Männer gegen ihren Willen mit Gewalt an sich ziehen kann, und andere Dinge desgleichen. Auch können Maschinen gebaut werden, um ohne Gefahr im Meer und in Flüssen zu gehen, sogar bis auf den Grund. Denn Alexander der Große hat solche benutzt, damit er die Geheimnisse der Tiefe sehen konnte, wie der Astronom Ethicus erzählt. Diese Maschinen sind im Altertum gebaut worden, und sie sind sicherlich auch in unserer Zeit gemacht worden, vielleicht mit Ausnahme der Flugmaschine, die ich nicht gesehen habe; auch kenne ich niemanden, der sie gesehen hätte, aber ich kenne einen Sachverständigen, der sich ausgedacht hat, wie man eine bauen kann. Solche Dinge könnte man beinahe unbegrenzt herstellen, z. B. Brücken über Flüsse ohne Pfeiler oder Stützen und Mechanismen und Motoren, wie es noch keine gegeben hat.«*

Bacon drängte auf eine Kalenderreform (wie schon sein Lehrer Grosseteste), und beschrieb, wie diese bewerkstelligt werden könnte; doch seine Vorschläge sollten erst 1582 in die Praxis umgesetzt werden. Im späteren Mittelalter führten wissenschaftliche Erkenntnisse, im Unterschied zu bloß technischen Faustregeln, zu Verbesserungen in der Architektur und Chirugie und zur Erfindung der Brille, obwohl im allgemeinen die praktische Herrschaft über die Natur, welche die Araber durch Magie zu erlangen gesucht hatten, noch viele Jahrhunderte lang nicht erreicht wurde.

Von allem, was das christliche Abendland von der griechisch-arabischen Wissenschaft erfuhr, hatte die Tatsache, daß die Werke des Aristoteles, Ptolemäus und Galen ein geschlossenes rationales System bildeten, das die Welt als Ganzes unter der Voraussetzung natürlicher Ursachen erklärte, den stärksten Einfluß. Das System des Aristoteles umspannte mehr als das, was man im 20. Jahrhundert unter Naturwissenschaft versteht. Es

138

*138 Dioskurides, Materia medica; arabische Übersetzung von Hunain u. Stephanos, illuminierte Pergamenthandschrift, 1083 (6/50)*

139

139 *Darstellung chirurgischer Eingriffe; in: Abū-l-Qasim Khalaf Ibn Abbas az-Zahrawi, Chirurgia, lateinische Übersetzung von G. v. Cremona, illuminierte Pergamenthandschrift, Süditalien, Ende 14. Jh., Wien, Österreichische Nationalbibliothek*

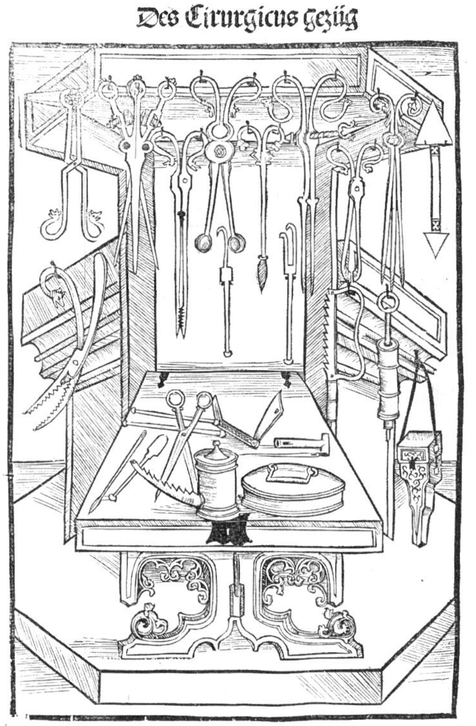


140

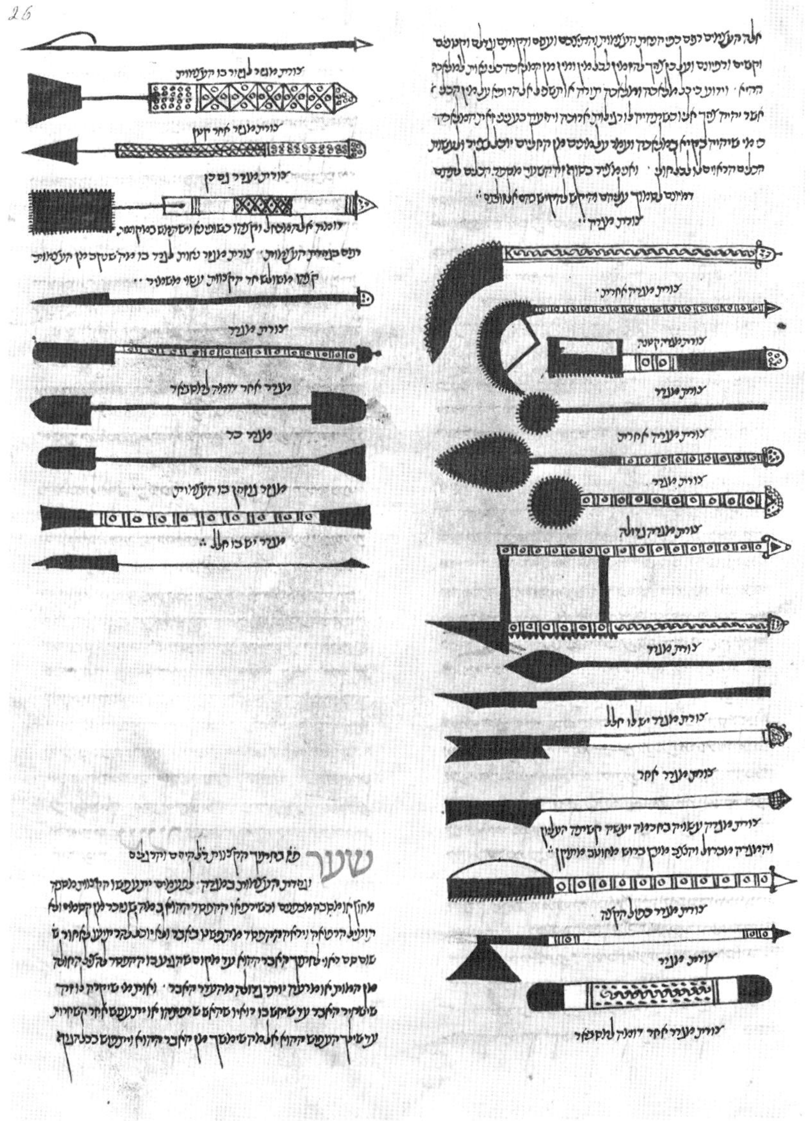

141

war eine in sich geschlossene Philosophie, die alles Existierende von der *»ersten Materie«* bis zu Gott umfaßte. Aber gerade wegen seiner Geschlossenheit erregte das aristotelische System viel Widerspruch im christlichen Abendland, wo die Gelehrten schon ein gleichermaßen geschlossenes System auf den Fakten begründet hatten, die in der christlichen Religion offenbart sind.

Außerdem standen einige Theorien des Aristoteles in direktem Gegensatz zur christlichen Lehre. Zum Beispiel glaubte er, daß die Welt ewig sei, und das war unvereinbar mit dem christlichen Begriff des Schöpfer-Gottes. Seine Anschauungen waren doppelt verdächtig, weil sie das Abendland zusammen mit arabischen Kommentaren erreichten, die ihren absolut deterministischen Charakter noch betonten. Die arabische Interpretation des Aristoteles war stark gefärbt durch den neuplatonischen Begriff der Seins-Kette, die sich von der ersten Materie durch die unbelebte und belebte Natur, dem Menschen, die Engel und Intelligentien bis zu Gott als dem Ursprung von allem erstreckt. Als Kommentatoren wie al-Kindi, al-Farabi, Avicenna und insbesondere Averroes († 1198) aus dem Islam die Idee der Schöpfung in das aristotelische System einführten, interpretierten sie diese so, daß der freie Wille nicht nur für den Menschen, sondern sogar für Gott selber geleugnet wurde. Nach diesen Kommentatoren war die Welt nicht direkt von Gott erschaffen worden, sondern durch eine Hierarchie von notwendigen Ursachen, die mit Gott anfing und hinunterstieg durch mannigfaltige die himmlischen Sphären bewegende Intelligentien, bis die die Mondsphäre bewegende Intelligentia die Existenz eines besonderen aktiven Intellekts verursachte, der allen Menschen gemeinsam und die alleinige Ursache ihrer Erkenntnis war. Die Form der menschlichen Seele existierte

*140 Chirurgische Instrumente; in: H. Brunswig, Buch der Cirurgia, Straßburg, 1508 (6/59)*

*141 Chirurgische Instrumente; in: az-Zahrawi, Liber practica (XVIII-XXX); hebräische Übersetzung von Semtov ben Isaac de Torto, Pergamenthandschrift, Marseille, 14. Jh. (6/57)*

142

*142 Darstellung einer Apotheke; in: R. Frugardi, Chirurgia, illuminierte Pergamenthandschrift, 2. H. 13. Jh. (6/49)*

in diesem aktiven Intellekt bereits vor der Schöpfung des Menschen, und nach dem Tode tauchte jede menschliche Seele wieder darin unter. Im Zentrum des Universums innerhalb der Sphäre des Mondes, d.h. in der sublunaren Region, wurden eine Urmaterie für alles, die *materia prima,* und darauf die vier Elemente erzeugt. Aus den vier Elementen wurden unter dem Einfluß der himmlischen Sphären die Pflanzen, die Tiere und der Mensch hervorgebracht.

Vieles in diesem System war für die abendländischen Philosophen im 13. Jahrhundert völlig unannehmbar. Es leugnete den freien Willen des Menschen und ließ Raum für die Interpretation allen menschlichen Verhaltens im Sinne der Astrologie. Es war starr deterministisch, indem es behauptete, Gott könne auf keine andere Weise gehandelt haben, als Aristoteles angab. Dieser Determinismus wurde für christliche Denker noch abstoßender durch die Haltung der arabischen Kommentatoren und insbesondere die des Averroes, der erklärte: *»Die Lehre des Aristoteles ist die Summe der Wahrheit, weil sie das Höchste darstellt, was menschliche Intelligenz erreichen kann. Es ist daher mit Recht gesagt worden, daß er geschaffen und uns gegeben wurde durch die Göttliche Vorsehung, auf daß wir wissen sollten, was zu wissen möglich ist.«*

Zwar muß man hier die orientalische Neigung zum Übertreiben berücksichtigen, doch wurde dieser Standpunkt charakteristisch für die lateinischen Averroisten. Für sie war die Welt Emanation Gottes in der Weise, wie Aristoteles es beschrieben hatte, und kein anderes Erklärungssystem war möglich. Durch den extremen theologischen Rationalismus dieser Erklärung wurde den Gedanken des Aristoteles tatsächlich nicht Gewalt angetan. Aristoteles hatte seine ganze Naturwissenschaft und Metaphysik auf der Voraussetzung aufgebaut, daß es möglich sei, das Wesen der Dinge und Gottes, der die in der Welt zu beobachtenden Gesetzmäßigkeiten verursachte, durch die Vernunft zu entdecken. Platos Einstellung war die gleiche, obschon er sowohl über die dabei einzuschlagenden Verfahren der Vernunft als auch über die Natur des zu entdeckenden *»Wesens«* anders dachte. In seiner glänzenden *tour de force* in *De Caelo,* Buch 2, Kap. 3, bot Aristoteles selber der averroistischen Interpretation seiner Kosmologie jede nur mögliche Stütze. Er suchte dort zu beweisen, daß sein System nicht nur tatsächlich richtig sei, sondern auch notwendigerweise richtig sein müsse, denn es folgere allein aus dem entdeckten Wesen und der Vollkommenheit Gottes. Alle Dinge, so argumentierte er, existieren um der Zwecke willen, denen sie dienen, und um der Vollkommenheit willen, nach der sie streben. Gottes Tätigkeit sei

143

ewig, und deshalb müsse es auch die Bewegung des Himmels sein, der ein göttlicher Körper sei. »*Darum wurde dem Himmel ein runder Körper gegeben, dessen Natur es ist, sich immer in einem Kreis zu bewegen (...); und die Erde ist notwendig, weil ewige Bewegung in einem Körper ewige Ruhe in einem anderen notwendig macht.*« Mit ähnlicher Beweisführung legte er dar, daß die ganze reale Welt notwendig so sein müsse, wie er sie beschrieb und erklärte, und der Natur der Dinge nach nichts anders sein könne.

Die Auseinandersetzung mit dem Aristotelismus im 13. Jahrhundert war durchaus nicht die erste Erfahrung, die christliche Denker in dem Zusammenstoß zwischen griechischem Rationalismus und christlicher Offenbarung gemacht hatten. Die sowohl von den Griechen als auch von den lateinischen Kirchenvätern des langen und breiten diskutierte augustinische Analyse des Verhältnisses zwischen Vernunft und Glauben war der Ausgangspunkt für die Behandlung des Problems im mittelalterlichen Abendland. In einem berühmten Abschnitt der *Bekenntnisse* hatte Augustinus beschrieben, wie er als junger Mann mit den Methoden der griechischen Philosophie begonnen hatte, durch die Vernunft allein den Sinn des Daseins zu ergründen, und wie seine Bekehrung ihn zu der Überzeugung geführt hatte, daß man ihn ganz unmittelbar durch den christlichen Glauben erfassen könne. Aber er betonte nachdrücklich, daß es unmöglich sei, etwas zu glauben, was man nicht verstanden habe, und daß die Meinung, es genüge, an die christliche Lehre zu glauben, ohne danach zu trachten, sie zu verstehen, eine Verkennung des wahren Glaubenziels sei. Damit fügte Augustinus zu den die gegebene Welt konstituierenden Daten der Erfahrung die der Offenbarung hinzu, und der christliche Philosoph hatte sich zu bemühen, die Natur und die Beziehung beider durch rationale Untersuchung aufzuklären.

*143 Porträts von berühmten Ärzten; in: Ibn Dschazla, Tacuinum aegritudinum, illuminierte Pergamenthandschrift (6/53)*

144

*144 Darstellung des Hippokrates und Galen; in: Medizinische Sammelhandschrift, illustrierte Pergamenthandschrift, Südfrankreich, 1132 (6/47)*

Aus dieser Zielsetzung ergab sich als dringlichstes und folgenreichstes Problem das der Beziehung zwischen den zwei gegebenen Quellen, der Offenbarung und der Erfahrung, der Heiligen Schrift und der Naturwissenschaft. Mit diesem befaßte sich Augustinus in seinem Kommentar *De Genesi ad Litteram*, dessen exegetische Methoden Galilei später erklären sollte. Augustinus stellte als Grundprinzip an den Anfang, daß wahr ist, was mit sich selber übereinstimmt, und zerschlug damit a priori jeden wirklichen Widerspruch zwischen den Gegebenheiten der Offenbarung, die definitionsgemäß auf Grund ihrer Quelle wahr sind, und den ebenso wahren Gegebenheiten der Beobachtung und der folgerichtigen Schlüsse. Wenn ein scheinbarer Widerspruch auftrat, so mußte er entstanden sein durch unser Mißverstehen der wahren Bedeutung einander widerstreitender Behauptungen, die, wie er sagte, nicht immer die buchstäbliche zu sein brauche, weder in der Heiligen Schrift noch in der Naturwissenschaft. Damit erhob sich die Frage der Interpretation, die sich vor allem mit dem Widerspruch zwischen der hebräischen Kosmologie der Heiligen Schrift – mit ihrer flachen Erde und der Himmelskuppel – und der kugelförmigen Erde und den Sphären der griechischen Astronomen zu befassen hatte. Bei der Behandlung derartiger Fragen hielt Augustinus es für unerläßlich, klar zu unterscheiden zwischen dem primären moralischen und geistlichen Zweck der Heiligen Schrift und den gelegentlichen Hinweisen auf die physische Welt. Die letzteren, sagte er in Übereinstimmung mit Hieronymus, entsprächen dem Urteilsvermögen der damaligen Zeit und seien deshalb nicht buchstäblich für wahr zu nehmen. Obwohl er selber keineswegs ein Naturforscher war, zeigen die Schriften des Augustinus doch eine hinlängliche Kenntnis der Astronomie und anderer Naturwissenschaften, die zu beherrschen er seinen Mitchristen dringend empfahl. Wenn Christen naturwissenschaftliche Fragen diskutierten, die Gestalt und Bewegung der Himmel oder der Erde, die Elemente, die Natur der Tiere, Pflanzen und Mineralien, sollten sie ganz besonders darauf achten, daß sie nicht die Geltung der absurden Behauptungen in Fragen, für deren Entscheidung allein die Naturwissenschaft zuständig sei, auf das angebliche Zeugnis christlicher Schriften beriefen. Natürlich freute sich Augustinus, wenn er Aussagen der Heiligen Schrift durch die Naturwissenschaft bestätigt fand; aber er war streng bemüht, die Heilige Schrift durch Beobachtung und Vernunft vor möglichen falschen Auslegungen zu schützen und ohne Voreingenommenheit rein naturwissenschaftliche Fragen der Naturwissenschaften Untersuchung zu übergeben. In *De Genesi ad Litteram*, Buch 1, Kap. 18, schrieb er: »*Wenn wir beim Lesen in der Heiligen Schrift auf Punkte stoßen, die dunkel und unserm Verständnis fernliegend scheinen, die im Lichte des Glaubens, von dem wir ganz durchdrungen sind, auf verschiedene Weise gedeutet werden können, dann dürfen wir uns nicht so eigensinnig an eine bestimmte Auslegung klammern, daß, wenn vielleicht eines Tages die Wahrheit gründlicher erforscht ist, diese Auslegung mit Recht zu Fall kommt, und wir mit ihr.*« Diesen Satz hat Galilei zitiert, als er seine Zeitgenossen eindringlich ermahnte, sich ebenso zu verhalten. Aber die Geschichte des Problems bis zur Zeit Galileis zeigt, besonders seit im 13. Jahrhundert der mittelalterliche Aristotelismus hinzukam, daß ein solches Bemühen zwar helfen kann, die Konfliktmöglichkeiten zu verringern, aber gewiß nicht automatisch Antworten liefert auf alle Fragen, die aus den Widersprüchen zwischen den Kosmologien der Vernunft und denen der Offenbarung erwachsen. Überzeugt von der primären Wichtigkeit der christlichen apostolischen Überlieferung, erklärte Augustinus selber in Kapitel 21 von *De Genesi ad Litteram* auf das entschiedenste: Wenn Philosophen irgend etwas lehren sollten, was »*unseren Heiligen Schriften, d.h. dem katholischen Glauben, widerspricht, dürfen wir ohne jeden Zweifel annehmen, daß es völlig falsch ist, und wir werden schon Mittel finden, dies zu beweisen.*«

Das Suchen nach Möglichkeiten, die aristotelische Philosophie und die christliche Theologie miteinander in Einklang zu bringen, führte zu höchst interessanten und entscheidenden Entwicklungen in der Philosophie und theoretischen Naturwissenschaft des 13. und 14. Jahrhunderts. Nach anfänglichem Zögern und Stocken begannen sich drei Hauptrichtungen deutlich abzuzeichnen. Die erste war die der lateinischen Averroisten, die sich auf die unwiderlegbare rationale Wahrheit der aristotelischen Philosophie beriefen und daraus die Folgerung zogen, die christliche Theologie sei irrational oder sogar unwahr. Es scheint kaum zweifelhaft, daß ein Mann wie Jean de Jandum († 1328) eigentlich ein Ungläubiger war, aber seinen Unglauben geschickt hinter einer an Voltaire gemahnenden Ironie verbarg. Die christliche Lehre von der absoluten Willensfreiheit Gottes wurde, weil sie gleich bedrohlich für die christliche Theologie wie für die empirische Naturwissenschaft war, zum Ausgangspunkt der Kritik am averroistischen Rationalismus, wenn auch diese Kritik durch logische Argumenta-

145

*145 Darstellung eines Apothekerbetriebs; in: Medizinische Sammelhandschrift, illustrierte Pergamenthandschrift, Südfrankreich, 1132 (6/47)*

De egritudinibus neruorum et capitis

Capitulum primum primi libri: cuius rubrice sunt.
A De egritudinibus neruorum in generali.
B De paralysi lassitudine et mollificatione membrorum.
C De stupore siue dormitatione membrorum.
D De apoplexia.
E De tremore.
F De spasmo. Etiam in capitulo .5.e.7.
G De dolore neruorum.
H De saltu et iectigatione. etiam in .5. capitulo.

146

*146 Rhases, Continens, Teil 1/2, o.O., 1506, Berlin, Staatsbibliothek Preußischer Kulturbesitz, Handschriftenabteilung*

tionen darüber, ob überhaupt notwendige rationale Wahrheiten über die Welt möglich seien, in die Enge getrieben wurde. Ein gemäßigte Richtung, z. B. die des Thomas von Aquin, akzeptierte die Rationalität der Naturwissenschaft, leugnete aber, daß es für Gott irgendeine Notwendigkeit geben könnte. Die extreme Richtung der Verteidiger des Glaubens trat im 14. Jahrhundert in Erscheinung, als z. B. William von Ockham die Bedrohung von seiten der Vernunft dadurch ausschied, daß er die Rationalität der Welt überhaupt leugnete und ihre Ordnung auf die Abhängigkeit des Geschehens von Gottes unerforschlichem Willen reduzierte.

Zu Anfang des 13. Jahrhunderts wurde Aristoteles kategorisch verdammt, aber um die Mitte des Jahrhunderts war er als der bedeutendste unter den Philosophen anerkannt. Im Jahre 1210 verbot der geistliche Provinzialrat in Paris, das schon gegen Ende des 12. Jahrhunderts an die Stelle von Chartres als größtes Bildungszentrum in Frankreich getreten war, die aristotelischen Anschauungen über Naturphilosophie oder Kommentare darüber zu lehren. 1215 wurde ein ähnliches Dekret gegen das Lesen seiner metaphysischen und naturwissenschaftlichen Werke erlassen; doch wurde darin das private Studium nicht verboten; auch galt das nur für Paris. Tatsächlich wurden an der Universität Toulouse Vorlesungen über diese Werke angekündigt. Weitere Verbote wurden bekanntgegeben, aber es war nicht möglich, ihre Befolgung zu erzwingen. 1231 bestimmte Papst Gregor IX. eine Kommission, um einige der naturwissenschaftlichen Schriften zu revidieren. 1260 begann Wilhelm von Moerbeke seine Übersetzung aus dem Griechischen. Hervorragende Lehrer wie Albertus Magnus (1193/1206–80) und sein Schüler Thomas von Aquin (1225–74) erläuterten die Werke des Aristoteles, und 1255 wurden seine wichtigsten metaphysischen und naturwissenschaftlichen Schriften von der Fakultät der Freien Künste in Paris als Examensaufgabe gestellt. In Oxford hielt der *»neue Aristoteles«* seinen Einzug, ohne amtlichem Widerstand zu begegnen. Schon in der ersten Dekade des 13. Jahrhundert waren Vorlesungen über die neuen logischen und physikalischen Abhandlungen gehalten worden. Aber erst der Einfluß eines begeisternden Philosophen und Lehrers, Robert Grosseteste (um 1168–1253), begründete wirklich das anhaltende Interesse des mittelalterlichen Oxford für die neue Wissenschaft, für Mathematik und Logik ebenso wie für Sprachen und Bibelforschung. Als *Magister Scholarum* oder Rektor der Universität – vielleicht der erste, der dieses Amt (1214) bekleidete –, als Prediger bei den Franziskanern in Oxford und von 1235 an als Bischof von Lincoln, der Diö-

147

147 *Avicenna, Canon medicinae, lateinische Übersetzung von G. v. Cremona, Pergamenthandschrift, frühes 14. Jh. (6/44)*

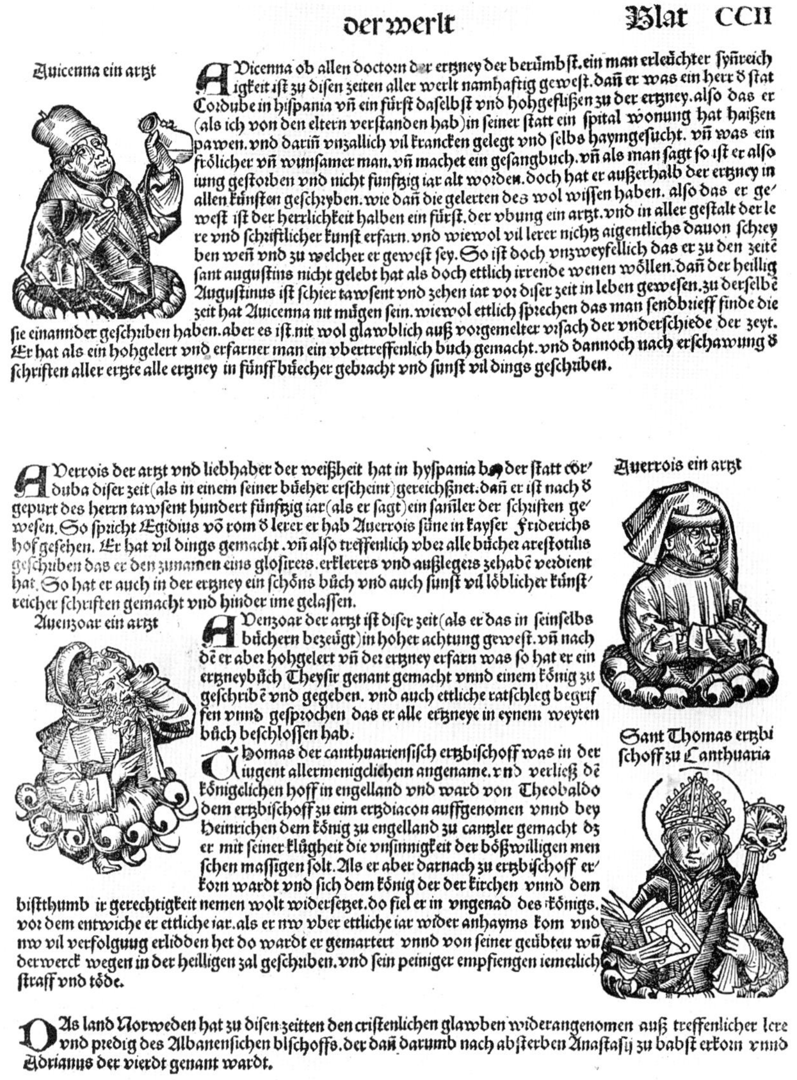
der werlt Blat CCII

Auicenna ein artzt

AVicenna ob allen doctorn der ertzney der berümbst. ein man erleüchter synñreichigkeit ist zu disen zeiten aller werlt namhaftig gewest. dañ er was ein herr ꝺ stat Corduba in hyspania vñ ein fürst daselbst vnd hohgeflißen zu der ertzney. also das er (als ich von den eltern verstanden hab) in seiner statt ein spital wonung hat haißen pawen. vnd dariñ vnzallich vil krancken gelegt vnd selbs haymgesucht. vñ was ein frölicher vñ wunsamer man. vñ machet ein gesangbuch. vñ als man sagt so ist er also iung gestorben vnd nicht fünftzig iar alt worden. doch hat er außerhalb der ertzney in allen künsten geschryben. wie dañ die gelerten des wol wissen haben. also das er gewest ist der herrlichkeit halben ein fürst. der vbung ein artzt. vnd in aller gestalt der lere vnd schriftlicher kunst erfarn. vnd wiewol vil lerer nichtz aigentlichs dauon schreyben weñ vnd zu welcher er gewest sey. So ist doch vnzweyfellich das er zu den zeitē sant augustins nicht gelebt hat als doch ettlich irrende wenen wöllen. dañ der heillig Augustinus ist schier tawsent vnd zehen iar vor diser zeit in leben gewesen. zu derselbē zeit hat Auicenna nit mügen sein. wiewol ettlich sprechen das man sendbrieff finde die sie einannder geschriben haben. aber es ist nit wol glawblich auß vorgemelter vrsach der vnderschiede der zeyt. Er hat als ein hohgelert vnd erfarner man ein vbertreffenlich buch gemacht. vnd dannoch nach erschawung ꝺ schriften aller ertzte alle ertzney in fünff büecher gebracht vnd sunst vil dings geschriben.

Auerrois ein artzt

AVerrois der artzt vnd liebhaber der weißheit hat in hyspania bey der statt corduba diser zeit (als in einem seiner büeher erscheint) gereichßnet. dañ er ist nach ꝺ geburt des herrn tawsent hundert fünftzig iar (als er sagt) ein sañler der schriften gewesen. So spricht Egidius võ rom ꝺ lerer er hab Auerrois süne in kayser Friderichs hof gesehen. Er hat vil dings gemacht. vñ also treffenlich vber alle bücher arestotilis geschriben das er den zunamen eins glosirers. erklerers vnd außlegers zehabē verdient hat. So hat er auch in der ertzney ein schöns büch vnd auch sunst vil löblicher kunstreicher schriften gemacht vnd hinder ime gelassen.

Auenzoar ein artzt

AVenzoar der artzt ist diser zeit (als er das in seinselbs büchern bezeügt) in hoher achtung gewest. vñ nach dē er aber hohgelert vñ der ertzney erfarn was so hat er ein ertzneybüch Theysir genant gemacht vnnd einem könig zu geschribē vnd gegeben. vnd auch ettliche ratschleg begriffen vnnd gesprochen das er alle ertzneye in eynem weyten büch beschlossen hab.

Sant Thomas ertzbischoff zu Canthuaria

Thomas der canthuariensisch ertzbischoff was in der iugent allermenigclichem angename. vnd verließ dē königclichen hoff in engelland vnd ward von Theobaldo dem ertzbischoff zu eim ertzdiacon auffgenomen vnnd bey Heinrichen dem könig zu engelland zu cantzler gemacht dz er mit seiner klügheit die vnsinnigkeit der boßwilligen menschen massigen solt. Als er aber darnach zu ertzbischoff erkorn wardt vnd sich dem könig der der kirchen vnnd dem bisthumb ir gerechtigkeit nemen wolt widersetzet. do fiel er in vngenad des königs. vor dem entwiche er ettliche iar. als er nw vber ettliche iar wider anhayms kom vnd nw vil verfolgung erlidden het do wardt er gemartert vnnd von seiner geübten wünderwerck wegen in der heilligen zal geschriben. vnd sein peiniger empfiengen iemerlich straff vnd töde.

DAs land Norweden hat zu disen zeitten den cristenlichen glawben widerangenomen auß treffenlicher lere vnd predig des Albanensichen bischoffs. der dañ darumb nach absterben Anastasy zu babst erkorn vnnd Adrianus der vierdt genant wardt.

148

*148 Avicenna, Averroes, Avenzoar; in: H. Schedel, Buch der Chroniken, Nürnberg, 1493 (6/62)*

zese, zu der Oxford gehörte, blieb Grosseteste die Hauptzierde und der Führer der Universität in ihren ersten Jahren.

Das ganze Mittelalter hindurch bestanden voneinander abweichende philosophische Schulen des aristotelischen Systems nebeneinander. Im 13. Jahrhundert nahmen die Franziskaner in Oxford, die den Hauptzügen der augustinischen Lehre, wie der Erkenntnis- und Universaltheorie, treu bleiben wollten, in ihre Erklärung von Naturphänomenen, z. B. der Bewegungen der Himmelskörper, einige wichtige aristotelische Zusätze auf, aber sie zeigten sich oft feindselig gegen Aristoteles' Einfluß im allgemeinen. Zur selben Zeit vertrat in Oxford Roger Bacon einen anderen Aspekt franziskanischen Denkens: ein reges Interesse für die mathematische, physikalische, astronomische und medizinische Gelehrsamkeit des Aristoteles und der Araber, während ihre metaphysischen Anschauungen ihn weniger kümmerten. An der Universität Paris übernahmen schwarzröckige Dominikaner wie Albertus Magnus und Thomas von Aquin die Hauptprinzipien der aristotelischen Physik und Naturphilosophie, verwarfen aber seinen absoluten Determinismus. Eine vierte Gruppe, repräsentiert durch Siger von Brabant, der ein kompromißloser Averroist war, vertrat eine völlig deterministische Interpretation des Universums. Eine fünfte Gruppe gab es an den italienischen Universitäten Salerno, Padua und Bologna, wo theologische Fragen weniger zählten als in England oder Frankreich und wo Aristoteles und die Araber hauptsächlich wegen ihrer medizinischen Kenntnisse studiert wurden.

Daß Aristoteles dem christlichen Abendland annehmbar gemacht wurde, ist neben Grosseteste vor allem Albertus Magnus und Thomas von Aquin zu verdanken. Das Hauptproblem, dem sie sich gegenübergestellt sahen, war die Beziehung zwischen Glauben und Vernunft. In seinem Versuch, diese Schwierigkeit zu lösen, stützte sich Albertus wie Augustinus auf zwei Gewißheiten: die Wirklichkeiten der offenbarten Religion und die Tatsachen seiner eigenen persönlichen Erfahrung. Albertus und Thomas sahen in Aristoteles einfach einen Führer zur Vernunft. Wo Aristoteles – sei es ausgesprochenermaßen oder durch die Interpretationen arabischer Kommentatoren – mit den Tatsachen der Offenbarung oder der Beobachtung in Konflikt geriet, mußte er sich geirrt haben: d. h. die Welt konnte nicht ewig sein, die individuelle Menschenseele mußte unsterblich sein, Gott und Mensch mußten Willensfreiheit besitzen. Albertus korrigierte ihn auch in einer Reihe von Punkten der Zoologie. Aber Albertus und noch entschiedener Thomas waren sich bewußt, wie schon ein Jahrhundert früher Adelard von Bath, daß Theologie und Naturwissenschaft oft von verschiedenen Standpunkten aus über dieselbe Sache sprachen, daß etwas zugleich das Werk göttlicher Vorsehung und die Folge einer natürlichen Ursache sein konnte. Auf diese Weise begründeten sie eine

Unterscheidung zwischen Theologie und Philosophie, die jeder von beiden die ihr angemessenen Methoden zuwies und ihren Geltungsbereich sicherte. Es konnte keinen wirklichen Widerspruch geben zwischen der Wahrheit, wie sie die Religion offenbart, und der Wahrheit, wie sie die Vernunft erschließt. Albertus sagte, es sei besser, den Aposteln und Kirchenvätern zu folgen, wo es sich um Religion und Ethik handele. Aber in medizinischen Fragen glaube er lieber Hippokrates und Galen und in der Physik Aristoteles, denn sie wüßten mehr über die Natur.

Die deterministische Interpretation der aristotelischen Lehre nebst den Kommentaren des Averroes wurde 1277 vom Bischof von Paris, Etienne Tempier, verdammt, und seinem Beispiel folgte im selben Jahre der Erzbischof von Canterbury, John Pecham. Soweit dies die Naturwissenschaft betraf, bedeutete es, daß im Norden des Abendlandes die averroristische Interpretation des Aristoteles verboten war. Die Averroisten zogen sich nach Padua zurück, wo ihre Anschauungen zur Entstehung der Lehre von der doppelten Wahrheit führten, einer Wahrheit des Glaubens und einer anderen, u. U. ihr widersprechenden Wahrheit der Vernunft. Diese Verdammung des Determinismus ist von einigen modernen Gelehrten, vor allem von Duhem, als Markstein für den Beginn der modernen Naturwissenschaft angesehen worden. Die Lehre des Aristoteles beherrschte das Denken des späteren Mittelalters; aber mit der Verurteilung der averroistischen Auffassung, daß Aristoteles über Metaphysik und Naturwissenschaft das letzte Wort gesprochen habe, hatten die Bischöfe 1277 einen Weg für eine Kritik offengelassen, die ihrerseits das aristotelische System untergraben sollte. Die Naturphilosophen hatten jetzt nicht nur durch Aristoteles eine rationale Naturphilosophie erhalten, sie hatten infolge der Haltung der christlichen Theologen auch die Freiheit erlangt, ohne Rücksicht auf die Autorität des Aristoteles Hypothesen aufzustellen, innerhalb eines rationalen Rahmens empirische Methoden zu entwickeln und den Bereich wissenschaftlicher Entdeckungen auszuweiten.

149

*149 Avicenna, Canon, lateinische Übersetzung von G. v. Cremona, Venedig, 1483, Wien, Österreichische Nationalbibliothek*

*Hans Wilderotter*

# »DER HAT DEN GROSSEN KOMMENTAR GEMACHT« ARISTOTELES, AVERROES UND DER WEG DER ARABISCHEN PHILOSOPHIE NACH EUROPA

Als Dante am Beginn seiner Jenseitsreise aus tiefer Ohnmacht erwacht, in die er bei der Überquerung des Flusses Acheron gefallen war, betritt er, unter Führung Vergils, den ersten Kreis der Hölle. Hier, so erklärt ihm sein ›guter Meister‹, ist der Aufenthaltsort derer, die zwar nicht sündigten, die aber, *»da sie keine Taufe kannten«*, für immer von der Erlösung ausgeschlossen bleiben. Beim anschließenden Rundgang, auf dem sie von Homer und Horaz, Ovid und Lucan begleitet werden, die, ebenso wie Vergil, hier zu Hause sind, stoßen die beiden auf eine Gruppe von Philosophen, unter denen einer hervorragt, den Dante, im Gegensatz zu den anderen, nicht beim Namen nennt; einer, den alle bewundern und alle verehren, auch Sokrates und Plato, *»die vor den anderen ihm am nächsten stehn«*.

Dante bedient sich bei der Peuplierung des Limbo mit tugendhaften Heiden nicht nur des Personals aus Mythos und Epos, Kunst und Philosophie, griechischer Geschichte und römischer Politik, sondern greift auch auf den Orient aus. Etwas verloren stehen da Saladin, Avicenna und Averroes, der durch die Bemerkung, er habe den großen Kommentar gemacht, implizit in eine Beziehung zu dem ungenannten Philosophen gebracht wird. Der Verfasser der *Göttlichen Komödie* glaubte sicher davon ausgehen zu können, daß seine Leser schon verstehen würden, daß es sich bei dem ungenannten *»Meister derer, die da wissen«* um niemand anderen handeln könne als um Aristoteles, dessen Werke in Europa seit der Mitte des 13. Jahrhunderts bis ins 17. Jahrhundert hinein unter der Anleitung der Kommentare gelesen wurden, die Abu l Walid Muhammad Ibn Ahmad Muhammad Ibn Ruschd (1126–1198) schrieb, dessen Name zu Averroes latinisiert wurde.

Der Dichter aus Florenz hat den Richter, Arzt und Philosophen aus Cordoba wiederholt zum Gegenstand seiner Aufmerksamkeit gemacht, sei es, daß er ihn beim Namen nennt, sei es, daß er Lehrstücke anführt, die mit dem Namen des Averroes untrennbar verbunden sind, sei es, daß er sich auf Personen bezieht, die von den Zeitgenossen mit Averroes in Verbindung gebracht wurden. Daß Dante, in dessen Werken mehrere hundert Aristoteleszitate und -anspielungen nachgewiesen wurden, auch mit Schriften des Aristoteleskommentators aus al-Andalus vertraut war, verwundert keineswegs, wenn man bedenkt, daß auf den Arbeitstischen der *magistri* und *studiosi* neben den Abhandlungen des *Philosophos* aus Stagira die Interpretationen des *Commentators* aus Cordoba lagen.

## Der Oberrichter aus Cordoba

Die 38 Kommentare von Averroes zu Büchern des Aristoteles sind von sehr verschiedenem Umfang; zu den meisten Büchern verfaßte er zwei, zu einigen sogar drei Kommentare. Die Mehrzahl besteht aus sogenannten kleinen Kommentaren, kurzen Zusammenfassungen des aristotelischen Textes, und mittleren Kommentaren, die den Text ausführlich paraphrasieren. Zu fünf Büchern, nämlich den *Analytica Posteriora*, der *Physik*, der *Metaphysik*, zu *De Caelo* und zu *De Anima* gibt es ›Große Kommentare‹, in denen der gesamte aristotelische Text passagenweise zitiert und Passage für Passage kommentiert wird.

Die Anregung zu diesem großen Unternehmen soll von Abu Ya'kub Yusuf ausgegangen sein, dem zweiten Sultan aus der Dynastie der Almohaden, dem es in der Mitte des 12. Jahrhunderts von Marokko aus gelungen war, den seit dem Zusammenbruch des Kalifats von Cordoba im Jahre 1030 in viele Kleinstaaten zerfallenen arabischen Teil Spaniens zu erobern und zu einem marokkanisch-

150

spanischen Emirat zu verbinden. Eines Tages habe Abu Bakr Ibn Tufail, der Leibarzt des Sultans, seinem Herrn den jungen Kollegen vorgestellt. Wann diese Vorstellung stattgefunden hat, wissen wir nicht; aber es muß irgendwann zwischen dem Regierungsantritt des Sultans im Jahre 1163 und der Ernennung Ibn Ruschds zum Kadi in Sevilla im Jahre 1169 gewesen sein. Zwei Jahre nach dieser Ernennung wird er Richter in Cordoba, ein Amt, das vor ihm auch schon sein Vater und sein Großvater innehatten; im Jahre 1182 tritt er die Nachfolge Ibn Tufails als Leibarzt des Kalifen an und wird kurze Zeit später zum Oberrichter befördert.

Von der ersten Begegnung mit dem Kalifen besitzen wir einen kurzen Bericht, den ein Schüler Ibn Ruschds von seinem Lehrer gehört haben will: *»Als ich beim Beherrscher der Gläubigen eintrat, fand ich ihn allein mit Ibn Tufail (...) Nachdem er mich nach meinem Namen, dem Namen meines Vaters und meiner Familie gefragt hatte, eröffnete der Emir das Gespräch mit der Frage: ›Welche Meinung haben die Philosophen vom Himmel? Ist er eine ewige Substanz oder hatte er einen Anfang in der Zeit?‹ Ich war von Furcht ergriffen und suchte einen Vorwand, um nicht antworten zu müssen; ich leugnete, mich jemals mit Philosophie beschäftigt zu haben. Ich wusste nicht, ob er mit Ibn Tufail verabredet hatte, mich auf die Probe zu stellen. Der Beherrscher der Gläubigen verstand meine Schwierigkeiten, wandte sich Ibn Tufail zu und begann, über die Frage, die er mir gestellt hatte, einen kleinen Vortrag zu*

*150 L. de Voltolina, Henricus de Allemania in arabischer Kleidung vor seinen Schülern, Ausschnitt aus einem »Liber ethicorum« des Frater Henricus de Allemania; Schule von Bologna, Deckfarben auf Pergament, 2. H. 14. Jh (6/8)*

151

*151 Plakette mit dem Portrait des Aristoteles; Nord-Italien, Majolika, 16. Jh. (6/20)*

*halten. Er legte alles dar, was Aristoteles, Platon und die anderen Philosophen über diesen Gegenstand gesagt hatten; unter anderem trug er auch die Argumente der muslimischen Theologen gegen die Philosophen vor. Ich bemerkte, daß er über ein Wissen verfügte, das ich selbst bei den Gelehrten, die sich ständig mit diesen Dingen beschäftigen, nicht erwarten würde. Der Emir verstand es auf diese Weise, mir meine Furcht zu nehmen, so daß ich selbst zu sprechen begann und er sehen konnte, über welche philosophischen Kenntnisse ich verfügte.«*

Kurze Zeit später wurde Ibn Ruschd zu Ibn Tufail gerufen, der ihm erzählte, er habe heute den Beherrscher der Gläubigen Klage führen hören über die dunkle Ausdrucksweise des Aristoteles und seiner Übersetzer. Der Emir habe den Wunsch, jemand möge diese Bücher kommentieren, sie so den Menschen leichter zugänglich machen. Er selbst, meinte Ibn Tufail, sei zu alt, um sich dieser Aufgabe zu unterziehen; Ibn Ruschd jedoch sei genau der richtige Mann. *»Auf diese Weise«*, so Ibn Ruschd, *»bin ich dazu gekommen, die Bücher des Aristoteles zu kommentieren.«*

Die Frage, die Abu Ya'kub Yusuf seinem zukünftigen Leibarzt stellte, war eine der zentralen Fragen in den Auseinandersetzungen, die Philosophen mit Theologen monotheistischer Religionen führten, die von einer Schöpfung der Welt durch ihren jeweiligen Gott ausgingen. Sie stand auch im Zentrum des Generalangriffs, den al-Ghazzali (1059 bis 1111) in seinem Buch *Tahafut al-falsafa* (Inkohärenz der Philosophie), auf die arabische Philosophie, insbesondere auf al-Farabi und Ibn Sina unternommen hatte. In seiner wohl wichtigsten eigenständigen Abhandlung mit dem Titel *Tahafut al-tahafut* (Inkohärenz der Inkohärenz), hat Ibn Ruschd eine Widerlegung al-Ghazzalis formuliert.

Die Furcht, die der junge Arzt aus Cordoba empfand, als sein Emir ihm eine so umkämpfte Frage stellte, war wohl nicht ganz unberechtigt. Unter Ya'kub al-Mansur, dem Nachfolger von Abu Ya'kub Yusuf, fiel Ibn Ruschd im Jahre 1195 auf Betreiben islamischer Theologen für einige Zeit in Ungnade. Er wurde in eine Kleinstadt bei Cordoba verbannt, ein Teil seiner Bücher wurde verbrannt. Ihm widerfuhr, was fast zum Repertoire der Biographie eines *failasuf* gehörte: ähnliches hatten vor ihm bereits Hunain Ibn Ishaq, al-Kindi und Ibn Sina erfahren müssen. Einiges spricht dafür, daß al-Mansur nur aus taktischen Gründen handelte, da er die Unterstützung der Geistlichkeit für seinen Krieg gegen König Alfons von Kastilien brauchte. Der Oberrichter aus Cordoba wurde nach einiger Zeit rehabilitiert und nach Marrakesch gerufen, wo er 1198 starb.

Der Philosoph aus al-Andalus markiert mit seinem Werk den abschließenden Höhepunkt der Entwicklung der arabischen Philosophie, einer Entwicklung, die etwa 400 Jahre zuvor, am Ende des 8. Jahrhunderts, unter der Herrschaft der Kalifen aus der Dynastie der Abbasiden in Bagdad begonnen hatte.

## Zwei Naturen in einer Person

Die Entwicklung der arabischen Philosophie, die so genannt werden soll, weil die *falasifa*, wie man die Philosophen mit der arabischen Adaption des griechischen Wortes bezeichnete, ihre Werke in Arabisch als der lingua franca des islamischen Imperiums verfassten, war ein multinationales und multireligiöses Unternehmen. An diesem Unternehmen waren Araber, Perser und Türken ebenso beteiligt wie spanische Juden und vor allem syrische Christen, die, unter islamischer Herrschaft in Bagdad, seit dem Ende des 8. Jahrhunderts und bis über die erste Jahrtausendwende hinaus philosophische und wissenschaftliche Texte aus griechischer Überlieferung übersetzten und bearbeiteten, kommentierten und interpretierten. Sie konnten sich auf mehr als dreihundert Jahre Vorarbeit ihrer Glaubensbrüder stützen, die schon in der ersten Hälfte des 5. Jahrhunderts mit der Übersetzung griechischer Texte in die syrische Sprache, einen dem Arabischen verwandten aramäischen Dialekt, begonnen hatten. Im Zentrum dieser Übersetzungstätigkeit standen die Werke der Peripatetischen Schule: vor allem die Schriften, die unter dem Namen des Aristoteles selbst überliefert waren, aber auch die seiner spätantiken Kommentatoren und Interpreten aus den Schulen von Athen und Alexandria.

Diese beiden Hauptstützpunkte griechischer Bildung hatten auch nach der Christianisierung des Römischen Reiches noch Jahrhunderte weiter bestanden. Die Schule von Alexandria hatte sogar die Eroberung Ägyptens durch die Araber in der Mitte des 7. Jahrhunderts überstanden und wurde gegen 720 zunächst nach Antiochia verlegt, um dann in der Mitte des 9. Jahrhunderts eine neue Heimstatt in Harran zu finden. Von dort aus wird sie dann erheblichen Einfluß auf die Ausbildung der arabischen Philosophie nehmen. Die Schule von Athen dagegen wurde im Zuge der Erneuerung des Römischen Reiches im Jahre 529 von Kaiser Justinian geschlossen. Die letzten Mitglieder dieser Schule, unter ihnen Simplikios, der als Aristoteles-Kommentator bei den *falasifa* und später auch bei den Philosophen des lateinischen Mittelalters sehr geschätzt werden wird, gingen für einige Jahre an den Hof des persischen Kaisers Chosrau I., kehrten aber bereits im Jahre 533 wieder nach Griechenland zurück; dieser kurze Aufenthalt hat wohl kaum nachweisbare Spuren hinterlassen.

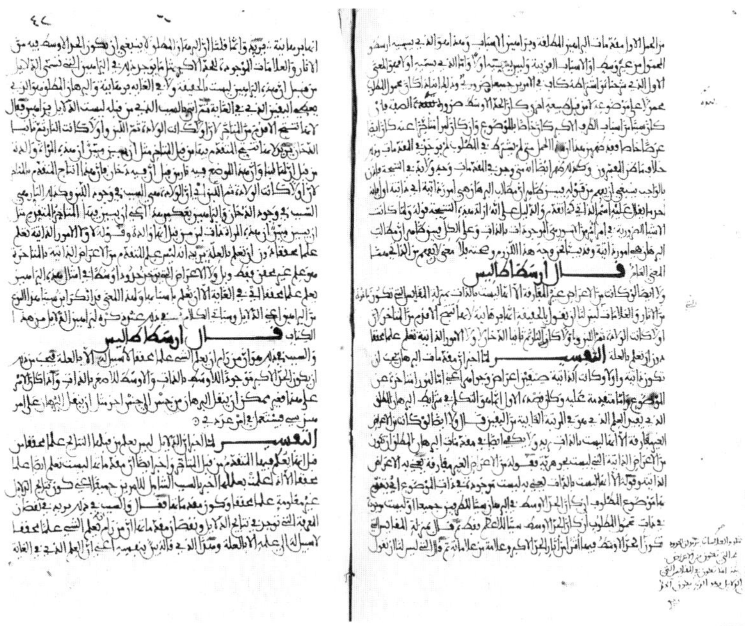

152

*152 Averroes, Kommentar und Umschreibung der zweiten Analytik des Aristoteles; arabische Handschrift, 13. Jh., Bl. 41v/42 (6/22)*

Kaiser Justinian war keineswegs ein philosophischer Ignorant. Zwar war er im Rahmen seines Versuchs der Konsolidierung der Reichskirche gezwungen, die unliebsame philosophische Konkurrenz auszuschalten, aber er wußte sich der Ergebnisse der philosophischen Studien, besonders in seinen theologischen Schriften, durchaus zu bedienen. Der letzte römische Kaiser setzte damit nur fort, was bereits in der ersten Hälfte des 5. Jahrhunderts im Zusammmenhang mit der christologischen Auseinandersetzungen, die die Kirche mehrmals ernsthaft in ihrem Bestand gefährdeten, begonnen worden war. Bei der Erörterung der so kontrovers diskutierten Frage nach der Beziehung der menschlichen und der göttlichen Komponente in der Person Christi konnten die logischen Schriften des Aristoteles wirkungsvolle Dienste leisten.

Das älteste Zeugnis von der Übersetzung solcher Schriften aus dem Griechischen ins Syrische, das wir besitzen, gehört in diesen Kontext. Nachdem auf dem Konzil zu Ephesos im Jahre 431 die Christologie der Nestorianer verurteilt worden war, traten im Umkreis der nestorianischen Schule von Edessa, einem alten Bischofssitz in Mesopotamien, mehrere Personen als Übersetzer hervor. Abdischu bar Barika, der von 1291 bis 1313 Metropolit von Nisibis war und sich als Bibelkommentator, Dichter, Historiker und Bibliograph betätigte, hat deren Namen überliefert: »*Hibha und Kumi und Probha übersetzten die Bücher des Interpreten und die Schriften des Aristoteles vom Griechischen ins Syrische.*« Von Hibha wissen wir nicht nur, daß er als Bischof von Edessa auch nach dem Konzil von Ephesos an der nestorianischen Christologie festhielt, sondern auch, daß er den Beinamen ›der Übersetzer‹ trug; von seiner diesbezüglichen Tätigkeit hat sich aber offenbar nichts erhalten. Von Probha hingegen gibt es heute noch eine Übersetzung der *Isagoge* des Porphyrius, eine Übersetzung der *Analytica priora* des Aristoteles, einen Kommentar zur gleichen Abhandlung und einen Kommentar zu *De interpretatione*. Bei Probha, dem *Archiatros und Archidiakonos* von Antiochien begegnet zum ersten Mal eine Verbindung, die für fast alle syrischen und arabischen Übersetzer und Philosophen bis hin zu Ibn Ruschd charkteristisch sein wird: die Verbindung der Tätigkeit als Theologe oder Philosoph mit der des Arztes. Daß die Schriften des Aristoteles denen des Interpreten, womit der Theologe Theodor von Mopsuestia gemeint ist, nachgeordnet werden, macht deutlich, daß die Philosophie als *ancilla theologiae* betrachtet wird, als Dienerin der Theologie.

Die Reichskirche hat, unter Einsatz aller zur Verfügung stehenden Machtmittel, die Verurteilung von Ephesos durchzusetzen versucht. Im Jahre 457 schließlich mußten die Nestorianer Edessa verlassen und ihre Schule nach Nisibis verlegen, einer Stadt weiter östlich in Mesopotamien und Zentrum eines Gebiets, das im Jahre 363 vom Römischen Reich an die Sassaniden abgetreten worden war, die somit über eine christliche Provinz im Westen ihres Reiches verfügten. Hier setzten die Nestorianer nicht nur ihre Übersetzungstätigkeit fort, sondern unternahmen auch Missionierungsexpeditionen bis weit nach Zentralasien und China hinein.

Schon sechs Jahre vor der Verlegung der Schule von Edessa nach Nisibis wurde auf dem Konzil zu Chalkedon im Jahre 451 die Christologie der monophysitischen Gegner der Nestorianer verurteilt. Diese Verurteilung war Ausgangspunkt der Gründung der selbständigen monophysitischen Kirche der Jakobiten, die ihren Schwerpunkt im mesopotamischen Osten des römischen Reichs behielt. Als produktivster Übersetzer tritt bei den Jakobiten am Anfang des 6. Jahrhunderts ein gewisser Sergios hervor, Archiatros und Priester in Rischaina, einer Stadt an der Ostgrenze des römischen Reiches, halbwegs zwischen Edessa und Nisibis. Von Sergios von Rischaina (–536), der seine philosophische Ausbildung an der Schule von Alexandria erhalten hatte, sind nicht nur eine ganze Reihe von Übersetzungen aristotelischer und pseudoaristotelischer Schriften erhalten, sondern auch eine selbständige Darstellung der aristotelischen Logik. Das Schwergewicht seiner Tätigkeit aber lag auf der Übersetzung der medizinischen Hauptwerke des Claudios Galenos, die für die gesamte medizinische Praxis im vorderasiatischen Raum von Bedeutung sein werden.

Von as-Safadi, der im 14. Jahrhundert ein ungefähr 14.000 Einzelbiographien umfassenden Sammelwerks verfaßte, besitzen wir eine Beschreibung des Verfahrens, dessen sich die Syrer, die auch nach der arabischen Eroberung Mesopotamiens ihre Übersetzungstätigkeit fortsetzten, bei den ersten Übersetzungen ins Arabische am Ende des 8. und zu Beginn des 9. Jahrhunderts bedienten. Man kann mit großer Wahrscheinlichkeit annehmen, daß die bisher genannten syrischen Übersetzer auf die gleiche Weise vorgingen. »*Die Übersetzer benutzen zwei Übersetzungsmethoden. Das eine ist die Methode von Yuhanna Ibn Bitriq, Ibn an-Na'ima al-Himsi und anderer. Nach dieser Methode wählt der Übersetzer für jedes griechische Wort ein arabisches Wort mit der genau entsprechenden Bedeutung. Auf diese Weise wird ein Wort nach dem anderen übersetzt bis der ganze Text übersetzt ist. Diese Methode ist aus zwei Gründen schlecht. Erstens: Es gibt nicht für alle griechischen Wörter ein entsprechendes arabisches Wort. Deshalb bleiben bei dieser Art der Übersetzung viele griechische Worte einfach stehen. Zweitens: Die syntaktischen Konstruktionen der einen Sprache unterscheiden sich von der der anderen. Zusätzliche Fehler ergeben sich aus dem Gebrauch von Metaphern.*«

*153 B. Gozzoli, Der Triumph des hl. Thomas von Aquin über Averroes, Italien, Altartafel, um 1480, Paris, Louvre*

»DAS HAUS DER WEISHEIT«

Die beiden Übersetzer, die as-Safadi nennt, gehörten einem Kreis gelehrter Männer an, den der Kalif al-Ma'mun (813–833) und vielleicht auch schon sein Vater und Vorgänger Harun ar Raschid (786–809) in Bagdad um sich versammelt hatte. Die Stadt, im Jahre 762 von al-Mansur (754–775) in der Nähe der alten Sassaniden-Hauptstadt Ktesiphon gegründet, hatte Damaskus als Residenz der Kalifen abgelöst. Der dritte Kalif aus der Dynastie der Abbasiden, die 749 die Umayyaden gestürzt hatten, war schon frühzeitig bemüht, syrische Gelehrte in seine neue Hauptstadt zu ziehen. Im Jahre 765 berief er den Oberarzt des Hospitals von Gondeschapur, Girgis Ibn Dschibril Ibn Bakhtischu, als Leibarzt an seinen Hof.

Gondeschapur, unweit der neuen Residenz der Kalifen in Südwestpersien gelegen, war neben Nisibis das zweite wissenschaftliche Zentrum, das von der Vertreibung der Nestorianer aus Edessa profitiert hatte. Anders als Nisibis, wo theologische Studien im Vordergrund standen, wurde in Gondeschapur die medizinische Ausbildung, die vermutlich auf der Basis der von Sergios von Rishayna übersetzten Lehrbücher des Galen erfolgte, mit der praktischen Arbeit am Krankenhaus verbunden. Man darf sich eine solche Schule jedoch nicht als allzu spezialisiert vorstellen; sicher wurden hier nicht nur medizinische, sondern auch logische und naturphilosophische Texte übersetzt und diskutiert.

Diese Hochschule von Gondeschapur war das Modell, an dem al-Ma'mun sich bei der Gründung des *bait al-hikma* orientierte. Die Leitung dieses *Hauses der Weisheit*, das man sich als eine Art Forschungsinstitut vorstellen muß, an dem, in eher informeller Weise, unterrichtet, und, dank einer großen Bibliothek, auch übersetzt wurde, übernahm Yuhanna Ibn Masawaih, der, nach einer Ausbildung als Arzt in Gondeschapur, in Bagdad ein Krankenhaus gegründet haben soll. Sein berühmtester Schüler wird Hunain Ibn Ishaq (801–873) sein, mit dessen Namen eine Revolution im Übersetzungswesen verbunden ist. Es sind Hunains Übersetzungen, an denen as-Safadi die Arbeit der früheren Übersetzer mißt

*153*

und glaubt verwerfen zu können: *»Die zweite Übersetzungsmethode«*, heißt es in dem bereits zitierten Text, in dem ja am Anfang von zwei Übersetzungsmethoden die Rede ist, weiter, *»ist die von Hunain Ibn Ishaq (...) Nach dieser Methode erfaßt der Übersetzer die Bedeutung eines ganzen Satzes und gibt diesen dann, ungeachtet der Übereinstimmung einzelner Wörter, mit einem entsprechenden Satz im Arabischen wieder. Dies ist die bessere Methode. Deshalb müssen Hunains Bücher, mit Ausnahme derer über Mathematik, die er nicht richtig beherrschte, nicht überarbeitet werden.«*

Hunain Ibn Ishaq al-Ibadi, der aus einer Familie christlicher Araber aus al-Hira' stammte, war schon in jungen Jahren nach Bagdad gekommen; bereits nach kurzer Tätigkeit am *Haus der Weisheit* soll er sich mit seinem Lehrer überworfen und, infolge dieses Streits, Bagdad verlassen haben. Er hielt sich vermutlich zwei Jahre in Alexandria auf, wo er, der, zweisprachig aufgewachsen, bereits Syrisch und Arabisch sprach, sich so hervorragende Kenntnisse der griechischen Sprache aneignete, daß er, nach Bagdad zurückgekehrt und wieder versöhnt mit seinem Lehrer, eine fruchtbare Tätigkeit als Übersetzer aufnahm. Hunain Ibn Ishaq betrieb eine Art Übersetzungsbüro, eine Firma, an der mehrere Mitarbeiter tätig waren, unter ihnen sein Neffe Hubaisch Ibn al-Hasan und sein Sohn Ishaq Ibn Hunain, der sich auf die Übersetzung philosophischer Texte spezialisierte.

Von Hunain Ibn Ishaq existiert eine Schrift, in der er, sorgfältig durchnumeriert, eine kurze Übersetzungsgeschichte von insgesamt 129 Schriften aus der Feder des Galen gibt. Fast hundert dieser Schriften hat er selbst ins syrische oder ins arabische übertragen, wobei er nicht selten bereits vorliegende Übersetzungen überarbeitete und verbesserte; vor allem die Übersetzungen des Sergios von Rischaina bieten ihm wiederholt Anlaß zur Klage, womit er das negative Urteil as-Safadis bestätigt. Gelegentlich unternahm er, um brauchbare Texte zu bekommen, lange und wohl auch beschwerliche, wenn auch vergebliche Reisen: *»Ich habe* (Galens Buch ›Über den Beweis‹) *sehr gesucht und, um es zu suchen, die Länder von ganz Mesopotamien und Syrien, Palästina und Ägypten bereist, bis ich nach Alexandrien gelangte, habe aber nichts gefunden, außer in Damaskus ungefähr die Hälfte ...«*

Aus der gleichen Schrift erfahren wir auch, wie Hunain vorging, um eine möglichst gute Übersetzungsvorlage zu bekommen. *»Übersetzt hatte es vor mir ins Syrische ein Mann namens Ibn Sahda von den Einwohnern von al-Karkh, er war aber schwach im Übersetzen; dann habe ich es übersetzt, als ich ein junger Mann war, zwanzig Jahre alt oder wenig älter, für einen praktischen Arzt von den Einwohnern von Gondeschapur namens Sirischo Ibn Qutrub aus einer sehr mangelhaften griechischen Handschrift. Später dann, als ich ungefähr vierzig Jahre alt war, bat mich mein Schüler Hubaisch, es zu verbessern, nachdem sich bei mir eine Anzahl griechischer Handschriften davon zusammengefunden hatten. Da habe ich diese untereinander kollationiert, so daß sich daraus eine einzige korrekte Handschrift ergab, und habe dann diese Handschrift mit dem Syrischen kollationiert und korrigiert; so pflege ich zu verfahren, bei allem was ich übersetze. Dann nach einigen Jahren habe ich es ins Arabische übersetzt für Abu Dscha'far Muhammad Ibn Musa.«*

Wahrscheinlich hat Hunain selbst nicht allzu viele arabische Übersetzungen angefertigt. In den meisten Fälle hat er den griechischen Text ins Syrische gebracht und diese syrische Version dann, je nach Spezialisierung, an seinen Sohn, seinen Neffen oder einen anderen Mitarbeiter der Schule weitergegeben, der dann die arabische Übersetzung anfertigte, die vom Auftraggeber bestellt worden war; deren einer aus der Familie der Musa, für die Hunain häufig arbeitete, wird im Text genannt. Es scheint, als sei as-Safadis Urteil über die arabischen Übersetzungen mathematischer Schriften aus der Schule Hunains durchaus zutreffend, da eine ganze Reihe dieser Übersetzungen von einem anderen in Bagdad tätigen Übersetzer, Thabit Ibn-Qurra, der der Glaubensgemeinschaft der Sabier angehörte, überarbeitet wurden.

Hunain war wie seine gelehrten Zeitgenossen, in vielen Bereichen tätig. Er hat eigene Schriften zu den verschiedensten Wissensgebieten verfaßt, vor allem aber zur Medizin, die er möglicherweise dem Unterricht zugrundelegte, den er als Leibarzt des Kalifen al-Muta-

154

wakkil (847–861) und Leiter des *Hauses der Weisheit* gab. Ob das *Haus der Weisheit* zur Zeit al-Mutawakkils noch bestanden hat, ist allerdings recht zweifelhaft. Denn unter der Regierung dieses Kalifen, also etwa in der Mitte des 9. Jahrhunderts, ging die Epoche der Förderung der Wissenschaften durch die Abbasiden, die mit al-Mansur begonnen und unter al-Ma'mun ihren Höhepunkt erreicht hatte, ihrem Ende entgegen.

## Der Traum des Kalifen

Ibn al-Nadim, ein Buchhändler aus Bagdad, der in der zweiten Hälfte des 10. Jahrhunderts ein bio-bibliographisches Sammelwerk verfaßte, in dem er nicht nur die Übersetzer und *falasifa*, sondern auch Aristoteles, Plato und die spätantiken Kommentatoren behandelt, berichtet von einer Art Bekehrungserlebnis, das al-Ma'mun gehabt haben soll. Von diesem Erlebnis her datiere sein Entschluß, die Wissenschaften und vor allem das philosophische Studium zu fördern. Dem Kalifen sei im Traum, den er mit eigenen Worten erzählt, Aristoteles erschienen: »*Ich sagte: ›Oh Weiser, kann ich dir eine Frage stellen?‹ Er sagte: ›Frage!‹ Ich sagte: ›Was ist das Gute?‹ Er antwortete: ›Das, was die Vernunft für gut hält‹. ›Was kommt als nächstes?‹ fragte ich. Er antwortete: ›Das, was das religiöse Gesetz für gut hält.‹ Ich sagte: ›Was dann?‹ Er sagte: ›Das, was in der Meinung des einfachen Volkes gut ist‹. Ich fragte dann: ›Was kommt als nächstes?‹ Er antwortete: ›Danach kommt nichts.‹*«

Das Erstaunliche an diesem Traum ist nicht so sehr, daß Aristoteles die Gebote

*154 A. da Firenze, Allegorie des katholischen Glaubens, Florenz, Kapitelsaal (Spanische Kapelle) in Santa Maria Novella, Fresko, um 1365*

der Vernunft über die Vorschriften des religiösen Gesetzes stellt, sondern daß der Kalif von Bagdad, der Beherrscher der Gläubigen, diesen Traum überhaupt hatte. Diese kleine Geschichte, die ja vermutlich im Nachhinein entstanden ist, formuliert noch einmal das Hauptmotiv für al-Ma'muns Interesse an Philosophie und Wissenschaft. Neben den sehr praktischen Interessen, die den Kalifen auf die überlegene syrische Medizin zurückgreifen ließen, stand der Wunsch im Vordergrund, die griechische Philosophie möge der islamischen Theologie die gleichen Dienste leisten, die sie zuvor schon der christlichen Theologie geleistet hatte. Nur eine solchermassen systematisierte Theologie, so die Vermutung, sei in der Lage, es mit der christlichen Konkurrenz einerseits und mit den innerislamischen Häresien andererseits aufzunehmen, deren es von Anfang an nicht wenige gab. Ein eminent politisches Programm.

Dieses Programm der rationalen Theologen, der Mu'taziliten, die unter al-Ma'muns Schutz in Bagdad arbeiten konnten, scheint auch der erste arabische Philosoph, Abu Yusuf Ya'kub Ibn Ishak al-Kindi (801–866), der *failasuf al-arab*, geteilt zu haben. Al-Kindi unternimmt den Versuch, der Offenbarung des Koran mit Hilfe der griechischen Philosophie eine rationale Substruktur zu vindizieren. In einer Abhandlung, die in Form eines Briefes eine Einführung in die Schriften des Aristoteles gibt, interpretiert al-Kindi einige Koransuren mit rhetorischen Figuren der aristotelischen Topik, die zwar der demonstrativen Kraft des wissenschaftlichen Beweises entbehren, keinesfalls aber der Rationalität.

Al-Kindi ist zutiefst überzeugt, daß die Ergebnisse der griechischen Philosophie nicht im Widerspruch zur Offenbarung des Koran stehen können; tritt ein solcher Widerspruch auf, unternimmt er den Versuch, ihn zu beseitigen. Während die späteren *falasifa* in solchen Fällen die Lehren der Offenbarung an den Ergebnissen der Philosophie messen und, durch allegorische Interpretation, der Philosophie anzupassen versuchen, erhebt al-Kindi die Offenbarung zum Maßstab. Al-Kindis Verfahren läßt sich an seiner Behandlung der Frage erkennen, die Abu Ya'kub Yusuf dem jungen Arzt aus Cordoba gestellt hatte, der Frage nämlich, ob die Welt, wie in der Offenbarung behauptet, von Gott aus dem Nichts geschaffen worden sei, oder ob sie, wie etwa Aristoteles an mehreren Stellen seines Werkes darlegt, ewig und ungeschaffen sei. Es kommt hier auf die Details nicht an. Entscheidend ist, daß der *failasuf al-arab* die Theorie des Aristoteles nicht einfachhin verwirft, sondern sie mit Mitteln zu wiederlegen versucht, die die aristotelische Naturphilosophie selbst bereitstellt. Es hat ein wenig den Anschein, als habe sich in der philosophischen Theologie al-Kindis der Traum des Kalifen erfüllt.

## Die Schule von Bagdad

An der Wende vom 9. zum 10. Jahrhundert erhielt die Philosophie in Bagdad ganz neue Impulse auf einem Wege, den Max Meyerhof als den *»von Alexandrien nach Bagdad«* beschrieben hat. Ibn Abi Usaibi'a, der im 14. Jahrhundert in Kairo und Damaskus als Arzt praktizierte, zitiert in seinem Buch über *Die wesentlichsten Nachrichten über die Klassen der Ärzte*, zu denen er auch die *falasifa* zählt, eine Passage aus einer verlorenen Schrift al-Farabis, die den Titel *Über das erste Auftreten der Philosophie* trug: *»Dann wurde die Lehre von Alexandrien nach Antiochien verlegt und verblieb dort lange Zeit; schließlich blieb nur noch ein einziger Lehrer übrig, und von ihm lernten zwei Männer und zogen fort, und mit ihnen die Bücher. Der eine von ihnen war ein Bewohner von Harran, der andere ein solcher aus Merw. Von dem Manne aus Merw lernten zwei Männer: der eine war Ibrahim al-Marwazi, der andere Yuhanna Ibn Hailan; und von dem Harranier lernten der Bischof Isra'il und Quwairi. Diese beiden reisten nach Bagdad, und Isra'il wurde durch die Religion in Anspruch genommen, während Quwairi zu lehren begann. Was Yuhanna ibn Hailan betrifft, so wurde er ebenfalls durch seinen Glauben in Anspruch genommen; Ibrahim al-Marwazi aber ging nach Bagdad hinunter und machte sich dort ansässig. Von dem Marwazi lernte Matta Ibn Yunan. Man lernte damals nur bis zum Ende der Figuren des Wirklichen. Es sagt Abu Nasr al-Farabi von sich selbst, daß er bei Yuhanna Ibn Hailan bis zum Ende des Buches vom Beweise gelernt*

*155 F. Traini, Der Triumph des hl. Thomas von Aquin über Averroes, Pisa, S. Caterina, Altartafel, um 1344*

ARISTOTILES
PLATO
AVERROIS
Veri tatem medita bitur i guttur meum
et labi a mea detesta buntur impiu.

155

*habe. Man pflegte das, was nach den Figuren des Wirklichen kommt, ›den Teil‹ zu nennen, ›den man nicht liest‹. Später wurde er* (aber doch) *gelesen (...)«*

Man kann bei dieser Filiale der Schule von Alexandria, die al-Quwairy, Yuhanna Ibn Haylan und Abu Yahya al-Marwazi am Anfang des 10. Jahrhunderts in Bagdad eröffneten, wohl kaum von einer Schule im institutionellen Sinne sprechen; es handelte sich eher um einen informellen Kreis, den die drei Lehrer um sich versammelt hatten. Ihre beiden ersten Schüler, Muslim der eine und nestorianischer Christ der andere, repräsentierten jeweils einen der Schwerpunkte, die sich in der Schule von Bagdad herausbilden werden. Während al-Farabi, aufbauend auf Aristoteles und seinen Kommentatoren, an der Formulierung einer arabischen Philosophie arbeitete, widmete Abu Bishr sich der philologischen Bearbeitung der bereits vorliegenden Texte.

Abu Bischr Matta und sein Schüler Yahya Ibn Adi (893–974), ein jakobitischer Christ, zu dessen Lehrern wohl auch al-Farabi zu rechnen ist und der nach dem Tode Abu Bischrs die beherrschende Figur der Schule war, legten ihrem Unterricht Texte zugrunde, die sie, die wohl nicht Griechisch konnten, aus dem kritischen Vergleich vorliegender syrischer und arabischer Übersetzungen gewannen. Ein spektakuläres Ergebnis dieser Arbeit ist die Ausgabe des *Organon*, der logischen Schriften des Aristoteles, die al-Hasan Ibn Suwar (942–1017), ein Schüler von Yahya Ibn Adi, vorbereitete. Diese Ausgabe wird heute als *MS ar 2346* in der Bibliothèque Nationale aufbewahrt. Ibn Suwar griff bei der Herstellung des Textes zunächst einmal auf die Handschriften seines Lehrers zurück, die oft eine Bearbeitung des Textes von Abu Bishr waren, der möglicherweise Kommentare seines Lehrers Quwairi eingearbeitet hatte. Ibn Suwar benutzte nicht nur syrische und arabische Übersetzungen aus der Schule von Hunain Ibn Ishaq, sondern zog auch ältere Versionen heran; bei der Ausgabe der Kategorien zum Beispiel zitiert er in einer Fußnote die Übersetzungen des Jacob von Edessa aus dem 7. Jahrhundert. Die Ausgabe der *Analytica priora* wiederum beruht auf der Übersetzung, die Theodore Abu Qurra, der zu Beginn des 9. Jahrhunderts Bischof von Harran war, direkt aus dem Griechischen ins Arabische angefertigt hatte.

Abu Nasr al-Farabi (–950), ein Türke aus Transoxanien, wird, anders als al-Kindi, bei Widersprüchen zwischen Philosophie und Offenbarung die Philosophie zum Maßstab nehmen; die Inhalte der Offenbarung müssen, im Falle solcher Widersprüche, durch allegorische Interpretation den Einsichten der Philosophie angepasst und untergeordnet werden. In al-Farabis Kosmologie wird die Welt nicht von Gott aus Nichts geschaffen, sondern ist eine ewige Emanation, die von Gott ausgeht, den er mit dem unbewegten Beweger des Aristoteles identifiziert.

Mit al-Farabi, der im Jahre 942 Bagdad verließ und seine letzten Lebensjahre in Aleppo und Damaskus verbrachte, ist die arabische Philosophie in Bagdad zu ihrem Ende gekommen. Der nächste *failasuf* wird Abu Ali Al-Husain Ibn Abdallah Ibn Sina (980–1037) sein, der sein ganzes Leben im weiteren Bereich seiner nordostpersischen Heimat verbrachte. Nach Ibn Sina, den das lateinische Mittelalter als Avicenna, nicht zuletzt wegen seiner Aristoteles-Paraphrasen schätzen wird, verlagerte sich der Schwerpunkt der arabischen Philosophie vom äußersten Osten des islamischen Weltreiches nach *al-Andalus* im äußersten Westen.

## Die Liebe zum Almagest

In den Jahren, in denen Ibn Ruschd in Cordoba seine Aristoteles-Kommentare schrieb, war in Toledo, nur etwa 200 Kilometer nordwestlich von Cordoba, Gerhard von Cremona (1114–1187) damit beschäftigt, philosophische und naturwissenschaftliche Abhandlungen griechischer und arabischer Autoren aus dem Arabischen ins Lateinische zu übersetzen. Toledo war im Zuge der *Reconquista* im Jahre 1085 von Alfons VI. erobert und zwei Jahre später zur Residenz und Hauptstadt des Königreichs Kastilien gemacht worden. Da die Stadt unter arabischer Herrschaft ein Zentrum wissenschaftlicher Forschung war, kamen schon in der ersten Hälfte des 12. Jahrhunderts eine ganze Reihe von Gelehrten aus verschiedenen Ländern, vor aus allem England und Italien, nach Toledo, um die hier bewahrten Schätze zu heben und durch Übersetzungen ins Lateinische der europäischen Wissenschaft zugänglich zu machen. Nicht der einzige, aber der bekannteste Förderer dieses Unternehmens war Erzbischof Raimund von Toledo (1125–1151).

Gerhard von Cremona war entweder der mit Abstand produktivste dieser Übersetzer, oder sein Name stand auch für eine ›Übersetzerwerkstatt‹, jedenfalls gibt es sogar eine – unvollständige – Liste mit 71 Titeln, die Freunde und Schüler im Anhang zu seiner letzten Übersetzung, einer Abhandlung von Galen, veröffentlichten, um zu verhindern, daß die Leistung des Lombarden in Vergessenheit gerate. Zu diesen Übersetzungen zählen, um nur einige zu nennen, die *Analytica posteriora* von Aristoteles, die Gerhard in der arabischen Version von Abu Bischr Matta vorlag; dazu die Kommentare von Themistius und al-Farabi. Naturphilosophische Schriften des Aristoteles wie die *Physik*, *De Caelo et mundo* und *De generatione et corruptione*, die *Elemente* des Euklid, eine Abhandlung von al-Kindi über Optik und al-Khwarizmi's *Algebra*. Dieser Liste ist noch eine kurze Lebensbeschreibung Gerhards beigefügt, aus der hervorgeht, daß er von Jugend auf sich an verschiedenen Studienorten all das Wissen angeeignet habe, das in der lateinischen Welt zugänglich war, daß er aber *»aus Liebe zum* Almagest, *den er nirgendwo unter den Lateinern finden konnte, nach Toledo ging; dort, angesichts der Überfülle an arabischen Büchern über alle möglichen Themen, lernte er, die Armut der Lateiner in diesen Dingen bedauernd, die arabische Sprache (...)«* Im Jahre 1175 beendete Gerhard, nach einigen Jahren der Vorbereitung, die Übersetzung des *Almagest*, wie die arabische Kurzbezeichnung für die *mathematischen Zusammenstellungen* des alexandrinischen Astronomen Ptolemäus (ca. 150 n. Chr.) lautete, eines Hand- und Lehrbuches der Astronomie, das die Sternenkunde 1500 Jahre beherrschte und bereits um 800 zum erstenmal ins Arabische übertragen worden war.

In den gleichen Jahren war auch ein Archidiakon aus Segovia, Dominicus Gundissalinus, zumindest vorübergehend als Übersetzer in Toledo tätig. Von ihm liegen unter anderem lateinische Versionen von Avicennas *De Anima* und der *Fons vitae* des spanischen jüdischen Philosophen Salomon Ibn Gabirol vor, der im lateinischen Mittelalter unter dem Namen Avicebron bekannt war. Plato von Tivoli, ein Italiener, arbeitete in den dreißiger und vierziger Jahren des Jahrhunderts vor allem in Barcelona an Übersetzungen astrologischer und mathematischer Bücher, unter ihnen al-Battani's *De motu stellarum* und Abraham bar Hiyya's *Liber embadorum*. Genannt werden sollen noch Robert von Chester und Hermann von Carinthia, die, oft gemeinsam, in den gleichen Jahre wie Plato

*156*

*156 Hunain Ibn Ishaq, Der Kommentar des Galen zu Hippokrates in arabischer Übersetzung; Spanien (?), Papierhandschrift, 1079 (6/52)*

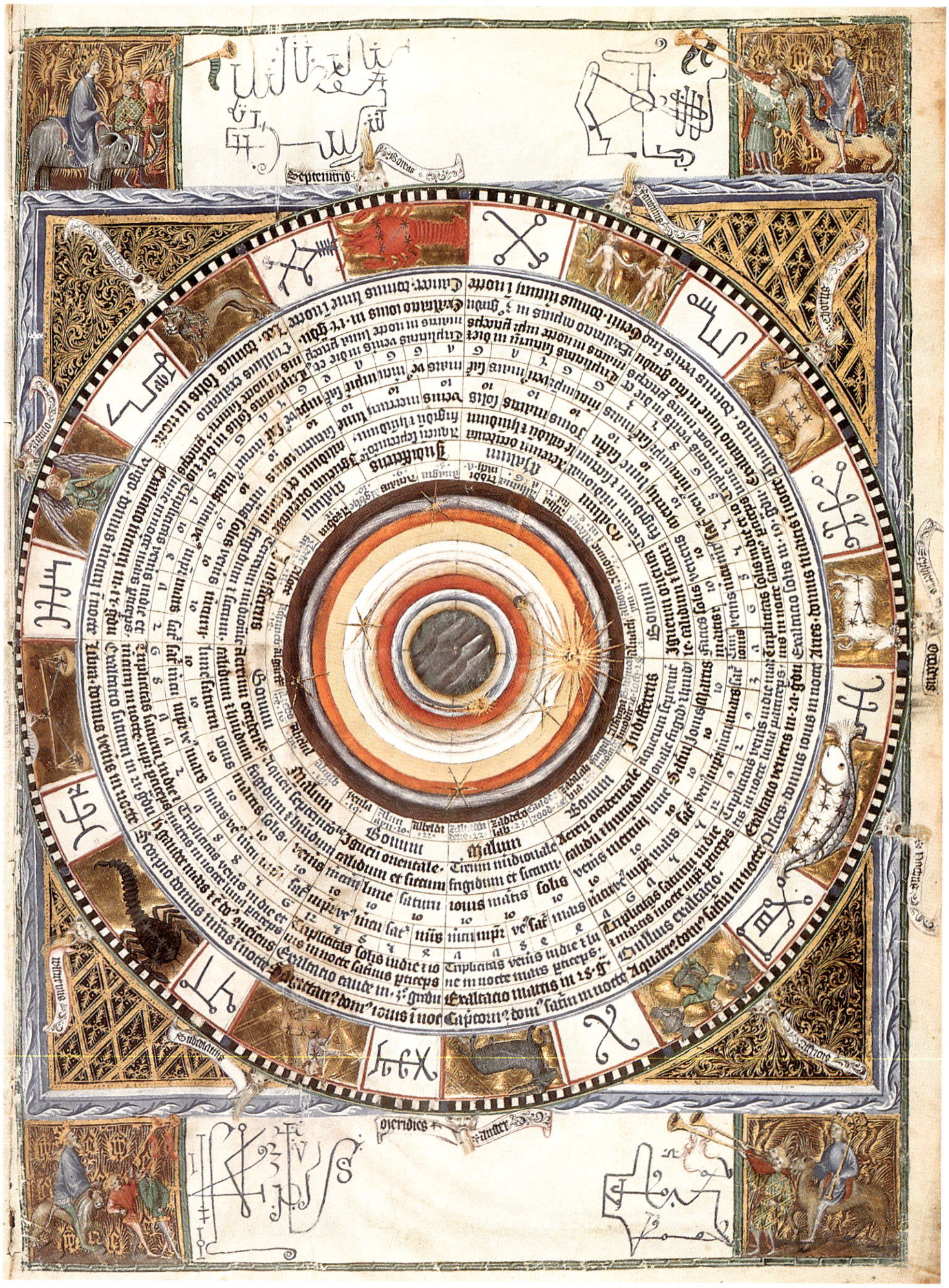

157

*157-159 as-Sufi, Liber de stellis fixarum (Fixsternbuch); illuminierte Handschrift, sog. Wenzelswerkstatt, Prag, Ende 14. Jh., Bayerische Staatsbibliothek, Handschriftenabteilung*

von Tivoli an verschiedenen Orten eine ganze Reihe vor allem astrologischer und mathematischer Schriften übersetzten.

Gerhard von Cremona scheint die Tätigkeit des Übersetzers mit der des Lehrers verbunden zu haben. Um 1180 kam, nach jahrelangem Studium in Paris, wo ihn die Unwissenheit seiner Lehrer schließlich anödete, der englische Magister Daniel von Morley nach Toledo, um hier bei *»den weiseren Philosophen dieser Welt«* zu studieren, wie wir aus der Vorrede zu seinem Buch mit dem Titel *Philosophia* erfahren, das er nach seiner Rückkehr nach England verfaßte. In dieser Vorrede erinnert er sich auch ganz kurz an seine Studien in Toledo und berichtet von einer Vorlesung über den *Almagest*, die er, zusammen mit anderen, bei Gerhard von Cremona hörte, der den *Almagest* mit dem Mozaraber Galippus als Dolmetscher ins Lateinische gebracht habe.

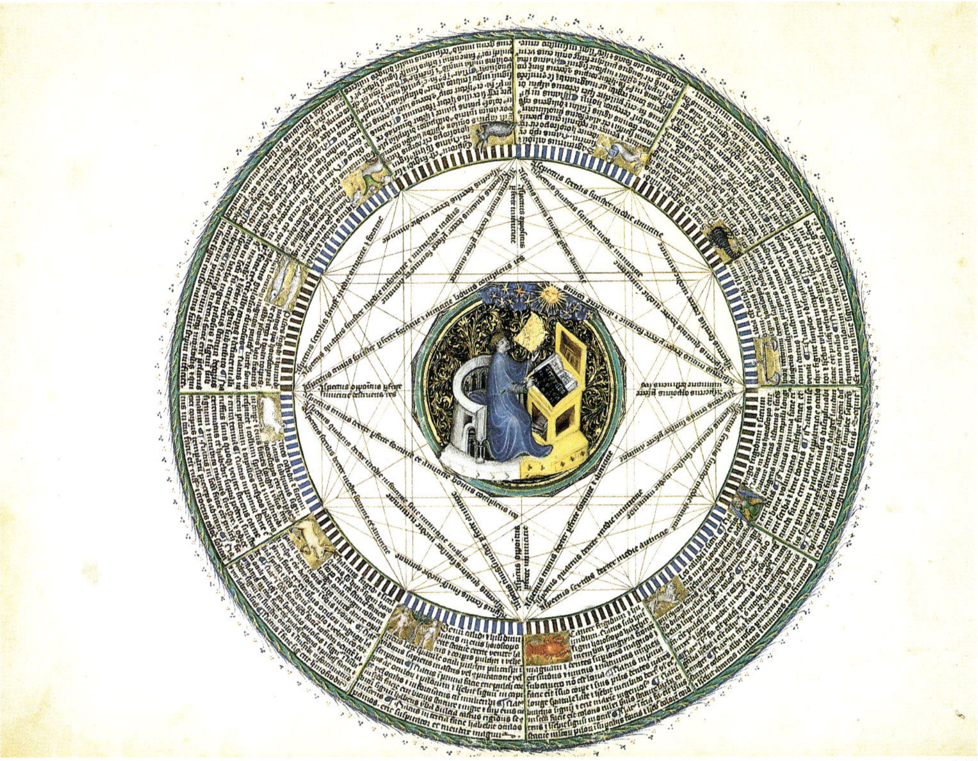

158

Auch andere waren gezwungen, sich der Hilfe einheimischer Co-Übersetzer zu versichern, die über die arabischen Sprachkenntnisse verfügten, die vor allem die aus dem Ausland zugewanderten Gelehrten sich oft erst langsam oder gar nicht aneigneten. Von Plato von Tivoli wissen wir, daß er nicht nur ein Buch des jüdischen Philosophen Abraham bar Hiyya, der von den Lateinern Savasorda genannt wurde, übersetzte, sondern daß Savasorda ihm bei einer Reihe von Übersetzungen assistierte. Zu der Übersetzung von Avicennas *De Anima*, die Dominicus Gundissalinus anfertigte, gibt es eine Widmung an Johannes, den Nachfolger Raimunds als Erzbischof von Toledo, aus der wir erfahren, daß Gundissalinus mit einem jüdischen Philosophen namens Ibn Da'ud zusammenarbeitete. *»Hochzuverehrender Erzbischof von Toledo und Primas von Spanien,«* spricht Avendauth, wie er sich in dieser Widmung latinisierend selber nennt, den Johannes an und erklärt ihm, man habe dieses Buch aus dem Arabischen übersetzt, indem er *»es Wort für Wort in der Volkssprache vorgetragen und der Archidiakonus Dominicus jedes einzelne Wort ins Lateinische übertragen«* habe. Die bisherige Annahme, es

159

habe sich bei dieser Volkssprache um Katalanisch oder Kastilisch gehandelt, ist mit guten Gründen in Zweifel gezogen worden. Es ist nicht unwahrscheinlich, daß Ibn Da'ud den Text arabisch vorlas, so wie es vom Volk gesprochen wurde und wie es der Archidiakonus, der nicht Arabisch lesen konnte, sehr wohl verstand.

Es gab allerdings auch einige spanische Gelehrte, die direkt aus dem Arabischen ins Lateinische übersetzten. Der bekannteste Vertreter dieser Gruppe, Johannes von Sevilla, der auch Johannes Hispalensis genannt wurde, hat in den dreißiger Jahren eine ganze Reihe vor allem astrologischer Werke übersetzt. Das Interesse an der Astrologie stand möglicherweise auch hinter Gerhard von Cremonas Liebe zum *Almagest*.

Gerhard hat sicher nicht gewußt, daß gerade in den Jahren, in denen er in Toledo seine Übersetzung des *Almagest* vorbereitete, ein anderer Gelehrter in Sizilien an einer Übersetzung der Abhandlung des Ptolemäus aus dem griechischen Original arbeitete. Dieser bis heute nicht identifizierte Übersetzer erzählt im Vorwort zu seiner Übersetzung, die unter anderem im *Codex MS Vat.Lat. 2056* der Vatikanischen Bibliothek enthalten ist, er habe, als er in Salerno Medizin studierte, eines Tages gehört, ein Botschafter des Königs von Sizilien namens Aristippus habe seinem König aus Konstantinopel ein Exemplar des *Almagest* als Geschenk des byzantinischen Kaisers nach Palermo gebracht. Er, der Erzähler, habe sich, der Gefahren, die von Scylla und Charybdis und den Feuerströmen des Ätna ausgehen, nicht achtend, sofort auf den Weg gemacht, um Aristippus zu suchen, den er endlich auch fand. Obwohl er bereits über gute Griechischkenntnisse verfügte, habe er sich nicht sofort an die Übersetzung des Werkes gemacht, sondern sich zunächst an Euklids *Data*, der *Optik* und der *Catoptric* und an *De motu* von Proclus die nötige Vorbildung zu verschaffen gesucht. Als er sich schließlich an die Übersetzung heranwagte, kam ihm, dank göttlicher Vorsehung, ein Mann namens Eugen zu Hilfe, der *»das Griechische und Arabische außerordentlich berherrschte und durchaus auch Latein konnte«*. Worin diese Hilfe genau bestand, erfahren wir nicht; die Übersetzung jedenfalls dürfte spätesten im Jahre 1165, also zehn Jahre vor der Gerhards, abgeschlossen gewesen sein.

Die beiden Männer, die der unbekannte Übersetzer nennt, Henricus Aristippus (-1162) und Eugen von Palermo, der den Ehrentitel Emir trug, waren nicht nur selbst als Übersetzer tätig, sondern bekleideten auch hohe Ämter in der Verwaltung des normannischen Königreichs. In dieser Verwaltung wurden nicht nur Latein, sondern auch Griechisch und Arabisch als Kanzleisprachen benutzt, da im Königreich Sizilien sowohl der griechische als auch der arabische Bevölkerungsanteil recht hoch war: Süditalien hatte bis zur normannischen Eroberung in der zweiten Hälfte des 11. Jahrhunderts zum byzantinischen Reich gehört und Sizilien war von 902 bis 1091 unter arabischer Herrschaft. Eugen beherrschte als hoher Beamter selbstverständlich alle drei Sprachen und er hat sowohl aus dem Griechischen als auch aus dem Arabischen übersetzt. Von Henricus Aristippus besitzen wir unter anderem eine griechisch-lateinische Version des vierten Buches der *Meteorologica* des Aristoteles, die Gerhard von Cremona vorlag, als er sich in Toledo an die Übertragung dieses Werks machte. Gerhard hat deshalb nur die ersten drei Bücher übersetzt, so daß die Wissenschaftler des 13. Jahrhunderts eine lateinische Ausgabe der *Meteorologica* benutzten, deren erste drei Bücher von Gerhard von Cremona aus dem Arabischen, das vierte von Henricus Aristippus aus dem Griechischen übersetzt waren.

Der Weg der griechischen und arabischen Philosophie nach Europa führte über Spanien und Sizilien, über Toledo und Palermo. Die Tatsache, daß nicht nur in Sizilien schon früh direkt aus dem Griechischen übersetzt wurde, sondern auch in Konstantinopel, wo in der ersten Hälfte des 12. Jahrhunderts ein gewisser Jakob von Venedig lateinische Fassungen von Aristoteles' *De Anima* und der *Physik* anfertigte, tat der Wirkung der arabisch-lateinischen Versionen keinen Abbruch. Arabisch war die Wissenschaftssprache der Zeit, in Arabisch waren die Bücher verfasst, die, auf der griechischen Überlieferung aufbauend, ganz neue Wissenszweige erschlossen und Arabisch schrieben die Verfasser der

Kommentare, mit deren Hilfe die Gelehrten in Europa noch bis ins 16. Jahrhundert die Abhandlungen von Aristoteles verstehen lernten. Nicht der einzige, aber der mit Abstand wichtigste dieser Kommentatoren war Averroes.

## Ein zweiter Apollo

Über das Leben des Mannes, der Europa mit den wichtigsten Aristoteleskommentaren des Oberrichters aus Cordoba bekannt machte, ein Schotte oder Ire namens Michael, wissen wir wenig. Der früheste Hinweis findet sich in einem Manuskript der lateinischen Übersetzung von al-Bitruschdis *De sphaera*, einer Abhandlung in der Tradition der aristotelischen Kosmologie; aus einer Bemerkung geht hervor, daß sich Michael Scotus, wie seine Vorgänger in Toledo, bei seiner Übersetzung aus dem Arabischen der Hilfe eines spanischen Juden versicherte. *»Im Jahre 1217 des Herrn Jesus Christus, am achtzehnten des Monats August zur dritten Stunde, hat der Magister Michael Scotus mit dem Leviten Abuteus das Buch Avenalpetraugs abgeschlossen.«* Michael hat in den gleichen Jahren auch eine Übersetzung der 19 Bücher eines Werks von Aristoteles fertiggestellt, das in der arabischen Aristoteles-Überlieferung aus drei separaten Abhandlungen des Stagiriten zusammengefügt worden war, und in der lateinischen Version den Titel *Liber animalium* trug. Wie wir aus einer Anmerkung in zwei Manuskripten dieser Übersetzung wissen, hielt Michael sich spätestens seit 1220 in Italien auf.

Ein Brief, den Papst Honorius III. am 16. Januar 1224 an den Erzbischof von Canterbury schrieb, um für Scotus, den er als einen außerordentlich gelehrten Mann bezeichnet, um ein Beneficium zu bitten, das wohl auch gewährt wurde, gibt Anlaß zu der Vermutung, daß Scotus sich in den nächsten Jahren im Umkreis der päpstlichen Kurie aufhielt. Nach 1227, vielleicht aber auch schon vorher, war er bei Friedrich II. in Palermo als Hofphilosoph und -astrolge beschäftigt. Aus den ersten Jahren dieser Tätigkeit datiert die Übersetzung der *Abrevatio de animalibus* von Avicenna, die Michael Scotus dem Kaiser widmete, wie wir aus einer Abschrift des Originalmanuskripts wissen, die der Magister Heinrich von Köln am 9. August 1232 abschloß. Als Hofphilosoph des Königs von Sizilien und Deutschen Kaisers aus dem Hause der Hohenstaufen übertrug Michael Scotus sieben der insgesamt 38 Aristoteleskommentare des Averroes; das erscheint nicht mehr wenig, wenn man weiß, daß darunter vier der fünf *Großen Kommentare* sind. Im Jahre 1235, während Friedrich II. sich auf einem Hoftag in Mainz aufhielt, ist Michael gestorben; in einem poetischen Nachruf, den Henri d'Avranches verfaßte, wird er als *»ein zweiter Apollo«* bezeichnet.

Im Jahre 1230 sei Michael Scotus nach Paris gekommen und habe Übersetzun-

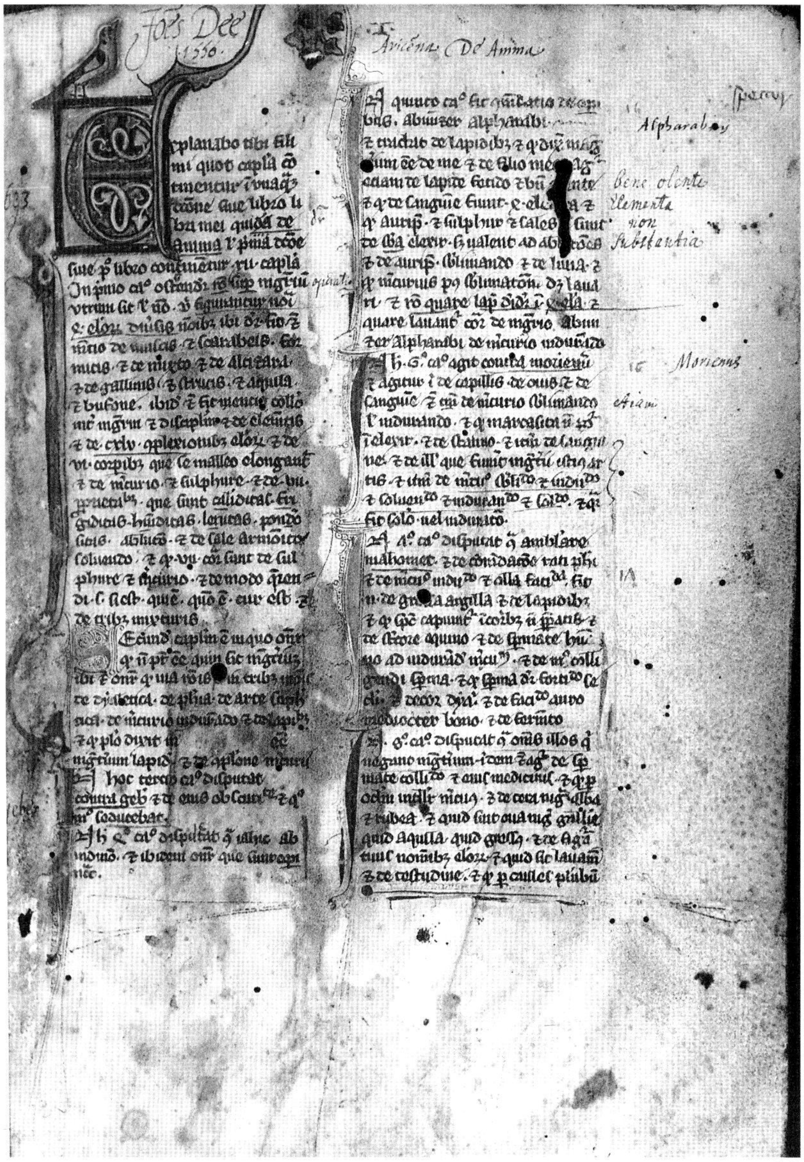

*160*

*160 Johann von London, Avicennas Abhandlung über die Seele (Sammelhandschrift); Pergamenthandschrift (6/28)* gen eines Teils der naturphilosophischen und metaphysischen Schriften des Aristoteles mitgebracht, die bis zu diesem Zeitpunkt in Paris nicht bekannt gewesen seien. So glaubte Roger Bacon, der englische Franziskaner, der zwischen 1241 und 1246 an der Universität Paris selbst Vorlesungen über aristotelische Naturphilosophie gehalten hatte, sich zwanzig Jahre nach seiner Rückkehr ins heimatliche England erinnern zu können. Diese Behauptung erscheint recht unwahrscheinlich wenn man bedenkt, daß die naturphilosophischen und metaphysischen Schriften des Aristoteles bereits im 12. Jahrhundert, zum Teil sogar zweimal, übersetzt worden waren. Zwar stand der Verbreitung dieser Übersetzungen die Tatsache im Wege, daß jedes Manuskript einzeln abgeschrieben werden mußte, ein Mangel, der jedoch durch die hohe Mobilität, die die Gelehrten in jenen Jahren an den Tag legten, zumindest zum Teil wieder wettgemacht wurde. Wir besitzen außerdem eine Reihe unzweideutiger Zeugnisse dafür, daß die Magister und Scholaren von Paris schon kurz nach ihrem Zusammenschluß zu einer *universitas* im Jahre 1200 mit den Schriften, die Michael Scotus erst 1230 nach Paris gebracht haben soll, durchaus vertraut waren.

Eine Synode der Erzdiözese von Sens, zu der die Diözese von Paris damals gehörte, erklärte im Jahre 1210 unter Androhung der Exkommunikation, daß an der Universität von Paris *»weder über die naturphilosophischen Schriften des Aristoteles noch über die Kommentare dazu weder öffentlich noch privat Vorlesungen gehalten«* werden dürften. Dieses Verbot scheint nicht die gewünschte Wirkung gezeitigt zu haben, denn es wurde schon fünf Jahre später durch den Kardinallegaten Robert von Courcon, der von Papst Innozenz III. mit der Reorganisation der Universität beauftragt worden war, erneuert und in die Statuten der Artistenfakultät aufgenommen: *»Über die metaphysischen und naturphilosophischen Bücher des Aristoteles werden keine Vorlesungen gehalten, auch nicht über Summen dieser Bücher, noch über die Lehren des Magister David von Dinant, des Häretikers Amalrich und des Spaniers Mauricius.«*

Der Spanier, der hier neben den beiden Magistern genannt wird, deren Lehren schon 1210 verurteilt worden waren, bot Anlaß zu einer ganzen Reihe von Vermutungen; unter anderem glaubte man, daß hier nicht *Mauricii*, sondern *Mauri* gelesen werden müsse, es sich also um einen spanischen Mauren handle, der niemand anderes als Averroes sein könne. Wie dem auch sei, die Stelle enthält zumindest einen Hinweis darauf, daß in den Augen der kirchlichen Autoritäten die Philosophie des Aristoteles, die sie, und das offenbar nicht zu unrecht, als Bedrohung der christlichen Lehren, mit der spanisch-arabischen Wissenschaft verbunden war.

Das Verbot von 1215 bestand noch, als im Jahre 1229 die Lehrer und Studenten der Universität von Paris aus Gründen, die nichts mit den angeführten Lehrverboten zu tun hatten, in einen Streik traten und scharenweise die Stadt verließen, nicht zuletzt angezogen von den Versprechungen der neugegründeten Universität in Toulouse, hier könne, wer wolle, Vorlesungen über die *Libres naturales* hören, die in Paris verboten waren. Dieser Streik hat sicher nicht wenig dazu beigetragen, daß Papst Gregor IX. in einem Brief vom 13. April 1231 an die Professoren und Studenten der Universität Paris das Verbot zwar nicht aufhob, aber die Bedingung nannte, unter der eine solche Aufhebung denkbar wäre: die inkriminierten Bücher sollten geprüft und von jedem Verdacht auf Irrtümer ›gereinigt‹ werden. Schon zehn Tage später setzte der Papst eine Dreierkommission ein, die mit der Aufgabe der Prüfung und ›Reinigung‹ betraut wurde. Einem Mitglied dieser Kommission hatte Michael Scotus seine Übersetzung des Averroes-Kommentars zu *De Caelo* gewidmet: *»Dir, Stephan von Provins, empfehle ich dieses Werk, das ich, Michael Scotus, von den dicta des Aristoteles ins Lateinische gebracht habe. Und wenn Aristoteles irgendetwas, was den Aufbau des Kosmos betrifft, in diesem Buch unvollendet gelassen hat, wirst du es aus dem Buch von Alpetragius ergänzen können, das ich ebenfalls ins Lateinische übertragen habe und mit dem du wohl vertraut bist.«*

Diese Kommission hat keine Spuren hinterlassen und es ist recht zweifelhaft, ob sie je ihre Aufgabe überhaupt in Angriff nahm; sie wäre durch die Ereignisse auch überholt worden. Von dem Signal, das Papst Gregor mit seinem Brief setzte,

161

161 *C. Lasinio, Kopie des Inferno-Fresko von F. Traini (?) im Campo Santo von Pisa, oben rechts: Mohammed und der Gegenpapst Nikolaus V. in der Hölle, 1321, Lithographie, Florenz 1828, Tafel 13 (6/36)*

führte ein gerader Weg zu der Entscheidung vom Februar 1252, mit der die englische Nation der Universität in ihre Statuten die Bestimmung aufgab, daß jeder, der zum Erwerb des Magistergrades zugelassen werden wolle, neben den üblichen Büchern auch Aristoteles' *De Anima* gelesen haben solle. Es war nur noch ein kleiner Schritt zur Entscheidung der Artistenfakultät am 19. März 1255, das immer noch bestehende Verbot nicht nur aufzuheben, sondern das Studium der Bücher des Aristoteles verbindlich vorzuschreiben. Mit Sicherheit war dies kein mutiger Schritt zur Innovation sondern nur die Bestätigung einer längst geübten Praxis.

Die Fülle von Zitaten aus Schriften von Averroes, die M. Grabmann, R. de Vaux, M. M. Gorce und andere in Abhandlungen nachweisen konnten, die von Magistern der Pariser Artistenfakultät nach 1230 verfaßt wurden, macht deutlich, daß Aristotels bei seinem triumphalen Einzug in Paris von Averroes begleitet worden war. Die Tatsache, daß Michael Scotus in der Widmung seiner Übersetzung an Stephan von Provins ein Buch des Oberrichters von Cordoba dem Aristoteles zuschreibt, hat gewiß nicht nur damit zu tun, daß dieser Kommentar den ganzen Text des Aristoteles enthält; es scheint vielmehr ein Beleg dafür, daß für Michael ebenso wie für seine Zeitgenossen das Werk des *Philosophos* untrennbar mit dem seines *Commentator* verbunden war. Von hier aus gesehen verliert die Behauptung Roger Bacons, Michael Scotus habe im Jahre 1230 Übersetzungen neuer Bücher des Aristoteles nach Paris gebracht, ein wenig ihre Unglaubwürdigkeit. Ob Michael tatsächlich in Paris war, wie man nachweisen zu können glaubte, kann dahingestellt bleiben; die in den Averroes-Kommentaren enthaltenen Aristoteles-Texte jedenfalls scheinen, da sie von *»authentischen Darlegungen«* begleitet waren, wie Roger Bacon an der gleichen Stelle erklärt, ganz neu entdeckt worden zu sein.

## Der unsterbliche Intellekt

Am 10. Dezember 1270 verurteilte der Bischof von Paris, wie in solchen Fällen üblich unter Androhung der Exkommunikation, dreizehn philosophische Thesen, die von Magistern der Artistenfakultät der Universität vertreten worden zu sein scheinen. Der Inhalt dieser Thesen ist mehr oder weniger aristotelisch. Das soll nicht heißen, daß man sie den Schriften des Aristoteles hätte entnehmen können, sondern daß christliche Philosophen, die Aristoteles unter Anleitung seiner spätantiken und vor allem arabischen Kommentatoren gelesen hatten, in der Lage waren, diese Thesen zu formulieren.

Die Verurteilung der ersten These zielt, polemisch überspitzt und sachlich ungenau, auf ein dem Averroes eigentümliches Lehrstück, das er in seinem Kommentar zu Aristoteles Buch über die Seele formuliert hatte. Es ist die These von der numerischen Einheit und Unsterblichkeit des *intellectus possibilis*. Um die Reaktion des Bischofs, der aus der Perspektive der kirchlichen Autorität einen Skandal vermutete, zu verstehen,

Aristoteles hatte den Kosmos gewissermassen zweiteilig konzipiert. Der Himmel mit den Planetensphären, die sich in in unendlicher Kreisbewegung befinden, ist ewig und unvergänglich. Die unterste Sphäre ist die des Mondes, unterhalb derer die Welt ist, die wir kennen, die Welt der Veränderung. Alles in dieser Welt, das unbelebte ebenso wie das belebte, ist dem Werden und Vergehen unterworfen. Alle Lebewesen bilden eine Einheit von Körper und Seele. Die Seele belebt den Körper, indem sie ihn mit den vegetativen und sensitiven Funktionen ausstattet.

Das, was die Menschen von den anderen Lebewesen unterscheidet, ihre spezifische Differenz, ist der Intellekt, der allgemeine und unvergängliche, dem Werden und Vergehen entzogene Formen erfaßt. Unter der Voraussetzung, daß in der Erkenntnis das Erkennende zum Erkannten wird, muß die Frage beantwortet werden, wo denn in der vergänglichen Einheit von Körper und Seele der Intellekt, die *Geistseele*, ihren Ort habe. Einerseits soll der Intellekt die allgemeinen und unvergänglichen Formen erfassen, andererseits soll er der Intellekt des denkenden Individuums sein. Die allgemeinen Formen sind ja auch keineswegs an einem der Vergänglichkeit entzogenen Ideenhimmel aufgehängt, sondern werden aus den je individuellen Erfahrungen durch Abstraktion gewonnen.

Aristoteles hilft sich mit der Unterscheidung von zwei Komponenten des Intellekts, die sich, nach seinem metaphysischen Grundschema, wie Akt und Potenz zueinander verhalten. Der *intellectus agens* oder *activus*, der abgetrennt und unvergänglich ist, abstrahiert durch die Aktuierung des *intellectus possibilis* die allgemeinen Formen aus den Sinnesdaten und Vorstellungsbildern. Der *intellectus possibilis*, die bloße Erkenntnisfähigkeit, ist nichts außerhalb dieser Aktuierung.

Das Problem ist damit natürlich weniger gelöst als verlagert auf die Frage danach, was dieser *intellectus possibilis* sei. Aristoteles hat im fünften Kapitel des dritten Buchs seiner Abhandlung über die Seele zu diesen Schwierigkeiten gewissermassen abschließend Stellung genommen, eine Stellungnahme, die an Unklarheit und Vieldeutigkeit nichts zu wünschen übrigläßt und so Ansatzpunkte für eine Reihe einander widersprechender Interpretationen bot.

Alexander von Aphrodisias, ein Aristoteleskommentator aus dem zweiten Jahrhundert nach Christus, glaubte den Stagiriten so verstehen zu sollen, daß der *intellectus possibilis* beim Ende aller Erkentnisakte des Einzelmenschen, beim Tod also, mit der sterblichen Einheit von Körper und Seele vergeht.

Dagegen hat Averroes die These von der Unvergänglichkeit auch des *intellectus possibilis* gesetzt, den er, mit etwas anderer Akzentuierung, *intellectus materialis* nennt. Wie kann er anders der Intellekt sein, in dem durch Aktuierung durch den *intellectus activus* die allgemeinen und unvergänglichen Formen abstrahiert werden. Wenn der Einzelmensch stirbt, vergeht die vergängliche Einheit

162

*162 F. Traini (?), Mohammed und der Gegenpapst Nikolaus V. in der Hölle, Ausschnitt aus dem Inferno-Fresko; Pisa, Campo Santo, 1321*

von Körper und Seele, nicht aber der *intellectus materialis*, der nicht in numerischer Vielheit den Einzelmenschen gehört, sondern, als numerisch einer, der menschlichen Gattung.

Man sieht leicht, daß diese hier stark vereinfacht skizzierten Theorien von Alexander und Averroes im Widerspruch zu der Lehre von der Unsterblichkeit der Einzelseele stehen, die gewissermassen ein *essential* der christlichen Glaubenslehre war. Wenn man davon ausgeht, daß die Menschen, je nach ihrem Verhalten in diesem Leben, nach dem Tode belohnt oder bestraft würden, muß man an der Lehre von der Unsterblichkeit der Einzelseele festhalten. Für den Bischof von Paris und für viele andere gefährdete die Lehre des Averroes nicht nur eine Theorie, sondern die christliche Moral.

Eine ganze Reihe von Magistern der Artistenfakultät scheint die These des Averroes, fasziniert von deren eleganter Radikalität, in Vorlesungen und Schriften vertreten zu haben. Der bekannteste aus diesem Kreis war Siger von Brabant, der, vermutlich im Jahr vor der angeführten Verurteilung, Quästionen zum dritten Buch von *De Anima* verfaßte, in denen er sich unzweideutig zu der Seelenlehre des Averroes bekannte. Noch bevor der Bischof mit den Machtmitteln der Amtskirche gegen Siger und seine Gruppe vorging, verfaßte Thomas von Aquin, der sich seit 1269 wieder in Paris aufhielt, wo er bereits von 1252 bis 1259 an der Universität unterrichtet hatte, unter dem Titel *De unitate intellectus contra Averroistas* eine Streitschrift, die sich, als philosophische Widerlegung des averroistischen Monopsychismus konzipiert, besonders gegen Sigers *Quaestiones* richtete. Es spricht einiges dafür, daß Siger, weniger beeindruckt von dem Dekret des Bischofs als von den Argumenten des gelehrten Dominikaners, in einer Antwort auf Thomas' Traktat von einigen seiner Positionen abrückte. Ob er später seine averroistische Position völlig aufgegeben hat, ist ungeklärt, da die Echtheit der einschlägigen Schriften unter den Spezialisten heftig umstritten ist.

Thomas von Aquin und Siger von Brabant, der sich einer Vorladung durch den Inquisitor Simon de Val im November 1276 durch Flucht nach Italien entzog, wo er, im Umkreis des päpstlichen Hofs in Orvieto, um 1284 unter ungeklärten Umständen ums Leben kam, standen keineswegs in feindlichen Lagern. Beide arbeiteten an dem Unternehmen der Erschließung der Schätze der griechischen und arabischen Philosophie für die europäische Wissenschaft. Auch Thomas hatte, wie sein Lehrer Albertus Magnus, der gerade in seinem Kommentar zu *De Anima* wiederholt erklärt, bei dieser oder jener Behauptung gleicher Meinung mit Averroes zu sein, die Bücher des Aristoteles mit Hilfe der Kommentare des Averroes verstehen gelernt, auch wenn er ihn im Traktat über den Intellekt den Zerstörer der peripatetischen Philosophie nennt.

Wir wissen nicht, ob der Verfasser der *Göttlichen Komödie*, als er Thomas von Aquin und Siger von Brabant miteinander versöhnt auftreten ließ, mit den Vorgängen in Paris vertraut war. Bei seinem Aufstieg in den Sonnenhimmel trifft Dante, geleitet von Vergil und Beatrice, auf die leuchtenden Seelen der zwölf größten Kirchenlehrer. Einer unter ihnen, Thomas von Aquin, stellt die anderen elf vor. Der letzte in der Reihe ist Siger von Brabant, den Thomas mit folgenden Worten präsentiert: »*Und eh dein Blick zu mir dann wieder geht, / glüht dessen Seele, dem's in schwerem Sinnen / gedäucht, das Sterben nahe ihm zu spät. / Das ew'ge Licht Sigieris strahlt darinnen, / der, in der Streu-Gaß lehrend, es geübt, / aus Schlüssen Trutzwahrheiten zu gewinnen.*«

## Der Weg der averroischen Philosophie

Die Westwand der sogenannten *Spanischen Kapelle* in Santa Maria Novella in Florenz ist mit einem Fresko geschmückt, das den *Triumph des Heiligen Thomas von Aquin* darstellt; es stammt, wie auch die anderen Fresken in diesem ehemaligen Kapitelsaal des Dominikaner, von Andrea Bonaiuti, der den Zyklus um 1365 beendete. Im Zentrum des Gemäldes sitzt der gelehrte Dominikaner, umgeben von all den Personen und personifizierten Kräften, die ihm bei seinem Sieg über seine innerdominikanischen und innerkirchlichen Konkurrenten zu Hilfe kamen. Es ist hier nicht der Ort, diese Helfer im einzelnen aufzuzählen. Das Spektrum reicht von den verkörperten Tugenden über die Repräsentanten des Alten und des Neuen Testaments, die Kirchenväter, die als Vertreter der Theologie beteiligt sind, bis hin zu den Wissenschaften der *Sieben freien Künste*; unter diesen, die ebenfalls durch einzelne Personen vertreten sind, sitzt Aristoteles als Repräsentant der Dialektik. Für unseren Zusammenhang interessant ist eine der drei Personen, die, genau in der geometrischen Mitte des Bildes, zu Füßen des Heiligen Thomas kauern. Nach links und rechts halb vom Betrachter abgewandt, sitzen Sabellius und Arius, zwei Theologen, die im dritten bzw. vierten Jahrhundert an christologischen Auseinandersetzungen beteiligt und deren Lehren als häretisch verworfen worden waren. Zwischen diesen beiden sitzt, als dritter Häretiker, ein Mann, der wie die anderen Figuren des Freskos dem Betrachter zugewandt ist, den Kopf in die rechte Hand stützt und den Blick nachdenklich aus dem Bild hinaus richtet. Es handelt sich, durch einen großen Turban schon als Orientale ausgewiesen, um Averroes.

Hält man neben dieses Fresko die Darstellung des gleichen Motivs auf einem Tafelgemälde von Benozzo Gozzoli aus der zweiten Hälfte des 15. Jahrhunderts, so fallen zwei bezeichnende Unterschiede ins Auge. Gozzoli stellt Plato und Aristoteles, die fast so groß wie Thomas selbst sind, sehr viel stärker in den Vordergrund, und er lässt nur noch Averroes als Häretiker übrig, der jetzt, wirklich besiegt, auf dem Bauch zu Füßen des Heiligen liegt. Daß dieses Motiv zwischen Andreas Fresko und Gozzolis Tafelgemälde in der norditalienischen Kunst häufig variiert wird, mag mit der Tatsache zusammenhängen, daß das intellektuelle Leben Norditaliens, vor allem an den Universitäten von Bologna, Ferrara und Padua, seit Beginn des 14. Jahrhunderts und bis ins 16. Jahrhundert stark averroistisch geprägt war.

Einer der ersten und sicher auch einer der berühmtesten norditalienischen Averroisten war der Verfasser der *Göttlichen Komödie*. Dante, der an den Konflikten beteiligt war, die die norditalienischen Städte und der Kaiser einerseits, der Kaiser und der Papst andererseits miteinander austrugen, wurde als Anhänger der ›weißen‹ Guelfen im Jahre 1302 aus seiner Heimatstadt Florenz verbannt und verbrachte die letzten zwanzig Jahre seines Lebens in verschiedenen

Städten Norditaliens, unter anderem in Venedig und Bologna. Zwischen 1310 und 1320 griff er auch publizistisch in die Auseinandersetzungen ein, wobei er mit seinem Buch *De Monarchia* für die Ansprüche des Kaisers gegen den Papst Partei nahm. Gleich zu Beginn, im dritten und vierten Kapitel des Ersten Buches, wo es um den Nachweis der Notwendigkeit einer Monarchie geht, greift Dante auf einer Argumentationskette aus der Seelenlehre des Averroes zurück. Dieser hatte die numerische Einheit des *intellectus materialis* mit der Ewigkeit des Menschengeschlechts als des Trägers dieses Intellekts verbunden. In einer Erläuterung dazu heißt es, daß die Verwirklichung der Möglichkeit dieses Intellekts, die kein Einzelner je erreichen kann, Aufgabe des Menschengeschlechts sei. Da die Natur nichts ohne Zweck tue, käme die Menschheit gar nicht umhin, dieses Ziel zu verwirklichen. Dante greift diesen Gedankengang auf, gibt ihn ausführlich wieder und kommt zu dem Schluß, *»daß die eigentliche Aufgabe des Menschengeschlechts in seiner Gesamtheit darin besteht, immer die gesamte Anlage des möglichen Verstandes in die Wirklichkeit umzusetzen (...)«*. *»Dieser Ansicht,«* heißt es einige Zeilen zuvor, *»stimmt auch Averroes in seinem Kommentar zu den Büchern über die Seele bei.«* Die Pointe der Argumentation Dantes liegt in dem Schluß, daß die Menscheit ihr Ziel nur erreichen könne, wenn Frieden herrsche, Frieden aber herrsche nur, wenn es eine Weltmonarchie gäbe. Was immer es mit der Konsistenz der Argumentation Dantes auf sich hat, im XXV. Gesang der *Göttlichen Komödie* jedenfalls wird der, *»welcher unsere Seele abgetrennt vom möglichen Verstande angenommen«*, Averroes also, als einer bezeichnet, der einer Täuschung zum Opfer gefallen sei.

Wie beherrschend der Averroismus im intellektuellen Leben Norditaliens im 14. Jahrhundert gewesen sein muß, erhellt aus einigen wütenden Ausfällen Francesco Petrarcas. In einem Brief aus dem Jahre 1370 fordert er Luigi Marsili in Paris auf, all seine Kraft für den Kampf gegen *»den wahnsinnigen Hund Averroes«* einzusetzen. Einige Jahre zuvor hatte er in einem Brief an Giovanni Boccaccio den Besuch eines Averroisten geschildert, den er empfangen haben will. Im Laufe dieses Besuchs soll es zu einem Wortwechsel gekommen sein, in dessen Verlauf sich der Averroist über die christlichen Gottesgelehrten einschließlich Augustins auf abfälligste Weise äußerte und nur Averroes gelten lassen wollte. Petrarca erzählt, er habe ihn daraufhin am Kragen gepackt und aus dem Hause geworfen.

An der Universität von Padua bildete sich bereits zu Beginn des 14. Jahrhunderts eine averroistische Schule der Philosophie aus, die ohne Unterbrechung bis zum Ende des 16. Jahrhunderts bestehen wird. Zwei Äußerungen mögen als Beleg ausreichen, daß auch in Padua, wo

163

*163 Albumasar, Introductorium maius in astronomiam, Bologna, Pergamenthandschrift, um 1280 (6/11)*

ansonsten die Diskussion über Logik im Vordergrund stand, die Lehre des Averroes vom *intellectus materialis* vertreten wurde. »*Als ich in Padua war,*« erinnert sich Kardinal Contarini an seine Studienjahre im letzten Jahrzehnt des 15. Jahrhunderts, »*dieser berühmtesten Universität von ganz Italien, waren der Name und die Autorität von Averroes, dem Kommentator, sehr geschätzt; alle stimmten mit den Meinungen dieses Autors überein (...). Seine Ansicht über die Einheit des Intellekts wurde von allen sehr geschätzt (...).*« Bei Francesco Zabarella (1532–1589), einem Vertreter des Averroismus von Padua, heißt es, der *intellectus possibilis* »*ist numerisch einer für das ganze menschliche Geschlecht (...)*«. Wohl in Reaktion auf die Verbreitung der Seelenlehre des Averroes sah sich das Laterankonzil im Jahre 1512 gezwungen, die Unsterblichkeit der Seele zum Dogma der katholischen Kirche zu erklären.

Die dem averroistischen Lehrstück von der Einheit des möglichen Intellekts eigentümliche Aufwertung des Kollektivs gegenüber dem Einzelnen konnte nicht unbemerkt bleiben, als die Neuzeit die ihr spezifische Variante der Unterordnung des Individuums unter das Kollektivsubjekt Geschichte formulierte. Im neunten Buch des zweiten Teils der *Ideen zur Philosophie der Geschichte der Menschheit*, der 1785 erschien, eröffnet Johann Gottfried Herder einen Angriff auf einen zunächst unbekannten Gegner: »*Freilich, wenn jemand sagte, daß nicht der einzelne Mensch, sondern das Geschlecht erzogen werde, so spräche er für mich unverständlich, da Geschlecht und Gattung nur allgemeine Begriffe sind, außer sofern sie in einzelnen Wesen existieren. Gäbe ich diesem allgemeinen Begriff nun auch alle Vollkommenheiten der Humanität, Kultur und höchsten Aufklärung, die ein idealischer Begriff gestattet, so hätte ich zur wahren Geschichte unsres Geschlechts ebensoviel gesagt, als wenn ich von der Tierheit, der Steinheit, der Metallheit im allgemeinen spräche und sie mit den herrlichsten, aber in einzelnen Individuen einander widersprechenden Attributen auszierte. Auf diesem Weg der Averroischen Philosophie, nach der das ganze Menschengeschlecht nur Eine, und zwar eine sehr niedrige Seele besitzet, die sich dem einzelnen Menschen nur teilweise mitteilet, auf ihm soll unsere Philosophie der Geschichte nicht wandern.*«

Der Kontext und die Wortwahl dieser Stelle lassen vermuten, es handle sich um eine Kritik an Gotthold Ephraim Lessings Schrift über *Die Erziehung des Menschengeschlechts* (1782). Wahrscheinlicher aber ist, daß Herder hier auf eine Rezension des ersten Teils seiner *Ideen* reagierte, die Immanuel Kant in der *Allgemeinen Literaturzeitung* veröffentlicht hatte, eine Rezension, die Herders Buch in jeder Hinsicht verwirft. Herder, so scheint es, hat kurz vor der Drucklegung des zweiten Teils der *Ideen* noch einige Invektiven gegen den Rezensenten aufgenommen, zu denen auch die Stelle über die Averroische Philosophie gehört. Für die Wahrscheinlichkeit dieser Vermutung spricht die Reaktion Kants, der in seiner Rezension dieses zweiten Teils des Herderschen Buches auch gerade diese Stelle als auf sich gemünzt begreift. Er betont noch einmal, daß das Menschengeschlecht in seinen einzelnen Glieder der Bestimmung des ganzen Geschlechts asymptotisch sei und nur die Gattung diese Bestimmung erreiche. Ein Jahr zuvor hatte er in dem Aufsatz *Idee zu einer allgemeinen Geschichte in weltbürgerlicher Absicht* eine Formulierung dieses Sachverhaltes gefunden, die Herder vermutlich im Auge hatte: »*Am Menschen (als dem einzigen vernünftigen Geschöpf auf Erden) sollten sich diejenigen Naturanlagen, die auf den Gebrauch seiner Vernunft abgezielt sind, nur in der Gattung, nicht aber im Individuum vollständig entwickeln.*«

# EINTRACHT ZWISCHEN CHRISTEN UND MUSLIMEN: DIE MINIATURENFOLGE DES RAIMUNDUS LULLUS-BREVICULUMS

*Gerhard Stamm*

*Aus zwei Gründen ließ ich die folgenden Bilder anfertigen: Erstens, damit man Ursprung und Umstände der Entstehung der* Ars *selbst sowie der anderen Artes und Bücher des Raimundus Lullus kennenlerne. Zweitens aus erbaulichen Gründen, weil solches anzuschauen die Seele häufig dazu bewegt, gut zu handeln und Gutes zu tun.* Wir tun gut daran, uns der pädagogisch sehr geschickten Führung Thomas Le Myésiers zu überlassen, dessen die Miniaturen begleitende Texte vorzügliche, ebenso knappe wie leicht faßliche Verständigungshilfen bieten. Keinesfalls sollte man den Textvorspann auf dem ersten Blatt übergehen, denn gleich hier erhält man wichtige Auskünfte über die Ziele, die Thomas mit dem Bilderzyklus verfolgt.

Was es mit dieser *Ars* und den *Artes* des Raimundus auf sich hat, wird der Unkundige nicht so schnell durchschauen. Anders steht es mit der Erbauungsabsicht. Da wird der Leser schnell auf die richtige Fährte gelenkt, wird er doch sogleich mit einer interessanten Geschichte vertraut gemacht, die ganz den Zuschnitt einer echten Heiligenlegende zu haben scheint. Da ist die Rede von einem Edelmann – ich ergänze: am Hofe des Königs von Mallorca, etwa 30 Jahre ist er alt –, der ganz und gar weltlichen Freuden zugewandt und in seiner Ruhmsucht befangen ist.

Während dieser nun eines Abends eine Kantilene für eine geliebte Dame verfaßt, erscheint ihm fünfmal nacheinander der Gekreuzigte in beeindruckender Leidensgestalt. Durch dieses Erlebnis zutiefst erschüttert, beschließt Raimundus, die Welt zu verlassen und Christus zu dienen.

Bald schon reift Lulls Plan, sich ganz der Missionierung der *Sarazenen* zu widmen. Nach anfänglichem Bangen vor der Schwierigkeit dieser Aufgabe, für die ihm ja alle Voraussetzungen fehlen, entwickelt er eine Strategie zur Erreichung seines Zieles: Er will Papst, Könige und Fürsten bewegen, daß sie Klöster gründen, wo ausgewählte Männer die Sprache der *Sarazenen* und anderer Ungläubiger erlernen können. Zugleich wird ihm durch eine göttliche Eingebung die Gewißheit zuteil, daß er ein Buch, »*das beste Buch der Welt*«, gegen die Irrlehren der Ungläubigen verfassen wird.

Um für die Erreichung dieser Ziele göttlichen Beistand zu erflehen, unternimmt Raimundus Wallfahrten zum Marienwallfahrtsort Rocamadour in Südfrankreich und zum heiligen Jakob in Compostela. Die beiden Stationen dieses Weges werden in der mittleren und der rechten Szene der *ersten Miniatur* vergegenwärtigt.

Lulls endgültige Abkehr von der Welt, auch äußerlich sichtbar, vollzieht sich in der 2. Miniatur, wo er die standesgemäße Kleidung des Edelmannes mit einem braunen Gewand aus »*gröbstem Wolltuch*« vertauscht, das ihm von einem Bischof übergeworfen wird. Zuvor hatte er – links im Bild – in einer Menschengruppe der Predigt des besagten Bischofs gelauscht, der über die demutsvolle Lebenshaltung des heiligen Franziskus predigte. Unter den Zuhörern befindet sich auch Le Myésier – die Gestalt im blauen Kapuzenmantel – und vermutlich die Dame, für die Lull die erwähnte Kantilene verfaßt hatte – diese in ein schwarzes Kopftuch gehüllt. Die nach dem Vorbild des heiligen Franziskus gewählte asketische Lebensform ist für Lull von nun an unwiderruflich verpflichtend.

Die Einführung von Le Myésier auf der ersten Seite des Breviculums schildert die Bekehrung Lulls bis zum Zeitpunkt der Annahme des Asketengewandes. Le Myésier schöpft dabei vor allem aus der *Vitae coaetanea*, der um 1311 in Paris entstandenen Lebensbeschreibung Lulls. In einigen Punkten weicht er freilich von der Vorlage ab, in der z.B. die

164

165

*164 Lulls Wallfahrten zu dem Marienschrein von Rocamadour und nach S. de Compostela (fol.1v)*

*165 Dem Beispiel des hl. Franziskus folgend entsagt Lull der Welt und legt sich das Büßergewand an (fol.2r)*

Einkleidung Lulls bereits vor seinen Wallfahrten erfolgte.

Die *dritte Miniatur* zeigt in drei Bildern eine Episode, die sich neun Jahre nach Lulls Bekehrung (um 1273) in Palma de Mallorca, seinem Wohnort, zutrug. Der Schauplatz ist das Innere eines Kuppelgebäudes maurisch-mediterranen Charakters. Links sieht man Lull und seinen Sklaven, der ihm Arabischunterricht erteilt, vor einem aufgeschlagenen Koran. Es kommt zwischen beiden zu einem Streit. Der Muslim lästert Christus, Lull verweist ihm dies. Im Zorn greift der Sklave zum Schwert und versucht Lull zu durchbohren – dargestellt in der mittleren Szene. Lull gelingt es, seinen Widersacher zu überwinden und gefangenzusetzen. Noch während er überlegt, was er tun soll, hat der Sklave sich erhängt, um der Verfolgung durch die Christen zu entgehen.

Eine Episode in Lulls Leben – man könnte versucht sein, schnell darüber hinwegzugehen, wenn man nicht wüßte, daß die wenigen Szenen, die uns das Breviculum aus Lulls langem, ereignisreichen Leben vorführt, nach dem Prinzip der *Brevitas* äußerst kritisch ausgewählt sind.

Sehen wir ein wenig genauer hin, was sich hier zuträgt: Aus einer ganz unverfänglichen Situation – einem Sprachunterricht – entsteht ein Streit auf Leben und Tod. Christus kann nicht Gott sein, weil Gott nicht Mensch werden kann, der gleiche Gott, der nach Meinung der Christen als dreifaltig-einer existiert. Das ist die Position des Muslims, die von Lull heftig zurückgewiesen wird, u.a. auch mit Argumenten, die man, salopp ausgedrückt, als Schläge unter die Gürtellinie bezeichnen könnte: »*Warum lästerst du nicht Mohammed*« fragt Lull, »*der in einem anderem Leben (nach dem Tode) Speise und Trank, Beischlaf mit Königinnen und viel anderes schändliches und unehrenhaftes Zeug verspricht?*«

Nun folgt die Gewaltanwendung, nicht nur von seiten des Muslims, sondern offenbar ist Lull derjenige, der zuerst handgreiflich wird. Der Muslim hält dem Christ entgegen: »*Mit zwingenden Verstandesgründen willst du das Gesetz Mohammeds bekämpfen. Doch mich hast du mit Füßen getreten, weil ich Christus gelästert habe.*« Es kommt zur Katastrophe, kein Anlaß für Lull zu triumphieren. Ihm bleiben nur die Worte: »*Gott, sei mir gnädig und stehe mir bei.*«

Die geschilderte Episode ist sehr aufschlußreich. Schlaglichtartig werden die Grundanliegen in Lulls Leben und Wirken beleuchtet und einsichtig gemacht. Lulls Ziel der Heidenmissionierung, an dem er mit unglaublicher Hartnäckigkeit gegen alle Widerstände und fast immer erfolglos bis zu seinem Lebensende festhält, wird aus seiner biographischen Situation verständlich. Nicht jenes zur Umkehr führende visionäre Erlebnis, nicht eine plötzliche Eingebung bieten

166

167

*166 Streit zwischen Lull und einem maurischen Sklaven (fol.3v)*

*167 Lull betet auf dem Berge Randa (fol.4r)*

eine hinreichende Erklärung für das Phänomen Lull. Hier handelt es sich höchstens um den sprichwörtlichen Stein, der eine Entwicklung in Gang setzt.

Seit seiner Kindheit lebt Lull unmittelbar mit Muslimen zusammen. Erst wenige Jahre vor seiner Geburt wurde Mallorca durch die Christen zurückerobert. Als feinsinniger Troubadour, der uns auf der ersten Miniatur begegnet, war Lull zweifellos zutiefst beeindruckt vom Glanz islamischer Kunst und Kultur. Wie viele islamische Bekannte und Freunde mag er besessen haben?

Der völligen Eintracht zwischen Christen und Muslimen, ein Gedanke, den Lull immer wieder beschworen hat, stand jedoch der unterschiedliche Glaube als unüberwindliches Hindernis entgegen. Es war für Lull eine unerträgliche Vorstellung, daß alle jene Menschen anderen Glaubens aufgrund ihrer Religion ewig verdammt sein sollten. Dies klingt auch sehr eindringlich in der 8. Miniatur an, wo er vor dem Papst für seine Missionspläne wirbt: Missionierung ist für Lull eine ganz persönliche Sache, sein existentielles Anliegen.

Wie aber sollte er sein Ziel verwirklichen? Auf dem Wege der Gewalt, das zeigt unsere Miniatur beispielhaft, war nichts zu erreichen. Nicht die Menschen, sondern die oft von unsinnigen Vorurteilen geprägten Vorstellungen waren zu bekämpfen. Es war freilich noch nichts gewonnen, wenn die Gesprächspartner einander ihre gegensätzlichen Ansichten entgegenschleuderten. Aufgrund persönlicher Erfahrungen, etwa in der Art der hier geschilderten Auseinandersetzungen, kam Lull zu der für seine Zeit erstaunlichen Ansicht, daß die Ungläubigen nur durch rational einsichtige Gründe und durch Toleranz für das Christentum zu gewinnen seien.

Wie konsequent Lull den Gedanken der Toleranz in sein Werk aufnimmt, zeigt sein Buch vom Heiden und den drei Weisen. Hier findet unter Beteiligung eines Muslims, eines Juden und eines Christen ein Religionsgespräch statt, bei dem ein Heide, der eine neutrale Position einnimmt, um ein Urteil gebeten wird. Völlig ungewöhnlich für die damalige Zeit endet das Gespräch ohne ein greifbares Ergebnis. Alle sind jedoch bereit, sich in Jahresfrist wieder zu treffen und voller Respekt vor der Position der Gesprächspartner weiter zu diskutieren, bis sich alle drei zu einem einzigen Glauben und einer Religion bekennen.

Der muslimische Sklave erwähnt als Beispiele christlicher Glaubenswahrheiten, die für ihn völlig unannehmbar sind, die Menschwerdung Christi und die Trinität Gottes. Diese Grundpositionen der christlichen Lehre waren es in der Tat vor allem, an denen die Missionierung der Muslime immer wieder scheiterte. Lull war fest überzeugt, daß

168 *Lull erklärt die Prinzipien seiner »Ars« – der »Turm der Zuversicht« (fol.5r)*

*168*

es möglich sein müsse, den Muslimen diese Dogmen rational-argumentativ nahezubringen. Die auf den Kathedern der Universitäten zunehmend postulierte Unabhängigkeit, ja Unvereinbarkeit von Glauben und Wissen, konnte Lull nicht akzeptieren. Er benötigte ein philosophisches Instrumentarium – damit stand oder fiel für ihn der Erfolg der Missionierung –, das ihn in die Lage versetzte, Glaubenswahrheiten rational einsichtig zu machen, ja unwiderlegbar zu beweisen. In der *vierten Miniatur* sehen wir, wie Lull dieses Instrumentarium erhält, nämlich die bereits mehrfache erwähnte *Ars*, *»das beste Buch der Welt«*, wie es in der *Vita coaetanea* heißt. Ganz links, auf dem Berg Randa, wohin sich Lull als Einsiedler fastend und betend zurückgezogen hat, werden ihm durch göttliche Offenbarung – die von oben herabkommende Hand macht dies deutlich – *»die principia substantialia et accidentalia«* zuteil, die die Grundlage seiner *Ars* bilden sollen.

Nach Fertigstellung der *Ars* kehrt Lull an den Ort seiner Erleuchtung zurück, wo er sich inzwischen eine kleine Klause hat errichten lassen. Hier erscheint ihm eines Tages in der Gestalt eines Hirten ein himmlischer Bote (Christus?), der ihn über das Wesen Gottes unterrichtet. Als er das von Lull verfaßte Buch bemerkt, kniet er davor nieder und küßt es. Sowohl diese Szene als auch das Eintreffen des Hirten sind im Bilde festgehalten. Die zentrale Bedeutung der *Ars* im Werk des katalanischen Philosophen geht schon daraus hervor, daß er sie immer wieder bearbeitet, neu gefaßt und neu betitelt hat: *Ars magna*, *Ars inventiva*, *Ars generalis ultima*, *Ars brevis*, so lauten u.a. diese Titel. Zeit seines Lebens hat Lull den Offenbarungscharakter seiner *Ars* behauptet. Dieser Anspruch machte ihn einerseits gleichsam unangreifbar, andererseits brachte er ihm – verständlicherweise – sowohl von kirchlicher als auch von nichtkirchlicher Seite viele Anfeindung.

Ich sollte an dieser Stelle kurz auf den Begriff *ars* eingehen. Die Übersetzung *Kunst* ist leicht mißverständlich, weil das deutsche Wort eine starke Bedeutungsverengung erfahren hat. *Ars* ist zunächst die Übersetzung des aristotelischen *techne*, was soviel wie Fertigkeit, Kunstfertigkeit bedeutet, gleichgültig in welchem Bereich. *Ars* bezeichnet aber nicht nur die Fertigkeit als solche, sondern auch die Anleitung dazu, die theoretische Grundlage. In Lulls Schrifttum gibt es *Artes* sehr unterschiedlicher Sachgebiete, etwa eine *Ars iuris naturalis*, eine *Ars medicinae*, eine *Ars navigandi* (Navigationskunst). Doch derartig spezielle Fachkompendien sind hier nicht gemeint. Bei den Titeln, die ich zuvor genannt habe, fehlen die fachspezifischen Charakteristika, lediglich ganz allgemeine Bestimmungen wie *generalis*, *magna*, *brevis* kennzeichnen diese *Ars*. Gemeint ist hier ein erkenntnistheoretisches philosophisches Grundlagenwerk von sehr allgemeiner Geltung, eine Beweis- und Argumentationsmethode, die allen Wissensgebieten gleichermaßen zugrunde gelegt werden kann.

Nachdem auf dem Berge Randa die Geburtsstunde der *Ars* vor Augen geführt worden ist, erfährt diese rechts im Bild ihre erste Bewährungsprobe. Lull doziert seine *Ars* vor großer Zuhörerschaft. Wahrscheinlich ist hier die erste Lehrtätigkeit Lulls an der Pariser Universität im Jahre 1288/89 angesprochen. Unter den Zuhörern befindet sich auch Le Myésier – die Figur im braunen Kapuzenmantel –, den Lull vermutlich bei dieser Gelegenheit kennenlernte. Es muß Lulls Bestreben gewesen sein, an die Öffentlichkeit zu gehen und eine

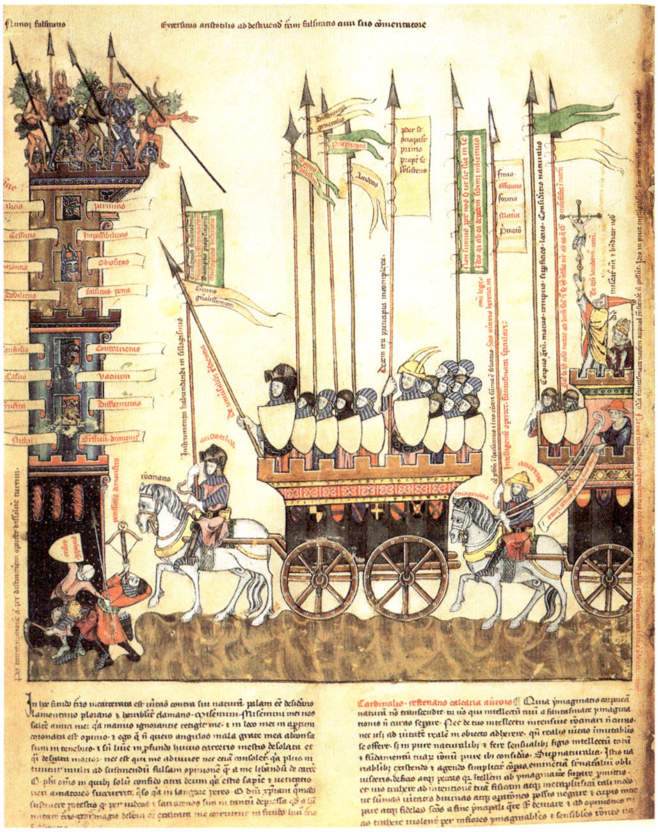

169

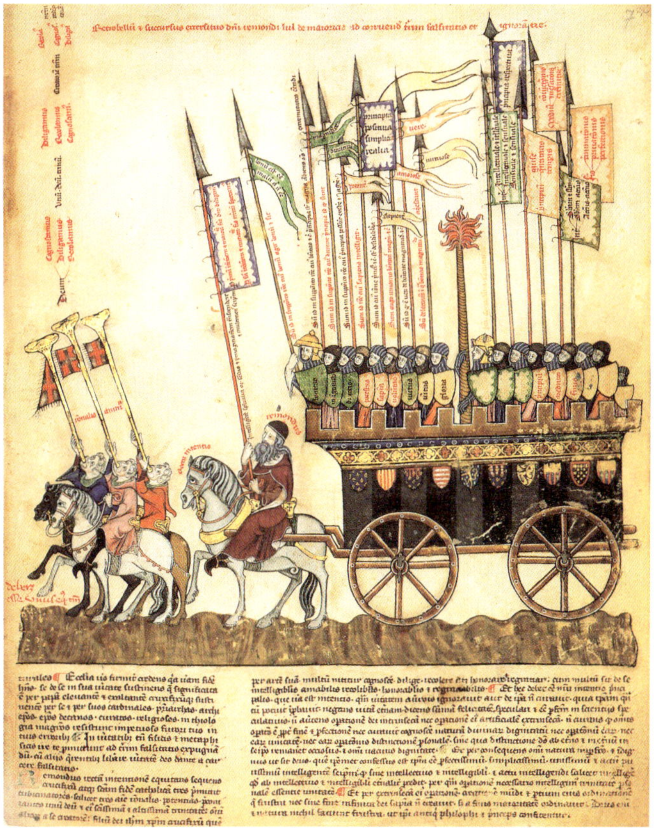

170

*169, 170 Allegorische Darstellung des Kampfes gegen den Unglauben (fol.6v/7r)*

möglichst große Zustimmung zu finden, war doch die *Ars* in erster Linie als das grundlegende Werk für die Ausbildung der Missionare, – möglichst zahlreicher Missionare – gedacht.

Die großen Erwartungen, die Lull mit seinem ersten Auftreten an der Pariser Universität verbunden haben wird, erfüllten sich nicht. Das war nicht verwunderlich. Der Autodidakt, mit dem modernen philosophischen Fachjargon nicht vertraut, mußte sich den Vorwurf gefallen lassen, daß seine Lehre schwer verständlich und unsystematisch sei, ganz abgesehen von den sachlichen Einwänden, die von den Theologen und vor allem von seiten der averroistisch orientierten Philosophie kommen mußten.

Thomas Le Myésier war einer der wenigen, die sich Lull anschlossen. Er übersah zweifellos auch nicht die Schwächen im Werk seines Meisters. Er erkannte sie wohl besser als jeder andere. Eben deshalb fühlte er sich veranlaßt, das schwer überschaubare Werk seines Lehrers in eine ansprechendere, leichter verständliche Form zu bringen. Die auf dem Dedikationsbild vorgestellten Kompilationen sind die Ergebnisse dieser Bemühungen.

War es schon problematisch, Lulls Werk in Universitätskreisen zu propagieren, um wieviel schwerer mußte es sein, einem philosophischen Laien, wie etwa der französischen Königin, Lulls Lehre nahezubringen. Dazu bedurfte es einer außergewöhnlichen Anstrengung und Leistung, die uns mit den *Miniaturen fünf bis sieben* vorliegt. Es gelingt Thomas, Lulls Lehre im Bild darzustellen.

Die *fünfte Miniatur* zeigt Lull als Lehrer seiner *Ars*, jetzt jedoch nicht vor einem historischen Publikum. Im Zentrum des Bildes stehend : – hier erstmals mit langen Vollbart, Zeichen der Askese – demonstriert er die Prinzipien der *Ars* mit Hilfe zweier Leitern. Ganz links am Bildrand neun, die Lullischen Grundfragen verkörpernde Philosophen, deren Fragen durch Linien mit den zwischen den Sprossen der linken Leiter eingeschriebenen neun Existenzstufen verbunden sind. Mit seiner Linken verweist Lull auf die zweite Leiter, wo unter den neun Buchstaben B bis K die neun absoluten und neun relativen Prinzipien sei-

171

171 *Lull erfleht von dem Papst und den Königen von Frankreich, Aragon und Neapel Unterstützung seiner Missionspläne (fol.8r)*

ner *Ars* verzeichnet sind, mit deren Hilfe die Fragen der Philosophen beantwortet werden können.

Die zweite Leiter ist an einem Turm angelehnt, der die Bezeichnung trägt: *»Turm der Zuversicht, ewigen Wahrheit, Liebe und Wissenschaft.«* Auf der Rückseite der Miniatur findet sich eine detaillierte Erläuterung zu der uns zunächst recht fremdartig anmutenden Darstellung: Die Leiter der *Ars* führt in Richtung auf die oben in einer Glorìole erscheinende Dreifaltigkeit. Bis unmittelbar zum dreifaltigen Gott kann man jedoch mit Hilfe dieser Leiter nicht gelangen – hier wird ausdrücklich auf die Grenzen der *Ars* verwiesen. Die höchste Höhe des Turmes kann nur durch die göttliche Gnade erreicht werden, symbolisiert durch die *»corda gratiae«*, das Gnadenseil in der Hand Gottes. An diesem Seil, das sich nach unten in sieben Stränge aufspaltet, klammern sich die Tugenden fest, zu oberst eine Dreiergruppe, nämlich *intellectus* (Verstand), *memoria* (Gedächtnis) und *voluntas* (Wille). Der Verstand ist als dominierende Figur in Engelsgestalt wiedergegeben, an dessen Flügelspitzen sich *memoria* und *voluntas* festhalten.

Nicht von sich aus, nur mit Hilfe der göttlichen Gnade können Intellekt und die beiden anderen Seelenkräfte zu Gott transzendieren. Unterstützt werden sie durch die unter ihnen befindlichen Tugenden Glaube, Hoffnung, Liebe, Klugheit, Gerechtigkeit, Tapferkeit und Maß.

Unterhalb des Turmes der Zuversicht befindet sich der Bereich der Laster, die durch Spruchbänder gekennzeichnet sind. Hier aus dem von Wasser umgebenen Höllenabgrund, aus dem Flammen herausschlagen, gibt es kein Entrinnen. Unmittelbar nach der Betrachtung des Turmes der Zuversicht fällt der Blick beim Umblättern zur nächsten Miniatur auf einen anderen Turm links im Bildrand, den *Turm der Falschheit* (turris falsitatis) ein besonders schönes Beispiel für das Bemühen Le Myésiers, die Miniaturen nicht nur inhaltlich, sondern auch optisch eng miteinander zu verknüpfen. Streng gegenbildlich ist der *Turm der Falschheit* auch in einen oberen und unteren Bereich gegliedert. Doch während der Turm der Zuversicht die gottgewollte Ordnung repräsentiert, ist diese Ordnung bei *turris falsitatis* zerstört und pervertiert. Hier befindet sich nämlich die Wahrheit, die oben in Freiheit herrschen sollte, im untersten Verlies eingekerkert, während die Laster oben triumphieren – ein unerträglicher Zustand, der durch den Ansturm des Philosophenheeres geändert werden muß. Durch die Parallelität der Gestaltung erhalten die mit dem Turm der Falschheit dargestellten Verhältnisse ein besonderes Gewicht.

Anders als im vorausgehenden Bild, wo Lull seine Lehre ausschließlich in *theoria* erläutert, sind in der Doppelminiatur auch die Lull bedrängenden Zeitfragen gegenwärtig. Da ist einmal die Abrechnung mit den Averroisten. Unverkennbar ist aber auch wieder Lulls dringendes Postulat der Missionierung von Muslimen und Juden. Erst wenn die Irrtümer der Ungläubigen überwunden sind, endet die Knechtschaft der Wahrheit.

*»Oh ihr christlichen Herren, wie könnt ihr es ertragen, daß ich durch Juden und Sarazenen derart unterdrückt werde, daß sie mich von der Spitze des Turmes, den ich noch überragen müßte, in das Verlies dieses Turmes der Unwahrheit hinunterstürzen.«* Mit diesen Worten endet die bewegte Klage, die die Wahrheit über ihr unglückliches Schicksal führt.

Im Anschluß an die drei von allegorischer Bildlichkeit geprägten Miniaturen, in denen die allen anderen philosophischen Systemen überlegene *Ars* im Mit-

172

173

*172 Lulls Missionsreise nach Tunis (fol 9v)*

*173 Die Reise Lulls nach Bougie im Jahre 1307 (fol 10v)*

telpunkt steht, folgen wiederum Szenen aus Lulls Biographie, die alle von ein und demselben Thema beherrscht werden. Nachdem in der Doppelminiatur der Kampf gegen den Unglauben postuliert wurde, ist nun der Zeitpunkt gekommen, daß die Missionspläne in die Tat umgesetzt werden.

So sehen wir als Nächstes Lull als Bittsteller von Papst und Königen. Die reich ausgestattete Giebelarchitektur am oberen Bildrand unterstreicht den repräsentativen Charakter der Schauplätze. Links ist einer der zahlreichen Kurienbesuche dargestellt, wo Lull den Papst flehentlich um Unterstützung seiner Missionspläne bittet. Rechts Lull vor den Königen von Frankreich, Aragon und Neapel, die durch ihre Wappen – oben im Bild – kenntlich gemacht sind. Ihnen gegenüber formuliert er seine Ziel ganz detailliert: Die Könige sollen Sorge tragen, daß fromme, für die Missionsaufgabe geeignete Geistliche gründlichste Ausbildung in den Wissenschaften, besonders der Theologie, erhalten. Sie sollen Arabisch und Hebräisch lernen. Und schließlich soll eine Kreuzzug aufgeboten werden, der die geistigen Waffen durch die weltlichen der Macht unterstützen könne.

Spätestens seit dem Fall von Akkon im Jahre 1291 war Lull zu der Einsicht gelangt, daß Missionierung ohne die Unterstützung der Macht zu gefahrvoll und wenig erfolgversprechend sein werde. An seiner Grundeinstellung, daß die Heiden nur durch Überzeugung für das Christentum zu gewinnen seien, hatte sich freilich nichts geändert.

Bei all seinen Bittgesuchen bekam Lull bestenfalls schöne Worte zu hören, nennenswerte Erfolge hatte er nicht. Zu erwähnen ist lediglich die Einrichtung des Kollegs Miramar auf Mallorca, wo Lull selbst einer kleinen Schar von Franziskanern Unterricht in seiner *Ars* und im Arabischen erteilte. Aber auch nur kurze Zeit hatte dieses Kolleg Bestand.

Oft entmutigt durch Mißerfolge – an manchen Stellen seiner Schriften führt er darüber bewegte Klage –, hält er trotzdem unbeirrbar an seinen Zielen fest. Doch was soll er tun, ohne Unterstützung, auf sich allein gestellt? Nach zermürbenden inneren Kämpfen, die ihn in eine tiefe Depression führten und längere Zeit aufs Krankenlager warfen, entschließt er sich, auf eigene Faust zu missionieren. Vermutlich im Spätsommer 1293 bricht er von Genua auf und segelt nach Tunis. Die *neunte Miniatur* zeigt Lull auf dieser Reise in einer Segelbarke sitzend. Die zweite Szene dieser Miniatur führt uns Lull im Gespräch mit mohammedanischen Gelehrten vor Augen. Ort der Begegnung ist der Stadtplatz von Tunis, der durch zwei hohe Räume begrenzt wird. Hier nun hat Lull erstmals Gelegenheit, die Tauglichkeit seiner *Ars* für die Missionsarbeit in der Praxis zu erproben. Mit Hilfe der Beweistechnik der *Ars* demonstriert er, daß die christliche Gottesvorstellung derjenigen des Islams überlegen ist.

Die *Vita coaetanea* berichtet ausführlich, daß Lulls Argumentation großen Eindruck erzielte, daß er aber gerade deshalb daran gehindert wurde, weiter zu lehren. Der König wies ihn außer Landes und drohte mit der Todesstrafe, falls Lull je zurückkehren werde. »*Unsäglich traurig*« darüber, so sagt die *Vita*, daß er viele schon für die Taufe vorbereitete Muslime verlassen mußte, kehrte er wieder zurück.

Die *zehnte Miniatur* ist formal sehr ähnlich gestaltet wie die neunte, geht es ja auch wieder um eine Missionsreise, und zwar um die 1207 angetretene Fahrt nach Bugia, Königreich und Hafenstadt im heutigen Algerien.

Auch hier ist Lull wieder der Einzelkämpfer, der sich in die Höhle des Löwen wagt. In dicht gedrängter Szenenfolge sieht man, wie die aufgebrachten Stadtbewohner Lull nach seiner Ankunft daran hindern, auf offener Straße zu predigen, indem sie ihn mit Steinen bewerfen, mit Stöcken schlagen, an seinem Barte reißen und schließlich vor den Kadi führen. Nach dem Muster der vorhergehenden Miniatur findet hier wieder ein Religionsdisput statt, der zur Verurteilung und Einkerkerung Lulls führt, und zwar unter den schlimmsten Bedingungen: Bei den Aborten des Kerkers der Räuber wird er untergebracht – so die *Vita coaetana*.

Nach einem halben Jahr kommt er frei, muß aber das Land verlassen. Schiffbrüchig und fast nackt erreicht er in der Nähe von Pisa italienischen Boden. Auch diesmal wieder ein katastrophaler Mißerfolg. Damit endet Lulls Vita in unserer Handschrift.

Wir wissen, daß er auch noch später, als hochbetagter Greis, ähnliche Missionierungsversuche unternahm. Die Legende berichtet, er sei 1316 in Bugia gesteinigt worden, habe sich noch auf ein Schiff retten können, sei aber auf der Rückreise an den Folgen seiner Verletzungen gestorben. In der neuesten Forschung wird die Meinung vertreten, daß diese Version über Lulls Tod möglicherweise durch die auf der *zehnten Miniatur* des Breviculums dargestellten Ausschreitungen gegen Lull entstanden sein könnte. Historisch gesicherte Angaben über den Tod des streitbaren und kompromißlosen Missionars sind nicht bekannt.

In den *Miniaturen elf und zwölf* ist Lull zwar auch noch unübersehbar präsent, zur eigentlichen Hauptperson wird jedoch Thomas Le Myésier, sein Schüler, der übrigens bereits in mehreren vorausgehenden Miniaturen als Zuhörer oder Statist anwesend ist. (2r: Bischofspredigt, 4r: Lull als Lehrer der *Ars*, 8r: Lull vor der Kurie) Thomas hat sich nicht gescheut, bereits in der *zweiten Miniatur* unter den Zuhörern des Bischofs zu erscheinen, lange bevor er Lull kennenlernen konnte, gleichsam, als möchte er damit dokumentieren, daß er Leben und Werk seines Meisters vom Zeitpunkt der Bekehrung an unmittelbar mitverfolgt habe. So legitimiert er gleichzeitig seinen Anspruch, als Vermittler von Lulls Werk aufzutreten. Eben darum geht es in den beiden letzten Miniaturen.

Auf der elften Miniatur trägt Thomas seinen Plan vor, aus der Fülle der schwer verständlichen Werke Lulls drei Kompilationen herzustellen, in denen die Schriften des Meisters, ohne daß an den wesentlichen Inhalten etwas geändert oder verfälscht werde, in einer leichter verständlichen Form für eine größere Leserschaft verfügbar werden sollen. Lull billigt diesen Plan. Man darf nun freilich nicht annehmen, daß es sich bei diesen Kompilationen um eine umfassende, repräsentative Auswahl aus dem mit 155 Büchern bezifferten Gesamtwerk Lulls handelt. Die am linken und oberen Rand der Seite aufgeführten Wort- und Buchstabenreihen sind einer älteren und

174

175

*174 Lull bespricht mit Le Myésier die Kompilation seiner Schriften (fol 11v)*

*175 Dedikation der drei Kompilationen Lulls an die Königinnen von Frankreich und Navara (fol 12r)*

einer jüngeren Version der *Ars* entnommen, der *Ars demonstrativa* und der *Ars inventiva* , auf die sich hier Lull auch ausdrücklich bezieht. Die in Le Myésiers Kompilationen getroffene Auswahl ist zweifellos recht einseitig auf Lulls Artes-Schrifttum ausgerichtet, so daß die außerordentliche Vielseitigkeit Lulls keineswegs oder auch nur annähernd Berücksichtigung findet.

Es fällt ein wenig schwer, zu dem letzten, *dem zwölften Blatt* der Bildfolge etwas zu sagen, was nicht bekannt wäre.

Beeindruckt von der höfischen Pracht der Szene wird man zunächst auf die Gestalt der Königin und die von ihr in Empfang genommenen Gaben gelenkt. Die eigentlich zentrale Figur ist aber Le Myésier, seine demutsvolle Haltung täuscht leicht darüber hinweg. Und doch hat er es verstanden, sich unglaublich geschickt in Szene zu setzen. Was für eine glänzende Idee, den zum Zeitpunkt der Präsentation bereits etliche Jahre toten Lull wieder zum Leben zu erwecken. Nicht nur mit Worten spendet dieser Thomas höchstes Lob für seine Leistung. Viel eindringlicher ist noch die Geste, mit der sich der hinfällige Greis auf die Schulter seines Schülers stützt. Besser als alle Worte es sagen könnten, kommt so zum Ausdruck: hier kniet einer, in den ich mein vollstes Vertrauen setze, dem ich das Schicksal meines literarischen Werkes, aber auch die Weiterverfolgung meiner Lebensziele getrost überlassen kann.

Noch ein weiteres Detail scheint mir aufschlußreich: Le Myésier hält der Königin drei Bände entgegen, obwohl nur das *Breviculum* für sie bestimmt ist. Vom *Electorium magnum*, dem untersten der drei Kompilationen, wissen wir nun aber, daß es höchst wahrscheinlich erst mehrere Jahre nach der Übergabe des Breviculums fertiggestellt wurde. Es kommt Le Myésiers offenbar darauf an, sein Werk in strahlendstem Licht erscheinen zu lassen, indem er alle seine Projekte, auch die nicht vollendeten und nicht für die Königin bestimmten, präsentiert.

Wir erleben in dieser Miniatur gleichsam die Geburtsstunde des Lullismus. Man wird vermutlich nicht zu hoch greifen mit der Behauptung, daß die Kompilationen Le Myésiers bis in die Neuzeit für die Lull-Rezeption von entscheidender Bedeutung waren. Die Tatsache, daß Le Myésiers Interesse vor allem Lulls *Ars*, nicht aber den mit der *Ars* nicht verknüpften Schriften Lulls gilt, dürfte ein Hauptgrund dafür sein, daß man sich bis hin zu Leibniz fast ausschließlich für Lulls *Artes*-Schriften interessiert hat.

Die *Ars* ist also der bestimmende rote Faden, der durch den ganzen Zyklus hindurchläuft. In der *ersten und der dritten Miniaturengruppe* ist die *Ars* mit der Biographie Lulls verbunden, genauer mit

176

*176 Lull im Gefängnis von Bougie, Holzschnitt, Valencia 1560*

der hagiographisch orientierten Darstellung von Lulls Einsatz für die Heidenmission.

Die Anlage des *Breviculums* ist als Ganzes entscheidend dadurch geprägt, daß es sich um ein Geschenk an die französische Königin handelt. Für einen so klug disponierenden Autor wie Le Myésier war es nicht damit getan, dem für eine prunkliebende Königin bestimmten Buch durch einige schöne Illustrationen zu standesgemäßen Glanz zu verhelfen.

Es ist gewiß nicht zufällig, daß die für Johanna von Burgund-Artois bestimmte Handschrift ein »*Breviculum*« ist, an Umfang weit geringer als die anderen Kompilationen. Le Myésier durfte wohl annehmen, daß seine königliche Herrin sich nicht der Mühe unterziehen würde, tief in die schwierige Gedankenwelt Lulls einzudringen, ja als philosophischer Laie wäre sie dazu wohl auch kaum imstande gewesen. Andererseits verband Le Myésier mit dem Geschenk zweifellos auch die konkrete Absicht, die Unterstützung der Königin für die *Ars* zu gewinnen. Dieser Zweck dürfte beim Entwurf des Bilderzyklus eine zentrale Rolle gespielt haben. Lulls *Ars* als erkenntnistheoretisches philosophisches Grundlagenwerk, wie Le Myésiers sie in seinen Kompilationen tradiert, war der Königin schwerlich nahezubringen. Größtes Interesse mußte sie für eine *Ars* empfinden, die sich als wirkungsvollstes Instrument im Kampf gegen die Ungläubigen einsetzen ließ, zumal sie auf das engste mit dem Leben ihres beispielhaft heroischen und heiligmässigen Autors verbunden war. Und dies nun in einer prachtvollen Bilderfolge vor Augen geführt, durfte des königlichen Interesses sicher sein.

# DER EINFLUSS DER ANGEWANDTEN KÜNSTE UND DER MALEREI DES ISLAM AUF DIE KÜNSTE EUROPAS

*Richard Ettinghausen*

Seit mehr als 1300 Jahren sind die Welten des Islams und Europa fast ständig konfrontiert. Es war immer eine dynamische Beziehung, oft eine feindliche. Aber trotz heftiger westlicher Schmähung der islamischen Religion und ihres Propheten[1], die eigentlich bis heute andauert, und trotz heftiger Kriege, vor allem der Kreuzzüge und Türkenkriege hat der Westen nichts als Bewunderung für die Künste des Orients gehabt. Diese bestand aus wesentlich mehr als nur passiver Hinnahme – sie führte dazu, daß alles, was von dieser Kunst erreichbar war, mit den am höchsten verehrten sakralen oder profanen Institutionen in Verbindung gebracht wurde, daß der Westen künstlerische Entlehnungen aus dem Orient in der einen oder anderen Art adaptierte.

Dieser Einfluß beschränkte sich nicht nur auf Gebiete, die von Natur aus eine breitere und fundierte Begegnung erwarten ließen und wo diese auch stattfand. So gibt es in den Grenzregionen die mozarabische Buchmalerei und süditalienische Elfenbeinschnitzereien, ebenso die zweisprachigen Münzen Spaniens, Amalfis und Salernos.[2]

177

*177 Cœur-Meister, Amor gibt Ardent Desir das Herz des träumenden René (Darstellung von orientalischen Teppichen und pseudo-kufischen Aufschriften); in: R. d'Anjou, Livre du Cœur d'Amours espris, Anjou, nach 1460, Wien, Österreichische Nationalbibliothek*

178

*178 P. de Limbourg, Die Begegnung der Heiligen Drei Könige; in: Très Riches Heures du Duc de Berry, 1385-1416, Chantilliy, Musée Condé*

Aber daß 52.000 vollständige oder fragmentierte islamische Münzen des achten bis frühen elften Jahrhunderts in nordeuropäischen Ländern gefunden wurden, wo sie zum Teil als Schmuck verarbeitet waren, zeugt von ausgedehnten Handelsbeziehungen auch dieser Regionen mit der islamischen Welt. Mehr als 30.000 dieser Münzen der Sâmâniden-Dynastie aus Ost-Iran und Transoxanien wurden allein auf Gotland, die übrigen auf anderen Inseln und längs der Küsten der Ostsee gefunden.[3]

Weitere Belege für die Einwirkung des Vorderen Orients auf den Hohen Norden sind der in der Dorfkirche von Marby in Nordschweden gefundene orientalische Knüpfteppich, der ins frühe fünfzehnte Jahrhundert zu datieren und damit einer der ältesten erhaltenen ist, und eine ganze Gruppe skandinavischer Adaptationen von östlichen Textilien, darunter einige nach islamischen Vorbildern.[4] Selbst so zerbrechliche Objekte wie syrische emaillierte Gläser des dreizehnten Jahrhunderts wurden in Schweden gefunden. Abgesehen davon, daß dieser Einfluß weitestmögliche Gebiete umspannte, ist zu beachten, daß er sich auf viele, wenn nicht alle Werkstoffe erstreckte. Andererseits geschahen diese Einwirkungen eher sporadisch und nicht so massiert und auffallend wie die chinesischen im achtzehnten Jahrhundert. Es ist nämlich nicht zufällig, daß es in westlichen Sprachen keinen allgemein akzeptierten Begriff analog zur *Chinoiserie* gibt, obwohl sich im Europa des fünfzehnten bis achtzehnten Jahrhunderts genügend Interesse und Material fanden, um die Bezeichnung *Turquoiserie* oder *Türkenmode* zu rechtfertigen. Auch ist das Gebiet trotz der Beobachtung vieler Details dieser kulturellen Entwicklung und einzelner Forschungsergebnisse als Ganzes kaum jeweils systematisch behandelt und gewürdigt worden.[5]

Bevor wir im folgenden bestenfalls eine kurze, skizzenhafte Übersicht bringen, sollten wir erst versuchen zu verstehen, warum die orientalischen Künste im Abendland so populär waren. An erster Stelle ist das Fehlen eines Elementes anzuführen: es gab keine spezifisch islamische Ikonographie und keine offenkundige Symbolik, die die christliche Auffassung hätte verletzen können. Die unschuldige Sanftmut der zahlreichen Vierbeiner und Vögel, Arabesken und selteneren menschlichen Figuren ließ die mit ihnen verzierten Objekte selbst dazu vollkommen akzeptabel erscheinen, um damit eine heilige Reliquie zu umhüllen oder Altarstufen zu bedecken. Sogar die Übernahme arabischer Schriftzeichen wurde nicht davon ausgenommen; sie sind verbreitet und kommen im Heiligenschein einer Madonna, am Gewandsaum von Heiligen, an Domtüren und jeglicher anderer Fläche vor.[6] Wenn-

179

*179 Meister des René d'Anjou, Emilia, Arcitas und Palemon im Gebet zu Diana (Darstellung orientalischer Seidenstoffe mit Kufi-Inschriften); in: G. Boccaccio, La Teseida, französische Prosaübersetzung, illuminierte Pergamenthandschrift, Anjou, um 1460, Wien, Österreichische Nationalbibliothek*

180

*180 Meister des Jouvenel des Ursins, Vermählung von Emilia und Arcitas; in: G. Boccaccio, La Teseida, französische Prosaübersetzung, illuminierte Pergamenthandschrift, Anjou, um 1460, Wien, Österreichische Nationalbibliothek*

181

*181 A. Mantegna (?), Judith und das Haupt des Holofernes; Kupfer (4/48)*

gleich die arabische Schrift in der islamischen Welt eine symbolische Bedeutung hatte und einige übernommene Formeln den Namen Allahs und religiöse Anrufungen enthalten, so scheint der Westen sie nicht als solche verstanden zu haben. Da diese Schriftzeichen häufig bei biblischen Figuren einschließlich der jüdischen Hohepriester vorkommen, mag man sie für althebräisch oder zumindest für die Schrift, die von Personen des Neuen Testaments und christlichen Heiligen benutzt wurde, gehalten haben. Sie war verschieden vom hebräischen Alphabet, das die wenig geschätzten zeitgenössischen Juden benutzten, und daher harmlos genug, um im christlichen Bereich Verwendung zu finden.

Ein positiver Grund für die bereitwillige Übernahme islamischer Objekte war ihre offensichtliche ästhetische Qualität – ihre Harmonie und ihr Reichtum, oft auch verbunden mit Farbigkeit. Ein weiterer Pluspunkt war – besonders in den früheren Perioden – das hohe Maß an handwerklicher Geschicklichkeit, welche westliche Möglichkeiten weit übertraf. Dazu kamen noch ihre exotische Fremdartigkeit und – besonders wichtig – ihre wirkliche oder behauptete Verbindung mit dem heiligen Land und einzelnen heiligen Personen.

Die Reaktion des Westens vollzog sich auf verschiedene Weise. Es gab die direkte Übernahme des Objekts, das unverändert für eigene Zwecke benutzt wurde. Die sehr große Anzahl importierter orientalischer Teppiche gehört in diese Kategorie, die damit zahlenmäßig wohl die stärkste ist. Viel bedeutsamer im kulturellen Zusammenhang – aber zahlenmäßig geringer – sind jene Objekte, die nicht nur passiv übernommen wurden, sondern für bestimmte Funktionen adaptiert wurden und dem jeweiligen Formgefühl entsprechend umgestaltet wurden. Beispielsweise konnte ein Textilfragment als Spiegel eines luxuriösen Bucheinbands verwendet werden, zusätzlich konnte eine gemalte Kopie angebracht werden und als bewußt eingesetzter Ersatz erscheinen. In ähnlicher Weise wurden Teppiche für alle möglichen Zwecke gebraucht, jedoch werden sie auf bildlichen Darstellungen von Innenräumen auch in ihrer ursprünglichen Funktion gezeigt, manchmal mit abgeändertem Muster. Es gibt z. B. im Victoria & Albert Museum einen englischen gewirkten Teppich des siebzehnten Jahrhunderts, der auf die kleinteilig gemusterten *Holbein-Teppiche* zurückgeht, jedoch von den vielen bekannten Stücken dieser türkischen Gruppe so abweicht, daß er als eigene abendländische Variante angesehen werden muß.

182

*182 Textseite mit kufischen Schriftzeichen; in: A. v. Chabannes, Lateinische Sammelhandschrift, Limoges, Anf. 11. Jh. (4/44)*

183

*183 Der Krönungsmantel König Rogers II.; Rote Seide, Gold-Stickerei, Goldfiligran, Email, Edelsteine, Perlen; Palermo, Königliche Werkstatt, arabische Arbeit, 1133-1134, Wien, Kunsthistorisches Museum, Schatzkammer*

*184 Reiterstoff; Seide, Byzanz, 7.-8. Jh., Lyon, Musée Historique des Tissus*

*185 Fragment eines Chormantels aus dem Paramentenschatz der Danziger Marienkirche; Lampas, mongolisch (China?, Turkestan?), Anf. 14. Jh. (4/33)*

Die einfallsreichste und am weitesten fortgeschrittene Adaptation begegnet dort, wo die Objekte ganz in den westlichen Kreationsprozeß einbezogen wurden und als *Katalysator* dienten. Auf Jan Vermeers Gemälde *Die Kupplerin* in der Dresdner Galerie setzt der farbenreiche Uschak-Teppich in der Mitte der Komposition den Grundton zur Farbpalette und stellt einen Schlüssel zum Charakter des ganzen Bildes dar.[7] Einen noch weiter gehenden Effekt spiegelt der Reichtum der Farbskala in der venezianischen Malerei: er wird auf die Wirkung der zahlreichen Orientteppiche, die nach Venedig importiert wurden, zurückgeführt. Dies mag schwer begründbar sein, aber der gleiche Vorgang ist greifbarer und überzeugender im Werk zweier großer Künstler. Rembrandt versuchte beim Malen biblischer Themen oft eine orientalische Atmosphäre zu treffen – es fällt schwer, spezifische Elemente außer den schweren türkischen Turbanen und Gewändern dafür zu benennen, aber glitzernde, seidige Stoffe halfen ihm ebenso die östliche Atmosphäre einzufangen wie die Wirkung des Chiaroscuro. Zudem belegt Rembrandts Interesse an Mogul-Miniaturen – wozu noch etwas zu sagen sein wird – sein Bemühen, die Grundzüge jener exotischen und verlockenden Zivilisation kennenzulernen. Viel unmittelbarer ist die künstlerische Verbindung von Delacroix mit islamischer Zivilisation, hauptsächlich der Maghreb, da er aus eigener Anschauung und aus eigenen Studien schöpfen konnte. Seine Gemälde, mehr noch seine Skizzen haben geradezu dokumentarischen Wert, und bei seinem Werk bildet der islamische Aspekt einen wesentlichen und völlig integrierten Teil der Bildwelt eines westlichen Künstlers.

## Orientalische Figuren

Ein anderes Phänomen ist das Auftreten orientalischer Figuren, charakterisiert durch Turbane und gemusterte Gewänder, auf zahlreichen Gemälden der Renaissance, des Barock und des Rokokos, vor allem als Heilige Drei Könige in Anbetungsszenen oder als biblische Personen, wie König Saul oder Ahasver. Im achtzehnten Jahrhundert erschienen Porzellanfiguren von türkischen Herren und Damen. Zur selben Zeit setzte man bedenkenlos eine türkische Moschee in einen fürstlichen Park und erfreute sich an einer Art türkischen Militärmusik. Diese orientalischen Figuren treten als Folge der Beobachtungen westlicher Künstler im Nahen Osten auf. Die Reihe beginnt mit Gentile Bellini, der seine

*184*

Skizzen während eines Aufenthalts in Konstantinopel vom September 1497 bis November 1480 machte, und setzt sich fort mit so bekannten Künstlern wie Melchior Lorich und Jean Baptiste Vanmour[8], die zusammen mit Zeichnern umfangreicher Kostümwerke längstvergangene Szenen und Charaktere aus östlichen Städten vor dem Vergessen retteten. Solche Motive wurden von Zeichnern, welche die diplomatischen Gesandtschaften begleiteten, festgehalten, und diese wurden wiederum ergänzt von Malern, die gelegentlich orientalische Reisende in westlichen Städten beobachten konnten.

## Textilien

Wenn wir uns nun den Objekten selbst zuwenden, so sollte der Ehrenplatz den Textilien zukommen, die von Anbeginn nach Europa importiert wurden und unvergängliche Eindrücke hinterließen. Wir brauchen nur an die spezielle Terminologie zu denken, die sich von orientalischen Bezeichnungen oder Ortsnamen herleitet: Kattun, Diwan, Sofa, Matratze neben Damast, Musselin, Baldachin. Solche Importe müssen bald nach dem Aufkommen des Islams begonnen haben, falls sie nicht schon vorisla-

*185*

*186 Detail, vgl. Abb. 187 (4/43)*

186

misch waren. Letzteres wird von einer bedeutenden Gruppe von Seidenstoffen des siebten bis achten Jahrhunderts wahrscheinlich gemacht, die in Zandane bei Bukhara hergestellt worden sind und früh in den Westen gelangten, wo sie, wie viele andere Stoffe, zur Umhüllung von Reliquien in den Kirchen Frankreichs, Belgiens und Hollands dienten.[9] Es sei darauf hingewiesen, daß die relativ große Zahl von in den Westen gelangten Stoffen nicht allzu erstaunlich ist, da die Textilfabrikation das bedeutendste Handwerk der islamischen Welt war, das nicht nur Kleidung, sondern alle wichtigen Wohnungseinrichtungen zu erstellen hatte: Decken, Unterlagen, Kissen, Teppiche, Vorhänge, Zelte. Da Stoffe dauerhaft und leicht zu verpacken waren, eigneten sie sich gut zum Transport. Einmal in den Westen gelangt, hatten sie zumeist untergeordnete Funktionen; beispielsweise wurde ein frühislamischer Stoff mit Vogelmuster als Decktuch für den *Schleier der Heiligen Jungfrau*, jetzt in der Kathedrale von Chartres, benutzt.[10] Gelegentlich wurden sie jedoch zu verehrten Objekten, manchmal fälschlich

187

mit Personen aus frühesten Zeiten in Verbindung gebracht. So z.B. der *Schleier der Heiligen Anna*, der in einer venezianischen Glasflasche des fünfzehnten Jahrhunderts in der Kirche von Apt, Vaucluse, in Frankreich aufbewahrt wird. Hier wird die so frühe Datierung widerlegt durch eine arabische Inschrift, die nicht nur das islamische Glaubensbekenntnis, sondern auch die Namen des Fatimiden-Kalifen al-Musta'li (1094 bis 1101) und seines obersten Wesirs al-Afdal mit der Angabe enthält, daß der Stoff in Damietta in Ägypten 1096/97 gewebt wurde.[11] Da er also vor dem Fall von Jerusalem und al-Afdals Niederlage bei Askalon hergestellt worden war, kann der Stoff durchaus von dem Bischof oder den Herrn von Apt, die am ersten Kreuzzug teilnahmen, mitgebracht und wie von vielen anderen Kreuzfahrern mitgeführte wertvolle Stücke ihrer Kirche als Dankesgabe für die glückliche Heimkehr geschenkt worden sein.

Der früheste beschriftete islamische Seidenstoff mit einem datierbaren Namen und in klerikaler Funktion stammt aus Ostiran. Er muß vor 961 hergestellt

*187 Dalmatika aus dem Paramentenschatz der Danziger Marienkirche; Lampas, Syrien oder Ägypten, 14./15. Jh, Besatzstreifen, Italien, 2. H. 14. Jh. (4/43)*

*188 Fragment der sogen. Robe König Roberts; Seide, spanisch/arabisch, 12. Jh. (4/31)*

*188*

worden sein, dem Jahr, in welchem der auf ihm genannte türkische Feldherr zum Tode verurteilt wurde. Ursprünglich befand er sich in der kleinen Kirche in Saint-Josse-sur-Mer im Pas-de-Calais und ist jetzt im Louvre. Demgegenüber ist die erste beschriftete Seide mit Namensnennung einer Stadt im Schatz der Colegiata de San Isidoro in León etwas später zu datieren, ungefähr ins elfte Jahrhundert.[12] Als Herstellungsort ist auf ihr Bagdad angegeben, aber es könnte sich durchaus auch um eine spanische Kopie einer irakischen Vorlage handeln. Obwohl viele Stoffe aus den verschiedensten Gegenden nach Europa gelang-

189

ten, sind diejenigen in spanischen Kirchen gewöhnlich aus der jeweils nächstliegenden spanisch-islamischen Werkstatt. Das trifft bereits für den *Schleier* des Kalifen Hischam II. (976–1013) zu, vielleicht ein Teil eines Gewandes, der als Siegestrophäe der Kirche San Estebán de Gormáz gestiftet wurde, ebenso wie für die großen almohadischen Stoffe des zwölften Jahrhunderts.[13] Im Gegensatz zu diesen kirchlichen Verwendungen steht die nicht weniger bezeichnende und geradezu spektakuläre Geschichte des Zeremonialgewandes, das – ursprünglich für den Normannenkönig Roger II. in Palermo 1133 gearbeitet – in der Folge als Krönungsmantel der Kaiser des Heiligen Römischen Reichs bis zum Jahre 1806 Verwendung fand. Es ist ein großer halbrunder Rock mit der zweimal ausgeführten monumentalen Szene eines ein Kamel reißenden Löwen, eine zutiefst symbolische Darstellung der Eroberung des arabischen Landes durch die Normannen. Seine Herstellung durch muslimische Meister im Dienste ihres neuen christlichen Herrn wird in einer langen arabischen Inschrift bezeichnet. In seiner neuen Funktion ist das Gewand in einer Zeichnung Albrecht Dürers dargestellt, in der Karl der Große etwas anachronistisch mit ihm bekleidet erscheint.[14] Vom zwölften bis sechzehnten Jahrhundert konnten orientalische

*189 Löwenstoff; Seide, Leinen, Italien oder Spanien, 1. Viertel 13. Jh. (4/40)*

190

*190 H. Holbein d. J., Bildnis des Kaufmanns Georg Gisze; Holz, 1532, Berlin, SMPK, Gemäldegalerie*

Stoffe, da sie in größeren Stücken aus Spanien, Ägypten, Persien und der Türkei kamen, in neuer Verwendung zu luxuriösen Meßgewändern verarbeitet werden. Die Schönheit des Musters war wichtiger als sein Motiv, das manchmal für die Funktion ganz ungeeignet schien. So finden wir als Priestergewänder Stoffe mit Widmungen an einen muslimischen Herrscher oder mit Versen aus einer romantischen Dichtung oder sogar mit einer Trinkszene.[15]

Im zwölften und dreizehnten Jahrhundert fand eine bedeutsame Entwicklung statt. Die islamischen Textilmuster wurden von europäischen Webern übernommen, die sie in verkleinertem Maßstab frei paraphrasierten. Zuerst wurden die Medaillons im sassanidischen Stil mit Tierpaaren in Lucca und Regensburg kopiert, dann folgten ovale Kompositionselemente und geometrische Fliesenmotive, die in Mudéjar-Mustern nach chinesischen Vorbildern gewebt wurden.[16] Später schienen sich türkische und italienische Hersteller gegenseitig beeinflußt zu haben in der Schöpfung weitflächiger Muster mit floralen und *Artischokken*-Motiven.[17] Eine besondere Gruppe bilden lange Seidenshawls, die im achtzehnten Jahrhundert zur Tracht polnischer Adliger gehörten. Die Vorbilder stammten aus dem Persien des siebzehnten Jahrhunderts, sie wurden aber meist aus Istanbul durch polnisch-armenische Händler importiert, die für die Entwicklung des polnischen Kunstgewerbes wichtige Mittler zwischen Ost und West waren. Bald mußte die ungeheure Nachfrage mit vereinfachten, aber immer noch exotisch anmutenden polnischen Nachschöpfungen befriedigt werden, die den Markt bis zum Ende des Jahrhunderts belieferten.[18] Ein später Einfluß nahöstlicher Textilien tritt in den Entwürfen von William Morris aus der zweiten Hälfte des neunzehnten Jahrhunderts zutage.[19]

## Teppiche

Teppiche sollen hier als eine Untergruppe der Textilkunst betrachtet werden. Es wird angenommen, daß der orientalische Knüpfteppich, so wie wir ihn kennen, von den türkischen Seldschuken im elften Jahrhundert auf ihrer Wanderung von Zentralasien nach Westen in den Vorderen Orient gebracht worden ist. Die Muster dieser frühen Teppiche sind uns nicht erhalten, aber sicherlich wurden sie in Anatolien im zwölften und dreizehnten Jahrhundert weiterentwickelt. Wir wissen, daß gegen Ende dieser Periode Teppiche nach Italien gelangten, denn sie begegnen seither immer häufiger auf italienischen Gemälden, später auch auf anderen. Sie erscheinen unter dem Thron der Madonna, auf dem Fußboden von Innenräumen, in denen heilige Handlungen stattfinden, oder hängen aus Fenstern als farbenfrohe Dekoration an Festtagen. Zuerst zeigen diese Teppiche ein oder zwei Tiere oder Vögel in einer Reihe von in Quadrate einbeschriebenen Oktogonen; seit der Mitte des fünfzehnten Jahrhunderts beginnen dann ganz abstrakte und geometrische Muster, die immer

191

kunstvoller ausgearbeitet werden. Alle frühen Teppiche sind türkisch; in Kairo hergestellte ägyptische treten seit der zweiten Hälfte des fünfzehnten Jahrhunderts auf, persische erst im sechzehnten Jahrhundert, und als letzte kommen die kaukasischen und indischen. Wie man an Bildern ablesen kann, erfüllen sie jetzt oft andere Funktionen, z. B. als Tischdekken (die *tapedi da tavola* oder *tapedi da desco* der italienischen Dokumente). Solche Teppiche gelangten in großer Anzahl nach Europa. Beispielsweise hinterließ der Earl of Leicester, Favorit der Königin Elisabeth I., bei seinem Tode nicht weniger als 46 *Turquoy*-Teppiche, einige davon recht groß, aber bezeichnenderweise nur ein einziges persisches Stück. Früh im sechzehnten Jahrhundert hatten venezianische Gesandte auf Anregung Heinrichs VIII. dem Kardinal Wolsey zunächst sieben, später noch sechzig der damals modernen Mamlukenteppiche aus Ägypten geschenkt, eines der ersten derartigen diplomatischen Geschenke.[20] Zweifellos übten Teppiche eine große Faszination auf potentielle Käufer und Besitzer aus, einerlei welcher

*191 R. Leemput nach H. Holbein d. J., Heinrich VII., Elisabeth von York, Heinrich VIII. und Jane Seymour, Leinwand, 1667 (4/137)*

*192*

*193*

sozialen Stellung sie waren, ob Habsburger oder Mitglieder des schwedischen Königshauses, Kirchenfürsten, Adelige oder nur betuchte Bürgerliche. Ihre Wertschätzung kann daraus nachempfunden werden, daß sie als Ausstattung für Krönungen und andere festliche Ereignisse dienten. Sie wurden das, was man heutzutage ein *Statussymbol* nennt.

Die orientalischen Lieferanten wußten diese Leidenschaft für ein Luxusobjekt weiter anzustacheln und anschließend zu befriedigen. Nicht nur schickten sie die besten Stücke auf den europäischen Markt, sie änderten sogar manchmal, wohl auf besondere Anforderung, Form und Größe, um einen bestimmten europäischen Bedarf, vor allem den nach den begehrten Tischdecken, zu decken. Für solche Zwecke stellten die ägyptischen Teppichknüpfer der vorosmanischen Zeit runde, quadratische oder kreuzförmige Stücke her.[21] In einem Fall ging ein persischer Knüpfer so weit, ein Kleidungsstück in der üblichen Knüpftechnik anzufertigen, auf dem eine Kreuzigungsgruppe zwischen typischen Teppichmustern mit floralen Motiven plaziert war. Eine Gruppe orientalischer Teppiche trägt europäische Wappen, die offenbar auf besondere Bestellung gemacht worden sind; so die, welche König

194

Sigismund III. Vasa von Polen 1602 in Kaschan bestellte. In diesem Fall kennen wir sogar die Preise und den Extrabetrag für das Knüpfen der Wappen. In Beispielen des frühen siebzehnten Jahrhunderts findet sich ein Doppelwappen, das an die Hochzeit zweier adliger Familien erinnert. Ein anderer Teppich war auf besondere Bestellung für einen lateinischen Erzbischof von Lwow zwischen 1614 und 1633 gemacht worden, weitere Fälle von Bestellungen stammen von Zunftmeistern, z.B. der Gürtlerinnung von London, die 1634 einen Wappenteppich aus Lahore bestellte. Im ganzen gibt es noch zwanzig solcher Wappenteppiche, von denen je zwei in Kairo und Indien angefertigt wurden.[22]

Bei dem breiten Angebot von schönen orientalischen Teppichen war ein Wettbewerb der nach ihrem Vorbild angefertigten europäischen Stücke mit ihnen praktisch unmöglich. Tatsächlich gibt es einige Kopien, jedoch begannen intensivere Versuche erst 1604, als der französische König einem Monsieur Fortier Konzession und Patent ausstellte, durch die er zum *tapissier ordinaire de Sa Majesté en tapiz de Turquie et façon de Levant* wurde.[23] Das bemerkenswerteste westliche Konkurrenzunternehmen wurde die 1605 von Pierre du Pont gegründete *Savonnerie*, die ganz natürlicherweise zunächst türkische Muster zu kopieren suchte. Andere europäische Länder folgten, aber angesichts des reichhaltigen Nachschubs an verschiedensten und vermutlich billigeren Fabrikaten aus dem Vorderen Orient waren alle diese Unternehmungen nur von geringem Nutzen; entweder

*194 Unbekannter Künstler, The Somerset House Conference; Leinwand, 1604, London, The Trustees of the National Portrait Gallery*

*192 Großgemusterter »Holbein-Teppich«; Wolle, Türkei, 16. Jh. (4/138)*

*193 »Marbyteppich«; Anatolien, 14. Jh., Stockholm, Statens Historiska Museum*

195

hörten sie nach kurzer Zeit auf zu produzieren, wie die 1750–1755 existierende Werkstatt in Westminster, oder sie gingen zu westlichen Mustern über.

Einen Sonderfall stellte Polen dar. Dort gründete ungefähr um 1643 der Hetman Stanislaw Koniecpolski Werkstätten in Brody zur Herstellung von Stoffen und Teppichen. Ursprünglich sollten italienische Vorlagen kopiert werden; da aber italienisches oder spanisches Material nicht zu bekommen war, wurden orientalische – persische sowie türkische – verwendet. Zunächst waren die Entwürfe recht eng an das Original angelehnt, sie wurden aber im Laufe des siebzehnten und achtzehnten Jahrhunderts einfacher und starrer, so daß sie schließlich wie Volkskunsterzeugnisse aussahen.[24] Darin stehen sie nicht allein, denn im achtzehnten und neunzehnten Jahrhundert fertigten die Bauern in Spanien, Italien und selbst in Ostpreußen Stücke an, die orientalische Vorbilder manchmal recht getreu nachahmen.[25] Noch spätere Nachklänge sind in den Erzeugnissen von William Morris zu finden, obwohl bei ihm die Abhängigkeit bedachter und eher zögernd ist.[26]

## Metallarbeiten

So wichtig das Metallhandwerk im islamischen Mittelalter war, so scheint es doch nur einen geringen Einfluß auf die Künste in Europa ausgeübt zu haben, vielleicht da die Stücke für die strapazierten Pilger oder Kreuzfahrer zum Transport zu schwer waren. Doch gibt es Hinweise auf einzelne solcher Importe und möglicherweise ihr Weiterwirken. Das früheste und berühmteste ist der bronzene Greif von Pisa, eine der hervorragenden Metallbeiten des fatimidischen Ägypten. Zu einem späteren Zeitpunkt, vielleicht im siebzehnten Jahrhundert, gelangte ein anders berühmtes mittelalterliches Stück in eine königliche abendländische Sammlung, wobei die näheren Umstände jetzt unbekannt sind. Jedoch wann immer dies geschehen sein mag, das Taufbecken Ludwigs des Heiligen kam zu spät mit seinem gänzlich fremden Dekorstil, um auf zeitgenössische Künstler noch eine Wirkung auszuüben. Es war und blieb nur eine Kuriosität, wenn auch gegen Ende des achtzehnten Jahrhunderts eine legendäre sakrale Verbindung zwischen Ludwig dem Heili-

*195 Greif von der Giebelspitze des Pisaner Domes; Bronze, Spanien (?), 11. Jh. (4/83)*

*196 Metallbecken, sogen. Taufbecken Ludwigs des Heiligen; Messing, gold- und silbertauschiert, Kairo, spätes 13. Jh. (4/84)*

*196*

*197*

198

*198 Coupe de Fano; Bronze und Kupfer, Syrien oder Ägypten, 12. Jh. (4/88)*

gen, dem berühmten Kreuzfahrer, und diesem großen tauschierten Becken hergestellt wurde. Es stammt aus Ägypten oder Syrien aus der Zeit um 1400.[27] Eine solche Kreuzzugsverbindung besteht tatsächlich bei einem anderen Stück, dem Becken aus altem Besitz der Herzöge von Arenberg, jetzt in der Freer Gallery of Art.[28] Es war für den muslimischen Gegenspieler der Kreuzfahrer, den Sultan al-Malik as-Salih Nadsch ad-Din Ayyub kurz vor der Mitte des dreizehnten Jahrhunderts angefertigt und gelangte zu einem heute unbekannten Zeitpunkt in die herzoglichen Sammlungen, jedoch, nach einem an der Basis eingeritzten Wappen zu schließen, nicht später als im siebzehnten Jahrhundert.

Im Gegensatz zu den großen auffallenden, aber einflußlosen Stücken hatten einige kleinere Objekte eine besondere Wirkung. Häufig ist das genaue Vorbild nicht bekannt und das Muster kann nur anhand von verwandten Stücken erschlossen werden. Die früheste Gruppe bilden romanische Tiergefäße des zwölften Jahrhunderts, gewöhnlich als Aquamanile bezeichnet, die als Wasserspender dienten. Da sie im Vorderen Orient früher belegt sind als in Europa und dort dieselben funktionalen Merkmale aufweisen, wie Ein- und Ausgießtüllen und tierförmige Griffe, ferner dieselben oft phantastische Wesen orientalischen Ursprungs darstellen und die gleiche Art der Stilisierung zeigen, ist an ihrem Ursprung in orientalischen Vorbildern kaum zu zweifeln.[29] Ebenfalls ins Mittelalter gehört eine Gruppe französischer Objekte aus der zweiten Hälfte des dreizehnten Jahrhunderts, nämlich die paarweise in Limoges hergestellten *gemellions*, emaillierte Kupferbecken, deren Kompositionsschemata und Dekormotive derart typisch islamischen Charakter zeigen, daß sie offensichtlich von verwandten orientalischen Stücken herzuleiten sind.[30] Dann gibt es die Astrolabien, die im Vorderen Orient so verbreitet waren und in Europa später genau kopiert wurden.[31] Glücklicherweise sind solche astronomischen Instrumente oft signiert und datiert, so daß ihre Verbreitung leicht verfolgt werden kann.

Der Einfluß islamischer Metallkunst wurde noch spürbarer gegen Ende des fünfzehnten Jahrhunderts, als mit dem Ausklingen der Tauschiertechnik im Vorderen Orient eine große Anzahl von Becken, Schalen, Platten, Krügen und Kerzenständern in dieser Technik in Venedig auftauchten, vielleicht auch in anderen italienischen Städten, und zwar noch während der ersten Hälfte des sechzehnten Jahrhunderts.[32]

Sie sind alle aus stark glänzendem Messing, das äußerst sorgfältig ziseliert und mit Silber eingelegt ist, manchmal von einem aus der kleinen Künstlergruppe signiert, aber nie datiert. Sie zirkulieren unter der Bezeichnung *Azzimina*-Arbeiten (vom arabischen *adschami*, was den Nichtaraber, speziell den Perser bezeichnet; in der Tat ist einer der Meister ein Kurde). Lange Zeit hat man die Stücke für Erzeugnisse von in Venedig tätigen orientalischen Handwerkern erklärt, jedoch ist dem neuerdings wider-

*197 Prunkgefäß des Ayyubidenherrschers an-Nasir Yusuf; Messing, silbertauschiert, Damaskus, Mitte 13. Jh. (4/86)*

*199 Brunnenlöwe; Bronze, Ägypten, 11. Jh. (4/80)*

199

*200 Greifenaquamanile; Bronze, silbertauschiert und nielliert, Lothringen, 2. H. 12. Jh., Wien, Kunsthistorisches Museum*

200

sprochen worden, hauptsächlich aus dem Grunde, daß die strengen und restriktiven venezianischen Innungsregeln etwas Derartiges verboten hätten. Es muß sich demnach um islamische Objekte handeln, die vielleicht in Persien für den Export gefertigt wurden, was eine zweisprachige Inschrift auf einem von ihnen erklären würde – übrigens eine einmalige Erscheinung auf islamischen Stücken.[33] Jedenfalls übte diese Gruppe einen starken Einfluß auf norditalienische Erzeugnisse aus, welche die Technik und Gesamtform oft nachahmten, jedoch mit eher abendländischen Arabesk- und Linienmustern. Die orientalischen Motive waren wohl auch Vorbild oder zumindest Inspirationsquelle für sechs Kupferstiche mit kreisförmigen, weiß auf schwarz gehaltenen graphischen Studien mit einander überschneidenden Knotenbandmustern, die

201

ungefähr 1483 bis 1499 datierbar sind. Sie stammen aus Mailand und gehen wahrscheinlich auf einen Nachfolger Leonardo da Vincis zurück, der nach Entwürfen seines Meisters gearbeitet haben mag.[34] Um 1507 wurden sie wiederum von einem andern großen Meister in Holzschnitten kopiert, nämlich von Albrecht Dürer, der in seinem Tagebuch von ihnen als *Knoten* spricht.[35] So genial diese Kompositionen sind, so fallen sie doch ab gegenüber ähnlichen Mustern der *Azzimina*-Objekte, auf denen die Zentralmotive aus ein und demselben leichten, schmalen, in Silber eingelegten und immer gleich breiten Band geführt sind,

*201 Greifenaquamanile; Bronze, vergoldet, Silber, Niello, maasländisch oder deutsch, um 1150 (4/74)*

202

*202 Löwenaquamanile; Bronze, norddeutsch, Anf. 13. Jh. (4/82)*

203

*203 Drachenaquamanile; Bronze, vergoldet, maasländisch, 2. H. 12. Jh. (4/77)*

*204 S. Lochner, Verkündigung, Altartafel (s. Darstellung eines Keramikgefäßes mit kufischer Aufschrift); um 1448, Köln, Dom*

das als Hauptthema gegen eine Reihe von dunkleren, dichteren und feineren Sekundärthemen abgesetzt ist, die weder auf der italienischen Version noch der deutschen Kopie vorkommen. Solche Motive waren, zusammen mit denen auf Stücken der *Türkenbeute* (aus den Balkankriegen und Belagerungen Wiens), die Vorläufer der weitverbreiteten *Maureskenmode*, die 1530 mit dem Erscheinen von Francesco Pellegrinos Holzschnittbuch während seiner Arbeiten in Fontainebleau einsetzte. Sie tauchen auf in einem Werk mit dem Titel *La Fleur de la science de broderie, façon arabicque et ytalique*.[36]

Es enthält schwarze, flache Arabesk- und Floralmotive neben Flechtbändern auf weißem Hintergrund, die in ihrer Zweidimensionalität das Raumgefühl und die innere Bewegung vermissen lassen, aber sonst islamischen Vorbildern nahestehen. Seit 1540 wird diese Idee von Druckern in Paris und Lyon aufgenommen, ebenso von Vorlagezeichnern für Goldschmiede in Italien, Frankreich, der Schweiz, Deutschland und Flandern.[37] Jedoch verlieren diese Arabesken bald ihre harten, urtümlichen Umrisse und die schlichte Zweidimensionalität und werden komplexer, ohne jedoch ihren orientalischen Ursprung jemals zu verleugnen. Bedeutende Künstler, die in dieser Manier arbeiteten, sind Peter Flötner, Manuel Deutsch, Jean de Gourmont und der anonyme Meister, dessen Werk von dem Antwerpener Verleger Gieronymus Cock herausgegeben wurde. Selbst Hans Holbein d. J. ist dieser Gruppe zuzurechnen, da er im Jahre 1537 einige Arabeskenzeichnungen entwarf. So kurzlebig dieser Stil zeitlich war, so stellt er doch die größte Annäherung an die Adaptation einer islamischen Art zu einem europäischen *Idiom* dar. Dies war viel mehr als nur die Entwurfsübung mehr oder weniger großer Künstler, denn diese Mauresken, oft den orientalischen Arabesken ganz ähnlich, tauchten auf vielen Objekten zum alltäglichen Gebrauch, jedoch mit modischem Anspruch, auf – von Spielbrettern und Musikinstrumenten bis zu Schilden wie den in Venedig für den Fürstbischof von Salzburg angefertigten.

## Keramik

Obgleich Keramik leicht zerbricht und daher schwer zu transportieren ist, gelangte doch eine begrenzte Anzahl aus dem Vorderen Orient nach Europa. Beispiele dafür sind die sogenannten *bacini*, flache, runde glasierte Gefäße, die zu koloristischer Wirkung in die Außenwände einiger italienischer Kirchen, teils an den Fassaden, teils am Campanile, eingesetzt worden sind.[38] Da sie somit dem Forscher nicht leicht zugänglich sind, hat man sie nie systematisch untersucht; aber es besteht kein Zweifel, daß unter ihnen zahlreiche Erzeugnisse verschiedener islamischer Länder, vor allem aus Ägypten, vertreten sind. Daß Keramiken auch naheliegender benutzt wurden, wird durch eine seltene weiße, relifierte Schale aus Halbporzellan belegt, von der noch ein Fragment als *Kelch von S. Girolamo* erhalten ist, das – ursprünglich aus S. Anastasia – jetzt im Museo Sacro im Vatikan aufbewahrt wird.[39] Im vierzehnten Jahrhundert wurde die spanisch-islamische Lüster-Keramik aus Andalusien in Europa ebenso wie im islamischen Osten hoch geschätzt. Vollständige Stücke sind im Abendland nach Sizilien und sogar bis Schleswig-Holstein gelangt, Berge von Fragmenten wurden aus den Schutthaufen von Fustat in Ägypten ausgegraben. Daher ist es nicht verwunderlich, daß im fünfzehnten und frühen sechzehnten Jahrhundert die Lüster-Platten, -Schüsseln und -Vasen aus Valencia mit den jeweiligen Wappenzeichen zu höchst begehrten Statussymbolen wurden, nicht nur im Besitz von großen spanischen Familien, sondern auch von solchen europäischen Geschmacksvorreitern wie dem Herzog von Burgund, den Medici in Florenz, den Königen von Neapel und selbst einem Papst, Leo X..[40] Unmittelbaren Einfluß der islamischen Keramik und besonders ihrer spanisch-islamischen Variante mit den Zinnglasuren und *sgraffito*- oder Lüster-Dekor, können wir in der aufkommenden italienischen Produktion verfolgen, die schnell eine außerordentliche Blüte erlebte.[41] Bestimmte Formen, wie kleine Schalen, Vasen, Töpfe und Apothekergefäße, *albarelli* genannt, und spezielle Dekorationsmotive wurden bereitwillig übernommen, und die künstlerischen Effekte

*204*

205

205 *Albarello; Lüsterkeramik, Spanien/Valencia, 15. Jh.* (4/118)

206

206 *Albarello; Majolika, Toskana (?), Ende 15. Jh.* (4/120)

der im Orient entstandenen und in Spanien weiterentwickelten Techniken wurden in den verschiedenen italienischen Zentren noch weiter verfeinert. Jedoch wandte man sich bald einer figuralen Bildwelt zu, die dem Osten völlig fremd war und damit entstand ein typisch abendländischer Keramiktyp.

## Glas

Islamische Gläser – noch empfindlicher als Keramik – sind nur in wenigen mittelalterlichen europäischen Orten gefunden worden, obwohl ihr Vorkommen in Schweden, Südrußland und sogar in China anzeigt, daß solche Entfernungen nicht grundsätzlich ihren Transport verhinderten. Wie üblich fanden sie ihren letzten Aufbewahrungsort in Kathedralen, Kirchen und Klöstern, wo sie zu Zeiten als Kreuzfahrermitbringsel oder als von Karl dem Großen herstammend galten.[42] Der berühmteste derartige Kirchenschatz, jetzt im Stephansdom in Wien, ist eine syrische Pilgerflasche von um 1280, welche mit dem Blut der unschuldigen Kinder getränkte Erde aus Bethlehem enthalten soll. Der reiche Dekor dieses Stücks paßt nicht recht zu der sakralen Verwendung; er besteht aus verschiedenen weltlichen Szenen, wie einer Gruppe von Feiernden und Musikanten, die an einem Bach sitzen.[43] Es gibt auch Stücke in Privatsammlungen. Das berühmteste ist ein syrischer Becher von um 1240, der nach der wohlbekannten Legende nicht mehr existieren dürfte: das sogenannte *Glück von Edenhall*, dessen angebliche Zertrümmerung unter dramatischen Umständen dichterisch von Ludwig Uhland und nach ihm von Longfellow beschrieben wurde. Weitere Stücke sind uns aus Inventaren bekannt.[44] In denen Karls V. von Frankreich (1379/80) sind verzeichnet *»troys pots de verre à la façon de Damas«*, dazu ein Bassin, ein Ampelgefäß und andere Gläser derselben Herkunft. Im darauffolgenden Jahrhundert ist das Inventar Piero Cosimos de Medici ebenfalls voll solcher Gefäße *»di vetro domaschini«*.[45]

Einige syrische Glasgefäße sind an verschiedenen Stellen des Heiligen Landes entdeckt worden; daher ist es auch nicht erstaunlich, daß Fragmente in der 1272 zerstörten Kreuzfahrerburg Montfort ausgegraben wurden: Soweit man erkennen kann, war ihr Dekor, meist Inschriften, ganz islamisch.[46] Jedoch gibt es fünf, offensichtlich auch syrische Stücke, die trotz ihrer traditionellen Emailliertechnik rein abendländische Szenen zeigen. Darunter zählen nicht nur europäische Wappen, sondern auch Darstellungen des Kaisers des Heiligen Römischen Reichs, eine thronende Madonna mit Kind, lateinische Anrufungen der *Domina Mater* und sogar die Signatur eines italienischen Meisters Aldrevandinus.[47] Diese Stücke bilden eine Brücke zu den späteren venezianischen Arbeiten. Wie bekannt, benutzten die dortigen Handwerker orientalische Emailliertechnik und kopierten auch einzelne Dekorformen, besonders die immer gleich beliebten Perlreihen und Schuppenmuster.

207

*207 Schale; Lüsterfayence, Spanien/Málaga, 1. H. 14. Jh. (4/115)*

208

*208 Krug; Keramik, Türkei/Iznik, Fassung: vergoldetes Silber, London, 2. H. 15. Jh. (4/128)*

## Bergkristall und Elfenbein

Objekte aus Bergkristall und Elfenbein könnten, wegen ihrer Seltenheit, im Rahmen dieses Überblicks für unbedeutend gehalten werden, aber auch sie tragen zum Verständnis unserer Grundfrage bei. Man kennt fast nur im Abendland erhaltene Beispiele, vor allem aus kirchlichen Sammlungen. Aus islamischen Quellen ist nichts über die Verwendung von Elfenbein bekannt. Da gibt es die elfenbeinernen Jagdhörner, in mehreren westlichen Sprachen *Olifant* genannt, von denen ungefähr dreißig geschnitzte Stücke mit islamischem Dekor erhalten sind. Sie sind die Überbleibsel einer wesentlich größeren Zahl, da nach frühen Nachrichten allein in Winchester neun solcher *cornea eburnea* existierten, sechs in Speyer und je vier in Salisbury und Limoges, wovon nach den erhaltenen Beispielen ungefähr die Hälfte islamisch gewesen sein dürfte.[48] Auf einen zweiten anzuführenden Punkt sind wir schon zu sprechen gekommen: daß nämlich die Elfenbeine und Bergkristalle trotz ursprünglich vorgesehener säkularer Bestimmung fast immer im religiösen Bereich wiederverwendet wurden. Sie wurden meist zu Reliquien oder wurden mit solchen verbunden, wie z.B. die prächtigen Flaschen im Schatz von San Marco oder die von San Lorenzo in Florenz, von denen eine etwas so Kostbares wie die Heilige Blutreliquie enthielt. Die Bergkristalle dienten auch als Anschauungsmaterial christlicher Werte. Aufgrund ihrer Härte und Lichtdurchlässigkeit wurden sie zu Symbolen für die jungfräuliche Geburt. Dies hatte die heilige Brigitta im Sinne, nach der Christus gesagt hat: *»Ich bin Fleisch geworden ohne Sünde und Lust und bin in den Schoß der Jungfrau gelangt, so wie die Sonne durch einen Edelstein dringt.«*[49]

209

209 *Lampe; Bergkristall, Ägypten?, 950-1050, vergoldete und emailierte Silberfassung, wohl italienisch, 15. Jh. (4/10)*

210 *Doppelhenkelkelch, sogen. Heinrichskelch; Bergkristall, fatimidisch, um 1000, Fassung: vergoldetes Silber, Edelsteine, deutsch?, 12. Jh., München, Residenz München, Schatzkammer*

211 *Trinkhorn; Glas, Email-Malerei, Syrien (Damaskus?), 1250-1310, Fassung: Silber, vergoldet, getrieben, graviert und emailliert, Deutschland (Reval ?), Mitte 16. Jh. (4/52)*

## Bucheinbände

Selbst eine so untergeordnete Kunst wie die der Bucheinbände zeigte die Einwirkungen des Islams. Zunächst sind die technischen Verbesserungen anzuführen, die Europa von den östlichen Nachbarn lernte. Dazu gehört der Ersatz von Holz durch Pappe als Kernmaterial der Deckel, ferner die Ledervergoldung, meist durch erhitztes Werkzeug. Für letzteres haben wir sogar einen Markstein zum Beweis der islamischen Priorität vor Europa: die erste Erwähnung eines Vergoldungsvorgangs kommt in einem zwischen 1062 und 1108 entstandenen nordafrikanischen technischen Handbuch über die Buchkunst vor, der erste goldgeprägte Einband für einen Almohaden-Sultan von Marokko datiert von 1256. demgegenüber ist die erste abendländische Verwendung dieser Technik für 1459 in Italien belegt[50], und die Geschichte dieses Kunstgewerbes in seiner kreativsten Periode, der zweiten Hälfte des sechzehnten Jahrhunderts, kann nicht ohne besondere Beachtung der islamischen Einbände verstanden werden.

210

## Miniaturmalerei

Die Miniaturmalerei ist die letzte der Künste, die den Westen beeindruckten. Hier war es vor allem die Kunst der Großmoguln in Indien, die bemerkenswerten Einfluß ausübte. Die Rückseite einer emaillierten Mailänder Medaille mit dem Brustbild des Kaisers Dschahangir mit einem Falken auf seiner Rechten ist bisher der früheste bekannt gewordene Beleg für einen kulturellen Einfluß. Es gibt zwingende Gründe dafür, daß das gemalte Vorbild vor Dschahangirs Thronbesteigung 1605 entstanden sein muß.[51] Es wurde dann auf die ovale Fläche graviert und war sicherlich als diplomatisches Geschenk für den Kaiser gedacht, der ein eifriger Sammler westlicher Kleinkunst und ebenfalls von Miniaturen war. Von größerer Bedeutung ist, daß Rembrandt eine Sammlung von mehr als zwei Dutzend Gemälden der Moguln und sogar aus dem Dekhan besaß, die er in seinem charakteristischen Stil kopierte, bevor er sie um 1656 verkaufen mußte.[52] Es sind meist höfische Porträts, und selbst Rembrandts Chiaroscuro-Stil, der den Originalen natürlich fremd war, änderte nicht ihren ursprünglichen Charakter, so daß verschiedene Sujets noch jetzt identifizierbar sind. Diese raschen, aber gekonnten Skizzen sollten vermutlich als ein ikonographisches Repertoire orientalischer Themen für spätere Verwendung dienen. Noch wichtiger als der Einblick in Rembrandts Arbeitsweise ist für uns seine Faszination durch diese Malereien, die ihn wegen ihres exotischen Sujets angezogen haben müssen. Es ist bezeichnend, daß auch Delacroix Miniaturen aus der islamischen Welt kopierte. Er malte Personen sowohl von indischen als auch persischen Vorlagen ab,

211

*212 Poloreiter-flasche; Glas, Syrien, 2. H. 13. Jh. (4/53)*

*212*

*213*

*213 Becher mit Reiterornament; emailliertes Glas, Syrien/Aleppo, um 1260 (4/54)* ◁

214

215

*214 Vase; Bergkristall, Irak?, Ende 10. Jh., Vendig, Museo della Basilica di San Marco*

*215 Kanne des Kalifen al-Aziz-bill'ah; Bergkristall, Fassung: Gold, Kairo, 975-996, Venedig, Museo della Basilica di San Marco*

216

*216 Krug; Bergkristall, fatimidisch, 10.-11. Jh., London, Victoria & Albert Museum, Department of Sculptures*

offenbar das erstemal, daß letztere einen großen Meister abendländischer Malerei faszinierten.[53] Ein nachdrücklicher Einfluß von Malereien begegnet noch in einem völlig anderen Zusammenhang, obwohl die Quellen für seine Vermittlung unbekannt bleiben. Es gibt eine Anzahl barocker Automaten, zumeist Uhren, die letzten Endes auf das um 1206 verfaßte Automatenbuch von al-Dschazari zurückgehen müssen, in dem die gleiche Art kunstvoll konzipierter Maschinerien voller Überraschungseffekte vorgeführt wird.[54] Eine Uhr ähnlichen Typs hatte lange vorher ein Gesandter Harun ar-Raschids am Hofe Karls des Großen überreicht. Später verdrängten jedoch die von Räderwerken getriebenen Uhren in Europa jene frühen wasserbetriebenen Mechanismen allgemein, welche die Araber ihrerseits von den Alexandrinern übernommen und weiterentwickelt hatten.

Diese Übersicht mag wie ein Scheinwerferlicht wirken, das eine Landschaft beleuchtet und bestimmte Aspekte klar heraushebt, während andere im Dämmer oder Dunkeln bleiben. Jedoch

217

scheint es hinreichend zu sein, bestimmte Einsichten in die Art der Begegnung Europas mit dem Nahen Osten zu vermitteln. Es wurde gezeigt, daß es zwei wichtige Perioden für diese Begegnung gab: das elfte bis dreizehnte Jahrhundert und dann wieder die Zeit vom Ende des fünfzehnten durch das sechzehnte Jahrhundert hindurch. Die erste Periode ist natürlich die der Kreuzzüge, und obgleich wir nichts Genaues über die Art der Transporte wissen, scheint es kaum bezweifelbar, daß jene weitreichenden Ereignisse den Güterverkehr erheblich förderten. Die zweite Periode ist die der Renaissance, als eine neue geistige Freiheit und ein neues Weltbewußtsein alte Vorurteile überwanden. Es gab natürlich noch andere Zeiten kulturellen Austausches, sogar vor den Kreuzzügen, jedoch handelte es sich dabei nicht um ähnliche Vielfalt und Mengen an Material.

Eine zweite Schlußfolgerung aus diesem Überblick ist die, daß die in erster Linie für Importe und Anregungen in Frage kommenden islamischen Gebiete um das Mittelmeer gelegen sind, nämlich Ägypten, Syrien, Spanien, Nordafrika und später die Türkei. Länder wie Persien und Indien spielen eine viel geringere Rolle, noch weniger der Kaukasus und Zentralasien. Kennzeichnend hierfür ist, daß kaukasische Teppiche nur äußerst selten auf europäischen Gemälden vorkommen und daß zentralasiatische Teppiche erst in der zweiten Hälfte des 19. Jahrhunderts nach Europa gelangten.

Der dritte Punkt betrifft die als Vorlage dienenden Bereiche der Künste. Es erscheint symptomatisch, daß gewöhnlich nicht die Kunstwerke als solche in ihrer Form und Funktion kreativ übernommen und weiterentwickelt wurden – jedoch geschah auch dies in Ausnahmefällen wie bei den *Azzimina*-Metallarbeiten. Der Westen schätzte vielmehr die Muster und suchte sie nachzuahmen. Dies gilt vor allem für die Tierzeichnungen und ihre Kompositionsschemata auf mittelalterlichen Textilien sowie für die Arabesk- und Knotenmotive, welche die Künstler der Renaissance faszinierten. Der Westen hatte, mit anderen Worten, von Anfang an instinktiv begriffen, was das grundlegende Wesen der islami-

*217 Glasschale; Iran?, 9./10. Jh., Fassung: Gold, vergoldetes Silber, Edelsteine, Iran?, 10.–15. Jh. (4/51)*

*218 Bergkristallkanne mit Widdern; Kairo, Ende 10. Jh., Fassung: vergoldetes Silber, Venedig?, 13. Jh. (4/1)*

218

219

*219 Bergkristall-Kanne; islamisch, 10. Jh., Florenz, Tesoro di San Lorenzo, Chiostro di San Lorenzo*

220

221

*220, 221 Elfenbeinkästchen, sogen. Schreibzeug des hl. Leopold; Elfenbein, schwarze Paste, islamisch, 12. Jh. (4/11)*

schen Kunst war, nämlich ihre Fähigkeit, glatte Flächen mit ansprechenden Mustern zu überziehen.

Der vierte Punkt bezieht sich auf die Art, wie orientalische Kunstformen im Westen verarbeitet wurden. Dieser Vorgang läßt sich nicht mit dem vergleichen, wie einige Wörter orientalischen Ursprungs in abendländische Sprachen gelangten, nämlich wie Gepäckstücke, die in einem fremden Hafen gekauft und auf eine weite Reise mitgenommen werden. Die Übernahme geschah auch auf andere Art als durch die ständige Herausforderung, welche die antiken Künste auf die der Renaissance-Zeit ausübten. Hier haben wir es eher mit einem sporadischen Verdauungsprozeß zu tun, bei dem gewisse Muster dem allgemeinen künstlerischen Prozeß assimiliert wurden, innerhalb dessen sie bald ihre Identität verloren.

Was war schließlich die Bedeutung dieser Begegnungen? Obgleich in unserem Überblick so bedeutende Namen wie Leonardo, Dürer und Holbein vorkamen, ist zuzugeben, daß der Einfluß des Vorderen Orients auf die europäische Kunst im ganzen gesehen nicht wesentlich war. Er hat das Gesamtbild bereichert und ihm manchmal eine besondere Färbung gegeben. Wenn er jedoch nie stattgefunden hätte, hätte sich die Kunst im Abendland – vielleicht mit Ausnahmen bei Rembrandt und Delacroix – doch in der gleichen Richtung fortentwickelt und wäre zu denselben Schlußfolgerungen gelangt. Die Begegnungen waren wohl zu sporadisch und zu begrenzt, um wirklich fruchtbar zu sein. Darüber hinaus sprachen die sich anbietenden Formen nicht tiefere Emotionen an und wurden – da nicht verwandt und nicht mit den abendländischen Grundzügen von Malerei und Plastik übereinstimmend – niemals spontan hochgeschätzt. Sie blieben zum größten Teil als Kuriositäten in Kirchenschätzen versteckt, statt als Inspirationsvorlagen, welche die abendländische Seele beeeindruckten, zu dienen. Gerade die Sanftheit der Entwürfe, die zunächst die östliche Kunst in Europa überhaupt akzeptabel gemacht hatte, war es dann aber,die einem tieferen Eindruck entgegenstand. Ein Großteil der Produktion war allein handwerklichem Geschick zu danken, wobei man den Herstellern nicht in ihren Werkstätten hatte zusehen können. So waren keine großen technischen Errungenschaften kennenzulernen, die für den Westen bestechend gewesen wären.

Wie unvereinbar die beiden Kunsttraditionen sind, wird wohl am deutlichsten durch die Gruppe von Objekten demonstriert, die vielleicht am längsten und durchdringendsten auf Europa einwirkte – den orientalischen Teppichen. Hier ist die Haltung gegenüber dem Kunstobjekt im Westen ganz anders als

222

223

*222 Elfenbeinkästchen mit Tierornamenten; Elfenbein, Silberbeschläge, Sizilien, 13. Jh. (4/21)*

*223 Elfenbeinkästchen mit Kombinationsschloß; Elfenbein, sizilisch-arabisch, 12. Jh. (4/13)*

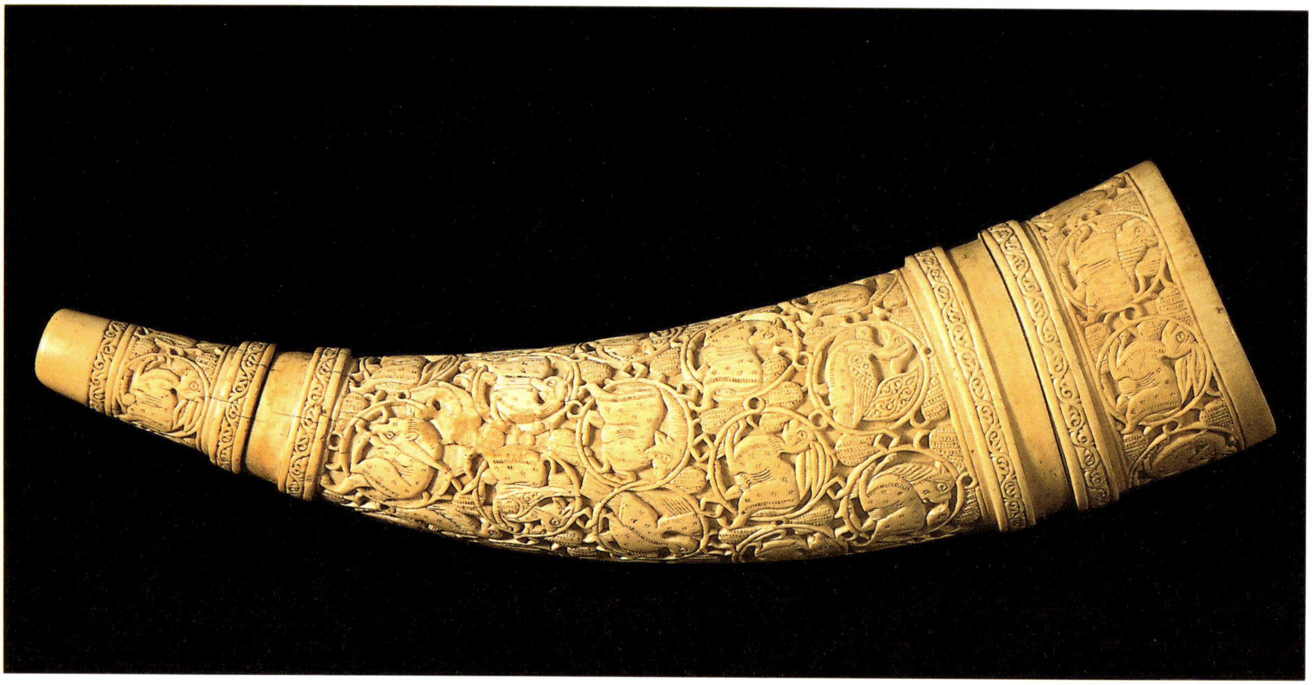

224

*224 Olifant; Elfenbein, Unteritalien, 11.-12. Jh. (3/14)*

im Osten. Im Osten sitzt und ruht man auf dem Teppich, in engstem physischem und visuellem Kontakt mit ihm, so daß seine Bildwelt – die zudem nicht von irgendwelcher Einrichtung aus anderem Material beeinträchtigt ist – genau studiert werden kann. Im Westen ist der Teppich nicht sosehr Gegenstand der Betrachtung. Man sitzt hoch darüber auf Stühlen, in einem mit Tischen, Sofas und Sesseln gefüllten Raum, welche die Sicht auf den ausgebreiteten Fußbodenbelag verstellen; dabei lenken noch Gemälde, Stoffbehänge oder gemusterte Tapeten an den Wänden den Blick ab. Allerdings brachte die Verwendung von Teppichen als Tischdecken sie dem Auge näher; dabei handelt es sich aber wiederum um eine unorientalische Zweckentfremdung. Von dieser unterschiedlichen Auffassung her ist es ganz natürlich, daß der Westen nicht in der Lage war, ein Produkt von der Art des Orientteppichs zu schaffen, das mit diesem erfolgreich hätte konkurrieren können.[55]

Die Haltung des Abendlandes gegenüber orientalischen Erzeugnissen läßt sich noch klarer beleuchten, wenn man den Einfluß politischer Realitäten berücksichtigt. Wir meinen die Türkenkriege, die Europa seit dem sechzehnten Jahrhundert zwangen, die Existenz einer bedeutenden orientalischen Großmacht hinzunehmen und sich mit dieser zu arrangieren. Dies führte zu einem direkten und häufig ausgedehnten Einfluß auf die abendländische Kunst. Die Wirkung der Schlacht von Lepanto 1571 dauerte ungefähr hundert Jahre an und ist nicht nur in Gemälden, Skulpturen, Stichen und Flugblättern zu verfolgen, sondern auch in Chorgestühlen und Kirchengerät. Sobald die türkische Macht im achtzehnten Jahrhundert dahinschmolz, verlor man die Furcht vor den Türken, die nun als delikate Porzellanfiguren oder in Kostümalben bewundert werden konnten. Jedoch blieb das Vorhandensein einer nahöstlichen politischen Macht im Bewußtsein. Die Künste haben kein so lang anhaltendes, verschiedenartiges Echo gehabt, und selbst ein so aufnahmebegieriger Künstler wie Delacroix hat sich bei seinem Besuch in Tanger, Marokko und Algerien 1832 nicht in erster Linie von Kunsterzeugnissen anziehen lassen. Was ihn tief beeindruckte, waren die Menschentypen und die gesamte *ambiance* mit ihrem wimmelnden Leben von Menschen und Tieren, das *»lebendige, emphatische Erhabene«*, wie er es nannte. Der Zug von Degeneration in der islamischen Kunst, den gerade die arabische Welt offenbarte, mag erheblich zu die-

225

226

sem mehr ethnographischen Interesse beigetragen haben. Jedoch nicht allein die Künstler, auch die Forscher waren ähnlich blind. Vier große Alben mit einmaligen persischen Bildern und Zeichnungen des vierzehnten und fünfzehnten Jahrhunderts, die seit 1817 der Preußischen Staatsbibliothek gehörten, blieben bis zu ihrer *Entdeckung* während einer Ausstellung in Tübingen 1956 unbekannt. Sie waren früher nicht katalogisiert worden, da sie keine religiösen oder literarischen Texte enthielten. Erst seit Beginn des zwanzigsten Jahrhunderts bewirkte die sich entwickelnde Forschung ein neues und tieferes Verständnis für dieses Gebiet und trug zur Erziehung des Publikums durch Aufstellung hervorragender Stücke in Museen und Durchführung zahlreicher großer und kleinerer Ausstellungen im ganzen Abendland bei.

*225 Olifant; Elfenbein, Montierung: vergoldetes Eisen, Sizilien, um 1200 (3/13)*

*226 Darstellung des sterbenden Roland, in der Hand das ›Olifant‹; in: Stricker, Karl der Große, Pergamenthandschrift, Anf. 14. Jh., Berlin, Staatsbibliothek Preußischer Kulturbesitz*

*Rachel Ward*

# METALLARBEITEN DER MAMLUKEN-ZEIT, HERGESTELLT FÜR DEN EXPORT NACH EUROPA

Im Iran gewannen während des 12. Jahrhunderts Messinggefäße mit zarten, aus Silber, Gold oder Kupfer eingelegten Mustern Verbreitung. Da sie preiswerter waren als solides Gold oder Silber, und doch im Aussehen oft ebenso luxuriös, hatte sich die Beliebtheit dieser Objekte zu Beginn des 13. Jahrhunderts auch westwärts, nach Ägypten und Syrien ausgebreitet.

Unter den Mamlukensultanen von Ägypten und Syrien (1250–1517) blühte das Gewerbe. Die egozentrischen Sultane und ihre Beamten gaben zahlreiche Gefäße in Auftrag, auf denen in deutlich eingelegten Inschriften Name, Titel und Stellung bei Hof angegeben sind.

Venezianische Kaufleute, die im 14. und 15. Jahrhundert den Seehandel auf dem Mittelmeer beherrschten, erkannten rasch den Exportwert dieser Luxusgüter und brachten sie als Handelsfracht in das Europa der Renaissance. Während der ersten Hälfte des 14. Jahrhunderts mußte der Handel mit der Levante diskret abgewickelt werden. Die christlichen Reiche waren immer noch in Kreuzzüge verwickelt, und um den steten Abfluß von Metall und Waffen an den Feind zu unterbinden, verboten päpstliche Embargos den Handel mit dem Mamlukenreich. Der Handel ging zwar trotzdem weiter, aber das Embargo zwang die Venezianer, Zypern als Handelsplatz, als Zwischenstation einzusetzen, um dadurch das Endziel der Güter zu verschleiern.[1]

Da direkte Verbindungen zwischen Europa und dem Mamlukenreich fehlten, muß es sehr schwierig gewesen sein, Aufträge für besondere Einzelstücke zu organisieren, und solche Objekte sind denn auch während dieser Epoche wohl sehr selten nach Europa gekommen. Die meisten der damals nach Europa exportierten Objekte müssen ursprünglich für den Gebrauch der Mamluken bestimmt gewesen sein. Zweifellos waren die nicht arabisch sprechenden Europäer willkommene Geschäftspartner für Kaufleute, die gerne Objekte mit den Namen eines verstorbenen, abgesetzten oder in Ungnade gefallenen Sultans oder Mamlukenbeamten loswerden wollten. Es entbehrt nicht der Ironie, daß diese Objekte, die in Europa häufig als liturgische Geräte gebraucht wurden, oft mit Inschriften zum Lob des Sultans einer fremden Religion, mit der sich Europa im Krieg befand, dekoriert waren.[2] Zypern zog großen Nutzen aus seiner Stellung im Zentrum des venezianisch-mamlukischen Handels während dieses Embargos, das Reichtum und eine Vielzahl von Luxusgütern auf die Insel brachte. Es überrascht daher nicht, daß ein ganz hervorragendes, im Mamlukenstil dekoriertes Becken die Titel von Hugh of Lusignan, König von Zypern (1324–59), sowohl in Lateinisch wie in Arabisch trägt. Eine Schale, die seine Wappen trägt, ist mit Dichtung und lebendigen Vogelmustern geschmückt, die zu jener Zeit im Mamlukenreich in Mode waren.[3] Daß so viele arabische Kaufleute in Zypern waren, muß es Hugh leicht gemacht haben, derlei Gegenstände in Auftrag zu geben; sie könnten auch Geschenke eines Kaufmanns gewesen sein, der sich um seine Gunst bemühte, obwohl auf dem Becken auch die Wappen von Jerusalem und eine nicht von den Mamluken anerkannte Titulatur zu finden sind.[4]

1343 verschloß sich nach einem Zwischenfall in Tana (Azov) ein wichtiger venezianischer Absatzmarkt. Um einen alternativen Markt für ihre Güter zu finden, bemühten sich die Venezianer um die päpstliche Erlaubnis, mit den Mamluken wieder offiziell handeln zu dürfen. Der Papst reagierte, indem er seinen Bann gegen den Handel nur auf den Export bestimmter, im Krieg verwendeter Materialien begrenzte. Daraufhin segelte 1344 eine venezianische Flotte zum ersten Mal seit 20 Jahren nach Alexandria.

227

In den nächsten 150 Jahren (mit nur gelegentlichen kurzen Unterbrechungen) segelten venezianische Expeditionen im Spätsommer oder Frühherbst nach Alexandria und anderen Seehäfen an der ägyptischen und syrischen Küste.[5] Diese regelmäßigen Seereisen in das Mamlukenreich müssen es den venezianischen Kaufleuten erleichtert haben, eingelegte Metallarbeiten in Auftrag zu geben, denn nach 1344 finden sich Objekte mit europäischen Wappen häufiger.

Die Verwendung von Wappen war für die mamlukischen Handwerker keine völlig neue Idee. Sie integrierten oft das Emblem oder das Symbol für das Amt des Sultans oder hochrangiger Beamter in die Dekoration ihrer Objekte. Die

*227 Teller; Italienisch (Venedig), gravierte Bronze mit Silberauflage, um 1540-50 (4/100)*

228, 229 *Becken; Islamische Bronzearbeit, 12. Jh. (4/87)*

228

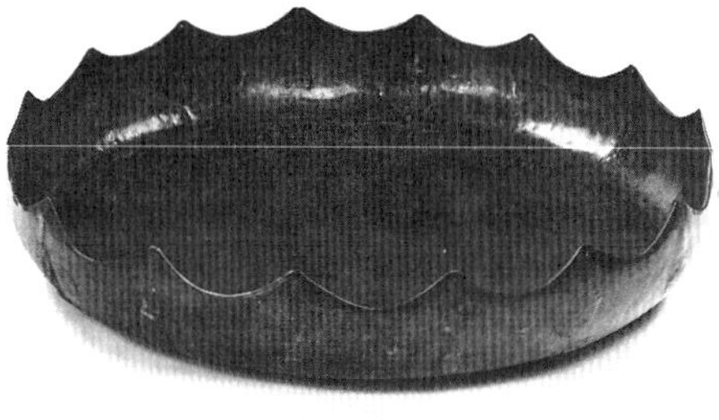

229

europäischen Wappen nehmen das den Mamlukenemblemen entsprechende Feld ein, obgleich sie eher schildförmig und nicht rund sind und komplexere Muster enthalten. Unglücklicherweise sind die Wappen schwer zu identifizieren, da die Handwerker auf die Farben Gold, Silber und Messing beschränkt waren.

Zunächst ersetzte das europäische Wappenschild einfach das Mamlukenemblem, die übrige Dekoration blieb unverändert. Drei Objekte, die dieselben Wappen tragen, einen durchbrochenen Schrägbalken zwischen zwei Rosetten, und die vielleicht für dieselbe Familie hergestellt wurden, illustrieren diese Übergangsperiode. Die erste Schale kombiniert das Wappen mit einer arabischen Inschrift, die die Titel eines anonymen Beamten des Sultan al-Malik al-Nasir (wahrscheinlich Sultan Hasan 1347–51 und 1354–61) aufführt, was bei einem für den europäischen Markt bestimmten Stück ziemlich unpassend gewesen wäre. Die zweite Schale trägt ebenfalls Emiratstitel, aber ohne Bezug auf einen Sultan. Bei der dritten Schale machte man einen Versuch, eine geeignetere Dekoration zu verwenden, indem die Inschrift durch um ein zentrales Kreuz angeordnete Kartuschen mit fliegenden Enten ersetzt wurde.

Allmählich entwickelte sich für die Dekoration von Metallarbeiten, die für den Export nach Europa gedacht waren, eine angemessenere Motivreihe als Emiratstitel. Die Handwerker zögerten, arabische

230

Inschriften ganz aufzugeben, da sie üblicherweise das Hauptelement der Dekoration auf Mamlukenmetallarbeiten bildeten, aber sie reduzierten sie zu einem einzigen neutralen Wort wie *al-maliki* (der Besitzer) oder ersetzten sie durch Segenssprüche oder durch Dichtung.

Sigoli, ein Italiener, der Damaskus im Jahr 1384/5 besuchte, bewunderte besonders die figuralen Muster auf den Metalleinlegearbeiten aus Damaskus und wegen der westlichen Vorliebe für Figur-, Tier- und Blumenmotive wurden diese denn oft auf für den europäischen Markt bestimmten Objekten verwendet.[6] Zu den beliebtesten Mustern gehören Chinoiserie-Motive, Tierkampfszenen und ineinander verschlungene Tiere.

Obgleich Europa keinen wahrnehmbaren direkten Einfluß auf die Dekoration dieser Metallarbeiten hatte, müssen doch bestimmte westliche Formen in Reaktion auf die europäische Nachfrage eingeführt worden sein. Eine Schüssel mit erhabener blumenblattförmiger Mitte, ein kleiner Kerzenhalter mit vorspringender Schulter und eine Schale mit gerader Wandung tauchen schon vor dem Ende des 14. Jahrhunderts auf und tragen europäische Wappen.

Der europäische Markt wurde am Ende des 14. Jahrhunderts noch wichtiger, als der Inlandsmarkt zusammenbrach. Folgt man dem Historiker Maqrizi, so wurden Handwerker und Edelmetalle knapp, und nur die reichsten Mamluken konnten sich die Preise für Metalleinlegearbeiten noch leisten.[7] Obgleich Maqrizi unzuverlässig ist, und sich seine Beschreibung auf die Märkte von Kairo beschränkt, werden seine Behauptungen doch dadurch gestützt, daß die Zahl der mit Mamlukentiteln eingelegten Metallobjekte, die sich auf die erste Hälfte des 15. Jahrhunderts datieren lassen, drastisch zurückging. Eine ähnliche Abnahme in der Zahl der Objekte, die europäische Wappen tragen, hat

*230 Becken mit Wappen Elisabeths von Habsburg-Kärnten; Syrien (Damaskus), Messing, graviert, 1337–42 (4/90)*

231

231 *Deckelschale mit europäischem Wappenschild; Syrien (Damaskus), Messing, Silber- und Goldeinlage, 1450–1500 (4/95)*

232

233

232, 233 *Schale mit europäischen Wappen; Syrien (Damaskus), graviertes Messing, 1400–50 (4/93)*

es während dieser Zeitspanne offenbar nicht gegeben. Die Stärke des italienischen Dukaten scheint es den venezianischen Kaufleuten erleichtert zu haben, die Inflation der Preise für Metalleinlegearbeiten zu verkraften.[8] Die Situation könnte die mamlukischen Metallhandwerker sogar gezwungen haben, sich stärker auf den europäischen Markt zu stützen. Eine Schüssel im Victoria and Albert Museum, mit einem verblüffenden Muster von Palmetten in diamantförmigen Abteilungen stammt aus dieser Zeit und beweist die fortdauernde hohe Qualität der exportierten Metallarbeiten.

Unter dem Sultan Qaitbay (1468–1496) lebte das mamlukische Mäzenatentum wieder auf, was mit neuen Formen und Stilen für die exportierten Metallarbeiten zusammentrifft.

Zwei der beliebtesten neuen Formen waren eine halbkugelförmige Schale mit flachem Deckel und ein kugelförmiger Weihrauchbrenner oder Handwärmer, es wurden aber auch ungewöhnlichere Formen hergestellt. Diese Objekte waren häufig mit ornamentalen und unlesbaren Inschriften, mit kompliziert verknoteten oder ineinanderverwobenen hastae und formalen Arabesken oder Palmettemustern verziert. Auf Metallarbeiten derselben Zeit, die für mamlukische Auftraggeber produziert wurden, sind ähnliche Muster zu sehen. Der Vorrang der ornamentalen Kalligraphie, von Geometrie und Pflanzenmotiven scheint einen Bruch in der dekorativen Tradition der Mamlukenmetallarbeiten zu markieren; tatsächlich aber erscheinen die meisten der in dieser Gruppe verwendeten Motive auf früheren Objekten, wenn auch in weniger auffälligen Positionen.

Manche oder alle Objekte in dieser Gruppe sind immer wieder in Venedig arbeitenden muslimischen Handwerkern zugeschrieben worden.[9] Eine solche Zuschreibung, die sich hauptsächlich auf eine stilistische Analyse gründet, wird dadurch geschwächt, daß über venezianische Metallarbeit im 15. Jahrhundert wenig bekannt ist. Wie wir gesehen haben, war der mamlukische Handwerker durchaus in der Lage, sich der europäischen Nachfrage anzupassen, um seinen Markt auszuweiten, und europäische Einflüsse auf Formen, dekorative Motive und Wappen können nicht unbedingt als Beweis für einen europäischen Herkunftsort dienen. Andere Dekorationselemente wie die Teilung durch Säulen und Bögen, könnten durchaus eine Imitation zeitgenössischer italienischer Metallarbeit sein, sind aber auch auf Objekten zu sehen, die für den Sultan Qaitbay hergestellt und unzweifelhaft innerhalb des Mamlukenreiches produziert worden waren.[10]

Wahrscheinlich der überzeugendste Beweis für eine mittelöstliche Herkunft kommt von den Objekten selbst: nämlich die große Anzahl von Gefäßen, die leere Wappenfelder tragen, um später zusätzlich europäische Wappen aufnehmen zu können. Sicherlich hätte man sie, wären sie in Europa hergestellt worden, beim

234

235

*234, 235 Wasserbecken Hugos IV. von Lusignan; Syrien, Messing, silber- und goldtauschiert, Mitte 14. Jh. (4/85)*

236

*236 Kerzenleuchter mit europäischem Wappenschild; Syrien (Damaskus), graviertes Messing, Silber- und Goldeinlage, um 1500 (4/91)*

237

*237 Kerzenleuchter mit europäischem Wappenschild; Kairo, Messing, silber- und goldtauschiert, Ende 14. Jh (4/92)*

Verkauf vervollständigt. Doch läßt die Tatsache, daß so viele Felder bis heute frei geblieben sind, oder gegossene Wappen aufgelötet wurden, vermuten, daß die Europäer sich nicht kompetent genug fühlten, das Werk zu vervollständigen.

Es ist bisher zu wenig in den venezianischen Archiven geforscht worden, um aus historischer Sicht ein völlig überzeugendes Argument für eine der beiden Seiten zu liefern. Doch bislang haben die Archive keine Hinweise auf in Venedig arbeitende muslimische Handwerker geliefert, und Huth hat nachgewiesen, wie unwahrscheinlich es ist, daß fremden Handwerkern erlaubt worden wäre, innerhalb des strikten Zunftsystems, das in Venedig wirksam war, zu arbeiten.[11]

Eine venezianische Herkunft für irgendeines dieser Objekte scheint also sehr unwahrscheinlich, und so erhebt sich die Frage: wo wurde die mamlukische Metalleinlegearbeit, die für den Export nach Europa bestimmt war, wirklich hergestellt? Während der Mamlukenzeit arbeiteten Tauschierer sowohl in Kairo wie in Damaskus. Im 14. Jahrhundert hatten sie in Kairo ihre Läden, unterhalb der Zitadelle, wo die reichsten und wichtigsten Mamlukenbeamten residierten. Die wenigen Stücke, von denen wir wissen, daß sie hier gefertigt wurden, sind von Spitzenqualität; dazu gehören Objekte, die für die Rasulid-Sultane in den Jemen exportiert wurden. Aber zeitgenössische Historiker und Reisende deuten an, daß Damaskus sogar noch mehr als Kairo produzierte. Sie beschreiben die Läden der Metallhandwerker, die sich alle entlang der Südmauer der Umayyadenmoschee in Damaskus hinzogen, als einen der feinsten Märkte des Mamlukenreiches, und behaupten, daß die Metallarbeiten aus Damaskus überallhin nach Syrien und nach Ägypten, in den Irak und nach Byzanz exportiert worden sei.[12] Den Umfang der Produktion in Damaskus zeigt Sultan Khalils Auftrag über 100 eingelegte Messingkerzenleuchter, die dort angefertigt und für die Festlichkeiten im Zusammenhang mit der Beschneidung seines Bruders im Jahr 1293 nach Kairo gesandt werden sollten.[13] Ein weiterer Grund, Damaskus als die Quelle für die exportierten Metallarbeiten anzusehen, ist, daß der Zugang nach Kairo für Fremde beschränkt war, und der Handel in Ägypten zum Großteil im Hafen von Alexandria durchgeführt wurde.[14] Dagegen war der Zugang nach Damaskus einfach, und die Kaufleute hätten den Markt für tauschierte Arbeiten besuchen und sehen können, was verfügbar war, um dann Aufträge für besondere Typen von Gefäßen oder Dekorationsstilen zu geben. Welche Wirkung ein solcher Besuch haben konnte, zeigt sich an den begeisterten Beschreibungen der Metallarbeiten (und anderer Handwerke) in Damaskus durch europäische Besucher. Simone Sigoli, ein italienischer Wallfahrer, der Damaskus 1384/85 besuchte, schreibt: *»Die schönsten Dinge der Welt, von den nobelsten und reichsten Werken jeder Art, sind hier zu finden, so daß du, wenn du Geld in den Knochen deiner Beine hättest, du diese bestimmt abbrechen würdest, um von diesen Dingen zu kaufen (...). Hier werden auch ziemlich viele Messingbecken und Kannen gemacht und sie sehen wirklich aus wie Gold, und dann sind auf den besagten Becken und Kannen Figuren und Blattwerk und andere feine Arbeiten in Silber, so daß ein wirklich herrlicher Anblick entsteht (...).«*[15]

Gucci, der Damaskus 1387 besuchte, erwähnt *»Gold- und Silbergerät, Kupfer und Messinggerät von jeder Art.«* Er behauptet, daß Damaskus *»in fast allem alle anderen Städte, die dem Sultan untertan sind, übertrifft, und daß Damaskus für sie dasselbe bedeutet wie Paris für uns«* (Paris war zu dieser Zeit ein Zentrum für exotische und kostbare Gegenstände). Guccis Bemerkungen sind umso interessanter, weil er auch Kairo besuchte, und erwähnt, daß dort Goldschmiede und Juweliere arbeiteten, aber er erwähnt überhaupt keine *»Messingarbeit«*, wahrscheinlich war es für ihn entweder unbedeutend oder unzugänglich.[16] In Damaskus müssen die meisten, wenn nicht alle, während der ersten Hälfte des 15. Jahrhunderts exportierten Metallarbeiten produziert worden sein, da Maqrizi sagt, wegen der Inflation und der Verarmung der Mamluken seien sie von den Märkten in Kairo so gut wie verschwunden gewesen.[17]

Zweifellos spürte auch Syrien die Auswirkungen der Inflation, aber das Metallgewerbe von Damaskus überlebte wahrscheinlich wegen der Größe seines Exportmarktes, dessentwegen es weniger von Mamlukenförderung abhängig war als Kairo.[18] Das Damaszener Metallgewerbe blieb auch nach dem Wiederaufleben des mamlukischen Hofmäzenatentums unter Sultan Qaitbay (1468–96) bedeutend. Meshullam ben R. Menahem beschreibt 1482 Damaskus als Kairo und

238

*238 Kanne; Italienisch (Venedig), gegossenes Messing, graviert mit Silberauflage, um 1560 (4/105)*

allen anderen Städten an Schönheit und Handelstätigkeit überlegen und erwähnt besonders den großen Markt, auf dem mit Gold und Silber eingelegte Messinggefäße verkauft werden.[19]

Auch 1522, nur wenige Jahre nach der Eroberung der Stadt durch die Osmanen und der vermuteten Wegführung vieler Handwerker nach Istanbul, erwähnt Bassola, ein Rabbi aus Pesaro/Ancona die vielen schönen Märkte in Damaskus und behauptet, daß es dort mehr Berufe und Handwerke gäbe als in Venedig. Er erwähnt auch die in Damaskus tätigen venezianischen Kaufleute, und daß venezianische Dukaten allgemein im Umlauf seien.[20] Und schließlich bestätigen eine ganze Reihe von Verweisen auf Metallarbeiten aus Damaskus in den Inventaren so ausgezeichneter europäischer Sammlungen wie der von Charles V. von Frankreich (1337–80)[21], seines Bruders Jean, Duc de Berry (1340–1416),[22] Pieros di Cosimo di Medici (1416–69) und seines Sohnes Lorenzo (1449–92),[23] wie auch die Inventare von weniger bekannten Persönlichkeiten, die in italienischen Archiven erhalten sind, besonders in Florenz, Venedig und Lucca,[24] daß Damaskus die Hauptquelle der Metallarbeiten für den europäischen Markt war.[25]

*Gabriele Braune*

# MUSIK IN ORIENT UND OKZIDENT

Befaßt man sich mit dem arabischen Einfluß auf die mittelalterliche Musik im Abendland, wird man feststellen, daß zu jener Zeit der Westen ganz allgemein im Bann des Orients stand, dessen hochentwickelte Zivilisation einen deutlichen Gegensatz zum Lebensstil in Europa bot. Die Erforschung der arabischen Elemente in der europäischen Musik des Mittelalters deckt nur einen Bereich der mannigfaltigen Beziehungen zwischen Orient und Okzident auf. Sie reichen von der Antike-Rezeption aus der arabischen Tradierung griechischer Schriften des Altertums über die musikalische Symbiose von christlichen und muslimischen Musikern im arabischen Spanien bis hin zur Übernahme und Weiterentwicklung von Musikinstrumenten und spieltechnischen Praktiken.

Als von den Karolingern erste Kontakte zur arabischen Welt geknüpft wurden, beschränkte sich geistiges Leben und gepflegte Geselligkeit in Europa auf einige wenige Klöster, Burgen und Residenzen. Die arabische Feudalherrschaft jedoch hatte mittlerweile blühende Handels- und Kulturzentren entstehen lassen, von denen die Europäer ihre Luxusartikel bezogen, Gesandte und Kaufleute im Westen Wunderdinge zu berichten wußten: An den Höfen der muslimischen Kalifen und Potentaten versammelten sich Gelehrte, Dichter und Sänger, die Tag für Tag in feingeistiger Unterhaltung miteinander wetteiferten, die neuesten Poeme vortrugen und ihre Patrone mit einfühlsamen Liedern erfreuten, deren Tonart der jeweiligen Tagesstunde angepaßt war, da man jeder Stunde ein gewisses Sentiment zuschrieb, das nur durch eine ganz bestimmte Tonfolge gewürdigt werden konnte.

Zwar gab es im Islam ein Verdikt, das als ›Musikverbot‹ ausgelegt wurde, sich aber tatsächlich nur gegen jene musikalischen Genres und Musikinstrumente richtete, die man als verwerflich und nicht traditionsgerecht empfand.[1] Der Prophet Muhammad selbst, hat sich an Gesang und Tanz erfreut, viele Kalifen und Angehörige vornehmer Häuser waren ausgebildete Sänger, die ihre Texte selbst verfaßten, oder sie aus umfangreichen Dichtungen aussuchten, in Musik setzten und schließlich auch selbst vortrugen, wobei sie sich auf einem Musikinstrument, meist der arabischen Laute, begleiteten. Im *Kitab al-Aghani* (Buch der Lieder) des Abu-l-Faradsch al-Isfahani (gest. 967) wurde ein großer Teil der Lieder kompiliert, die bis zum 10. Jahrhundert im arabischsprachigen Raum bekannt waren. In einer schier endlos scheinenden Reihe werden die Poeten und Interpreten zitiert, die das eine oder andere Lied bei dieser oder jener Gelegenheit in dem einen oder anderen Zeitmaß vorgetragen haben. In Baghdad hatten Ibrahim al-Mausili (gest. 804) und sein Sohn Ishaq (gest. 850) eine Musikschule gegründet, aus der die berühmtesten Musiker jener Zeit hervorgegangen sind, deren Namen Legenden in der arabischen Musikgeschichte wurden: Zalzal, Mukhariq, Alluya, Amr Ibn Bana, Basbas, Ubaida, Schariyya, Dananir, Mahbuba.

## Die Araber als Tradenten der griechischen Antike

Das Studium der arabischen Musik wurde immer anspruchsvoller, seit in Baghdad unter der Regierung des Kalifen Ma'mun (813–33) das Bait al-hikma (Haus der Weisheit) errichtet wurde, wo die Schriften des griechischen Altertums in großem Umfang ins Syrische und Arabische übersetzt[2] und so für die Allgemeinheit zugänglich gemacht wurden. Aristoteles war den Arabern seit dem 8. Jahrhundert ebenso bekannt[3] wie Porphyrios[4], Ptolemaios[5] und Aristoxenos[6], um nur einige zu nennen, die in musikalischem Hinblick interessieren.

239 Emailglasbecher, Tamburinspieler; Syrien (Aleppo?), um 1250–1260 (4/55)

239

240

*240 L. A. Tadema, »Pastimes in Egypt«; Holz, um 1864, Preston, Harris Museum and Art Gallery*

Es ist nicht zu unterschätzen, wie sehr die klassische Antike Einfluß auf die arabischen Gelehrten des Mittelalters nahm, in ihren Abhandlungen zitiert, kommentiert und weitergeführt wurde. Die hervorragendsten Vertreter der arabischen Geisteswelt hatten sich dem Studium der griechischen Wissenschaften verschrieben. Universales Wissen wurde angestrebt, die Polygelehrten der arabischen Welt waren in Arithmetik und Geometrie ebenso bewandert wie in Musik und Astronomie. Die Kombination dieser vier Disziplinen kennt man als das *Quadrivium*, die Araber nannten sie *Ulum riyadiyya*, die »Mathematischen Wissenschaften«, mit denen die Lehre von der Musik unlöslich verbunden war.

Von den Griechen hatten die Araber auch den Begriff übernommen, den sie für die antike griechische, aber auch für ihre eigene Musiktheorie benutzten, die sie *Ilm al-musiqi* nannten, im Unterschied zur *Ilm al-ghina*, der Lehre intonierter arabischer Dichtung. Innerhalb der Musikwissenschaft beschäftigten sie sich mit der Theorie des Tons, der Intervalle, der Genera, der Modi und der Systeme. Arabisierte griechische Musikterminologie sowie die Tradierung der Lehren des Altertums findet man bei dem großen arabischen Gelehrten al-Kindi (gest. 870), aber auch bei seinen Zeitgenossen, den Lauteren Brüdern (Ikhwan as-Safa), dem berühmten Philosophen und Musiktheoretiker al-Farabi (gest. 950) und in den Schriften Ibn Sinas (d. i. Avicenna, gest. 1037).

Al-Farabi gilt den Arabern als der ›Zweite Meister‹ nach Aristoteles, dessen Kommentator er war. Von ihm stammt eines der grundlegenden Werke zur arabischen Musiktheorie, das *Große Buch der Musik*, worin er im wesentlichen der Richtung des großen griechischen Theoretikers Aristoxenos folgt, einem Schüler des Aristoteles.[7] Die arabischen Übersetzungen der griechischen Traktate wurden seit dem 10. Jahrhundert ins Lateinische und Hebräische übersetzt[8] und dienten zur Rekonstruktion verschollener Schriften der Antike. So fanden sich die aristotelischen Überlegungen zur Musik als Wissenschaft in al-Farabis Werk *Ihsa al-Ulum* wieder, wovon noch die Rede sein wird; al-Kindi verfaßte eine Abhandlung über die Teilung des Monochords (griech. *Kanon*), worin er Euklids Lehre von der Teilung des *Kanon* kommentierte, was weiteren Stoff für Kommentare verschiedener arabischer Autoren bot – schließlich wurde das Substrat aller Schriften als *Sectio canonis* ins Lateinische übersetzt und war die Vorlage aller mittelalterlichen Theoretiker für die Teilung der Oktave.[9] Auch die Galen-Abhandlung *De voce*[10] und die Aristoteles-Schrift *De anima*[11] worin die physikalischen und physiologischen Grundlagen des Schalls untersucht wurden, gehören zu den Schriften, die aus der arabischen Überlieferung ins Lateinische kamen und deren Reihe sich beliebig fortsetzen ließe.

Nachdem sich die Araber im Osten bis an die byzantinische Grenze ausgebreitet hatten, nahmen sie die nordafrikanische Küste in Besitz und drangen über den Mittelmeerraum weiter nach Norden vor, wo sie große Teile Spaniens eroberten. Im Jahr 755 begründete Abd ar-Rahman aus dem Haus der Umayyaden die arabische Herrschaft auf der Iberischen Halbinsel. Mitte des 9. Jahrhunderts unterwarf die Dynastie der Fatimiden Sizilien. Die Normannen, die 1090 die Araber ablösten, behielten die arabische Hofhaltung bei und das Arabische wurde zur Hofsprache. In Süditalien und Sizilien entstand eine Lyrik, die in Motiven, Form und Metrik mit arabischen Vorbildern übereinstimmte.[12] Auf der Iberischen Halbinsel reichte zur Zeit der islamischen Herrschaft die lateinische Grenze nur bis Barcelona, fast das ganze übrige Land war, bis auf einige nördliche Teile, muslimisch. Vor der arabischen Eroberung Siziliens und Spaniens waren die Schriften der griechischen Antike in Europa kaum noch bekannt, die Musiktheorie der Griechen nur fragmentarisch durch Boethius und Martianus Capella überliefert[13]; die griechische Sprache selbst war im lateinischen Europa in Vergessenheit geraten und wurde zeitweilig nur noch im byzantinischen Raum gepflegt.

Die Araber, auf spanischem Boden seßhaft geworden, führten die Tradition ihrer Väter als Träger antiken Gedankenguts im Westen fort. In diesem Sinne beschäftigte sich ein Ibn Massarra mit der neuplatonischen Metaphysik, Maslama Ibn al-Madschriti mit der Astronomie des Ptolemaios[14], und Ibn Ruschd, besser als Averroes bekannt, schrieb seine berühmten Aristoteleskommentare.[15]

## Übersetzer in Toledo

Das seit 1085 wieder christliche Toledo, nahe dem arabischen Herrschaftsgebiet gelegen, wurde unter dem Patronat des Erzbischofs Raymund von Toledo (gest. 1151) zu einem Zentrum[17] der Wissenschaft, ein Treffpunkt von Gelehrten jener Zeit. In Toledo versammelte sich, wer arabische Übersetzungen und Kommentare der griechischen Antike studieren und diskutieren wollte, die dort ins Lateinische und Hebräische übertragen wurden. Von den großen Übersetzern, die auch in musiktheoretischer Beziehung von Bedeutung waren, seien Gerhard von Cremona (1114–87) genannt[17], und Johannes Hispanus, ein Zeitgenosse Gerhards und Schützling des Raymund von Toledo; Johannes Hispanus, ein zum Christentum bekehrter Jude, soll früher den Namen Ibn Dawud (auch: Avendehut) getragen haben.[18] Domingo Gundissalvi, um 1150 Archediakon zu Segovia, gehörte ebenfalls dem Kreis der Gelehrten von Toledo an.[19] Von den Übersetzern, die ins Hebräische übertrugen, sind der in Spanien beheimatete Ibn Falaquera (gest. 1295)[20], und der aus Südfrankreich stammende Kalonymus Ben Kalonymus (gest. 1322) zu nennen.[21]

241

*241 Gastmahlszene: Tempelmalerei mit Darstellung musizierender Frauen; in: I. Rosellini, I monumenti del'Egitto e della Nubia (...), Bd 2, Pisa, 1934 (1/131)*

## Die Geschichte eines Manuskriptes

Die bedeutendste musiktheoretische Schrift griechischen Ursprungs, die aus der arabischen Tradierung nach Europa gelangte, ist die Ihsa al-Ulum (Aufzählung der Wissenschaften) des al-Farabi. In ihr wird die Lehre von der Musik als Wissenschaft begründet, wie sie im wesentlichen bis heute die Basis der europäischen Musiktheorie geblieben ist. In Anlehnung an das Einteilungsschema in der Metaphysik des Aristoteles wird der Musik ein Rang innerhalb der mathematischen Wissenschaften zugewiesen.[22] Nach Aristeides Quintilianus und Aristoxenos unterscheidet al-Farabi zwischen aktiver und spekulativer Musik: Die aktive oder praktische Musikwissenschaft

242 *Elfenbeinkasten; Elfenbeinplatten auf Holzkern, vergoldete Messingbeschläge, Sizilien/Palermo, 12. Jh. (4/16)*

*242*

*243*

243 *Schale; Lüsterfayence, Iran/Rayy, um 1200 (4/114)*

beschäftige sich mit dem Hervorbringen von Melodien auf natürlichen und künstlichen Instrumenten, die spekulative oder theoretische Musikwissenschaft mit der Lehre von den Prinzipien und Fundamenten, der Lehre vom Ton und den Melodien, der Lehre von den Instrumenten, der Lehre von Rhythmus und Metrum, der Lehre von der Intonation metrischer Dichtung.[23]

Im 11. Jahrhundert wird al-Farabis Traktat von Gerard von Cremona ins Lateinische übersetzt, unter dem Titel *Liber alfarabii de scientiis*. Johannes Hispanus übersetzte die Schrift ebenfalls ins Lateinische mit dem Titel *Alpharabius de scientiis*. Domingo Gundissalvi verfaßte ein enzyklopädisches Wörterbuch, *De divisionae philosophiae*, worin er vollständig das Musikkapitel aus der Übersetzung des Johannes Hispanus übernahm. Erstmals verwendete Gundissalvi die heute noch geläufigen Begriffe *Musica theoretica* und *Musica practica* anstelle der Adjektive *spekulativ* und *aktiv*. Vincenz von Beauvais (gest. 1264), ein Dominikanermönch aus Nordfrankreich, Kompilator des enzyklopädischen *Speculum maius*, zitierte im Abschnitt *Speculum doctrinale* al-Farabi und seine Einteilung der Musik nach Gerard von Cremona, im Kapitel *De divisionae musicae secundum Alphorabium*. Ebenso Jérôme de Moravie (gest. 1260), der dem Predigerorden angehörte und ein *Tractatus de musica* verfaßte. Dergleichen unternahmen viele der Autoren musiktheoretischer Werke und wissenschaftlicher Handbücher. Ins Hebräische übertragen wurde al-Farabi durch den jüdischen Philosophen und Übersetzer Ibn Falaquera, der die Abhandlung *Reshit hokmah* (Der Anfang der Weisheiten) schrieb; deren zweiter Teil ist betitelt: *Be-mispar ha-hokmot* (Über die Zahl der Weisheiten) und fußt auf al-Farabis *Ihsa al-Ulum*. Auch Kalonymus Ben Kalonymus beschäftigte sich mit einer gekürzten hebräischen al-Farabi-Version und wieder trägt sie den Titel: *Be-mispar ha-hokmot*. Mit dem italienischen Gelehrten und Poeten Moses Ben Isaac Rieti (1388 bis 1460)[23] schließt sich allmählich der Kreis westlicher al-Farabi-Tradenten: Im Jahr 1412 verfaßte Rieti eine hebräische Dichtung nach Dantes *Göttlicher Komödie: Miqdash meat* (Ein kleines Heiligtum). Der erste Teil heißt: *Heleq ha-ulam* (Die Erschaffung der Wissenschaften) und birgt im dritten Kapitel die poetische Fassung der Musikdefinition al-Farabis.

## Sphärenharmonie

Doch nicht nur die Lehre, daß man die Musik als eine Wissenschaft zu begreifen habe, ist der Antike-Rezeption zuzurechnen, auch die Sphärenharmonie, die ihrerseits auf semitische, ägyptische und mesopotamische Traditionen zurückgeht, läßt sich in den musikalisch inspirierten Manuskripten des europäischen Mittelalters verfolgen. Aus arabischer Quelle stammt das System, die vier Elemente den vier Saiten der Laute zuzuordnen, Tonstufen nach Planeten zu benennen, rhythmische Modi nach Tierkreiszeichen, und dergleichen mehr.[25] Frühester Beleg solcher Spekulationen ist das als *Kitab as-siyasa* (Buch der Politik) ins Arabische gekommene pseudoaristotelische Werk, welches als *Secretum secretorum* im 12. Jahrhundert von Roger Bacon ins Lateinische übersetzt wurde. Doch bereits vor dieser Übersetzung haben semitische und arabische Begriffe aus dem Bereich der Astronomie und Astrologie Eingang in das lateinische musiktheoretische Schrifttum gefunden. Aus dem Arabischen stammende latinisierte Bezeichnungen wie etwa *Scembs* (von arab. schams, die Sonne), *Caemar* (von arab. *qamar*, der Mond), *Nar* (arab. das Feuer), usw. finden sich in einer Sammelhandschrift des Klosters Montecassino schon im 11. Jahrhundert, aber auch in den astrologischen Abhandlungen des Hermannus Contractus und im *Tonarius* des Odo von Cluny.[26]

244

245

246

*244, 245, 246 Miniaturen von Musikanten; in Cantigas de Santa Maria, 2. H. 13. Jh., Escorial, Bibliothek*

## Kreuzzüge und Troubadours

Obgleich die Überlieferung der Antike aus dem Arabischen und die Übersetzertätigkeit ins Lateinische unter dem Schutz der Kirche stand und die meisten europäischen Gelehrten, die sich mit den arabischen Schriften befaßten, einem christlichen Orden angehörten, wurden zur Zeit der Kreuzzüge Bücher arabischer und jüdischer Philosophen von der Kirche verdammt.

Im Jahr 1095 rief Papst Urban II. den ersten Kreuzzug aus. 1101 zog Guillaume IX., Graf von Poitiers und Herzog von Aquitanien (gest. 1127) erstmals nach Jerusalem, um ein Jahr später ohne Gefolgschaft und unverrichteter Dinge wieder heimzukehren.[27] Guillaume IX. ist einer der Wegbereiter der provenzalischen Dichtersänger gewesen, gemeiniglich als *Troubadours* in Erinnerung, Vorläufer der deutschen Minnesänger. Die Glanzzeit der *Troubadours* währte vom 11. bis zum 14. Jahrhundert. Die *Troubadours* waren Dichter, Komponist und Interpret in einer Person und kamen aus vornehmen Familien. Erst später wurde dem Jongleur (professioneller Spielmann) der ausführende Part überlassen. Das Repertoire der *Troubadours* bestand aus religiösen Epen, poetischen Satiren, philosophischen Streitgesprächen, höfischen

247

*247 Triumphzug des normannischen Königs Tankred; in: P. de Ebulo, Liber ad honorem Augusti, Cod. 120, Bern, Burgerbibliothek*

Minneliedern, Volkslied-Imitationen etc. Die Begriffe *Troubadour* und *Trouvère* werden durch die Sprache, in welcher die Dichtung abgefaßt ist, definiert. Die Sprache der *Trouvères* ist die *Langue d'oil*, sie wurde in Aquitanien und Nordfrankreich gesprochen. Eine andere mittelalterliche Sprache ist dem Süden verbunden und war von Katalonien entlang der Küste bis Italien, und im Norden bis an die Grenze Aquitaniens beheimatet: die *Langue d'oc*. Die Sänger, die sich in der *Langue d'oc* mitteilten, wurden Trobadors, später *Troubadours* genannt (*trobar* = finden), Jene, die sich in der *Langue d'oil* artikulierten, *Trouvères (trouver* = finden). Heute ist der Troubadour weitaus bekannter als der Trouvère, möglicherweise durch das gewaltsame Ende Letzterer während des Albigenser-Kreuzzugs (1209–29), der die gesamte Languedoc verwüstete, Städte, Klöster und Güter zerstörte. Die *Troubadours* wurden zu Flüchtlingen und ließen sich in Spanien und Italien nieder. Die *Trouvères* blieben von solchem Schicksal verschont, daher ist das gesamte, bis heute erhaltene Material von nahezu 2000 Melodien und einer Fülle von Texten der *Langue d'oil*-Gruppe zuzurechnen.[28] In der Lyrik Guillaume IX. wurde die Urform der altprovenzalischen Poesie begründet, die in den Texten eines Cercamon, Marcabru, Peire d'Alverne und Jaufre Rudel weiterzuverfolgen ist. Während Guillaume IX. in einigen Liedern noch seine eigene Erfahrung des Kreuzzugs-Abenteuers im Heiligen Land verarbeitet[29], wird für die Dichtung der Troubadours typisch, das literarische Gut des benachbarten muslimischen Spanien zu imitieren. So findet man in der altprovenzalischen Lyrik die arabischen Liebesvorstellungen mit ihren Topoi der betrogenen, anbetenden oder entsagenden Liebe, die menschlichen Charaktere des Hüters, Spötters, Verleumders und Verlierers, die Schilderung von falschem Versprechen und enttäuschter Hoffnung. Formschematisch läßt sich in den altfranzösischen Texten eine Analogie zur arabisch-spanischen Lyrik (*Zadschal* und *muwaschschah*) nachweisen, die durch das Zusammenwirken von christlichen und muslimischen Musikern in Spanien entstanden ist und auf poetischer Basis die Vereinigung zweier Kulturen zu einer homogenen künstlerischen Ausdrucksform symbolisiert.

Die arabisch-spanische Lyrik basiert auf einer gereimten Strophenform, die heute noch in Nordafrika innerhalb der andalusischen Nuba praktiziert wird.[30] Einer zweizeiligen Einleitung *(Markaz, Matla)* folgen vierzeilige Strophen *(bait, buyut)*, meistens 5 bis 7 an der Zahl. Die ersten drei Zeilen *(ghusn)* jeder Strophe reimen untereinander. Die vierte Zeile *(simt, qufl)* greift den Reim des Einleitungsverses auf, so daß sich folgendes Reimscheme ergibt: aa bbba ccca ddda.[31] Die Schlußstrophe *(Khardscha)* unterscheidet sich thematisch und sprachlich vom übrigen Gedicht. Während der Hauptteil im nachklassischen Arabisch abgefaßt ist, steht die letzte Strophe in einem arabischen Dialekt oder einer romanischen Sprache, beinhaltet Triviales und endet mit einer Kadenz, die den Melodiezug der Einleitung wiederholt und auf dem Grundton des Hauptmodus endet.[32]

Untersucht man die Lieder der Troubadours, wird man feststellen, daß die Zahl der Strophen aller älteren Gedichte sieben ist. Auch der abwechselnde Reim, dem *Simt* und *Ghusn* vergleichbar, ist nachzuweisen.[33] Marcabru verarbeitete erstmals die zuvor beschriebenen Refrainteile in seinen Liedern und Jaufre Rudel imitierte die *Khardscha* in einer Weise, die man in der mittelalterlichen Terminologie *Tornado* nannte.[34]

Derlei Praktiken müssen nicht verwundern und sind typisch für eine Zeit, die nicht so sehr durch ethnische und religiöse Schranken geprägt wurde, denn durch eine allgemeine mediterrane Kultur und Lebensart. Man zog zwar gegen die Muslims in den Heiligen Krieg, übernahm aber gleichzeitig deren poetisch-musikalische Insultationen, die dem Feind zu Beginn des Kampfes entgegengeschmettert wurden.[35] Guillaume IX. bekämpfte die Sarazenen, eignete sich jedoch deren dichterische Themen und Metrik an.[36] Cercamon, der Gascogner, soll eine Zeit lang dem Guillaume gelauscht haben, Cercamon war aber auch der Lehrer Marcabrus.[37] Die Gedichte der beiden zeugen vom starken andalusischen Einfluß, der auf ihre Aufenthalte an spanischen Höfen zurückzuführen ist: Alfons der Große von Asturien, Sancho IV., Pedro III. und Jaime II. von Aragon versammelten maurische Gelehrte, Dichter und Sänger, aber auch die provenzalischen *Troubadours* um sich.[38]

Das Bemühen, den *Troubadours* die Aneignung arabischer Elemente nachzuweisen, geriet einigen Orientalisten zum Steckenpferd und führte so weit, daß man sogar für *trobar* und *trobaire*, woraus sich *Troubadour* ableitet, eine arabische Etymologie fand: *tariba*, was soviel heißt wie, ein Gefühl der Freude oder des Schmerzes auslösen, während ein arabischer *Mutrib* derjenige ist, der solch ein Gefühl durch Gesang und Spiel erwekken kann.[39] Auch die edle soziale Abstammung der *Troubadours* wie der arabischen Sänger und Barden schien ein Zeichen signifikanter Ähnlichkeit zu sein. Der spanische Arabist Carlos Ribera stellte metrische Vergleiche zwischen andalusischer und arabischer Dichtung an und ermittelte in deren Texten fünf arabische Grundmetra, deren Zeitwerte er auf die in Quadratnotation festgehaltenen Troubadourmelodien umzulegen suchte.[40] Von den durchweg einstimmigen Trou-

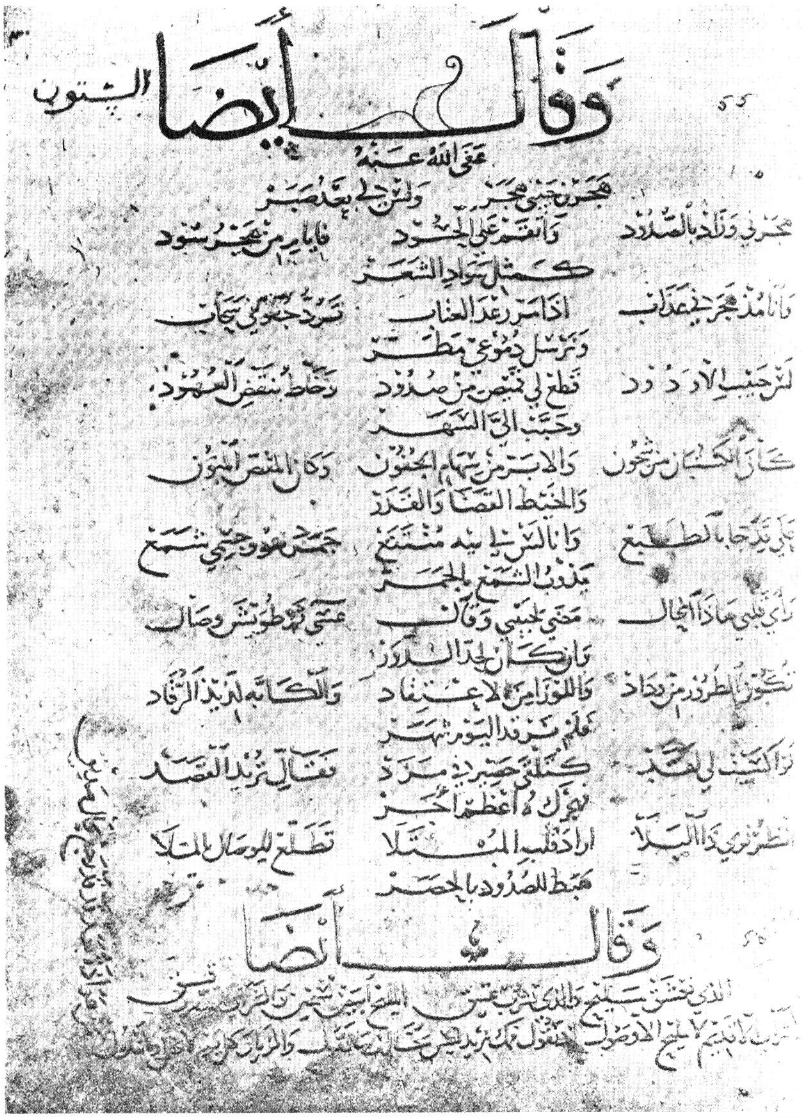

248

*248 Textseite einer Zajal Hispanomauresque; in: Ibn-Quzman, Diwan, N.55*

249

250

Melodien wurden nicht notiert, die europäischen erst seit dem frühen Mittelalter, wobei den Musikhistorikern als frühestes Beispiel das in Daseia-Notation aufgezeichnete *Organum* der *Musica enchiriadis* gilt.[42] Es fällt mithin schwer, melodische Vergleichsversuche zwischen den arabischen Weisen und jenen Liedern anzustellen, die ehedem auf der Iberischen Halbinsel und in der Provence verbreitet waren. Bilddokumente, historische Quellen und die arabisch-spanische Dichtung erschließen zwar den sozialen Aspekt des christlich-muslimischen Kulturkontaktes; die Übernahme und Weiterentwicklung arabischer Musikinstrumente und musikalischer Praktiken in der westlichen Musik sind jedoch ein weiteres Thema, das für uns von Interesse ist.

*249 Figur eines Moriskentänzers (zu einem Kerzenständer gehörig); Bronze, Deutschland, 15. Jh. (9/22)*

*250 E. Grasser, Moriskentänzer, Mohr; Holz, 1480, München, Münchner Stadtmuseum*

badourmelodien sind etwa 250 notenschriftlich erfaßt. Ihre Notation hält jedoch nur die Tonhöhen, nicht aber die individuelle Dauer der einzelnen Noten fest, so daß keine rhythmische Lesung der Melodien möglich ist.

Auch die Vortragsweise, die, je nach Art der Begleitung voneinander abgewichen haben muß, läßt sich heute nicht mehr rekonstruieren.[41] Die arabischen

## Tonschriftenversuche

Schon im 8. Jahrhundert war im vorderen Orient die Beschäftigung mit der Musik so weit gediehen, daß man die Griffpositionen für das Lautenspiel kodifizierte: *as-Sabbaba* (der Zeigefinger) griff das Ganztonintervall, *al-Wusta* (der Mittelfinger) die Terz, *al-Binsir* (der Ringfinger) die große Terz, *al-Khinsir* (der kleine

251

252

*252 I. v. Meckenem, Moriskentanz; Kupferstich, um 1460 (9/24)*

*251 E. Grasser, Moriskentänzer mit Turban; Holz, 1480, München, Münchner Stadtmuseum*

Finger) die Quarte. Diese Fingerpositionen wurden bereits von dem arabischen Theoretiker Ibn Misdschah (gest. 715) systematisiert. Durch sie wurden bestimmte Punkte am Lautenhals festgelegt, die dem jeweils typischen Intervallschritt eines melodischen Modus entsprachen.[43] An der Musikschule des Ibrahim al-Mausili (gest. 850) zu Bagdad führte der Musiker Zalzal die *Neutrale Terz* (etwa 350 Cent) ein, die oberhalb der leeren Saite der Laute gegriffen wurde.[44] Die Laute hatte lange Zeit vier Saiten, die, von der tiefsten ausgehend, *Bamm, Mathlath, Mathna und Zir I* genannt wurden, Ein Schützling des Kalifen al-Mahdi (779–839) mit dem Spitznamen *Ziryab* (Amsel)[45] führte eine fünfte Saite ein, die man *Zir II* nannte. Wegen anhaltender Meinungsverschiedenheiten mit seinem Lehrer Ishaq al-Mausili, verließ *Ziryab* Bagdad und emigrierte nach Nordafrika, wo er in die Dienste des Aghlabiden-Sultans von Kairuan trat. Im Jahr 821 wurde er Hofmusiker unter Abd ar-Rahman I in Spanien und gründete eine Musikschule in Cordoba, die zum Pol aller musikalischen Aktivitäten wurde, um den sich die Musiker des Westens und des Ostens scharten. Ziryab reformierte die Technik des Lautenspiels und schlug die Saiten, die er aus Seidenfäden herstellen ließ, mit einer Adlerfeder. Es mag das Verdienst Ziryabs gewesen sein, daß die arabischen musikalischen Fachausdrücke in Spanien noch im 8. Jahrhundert so gebräuchlich wurden, daß man sie in etymologische Wörterbücher aufnahm: Etwa in dasjenige des Isidorus Hispalensis, wo unter arabischer Redaktion plötzlich die Griffpositionen für das Lautenspiel erfaßt wurden.[46]

Zu Demonstrationszwecken haben die arabischen Theoretiker bereits früh Notationsdiagramme entworfen und die Griffstellen auf dem Lautenbrett mit Buchstaben und Ziffern markiert. Al-Kindi (gest. 874) kennzeichnete die Fingerstellungen im Rahmen der Doppeloktave auf der fünfsaitigen Laute mit einer bestimmten Buchstabenfolge[47], später ist der Musikgelehrte Safi ad-Din (gest. 1294) dazu übergegangen, Ziffern zu verwenden.[48]

Eine parallele Erscheinung ist bei der Entwicklung der spanischen Lautentabulaturen zu beobachten: Luis de Milans Notationssystem des Lautenspiels stammt aus dem 15. Jahrhundert[49] und wurde zum Beispiel für alle spanischen und späteren europäischen Lautentabu-

253

253 *J. Pynas, Musikantengruppe; Federzeichnung, schwarze Kreide, nördliche Niederlande, um 1610 (8/17)*

255 *Übertragung der Originalnotation nach L. Milan, Libro de musica de Vihuela, 1535, in: H. Mönkemeyer, Die Tabulatur*

laturen: Die damals sechs Lautensaiten stellte er als waagrechte graphische Linien dar. Entsprechend der Terz-Quart-Stimmung des Instrumentes, bedeuten die Intervalle zwischen der tieferen und der nächsthöheren Saite: Quarte, Terz, Quarte, Quarte. Die Griffpositionen wurden auf den betreffenden Linien, bzw. Saiten notiert. Die Ziffer 0 auf der untersten Linie versinnbildlicht die leere, tiefste Saite, die Ziffer 1 auf der untersten Linie den ersten Bund der tiefsten Saite, während durch die obenstehenden Notenwerte die jeweilige Zeitdauer eines Tons angegeben wird. Durch die Ziffernreihe 0 – 11 war das damals gebräuchliche chromatische Tonsystem mit seinen Halbtonschritten darstellbar.

255

## Musikinstrumente

Unübersehbar hat sich der arabische Einfluß auf das europäische Musikinstrumentarium ausgewirkt. Die Araber kannten drei Lautentypen, von denen die Knickhalslaute, *al-Ud*, die heute noch geläufigste ist, die Kurzhalslaute, *Rabab* hat sich im europäischen Mittelalter großer Beliebtheit erfreut, die Langhalslaute *at-Tunbur* Eingang in die osteuropäische Musikpraxis gefunden.

Die Knickhalslaute war im persischen Raum schon seit dem dritten Jahrhundert gebräuchlich. Im siebten Jahrhundert wurde sie in Mekka eingeführt, unter der Bezeichnung *Barbat* (Entenbrust), nach der Form des gewölbten, birnenförmigen Resonanzkörpers. Korpus und Hals waren aus einem Stück Holz gefertigt. In früher Zeit war das Instrument nur mit zwei Saiten bespannt[50], später mit vier. Die Kurzhalslauten waren auch bekannt als *Kiran, Mizhar* oder *Muwattar*. Seit etwa Ende des 8. Jahrhunderts spricht man von diesem Lautentyp nur noch als *al-Ud*, was auf arabisch *das Holz* heißt. Gemeint ist damit jenes Instrument, dessen elliptisches Korpus ohne Unterbrechnung in einen rechtwinkelig umgeschlagenen Wirbelkasten mit seitenständigen Wirbeln übergeht und in einen sogenannten *Riegelschweif* ausläuft.

In den Resonanzkörper sind zwei oder mehr Schallöcher eingelassen, die Saiten werden mit einem Plektrum geschlagen. *Al-Ud* gilt als die Königin aller arabischen Instrumente, das beliebteste unter

254

254 *Alphabetische Gesangsnotation des Safi ad-Din; in: H.G. Farmer, Islam/Musikgeschichte in Bildern,, S. 125, Berlin, Staatsbibliothek Preußischer Kulturbesitz*

256

257

256 *M. Lorch, Türkische Harfenspielerin; Holzschnitt, 1583 (10/12)*

257 *M. Lorch, Kamelreitender Musikant; Holzschnitt, 1576 (10/10)*

258

258 *D. Hopfer, Türkischer Trompeter und zwei (?)-Spieler; Radierung (7/31)*

den Saiteninstrumenten, unter denen es das Vollkommenste genannt wird (al-Farabi). *Al-Ud* gehört zu den Instrumenten, die man aufgrund ihrer Vorzüge in den Versammlungen von Königen und Edlen spielen darf (Ikhwan as-Safa).

Als Erfinder des *Ud* haben die Araber schon Lamak (Lamech aus Genesis IV) gepriesen, auch Pythagoras, Plato, Euklid und Ptolemaios.[51] Aus der arabischen Bezeichung *al-Ud* wurde in Spanien allmählich *Laúd*, in Portugal *Alaude*, ins Lateinische übersetzte man *Lahut*, ins Französische *Luth*, ins Italienische *Lauto, Liuto, Leuto*, ins Englische *Lute* und ins Deutsche *Laute*. Seit dem 13. Jahrhundert ist eine zunehmende Europäisierung der arabischen Laute zu beobachten. Unterteilungslinien am Griffbrett sind auf zeitgenössischen Darstellungen erkennbar und lassen auf die Entwicklung einer Bundeinteilung schließen; das Schalloch wird zentral inmitten des Resonanzkörpers plaziert, der Hals des Instrumentes vom Korpus abgesetzt, das eine bauchige, an der Basis abgeflachte Form bekommt. Vom 15. bis zum 17. Jahrhundert vergrößerte man den Umfang der Saiten auf sechs. Mit Ausnahme der beiden höchsten Saiten *(Chanterelle)* waren alle auf dem Griffbrett liegenden Saiten, paarweise angeordnet; die zweite Saite der tieferen Chöre meist in der höheren Oktave der ersten Saite gestimmt. Jedes Saitenpaar, aber auch jede selbständige Saite wurde Chor genannt, so daß man von fünf- bis sechschörigen Lauten sprach.[52]

Die Vergrößerung des Tonumfangs nach der Tiefe führte im 16. Jahrhundert zur Erfindung verschiedener Baßlauten, die *Theorben* genannt wurden oder Arciliuto und Chittarone. Bei diesen Instrumenten werden die längsten, für die

259

259 *Spielerin auf der Langhalslaute; Papier, fol. 2v von zwei Albumseiten im Stil von Levni-Turkpapier als Vorsatz, Türkei/ Istanbul, um 1700, Berlin, SMPK, Museum für Islamische Kunst*

Kontraoktave bestimmten Saiten in einem Wirbelkasten angebracht, der vom Kragen der Griffbrettsaiten getrennt ist. Daher verlängerte man den Hals der Instrumente.[53]

Der zweite Lautentyp, der durch arabische Vermittlung Eingang in die europäischen Mittelmeerländer fand, ist die Langhalslaute, arabisch *Tunbur, Tanbur*. Die Langhalslaute mit kleinem ovalen Schallkörper und langem schlanken Hals, der gegen den Resonanzkörper abgesetzt ist, soll bereits den Bewohnern von Sodom und Gomorrah bekannt gewesen sein[54], ist im Orient schon zur akkadischen und altbabylonischen Zeit nachgewiesen[55], und ist zumindest seit dem Neuen Reich in Ägypten beheimatet.[56] In den arabischen Raum kam die Langhalslaute über die Vermittlung persischer Musiker. Während die frühen ägyptischen Langhalslauten flach auslaufen, zeichnet sich das arabische Tunbur durch den abgeknickten Wirbelkasten und die seitenständigen Wirbeln aus. Dergestalt war das *Tunbur* im Irak seit dem 7. Jahrhundert bekannt und wurde mit zwei bis vier Saiten bespannt. Bei vier Saiten wurde das Instrument doppelchörig gestimmt: in große Sekunde, oder große Terz, in verminderte oder große Quarte (al-Farabi).[57]

In Spanien wurde das *Tunbur*, mit Artikel *at-Tunbur*, in den Sprachgebrauch als *Atanbor* übernommen, als *Vihuela de penola, Guitarra moresca, Banduirra, Pandora, Guitarra latina, Guitarra spagnola*. In Kroatien kennt man noch heute die *Tamburica*, eine Langhalslaute mit seitlich abgeknicktem Wirbelkasten, dem arabischen *Tunbur* verwandt, ein volkstümliches Instrument, das möglicherweise während der Osmanenzeit in die Musik des Balkan integriert wurde. In Süditalien wurde das arabische *Tunbur* zur Zeit der fatimidischen Hofhaltung bekannt, in die Volksmusik übernommen und als *Colascione* bezeichnet.[58] In Frankreich wurde dieser Lautentypus *Colachon* genannt, in Deutschland *Gallichone, Galizona* etc. Das bis zum 18. Jahrhundert in Europa populäre Instrument hat man oft in den Händen von Gauklern und Straßenmusikanten abgebildet; die *Colascione* wird aber auch immer wieder zur Hervorhebung des italienischen Odeurs des 17. Jahrhunderts eingesetzt und findet sich in der Musik Scarlattis und Domenico Collas, der sechs Sonaten für die *Colascioncino* geschrieben hat.

Die dritte Lautengattung arabischer Herkunft, die im Westen eine Rolle spielte, ist die gestrichene Kurzhalslaute, arabisch *Rabab(a)* genannt. Dieses Instrument mit birnenförmigem Korpus ist aus einem Stück Holz geschnitten und läuft in einen rechtwinkelig abgebogenen Kopf mit seitenständigen Wirbeln aus. Ikonographische Belege für die Verwendung der Rabab im Vorderen Orient sind rar. Im großen Buch der Musik erwähnt al-Farabi erstmals die Rabab, Ibn Sina beschreibt in seinem *Buch der Genesung* die Rabab als ein Saiteninstrument, das mit einem Bogen gestrichen wird. Ei-

260

*260 Musiker auf der Rohrflöte und Schellentrommel begleiten eine Tänzerin mit Stabklappern; fol. 1v von zwei Albumseiten im Stil von Levni-Turkpapier als Vorsatz, Türkei/Istanbul, um 1700, Berlin, SMPK, Museum für Islamische Kunst*

*261 Zwei Musikanten auf der Oboe (Zurna) und der Syrinx (Sha'biyya) spielen einer Tänzerin mit Kastagnetten auf; fol. 2r von zwei Albumseiten im Stil von Levni-Turkpapier als Vorsatz, Türkei/Istanbul, um 1700, Berlin, SMPK, Museum für Islamische Kunst*

ner der seltenen Belege für die Rabab im Vorderen Orient ist die Darstellung eines Rabab-Spielers in einem arabischen Manuskript aus dem 15. Jahrhundert. Sie illustriert die typisch orientalische Spielhaltung mit dem senkrecht vor dem Körper gehaltenen Instrument, das mit einem Bogen gestrichen wird.[59] Die *Rabab* war aller Wahrscheinlichkeit nach das erste Streichinstrument, das während der arabischen Herrschaft im Westen bekannt wurde. Seit dem 12. Jahrhundert wird die Rabab in spanischen Quellen als *Rabé (morisco)* zitiert, als *Rabel*, oder *Raben*. Ins Französische ging sie ein unter der Bezeichnung *Rabec, Rebecq, Rebecquet, Rebequin, Rebet*. Im Italienischen wurde daraus *Rebeca, Ribeca*, lateinisch hieß sie *Rebeca* und *Rebecum*, im Englischen *Rybybe*, während man im deutschen Sprachgebrauch des Mittelalters die *Rebec* zitierte.

Das Resultat aus dem Bekanntwerden der Rabab im Westen war die Übernahme des Streichbogens, der in Europa bis zum 9. Jahrhundert unbekannt war, alsbald jedoch auf Chordophonen verschiedenster Art eingesetzt wurde.[60] Der früheste Beleg eines gestrichenen Saiteninstrumentes europäischer Herkunft befindet sich in der Apokalypsenhandschrift des Beatus de Liebana, die zwischen 920 und 930 im arabischen Spanien entstand. Die *Citharae dei*, in früheren Beatus-Handschriften stets gezupft dargestellt, werden nun mit einem Bogen gestri-

262 *Serail-Szene; in: A. de la Motraye, Travels through Europe (...), Bd. 2, London 1732 (14/31)*

262

chen, der in typisch orientalischer Spielweise, das senkrecht vor dem Körper gehaltene Instrument zum Klingen bringt. Im 11. Jahrhundert ging man dazu über, die Rabab immer mehr zur europäischen Violine hin zu entwickeln: Der Wirbelkasten lief flach aus, am Korpus wurden Seiteneinschnürungen angebracht, so daß man das Instrument seitlich oder schräg halten konnte und den Bogen so zu führen vermochte, wie es typisch für die europäische Spieltechnik wurde. Die *Rabab*, bzw. *Rebec* erhielt sich aber auch in ihrer älteren Form bis ins 16. Jahrhundert, wurde vorzugsweise in die Hände von Engeln gelegt und schmückte Altarbilder und Bibelhandschriften. Durch die Vervollkommnung der Violen und das Aufkommen der Violinen wurde der Rabab-Typus immer mehr in den Hintergrund gedrängt. In England wurde die *Rybybe* noch zur Zeit Heinrich VIII. (1509–43) gepflegt. In Frankreich kam ihr immer mehr die Rolle eines verachteten Volksinstrumentes zu, das man in den Händen von Bettlern und Straßenmusikanten antraf.[61]

Auch die Harfe ist im Orient beheimatet. Der Urtypus aller Harfenformen ist die Bogenharfe, sie war seit etwa 2100 v. Chr. im gesamten Orient verbreitet. Die Araber nannten die Bogenharfe *Schahrud* und al-Farabi zitiert den Soghdier Khulais Ibn al-Ahwas als denjenigen, der das *Shahrud* im arabischsprachigen Raum verbreitet hat.

Ebenso ist die *Winkelharfe* bis in die altbabylonische Zeit zurückzuverfolgen. In Ägypten ist sie seit Amenophis IV. (1370–1352 vor Christus) belegt und hat die Bogenharfe verdrängt. Die Araber nannten die Winkelharfe *Dschank*, aber auch *Nuzha*. Sie bestand aus bis zu 40 Saiten, wurde vertikal und horizontal gehalten, mit den Fingerspitzen geschlagen und in verschiedenen Größen hergestellt. Durch arabische Spielleute wurde die Winkelharfe auch im europäischen Mittelmeerraum Bestandteil der höfischen Unterhaltungsmusik und war seit dem 14. Jahrhundert in ganz Europa zu Hause.

Eine weitere Instrumentengattung, die aus der europäischen Hof- und Volksmusik des Mittelalters und der Renaissance nicht wegzudenken ist, muß man jener Gruppe zurechnen, die während der arabischen Herrschaft in Spanien populär wurde: die *Brettzither*. Im Vorderen Orient kannte man die einschenkelig tra-

263

264

*263, 264 Musikanten; in: Magmu'ai-i-musiqi, 6 Minaturen (9/37)*

pezoide Form, die man *Qanun* nennt, vom griechischen *Kanon* (Gesetz), da auf diesem Instrument die Tonhöhen festgelegt und verbindlich für die Stimmung des Ensembles sind. Die meist dreichörigen Saiten sind mit Holzwirbeln befestigt, bewegliche Bünde ermöglichen das schnelle Umstimmen um jeweils ein Viertel Tonintervall. Die Saiten werden mit Plektren *(Kuschtabanat)* gezupft. Das *Qanun* wird in arabischen Quellen erstmals in einer der Geschichten aus 1001 Nacht erwähnt, die aus dem 10. Jahrhundert stammt. Vom *Qanun* zu unterscheiden ist die symmetrisch-trapezförmige Brettzither, die man *Santur* oder *Santir* nennt. Vier- bis fünfchörige Metallsaiten werden an Eisenwirbeln befestigt und mit Klöppeln geschlagen. Das Santur wird in keiner historischen Quelle zitiert. Der große Musikgelehrte, Safi ad-Din (gest. 1294) beschreibt jedoch eine rechteckige Brettzither, die man, wie die arabische Winkelharfe, *Nuzha* genannt haben soll, und mit 32 Saiten bespannte, die in zwei getrennten Bezügen angeordnet waren. Die *Nuzha* soll doppelt so groß wie das *Qanun* gewesen sein.

Die arabische Brettzither ist in Spanien seit dem 11. Jahrhundert nachzuweisen und war bekannt als *Canune, Canon, Ganun, Salterio*. Auch die kleinere Form der Brettzither hat sich in Spanien durchgesetzt und wurde *Medio Canon, Halbes Qanun* genannt. Im Mittelalter entwickelte sich aus der arabischen Brettzither das *Psalter, Psalterium*, auch als *Sambiut, Saltirsanch* oder *Rotte* (Rotta) bekannt. Das

265

*265 Van Mour, Szene im Harem, Lwd., Christopher Gibbs, London*

Hackebrett, italienisch *Salterio tedesco*, französisch *Tympanon, Psaltérion*, englisch *Dulcimer*, entstand während des späten Mittelalters aus dem trapezförmigen Psalterium. Die mit Klöppeln geschlagenen Hackebretter nannte man *Timpanon, Tympanon*, die mit Fingerplektren gezupften Hackebretter *Psaltérion*.[62]

Aber auch die Schellentrommel, arabisch *Duff* oder *Riqq*, die im Vorderen Orient schon in vorislamischer Zeit gespielt wurde, kam nach Europa, wo sie als *Baskische Trommel, Tamburin, Tambour de basque, Tambour basque, Tamburino, Tamburello, Tambur basco, Timbrel* verbreitet wurde und besonders in Südeuropa beliebt war, wo sie sich bis heute unverändert erhalten hat.

Nicht minder sind die Handklappern anzuführen, die oft mit der Schellentrommel kombiniert wurden, und auf arabisch *Kas, Kasat* heißen, woraus unser Wort *Kastagnetten* entstanden ist. Sie waren in verschiedenen phantasievollen Formen bei den alten Assyrern und Ägyptern gebräuchlich sowie bei den Griechen und Römern beliebt.

Die Rohrflöte, arabisch *Qussaba, Qasaba* oder *asch-Schabbaba*, persisch-arabisch *Nay*, gelangte unter ihrer Bezeichnung *asch-Schabbaba* nach Spanien, wo sie zu *Exabeba* modifiziert wurde, die man nach orientalischem Vorbild gern mit der kleinen Handpauke kombinierte, wie durch die Darstellungen auf den Holzpaneelen des Islamischen Museums zu Kairo illustriert wird.

Aus dem Bereich orientalischer Blasinstrumente ist die ehedem in Ägypten beheimatete Doppelklarinette (arab. *Mizmar, Zummara, Maschura*, pers.-arab. *Surnay*) im spanischen und französischen Raum seit dem 10. Jahrhundert nachzuweisen. Sie ist mit verschiedenen Namen belegt: *Zulami, Zumare, Zummara, Chirimia, Dulzaina*. Bei den baskischen Hirten als *Alboka* und *Zinburruna*, seit dem 14. Jahrhundert als *Gaita Zamorana, R'aita, Zamr, Zurna, Zurle*.

Arabische Trommel- und Blasinstru-

266

266 *Musizierende Türkin; in: C. Ferriol, Recueil de cent estampes, Paris 1714 (9/79)*

mente sind jedoch schon während der Kreuzzüge in den Westen gekommen: Der achtungsgebietende Klang der sarazenischen Militärkapellen hat seinerzeit die europäischen Kreuzritter so sehr beeindruckt, daß die zu jenem Instrumentarium gehörigen Pauken und Trompeten schon im Rolandslied zitiert werden, das um 1100 in Nordfrankreich entstanden ist. Wenig später findet man sie als unerläßliche Requisiten der europäischen Hof- und Repräsentationsmusik wieder: Die große zylindrische Trommel, arabisch Tabl oder Qas wurde in ganz Europa bekannt als *Tabor, Tabel, Tambour, Tabouler, Quaisse* oder *Caisse*. Neben den großen arabischen Zylindertrommeln gab es im Abendland auch kleinere, handlichere Formen, sogenannte *Clein päucklein*, die nach arabischem Vorbild zur Begleitung der Einhandflöte gespielt wurden. Die orientalische Kombination

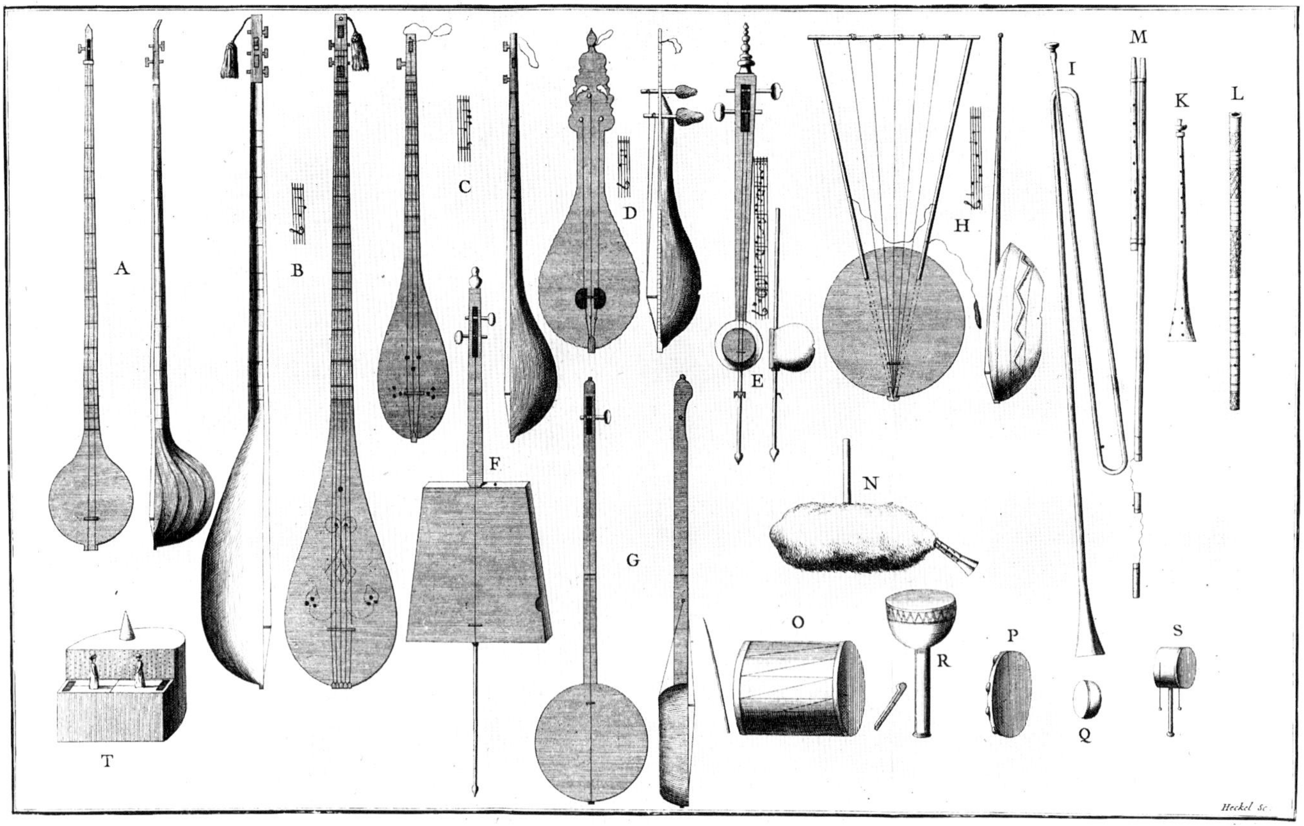


267

267 *Musikinstrumente; in: K. Niebuhr, Reisebeschreibungen nach Arabien (...), Bd 1, T. XXVI, Kopenhagen, 1774-1778, Berlin, Staatsbibliothek Preußischer Kulturbesitz*

268 *Musikinstrumente, »Ein Türkisch Trömlein«; in: M. Praetorius, Syntagma Musicum (...) Wolfenbüttel 1620, Berlin, Staatsbibliothek Preußischer Kulturbesitz*

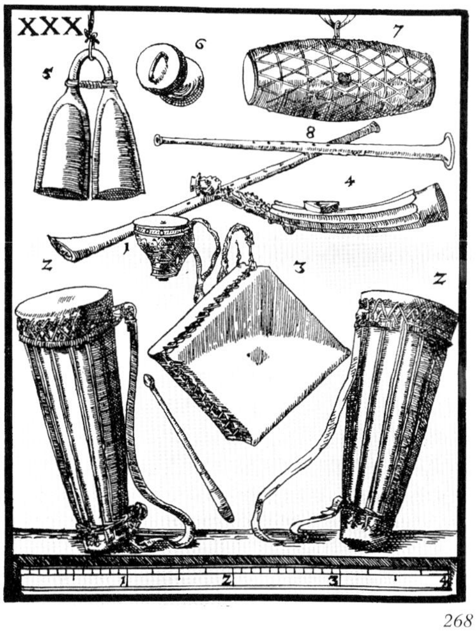


268

269 *J. L. Gérôme, Orientalische Frauen auf einer Terrasse; Leinwand, 1843 (15/24)*

270 *Ägyptische Tänzerinnen*

271 *Musizierende Haremsdamen*

von Blasinstrumenten und Trommeln wurde in der europäischen Militärmusik immer üblicher. Die große Zylindertrommel plus Querflöte ist vom 15. bis zum 17. Jahrhundert Gegenstand zahlreicher Darstellungen militärischer Szenen. Die arabische Kesselpauke, *Naqqara*, türkisch *Nakkare* war im Westen in unterschiedlichen Größen verbreitet. In Spanien kannte man sie seit dem 13. Jahrhundert als *Nuqaira, Nacra*, in Italien seit dem 11. Jahrhundert als *Nacchera, Naccheroni*, Naker oder *Timpani*. In England als *Kettledrums*.

Die konisch gebogene Trompete, arabisch *Buq*, mit Artikel *al-Buq* war seit dem 13. Jahrhundert in Spanien eingeführt worden. Man nannte sie *Albogue, Albogón, Alboka*, im Georgischen *Buki*, im Albanischen *Bukalla*.

Die gerade tubaähnliche Trompete, arabisch *an-Nafir*, nannte man in den Kreuzfahrerepen *Cor Sarrazinois*. Die hispanisierte Form *Anafil*, vom arabischen *an-Nafir*, fand Eingang in die spanische Instrumententerminologie und lebte als *Fanfare* in der abendländischen Musik fort.

Faßt man abschließend die Fakten zusammen, die im Mittelalter den musikalischen Austausch zwischen Orient und

269

270

Okzident belegen, muß man drei unterschiedliche Themenkreise berücksichtigen: Die literarische Überlieferung, die mündliche Transmission, die Übernahme und Weiterentwicklung von Musikinstrumenten.

Jedes Thema bedarf einer bestimmten Betrachtungsweise, um zu einer kritischen Schlußfolgerung zu gelangen: Was die literarische Vermittlung durch Übersetzung und Tradierung anbelangt, so gilt die Beweisführung anhand der historischen und musikwissenschaftlichen Quellenstudien als gesichert. Problematischer hingegen die Argumentation der mündlichen Überlieferung mittels eines *zwischen den Welten wandernden Spielmanns*. Der orale Tradierungsprozeß außerhalb des als Kontrollinstanz dienenden ursprünglichen Kulturkreises kann allenfalls ein subjektiver sein, der vom Musikempfinden des jeweiligen Zuhörers bestimmt wird. Das heißt, arabische Melodien mögen im Fall der *Troubadours* mit europäischen Ohren gehört, mit europäischen Zungen *wiedergegeben* worden sein. Das Beispiel der Musikinstrumente scheint am konkretesten zu sein. Ihre reale Existenz, ihre Beschreibung in literarischen Quellen, ihr etymologischer Nachweis sowie ihre Darstellung in Bildzeugnissen beider Kulturen, lassen sich beinahe zu einem Kreis zusammenfügen. Dennoch ergibt sich daraus nicht, daß auf arabischen In-

271

272

*272 Ingres, Odaliske und Sklavin, 1842, Lwd. The Walters Art Gallery, Baltimore*

strumenten im Westen arabische Weisen und Rhythmen wiedergegeben wurden.

Ein unmittelbarer arabischer Einfluß auf die Musik des europäischen Mittelalters ist präzise kaum nachzuweisen. Als erwiesen gilt, daß die allgemeine Aufnahmebereitschaft jener Zeit einen regen geistigen Austausch begünstigt hat. Dieser war der Nährboden für einen synkretistischen Musikstil, den man als das Ergebnis einer Kulturallianz zwischen Orient und Okzident betrachten kann, als ein Charakteristikum jener Epoche.

273

*273 Schule des G. Bellini, Empfang einer venezianischen Gesandtschaft in einer orientalischen Stadt; Leinwand, 16. Jh., Paris, Musée du Louvre*

274

*274 Empfang einer venezianischen Gesandtschaft in einer orientalischen Stadt; Tapisserie, Tournai, 1545, Welshpool, Wales, Powis Castle*

*275 G. Mansueti, Die Heiligen Drei Könige; Leinwand, um 1500, (5/7)*

275

276

276 *G. Bellini, Der Heilige Marcus predigt in Alexandria; Leinwand, 1504-1507, Mailand, Pinacoteca di Brera*

277

277 *G. Mansueti, Die Gefangennahme des Heiligen Marcus in der Synagoge; Holz, 1499, Vaduz, Sammlungen des Regierenden Fürsten von Liechtenstein*

278

279

*278 G. Mansueti, Der Heilige Markus tauft Anianus; Leinwand, 16. Jh., Mailand, Pinacoteca di Brera*

*279 Die Heilung des Anianus auf dem Marktplatz von Alexandria; Holz, um 1499, Berlin, SMPK, Gemäldegalerie*

280

281

*281 A. Dürer, Brustbild eines orientalischen Mannes; Federzeichnung, 1521, (5/27)*

*280 A. Dürer, Der Türkische Kaiser; Federzeichnung, schwarze Tusche, 1523, Washington, National Gallery of Art*

282 A. Dürer, Thronender orientalischer Herrscher; Eisenradierung, um 1497, (5/20)

282

283

*283 A. Dürer, Marter der zehntausend Christen; auf Leinwand übertragen, 1508, Wien, Kunsthistorisches Museum*

*284 A. Dürer, Orientalischer Reiter; Federzeichnung, 1494/95, (5/24)*

284

285

PIETER COECKE VAN AELST
SITTEN UND GEBRÄUCHE DER TÜRKEN

Der flämische Künstler Pieter Coecke van Aelst (1502–1550) war im Jahr 1533 auf Veranlassung der Brüsseler Teppichwirkerei van der Moyen zu einer Reise nach Istanbul aufgebrochen. An sie knüpfte sich die Absicht, den Sultan mit europäischen Tapisserien zu beliefern, sowie die Chancen der Gründung einer eigenen Teppichmanufaktur vor Ort zu erkunden. Zugleich bot eine solche Reise Gelegenheit, die Techniken der orientalischen Webkunst kennenzulernen und die Geheimnisse ihrer Farbgebung zu studieren. Es wurde vermutet, daß sich Coecke dem flämischen Gesandten Cornelis de Schepper anschloß, der sich im gleichen Jahr in kaiserlichem Auftrag von Ragusa aus in die Stadt am Goldenen Horn begab. Scheppers Reisenotizen stellen jedenfalls eine wertvolle Ergänzung der Bilder Coeckes dar. Produkt dieser Reise ist eine siebenteilige Holzschnittfolge, die insgesamt einen Fries mit einer Länge von viereinhalb Metern ergibt. Dieser wird durch Karyatiden in verschieden große Abschnitte unterteilt, die einzelnen Weg-Etappen entsprechen.

Pieter Coecke van Aelsts *Moeurs et Fachons de turcs* sind nicht einfach Illustrationen eines Reiseberichts, sondern ihrerseits ein Reisebericht in Bildern. Bereits die äußere Form des Riesenholzschnittes, eine der eigentümlichsten Erfindungen der Epoche, macht dies deutlich. Stehen zu Beginn die Beschwernisse und Wechselfälle der Fahrt im Mittelpunkt künstlerischer Betrachtung, so verschiebt sich das Augenmerk, je weiter

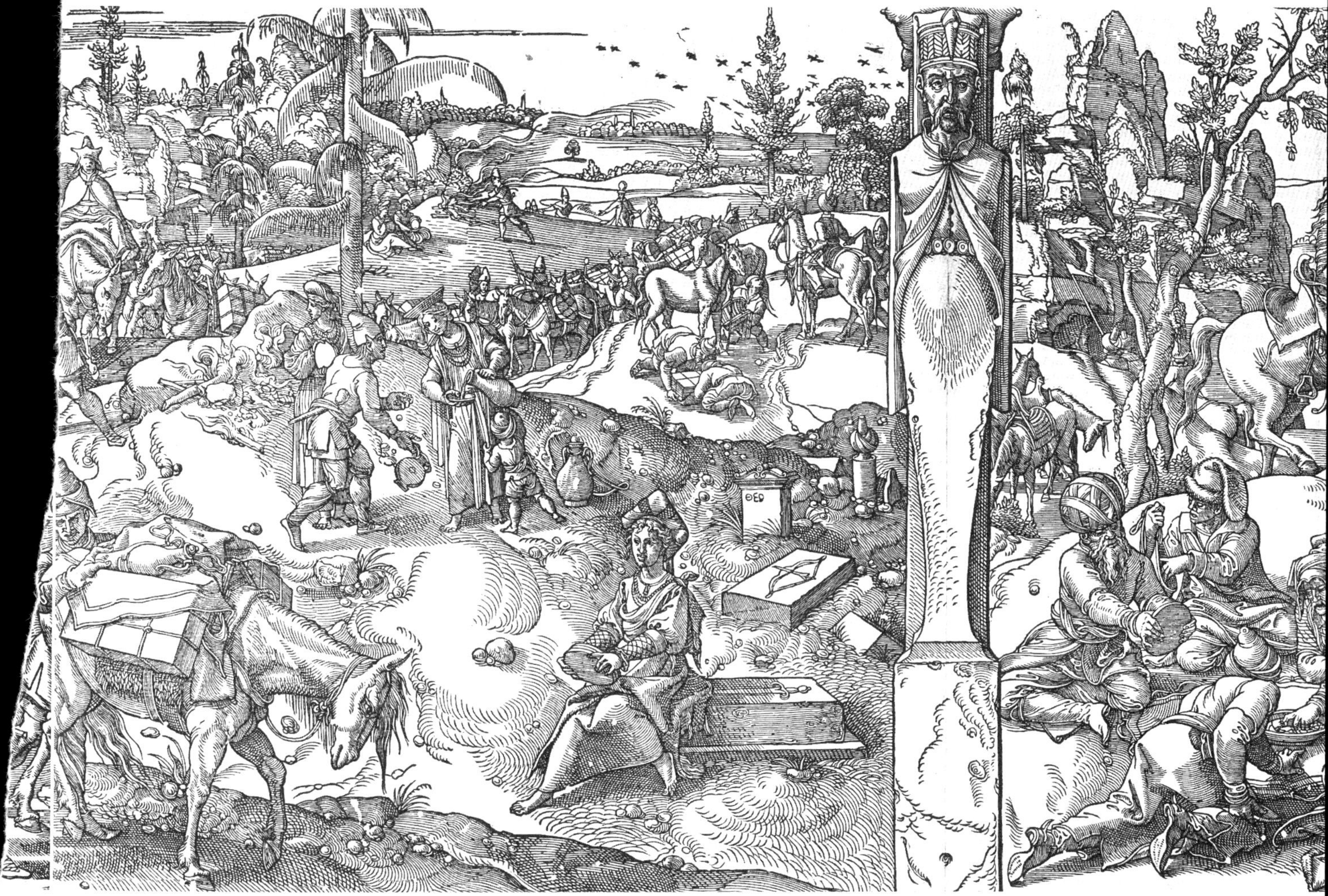

285

wohl eher die unwirtliche Gebirgslandschaft Serbiens und Montenegros gemeint ist, als jener von Save und Drau umflossene Landstrich gleichen Namens. Nach einer nächtlichen Wanderung über unwegsame Pfade läßt man sich an einem Wegkreuz nieder, schart sich um ein Feuer, versorgt die Pferde, läßt sich seinerseits von den in primitiven Steinhütten hausenden Bauern der Umgebung versorgen und schläft, sofern man nicht eben Wache steht.

Auf Blatt 2 ist die Schroffheit der Gebirge einer abwechslungsreichen Kulturlandschaft gewichen. Die Reisegesellschaft hat sich einer organisierten Karawane angeschlossen, die sich schier unübersehbar durch sanfte Täler windet. Frauen in Nationaltracht haben sich am Wegrand aufgepflanzt, um den Vorbeiziehenden Waren des täglichen Bedarfs anzubieten. Der Willkür der türkischen Herrschaft über die Völker des Balkans wird man in einer Szene gewahr, die die Beschlagnahme eines Pferdes durch türkische Soldaten schildert. In Blatt 3 entfernt sich der Künstler von seiner Karawane, die eben eine Furt durchquert. An ihr zieht ein Troß von Soldaten vorüber: Spahis, ein Janitscharenführer, seine Frau, Fußvolk.

Unweit des in der Ebene von Mariza gelegenen Philippopel, dem heutigen Plowdiw, gerät der Künstler in ein festliches Treiben. Auf Karren fahren die Bewohner der Stadt auf das antike Gräberfeld hinaus, wo sich einst die Mörder Cäsars mit ihren Rächern schlugen, und begrüßen den aufgehenden Neumond mit Gesang und Fackeltanz. Blatt 5 läßt den Betrachter an einem Begräbniszug teilhaben. Die Bahre des Verstorbenen be-

*285 P. Coecke van Aelst, Sitten und Gebräuche der Türken; Holzschnittfolge in sieben Teilen, ab 1533-1550 (8/1)*

gleiten vier Knaben, die je einen mit Bändern geschmückten Quittenbaum vor sich her tragen. In geziemendem Abstand folgt das gesattelte Pferd, dann die Mutter des Toten. Das Ziel der kleinen Gesellschaft ist der Friedhof, wo der Verschiedene seine letzte Ruhe im Schatten einer Zypresse findet. Deren Gedeihen ist das beste Zeichen dafür, daß es dem Toten auch im jenseitigen Leben wohlergehe. Der Einzug in die Stadt am Bosporus gestaltet sich zum Freudenfest. In der Tat ist es ein wahrhaft initiales Ereignis, an dem der Künstler sich weidet: Das Fest der Beschneidung der türkischen Knaben. An diesem Tag ziehen sich die Männer zum Rundtanz zurück, und die Frauen schieben sich, das Straßenbild prägend, in den Vordergrund. Geführt von einer Schar Musikanten begleiten die einen ihre Söhne auf deren schwerem Gang, während andere die für den kleinen Herrn bestimmten Geschenke hinterhertragen.

Am Höhepunkt der Reise steht das historische Zentrum der Stadt, der At Meydan, mit seinen antiken Überresten des Stadions, des Kaiserpalastes, der ehernen Säule u. a., von denen der Stich Coeckes Zeugnis ablegt, da diese längst verschwunden sind. An diesem Ort wohnt der Künstler einer Prozession des Sultans Süleiman bei, der allwöchentlich die Moschee Mehmet Fatih aufsucht, das Freitagsgebet zu verrichten. Dieser Szene hatten sich verschiedentlich auch andere Künstler bedient. *R/SB*

man in osmanisches Gebiet vordringt, auf die Beobachtung des Landes und seiner Bewohner. Coecke's Bericht hat nichts mit jener dinglichen Wahrnehmung zu schaffen, die ein Merkmal illustrierter Reisebücher nicht nur seiner Zeit ist, insofern diese sich in der Abkonterfeiung baulicher Sehenswürdigkeiten, bloßen Kostümstudien oder der Wiedergabe eines formelhaft erfaßten Ereignisses erschöpften. Indem der Flame jene Kompositionsprinzipien, die von den Künstlern der Renaissance in religiösen, mythologischen und historisch-politischen Darstellungen entwickelt worden waren, auf die Gegenstände einer breit angelegten Kulturbetrachtung überträgt, legt er in ihnen den Funken einer Erlebniswelt, die auszumalen er keine Mühe scheut. Die kriegerischen Akzente, die den zeitgenössischen Türkendarstellungen anhaften, treten hier zurück, so wie die Bewegungsform des Zuges hier nicht in die höfische Etikette eines ›Pompus introitus‹ gezwängt ist, darin der Türke kaum je die Rolle eines bloßen Beutestücks überwand. Die *Moeurs et fachons de turcs* stehen durchaus nicht auf einer Stufe mit jener Bilderflut, die jeder Reichstag nach sich zog, der mit neuen Maßnahmen gegen die ›Gefahr aus dem Osten‹ aufwarten ließ. Zeit seines Lebens hatte sie Coecke der Öffentlichkeit vorenthalten. Erst drei Jahre nach dessen Tod wurden sie durch die Witwe des Künstlers, Marie Verhulst, herausgegeben. Sie kann heute als ein eindrucksvoller Beleg des universellen Humanismus des frühen 16. Jahrhunderts gelten.

Die Bildgeschichte setzt mit einem Nachtlager ein. Als Ort der Handlung nennt die Legende Slawonien, womit

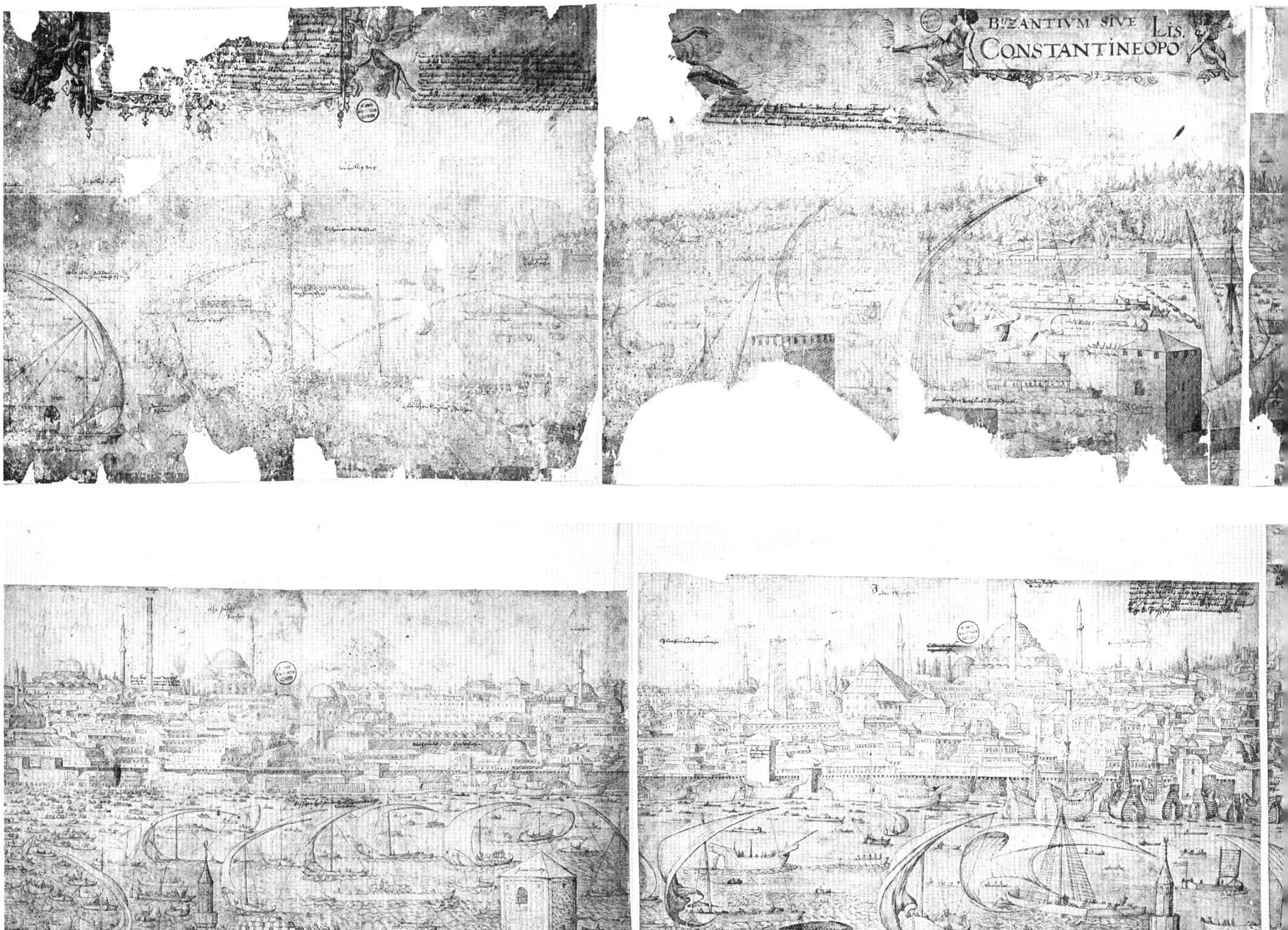


*286 M. Lorch, Stadtansicht von Konstaninopel; Feder in Sepia, 21 Blätter, 1559*

287

*Maria-Magdalena Müller-Haas*

## Ein Künstler am Bosporus Melchior Lorch

Erst im 15. und 16. Jahrhundert erhielten die Vorstellungen der Europäer vom Vorderen Orient deutlichere Konturen. Der Buchdruck eröffnete neue Möglichkeiten der Verbreitung von Reiseeindrücken in Wort und Bild. Es gab verschiedene Beweggründe für einen Maler oder Holzschneider, nach Vorderasien zu reisen. Der holländische Maler Erhard Reeuwich etwa begleitete 1483 den Mainzer Kanonikus Bernhard von Breydenbach ins Heilige Land, um dessen Reisebericht zu bebildern; fünfzig Jahre später reiste Coecke van Aelst, im Auftrag der Brüsseler Teppichwirker, nach Konstantinopel, um die dortige Webtechnik zu studieren.

1555, in den Jahren, als Coecke van Aelsts Türkenfolge in Antwerpen gedruckt wurde, reiste der aus Flensburg stammende Maler, Holzschneider und Kupferstecher Melchior Lorch im Auftrag des Kaisers mit der Gesandtschaft Augier Ghiselin de Busbecqs nach Konstantinopel, und fertigte dort nach seinen Beobachtungen Zeichnungen an, die nach seinem Tod als Holzschnitte im Druck erschienen.

Kenntnis vom Leben Lorchs gibt eine Autobiographie, die dieser in einem Brief an seinen Gönner Frederik II., den dänischen König, am 1. Januar 1563 mitteilt und die er auch seinem Buch *Soldan Soleynman Tvrckischen Khaysers (...) Whare vnd eigendtliche contrefectung vnd bildtnuss (...)*, das er in Antwerpen 1574 zusammenstellte, beifügte. Der um 1527 in Flensburg geborene Lorch besuchte zunächst in Lübeck eine Goldschmiedelehre und bereiste mit seinem – uns unbekannten – Meister Dänemark, Stralsund und die Ostseeländer, ehe er, noch vor seinem zwanzigsten Lebensjahr, zum ersten Mal finanziell unterstützt von seinem Mäzen, dem dänischen König Christian III., nach Süddeutschland reiste. Christian III. war ein Freund der Eltern. Er nahm immer im Elternhaus Lorchs Quartier, wenn er Flensburg besuchte.

1547/48, zur Zeit des Reichstages, weilte Lorch in Augsburg. Er lernte dort

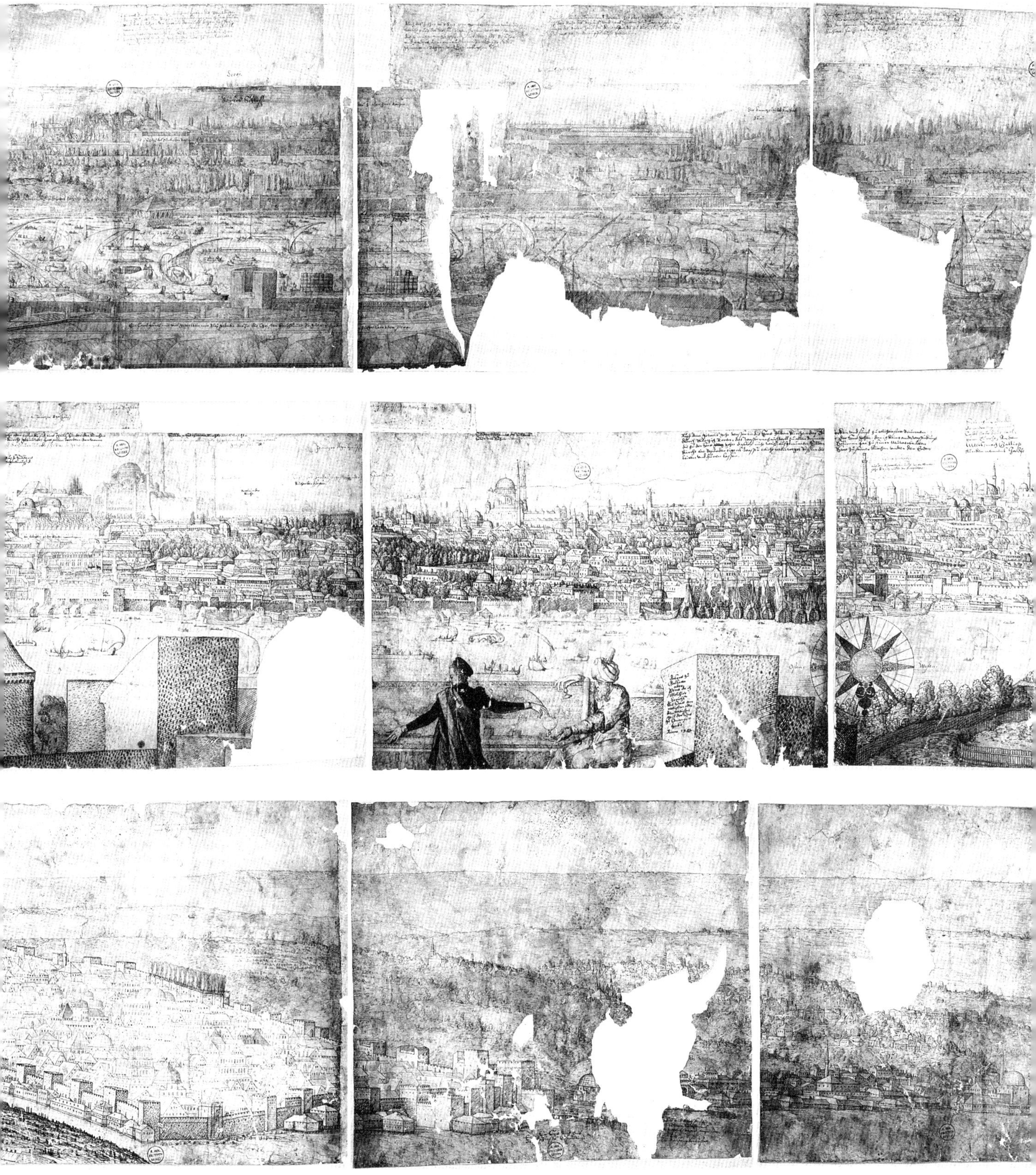

288

prominente Vertreter der lutherischen wie der katholischen Kirche kennen und arbeitete sowohl für den lutheranischen Kurfürsten Ottheinrich wie für den Kardinal von Augsburg, Otto Truchseß von Augsburg. Ein weiteres Stipendium seines Mäzens Christian III. ermöglicht ihm eine vierjährige Wander- und Lehrzeit in Süddeutschland. In seinen frühen Stichen ist der Einfluß Lucas Cranachs sichtbar. Seiner Autobiographie zufolge reiste er zwischen 1548 und 1551 in ›Hochdeutschland‹. Aus dieser Zeit stammten eine lutheranische Flugschrift mit einem Spottbild des Papstes und der Kupferstich nach der Reifenstein-Zeichnung Martin Luthers. Während seiner Wanderjahre durch Süddeutschland hielt er sich auch in Nürnberg auf. Hier stach er 1550 ein Bildnis Albrecht Dürers und illustrierte Einblattdrucke mit Gedichten von Hans Sachs. Von dort reiste er in die Niederlande und nach Italien. In der Autobiographie berichtet er von Besuchen der Städte Venedig, Bologna, Florenz und Rom, wo er nach antiken Skulpturen und Michelangelos Werken in der Sixtinischen Kapelle zeichnete. 1554 erhält er von Kaiser Ferdinand I. den Auftrag, die Gesandtschaft des Wissenschaftlers Augier Ghiselin de Busbecqs nach Konstantinopel zu begleiten. 1555 erreicht er (nicht im Gefolge Busbecqs) die Hohe Pforte. Vermutlich reiste er auf dem Seeweg über Griechenland nach Konstantinopel, wo er als ›antiquitatis studiosissimus‹ viereinhalb Jahre verbringt und mit einem Schatz von Zeichnungen nach Wien zurückkehrt. Busbecqs Interesse für die Antike ist bekannt. Auch von Lorch sind Zeichnungen antiker Bauwerke erhalten.

Lorch wird sicher auch andere Städte, außer Konstantinopel etwa Ankara, besucht und in Skizzen festgehalten haben. Er prägte mit diesen Skizzen, die er später als Vorlagen für 128 Holzschnitte nutzte, das frühe Bild der Türkei aus der Sicht des Europäers. Neben den wichtigsten Moscheen, antiken Bauwerken, türkischen Gerätschaften, Bildnissen des Großherrn, seiner Würdenträger und vier Sultaninnen, u. a. der Sultana Roxelane, muß er Studien nach Einzelfiguren und Volksszenen, Zeremonien, Beerdigungen, Lasttiere und viele andere ›Themen‹ gezeichnet haben. Von den ursprünglichen Werken ist nur die Skizze einer Aussicht über die Dächer von Konstantinopel erhalten. Auch die Bildnisse von zwölf Sultanen wurden bei Bränden in Christiansborg und Frederiksborg vernichtet. Wohl 1559 ist der riesige Prospekt der Stadt Konstantinopel, über 11 Meter lang, zu datieren, eine der ersten Ansichten der Stadt, die nach Europa gelangten.

Obwohl das anscheinend von Lorch geplante große Illustrationswerk, trotz der über 120 Zeichnungen und zugehöriger ergänzender Texte, nicht zustande gekommen ist, vermitteln die erstmals 1619 aus seinem Nachlaß in Hamburg edierten *»Wolgerissenen und Geschnittenen Figuren zu Roß vnd Fuß sampt schönen Türckischen Gebäwden vnd allerhand was in der Türckey zu sehen«* einen kulturhistorisch höchst aufschlußreichen Einblick in das türkische Leben zur Zeit Süleymans des Prächtigen. In jener Zeit des Abwehrkampfes gegen die Türken bestand ein besonderes Interesse an der Darstellung von Militaria, die als wertvolle Informationsquelle genutzt werden konnten. Neben diesem Zweck faszinierten ihn vermutlich besonders der exotische Reiz, die Pracht und der Prunk des orientalischen Hofes und seiner Würdenträger. Busbecq brachte neben wissenschaftlichen Aufzeichnungen erstmals die Tulpe nach Europa, Lorch eine der ersten Beschreibungen der europäischen Türkei. Seine Darstellungen dienten jedoch auch als Vorlagenwerk *»(...) allen Kunstliebenden Malern / Formschneidern / Kupfferstechern /ec (...) an den Tag gegeben«*, wie der Titel der 1626 bei Michael Hering herausgegebenen Holzschnitte lautet.

289

290

1562 bis 1565 hielt Lorch sich erneut in Wien auf, wo er eine angesehene Stellung am Hofe einnahm. 1654 war er mit der künstlerischen Leitung der Feierlichkeiten für den Einzug Maximilian II. betraut worden. Für seine Verdienste – er entwarf Triumphbögen und Brunnen – wurde ihm 1564 der Wappenbrief verliehen. Er hat nun eine feste Stelle als

*289 Türkische Frauen beim Mahle; wohl Kopie nach einer unbekannten Zeichnung von M. Lorch, grau lavierte Pinselzeichnung, Anf. 17. Jh. (10/5)*

*290 Türkische Frauen beim Gebet; wohl Kopie nach einer unbekannten Zeichnung von M. Lorch, grau lavierte Federzeichnung, graue Tinte, Anf. 17. Jh. (10/4)*

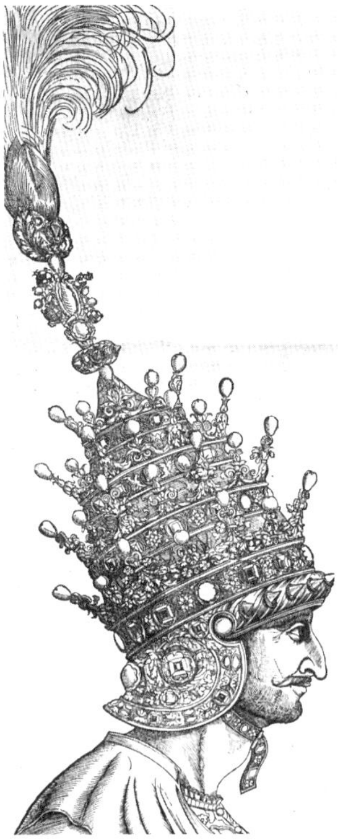

291

292

293

294

295

*291 M. Lorch, Sultansporträt (Süleyman II. ?); Holzschnitt, Berlin, SMPK, Kupferstichkabinett*

*292 M. Lorch, Sultan Süleyman; Kupferstich, 1562 (?)*

*293 M. Lorch, Der Gesandte des Schah Tahmasp I. bei Sultan Süleyman, Fürst Ismail; Kupferstich, 1562 (?)*

*294 M. Lorch, Der Gesandte des Schah Tahmasp I. bei Sultan Süleyman, Fürst Ismail; Kupferstich, 1573 (10/11)*

*295 M. Lorch, Sultan Süleyman; Kupferstich, 1559, Berlin, SMPK, Kupferstichkabinett*

›Härtschier‹ (eine Art Kammerjunker) am Kaiserlichen Hof. In dieser Funktion begleitete er im August/September 1566 den Kaiser in den Türkenkrieg, der durch die Krankheit Süleymans und dessen Tod ein rasches Ende fand. Maximilian II. empfahl ihn in einem persönlichen Brief am 1. Dezember 1566 dem Dänenkönig Frederik II. und entließ ihn zu Weihnachten 1566 aus seinen Diensten. Spätestens im Herbst 1567 findet sich seine Spur in Hamburg, wo er 1568 im Auftrag des Rats einen Entwurf für das (heute zerstörte) Schartor und eine etwa 12 Meter lange Elbkarte zeichnete, die hansische Gebietsansprüche sichern sollte. Zwischen 1567 und 1573 entwarf er Zeichnungen für Trachtenbücher, vorwiegend für Trachten aus dem norddeutschen Raum.

296

296 *J. C. Woudanus, Der Lesesaal der Bibliothek zu Leiden; Kupferstich, 1610 (10/2)*

1568 erscheint in Frankfurt eine Ausgabe *Ein Liedt vom Türcken vnd Antichrist*, das er 1559 in Konstantinopel geschrieben hatte. Weiterhin vom Kaiser besoldet, plante er den bereits erwähnten ›Bildbericht‹ über die europäische Türkei, deren Bauten, Menschen und deren Lebensweise, nach seinen Skizzen und mit von ihm verfaßten Texten versehen, fertigzustellen. Dieser wurde jedoch erst 1619, nach seinem Tod, in Hamburg, bei Michael Hering, als Bildband ohne erläuternde Texte, zum ersten Mal aufgelegt. 1646 erschien eine weitere Ausgabe bei Gundermann, ebenfalls in Hamburg, ergänzt von einem unvollständigen und ziemlich kurzgefaßten Register, kompiliert *»auss dem Original Manuscripto«*. Die Holzstöcke wie auch das Originalmanuskript verblieben in den 1680er Jahren in Hamburg bei dem Verleger Eberhard Werner Happel zur Verfügung. In den 1680er Jahren wurden die türkischen Holzschnitte zweimal neu aufgelegt: einmal in der anonymen Zeitung *Turckischer Estats- und Krieges-Bericht*, die in Hamburg zwischen November 1683 und Dezember 1684 wöchentlich zweimal erschien, zum anderen wurden 1688 in Happels *Thesaurus Exoticorum (...)*, in dem die Holzschnitte als eigener, selbständig paginierter Abschnitt *Eine Speciale Beschreibung Der Musulmänner oder Türcken (...)*, ohne Angabe der Jahreszahlen und Monogramme, abgedruckt sind. Happel wollte mit diesem weit verbreiteten Werk jedoch weniger informieren, als den Sensationshunger seiner Leser stillen. Neu war an Lorchs Holz schnitten das intensive Betrachten, Unterscheiden und Abbilden von Trachten und Kostümen, das in der Renaissance seinen Anfang hat und seither in zahlreichen Trachtenbüchern fortgesetzt wurde.

Wohl um sein Werk zu edieren, hielt sich Lorch von 1573/74 in Antwerpen auf, dem damaligen europäischen Verlegerzentrum für gedruckte illustrierte Bücher. Dort verkehrte er mit den Verlegern, Künstlern und Humanisten, die großes Interesse an ihm hatten, da er aus eigener Erfahrung über das sagenhafte Türkenreich berichten konnte. Er steu-

297

*297 M. Lorch; Aussicht über Dächer gegen die Arkadios-Säule in Konstantinopel; Federzeichnung, braune Tinte, um 1559 (10/3)*

erte fünf Illustrationen zum berühmten Folio-Missale Christoph Plantins bei, befreundete sich mit dem Graphiker Philipp Galle, der ihm eine Serie von Kupferstichen widmete, er lernte den Freundeskreis des kurz zuvor verstorbenen Pieter Brueghel d. Ä., den Historiker Hendrik Goltzius und den Geographen Abraham Ortelius kennen.

Am 21. April 1574 erschien in Antwerpen unter dem Titel *Soldan Soleyman Tvrckischen Khaysers (...) Whare vnd eigendtliche contrefectung vnd bildtnuss (...)*, ein Büchlein mit neun Brustbildern und Halbfigurenporträts zusammen mit seiner Autobiographie, die er, wie erwähnt, bereits 1563 an Frederik II. geschickt hatte. Das einzige bekannte Exemplar dieser Ausgabe, es befand sich in der Hamburger Staatsbibliothek, wurde im Zweiten Weltkrieg zerstört. 1574 reiste er über Hamburg nach Flensburg und bat seinen Gönner, Frederik II., um finanzielle Förderung seiner Veröffentlichungen. Danach fehlen uns Nachrichten über sein Leben, bis er am 19. Februar 1580 vom Dänenkönig, den er im gleichen Jahr porträtierte, zum ›Hofcontrafayer‹ ernannt wurde. Eine letzte Erwähnung ist für das Jahr 1583 bezeugt.

Die meisten seiner Gemälde sind vernichtet. Gesichert als Zeichnung ›ad vivum‹ ist nur eine – unvollendete – Aussicht über die Dächer Konstantinopels (vgl. Abb. 286). Als unmittelbare Vorlagen für die 128 Holzschnitte, die zwischen 1570 und 1583 entstanden, sind nur drei Zeichnungen bekannt.

In seinen frühen Werken zeigte Lorch sich als Nachfolger Dürers und der deutschen Kleinmeister des 16. Jahrhunderts. Danach war er beeinflußt von niederländischer Kunst, von Zeichnungen und Holzschnitten Tizians und italienischer Manieristen. Die italienischen Anregungen bildeten die Grundlage für seine Arbeiten, die in der Türkei, Wien und Antwerpen entstanden. Er entwickelte einen persönlichen Zeichenstil, der von der Formenstrenge des Manierismus wie von sachlicher Linienführung geprägt ist.

# VOM KRIEG ZUM FRIEDEN
# BERLIN, DAS KURFÜRSTENTUM BRANDENBURG, DAS REICH UND DIE TÜRKEN

*Klaus Schwarz*

Die Türken treten zur Zeit der Kreuzzüge in den näheren Gesichtskreis der Europäer. Mit dem Vordringen türkischer Stämme unter Führung des Herrscherhauses der Seldschuken gerieten weite Teile Kleinasiens und Palästinas unter ihre Herrschaft. Im Verlauf des ersten Kreuzzuges (1096–1099), der mit der Eroberung Jerusalems endete, schlug ein Kreuzfahrerheer unter Gottfried von Bouillon, welches aus Lothringern, Nordfranzosen und Deutschen bestand, den Sultan der Rum-Seldschuken, Kiliç Arslan I. (1092–1107), bei Iznik/Nicäa.[1] Das Heer bahnte sich in weiteren Kämpfen, den türkischen Widerstand brechend, seinen Weg bis nach Jerusalem. Hundert Jahre später führte dann Kaiser Friedrich I., Barbarossa, ein großes, meist deutsches Ritterheer im dritten Kreuzzug (1187 bis 1192) durch Anatolien. Am 18. Mai schlug er bei Konya/Ikonium die Truppen der Rum-Seldschuken unter Kutb ed-Din Melikşah.[2] Bald darauf ertrank der Kaiser im Fluß Kalykadnos (türk. Göksu), wenige Kilometer vor Silifke/Seleukia. Nach dem Zerfall des Reiches der Rum-Seldschuken entstanden in Anatolien eine Anzahl von Fürstentümern, unter denen das von Osman begründete zusehends an Bedeutung gewann. Die unter der Herrschaft des Hauses Osman stehenden Türken dehnten ihre Macht bald auf Südosteuropa aus und trafen nach dem Sieg über die Serben (1389) bald auf einen Gegner besonderer Stärke, das Königreich Ungarn!

König von Ungarn war seit 1387 Sigismund aus dem Hause Luxemburg. Sein Vater, der Römisch-deutsche Kaiser Karl IV., hatte ihn vorher im Zuge luxemburgischer Hausmachtspolitik mit der Mark Brandenburg samt der dazugehörigen Kurstimme belehnt. Die märkischen Stände hatten ihm den Treueid geleistet[3], die Städte Berlin und Cölln am 6. August 1387.[4] König Sigismund mußte sich in Ungarn gegen innere und äußere Feinde behaupten und benötigte Geld, um Truppen aufzustellen. Deshalb verpfändete er im Jahre 1388 die Mark Brandenburg seinen Vettern Jobst und Prokop von Mähren. Inzwischen hatten die Türken Gebiete unter ihre Herrschaft gebracht, welche teils mittelbar, teils unmittelbar zum ungarischen Reich gehörten, und die bisher Ungarn tributpflichtige Walachei unterworfen. Bereits 1392 zog König Sigismund in eigener Person mit einem größeren Heer gegen die Türken und vermochte sie in Bulgarien vorübergehend zurückzudrängen.[5] Weitere Feldzüge gegen die Osmanen folgten. Im Jahre 1396 konnte der junge König schließlich seinen mit Ausdauer verfolgten Plan eines Kreuzzuges verwirklichen. Ein großes Heer von Rittern, vor allem aus Frankreich, Deutschland und Polen, sammelte sich in der Ebene von Buda/Ofen. Unter dem Oberbefehl von Sigismund zog das Kreuzfahrerheer nach Bulgarien, wo es die an der Donau gelegene türkische Festung Nigbolu/Nikopolis (heute Nikopol, Bulgarien) belagerte. Sultan Bayezid I., Yildirim (der Blitz), der gerade Konstantinopel belagerte, rückte in Eilmärschen heran und traf am 25. September 1396 auf die Kreuzfahrer. König Sigismund befehligte in dieser denkwürdigen Schlacht das im Zentrum der christlichen Truppen kämpfende deutsche und ungarische Aufgebot. In seiner unmittelbaren Nähe fochten die beiden Söhne des Burggrafen von Nürnberg aus dem Geschlecht der Hohenzollern, Friedrich (1372–1440) und Johann. Der König und die Hohenzollern-Brüder sollten ein höchst einschneidendes gemeinsames Erlebnis haben! Im ungestümen Angriff osmanischer Reitertruppen ging die Schlacht schließlich verloren. Während der allgemeinen Flucht konnten sich der König und die Hohenzollern-Brüder nur mit Mühe in eine Galeere auf der

Coment les xpiens assirent la cite
de sur Et coment a laide du duz de
venise ilz la conqrent sur les turcs.

La cite de Sur estoit forte
a merueilles et moult
ancienne. Vlpin q̃ fist
plente de loix en fu natif
come les histoires romaines tesmoi
gnent. Annetior en fu aussi qui eut
deux filz et vne fille. Cadamus laisne
fonda la cite de thebes. Le second se
nomoit Fenix de quoy la terre de fe
nice fu nomee dont il fu sires. La fille
fu appellee Europe pourquoy la tierce
partie du monde fu ainsi appellee. Co
le len treuue par escript les citoiens
de la ville trouuerent premierement
les lettres en latin. Len souloit illec
prendre les poissons de mer dont len
taindoit le pourpre. De la fu natif
ficeus et dido sa feme qui fonda en
auffrique la cite de cartaige qui fist
maint traueil a la cite de rome. Celle
cite eut deux noms. Elle fu appellee se
lon le lignaige abraensor dont lon le
clamme ancoires Sur. Par lautre no
est appellee Tircatiras. la fonda pre
mier qui fu le vij.e filz de Japhet filz
de noe qui fist larche. De celle cite fu
natif Abdinus vng Jouuencel et Jo
seph que Irem roy de sur tenoit en sa
prison. Salemon qui moult estoit
sage lui enuoioit deuinailles po[u]r les
repostes affin quil les deuinast et
les exposoit. Le roy ne le sauoit faire
si les enuoioit a ce sage home lequel
les exposoit toutes moult bien. Dont
Il aduint vne fois que Salomon r
mist fremailles de trop grant auoir
que ses paroles ne seroient pas-

298 Die Eroberung der Stadt Tyrus; in: G. de Tyr, Histoire des Croisades traduite en Francais (...), illuminierte Pergamenthandschrift, Bourgogne, Mitte 16. Jh. (7/12)

298

qui estoient Jennes bacelers se con
duisoient tout autrement car ilz se
tenoient en lombre Jouans aux ta
bles et se gaboient de ceulx qui par
leur prouesse estoient bleciez a lassaut
Quant lempereur vey que de ses ba
rons il navoit autre aide Il les man
da et parla a eulx Il leur requist tres
Instamment quilz semploiassent mieulx
en la besongne de nostreseigneur Ceulx
lui promirent quilz feroient leur devoir
mais ilz nen firent neant Lempereur
meismes les ala plusieurs fois querre
en leurs tentes mais ce fu en vain
Voiant ce le bon empereur il en eut grant
desdaing Adont il parla a ses hommes
et leur dist que grant blasme leur
estoit de ce que celle cite sestoit tant
tenue lors les pria du bien faire
et ilz si travaillerent ou despit des
autres tant que par force ilz conq

rent le bourg de la ville qui estoit
tresbien ferme Ilz occirent ceulx quilz
trouverent dedens fors aucuns qui
portoient croiz devant leurs piz Car
en tous temps il y avoit grant plente
de xpiens en la cite de cesaire.
Il sestoient ceulx de la ville ap
prochies de ce bourg qui estoit
pres pource doubtoient que ceulx de
lost ny entrassent Ilz prindrent tre
ues a lempereur pour parler de paix
le seigneur de celle cite estoit hault ho
me darrabe nomme Marchedoles Il
envoia premier vers lempereur et
lui requeroit que la cite ne fust pas
destruitte et lui promist grant avoir
Lempereur qui avoit grant despit
de ces haulx hommes qui en rien ne
laidoient prisa pou lommage que le
prince lui avoit fait Pource adint
quant il fu asseur du grant avoir

299 *Die Belagerung von Caesarea; in: G. de Tyr, Histoire des Croisades traduite en Francais (...), illuminierte Pergamenthandschrift, Bourgogne, Mitte 16. Jh. (7/12)*

*299*

Donau retten.[6] Sie entkamen unter dem Pfeilregen türkischer Bogenschützen zur Mündung der Donau, wo Schiffe der Venezianer und des Johanniterordens von Rhodos, welche eigentlich die siegreiche Kreuzritter-Armee beim Weitermarsch unterstützen sollten, die Geschlagenen aufnahmen. Schließlich gelangten sie über Konstantinopel durch die Ägäis nach Ragusa, wo man am 21. Dezember 1396 eintraf.[7]

Sultan Bayezid I. nutzte seinen Sieg und schickte seine Heerscharen nach Ungarn, von wo aus sie vermutlich auch zum ersten Mal Gebiet des Römisch-deutschen Reiches angegriffen haben. Sie drangen in die untere Steiermark ein und sollen nach Schiltbergers Behauptung auch Pettau (heute Ptuj, Jugoslawien) an der Drau gebrandschatzt und viele Bewohner in die Sklaverei geführt haben.[8]

Die Beziehungen zwischen König Sigismund und den Hohenzollern wurden in der Folge immer enger. Wenig später verließ Friedrich seine fränkischen Gebiete und trat im Sommer 1409 in den unmittelbaren Dienst des Königs an dessen Hof in Ofen und wurde in verschiedenen Angelegenheiten sein Vertrauter und Gefolgsmann.[9] Als Markgraf Jobst gestorben war, erklärten die im März 1411 in Berlin versammelten Stände den Vertretern König Sigismunds ihr Einverständnis, daß die Mark Brandenburg wieder ihrem alten Besitzer König Sigismund zufalle. Im Mai erschienen Abgesandte der märkischen Stände am Hofe des Königs in Ungarn zur Huldigung, welche dort unter anderem auch über den gestörten Landfrieden in den Marken Klage führten.[10] Bald darauf schickte Sigismund – er war inzwischen auch zum Römisch-deutschen König gewählt worden – den Burggrafen Friedrich als obersten Verweser und Hauptmann in die Mark Brandenburg, die er ihm gleichzeitig für seine Schulden bei ihm verpfändete.[11] Im Jahre 1415 belehnte er ihn schließlich mit der Mark und übertrug ihm zwei Jahre später auch die Kurwürde. Die brandenburgische Linie der Hohenzollern hatte so mit ihm, der sich nun Friedrich I. nannte, ihren Anfang genommen.

## Frühe Bemühungen um die Abwehr der Osmanen

Für den Römisch-deutschen und ungarischen König Sigismund wurde die Abwehr der vordringenden Osmanen zu einem besonderen Anliegen seiner Politik.[12] Schon bald warb er wieder beharrlich für den Gedanken eines Kreuzzuges gegen die Türken. Diese konnten ihre Offensive jedoch fortsetzen. Ein Versuch Sigismunds, Bosnien für sich zu gewinnen, hatte zur Folge, daß der bosnische Adlige Hrvoje – der König Tvrtko II. schloß sich ihm an – Türken zu Hilfe rief. Im Jahre 1415 schlug der Grenzstatthalter (uç beg) von Skopje/Üsküb Ishak Beg die Truppen Sigismunds bei Doboj. Damit endete König Sigismunds Einfluß in Bosnien und der der Türken begann. In den folgenden Jahren finden wir immer mehr türkische Söldner in den Heeren der bosnischen Adligen.[13]

Im Jahre 1416 trugen die Türken ihre Angriffe wieder bis in die Steiermark vor. Sie belagerten Radkersburg an der Mur, etwa einen Tagesritt von Graz entfernt gelegen, wurden aber von innerösterreichischen und kroatischen Truppen zurückgeschlagen.[14] Zwölf Jahre später versuchte der König mit einem Heer die in türkische Hand gefallene Festung Golubac (ungar.: Galambocz, türk.: Güvercinlik) an der Donau zurückzuerobern. Bei den schweren Kämpfen mit einem herangerückten osmanischen Ersatzheer konnte sich Sigismund nur mit knapper Not retten.[15] Nach diesem Rückschlag gelang es ihm im Jahre 1429 – wenn auch nur vorübergehend – den deutschen Ritterorden in der Walachei anzusiedeln. Im Gegenzug für diese militärische Leistung trat er den Ordensrittern die ihnen allerdings schon verpfändete Neumark (das Gebiet östlich der Oder und nördlich der Warthe mit Landsberg) ab.[16] Unter der Führung des Klaus von Redwitz bezogen die Ritter und ihr Gefolge die ihnen zugewiesene Festung Szöreny/Severin an der Donau (heute Rumänien).[17] Diese Niederlassung des Deutschen Ordens bestand jedoch nicht lange. Bereits 1432 wurden die Ritter von türkischen und walachischen Truppen des Wlad Dracul angegriffen und vernichtet.[18]

*300 Einschiffung von Kreuzrittern für ihre Reise in das Heilige Land; Pergamenthandschrift, 12. Jh. (7/8)*

a ce faire seront ordenes et les dis clers representeront i
les dictes escriptures devant le Prince et son conseil et
celles qui au dit Prince et conseil sembleront estre din-
gnes de ramentevoir les dits clers les mettront en escri
pt dedens un livre le quel s'appellera le livre des avene
mens aus chevaliers de la compaignie du saint esperit
au droit desir. Et demorra le dit livre tous iours en la
dicte chappelle.

Item se la sainte eglise de romme ou au i
cuns Princeps des crestiens enpreist le
voyage d'oultre mer pour la terre sainte
la ou est le sepulcre de nostre seignour i
recourer et le getter hors des mains des
mescreans chascun chevalier de la dicte i
compaignie sera tenus d'y estre en propre
persone si porront bonnement et se chose
feust que le Prince de la dicte compaignie
de qui le dit heritage doit estre raisonnable
ment enpreist le dit voyage ou passage a la requeste de la i
sainte eglise et des autres Princeps crestiens ou le dit
Prince y alast personelment en la compaignie d'autrui
chascuns des dits chevaliers seront tenu de aler persone
lment et di demorer continuelment tant comme le i
dit Prince y demorra salue se aucune expresse et appa
rant necessite ne le contredeist.

*300*

301

*301 Norditalienische Schule, Mehmed der Eroberer und der Patriarch von Konstantinopel, Grennadios; Leinwand, Mitte 16. Jh. (7/18)*

*302 Die Belagerung von Rhodos im Jahre 1480 durch die Osmanen; in: G. Caoursin, Histoire du siège de Rhodes par les Turcs, illuminierte Pergamenthandschrift, 15. Jh. (7/14)*

In seinem Bestreben, der osmanisch-türkischen Expansion in Europa entgegenzuwirken, trat König Sigismund auch mit anderen muslimischen Mächten in Verbindung. Als Gesandte dienten ihm dabei Nikolaus Saracenus, der nach der Schlacht bei Nikopolis für zwölf Jahre in türkische Kriegsgefangenschaft geraten war, und Josua Turcus, ein zum Christentum übergetretener Türke. So erschien König Sigismunds Gesandtschaft bei dem Herrscher der Akkoyunlu-Turkmenen, Karayülük Osman (gest. 1435), dessen Reich sich von Ost-Anatolien bis in den Irak erstreckte. Auch bei dessen nominellem Oberherren Schah Roch (gest. 1447), dessen Vater Timur im Jahre 1402 die Osmanen bei Ankara vernichtend geschlagen hatte, wurde sein Anliegen vermutlich vorgetragen.[19] Sigismund stand auch in Verbindung mit der *Goldenen Horde* in Süd-Rußland. Im Jahre 1412 weilten Gesandte des Chans Celal ed-Din am Hofe Sigismunds in Ofen.[20] Später schickte er eine Gesandtschaft *»ad principem Mahometham dominum Tartarum de Ahorda«* – wahrscheinlich ist der Chan der *Goldenen Horde* Ulug Mehmed (gest. 1467 als Chan von Kasan) gemeint.[21] Aus osmanischen Chroniken erfahren wir auch, daß der König zu einem anderen alten Rivalen des Hauses Osman in Anatolien, dem Fürsten von Karaman, Beziehungen unterhielt.[22] Im November 1433 schickte der osmanische Sultan Murad II. eine Gesandtschaft zu Sigismund, welche den Frieden erneuern und ihm zu seiner Krönung als Römisch-deutscher Kaiser gratulieren sollte. Kaiser Sigismund empfing die türkische Gesandtschaft während des Reichstages von Basel in der Kirche und nahm die reichhaltigen Geschenke entgegen.[23]

Sigismunds Nachfolger, der Habsburger Albrecht II. (1437–1439), war wiederum Römisch-deutscher – sein Gegenkandidat war Kurfürst Friedrich I. von Brandenburg – und ungarischer König. Er zog im Jahre 1439 gegen die Türken, welche Smederovo/Semendria angriffen. Er konnte die Festung jedoch nicht mehr retten und starb auf dem Rückweg nach Wien.[24]

302

303 *G. Clovio (Nachfolge), Allegorie des Herrschaftsanspruches Karls V.; Miniatur auf Pergament, um 1556 (7/26)*

304 *G. Clovio (Nachfolge), Die Aufhebung der Belagerung von Wien; Miniatur auf Pergament, um 1556 (7/26)*

305 *G. Clovio (Nachfolge), Einzug Karls V. in Tunis 1535; Miniatur auf Pergament, um 1556 (7/26)*

## Abwehrbemühungen nach dem Fall von Konstantinopel

Mit der Eroberung von Konstantinopel im Jahre 1453 hatte die Macht der Osmanen eine neue Dimension gewonnen. Matthias Döring (gest. 1469), der im Kloster zu Kyritz in der Prignitz seine Chronik der märkischen und anderen Begebenheiten niederschrieb, sah die Lage recht düster. Nach der Schilderung des Falls von Konstantinopel sieht er die Türken bereits das nicht zuletzt durch die böhmischen Häresien (Hussiten) geschwächte Königreich Ungarn erobern. Während der Christenheit diese Gefahren drohten, würde Kaiser Friedrich III. matt zu Hause sitzen, Gärten bepflanzen und Vögel züchten. Man sage, die Türken hätten gemeint, bevor die sonst so kriegerischen Deutschen sich einig geworden wären, hätten sie schon Rom zerstört.[25] Immerhin scheint der Kaiser an Sultan Mehmed II., den Eroberer, im Januar 1453 ein Schreiben geschickt zu haben, in dem er ihn aufforderte, von einem Sturm auf die Stadt Abstand zu nehmen.[26] Nach der Eroberung Konstantinopels nahm die Furcht vor den Türken in Europa beträchtlich zu. Die Frage einer Abwehr ihres Vordringens gewinnt nun immer mehr an Bedeutung. Die Aufstellung von Truppen gegen die Türken, die sogenannte *Türkenhilfe*, wird nunmehr fester Bestandteil der Tagesordnung auf den deutschen Reichstagen. Unter Kaiser Friedrich aus dem Hause Habsburg – die österreichischen Länder waren ja zuerst gefährdet – wurde schon 1454 auf dem Reichstag zu Regensburg eine *Türkenhilfe* beraten. Im selben Jahr wurde bereits in Frankfurt ein *»Anschlag... zu Widerstand dem Türkenn«* vereinbart, der sowohl die Aufstellung eines Heeres aus den Kontingenten der Reichsstände als auch Steuerleistungen betraf. Kurfürst Friedrich II. (der Eiserne) von Brandenburg war dabei mit 200 Reitern und 300 Fußsoldaten veranschlagt. Der Bischof von Brandenburg sollte zehn Reiter und zwanzig Fußsoldaten, der von Lebus (nördlich von Frankfurt a. d. Oder) zwanzig Reiter und dreißig Fußsoldaten und der von Havelberg dreißig Reiter und dreißig Fußsoldaten stellen.[27]

Weitere Beratungen auf den Reichstagen von Wiener Neustadt (1455) und Ofen (1456) folgten. Im Sommer 1456 belagerte Sultan Mehmed II., der Eroberer, bereits die damals wichtige ungarische Grenzfestung Nándorfehérvár (deutsch: Griechisch-Weißenburg, heute: Belgrad). Der Angriff konnte noch einmal abgeschlagen werden. Matthias Döring widmete diesem Ereignis breiten Raum, beklagte die Unfähigkeit des deutschen Adels, das Land zu schützen, und berichtete dann des weiteren über die Untaten von Strauchrittern in der Mark Brandenburg.[28] Ende Mai des Jahres 1480 landete eine starke osmanische Belagerungsarmee auf Rhodos, um den Johanniter-Rittern die Insel zu entreißen. Die Belagerung wurde nach den Plänen eines Deutschen, Meister Georg genannt, aufgenommen. Dieser hatte früher auf Rhodos gelebt, war in der Mathematik und im Artilleriewesen erfahren und in den Dienst des Sultans getreten.[29] Bereits im Herbst 1479 hatte der Sultan ein leichtes Geschwader unter dem Befehl des Admirals Mesih Pascha zur Einholung von Kundschaft nach Rhodos geschickt. Der Admiral landete ein paar Reitereinheiten, die jedoch vom Befehlshaber der Kavallerie der Johanniter, dem Großprior von Brandenburg, Rudolf von Walenberg, zurückgeworfen wurden.[30] Die Beziehungen der Johanniter zur Mark Brandenburg reichen bis in die Zeit Albrechts des Bären zurück. Dieser hatte dem Orden nach seiner Rückkehr von der Pilgerfahrt nach Jerusalem im Jahre 1160 die spätere Kommende Werben in der Altmark, nahe der Mündung der Havel in die Elbe, zum Geschenk gemacht. Angesichts des bevorstehenden türkischen Angriffs hatte der Großmeister alle Ritter des Ordens aus Europa nach Rhodos gerufen. Als das etwa 100.000 Mann starke osmanische Heer die Belagerung aufnahm, standen dann auch 7.000 Verteidiger hinter den Mauern von Rhodos. Papst Sixtus IV. ließ allen, welche die Ritter *»mit Gut und Blut«* unterstützen würden, einen Ablaß verkünden. Mesih Pascha mußte die Belagerung schließlich abbrechen, und ein für das nächste Jahr erwarteter Feldzug Sultan Mehmeds II. wurde dann durch dessen Tod verhindert.

Wir kennen ein Ablaßdokument vom 20. August 1481, mit dem Johannes von Cardona einer Witwe in Salzwedel (Altmark) gegen Zahlung einer Geldsumme Vergebung ihrer Sünden erteilt.[31] Die Komturei selbst übergab ihrem Ordensbruder 98 rheinische Gulden für die Verteidigung von Rhodos.[32] Der Kanzler des Markgrafen Johann, der Bischof Friedrich von Lebus, forderte die Stadt Danzig noch am 28. September 1481 von Cölln an der Spree aus auf, die zur Rettung von Rhodos gesammelten Gelder dem Johanniter Jörg von Schlabrendorff zu übergeben.[33] Das türkische Vordringen in Europa wird in Brandenburg mit großer Aufmerksamkeit verfolgt, was sich in den Korrespondenzen der Kurfürsten ablesen läßt.[34]

## Abwehrmassnahmen nach dem Fall von Belgrad (1521)

Ende August 1521 eroberte der junge Sultan Süleyman I., der Gesetzliche (Kanuni), (1520–1566) – die Europäer werden ihn bald *den Prächtigen* nennen – auf seinem ersten Feldzug die strategisch wichtige Festung Nándorfehérvár/Belgrad. In osmanischen Chroniken wird sie fortan nicht ohne Grund oft *dar el-cihad* (Stätte des Glaubenskrieges) genannt. Im Reich wuchs indessen die Angst vor einem türkischen Angriff. Nach der Eroberung Belgrads bemühten sich die obersten Reichsinstanzen um das Zustandekommen einer *Türkenhilfe*, also der Bereitstellung eines Heeres gegen die Türken.[35] In der Folgezeit beherrschten nun hauptsächlich zwei Themen die Reichstage – die durch das Auftreten Martin Luthers hervorgerufene Reformation und der Vormarsch der Türken. Das Problem der militärischen Abwehr des osmanischen Imperialismus beeinflußte viele politische und religiöse Entscheidungen des Reiches. Der türkische Druck führte schließlich dazu, daß die Entwicklung der Reichsmilitärverfassung mit der Entwicklung der Reichstürkenhilfe – zur Zeit Kaiser Karls V. die einzige größere militärische Leistung des Reiches – weitgehend identisch war. Man unterschied nun in der Folge zwischen *eilender Türkenhilfe* und *beharrlicher Türkenhilfe*. Erstere sollte zur schnellen Abwehr eines unmittelbaren türkischen Angriffs Verwendung finden können, letztere – von größerer Stärke und längerer

303

304

305

306 *A. Dürer, Bogenschütze zu Pferde; aquarellierte Federzeichnung, 1514, Mailand, Biblioteca Ambrosiana*

Auß Rathschlage Herren Erasini von Roterdam/die Türcken zubekriegen/ Der vrsprung vnnd alle geschichten der selbigen gegen Römische Keyser vnnd gemeyne Christenheyt/ Võ anbegiñ des Türckisch en namenn/nach der kürtze new verteutscht.

¶ Kriegs rüstung vnd behendigkeit der Türcken/durch Sabellicum beschriben im ix. bůch Enneadis. x.

Türckisch vnd Machometisch Glaub Gesatz/Chronic/Gotsdienst/Ceremonie/ alle gbräuch/ Ordnungen/ Disciplinen / in Kriegs vnnd Fridens zeiten.

¶ Die Zehen Nationen vnnd Secten der Christenheit/ Des gleich wie mechtig ein iede/ Vnnd woriñen sie Glaubens halb nit überein komen.

307 *E. von Rotterdam, Kriegsrüstung und behendigkeit der Türcken, Titelblatt; Frankfurt, 1531 (7/43)*

Dauer – zur langfristigen und planmäßigen Bekämpfung der osmanischen Macht dienen. Sehr bald kam der Gedanke auf, die dem Kaiser im Jahre 1521 auf dem Reichstag zu Worms bewilligte *Romzugshilfe* als *Türkenhilfe* zu verwenden. Die *Romzugshilfe* beruhte auf der den Kurfürsten gegenüber eingegangenen Verpflichtung Karls V., die kaiserliche Krone in Rom zu empfangen und mit einem Heer die dem Reich entzogenen Fürstentümer und Herrschaften zurückzugewinnen. Der Kaiser hatte dafür von den Reichsständen ein Heer von 4.000 Reitern und 20.000 Fußsoldaten erbeten und bewilligt bekommen. Die Beschickung dieses Reichsheeres vollzog sich nach der sogenannten Reichsmatrikel, einem Verzeichnis, in dem die Anzahl der Soldaten festgelegt war, welche jeder Reichsstand zu schicken hatte. Im Reichsmatrikelanschlag vom Mai 1521 waren die brandenburgischen Länder wie folgt in Rechnung gestellt[36]:

| | Reiter | Fuß-soldaten | Gulden |
|---|---|---|---|
| Kurfürst Joachim I. | 60 | 277 | 600 |
| Bischof v. Brandenburg | 5 | 15 | 60 |
| Bischof v. Havelberg | 9 | 33 | 80 |
| Bischof v. Lebus | 5 | 15 | 60 |
| Graf von Ruppin | 3 | 12 | 42 |

Für den Unterhalt eines Fußsoldaten rechnete man monatlich vier rheinische Gulden, für den eines Reiters zehn, ab 1541 zwölf Gulden. Die Bewilligung dieses Heeres von idealiter 4.000 Reitern und 20.000 Fußsoldaten entsprach also monatlich 120.000 Gulden, was man als *Römermonat* bezeichnete. Auf dem Reichstag zu Nürnberg im Frühjahr 1522 beschloß man, die Romzugshilfe *»zu widderstand dem Turken ganz oder zum theil oder wie sonst solichs zum besten und nottorffigsten ansehen, zu eilender hilf gewendt und gebraucht werden sollen.«*[37]

Im gleichen Jahr eroberte Sultan Süleyman I. auf seinem zweiten Feldzug die Johanniter-Festung Rhodos. Die Ritter konnten nach Malta abziehen. Die Vertreibung der Johanniter aus Rhodos findet auch in der Mark Brandenburg große Beachtung. Der Geschichtsschreiber der Mark Brandenburg, Nikolaus Leuthinger (1554–1612), widmet dem Ereignis in seiner Chronik breiten Raum und fährt dann mit der Schilderung des Schicksals eines gewissen Michael Kohlhaas fort.[38] Auf dem Reichstag zu Speyer beschäftigte man sich 1526 wieder ausführlich mit den Fragen der Reformation. Kurfürst Joachim I. von Brandenburg stand dabei fest im Lager der Altgläubigen. Die Nachrichten vom Anmarsch eines osmanischen Heeres unter Sultan Süleyman erleichterten schließlich den evangelischen Ständen die Verhandlungsführung. Erzherzog Ferdinand, der Bruder Kaiser Karl V., der während dessen Abwesenheit im Reich

308

*308 N. Meldemann, Wiens erste Belagerung durch die Türken; kolorierter Holzschnitt, 1530 (7/23)*

als Stellvertreter eingesetzt war, hatte auf einen schnellen Reichstagsabschluß gedrängt. Dieser kam schließlich am 27. August 1526, – also zwei Tage bevor Ungarn in der Schlacht bei Mohács für mehr als anderthalb Jahrhunderte in die Hände der Türken fiel – zustande. Dieser Speyerer Abschied mit Zugeständnissen an die neue Lehre bildete die reichsrechtliche Voraussetzung für die weitere Ausbreitung der Reformation. Bald zeigte sich immer mehr die Wechselwirkung zwischen Türkengefahr und Fortbestehen der Reformation.

## Von Mohacs bis zur ersten Verteidigung Wiens

Als das Heer Sultan Süleymans am 29. August 1526 die zahlenmäßig unterlegenen Truppen Ludwigs II., König von Ungarn und Böhmen, bei Mohács schlug, standen die Mitglieder des Hauses Hohenzollern den Geschehnissen nicht ganz fern. Kurfürst Joachim I. befand sich streng genommen wegen Crossen und Züllichau in Schlesien sowie einiger Territorien in der Lausitz in Lehnsabhängigkeit von der Krone Böh-

309

*309/310 E. Schoen, Ein Troß zur Zeit des Türkenkrieges; Holzschnitt, 1532 (5/29)*

mens. König Ludwig II. hatte ihn auch *»bei Verlust seiner Lehen«* auffordern lassen, sich beim Heer gegen die Türken einzufinden. Eine Woche vor der Schicksalsschlacht ließ Joachim I. dem jungen König mitteilen, er werde nicht erscheinen.[39] Markgraf Georg der Fromme von Brandenburg (1484–1543), ein Cousin des Kurfürsten Joachim I., der seit 1515 Regent in Ansbach war, stand den Dingen noch viel näher: Er hielt sich seit 1506 am Hof des Königs Wladislaus von Böhmen und Ungarn, des Bruders seiner Mutter, in Ofen auf. Solcherart mit dem jagellionischen Herrscherhaus verwandt, wurde er am Vorabend der osmanischen Invasion einigermaßen in die ungarischen Angelegenheiten involviert. Im Jahre 1508 hatte er Beatrix aus dem kroatischen Geschlecht der Frankapani geheiratet. König Wladislaus ernannte Georg bald darauf zum Erzieher, militärischen Ausbilder und Vormund seines Sohnes,[40] des späteren Königs Ludwig II. (1516–1526). Für diesen seinen Vetter König Ludwig II., der als König von Böhmen auch Römisch-deutscher Kurfürst war, wirkte Markgraf Georg auch bei der Frankfurter Wahl Karsl V. mit.[41] Georg befand sich im August 1526 mit schlesischen Reitern auf dem Marsch zum Heere König Ludwigs II., kam aber nicht mehr rechtzeitig an.[42] Als nach dem Tode Ludwigs II. gleichzeitig zwei Könige von Ungarn gewählt werden, Johann Zapolya/Janos Szapolyai, der reichste ungarische Magnat, und Erzherzog Ferdinand, finden wir die Hohenzollern Georg der Fromme und Kasimir (1481–1527) an der Seite des Hauses Habsburg.

Nach der Katastrophe von Mohács wurde wegen der *beharrlichen Türkenhilfe* auf den 1. April 1527 ein Reichstag nach Regensburg einberufen. Mit dem Ausschreiben wurde den Ständen ein Entwurf beigelegt, der nach seinem Titel *Nottel oder Verzaichnus einer beharrlichen hilf wider den Türcken* später meist *Esslinger Notel* genannt wurde und eine wichtige Grundlage für spätere Regelungen der Reichsverteidigung bildete. Als Vorbedingung für die Bewilligung einer *beharrlichen Türkenhilfe* forderten die Stände Kaiser Karl V. auf, im Reich Einigkeit und Frieden herzustellen. Damit war wiederum vor allem die Beseitigung des Glaubenszwiespaltes gemeint.

Ferdinand hatte inzwischen zur Besitzergreifung seines Königtums Ungarn, da ihm dazu eine *Reichstürkenhilfe* versagt worden war, unter Umgehung der Reichsinstanzen überall im Reich unter der Bezeichnung *Reiterdienst* um Truppen geworben. Die meisten Reichsstände lehnten ab, nur einige, unter ihnen Kurfürst Joachim I. von Brandenburg, schickten Soldaten. Die märkischen Stände bewilligten dem Kurfürsten 200 Reiter *»zu Widerstand dem Turcken und seiner (König Ferdinands) königlichen wirde widerwärtigen.«*[43] Zugleich ließen sich die Stände betätigen, daß die *»wider die Türken auf zwei Jahr bewilligte Steuer von*

310

*Hufen, Gärten usw. nur aus gutem Willen zugesagt und daher nicht als eine neue Last anzusehen sei.«*[44] Bei diesen Reitern war aber vom *Kampf gegen die Türken* keine Rede. Sie gehörten zu den überwiegend deutschen Truppen, mit denen Ferdinand im August 1527 seinen Rivalen Johann Zapolya vorerst aus Ungarn vertrieb. Der tat nun von Polen aus das, was ihm Ferdinand vorher unterstellt hatte: er bat Sultan Süleyman um Unterstützung. Der Befehlshaber von Ferdinands Truppen, Markgraf Kasimir verstarb denn auch am 21. September 1527, nicht wie behauptet wurde, im Kampf gegen die Türken, sondern in Buda/Ofen an der Pest.[45] Als Ferdinand wenige Wochen später in Stuhlweißenburg zum König von Ungarn gekrönt wurde, war Markgraf Georg der Fromme wiederum zugegen.[46] Er ließ sich von Ferdinand seine Rechte an seinen ungarischen Besitzungen , welche Johann Zapolya besetzt hielt – vornehmlich Gyula und Hunyad, bestätigen. Nach Georgs Tod erinnerte sein Sohn Georg Friedrich noch mehrmals bei Ferdinand und dessen Nachfolgern an diese Anrechte des Hauses Brandenburg, die er schließlich in seinem Testament vom 19.4.1580 dem Kurfürsten Johann Georg (1571–1598) vermachte.[47] Aber zu dieser Zeit residierten in Gyula und in Lippa im Marosch-Tal bereits osmanische Sandschakbegs!

Auf dem Reichstag zu Speyer im Jahre 1529 stand wiederum die Glaubensspaltung im Vordergrund. Der für die Evangelischen günstige Speyrer Abschied von 1526 wurde wieder aufgehoben. Die evangelischen Stände – unter ihnen Markgraf Georg der Fromme von Brandenburg-Ansbach – gaben daraufhin als *Protestanten* ihren Einspruch zu Protokoll. Ursprünglich hatte Ferdinand beabsichtigt, hauptsächlich die Türkenhilfe beraten zu lassen. Glaubensfragen und Türkenabwehr wurden aber zusammen behandelt. Die altgläubige Mehrheit bewilligte schließlich eine *eilende Türkenhilfe*, die bedeutendste, welche seit 1521 bewilligt worden war, nämlich zusätzlich

VLRICHI
DE HVTTEN EQVITIS GERMANI
ad Principes Germaniæ, vt bellum Turcis inuehant. Exhortatoria.
Publico Germaniæ concilio apud Augustam Vindelycorum. Anno domini. M.D.XVIII.
MAXIMILIANO AVSTRIO IMPERATORE.
CVM PRIVILEGIO IMPERIALI.


311

*311 U. Hutten, Ad principes Germanos ut bellum Turcis (...); Augsburg, 1518 (7/45)*

312

312 *Brief Süleymans an König Franz I. von Frankreich; Papier, 1536 (7/48)*

zu den seit 1526 vorhandenen Geldern (Zwei Viertel der Fußknechte der Romzugshilfe für sechs Monate) 1½ Viertel des Fußvolkes für drei Monate, ¼ des Fußvolkes für sechs Monate. Dies geschah aufgrund der Nachrichten vom Herannahen einer großen türkischen Armee. Endlich am 20. August 1529 beschloß eine dafür eingesetzte Kommission den Vollzug der Türkenhilfe, nicht ohne deren Kommandeure noch eidlich zu verpflichten: »... *solh Kriegsfolgkh aus kainerlay ursach oder bewegnus an kain ander ort, noch wider niemandß andern, dann allain im fall der gegenwer und vermug des jetzt gemelten abschids wider den Turgken ze furn und zu geprauchen.*«[48]

Auch als kaum noch ein Zweifel an Süleymans Angriff bestehen konnte, wollten Ferdinands Opponenten sicher stellen, daß die Truppen nicht für seine ungarischen Interessen oder gegen andere als die Türken eingesetzt wurden.

Inzwischen näherte sich Sultan Süleymans Armee unaufhaltsam der Reichsgrenze. Der Geschichtsschreiber Celalzade Mustafa, genannt der große *Nischandschi* (koca nişanci) – als damaliger Chef der Staatskanzlei *(reis ül-küttab)* befand er sich sehr wahrscheinlich beim Heer Süleymans – beschreibt den erstmaligen Einmarsch eines vom Sultan geführten osmanischen Reichsheeres in das Territorium des Römisch-deutschen Reiches mit folgenden Worten: »... *man lagerte in der Nähe der als Altenburg bekannten Festung, wo Ungarn aufhört und das ungläubige Deutschland* (Alaman-i bi-iman) *beginnt. Seit dem Aufkommen des* (rechten) *Glaubens bis heute haben sich diese Länder noch nicht den Hufen muslimischer Reiter dargeboten. Das gänzlich aus unreiner Erde bestehende Land ist durch den Schein der Fakkeln des Unglaubens beschmutzt ...*«[49] Ferdinand war nun aufs äußerste bemüht, von Linz, von wo aus er die Rauchsäulen seiner in Brand gesteckten Dörfer sehen konnte, Hilfe für das belagerte Wien heranzuholen. Schon am 23. September hatte er an Joachim I. von Brandenburg und andere Reichsstände dringend um Hilfe geschrieben.[50] Joachim I. traf sich daraufhin am 9. und 10. Oktober mit Herzog Georg von Sachsen in Jüterbog, wo sie vereinbarten, daß jeder angesichts der nun sehr bedrohlichen Lage eine den Reichsmatrikelanschlag weit

313

*313 H. Eworth, Osmanischer Würdenträger zu Pferd (Süleyman?); Leinwand, 1649 (8/2)*

übersteigende Anzahl von Soldaten, die kurz darauf auf 1.000 Reiter und 1.500 Fußknechte festgelegt wurde, zur Rettung Wiens schicken werde. Kurfürst Joachim I. kündigte dies in einem Schreiben aus Cölln an der Spree vom 16. Oktober mit folgenden Worten an: *»... sein wir in fleisiger muhesamer übung, ein anztal volks, sovil in der eyl ymmer moglich ufzebringen sein wirt, zum schirsten als es ferre halbn des weges gescheen magk ...«* zur Rettung Wiens abzufertigen.[51] Als Kurfürst Joachim I. vom Abzug der türkischen Truppen erfuhr, drückte er in einem Brief an Kurfürst Johann I. von Sachsen seine Hoffnung aus, daß die Truppen *»den Türken in der nacheyl soviel immer möglich zusetzung getan haben«* und schlug eine Zusammenkunft *»den Turcken belangend«* für den 2. November in Leipzig vor.[52] Diese bei der Abwehr des osmanischen Vordringens gezeigte offensive Haltung war unter den Reichsständen durchaus nicht die Regel.

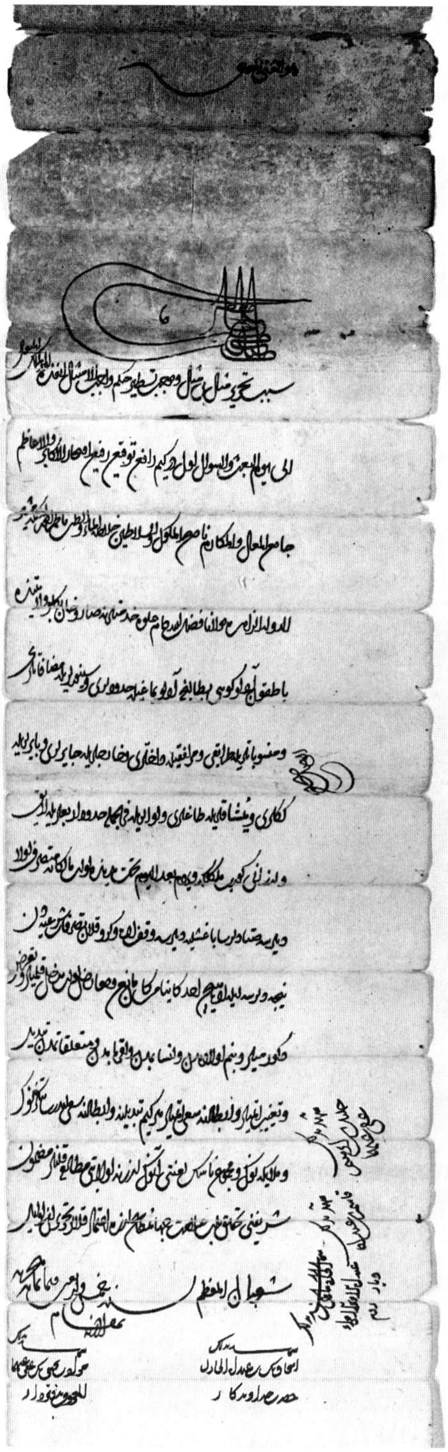

314

*314 Besitzurkunde mit der Tughra Sultan Murads II.; Tinte auf Baumwollpapier, Gummiarabicum, Streusand, erste Dekade des Schaban 845 H / 15.-24. Dezember 1441 (7/21)*

## Süleymans zweiter Angriff auf das Römisch-deutsche Reich und die Feldhauptmannschaft des Kurprinzen Joachim (II.)

König Ferdinand versuchte nun in Verhandlungen seine Interessen durchzusetzen. Seine Gesandten konnten jedoch am Hofe Sultan Süleymans nichts ausrichten. In einem Schreiben mit der geringschätzigen Anrede *König des Landes Österreich und Stellvertreter des spanischen Königs in Deutschland* teilte der Großwesir Ibrahim Pascha Ferdinand mit, daß Ungarn kraft des Gesetzes des Schwertes seinem Herrn gehöre und dieser es gnädigst Johann Zapolya verliehen habe. Auf dem Reichstag zu Augsburg vertrat die altgläubige Mehrheit ihren Standpunkt so kompromißlos, daß die Evangelischen den Reichstagsabschied wieder nicht annahmen und sich im Schmalkaldischen Bund zusammenschlossen. Bald darauf erklärten sie, daß sie angesichts der gegen sie eingeleiteten Maßnahmen nicht in der Lage seien, gegen die Türken Truppen zu schicken.[53] Kurfürst Joachim I., einer der Führer der altgläubigen Partei, beantwortete das auf dem Reichstag in einer Rede vorgetragene Hilfeersuchen des Vertreters der Kroaten, Vuk Frankapan. Auch Vertreter der Ungarn hatten das Reich um Hilfe gebeten. Auf dem Reichstag zu Regensburg wurde dann 1532 beschlossen, die schon in Augsburg bewilligten Truppen nach Wien in Marsch zu setzen. Den Protestanten mußte man in schwierigen Verhandlungen, welche durch Nachrichten vom Vorrücken der osmanischen Reichsarmee schließlich beschleunigt wurden, Zugeständnisse machen, ehe sie bereit waren gegen die Türken zu kämpfen.[54] Am 24. Juni ergingen kaiserliche Anordnungen an alle Reichsstände, in den Reichs-(wehr)-kreisen Kreistage zur Wahl eines Hauptmanns auszuschreiben und die Kreistruppen zum festgelegten Musterplatz bei Wien zu schicken. Der Kaiser erließ ein Mandat zum Türkenkrieg und kündigte an, er werde persönlich beim Heere sein.

Sultan Süleyman war am 25. April mit seiner Armee zu dem Feldzug aufgebrochen, den die osmanischen Chroniken *»den Feldzug gegen den spanischen König«* – gemeint ist Kaiser Karl V. – oder den

315

*315 Sultan Süleyman mit dem Heer auf dem Szigetvár-Feldzug; in: Geschichte Sultan Süleymans des Lokman. Illuminierte Papierhandschrift, 1579 (7/36)*

*Deutschland-Feldzug* nennen. Die türkische Armee war über Belgrad (24.6.) durch Slawonien und West-Ungarn marschiert, wo sie am 10. August bei Güns/Köszeg haltmachte. Mitte August sammelten sich die Truppen Kaiser Karls V. und König Ferdinands I. (seit Januar 1531 war er auch Römisch-deutscher König) – Spanier, Italiener, Böhmen, Niederländer, Slowenen, Österreicher und

316

*316 Schwertverzierung aus der Zeit Sultan Süleymans, um 1550 (7/67)*

die anderen Reichstruppen bei Wien.[55] Der niedersächsische Reichskreis hatte den Kurprinzen Joachim (II.) von Brandenburg zum Feldhauptmann gewählt.[56]

Joachim war am 10. August 1532 mit seinen Truppen von Berlin aus aufgebrochen. Der neulateinische Dichter und Gelehrte Georg Sabinus (1508–1560) schrieb nicht ohne Bezug zu klassischen Vorbildern ein *Augurium* anläßlich des Abmarsches des brandenburgischen Kontingentes. Martin Luther und Philipp Melanchton schickten dem Kurprinzen *Trostbriefe*. Wie überall im Reich sollten auch in Berlin entsprechend einem Mandat des Jahres 1532 Bittgottesdienste abgehalten und die *Türkenglocken* geläutet werden. Zum Unterhalt der Truppen wurde eine besondere Wehrsteuer, die *Türkensteuer*, eingezogen. Die Stadt Spandau etwa hatte schon im Frühjahr pro Hufe Land fünf Groschen Türkensteuer abzuliefern.[57]

Während die türkische Hauptarmee vor Güns, etwa 90 km vor Wien stehen blieb, zogen die Akindschis, die leichte Reiterei, brennend, raubend und mordend bis in die Gegend von Linz. Sultan Süleyman indessen verzichtete darauf, das kampfbereite Heer bei Wien anzugreifen – ein in der Geschichte dieses kriegerischen Sultans einmaliger Vorgang – und trat den Rückzug an. Als nun die Akindschis durch den Wienerwald zurückritten, rückten Teile des Heeres bei Wien, unter ihnen der Kurprinz Joachim, nach Süden vor, um sie beim Austritt aus den Bergen abzufangen. Dies gelang und die herausstürmenden Akindschis wurden durch schweres Geschützfeuer empfangen. Die stark dezimierten Reste flohen nach Süden, wo sie erneut zur Schlacht gestellt und fast völlig aufgerieben wurden. Nur etwa 600 Mann entkamen. Diese trafen in den Nachmittagsstunden des 19. Septembers auf die Truppen Joachims und des Grafen Lodron. Zum Gefecht gestellt, endete der Verzweiflungskampf dieser *Renner und Brenner*, wie sie im deutschen Volksmund hießen, mit einer Niederlage. In einer osmanischen Chronik hört sich das so an: »*... als sie so froh und vergnügt beutebeladen umkehrten, ergab es sich, daß ihr Weg, als sie sich wieder dem Bereich der Armee des Sultans näherten, durch einen engen Paß führte. Da waren auf einmal die liederlichen Ungläubigen wie Ungeziefer der Erde versammelt und hatten ihren Weg mit mächtigen Kanonen und unzähligen Gewehren versperrt. Als die Muslime die Götzendiener erblickten, achteten sie nicht auf die Geschütze(...) und griffen alle zusammen auf einmal an(...) das Feuer der Geschütze und Gewehre prasselte auf sie wie ein Platzregen herab und machte aus ihnen so etwas wie ein Kornfeld nach dem Hagelschlag.*« Die Muslime wurden geschlagen, die meisten erlangten die ›Glückseligkeit‹ des Märtyrertodes, kaum jemand konnte sich retten.[58] Joachim wurde für diese Waffentaten von Karl V. zum Ritter geschlagen und er soll bei dieser Gelegenheit auch seinen Beinamen *Hektor*, in Erinnerung an den trojanischen Helden, erhalten haben. Der Kurfürst befahl, in der Mark Brandenburg ein allgemeines Dankfest zu feiern und Joachim zog im Triumphzug unter Glockengeläut in Berlin – seine Residenzstadt – ein. In Berlin und der Mark gab man den eher bescheidenen militärischen Verdiensten des zukünftigen Landesherrn besonderes Gewicht. Der Chronist Leuthinger übertreibt Joachims Anteil an der Abwehr der Türken beträchtlich, eine Einschätzung, welche sich noch bis in unsere Zeit erhalten hat.[59]

317

317 *G. Vasari, Die päpstliche, die spanische und die venezianische Flotte vor Messina; Fresko, 1571/73, Rom, Musei Vaticani, Sala Regia*

## Vom Waffenstillstand des Jahres 1533 bis zur türkischen Annexion Mittel-Ungarns

Nach den für beide Seiten entscheidungslosen Feldzügen kam es zum Abschluß eines Waffenstillstandes und ein osmanischer Gesandter wurde 1533 beim Römischen-deutschen König in Wien empfangen. Süleyman wandte sich nun seinen Gegnern im Osten zu, den schiitischen Safawiden. Bereits 1535 erreichte den *König des Landes Österreich*, wie Ferdinand I. wieder herablassend tituliert wurde, ein Siegesschreiben *(fethname)* aus dem fernen Täbris, mit der die Eroberung des Iraks angezeigt wurde. In Deutschland kursierten indessen Flugschriften mit falschen Nachrichten über eine angebliche große Niederlage der Osmanen gegen den *Sophy* – wie man Schah Tahmasb nach der von ihm geführten safawidischen Ordensgemeinschaft nannte. Im Sommer 1535 eroberte Kaiser Karl V., unter anderem, auch mit deutschen Truppen, das kurz zuvor von dem türkischen Admiral Hayr ed-din eroberte Tunis. Seit 1536 griffen trotz des bestehenden Waffenstillstandes türkische Provinztruppen wieder habsburgisches Gebiet an. Ein mit deutschen und böhmischen Truppen geführter Gegenschlag unter Katzianer endete 1537 mit einem Fiasko. Im Jahre 1537 griff der

318

*318 H. von Aachen, Die Befreiung der Hungaria; Rötel (?) und Federzeichnung, um 1598(?) (7/60)*

Sultan wieder im Westen mit dem Reichsheer an. Die Belagerung des venetianischen Korfu blieb jedoch erfolglos, während allerdings türkische Truppen Apulien verwüsteten. Im Jahr darauf zog der Sultan gegen den bisher tributpflichtigen Fürsten der Moldau, Peter Rareş, zu Felde, der dem Römisch-deutschen König Ferdinand den Lehnseid geleistet hatte. Ein *Siegesbuch* (fethname) aus der Feder des Matrakçi Nasuh beschreibt den Feldzug.

König Ferdinand hatte im Vertrag von Großwardein (heute Oradea in Rumänien) mit Johann Zapolya vereinbart, daß ganz Ungarn nach dessen Tod an die Habsburger fallen solle. Nachdem Zapolya jedoch kurz vor seinem Tode noch ein Sohn geboren wurde, riefen seine Witwe und ihre Ratgeber ihren Oberherrn Sultan Süleyman zu Hilfe, als König Ferdinand im Sommer 1541 versuchte die Hauptstadt Ofen/Buda in seine Gewalt zu bringen. Die deutschen, böhmischen und ungarischen Truppen Ferdinands wurden von türkischen Provinztruppen aufgerieben. Wenig später traf der Sultan selbst vor Buda ein. Etwa achthundert Gefangene, meist deutsche Landsknechte, ließ er abschlachten. Die mit besonders kräftigem Körperbau soll er seinen Söhnen und anderen Pfeilschützen zum Übungsziel gegeben haben.[60]

Am 2. September 1541 wurde Buda von den Türken besetzt und ganz Mittelungarn zu einer türkischen Provinz unter der Verwaltung eines Beglerbegs gemacht. Der erste Beglerbeg wurde der gebürtige Ungar Süleyman, der bis dahin dem Großherrn den Irak verwaltet hatte. Schon am 9. September, also eine Woche nach der Annexion Ungarns durch die Türken ließ Kurfürst Joachim II. die brandenburgische Streitmacht in Alarmbereitschaft versetzen. Im Oktober 1541 traf er sich mit dem Kurfürsten Johann Friedrich I. von Sachsen und anderen Fürsten, um die neue Lage zu beraten. Im Jahr darauf erläßt Joachim II. bereits vor den entscheidenden Beschlüssen des Reichstages in Speyer, am 20. Februar 1542, das Aufgebot gegen die Türken und befiehlt, sich zu Ostern zur Musterung einzufinden.

## Kurfürst Joachim II. als Feldhauptmann gegen die Türken (1542)

Im Jahre 1541 war nach neunjähriger Pause in Regensburg wieder ein Reichstag abgehalten worden, an dem Kaiser Karl V. teilnahm. Auch Georg Sabinus, der sich in einigen Schriften dem Problem der Türkenabwehr gewidmet hatte, war im Gefolge des Kurfürsten Joachim nach Regensburg gekommen. Im nächsten Frühjahr wurde auf dem Reichstag zu Speyer erstmals der Vollzug einer *beharrlichen* – also längerfristigen – Türkenhilfe beschlossen. Ziel der eingesetzten Truppen sollte die Rückeroberung Budas und ganz Ungarns sein. Wegen der Bedrohung des Reiches durch die Türken wurde der Frieden mit den Evangelischen wieder um fünf Jahre verlängert. Zum obersten *Feldhauptmann* wählte man Kurfürst Joachim II. von Brandenburg, nicht so sehr wegen seiner militärischen Fähigkeiten, sondern wegen seiner vermittelnden Stellung zwischen den Protestanten und dem Kaiser. Zehn *Kriegsräte* wurden ihm zur Seite gegeben. Die Truppen sollten aus den Geldern bezahlt werden, welche mittels einer allgemeinen Reichssteuer, dem *gemeinen Pfennig* erbracht werden sollten. Dabei handelte es sich um eine Steuer, welche das Vermögen bzw. das Einkommen aller Reichsbewohner, mit Ausnahme der Juden, die mehr zahlten, im Prinzip gleichmäßig belastete.[61]

Nach umfangreichen Vorbereitungen – der Kurfürst mußte sich wegen der Kriegskosten schwer verschulden – brach Joachim Mitte Mai mit einem großen Gefolge, zu dem auch der bekannte Prediger Agricola aus Eisleben zählte, und dem Aufgebot der Kurmark nach Wien auf.[62] Der märkische Adel war mit so bekannten Namen wie Alvensleben, Quitzow, Schlabrendorff, Trotta, Putlitz, Knesebeck und Schulenburg vertreten. Einige von ihnen sollten nicht mehr zurückkehren. Heinrich Knaust, Vorstand der Schule in Cölln, widmete Kurfürst Joachim sein Buch über Sitten und Gebräuche der Türken. Als ganz praktischen Grund für seine Veröffentlichung schreibt er im Vorwort: »... *dieweil aber vielleicht in diesem jetzigen gegenwertigen Zug / etliche etwa der unsern möchten gefangen und in Türckey geführt werden / denselbigen hab ich diß Büchlein zusammengebracht / auff daß sie nitvielleicht durch den Schein deß Türkischen Glaubens möchten verführen lassen und vom christlichen Glauben abweichen....*«[63] Luther und Melanchthon schikken dem Kurfürsten Briefe des Trostes und der Unterstützung. Nur langsam jedoch trafen die einzelnen Kontingente der Reichsstände und der habsburgischen Truppen vor Wien ein und nur unter Schwierigkeiten konnte das Heer kampfbereit gemacht werden. Es fehlte an Geschützen, Munition und Soldgeldern. Joachim mußte erneut Kredite aufnehmen. Endlich, am 10. Juli, konnte das Heer in Marsch gesetzt werden. Im Vergleich zur Marschgeschwindigkeit osmanischer Verbände rückten Joachims Truppen unglaublich langsam voran. Erst Ende September erreichte man Pest, gegenüber von Buda an der Donau gelegen. Unterwegs hatten die Soldaten an Hunger und Krankheiten gelitten, und es war zu Meutereien gekommen. Am 28. September befahl Joachim, mit der Belagerung zu beginnen. Der türkische Befehlshaber, dem Sultan Süleyman einige Verstärkungen geschickt hatte, beschränkte sich auf gelegentliche Ausfälle. Am 4. Oktober begann man mit der Beschießung und wagte bald darauf den Sturm, der allerdings, wohl nur halbherzig ausgeführt, mißlang. Am 8. Oktober trat man, verfolgt von nachsetzenden türkischen Einheiten, den Rückzug an. Der Feldzug war vollständig mißglückt. Joachim erntete für all seine Mühen und Aufwendungen nur Hohn und Spott. Der Landsknechtsführer Sebastian Schertlin von Burtenbach, ein Fachmann, vermerkt in seinen Memoiren lapidar: »... *seind lang bei Wien im wald gele-*

*319*

*319 Sturmhaube; Eisen, z.T. tauschiert, Silber, Seide, um 1560 (7/69)*

*320 Holländische Schule des 17. Jh., Entsatzschlacht von Wien 1683; Leinwand, Ende 17. Jh. (7/84)*

320

*321 Karte von Podolien bis Astrachan mit Abbildung der Festung Kamenec-Podolski; aquarellierte Federzeichnung, 18. Jh. (7/96)*

321

*322 R. de Hooghe, Triumphaler Einzug seiner Königlichen Majestät in das Zelt des Großvesirs; in: G. V. Gehlen, Relation (...) de tout ce qui s'est passé pendant le siège de Vienne(...), Brüssel, 1684 (7/82)*

*gen, hat der Turk nit kommen wöllen, seind sie erst auf den herpst hinab gezogen, für Päst sich gelegert, ubel geschantzt unordentlich gesturmpt, unnd mit spott der gantzen christenhait zu nachtail abgezogen, uber 15000 man von guten leuten verlorn, das gelt unnützlich verschwendt....«*[64] In der türkischen Geschichtsschreibung fand der Feldzug nur ein begrenztes Echo. Gewöhnlich nennen die türkischen und die ungarischen Quellen den Kurfürsten Joachim II. wohl nach dem glänzenden schwarzen Harnisch seiner brandenburgischen Reiter den *schwarzen Herzog* oder den *Herzogssohn*. In einem Geschichtswerk heißt es, die altgedienten Glaubenskämpfer und erfahrenen Grenzer hätten noch nie eine solche zügellose und wilde Ansammlung von Ungläubigensoldaten wie in jenem Jahre gesehen.[65] Der überstürzte Rückzug wird im selben Werk fälschlich mit dem Tode Joachims erklärt, den eine verirrte Kugel in seinem Zelt getroffen habe. Der bekannte türkische Geschichtsschreiber Peçevi tritt später dieser Auffassung entgegen. Natürlich habe sich das Zelt des Befehlshabers der Ungläubigen außerhalb der Reichweite muslimischer Kanonen befunden. Vielmehr seien die Kommandeure nach vergeblichem Sturm bei ihrem Oberbefehlshaber *dem Hunde Joachim, dem Herzog des Landes Brandeburski* zusammengekommen und hätten den Rückzug beschlossen.[66]

## Vom Friedensschluss des Jahres 1547 zum langen Türkenkrieg (1593–1606)

Auf den ergebnislosen Feldzug des Kurfürsten folgte 1543 ein Feldzug Sultan Süleymans nach Ungarn, bei dem u.a. Gran/Esztergom und Stuhlweißenburg in türkische Hände fiel. Im Jahre 1547 erreichten Kaiser Karl V. und König Ferdinand I. in Istanbul einen fünfjährigen Waffenstillstand,[67] der zur Folge hatte, daß der Kaiser nun ungehindert gegen die deutschen Protestanten vorgehen konnte, die er in der Schlacht bei Mühlberg schlug. Im Jahre 1552 greifen türkische Heere wieder auf breiter Front an. Zu dieser Zeit kämpft Jakob von der Schulenburg im Heer des Kurfürsten Moritz von Sachsen, das in Ober-Ungarn aufmarschiert ist.[68] Seit 1555 verhandelt der kaiserliche Gesandte Busbeck, der während seines Aufenthaltes in der Türkei wertvolle Beobachungen zu Papier bringt und mehrere Pflanzen – so die Tulpe – nach Europa bringt, bei Sultan Süleyman und seinem Großwesir Rüstem Pascha um Frieden. Doch der Grenzkrieg in Ungarn tobt weiter. Adam von Trotta, Amtshauptmann von Zehdenick/Havel und 1564 als brandenburgischer Hofmarschall verstorben, wird 1557 zum kaiserlichen Feldmarschall gegen die Türken ernannt, und Jakob von der Schulenburg erhält eine Bestallung als Obristleutnant über 1.624 Reiter.[69] Im Jahre 1562 konnte schließlich ein Friedensvertrag für acht Jahre abgeschlossen werden. Sultan Süleyman schickte einen Gesandten nach Frankfurt am Main, wo der Kaiser sich anläßlich der Krönung seines Sohnes Maximilian II. zum römischen König aufhielt. Der Gesandte Ibrahim, ein polnischer Renegat, dessen prachtvolle Begleitung Gegenstand eines Holzschnittes von Jost Amman wurde, hielt eine Rede in *schlavonischer Sprach* und überreichte wohl auch die Ratifikationsurkunde.

Doch 1566 kam es wieder zum Krieg. Der Sultan brach zu seinem letzten Feld-

322

323

zug auf und verstarb vor den Mauern von Sigetvár, das kurz darauf fiel. Kurfürst Joachim gab seinem Adel die Erlaubnis, als Freiwillige gegen die Türken zu ziehen.[70] So standen denn auch unter Jakob von der Schulenburg tausend Reiter im kaiserlichen Feldlager zwischen Raab und Komorn, Das Heer, bei dem sich auch der spätere Kurfürst von Brandenburg Joachim Friedrich (1546–1598) befand, unternahm jedoch keinen Feldzug zur Entlastung von Szigetvár. Der

*323 Abriß der ersten Visite welche der Türckische Groß-Botschafter Seiner Excellenz (...); kolorierter Kupferstich, um 1720, in: Accurater Abriss, von der Auswechslung Ihro Römischen Kayserle Mayeste (...), Augsburg, um 1790 (7/94)*

324

325

*324 Chinesische Porzellantasse aus dem Besitz des Kara Mustafas; Ming-Zeit (7/85)*

*325 Mit Halbedelsteinen besetzter Schild; Schilfrohr, Silberblech, vergoldet, Türkise, Smaragde und Nephrit, 17. Jh., (7/76)*

märkische Chronist Leuthinger weiß aber über besondere Waffentaten des Adam von Trotta zu berichten.[71]

Trotz des dann 1568 von den Türken gewährten und mehrfach verlängerten Friedens ging der Krieg an der Grenze weiter und auch viele Deutsche gerieten in türkische Gefangenschaft. Wir wissen auch von einem Berliner, der in türkische Gefangenschaft geraten war. Der kaiserliche Gesandte Ungnad schickte 1574 einen Brief des gefangenen Hans Berndt aus Berlin nach Wien, der bei Kanizsa in türkische Gefangenschaft geraten war.[72] Im Jahre 1571 fand die erste große Niederlage der Türken, die ihrer Flotte bei Lepanto, in Europa größte Beachtung. Der Nimbus der türkischen Unbesiegbarkeit war gebrochen!

Nachdem der Krieg mit den Safawiden im Iran (1578–1590) beendet war, kam es 1593 infolge einer agressiven Politik besonders des Großwesirs Sinan Pascha (gest. 1596) zum Krieg mit dem Römisch-deutschen Kaiser. Der ehrgeizige Großwesir soll geprahlt haben, er werde den *König von Wien*, nachdem er sein Land verwüstet habe, gefesselt vor den Padischah bringen.[73]

Kurfürst Joachim Friedrich hatte schon im Herbst 1592 zusammen mit Sachsen dafür gesorgt, daß die Stände des obersächsichen Reichskreises dem Reich eine *außerordentliche Türkenhilfe* von 100.000 Gulden bewilligt hatten. Im Frühjahr 1594 zogen die brandenburgischen und sächsischen Kontingente unter dem Befehl des Heine Pfuel auf Gartzin (in der Nähe von Buckow) nach Ungarn, wo sie Gran belagerten. Als Sinan Pascha mit seinem Heer heranrückte, brach Erzherzog Matthias die Belagerung ab. Viele deutsche Reiterobristen, unter ihnen Heine Pfuel, überreichten eine Protestschrift und wollten weiterkämpfen. Im nächsten Jahr schließlich, die Brandenburger kämpften wieder unter Heine Pfuel und Issak Kracht zu Lindenberg, wurde Gran schließlich erobert.

Das Jahr 1596 endlich brachte die so dramatisch verlaufene Schlacht von Mezökeresztes (türk.: Haçova). Ein von Sultan Mehmed III. begleitetes osmanisches Reichsheer hatte Eger/Erlau erobert und war auf die vereinigten Truppen des Erzherzogs Matthias und des Fürsten von Siebenbürgen Sigismund Bathory gestoßen. Im kaiserlichen Heer kämpften etwa 1.000 Reiter des obersächsischen Reichskreises unter dem Oberbefehl des Fürsten Bernhard von Anhalt (gest. 1596). Eines der vier Fähnlein befehligte Christoffer von Bellin zu Linum (bei Ruppin). Angesichts erster Rückschläge war der Sultan nur mit Mühe vom Rückzug abzuhalten. Am 26. Oktober kam es

326

*326 Karte der Belagerung Buda's 1686; Kupferstich, 17. Jh. (7/78)*

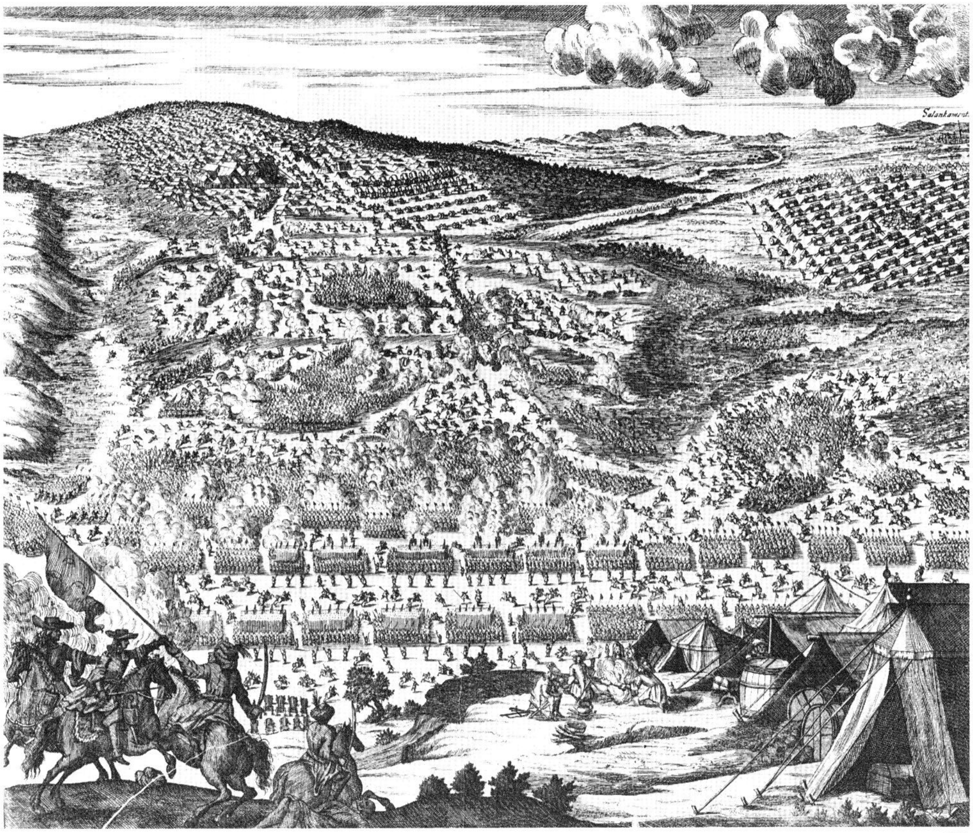

327

*327 Schlacht bei Slankamen; in: Der Glantz-erhöheten und Triumphleuchtenden Kriegs-Helms (...), Bd.5, Nürnberg, 1692 (7/91)*

dann zur Schlacht, in der die christlichen Truppen die Türken zurückwarfen und bis in die unmittelbare Nähe des Sultans vordrangen. Hier fingen sie, ihres Sieges schon sicher, zu plündern an und hatten ihre Gefechtsordnung verloren, als eine letzte türkische Kavallerie-Attacke sie niedermachte. Fürst Bernhards Truppen hatten schwere Verluste zu beklagen, unter ihnen viele Adlige.[74] Im Jahr darauf kommt es bei Waitzen/Vác zu einem Treffen mit den Truppen des Saturçi Mehmed Pascha, das Johann Siebmacher in einem Holzschnitt festgehalten hat. Das obersächsische Truppenkontingent ist dort eigens bezeichnet. Schließlich endete dieser Krieg 1606 mit dem Frieden von Zsitvatorok.

328

*328 Der Einzug des Turcki-schen Gesandten Achmet Effendi zu Berlin, d. 9. Nov. 1763; Radierung, 1763 (11/15)*

## Ein halbes Jahrhundert des Friedens, erste Gesandtschaften

Der Frieden von Zsitvatorok wurde in der Folgezeit wieder verlängert und auch während des Dreißigjährigen Krieges fanden keine größeren Kriegshandlungen zwischen dem Römisch-deutschen Kaiser und den Osmanen statt. Während des ersten Nordischen Krieges (1654–1660) schickte der Chan der Krim-Tataren, ein Vasall der Osmanen, Gesandtschaften an den Hof des Kurfürsten Friedrich Wilhelm I., des *Großen Kurfürsten*. Im Zuge ihrer moskaufeindlichen Bündnispolitik unterstützten die Krim-Tataren zu dieser Zeit Polen. So traf Ende Mai 1656 eine krim-tatarische Gesandtschaft unter der Leitung eines Ali Mirza beim Kurfürsten in Königsberg ein und versuchte ihn zum Beitritt in das polnisch-tatarische Bündnis gegen Schweden zu bewegen.[75] In seinem in Latein verfaßten Schreiben hatte der Chan Mehmed Girey IV. darüber hinaus dem Kurfürsten angeboten, bei der Rückgewinnung der von den Schweden besetzten Gebiete des Reiches – gemeint war Vorpommern und Stettin – behilflich zu sein. Friedrich Wilhelm I. folgte jedoch dem schwedischen Druck, schloß ein Bündnis mit Schweden, und zwei Monate später standen dann in der dreitägigen Schlacht bei Warschau (28.–30. Juli) die verbündeten Brandenburger und Schweden den Polen und Tataren gegenüber. Im Herbst des Jahres 1657 wechselte der Kurfürst dann die Fronten und verbündete sich mit Polen und Dänemark gegen Schweden. Im dabei abgeschlossenen Bromberger Vertrag verpflichtete er sich außerdem *»bei jedem künftigen Kriege gegen den König und die Republik«* 1.500 Reiter zu stellen, die beim Verlassen des Herzogtums Preußen vom König und der Republik Polen verpflegt werden sollten. Während Kurfürst Friedrich Wilhelm I. im Sommer 1659 mit seinen Verbündeten in Jütland gegen die Schweden kämpfte, sprach eine weitere fünfzehn Personen zählende krimtatarische Gesandtschaft bei ihm vor und überreichte in einem vorher genau abgesprochenen Zeremoniell ein Schreiben *in türkischer Sprache*. Noch im gleichen Jahr erörtert man im *Geheimen Rat* des Kurfürsten die Frage, ob man selbst auch eine Gesandtschaft an den Hof des Chans schicken solle, die man dann zweckmäßigerweise mit einer solchen an den osmanischen Großwesir zu verbinden gedachte. Der Kurfürst ließ das Schreiben des Chans in deutscher Übersetzung drucken und verteilen. Die freundlichen Worte des fernen Chans der Krimtataren für den Großen Kurfürsten sollten niemandem verborgen bleiben!

## Der Krieg 1663/64

Im Jahre 1663 kam es infolge von Machtkämpfen im osmanischen Vasallenstaat Siebenbürgen, dessen Fürst Georg Rákóczy II. im Nordischen Krieg auf schwedischer Seite gegen Polen und Tataren gekämpft hatte, wieder zum Krieg zwischen den Osmanen und dem Römisch-deutschen Kaiser. Der Großwesir Ahmed Köprülü hatte im Frühjahr 1663 seinen Feldzug gegen Kaiser Leopold I. begonnen und konnte im August desselben Jahres die Festung Neuhäusl (ungar.: Újvár, slowak.: Nové Zámky), nur etwa 150 km vor Wien gelegen, erobern. In seinem Heer sollen an die 100.000 Krimtataren und 20.000 Zaporoger Kosaken, je unter dem Befehl eines Sohnes des regierenden Chans Mehmed Girey IV., gekämpft haben. Diese verwüsteten Mähren und auch teilweise Schlesien dergestalt, daß in ganz Deutschland eine Flut von Büchern und Flugschriften über die Greuel der Türken und Tataren erschien.[76]

Angesichts der für das Reich bedrohlichen Lage bewilligte der Reichstag in Regensburg die Aufstellung von Reichstruppen gegen die Türken. Die Protestanten hätten gern für ihre Kontingente einen eigenen Feldherrn in Gestalt des Kurfürsten von Brandenburg gehabt, drangen damit aber nicht durch.[77] Letzterer hatte inzwischen brandenburgische Truppen unter dem Befehl des Herzogs August von Holstein gegen die Türken in Marsch gesetzt, die im September 1663 Schlesien gegen weitere krimtatarische Einfälle sichern sollten.[78] Im Frühjahr 1664 rückten diese brandenburgischen Truppen – unter ihnen das Infanterie-Regiment Nr. 1 aus Berlin – dann erfolgreich gegen die Türken vor.

Am 9. April 1664 hatte der Kurfürst in Cölln an der Spree ein Edikt erlassen, mit dem ein Buß-, Fasten- und Bettag – und zwar jeder erste Mittwoch im Monat – für den Sieg der christlichen Armeen im Kampf gegen die Türken angeordet wurde. An jedem Mittwoch der Woche sollte überall in Berlin und den brandenburgischen Landen eine Betstunde abgehalten werden, damit Gott die in Gestalt des *»allgemeinen Erbfeindes Christlichen Namens, des Türcken (...) uns angedreuete Zornruthe«* wieder abwende. Die Bibeltexte für die Predigten waren genau vorgeschrieben. An den monatlichen Fasten-, Buß- und Bettagen sollten *»...alle Geschäfte und weltlichen Handthier- und Verrichtungen eingestellt werden, und sich jedermann des Spazirengehens, Fressen und Sauffens, und in Summa alles unziemlichen Wesens gäntzlich(...) enthalten.«*[79] Man zog auch wieder die *Türkensteuer* genannte Wehrsteuer ein.[80] Die brandenburgischen Truppen kämpften indessen erfolgreich in Oberungarn (heute Slowakei) in der Schlacht bei Lewenz/Levice gegen die Truppen Küçük Mehmed Paschas und kurz darauf bei Párkány *»mit unglaublicher Resolution«*, wie der Oberbefehlshaber De Souches dem Kaiser schrieb. In der Entscheidungsschlacht bei St. Gotthard kommandierte der brandenburgische General Otto Christoph von Sparr – Theodor Fontane hat seine Heimat, das *Sparren-Land* im Barnim, be-

329

*329 Der Botschafter Ahmed Asmi Efendi wird vom König empfangen. Februar 1791; Druckgrafik (11/14)*

330

*330 D. N. Chodowiecki, Entwurfszeichnungen für eine Serie von 12 Radierungen; Nr. 10: Die Eroberung von Oczakow (Potemkin läßt den Pascha vor sich führen im Jahr 1788); Bleistift und rotbraune Feder, um 1790, Berlin, SMPK, Kupferstichkabinett*

schrieben – die kaiserliche Infanterie. Im Auftrag des Großen Kurfürsten soll er eine Denkschrift über die Kriegsführung gegen die Türken angefertigt haben. Nach dem Frieden von Eisenburg/ungar.: Vasvár (10. August 1664) kehrten die brandenburgischen Einheiten zurück in die Mark.

In diesem Zusammenhang gibt es noch eine besondere Kuriosität zu berichten. Der bekannte türkische Weltenbummler Evliya Çelebi berichtet uns in seinem *Reisebuch* (seyahatname) mit Bedauern, daß er sich im Herbst 1663 nicht jener Armee von 35.000 Reitern anschließen konnte, die den Befehl erhielt, quer durch Deutschland bis zum *Deutschen Meer* (Alman denizi) zu ziehen, um unter anderem die Stadt Brandenburg anzugreifen und überhaupt *»alles zusammenzuhauen, zu verbrennen und zu zerstören«* (... yerleri urub yakmak ve yikmak ferman..).[81]

Vielleicht spiegelt sich in dieser Geschichte des für sein Flunkern bekannten Evliya Çelebi der Angriff auf Mähren und Schlesien wider. Evliya, der berichtet, er sei mit einer türkischen Botschaft in Wien gewesen, gibt uns im *Reisebuch* auch einige Proben der deutschen Sprache wieder.

Der kaiserliche Kriegskommisar Heinrich Ottendorf hatte den kaiserlichen Botschafter Johannes von Goes 1663 auf seiner Reise zu Ali Pascha nach Temesvár und dann weiter zum Großwesir nach Belgrad begleitet. Auf dieser Reise erstellte er eine genaue Beschreibung aller Festungen und *Palanken* genannten Befestigungsanlagen. Dieses mit recht detaillierten Plänen versehene Werk widmete er mitsamt einem Album türkischer Kostüme im August 1665 in Berlin dem Kurfürsten Friedrich Wilhelm.

Unterdessen dauerte der Krieg um Kreta (1645–1669) an. Die Türken hatten den Venezianern fast die ganze Insel entrissen und belagerten das stark befestigte Kandia (heute Iraklion). Hier kommandierte der brandenburgische General Georg Friedrich von Sparr aus der Greiffenbergischen Linie dieses Geschlechts die deutschen Soldtruppen der Republik Venedig. In einem dem Großen Kurfürsten überreichten Buch, das sich noch heute in der Staatsbibliothek Preußischer Kulturbesitz befindet, werden die militärischen Geschehnisse der Belagerung in knapper Form dargestellt (Ms. germ. Quart 86).

Im Jahre 1670 traf wieder eine Gesandtschaft des Chans der Krimtataren bei Kurfürst Friedrich Wilhelm I. ein. Als Dolmetscher diente diesmal der kurfürstliche Rat Jakab Nagy de Harsány, ein gebürtiger Ungar, der sieben Jahre auch als Geschäftsträger des Fürsten von Siebenbürgen in der Türkei verbracht hatte. Er war 1651 nach Berlin gekommen und brachte hier 1672 sein bekanntes türkisch-lateinisches Gesprächsbuch heraus. Der 1671 in Berlin erschienene Gesandte der Krimtataren wurde wiederum von Harsány betreut.

In dem 1672 beginnenden polnisch-türkischen Krieg kämpfte aufgrund des Bromberger Vertrages ein brandenburgisches Kontingent im polnischen Heer. Kommandiert wurden diese Einheiten bei ihren meist sehr verlustreichen Einsätzen 1672 von Friedrich Graf Dönhoff, im Jahre 1674 von Kaspar von Hohendorff. Bei diesem Feldzug nahmen die Brandenburger an der Eroberung einer Reihe von Festungen in der Gegend von Kamenec-Podolskij teil.

331

332

*331 D. N. Chodowiecki, Entwurfszeichnungen für eine Serie von 12 Radierungen; Nr. 11: Versammlung des Divans in der Nacht da die Nachricht von der Eroberung von Oczakow in Constantinopel angekommen; Bleistift und rotbraune Feder, um 1790, Berlin, SMPK, Kupferstichkabinett*

*332 D. N. Chodowiecki, Entwurfszeichnungen für eine Serie von 12 Radierungen; Nr. 12: Selim des III. Thronbesteigung (den 13. April 1789, nach dem Tode Abdul Hamid's I. den 7. April); Bleistift und rotbraune Feder, um 1790, Berlin, SMPK, Kupferstichkabinett*

333

334

*333 D. N. Chodowiecki, Zwei Entwurfszeichnungen aus einer Serie von sechs Radierungen; Nr. 3: Der Friede des Keysers mit den Türken, gemeint ist wohl der Frieden von Sistowa 4. 8. 1791; Bleistift, Rötel und graue Feder, um 1793, Berlin, SMPK, Kupferstichkabinett*

*334 D. N. Chodowiecki, Zwei Entwurfszeichnungen aus einer Serie von sechs Radierungen; Nr. 6: Der Friede der Rußen mit den Türken (gemeint ist wohl der Frieden von Jassy 9. 1. 1792); Bleistift, Rötel und graue Feder, um 1793, Berlin, SMPK, Kupferstichkabinett*

335

335 *D. N. Chodowiecki, Ein Mitglied der türkischen Gesandtschaft »die Statue Equestra auf der Langen Brücke ansehend«; Radierung, 1764 (11/25)*

## Die Brandenburger bei der Vertreibung der Türken aus Ungarn

Als der Großwesir Kara Mustafa Pascha 1683 Wien belagerte, kamen keine brandenburgischen Truppen vor Wien zum Einsatz, weil der Kaiser verschiedene Forderungen des brandenburgischen Kurfürsten nicht erfüllte. Das brandenburgische Kontingent für das polnische Heer wurde allerdings rechtzeitig in Marsch gesetzt und nahm an der Eroberung von Gran/Esztergom und Széczen teil.

Aus Anlaß der Belagerung von Wien hatte der Kurfürst wiederum ein Edikt erlassen, mit welchem Buß- Fasten- und Bettage angeordnet wurden. Nachdem er sich mit Kaiser Leopold I. geeinigt hatte, setzte der Kurfürst 7.000 Mann Fußvolk und 1.200 Reiter nach Ungarn in Marsch. Am 17. April 1686 verabschiedete er persönlich in Crossen die von dem General Hans Adam von Schöning (1641–1696) befehligten Truppen. Als sich das Hilfs-Korps am 23. Juni Buda näherte, glaubte die schon von kaiserlichen und bayrischen Truppen eingeschlossene türkische Besatzung anfangs erst, ihr eigener Entsatz sei eingetroffen. Ein Feldscher im brandenburgischen Heer, Johann Dietz, hat uns eine lebhafte Schilderung der verlustreichen Kämpfe hinterlassen, welche dann im selben Jahr mit der Erstürmung Budas am 2. September ihr Ende fanden.[82] Zwei damals in brandenburgische Hände gelangte Roßschweife und Truppenfahnen befanden sich noch Anfang dieses Jahrhunderts im Berliner Zeughaus. In den dann folgenden Feldzügen in Ungarn hatten die Brandenburger großen Anteil am Sieg der Kaiserlichen bei Slankamen (19. August 1691). Nach langwierigen Verhandlungen mit dem Kaiser schickte Kurfürst Friedrich III., nach Abschluß eines Subsidienvertrages im Frühjahr 1691, 6.000 Mann unter dem Befehl des General-Lieutnants Hans Albrecht von Barfus (1635–1704) nach Ungarn. Nur ein Drittel der Soldaten überlebte die Kämpfe und Strapazen und kehrte nach Crossen zurück.[83] Zwei Jahre später nahm ein brandenburgisches Kontingent unter Wilhelm von Brandt (1644–1701) an der erfolglosen Belagerung von Belgrad teil. Der Feldzug desselben Korps im Jahre 1694 blieb ohne große Ergebnisse. Im folgenden Jahr erzielten die Türken wieder gewisse Erfolge. Ein vom neuen Sultan Mustafa II. persönlich begleitetes Heer eroberte Lippa (heute rumän.: Lipova) zurück und drängte die Kaiserlichen in die Defensive. Die Anwesenheit brandenburgischer Truppen im kaiserlichen Heere ist auch dem Geschichtsschreiber dieses ersten Feldzuges Sultan Mustafas II., dem Silahdar Findiklili Mehmed Aga, bekannt und findet in seiner Chronik Erwähnung. Auch in den Feldzügen des Jahres 1697 berichtet der türkische Chronist von den Unternehmungen brandenburgischer Einheiten.[84] In der Schlacht bei Zenta im gleichen Jahr wurden die Türken von Prinz Eugen völlig geschlagen. Die Brandenburger hatten an diesem Sieg, der die Entscheidung des Krieges gebracht hatte, unter dem Kommando Otto von Schlabberndorfs entscheidenden Anteil. Damit aber gingen denn die Zeiten, in denen sich Türken und Brandenburger mit der Waffe in der Hand gegenüberstanden, zuende.

336

*336 D. N. Chodowiecki, Türkische Reitergruppe; Aquarell und Deckfarben?, 1765 (11/24)*

## Die Herausbildung eines preussisch-osmanischen Bündnisses

Mit der Entstehung des österreichisch-preußischen Dualismus ergab sich ein neues Verhältnis zu den Türken. Bereits König Friedrich I. pflegte vertrauliche Kontakte mit den antihabsburgischen Aufständischen in Ungarn. Sein Gesandter in Wien, Christian F. Bartholdi, war angewiesen, den Vertretern Franz II. Rákóczys seine Vermittlung anzubieten. Im Zuge der allmählichen Entfremdung Friedrichs I. vom Kaiser nahmen seine Kontakte zu Franz II. Rákóczy zu. So ließ er den ungarischen Aufständischen in Aussicht stellen, er werde gemeinsam mit den Seemächten England und Holland zu ihren Gunsten intervenieren und die preußischen Truppen aus der kaiserlichen Armee abberufen. Seit 1706 kämpften die preußischen Verbände im spanischen Erbfolgekrieg indessen ohnehin schon im Rahmen der *Großen Allianz* (Kaiser Leopold I., die Generalstaaten, England, Spanien, Savoyen sowie verschiedene Reichsstände) nicht mehr unter kaiserlichem bzw. Reichskommando gegen die Franzosen, sondern im Sold der Seemächte. Eine neue Bündniskonstellation bahnte sich an. In dem Maße, wie der österreichisch-preußische Gegensatz wuchs, sehen wir Preußen mehr und mehr im Lager der Gegner Österreichs. Im Zuge der vertraulichen ungarisch-preußischen Verhandlungen hatten Rákóczys Abgesandte dem König in Preußen schon im Sommer 1704 mitteilen lassen, daß ihr Herr türkische Hilfsangebote habe.[85] Nun war bereits drei Jahre zuvor auf englische Anregung die Frage der Möglichkeit direkter Handelsbeziehungen zwischen Preußen und dem Osmanischen Reich geprüft worden. In England fürchtete man nämlich die potentiellen Störungen des englischen Levante-Handels durch die französische Flotte. Der britische Gesandte in Istanbul hatte daher den Plan eines Warentransportes auf dem Flußwege Elbe-Spree-Oder-Donau angeregt, und Bartholdi, der preußische Gesandte in Wien, hatte schon unter dem 23. April 1701 eingehende Vorschläge dazu unterbreitet. Aus diesen Plänen wurde nun allerdings vorerst nichts.

Franz II. Rákóczy mußte inzwischen Siebenbürgen verlassen und begab sich erst nach Frankreich und dann in die Türkei. Nachdem Prinz Eugen im Jahre 1716 ein türkisches Heer bei Peterwardein geschlagen und im Jahr darauf wieder Belgrad erobert hatte, gerieten die Türken wieder in ernste Bedrängnis. Noch im Vorfeld der Friedensverhandlungen von Passarowitz schickte der

337

*337 D.N. Chodowiecki, Türke mit Berliner Gassenjunge; Rötelzeichnung, 1763 (11/12)*

Großwesir Nişanci Mehmed Pascha neben Polen und Rußland auch ein Schreiben an den ersten Minister des Königs von Preußen, dessen Text kürzlich aufgefunden wurde.[86] Einige Zeit später richtete König Friedrich Wilhelm I. ein Schreiben an Sultan Ahmed III. (1703–1730) und den Großwesir Nevşehirli Ibrahim Pascha, in dem er darum bat, seinen Stallmeister Johannes Jurgowski beim Ankauf von Pferden zu unterstützen. Ziel dieses Unternehmens war es sehr wahrscheinlich, die Aufnahme diplomatischer Beziehungen zu erkunden. Ahmed Refik hat die türkischen Übersetzungen dieser zwei Schreiben so, wie sie im *name defteri*, dem Kopialbuch ein- und ausgehender Staatsschreiben, verzeichnet sind, veröffentlicht. Beide Schreiben sind am 7. September 1720 datiert,[87] die Konzepte dafür befanden sich im *Geheimen Preußischen Staatsarchiv.*[88]

Das Antwortschreiben Sultan Ahmeds III. an König Friedrich Wilhelm I., welches ebenfalls im *Geheimen Preußischen Staatsarchiv* aufbewahrt wurde, hat Scheel veröffentlicht.

Einige Jahre später kam es zu einem weiteren Versuch preussischerseits, die Beziehungen zum Osmanischen Reich zu entwickeln. Der König schickte nun einen Leutnant Sattler. Dieser traf mit zwei Dienern und einem Dolmetscher 1739 in Hotin ein und wurde vom dortigen Kommandanten nach Bender (heute: russ. Bendery) geschickt. Sattler führte ein Schreiben an den Chan der Krim mit. Der osmanische Reichsgeschichtsschreiber Subhi[89] berichtet darüber in seiner Chronik, Inhalt des Schreibens sei der Wunsch nach Freundschaft mit dem Osmanischen Reiche und die Bitte um Genehmigung gewesen, einige Pferde und *Sklaven* (esir) kaufen zu können. Während sich König Wilhelm I. bei der Entsendung des Stallmeisters Jurgowski der Vermittlung des englischen Botschafters bedient hatte, wandte er sich also diesmal an den traditionellen Gesprächspartner des Großen Kurfürsten, den Chan der Krimtataren. Dieser Leutnant Sattler blieb bis zum Herbst 1739 in Bender und bezog als Staatsgast Tagegelder. Kemal Beydilli hat 1981 die von Sattler unterschriebenen Quittungen veröffentlicht.[90] Er hat auch mit der Veröffentlichung eines bisher unbekannten Dokumentes, nämlich einer Eingabe des schwedischen Gesandten Ifmar Carlson (1704–1767) nachgewiesen, daß Preußen auch nach dem Tode König Friedrich Wilhelms I. unter Friedrich II. ständig weiter bemüht war, Beziehungen zur Hohen Pforte zu entwickeln. Allerdings mußte der junge König diese Unternehmungen vorerst geheim halten, um nicht den Argwohn seiner potentiellen Gegner zu wecken, und ließ alle diesbezüglichen Gerüchte als *arabische Märchen* dementieren. Die österreichischen Konfidenten in Istanbul beobachteten alle preußischen Aktivitäten so gut sie konnten und versuchten sie gegebenenfalls zu stören.

So war schon in der bekannten Besprechung in Rheinsberg, die Friedrich II. mit seinen engsten Beratern Ende Oktober 1740 anberaumte, als er vom Tode Kaiser Karl VI. erfuhr, wieder von den

Türken die Rede. Diesen dachte man die Rolle zu, von Süden her Druck zu machen, während der Preußenkönig sich anschickte dem Hause Habsburg die reiche Provinz Schlesien zu entreißen. Im Jahre 1755 konnte Friedrich II. schließlich einen als Kaufmann getarnten Gesandten, den Schlesier Gottfried Fabian Haude unter dem Decknamen Karl Adolf von Rexin nach Istanbul schicken. Rexins Mission war jedoch nicht besonders erfolgreich. Die Pforte erklärte lediglich ihre prinzipielle Bereitschaft, mit Preußen ein Freundschafts- und Handelsabkommen abzuschließen.[91]

Mit dem Beginn des Siebenjährigen Krieges erschien ein Bündnis mit dem Osmanischen Reich für Preußen um so dringlicher. Rexin reiste 1756 zum zweiten Mal an den Bosporus, wo er – vom König mit dringlichsten Ermahnungen und Bestechungsgeldern gleichermaßen versehen – für ein preußisch-türkisches Bündnis wirken sollte. Aber erst Anfang April 1759 gelang es ihm, wenn auch allerdings nur heimlich, vom Großwesir Koca Ragib Pascha empfangen zu werden. Der umsichtige Großwesir zog es trotz der Bewunderung Sultan Mustafas III. und anderer osmanischer Staatsmänner für Friedrich II. angesichts der prekären Lage Preußens vor, das Osmanische Reich vorerst aus diesem Krieg herauszuhalten. Jedoch konnte Rexin im März 1761 ein Freundschafts- und Handelsabkommen erreichen. Somit war Preußen endlich in Istanbul präsent und Rexin als erster preußischer Gesandter anerkannt. Schon schien es im folgenden Jahr so, als seien die Türken geneigt gegen Österreich zu marschieren, da starb die Zarin Elisabeth (1741–1762) und Rußland schied unter dem neuen Zaren Peter III. aus der Reihe der Gegner Preußens aus. Ja, der neue Zar, ein Bewunderer Friedrichs gab nun eine Garantieerklärung ab, im Falle eines türkischen Angriffs auf Ungarn nicht einzugreifen. Daraufhin war der Großwesir zum Bündnis mit Preußen bereit. Rexin schickte den Vertragstext eiligst an den König, der ihn am 10. Juli 1762 ratifizierte und sofort zurückschickte. Doch am Tag zuvor hatte die Gemahlin Zar Peters III. Katharina II. ihren Mann gestürzt und dessen preußenfreundliche Politik beendet. Somit war auch die Voraussetzung für ein türkisch-preußisches Bündnis gegen Österreich entfallen. Koca Ragib Pascha lehnte ab. Der König war tief enttäuscht. Er hatte zwischen 1757 und 1762 etwa eine Million Taler für dieses Bündnis eingesetzt. Doch der für ihn günstige Frieden von Hubertusburg (15. 2. 1763) befreite Preußen erst einmal von jeder direkten Bedrohung. Für Friedrich II. bestand nun kein Anlaß mehr, ein Offensiv-Bündnis mit den Osmanen zu suchen, lediglich ein Defensiv-Bündnis lag noch in preußischem Interesse. Da meldete der Gesandte Rexin überraschenderweise aus Istanbul, der Sultan wolle einen Botschafter nach Ber-

338

*338 D.N. Chodowiecki, Türke mit Berliner Gassenjunge; Rötelzeichnung, 1763 (11/23)* lin schicken. Als sich herausstellte, daß dieser keinerlei Vollmachten zu einem Vertragsabschluß haben würde, wies der König Rexin an, diese Gesandtschaft nach Kräften zu verhindern, da sie ihm nur Repräsentationskosten verursachen würde und lediglich als zweckloses und zeitraubendes Ritual anzusehen sei. Als dies mißlang, schickte er Rexin einen Befehl, diese Gesandtschaft offiziell abzusagen. Doch Rexin hielt es für klüger, diese Anweisung nicht auszuführen. Die Gesandtschaft kam. Unter der Leitung des aus Kreta stammenden Ahmed Resmi Efendi war die 73köpfige Gesandtschaft am 14. Juli 1763 nach Berlin aufgebrochen, wo sie am 9. November 1763 feierlich Einzug hielt. Am 16. November übergab Ahmed Resmi Efendi dem Minister Finckenstein sein Beglaubigungsschreiben und am 21. November empfing ihn Friedrich II. in feierlicher Audienz. Inzwischen war der König von Polen gestorben und die Wahl seines Nachfolgers barg wiederum politischen Konfliktstoff. Friedrich gab dem Kandidaten der Zarin Katharina, Poniatowski, umgehend seine Zustimmung. Nach seiner Wahl zum König – Ahmed Resmi Efendi weilte noch in Berlin – gelangte ein preußisch-russischer Defensiv-Vertrag zur Unterzeichnung, mit dem sich Friedrich sogar im Falle eines russisch-türkischen Krieges zur Zahlung von Subsidiengeldern an Rußland verpflichtet. Gleichzeitig versuchte Friedrich aber weiterhin, ein Defensiv-Bündnis mit dem Osmanischen Reich abzuschließen. Schon am 29.9. hatte er dem Gesandten Resmi Efendi anhand einer Landkarte eindringlich die Vorteile eines nunmehr allerdings nur gegen Österreich gerichteten Defensiv-Bündnisses vor Augen geführt. Bei Streitigkeiten zwischen Osmanen und Russen wollte er den Türken seine Vermittlung anbieten.

Ahmed Resmi Efendi hatte während des Winters 1763/64 ausreichend Gelegenheit Berlin kennen zu lernen. Er wohnte im Vernezobreschen Palais, dem späteren Prinz-Albrecht-Palais. Am 31.12.1763 fand zu seinen Ehren eine außerordentliche Sitzung der Akademie der Wissenschaften statt. Man führte ihm chemische Experimente, eine Luftpumpe, eine Elektrisiermaschine und das Naturalienkabinett vor. Im »Bericht über die Gesandtschaft nach Preußen (sefaretname-i Prusya)« Resmi Ahmed Efendis können wir in anschaulicher Weise nachlesen, was dem osmanischen Gesandten damals in Berlin aufgefallen ist und was er wie verstanden hat bzw. nicht verstanden hat.

Nach teilweise kleinlichem Gezänk um seine Bezüge – dies hatte schon auf der Hinreise begonnen und dem König war der Stoßseufzer entfahren »Er frißt mir noch die Ohren vom Kopf« – verließ Ahmed Resmi Efendi am 2. Mai 1764 Berlin. Der preußische Entwurf für ein Defensiv-Bündnis fand vorerst durchaus die Zustimmung Sultan Mustafas III. und anderer osmanischer Staatsmänner. Doch dann ging man wegen des russisch-preußischen Bündnisses und des engen Zusammenwirkens dieser beiden Staaten in der polnischen Frage wieder auf Distanz. Im Januar 1765 teilte man dem neuen preußischen Gesandten in Istanbul Johann Christoph von Zegelin mit, daß ein Bündnis bis zur Lösung der polnischen Frage zurückgestellt werden müsse. Von nun an änderten sich die preußisch-osmanischen Beziehungen grundsätzlich. Jetzt waren es die in verlustreiche Kämpfe mit den Russen verwickelten Türken, die ein Bündnis mit Preußen suchten. Doch es war, wie Friedrich II. sagte »zu spät!«.

Erst unter König Friedrich Wilhelm II. (1786–1797) änderten sich die Dinge. Vor allem durch die Bemühungen des preußischen Gesandten Heinrich Friedrich von Diez (1786–1790) kam es 1790 zu einem für die Türkei recht vorteilhaften Offensiv- und Defensiv-Bündnis mit Preußen.[92] Auf dieses Bündnis gestützt konnte das Osmanische Reich den Krieg mit Österreich und Rußland mit verhältnismäßig günstigen Bedingungen beenden. In diese Zeit fällt die zweite osmanische Gesandtschaft, welche im Februar 1791 in Berlin eintraf.[93] Der dritte osmanische Gesandte in Berlin, Ali Aziz Efendi schließlich starb am 29. 10. 1798 in Berlin und wurde hier begraben.

# LOUIS-FRANÇOIS CASSAS UND DER ORIENT

*Annie Gilet*

Louis-François Cassas wurde im Jahre 1756 in den Dienstgebäuden des Schlosses von Azay-Le-Ferron geboren, als Sohn eines auf der Domäne tätigen Vermessungsingenieurs. Bei Cadet de Limay, dem Ingenieur der Steinbrücke von Tours, lernt er zeichnen; sein Talent fällt dem Zeichner Thomas-Aignan Desfriches auf, der den jungen Künstler ermutigt, die Touraine zu verlassen und seine Ausbildung in Paris zu vervollkommnen. Dank dieser Protektion wird er in die Akademie des Herzogs von Rohan-Chabot aufgenommen, wo ihm Vien und Lagrenée d. J. einen neoklassisch geprägten Unterricht erteilen.

## Erste Reisen

Seine erste Reise führt ihn 1776 in die Niederlande und nach Deutschland, wo er von Rotterdam und Aachen seine ersten Stadtansichten zeichnet. 1778 beginnt für Cassas (1756–1827) eine lange Reise durch die Mittelmeerländer, die fast fünfzehn Jahre dauern sollte. Er bricht zunächst nach Rom auf, wo er dank des Herzogs von Rohan-Chabot als *»protegierter Schüler«* im Palais Mancini wohnen kann. Hier zeichnet er antike Baudenkmäler. 1782 unterbricht er seinen Aufenthalt, um einige Monate für einen anderen Mäzen zu arbeiten, den Kaiser Joseph II.

*339 L.-F. Cassas, Ansicht des Sphinx und der Pyramiden von Giza; Kupferstich, aquarelliert (1/61)*

*339*

von Österreich. Er läßt sich in Triest nieder und besucht Istrien und Dalmatien. Der Inhalt seiner Zeichenmappe: 64 aquarellierte Zeichnungen, gibt den Stoff ab für ein Werk von Joseph Lavallé: *Voyage pittoresque et historique de l'Istrie et de la Dalmatie rédigé d'après l'itinéraire de L. F. Cassas*, das in erster Auflage in Paris im Jahre 1802 erscheint.[1]

Nach seiner Rückkehr nach Rom, gegen Ende des Jahres, begleitet er Vivant-Denon nach Neapel und Sizilien, um dort Altertümer zu zeichnen, mit denen der Bericht des Abbé de Saint-Non *Voyage pittoresque ou description des royaumes de Naples et de Sicile* (Paris, 1786) bebildert werden soll.[2]

Nach dieser Ausbildung als Motiv-, Denkmals- und Landschaftszeichner kehrt er 1783 nach Paris zurück. Aber Reiselust und die zufällige Begegnung mit einem neuen Gönner, dem Grafen von Choiseul-Gouffier, verführen Cassas zu einer neuen Rundreise, diesmal auf der Suche nach dem Orient. Denn wenn auch Italien bedeutendstes Ziel für alle Reisenden des 18. Jahrhundert war, so ist es zu jener Zeit doch schon nicht mehr das einzige und auch nicht das entlegenste: jenseits von Rom beginnt der Orient zu faszinieren.

## Reise in den Vorderen Orient

Der aus dem Hochadel stammende Graf von Choiseul-Goffier (1752–1817), ein aufgeklärter Mann, der sich für die Archäologie begeistert, wendet sein Interesse schon sehr früh dem Hellenismus und dem Orient zu. 1776 reist er nach Griechenland, in Begleitung des Zeichners Hilaire und des Architekten Foucherot sucht er in der griechischen Bevölkerung, ihren Sitten, Spielen und Festen nach einem Widerschein Homers und Herodots. Bei seiner Rückkehr nach Frankreich wird er 1779 Mitglied der Académie des Belles Lettres und veröffentlicht 1782 den ersten Band seiner *Voyage pittoresque de la Grèce*. Im Jahre 1784 wird er d'Alemberts Nachfolger in der Académie Française, und Ludwig XVI. ernennt ihn zum Botschafter bei der Hohen Pforte. Vor seiner Abreise sucht er nach talentierten Künstlern, die ihn begleiten und ihm Zeichnungen für die nachfolgenden Bände seines Werks liefern sollen. Der renommierte Cassas wird einer der Zeichner Choiseul-Gouffiers und schifft sich am 4. August in Toulon nach der Türkei ein.

Im Laufe seiner diplomatischen Mission *»gelingt es dem Botschafter, das Vertrauen des Großwesirs Halil Pascha und des Prinzen Mauro Cordato, des ersten Dragomans bei der Pforte, zu gewinnen.«*[3] Er interessiert sich besonders für die Stadt Konstantinopel und *»läßt die große Ausdehnung der Hauptstadt geometrisch vermessen und ihren Grundriß aufnehmen.«*[4] Zur Zeit der Französischen Revolution, um 1792, ist Graf von Choiseul-Gouffier gezwungen, seinen Posten zu verlassen. Er geht für zehn Jahre an den Hof Katharinas II. von Rußland ins Exil. 1802 kehrt er nach Frankreich zurück und widmet sich der Veröffentlichung des zweiten Bandes seiner *Voyage pittoresque de la Grèce*, die 1809 erscheint.

Unmittelbar nach seiner Ankunft in Konstantinopel im September 1784 beschließt Choiseul-Gouffier, Cassas mit einer Reise an die Küsten Syriens und Ägyptens zu beauftragen. Man vermerke, daß die Wahl der Reise und ihre Route nicht vom Künstler abhingen, sondern vom Botschafter bestimmt wurden, das heißt von einem Politiker, dessen intellektuelle Neugier an diesen *»Gegenden jenseits Griechenlands«*, die in den mondänen Pariser Salons jener Zeit Begeisterung hervorriefen, entfacht war. Und er schickt Cassas mit dem Auftrag, ihm nach Art eines ›Reporters‹ Bilder mitzubringen.

Am 30. Oktober 1784 verläßt Cassas Konstantinopel und nimmt an, wenige Monate später wieder zurück zu sein; doch er trifft erst am 9. Januar 1786, nach vierzehnmonatiger Reise, wieder im Botschafterpalais ein. *»Ich werde mit der Korvette* La Poulette *die Küsten Syriens und Ägyptens durchstreifen.«*[5] Ein Reisetagebuch fehlt, aber wir können mit Hilfe der wiedergefundenen Zeichnungen und der Briefe, die Cassas seinem ersten Gönner Th.-A. Desfriches schickte, seine Route teilweise rekonstruieren. Die erste Etappe ist Smyrna im November 1784, dann folgt Ephesus, wo er die Ruinen der Antike entdecken will. Die nächste Anlegestelle der *Poulette* ist Alexandrette, von wo aus er Aleppo und Antiochia be-

*340 L.-F. Cassas, Portal einer ägyptisierenden Tempelarchitektur; in: Voyage pittoresque de la Syrie (...), gravé sur les dessins de Cassas, Paris, 1799 (1/60)*

340

341

342

343

344

*341 L.-F. Cassas, Grabanlage in der Nähe der Chephrenpyramide; in: Voyage pittoresque de la Syrie (...), gravé sur les dessins de Cassas, Paris, 1799 (1/60)*

*342 L.-F. Cassas, ägyptisierende Tempelarchitektur; in: Voyage pittoresque de la Syrie (...), gravé sur les dessins de Cassas, Paris, 1799 (1/60)*

*343 L.-F. Cassas, Visionäre ägyptische Tempelanlage; in: Voyage pittoresque de la Syrie (...), gravé sur les dessins de Cassas, Paris, 1799 (1/60)*

*344 L.-F. Cassas, Tempelanlage mit Pyramide; in: Voyage pittoresque de la Syrie (...), gravé sur les dessins de Cassas, Paris, 1799 (1/60)* sichtigt, bevor er in Zypern von Bord geht und Larnaka, Nikosia und Famagusta besucht. Dann bringt ihn das Schiff nach Tripolis im Libanon, wo er beschließt, den Kurs zu ändern und Palmyra anzusteuern. Hier trifft er am 18. Juni 1785 ein. Danach besucht er ein anderes großes römisches Heiligtum: Baalbek. Dann ist er im Anti-Libanon und im Tal von Nahr-el-Kadesch, wo er drei Wochen bei den Maroniten verbringt. Beirut, Sidon, Tyrus, Akkon und Haifa heißen die Stationen vor seinem Streifzug durch Galiläa, Samaria und Jerusalem. Der Aufenthalt in der heiligen Stadt um den Oktober 1785 zieht sich einen Monat hin und gibt ihm Gelegenheit, Jericho und Bethlehem zu entdecken. In Jaffa legt er wieder ab, in Richtung Damiette, von wo aus die Reise durch Unterägypten geht, und er Mansura, Kairo, Memphis und Alexandria besucht. Alexandria ist denn auch die letzte Stadt des Vorderen Orients vor seiner Rückreise nach Konstantinopel im Dezember 1785. Die Tatsache, daß seine Reise vom Botschafter und somit vom König finanziert ist, erlaubt es Cassas, sich für die Dauer der Reise einen Dolmetscher und manchmal sogar den Schutz einer Beduineneskorte für die Durchquerung der Wüste zu leisten. »*Ich werde diese Reise auf Kosten des Königs machen*« meint er in einem Brief aus Konstantinopel am 24. Oktober 1784. Und aus Larnaka schreibt er am 10. Februar 1785: »*Monsieur de Choiseul stellt mir alle notwendigen Mittel zur Verfügung, das heißt all das Geld, das ich brauche, um meine Neugier und die seine zu befriedigen.*«

In Alexandrette, Antiochia und Aleppo beginnt also Cassas' eigentliche Reise in den Vorderen Orient. Die Begegnung mit den Orientalen und die ersten Gefahren veranlassen ihn, seine Kleidung abzulegen und das ortsübliche Gewand zu tragen. Dank dieser Verkleidung kann er ohne Furcht reisen, dem Anderen begegnen, sich den Orient ›aneignen‹. Andererseits symbolisiert sie aber auch den augenblicklichen Verzicht auf seine abendländische Identität. In einem Brief aus Konstantinopel vom 21. Januar 1786 schreibt er: In Tripoli »*machte ich mich mit einer Karawane auf den Weg nach Bagdad. Ich kleidete mich nach Art der Araber, ließ mir einen Bart wachsen, bewaffnete mich wie sie mit einer langen Lanze und stieg, dergestalt ausgerüstet, mit meinem Dolmetscher auf mein Kamel*«.

Zwei Stichen aus der *Voyage pittoresque en Syrie (. . .)* können dies illustrieren. Sie gehören zu der bedeutenden Serie von Selbstporträts, die Cassas uns hinterließ. In den vorliegenden, in der er sich in der Situation des bewundernden Betrachters darstellt, hebt er sich von der örtlichen Bevölkerung ab, die für den Zauber der Bauwerke oder Stätten keine Augen hat. Durch seine Betätigung oder Haltung betont der Künstler zudem sein Anderssein.

## Cassas und der alte Orient

Ein Brief aus Larnaka vom 10. Februar 1785: »*Was nun den Gegenstand meiner Reise betrifft, nämlich die besonders merkwürdigen Denkmäler, Kostüme und historischen Stätten zu zeichnen, so kann mich nichts davon abschrecken.*«

Damit faßt Cassas die vom Auftraggeber vor der Abreise des Künstlers gesetzten Bedingungen zusammen. Er war es sich auch selbst schuldig, die Altertümer zu zeichnen, aufzunehmen und zu vermessen. Das belegen 70 Zeichnungen von Palmyra und 50 Zeichnungen von Baalbek, eine Ergänzung des im Jahre 1752 von den Engländern Dawkins und Wood veröffentlichten Werkes. Aber auch die Zeichnungen der römischen, griechischen, phönizischen oder ägyptischen Stätten, von denen manche zum ersten Mal der Öffentlichkeit vorgestellt werden sollten, stellen für die Geschichte der Archäologie kostbare ikonographische Dokumente dar.

Im Vorderen Orient stößt der Zeichner häufig auf ein architektonisches Vokabular, das ihm von Rom her bekannt ist. Manche Denkmäler sind ihm sogar vertraut, andere, die ihm ungewohnter sind, wie die ägyptischen Pyramiden, begeistern ihn. Obwohl er sie mit großer Genauigkeit zeichnet, bleiben sie im Jahre 1786 für Cassas rätselhafte Bauwerke. Im übrigen hat sich seine Bewunderung für die klassische Antike, als er in Palmyra eintrifft, nicht geändert. Wiederum ein Brief aus Konstantinopel, vom 21. Januar 1786: »*Nach der Durchquerung eines Tals bietet sich plötzlich ein Anblick, wie er phantastischer und ungewöhnlicher nicht sein könnte.*

*Prachtvolle Ruinen zeichnen sich ab, man sieht nichts als Säulengänge und Säulenhallen aus weißem Marmor. In der Mitte erhebt sich der Sonnentempel, der größte und schönste aller Tempel des Altertums.«* Cassas' Erregung angesichts dieser Denkmäler, dieser antiken Ruinen ist um so größer als ihre Lage in der Wüste – Palmyra liegt dort und auch die Pyramiden – das von allen Reisenden empfundene Gefühl einer Fata Morgana begünstigt.

## Cassas und der osmanische Orient

Ein Brief aus Larnaka, vom 10. Februar 1786: *»Was habe ich Ihnen nicht alles zu sagen, zu erzählen von den Bräuchen, Sitten, Trachten und Gefahren, die mich in Erstaunen setzen!«* In Antiochia wird er mit einem anderen Orient konfrontiert. Was er mit den Karawanen auf dem Weg von Tripoli nach Palmyra oder am Ufer des Nils oder in Städten wie Jerusalem, Alexandria oder Kairo erlebt, bewegt ihn. Auch wenn Cassas in seinen Briefen diejenigen, die er Araber nennt, die, so nimmt er an, historische Stätten und Denkmäler zerstören, wenig schätzt, so begeistert ihn doch die Entdeckung der Trachten, Bräuche und Feste eben jener Araber, ihre Baïram- und Hochzeitsfeste, Willkommensfeierlichkeiten, oder einfach auch die Landschaften, in denen sie leben. Diese Erlebnisse bereichern sein ikonographisches Vokabular und prägen sein Werk entscheidend. Die zahlreichen Zeichnungen, wie jene vom Qadischatal im Libanon mit seinen Felsen und Grotten, oder die Zeichnung mit der Frauengruppe um einen Brunnen in Kana in Galiläa oder die der Spaziergänger in Sidon, aber auch jene der Wahrsagerin in Ägypten oder die Zeichnungen von den rastenden Karawanen, die einen Aspekt des traditionsverwurzelten Lebens der Nomaden zeigen, behandeln Themen, die eine große Sensibilität für diese ihm fremden Menschen verraten. Zitieren wir einige Zeilen aus der Anmerkung zum Stich *Ansicht eines Teils des Flecken Kana in Galiläa*[6]: *»Die wahrheitsgetreu gezeichnete Szene gibt uns die Geschichte der Israeliten, so oft gemalte patriarchalische Sitten wieder und liefert uns einen neuen Beweis für die erstaunliche Beständigkeit der Orientalen in ihren Lebensgewohnheiten und Bräuchen.«*

345

Hier stellt das Auge des Reisenden eine enge Verbindung zwischen einem aus der Bibel erfahrenen Bild und seinen Projektionen in diesen Teil des Orients her.

Genreszenen sind es, auch die von Konstantinopel, die Cassas zu einem Vorläufer der Orientalistik werden ließen; doch zu einem Vorläufer nur, denn seine neoklassische Ausbildung ist in sei-

*345 L.-F. Cassas, Obelisk der »Kleopatra« in Alexandria; in: Voyage pittoresque de la Syrie (...), gravé sur les dessins de Cassas, Paris, 1799 (1/60)*

346

*346 L.-F. Cassas, Ansicht von Kairo mit Blick auf die Zitadelle und die Hassan-Moschee; aquarellierte Federzeichnung, Tours, Musée des Beaux Arts*

nen Zeichnungen und Stichen gegenwärtig. Aber wie anmutig wiederum ist die Gegenüberstellung von klassischen und orientalischen Figuren! Darüberhinaus galt Cassas' Interesse auch der mohammedanischen Architektur: den Moscheen, Kiosken, Palästen oder Villen längs des Nil oder in Konstantinopel.

Bei seiner Rückkehr nach Konstantinopel, am 9. Januar 1786, wird Cassas vom Botschafter und den französischen Künstlern ein begeisterter Empfang bereitet: seine Reisemappe enthält mehr als 300 Zeichnungen, deren Qualität, Reichtum und Neuartigkeit den Gönner überwältigen und einem ehrgeizigen und außergewöhnlichen Vorhaben Raum geben: der Veröffentlichung einer *Pittoresken Reise in den Orient*. Im Europa der Aufklärung findet diese Art Prachtwerk mit Abbildungen in großem Folioformat viel Beifall. Ob es nun als Aufforderung zur Reise verstanden wird oder die Lust der Bibliophilen befriedigt – es vermittelt jedenfalls neue archäologische und historische Kenntnisse. Der Text sollte von Choiseul-Gouffier betreut und die Illustration von Cassas übernommen werden, der nun dafür seine Zeichnungen in die endgültige Form bringen sollte. Für diese Arbeit verläßt er endgültig den Orient und läßt sich nach einer Reise nach Brussa, Troas und Griechenland in Rom nieder. Unmittelbar nach seiner Ankunft im Jahre 1787 eröffnet er ein Atelier, in dem er seine Zeichnungen von Palmyra, Jerusalem, Kairo und vom Libanon zeigt: es ist eine Ausstellung des Orients im Okzident. Die Bewunderer, unter denen sich auch der Kardinal de Bernis, der Direktor der Académie de France, befindet, stürzen in Scharen herbei, um diese großformatigen, aquarellierten, mit Brio ausgeführten Zeichnungen zu ›entdecken‹, die einen Orient des Reisenden, des Archäologen, aber bisweilen auch einen Orient der Phantasie zeigen. In die Menge der Besucher reiht sich auch Goethe ein, der Cassas in seiner *Italienischen Reise* erwähnt: »*Den 15. September 1787: Auch darum ist der Aufenthalt in Rom so interessant, weil es ein Mittelpunkt ist, nach dem sich so vieles hinzieht. Die Sachen des Cassas sind außerordentlich schön. Ich habe ihm manches in Gedanken gestohlen, das ich euch mitbringen will.*« und: »*September: Ein französischer Architekt, mit Namen Cassas, kam von seiner Reise in den Orient zurück; er hatte die wichtigsten alten Monumente, besonders die noch nicht herausgegebenen gemessen, auch die Gegenden, wie sie anzuschauen sind, gezeichnet, nicht weniger alte zerfallene und zerstörte Zustände bildlich wieder hergestellt und einen Teil seiner Zeichnungen, von großer Präzision und Geschmack, mit der Feder umrissen und, mit Aquarellfarben belebt, dem Auge dargestellt.*« Die politischen Ereignisse jedoch bewirken eine Unterbrechung der Arbeit. Ab 1789 kann Choiseul-Gouffier Cassas nicht mehr regelmäßig die für die Fortführung des Vorhabens notwendige Geldsumme überweisen. 1792 kehrt der Zeichner nach Paris zurück, um einen neuen Gönner zu suchen, was in jener Zeit schwierig war. Er verteilt seine Zeichnungen an hundert Stecher, die alle an der *Pittoresken Reise* mitarbeiten. Am 4. Messidor des Jahres II (22. Juni 1794) beschließt der vom Maler David ermutigte *Wohlfahrtsausschuß*, das Unternehmen fortzuführen, das somit Nationaleigentum wird. Aber die politischen Umwälzungen beeinträchtigen die Verwirklichung, und um das Jahr 1804 muß Cassas sein Werk abbrechen. 330 Stiche waren anfänglich vorgesehen, nur 180 werden fertiggestellt, die bei bedeutenden Gelehrten wie Guiguené, Ledgrand, u.a. in Auftrag gegebenen Texte sind wohl nie geschrieben worden. Und nur etwa hundert Subskribenten, unter ihnen auch Talleyrand, kamen in den Genuß der ersten 30 Lieferungen von Stichen.

Doch der Orient des Louis-François Cassas wird noch durch ein anderes Medium in ganz Europa vertrieben: durch die Kupferstecherei der in Paris ansässigen Brüder Piranesi. Cassas arbeitete seit 1800 mit diesem Unternehmen italienischer Stecher. In ihren Werkstätten verfertigen sie großformatige Stiche, deren Strich so zart ist, daß Kunst- und Bücherliebhaber des 18. Jahrhunderts sie oft für Zeichnungen halten und kaufen. Cassas liefert unter anderen auch zahlreiche Zeichnungen von Rom, Griechenland, Sizilien und vom Orient, die für seine »*Pittoreske Reise nach Syrien*« nicht gestochen werden konnten.

Cassas' *orientalisches* Werk vereinigt in sich alle Geisteshaltungen seiner Epoche, verblüfft durch die Vielfalt seiner Stile und ikonographischen Themen. Sein Werk spiegelt auch Herausforderungen an sein Können wider, das Veränderungen unterworfen war und doch den Traditionen der Akademie und den Meistern der Vergangenheit verhaftet bleibt. Zur Darstellung des Orients sieht Cassas auf Poussin oder die in der Landschaftsmalerei virtuosen holländischen Meister. Und so fehlt manchem seiner in deklamatorischer Pose erstarrten *Pseudo-Orientalen* nur noch der Helmsturz, um sie zu Figuren einer antiken Szene werden zu lassen.

Und doch bringt Cassas als Erbe einer klassischen Tradition und, vermittelt durch seine vielfältigen Reisen, einen Hauch Romantik in das beginnende 19. Jahrhundert. Die antiken Ruinen werden zu einem beliebten Thema, das an eine große Vergangenheit zu erinnern vermag. Die rekonstruierten, oft visionären, manchmal auch ins Erhabene gesteigerten Ruinen Ägyptens oder Palmyras, sind oft Vorbilder für Architekten und Künstler. David empfiehlt 1793 seinen mit dem Umbau des Louvre und der Tuilerien befaßten Architekten, sich mit Cassas' nach den Ruinen von Palmyra angefertigten, Zeichnungen vertraut zu machen.

Neben seinen klassizistisch orientierten Studien und Werken verdienen aber auch seine eher ethnographisch orientierten Arbeiten Aufmerksamkeit, die ihn zudem zu einem wichtigen Vorläufer der Orientalistik machen. Dieser abendländische Künstler, der nach Syrien und Phönizien aufgebrochen war, um Denkmäler und Trachten zu zeichnen, war unversehens unter den Einfluß des *Fremden* geraten. Dennoch strahlt sein Werk, das er als *Reporter* im Vorderen Orient schuf, eine extreme Ambivalenz aus, bewegt zwischen Vergangenheit und Gegenwart, Unbekanntem und Bekanntem, Flüchtigem und Dauerhaftem; es kennt alle Stufen zwischen Verachtung und Begeisterung.

*347*

347 *Araber überfallen einen Künstler vor der Stadt Hems; in: L.-F. Cassas, Voyage pittoresque de la Syrie (...), gravé sur les dessins de Cassas, Paris, 1799, Berlin, Staatsbibliothek Preußischer Kulturbesitz*

*Pieter Biesboer*

# »TULIPA TURCARUM« ÜBER DIE »TULIPOMANIA« IN EUROPA

Bei Tulpen denkt man an Holland, an die Zwiebelfelder in der Küstengegend bei Haarlem. Und wer kann sich heute vorstellen, daß diese Blume im siebzehnten Jahrhundert Ursache eines gewaltigen Spekulationsgeschäftes war, bei dem neu gezüchtete Tulpenzwiebeln zu irrsinnig hohen Preisen verkauft wurden, als handele es sich um Gold oder Diamanten.

Dem gingen allerdings viele Ereignisse voran. Die Tulpe war nämlich ursprünglich kein niederländisches Gewächs, vielmehr finden sich die ersten Beschreibungen der Tulpen in türkischen Schriften aus dem fünfzehnten Jahrhundert.

Dunsun Bey berichtet, wie Mohammed II, genannt der Eroberer, (1431–1481) nach der Eroberung Konstantinopels dem Wiederaufbau und der Anlage von Gärten große Aufmerksamkeit widmete, wobei auch die Tulpenzucht sehr gefördert wurde.[1] Die Blütezeit des osmanischen Reichs, die Zeit Sultan Soleiman II. des Großen (1520–1566) wird auch die *Tulpenzeit* genannt. Das Reich war unter Soleiman II. auf dem Höhepunkt seiner Macht und umfaßte Kleinasien, Armenien, Azerbeidschan, Syrien, Palästina, Mesopotamien, den Sinai, Ägypten, Nordostafrika, die Cyreneika, sowie den Kaukasus, das Schwarzmeer-Gebiet, und dessen wichtigsten Stützpunkt, die Krim.

Auf dieser Halbinsel kamen viele wildwachsende Tulpen vor, welche die Türken *Lalé* nannten und als Handelsartikel in die Hauptstadt Konstantinopel brachten. Dort wurden sie unter dem Namen *Café Lalé*, benannt nach dem Exporthafen Kaffa (dem heutigen Feodosiya, an der Ostküste der Krim), gehandelt. Ghislain de Busbeqc, Gesandter Kaiser Ferdinand I. am osmanischen Hofe in Konstantinopel, erwähnte bereits 1555 in seinen Briefen nach Wien die *Tulipa Turcarum* (Tulpe der Türken). Er sandte auch, neben anderen Dingen, Gewächse, Blumen, Blumenzwiebeln und Samen nach Wien. Dort hatte Kaiser Maximilian II. Carolus Clusius (Charles d'Ecluse, 1526–1609)[2] zum Präfekten seines kaiserlichen *Hortus botanicus medicinae* ernannt, der amtshalber auch mit der Sorge für die von Busbeqc an den Kaiser gesandten Spezimen beauftragt worden war.

Die erste Beschreibung der Tulpe in Europa stammt von Conrad Gesner aus dem Jahr 1561.[3]

Danach folgt die 1576 von Clusius publizierte Beschreibung über die Verschiedenheit der Zwiebelgewächse, die man ihm aus Wien nach Konstantinopel gesandt hatte. Clusius berichtete, daß die Tulpenhändler in Konstantinopel zwei Tulpensorten anböten, eine unter dem Namen *Café Lalé*, und eine weitere namens *Cavalá Lalé*. Bei der ersten handele es sich um eine frühblühende Tulpe von der Krim, bei der zweiten um eine spätblühende, benannt nach der mazedonischen Hafenstadt Kavallà. Man nimmt heute an, daß diese zweite, spätblühende Sorte aus dem von den Türken besetzten Balkan und Mazedonien stammte.

Clusius sollte bald eine Schlüsselrolle in der niederländischen Tulpenzucht zufallen. Wegen des Wiener Religionskampfes war er gezwungen, Wien zu verlassen und sein Glück irgendwo anders zu suchen. 1592 wurde er in Leiden zum Präfekten des *Hortus botanicus medicinae* ernannt. Er war der erste, der in den Niederlanden Tulpen züchtete. Carolus Clusius hatte sich zu dieser Zeit bereits den Ruf eines international anerkannten Gelehrten erworben, der nicht nur mit anderen Botanikern korrespondierte, sondern auch mit Sammlern und Liebhabern besonderer botanischer Spezialitäten, die versuchten, neue Blumenzwiebelarten aus Samen zu züchten. So korrespondierten der Apotheker und Blumenfreund Willem Jaspersz Parduyn mit Clusius, desgleichen Johannes Somer, Sohn des Schultheiß von Middelburg, und der Reeder Jacob Noiret.

348

Clusius arbeitete für die Dokumentation seiner wissenschaftlichen Erkenntnisse und die Illustrationen seiner Publikationen mit Künstlern zusammen, die detaillierte Aquarelle anfertigten. Ebenso ließen Sammler und Blumenzüchter ihre botanischen Variationen von Künstlern aquarellieren, auch wurden botanische Aquarelle als Teil der Naturaliensammlungen angefertigt. Dank des engen Gedankenaustausches zwischen Gelehrten, Sammlern und Künstlern entwickelte sich das Blumenstilleben zu einer Besonderheit im letzten Jahrzehnt des 16. Jahrhunderts.

Im Süden der Niederlande war Antwerpen das bedeutenste Künstlerzentrum, wo Jan Brueghel d. Ä. der wichtigste Maler von Blumenstilleben war.[4]

Im Norden der Niederlande gab es verschiedene Zentren, wo Künstler eine mehr oder weniger eigenständige und charakteristische Behandlung des Blumenstillebens entwickelten. Der früheste und gleichzeitig einer der bedeutendsten Künstler, der speziell Blumenstilleben malte, war Jacques de Gheyn.[5]

Er interessierte sich sehr für verschiedene naturwissenschaftliche Entdeckungen und galt als ein *humanistischer* Künstler. Er bekam unter anderem Aufträge von Kaiser Rudolph II. in Prag und Prinz Maurits von Oranien in Den Haag und war mit Constantijn Huygens und Carolus Clusius befreundet.

In seinen Blumenstilleben stellt Jacques de Gheyn alle Besonderheiten dar, die auch im Werk seiner Zeitgenossen vorkommen, wie Ambrosius Bosschaert (tätig in Utrecht; geb. Antwerpen 1573, gest. Utrecht 1621), Balthasar van der Ast (tätig in Middelburg und Delft; geb. Middelburg 1593/94, gest. in Delft 1657) und Roelant Saverij (tätig in Utrecht und

*348 H. G. Pot (zugeschr.), Flora's Mallewagen, Allegorie auf die Tulpenspekulation; Holz, um 1640 (9/7)*

349

*349 R. Saverij, Blumenstilleben; Kupfer, 1603, Utrecht, Centraal Museum*

Wien; geb. Kortrijk 1576, gest. 1639 in Utrecht).[6]

Die Komposition zeigt wenig Tiefe, die Vase mit dem Blumenstück steht auf einem Tisch oder auf einer Art Nischenvorsprung. Die einzelnen Blumen werden häufig in den verschiedenen Perioden des Blühens dargestellt, was darauf hinweist, daß man die Blumenstilleben oft anhand botanischer Detailstudien, die als Vorbild verwendet wurden, zusammenstellte. Jede Blume wurde einzeln gemalt und es ergeben sich kaum Überschneidungen, obwohl die unterschiedlichen Formen nicht mit der Natur übereinstimmen. Das belegt, daß die Stilleben meist nicht direkt nach der Natur gemalt wurden. Vor allem bei großen Buketts kann man nicht von realistischen Anordnungen sprechen. Kurzstielige Blumen sind so in einem Bukett arrangiert, als seien es langstielige. Jede im Bukett vorkommende Blumenvariation wurde jedoch mit größtmöglicher Sorgfalt gemalt. Ein sehr frühes Beispiel dafür ist ein Blumenstilleben von Roelant Saverij des Jahres 1603.[7] In diesem Stilleben kommt eine rotgelb geflammte Tulpe vor, Symbole der Vergänglichkeit wurden hinzugefügt. In der Symbolik finden sich Verweise auf die Auferstehung, den Unterschied zwischen Gut und Böse, auf Tag und Nacht, den Kreislauf des Lebens. Wie Saverij arbeitete De Gheyn für den habsburgischen Kaiser und stand mit vielen europäischen Gelehrten in Verbindung.

Manchmal malte man eine Blumenvase mit nur einer einzigen Tulpe, wie es ein kleines Gemälde von Balthasar van der Ast zeigt, auf dem nur eine Tulpe in einem kostbaren façon de Venise-Glas abgebildet ist; Schmetterling und Fliege verweisen auf Auferstehung und Vergänglichkeit. Dirck van Deelen malte eine Tulpe in einer chinesischen Wanli-Vase, kombiniert mit einem Arrangement exotischer Muscheln auf einem Tisch.[8] Der Haarlemer Blumenstillebenmaler Hans Bollongier folgte der Tradition von de Bosschaerts; sein frühestes bekanntes Stilleben datiert aus dem Jahr 1627.[9]

Anfangs war die Tulpe ein seltenes Sammelobjekt für die Naturaliensammlungen der Wohlhabenden. Durch wachsenden Import und die zunehmende Entwicklung der Zucht neuer Variationen konnten sich immer mehr niederländische Bürger Blumenzwiebeln leisten. Die Tulpe wurde zur Modeblume, in den Niederlanden, aber auch in Frankreich.[10] Die Publikation des *Hortus floridus* mit Illustrationen von Chrispijn de Passe 1614, aus der L. J. Anglois für sein *Livre de Fleurs* vieles entnahm – es erschien 1620 in Paris –, hatte auf die Verbreitung der Tulpenliebhaberei der Niederländer großen Einfluß.

Im siebzehnten Jahrhundert waren ausschließlich *gebrochene* Tulpen gefragt, die nach ihren Farben einzuteilen sind; die rosafarbenen: rote Nuancen und rote auf weißem Grund; die violetten: violette oder lila Streifen auf weißem Grund, und die bizarren: mit roten, braunen, violetten oder anders gefärbten Strichen auf gelbem Grund. Im siebzehnten Jahrhundert angefertigte Tulpenbücher zeigen eine große Vielfalt der rosafarbenen; etwa dreißig (z.B. Viceroy, Bruyn purpur, Generael van der Eyck, Admirael van Enckhuyzen) wiesen die Kennzeichen der violetten auf, nur etwa zehn sind *bizarre* (wie die rot und gelbe von Leyde, die rot und gelbe von Catoleyn, Admiral Pottebacker). Auch bei der Namensgebung wurde nach Sorten eingeteilt. Schöne, regelmäßig geformte und gezeichnete rot-weiße Tulpen bekamen den Zunamen Admirael (Admirael Aerssen, Admirael Bogaert, Admirael van Enckhuysen). Eine andere Tulpenserie wurde Generael genannt (Generael Bol, Generael van der Eyck). Etwa dreißig Sorten erhielten den Beinamen Paragon. Dann gab es noch etwa zehn Brabansons, Lakken, Merveilles, vier Morillons, sieben Tournays, die sich durch die Hinzufügung des Namens eines bedeutenden Siegers oder ihres Besitzers unterschieden. Tulpen wurden also nicht nur nach berühmten Seefahrern oder Feldherrn benannt.

In einer kurzen Zeitspanne von etwa 25 Jahren war die Tulpe zur wichtigsten und teuersten Modeblume geworden, nach Holland auch in Frankreich und im übrigen Westeuropa. Durch Züchtung neuer Sämlinge konnten Tulpenliebhaber viel Geld verdienen. Die Tulpe wurde bald auch ein Objekt der Profitgier, nicht nur für Züchter, Liebhaber und Kenner, sondern auch für breitere Bevölkerungsschichten, welche Tulpen als Geldanlage, als gewinnbringenden Nebenverdienst betrachteten. Doch diese neuen Tulpenhändler waren Anfänger, die von Tulpenzucht wenig verstanden, denen es nur darum ging, schnell das große Geld machen zu können.

Eine erste Erwähnung des blühenden Spekulationsgeschäfts mit Tulpen stammt aus dem Jahr 1633. In den darauffolgenden Jahren wuchs die Spekulationsleidenschaft in allen Schichten der Bevölkerung. Der Handel fand hauptsächlich in den niederländischen Städten Haarlem, Amsterdam, Leiden, Gouda, Hoorn, Enkhuizen, Alkmaar, Rotterdam, Vianen und Utrecht statt. Die Tulpenspekulation gab Anlaß zum Verfassen von Gassenliedern, moralisierenden Pamphleten, Karikaturen, wie zum Beispiel das Liedchen der Kappisten (1637), ein Gassenhauer, dessen zweite Strophe die Tulpenspekulanten als dumme Narren bezeichnet: »*Men siet dese bloem verheffen / van veel lieden wijs gheacht: / Groote kraghen, lange beffen / Hebben 't nu soo op haer kracht, / Dat Jan Nagel daer om lacht, / Hij wil de kap aentrecken / En speelen bar, cock de nar / Als de groote gecken.*« (Auf

350

*350 J. de Gheyn II, Blumenstilleben; Kupfer, 1612, Den Haag, Gemeentmudseum*

351

*351 J. Brueghel II d.J., Persiflage auf die Tulipomania; Holz, um 1640 (9/8)*

deutsch etwa: Man sieht diese Blumen gepriesen / von vielen Leuten, die als weise erachtet / Große Krägen, lange Beffchen / halten nun so viel von ihr / daß selbst der Dümmste darum lacht / Er will sich die Kappe aufsetzen / und auch den Narren spielen / wie die großen Narren).

In der *Samenspraeck van Waermondt ende Gaergoedt hopende de opkomst ende ondergangh van Flora* (etwa: Wechselrede zwischen Waermondt und Gaergoedt über den Aufstieg und Niedergang der Flora)[11], werden alle Tätigkeiten und Gebräuche beim Tulpenhandel und die entsprechenden Folgen des Spekulationsgeschäfts detailliert beschrieben. Die Zwiebeln wurden auf speziellen Versammlungen in besonders ausgezeichneten Herbergen nach feststehenden Regeln verkauft. Das Gewicht wurde in As notiert, mit genauen Daten des An- und Verkaufs der eingepflanzten Zwiebeln oder dem Gewicht vor der Pflanzung. Die Zwiebeln wurden nämlich gewogen. Man benutzte dafür das Gewicht der Goldschmiede: ein Gramm = 20 As. Die normalen Sorten wurden per Pfund verkauft (= 1000 As). Die seltenen Zwiebeln wurden pro Stück gehandelt, für einen Betrag pro As. Bei den teuren Zwiebeln von geringem Gewicht war der As-Preis am höchsten.[12]

Vom sprunghaften Anstieg der Preise wird in den *Naereden van de Eerste Samenspraeck tusschen Waermondt en Gaergoedt* (Nachreden zur ersten Wechselrede zwischen Waermondt und Gaergoedt) erzählt, wobei verschiedene Beispiele gegeben werden. Das sind die authentischsten Quellen aus jener Zeit über die Tulpenspekulation.[13]

Aus notariellen Dokumenten geht hervor, welche Extreme der Preise es gab: So wurde eine Semper Augustus von 193 As für 4.600 Gulden plus einer neuen Kutsche mit zwei Apfelschimmeln verkauft, binnen vier Wochen zu liefern; die Kaufsumme mußte sofort bezahlt werden, obwohl die Zwiebel erst später geliefert werden konnte![14]

Im Februar 1637 brach der Markt infolge der Verwegenheit und mangelnden Kenntnis vieler an der Spekulation Beteiligten, die sich als Tulpenspekulanten aufgespielt hatten, völlig zusammen. Die

Generalstaaten griffen ein, alle Transaktionen wurden liquidiert, worauf sich der Markt langsam stabilisierte. Viele Spekulanten, sowohl Käufer als auch Verkäufer, mußten große Verlusten hinnehmen.[15]

Eines der schönen Resultate des spekulativen Tulpenhandels war die Anfertigung sogenannter Tulpenbücher, in denen jede einzelne Tulpensorte, auf Pergament gemalt, in einer Art Katalog zusammengefaßt wurde. So konnte der Besitzer seine (noch) nicht blühenden Tulpenzwiebeln einem potentiellen Kunden zeigen. Bedeutende Tulpenbücher wurden zum Beispiel von Jacob Marell für Francesco Gomez de Costa gemalt, einen Händler portugiesischer Abstammung, der bei Utrecht lebte.[16] Das Tulpenbuch im Haarlemer Frans Hals-Museum enthält 49 Aquarelle, darunter zwei von Judith Leyster. In unseren Tagen wurde ein dem Amsterdamer Maler Anthonie Claes zugeschriebenes Tulpenbuch auseinandergenommen, die Blätter einzeln teuer verkauft.[17]

Die Tulpenmanie lieferte auch Anlaß zu Spottbildern und Gemälden, in denen die Tulpenspekulation angeprangert wurde. So parodierte Jan Brueghel II. den Tulpenhandel, indem er Affen als Figuren benutzte. Der Affe steht hier für die Torheit, die Dummheit des menschlichen Verhaltens. In der Allegorie *Floras Mallewagen* sitzen Flora und die *Kappisten* (Narrenkappenträger) auf einem Segelfahrzeug, das, von den Untugenden begleitet und der eitlen Hoffnung gezogen, im Hintergrund in den Wellen der Nordsee untergeht.

Eine Gravur nach einer Zeichnung von Pieter Nolpe mit dem Titel *Floraae Gecks-kap* (Floras Narrenkappe) und dem Untertitel *Afbeeldinge van 't wonderlycke Jaer van 1637 doen d'een Geck d'ander uytbroeyde, de Luy ryck sonder goet, en Wijs sonder verstant waeren* (Abbildung des wunderlichen Jahres 1637 als der eine Narr den anderen ausbrütete, die Leute reich waren ohne Güter, und weise ohne Verstand) zeigt eine Versammlung der Tulpenhändler, die in einer Narrenkappe mit Glöckchen stattfindet. Flora sitzt auf einem Esel, der, von Narren und Trommlern begleitet, vorwärts geführt wird. Eine reiche Person ist links oben abgebildet, während rechts im Vordergrund

352

*352 D. van Delen, Tulpe in einer Porzellanvase; Holz, Rotterdam, Museum Boymans van Beuningen*

353

*353 G. A. Eberhard, Bildnis der Prinzessin Franziska Sybilla Augusta von Sachsen-Lauenburg, Markgräfin von Baden-Baden, als Kind; Leinwand, 1678 (9/10)*

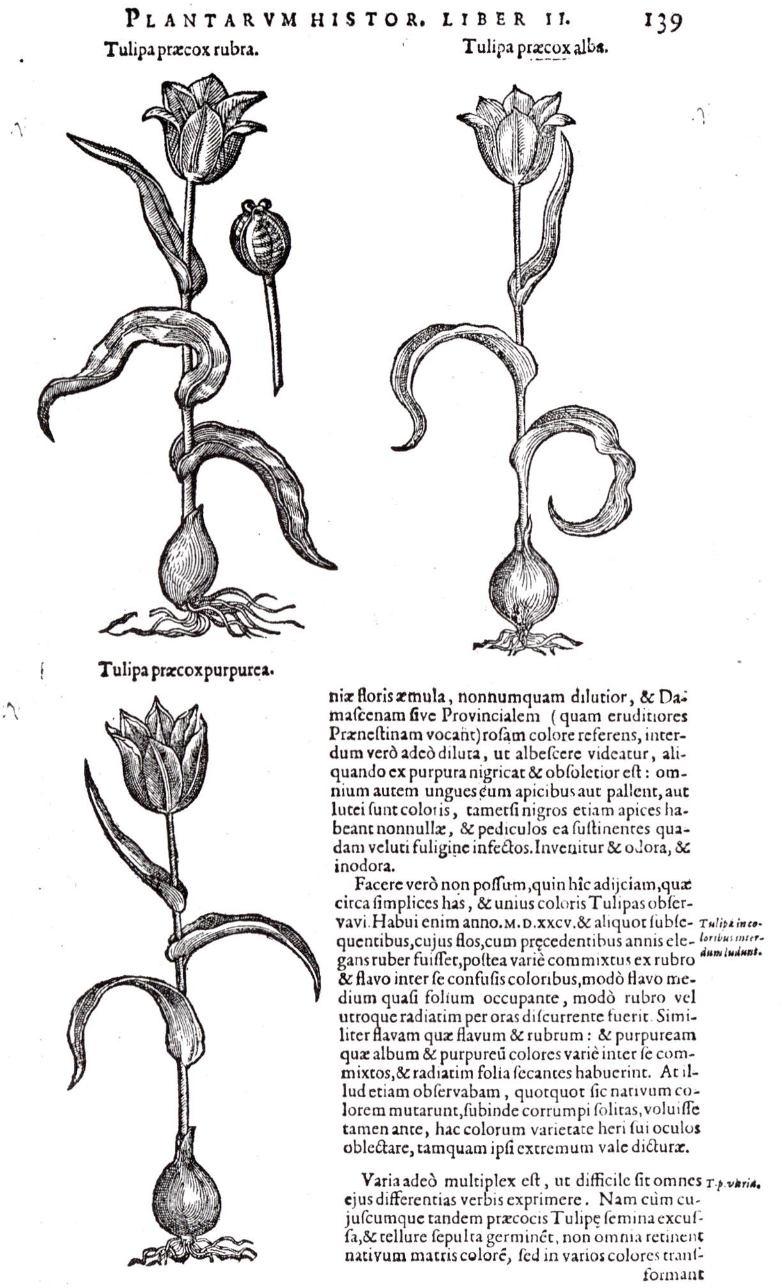

PLANTARVM HISTOR. LIBER II. 139

Tulipa præcox rubra.

Tulipa præcox alba.

Tulipa præcox purpurea.

niæ floris æmula, nonnumquam dilutior, & Damaſcenam ſive Provincialem (quam eruditiores Præneſtinam vocant) roſam colore referens, interdum verò adeò diluta, ut albeſcere videatur, aliquando ex purpura nigricat & obſoletior eſt: omnium autem ungues cum apicibus aut pallent, aut lutei ſunt coloris, tametſi nigros etiam apices habeant nonnullæ, & pediculos ea ſuſtinentes quadam veluti fuligine infectos. Invenitur & odora, & inodora.

Facere verò non poſſum, quin hîc adijciam, quæ circa ſimplices has, & unius coloris Tulipas obſervavi. Habui enim anno. M.D.XXCV. & aliquot ſubſequentibus, cujus flos, cum præcedentibus annis elegans ruber fuiſſet, poſtea variè commixtus ex rubro & flavo inter ſe confuſis coloribus, modò flavo medium quaſi folium occupante, modò rubro vel utroque radiatim per oras diſcurrente fuerit. Similiter flavam quæ flavum & rubrum: & purpuream quæ album & purpureũ colores variè inter ſe commixtos, & radiatim folia ſecantes habuerint. At illud etiam obſervabam, quotquot ſic nativum colorem mutarunt, ſubinde corrumpi ſolitas, voluiſſe tamen ante, hac colorum varietate heri ſui oculos oblectare, tamquam ipſi extremum vale dicturæ. *Tulipa in coloribus interdum ludunt.*

Varia adeò multiplex eſt, ut difficile ſit omnes ejus differentias verbis exprimere. Nam cùm cujuſcumque tandem præcocis Tulipę ſemina excuſſa, & tellure ſepulta germinẽt, non omnia retinent nativum matris colorẽ, ſed in varios colores tranſformant *T. p. varia.*

354

355

*354 Drei Tulpen; in: C. C. von Arras, Rariorum plantarum historia, Antwerpen, 1601 (9/2)*

*355 Tulpenbuch (Admirael Victor oder Semper Augustus); Haarlem, Frans Halsmuseum*

schäbig gekleidete Gärtner bei einem Korb mit Tulpenzwiebeln stehen. Dieser Stich illustriert den Ausdruck *»in de kap zijn«* (närrisch sein) und das Wort *Kappist*. Nachdem die Spekulationsgeschäfte 1637 zusammengebrochen waren, oblagen Tulpenzucht und Handel wieder Berufszüchtern und -händlern. Die Tulpe blieb jedoch für lange Zeit ein Luxusartikel. Als solcher wurde sie dann auch als Motiv für die Dekoration luxuriöser kunstgewerblicher Objekte verwendet, Möbel aus kostbarem Holz, die mit *Blomwerck* verziert wurden, Tapisserien (Tischtücher, Kissen), Kamineinfassungen, Stickereien (Kostüme, Handschuhe, Accessoires), Emaillearbeiten (Medaillons, Uhrenkästchen), auf ziselierten silbernen und kupfernen Gegenständen, Majolika-Schüsseln und Wandkacheln.

Im Lauf der Jahrhunderte, und wesentlich seit dem neunzehnten Jahrhundert, wurden Haarlem und seine Umgebung zum kommerziellen Mittelpunkt eines weltweiten Tulpenhandels. Alle Bevölkerungsschichten können sich heute die *Tulipa turcarum* leisten. Und sie wurde zum Symbol der Niederlande.

# ALLA TURCA
# ORIENTALISMEN IN DER EUROPÄISCHEN KUNSTMUSIK VOM 17. BIS ZUM 19. JAHRHUNDERT

*Gunther Joppig*

Zwei Zitate, von Dichter-Musikern im Abstand von 100 Jahren verfaßt, dokumentieren einen großen Wandel in der Beurteilung türkischer Musik im 18. Jahrhundert. Beide Autoren übrigens, als Doppelbegabungen sowohl in der Literatur- als auch in der Musikgeschichte bekannt, büßten für ihre zeitkritischen Schriften mit Festungshaft im Württembergischen.

Dem einen, Daniel Speer (1636–1707), verdanken wir nicht nur eine der frühesten Anleitungen, wie man *»Allerhand Instrumenta greiffen und blasen lernen kan«*, sondern auch eine ausführliche Beschreibung türkischer Musik, sie erschien 1683 anonym in seinem autobiographischen Roman *Türckischer Vagant oder umschweiffend Türckischer Handelsmann*: *»Ihre Music aber belangend / ists fast nicht werth / daß mans eine Music nennen soll / weil sie absurd beedes in Instrumenten und Thon; so ists auch gantz unordentlich bestellt / indem ein Instrument starck / das ander schwach im Resonans / auch im geringsten dabey keine Lieblichkeit zu hören; sie brauchen in Feldzügen / Fasttägen / Hochzeiten / und anderem Wolleben einerley Music / als eine kleine Säu=quischende messene Trompet / ein Tragouner=Drummel mit rothem Tuch bezogen / ein Schalmey / 2. spitzige Teutscher Hütt weite mit Pergament überzogene Päucklein / 2. Barbier-Becken / so sie zusammen klitzschen oder wetzen / eine Zithar / und noch eine eines Kochlöffels Form habende Zithar / so sie etwan auch des Abends auf der Gassen beym Spatzieren gehen gebrauchen; Dieser herzlichen Music gebraucht sich der Kayser auch selbsten. Die Juden haben zwar auch Harfen und Lauten / doch schlechte Künstler dabey. Dieses ist ja anmuthing / wanns zusammen gehet / dann es muß alles beysammen seyn / darein wird auch noch ein Zetter-Geschrey von Bulen-Liedern / Helden-Thaten / und Siegen gesungen / da lautets erst recht wol zusammen. Und haben sie in allem nur eine Melodey / auf folgende Weise lautend:*[2]

Das von Speer zitierte Notenbeispiel findet sich übrigens schon in Salomon Schweiggers Bericht: *Eine neue Reyssbeschreibung auss Teutschland Nach Constantinopel und Jerusalem durch Salomon Schweigger... Gedruckt vnnd verlegt zu Nürnberg durch Johann Lantzenberger MDCVIII«*[3], und im Vorwort des zweiten Bandes *De Organographia*, der für uns wichtigsten Musikinstrumentenlehre der Renaissancezeit, aus dem Jahre 1619, kommt Michael Praetorius (1571?–1621) zu einer ähnlichen Beurteilung: *»Denn es hat Mahometh zur fortpflantzung seines Tyrannischen Regiments / Teuffelischen Sect un groben unmenschlichen Barbarey nicht alleine die freyen Künste so zur freundlichkeit / sondern auch alles was zur frölichkeit dienlich / alß Wein unnd Säytenspiel in seinem gantzen Lande verbotten / unnd an deren stadt eine Teuffels Glocke unnd Rumpelfaß mit einer schnarrenden und kikakenden Schalmeyen verordnet / welche annoch bey den Türcken in hohen Wert unnd so wol auff Hochzeiten unnd Frewdenfesten / alß im Kriege gebrauchet werden.«*[4]

Das zweite Zitat, nunmehr von Christian Friedrich Daniel Schubart (1739 bis 1791) entstammt den *Ideen zu einer Ästhetik der Tonkunst*, die der Dichter-Musiker der Sturm und Drang Bewegung während seiner Festungshaft auf dem Hohenasperg, von 1777 bis 1787 niederschrieb, beziehungsweise einem Mitgefangenen durch die Zellenwand hindurch diktierte. Erst 1806 konnte das Manuskript von seinem Sohn, Ludwig Schubart, aus dem Nachlaß veröffentlicht

356

356 *Levni, Türkische Janitscharenmusik mit Trompeten, Becken, großen Trommeln und paarweise Kesselpauken, 18. Jh.*

werden: »*Die türkische Musik welche seit vierzig Jahren auch in Deutschland bei verschiedenen Regimentern eingeführt wurde, hat auch das Studium der musikalischen Instrumente der Türken veranlaßt. Der Charakter dieser Musik ist kriegerisch, da er auch feigen Seelen den Busen hebt. Wer aber das Glück gehabt hat, die Janitscharen selbst musizieren zu hören, deren Musikchöre gemeiniglich achtzig bis hundert Personen stark sind, der muß mitleidig über die Nachäffungen lächeln, womit man unter uns meist die türkische Musik verunstaltet.*

*Als man dem türkischen Gesandten in Berlin, Achmed Effendi, zu Ehren ein türkisches Konzert aufführte, schüttelte er unwillig den Kopf und sagte: ›Ist nicht türkisch!‹ – Seitdem aber hat der König von Preußen wirkliche Türken in seine Dienste genommen und die wahre türkische Musik bei einigen seiner Regimenter eingeführt. Auch zu Wien unterhält der Kaiser ein treffliches Chor türkischer Musikanten, die der große Gluck bereits in den Opern gebraucht hat.*

*Die Instrumente zu dieser Musik bestehen in Schalmeien, welche die Türken meistens teils um den Ton zu schärfen, aus Blech verfertigen, aus krummen Hörnern, die im Ton fast an unsere Baßhörner grenzen, aus einem großen und einem kleinen Triangel, aus dem sogenannten Tambourin, wo das Schütteln der Schellen, die bei den Türken von Silber sind, große Wirkung tut, und aus zwei Becken vom feinsten Bronze, oder Glockenspiels (recte Glockenspeise), die taktmäßig aneinandergeschlagen werden, endlich aus zwei Trommeln, wovon die kleinere immer wirbelt und flutet, die große aber gedämpft und unten mit einer Rute gestäupt wird.*

*Wie original, wie einzig sind hier die Töne zusammengesucht! Die Deutschen haben diese Musik noch mit Fagotten verstärkt, wodurch die Wirkung noch um ein Großes vermehrt wird. Auch Trompetenstöße lassen sich dazwischen gut anbringen. Kurz, die türkische Musik ist unter allen kriegerischen Musiken die erste, aber auch die kostbarste, wenn sie so vollkommen sein soll, als es ihre Natur und ihr heroischer Zweck erheischt. Da die türkische Musik nicht nach Noten, sondern bloß aus dem Gedächtnisse spielt (denn nur wir Deutschen haben angefangen, sie in Zeichen zu setzen), so läßt sich von ihrer Theorie nichts weiter sagen, als daß Ohr und Übung ihre Vollkommenheit allein entscheidet. Sie liebt bloß den Zweivierteltakt, wiewohl wir auch sehr glückliche Versuche mit andern Takten gemacht haben. Indessen erfordert keine andere Gattung von Musik einen so festen, bestimmten und allgewaltig durchschlagenden Takt. Jeder Taktstrich wird durch eine neuen männlichen Schlag so stark konturiert, daß es beinahe unmöglich ist, aus dem Takt zu kommen, F-Dur und B-Dur scheinen die Lieblingstöne der Türken zu sein, weil in diesen der Umfang aller ihrer Instrumente am genauesten zusammenläuft. Inzwischen haben wir Deutsche auch glückliche Proben mit D-Dur und C-Dur angestellt, woraus die große Wichtigkeit der türkischen Musik erhellet.*«[5]

Schubarts Würdigung türkischer Musik entnehmen wir zweierlei: Zum einen gab es eine vorurteilslose Auseinandersetzung mit türkischer Musik und ihrer Wirkung, zum anderen hatte bereits eine Aneignung musikalischer Einzelphänomene aus der türkischen Musik stattgefunden, die, auf den europäischen Musikgeschmack umgebogen, zwar noch exotisch, nicht aber mehr türkisch klang, wie aus der Bemerkung des türkischen Gesandten in Berlin deutlich wird. An die Stelle der jahrhundertelangen Furcht vor den Türken, die noch Praetorius anzumerken ist, war, nach dem glimpflichen Ende der Belagerung Wiens durch türkische

Heere im Jahre 1683 eine geradezu begeisterte Übernahme von Türkismen getreten, die auch erheblichen Einfluß auf die Entwicklung der europäischen Kunstmusik haben sollten. Der Begriff *Janitschar* geht auf das türkische Wort *yeniçeri* zurück, was soviel wie *neue Truppe* bedeutet. Die *Janitscharen* stellten die Elitetruppen der türkischen Infanterie dar. Sie rekrutierten sich aus sorgfältig ausgebildeten Männern, die größtenteils durch Aushebungen unter der christlichen Bevölkerung Osteuropas, der sognannten Knabenlese, rekrutiert wurden.

Die türkische Militärkapelle, *mehterhane* genannt, ist zweifellos älteren Ursprungs als die Janitscharentruppen. Eine Miniatur aus einer Handschrift der *Makamen* des Hariri aus dem Jahre 1237[6] zeigt eine Reitergruppe mit Fahnen und Standarten sowie paarweise besetzten Trompeten und Pauken. Der Pauker überragt dabei auf seinem Maultier die übrigen Reiter auf ihren Pferden.

Die Janitscharentruppen entstanden erst im 14. Jahrhundert. Auch später wurde in den nun den Janitscharen zugeordneten Kapellen die herausgehobene Position der Pauken, die immer paarweise gespielt wurden, beibehalten. Auf späteren Illustrationen sitzen die Spieler der Kesselpauken bevorzugt auf Kamelen. Von besonderer Bedeutung war Militärmusik, wie sollte es anders sein, in der Schlacht. Verschiedenen Berichten zufolge spielten die Militärkapellen in vorderster Front, die eigenen Truppen anfeuernd, die gegnerischen hingegen durch den fremdartigen Lärm der Trompeten, Schalmeien und stark besetzten Schlaginstrumente demoralisierend.

In einer Chronik Süleyman des Prächtigen (1494–1566) sehen wir auf einer doppelseitigen Illustration die Schlacht bei Mohács (1526) die Reiterkapelle darstellend, in vorderster Front hinter den Geschützen. Deutlich sind vier Fahnenträger, zwei Schalmeienbläser und vier Schlagzeuger, aus dem linken Bildrand herauskommend, auszumachen. Daß sich die Musiker sogar an Sturmangriffen auf Festungen beteiligten, geht aus dem Tagebucheintrag der Belagerung Wiens im Jahre 1683 hervor: » *(...) um 9 U Nachts ist der Feinde mit grosser Furie an dem Burck-Revellin geloffen, auch wirklichen mit Pfeiff: und Baucken daroben gewesen, und sich allda postieren wollen; es haben aber Unsere nicht allein in währendem Sturm vile vom Feind erläget; sondern mit Cartatsch: Mußquet: und Sängsen der Gestalten abgetriben, daß ihme weder zu Pfeiff: noch Baucken mer gelustet (...).*[7]

Es wird behauptet, daß bereits im 17. Jahrhundert die dem Osmanenreich benachbarten europäischen Länder Janitscharenkapellen übernommen hätten. Johann Sobieski (1674–1696) führte unter seinen polnischen Truppen, die zur Entsatzschlacht nach Wien vorrückten, angeblich eine solche Kapelle mit sich. Wieweit die Musiker jedoch tatsächlich Türken waren und türkische Musik spielten ist fraglich. Der Militärmusikhistori-

357

*357 Muslimische Reiterkapelle; in: Makamen des Hariri, 1237, Paris, Bibliothèque Nationale*

358

358 *»Salterio Turchesco«; in: F. Bonanni, Gabinetto Armonico, Rom 1723*

360

360 *»Timbali«; in: F. Bonanni, Gabinetto Armonico, Rom 1723*

359

359 *»Timballo Turchesco«; in F. Bonanni, Gabinetto Armonico, Rom 1723*

ker Peter Panoff berichtet in seiner 1938 erschienenen *Militärmusik in Geschichte und Gegenwart*, daß August der Starke (1670–1733) schon 1699 ein Janitscharen-Musikkorps mit 27 Mann Stärke gehabt haben soll, das mit neun Pfeiffern, vier Beckenschlägern, vier kleinen Pauken und zehn Trommeln besetzt war, deren Mitglieder jedoch Deutsche gewesen seien, und fügt (im Jahre 1938 veröffentlicht! A.d.R.) einschränkend hinzu: *»Alle diese Frühberichte über ›Janitscharenmusik‹ muß man jedoch sehr vorsichtig aufnehmen. Nach den Türkenkriegen war es eben Mode geworden, alles Exotische mit Sammelnamen ›Janitscharen‹ zu belegen. Wenn Neger als Musikanten auftraten und gar die üblichen europäischen Instrumente spielten, so hieß das ›Janitscharenmusik‹, obwohl die Neger ja weder rassisch noch musikalisch zu den türkischen Janitscharen gehören.«*[8]

In der Tat wies Johannes Reschke in seiner *Studie zur Geschichte der brandenburgisch-preußischen Heeresmusik* nach, daß 1741 das preußische Feldbataillion *Artillerie* 16 als Janitscharen bezeichnete Mohren und vier Trommler führte. Die Kapelle erregte am 20. September 1744 Aufsehen, als sie wie folgt durch Prag marschierte: *»Voraus in einem von zwei*

*Mohrenköpfen geführten und mit grauen Tuch gefütterten und bedeckten Wagen die grossen Pauken, die ein Mohr beständig rührte, hinter dem folgte die ganze türkische Musik mit Pfeifen, grosser Trommel und zusammenschlagenden Messingtellern in 9 Personen und lauter Mohren bestehend. Neben den grossen Pauken auf dem Wagen war eine zusammengewickelte Fahne festgemacht.«*[9]

Das unwillige Kopfschütteln des von Schubart erwähnten türkischen Gesandten in Berlin wird verständlich. Wenn schon gegenüber den sich in Europa einbürgernden Begriffen *Janitscharenmusik* oder *Türkische Musik* was die Übernahme original-türkischer Musik betrifft, erhebliche Zweifel angebracht sind, so muß man sich auch fragen, inwieweit das türkische Instrumentarium übernommen wurde. Dazu benötigen wir zunächst einmal präzise Abbildungen und Darstellungen einer typischen Janitscharenkapelle. Alle diesbezüglichen Beschreibungen beziehen sich auf eine häufig reproduzierte Illustration einer in Kreisaufstellung musizierenden Kapelle, die aus dem Werk von Arif-Pascha: *Les Anciens costumes de l'Empire Ottoman* übernommen wurde, wobei keinem der Autoren, offensichtlich, das Erscheinungsjahr dieser Abhandlung bewußt geworden ist. Panoff verzichtete in seinem häufig zitierten Aufsatz *Das musikalische Erbe der Janitscharen*[10] auf eine Datierung, Gradenwitz war der Auffassung, es müsse sich um eine Darstellung aus der Zeit um 1825 handeln. Dem Katalog der Lipperheidischen Kostümbibliothek in Berlin, einem Standardwerk von internationalen Ansehen, entnehmen wir das Erscheinungsjahr 1863.[11] Damit wird die Authentizität dieses Ensembles, zumindestens was die Verhältnisse der zwei- bis dreihundert Jahre zuvor betrifft, sehr fraglich, zumal eine zusammenhängende Darstellung der türkischen Kunstmusik erst 1922 in der *Encyclopédie de la Musique et Dictionnaires du Convervatoire* in Paris erschien. Bereits 1826 waren die Janitscharentruppen wegen ihrer Beteiligung an Putschversuchen aufgelöst und die Militärmusik nach europäischen Vorbildern durch Giuseppe Donizetti (1788–1856), einem Bruder des berühmten Komponisten, reorganisiert worden. Die bei Arif-Pacha wiedergegebene Kapelle besteht aus sechs mal neun Musikern. Je neun Musiker spielten kleine Paukenpaare, große Trommeln, Beckenpaare, Schellenbäume und Trompeten und wurden von einem weiteren Schalmeibläser geleitet, unterstützt von einem weiteren Schellenbaumspieler. Die großen Kesselpauken fehlen in dieser Abbildung völlig, was angesichts der herausgehobenen Stellung dieser Instrumente auf früheren Abbildungen zu denken gibt. Dagegen sind auf der Abbildung kleine Schellenbäume zu sehen, die wiederum auf Abbildungen der früheren Jahrhunderte bisher nicht nachgewiesen werden konnten. Auf diesen merkwürdigen Sachverhalt hat schon Peter Jaeckel in einem Aufsatz über die *Ausrüstung und Bewaffnung der türkischen Heere* hingewiesen[12] Auch in den bekannten Türkenbeuten, die in verschiedenen Museen Europas verwahrt werden, finden sich keine Schellenbäume, die türkischen Ursprungs sind. Von verschiedenen Zeichnern sind uns jedoch Standarten und Fahnen überliefert, die sich in ähnlicher Form auch in verschiedenen

361

*361 Spielleute vor einem Hochzeitszug; in: Codex Vindobonensis (8626), um 1590, Wien, Österreichische Nationalbibliothek*

362

362 *M. Lorch, Arabische Feldzeichen; Holzschnitt, Ende 16. Jh., Berlin, SMPK, Kupferstichkabinett*

Sammlungen nachweisen lassen. Melchior Lorich zeichnete 1556 neun Roßschweife und auch Fahnen. Allen derartigen Abbildungen ist gemeinsam, daß diesen Standarten und Fahnen Bekrönungen, wie Halbmond oder Sonne fehlen, die in den erhaltenen Schellenbäumen, die nach landläufiger Meinung in Feldzügen gegen die Türken erobert wurden, in so überreichen Maße vorhanden sind. Günter Düriegl vom Historischen Museum in Wien hat in den Beschreibungen der Roßschweife im Ausstellungskatalog *Die Türken vor Wien* darauf aufmerksam gemacht, daß die Halbmonde, die die Roßschweife zierten, spätere Zutaten sind, wohl um deren türkische Herkunft zu unterstreichen. Die Roßschweife waren Rangabzeichen, die neben Fahnen der Truppe vorausgetragen wurden. Ein *Sandschakbeg* führte einen, ein *Beglerbeg* zwei, ein *Wesir* drei, der *Großwesir* fünf und der *Sultan* sieben oder neun dieser Roßschweife. Luigi Ferdinando Marsigli (1658–1730) zeichnete die Kapelle eines Wesirs in folgender Aufstellung: N: *Die Ehrengarde der Roßschweife* / P: *Drei Reiter mit Roßschweifen* / Q: *Die Fahne des Paschas* / R: *Sieben Schalmeibläser (zurna)* / S: *Sieben Trommelspieler* / T: *Zwei Reiter mit Kesselpauken* / V: *Fünf Trompeter* / X: *Zwei Beckenschläger.*

Roßschweife und Fahnen wurden getrennt geführt. Das folgende Zitat von Reschke gibt diesen Sachverhalt nicht korrekt wieder, liefert uns aber einen Hinweis darauf, wie der später in der europäischen Militärmusik so beliebte Schellenbaum entstanden sein dürfte: *»Aus gefangenen und im mohammedanischen Glauben gewaltsam erzogenen Christenkindern hervorgegangen, wurden die bis zu 50.000 Mann starken Janitscharenkorps die gefürchtete Kerntruppe der Sultane, als deren Wahrzeichen der Aelemträger oder die Mohammedsfahne zu gelten hatte. An der Spitze der Stange prangte der silberne Halbmond, den an einem Querbalken hängende Roßschweife flankierten. Die Mohammedsfahne ist der Vorläufer des jetzigen Schellenbaums. Je mehr Roßschweife die Mohammedsfahne schmückten, umso höher war die Stellung des türkischen Befehlshabers.«*[13]

Die Schellenbäume in den verschiedenen öffentlichen Sammlungen lassen sich nicht direkt auf türkische Herkunft zurückführen, sondern wurden aus verschiedenen türkischen Insignien und Symbolen zusammengestellt. Sonne und Halbmond bildeten oft die Bekrönung der Zeltstangen, waren auf Fahnentüchern und Satteldecken eingestickt. Durch eine in jüngster Zeit aufgefundenen PREISTABELLE *der musikalischen Instrumente aus der eigenen Fabrik von* B. SCHOTT *Söhne Großherzoglich Hessische Hofmusikhandlung in Mainz* konnte nicht nur ein Hersteller namhaft gemacht sondern auch die Bezeichnung *Mohammedfahne* nachgewiesen werden. Unter der Rubrik *Janitscharen-Instrumente* wird verschiedenes genannt (vgl. 9/52).[14]

Die Preistabelle fand sich auf einer Vacatseite der Klarinettenstimme eines Bläserquintetts, das nach der Plattennummer um 1820 erschienen sein muß. Auf die Türken lassen sich eigentlich nur die türkischen Becken und die großen Trommeln zurückführen. Alle anderen Instrumente waren entweder schon länger in der europäischen Musik eingeführt, oder stellten, wie die Glockenspiele, jüngere Entwicklungen dar. Dennoch sind die Einflüsse der türkischen Musik nicht unerheblich gewesen, wenn auch die direkten Übernahmen sowohl des Instrumententariums als auch der Musik geringer sind, als gemeinhin angenommen. So führten Versuche, türkische Melodien in einigen *alla-turca-Werken* Wolfgang Amadeus Mozarts nachzuweisen, zu wenig konkreten Ergebnissen. Aus Briefstellen der Familie Mozart sind wir jedoch gut unterrichtet, was die Mitglieder unter türkischer Musik verstanden. Nach einer Aufführung von Voltaires *Zayre oder Die rasende Eifersucht eines Türken*, zu der Michael Haydn die Zwischenaktmusiken komponiert hatte, schrieb Leopold Mozart an Frau und Sohn am 6. Oktober 1777 nach München: *»die ZwischenMusiken vom Haydn sind wirk: schön, unter einem Ackt war ein Arioso, mit Variationen, Violonzell Flaûten, oboe etc: und ohngefehr, da eben eine* piano Variation vorausging, *tratt ein Variation mit* der Türk.Musik *ein welches so gähe und unvermuthet kam, daß alle frauenzimmer erschracken, und ein gelächter entstand.«*[15] Der Effekt, der hier als türkisch aufgefaßt wurde, bestand im wesentlichen auf den starken Lautstärkeunterschieden, wobei der leisen Variation eine solche in großer Lautstärke unter Einsatz des Schlagzeuges folgte.

363

363 *Bayramfest, Schaukel an der emberlitas auf dem ehemaligen Forum Constantini in Istanbul; in: Codex Vindobonensis (8626), um 1590, Wien, Österreichische Nationalbibliothek*

Wolfgang Amadeus Mozart hat bei der Komposition der *Entführung aus dem Serail* dem Vater ausführlich über seine Intentionen berichtet und dabei auch den Einsatz der türkischen Musik erwähnt: *»Von der ouverture haben sie nichts als 14 Täckt. – die ist ganz kurz – wechselt immer mit forte und piano ab; wobey beym forte allzeit die türkische Musick einfällt. – modolirt so durch die töne fort – und ich glaube man wird dabey nicht schlafen können, und sollte man eine ganze Nacht durch nichts geschlafen haben.«*[16]

Die Musikwissenschaft hat als typisch für den alla-turca-Stil, neben der Verwendung der als Janitschareninstrumente geltenden Piccoloflöten, Triangeln, Becken und großen Trommeln, die folgenden musikalischen Mittel herausgearbeitet: Häufiger Wechsel von Dur und Moll verbunden mit einer größeren Modulierfreudigkeit, zahlreiche Unisonostellen verbunden mit starken Lautstärkekontrasten sowie häufig wiederholte kurze Melodieteile.[17] Besonders Wolfgang Amadeus Mozarts *Rondo alla turca* für Klavier hatte eine Fülle von Nachahmungen zur Folge. Die sich an der Schwelle des 19. Jahrhunderts immer mehr durchsetzenden Hammerklaviere und Flügel, auch Piano-Forte genannt, waren durch das auf ihnen mögliche laute und leise Spiel für Stücke dieses Genre geradezu wie geschaffen, zumal

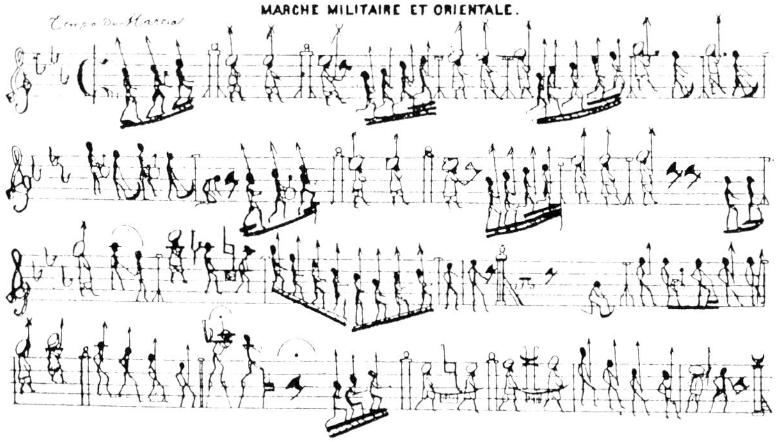


364

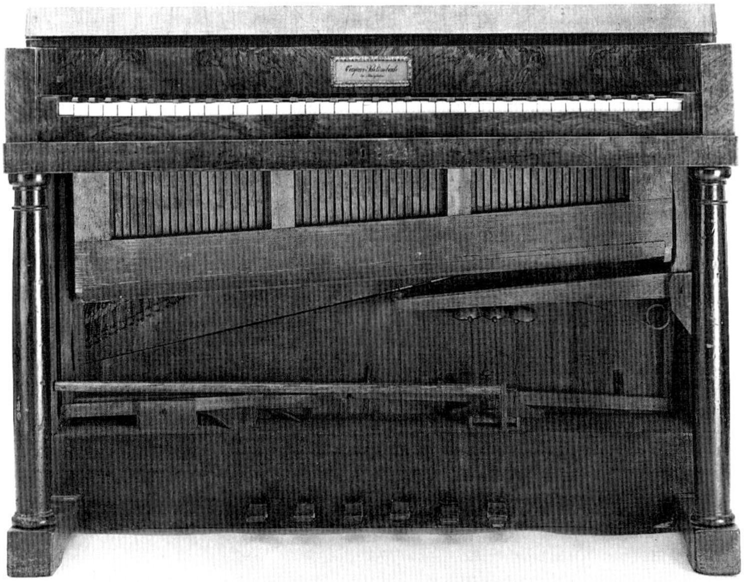

365

366

*364 Notengemälde von Grandvile, Mitte 19. Jh.*

*365 C. Schlimbach, Pyramidenflügel mit Janitscharenregister; Deutsches Museum München*

*366 C. Schlimbach, Pyramidenflügel mit großer Trommel; Deutsches Museum Münchner*

sich in die in Mode kommenden aufrechten Flügel in Giraffen- oder Pyramidenform leicht mittels Pedale zu betätigende türkische Schlaginstrumente einbauen ließen. Neben den beiden üblichen Pedalen zur Dämpfung des Klanges durch den Moderator und zur Aufhebung der Dämpfung traten weitere für eine große Trommel, Triangel und Fagottimitation. Die Musikverlage der damaligen Zeit überboten sich in der Ankündigung immer neuer türkischer Märsche von teilweise sehr bescheidenem Niveau.

Dennoch scheint die Vorliebe für türkische Musik die Einführung auch anderer Instrumente begünstigt zu haben. Im *Jahrbuch der Tonkunst von Wien und Prag 1796* wird sehr genau zwischen der gewöhnlichen Feldmusik und der türkischen Musik unterschieden: *»Die Militärmusik ist entweder die gewöhnliche Feldmusik, oder die türkische Musik. Die Feldmusik, oder sogenannte Harmonie, welche man auch Bande nennt, besteht aus zwei Waldhörnern, zween Fagoten, und zwei Oboen: Diese Instrumente kommen auch bei der türkischen Musik vor, wozu aber noch zwei Klarinette, eine Trompete, ein Triangel, eine Oktavflöte und eine sehr große Trommel, eine gewöhnliche Trommel und ein paar Cinellen gehören. Beim Aufziehen der Burgwache und der Hauptwache hört man die Feldmusik. Die türkische Musik wird in den Sommermonaten Abends bei schönem Wetter vor den Kasernen, bisweilen auch vor der Hauptwache gegeben. Das sämmtl. Offizierskorps erhält das zur türkischen Musik gehörige Personale.«*[18]

Mit dem türkischen Schlagzeug wurde auch die Klarinette über die Verwendung bei der Militärmusik im klassischen Orchester heimisch, und wen erinnert nicht die Beschreibung eines mit Händen und Füßen die türkischen Schlaginstrumente spielenden Karmelitermönches an die Künste eines Schlagzeugers in unserem Jahrhundert, wenn Leopold Mozart am 26. September 1781 an die Tochter schreibt: *»Ein Carmelitterbruder kamm mit* der Post *nach St. Peter, der aus tyroll ins Convent nach Lintz verwechselt wird. das machte freilich im kloster aufsehen, da solche leute gemeiniglich zu fusse kommen, weil sie nur 12 oder 13 £ Reiszehrung vom Orden bekommen. allein er hatte ein paar küssten aufgepackt, in welchen eine große türk: Trommel, Zinken, Triangel, 2 Kittarren, Pfeiffen etc: etc: und alles was zu einer türkischen musik gehört, sich*

367 *Arrangement: Zwei Trommeln und zwei Schellenbäume; Münchener Stadtmuseum, Musikinstrumentenmuseum*

367

368

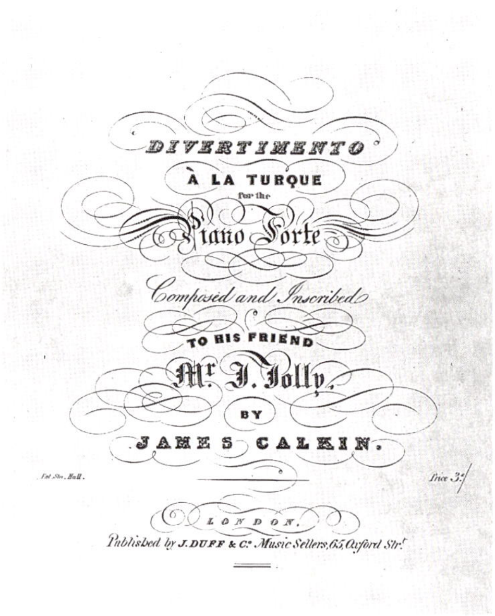


369

*368 Klavier mit Janitscharenzug; München, Münchener Stadtmuseum, Musikinstrumentenmuseum*

*369 J. Calkin, Divertimento à la Turque für Piano Forte; Erstdruck, London, um 1833? (9/54)*

370

*370 Tambourin; München, Münchener Stadtmuseum, Musikinstrumentenmuseum*

*befanden. und zu was? – Er packte aus! und er* allein *machte mit diesen Instrumenten allen zu gleich eine vollständige türk: Musik. der H: Prelat und alle waren so darüber verwundert, daß er ihm gleich eine Carolin verehrte. von der Erzherzogin in Insprugg bekam er 12 duggatten etc: Mit den Händen spielt er die Kitharra, mit dem Mund blast er, mit dem rechten fuss schlägt er die* türkische Trommel *auf einer seite die* starken schläge, *und zu gleichen die* Zinken, *oder deller, und mit dem linken fuss schlägt er die* stillen nuthen schläge, *und zugleich den* Triangel. *dann bindet er auch zur abwechslung an ieden fuss einen feinen schlägl und schlägt mit den füssen das* Stahlene gelächter *zur Citharra und Pfeiffen ganz piano, auf einmahl kommen Trompetten und Pauken ganz natürlich, und gleich wieder die abwechselnde vorige piano musik; dann macht er auch hohe Waldhorn Solo dazwischen, und zu Zeiten den Fagott, alles mit dem Mund und hilfe eines Röhrlns. das hättet ihr wohl auch sehen und hören mögen?«*[19]

# TURQUERIE IM 18. JAHRHUNDERT UND DER »RECUEIL FERRIOL«

*Maria Elisabeth Pape*

»*Tout est galant, traitable, et gracieux*« – so umschreibt La Fontaine[1] in seiner *Ballade sur le mal d'amour* (1750) das Leben in der heiteren und von allem Liebesleid freien Türkei. Längst war um diese Zeit in den oberen Gesellschaftsschichten Europas, seit dem Sieg bei Wien (1683), die Erinnerung an die jahrhundertelange Bedrohung durch die Türken, die Vorstellung vom wilden barbarischen Kriegervolk mit seinen mächtigen und grausamen Sultanen, vom Erbfeind der Christenheit einem anderen, einem angenehmeren Bild gewichen.[2] Wohlleben und Luxus, freie Liebe und märchenhafte Prachtentfaltung, schrankenloser Genuß und der blaue Himmel des Orients ließen die Türkei zum Inbegriff des Traums vom schmerzlosen Glück, vom Paradies auf Erden werden. Im Gefolge des barocken Interesses am fernen Osten wurden diese Vorstellungen vom vorderen Orient schnell in die bildende Kunst aufgenommen, so daß man analog zu den vielen *Chinoiserien* des späten 17. und 18. Jahrhunderts von *Turquerie* sprechen kann. Gleichwohl unterscheidet sie sich in ihren Ausprägungen teilweise von der Chinoiserie.

Die Entstehung eines solchen türkischen Phantasie-Orients findet wesentlich auch vor dem Hintergrund der realen historischen Beziehungen zwischen den verschiedenen europäischen Reichen und der Türkei eine Erklärung, die im folgenden nur in Umrissen erläutert werden können.

Von allen Ländern des vorderen Orients hatte die Türkei über Jahrhunderte den unmittelbarsten politischen und ökonomischen Kontakt mit Europa. Seit dem 14. und 15. Jahrhundert breiteten sich die Osmanen aus, bis schließlich, nach der Eroberung Konstantinopels (1453), das Osmanische Reich im 16. Jahrhundert die Vormachtstellung im Mittelmeerraum erobert hatte: Unter Sultan Suleyman dem Prächtigen (reg. 1520 bis 1560) erstreckte es sich auch über Syrien, Ägypten, Tunesien, Algerien, Griechenland, umfaßte Teile von Polen und Ungarn, Bosnien, Serbien und die Walachei. Trotz aller kriegerischen Auseinandersetzungen in der Folgezeit brachen die regen Handelsbeziehungen, vor allem mit den italienischen Stadtstaaten und – seit dem 16. Jahrhundert – mit Frankreich nicht ab. Frankreich taktierte zeitweise so – vor allem um Österreich auszuschalten –, daß man seit dem 17. Jahrhundert von einer französisch-türkischen Allianz sprechen kann.

Bildliche Eindrücke vom Nahen Osten vermittelten neben den kostbaren Handelswaren wie Gewürzen, Stoffen, Seiden, Tulpen u.a.m. die verschiedenen illustrierten Reisebeschreibungen von Künstlern, Diplomaten und Kaufleuten oder Trachtenbücher, die seit dem 15. Jahrhundert in Europa Sensation machten. Bernhard von Breydenbachs *Peregrinationes in Terram Sanctam* mit Holzschnitten Erhard Reeuchwichs (1483), Pieter Coecke van Aelsts *Les Moeurs et fachons de faire de Turcz* (1553), Melchior Lorichs' *Wolgerissene und Geschnittene Figuren zu Roß und Fuß sampt schönen Türkischen Gebäuden* (1579), Nicolas de Nicolays *Navigations, peregrinations et voyages, faits en la Turquie* (1567) stellen die wichtigsten Bildquellen für das 16. Jahrhundert dar, für das 17. Jahrhundert sind vor allem Breuning und der Maler Cornelis de Bruyn mit seinen *Reizen door de vermaadste Deelen van Klein Asia* (1698) zu nennen.

Nachdem die Türken dann endgültig besiegt waren (1683), vertieften sich die politischen, kulturellen und wirtschaftlichen Beziehungen sogar noch weiter. Frankreich nahm dabei nach wie vor die führende Position unter den europäischen Staaten ein. Die jeweiligen französischen Botschafter in Konstantinopel hatten unter ihren europäischen Kollegen eine herausragende Stellung. Ihnen oblag nicht nur die Vertretung religiö-

371

*370 »Tracht der Türckischen Weiber wann sie baden«; in: H. Weigel, Habitus praecipuorum populorum (...), Nürnberg 1577 (12/23)*

*371 E. Reeuwich, Memeluken und türkische Reiter; in: B. von Breydenbach, Peregrinato in terram sanctam (...), Berlin, Staatsbibliothek Preußischer Kulturbesitz*

ser, politischer und wirtschaftlicher Interessen, sondern sie waren überdies die kulturellen Repräsentanten der französischen Nation. So gehörte bereits Simon Vouet (1590–1649), der erste französische Maler, der sich 1611/12 in Konstantinopel aufhielt, zum Gefolge des Botschafters de Harly; doch hatte er, wie schon der Italiener Gentile Bellini im 15. Jahrhundert, lediglich die Aufgabe, ein Bildnis des Sultans zu malen. Den Marquis Nointel begleiteten (seit 1670) neben Antoine Galland, dem Übersetzer von *Tausendundeine Nacht*, zwei Maler. Diese gegenseitigen Kontakte verstärkten sich im 18. Jahrhundert weiter, türkische Gesandtschaften kamen nach Frankreich (1721 und 1742), die ihrerseits großen unmittelbaren Einfluß auf die Vorstellungen von den Türken hatten und die eigentliche ›Türkenmode‹ erst auslösten. Mit diesem freundlichen Austausch setzte sich auch die Reisetätigkeit europäischer Künstler fort; berühmtestes Beispiel war Jean-Etienne Liotard (1702 bis 1789), der lange in der Türkei blieb, sich türkisch kleidete und als *peintre turc* eine Berühmtheit wurde.[3]

In dem Augenblick also, als durch politische, wirtschaftliche und kulturelle Beziehungen, durch Reisebeschreibungen und Literatur, durch Illustrationen und Gesandtschaften der Boden vorbereitet war, entstand in der Kunst eine weitere ›Mode‹ des Exotismus. Das *Türkische* war seit längerem bereits in Festen, Ballett-Opern und in der Literatur zum Ausdruck von dekorativer Pracht und exotischem Luxus geworden.[4] Anders als bei der Chinoiserie, die vor allem eine *Dekorationsform im ›Chinageschmack‹*[5] ist, erweist sich der Bereich der Turquerie als enger umgrenzt. Sie versteht sich im wesentlichen als eine freie und dekorative Nachschöpfung menschlicher Figuren im türkischen Kostüm. Anders als die Chinoiserie, mit der auch Nachahmungen chinesischer kunsthandwerklicher Techniken wie Lackarbeiten oder Porzellan bezeichnet werden, gibt es keine imitierende Turquerie. Der Einfluß der Türkei reichte hier – entsprechend den tatsächlichen Handelsbeziehungen – viel

372

373

*372 »Eines grossen Turckische Herrn Weib«; in: N. de Nicolai, Vier Bücher von de Raisz und Schiffart in die Turckey, Antorff 1576 (12/22)*

*373 »Eine edle Turkische Frawe inn ihrer behausung«; in: N. de Nicolai, Vier Bücher von de Raisz und Schiffart in die Turckey, Antorff 1576 (12/22)*

weiter zurück. Schon seit dem Mittelalter hatte das Kunsthandwerk des nahen Ostens mit seinen Stoffen, Stoffmustern, Teppich-, Leder- und Metallarbeiten Einfluß auf Europa, vor allem auf das italienische Kunsthandwerk, gehabt. Mit Arabesken geschmückte Bucheinbände von türkischen und einheimischen Künstlern waren im Italien des 16. Jahrhunderts große Mode, und bereits seit dem 14. Jahrhundert entwickelte sich in Venedig, Florenz und Lucca eine eigene Seidenindustrie, die orientalische Stoffe nachahmte. In Paris aber wurden im 17. Jahrhundert Stoffe *de façon orientale* von wirklichen Türken hergestellt, hervorragenden Handwerkern, die man aus Anatolien oder von den Inseln kommen ließ. Auch handwerkliche Techniken, wie das Damaszieren, die Marqueterie und die Boulle-Technik sind türkischen Ursprungs.

Die *Turquerie* aber ist überwiegend in Malerei, Graphik und angewandter Kunst anzutreffen. Auch wenn im 18. Jahrhundert eine vermehrte Reisetätigkeit europäischer Künstler in die Türkei einsetzte, ist die Turquerie eine Domäne derer, die nie den Orient sahen und ihm, der Zeit entsprechend, ein dekoratives, kein ethnographisches Interesse entgegenbrachten. So wurde der *türkische Orient* auch in den bildenden Künsten zu einer *Provinz des Rokoko*, wie Auguste Boppe[6] es nannte, zum Ausdruck einer gesteigerten gesellschaftlichen Lebensfreude und Repräsentationsentfaltung.

## Graphik

Zur wichtigsten Quelle für die Türkendarstellungen in der Kunst des 18. Jahrhunderts wurde ein Stichwerk, das auf die Anregung des französischen Botschafters in Konstantinopel, des Marquis Charles de Ferriol, zurückging. Wie bei manchem seiner Vorgänger gehörte zu seinem Gefolge auch ein Maler, der junge Jean-Baptiste Vanmour (1671 bis 1737).[7] Der Marquis beauftragte ihn, eine Folge von 100 Gemälden, welche die Mitglieder des türkischen Hofes zeigen sollten, zu malen, und ließ die Gemälde anschließend in Paris stechen: *Recueil des cent Estampes représentant differentes Nations du Levant tirées sur les Tableaux peints d'après Nature en 1707. et 1708. par les Ordres de M. de Ferriol Ambassadeur du Roi à la Porte. Et gravées en 1712. et 1713. par les soins de MR. Le Hay*; ein zweiter Band erschien 1715: *Explications de cent Estampes (...) avec de nouvelles Estampes de Cérémonie*

374 *Rauchende türkische Frau; in: C. Ferriol, Receuil de cent estampes, Paris 1714 (9/79)*

374

*Turques qui ont aussi leurs Explications*. Dieses Werk wurde und blieb die bedeutendste Quelle für die variantenreiche Vielfalt der Türkendarstellungen bis zum Ende des 18., ja sogar bis ins 19. Jahrhundert. In seiner Rezeption verdeutlicht sich beispielhaft die thematische Geschlossenheit und die darstellerische Vielfalt der Turquerie im 18. Jahrhundert.

Die hundert Stiche nach den Gemälden Vanmours zeigen nicht nur die höchsten Würdenträger des türkischen Hofstaates – wie den Sultan, den Großvezir, den Janitscharenführer – sondern ebenso das einfache Volk des großen Reiches, also auch Juden, Walachen, Armenier etc. Darüber hinaus werden die Damen des Hofes bei den üblichen Beschäftigungen, beim Spielen, Musizieren oder bei der Handarbeit gezeigt. Allen Darstellungen eignet eine große Authentizität; fern von der zeitgenössischen französischen Malerei stehend, galt Vanmour bereits den Zeitgenossen als naiver Realist. Der Titel des Werkes *Recueil des cent Estampes* deutet darauf hin, daß eine breite, durch die magische Zahl *Hundert* erschöpfend erscheinende Präsentation der orientalischen Vielfalt beabsichtigt wurde und weniger ein Beispiel für bloß Prächtiges und Kurioses gegeben werden sollte. In der Rezeption des Werkes durch die verschiedenen Künstler überwiegt jedoch der Zeit entsprechend das Interesse am Dekorativen, am Fremden der Tracht.

Der *Recueil Ferriol* fand sehr bald direkte Nachahmer, zuerst außerhalb Frankreichs. 1719/22 stach in Nürnberg Christoph Weigel den *Recueil* unter dem Titel *Wahreste und neueste Abbildungen des Türkischen Hofes* nach, auch eine italienische und spanische Ausgabe sind bekannt. In England beispielsweise bediente sich William Hogarth der französischen Vorlage, um Aubry's de la Mottraye *Travels through Europe, Asia and into part of Africa* (1723) scheinbar authentisch zu illustrieren. Den künstlerischen Höhepunkt der Druckgraphik in der direkten Nachfolge des *Recueil Ferriol* bilden zweifellos die von Claude Duflos gestochenen dreißig Tafeln und einunddreißig Vignetten, Leisten oder Initialen, die das zweibändige Werk von Jean-Antoine Guer über die *Moeurs et Usages des Turcs* von 1746/47 schmücken. Zwanzig Tafeln und Vignetten sind von François Boucher gezeichnet, die übrigen von Noël Hallé. Mit diesen Zeichnungen lieferte Boucher einen Beitrag, der zu den reizvollsten Türkendarstellungen des 18. Jahrhunderts gehört. Trotz der meist genauen Anlehnung an den *Recueil Ferriol* scheinen sich hier in kleinen Genreszenen empfindsame Franzosen in freier ungezwungener Atmosphäre nur *à la turque* kostümiert zu haben.

## Malerei

Traditionell kamen genuin türkische Themen in historischen Darstellungen nicht vor, türkisch gekleidete Figuren tauchten nur in biblischen Darstellungen auf. Bereits bei Tizian, Veronese, Tintoretto und Tiepolo gaben Orientalen durch ihr fremdes Aussehen sich als Bar-

375

*375 Die Sultanin Asseki; in: C. Ferriol, Receuil de cent estampes, Paris 1714 (9/79)*

376

*376 Porträt einer türkischen Dame; Leinwand, 17. Jh., Kuzgunzuk-Istanbul, Koç Holding A.S. (12/14)*

377

377 *C. v. Steuben, Poträt der Marquise de Béthisy als Orientalin, Leinwand, 1833* (12/18)

baren oder Heiden zu erkennen. Am eindrucksvollsten aber wirken auch heute noch die orientalischen Bibelszenen bei Rubens und Rembrandt; doch erweist gerade Rembrandt, wie wenig ihm, trotz seiner Kenntnis und Faszination durch das Exotische, am bloß Dekorativen gelegen war: Bei ihm isolierte das Kostüm die Dargestellten von der Umgebung und konnte so tiefere Schichten der Persönlichkeit freilegen.[8] Im 18. Jahrhundert nun erschienen türkische Szenen und Figuren im Gefolge der allgemeinen Mode der Turquerie in Bereichen der Malerei, wo sie bisher nur selten zu finden waren: in der Porträtkunst und in galanten Szenen des mehr oder weniger phantasievoll gestalteten ›türkischen‹ Lebens.

Antoine Watteau, Schilderer der prächtigen galanten Feste der höfischen Gesellschaft und des Theaters, nahm die Anregungen zu seinen Türkendarstellungen, den ersten, die man in der Malerei des 18. Jahrhunderts zur Turquerie rechnen darf, noch aus unmittelbarer Anschauung; sie begegnen uns in seinen Darstellungen italienischer Komödianten und bezeugen so im Bild die Tradition türkischer Themen in Theaterstücken der Commedia dell'arte in Paris.

Die ersten Türkenfiguren in der Malerei, die ihre Erscheinung dem *Recueil Ferriol* verdanken, schuf Jean-Baptiste Pater (1695–1736), der einzige Schüler Watteaus, zu Beginn der 1720er Jahre. Bei ihm findet sich erstmals und noch vor Bouchers graphischen Adaptionen ein dem europäischen Geschmack anverwandelter Phantasieorient, der im Geiste der Fêtes Galantes ›türkisches‹ Leben vor den Augen der Zeitgenossen inszenierte. So ist auf den beiden Friedrich dem Großen gehörenden Gemälden *Le Sultan au Harem* und *Le Sultan au jardin*[9] eine nach dem *Recueil Ferriol* türkisch gewandete Gesellschaft in einem sich dem Garten öffnenden europäischen Architekturrahmen zu sehen; man vertreibt sich plaudernd, spielend, musizierend und Kaffee trinkend die Zeit. Märchenhafte orientalische Pracht verbindet sich in den Gemälden Paters mit der exakt geschauten Raffinesse der türkischen Kostüme des *Recueil Ferriol*.

Pater – und übrigens auch sein Kollege Lancret – zeigen mit ihren Turquerien, daß bei aller thematischen und atmosphärischen Anregung durch das Theater, wie sie bei Watteau so unmittelbar zu fassen ist, in der bildenden Kunst erst der *Recueil Ferriol* mit seinen Kostümdarstellungen aller türkischen Stände die bildlich umsetzbare Quelle der orientalischen Figuren und ihres Ambientes bot.

Die Türkisierung europäischer Themen setzte sich bei Carle Vanloo (1705 bis 1765) fort, dem eigentlichen Maler der Turquerie. Wie kein zweiter erkannte er den jeweiligen Publikumsgeschmack und verstand es, sich ihm anzupassen. Bereits 1729, während seines Rom-Aufenthaltes, malte Vanloo im Stil Veroneses eine *Jeune Orientale à sa toilette* für einen englischen Kunstliebhaber. 1737, nach seiner Aufnahme als Historienmaler in die Akademie, stellte er zwei Bilder aus: *Le concert du Grand Sultan* und *Le Pacha faisant peindre sa maitresse*. In seinem türkischen Repertoire ist Vanloo hier noch zurückhaltend. Wie schon bei Pater gibt eine wuchtige Säulenarchitektur den europäischen Rahmen für diese Mischung ›türkischer‹ und europäischer Kompositionselemente. Türkisch ist der Teppich, ist die Kleidung der männlichen Figuren mit ihren äußerst dekorativ gewickelten Turbanen, den Kaftans und den europäisierten Mänteln, ja zum Teil mischen sich sogar noch Elemente der spanischen Hoftracht darunter. Die Damen tragen türkische Accessoires, einen Turban oder eine Feder im Haar. Mobiliar aber wie gesellschaftlicher Anlaß und die Zusammensetzung der dargestellten Gesellschaft sind völlig europäischer Natur und ermöglichen es dem Betrachter, zwischen vertrauter Situation und orientalischer Verfremdung zu vermitteln und das ganze als dekoratives Spiel zu genießen. Nicht über typisch Türkisches oder türkische Geselligkeit oder das Musizieren wollen diese Bilder informieren, sondern das Exotische und Fremde sind zugleich Selbstzweck und Mittel der Distanzierung der dargestellten Gegenstände, die man am ehesten als Allegorie der Musik und Malerei bezeichnen könnte.[10]

Doch vertieft sich zu Beginn der 1740er Jahre das Interesse am Orient, das sich nun – immer noch am Geselligen und Dekorativen orientiert – auf eine authentischere Darstellung des traumhaften Luxus und der märchenhaften freien Liebe richtet. Daß das galante Zeitalter seine ganze Aufmerksamkeit auf das Leben im Harem lenkte, das sich so sehr vom europäischen gesellschaftlichen Leben unterschied, ist nicht erstaunlich. Denn seit langem hatten Reisebeschreibungen mehr oder weniger anschauliche Schilderungen dieses Inbegriffs vom Orient geliefert. Bedeutsam für die Haremsszenen, wie für die Porträts ist, daß sie einem gesteigerten Repräsentationsbedürfnis nachkommen und, bis auf wenige Ausnahmen, kein Alibi für laszive Darstellungen sind.

Der umfangreichste Beitrag zu diesem Thema kommt aus Italien. Auf der Grundlage des *Recueil Ferriol* und in Zusammenarbeit mit seinem Bruder Francesco (1712–1793) fertigte Antonio Guardi

378

379

*378 C. Van Loo, Das Konzert des Sultans; Leinwand, 1747, London, Wallace Collection*

*379 C. Van Loo, Einer Sultanin wird eine Tasse Kaffee von einer Slavin überreicht; Leinwand, um 1747, Paris, Musée des Arts Décoratifs*

380

*380 J. Richardson, Lady Mary Wortley Montagu; Leinwand, Stafford, The Earl of Harrowby*

(1699–1760) 1741 für einen seiner besten Kunden, den Reichsgrafen Matthias Johannes von der Schulemburg (1661 bis 1747), eine Serie von 43 Gemälden an, die dessen Haus in Verona schmücken sollten.[11] Von der Schulemburg hatte, als Feldmarschall in venezianischen Diensten stehend, 1715–1718 die Türken von Korfu abgewehrt und dadurch die Vormachtstellung Venedigs in der Adria gesichert. Soweit man nach den erhaltenen Stücken urteilen kann, sollte die Serie wohl überwiegend Szenen aus dem Haremsleben darstellen. Hier sind nicht mehr stilisierte europäische Paläste zu sehen, sondern die Darstellung folgt nun auch beim Interieur des Harems den Naturtreue intendierenden Stichen des *Recueil Ferriol*: Bänke mit dicken Kissen an den gefliesten Wänden, vergitterte Fenster und ein abgesenkter, teppichbedeckter Fußboden. Im Vordergrund trennt meist ein dekorativ gebauschter Vorhang den Betrachter von den reizvollen und eleganten Haremsszenen. Auch bei den einzelnen Figuren folgen die Maler eng der Vorlage; sie verfahren dabei recht frei und kombinieren ihre Bilder im Querformat aus den unterschiedlichsten Gestalten des *Recueil Ferriol*. So versetzen die Guardis völlig unbekümmert die *Fille Grecque dans la cérémonie de Mariage* neben die jüdische Händlerin in den Harem. Was auf den ersten Blick durch Raum und Kostüm den Schein der Wahrheit für sich hat – und für die zeitgenössischen Betrachter wohl auch hatte –, erweist sich im historischen Rückblick als Komposition unter dekorativen Gesichtspunkten. Der Türkenbesieger Graf Schulemburg ließ sich so durch die Guardis gleichsam bildlich den Orient *unterwerfen* und in sein Heim holen. Nichts anderes geschah überall in der An- und Umverwandlung des realen Orients im Exotismus: Nicht von ungefähr hat ein Historiker vor dem Hintergrund der politischen und wirtschaftlichen Geschichte den Orientalismus ganz allgemein einen *»westlichen Stil der Herrschaft«* über den Orient und diesen selbst eine *»europäische Erfindung«* genannt.[12]

*Bildnisse* im türkischen Kleid tauchen zum ersten Mal in den 1730er Jahren auf und werden nach der zweiten türkischen Gesandtschaft von 1742 in Versailles zu einem wahren Moderenner. Gab zwar die Gesandtschaft den aktuellen Anlaß, so war der Wunsch nach einem Bildnis im exotischen Kleid doch weit mehr als eine modische Eintagsfliege; bis in die 1780er Jahre läßt sich diese Form verfolgen. Sie gab den Auftraggebern eine Möglichkeit, sich gleichzeitig modisch-modern und dennoch zeitlos malen zu lassen. Wie auch durch andere traditionelle Verkleidungen – beispielsweise im historischen

381

oder mythologischen Kostüm – wahrte das exotische Kleid Distanz zu den Zeitgenossen, und das Bildnis entging so dem Altmodisch- und Lächerlichwerden. Darüber hinaus brauchte man wegen der reichen orientalischen Stoffe auf große Repräsentation nicht zu verzichten.

Selbst genrehafte Haremsbildnisse entbehren nicht der repräsentativen Funktion. Gerade wegen solcher Luxus und Schönheit suggerierenden Vorstellungen entschieden sich besonders die Damen der Gesellschaft ganz bewußt für die schweren und stoffreichen Roben, die mehr verhüllten als entblößten. Nicht immer werden es original türkische Kleider gewesen sein, wie Liotard sie z. B. mit sich führte, in denen man Modell saß, sondern es war wiederum der *Recueil Ferriol*, der das Kleiderproblem löste. Das *Portrait turc* führt ganz die Tradition des *Portrait déguisé*[13] fort. Bereits 1733 malte der für seine allegorischen Bildnisse berühmte Maler Jean-Marc Nattier (1685–1766) Mlle. de Clermont, eine Enkelin Ludwigs XIV., als Sultanin im Bade, ein Bildnis, das noch ganz der im 17. Jahrhundert aufkommenden Tradition des *portrait déguisé* entspricht. Es zeigt die Prinzessin in einem Badehaus am Rande eines in den Boden gelassenen Bassins auf einem Sessel sitzend, von sechs Bedienten umgeben. Die Fülle der dunklen Sklaven, von der sich die helle Haut der Prinzessin strahlend abhebt, ein dicker orientalischer Teppich und ein großes goldenes Gefäß, mit dem Wasser in das Bassin geschüttet wird, rufen Vorstellungen eines orientalischen Luxus im privaten Bereich hervor, die ganz den Phantasien der Europäer entsprachen. Auch wenn Nattier hier das karge Blatt des *Recueil Fille turque à qui l'on tresse les cheveux* zugrunde legt, bleibt er seinem Themenkreis des mythologischen Porträts treu, indem er Mlle. de Clermont als Venus im Bade zeigt und nur, als neue Variante, das Ambiente türkisch gestaltet. Er zeigt sich damit auf der Hö-

*381 Le Barbier, Türkisches Frauenbad, Kolorierter Kupferstich, Paris, 18. Jh. (12/26)*

382

*382 J. Juel, Bildnis der Herzogin Louisa von Schleswig-Holstein-Sonderburg-Augustenburg in türkischer Tracht, Leinwand, um 1780–90 (12/15)*

he der Zeit, denn wie bei Vanloo tritt in der Malerei der 1730er Jahre allgemein eine Türkisierung traditioneller Themen ein.

Der eigentliche Anlaß für *Portraits à la turque* war der türkische Gesandte Said Pascha, der 1742 in Frankreich weilte und sich von dem Gesellschaftsmaler Jacques-André-Joseph Aved malen ließ (1702 bis 1766). In der Folgezeit wurde Aved von hochgestellten Persönlichkeiten, Diplomaten und Reisenden, die eine besondere Beziehung zum Orient hatten, zu dem begehrten Maler für Porträts im türkischen Kostüm auserwählt. Auch er griff für die Kostüme zum Teil auf den *Recueil Ferriol* zurück, wie das Bildnis der *Marquise de Sainte-Maure en sultane dans le jardin de sérail 1743* zeigt.

In den 1750er Jahren machte dann die Marquise de Pompadour das Bildnis im türkischen Kleid hoffähig, als sie sich von Carle Vanloo als Sultanin malen ließ.[14] Vanloo schuf für die Ausstattung des Schlafzimmers ihres Schlosses Bellevue drei Bildnisse: *Une sultane prenant du café*, *Deux sultanes travaillent à la tapisserie* sowie für den Trumeau *Une sultane jouant un instrument à cordes*. Alle drei Bilder sind intime Interieurszenen, die Einblick in die abgeschiedene Welt eines Harems geben und die Pompadour in lässig-eleganter Pose als zentrale Person zeigen. Vanloo folgt bei Kleidung und Innenraum bis ins Detail dem *Recueil Ferriol*. Im Bildaufbau entspricht das Pendant *Deux sultanes* dem vorigen: auch hier eine Fensternische, Kissen an den Wänden, die Draperie. Gegenüber den ersten Turquerien Vanloos ist alles Europäische getilgt. Lediglich die Draperien wurden in barocker Tradition als Hoheitszeichen beibehalten. Die Vorbildstiche lassen sich exakt benennen. So kompiliert er *Femme Turque, qui fume sur le sopha* und *Fille Turque prenant du café*. Für das Pendant der beiden Sultaninnen setzt er zur *Fille Turque, qui brode* noch eine zweite Dame hinzu, und das Bild der musizierenden Sultanin für den Trumeau entstand nach *Fille Turque, jouant du Tchegour*.

In den 1750er und 1760er Jahren waren es dann Damen des Theaters wie Mme. Favart oder die Tänzerin Guimard, die in türkischen Kleidern Modell saßen. Türkische Bildnisse finden sich nicht nur in Frankreich; sie sind in ganz Europa zu finden, selbst Maria Theresia ließ sich in türkischen Kleidern malen.[15] Besonders die weitgereisten Engländer sprachen dieser Gattung sehr zu. Doch waren es hier, wie z.B. bei Mary Wortley Montagu[16], die von Vanmour in Konstantinopel gemalt wurde, wohl oft originale Kleider. Die Mode des türkischen Porträts ging in Europa schließlich so weit, daß auch Kinder als kleine Muselmanen auftreten. Und selbst hier ist es immer noch der *Recueil Ferriol*, der als Kostümquelle dient: Der deutsche Maler Johann Christian von Mannlich malte noch in den 1760er Jahren den späteren bayerischen König Max I. Joseph als achtjährigen Knaben im türkischen Kostüm. Mannlich hatte wohl bei seinem Parisaufenthalt die türkischen Bildnisse der Pompadour gesehen und das Ambiente für das Kinderbildnis übernommen. Türkische Bildnisse erfreuen sich bis in die 1780er Jahre, z.B. bei Elisabeth-Louise Vigée-Lebrun (1755–1842) und bei Joshua Reynolds (1723–1792), größter Beliebtheit. Mit der dann folgenden Adaption einzelner Elemente des türkischen Kostüms in die allgemeine europäische Mode, man denke nur an die *robes à la turque*, die durch das in Weimar erscheinende *Journal des Luxus und der Moden* verbreitet wurden, oder die phantasievollen *bonnets à la turque* wurde genau das Gegenteil des ursprünglichen Ziels, nämlich durch die Verkleidung dem Modediktat zu entgehen, erreicht. Orientalische Kleidung war als solche schon zur Mode geworden und vermischte sich mit der europäischen. Für eine erneute Aktualisierung sorgten erst die Ägyptenfeldzüge Napoleons (1798 bis 1801), die noch eine ägyptische Tracht hinzufügten und den Turban im 19. Jahrhundert zu einer der beliebtesten Kopfbedeckungen werden ließen.

## Ornament: Turquerie und Rocaille

Wie eng Exotisches – und hier besonders Türkisches – mit dem Ornament der Zeit, der Rocaille verbunden sind, zeigt ein Blick auf die Dekorationsmalerei. Bereits die Rocaille selbst sollte unwirklich und bizarr wirken und gibt Darstellungen, bei denen sie die Komposition entscheidend mitbestimmt, den Charakter spielerischer und fremdartiger Phantastik. Und wie Orient und Phantasie fast Synonyme für die Zeit sind, so mischen sich auch exotische Elemente zwanglos und wie selbstverständlich mit den Rocaillen. Jacques de Lajoue (1686–1761), in dessen Werk der galante Phantasieorient seine verspielteste Ausprägung erreicht, erhöht den Effekt seiner Rocaillen durch die Verwendung architektonischer und emblematischer Zitate wie Pagoden und Halbmonde, oder er integriert direkt exotische Figuren wie Chinesen und Türken in seine Ornamentik. Eines der wichtigsten Werke für die Verbreitung der Rocaille war Lajoues *Livre de douze morceaux de fantaisie utile à divers usages* von 1736. Alle Blätter zeichnen sich durch hohe, zu illusionistischen Architekturen aufgetürmte Rocaillen aus, die von Pflanzen umrankt, von kunstvollen Wasserfällen belebt sind und den Blick in weite Landschaften freigeben. Dieses Kompositionsmuster wird nun durch unterschiedliche phantastische Zutaten gesteigert. Drei Blätter aus dieser Folge haben auch für unseren Zusammenhang nachhaltigen Einfluß ausgeübt. So inspirierte *La chasse à l'ours* sicherlich Carle Vanloo zu seinem Gemälde, das zu einer Folge mit exotischen Jagden verschiedener Maler für Ludwig XV. gehörte. Die beiden anderen sind reine Turquerien: *Le Throne du Grandseigneur* und *Les Bains de la Sul-*

383

*383 A. van Dyck, Lady Elizabeth oder Theresia Shirley in orientalisierender Kleidung; Leinwand, 1622, Petworth (Sussex), The National Trust, Petworth House Collection*

384

*384 J. E. Liotard, Earl of Sandwich, Leinwand, Privatbesitz*

*385 J. E. Liotard, Türkische Dame mit Dienerin, Pastell auf Pergament, 1742/43, Genf, Musée d'Art et d'Histoire*

*tane*. Hier sind die exotischen Zeichen nicht zu zählen. Auch Lajoue wird die thematische Anregung durch das Theater erhalten haben: Der illusionistische Effekt dieser Werke trifft sich mit dem seiner Bühnenentwürfe. Der *Recueil Ferriol* aber, das zeigt die Kleidung der Figuren, liefert wiederum die ›realistische‹ Grundlage der Phantasie à la turque. Eine besonders enge Anlehnung erfolgt z. B. in *Les Bains de la Sultane*, wo Vanloo direkt das Blatt Nr. 46 aus dem Stichwerk übernimmt: *Femme turque, qui repose sur le sopha sortant du Bain*. Nicht nur in diesen Blättern verschmelzen Landschaft, Architektur und Rocaillen zu einer bizarren Einheit. Auch in seinen Gemälden werden diese dekorativen Elemente zum thematischen und optischen Zentrum, die Personen sind oft nur Staffage. Bei ihnen macht er Anleihen bei Watteau, Boucher und Lancret, mit dem er zusammen arbeitete. Die bizarre und phantastische Architektur findet in einigen Bildern ihre Entsprechung in phantastisch gekleideten Orientalen. Seinen *Fêtes galantes* weiß er ebenso durch türkische Staffage einen zusätzlichen fremdartigen Reiz zu verleihen. So ist beispielsweise der *Jardin oriental* eine für Lajoue typische Mischung der unterschiedlichsten dekorativen Elemente. Das Exotische erweist sich so als integrales Element des Rokoko. Auch in seinem *Jardin avec des personnages orienteaux* setzt Lajoue die Tradition der *Fêtes galantes* fort, sie in seine eigene verspielte Welt transponierend. Deutlich vorhanden sind noch die europäischen Architekturelemente wie die gedrehten Säulen, Brunnen und Skulpturen, doch beginnen die Formen langsam in die Rocaille hinüber zu schwingen. Mit der markanten Verwendung von Lauben und Arkaden nimmt er außerdem Elemente aus der Dekorationsmalerei wieder auf, wie sie schon Nicolas Lancret (1690–1743) für seinen *Turc amoureux* (1728) verwendet hatte.

In den Gemälden wie in den nicht von ungefähr so genannten *Morceau de fantaisie* steigern sich Turquerie und die architektonisch-phantastische Welt gegenseitig und verschmelzen zu einer exotischen *Traumwelt* eigener Art. In solchen orientalischen Phantasien offenbart sich am reinsten der von aller geographischen und ethnologischen Realität enthobene Spielcharakter exotischer Fluchtwelten, der Traum vom Exotischen als dem *ganz anderen*.

Unter dem Einfluß von Lajoue und unter Rückgriff auf den *Recueil Ferriol* malte Christoph Huet (gest. 1759) Wanddekorationen mit Turquerien. Überhaupt war die Dekorationsmalerei ein weites Feld für Türkendarstellungen. Hier konnte sich der Phantasieorient am schrankenlosesten in illusionistischen Ef-

385

386

*386 J. E. Liotard, Richard Pococke, Leinwand, 1738/39, Genf, Musée d'Art et d'Histoire*

fekten der Rocaillearchitekturen entfalten. In der Tat liegen die Anfänge und das Ende der szenischen Turquerien in der Dekorationsmalerei. Sie beginnen 1728 mit Lancrets *Turc amoureux* und enden in den 1770er Jahren in den Ausstattungen verschiedener *cabinets turcs*. So bemalte in Fontainebleau 1777 Rousseau de la Rotthière Wandpaneele für das *Boudoir turc* von Marie-Antoinette. Auch der Bruder Ludwigs XV., der Comte d'Artois, besaß zwei türkische Räume, einen im Hôtel du Temple in Paris und einen in seiner Wohnung in Versailles. Auf diesen Wandtäfelungen sind es immer noch Haremsszenen, die nun, der Zeit entsprechend, nicht mehr in Rocaillearchitektur, sondern in blütenbekrönten Medaillons wiedergegeben sind. Daneben integrierte man das ›Türkische‹ in die neue Naivität und Natürlichkeit: Kleine Kinder-Türken spielen oder musizieren in Blumenranken. Doch solche Einbeziehungen des phantastischen Exotismus in das ihm eigentlich widersprechende Natürlichkeitsprogramm bedeutete auch schon sein Ende.

## Porzellan

Der *Recueil Ferriol* wurde als Vorlage natürlich da besonders beachtet, wo man ohnehin nach graphischen Vorlagen arbeitete, nämlich im neuen Material des 18. Jahrhunderts, dem Porzellan. Viele Manufakturen besaßen einen reichen Vorrat an Stichen für die unterschiedlichsten Themen. Das Türkische war so weit verbreitet, daß es in fast jeder europäischen Manufaktur zu finden ist. In der Plastik überwiegen Darstellungen nach den *Recueil Ferriol*, im Porzellandekor griff man z. T. auf andere Darstellungen zurück. Doch ist diese Unterscheidung unerheblich, da das orientalische Kostüm, um das es ging, nicht dem Wandel unterworfen war. Auch dem großen Umfang des *Recueil Ferriol* bzw. des deutschen Nachstichwerkes von Weigel, das häufig in den Manufakturen benutzt wurde, ist es zu verdanken, daß ganze Nationalitätenserien gefertigt werden konnten.

Aus der umfangreichen Türkenproduktion der Manufakturen seien hier nur einige Beispiele genannt. Gegen Ende der 1740er Jahre modellierten in Meißen Johann Joachim Kaendler und Peter Reinicke die ersten Türkenfiguren nach Stichen des *Recueil Ferriol*. Insgesamt lassen sich zwölf Modelle nachweisen, die, als Paare einander zugeordnet, eine Serie bilden. Sie variieren die Vorlagen leicht durch reiche Drapierung und lebhafte, theatralische Gesten.

Die umfangreichste Türkenserie entstand in der florentiner Manufaktur von Doccia, zwischen 1760 und 1770, mit vierundzwanzig Figuren. Diese Figuren von

Gaspero Bruschi sind sehr der barocken Tradition der Manufaktur verpflichtet und strahlen denn auch den nüchternen und gravitätischen Ernst aus, der in der Vorlage zu finden ist. Sowohl in Meißen als auch in Doccia erfolgte die Auswahl der Figuren nach dekorativen und nicht nach ethnographischen Gesichtspunkten. Das Interesse lag auf dem exotischen Effekt der verschiedenen Kostüme. Auch in Ansbach gab es eine Serie der *Turkischen Figuren, alle Trachten der Turken* vorstellend, die immerhin rund 20 verschiedene Typen umfaßte. Mit besonderer Akribie und Treue zur Vorlage hat man sich in der Thüringischen Manufaktur von Kloster Veilsdorf dem *Recueil Ferriol* zugewandt, wie in Ansbach allerdings anhand der deutschen Ausgabe. Hier entstanden zwischen 1769 und 1771 einundzwanzig Figuren des *Türkischen Hofstaates*, bis in den Maßstab hinein exakte Nachahmungen der jeweiligen Vorlagen. Mit Ausnahme der Sultanin wurden hier die männlichen Würdenträger des türkischen Hofes gewählt, die Figuren selbst sind noch unter dem Sockel mit der genauen originalen Titelbezeichnung aus dem *Recueil Ferriol* versehen.

In den Manufakturen von Fürstenberg und Kopenhagen diente der *Recueil Ferriol* zwei reizvollen Gruppen des Sultans und der Sultanin als Vorlage, wobei sich die späteren aus Kopenhagen (1787) im Kostüm wieder europäischer Kleidung nähern.

Die phantasievollsten Türken aber sind jene, die nur allgemein thematisch durch den *Recueil* angeregt sein mögen, sonst aber gänzlich frei erfunden sind: die zahlreichen Türken aus Höchst und Nymphenburg. In diesen Manufakturen ging die Vermischung des Exotischen schließlich so weit, daß durch das Austauschen geringer Accessoires, wie z. B. der Kopfbedeckungen oder eines Schnurrbartes die gleichen Figuren einmal als Türken ein anderes Mal als Chinesen erscheinen.

Das Ende der *Turquerie* kam langsam; zunächst waren es der neue – bisweilen bürgerliche und antihöfische – Geschmack an natürlicher Simplizität und das Ideal griechischer Einfalt, die die Neigung zum Exotischen schwächten. In welchem Maße jedoch der Turquerie des 18. Jahrhunderts eine relativ einheitliche Mentalität zugrundeliegt, bestätigt das Türkenbild von ›Orientalisten‹ des 19. Jahrhunderts. Sinnlichkeit verbindet sich – z. B. bei Delacroix – mit Grausamkeit, und die Faszination durch Schönheit und Grauen verdrängt den Traum vom schmerzlosen Glück der spielerischen Turquerie in der bildenden Kunst des 18. Jahrhunderts.

*387*

*387 J. E. Liotard, Maria Theresia und ihre Tochter Marianne in türckischer Tracht, Radierung, 1745 (12/8)*

388

389

390

*390 J.-B. van Mour, Empfang des französischen Gesandten le Vicomte D'Andrezel durch Sultan Ahmed III. am 10. Oktober 1724, Audienz beim Sultan, Leinwand 1724, Bordeaux, Musée des Beaux Arts*

391

*391 J.-B. van Mour, Empfang des französischen Gesandten le Vicomte D'Andrezel durch Sultan Ahmed III. am 10. Oktober, das Bankett des Groß Vizirs, 1724; Leinwand 1724, Bordeaux, Musée des Beaux Arts*

*392 J.-B. Van Mour, Der Zug des Großwesirs überquert den Admeydan (Hippodrom); Leinwand, 1. H. 18. Jh.(13/13)*

392

*393 J.-B. Van Mour, Die Ermordung der Minister während des Aufstands von Halil Patrona, 1730; Leinwand, (13/16)*

393

394

*394 J.-B. Van Mour, Türkische Hochzeit; Leinwand, 1. H. 18. Jh. (13/15)*

395

*395 J.-B. Van Mour, Empfang eines französischen Botschafters beim Großwesir; Leinwand, 1699 (13/8)*

*Karl Ulrich Syndram*

# DER ERFUNDENE ORIENT IN DER EUROPÄISCHEN LITERATUR VOM 18. BIS ZUM BEGINN DES 20. JAHRHUNDERTS

*der traum ist noch nicht / ausgeträumt / früher / hast du geträumt / in europa zu leben / heute / träumst du / von europa wegzugehen* (Suleman Taufiq: Das Schweigen der Sprache, 1988)

Einst lagen der Nahe und Mittlere Osten in einer kaum erreichbaren Ferne, waren Gegenden exotischer Erfahrungen für Bewohner des Abendlandes. Die Menschen dort hatten eine andere Religion und ihre Kulturzeugnisse schien eine Aura des Wunderbaren zu umgeben. Heute ist der europäische Kontinent ein Ort der Fremderfahrung geworden für Viele, die aus jenen Regionen der Welt stammen, die so klingende, magisch exotische Vorstellungen hervorrufende Namen wie Orient, Morgenland, Persien, Ägypten tragen – Orte und Räume, zu denen über Jahrhunderte mit Hilfe der Phantasie erheblich leichter zu gelangen war, als mit Mitteln physischer Fortbewegung. Das zwanzigste Jahrhundert hat den Strom der Nachrichten schneller fließen lassen, Reisezeiten erheblich verkürzt. Bis dahin bot die Literatur, im weitesten Sinne verstanden, eine der wenigen Möglichkeiten für breitere Kreise, sich mit jener Welt vertraut zu machen, die außerhalb des Abendlandes lag.

Heute kennen wir zwei verschiedene Arten der Orientwahrnehmung, die vom 18. bis zum Beginn des 20. Jahrhunderts noch weitgehend miteinander verbunden waren. Unser politisches Orientbild ist mittlerweile nach Ländern differenziert, wandelbar und an aktuelle Ereignisse gebunden. Das ästhetische Orientbild jedoch basiert weiterhin vornehmlich auf überlieferten ›Bildern‹ und Assoziationen *(Images, Klischees)*, die historische Veränderungen zu überdauern vermögen und eine eigene Vorstellungswelt *(Imagerie)* konstituieren.[1]

Der französische Dichter Paul Valéry (1871–1945) nannte dieses Fabelreich der Phantasie eine »ménagerie mentale«. 1938 schrieb er sinngemäß, der Name Orient könne nur dann seine ganze Wirkung auf die Einbildungskraft eines Menschen ausstrahlen, wenn dieser noch nie in jener kaum definierten Gegend gewesen sei: *»C'est là l'ORIENT de l'esprit«*.[2]

Noch immer ist das Morgenland leichter mit Hilfe der Imagination zu bestimmen als durch ein Studium von Landkarten. Und schon das bloße Wort Orient suggeriert eine exotische Ferne, deren Festlegung auf ein reales Gebiet eher ernüchternd wirkt. Es sind bildhafte Vorstellungen, die unser Urteil über diese Landschaften, ihre Bewohner und ihre Kultur oft mehr bestimmen als konkrete Erfahrungen. Die Phantasie verschiebt die Grenzen und Zeiten hier leicht in den Bereich des sagenhaft Wunderbaren und Geheimnisvollen, der durch Formeln wie *»es war einmal«* oder *»Sesam, öffne dich«* erschlossen wird.[3]

Der Orient findet sich als Thema in europäischen Literaturen seit der Antike, etwa bei Homer *(Ilias, Odyssee)* oder bei Aischylos *(Die Perser)*. Texte und poetische Stoffe aus dem persischen und arabischen Bereich waren im Abendland schon früh verbreitet, teilweise begünstigt durch friedliche oder unfriedliche Kulturkontakte, Handels- und Kreuzzüge. Die eigentliche literarische Entdekkung des Orient wurde in Europa wesentlich durch die erste französische Veröffentlichung der Geschichten von *Tausendundeine Nacht* (*Les mille et une nuits, contes arabes traduits en français,* 1704–17) im achtzehnten Jahrhundert gefördert, herausgegeben und übersetzt von dem Orientalisten Antoine Galland (1646 bis 1715). Für mehr als ein Jahrhundert sollte dies die einzige literarisch anspruchsvolle und sachkundig zusammengestellte Ausgabe dieser Geschichten in Europa bleiben. Sie prägten wesentlich

Tausend und Eine Nacht
Erster und Ander Theil.

Die
Tausend und
Eine Nacht,
Worinnen
Seltzame Arabische Historien
und wunderbahre Begebenheiten / be-
nebst artigen Liebes-Intriguen / auch Sitten
und Gewohnheiten der Morgenländer/auf sehr
anmuthige Weise erzehlet werden;
Erstlich
vom Hn. Galland, der Kön. Academie
Mitgliede/ aus der Arabischen Sprache in die
Frantzösische/ und aus selbiger anitzo ins Teutsche
übersetzt:
Erster und Anderer Theil.
Mit einer Vorrede
von
TALANDERN.
LEIPZIG/
Im Verlag Johann Ludwig Gleditsch
und M. G. Weidmanns / 1711.

396

*396 Alf laila wa-laila, Die Tausend und Eine Nacht (...), Leipzig, 1711 (9/67)*

das vorromantische Orientbild, nicht allein in Frankreich, sondern in ganz Europa, wo im achtzenhnten Jahrhundert französische Sprache und Zivilisation kulturelle Maßstäbe setzten. Bereits 1705–08 kam eine anonym publizierte Popularversion auf den englischen Markt und 1711 lag auch eine erste deutschsprachige Fassung vor, die auf die französische Übersetzung zurückging. Aber erst 1823 bzw. 1839–41 erschienen in Deutschland und England seriöse Ausgaben, die das arabische Original berücksichtigten. Bis weit ins neunzehnte Jahrhundert hinein wurde bei neuen Übertragungen noch auf die französische Version Gallands und nicht auf arabische Ausgaben der vollständigen Fassung aus dem 16. Jahrhundert zurückgegriffen. Schon die Ausgangssituation eines Herrschers, der seine Frauen gewohnheitsmäßig am Morgen nach der Liebesnacht töten läßt, bis er der gescheiten Scheherazade begegnet, die ihr Leben durch das unablässige Erzählen von Geschichten rettet, bot ein bizarres und exotisches Szenarium. Mit der Rahmenhandlung und den märchenhaften Stoffen schien sich für Europa eine Wunderwelt zu eröffnen, die die Phantasie zahlreicher Schriftsteller- und Lesergenerationen anregte.

Obwohl seit der Antike die Beziehungen zwischen Europa und dem Morgenland nie unterbrochen waren, verfügten die meisten Europäer noch im achtzehnten Jahrhundert allenfalls über eher vage Kenntnisse der Länder des Nahen und Mittleren Ostens, ihrer Geschichte und ihrer Kultur. Als Quellen standen auch im Zeitalter der Aufklärung kaum mehr als einzelne, zufällige und situationsbedingte Berichte von Reisenden, Händlern und Militärs zur Verfügung. Noch fehlte ein regelmäßiger Informationsfluß. Begegnungen mit fremden Kulturen wurden auf dem Feld der Literatur erprobt. Hier trafen nun entweder Europäer, die es in die merkwürdigsten Gegenden verschlagen hatte, auf exotische Mitmenschen, oder Nichteuropäer machten Bekanntschaft mit abendländischen Kuriositäten.

Die *Lettres Persanes* des Staatstheoretikers und Historiographen Montesquieu (1689–1755) erschienen 1721 anonym im liberalen Amsterdam. In einer Folge von 160 fiktiven Briefen werden Erlebnisse und Eindrücke zweier orientalischer Herren von Stand während einer mehrjährigen Europareise geschildert. Die Fremderfahrungen, die Rica und Usbek zwischen 1711 und 1720 vornehmlich in Frankreich machen, werden kontrastiert durch Nachrichten, die sie aus Persien erhalten. Den beiden erscheinen die europäische Gesellschaft, deren Institutionen, moralische Vorstellungen und Umgangsformen ähnlich fremd und bizarr, wie dem Leser die Welt des Serail und die Gebräuche an einem orientalischen Hof. Montesquieu benutzt die außereuropäischen Besucher und ihren scheinbar authentischen Briefwechsel, um seinem zeitgenössischen Publikum einen kritischen Spiegel vorzuhalten. Eine vorgeblich ernsthafte Schilderung der eigenen Zivilisation aus einem fremden Blickwinkel mischt sich oft unvermittelt mit treffsicherem Spott. Eine Haremsgeschichte, welche die gesamte Korrespondenz durchzieht, dient einerseits dazu, einen Kontrast zwischen christlicher und mohammedanischer Lebensweise deutlich zu machen, andererseits bestätigt sie jene besondere Exotik, die aus der europäischen Perspektive mit der morgenländischen Welt verbunden ist.[4] Das Klischee vom paradiesisch glücklichen Persien wird in Usbeks Briefen aus Paris an seine Lieblingsfrau in Isphahan benutzt, um einen zivilisatorischen Gegensatz zu bezeichnen: »*Wie glücklich Du bist, Roxane, im geliebten Persien zu sein und nicht in diesem verpesteten Land, wo man weder Scham noch Tugend kennt! Wie glücklich bist Du! Du lebst in meinem Serail wie an einer Stätte der Unschuld, die den Zugriffen aller männlichen Wesen unzugänglich ist, das glückliche Unvermögen, Fehltritte zu begehen, erfüllt Dich mit Freude, nie hat ein Mann Dich mit seinen lüsternen Blicken befleckt (...) Seid Ihr aufs Land gezogen, ging immer ein Eunuch Euch voraus, der den Verwegenen, die Eurem Anblick nicht auswichen, den Todesstoß gab. (...) Die Frauen haben hier alle Zurückhaltung verloren, sie präsentieren sich den Männern unverhüllten Gesichts, als verlangten sie nach ihrer Niederlage, sie verfolgen sie mit ihren Blicken, sehen sie in den Moscheen, auf der Promenade, bei sich zu Hause. Der Usus, sich von Eunuchen bedienen zu lassen, ist hier unbekannt. Anstelle der edlen Einfalt und der liebenswerten Schamhaftigkeit, die bei uns herrscht, herrscht hier eine rohe Schamlosigkeit, an die man sich unmöglich gewöhnen kann.*«[5]

Der Aufklärer Montesquieu diktierte den bildungsreisenden Orientalen seiner *Lettres Persanes* jene zeit- und gesellschaftskritischen Argumente in die Feder, die er selbst an den französischen Zuständen während der letzten Regierungsjahre Ludwigs IV. und der folgenden Übergangszeit unter der Regentschaft Philipps II. vorzubringen beabsichtigte. Gleichzeitig übernahm er ein bestimmtes Orientbild, das sich vornehmlich auf den weitverbreiteten Erlebnisbericht, die *Voyage en Perse et aux Indes Orientales* (1711) Jean Chardins stützte, der 1670 nach Persien gereist war, um die dortige Hofgesellschaft mit Schmuck zu beliefern Dieses Land erscheint auch in Montesquieus Roman als exotisches Wunderland, dessen Lebensformen noch immer von den erotischen Konstellationen und Intrigen geprägt sind, wie sie schon in den Geschichten von *Tausendundeine Nacht* erzählt sind. Nach europäischen Maßstäben ist die dortige Zivilisation weitgehend unverbildet und vormodern geblieben.

Später wird der Philosoph Immanuel Kant (1724–1804) in seinen anthropologischen Vorlesungen (gehalten 1772–96, erschienen 1798) einen ähnlich konstruierten fremden Blick auf das christliche Europa seiner Zeit als Mittel verwenden, um *Images* verschiedener Nationen pointiert anschaulich machen zu können: »*Die Türken, welche das christliche Europa* Frankestan *nennen, würden, wenn sie auf Reisen gingen, um Menschen und ihren Volkscharakter kennen zu lernen (welches kein Volk außer dem europäischen tut und die Eingeschränktheit aller übrigen an Geist beweiset), die Einteilung desselben nach dem Fehlerhaften in ihrem Charakter gezeichnet, vielleicht auf folgende Art machen: 1. Das Modenland (Frankreich) – (...).*«[6]

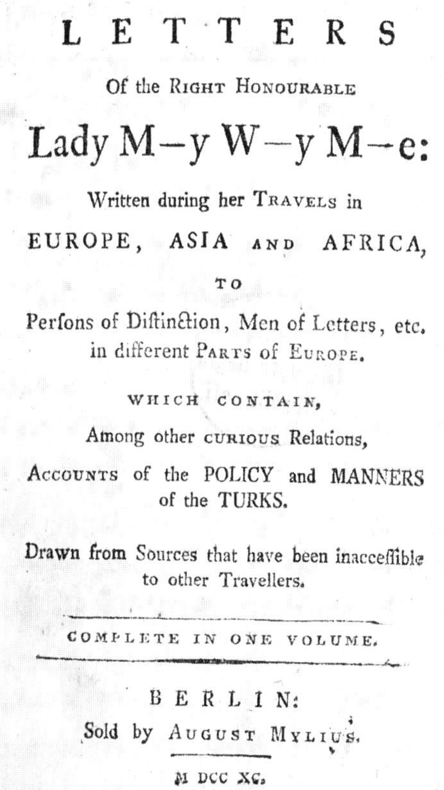
LETTERS
Of the RIGHT HONOURABLE
Lady M–y W–y M–e:
Written during her TRAVELS in
EUROPE, ASIA AND AFRICA,
TO
Perfons of Diftinction, Men of Letters, etc.
in different PARTS of EUROPE.
WHICH CONTAIN,
Among other CURIOUS Relations,
ACCOUNTS of the POLICY and MANNERS
of the TURKS.
Drawn from Sources that have been inacceffible
to other Travellers.
COMPLETE IN ONE VOLUME.
BERLIN:
Sold by AUGUST MYLIUS.
M DCC XC.

397

397 *D. Chodowiecki, Lady Montagu im Bad; Frontispiz in: Letters of the Right Honourable Lady M-y W-y M-e (...), Berlin, 1790 (12/7)*

Das aufklärerische Motiv, den Orient als geographisch und kulturell fernen Raum zu benutzen, um europäische Zustände und Weltanschauungen kritisch zu reflektieren, charakterisiert die Intention Voltaires (1694–1778). In *Zadig, ou La destinée, Histoire orientale* (1747, später überarbeitet und erweitert) erlebt der idealistische Babylonier Zadig auf der vergeblichen Suche nach dem Glück mit Frauen, der Wissenschaft und der Literatur seltsame und gefährliche Abenteuer. Das Schicksal des Titelhelden diente dem Autor Voltaire dazu, vernünftige und humanistische Vorstellungen vom Umgang mit der Welt und den Mitmenschen zu formulieren und gleichzeitig den Glauben an einen von der Vorsehung wie selbstverständlich getragenen Fortschritt zu relativieren. Im orientalischen Gewand werden – wie bei Montesquieu – europäische Zivilisationsideen im literarischen Spielraum auf die Probe gestellt. Das babylonische Reich, in dem es Zadig schließlich doch noch gelingt, König zu werden, bleibt in Voltaires philosophischer Erzählung eine künstliche Welt. Der Orient, in dem sich der Held bewegt, wird in seiner Eigenartigkeit beim Leser bereits als bekannt vorausgesetzt. »*Der Ägypter schien sehr aufgebracht zu sein. ›Was für ein abscheuliches Land, dieses Bassora!‹ rief er. ›Auf das beste Unterpfand der Welt weigert man mir hier tausend Unzen Gold.‹ ›Wieso?‹ fragte Setock, ›auf welches Pfand will man dir die Summe nicht geben?‹ ›Auf den Leichnam meiner Tante, welche dazu noch die bravste Frau in ganz Ägypten war‹, erwiderte der Ägypter. ›Sie begleitete mich stets und ist mir unterwegs gestorben. Ich habe aus ihr die schönste Mumie gemacht, die mir je zu Gesicht gekommen; in meiner Heimat würde man mir auf sie leihen, soviel ich nur haben wollte, (...)‹*«[7]

Mit der ironisch übersteigerten Schilderung von Szenen, wie etwa der zuvor zitierten anläßlich eines Gelages in *Bassora*, an dem neben dem Ägypter und Zadig u. a. noch ein Inder, ein Grieche und ein Kelte teilnehmen und bei dem die Gespräche um die jeweiligen religiösen Anschauungen und Riten kreisen, appellierte Voltaire an bei Europäern vorhandene Klischeevorstellungen, wie etwa jene über den ägytischen Totenkult. Dabei gelang es ihm nicht nur, die Relativität kultureller Standpunkte deutlich zu machen. Letztlich wird auf das allen Menschen Gemeinsame und Verbindende verwiesen und die Notwendigkeit gegenseitiger Toleranz betont. Voltaires Orientbild ist eine Kulisse, ein Handlungsort für didaktische Parabeln, Lehrstücke über die Grenzen und Möglichkeiten der Vernunft, konfrontiert mit Beispielen der eigensüchtigen menschlichen Natur.

Eine ähnliche Rolle spielen orientalische Regionen auch in anderen Werken Voltaires. Die Hauptpersonen, wie etwa die historisch verbürgten Titelgestalten der Dramen *Mahomet* (1742) und *Semiramis* (1748), oder die *Princesse de Babylon* (1769) der gleichnamigen Erzählung, stammen aus europafernen Gegenden und Kulturen. Auch die wohl bekannteste literarische Gestalt Voltaires, der notorisch gutgläubige Candide (*Candide ou l'optimisme*, 1759), wird schließlich in der Türkei weise und läßt sich bescheiden dort nieder. Die räumliche und historische Distanz und die Vorstellung, das Morgenland sei ein Hort altüberlieferter Weisheiten erlaubten es, philosophische Moralvorstellungen exemplarischer zu vermitteln, als wenn die Handlung im Frankreich des achtzehnten Jahrhunderts angesiedelt worden wäre.

Im gleichen Jahr wie *Candide* erschien in England der moralisch-didaktische Roman *The Prince of Abissinia* von Samuel Johnson (1709–1784), dessen Held Rasselas in Kairo ähnlich desillusionierende Abenteuer erlebt wie die Figuren Voltaires in anderen Teilen der islamischen Welt. In populärerer Form schilderte Johann Carl Wezel (1747–1819) in *Belphegor, oder die wahrscheinlichste Geschichte unter der Sonne* (1776) die phantastischen Erlebnisse eines wiederum naiven und gutwilligen Idealisten. Belphegor verschlägt es von der Türkei nach Algier, dann nach Abessinien, Ägypten, Persien und über die Tartarei in die Neue Welt. Bis er sich endlich entschließt, in Virginia selbstgenügsam Landwirtschaft zu betreiben, durchlebt er alle Höhen und Tiefen menschlicher Existenz, vom Sklaven zum Herrscher, wird ständig mißverstanden und bringt sich selbst in Gefahr. Einerseits folgte Wezel inhaltlich dem aufklärerischen Muster Voltaires und Johnsons, andererseits nutzte er ausgiebiger als jene die Gelegenheit, fremdartiges Lokalkolorit zu schildern.

Wie andere außereuropäische Gebiete diente auch der Orient den Aufklärern zunächst als Kulisse für ihre didaktisch-gesellschaftskritische Literatur. Gleichzeitig entstand dabei aber ein Bewußtsein für die Relativität der eigenen Kulturposition. Daraus erwuchs ein Interesse an anderen, fremden Zivilisationen, den Lebensweisen ihrer Bewohner und an den Künsten, die davon Zeugnis geben konnten. Allmählich befaßte sich eine Orientalistik auch schon wissenschaftlich mit der Welt Nordafrikas und Vorderasiens.[8] In Deutschland begannen die Sprach- und Kulturphilosophen der zweiten Hälfte des achtzehnten Jahrhunderts die Anfänge der abendländischen Zivilisation im südlichen Mittelmeerraum zu suchen und über die geschichtliche Bedeutung arabischer Traditionen zu spekulieren.

Johann Georg Hamann (1730–1788) war Verfechter einer intuitiven Welterfassung im Zeitalter des Rationalismus. In seiner *Aesthetica in nuce* (1762) empfahl er eine Rückbesinnung auf die vorgeblich ursprünglichen und unverbildeten Kulturmuster des Orients, um eine *»ausgestorbene Sprache der Natur«* wiederbeleben zu können: *»Durch Wallfahrten nach dem glücklichen Arabien, durch Kreuzzüge nach den Morgenländern, und durch die Wiederherstellung ihrer Magie (...).«*[9]

Wie Hamann glaubte Johann Gottfried Herder (1744–1803), daß der Entwicklung aller Kulturen eine organische Gesetzmäßigkeit zugrunde läge. Als Philosoph, Sprach- und Literaturhistoriker beschäftigte er sich eingehend und auch kritisch mit dem biblischen und islamischen Orient. Auf der Suche nach den Ursprüngen der Menschheitskultur erschien ihm Ägypten als *»das Land, das wegen seines Alterthums, wegen seiner Künste und politischen Einrichtungen wie ein Räthsel der Urwelt dastehet«*.[10] Hieroglyphen, Mumien, Pyramiden und Obelisken interpretierte er als Indizien für eine frühe, vorwissenschaftliche, im kindlichen Entwicklungsstadium verharrende Zivilisation. Der persischen Kultur gestand er mehr Lebendigkeit zu, und die dort entstandene Poesie

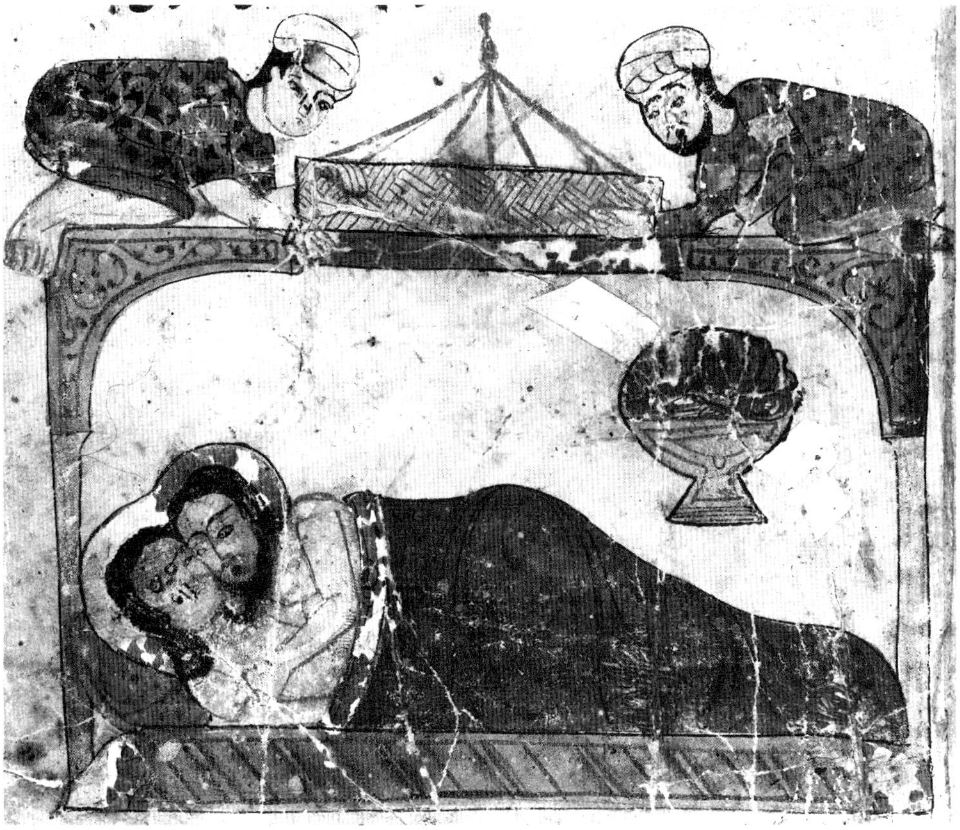

398

398 *Ibn al-Muqaffa, Kalila va Dimna; illuminierte Handschrift (9/68)*

schien ihm »*dem Lande und Charakter der Nation gemäß, wohllüstiger, sanfter und fröhlicher, zu einer Tochter des irdischen Paradieses gebildet.*«[11]

Bei seinen vorromantischen Bemühungen, einzelne Literaturen als Ausdruck individueller Kulturen zu verstehen und unter diesem Gesichtspunkt poetische Sammlungen zu fördern, ging Herder auch über die Grenzen des Abendlandes hinaus: »*Warum sollten auch Griechenland und Rom allein ihre Anthologien haben? Sind nicht die schönsten Blumen unsrer Gärten morgenländischer? ist unsre Rose nicht Persischer Abkunft?*«[12]

Dabei betonte er, daß für das Verständnis dieser Literatur ein ursprüngliches Empfindungsvermögen unabdingbar sei: »*Kind muß man also auch werden, wenn man diese Dichtungen, als morgenländische Fabeln oder Idyllen lieset (...).*«[13]

In den *Ideen zur Philosophie der Geschichte der Menschheit* würdigte Herder den arabischen Einfluß auf das Abendland ausgiebig und glaubte seine Wirkungen noch in ästhetischen Ausdrucksformen des christlichen Mittelalters nachweisen zu können: »*Der morgenländische Geschmack (...) hing auch in Europa den Wissenschaften eine lange Zeit an, und konnte nur mit Mühe von ihnen gesondert werden. Auch in einigen Künsten, z. B. der Baukunst, ist Vieles von dem, was wir gothischen Geschmack nennen, eigentlich arabischer Geschmack (...).*«[14]

Parallel zum Rationalismus der Aufklärung war in Europa ein Interesse an vergangenen Kulturen gewachsen, das sich sowohl auf Zeugnisse der eigenen Geschichte als auch auf Objekte aus fernen Regionen bezog. Zunächst von England ausgehend, begannen Gartenmode, Architektur, Kunstsammlungen und Literatur einen vorromantischen Geschmack und Lebensstil zu demonstrieren.[15] Ägyptische Sarkophage und Sphingen als Gartenschmuck schienen durchaus mit mittelalterlichen Ruinen und pseudogotisch gestalteten Räumen vereinbar. Horace Walpole (1707–1797), selbst ein eifriger Sammler und Liebhaber jenes antiquarisch-exotischen Stils, verfasste mit *The Castle of Otranto* (1764) das prägende Vorbild der *gothic novel*, in der reizvolle Jungfrauen, von lüsternen Bösewichten durch labyrinthische Architekturen gejagt, ebenso eine Rolle spielen, wie düstere Geheimnisse, Prophezeiungen und schwarze Magie. Schauerromane dieser Art wurden bald in ganz Europa Mode. Parallel entstand ein verwandter Typ der *oriental novel*. Schriftsteller wie John Hawkesworth (1715–73; *Almoran and Hamet*, 1761), James Ridley (1736–65, *Tales of the Genji*; 1764) und Frances Sheridan (1724–66; *The History of Nourjahad*, 1767) schilderten die pompösen Abenteuer klar gekennzeichneter Helden und ihrer Gegenspieler an exotischen Schauplätzen. Oft griffen übernatürliche Kräfte ein, um die moralische Ordnung der Dinge wieder herzustellen.

Auf literarischem Niveau und in einer Form, die noch Autoren des zwanzigsten Jahrhunderts anregte, wurde das *gotische* Szenarium von William Beckford (1759–1844) in *Vathek. An Arabian tale* (1786) mit orientalischem Kolorit versehen. Der Verfasser war ein wohlhabender und exzentrischer Kunstsammler wie sein Zeitgenosse Walpole. Kalif Vathek lebt in verschwenderischer Pracht: »*An Prunk übertraf er alle seine Vorgänger. Der Palast von Alkoremi, welchen sein Vater Motassem auf dem Hügel der Buntscheckigen Pferde hatte errichten lassen und der über der Stadt Samarah thronte, war in seinen Augen viel zu bescheiden: aus diesem Grunde ließ er fünf Flügel oder vielmehr weitere Paläste hinzufügen, von denen er jeden zur Befriedigung eines der fünf Sinne bestimmte.*«[16]

Zur Erfüllung seiner sinnlichen und intellektuellen Begierden verbündet er sich mit Eblis, dem Herrn der Unterwelt, der als Gegenleistung ein Opfer von fünfzig Knaben verlangt. Auch seine Mutter Carathis ist schwarzer Magie nicht abgeneigt, und der Palast birgt die dazu notwendige Ausstattung: »*Über verborgene Treppen, ersonnen innerhalb des mächtigen Gemäuers und allein ihr und ihrem Sohne bekannt, begab sie sich zuvörderst zu den geheimnisvollen Nischen, allwo die Mumien lagen, welche den Grabgewölben der alten Pharaonen entrissen worden waren. Von diesen ließ sie einige wegbringen. Dann besuchte sie eine Galerie, wo unter der Obhut fünfzig stummer und auf dem rechten Auge blinder Negerinnen der Tran der giftigsten Schlangen, Rhinozeroshörner und Hölzer von feinem und scharfem Geruch aus dem Innern Indiens, aufbewahrt wurden, zusammen mit tausend andern grauenerregenden Raritäten. Diese Sammlung war von Carathis selbst für einen Zweck, wie er sich nun ergab, angelegt worden, in dem Vorgefühl, daß sie eines Tages mit den höllischen Mächten verkehren könnte, denen sie allezeit leidenschaftlich verbunden war und deren Geschmack sie wohl kannte.*«[17]

Bis den amoralischen Despoten endlich sein Schicksal ereilt, nachdem es ihm gelungen ist, die schöne Nouronihar zu verführen, bleibt genügend Gelegenheit, eine exotische Umgebung zu schildern, in der nahezu alles Unerlaubte möglich ist. Böse und gute Geister (Dschinnen) bevölkern mit anderen Fabelwesen Landschaften und Paläste wie aus Tausendundeiner Nacht. Die am Ende verkündete Moral, daß jeder Mensch sich in dem von seinem Schöpfer und der rationalen Erkenntnis gesteckten Rahmen bewegen sollte, ähnelt den Lehren in Voltaires Schriften. Für Beckford, der seine Erzählung ursprünglich in französischer Sprache geschrieben hatte, waren die orientalischen Spielräume für romantisch-erotische Abenteuer jedoch von weit größerer Bedeutung.

Während im englischsprachigen Raum mit der Verbreitung eines Typs des orientalischen Romans eine Popularisierung eingesetzt hatte, bemühten sich deutsche Frühromantiker um theoretische Begründungen für die zeitgemäße Beschäftigung mit derartigen Sujets. Friedrich Schlegel (1772–1829), einer der führenden Literaturkritiker seiner Zeit, plädierte, ähnlich wie schon Hamann vor ihm, für eine Erneuerung der europäischen Poesie durch einen Rückgriff auf ursprüngliche, mythologisch-weltbegründende Quellen. Dafür schien ihm die orientalische Dichtung ein geeignetes Vorbild für die Verknüpfung von Phantasie mit Leidenschaftlichkeit zu bieten: »*Wären uns nur die Schätze des Orients so zugänglich wie die des Altertums. (...) Im Orient müssen wir das höchste Romantische suchen, und wenn wir erst aus der Quelle schöpfen können, so wird uns vielleicht der Anschein von südlicher Glut, der uns jetzt in der spanischen Poesie so reizend ist, wieder nur abendländisch und sparsam erscheinen.*«[18]

Anders als Herder interpretierte er die Kultur und Hieroglyphenschrift des alten Ägypten als Zeugnisse wissenschaftlichen Denkens. Im Land der Pyramiden,

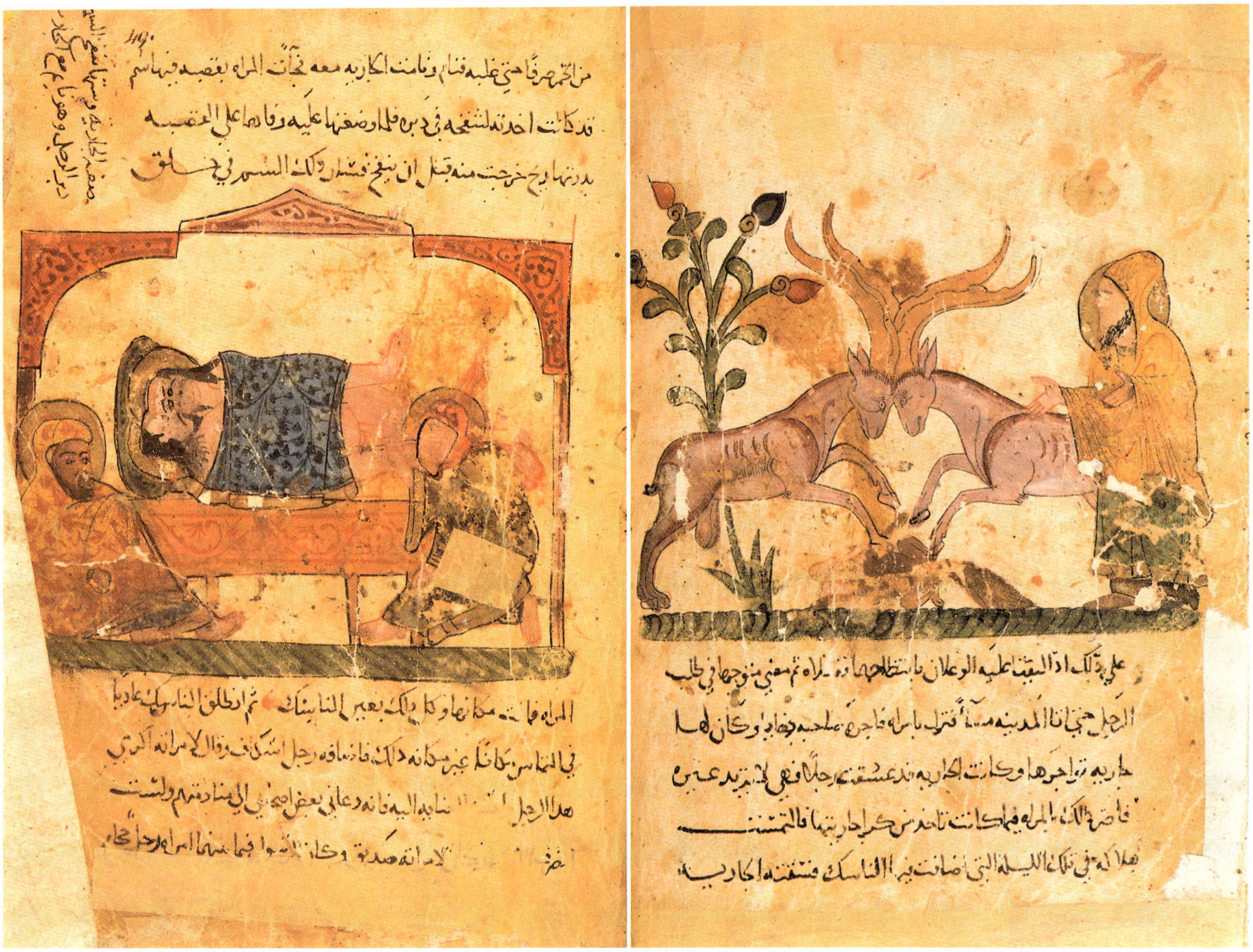

399

das er nur in Literatur und Phantasie aufsuchte, glaubte er sich am *»Hauptsitz der Mysterien«*. Wie er in seinen geschichtsphilosophischen Vorlesungen erläutert, sei dort *»in allen Zeiten das Vaterland vieler wahren und auch mancher falschen Geheimnisse gewesen.«*[19] Dem Image vom rätselhaften Ägypten folgt das Bild vom alten Persien als *»poetische Erinnerung an das Paradies«* mit seinen leidenschaftlichen, edlen und *»geistig gesinnten«* Bewohnern. Sittliche Vorbilder für die Bestimmung des Menschen fand der zum katholischen Glauben konvertierte Friedrich Schlegel allerdings weder bei Ägyptern noch bei den Persern, sondern bei dem *»sonst unscheinbare(n) Volk der Hebräer.«*[20]

Georg Friedrich Wilhelm Hegel (1770 bis 1831) behandelte in seinen *Vorlesungen über die Ästhetik* (mehrfach gehalten 1817–29, veröffentlicht 1835–1838) auf der Grundlage seiner geschichtsphilosophischen Auffassung von den Entwicklungsstufen des Geistes auch die ästhetischen Zeugnisse der vorgriechischen Kulturen des südlichen und östlichen Mittelmeerraumes. Für den deutschen Idealisten stellte die Architektur die am wenigsten vergeistigte und die Poesie die höchstentwickelte Kunstform dar. Die ägyptische Kunst und ihre mythologischen Gestalten schienen ihm, mehr noch als die phantastische Götterwelt Indiens, eine *»eigentliche Symbolik«* auszudrücken: *»Überhaupt ist in Ägypten fast jede Gestalt Symbol und Hieroglyphe, nicht sich selber bedeutend, sondern auf ein Anderes, mit dem sie Verwandtschaft und dadurch Bezüglichkeit hat, hinweisend.«*[21]

Der *ägyptische Geist* ist nach Hegel durchgehend von bildhaften und sinnbildlichen Vorstellungen geprägt, und die Kunst, die er hervorgebracht habe, sei *»das objektive Rätsel selbst«*. Die *»Mohammedanische Poesie«* sah der Philosoph am

*399 Ibn al-Muqaffa, Kalila va Dimna; illuminierte Handschrift (9/68)*

400

*400 Ibn al-Muqaffa, Kalila va Dimna; illuminierte Handschrift (9/70)*

höchsten bei den Persern ausgebildet. Hier glaubte er einen *»orientalischen Pantheismus«*, verbunden mit einer charakteristischen, *»schwelgerischen Seligkeit«* konstatieren zu können. Nach Hegel kommt in der islamischen Literatur die Allgegenwärtigkeit des Göttlichen zum Ausdruck, ergänzt durch einen *»unerschöpflichen Reichtum an glänzenden und prächtigen Bildern«*, ohne allerdings jene philosophische Tiefe wie in der Literatur des christlichen Abendlandes erreichen zu können. *»Die freie glückliche Innigkeit (...) ist den Orientalen, hauptsächlich den mohammedanischen Persern eigen (...) Wenn der Morgenländer leidet und unglücklich ist, so nimmt er es als unabänderlichen Spruch des Schicksals hin und bleibt dabei sicher in sich, ohne Gedrücktheit, Empfindsamkeit oder verdrießlichen Trübsinn. In Hafis' Gedichten finden wir Klage und Jammer genug über die Geliebte (...), aber auch im Schmerze bleibt er gleich sorgenlos als im Glück.«*[22]

Nicht ohne Ironie besang Johann Wolfgang von Goethe (1749–1832) die poetischen Vorbilder des Orients in seinem Westöstlichen Divan (1819):

*»Gesteht's! die Dichter des Orients*
*Sind größer als wir des Okzidents.*
*Worin wir sie aber völlig erreichen,*
*Das ist der Haß auf unsresgleichen.«*[23]

Die Sammlung von Gedichten und aphoristischen Bemerkungen erschien erstmals 1819 (erweitert 1827). Der Weimarer Dichter unternahm darin den Versuch eines poetischen Dialoges zwischen westlicher und östlicher Kultur über die Zeiten hinweg. Goethe hatte den *Diwan* des persischen Dichters Hafis (1317/25–1389/90) bereits 1814 in der Übersetzung von Joseph Hammer-Purgstall kennengelernt, sich intensiv damit beschäftigt und den Titel seines Werkes entsprechend gewählt, um eine geistige Verwandtschaft zu betonen. Persische und arabische Elemente vermischten sich bei Goethe zu einem Bild von orientalischer Literatur, deren prägenden Einfluß auf die klassische spanische Literatur des 17. Jahrhunderts er ausdrücklich hervorhob:

*»Herrlich ist der Orient*
*Übers Mittelmeer gedrungen;*
*Nur wer Hafis liebt und kennt,*
*Weiß was Calderon gesungen.«*[24]

In zwölf *Büchern* setzte sich der deutsche Klassiker einerseits mit dem als kongenial empfundenen Vorläufer in Form einer imitierenden Aneignung seines Stils auseinander, andererseits benutzt er diese Formen (besonders deutlich im *Buch Suleika*) um eigene Liebeserlebnisse zu poetisieren. In der persischen Literatur eines Hafis glaubte er eine Ausdruckform zu finden, die Leidenschaft mit Geist im poetischen Spiel verband und es ermöglichte, unvermittelt zwischen Ironie und ernsthafter Lebensweisheit zu wechseln: *»Der höchste Charakter orientalischer Dichtkunst ist, was wir Deutsche Geist nennen (...).«*[25]

Goethes *»unwandelbarer Orient«*[26] lag nahezu vollständig in literarischen Regionen. Er war ein Raum der dichterischen Imagination und Inspiration, geographisch nur vage bestimmt und in der Lage, auf geistiger Ebene geschichtliche und kulturelle Grenzen zu überwinden. Im eigenen Lande fanden sich eine Anzahl Nachfolger, die dem Publikumsinteresse an orientalischen Nachdichtungen Rechnung trugen und sich auch für ihr eigenes Werk inspirieren ließen, darunter heute weniger bekannte Autoren wie August Graf von Platen (1796–1835; *Ghaselen*, 1821; *Neue Ghaselen*, 1823; *Die Abassiden*, 1835), Friedrich Rückert (1788–1866; *Die Makamen des Hariri*, 1826–37; *Sieben Bücher Morgenländischer Sagen und Geschichten*, 1837; *Erbauliches und Beschauliches aus dem Morgenlande*, 1837) und Friedrich von Bodenstedt (1819–1892; *Die Lieder des Mirza Schaffy*, 1851).

Nach 1800 war der Orient vollends zum Objekt einer romantischen Sehnsucht geworden, ähnlich Amerika ein Fluchtort für europamüde Literaturgestalten. Helden, welche die konventionelle Moral verachteten, gegen die bürgerliche Gesellschaft rebellierten und das Schicksal herausforderten, kamen in Mode. Einer der seinerzeit berühmtesten Autoren dieser Gattung war George Gordon Noël (Lord) Byron (1788–1824). Er gab einem Typus literarischer Gestalten den Namen *(byronic heroes)* und wurde selbst als eine Art reale Verkörperung jener Rebellen aus Weltschmerz angesehen, die seine Werke bevölkern. Die Länder des östlichen und südlichen Mittelmeerraumes boten die geeignete Kulisse für die literarisch ausgetragenen Kämpfe zwischen Anspruch und Wirklichkeit. Europäische Verhältnisse schienen dafür viel zu prosaisch. In Byrons Verserzählungen nimmt der Orient einen beachtlichen Raum ein. Sein literarisches Alter Ego, Childe Harold, begegnet auf seinen *Pilgerfahrten* immer wieder orientalischen Gestalten und Szenarien (*Childe Harold's Pilgrimage*, 1812–1818). Im *Giaour* (1813) rächt der *ungläubige* Titelheld den Tod seiner Geliebten Leila, indem er den türkischen Fürsten Hassan tötet. In *The Bride of Abydos* (1813) endet die Romanze zwischen Zuleika und dem Piratenkapitän Selim tragisch in dem Versuch, sich über Konventionen und gegebene Heiratsversprechen hinwegzusetzen. Auch den beiden Liebenden in *The Corsair* (1814) – Pirat und Haremsschönheit – ist kein glückliches Ende beschieden. Die Beschreibungen der Atmosphäre und des orientalischen Zaubers entsprechen vorgeprägten Bildern. Im Morgenland sind jene von der Natur begünstigten Regionen zu finden, wo erotische und grausame Leidenschaften, anders als im kühlen Norden, eng beieinander liegen:

*401*

*401 Ibn al-Muqaffa; illuminierte Handschrift (9/69)*

402

*402 Hafiz Diwan; illuminierte Handschrift (9/72)*

*»Kennt ihr das Land, das Cypressen und Myrthen,*
*Sinnbilder des Glücks und des Todes, umgürten?*
*(...)*
*Kennt ihr das Land der Cedern und Reben,*
*Wo die Blume nie welkt und das Licht nie erbleicht,*
*(...)*
*Wo Citron' und Olive die Hügel bekränzen,*
*Wo die Nachtigal nimmer verstummt in der Nacht,*
*(...)*
*Kennt ihr den Osten, die Heimat der Sonne?*
*Sie lächelt zu Freveln und blutigem Schmerz!*
*O, wild wie das Schluchzen geschiedener Liebe*
*Sind die Sagen im Land und im Herzen die Triebe.*
*(...)*«[27]

Im dichterischen Werk von John Keats (1795–1821) haben insbesondere Ägypten und das nördliche Afrika eine mythisch symbolische Bedeutung. Den Nil besingt er als archaischen Fluß, Strom der Pyramide und des Krokodils, Amme dunkelhäutiger Nationen seit Anbeginn der Welt. (*To the Nile*, 1818). Monumentale Pracht vereint sich hier mit uralter Weisheit (*Hyperion* 1818/19) und die Aromen des Orients beschwören exotische Träume herauf (*The Eve of St. Agnes*, 1819).

Zahlreiche englischsprachige Romantiker schwelgten ausgiebig im exotischen Lokalkolorit orientalischer Regionen. Thomas Moore (1779–1852), ein Ire und Freund Byrons, verwendete in *Lalla Rookh* (1817) aus Büchern zusammengetragenes Material, das er dem Zeitgeschmack entsprechend verarbeitete. Erzählt wird eine Geschichte nach dem Muster von Tausendundeiner Nacht. Die eigentliche Handlung spielt zwischen Delhi und Kaschmir, auf der Reise der Titelheldin, Tochter des Kaisers von Aurungzebe, zu ihrer Hochzeit. In vier eingeschobenen Verserzählungen wird ein beachtliches orientalisches Repertoire vorgeführt und gleichzeitig geographisch zwischen dem nahen, mittleren und fernen Osten kaum unterschieden. Diese exotische Mischung aus außereuropäischer Ferne, Haremsgeschichten und heroischen Abenteuern brachte dem Autor europäischen Ruhm und zahlreiche Auflagen ein.

Orientalisch eingekleidete Rittergeschichten fanden jetzt gleichfalls ihr Publikum. So läßt beispielsweise Sir Walter Scott (1771–1832) den historischen Roman *The Talisman* (1825) in Palästina zur Zeit der Kreuzzüge spielen. Sein Held, der schottische Adlige Sir Kenneth, Ritter des Leoparden, arm, aber beherzt, gerät zwischen die Fronten. Von der eigenen Seite zum Tode verurteilt, von Saladin dagegen auch als Sklave ehrenhaft behandelt, gelingt es ihm schließlich, Richard Löwenherz das Leben zu retten. Die nahöstliche Landschaft und ihre Bewohner sind wieder einmal kaum mehr als eine dekorative Kulisse und bis auf die allgemeine Feststellung, daß auch unter den Moslems gute Menschen zu finden seien, wird der britisch-abendländische Standort des Autors nicht relativiert.

Mit Beginn des neunzehnten Jahrhunderts setzten Bildungs- und Pilgerreisen europäischer Schriftsteller in den Orient ein, die literarische Früchte trugen. Aus Deutschland begaben sich Hermann Fürst von Pückler-Muskau (1785–1871; *Aus Mehemed Alis Reich*, 1844) und Friedrich von Bodenstedt (1819–1892, *Tausend und ein Tag im Orient*, 1849/50) auf den

Weg und lieferten mit exotischem Couleur angereicherte Sittengemälde. In Frankreich entwickelte sich geradezu ein Art literarischer Orienttourismus.[28] Auf den Spuren Napoleons und der Bibel bemühte sich beispielsweise François-René de Chateaubriand (1768–1848) in den Jahren 1805–1806, eigene Erfahrungen im vorderen Orient zu sammeln. In seinem Hauptwerk *Le Génie du christianisme* (1802) hatte er bereits den kulturellen und geschichtlichen Siegeszug des Christentums aus patriotisch französischer Perspektive in weltgeschichtlichen Dimensionen beschrieben und orientalische Gebiete einbezogen, die er nur aus Büchern oder von Bildern her kannte. Die ägyptische Szenerie mit ihren Ruinen und Statuen schilderte er als pittoresk, der Totenkult der Pharaonen schien ihm nicht ohne Faszination, wenn auch mehr von folkloristischer Bedeutung zu sein. Insgesamt betonte er die Überlegenheit der alttestamentarischen Schöpfungsgeschichte über die Erklärungsmodelle anderer Religionen und erst mit dem Christentum begann für ihn die Menschheit zu ihrer Bestimmung zu finden.

Das später veröffentlichte Reisetagebuch (*Itinéraire de Paris à Jérusalem, et de Jérusalem à Paris,* 1810–11), reflecktiert seine konkreten Erfahrungen vor dem Hintergrund vorgefaßter Ansichten: »*Wir befinden uns im Jahrhundert der Wunder, jeder Franzose scheint dazu aufgerufen, eine besondere Rolle zu spielen*«.[29] Bonaparte war für ihn der letzte Kreuzfahrer, er dagegen fühlte sich als ein später Pilger, den Missionsgedanken im Herzen, der das Heilige Land mit der Überzeugung aufsuchte, daß der Okzident den Orient noch viel zu lehren habe. Die ehemalige Größe schien ihm vergangen, eine Wiederbelebung aus nunmehr christlichem Geist tat not. Die Araber verglich er mehrfach mit den nordamerikanischen *Wilden*, die er auf einer Reise in die Neue Welt (1791–92) kennengelernt hatte und an denen er in seinen Erzählungen *Atala* (1801) und *René* (1802) die wohltätigen Folgen der Christianisierung vorführte. »*In einem Wort, beim Amerikaner weist alles auf den Wilden hin, der noch in keiner Weise einen zivilisierten Zustand erreicht hat, beim Araber läßt alles den zivilisierten Menschen erkennen, der in den Zustand der Wildheit zurückgefallen* ist.«[30]

*403*

*403 Scharaf ad-Din Yazdi, Zafamameh; illuminierte Handschrift, persisch, um 1600 (9/44)*

Bei all seinen Betrachtungen legte er europäische, oft explizit als französisch ausgegebene Maßstäbe an. Die ganze Reise und die spätere Bearbeitung des Tagebuches für die Veröffentlichung dienten weitgehend dazu, einen Vorrat vorgeprägter *Images* durch Erfahrung anzureichern und zu legitimieren. Seine Einstellungen werden deutlich, wenn er etwa über Kairo sagt: *»dies ist die einzige Stadt, die auf mich den Eindruck einer orientalischen Stadt gemacht hat, wie man sie sich gemeinhin vorzustellen pflegt: so kommt sie auch in* Tausendundeiner Nacht *vor. Sie bewahrt noch immer viele Spuren der französischen Anwesenheit: die Frauen zeigen sich weniger zurückhaltend als früher; man kann sich überall frei bewegen (...): dies ist das Werk unserer Soldaten.«*[31]

Alphonse de Lamartine (1790–1869), romantischer Lyriker und Politiker, bereiste den östlichen und südlichen Mittelmeerraum aus dem Interesse an ideeller und sinnlicher Bereicherung. 1833 gelangte er über Griechenland nach Syrien und Palästina. Bereits zwei Jahre später erschienen seine literarischen Erinnerungen (*Souvenirs, Impressions, Pensées et Paysages pendant un voyage en Orient, 1835).* Der Orient war für Lamartine das *»Vaterland meiner Imagination«*. Entsprechend hatte für ihn auch das Morgenland seiner Vorstellungen eine weit größere Bedeutung als die konkret vorgefundene Wirklichkeit. Die Aura des Orients inspirierte ihn, der Alltag dagegen zeigte sich erheblich weniger poetisch. Im Umgang mit Moslems wurden aus Europa mitgebrachte Klischees bestätigt, sie werden als faul, launenhaft und leidenschaftlich dargestellt, als ein Volk, das keine Zukunft habe. Den ästhetischen Reiz vergangener Kulturen und exotischer Landschaften wußte er zu würdigen. Dem zeitgenössischen Orient gestand er keine zivilisatorische Eigenständigkeit mehr zu.

Für Chateaubriand und Lamartine war der Orient lediglich ein Objekt für ihren bildungsbeflissenen Tourismus. Es genügte, dort gewesen zu sein. Sie sahen sich nie mit einer eigentlichen Fremderfahrung konfrontiert. Bereits vorher Gewußtes fanden sie letztlich bestätigt und europäische Überlegenheitsgefühle wurden nicht in Frage gestellt. Gérard de Nerval (1808–1855) war stärker als seine Landsleute und Dichterkollegen, deren Schriften er kannte, daran gelegen, sich auf den alltäglichen und gegenwärtigen Orient einzulassen, den er in den Jahren 1842–1843 bereiste. An Ort und Stelle bemühte er sich, mehr auf einheimische Weise zu leben als seine Vorgänger und noch in der späteren Schilderung der Erlebnisse *(Voyage en Orient, 1852)* war er sich seiner europäisch geprägten Vorbehalte bewußt. Geistreich und oft amüsant schilderte er seine Erfahrungen mit einer ungewohnten Kultur, deren gesellschaftliche Regeln und Umgangsformen ihm fremd waren. Im Basar von Kairo, zwei Frauen nachspürend, stellt er fest: *»Nun bin ich also mitten in Tausendundeiner Nacht.«*[32] An die Stelle eines europäischen Missionsgedankens trat eine intellektuelle Distanz, die es dem Autor ermöglichte, die Relativität abendländischer Vorstellungen zu erkennen. Der Orient war nicht mehr das, was er zuhause noch gewesen zu sein schien: *»Nach dem Mittagessen im Hotel bin ich in das schönste Café der Muski gegangen. Dort habe ich zum ersten Mal arabische Tänzerinnen öffentlich auftreten sehen. Ich würde gern das Ganze ein wenig in Szene setzen, aber in Wahrheit wies die Dekoration weder Dreipässe noch Säulchen noch Fayenceverkleidungen noch aufgehängte Straußeneier auf. Derart orientalische Cafés gibt es nur in Paris.«*[33]

Kunst- und kulturhistorische Kenntnisse an Originalschauplätzen zu vervollständigen, waren ihm weniger wichtig als Milieustudien und die Reize exotischer Weiblichkeit. Als Informationsquelle stützte sich der französische Dichter wesentlich auf die Darstellungen des englischen Arabisten Edward William Lane (1801–76; *Account of the Manners and Customs of the Modern Egyptians*, 1836), der auch anderen Schriftstellern als Vorlage diente. Nervals persönliche Ägyptenbilder, die er auch literarisch verarbeitete (*Isis*, 1854) sind facettenreich und lassen sich schwerer zu einem geschlossenen System zusammenfügen als etwa die Vorstellungen Chateaubriands.

Auch die Orienteindrücke Gustave Flauberts (1821–1880) waren differenziert und persönlich geprägt. Die Tagebücher der 1849–50 unternommenen Reise wurden zwar vom Autor überarbeitet, aber zu Lebzeiten nicht veröffentlicht. In seinem literarischen Werk sind allerdings zahlreiche Spuren zu finden. So soll die Bekanntschaft mit der ägyptischen Tänzerin und Kurtisane Kuchuk Hanem einigen Frauengestalten Flauberts, der Priesterin *Salammbô* (1862), der Salomé in *Hérodias* (1877) sowie den fleischlichen Versuchungen des heiligen Antonius in *La Tentation de Saint-Antoine* (1874) Züge verliehen haben.

Mehr noch als Nerval suchte Flaubert die extremen und authentischen Eindrücke. Seine Schilderungen sind häufig von einer unbestimmten Nostalgie geprägt, einer Art Sehnsucht, Verlorenes wiederzubeleben und jenseits der europäischen Grenzen des Mittelmeeres eine exotische Alternative finden zu können. Noch in der ägyptischen Gegenwart des neunzehnten Jahrhunderts schien ihm eine Ahnung von monumentaler Vergangenheit und Unendlichkeit anzuklingen: *»Ein Boot, eine Tartane, fährt vorüber: das ist der wahre Orient, ein melancholischer und einschläfernder Eindruck, man ahnt etwas Unermeßliches und Unerbittliches, in dem man verloren ist.«*[34]

Nach Flauberts Darstellung wirkte der nahe Osten manchmal erschreckend, aber immer anziehend, und übte eine sonderbare Faszination auf ihn aus. Er stilisierte sich als Europäer in einer fremden Welt. Physisch und emotional empfundene Irritationen blieben nicht auf Begegnungen mit Frauen beschränkt. Sein ganzes Orientbild war vom Atmosphärischen bestimmt: *»Es ist heiß, rechts naht sich ein Kahamsinwirbel vom Nil her; eben nimmt man noch einige Palmen wahr, die seine Ufer säumen; der Wirbel wächst und kommt näher; er gleicht einer ungeheuren, senkrechten Wolke, die lange bevor sie uns einhüllt, über unsren Köpfen hängt, während rechts ihre Basis noch weit von uns entfernt ist. (...) eine Karawane kommt uns entgegen; die Männer, in Kufijen gehüllt (die Frauen sind dicht verschleiert), beugen sich über den Hals ihrer Dromedare; sie kommen ganz nahe an uns vorüber, man sagt nichts zueinander, es ist wie Phantome in Wolken: Ich fühle, wie eine Art Schreckgefühl oder wilde Bewunderung mir den Rücken hinab rieselt; ich lache nervös; ich war jedenfalls sehr blaß und ich empfand unerhörten Genuß.«*[35]

Während englische Literaten vornehmlich Indienerfahrungen zu sammeln begannen, bereisten ihre französischen Kollegen (u. a. Guy de Maupassant, Pierre Loti, Maurice Barrès), noch bis ins zwanzigste Jahrhundert den vorderen und nordafrikanischen ›Orient‹ auf der Suche nach Eindrücken und Bildern. In der Regel überwog in den Reiseberichten der französische Kulturstandpunkt. In ihre Schilderungen flossen zumeist mehr literarisch vorgeprägte *Images* als tatsächlich erkundete Sachverhalte ein. In den ersten Jahrzehnten des neunzehnten Jahrhunderts hatte der Orient eine eigenständige poetische Gestalt erhalten, die die Wahrnehmung auch jener veränderte, die Gelegenheit hatten, seine Länder selbst aufzusuchen. Das ästhetisierte Morgenland war reizvoller als die Wirklichkeit, die einem Reisenden dort begegnen konnte.

404

*404 Firdausi, Schanamah; illuminierte Handschrift, persisch, 17. Jh. (9/73)*

In Victor Hugos (1802–1885) Gedichtzyklus *Les Orientales* (1829) wurde bereits die ganze romantische *Imagerie* einer ästhetischen Orientfaszination lyrisch verarbeitet. Angeregt von Goethe, Byron, den Brüdern Schlegel und Chateaubriand, besang der Verfasser eine Welt der poetischen Imagination, der exotischen Stimmungen und assoziierten Bilder. Fremdartige Schönheit, Liebe, Moral

405

405 *A. Olearius, Sa'si Muslihaddin, Der persianische Rosenthal (...), Titelkupfer; Schleswig, 1654 (9/63)*

und auch Beschreibungen jüngster europäischer Ereignisse aus der Perspektive einer anderen Kultur wurden mit Vorstellungen eines islamischen Stils verbunden. Der französische Dichter vertrat die Auffassung, daß dem neunzehnten Jahrhundert, im Gegensatz zu dem der abendländischen Antike verpflichteten achtzehnten, eine Hinwendung zum aussereuropäischen Mittelmeerraum bestimmt sei. Ein Anlaß für die Veröffentlichung der Gedichtsammlung war der Freiheitskampf in Griechenland, an dem sich Lord Byron persönlich beteiligte und mit dem Hugo sympathisierte. Dieser freizügigen geographischen Begrenzung entsprach die auf eigenen Reiseerfahrungen beruhende Feststellung, daß morgenländische Kultureinflüsse schon auf der iberischen Halbinsel zu spüren seien: *»Spanien ist noch der Orient, Spanien ist zur Hälfte afrikanisch.«*[37]

Es ist der zeitlose Orient als poetische Inspiration, der in Hugos Gedichten zum Ausdruck kommt, die Welt einer reinen, ursprünglichen Poesie von magischer Anziehungskraft. Damit wurde das Morgenland beispielhaft auf einen reinen Topos konzentriert. Der Einfluß der *Orientales* ist in der modernen europäischen Lyrik über Generationen wirksam geblieben. In den Gedichten von Charles Baudelaire, Arthur Rimbaud und Paul Verlaine sind deutliche Spuren zu finden.

Von ebenfalls erheblichem Einfluß auf die Literaten der Avantgarde und Dekadenz war Théophile Gautier (1811–1872) als Verkünder eines zeitgenössischen Exotismus aus romantischen Wurzeln. Der Dichter und Kritiker, der urspünglich Maler werden wollte, bewies in den zahlreichen literarischen Arbeiten, die orientalische Elemente enthalten, einen Sinne für optische Eindrücke. Die Handlung selbst tritt oft hinter den Schilderungen von Ambiente und Atmosphäre zurück. Die Erzählung *Fortunio* (1837) spielt zwar in Paris, die Liebesgeschichte und die märchenhafte Umgebung wurden jedoch morgenländisch nach den Mustern von *Tausendundeiner Nacht* eingekleidet. Immer wieder finden sich bei Gautier literarisch aufgebaute Genrebilder oder Orientkulissen mit *typischen* Requisiten. Gelegentlich ließ sich der Autor auch von den Fortschritten der Archäologie und der zeitgenössischen Begeisterung für die Entschlüsselung der Rätsel der Vergangenheit inspirieren. Im *Roman de la momie* (1858) wird vorgeblich die Übersetzung eines Papyros mit der Lebensbeschreibung einer ägyptischen Priestertochter veröffentlicht. Die Vorgeschichte handelt, ironisch mit Klischees spielend, von der Entdeckung ihrer Mumie und des Manuskriptes durch den deutschen Gelehrten Doktor Rumpfius und den Engländer Lord Evandale. In der Grabkammer stellen beide Betrachtungen über die Unterschiede zwischen vergangener und gegenwärtiger Zivilisation an: *»›Vielleicht‹, erwiderte Lord Evandale gedankenvoll, ›ist unsere Zivilisation, die uns wie Höherentwicklung erscheint, nichts als tiefer Niedergang (...). Wir sind töricht stolz auf ein paar geschickte mechanische Erfindungen der letzten Zeiten und sind nicht eingedenk der unermeßlichen Prächte großartiger anderer Völker, der unerreichbaren Schöpfungen des alten Pharaonenreiches. Wir haben die Dampfkraft; doch ist die Dampfkraft weniger mächtig als der Geist, der Pyramiden schuf, Grüfte höhlte, Berge Sphinxgestalt annehmen ließ, Obelisken errichtete (...) und die menschliche Hülle vor Zerfall zu bewahren wußte, so sehr war er gesättigt mit Wissen von Ewigkeit!‹ ›Oh, die Ägypter‹, sagte lächelnd Rumpfius, ›(...) doch wir werden zu guter Letzt doch ihre Geheimschriften entziffern und ihnen ihr Geheimnis entwinden.‹«*[37]

Die auch bei Gautier zu findende Mischung aus Trivialisierung und Poetisierung kann als repräsentativ für das Orientbild um die Mitte des neunzehnten Jahrhunderts gelten. Die Vorliebe für Monumentales und Dekoratives entsprach dem europäischen Zeitgeschmack. Der Autor selbst hatte eine Schwäche für das Bizarre und Groteske. Vampire regten seine Phantasie ähnlich an wie die dekadente Aura des Orients und der Typ der dämonisch verführerischen *femme fatale.* In der Erzählung *Une Nuit de Cléopâtre* (1845) wird die Titelfigur als buchstäblich männermordende Schönheit beschrieben. In einer Umkehr der Rollen gleicht sie dem willkürlichen Herrscher der Rahmenerzählung von *Tausendundeine Nacht.* Cleopatra, sagenhaft schön und von exotischer Pracht umgeben, entledigt sich der Jünglinge ihrer Neigung nach der Liebesnacht.

Dämonische Frauengestalten mit ausschweifendem Lebenswandel und exotischem Geschmack in orientalischer Umgebung lebend, bevölkerten die europäische Literatur auf unterschiedlichstem Niveau noch bis zum Beginn des 20. Jahrhunderts. Eindrucksvolle Verkörperungen dieses Typs der gnadenlos-verhängnisvollen Schönheit finden sich bei Philippe-Auguste Villiers de l'Isle-Adam: (1838–89; *Isis,* 1862) Algernon Charles Swinburne (1837–1909; *Cleopatra,* 1866) und Oskar Wilde (1854–1900). Die Titelgestalt in dessen kurzem Drama *Salomé*

406

*406 Herzog Anton Ulrich von Braunschweig-Wolfenbüttel, Mesopotamische Schäferei (...); Nürnberg, 1669 (9/65)*

(1893) bewegt sich langsam, ist sonderbar unlebendig und hat nekrophile Neigungen, wie sie bereits in Beckfords Vathek beschrieben wurden. Gleich zu Beginn wird die morbide Atmosphäre beschrieben, die Salomés Auftreten umgibt: *»Sie gleicht einer dem Grab entsteigenden Frau. Sie gleicht einer toten Frau.«*[38]

Eine derartige, die bürgerlichen Spielregeln sprengende Erotik und Exotik kennzeichneten ein Lebensgefühl des Jahrhundertendes, das sich in morgenländischem Dekor widerspiegelte.

Die Bildungsreisenden, Orientalisten und Archäologen des neunzehnten Jahrhunderts hatten dem Bild der Länder von *Tausendundeiner Nacht* Elemente des Wahrscheinlichen hinzugefügt, die in literarische Fiktionen übernommen werden konnten. Durch die Verbreitung von Reisebeschreibungen im Original und in Übersetzungen existierten beim Publikum neben den poetisch-bizarren Bilderwelten nun auch vermehrt Vorstellungen von einem authentischen und zeitgenössischen Orient. Zu den bekanntesten Bei-

407

407 F. M. A. de Voltaire, Titelseite von »Zaire Tragédie«; in: Œuvre, Bd. 3, Amsterdam, 1738 (9/74)

408

408 J. F. Marmontel, Titelkupfer zu »Zémire et Azov«; in: Œuvre complètes, Paris, 1819 (9/76)

spielen einer populären Ausnutzung dieses Spielraumes gehören im deutschsprachigen Bereich die Werke Karl Mays (1842–1912). Der Autor pflegte die Legende, alles selbst erlebt zu haben. Die Helden der dickleibigen Abenteuergeschichten bewegen sich in einer Landschaft, die dem Leser real und glaubhaft erschien. Kara Ben Nemsi *(Karl, Sohn der Deutschen)* und sein einheimisches Faktotum Hadschi Halef Omar durchstreifen die Gegenden Nordafrikas, des Nahen und Mittleren Ostens, wobei der deutsche Held immer aufs neue Gelegenheit hat, sowohl seine Anpassungsfähigkeit an örtliche Sitten und Gebräuche, als auch seine intellektuelle Überlegenheit in allen Situationen unter Beweis zu stellen. Moslems werden entweder als liebenswert, großherzig und etwas kurios, oder als verschlagen, gewalttätig und fanatisch geschildert. Entsprechend sind die Rezepte, die der erfahrene christliche Abenteurer für den Umgang mit der lokalen Bevölkerung gibt: *»Man muß den Orientalen zu behandeln verstehen. Derjenige Abendländische, welcher sich mißachtet sieht, trägt selbst die Schuld. Ein klein wenig persönlicher Mut und eine möglichst große Dosis Unbescheidenheit, unterstützt von derjenigen lieben Tugend, welche man bei uns Grobheit nennen würde, sind unter gewissen Voraussetzungen vom allerbesten Erfolge. Allerdings gibt es andererseits auch Verhältnisse, in denen man gezwungen ist, sich einiges oder sogar vieles gefallen zu lassen. Dann ist es aber sehr geraten, zu tun, als ob man gar nichts bemerkt habe. Freilich gehört nicht nur Kenntnis der Verhältnisse und Berücksichtigung des einzelnen Falles, sondern auch eine gute Übung dazu, um zu entscheiden, was dann besser und klüger sei: Grobheit oder Geduld und Selbstüberwindung, die Hand an der Waffe oder – die Hand im Beutel.«*[39]

Angereichert durch Allgemeinplätze und Vorurteile werden hier Morgenlanderfahrungen mit dem Anspruch auf Wahrscheinlichkeit vermittelt. Es ist auch in diesem Fall ein Orient der europäischen Selbstdarstellung, der hier geschildert wird. Jenseits des Mittelmeeres, nicht unähnlich den Gefilden Amerikas, liegen – zumindest in der Literatur – noch immer Orte, wo alles möglich ist und Träume zu verwirklichen sind, für die in Europa kein Platz ist.

Die europäische *Imagerie* des Orients bleibt über zwei Jahrhunderte recht konstant. Immer wieder wurde sie belebt durch Neuausgaben der *Geschichten von Tausendundeiner Nacht* (E. W. Lane, 1838 bis 1840; R. Burton, 1885–88; M. Henning, 1896–1900; J.-C. Mardrus, 1898 bis 1904). Diese Erzählsammlung lieferte Grundstrukturen und Leitthemen für europäische Orientbilder. Französische, englische und deutsche Schriftsteller entwarfen, darauf aufbauend, farbige Vorstellungswelten. Kritiker und Gelehrte bemühten sich um passende Erklärungsmodelle. Die theoretischen und poetischen Konstruktionen brauchten die reale und gegenwärtige Existenz nordafrikanischer oder kleinasiatischer Regionen und ihrer Bewohner kaum. Die literarischen Ansprüche und die ästhetische Adaption der Orientbilder waren von europäischem Geschmack und kulturellen Auffassungen abhängiger als von tatsächlichen Kulturkontakten. Das Morgenland als didaktische Kulisse der Aufklärer blieb auch in der Folge eine Folie. Meist fungierte der Orient als Bühnenbild für europäische Akteure und damit als Spiegel abendländischer Auffassungen. Der Zauber der imaginären Bilderwelten scheint von Dauer zu sein. »*Und was für eine Welt! Der Homer möchte in manchen Augenblicken daneben farblos und unnaiv erscheinen. Hier ist Buntheit und Tiefsinn, Überschwang der Phantasie und schneidende Weltweisheit; hier sind unendliche Begebenheiten, Träume, Weisheitsreden, Schwänke, Unanständigkeiten, Mysterien; hier ist die kühnste Geistigkeit und die vollkommenste Sinnlichkeit in eins verwoben. Es ist kein Sinn in uns, der sich nicht regen müßte, vom obersten bis zum tiefsten; alles, was in uns ist, wird heiter belebt und zum Genießen aufgerufen.*«[40]

409

*409 J.W. von Goethe, Titelseite; in: West-Östlicher Divan, Stuttgart 1819 (9/78)*

*Lynne Thornton*

# FRAUENBILDER
# ZUR MALEREI DER »ORIENTALISTEN«

Die in der Malerei des 19. Jahrhunderts als träge, aufreizend, eitel, wollüstig oder affektiert dargestellten orientalischen Frauen entsprachen eher Projektionen der Europäer, denn der Wirklichkeit; die kulturellen Hintergründe, vielleicht auch die sich in der Darstellung manifestierenden Vorurteile, folgten dem Kunstgeschmack und -stil der Zeit. Die Visionen der europäischen Künstler von der orientalischen Welt waren auch von den Vorurteilen ihrer jeweiligen Gesellschaft geprägt. Versuchten die *Orientalisten* auch die Wirklichkeit zu sehen, oder waren sie allein mit einer farbenprächtigen *Fata Morgana* zufrieden?

Auf Bildern des 18. Jahrhunderts sieht man selten muslimische Frauen – aus einem einfachen Grunde: es war auch für einen Künstler schwierig, ihnen näher zu kommen. Der *Hadith*, die Überlieferung des Propheten, verdammt die figürliche Darstellung von Mensch und Tier, da der Künstler sich mit solchen Werken göttliche Schöpferkraft anmaßte. Die praktische Durchsetzung dieses Verbotes jedoch hing weitgehend vom Einfluß der Theologen auf Sitten und Gebräuche der jeweiligen islamischen Gesellschaften ab, und dieser Einfluß wechselte zwischen Strenge und Kompromißlosigkeit bis hin zu Nachgiebigkeit. Am türkischen Hof, wo seit Jahrhunderten gegenständliche Miniaturen von muslimischen Künstlern gemalt worden waren, wurden europäische Künstler wohlwollender empfangen als in arabischen Ländern, die nur Kalligraphie als künstlerisches Ausdrucksmittel erlaubten. Westlichen Künstlern war es möglich, männliche Mitglieder des türkischen Hofstaates, die Notabeln zum Beispiel, aber auch reiche Griechen, die zu Festlichkeiten des Sultans geladen waren, oder eben prominente Mitglieder der europäischen Kolonie zu malen. Muslimische Frauen jedoch konnten sie nicht sehen, also nicht nach der Wirklichkeit malen. Wie in allen islamischen Ländern war das Betreten des *Harems*, des von Frauen bewohnten Teiles eines muslimischen Haushaltes, durch Fremde eine Verletzung des strengen Sittenkodex'. Darüberhinaus war der große kaiserliche *Harem* im Serail von Istanbul von Eunuchen streng bewacht. Informationen aus erster Hand waren deshalb rar, obwohl Nachrichten von Botschafterfrauen kamen, die in die geschlossene Gesellschaft der Frauen am Hof eingeladen waren. Eine bemerkenswerte Ausnahme ist zu verzeichnen: Als am Hof akkreditierter Maler war Jean Baptiste Vanmour (1671–1731) ein privilegierter Gast im osmanischen Reich, und einige ihrer Mitglieder hatten an westlicher Kultur Gefallen gefunden. Er war deshalb in der Lage, außergewöhnliche Bilder von Frauen in ihrer eigentlich abgeschlossenen Sphäre zu malen. Unter den Bildern von Vanmour im Rijksmuseum Amsterdam gibt es Darstellungen eines von vornehmen türkischen Frauen besuchten Banketts, einer Kinderszene und von Damen-Landpartien. Die Frauen sind würdevoll und diskret dargestellt, ganz anders als – sehr viel später – die verführerischen Odalisken auf den Gemälden der *Orientalisten* des 19. Jahrhunderts.

Bevor französische Mode sich durchzusetzen begann, waren muslimische Frauen in Konstantinopel, wenn sie das Haus verließen, dicht verschleiert und in Tücher eingewickelt; so waren ihre Gesichter oder ihre teuren Kleider den neugierigen Blicken verborgen. Den Künstlern gelang es nicht, sie zu malen; viele zogen es daher vor, Frauen aus Gesellschaften zu malen, die diese Tradition nicht hatten. Jean-Etienne Liotard (1702–1789) porträtierte Levantinerinnen und Fränkinnen mit einer für diese Zeit ungewöhnlichen Treue und Genauigkeit. In den sechziger Jahren des 17. Jahrhunderts malte Antoine de Favray (1706 bis 1792) fast ausschließlich Phanario-

410

*410 T. Chassériau, Haremsszene: Femme Mauresque sortant du bain au sérail; Leinwand, 1854 (15/26)*

ten, d.h. Griechen, die im ›*Phanar*‹-Viertel von Konstantinopel lebten.

Bei ihrer Rückkehr vom Goldenen Horn brachten viele Diplomaten und Reisende sowohl orientalische Gewänder als auch faszinierende Berichte vom sagenhaften Reichtum und Glanz der Hohen Pforte mit. Die Öffnung des Landes gegenüber dem Westen und die ersten türkischen Botschafter in Europa lösten eine heftige Neugierde aus. *Turquerien* wurden zu einer Welle, die sich im Theater, in der Oper, in der Innendekoration, in der Mode, in der Literatur und in der Malerei rasch ausbreitete. Künstler, die den Nahen Osten nie gesehen hatten, wie Carle Van Loo (1705–1765), Antonio Guardi (1699–1760), François Boucher (1703–1770), Nicolas Lancret (1690–1743) und Jean-Honoré Fragonard (1732–1806) erlagen zeitweilig dieser *Turkomanie*. In ihren Gemälden werden europäische Frauen in imaginären Situationen und Kompositionen gezeigt, die an Opern-Szenarien erinnern; kein Bemühen, Charakter oder Gefühle der Frauen zu zei-

411

*411 »Allso Reytt die Braut Vndereinem Himmell« (Die Braut unter dem Baldachin), europäische Darstellung, um 1590; in: Codex Vindobonensis, Wien, Österreichische Nationalbibliothek*

gen, ist erkennbar, nur die Kostüme sind echt. Damen der (europäischen) Gesellschaft gaben ihre Porträts bei solchen Künstlern wie Jacques Aved (1702–1776) in Auftrag und trugen für das Portrait eng anliegende, tief ausgeschnittene Kaftans und Federkronen und Diamanten im Haar. In England hielt sich die Vorliebe für Kleidung und Portraits im türkischen Stil überraschend lange, zweiffellos begünstigt durch die große Zahl von Bällen und Maskeraden.

Die Parteinahme der Romantiker auf Seiten der Griechen im Unabhängigkeitskrieg gegen die Türken richtete das westliche Interesse wieder einmal auf die damalige islamische Welt. Die aus dieser neuen Orientalismus-Welle entstehenden Frauenbilder unterschieden sich wesentlich von denen der Vergangenheit. Eines der berühmtesten Bilder jener Periode ist *»La mort de Sardanapal«* (1827, Musée du Louvre, Paris) von Eugène Delacroix (1798–1863). Der ausschweifende Herrscher, in seinem Palast belagert, ordnete ein Massaker an seinen Frauen, Sklaven und Tieren an. Die Frauen winden sich nackt, während der Scheiterhaufen entzündet wird. Obwohl in eine imaginäre Vergangenheit an den Hof von Ninive verlegt, zeigt das Bild alle Elemente eines imaginierten, exotischen Orients: sinnliches Fleisch kontrastierend gegen rotes Tuch, Kaskaden von Schmuck und Tand und muskulöse männliche Sklaven, die Frauen in ihrer Gewalt halten. Dieselbe *Masche,* das weiße Fleisch kämpfender Frauen vor einem roten Hintergrund, wurde in einer weiteren wohlbekannten Komposition verwendet: *»La Prise de la Smalah d'Abd el-Kader«* (Gefangennahme des Gefolges von Abd el-Kader, 1854, Musée du Château de Versailles) von Horace Vernet (1789–1863). Und ähnliche Themen, die Frauen als Kriegsbeute und im Zustand äußersten Elends zeigen, waren während des 19. Jahrhunderts unter europäischen Künstlern weit verbreitet. Das Thema männlicher Dominanz findet sich auch in Sklavenmarkt-Szenen, wo nackte oder halbnackte Frauen von ihrem zukünftigen Herrn inspiziert werden. Allerdings entsprach es der Wirklichkeit, daß Konkubinen in den großen osmanischen Harems ursprünglich Sklaven waren, dorthin gebracht von Händlern aus Georgien, dem Kaukasus, Armenien oder aus dem Sudan. Die zeitgenössische öffentliche Meinung in Europa protestierte gegen diesen Handel. Andererseits sind die Motive für die Darstellung dieses Themas in der Malerei fragwürdig, den diese Bilder lassen keinen Abscheu vor der brutalen und demütigenden Behandlung der Sklaven erkennen, wie man ihn auf Gemälden und Zeichnungen sehen kann, die als Propaganda der den Sklavenhandel mit Amerika bekämpfenden Abolitionisten dienten. Im Gegenteil: die *Orientalisten* empfanden offensichtlich Freude, schöne und nackte Körper zu malen, sie dem lüsternen Blick eines Betrachters auszuliefern. Zudem war die westliche Gesellschaft zu jener Zeit von der Richtigkeit

412

*412 »Wie sie inn leren Zimmer sizen« (Frauen im Harem), europäische Darstellung, um 1590; in: Codex Vindobonensis, Wien, Österreichische Nationalbibliothek*

weiblicher Unterwürfigkeit, von der Wehrlosigkeit der Frauen überzeugt, erst die Emanzipationsbewegung der Frauen sollte dieses Bild verändern können.

Auch der Teil der Geschichte des kaiserlichen türkischen *Harems*, der blutige Zwischenfälle betrifft, erfreute sich größter Faszination. Bis zum Beginn des 20. Jahrhunderts zeigten Akademiekünstler Bilder von Intrigen, Eifersüchteleien und bitteren Rivalitäten zwischen Favoritinnen und Konkubinen oder von treulosen Frauen, die dann ob dieses Verhaltens auf Befehl ihres Herrn meuchlings ermordet wurden.

Zwar klärten Islamwissenschaftler des 19. Jahrhunderts darüber auf, daß die meisten muslimischen Frauen vollkommen frei seien, zu kommen und zu gehen, daß sie weder unterdrückt noch ständig bewacht seien. Zudem hätten die Frauen in ihrem eigenen Haushalt eine erhebliche Autorität. Dennoch hielten viele Europäer an Ihrem Urteil von der bedauernswerten Lage der muslimischen Frauen fest. Da der Serail und alle großen *Harems* in den Vorstellungen der Europäer Orte des Hedonismus und zügelloser Leidenschaften waren, porträtierten die Künstler Odalisken als gelangweilte Geschöpfe, übersättigt von sinnlichen Genüssen. Sie sind zumeist nackt oder leicht bekleidet dargestellt, da die Europäer ihre Existenz, obwohl dies die Ausnahme war, nur als eine denken konnten, die dem Sultan oder ihrem Herren diente. So malte man Frauen oft in zurückgelehnten, ruhenden Posen, so wie man noch heute in vielen arabischen Ländern auf dem Diwan sitzt. Doch die Tradition, liegende Akte zu malen, geht auf die venezianische Renaissance zurück, insbesondere auf Tizians Reihe von Venusdarstellungen aus den vierziger Jahren des 16. Jahrhunderts. Die Göttin liegt, auf ihren linken Arm gestützt, den Körper dem Betrachter zugekehrt. In vielen dieser Szenen sitzt ein männlicher Bewunderer musizierend zu ihren Füßen, ein Thema, das die *Orientalisten* später häufig variieren sollten. Viele dieser Aktdarstellungen zeigen in sich selbst ruhende, ihrer Schönheit durchaus bewußte Frauen: es scheint keine Absicht erkennbar, ein sexuelles Interesse zu erzeugen. Jean-Auguste-Dominique Ingres (1780–1867) kombinierte in seinen Serien von Odalisken und Badenden beide Tendenzen: ideale Vollendung und Erotik. *»La grande Odalisque«* (Die große Odaliske, 1814, Musée du Louvre, Paris) wirft einen kühlen Blick über ihre Schulter, so als ob sie jeden warnen wollte, der glaubt, sich ihres nackten Körpers bemächtigen zu können. Die träge laszive *»Odalisque avec Esclave«* (Odaliske mit Sklavin, 1839, The Fogg Museum, Cambridge; Version von 1842, Walters Art Gallery, Baltimore) hingegen vermittelt beides – Sinnlichkeit und Hingabe; die klassischen Zwischentöne jedoch machten Ingres moralisch unanfechtbar. Seine direkteste erotische Evokation, das Gemälde *»Le Bain Turc«* (Das Türkische Bad, 1862, Musée du Louvre, Paris), wurde von der französischen Öffentlichkeit zu einem Zeitpunkt akzeptiert, in den sechziger Jahren des 19. Jahrhunderts, als ein Höhepunkt der Prüderie erreicht war. Ingres zeigt eine ›verschwenderische‹ Fülle nackter

*413*

*413 Venezianische Schule?, Porträt der Roxelana; Leinwand, 18. Jh. (12/12)*

414

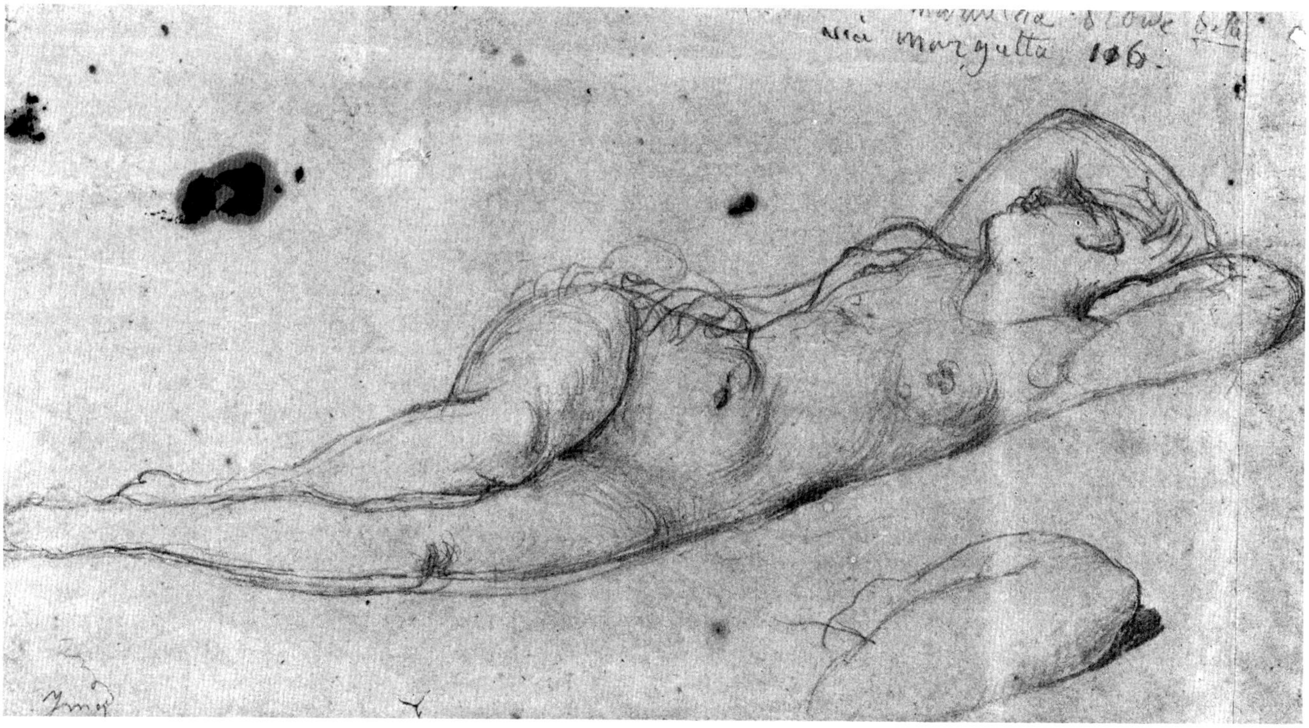

415

*414 J. A. D. Ingres, Zeichnung zum Thema Badende und Odalisken: Odaliske vom Typus Pourtalès; Bleimine auf Pauspapier (15/13)*

*415 J. A. D. Ingres, Zeichnung zum Thema Odaliske und Sklavin: Schlafende; Bleimine (15/15)*

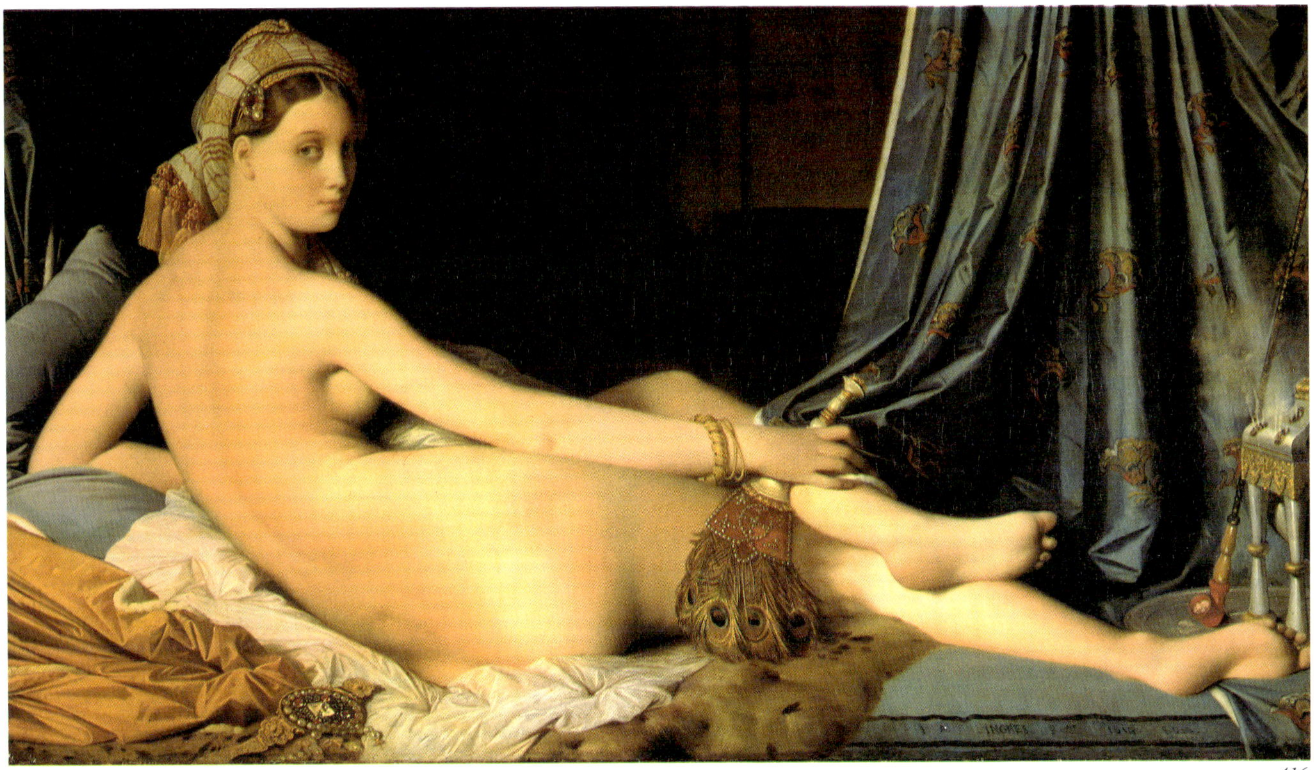

416

Frauen, so dicht beieinander sitzend oder liegend, daß sich ihre Schenkel berühren. Zwei Frauen halten sich zärtlich umschlungen, während sich eine andere in einer hingebungsvollen Geste zurückwirft. Obwohl weibliche Reisende nachdrücklich betonten, daß es zwischen den Badenden im türkischen *Hamam* nicht das geringste anzügliche Lächeln oder unzüchtige Gestik gegeben habe, verbindet der Künstler hier ›Sapphismus‹ mit den Interessen des Voyeurs. Auch andere – allerdings weniger offensichtlich sexuell betonte – Badeszenen des 19. Jahrhunderts bleiben zweideutig. Auf französischen Radierungen des 18. Jahrhunderts, gestochen nach Gemälden, die gewöhnlich für einen privaten Markt gefertigt worden waren, werden Frauen in Momenten der Intimität gezeigt. Ihre Dienerinnen warten ihnen auf und huldigen der Schönheit ihrer Herrin, wobei sie scheinbar zufällig, ihre Reize zeigen. Denselben Kunstgriff wandten einige *Orientalisten* an. Obwohl auf einer Serie von Gemälden von Théodore Chassériau (1819–1856) aus den vierziger und fünfziger Jahren des 19. Jahrhunderts authentisch dargestellte orientalische Hintergründe zu sehen sind, erinnern die französischen Modelle, nackt bis auf die von ihren Hüften gleitenden Hüllen, eher an klassische Vorbilder, Venus, Andromeda oder Diana. Ein typisches Werk dieses Künstlers trägt den Titel *»Femme mauresque sortant du bain«* (Maurische Frau, aus dem Bade steigend; 1854, Musée des Beaux-Arts, Strasbourg); die Badende wird bedient von algerischen Dienerinnen, von denen eine zu ihrem schönen Gesicht und den nackten Brüsten aufblickt. Im späten 19. Jahrhundert wurde die Anzahl der Dienerinnen auf meist eine reduziert, auf vielen Gemälden sieht man, wie diese einsame Dienerin ihre nackte Herrin abtrocknet, diese dabei dem Betrachter zuwendend; gewöhnlich ist sie schwarz und halb oder ganz bekleidet; schwarze Frauen wurden zu dieser Zeit nie nackt gezeigt. Viel ist geschrieben worden über diesen Eindruck kontrastierender Hautfarben, besonders auf Gemälden wie den Badeszenen von Jean-Léon Gérôme (1824–1904) und auf *»Le Massage, scène de hammam«* (1883, Musée des Augustins, Toulouse) von Edouard Debat-Ponsan (1847–1913). Aber man darf nicht vergessen, daß viele der auf

*416 J. A. D. Ingres, »La Grande Odalisque«; Leinwand, 1814, Paris, Musée du Louvre*

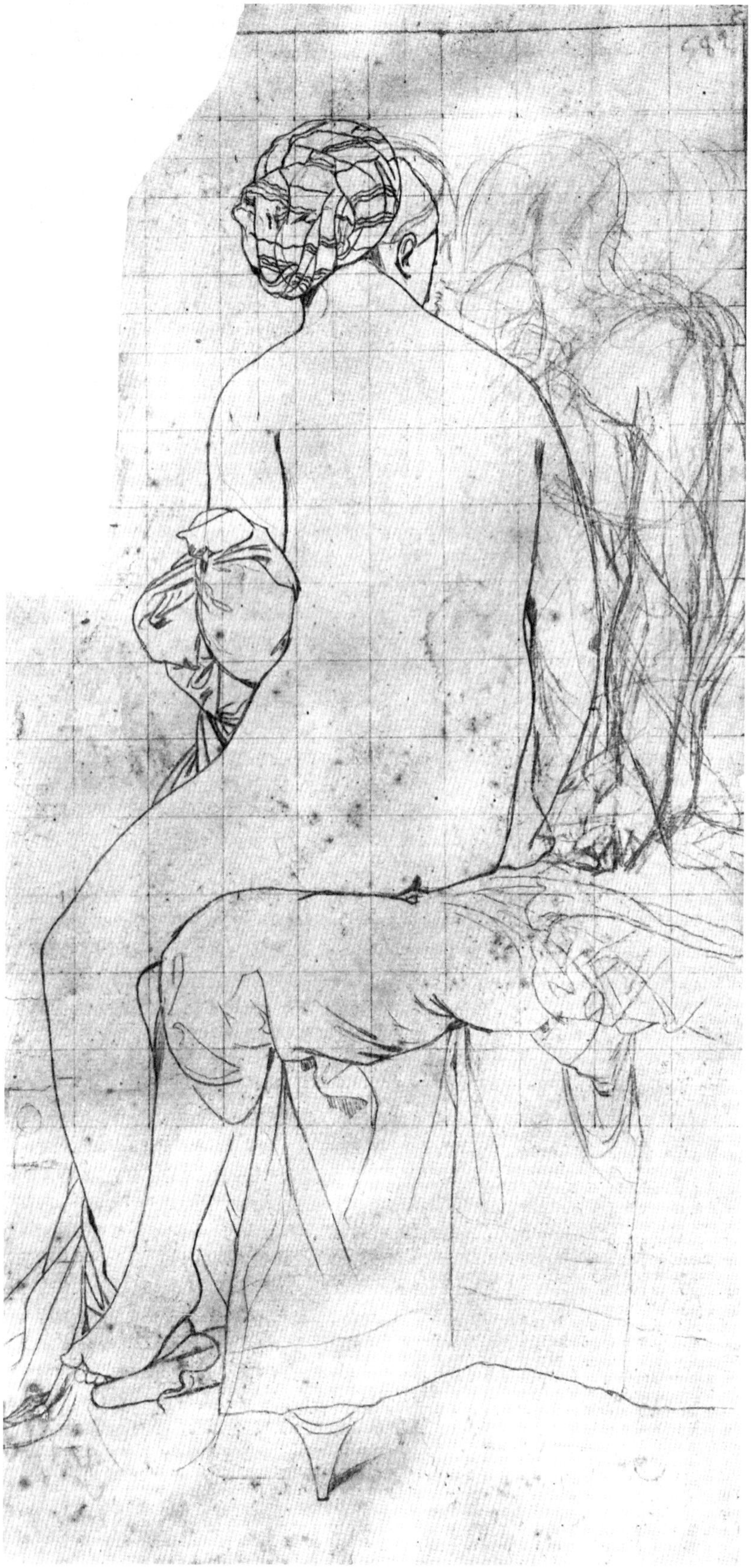

417

diesen Bildern gezeigten Haremsdamen vermutlich Tscherkessinnen mit perlweißer Haut sein sollten und daß ihre Dienerinnen schwarze Afrikanerinnen waren. Der von Manet's *»Olympia«* beim Salon 1865 verursachte Skandal hingegen beruhte weniger auf den verschiedenen Hautfarben der beiden dargestellten Frauen, als vielmehr auf der Tatsache, daß die nackte *Olympia* in einem zeitgenössischen europäischen Kontext dargestellt wurde. Obwohl zweifellos die Orientalisten diesen Kontrast aus rein ästhetischen Gründen bevorzugten, wollten sie auch primär eine soziale und historische Dimension zeigen.

Viktorianische Künstler, die im allgemeinen das Haremssystem mißbilligten, malten kaum – falls überhaupt – erotische Szenen. Auch zeigten sie Harems nicht in einem häuslichen Kontext, was ihnen in den Augen der Öffentlichkeit einen Hauch von Respektabilität gegeben hätte. Es gab allerdings ein paar Ausnahmen, wie Frank Dillon (1823–1909), einen häufigen Besucher Ägyptens, und John Frederick Lewis (1805–1876), der zehn Jahre in Kairo als osmanischer Adeliger lebte. Insbesondere Lewis porträtierte ägyptische Haremsfrauen unaufdringlich bescheiden, mit alltäglichen Tätigkeiten beschäftigt. Er wird gewußt haben, daß *Harems* nur ausnahmsweise *viele* Konkubinen beherbergten. Im allgemeinen lebten dort eher große Familien, bestehend aus Ehefrauen, Müttern, unverheirateten Töchtern und auch manchmal entfernten weiblichen Verwandten, denen gegenüber der Haushaltsvorstand moralische Verpflichtungen hatte. Ähnliches war nun aber auch in großbürgerlichen Haushalten Europas gegeben, wenn sie viel Personal beschäftigten, somit ihre europäischen Herrinnen wie reiche muslimische Frauen von vielen Dienerinnen und Dienern umgeben waren.

Auf vielen orientalistischen Werken sind die Frauen lasziv und müßig dargestellt: sie liegen auf Kissen, scheinen die Zeit vergessen zu haben, schwatzen mit anderen Frauen, träumen, wedeln einen Fächer oder eine Fliegenklatsche hin und her. Doch diese Inaktivität läßt sich auch mit der Lebensweise wohlhabender Mitglieder der damaligen europäischen Gesellschaft vergleichen, in der eine großbürgerliche Dame zeigen mußte, daß ihr

418

*418 J. A. D. Ingres, Zeichnung zum Thema Türkisches Bad: Studie für die Zentralfigur; Schwarze Kreide und Rötel (15/17)*

alle Aspekte produktiver Arbeit fremd waren. Zumeist jedoch wurden Haremsfrauen als zügellos und frivol dargestellt, mit tausenderlei Ablenkungen beschäftigt, ganz in der gleichen Weise, wie Genremaler die Vergnügungen westlicher Damen der gehobenen Gesellschaft in ihrem Heim zeigten. Manches Mal sind Haremsfrauen in kontemplativer Ruhe gezeigt, als ob sie durch ihre abgeschlossene Welt unterdrückt seien. Selten jedoch haben sie das melancholische und teilnahmslose Aussehen von Delacroix's *»Femmes d'Alger«* (Frauen von Algier; 1834, Musée du Louvre, Paris) oder der Frauen auf einem Gemälde (1912) von Emile Bernard (1868–1941) (Whitford and Hughes Gallery, London).

Viele Europäer glaubten, daß muslimische Frauen zuhause in ihren Gemächern isoliert leben mußten. Gärten, Dachterrassen und Innenhöfe gaben den Frauen jedoch die Möglichkeit, sich außerhalb des Hauses zu vergnügen und an die frische Luft zu kommen. Wie die Haremsgemächer, so wurden auch diese Gebiete als Privaträume betrachtet, in denen Frauen vor Beobachtern sicher sein konnten, und die als Schranke zwischen ihnen und der Außenwelt wirkten. Die zahlreichen Gemälde mit diesem Sujet, angesiedelt in der Türkei, in Ägypten oder in Nordafrika, mit Stadtansichten, Blumengärten, Flüssen oder dem Meer als Hintergrund, haben in der Regel einen großen Charme. Die Frauen, ganz in Muße, bewirten Freundinnen, lauschen einer Musik oder träumen in den Tag hinein. Ausflüge, Promenaden, Einkaufsbummel und Besuche bei anderen *Harems* wurden in ähnlicher Manier gemalt. Unabhängig von den Wünschen des Hausherrn, des-

*417 J. A.D. Ingres, Zeichnung zum Thema Badende und Odalisken: Badende vom Typus Valpinçon; Bleimine auf Pauspapier (15/12)*

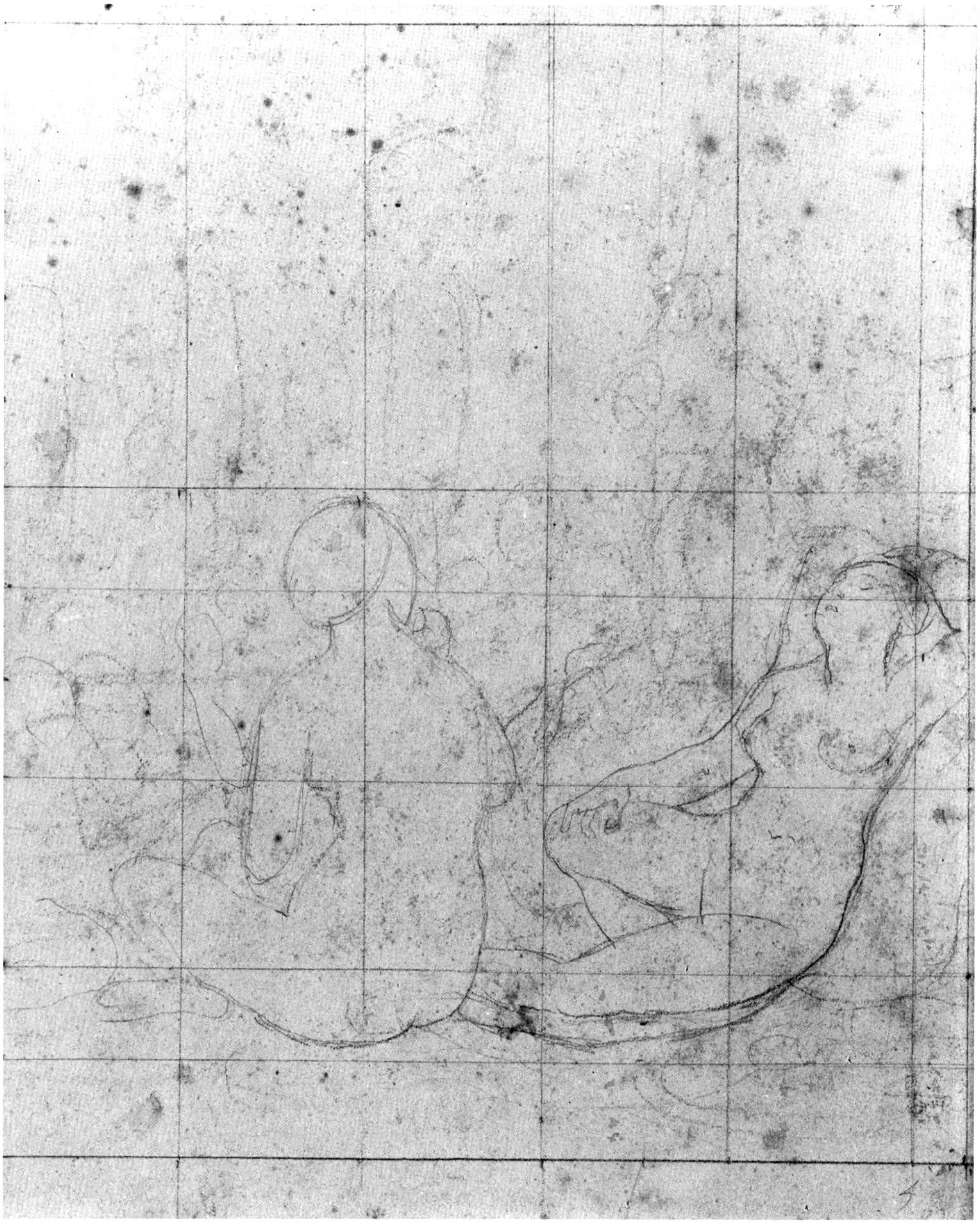

419

*419 J. A. D. Ingres, Zeichnung zum Thema Türkisches Bad: Studie für die Zentralgruppe; Bleimine (15/18)*

sen Anwesenheit auf früheren orientalistischen Gemälden zu spüren, ja oft direkt zu sehen ist, werden nunmehr die Frauen mit einer eigenen Existenz versehen.

Trotz dieses Fortschritts im westlichen Verständnis orientalischer Sitten gab es in einem bestimmten Bereich – der Portraitmalerei – ein gewisses Abweichen von der Wirklichkeit. Wie bereits erläutert, standen Muslims, besonders in den arabischen Ländern, der figurativen Malerei feindlich gegenüber. Und in der islamischen Welt war der Aberglaube weit verbreitet, daß ein Abbild nicht getrennt von der dargestellten Person zu denken, vielmehr eine Art Double sei, dessen Beschädigung mit einer Verletzung oder einem Schaden der realen Person einhergehen müsse. Daher fanden die Künstler ihre Modelle eher in den nicht-muslimischen Gemeinden, bei Juden, Kopten und christlichen Arabern usw. Andererseits waren während des 19. Jahrhunderts Portraits orientalischer Frauen in Nahsicht gefragt. Mit ihren farbenprächtigen Gewändern und reichem Schmuck waren sie begehrte Sujets. Daher arbeiteten viele

420

*420 J. A. D. Ingres, »Le Bain Turc«; Leinwand, 1862, Paris, Musée du Louvre*

Künstler nach der Rückkehr aus dem Orient die Bilder in ihren Ateliers mit Hilfe europäischer Modelle und Accessoires auf; auch schwindende Erinnerung und Vorstellungskraft spielten eine große Rolle. Eine erkennbare Ähnlichkeit war weniger wichtig, da die Modelle meistens anonym blieben, sie ihre Portraits nicht in Auftrag gegeben hatten. Da diese Portraits vor allem den Wünschen der Sammler entgegenkommen sollten, waren fast ausnahmslos Schönheiten dargestellt. Europäer können heute relativ leicht differenzieren zwischen den Portraits jener ›orientalischen‹ Frauen, deren Gesichtszüge offensichtlich europäisch sind, und solchen, auf denen die ethnischen Kennzeichen nicht europäische sind. Damals jedoch, bis zum späten 19. Jahrhundert, war die Öffentlichkeit weniger gut informiert, begegnete seltener Angehörigen anderer Kulturen; so fiel das Europäische der europäischen Modelle der Orientalisten nicht weiter auf.

Viele *Orientalisten* waren davon überzeugt, daß Leben und Sitten in der scheinbar zeitlosen orientalischen Welt unverändert geblieben waren. So konnten sie auch lebende Bilder biblischer Geschichten imaginieren. Horace Vernet (1789–1863) war der erste Künstler, der alttestamentarische Szenen malte, die lokale ethnische Typen und Kleidung zeigten; bis dahin waren biblische Figuren eher mit europäischer Physiognomie und in vage klassischer Kleidung dargestellt worden. Ein wichtiges Beispiel ist James Tissot (1836–1902). Nachdem er sehr religiös geworden war, unternahm er drei Reisen in das Heilige Land, um sich in alte Sitten und Traditionen zu vertiefen, fertigte zahllose Skizzen und be-

421

421 *F. Cormon, Eifersucht im Serail; Leinwand, 1874 (15/5)*

422

422 *T. Chassériau, »Femme sortant du Bain«; Holz, 1849, Paris, Musée du Louvre*

trieb historische Forschungen, um scheinbar authentische Illustrationen zum Alten und Neuen Testament entwerfen zu können. Auch Charles Verlat (1824–1890) gab seinen kraftvollen Gemälden vom Leben in Palästina biblischen Beigeschmack. Obwohl nicht alle Künstler direkt biblische Verweise malten, betonten ihre Bilder von wasserschöpfenden Frauen doch die antike Natur solcher Tätigkeit. Auf einem anderen Bild aus den siebziger Jahren des 19. Jahrhunderts, *»Marchandes d'eau et d'oranges sur la route d'Heliopolis au Caire«* (Wasser- und Orangenverkäuferinnen an der Straße von Heliopolis nach Kairo) zeigt Félix Clément (1826–1888) Fellachenfrauen in hieratischen Posen, da er unter den zeitgenössischen Ägyptern Erinnerungen an pharaonische Zeiten zu finden vermeinte. Die Frauen auf diesen Bildern tragen einfache bäuerliche Kleidung, nicht die reiche Tracht der Stadtbewohner wie auf vielen früheren Gemälden. Sie sind auch unverschleiert. In der Tat wurde die Verschleierung vor allem von Frauen benutzt, die in großen Städten lebten, wo Begegnungen mit männlichen Außenstehenden unvermeidbar waren. Nomadinnen und Landfrauen, die für ihren Lebensunterhalt arbeiten mußten, ließen ihre Gesichter unbedeckt, da ein Schleier sie nur gestört hätte. Sie nahmen jedoch beim Nahen eines Fremden oft den Zipfel ihres Umhangs oder *haïk* zwischen ihre Zähne oder in die Hand.

Parallel zur Realismusbewegung in Europa markierten die siebziger Jahre des 19. Jahrhunderts einen Wendepunkt in der orientalistischen Malerei. Die Künstler begannen einfache Szenen des Alltagslebens abzubilden, ein Leben, das für die meisten orientalischen Frauen hart war, jedenfalls weit entfernt von den leichten Arbeiten verwöhnter Frauen in einem großen Harem. Zwar wesentlich unabhängiger als jene, hatten sie doch schwer zu arbeiten, um ihre Familien ernähren und kleiden zu können. Auf zahlreichen Gemälden von Marktplätzen sehen wir am Boden hockende Straßenverkäuferinnen, die Berge von Orangen, Brot, Geflügel und Getreide verkaufen; andere Frauen tragen auf ihren Köpfen schwere Körbe, Brotfladen oder Taubenkäfige. Solche belebten Straßenszenen, auf denen Frauen einkaufen oder um ihre Waren feilschen, waren bald ein populäres Thema im Repertoire der *Orientalisten*. In hellen, frohen Farben gemalt, ähneln diese Bilder in der Stimmung den gleichfalls zahlreichen Werken, die Landfrauen beim Kleiderwaschen im *Wadi*, bei der Ernte oder beim Teigkneten und -ausrollen zeigen. Diese einfachen Tätigkeiten wurden meistens verlegt nach Tunesien

423

*423 Blick in einen Teil des Harems, Radierung nach A. I. Melling; in: Voyage pittoresque de Constantinople, Paris, vor 1819 (15/19)*

424

*424 Innenansicht des Salons im Palast der Sultanin Hadidgé, Radierung nach A. I. Melling; in: Voyage pittoresque de Constantinople, Paris, vor 1819 (15/20)*

oder Algerien, zu diesem Zeitpunkt bereits französische Kolonie und – scheinbar – nicht länger ein fremdes oder exotisches Land. Die Farben jedoch, fern der Wahrheit, die Anmut der Frauen und die sorgfältig beobachteten Juwelen und Kleider ließen viele dieser Bilder wie Werbeplakate aussehen, entworfen, um Touristen in den Maghreb zu locken. Andere weniger offensichtlich kommerzielle, eher niederdrückende Ansichten des Landlebens wurden von einigen Künstlergenerationen gemalt, angeführt von Gustave Guillaumet (1840–1887), der die trostlose, sich nicht ändernde und armselige Lebensweise der Wüstenbewohner zeigte, deren Leben er für einige Zeit teilte. Der Himmel auf diesen Bildern ist grau, kein beständiges Blau, die Kleider sind zerschlissen, in den Gesichtern wird die Anstrengung sichtbar. Frauen arbeiten in kahlen, düsteren

425

425 C. Blechen, Orientalisch gekleidete Frauen im Palmenhauses auf der Pfaueninsel bei Potsdam; Leinwand, um 1834, Hamburg, Kunsthalle

426

426 F. Clément, Händlerinnen von Wasser und Orangen auf der Strecke zwischen Héliopolis und Kairo; Leinwand, 1879, Nizza, Musée des Beaux Arts

Lehmhäusern. Schweigende und barfüssige Frauen gehen neben Kamelen, während sie Wüsten oder Gebirge mit ihrer Familie oder ihrem Stamm durchqueren. Wieder einmal war es der Eindruck von Zeitlosigkeit, der die Künstler bewegte, die Tatsache, daß diese Szenen sich täglich, seit Jahrhunderten in derselben Weise, mit denselben Gesten und mit den gleichen Dialogen zu wiederholen schienen.

Emotionaler und direkter sind einige Bilder der achtziger und neunziger Jahre des 19. Jahrhunderts: Zärtliche und private Augenblicke zwischen Liebenden werden gezeigt, der Stolz junger, miteinander spielender Mädchen, trauernde Frauen auf Friedhöfen, an Hunger und Dürre leidende Familien, die Blinden, die Alten. Und dennoch, trotz der Empathie der Künstler und ihrer Solidarität mit den Bewohnern Nordafrikas, verzerren auch diese Gemälde die Wirklichkeit. Die radikalen Veränderungen – hervorgerufen durch das Eindringen der europäischen Mächte in Maghreb und im Nahen und Mittleren Osten oder die Anwesenheit von Europäern wurden selten beschrieben. Die Wahrnehmung, somit die Wahl des Sujets der *Orientalisten*, war bewußt selektiv; ihre Legitimation bezog sie aus dem Exotischen, d.h., aus den Sitten und Gebräuchen des ›Anderen‹, des ›Ausländischen‹ (d.i. des Exotischen).

In den zwanziger Jahren des 20. Jahrhunderts malten einige Künstler auch modernes Alltagsleben, Autos, die Bistros, Opernhäuser, die Docks, die Bordelle und vor allem die europäische Bevölkerung. Andere aber suchten weiterhin den fremden, den imaginierten, den verstehbaren Orient.

427

*427 E. Delacroix, »Femmes d'Alger dans leur appartement«, Leinwand, 1834, Paris, Musée du Louvre*

428

*428 W.H. Hunt, »The Afterglow in Egypt«; Leinwand, Southampton, Southampton Art Gallery*

*Karl-Heinz Kohl*

# CHERCHEZ LA FEMME D'ORIENT

In der immer umfangreicher werdenden wissenschaftlichen Literatur zum Exotismus läßt sich neuerdings ein fast unbemerkt vor sich gehender, aber dennoch aufschlußreicher sprachlicher Wandel beobachten: Der für diese Studien so zentrale Begriff des *Fremden* selbst wechselt sein Geschlecht. Verwendete man ihn früher fast immer in seiner grammatisch neutralen Form, so ist bei vielen Autoren aus *dem* Fremden mittlerweile *die* Fremde geworden. Zumindest für den männlichen Leser evoziert eine solche geschlechtliche Neubestimmung des ansonsten doch so unbestimmten Gegenstands des Exotismus einmal mehr die Nebenbedeutungen des Andersartigen, Geheimnisvollen und Unbekannten: Das Exotische wird zum Metonym des Erotischen, die *Fremde* zum Inbegriff des Begehrens.

Mag diese grammatikalische Neubildung auch ein wenig modisch und extravagant anmuten, so greifen die Autoren, die sich ihrer bedienen, doch faktisch eine alte Tradition wieder auf, die im Zuge europäischer Kolonialisierungsunternehmen entstanden ist und ihre Metaphorik aus der Sprache des Geschlechterkampfes bezieht. Sie klingt auch heute noch in vielen Begriffen nach, die wir fortlaufend verwenden, ohne uns ihrer ursprünglichen Bedeutung bewußt zu sein.

## Entdecken, Erobern, Unterwerfen

Zu diesen Begriffen zählt etwa der des *Entdeckens*, der in vielen europäischen Sprachen sein semantisches Gegenstück findet. In seinem heutigen Sinn üblich geworden ist das Wort erst im 16. Jahrhundert. Noch in den ersten, in Deutschland veröffentlichten Kolumbus- und Vespucci-Briefen war, bescheidener, von jenen Inseln und Ländern die Rede, die jenseits des Atlantischen Ozeans *aufgefunden* oder *erfunden* worden seien. Innerhalb von wenigen Jahrzehnten wurde dann jedoch der Begriff des *Findens* durch den des *Entdeckens* verdrängt, dessen ursprüngliche sinnliche Bedeutung, nämlich *»den leib oder leibestheile entblöszen, aufdecken«*[1] heute fast vergessen ist. Auf diesen ersten Akt der *Entdeckung* ließ man, und zwar nicht nur in der Sprache der damaligen Zeit, den der *Eroberung* und schließlich den der *Unterwerfung* folgen. Vermögen wir uns den semantischen Nebengehalt dieser Briefe heute nur mehr durch etymologische Ableitungen zu vergegenwärtigen, so scheint er den Zeitgenossen der spanischen Conquista doch noch durchaus bewußt gewesen zu sein. Hernan Cortés etwa galt in den Volksüberlieferungen und in der Literatur seiner Zeit nicht nur als großer Eroberer, sondern auch als Frauenheld. Man hat sogar vermutet, daß er eines der historischen Vorbilder der legendären Don-Juan-Gestalt gewesen sei.[2] Auch in den Erdteilallegorien des 16. und 17. Jahrhunderts wird der neuentdeckte vierte Kontinent zumeist als eine nackte, zwar mit kannibalischen Attributen versehene, aber gleichwohl verführerische Frauengestalt dargestellt.[3] Und wenn die ersten englischen Kolonisten in Nordamerika den *jungfräulichen Boden*, den sie unter ihren Pflug zu nehmen gedachten, auf den Namen *Virginia* tauften, dann stellte dies zweifellos mehr dar als nur eine Huldigung an die zeit ihres Lebens unverheiratete Königin auf dem britischen Thron. Die symbolische Identifikation der Erde mit der Frau und der agrarischen Tätigkeit des Mannes mit dem Geschlechtsakt war und ist vielen Pflugbau betreibenden Gesellschaften geläufig. In den Grundbedeutungen der lateinischen Lehnwörter *Kultur* und *Kolonisation* schwingt sie noch heute mit: Wie die Kultur zur Natur, so verhält sich der Mann zur Frau und der Kolonisator zum Kolonisierten. Daß sich auch in der Phi-

*429 P. A. Renoir, »L'Algérienne et l'enfant«; Leinwand, 1882 (15/23)*

429

430

*430 E. Long, »The Marriage Market, Babylon«; Leinwand, 1875, Surrey, Royal Holloway & Bedford New College*

losophie der Aufklärung eine ähnliche Strukturanalogie in der Rede über die *Wilden* und in der Rede über die *Frauen* nachweisen läßt, hat neuerdings Sigrid Weigel in einer scharfsinnigen Analyse der Weiblichkeitstheorien des 18. Jahrhunderts aufgezeigt. Bei Diderot etwa, der einmal von der *»epidemischen Wildheit des Weibes«* spricht, werden die *Wilden* und die *Frauen* gleichermaßen durch das charakterisiert, was sie hinsichtlich ihrer Ziel- und Planungslosigkeit, ihrer Hingabe an den Augenblick und ihrer mangelnden Langsicht im Verhältnis zum *›zivilisierten Mann‹* nicht sind, während Rousseau in seinem *Emile* die Beziehung zwischen den Geschlechtern als eine *»Ökonomie von Angriff und Verteidigung«* beschreibt. Indem die Stereotypen sich auf diese Weise gegenseitig durchdrangen, wurde die Frau im Diskurs der Aufklärung zur *›nahen Fremde‹*, in deren Bestimmung die der *›fernen Fremde‹* eingingen.[4]

Zahlreiche Belege aus der europäischen Kolonialgeschichte zeugen so für eine, im übrigen nicht nur auf der sprachlichen Ebene erfolgende, Gleichsetzung des Objekts der Kolonisation mit dem *anderen Geschlecht*, durch die Europa die Rolle des männlichen Eroberers, den außereuropäischen Ländern und ihren Bewohnern aber die der zu erobernden Frau zugeschrieben wird.

## Okzident und Orient

Daß die im Gefolge der frühen Kolonialgeschichte entwickelte Metaphorik des Geschlechterverhältnisses im 19. Jahrhundert auch auf die Beziehung von Okzident und Orient übertragen wurde, überrascht zunächst. Denn nicht als Subjekt, sondern als Objekt der Eroberung hatte sich das christliche Abendland über Jahrhunderte hin erfahren müssen. Die Erinnerung an das Scheitern der Kreuzzüge war in Europa lange wachgeblieben. Lediglich auf der Iberischen Halbinsel konnte das Abendland nennenswerte Erfolge gegen den Islam vorweisen. Dagegen mußte man an der Ostflanke des ehemaligen Imperium Romanum seit dem Fall von Konstantinopel umso größere Niederlagen hinnehmen. Nur durch den gemeinsamen Einsatz aller Kräfte war es im 17. Jahrhundert gelungen, dem Vordringen der Türken in eines der Kerngebiete christlicher Kultur Einhalt zu gebieten. Auch die Gelehrten der Zeit sahen sich daher bald gehalten, diesen historischen Erfahrungen Rechnung zu tragen. Sie mußten anerkennen, daß der islamische Orient dem christlichen Okzident nicht nur in kriegerischer, sondern auch in kultureller Hinsicht durchaus ebenbürtig war. In Oxford, Cambridge und Utrecht wurden erste Lehrstühle für Arabistik und orientalische Sprachen eingerichtet. Hatte Mohammed seit dem Mittelalter als bedrohliche Ketzergestalt oder auch als eine Geißel Gottes gegolten, so verkörperte die von ihm verkündete Lehre nun für viele die Weisheit des Ostens. Zwischen 1704 und 1717 veröffentlichte Antoine Galland seine Übersetzung der *Erzählungen aus Tausendundeiner Nacht*. Für das gebildete Europa bedeutete dieser aus authentischen Vorlagen gewonnene Einblick in die Lebenswelt des Orients eine kleine Sensation. Vor allem an dem, was hinter den verschlossenen Türen der orientalischen Frauengemächer vor sich gehen mochte, begannen sich die Phantasien zu entzünden. 1721 hob Montesquieu mit seinen *Lettres Persanes* eine neue Literaturgattung aus der Taufe. Seine beiden Frankreich bereisenden Perser als Angehörige einer Zivilisation vorstellend, die der abendländischen sowohl in ihren Vorzügen als auch in ihren Nachteilen durchaus ähnlich erscheint, läßt Montesquieu diesen fiktiven Reisebericht in eine überraschende Anklage gegen die Unterdrückung der Frau im Orient münden. Auch die wenigen europäischen Reisenden, die sich im 17. und 18. Jahrhundert in das Innere Arabiens oder Persiens vorwagten, sahen sich dort einer von Männern beherrschten Welt gegenüber. Die Frau schien hinter geheimnisvollen Schleiern verborgen, aus der Öffentlichkeit verbannt und dem Mann in jeder Hinsicht untertan. Nicht in einer entblößten weiblichen Gestalt, die ihre Eroberung geradezu herausforderte, sondern in der Figur des orientalischen Despoten, der mit unbeschränkter Gewalt über seinen Harem ebenso wie über seine Untertanen herrscht, verkörperte sich daher dem 18. Jahrhundert der islamische Orient. Es war das Bild eines zwar exotischen, aber doch gleichwertigen männlichen Gegners.

*431*

*431 P.-L. Bouchard, »Les Almées« (Der Tanz der Almah); Leinwand, um 1893, Paris, Musée d'Orsay*

Diese Vorstellung begann sich jedoch in dem Maße zu wandeln, in dem offensichtlich wurde, daß der Islam an kriegerischer Expansionskraft eingebüßt und seine Machtzentren an innerer politischer Stabilität verloren hatten. In Indien gelang es den Engländern, ihren kolonialen Einflußbereich, der sich zu Beginn des 18. Jahrhunderts noch auf einige größere Handelsniederlassungen beschränkt hatte, auf Kosten der zerfallenden Reiche der islamischen Mogulherrscher zu erweitern und ein neues Kolonialimperium aufzubauen. Im Nahen Osten mußte die Hohe Pforte den europäischen Mächten immer größere Zugeständnisse machen und sich zugleich der Selbständigkeitsbestrebungen der an den Peripherien des Osmanischen Reiches gelegenen Provinzen erwehren. 1798 landete Napoleon in Ägypten. Sein gescheiterter Feldzug erwies sich nur als ein Vorspiel zu der wenige Jahrzehnte später einsetzenden Kolonisierung Nordafrikas. Hatte schon die reiche wissenschaftliche und archäologische Ausbeute von Napoleons ägyptischem Abenteuer eine neue Welle der Orientbegeisterung ausgelöst, so erreichte diese nach der Einnahme Algiers durch die französischen Kolonialtruppen im Jahre 1830 ihren Höhepunkt.

## Exotismus der Sinne

Jener imaginäre Orient aber, der nun in Europa Gestalt anzunehmen begann, hatte seine aggressiv-bedrohlichen Züge weitgehend verloren. Treffend hat Friedrich Brie den sich im 19. Jahrhundert herausbildenden Orientalismus als eine Spielart des »*Exotismus der Sinne*« bezeichnet. Seine Antriebskraft bezog er nicht zuletzt aus dem, mit einer Verachtung für die bürgerliche Lebenswelt und ihre moralischen Normen gepaarten *ennui* der Zeit.[5] Der Orient erschien der dichterischen Imagination eines Nerval, Gautier oder Baudelaire als eine Traumwelt des Rausches und ekstatischer Visionen, des Sinnengenusses und unerhörter Ausschweifungen. Vor allem aber verkörperte sich in ihm die Phantasie der grenzenlosen Macht des Mannes über den weiblichen Körper.[6] Solche Vorstellungen fanden nicht nur in der zeitgenössischen Dichtung, sondern auch in den Werken von Künstlern wie Delacroix, Gérôme oder Ingres Ausdruck, in deren orientalistischer Malerei eine Reihe von Standardmotiven: der Harem, der Sklavenmarkt, der Tanz, das Türkische Bad, immer wieder von neuem variiert wurden. Begann der Orientalismus »*sich selbst und sein Objekt mit sexistischen Scheuklappen*«[7] zu sehen, so brach sich auch in der Konzeption des Verhältnisses von Okzident und Orient mehr und mehr eine exquisit männliche Sichtweise die Bahn. Sie findet sich nicht nur bei den im engeren Sinn exotistischen Schriftstellern. Hegel etwa schreibt in seiner *Philosophie der Geschichte* nun auch dem Orient die Rolle des passiven Objektes der Eroberung zu, wenn er die Errichtung der britischen Herrschaft in Indien mit dem Satz quittiert: »*Die Engländer, oder vielmehr die ostindische Kompanie, sind die Herren des Landes, denn es ist das notwendige Schicksal der asiatischen Reiche, den Europäern unterworfen zu sein...*« Je ohnmächtiger sich der Orient gegenüber den imperialen Expansionsbestrebungen des Okzidents zeigte, desto mehr schien man geneigt, die Beziehung zwischen den beiden Hemisphären nach dem Modell von *schwachem* und *starken Geschlecht* auffassen zu können. Allerdings erweist sich die koloniale Sexualmetaphorik des 19. Jahrhunderts als entschieden komplexer und mehrdeutiger als die im Blick auf die Entdeckung und Eroberung der Neuen Welt entwickelte.

## Femme-Messie

So versprachen sich zum Beispiel die französischen Saint-Simonisten in der weitgehend unbeachtet gebliebenen religiösen Spätphase dieser utopisch-sozialistischen Bewegung aus der mystischen Vereinigung von Okzident und Orient das zukünftige Weltenheil. Vor allem in seinem Spätwerk, dem *Nouveau Christianisme* von 1825, hatte Henri de Saint-Simon eine neue Religion gefordert, die den Anforderungen des sich anbahnenden industriellen Zeitalter gerecht werden und die soziale Kohäsion der von ökonomischen Krisen erschütterten modernen Gesellschaft sichern sollte. Zur Realisierung dieses Ziels schlossen sich nach Saint-Simons Tod die Anhänger seiner Lehre zu einer streng hierarchisch organisierten religiösen Gemeinschaft zusammen, an deren Spitze die beiden *Pères suprêmes* oder obersten Väter Bazard und Enfantin standen. Eine heftige Debatte über die Frauenfrage führte allerdings 1831 zu einem Zerwürfnis zwischen den beiden religiösen Führern. Als Bazard nach langen Auseinandersetzungen abdankte, erklärte sich Enfantin nicht zum alleinigen Oberhaupt der Sekte, sondern hielt Bazards Platz vielmehr für die noch zu findende *Mère suprême*, die weibliche Inkarnation des Messias frei, die in Zukunft an seiner Seite thronen sollte. Die Suche nach der *Femme-Messie*, die man im Vorderen Orient zu finden hoffte, wurde für Enfantins Anhänger schnell zu einer Obsession. Sie schlossen sich zu einer Gruppe zusammen, die sich *Les compagnons de la Femme* nannte und die Offenbarung des weiblichen Messias bald in Konstantinopel und bald in Ägypten, bald in Palästina und bald in Indien erwartete. Die friedliche Vereinigung des aktiven, rastlosen und dynamischen Okzident mit dem passiven, in sich ruhenden und beschaulichen Orient wurde für die Saint-Simonisten so zur Vision der Erlösung. Mit dieser Form religiösen Schwärmertums verbanden sich indes durchaus praktische Erwägungen. Als Enfantin 1833 mit einigen seiner Anhänger nach Ägypten aufbrach, war das Ziel dieser Reise nicht nur die Suche nach der *Femme-Messie* des Orients. Vielmehr hoffte man den ägyptischen Khediven bei dieser Gelegenheit für den Plan gewinnen zu können, durch die Anlage eines Schiffahrtswegs zwischen dem Mittelmeer und dem Roten Meer Okzident und Orient auch real miteinander zu verbinden. Dies Vorhaben scheiterte zwar zunächst. Es zu realisieren sollte erst viele Jahre später Ferdinand de Lesseps gelingen, einem alten Bekannten Enfantins, der während seines Aufenthaltes in Paris gelegentlich an den Veranstaltungen der Saint-Simonisten teilgenommen hatte.[8] So mag es vielleicht auch kein Zufall gewesen sein, daß Verdi zur Eröffnung des Suezkanals mit der Komposition einer Oper beauftragt wurde, in deren Mittelpunkt der Künstler das tragische Geschick einer großen orientalischen Frauengestalt, der äthiopischen Königstochter Aida, stellte.

432

## Der weibliche Orient

*Aida* aber ist nur eine der vielen mythischen und pseudohistorischen weiblichen Gestalten, die in der Kunst und Literatur des 19. Jahrhunderts die Faszination des Orients verkörpern. Während in Erzählungen und Theaterstücken biblische Heroinnen wie Judith, Delilah und Salome ihre erotische Ausstrahlung selbstbewußt als Mittel eines tödlich endenden Geschlechterkampfes einsetzen, wird in Flauberts historischem Roman *Salammbô* die gleichnamige punische Fürstentochter und Hohepriesterin, die Muttergottheit Tanit, zur ästhetischen *»Chiffre für die ›wilde‹, nicht domestizierte Menschheit«*.[9] Und in seiner *Versuchung des heiligen Antonius* offenbart sich die Königin von Saba dem christlichen Eremiten als eine mit allen Attributen des imaginären Orients ausgestattete Personifikation der Lust, wenn sie ihm mit der Aufforderung entgegentritt: *». . . alle Wunschbilder deiner Phantasie, begehre sie! Ich bin keine Frau, ich bin eine Welt.«*[10]

Die in der Literatur der zweiten Hälfte des 19. Jahrhunderts zu beobachtende Hinwendung zum historischen Orient, zur Welt der alten Hebräer, Phönizier oder Ägypter, vielleicht stellte sie auch nur eine mehr oder weniger gewaltsame Lösung jenes offensichtlichen Widerspruchs dar, daß die sich herausbildende Konzeption eines weiblichen Orients so wenig den wirklichen Verhältnissen in den islamischen Ländern entsprach, von

*432 E. J. H. Vernet, »Judah and Tamar«; Leinwand, 1840, London, The Wallace Collection*

433

*433 P. A. Renoir, Odaliske; Leinwand, 1870, Washington, National Gallery of Art*

denen zeitgenössische Reisende zu berichten wußten. Auch die Schriftsteller, die sich selbst aufgemacht hatten, die Geheimnisse des Orients zu ergründen, kehrten von ihren Reisen oft enttäuscht zurück. So warnte zum Beispiel Gérard de Nerval seinen Freund Gautier davor, den Orient ihrer Träume mit dem wirklichen Orient zu verwechseln und bekannte sich zu dem alten Ägypten der Sphinxe und Pharaonen als dem eigentlichen Wunschland seiner Phantasien.[11] In ähnlicher Weise fand Flaubert während seines Aufenthaltes in Nordafrika seine Sehnsucht nach einer farbigeren, sinnlicheren Lebenswelt alles andere als gestillt. Indes hatten die großen archäologischen Funde des 19. Jahrhunderts in Ägypten, in Kleinasien und im Zweistromland eine faszinierende Welt versunkender Reiche, barbarischer Fruchtbarkeitskulte und geheimnisvoller Muttergottheiten ans Licht gebracht, die entschieden besser in das zeitgenössische imaginäre Bild des Orients zu passen schienen. Die Entdeckung dieser bis dahin unbekannten Welt wurde den Gelehrten der Zeit zum Anlaß, nicht nur die Berichte griechischer und römischer Schriftsteller über die Randvölker der antiken Oikumene, sondern auch deren eigene mythische Überlieferung unter neuen Gesichtspunkten zu lesen. Und tatsächlich schien bei dieser Lektüre die Vision eines in seinen Grundzügen weiblichen Orients immer eindrücklicher Gestalt anzunehmen.

Besonders deutlich tritt diese Tendenz im Werk des Schweizer Rechtshistorikers und Altertumswissenschafters Johann Jakob Bachofen hervor. Bei seinen Studien zur antiken Gräbersymbolik war Bachofen auf den bei Plutarch wiedergegebenen Mythos von Isis und Osiris gestoßen: jene beiden ägyptischen Gottheiten, in denen sich seiner Interpretation nach die fruchtbare Erde und der sie befruchtende Nil, das weibliche Stoffprinzip und die männliche Zeugungskraft verkörperten. Vor allem in seinem Hauptwerk, dem 1861 veröffentlichten *Mutterrecht*, suchte Bachofen den Nachweis zu führen, daß der Mythos von Isis und Osiris und viele andere antike Mythen Erinnerungen an eine historische Realität darstellten, in der es die Frauen waren, die über die Männer herrschten. Hatten nicht Herodot und Nikolaus Damascenus von den kleinasiatischen Lykiern berichtet, daß sie sich nach ihren Müttern nannten und ihre Hinterlassenschaft nicht den Söhnen, sondern den Töchtern vererbten? Und schrieb nicht Herodot an anderer Stelle über die Ägypter, daß bei ihnen die Frauen auf den Markt gingen, während die Männer zu Hause säßen und webten? Anhand zahlloser Belegstellen aus der antiken Literatur entwarf Bachofen so ein Bild der menschlichen Gattungsgeschichte, die sich ihm als ein steter Kampf des männlich-geistigen gegen das weiblich-stoffliche Prinzip darstellte. Auf die uranfängliche Stufe der *Sumpfzeugung* oder des Hetärismus, der ungeordneten Promiskuität also, ließ er die des Amazonentums folgen, in der sich die Frauen gegen die tyrannische Männerwelt zusammenschloßen. Das Amazonentum bildete aber nur ein Übergangsstadium zur geordneten Gynaikokratie, dem eigentlichen Mutterrecht, das ganz auf der »*stofflichen Natur der Frau*« beruhte. Auf dieser Stufe wurde den Müttern die Herrschaft in Familie und Staat in die Hand gegeben. Es entstanden die Seßhaftigkeit, die Ehe und das Eigentum. Es war diese »*erste Kulturstufe der Menschheit*« zugleich eine Epoche des Friedens und der Gleichheit, die im Zeichen des Mondes stand und zur Herausbildung der großen Muttergottheiten führte. Doch der geschichtliche Gang nahm weiter seinen Weg. Die Gynaikokratie entartete, und nach langen Auseinandersetzungen siegte schließlich die »*Reinheit des göttlichen Vaterprinzips*« über die stoffliche

Natur, das lichte apollinische Sonnenprinzip über die dunklen Erd- und Mondgöttinnen

Schon in seinem *Mutterrecht*, vor allem dann aber in seinen *Antiquarischen Briefen*, hat Bachofen nicht nur antike Schriftsteller zitiert, sondern für die Existenz der von ihm behaupteten mutterrechtlichen Organisationsform auch Belegstellen aus der zeitgenössischen ethnologischen Literatur angeführt, namentlich über asiatische Völker, wie etwa über die Gesellschaft der Nayar in Südindien, deren *Schwestersohnsfamilie* er einen längeren Aufsatz widmete. Tatsächlich sah Bachofen im Kampf zwischen dem weiblichen Stoff- und dem männlichen Geistprinzip nicht nur eine frühgeschichtliche und für immer vergangene Phase der Menschheitsgeschichte; vielmehr repräsentierte dieser Kampf für ihn zugleich die fortdauernde welthistorische Auseinandersetzung zwischen Okzident und Orient. Mit den asiatischen Eroberungsfeldzügen Alexanders, in dem *»das männliche Prinzip (...) seiner schönsten Verkörperung teilhaftig schien«*, war nach Bachofen das *»mütterliche Prinzipat der asiatisch-ägyptischen Welt«* noch lange nicht überwunden. Im Krieg der Römischen Republik gegen Karthago und des Oktavian gegen den *»Buhlen der ägyptischen Kleopatra«* setzte der Kampf zwischen Okzident und Orient sich weiter fort. Er führte schließlich zum Triumph des *»römischen Paternalitätsprinzips«*, welcher jedoch nicht verhindern konnte, daß in der Kaiserzeit *»Asiens und Ägyptens Muttergottheiten«* erneut in den Westen gelangten und das Morgenland auf diesem Wege dem Abendland *»nochmals sein Joch aufzuerlegen«* suchte. Erst mit dem Christentum wurde ein wirksames Bollwerk gegen den *»tellurischen Hetärismus«* des *»sinnenschmeichelnden Orients«* aufgerichtet. In einer vielzitierten Stelle aus der Vorrede des Mutterrechts glaubte Bachofen daher feststellen zu können: *»Dem Okzident hat die Geschichte die Aufgabe zugewiesen, durch die reinere und keuschere Naturanlage seiner Völker das höhere demetrische Lebensprinzip zum dauernden Sieg hindurchzuführen und dadurch die Menschheit aus den Fesseln des tiefsten Tellurismus, in dem sie die Zauberkraft der orientalischen Völker festhielt, zu befreien.«* Doch selbst in der Gegenwart schien der *»Zauberreiz asiatischer Natur«* noch nicht für immer gebannt. Ausdrücklich wendet sich Bachofen daher im Schlußsatz des *Mutterrechts* gegen jene französischen Schriftsteller, welche *»der heutigen Welt (...) die Rückkehr zu dem Isisprinzip und zu der Naturwahrheit des Mutterrechts als alleiniges Heilmittel anempfehlen«*.

434

*434 J. L. Gérôme, Der Sklavenmarkt; Leinwand, Williamstown, Sterling and Francine Clark Art Institute*

## »She-Who-Must-Be-Obeyed«

Daß Bachofens Version vom Kampf des männlich-geistigen Okzidents gegen den weiblich-stofflichen Orient im letzten Drittel des 19. Jahrhunderts zu einer Art von populärem Gemeingut geworden war, zeigt die vielleicht bedeutendste trivial-literarische Ausgestaltung dieses Motivs in dem 1883 veröffentlicheten Roman *She* des englischen Kolonialschriftstellers Henry Rider Haggard, ein Werk, das in über zwanzig Sprachen übersetzt und von Rudyard Kipling und Oscar Wilde ebenso geschätzt wurde wie von Sigmund Freud und Carl Gustav Jung. Im Mittelpunkt der Handlung steht ein junger Engländer mit dem sprechenden Namen Leo Vincey, der gleich auf den ersten Seiten des Romans durch seine väterliche Abstammung zu den großen Eroberervölkern der europäischen Geschichte, den Normannen, Germanen, Römern und Griechen gleichermaßen in Beziehung gesetzt wird. Ohne jede weibliche Betreuung in der Männerwelt eines britischen Colleges aufwachsend, scheint er dazu bestimmt, eine Aufgabe zu erfüllen, an der schon alle seine Vorfahren gescheitert waren, nämlich das Reich einer geheimnisvollen, unsterblichen Königin im Innern Afrikas zu finden, von der die geheime Familienchronik zu berichten weiß, daß sie vor über zweitausend Jahren ihren Geliebten, den einst aus dem Tempeldienst der ägyptischen Isis geflohenen, gemeinsamen griechischen Urahnen dieses Eroberergeschlechts, aus Eifersucht ermordet hatte.

Schon in der Exposition der Romanhandlung wird so die Beziehung von Orient und Okzident als fortwährender Geschlechterkampf dargestellt, der sich von der frühen Antike bis zum Zeitalter des Imperialismus erstreckt. Als Leo Vincey und seine Begleiter sich dem Reich der geheimnisumwitterten *»She-Who-Must-Be-Obeyed«* nähern, sehen sie sich denn auch einer mit Symbolen dieses Kampfes vollen Welt gegenüber. Es ist eine *verkehrte Welt* des Mutterrechts und des Kannibalismus, in der die Frauen über die Männer herrschen und nach dem Fleisch der fremden Eindringlinge gieren. Als der jugendliche Held schließlich in einer geheimisvollen Ruinenstadt auf die unumschränkte Herrscherin dieses finsteren Frauenreichs trifft, scheint sich das Schicksal seines Vorfahren zunächst zu wiederholen. Ayesha, die jahrtausendelang auf die Wiederkunft ihres einstigen Geliebten gewartet hatte, erkennt in Leo Vincey dessen Reinkarnation. Indes bereitet sie sich unwillentlich selbst ein Ende, als sie in einem Feuer der ewigen Jugend ihre Unsterblichkeit zu erneuern sucht, sich dabei aber vor den Augen ihres Liebhabers in eine alte Hexe verwandelt und stirbt.

In Rider Haggards Zeichnung der Titelgestalt des Romans kehren alle drei Konfigurationen der Frau wieder, die sich auch schon in Bachofens *Mutterrecht* finden. Als Hetäre und Urbild der *femme fatale* umbuhlt sie ihre Liebhaber und verstößt gegen die Regel des tradierten Geschlechterverhältnisses ebenso wie gegen die der Moral. Als jungfräuliche Amazone entzieht sie sich über Jahrtausende hin dem männlichen Geschlecht, um schließlich – wie die Amazonenkönigin Hypsipyle in der Argonautensage – von einem jugendlichen Helden erlöst zu werden. Als große Mutter aber herrscht sie über ein Reich von *›Wilden‹*, in dem die Rollen von Mann und Frau vertauscht sind.

Hatte im philosophischen Diskurs des 18. Jahrhunderts *»die Frau immer mehr den Platz des Fremden und Exotischen«*[12] eingenommen, so erweisen sich im 19. Jahrhundert die zeitgenössischen Vorstellungen über die Frau als der geheime Schlüssel zur imaginären Welt des Orients. In seiner Studie über den *Mythos des Mutterrechts* hat Hartmut Zinser die Hetäre, die Amazone und die Mutter, jene drei weiblichen Leitfiguren der sich ablösenden mutterrechtlichen Entwicklungsstufen bei Bachofen, als das *»sexuelle Wunschbild«*, das *»sexuelle Angstbild«* und das Bild der *»sexuell neutralisierten Frau«* im bürgerlichen 19. Jahrhundert zu dechiffrieren versucht.[13] Alle diese drei Vorstellungen der Frau hätten den durch die patriarchalen Verhältnisse der Zeit vermittelten Erfahrungen des Mannes im Umgang mit dem anderen Geschlecht entsprochen. Während die Männer die Befriedigung ihrer sexuellen Bedürfnisse zumeist ausserhäuslich suchten, bei der Geliebten oder im Bordell, erwartete man von den unverheirateten Mädchen strenge Enthaltsamkeit und ein männerabweisendes Verhalten, um sie in der Ehe alsbald zu neutralen Müttern zu verklären. Projizierte Bachofen die aus solchen Erfahrungen hervorgegangenen Wünsche, Ängste und Erwartungen in eine ferne Vergangenheit, so gehen bei Haggard wie auch bei Flaubert und den Saint-Simonisten ähnliche Vorstellungen in die Bestimmung der kolonialen Sphäre

435

*435 J. F. Lewis, »The Coffee Bearer«; Holz, 1857 (15/27)*

436

436 *P. A. Rouffio, Simson und Delila; Leinwand, 1874 (15/10)*

ein. In durchaus ambivalenter Weise verfestigen sie sich zu einer am Modell des zeitgenössischen Geschlechterverhältnisses orientierten Mythologie des Imperialismus und bringen dessen auf die Widersprüche der eigenen Gesellschaft zurückverweisenden außerökonomischen Triebkräfte sinnfällig zum Ausdruck.

## Eine narzisstische Beziehung

Von Karl Mays *Marah Durimeh* als der die Weisheit des Orients verkörpernden großen Mutter und *Menschheitsseele* angefangen bis hin zu Sigmund Freuds metaphorischer Rede vom *»Geschlechtsleben des erwachsenen Weibes«* als dem *»dark continent«* der Psychologie könnten die hier angeführten Beispiele um zahlreiche weitere ergänzt werden. Doch mögen sie bereits genügen, um die Zählebigkeit einer an sprachliche Konventionen gebundenen Vorstellung aufzuzeigen, die bis in die Gegenwart hinein ihre Rolle spielt. Dabei entbehrt es nicht einer gewissen Ironie, daß sie sich heute vornehmlich bei Autoren findet, die sich mit dem europäischen Kolonialismus und seinen Folgen kritisch auseinandersetzen. Davon legt zum Beispiel ein solches modisches Wortungetüm wie das der *»kolonialen Penetration«* beredtes Zeugnis ab, im Vergleich zu dem die Rede von *der* Fremde noch eher harmlos wirkt. Identifizierten sich die Schriftsteller des imperialistischen Zeitalters mit dem Standpunkt des männlichen Eroberers oder Aggressors, so läßt sich bei den Kritikern des Imperialismus nun umgekehrt eine weitgehende Identifikation mit dem Objekt der Aggresssion beobachten, ohne daß die Rollenzuweisung selbst grundsätzlich in Zweifel gezogen würde. Dabei wird jedoch dem Wandel des Verhältnisses Europas zu den außereuropäischen Ländern im Zeitalter des Postkolonialismus in der Weise Rechnung getragen, daß man sich nicht mehr umstandslos mit jedem Staat und jeder Bewegung in der *Dritten Welt* solidarisiert, sondern die Objekte einer solchen Identifikation zunehmend mehr in diesen Ländern selbst sucht. Nachdem die arabischen Staaten spätestens seit der Ölkrise und dem Wiedererstarken des Islam wieder als ernstzunehmende Gegner angesehen werden, gilt der kritische Blick – wie schon im 18. Jahrhundert – erneut der Situation der Frau in der islamischen Gesellschaft. Zur gleichen Zeit feiert die feministische Bewegung die Wiederentdeckung von Bachofens *Mutterrecht*, dessen politische Intention es ja eigentlich war, der auf eine Neubestimmung des Geschlechterverhältnisses drängenden Emanzipationsbewegung des 19. Jahrhunderts des Schreckbild einer vom weiblichen Stoffprinzip beherrschten orientalischen Welt entgegenzuhalten.[14]

In seiner polemischen Abrechnung mit dem französischen *tiers-mondisme* hat Pascal Bruckner die politischen Solidaritätsbewegungen mit den Ländern der *Dritten Welt* als eine im Grunde narzißtische erotische Beziehung beschrieben, in der sich die *»ureigene Logik des Don Juanismus«* wiedererkennen ließe: *»Jedes von uns angebetete Land war unvergleichlich, jedes war eine vorübergehende Gestalt der Auserwählten, die jedesmal unser Vertrauen enttäuschte. (...) Einige Jahre, einige Massaker reichten aus, um die Illusion zu zerstören und anderswo eine neue Verkörperung zu suchen«*.[15] Zurecht kritisiert Bruckner an dieser Haltung, daß sie sich für ihr Objekt nur solange zu interessieren vermag, solange es ohnmächtig und dem Zugriff des Westens hilflos ausgesetzt erscheint, um sich von ihm abzuwenden, sobald es seine Geschichte aktiv zu gestalten versucht und dabei leicht in die Irrtümer und Gewalttätigkeiten verfällt, die die europäischen Staaten längst hinter sich gebracht zu haben glauben. Haben sich die Vorzeichen auch verkehrt, so sind die Zuschreibungen doch dieselben geblieben. In der Mischung aus Faszination und Entsetzen, mit der bei uns heute die Vorgänge in den Ländern der *Dritten Welt* verfolgt werden, findet der Orientalismus des 19. Jahrhunderts eine unerwartete Wiederkehr.

437

437 *B. Picart, Allegorie der Erdteile Afrika, Asien und Amerika; Kupferstich, Berlin, SMPK, Kupferstichkabinett*

*Michael Scholz-Hänsel*

# »ANTIGUEDADES ARABES DE ESPANA« WIE DIE EINST VERTRIEBENEN MAUREN SPANIEN ZU EINER WIEDERENTDECKUNG IM 19. JAHRHUNDERT VERHALFEN

In das Jahr der Entdeckung Amerikas 1492 fällt ein Ereignis, das unser Spanienbild entscheidender geprägt hat als die Großtat des Kolumbus: Die Eroberung Granadas, des letzten Maurenstaates auf der Iberischen Halbinsel. Dieser spektakuläre Abschluß der vom Papst finanzierten Reconquista, den einst die ganze Christenheit als Sieg feierte, hat Spanien im 18. Jahrhundert nicht nur in den Ruf politischer Kurzsichtigkeit und religiöser Intoleranz gebracht, sondern auch ein wesentliches Argument geliefert, das Land aus dem europäischen Kulturzusammenhang auszublenden. Seit dem 18. Jahrhundert aber diskutieren Wissenschaftler auch die Bedeutung des maurischen Erbes für das moderne Spanien.[1] Sicher ist, daß sich die europäische Wiederentdeckung Spaniens dem romantischen Blick auf die arabischen Kunstdenkmäler in Córdoba, Granada und Sevilla verdankt.

Blieb Italien seit der Antike kontinuierlich über vielfältige wirtschaftliche und kulturelle Beziehungen mit Mitteleuropa verknüpft, so spielte das südlichere Spanien eine Sonderrolle. Thomas Roscoe schrieb 1835 unter der Überschrift *Andalusien*: »*Wenn der Wanderer in Italien aus der Gegenwart in die Vergangenheit, aus der Vergangenheit in die Gegenwart entrückt wird, drängt ihn in Spanien Alles auf frühere, längst entflohene Zeiten zurück. Das Land erscheint nur als der Träger der mächtigen Wandlungen, die es erfahren, es soll Zeugnis alter Dynastien, alter Grösse, alter Pracht geben; es soll mahnen, dass es hier einst anders war, und die Torso's verschiedener Epochen fordern den Reisenden auf, mit seiner Phantasie ergänzend nachzuhelfen, wo ihm nur einzelne Züge entgegentreten. Wie in einem Zauberspiegel schauet er Trümmer entflohenen Glanzes und ausgelebter Herrlichkeiten.*«[2]

Das klassische Ausgangsland der Entdeckungsreisen mußte von den Europäern selbst immer neu aus einem Dickicht von Mißachtung, Vorurteilen und Unverständnis zurückgefunden werden. Jede dieser Wiederentdeckungen schlug sich in der gesamten europäischen Kulturentwicklung auf vielfältige Weise nieder. Man denke nur an die Bedeutung des Pilgerweges nach Santiago de Compostela für die Entstehung der romanischen Kunst, der Funktion Córdobas und Toledos bei der Vermittlung antiker und arabischer Gelehrsamkeit oder der Rolle des Handelszentrums Sevilla bei der Erweiterung des eurozentrischen Weltbildes im 16. und 17. Jahrhundert.

Werner Brüggemann hat in einer Untersuchung zu den Spanienberichten des 18. und 19. Jahrhunderts gezeigt, daß die Beschäftigung mit diesem Land auch später die Meinungen polarisierte.[3] Die Vertreter der französischen Aufklärung fällten ein vernichtendes Urteil. Voltaire setzte Spanien mit der Inquisition, der Ausbeutung Amerikas und einem despotischen Regime unter Philipp II. gleich. Masson de Morvilliers konnte in seinem Artikel *Espagne* für den ersten Band der *Encyclopédie méthodique* (1782) auf die rhetorische Frage »*Was verdankt man Spanien? Was hat Spanien seit zwei, seit vier, seit zehn Jahrhunderten für Europa geleistet?*« demonstrativ keine Antwort finden. Auf der anderen Seite haben vor allem Engländer und Deutsche an einer Ehrenrettung Spaniens gearbeitet.[4]

Zu Recht sieht Brüggemann die Initiative der englischen Autoren als Konsequenz der politischen Rivalität mit Frankreich. Nicht weniger wichtig für die Wiederentdeckung Spaniens ist jedoch die romantische Suche nach fremden Kulturen und der eigenen mittelalterlichen Geschichte. Diese fand man in den alten spanischen Ritterburgen, jene im Erbe der maurischen Kultur. So widmete schon Giuseppe Baretti in *A yourney from London to Genua, through England, Portugal, Spain and France* (1770), ein Schlüsselwerk für den Wechsel im neuzeitlichen Spanienbild, den erhaltenen Zeug-

438

437 *B. Picart, Allegorie der Erdteile Afrika, Asien und Amerika; Kupferstich, Berlin, SMPK, Kupferstichkabinett*

nissen arabischer Kultur besondere Aufmerksamkeit.[5] Sein Aufruf vor allem in Monumenten, aber auch in den alten Liedern, Romanzen und Chroniken nach der maurischen Tradition zu suchen, erhielt besonderes Gewicht, da er zugleich den französischen Aufklärern widersprach, welche die Vertreibung der Morisken unter Philipp III. immer als politische Fehlentscheidung und Beweis für die Intoleranz der spanischen Kirche gewertet hatten und so nicht das moslemische gegen das christliche Spanien ausspielte.

Die enorme Beachtung, die das arabische Spanien nun von englischer Seite erfuhr, hatte aber noch eine andere Ursache. Das in Andalusien allgegenwärtige Nebeneinander von maurischer und gotischer Architektur, wie auch das Fortleben arabischer Formvorstellungen unter christlicher Herrschaft, bekannt unter dem Namen Mudèjar-Stil, hatte nämlich schon 1765 zu der These geführt, die Gotik sei durch die Araber nach Europa gebracht worden.[6] So zogen viele neugierige Reisende auch deshalb nach Spanien, um hier den Ursprüngen ihrer eigenen mittelalterlichen Kunst nachzuspüren.

Washington Irving, der sich immer wieder mit der maurischen Geschichte Spaniens beschäftigt hat, schrieb in der Widmung seines berühmten Werkes *The Alhambra: A Series of Tales and Sketches of the Moors and Spaniards* (1832) an den schottischen Maler David Wilkie (1785 bis 1841): *»Sie werden sich erinnern, daß wir bei unseren gemeinschaftlichen Wanderungen durch eine Reihe alter Städte, namentlich Toledo und Sevilla, immer wieder auf ein Gemenge von Sarazenischem und Mittelalterlichem – Überbleibsel aus der Zeit der Mauren stießen (...).«*[7]

Um 1800 hatte die Beschäftigung mit den Mauren nun überall in Europa Konjunktur. Neben historischen Abhandlungen, wie der des französischen Ritters Jean Pierre Claris de Florian, die als deutsche Übersetzung 1825 unter dem Titel *Geschichte der Mauren in Spanien* erschien, vermochten vor allem aufwendig gestaltete Stichwerke Interesse zu wecken.

Für die Rückkehrenden, aber auch für die offenbar nicht wenigen Interessierten zu Hause publizierte James Cavanah Murphy, der sich für Studien von 1802 bis 1809 in Spanien aufgehalten hatte, *The Arabian Antiquities of Spain* (1815).[8]

438

*438a F. de Zurbarán, König Ferdinand III. von Kastilien unterwirft Sevilla im Jahre 1248; Leinwand, 1634, Chester, The Duke of Westminster*

*438b F. de Zurbarán, Josef; Leinwand, 1650–1660, Durham, The Lord Bishop of Durham*

Dieses Werk galt der Forschung bis heute als Ausgangspunkt für die wissenschaftliche Bestandsaufnahme der arabischen Altertümer in Spanien. Da auch die Veröffentlichungen der folgenden Jahrzehnte zu diesem Thema englischen Autoren zu danken waren, schien die Wiederentdeckung der Mauren insgesamt ein Verdienst der Seesieger über die spanische Armada.

Doch Murphy selbst wies in der Einleitung zu den *Antiquities* auf eine entsprechende spanische, seinem Werk vorausgehende Initiative hin. Schon in der zweiten Hälfte des 18. Jahrhunderts hatte nämlich die Real Academia de San Fernando die Architekten Juan de Villanueva, den Baumeister des Prado, und Pedro Arnal unter der Leitung von Joseph de Hermosilla für Bauaufnahmen nach Granada und Córdoba geschickt. Die Bauzeichnungen sollten durch wissenschaftliche Kommentare ergänzt werden: »*(...) disertaciones que explicaban el modo de construir que los Arabes tuvieron en diferentes edades, el origen de su Arquitectura, las proporciones que se observan en ella, la analogia que pudo tener la misma con la Greco-Romana y con las de otros estilos, extendiose tambien a la decoracion de follages, letreros y otras cosas con que adornaban sus obras.*«[9] Als sich jedoch keine genügend fachkundigen Autoren fanden, veranlaßte der berühmte, von Goya porträtierte Aufklärer Conde de Floridablanca, als Staatsminister Karls III. zugleich einer der wichtigsten Reformer der spanischen Gesellschaft, daß die Ergebnisse zunächst in Form einer Stichsammlung dem interessierten Publikum zugänglich gemacht wurden. Diese enthielt, als sie um 1780 unter dem Titel *Antiguedades árabes de Espana* erschien, neben Grundrissen, Aufrissen und Ansichten der Alhambra und des Generalife in Granada sowie der Moschee und der Brücke in Córdoba auch eine ganze Reihe Darstellungen christlicher Bauten, wie den Palast Karls V. und die Kathedrale in Granada, deren Bedeutung für die Architekturgeschichte erst in unserem Jahrhundert wieder erkannt wurde.

Das Werk, mit dessen Titel die Autoren programmatisch an das erfolgreichste englische Werk des Klassizismus, *The Antiquities of Athens* (1762–1787) von Stuart und Revett, anknüpften, bildete das unmittelbare Modell für Murphy. Identisch ist nicht nur der Aufbau des Werkes (u.a. gliedern sich beide Arbeiten in gesonderte Teile zu Granada und Córdoba), sondern in vielen Punkten auch die Auswahl der abgebildeten Objekte (man vergleiche nur die arabischen Vasen: *Antiguedades* / Tafeln XVIII und XIX; *Antiquities* / Tafeln XLVII und XLVIII). Murphys Leistung liegt hingegen im Umfang (106 Tafeln statt 29) und in den wissenschaftlichen Kommentaren zu jedem einzelnen Blatt.

Zudem publizierte er als *Introduction to the Arabian Antiquities of Spain* 1816 nachträglich einen umfangreichen Textband *The History of the Mahometan Empire in Spain: Containing a General History of the Arabs, their Institutions, Conquests, Literature, Arts, Sciences and Manners to the Expulsion of the Mors*, der im Anhang noch einmal *A Collection of the Historical Notices and Poems, in the Alhamra in Granada* enthielt.

Murphys Werk hatte schon deshalb bessere Erfolgschancen als sein spanisches Vorbild, weil ihm ein erfahrener Verleger und geübtere, besser ausgebildete Stecher zu Verfügung standen. Seine Darstellung von der Decke des Badesaales in der Alhambra ist von eigenartigem Reiz und erinnert sogleich an Karl Friedrich Schinkels im selben Jahr entstandenen Entwurf *Sternenhalle im Palast der Königin der Nacht* für die *Zauberflöte*.[10] Schließlich trafen die *Antiquities* im Heimatland des Autors auf ein Publikum, daß durch frühere Publikationen eher interessiert als befriedigt worden war.

So hat Tonia Paquejo zu zeigen vermocht, daß die Illustrationen dieses Werkes, ebenso wie die späteren von David Roberts in *The Tourist in Spain* (1835), die Dimensionen der Alhambra im gotischen Sinne uminterpretieren.[11] In seiner Innenansicht der Moschee von Córdoba sehen wir statt eines gedrungenen, ungegliederten Raumes drei dominante Schiffe, die durch die knieenden Figuren und den Verzicht auf Differenzierungen im Detail (die alternierende Polychromie des Steinmaterials, unterschiedliche Säulen und Kapitelle) an Macht und Vertikalität gewinnen.

Wer aus englischer Hand eine wirklichkeitsgetreue Bauaufnahme aus der ersten Hälfte des 19. Jahrhunderts sucht, darf nicht die damals populären Stichwerke zu Rate ziehen, sondern findet bessere

439

*439 V. Carducho, Die Vertreibung der maurischen Bevölkerung aus Spanien 1609; Bleistiftzeichnung, Madrid, Museo del Prado*

440

*440 A. de Forbin, Die Einnahme der Alhambra von Granada am 2. Januar 1492; Leinwand, 1831 (7/20)*

441

441 *Sog. Boabdil Schwert; Stahlklinge, unvollständige hölzerne Scheide mit Goldbronze und Emailverzierungen, Granada, Ende 15. Jh (7/22)*

442 *F. von Lenbach, Die Alhambra in Granada; Leinwand, 1868, München, Schack Galerie*

443 *E. Gerhardt, Der Löwenhof der Alhambra; Leinwand, 1860, München, Schack Galerie*

Informationen in den laienhaften und erst 1955 publizierten Zeichnungen von Harriet und Richard Ford.[12]

Ford, der mehrere Jahre in Spanien gelebt hatte und während seines Aufenthaltes in Granada auf der Alhambra im Torre de las Damas wohnte, kommt für die Maurenrezeption eine wichtige Vermittlungsfunktion zu. Nicht nur, daß er Andalusien und Granada in seinem dreibändigen *Handbook for Travellers in Spain and Readers at Home* (1845) viel Platz einräumte, er kannte auch durch persönliche Kontakte wichtige mit dem arabischen Erbe befaßte englischsprachige Autoren, wie die erwähnten Roberts oder Irving und Owen Jones.[13]

John Frederick Lewis, der Schöpfer von *Lewis's Sketches and Drawings of the Alhambra* (1835), porträtierte ihn 1833 in Sevilla im Alter von 37 Jahren.[14] Schließlich berichtete der große spanische Kunstkenner William Stirling Maxwell of Keir in einem Nachruf der *Times* (4. September 1858), Ford habe sein Haus bei Exeter mit Gärten und Terrassen umgeben, die mit Bauten im Stil der Morisken geschmückt und mit Pinien und Zypressen bepflanzt seien, wie an den Ufern des Genil und des Guadalquivir in Andalusien.[15]

Die meisten der um 1800 vor allem in England entstandenen Stichwerke enthielten auch figürliche Darstellungen. Dabei treffen wir ebenso auf historisierende Szenen des maurischen Lebens wie auf *costumbristische* Schilderungen zeitgenössischer spanischer Trachten, etwa bei dem genannten Lewis.

Wie sehr gerade eine Spannung zwischen dem christlichen und muslimischen Spanien die Reisenden fasziniert haben muß, wird aus wenigen Beispielen deutlich: John Talbot Dillon stellt in *Travels through Spain* (1782) in die Fensteröffnung der Giralda, dem ehemaligen Minarett der Moschee von Sevilla, frei hinzugedachte Bischöfe und Heilige.[16] Auch Victor Hugo betont in seinem zwischen dem 3. und 5. April 1828 niedergeschriebenen Gedicht *Grenade* wiederholt den 1492 erfolgten Religionswechsel: ». . . / *L'Arabie est son aieule / Les maures, pour elle seule, / Aventuriers hasardeux / Joueraient l'Asie et l'Afrique, / Mais Grenade est catholique, / Grenade se raille d'eux; /* . . .«.[17]

Schließlich enthalten auch die *Ansichten von Spanien* (1835–37), so der deutsche Titel von Thomas Roscoes *Tourist in Spain*, neben Roberts Stahlstichen zahlreiche Holzschnitte von Branston und Wright, die häufig Geistliche in den Mittelpunkt ihrer Darstellung rückten.[18]

Sprachen wir bisher von maurischer Kultur, so wählten wir einen Terminus, der in der spanischen Sprache (*moros* = Mauren oder Mauretanier) seine historische Begründung hat.[19] Danach galt der ganze Westen der islamischen Welt als ein einheitlicher Kulturkreis. Für das 18. und 19. Jahrhundert waren jedoch nicht alle Bauten aus diesem Gebiet gleich interessant. Vielmehr konzentrierte man sich auf die Moschee von Córdoba und die Alhambra in Granada.

Beide Bauten hatten, nicht zuletzt dank der fast denkmalpflegerischen Haltung der Katholischen Könige und Karls V., die christlichen Jahrhunderte im Kern unbeschädigt überstanden. Für die Alhambra gab es zudem eine Fülle von Quellentexten, die sie in der Phantasie der Romantiker wieder lebendig werden ließen. So schrieb der schon erwähnte Thomas Roscoe: »*Entflohen ist die Herrlichkeit der alten Zeit, aber ihre Spuren sind nicht verwischt. Der Araber wandelt noch über diesen Boden; der Blick, der Accent und die Sitte des moslemischen Siegers sind in den Zügen seiner Kinder, in ihren Trachten, in ihrem Hausgeräth sichtbar.*«[20] und »*Wie viele Sagen und Überlieferungen, wie viele Lieder und Romanzen der Araber und der Spanier, wie viele begeisterte Schilderungen von Liebe und Treue, von Krieg und Rittertum knüpfen sich an dieses romantische Gebäude!*«[21]

Die Alhambra liegt auf einem Ausläufer der Sierra Nevada.[22] Die Geländestruktur, die nur von Süden und Südwesten einen leichten Zugang ermöglicht, schafft einen natürlichen Schutz. Dennoch wird die ganze Anlage noch zusätzlich von einem unregelmäßig verlaufenden Befestigungssystem umzogen. Innerhalb eines Gesamtareals von 740 × 220 Metern bestand hier eine weitgehend autonome Fürstenstadt, die ihre – noch heute erhaltenen – baulichen Zentren in zwei Hofanlagen, dem Myrthen- und dem Löwenhof hatte. Obwohl Muhammed Ibn Yusuf Ibn Nasar bereits 1238 Granada eroberte und damit die Herrschaft der Nasriden begründete, begannen die Bauarbeiten erst etwa hundert Jahre später und zogen sich bis zum Ende des Jahrhunderts hin.

Die Bevorzugung Granadas spricht auch aus dem Titel und der ersten Strophe des genannten Gedichtes von Victor Hugo. Nachdem der Autor dann zunächst die wichtigsten spanischen Städte durch kurze Hinweise charakterisiert hat, beginnt unter Hervorhebung der Alham-

*442*

*443*

444

445

446

447

*444 Der Löwenhof der Alhambra; in: J.F. Lewis, Sketches and Drawings of the Alhambra (...), o.O., 1833/34*

*445 F. von Lenbach, »Trocador de la Reina«; Leinwand, München, Schack-Galerie*

*446 Hof der Alhambra; in: J. F. Lewis, Sketches and Drawings of the Alhambra (...), London, 1833/34*

bra ein Lob Granadas: » . . ./ *Mais Grenade a l'Alhambra./ L'Alhambra! L'Alhambra! palais que les Génies / Ont doré comme un reve et rempli d'harmonies, / Forteresse aux crèneaux festonnès et croulants, / Ou l'on entend la nuit de magiques syllabes / Quand la lune, á travers les mille arceaux arabes, / Séme les murs de trèfles blancs! / . .«*[23]

Das bedeutendste Stichwerk über die Alhambra stammt von dem Architekten Owen Jones. Gemeinsam mit Jules Goury gab er *Plans. Elevations. Sections and Details of the Alhambra* (1842 und 1845) als eine zweibändige Monographie heraus, die auch als Vorlagebuch für Baumeister gedacht war.[24] Gleichzeitig setzte er seine wissenschaftliche Bestandsaufnahme in eigenen Bauprojekten um. Für die Innenraumgestaltung zweier palastähnlicher Stadthäuser in Kensington Palace Gardens wählte er den maurischen Stil. Später schuf er noch für den Kristallpalast einen *Alhambra Court*, der den Löwenhof nachbildete.

Stefan Koppelkamm hat dieses Beispiel und dann vor allem die von Ludwig Zanth erbaute *Wilhelma* in Stuttgart-Bad Cannstatt (1842–64) als Belege für die *Faszination der Alhambra* herangezogen.[25] Tatsächlich nimmt aber gerade der Stuttgarter Bau auch zahlreiche Anregungen anderer Regionen auf. Die Orientforscher begriffen Spanien denn auch nur als eine Station ihrer Studienreisen, und sowohl François René de Chateaubriand als auch Graf Adolf Friedrich von Schack langten hier erst am Ende ihrer Rundfahrt durch die arabische Welt an. (Chateaubriand traf 1807 in Spanien ein; Schacks erste Reise nach Spanien fiel in das Jahr 1840): *»Es war inzwischen Spätherbst geworden, und ich verließ nun den Orient, um mich zu Dampfschiff über Syra und Malta nach Gibraltar zu begeben. (...) Von Gibraltar brach ich zunächst nach dem Ziel meiner besonderen Sehnsucht, nach Granada, auf. Obgleich der Beginn des Winters nicht mehr fern war, ließ die unverschleierte Sonne doch die wildromantischen Schluchten der Felsenberge bei Alhama, die ich dorthin durchzog, noch in aller Glut des Südens strahlen. Man beneide mich, wie ich dann in den auf steile Höhen hingebannten Zaubergärten des Generalife an schäumenden Kaskaden träumen, von den Türmen und hängenden Terrassen der Alhambra auf die unvergleichliche Vega und zu dem vom goldführenden Darro durchrauschten Thalschlund hinunterblicken konnte!«*[26]

Diese verspätete Entdeckung verhinderte freilich nicht, daß Teile der Alhambra als Souvenir ins Ausland gelangten. Nachdem der Bankier Arthur Gwinner 1866 mit Zustimmung der spanischen Krone den Torre de las Damas erworben hatte, ließ er eines der hölzernen Kuppeldächer in seiner Berliner Privatwohnung installieren, von wo es nach weiteren Zwischenstationen 1978 in das Museum für Islamische Kunst in Berlin gelangte.[27]

Murphy hat das Ziel seiner vierzehnjährigen Arbeit an den *Antiquities* mit den folgenden Worten umrissen: *» (...) enable the reader to form an accurate estimate of the very high state of excellence, to which the Spanish Arabs attained in The Fine Arts, while the rest of Europe was overhelmed with ignorance and barberism.«*[28] Für den hohen Stand der maurischen Kultur meinte er durch den gemeinsamen Einsatz von Bild und Text Überzeugungsarbeit leisten zu müssen.

*448*

*448 A. Seel, Alhambra; Leinwand, 1886 (14/1)*

Indes hat Brüggemann beschrieben, wie ein Dichter, nämlich Johann Gottfried Herder, schon weit früher die spanischen Araber als die *»Lichtbringer der europäischen Kultur«* feierte.[29] Wie die Engländer in den Mauren die Schöpfer des gotischen Kunststiles zu erkennen meinten, so glaubten die Deutschen, erst mit den Arabern sei es möglich geworden, das Joch der lateinischen Sprache zu zerbrechen und zu einer eigenen Volksliteratur zu kommen. Bei Herder finden wir den schon von Roscoe bekannten romantischen Begriff des *Zauberlandes* Spanien: *»Wie das Märchen den Morgenländern, so (möchte man sagen) gehört der eigentliche Roman den Spaniern. Ihr Land und Charakter, ihre Verwandschaft mit den Arabern, ihre Ver-*

*447 Antiguedades arabes de Espana, Titelseite; Madrid, 1780 (14/23)*

449 *Blick in den Löwenhof der Alhambra; in: O. Jones und M. J. Goury, Plans, elevations, sections and details of the Alhambra (...), London, 1842 (14/3)*

449

*fassung, selbst ihr stolzes Zurückbleiben in manchem, worauf die europäische Kultur treibt, macht sie gewissermaßen zu europäischen Asiaten. Die Verwicklungen, das Abenteuerleben, von dem ihre Romane voll sind, macht ihr Land hinter dem Gebirge, die schöne Wüste unserer Phantasie, zu einem Zauberland.«*[30]

Die wichtigsten Anstöße für die Überwindung des einseitigen Spanienbildes der Aufklärung fand Herder bei Literaten, wie dem genannten Baretti und Gines Pérez de Hita, dessen Roman *Guerras civiles de Granada* (1595–1619) dann 1821, in der Hochblüte romantischer Orientsehnsucht, ins Deutsche übersetzt wurde.[31] Neben den Reiseberichten – zum Beispiel von Christian August Fischer, *Gemälde von Valencia*, (Leipzig 1803) und K. Fr. v. Jariges (Beauregard Pandin), *Bruchstücke einer Reise durch das südliche Frankreich, Spanien und Portugal*, (Leipzig 1810) – entdeckten nun auch Dichter wie Brentano und Goethe das arabische Spanien.

Was Baretti und Herder in der ersten Hälfte des 19. Jahrhunderts begonnen hatten, führte Graf Adolf Friedrich von Schack in der zweiten Hälfte weiter.[32]

Jetzt, da durch die Stichwerke die arabischen Altertümer in Spanien allseits bekannt waren, wuchs das Interesse, die mit ihnen verbundene Literatur zu studieren. So schrieb Schack in der Einleitung zu dem 1865 erstmals erschienenen Werk *Poesie und Kunst der Araber in Spanien und Portugal*: *»Die vorliegende Schrift ist die Frucht von Studien, zu denen mich ein längerer Aufenthalt in Andalusien und namentlich zwei, in dem herrlichen Granada verlebte Sommer anregten. Bei meinen oft wiederholten Besuchen der Alhambra und des Generalife (...), bildeten die mich rings umgebenden Denkmale der Araber den steten Gegenstand meiner Betrachtung. Zugleich erwachte in mir das Verlangen, die Kultur des Volkes näher kennen zu lernen, von dessen Schönheitssinn diese eben so reizenden wie eigenthümlichen Architekturwerke ein glänzendes Zeugnis ablegen. Ich wünsche, die Hallen der arabischen Schlösser, wie mit den Gestalten der Menschen, welche durch sie hindurchgeschritten, so auch mit den Gesängen, die einst in ihnen erklangen, beleben zu können.«*[33]

Als der Graf 1868 wieder eine Spanienreise unternahm, ließ er sich von den Malern Franz von Lenbach (1836–1904) und Ernst von Liphart nach Andalusien begleiten: *»Auch Lenbach und Liphart hatten durch Lektüre meines Werkes lebhaftes Interesse für das hochgebildete Volk gewonnen, das bis auf heute so glänzende Zeugnisse seiner Kultur auf spanischem Boden hinterlassen hat (...) Cordova (...) Sevilla (...) Gibraltar (...) Tanger (...) das Hauptziel der ganzen Reise war das wundervolle Granada. In vollem Maße bestätigte sich mir die schon früher gewonnene Überzeugung, es sei der schönste von allen Punkten der Erde, die ich auf meinen Reisen gesehen.«*[34]

Lenbach malte in Granada wenigstens zwei Ansichten der Alhambra, die sich noch heute in der Schack-Galerie befinden.[35] Die eine zeigt in weiträumiger Perspektive die klassische Touristen-Vedute mit dem roten Burgberg (*Qal'at al-Hamra* = Die rote Burg) zwischen dem alten Maurenviertel auf dem Albaicín und dem in der Ferne aufragenden Gebirgszug der Sierra Nevada. Doch steigerte der Maler den Eindruck, indem er den Berg der Alhambra höher ansetzte und damit den

450

*450 Alhambra, architektonische Detailstudie; in: O. Jones und M. J. Goury, Plans, elevations, sections and details of the Alhambra (...), London, 1842 (14/4)*

451

451 *Alhambra-Vase; Fayence mit Lüsterdekor, Malaga, 14. Jh.; Bronzemontierung: 17. Jh., Stockholm, Nationalmuseum*

Baukomplex stärker von der Stadt isolierte. Seine Zugabe sind wahrscheinlich auch die Zypressen, die die geschichtsträchtige Architektur mahnend umrahmen. Die andere Ansicht gibt einen Ausschnitt des Inneren – der Tocador de la Reina – mit zwei persönlichen Portraits der Reisegefährten Schack und Liphart. Weiß man, daß Lenbach schon vor der Reise nach Andalusien ein halbes Jahr alte Meister im Prado für Schack kopiert hatte und sein Schüler Liphart ihn später in diesem Geschäft unterstützte, so darf man annehmen, daß der Graf auch die Ansichten aus Granada in Auftrag gegeben hat.

Die wenigen schriftlichen Aufzeichnungen Lenbachs aus Spanien verraten, daß er sich außer für Bilder eher für die landschaftliche Einbettung der gesehenen Architekturen begeistern konnte als für deren arabische Geschichte: *»Granada ist unerschöpflich interessant. Es ist in einem der fruchtbarsten und malerischsten Täler der Welt gelegen, und alles und jedes, was man zu Gesicht bekommt, ist fertig und originell. Einen außerordentlich feinen Eindruck macht die Alhambra, die teilweise noch sehr gut erhalten ist (...) Granada ist einfach traumhaft schön, und die Aussicht nach allen Richtungen könnte nicht reizender, nicht mannigfaltiger sein.«*[36]

Schack hat später, wahrscheinlich aus seiner eigenen Begeisterung für die Landschaft Südspaniens, den Eindruck der *zauberischen Natur* auf seine beiden Künstler noch unterstrichen und übertreibend behauptet, Lenbach habe überhaupt nur zu diesem Zeitpunkt Landschaften gemalt.

Tatsächlich war es Schack, der bei den Veduten auch die arabische Geschichte mitdachte. Beispielhaft seien hier nur die Gedanken zu seinem Bild *Ansicht von Gibraltar* aus der Hand von Fritz Bamberger zitiert: *»Für solche, die mit der Betrachtung von Gegenden historische Erinnerungen zu verbinden lieben, knüpft sich an diese Lokalität noch der Gedanke, daß es hier war, wo die Araber zuerst die Fahne des Propheten auf europäischem Boden pflanzten, um sodann in stürmischem Eroberungsdrange, von immer neuen glaubensmutigen Scharen verstärkt, die ganze Halbinsel zu überfluten, bis sie nach achthundertjähriger Herrschaft, wieder, wie ein Traum, verschwanden.«*[37]

In München wurde Schack auch mit Eduardt Gerhardt (1813–1888) bekannt, der mehrfach Spanien und Portugal bereist hatte.[38] Von seinen zahlreichen Aquarellen und Ölbildern der maurischen Bauten in Córdoba und Granada erwarb er Darstellungen des Generalife und der Alhambra. Der *Löwenhof* von 1860 wird durch das für Gerhardt charakteristische Mondlicht beleuchtet und er innert so an das wesentlich frühere Gedicht von Victor Hugo und die romantischen Darstellungen eines David Roberts.

Doch nicht nur von Schack ermunterte Künstler interessierten sich für dieses Thema. Dies gilt unter anderem für den Münchner Maler Wilhelm Gail (1804–1890), der bereits in den Jahren 1832 und 1833 Spanien bereist hatte.[39] 1837 erschien als Resultat seiner Studien eine umfangreiche Serie von Lithographien unter dem Titel *Erinnerungen aus Spanien*. Auch einige bei Boetticher aufgeführte Ölbilder belegen eine Beschäftigung mit den maurischen Altertümern: *Der Löwenhof im Schloß Alhambra bei Granada* (1834) und *Perspektivische innere Ansicht der in maurischem Stil erbauten Kathedrale in Córdoba* (1836).

Auch im Bereich der Düsseldorfer Malerschule finden wir in dem Architekturmaler Adolf Seel (1829–1907) einen Künstler, der in Spanien Orientalisches fand.[40] Titel seiner Bilder lauten: *Das Innere eines ägyptischen Harems* (1878), *Die Gärten der Alhambra mit dem Blick auf die Sierra Nevada* und *Aus der Alhambra. Eine reich geschmückte Maurin sitzt auf der Schwelle eines Tores* (1885).

Nach einem Besuch der Düsseldorfer Kunstakademie (1843/44–48) reiste er 1862/64 nach Spanien, 1870/71 nach Spanien, Portugal und Nordafrika und 1873/74 in den Vorderen Orient. In dem 1886 signierten Bild *Alhambra* gibt er eine Ansicht des Cuarto Dorado oder Goldenen Hofes mit Blick nach Norden. Dabei hat er das Doppelfenster mit der eingestellten Säule aus dem Saal der Gesandten (mittlerer Alkoven der Nordwand) entliehen und selbständig ein großes Wasserbecken eingefügt. Eine eigenwillige Zutat bilden auch die sitzenden Araber, die so sicher weder im 15. noch im 19. Jahrhundert hier zu finden waren. Die im Verfall begriffene Architektur und die Hell-Dunkel-Regie mit dem Spiegelbild im Wasser erzeugen eine melancholische Stimmung, in der mehr die Vergänglichkeit als die Erinnerung an den mächtigen Maurenstaat Granada angesprochen wird.

Als das 19. Jahrhundert seinem Ende zuging, trat endlich auch die abendländisch-spanische Kunstgeschichte neben den arabischen Altertümer ins Bewußtsein der Kenner. Louis-Philippes *Galerie espagnole* (1838–1848), Carl Justis Velázquez-Monographie (1888) und Julius Meier-Graefes Lobrede auf El Greco (1910), um nur einige Faktoren zu nennen, hatten ein gewaltiges Interesse an der spanischen Malerei freigesetzt. So

*452*

*452 Alhambra-Vase; Fayence mit Lüsterdekor, Malaga, 14. Jh., Granada, Museo Nacional de Arte Hispano-Musulmàn*

453

*453 »A perspective View of the golden Saloon, or Hall of Ambassadors«; in: J. C. Murphy, The Arabian Antiquities of Spain, London, 1813 (14/24)*

*454 »An arbabian Vase and Niche, preserved in the Alhambra« (14/24)*

*455 »Elevation ot the Fountain of Lions« (14/24)*

*456 »Hall of the two Sisters« (14/24)*

*457 »A perspective View of the Court and Fountain of Lions« 14/24)*

fuhr auch Rainer Maria Rilke 1912 nach Spanien, um El Greco zu sehen. Von Toledo aber reiste er weiter nach Andalusien und schrieb hier nach einem Besuch in der Mezquita von Córdoba aus der alten Maurenstadt Ronda: »*Übrigens müssen sie wissen, (...), ich bin seit Córdoba von einer beinah rabiaten Antichristlichkeit, ich lese den Koran, er nimmt mir, stellenweise, eine Stimme an, in der ich so mit aller Kraft drinnen bin, wie der Wind in der Orgel.*«[41]

Bis heute steht *Das maurische Spanien*, so der Titel eines Kurzführers des *Secretaría General de Turismo*, für viele Spanienbesucher als pars pro toto für das ganze Land jenseits der Pyrenäen. So scheint es nur folgerichtig, daß Ende der 70er Jahre endlich auch die Araber nach Spanien zurückkehrten.[42] Saudi Arabiens König Fahd und andere Reiche aus den Golf-Emiraten, die ihre angestammten Feriensitze im Libanon verloren hatten, kauften Land an der Costa del Sol, zwischen Marbella und Puerto Banús, wo sie, von der Regenbogenpresse bestaunt, bei märchenhaftem Reichtum, in prächtigen Villen residieren. Zu ihrem Besitz gehört auch die Abd al-Aziz-Moschee, die mit ihren Spitzbögen Maurisches und Gotisches versöhnt, fast so wie es sich die englischen Illustratoren vorgestellt hatten.

454

455

456

457

458 *Blick in die Kuppel aus dem Aussichtszimmer des Torre de las Damas der Alhambra in Granada; Holz, um 1310 Berlin, SMPK, Museum für Islamische Kunst*

*458*

# KATALOG

# Kapitel 1

## Die Wiederentdeckung des Alten Orients

### Ägypten

Die ›Renaissance‹ bewirkte in Europa nicht nur eine ›Wiedergeburt‹ der Antike, sondern auch eine Wiederentdeckung des Alten Ägypten. Seit dem Beginn des 15. Jahrhunderts erregten die rätselhaften Hieroglyphen, wie man sie auf den Obelisken in Rom fand, das Interesse der Humanisten Italiens. Um 1500 entdeckte man die ästhetische Wirkung äyptischer Altertümer: Sphingen, Hieroglyphen, Obelisken und Pyramiden fanden rasch Eingang in Bildformeln und Architektur europäischer Kunst. Ausgrabungen in Italien förderten ägyptische und ägyptisierende Kunstwerke zu Tage, die dann, wie die ›Tabula Bembi‹, bis ins ausgehende 18. Jahrhundert der künstlerischen Ägyptenrezeption als Vorbilder dienen sollten. Auch außerhalb Italiens begann man im 16. Jahrhunderts sich für das Alte Ägypten zu interessieren. Zahlreiche Versuche, ägyptische Hieroglyphen zu entschlüsseln, fanden in der Mitte des 17. Jahrhunderts mit den Forschungen des Athanasius Kircher einen vorläufigen, wenn auch erfolglosen Höhepunkt.

Zur Zeit Kirchers lebte auch der französische Maler Nicolas Poussin in Rom, dessen klassizistische Bilderwelt auch Historienbilder mit ägyptischen Themen umfaßte, die in ihrer fast wissenschaftlichen Gestaltung auch für das folgende Jahrhundert noch vorbildlich sein sollten. Schon im 17. Jahrhundert reisten Europäer an den Nil und berichteten einer erwartungsvollen Gelehrtenwelt von ihren Erfahrungen. Mit der Aufklärung entwickelte sich im Europa des 18. Jahrhunderts ein neues Verhältnis zum ägyptischen Erbe; in Stichwerken wurde nunmehr der in Europa bewahrte Bestand ägyptischer Kunstwerke zusammengefaßt, wissenschaftlich und künstlerisch ausgebildete Reisende untersuchten ägyptische Monumente am Nil.

Die klassizistische Kulturreform der Jahrhundertmitte erkannte in Ägypten eine kulturelle und künstlerische Quelle der griechisch-römischen Antike. Die strenge, tektonische Form ägyptischer Architektur und Skulptur wurde von einigen Theoretikern des Klassizismus zu einem idealen, ›ursprünglichen‹ Stil erklärt, dem sich anzunähern als Ziel beschworen wurde. In den letzten Jahrzehnten des 18. Jahrhunderts wurden ägyptische Symbole und Elemente als emotional ausdrucksstarke und sinnträchtige Bild- und Ornamentformen für Malerei und Kunsthandwerk gewonnen. Es entwickelte sich eine exklusive Ägyptenmode, die, zunächst auf Vertreter des Adels beschränkt, mit der französischen Revolution auch von breiteren Schichten aufgenommen wurde. Nach Abschluß der militärisch gescheiterten Ägyptenexpedition (1799) des französischen Revolutionsheeres unter Napoleon Bonaparte wurde die Ägyptenmode, als Teil des Empire-Stils, ein gesamteuropäisches Phänomen.

Die mit dem französischen Heer nach Ägypten gelangte Gruppe von Wissenschaftlern stellte die bereits begonnene Erforschung ägyptischer Altertümer auf eine solide Basis, aus der sich die Ägyptologie als akademische Disziplin entwickeln konnte. An den Ergebnissen dieser Wissenschaft, die nach der Entzifferung der Hieroglyphen durch Champollion (1822) und mit den großen Ausgrabungskampagnen des frühen 19. Jahrhunderts rasche Fortschritte machte, orientierte sich die Malerei des Historismus. Insbesondere in England griffen Künstler gern auf das dekorativ-exotische Szenarium des ägyptischen Altertums zurück.

Der Tradition der reisenden Künstler des 18. Jahrhunderts hingegen folgten Maler wie David Roberts, die in ihren Zeichnungen und Gemälden sowie den nach diesen Vorlagen geschaffenen Stichwerken ägyptische Bauwerke und Gräber festhielten und mit ihren pittoresken Ansichten ein romantisierendes Ägyptenbild schufen, das bis in unsere Gegenwart wirkt.

### Mesopotamien, Persien

Die Welt der Babylonier und Assyrer war bis ins 19. Jahrhundert nur aus dem Alten Testament und Berichten antiker Autoren bekannt. Von der Pracht Babylons schreiben Strabon (60–20) und Diodor (1. Jh. v. Chr.) Herodot (um 484–424) sagt über den Turm von Babel: *»Der Tempelbezirk ist viereckig, jede Seite zwei Stadien lang. Mitten in diesem heiligen Bezirk ist ein fester Turm errichtet, ein Stadion lang und breit, und auf diesem Turm steht wiederum ein Turm und dann noch einer, im ganzen acht Türme übereinander; alle diese Türme kann man ersteigen auf einer außen herumführenden Treppe.«* Alexander der Große wollte nach seinem Einzug in Babylon, 331, den von Xerxes zerstörten Turm wieder aufbauen lassen, weiß Arrian von Nikomedien (um 130) zu berichten. Auf der Suche nach Überresten des Turms zu Babel, der die Phantasie vieler europäischer Künstler seit dem Mittelalter beschäftigt hat, hielten abendländische Reisende die weithin sichtbare Ruine einer Zikkurat der babylonischen Stadt Birs Nimrud irrtümlich für eben diesen Turm. Erst Ende des 19. Jahrhunderts konnte Robert Koldewey die Fundamente des ›richtigen Turmes‹ freigelegen.

Während Aegyptiaca schon früh Sammlungen der Renaisssance bereicherten, fanden Funde aus Mesopotamien und Persien nur vereinzelt den Weg nach Europa. Aus Persepolis, der von Alexander dem Großen zerstörten Hauptstadt der Achämeniden, brachte Pietro della Valle im 17. Jahrhundert von seiner Reise einige Lehmziegel mit, die Ornamente trugen *»als seien Vögel über nassen Sand gelaufen«*. Engelbert Kaempfer gab diesen Zeichen, Ende des 17. Jahrhunderts, ihren Namen ›cuneatae‹, keilförmig. Die ersten genauen Kopien von Keilschrifttexten fertigte Carsten Niebuhr im 18. Jahrhundert, die Entzifferung gelang erst Georg Friedrich Grotefend 1802.

Zu Beginn des 19. Jahrhunderts werden erste Grabungen begonnen. Der englische Diplomat Claudius James Rich erstellte um 1820 systematische Oberflächenbefunde babylonischer und assyrischer Stätten. Sein besonderes Interesse galt den Überresten von Ninive, jener Stadt, die in ihrer kaum hundertjährigen Existenz als Residenz assyrischer Könige soviel Schrecken über ihre Feinde gebracht hatte, daß sie als Symbol orientalischen Despotismus' die Geschichte überdauern sollte. *»Wehe der Blutstadt! Alles an ihr ist Betrug, sie ist voll von Gewalttat, sie will vom Rauben nicht lassen «*, so das Buch Nahum, das auch von ihrer Zerstörung durch Babylonier und Meder 612 v. Chr. berichtet: *»Ninive ist zerstört! Wer will es bedauern? Wo soll ich Tröster suchen für sie.«* Rich glaubte Ninive unter den Ruinenhügel von Kujundschik und Nebi-Junus verborgen. 1842 stieß der französische Konsul in Mossul, Paul Emile Botta, auf der Suche nach diesem assyrischen Rom auf den Sommerpalast Sargons II., am Stadtrand von Ninive gelegen. Bedeutende Bildwerke wurden auf Flößen den Tigris hinab und per Schiff nach Frankreich transportiert. Die Ruinen von Ninive aber entdeckte erst Austin Henry Layard im Jahre 1847, auch er ließ spektakuläre Funde nach Europa, nach London schaffen. In den Ruinen fand sich auch die riesige Bibliothek des Assurbanipal, geschrieben auf Tausenden von Tontafeln, die der Herrscher, wie auf einer Tafel vermerkt stand *»zum Zwecke seines eigenen Lesens«*, zusammengetragen hatte. Darunter fand sich auch das erste große Epos der Weltgeschichte, die Erzählung von *Gilgamesch*.

Wanderten die wohl bedeutendsten Denkmäler assyrischer Kultur in die Museen von Paris und London, so sind die bauplastischen Höhepunkte des babylonischen Reichs, so die von Robert Koldewey ab 1898 ausgegrabene Prozessionsstraße von Babylon, heute im Pergamon-Museum von Berlin zu bewundern.

## Alexander der Grosse
## Königin von Saba

Mit ausgewählten Beispielen wird in diesem Teil der Ausstellung zudem die Bedeutung Alexander des Großen und der Königin von Saba für den Verlauf der Wiederentdeckung des Alten Orients erläutert.

**1/1 (Abb. 8)**
**Standbild eines Falkengottes**
Neues Reich, 19. Dynastie,
um 1300–1200 v. Chr.
1635 in Rom gefunden; ursprünglich aus Ägypten
Granit, H 1,63 m
München, Staatliche Sammlung Ägyptischer Kunst (Gl. WAF 22)

Die falkenköpfige Statue einer altägyptischen Gottheit, wohl Horus, den göttlichen Repräsentanten des Königs darstellend, überrascht durch die Bewegtheit ihrer Haltung, die sich zwar zunächst hinter einer strengen formalen Struktur – Rückenpfeiler und Basisplatte – verbirgt, aber doch alsbald spürbar und sichtbar wird. Das vorgesetzte linke Bein schreitet dynamisch nach vorn aus, und Oberkörper und Kopf drehen sich aus der Frontalität der Figur deutlich nach links, der Schrittstellung der Beine folgend. Die Darstellung Gottes in der Mischgestalt aus Mensch und Tier war nicht nur dem alten Ägypter eine sinnfällige Möglichkeit, das letztlich Unfaßbare des Gottesbegriffs sichtbar zu machen; diese Mischgestalt galt auch noch Griechen und Römern als ›typisch ägyptisch‹. So ist es wohl nicht Zufall, daß diese Statue schon in der Antike nach Rom gebracht wurde, um im Isis- und Serapistempel auf dem Marsfeld aufgestellt zu werden, einem der Zentren ägyptischer Kulte in Rom. Hier, bei der Kirche Santa Maria sopra Minerva (Minerva = Isis!) wurde sie im Jahr 1635 gefunden und erlangte schnell Berühmtheit als typisch ägyptisches Götzenbild. Sie gilt der ›Prä- und Protoägyptologie‹ Athanasius Kirchers (1654), Sandrarts (1675–84) und Montfaucons (1719–24) unter der Bezeichnung ›Osiris‹ als Schlüsselobjekt und findet auch die Aufmerksamkeit J. J. Winckelmanns. 1815 wird sie, längst zu Berühmtheit gelangt, aus dem Palazzo Barberini für München erworben, inzwischen mit maßstäblich etwas zu großem Fußpaar und Basisplatte einer Spätzeitstatue ergänzt, die in Kirchers Abbildung noch fehlen. Erste Erwähnungen bei A. Donato, *Roma vetus ac recens*, 1638, I, 74–76 und bei Athanasius Kircher, *Oedipus Aegyptiacus* III, Rom 1654, 501 (s. Abb. 459). *DW*
Lit.: Schoske/Wildung (1985), S. 84, 86; Roullet (1972), 90, Nr. 113.

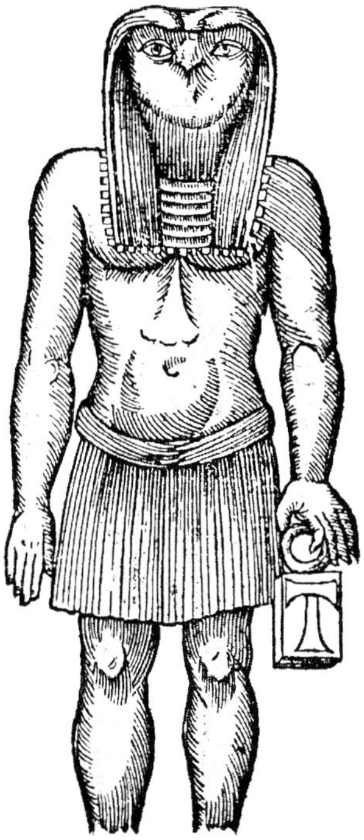

*459*

**1/2 (Abb. 7)**
**Sarkophagdeckel**
Ägypten (Memphis?); Ptolemäerzeit,
um 150 v. Chr.
Basalt, H 191 cm, B 64 cm
Paris, Musée du Louvre, Département des Antiques égyptiennes (D7)

Anthropoide Steinsarkophage, deren Form die Mumiengestalt des Toten nachbildet, sind in Ägypten bereits in der Mitte des 2. Jahrtausends v. Chr. belegt. Erst in der Spätzeit aber

460 (1/3)

werden sie in der Bilder- und Textfülle, die ihre Außen-und oft auch Innenseite bedeckt, zu einem Ersatz für die Grabdekoration. Die Darstellungen auf dem Deckel des Sarkophags des Anch-Mnevis wiederholen achtmal das Motiv des menschenköpfigen Vogels, der eine der Seele vergleichbare bleibende Wesenheit des Menschen darstellt. Dieser ›Ba-Vogel‹ erhebt sich aus der Mumie des Verstorbenen und gibt dem Toten neues Leben. Die Straußenfederwedel und die Ringe, die die Ba-Vögel halten, sind Schutz- und Ewigkeitssymbole. In den hieroglyphischen Beischriften werden Name und Genealogie des Anch-Mnevis genannt, gefolgt von einer Anrufung der ›acht Falken‹, ein Hinweis darauf, daß die Seelenvögel hier auch Erscheinungsformen des falkengestaltigen Himmelsgottes sind. Der Sarkophagdeckel wird bereits im 17. Jahrhundert von Athanasius Kircher (Abb. 6) erwähnt und findet sogar Eingang in die Literatur: La Fontaine sieht ihn in Saint-Mandé im Besitz des Conseiller d'État François Fouquet: *»Kommts euch nicht vor, daß hier das Bild / von einem edlen Herrn / als Schmuck für Gräber dient? / Ums unverblümt zu sagen, / ich muß darüber lachen / Herr Horus, mit Verlaub zu sagen, / ihr macht uns gar erstaunt; / denn eures Landes Kinder tragen, / wie mir scheint, Kleinkinderlätzchen, / die, so finde ich, recht drollig anzusehn.«* *DW*

Lit.: Buhl (1959), 99–100, fig. 58, No.F,a 15; Vandier (1973), 44–45.

**1/3 (Abb. 460)**
**Naophore Kniefigur des Gem-nef-Hor-bak**
Ägypten, (Sais ?); Spätzeit, 30. Dynastie, um 400 v. Chr.
Granodiorit, 51 x 18 x 25,7 cm
Wien, Ägyptisch-orientalische Sammlung des Kunsthistorischen Museums Wien (62)

Der kniende Beter hält vor sich einen Schrein mit dem Standbild der Göttin Neith von Sais, einem Kultzentrum im westlichen Nildelta. Er bezeichnet sich in der höchst kunstvoll in Art eines Kreuzworträtsels angeordneten Inschrift als einer, *»der nicht dem Armen seine Habe wegnimmt, der nicht Not sein läßt an irgendetwas; nicht gibt er seine Sünde bei Gott, nicht gibt es seinen Makel bei den Menschen; der dem Hungrigen Brot gibt, der den Nackten bekleidet; der Redegewandte, der die passende Antwort zu sagen weiß (...).«* Dieser idealbiographischen Inschrift entspricht sein in der Statue festgehaltenes idealisiertes Erscheinungsbild. Es ist die überpersönliche Darstellungsweise der Idealbildnisse der ausgehenden Spätzeit. Die Statue wurde bereits vor 1592 vom Gesandten Kaiser Ferdinands I. in Konstantinopel für die Kaiserlichen Sammlungen angekauft. Man darf annehmen, daß sie schon in der Antike aus Ägypten nach Konstantinopel verschleppt wurde, wie so viele ägyptische Denkmäler, bis hin zu ganzen Obelisken. *DW*

Lit.: Satzinger (1986), 61–64, Abb. 28.

**1/4 (Abb. 461)**
**Stele des Necho**
Ägypten (wohl aus Sais/Delta); Spätzeit, 26. Dynastie, um 600 v. Chr.
Grauwacke, H 42 cm, B 46 cm
London, The British Museum, Department of Egyptian Antiquities (511)

Das stelenförmige Denkmal zeigte in der Mitte in Flachrelief die stark stilisierte Kapelle der Göttin Neith von Sais, einem bedeutenden religiösen Zentrum im Nildelta. Beiderseits dieses Tempelbildes waren, in Nischen stehend, betende Figuren in Hochrelief abgebildet. In der linken Nische stehen der Priester und Siegelbewahrer Necho und sein Bruder Nektanebos. Die rechte Nische ist mit dem größten Teil des Tempelbildes durch eine sekundär eingemeisselte asymmetrische Vertiefung zerstört. Das Stück gehörte zur Sammlung Sir Hans Sloane (gest. 1753), die durch testamentarische Verfügung zum Grundstock des British Museum wurde. *DW*

Lit.: James (1981).

**1/5 (Abb. 462)**
**Oberteil einer Königsfigur**
Ägypten, Elephantine; Mittleres Reich, 13. Dynastie, um 1750 v. Chr.
Schiefer, 35 x 17,5 x 20 cm
Wien, Ägyptisch-orientalische Sammlung des Kunsthistorischen Museums Wien (37)

Bereits im 18. Jahrhundert ist dieser ägyptische Königskopf in Wien nachweisbar, und seither hat er die Gemüter der Ägyptologen bewegt. Als Porträt von starker persönlicher Wirkung und als Skulptur von höchster handwerklicher und künstlerischer Qualität ist er immer wieder als ein Beispiel für die Kreativität der ägyptischen Spätzeit, ja sogar der Ptolemäerzeit angegeben worden. Erst vor wenigen Jahren gelang es der Berliner Ägyptologin Biri Fay, dem Wiener Kopf eine kopflose Statue zuzuweisen, die im Jahr 1932 in einem Heiligtum des Mittleren Reiches auf der Nilinsel Elephantine bei Assuan ausgegraben worden war. Die Inschrift dieser Statue nennt den Namen des Königs: Amenemhet V., einen wenig bekannten Herrscher der 13. Dynastie, der gemeinhin schlechte künstlerische Qualität bescheinigt wird. So hat die Zusammenführung des Statuenkopfes mit seiner Statue, von der er wohl schon im Altertum gebrochen war, zu einer Umwertung einer gering geachteten Epoche der Ägyptischen Kunstgeschichte geführt. *DW*
Lit.: Satzinger (1986), 59–60, Abb. 26; zum Statuenfund auf Elephantine: Labib Habachi, Elephantine IV (1985), 113–114. no. 104, Tf. 198c-200.

**1/6 (Abb. 463)**
**Löwenstatue**
Ägypten (Leontopolis ?); Spätzeit, 600–500 v. Chr.
Grünschiefer, 28 x 61,5 x 13 cm
Wien, Ägyptisch-orientalische Sammlung des Kunsthistorischen Museums Wien (8020)

Die geradezu dramatische Darstellung eines Löwen, der ein zwischen seinen Vordertatzen am Boden liegendes Rind anfällt, hat nichts von der würdevollen Ruhe altägyptischer Löwenbilder und ist doch in ihrer strengen formalen Struktur typisch ägyptisch. So ist diese meisterhafte Tierskulptur unter dem Einfluß achämenidischer Löwendarstellungen zu sehen, wie sie während der Perserherrschaft in Ägypten häufig anzutreffen sind. Das Motiv scheint mit der Verehrung eines Löwengottes in der Deltastadt Leontopolis in Verbindung zu stehen, dem, wie antike Schriftsteller zu berichten wissen, Kälber zum Fraß vorgeworfen wurden. Die Statue stammt aus der Sammlung Este auf Schloß Cattajo, die nach 1803, als das Haus Este im Mannesstamm erlosch, durch die Heirat der Erbtochter Maria Beatrix Este mit Erzherzog Ferdinand zum Teil nach Wien gelangte. Es ist anzunehmen, daß die Statue sich bereits im

*461 (1/4)*

19. Jahrhundert oder früher in der estensischen Sammlung befunden haben wird. *DW*
Lit.: Brunner-Traut (1984), 22. 24 Nr. 9.

**1/7 (Abb. 464)**
**Oberteil einer naophoren Statue**
Ägypten (Memphis ?); Spätzeit, 27. Dynastie, um 500 v. Chr.
Basalt, 25 x 18,5 x 13,2 cm
Wien, Ägyptisch-orientalische Sammlung des Kunsthistorischen Museums, Wien (20)

Die Ikonographie des Statuenoberteils liefert klare Datierungskriterien: Das Hemd mit spitzem Halsausschnitt, der unter der Brust in einem breiten Knoten gebundene Schurz und die Haarbeutelperücke sind typisch für die 27. Dynastie, die Zeit der Herrschaft der persischen Großkönige über Ägypten. Im Stil vermischen sich Reminiszenzen an Vorbilder des Mittleren Reiches mit der für die Perserzeit typischen Verinnerlichung des Gesichtsausdrucks. Der Statuentyp läßt sich als Naophor rekonstruieren, als Standfigur, die vor sich einen Götterschrein hielt. Derartige Statuen waren als Votivfiguren in Tempeln aufgestellt. Nach Ausweis der Inschrift auf dem Rückenpfeiler war es ein Tempel in Memphis, in den die Statue geweiht worden war. Sie wurde im Jahr 1799 im Tausch aus der Sammlung des Fürsten Stanislaw Poniatowski für Wien erworben. *DW*
Lit.: Ausst.kat. Wien (1961), Nr. 167.

462 (1/5)

**1/8**
**Würfelfigur des Chai-Hapi**
Ägypten (Heliopolis ?); Neues Reich,
20. Dynastie, um 1100 v. Chr,
Schwarzer Granit, 49 x 19,5 x 31 cm
Wien, Ägyptisch-orientalische Sammlung des Kunsthistorischen Museums Wien (64)

Die Würfelfigur des Chai-Hapi *(»der Nilgott Hapi ist erschienen«)* vertritt einen seit 2000 v. Chr. in Ägypten oft geschaffenen Statuentypus, der wohl den auferstehenden Verstorbenen darstellen soll. Die Statue war in den Sonnentempel von Heliopolis gestiftet worden. In der Inschrift wünscht sich Chai-Hapi 110 Lebensjahre und ein schönes Begräbnis in Heliopolis. Das Kultsymbol, das an der Vorderseite der Statue in Relief abgebildet ist und einen Frauenkopf mit Kuhohren zeigt, ist eine der Erscheinungsformen der heliopolitanischen Göttin Iusaas.

Die Würfelfigur des Chai-Hapi hat bereits im Altertum ihren Bestimmungsort Heliopolis wieder verlassen müssen. Sie wurde von römischen Legionären weit in den Norden des römischen Imperiums verschleppt nach Vindobona, das heutige Wien. Dort wurde sie im Jahr 1800 im III. Bezirk bei Erdarbeiten gefunden, in einem Gebiet, das nachweislich zur römischen Stadt gehörte. Wahrscheinlich diente die Statue als typisch ägyptische Ausstattung für ein Heiligtum ägyptischer Götter, ein Zeichen der Ägyptomanie der Römer, in eine Reihe zu stellen mit den zahlreichen Zeugnissen ägyptischer Kulte im gesamten römischen Weltreich. *DW*

Lit.: SATZINGER (1986) 42–44, Abb. 20.

**1/9 (Abb. 1)**
**Giulio Clovio (1498–1578, zugeschr.)**
**Colonna-Missale**
**Aufgeschlagen: Bd. I, fol. 79**
Italien, um 1532
Illuminierte Pergamenthandschrift
Manchester, The John Rylands University Library (Latin MS. 32)

Zu den bedeutendsten Zeugnissen der Ägyptenrenaissance des 16. Jahrhunderts gehört ein Blatt des ersten Bandes dieser als *Colonna-Missale* bekannten Handschrift. Die prachtvoll illuminierte Seite, die die *»Missa sancti ioannis baptiste«* einleitet (fol. 79), gehört zu den besonders qualitätvoll gestalteten Illuminationen dieses Bandes und wurde möglicherweise von Giulio Clovio geschaffen. Das Blatt vereint eine große Fülle ägyptischer Elemente, die den bekannten Typenschatz der Renaissance fast katalogartig wiedergeben. Das einzige christliche Bildelement, das die Verwendung des Blattes innerhalb eines Missale kaum legitimieren kann, ist die Darstellung der Inspiration oder Berufung des Johannes durch einen Engel in der Initiale. Flankiert wird dieser Verweis auf die Heilsgeschichte durch den Kampf des Herakles gegen Kakus und durch eine eher der Groteske verwandte Darstellung der ephesischen Diana. Sie muß in diesem Falle als Allmutter Erde (Gaia) oder Urnatur, der der Riese Kakus seine Kraft verdankt, interpretiert werden.

Die Rahmenleisten des Blattes wurden mit den verschiedenartigsten ägyptisierenden Szenen gefüllt, die ihr Vorbild zum Teil in den Motiven der *Mensa Isiaca* (1/42) finden. Dabei wurden diese und andere Quellen, aus denen ebenfalls geschöpft wurde, nicht unreflektiert nachgeahmt, sondern inspirativ genutzt. Dies zeigt sich in der Bordüre des oberen Randes, bei der sich einzelne Teile unmittelbar von der *Mensa Isiaca* herleiten lassen, so die Darstellung einer Verehrung des Apis-Stieres. Andere Mo-

463 (1/6)

tive wie die vor einer Vase hockende Katze wurden jedoch im Sinne einer bewußten Auseinandersetzung mit bekannten Figurengruppen verfremdet. Die linke Bildleiste, in der sich die frontale Ansicht einer ägyptischen Königsstatue, flankiert von zwei Vasen, ein hockender Affengott (Gott Thot) und eine Herme mit Hieroglyphen, die oben und unten von Nachbildungen ägyptisierender Kameen eingegrenzt wird, befindet, bekrönt eine Darstellung der römischen Trajanssäule an deren Fuß zwei Genien spielen. Diese ist einerseits ein Zeichen der baulichen Pracht des antiken Rom, andererseits aber auch ein assoziativer Hinweis auf den Namen der Colonna. Ihr gegenüber steht ein Obelisk auf dreifach gestuftem Postament über liegenden Sphingen, Symbol ägyptischer Monumentform schlechthin.

Die Idealrekonstruktion des Obelisken, die mehrere Jahrzehnte vor dem Beginn der Neuaufstellungen dieser Denkmäler des römischen Imperiums unter Papst Sixtus V. (reg. seit 1589) erfolgte, ist ebenso zukunftsweisend wie die beiden sehr ägyptisch wirkenden Sphingen im unteren, horizontalen Bildfeld, auf denen je ein Genius reitet. Diese Art der Figurengruppen wurden im 17. Jahrhundert zuerst im Garten von Versailles und später im 18. Jahrhundert innerhalb und außerhalb Frankreichs aufgestellt.

Der Auftraggeber des *Missale* war wohl der Kardinal Pompeo Colonna, dessen Namen auf dieser Bildseite erscheint. Der Zusatz ›divus‹ deutet darauf hin, daß das Blatt nach dem Tode des Auftraggebers und damit nach 1532 gestaltet wurde. Das Wappen des Kardinals rahmen die Sphingen ein. Auf das Wappenzeichen der Colonna, die Säule, verweist ja auch, wie oben erwähnt, die Trajanssäule, die dem Obelisken gegenüber gestellt wurde. Ebenso wie das Geschlecht der Borgia leitete sich die Familie der Colonna genealogisch auf ägyptische Urväter,

464 (1/7)

insbesondere auf den Apisstier zurück. Eine ›Kamee‹, die die Verehrung dieses ägyptischen Gottes durch eine Frau zeigt und an der oberen Bildleiste genau senkrecht über dem Wappen des Auftraggebers erscheint, erhält daher eine ganz wesentliche Bedeutung. *DS*

Lit.: Kat. Manchester (1921/1980) S. 87ff; Pevsner (1971) S. 186.

465 (1/8)

**1/10 (Abb. 465)**
**Horus Apollo Nilacus (Ende 4. Jh. n. Chr.)**
**Horus Apollo Nilacus de hieroglyphicis notis a Bernardino Trebatio Vicentino Latinitate donatus,** Augsburg, 1595
Berlin, Universitätsbibliothek der Freien Universität Berlin (48/70/154473)

Dem Text ist ein Auszug aus der Suida, einem Lexikon des 10. Jahrhunderts, vorangestellt, in dem Horapollo als ein Grammatiker, der in Alexandria und Ägypten, aber auch in Konstantinopel gelehrt habe, vorgestellt wird, und der aus dem Dorf Nilopolis kommt. Sein ägyptisch (koptisch) geschriebenes Werk wurde von einem Philippos ins Griechische übertragen. Ein griechisches Manuskript wurde 1419 auf der Insel Andros von dem Florentiner Reisenden Christofero Buondelmonti gekauft und 1422 nach Florenz gebracht. 1505 wurde zuerst der griechische Text in Venedig publiziert, 1515 erschien eine Ausgabe in Latein. Innerhalb von 100 Jahren erschienen 30 weitere Ausgaben. Horapollo schrieb die Hieroglyphica unter der falschen Voraussetzung, daß jede Hieroglyphe ein Symbol oder eine Allegorie wäre, und nicht ein phonetisches Zeichen. Diese Annahme findet sich bei antiken Autoren wie Herodot und Ammian Marcellinus. Erst 1822 gelang die Entzifferung der Hieroglyphen. Horapollo verwendet Zeichen, die nie Hieroglyphen waren, aber die über ihren inneren Bezug einen Oberbegriff ergeben. Die Augsburger Ausgabe gliedert sich in zwei Bücher mit 70 bzw. 119 ›Hieroglyphenerklärungen‹. Von Joannis Merceri (der 1548 in Paris eine Ausgabe herausgebracht hatte) sind ›Observationes‹ hinzugefügt. Diesen folgen zuletzt die ›Notae‹ des Augsburger Herausgebers David Hoeschel. *RL*

Lit.: Re 8 (1913); Boas (1950); Iversen (1961); Dannenfeldt (1959).

**1/11**
**Giovanni Pietro Valeriano Bolzani (Belluno 1477–1558/60 Padua)**
**Hieroglyphica sive de sacris Aegyptiorum aliarumque gentium literis commentarii**
**Aufgeschlagen: De Rhinocerote** (Seite 21)
Basel, 1556
Berlin, Universitätsbibliothek der Freien Universität Berlin (44/77/94825)

Giovan Pietro della Fosse nahm später den Namen seines Onkels Fra Urbano Valeriano Bolzani an. 1493 war er zu diesem Hieroglyphenerforscher nach Venedig gekommen. Sein Werk erschien 1556 in Florenz mit 56 Holzschnitten, die nach Basel gebracht (bis auf die Darstellung des großen Löwen) und dort für die Gesamtausgabe benutzt wurden. Die Basler Ausgabe unterteilt sich in 58 Bücher, die mit einer Widmung an Cosimo de'Medici versehen sind. Valeriano Bolzanis Bücher handeln über eine oder mehrere Hieroglyphen und ihre symbolische Bedeutung, die immer eine persönliche Verknüpfung zwischen Autor und der Person, der das jeweilige Buch gewidmet ist, aufweist. *RL*

Lit.: Harvard College II (1974), Nr. 511; Iversen (1961).

**1/12**
**Solidonius**
**Figurarum Aegyptiorum Secretarium**
**Aufgeschlagen: Explication de figures hieroglifiques des Egyptiens contenues dans le livre qui porte le nom Solidonius**
18. Jahrhundert
Illuminierte Handschrift
Paris, Bibliothéque Nationale, Bibliothéque de l'Arsenal, Le Conservateur en Chef (Ms 973)

Bis zur Entdeckung des Rosette-Steins (1/81) und der damit einhergehenden Entschlüsselung der Hieroglyphen trat die wissenschaftliche Welt dem graphischen Symbolsystem der Ägypter mit einer fast abergläubischen Einstellung gegenüber, die, wie mit dem Buch *Figuram Aegyptiorum Secretarium* vorgestellt, teils okkultistischen Charakter annehmen konnte.

**1/13 (Abb. 467)**
**Athanasius Kircher (1602–1680)**
**Oedipus Aegyptiacus. Hoc est universalis hieroglyphicae veterum doctrinae temporum iniuria abolitae instauratio (...), Bd. 1**
Rom, 1652
Berlin, Universitätsbibliothek der Freien Universität Berlin (42/75/12 1117 Rara)

Der Jesuit und Universalgelehrte Athanasius Kircher, ab 1629 Professor für Mathematik, Philosophie und orientalische Sprachen in Würzburg, kam im Jahre 1634 nach Avignon und wurde an das Collegium Romanum berufen. Möglicherweise wurden die Bekanntschaft, die er dort mit dem Humanisten Nicolas Claude Tabri de Peiresc (1580–1637) machte, und dessen Interesse an orientalischen Sprachen sowie der Entzifferung der Hieroglyphen, ausschlaggebend für die folgenden Bemühungen Kirchers hinsichtlich der Deutung des ägyptischen Schriftsystems. Durch die Fürsprache Peirescs wurde Kircher von Urban VIII. nach Rom berufen, um dort am Jesuitenkolleg Mathematik zu lehren. Nach acht Jahren gab er die Lehrtätigkeit auf, um sich ganz seinen breit gestreuten Forschungsbereichen zu widmen. Kircher legte naturwissenschaftliche Sammlungen an, die nach seinem Tode, bis 1876, in dem eigens eingerichteten ›Museo Kircheriano‹ aufbewahrt wurden.

Der Frontispiz zu dem 1652 in Rom erschienenen vierbändigen Werk *Oedipus Aegyptiacus* zeigt einen ›Oedipus-Kircher‹ in antiker Tracht, im ausholenden Redegestus das Wort an eine erhöht auf einem Felsen sitzende, wohlmeinend lächelnde Sphinx gerichtet. Ihn umgibt der antike Wissensschatz, eingeschrieben in Kreismedaillons, darüber die Allegorien ›Verstand und Erfahrung‹ und ›Vernunft‹, die das Buch als Sinnbild seiner vielsprachigen Gelehrsamkeit in den Händen halten. *MD*
Lit.: Siehe den Aufsatz von Enrichetta Leospo in diesem Katalog.

**1/14 (Abb. 6, 63, 68, 466)**
**Athanasius Kircher (1602–1680)**
**Oedipus Aegyptiacus. Hoc est universalis hieroglyphicae veterum doctrinae temporum iniuria abolitae instauratio (...), Bd. 3**
**Aufgeschlagen: Obelescus Ramessaeus sive Lateranis** (Seite 160)
Rom, 1654
Berlin, Universitätsbibliothek der Freien Universität Berlin (42/75/12 1117 Rara)

*466 (1/14)*

In dem Werk *Oedipus Aegyptiacus* gibt Athanasius Kircher seine Absicht kund, alle bekannten Zeugnisse der ägyptischen Kultur katalogisieren zu wollen, um auf dieser Basis den Sinngehalt des hieroglyphischen Systems zu erleuchten und so das ägyptische Gedankengut erschließen zu können. Wichtige Pfeiler dieser auf Systematik angelegten Betrachtung waren u.a. die in Rom befindlichen Obelisken.

Der sog. Lateran-Obelisk wurde im Jahre 330 n. Chr. in den Tempelanlagen von Karnak demontiert und sollte auf Befehl Kaiser Konstantins nach Konstantinopel gebracht werden. Mit dem Tode des Kaisers geriet dieser Plan in Vergessenheit, folglich verblieb der Obelisk über Jahre in Alexandrien, von wo aus er ursprüng-

*467 (1/13)*

lich verschifft werden sollte. Erst Konstantinus ließ ihn 357 nach Rom überführen. Nach seiner Aufstellung im Circus Maximus stürzte er im 5. oder 6. Jahrhundert um und lagerte bis zum Jahre 1587 unter acht Meter hohem Schutt. Auf Geheiß des Papstes Sixtus V. wurde der Obelisk nach seiner Entdeckung auf dem Lateransplatz aufgestellt.

Der Kupferstich von Kircher gibt im Zentrum den Blick frei auf den Lateransplatz, rechts und links gerahmt von den jeweiligen zwei Ansichtsseiten des Obelisken mit genauer Wiedergabe der Hieroglyphen. Die rein esoterische Ebene der symbolischen Deutungsversuche Kirchers hinsichtlich des ägyptischen Schriftsystems wies zwar eine gewisse wissenschaftliche Methodik auf und ist als bedeutender Beitrag zur Entwicklungsgeschichte ägyptischer Zeichen und Bilder zu betrachten, führte jedoch letztlich bis zur Auffindung des Rosette-Steins (1/81) im 19. Jahrhundert zu keiner Aufschlüsselung der Hieroglyphen. *MD*

Lit.: Siehe den Aufsatz von Enrichetta Leospo in diesem Katalog.

**1/15 (Abb. 72, 468)**
**Athanasius Kircher (1602–1680)**
**Ad Alexandrum VII. Pont. Max. obelisci Aegyptiaci nuper inter Isaei Romani rudera effosi Interpretatio hieroglyphica**
**Aufgeschlagen: Kupferstich mit Darstellung des Isis-Heiligtums in Rom** (Seite 6/7)
Rom, 1666
Berlin, Universitätsbibliothek der Freien Universität Berlin (42/77/132871 Rara)

Der Kult um Isis und Osiris breitete sich seit Beginn der Kaiserzeit langsam nach Norditalien und in die römischen Provinzen aus und wurde in der Folgezeit in den Herrscherkult integriert. Im Jahre 38 n. Chr. ließ Caligula auf dem Marsfeld in Rom einen großen Isistempel erbauen, das ›Iseum Campense‹, später unter Domitian erweitert und ausgeschmückt. Kircher stellte diese wiederentdeckte Tempelanlage mit einem darunter angeordneten Plan, der das Heiligtum innerhalb der städtischen Bezugspunkte zeigt, auf dem Kupferstich dar. Wie auch in anderen Abbildungen zu sehen, verwandte er große Mühe darauf, die Hieroglyphen auf den Obelisken und dem Tempel detailliert wiederzugeben.

**1/16 (Abb. 74)**
**Athanasius Kircher (1602–1680)**
**Sphinx Mystagoga, sive diatribe hieroglyphica, qua mumiae, ex mempticis pyramidum adytis erutae (...) exhibitur interpretatio**
**Aufgeschlagen: Pyramiden und Grabanlage** (Seite 10)
Amsterdam 1676
Berlin, Universitätsbibliothek der Freien Universität Berlin (44/74/99760 Rara)

Die für Athanasius Kirchers (1602–1680) Verhältnisse eher kurz gefaßte Schrift *Sphinx Mystagoga* aus dem Jahr 1676 schließt die den ägyptischen Altertümern gewidmete Reihe von Arbeiten ab, ohne ihr Wesentliches hinzuzufügen. Ins Zentrum seiner Beobachtungen rückt Kircher eine Mumie aus dem Besitz des französischen Calvinisten Philippe Sylvestre du Four. Das dritte Kapitel handelt von Krypten und unterirdischen Orten, »*in quibus condi solebant Mumiae sive medicata corpora.*« Kirchers Nachrichten fußt auf einer Mitteilung des am polnischen Hof wirkenden Universalgelehrten Titus Livius Burattini, der sich in den Jahren 1637 bis 1641 in Ägypten aufgehalten hatte. Dieser berichtete in einem Brief an Kircher über die Mastabagräber von Sakkara, dem sieben Kilometer langen Friedhofsgelände des alten Memphis. *»Der Ort, wo sie (die Mumien) gefunden werden, siehet wie ein großer Kirchhof aus, und ist mit vielen Pyramiden gezieret. Man findet unter der Erde viele in weisse Stein=Brüche ausgehauene Gewölbe oder Begräbnis=Gemächer, in welche man durch ein gewisses sehr schmales Loch, so einem Brunnen ähnlich siehet, hinunter steigen kann.«* (Zedler, Bd. 22 [1739], S. 736) Im zweiten Band des *Oedipus Aegyptiacus* hatte Kircher vermittels eines primitiven Holzschnittes einen ersten Eindruck von diesen *»luoghi per li quali s'entre dentro le grotte delle mumie«* vermitteln können (Kircher [1653], S. 305). Für die Ausstattung der *Sphinx Mystagoga* gewann er in dem Niederländer Coenraert Dekker einen Illustrator von Rang, dessen Mitarbeit auch der reiche Bildfundus seines *Turris Babel* von 1679 zu verdanken ist. Decker inszeniert den geschichtsschweren Ort in der Art einer jesuitischen Simultanbühne: Unter der Oberfläche der irdischen Erscheinungen und ihrer bizarren Formen offenbart sich im Subterraneus eine planvolle Welt. Dies ist ein Gedanke, der Kirchers Schaffen leitmotivisch begleitet und der in seinen moralischen Implikationen einen Schlüssel zum Verständnis seiner wissenschaftlichen Bemühungen zur Hand gibt. *R/SB*

Lit.: Fletcher (1988); Godwin (1979); Janssen (1943).

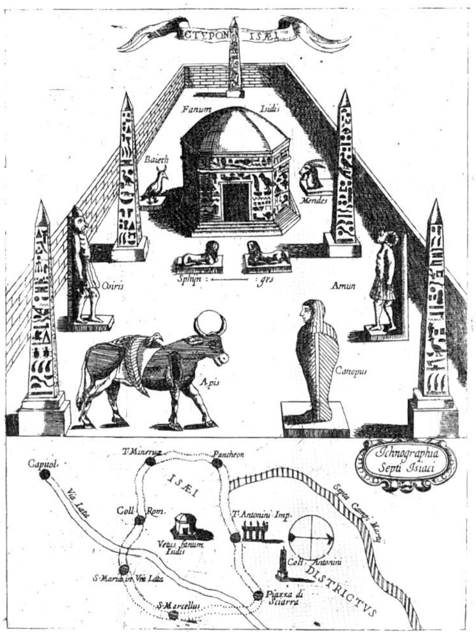

*468 (1/15)*

**1/17 (Abb. 77, 79, 80, 469)**
**Athanasius Kircher (1602–1680)**
**Turris Babel, sive archontologia qua primo priscorum post diluvium hominum vita, mores, (...) secundo turris fabrica civitatumque exstructio, confusio linguarum, et inde gentium transmigrationis (...)**
**Aufgeschlagen: Klapptafel mit Darstellung des Turms zu Babel** (S. 51)
Amsterdam 1679
Berlin, Universitätsbibliothek der Freien Univerität Berlin (42/75/136991 Rara)

*Turris Babel* gehört der letzten Schaffensperiode Kirchers (1602–1680) an. Die Vorbereitungen dazu reichen indessen bis in die Zeit seiner *Arca Noe* von 1675 zurück. Hatte Kircher im Zeichen der Arche eine biblische Naturgeschichte verfaßt, so sammelte er im *Turris Babel* das Wissen seiner Zeit über die kulturellen Anfänge des Menschengeschlechts, um sie mit dem biblischen Heilsgeschehen in Konkordanz zu bringen. Im Turm zu Babel, mit dem König Nimrod einer Naturkatastrophe vom Ausmaß der Sintflut vorzubauen sich erkühnte, beginnt das Projekt der menschlichen Zivilisation im Affront gegen Gott und dessen Schöpfung. Mit naturwissenschaftlichen Argumenten beweist Kircher die Unsinnigkeit eines solchen Unterfangens. Allein um den Mond zu erreichen, bedürfe der Turm einer Höhe, die dem 50fachen Erdradius entspricht, sowie eines Gewichts, das jenes der Erde weit überträfe, dadurch würde sich der Schwerpunkt der Weltkugel nach außen verlagern, so daß sich niemand auf ihr mehr aufrecht halten könnte. Sonne und Mond würden den Erdball nur mehr zu einem Drittel mit ihrem Licht erhellen, und der Schatten des Turmes wäre immer irgendwo in der oberen Hemisphäre von der Erde aus sichtbar. Den Beweis der Nichtigkeit menschlichen Planens vor Gott erbringt Kircher hier mit den Mitteln einer ›science fiction‹. Seine Argumentation kommt dabei einer bibelkritischen Auffassung nahe, wie sie Torabla im 3. Buch von Jean Bodins *Colloquium Heptaplomeres* bezüglich der ›absurden‹ Vorstellung von der Himmelfahrt vorgebracht hatte. Nach dessen Berechnung hätten die Kadaver bei ihrem Aufstieg in den Himmel selbst in gerader Linie eine Entfernung von zweimal 74.697.600 Meilen zurückzulegen, wozu sie bei einer Geschwindigkeit von 50 Meilen pro Tag 80.000 Jahre bräuchten, um an den Ort ihrer Bestimmung zu gelangen. Kircher führt demgegenüber die blasphemische Absicht Nimrods ad absurdum, um so die Denkmäler des Alten Orients von dem Verdacht loszusprechen, sie seien die warnenden Zeugnisse eines zu Falle gekommenen, heidnischen Hochmuts. Damit gibt er den Weg zu ihrer Erforschung frei. *R/SB*

Lit.: Barock (1981), Godwin (1979).

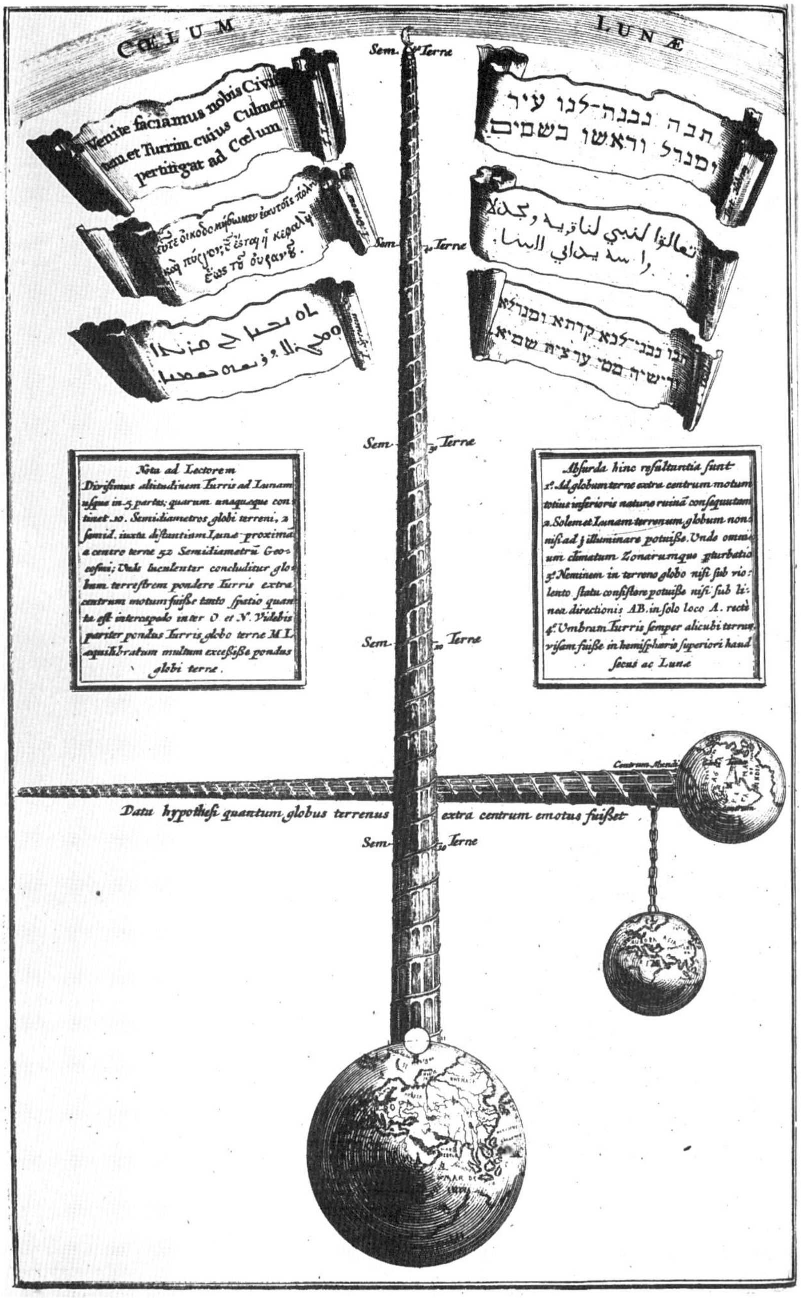


*469 (1/17)*

**1/18 (Abb. 78)**
**Philippo Bonanni**
**Musaeum Kircherianum sive Musaeum AP. Athanasio Kirchero in collegio Romano societatis Jesu**
**Aufgeschlagen: Fünf mumienförmige Särge**
(Tab. XIX/Seite 58)
Rom, 1709
Berlin, Staatsbibliothek Preußischer Kulturbesitz (2° Lg 9465a)

Der Katalog von Philippe BonNani aus dem Jahre 1709 verzeichnet, daß seit dem Tode Athanasius Kirchers (gest. 1680) das von ihm eingerichtete ›Museo Kircheriano‹ durch zahlreiche Ankäufe erweitert wurde. Bis in das 19. Jahrhundert wurde der Bestand mehrfach vergrößert. Im Jahre 1874 begann jedoch die Zerstückelung der Sammlung. 1913 wurde der Restbestand auf verschiedene Museen in Rom und anderswo aufgeteilt.
Lit.: Siehe Aufsatz von Enrichetta Leospo in diesem Katalog.

## Museo Kircheriano

Das ›Museo Kircheriano‹ wurden von dem Jesuiten und Universalgelehrten Athanasius Kircher (Geisa bei Fulda 1602–1680 Rom) nach dem Vorbild fürstlicher Sammlungen im Jahre 1651 in Rom im Collegio Romano der Jesuiten eingerichtet. Die hier gezeigten ägyptischen Stücke waren Bestandteil einer wissenschaftlich orientierten Sammlung, in der sich Kuriositäten und Raritäten aus allen damals bekannten Kulturen befanden und die den Zöglingen des Jesuitenkollegs als Anschauungsmaterial für deren Unterricht diente.

Eine genaue Rekonstruktion aller ägyptischen Stücke des Museums ist aufgrund mangelnder Quellenlage nicht möglich. Einige Werke Kirchers lassen jedoch einen Rückschluß auf den frühen Bestand zu, so der *Oedipus Aegyptiacus*, in dem sowohl das kegelstumpfförmige Gefäß aus Rosengranit als auch die magische Statue aus schwarzem Granit verzeichnet werden. Die ägyptischen Sammlungsfunde wurden auf dem Antikenmarkt, durch Schenkungen oder Tausch erworben, teils wurden sie zufällig im Boden der Stadt Rom gefunden, wie z. B. die Götterstatuetten.
Lit.: Siehe Aufsatz von Enrichetta Leospo in diesem Katalog.

**1/19 (Abb. 73)**
**Die thronende Göttin Sachmet**
Ägypten, Neues Reich
Ägyptische Fayence, blau-grün glasiert;
17 x 3,6 x 7,5 cm
Turin, Soprintendenza al Museo delle Antichità Egizie di Torino (Suppl. 49)

**1/20**
**Amulett mit Darstellung des Gottes Nefertem auf einem Löwen stehend**
Ägypten, Spätzeit
Ägyptische Fayence, blau glasiert;
3,5 x 0,7 x 2,3 cm
Turin, Soprintendenza al Museo delle Antichità Egizie di Torino (Suppl. 55)

**1/21 (Abb. 76)**
**Statuette des Gottes Thot als heiliger Pavian**
Ägypten, Spätzeit
Bronze, 12,8 x 3,5 x 3,5 cm
Turin, Soprintendenza al Museo delle Antichità Egizie di Torino (Suppl. 93)

470 (1/22)

472 (1/23)

1/22 (Abb. 470, 471)
**Schild des Gottes Chnum**
Ägypten, Spätzeit
Bronze, 11 x 11,5 x 3 cm
Turin, Soprintendenza al Museo delle Antichità
Egizie di Torino (Suppl. 162)

1/23 (Abb. 472)
**Der Gott Osiris**
Ägypten, Spätzeit
Bronze, H 29 cm
Turin, Soprintendenza al Museo delle Antichità
Egizie di Torino (Suppl 10)

1/24 (Abb. 75)
**Statuette des Gottes Ptah Sokar Osiris**
Ägypten, 30. Dynastie oder Beginn der
Ptolemäer-Zeit
Holz, 13,5 x 54,5 x 9,8 cm
Turin, Soprintendenza al Museo delle Antichità
Egizie di Torino (Suppl 4)

1/25 (Abb. 473)
**Statuette der Göttin Isis mit dem Kind Horus**
Ägypten, Spätzeit
Bronze mit Spuren von Vergoldung;
19,5 x 5 x 8 cm
Turin, Soprintendenza al Museo delle Antichità
Egizie di Torino (Suppl. 33)

1/26 (Abb. 474)
**Kopf einer männlichen Statue**
Ägypten, 2. Jh. v. Chr.
Schwarzer Basalt, 22 x 14 x 16 cm
Turin, Soprintendenza al Museo delle Antichità
Egizie di Torino (Suppl. 1)

1/27 (Abb. 71)
**Torso einer magischen Statue**
Ägypten, Ende 4. Jh. v. Chr.
Schwarzer Granit, 17 x 13,5 x 12 cm
Turin, Soprintendenza al Museo delle Antichità
Egizie di Torino (Suppl. 9)

473 (1/25)

474 (1/26)

**1/28 (Abb. 69)**
**Büste der Göttin Isis**
Italien?, 17. Jh.
Schwarzer Marmor, 41 x 25 x 24,5 cm
Turin, Soprintendenza al Museo delle Antichità Egizie di Torino

**1/29 (Abb. 70)**
**Teil einer Sanduhr**
Ägypten, 30. Dynastie
Rosa Granit, 20 x 21 x 4 cm
Turin, Soprintendenza al Museo delle Antichità Egizie di Torino (Suppl. 8)

**1/30**
**Zylindersiegel**
Mesopotamien, Ende 19., Anf. 18 Jh v. Chr.
Goethit, H 2 cm, Dm 1,2 cm
Turin, Soprintendenza al Museo delle Antichità Egizie di Torino (12839)

Dieses aus Mesopotamien (Zweistromland) stammende altbabylonische Rollsiegel (19.-18. Jahrhundert v.Chr.) gelangte mit der Sammlung von Athanasius Kircher in das Ägyptische Museum von Turin. Hauptsächlich bestreiten archäologische Objekte aus Ägypten seine Sammlung (1/19–1/30), um so auffälliger dieses Exemplar der benachbarten Flußkultur.

Es ist nicht besonders groß und aus einem relativ harten Material hergestellt. Die einzelnen Motive wurden mit einem sogenannten Stichelgerät gearbeitet. Thematisch gehört dieses Siegelmotiv zu den Tierkampfszenen, bestehend aus mehreren Elementen. Erster Anhaltspunkt in dem fortlaufenden Siegelabdruck ist der nackte, nur mit einem Gürtel bekleidete sechslockige Held, der einen Stier kopfüber am Hinterbein gepackt hält. In der folgenden Szene ringt er mit einem Stiermenschen, einem Mischwesen, das sich aus einem menschlichen Oberkörper und Gesicht zusätzlich zum Stierkörper, der quasi auf zwei Beinen steht, zusammensetzt. Ihnen wendet sich eine fürbittende Götting im Falbelgewand zu, ihr rechter Arm ist grüßend erhoben. Als Füllsel schließen sich ein Gefäß und die babylonische Darstellung einer Waage an. Darauffolgend präsentiert sich dem Betrachter eine nackte Frau, wohl eine Göttin – en face – mit über der Brust gekreuzten Armen.

Diese Ikonographie ist in der altbabylonischen Epoche nicht unbekannt, das gilt für den

Stiermenschen, aber im besonderen für die nackte, frontal dargestellte Frau. *SB*
Lit.: BERGAMINI, S. 15 u. Anm. 5, S. 53.

**1/31 (Abb. 475, 476, 477, 479)**
**Jano Jacob. Boissard**
**I. Pars Romanae Urbis Topographiae & Antiquitatum, Quam succinctem & breviter describuntur omnia quae tam publicem quam privatim videntur anim adversione digna**
Frankfurt, 1597
Berlin, Staatsbibliothek Preußischer Kulturbesitz (4° Rr 4313 R)

**1/32 (Abb. 478)**
**Lorenzo Pignoria**
**Imagini delli dei de gl'Antichi di Vicenzo Cartari Reggiano**
**Aufgeschlagen: Ägyptische Gottheit** (Seite 374)
Venedig, 1647
Berlin, Staatsbibliothek Preußischer Kulturbesitz (Qb 598 R)

**1/33 (Abb. 480)**
**Adam Olearius (1599–1671)**
**Gottorffische Kunst-Kammer / Worinnen Allerhand ungemeine Sachen / So theils die Natur / teils künstliche Hände hervor gebracht und bereitet. Vor diesem Aus allen vier Theilen der Welt zusammengetragen**
**Aufgeschlagen: Seynd lauter Abgoetter**
(Taf. IV)
Schleswig, 1674
Berlin, Staatsbibliothek Preußischer Kulturbesitz (Lg 10224 R)

Die Gottorfer Kunstkammer wurde unter Herzog Friedrich III. von seinem vielseitig gebildeten Hofgelehrten Adam Olearius, der 1635–39 die Gesandtschaft des Herzogs nach Persien begleitet hatte, neu eingerichtet und die Sammlungstücke im Jahre 1674 in einem Buch publiziert. Einen Einblick in das Spektrum der Sammlung gibt die Tafel 5, wo ein Buddha, eine Isis-Statuette, eine Osiris-Figur in der Vorder- und Rückansicht, eine Nordländische Gottheit und eine russische Ikone abgebildet werden.
Lit.: AUSST.KAT. BERLIN (1966), Kat.Nr.87

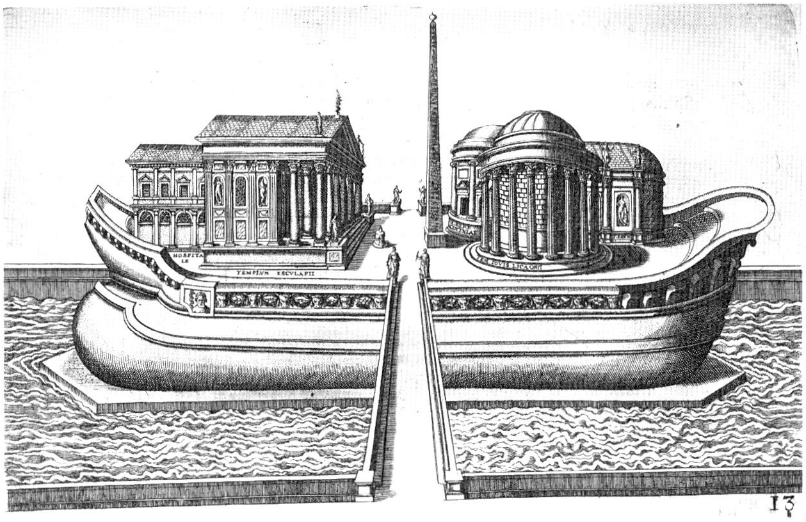

*475 (1/31)*

## AUS DER SAMMLUNG BELLORI

Die vier Stücke 1/34–1/37 aus dem Ägyptischen Museum in Berlin waren ursprünglich Bestandteile der Antikensammlung des Giovanni Pietro Bellori (1615–1696) und werden im dritten Band des *Thesaurus Brandenburgicus* im Jahre 1701 von Beger publiziert (vgl. 1/38, 1/39). Die bildliche Wiedergabe bei Begas zeigt z.B. den Cynocephalus (1/38) ohne Fehlstellen. Sicherlich bereits in der Antike beschädigt, scheint die Statue in römischer Zeit ergänzt worden zu sein. Diese Ergänztungen sind jedoch seit dem 19. Jahrhundert verloren bzw. entfernt worden.
Lit.: SETTGAST (1982).

*476 (1/31)*

**1/34 (Abb. 481)**
**Sitzende Göttin Isis mit Horus**
Ägypten
Bronze, H 10 cm
Berlin, SMPK, Ägyptisches Museum (161)

**1/35 (Abb. 482)**
**Bügelsistrum**
Ägypten, 1. Jh. v. Chr.
Bronze, H 23 cm
Berlin, SMPK, Ägyptisches Museum (2768)

**1/36 (Abb. 483)**
**Oberkörper einer Affenstatuette**
Ägypten, wohl frühptolemäisch, 4.–3. Jh. v. Chr.
Grau-grüner Hartstein, H 16 cm
Berlin, SMPK, Ägyptisches Museum (1051)

**1/37 (Abb. 484)**
**Uschebti des Priesters Herimhotep**
Ägypten, 2. Jh. v. Chr.
Fayence, grünlich-braun glasiert, H 17 cm
Berlin, SMPK, Ägyptisches Museum (294)

477 (1/31)

478 (1/32)

479 (1/31)

480 (1/33)

**1/38**
**Lorenz Beger (1653–1705)**
**Thesaurus Regii et Electoralis Brandenburgici (...), Bd. 3**
**Aufgeschlagen: Cynocephalus** (fol. 307)
Cölln/Spree, 1701
Berlin, Staatliche Schlösser und Gärten, Schloß Charlottenburg

Nach seiner Krönung zum ersten preußischen König beauftragte Friedrich I. Lorenz Beger, seine Beschreibung der kurfürstlichen brandenburgischen-preußischen Münzsammlung, die in zwei prachtvollen Bänden 1696 und 1699 erschienen war, um einen dritten Band zu erweitern. Zum Ruhme des neuen Königshauses sollte der Reichtum seiner Kunstsammlung nicht nur den Gelehrten, sondern vor allem den Herrschern Europas, die sicher mit Unbehagen die bereits in den einleitenden Texten der ersten beiden Bänden des »Thesaurus« formulierten machtpolitischen Ansprüche Preußens aufnahmen, vorgestellt werden. Friedrich I. hatte in diesen seinen Anspruch auf die Königswürde begründet und wollte sich, nicht anders als andere Herrscher, auch als Förderer der Künste verstanden wissen. Der dritte Band des *Thesaurus Brandenburgicus* ist den Neuankäufen, insbesondere der Antikensammlung des Giovanni Pietro Bellori (vgl. 1/39), gewidmet. Der dargestellte Oberkörper einer frühptolemäischen Affenstatuette (vgl. 1/36) gehört zu den vier ägyptischen Kunstwerken aus der Sammlung Bellori, die sich im Ägyptischen Museum (SMPK) nachweisen lassen. *HB*

Lit.: Heres (1974), S. 326ff; Heres. (1977), Heres (1980); Budde (1981), Settgast (1982).

**1/39 (Abb. 485)**
**Lorenz Beger (1653–1705)**
**Numismata Pontificium Romanorum, aliorumque ecclesisticorum, rariora & elegantiora**
**Aufgeschlagen: Das Antikenkabinett der Brandenburgisch-Preußischen Kunstkammer nach Schlüters Schloßumbau von 1703 mit den Erwerbungen aus den Sammlung Bellori**
(Blatt 1)
Cölln/Spree, 1704
Berlin, SMPK, Ägyptisches Museum

Durch die Vermittlung des 1686 zum Bibliothekar und Antiquar der kurfürstlichen Brandenburgischen-Preußischen Bibliothek und Kunstkammer ernannten Heidelberger Gelehrten Lorenz Beger kaufte der preußische König Friedrich I. die Antikensammlung des Giovanni Pietro Bellori (1615–1696). Die Sammlung des Malers und Kunstgelehrten Bellori, der lange das Amt des ›Antiquars von Rom‹ bekleidete und die päpstliche Antikensammlung verwaltet hatte, zählte zu den bedeutendsten Roms. 1696 hatte Beger den Ankauf der über zweihundert Antiken aus der Sammlung des verstorbenen Bellori, zu der auch ägyptische Kunstwerke gehörten, für 1000 Reichstaler bei seinem Kurfürsten beantragt, der, wohl in Hinblick auf seine Krönung, dem Kauf zustimmte. Zunächst provisorisch in der ehemaligen kurfürstlichen Kunstkammer in den Privatgemächern des Königs untergebracht, wurden die Antiken unter der Aufsicht Begers zusammen mit den übrigen Teilen der Kunst- und Naturalienkammer in die von Andreas Schlüter eigens für diesen Zweck geschaffenen neugebauten Räume im vierten Geschoß des Schlosses verlegt. Dort wurden sie nach den modernsten musealen Gesichtspunkten der Zeit aufgestellt und, wenn zunächst auch nur beschränkt, der Öffentlichkeit zugänglich gemacht. Der Nachfolger des ersten preußischen Königs, Friedrich Wilhelm I., fühlte sich der Kunstsammlung wenig zugetan und verschenkte einen großen Teil der Antiken, davon 36 Stücke aus der Sammlung Bellori, an August den Starken von Sachsen. Im 19. Jahrhundert wurde die königliche Sammlung, die als *»Stammutter der verschiedenen Museen Berlins«* (Reichel) zu betrachten ist, aufgelöst. Von den ägyptischen Kunstwerken, die aus der Sammlung Bellori stammen und von Beger in dem dritten Band des *Thesaurus Brandenburgicus* (1/38) beschrieben werden, lassen sich vier Stücke im Ägyptischen Museum (SMPK) nachweisen (1/34–1/37). Zu ihnen zählt der auf dem Tisch im Vordergrund erkennbare Oberkörper einer frühptolemäischen Affenstatuette (vgl. 1/36). Die in der Mitte des Tisches stehende Mumienmaske hat sich im Ägyptischen Museum der Staatlichen Museen zu Berlin (DDR) erhalten. *HB*

Lit.: Reichel (1930), S. 223; Heres (1974), S326f.; Heres (1977); Heres (1980); Budde (1981); Settgast (1982).

*481 (1/34)*

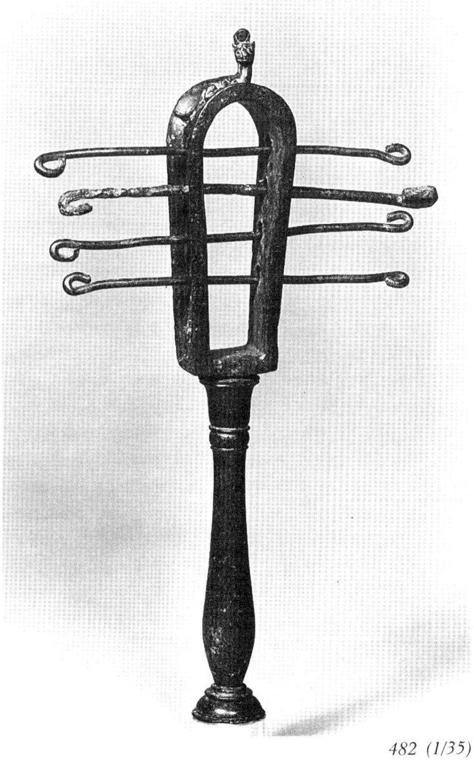

*482 (1/35)*

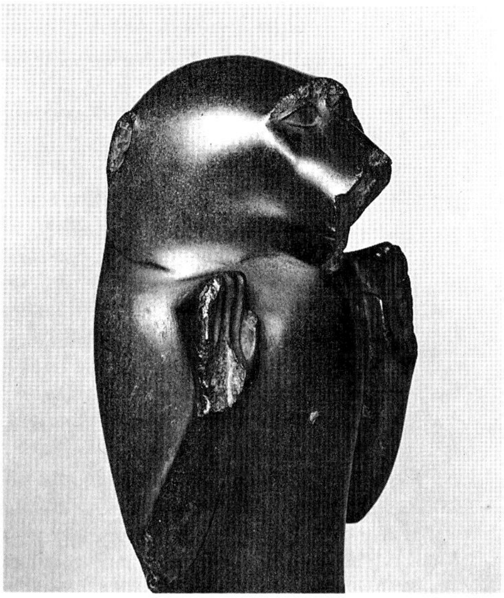

483 (1/36)

484 (1/37)

**1/40 (Abb. 19, 20, 486, 487)**
**Bernard de Montfaucon (1655–1741)**
**L'Antiquité expiquée et représentée en figures, Bd. 2,2**
**Aufgeschlagen: Osiris** (Tafel 119)
Paris, 1729
Berlin, Kunstbibliothek, Staatliche Museen Preußischer Kulturbesitz (Lipp Ba 6)

Die aufgeschlagene Tafel zeigt die Darstellung eines Standbildes des Gottes Horus (vgl. 1/1), eine Büste aus der Kurfürstlich-Brandenburgischen Kunstkammer in Berlin sowie zwei weitere Statuen. Dem antiquarisch-enzyklopädischen Ideal der Aufklärung entspricht die monumentale, mit umfangreichen gelehrten Kommentaren versehene Stichsammlung antiker Kunstwerke, die der Benediktiner Bernard de Montfaucon von 1719 bis 1724 in fünfzehn großen Foliobänden publizierte. Diese Sammlung der Bildwerke des Altertums enthält im zweiten Teil des zweiten Bandes, sowie in dem später folgenden Supplementband, fast alle bedeutenden ägyptischen oder für diese gehaltenen Kunstwerke, die sich in europäischen Sammlungen befanden. Als Vorlagen für die Bildtafeln dienten dem Autor einerseits die illustrierten Werke von Kircher, Spon, Boissard und vor allem von Paul Lucas, dessen aktuelle Beschreibung des Nillandes 1714 veröffentlicht wurde. Montfaucon ließ aber auch in den umfangreichen französischen (Präsident Bon, Vivant, d'Estrées, Peiresc, La Chausse u. a.) und vor allem in den römischen Sammlungen (Kapitol, Maffei, Borghese), in denen sich auch in Rom ausgegrabene ägyptische Monumentalskulpturen befanden, Zeichnungen für sein Stichwerk anfertigen.

Das nach dem eurozentrisch-christlichen Geschichts- und Weltbild ausgerichtete Buch Montfaucons läßt die Ägypter nur als barbarische Vorläufer der kultivierten Griechen und Römer erscheinen. Die Kunstwerke des Nillandes empfindet der Autor nur als bizarre Monströsitäten und glänzende Beispiele für den ägyptischen Aberglauben. Allein den 1710 in den Gärten des Sallust in Rom entdeckten Monumentalskulpturen sprach er eine *»Größe des Ausdrucks und eine gewisse Kraft des Entwurfs, die man kaum in den Skulpturen der Griechen bemerken kann«* zu. Als Vorlagen für Darstellungen ägyptischer Kunstwerke und als Inspirationsquelle für eigenschöpferische Entwürfe wurde Montfaucons Stichsammlung bis hinein ins 19. Jahrhundert von den Künstlern und Kunsthandwerkern geschätzt. *DS*

Lit.: Momigliano (1950), S. 285–315; Roullet (1972); Heres (1975), S. 32f; Syndram (1989).

*485 (1/39)*

**1/41**
**Anne Claude Philippe Comte de Caylus**
**Recueil d'antiquités égyptiennes, etrusques, grecques et romaines, Bd. 6**
**Aufgeschlagen: Titelblatt mit allegorischer Darstellung der Altertumswissenschaften**
Paris, 1754
Berlin, Deutsches Archäologisches Institut (4267/59)

*»Die Forschung, dargestellt in der Person einer schönen, ernsten Frau. Sie sitzt in Meditationshaltung, den Ellbogen auf einen Altar gestützt, der mit verschiedenen Büchern und einigen kleinen Monumenten überladen ist. Man erblickt auf dem Altar ein Relief, das einen Pflüger mit seinem angespannten Pflug zeigt. Hier ist die Erklärung für dieses Sinnbild: Die Forschung darf die Mühen weder zählen noch geltend machen, denn diese sind eine Befriedigung des Geistes (esprit). Die Ernte eines Ackermannes gleicht sich nie, indes seine Mühen und seine Arbeiten sind immer dieselben. In diesem Sinne liest man unter der Vignette: ›Messe licèt dubia labor utilis‹«*
Die von Caylus verfaßte Erklärung zur Vignette, die das Titelblatt zum sechsten Band seiner *Recueil d'antiquités*, ziert, läßt etwas von der Leidenschaft für die Forschung anklingen, die diesen Amateurarchäologen bestimmte. Anne Claude Philippe Comte de Caylus (1692–1765) war ein Angehöriger des französischen Hochadels, Mitglied zweier königlicher Akademien, derjenigen für bildende Künste und derjenigen für Altertumswissenschaften, und zwischen 1750 und 1765 der profilierteste Archäologe Frankreichs. Der Wissenschaftler, der die klassizistische Reform der Künste tatkräftig förderte, entwickelte in seinen umfangreichen Schriften und insbesondere in seinem Hauptwerk, der *Recueil d'antiquités* ein Antikenbild, das über einige Jahrzehnte mindestens genauso einflußreich wurde wie dasjenige des heute noch bekannten Archäologen Johann Joachim Winckelmann. Seit 1752 erschienen die *Recueil d'antiquités*. Der 1764 publizierte Band sechs war der letzte, den Caylus noch selbst herausgab, und enthielt das geistige Erbe des bereits todkranken Wissenschaftlers. Im 1767 von der Akademie vorgelegten siebten Band wurden die hinterlassenen Schriften ihres bedeutendsten Mitglieds vorgestellt.

In dem Antikenmodell des Comte de Caylus kommt der ägyptischen Kunst und Kultur eine erhebliche Bedeutung zu. Dies wird auch in der vorliegenden Vignette deutlich. Die ›Forschung‹ meditiert über einen ägyptischen Uschebti, eine altägyptische Grabbeigabe. Die Skulptur einer sitzenden Isis mit dem Horusknaben steht auf dem *Altar der Altertumswissenschaft*. Für Caylus lag der Ursprung aller Weltkulturen eindeutig am Nil. Von dort aus hatten die Wissenschaft und die Künste ihren Siegeszug nach Europa und Asien begonnen. Die ägyptischen Herrscher sah er als aufgeklärte absolute Monarchen, die, von Ägyptens Prie-

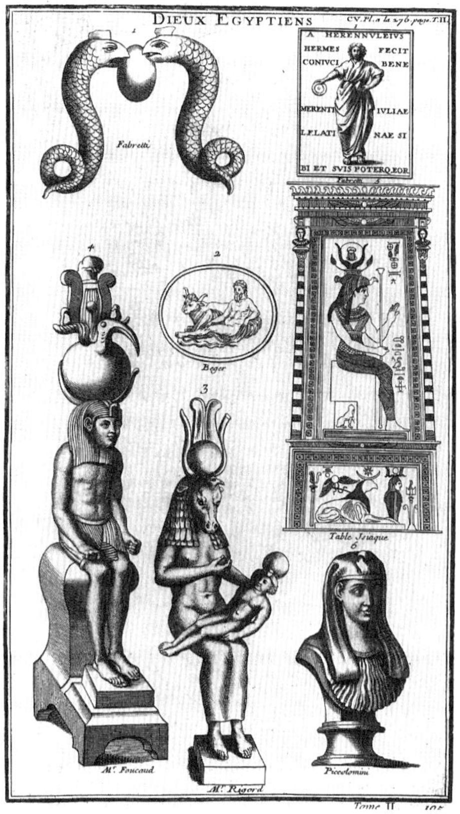

486 (1/40)

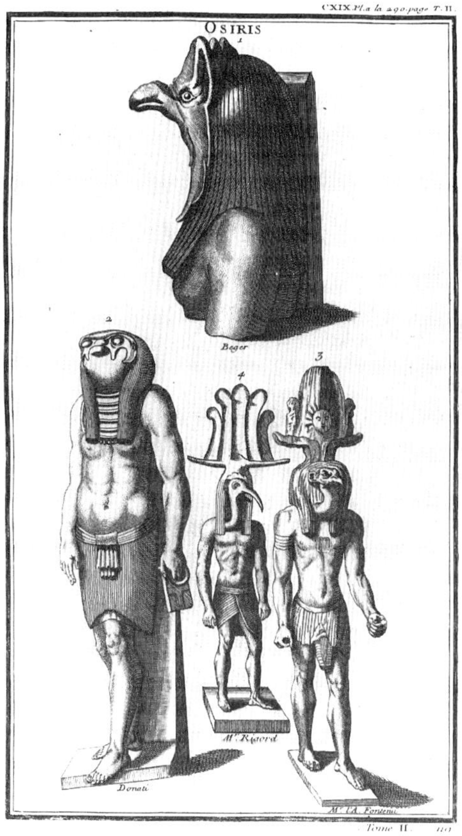

487 (1/40)

sterphilosophen geleitet, ein wohlhabendes und diszipliniertes Volk durch eine unvorstellbar lange Friedenszeit geführt hatten. Die ägyptische Kunst galt ihm als der materielle Ausdruck dieses ›goldenen Zeitalters‹ der Urzeit. Die strenge und geschlossene Form der Bildhauerei und Architektur Ägyptens, die Ausrichtung allen Schaffens auf ewige Dauer erklärte Caylus als ebenso vorbildlich wie die klassische Kunst Griechenlands. Beide Kunstauffassungen des Altertums empfahl er den zeitgenössischen Künstlern zur Nachahmung. Das Ägyptenbild des konservativen Wissenschaftlers gewann erheblichen Einfluß auf die Malerei und Architektur des Frühklassizismus. *DS*
Lit.: Syndram (1989).

**1/42**
**Anne Claude Philippe Comte de Caylus**
**Receuil d'antiquités égyptiennes, etrusques, grecques et romaines**
**Aufgeschlagen: Klapptafel mit Darstellung der Mensa Isiaca** (Tl. 1, Taf. XII)
Paris, 1757
Berlin, Deutsches Archäologisches Institut (4267/59)

Bei der ›Mensa Isiaca‹ oder ›Tabula Bembi‹ handelt es sich um eine in Gold und Silber eingelegte Bronzetafel, in deren Zentrum die Göttin Isis in einem Naos thront. Zu Seiten und in den übrigen Registern, durch hieroglyphische Inschriften abgetrennt, finden sich Gottheiten und Opfer darbringende königliche Personen. Ein Blütenkranz bildet den äußeren Rahmen. Das Bildrepertoir hängt offensichtlich ikonographisch von ägyptischen Vorbildern ab, von der genuin ägyptischen Tradition abweichende stilistische Elemente und Details weisen das Stück jedoch dem Bereich der ägyptisierenden Produktion Kampaniens und Latiums des 1. Jahrhunderts n. Chr. zu.

Die Mensa Isiaca wurde vor 1520 aufgefunden, wo und unter welchen Umständen, ist nicht bekannt. Das Monument übte in der Folgezeit den größten erkennbaren Einfluß aus. So enthält der *Codex Pighianus* aus dem 16. Jahrhundert, der von dem Altertumsforscher Pighianus aus Campen herausgegeben wurde, Zeichnungen verschiedener Hände, davon mehrere mit Darstellungen der Tabula Bembi. Im Jahre 1559 wurde die Tabula von Enea Vico publiziert. Auch im *Thesaurus Hieroglyphicorum* von Herwart von Hohenburg(1553–1622) ist sie abgebildet. Die Illustrationen der berühmten Tafel faszinierten viele Künstler. Piranesi ebenso wie Kircher bot die Mensa Isiaca ein wichtiges bildnerisches Motiv, das unterschiedlichst interpretiert wurde.
Lit.: Pevsner (1971), S. 184ff.

**1/43 (Abb. 15)**
**Giovanni Battista Piranesi (1720–1778)**
**Ansicht der Piazza del Popolo**
Rom, um 1750
Kupferstich und Radierung, 40,4 x 54,3 cm
Berlin, SMPK, Kupferstichkabinett (H 14 III)

Zum umfangreichen Repertoire des Vedutenstechers Giovanni Battista Piranesi (1720–1778) gehörten natürlich auch Ansichten der berühmten Zeugnisse ägyptischer und ägyptisierender Monumente in Rom, der sieben damals wieder sichtbaren Obelisken und der Cestius-Pyramide. Insbesondere die Obelisken galten den Romtouristen des 18. Jahrhunderts als besonders wertvolle Zeugnisse der vergangenen Pracht der römischen Antike. Die Guiden-Literatur dieser Zeit beschrieb sie als *»edelste und älteste«* Monumentform, man rühmte ihre *»unvergleichlich schöne Proportion«* und ihren *»unbeschreiblichen Anblick«* (Jacob Georg Christian Adler, 1784). In ihrer optischen Wirkung und der nachvollziehbaren technischen und kulturellen Höchstleistung, die sie ihren Schöpfern abverlangt hatten, erklärten sie 1769 die Autoren der damals vielgelesenen *Voyage d'un François en Italie* zu *»einem der erstaunlichsten Anblicke, die der Besucher in Italien haben kann«*.

Piranesis Vedute der Piazza del Popolo mit ihrem 36,5 m (mit Basis) hohen Obelisken, der 1589 von Domenico Fontana im Auftrag Papst Sixtus VI. hier errichtet wurde, vermittelt den ersten Eindruck der Heiligen Stadt, der sich dem Rombesucher bot, der gewöhnlich von der Via Flaminia durch die Porta del Popolo von Norden her kommend Rom betrat. Bereits bei der ersten Begegnung mit der Stadt wurden die Reisenden und die Pilger durch dieses ägyptische Monument mit dem Anspruch der römischen Kirchenfürsten des Barock auf die Nachfolge der antiken Kaiser und damit mit dem politischen Selbstverständnis des päpstlichen Rom konfrontiert.

Die Herstellung dieses monolithen Obelisken aus Granit war von Sethos I., dem zweiten Pharao der 19. Dynastie, begonnen und unter Ramses II. vollendet worden. Dieser ließ ihn mit einer Hieroglyphenbeschriftung versehen und in Heliopolis, dem Zentrum des ägyptischen Sonnenkultes, aufrichten. Kaiser Augustus veranlaßte 13 Jahrhunderte später, im Jahre 30 v. Chr., den Transport des Obelisken als Siegeszeichen nach Rom (Strabo, Geographica 17.1.27), wo er feierlich auf der Spina des Circus Maximus aufgestellt und dem Sonnengott geweiht wurde. Beim Niedergang Roms in der späten Kaiserzeit wurde er gestürzt und lag bis zum 16. Jahrhundert, unter Schutt verborgen, in den Ruinen des Circus Maximus. Der in der Antike sehr berühmte und häufig beschriebene Obelisk besitzt noch heute die historisch bedeutende Weiheinschrift seiner Neuaufstellung im Rom der frühen Kaiserzeit, was seine imperiale Symbolwirkung für Papst Sixtus V. noch erheblich gesteigert haben muß.

Piranesis Ansicht der Piazza del Popolo gehört zu den ersten Blättern der ›Vedute di Roma‹, die seinen Ruhm als Kupferstecher in ganz Europa verbreiteten und bald zu beliebten Souvenirs der Romtouristen wurden. Die ersten Ansichten dieser Folge von Einzelblättern, die er kontinuierlich bis zu seinem Tode 1778 ergänzte, zeigen die Hauptkirche und die wichtigsten Platzanlagen Roms. Dazu gehört natürlich die Piazza del Popolo mit ihren barocken Kirchen S. Maria di Monte Santo (1662–75) und S. Maria dei Miracoli, die im Auftrag Papst Alexander VII. von Rainaldo für die spitzwinklig zulaufenden Straßenecken an den Einmündungen der Via del Babuino (links), der Via del Corso (Mitte) und der Via di Ripetta (rechts) entworfen wurden. *DS*

Lit.: Hind (1967), Nr. 14; Iversen (1968), S. 65–74; Wilton Ely (1978), Abb.8.

**1/44 (Abb. 13)**
**Giovanni Battista Piranesi (1720–1778)**
**Ansicht des Lateransobelisken**
Rom, um 1759
Kupferstich und Radierung, 54,2 x 40,2cm
Berlin, SMPK, Kupferstichkabinett (H 53 III)

Bei der graphischen Darstellung des Lateransobelisken im Jahre 1759 ging es Giovanni Battista Piranesi nicht um die städtebauliche Wirkung dieses ägyptischen Monumentes im Rahmen einer modernen Platzgestaltung, sondern allein um die gewaltige physische Wirkung eines Obelisken und seine geheimnisvolle Hieroglyphenbeschriftung auf den Betrachter. Dies unterstreicht auch die lakonisch knappe Benennung des Blattes als ›Obelisco Egizio‹. Kurz vor der Anfertigung dieser Radierung hatte sich Piranesi bereits mit zwei anderen römischen Monumenten befaßt, die ebenfalls eine großartige Wirkung auf den modernen Betrachter ausüben konnten, mit den Säulen des Trajan und des Marc Aurel.

Der Obelisk, der dieses Blatt beherrscht, erhielt seinen heutigen Standort durch Papst Sixtus V. in einer Reihe von Wiederaufrichtungen dieser römischen Triumphsymbole. Im Auftrag des Papstes versetzte der Architekt Domenico Fontana 1586 den einzigen seit der Antike noch aufrechtstehenden Obelisken vor den Petersdom, 1587 erfolgte die Wiederaufrichtung eines Obelisken vor S. Maria Maggiore, 1588 dann die technisch besonders schwierige Leistung der Aufstellung des hier vorgestellten Obelisken auf der Piazza S. Giovanni in Laterano und schließlich 1589 die Translation des Obelisken auf die Piazza del Popolo (1/43).

Der Lateransobelisk ist der größte der in Rom heute sichtbaren Obelisken und besitzt ohne Sockel eine Höhe von 32,15 m. Seine Hieroglypheninschrift berichtet, daß der Granitmonolith unter Thutmosis III. (ca. 1504 bis 1450 v. Chr.) in Assuan gebrochen wurde. Im Gegensatz zu allen anderen erhaltenen Son-

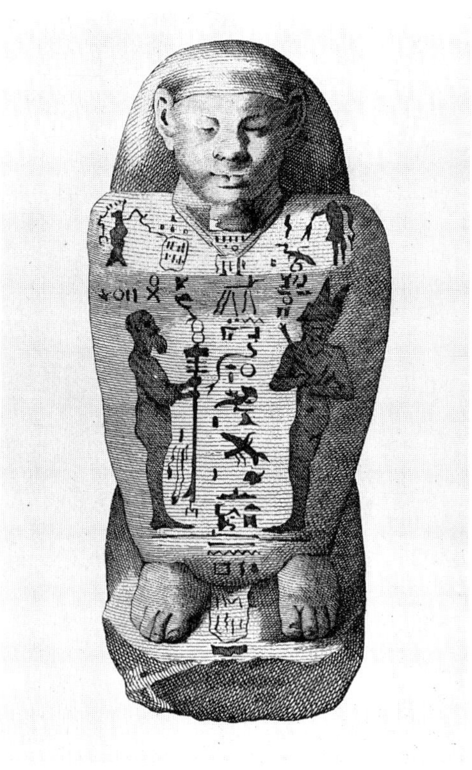

488 (1/45)

nenheiligtümern dieser Art besaß er nie ein Pendant, und die ägyptische Inschrift rühmt, daß er der erste Obelisk gewesen sei, der in Theben seinen Platz fand. Beim Tode seines Auftraggebers lag er noch unaufgerichtet in der ägyptischen Metropole. Erst Thutmosis IV. ließ den schweren Obelisken mit gewaltigem Aufwand hinter dem großen Tempel des Reichsgottes Amun aufstellen und mit seiner Beschriftung versehen. Dort verblieb er, bis Konstantin beschloß, den Obelisken in seine neugegründete Hauptstadt Byzantinum (Konstantinopel) bringen zu lassen, um ihn dort im Circus aufzustellen. Das Vorhaben wurde durch den Tod des Kaisers verhindert, und sein Sohn Constantinus II. ließ ihn zu seinen eigenen Ehren in den Circus Maximus der ehemaligen Hauptstadt Rom bringen, wo er ebenso wie der Obelisk des Augustus seinen Platz fand. Dort fand man ihn im 16. Jahrhundert, zusammen mit den Überresten seiner antiken Sockelinschrift, die die Geschichte der Neuaufstellung im 4. Jahrhundert überlieferte. Die dritte Aufstellung des in drei schwere Granitblöcke zerbrochenen Obelisken vor der Lateransbasilika, Mutterkirche der katholischen Welt und Geschenk des Kaisers Konstantin an Papst Miltiades, erscheint daher als besonders symbolträchtig. *DS*

Lit.: Hind (1967); Iversen (1968), S. 55–64; Wilton-Ely (1978), Abb.31.

**1/45 (Abb. 488)**
**Justica Wynne Comtesse de Rosenberg**
**Alticchiero**
**Aufgeschlagen: Isis engaine vue de tous côtes**
(Tafel XIII)
Padua 1787
Berlin, Staatsbibliothek Preußischer Kulturbesitz (4o Ns 1436)

In den frühen 80er Jahren des 18. Jahrhunderts entstand wenige Kilometer nördlich von Padua an der Brenta der Garten der Villa des venezianischen Senators und Freimaurers Angelo Quirini. Die heute nicht mehr existierende Anlage, die spezifisch italienische mit französischen und englischen Gartenideen der Präromantik verband, wird durch eine aufwendig gestaltete Beschreibung der Comtesse Justine Orsini-Rosenberg gut dokumentiert. Im südwestlichen Bereich der ausgedehnten Parkanlage befand sich ein langgerstrecktes, mehrfach unterteiltes Boskett, in das unter anderem ein griechischer Altar aus Delos, eine Bacchusstatue, ein chinesischer Pavillon und ein Venustempel, ein kleines Wäldchen mit einigen antiken Skulpturen und schließlich der »Kanopus oder Ort ägyptischer Skulpturen« eingegliedert wurde. Diese Benennung als Canopus leitet sich aus dem gleichnamigen Sammlungsbereich ägyptisierender Skulpturen der antiken Villa Suburbana Kaiser Hadrians in Tivoli her. Auf zehn der insgesamt 29 gestochenen Abbildungen der Beschreibung der Villa Altichiero präsentierte die Autorin die ägyptischen Exponate, die sie auch ausführlich beschrieb. Dabei wird nicht nur das zeitgenössische Interesse am besonderen Material der ägyptischen Hartgesteinskulpturen und an deren mysteriösen Hieroglyphenschmuck deutlich, sondern auch das noch beschränkte Wissen der Zeit, das zu krassen Fehlurteilen führte. So deutete die Comtesse eine leicht verstümmelte Sitzstatue eines Schreibers als hundsköpfigen Anubis oder Inkarnation des Isis, einen Würfelhocker wegen seiner ungewöhnlichen, steingebundenen Form als hieroglyphenbedeckte Kanope und das Fragment einer Sachmetstatue als Verkörperung der Nilüberschwemmung und Symbol der sagenhaften Fruchtbarkeit des Niltales. Das Prunkstück der Sammlung, das Standbild einer ägyptischen Königin aus der Villa des Kaisers Hadrian in Tivoli, wird von ihr als Isis interpretiert und als ein *»Objekt, in gleicher Weis kostbar für Liebhaber und Naturforscher«* bewertet. Dieses ausgezeichnet erhaltene Standbild war, seiner Bedeutung entsprechend, auf einer mehrfach gestaffelten Basis aus antiken Porphyrbruchstücken in einer als ›urspünglich‹ gedachten Präsentationsform aufgestellt worden. *DS*

Lit.: Roullet (1972), S. 109f, Kat.Nr. 184; Ericani (1983); S. 171–194; Iversen (1961), S. 112; Syndram (1989).

490 (1/47)

491 (1/48)

**1/46**
**Niccolò da Poggibonsi**
**Libro d'oltramare**
**Aufgeschlagen: Die hailig kirch zu Jerusalem**
(fol. 20)
Anonyme Übersetzung ins Deutsche
Bayern, um 1450
Illuminierte Handschrift
London, The British Library, The Manuscript Collections (Egerton MS 1900)

Die bisher dem Nürnberger Patriziersohn Gabriel Muffel zugeschriebene Reisebeschreibung aus dem Heiligen Land ist die deutsche Übersetzung des italienischen Pilgerberichtes *Libro d'oltramare* des Franziskaners Niccolò da Poggibonsi, über den weiter nichts bekannt ist. Zwischen 136 und 1350 hatte dessen Reise stattgefunden. Um 1450 wurde durch einen unbekannten Passauer eine Übersetzung angefertigt, die im Jahre 1500 wiederum ins Italienische rückübersetzt wurde. Das Manuskriptpapier besitzt ein Ochsenkopfwasserzeichen, wie es in und um Nürnberg um 1450 benutzt wurde. Die 156 Seiten sind mit 149 Miniaturen illustriert, deren Größe variiert. Im Text lassen sich vier Hände unterscheiden: fol. 2r – fol. 151r stellt die Übersetzung des Niccolò-Textes dar, auf fols. 155r-155v sind die 72 Sprachen des Turms von Babylon aufgeführt, ein Itiner befindet sich auf fols. 151v – 153v. Auf fol. 156r hat die Eintragung »*Anno 1464. Die octano Decembris iurt ad terram sanctam Gabriel Muffel filius minor (...)*« zu der irrigen Zuschreibung geführt. Auf fol. 1v ist diese Eintragung im 17. Jahrhundert wiederholt worden. Auf seiner Reise kommt der Autor auch nach Babylonien (Cairo), wo er die Pyramiden besichtigt (fol. 116v/Miniatur 126): »*von den korn kasten pharaonis/von Babilonien drey meill da sint die korn kasten des kunig pharaones vund also so heist man sie wann (er) sie tet machen Josep Jacobs Sune zu der Zeit do er verchaufft wart in egipten von seinen prudern dem kunig pharaonen (...) Der Casten sint vij die iij sint in der wust far verr vund drey sint vor Babilonien*« (Cossar, 1985). Die Meinung, daß die Pyramiden (von grch. pyramis = Spitzbrot) die Kornspeicher Ägyptens seien, findet sich bei den Bibelexegeten und wurde in der *Historia Francorum* des Gregor von Tours (540–602) übernommen: »*(...) Joseph horrea (...) aedificavit*« (Joseph erbaute die Kornspeicher). Auf den Mosaiken der Markuskirche in Venedig (um

492 (1/49)

1250/75) sieht man die Ausgabe von Getreide durch die Öffnungen der Pyramiden. Der Miniatur, die auch die Öffnungen in den Pyramiden zeigt, ist dem Text (wie auch anderen Illustrationen) erst in der Übersetzung beigefügt worden. Dem Text ist zu entnehmen, daß Niccolò eine Pyramide besichtigt hat: »*(...) inwennig ist ein gros haüs vnd vnten vnd oben belegt mit stein vnd ynnen drynnen ist ein grosse grub tieff das wir gros stein hin ein wurffen vnd kunden nicht gehoren noch wo wanne sie nyder viellen vnd ist gar finster darJnne vnd schieden pard von dannen wann das licht erlasch (...)*« (Cossar, 1985). *RL*

Lit.: Cossar (1985); Verfasserlexikon 6 (1987); MGH Script.t.I (1885).

**1/47 (Abb. 490)**
**Johann Helffrich**
**Kurtzer und wahrhaftiger Bericht von der Reiss**
Leipzig, 1589
Druckgraphik
Holzschnitt, in gedr. Buch
Berlin, Staatsbibliothek Preußischer Kulturbesitz (Uk 2954 R)

Johann Helffrich unternahm zwischen dem 1. Juli 1565 und dem 19. März 1566 von Venedig aus eine Reise nach Palästina. Dabei besuchte er auch Cairo, wo er eine Pyramide bestieg und ›durchkroch‹. Der Holzschnitt zeigt den Zug eines ›großen Sohnes‹ zur Beschneidungszeremonie.

**1/48 (Abb. 491)**
**Pietro Della Valle**
**(...) Reiss-Beschreibung in unterschiedliche Theile der Welt / nemlich in Türckey / Egypten / Palestina / Persien / Ost-Indien / und andere weit entlegene Landschaften (...)**
**Aufgeschlagen: Ausgrabungen und Verkauf von Mumien** (Kupferstich n. Seite 104)
Genf, 1674
Berlin, Staatsbibliothek Preußischer Kulturbesitz (2° Uk 3110)

Von 1614 bis 1626 bereiste der römische Patrizier Andrea della Valle den Nahen und Teile des Fernen Ostens sowie Ägypten. Später veröffentlichte er seinen wichtigen Reisebericht, der auch in verschiedene europäische Sprachen übersetzt wurde. Aus dieser frühen, 1674 in deutscher Sprache erschienenen Beschreibung des Nillandes stammt das vorliegende Blatt, das die Ausgrabung ägyptischer Mumien in Unterägypten zeigt. Im Schatten einer sehr spitzwinkeligen Pyramide, die der europäischen Vorstellung von altägyptischen Sepulkralbauten im 16. Jahrhundert entspricht, stehen zwei Europäer. Ihnen bieten zwei Araber den bandagierten Leib einer Mumie an, der in einem geöffneten Sarkophag liegt. Im Hintergrund erkennt man eine große Gruppe Ägypter, welche die Erde der Wüste nach weiteren Mumien durchwühlt.

Die mumifizierten Körper der Bewohner des Alten Ägyptens waren um 1600 eine bedeutende Handelsware. Sie wurden als hochbezahlte Heilmittel verkauft. Das persische Wort ›mumia‹ (arabisch ›mumia‹) bedeutet Erdharz oder Bitumen. Dieses wurde als Medizin bei

Schnittwunden, Quetschungen, Brüche, als Mittel gegen Übelkeit und andere Leiden nicht nur im Nahen Osten, sondern auch in Europa geschätzt. Da das natürliche Erdharz zum Teil schwer zu beschaffen war, griff man auf die diesem ähnelnden, pechartigen, hartgewordenen Harze zurück, die sich in den Körperhöhlungen der balsamierten Leichname befanden. Schließlich verkaufte man die Mumien in Stücke zerkleinert oder vollständig als Arznei an europäische Kaufleute, die diese in das westliche Abendland exportierten. Pietro della Valle erwarb in Saqqara zwei dieser Mumien – nicht als Medizin, sondern als Teil seiner Sammlung, die er bei seiner Rückkehr in die Heimat mit nach Rom brachte. Die Bedeutung dieser Sammlung lag vor allem aber in der Kollektion koptischer Manuskripte, der sich Athanasius Kircher bei seinen Entzifferungsversuchen der Hierogylphen bediente und in den ersten mesopotamischen Täfelchen mit Keilschrift, die mit ihr nach Europa gelangten.
*DS*

**1/49 (Abb. 492, 493)**
**Eberhard Werner Happel**
**Gröste Denckwürdigkeiten der Welt. Oder sogenannte Relationes Curiosae, Bd. 1**
**Aufgeschlagen: Die Pyramiden in Egypten**
(Seite 292)
Hamburg, 1683
Berlin, Staatsbibliothek Preußischer Kulturbesitz (Ah 3121–1 R)

**1/50**
**Cornelis de Bruyn (1652–1726/27 bei Utrecht)**
**Reizen Van Cornelis de Bruyn,**
**Door de vermaardste Deelen van Klein Asia, De Eyladen Scio, Rhodos, Cyprus, Metelino, Stanchio, & c. Mitsgaders de voornaamste Steden van Aegypten, Syrien en Palestina, (...)**
**Aufgeschlagen: Sphinx und Pyramiden**
(Tafel 85)
Delft, 1698
Berlin, Staatsbibliothek Preußischer Kulturbesitz (2° Uk 3288 R)

Cornelis de Bruyn (vgl. 1/188) hatte nach einem dreijährigen Aufenthalt in Rom 1677 eine mehrjährige Reise nach Kleinasien und Ägypten unternommen, wobei er Zeichnungen der Städte, Altertümer und Bewohner aufgenommen hat. Ab 1693 lebte er wieder in Haag, um an dem hier ausgestellten Buch zu arbeiten. Von den Pyramiden gibt er einen ausführlichen Bericht. Auf seiner Darstellung sind diese jedoch zu steil gezeichnet. *RL*
Lit.: Beckmann (1971), II, S. 409–429.

*493 (1/49)*

**1/51 (Abb. 494)**
**Gezeichnet nach Angaben von Gravier d'Ortières**
**Ansicht der Cheopspyramide von Giza**
Frankreich, um 1685
Feder auf Papier, auf Leinwand aufgezogen, 37 x 53 cm
Paris, Bibliothèque Nationale, Département des Cartes et Plans (Rés Ge DD 226, fol. 42 du tome III.)

Das Blatt entstand in Paris nach den Angaben Kapitäns zur See, Gravier d'Ortières. Dieser hatte im Auftrag des französischen Königs dafür zu sorgen, daß nicht weiterhin französische Sklaven von den algerischen Piraten in die Türkei verkauft wurden. Zu diesem Zweck schickte man ihn mit seinem Schiff, der Jason, auf eine militärische Erkundungsfahrt ins östliche Mittelmeer. Gravier d'Ortières nutzte seine Fahrt

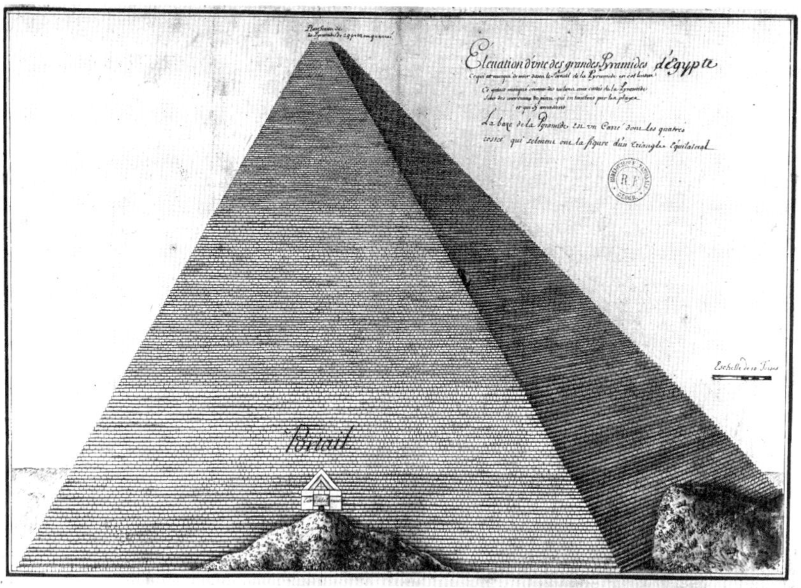


*494 (1/51)*

auch zu Exkursionen ins Landesinnere und erreichte auf diesem Wege in den Jahren 1685 bis 1687 die Pyramiden von Giza. Wenn auch der größte Teil seiner Zeichnungen die militärisch wichtigen Pläne der Mittelmeerhäfen betraf, so ließ er auch die Große Pyramide dieser Nekropole bei Kairo nach seinen Erinnerungen nachzeichnen.

Die heute noch 137 m hohe Pyramide des Cheops war seit dem Altertum zugänglich, das ›Portal‹, der auf der Nordseite in einer Höhe von fünfzehn Meter über dem Grund vorhandene Eingang, wird genau verzeichnet. Ebenfalls erkennbar ist, daß die Pyramide ihre Spitze verloren hat, die, ebenso wie die einstige Verkleidung mit einem Mantel aus feinbearbeiten Kalkstein als Baumaterial für das moderne Kairo abgerissen wurde.

Das Interesse an Ägypten war im 17. Jahrhundert sehr groß und wurde durch die Spekulationen zur hermetischen Bedeutung der Hieroglyphen und durch die Forschungen des Athanasius Kircher in Rom sehr gefördert. Neben Gravier d'Ortieres bereisten auch andere Europäer das Niltal, wichtige Reiseberichte entstanden, so vor allem diejenigen des Franzosen Jean de Thevenot (1664), das Buch des Holländers Cornelis de Bruyn (1698) und, bereits zu Beginn des 18. Jahrhunderts die sehr populären *Voyage faite en 1714 par ordre de Louis XIV dans Turquie, l'Asie, Haute et Basse Egypte* von Paul Lucas (Rouen 1714, Amsterdam 1720). *DS*

**1/52 (Abb. 495)**
**Otto Friedrich von der Gröben**
**Orientalische Reise-Beschreibung des Brandenburgischen Adelichen Pilgers Otto Friedrich von der Gröben Anno 1694**
**Aufgeschlagen: Pyramidenlandschaft**
(n. Seite 336)
Berlin, Staatsbibliothek Preußischer Kulturbesitz (8° Uk 3310 R)

**1/53 (Abb. 496)**
**John Greaves**
**Pyramidographia or a Description of the Pyramids in Aegypt, in: Miscellanous works, Bd. 1**
**Aufgeschlagen: The inside of the first and fairest Pyramid** (n. Seite 136)
London, 1736
Berlin, Staatsbibliothek Preußischer Kulturbesitz (Ak 5681)

**1/54 (Abb. 21)**
**Richard Pococke (1704–1765)**
**A Description of the East and some other Countries, Band 1**
**Aufgeschlagen: Ansicht einer ägyptischen Statue** (Tafel LXII)
London, 1743
Kupferstich
Berlin, SMPK, Ägyptisches Museum

Die beiden bedeutendsten Quellenwerken zur altägyptischen Kunst und Kultur des 18. Jahrhunderts sind die Reisebeschreibungen Richard Pocockes und Frederick Ludwig Nordens. Diese beiden Europäer bereisten fast zur gleichen Zeit, in den Jahren 1737/38, das Niltal. Als erster veröffentlichte Pococke 1743 den Bericht seiner Nilfahrt von Alexandria bis Philae. Er hatte ihn anfangs nur als eine Abhandlung über die noch allgemein unbekannte ägyptische Baukunst konzipiert und später hinsichtlich der Landeskunde und einer Beschreibung des modernen Ägypten erweitert. Für seine Baustudien und für die Bestimmung der von ihm besichtigten Monumente griff der klassisch gebildete Autor auf antike Quellen, so auf Herodot, Strabo und Diodorus Siculus, aber auch auf die modernen Reisenden de Bruyn, Greaves und Maillet zurück.

Sein Werk über Ägypten gehörte bald schon zu den unentbehrlichen Informationsquellen der Forscher, Bautheoretiker und Künstler seiner Zeit und wurde in den folgenden Jahren immer wieder gelesen und zitiert. Eine lange Reihe von englischen Neuauflagen (1774, 1793, 1795, 1803) und Übersetzungen in weitere europäische Sprachen (Deutsch 1754/55, 1771/73, 1790/91, Französisch, 1772; Niederländisch, 1776) bezeugen das Interesse an Pocockes Erörterungen.

Auf 76 qualitativ sehr unterschiedlichen Tafeln stellte der Autor vor allem detaillierte

Grund- und Aufrisse altägyptischer Bauwerke dar. Unter anderem finden sich genaue Pläne der Tempel von Karnak und der vierzehn bekannten Königsgräber des Tals der Könige. Sehr bedeutend als Vorbilder für die architektonische Ägyptenrezeption des 18. Jahrhunderts waren auch die Tafeln, auf denen er bauliche Details ägyptischer Tempel, so die zahlreichen Kapitellformen Ägyptens (Tafel 66–69), vorstellt. Bei der eigenhändigen perspektivischen Darstellung der Bauwerke und Skulpturen versagten allerdings die künstlerischen Fähigkeiten des Autors. Ebenso wichtig und informativ wie die Maßaufnahmen der altägyptischen Architektur erschienen seinen Zeitgenossen die umfangreichen und genauen Baubeschreibungen des Nillandes. Pocockes Behandlung der altägyptischen Bauweise umfaßt auch eine Reihe von bautheoretischen Erörterungen, welche die Diskussion über die Herleitung der Architektur Ägyptens in seinem Jahrhundert nachhaltig prägten. In seinen Ausführungen sieht sich der gelehrte, von den Kunstanschauungen seiner Zeit geprägte Reisende immer wieder gezwungen, die eigenen, klassisch-antik bestimmten Positionen neu zu bestimmen, zumal er häufig zu begeisternden Schilderungen ägyptischer Bauwerke hingerissen wurde.

Die Vorlage für das vorliegende Blatt, das von sehr hoher Qualität ist, stammt nicht von der Hand Pocockes. Der Kupferstich gehört zu einer Folge von fünf Darstellungen altägyptischer Statuen (Tafel 60–63, 76), die im Auftrag des Schriftstellers nach seiner Rückkehr in England gefertigt wurden und die künstlerisch hochwertige Skulpturen aus der Zeit des Neuen Reiches zeigen, die Pococke in seine Heimat mitgebracht hatte. Die Tafeln widmete der Autor angesehenen Mitgliedern des englischen Hochadels.

Auf seiner Orientreise besuchte Richard Pococke 1738–40 auch Palästina, Kleinasien und vor allem Griechenland und beschrieb die dort vorgefundenen Monumente ähnlich genau wie diejenigen des Niltales (Bd. 2 der *Description of the East*, 1745). Nach seiner Rückkehr wurde Pococke zunächst Archidiakon von Dublin, dann 1756 Bischof von Ossory in Irland und schließlich Bischof von Meath. Zusammen mit Frederick Ludwig Norden begründete der passionierte Reisende, der sich auch als Entdecker der Schönheiten der Schweiz und der englischen Monumente der Vorzeit bis heute einen Namen gemacht hatte, die erste ›Egyptian Society‹ in London (1742). *DS*

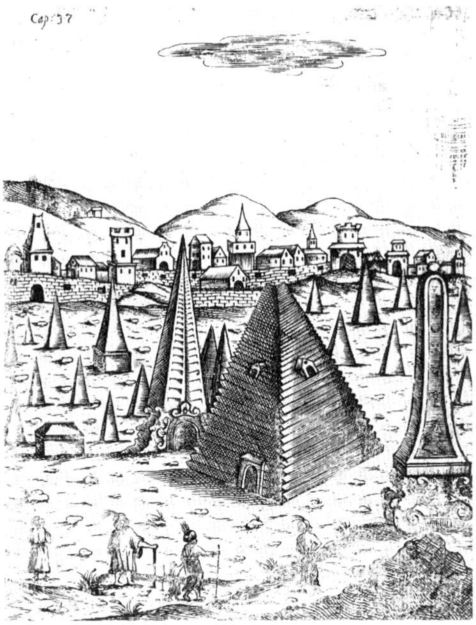

*495 (1/52)*

**1/55 (Abb. 18, 497)**
**Frederick Ludwig Norden (1708–1742)**
**Travels in Egypte and Nubia, Band 1**
**Aufgeschlagen: Titelkupfer und Titelseite**
London, 1757
Berlin, SMPK, Ägyptisches Museum

Aufgeschlagen erscheinen hier der Titelkupfer und das Titelblatt des ersten Bandes von Frederick Ludwig Nordens (1708–1742) Beschreibung seiner Ägyptenreise der Jahre 1737 und 1738. Es handelt sich um die erste englische Ausgabe von 1757, die auf die originalen Kupfertafeln von Tuscher zurückgriff. Der Titelkupfer wurde von Marcus Tuscher (1705–1751) entworfen und gestochen, der mit Norden gut befreundet war und nach dessen Tode die Umsetzung seiner Zeichnungen in die Druckgraphik unternahm. Das Blatt zeigt die Personifikation des christlichen Abendlandes mit den Zeichen der Minerva, des Christentums und des herrscherlichen Löwen, umgeben von den bekanntesten Symbolen Ägyptens. Über ihr schwebt die Fama, der Ruhm der Entdeckungsreise Nordens, teilweise verhüllt von Wolken.

Im Vordergrund erscheint neben einem nur angeschnitten dargestellten Sphinxhaupt in der zeittypischen Auffassung des Barock der Flußgott des Nil in Rückenansicht. Ihn umgeben bekannte Beispiele der exotischen Flora und Fauna des Nillandes, wie der schlangentötende Reiher, das Krokodil und die Kokospalme (!). Rechts hinter der Europa ragt die Wand eines ägyptisierenden Monuments auf, vor der eine Isis mit gesenktem Sistrum sitzt. Auf dem Sockel des Monuments erkennt man die Darstellung einer römischen Münze mit dem Zeichen der Stadt Alexandrias. Davor liegen die Überreste der ägyptischen Hoch-

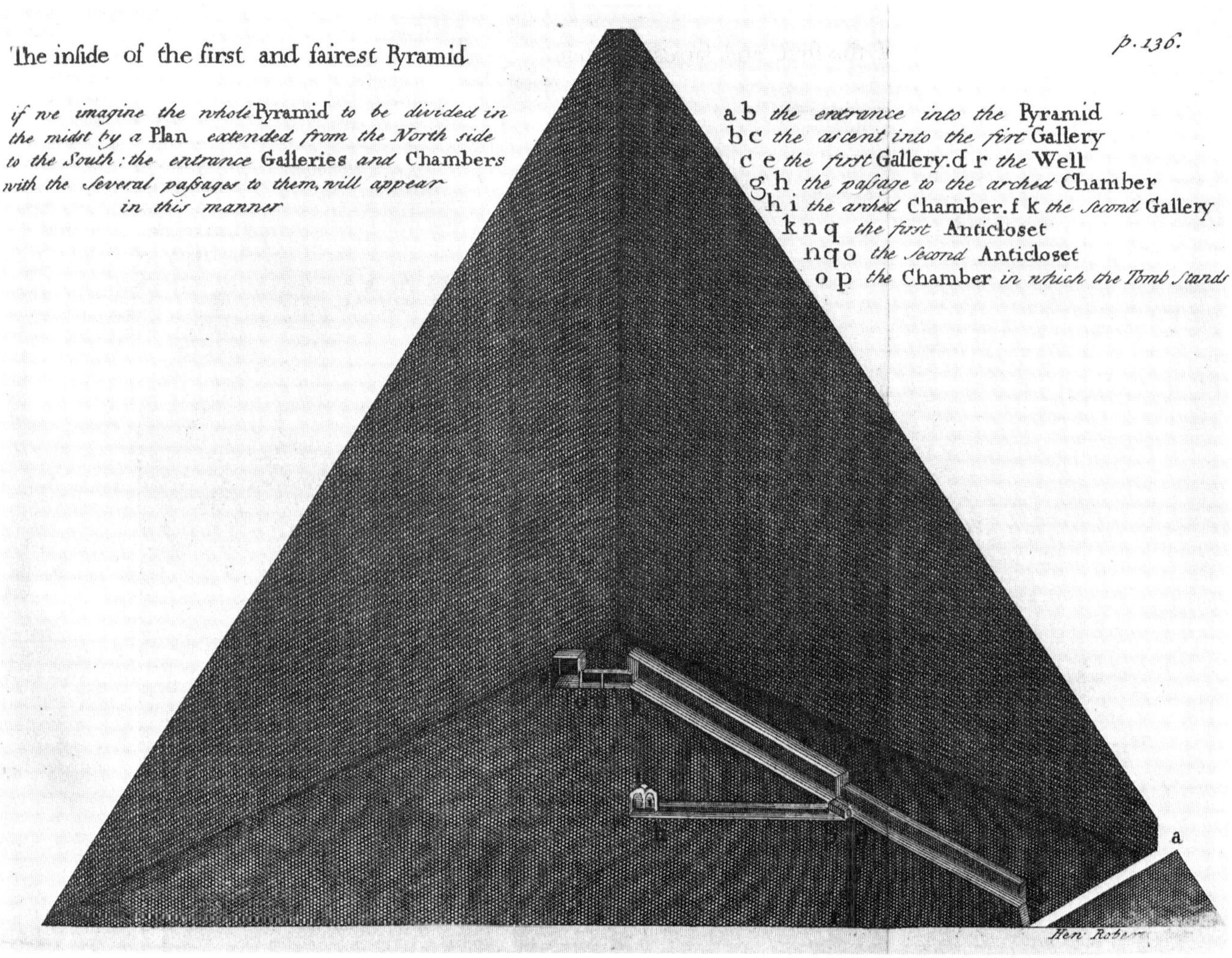


*496 (1/53)*

kultur, Kapitellfragmente, ein Teil einer Kolossalstatue und Reste eines Obelisken. Ein vollständiger Obelisk ragt hinter der Europa in den Himmel. Ganz im Hintergrund sind die Memnonkolosse sichtbar, die modernen Wahrzeichen der thebanischen Nekropole.

Dieser allegorische Titelkupfer auf die ruhmvolle Reise Frederick Ludwig Nordens gehörte schon zur ersten Ausgabe der Reisebeschreibungen. Sein Bericht wurde erst im Jahre 1755, 17 Jahre nach seiner Rückkehr aus Ägypten, von der königliche Gesellschaft der Wissenschaften in Kopenhagen unter dem Titel *Voyage d'Egypte et de Nubie* publiziert und erlebte in den folgenden Jahren bis ins frühe 19. Jahrhundert viele Neuauflagen in französischer (1795, 1795–98, 1800, 1817) und englischer (zwei weitere im Jahre 1757, 1780, 1792) Sprache sowie eine Übersetzung ins Deutsche (1779). Frederick Ludwig Norden, im holsteinischen Glückstadt geboren, unternahm die Forschungsreise nach Ägypten im Auftrag seines Königs als künstlerisch begabter Offizier der dänischen Marine. Christian VI. strebte Handelsbeziehung mit Ägypten und Äthiopien an und beauftragte Norden damit, diese Länder zu erforschen, einen vollen und genauen Bericht seiner Reise aufzuzeichnen und die Monumente des Nillandes zeichnerisch festzuhalten.

Nordens Buch enthält daher nicht nur eine farbige und unbefangene Beschreibung seiner Nilfahrt, sondern 159 hervorragende Stiche nach seinen Zeichnungen, darunter 29 Karten des Nillaufes von Kairo bis Derr in Nubien. Seine Ansichten, architektonischen Schnitte, Grundrisse und Pläne erweiterten in erheblichem Maße die Kenntnis ägyptischer Architektur und Skulptur im 18. Jahrhundert und wirkten sehr fruchtbar auf die Ägyptendiskussion dieser Zeit ein. Sie zeigen nicht nur Bauwerke des ägyptischen Altertums, sondern auch das ganze orientalische Ambiente des Nillandes und wurden daher sowohl als wertvolle Vorlagen für Architekten, als auch im Sinne der *Voyage Pittoresque* rezipiert. *DS*

Lit: Baumgart (1953), S. 89, Anm. 7; Dawson 1951, S. 115; Iversen (1961), S. 163; Kjølsen (1965).

**1/56 (Abb. 498)**
**Frederick Ludwig Norden (1708–1742)**
**Travels in Egypte and Nubia, Band 2**
**Aufgeschlagen: Ansicht von Theben-West mit den Memnonkolossen** (Tafel 110)
London, 1757
Berlin, SMPK, Ägyptisches Museum

Die Ansicht zeigt die Überreste einiger Totentempel der Nekropole von Theben. Links im Mittelgrund erheben sich die beiden Memnonkolosse, die letzten Überreste des Tempels Amenophis III., rechts dahinter erblickt man die Ruinen des Tempels Tuthmosis IV. und des Ramesseums. Frederick Ludwig Norden, der Autor dieser genauen Ansicht, war sich der klassischen Überlieferung oder gar der wirklichen Zuordnung dieser Überreste noch nicht bewußt. So deutete er die ›Memnonkolosse‹ als eine männliche und eine weibliche Monumentalstatue und interpretierte die Ruinen teilweise als Überreste von Tempeln, zum anderen aber auch als Thermenanlagen. Die Beschriftung des Blattes markiert seine Befunde.

Nur sehr wenigen Europäern gelang es im 18. Jahrhundert, nach Oberägypten vorzudringen. Neben Norden, der bis nach Nubien gelangte, ist dabei vor allem Richard Pococke hervorzuheben, der zur selben Zeit wie der dänische Offizier das Niltal bereiste. Die meisten Reisenden und Forscher kamen wegen der chaotischen politischen Verhältnisse dieser Zeit nur bis Kairo. Umso bedeutender für die Erforschung Ägyptens und für die Architektur des 18. Jahrhunderts sind die Tafeln mit den Darstellungen oberägyptischer Altertümer im zweiten Band von Nordens Reisebeschreibung.

Der Autor und Künstler übermittelt darin zahlreiche genaue Ansichten, Pläne, Aufrisse und architektonische Details der thebanischen Tempel von Medînet Hâbu, dem Ramesseum, Luxor und Karnak. Daneben aber auch derjenigen von Esne, Edfu, Kom Ombo, Elephantine, Debod und vor allem von Philae. Einige dieser Ansichten entstanden vom Schiff aus, so diejenigen von Edfu und Kom Ombo. Den schon damals berühmten Tempel von Dendera konnte Norden nicht besuchen. Norden war sich der Bedeutung seiner Reise durchaus bewußt. Nach seiner Rückkehr nach Europa siedelte er nach London über, wo er seine wissenschaftlichen Ergebnisse 1741 in einer in französischer und englischer Sprache erschienenen, mit vier Ansichten illustrierten Darstellung der *Drawings of some ruins and colossal statues at Thebes in Egypt* veröffentlichte und der Royal Society, deren Mitglied er wurde, vorlegte. Kurz vor seinem frühen Tod im Jahre 1742 wurde Norden dann auch Mitbegründer der ersten ›Egyptian Society‹, die 1741 in der britischen Hauptstadt ins Leben gerufen wurde. *DS*
Lit.: ANIS (1952); KJØLSEN (1965).

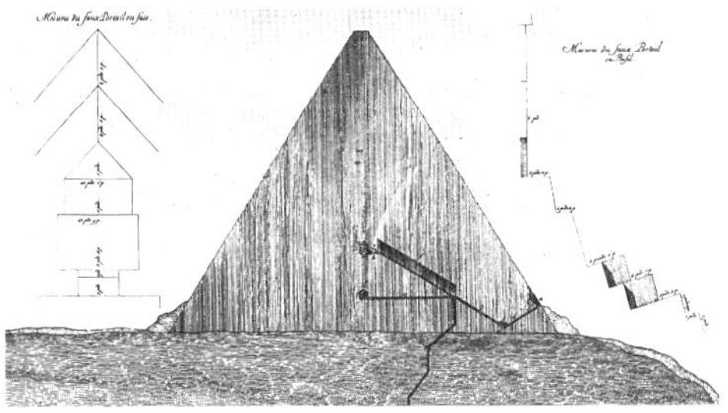

*497 (1/57)*

**1/57**
**Frederick Ludwig Norden (1708–1742)**
**Travels in Egypte and Nubia, Band 1**
**Einzelblatt: Schnitt durch die Cheopspyramide von Giza** (Tafel 49)
London, 1757
Bielefeld, Privatsammlung

Nordens Interesse galt nicht allein der Erfassung malerischer Ansichten ägyptischer Altertümer. Er bemühte sich auch – wo immer es ihm die Zeit und die Umstände erlaubten –, diese zu vermessen und genau aufzunehmen. Dies geschah auch im Fall der Großen Pyramide des Cheops in Giza. Der Stichfolge zu seinen Reisebeschreibungen sind drei Tafeln beigegeben, die den Schnitt durch diese Pyramide, eine Aufsicht auf ihren Grundriß sowie einzelne vermessene Kammern und Gewölbe festhalten. Das vorliegende Blatt zeigt neben dem Schnitt durch die gesamte Pyramide auch Vermessungen des ›falschen‹ Portales, durch das die Besucher das Pharaonengrab betreten konnten. Die Große Pyramide wurde bereits im ägyptischen Altertum geplündert und steht mindestens seit der römischen Zeit offen.

Verschiedene europäische Ägyptenreisende hatte schon vor Nordens Besuch in Giza 1737 die Pyramide vermessen, insbesondere John Greaves (1637–1640) (1/53). Die aufgenommenen Maße des sehr genau nach den Himmelsrichtungen ausgerichteten künstlichen Berges führte Greaves zu einer spekulativen und phantastischen Pyramidentheorie, die er in seiner 1646 erschienenen *Pyramidographia* publizierte. Norden hielt sich in seiner Beschreibung und seiner architektonischen Erfassung des Monuments eher an die Fakten. Man erkennt den Eingang, der sich, wie bei allen Pyramiden, auf der Nordseite befindet und in einer Höhe von 15 m liegt. Ein Gang führt zunächst 19 m abwärts, knickt dann ab und steigt in einem Winkel von 26,50 auf. Dieser Aufweg mündet in der große Halle, die mit einer Höhe von 8,5 m und einer Länge von 47 m alle Besucher durch ihre feingearbeitete Kalksteinverkleidung beeindruckte. An ihrem Ende liegt die leere Grabkammer des Königs. Zwei weitere Grabkammern, die unter ihr eingebaut worden waren, sind heute bekannt. Nordens Aufriß zeigt nur die mittlere; diejenige, zu der der dargestellte Verbindungsschacht abbiegt und die in das an-

498 (1/56)

stehende Gestein unterhalb des Fundamentes gehauen wurde, kannte er noch nicht. Ebensowenig waren Norden das System der Luftgänge und der vier Hohlräume bekannt, die zur Druckentlastung über der königlichen Grabkammer errichtet worden waren. *DS*

**1/58**
**Frederick Ludwig Norden (1708–1742)**
**Travels in Egypte and Nubia, Band 1**
**Aufgeschlagen: Ansicht der Ebene von Giza mit den Pyramiden** (Tafel 42)
London, 1757
Bielefeld, Privatsammlung

Das vorliegende Blatt gibt einen Blick über das fruchtbare Schwemmland des Niltales aus nordöstlicher Richtung auf die Pyramiden von Giza wieder. Der Zeichner befand sich gut zwei Kilometer von diesen entfernt in einer erhöhten Position. Deutlich erkennt man die schachbrettartige Aufteilung des Ackerlandes. Ein Weg schlängelt sich in Richtung auf die Ortschaft von Giza, die auf einer Anhöhe angelegt worden ist. Die ungewöhnlich erscheinende Zahl der Pyramiden erklärt sich dadurch, daß Norden in richtigem Maßstab nicht allein die Königsgräber des Cheops, des Chephren und des Mykerinos wiedergab, sondern auch eine der sechs Pyramiden der ägyptischen Königinnen festhielt. Vor den gewaltigen Grabbauten erkennt man weitere kleinere, vom Flugsand verschüttete Pyramiden und Mastabas sowie den Kopf des Sphinx von Giza. *DS*

**1/59**
**Frederick Ludwig Norden (1708–1742)**
**Travels in Egypte and Nubia, Band 1**
**Aufgeschlagen: Ansicht der Sphinx von Giza** (Tafel 46)
London, 1757
Bielefeld, Privatsammlung

Frederick Ludwig Norden gab den großen Sphinx von Giza in drei Ansichten wieder, von denen die hier gezeigte sicherlich die reizvollste ist. Der monolithe Sphinx, das Herrschaftszeichen des Pharao und Wächter der Grabanlage des Chephren aus der 4. Dynastie (2520–2494 v. Chr.), vor dessen Pyramide er aus einem Kalkfelsen gemeißelt wurde, war noch bis zur Schulter vom Wüstensand bedeckt. Das Gesicht der Monumentalskulptur wies bereits einen Großteil der Abbrüche auf, die aus der Zeit des Bildersturms von 1380 n. Chr. und von dessen Verwendung als Ziel für mamlukische Artillerieübungen herrührten.

Norden war von der Majestät der Pyramiden von Giza, jenen *»größten Sehenswürdigkeiten«* Ägyptens, überaus beeindruckt. Dies geht auch aus deren Beschreibung hervor. *»Alles, was als sicher angenommen werden kann, ist, daß diese Bauwerke aus dem allerentferntesten Altertum stammen und daß sie selbst älter sind als die Zeiten der ältesten Historiker, deren Schriften uns überliefert wurden. Das, was diese Autoren von der Zeit der Erbauung der Pyramiden berichten, gründet auf einer eher sagenhaften Tradition als auf der Wahrscheinlichkeit. Es ist eine Tatsache, so wundervoll wie sicher, daß sie bis zu unserer Zeit bestehen, obwohl die Epoche ihrer Entstehung längst vergessen war, als die ersten griechischen Philosophen Ägypten bereisten«* (Bd. 1, S. 69). *DS*

**1/60 (Abb. 340–345, 499, 500)**
**Louis-François Cassas**
**(Azay-le-Ferron 1756–1827 Versailles)**
**Voyage pittoresque de la Syrie, de la Phénicie, de la Palestine et de la Basse-Égypte, gravé sur les dessins de Cassas, Band III**
**Aufgeschlagen: Grande Pyramide Avec Tous Les Censes D'Assessoires (...)** (Nr. 98)
Paris, 1799
Berlin, Staatsbibiolthek Preußischer Kulturbesitz (gr 2° Uk 3654)

Eine Allee von auf Basreliefs angeordneten Sphingen, ein von zwei hathorischen Figuren eingerahmtes Riesentor, eine große Säulenhalle, Obelisken, ein Pylon, Freitreppen: all das sind architektonische Elemente, wie sie nur der Phantasie entspringen, und sich nicht auf die Komponenten des Pyramidenkomplexes von Cheops beziehen können. Einzig eine rege Phantasie und die Lektüre von Berichten solcher Reisender wie Pococke, Norden oder Volney konnten eine derartig fiktive Rekonstruktion möglich machen, eine Synthese aus Elementen der ägyptischen und einer imaginären Architektur. Trotzdem illustriert dieser Stich sehr gut den Geschmack der Liebhaber der Altertümer und der Reiseberichte im Jahrhundert der Aufklärung. Dies belegt die Erzählung Goethes von dieser Zeichnung (in seiner *Italienischen Reise*, September 1787): *»Eine Pyramide, nach einigen Urkunden, Anlässen und Mutmaßungen restauriert. (...) Es ist diese Zeichnung die ungeheuerste Architektur-idee, die ich zeitlebens gese-*

*hen, und ich glaube nicht, daß man weiter kann«* (Goethe, Werke, Bd. 7).

Jetzt reicht die Zeichnung nach dem Motiv nicht mehr aus, der Künstler muß das vollendete Baudenkmal zeigen und, wie es im Werk Cassas' oft der Fall ist, diese Theaterkulisse mit nach Art der Antike gekleideten Figuren bevölkern. Hier sind sie zu einem Aufzug angeordnet und dienen als Maßstab, um die Größe der Pyramide noch eindrucksvoller werden zu lassen. Indem Cassas in Rom 1787 eine solche Zeichnung zeigt, gesellt er sich zu den großen verkannten Vorläufern der Ägyptomanie und geht Bonaparte und seiner Mannschaft von Zeichnern und Wissenschaftlern um zehn Jahre voraus. *AG*

**1/61 (Abb. 339)**
**Louis-François Cassas (1756–1827)**
**Ansicht von Sphinx und Pyramide**
Um 1780
Sehr leicht mit der Feder umrissener Kupferstich vollständig aquarelliert,
58 x 80 cm
Tours, Musée des Beaux-Arts (976-1-1)

Der Gegenstand dieses Stichs konzentriert sich auf die Sphinx von Giza und auf das Interesse, das sie bei den um sie versammelten Personengruppen hervorruft. Man sieht Orientalen, die ihre Reittiere zum Stehen gebracht haben, und zwei Europäer im Vordergrund, die aufmerksam die Rede einer Figur mit Turban, die aber ein kurzes Gewand trägt, das eher in neoklassischen Kompositionen vorkommen könnte, als in einer orientalischen Genreszene, verfolgen. Die beiden Europäer dürfen keinesfalls mit dem Zeichner identifiziert werden, da dieser seine abendländische Identität während der ganzen Reise verbarg. Im Hintergrund erhebt sich die Pyramide von Chephren, die der Künstler absichtlich abgestumpft hat, um so den Eindruck der Größe des Denkmals noch zu erhöhen. Die an ihrem Fuß dargestellten *Mastabas* sind sehr phantasievoll geraten, wie überhaupt die ganze Komposition eher einer Theaterkulisse als einer präzisen archäologischen Zeichnung ähnelt. Ursprünglich sollte dieser Stich die *Voyage Pittoresque (...)* illustrieren. Die vollendete und kolorierte Zeichnung wurde in Cassas' Atelier in Rom ab September 1787 ausgestellt. Goethe gibt in seiner *Italienischen Reise* einen Bericht von seinem dortigen Besuch und seiner Entdeckung der orientalischen Zeichnungen, so auch die der *»ägyptischen Pyramide mit dem großen Sphinxkopf. Er sei, sagt Cassas, in einen Kalkfelsen gehauen, und weil derselbe Sprünge gehabt und Ungleichheiten, habe man den Koloß mit Stuck überzogen und bemalt (...) Eine Gesichtspartie ist etwa zehn Schuh hoch. Auf der Unterlippe hat er bequem spazieren können.«* (zit. n. J. W. von Goethe, Ges. Werke, Bd. 7) *AG*

*499 (1/60)*

*500 (1/60)*

**1/62 (Abb. 12)**
**Antonio Tempesta (Florenz 1555–1630 Rom)**
**Die ägyptischen Pyramiden**
Bez. und monogr.: »ATE (ligiert); Ardua PYRAMIDUM miracula, busta Canopi 7. Principibus, summo ferientia, sidera cono, Innumerâque manu quondam fundata vetustas / Adserit, atque oculis adeuntûm haec secula seruant«
Rom, 1608
Radierung, 22,3 x 28,4 cm
Berlin, SMPK, Kupferstichkabinett (138–20 [B. 1459])

Hauptgegenstand der Darstellung ist die gewaltige Front eines parallel zur Bildebene angeordneten Pyramidenstumpfes. Winzige Figürchen und Hebevorrichtungen am Rand des oberen Plateaus zeigen an, daß sich das Monument im Bau befindet. Links arbeitet man bereits auf einer Höhe von 50 Stufen, doch ist damit erst die Hälfte der Gesamthöhe erreicht. Dies ergibt eine sehr breit gelagerte Proportion des unteren Abschnitts, ein Eindruck, der durch die die Stufen des Bauwerks bezeichnenden Horizontallinien noch gesteigert wird. Die unvorstellbaren, mit keinem anderen Großbau in der Geschichte vergleichbaren Ausmaße der im Mittelgrund sichtbaren Pyramide behaupten sich wie selbstverständlich auch gegenüber den im Schatten einer Hütte rastenden Vordergrundfiguren, die, entsprechend dem aus der manieristischen Landschaftsmalerei bekannten Kompositionsschema, eigentlich zur Hervorhebung der durch perspektivische Verkleinerung erzielten räumlichen Distanz eingesetzt werden. Erst die beiden kleinen Pyramiden im Hintergrund lassen die Ausdehnung des hier erfaßten Areals ahnen. Einen Kontrast zu der eintönigen, flachen Wirkung der trapezförmigen Pyramidenseite bildet das belebte Gelände am Fuß der Pyramide, auf das der Blick des Betrachters über die sich am vorderen Bildrand ausruhenden Tiere und die Rückenfiguren eines Aufsehers und des auf einem Dromedar reitenden Bauleiters gelenkt wird. Zahlreiche Handwerker bearbeiten dort mit Steinsägen, Hämmern und Meißeln die riesigen Steinquader und verladen sie auf Ochsenkarren.

Die Radierung ist das letzte Blatt einer von Antonio Tempesta (1555–1630) 1608 in Rom ausgeführten Serie der Sieben Weltwunder (B. 1453–59), die, versehen mit den Versen des Josse de Rycke aus Gent und einem die Widmung an den Herzog Karl von Croy enthaltenden Titelblatt, von Jean-Baptiste Vrints in Antwerpen vertrieben wurde. Das Programm folgt dem hellenistischen, im 2. Jahrhundert v. Chr. von Antipatros von Sidon erstmals formulierten Weltwunder-Kanon, doch wurde, wie in den 1572 von Philipp Galle nach Maerten van Heemskerck (Hollstein, Bd. 7, S. 80, Nr. 414–21) und 1614 von Mitgliedern der Familie de Passe nach Maerten de Vos (ebd., Bd. 16 [1974], S. 25ff., Nr. 72–78 ad) gestochenen Zyklen die Darstellung der Hängenden Gärten durch die des Leuchtturms von Alexandria ersetzt. Als siebtes Weltwunder im engeren Sinne galt die größte, die Cheopspyramide. Auf sie bzw. auf die Dreiheit von Giza dürfte Tempestas Illustration zu beziehen sein. Der Künstler zeigt sich informiert über die stufenförmige Außenhaut der Pyramiden nach der während des 14. und 15. Jahrhundert erfolgten Abtragung ihrer Kalksteinverkleidung durch die Araber. Nach Herodot (Historien, II, 125) sollen die Stufen aber, genau wie es Tempesta darstellt, auch während der gesamten Bauzeit sichtbar gewesen und dann von der Spitze nach unten mit schräg zugeschnittenen Steinen ausgefüllt worden sein. Gedanken über den noch heute ungeklärten Transportweg der tonnenschweren Blöcke an der immer höher ansteigenden Pyramidenwand macht sich Tempesta allerdings nicht. Im Vergleich zu den phantastischen, mit zahlreichen Obelisken ausgeschmückten Szenerien in den Stichen Galles und de Passes überrascht bei der eigenständigen Formulierung Tempestas das Bemühen um historische Genauigkeit.

Es ist auffällig, daß mehrere der von Tempesta abgebildeten Weltwunder im Bau (oder, wie im Fall des Koloß von Rhodos, beim Abtransport der Trümmer) gezeigt werden. Auf dem Bild der erst halbfertigen Pyramide gewinnt dieses Thema ein besonderes Gewicht. Tempesta hat sich bei dieser Szene vermutlich an die alte Bildtradition des Turmbaus zu Babel angeschlossen, bei der die Veranschaulichung der menschlichen Arbeit von jeher im Mittelpunkt stand. Von den üblichen Architekturtypen des Turms zu Babel weicht der Kupferstich des Etienne Delaune (um 1518-um 1583) deutlich ab. Der Turm besitzt hier die Gestalt eines schmucklosen, in 28 Stufen aufsteigenden Kegelstumpfes, eine Disposition, die für Tempestas Gestaltung des Pyramidenbaus vorbildlich gewesen sein könnte. *KAS*

**1/63 (Abb. 16, 97, 501)**
**Johann Bernhard Fischer von Erlach (Graz 1656–1723 Wien)**
**Entwurff einer Historischen Architectur. In Abbildung unterschiedlicher berühmter Gebäude des Alterthums und fremder Völker, Bd. 1**
**Aufgeschlagen: Die zwey Pyramiden bey dem Grabmal des Ägyptischen Königs** (Tafel 11)
Wien, 1725
Kupferstich
Berlin, Hochschule der Künste Berlin, Hochschulbibliothek (B 350 quer 2°)

Im Jahre 1721 wurde mit J.B. Fischer von Erlachs *Entwurff einer Historischen Architektur*, 69 Tafeln mit 100 zumeist von J. A. Delsenbach ausgeführten Kupferstichen sowie Erläuterungen enthaltend, die erste illustrierte Weltgeschichte der Architektur veröffentlicht. Fischers

501 (1/63)

Darstellungen nicht erhaltener oder ihm nicht aus eigener Anschauung bekannter Bauten stellen fast immer eine Synthese eigener und fremder neuzeitlicher Baugedanken mit der intendierten historischen Rekonstruktion dar. Als Vorlagen dienen ihm zeitgenössische Bild- und Schriftquellen, alte Münzdarstellungen oder die Zeugnisse antiker Autoren.

Bei der vorliegenden Tafel XI, dem *Grabmal des Ägyptischen Königs Moeris und seiner Gemahlin*, extrahiert Fischer aus Textpassagen bei Plinius, Herodot und Diodor die ihm brauchbar erscheinenden Angaben und entwirft ein monumentales, aber (architektur-)historisch kaum haltbares Panorama der Gesamtanlage.

Die inmitten des von Amenemhet III. (1837–1789 v. Chr.) künstlich angelegten Moeris-Sees auf einem Sockel stehenden Grabmale werden bei Fischer zu zwei außerordentlich steilen Pyramiden, auf deren Spitzen sich zwei Ädikulen mit den Kolossalstatuen des Königspaares befinden. Die Eingänge, hoch über dem Erdboden liegend, werden durch eine komplizierte mehrarmige Treppenanlage erschlossen. Zwischen den Pyramiden befindet sich, wohl als eigentlicher Grabtempel gedacht, ein architektonisches Zitat von Bramantes Tempietto bei S. Pietro in Montorio, der ebensowenig wie die Annexbauten am Ufer ägyptische Herkunft erkennen läßt. Die Dimensionen der Pyramiden hat Fischer, in vielleicht bewußter Verkennung der antiken Überlieferung, stark übertrieben, wodurch aus ihnen *»ein achtes Weltwunder des Barocks geworden (ist). Noch höher als die Pyramiden von Gizeh ragen die des Möris über die Wolken empor«* (Kunoth [1956], S. 47). *JW*

Lit.: Keller (1978); Kunoth (1956); Sedlmayr (1956).

**1/64 (Abb. 26, 27, 28)**
**Giovanni-Battista Piranesi**
**(Mogliano/Veneto 1720–1778 Rom)**
**Diverse maniere d'adornare i cammini ed ogni altra parte degli edifizj desunte dall'architettura Egizia Etrusca Greca e Romana**
**Aufgeschlagen: Dekoration für das Café degl'Inglesi in Rom, 1760** (Tafel 46)
Berlin, SMPK, Kunstbibliothek (OS 3820)

In unmittelbarem zeitlichen und thematischen Zusammenhang mit elf ägyptisierenden Entwürfen zu Kaminen wurde zwischen 1765 und Ende des Jahres 1767 der Schankraum des ›Caffé degl'Inglesi‹ an der Spanischen Treppe in Rom nach Entwürfen Piranesis im ägyptischen Stil dekoriert. Zwei Blätter (Tafel 45 und 46), die der Künstler später zusammen mit seinen Kaminen in dem Stichwerk *Diverse maniere dádornare i camini* veröffentlichte, überliefern Ansichten dieses Raumes. Das großformatige Stichwerk wird durch eine dreisprachige theoretische Rechtfertigung dieses ungewöhnlichen Rückgriffs auf die ›exotischen‹ Formen der ägyptischen und auch der etruskischen Kunst eingeleitet. Die beiden Blätter geben wahrscheinlich zwei aneinanderstoßende Wände eines längsrechteckigen, gewölbten Raumes wieder. Den angestrebten Raumcharakter bezeichnet Piranesi selbst als ›vestibolo‹. Die Gäste saßen in einer nach oben hin offen wirkenden, ›ägyptischen‹ Vorhalle. Vor und auf den gemalten Mauern befanden sich steinartig erscheinende, ägyptische Skulpturen. Hieroglyphenbänder umzogen das Gesims und füllten den oberen Teil der Wandfläche, auf dem Wandsockel erblickte man Szenen aus dem religiösen

Leben des Nillandes, die teilweise von spätantiken Gemmen vergrößert übernommen wurden. Die durch rhythmische Vor- und Rücksprünge belebten Wände erscheinen an der hier vorgestellten Längsseite über einem Sockel fensterartig geöffnet. Durch die beiden seitlichen Fenster erblickte der Besucher des Lokales die *»gewaltigen Pyramiden und andere Grabbauten in der Wüste Ägyptens«*. Die dargestellten Skulpturen und Gemmenvorlagen lassen eine relativ genaue Datierung der Entstehungszeit dieser Raumdekoration zu. Ihre Vorbilder finden sich in der siebenbändigen *Recueil d'antiquité* des französischen Altertumsforschers Comte de Caylus. Piranesi kopiert die graphischen Vorlagen sehr genau, selbst kleinste Details lassen sich auf dieses einst sehr berühmte und einflußreiche Quellenwerk zurückführen. Da der letzte benutzte Band um 1765 erschien, kann die Wanddekoration nicht vorher gestaltet worden sein. Im Winter 1767 beschreibt der deutsche Architekt Weinlig das exotische Interieur des Cafés. Damals existierte es also bereits. Piranesis Ägyptenfaszination, die in der Wanddekoration des ›Caffé degl'Inglesi‹ realisiert wurde, folgte der um 1760 zu datierenden Ägyptenbegeisterung Hubert Roberts und Fragonards und den von diesen angesteckten Studenten der Académie de France in Rom, aber auch dem Ägypteninteresse Anton Raphael Mengs' zeitlich um mehrere Jahre verschoben nach. Die Wirkung der ägyptisierenden Entwürfe Piranesis scheint zunächst sehr gering gewesen zu sein. Keiner der von Piranesi entworfenen Kamine wurde auch nur in etwa realisiert. Seine Raumdekoration im ägyptischen Stil hatte auch keinen nachweisbaren Einfluß auf die künstlerische Ägyptenrezeption der 70er und 80er Jahre. Erst im letzten Jahrzehnt des 18. Jahrhunderts griff man auf Piranesis Ideen zurück, die von der heutigen Forschung noch vielfach als Ursprung der Ägyptenrezeption des Klassizimus eingeschätzt werden. *DS*

Lit.: Weinlig (1782), Bd. 1, S. 17f; Hubala (1956); Syndram (1989/2).

**1/65 (Abb. 23)**
**Jean-Louis Desprez (1743–1803)**
**Entwurf für eine ägyptisierende Grabkammer**
Rom, um 1780
Spuren einer Federzeichnung, darüber Tuschzeichnung in Braun, 24,1 x 29,7 cm
Poitiers, Musée de la Ville de Poitiers et de la Société des antiquaires de l'Ouest (882.1.334)

In einer halbkreisförmigen Grabnische, die in die exakt gequaderte, glatte Wand tief eingeschnitten ist, erhebt sich ein fast monolith wirkender, schmuckloser Sarkophag auf einem teilweise vorspringenden Sockel über einer hohen Stufe. Vor dem Sarg steht eine hagere Gestalt, bekleidet mit einem langen, plissierten Gewand, die eine kleine Schale hält, von der nach zwei Seiten starke Rauchwolken ausgehen. Das Gesicht der Person erscheint als Totenschädel. Durch das ägyptische Königskopftuch, das ihr Haupt bedeckt und durch ein steifes, hieroglyphengeschmücktes Tuch, das ihr von der Brust herabhängt, erscheint der Tod als ägyptischer Priester, wobei unklar bleibt, ob es sich um eine metaphysische Visison oder um eine nachempfundene ägyptische Begräbnisszene handelt. Die Assoziation mit dem Nilland unterstreichen zwei Löwen des kapitolinischen Typs, die die Grabnische flankieren.

Der Architekt Desprez, der sich als Stipendiat der Académie de France zwischen 1779 und 1784 in Rom aufhielt, schuf diese feine Pinselzeichnung mit ihren extremen Lichteffekten als Vorzeichnung für eine Aquatintaradierung. Diese führte er während seines Studienaufenthaltes, zusammen mit drei weiteren Radierungen desselben Sujets, aus. Vier weitere Zeichnungen dieser ägyptisierenden Sepulkralszenen, die wohl wie das vorliegende Blatt von Desprez stammen, befinden sich in New York (Cooper-Hewitt-Museum). Die Themen der Arbeiten sind düstere, bedrohliche Grabanlagen, in denen Macht und Ewigkeit des Todes durch eine strenge Architektur und symbolträchtige Skulptur emotional erfahrbar gemacht wurden. Dabei griff der Künstler immer auch auf ägyptische Motive zurück, auf Löwen, Statuen ägyptischer Priester, Hieroglyphenbänder und Sphingen. Die Gleichsetzung Ägyptens mit dem Totenreich erklärt sich durch die von Herodot überlieferte Nekrophilie der Bewohner des Nillandes.

Die vier Aquatinten und die vorliegende fein ausgeführte Zeichnung sind Zeugnisse der verbreiteten Ägyptenromantik des Frühklassizismus, die bei Desprez eine unheimlich-theatralische Inszenierung erfuhr. Seine Nacht- und Todesvisionen scheinen auch von der Atmosphäre der Radierungen der *Carceri* Piranesis angeregt worden zu sein. Nach der Beendigung seines Romaufenthaltes befaßte sich Desprez auch weiterhin mit ägyptischen Motiven, die er in theaterhaften Motiven auf Zeichnungen, Entwürfen zu Bühnendekorationen oder Plänen für Garteneinbauten festhielt. *DS*

Lit.: Wollin (1933), S. 56f, Kat.Nr. 26-29; Ausst. Kat. Berlin (1971), S. 228ff, Kat.Nr. 126–129; Ausst.Kat. Paris (1974/75), S. 44, Kat.Nr. 30.

**1/66 (Abb. 24)**
**Louis-Étienne Boullée (1728–1799)**
**Kenotaph im ägyptischen Stil**
Paris, 1780-90
Lavierte Federzeichnung, 44,5 x 106,6 cm
Paris, Bibliothèque Nationale, Cabinet des Estampes (Ha 55 n° 26)

Einen seiner zahlreichen Pyramidenentwürfe bezeichnete Boullée selbst als *Cénotaphe dans la genre égyptien* (Kenotaph in ägyptischer Art).

*502 (1/68)*

Dargestellt wird auf dem Architekturbild eine leicht über Eck gesehene Pyramide mit abgeflachter Spitze in einer flachen Landschaft, deren gewaltige Baumasse durch die kleinen Staffagefiguren und einen niedrigen Horizont noch übersteigert wurde. Die Pyramide ist nicht in einem archäologischen Sinne ägyptisch zu nennen. So besitzt sie mehrere Öffnungen auf verschiedenen Ebenen, die durch doppelläufige Treppenanlagen zugänglich sind. Jede dieser Ebenen wird durch ein monumentales Säulenband horizontal akzentuiert und durch ein Portal mit flachem Dreiecksgiebel betont. Das Vorbild dieser ›ägyptischen Pyramide‹ sind nicht die damals bereits allgemein bekannten Grabbauten von Giza bei Kairo, sondern offensichtlich die Nacherfindung der Pyramiden im Moerissee von Fischer von Erlach, von denen die Treppenanlage und die abgestumpfte Form übernommen wurden.

Boullée, heute als einer der Hauptvertreter der sogenannten ›Revolutionsarchitektur‹ bekannt, war Professor an der Académie royale d'architecture in Paris; er schuf eine Anzahl großformatiger, für seinen Unterricht bestimmter, Architekturphantasien. Besonders faszinierten ihn die Grabmalsform der Pyramide oder pyramidenartige Sepulkralformen, die seinem ewigkeitsbezogenen Bauideal nahekamen. Als ›Tempel des Todes‹ forderten sie mehr als jede andere Bauform die von ihm angestrebte ›Poesie der Architektur‹. Die Grabmonumente sollten das Andenken der Taten der in ihnen bestatteten Menschen verewigen und mußten, dieser Bauaufgabe entsprechend, in einer Weise ausgeführt werden, die den zerstörerischen Kräften der Zeit trotzen konnten. Dies leisteten vor allem die ägyptischen Monumente. »*Die Ägypter haben uns berühmte Beispiele hinterlassen. Ihre Pyramiden sind so charakteristisch, indem sie das triste Bild der Berge und der Unverletzlichkeit bieten*« (Boullée [1968], S. 133). *DS*

Lit.: Ausst.kat Baden-Baden (1971), Kat.Nr.4; Boullée (1969), S. 195; Vogt (1969), S. 279–290.

**1/67**

**Gaspare Galliari (1760–1818), zugeschrieben**
**Theaterdekoration mit ägyptisierenden Elementen**

Italien, 1790–1800
Tuschfederzeichnung, 40,6 x 53,4 cm
Berlin, SMPK, Kunstbibliothek (Hdz 366)

Die Zeichnung stellt eine phantastische Nekropolenanlage dar. Im linken Bildmittelgrund erblickt man auf einem hohen Sockel einen Tempel dorischer Ordnung, der über eine Treppenanlage, die von zwei Sarkophagen flankiert wird, erreichbar ist. Den Giebel dieses strengen, fast schmucklosen Gebäudes füllt eine bizarre Maske, an den Säulen des Tempels erscheinen große Inschrifttafeln angebracht. Eine kleine Treppe führt im rechten Bildbereich zu einer im Hintergrund gelegenen großen Pyramide, deren Eingang durch einen dorischen Frontispiz gebildet wird. Weitere Zugänge sind durch kreisförmige Öffnungen und angedeutete Treppenanlagen auf verschiedenen Niveaus der Pyramide erkennbar. Der ägyptische

Ursprung dieses unvergänglichen Sepulkralbaues wird durch eine Sphinx, die optisch vor dem Eingang der Pyramide liegt, und durch eine Palme verdeutlicht. Den Bereich vor dem griechischen Tempel und zwischen diesem und der Pyramide füllen verschiedene Grabdenkmäler, die ihre Vorbilder in der römischen Antike haben. Sie werden am rechten Bildrand durch Zypressen hinterfangen, die seit dem Altertum als Trauerbäume typisch für Begräbnisstätten sind. Am vorderen Bildrand, fast in der Mitte des Blattes, erblickt man einen Altar, der zwischen der Architekturszenerie und der Bühne vermittelt. Die unheimliche Atmosphäre der Darstellung wird durch die nächtliche Stimmung verstärkt, die der Himmel wiedergibt. Durch ein Loch in den dunklen, drohenden Wolkenmassen scheint die Sichel des Mondes.

Das Blatt gibt sicherlich ein Bühnenbild wieder. Lange bevor Wolfgang Amadeus Mozart in seiner *Zauberflöte* Ägypten zum Handlungsort einer populären Oper machte, griff man schon gerne und häufig auf das exotisch-geheimnisvolle Ambiente des Nillandes zurück. Die ägyptische Sepulkralarchitektur galt als Archetyp für ewigkeitsbestimmte, physisch überwältigende Grabbauten, die schaurige Emotionen im Opernpublikum erwecken konnten. Bereits 1765 empfahl der Graf Algarotti in seiner »*Saggio sopra l'opera in musica*«, Opern in ägyptischen Landschaften spielen zu lassen.

Aus dem letzten Drittel des 18. Jahrhunderts sind zahlreiche Beispiele ägyptisierender Bühnenbilder bekannt. So schuf um 1790 Pierre-Adrien Pâris für die königliche Oper in Fontainbleau derartige Entwürfe, und von seinem Landsmann Louis-Jean Desprez sind aus der gleichen Zeit ebenfalls ägyptische Szenarien für die Oper von Stockholm erhalten. Aber besonders in Italien lassen sich viele Künstler benennen, die solche Phantasiearchitekturen schufen, so Mauro Tesi (1730–1766), der für Algarotti arbeitete, Carlo Bianconi, Pelagio Palagi, Lorenzo Quaglia, Antonio Basoli, Francesco Fontanesi, um nur einige zu nennen.

Die Entwürfe des ausgehenden 18. Jahrhunderts wurden von Piranesis Szenographien, aber auch im besonderem Maße von Desprez' Sepulkralarchitekturen angeregt (1/65). Der Künstler, der dieses Blatt schuf, kannte ebenfalls diese in Rom entstandenen Vorbilder des Franzosen, er muß aber auch die zeitgenössischen Phantasiearchitekturen aus Paris (Boullée, Robert) gekannt haben. Ob es sich um ein Werk des oberitalienischen Architektur- und Theatermalers Gaspare Galliari (1760–1818) handelt oder, wie bisher angenommen, um ein Blatt seines berühmteren Onkels Bernardino Galliari (1707–1797), kann nur ein Vergleich des Blattes mit anderen Zeichnungen dieses Künstlers, die sich in Biella (Piemont) und Mailand befinden, entscheiden. Der Rückgriff auf die Ideen der ›Revolutionsarchitektur‹ (vgl. 1/66) und die der französischen Architekturmalerei des Frühklassizismus sowie der Stil der Zeichnung sprechen allerdings eher für den jüngeren Vertreter der Familie Galliari. *DS*

Lit.: Ausst.kat. Bologna (1979); Ricci (1930).

**1/68 (Abb. 502)**
**Carlo Antonio Tavella**
**(Mailand 1668–1738 Genua)**
**Flucht nach Ägypten**
Italien, um 1700
Leinwand, 90 x 120 cm
Genua, Cassa di Risparmio di Genova
e Imperia

Im rechten Vordergrund des Bildes erkennt man die Heilige Familie bei der Wanderung. Joseph schreitet, den Stab mit dem Bündel geschultert, dem Esel voran, auf dem Maria und das Christuskind sitzen. Sie durchziehen eine waldreiche Landschaft auf einem Pfad, der im Mittelgrund des Bildes eine kleine Steinbrücke erreicht, die einen Fluß überspannt. In der Ferne erblickt man eine größere Stadt, aus deren Häusermeer eine markante, spitzwinklige Pyramide hoch herausragt. Am Horizont erheben sich steile Berge. Das Thema des Ölgemäldes ist die Flucht der Heiligen Famile nach Ägypten. Der Handlungsort, das Niltal, wird vor allem durch die Architektur der Pyramide charakterisiert, die aber eher an die Cestius-Pyramide in Rom erinnert als an die ägyptischen Vorbilder, wobei ihre Form noch steiler gestaltet wurde als die der römischen Pyramide. Ein weiteres Bildelement, das dem Betrachter das Identifizieren des Ortes ermöglicht, ist die exotische Vegetation, das heißt die Palmen, die Tavella unter den mitteleuropäisch anmutenden Laubwald gemischt hat. Auch der Fluß, in dem man den Nil erkennen könnte, weist auf den Ort des biblischen Geschehens.

Der oberitalienische Landschaftsmaler Carlo Antonio Tavella (1668-1738) hat allerdings keineswegs versucht, die fremdartige Umgebung des Nillandes nachzuschöpfen, wie es eine Generation vor ihm Nicolas Poussin in Rom erfolgreich unternahm. Tavella fügte vielmehr in seine nach oberitalienischen Maßstäben komponierte Kunstlandschaft die geläufigen Versatzstücke einer von Poussin maßgeblich vertretenen Ägyptenikonographie frei ein. *DS*

**1/69 (Abb. 14)**
**Bartholomeus Breenbergh (Deventer zwischen 1598 und 1600–1657 Amsterdam)**
**Joseph verkauft Korn**
Bez.: Bart.s Breenbergh fecit/A° 1655
Leinwand, 110,5 x 90 cm
Birmingham, The Barber Institute, University of Birmingham

Der von seinen Brüdern verkaufte Joseph deutet dem ägyptischen Pharao die Träume von den sieben fruchtbaren und den sieben mage-

*503 (1/71)*

ren Jahren, worauf er zum Unterkönig von Ägypten eingesetzt wird. Um der erwarteten Hungersnot vorzubeugen, läßt er in den Städten Getreide speichern, das an die hungernde Bevölkerung des Landes verkauft wird (Genesis 41, 56f.). Breenbergh schildert das geschäftige Treiben der Menschen, die sich auf einem von hohen Gebäuden flankierten, marktähnlichen Platz drängen, um sich mit Korn zu versorgen. Rechts oben erkennt man den in königliche Gewänder und einen Turban gekleideten Joseph, der die Verteilung der Lebensmittel überwacht. Gegenüber beobachtet Pharao im Kreise seines Hofstaates das Geschehen von der Terrasse seines Palastes.

Eine nahezu identische, 1654 datierte Fassung des Gemäldes befindet sich in der Sammlung des Marquess of Bute. Ungewöhnlich für Darstellungen dieser Szene ist das von Breenbergh gewählte Hochformat. Dagegen war das Thema besonders im Kreis der Maler um Pieter Lastman beliebt, mit dessen 1612 datierter Fassung zahlreiche motivische Zusammenhänge bestehen (Dublin, National Gallery of Ireland).

Bartholomeus Breenbergh hielt sich von etwa 1619 bis 1629 in Italien auf, wo er in Rom Mitglied der niederländischen Künstlergemeinschaft ›Schildersbent‹ wurde. Die Romerfahrungen des Malers lassen sich an der Josephs-Szene deutlich ablesen. So handelt es sich bei dem Gebäude mit der schmucklosen Ziegelfassade am rechten oberen Bildrand um S. Maria in Aracœli auf dem Kapitolinischen Hügel. Und der Zentralbau im Hintergrund spielt auf das römische Pantheon an. Bislang übersehen wurde, daß auch die weibliche Gewandstatue auf dem Brüstungsrand der Treppe ein konkretes Vorbild hat: Breenbergh kopierte hierfür die sog. Farnese-Flora, die römische Kopie einer griechischen Aphroditestatue des 4. vorchristlichen Jahrhunderts, die sich seit der Mitte des 16. Jahrhunderts im Palazzo Farnese in Rom befand, von wo sie 1800 nach Neapel gelangte (heute im Museo Nazionale). Konkrete Anspielungen auf Ägypten als Ort der Handlung – so der Obelisk, die orientalisierenden

504 (1/72)

Rote Meer zum Thema haben. Bei drei von diesen elf Gemälden wird der Vordergrund durch die im 2. Mose, 12, 35–36 und 13, 18–21 überlieferte Übergabe von *»silbernen und goldenen Geräthen, und Kleidern«* (die sie den Ägyptern entwendeten), eingenommen. Von der nur durch ihre Obelisken kenntlichen ägyptischen Stadt bewegt sich der Zug der Israeliten in das auf der rechten Seite liegende Tal, während die Figuren im Vordergrund noch mit der Entgegennahme und Verpackung der Goldvasen und anderer Kostbarkeiten beschäftigt sind. Die beiden Kinder haben die den Ägyptern gesandte ›Plage‹ überlebt. Moses kann man in der bärtigen Figur mit dem Wanderstab erkennen. In einem Textkommentar des Jesuiten Cornelius Cornelii a Lapide von 1618 zu den fünf Büchern Mose' werden die Goldvasen interpretiert als die Überlegenheit der Christen über die Heiden, Türken und Sarazenen, da nur bei ihnen die Künste, die Wissenschaft, die Beredsamkeit und die Gelehrsamkeit aufblühen würden. Francken hat viele seiner Werke auf Holz gemalt, etliche jedoch auf Kupfertafeln und größere auf Leinwand. Charakteristisch sind für ihn jedoch die von Jan Breughel übernommenen, nahsichtigen, kleinformatigen Bilder mit gedrängten Figurenmassen, die in einem diffusen Licht untergebracht sind. Von den über eintausend geschätzten Werken des Künstlers sind nur 81 (zwischen 1604–1641) datiert. Das Gemälde wurde von Härting wegen seiner ›rundlichen Figuren‹ dem Sohn des Frans Francken, Hieronymus (1611-nach 1661) zugeschrieben. *RL*

Lit.: Pippidi (1985), Nr. III, 2.4; Härting (1983), Nr. B 16; Moisy (1948).

Kostüme und der Mohrenknabe auf dem Kamel – sind vergleichsweise spärlich eingesetzt. Es wird deutlich, daß es auch Breenbergh nicht um die historische Rekonstruktion des biblischen Schauplatzes ging, sondern vielmehr um die lebensnahe Schilderung des zeitlosen Inhalts der alttestamentlichen Überlieferung. *VM*

Lit.: Wurzbach (1906–1911), Bd. 1, S. 179; Stechow (1930), S. 139; Roethlisberger (1981), S. 90, Nr. 231 mit Abb.

**1/70 (Abb. 5)**
**Frans Francken II (1581–Antwerpen–1642), Werkstatt**
**Les vases d'or des Egyptiens**
**Antwerpen, um 1635**
Öl auf Kupfer
48,5 x 65 cm
La Rochelle, Musée des Beaux-Arts (197)

Unter dem umfangreichen Werk des Frans Francken II. und seiner Werkstatt, zu der seine Brüder und Söhne gehörten, finden sich elf Gemälde, die den Auszug der Israeliten aus Ägypten (Exodus) und den Durchzug durch das

**1/71 (Abb. 503)**
**Willem Schellinks (1627?–Amsterdam–1678)**
**Heroische Landschaft mit Ruine und Pyramide**
Holland, 17.Jh.
Leinwand, 67 x 85 cm
Sign.: W.Schellinx F.
Kopenhagen, Den kgl. Maleri- og Skulptursamling, Statens Museum for Kunst (Sp. 556)

Das Bild des holländischen Malers Willem Schellinks zeigt das italianisierende Motiv einer heroischen Landschaft. Im Vordergrund erkennt man eine Schiffslandungsstelle, an der einige Barken angelegt haben, aus denen mehrere Personen Fracht auf einen Ochsenkarren laden. Dieser Naturhafen eines breiten, träge fließenden Stromes liegt an der Ruine eines antiken Gebäudes, von dem noch vier, teilweise geborstene, glatte Säulen in toskanischer Ordnung aufrecht stehen. Sie tragen noch Teile des Architravs, der von einer üppigen Vegetation überwuchert wird. Das dargestellte antike Gebäudefragment läßt sich nur schwer in eine reale Tempelarchitektur einfügen.

Von der steilen und hohen Uferböschung angeschnitten, vor der die Ruine sich erhebt, ragt im Hintergrund eine Pyramide empor. Die Cestiuspyramide in Rom war wohl Vorbild für dieses Monument, auch wenn die dargestellte Pyramide eine flachere Neigung der Seitenflächen und eine wesentlich größere Dimension besitzt und ihre Spitze, ähnlicher derjenigen des Cheops in Ägypten, abgeflacht erscheint. Die Stimmung der komponierten Landschaft kennzeichnet ein bedrohlich wirkender Himmel, an dem Gewitterwolken aufziehen. Durch einige starke Sonnenstrahlen werden Teile der Genredarstellung im Vordergrund und der Ruinenarchitektur grell beleuchtet und hervorgehoben. Das italianisierende Landschaftsbild von Schellink nähert sich den Idealen der ›heroischen‹ Landschaftsmalerei an, wie sie zu dieser Zeit von Poussin, Le Lorrain und ihrem Kreis in Rom gepflegt wurde. Die monumentale Pyramide, deren Bauform der Zeit trotzt, gehörte ebenso als architektonische Metapher und Würdezeichen zu den Symbolen dieser Bildgattung wie schlichte Tempelruinen in einer ›männlichen‹ Säulenordnung wie der toskanischen. Die strenge Atmosphäre des Bildes wird dann zusammenfassend durch Gewitterstimmung verdeutlicht. *DS*

**1/72 (Abb. 504)**
**Jean Barbault (1718–1762)**
**Ruinen mit Pyramide**
Rom, 1754
Leinwand, 74 x 62cm
Bez.: Barbault inv. pinx Rome 1754
Angers, Musée des Beaux-Arts (5 I 1881)

Das Gemälde des französischen Architekturmalers Jean Barbault zeigt eine architektonische Phantasie, die er im Stile seines Zeitgenossen Giovanni-Paolo Panini mit erzählerischen Elementen eines Historienbildes verband. Im Vordergrund erheben sich gewaltige Fragmente eines nicht näher bestimmbaren Tempels, zwischen denen eine orientalisch gewandete Gestalt steht. Ein aufragender Säulenstumpf ist erkennbar, ebenso verschiedene Bestandteile der Gebälkzone, die teilweise mit Reliefs versehen sind. Den Mittelgrund beherrscht eine hoch aufragende spitze Pyramide, die fast bis in den Bereich der Wolken zu reichen scheint. Ihre spitzwinklige Form und die in ihre glatte Wandfläche eingelassene Tafel leiten sich von der Grabpyramide des Gaius Cestius in Rom her. Hinter der Pyramide erkennt man weitere Tempelruinen, die aus einer Säulenreihe mit Gebälk und bekrönenden Skulpturen bestehen. Weitere Personen, Krieger mit antiker Bekleidung, erblickt der Betrachter zwischen den Tempelfragmenten vor der Pyramide.

Barbault, der 1745 den Rompreis der königlichen Akademie in Paris gewonnen hatte, kam 1747 nach Rom, wo er zunächst als Pensionär der Académie de Rome studierte und sich dann

*505 (1/73)*

nach dem Ablauf seines Stipendiums 1753 als Künstler selbständig machte. Seit 1748 stand er in engem Kontakt zu Piranesi, war zunächst dessen Schüler, dann dessen Mitarbeiter, schließlich dessen Konkurrent und Produzent eigener Stichwerke. Das vorliegende Architekturbild steht dem Ruinenverständnis Piranesis nahe, greift aber auch auf eine Reihe von Gestaltungsmittel zurück, die der Akademielehrer Panini seinen französischen Schülern zu vermitteln suchte.

Im Jahre 1756, als Barbault sein Pyramidenbild signierte, hatte sich der Maler aus dem intensiven Verhältnis zu Piranesi bereits gelöst und versuchte, seine eigenen Intentionen umzusetzen. Mit seinem Sujet steht Barbault aber auch den architektonischen Ideen Hubert Roberts sehr nahe, der wahrscheinlich viel von Barbault gelernt hat. Um 1760 schuf Robert auch eine Reihe bedeutender Pyramidenbilder, die die Pracht der ägyptischen Monumentalarchitektur und das ihr immanente Ewigkeitsstreben verbildlichen sollten. Dieser Intention folgt auch Barbault mit diesem Gemälde, das die von der Zeit ungebrochenen Formen ägyptischer Sepulkralarchitektur – die Cestius-Pyramide steht hier stellvertretend für die genuin ägyptischen Pyramiden – mit den Überresten einer ebenfalls monumentalen, aber auch ungleich vergänglicheren Säulenarchitektur der griechisch-römischen Antike kontrastiert. *DS*

Lit.: Lévêque (1980), S. 33; Ausst.Kat. Rom (1976), S. 43, 46, Kat.Nr.7, Abb. 16; Syndram (1986), S. 10, 23ff.

**1/73 (Abb. 505)**
**Francesco Guardi (1712–1793)**
**Architektonische Phantasie mit Pyramide**
Um 1780
Leinwand, auf Holz aufgebracht, 37 x 29 cm
Mailand, Pinacoteca del Castello Sforzesco (371)

Das kleine Gemälde, das dem venezianischen Maler Francesco Guardi zugeschrieben werden kann, zeigt ein für Venedig charakteristisches Bildthema. Es handelt sich nach dem zeitgenössischen Sprachgebrauch um ein *Capriccio*, das heißt eine Abart der klassischen Phantasievedute, die Landschaftseindrücke der venezianischen Lagune mit Elementen der Ruinenromantik des späten 18. Jahrhunderts und Figurenstaffagen vermengt. Auf einer kleinen Insel erheben sich die Überreste eines Tempels mit sehr schlanken Säulen und korinthischen Kapitellen. Auf ihnen ruhen noch Teile des Architravs. Vom Fuß einer Treppe, die zu einem vorgelagerten Arm einer Lagune führt, fährt eine mit mehreren Personen beladene Gondel ab. Noch andere Boote dieser Art befinden sich auf dem verzweigten Kanalsystem, aus dem weitere Ruinen von Säulen- und Bogenbauten der Antike aufragen. Im Hintergrund erhebt sich eine steile, ebenfalls etwas ruinöse Pyramide in den Himmel.

Guardi reagiert mit seiner venezianischen Phantasielandschaft auf die zeitgenössischen Ruinendarstellungen der Wahlrömer Panini, Piranesi und Hubert Robert. Im Gegensatz zu den Werken der beiden letztgenannten Architekturmaler legt Guardi einen sehr großen Wert auf die koloristisch delikate Darstellung des flimmernden Lichtes seiner Heimat. Auch wenn weitere Lagunenlandschaften mit Pyramiden nicht nachgewiesen werden können, so schuf Guardi doch verschiedene Gemälde bei denen, wie im vorliegenden Bild, dem malerischen Kontrast zwischen zerbrechlicher Säulenarchitektur und monumentalem Grabbau eine bildbeherrschende Bedeutung zukommt, beispielsweise bei einem Capriccio mit Statue, Pyramide und Ausgrabungen (Rom, Galleria Nazionale). Die Zuschreibung an Guardi verstärkt ein signiertes Gemälde des Malers, das um 1780 datiert werden kann und einen vergleichbaren Bildaufbau mit den verschiedenen architektonischen Versatzstücken unseres Gemäldes wiedergibt (London, Victoria&Albert Museum), diese Phantasiearchitektur allerdings nicht in eine Lagunenlandschaft verlegt. *DS*

**1/74 (Abb. 22)**
**Hubert Robert (1733–Paris–1808)**
**Phantasieansicht der Cestius-Pyramide und einer Tempelruine**
Rom oder Paris, 1760–1770
Leinwand, 50 × 70 cm
Angers, Musée des Beaux-Arts (154 J 1881)

Das kleine Gemälde des Architekturmalers Hubert Robert (1733–1808) zeigt eine frei komponierte Ansicht, die teilweise reale Bauwerke und Skulpturen der römischen Antike darstellt, teilweise diese in idealisierter Form nachschöpft. Den linken Bildbereich beherrscht die verfallene Kultnische eines Tempels, in der auf einem Podium eine Statue der weibliche Statue steht, die vielleicht die *Roma armata* oder die *Minerva* darstellen soll. Die Säulen, die neben der einst mit einem Kassettengewölbe geschlossenen Nische stehen, sind ebenso wie der obere Bereich der Nische zusammengebrochen und von üppiger Vegetation überwuchert. Aus der Plinthe der Statue herab ergießt sich aus einem Löwenspeier ein Wasserstrahl in ein Becken, an dem einige Frauen ihre Wäsche waschen. Am rechten Bildrand erkennt man einen fast völlig von Pflanzen eingeschlossenen Altar, der die antiken Gebäuderuinen als die eines Tempels erscheinen lassen.

Im Mittelgrund ragt eine Pyramide aus einer Senke empor, bei der es sich um eine Wiedergabe des Grabmals des Gaius Cestius handelt. Durch die Säule, die auch im 18. Jahrhundert noch vor der gut 36 Meter hohen Grabpyramide stand, wird sie eindeutig bestimmt. Der Blixck erfaßt im Hintergrund das Häusermeer des modernen Rom und die Überreste eines Aquäduktes. Das eigentliche Bildthema ist das Verhältnis zwischen der einstigen, noch in den Ruinen erfahrbaren Pracht römischer Bauten und deren heutiger Einbindung in das ganz allktägliche Leben. Dazu griff Robert häufig auf das Motiv der Wäscherinnen zurück.

Es handelt sich bei dem vorliegenden Ölgemälde um eine architektonische Phantasie. Einzelne Elemente des Bildes bilden ecistierende Monumente ab, so vor allem die Pyramide des Gaius Cestius, die in diesem Bildzusammenhang als Symbol der Unzerstörbarkeit von geschlossener Monumentalarchitektur erscheint. Als Anregung für das Kultbild in der Tempelnische diente Hubert Robert die berühmte Roma Armata, die noch heute vor der platzseitigen Fassade des Senatorenpalast auf dem römischen Kapitol steht und auch dort einen Brunnen schmückt. Robert verwandte das antike Vorbild häufiger als zentrale Figur für freierfundene Brunnen, beispielsweise bei einer Zeichnung, die sich heute im Museum of Fine Arts in Houston (*Le Grand Escalier*, ca. 1761 bis 1765) befindet. Die bauliche Situation der Tempelruine erinnert an die des Venus- und Roma-Tempels vom Forum Romanum. *DS*

Lit.: Berckenhagen (1970), S. 332; Ausst.Kat. Washington (1978), Kat.Nr. 20.

506 (1/75)

**1/75 (Abb. 506)**
**William Hogarth (1697–London–1764)**
**Moses wird zu des Pharaos Tochter gebracht**
London, 1752
Kupferstich, 42 x 53 cm
Berlin, SMPK, Kupferstichkabinett
(116.101–1899)

Das Bildthema des Kupferstiches geht auf das 2. Buch Moses (2.5–10) zurück. Hogarth stellt den Moment dar, in dem die Tochter des Pharao das Findelkind Moses aus der Obhut der israelischen Amme übernimmt, der sie es kurz nach seiner Entdeckung im Nil anvertraut hatte. Die junge Frau weiß nicht, daß sie den Knaben der leiblichen Mutter zur Pflege übergab. Diese muß sich für diesen ›Dienst‹ auch noch durch den Schatzmeister der Königstochter bezahlen lassen, während ihr Sohn dem Kommenden ängstlich entgegensieht und die beiden Zofen der Königstochter über die Herkunft des Knaben tuscheln.

Das ägyptische Ambiente wird dem Betrachter vom Künstler einerseits durch den Ausblick in eine ›Nillandschaft‹ mit pyramidenförmigen Gebäuden und Sphingen, aber auch durch die Tracht der Personen verdeutlicht. So tragen die Tochter des Pharao und auch ihre Zofe ein Tuch, das mehr als nur assoziative Ähnlichkeiten mit dem ägyptischen Königskopftuch hat, und am Thron der Fürstin erblickt man ein Krokodil und eine ägyptisierende Skulptur. William Hogarth hatte mit Hilfe von Luke Sullivan ein Gemälde in die Druckgraphik übertragen, das er selbst 1746 für den Court Room des Foundling Hospitals gemalt und gestiftet hatte. Dort reihte es sich in eine Gruppe anderer Bilder von bedeutenden englischen Malern dieser Zeit ein, die alle am Beispiel biblischer Themen die Taten der Kinderwohlfahrt darstellten. Bei seinem Beitrag zur Galerie zeitgenössischer Kunst im Londoner Findelhaus, dessen druckgraphische Adaption hier natürlich seitenverkehrt vorliegt, ließ sich Hogarth von der Bildauffassung Poussins inspirieren, insbesondere von dessen Gemälde *Der Mosesknabe tritt auf die Krone des Pharao* (zwei Fassungen zwischen 1642 und 1647 Paris, Louvre und Woburn Abbey). Der als Maler und Stecher bissiger Satiren auf die Laster seiner Zeitgenossen berühmt gewordenen Künstler konnte so beweisen, daß er auch zur Historienmalerei im ›großen‹ Stil befähigt war. *DS*

Lit.: Kat. Hogarth (1986), S. 191f.; Paulsen (1965), S. 218.

**1/76 (Abb. 507)**
**Charles Thévenin (1764–Paris–1838)**
**Joseph und seine Brüder**
1789
Leinwand, 111 x 144 cm
Angers, Musée des Beaux-Arts (164 J 1881)

Das Thema des jährlichen Wettbewerbs, das den an der königlichen Kunstakademie (Académie royale de peinture et de sculpture) in Paris studierenden jungen Künstler im Revolutionsjahr 1798 gestellt wurde, stammt nicht – wie gewohnt – aus der klassischen Antike, sondern aus dem Alten Testament. Es war die Darstellung des dramatischen Momentes, in dem sich der zum Ratgeber des Pharao avancierte Hebräer Joseph seinen Brüdern zu erkennen gab (1. Buch Moses, Kapitel 45.1), die ihn als Sklaven in die Ferne verkauft hatten. Der Gewinner dieses begehrten Prix de Rome erhielt die Möglichkeit, auf Kosten des Königs mehrere Jahre in Rom zu verbringen und seine Ausbildung damit optimal zu beenden.

Charles Thévenin, seit 1784 Schüler des Malers und Akademiemitglieds François-André Vincent, gewann mit seinem Bild nur den zweiten Preis, den er sich mit seinem Studienkollegen François-Pascal-Simon Gérard teilen mußte. Der erste Preis, der das Romstipendium versprach, ging an Girodet und Meynier.

Thévenins Ölbild belegt, ebenso wie diejenigen seiner Mitschüler, den akademischen Kenntnisstand der Frühklassizismus und die Form der Auseinandersetzung mit einem nichtantiken Bildmotiv. Die Ausbildung forderte es, die Sitten und Gebräuche der dargestellten Zeit und Kultur möglichst genau wiederzugeben. Dies versucht der junge Student. In der Gesamtkomposition weicht er etwas von dem damals künstlerisch bestimmenden Bildaufbau von David ab und nähert sich eher demjenigen Poussins an, dem Vorbild der klassizistischen Historienmalerei des ausgehenden 18. Jahrhunderts.

Auf einer schmalen, zentralperspektivisch erfaßten Bühne agieren die antikisch gewandeten Figuren. Jeder einzelne der Söhne Jacobs reagiert individuell auf die Begegnung mit dem von ihnen totgeglaubten Bruder Joseph. Dieser erscheint herausgehoben im Zentrum der Komposition mit einem orientalisch anmutenden Turban als einziges Symbol seiner neuen Heimat im Nilland. Um den dramatischen Vorgang für den Betrachter eindrucksvoll zu gestalten, greift der Künstler auf Lichteffekte zurück, die an diejenigen des Theaters erinnern. Während der Hintergrund im Halbdunkel verbleibt, zentriert sich das Licht auf die Hauptperson Joseph und Benjamin, der seinen geliebten Bruder umarmt. Die leichteren Pastellfarben ihrer Gewänder unterstreichen dies.

An Ägypten erinnert allein die Palastarchitektur. Die Bauglieder des dargestellten Raumes werden bewußt schlicht gehalten. Der archaisch wirkende Thron steht in einer Nische. Sie wird von einem strengen, leicht gekehlten Gebälk umzogen, dessen Architrav mit Hieroglyphen bedeckt ist und das auf freierfundenen Palmsäulen ruht. Auch die Thronnische selbst weist ägyptische Formen auf. Auf den Flanken des 'Möbels', an dessen Rückwand ebenfalls Hieroglyphen zu erkennen sind, ruhen frontalsichtige, schwarzgefärbte Sphingen. Die Innenansicht dieses 'ägyptischen' Raumes geht eher auf das Historienbild »August und Kleopatra« zurück, das Anton Raphael Mengs 1759/60 in Rom malte, als auf die zeitgenössische Ägyptenrezeption des ausgehenden 18. Jahrhunderts. *DS*
Lit.: De Watteau à David (1975), Abb. S. 176.

**1/77 (Abb. 25)**
**Louis Gauffier (1762–1801)**
**Ruhepause der Heiligen Familie in Ägypten**
Rom, 1792
Leinwand, 80 x 115 cm
Poitiers, Musée de la Ville de Poitiers et de la Société des antiquaires de l'Ouest (975.1.1)

Das Bild zeigt die Heilige Familie, die auf der Flucht vor den Nachstellungen des Herodes nach Ägypten gelangt ist. Maria und das Christuskind lagern im Schatten vor einem Tor, das in ägyptischer Bauweise mit geböschten Mauern und Hohlkehle gestaltet und dessen Wände mit ägyptischen und ägyptisierenden Hieroglyphen verziert wurden. Vier Engel sind zu Christus getreten und umsorgen diesen und seine Mutter mit Früchten und Blumen. Etwas abseits sitzt Joseph, an einen großen behauenen Stein gelehnt und in der Art eines Propheten in einem Buch blätternd. Zwischen ihm und seiner Familie liegt ein Wanderstab und ein Bündel. Aus dem Schatten der Baumgruppe, die durch Palmen und Laubbäume gebildet wird, blickt man in die gleißende Helligkeit des Niltales auf weitere Gebäude Ägyptens.

Louis Gauffier malte dieses Bild im letzten Jahr seines Romaufenthaltes, bevor er auf Grund der politischen Verhältnisse die Heilige Stadt verlassen mußte. Gauffier lebte, seitdem er 1784 den Prix de Rome der französischen Akademie gewonnen hatte, in Rom und später in Florenz. In Italien entstanden zahlreiche frühklassizistische Bilder mit antiken und biblischen Themen. Das vorliegende Gemälde, das auf die Bildtradition von Poussin und Bourdon zurückgreift, schildert in außergewöhnlicher Direktheit das Ambiente des ägyptischen Zufluchtsortes der Heiligen Familie.

Nicht allein in Frankreich, auch in Italien beschäftigte man sich in den letzten Jahrzehnten des 18. Jahrhunderts sehr bewußt mit ägyptischen Themen. 1786 war unter großer Anteilnahme der Öffentlichkeit die Neuausstattung der Villa Borghese eröffnet worden, zu der auch ein noch heute erhaltenes ägyptisches Zimmer gehörte. Ein Jahr später wurde durch Antolini der Plan für die Neuaufstellung eines ägyptischen Obelisken vorgestellt, der ebenfalls

507 (1/76)

außergewöhnlich streng die ägyptischen Formen in das geplante Monument integrierte. Gauffiers Gemälde hat Anteil an dieser italienischen Ägyptenmode des ausgehenden 18. Jahrhunderts und setzt die Forderung nach genauer Schilderung des Handlungsrahmens von Historienbildern, die in seiner Zeit erhoben wurde, sehr genau um. Eine quadrierte Vorzeichnung für dieses Bild befindet sich in Montpellier (Musée Fabre, Inv.Nr. 83-1-201). Das Gemälde Gauffiers wurde kurz nach seiner Fertigstellung von dem reichen englischen Sammler Thomas Hope erworben und diente mit zwei anderen Bildern im gleichen Format als Wandschmuck des ägyptischen Sammlungsraumes in seinem Londoner Haus in der Duchess Street (Hope [1807] Tafel VIII). *DS*
Lit.: Ausst.Kat Brüssel (1975), Kat.Nr. 133; Ausst.Kat. Paris (1975), Kat. Nr. 52.

**1/78 (Abb. 508)**
**Thomas Hope (1769–1831)**
**Ruhebett im ›ägyptischen Geschmack‹**
England, 1799–1803
Mahagoni, bemalt, vergoldete Bronze,
71 x 168 x 67 cm
Faringdon, Trusties of the Faringdon
Collection (10)

Das Ruhebett, von seinem Besitzer Thomas Hope (1769–1831) selbst als ›settee‹ (Hope 1807, Tafel XVII) bezeichnet, gehörte mit einem weiteren Pfostenmöbel dieser Art zum Mobiliar des ›Egyptian room‹, den sich Hope nach eigenen Entwürfen in seinem Londoner Wohnsitz in der Duchess Street einrichten ließ. Das Bett ruht auf massigen Füßen, auf denen der Heilige Käfer der Ägypter, der Skarabäus, in Bronzeappliken aufgelegt worden ist. Die darauf aufliegende Sitzfläche wird von eher griechisch als ägyptisch anmutenden S-Voluten getragen. Auf der schwarzen Zarge finden sich weitere Appliken aus vergoldeten Bronzeblüten, die ihre Entsprechung an klassizistischen Möbeln der Zeit finden. Den markantesten Schmuck des bewußt kantig gehaltenen Möbels bilden die beiden sich entsprechenden Fuß- und Kopfteile des Ruhebettes. Dabei werden die hochgepolsterten Kissen von gesockelten Löwen gehalten, deren Vorbilder die liegenden spätägyptischen Löwen waren, die seit der Renaissance die ›cordonata‹, den Hauptzugang zum römischen Kapitol flankierten. Aus dem klassischen Zusammenhang Roms wurden diese Bronzenachbildungen durch die vier gleichartigen Reliefs gelöst, die die ägyptischen Götter Anubis und Horus beim Binden der Binsen zeigen. Vergoldete Bronzeappliken in Form von Skorpionen schmücken die Schmalseiten der Sockel.

Thomas Hope war der Sohn des Amsterdamer Bankiers John Hope und erschien vielen seiner Zeitgenossen als ideale Verkörperung des unermeßlich reichen *Connoisseurs*, des künstlerisch tätigen Dilettanten und erfolgreichen Antikensammlers. Seine luxeriöse Londoner Stadtwohnung gestaltete Hope in den Jahren um 1800 zu einem eindrucksvollen Ensemble aus Sammlungsräumen, in denen er die jeweiligen Exponate, so vor allem seine große Sammlung griechischer Vasen und klassisch-antiker und klassizistischer Skulpturen, durch die sie umgebenden Möbel und modernen Kunstwerke in die für sie geeignete Stimmung transferieren wollte. (vgl. 1/77; 1/79) Anregungen für seine Möbelentwürfe holte er sich in erheblichen Maße auch aus dem französischen Empire-Stil.

Der ›Egyptian Room‹ (Hope [1807], Tafel VIII) enthielt einige seltene altägyptische Skulpturen aus Hartgestein, wie sie zu dieser Zeit kaum eine Sammlung in Nordeuropa vorweisen konnte. Die Umgebung in denen sie aufgestellt wurden, sollte ihrem urzeitlichen Charakter entsprechen. Dies geschah einerseits durch das moderne Mobiliar, einem Satz von vier Sesseln mit Fußbänken, die beiden Ruhebetten, von denen eines hier vorgestellt wird, zwei Konsoltische, einen Kamin und eine Reihe von Wandleuchtern, welche die auf die Klassizisten archaisch wirkende Erscheinungsweise der ägyptischen Originale durch sehr strenge und fremdartige Formen wieder aufnahmen. Hope ließ aber auch den der ägyptischen Kultur zugeschriebenen Wesenszug des Ewigkeitsstrebens und der Nekrophilie durch die gewölbte, kaum durchfensterte Architektur und deren Bemalung mit Motiven aus ägyptischen Papyrusrollen sowie durch moderne Gemälde mit ägyptischen Themen unterstreichen. Dies gab dem Raum, in dem auch eine Mumie zu besichtigen war, die Wirkung einer geheimnisvollen Grabkammer.

Die Wirkung des Raumensembles war eher theatralisch als wohnlich. Vorbilder für die ägyptischen Möbel sind bei denen zu suchen, die Jacques-Louis David wenige Jahre zuvor anfertigen ließ, um sie auf seinen Historienbildern zu verwenden. In ihrer Zusammenfassung und Umsetzung ägyptischer Details in ein Ruhebett bilden sie allerdings einen spezifisch englischen Beitrag zur Ägyptenmode der Jahre nach 1800. *DS*

Lit.: Hope (1807); Watkin (1968)

**1/79 (Abb. 510)**
**Anne Seymour Damer (1748–1828)**
**Miss Freeman als Isis**
England, um 1789
Marmor, H 46 cm
London, The Trustees of the Victoria & Albert Museum (A. 31-1931)

Die Marmorbüste stellt eine junge Frau mit antikisierendem Gewand dar, die von fast klassischer Schönheit ist. In ihrem gelockten Haar trägt die Frau ein Band, das auf der Stirn mit einer stilisierten Lotosblüte besetzt ist. Den von zwei vorspringenden, glatten Bändern eingefaßten, leicht geböschten Sockel schmückt die Darstellung eines ägyptischen Sistrums. Die Bildhauerin Anne Seymour Damer (1748–1828) präsentierte 1789 diese Porträtbüste ihrer jungen Nachbarin Miss Freeman aus Fawley Court, mit der sie gut befreundet war, in der Ausstellung der Royal Academy (Nr. 613). Das Bildnis wurde bekannt als Darstellung der Isis, mag aber möglicherweise Miss Freeman auch nur als Priesterin dieser ägyptischen Göttin vorstellen. Eine damit vergleichbare moderne Plastik einer ägyptischen Priesterin ist von Clodion bekannt, sie stammt aus den 70er Jahren des 18. Jahrhunderts. Die künstlerische Auseinandersetzung klassizistischer Bildhauer mit ägyptischen Themen läßt sich nur sehr selten belegen, wenn sich auch Bildhauerzeichnungen ägyptischer Skulpturen nachweisen lassen.

Daß Damer dann auf die ägyptische Allgöttin Isis zurückgriff, um ihre reizvolle Nachbarin zu porträtieren, ist allerdings weniger erstaunlich. Isis war in ihrer spätantiken Form als Welt- und Naturgöttin, ja als Symbol für die unendlichen Schöpferkräfte der Natur, der klassizistischen Mythenforschung sehr gut bekannt. Eine traditionelle Verbindung der ägyptisierenden Gartensphinx mit dieser Göttin läßt sich seit der Renaissance belegen. Darstellungen solcher Sphingen, versehen mit den Porträts hochgestellter Damen, waren im ausgehenden 18. Jahrhundert durchaus beliebt.

Die ägyptisierende Skulptur der Miss Freeman wurde von dem reichen Sammler Thomas Hope erworben, der seine Sammlung originär ägyptischer Altertümer sehr gerne durch moderne Kunstwerke mit ägyptischen Themen ergänzte (1/78; 1/77) Hope schätzte auch andere klassizistische Werke der Bildhauerin Anne Seymour Damer sehr. In der Publikation seiner extravaganten Londoner Wohnung aus dem Jahre 1807 läßt sich der Aufstellungsort der vorliegenden Büste allerdings nicht feststellen. *DS*

Lit.: Ausst.Kat. Manchester (1983), Kat.Nr. 32; Watkin 1968, S. 49.

**1/80 (Abb. 37)**
**Obelisk**
Kairo, ursprünglich wohl aus Hermopolis Parva (Tell Baklia) im Nordostdelta; Spätzeit, 30. Dynastie, um 350 v Chr.
Grauwacke, H 300 cm, B 41 cm, T 41 cm
London, The British Museum, Department of Egyptian Antiquities (523)

Nur die untere Hälfte des Obelisken ist erhalten; ein weiteres Fragment befindet sich heute im Ägyptischen Museum in Kairo und paßt auf die obere Bruchfläche. Der Obelisk bildet mit einem Gegenstück (ebenfalls im British Museum) ein Obeliskenpaar, das Nektanebos, der letzte ägyptische Pharao, um 350 v. Chr. dem Weisheitsgott Thoth errichtete: *»Er stellte ihm in seinem Tempel einen Obelisken gefertigt aus Bechen-*

508 (1/78)

*Stein auf, die Spitze aus Kupfer*«, spricht im Hieroglyphentext des Obelisken der König zu Thoth. Im 18. Jahrhundert finden sich die beiden Obelisken in Kairo vor dem Portal einer Moschee wieder. Nach der Niederlage Bonapartes in Ägypten werden sie als britische Beute 1802 nach London gebracht und von König George III. dem British Museum übereignet. Die am Schaft, unter der Inventarnummer ›523‹ eingemeißelte Inschrift »Captured by the British Army« verweist auf diesen Umstand. *DW*
Lit.: Kat. British Museum (1930), 395, fig. 218.

**1/81 (Abb. 36)**
**Rosette-Stein**
Ägypten, Ptolemäerzeit, 196 v. Chr.
Basalt, H 90 cm, B 78,5 cm
Abguß vom Original im British Museum, London
Cambridge, The Syndics of the Fitzwilliam Museum (E. 1.1855)

Am 27. März 196 v. Chr. versammelte sich in Memphis eine Priestersynode, um für Ptolemäus V. und Kleopatra I. Ehrungen zu beschließen. Der Text des Priesterdekrets wurde auf Ägyptisch in Hieroglyphen und kursivem Demotisch sowie auf Griechisch aufgezeichnet. Diese Dreischriftenversion, Spiegel der Zweisprachigkeit des Landes, sollte als Stele in allen Tempeln des Landes aufgestellt werden.

Der Rosette-Stein ist eine dieser Abschriften. Er wurde im Verlauf des französischen Ägypten-Feldzugs 1799 unter Leitung des französischen Offiziers Pierre Bouchard bei Schanzarbeiten am Fort Julien in Raschid (›Rosette‹) an der Mittelmeerküste, östlich von Alexandria gefunden. Alsbald als bedeutendes historisches Dokument erkannt, wurde er im Haus des französischen Generals Menou in Alexandria aufbewahrt und, nachdem bereits Kopien von ihm angefertigt worden waren, 1801 im Namen von König George III. als Kriegsbeute nach England gebracht, getrennt von allen übrigen Antiken auf einer eigenen Fregatte, der ›Egyptienne‹.

Zunächst in der Society of Antiquaries aufbewahrt, gelangte er 1802 ins British Museum. Neben der Universität von Cambridge erhielten die Institute in Oxford, Edinburgh und Dublin einen Abguß des Steines. Alsbald kursierten Kopien in ganz Europa, und 1803 lag schon die erste vollständige Publikation der Texte vor. Trotz vielerorts intensiv betriebener Studien des dreisprachigen Textes, der in der griechischen Version den Schlüssel zur Entzifferung der Hieroglyphen zu bergen schien, gelang erst 1822 dem Franzosen Jean-François Champollion der entscheidende Durchbruch. Bis zur völligen Erforschung des altägyptischen Schriftsystems sollten noch Jahrzehnte vergehen, aber Champollions *Lettre à M. Dacier (...) relative à l'alphabet des hiéroglyphes phonétiques employés par les Egyptiens pour inscrire sur leurs monuments les titres, les noms et les surnoms des souverains grecqs et romains* ist zweifellos die Geburtsurkunde einer wissenschaftlich betriebenen Ägyptenforschung. *DW*

**1/82 (Abb. 509)**
**Gottfried Wilhelm Leibniz (1646–1716)**
**Leibnitii / De expeditione Aegyptiaca / Ludovico XIV Franciae regi / proponenda / scripta quae supersunt omnia / adjecta praetatione historico-critica**
**Aufgeschlagen: Porträt Leibniz** (Titelseite)
Hannover, 1864
Berlin, Staatsbibliothek Preußischer Kulturbesitz (Ur.8582)

Gottfried Wilhelm Leibniz entwarf das sog. ägyptische Projekt, um der drohenden Gefahr eines französischen Angriffs gegen Holland und damit auch der Gefährdung für das Deutsche Reich entgegenzuwirken. Indem er Ludwig XIV. zu einem Zug nach Ägypten zu veranlassen suchte, sollte der Expansionsdrang

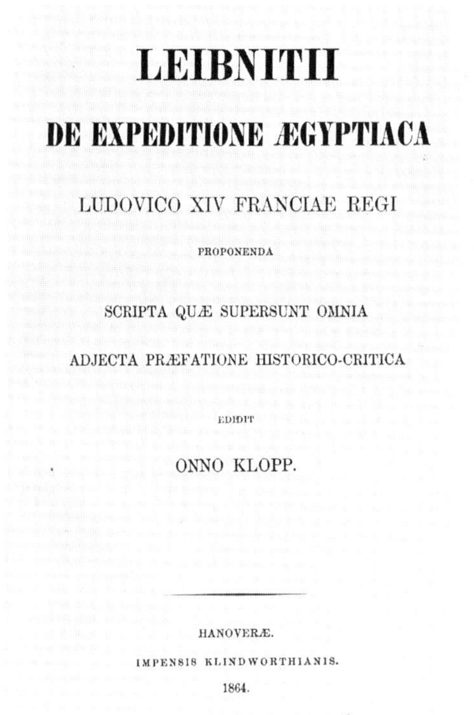
LEIBNITII

DE EXPEDITIONE ÆGYPTIACA

LUDOVICO XIV FRANCIAE REGI

PROPONENDA

SCRIPTA QUÆ SUPERSUNT OMNIA

ADJECTA PRÆFATIONE HISTORICO-CRITICA

EDIDIT

ONNO KLOPP.

HANOVERÆ.

IMPENSIS KLINDWORTHIANIS.

1864.

*509 (1/82)*

Frankreichs in eine andere Richtung gedrängt werden. Dieser Gedanke findet in zahlreichen Entwürfen und Denkschriften seinen Niederschlag. Die Vorarbeiten hierfür leistete Leibniz wahrscheinlich im Herbst 1671, mit der eigentlichen Hauptschrift, der *Justa Dissertatio*, tritt er im März 1772 die Reise nach Frankreich an, um dem König die Pläne zu unterbreiten. Den Hauptteil des Werkes bilden aus fremden Reiseberichten zusammengestellte Darstellungen der Beschaffenheit und Widerstandsfähigkeit Ägyptens, der angrenzenden Länder und der Türkei. Es kommt jedoch zu keinerlei Verhandlungen, da bei seiner Ankunft England bereits den Krieg eröffnet hatte und die Kriegserklärung Frankreichs kurz darauf folgte.

Lit.: Leibniz (1963), Bd. 2; Müller/Krönert (1969).

**1/83 (Abb. 38)**
**Description de l'Egypte ou recueil des observations et des recherches qui ont été faites en Egypte pendant l'expédition de l'armée française; Antiquités, Tafelband I**
**Aufgeschlagen: Frontispiz und Titelblatt mit Kupferstich**
Paris, 1809
Berlin, SMPK, Ägyptisches Museum

Mit diesem Titelblatt und Frontispiz wird die *Description de l'Egypte* eingeleitet, mit deren Erstellung General Bonaparte bereits 1798 die Mitglieder des französischen Institut d'Egypte in Kairo beauftragte. Den hier gezeigten ersten Band konnte er 1809 als Kaiser Napoleon I. in Empfang nehmen. Die letzten Bände erschienen allerdings erst 1829, 14 Jahre nach seiner Abdankung. Das gewaltige Kompendium wissenschaftlicher Erkenntnisse, das ein Heer von Gelehrten und Künstlern zwischen 1798 und 1801 zusammentrug und später in Paris sorgfältig auswertete, stellt das einzige greifbare Ergebnis des gescheiterten Ägyptenfeldzugs der französischen Revolutionsarmee dar. Neun Foliobände mit wissenschaftlichem Text kommentieren die zwölf Großfolio Bände mit ihren fast 900 hervorragenden Drucken. Sie untergliedert sich in drei Abteilungen, die Darstellung des modernen Ägypten, die Behandlung der naturwissenschaftlich relevanten Fragen und Probleme des Nillandes und die Untersuchung der ägyptischen Altertümer. Der französische Kaiser hatte zunächst nur eine geringe Auflage des kostbaren Werkes vorgesehen, das ihm häufig als fürstliches Geschenk diente. Die *Description de l'Egypte* wurde dann aber unter seinem Nachfolger, König Ludwig XVIII., von 1820–1827 in einer zweiten, weit höheren Auflage unter Verwendung der gleichen Kupfertafeln von dem Verleger Pancoucke herausgegeben (elf Teile Großfolio mit Drucken und 25 Teilen mit Text in Oktav). Auch wenn die künstlerische Wirkung dieser großartigen Abbildungen heute manchmal zu hoch bewertet wird, hatte die ›*Description*‹ einen kaum zu überschätzenden Einfluß auf die Gründung und Etablierung der Ägyptologie als akademische Disziplin.

Das Frontispiz faßt den berühmten Feldzug und den Inhalt der folgenden Bände über die ägyptischen Altertümer zusammen. Der Rahmen dieses Blattes wurde wie ein ägyptisches Portal mit Hohlkehlengesims gestaltet. Unter dem geflügelten Sonnenzeichen erkennt man ein antikisierendes Relief, auf dem der heranstürmende französische Heros auf einem Streitwagen (Napoleon) die wilde mamlukische Reiterei bei den Pyramiden verjagt. Ihm folgen gemessenen Schrittes die Wissenschaften und Künste. Auf den beiden seitlichen Rahmen des Portals finden sich die wichtigsten Schlachtfelder dieses Feldzuges in Ägypten und Syrien verzeichnet. Die Mitte des Sockel schmückt das Zeichen des Kaisers, umgeben von einer Schlange, die sich in den Schwanz beißt, das Symbol der Unsterblichkeit. Dies rahmen Gruppen der Besiegten ein, die ihre Waffen niederlegen. Die seitlichen Ränder dieser Zone enthalten jeweils eine ägyptisierende Kartusche mit den ›Hieroglyphen‹ der Biene und des Sternes, die sich Napoleon als Herrscher des Nillandes selbst verliehen hatte.

Das Mittelfeld des Frontispiz füllt eine Zusammenstellung der bedeutendsten Monumente des ägyptischen Altertums. Im Vordergrund erkennt man aufgehäuft und flankiert von der ›Nadel der Kleopatra‹ und der Säule des Pompejus aus Alexandria verschiedene

Kunstwerke, die ursprünglich ihren Weg nach Frankreich nehmen sollten, so unter anderem das Tierkreisrelief von Dendera und der Stein von Rosette. Dainter wandert der Blick des Betrachters entlang des Nils. Rechts erscheinen, von Norden nach Süden gesehen, die Monumente des Westufers, die Pyramiden von Giza, Dendera, das Ramesseum, die Memnonkolosse und Medînet-Hâbu bei Theben, Esna, Erment und Edfu. Links erblickt man die berühmten Stätten des Ostufers mit ihren markanten Bauwerke, Heliopolis, Antinoë, die Tempel von Karnak und Luxor, Kom-Ombo und in der Ferne die Inseln Philae und Elephantine. *DS*

1/84
**Description de l'Egypte (...)**
**Etat moderne, Planches, Bd. 1**
**Aufgeschlagen: Le Kaire, Vue perspective extérieure de la Mosquée de soultân Hasan**
(Tafel 38)
Paris, 1809
Berlin, SMPK, Ägyptisches Museum

1/85 **(Abb. 40)**
**Description de l'Egypte (...)**
**Antiquités, Tafelband II**
**Aufgeschlagen: Louis-Jean Allais (1762–1833) nach Jean-Baptiste Lepère (1761–1844), Rekonstruierte Ansicht der Säle des Totentempels Ramses II. (Ramesseum, Tafel 37)**
Paris, 1812
Farbige Aquatinta
Berlin, SMPK, Ägyptisches Museum

Die Komission unter Leitung des Geographen und Archäologen Edmé-François Jomard, welche die Herausgabe der *Description de l'Egypte* leitete, hatte sich entschlossen, die Bauwerke des Nillandes von Süden nach Norden und nicht wie sonst üblich in umgekehrter Richtung zu behandeln. Dadurch konnten frühzeitig Monumente des Niltales vorgestellt werden, die bisher kaum oder noch gar nicht bekannt waren. So enthielt der erste Band (1809) des Bearbeitungsbereiches ›Antiques‹ Darstellungen der Bauwerke der Insel Philae, von Elephantine, Kom Ombo, Edfu, Esna, Erment u.a., der zweite (1812) Abbildungen der auf dem Westufer gelegenen Tempel und Gräber der Nekropole von Theben, der dritte (1812) die thebanischen Tempel des Ostufers, der vierte (1817) die oberägyptischen Stätten bis zum Fayum – was so berühmte Tempel wie den von Dendera einschloß. Der letzte, erst 1822 erschienene, fünfte Band bildete die bereits im 18. Jahrhundert hinlänglich bekannten Bauten des Nildeltas, unter anderem die Pyramiden von Giza und die Monumente von Alexandria, ab.

*510 (1/79)*

Die vorliegende Seite zeigt die frei rekonstruierte Ansicht des Allerheiligsten des Memnoniums. Mit diesem Namen bezeichnete man den Totentempel Ramses' II., weil die dort gefundenen Kolossalstatuen als Darstellungen des mythischen Königs Memnon interpretiert wurden. Diodor nennt das gleiche Gebäude in einer Verballhornung des Thronnamens Ramses' II. ›Grab des Osymandias‹ (I 47/49). Heute wird dieser bedeutende Totentempel allgemein Ramesseum genannt. Von dem umfangreichen Gebäudekomplex, der den königlichen Palast mit dem Amun geweihten Totentempel des Herrschers verband, haben sich neben dem Pylon des Eingangs und Teilen der beiden Vorhöfe auch bedeutende Reste des großen und zweier kleinerer Säulensäle erhalten. Die von den französischen Gelehrten rekonstruierten und später als feinkolorierte Druckgraphik veröffentlichten Partien des Sanktuars waren nicht mehr sichtbar. So erklärt sich auch die Darstellung eines Hathorpfeilers, der in diesem Tempel durchaus ungewöhnlich wäre. Die Wandmalereien mit ihren Szenen der Götterverehrung sind für diesen Raum sinnvoll und überlegt rekonstruiert, leiten sich aber ebensowenig von einem realen Baubefund her. Dieses freie Nachschöpfung und die sehr genauen Rekonstruktionen der baulichen Erscheinung des Amun-Tempels von Karnak bzw. des Hathortempels von Dendera (1/173) beschreiben die Variationsbreite der französischen Altertumsforscher. *DS*

**1/86**
**Description de l'Egypte (...)**
**Antiquités, Tafelband III**
**Aufgeschlagen: Coquet nach**
**Jean-Baptiste Lepère (1761–1844)**
**Rekonstruktion des Großen Saales im**
**Amun-Tempel von Karnak** (Tafel 42)
Paris, 1812
Berlin, SMPK, Ägyptisches Museum

Mit den Überresten der auf dem rechten Ufer des Nils gelegenen Tempel von Theben befaßt sich der 1812 erschienene dritte Band der *Description de l'Egypte*. Die Stadt Theben bedeckte im Altertum die gewaltige Fläche zwischen den modernen Orten Luxor und Karnak. Dem Tempelbezirk von Luxor sind in diesem Band 15 Tafeln und 46 Tafeln dem noch umfangreicheren Komplex von Karnak mit den Tempeln des Amun, der Mut und des Chons gewidmet. Der Haupttempel von Karnak und einst das bedeutendste Heiligtum Ägyptens ist der ehemalige Reichstempel des Amun. Die Tafel 37 zeigt die Rekonstruktion der heute in Trümmern liegenden großen bzw. hypostylen Halle des Tempels. Der Standpunkt des Betrachters liegt zwischen den östlichen Säulen des mittleren Schiffes der gewaltigen Säulenhalle in der Flucht des Prozessionsweges. Der Blick geht in Richtung Westen und erfaßt den großen Vorhof des Tempels mit dessen Eingangspylon. Im Hof erkennt man noch die insgesamt 10 Säulen eines unvollendeten Baues, den der Pharao Taharka (689–663) zu errichten begonnen hatte.

Der rekonstruierte hypostyle Saal gehört zu den Bauwerken der einstigen ägyptischen Hauptstadt, die deren Ruhm in der Antike begründet hatten. Er wurde unter den ersten Herrschern der 19. Dynastie begonnen (um 1310 v. Chr.) und erst in der folgenden Dynastie (12. Jahrhundert v. Chr.) fertiggestellt. Mit einer Breite von 103 m und einer Tiefe von 52 m umfaßt er 136 Säulen. Insgesamt bedeckt allein dieser Baukörper 5356 qm, also mehr als ein Drittel der Fläche der größten christlichen Kirche, des Petersdomes in Rom. Die jeweils sieben basilikal errichteten Seitenschiffe sind auf diesem Blatt nicht sichtbar, wohl aber die Wirkung ihrer Beleuchtung. Dargestellt werden nur die beiden Säulenreihen des Mittelschiffes, von denen jede einzelne Säule eine Höhe von 24 m besitzt. Sie stehen auch heute noch unbeschadet aufrecht, tragen allerdings nicht mehr das hier rekonstruierte steinerne Dach des Tempels. Jede der 12 Säulen des Mittelschiffes besitzt ein Kapitell in Form einer geöffneten Papyrusdolde und hat einen Durchmesser von 3 m, was demjenigen der Trajanssäule in Rom und der Vendôme-Säule in Paris entspricht. Die Reliefs der Säulenflachen stammen größtenteils noch aus der Zeit Sethos I. und sind mit Reliefs versehen, die religiöse Handlungen darstellen. Der Architekt Jean-Baptiste Lepère, von dem diese Rekonstruktion stammt, war später zusammen mit Goudoin der Erbauer der Vendôme-Säule in Paris und sollte auch im Auftrag des Kaisers auf dem Pont-Neuf einen Obelisken errichten, der alle ägyptischen Monumente dieser Art überragen sollte. *DS*

**1/87 (Abb. 39)**
**Description de l'Egypte (...)**
**Antiquités, Tafelband IV**
**Aufgeschlagen: Prosper Jollois**
**und Edouard Devilliers du Terrage,**
**Rekonstruktion des Portikus des Tempels**
**von Dendera** (Tafel 30)
Paris, 1812
Kupferstich und Radierung
Berlin, SMPK, Ägyptisches Museum

Der Hathortempel von Dendera wurde von allen Tempeln Ägyptens im 18. und frühen 19. Jahrhundert am meisten geschätzt. Der heute sichtbare, sehr gut erhaltene Bau stammt allerdings nicht, wie damals angenommen, aus altägyptischer Zeit, sondern wurde auf den Grundmauern eines viel älteren Heiligtums im letzten vorchristlichen Jahrhundert unter den Ptolemäerpharaonen begonnen und unter Augustus und Tiberius vollendet. Der Aufbau des Tempels ist durchaus unägyptisch, so fehlen ihm die typischen Pylonen und Vorhöfe. Nach dem Durchschreiten der Tempelumfriedung stand und steht der Besucher unmittelbar vor der Front der großen Vorhalle (1/173).

Die Rekonstruktion des Inneren der Portikus durch die Ingenieure Prosper Jollois und Edouard Devilliers du Terrage versetzt diese durch die Darstellung einer Hathorprozession wieder in die altägyptische Geschichte und verdichtet dadurch die Stimmung des durch 18 Hathor- oder Sistrumpfeiler geschmückten eindrucksvollen Raumteiles. An der Innenwand (rechts) zu den weiteren Räumen des Tempels erkennt man die in vier Reihen übereinander gestellten Reliefs, welche die Kaiser Augustus, Tiberius, Caligula, Claudius und Nero als Pharaonen in Verehrung vor Hathor, der Herrin des Tempels, zeigen. Die Decke dieses Raumes schmücken astronomische Bilder mit der Himmelsgöttin Nut, den Tierkreiszeichen und Personifikationen der Sterne. Im Tempelinneren befand sich die berühmte steinerne Himmelsdarstellung, die nach Plänen der Ägyptenexpedition bereits um 1800 nach Paris gebracht werden sollte, aber erst im frühen 19. Jahrhundert abmontiert wurde. Sie befindet sich heute im Louvre.

Die Begeisterung, die dieser spätägyptische Tempel in den Betrachtern des Klassizismus um 1800 auslöste belegt die Beschreibung Denderas durch Vivant Denon. »*Hinter diesem Eingang sah ich den Tempel. Ich wag' es nicht, die allgewaltigen Gefühle, die Schauer der Vorwelt, die mich beim Eintritt in dieses verödete Heiligtum überfielen, zu schildern. Zu sehr von Erstaunen hingerissen, vermochte ich kein Urteil über diese ehrwürdigen*

*Trümmer zu fällen. Alles, was ich bis jetzt von der Baukunst gesehen, bewundert hatte, blieb weit hinter diesem neuen Gegenstand meines Staunens zurück. Diese ehrwürdigen Trümmer trugen der Urwelt erhabenes Siegel. Heiliges hehres Stillschweigen umfing die erhabenen Trümmer, füllte mit wehmütiger Rührung mein Herz und versetzte mich in eine schwärmerische Ekstase«* (Denon 1802). Wie kein anderer Tempel Ägyptens entsprach Dendera nicht nur für Vivant Denon, sondern, vor ihm, auch schon für Richard Pococke und andere Ägyptenreisende des 18. Jahrhunderts dem damals herrschenden Bild von der ägyptischen Architektur. *DS*

Lit.: Egypt (1983); Clayton (1983), S. 97–101.

**1/88 (Abb. 41, 511)**
**Description de l'Egypte (...)**
**Antiquités, Tafelband V**
**Aufgeschlagen: Französische Gelehrte vermessen ein Skulpturenfragment bei Memphis** (Tafel 3)
Paris, 1812
Kupferstich
Berlin, SMPK, Ägyptisches Museum

Die Tafel gehört zum fünften Band der Abteilung ›Antiquités‹ der *Description de l'Egypte* und erschien im Jahre 1822. Sie zeigt die Ansicht des Ortes, an dem einst Memphis lag, als Residenzstadt der Pharaonen seit der Reichsgründung im 3. Jahrtausend v. Chr. und als Weltstadt des vorhellenistischen Altertums berühmt. Der Blick geht über eine fruchtbare Niederungslandschaft mit kleinen Palmenhainen, die die wenigen erhaltenen Überreste der glorreichen Vergangenheit bedeckte. Im Hintergrund erkennt man die Nekropole von Giza mit ihren Pyramiden. Im Vordergrund erscheinen eine kleine Gruppe von Europäern, ein Offizier und zwei Zivilisten, die eine Faust, das Fragment einer ägyptischen Monumentalstatue, vermessen, die bereits zum Abtransport fertiggemacht worden ist. Weitere französische Soldaten und Araber warten etwas abseits geduldig auf das Ende dieser wissenschaftlichen Aktion.

Nur sehr selten finden sich in der *Description* Darstellungen der zeitgenössischen Erforschung der Altertümer des Niltales. Dieses Blatt von Dutertre schildert damit auch den Alltag der Wissenschaftler während der Ägyptenexpedition. Nur wenigen, darunter Dominique Vivant Denon, war es gelungen zusammen mit dem General Bonaparte 1799 heimlich abzureisen. Die meisten französischen Gelehrten und Künstler konnten erst 1801 ihr zum Gefängnis gewordenes Arbeitsfeld am Nil verlassen. Bei den Friedensverhandlungen zwischen den Resten der französischen Armee und den englischen Landungstruppen ging es auch um die Forschungsergebnisse des Institut d'Egypte. Nach langen Verhandlungen wurde gestattet, daß die Gelehrten und Künstler ihre Aufzeichnungen und Skizzen mitnehmen durften, auf denen die spätere Drucklegung der *Description* beruhte. Die von den Engländern diktierten Bedingungen des Abzuges sahen jedoch vor, daß die wissenschaftliche Komission alle von ihr zusammengetragenen Altertümer dem Sieger zu übergeben hätten. Das von Dutertre dargestellte Skulpturenfragment befindet sich deshalb heute im Britischen Museum in London (Inv.Nr.EA 9). *DS*

*511 (1/88)*

*511 Gang zur Grab-Kammer der Cheops-Pyramide, aus: Description de l'Egypte, Tafelband V, pl. 13*

**1/89 (Abb. 512)**
**Dominique Vivant Denon (1747–1825)**
**Die Vermessung der Pompejussäule in Alexandria**
Alexandria, Juli 1798
Wasserfarben, 26,2 x 20,6 cm
London, The Trustees of the Victoria & Albert Museum (Searight Collection)

Das Aquarell schildert die Höhenvermessung der sogenannten Pompejussäule in Alexandria durch die Wissenschaftler der französischen Ägyptenexpedition. Mittels eines Drachens, der

*512 (1/89)*

von zwei Seilen gehalten wurde, von denen eines als Maßband diente, versuchten die Altertumsforscher General Bonapartes die Höhe festzustellen. An dem Unternehmen waren auch französische Soldaten unter Führung eines Offiziers beteiligt, während die einheimische Bevölkerung dem Schauspiel beiwohnte.

Das vorliegende Blatt, eine der ersten Architekturaufnahmen, die Dominique Vivant Denon in Ägypten geschaffen hatte, stammt aus dem Juli des Jahres 1798, dem Monat der Eroberung (3. Juli) der ägyptischen Hafenstadt durch französische Revolutionstruppen. Während die Armee des Generals Bonaparte mit ihren mehr als 34.000 Soldaten zügig Ägypten eroberte, waren Denon und weitere 167 Forscher der verschiedensten wissenschaftlichen Disziplinen, die den Kriegszug begleiteten, bereits damit beschäftigt, das eroberte Gebiet zu erforschen. Die Zeichnungen und Aquarelle Denons, oft nur in großer Eile entstanden, dienten dem erfahrenen Künstler als Bildvorlage für seine 1802 in Paris erschienenen *Voyage dans la basse et la haute Égypte, pendant les campagnes du général Bonaparte* oder wurden in den Bänden der ab 1809 erscheinenden *Description (...)* verwendet. Mit diesem überaus erfolgreichen Bildbericht gelang es, den militärischen Fehlschlag der Ägyptenexpedition Bonapartes in einen propagandistischen Sieg des Generals umzuwandeln und eine neue, sehr lebhafte Ägyptenmode in Europa zu entfachen.

Die ebenso eindrucksvolle wie berühmte Säule mit ihrem korinthischen Kapitell, die Denon auf diesem Blatt wiedergibt, war das einzige noch sichtbare Zeugnis der ehemaligen Pracht des antiken Alexandria. Sie galt seit der Renaissance den europäischen Ägyptenbesuchern als Grabmal des römischen Feldherren Pompejus, der in Alexandria auf seiner Flucht vor Caesar durch den ägyptischen Herrscher Ptolemaios ermordet wurde. Zur Zeit ihrer Errichtung war die heute allein stehende Säule Teil eines gewaltigen Tempel des ptolemaischen Staatsgottes Serapis. Bereits Denon bezweifelte die Wahrheit der Überlieferung und damit ihre Beziehung zu römischen Geschichte. Er datierte die Säule allerdings zu spät, in die byzantinische oder islamische Zeit Alexandrias. *DS*

Lit.: Ausst.Kat. Hildesheim (1982), S. 20; Clayton (1983), S. 59, Tafel IV.

**1/90 (Abb. 513)**
**André Dutertre (1758–1842)**
**Ansicht der Memnonkolosse des Totentempels Amenophis' III. in Theben**
Theben, 1798-1802
Handzeichnung, 39,5 x 54,2 cm
Paris, Bibliothèque Nationale, Cabinet des Estampe (Ub 181c, Tafel 20)

Das vorgestellte Blatt aus dem umfangreichen zeichnerischen Werk, das André Dutertre in Ägypten geschaffen hat, ist nicht nur wissenschaftlich interessant, es besitzt auch einen hohen malerischen Reiz. Die Zeichnung gibt die Ansicht der sogenannten Memnonkolosse von Süden aus wieder. Die kolossalen Standbilder erheben sich zwischen dem Ramesseum und Medînet-Habû als weit sichtbare Denkmäler der Totenstadt und wurden zum Wahrzeichen des thebanischen Westufers. Beide Statuen stellten den Pharao Amenophis III. (1402–1364 v. Chr.) auf würfelförmigen Sitzen dar und flankierten ursprünglich den Eingang seines Totentempels. In römischer Zeit hielt man sie für Monumente des aus der griechischen Sage bekannten Königs Memnon, der während des trojanischen Krieges von Achilles getötet wurde. Der nördliche Koloß war als tönende Memnonsäule berühmt und das Ziel vieler Ägyptentouristen der Antike. Das singende Geräusch des zerbrochenen Steines beim Aufgang der Sonne wurde zum Gegenstand der Sage. Seit Kaiser Septimius Severus den oberen Teil der Statue restaurieren ließ, verschwand dieses Klingen.

André Dutertre (1758–1842) gehörte ebenso wie Vivant Denon und Henri-Joseph Redouté zu den ausgewählten Künstlern, die am französischen Ägyptenfeldzug (1798–1801) teilnahmen, um möglichst genaue Zeichnungen für wissenschaftliche Zwecke anzufertigen. Diese drei Künstler wurden während ihres Aufenthaltes am Nil zu Mitgliedern des von Bonaparte begründeten Institut d'Egypte (section de litérature et des arts). Der General kannte den Zeichner und Radierer Dutertre schon von seinem erfolgreichen Italienfeldzug des Jahres 1797, den dieser mit einem vergleichbaren Auftrag mitgemacht hatte. Die hier vorgestellte Zeichnung der berühmten Memnonkolosse wurde mit vielen anderen Darstellungen ägyptischer Ansichten dieses französischen Künstlers in der *Description* (Bd.2) veröffentlicht. *DS*

513 (1/90)

514 (1/91)

**1/91 (Abb. 514)**
**Edmé-François Jomard (1777–1862)**
**Ansicht eines Felsens in den Granitsteinbrüchen von Syene bei Assuan**
1798–1809
Handzeichnung, 25 cm x 47 cm
Paris, Bibliothèque Nationale, Cabinet des Estampes (Ub 181b, Tafel 32)

Die vorliegende Ansicht des Archäologen und Ingenieurs Edmé-François Jomard diente als Vorzeichnung für einen Kupferstich des Antoine Maxime Monsaldy im ersten Tafelband der *Description de l'Egypte* (Abt. Antiquités, Tf. 32, Abb. 3). Die Tafel ist beschriftet »*Ile d'Éléphantine et Syene*«, die Abbildung wird bezeichnet als »*Vue d'un Rocher de granit portant les Traces de l'exploition*«. Die Zeichnung zeigt also einen Granitfelsen der berühmten Steinbrüche von Assuan, des griechischen Syene der Antike, die auf dem rechten Nilufer, der Insel Elephantine gegenüber, liegen und sich über mehrere Kilometer nördlich und südlich der Stadt hinziehen. Jomard selbst beschreibt diese Granitsteinbrüche im Textband der Description (Bd. 1, Kap. 2, S. 9ff) als den Ort, aus dem die Ägypter ihre Kolosse, ihre Obelisken und ihre Monolithen gebrochen hätten. Als »*gewaltige Spuren noch ungeheurer Arbeiten, die Menschen hier einst ausgeführt haben*« blieben die durch die Härte des Granits noch frisch erscheinenden Bearbeitungsspuren der Werkzeuge und Keile in den Steinbrüchen erhalten. Verstärkt wurde die Illusion, die Arbeiter hätten gerade ihre Arbeitsstätten verlassen, durch riesige Monumente, die noch unfertig in den Brüchen lagen.

Als besonders sehenswert schildert Jomard den großen Felsen, den er auf dieser Zeichnung festhielt. »*Aber was ich als besonders erstaunlich unter den Überresten der altägyptischen Arbeiten gefunden habe, ist ein großer bearbeiteter Felsen, der einer Mauer gleicht und dreihundert Meter südöstlich der neuen Stadt* (Syene) *nach Norden hin gelegen ist. Der Granit besitzt einen gemischten roten Ton. Er weist eine große Menge von Spuren der Instrumente auf, die dazu dienten, einen Block herauszulösen und dieser Block muß als sehr beachtlich beurteilt werden, denn der Felsen (allein der über der Erde gelegene Teil) mißt mehr als fünf Meter Höhe und elf Meter an der Basis. Diese Oberfläche von mehr als 500 Fuß im Quadrat ist vollständig bedeckt mit schrägen Meißelspuren, die alle parallel mit einer Länge von ungefähr acht Zoll verlaufen und deren Endpunkte horizontal ausgerichtet sind. Ich habe 347 Spuren in einer einzigen horizontalen Linie und dreißig horizontale Linien in der Höhe des Felsens gezählt (...). Der Block ist in drei leicht konkave Teile geteilt. Die beiden äußersten, die die schmalsten sind, sind auch gerundeter, der mittlere ist fast flach und nur dort, wo er an die beiden anderen stößt, etwas gekehlt. Ich habe diesen Felsen nicht lange untersucht ohne zu erkennen, daß es sich um die Überreste der Gewinnung eines Kolosses handelt, den man in seinen Dimensionen mit den größten ägyptischen Statuen vergleichen kann. Die mittlere Partie erscheint mir der Rücken des Kolosses*

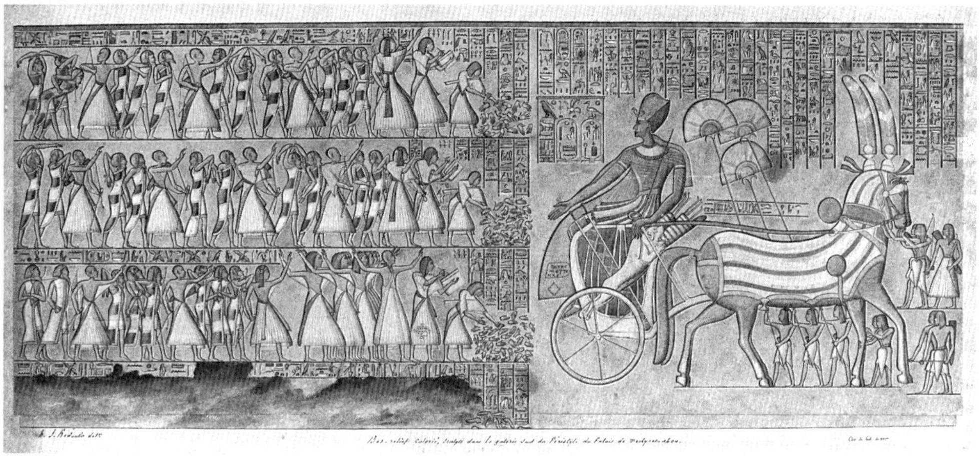

515 (1/92)

*gewesen zu sein, die beiden andren die Arme.«* Jomard vermutet, es könne sich dabei um einen der *Memnon-Kolosse*, also eine der beiden Statuen, die ehemals vor dem Totentempel des Pharaos Amenophis III. in der thebanischen Nekropole standen, gehandelt haben. Der in der *Description de l'Egypte* übernommene Kupferstich dieses Blockes gibt Jomards Zeichnung seitenrichtig wieder, zeigt aber nur drei der sechs Araber, die Jomard zeichnete. *DS*

**1/92 (Abb. 515)**
**Henri-Joseph Redouté (1766–1852)**
**Aufnahme eines Reliefs des Tempels von Medînet Hâbu in Theben**
Theben, 1798–1801
Handzeichnung, 25,3 x 57,8 cm
Paris, Bibliothèque Nationale, Cabinet des Estampes (Ub 181c, Tafel 12)

Das Blatt zeigt eine recht genaue Wiedergabe eines der Reliefs vom unteren Register der südwestlichen Wand des zweiten Hofs des Totentempels Pharao Ramses III. in Medînet Habû bei Theben. Große Teile der äußeren Wände und derjenigen des ersten Hofes des festungsartig angelegten Tempels Ramses' III. sind mit Szenen aus Feldzügen bedeckt. Sie schildern die Kriege dieses Pharaos, mit denen er die Existenz des ägyptischen Staates sicherte, insbesondere den Feldzug gegen die Libyer im 11. Jahr seiner Regierung (etwa 1173 v. Chr.). An den Wänden des zweiten Hofes von Medînet Habû finden sich hauptsächlich Reliefzyklen, die kultische Feste darstellen, dort wurden aber auch einige wichtige Bilder mit Kriegsszenen angebracht. Der französische Zeichner nahm eine dieser Szenen auf. Sie zeigt den Triumph des Herrschers. Ramses III. nimmt, auf seinem Streitwagen sitzend, die traditionelle Huldigung ägyptischer Sieger entgegen. Libysche Gefangene werden ihm von seinen jubelnden Kriegern vorgeführt, während die Schreiber die abgeschlagenen Hände und Phalloi addieren, die als Trophäe vor dem Pharao aufgehäuft worden sind. Die Zeichnung, die Henri-Joseph Redouté während des französischen Ägyptenfeldzuges akribisch genau aufnahm, folgte nicht einer künstlerischen, sondern einer rein archäologischen Intention. Redouté, der aus einer nordfranzösischen Künstlerfamilie stammte, gehörte zu den Zeichnern, die 1798 im Gefolge General Bonapartes nach Ägypten kamen. Er hatte sich bereits zuvor als Maler des Musée d'histoire naturelle in Paris als genauer Beobachter bewährt und erhielt den Auftrag, die Monumente des eroberten Landes für die Studien der Altertumsforscher festzuhalten. Die Zeichnungen wurden ein Jahrzehnt nach dem französischen Feldzug zum Ruhme des neuen Kaisers für die *Description de l'Egypte* (Bd. 2) in den Kupferstich umgesetzt. *DS*

**1/93 (Abb. 516)**
**Platte »Statues dites de Memnon« aus einem ägyptischen Service**
Spiegelbemalung: J.-F. J. Swebach Desfontaines (1769–1823), Fahnenbemalung: A.-T. Brongniart (1739–1813)
Sèvres, Manufacture Impériale, 1810–1812
Porzellan, Dm 24 cm
London, Victoria & Albert Museum, Department of Ceramics (C124/35–1979)

**1/94 (vgl. 1/100)**
**Figur mit Schale aus dem ›Service Egyptien‹**
Sèvres, Manufacture Impériale, 1810–1812
Porzellan, H 54 cm, Dm 26,9 cm (Schale)
Modell von Alexandre Brachard
London, Wellington Museum (C. 129–1979)

**1/95**
**Weinkühler aus dem ›Service Egyptien‹**
Sèvres, Manufacture Impériale, 1810–1812
Porzellan, H 26 cm, B 23,1 cm, Dm 19,4 cm
Bemalung und Vergoldung von Michaud
London, Wellington Museum (C 128–1979)

**1/96**
**Teller mit Darstellung des Tempeltores von Luxor aus dem ›Service Egyptien‹**
Sèvres, Manufacture Impériale, 1810–1812
Porzellan, Dm 24 cm
Bemalung nach einer Vorlage von Vivant Denon
London, Wellington Museum (C. 124/13–1979)

**1/97**
**Konfitürengefäße aus dem ›Service Egyptien‹**
Sèvres, Manufacture Impériale, 1810–1812
Porzellan, H 11,1 cm, B 21,1 cm, Dm 8,2 cm (je Gefäß)
Vergoldung von Micaud
London, Wellington Museum (C. 131–1979)

**1/98**
**Teller mit Darstellung eines Sphinx vor Pyramiden aus dem ›Service Egyptien‹**
Sèvres, Manufacture Impériale, 1810–1812
Porzellan, Dm 24 cm
Bemalung nach einer Vorlage v. Vivant Denon
London, Wellington Museum (C. 124/16–1979)

**1/99**
**Teller mit Darstellung einer Haremsszene aus dem ›Service Egyptien‹**
Sèvres, Manufacture Impériale, 1810–1812
Porzellan, Dm 24 cm
Bemalung nach einer Vorlage v. Vivant Denon
London, Wellington Museum (C. 124/37–1979)

**1/100 (Abb. 43)**
**Teller mit Motiven aus dem ägyptischen Feldzug Napoleons aus dem ›Service Egyptien‹**
Sèvres, Manufacture Impériale, 1811/12
Porzellan, Malerei, Dm 24 cm
Sign. des Malers Swebach-Desfontaines auf der Rückseite
Sèvres, Musée national de Céramique (MNC 1800)

Der Teller stammt aus der zweiten Auflage des berühmten ›Service Egyptien‹, das Napoleon seiner geschiedenen Frau Josephine schenken wollte und das sich heute zum größten Teil im Victoria & Albert Museum in London befindet. Die Fahne des Tellers weist das traditionsreiche *marli beau bleu* (königsblau) auf. Auf ihm befindet sich ein goldener Fries von Hieroglyphen. Auf eine Sphinx mit dem bekrönten Kopf des Falkengottes Horus, die auf einem geböschten Sockel sitzt, folgen je zwei nackte Figuren. Der erste trägt eine mit Federn geschmückte Bündelkrone, der zweite die für den Gott Amun typische Doppelfeder. In ihren Händen halten sie Stäbe, von denen einer als Papyrusstaude gebildet ist. Das Hieroglyphenband ist durch

*516 (1/93)*

einen breiten goldenen Ring vom Spiegel des Tellers abgehoben. Dieser zeigt in Grisaillemalerei eine Schlachtenszene, die durch eine Inschrift auf der Rückseite des Tellers näher bestimmt ist als »*Combat et mort dù chef de Brigade Duplessis*«.

Bei dem zweiten ägyptischen Service von 1812 handelt es sich um eine treue Replik des um 1808 entstandenen ersten ›Service Egyptien‹, das Napoleon ursprünglich für seinen persönlichen Gebrauch in Auftrag gegeben hatte, dann aber während des Erfurter Kongresses Zar Alexander I. zum Geschenk machte. 1810 erhielt Josephine anläßlich ihrer Scheidung von Napoleon ein Geschenk in Sèvres-Porzellan und entscheidet sich für das ägyptische Service. Entgegen der Tradition wird es zum zweiten Mal aufgelegt. Jacques-François-Joseph Swebach-Desfontaines ist wiederum verantwortlich für die Ansichten in den Spiegeln der 72 Teller, von denen heute noch 67 erhalten sind. Swebach kopiert in erstaunlicher Exaktheit Szenen aus Denons *Voyage dans la Basse et Haute Egypt (...)*. Auf der Rückseite der Teller erscheinen die Titel und häufig, wie auch in diesem Fall, die Signatur Swebachs, ebenso Marken ›de Sèvres 1811‹ und ›VD‹ in rot auf den meisten Stücken, sowie eingeritzte Nummern und Vergolderzeichen. Als das fertige Service 1812 Josephine nach Malmaison gebracht wird, lehnt sie es ab. Es lagert im Depot der Manufaktur, bis Ludwig XVIII. es 1818 dem Herzog von Wellington schenkt. Wieder einmal diente französisches Porzellan auf diese Weise in alter Tradition diplomatischen Zwekken. So schreibt der König in einem beiliegenden Brief an den Herzog »*Do little gifts – Keep friendship alive*«. *SBA*

Lit.: TRUMAN (1982); WILSON (1975); KAT. SÈVRES (1951); PORCELAINES (1975); L'INSTITUT (1986).

**1/101 (Abb. 517)**
**Biskuit-Tafelaufsatz (Surtout)**
**Modell für das Tempeltor von Karnak zum ›Service Egyptien‹**
Sèvres, Manufacture Impériale,
zwischen 1804 und 1812
Biskuit-Porzellan, H 48 cm
Sèvres, Musée national de Céramique
(MNC 2942/Depôt)

Bei diesem ägyptischen Tempeltor aus Biskuit-Porzellan handelt es sich um ein Modell. Das hiernach ausgeführte Original war Bestandteil des 13-teiligen Tischaufsatzes, der zu dem berühmten ›Service Egyptien‹ gehört. Der unter anderem seiner außergewöhnlichen Dimensionen (6,7 m) und des reinen Architekturcharakters wegen bemerkenswerte Surtout besteht aus drei Tempeln, im Zentrum der Anlage (Trajanskiosk, Tempel von Edfu und Dendera), Obelisken, Kolonnaden, Pylonen, Sitzstatuen und Blöcken mit Opferstieren.

Bei dem in der Ausstellung gezeigten Modell handelt es sich um die das eigentliche Tor rahmenden turmartigen Gebäude. Vorbild waren die Pylone des Tempels für den Reichsgott Amon VII. in Karnak. Von dort wurde mit einigen Abweichungen die Darstellung des Thutmosis III. übernommen, der die ›Asiaten‹ bezwingt. Sie befindet sich jeweils rechts und links im unteren Bereich der Türme. Neben dem König steht eine nackte Göttin mit der Geierhaube und den Kronen von Ober- und Unterägypten, in der Hand das Schriftzeichen ›Leben‹. Darüber sitzen in zwei Reihen Götter, denen geopfert wird. Der Architekt Le Peyre (häufig auch Lèpere) war mit den Entwürfen für den Surtout betraut worden. Er stützte sich dabei auf das 1802 erschienene, überaus erfolgreiche Stichwerk Vivant Denons *Voyage dans la Basse et Haute Egypte pendant les campagnes de Général Bonaparte*. So basiert die Gesamtanlage auf dem Stich *Vue des temples de L'isle de Philae* aus Denons *Voyage (...)* (Taf. 172). Interessant scheint in diesem Zusammenhang auch, daß für den Tischaufsatz nur Architekturelemente aus spätägyptischer Zeit gewählt wurden, offensichtlich entsprachen sie mit ihren eleganten, verfeinerten Formen dem französischen Zeitgeschmack. Das ›Service Egyptien‹, insbesondere der Surtout, zeigt zum einen die superbe technische Qualität der Porzellanmanufaktur unter ihrem Direktor Brongniart, der ein neues Hartporzellan entwickelt hatte, zum anderen den künstlerischen Einfluß Napoleons zwischen 1800 und 1815. Deutlich spiegelt es die »*politique artistique*« des Herrschers: Kunst sollte die Ereignisse von nationalem Interesse festhalten und damit den Ruhm Frankreichs vergrößern. *SBA*

Lit.: TRUMAN (1982), WILSON (1975), GRANDJEAN (1955), AUSST.KAT. SÈVRES (1951).

**1/102 (Abb. 30)**
**Ägyptisierende Teekanne mit Sphingenkopf**
Steitz-Steingut und Vasenfabrik
Kassel, 1776–1800
In der Masse rot gefärbtes Steingut, teilweise glasiert, 14,6 x 13 cm
Kassel, Staatliche Kunstsammlungen,
Hessisches Landesmuseum (1918/529)

Die ungewöhnliche Teekanne besteht aus einem kugeligen, glasierten Leib aus rotem Ton (rosso antico), der auf einem hochgezogenen, runden Fußwulst ruht, der mit Akanthusblättern in Spitzbogenform versehen wurde. Als Ausguß des unverzierten Kannenkörpers dienen zwei lange Arme, die die Tülle, eine Muschel, halten. Ihr Ansatz an den Gefäßkörper ist fledermausflügelartig verziert. Der Henkel wurde in Gestalt von zwei ineinander verschlungenen Schlangen angesetzt. Der unglasierte Deckel, als ›Sphinxkopf‹ mit dem typischen ägyptischen Königskopftuch gearbeitet, sitzt in dem hochgezogenen, kannelierten Halsrand des Gefäßkörpers. Wesentliche Elemente dieser Teekanne sind mit der ebenfalls in der Steitzschen Vasenfabrik gearbeiteten Kaffeekanne aus schwarzem Ton (black basalt) identisch, so der unglasierte Deckel, der Henkel, der Ausguß und der Fußring. Die Teekanne wurde, wie die Kaffeekanne, in mehreren Größen (H 14,6 cm, 15,2 cm und 16,6 cm) hergestellt. Eine Zuckerdose mit Hieroglyphenband und Eulenkopfdeckel (H 12,6 cm) ergänzte das Ensemble. Ägyptisierende Teekannen in ›rosso antico‹-Steingut mit Hieroglyphenbändern und Krokodilbekrönung in ›black basalt‹ wurden im ausgehenden 18. Jahrhundert auch von der marktbeherrschenden englischen Steingutfirma des Josiah Wedgwood produziert. Diese konnten als ›tea set‹ zusammen mit einer Zukkerdose, einem Sahnekännchen und den dazugehörigen Tassen mit Untertassen, jeweils mit Hieroglyphendekor verziert, erworben werden. *DS*

Lit.: ALLEN (1962); SCHMIDBERGER (1981).

**1/103 (Abb. 30)**
**Ägyptisierende Kaffeekanne in Form einer Kanope**
Steitz-Steingut und Vasenfabrik
Kassel, 1776–1800
In der Masse schwarz gefärbtes Steingut, teilweise glasiert, H 21,7 cm
Kassel, Staatliche Kunstsammlungen,
Hessisches Landesmuseum (1918/528)

517 (1/101)

Die eiförmige Kaffeekanne aus schwarzer Steingutmasse (black basalt), die mit ihrem anthropomorphen Deckel eine ägyptische Kanope imitiert, erhebt sich über einem runden Fußwulst, der durch Spitzbögen in Akanthusform verziert wurde. Den glatten Gefäßkörper ziert ein Ausguß in Gestalt einer Muschel, die von zwei Händen gehalten wird. Der Henkel wurde als zwei ineinander verschlungene Schlangen angesetzt. Der Deckel, der im Kontrast zum Rest des Kannenkörpers unglasiert blieb, ist als ›Sphinxkopf‹ mit ägyptischem Königskopftuch gearbeitet, das ein Band mit einer stilisierten Lotusblüte auf dem Scheitel umzieht.

Die Kaffeekanne stammt aus der Produktion der Steitz'schen Vasenfabrik. Dem hessischen Hofkonditor Simon Heinrich Steitz war es bereits Anfang der 70er Jahre des 18. Jahrhunderts gelungen, in der Masse gefärbtes Steingut zu erfinden, das den Erzeugnissen der damals bereits sehr begehrten Waren der englischen Firma des Josiah Wedgwood sehr nahe kam. 1776 begründete er eine eigene Vasenfabrik, die durch ihre originellen Erfindungen und ihre solide Qualität auch außerhalb Hessens konkurrenzfähig war. Diese Manufaktur, die 1788 in den Besitz des Landgrafen kam, produzierte bis 1800 vor allem ›antike‹ Vasen, aber auch Figuren und Geschirre.

Die vorliegende Kaffeekanne wurde in verschiedenen Farben und Größen (H 16 cm, 21,7 cm und 28,2 cm) hergestellt. Ihre ägyptisierende Form geht auf eine Idee des englischen Marktführers Wedgwood zurück, der selbst bereits in seinem ersten Katalog von 1773 Sphingen, Lotospflanzen, Hieroglyphen, ägyptische Gottheiten und Kanopen in verschiedenen Formen aus Steingut anbot. Diese dienten zumeist als Kaminaufsätze, Kerzenhalter oder reine Sammlungsstücke für die antikenbegeisterten Bildungsbürger und den Adel, hatten aber kaum eine nützliche Funktion wie die gezeigte Kanne. Durch das in der Masse gefärbte Steingut war es möglich, die aus dunklen Hartgesteinen hergestellten ägyptischen Vorbilder optimal nachzuahmen. *DS*

Lit.: Schmidberger (1981), S. 48–52.

518 (1/104)

519 (1/105)

## Wedgwood und Ägypten

Bereits der erste Verkaufskatalog, den die Firma ›Wegwood and Bentley‹ 1773 herausgab, enthielt neben Kameen mit ägyptischen Motiven auch ägyptisierende Löwen und eine Reihe von Sphinxtypen aus schwarzem Steinzeug (black basalt). Bei einer öffentlichen Auktion seiner Produkte im Jahre 1781 bot Josiah Wedgwood dann neben Sphingen und Löwen als Kamindekorationen auch Sphinxkandelaber, Leuchter in Form ägyptischer Kanopen und Ziergefäße, die ebenfalls die Kanopenform aufgriffen, an. Der gedruckte Katalog dieser Auktion ist von besonderem Interesse, weil immer Gruppen verschiedener Produkte der Firma zu Versteigerung zusammengestellt wurden. Dadurch läßt sich der Zusammenhang, in der die ägyptischen Keramiken aufgestellt werden sollten, rekonstruieren. Die Produktion ägyptischen Steinzeugs begleitet die Entwicklung der Firma Wedgwood also von ihrem Anbeginn an.

Die Entwicklung derartiger Produkte läßt sich in drei Hauptphasen unterteilen. Die erste Phase umfaßt die oben aufgeführten Objektformen. Sie wurden in ›black basalt‹, einem schwarzen Steinzeug, das der ursprünglichen Erscheinung ägyptischer Hartgesteinskulpturen nahe kam, oder in ›blue and white jasper‹ geschaffen. Unter Josiah Wedgwood II., der das Geschäft seines Vaters nach 1795 weiterführte, wurde die Produktion ägyptisierender Keramiken noch ausgeweitet und diente insbesondere zwischen 1805 und 1815 zur Befriedigung der hohen Nachfrage in der Zeit der Ägyptenmode der napoleonischen Epoche. Es entstanden Objekte, die heute als ›hieroglyphic group‹ bezeichnet werden und sich durch die besondere Hervorhebung pseudoägyptischer Hieroglyphen auszeichneten, die in Reliefs aus ›black basal‹ auf rotem Steinzeug (rosso antico) aufgelegt wurden.

Die dritte Phase, die im Verlauf des 19. Jahrhunderts begann, brachte keine eigenschöpferischen Entwürfe mehr hervor, sondern beschränkte sich auf Variationen und Imitationen der zuvor entwickelten Typen.

Die hier gezeigte Kanope mit ihrem auffälligen Hieroglyphenschmuck (1/107) gehört zur dritten Phase. Sie geht auf einen Kanopentyp zurück, der unter Josiah Wedgwood II. aus Formen des 18. Jahrhunderts weiterentwickelt wurde. Das ›wissenschaftliche‹ Vorbild zu dieser Ausformung findet sich in Montfaucons *L'Antiquisté Expliqué* (1719, B I d.2.2, Tfl. 132). Dieses Stichwerk bildet die Hauptquelle der ägyptischen Keramiken der Firma Wedgwood bereits um 1770. Der Entwurf zu dem hier gezeigten Tintenzeug (1/106) stammt wahrscheinlich aus den letzten Jahren des 18. Jahrhunderts.

Der Dreifuß mit der Schale verbindet ägyptische, etruskische und pseudogriechische Formen und interpretiert so die frühklassizistische Theorie von der Beeinflussung der Kulturen des klassischen Altertums durch die Hochkultur des Nillandes.

Neben den hier gezeigten Keramikformen entwickelte die Firma Wedgwood auch ein Teeservice mit ägyptisierendem Dekor, das als Vor-

520 (1/106)

bild von der Steitz'schen Steingut- und Vasenfirma in Kassel aufgegriffen wurde (vgl. 1/102; 1/103). Wedgwoods ägyptisierende Keramik war für die Verbreitung ägyptischer Formen im Kunstgewerbe des Frühklassiszismus von erheblicher Bedeutung. *DS*

Lit.: Chellis (1949), S. 260–263; Allen (1962), S. 65–88; Mankowitz (1980); Manchester (1983), S. 21f., 38, 43, 107f.

**1/104 (Abb. 518)**
**Dreifuß mit Schale**
Wedgwood, 1805–1810
Rotes Steinzeug (rosso antico), Dekorationsteile aus schwarzem Steinzeug (black-basalt); H 45,2 cm, Dm 28 cm
Barlaston, The Trustees of the Wedgwood Museum (1153)

**1/105 (Abb. 519)**
**Vase mit Henkeln in Form von Entenköpfen auf sitzenden Sphingen**
Wedgwood, um 1805–1810
Schwarzes Steinzeug (black-basalt), 44,5 x 19 cm
Barlaston, The Trustees of the Wedgwood Museum (1136)

**1/106 (Abb. 520)**
**Tintenzeug**
Wedgwood, um 1805–1810
Schwarzes Steinzeug (black-basalt), Dekorationsteile aus Rotem Steinzeug (rosso antico); 10,8 x 31 cm
Barlaston, The Trustees of the Wedgwood Museum (5108)

**1/107 (Abb. 521)**
**Vase mit Deckel in Form des Kopfes von Amset**
Etruria, Wedgwood, 1868
Wedgwood-Steinzeug, 29 cm
London, Victoria & Albert Museum, Department of Ceramics (C.804 & A–1935)

521 (1/107)

522 (1/109)

**1/108–109 (Abb. 522)**
**1/115–120**
**Zwei Tintenzeuge**
Wien, Wiener Porzellanmanufaktur, um 1805
Wien, Österreichisches Museum für angewandte Kunst (Ke 6607/1–7; Ke 4559/17)

Die zwei Tintenzeuge der Wiener Manufaktur bestehen jeweils aus einem verschließbaren Tintenbehälter, einem Streusandgefäß, einem Leuchter und einer sechseckigen, länglichen Schale mit hochgezogener Fahne, die auf sechs Füßen ruht und die anderen drei Teile des Schreibzeugs aufnimmt. Tintenbehälter und Streusandgefäß wurden für beide Ensembles gleichartig als eiförmiger Körper, der von drei sphinxartigen, geflügelten Monopodien gestützt wird, geformt. Die Kerzenleuchter unterscheiden sich nur in der Gestaltung des Schaftes, die große Traufschale und die zylindrige Tülle sind ihnen gemein. Beide Porzellanensembles besitzen eine reiche, sorgfältig gestaltete ornamentale Goldstaffierung und sind teilweise mit bronzeartigem Grünton gefaßt. Die in wesentlichen Teilen unterschiedliche ornamentale und figurale Gestaltung der beiden Tintenzeuge erklärt sich aus der Kulturtheorie des Klassizismus.

Das eine, um 1806 geformte Ensemble weist dabei deutlich ägyptisierende Formen auf. Die Traufschale des Leuchters ruht auf einer hokkenden, geflügelten, weiblichen Sphinx mit ägyptischem Kopftuch. Sie entspricht in dieser Form zwar eher etruskischen Vorbildern, wurde allerdings den Erklärungen Montfaucons und Caylus' folgend im Klassizismus als genuin ägyptische Gestaltung des rätselhaften Mischwesens angesehen. Auf Ägypten verweist auch die in der Goldstaffierung dieses Ensembles verwendete Palmettenform, das reliefartig auf die Fahne der Schale applizierte Lotusornament und die auf den Schulteransätzen der Gefäße aufgebrachten Schilde. Diese wurden in ähnlicher Form auch als ägyptisches Ornament in den ägyptisierenden Interieurs der Villa Borghese und der vatikanischen Bibliothek verwendet. Auch geflügelte, sphinxartige Monopodien gehörten in das ägytisierende Formenrepertoire des Klassizismus.

Das Tintenzeug steht damit, trotz einiger antikisierender Elemente, in der Tradition der Ägyptenmode des Frühklassizismus und nicht des Empire und wurde wohl auch von den Zeitgenossen als ›ägyptisch‹ empfunden.

Das zweite Tintenzeug, das wohl um 1805 ausgeformt wurde, weist dagegen primär antikisierende Ornamentformen auf, die als frühgriechisch oder etruskisch interpretiert wurden, so beispielsweise die archaisierende Form der Palmetten. Die in diesem Ensemble vorgenommene Vermischung von Schmuckformen dreier Hochkulturen des Altertums begründet sich aus dem Kulturmodell des Frühklassizismus. Bereits der Comte de Caylus hatte in seiner *Recueil d'antiquités* immer wieder ausgeführt, daß die Völker der Antike und insbesondere die Etruriens und Griechenlands in ihrer Frühzeit von den Ägyptern gelernt und deren ausgereifte und uralte Kunst und Kultur zum Vorbild genommen hätten, um dann später zu eigenen künstlerischen Ausdrucksformen zu finden. Die Sphingen der Etrusker und Griechen galten den Altertumswissenschaftlern des Klassizismus als Beweis ihrer Theorie. Das zweite, in einem antikisierenden Mischstil geschaffene Tintenzeug könnte damit als ›frühantiken‹ Stil gestaltetes Ensemble interpretiert werden. *DS*

**1/110**
**Teller mit ägyptisierendem Dekor**
Meißen, Königliche Porzellanmanufaktur Meißen, um 1800
Hartporzellan, Dm ca 20 cm
London, Victoria & Albert Museum, Department of Ceramics (1978–1855)

Die Fahne des tiefen Tellers umzieht ein blaugrundiges Band, auf dem durch Bandelwerk miteinander verbundene, antikisierende Gefäßtypen (schlanke und bauchige Amphoren, Krug) dargestellt werden. Der Fries wird durch zwei schmale, an Mäanderornament erinnernde, goldfarbige Bänder eingefaßt. Auf dem Spiegel des Tellers findet sich, umgeben von konzentrischen Goldbändern, eine lapislazulifarbene Kreisfläche, in der die figürliche Darstellung eines ägyptisierenden Gefäßes erscheint.

Dabei handelt es sich um eine pseudoägyptische Kanope, die den Kopf einer bekannten Isis-Apis Büste aus der Villa Hadriana in Tivoli mit einem Kanopenkörper verbindet. Die Form der aufgesetzten Hieroglyphenbeschriftung wurde dem Statuentypus des ›Würfelhockers‹ entliehen. Ähnliche moderne Zusammenstellungen des ägyptischen und ägyptisierenden Formrepertoires enthält das zweibändige, 1791 in Rom erschienene Stichwerk *Monuments Egytiens*, das die Produktion ägyptisierenden Kunstgewerbes im ausgehenden 18. Jahrhundert beeinflußte.

Die Datierung des aus der Sammlung Bernal stammenden Tellers ist nicht einfach. Bereits in den 90er Jahren stellte die Meißner Porzellanmanufaktur ägyptisierende Geschirre her, so ein umfangreiches, 1986 im Kunsthandel angebotenes Kaffeeservice, das mit Landschaftsdarstellungen des Niltals bemalt wurde und dessen klassizistische Formen ägyptisierende Motive aufnehmen. Der Teller muß ebenfalls aus dem Zusammenhang eines größeren Eßservices stammen. Der dunkelblaue Fond der Fahne und des Spiegels weist eine deutliche Beeinflussung durch französische Porzellane des Frühklassizismus und Empire auf. Die bedeutenden Sèvres-Porzellane mit ägyptischen Formen und Dekor des Empire besitzen ebenfalls einen derartigen blauen Fond (vgl. 1/97). Porzellane mit ägyptisierendem Dekor sind allerdings in erheblichem Umfang bereits in den Jahren vor der französischen Ägytenexpedition (1798 bis 1801) nachweisbar (1/113, 1/114, 1/111). Da die Form- und Dekorentwicklung der Meißner Porzellane der Macollini-Zeit (1774–1819) bisher noch nicht ausreichend erforscht ist, wird hier zunächst eine Datierung um 1800 vorgeschlagen. *DS*

*523 (1/112)*

**1/111 (Abb. 42)**
**Kaffeeservice im ägyptischen Stil**
Wien, Kaiserliche Manufaktur, Jahresstempel 1799 bis 1802
Porzellan, Kanne H 24,2 cm, Anbietplatte L 43,4 cm
Alle Porzellane im Boden jeweils unterglasurblaues Bindenschild
Berlin, Jürgen Settgast

Dieses vollständige, achtteilige ägyptisierende Geschirr der Wiener Porzellanmanufaktur ist für zwei Personen (tête-à-tête) gedacht. Es besteht aus einer Kaffeekanne in Kanopenform, einer kleinen, ovalen Dose mit Deckel, auf dem ein Krokodil liegt, einer zweiten, etwas größeren Dose, deren Deckel eine liegende Sphinx bekrönt, zwei eiförmigen Kaffeetassen mit überhöhtem Schlangenhenkel und Untertassen mit schräg ansteigender Fahne sowie einer Anbietplatte mit durchbrochenem Rand. Die einzelnen Teile des Geschirrs sind mit Borten aus ausgesparten Blüten auf schwarzem Grund zwischen Goldlinien, Hieroglyphenbändern auf gelbbräunlichem Grund, Szenen der ägyptischen und ägyptisierenden Mythologie und reicher Goldstaffierung dekoriert. Den Jahresstempeln zufolge entstand dieses Service zwischen 1799 und 1802. Weitere Ausformungen belegen allerdings, daß diese Serviceform spätestens seit 1793 aufgelegt und über das Jahr 1802 hinaus produziert wurde.

Sehr interessant und bedeutend ist bei den Wiener Porzellanen nicht nur die ausgesprochen ägyptische Form der Kanne und die plastisch aufgesetzte Sphinx und die Echse der Dosen, sondern auch die Bemalung der einzelnen Teile des ›tête-à-tête‹. Es finden sich auf fast allen Teilen des Service Hieroglyphenbänder in rechtwinkligen, durch Goldränder abgegrenzten Feldern auf chamoisfarbigem Grund. Unterhalb dieser im ausgehenden 18. Jahrhundert noch ausgesprochen geheimnisvollen Schriftzeichen zieren jeweils Götterbilder und mythologische Szenen aus dem sagenhaften Kulturkreis des Nillandes in Rundfeldern die einzelnen Teile. Diese wurden frei nach den Stichwerken des Montfaucon und des Comte de Caylus gestaltet und in einem Sinne umgedeutet, der eine Verwendung dieses Geschirrs im Umfeld der Freimaurerei als sehr wahrscheinlich erscheinen läßt. So zeigt beispielsweise die große Dose in ihrem Medaillonfeld einen ägyptisch erscheinenden Gott, der die Attribute des griechischen Hermes, einen geflügelten Helm und einen Merkurstab, besitzt und vor dem ein Vogel mit dem in der Alchemie verwendeten Zeichen des Planeten Venus steht. Die Beischrift bezeichnet die Darstellung als Michael, also als einen der Erzengel.

Die möglichen ägyptischen Ursprünge der Freimaurerei wurden in Wien diskutiert. 1784 erschien im *Journal für Freymaurer* dazu ein langer Aufsatz des Meisters vom Stuhl Ignaz von Born. Zu dieser Zeit begründete auch der Graf Cagliostro in Paris eine ›ägyptische‹ Freimaurerloge. Wenige Jahre später, 1791, wurde die von Mozart komponierte ägyptische Oper *Die Zauberflöte* sofort sehr populär und löste eine kleine Ägyptenmode aus.

Es ist durchaus möglich, daß die Gestaltung des vorliegenden Services direkt vom Erfolg dieser Oper beeinflußt wurde, denn erste Belege für ein ägyptisierendes Déjeuner, das mög-

524 (1/113)

licherweise mit diesem ungewöhnlichen Service identisch ist, finden sich für das Jahr 1792. Wie Folnesics ([1907], S. 126) berichtet, reiste in diesem Jahr der künstlerische Leiter der Wiener Manufaktur Anton Grassi nach Italien. In seinem Gepäck hatte er als Geschenk für die Königin von Neapel unter anderem *»eines der neuesten Kaffee-Déjeuners für zwei Personen mit Hieroglyphen und sonstigen ägyptischen Motiven«*, das nach seinen Entwürfen gefertigt worden war. Neben den Wiener Manufakturen produzierten auch diejenigen von Neapel und Meißen in den 90er Jahren des 18. Jahrhunderts in kleinen Auflagen ganze Service mit dem fremdartigen ägyptischen Design und Dekor. *DS*

Lit.: Ausst.kat. Milano (1975), Nr.370; Folnesics (1907), S. 126f, 193; Hubala (1958), Sp.767; Syndram (1989).

**1/112 (Abb. 523)**
**Schreibzeug mit zwei Sitzfiguren in ägyptisierendem Stil**
Sèvres, 1802
Porzellan, Malerei, teilweise vergoldet, H 22,5 cm, L. 26 cm
Marke Nr. 53; MNCS
Sèvres, Musée national de Céramique (MNC 2648)

Das dekorative Tintenfaß ist in Form eines Röhrenbrunnens gebildet, auf dessen Beckenrändern zu beiden Seiten der Brunnensäule zwei Ägypterinnen sitzen. Mit beiden Händen umfassen sie eine große Schale, die sie vor sich auf ihrem Schoß abgesetzt haben. Die Figuren sind nackt bis auf das Königskopftuch mit den Wappentieren von Ober- und Unterägypten (Geier und Kobra), einen kurzen Rock und goldene Reifen an Oberarmen und Fußgelenken. Die Brunnensäule ist mit Hieroglyphen bedeckt; an der Längsseite des Brunnenbeckens rahmen zwei einander gegenübersitzende Sphingen eine Löwenmaske ein.

Die Gruppe wirkt auf den ersten Blick wie ein ägyptisches Original. Hervorgerufen wird dieser Effekt hauptsächlich durch die Art der Bemalung: Die Figuren, die Brunnensäule, der Rahmen des Brunnens sowie der Sockel der Gruppe sind bronzefarben und imitieren auf diese Weise Metall. Röcke, Kopfschmuck und Reifen sind vergoldet, ebenso die Hieroglyphen der Brunnensäule und der Hintergrund der Sphingen am Becken. Die Illusion wird verstärkt durch längs der Figuren laufende Stege, die Bronzegußnähte suggerieren. Das Tintengefäß kann als eine der ersten Manifestationen der Ägyptenfaszination in Sèvres angesehen werden. Sie wurde angeregt durch die Publikationen von Zeichnungen und Stichen, die während des Ägyptenfeldzuges von mitziehenden Künstlern und Dilettanten angefertigt worden waren. Der Schöpfer dieser Gruppe ist nicht bekannt; er muß ein ausgeprägtes Gespür für Proportionen und eine ausgewogene Komposition besessen haben. *SBA*

Lit.: Lechevallier-Chevignard (1908); Lechevallier-Chevignard (1923); Brunet (1978); Grandjean (1955).

**1/113 (Abb. 524)**
**Potpourrivase mit Hieroglyphenband**
Berlin, Königliche Porzellan-Manufaktur, Anf. 19. Jh.
Überglasurmalerei, H 22,5 cm
Berlin, SMPK, Kunstgewerbemuseum (31,9)

Die Potpourrivase ist mit ihrer Höhe von 22,5 cm relativ klein. Sie besteht aus einem kugelig gebauchten Körper, über den sich ein walzenförmiger, mit pfeifenstabartigen Kanneluren versehener Hals erhebt. Dieser wird durch einen von Löchern durchbrochenen Deckel verschlossen, den im vollständigen Stück ein kleiner Pinienzapfen als Griff bekrönt. Der Dekkel, die Innenflächen der Kanneluren und die Zone oberhalb des Standringes der Vase sind lindgrün gehalten. Ein goldenes Band trennt die Standzone von einem umlaufenden, dichten Fries aus deutschen Blumen auf weißem Grund, der fast die ganze Bauchung füllt. Er wird an den Schultern von plastisch aufgesetzten, vergoldeten Löwenmaskerons unterbrochen. Um den säulenstumpfförmigen Hals ist ein Band mit vergoldeten Hieroglyphen geschlungen, das mit den beiden überkreuzten Enden in die Zone der Blumen oberhalb der Löwenmasken reicht. Die säulenstumpfförmige Vase mit ihrem Blumenfries erhält durch die ägyptisierenden Löwenmasken und vor allem durch das Hieroglyphenband ein exotisches Aussehen, das die Gesamterscheinung prägt.

Zu dem Gefäß gehörte, wie Vergleichsstücke in der Sammlung Berliner Porzellane des Schlosses Charlottenburg in Berlin und im Schloß Fasanerie bei Fulda zeigen, ein niedriger, quadratischer Sockel, den ein ebenfalls grün ausgemaltes Band aus Pfeifenstäben umzieht. Das Vorbild für diese Vase findet sich in der 1767 radierten ›Premier Recueil d'Aquatintes‹ von Richard de Saint-Non. Dieser Entwurf geht auf den französischen Ruinenmaler Hubert Robert zurück, der ihn während seines Romaufenthaltes kurz nach 1760 schuf. Der strengen, erheblich ägyptisierenderen Form der graphischen Vorlage nähert sich eine weitere Ausformung dieser Potpourrivase an, die im ausgehenden 18. Jahrhundert für das Lustschloß des preußischen Königs Friedrich Wilhelm II. geschaffen wurde und von der sich ein Exemplar noch heute in diesem Schloß befindet. Der preußische König war als Mitglied des mystisch-alchemistisch orientierten Geheimbundes der Rosenkreuzer sehr an den ägyptischen Geheimnissen interessiert und stattete den Neuen Garten seines Privatschlosses, des Marmorpalais in Potsdam, mit einer großen Zahl ägyptischer Bauwerke und Elemente aus. Die vorliegende Potpourrivase stammt sicherlich aus der Regierungszeit dieses Königs und bezeugt die aristokratische Ägyptenmode des ausgehenden 18. Jahrhunderts. *DS*

Lit.: AUSST.KAT. BERLIN (1963), S. 24, Kat.Nr. 132; KÖLLMANN/JARCHOW (1987), Bd. 2, Abb. 537; SYNDRAM (1989).

**1/114 (Abb. 525)**
**Tasse und Untertasse im ägyptischen Stil**
Berlin, Königliche Porzellanmanufaktur, 1790–1800
Überglasurmalerei, H 6,2 cm
Szeptermarke, Trockenstempel B, eingeritzt III, Malernummer 5 in violett
Berlin, SMPK, Kunstgewerbemuseum (86, 866)

Die frühklassizistische Kaffeetasse mit Untertasse wurde in der Grundform ›antique glatt‹ mit eckigem Henkel ›à la greque‹ gebildet. Der

*525 (1/114)*

Körper der Tasse ist mit einem dunkelblauen Fond überzogen, Lippenrand, Standring und die Zone zwischen dem oberen Band umziehen Goldringe. Den oberen Rand bildet ein breiter, sandsteinfarbener Streifen mit Hieroglyphendekor, dessen Schriftzeichen denjenigen der Potpourrivase der Pfaueninsel stark verwandt sind. Die Fahne der Untertasse ist ebenfalls mit sandsteinfarbigem Hieroglyphenband staffiert und mit einem dunkelblauen Streifen zwischen zwei Goldringen versehen. In der Mitte des ansonsten unbemalten Spiegels finden sich in einem viereckigen Rahmen nochmals eine Reihe von Hieroglyphen, die denen der Potpourrivase mit Blumendekor (1/113) sehr ähneln.

Bei ägyptisierenden Geschirrformen denkt man unwillkürlich an die umfangreichen Services, die im Auftrag des französischen Kaisers Napoleon I. von der Manufaktur in Sèvres nach 1800 geschaffen wurden. Aber auch dafür gab es, ebenso wie für die oben genannte Potpourrivase, in dem Jahrzehnt vor dem spektakulären Ägyptenfeldzug von 1798-1801 eine Anzahl von Vorbildern. So produzierten neben der Wiener Manufaktur (1/115–1/120) diejenige von Neapel und Meißen in kleinen Auflagen ganze Service mit dem fremdartigen, ägyptisierenden Design. Die vorliegende Tasse gehörte allerdings höchstwahrscheinlich nicht zu einem vollständigen Porzellanservice. Sie wurde, der englischen Mode folgend, als eine Art Sammeltasse aufgelegt und entstammt der preußischen Ägyptenmode, die der König Friedrich Wilhelm II. im letzten Jahrzehnt des 18. Jahrhunderts mit initiierte. *DS*

Lit.: AUSST.KAT. (Berlin), 1963, S. 24, Kat.Nr. 125; SYNDRAM (1989); WELLENSIEK (1983), S. 133.

**1/115–1/120** siehe **1/108**

526 (1/121)

**1/121 (Abb. 526)**
**Antoine-André Ravrio (1759–1814)**
**Stutzuhr (Chronos)**
Bronze, teilweise feuervergoldet,
43 x 36 x 17 cm
Berlin, Privatbesitz

**1/122 (Abb. 527)**
**Luigi Mayer**
**Views in Egypte, from Original Drawings in the possesion of Sir Robert Ainslie taken during his Embassy to Constantinople**
**Aufgeschlagen: Thomas Milton nach Luigi Mayer, Grabkammer mit Sarkophag in der Cheopspyramide** (Tafel 19)
London, 1805
Kolorierte Aquatinta-Radierung
Berlin, SMPK, Kunstbibliothek (Lipp Ma 8)

Diese Tafel aus dem 1805 in London aufgelegten Buch Luigi Mayers zeigt das Innere der sogenannten ›Königskammer‹ der Pyramide des Cheops in Giza. Diese dritte und als einzige vollständig ausgeführte Kammer der ›Großen‹ Pyramide war bereits im Altertum zugänglich. Schon der griechische Historiker und Geograph Strabon berichtet 25/24 v. Chr. vom Inneren dieser Pyramide, dessen Eingang später wieder verschüttet wurde und in Vergessenheit geriet.

Die Wände und die Decke der Grabkammer bestehen aus außerordentlich sorgfältig gearbeiteten Granitplatten, die von Assuan nach Giza gebracht wurden. Die Ansicht Luigi Mayers zeigt den Blick von Osten aus in die von Ost nach West 10,43 m lange und von Nord nach Süd 5,30 m breite Grabkammer, die eine Höhe von 5,80 m besitzt. An der Südwand erkennt man eine schmale Öffnung in der Wand, deren oberer Teil zu dem Luftschlitz gehört, der mit einem Querschnitt von 15 x 20 cm über 53 m bis zur Außenhaut der Pyramide führt und dessen Einbau wohl ursprünglich religiös motiviert war.

Am Westende der Grabkammer erblickt man den Sarkophag des Pharaos. Er weist, wie auch die gesamte Kammer, keine Beschriftung auf. Die wenige Jahre vor dem vorliegenden Buch Luigi Mayers erschienene Beschreibung Vivant Denons schildert den Eindruck, den der Betrachter beim Betreten dieser schlichten Kammer innerhalb eines von Menschen geschaffenen, überaus exakten Grabhügels hatte. *»Dann kommt die königliche Kammer, die den Sarkophag enthält. Dieses kleine Heiligtum war die Ursache eines so ungeheuren und kolossalen Gebäudes, im Vergleich mit allem, was sonst die Menschen Großes bauten«* (Denon, Voyage, 1802).

Luigi Mayer besichtigte bereits mehrere Jahre vor dem Franzosen die Cheopspyramide. Mayer, der als Landschaftsmaler italienischer Abstammung in Rom ausgebildet wurde, war von 1776 bis 1794 für Sir Robert Ainslie, den britischen Botschafter in Konstantinopel, tätig und begleitete seinen Auftraggeber auf dessen Reisen in Unterägypten. Die Aquarelle Mayers, die die Monumente der Umgebung von Kairo und die des Nildeltas wiedergaben, wurden von 1801 bis 1810 als Folge von Druckgraphiken, die Ainslie finanzierte, herausgegeben. *DS*
Lit.: Ausst.kat. Manchester (1983), S. 26f.

**1/123 (Abb. 528)**
**Giovanni Battista Belzoni (1778–1823)**
**Schnittzeichnung des Tempels von Abu Simbel**
Ägypten, 1817
Bleistift, laviert, 26,2 x 47 cm
Bez.: *»Krypte Newly Opened at ybsambal in Nubia by G.Belzoni Aug. 1. 1817«*
Bristol, City of Bristol Museum and Art Gallery

Der Querschnitt durch die tiefe Halle und den westlich anschließenden Saal des Felsentempels von Abu Simbel wurde, wie aus der Beschriftung hervorgeht, von Belzoni in den ersten Augusttagen des Jahres 1817 gezeichnet. Der Ausgräber beschränkte sich bei seiner Bauaufnahme primär auf die Darstellung der Architektur des Tempels und gab vier der acht 10 m hohen Statuen, die den König Ramses II., Erbauer des Tempels, mit Geißel und Krummstab in der Haltung des Totengottes Osiris darstellen, wieder. Die farbigen Reliefs, die mit großem erzählerischen Aufwand die Schlacht von Kadesch am Orontes im Jahre 1285 v. Chr. zeigen, werden nicht angedeutet.

Den Eindruck, den dieser seit Jahrhunderten erstmals wieder geöffnete und für die Europäer neu zu entdeckende Tempel mit seiner kaum zerstörten Malerei auf die Forscher machte, beschrieb Belzoni in seinem 1820 auf englisch erschienen Bericht, der bereits 1821 als *Reisen in Aegypten und Nubien* in Jena erschien: *»Früh am*

*Morgen des 1. August gingen wir frohen Muts zum Tempel in Erwartung einer neuentdeckten Stätte(...) als wir den Zugang noch ein wenig erweitert hatten, betraten wir die schönste und größte Ausgrabungsstätte Nubiens (...). Auf den ersten Blick schon sahen wir, daß sie sehr groß war, aber wie nahm unser Erstaunen zu, als wir feststellten, daß es sich um einen der großartigsten Tempel handelte, mit wunderschönen in den Stein geschnittenen Figuren, Malereien, Kolossalfiguren usw. (...). Die Hitze im Tempel war allerdings so groß, daß wir kaum Zeichnungen machen konnten, denn der von unseren Händen rinnende Schweiß durchnäßte das Papier.«* (zit. n. Eggebrecht [1982], S. 122). Drei Tage später, am 4. August 1817, mußten die Ausgräber Abu Simbel bereits wieder verlassen. *DS*

Lit.: Ausst.kat. Manchester (1983), Kat.Nr. 126, S. 62; Clayton (1987), S. 174ff.; Kat. Faszination (1982), S. 122.

**1/124 (Abb. 529)**
**Giovanni Battista Belzoni (1778–1823)**
**Außenansicht des Tempels von Abu Simbel**
Ägypten, 1817
Bleistift, 47 x 60 cm
Bristol, City of Bristol Museum and Art Gallery

Im Juli 1817 erreichte Giovanni Battista Belzoni mit seinen Gefährten, den Captains der britischen Armee Irby und Mangles sowie William Beechey den 280 km südlich des ersten Katarakts gelegenen großen Felsentempel von Abu Simbel, den der Schweizer Johann Ludwig Burckhardt vier Jahre zuvor, 1813, durch Zufall wiederentdeckt hatte. Wie der vorliegenden Zeichnung, die von der Hand Belzonis stammt, entnommen werden kann, waren die drei noch erhaltenen der ehemals vier aus dem Fels gehauenen, zwanzig Meter hohen Kolossalbildnisse Ramses' II. zumindest bis zu den Schultern von Flugsand verschüttet, die rechte Monumentalskulptur sogar bis zur Krone bedeckt. Nur die Reliefs mit der Szene des königlichen Opfers vor dem Sonnengott Re-Harachte oberhalb des Zuganges zum Sanktuar waren deutlich erkennbar, der Eingang selbst allerdings zunächst nicht sichtbar und hinter einer mehr als zehn Meter hohen Sandwehe verschwunden.

Der Italiener Belzoni gehört zu den schillerndsten Figuren der frühen Ägyptologie. Er war einer der ersten europäischen Ausgräber, die nach dem Scheitern der französischen Ägyptenexpedition Tempel und Gräber des Niltales aus Erkenntnisdrang und auch materiell motivierten Zielen freilegten. Belzoni durchstreifte das Niltal, um eindrucksvolle und möglichst kostbare Überreste der ägyptischen Hochkultur zu finden, die an die europäischen Museen weiterverkauft werden konnten. Im Auftrag des britischen Generalkonsuls in Ägypten, Henry Salt, hatte er bereits das riesige Fragment einer Königsstatue aus dem Ramesseum in Theben, die als der ›jüngere Memnon‹

527 (1/122)

bekannt wurde, zum Abtransport nach London an die Küste geschafft. Von dort reiste er wieder nilaufwärts und erreichte schließlich Nubien. Im gleichen Jahr 1817 entdeckte Belzoni im Tal der Könige bei Theben mehrere prächtig ausgemalte Gräber und öffnete ein Jahr später die Chephrenpyramide in Giza.

Am 1. August 1817 gelang es Belzoni und seinen wenigen Gefährten nach 22 Tagen Arbeit unter schwierigsten Bedingungen, den Zugang zum Inneren des Tempels freizulegen. Die einheimischen Ägypter hatten sich geweigert, den Europäern dabei zu helfen; so mußten diese selbst die Sandmassen wegräumen. Die Erwartungen der Ausgräber wurden, als sie endlich das Innere des Felsentempels betreten konnten, von der Erscheinung der ›Krypta‹ bei weitem übertroffen. Spektakuläre Funde wurden allerdings nicht gemacht. *DS*

Lit.: Ausst.kat. Manchester (1983), Kat.Nr. 125, S. 62.

**1/125 (Abb. 530)**
**Giovanni Battista Belzoni (1778–1823)**
**Narrative of the operations and recent discoveries within the pyramids, temples, tombs and excavations in Egypt and Nubia, and a Journey to the cost of the Red Sea, in search of the ancient Berenice and another to the Oasis of Jupiter Ammon.**
**Aufgeschlagen: Titelseite und Frontispiz mit Porträt Belzonis**
London, 1820
Berlin, SMPK, Ägyptisches Museum

Im Oktober 1820 erschien im Londoner Verlag von John Murray, der sich auf spektakuläre

528 (I/123)

529 (I/124)

Reisebücher von Afrikaentdeckern spezialisiert hatte, die Beschreibung des fünfjährigen Aufenthaltes Giovanni Battista Belzonis in Ägypten. Ebenso weitschweifig wie der Titel war auch der Inhalt dieser Veröffentlichung. Trotzdem wurde Belzonis Werk in kürzester Zeit zum Verkaufsschlager. Bis 1822 erlebte es drei englische Auflagen; Übersetzungen ins Französische, Deutsche und Italienische erschienen in schneller Folge. Der Grund für die Beliebtheit dieses Buches bestand in der abenteuerlichen Entdeckungsgeschichte, die es beschrieb.

Belzoni ließ eine Reihe schwerer Objekte aus Ägypten nach Europa transportieren (vgl. 124), unter anderem einen Obelisken von der Insel Philae, der in England auf dem Landgut von Sir Joseph Banks in Kingston Lacy aufgestellt wurde, und den Sarkophags Sethos' I., der sich heute im Soane Museum in London befindet. Das Grab dieses Pharaos gehörte zu den spektakulären Entdeckungen Belzoni. Er entdeckte es zusammen mit drei weiteren während eines zwölftägigen Aufenthaltes im Tal der Könige bei Theben. Seine vorzügliche Ausmalung ließ der Ausgräber sorgfältig und teilweise in Originalgröße abmalen. Belzoni betrat auch als erster Europäer den Felsentempel von Abu Simbel in Nubien und fand den Zugang zur Chephrenpyramide in Giza (1/126).

Alle diese Entdeckungen und Transporte stießen im fernen Europa auf große Beachtung. So wurde Belzoni 1819 in London als Pionier der Altertumsforschung lebhaft begrüßt und zum gerngesehene Gast der Londoner Gesellschaft. Die Lithographie des Frontispiz, die C.Hullmandl nach einer Zeichnung von Maxim Gauci anfertigte, vermittelt das Bild, das sich die Londoner Bevölkerung von dem italienischen Kraftmenschen machte. Belzoni posiert, gewandet in europäisch-arabischer Kleidung, lässig an einem mit Hieroglyphen verzierten Stein gelehnt. Die Palmen im Hintergrund verstärken das exotische Ambiente. In England wurde Belzoni dann auch der längst verdiente wirtschaftliche Erfolg zuteil. Zu einem Publikumsmagneten entwickelte sich die am 1. Mai 1821 eröffnete Ausstellung seiner Schätze in der ›Egyptian Hall‹ im Piccadilly (1/180), die eine Rekonstruktion des Grabes Sethos I. einschloß. Belzoni selbst blieb nicht lange in England, sondern wandte sich wieder nach Afrika, um die Quellen des Nigers zu entdecken. Dort starb er am 3. Dezember 1823 an einer Darminfektion.

*DS*

Lit.: Bratton (1968); Clayton (1983); Dawson (1972).

**1/126 (Abb. 56, 57)**
**Giovanni Battista Belzoni**
**(1778–1823)**
**Atlas des voyages, recherches et découvertes de G. B. B. en Egypte et en Nubie (...)**
**Aufgeschlagen: Zwei Ansichten der Chephrenpyramide in Giza** (Tafel XI und XII)
Paris 1821
Berlin, SMPK, Ägyptisches Museum

Die aufgeschlagene Seite gibt den wohl spektakulärsten Erfolg der sehr ergiebigen Unternehmungen des italienischen Forschers und Ausgräbers Belzoni wieder. Als erstem Europäer gelang es ihm, in die Chephrenpyramide einzudringen. Während der Zugang zur Pyramide des Cheops seit dem Altertum bekannt war, glich die nur wenige Meter kleinere Pyramide des Pharao Chephren (um 2500 v. Chr.) bis ins frühe 19. Jahrhundert einem massiven Berg aus Kalkstein, dessen Spitze die Reste der ehemaligen Umkleidung bedeckten. Durch Analogieschlüsse zur Lage und zum Aufbau des Einganges an der Nordseite der Cheopspyramide gelang es Belzoni, den oberen Eingang der Pyramide ungefähr zu bestimmen. Mit Hilfe seiner arabischen Arbeiter konnte er den Schutt abräumen, unter dem dieser vergraben war. Am 2. März 1818 erblickte er den Eingang, den das aufgeschlagene Blatt wiedergibt (*Forced Passage in to the Second Pyramide of Ghizeh*). Es gelang, die ursprünglichen Verschlußsteine aus Granit in die ehemaligen Halterungen an der Decke des Ganges zurückzulegen, so daß der Weg zur Grabkammer frei war. Die große Grabkammer, die Belzoni noch am gleichen Tag erreichte, war bis auf einen im Boden versenkten Sarkophag leer. Die kolorierte Litographie (*Great Chamber in the second Pyramide of Ghizeh*) hält den denkwürdigen Moment fest, als Belzoni, gefolgt von Cavaliere Frediani und seinen arabischen Arbeitern die fein gearbeitete Kammer unter der Spitze der Pyramide betrat. Das Grab des Königs war aufgebrochen, der Deckel aus feinstem Granit lag daneben und arabische Zeichen an den Wänden belegten, daß Belzoni nicht der erste nachantike Besucher der Pyramide gewesen war. Den Anspruch auf die Neuentdeckung des Zuganges zu dieser für viele bis heute mysteriösen Pyramide bezeugt eine Inschrift mit dem Datum des 2. März 1818, die Belzoni oberhalb des von ihm geöffneten Einganges anbringen ließ. *DS*

Lit.: Clayton (1983), S. 66.

**1/127 (Abb. 53)**
**Kniefigur des Vizekönigs Pa-ser**
Ägypten, aus dem Felstempel Ramses' II. in Abu Simbel (Nubien); Neues Reich, 19. Dynastie, um 1250 v. Chr.
Sandstein, Bemalung wahrscheinlich modern, H 74 cm, B 29 cm, T 51 cm
London, The British Museum, Department of Egyptian Antiquities (1376)

Pa-ser verwaltete unter Ramses II. als ägyptischer Statthalter von Nubien das Niltal südlich von Assuan. Die Statue zeigt ihn als frommen Tempelbesucher, der in der Kniehaltung des Beters ein Kultmal des widderköpfigen Götterkönigs Amun darbringt. Perücke und plissiertes Gewand sind nicht Alltagskleidung, sondern tragen dem feierlichen Anlaß des Gebetes vor den höchsten der Götter Rechnung. Die Statue dürfte von Pa-ser in den Tempel von Abu Simbel gestiftet worden sein, in dem neben anderen Göttern auch Amun verehrt wurde. Im formalen Aufbau mit Basisblock und Rückenpfeiler dem Grundschema ägyptischer Skulptur folgend, ist die Statue stilistisch ein qualitätloses Werk eines Provinzateliers, das sicherlich – wie auch das Material der Statue, nubischer Sandstein, anzeigt – nicht im ägyptischen Mutterland, sondern in Nubien lag. Am 1. August des Jahres 1817 fand Giovanni Belzoni die Statue, in zwei Teile zerbrochen, im Großen Tempel Ramses' II. in Abu Simbel, als er sich nach einmonatiger Schwerstarbeit durch Abtragen einer riesigen Sanddüne als Erster Zugang zu dem über Jahrtausende verschütteten Felsheiligtum verschafft hatte. Während Belzoni selbst

530 (1/125)

den Fund nicht beschreibt (aber in seinem ›Atlas‹ in originaler Fundlage abbildet), erwähnen ihn seine Begleiter Irby und Mangles als *»eine weibliche Kniefigur, einen Altar mit Widderkopf auf ihrem Schoß«*. Aus Belzonis Sammlung wurde die Statue in London am 29.6.1835 bei Sotheby's für das British Museum erworben. *DW*

Lit.: Bierbrier (1982), 21, pl. 46–47; Belzoni (1821), pl. 43; Irby/Mangles (1868), 24–25.

**1/128 (Abb. 54)**
**Louis Comte der Forbin (1777–1842)**
**Voyage dans le Levant en 1817 et 1818**
**Aufgeschlagen: Bernadino Drovetti und seine Mitarbeiter** (Tafel 73)
Paris 1819
Lithographie
Berlin, Kunstbibliothek, Staatliche Museen Preußischer Kulturbesitz (Lipp Ma 12)

Das vorliegende Blatt zeigt den französischen Generalkonsul Bernardino Drovetti inmitten der pittoresk aufgestellten Gruppe seiner Mitarbeiter und Agenten vor dem Kopf einer ägyptischen Kolossalstatue. Der Bildunterschrift zufolge wurde dieses Gruppenporträt in Oberägypten aufgenommen. Die angedeuteten Stufen am linken Bildrand, die es in der Nähe einer Kolossalstatue auf diesem Niveau sicherlich nie gegeben hat, und die eher summarische Darstellung der Tempellandschaft, die im Hintergrund sichtbar wird, deuten darauf hin, daß es sich wohl um ein Atelierporträt handelt.

Der dargestellte Drovetti (1775–1852) war im Jahre 1818, als sein Bildnis entstand, einer der einflußreichsten Europäer in Ägypten. Der gebürtige Italiener hatte bereits 1798 bis 1802 als französischer Colonel die Ägyptenexpedition

531 (1/129)

des Revolutionsheeres mitgemacht und sich dabei dadurch ausgezeichnet, daß er das Leben des Divisionsgenerals Joachim Murat gerettet hatte. Wenige Jahre später wurde Drovetti von Kaiser Napoleon als offizieller Vertreter Frankreichs am Nil eingesetzt. Bis 1814 und danach von 1820 bis 1829 wirkte er als Generalkonsul und entwickelte sich zu einem skrupellosen Sammler und geschäftstüchtigen Händler der in Europa begehrten Antiken Altäyptens. Seine Erwerbsquelle brachte ihn in eine scharfe Konkurrenz zum englischen Generalkonsul Henry Salt und dessen ebenfalls erfolgreichen Agenten Giovanni Belzoni (vgl. 1/25), denen er feindlich gegenüberstand. Zum Zwecke der Antikenbeschaffung beschäftigte der in Ägypten sehr mächtige französische Generalkonsul zahlreiche Agenten für seine Ausgrabungen und Ankäufe, von denen einige durch dieses Gruppenporträt überliefert werden.

Drei Sammlungen brachte Drovetti auf diese Weise zusammen, die den Grundstock sehr bedeutender Museen ägyptischer Kunst bildeten. Die erste Kollektion Drovettis wurde 1824 vom König von Sardinien angekauft und bildet heute den Hauptteil der großen ägyptischen Sammlung von Turin. Die zweite Sammlung Drovettis gelangte auf Anweisung Charles X. von Frankreich für 250.000 Francs in den Louvre, die dritte wurde 1836 von Lepsius für Berlin erworben. Der Comte de Forbin (1777–1842), in dessen gedruckten Reisebericht das Porträt Drovettis aufgenommen wurde, war Kunde und zugleich Konkurrent Drovettis. Als Generaldirektor des Musée du Louvre reiste er zweimal, 1818 und 1828, in den Nahen Osten und nach Ägypten, um Ausstellungsobjekte zu beschaffen. De Forbin besuchte auch selbst Oberägypten, leitete im Auftrag der französischen Regierung Ausgrabungen und ordnete weitere an, die er unter die Leitung J. J. Rifauds stellte. Dabei kam der französische Adelige in Interessenskonflikt zu Drovetti und Salt, die die ägyptischen Ausgrabungsstätten untereinander aufgeteilt hatten.

Ein schon vorher geplantes Ergebnis der ersten Reise des Comte de Forbin in den Nahen Osten war das vorliegende Stichwerk. Es enthält 78 Tafeln, die, neben Ansichten von Kairo, Giza und Oberägypten, auch solche der Insel Milo, von Konstantinopel, Jaffa, Jerusalem, Bethlehem u. a. zeigen und die von verschiedenen Künstler erstellt wurden. *DS*

**1/129 (Abb. 531)**
**Franz Christian Gau**
**Neu entdeckte Denkmäler von Nubien, an den Ufern des Nils, von der ersten bis zur zweiten Katarakte, gez. und vermessen im Jahre 1819**
**Stuttgart/Paris, 1822**
**Aufgeschlagen: »Ansicht der Monumente zu Abussambul«** (Tafel 57)
Berlin, Staatsbibliothek Preußischer Kulturbesitz (2° Ur 1348)

Im April des Jahres 1818 brach der deutsche Architekt und Bauforscher Franz Christian Gau (1790–1853) zu einer Studienreise nach Palästina und Ägypten auf. Er folgte damit einer Anregung, die ihm der Afrikaforscher Karsten Niebuhr (1733–1815) wenige Jahre zuvor gegeben hatte. Gau hatte Niebuhr, der ein intimer Kenner Arabiens war, 1815 in Rom getroffen, wo er die deutsche Künstlerkolonie besuchte. Der junge Architekt versäumte bei dieser Reise auch nicht, die sensationellen Ausgrabungen in Pompeji kennenzulernen.

Die ägyptischen Altertümer waren zu dieser Zeit nicht weniger sensationell und trafen durch die noch nicht abgeschlossenen Veröffentlichung der Ergebnisse der französischen Forscher, die mit der Ägyptenexpedition Napoleons in den Jahren 1798–1802 an den Nil kamen, in ganz Europa auf ein aufnahmebereites Publikum. Insbesondere die Nachrichten von dem erst 1813 durch Johann Ludwig Burckhardt entdeckten nubischen Felsentempel von Abu Simbel, dessen Zugang Belzoni 1817 freilegen konnte (1/124, 1/123), erregte die Öffentlichkeit.

Gaus Ziel war es, die von ihm 1819 erkundeten Bauwerke der wenig bekannten Region zwischen dem 1. und dem 2. Katarakt in Nubien aufzunehmen und diese Zeichnungen später als eine Art Supplementband zur *Description*, deren Ergebnisse bereits durch die jüngsten Forschungen überholt waren, herauszugeben. Das vorliegende Blatt stammt aus diesem Stichwerk, das er 1820, nach seiner Rückkehr nach Paris, in Angriff nahm und 1822 in deutscher und französischer Sprache herausgab, die *Antiquités de la Nubie, ou monumens inédits des bords de Nil etc., dessinés et mésurés en 1819*.

Die Ansicht zeigt die Front des ramesseischen Heiligtums sehr exakt und belegt, wie weit in den Jahren nach 1817 die kolossalen Sitzstatuen des ägyptischen Pharaos durch die Ausgrabungskolonnen des englischen Generalkonsuls Henry Salt von den Flugsandmassen bereits befreit waren, von denen sie über Jahrtausende zugedeckt waren. Interessant ist der Vergleich dieser Ansicht mit derjenigen Linant de Bellefonds, der gerade die Ausgrabungen des Winters 1818/19 festhielt (1/134). *DS*

**1/130**
**Ippolito Rosellini**
**I monumenti del'Egitto e della Nubia, disegnati dalla spedizione scientifico-letteraria Toscana in Egitto, distribuiti in ordine di materie, interpretati ed illustrati (dal dottore Ippolito Rosellini), Bd 1**
**Aufgeschlagen: Triumphaler Einzug Ramses III. nach einem Sieg in Afrika** (Tafel 84)
Pisa, 1832
Berlin, SMPK, Ägyptisches Museum
(MB 64.492)

Niccolo Francesco Ippolito Baldessare Rosellini (1800–1843), Professor für orientalische Sprachen an der Universität Pisa, lernte Jean-François Champollion auf dessen Italienreise kennen, wurde Mitarbeiter des zehn Jahre älteren Franzosen und schloß sich mit einer toskanischen Delegation der Champollionischen Ägypten-Expedition 1828 bis 1829 an. Ein späteres Zerwürfnis mit Champollion über die Veröffentlichung der wissenschaftlichen Ergebnisse der gemeinsamen Expedition führte schließlich dazu, daß *Champollions Monuments de l'Egypte et de la Nubie* nicht nur etwa gleichzeitig mit Rosellinis *Monumenti dell' Egitto e della Nubia* erschienen, sondern in beiden Monumentalwerken dieselben Denkmäler in nahezu identischen Zeichnungen publiziert wurden. Mit 395 Großfolio-Tafeln und 3.300 Seiten Text in neun Bänden gehören die ›Monumenti‹ zu den monumentalsten Publikationen über Altägypten überhaupt; an Präzision freilich werden sie von Richard Lepsius' *Denkmälern aus Ägypten und Nubien* bei weitem übertroffen.

Aus den *Serien delle battaglie e conquiste di Ramses III, rappresentate nel grande Speco d'Ibsambul in Nubia* stellte Tafel LXXXIV den siegreich von einem Nubien-Feldzug heimkehrenden König Ramses I. (1282–1215 v.Chr.) dar (Rosellinis Zählung der Ramses-Könige entspricht nicht dem heutigen Forschungsstand). Das großformatig bemalte Relief befindet sich auf der Südwand des großen Pfeilersaales im Großen Tempel von Abu Simbel. Die lebendige Stilistik ramessidischer Schlachtenbilder kommt in der Zeichnung kaum zum Ausdruck. Der im weitem Sprung wiedergegebene Löwe unter den beiden eng gestaffelt gezeichneten Pferden und der dem Gespann vorauseilende Bogenschütze wirken steif und leblos. Der Schwerpunkt der Wiedergabe liegt bei Rosellini im ikonographischen Detail. *DW*
Lit.: DESROCHES-NOBLECOURT/GERSTER (1968), 46–47, Abb. 28; DAWSON/UPHILL 1972), 253.

**1/131 (Abb. 241, 532)**
**Ippolito Rosellini**
**I monumenti del'Egitto e della Nubia, disegnati dalla spedizione scientifico-letteraria Toscana in Egitto, distribuiti in ordine di materie, interpretati ed illustrati (dal dottore Ippolito Rosellini)**

532 (1/131)

*532 Sethos I. und die Göttin Hathor*

**Bd 2, Monumenti Civili**
**Aufgeschlagen: Tempelmalerei mit Darstellung musizierender Frauen** (Tafel 99)
Pisa, 1934
Berlin, SMPK, Ägyptisches Museum
(MB 64.492)

Der Bildausschnitt stammt von einem Grabbild der Zeit Amenophis III. (1390–1353 v. Chr.), das zusammen mit zehn weiteren Malereifragmenten ins British Museum gelangte. Der Grabbesitzer Nebamun ließ sich im höchst entwikkelten Stil der Voramarnazeit umfangreiche Gastmahlszenen auf seine Grabwände malen. Der von Rosellini gewählte Ausschnitt (heute British Museum 37984) hat sicherlich seines ungewöhnlichen Stils wegen Aufmerksamkeit gefunden: Die Wiedergabe des menschlichen Gesichts in reiner Frontalansicht ist in der ägyptischen Kunst außerordentlich selten. Gleichermaßen ungewöhnlich ist die stark bewegte Gruppe der beiden tanzenden Mädchen. *DW*
Lit.: JAMES (1985), 26–29, Abb. 27.

533 (1/145)

**1/132**
**Jean François Champollion**
**Monuments de l'Egypte et de la Nubie, d'apres les dessins exécutés sur les lieux sous la direction de Champollion-le-Jeune**
**Aufgeschlagen: »Ibsamboul«** (Tafel XXVIII)
Paris, 1835
Berlin, Staatsbibliothek Preußischer Kulturbesitz (2° Ur 1602)

**1/133 (Abb. 534)**
**Jean François Champollion (1790–1832)**
**Monuments de l'Egypte et de la Nubie, d'après les dessins exécutés sur les lieux sous la direction de Champollion-le-Jeune, et les descriptions autographes qu'il en a rédigées (...) Bd. 1**
**Aufgeschlagen: Kopie eines Freskos** (Tafel 11)
Paris, 1835
Farblithografie
Berlin, SMPK, Ägyptisches Museum (MB 64.491)

Jean-François Champollion ist als Entzifferer der Hieroglyphenschrift der Vater der wissenschaftlich betriebenen Ägyptologie. Seine ›Lettre à Monsieur Dacier‹ gilt als Geburtsurkunde des Faches. Seine umfassenden äyptologischen Interessen gaben den Anstoß zu einer zweijährigen Ägyptenexpedition 1828–1829, die ihn unter schwierigen Bedingungen bis nach Abu Simbel führte. Bleibendes Zeugnis dieser neben der Expedition Bonapartes und der Lepsius-Expedition wichtigsten Forschungsreise nach Ägypten ist die dreibändige Monumentalpublikation der *Monuments de l'Egypte et de la Nubie*, aus denen das folgende Blatt einen Eindruck vom Tempel Ramses II. in Abu Simbel vermitteln und gleichzeitig in Champollions Erklärungen die Tiefe und Breite seines Wissens wenige Jahre nach der Entzifferung der Hieroglyphen bezeugen.

Champollion beschreibt die Szene an der linken, inneren Eingangswand des großen Tempels von Abu Simbel wie folgt: »*Pharao Ramses III., der Große, erschlägt mit seinem Kriegsbeil eine Gruppe asiatischer Gefangener. Die Szene spielt in Anwesenheit des Gottes Amun-Rê, der dem König sein Krummschwert, die Kampfwaffe, überreicht. Neben dem König seine Standarte, über ihm der Geier, Symbol des Sieges. Dieses schöne Flachrelief gehört zum Wandschmuck des Großen Tempels von Ibsambul, in Nubien.*« Bis auf die heute nicht mehr aktuelle Zählung der Königsnamen ist die Erklärung der Szene fachlich kompetent und von der Champollion bereits zur Verfügung stehenden Kenntnis der von ihm entzifferten Hieroglyphenschrift geprägt. *DW*

**1/134 (Abb. 535)**
**Louis-Maurice-Adolphe Linant de Bellefonds (1799–1883)**
**Ausgrabungen am Großen Tempel von Abu Simbel**
Abu Simbel, 1818/19
Wasserfarben, 17,2 x 23,8 cm
London, The Trustees of the Victoria & Albert Museum (Searight Collection)

Der Tempel von Abu Simbel gehörte zu den aufsehenerregendsten archäologischen Entdeckungen zu Beginn des 19. Jahrhunderts. Im Winter 1818/19, etwas über ein Jahr, nachdem Belzoni den Zugang zum Kultbau des Pharao Ramses II. entdeckt und freigelegt hatte (1/123–1/126), suchte Henry Salt, der britische Generalkonsul in Ägypten, den großartigen Felsentempel in Nubien auf. Im Gegensatz zum italienischen Ausgräber standen Salt erhebliche materielle Mittel und damit zahlreiche ägyptische Arbeitskräfte zur Verfügung, mit deren Hilfe es ihm gelang, eine der kolossalen Sitzstatuen des Pharaos vom Flugsand zu befreien. Die aufwendigen Ausgrabungen der Fassade des von Ramses II., dem Reichsgott Amun-Re von Theben und dem Sonnengott Re-Harachte von Heliopolis geweihten Tempels wurden von

534 (1/133)

einer großen Gruppe europäischer Ägyptenreisender, zumeist Freunden des Auftraggebers dieser Arbeiten, und von Künstlern beobachtet.

Henry Salt (1780–1827) war der zweite britische Generalkonsul in Ägypten und dort seit 1816 in dieser Funktion tätig. Salt war selbst als Landschafts- und Porträtmaler ausgebildet und fühlte sich als berufener Ägyptologe. Seine Regierung ging davon aus, daß er seine einflußreiche Stellung am Hofe des Paschas zu nutzen habe, um Antiken für das Britische Museum in London zu beschaffen. Salt enttäuschte seine Auftraggeber, insbesondere den als Kurator dieses Museums wirkenden Sir Joseph Banks, nicht. Zwei umfangreiche Sammlungen, bei deren Beschaffung auch Belzoni mitwirkte, verkaufte er nach England, ein Teil der zwischen 1819 und 1824 zusammengestellten zweiten Sammlung wurde auch vom Louvre in Paris erworben. Eine dritte Sammlung (1824–1827) gelangte nach seinem Tode in England zur Versteigerung. Salts kostspielige Ausgrabungskampagne in Abu Simbel diente sicherlich ebenfalls dem Zweck der Antikenaneignung.

Der Maler des vorliegenden Aquarells, Linant de Bellefonds, war als junger Mann an den Nil gekommen und befand sich 1818/19 im Gefolge des britischen Generalkonsuls auf seiner ersten Ägyptenreise. Linant nahm auch weiterhin als geschätzter Teilnehmer an zahlreichen Ägyptenexpeditionen teil. Er trat später in den Dienst der ägyptischen Regierung und führte die Voruntersuchungen für den Bau des Suezkanales durch. Im Jahre der Kanaleröffnung, 1869, wurde er zum Minister für öffentliche Arbeiten, 1873 zum Pascha ernannt. *DS*

Lit.: Ausst.Kat. Manchester (1983), S. 59f, Kat.Nr.148; Clayton (1983), S. 42f.

**1/135**
**Edward William Lane (1801–1876)**
**Album of drawings**
**Aufgeschlagen: Expeditionslager im Tal der Könige** (fol. 132)
Ägypten, 1826
Bleistift, 65 x 104 cm
London, The British Library, The Manuscript Collections (Add. MS 29816)

Die Zeichnung, die Edward William Lane anfertigte, zeigt das Lager der Expedition des schottischen Altertumskundlers Robert Hay (1799-1863) in einer Vorkammer eines der geöffneten Gräber des Tals der Könige (Biban al-Muluk). Hay unternahm seit 1824 mit verschiedenen Künstlern Expeditionen in Ägypten. Auf seinen Reisen ließ er die vorhandenen Bauwerke und Objekte aufnehmen und zeichnete sie auch selbst. Die vorliegende Zeichnung gibt die abenteuerliche Atmosphäre einer Ägyptenreise in den 20er Jahren des 19. Jahrhunderts stimmungsvoll wieder. Die in türkischen Gewändern mit Fez bekleideten Männer stellen Lane selbst, James Burton und den Architekten und Zeichner Joseph Bonomi dar. Bei der im

535 (1/134)

Hintergrund sitzenden Gestalt handelt es sich wohl um einen arabischen Diener. An der linken Wand der Vorkammer zum Grab, möglicherweise dasjenige des Pharaos Ramses II., lehnen die Geräte der britischen Forscher. Unter anderem erkennt man eine Camera lucida, die zur genauen Bildaufnahme von Architekturen und Inschriftendetails diente. Lane, der seit 1825 aus Gesundheitsgründen in Ägypten lebte, erwarb sich besondere Fähigkeiten im Umgang mit diesem Hilfsmittel, die ihn zu einem gesuchten Zeichner für Expeditionen werden ließen. Vor dem Einsatz des Photoapparates war die Arbeit mit der Camera lucida die genaueste zeichnerische Aufnahmemöglichkeit für wissenschaftlich bedeutende Objekte. Lanes Tätigkeiten beschränkten sich nicht allein auf sein Wirken als Zeichner, er verschaffte sich auch einen Namen als kenntnisreicher Arabist, veröffentlichte 1836 ein Buch über die Sitten und Gebräuche der modernen Ägypter (Manners and Customs of Modern Egyptians) und 1838-40 eine bedeutende Übersetzung der *Geschichten aus tausendundeiner Nacht*. DS

**1/136 (Abb. 536)**
**Owen Jones (1809–1874)**
**Ansicht der Insel von Philae mit dem Kiosk des Trajan**
1832/33
Aquarell, 20,3 x 27,9 cm
London, The Trustees of the Victoria & Albert Museum (Searight Collection)

Das Aquarell des Engländers Owen Jones zeigt den Schiffslandeplatz der Nilinsel von Philae. Im Hintergrund erhebt sich hinter der antiken Uferbefestigung und einigen Palmen ein Gebäude, das damals als *»Bett des Pharao«* berühmt war und heute als Kiosk des Trajan bekannt ist. Die Nutzung dieser östlichen Bucht der Insel mit ihrem sandigen Ufer verdeutlicht das Ruderboot, mit dem mehrere Personen, darunter eine Frau mit ihrem Kind, sowie Waren herangebracht werden. Das eigentliche Bildthema ist jedoch die malerische Ansicht des Kiosks, den Trajan (98–117 n.Chr.) errichten ließ. Der dachlose und unvollendet Tempel diente in der römischen Zeit dazu, die zum Isis-Tempel ziehenden Prozessionen zu empfangen. Als bedeutendes Heiligtum waren die Tempel der Granitinsel Philae noch lange nach der Christianisierung des Niltales in Betrieb und wurden erst im 6. Jahrhundert unter Kaiser Justinian geschlossen. Damit endete auch die Epoche der ägyptischen Kultur.

Der sechzehnsäulige Kiosk aus der römischen Kaiserzeit, mit seinen gelungenen Proportionen und den Blumenkapitellen bildet das reizvollste Bauwerk des ptolemäischen Tempelensembels und wurde im 19. Jahrhundert sehr häufig von europäischen Zeichnern und Malern dargestellt. Er gehörte daher zu den bekanntesten Tempeln des Nillandes in Europa. Owen Jones erreichte 1832, im Alter von 23 Jahren, nach seiner Ausbildung als Architekt, Ägypten, wohin er über Griechenland und die Levante, zusammen mit Jules Goury, gereist war. Jones' Hauptinteresse an der ägyptischen Baukunst galt ihrer für europäische Augen befremdlich erscheinenden Polychromie. Das Erlebnis der Farbigkeit der altägyptischen und der islamischen Architektur bestimmte sein weiteres Schaffen als Ornamentzeichner und Architekt des Historismus. 1851 entwarf er für die Londoner Weltausstellung die Farbzusammenstellung des Kristallpalastes im Hyde Park und gestaltete zusammen mit dem ehemaligen Ägyptenreisenden Bonomi in der Funktion als Direktor der Schönen Künste den aufsehenerregenden ›Egyptian Court‹ des Kristallpalastes von Sydenham. Dabei griff Jones auf Zeichnungen zurück, die während seiner Nilreise 1832/33 entstanden waren. Das vorliegende Aquarell diente als Vorlage für eine Illustration der von Jones und Goudry zusammengestellten, 1843 erschienen Publikation *Views of the Nile* (Tf. 21). Bereits 1840 hatte Jones ein weiteres Buch über Ägypten herausgegeben, die *Scenery of the Nile*. DS
Lit.: Ausst.Kat. Manchester (1983), Kat.Nr.275; Clayton (1983), S. 48, 162.

**1/137 (Abb. 537)**
**William Simpson**
**(Glasgow 1823–1899 London)**
**Franz Joseph, Kaiser von Österreich beim Besteigen der Pyramide**
Gizeh, 1869
Bleistift, blaue und graue Lavierung, 21,7 x 27,5 cm
London, The Trustees of the Victoria & Albert Museum (Searight Collection)

Im Jahre 1869 stattete der österreichische Herrscher Kaiser Franz Joseph, ebenso wie andere Mitglieder europäischer Königshäuser Ägypten einen Besuch ab. Der Grund war die am 17. November des Jahres feierlich begangene Eröffnung des Suezkanales, der zwischen 1859 und 1869 nach einem Entwurf Negrellis und unter der Leitung Lesseps angelegt worden war. Während seiner Staatsvisite absolvierte der Kaiser von Österreich ein umfangreiches Bildungsprogramm, zu dem auch die Besichtigung der Pyramiden von Giza gehörte. Wie andere Ägyptenreisende, die zu dieser Zeit bereits zahlreich waren, und wie auch die heutigen Touristen ließ sich Franz Joseph bei der mühseligen aber obligatorischen Besteigung der Cheopspyramide, des einzigen noch existierenden der Sieben Weltwunder, von einheimischen Helfern tatkräftig unter die Arme greifen. Die wenig hoheitsvolle Szene hielt der damals sehr bekannte Bildreporter William Simpson fest. Das Bild wurde in der Weihnachtsnummer der *Illustrated London News* mit einem Kommentar veröffentlicht. *DS*

Lit.: Clayton (1983), S. 52f.

1/138
**Pascal Xavier Coste (1787–Marseille–1879)**
**Die Restaurierung von Theben**
19. Jahrhundert
Tuschezeichnung, 44 x 79 cm
Marseille, Académie des Sciences, Lettres et Arts de Marseille

1/139
**Pascal Xavier Coste (1787–Marseille–1879)**
**Ideale Anordnung ägyptischer Monumente am Nil**
19. Jahrhundert
Tuschezeichnung, 50 x 80 cm
Marseille, Académie des Sciences, Lettres et Arts de Marseille

1/140 **(Abb. 538)**
**George F. Weston (1819–1887)**
**Ansicht der Nekropole von Giza**
Ägypten, 1846
Aquarell, 19,9 x 28,2 cm
Cambridge, The Syndics of the Fitzwilliam Museum (1631)

Das Aquarell des jungen englischen Reisenden George F. Weston (1819–87), das 1846 entstand, zeigt den Sphinx und zwei der drei Pyramiden der Nekropole von Giza aus östlicher Richtung. Auch in dieser Sandwüste hatten die Ausgrabungen bereits begonnen. Den Sphinx hatte man schon so weit freigelegt, daß die Ansätze seiner Pranken erkennbar wurden. Links neben dem monolithen Kalksteinkoloß entdeckte man später den Taltempel des Chephren, von dem ein steinerner Aufweg zur Pyramide des

*536 (1/136)*

*537 (1/137)*

Pharaos führte. Im rechten Hintergrund ist diese an ihrer markanten Spitze erkennbar, die noch von den feingearbeiteten Kalksteinplatten der ursprünglichen Ummantelung übrig blieben. Bei der Erhebung, die sich deutlich vor dem 136 Meter hohen künstlichen Grabhügel abzeichnet, handelt es sich möglicherweise um die Überreste des sogenannten Verehrungstempels, der vor der Ostseite der zweitgrößten Pyramide der Nekropole errichtet wurde. Rechts von der Chephrenpyramide, auf dem Blatt nicht wiedergegeben, steht die Pyramide des Cheops. Im linken Hintergrund erhebt sich die Pyramide des Pharao Mykerinos, mit ihrer

538 (1/140)

539 (1/142)

Höhe von 108 Metern die kleinste dieses einzigen heute noch erhaltenen Weltwunders der Antike. Links, also südlich, erkennt man zwei der drei kleineren Pyramiden, die neben ihr errichtet wurden. Seit der Antike waren die Pyramiden von Giza das Ziel der Ägyptentouristen. Die meisten Europäer, die das Nilland vom Mittelalter bis hinein ins 19. Jahrhundert besuchten, konnten nicht weiter nach Süden vordringen und erlebten die Monumente Ägyptens nur in diesen überaus gewaltigen Grabmonumenten. *DS*

Lit.: AUSST.KAT. INSPIRATION (1983), S. 129.

540 (1/143)

**1/141**
**George F. Weston (1819–1887)**
**Ansicht des Großen Tempels von Abu Simbel**
Ägypten, 1846
Aquarell, 19,7 x 28 cm
Cambridge, The Syndics of the Fitzwilliam Museum (1081)

Von der Flugsanddüne aus, die noch den ehemaligen Grad der Verschüttung des Felstempels, den Belzoni 1817 vorgefunden hatte, deutlich werden läßt, zeichnete im Jahre 1846 der Engländer George F. Weston die Front des Großen Tempels von Abu Simbel. Das reizvolle Aquarell ist das Werk eines Dilettanten, der im Alter von 27 Jahren, nach seinem Universitätsabschluß in Cambridge, eine Reise durch die Mittelmeeränder unternahm und dabei bis nach Nubien gelangte. Weston fand die Freilegung der Monumentalskulpturen und die Beseitung der Sandmassen aus dem Inneren dieses Tempels noch im vollen Gange. Am linken unteren Bildrand erkennt man die Reihen der Fellachen, die in Körben den Sand wegschaffen.

Der Besuch des berühmten nubischen Felsentempels war in den 40er Jahren des 19. Jahrhunderts schon unverzichtbarer Bestandteil einer jeden richtigen Ägyptenreise. Der Tempel Ramses II. war in ganz Europa bekannt, was sicherlich auf die Wirkung der Schriften Belzonis, aber auch auf andere Reisebeschreibungen, so beispielsweise das Stichwerk des deutschen Architekten Gau (1/29) zurückzuführen ist. Zu den zahlreichen Ägyptentouristen, die so weit in den Süden Ägyptens vordrangen, gehörte im Jahre 1837 auch der Fürst Pückler-Muskau, der festhielt: *»Die Wirkung der vier gegen siebzig Fuß hohen Kolosse an der Fassade des größten Tempels, die in majestätisch heiterer Ruhe, die Hände behaglich auf die Knie gelegt, in ihrer.(...) tiefen, geglätteten Felsennische dicht am Wasser sitzen und als des unterirdischen Heiligtums treue Wächter hier schon über dreitausend Jahre lang unverrückt harren und sich das Spiel der Wellen beschauen, ergreift vielleicht manche Einbildungskraft noch gewaltiger als die Säulen- und Obeliskenwälder Thebens.«* (Pückler-Muskau, *Orientalische Reisen*, 1840). *DS*

Lit.: AUSST.KAT. MANCHESTER (1983), S. 129; EGGEBRECHT (1982), S. 122.

**1/142 (Abb. 539)**
**J. E. Perring**
**The Pyramids of Gizeh, from actual survey and admeasurment**
**Aufgeschlagen: Pyramid** (Tafel XII)
London, 1839–42
Berlin, Staatsbibliothek Preußischer Kulturbesitz (gr. 2(F8) Ur 6989)

**1/143 (Abb. 540)**
**David Roberts & William Brockedon**
**Egypt & Nubia, from drawings made on spot by David Roberts (...) With historical descriptions by William Brockedon (...) lithographed by Louis Haghe, Bd. 1**
**Aufgeschlagen: Das Innere des Großen Tempels von Abu Simbel**
London, 1846
Berlin, SMPK, Kunstbibliothek
(Lipp Ma 27, Band I)

21 Jahre nachdem Giovanni Belzoni den Zutritt zum Inneren des Großen Tempels von Abu Simbel freigelegt hatte, besuchte der zu dieser Zeit bereits berühmte schottische Architekturmaler David Roberts (1796–1864) das von Ramses II. angelegte nubische Heiligtum. Roberts war schon lange vor seiner Nahostreise, die er 1838–39 unternahm und die ihn nicht nur nach Ägypten und Nubien, sondern auch nach Palästina führte, an dem Nilland und dessen uralten Architekturmonumenten mit interessiert. Bereits 1829 malte er für den Kunstsammler Lord Northwick ein gewaltiges, eher phantastisches Architekturbild, das den Auszug der Israeliten aus Ägypten zeigt. Während seiner von Oktober bis Dezember 1838 dauernden Fahrt, die ihn zusammen mit zwei Gefährten und ihren Dienern den Nil aufwärts bis nach Abu Simbel führte, fertigte Roberts eine große Anzahl von Landschafts- und Architekturzeichnungen, deren Themen sich nicht allein auf Darstellung der Altertümer beschränkten, sondern auch das für Europäer pittoresk anmutende moderne Leben des islamischen Ägypten mit einschlossen.

Nach seiner Rückkehr nach London wurden viele der Ansichten, die Roberts gefertigt hatte, durch den belgischen Graphiker Louis Haghe als Vorlagen für 124 Lithographien benutzt und von 1846 bis 1849 in drei großformatigen Bänden unter dem Titel *Egypte & Nubia* herausgegeben. Andere dienten Roberts selbst als Vorlage für begehrte Ölbilder.

Das vorliegende Blatt, das aus dem ersten Band der oben erwähnten Buchauflage stammt, ist typisch für die Vorgehensweise des Künstlers. Roberts erfaßte sehr exakt die Raumansichten der Monumente, er verstand es aber auch, malerisch besonders reizvolle Gesichtspunkte auszuwählen. Neben der majestätischen Erscheinungsweise der Bauten des alten Ägypten tragen aber auch die exotischen Staffagefiguren sehr zum hohen Reiz bei, den seine Blätter ausstrahlen. Roberts versteht es, mit ihnen eine Geschichte zu erzählen, so auch bei der vorliegenden Innenansicht des Tempels von Abu Simbel, die auch eine Darstellung von Ausgrabungen ägyptischer Mumien ist, die sicherlich in diesem Felsentempel nie zu finden waren.

Der Blick geht von dem noch immer durch die Flugsanddüne erhöhten Eingang in die Tiefe Halle mit ihren acht Osiris-Pfeilern. Im Hintergrund erkennt man das Portal zum Vierpfeilersaal, an dessen Ende sich der Zugang zum Allerheiligsten befindet. Wie kein anderer Maler und Zeichner der ersten Hälfte des 19. Jahrhunderts prägte David Roberts das Ägyptenbild seiner Zeitgenossen. Sein Buch wurde sehr schnell zu einer der populärsten Darstellungen Ägyptens in seiner Zeit. *DS*

Lit.: Ausst.kat. Manchester (1983), S. 121ff; Clayton (1983), S. 176f; de Vries (1983), S. 108ff; Guiterman (1978).

*541 (1/144)*

**1/144 (Abb. 541)**
**David Roberts & William Brockedon**
**Egypt & Nubia, from drawings made on spot by David Roberts (...)**
**Aufgeschlagen: Sphinx und Pyramide von Giza**
London, 1849
Berlin, SMPK, Kunstbibliothek
(Lipp Ma 27, Band III)

Roberts vorzüglich komponierte Darstellung der Nekropole des Alten Reiches bei Giza ist alles andere als ein nüchternes Architekturbild. Der schottische Maler zeigt vielmehr eine sehr persönliche Impression eines für Europäer faszinierenden Naturereignisses, die auf die topographischen Gegebenheiten keine Rücksicht nimmt. Darauf verweist auch der zweite Titel, den Roberts diesem Blatt gab: *»Erinnerung an die Wüste von Giza bei aufziehendem Sandsturm.«*

542 (1/146)

543 (1/147)

Von einem plötzlich aufziehenden Sandsturm, der mit rötlichbraunen Wolken in hoher Geschwindigkeit heranweht, wird eine Gruppe Araber überrascht. Eine große Karawane, welche die Wüste bei Giza durchzieht, ist gezwungen, in rascher Eile in einer flachen Senke nahe des Sphinx Schutz vor dem Sturm zu suchen. Das Jahrtausende alte Zeichen pharaonischer Macht überragt die hektisch agierenden Reisenden. Eine übergroße Sonne versinkt am Horizont, vor dem sich zwei weitere Pyramiden in der Ferne abzeichnen.

Daß der Sphinx von Giza genau nach Osten ausgerichtet ist, der Sonnenuntergang damit im Süden stattfindet und daß die beiden anderen Pyramiden von Giza bei weitem nicht so weit auseinander liegen, wie hier dargestellt, störte den sonst sehr genauen Architekturmaler wenig. Die Begegnung des Menschen in der unendlich scheinenden Wüste mit der unbezwingbaren, manchmal zerstörerischen Macht der Natur und deren Gegenüberstellung mit gewaltigen Menschenwerken, die den Kräften der Natur, scheinbar unüberwindlich, trotzen konnten, gibt diesem höchst malerischen Bild eine große Ausstrahlung, die über die Kritik rationaler denkender Maler wie Holman Hunt erhaben ist. Die delikat kolorierte Lithographie geht auf ein Ölgemälde zurück, das der Künstler dem Schriftsteller Charles Dickens geschenkt hatte. *DS*

Lit.: Clayton (1983), S. 32, 176f.

**1/145 (Abb. 533)**
**Auguste Mariette (1821–1818)**
**Choix de monuments et de dessins découverts ou exécutés pendant le déblaiement du Sérapéum de Memphis, Gide et J. Baudry**
**Aufgeschlagen: Tranchée ouverte à travers l'allée de Sphinx Découverte du 135e Sphinx**
(Tafel 3)
Paris, 1856
Berlin, Staatsbibliothek Preußischer Kulturbesitz (4° Ur 9754)

Auguste Mariette, eine der überragenden Gestalten der jungen Ägyptologie des 19. Jahrhunderts, Gründer der ägypitischen Altertümerverwaltung und des Ägyptischen Museums Kairo, Protagonist der wissenschaftlichen Feldarchäologie in Ägypten, begann seine ägyptologischen Studien als Autodidakt. Ausgangspunkt seiner überaus erfolgreichen Tätigkeit in Ägypten, die er in 35 teils gigantischen Ausgrabungen vom Delta bis zum 1. Katarakt entfaltete, waren seine Grabungen in Sakkâra, wo er 1850–1854 den Katakombenfriedhof der Apis-Stiere entdeckte und damit eine der großen archäologischen Sensationen des 19. Jahrhunderts schuf. Nahezu alle Unterlagen dieser Grabung sind unveröffentlicht oder verloren, die Funde sind über Museen in aller Welt verstreut. Die Sphinxallee auf Tafel III, seit der Ptolemäerzeit der monumentale Zugang zum

Serapeum, von Hunderten von Kalksteinsphinxen gesäumt, ist heute meterhoch unter Sand begraben. Mariettes Abbildung ist das einzige derzeit bekannte Dokument dieser bedeutenden Anlage. *DW*

**1/146 (Abb. 542)**
**Grabstele des Pa-nes**
Ägypten, Theben, um 1818 gefunden; Spätzeit, 26. Dynastie, um 600 v. Chr.
Sykomorenholz, Bemalung auf Stuck, H 40 cm, B 27 cm
London, The British Museum, Department of Egyptian Antiquities (8504)

Der Besitzer der Grabstele steht rechts im Bildfeld anbetend vor vier Gottheiten, dem Auferstehungsgott Osiris, dessen göttlichen Schwestern Isis und Nephthys sowie vor Kebeh-senu-ef, einem schakalköpfigen Schutzgott der Eingeweide. Himmelshieroglyphe und geflügelte Sonnenscheibe im Stelenhalbrund bilden den kosmischen Raum des Kontakts zwischen Menschen und Göttern. Der sechszeilige Hieroglyphentext enthält eine an mehrere Götter gerichtete Bitte um Opfergaben für Pa-nes. Erworben wurde die Stele 1823 aus der Sammlung Henry Salt. *DW*
Lit.: Bierbrier (1987), 27–28, pl. 48–49.

**1/147 (Abb. 543)**
**Grabstele der Nes-tjer-en-Maat**
Ägypten, Theben, um 1818 gefunden; dritte Zwischenzeit, um 900–800 v. Chr.
Sykomorenholz, Bemalung auf Stuck, H 27,3 cm, B 24,5 cm
London, The British Museum, Department of Egyptian Antiquities (8450)

Die Tempelmusikantin Nes-tjer-en-Maat steht, in ein transparentes Plissee-Gewand gekleidet, in anbetender Haltung vor dem falkenköpfigen Sonnengott Rê-Harachte. Von der Uräusschlange, die seine Sonnenscheibe umfängt, läuft eine Kette von Hieroglyphen, ›Leben‹ und ›Gesundheit‹ bedeutend, hinüber zum Gesicht der Beterin – ›Leben an deine Nase‹ als erhoffte Reaktion des Gottes auf das reiche Opfer, das vor ihm aufgebaut ist. Die Szene spielt in himmlischen Sphären: Über den beiden Türflügeln, die das Bild seitlich rahmen, spannt sich die blaue Himmelshieroglyphe, an der die geflügelte Sonnenscheibe entlangfährt. Erworben 1823 aus der Sammlung Henry Salt *DW*
Lit.: Bierbrier (1987), 15, pl. 16–17.

*544 (1/151)*

## Ägyptische Grabmalerei

Das britische Museum besitzt zahlreiche Kopien ägyptischer Grabmalereien von Henry Salt, Henry Beechey und Alessandro Ricci, die um 1818, kurz nach der Entdeckung des Grabes Sethos I. durch Battista Belzoni, entstanden sind. Für die Wissenschaft sind diese Aquarelle auch deshalb von großem Wert, da einige der Grabmalereien nur durch die Kopien, die in der Wiedergabe erstaunlich genau ausgeführt wurden, überliefert sind. Jedes Aquarell trägt eine Numerierung, die jedoch wahllos vorgenommen worden zu sein scheint, so daß sich nicht rekonstruieren läßt, ob die Sammlung heute vollständig ist. Die zu den Zeichnungen gehörigen Untertitel scheinen von der Hand Henry Salts (1780–1827) zu stammen. Er war ab 1815 britischer Generalkonsul in Ägypten und finanzierte während der Jahre 1816 bis 1827 mehrere Grabungen, auch jene Belzonis, an denen er teils aktiv teilnahm. Am Ende des Jahres 1817 bis Anfang 1818 unternahmen Salt, Beechy und Ricci eine Expedition, wohl mit der

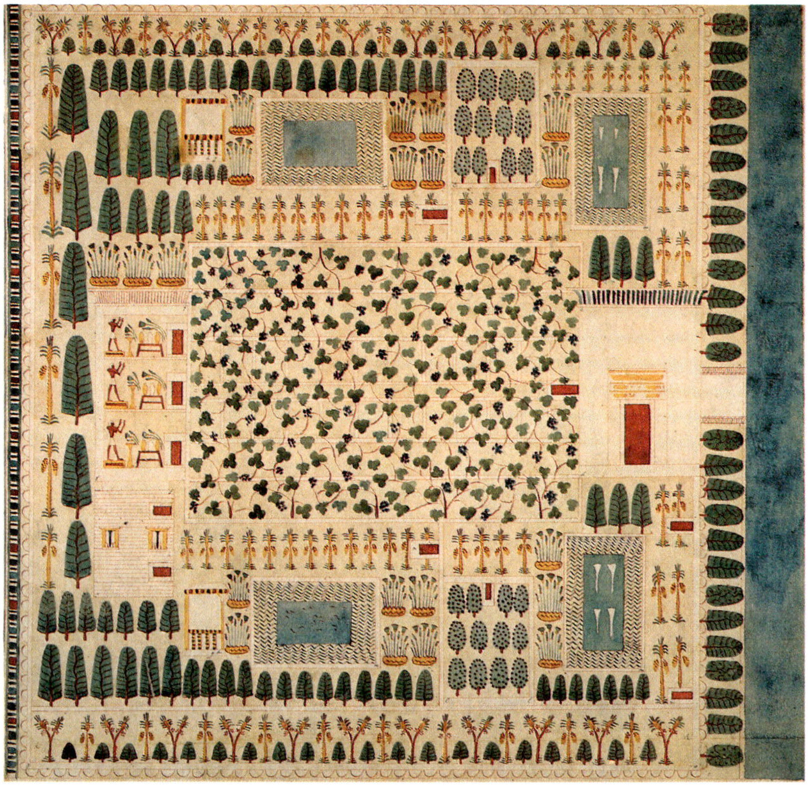

545 (I/154)

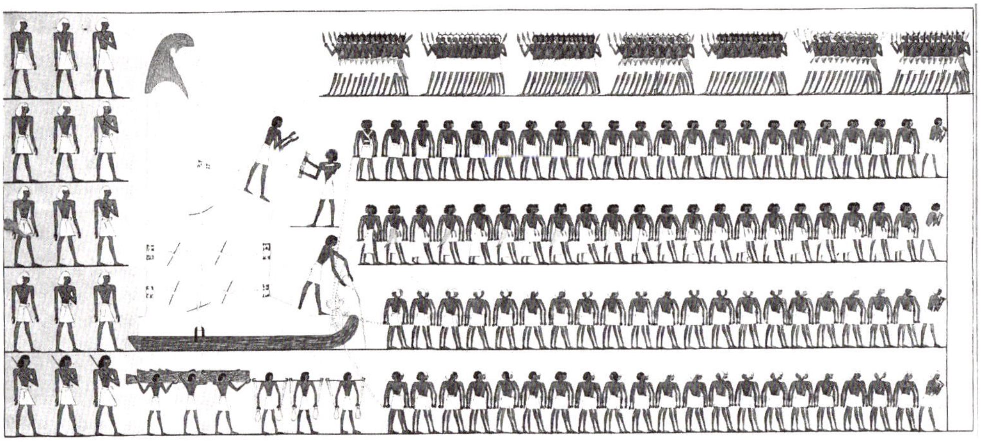

546 (I/155)

547 (1/150)

548 (1/153)

Intention, u.a. Neufunde in Oberägypten anzuschauen und zu zeichnen. Die Katalognummern 1/148–1/151 stellen Kopien von Wandmalereien aus dem Grab Sethos I. vor, die Salt anfertigte; aus dem Grab des Sennefer, des Vorstehers von Theben unter Amenophis II., stammt der Gartenplan. Alessandro Ricci scheint Kopien im Auftrage von Salt angefertigt zu haben (1/152–1/154).
Lit.: Ausst.Kat. Brighton (1983)

**1/148 (Abb. 52)**
**Henry Beechey**
**Kopie einer Wandmalerei aus dem Grab Sethos I.**
Ägypten, um 1818
Aquarell, Feder und Tusche, 49,2 x 50 cm
London, British Museum, Dept. of Egyptian Antiquities (Caption A)

**1/149**
**Henry Salt**
**(Lichfield 1780–1827 Dessuke bei Alexandria)**
**Kopie einer Wandmalerei aus dem Grab Sethos I.**
Ägypten, um 1818
Aquarell, Feder und Tusche, 66,5 x 52,5 cm
London, British Museum, Dept. of Egyptian Antiquities (Caption B)

**1/150 (Abb. 547)**
**Henry Salt**
**(Lichfield 1780–1827 Dessuke bei Alexandria)**
**Kopie einer Wandmalerei aus dem Grab Sethos I.**
Ägypten, um 1818
Aquarell, Feder und Tusche, 66,8 x 49,3 cm
London, British Museum, Dept. of Egyptian Antiquities (Caption C)

**1/151 (Abb. 544)**
**Henry Salt (Lichfield 1780–1827 Dessuke bei Alexandria)**
**Kopie einer Wandmalerei aus dem Grab Sethos I.**
Ägypten, um 1818
Aquarell, Feder und Tusche, 66 x 36,2 cm
London, British Museum, Department of Egyptian Antiquities (Caption E)

**1/152**
**Alessandro Ricci**
**Kopie der Panes-Stele**
Ägypten, um 1818
Aquarell, Feder und Tusche, 50,5 x 37 cm
London, British Museum, Department of Egyptian Antiquities (Caption K)

**1/153 (Abb. 548)**
**Alessandro Ricci**
**Kopie eines hölzernen Grabsteins aus Theben**
Ägypten, um 1818
Aquarell, Feder und Tusche, 32,4 x 28,7 cm
London, British Museum, Department of Egyptian Antiquities (Caption M)

**1/154 (Abb. 545)**
**Henry Salt**
**(Lichfield 1780–1827 Dessuke bei Alexandria)**
**Kopie von einem Garten einer thebäischen Grabmalerei**
Ägypten, um 1818
Aquarell, Feder und Tusche, 49,7 x 50 cm
London, British Museum, Department of Egyptian Antiquities (Caption P)

**1/155 (Abb. 546)**
**Alessandro Ricci**
**Kopie einer Grabmalerei des Djehutyhotpe**
Ägypten, um 1818
Aquarell, Feder und Tusche, 33,5 x 67 cm
London, British Museum, Department of Egyptian Antiquities (Caption Q)

Richard Lepsius

**Denkmäler aus Aegypten und Aethiopien. Nach den Zeichnungen der von seiner Majestät dem Koenige von Preußen Friedrich Wilhelm IV. nach diesen Ländern gesendeten und in den Jahren 1842–1845 ausgeführten wiss. Expedition** (6 Teile in 12 Bdn.)
Berlin, 1849–1859

»Seiner Majestät Friedrich Wilhelm IV, König von Preussen, seinem allergenädigsten Herrn, widmet diese Sammlung der ältesten Denkmäler menschlicher Kunst und Bildung, die Frucht der in hohem Sinne für wissenschaftliche Erkenntniss entsendeten und mit königlicher Munificenz ausgestattene Expedition nach Ägypten in tiefster Ehrfurcht der Herausgeber«. Diese Widmung eröffnet die bis heute umfangreichste in sich geschlossene und nach einheitlichen, streng wissenschaftlichen Kriterien erstellte Publikation ägyptischer Altertümer. Die ›Denkmäler‹ sind das bleibende Dokument einer dreijährigen Expedition, die – generalstabsmäßig vorbereitet – von Friedrich Wilhelm IV. ausgeschickt wurde und deren Leiter Carl Richard Lepsius (1810–1884), mit diesem Auftakt eine wissenschaftliche Karriere begann, die ihn nach J. F. Champollion zum Vater der Ägyptologie werden ließ. Als Feldarchäologe, Universitätslehrer und Museumsdirektor hat er auf allen Gebieten der Ägyptologie Pionierarbeit geleistet.

**1/156 (Abb. 549)**
**Ansicht des Labyrinthes und seiner Pyramide** (1. Abt., Bl. 43)
Berlin, SMPK, Ägyptisches Museum
Stadt- und Tempelruinen südlich der Ziegelpyramide des Königs Ahenemhet III. (1842–1797 v.Chr.) in Hawara, Fayun. Ein großer Teil der Ruinen ist seit Lepsius' Zeit völlig zerstört worden. Was bleibt, ist seine Publikation.

**1/157 (Abb. 550)**
**Pyramiden von Meroe** (1. Abt., Bl. 137)
Berlin, SMPK, Ägyptisches Museum
Die Lepsius-Expedition hat u.a. das Pyramidenfeld von Meroe erforscht, den nördlich von Khartum gelegenen, von 300 v. Chr. bis 300 n. Chr. benutzten Friedhof der Könige eines sudanesischen Reiches, das durch Lepsius erstmals deutlich ins Blickfeld der Wissenschaft und der Öffentlichkeit tritt.

**1/158 (Abb. 552)**
**El Amarna** (3. Abt., Bl. 100)
Berlin, SMPK, Ägyptisches Museum
Bildhauer bei der Arbeit; Echnaton in der Festprozession; Echnaton und Nofretete mit Königsmutter Teje und drei Prinzessinnen beim Mahl. Die Szenen im Grab des Huja in Tell el-Amarna belegen die Fähigkeit der Zeichner der preußischer Expedition, die stilistische Besonderheit der Kunst Echnatons wiederzugeben. Lepsius legt den Grund für das Verständnis der Religion und Kunst Echnatons, der Amarnazeit.

*549 (1/156)*

*550 (1/157)*

*551 (1/158)*

*552 (1/159)*

**1/159 (Abb. 552)**
**Hieratischer Papyrus** (6. Abt., Bl. 104)
Papyrus Berlin 3022 enthält den Anfang der Lebensgeschichte des Sinuhe, eines der beliebtesten Literaturwerke Altägyptens.

Lepsius hat mit seinen philosophischen und linguistischen Arbeiten das Entzifferungswerk Champollions vollendet und ihm zur internationalen Anerkennung verholfen.

553 (1/160)

**1/160 (Abb. 553)**
**Nestor L'Hôte**
**Notice Historique sur les obélisques égytiens et en particulier sur l'obélisque de Louqsor**
**Aufgeschlagen: ›Abattage de l'Obelisque de Louqsor‹** (Tafel Seite 64)
Paris, 1836
Berlin, Staatsbibliothek Preußischer Kulturbesitz (Ur 7360)

554 (1/161)

**1/161 (Abb. 554)**
**Willey Reveley (1760–1799)**
**Der Obelisk von Mataria**
Ägypten, 1785
Feder, Tinte, Aquarell, 66,8 x 48cm
London, The Trustees of the Victoria & Albert Museum (D. 444–1887 Q 4c)

Das Aquarell Willey Reveleys zeigt den in einer flachen Landschaft einsam aufrecht stehenden Obelisken von Mataria. Die Griechen nannten die Stadt, deren letztes Überbleibsel dieser Obelisk bildet, Heliopolis. Die Bibel kennt sie als On und als Ort, in dem Joseph seine ägyptische Frau heiratete. Für die Ägypter hieß die uralte Stadt und Zentrum ihres Sonnenkultes Iun. Der Obelisk wurde von Sesostris I. (1971–1927 v. Chr.) errichtet und ist das älteste noch am Platz erhaltene Steinsymbol dieser Art.

Auf der Rückseite seiner Zeichnung beschrieb der Künstler selbst das dargestellte Motiv. »*Nördliche Ansicht des Obelisken von Materea, des antiken Heliopolis, sechs oder sieben Meilen nördlich Groß Kairo. Die Hieroglyphen sind genau kopiert und es sind die gleichen auf allen vier Seiten. Er ist aus rotem Granit und aus einem Block – 68 Fuß hoch, nach Savary und Norden mißt er sechs Fuß sechs Inches Seitenlänge. Der Nil überschwemmt ihn, wenn er steigt und die Ebene wird dann der See von Materea genannt – gezeichnet am 14. August 1785.*«

Die Zeichnung Reveleys zeigt den Obelisken von Heliopolis mit einer merkbaren Verkürzung. Dadurch ist dem Zeichner die Aufnahme der obersten Hieroglyphen nicht ganz exakt gelungen. Ansonsten hält er sein Versprechen der Objektgenauigkeit ein. Reveley beruft sich bei seinen Maßangaben auf die Autorität zweier bedeutender Vertreter der ägyptischen Reiseliteratur des 18. Jahrhunderts. Frederick Ludwig Nordens *Voyage d'Egypte et de Nubie*, 1755 zuerst auf französisch erschienen, war das Standardwerk für Ägyptenreisende und ist danach in viele europäische Sprachen übersetzt worden. (1/55) Seine Beschreibung Ägyptens enthielt auch hervorragende Aufnahmen des Nillandes und seiner Altertümer. Claude Savarys *Lettres sur l'Egypte*, im gleichen Jahr 1785, in dem Reveley sein Aquarell fertigte, in Paris publiziert, entwickelten sich schnell zu einem Bestseller und nährten die Ägyptensehnsucht vieler Europäer. Auch vor der kriegerischen Ägyptenexpedition des französischen Generals Bonaparte war dieser Teil des Nahen Ostens bereits recht gut bekannt, Ägyptenreisen waren schon gegen Ende des 18. Jahrhunderts beliebt. Wegen der politischen Umstände konnten die wenigsten Europäer über Kairo hinaus nach Süden und damit zu den historischen Stätten Oberägyptens vorstoßen. Die wenigen erhaltenen Altertümer des Deltas, zu denen auch der Obelisk von Heliopolis zählt, wurden deshalb vielfach gezeichnet und beschrieben. *DS*

Lit.: Ausst.Kat. Manchester (1983), Kat.Nr. 43; Egypte (1983)

**1/162 (Abb. 555)**
**Dominique Vivant Denon (1747–1825)**
**Der sogenannte Obelisk der Kleopatra in Alexandria**
Alexandria, 1798
Wasserfarben, 25 x 20 cm
London, The Trustees of the Victoria & Albert Museum (Searight Collection)

In Sichtweite der Säule des Pompeius erhob sich seit der Zeit des Kaisers Augustus, um 10 v.Chr., bis zum Jahr 1877, als er als Geschenk des ägyptischen Herrschers nach London verschifft wurde, ein hieroglyphenbedeckter Obelisk aus rosafarbenem Granit. (vgl. 1/161–1/165) Zusammen mit einem zweiten Obelisken, der sich bis zum Erdbeben des Jahres 1301 neben ihm befand und dann umstürzte, schmückte er den von Augustus errichteten Tempel des Divus Iulius (Caesar). Ursprünglich wurden diese beiden Monumente unter Thutmosis III. um 1449 v.Chr. für den Tempel des Sonnengottes Re-Harachte in Heliopolis geschaffen.

Das Aquarell Dominique Vivant Denons zeigt den Zustand der Obelisken, wie er sich der französischen Ägyptenexpedition 1798 bot. Im Vordergrund liegen die Fragmente des gestürzten Obelisken, der 1869 vom Khediven den Amerikanern geschenkt wurde, die ihn 1881 im New Yorker Central Park aufstellen ließen. Unweit davon erhebt sich die »*Nadel der Kleopatra*«, wie der aufrecht stehende Obelisk seit dem 18. Jahrhundert genannt wurde, umlagert von einer Gruppe europäischer Forscher. Einige von ihnen besichtigen auch die im Hintergrund aufragende Befestigungsanlage, die

555 (1/162)

als ›Römerturm‹ bekannt war. Der Boden um die ägyptischen Denkmäler ist mit Ruinen und Steinen bedeckt.

Nicht allein das kritische Auge für die Geschichte ägyptischer Altertümer, auch sein Gespür für ihre mögliche Wiederverwendung zum Ruhme Frankreichs und des General Bonaparte wird aus der Beschreibung der Obelisken durch Denon deutlich. »*Man darf diese Obelisken nur ansehen und auf ihre Brüche achten, die schon damals existierten, als sie auf diesen Fleck aufgerichtet wurden, so begreift man, daß sie schon zu jener Zeit Fragmente waren, und aus Memphis oder sonst aus Ober-Ägypten hergebracht wurden. Sie könnten sehr leicht eingeschifft werden und in Frankreich eine charakteristische Siegestrophäe sein; denn sie sind an sich selbst ein Monument, und die Hieroglyphen, womit sie bedeckt sind, geben ihnen einen Vorzug vor der Pompejischen Säule, die weiter nichts als eine gewöhnliche Säule ist, nur etwas größer als die gewöhnlichen.*« (Denon [1802]). *DS*

*556 (1/163)*

**1/163 (Abb. 556)**
**John Dixon**
**Erster Versuch, den Obelisken zu verladen**
1877
Wasserfarben und Deckfarben, 33,5 x 50 cm
Sign. und dat.: August 29, 1877
London, The Museum of London (46.1/5)

Das vermutlich nach der Vorlage der von Dixon aufgenommenen Photographie (Museum of London) ausgeführte Aquarell zeigt die Lage des Obelisken in seinem Eisenzylinder am zweiten Tag der Versuche, ihn auf den Weg zu bringen. Um das Rollen zu erleichtern und Schäden zu vermeiden, wurde der Zylinder zunächst in zwei Holzräder von je drei Meter Durchmesser gespannt, die von flachen Eisenbändern zusammengehalten wurden. Vier mächtige Schraubenwinden wurden am Zylinder befestigt, und am ersten Tag zog man ihn hinunter zum Strand mittels einer Stahltrosse, die mit Spillwinden zweier vor dem Strand verankerter Leichter verbunden war. Starke Taue hielten ihn von Land aus, um ein Abgleiten zu vermeiden. Dies erwies sich aber als langwierig. Gegen Abend waren die Leichter zugunsten zweier Schlepper ausgetauscht worden, und der Zylinder blieb einen Meter unter Wasser am Strand liegen. Wie auf dem Aquarell dargestellt, zogen die Schlepper am Morgen des 29. August an, beobachtet von Einheimischen und Dixons Gesellschaft (Mitte links). Die hölzernen Verladerampen sind im Vordergrund zu se hen. Der Zylinder bewegte sich im Wasser träge bis zu einer Tiefe von zwei Metern weiter, blieb dort aber stecken, da ein großer, im Sand verborgener Stein ihn aufhielt. *CAF*
Lit.: Engineering (1977)

**1/164 (Abb. 85)**
**John Dixon**
**Der Obelisk in seiner beschädigten Hülle**
Wasserfarben und Deckfarben, 35,8 x 51,8 cm
Sign. u. dat.: August 31, 1877
London, The Museum of London (46.1/4)

Am 30. August ruderte Waynman Dixon zum Zylinder hinaus und stellte fest, daß dieser ganz unter Wasser stand, da die wasserdichten Verschlüsse der Schotten, die das Innere abdichten sollten, irrtümlich offen gestanden hatten. Zuletzt ordnete John Dixon den Bau eines hölzernen Unterbaus mit einer drei Meter im Quadrat messenden Basis an, der auf der seezugewandten Seite des voll Wasser gelaufenen Zylinders verankert wurde. Mit Hilfe eines an diesem Gerüst abgesicherten Flaschenzugs wurde das Behältnis bis zum 5. September soweit zurückgerollt, daß die beschädigte Platte aus dem Wasser hervorkam. Dieses Aquarell zeigt anscheinend eine der ersten zur Lagebesichtigung hinausgefahrenen Gruppen, beratschlagend, wie der Zylinder wieder flott gemacht werden könne, und den aufgerichteten (von den Amerikanern 1879 entfernten) Obelisken mit der Befestigungsanlage von Alexandria im Hintergrund. *CAF*
Lit.: Engineering (1877)

**1/165 (Abb. 87)**
**John Dixon**
**Landing the Obelisk: July 1878**
Wasserfarben und Deckfarben, 34 x 50,8 cm
Bez., sign. und dat.: John Dixon / 1878
London, The Museum of London (46.1/6)

Der Obelisk wurde schließlich bis an die Adelphi-Treppe des Victoria-Kais geschleppt (Ende Mai 1878) und bei Flut auf einen Schlitten aus Bauholz gehievt, der im Flußbett gefestigt war. Unter den Augen zahlreicher Zuschauer – darunter Prinz und Prinzessin von Wales und Premierminister Lord Beaconsfield – wurden Haube und Überbau entfernt und die Eisenplatten weggeschlagen. Der ab Mitte Juni freiliegende Obelisk wurde, geschützt von hölzernen Geländern, langsam aufgerichtet, wobei jeweils zwei hydraulische Winden von Tangye und Kreuzkonstruktionen verwendet wurden. Im Juli hatte er die Stufen überwunden und lag sicher auf der Plattform. *CAF*
Lit.: Engineering (1878).

## Carl Friedrich Thiele nach Karl Friedrich Schinkel

**(Neuruppin 1781–1841 Berlin)**
**Vier Dekorationen zu der Oper: Die Zauberflöte**
Schinkels Beschäftigung mit der Bühnenbildgestaltung findet 1815/16 mit den zwölf Dekorationen zu E. Schinkaneders Singspiel *Die Zauberflöte* (Musik von W.A. Mozart) ihren künstlerischen Höhepunkt. Seine spektakulären Entwürfe werden in der zeitgenösischen Berichterstattung ausführlich besprochenen und einhellig gelobt. Mit einer neuartigen-Konzentration auf jeweils wenige architektonische oder landschaftliche Motive bei den die Bühne nach hinten abschließenden Prospekten, erzielt Schinkel eine Wirkung von besonderer Monumentalität und großer visueller Suggestion. Das Bühnenbild ist nicht mehr eine Summe disparater Einzelformen, die Schauspieler oft zur Bedeutungslosigkeit degradierend, sondern *»alles faßt sich mit einem Blick in einem großen Eindruck zusammen, und Zeit und Aufmerksamkeit sind für den ungestörten Fortgang des Schauspiels gespart«* (E.T.A. Hoffmann, Dramat. Wochenbl. 2.3. 1816). Eine pointierte Farbgebung mit jeweils nur wenigen dominanten Tönen und eine oft kontrastreiche Lichtführung unterstreichen den monumentalen Eindruck noch. Der meist symmetrische Bildaufbau ist bestimmt von formalen Gegensätzen zwischen *»einprägsamen gebildeten Architekturformen in ihrer strukturellen Stereometrie und gewachsenem Urgestein«* (Eggeling, 1981, S. 272).

Die ägyptisierenden Architekturdarstellungen der Bühnenbilder sind reine Phantasiegebilde, besitzen jedoch in ihrer zeichnerischen Exaktheit die Qualität von Bauaufnahmen, so daß sie als reale Bauten vorstellbar wären. Formale Anregungen mag sich Schinkel aus zeitgenössischen Reiseberichten und Stichwerken über Ägypten geholt haben, wobei besonders D. V. Denons *Voyage dans la Haute et la Basse Egypte* (1802) als Einfluß in Betracht zu ziehen ist.

Die in der Ausstellung gezeigten vier Blätter sind kolorierte Aquatintastiche von Carl Friedrich Thiele nach den Originalentwürfen Schinkels, von denen die letzten drei im Schinkel-Museum erhalten sind. *JW*
Lit.: Mahlberg (1916); Harten (1974); Ausst.kat. Berlin (1980); Eggeling (1981).

**1/166 (Abb. 45)**
**Carl Friedrich Thiele nach Karl Friedrich Schinkel**
**›Dekoration zu der Schluss Scene der Oper: Die Zauberflöte (XII. Dekoration)‹**
Bez.: Schinkel del. C. F. Thiele fec.
Aquatinta in Sepia, koloriert; 28,3 x 39,6 cm
Berlin, Hochschule der Künste Berlin, Hochschulbibliothek (v 137 2°, Bl. 8)

**1/167 (Abb. 49)**
**Carl Friedrich Thiele nach Karl Friedrich Schinkel**
**›Dekoration zu der Oper: Die Zauberflöte Act II Szene VII‹**
Bez.: Schinkel del. C. F. Thiele fec.
Aquatinta in Grauschwarz und Graublau, koloriert; 28,4 x 40 cm
Berlin, Hochschule der Künste Berlin, Hochschulbibliothek (v 137 2°, Bl. 5)

**1/168 (Abb. 46)**
**Carl Friedrich Thiele nach Karl Friedrich Schinkel**
**›Dekoration zu der Oper: Die Zauberflöte Act I (1. Dekoration)‹**
Bez.: Schinkel del. C. F. Thiele fec.
Aquatinta in Sepia, koloriert; 28 x 40 cm
Berlin, Hochschule der Künste Berlin, Hochschulbibliothek (v 137 2°, Bl. 1)

**1/169 (Abb. 51)**
**Carl Friedrich Thiele nach Karl Friedrich Schinkel**
**›Dekoration zu der Oper: Die Zauberflöte Act II Szene XXVIII‹**
Bez.: Schinkel del. C. F. Thiele fec.
Aquatinta in Braun und Blau, koloriert; 28,3 x 39,8 cm
Berlin, Hochschule der Künste Berlin, Hochschulbibliothek (v 137 2°, Bl. 7)

557 (1/170)

558 (1/171)

**1/170 (Abb. 557)**
**William Turner (1775–London–1851)**
**Die fünfte Plage Ägyptens**
Bez.: The 5th Plague of Egypt the Picture late in the possession of W. Beckford Esqu.; Drawn & Etched by I. M. W. Turner Esqr. R. A. P.; Engraved by C. Turner und H
Radierung und Mezzotinto in Braun; 20,8 x 28,9 cm
Berlin, SMPK, Kupferstichkabinett
(R. 16-I./14–1901,45/),

Angeregt von Claude Lorrains *Liber Veritatis*, gab Turner in den Jahren 1807 bis 1819 in vierzehn Teilen den sogenannten *Liber Studiorum* heraus. In akademischer Absicht suchte er darin Beispiele verschiedener Arten von Landschaftsmalerei anschaulich darzustellen. Unterschieden wurden Berglandschaften, Pastorale, Seestücke, Architektur-Landschaften und historische Landschaften. In letztere Kategorie fällt die wohl irrtümlich mit *Die fünfte Plage Ägyptens* betitelte Radierung in Mezzotinto.

Zu sehen ist die Hagelplage und nicht die der Viehseuche: *»Und der Hagel erschlug in ganz Ägyptenland alles Gewächs auf dem Felde und zerbrach alle Bäume auf dem Felde«* (2. Mose 9,25). Einen Hinweis gibt Turner im Vordergrund: umgeknickte Bäume liegen zerschmettert am Boden und daneben, offenbar erschlagen, ein lebloser Mann und zwei Pferde. Ein Mann am Bildrand, vielleicht Mose, streckt zürnend seine Arme gen Himmel, während die kauernde Gestalt neben ihm verzweifelt den Kopf auf das Knie gesenkt hat. Hinter dem flachen Gebäude beginnt die weithin offene Ebene, in der drei Pyramiden aufragen. Eine Gebirgskette und die Silhouette einer Stadt begrenzen die Landschaft im Hintergrund. Der Himmel ist mit dunklen, schweren Wolken verhangen, aus denen aber schon die ersten hellen Strahlen der Sonne effektvoll hervorschießen.

Für das Unwetter auf diesem Druck standen Beobachtungen von Stürmen in den Bergen Nordwales Pate, die Turner auf einer Reise 1799 erlebt und zeichnerisch festgehalten hatte. Auf eine topographische Realität nimmt die Landschaft allerdings keinen Bezug. Turner hat Ägypten nie besucht und beschäftigte sich erst später mit der historischen Umgebung seiner Bibelszenen. *JF*

Lit.: Omer (1985), Ausst.kat Hamburg (1976).

**1/171 (Abb. 558)**
**William Turner (1775–London–1851)**
**Die zehnte Plage Ägyptens**
Bez.: Tenth Plague of Egypt – Published Jan 1816 by I. M. W. Turner: Queen Ann Street West.; Drawn & Etched by I. M. W. Turner Esq R A.; Engraved by W Say Engraver to HRH the Duke of Gloucester; H
Mezzotinto in Braun, 20,9 x 29 cm
Berlin, SMPK, Kupferstichkabinett
(R. 61 – II. [14–1901,50])

Die letzte der zehn Plagen, die das Volk Israel aus der ägyptischen Gefangenschaft zwingen sollen, überzieht das Land: der Tod aller Erstgeburt von Mensch und Vieh. Auf dem Weg, der in die Stadt führt, beklagen drei Frauen den Tod ihrer Kinder. Über ein lebloses Wesen beugt sich eine Frau, eine andere betrauert nur ein wenig abseits das Kind in ihrem Schoß. Weitere, nur umrißhaft erscheinende Gestalten vor der Stadtmauer und auf einer Treppe geben ihrem Leid gestenreich Ausdruck. Wiederum begleitet ein Unwetter den Zorn Gottes. Bäume und Gebüsch biegen sich unter dem Druck des stürmischen Windes. Der den Ausdruck verstärkende Kontrast zwischen der maßlos waltenden Natur und den diesen Gewalten ohnmächtig ausgelieferten Figuren ist in der Radierung gegenüber dem vorbildhaften Ölgemälde (1802) gemildert. Entsprechend den didaktischen Zwecken, die Turner mit dem ›Liber studiorum‹ verfolgte, rückt stattdessen der kompositorische Aufbau in den Vordergrund. Horizontale und vertikale Architekturlinien gliedern die Stadtansicht klar in parallele Ebenen. Diagonale Kompositionslinien durchkreuzen die gesamte Bildfläche. In der Bildmitte vermittelt ein steinernes Dreieck, wohl die Hälfte eines Giebels, die Bewegung der Bäume auf der Böschung zu den Büschen am Boden. Von der langen Seite der unten ins Bild ragenden Steinplatte führt eine Linie über die Köpfe der Frauen zum Sockel des Gebäudeteils links oben. Der Ausläufer des Blitzes findet seine Wiederaufnahme in einer Schattenlinie an der Stadtmauer und reicht bis zur oberen Kante der stufenartig abschließenden Mauer im rechten Vordergrund. Ungeachtet dessen verliert das für Turner typische Verschmelzen reiner Landschafts- und biblischer Historiendarstellung nur wenig an Kraft. *JF*

Lit.: Omer (1985); Ausst.kat. Hamburg (1976); Finberg (1964).

**1/172 (Abb. 559)**
**Dominique Louis Féréal Papety (1815–Marseille–1849)**
**Moise sauvé des eaux. Dessin en Rapport avec le tableau de Liebzig**
1837
Grau lavierte Bleistiftzeichnung 8 x 64 cm
Marseille, Musée des Beaux-Arts (82.03)

**1/173 (Abb. 58)**
**David Roberts (1796–1864)**
**Der Tempel von Dendera**
1841
Leinwand, 119 x 212 cm
Sign. und dat.: »*David Roberts 1841*«
Bristol, City of Bristol, Museum and Art Gallery (K 203)

David Roberts stellte das vorliegende Architekturbild, das den Portikus des ptolemäischen Tempels von Dendera zeigt, im Jahre seiner Fertigstellung, 1841, in der Royal Academie (Kat.Nr.223) in London aus. Im gleichen Jahre wurde Roberts zum Mitglied dieser königlichen Akademie ernannt.

Roberts hatte zwischen August 1838 und Februar 1839 selbst Ägypten bereist, anschließend dann auch weitere Teile des Nahen Ostens gesehen. Während seines Aufenthaltes im Orient fertigte er eine große Anzahl genauer Skizzen, die er später in England in Ölbilder umsetzte. Dazu gehört auch diese Ansicht, die sehr genau das Erscheinungsbild der noch zum großen Teil unter Sand verschütteten Fassade des Tempels zeigt.

559 (*1/172*)

Der Tempel von Dendera wurde zwar, wie heute bekannt ist, unter den späten ptolemäischen Königen Ägyptens begonnen und von den römischen Kaisern fertiggestellt, man rezipierte ihn im 18. und frühen 19. Jahrhundert jedoch als originär altägyptischen Bau der Pharaonen und würdigte die erhabene und gelungene Erscheinung seiner ›primitiven‹ Architektur allgemein als die des schönsten Tempels Ägyptens. Denon, der den Tempel während der Offensive der französischen Ägyptenexpedition des Generals Bonaparte im Jahre 1798 sah, feierte die 1841 von Roberts gemalte Säulenhalle des Tempels sogar als »*Heiligtum der Künste und der Wissenschaften*«.

Roberts' genaue Architekturaufnahme vermittelt die auch heute noch eindrucksvolle Erscheinung der Säulenhalle mit den Hathorkapitellen. Doch nicht alleine die monumentale Architektur, deren für europäische Betrachter ungewöhnliche farbige Fassung sich erhalten hatte, erregte das Interesse des Malers. Roberts schildert auf seinen Bildern auch immer wieder das zeitgenössische Leben der Einheimischen zwischen den Ruinen der Tempel, in die zunehmend europäische Reisende eindrangen. In diesem Falle erkennt man im rechten Vordergrund eine orientalische Festgesellschaft mit mehreren Musikern, die vor dem Portikus des Tempels lagern. Kleine Gruppen von orientalischen oder europäischen Reisenden in türkischen Gewändern inspizieren derweil die imposante Architektur des Tempels. Roberts selbst verwandte das Motiv des Hathortempels noch einmal in seinem Buch *The Holy Land (...) Egypt and Nubia* (London 1855–56, Bd.IV, Tafel 161). *DS*

Lit.: Ausst.kat. London (1984), Kat.Nr. 110, S. 223.

**1/174 (Abb. 61)**
**Sir Edward John Poynter (1836–1919)**
**Israel in Ägypten**
1867
Leinwand, 137,2 x 317,5 cm
Monogr. und dat.: 18 EJP 67
London, Guildhall Art Gallery, City of London (1014)

In der Akademieausstellung des Jahres 1867 präsentierte der junge Edward John Poynter sein monumentales Historienbild *Israel in Ägypten*, das er nach zwei Jahren Arbeit fertiggestellt hatte. Der Blick des durch die ersten wissenschaftlichen Studien kritisch geschulten Betrachters des 19. Jahrhunderts erfaßte eine Szene des in der Bibel knapp geschilderten Frondienstes des israelischen Volkes in Ägypten, den es beim Bau der Städte Pithom und Ramses zu leisten hatte (2. Moses 1.11ff).

Im Vordergrund des Bildes erblickt man eine große Anzahl Männer, die einen mit einem monumentalen Porphyrlöwen beladenen Wagen unter Peitschenhieben in einen Tempel ziehen, in dessen Eingang gerade das Pendant dieses Löwen verschwindet. Der dargestellte Tempel vereint Bau- und Dekorationselemente verschiedener Tempel von Luxor. Die Darstellung des Obelisken vor dem Tempeleingang folgt genau demjenigen aus Heliopolis, wie die lesbare Königskartusche Sesostris' I. belegt. Der Hintergrund des Bildes gerät vollends zum architektonischen Capriccio. Neben der malerischen und bekannten Baugruppe der spätzeitlichen Tempel von Philai mit dem kaiserzeitlichen Kiosk des Kaisers Trajan erblickt man die große Pyramide von Giza und dahinter die pittoresken Hügelzüge von Theben. Die Skulptur, die von den Angehörigen des Volkes Israel mühsam transportiert wird, geht schließlich auf ein bekanntes Löwenpaar zurück, daß Lord Prudhoe 1828 aus Nubien nach England brachte.

Die Kritiker, die die malerischen und erzählerischen Qualitäten des gewaltigen Historienbildes generell lobten, bemängelten allerdings auch diese willkürliche Zusammenstellung des Künstlers. Poynter ging es jedoch nicht primär um die ägyptologisch genaue Wiedergabe einer nur aus der Bibel bekannten ägyptischen Stadt, er nutzte vielmehr das Thema, um eine große Zahl sorgfältig gemalter Figurengruppen mit großem erzählerischen Elan und genau durchdachter Komposition zu vereinen. Ein dramatischer Zug geht dabei von dem Gegensatz des zur schwersten Arbeit gezwungenen Volkes Israel und der genau geschilderten Barkenprozession ägyptischer Priester aus. In den Einzelheiten, so der Beschreibung der Figurengruppen und der Darstellung der Gebäude, hält sich Poynter sehr genau an den damaligen Kenntnisstand der Ägyptologie, beispielsweise bei der kräftigen farbigen Fassung der Tempel.

Sir John Hawskmoor erwarb das in kurzer Zeit sehr bekannte Monumentalgemälde, gab es Poynter jedoch wieder zurück, damit dieser weitere versklavte Israeliten seiner Komposition hinzufügen konnte. Dem neuen Eigentümer und erfolgreichen Ingenieur erschien die Anzahl der dargestellten Männer nämlich als zu gering, um eine schwere Last wie einen Porphyrlöwen bewegen zu können. Den deutschen Professor für Ägyptologie in Leipzig und Erfolgsautor historischer Romane, Georg Moritz Ebers, störte die capricciohafte Wirkung der Darstellung jedoch nicht, er wählte das gelehrsame Historienbild als Frontispiz seines populären Werkes *Ägypten in Wort und Bild.* *DS*

Lit: AUSST.KAT. MANCHESTER (1983), Kat.Nr. 343, S. 137; CLAYTON (1983), S. 180f, SPALDING (1978) S. 65ff, Abb. 52–54.

**1/175 (Abb. 560)**
**Edwin R.A. Long (1829–1891)**
**Pharaos Tochter – Die Auffindung Moses**
1886
Leinwand, 196,7 x 276,8 cm
Bristol, City of Bristol Museum and Art Gallery (K 127)

Edwin R. A. Long gehört neben Sir Lawrence Alma Tadema und Edward John Poynter zu denjenigen Historienmalern der zweiten Hälfte des 19. Jahrhunderts, die besonders gerne und erfolgreich auf ägyptische Sujets zurückgriffen. Im Gegensatz zu den beiden anderen englischen Malern pflegte er jedoch nicht die Darstellung dramatischer Geschehnisse, sondern eher intime Szenen ägyptischer Bildwelten. So bei seinem großformatigen Gemälde *Pharaos Tochter – die Auffindung Moses*, das er 1886 in der Royal Academy ausstellte.

Am Ufer eines von Papyrus und Lotos bewachsenen Gewässers, zu dem eine von mit unlesbaren Hieroglyphen geschmückten Löwenskulpturen flankierte Treppe hinunterführt, erblickt man die Tochter des ägyptischen Herrschers. Eine Dienerin reicht ihr den Bastkorb mit dem Mosesknaben, den sie auf dem Rücken eines der Löwen abgestellt hat. Weitere Dienerinnen, welche die Königstochter zum Bade im Nil begleitet haben, beobachten den ungewöhnlichen und zutraulichen Fund.

Das Thema der Auffindung Moses gehört seit den Bildern Poussins im 17. Jahrhundert zu den biblisch abgesicherten Sujets, in denen eine exotische Umwelt mit der Darstellung einer nichtantiken Kultur des Altertums verbunden werden konnte. Long, der Ägypten auf einer Reise an den Nil im Jahre 1874 selbst kennengelernt hatte, legte einen großen Wert auf die Schilderung der realen Flora und Fauna des Landes. Im Mittelpunkt steht aber nicht die Landschaftsdarstellung oder eine gelehrsame Zusammenstellung ägyptologischer Erkenntnisse. Sein trotz des großen Formates intim erscheinendes Bild motiviert vielmehr die Darstellung leicht- oder unbekleideter Frauen. *DS*

Lit.: CLAYTON (1987), S. 180.

560 (1/175)

**1/176**
**Maxime Du Camp**
**(Paris 1822–1894 Baden-Baden)**
**Fotoalbum, Egypte, Nubie, Palestine et Syrie, Hrsg. Gide und Baudry**
Paris, 1852
125 Fotografien
Köln, Museen der Stadt Köln, Agfa Foto-Historama, Sammlung zur Geschichte der Fotografie (nicht ausgestellt)

**1/177**
**William Holman Hunt (1827–1910)**
**Ägyptisierender Stuhl**
1855/57
Mahagony, Sykomorenholz, Elfenbein und Ebenholz, 84 x 44 x 48 cm
Birmingham City Museum and Art Gallery, Department of Applied Art (M9'53)

Bei diesem ungewöhnlich ägyptisierenden, sehr fein gearbeiteten Stuhl handelt es sich um ein Exemplar von einem Paar. Es wurde von dem Mitbegründer der präraphaelitischen Bruderschaft, dem Maler William Holman Hunt, in den Jahren 1855 bis 1857 für den Salon (drawing-room) seines Anwesens Draycott Lodge in Fulham entworfen.

In seiner Autobiographie schildert er die Geschichte dieser Möbel. *»Bei der Möblierung meines neuen Hauses war ich entschlossen, soweit wie möglich die vulgären zeitgenössischen Möbel zu vermeiden. (...) Als einfache Sitzgelegenheiten befriedigten mich Windsorstühle, aber ich unterstützte deren Wirkung durch einen hübschen Lehnstuhl in der altenglischen Form, den ich mit einem ornamentalen Band und Wappenschild mit meinem Monogram schmückte, um ihm Individualität zu geben. Eine unabhängigere Leistung war der Entwurf eines Stuhles, der auf der Erscheinugsweise eines ägyptischen Schemels im British Museum beruhte, und der als dauerndes Beispiel eines schönen Möbels diente. Alle diese (Möbel) wurden ganz hervorragend von Herrn Grace gemacht. Zu diesen wurde die Anrichte gestellt, die mir von meinem großzügigen Freund Augustus Egg in Kenntnis meiner Liebe zur reinen Möbelform gegeben wurde.«*

Der ägyptische Schemel, den Hunt in seinen Erinnerungen erwähnt, befindet sich noch heute im British Museum in London. Er stammt aus der Zeit um 1250 v.Chr. (19. Dynastie). Hunts Stuhl zitiert das Vorbild bis auf ganz wenige Abweichungen des Ornaments sehr genau. Die gedrechselten Stuhlbeine, die Stege und die leicht gesenkte, geflochtetene Sitzfläche kopieren sehr exakt das historische Vorbild. Die aus den ägyptischen Formen entwickelte Rückenlehne nimmt wesentliche Elemente des Vorbildes wieder auf. Das Lotusband an der Rückenlehne geht auf ein anderes originär ägyptisches Sitzmöbel zurück, das sich in dem gleichen Museum befindet.

Holman Hunt entwarf diese Stühle kurz nach einer 1856 durchgeführten Reise in den Nahen Osten. In ihrer fast archäologisch genauen Übernahme ägyptischer Formen stehen sie den Idealen der zeitgenössischen Historienbildern Alma Tademas denkbar nahe. Diese außergewöhnlich ägyptischen Stühle erregten großes Interesse innerhalb der präraphaelitischen Bruderschaft, der Holman Hunt angehörte. Der Maler Ford Madox Brown war von dieser reinen Form einer Sitzgelegenheit überaus fasziniert und entwarf für die gerade gegründete Firma Morris, Faulkner and Co. einen eigenen ägyptischen Stuhl, der vereinfachend die Formen des hier vorgestellten Stuhles wiederaufnahm. Diese Übernahme durch die Firma von William Morris, des späteren Erneuerers des englischen Kunsthandwerks in der zweiten Hälfte des 19. Jahrhunderts, gewann erhebliche Bedeutung für die Entwicklung des englischen Designs. Ebenso wie die Sitzmöbel Holman Hunts wurde auch deren Vorbild, der ägyptische Schemel aus dem British Museum, von Ausstattungsfirmen, so Liberty and Co., im letzten Drittel des 19. Jahrhunderts nachgeahmt. Die ägyptischen Stühle des Holman Hunt und die auf ihnen angebrachten Ornamentformen finden sich auf verschiedenen Historienbildern präraphaelitischer Maler wieder, dienten Hunt aber auch selbst als Requisite für Portraits. *DS*

Lit.: Ormond (1966); Ausst.kat. Manchester (1983), Nr. 208, S. 101.

**1/178 (Abb. 561)**
**Adrien Guignet (Annecy 1816–1854 Paris)**
**Der persische König Kambyses als Sieger über Psammetich**
Vor 1841
Leinwand, 114 x 211 cm
Sign.: Adrien Guignet
Paris, Musée du Louvre, Département des Peintures (5255)

Die Episode, auf der das Historienbild beruht, geht auf eine Erzählung des griechischen Historikers Herodot (3. Buch, thaleia, I.14) zurück. Herodot schildert darin die Eroberung der ägyptischen Hauptstadt Memphis durch persische Truppen unter ihrem König Kambyses II. im Jahre 525 v.Chr. Nach zehntägiger Belagerung hatte Kambyses die prächtige Stadt eingenommen, der ägyptische Pharao Psammetich III. wurde sein Gefangener. Da die Ägypter die Herolde des persischen Monarchen zuvor getötet hatten, statuierte Kambyses an seinen Gefangenen ein Exempel. »*Er ließ ihn* (Psammetich) *neben anderen Aigyptern Platz nehmen und stellte seine Seelengröße durch folgendes auf die Probe. Er bekleidete seine Tochter mit einem Kleid der Sklavinnen und schickte sie mit einem Eimer nach Wasser. Mit ihr schickte er auch andere Jungfrauen, die er aus den ersten Familien ausgesucht hatte, in derselben Kleidung wie die Königstochter. Als die Jungfrauen unter Schreien und Wehklagen an ihren Vätern vorübergingen, da schrien auch alle anderen auf und klagten ihrerseits, als sie ihre Kinder so entehrt sahen. Psammetitos aber schaute zu Boden, als er sie vor sich erblickte und erkannt hatte.*« Danach wurden auch die Söhne der ägyptischen Oberschicht vorbeigetrieben, die, als Vergeltung für die ermordeten persischen Unterhändler, getöteten werden sollten.

Adrien Guignet stellt die erste Demütigung des grausamen Siegers dar. Der Maler hat die Szene vor die Stadt verlagert. Im Hintergrund erheben sich die Pyramiden von Giza, auch einen Obelisken erkennt man in der Ferne. Der entehrte Herrscher Ägyptens sitzt vor einen Schandpfahl, neben ihm steht der unerbittliche persische Sieger. Die Szene wird von einer ›ägyptischen‹ Kolossalstatue überragt. Die ägyptischen Jungfrauen, an ihrer Spitze die mit einer königlichen Geierhaube geschmückte Prinzessin, ziehen als Sklavinnen der Perser an ihren Vätern vorbei. Die Eroberer werden in Unterscheidung zu den Ägyptern in einer Tracht dargestellt, die entfernt an türkische Kleidung erinnert.

Ein Grabmal an der linken Bildseite wurde von den fremdländischen Eroberern bereits erbrochen, die Schätze des Königsgrabes liegen aufgetürmt übereinander. Bei den dargestellten Vasen handelt es sich übrigens zum Teil um ägyptisierende Gefäße, die um 1760 von Hubert Robert und Fragonard in Rom erfunden und später in der *Recueil de Griffonis* des Richard de Saint-Non veröffentlicht wurden. Das vorliegend Bild hatte der 25jährige Künstler, der durch seine biblischen Historien- und Genrebilder im Stil seines bedeutenderen Lehrers Alexandre Gabriel Decamps bekannt wurde, im Jahre 1841 im Salon der Académie ausgestellt. *DS*

**1/179**
**Sir Lawrence Alma-Tadema (Dronrijp 1836–1912 Wiesbaden)**
**Der Tod des erstgeborenen Sohnes des Pharao**
London, 1872
Leinwand, 77 x 124,5 cm
Amsterdam, Rijksmuseum (A 2664)

Das Historienbild Alma-Tademas zeigt die Wirkung der zehnten Plage, die der Gott Israels über Ägypten kommen ließ, um den Auszug sei-

561 (1/178)

nes auserwählten Volkes aus Ägypten zu erzwingen. Es handelt sich um den Tod der Erstgeburt Ägyptens. Im nächtlichen Palast erleidet die königliche Familie die Hilflosigkeit gegenüber der Rache Gottes. Der Pharao hält, starr sitzend und mit Tränen in den Augen, den Leichnam seines Sohnes in seinem Schoß, über den sich schmerzverzehrt die Königin beugt. Zur rechten des Herrschers sitzt in der typischen Weise des ›Würfelhockers‹ ein Arzt, die ›Reiseapotheke‹ auf einem Bastgestell neben sich. Weitere Priester haben mit der Totenklage begonnen. Die schaurige Szene wird von zwei Gestalten im rechten Hintergrund beobachtet, in denen man Moses und Aaron erkennen kann.

Dieses wohl emotionalste der ägyptischen Bilder Alma-Tademas ist von einer peinlich genauen Detailtreue. Die ägyptologische Forschung seiner Zeit datierte den Exodus in die 20. Dynastie (13. Jahrhundert v. Chr.). Daran orientierte sich der Künstler, der alle Elemente, seien es die Gewänder oder die Möbel und selbst die Fayencen, die den Palast schmücken, aus dieser Dynastie übernimmt. Fast jeder Gegenstand, den der Maler abbildet, läßt sich auf ein existierendes Kunstwerk aus einer ägytischen Museumssammlung zurückführen.

Sir Lawrence Alma-Tadema (1836–1912) gehört zusammen mit John Poynter (1/174) und Edwin Long (1/175) zu den drei großen Vertretern der englischen Salonmalerei des 19. Jahrhunderts, die besonders gern und erfolgreich auf das altägyptische Sujet zurückgriffen. Mit seinen Bildern der Gelehrsamkeit wurde er der mit Abstand fruchtbarste und fähigste Vertreter dieses Genres. Zum umfangreichen Œuvre dieses gefeierten Historienmalers der viktorianischen Epoche zählen neben mittelalterlichen und klassisch-antiken Sujets fast 30 größere und kleinere Gemälde, die das tägliche Leben im alten Ägypten mit archäologischer Genauigkeit rekonstruierten. Darunter findet sich auch das Bild *Zeitvertreib im Alten Ägypten vor 3.000 Jahren*, mit dem er 1864 die Goldmedaille des Pariser Salons gewann.

Der aus den Niederlanden stammende Alma-Tadema studierte zunächst an der Antwerpener Akademie Malerei. Im Jahre 1859, als er Schüler von Leys wurde, entstand sein erstes ägyptisches Historienbild *Der trauernde Vater*, mit dem eine Serie ägyptischer Bilder ihren Anfang nahm, die den Tod des Erstgeborenen thematisieren. In diese Folge gehört auch das vorgestellte Gemälde. Erst 1870 übersiedelte der Maler endgültig nach England. Mit dem vorgestellten Bild empfahl sich Alma-Tadema seinem englischen Publikum. Der Erfolg blieb nicht aus. Das Gemälde wurde im Jahr seines Entstehens vom *Pall Mall Magazine* zum Gemälde des Jahres gekürt und erhielt im folgenden Jahr 1873 eine Goldmedaille in Paris. Alma-Tademas Reputation verhalf ihm 1879 zur Mitgliedschaft in der Royal Academy und 1899 zur Erhebung in den Adelsstand.

In seinem Streben nach Authentizität der Darstellung wurde Alma-Tadema durch den deutschen Ägyptologen Georg Moritz Ebers (1837–1898) unterstützt, mit dem ihn eine enge Freundschaft verband. Alma-Tadema nutzte

562 (1/180)

neben diesem Ratgeber als Bildquelle für seine Salonbilder jede ihm verfügbare wissenschaftliche Publikation und die ihm erreichbaren Museumsbestände. Im Gegenzug griff Ebers gerne auf die Schöpfungen des niederländisch-englischen Malers als Illustrationen seiner weitverbreiteten Bücher und Romane zurück. Alma-Tademas ägyptische Visionen prägten nicht nur die Sehgewohnheiten des Historismus. Sie bestimmten auch das populäre Ägyptenbild bis hin zu den aufwendigen Hollywood-Filmen des 20. Jahrhunderts. *DS*
Lit.: CLAYTON (1983), S. 178f; RAVEN (1980), S. 103–117.

**1/180 (Abb. 562)**
**Thomas H. Shepherd**
**Ansicht der ›Egyptian Hall‹, Piccadilly**
London, 1815
Kolorierter Stahlstich, 13,5 x 18,7 cm (Blatt)
Bielefeld, Privatsammlung

Im Frühjahr 1812 eröffnete die Ausstellungshalle William Bullocks im Piccadilly. Das Haus firmierte zwar zunächst unter dem Namen ›London Museum‹, wurde aber als ›Egyptian Hall‹ berühmt. Den öffentlichen Erfolg des Hauses garantierte die ungewöhnliche Fassade, die der historistische Architekt Peter Frederick Robinson entworfen hatte. Robinson hielt sich in seinem ägyptisierenden Entwurf nicht an die bekannten Vorbilder des Nillandes, die durch Denons Werk und durch die seit 1809 erscheinende *Description de l'Egypte* allgemein bekannt waren. Er entwickelte vielmehr, ausgehend von den bereits allgemein bekannten ägyptischen Architekturformen, ein eigenes Fassadensystem mit zwei durchfensterten Stockwerken, das den Eingangsbereich risalitartig betonte. Das gesamte, geböscht erscheinende Gebäude wurde von Rundstäben eingefaßt und von einem Hohlkehlengesims bekrönt. Diese Motive wurden auch auf die Fensteröffnungen des Obergeschosses übertragen. Die Fenster des Sockelgeschosses imitieren Scheingewölbe, wie sie aus ägytischen Pyramiden bekannt waren, das Eingangsportal flankieren Bündelsäulen. Die darüberliegende, überhöhte Fensteröffnung beherbergt zwei Statuen, die eine Frau und einen Mann darstellen (Isis und Osiris). Die inneren Fenster- und Portalumrahmungen wurden mit Scheinhieroglyphen überzogen. Insgesamt handelt es sich bei der Fassade um eine unarchäologische Annäherung an ägyptisches Formengut, das die Vorbehalte gegen eine Verwendung ägyptischer Vorbilder durch die moderne Architektur bei den Fachkollegen Robinsons eher noch verstärkte. Trotzdem finden sich bei Foulstons Bibliothek in Devonport (1823) und bei dem ›ägyptischen‹ Haus von Penzance (um 1830) deutliche Anleihen an die ›Egyptian Hall‹ am Piccadilly.

Der Besitzer des Museums Bullock stellte zunächst in den normal gestalteten Schauräumen seine Sammlung ausgestopfter Tiere und moderner Kunstwerke aus. Den damaligen Zustand des Hauses zur Zeit der Eröffnung zeigt eine Radierung in Ackermanns *Repository of Art* (August 1815). Seit 1816 nutzte Bullock das Gebäude für verschiedenartige Wechselausstellungen. 1819 wurde dann ein großer Raum von J. B. Papworth in ›ägyptischen‹ Stil umgebaut. Am 1. Mai 1821 wurden in diesem auch äußerlich besonders dafür geeigneten Gebäude Belzonis ägyptische Altertümer und Zeichnungen der neugierigen Öffentlichkeit präsentiert, die hier auch zwei nachgebaute Kammern aus dem Grab Sethos' I., sowie Modelle von verschiedenen Tempeln und der Chephrenpyramide sehen konnte, die Belzoni für Europa entdeckt hatte. In der Zeit, als diese aufsehenerregende ägyptische Ausstellung in London präsentiert wurde, entstand das vorliegende Blatt, das McClatchy nach einer Zeichnung von Shepherd gestochen hatte. *DS*
Lit.: AUSST.KAT. MANCHESTER (1983), S. 67f, Kat.Nr. 141–143; CURL (1983), S. 129; PEVSNER (1971), S. 174.

**1/181**
**Friedrich August Stüler**
**(Mühlhausen 1800–1865 Berlin)**
**Das Neue Museum in Berlin**
Berlin, 1862
Farblithographie, 37 x 27 cm
Berlin, Technische Universität Berlin, Plansammlung der Universitätsbibliothek (B 628)

## Mesopotamien und Persien

**1/182 (Abb. 101)**
**Kudurru (Caillou Michaux)**
Kassitisch, Regierung Marouk-nadin-ahhe von Babylon, Anfang 11. Jh.
Schwarzer Serpentin, H 46 cm, Dm 20 cm
Paris, Bibliothéque Nationale, Cabinet des Monnaies, Médailles et Antiques

Der ›Caillou Michaux‹ gehört in die Denkmälergattung der Kudurru (Grenzsteine), die ihrer Funktion nach in Stein gearbeitete Urkunden waren. Sie wurden nach der juristischen Verhandlung angefertigt und in Kopie oft im Tempel ausgestellt, wo sie jedermann zugänglich waren. Königliche Landschenkungen an Einzelpersonen sind Gegenstand des Inhaltes. Das Anfertigen von Kudurrus tritt erst mit der Kassitenherrschaft über Südbabylonien (mittelbabylonische Zeit) seit dem 15. Jahrhundert v. Chr. auf. Die Kassiten gehören einer Bevölkerungsgruppe an, die ihre Wurzeln im Zagros-Gebirge hatte und keine semitische Sprache benutzte. Unter ihrer Vorherrschaft blieb trotzdem das Akkadische mittelbabylonischer Prägung fortwährend in Gebrauch. Im Jahre 1786 brachte der französische Botaniker André Michaux diesen Kudurru nach Europa. Abgesehen von kleineren Funden (vgl. 1/30) dürfte der ›Caillon Michaux‹ das erste größere Objekt aus dem Zweistromland sein – das sowohl eine figürliche Darstellung als auch einen Keilschrifttext trägt -, welches nach Europa gelangte. Der Stein wirkt von vorne kieselförmig, im Profil eher linsenförmig. Zur Spitze hin ist er verjüngend zugehauen und danach vollständig poliert worden. Die freie, unbehauene Fläche gliedert sich in einen Bauchbereich, wo die Inschrift in Kolumnen und sauber getrennten Zeilen untergebracht ist. Der Bildteil beschränkt sich auf die Spitze und ist dort in zwei Register unterteilt, die die einzelnen Göttersymbole zeigen (ein Merkmal des Kassitenzeit), unter deren Schutz dieser Vertrag gestellt wird. In vielen Fällen erscheint im Text noch eine Fluchformel, die jeglicher Veränderung vorbeugen soll. Auf der Steinspitze neben der Schlange, der Eidgottheit schlechthin, erscheinen die Astralgottheiten Sön (Mondgott), Samas (Sonne) und Istar (Venusstern). Man erkennt weiterhin die doppelte Hörnerkrone des alten Himmelsgottes Anu, den Griffel Nabus (Schreibergott) und das Symboltier- der Mushussu – des Marouks von Babylon (Stadtgott), weiterhin das Blitzbündel vom Westgott Adad, die Lampe der Unterweltsgottheit Nusku, den Hund der Gula (Heilgöttin) und noch viele andere Symbole, die nicht sicher bestimmten Göttern zugeordnet werden können. *SB*

Lit.: Seidl (1868); S. 47ff; Ausst.kat. Paris (1982), Port Nr. 305.

**1/183**
**Leonhard Rauwolf**
**(Augsburg 1535/40 – 1596 Waitzen)**
**Leonharti Rauwolfen / der Artzney Doctorn / und bestelten Medici zu Augspurg. Aigentliche beschreibung der Raiß / so er vor diser zeit gegen Auffgang inn die Morgenländer / fürnemlich Syriam, Judaeam, Arabiam, Mesopotamiam, Babyloniam, Assyriam, Armeniam, ec. nicht ohne geringe mühe unnd grosse gefahr selbs volbracht: neben vermeldung vil anderer seltzamer und denckwürdiger sachen / die alle er auff solcher erkundiget / gesehen und observiert hat**
**Aufgeschlagen: Titelseite**
Frankfurt, 1582
Berlin, Staatsbibliothek Preußischer Kulturbesitz (Uk 2972 R)

Leonhard Rauwolf studierte Medizin an deutschen, italienischen und französischen Universitäten. Nach seiner Rückkehr aus Montpellier wurde er 1571 in Augsburg von der Stadt angestellt. Er entwickelte ein naturwissenschaftliches Interesse an der Pflanzenkunde, wozu er Werke antiker Autoren heranzog: Die *Historia naturalis* des Plinius d. Ä. (1. Jahrhundert n. Chr.) und Werke des Theophrastus von Eresos sowie des Dioscorides Pedacius von Anazarba (1. Jahrhundert v.Chr.) werden von ihm mehrfach zitiert. 1573 bis 1575 unternimmt er eine Reise in den Nahen Osten u. a. mit der Absicht, neue Pflanzen zu entdecken und die Angaben der antiken Autoren zu überprüfen. Er reist als Arzt im Gefolge einer Handelsexpedition seines Schwagers Melchior Manlich. Die Reise führte über Tripolis, Aleppo bis nach Bagdad. Auf dem Rückweg besucht er auch Jerusalem. Von Aleppo aus bricht er in einer armenischen Karawane am 13. August 1574 nach Bagdad auf. Am 24. Oktober gelangt sie nach einer mehrtägigen Flußfahrt in Felugia an. Die dortigen Ruinen identifiziert Rauwolf als die von Babylon. Den ›Turm zu Babel‹ sieht er in den Resten, die auf einem Hügel liegen. Allerdings sei der Zugang kaum möglich, weil er von giftigen Insekten bevölkert sei, darunter einem *»Tierlein, welche im Persischen ›Elgo‹ genannt werden ... sie (...) haben drei Köpfe (...)«*. Skeptisch schränkt er ein, daß er dies nur von anderen gehört habe.

Vor und nach Rauwolf haben andere Reisende den »Turm zu Babel« gesucht und beschrieben (1/238). *RL*

Lit.: Junginger (1969); Dannenfeldt (1968); Wiesner (1959); Beckmann I (1971), S. 1–21; Klengel-Brandt (1982).

563 (1/185)

**1/184**
**Johann Albrecht von Mendelslo**
**(Schöneberg/Ratzeburg 1616 – 1644 Paris)**
**Des Hoch Edelgebornen Johann Albrechts von Mandelso Morgenländische Reysebeschreibung. Worinnen zugleich die Gelegenheit und heutiger Zustand etlicher fürnehmen Indianischen Länder / Provincien / Städte und Insulen / sampt derer Einwohner Leben / Sitten / Glauben und Handthierung: wie auch die Beschaffung der Seefahrt über das Oceanische Meer**
**Aufgeschlagen: Persepolis** (Seite 13)
Schleswig, 1658
Berlin, Staatsbibliothek Preußischer Kulturbesitz (4(F8) Uk 3160 R)

Als Kammerjunker des Gesandten des Herzogs von Hollstein reist von Mandelslo 1636 nach Moskau und Persien. Seine Reisebeschreibung wurde posthum von Adam Olearius herausgegeben. Der Bericht über das zerstörte Persepolis befindet sich im fünften Kapitel des ersten Buches. Die Illustration ist wohl nach dem Text entstanden und nicht eine auf eigener Beobachtung beruhende freie Gestaltung: Die Details der Terrasse mit ihren Zugängen und Bauten entsprechen nicht der Wirklichkeit. In den Anmerkungen des Olearius sind die Quellen zu Persepolis gesammelt: Danach habe es Alexander bereut, Persepolis auf Initiative einer ›versoffenen Hur‹ angezündet zu haben. *RL*

**1/185 (Abb. 563, 564)**
**Thomas Herbert (1606–York 1682)**
**Some years travels into divers parts of Africa and Asia the great. Describing more particularly the empires of Persia and Industan. (...) As also, many other (...) kingdoms in the Oriental India**
**Aufgeschlagen: Ruines of Persepolis**
(nach Seite 152)
London, 1677
Berlin, Staatsbibliothek Preußischer Kulturbesitz (4(F8) 218 221)

Sir Herbert Thomas besuchte als Begleiter der englischen Gesandtschaft des Dormer Cotton 1627/28 Persien, um darauf weiter nach Ceylon und Mauritius zu reisen. In Persepolis, das ihn überaus begeisterte, verweilten er und seine Begleiter zwei Tage. Die Überreste der durch Alexander den Großen zerstörten Sommerresidenz der Achämeniden erscheinen durch die etwas phantastische Darstellung der geflügelten Torwächter und der noch aufrechtstehenden Wände des Palastes wie eine visionäre, ideale Palast-Ruine.
Lit.: Beckmann II (1971), S. 627–646.

**1/186 (Abb. 565)**
**Jan Jansz. Struys**
**Joh. Jansz. Straußens Sehr schwere / wiederwertige / und Denckwürdige Reysen / durch Italien / Griechenland / Lifland / Moscau / Tartarey / Meden / Persien / Türckey / Ost-Indien / Japan und unterschiedliche andere Länder (...)**
**Aufgeschlagen: Ansicht von Persepolis**
(Abbildung nach Seite 188)
Amsterdam, 1678
Berlin, Staatsbibliothek Preußischer Kulturbesitz (2° Pu 7585)

Strauss hat zwischen 1647 bis 1673 mehrere Reisen nach Asien unternommen, die ihn bis nach Japan geführt haben. 1670 war er in persischer Gefangenschaft. Die während der Reisen angefertigten Zeichnungen wurden nicht von ihm gestochen. Die ›Rekonstruktion‹ des Palastes von Persepolis ist reinste Phantasie, wobei die Architektur mit exotischen Szenen bevölkert ist. Elemente wie die freistehenden Säulen, die Terrasse und die Treppenrampe sind Abstraktionen der Architektur von Persepolis.
Lit.: Michaud 40 (1856ff).

**1/187**
**Johannes Chardin**
**Journal du voyage du Cheval. R. Chardin en Perse, & aux Inde Orientales, par la Mer Noire & par la Colchide**
**Aufgeschlagen: Sepulchre de Sefy Premier**
(Tafel 16)
London, 1686
Berlin, Staatsbibliothek Preußischer Kulturbesitz (2° Um 4626 R)

Der Juwelier Chardin unternahm 1665 eine Reise nach Ostindien; 1666 ist er in Persien. Nach seiner Rückkehr 1669 unternimmt er bereits 1671 eine zweite Reise, die ihn nach Smyrna und Transkaukasien führt. Im georgischen Tiflis wohnt er 1673 einem Fest bei. Die datierte Radierung zeigt den georgischen Prinzen, getrennt von den anderen, in logenähnlichen Separierungen sitzenden Teilnehmern, unter einem Baldachin.
Lit.: Chalmers 9 (1813).

**1/188 (Abb. 566–572)**
**Cornelis de Bruin**
**(Bruyn, Haag 1652–1726/27 bei Utrecht)**
**Cornelis de Bruins Reizen over Moscovie door Persie en Indie: Verrjkt met Drie hondert konstplaten. (...) Alles door en Auteur zwelf met groote naeukeurigkeit na't leven afgetekent, en hoit voor dezen in't ligt gebragt**
**Aufgeschlagen: De twee Portalen en twee Kolommen** (Tafel 121)
Amsterdam, 1711
Berlin, Staatsbibliothek Preußischer Kulturbesitz (2° Uk 3292 R)

564 (1/185)

565 (1/186)

566 (1/188)

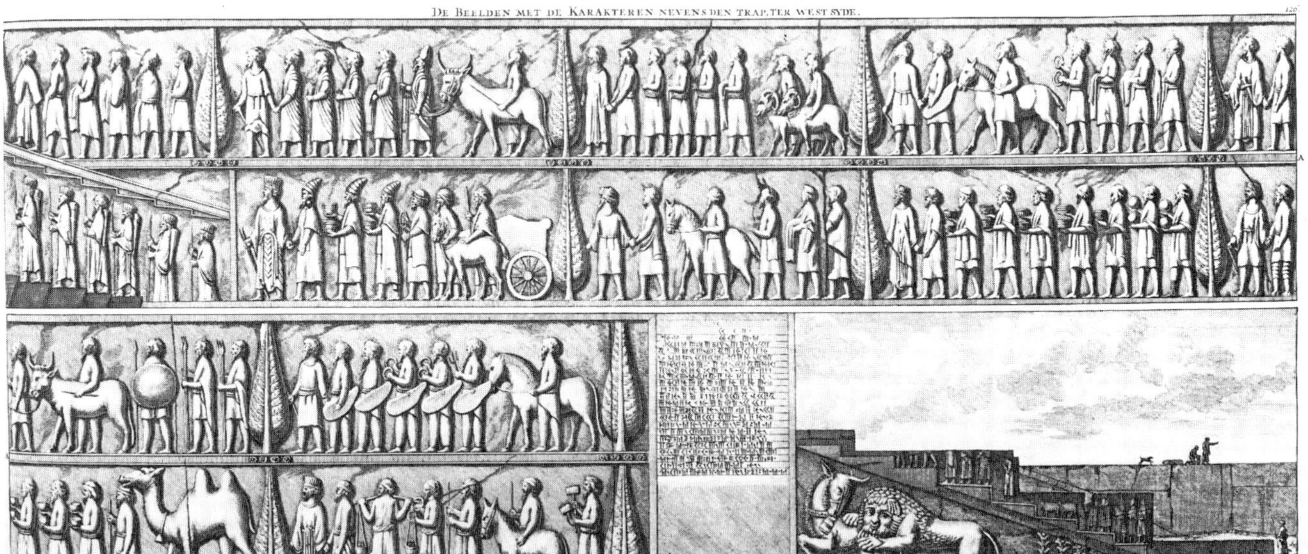


567 (1/188)

Zwischen 1701 und 1708 unternahm Cornelis de Bruyn eine zweite Reise über Archangel durch Rußland, Persien, Indien, Ceylon und Java. In Persepolis hielt er sich fast drei Monate auf (Nov. 1704 bis Ende Januar 1705), wo er sorgfältige Zeichnungen der Ruinen anfertigte. Die ungenauen Darstellungen anderer Zeichner seien bedingt durch die Eile, mit der diese aus der unwirtlichen Gegend zu verschwinden trachteten. Bei den »*Twee Portalen en twee Kolommen*« handelt es sich um das Xerxes-Tor, das nach der Monumentaltreppe den Zugang zu den Festsälen bildete. Das unter Xerxes (485–465 v.Chr.) entstandene Tor war ein quadratischer Saal mit drei Toren, dessen Decke von vier Säulen gestützt wurde. Die äußeren Portale wurden von Sphingen und Stiergestalten bewacht. *RL*

Lit.: Beckmann II (1971), S. 409–429; Persepolis (1980).

568 (1/188)

569 (1/188)

570 (1/188)

571 (1/188)

572 (1/188)

**1/189 (Abb. 573)**
**Anthony Sherley (1565–1635)**
**His Relations of His Travels into Persia; in: Churchill, Collection of Voyages and Travels, Bd. 7**
**Aufgeschlagen: »The City of Babylon«**
(Falttafel nach Seite 752)
London, 1752
Berlin, Staatsbibliothek Preußischer Kulturbesitz (2° Ps 6394)

Anthony Sherley, Abkömmling einer englischen Adelsfamilie, hatte seinen Studienplatz in Oxford allzubald gegen einen militärischen Rang vertauscht, womit er es zu schnellem Ruhm brachte. Vielleicht trieb ihn eine unglückliche Heirat aus seinem gesicherten Dasein. Eine Expedition gegen die im Golf von Guinea stationierten Portugiesen führte ihn wider alle Voraussicht nach Venezuela und Neufundland, was ihm gleich nach seiner Rückkehr die Gelegenheit gab, in Hakluyts *Voyages and Discoveries* von seiner Reise zu berichten. Dem finanziellen Ruin hoffte er als Söldner im Dienste eines italienischen Fürstentums zu entgehen, doch als aus der Sache nichts wurde,

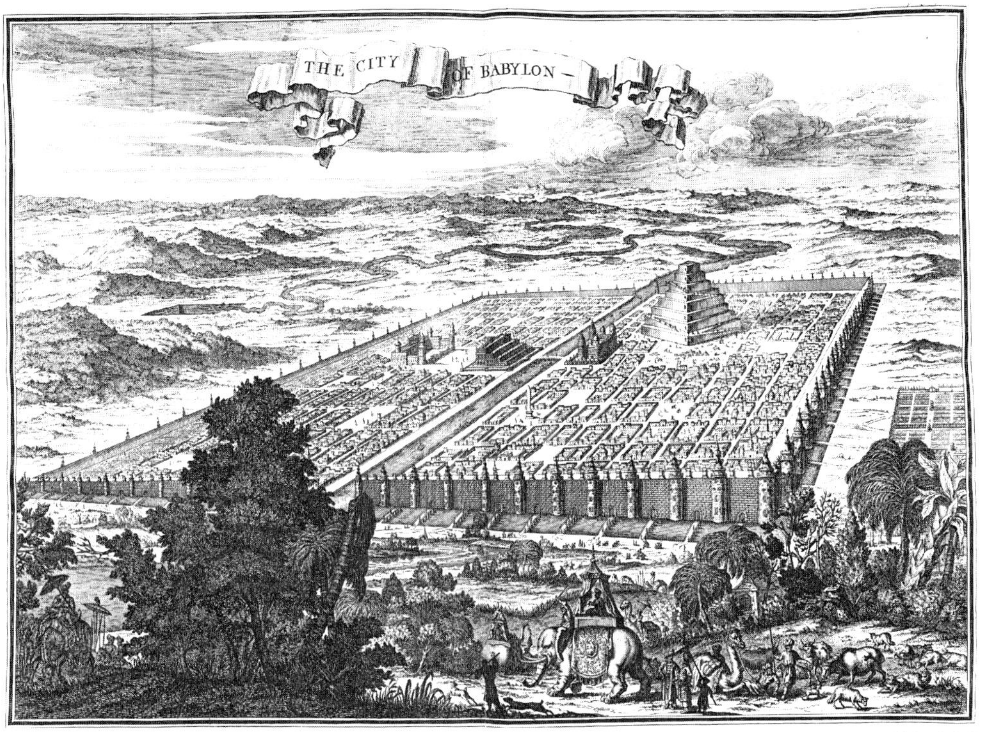


573 (1/189

machte er sich im Jahre 1599 nach Persien auf, nicht ohne sich selbst zum Botschafter des englischen Königs ernannt zu haben. Nach seiner Rückkehr gab er an den europäischen Fürstenhöfen sein Debut als persischer Gesandter – mit wechselndem Erfolg. In Venedig wurde er seiner Schulden wegen arretiert. Später erhielt er ein Empfehlungsschreiben der englischen Regierung, das sich an *»the princes and strangers by whom he might pass«* richtete. Rudolf II. schickte ihn auf diplomatische Mission nach Marokko. Am spanischen Hof ernannte man ihn zum Admiral über eine Armada gegen die Türken. Das Unternehmen schlug fehl, und so begann Sherley, einen Bericht von seinen Abenteuern in Persien niederzuschreiben, der 1613 in London erschien. Freilich, die Schriftstellerei war seine Stärke nicht. Die letzten Lebensjahre rettete ihn, den vorgeblichen Grafen des Heiligen Römischen Reiches, eine Pension des spanischen Königs über die größte Armut hinweg.

Sherley war ein würdiger Vorfahr des Barons Münchhausen und wurde darin allein von seinem Bruder Robert übertroffen, von dem van Dyke 1622 in Rom ein Porträt anfertigte, das ihn im Kostüm eines persischen Botschafters zeigt (vgl. 1/240). *RSB*

**1/190 (Abb. 574)**
**Karsten Niebuhr (Westerende 1733–1815)**
**Reisebeschreibung nach Arabien und anderen umliegenden Ländern, Bd 2**
**Aufgeschlagen: Relief der Freitreppe des Apadana-Baues in Persepolis**
(Tab. XXIII)
Kopenhagen, 1774–78
Berlin, Staatsbibliothek Preußischer Kulturbesitz (4° Um 1529–2?)

Karsten Niebuhr, geboren 1733 in Westerende, Lüdingworth an der Niederelbe, bereitete die entscheidende Grundlage für die nach dem Erscheinen seines Buches 1778 einsetzenden internationalen Versuche philosophischer Gelehrter, die altpersische Keilschrift zu entziffern.

Als Mitglied einer Expedition zur Erforschung Arabiens, die durch den dänischen König Friedrich V. angeregt und finanziert wurde, oblag ihm die Beschreibung dieser Reise. Weitere Teilnehmer waren ein Orientalist, ein Naturwissenschaftler, ein Arzt und der Maler G. W. Baurenfeind, der für die Dokumentation zuständig war. Im Jahre 1761 beginnt die Reise von Kopenhagen mit dem Segelschiff nach Marseille. Von dort ging es weiter nach Konstantinopel über Smyrna nach Alexandria (Ägypten). Sie bleiben ebenfalls einige Zeit in Kairo, wo es ihm unter Lebensgefahr gelingt, bis zu den Pyramiden von Giza vorzudringen.

Es sollte nicht viel Zeit verstreichen, bis sich herausstellte, daß Niebuhr der einzige Überlebende dieser Expedition sein würde. Schon im Jemen, der nächsten Station, stirbt der Naturwissenschaftler Forskål an Fieber. Es folgen ihm die übrigen Mitglieder, darunter auch Baurenfeind auf der Seereise nach Bombay. Durch dessen Tod ist Niebuhr nun auch gezwungen, die Dokumentation in die Hand zu nehmen. Die Kopien der Trilingue des Darius' I. und der Reliefbilder von Persepolis, wie auch die aufgeschlagene Darstellung, die Figuren von dem Sockelfundament der Freitreppe an der Ostseite des Apadana-Baues wiedergibt, stammen von seiner Hand. Sehr eindringlich beschreibt er die anstrengende, viel Geduld erfordernde Kopierarbeit in greller Sonne, die ihm noch Tage danach Schmerzen in den Augen bereiten sollte. Während seiner Kopierarbeiten wird ihm die Leserichtung von links nach rechts deutlich, und er erkennt ebenfalls, daß in den Trilinguen dreimal derselbe Text in einer anderen Sprache abgefaßt wurde, wie sich später herausstellte: altpersisch, elamisch und babylonisch. Sein Entwurf des altpersischen Alphabets wurde zum größten Teil auch später noch anerkannt.

Trotz dieses Eintauchens in die damals vollkommen unverständlichen Schriften (er kopierte auch Hieroglypheninschriften), beteiligte sich Niebuhr nie an intensiven Entzifferungsversuchen, im Gegensatz zu H. C. Rawlinson (1/232), der Kopist und Übersetzer in einer Person wurde. Vielleicht erklärt es sich dadurch, daß Niebuhr, ausgebildet in Vermessungswesen und Mathematik, sich sicher eher als allgemeiner Berichterstatter, gerade nach dem Tode seiner Begleiter, verstand, dessen Anliegen es sein mußte, einen Eindruck vom zeitgenössischen orientalischen Leben, den dortigen Sitten und Gepflogenheiten, zu übermitteln.

In den sieben Jahren seiner Reise erreichte Niebuhr auch die Ruinen von Babylon in Südmesopotamien. Den sogenannten Birs-Nimrud-Hügel betrachtete er als ehemals zum Stadtgebiet von Babylon gehörig und schloß daraus – unzutreffenderweise –, daß auf diesem künstlichen Stufenturm der von Herodot erwähnte Bel-Tempel stand. Ein kurzfristiger Aufenthalt in Mosul (Nordmesopotamien) ließ ihn sogar bei einem Ausflug – nichtsahnend – über die Schutthügel von Ninive reiten, dem späteren Ausgrabungsort von Layard und Botta. Er besuchte darauf ausgiebig Syrien, den Libanon und die südlich anschließenden Gebiete bis nach Jerusalem. Es sollten noch Jahre vergehen, bis er gesund wieder die Stadtgrenzen von Kopenhagen erreichte. *SB*

Lit.: Niebuhr (1973); Budge (1925), 21, S. 62ff.

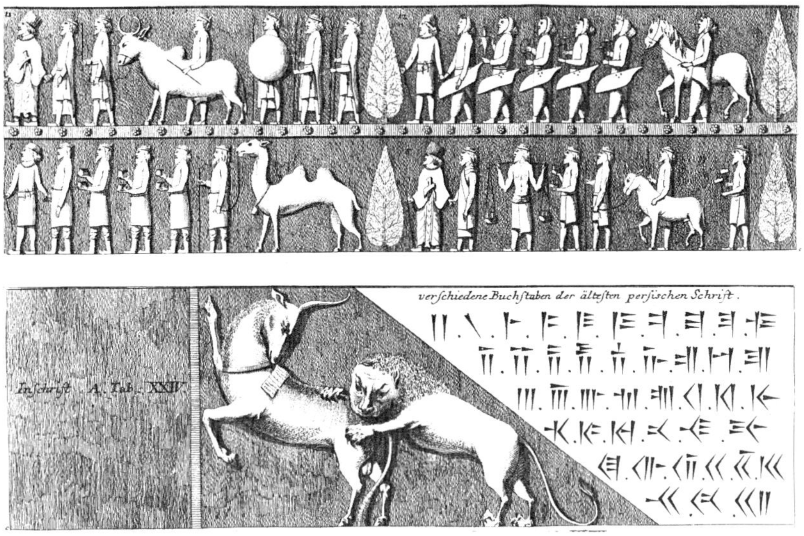


*574 (1/190)*

**1/191**
**James Morier (1780? Smyrna – 1849)**
**A second Journey through Persia, Armenia and Asia Minor to Constantinople, between the years 1810 and 1816, (...)**
**Aufgeschlagen: Entry of the King of Persia into Teheran** (nach Seite 386)
London, 1818
Berlin, Staatsbibliothek Preußischer Kulturbesitz (4° Um 4802)

James Morrier war zwischen 1807 und 1817 im diplomatischen Dienst. Eine Mission führte ihn 1808/09 nach Persien, worüber er 1812 einen Reisebericht veröffentlichte. Eine zweite Reiseschilderung erschien 1818. Nach seinem Rückzug aus dem diplomatischen Dienst schrieb er orientalische Romane, u.a.: *The adventure of Hajji Baba of Ipahan.* Dieser Roman erschien 1824.

**1/192 (Abb. 575)**
**Robert Ker Porter (1777–1842)**
**Birs Nimrud**
Einzelblatt (fol. 139) aus einer Zeichnungsmappe, Bd. 2
1818–1820
Tuschzeichnung, 54,5 x 35,5 cm
London, The British Library, The Manuscript Collections (Add. MS 14758, f. 139)

Ker Porter, ein Orientreisender des letzten Jahrhunderts, war ein vielseitig begabter Mann, der als internationaler Maler und Zeichner sehr bekannt wurde. Er verheiratete sich mit einer russischen Prinzessin und war in der glücklichen Lage, seine Reisen selbst finanzieren zu können. In einem im Jahre 1822 herausgegebenen zweibändigen Werk *Travels in Georgia, Persia, Armenia, Ancient Babylon etc.*, London, beschreibt er ausführlich seine Erleb-

575 (1/192)

nisse. In Persien besuchte er u.a. das Kyros-Grab in Murghab, Persepolis und Naqsch-i-Rustam, die Felsgräber der Achämeniden. Drei Wochen lang erstellte er vornehmlich in Persepolis Pläne von Bauten, zeichnete die Reliefs und kopierte die Inschriften.

Im Jahre 1808 besuchte er die Residenz der East India Company in Bagdad und verlebte dort angenehme Wochen mit dem Ehepaar Rich (1/196). Mit ihnen und auch Karl Bellino besuchte er die Ruinen von Babylon, Birs Nimrud, das alte Kisch und die Zikkurratruine von Aqar Quf, die irrtümlich für den Überrest des Turms von Babel gehalten wurde. Birs Nimrud ragte weit sichtbar als großer Lehmziegelstumpf, umgeben von seinem eigenen Lehmziegelschutt, dem Rest der Zikkurrat, in die Landschaft südlich von Babylon. Der im letzten Jahrhundert noch vorhandene See besteht heute nicht mehr. Zwischen Birs Nimrud (antik: Borsippa) und Babylon herrschte in der neuassyrischen Zeit eine enge Kulturgemeinschaft, weshalb Borsippa auch das zweite Babylon genannt wurde. *SB*

Lit.: Budge (1925), S. 30ff; Lloyd (1980), S. 65ff.

**1/193**
**Robert Ker Porter (1777–1842)**
**Eines der alten Felsgräber von Naqsch-i-Rustam**
Einzelblatt (fol. 64) aus einer Zeichnungsmappe, Bd. 1
1818
Tuschezeichnung, 56,3 x 43,5 cm
London, The British Library, The Manuscript Collections (Add. MS 14758, f. 64)

Die eindrucksvolle Wiedergabe Ker Porters von der Grabfassade Darius' I. veranschaulicht die Großartigkeit und Besonderheit dieser aus dem Felsen gehauenen Arbeit, die der achämenidische Großkönig schon zu seinen Lebzeiten in Auftrag gab. Eine überdimensionale Kreuzform, vom begehbaren Boden weit abgehoben, wurde zunächst aus dem Felsen geschlagen, um die dreiteilige Reliefkomposition anzulegen, wobei der untere Teil dabei unbearbeitet blieb. Darüber erkennt man die Imitation einer Hausfassade, in deren Mitte sich ein großes Eingangstor befindet, das zu beiden Seiten jeweils von zwei Halbsäulen mit Stierprotomen am Kapitell flankiert wird, die wiederum eine Flachdachimitation stützen. Die Gesamtkomposition entspricht in ihrem Stil und Maßen der Palastfront in Persepolis, mit dem Unterschied, daß es hier keine Fenster gibt. Das Tor wurde – allerdings nicht vollständig – mit einem Steinblock zugesetzt. Dahinter liegen die in den Felsen gehauenen Grabkammern, die u.a. die Leiche Darius I. aufnehmen sollten.

Unvermutet erscheint oberhalb der Hausfassade die im Maßstab überproportionierte Darstellung des Totenbettes des Großkönigs, das jeweils von zwei mal vierzehn Personen getragen wird. Es handelt sich um die symbolischen Stellvertreter der Länder, die zum achämenidischen Reich gehörten. Sie werden durch eine dreisprachige Inschrift ausgewiesen. Auf der Totenliege befinden sich zwei Stufenpostamente. Auf dem linken steht der Großkönig in Andacht vor einem Räucheraltar, der auf der gegenüberliegenden Erhöhung postiert wurde. Zwischen beiden, an höchster Stelle, schwebt das Symbol des Gottes Ahuramazda. Neben dem König existiert eine Trilingue, die zuerst einen Lobpreis an Ahuramazda enthält und dann in die Titulatur und Genealogie Darius' I. übergeht. Der Typus dieser Grabfassade wird für die Nachfolger Darius' I. verbindlich. Auf sehr anschauliche Weise soll deutlich gemacht werden, daß die Träger seines Totenbettes die Länder des achämenidischen Weltreiches symbolisieren und damit das Fundament seiner Herrschaft bilden. *SB*

Lit.: Schmidt (1970)

**1/194**
**Pascal Xavier Coste (1787–Marseille–1879)**
**Restaurierung der Paläste von Persepolis**
19. Jahrhundert
Tuschezeichnung, 50 x 75 cm
Marseille, Académie des Sciences, Lettres et Arts de Marseille

**1/195**
**Pascal Xavier Coste (1787–Marseille–1879)**
**Die Ruinen von Persepolis vor den Grabungen**
19. Jahrhundert
Tuschezeichnung, 50 x 80 cm
Marseille, Académie des Sciences, Lettres et Arts de Marseille

**1/196 (Abb. 116)**
**Claudius James Rich**
**Narrative of a residence in Kordistan and on the site of ancient Nineveh, Bd. 2**
**Aufgeschlagen: Nineveh** (Abb. nach Seite 34)
London, 1836
Berlin, Staatsbibliothek Preußischer Kulturbesitz (Ul 2594–2)
vgl. 1/247

**1/197 (Abb. 576)**
**Widderförmiger Deckelknauf**
Babylonisch, 2000–1800 v. Chr.
Stein?, 10 x 8 x 8 cm
London, The British Museum, Department of Western Asiatic Antiquities (WA. 115636)

Dieses Stück aus der Sammlung C. Rich war wahrscheinlich als Aufsatz für einen Zeremonialstab gedacht. Er ist hohl bis in das Kopfteil gearbeitet, und seine handwerkliche Steinarbeit weist ihn als einen typischen Vertreter der Isin-Larsa Zeit bzw. der altbabylonischen Epoche in Südmesopotamien (2000–1800 v. Chr.) aus. In überwiegender Zahl handelt es sich um Steinvasen, die als plastischen Schmuck Tiere auf der Außenseite tragen wie Steinböcke oder Ziegen. In unserem Fall ist es ein rundplastisch gearbeiteter Widderkopf, dessen rechtes Horn etwas angestoßen ist. Auch diese Arbeit ist außergewöhnlich qualitätsvoll. In ihrer Komposition unterliegt sie auffallenderweise einer strengen Linienführung und einem hohen Maß an Stilisierung. Das Gesichtsfeld wird durch die hervorspringende Schnauze und die Augenzone bestimmt, die ursprünglich mit Einlagen versehen war. Umrahmt wird das Gesicht von einer sehr geordneten Fellstilisierung, auf der die für einen Widder so spezifisch gebogenen Hörner sitzen, die wiederum eine geordnete und regelmäßige Innenzeichnung besitzen. Zu diesem Objekt gibt es Vergleichsstücke aus der Ur-Grabung von Woolley (L. Woolley, Ur Excavations VII: The Old Babylonien Period 81976), Tf. 59, U 16427 und U 7598). Die große Ähnlichkeit der einzelnen Widderköpfe läßt vermuten, daß das Rich-Stück aus derselben Werkstatt in Ur stammt und nach Babylon verhandelt wurde. *SB*

**1/198 (Abb. 577)**
**Reliefstele des Nabonid**
Babylon(?); spätbabylonisch, 6. Jh. v. Chr.
Basalt, 60 x 46,5 x 22 cm
London, The British Museum, Department of Western Asiatic Antiquities (WA. 90837)

Dieses Stelenbruchstück gelangte zusammen mit anderen Objekten (1/197–1/200) aus der Sammlung C. J. Rich nach dessen Tode in das British Museum. Das Bildfeld der mit einem Rundbogen abschließenden Stele ist noch recht gut erhalten. Spuren einer Inschrift lassen sich allerdings nicht beobachten; auch die Standfläche ist vollständig weggebrochen. In der linken Hälfte der Stele füllt die nach rechts blickende Gestalt des Königs – im Profil und Schrittstellung – die gesamte Höhe aus. In seiner linken Hand hält er einen überlebensgroßen Standartenstab, auf dessen Spitze das Symbol für den Mondgott (Sön) steckt. Der Erhaltungszustand der rechten Hand läßt nur die Vermutung zu, daß er sie grüßend erhebt. In der rechten Stelenhälfte, oberhalb der Gesichtshöhe des Königs, schweben die Symbole der drei Astralgottheiten: die Mondsichel (Sön), die geflügelte Sonnenscheibe (Schamasch) und der Venusstern (Ischtar). Schemenhaft erkennt man darunter die Umrisse einer abgearbeiteten Gestalt. Daß es sich bei dem König um Nabonid handelt, veranschaulichen Vergleichsbeispiele dieses Stelentypus aus Harran (Süd-Türkei, in der Nähe von Urfa). Nabonid, der letzte der neubabylonischen Herrscher, wurde schon zu seinen Lebzeiten zu einer legendenumwobenen Herrscherpersönlichkeit. Er gelangte, nicht ohne wesentliche Hilfe seiner Mutter Adda-Guppi, einer berühmten Priesterin des Sön aus Harran, die schon unter Assurbanipal II. (605–562 v. Chr.) geboren wurde, auf den Thron. Seine dadurch erklärbare Vorliebe für die Astralgottheiten ließ ihn oft in Kontroverse mit der mächtigen Mardukpriesterschaft in Babylon stehen, die ihn eher für ihre religiösen Interessen gewinnen wollte. Schließlich verließ Nabonid sogar die Stadt Babylon für zehn Jahre, überließ seinem Sohn und Mitregenten Belzazzar die innenpolitischen Regierungsgeschäfte und ging in die Oase Taima (Tema) in der arabischen Wüste. Dort baute er sich einen Palast und begann, eine weitere politisch-wirtschaftliche Machtzentrale aufzubauen, um so eine verstärkte Kontrolle und Absicherung auf die Handelswege (Südarabien) ausüben zu können. Schließlich setzte dann Kyros I., als er 539 v. Chr. in Babylon einzog, der Herrschaft der neu-babylonischen Könige ein Ende. *SB*

Lit.: Orthmann (1975), Nr. 251.

**1/199 (Abb. 578)**
**Kleine Säulenbasis**
Ninive; neuassyrisch, 7. Jh. v. Chr.
Kalkstein, 9,2 x 8,2 x 3,7 cm
London, The British Museum, Department of Western Antiquities (WA 90954)

Der ursprüngliche Erhaltungszustand dieser kleinen Steinplastik, die wohl aus der von Austin Henry Layard durchgeführten Ausgrabung des Palastes von Sanherib (704–681 v. Chr.) stammt, stellte sich, wie auf einer Profil- und Ansichtsphotographie in dem von G. Smith 1875 veröffentlichten Werk über die Grabung in Ninive zu erkennen ist, ohne Beine dar. Die hier sichtbare Ergänzung von Stierbeinen

*576 (1/197)*

*577 (1/198)*

*578 (1/199)*

579 (1/201)

macht deutlich, daß man sich von den geflügelten, kolossalen Stiergenien, die jeweils zu beiden Seiten assyrischer monumentaler Toreingänge plaziert waren, bei der Restaurierung inspirieren ließ. Selbst in ihrer Kleinheit wird jedoch bei genauer Betrachtung, zu der die ausgezeichnete handwerkliche Arbeit einlädt, deutlich, daß es sich um eine weibliche Sphinx handelt und somit Löwenbeine zu ergänzen wären (s. a. Reade, S. 37). Die handwerkliche Qualität en Détail ist vergleichbar mit der liebevollen und aufwendigen Bearbeitung der zahlreichen zeitgenössischen Elfenbeinminiaturen und Einlagen desselben Materials, die zur Verzierung von wertvollen Möbelstücken dienten und fast ausschließlich in Palasträumen gefunden wurden. Bei der ausgestellten Sphinx mit Hörnerkrone und Federaufsatz ruht oberhalb der Flügel eine ebenso perfekte Nachahmung einer Säulenbasis. Es liegt nahe, daß diese Kleinplastik funktional in ein Möbelstück integriert war, d. h. einen Aufsatz tragen mußte und demzufolge aus Stein gefertigt wurde. *SB*

Lit.: Reade (1983), 55 rechts; Smith (1875), Photo gegenüber S. 174.

**1/200 (Abb. 580)**
**Bellino-Zylinder**
Neuassyrisch, Eponym Nabu-liu, 702 v. Chr.
Ungebrannter Ton, L. 25,5 cm, Dm 12 cm
London, The British Museum, Department of Western Asiatic Antiquities (WA. 22502)

Dieses neuassyrische Tonprisma, Teil einer Gründungsbeigabe für ein monumentales Gebäude, erwarb C. J. Rich bei einem seiner zahlreichen Besuche und Versuchsgrabungen in Ninive, Hügel Qujundschik. Schon er entdeckte damals die Verwandtschaft mit den Tonzylindern Nebukadnezars II. (605–562 v. Chr.) und folgerte daraus, daß der Entdeckungszeitpunkt des Tonprismas in deren Nähe gerückt werden müßte. Berichtet wird hier von der ersten und zweiten Kampagne des neuassyrischen Königs Sanherib (705–681 v. Chr.) gegen Südbabylonien. Der Ablauf des Kriegszuges wird beschrieben, die eroberten und/oder tributzahlenden Städte werden genannt, und zusätzlich erfolgt eine Aufzählung der Palastschätze von Babylon, dem toten und lebenden Inventar, miteinbezogen die Frauen des königlichen Harems. Mit der Nennung des Eponyms Nab-li, ist die Herstellung der Inschrift in das Jahr 702 v. Chr. zu datieren. Der 1791 in Rothenburg am Neckar geborene Karl Bellino war der erste Kopist dieser Keilinschrift, die doch vergleichsweise größere Schwierigkeiten bereiten mußte als die Abschrift der bekannten kurzen Stempelinschriften der Lehmziegel oder das Übertragen der persischen Prunkinschriften, die viel übersichtlicher gestaltet sind. Bellino studierte in Wien orientalische Sprachen und lernte dort Rich kennen, den er als Sekretär nach Bagdad begleitete. Sämtliche Kopien der Keilschriften, die Grotefend für seine Entzifferungsversuche verwendete, stammten von Bellino. Auf dem Weg zu den Trilinguen Darius' am Berg Alwand (vgl. 1/232) wurde er 1820 krank und starb darauf in Mossul. *SB*

Lit.: Luckenbill (1927), S. 133ff.

**1/201 (Abb. 579)**
**Rollsiegel**
Achämenidisch, 6. Jh. v. Chr.
Chalzedon, H 4,6 cm, Dm 2,2 cm
London, The British Museum,
Department of Western Asiatic Antiquities
(WA. 89337)

Schon in neubabylonischer Zeit und dann auch unter den Achämeniden wird der Gebrauch des Rollsiegels zugunsten des Stempelsiegels stark eingeschränkt. So erinnert diese Komposition eines vorzüglichen Beispiels achämenidischer Siegelgravur aus der Sammlung C. J. Rich eher an das statische Konzept eines Stempelsiegels. Das Motiv des Tierbezwingers, Ausdruck eines mächtigen Potentaten, stammt nicht erst aus der neuassyrischen bzw. neubabylonischen Periode, sondern geht auf wesentlich ältere Vorläufer zurück. Zu sehen ist der achämenidische König im Ornat, wie er mit starkem Arm einen wilden Löwen am linken Hinterbein packt und darauf wartet, seinen in der rechten Hand gehalten Dolch in den Tierkörper zu stoßen. Darstellungen der königlichen Löwenjagd, einer fast kultischen Pflichtaufgabe des Herrschers, gehören zu den faszinierenden Reliefarbeiten des Palastes von Assurbanipal II. in Ninive. In Variation wiederholt sich der Vorgang der demonstrativen Macht und Kraft in der nächsten Figur. Diesmal ist es ein Mann ohne Krone in einem leichten Gewand, der mit der linken Hand einen sich aufrichtenden und dabei umwendenden Stier bei den Hörnern packt, während er gleichzeitig mit dem linken Bein das Tier von sich fernhält. In der rechten Hand hält er einen Keulenstab. Nicht nur die Motivik, sondern auch der weiche plastische

580 (1/200)

Stil und die bewegte Linienführung erinnern an die spätbabylonische Glyptik des 7. und 6. Jahrhunderts v. Chr. *SB*
Lit.: Barnett/Wiseman (1969), 94, Nr. 48.

**1/202**
**James Silk Buckingham**
**Travels in Mesopotamia. Including a Journey from Aleppo, across the Euphrates to Orfah (The Ur of the Chaldees) ... with researches on the Ruins of Babylon, Nineveh, Arbela, Ctesiphon and Seleucia**
**Aufgeschlagen: »Views of the principal ruins still existing on the site of Ancient Babylon«**
(Seite 432/433)
London, 1827
Berlin, Deutsches Archäologisches Institut (4362/59)

**1/203 (Abb. 108, 581)**
**Paul-Emile Botta (1802 – 1870)**
**Monuments de Ninive (...) Bd. 1**
**Aufgeschlagen: Relief**
(Bd. 1, Tafel 41)
Paris, 1849
Berlin, Staatsbibliothek Preußischer Kulturbesitz (gr. 2° Ul 2815 -1)

Paul-Emile Botta kam nach seiner diplomatischen Tätigkeit in Alexandria (Ägypten) 1842 als Konsul nach Mosul (Nordmesopotamien). Seine Funktion ermöglichte es ihm, staatlich finanzierte archäologische Forschungen durchführen zu können, die den Berichten C. J. Richs zufolge (1/196) in dieser Region vielversprechend wären.

Nach zwei aus der damaligen Perspektive erfolglosen Grabungen in Kujundschik (Ninive) wechselte er nach Khorsabad. Einheimische hatten ihm von verzierten Kalksteinblöcken erzählt, die sie bislang zum Gipsbrennen verwendet hatten. Das Dorf auf diesem Gebiet wurde verlegt und schon bald wurden sie dicht unterhalb der rezenten Oberfläche fündig. Sie gruben sich entlang der Reliefplastik und legten so die Architekturgrundrisse frei. Botta glaubte, Ninive gefunden zu haben, es sollte sich später aber herausstellen, daß sie die von Sargon II. um 710 v. Chr. neugegründete Residenzstadt ›Dur Scharrukin‹ (Sargonsburg) vom Lehmziegelschutt freilegten (1/213–1/217).

Während Eugene Napoleón Flandin eigens von der Regierung mit der Dokumentation der Gebäude und Reliefs beauftragt wurde, kopierte Botta die dazugehörigen Inschriften (*Memoir sur L'Ecritura Cuneiforme*, 1848). Er beginnt mit einer systematischen Ordnung der neuassyrischen Zeichen und wird in der gängigen Meinung bestätigt, daß das Neuassyrische in der Keilschrift syllabisch ausgedrückt wird.

Eine Figur, die nur innerhalb der Reliefszenen des Palastes in Dur Scharrukin auftaucht, ist ein ›en face‹ blickender Mann, der ein kurzärmeliges Hemd, einen Rock und ein Überkleid trägt. Mit seinem linken Arm drückt er einen kleinen, wild erscheinenden Löwen an sich. In der rechten Hand hält er eine unge-

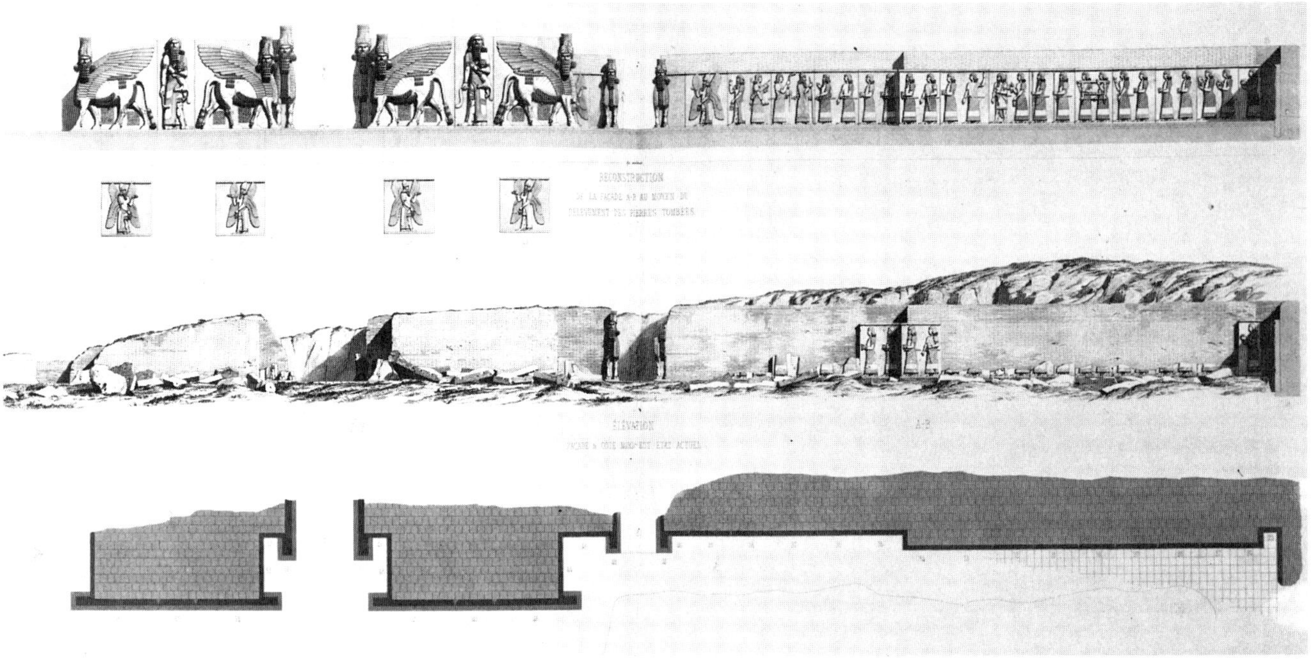


581 (1/203)

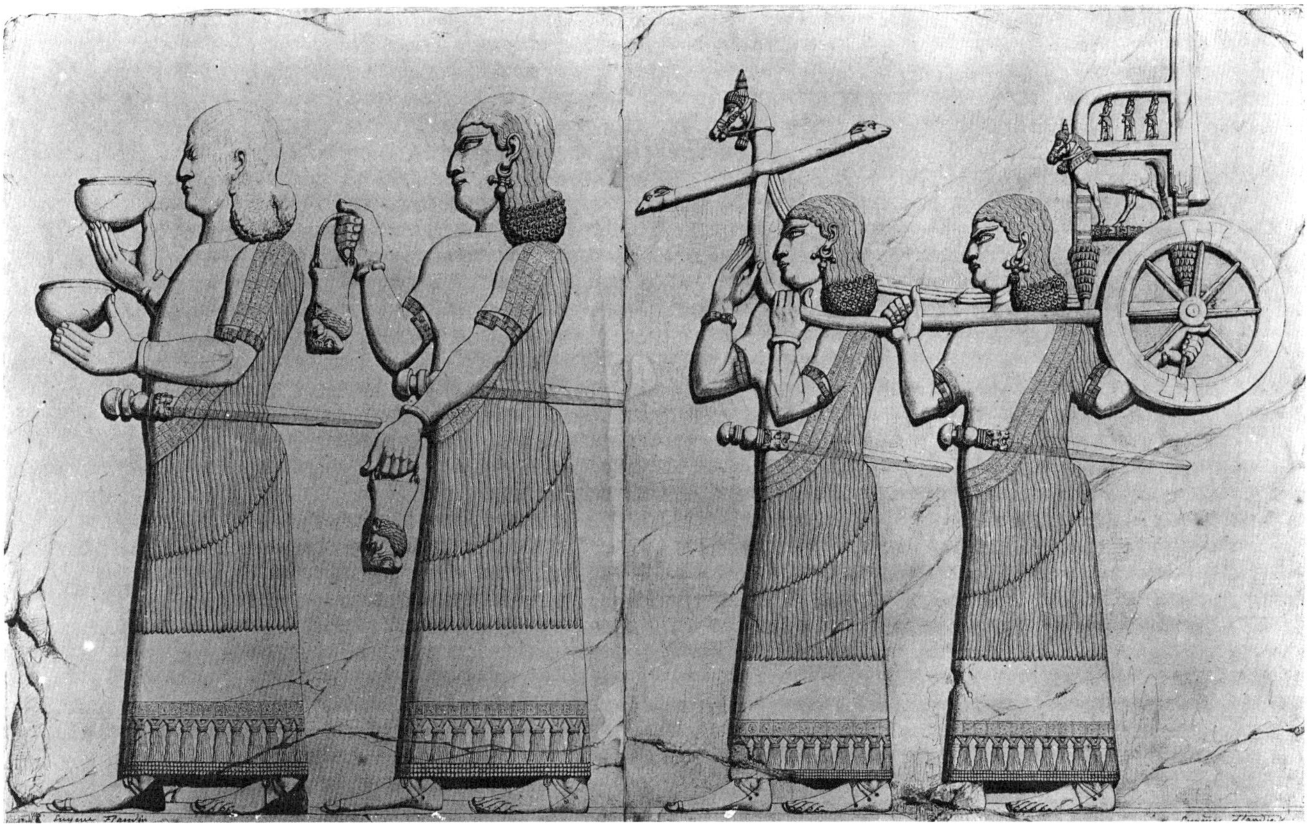

582 (1/204)

583 (1/207)

wöhnliche Waffe mit einer gekrümmten Schneide.

Diese bildliche Variante eines mythischen Helden und Löwenbezwingers, flankiert von zwei geflügelten Stierkolossen mit Menschengesicht, sitzt zu je beiden Seiten des Haupteinganges der Thronsaalfront, die von Botta als *»Facade N, Coté Nord-Est«* bezeichnet wurde.

Da die Reliefplatte sich von ihrem massiven Lehmziegelmauerwerk gelöst hatte, mußte sie zunächst aus ihren Einzelbestandteilen rekonstruiert und aufgebaut werden. Ein ähnlicher Vertreter dieses Heldentypus in entsprechender Kombination mit den Stierkolossen befindet sich an der Haupttorfront des Palastes. Dieser trägt allerdings nur den bis zum Knie reichenden Rock ohne Überwurf. *SB*

Lit.: Lloyd (1980), S. 94ff.

**1/204 (Abb. 582)**
**Eugène Flandin (Neapel 1809–1876)**
**Aufzug der Diener**
Entwurfszeichnung (fol 6) für den Folioband: Bas-reliefs assyriens. Découverts à Khorsabad sur le territoire de l'ancienne Ninive, aujourd'hui Mossoul. 1846
Bleistift, 27,7 x 46,5 cm
Paris, Bibliothèque de l'Institut de France (MS 2735)

Diese beiden großen, zum Teil im Louvre konservierten Basreliefs (Höhe: 3 m; Ao 19881/2) gehörten zum Dekor der Fassade L des Palastes von Khorsabad (äußerer Hof im Nordwesten). Die Südseite dieser Fassade zeigte den Aufzug der Würdenträger und der königlichen Diener, die kostbares Geschirr und eine Anzahl von Möbelstücken tragen, unter denen sich auch ein Prunkstuhl auf Rädern befindet, dessen Deichsel in einen Pferdekopf ausläuft. Diese Szene beschreibt zweifellos eher die Vorbereitungen zu einer Abreise des Königs auf das Land als das Herrichten eines bloßen Mahls auf der Terrasse. *DB*

Lit.: Albenda (1986), S. 129 und Stich 47; Botta/Flandin (1846), op. cit., I, Stich 16–17.

**1/205 (Abb. 110)**
**Eugène Flandin (Neapel 1809–1876)**
**Geflügelter Genius**
Entwurfszeichnung (fol 10) für den Folioband: Bas-reliefs assyriens. Découverts à Khorsabad (...), 1846
Bleistift, 31,3 x 25,2 cm
Paris, Bibliothèque de l'Institut de France (MS 2735)

Beschreibung siehe 1/214
Lit.: Albenda (1986), S. 127 und Stich 38; Botta/Flandin (1846), 1, Stich 28.

**1/206 (Abb. 106)**
**Eugène Flandin (Neapel 1809–1876)**
**Stier mit Menschenkopf aus dem assyrischen Palast von Khorsabad**
Entwurfszeichnung (fol 20) für den Folioband: Bas-reliefs assyriens. Découverts à Khorsabad (...), 1846
Bleistift, 43,5 x 45,3 cm
Paris, Bibliothèque de l'Institut de France (MS. 2735)

Dieser menschenköpfige Flügelstier, von Flandin sehr sorgfältig gezeichnet, bildete einen der Portalpfosten der von Botta mit ›M‹ bezeichneten Fassade (sie entspricht Hof VI auf dem Plan von Place) in dem von Sargon II. von Assyrien zwischen 713 und 705 v. Chr. in Khorsabad erbauten Palast. Es wurden ungefähr sechzig ähnliche Stiere gefunden, deren Höhe je nach Aufstellungsort zwischen 3,50 m und 5,80 m variierte. Die Besonderheit dieser auf gipshaltigem Stein in Hochrelief ausgeführten Mischwesen war ihre Darstellung mit fünf Beinen. Von der Seite aus schienen sie zu laufen, betrachtete man sie jedoch von vorn, standen sie still. Zwischen den Füßen waren Keilinschriften eingraviert, die die Erbauung der Stadt Dur-Scharrukin und ihres Palastes erzählen. Die zylinderförmige Tiara, die von Federn gekrönt wird, enthält zwei Reihen von Hörnern, die diesen türbewachenden Schutzgenien des assyrischen Königs und seines Palastes göttliche Eigenschaft verleihen. *DB*

Lit.: Albenda (1986), S. 132 und Stich 58; Botta/Flandin (1846), I, Stich 45.

**1/207 (Abb. 583)**
**Eugène Flandin (Neapel 1809–1876)**
**Geflügelter Genius mit Vogelkopf und Gestalt mit Granatapfel- oder Mohnstrauß**
Entwurfszeichnung (fol 45) für den Folioband: Bas-reliefs assyriens. Découverts à Khorsabad (...), 1846
Bleistift, 31 x 26,7 cm
Paris, Bibliothèque de l'Institut de France (MS 2735)

Beschreibung siehe 1/213
Lit.: Albenda (1986), S. 55–57, 130–131 und Stich 54; Botta/Flandin (1846), 1 Stich 74.

**1/208 (Abb. 115)**
**Eugène Flandin (Neapel 1809–1876)**
**Schlachtszenen**
Entwurfszeichnung (fol 46) für den Folioband: Bas-reliefs assyriens. Découverts à Khorsabad (...), 1846
Bleistift, 29 x 29 cm
Paris, Bibliothèque de l'Institut de France (MS. 2735)

Der Dekor des Saales 2 von Khorsabad umfaßte Basreliefs auf zwei übereinanderliegenden Registern, zwischen denen ein Band mit Keilinschriften verlief. Die dargestellte Platte aus gipshaltigem Gestein befand sich in einer Tür. Das obere Register zeigt eine charakteristische Belagerungsszene vor einer befestigten Stadt in den Bergen. Auf beiden Seiten dieser streng um den Mittelpunkt aufgebauten Komposition sind große Bogenschützen und ein Schildträger dargestellt, während die Personen im Hintergrund deutlich kleiner sind, was insbesondere für die Belagerten gilt, die auf den Spitzen ihrer Festungswälle sitzen und dem Ansturm der Assyrier Widerstand zu leisten versuchen. Man beachte die Verwendung einer wohldurchdachten Belagerungsmaschine, eines Sturmbocks auf Rädern, der in die feindlichen Wälle Breschen schlagen soll. Im unteren Register ist das etwas statischer gehaltene Defilee des assyrischen Heeres mit Infanterie und Kavallerie zu sehen. *DB*

Lit.: ALBENDA (1986), S. 147, 253 und Stich 124; BOTTA/FLANDIN (1846), I, Stich 77.

1/209
**Eugène Flandin (Neapel 1809–1876)**
**Reliefs des Palastes von Khorsabad**
Entwurfszeichnung (fol 71) für den Folioband: Bas-reliefs assyriens. Découverts à Khorsabad (...), 1846
Bleistift, 28 x 40 cm
Paris, Bibliothèque de l'Institut de France (MS 2735)

Die beiden hier dargestellten Steinplatten stammen aus Saal 7 (Reliefs Nr. 11 und 12), einem kleinen quadratischen Raum des Palastes Sargons II., der mit Orthostaten geschmückt war, auf denen zwei durch ein Inschriftenband getrennte Register übereinander verliefen. Das untere Register stellt in Verbindung mit einer Kleinwildjagdszene das Defilee der assyrischen Truppen vor dem königlichen Wagen dar. Der Aufmarsch, der in einer bewaldeten Landschaft stattfindet, strebt auf ein Wasserbecken zu, an dem, über zwei Barken mit hochgezogenem und in einem Pferdekopf endenden Bug, eine bei den Assyrern sehr beliebte Art von Kiosk mit zwei Säulen in einem Portalvorbau und einer zinnenverzierten, terrassenförmigen Überdachung dargestellt ist. Farbspuren lassen darauf schließen, daß die Reliefs koloriert waren, oder doch zumindest teilweise. Außer den Farben Ocker, Rot, Blau und Schwarz wurden in wenigen Fällen auch Überreste von Grün gefunden. Der obere Teil des Reliefs befand sich oft in einem Zustand äußersten Verfalls. Man kann eine Bankettszene mit an Tischen sitzenden Personen erkennen, die hornförmige Trinkgefäße in den Händen halten und von Dienern umgeben sind. *DB*

Lit.: ALBENDA (1986), S. 139, 245–248 und Stich 89; BOTTA/FLANDIN (1846), S. 2, Stich 113–114

*584 (1/211)*

1/210
**Eugène Flandin (Neapel 1809–1876)**
**Bronzelöwe**
Entwurfszeichnung (fol 92) für den Folioband: Bas-reliefs assyriens. Découverts à Khorsabad (...), 1846
Bleistift, 18,6 x 11,8 cm (oben), 19 x 25,5 cm (unten)
Paris, Bibliothèque de l'Institut de France (MS 2735)

Diese Zeichnung stellt den in der Ausstellung gezeigten Bronzelöwen dar (1/215).

1/211 **(Abb. 584)**
**Eugène Flandin (Neapel 1809–1876)**
**Genien und Dämonen: Tonstatuetten**
Entwurfszeichnung (fol 94) für den Folioband: Bas-reliefs assyriens. Découverts à Khorsabad (...), 1846
Bleistift, von l. n. r.: 23,5 x 9,5 cm; 23,5 x 9 cm; 23,5 x 10 cm; 23,5 x 9,5 cm
Paris, Bibliothèque de l'Institut de France (MS 2735)

Eine Anzahl Statuetten dieser Art, die Flandin in natürlicher Größe zeichnete, wurde in Magazinen unter dem Steinplattenbelag der Palasthöfe, unweit der Türen, in oft sehr schlechtem Zustand aufgefunden. Sie sind aus schwach gebrannter und manchmal bemalter Terrakotta und stehen, unter anderem, für die große Bedeutung, die die verschiedenen Genien und Dämonen und insbesondere ihre verschiedenen, als Schreckmittel dienenden Bildnisse für die Assyrer hatten. Der Genius mit dem Menschenkopf, der Hörnertiara und den Hinterfüßen eines Rindes ist den türbewachenden Flügelstieren mit Menschenkopf vergleichbar. Unter den Dämonen mit Tierleib ist der schreckliche Pazuzu, der Dämon der glühenden Winde, der *»König der bösen Luftgeister«*, den man gerne anrief, um die anderen Dämonen zu verjagen, der bekannteste. Die beiden Zeichnungen rechts zeigen sicherlich eine Abart von ihm: hier hat er den Kopf eines fauchenden, katzenartigen Raubtiers mit Eselsohren. *DB*

**1/212 (Abb. 585)**
**Reliefstück mit dem Kopf Sargons II.**
Irak, Khorsabad, Palast Sargons II.;
Neuassyrien, Regierungszeit Sargons II.,
722–705 v. Chr.
Alabaster aus Mossul, Kalkstein, 89 x 52 x 14 cm
Turin, Soprintendenza al Museo delle Antichità Egizie di Torino (10407)

Dieser aus einer Reliefplatte herausgeschnittene Kopf zeigt den neuassyrischen König Sargon II. im Profil und stammt aus der Grabung Paul-Emile Bottas (vgl. 1/203) in Khorsabad (Dur Scharrukin – Sargonsburg). Sargon II. trägt die für diese Periode typische königliche, zweiteilige Kopfbedeckung, die aus einer hohen, konischen Kappe und einem kegelförmigen Aufsatz besteht. Am Hinterkopf erkennt man ein langes Band, das unter der Kappe hervorschaut und weit über die Schultern fällt. Es stammt sehr wahrscheinlich von einem hier nicht sichtbaren Stirnband. Der kreuzförmige, große Ohrring wurde in Aufsicht dargestellt. Am linken unteren Reliefrand sind die noch schemenhaften Umrisse und verzierten Borten seines Gewandes zu erkennen. Ebenfalls aus einer Reliefplatte herausgeschnittene Vergleichsbeispiele besitzt das Musée du Louvre, Paris, und das British Museum, London. *SB*
Lit.: Orthmann/Weidner (1939), S. 56f.

**1/213 (Abb. 103)**
**Geflügelter Genius mit Vogelkopf**
Khorsabad, Palast Sargons II.;
Ende 8. Jh. v. Chr.
Gipshaltiger Stein, 117 x 53 cm
Paris, Musée du Louvre, Département des Antiques Orientales, /Antiquités Assyriennes (AO 19867)

Auf der Suche nach Ninive, der Hauptstadt des Assyrerreichs, entdeckte 1843 der französische Diplomat Paul-Emile Botta 15 km nordöstlich von Mossul (Irak) bei Khorsabad den Palast Sargons II. (721–705 v. Chr.). Aus den mit reliefierten Kalksteinplatten verzierten Palastwänden schnitt Botta große Teile der Bauplastik heraus und ließ diese nach Frankreich transportieren (1/203). Die ausgestellte Steinplatte gehört zu diesen spektakulären Funden aus Dur Scharrukin (Sargonsburg). Die Typenvariationen neuassyrischer Geniendarstellungen auf zeitgenössischen Flachreliefs sind recht groß. Innerhalb der Bauplastik wurden sie in die ikonographischen Programme der assyrischen Paläste wie z. B. Nimrud (Kalchu) oder Dur Scharrukin (Khorsabad: Palast errichtet unter Sargons II., 721–705 v. Chr.), in offiziellen Räumen wie im Thronsaal oder Höfen und Torräumen integriert.

Assurnasirpal II. (884–858 v. Chr.) war der erste König, der dieses Bildprogramm in seinem sog. Nord-West-Palast in Nimrud entwickelte und propagandistisch für sein Königtum einsetzte. Der nach links gewandte, im Profil dargestellte Genius ist ein Mischwesen par excellence. Der Körper entspricht dem eines Mannes, auf dem ein großer Adlerkopf sitzt, den wiederum ein prächtiger Federkamm schmückt und der sich bis in die Flügelpaare fortsetzt. Strähnige Locken fallen ihm vom Scheitel auf die Schultern. Bekleidet ist er mit einem kurzärmeligen Hemd und einem kurzen Rock mit dickem Wulstgürtel, dessen Quaste zwischen seine Beine fällt. Er trägt keine Sandalen.

Gegengleich zu unserem Hörnerkronetragenden Genius vollbringt er dieselbe Handlung. Das Gefäß ist hier bedauerlicherweise schlecht erhalten. Der Proportionskanon und seine stilistische Ausführung stimmen mit dem hiesigen Gegenüber überein. Der Adlerkopfgenius besitzt besondere ikonographische Wurzeln. So ist er auf mittelassyrischen Siegelabrollungen nachzuweisen, die unter stark mitannischem Einfluß entstanden sind. Beide Mischwesen nehmen die kultische Reinigung des sogenannten Lebensbaumes vor. Dazu benötigen sie den Pinienzapfen und die Bronzesitula, die das ›Weihwasser‹ enthält. Der Lebensbaum ist keine real existierende Pflanze, sondern ein künstliches Produkt, das als Symbol für das neuassyrische Königtum steht. *SB*

**1/214 (Abb. 102)**
**Geflügelter Genius mit Menschenkopf und dreifacher Hörnerkrone**
Khorsabad, Palast Sargons II.;
Ende 8. Jh. v. Chr.
Gipshaltiger Stein, 83 x 55 x 20 cm
Paris, Musée du Louvre, Département des Antiques Orientales, /Antiquités Assyriennes (AO 19866)

Diese aus einer zusammenhängenden Szene herausgeschnittene Kalksteinplatte stammt wie der adlerköpfige geflügelte Genius (1/213) aus dem von Paul-Emile Botta entdeckten Palast des assyrischen Herrschers Sargon II. Sie zeigt einen Genius im Profil, der, abgesehen von dem Flügelpaar, sich dem Betrachter in menschlicher Gestalt präsentiert. Seine Aktion zielt auf einen nicht mehr vorhandenen Fixpunkt hin. Für die Verrichtung dieser Handlung benötigt er einen Pinienzapfen, den er in der rechten Hand hält, und ein Gefäß in der linken Hand, das zwar auf dem Gefäßkörper ein Flechtdekor besitzt, es aber doch wohl nur imitiert. Daß es sich um Metallgeräte handelt, die speziell von Genien getragen werden, ist von älteren Vergleichsbeispielen bekannt.

Auf seinem Kopf sitzt eine Kappe, die ein dreifaches Hörnerpaar aufweist und damit die Gestalt, die diese Kopfbedeckung trägt, einer göttlichen Umgebung zuweist. Die Kleidung setzt sich aus einem kurzärmeligen Hemd, einem kurzen Rock, einem Überrock und Sandalen zusammen. Seine Haar- und Barttracht entspricht der gängigen neuassyrischen Mode, die den Blick auf das Ohr und damit den Ohrschmuck freiläßt. An je beiden Handgelenken erkennt man ein Armband, dessen auffälliges Schmuckelement eine Rosette ist, die besonders für die Sargon-Zeit typisch ist. Die Körperproportionen dieses Genius wirken gedrungen und massig, seine Haltung sehr statisch. Den Eindruck der Körperkraft unterstreichen die übertriebenen Muskelpartien, besonders deutlich zu erkennen an seiner linken Wade. *SB*

**1/215 (Abb. 109)**
**Bronzelöwe**
Khorsabad, Palast Sargons II.,
Ende 8. Jh. v. Chr.
Bronze, 30 x 42 x 16,5 cm (H ohne Zapfen)
Paris, Musée du Louvre, Département des Antiques Orientales/Antiquités Assyriennes (AO 20116)

Dieser vorzügliche Beleg für die Tierbildhauerkunst der Assyrier wurde im Hof I (im Nordosten) des Palastes, in unmittelbarer Nähe eines der Portale gefunden und war mit Blei in einer Steinplatte versiegelt. Unter dem Sockel ist tatsächlich ein sich verjüngender Zapfen befestigt, der eine stabile Verankerung im Boden ermöglicht. Das Objekt scheint demzufolge einen anderen Zweck erfüllt zu haben als die ihm ähnlichen Löwen, die bei den Grabungen in Nimrud gefunden wurden und als Gewichte dienten. Aufgrund des Ringes auf seinem Rücken, der wahrscheinlich mit einem anderen, über ihm in der Festungsmauer eingelassenen Ring verbunden war, gehörte der Löwe von Khorsabad zweifellos zum allgemeinen Türsystem, obwohl seine genaue Bestimmung schwer zu rekonstruieren ist. Der Löwe sollte gewiß auch ein Schutztier der Zugänge symbolisieren: andere Vertiefungen im Steinplattenbelag lassen darauf schließen, daß es sich hier nicht um einen Einzelfall handelt. *DB*

Lit.: ALBENDA (1986), S. 152, 263 und Stich 149; BOTTA/FLANDIN (1846) 2, Stich 151. J. MOHL (1845), S. 68 und Stich II.

**1/216 (Abb. 586)**
**Reliefkopf eines assyrischen Soldaten**
Irak, assyrisches Gebiet; Neuassyrien, Regierungszeit Sargons II., 722–705 v. Chr.
Alabaster aus Mossul, Kalkstein, 20 x 20 x 11 cm
Turin, Soprintendenza al Museo delle Antichità Egizie di Torino (10409)

Dieser Männerkopf, er stammt aus der Grabung Paul-Emile Bottas, ist ohne Kopfbedekkung und wurde, wie die Turiner Sargondarstellung (2/212) und die des bartlosen Hofbeamten (1/217), nachträglich aus einer Reliefplatte geschnitten. Der Erhaltungszustand ist allerdings mit diesen Stücken nicht vergleichbar. Der Mann, im Profil dargestellt, blickt in die-

*585 (1/212)*

586 (1/216)

587 (1/217)

sem Fall nach rechts. Seine Nase ist lang und etwas am Nasenbein gekrümmt. Seine gewellten strähnigen Haare wurden hinter das Ohr gekämmt, um den Blick auf den Ohrring freizulassen. Eine genaue Formenzuordnung ist für den Ohrring nicht möglich, da er sehr schlecht erhalten ist.

Der gängigen assyrischen Männerhaartracht entsprechend, ruht ein prächtiger Lockenkranz auf seiner Schulter. Das Gesicht wird zur Hälfte von einem Backenbart aus Löckchen und einem einfachen Oberlippenbart beherrscht. Ein strähniger Bart setzt sich unterhalb des Kinns fort. Dieser ist sehr kurz gehalten und wurde durchgehend horizontal gestutzt. Vom Gewandabschluß ist bedauerlicherweise kaum etwas erhalten. Stilistisch steht der Kopf durch das sehr plastische Herausarbeiten der Augenbrauen, Augenlider sowie der Nasenflügel in der Bildhauertradition der anderen Reliefbilder aus Turin. Wahrscheinlich gehörte er zur Figur eines Soldaten in der Gruppe des Wagenpersonales bzw. derer, die sich um die Pferde des Hofstaates kümmern mußten. *SB*

Lit.: Weidner (1939), Abb. 50.

**1/217 (Abb. 587)**
**Darstellung eines assyrischen Würdenträgers**
Khorsabad, Palast Sargons II.; Neuassyrien, 722–705 v. Chr.
Alabaster aus Mossul, 62 x 52 x 14 cm
Turin, Soprintendenza al Museo delle Antichità Egizie di Torino (10408)

Dieser Kopf eines bartlosen Hofbeamten wurde aus einer Reliefplatte herausgeschnitten. Er präsentiert sich dem Betrachter ohne Kopfbedeckung. Sein Haar ist lang gewellt, läßt das Ohr frei und fällt wie schon bei der Sargondarstellung in einem dichten Lockenkranz auf die Schultern. Er trägt einen Ohrring, an dem diesmal nur ein einfaches, schlecht erhaltenes Schmuckrelief hängt.

Am unteren Reliefrand lassen sich wieder eine verzierte Gewandborte und verzierte Ärmelansätze entdecken. Sein Gesicht ist vollständig rasiert und läßt eine leicht füllige Wangen- und Backenpartie und ein Doppelkinn erkennen. Wie schon bei dem Sargonkopf treten auch hier neben den Augenbrauen und den Augenlidern die Nasenflügel deutlich aus dem Relief hervor. Die Form der Nase wurde diesmal variiert. Sie ist länger und gebogen am Nasenbein.

Zahlreiche Vergleichsbeispiele dieses Kopftypus sind auf vollständigen Reliefplatten aus Khorsabad erhalten. Sie gehören überwiegend zu der Gruppe von Männern, die Tributgaben tragen bzw. herbeibringen. Im Louvre wird ein ähnlich ausgeschnittener, bartloser Kopf aufbewahrt (Contenau, Antiquités Orient. II Tf. 14.1). *SB*

Lit.: Weidner (1939), S. 58ff, Abb. 2.

**1/218**
**Eugène Flandin und Pascal Coste**
**Voyage en Perse (...) attachés a l'ambassade de France en Perse, pendant les années 1840 et 1841, Bd. 3–4.**
**Aufgeschlagen: Nakch-l-Roustam. Tombe Royal No. 4** (Tafel 176)
Paris, 1840–41
Berlin, Staatsbibliothek Preußischer Kulturbesitz (gr2° Um 5008–3/4)

Nach der gemeinsamen Arbeit mit Pascal Coste in Persien erhielt Flandin einen weiteren Auftrag von der französischen Regierung. Diesmal sollte er sich um die Relief- und Architekturdokumentation der Grabung von P. E. Botta in Khorsabad kümmern. Zusammen mit Coste, einem bekannten Architekten aus Marseille, hatte er sassanidische und achämenidische Felsreliefs aufgenommen. Der Zufall wollte es, daß A. H. Layard auf einer Reise von Kirmanschah nach Hamadan Zeuge ihrer Arbeit in Tak-i-Bustan wurde. Für Coste war dies der zweite Auftrag im Orient. Seit dem Jahr 1818 hatte er in Ägypten gelebt und auf Veranlassung Muhammed Alis die Festung von Abukir wieder aufgebaut. Noch vor *Voyage en Perse* veröffentlichte er die *L'Architecture arabe ou Monuments du Caire*, Paris 1837–39. *SB*

**1/219 (Abb. 588, 589)**
**Eugène Flandin und Pascal Coste**
**Voyage en Perse (...) attachés a l'ambassade de France en Perse, pendant les années 1840 et 1841, Bd. 1–2**
**Aufgeschlagen: Persépolis** (Tafel 66, Leporello)
Paris, 1840–41
Berlin, Staatsbibliothek Preußischer Kulturbesitz (gr2° Um 5008–1/2)

Die von E. Flandin und P. Coste wiedergegebene Ansicht auf die künstlich aufgeschüttete Terrasse des Palastes von Persepolis läßt noch, trotz der wenig erhaltenen Überreste, die Weitläufigkeit dieser Anlage vermuten.

Persepolis (Takht-i-Dschamschid), nordöstlich von Schiraz gelegen, wurde zur Hauptstadt und zum Ort des Neujahrsfestes von Darius I. bestimmt. Im Jahre 520 v. Chr. begannen die Arbeiten am Palastkomplex, der nicht nur einen repräsentativen Teil bieten sollte, sondern zusätzlich zu dem Wohntrakt große Lager- und Vorratsräume und Waffenkammern stellen konnte.

Über die aufgeschüttete Terrasse verteilt, reihen sich quadratische Architektureinheiten in freier Gruppierung, deren Inneres mit Säulen ausgestattet wurde. Im Vordergrund der Zeichnung erkennt man links im Bild das ›Tor aller Länder‹, daran anschließend die Audienzhalle (= Apadana) und Wohntrakte. Im Hintergrund deuten nur noch spärliche Reste den berühmten Hundert-Säulen-Saal an. *SB*

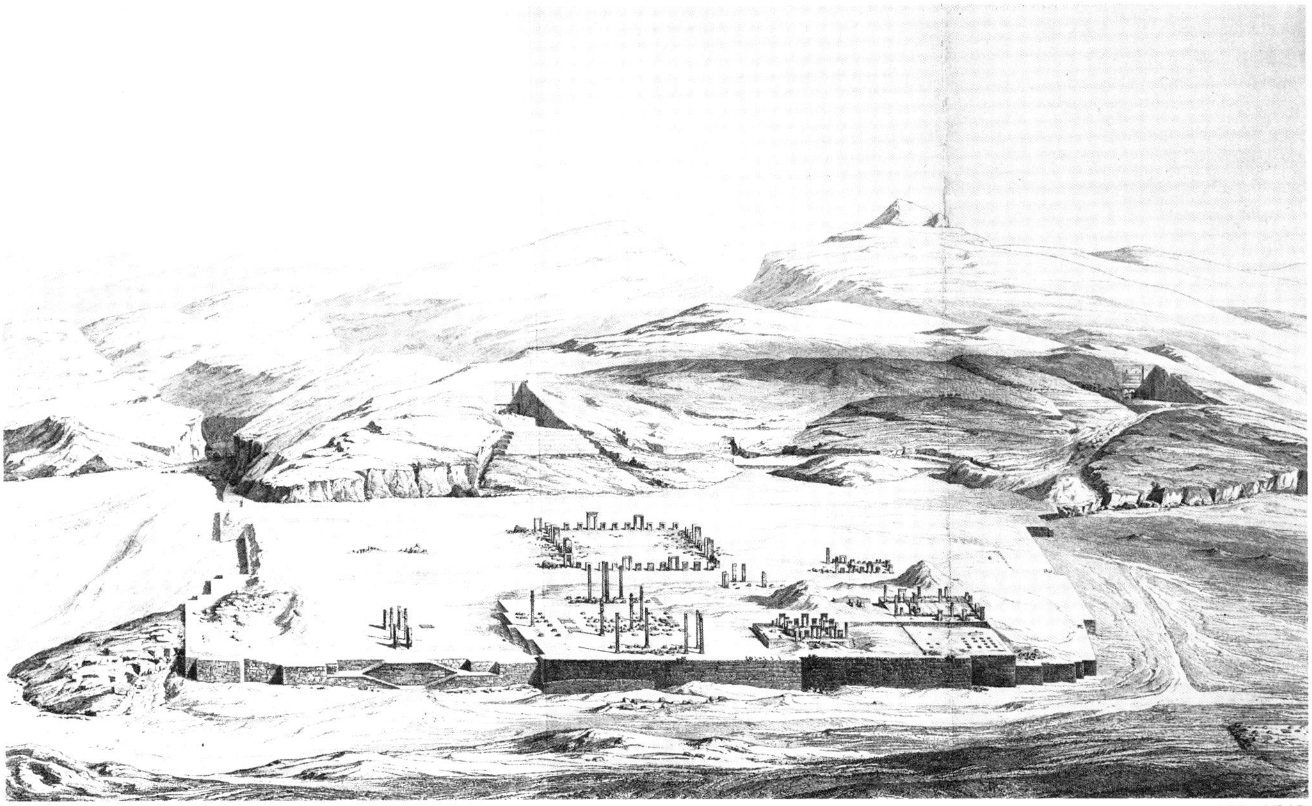

588 (1/219)

589 (1/219)

**1/220 (Abb. 105)**
**Fragment der sechsten Tafel des Epos von Gilgamesch**
Nordmesopotamien; neuassyrisch,
668–627 v. Chr.
Ton, 14,5 x 13 x 2,7 cm
London, The British Museum, Dep. of Western Asiatic Antiquities (K 231)

Der wohl berühmteste Text zweistomländischer Literatur ist das sogenannte Gilgamesch-Epos, ein Legendenzyklus über den König der südmesopotamischen Stadt Uruk (das Erech der Bibel). Die ›ninivitische Redaktion‹ machte daraus ein Zwölftafelepos, das uns heute aus der großen Bibliothek Assurbanipals II. in Ninive vorliegt. Jeweils auf einzelnen Tafeln werden die prägnanten Ereignisse der Lebensgeschichte Gilgameschs erzählt. Ein wichtiger Teil nimmt dort die Freundschaft zu Enkidu ein. Von dieser späten Fassung liegen teilweise jüngere vor, die schon um 2000 v. Chr. niedergeschrieben wurden, abgesehen von einer möglichen mündlichen Tradierung. Die Erlebnisse von Gilgamesch blieben inschriftlich nicht nur auf das Zweistromland beschränkt; es existieren Übersetzungen in der hethitischen und hurritischen Sprache. Weitere Textzeugnisse fand man sogar in Megido (Israel). Das Tafelfragment K 231 setzt inhaltlich die Tötung des Humbaba (Wächter des Zedernwaldes) voraus und beginnt mit dem Heiratsantrag der Göttin Ischtar an Gilgamesch. Dieser lehnt jedoch ab, weil er weiß, wie schlecht sie mit ihren früheren Liebhabern umgegangen ist und in welchem Elend diese jetzt leben. Die zurückgewiesene und beleidigte Ischtar geht wutentbrannt zu ihrem Vater und verlangt von ihm, unter Andro hung, daß sie die Tore der Unterwelt zerstören und die Toten herauslassen würde, daß er den Himmelsstier auf die Erde schicken soll, um Gilgamesch zu vernichten. Anu muß sich gegen seinen Willen fügen. Kaum ist der Stier auf der Erde, werden Hunderte getötet. Enkidu und Gilgamesch fangen das Tier, und letzterer versetzt ihm mit seinem Schwert den Todesstoß. Die Tafel endet mit der Verhöhnung der Göttin Ischtar durch Gilgamesch und Enkidu. Die Folge davon ist das Leiden Enkidus und sein anschließender Tod, der erst auf der siebten Tafel beschrieben wird.

Und zu dem übrigen Inhalt des Epos: Gilgamesch, dessen Vater der König Lugalbanda ist und dessen Mutter die Göttin Ninsun, befreundet sich mit Enkidu, nachdem sie zuvor Gegner im Ringkampf waren. Die von der Bevölkerung um Hilfe gebetenen Stadtgötter schickten den ursprünglich in der Steppe lebenden Enkidu, um den Tyrannen Gilgamesch ein wenig zur Raison zu bringen. Doch noch bevor Enkidu auf den König trifft, wird geschildert, wie ersterer seine Verbundenheit zur Natur und den wilden Tieren verliert, nachdem ihn eine Frau mit der Liebe vertraut gemacht hat. Gemeinsam ziehen Gilgamesch und Enkidu als Freunde hinaus aus der Stadt, um sich durch großartige Taten unsterblichen Ruhm zu erringen. Im Zedernwald (Libanon) fällen sie Zedern und töten den Wächter Humbaba. Nach dem Sieg über den von der Ischtar geholten Himmmelsstier wird Enkidu krank und stirbt schießlich. Die Klage und das Leid von Gilgamesch um seinen Freund ist so groß, daß dieser nun selbst nur ein Ziel hat, nämlich dem Tode – dem Schicksal des menschlichen Daseins schlechthin – zu entkommen. Er sucht Utnapischtin auf, der zusammen mit seiner Frau als einziger der alles vernichtenden Sinflut entkommen war. Von ihm erfährt Gilgamesch von dem Lebenskraut und beschreibt ihm, wie er es finden kann. Leider ist die Schlange schneller und schnappt ihm das Kraut vor der Nase weg. Enttäuscht kehrt Gilgamesch nach Uruk zurück, ohne die Unsterblichkeit errungen zu haben, jedoch mit sehr viel Ruhm behaftet. *SB*

Lit.: SODEN (1982).

**1/221 (Abb. 107)**
**Reliefbruchstück**
Nimrud; neuassyrisch, 9. Jh. v. Chr.
Kalkstein, 82,5 x 82,5 x 10 cm
London, The British Museum, Department of Western Asiatic Antiquities (WA. 98061)
Grabung Layard, Beginn 1845

Nach ihrer Freilegung ließ Austin Henry Layard viele der überlebensgroßen Reliefplatten für den Transport nach Europa zersägen. Auch das Reliefstück von dem Nord-West-Palast Assurnasirpals II. ist das Resultat jener Prozedur. Ursprünglich gehörte es zu einer zweiteiligen Registerkomposition, die durch eine Inschrift (s. unterer Rand) noch zusätzlich gegliedert wurde. Der hier abgebildete kniende und geflügelte Genius mit seiner sogenannten Hörnerkrone ist Teil einer antithetischen Komposition, deren Mitte mit dem ›Lebensbaum‹ besetzt war und in das oberste Register einer zweiteiligen Flachreliefplatte gehörte. Auf der zu ergänzenden gegenüberliegenden Seite des Baumes befände sich das Gegenstück unseres Geniustypes, jedoch nach links gewendet kniend. Der Genius ist im Profil dargestellt. Er kniet, streckt seine erhobenen Arme vor und breitet schützend die Hände am sogenannten Lebensbaum aus, einem assyrischen Phantasieprodukt und ›Kunst-Baum‹, der ein Symbol für das assyrische Königtum schlechthin ist. Für dessen Wohlergehen waren ausgesuchte ›gute Geister‹ zuständig. Die Reliefplatte befand sich im Besitz der englischen Königin Victoria in Osborne House (Isle of Wight). *SB*

Lit.: GADD (1936).

**1/222 (Abb. 598)**
**Austin Henry Layard**
**Nineveh and its remains: with an account of a visit to the Chaldaean Christians of Kurdistan, and the Yezedis, or Devil-Worshippers, (...)**
**Bd. 2**
**Aufgeschlagen: Transport einer Torwächterfigur**
London, 1849
Berlin, Staatsbibliothek Preußischer Kulturbesitz (Ul 2622–2)

(Beschreibung unter 1/223)

**1/223 (Abb. 111)**
**Austin Henry Layard**
**Nineveh and its remains: with an account of a visit to the Chaldaean Christians of Kurdistan, and the Yezedis, or Devil-Worshippers, (...)**
**Bd. 1**
**Aufgeschlagen: Transport einer Torwächterfigur**
London, 1849
Berlin, Staatsbibliothek Preußischer Kulturbesitz (Ul 2622–1)

Die Suche nach dem berühmt-berüchtigten Ninive (Buch Jona der Bibel) führte den Franzosen P. E. Botta und den Engländer A. H. Layard um die Mitte des letzten Jahrhunderts in der einsamen und kuriosen Tell-(Wohnschutthügel)-Landschaft des heutigen Nordiraks zusammen. Als Botta in Khorsabad fündig wurde, glaubte er, Ninive gefunden zu haben, und Layard hielt sein Hauptprojekt Nimrud dafür. Beide irrten. Nachfolgende Keilschrifttextentzifferungen identifizierten den Hügel Kujundschik mit dem Ninive der Bibel, einem Ort, an dem beide recht erfolglos eine Weile Versuchsgrabungen unternommen hatten.

Layard, von seinem Charakter her ein ungestümer und neugieriger Forschungsreisender, war eigentlich auf dem Weg nach Bombay, als er, gebannt von der kargen und extremen Landschaft in der Gegend von Mosul, sich entschloß, hier bis auf weiteres zu bleiben. Er besichtigte im Jahre 1840 die Ruinen von Assur, Nimrud und unwissentlich auch die von Ninive und war fasziniert von dem Gegensatz, daß hier einst die blühendsten Städte des Zweistromlandes gestanden hatten.

Erst im Jahre 1845 erhielt er durch Vermittlung des damaligen Konsuls Stratford Canning in Konstantinopel die Grabungserlaubnis für Nimrud (Kalchu). Die Grabungen wurden vom Britsh Museum finanziert. Er fand hier den Palast Assurnasirpals II. (883–859 v. Chr.), den sogenannten Nord-West Palast und auch den von Tiglat-Pilesar III. (745–727 v. Chr.).

Er wendet sich nochmals Kujundschik zu und entdeckt Teile des Sannerib Palastes (605–681 v.Chr.) und der Bibliothek des Königs Assurbanipal II., wo sich die Tafel des Gilgamesch-Epos (1/220) fand. Zwei Jahre später begleitet ihn der Zeichner Frederick Cooper nach Kujundschik und erstellt Umzeichnungen der Reliefbilder. Auf mehreren Reliefs wird dort sehr anschaulich die Fertigung der geflügelten Stierkolosse und ihr Transport zum Aufstellungsort gezeigt. In den Torbereichen des Nord-West Palastes entdeckte Layard wie auch schon Botta in Khorsabad geflügelte Stiere als Torleibungsfiguren. In mehreren Illustrationen ließ Layard den Abtransport vom Grabungsort selbst festhalten. Nach Tausenden von Jahren sollte es immer noch dieselbe aufwendige Prozedur sein. In den *Illustrated London News* vom 28. Februar 1852 findet sich eine Zeichnung mit der Darstellung der sicheren Ankunft eines geflügelten Stieres, der mühsam über die Stufen des British Museum gehievt wird.

*590 (1/224)*

Layard kehrt 1851 nach England zurück und widmet sich der Politik. Seine zahlreichen Veröffentlichungen von seinen Reisen und Entdekkungen wurden sehr populär und begeisterten die Öffentlichkeit für die Kultur des Zweistromlandes. Die englischen Grabungen wurden damit noch nicht eingestellt. Hormuzd Rassam, ein einheimischer Christ, der schon mit Layard zusammengearbeitet hatte, behielt die Aufsicht über die Grabungen und entdeckte bald darauf die prächtigen Reliefs des Palastes von Assurbanipal II., deren erzählerische Kraft die bislang bekannten ins Abseits stellt. Der faszinierende und große Reliefschatz der neuassyrischen Paläste gelangte so durch den Unternehmungsgeist A. H. Layards in das British Museum, in denen sie die zahlreichen Ausstellungsräume füllen, die von der einstigen Macht und Stellung des neuassyrischen Königtums berichten. *SB*

Lit.: Lloyd (1980).

**1/224 (Abb. 104, 550)**
**Austen Henry Layard**
**The monuments of Nineveh (A second Series of the Monuments of Nineveh; including Bas-Reliefs from the Palace of Sennacherib and Bronzes from the Ruins of Nimroud. From drawings made on the Spot, during a second Edition to Assyria)**
**Aufgeschlagen: Rekonstruktion der Paläste von Nimroud** (Tafel 1)
London, 1853
Berlin, Staatsbibliothek Preußischer Kulturbesitz (Libr. impr. rar. gr. 2(F8) 499)

**1/225 (Abb. 112–114, 117)**
**Victor Place**
**Ninive et l'Assyrie, Bd. 3**
**Aufgeschlagen: Teilansicht der Süd-Ost-Fassade des Palastes von Ninive mit dem Portal-M** (Tafel 19)
Paris, 1867
Berlin, Staatsbibliothek Preußischer Kulturbesitz (gr 2° Ul 2710 -3)

Victor Place leitete, in der Nachfolge Bottas, die französischen Untersuchungen in Kujundschik und nahm die Arbeiten am Palast in Khorsabad 1852 auf. Felix Thomas oblag diesmal die zeichnerische Aufnahme der Architektur und der dazugehörigen Reliefs. Schon frühzeitig beginnt er mit der systematischen Aufarbeitung der Reliefmotive. Diesem glücklichen Umstand ist es zu verdanken, daß viele von ihnen uns überliefert wurden, als hätte er geahnt, daß die überwiegende Mehrheit der Reliefs und anderer Objekte, die aus der neuen Grabung stammten, auf ihrem Transport nach Basra in den Fluten des Tigris versinken sollten.

Die Untersuchungen konzentrierten sich zu diesem Zeitpunkt auf den Norden des Palastgebietes, das nicht nur in seiner architektonischen Konzeption ein Unikum darstellt. So steht der südöstliche innerhalb der Stadtmauer errichtete Palastteil auf einem künstlichen Plateau, während der nordwestliche Teil über die Stadtmauer hinausragt. Ungewöhnlich ist auch, daß der weitläufige Tempelkomplex in den Palastbezirk miteinbezogen wurde. So steht die Zikkurrat (Stufenturm und Heiligtum auf letzter Stufe) in unmittelbarer Nähe des Palast-Wohntraktes.

Auf der aufgeschlagenen Tafel 19 bietet Place zuunterst den Erhaltungszustand der Front an der Südostseite. Deutlich ist der antithetische Eingangsbereich mit dem Zentraltor M zu erkennen und der dazugehörige Reliefschmuck, bestehend aus den geflügelten Stierkolossen und der Reliefplatte mit der Heldendarstellung (s. u. P. E. Botta).

Ins Auge springen die vier erhaltenen Stufen der Zikkurrat und ihr Nischenschmuck, die eine Bemalung in unterschiedlichen Farben aufweist. Die umlaufende Rampe und die dazugehörige Brüstung setzen diesen Zikkurratvertreter vom üblichen Bestand ab. Die aufwendig gestaltete Rekonstruktion der Fassadenfront ist natürlich in bestimmten Punkten wie der Kuppeldach- und der Stufenturm-Rekonstruktion (wieviele Stufen waren es wirklich? Wo ist der Tempel auf der obersten Plattform?) nicht haltbar. Mit Victor Place enden dann die französischen archäologischen Ambitionen. Erst mit dem Konsul E. de Sarzec werden seit 1877 wieder Grabungen in Angriff genommen. Diesmal wird der Süden Mesopotamiens favorisiert. *SB*

Lit.: Budge (1925), 79, 84; Frankfort (1977), S. 149ff.

**1/226 (Abb. 591)**
**Eugène Delacroix (1798–1863)**
**Der Tod des Sardanapal**
1826/27
Leinwand, 81 x 100 cm
Paris, Musée du Louvre, Département des Peintures (RF 2488)

Delacroix wandte sich, nicht zuletzt beeinflußt durch den Maler und Orientreisenden Jules-Robert Auguste und durch Byrons Dichtungen, dem Orient als Darstellungsgegenstand zu, lange bevor er im Frühjahr 1832 als Begleiter des Grafen de Mornay, der als Sonderbotschafter auf dem Weg zum Sultan von Marokko Abd ar Rahman nach Meknès war, Nordafrika mit eigenen Augen sah. Delacroix blieb dem Orientalismus sein ganzes Leben hindurch treu. Wie kaum ein anderes Bild der europäischen Malerei entsprach aber *Tod des Sardanapal*, das der Maler noch im Februar 1827 seinen Saloneinsendungen von 1827 hinzufügte, der Vorstellung von einem fremden, ebenso sinnlichen wie grausamen und gerade deshalb auch faszinie-

*591 (1/226)*

renden Orient. Wenn Byron in seinem Drama von 1821, das auch Berlioz zu einer Tondichtung anregte, die Gestalt Sardanapals entworfen hatte, der sich angesichts einer aussichtlosen militärischen Lage selbst den Tod geben will, aber nicht ohne zuvor alles, was er liebte, Frauen, Pferde und Juwelen, in den Untergang mithineinzureißen, dann gab ihr Delacroix, der sich auch der Beschreibung orientalischer Ausschweifungen bei Herodot und Diodorus Siculus und die Texte Quintus Curtius' über babylonische Orgien zur Kenntnis nahm, hier sichtbare Präsenz eines durch die kostbare Farbigkeit aufgerufenen orientalischen Märchens. Sie besitzt die Richtigkeit der Wahrscheinlichkeit, gründet sich aber nicht auf die Genauigkeit ethnologischer Studien oder archäologischer Ausgrabungen. Der Prunk dieser imaginierten Welt, die Delacroix mit Blick auf Rubens aus den unterschiedlichsten Bildquellen (Farwell 1958; Johnson, 1960; Johnson, 1965; Rosenthal, 1977) konstruierte, ist phantastischer als alles, was 1843 von der assyrischen Kultur des 8. und 7. Jahrhunderts (v. Chr.) in Khorsabad und Ninive ans Licht kam.

Delacroix entwarf ein reines Figurenbild, dessen Ambiente nur in Andeutungen wie dem assyrischen Bart, den Teppichen und den Elefantenköpfen am Prunkbett den orientalischen Ort aufruft, somit weit entfernt ist von den Milieudokumentationen, die Delacroix in seinem Reisetagebuch von 1832 vornahm (Huyghe, 1967, Abb. 192–196, 201–202).

Gerade weil Delacroix die Grausamkeit des Geschehens nicht völlig in die zeitliche und räumliche Distanz rückt, machte er die Leidenschaft beziehbar auf den Betrachter des Pariser Salons von Frühjahr 1828 (Spector, 1974, S. 75–88), der von dem Bild zutiefst schockiert war, weil Lotterbett und Totenbett identisch zu sein scheinen und sich dieser Tod nach langläufiger Meinung in chaotischen Form darbot, aber auch die planende Macht des Mannes über die ganz passiv erscheinenden Frauen in drastischster Weise vorführte. Ob der Künstler damit sein Psychogramm veröffentlichte (Jullian, 1963, S. 82, 89; Spector, 1974, S. 89–105) oder tatsächlich das real existierende Verhältnis der Geschlechter spiegelte, kann gefragt werden (Nochlin, 1983, S. 124). Delacroix entwarf, indem er einen Lichtwinkel von links oben nach rechts unter das Bild durchlaufen ließ, eine Bildfigur, welche die Vielfältigkeit der Formen zu einer Einheit bindet, ohne den Einzelfiguren die eigene Entfaltungsmöglichkeit ganz zu nehmen. Diese Bildfigur macht aber auch unzweifelhaft, daß Sardanapal in seiner statuarischen Ruhe, die deutlich mit den anderen Figuren in ihrer ausgreifenden Gestik kontrastiert, das Geschehen lenkt, seine Rationalität somit als Quelle des leidenschaftlichen Außersichseins der Frauen erkennbar ist. Das heißt aber noch nicht, daß irgendwo im Bild erkennbar wäre, daß sich Sardanapal an dem Schauspiel aus sadistischer Freude ergötzte, zumal er, der die Pose des sterbenden Philosophen klassizistischer Bilder einnimmt, seinen eigenen Tod nicht weniger planvoll betreibt, wird das Rot seiner Polster doch zum Signal für das Feuer, in dem alles verbrennen wird.

Delacroix entwickelte das Bild, von dem er 1844 noch eine Wiederholung (Bortolatto, 1972, Kat.Nr.426) schuf, über zahlreiche Studien (Spector, 1974, Abb.11–23, 25–30) bis zu dieser ›esquisse‹, die alle wesentlichen Züge der Endfassung enthält, auch wenn der Maler auf die Darstellung von Details verzichtete und die Position einzelner Figuren noch erheblich veränderte, was besonders bei der Erstechungsszene vorn links auffällt. Während Delacroix in der endgültigen, fünfmal so großen Fassung ein trotz aller Formfülle und -bewegtheit hohes Maß an Ordnung erreicht, hat diese Skizze, nicht nur durch die naturgemäß freiere Malweise, mehr Wildheit, fast Brutalität. Die gegenständlich nicht völlig definierten Farbströme behalten eine so offene Formstruktur, daß es den Anschein hat, das alles verschlingende Feuer des Scheiterhaufens brenne bereits. *WS*

Lit.: Robaut (1885), Se.51, Kat.Nr.168; Guiffrey (1921), S. 199 Anm.2; Ausst.kat. Paris (1963), Kat.Nr.97; Jullian (1963), S. 83, Abb.2; Serullaz, (1963), Kat.Nr.100; Ausst.kat. Bremen (1964), Kat.Nr.13; Huyghe (1967), S. 173–178; Bortolotto (1972), Kat.Nr.159: Spector (1974), S. 120f., Anm.16, Abb.24; Johnson (1978); Johnson (1981), Kat.Nr.124, S. 113f., T.108; Ausst. kat. Zürich (1987/88), Kat.Nr.24, S. 110–113.

**1/227 (Abb. 592)**
**Engelbert Kaempfer**
**Skizzenbuch**
**Aufgeschlagen: Abschrift einer babylonischen Inschrift**
1686
Autograph, ca 35 x 40 cm
London, The British Library, The Manuscript Collections (Add. Ms 5232, f. 67 b.)

Kaempfer besuchte im Jahre 1686 die persischen Ruinen und fertigte dort die hier ausgestellte Kopie einer babylonischen Inschrift an, die wahrscheinlich aus dem Palast von Persepolis stammt. Bei seiner Analyse der Inschrift ging er davon aus, daß es sich bei den Zeichen um Ideogramme (Bildzeichen) handelte. Er erkannte auch, daß sich der Zeichenschatz in grundlegender Form von dem altpersischen unterschied. Vor ihm hatte bereits J. Chardins (1643–1713) vermutet, daß die Leserichtung von links nach rechts verläuft. Kaempfer gebührt ein wichtiger Platz in der Entzifferungsgeschichte, weil wir es ihm verdanken, daß der Begriff Keilschrift für diese Schriftform überhaupt entstand. Er nannte sie ›beim Namen‹: »cuneatae«, also keilförmig (engl. cuneiform). Bedauerlicherweise sind nur wenige Zeichen richtig von ihm wiedergegeben worden. *SB*

Lit.: Budge (1925), 19ff

**1/228**
**Antoine Isaac Silvestre de Sacy**
**Mémoires sur diverse Antiquités de la Perse, et sur les médailles des rois de la dynastie des Sassanides; suivis de l'Histoire de cette Dynastie**
**Aufgeschlagen: Inscriptions de Nakschi-Roustam** (Klapptafel vor Seite 1)
Paris, 1793
Berlin, Staatsbibliothek Preußischer Kulturbesitz (Um 3410)

De Sacy veröffentlichte als erster die Übersetzung der Pahlevi-Inschriften (mittelpersisch) des Sassaniden Adaschir I. (224–241 n. Chr.) in Naqsch-i-Rustam, Provinz Fars. Adaschir I. ließ dort bewußt am Eingang des Tales die große Felsreliefkomposition mit Inschrift einmeißeln, die seine Investitur durch Ahura Mazda zeigt, verstand er sich doch als Nachfolger der Achämenidenkönige, die dort zuerst ihre Grabstätte angelegt hatten. Das gilt zumindest für Darius I., Xerxes, Artaxerxes I. und Darius II. So befolgte der Sassanide auch die achämenidische Sitte, die Reliefﬁguren mit Beischriften zu versehen, die den Königsnamen, Genealogie und den Titel ›König der Könige‹ enthalten. Diese Tatsachen war de Sacy aufgefallen und damit lieferte er der persischen Keilschriftenentzifferung und deren Lautwertanalyse einen wichtigen Hinweis, der von Grotefend aufgegriffen werden konnte. *SB*

**1/229**
**Olaus Gerhard Tychsen**
**De cuneatis inscriptionibus Persepo Litanis lucubratio. Cum II aere expressis tabulis**
**Aufgeschlagen: Keilschriften** (Titelseite und herausgeklappte Tafel 1)
Rostock, 1798
Berlin, Staatsbibliothek Preußischer Kulturbesitz (Ph 9301)

Olaus G. Thychsen war ausgebildeter Hebräist und Kenner der rabbinischen Literatur. Nachdem er sich in der Entzifferung der Hieroglyphenschrift versucht hatte (*Über die Buchstabenschrift der alten Ägypter*, Göttingen 1790), bemühte er sich, auf der Grundlage der Kopien von Niebuhr um phonetische Möglichkeiten für das Lesen der Keilschrift, u.a. durch Vergleiche mit modernen semitischen und indogermanischen Sprachen. (Tafel I zeigt den Orientierungsversuch an griechischen und semitischen Buchstaben). Für seine Gleichsetzungen mit Keilschriftzeichen liefert er allerdings keine Erläuterungen. Er entdeckt, wie auch F. Münter (1/230), in den diagonalen Keilen jeweils einen Worttrenner. Tychsen schreibt irrtümlicherweise die Inschriften den Arsakiden zu, den Gründern des parthischen Königreiches (247 v. Chr. wird Arsakes zum König ausgerufen). *SB*
Lit.: Budge (1925), 39.

**1/230**
**Friedrich Münter (1761–1830)**
**Versuch über die keilförmigen Inschriften zu Persepolis, Neue Auflage**
**Aufgeschlagen: Vergleichung einiger Persepolitan. Zeichen mit Armenischen Georgianischen Zend und Pehlvi Buchstaben**
(Klapptafel Tab III)
Kopenhagen, 1818
Berlin, Staatsbibliothek Preußischer Kulturbesitz, (Ph 9327)

Wie viele andere, die Karsten Niebuhrs Reisebericht gelesen hatten, bemühte sich auch Friedrich Münter auf der Grundlage der Niebuhr-Abschriften um eine Entzifferung der Trilingue Darius' I. Er hält im Jahre 1798 vor der königlich-dänischen Gesellschaft der Wissenschaften einen Vortrag über seine Forschungsergebnisse, die Niebuhr 1 für alphabetisch, 2 für syllabisch und 3 für ideologisch erklären; letzteres sollte sich nicht bewahrheiten. Wie Tychsen sieht auch er in dem diagonalen Keil einen Worttrenner. Er rückdatiert allerdings dessen Datierung der Inschrift in die parthische Zeit nun erneut in die Periode der Achämenidenherrschaft. Trotz seiner wiederholten Versuche, anhand einer Analyse der Zeichenhäufigkeit zu Lautwertaussagen zu kommen, kann er, wie sich später herausstellen sollte, nur zwei Vokale ausmachen. *SB*
Lit.: Budge (1925), 40, 51.

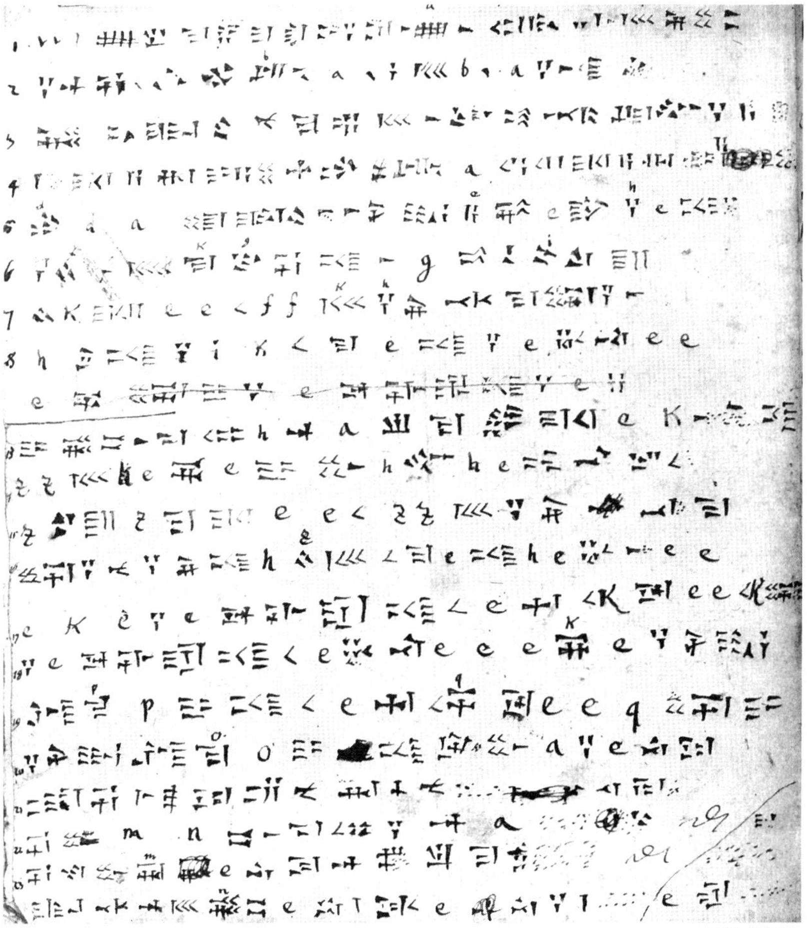

592 (1/227)

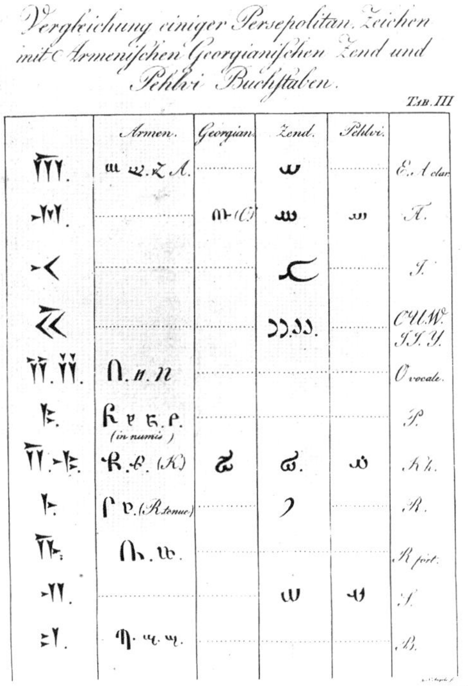


593 (1/230)

**1/231**
**Georg Friedrich Grotefend (1775–1853)**
**Neue Beiträge zur Erläuterung der persepolitanischen Keilschrift**
**Aufgeschlagen: Inschriften des Kyrus, Darius, Xerxes und Artaxerxes, nebst chinesischen u. ägyptischen Hieroglyphen** (nach Seite 48, Tafel II) **und: Inschriften des Darius in Persepolis nach allen drei Schriftarten und Sprachen in Wörter abgetheilt, nebst verschiedenen Auszügen** (Tafel III)
Hannover, 1837
Berlin, Staatsbibliothek Preußischer Kulturbesitz (4° Ph 9380)

In den Jahren 1802 und 1803 legte G.F. Grotefend der Göttinger Akademie der Wissenschaften eine Abhandlung in lateinischer Sprache über den Versuch der Keilschriftentzifferung vor. Seitdem gilt er, gemessen an dem konsequentesten Versuch, die persischen Keilschriftzeichen zu entziffern und zu lesen, als ihr Entzifferer schlechthin. Er studierte Philosophie und Theologie und wandte sich aus finanziellen Gründen noch während seiner Studienzeit dem gymnasialen Lehramt zu, um ein weiteres Studieren in seinen Disziplinen zu ermöglichen.

Doch wie kam nun Grotefend, der keine orientalisch-philologische Vorbildung besaß, dazu, sich um die Keilschrift zu bemühen? Während eines gemeinsamen Gespräches provozierte Raffaello Fiorillo, Sekretär der Königlichen Bibliothek zu Göttingen und Freund von Grotefend eine Wette, in der es darum ging, zu beweisen, daß es möglich sei, eine Inschrift zu entziffern und zu übersetzen, von der zu diesem Zeitpunkt keine grammatische oder lexikalische Information existiere. Fiorillo machte Grotefend schon in den nächsten Tagen mit der Reisebeschreibung und dem Tafelband Karsten Niebuhrs bekannt.

Als Ausgangspunkt dienten hauptsächlich die Trilinguen Darius I. Schon Niebuhr hatte ja erkannt, daß derselbe Text in drei unterschiedlichen Sprachen verfaßt worden war, nur um welche es sich handelte, war auch ihm verschlossen geblieben. Was allen Keilschriftinteressierten damals unbekannt blieb, war die Tatsache, daß sie die Entzifferung quasi von hinten, von ihrem fast letzten Kulturträger, den Achämeniden, die am Ende der langen Keilschrifttradition (sie beginnt um ca. 3000 v.Chr.) stehen, aufrollen sollten. Der jüngste bekannte Keilschrifttext stammt aus der Zeit Kaiser Augustus')!

Schon unter den neuassyrischen Königen setzte sich im alltäglichen Schriftgebrauch allmählich das Aramäische, eine Buchstabenschrift, die im Alphabet von Ugarit (14. Jahrhundert v.Chr) wurzelt, mehr und mehr durch. Die Keilschrift wurde an sich nur noch für Prunk- und Königsinschriften, Epentexte etc. verwendet. Darius I. gibt 520 v. Chr. an seine Kanzleien den Auftrag, eine eigene Keilschrift für die altpersische Sprache zu entwickeln, da die Perser keine Schrift besaßen. Dieses künstliche Produkt wurde ein Gemisch aus Silben- und Buchstabenschrift, das schließlich in Stein gearbeitet u. a. in seinen Trilinguen als Ausdruck von Macht und seiner Herrlichkeit als Herrscher der Welt erscheint.

Grotefend beginnt zunächst mit einer Strukturanalyse aus den Zeichen heraus (s. Tafel II: »Gegenüberstellung des optischen Erscheinungsbildes der einzelnen Inschriften«). Die Vorarbeiten von Münter und Tychsen sind ihm dabei bekannt.

Das Altpersische oder das Babylonische bot zu diesem Zeitpunkt nicht den Vorteil, den die Bildelemente der Hieroglyphenschrift lieferten. Bei ihrer Entzifferung war ja ebenfalls eine Trilingue auf dem Stein von Rosetta von ausschlaggebender Hilfe gewesen, die denselben Text in Hieroglyphen, Demotisch und Griechisch präsentierte. Die Keilschrift zeichnete sich in den Tausenden von Jahren durch eine erstaunliche Wandlungs- und Anpassungsfähigkeit an das jeweilige Sprachsystem aus. So wurde ja selbst das Buchstabenalphabet von Ugarit (Ras Schamra) durch Keile ausgedrückt, obwohl die Keilschrift ursprünglich hauptsächlich Silben verkörperte. Begonnen hatte es um 3000 v.Chr. in der südmesopotamischen Stadt Uruk mit Bild- und Zahlzeichen, die in den Ton geritzt bzw. gedrückt wurden. Auslöser für diese schriftliche Kommunikation war das Bedürfnis nach spezialisierter Buchführung.

Wie bei einem Puzzlespiel fügte Grotefend die zahlreichen Einzelinformationen, besonders die alt- und mittelpersischen Sprachforschungsergebnisse, für seine Arbeit Schritt um Schritt zusammen. Über die Eigennamen der Könige (s. die Beischriften auf den Reliefs) und deren Titulatur bzw. Genealogie, die sich auch in den verschiedenen Sprachen nicht wesentlich ändern, konnte er zu Lautwertaussagen gelangen. Am Ende hatte er schließlich für ein Drittel aller altpersischen Keilinschriftzeichen eine korrekte Lesung gefunden. Grotefend stand, nicht zuletzt durch das eifrige Bemühen von C. J. Rich selber, mit diesem und Karl Bellino in engem Kontakt. Beide lebten schon in Bagdad und schickten regelmäßig eigenhändig erstellte Kopien nach Deutschland. Grotefend veröffentlichte dann in den Abhandlungen der Akademie der Wissenschaften in Göttingen Bellinos Kopie des Sanherib Zylinders, später auch Bellino Zylinder (1/200) genannt.

Die Ergebnisse Grotefends gaben in der damaligen Fachwelt Anlaß zu lebhaften Diskussionen. Trotz aller Kritik an der Unvollständigkeit seiner Forschung fühlte er sich als der erste Entzifferer der Keilschrift und erläuterte es folgendermaßen: *»(...), daß man, (...) darum keine völlig befriedigende Erklärung derselben von (... [ihm]) zu fordern berechtigt ist, (... [da]) nur allzuhäufig der Entzifferer mit dem Interpreten verwechselt zu werden pflegt. Wenn (... [er]), der orientalischen Sprachen beinahe völlig unkundig, bloß durch* *ein logisches, auf die Vergleichung aller verwandten Inschriften und auf die verschiedenen Combinationen ihrer Charaktere sich stützendes Räsonnement den Werth und die Geltung der Zeichen als Entzifferer festgesetzt habe; so ist hernach, (...), die Sache der Orientalisten, zur vollendeten Erklärung der lesbar gemachten Schrift das Ihrige beizutragen, (...)«*

Erst im Jahre 1847 war das Rätsel um die 37 Zeichen und vier Wortzeichen der persischen Keilschrift nach vielen gemeinsamen Bemühungen von mindestens zehn internationalen Gelehrten gelöst; das Entziffern der sumerischen und akkadischen bzw. assyrischen und babylonischen Keilschrift konnte beginnen. *SB*

Lit.: BUDGE (1925), S. 41ff; HINZ (1975); SUMER ASSUR BABYLON (1978), S. 60ff.

**1/232 (Abb. 594)**
**Henry Cresnick Rawlinson (1810–1895)**
**The cuneiform Inscriptions of Western Asia, A selection from the historical inscriptions of Chaldaea, Assyria and Babylonia, Bd. 1**
**Aufgeschlagen: Annals of Sardanapalus**
(Seite 17)
London, 1861
Berlin, Staatsbibliothek Preußischer Kulturbesitz (2° Ph 9502–1)

Henry C. Rawlinson kam schon, ähnlich wie Claudius J. Rich, recht früh in seinem Leben mit dem Orient in Verbindung. Im Jahre 1826 verpflichtete ihn die East India Company auf einem Kadettenschiff, und ein Jahr später studierte er in Indien Persisch, Arabisch und Hindu. Ein militärischer Auftrag führt ihn 1835 nach Persien. Auf dem Weg nach Kirmanshah hört er von den Keilinschriften am Berge Alwan. Er beginnt daraufhin, in seiner freien Zeit die zwei Trilinguen, die Ker Porter nur aus der Ferne betrachtet hatte, und die Karl Bellino durch seinen frühen Tod nicht mehr zu sehen bekam, zu kopieren.

Noch im selben Jahr besucht er den Felsen Bisutun, der durch die folgende Entzifferung der Inschriften und die überlebensgroßen Reliefs für die Zukunft mit dem Namen Rawlinson verbunden bleiben. Die Inschriften der Trilingue Darius' I. müssen von ihm unter Zuhilfenahme von Leitern und Seilen erklettert werden. Es folgen in den nächsten Jahren fortgesetzte Besuche. Er beobachtet dabei, daß der Felsen für diese Bildhauerarbeit präpariert wurde, und zwar glättete man eine Fläche von 366 qm, besserte die Schwachzonen aus und polierte alles anschließend. Auf die Reliefausarbeitungen folgte ein widerstandsfähiger Anstrich zum Schutz gegen Verwitterungserscheinungen.

Erst viele Jahre später, nachdem er seine Entzifferungsergebnisse bezüglich der altpersischen Keilschrift 1845 in seinen *Memoir* für die Royal Asiatic Society veröffentlicht hat und inzwischen als Consul-general in Bagdad lebte, sucht er Bisutun erneut auf, um sich der elamischen und babylonischen Inschriften anzunehmen. Seine Entzifferungserfolge betreffend ist zu betonen, daß er unabhängig von Grotefend arbeitete und sogar zu einem vollständigeren Ergebnis kam, wahrscheinlich begründet durch seine fundierte Kenntnis orientalischer Sprachen. Auch er war wie Grotefend der naheliegenden methodischen Aufschlüsselung über die Eigennamen der Könige gefolgt. Ab 1851 wurde Rawlinson leitender Direktor der englischen Grabungen im heutigen Irak und traf dort mit A. H. Layard und V. Place zusammen. Vier Jahre später kehrte er nach England zurück, um dort politische Pflichten wahrzunehmen und eine neue Publikation von Keilschrift-

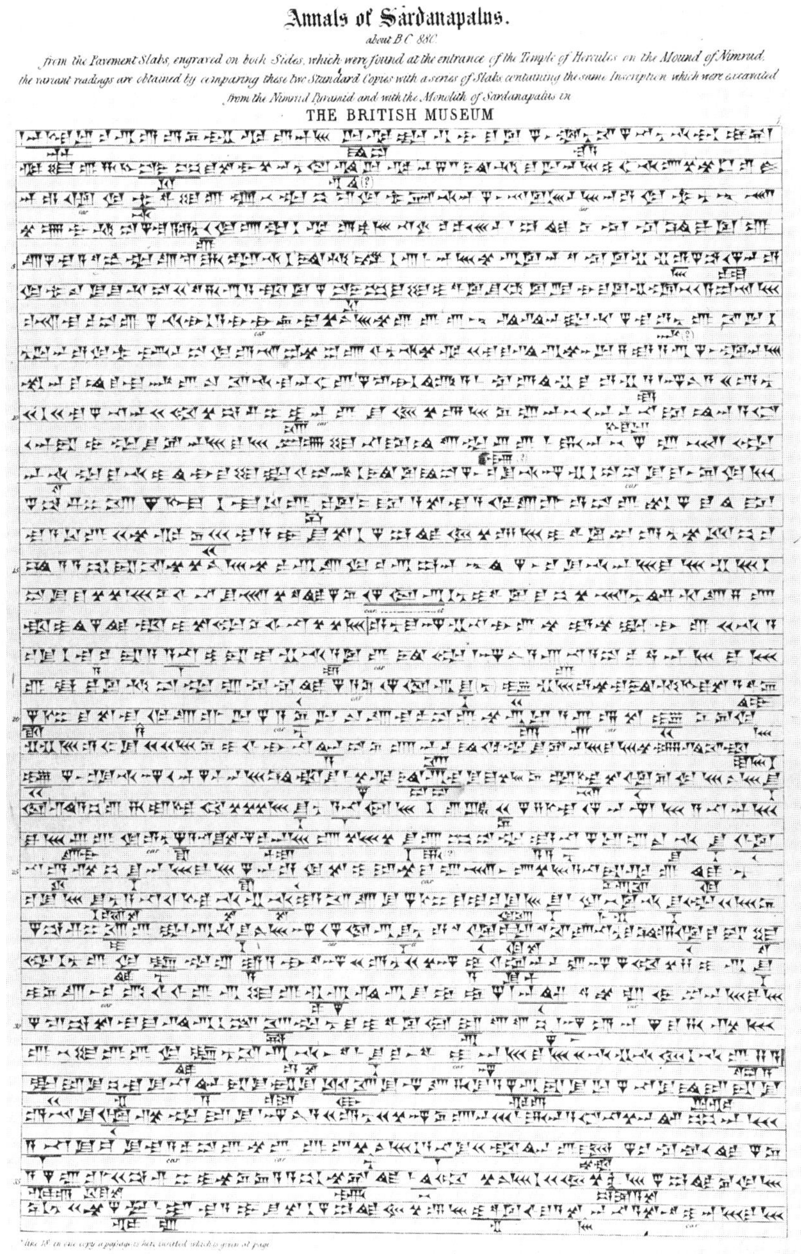


*594 (1/232)*

texten vorzubereiten. Diesmal handelte es sich überwiegend um Texte, die in Ton geritzt wurden, wie Prismen, Zylinder, Lehmziegel und einfache Tontafeln, die *Inscriptions of Western Asia*, die er zusammen mit einem Kollegen namens Edwin Norris (Orientalist) erarbeitete. Bei den Textabbildungen (s. die Annalen des Sardanapalus – Assurbanipal II.) handelt es sich um eigens für dieses Buch ausgeführte Lithographien. Den Rest seines Lebens verbrachte Rawlinson damit, der Keilschriftentzifferung, also der Assyriologie einen Platz in der Altertumswissenschaft einzuräumen. *SB*
Lit.: Budge (1925), S. 89ff; Lloyd (1980), S. 75ff.

**1/233 (Abb. 91)**
**Turmbau zu Babel**
Nordfranzösisch/burgundisch/flämisch; um 1470
Handzeichnung auf Pergament, 20, 3 x 26 cm
Berlin, SMPK, Kupferstichkabinett (632)

Das Kupferstichkabinett verwahrt zwei offensichtlich aus demselben Kodex geschnitttene Einzelminiaturen, deren eine den *Turmbau zu Babel*, deren andere *Alexanders Glücksrad* zum Thema hat. Die ›Turmbau‹-Miniatur wurde bisher mit einer Gruppe von Augustinus-Handschriften in Verbindung gebracht, die in ihrer Ikonographie weitgehend verwandte Darstellungen enthalten. Das Motiv von ›Alexanders Glücksrad‹ kommt darin freilich nicht vor.

Frauke Steenbock (mündliche Mitteilung) verweist in diesem Zusammenhang auf die *Histoire Grec et Romaine*, eine von der Genesis bis zur Geburt Christi reichende Weltgeschichte, die Jean de Courcy in den Jahren 1416 bis 1422 verfaßte. Sein Buch ist unter dem Namen *La Bouquechardière* bekannt geworden, eine Bezeichnung, die sich wohl von Bourg-Achard, der normannischen Seigneurie des Autors, ableitet. Ein Atelier in Rouen scheint auf die Herstellung dieses Typs von Handschriften spezialisiert gewesen zu sein. Ross verzeichnet 18 verschiedene Abschriften, die alle nach der Mitte des 15. Jahrhunderts entstanden sind. Die Eingangsillustrationen zu den Büchern vier und fünf, die einen Abriß der assyrischen und makedonischen Geschichte geben, entsprechen den Miniaturen des Kupferstichkabinetts. *R/SB*
Lit.: Delaisse/Marrow/Wit (1977); Ross (1963), Laborde (1909).

**1/234 (Abb. 98)**
**Pozzoserato, eigentlich Lodewijk Toeput (Antwerpen um 1550–1603/5 Treviso)**
**Turmbau zu Babel**
Um 1583–87
Leinwand, 167 x 271 cm
Privatbesitz

Loedewijk Toeput gehört zu jenen flämischen Malern, die von ihrer seit Beginn des Jahrhunderts obligat gewordenen Italienreise nicht mehr zurückkehrten. Er ließ sich im Süden nieder und paßte sich den Verhältnissen, die er vorfand, dadurch an, daß er den am Tafelbild erprobten Stil seiner Landschaftsmalerei mit Historie anreicherte und ins Fresko übertrug. Er arbeitete einige Zeit im Atelier Tintorettos, ehe er, Anfang der 80er-Jahre, auf die Terra Ferma übersiedelte, nach Treviso, wo er sich in wörtlicher Übersetzung seines Hauptnamens Pozzoserrato nannte.

Toeputs Gemälde vom *Turmbau zu Babel* entstand in den ersten Jahren seines Trevisaner Aufenthalts. Es ist aus hintereinanderliegenden, klar voneinander abgehobenen Erzählschichten aufgebaut: Im Vordergrund läßt sich Nimrod vor den Resten einer antiken Akropolis vom Fortgang der Arbeiten unterrichten. Ihnen gegenüber hebt eine alpine Gebirgslandschaft an. Um einen Sturzbach, der sich über mehrere Schwellen ins Tal ergießt, haben sich zahlreiche, von Wasserrädern betriebene Hüttenwerke – Pochmühlen, Schmieden, Sägereien – niedergelassen, die von hölzernen Mühlgerinnen gespeist werden. Es handelt sich hier um einen realen Landschaftsausschnitt, der dem Maler wohl im Hinterland des durch seinen Wasserreichtum berühmten Treviso vors Visier kam. Es darf als eigenste Leistung des Künstlers gelten, wie er Natur und Arbeitswelt im Bild neuzeitlicher Montanindustrie zueinander in Einklang bringt. Indem er den Baubetrieb von seinem handwerklichen Umfeld, der mittelalterlichen Bauhütte, trennt, macht er den Turmbau zu einem Unternehmen protoindustriellen Ausmaßes, womit sich der künstlerische Anspruch des an klassischen Mustern geschulten Architekten paart.

Während Maler wie Lucas von Valckenborch und Hendrick van Cleve breite Trassen legen und so das Vorfeld des Turmes im Hinblick auf seine Errichtung erschließen, setzt Pozzoserrato auf die Fernwirkung des Baus. Der Spiralturm schließt die städtische Zone des Mittelgrundes nach hinten zu ab. Er ist kein Stück utopischer Architektur, sondern der Drehpunkt einer visionären Landschaft. Die architektonische Gliederung löst sich auf im Lichtgespinst zahlloser Geschosse, in denen sich der Turm ins Unermeßliche hochwindet, um endlich an den Wolken zu kratzen, durch die er in eine luftig farbige Weltenlandschaft eingebunden ist. *R/SB*
Lit.: Kultzen (1968), 3, S. 208–218; Franz (1969).

**1/235 (Abb. 96)**
**Pieter Brueghel d. J. (?)**
**(Brüssel, um 1564–1638 Antwerpen?)**
**Der Turmbau zu Babel**
um 1600
Kupfer, 31 x 41 cm
Genf, Musée d'art et d'histoire (CR 290)

Dieses Bild übersetzt die großen Kompositionen des Turmbaus zu Babel ins Format eines Kabinettstücks. Aus einer Architekturvision Pieter Brueghels d. Ä. ist ein nächtliches Stimmungsbild geworden. Dieses setzt mehr auf den Glanz effektvoll verteilter Lichter als auf erzählerische Qualitäten. Der Perspektivismus des untersichtig gezeigten Turms leitet sich nicht aus der Brueghelschen Tradition her, sondern erinnert an Schöpfungen Hendrick van Cleves, wobei das gotisierende Filigran der die Geschosse überspringenden Strebebögen und Gerüste hier besonders weit getrieben ist. Dem Auftreten Nimrods haftet ferner ein eigentümlicher Zug an, indem dieser die Arbeiter zu überraschen scheint.

Das Gemälde wurde Hans Rottenhammer und Pieter Brueghel d. J. zugeschrieben, jedoch gibt es für die Zusammenarbeit der beiden Maler keinerlei Anhaltspunkte. Die gemeinsame Tätigkeit von Rottenhammer und Jan Brueghel d. Ä. fällt in die Zeit ihres Romaufenthaltes zwischen 1593 und 1596. Das Ausmaß ihrer Zusammenarbeit wird heute im Vergleich zur älteren Forschung eher gering veranschlagt. Pieter Brueghel d. J. war allem Anschein nach nie in Rom gewesen. Dessen Arbeiten zum Turmbau-Motiv hat Marlier einen eigenen Abschnitt gewidmet. Dabei handelt es sich ausschließlich um Kopien nach den Gemälden seines Vaters. Die unverkennbar charakteristischen Stilmerkmale des Genfer Bildes lassen eine konkrete Zuschreibung an einen Manieristen der flämischen Schule für denkbar halten. *R/SB*

Lit.: Peltzer (1916); Marlier (1969); Ertz (1987).

**1/236 (Abb. 595)**
**Johann Christian Thomas Winck**
**(Eichstätt 1738–1797 München)**
**Königin Tomyris läßt das Haupt des Cyrus in Menschenblut tauchen**
Sign. und dat.: Christ. Winck pinxit 1760
Leinwand, 49,5 x 36,5 cm
Innsbruck, Tiroler Landesmuseum
Ferdinandeum (Gem 3244)

Johann Christian Thomas Winck war in München als Altar- und Theatermaler, Illustrator, Stecher, Radierer und Entwerfer für die kurfürstliche Gobelinmanufaktur tätig. Seine für zahlreiche Klöster des süddeutschen Raums ausgeführten Wandmalereien weisen ihn aus als den meistbeschäftigten Freskomaler Münchens. 1769 wurde er zum kurfürstlichen Hofmaler ernannt. Das Gemälde mit der Königin

*595 (1/236)*

Tomyris ist ein Frühwerk des Künstlers. Es schildert die von Herodot überlieferte Geschichte vom Ende des Cyrus, dem Begründer der persischen Weltenreiches, der von den Massageten besiegt worden war. Die Episode war ein Lehrbeispiel für das Existenzrecht kleinerer Reiche allgemein wie für die List der Frauen im besonderen. Als solches wurde Tomyris ihren biblischen Entsprechungen, Judith und Jael, gleichgestellt. *R/SB*

Lit.: Clementschitsch (1968), Feulner (1912).

**1/237 (Abb. 596)**
**Der Turmbau zu Babel und der Auszug Abrahams und seiner Familie ins gelobte Land**
Tapisserie aus der Serie: Biblische Darstellungen aus der Genesis, dem Buche Joshua, der Richter und der ersten Könige
Brüssel, nach 1554
Wolle und Seide, 442 x 438 cm
Wien, Kunsthistorisches Museum, Sammlung für Plastik und Kunstgewerbe (LXVII/2)

Der Aufbruch Abrahams, der seine chaldäische Heimat in Begleitung seiner Frau Sara und des Neffen Lot verläßt, ist das Urereignis jüdischer Geschichte. M*it den Worten »in dir sollen gesegnet werden alle Geschlechter auf Erden«* hatte Jahwe ihm den Weg nach Kanaan gewiesen. Das Motiv war im 16. Jahrhundert in der Tafelmalerei, etwa durch Jacopo Bassano aufgegriffen worden, doch fand es auch danach in der christlichen Kunst kaum Beachtung. Ausnahme ist die große Teppichfolge der ›Geschichte Abrahams‹ des in Brüssel ansässigen Künstlers Bernard van Orley, der die beredten Geschichten illustrierter Bibeln ins Großformat

596 (1/237)

übertrug. Der hier vorliegende Teppich einer Serie mit biblischen Darstellungen zur Genesis, dem Buch Joshua, der Richter und der ersten Könige nimmt sich Orley gegenüber bescheiden aus. Während Orley die Szene der Verheißung in die Mitte rückte, ist hier dem Aufbruch des Klans breiter Raum gegeben.

Die Geschichte Abrahams schließt unmittelbar an das 11. Kapitel der Genesis an, das vom Turm zu Babel berichtet. Auf dem Teppich steht er wohl für Ur, Abrahams Heimatstadt. Die jüdische Tradition hatte um die Figur Nimrods und Abrahams einen reichen Legendenkranz geflochten. Tatsächlich ist mit dem Turm auch Nimrod zitiert, vor dem ein Steinmetz in die Knie fällt. Das Detail hat der Kartonmaler aus einer Lyoneser Bilderbibel mit den Holzschnitten Bernard Salomons und Pierre Eskrichs kopiert. Deren Erscheinungsjahr, 1554, liefert einen ersten Datierungshinweis. *R/SB*

Lit.: Minkowki (1959).

**1/238**
**(Joh.) Schildtberger**
**(um 1380–München–um 1450)**
**Ein wunderbarliche / unnd kurtzweylige Histori / wie Schildtberger / einer auß der Stat München in Bayern / von den Türcken gefangen / in die Heydenschafft gefüret / unnd wider heymkommen. Item was sich für krieg / unnd wunderbarlicher thaten / dieweyl er inn der Heydenschafft gewesen / zugetragen / ganz kurtzweylig zu lesen**
**Aufgeschlagen: »Von der mechtigen Stat Babylonia / und irem hohen Thurm«**
Nürnberg, 1554
Berlin, Staatsbibliothek Preußischer Kulturbesitz (Uk 2871 R)

Schiltberger wurde als Knappe des Lionhart Reichhartinger in der Schlacht von Nikepolis am 28. September 1396 von den Türken gefangengenommen und entging der Hinrichtung nur aufgrund seiner Jugend. In den Dienst des Sultans Bayazid I. genommen, wird er nach dessen verlorener Schlacht gegen Timur bei Ankara 1402 in die ›Tartarey‹ geführt. Nach verschiedenen Kriegszügen, an denen er teilnehmen mußte, gelang ihm die Flucht nach Konstantinopel. 1427 kehrte er nach München zurück. Sein Erlebnisbericht erschien zuerst 1473 in Ulm. Eine 1477 in Augsburg erschienene Ausgabe war mit 15 Holzschnitten illustriert. Dort ist der babylonische Turm als einfacher quadratischer Turm mit Pyramidendach dargestellt, umgeben auch schon von Schlangen und Drachen. Wie später noch Rauwolf, (1/183) schildert er den Turm unzugänglich wegen *»Trachen/Schlangen/vnnd vor bösen würmern/ die vil in der selben wüsten sein«.* RL
Lit.: ADB 31; Klengel-Brandt (1982).

**1/239 (Abb. 597)**
**Johann Ludwig Gottfried / Johann Philipp Abelin**
**Historische Chronik oder Beschreibung der merkwürdigsten Geschichten (...)**
**aufgeschlagen: Turm zu Babel** (Seite 15)
Frankfurt, 1633
Berlin, Staatsbibliothek Preußischer Kulturbesitz, Handschriftenabteilung (Zd 988a R)

In seiner ›Historischen Chronik‹ übernimmt der Geistliche Johann Ludwig Gottfried (um 1584–1633) den Erzählrahmen von *De quatuor summis imperiis* des Straßburger Geschichtsschreibers Johannes Sleidanus. Er läßt die Menschheitsgeschichte unter Ausklammerung des göttlichen Schöpfungsaktes im Zustand eines zeitlosen Paradieses beginnen und teilt den Rest, der Vision des Propheten Daniel gemäß, in vier Weltmonarchien. Der Bericht vom Bau des Babylonischen Turms schließt an die Sintflut an. Er ist Werk der ersten Monarchie der Assyrier und Babylonier. Das ›merianische Kupfer‹ legt den Akzent auf denjenigen, als

*597 (1/239)*

*598 (1/222)*

dessen Werk der Turm erscheint: den Souverän als Bauherrn. Die Weltgeschichte vervollständigt eine zeitgeschichtliche Chronik, die Johann Philipp Abelin (der mit Gottfried verwechselt wurde) und nach ihm Folgende unter dem Titel *Theatrum Europaeum* bis ins Jahr 1718 fortsetzten. Diese erfreute sich, dank der Illustrationen von Merian, anhaltender Beliebtheit. R/SB
Lit.: Bachmann (1939).

**1/240**
**Wenzel Hollar (Prag 1607–1677 London)**
**Baby = lon**
Nach Athanasius Kircher
Bez.: W. Hollar fec. Londini/1642
London, 1642
Radierung, 19 x 28,4 cm
Berlin, SMPK, Kupferstichkabinett (586–300)

Hollars rautenförmiger Plan von Babylon ist als ein Versuch zu werten, das architektonische

599 (1/243)

Wunder der ›Babylonischen Mauern‹, das Künstler wie Maerten van Heemskerk zu bizarren Visionen anregte, systematisch nach antiken Quellen zu erfassen und idealtypisch als regelmäßige Stadtanlage zu deuten. Diese wird von einer breiten Prozessionsstraße und dem Kanalbett des Euphrat in vier gleiche Viertel unterteilt, deren Straßenraster von je einer zentralen Platzanlage unterbrochen sind. Die eigentliche Stadtmitte markiert eine Brücke. An deren einem Ende liegt die von einem dreifachen Mauerkranz umgebene Königsburg, an deren anderem ihr kleineres Gegenstück sowie der Bezirk des Baalstempels mit seinem achtgeschossigen Terrassenturm. Conraet Decker hat in einer 30 Jahre jüngeren Version Hollars Vorgabe zur perspektivischen Ansicht vervollkommnet. Diese erschien zuerst in Athanasius Kirchers Prachtband *Turris Babel* von 1679 (1/17). Decker belebt das eintönige Stadtbild seines Vorgängers, indem er es mit zahlreichen Platzinseln durchsetzt und die baulich markanten Teile davon abhebt. Er verhilft der mit 150 Türmen bewehrten Stadtmauer zu rechter Geltung, löst den im engeren Sinne babylonischen Turm aus dem Verband des Baalstempels und setzt die «Hängenden Gärten» der Semiramis in der Ausführung eines barocken Treppenbaus vor die Königsburg.

Deckers Rekonstruktionsentwurf blieb drei Jahrzehnte lang in seiner Gültigkeit unangefochten. Varianten davon finden sich in Olfert Dappers *Beschreibung von Asia* (vgl. 1/241), in Eberhard Werner Happels *Gröste Denckwürdigkeiten der Welt* (vgl. 1/242) und selbst noch in Churchills *Collection of Voyages and Travels* von 1752 (vgl. 1/189). Erst Fischer von Erlach setzt in seinem *Entwurf einer historischen Architektur* (vgl. Abb. 97) neue Maßstäbe. Dieser legt die Idee des Terrassengartens der ganzen Stadt zugrunde, wodurch er Babylon in ein frühgeschichtliches Versailles verwandelt, das auf in seinen Ausmaßen gigantischen Substruktionen ruht.

Man hat Kircher zugute gehalten, daß er der erste gewesen sei, der den babylonischen Turm im Zustand seiner Vollendung darstellen ließ. Freilich ist der acht Stockwerke hohe Turm des Baalsheiligtums mit der ihn bekrönenden Kapelle, der den Chaldäern als Observatorium diente, längst nicht mehr der Turm Nimrods, von dem die Bibel berichtet, sondern ein Teil der legendären Neugründung der Stadt durch Semiramis, die darin ihren Gatten Ninus, den Gründer Ninives, zu übertreffen suchte. Wohl um Verwechslungen auszuschließen, errichtete Hollar den Turm auf quadratischem Grundriß. Wo er Größen angibt, hält sich der Künstler an

600 (1/244)

das Wegmaß der griechischen Autoren, auf die seine Darstellung sich stützt. Ein Stadion entspricht dabei in etwa der Länge von 180 bis 190 Metern. *R/SB*

Lit.: Wäscher (1931).

**1/241**
**Olfert Dapper**
**Umbständliche und eigentliche Beschreibung von Asia: In sich haltend die Landschafften Mesopotamien / Babylonien / Assyrien / Anatolien oder Klein = Asien (...)**
**Aufgeschlagen: Der Thurn zu Babel** (nach Seite 80)
Nürnberg, 1681
Berlin, Staatsbibliothek Preußischer Kulturbesitz (4° Uk 6663 R)

Cervantes spricht an einer Stelle des Don Quixote von den Vorteilen einer Reise über die Landkarte, die weder Kosten verursache noch Strapazen, weder von Hitze, Kälte, Hunger noch Durst beeinträchtigt werde. Unter den Reiseschriftstellern des 17. Jahrhunderts ist der Niederländer Olfert Dapper (1636–1689) der echte Vertreter eines Stubengelehrten. Seine geographischen und historischen Kenntnisse versetzten ihn in die Lage, die Reiseeindrücke von Abenteurern des Typs Antony Sherley (1/189) zu sammeln und auszuwerten.

Dapper kommt auf den Babylonischen Turm im Kapitel »*Die Landschaft Babylonien oder Chaldäa, heut zu Tage Irak genannt*« zu sprechen, nicht in historischem Zusammenhang also, sondern dem der Geographie. Er schöpft sowohl aus biblischen, antiken als auch modernen Quellen, die er in ihren Aussagen einander abwägend gegenüberstellt, und arbeitet damit einer kritischen Geschichtsauffassung voraus.

Die entsprechende Illustration weicht in einem wesentlichen Punkt von der Radierung Nicolas Cochins (Minkowski 283) ab: der Turm ist nicht am Meer, sondern am Ufer des Euphrat gelegen, in den er gleich einer Wasserburg hinausragt. Eine Brücke verbindet das Gebäude mit der am jenseitigen Ufer gelegenen Stadt, eine Besonderheit, die in einer Miniatur auf Elfenbein übernommen wurde (Minkowski 198). Der Turm selbst ist eine Kopie nach Gemälden des 16. Jahrhunderts (Minkowski 139). Der die Rampenbreite einnehmende Triumphbogen, der Tempel und das Denkmal auf der weit ausschwingenden Terrasse weisen ihn nicht so sehr als eine technische Leistung denn als ein Stück monumentaler Architektur aus.

Lit.: Minkowski (1959).

**1/242 (Abb. 95, 598)**
**Eberhard Werner Happel**
**Gröste Denckwürdigkeiten der Welt. Oder sogenannte Relationes Curiosae (...) Der Erste Theil**
**Aufgeschlagen: Der Thurm zu Babel**
(Seite 190)
Hamburg, 1683
Berlin, Staatsbibliothek Preußischer Kulturbesitz (Ah 3122–1 R)

Happel war ein Vielschreiber, der, wie er selbst von sich sagt, nicht so sehr des Ruhmes als des Broterwerbs halber zur Feder griff. Er starb mit 42 Jahren, wohl an Überarbeitung. Seine zahlreichen Romane sind weitgehend in Vergessenheit geraten. Länger haben sich seine Sammlungen von Anekdoten und Kuriositäten gehalten, die er aus trüben Wassern der Natur- und Menschheitsgeschichte fischte. Das Kapitel über den babylonischen Turm aus seinen ›Denckwürdigkeiten‹ hat er zwischen die Abschnitte ›Der Wallfisch-Fang‹ und ›Der seltzahme Schwamm‹ eingeschoben. Eine Begründung für ein solches Vorgehen gibt Happel nicht.

**1/243 (Abb. 599)**
**John Martin**
**(Huydon Bridge/Northumberland 1789–1854 Douglas/Insel Man)**
**Das Fest des Belsazar**
1826
Mezzotinto, 53,3 x 76,2 cm
London, Victoria & Albert Museum, Department of Designs, Prints and Drawings

John Martin (1789–1854) war noch vor Turner der bekannteste britische Maler seiner Zeit. Aus ärmlichen Verhältnissen stammend, kam er bereits früh, mit 17 Jahren, nach London. Er verdiente seinen Lebensunterhalt zunächst als Glas- und Porzellanmaler und erhielt eine sehr bescheidene künstlerische Ausbildung. Um 1820 gelangte er zu schlagartiger Berühmtheit mit seinen einzigartigen, spektakulär inszenierten Ölgemälden, die zumeist alttestamentarische Themen behandelten. Von ihm selbst zu wichtigen Bildern angefertigte Stiche und verschiedene Illustrationen, u.a. zu Miltons *Paradise Lost*, verschafften seinem Werk auch Zugang zu einem breiteren Publikum.

Thema der Darstellung ist die Deutung des Unterganges Babylons aus der Flammenschrift durch den Propheten Daniel. Als Folge der Entweihung der von Nebukadnezar II. aus Jerusalem entführten Tempelgefäße während des Festes Belsazars verkündet die Schrift: *»Meneh meneh tekel upharsin«* (Gott hat dein Königtum gezählt, dich gewogen und für zu leicht befunden und dein Reich den Persern gegeben, Daniel 5, 26–27). Auf der zweiläufigen Treppenanlage befinden sich Daniel und der von Lakaien umringte Belsazar. Den Mittelhof belebt eine Vielzahl kleinfiguriger Menschen, dahinter verengen sich gewaltige Kolonnaden perspektivisch ins Nicht-mehr-Sichtbare. Über zwei Zikkuraten im Hintergrund braut sich ein Unwetter zusammen.

Die Architekturdarstellungen besitzen gegenüber der Handlung ein deutliches Übergewicht und erdrücken sie beinahe. Im Aufbau verweisen sie auf Schinkels Bühnenbildentwürfe für die Oper »Die Zauberflöte« (1/66). Die orgiastische Anlage des Festes erinnert an Stimmungen ›Arabischer Nächte‹ und bot der Vorstellung der Zeitgenossen eine besondere Faszination. *JF*

Lit.: Feaver (1975), Johnstone (1974), Fischer (1978).

**1/244 (Abb. 600)**
**John Martin**
**(Huydon Bridge/Northumberland 1789–1854 Douglas/Insel Man)**
**Der Untergang von Ninive**
1829
Mezzotinto, koloriert, 66,9 x 91,1 cm
London, Victoria & Albert Museum, Department of Designs, Prints and Drawings (E. 567–1968)

Das nach dem gleichnamigen, inzwischen verschollenen Ölgemälde angefertigte Schabkunstblatt ist das größte unter den in dieser Technik ausgeführten Arbeiten John Martins. Es zeigt den Fall Ninives im Jahre 612 v. Chr. Meder und Babylonier dringen unter ihren Führern Kyaxares und Nabopolasser durch die zerstörte Stadtmauer über das Wasserreservoir in die bedeutende, schon in vorgeschichtlicher Zeit besiedelte Hauptstadt Assyriens ein. Zwischen den monumentalen Architekturen der Metropole drängt sich eine riesige Anzahl von Menschen auf der Flucht vor den anstürmenden Angreifern. Im Hintergrund zieht ein tosendes Unwetter herauf und verkündet gleichsam den Zorn Gottes, wie er im Buch Nahub des Alten Testamentes prophezeit wurde. Einer besonderen Beachtung bedarf die Szene im Vordergrund: Sardanapal, der letzte Herrscher Ninives, verfügt angesichts der vernichtenden Übermacht des Feindes die Errichtung eines Scheiterhaufens, auf dem er sich dem Feuertod übergeben wird (vgl. 1/226). Die heroische Tat des Sardanapal rückte bereits 1821 in den Mittelpunkt des historischen Interesses der Zeitgenossen, als Byron in seinem Theaterstück *Sardanapalus* den Herrscher entgegen der Überlieferung als durchaus zu tiefsinnigen Regungen befähigten Menschen beschrieb. Inmitten des imposanten Massenspektakels verliert die Szene jedoch an Bedeutung und ist nur mehr Teil des apokalyptischen Geschehens.

Nach Martins eigener Aussage verraten seine Architekturen auf Stichen mit ähnlicher Thematik Einflüsse babylonischer, indischer und ägyptischer Stile. Die imperialen Bauten Nini-

ves in der Darstellung bleiben an literarische Überlieferungen angelehnte Phantasie. Das historische Ninive wurde erst seit 1846 von englischen und französischen Archäologen freigelegt. *JF*
Lit.: FEAVER (1975), JOHNSTONE (1984).

**1/245 (Abb. 99)**
**John Martin (1789–1854)**
**Der Fall Babylons**
Bez.: »THE FALL OF BABYLON./ TO HENRY PHILIP HOPE, ESQUIRE, THE PROPRIETOR OF THE ORIGINAL PICTURE./ THIS PLATE IS RESPECTFULLY INSCRIBED./ BY HIS OBIDIENT HUMBLE SERVANT / JOHN MARTIN. und LONDON – PAINTED ENGRAVED & PUBLISHED BY JOHN MARTIN. 30. ALLSOP TERRACE, NEW ROAD, OCT(R.) – 1831«
Mezzotinto, 59 x 81,3 cm
Berlin, SMPK, Kupferstichkabinett (50–1968)

Das Strafgericht Gottes ereilt Belsazar schnell, nachdem ihm Daniel die Zukunft enthüllte: Meuchelmörder bemächtigten sich seiner im linken Vordergrund. Unter der Gruppe marschieren am rechten Euphratufer die Armeen der Perser in die Stadt. Vor und auf den Gebäuden tragen die letzten Verteidiger schon die Rückzugsgefechte aus. Gespenstisches Licht aus einem tosenden Wolkenwirbel beleuchtet weithin die Szenerie. Der Wolkenwirbel erfaßt gleichzeitig auf der gegenüberliegenden Seite des Flusses das Symbol des Bösen, den Turm zu Babylon, Tempel des Gottes Marduk, und der Betrachter ahnt es bereits: das Sinnbild der menschlichen Hybris wird, ebenso wie das chaldäische Reich, nicht überdauern. Die Geschichte schreibt das Jahr 539 v. Chr.

Die theatralisch inszenierten Figuren der Gruppe um Belsazar und des Kriegers in der unteren rechten Bildecke verdeutlichen, daß Martin um übersteigerte Gesten nicht verlegen ist. Perfekte Raumillusion, Lichteffekte, monumentale Bauten und Handlung finden zum dramatischen Höhepunkt des Geschehens kontrastreich zusammen. Seit frühchristlicher Zeit ist Babylon der Typus der gottfeindlichen Stadt, sein Name die Verkörperung apokalyptischer Mächte. Das christliche Symbol des Bösen, die Schlange, trifft man so auch als Ornament an Säulen und als Skulptur am Euphratufer an. Neben der Malerei betätigte sich Martin als Planer eines monumentalen Londons. Feaver (1975) wies darauf hin, daß insbesondere »Der Fall Babylons« Martins architektonische Perspektiven für ein neues London aufzeigen, die indessen meist Utopie bleiben. Dennoch fühlt man sich in einigen Details der Darstellung an Uferbefestigungen der Themse erinnert. *JF*
Lit.: FEAVER (1975), JOHNSTONE (1974), FISCHER (1979).

*601 (1/246)*

**1/246 (Abb. 601)**
**Joseph Mallord William Turner (1775–London–1851)**
**Babylon**
Um 1834
Aquarell, Feder und Tusche, 14 x 20 cm
London, Victoria & Albert Museum, Department of Designs, Prints and Drawings

1833 übernahm Turner von den Verlegern Finden und Murray den Auftrag, Findens *Landscape Illustrations of the Bible* zu bearbeiten. Die zunächst in kleinen Gruppen herausgegebenen Illustrationen wurden 1836 zu einem zweibändigen Werk zusammengefaßt und erneut verlegt. Die kolorierte Handzeichnung ist Teil dieser Arbeiten.

Über eine rastende Reisegruppe hinweg blickt der Betrachter vom Hügel Amran aus in eine weite, von Hügeln und Erhebungen zerfurchte, wüste Landschaft. Der Euphrat windet sich links bedächtig in die Wüste hinein und verliert sich wie die Kontur des Horizonts im fernen Dunst. Durch die treibenden Wolken am Himmel scheint breitflächig die Sonne. Ein Staubwirbel zieht im Hintergrund einsam seine Kreise und unterstreicht die seltsam bedrückende Stimmung, die über der Landschaft liegt. Vom alten Babylon sind nur spärliche, ruinöse Überreste, welche die Araber ›Mujelibe‹ (Umgeworfene) nennen, zu erkennen. In der einstmals pulsierenden Stadt ist das Leben bis auf eine einzelne Palme in den Ruinen verschwunden. Nach biblischer Prophezeiung bleibt sie für alle Geschlechter auf ewige Zeiten unbewohnt und unbesiedelt (Jesaja 13, 20–21).

Turner hat die Orte und Landschaften seiner Bibelillustrationen nie gesehen. Für die Arbeit verwendete er von Berufsreisenden, Künstlern und Archäologen an Ort und Stelle angefertigte Skizzen. Eine Reihe von Zeichnungen aus der Sammlung Sir Charles Barrys (1795–1860) diente Turner als Vorlage. Barry besuchte während einer umfangreichen Studienreise gemeinsam mit dem Cambridger Archäologen David Baillie auch Ägypten, Syrien und die Umgebung des Heiligen Landes. Trotzdem vermochte es Turner, abgesehen von topographischen Ungenauigkeiten, die Atmosphäre nahöstlicher Landschaft sehr fein einzufangen.

*JF*

Lit.: Omer (1985), Finberg (1964).

**1/247 (Abb. 602)**
**Claudius James Rich**
**Narrative of a Journey to the Site of Babylon in 1811 (...) Memoir on the ruins (...) remarks on the Topography of Ancient Babylon, (with narrative) of a journey to Persepolis (...) with hitherto unpublished cuneiform inscriptions copied at Persepolis**
**Aufgeschlagen: Die Ruinen Babylons östlich des Euphrat** (Abbildung nach Seite 38)
London, 1839
Berlin, Staatsbibliothek Preußischer Kulturbesitz (Ul 3136)

Im Jahre 1808 kommt Claudius James Rich als Resident der ›East India Company‹ am Hofe des Paschas von Bagdad in diese Stadt. Sein außergewöhnliches Sprachtalent wurde früh entdeckt und gefördert, so auch seine unerschöpfliche Neugierde und Faszination bezüglich des Nahen Ostens. Sein Verständnis, aber auch seine Anpassungsfähigkeit ließen ihn alle Anstrengungen und Schwierigkeiten, die nicht nur sein Amt mit sich brachte, ertragen. Sein Aufgabenbereich konzentrierte sich auf das diplomatische Feld, in dem er sich mit viel Geschick und Charme im Umgang mit wechselnden Despoten auszeichnete und meistens eine gute Ausgangsbasis für englische Handelsinteressen schuf.

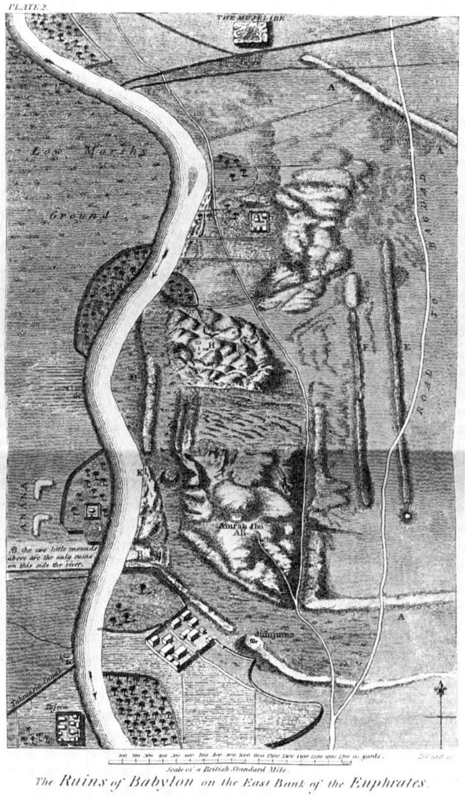


602 (1/247)

Im Jahre 1811 kamen sie zum ersten Mal nach Babylon, immerhin ein Zwei-Tage-Ritt von Bagdad aus. Innerhalb der folgenden zehn Tage erstellte Rich Skizzenpläne zur Topographie von Babylon (Abraham Lockett zeichnete sie unter der Anleitung von Rich), so z.B. die Hügel Umran ali (Ort des Marouk Tempels), Al Qasr, die eigentliche Innenstadt.

Die Stadt Babylon, wie sie sich später den deutschen Archäologen enthüllen sollte, war das Ergebnis des Wiederaufbaus der neubabylonischen Könige nach der Zerstörung durch die Assyrer Sanherib (689 v. Chr.) und Assurbanipal (648 v. Chr.). Den Ausflügen zum Birs Nimrud sollten noch mehrere folgen, auch mit Gästen wie Ker Porter (1/192) oder James S. Buckingham (1/202).

In seiner Beschreibung *Narrative of a residence in Koordistan* (...), Ergebnis eines ausgiebigen Aufenthaltes in der Umgebung von Mosul und im kurdischen Bergland in Begleitung von Karl Bellino, kam er auch zu den Ruinen Ninives. Rich legte eine vielseitige Sammlung von alten, meist christlich-orientalischen Handschriften und archäologischen Objekten an, dazu gehört u.a. der sogenannte Bellino-Zylinder (1/200), der widderköpfige Aufsatz und die Stele des Nabonios. Nach seinem Tod verkaufte seine Witwe sie an das British Museum (1/197; 1/198). Auf dem Weg nach Persepolis geriet er in eine Cholera-Epidemie in Schiraz und wird eines ihrer zahlreichen Opfer. In der armenischen Kirche von Isfahan wurde er begraben (vgl. 1/196).

*SB*

Lit.: Lloyd (1980), S. 33ff u. 57ff.

## Königin von Saba
## Alexander der Grosse

**1/248 (Abb. 603)**
**Saraf ad-Din Musa Firdansi (geb. 1453?)**
**Sulaiman-Nama**
**Einzelblätter aus einer Kopie eines unbekannten osmanischen Künstlers, Frontispiz (fol. 1v/2r): König Salomon und Bilkis, Königin von Saba**
Türkei, um 1500
Illuminierte Handschrift
Dublin, Chester Beatty Library (Ms. 406)

Die im Jahre 1483 begonnene Handschrift des Firdausi aus Burma, der unter Sultan Beyazid II. (reg. 1581–1512) tätig war, ist eine Kompila-

*603 (1/248)*

*604 (1/249)*

605 (1/249)

tion aus Geschichten über David und Salomon sowie aus zahlreichen der Bibel und dem Schahnama entnommenen Episoden, teils in Versen, teils in Prosa abgefaßt. Die zwei Frontispizminiaturen, die in dieser Ausführung in der poetischen Handschrift um 1500 in Persien geläufig wurden, sind Salomon und der Königin von Saba gewidmet. Türkische Miniaturen aus der Zeit des 16. Jahrhunderts sind selten. Dieses Exemplar vertritt eine osmanische Malerei, die sich bereits deutlich von der persischen unterscheidet. So ist die Form der hohen Kronen auf den Häuptern der Engel türkisch, und auch die wirklichkeitsbezogenere Architektur und die vergleichsweise naturalistisch wiedergegebenen Vögel dürfen als Charakteristikum der osmanischen Miniaturmalerei angesehen werden. *MD*

Lit.: Ausst.kat. London (1981).

**1/249**
**Persische Schule**
**Das Schahnama von Firdausi (932?–1020/21)**
**Aufgeschlagen: Doppelminiatur mit Salomon und der Königin von Saba** (fol. 1v/2r)
Schiraz, Ende 16. Jh.
Illuminierte Handschrift
London, The British Library, India Office Library And Records (Pers Ms 3540, Ethe 29927)

**1/250**
**Januarius Zick**
**(München 1730–1797 Ehrenbreitstein)**
**Die Königin von Saba vor Salomon**
Sign. und dat.: janar Zick. inv. et pinx. 1776
Leinwand, 79 x 130,5 cm
Bonn, Rheinisches Landesmuseum (53.10)

Janarius Zick (1730–1797), kurfürstlicher Hofmaler in Trier, schuf das Gemälde *Die Königin von Saba vor Salomon* nach seiner Rückkehr von einer zweiten Babelreise am Ende eines beinahe zwei Jahrzehnte dauernden Lebensabschnittes, währenddessen er sich fast ausschließlich der Tafelmalerei widmete. Erst ab 1778 setzt seine späte Serie von Freskierarbeiten mit dem Auftrag für die Klosterkirche Ulm-Wiblingen ein.

Der Besuch der Königin des in Arabia Felix gelegenen Reiches der Sabäer am Hofe Salomons ist das biblische Beispiel eines Staatsbesuchs aus dem Osten. Dieser fällt in eine später nie mehr erreichte Hochzeit Israels und eröffnet eine Reihe von vorteilhaften Handelsbeziehungen. Die typologische Literatur des Mittelalters bezog das Ereignis auf das Kommen der Weisen aus dem Morgenland, deren Gaben einen Vorgeschmack von orientalischem Reichtum boten.

Die Künste der Renaissance gaben die Begegnung als Vermählungsbild wieder. Später wollte man in der Königin eine Fürbitterin ihres Geschlechts sehen. Im 16. Jahrhundert wandelt sich das von Gleichheit und Offenheit geprägte Klima, in dem die Gespräche dem 1. Buch der König gemäß stattfanden. Die förmliche Atmosphäre eines höfischen Zeremoniells verlangt nunmehr die Proskynese, aus der erst ein Wink mit dem Zepter befreit. Die Künstler der nachtridentinischen Zeit malen die Szene, als ob es den Großmut Scipios darzustellen gäbe: Die Begegnung wird zum Gnadenerweis. Hatten die Figurenstücke eines Giovanni Antonio Pellegrino den Raum zum bloßen Architekturversatz reduziert, so lichtet Zick die Dichte der Figurenstaffage und gibt dem Ganzen wieder den Charakter eines Zuges, dem voran die Königin Licht ins salomonische Dunkel der Rembrandtschule trägt. *R/SB*

Lit.: Gemäldee bis 1900 (1982); Metzger (1981)

**1/251 (Abb. 606)**
**Charles Gleyre (Chevilly 1806–1874 Paris)**
**Ankunft der Königin von Saba**
1838/39
Leinwand, 54 x 43 cm.
Lausanne, Musée Cantonal des Beaux-Arts (1337)

Nach Paris hatte der Waadtländer 1829 Rom aufgesucht, das ihn künstlerisch aber eher lähmte als anspornte. So ließ er sich im Frühjahr 1834 von einem Amerikaner namens John Lowell Jr. engagieren, ihn als Bildreporter auf seiner Orientfahrt zu begleiten, um Veduten und Dokumentationen der Landestrachten herzustellen. Die Reise ging über Griechenland und die Türkei nach Alexandria und Kairo. Man fuhr, wie wir aus dem Journal Gleyres (Clément, 1878, S. 83–112) wissen, den Nil aufwärts und besichtigte die Denkmäler von Theben, Karnak, Philae und Abu-Simbel. Als die Reisegruppe im Oktober 1835 Sennar erreichte, kam es zur Auseinandersetzung und Trennung, die für Gleyre den Verlust aller seiner Skizzen bedeutete. Über ein Jahr blieb er dann in Khartum, bemüht, nicht zuletzt weil er hier zunächst ein irdisches Paradies zu finden glaubte. Todkrank reiste er später, über Beirut, Ende 1837 nach Frankreich.

Als er 1838 dieses Bild als eines der ersten nach der Reise schuf, legitimiert er seinen Orientalismus mit einem Rückgriff auf einen Mythos, der seit Jahrhunderten westlicher Künstlerphantasie viel Raum geboten hatte (Beyer, 1987, 190ff). Orient und Okzident seien einander fremde Welten, äußerte sich Gleyre später, leicht abfällig, aus kolonialistischem Hochgefühl, vielleicht auch wegen des nicht überwundenen traumatischen Drucks der Jahre 1836/37, seinen Schülern gegenüber (zit. in Clément, 1878, S. 130). Seine Skizzen vom zeitgenössischen Ägypten, soweit er überhaupt welche zurückbringen konnte, hielt Gleyre zu Lebzeiten verschlossen (Clément, 1878, S. 126).

Im Bild thront die schwarze Königin von Saba vor großen Fliegenwedeln auf einem

Prunkwagen. Sie ist frontal sichtbar, obwohl der von den Giraffen angeführte Zug selbst leicht nach links biegt, während die Raubkatzen auf den Betrachter zukommen. Entgegen der konventionellen Ikonographie verzichtete Gleyre auf die auch typologisch bedeutsame Gestalt Salomons (Chastel, 1949), in dessen Rolle nun der Betrachter gedrängt wird, der das Ziel des Festspektakels zu sein glaubt.

Obwohl die Königin fast winzig erscheint, betont der überdimensionierte Triumphbogen ihre Würde, hebt der dreieckige Wimpel ihre Bedeutung hervor. Vor allem sind es aber Farbanlage und Lichtführung, die sie zur Beherrscherin des Bildes machen, während ihr Gefolge zu einer nur gering differenzierten Menge zusammengeschmolzen ist, weil der Schatten die Einzelfiguren aufsaugt. Sie bilden zusammen mit dem Triumphbogen aber auch den Rahmen für die weite, durchlichtete Landschaft, in deren Tiefe eine Palastarchitektur sichtbar wird. Zumindest in Teilen scheint Gleyre hier Erinnerungen an den Tempel von Denderah (vgl. Clément, 1878, Kat.Nr.589) verarbeitet zu haben.

Er vermittelt mit diesen flüssigen, locker gesetzten Farbstrichen die Lebendigkeit eines Festzugs voll orientalischen Prunks und einer lichtdurchfluteten afrikanischen Atmosphäre. Doch darf man nicht vergessen, daß dieses Bild im Zustand der Skizze verblieben ist, der eine noch freier angelegte Farbstudie der linken Bildpartie vorausging (Boime, 1971, Abb.31). Diese Skizze legte Gleyre mit der Absicht an, den farblichen Gesamteindruck zu klären und die allgemeine Anlage der Lichtführung festzulegen, während das vollendete Werk, mit Hilfe zahlloser Einzelstudien (Ackermann, 1975) mit Stift und Farbe, erst in der vollkommenen Formdefinition jeder Stelle im Bild erreicht war. *WS*

MANTZ (1875), CLÉMENT (1878), S. 134, Kat.Nr. 24; BOIME (1971), S. 65, Abb.31; AUSST.KAT. WINTERTHUR (1974), Kat.Nr.6; EGLI (1978); HAUPTMANN (1985); JULLIAN (1977), Abb.S. 79; AUSST.KAT. STUTTGART (1987), Kat.Nr.3.57, Abb. S. 348.

*606 (1/251)*

**1/252**
**Zwei Seiten eines Kästchens**
Byzanz, wohl 10. Jh.
Elfenbein, geschnitzt, 9,5 x 23,5 cm und 9,5 x 16,5 cm
Darmstadt, Hessisches Landesmuseum Darmstadt (Kg 54:215b und c)

Die beiden Teile, Lang- und Schmalseite eines Kästchens, zeigen Darstellungen der Alexandersage; auf zwei weiteren, zu demselben Kasten gehörenden Platten befinden sich noch nicht ganz gedeutete Szenen, u.a. ist dort eine Heraklestat dargestellt. Quelle für die Szenen der ausgestellten Platten ist der griechische Alexanderroman (um 200 v. Chr.) bzw. dessen lateinische Übersetzungen (um 300 und 950 n. Chr.). Auf der kürzeren Tafel ist die Greifenfahrt Alexanders des Großen zu erkennen. Dazu berichtet der Roman, Alexander habe in einem Brief an seine Mutter die Idee geäußert, aus Wissensdrang zum Himmel zu fliegen. Er erfindet ein Gestell, in welchem er sitzen kann, bindet dieses an zwei Adler – erst die lat. Fassung des Erzpriesters Leo um 950 nennt statt dessen Greifen – und hält ihnen Lockspeisen an zwei Stangen vor, was sie zum Auffliegen veranlaßt. Alexander wird jedoch von menschengesichtigen Vogelwesen zur Rückkehr auf die Erde gezwungen.

Auf der Elfenbeinplatte sind diese Elemente der Erzählung z.T. mißverstanden. So sind die zwei Vogelwesen, die Alexander zurückweisen, zu Genien geworden, die ihm Kränze darbringen. Alexander trägt byzantinische Kaisertracht, nämlich – außer der Krone – den Loros, ein aufwendig geschmücktes, schärpenartiges Gewandteil. Die Greifenfahrt Alexanders ist Sinnbild seines Forscherdranges, aber auch seines Hochmutes; hier ist Alexander jedoch in positiver Weise an den byzantinischen Herrscher angeglichen. Die Langseite zeigt drei Szenen, die wahrscheinlich auf die Sterblichkeit Alexanders zu beziehen sind: ganz links erfährt Alexander von einem wahrsagenden Baum (ein Mensch entwächst einem Baum) und in der Mitte von einem Gott seinen nahen Tod, im rechten Bildfeld liegt Alexander auf seinem Sterbebett, an der Hand hält er seine trauernde Frau Roxane (vgl. Ausst.kat. Stuttgart [1987], S. 230-235).

Die Darstellungen werden von durchbrochenen Baldachinen überspannt, die auf ebensolchen Säulen ruhen. Bei der Tafel der Greifenfahrt werden die architektonischen Rahmungen völlig von der Darstellung überspielt, während sie auf der längeren Platte die Szenen unterteilen. Durch diese Architekturen und die sehr runde, fast freiplastische Behandlung der Figuren verbinden sich die Teile des Kästchens mit bedeutenden Werken der byzantinischen Schnitzkunst des 10. Jahrhunderts. *RM*

Lit.: Ausst.kat. Frankfurt (1976), Nr. 7; Ausst.kat. Stuttgart (1987), S. 232; Goldschmidt/Weitzmann (1930), Nr. 125.

**1/253**
**Schmalwand eines byzantinischen Elfenbeinkästchen mit Szenen aus der Alexandersage**
Byzanz, wohl 10. Jh.
Elfenbein, 9,5 x 16,5 cm
Darmstadt, Hessisches Landesmuseum Darmstadt (Kg 54:215c)

**1/254 (Abb. Umschlagrückseite)**
**Emailplatte mit Greifenflug Alexanders des Großen**
Maasländisch, um 1150
Kupfer mit Email (Grubenschmelz, einige Details in Zellenschmelz), 10,2 x 10,2 cm
London, The Trustees of the Victoria & Albert Museum (M 53-1988)

Alexander der Große, namentlich bezeichnet, sitzt prächtig gekleidet in einem Wagen, der von zwei Greifen gezogen wird. Angeregt durch die ihnen vorgehaltene Lockspeise wollen sie sich gerade in die Lüfte erheben. Der Himmel, das Ziel von Alexanders Wissensdrang, ist mit farbigen Wellenstreifen im oberen Teil der Platte angedeutet, andere räumliche Hinweise fehlen. Auffallend ist die Wiedergabe der Szene in Seitenansicht (vgl. 1/252). Es scheint, daß als Vorbild für diesen Bildaufbau eine Darstellung der Himmelfahrt des Elia verwendet wurde. Diese zeigt auf den Kunstwerken bis ins hohe Mittelalter immer die Bewegungsrichtung von links nach rechts wie hier der Greifenflug. In typologischer Gegenüberstellung deutete die Himmelfahrt des Elia auf die Himmelfahrt Christi hin.

Die ausgestellte Platte mit Alexanders Greifenflug gehört zu einer größeren Gruppe von Platten, die durch Stil und übereinstimmende Maße ihre Verwandtschaft belegen. Die anderen Platten zeigen ebenfalls mythologische Szenen. U. U. wären noch weitere Platten, diese mit Darstellungen aus dem Leben Jesu und aus dem Alten Testament, anzuschließen, die jedoch stilistisch etwas von den anderen entfernt sind; sie weisen jedoch auch annähernd die gleichen Maße auf. Es wurde angenommen, daß diese Emailplatten Überreste eines größeren Werkes seien, welches in typologischer Weise das Leben Jesu Ereignissen des Alten Testaments gegenüberstellte. Die mythologischen Platten sind jedoch in diesem Sinne nicht zu deuten. Marian Campbell (Campbell [1983]) vermutete für diese daher eine Verwendung im profanen Bereich, etwa an einem Thron. *RM*

Lit.: Campbell (1983); Swarzenski (1954), Kat.Nr. 180.

**1/255 (Abb. 607)**
**Schale mit Darstellung Alexanders des Großen**
Nord-Mesopotamien, zwischen 1114 und 1144
Bronze, emailliert, Dm 26,75 cm
Innsbruck, Tiroler Landesmuseum Ferdinandeum (K 1036)

Die Artukiden regierten seit dem 12. Jahrhundert das Gebiet am Oberlauf von Euphrat und Tigris mit den Hauptstädten Diyarbakir, Hasankeyf, Mardin und Harput und beteiligten sich an mehreren Unternehmungen der Seldschuken gegen die Kreuzfahrer, deren östlicher Vorposten mit der Grafschaft Edessa/Urfa in unmittelbarer Nähe lag. In der Inschrift, die am Innenrand der Schale verläuft, wird Da'ud Ibn Sukman genannt, Herrscher von Kayfa und Harput. Er wird als Schwert der Religion und als Schlächter der Ungläubigen und Götzendiener bezeichnet.

Die in seinem Auftrag ausgeführte Bronzeschale ist auf beiden Seiten mit farbigem Email bedeckt. Der Emailauftrag erfolgte nicht, wie bei unedlen Metallen üblich, in ausgehobenen Gruben, sondern in Zellen, die durch aufgelötete und vergoldete Kupferdrähte gebildet wurden. Mit dem Zellenschmelz wurde ein Verfahren angewendet, das sich bei orientalischen Goldschmiedearbeiten bewährt hatte. Die technisch perfekten byzantinischen Emailplaketten, die religiöse Themen vermitteln, wurden schon im 11. Jahrhundert in großem Stile in die Mittelmeerländer exportiert und scheinen den Anstoß für die Entwicklung der islamischen Emailkunst gegeben zu haben. Im fatimidischen Kairo wurde die Zellenschmelztechnik aufgegriffen, wie u. a. die archäologischen Funde aus Fustat erkennen lassen, doch kam sie nur auf kleinen Schmucksachen zur Anwendung.

Die ausgestellte Schale bietet ein umfangreiches Bildprogramm, dessen Aussagen in den

607 (I/255)

Medaillons konzentriert sind. Das große Mittelmedaillon mit Alexander dem Großen auf einem von Greifen gezogenen Wagen wird von in Medaillons stehenden Herrschaftssymbolen eingerahmt, bei denen heraldisch aufgefaßte Greifvögel mit Tierkampfszenen wechseln. Das Motiv des Tierkampfes wird von vier Medaillons der Außenseite aufgenommen, während zwei weitere der Unterhaltung gewidmet sind, indem sie Lautenspieler, Zecher und Ringer vermitteln. Zwischen den Medaillons erscheinen Musikanten, Tänzerinnen und Akrobaten sowie das Motiv des Lebensbaumes in Form einer von Löwen flankierten Palme. Die in der höfischen Ikonographie verwurzelten Motive werden von dem Bild Alexanders beherrscht, der durch die verschiedenen literarischen Überlieferungen in der islamischen Welt zum Sinnbild des weisen, frommen und gerechten Königs und Weltenherrschers geworden war. Der Darstellung liegt eine Episode aus dem Alexanderroman zugrunde, nach der Alexan-

*608 (1/256)*

der in einem von Adlern getragenen Korb den Kaukasus überquert haben soll. Es ist der Aspekt des Weltenherrschers, der hier artikuliert und durch die begleitenden Herrschaftssymbole zusätzlich betont wird.

Die Schale ist ein handwerkliches Meisterstück, dessen Stärke im Unterschied zu dem klaren Figurenstil der religiösen Plaketten aus Konstantinopel im Ornamentalen liegt. Wahrscheinlich entstand sie im nordsyrischen Raum, in dem die fatimidische Emailkunst anregend wirkte und orientalische und mediterrane Einflüsse zur Ausprägung der Motive beitrugen. Die opake, durch Zugabe von Zinnoxid hervorgerufene Farbigkeit bildet ein Merkmal, das auf das Konto der lokalen Werkstatt geht. Die Schale ist als einziges Beispiel für die Anwendung der farbigen Ziertechnik auf orientalischen Gefäßen erhalten geblieben. Gleichartige Waren scheinen aber über die Kreuzfahrer nach Frankreich gelangt zu sein und als Vorbilder der emaillierten Schalen von Limoges gedient zu haben, die das orientalische Dekorschema aufgriffen und zuweilen auch Motive und Inschriften aus der islamischen Welt verarbeiteten (vgl. 4/44). Die weitere Geschichte der Schale ist nicht bekannt, in der Sammlung von Kaiser Ferdinand taucht sie im 16. Jahrhundert auf. *AVG*

Lit.: van Berchen/Btrzygowski (1910), S. 120ff, 348ff.

**1/256 (Abb. 608)**
**Prunkpokal, Coupe ilkhânid**
Persien, erste Hälfte 14. Jh.
Bronze, graviert, silbertauschiert; H 13,7 cm, Dm 12,4 cm
Paris, Bibliothèque Nationale, Cabinet des Monnaies, Médailles et Antiques (528)

Pokal und Flasche gehören zu den Requisiten, die in höfischen Szenen häufig wiedergegeben werden, zum Beispiel auch an dem hier ausgestellten mamlukischen Becken Ludwigs des Heiligen (4/84) in den Händen des Mundschenks erscheinen. Die auf hochgezogenem Fuß ausladenden Schalen wurden in einer führenden Werkstatt Vorderasiens produziert und sind vielleicht mit den Trinkgefäßen der südostanatolischen Stadt Siirt gleichzusetzen, die von Mustaufi gerühmt werden. Als Finanzbeamter unter den mongolischen Ilchanen hatte er in den ersten Jahrzehnten des 14. Jahrhunderts die wirtschaftlichen Verhältnisse der unterworfenen Städte überprüft und entsprechende Notizen gemacht.

Die Pokale zeigen gewöhnlich am Rand einen Fries mit einem persischen ghazal-Gedicht, das einen Lobgesang auf den den Muslimen verbotenen Wein enthält, wobei auf den Welteneroberer Alexander d. Gr. verwiesen wird, der die geheimnisvolle Quelle des Lebens erkannt hatte. Betont wurde Alexanders Wissensdurst, den auch die die Tradition in Frage stellenden Weintrinker für sich beanspruchten. Alexander – al-Iskandar – war in der persischen Literatur zu einer Idealgestalt geworden, die viele Tugenden in sich vereinigte, so daß zu Propagandazwecken entsprechend ausgewählt werden konnte. Die seit der Mitte des 13. Jahrhunderts in Persien regierenden Ilchane, die ihre Fremdherrschaft zu legitimieren suchten, entdeckten beispielsweise in Alexander, der als Grieche die Rolle des persischen Großkönigs ausgefüllt hatte, ein politisches Vorbild, und es ist sicher kein Zufall, daß unter ihnen erstmals Bildzyklen einsetzten, die die Alexandersagen illustrieren.

Der Pokal zeigt neben den an Mündung und Fuß umlaufenden Versinschriften Rankendekor, der locker um Medaillons mit Lotus- und Vogelmotiven geführt und von Zypressen mit bekrönenden Vögeln gegliedert ist. Die mit verschlungenen Hälsen dargestellten Pfauenpaare, die in den größeren Medaillons hervorgehoben werden, waren im Osten wie im Westen als Symbol der Unsterblichkeit bekannt, das mit dem in den Versen genannten Wasser des Lebens assoziiert wurde. Die ungewöhnlich frei entfalteten Rankenornamente, deren Raffinement in den betonten Konturen eindrucksvoll hervortritt, sind in der islamischen Kunst nicht geläufig, so daß an eine Ableitung aus einem anderen Bereich – armenische Buchkunst (?) – gedacht werden muß. *AVG*

Lit.: Melikian-Chrivani (1973), S. 60f.

Je lay emprins
Treshault tres
puissant et
tresexcellent
prince et mõ
tresredoubte
seigneur Charles par la gra
ce de dieu duc de bourgoni
gne de lothrijk de brabant
de lembourch et de luxembourg
Conte de flandres dartois
de bourgoingne palatin de
haynnau de hollande de
zeellande de namur :
Vasque de lucene portu
galois humble service et
prompte obeissance tant
temps a que vous leustes me
pris de assembler et trans
later de latin en francois
les fais dalexandre affin

609 (1/258)

Nectanebus roi de gipte
Le chastel dou cahaire
La chite de babilone
Le flueue doufrate et les moulins de babilone
Le jardin
dou baume

*610 (1/257)*

611 (1/257)

*611 Greifenflug Alexanders des Großen, fol. 66r*

**1/257 (Abb. 610, 611)**
**Histoire du bon roi Alexandre**
**Aufgeschlagen: Le chastel dou Cahaire und König Nectanebus von Ägypten im Kreise seiner Räte** (fol 3v, fol. 4r)
Flandern, 13. Jh.
Illuminierte Pergamenthandschrift
Berlin, SMPK, Kupferstichkabinett (78 C 1)

Die Handschrift vermittelt einen rechten Eindruck von der Phantastik des mittelalterlichen Alexanderromans. Dieser ist Fürstenspiegel und Abenteuerroman zugleich, vereint Lehrreiches und Erbauliches auf einer Reise, die den Makedonier bis ans Ende der Welt führt. Der Band gehört mit je einer Handschrift der Brüsseler Bibliothèque Nationale und des Londoner British Museum zu den ältesten illustrierten Texten der französischen Prosafassung, die sich erhalten haben. Er enthält 98 Miniaturen, die ein- und zweispaltig, halb- und ganzseitig den Text bildlich gewichten. Die ganzseitige, rahmenlose Miniatur auf fol. 3v. nimmt in der Handschrift durch die weitgehende Eliminierung des ornamentalen Grundes und die Betonung landschaftlicher Elemente eine einmalige Stellung ein. Sie findet keine unmittelbare Entsprechung im Text der Prosafassung, sondern hat als eine Erfindung des 13. Jahrhunderts zu gelten. Das Blatt zeigt Nektanebos II., den letzten König von Ägypten, im Thronsaal eines an einen Donjon erinnernden Gebäudes, das mit ›La cite de babilone‹ bezeichnet ist. Babylon steht für das mittelalterliche Kairo, das der Künstler aus Versehen an den Euphrat versetzte. Zeitgenössische Reisebrichte gaben Nachricht von der durch Saladin errichteten Zitadelle, dem sogenannten Josephsbrunnen mit seinen von Ochsen bewegten Treträdern, die über eine zweistufige Becherkette die Befestigungsanlage mit Wasser versorgten, den Balsamgarten im nahen Dorf Matarieh, an den eine Tradition die Legende von der Flucht der Heiligen Familie nach Ägypten knüpfte, wie sie im apokryphen Evangelium des Pseudo-Matthias kolportiert worden war. Der Maler hat diese Berichte in seine Vorstellungswelt übertragen, die Stadt an das andere Nilufer verlegt, die Schöpfräder in Schiffsmühlen verwandelt und dergleichen mehr.

Nektanebos, einer historischen Figur, werden im Alexanderroman magische Kräfte zugeschrieben. Der Roman erkennt in ihm den wahren Vater des Makedoniers, der als Inkarnation des Jupiter Amon dessen Mutter Olympia beschlief, und setzt Alexander so zum Erben über das alte Weltreich der Ägypter ein, eine Moral, die in der Krönung Alexanders in Memphis ihren realgeschichtlichen Kern besitzt. *R/SB*

Lit.: Ausst.kat. Berlin (1976); Ross (1952), S. 67–87.

**1/258 (Abb. 609)**
**Quinte-Curce**
**Le Livre des Fais du grant Alexandre**
**Französische Übersetzung von Vasco de Lucena**
**Aufgeschlagen:** (fol 279)
Um 1475
Illuminierte Handschrift
Genf, Bibliothèque publique et universitaire (Ms. fr. 76)

War der Alexanderroman des Pseudo-Kallisthenes (1/257) seit dem 12. Jahrhundert in die Volkssprachen übertragen und damit früh zu einem Volksbuch geworden, so ist die Alexandermonographie des Quintus Curtius Rufus, wenngleich dem Mittelalter nicht unbekannt, eine Wiederentdeckung der Renaissance. Das wohl in der Regierungszeit des Kaisers Claudius entstandene, in karolingischen Handschriften überlieferte Werk erfuhr in den Jahren 1474–75 eine erste, mit zahlreichen Interpolationen versehene Übersetzung ins Französische. An sie schließt das Genfer Exemplar unmittelbar an. Bereits ein erster Blick auf die ganzseitigen Miniaturen des Buches genügt, um sich von der dem Alexanderroman so gänzlich fremden Stimmung des Werkes zu überzeugen. Nicht als ritterlicher Tugendheld tritt Alexander darin auf, sondern als ein zur Grausamkeit neigendes Liebkind des Glücks. Raum gegeben ist den inneren Auseinandersetzungen im makedonischen Heer, den politischen Morden an Philotas, Parmenion (330), Kleitos (328) und Kallisthenes (327), die Alexander verantwortete. Die unheilvollen Ereignisse werden durch die trockene, etwas finstere Art des Meisters Edwards IV. gut vermittelt. Der Meister hatte eine Vorliebe für historische Werke. Aus dem unendlichen Vorrat der Geschichte an Beispielen der Unvernunft ließ sich von niemandem gewinnbringender schöpfen als von einem Narren. Auf seine Marotte gestützt, hängt er Gedanken nach, während Vasco de Lucena, der Übersetzer, das Buch seinem Herren, dem Herzog von Burgund, widmet. Es heißt, daß Karl der Kühne mit diesem Buch im Gepäck 1477 in die Schlacht zog, die ihm und seinem Reich den Untergang brachte. *R/SB*

Lit.: Ausst.kat. Genf (1976); Bossuat (1946), S. 197–245.

**1/259 (Abb. 612)**
**Alexander (Iskandor) buat eine Mauer gegen Gog und Magog (Yàgug und Màgug)**
Iran, 16. Jh.
Miniatur, 59,4 x 45 cm
Dublin, Chester Beatty Library (Ms. 395.1)

612 (1/259)

## *Kapitel 2*

## *Die Wikinger und der Orient*

Wie auch das Reich der Franken, so hatten auch arabische Länder am Mittelmeer Raubzüge der Wikinger zu erleiden. In arabischen Quellen werden sie ›Al-Madjus‹ genannt, eine ursprünglich nur auf die dem Mazdaglauben anhängenden Völker Alt-Persiens bezogene Bezeichnung. 844 nahmen Wikinger Sevilla ein und tauschten Gesandtschaften mit den Sultan Abd ar-Rahman aus. Ausführlich berichtet ein Gesandter namens al-Gazal über seine Abenteuer in der wohl auf Seeland oder Jütland gelegenen Stadt des Wikingerherrschers.

In großer Zahl in skandinavischen Bodenfunden entdeckte islamische Silbermünzen und kunstgewerbliche Objekte, zumeist als Handelsobjekte nach Nordeuropa gekommen, belegen rege Kontakte der Wikinger zur arabischen Welt.

Ein wichtiger Handelsweg führte durch das Reich der Rus, das, wie in der Kiewer *Chronik von Nestor* aus dem 12. Jahrhundert berichtet wird, von dem Wikinger Rurik und seinem Bruder um 850 gegründet worden war. Die Rus pflegten Handelsbeziehungen mit den zwischen Dnjepr, Wolga und dem Kaukasus liegenden Reich der Chasaren. Der Handel zwischen Arabern und den zu einem großen Teil zum jüdischen Glauben übergetretenen Chasaren begann im 9. Jahrhundert, womit auch der große Strom von arabischen Silbermünzen nach Norden einsetzte. Der größte Teil aller in Skandinavien gefundenen arabischen Münzen des 10. Jahrhunderts stammen aus dem iranischen Reich der Samaniden und sind in den Münzstätten von Samarkand, Taschkent und Buchara geprägt worden. Der bedeutendste Handelsplatz der Wikinger war Birka auf der Insel Björkö im Mälarsee in Schweden. Hier endeten auch die Handelswege aus dem Orient. In zahlreichen der über 2.000 in jener Gegend aufgefundenen Gräbern fanden sich neben arabischen Münzen, die häufig zu Schmuck umgearbeitet worden waren, auch Edelsteine, Gläser, Metallgefäße und Reste orientalischer Seidengewebe. Auch die dann zum christlichen Glauben übergetretenen Wikinger schätzten orientalischen Luxus. Snorri Sturluson (1178–1241), der berühmte isländische Dichter und Historiograph, Verfasser einer bis 1177 reichenden Geschichte der norwegischen Könige, berichtet von dem ›Kreuzfahrer‹ König Sigurd, daß dieser vor seiner Ankunft in Konstantinopel im Jahre 1110 Segel aus kostbarer orientalischer Seide setzen ließ, was auch die prunkgewohnten Byzantiner erstaunt haben soll, und Kaiser Alexius, so berichtet Snorri, soll ehrfurchtsvoll (und wohl auch vorsichtshalber) dem Wikingerkönig das nur einem byzantinischen Herrscher nach einer gewonnenen Schlacht vorbehaltene ›Goldene Tor‹ geöffnet haben.

**2/1 (Abb. 613)**
**Vårbyschatz**
Um 940, Silber
Stockholm, Statens historiska museum
(SHM 4516)

Der Vårbyschatz wird nach Münzfunden in die Zeit um 940 n. Chr. datiert und ist eng mit den Grabfunden von Birka verbunden. Der Fundort liegt etwa 20 km von Birka entfernt, in der Nähe von Mälaren Strand, dort, wo die Straße von Stockholm aus südlich in Richtung Helgö und Birka führt. Auf der Suche nach Brennholz stieß am 16. April 1871 ein Knabe auf den aus 84 silbernen Schmuckgegenständen bestehenden, 1400 g schweren Schatz, der zum größten Teil unter einem Stein lag. Die Zusammensetzung des Fundes läßt darauf schließen, daß der Schatz einer wohlhabenden Familie gehört haben muß, mit weitreichenden Beziehungen sowohl in den Osten wie in den Westen. Es hat den Anschein, als seien einige Schmuckstücke bereits zu dem Zeitpunkt, als sie versteckt wurden, beschädigt gewesen.

Die große, runde Spange nordischer Provenienz ist Teil eines für eine Frauentracht gefertigten Paares, dessen Gegenstück fehlt. Von der 42 Silberperlen aus der mittleren Periode der Wikingerzeit sind diejenigen mit Filigrandekor nordische Produkte, während die übrigen vermutlich aus slavischen Regionen importiert wurden. Die später zu datierenden Perlen sind granuliert oder aber durchbrochen und jeweils mit Drahtösen versehen. Wahrscheinlich waren die Perlen ursprünglich Teile einer Kette, deren Schließe aus runden Spangen bestand. Die beiden Ringnadeln sind Beispiele für Schmuck, der von Männern getragen wurde und die Funktion hatte, den Mantel zusammenzuhalten. Die zugehörigen Nadeln fehlten wahrscheinlich bereits, als der Schatz vergraben wurde. Die Ringnadeln sind eine östliche Variante der sogenannten ›Distelbrosche‹.

Zu den herausragenden Stücken des Schatzes gehört ein Bestand von 39 Anhängern in gut erhaltenem Zustand, sowohl nordischen als auch orientalischen Ursprungs. Bror-Emil und Hans Hildebrand, die den Schatz im Jahre 1878 publizierten, vertraten die These, daß die zehn rechteckigen Beschläge auf einem Gürtel aufgenäht waren, jeweils mit den Ösen nach unten weisend. An den Ösen könnten die Anhänger befestigt worden sein. Einer dieser Anhänger ist jedoch von abweichender, länglicher Form und soll als Remändebeschlag gedient haben. Sowohl die Beschläge wie auch zwölf der Anhänger weisen sich als orientalische Arbeiten aus. Zeitlich etwas später anzusetzen sind fünf islamische Münzen. Eine von ihnen läßt Rückschlüsse auf die Datierung des Fundes zu. Die übrigen Anhänger sind nordische Arbeiten, deren Tierornamentik an die Borre- und Jellingestile anknüpft.

Der von Hildebrand unternommene Rekonstruktionsversuch ist jedoch zu hinterfragen.

613 (2/1)

Abgesehen von den mit Ösen versehenen Münzen und den Münzimitationen kommen fünf Varianten von orientalischen Beschlägen und Anhängern vor, alle von gleicher Qualität, die nicht ausschließt, daß sie im Kalifat selbst hergestellt worden sind (Jansson [1986], S. 97). Sie müssen zu einem Gürtel eines östlichen Reiterrockes gehört haben, der in Rußland und Schweden während der Wikingerzeit getragen wurde. Bestandteile des Schatzes werden in der Fachliteratur häufig als wichtige Illustrationen für eine Kulturverbindung zwischen dem Orient und dem Westen abgebildet. Es steht jedoch noch aus, den Fund in seiner Gesamtheit einer eingehenden Betrachtung zu unterziehen. *PL*

Lit.: Campbell (1980); Jansson (1986), S. 97.

**2/2 (Abb. 614)**
**Räuchergefäß mit Zange**
Iran, 8. Jh.
Bronze, H 34,5 cm.
Gävle, Länsmuseet I Gävleborgs län (G M 9699)

Der ungewöhnlich große Weihrauchbrenner, der von Tierbeinen getragen wird, setzt sich aus einem großen Becken mit langem Stiel und einem abklappbaren Oberteil mit Kuppelaufsatz zusammen. Die Wandung ist durchbrochen gearbeitet, so daß der Rauch der in dem Becken brennenden Aromata entweichen konnte, und zeigt Pflanzenwerk mit symmetrisch angelegten Blattfächern, die in einem Rapportmuster mit versetzten Reihen verbunden sind. Der kubische Behälter trägt einen aus Blattmotiven ent-

*614 (2/2)*

wickelten Zinnenkranz, die Kuppel eine weit entfaltete Blüte. Die Zierknöpfe und die ornamental aufgelösten Blattmotive weisen auf die frühislamische Metallkunst Nordostirans, die Weihrauchbrenner von schlichter architektonischer Form hervorbrachte.

Bei dem Weihrauchbrenner handelt es sich um einen 1946 im schwedischen Gästrikland entdeckten Bodenfund, der möglicherweise bereits im 10. Jahrhundert mit dem Wikingerhandel nach Schweden gelangt ist. Eine wichtige Nord-Süd-Verbindung lief damals, wie der persische Geograph und Politiker Ibn Hordadbeh (9. Jahrhundert) mitteilt, von Skandinavien über die Flüsse Rußlands und das Kaspische Meer nach Gurgan und Bagdad. Mit den iranischen Samaniden, die im 10. Jahrhundert in Transoxanien und Ostiran herrschten, ergaben sich besonders enge Handelsbeziehungen. Die für den Norden bestimmten Handelswaren umfaßten kostbare Stoffe und Repräsentationsgeräte, mit denen die Wikinger den luxuriösen Lebensstil islamischer Fürsten nachzuahmen versuchten. *AVG*

Lit.: Ausst.kat. Stockholm (1985), S. 111, Kat. Nr. 1.

**2/3**
**Perlen-Schmuckkette**
9./10. Jh.
Karneol- und Bergkristallperlen
Stockholm, Statens historiska museum
(SHM Bj 464 und Bj 507)

Diese Perlenketten wurden in Schweden in Gräbern gefunden und sind orientalischer Herkunft. Aus Grab 464: Frauengrab, Erdbestattung, 9. Jahrhundert (SHM Bj 464), Perlenband aus 53 (52) Karneolperlen und 19 Bergkristallperlen, sämtlich kugelförmig und im Durchmesser 5–10 mm. Das Perlenband vereinigte 2 ovale Schalenspangen an den Schultern der Verstorbenen.

Aus Grab 507: Frauengrab, Erdbestattung, 10. Jahrhundert (SHM Bj 507), Perlenband aus 26 Perlen, davon aus Bergkristall 14 achtseitige, nämlich 10 mit faszettierten Enden, L 21–31 mm, eine doppelkonische, L 21 mm und 3 einfache, L 19–21 mm; aus Karneol: 10 achtseitige, L 15–31 mm, und 2 flache rhombische mit abgeschrägten Kanten, L 23 und 27 mm.

Lit.: Arbman (1943), S. 464f, Taf. 191.1 u. S. 147f., Taf. 116.1; Kat. Stockholm (1985), S. 187, Nr. 15.

**2/4 (Abb. 615)**
**Glasbecher**
Islamische Arbeit, 9. Jh.
H. 8,9 cm, Dm 9,2 cm
Glas, Spuren von farbiger Paste, H 8,9 cm
Stockholm, Statens historiska museum
(SHM-Bj 542)

Der zylindrische Becher ist das einzige, komplett erhaltene islamische Glas, das sich in Skandinavien gefunden hat. Das eingeschliffene Dekor wird von zwei stilisierten Vögeln mit ausgebreiteten Flügeln, aber ohne Beine, gebildet. Zwischen den Vögeln ist ein Nadelholzzapfen(?) zwischen Doppelvoluten, wohl Abbreviaturen des Lebensbaumes (Lamm [1941], S. 12) dargestellt. Von der ursprünglich grünen, jetzt braungoldgefärbten Paste, die die Vogelkörper überzog, sind nur noch Reste erhalten.
Lit.: Arbman (1943), S. 167–168, Taf. 194: 1.; Lamm (1941); Kat. Islam (1985), S. 189, Nr. 27.

*615 (2/4)*

**2/5**
**Bronzeflasche**
Irak/Iran/Zentralasien, 10. Jh.
Bronze und Eisen, H 31,4 cm
Stockholm, Statens historiska museum
(SHM 16429:1.)

Zylindrische Kupferflasche mit gerundetem Boden, in den gegen den äußeren Rand hin drei konzentrische Kreise eingraviert sind. Die Schulter ist breit (gerundet wie der Boden) mit einem zylindrischen Hals, der einen abgeflachten, durch einen Metallstreifen verstärkten Rand hat. Der Hals ist aus einem einzigen Metallblech mit überlappenden Enden gefertigt; direkt unterhalb des Randes befindet sich eine große eiserne Niete. Die Schulter ist bis auf ein Segment, das eine kufische Inschrift enthält, mit konzentrischen Bändern von gravierten und geprägten Mustern verziert.

Die Flasche stammt aus einer reichen weiblichen Feuerbestattung der mittleren Wikingerzeit. Sie gehört zu einer Gruppe von Flaschen des orientalischen Typs, die aus dem Irak, dem Iran und dem heutigen sowjetischen Zentralasien bekannt sind; solche Flaschen wurden in Gräbern gefunden und an der mittleren Wolga, auf den Ålandinseln und in Schweden auch als Vorratsbehälter genutzt (Stenberger [1958], 238f, Peterson [1958], 141f). Als Gebiet, in dem sie hergestellt wurden, wurde von Arne ([1932], 100f) das sowjetische Zentralasien bestimmt. Auf dem Körper sind keine Säume sichtbar, aber es ist wahrscheinlich, daß die Flasche in derselben Art wie die zahlreicheren Kupferkästchen aus verschiedenen Metallblechen zusammengehämmert wurde. Die eiserne Niete an der Öffnung diente wahrscheinlich für einen Griff, dessen unteres Ende an den Körper der Flasche gelötet war (cp. Peterson [1958]). Die Inschrift ist wahrscheinlich sekundär, eingraviert auf eine Fläche, wo die ursprüngliche Dekoration weggehämmert wurde. Die Schrift ist in hohem Maße stilisiert, sie wurde wahrscheinlich von einem Schreibunkundigen angelegt. Die Bedeutung ist umstritten, aber nach den beiden Interpretationen, die vorgeschlagen worden sind, hat sie religiösen Inhalt (Arne [1932]). *JPL*
Lit.: Arne (1932), 75, 100f, Abb. 10–1; The Vikings (Taf. 21).

**2/6 (Abb. 616)**
**Bronzedose**
11. Jahrhundert
Bronze, H 6,1 cm, Dm 8,7 cm
Stockholm, Statens historiska museum
(SHM 792)

Die halbkugelförmige Dose besteht aus einem gewölbten Scharnierdeckel und einem etwas größeren, gewölbten Unterteil. Der Beschlag am Deckelrand ist in Form eines Vogels gebildet, dessen Kopf aus einem senkrecht nach oben gerichteten Zapfen besteht, der in einen aufgenieteten, röhrenförmigen Bronzebeschlag am Rande der Dose hineinpaßt. Der Rand des Deckels ist mit einem ihn umziehenden, ausgezogenen Rautenmuster aus gestempelten Zahnlinien verziert, die Spitzen in jeder Raute tragen eingestempelte Punktkreise. Beim Auffinden barg die Dose 10 Silberperlen und die Fassung einer Bergkristallkugel (Dm 87 mm, H 61 mm). Das geometrisches Dekor der Dose weist nahe Entsprechungen zu Bronzeschalen der östlichen Provinzen des Kalifates auf. Es ist möglich, daß die Dose in Rußland gefertigt worden ist. Im nördlichen und östlichen Europa war in der Wikingerzeit Gewichtsgeldwirtschaft üblich. Man kaufte also mit Silber nach Gewicht. Das Metall bestand meist aus orientalischen Münzen. *JPL*
Lit.: Stenberger (1947–58), S. 239, II. S. 246f; Kat. Islam (1985), S. 190, Nr. 36.

616 (2/6)

617 (2/7)

**2/7 (Abb. 617)**
**Gewicht**
Gotland?, 9./10. Jh.
Eisen mit Messingüberzug; H 2,5 cm,
Dm 3,5 cm; Gew. 144,9 g
Stockholm, Statens historiska museum

Das kugelförmige Gewicht aus einem Eisenkern ist mit dünnem Messing überzogen. Die flachen Pole des Stückes sind mit eingepunzten Zeichen versehen. Die Zeichen, die keine zu deutende Schrift bilden, könnten von der Inschrift einer arabischen Münze beeinflußt sein. Eine interessante Parallele zu diesem Phänomen findet man auf einem ebenfalls kugelförmigen Gewicht im Kungl. Mynthkabinettet, Stockholm, (KMK 100664; Lagerqvist und Nathorst-Böös 1981, S. 91ff). Auf einem seiner Pole sieht man ein Schiffsbild, auf dem anderen ein Kreuz. Beide Bilder haben offenbar ihre Prototypen auf abendländischen Münzen. Das Schiff erinnert sehr an Schiffsdarstellungen auf den ältesten nordischen Münzen, die wahrscheinlich in der ersten Hälfte des 9. Jahrhunderts in Haithabu geprägt wurden (Malmer 1966, S. 60ff, Pl. I:13); das Kreuz ist auf nordischen Münzen der späteren Hälfte des 10. Jahrhunderts wiederzufinden (Malmer, S. 93f und Pl. 31, A2a). Die konvexe Seite unseres Stückes ist abwechselnd mit vier Gruppen von einander entgegengestellten Triangeln mit einem eingeschriebenen Punkt oder mit drei Punkten versehen.

Ein Studium der Gewichte aus Helgö und Birka im Mölartal hat ergeben, daß die kugelförmigen Gewichte vor etwa 825 dort unbekannt sind. (Kyhlberg [1980], S. 244). Ohne näher auf die metrologischen Eigenschaften der Gewichte einzugehen, ist zu erwähnen, daß die auf den Polen befindlichen, kleinen eingepunzten Ringe, die die Akzente der Muster bilden, auch Zeugnis geben, wieviele Gewichtseinheiten das Gewicht beinhaltet. Unser Gewicht, das etwas beschädigt ist, wiegt etwa 144,9 g und hat 21 Markierungen. *JPL*

Lit.: Kyhlberg (1980); Lagerqvist/Nathorst-Böös (1981), S. 91–94; Malmer (1966).

**2/8 (Abb. 620)**
**Insektenförmiger Anhänger**
Vor 1000
Karneol, L 2,5 cm
Stockholm, Statens historiska museum

Anhänger aus Karneol, insektenförmig, am Kopf durchbohrt. Ein weiteres Exemplar wurde schon früher in der Schwarzen Erde gefunden (SHM, Inv. 5208:1996) und eines in Köping, Västmanland (SHM Inv. 25006:33). Beide sind durch den Brand weißgefärbt. Das Stück aus Köping stammt aus einem Brandgrab mit u. a. 70 Perlen, hauptsächlich aus Karneol und Bergkristall. Birgit Arrhenius (Arrhenius 1988, S19) meint, daß der Anhänger eine Biene darstellt und daß der Ursprung der Kunstart im Osten liegt. In der Wikingerzeit wird dieses orientalische Symbol in die nordische Kunst integriert. Man hat auch mit der Anwesenheit orientalischer Kaufleute in Birka zu rechnen, nach Arrhenius wohl auch mit Wanderhandwerkern, wie z. B. Gemmenschneidern. ›Orientalische‹ Gegenstände könnten also auch in Birka hergestellt worden sein. *JPL*

Lit.: Arrhenius (1978),. S. 9–23; Danielsson (1973), S. 54, Fig. 33; Kat. Islam (1985), S. 187, Nr. 16.

**2/9 (Abb. 618, 619)**
**Dinar (Mancus) des Königs Offa**
Murcia, 744
Goldmünze, Replik, Dm 1,9 cm
London, British Museum, Department of Coins and Medals

Die Münze tauchte 1841 in Rom auf. Sie trägt eine arabische Umschrift mit dem islamischen Glaubensbekenntnis und der Datierung auf der Rückseite (157 = 774 n.Chr.). In der Mitte befindet sich die lateinische Inschrift *»OFFA REX«*. Offa, der König von Mercia (757–796), führte eine neue Münzform ein: Statt der bis-

618 (2/9)

619 (2/9)

her benutzten ›sceattas‹, kleine Silberstücke mit individuellen Münzmarkierungen, wurden seine Münzen größer, dünner und schwerer. Zugleich erhielten sie den Namen des Königs und des verantwortlichen Münzmeisters. Die ›arabisierende‹ Goldmünze stellt eine Imitation eines Dinars des Kalifen al-Mansur dar (2/10). Die Goldmünzen des Kalifats zirkulierten bereits um die Mitte des 8. Jahrhunderts in Gallien. Über den Handel gelangten sie nach Nordeuropa. Zuvor waren im 7. Jahrhundert viele englische Münzen nach Friesland gelangt. Zahlreiche arabische Münzen wurden in Nordeuropa gefunden (vgl. 2/1), dagegen bisher keine des 8. Jahrhunderts in England. Silbermünzen (Dirham) aus Samarqand, die im 10. Jahrhundert geprägt wurden, fanden sich in einem Hortfund in Gotland, spanisch-umayyadische Münzen des 8. Jahrhunderts in Frankreich. Arabisch-spanische Goldmünzen wurden im 9./10. Jahrhundert im Bereich des deutschen Reiches nachgegeprägt, ebenso wie noch im 13. Jahrhundert in Frankreich, wobei die mohammedanischen Aufschriften Anlaß zu päpstlichen und kirchlichen Verboten wurden. Möglicherweise gehörte der Offa-Mancus zu den 365 jährlich an den Papst Hadrian gezahlten Goldstücken, die Offa als Gelübde versprochen haben will. Das Wort ›manus‹ leitet sich aus dem arabischen ab und bedeutet soviel wie ›gravieren, ausschmücken‹. *RL*

Lit.: Menadier (1932/33); Stenton (1950), S. 219ff.; Blunt (1961); Hatz/Linder Welin (1968), S. 3ff.

**2/10**
**Abbasidischer Dinar**
773/74
Silber, Dm 3 cm
London, British Museum, Department of Coins and Medals

**2/11**
**Die Denkmäler der Länder (athar al-bilad) des Zakariyya al-Qazwini (1202–1283)**
Handschrift
SBPK, Berlin-W, Orientabteilung
(Ms. Diez A. quart 133)

Die Geographen des islamischen Kulturkreises berichten in ihren Werken auch über die Länder Europas. So war im Mittelalter eine nicht unbedeutende Literatur in arabischer Sprache auch über Deutschland vorhanden, die sich zum Teil auch auf Augenzeugenberichte muslimischer und jüdischer Kaufleute und Gesandter stützte. So empfing der Römisch-deutsche Kaiser Otto I. (936–973) Abgesandte des Umayyaden-Kalifen in Spanien, zu denen auch ein gewisser Ibrahim Ibn Ahmad at-Tartuschi (d.h. aus Tortosa) gehörte, auf den man sich im hier ausgestellten Text beruft. In dieser Zeit kam es zu mancherlei Berührungen, so etwa, als ein Heer Kaiser Ottos II. (973–983) 982 bei Cotrone in Kalabrien durch die Truppen des muslimischen Machthabers in Sizilien geschlagen wurde. Al-Qazwini zählt zu den bekanntesten muslimischen Geographen. Seine Kosmographie *adscha'ib al-makhluqat wa-ghara'ib al-maudschudat* (die Wunder der Schöpfung und Merkwürdigkeiten des Existierenden) wurde zusammen mit seinem hier ausgestellten Werk: *athar al-bilad wa akhbar al-ibad* (die Denkmäler der Länder und Nachrichten über die Menschen) schon 1848 von Ferdinand Wüstenfeld herausgegeben. Dieses geographische Lexikon ist nach sieben Klimata bzw. Zonen und darin alphabetisch geordnet. Al-Qazwini stützt sich dabei auf verschiedene Quellen, besonders auf das *mu'dscham al-buldan* (Lexikon der Länder) des Yaqut (gest. 1229). Wüstenfeld hat für seine Textausgabe nur vier Handschriften benutzt – eine kritische Edition steht also noch aus -, eine davon ist die hier ausgestellte aus der Bibliothek des Berliner Orientalisten Heinrich Fried-

620 (2/8)

rich von Diez, der von 1786 bis 1790 preußischer Gesandter in Istanbul war. Der Text der Handschrift ist nicht ohne Fehler, selbst die Ortsnamen sind oft entstellt. Aus Deutschland gibt es seltsame Dinge zu berichten. So heißt es: *»(...) daß, das Recht der Scheidung den Frauen zusteht. Das Weib scheidet sich selbst, wenn es will.«* Ein Gewährsmann berichtet über Schleswig: *»Nie hörte ich häßlicheren Gesang, als den der Schleswiger, und das ist ein Gebrumm, das aus ihren Kehlen herauskommt, gleich dem Gebell der Hunde, nur noch viehischer«* (Jacob [1927], S. 13). Aufgeschlagen ist die Beschreibung von Mainz, welche hier andere Varianten als die Textausgabe von Wüstenfeld enthält und auch kürzer ausgefallen ist. Die Übersetzung lautet auf der Grundlage der Textausgabe: *»(...) Magandscha* (hier: Magata) *ist eine sehr große Stadt, von der ein Teil bewohnt ist und der Rest der Bodenbestellung dient. Sie liegt im Frankenland an einem Fluß, welcher ›Rein‹ genannt wird und ist reich an Weizen, Gerste, Dinkel* (sult, nach anderen Quellen eine Gerstenart ohne Hülse), *Weinstöcken und Obst. Dort gibt es Dirheme* (Silbermünzen) *Samarkander Prägung vom Jahre 301 und 302* (unklare Lesung?, 913–915) *mit dem Namen des Herrschers, der sie schlagen ließ und der Angabe des Datums. At-Tartuschi meinte, er hielte sie für Münzen des Samanidenherrschers Nasr Ibn Ahmad* (Nasr II. Ibn Ahmad, 913–943). *Seltsam ist es auch, daß es dort Gewürze gibt, welche aus dem fernsten Osten stammen, während Mainz doch im fernsten Westen liegt, so z. B.: Pfeffer, Ingwer, Gewürznelken, Spikanarde, Kostus und Galgantwurzel. Sie werden aus Indien importiert, wo sie reichlich vorhanden sind.«*

Münzfunde in Schweden belegen den intensiven Handelsaustausch zwischen Nordeuropa und dem Samaniden-Reich im Ostiran, bzw. dem heutigen Turkmenistan, Usbekistan und Afghanistan, insbesondere zwischen 900 bis 950. 60% aller gefundenen islamischen Münzen in den nördlichen Ländern sind Prägungen der Samaniden. *KS*

Lit: Jacob (1927), Jacob (1891), Fraehn T. II (1834), S. 87–99; Wüstenfeld (1848).

**2/12**
**Ibn Dihya**
**Kitab al-mutrib fi asch'ar al-maghrib**
**Aufgeschlagen: Bericht des Botschafters al-Ghazal von seiner Reise zu einem Herrscher der »Nordmänner« (al-madschus)** (fol. 104v)
1251
Handschrift
London, The British Library, Oriental Collections (Or 77)

Das islamische Spanien war auch Angriffsziel der Wikinger. Der spanisch-arabische Autor Ibn Dihya berichtet in seiner hier ausgestellten Anthologie von einer Gesandtschaft dieser ›Nordmänner‹ die in den arabischen Quellen ›al-madschus‹ (Magier) genannt werden, eine Bezeichnung, welche sonst für die Bewohner des alten Irans insbesondere wegen ihrer Verehrung für das Feuer (Mazdaglaube) Anwendung findet.

Nachdem Sultan Abd ar-Rahman II. (206–38/822–52) die Gesandten der Wikinger, die 844 Sevilla eingenommmen hatten, empfangen hatte, schickte er seinen Gesandten al-Ghazal an den Hof eines Königs der »Nordmänner« (al-madschus). Ausführlich berichtet al-Ghazal von seinen Erlebnissen bei den ›al-madschus‹. *KS/HB*

Lit.: Melvinger (1988); Jacob (1927).

## Kapitel 3

## Harun ar-Raschid und Karl der Große

N*ach sieben Tage heftiger Kämpfe«*, so ein zeitgenössischer Chronist, *»hätten die Männer des Nordens«* unter Führung Karl Martells, dem Vater Karls des Großen, 732 die Schlacht bei Tours und Poitiers, von einer arabischen Quelle als eher unwichtiges Ereignis eingestuft, gegen ein Heer der ›Sarazenen‹ für sich entscheiden können.

Karl der Große versuchte nach gewaltsamer Christianisierung der Sachsen, nach Eroberung des Langobardenreichs, nach Feldzügen gegen Slawen und Awaren, seinen Herrschaftsbereich in das von Arabern beherrschte Nordspanien auszudehnen und überstieg an der Spitze zweier Armeen 778 die Pyrenäen. Doch der Feldzug endete erfolglos, wie sein Chronist, der Mönch Einhard, in der *Vita Caroli Magni* berichtet, der auch, eher beiläufig, erwähnt, daß eine Nachhut des fränkischen Heeres im Tal von Roncesvalles von Basken angegriffen worden sei. Dieses Ereignis sollte in dem um 1100 entstandenen *Chanson de Roland*, im Sinne der beginnenden Kreuzzugspropaganda gegen die ›Heiden‹, in einen Angriff der ›Sarazenen‹ umgeschrieben werden, bei dem auch Roland, angeblich ein Neffe Karls, den Tod gefunden haben soll; kurz zuvor soll Roland noch versucht haben, mit seinem Horn, eben dem *Olifant*, beim vorausziehenden Heer Karls Hilfe anzufordern. Dies Horn gab den Namen für die im späteren Mittelalter dann so begehrten Hifthörner aus Elfenbein, die zumeist, Ironie der Geschichte, eben von ›heidnischen‹ Handwerkern gefertigt waren.

Die Macht der Umayyaden in Spanien wollte auch Harun ar-Raschid (786–809), der Kalif von Bagdad, damals mächtigster Herrscher der arabischen Welt, einschränken. Und nicht weniger als Karl wollte er das mächtige byzantinische Imperium bedrängen. Beiden Herschern war also an einem Bündnis gelegen; Karl erhoffte zudem auch Zugang nach Jerusalem. Obwohl arabische Chronisten diplomatische Beziehungen Harun ar-Raschids mit Karl dem Großen nicht erwähnen, sind sie durch fränkische Quellen verbürgt. Nach Reichsannalen und Einhards *Vita*, soll es zwischen 797 bis 807 mehrfach Gesandtenaustausch gegeben haben. So brachte eine von Karls Gesandtschaften als Gegengeschenk Harun ar-Raschids einen weißen Elefanten mit, der 802 in Aachen eintraf. Den diesen weißen Elefanten begleitenden Botschaftern des Kalifen blieb der Weg über die Alpen erspart. Sie wurden von Karl in Vercelli, in Norditalien empfangen, zusammen mit einer Gesandtschaft des Emirs von Nordafrika. Beide Gesandtschaften, überbrachten Karl soviele prachtvolle Geschenke, daß Einhard anmerkt, sie hätten *»das Morgenland und Abendland leergeplündert.«* Verschiedene, in Kirchenschätzen und Museen aufbewahrte, kunstgewerbliche Objekte werden mit diesen legendären Geschenken in Verbindung gebracht.

**3/1**
**Anonymus von Cordova (Mitte 8. Jh.)**
**Chronique rimée des derniers rois de Tolède et de la conquête de l'Espagne par les Arabes**
**Aufgeschlagen: Die Beschreibung der ›Schlacht von Poitiers‹** (Vers 1376 sq)
14. Jh (?)
Handschrift
Paris, Bibliothèque Nationale, Bibliothèque de l'Arsenal, Le Conservateur en Chef (Ms 982)

Die Chronik des Anonymus wurde 754 in Cordova geschrieben, umfaßt die Jahre 611–754 und ist in rhythmischen Versen in Vulgärlatein abgefaßt. Bei Tailhan sind es 1999 Verse (= kurze Zeilen), die in der Neuausgabe (CSM, 1973) in 77 Kapitel aufgelöst sind. Die Chronik war bis in das 13. Jahrhundert in Frankreich und Spanien unbekannt, d.h., sie wurde nicht in andere Chroniken eingeflochten. 1892 führt Mommsen sechs Handschriften an, die er als ›Chronik von 754‹ bezeichnet. Eine frühere Handschrift, von der sich die Ms 982 ableitet, ist heute verschwunden. Auf sie bezog sich auch eine Handschrift des 13. Jahrhunderts in Madrid (Bibl. Fac. Derecho 116). Die ›Schlacht von Poitiers‹ wird in der Chronik in den Versen 1376 bis 1437 geschildert. Die Vorgeschichte ist unklar. Eudo, der ›dux‹ von Aquitanien, hatte 720 einen ›amicitia‹ Vertrag mit Karl Martell geschlossen, diesen aber 731 gebrochen. Gegen den zweimal nach Aquitanien einrückenden Karl soll er Hilfe bei den Arabern gesucht haben, möglicherweise hat er sich mit einem abtrünnigen Berber verbündet – Munuza. Dieser wurde vom 14. Emir Iberiens, Abd ar-Rahman, besiegt und getötet. Seine Frau, eine Tochter des Eudo, wurde nach Damaskus geschickt. Der Emir sammelte nun ein größeres Heer, das er nach Aquitanien über den Roncesvalles-Paß führte und Bordeaux verwüstete. Das Heer des Eudo wurde geschlagen, so daß dieser nun Karl Martell zu Hilfe rief. Nachdem auch die Hilarius-Abtei bei Portiers verbrannt worden war, wartete dessen Heer an der Römerstraße nach Tours etwa 20 km hinter Abd ar-Rahman. Den weiteren Ablauf schildert der Anonymus so: *»Ubi dum pene per septem dies utrique de pugne conflictu excruciant, sese postremo in aciem parant atque dum acriter dimicant, gentes septentrionales (...) regem inuentum exanimant, statim nocte prelio dirimente (...)«* (CSM, I [1973], S. 42 f.) »Nach sieben Tagen heftiger Kämpfe sind beide beunruhigt über den Ausgang der Schlacht und bereiten sich auf eine Entscheidung vor. Sie kämpften hart die Männer des Nordens (...) sie fanden den König und töteten ihn. Mit Einbruch der Nacht endete der Kampf (...)«.

Während sich am nächsten Tag das Heer Karls auf den Kampf vorbereitete (angesichts des großen arabischen Lagers), waren die überlebenden Araber bereits in der Nacht in Richtung Pyrenäen zurückmarschiert. Die Schlacht fand im Oktober 732, an einem Samstag, statt. Bei den arabischen Historikern erhielt der Ort

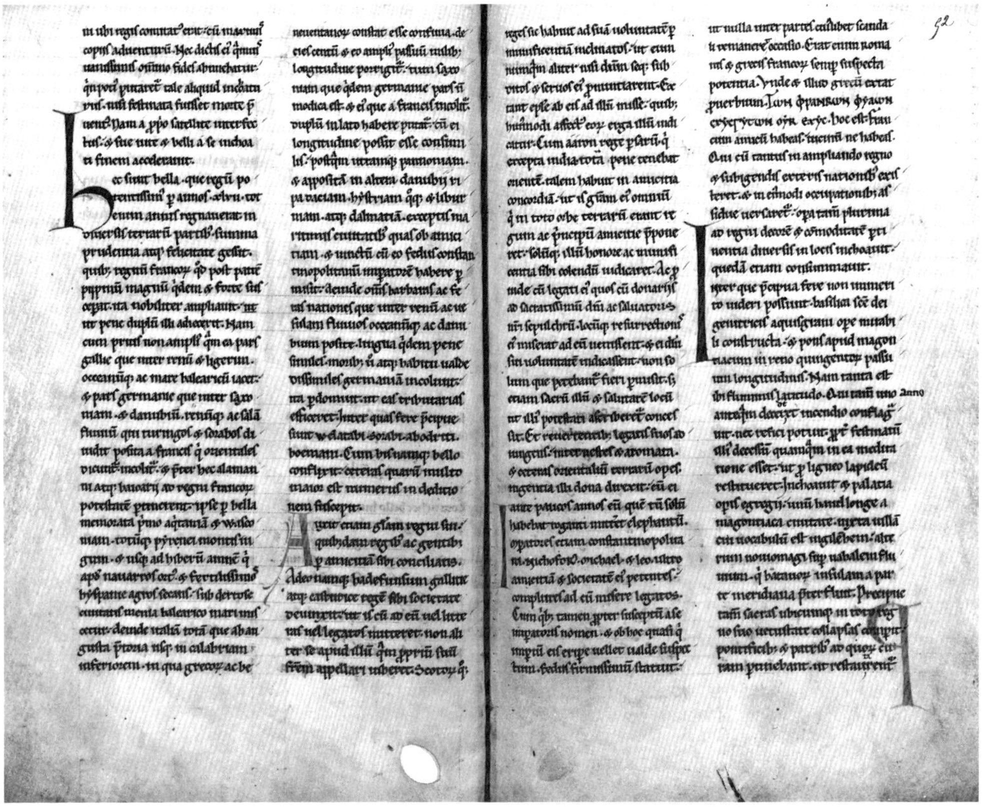

der Schlacht den Namen balay asch-schuhada (Straße der Märtyrer). 1885 hat J. Tailhan die Bezeichnung des Chronisten als ›Anonyme de Cordoue‹ eingeführt, sie wird heute unter drei weiteren Bezeichnungen geführt: ›Continuatio (Isidoriana) Hispana‹, ›Chronica Muzarabica‹ und ›Chronik von 754‹. *RL*

Lit.: Roy/Deviosse (1966); Hdeg 1 (1976), § 64; Ebling (1974), S. 148f.; Rouche (1968), S. 5ff.; Crespi (1983), S. 61; Dozy (1881), S. 2ff.; Prelog (1980), Kap. II, Anm. 32; Tailhan (1885); CSM, I. (1973), S. 15ff.; Memmsen (1892), S. 323ff.

**3/2 (Abb. 621)**
**Historia Caroli Magni**
**Aufgeschlagen: Schilderung der Beziehungen Karls des Großen zu Harun ar-Raschid**
(fols. 51v-52r)
St. Denis, nach 1184
Pergamenthandschrift
Paris, Bibliothèque Nationale, Département des Manuscrits (Latin 17656)

Die Handschrift enthält neben verschiedenen Texten zur fränkischen Reichsgeschichte einige der frühesten Berichte über das Leben Karls des Großen und seine Regentschaft: eine Biographie, von Friedrich Barbarossa in Auftrag gegeben, die um 1166 von einem Aachener Mönch verfaßt wurde, den *Pseudo-Turpin* aus dem 12. Jahrhundert und Einhards *Vita Karoli Magni*, um 830/36 entstanden. Einhard hatte seine Kenntnisse über Karl den Großen durch seine Bearbeitung der fränkischen Reichsannalen aus St. Denis und durch seine besondere Stellung als Gelehrter am Hofe des Herrschers erworben. Der Wahrheitsgehalt seiner Angaben ist jedoch in vielen Fällen begründet angezweifelt worden.

Mit den Reichsannalen stimmt Einhard unter anderem darin überein, daß ein mehrfacher Gesandtenaustausch zwischen dem fränkischen Reich und dem islamischen Orient als Beweis für die guten Beziehungen Karls des Großen zu dem Kalifen von Bagdad, Harun ar-Raschid, zu werten sei: *»Seine Beziehungen zu König Harun von Persien, (...), waren so freundschaftlich, daß dieser Karls Gunst der Freundschaft aller anderen Könige und Machthaber der Erde vorzog und ihn allein seiner Ehrerbietung und Geschenke für wert hielt«* (fol. 52r). Ein solcher Gesandtenaustausch soll erstmals in den Jahren 797/801 stattgefunden haben. Anhaltspunkt für die Wahrheit dieser Angabe ist die verbürgte Existenz eines weißen Elefanten namens Abul-l-Abbas, der über die Alpen nach Frankreich gebracht wurde. Die politische Bedeutung dieser und späterer Gesandtschaften ist jedoch ungeklärt. Da in den arabischen Quellen jegliche Hinweise auf einen solchen Austausch fehlen, sind sie grundsätzlich angezweifelt worden. Eine mögliche Erklärung für das gegenseitige Interesse der beiden Herrscher könnte darin zu suchen sein, daß

622 (3/3)

Harun sich von Karl die Unterstützung des Widerstandes der Abbasiden in Nordspanien gegen die Umayyadenherrschaft in Cordoba erhoffte, während der fränkische Kaiser die Angriffe des Kalifen gegen Byzanz verstärkt sehen wollte. Aufgrund der kulturellen und politischen Überlegenheit des islamischen Reiches zu Beginn des 9. Jahrhunderts ist anzunehmen, daß Harun den Kaiser weniger als gleichgestellten Bündnispartner, sondern als einen seiner Vasallen betrachtete, der die Interessen des Abbasidenreiches zu wahren wußte. Einhards Bericht von einer angeblichen Schutzherrschaft über Jerusalem, die Karl durch einen Boten mit der Übergabe von Schlüssel und Banner der Heiligen Stadt anvertraut wurde, deutet auf ein solches Verhältnis hin. *JR*

Lit.: Björkmann (1965); Reichsgeschichte (1962); Ausst.kat. Stuttgart (1977), Bd. II.

**3/3 (Abb. 622)**
**Sog. Säbel Karls des Großen**
Kopie des zu den Reichskleinodien zählenden Säbels
1920–1925
Stahl mit Kupfereinlagen, Griff: Holz, Fischhaut, Gold, vergoldetes Silber, Edelsteine; L 90,5 cm
Aachen, Stadt Aachen (RCK 5)

Das Original dieses Prunksäbels gehört zu den Reichskleinodien und befand sich bis 1794 in Aachen. Die Reichskleinodien wurden vor den Franzosen nach Wien in Sicherheit gebracht, wo sie noch heute aufbewahrt werden. Technisch aufwendig und kostbar ist die Stahlklinge mit vergoldeten Kupfereinlagen, die z. T. gegenständige Drachen und Rankenornamente zeigen, geschmückt. Der mit Fischhaut überzogene, geborstene Holzgriff wird von drei vergoldeten Silberbändern mit Edelsteinen zusammengehalten; darüberhinaus ist der Griff mit Goldplatten mit verschlungenen Ranken bedeckt. Das Holz der Scheide ist wahrscheinlich, wie das darübergespannte Leder, erneuert; auch die die Scheide schmückenden glatten Goldbleche scheinen nicht alt zu sein. Dem Schmuck des Griffes ähnlich sind dagegen die drei ornamentierten Beschläge, die wohl zum ursprünglichen Bestand gehören.

Die Legende hat diesen Säbel mit Karl dem Großen in Verbindung gebracht. Er wird, wie auch das sog. Horn Karls des Großen (Nr. 3/4), als ein Geschenk des Kalifen von Bagdad, Harun ar-Raschid, angesehen (vgl. 3/5). Zusammen mit der Stephansbursa und dem Königsevangeliar (beides ebenfalls in Wien) soll sich der Säbel im Grabe Karls des Großen befunden haben, als dieses im Jahre 1000 von Otto III. geöffnet wurde. Kunsthistorisch sind diese Legenden und Überlieferungen, wie im Falle des Hornes auch, jedoch nicht haltbar. Vergleichbare Säbel sind im Nordkaukasus und im Karpartenbecken gefunden worden, so daß der Säbel wahrscheinlich in dem Zusammenhang der Landnahme der Magyaren (Ungarn) zu sehen ist. Eine genauere Lokalisierung und Datierung ist z. Zt. nicht möglich. Das Original des Säbels befindet sich in Wien, im Kunsthistorisches Museum (Weltliche Schatzkammer, Inv.Nr. XIII 5). *RM*

Lit: Kat. Wien (1987), Nr. 159; Fillitz (1971), Nr. 162; Ausst.kat. Aachen (1965), Nr. 677 (o. Abb.).

**3/4**
**Sogenanntes Jagdhorn Karls des Großen, Olifant**
Arabische Arbeit, wahrscheinlich aus Unteritalien, Anfang 11. Jh.
Elfenbein, Schnitzdekor, Metallfassung mit Edelsteinen und Glas
L 63 cm, Dm 13 cm
Aachen, Domkapitel, Domschatzkammer (G11)

Die Bezeichnung als »*Horn Karls des Großen*« beruht auf der Annahme, das Horn sei mit Geschenken Harun ar-Raschids, des Kalifen von Bagdad, nach Aachen gelangt. Harun und Karl unterhielten tatsächlich diplomatische Beziehungen; eine Gesandtschaft des Kaisers kehrte wohl im Jahre 801 mit kostbaren Geschenken Haruns, wie Gold, Edelsteinen und Gewändern, aber auch dem legendären weißen Elefanten, nach Aachen zurück. Auch die nach 830 von dem Mönch Einhard verfaßte *Vita Caroli Magni* (3/2) berichtet in Kapitel 16 von den Geschenken des ›Perserkönigs‹ Harun. Keines der Geschenke ist heute noch sicher nachzuweisen.

Dieser Olifant gehört zu einer kleineren Gruppe von Hörnern (3/13), die eine glatt belassene, nur leicht gekantete Hauptzone haben. Darüberhinaus zeigt hier auch die Blaszone keinen Dekor, während die Schallzone völlig mit kräftig eingeschnittenem, aber flachem Relief verziert ist. Der Grund ist dort mit spiraligem

*623 (3/6)*

Rankenwerk gefüllt, darin ausgespart zwei Tierpaare, an der inneren Krümmung zwei gegenständig einander zugewandt kauernde Rehe mit zurückgewendeten Köpfen, an der äußeren Krümmung wiederum zwei gegenständige, aber voneinander abgewandte Stiere, die wahrscheinlich eher laufend als kauernd gemeint sind. Die Binnenzeichnung der Tiere beschränkt sich auf Angaben der Körperrundung mit den charakteristischen kurzen Strichen; auf den hinteren Oberschenkeln zeigen alle ein stilisiertes Lilienmotiv. Das Ornament, welches die Schallzone oben und unten begleitet, imitiert einen Querbehang (Lambrequin-Saum). Die Streifen zur Befestigung der Tragringe werden von etwas höher stehenden Ornamentbändern mit Arabesken gerahmt.

Der Olifant gehört nicht in karolingische Zeit, sondern in den Anfang des 11. Jahrhunderts. Der Charakter der Schnitzereien ist, nach E. Kühnel, verwandt mit frühfatimidischer Kunst, weshalb ein arabischer Schnitzer, der wahrscheinlich in Unteritalien lebte, als Künstler anzunehmen ist. *RM*

Lit.: Kühnel (1971)

**3/5**
**»le Gobelet de Charlemagne«**
Syrien, zweite Hälfte 12. Jh.,
Fassung: Frankreich, 13./14. Jh.
Goldemailglas, Fuß aus vergoldeter Bronze,
H 14 cm, mit Fassung H 24 cm
Chartres, Musée des Beaux-Arts de Chartres
(5144)

Der Ursprung der Legende des berühmten ›Gobelet de Charlemagne‹ liegt noch im Dunklen. Jahrhundertelang wurde dieser syrische Emailglas-Becher als Geschenk Karls des Großen an die Abtei La Madeleine in Châteaudun (Frankreich) angesehen. In der Folge der Säkularisierung des Kirchenbesitzes nach der Französischen Revolution gelangte er 1789 in die Bibliothek von Chartres, 1834 in das Museum dieser Stadt. Durch die Legende gehört der Becher zu den zahlreichen Reliquien, deren fälschliche Zuweisung an eine historische Persönlichkeit die Aura des Gegenstandes als auch der aufbewahrenden Institution erhöhte. Tatsächlich ist das Glas ein lange nach dem Tode Karls des Großen in Syrien geblasener Becher mit weitausladender Wandung. Die Emailbemalung besteht aus einem dreigeteilten Fries. Ein breites Flechtband über blau oder weiß gepunktetem Grund wird von einer schmalen Wellenranke und zum Rand hin von einer formelhaften arabischen Wunschinschrift begrenzt. Wahrscheinlich am Ende des 12. Jahrhunderts entstanden, gelangte der Becher vermutlich wenig später nach Frankreich und erhielt dort im 13.–14. Jahrhundert eine eigene Fassung. Zahlreiche islamische Goldemailgläser wurden im Verlauf der Kreuzzüge oder als Souvenir einer Pilgerfahrt nach Europa mitgebracht. Aus Bodenfunden wird allerdings immer deutlicher, daß diese Gläser auch Gegenstand des Handels waren. Sie erhielten oftmals eigene Fassungen wie dieser ›Gobelet de Charlemagne‹ oder Lederfutterale. *JK*

Lit.: Lamm (1929–30), S. 275, 96.3; Arts de l'Islam des origines à 1700 (1971), Nr. 282.

**3/6 (Abb. 623)**
**Jean Froissart**
**Chroniques de France**
**Aufgeschlagen: Zweikampf Rolands mit Fernagu** (fol 107r)
Vierter Band der »Recueil sommaire des croniques françoyses«, geschrieben und illuminiert von Guillaume Crétin
Frankreich, erste Hälfte 16. Jh.
Illuminierte Pergamenthandschrift
Paris, Bibliothèque Nationale, Département des Manuscrits (Ms. Fr. 2820)

Die Handschrift umfaßt den vierten Band eines *Recueil sommaire des cronicques françoyses*, den Franz I. bei Guillaume Cretin in Auftrag gegeben hatte. Die ganzseitigen Miniaturen stellen vorwiegend Episoden aus dem Leben Karls des Großen und seines Paires Roland dar. Die Schilderung der Ereignisse in Spanien geht auf den *Pseudo-Turpin* zurück. Cretin scheint jedoch der erste Chronist gewesen zu sein, der den Hinweis Einhards ernst nahm, daß die fränkische Nachhut von Basken überfallen wurde. Dennoch bringt er den Tod Rolands nicht mit dieser schmählichen Niederlage in Zusammenhang, sondern hält weiterhin an der Legende von Roncesvalles fest. Wie der *Pseudo-Turpin* berichtet auch Cretin von einem der Schlacht von Roncesvalles vorausgehenden Ereignis, das ebenfalls in die Reihe der legendären Proto-Kreuzzüge Karls des Großen gehört. Der Herausforderung des ›Riesen‹ Fernagu (Ferracutus) folgend, der mit 120.000 Türken von Syrien nach Nordspanien geschickt wurde, zieht Karl mit seinem Heer nach Nájera. Roland stellt sich einem Zweikampf mit dem Giganten, der drei Tage andauern sollte. Am dritten Tag, während einer gegenseitig gewährten Kampfpause, kommt es zu einem Gespräch zwischen Roland und Fernagu. Der siegessichere Fernagu erzählt seinem Gegner, daß die einzig verwundbare Stelle seines Körpers der Nabel sei. Dann kommt es zu einer theologischen Disputation. Roland erklärt dem Sarazenen die christliche Doktrin der Trinität, kann diesen jedoch nicht überzeugen. Die Frage nach der Überlegenheit von Christentum oder Islam soll letztlich durch den Ausgang des Zweikampfes entschieden werden. Als Roland den Dolch Fernagus erobern kann, tötet er diesen mit einem Stoß in den Nabel. Das theologische Streitgespräch und der Tod Fernagus sind in einer Miniatur zusammengefaßt (fol. 197r). Im Mittelgrund stehen sich die feindlichen Heere gegenüber: die Christen mit dem Zeichen des Kreuzes und den ›Arma christi‹, die Türken mit einem Banner, dessen Schriftzüge arabische Buchstaben imitieren. Im Hintergrund ist eine orientalisierende Architektur mit Kuppeltürmen zu sehen. Die illusionistischen Effekte der Malerei werden durch die umrahmende Säulenarchitektur unterstützt: sie eröffnet das Bild wie einen Bühnenraum, auf dem das dramatische Ereignis zu sehen ist. Stilistisch gehören die Miniaturen in den Umkreis der Werkstatt am Hofe Franz I. *JR*

Lit.: Guy (1904/1905); Hämel (1965); Lejeune/Stiennon (1966).

*624 (3/7)*

**3/7 (Abb. 624, 625)**
**Jean de Mansel**
**La Fleur des Histoires**
**Aufgeschlagen: Die Schlacht von Roncesvalles, Roland stößt ins Horn** (fol 127v)
Frankreich, zweite Hälfte 15. Jh.
Illuminierte Pergamenthandschrift
Kopenhagen, Det Kongelige Bibliotek, Handschriftenabteilung (Thott 568)

*La Fleur des Histoires*, eine Kompilation moralischer und historischer Geschichten von Jean Mansel, ist um 1440 entstanden. Die Kopenhagener Handschrift umfaßt nur den vierten Teil des Werkes. Den darin enthaltenen Berichten über Karl den Großen sind zwei Miniaturen gewidmet, eine davon stellt die Schlacht von Roncesvalles dar. Der Künstler hat mehrere Szenen des schrecklichen Geschehens in einer Miniatur zusammengefaßt (fol. 127v): die niedergemetzelten Krieger des Kampfes zwischen Franken

En ce temps
demouroient
en la cite de
sarragoce deux roys sar
razins, marcille & bal
ligan qui estoient freres
Lales auoit enuoye le
souldan de babilonne
a grans ostz pour deffen
dre la terre despaigne co
tre lempereur charles

A lui se rendirent sub
getz et obeyssant fainte
ment. Lempereur ne
se voult mie partir des
paigne quilz ne fussent
baptisez et leur manda
par guenelon quilz ve
nissent a lui pour bap
tesme receuoir ou ilz
luy enuoiassent le treu
Guenelon vint a sarra

*625 (3/7)*

und Sarazenen nehmen den Vordergrund ein; auf einem Berg stehend, bläst Roland das Horn, um Karl den Großen herbeizurufen, und legt sich dann unter einen Baum zum Sterben nieder; im Hintergrund ist die fränkische Heeresspitze zu sehen, die bereits die Tore einer heimischen Stadt erreicht hat und sich, als sie das Horn Rolands vernimmt, zum Geschehen zurückwendet; im Mittelgrund ist ein einzelner Krieger gezeigt, vermutlich Rolands Halbbruder Baldewin, der dem umkehrenden Karl entgegeneilt. Durch die perspektivische Anlage des Bildes gelingt es dem Künstler, die zeitlich auseinanderliegenden Ereignisse mittels einer unterschiedlichen räumlichen Plazierung als getrennte und dennoch zueinander in Beziehung stehende darzustellen. Die Miniatur, die zwei Textspalten übergreift und der Form eines Tafelbildes angenähert ist, wird seitlich von einer breiten, mit rankenden Pflanzen und mit Tieren versehenen Bordüre umrahmt. *JR*

Lit.: Lejeune/Stiennon (1966).

**3/8 (Abb. 626)**
**Les Grandes Chroniques de France**
**Aufgeschlagen: Die Schlacht von Roncesvalles** (fol. 178v)
Frankreich, um 1320–50
Illuminierte Pergamenthandschrift
London, The British Library, The Manuscript Collections (Royal MS 16 G VI)

Die *Grandes Chroniques de France* ist ein von Ludwig IX. in Auftrag gegebenes, auf die *Chroniques des Saint-Denis* zurückgehendes Werk über die Geschichte des Frankenreiches. Ludwigs Nachfolger ließen die Chronik später um die jeweils jüngsten historischen Ereignisse erweitern. Das Wappen Johanns II., des Guten, das sich in der Randverzierung der ersten Miniatur findet, verweist auf den Auftraggeber der Londoner Handschrift. In dem ersten Band, der historische Ereignisse bis zum Tode Ludwigs des Heiligen berichtet, werden auch die ›Taten Karls des Großen‹ ausführlich erzählt: Quelle des Autors ist diesbezüglich der Text des *Pseudo-Turpin*.

Mit der Darstellung des Gespächs zwischen Ganelon und den Sarazenenkönigen Marsilies und Baligant, das den Verrat an Roland besiegelt, wird die Bilderfolge zu der Episode von Roncesvalles eingeleitet (fol.175r). Eine über die Breite von zwei Kolumnen angelegte querrechteckige Miniatur zeigt dann die Schlacht von Roncesvalles (fol. 178v). Sie greift ein Detail des Kampfes zwischen Sarazenen und Franken auf, das im *Pseudo-Turpin* eingehender geschildert wird: als es Roland gelingt, einen Araber gefangen zu nehmen, bindet er diesen an einen Baum und zwingt ihn dazu, unter den Kriegern des feindlichen Heeres den König Marsilies zu identifizieren; daraufhin stürzt sich Roland erneut in die Schlacht, um Marsilies, der im Bild durch eine Krone gekennzeichnet ist, zu töten.

*626 (3/8)*

Die Szene ist vor einem ornamentalen Hintergrund dargestellt, nur der Baum – für die Erzählung der Geschichte unerläßliches Attribut – deutet Landschaft an. Der Held Roland wird durch ein kräftigeres Blau deutlich hervorgehoben. Ungeklärt blieb, weshalb Rolands Ausrüstung mit einer Merlette geschmückt ist und nicht, wie in den weiteren Miniaturen der Handschrift üblich, mit seinem Wappen, einem aufgerichteten Löwen. *JR*

Lit.: Hämel (1965); Lejeune/Stiennon (1966).

**3/9 (Abb. 627)**
**Histoire de la déstruction de Jérusalem und Chronique du Turpin**
**Aufgeschlagen: Belagerung und Einnahme der südfranzösischen Stadt Agen durch Karl den Großen** (fol. 73r)
Picardie oder Flandern, zweite Hälfte 13. Jh.
Illuminierte Handschrift
Bern, Burgerbibliothek, Bongarsiana (Cod. 115)

Die Handschrift in Bern umfaßt zwei Texte, die unabhängig voneinander entstanden sind: die Chronik des Ernoul, Anfang des 13. Jahrhunderts verfaßt, und die Chronik des ›Pseudo-Turpin‹ aus dem 12. Jahrhundert. Ernoul, ein Diener des Balian d'Ibelin, berichtet über die anhaltenden Kämpfe um Jerusalem zwischen Christen und Sarazenen seit der Gründung des Königreiches Jerusalem unter Gottfried von Bouillon. Die Einnahme der Heiligen Stadt durch Sultan Saladin (1187) erlebte der Chronist als Augenzeuge. Der Text des Ernoul wird von einer Miniatur eingeleitet (fol. 1r°), die den Kampf von Christen im Zeichen des Kreuzes gegen die Muslims darstellt. Dem Text des ›Pseudo-Turpin‹ ist ebenfalls eine Miniatur gewidmet (fol. 73r°). Sie zeigt die Geschichte der Belagerung und Einnahme der südfranzösischen Stadt Agen durch Karl den Großen. In der Initiale V unterhalb der Miniatur ist ein Gespräch zwischen Karl dem Großen und König Aigolandus dargestellt. Die Episode über den ›afrikanischen‹ König Aigolandus, der ganz Spanien erobert und Tausende von Christen

*627 (3/9)*

getötet haben soll, nimmt im ›Pseudo-Turpin‹ mehrere Kapitel ein. Nach einem ersten Zusammenstoß zwischen Karl und Aigolandus in Nord-Spanien gelingt es letzterem mit seinem aus Sarazenen, Mauren, Persern, Afrikanern und anderen ›Heiden‹ zusammengestellten Heer die fränkische Stadt Agen zu besetzen. Die Darstellung in der Initiale zeigt den Abschluß eines Scheinfriedens zwischen den verfeindeten Königen. Mit einem größeren Heer nach Agen zurückgekehrt, läßt Karl daraufhin die Stadt belagern. Im siebenten Monat erreicht das fränkische Heer unter Einsatz seiner Geschützvorrichtungen den Durchbruch der Mauern. Aigolandus kann mit seiner Gefolgschaft über die Garonne entkommen.

Die Auswahl der Aigolandus-Geschichte für den Miniaturisten und die Zusammenfassung des ›Pseudo-Turpin‹ mit der Chronik des Ernoul machen die Absicht der Handschrift deutlich, die Feldzüge Karls des Großen im Lichte des Kreuzzugsgedankens erscheinen zu lassen.

Die Illustrationen sind stilistisch einer nordfranzösischen oder flämischen Werkstatt zuzuschreiben. *JR*

Lit.: De Mas Latrie (1871), Smyser (1937).

**3/10**
**Die Schlacht von Roncesvalles**
Tournai, um 1455–1470
Tapisserie, Wolle und Seide, 345 x 570 cm
Brüssel, Königliche Museen für Kunst und Geschichte (3643)

Der Teppich ist das Fragment eines ehemals monumentalen Wandteppichs, der die legendären Ereignisse der Schlacht von Roncesvalles (Roncevaux) in den Pyrenäen darstellte. Ein weiteres Fragment dieses Wandteppichs befindet sich im Bargello in Florenz. Die Schlacht von Roncesvalles ist berühmt geworden als Gegenstand eines Heldenepos, des *Chanson de Roland*. Die Darstellung der Ereignisse auf dem Teppich aus Tournai läßt jedoch auf eine jüngere Version des *Pseudo-Turpin* als Quelle schließen. Der *Pseudo-Turpin* ist eine im 12. Jahrhundert entstandene Chronik, ursprünglich das vierte Buch des *Liber Sancti Iacobi* von Compostela und vorgeblich authentisches Zeugnis des Erzbischofs Turpin aus Reims. Die Schrift berichtet vorwiegend über legendäre Feldzüge Karls des Großen, die, da sie sich gegen Anhänger des islamischen Glaubens richteten, als Proto-Kreuzzüge gedeutet werden.

Die Niederlage von Roncesvalles, bei der im Jahre 778 angeblich die gesamte Nachhut des fränkischen Heeres vernichtet wurde, war das ruhmlose Ende eines erfolglosen Feldzuges, den Karl der Große gegen das von Arabern beherrschte Nord-Spanien führte. Als im Jahre 777 Süleyman al-A'rabi, Anhänger des abbasidischen Kalifats in Bagdad und Gegner des omaijadischen Emirats von Corcoba, in Paderborn erschien, um Karl die Unterwerfung der nordspanischen Städte einschließlich Saragossas anzubieten, sah dieser eine günstige Gelegenheit gekommen, den fränkischen Machtbereich im Süd-Westen zu erweitern. Mit seinem Heer jenseits der Pyrenäen angelangt, stieß Karl jedoch auf unerwarteten Widerstand: die Tore Saragossas blieben ihm verschlossen. Über den Rückzug Karls nach Frankreich berichtet der Chronist Einhard in seiner *Vita Karoli Magni*, daß bei der Durchquerung der Pyrenäen die Nachhut des fränkischen Heeres von ›Wascones‹, d.h. von in diesen Gebieten ansässigen Basken getötet und geplündert wurde. Die Legenden jedoch, das *Rolandslied* und der *Pseudo-Turpin*, die das propagierte Kreuzzugsmotiv des Spanienfeldzuges betonen, berichten von einem großangelegten Angriff von Seiten der Sarazenen, bei welchem Roland und seine Mitstreiter den Märtyrertod für das Christentum gestorben seien. Die bildkünstlerischen Darstellungen der Schlacht von Roncesvalles orientierten sich an diesen Legenden.

Im *Pseudo-Turpin* wird der Franke Ganelon für den Überfall in den Pyrenäen verantwortlich gemacht: er habe seinen zum Führer der Nachhut bestimmten Stiefsohn Roland, Markgraf der Bretagne und angeblicher Neffe des Königs, an die Sarazenenkönige Marsilies und Baligant verraten. Das Teppichfragment in Brüssel zeigt Roland inmitten des Schlachtengetümmels, wie er mit seinem Schwert ›Durandal‹ König Marsilies den Kopf abschlägt; daraufhin, bereits tödlich verwundet, versucht er vergeblich, das magische Schwert an einem Fels zu zerbrechen, und bläst, um Hilfe rufend, mit letzter Kraft in sein Horn; sterbend legt er sich unter einen Baum, sein Halbbruder Baldewin eilt mit dem Schwert ›Durandal‹ und dem Horn davon, während Tierry seinen Gefährten Roland beweint; im Hintergrund ist der fliehende König Baligant zu sehen. Die Geschichte, von links nach rechts zu lesen, ist wie ein dichtgefügtes Ornament ausgebreitet. Die orientalisierenden Elemente der Ausrüstung des sarazenischen Heeres sind vorwiegend der Phantasie des Vorzeichners zuzuschreiben. In einem achtversigen Zehnsilber, am oberen Teppichrand eingewebt, werden die Ereignisse kurz zusammengefaßt. Gewisse mundartliche Sprachformen verweisen auf die Herkunft des Teppichs aus Tournai, in der zweiten Hälfte des 15. Jahrhunderts ein führendes Zentrum der Teppichwirkerei. Auftraggeber, Werkstatt und Künstler des Vorwurfs sind bisher unbekannt.

*JR*

Lit.: Bautier (1979); Björkmann (1965); Hämel (1965); Lejeune/Stiennon (1966).

*628 (3/11)*

**3/11 (Abb. 628)**
**Olifant, sogenanntes Rolandshorn**
Unteritalien, 12. Jh.
Elfenbein, 55 cm, oberer Dm 13 cm
Toulouse, Musée Paul-Dupuy (18.036)

In den alten Inventaren von St. Sernin in Toulouse wird dieses Horn als ›Rolandshorn‹ bezeichnet. Diese Benennung bezieht sich auf das Roland-Epos, welches um 1100 entstand. Roland, nach dieser Sage ein Neffe Karls des Großen, in Wirklichkeit einer seiner Paladine, besaß ein Signalhorn, welches Olifant (altfrz. Elefant) hieß. Von dort wurde der Begriff auf die Signalhörner aus Elfenbein übertragen. Die Gliederung des Hornes unterscheidet sich auffällig von den fatimidisch beeinflußten Hörnern Unteritaliens. Sie erfolgt in Registern, die, der Verjüngung des Hornes entsprechend, nach unten etwas schmaler werden. Eine Reihe von Tierüberfällen erscheinen in der Hauptzone: Löwe und Adler gegen Fabelwesen oder Rehe, aber auch einmal zwei Löwen friedlich zu Seiten eines Baumes. Dazwischen etwa ein Kamelreiter und Einzeltiere. Die wohl merkwürdigste Darstellung ist die Gestalt eines Schafträgers. Er wurde aus der spätantiken Kunst in die christliche übernommen und verbildlichte ursprünglich die Philantropia, die Menschenfreundlichkeit oder Menschlichkeit. Er war in Katakomben und auf Sarkophagen verbreitet. In der christlichen Kunst wurde er, nicht zuletzt nach dem Gleichnis von guten Hirten, auf Christus übertragen. Inwieweit er hier Christus meint, kann nicht eindeutig entschieden werden; er trägt jedenfalls keinen Kreuznimbus. Die Schallzone ist später zur Hälfte weggeschnitten worden. Auf ihr sind noch ein Sphinx, ein Greif sowie zwei wohl trinkende Pfauen (?) zu erkennen.

*RM*

Lit.: Golvin (1978); Ausst.kat. Paris (1965), Nr. 504.

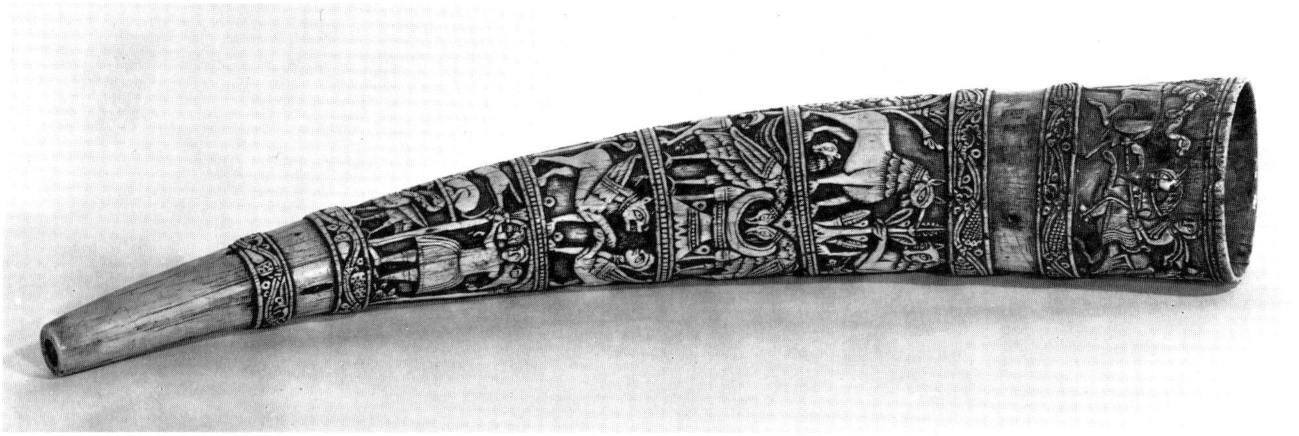

*629 (3/12)*

**3/12 (Abb. 629)**
**Signalhorn, sog. Olifant**
Unteritalien, 11./12. Jh.
Elfenbein, L 73 cm
Paris, Bibliothèque Nationale, Cabinet des Monnaies, Médailles et Antiques (Ivoire 345)

Wie der Toulouser Olifant (3/11) ist auch dieser in Register aufgeteilt. Die Blaszone ist wieder glatt belassen worden. Auch in Einzelheiten des Dekors sind beide Hörner miteinander verwandt. Das unterste Register der Hauptzone ist noch einmal unterteilt. Auch hier ist, wie bei dem Toulouser Olifant in der Hauptzone die Gestalt des Schaftträgers dargestellt. Neben dem Schaftträger sind u.a. Tierüberfälle, mehrere Fabelwesen, zwei Schwäne mit verschlungenen Hälsen, ein gesatteltes Kamel, zwei wohl trinkende, gegenständige Pfauen (?) und ein Adler, in heraldischer Haltung, mit einem Reh in den Fängen dargestellt. Während die Blaszone glatt belassen wurde, zeigt die Schallzone eine Sphinx und einen Greifen sowie einen gegen ein Fabeltier kämpfenden Reiter. Die einzelnen Szenen bzw. Elemente werden von Palmen, Bäumchen sowie architektonischen Gebilden getrennt. Ranken mit sich abteilenden Trauben oder eichelartigen Früchten rahmen die glatten Streifen für die Tragringe. Dieses Horn zeigt keinerlei islamische Formen oder islamisch beeinflußten Stil; die Darstellungen sind im Gegenteil auffallend rund modelliert. Auch die Aufteilung der Fläche in Register ist nicht von islamischer Kunst abgeleitet. Dieses Horn wurde denn auch von Otto von Falke (1930) einer byzantinischen Richtung der Olifante zugerechnet, jedoch ohne Vorschlag einer genauen Lokalisierung. Hermann Fillitz ([1967], S. 19/20) konstatierte die Verwandtschaft dieses und weiterer Hörner mit Elfenbeinarbeiten aus Salerno. Diese, im Gegensatz zu den anderen Olifanten, neue stilistische Richtung könnte mit der politischen Wende, der Normannenherrschaft in Sizilien, zusammenhängen. *RM*
Lit.: Falke (1930); Fillitz (1967); Swarzenski (1966).

**3/13 (Abb. 225)**
**Signalhorn, Olifant**
Sizilien, Anfang 13. Jh.
Elfenbein, Montierung mit Bändern und einer Kette aus vergoldetem Eisen, L 72 cm, Schallrand 12 cm
Berlin, SMPK, Kunstgewerbemuseum (K 3105/aus der Kgl. Kunstkammer)

Das ungewöhnlich große Horn weist mehrere Besonderheiten auf. Die Hauptzone ist glatt belassen und leicht gekantet; an der Außenkrümmung findet sich auf einem der so entstandenen Streifen ein kurzes, vegetabiles Musterband. Die Hauptzone ist oben und unten von Streifen mit eingeritzten pseudokufischen Schriftzeichen gerahmt. Die Schallzone zeigt ein gleichmäßig ausgebreitetes Rankenmuster in drei Reihen. Dazwischen finden sich paarweise Menschenköpfe, zwei gegenständige Vierbeiner (Esel?) und zwei Tierüberfälle (Löwe gegen Hasen und Löwe gegen Stier). Die Schallzone schließt mit einer geschnitzten kufischen Inschrift ab, die als die mehrfach wiederholte Formel *»Gottes ist die Herrschaft«* zu entziffern ist (Kühnel [1971]). Die Blaszone ist ebenfalls mit Rankenwerk geschmückt, hier ohne figürliches Beiwerk. Die aus Eisen gefertigten alten Halteringe werden von kordelartig geschnitzten Bändern begleitet.

Pseudokufische Schriftzeichen wurden ab etwa dem 11. Jahrhundert im Abendland als Dekor verwendet. In Italien sind sie z. B. schon um 1118 auf der Bronzetür des Boemund-Museums in Canossa zu belegen. Die technisch hervorragende Schnitzarbeit an Schall- und Blaszone ist stilistisch von den islamisch orientierten Olifanten Unteritaliens weit entfernt, der Olifant ist am ehesten im normannischen Sizilien gefertigt worden. Kühnel verglich das Rankenwerk mit skulptierten Säulenschäften des Klosterhofs in Monreale, die Ende des 12. Jahrhundert entstanden. Da die Ranken des Hornes überladener wirken, ist ein gewisser zeitlicher Abstand anzunehmen. *RM*
Lit.: Kühnel (1971).

**3/14 (Abb. 224)**
**Signalhorn, Olifant**
Arabische Arbeit, wahrscheinlich Unteritalien, 11. Jahrhundert
Elfenbein, L 50 cm, Dm 10-11,5 cm
Berlin, SMPK, Museum für Islamische Kunst (K. 3106)

Olifante wie dieser dienten hauptsächlich als Signalhörner bei Jagden oder Schlachten – daher auch noch oft die altertümliche Bezeichnung Hifthorn = Blashorn. Auf diese Funktionen weisen die häufig darauf vorkommenden Jagdszenen. Aus Darstellungen ist zu schließen, daß Olifante auch zum Zusammenrufen der Gäste bei Tisch dienen konnten oder als Heroldshörner bei akrobatischen Vorführungen. Selbst als Trinkhörner sind sie belegt, dazu mußte natürlich das schmale untere Ende verschlossen sein. Selbstverständlich wurden solche kostbaren Elfenbeinhörner nur von hochgestellten Personen benutzt. Olifante wurden aus dem unteren Teil des Elefantenstoßzahnes gefertigt und reich beschnitzt. Sie sind immer in drei Zonen gegliedert: die Blas-, die Haupt- und die Schallzone. Glatte Streifen, begleitet von Ornamentbändern, trennen diese Zonen; sie dienten der Befestigung von Tragringen (vgl. 3/13). Bei der Dekorierung lassen sich drei Gruppen unterscheiden: mit glatter, nur leicht gekanteter Hauptzone, mit netzartig sich ausbreitenden Tierdarstellungen in Medaillons oder mit Tierprozessionen in Längsstreifen.

Der hier ausgestellte Olifant gehört zur größten Gruppe, die in allen drei Zonen Tierdarstellungen in Medaillons zeigt. Die Medaillons sind untereinander rankenartig verknüpft, kreisförmig oder eckig, als Füllwerk dazwischen erscheinen Tauben, an der Außenkrümmung unten einmal ein Vogel. Die Hauptzone ist in fünf Reihen horizontal gegliedert. Zu den dargestellten Tieren gehören Greifen und Pfauen, deren Flügel und Schwänze mit Arabesken verziert sind; Hasen, Steinböcke und selbst ein Einhorn sind gut zu erkennen. Mit einem Hinterbein überschreiten die Tiere ihre Medaillonrahmen. Die gleichen Tiere erscheinen auch in Blas- und Schallzone. Die glatten Streifen für das Gehänge sind von wellenförmigen Arabesken gerahmt. Typisch für die islamische Kunst ist die flächenhafte Behandlung des Reliefs, die Tiere sind nicht plastisch modelliert. Dieser Eindruck wird noch verstärkt durch die gleichmäßig verteilten Doppelstriche, die Rundungen oder Fell angeben und fast die einzige Binnenzeichnung sind.

Die Lokalisierung solcher Olifante ist schwierig. Immer wieder wurde auf Parallelen zu fatimidischen Holzschnitzereien hingewiesen, die aber dem 7.–10. Jahrhundert entstammen. Zur Zeit der Entstehung der meisten Olifante war der ägyptische Stil schon fortgeschrittener. Gegen eine Fertigung im Orient spricht auch die Tatsache, daß sich dort – bislang – kein solches Horn gefunden hat. Auch die Darstellungen, die die Benutzung von Olifanten zeigen, entstammen ausnahmslos der abendländischen Kunst (vgl. 4/21). Als Entstehungsort könnte an Sizilien gedacht werden, das bis 1071 zum Fatimidenreich gehörte. Jedoch sind an einigen Hörnern auch abendländische Einflüsse festzustellen, was in Sizilien im 11. Jahrhundert nicht denkbar ist. Nach Kühnel sind die Olifante wohl am wahrscheinlichsten in Unteritalien, in Bari, Salerno oder Amalfi, von dort ansässigen arabischen Handwerkern geschaffen worden, wohl von vornherein für den Export. Das hier ausgestellte Horn könnte mit einem 1051 im Speyerer Dom erwähnten identisch sein, da es angeblich aus dem dortigen Domschatz stammt. Damit wäre ein wichtiges Datum gegeben, vor dem das Horn entstanden sein müßte. Wahrscheinlich gelangte es als Schenkung in den Speyerer Dom. *RM*

Lit.: Kat. Museum für Islamische Kunst (1979), Nr. 22; Kühnel (1971), Nr. 60.

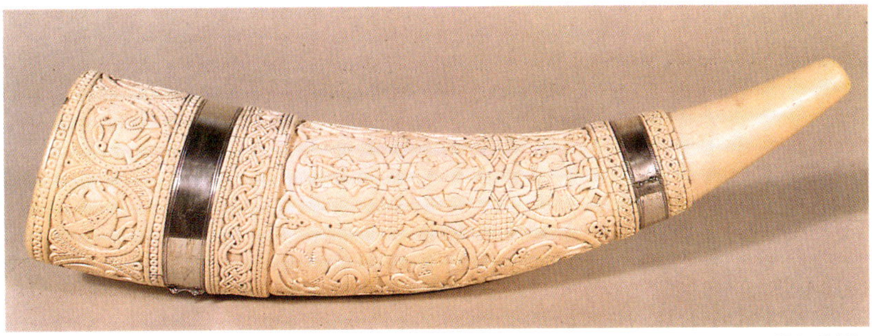

*630 (3/15)*

*631 (3/17)*

**3/15 (Abb. 630)**
**Signalhorn, sog. Olifant**
Unteritalien, 11. Jh.
Elfenbein, spätere Tragringe
L. 54,88 cm, Dm 11–12,8 cm
London, The British Museum, Department of Medieval and Later Antiquities (1923, 12–5, 3)

Dieser Olifant mit sehr heller Tönung hat auffälligerweise eine glatt belassene Blaszone. Die

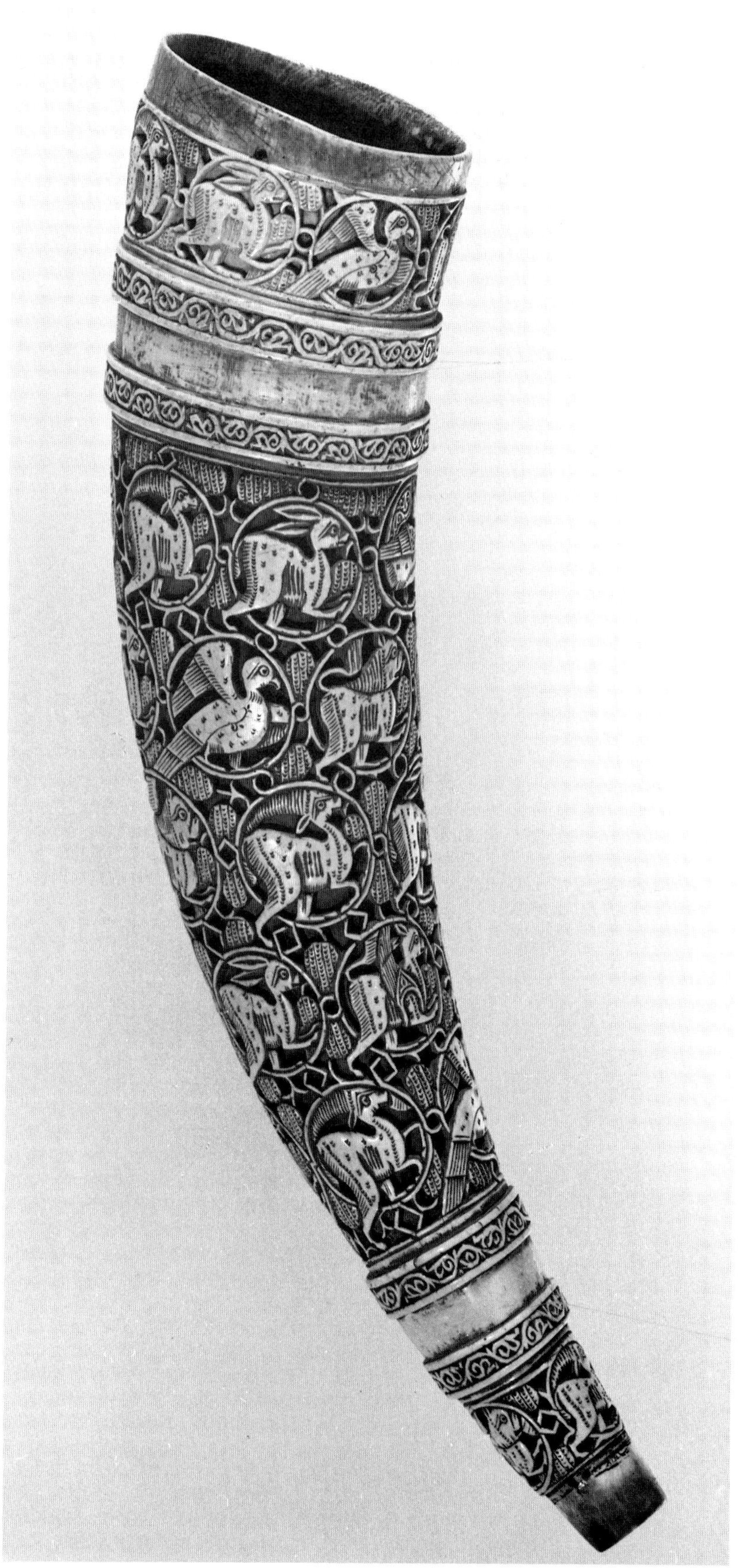

632 (3/16)

Hauptzone zeigt nur drei Reihen von Medaillons (üblich sind fünf), die kreisförmig verknüpft sind. In den Zwischenräumen findet sich eine Kreuzform mit runder Traube in der Mitte. Die Tiere in den Medaillons sind häufig paarweise einander zugewandt. Besonders bemerkenswert sind zwei Schlangen mit Drachenköpfen in der oberen Reihe; der Hahn ist nicht häufig anzutreffen, ebenso auch die beiden Vögel an einem Gestell. Die Schallzone zeigt verflochtene Perlkreismedaillons, darin Greif, Pfau, Löwe und heraldischer Adler. Diese Zone ist von Kreismusterbändern oben und unten eingeschlossen. Die Tragringe werden von Flechtbändern begleitet, die an Stelle der eher üblichen vegetabilen Wellen getreten sind und sicher nicht auf den islamischen Kunstkreis zurückzuführen sind.

In der Behandlung der Tierfiguren sah Ernst Kühnel eine Abkehr vom arabischen Stil. Die Tiere sind hier stärker plastisch modelliert, sie zeigen auch nicht die so typischen, gleichmäßig verteilten, kurzen Doppelstriche. Auch auf die drachenköpfige Schlange ist in diesem Zusammenhang hinzuweisen. Kühnel vermutete daher die Verarbeitung byzantinischer Anregungen. Details, wie etwa das Löwenpaar mit den heraldisch zurückgewendeten Köpfen (untere Reihe der Hauptzone) sah Kühnel *»als Einfälle eines sehr selbständigen Schnitzers (...), der eher im Abendland als im Orient beheimatet war«*. So muß eine genaue Lokalisierung aber offen bleiben. *RM*

Lit.: KÜHNEL (1971).

**3/16 (Abb. 632)**
**Signalhorn, sog. Olifant**
Arabische Arbeit, wahrscheinlich aus Unteritalien, 10.–12. Jahrhundert
Elfenbein, Schnitzdekor, L. 52,5 cm, Dm. 11 cm
Stockholm, Statens historiska museum
(SHM 289)

Das aus einem Elefantenstoßzahn geschnitzte Horn ist mit Reihen vom Grund ausgehobener Jagd- und Fabeltiere – Greifen (mit vier Füßen), Hasen, Steinböcke, Vögel und Löwen (Bären) – verziert. Alle diese Tiere sind nach rechts gerichtet und in Rundmedaillonrahmungen, die sie verschiedentlich mit einem Fuß, Schwanz oder Flügel überschneiden, eingeschrieben. Die Medaillonrahmen sind durch Schlingen miteinander verbunden und in der Versetzung zu einem Flächenmuster gestaltet. Die zwischen den Medaillons liegenden Felder sind mit Trauben gefüllt, welche teils auch in die Medaillons hineinwachsen. Die beiden glatten Führungsstreifen, je von zwei mit Arabeskenwellen verzierten Borten begrenzt, dienten ursprünglich zur Befestigung des Trageriemens. Über bzw. unterhalb der jeweiligen Leisten folgt wiederum ein Tierfries der beschriebenen Art. Mundstück und Schallöffnung sind unverziert, weisen aber grünliche Spuren auf. Ver-

mutlich befanden sich hier Metallbeschläge. Der Figurenstil entspricht der aus dem fatimidischen Reich stammenden Tradition. Bereits 1693 gehörte das Horn zu den Sammlungen des schwedischen Antiquitätencolloquiums. Es gibt keinen Nachweis, wie es dort hingelangte. Entsprechende Sammlungen wurden verschiedentlich u.a. aus der Königlichen Schatzkammer bzw. den Hausgerätsammlungen abgesondert. *LK/MD*
Lit.: Hildebrand (1881); Statens Historiska Museums (1931), S. 31; af Ugglas, (1935), S. 167.

**3/17 (Abb. 631)**
**Olifant, Hifthorn mit Jagdszenen**
Süditalienisch-byzantinisch, 11.-12. Jh
Elfenbein, Bronze mit Resten von Vergoldung, L 46 cm
Berlin, SMPK, Skulpturengalerie (586)

Die Blaszone dieses Hornes ist glatt belassen. Die Hauptzone ist in drei Register aufgeteilt, die voneinander durch Bänder mit lappigen Arabesken getrennt sind. Die drei Register zeigen Jagdszenen, die Jäger, bewaffnet mit Schild, Schwert und Speer sind jeweils von Hunden begleitet. Das unterste Register zeigt den Kampf gegen einen Bären, außerdem einen einzelnen Vogel, vielleicht einen Strauß; im mittleren Register wird ein Hirsch gejagt, und im obersten kämpfen zwei Männer gegen zwei Löwen. Die Landschaft ist jeweils mit Bäumen belebt. Die Schallzone zeigt ornamentalen Schmuck. Zwischen Ornamentstreifen aus verschlungenen Bändern entwickelt sich ein linear-abstraktes Rankenmuster, welches regelmäßig Einzelmotive in Form einer liegenden 8 bildet. Die ehemals vergoldeten Tragringe aus Bronze werden von Ornamentsbändern mit Arabesken und an der Schallzone einem Flechtband begrenzt. Dieses Horn gehört, wie die Hörner in Paris und Toulouse (3/11, 3/12), zu der kaum noch islamisch beeinflußten Gruppe vielleicht in Salerno entstandener Olifante. Charakteristisch für diese Hörner ist die Aufteilung in Register (statt in Medaillons) sowie die eher runde Modellierung der Figuren. Die Verzierung mit Jagdszenen legt für dieses Horn die Verwendung als Jagdhorn nahe. *RM*
Lit.: Fillitz (1967), S. 19/29, Abb. 8; Volbach (1923), S. 16, Taf. 36.

**3/18 (Abb. 633)**
**Signalhorn, sog. Olifant**
Europa, 12./13. Jh.
Elfenbein, Silberfassungen, L. 39,5 cm, Dm 5-6 cm
Paris, Musée du Louvre, Département des Objets d'Art (OA 152)

Relativ kurz und dünn ist dieser Olifant. Die Gliederung der Hauptzone erfolgt durch netzartig sich ausbreitende Medaillons, die, unregelmäßig, sich teils berühren, teils rund verknüpft sind. Dazwischen stilisierte Trauben. Die Medaillons werden, entsprechend der Verjüngung des Hornes, kleiner. Die in den Medaillons dargestellten Tiere sind nicht immer eindeutig zu identifizieren. Es kommen u.a. vor: Greifen, Steinböcke, Adler Bären (?), Löwen. In den vier sehr kleinen Medaillons der Blaszone erscheinen Steinbock, Bär, Löwe und ein Adler (?). Die Schallzone zeigt in sechs hohen Rechteckfeldern abwechselnd einen sitzenden Löwen und einen frontal stehenden, sehr heraldisch wirkenden Adler.

*633 (3/18)*

*634 (3/19)*

Dieses Horn ist wohl nicht in Unteritalien entstanden, wo die Olifante ihre Wurzeln haben (3/14). Stilistisch ist es von den dort entstandenen Olifanten des 11. Jahrhunderts so weit entfernt, daß ein erheblicher Zeitunterschied angenommen werden muß. Es gehört zu einer kleinen Gruppe von vier Olifanten, die durch die wenig detaillierten Tierkörper und unklare Rankenbildung in den Ornamentbändern den Eindruck von nachlässiger Schnitzarbeit machen. Auch durch das kleinere Format sind diese Hörner untereinander verbunden. Ernst Kühnel vermutete, daß diese Gruppe zu einer Zeit hergestellt wurde, als die Olifante des 11. Jahrhunderts schon selten und daher hochbegehrt waren. Es handelt sich also aller Wahrscheinlichkeit nach um abendländische Schöpfungen, die die unteritalienischen Hörner nachahmen. Eine genauere Lokalisierung und Datierung ist nicht möglich. *RM*

Lit.: Kühnel (1971), Nr. 73.

**3/19 (Abb. 634)**
**Mantel Karls des Großen (chape de Charlemagne)**
Sizilien, Ende 12. Jh.
Seidenköper, Goldfäden, L 304 cm, H 142 cm
Metz, le Chapitre de la Cathédrale St. Etienne

In Anlehnung an die römisch-byzantinische Kaisertradition führte seit den Tagen Karls des Großen auch der Kaiser des Abendlandes als Wahrzeichen seines Reiches und seiner überragenden Würde das Sinnbild des Adlers. Von altersher war der Adler gleichermaßen im Orient wie in Rom Zeichen der Macht und erlangte in Byzanz heraldische Bedeutung als Sinnbild für den Kaiser. Die legendäre Bezeichnung des Metzer Mantels als »chape Charlemagne« dürfte anzeigen, daß dieser möglicherweise vor seiner Umwandlung in einen Chormantel ein Herrschermantel gewesen ist. Immerhin galten bereits in der Antike das Adlermotiv sowie die rote Farbe des Stoffgrundes als den Herrschern zugeordnete Symbole. Obwohl gelegentlich die ottonische Epoche als Entstehungszeit für den Mantel vorgeschlagen wurde, stehen die gestickten Adler in ihrer strengen Stilisierung den byzantinischen Imperialstoffen mit Adlermuster des 10./11. Jahrhunderts am nächsten. Wie diese sind die Adler auf dem Metzer Mantel gemäß dem monumentalen Anspruch frontal mit dem Rumpf in der Mitte und den nach den Seiten weit ausgebreiteten Flügeln dargestellt und weisen jene Merkmale auf, wie die am oberen Ende rund geformten Flügel, die eingezapften Schenkel, die den Hals vom Rumpf trennende Perlenreihe sowie das gemusterte Gefieder, die nach Byzanz weisen und sich letztlich bis nach Persien zur Zeit der Sassaniden zurückverfolgen lassen. Andererseits legen die ausgesprochen länglich ausgebildeten Vogelköpfe des Metzer Mantels mit ihren mächtigen, starrkrummen Schnäbeln den Vergleich mit abendländischen Werken des 12. Jahrhunderts, z. B. mit der adlerförmig ausgestalteten Porphyrvase Abt Sugers von St. Denis (1122–1151), Louvre, nahe. Das Motiv des Adlers mit der Schlange bei den seitlichen großen Adler verbindet den Metzer Mantel mit der süditalienischen Kunst um 1200, wo dieses Thema in Hinblick auf die byzantinisch-antike Tradition verhältnismäßig oft auftritt. Nicht zu entscheiden ist die Frage, ob hier die literarisch belegte Deutung des Adlerkampfes als Symbol Christi, der die Schlange, das Sinnbild Satans, besiegt, oder in allgemeinerer Form als Triumph des göttlichen Lichtes, für den der Adler als Sonnenvogel seit vorchristlicher Zeit steht – kenntlich an der Sonnenscheibe auf den Flügeln des oberen Adlers des vorliegenden Stoffes – über das Dunkle Eingang gefunden hat. Aus alledem geht hervor, daß der Metzer Mantel in einer deutlich von der byzantinischen Kunst bestimmten Tradition steht, so daß man unter Heranziehung der Schmuckelemente annehmen darf, daß der Stoff in einer stark nach Byzanz ausgerichteten Werkstatt Siziliens entstanden ist. *KP*

Lit.: Kat. Edinburgh 1958, N. 226; Ausst.kat. Paris (1965), Nr. 842; Wittkower (1938/9), S. 318f; Ausst.kat. Stuttgart (1977) S. 616ff, Abb. 566; Grönwoldt (1979), S. 393–406.

## *Kapitel 4*

## *Schätze aus Orient und Okzident*

Welchen Wert man in Europa Schätzen aus dem Orient beimaß, welchen Einfluß orientalische Handwerkskunst in Europa hatte, will dieser Teil der Ausstellung skizzieren.

Zu den wohl begehrtesten Schätzen aus dem Reich der Fatimiden (911–971), die Reisende und Händler, Pilger und Kreuzzügler in ihre Heimat mitzubringen trachteten, zählten geschnittene Bergkristalle, wohl die kunstvollsten Erzeugnissen der arabischen Welt jener Zeit. Für profane Zwecke hergestellt, etwa als Flakons für kostbare Essenzen oder Schachfiguren, wurden sie von ihren christlichen Besitzern vornehmlich zu sakralen Zwecken verwendet. Sogar ein kristallener Pferdebeißring mit eingravierter kufischer Segensinschrift für den Kalifen Zahir (1021–36), wurde als Ostensorium gefaßt (Nürnberg GNM). Aufgrund ihrer Reinheit, Lichtdurchlässigkeit und Härte galten Bergkristalle im Europa der Zeit als Symbole für die jungfräuliche Geburt.

Nicht weniger geschätzt waren Gefäße aus Glas, die ebenfalls als sakrale Gegenstände Verwendung fanden; oder ihnen wurden Legenden zugeschrieben, wie dem sogenannten *Gobelet de Charlemagne* (3/5), der, obwohl etwa im 12. Jahrundert entstanden, als Geschenk Karls des Großen an die Abtei von La Madeleine in Châteaudun angesehen wurde; auch als sorgsam gehütete Trinkbecher in Familienbesitz haben einige Gläser die Zeiten überdauert, eins der berühmtesten ist das durch Ludwig Uhland bekannt gewordene *Luck of Edenhall* (London, V & A), ein in der Mitte des 13. Jahrhunderts in Syrien hergestellter, emaillierter Glasbecher, mit dem sich das Geschick der auf Edenhall in Cumberland lebenden Familie Musgave schicksalhaft verknüpft hatte: Als das Glas auf einer Feier zerbrach, verließ das Glück die Familie, der Hausherr starb. Ähnliche Gläser können auch für christliche Auftraggeber hergestellt worden sein: das wohl berühmteste Beispiel ist ein mit christlichen Figuren geschmücktes Trinkhorn, eine syrische Arbeit aus dem 13. Jahrhundert, das Mitte des 16. Jahrhunderts als Hochzeitsgeschenk kostbar gefaßt wurde und später in die Schatzkammer von Zar Peter I. gelangte (4/52).

Seidengewebe waren, bis zur Entstehung einer italienischen Seidenindustrie im 13./14. Jahrhundert, begehrte Handelsartikel, und noch heute geben Namen wie Musselin (Mossul), Damast (Damaskus) Hinweise auf damalige Herkunft. Erhalten haben sich nur wenige dieser Gewebe, der größte Teil in Kirchenschätzen. Sie fanden zur Umhüllung von Reliquien Verwendung, wie die sogenannte Staatsrobe König Roberts (vgl. 4/31, 4/27), oder als Grabtücher, wie der Brokatstoff aus dem Grab Heinrich VI. in Palermo (vgl. 4/32, 4/30). Eine große Zahl von orientalischen Stoffen wurde zu Meßgewändern verarbeitet, so die sogenannten Heinrichsgewänder (4/42) aus Regensburg oder die Gewänder des Danziger Paramentenschatzes (4/33), die mit kufischen, Allah preisenden Aufschriften, deren religiöser Inhalt den kirchlichen Würdenträger allerdings, so scheint es, verschlossen blieb, versehen waren.

Das bedeutendste Zeremonialgewand arabischer Provenienz, der für den Normannenkönig Roger II. von arabischen Künstlern 1133 angefertigte Krönungsmantel, diente bis 1806, ebenfalls als Krönungsmantel, den Kaisern des ›Heiligen Römischen Reiches Deutscher Nation‹ und befindet sich heute in der Weltlichen Schatzkammer der Wiener Hofburg (Abb. 183).

Im 12. und 13. Jahrhundert begannen europäische Weber islamischen Textilmuster zu übernehmen, sie gaben Muster in verkleinertem Maßstab wieder oder paraphrasierten frei, zunächst Medaillons in sassanidischem Stil, die vor allem in Lucca hergestellt wurden, dann auch, ebenfalls in Lucca, Diasperstoffe mit versetzten Reihungen von Vogelpaaren, meist Adlern, mit größeren Lotospalmetten und weiteren Tierpaaren.

Zu den vielen Schätzen aus dem Morgenland, die sich vornehmlich in kirchlichen Sammlungen erhalten haben, zählen auch kunstvoll bearbeitete Objekte aus Elfenbein. Die überwiegende Zahl dieser geschittenen oder bemalten Elfenbeinarbeiten ist wohl in Unteritalien, hauptsächlich in Sizilien, für den Export gefertigt worden. Es wird angenommen, daß dort ansässige muslimische zusammen mit christlichen, der byzantinischen Tradition verpflichteten Künstler, die Elfenbeinschnitzerei ausübten. Neben den aus einem Elefantenstoßzahn geschittenen *Olifanten* wurden hauptsächlich geschnittene oder bemalte Kästchen hergestellt. Wohl als Aufbewahrungsort für Schmuck gedacht, gelangten sie früh als Geschenke in Kirchen oder Klöster, wo sie als Reliquiare Verwendung fanden. Metallgeräte arabischer Provenienz haben sich in zahlreichen Sammlung erhalten. Ein Meisterstück mamlukischer Metallkunst, und Höhepunkt islamischen Kunstgewerbes, ist ein mit Gold- und Silber tauschiertes Wasserbecken, das sich seit dem 14. Jahrhundert in der Schatzkammer von Saint-Chapell in Vincennes befand und später als Taufbecken Ludwigs IX ausgegeben wurde (4/84). Ein mit ähnlicher Sorgfalt tauschiertes vasenförmiges Gefäß islamischer Herkunft befand sich in der Sammlung Papst Urban VIII. Metallgefäße wurden für christliche Auftraggeber auch eigens hergestellt, so das Wasserbekken des ›Königs von Zypern und Jerusalem‹, Hugues IV. (8/85).

635 (4/5)

4/1 (Abb. 218)

**Kristallkanne mit Widdern**

Kairo, Ende 10. Jh., Fassung: Venedig (?), 13. Jh.
Bergkristall, vergoldetes Silber, nielliert; 28 x 10,5 cm
Venedig, Tesoro della Basilica di San Marco in Venezia (86)

Der Körper der Kristallkanne ist mit symmetrisch angelegtem Dekor in Hochschnitt geschmückt. Zwei wohl liegende Widder mit zurückgewandten Köpfen sind auf den Seiten der Kanne dargestellt. Die Körperzeichnung der Tiere ist sehr ornamental und abstrakt: gleichmäßig verteilte kleine Punkte, die Oberschenkel markiert ein größeres, kreisrundes Motiv, kurze, schräge, parallele Striche geben den Kontur an. Die Widder werden jedoch von den zwei gegenständigen Palmettenbäumen, die an der Vorderseite der Kanne beginnen und sich in abstrakte Lilien- und Blattmotive verzweigen, fast überdeckt. Über beiden Widdern erscheinen noch je zwei isolierte Pflanzenteile.

Die Tülle der Kristallkanne ist beschädigt, der Henkel fehlt ganz. Vielleicht aufgrund dieser Fehlstellen bekam die Kanne eine aufwendige Fassung aus vergoldetem Silber mit Nielloverzierung. Der Hals ist in drei Zonen unterteilt. Die oberste zeigt zwei gegen einen Drachen kämpfenden, mit Bogen und Schwert bewaffnete Männer, die zweite Zone besteht aus üppigen Blattmotiven; zum obersten Rand der Kristallkanne leitet ein Streifen mit einer Schlange in Blattwerk über. Bis auf diese dritte Zone ist der Hals durchbrochen gearbeitet und mit Silber hinterlegt. Der Fuß zeigt – in der gleichen Technik – Rankenwerk mit gegen Löwen und Drachen kämpfenden Männern. Die Ausgußtülle, die jedoch nicht wirklich hohl ist, endet in einem Drachenkopf; den Griff bildet ein Drache mit langem Hals, dessen Körper und Flügel abwechselnd vergoldete und niellierte Motive zeigen.

Die Kristallkanne ist ein typisches Beispiel solcher fatimidischer Gefäße, von denen im Schatz von San Marco noch eine weitere Kanne erhalten ist, die inschriftlich den Kalifen al-Aziz nennt (Ausst. Kat. Köln [1984], Nr. 30). Diese zeigt die gleiche Form und ähnlichen Dekor mit zwei sitzenden Löwen anstelle der Widder. Da die Regierungszeit des Kalifen bekannt ist (975 – 996), sind beide Kannen gut zu datieren.

Die Einordnung der Fassung bereitet Schwierigkeiten. Sie zeigt im handwerklich-technischen Bereich wohl die überzeugendste Verwandtschaft – etwa bei der Behandlung der Ausguß- und Griffdrachen sowie der Durchbrucharbeit vor Metallgrund an Hals und Fuß – mit Limousiner Werken des 12. und 13. Jahrhunderts (vgl. Danielle Gaborit-Chopin, in Ausst. Kat. Köln [1984], Nr. 31). Bevölkerte Ranken lassen sich indessen natürlich auch in Italien finden; außerdem wurden in Venedig im 13. Jahrhundert zahlreiche Gefäße in Metall gefaßt. Ein weiteres Indiz für die Herstellung der Fassung in Venedig könnte sein, daß diese Kanne mit großer Wahrscheinlichkeit schon in einem Inventar von San Marco aus dem Jahre 1325 erwähnt wird. Eine überzeugende Lokalisierung der Fassung ist mit diesen Überlegungen jedoch nicht gegeben. *RM*

Lit.: Ausst. Kat. Köln (1984), Nr. 31; Hahnloser (1971), Nr. 125 (mit Abb. der Kanne ohne Fassung).

4/2

**Fatimidische Bergkristallflasche**

Ägypten, fatimidisch, 10./11. Jh, Fassung: niedersächsisch, Anf. 13. Jh.
Bergkristall, Silber, vergoldet, Edelsteine; H 17 cm
Halberstadt, Dom- und Domschatz (Nr 49)
Nicht in der Ausstellung.

4/3

**Kölner Goldschmiedemeister**
**Reliquiar mit einem fatimidischen Bergkristall als Schaugefäß**

Bergkristall, Ägypten, 10./11. Jh.; Fassung: Köln, Ende 14. Jh., vergoldetes Silber, H 38 cm
Emmerich-Hochelten, Katholische Kirchengemeinde St. Vitus

Das Besondere an dieser Reliquienmonstranz, aus dem Schatz der ehemaligen Domstiftskirche Hochelten ist das als Schaugefäß dienende fatimidische Bergkristallgefäß. Es hat die Form eines kantigen Bechers und zeigt einzelne vegetabile Muster. Die Reliquienmonstranz folgt im Aufbau den seit der Einführung des Fronleichnamsfestes (1264) üblich gewordenen Hostienmonstranzen: Über Fuß und Schaft mit Nodus erhebt sich der Körper der Monstranz in architektonischen Formen. Das Schaugefäß bestand normalerweise aus einem Glaszylinder, in dessen Innern die Hostie senkrecht in einen mondsichelförmigen Schlitz, die Lunula, eingesteckt wurde. Hier fehlt die Lunula, so daß in der hier ausgestellten Monstranz wahrscheinlich immer eine Reliquie, die allerdings nicht erhalten ist, geborgen war. Kristallgefäße wie dieser Becher dienten in ihrem Ursprungsland profanen Zwecken, etwa als Behältnisse für Parfüm. Sie gelangen z. B. durch Handel oder als Geschenke ins Abendland, wo sie als sehr wertvoll galten und häufig zu Reliquiaren umgearbeitet wurden (vgl. 4/9). Dieser Becher wurde von Hans Wetzel sogar mit dem Schatz der Theophano in Verbindung gebracht ([1973], S. 49), was jedoch hypothetisch ist (vgl. 4/6). *RM*

Lit: Appuhn (1984) S. 72; Braun (1940), S. 106, Bild 389; Ausst. Kat. Köln (1972), P 5.

4/4
**Bergkristallfläschchen**
Ägypten, um 1000; Fuß: italienisch, 16. Jh.
Bergkristall, Bronze vergoldet, H 7 cm (mit Fuß 12 cm)
Köln, Schnütgen-Museum (G 19)

Der Körper dieses Fläschchens ist mit untereinander verbundenen, aufrecht stehenden oder hängenden Palmetten in Hochschnitt verziert. Den trichterförmigen Hals begrenzen nach unten zwei glatte Profile. Der Bronzefuß zeigt muschelartigen Dekor. Als ursprüngliche Verwendung solcher kleiner Gefäße ist die Aufbewahrung von Parfüms, Öl o. ä. anzunehmen; im Abendland, wo einige schon zu Beginn des 11. Jahrhunderts nachweisbar sind (z. B. am Reliquienkreuz in Borghorst), wurden sie gerne als Reliquiare verwendet. Das Fläschchen des Schnütgen-Museums wurde, ebenso wie das in Gandersheim (Nr. 4/6), von Hans Wentzel für die von ihm rekonstruierte ›Parfum-Garnitur‹ der Theophanu beansprucht, was aber der konkreten historischen Grundlage entbehrt. *RM*
Lit.: Witte (1913), Text und Taf. 13, Nr. 8; Lamm (1929–30), Text und Taf. 68, Nr. 12; Wentzel (1972/1), bes. S. 45–51, Abb. 53.

4/5 **(Abb. 635)**
**Bergkristallfläschchen**
Ägypten, 11. Jh.
Bergkristall, Metallfuß (modern), H 15 cm
London, Victoria & Albert Museum, Department of Sculptures (A 45–1928)

Das schlanke Fläschchen ist bis auf eine kleine Fehlstelle am Hals gut erhalten. Der Flaschenkörper ist mit in Hochschnitt ausgeführten Palmetten verziert: ihre Stile bilden eine Wellenranke, von der Halbpalmetten abzweigen, die herzförmigen Zwischenräume der Ranke sind mit einem lilienartigen Motiv gefüllt. Oben und unten wird der Flaschenkörper von je zwei glatten Profilen abgeschlossen. Zwei gleiche Profile begrenzen auch den Flaschenhals nach unten. Kleine Fläschchen wie dieses (4/4) dienten der Aufbewahrung kostbarer Öle und Parfums. *RM*
Lit.: Lamm (1929–30), Text und Taf. 70, Nr. 6.

4/6 **(Abb. 636)**
**Heilig-Blut-Reliquie, sog. Parfumflakon der Teophano**
Ägypten, 10. Jh.
Bergkristall, H 11,2 cm
Bad-Gandersheim, Stiftskirchengemeinde

Den Flaschenkörper schmücken vegetabile, umlaufende Motive in Hochschnitt. Zwei glatte, etwas zurückgesetzte Streifen grenzen diesen Dekor ein. Den trichterförmigen Hals schließen zwei spitz vorspringende Profile ab. Der Name des kleinen Gefäßes als ›Parfumflakon der Theophanu‹ bezieht sich auf die Vermutung, das Fläschchen stamme aus dem persönlichen Besitz der mit Otto II. 972 vermählten byzantinischen Prinzessin Theophanu; nach Gandersheim könnte es über deren Tochter Sophie, die 979 in das Stift als Nonne eintrat, gelangt sein. Dies jedenfalls nahm Hans Wentzel hypothetisch an, der versuchte, den ›Brautschatz‹ und die persönlichen, aus Byzanz mitgebrachten Gegenstände der Theophanu zu rekonstruieren. Wentzel dachte u. a. an eine Toilettte-Garnitur, bestehend aus verschiedenen Bergkristall-Fläschchen für Öle und Parfum, zu der er den Gandersheimer Flakon rechnete. Bei der überwiegenden Zahl der Gegenstände, die Wentzel mit Theophanu in Verbindung brachte, ist dieser Zusammenhang – wegen der fehlenden Quellen – freilich nicht zu beweisen. Das Gandersheimer Fläschchen wird schon im ersten erhaltenen Inventar (12. Jahrhundert?) erwähnt (BKD Braunschweig, Bd. 5, 1910, S. 145 und 168), es dient als kostbares Behältnis für eine Heilig-Blut-Reliquie. In den Quellen wird kein Zusammenhang mit Theophanu hergestellt. *RM*
Lit.: Wentzel (1971), S. 22, und (1972/1), S. 45–51; Baumann/Gosebruch (o. J.), S. 8, Abb. S. 36.

4/7 **(Abb. 637)**
**Bergkristallfläschchen als Salzstreuer**
Ägypten, 11./12. Jh., Fassung: englische Arbeit, um 1540
Bergkristall, Silber, vergoldet, getrieben und ziseliert; H 13,3 cm, Dm 6 cm
London, The Trustees of the Victoria & Albert Museum (M 78–1910)

Das kleine Gefäß – in der typischen Form solcher ursprünglich wohl für Parfum verwandten Fläschchen – ist mit einem Hochschnittdekor verziert. Die Wandung des Flaschenkörpers ist kreuzförmig gegliedert, die dazwischen entstandenen Flächen sind mit abstrakten Motiven versehen. Zwei Profile begrenzen den Hals in der üblichen Trichterform. In der Renaissance wurde das Fläschchen durch die Fassung aus vergoldetem Silber in einen Salzstreuer umgearbeitet. Der Fuß und die auf den Flaschenhals aufgesetzte Kappe mit Löchern zum Streuen sind mit Blattmotiven geschmückt, die Fassung selbst ist mit Buckeln verziert.

Dieser Salzstreuer ist ein seltenes Beispiel dafür, daß die kostbaren, überwiegend aus Ägypten stammenden Bergkristallfläschchen auch zu einem profanen Zweck umgearbeitet werden konnten (4/6). Die Kostbarkeit des Gefäßes entsprach der des Salzes. Salz hatte von jeher für Wirtschaft und Handel eine große Bedeutung, Solequellen etwa begründeten den Reichtum von Städten (z. B. Lüneburg). Selbst im Neuen Testament spiegelt sich die Bedeutung des Salzes, wenn zu den Aposteln gesagt wird, *»ihr seid das Salz der Erde«* (Mt 5,3). So entwickelten sich spezielle Salzgefäße für den gedeckten Tisch. Besonders prächtige haben sich aus dem

*636 (4/6)*

637 (4/7)

Spätmittelalter und der Renaissance erhalten; zu nennen ist die berühmte ›Saliere‹ des Benvenuto Cellini, eine kostbare Goldschmiedearbeit, die dieser in den Jahren 1540–1543 für König Franz(CA)I. von Frankreich schuf (jetzt im Kunsthist. Museum Wien). Solche Salzgefäße, wie das ausgestellte, waren äußerst luxuriös und dienten auch als Statussymbole. *RM*
Lit.: LAMM (1929–39), Text und Tafel 72.

**4/8 (Abb. 638)**
**Schachfigur als Reliquiar auf einem Deckelpokal**
Ägypten (?), 9./10. Jahrhundert
Fassung: Mitte 13. Jahrhundert
Deckelpokal: nordwestdeutsch, um 1400
Bergkristall, Silber, z.T. vergoldet, H 31,5 cm (insg.), Schachfigur H 4,7 cm
Münster, Domkammer der Kathedralkirche St. Paulus zu Münster (DkM: E. 34)

In der auf dem Kopf stehenden Schachfigur – wohl Königin oder König – ist die Reliquie geborgen. Die vergoldete Fassung dieser Bergkristallfigur endet in einem Kegeldach mit rundem Knauf, in den, nach dem vorhandenen Schlitz zu urteilen, wohl ein kleines Kreuz o. ä. eingesteckt war. Die niellierte Inschrift um den Rand des Daches: »INCLUSUM SANCTI LATET HIC DE SANGUINE PAULI CESAR SSUITCHERO QUAD PONTIFICI DEDIT ODDO« (nach Auflösung der Abkürzungen) nennt die Reliquie, nämlich Blut des Apostels Paulus, des Patrons des Münsteraner Domes, und berichtet außerdem, daß dieses Bischof Suitger von Kaiser Otto III. geschenkt worden sei. Damit ist ein recht genauer Terminus für die Schenkung gegeben, da Bischof Suitger von 993 bis 1011 in Münster regierte und Otto III. 996 zum Kaiser gekrönt wurde und 1002 starb. Ob auch der Bergkristall auf Otto III. zurückzuführen ist und ob er usprünglich zur Aufbewahrung der Reliquie diente, ist jedoch nicht sicher, auch wenn es von der Datierung der kleinen Figur her möglich wäre.

Bergkristall, Fassung und vier heute leere Steinfassungen sind auf einen Deckelpokal aus Silber aufgesetzt; der Rand des auffallend kleinen Fußes, der geriffelte Knauf, ein Zierstreifen unterhalb der Kuppa sowie die Ränder von Kuppa und Deckel sind vergoldet. Die Fassung des Bergkristalls und die niellierte Inschrift sind in die Mitte des 13. Jahrhunderts zu datieren, der Deckelpokal als Träger des Reliquiars ist um 1400 entstanden. Schachfiguren aus Bergkristall können etwa durch Kaufleute oder Pilger ins Abendland gelangt sein; in Kirchenbesitz wurden sie häufiger zu Reliquiaren umgewandelt (vgl. Ausst.kat. Köln [1985], E 108). Mehrerer solcher Schachfiguren haben sich auch im Domschatz von Osnabrück erhalten, dort allerdings in ihrer Funktion unverändert. *RM*
Lit.: PIEPER (1981), Nr. 44; WENTZEL (1979/2), S. 9, Abb. 7.

**4/9 (Abb. 639)**
**Reliquienkästchen**
Ägypten, 11. Jh. (Kristallschnitte der Wandungen), Deutsch, 13. Jh. (Bergkristall im Deckel und Fassung)
Bergkristall, vergoldetes Silber, Edelsteine, 11 x 15 x 10 cm
Paris, Musée national des Thermes et de l'Hôtel de Cluny (Cl. 11 661)

Besonders interessant an diesem Kästchen sind die in die Wandungen eingelassenen ägyptischen Kristallabschnitte: Es handelt sich um Fragmente von ehemals größeren Gegenständen. Sie sind hier also offenbar zweitverwendet worden. Die eine der beiden Langseiten zeigt zwei von einem Bäumchen getrennte, gegenständige Steinböcke, die andere Langseite zwei Hasen, ebenfalls zu Seiten eines Bäumchens. Diese Hasen wurden von Hunden gejagt, von denen aber nur noch ein Rest – ein Hund mit perlenbesetztem Halsband – erhalten ist. Die zwei Schmalseiten zeigen einen Hund bzw. einen von einem Hund gejagten Hasen. Diese vier Platten wurden im 13. Jahrhundert zu einem Kästchen zusammengefügt. Die Fassung besteht aus vergoldetem Silber, welches mit Filigran und Perlen, an der Bodenplatte auch mit getriebenen Blattmotiven verziert ist. Den Deckel schmückt ein großer, rundgeschliffener Bergkristall; er nimmt das Material der Wandungen wieder auf, was einen sehr harmonischen Eindruck schafft. In Ägypten blühte die Kristallschneidekunst hauptsächlich im 10. und

11. Jahrhundert. Die Gegenstände sind jeweils aus einem Block gearbeitet und weisen nicht nur Profilleisten, sondern in der Regel auch Reliefdekor auf. Formal wurde bei den Gefäßen auf antike Vorbilder zurückgegriffen.

Ägyptische Kristallschnitte waren im Abendland außerordentlich beliebt und wurden sehr hoch geschätzt. Schon früh lassen sie sich an westeuropäischen Werken nachweisen, etwa an dem von Heinrich II. zwischen 1002 und 1024 gestifteten Ambo (Kanzel) im Aachener Dom (Schnitzler [1957], Taf. 110/111) und an dem Reliquienkreuz in St. Severin in Köln (Ausst.kat. Köln [1985], E 42). Kristallschnitte wurden auch zu Reliquiarien umgearbeitet, wie die ausgestellte Reliquienmonstranz aus Hochelten (4/3). Das hohe Ansehen solcher Kristallschnitte belegt gerade auch das hier ausgestellte Kästchen, welches ja vier Fragmente – wohl unterschiedlicher Herkunft – vereinigt. *RM*

Lit.: Lamm (1929/30), Text und Taf. 67, Nr. 10; Ausst.Kat. Paris (1977), Nr. 272.

**4/10 (Abb. 209)**
**Lampe**
Irak (?), 950–1050
Berkristall, L 22 cm
Leningrad, Staatliche Ermitage (EG 938)

Islamische Bergkristallarbeiten des Mittelalters gehören zu den kunstvollsten Erzeugnissen ihrer Art. Von den etwa zweihundert bislang bekannten Werken sind nur wenige durch Inschriften in die Zeit der Herrschaft der Fatimiden in Ägypten (969–1171 n.Chr.) datierbar. Wenngleich stilistische Merkmale für eine Zuweisung fast aller wichtigen Bergkristallarbeiten in die Herrschaftszeit dieser Dynastie sprechen, ist bislang nur unzureichend erforscht, welche Bedeutung Ägypten als Produktionszentrum hatte und welche Rolle andere Länder oder Orte wie die in den Quellen genannte Stadt Basra im Irak spielten. Auch Einzelheiten wie die stilistischen Unterschiede sowie eine mögliche Bedeutung der vorkommenden Motive bedürfen noch genauerer Untersuchungen.

Während kleinere und größere Gefäße, vornehmlich Flaschen und Kannen, häufiger vorkommen, ist die Bootsform dieses Gefäßes bislang einzigartig geblieben. Die Form mit dem rückwärtigen Stiel zum Tragen spricht für eine Verwendung als Lampe. Den auf einer Fußscheibe ruhenden Gefäßkörper umzieht eine Wellenranke mit abzweigenden Halbpalmetten. Ein mit Perlen dekoriertes Querband besetzt jeweils die Stelle der Rankenspaltung. Eine ähnliche starke Stilisierung pflanzlicher Motive läßt auch der Blütenfries um den Griff erkennen. Die Kostbarkeit des Materials, der künstlerische Entwurf und die qualitätvolle Ausführung dieser Lampe sprechen dafür, daß es sich sehr wahrscheinlich um das Produkt einer Hofwerkstatt handelt, die einen fürstlichen Auftrag aufzuführen hatte.

*638 (4/8)*

Wie fast alle anderen Bergkristallarbeiten ist auch diese Lampe schon im Mittelalter nach Europa gelangt. Dort wurde sie als Pokal verwendet und erhielt eine vergoldete und emaillierte Silberfassung, wahrscheinlich eine italienische Arbeit des 15. Jahrhunderts. Häufig gelangten die islamischen Bergkristalle in Kirchenschätze, wo sie als Reliquienbehälter Verwendung fanden, oder sie wurden in den Wunderkammern europäischer Fürsten als vielbestaunte Kuriositäten aufbewahrt. *JK*

Lit.: Lamm (1929–1930), S. 199–200, Taf. 68,5; Ettinghausen/Grabar (1987), S. 193, Abb. 180.

639 (4/9)

4/11 (Abb. 220, 221)
**Elfenbeinkästchen, sogenanntes Schreibzeug des Heiligen Leopold**
Islamisch (Ägypten oder Sizilien), 12. Jh.
Elfenbein, 26,1 x 12,8 x 8,6 cm
Klosterneuburg, Stiftsmuseum (KG 152)

Das Kästchen gehört zum alten Besitz des Stiftes Klosterneuburg; der heilige Leopold, dessen Namen es trägt, war Markgraf Leopold III. von Österreich (1095–1136). Er gründete das Stift Klosterneuburg. Bei dem Kästchen handelt es sich um zwei ineinanderzusetzende Behältnisse. Der Boden des vollständig aus einem Stück Elfenbein geschnitzten größeren Kastens zeigt fünf verschiedene große Flächen; verschlossen wird er mit einem Schiebedeckel, der mit Palmetten, Treppenstufen und einem Relief eines einen Hasen schlagenden Löwen verziert ist. Der Schwanz des Löwen läuft in einer Arabeske aus. Der noch reicher geschmückte Einsatz mit acht Fächern ist mit einem abnehmbaren und zwei Schiebedeckeln zu verschließen. Der abnehmbare größere Deckel zeigt zwei gegenständige Steinböcke zu Seiten der Grifflösen. Die rahmenden Steifen sind mit Arabesken und dem sich ständig wiederholenden Wort *baraka* (Segen) in kufischer Schrift gefüllt. Der Grund von Arabesken und Schrift ist mit einer Paste geschwärzt, so daß sich der Dekor besonders gut hervorhebt. Die kleinen Schiebedeckel zeigen, ebenfalls vor schwarzem Grund, wiederum Arabesken.

Der Formenschatz dieser außerordentlichen qualitätvollen Elfenbeinschnitzerei speist sich aus unterschiedlichen Quellen, die jedoch allesamt im islamischen Bereich verwurzelt sind. So läßt sich die Darstellung eines Löwen, der einen Hasen schlägt, ein häufiges Tierüberfall-Motiv, schon in der iranischen Kunst nachweisen. Ebenso gehört der Steinbock ursprünglich in den iranischen Kunstkreis. Von dort werden diese Motive in die islamische Ikonographie übernommen. Die Arabeske ist eine Blattranke, die durch größte Symmetrie, sich ständig nach beiden Seiten abspaltende Blätter und große Naturferne gekennzeichnet ist. Durch diese Charakteristika eignet sie sich hervorragend zur gleichmäßigen Flächenfüllung. Ihre Wurzel liegt in spätantiker Rankenornamentik.

Die ursprüngliche Funktion des Kästchens, das vielleicht durch die Kreuzzüge oder auch Handel nach Österreich gelangte, ist unklar. Wahrscheinlich diente es nicht zur Aufbewah-

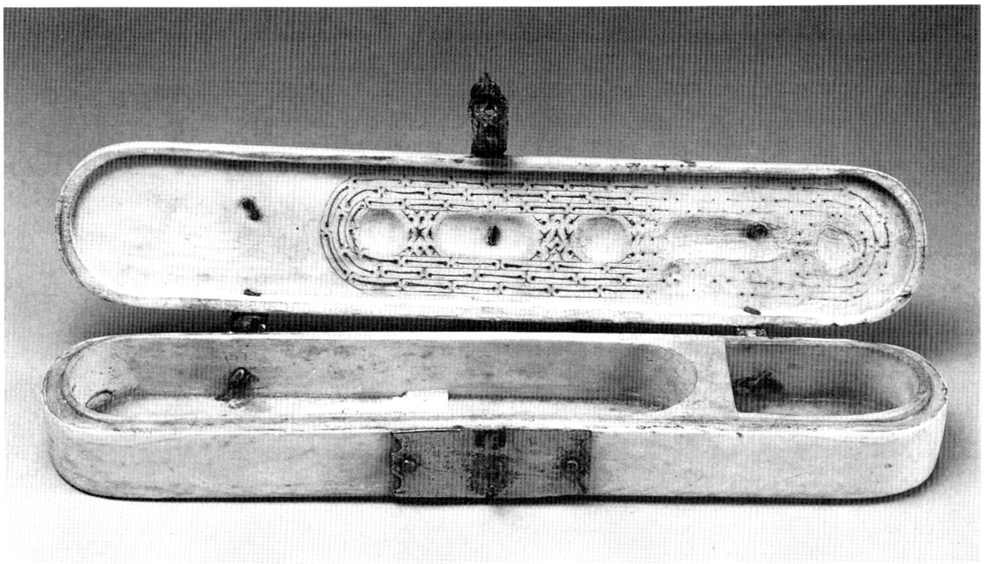

640 (4/12)

rung von Schmuck oder Kosmetikartikel (Öle, Parfum), sondern eher für Spielmarken (Kühnel [1971]). Ein Schatzkammerinventar aus dem Jahre 1533 vermerkt, daß in dem Kästchen Reliquien verwahrt werden. Als Schreibzeug des hl. Leopold wird es schon in dessen Heiligsprechungsprozeß 1485 bezeichnet, eine reale Verbindung zu Leopold ist jedoch nicht bekannt.

*RM*

Lit.: Ausst.Kat. Klosterneuburg (1985); Fillitz/Pippal (1987), Nr. 16; Kühnel (1971), Nr. 134; Nr. 150.

**4/12 (Abb. 640)**
**Sog. Schreibkästchen**
Sizilisch, 12./13. Jh.
Elfenbein, Bronze vergoldet, 2,5 x 22,5 x 4 cm
Köln, Schnütgen-Museum (B 10)

Im Inneren des schmalen Kästchens sind zwei unterschiedlich große Fächer ausgearbeitet. Dem größeren links (15,5 cm Länge) entspricht eine verzierte, etwa gleichgroße Fläche (14,7 cm Länge) mit fünf flachen Mulden rechts im Dekkel. Da Fach und Verzierung heute nicht übereinander liegen, wird der Deckel andersherum bestimmt gewesen sein. Diese Beobachtung wird dadurch bestätigt, daß die Krümmung des Stoßzahnes vom Deckel einerseits und vom Boden andererseits nicht übereinstimmt, weswegen das Kästchen auch nicht richtig schließt. Ursprünglich könnte der Deckel also lediglich lose aufgelegen haben und mittels der Krümmung und des schmalen Steges am oberen Rand des Bodens gehalten worden sein. Die Scharniere und das Schloß sind wohl erst später montiert worden, wobei dann der Deckel verdreht worden ist. Diese Montage müßte allerdings sehr früh stattgefunden haben, da die Beschläge denen anderer sizilischen Kästchen und Pyxiden entsprechen. Die Verwendung als Schreibkästchen ist nicht gesichert und auch nicht zu überprüfen, sich vergleichbare Kästchen nicht erhalten haben. Das schlanke Format und die Länge des größeren Faches könnten jedoch tatsächlich auf diese Funktion hinweisen. Vorstellbar wäre, daß Federn zum Beschreiben von Pergament oder Griffel zum Schreiben auf Wachstafeln darin aufbewahrt wurden. Ob das kleine Fach für in getrocknetem Zustand aufzubewahrende Tinte gedient hat, ist nicht festzustellen; Farbreste sind jedenfalls nicht vorhanden. *RM*

Lit.: Ausst.Kat. Köln (1984), B 71; Witte (1913), Text und Tafel 55, Nr. 4.

**4/13 (Abb. 223)**
**Elfenbeinkasten mit Kombinationsschloß**
**Arabisch (?), um 1200**
Elfenbein, vergoldetes Messing
19,1 x 20,1 x 37,5 cm
Maastricht, Stichting Schatkamer St. Servaas

Der Kasten, dessen Schmalseiten annähernd halbrund geformt sind, ist aus mehreren sorgfältig einander angepaßten und z.T. gebogenen Elfenbeinplatten zusammengefügt. Zusätzlich sind die Platten mit Elfenbeinstiften verbunden. Der Deckel ist leicht gewölbt. Die ausgewogene Form wird überspielt von den üppigen durchbrochenen Ornamentbändern aus vergoldetem Messing. Sie zeigen Pfauen in Rankenwerk, jeweils abwechselnd nach links und rechts gewendet, in den Enden der Bänder auch gegenständig als Paar. Einige der Beschläge am Deckel und die zwei seitlich des Schlosses sind Ergänzungen, auf alten Abbildungen fehlen sie. Den Deckel schmückt ein Fisch, dessen Schuppen durchbrochen sind. Der Kasten ruht auf sechs kugelförmigen Füßen, die in den Falz, der Boden und Wandungen verbindet, eingelassen sind.

Ins Auge fällt das große Kombinationsschloß auf der Vorderseite. Die Zeiger auf den vier kreisrunden Zifferblättern müssen auf bestimmte Buchstaben gestellt werden, um den Kasten zu öffnen. Die Mechanik kann aber auf eine andere Buchstabenkombination eingestellt werden. Der Kasten hat wahrscheinlich sehr kostbares Gut geborgen; der Überlieferung nach Reliquien des hl. Amor, was aber wohl kaum seiner Bestimmung entsprach. Für die Messingbeschläge lassen sich keine engen Verwandten finden. Der Fisch weicht stilistisch von den Beschlägen ab, die erhaltenen Elfenbeinkästchen zeigen nichts Vergleichbares. Vielleicht wurde er als Ersatz eines Griffes angebracht. Auch ein solch aufwendiges Schloß hat nur wenige Parallelen (Francis Maddison [1985], mit Fig. 22 und 7). Aufschlußreich ist jedoch der Traktat des aus Mesopotamien (Irak) stammenden Ingenieurs al-Dschazari über die ›mechanischen Künste‹ (6/14; 6/15), in welchem ein vergleichbares Kombinationsschloß beschrieben wird. Der Traktat war vor 1206 vollendet (dieses Datum trägt die älteste überlieferte Handschrift), was einen Datierungshinweis für den Kasten gibt. Allerdings bemerkt al-Dschazari, daß vor seinem Kombinationsschloß ähnliche Schlösser schon früher hergestellt worden seien. Da das technisch raffinierte Schloß, ein konstitutives Element des Kastens, direkt auf Vorderasien als Herkunftsregion verweist und andererseits der Kasten nur wenig Verwandtschaft mit den sizilisch-arabischen Kästen und Pyxiden zeigt, ist er wohl als arabisch anzusehen. *RM*

Lit.: Ausst.kat. Köln (1985), Ausst.kat. Utrecht (1985), Maddison (1985)

**4/14 (Abb. 641)**
**Elfenbeinpyxis**
Sizilien, 12./13. Jahrhundert
Elfenbein, Bronze vergoldet, H 12,5 cm, Dm 12,9 cm
Köln, Schnütgen-Museum (B 11)

Die runde Büchse ist in Form und Größe der in Stuttgart (4/15) eng verwandt. Allerdings fehlt der Griff, statt dessen ist ein kleiner Ring montiert, auch die Füße sind nur fragmentarisch erhalten. Die Elfenbeinstifte, die Deckel mit Deckelring und Boden mit Wandung verbanden, fehlen und sind durch Drahtklammern ersetzt. Bruchstellen in der Wandung sind von Metallbändern verdeckt. Als Besonderheit zeigt diese Pyxis auf der Vorderseite ein Kombinationsschloß: Auf zwei Zifferblättern mit arabischen Ziffern kann ein pfeilförmiger Zeiger eingestellt werden. Der linke Zeiger blockiert den Schieber, der durch die Rosette in einen Bügel der Schließzunge (ergänzt) geschoben wird. Der rechte Zeiger blockiert den Schlüssel. Dieses Schloß hat also auch, wie der Elfenbeinkasten aus Maastricht (4/13), mehrere Sicherungen. Pyxiden wie diese wurden offensichtlich – dem erhaltenen Bestand nach zu urteilen – in großer Zahl im normannischen und weiter wohl noch im staufischen Sizilien hergestellt. Ursprünglich waren sie sicher für profane Zwecke bestimmt, etwa zur Aufbewahrung von Schmuck, gelangten aber – durch Handel und als Geschenke – häufig in Kirchenschätze, wo sie wegen ihres kostbaren Materials und der handlichen Größe als Behältnisse für Reliquien verwandt wurden. *RM*

Lit.: Ausst.kat. Köln (1985), H. 18; Cott (1939), Nr. 91.

**4/15**
**Pyxis**
Sizilien, 12./13. Jh
Elfenbein, Bronze vergoldet, H 13,6 cm (mit Füßen), Dm 11,5 cm
Stuttgart, Württembergisches Landesmuseum (11835)

Der Körper der kleinen, runden Elfenbeinpyxis ist aus einem Stück gearbeitet. Der Boden ist in Holz ergänzt und mit Elfenbeinstiften an der Wandung befestigt; zusätzlichen Halt geben die drei Füße, von denen einer ergänzt ist. Der in mehrere Teile zersprungene Deckel besteht aus einem dem Durchmesser der Büchse entsprechenden Ring und einer flachen Scheibe, die miteinander wiederum mit Stiften verbunden sind. Zwei in Lanzettform endende Beschläge mit Scharnieren an der Rückseite und ein ebensolcher an der Vorderseite dienen dem Öffnungs- und Schließmechanismus. Das Schloß besteht aus einer Bronzeplatte mit Schlüsselloch. Auf dem Deckel ist ein einfacher Griff montiert, der vielleicht eine spätere Ergänzung ist oder nur dem Schmuck dient, da bei der geringen Größe der Pyxis kein gesonderter Griff nötig wäre (vgl. Perry Blythe Cott [1939], S. 3). Schloß, Griff, Beschläge und Füße sind in Bronze gegossen, von der Vergoldung sind nur Reste erhalten. Auch die ursprüngliche Bemalung dieser Pyxis ist nur noch zu erahnen, es handelte sich wohl um eine Dekoration mit Vögeln (vgl. 4/18). *RM*

Lit.: unveröffentlicht; allgemein: Cott (1939).

**4/16 (Abb. 242, 642)**
**Elfenbeinkasten**
Sizilien (Palermo), 12. Jh.
Elfenbein auf Holz, vergoldete Messingbeschläge
16,5 cm; 35 cm; 19 cm
Berlin SMPK, Museum für Islamische Kunst (KFMV 60)

Der rechteckige Kasten gehört zu einer umfangreichen Gruppe von bemalten Elfenbeinarbeiten, die großenteils von muslimischen Werkstätten im Auftrag des Normannenhofes von Palermo angefertigt wurden. Die mit acht Elfenbeinkästen dieser Art größte Sammlung befindet sich noch heute in der Cappella Palatina

*641 (4/14)*

in Palermo und ist durch die Inventare bis auf das Jahr 1309 zurückzuverfolgen.

Die größeren Kästen bestehen aus Holz und sind mit Elfenbeinplatten verkleidet, die durch Stifte befestigt und an den Kanten durch vergoldete Messingbeschläge verklammert sind, die stets die gleiche Form mit spitz ausgezogenen Blattenden aufweisen. Auf der Vorderseite sind auffällige Scharniere und Schlösser vorhanden. Bei dem ausgestellten Kasten verläuft hier an der Deckelkante eine im Kufi-Duktus gestaltete arabische Inschrift mit Wünschen für den namentlich nicht genannten Besitzer, und entsprechend wurden die in Schwarz, Braun, Grün und Gold aufgemalten Bildmotive gewählt. Unter ihnen ist das der Harfenspielerin, das in einem Medaillon an den beiden Schmalseiten erscheint und die Musikkultur der Herrscherhöfe reflektiert. In Sizilien hatte sich unter der arabischen Besatzung im 10. und 11. Jahrhundert ein reiches Musikleben entfaltet, das auch von den Normannenherrschern weiterhin gepflegt wurde. In den Versen des am Hofe Rogers II. wirkenden Dichters Abd ar-Rahman aus Batera wird die Rolle der musikalischen Unterhaltung bei den höfischen Gelagen deutlich. Auch Deckenmalerein der 1130 in Palermo begonnenen Capella Palatina, die von muslimischen Künstlern ausgeführt wurden, vermitteln zahllose Musikanten, die Laute, Gitarre, Psalterium, Harfe, verschiedene Streichinstrumente und Flöte spielen oder die Trommel schlagen. Sie lieferten sicherlich Anregungen für die Miniaturbilder der Elfenbeinkästen, aber auch Holzarbeiten, wie sie aus den Fatimidenpalästen von Kairo bekannt geworden sind,

*642 (4/16)*

sind als Vorbilder anzunehmen. Die recht ungewöhnliche Haltung der Harfenspielerin läßt sich hier ebenso verankern wie der ungewöhnliche Harfentyp. Es handelt sich um die in Ägypten heimische dreieckige Harfe, die auf der einen Seite mit einem dünnen, als Resonator dienenden Holzbrett verkleidet ist, das hier Spiralrankendekor trägt. Im Unterschied zu der Harfe mit gebogenem Resonator wird diese Harfe nur selten dargestellt.

Die übrigen auf den Kastenseiten und auf der Deckelschräge liegenden Medaillons bieten Arabeskenmotive oder auch Tierbilder, Gazellen und einen Löwen, der als königliches Tier den beiden Löwen über dem Königsthron der Cappella Palatina nahesteht. Vögel, darunter Pfau und Wiedehopf, werden als Symbole von Unsterblichkeit und Glückseligkeit im Umfeld der Medaillons ins Bild gerückt. Ein an der Bodenkante umlaufendes Zierband aus aneinandergereihten konzentrischen Kreisen erinnert an den schlichten, eingeritzten Dekor frühislamischer Elfenbeinarbeiten, der als einziges Schmuckelement auch auf den frühen sizilianischen Kästen zu finden ist. Die aufwendigsten Elfenbeinkästen dienten zur Aufbewahrung von Staatsurkunden, andere als Behälter für private Post oder Preziosen, bevor sie in die Kirchenschatzkammern gelangten, in denen sie sich großenteils noch heute befinden. *AVG*

Lit.: Cott (1939), Nr. 33.

**4/17 (Abb. 643)**
**Elfenbeinpyxis**
Sizilien, 12. Jh.
Elfenbein, vergoldete Bronzebeschläge,
7,1 x 7,5 x 7,7 cm
Nürnberg, Germanisches Nationalmuseum
(KG 718)

Fast würfelförmig gestaltet ist diese kleine Pyxis in der Form eines Zentralbaus mit Apsiden an jeder Seite. Das Gehäuse ist aus einem Stück Elfenbein geschnitzt. Die Dächer der Apsiden werden von einem Knauf bekrönt, das Walmdach des Zentralbaus dient als Deckel. Die Bronzeplatte, die das Dach oben abschließt, weist ein Loch auf; darin könnte ein den Bau bekrönendes kleines Kreuz eingesteckt gewesen sein. Der Deckel läßt sich mit einem ungewöhnlichen Schloß verschließen: Es besteht aus einer langen Stange, die durch eine Röhre an der Apsis geschoben und an ihrem unteren Ende befestigt werden kann. Auf der anderen Seite hat das Dach zwei Scharniere. Scharniere, Schloß und dazugehörige Röhre sind aus vergoldeter Bronze gefertigt. Außer mit solchen Beschlägen ist die Pyxis mit Ornamentstreifen geschmückt, welche zwischen Doppelstreifen konzentrische Ringe, mit einem Punkt in der Mitte (Doppelkreispunktmotiv) zeigen. Der obere Streifen der Apsiden ist etwas einfacher gestaltet. Das Doppelkreispunktmotiv, welches hier als Hauptschmuck erscheint, findet sich schon auf frühen islamischen Elfenbeinarbeiten, so etwa auf einer Reliquienbüchse in St. Gereon in Köln aus dem 8. Jahrhundert (Ausst. Kat. Köln [1985], E 33). Die Herkunft diese Musters aus dem islamischen Bereich scheint so gesichert. Aber auch nichtislamische Arbeiten zeigen dieses Ornament, etwa rheinische Knochenplattenschnitzereien (Ausst.Kat. Köln [1985], E 34, u. 60). Bei diesen rheinischen Arbeiten ist es unklar, ob sie auf orientalische Vorbilder zurückgreifen – was wahrscheinlich ist -, oder ob eine eigenständige Entwicklung anzunehmen ist.

Die Funktion der Pyxis ist nicht bekannt. Denkbar wäre eine Verwendung als Hostiendose, wie es auch für formal vergleichbare Objekte wahrscheinlich ist (vgl. Ausst.Kat. Köln [1984], Nr. 32, und Ausst.-Kat. Köln [1985], H 12). Sie könnte auch als Reliquiar Verwendung gefunden haben, während sie als Kreuzfuß sicherlich zu klein ist. *RM*

Lit.: Springer (1981); Führer Nürnberg (1985).

**4/18 (Abb. 644)**
**Kästchen**
Sizilien, zweite Hälfte 12. Jh.
Elfenbein, Bronze vergoldet, 8,5 x 13,4 x 8,2 cm
Berlin, SMPK, Kunstgewerbemuseum (K 3104)

Das hausförmige, auf vier gedrechselten Elfenbeinfüßen ruhende Kästchen besteht aus dünnen Elfenbeinplatten. Diese sind mit in Lanzettform endenden Bronzebeschlägen zusammengefügt. Der als Walmdach gestaltete Deckel ist mit zwei ebensolchen längeren Beschlägen an der Rückseite befestigt, ein weiterer Beschlag an der Vorderseite dient dem Verschluß. Als Schloß ist eine Metallplatte mit Schlüsselloch aufgenagelt. Ein Ring als Griff ist auf dem Dach an dem lanzettförmigen Ende des Beschlages der Vorderseite montiert. Die Metallteile sind aus Bronze gefertigt, von der Vergoldung haben sich nur Reste erhalten.

Innen ist das Kästchen mit einem gut erhaltenen Seidenstoff ausgekleidet, der wohl um 1300 in Italien entstand. Diese Seide zeigt ein Rautenmuster mit Stern- und Palmettenmotiven.

Elfenbeinkästchen in Hausform haben sich, ähnlich denen mit flachem Deckel und den Pyxiden, in großer Zahl erhalten. Die Bronzebeschläge sind immer ein konstitutives Element; sie dienen einerseits der Montage, die aber in der Regel zusätzlich mit Elfenbeinstiften erfolgt, und haben andererseits einen beträchtlichen dekorativen Wert. Nur wenige Kästchen sind mit Seidengeweben aus dem späteren Mittelalter ausgekleidet, mehrere jedoch mit feinem Leinen. Dies scheint der ursprüngliche Zustand gewesen zu sein.

Die Lokalisierung und Datierung solcher Kästchen war lange Zeit unklar, da sie von sich aus nur wenig Anhaltspunkte dafür bieten. Die Bronzebeschläge in Lanzettform etwa kommen

*643 (4/17)*

nur bei diesen Elfenbeinbehältnissen vor, sie sind kaum stilistisch einzuordnen. Einige der Kästchen haben jedoch ihre ursprüngliche Bemalung bewahrt, z.B. Arabesken, Jagdmotive oder einzelne Tiere in Medaillons. Diese Malerei wurde von Ernst Kühnel (1914) überzeugend mit den 1170 vollendeten Mosaiken in der Capella Palatina in Palermo in Verbindung gebracht, woraus sich die Lokalisierung in Sizilien, also einem Randgebiet der islamischen Kultur, ergab. Islamische Einflüsse blieben dort auch nach dem Ende der Fatimidenherrschaft (1071) unter Normannen und Staufern wirksam. Wahrscheinlich wurden diese Elfenbeinkästchen von – etwa in Palermo ansässigen – arabischen Handwerkern geschaffen. Ihr ursprünglicher Verwendungszweck war sicherlich ein profaner, etwa die Aufbewahrung von Schmuck oder Geld; erst später konnten sie auch religiösen Zwecken dienen, wenn sie – z.B. als Geschenke – in Kirchen oder Klöster gelangten und dort Reliquien, die runden Pyxiden, vielleicht auch Hostien, aufnahmen. *RM*

Lit.: Cott (1939), Nr. 58.

**4/19 (Abb. 645)**
**Kästchen**
Sizilien, 12./13. Jh.
Elfenbein, Bronze vergoldet,
9,3 (mit Füßen) x 13,7 x 13,5 cm
Stuttgart, Württembergisches Landesmuseum (11831)

Das Kästchen ist aus glatten Elfenbeinplatten zusammengefügt, die notwendige Stabilität geben die in Lanzettformen endenden Beschläge. Die zwei langen Beschläge an der Rückseite haben Scharniere, der an der Vorderseite dient dem Verschlußmechanismus. Als Schloß ist eine Platte mit Schlüsselloch aufgenagelt. Die Verkleidung der vier Ecken mit den sich daraus ergebenden niedrigen Beinen, die Eckverzie-

*644 (4/18)*

rungen des Deckels und der Griff sind vermutlich spätere Ergänzungen; unter den erhaltenen, wahrscheinlich in Sizilien hergestellten Kästchen und Pyxiden findet sich nichts Vergleichbares. Diese Beschläge sind mit Gravuren versehen: an den vier Ecken ein Zick-Zack-Band mit stilisierten Blütenmotiven in den so entstandenen Dreiecken, während die Platten des Deckels mit je einem geometrischen Motiv verziert sind, das entfernt an Blüten erinnert. Als Griff ist ein Ring auf einem Vierblatt auf die Mitte des Deckels genagelt. Alle Beschläge sind aus Bronze gefertigt und waren vergoldet.

Das Kästchen wurde 1904 erworben, angeblich stammt es aus dem Kloster Weißenau bei Ravensburg. Diese Nachricht, die sich jedoch nicht mehr überprüfen läßt, würde die Vermutung nahelegen, im Kästchen seien Reliquien verwahrt gewesen. Ursprünglich wurden solche Elfenbeinbehältnisse wahrscheinlich zu profanen Zwecken hergestellt, etwa zur Aufbewahrung von Schmuck; wohl erst in Zweitverwendung gelangten sie häufig in Klöster oder Kirchen, wo sie sakral genutzt wurden (vgl. 4/18). *RM*

Lit.: unveröffentlicht; allgemein: Cott (1939).

*645 (4/19)*

**4/20 (Abb. 646)**
**Elfenbeinkasten**
Unteritalien, Mitte 11. Jh.
Elfenbein auf Holz, 17 x 39,5 x 23 cm
Berlin, SMPK, Museum für Islamische Kunst (K. 3101)

Der rechteckige Kasten stammt aus einer vielleicht von arabischen Handwerkern in Süditalien gegründeten Werkstatt, die auf Elfenbeinschnitzereien spezialisiert war und neben Kästen auch Signalhörner (s. 3/14; 3/16) herstellte. Unter den fünf Elfenbeinkästen, die ihr aufgrund von ikonographischen und stilistischen Gemeinsamkeiten zugewiesen werden können, trägt einer den Namen des Auftraggebers in lateinischer Schrift *»Taurus filius Mansonis«*. Die Familie Mansone war führend in Amalfi, einer reichen, am Golf von Neapel gelegenen Handelsstadt mit internationalen Kontakten. Sie stellte wiederholt den Dogen, ließ Münzen mit ihrem Namen prägen und pflegte einen Lebensstil, in dem ein Schreibkasten aus aufwendig bearbeitetem Elfenbein zu den Statussymbolen gehörte. Die Einführung und der verschwenderische Gebrauch des teuren Materials geht sicher auf die Oberschicht der weltoffenen Hafenstädte Süditaliens zurück, deren Handelsschiffe bereits im 10. Jahrhundert die ägyptischen Häfen anliefen.

Der ausgestellte Kasten besteht aus Holz, das mit Elfenbeinplatten verkleidet ist. Tiere und Tierkämpfe gelangen zur Darstellung, die teils in strenger Symmetrie, teils in freier Komposition erfolgt, wobei sich die Tiere mit bestimmten Körperteilen zwanglos über den vorgegebenen Rand hinwegsetzen. Bilder von Löwen, Hasen, Steinbock, Hirsch, Kamel, Flügelgreif und Vögeln wechseln mit Tierkampfszenen, bei denen Löwen eine Gazelle, einen Hirsch und einen Hasen anfallen oder Hund und Falke sich in einem Bock festbeißen. Zwischen den Tiermotiven tauchen Männergestalten auf, die durch die Kopfbedeckung als Orientalen gekennzeichnet und im Kampf mit dem Löwen oder als Kamelführer dargestellt werden. Jäger, die mit der Lanze Tiere durchbohren oder Großtiere wie Kamele und Elefanten vorführen, werden auch auf den geschnitzten Holzpaneelen vermittelt, die in den fatimidischen Palastanlagen in Kairo verbaut waren. Dort erfolgt die Rahmung der Figurenszenen, die mit Tier- und Tierkampfmotiven friesartig verbunden sind, durch aus Gabelblattranken entwikkelte Medaillons, und Wellenranken mit Blattablegern bilden die Bordüren.

Durch ägyptische Holz- und vielleicht auch Elfenbeinschnitzereien – Elfeinkästen sind unter den Schätzen des Fatimidenkalifen al-Mustansir (1035–94) überliefert – gelangten seit dem 10. Jahrhundert Anregungen in die Handelsstädte Unteritaliens, die enge und meist freundschaftliche Beziehungen mit den islamischen Staaten Nordafrikas unterhielten. Städte wie Bari besaßen sogar eine Moschee für die

646 (4/20)

muslimischen Einwohner. Die Faszination, die von den orientalischen Tier- und Tierkampfmotiven ausging, wird auch durch den Reliefschmuck der christlichen Kirchen des 11. und 12. Jahrhunderts bezeugt, in Bari wie in Canossa, Trani, Terreti u.a. Die Bauten geben eine Vorstellung von der weiten Verbreitung der Motive, die nicht auf eine Stadt beschränkt waren, sondern Apulien, Kalabrien und Kampanien erfaßt hatten. Der Kasten stammt ebenso wie das Signalhorn (3/14) aus dem Domschatz von Speyer. *AVG*

Lit.: Kühnel (1971), Nr. 82.

**4/21 (Abb. 222)**
**Schmuckkasten**
**Unteritalien, 11. Jh.**
Elfenbein, spätere Beschläge: Silber, Niello
17,8 x 28,5 x 19 cm
Maastricht, Stichting Schatkamer St. Servaas

Das Kästchen ist aus Einzelplatten zusammengefügt, es erhebt sich über einer niedrigen Balustrade aus gedrechselten Elfenbeinstäben. Durchgehende Eckpfosten verbinden Balustraden und Seitenwände. Das Kästchen ist mit Reliefdekor verziert, der für alle Flächen einzeln komponiert ist. Oben und unten werden die Darstellungen von schmalen Wellenranken eingefaßt. Auf den Wandungen des Kastens sind Tiere in Kreisen dargestellt; diese überschneiden sich (Vorderseite), sind durch geometrische Formen (Schmalseite) oder stilisierte Trauben verbunden. Auf der Vorderseite sind Wolf, Greif, Steinbock und Löwe nach der Mitte ausgerichtet, wo sich das Schloß befindet. Unter diesem duckt sich, langgestreckt, ein Vogel. Auf der Rückseite sind Hase, Pfau und Steinbock von den Scharnieren getrennt. Auf den Schmalseiten sind außer den Tieren in Medaillons – Hase und Löwe links, Steinbock und Vogel rechts – in den Zwischenräumen ein Vogel bzw. ein Vogel und ein Hase dargestellt. Die Eckpfosten sind zur Vorder- und Rückseite hin mit stehenden Männern mit Turbanen beschnitzt.

Auf dem Deckel in Form eines Walmdaches, der mit Silberbeschlägen montiert ist, sind die Reliefs nicht so streng von Medaillons gegliedert. Vorn auf dem Deckel findet sich links die interessanteste Szene des Kästchens: ein hokkender Mann – auch er mit Turban – bläst in einen Olifant, was den Wolf (?) ganz links offensichtlich erschreckt. Rechts reißt ein Löwe einen Steinbock, eines der in der islamischen Kunst beliebten Tierkampfmotive. Getrennt werden die Darstellungen vom Scharnier des Schlosses. Auf der Schmalseite links ein gegenständiges Steinbockpaar, rechts in gleicher Anordnung zwei Löwen. Hinten, getrennt von den rückseitigen Scharnieren, ist in der Mitte in einem Oval recht naturalistisch ein Elefant dargestellt, links ein Steinbock, rechts ein Wüstenfuchs. Auf dem platten Mittelfeld, an welchem

647 (4/22)

der in Löwenköpfen endende Griff befestigt ist, erscheint zwischen zwei Vögeln eine Löwensphinx. Stilistisch gehört der Kasten eng mit den unteritalienischen Olifanten zusammen (3/14); wichtig für die Frage nach der Funktion der Olifanten ist die Darstellung auf der Vorderseite des Deckels, die ja offenbar eine Jagdszene wiedergibt. Eigenartig und auf den Olifanten nicht zu belegen ist die Sphinx (vgl. 4/30). Eine Balustrade als Unterbau ist nur noch bei einem Kasten in New York anzutreffen. Eckpfosten waren bei einer solchen Konstruktion für die nötige Stabilität unverzichtbar. Solche Kästen dienten ursprünglich wahrscheinlich der Aufbewahrung von Schmuck, sie gelangten aber wohl früh als Geschenke an Kirchen und Klöster, wo sie als Reliquienbehälter verwendet wurden. *RM*

Lit.: Kat. Maastrich (1976), Nr. 34, (Sizilien, 13. Jh.); Kühnel (1971), Nr. 85 (mit älterer Lit.).

**4/22 (Abb. 647)**
**Quadriga-Stoff**
Byzanz, 8. Jh.
Purpurgefärbtes, dunkelblaues Seidengewebe, eingewirkte Figuren und Ornamente in gelbbrauner Färbung, 75 x 72,5 cm
Paris, Musée national des Thermes et de l'Hôtel de Cluny (Cl. 13 289)

Der Wagenlenker auf dem Pariser Quadriga-Stoff, von dem sich ein ungefähr gleichgroßes Fragment im Aachener Domschatz befindet, ist in antiker Manier gekleidet. Von beiden Seiten reichen Diener, mit Chlamys und Tunika bekleidet, dem Sieger Peitsche und Kranz; unterhalb der Quadriga schütten zwei Knaben als Zeichen der Freigiebigkeit aus Säcken Münzen in ein Gefäß. Dabei handelt es sich um einen Brauch, der bei den von byzantinischen Kaisern abgehaltenen Konsulatsspielen üblich war, wie er auch vielfach auf den Diptychen der Konsuln dargestellt wurde. Mit der Aufhebung des Konsulats durch Kaiser Justinian im Jahre 541 endet die Reihe der Konsulardiptychen.

Die Darstellung auf dem Gewebe ist weitgehend in Frontalansicht wiedergegeben und achsensymmetrisch aufgebaut. In ihrem Schema folgt sie deutlich spätantiken und vor allem byzantinischen Quadrigaabbildungen auf Münzen. Eine solche Darstellungweise war in erster Linie dem Herrscher vorbehalten, doch weist ihn die gereichte Peitsche nicht als kaiserlichen Triumphator, sondern als Sieger der Arena aus. Neben diesen rein byzantinischen Elementen findet sich auf derselben Seide ein eindeutig persisches Motiv: in den Zwickeln zwischen den Kreismedaillons sind gegenständige Steinbockpaare dargestellt, die Blattzweige im Maul halten. Obwohl Kreisornamente sowohl in Byzanz als auch im östlichen und westlichen islamischen Bereich noch bis ins 12. und 13. Jahrhundert beliebt waren, benutzte man den Menschen als Mustermotiv nur noch selten. Für Länder, die seit dem 7. Jahrhundert unter arabisch-islamischen Einfluß gerieten, geht dieser Mangel auf das bekannte islamische Verbot der Darstellung menschlicher oder tierischer Figuren zurück, das nicht im Koran selbst steht, sondern dem Hadith entstammt und unterschiedlich streng gehandhabt wurde. In Byzanz gab es im 8./9. Jahrhundert ein vergleichbares Verbot, als zu Zeit des Ikonoklasmus (726–843) die figürliche Darstellung zumindest religiöser Bildinhalte abgelehnt wurde. Unter diesen Gesichtspunkten gewinnt eine Datierung des Stoffes ins 6. oder 7. Jahrhundert an Wahrscheinlichkeit gegenüber einer Datierung ins späte 8. Jahrhundert, die aus der Annahme resultiert, daß die Seide anläßlich des Todes Karls des Großen im Jahre 814 in die Grabkapelle zu Aachen gelangt sei. *KP*

Lit.: Ausst.Kat Aachen (1968), S. 54, Nr. 97, Tafel 119; Ausst.Kat. Marseille (1987), S. 125, Nr. 120, mit Abb.; Beckwith (1971), S. 343ff; Falke (1913), Bd. 1, S. 68f., Abb. 87; La Barre Starensier (1982); Tietzel (1988), S. 47ff.

*648 (4/23)*

**4/23 (Abb. 648)**
**Seidengewebe mit Amazonen**
Syrien oder Ägypten, 7./8. Jh.
Seide, blauer Grund, 20 x 19,5 cm
Paris, Musée national des Thermes et de l'Hôtel de Cluny (Cl. 21 840)

Zwei reitende Amazonen, kenntlich an der einen entblößten Brust, sprengen mit ihren Rossen auseinander und spannen, indem sie sich rückwärts gegeneinander wenden, den Bogen, um das jeweilige Tier unter dem Pferd mit dem Pfeil zu treffen. Dadurch erfährt die streng achsensymmetrische Darstellung der Jagdszene eine dem Thema angemessene Dynamik. Der Stoff greift das Motiv jener Reiterfiguren auf, die ihre Jagd zu Pferde mit Pfeil und Bogen ausüben und die man wegen ihrer besonderen Kopfbedeckung als persische Könige gedeutet hat. In der persischen Kunst unbekannt sind hingegen Darstellungen von Amazonen, so daß man den Stoff angesichts der Vermischung verschiedener Bildinhalte nicht für persisch sondern eher für syrisch gehalten hat, wobei Syrien sozusagen die Mittlerrolle zwischen Byzanz, das Kenntnis von antiken Themen hatte, und Persien zufiele. Andererseits stammen viele kleinere Fragmente verwandter Seidengewebe aus ägyptischen Gräbern, die als Zierstücke auf leinerne Tuniken appliziert wurden. Zwei Fragmente sind durch die arabische Inschrift eines Spruches aus dem Koran ausgezeichnet und deshalb als ägyptische Arbeiten aus dem 8. Jahrhundert angesehen worden. Ein weiteres Fragment zeigt anstelle der kufischen Inschrift ein Kreuz. Da diese Fragmente nicht die Qualität des vorliegenden Stoffes erreichen, ist nicht auszuschließen, daß örtliche Seidenindustrien in Ägypten nach syrischem Vorbild gearbeitet haben. Das Fragment gehört zu einer Gruppe von vergleichbaren Stoffen und ist den Resten des Leichentuches des hl. Fridolin (gest. Ende 6. Jh.), die im Münster St. Fridolin in Säckingen (Oberrhein) aufbewahrt sind, sehr ähnlich. *KP*

Lit.: Ausst.Kat. Paris (1977), Nr. 69; Ausst.Kat. Marseille (1987), S. 127, Abb. 121; Beckwith (1974), S. 343ff; Martiniani-Reber (1986), S. 115ff, Nr. 99.

649 (4/24)

**4/24 (Abb. 649)**
**Seidengewebe**
Persien, sassanidisch, 3.–7. Jh. n. Chr.
Seide, 72 x 18,2 cm
Lyon, Musée Historique des Tissus (27.896/1)

In einfacher Reihung ohne Rahmung übereinandergesetzt, zeigt der persische Stoff zwei Adler, die fast frontal wiedergegeben sind. Die Flügel sind – soweit erkennbar – symmetrisch ausgebreitet, während an der linken Seite die Ansätze der Schwanzfedern sichtbar werden. Die Klauen sind, wie auch der ins Profil gewendete Kopf, nach rechts gerichtet. Adler wie auch Löwen waren im kleinasiatischen Raum besonders beliebte Darstellungen. Für die Übernahme solcher Motive durch Byzanz könnten insofern politische Verhältnisse eine Rolle gespielt haben, als es Konstantinopel im 10. Jahrhundert gelang, viele an die Araber verlorene Gebiete in Kleinasien zurückzuerobern. In die Zeit um 1000 können auch die Imperialstoffe mit Adlermustern datiert werden, die von imponierender Größe sind. Diese Seiden sind in den kaiserlichen Manufakturen von Konstantinopel entstanden und werden im päpstlichen Inventar von 1295 als Kaiserstoff *»pannus imperialis«* bezeichnet. Der Adler war von alters her im Orient, ebenso wie in Rom, Zeichen der Macht und erlangte in Byzanz heraldische Bedeutung als Sinnbild für den Kaiser. Viel stärker kleinasiatischen als römischen Vorbildern verpflichtet, weist der byzantinische Kaiseradler eine ganze Reihe persischer Züge auf. Zum einen betrifft dies die ausgebreiteten, oben rund geformten Flügel sowie das quer über die Flügel laufende Band, zum anderen die eigentümlich eingezapften Schenkel des Adlers, die den Hals vom Rumpf trennende Perlenreihe wie auch das gemusterte Gefieder. *KP*
Lit.: Martiniani-Rebe (1986), S. 59f, Nr. 28 u. 29, S. 29 mit Abb.

**4/25 (Abb. 650)**
**Fragment eines Seidengewebes mit Elefanten**
Persien, 7.–9. Jh.
Seide, 11,2 x 13 cm
Köln, Schnütgen-Museum, Leihgabe aus Siegburg, St. Servatius (D 22 a)

Auf rotem Grund ist der vordere Teil eines mit Satteldecke und Brustriemen geschmückten weißen Elefanten erhalten, während vom zweiten, gegenständig zu rekonstruierenden Elefanten lediglich der erhobene Rüssel zwischen den blauen Stoßzähnen zu sehen ist. Das Tier ist in schreitender Bewegung wiedergegeben: der rechte Fuß ist fest aufgesetzt, der linke angehoben. Eine ganze Anzahl von Elefantengemusterten Stoffen ist uns aus Persien erhalten. Ihr herausragendes Vorbild dürfte in den Darstellungen der Grotte in Taq-i-Bustan, im persischen Kirmanschah, zu suchen sein. Aus sassanidischer Zeit sind keine Elefantengewebe erhalten, wohl aber aus islamischer. Dabei ist anzunehmen, daß die sassanidischen Manufakturen in Persien nach der Eroberung des Landes durch die Araber im Jahre 642 zunächst wie gewohnt weitergearbeitet haben. Entsprechend wird das aus der Schatzkammer der Pfarrkirche St. Servatius in Siegburg stammende persische Gewebe allgemein in das 7.-9. Jahrhundert datiert. Die byzantinischen Imperialstoffe des 10. und 11. Jahrhunderts haben neben anderen sassanidischen Motiven auch den Elefanten übernommen und nachgeahmt. Dabei bleibt die persische Herkunft stets in der Charakterisierung der Elefanten mit Löwentatzen, Quastenschweif und fächerartig stilisierten Ohren erkennbar. Die Bekanntschaft des Abendlandes mit dem Elefantenmotiv dürfte in erster Linie auf die leicht transportablen byzantinischen und islamischen Seidenstoffe zurückzuführen sein. Elefanten fanden Nachahmung an vielen romanischen Kapitellen (4/26), Portalen, Bronzeleuchtern, in Fresken und Miniaturen und als Träger von Bischofsthronen. Entsprechend der mittelalterlichen Tierauslegung hat man die häufige Verwendung von Elefantenstoffen zu Paramenten hypothetisch als Hinweis auf die priesterliche Keuschheit gedeutet. *KP*

Lit.: AUSST.KAT. BERN (1949), Nr. 91; AUSST.KAT. KÖLN (1975), S. 180-182, Nr. D 22a mit Abb.; FALKE (1913), Bd.I, S. 95, Abb. 130; JAQUES/WENCKER (1967), Bd.II, S. 477ff. mit Abb.; SCHMIDTKE (1968), S. 272-277f.

*650 (4/25)*

**4/26**
**Kapitel mit Elefanten**
Kloster St. Jean (Montierneuf) de Poitiers, 1077–1095
Kalkstein; 32 x 56 x 44 cm
Poitiers, Musée de la Ville de Poitiers et de la Société des antiquaires de l'Ouest

**4/27 (Abb. 651)**
**Fragment eines Löwenstoffes**
Persien (?), 9./10. Jh.
Seide, 48 x 27,5 cm
London, The Trustees of the Victoria & Albert Museum (1746–1888)

*651 (4/27)*

Ein Kreis umschließt zwei gegenständige, stark stilisierte Löwen, die über einer gesprengten Palmette stehen. Viellappige, radial angeordnete Blätter verzieren den Rand des Kreismedaillons und öffnen ihn nach außen. Eine Zone mit springenden Hunden und Füchsen, die an eine Jagdszene denken läßt, trennt die Kreise nach oben und unten. Dieses Gewebe sowie verwandte Löwenstoffe im Schatz der Kathedrale zu Sens, in Nancy (Musée Lorrain) und in London (Victoria & Albert Museum) sind von Dorothy Shepherd als Produkte sogdischer Werkstätten in Westturkestan erkannt und als *Zandanij I* veröffentlicht worden. Dorothy Shepherd datiert die Gruppe auf Grund einer handge-

652 (4/28)

schriebenen Inschrift auf der Rückseite eines dieser Gewebe ins 7. Jahrhundert. Da einige der Stoffe mit Reliquientranslationen des 9. Jahrhunderts verbunden sind, hält Donald King die Gruppe eher für Produkte aus karolingischer Zeit. Der zweite große Fundort von ähnlichen Stoffen, dem wohl auch dieses Gewebe zuzurechnen ist, sind die Grotten von Tschienfodong, in der Nähe von Dunhuang, im chinesischen Ostturkestan. Durch Expeditionen von Sir Aurel Stein und Paul Pelliot zu Anfang dieses Jahrhunderts gelangten diese Gewebe in die Museen von London und Paris. *KP*

Lit.: Ausst.Kat. London (1976), S. 74, Nr. 3 mit Abb.; Falke (1913), Bd. I, S. 98ff, Abb. 138 u. 140; King (1966), S. 47ff; Riboud/Vial (1980), S. 129–155; Shepherd/Henning (Berlin 1959), S. 15–45; Shepherd (1980), S. 105–122.

**4/28 (Abb. 652)**
**Fragment eines persischen Löwenstoffes mit kufischer Inschrift**
Iran, 11. Jh.
Seide, 14,4 x 7,5 cm und 30 x 16 cm
Maastricht, Stichting Schatkamer St. Servaas

In den Seidenmustern Persiens scheint sich der islamische Einfluß erst im 10./11. Jahrhundert endgültig durchgesetzt zu haben. Sichtbar ist er vor allem an den jetzt auftretenden arabischen Inschriften auf den Textilien mit Lobpreisungen Allahs oder Segenswünschen für eine bestimmte Person. Zugleich dürfte die arabische Strömung mit ihrem sich jeder Fläche anpassenden Rankenwerk die Seidenweberei Persiens aus der Starrheit und Gebundenheit der sassanidischen Tradition herausgeführt haben. Aus dieser wichtigen Zeit der Neubildung und Arabisierung sind Überreste persischer Seidenstoffe selten und dazu nur fragmentarisch erhalten. Die arabeskenhafte Auflösung und Verzweigung der Mittelachse eines vielleicht in Palmettenform endenden Lebensbaumes zeigt der aus der Schatzkammer von St. Servatius in Maastricht stammende Löwenstoff, der mit einer kufischen Inschrift auf den Löwenschultern versehen ist. Andererseits zeigen Silberkannen und -flaschen aus sassanidischer Zeit bereits ähnliche Bäumchen, deren symmetrische Zweige bisweilen in lotusartigen Palmetten enden, so daß nicht auszuschließen ist, daß man in der Seidenweberei an diese Tradition anknüpfte. Unmittelbar vergleichbar in der Zeichnung des Rankenwerks ist eine weitere, ins 11./12. datierte persische Seide. *KP*

Lit.: Ausst.Kat. London 1976, S. 77 Abb. 9; Falke (1913), Bd. I, S. 103, Abb. 153; Muthesius (1974), S. 325–360.

**4/29**
**Fragment eines Seidenstoffes mit doppelköpfigen Adlern in Schildformen, aus dem Apollinarisschrein**
Irak/Bagdad, um 1200
Seide, 58 x 37 cm
Köln, Schnütgen-Museum, Leihgabe aus Siegburg, St. Servatius (D 22 c)

In Reihen direkt untereinandergesetzt, werden doppelköpfige Adler mit ausgebreiteten Schwingen und seitlich abgestreckten Fängen von dreiecksförmigen, auf der Spitze stehenden Schildformen gerahmt. Von den Schwingen gehen beiderseitig Blattranken aus, die in gegenständigen, schlangenartigen Köpfen endend, die unteren Ecken der dreiecksförmigen Zwischenfelder ausfüllen. Das Blattranken-Schlangen-Motiv findet sich an zahlreichen, in seldschukischer Zeit ausgeführten, mesopotamischen und syrischen Arbeiten und ist bezeichnend für den Hang der seldschukischen Ornamentik zur vegetabilen Auflösung. Während aus der Zeit der Buyiden Stoffe mit großrapportigen Doppeladlern bekannt sind, die sich teilweise nur schwer von den byzantinischen unterscheiden lassen, erfolgte unter der Herrschaft der Seldschuken die Umwandlung des altpersischen Adlers zum Wappentier, das später in die westliche Heraldik überging. Den Seidengeweben mit Wappenadlern stehen entsprechende Gebilde der Bauplastik, besonders in Konia, der Residenz der Rum-Seldschuken, am nächsten. Der Wappenadler ist in einer ähnlichen Form – dem Vogel Greif mit seinem Wappen am Halse nahestehend – seit den Hethitern in dieser Landschaft bekannt. *KP*

Lit.: Ausst.Kat. Bern (1949), Nr. 423; Ausst.Kat. Köln (1975), S. 180-182, Nr. D 22c mit Abb.; Ausst.Kat. London (1976), S. 79, Nr. 14 mit Abb.; Falke (1913), Bdf. I, S. 106f., Abb. 163; Jaques/Wencker (1967), Bd. II, S. 494ff. mit Abb.; Schmidt (1958), S. 175.

**4/30 (Abb. 653)**
**Leichentuch von Saint Lazare d'Autun**
Spanien, Almeria (?), Anfang 11. Jh.
Seidenstickerei, 55 x 29 cm
Paris, Musée national des Thermes et de l'Hôtel de Cluny (Cl. 21 865)

Erst seit dem 11. Jahrhundert läßt sich eine gewisse Kontinuität der Sphinxdarstellung im islamischen Herrschaftsbereich nachweisen, im gleichen Jahrhundert, in dem die Sphinx Eingang in die christliche Kunst gefunden hat. Vermutlich wurde die Sphinx im Gegensatz zu anderen Mischwesen zunächst wegen ihrer numinosen Bedeutung im Altertum gleichermaßen von islamischen wie von christlichen Künstlern gemieden. Zumindest für den westislamischen Bereich darf die hier vorliegende Seide als eine der frühesten Sphinxdarstellungen angesehen werden. Sie ist durch eine Inschrift datiert, die auf Hischam II., Kalif von Córdoba von 978-1013, Bezug nimmt. Als Herstellungsort wird allgemein das Hauptzentrum der spanischen Seidenindustrie Almería angenommen, da die vergleichbare, aber um 100 Jahre jüngere sogenannte Kasel des heiligen Thomas von Canterbury im Dom zu Fermo diesen Ort inschriftlich nennt. Das Gewebe, von dem Fragmente in verschiedenen Sammlungen aufbewahrt werden, darunter ein größeres Stück in der Kathedrale von Autun, zeigt Sphingen und Reiter in alternierenden Reihen, die als Einzelmotive in Medaillons direkt untereinandergesetzt sind. Der blaue Fond ist mit Gold und farbiger Seide bestickt, die Konturen der Figuren und Medaillons sind rot hervorgehoben. Orientalischer Herkunft sind die Vielpaß-Medaillons. Als Rahmen findet man sie bereits im 10. und 11. Jahrhundert auf arabischen Kästchen in Spanien sowie auf den Stoffen des islamisch beherrschten Mittelmeergebietes. Die dargestellte Sphinx entspricht in ihren wesentlichen Zügen dem islamischen Typ. Fast immer erscheint die islamische Sphinx mit dem Leib eines Löwen oder einer anderen Großkatze wie Tiger oder Leopard und wird vorzugsweise stehend oder schreitend dargestellt, seltener hokkend oder liegend. Zuweilen ist sie geflügelt. In der Regel schmückt ein breites Kollier den Hals und eine Krone bzw. Diadem den Kopf, ein Merkmal, das hier fehlt. Wie schon in der Antike kann der Schwanz in einem Blattornament, einer Blüte oder einem Dreisproß enden. Die Sphinx der mittelalterlichen Kunst ist nicht auf eine festumrissene Bedeutung zu fixieren. Entgegen ihrem Rang kann sie auch als Reittier benutzt oder wie Wild gejagt werden. Da die übrigen Medaillons Jagdmotive enthalten, wäre zu überlegen, ob ein solcher Zusammenhang beabsichtigt war. *KP*

Lit.: Auss.Kat. Paris (1965), S. 423, Nr. 795 Abb. 33; Ausst.Kat. Paris (1977), Nr. 429 mit Abb.; Baer (1965), S. 5f, Abb. 9; Demisch (1977), S. 158ff; Rice (1959), S. 356-358.

**4/31 (Abb. 188)**
**Fragment der »Staatsrobe König Roberts«**
Spanisch/arabisch, 12. Jh.
Seidengewebe, 34 x 24 cm
London, The Trustees of the Victoria & Albert Museum (828–1894)

Das Gewebe, von dem Fragmente in verschiedenen Sammlungen aufbewahrt werden, darunter zwei große Stücke in der Basilika St. Sernin in Toulouse, wird als *Chape, dit du Roi Robert* bezeichnet. ›König Robert‹ soll wohl Robert von Anjou sein, der von 1309-1343 König von Neapel war. Doch scheint der Name recht willkürlich gewählt, denn die früheste Erwähnung des Seidentuches spricht von einem Meßgewand, das dazu verwendet wurde, die Reliquien des heiligen Exuperius im Jahre 1248 einzuhüllen. Auf blauschwarzem Grund sind in der Waage-

*653 (4/30)*

rechten gereihte, gegenständige Pfauen dargestellt, die über einem Inschriftensockel stehen, der in kufischem Duktus die Worte »El Baraka el Kamila« (vollkommener Segen) enthält. Die Inschrift ist spiegelbildlich verdoppelt und folgt in ihrer Anordnung der achsensymmetrischen Komposition. Die durch Lebensbäumchen getrennten Pfauenpaare schlagen ihre Räder derart, daß diese sich über ihren Köpfen zu einer Kielbogenform zusammenfinden. Die Tierpaare werden von dem nächsten Pfauenpaar durch weitere, etwas größere Lebensbäume mit spitzovalen Kronen getrennt. Jeweils zwei winzige, gazellen- bzw. hundeartige Vierfüßler stehen unter jedem Pfau, zwei ebenfalls sehr kleine Vögel unter dem Sockel. Im Hinblick auf die Entwicklung der spanischen Seidenweberei nimmt der vorliegende Stoff eine wichtige Stellung ein. Die kreisförmige Umrahmung, die früher die meist symmetrisch neben Lebensbaummotiven angeordneten Tiere umgeben und die Inschrift enthalten hätte, ist aufgegeben worden. Der Eindruck eines Medaillons wird nur noch durch das Rad der Pfauen erzeugt, statt dessen wird die Inschrift, wie in späteren Perioden üblich, von Spruchbändern eingefaßt. Die Streifengliederung ist vom 13. Jahrhundert an für spanische Stoffmuster typisch. Die Farbgebung des vorliegenden Stoffes ist nach Reihen verschieden: Streifen von roten Pfauen wechseln mit grünen ab, beide sind zusätzlich gelb gemustert. Diese farbige Streifigkeit ist neben dem besonders starken Kontrast von großen und kleinen Tieren auf spanischen Seiden ein weiteres Indiz für die Entstehung der Seide auf der Iberischen Halbinsel. Zudem hatte bereits Otto von Falke, der den Stoff noch für sizilianisch hielt, schon auf die Ähnlichkeit der radschlagenden Pfauen mit demselben Motiv auf einem cordovanischen Elfenbeinkästchen im Victoria & Albert Museum hingewiesen, das aus der 1. Hälfte des 11. Jahrhunderts stammt. *KP*

Lit.: Ausst.Kat. Paris (1965), S. 272f. Nr. 502, Pl. 32; Ausst.Kat London (1976), S. 78 Nr. 11a-b mit Abb.; Falke (1913), Bd. I Abb. 179 u. 205; Tietzel (1988), S. 93f, 6.

**4/32 (Abb. 654)**
**Fragment eines Brokatstoffes aus dem Grab Heinrichs VI.**
**Spanien oder Syrien, 12./13. Jh.**
Lampas: Grund aus roter Hauptkette (Seide, Doppelfäden) und rotem Schuß (Seide), Muster in rosa Musterkette und Brokatschuß, Leinenbindung, 24 x 14,5–19 cm
London, The British Museum, Department of Medieval and Later Antiquities (1878,9–7,4)

Das Fragment eines Grabtuches entstammt dem Sarkophag Heinrich VI. in der Grabanlage im Dom zu Palermo, die Friedrich II. 1215 für seine Familie errichten ließ. Die Gräber wurden 1781 geöffnet, wobei die Reste der Gewandung geborgen wurden. Das auf hellrotem Grund stehende Muster wird gebildet aus gegenständigen Vögeln und Gazellen, die versetzt und in Reihen abwechselnd übereinander angeordnet sind. Zwischen ihnen ragen dünne Stämme mit wenigen Abzweigungen und Blättchen ununterbrochen über mehrere Tierreihen hoch, was die Tiere wie in einem Stangengerüst erscheinen läßt. Als möglicher Entstehungsort für das Gewebe wird bisweilen Sizilien genannt. Dem steht entgegen, daß sich keine einzige Erwähnung einer sizilianischen Seide in den Inventaren des 11.-13. Jahrhunderts finden läßt. Im Gegensatz zur Stickerei dürfte die Weberei in Sizilien eine eher untergeordnete Rolle gespielt haben. Zwar ist bekannt, daß die Weberei von den Normannen in Sizilien nach der Eroberung der griechischen Städte Theben, Athen und Korinth durch Roger II. 1147, mit darauf erfolgender Ansiedlungen griechischer Weber in Palermo eingeführt worden ist, doch scheinen sich sowohl die Könige als auch die Kirchenfürsten von Sizilien jener Zeit kostbare Gewänder entweder aus Spanien oder aus Syrien oder von anderen Orten geholt zu haben. Im Hinblick auf das vorliegende Gewebe wären insbesondere jene syrischen Seidenstoffe zu nennen, die allerdings auf dichtem Rankenwerk ungerahmte Tierpaare aufweisen, welche abwechselnd gegenständig oder adossiert sind und vielfach von dünnen Bäumchen oder vertikal ausgerichteten Pflanzenmotiven getrennt werden. Andererseits hängt der Dekor des vorliegenden Gewebes insofern auch mit dem sich im 13. Jahrhundert herausbildenden Mustertyp der luccesischen Weberei zusammen, als jeweils zwei auch für Lucca typische Tierpaare, Vögel und Gazellen, abwechselnd gegenständig und adossiert gereiht sind. Jedoch besteht die Gliederung des vorliegenden Gewebes aus einfachen Horizontalreihen, und statt der Palmetten trennen durchgehende senkrechte Baumstämmchen die Tiere. *KP*

Lit.: Ausst.kat. Stuttgart (1977); Bd. I, S. 122f, Abb. 198, Bd. I, S. 617f., Nr. 776 u. Abb. 567; Falke (1913), Grönwoldt (1979), Bd. V, S. 393.

**4/33 (Abb. 185)**
**Fragment eines ehemaligen Chormantels aus dem Paramentenschatz der Danziger Marienkirche mit Jagdfalken, Drachen und Lotospalmette**
Mongolisches Zentrum (China?, Turkestan?), Anf. 14. Jh.
Lampas, goldlanciert und broschiert, 74 x 39 cm
Berlin, EKU; St. Marien Lübeck (M 1)

Das Gewebewurde in einem mongolischen Zentrum (China?, Turkestan?) für den Export an den Hof eines mamlukischen Sultans gearbeitet. Ein zweites kleineres Fragment befindet sich im Kunstgewerbemuseum in Berlin. Symmetrisch angeordnetes Muster in Gold, sparsam Weiß und Hellblau auf schwarzem Grund.

In mit Blattranken gefüllten Zwölfecken gegenständige, um eine Lotospalmette sich zuneigende Jagdfalken mit Schellen an den Füßen. Am Flügelansatz der Falken Rundschilder mit Inschrift in runder Naskhi-Schrift: *»Ruhm unserem Herrn, dem Sultan, dem König, dem gerechtesten, weisen Nasir, dem (...)«* (nach Mannowsky). In den Zwickelfeldern zwischen den Zwölfecken vielfach gewundene Drachen. *SDR*

Lit.: Falke (1921), S. 32f; Mannowsly (1931), Kat. 1; Schmidt (1956), S. 124–126; Danziger Paramentenschatz (1958), Kat. Nr. 1; Geijer (1979), Abb. 27.

**4/34 (Abb. 655)**
**Teppich mit Darstellungen von Greif, Stier und Vogel, sogenannter St.-Gereons-Teppich (Fragment)**
Köln, drittes Viertel 11. Jh.
Wirkarbeit, Leinen und Wolle, 74 x 76 cm
Lyon, Musée Historique des Tissus (22963)

Der 1857 in der Kölner Gereonskirche entdeckte Teppich befindet sich als Fragment und in Teile zerschnitten in den Kunstsammlungen von Nürnberg, Lyon, Berlin (1945 zerstört), London und Köln. Sein Muster ist die Umbildung eines Seidenwebmusters in die Wirkerei. In seiner Komposition vereinigen sich byzantinische, persische und spätantike Motive mit einheimischem Formengut. Aus orientalischen Quellen stammt das Tierkampfmotiv – hier in Form eines Greifen-Stierkampfes –, das als Kreismedaillon von einem spätantiken Herzblattmuster umrandet wird. Im Gegensatz zur Weberei, die ihren Rapport bis ins Unendliche fortsetzen kann, verlangt die Wirkerei nach einem Abschluß, einer Bordüre. Die in der Bordüre und in den verbindenden kleineren Kreisen symmetrische Ranken verknüpfenden Tierköpfe sind hingegen einheimisch geprägt, wie Leonie von Wilckens nachweisen konnte. Das Tierkampfmotiv in Form des Löwen-Stierkampfes läßt sich bis in die sumerisch-akkadische Kunst zurückverfolgen und konnte, an die spezifischen Konstellationen der Gestirne *taurus* und *leo* anknüpfend, als Wechsel von Vegetationsbeginn und -ende, Leben und Tod, Tag und Nacht erfahren werden. Um die Mitte des zweiten Jahrtausends übernahm der Greif die kämpferische Funktion des Löwen, ohne daß sich eine Sinnverschiebung feststellen ließe. Die Greifen galten als unüberwindlich, weil sie in ihrer Gestalt die wilde Stärke des Löwen mit der Kraft des größten Vogels, des Adlers, vereinigten. Über Persien dürfte das Tierkampfmotiv schließlich Eingang in die byzantinische und islamische Seidenweberei gefunden haben. Als Beispiel hierfür wäre die Seide aus dem Viventia-Sarkophag zu nennen, die neuerdings in das 10./11. Jahrhundert datiert wird. Stilistisch näher, um als Vorbild für den St.-Gereons-Teppich wirksam zu sein, ist die Tierkampfgruppe auf der Heiratsurkunde von Kaiserin Theophanu und Otto II. von 972, die ihrerseits nach Vorlage eines Seidengewebes entstanden sein dürfte. *KP*

Lit.: Ausst.kat. München (1955), S. 25, Nr. 33; Ausst.kat Köln (1985), S. 236, Nr. E 29 u. E 30; Hartner/Ettinghausen (1984), 693ff; Flagge (1975), S. 44ff.

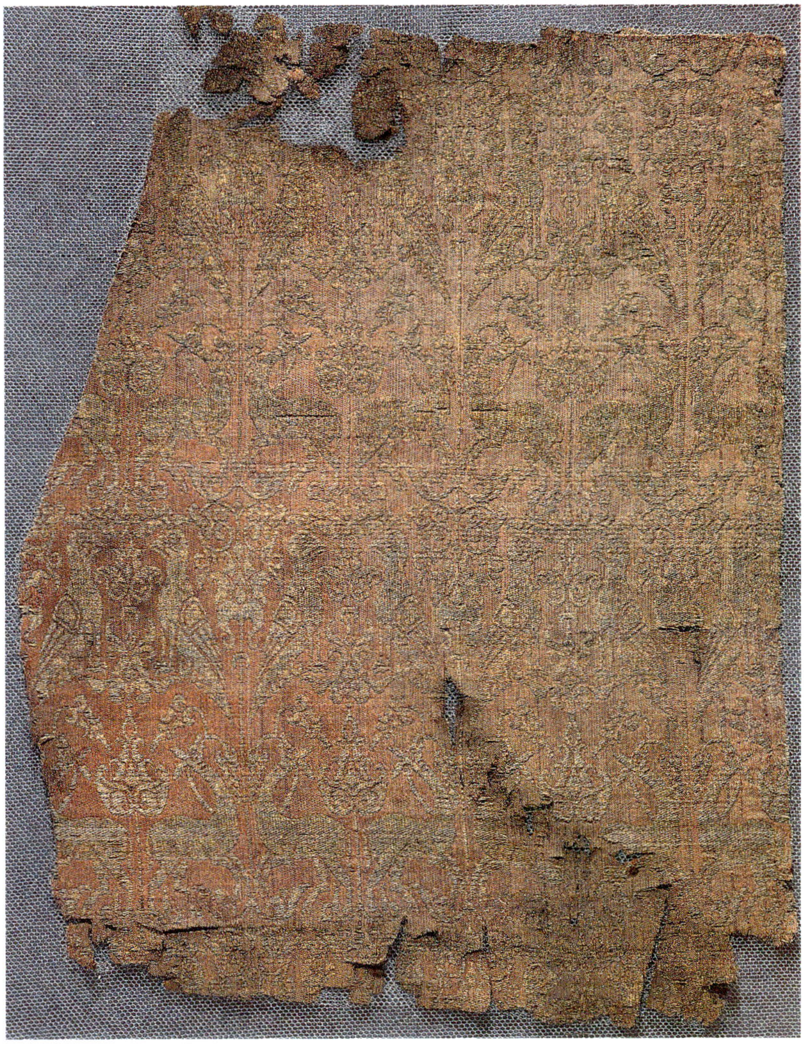

*654 (4/32)*

**4/35 (Abb. 656)**
**Fragment eines gewirkten Goldstoffes**
Sizilien, zweite Hälfte 12. Jh.
Stoff, gewirkt aus roter Kette (Seide, Doppelfäden) und Schuß in Brokatfäden.
Muster in Brokat und verschiedenfarbiger Seide, vier Teile, 17 x 57 cm
Münster, Domkammer der Kathedralkirche St. Paulus zu Münster (DkM: U.2)

Das in der Höhe nicht vollständig erhaltene Muster des gewirkten Goldstoffes wird durch breit gewundene, in Drachenköpfen auslaufende Zierbänder gebildet, die Menschen und

655 (4/34)

656 (4/35)

Fabeltiere umschließen. Die Randbordüre ist aus einem Fries von in die Länge gezogenen laufenden Vögeln gebildet. Zwei voneinander abgewandte und durch Zierbänder getrennte Menschen wenden sich entweder einem floralen Motiv oder den von Bändern umschlossenen Fabeltieren zu. Diese gegenständig angeordneten Fabelwesen besitzen lediglich zwei Vorderpranken, ihre aufgestellten Schwänze münden in vogelartige Köpfe. Auf der rechten Seite ist eine Sirene mit phrygischer Mütze erkennbar. Die Klauen am oberen Rand und das Schwanzende lassen erkennen, daß das Muster oben wahrscheinlich durch zwei gegenständige Krallentiere und einen Adler zu ergänzen ist. Das fragmentarisch erhaltene, gewirkte Goldgewebe ist mit großer Wahrscheinlichkeit das Werk einer Spezialwerkstätte innerhalb der Hofwerkstatt zu Palermo. Ihre wichtigsten Erzeugnisse sind die fünf Teile des Besatzes am

Innenrand des Krönungsmantels. Von ihm sind die Motive der Zierbänder, die in Drachenköpfen auslaufen, übernommen, ferner die Vögel und die stehenden Menschen. Aus der Inschrift des Krönungsmantels (Abb. 183) des Heiligen Römischen Reiches, der 1130–1134 für Roger II. angefertigt wurde, geht hervor, daß er im königlichen Tiraz von Palermo entstanden ist. Das Wort Tiraz bedeutete ursprünglich Stickerei, dann auch: das Kleid, das mit Stickerei versehen war, und zwar hauptsächlich mit gestickten Inschriftenbändern, und schließlich wurde es zum Namen für die Werkstatt, in der man solche Gewänder herstellte. Diese Bedeutung von Tiraz als Werkstätte deutet darauf hin, daß man in Palermo weniger gewebt als vornehmlich gestickt hat. Obgleich die Produktion dieser Werkstatt bis in die Zeit der Hohenstaufen hineinreicht, liegt ihr Schwerpunkt im 12. Jahrhundert, und noch vor dem Eintritt der gänzlich anders arbeitenden byzantinischen Weber im Jahre 1147. In ihrer Technik als Wirkarbeiten stehen die Stoffe in der Tradition koptischer und fatimidischer Webereien, von denen auch einige der Motive übernommen sein dürften. Weiterhin ist nicht auszuschließen, daß die Normannen das für den germanischen Tierstil so typische Schlangenelement in Süditalien eingeführt haben. *KP*

Lit.: Aust.kat. Stuttgart (1977), Bd. 1, S. 623f., Nr. 782, Abb. 573 u. 574; Sergeant (1942), S. 61.

*657 (4/36)*

*658 (4/37)*

**4/36 (Abb. 657)**
**Seidenstoff mit Adler, Palmetten und Gazellen**
Spanien oder Sizilien, 12./13. Jh.
Seide mit Goldbroschierungen, 46 x 107,5
Köln, Schnütgen-Museum, Leihgabe aus Siegburg, St. Servatius (D 22 d)

Im Hinblick auf die Vorbildfrage des Hauptmustertyps der Diasperstoffe, für die Lucca berühmt war, ist in erster Linie der Siegburger Adlerstoff zu nennen, bei dem sich erstmalig die charakteristische Zusammenstellung von Adlern, Gazellen und Palmetten ohne Kreisrahmung findet. Die spitzovalen Palmettblätter mit konzentrischer Blattfüllung weisen den Stoff als Vorläufer desselben Motivs auf den Diasperstoffen aus. Vergleichbar sind die Reihung der Gazellen in wechselnden Richtungen, das Schriftband auf den Flügeln der Adler und die Vergoldung der Köpfe. Ein grundlegender Unterschied zwischen diesem Vorbildstoff und den italienischen Nachfolgern besteht in den verschiedenartigen Gliederungssystemen. Während der Siegburger Adlerstoff geprägt ist von der gleichmäßigen horizontalen Reihung seiner Elemente, sind die Palmettblätter auf den italienischen Geweben versetzt und dabei so zwischen die Tierpaare gestellt, daß diese wie eine Spitzovalrahmung die Blätter umschließen. Zudem weist die Siegburger Seide anstelle der gegenständigen und adossierten Vogel-

659 (4/38)

paare auf den späteren Geweben einen doppelköpfigen Adler auf, dem die Gazellen als Beutetiere untergeordnet sind. Phyllis Ackerman erkennt in den verschiedenen Motiven, die auch auf der Siegburger Seide zu finden sind, die Ikonographie eines kleinasiatischen Sonnenkultes, und zwar in der Doppelköpfigkeit der Adler, welche die Richtung der auf- und untergehenden Sonne bezeichnet, und in der Überwindung eines Beutetieres als Kreatur des Bösen. Die Rosette als Sonnenscheibe auf den Flügeln des Adlers fehlt hingegen. Während die späteren Stoffe nach Beschreibungen alter Inventare identifiziert werden können und unbestritten aus norditalienischen Werkstätten stammen, bleibt die Frage nach der Herkunft der frühen Stoffe, deren schönstes Exemplar der Siegburger Adlerstoff darstellt, noch ungeklärt. Der Vorzug wäre Spanien zu geben, da in Sizilien wahrscheinlich keine Seidenindustrie von Bedeutung bestanden haben dürfte, der man Entwürfe von dieser Qualität zuschreiben könnte. *KP*

Lit: Ackerman (1936), S. 86ff; Ausst.kat. Bern (1949), Nr. 421; Ausst.kat. Köln 1975, S. 180-182, Nr. D 22 d mit Abb.; Falke (1913), Bd. II, S. 122 Abb. 200; Jaques/Wencker (1967), Bd. II, S. 494ff. mit Abb.; Tietzel (1984), S. 36f.

**4/37 (Abb. 658)**
**Halbseidengewebe mit adossierten Fabeltieren in Medaillons**
Italien (?), 13. Jh.
Halbseidenbrokat, zwei Teile, 47,5 x 34 cm / 19 x 14,5 cm
Köln, Schnütgen-Museum, Leihgabe aus Siegburg, St. Servatius (D 22 j)

Das Gewebe gehört mit seinen adossierten Greifenpaaren in ornamentierter Kreisumrahmung zu einer Mustergruppe früher italienischer Samitumseiden (Halbseiden) des 13. Jahrhunderts, die sich zumeist an den byzantinischen Vorbildern orientieren. Statt eines erzählerischen Zusammenhanges, wie er für eine weitere Mustergruppe der Samitumseiden kennzeichnend ist, werden hier Tiere, Pflanzen oder geometrische Ornamente meist in einfacher Reihung, mit und ohne Rahmung verwendet, wobei die Darstellung von gegenständigen oder adossierten Tierpaaren, seltener Einzeltieren, am beliebtesten war. Die Reihung von Kreismedaillions mit Tieren dürfte von byzantinischen Stoffen des 11. und 12. Jahrhunderts angeregt worden sein. Vorzugsweise hat man dabei diejenige Gliederung übernommen, bei der sich die Kreise nicht berühren. Der stilistische Zusammenhang der meisten dieser Muster mit byzantinischen Vorbildern – wenngleich in verkleinertem Maßstab frei paraphrasiert – legt den Hinweis auf Venedig als Herstellungsort nahe. Während Lucca auf Grund seiner Lage im Westen Italiens sich mehr nach dem westlichen Mittelmeerraum ausrichtete und die Diasperbindung aus Spanien übernahm, sind Samitumgewebe für Venedig typisch. Samit war zugleich die Hauptbindungsart für byzantinische Gewebe des 11.-13. Jahrhunderts. Als Samitumgewebe existierten im 13. Jahrhundert in Italien nicht nur Seiden, sondern, entsprechend dem vorliegendem Gewebe, auch Halbseiden, die sich aber weder technisch noch stilistisch voneinander unterscheiden. Die Zuschreibung der Halbseiden aus Regensburg durch Otto von Falke ist von der Literatur berichtigt worden. Halbseiden sind sowohl für Italien, hier vor allem für Venedig, als auch für Spanien nachzuweisen. *KP*

Lit.: Ausst.kat. Köln (1975), S. 180–182, Nr. D 22 j mit Abb.; Falke (1913), Bd. II, S. 42, Abb. 303; Jaques/Wencker (1967), Bd. II, S. 512ff. mit Abb.; Pielen (1959), Kat. Nr. 15; Tietzel (1984), S. 14–26.

**4/38 (Abb. 659)**
**Seidengewebe mit Adler- und Greifenornament**
Italien, Lucca (?), etwa 13. Jh.
Diasper, goldlanciert und broschiert, 56 x 20 cm
Lyon, Musée Historique des Tissus (27593)

Adossierte Adler mit langen Schwänzen flankieren ein herzförmiges Palmettbäumchen mit reich dekoriertem Stamm, das von gegenständigen, geflügelten Drachen mit mehrfach geringelten Schwänzen überfangen wird. Die Drachen flankieren ihrerseits den unteren Teil weiterer, versetzter Palmettmotive, die wiederum von den Adlern überfangen werden. Zwischen den gegenständigen Adlern befinden sich kleinere Spitzovalpalmetten. Als eines der langlebigsten Muster aus dem Musterkanon der italienischen Seidenweberei darf der Hauptmustertyp der Diasperstoffe bezeichnet werden, für den Lucca berühmt war. Ihm ist auch der vorliegende Stoff zuzurechnen. Charakteristisch für dieses Muster ist die versetzte Reihung von Vogelpaaren, zumeist Adlern (in den Inventaren als Papageien bezeichnet), größeren Lotospalmetten und weiteren Tierpaaren. In den meisten Fällen sind die Stücke dieser Gruppe einfarbig. Außerdem wird fast bei all diesen Stoffen eine Goldbroschierung verwendet, um gewisse Einzelheiten wie Köpfe und Krallen bzw. Hufe der Tiere, Kreismedaillons auf den Flügeln der Vögel, zuweilen auch verschiedene Blättchen und die Herzstücke der Palmetten hervorzuheben. Die außergewöhnliche Beliebtheit dieses Motives dürfte nicht zuletzt auf die Einprägsamkeit des Textilentwurfes zurückzuführen sein. Sie könnte allein schon dadurch die Überlegenheit der Luccheser Seidenindustrie gegenüber ihren italienischen Konkurrenten, auch gegenüber Venedig, anzeigen. Aller Wahrscheinlichkeit nach sind diese Brokatstoffe in Lucca hergestellt worden, wo sie auch in der Folgezeit, also im ganzen 13. und 14. Jahrhundert, hauptsächlich entstanden sein dürften. Motivische Vorbilder für die verschiedenen Einzelheiten des Entwurfes, die Diasperbindung sowie die Farbgebung weisen auf das 12. Jahrhundert Spaniens. *KP*
Lit.: Kat. Lyon (o.J.), Nr. 76; Tietzel (1984), S. 34ff. u. Nr. 154.

**4/39 (Abb. 660)**
**Seidengewebe mit Adler- und Drachenornament**
Italien (Lucca) oder Spanien, etwa 13. Jh.
Diasper, goldlanciert und broschiert, 33 x 25 cm
Lyon, Musée Historique des Tissus (27.771)

Unterhalb herzförmiger Palmettblätter in versetzten Reihen stehen zu beiden Seiten adossierte Adler, darüber gegenständige Drachenhunde mit geringeltem Schwanz, die jeweils mit

*660 (4/39)*

den angrenzenden Tieren die schräg darüber liegenden Palmettblätter an der unteren Seite flankieren. Die Tiere bilden gleichsam eine Spitzovalrahmung, welche die Blätter umschließt. Das Motiv des Schlangenschwanzes bei drachenartigen Tieren läßt sich mehrfach in der italienischen Kunst nachweisen, so findet es sich beispielsweise im Fußbodenmosaik des Florentiner Bapisteriums. Darüber hinaus läßt sich das Motiv bis auf eine persische Seide des 8. Jahrhunderts und bis auf den byzantinischen Hippokampenstoff in Gandersheim zurückverfolgen. Als unmittelbares Vorbild für den Diasperstoff darf neben dem sogenannten Siegburger Adlerstoff eine spanische Seide aus dem 12. Jahrhundert genannt werden, die in Salamanca aufbewahrt wird. Hier finden sich adossierte Adler mit schuppig gefiederten Rundornamenten auf den Flügeln und mit einem mit kufischen Buchstaben versehenen Inschriftenband auf der Brust. Darüber hinaus bringt die besondere Form der länglich geschnittenen Adleraugen diesen Stoff in die Nähe der genannten Seide aus Salamanca, so daß auf Grund der stilistischen Übereinstimmungen zu überlegen wäre, ob dieses Gewebe eher Spanien als Lucca zuzuschreiben wäre. *KP*
Lit.: Falke (1913), Bd. I., S. 80, Abb. 97; Schmidt (1930), S. 284ff; Tietzel (1984), S. 35ff u. Nr. 155; Ausst.katalog Lyon (o.J.), Nr. 75.

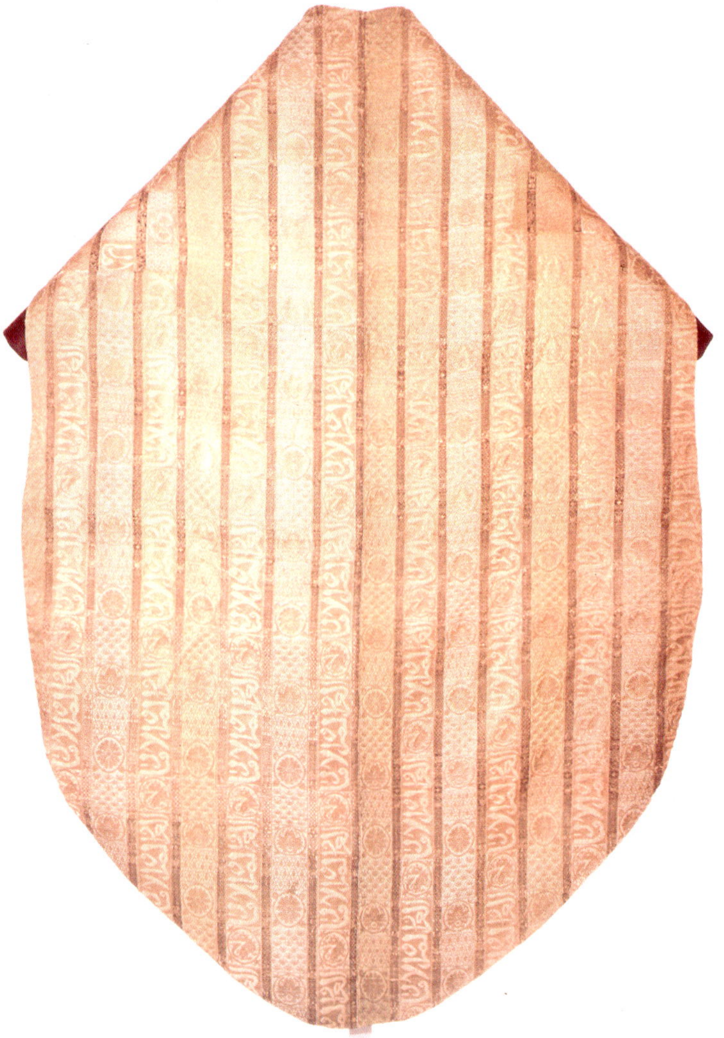

*661 (4/42)*

**4/40 (Abb. 189)**
**Halbseidengewebe mit Löwen**
Italien oder Spanien, 13. Jh.
Seide, Leinen in den Farben Grün und Gelb
108 x 118 cm
Berlin, SMPK, Kunstgewerbemuseum (92,178)

Sich kreuzende Bänder mit Palmettenfüllung teilen die Fläche in nahezu quadratische Felder auf, in denen jeweils ein adossiertes Löwenpaar in steigender Bewegung von einem die Fläche ausfüllenden Lebensbaum getrennt wird. In den beiden unteren Ecken, die von einem Kreis angeschnitten sind, finden sich zwei kleinere Tiere. Geteilte Palmetten schmücken anstelle der Muskelzeichnung das hintere Beinpaar der Löwen. Der Berliner Löwenstoff, von dem sich noch zwei größere Fragmente in Brüssel und Chicago befinden, gehört zu den schönsten Beispielen der Gruppe von Halbseidengeweben. Es handelt sich dabei um Stoffe mit der gebräuchlichen Samitumbindung, bei denen der doppelte Hauptkettfaden jedoch aus Leinen, der Bindekettfaden und der oder die Schüsse aus Seide bestehen. Man hat diese Gewebe ursprünglich, nach einer irrtümlichen Beweisführung Otto von Falkes, für Regensburger Stoffe gehalten. Inzwischen hat sich jedoch allgemein die Ansicht durchgesetzt, daß sowohl Italien wie auch Spanien als Entstehungsländer in Frage kommen. Die Tierornamente wurden nicht nur in Kreismedaillons (vgl. 4/37) eingefaßt. Andere Rahmen – wie hier das Quadrat – aber auch Rautengliederung, das Spitzoval sowie die Einschreibung der Tiere in Vielpässe waren möglich. *KP*

Lit.: Coulin Weibel (1952), Nr. 188 m. Abb.; Falke (1913), Bd. II, S. 43, Abb. 311; Kat. Berlin (1963), Nr. 10 mit Abb.; King (1969), S. 53ff; Tietzel (1988), S. 103f.

**4/41**
**Seidenstoff mit stilisierten kufischen Schriftzeichen**
Persien, 11./12. Jh.
Seidendamast, 13 x 21 cm
Wienhausen, Kloster Wienhausen

Erst im 10./11. Jahrhundert scheint sich der islamische Einfluß auch in den Seidenmustern Persiens endgültig durchgesetzt zu haben. Vielfach finden sich von diesem Zeitpunkt an arabische Inschriften auf Textilien mit Lobpreisungen Allahs oder Segenswünschen für eine bestimmte Person. Aus der Zeit der Buyiden, die von 932 bis 1055 die Herrschaft in Persien übernommen hatten, oder erst aus der der Seldschuken (1055–1258) stammt das Gewebe mit stilisierten kufischen Schriftzeichen, das 1953 im Kloster Wienhausen bei Celle unter dem Nonnenchorfußboden gefunden wurde und als Reliquienstoff diente. Das nur als Fragment erhaltene Gewebe zeigt den seitlichen Ausschnitt eines Kreismedaillons und den Teil des dazwischenliegenden Feldes. Innerhalb des Medaillons, dessen schmaler Rand mit Blattranken verziert ist, befand sich ursprünglich ein Paar gegenständiger Vögel. Dabei ist nicht auszuschließen, daß sich auch oben und unten je ein Vogelpaar befunden haben könnte. Die Darstellung wäre dann nicht nur querachsen-, sondern auch längsachsensymmetrisch gruppiert gewesen und hätte in gewisser Weise die islamische Vorliebe für den unendlichen Rapport zum Ausdruck gebracht. Die Mitte des Medaillons dürfte entweder mit einer ornamentalen Blattkomposition oder einer Tierdarstellung ausgefüllt gewesen sein. In dem Feld zwischen den Medaillons wird der Teil einer spitz gestellten Raute sichtbar, die, mit Palmett- und Blattornamenten geschmückt, von Vögeln flankiert wird. *KP*

Lit.: Appuhn/Heusinger (1965), S. 157–238, bes. Anm. 9; Appuhn (1973).

**4/42 (Abb. 661, 662)**
**Kasel aus den sogenannten Heinrichsgewändern** (Ornat II)
Zentralasien (Turkestan?, Persien?), Anfang 14. Jh.
Lampas, goldlanciert, L 139,5 cm, B 95,5 cm
Regensburg, Kollegiatsstift Unsere Liebe Frau zur Alten Kapelle

In der alten Kapelle in Regensburg haben sich zwei aus Kasel, Tunicella und Dalmatika bestehende Ornate von unterschiedlicher Farbe und Motivik erhalten. Eine Verbindung dieser Ornate mit Kaiser Heinrich ist allerdings unzutreffend. Beide Ornate zeigen arabische Schriftzüge, unter welchen Segensformen (*»Ruhm und Sieg und Stärke«*) sowie die Signatur eines Webers (*»gemacht hat es Meister Abdul Aziz«*) aufzulösen sind. Als Entstehungsort wurde Turkestan oder ein diesem benachbartes Gebiet in Vorschlag gebracht. Doch könnte speziell für diesen Ornat auch ein anderes Zentrum im Reich der Il-Chalne (Persien) in Frage kommen. Auch hier wäre eine solche Begegnung und gegenseitige Durchdringung von chinesischer und islamischer Kunst denkbar, wie sie sich in der Ornamentik der Regensburger Stoffe manifestiert. Für die im 14. Jahrhundert so beliebten Streifengewebe kommen überdies auch Produktionsstätten im vorderasiatischen Raum in Betracht (vgl. Kat ›Kasel aus dem Danziger Paramentenschatz‹).

In dem hier ausgestellten Stoff sind breite Streifen in den Farben Grün, Weiß und Blau von schmalen Streifen mit dunkelbraunem Fond begleitet. In den breiten Streifen abwechselnd arabische Inschriften und mit Palmetten besetzte Medaillons mit Sternblüten sowie artischockenartigen Früchten neben Feldern mit zweierlei Gitterfüllung. Die Felder der dunklen schmalen Begleitstreifen gefüllt mit Bandwerk, Rauten, Sternrosetten und Fischgratmuster. Auf der rechten Schulter sind Flicken eingesetzt. *SDR*

Lit.: Falke (1921), S. 31ff; Müller-Christensen (1955), S. 30; Schmidt (1958), S. 124f u. S. 132f; Arduini (1983), S. 197ff; Durian-Ress (1986), S. 82–89

**4/43 (Abb. 186, 187)**
**Dalmatika aus dem Paramentenschatz der Danziger Marienkirche**
Syrien oder Ägypten, 14./15. Jh.
Besatzstreifen (am Halsausschnitt und Einsatz am linken Ärmel): Italien, zweite Hälfte 14. Jh.
Lampas, goldlanciert, L 117 cm, B mit Ärmeln 133 cm
Berlin, EKU; St. Marien Lübeck (M 111)

Breite Streifen in Dunkelblau, Hellgrün und Lachsrot werden begleitet von schmalen weißen Streifen. In den breiten Streifen abwechselnd geschlossene Lotosblüten und lyraförmige Palmetten mit kleinen Blattknospen in den Zwickeln bzw. islamische, ständig sich wiederholende Schriftreihen in rundem Naskhi-Duktus: *»as-sultan al-alim«* (›der weiseste Sultan‹, nach Mannowsky). Die schmalen Begleitstreifen besetzt mit Punktrosetten und Halbmonden.

Eingesetzte Ärmel aus einem verwandten goldlancierten Lampas mit breiten Streifen in den gleichen Farben und einem Dekor aus Palmetten in Spitzovalen bzw. aus Doppelranken gebildeten Medaillons mit rosettartiger Blattfüllung. In den schmalen Begleitstreifen durch Halbmonde voneinander getrennt Hirsche, Hunde und Löwen (Musterrapport: H. 16 cm).

Die an den Seitenschlitzen dreieckig angesetzten Giren aus grün/rosa gemusterter Seide: Zu Spitzovalen aneinandergereihte Halbmonde, Rosetten und mit Palmetten besetzte Vierpässe, zum Teil mit arabischen Schriftzeichen (»as-sultan« – der Sultan) gefüllt. Im Inneren dieser Spitzovalfelder wiederum Spitzovale mit Blattrand und Arabeskenfüllung.

Am Halsausschnitt schmaler seidener Besatzstreifen mit gegenständig angeordneten Vögeln und Palmettmotiven. Am unteren linken Ärmel Einsatz aus einer ebenfalls italienischen Seide mit Darstellung eines springenden Jagdhundes in einem großen S und eines langhalsigen Vogels in einem y (beide Lampsgewebe, Italien, zweite Hälfte 14. Jahrhundert)

Die goldlancierten Streifengewebe, aus welchen eine Reihe der Gewänder des Danziger Paramentenschatzes gefertigt sind, wurden von Heinrich Schmidt aufgrund ihrer formalen

*662 (4/42)*

und farblichen Verwandtschaft zu den aus Damaskus oder Aleppo stammenden Emailgläsern nach Syrien lokalisiert. *SDR*
Lit.: Falke (1921), S. 33; Mannowsky (1931–33), Kat. 111, S. 15–16; Schmidt (1958), S. 173 f.

**4/44 (Abb. 182)**
**Ademar von Chabannes (um 900–1334)**
**Aufgeschlagen: Textseite mit kufischen Schriftzeichen** (fol 210v)
Lateinische Sammelhandschrift, darin
Faszikel XIV (fols 195–212)
Limoges, Benediktinerabtei Saint-Martial,
Anfang 11. Jh.
Illuminierte Pergamenthandschrift
Leiden, Universiteits Bibliotheek
(Cod. Voss. Lat. 0.15)

Der große kalligraphische Reiz des Kufischen (die nach der Stadt Kufa benannte, eckige Monumentalform der arabischen Schrift) veranlaßte viele Schreiber und Zeichner des lateinischen Mittelalters diese Schriftzeichen zu imitieren. Da der abendländische Kopist die arabische Schrift in der Regel nicht verstehen konnte, wurden die Schriftzeichen auf ihre ornamentalen Qualitäten reduziert und meist als frei variierbare Versatzstücke gehandhabt. Die auf diese Weise übertragenen kufischen Schriftzeichen finden sich vor allem in Gebieten, die in direkter Verbindung mit der islamischen Schriftkultur standen (Spanien, Süditalien, Sizilien). Der Export von mit kufischen Inschriften verzierten Kunstwerken bewirkte zudem, daß sich die Kenntnis dieser Schriftform auch darüber hinaus verbreiten konnte (vgl. 4/45). Auf eine Quelle dieser Art geht auch die kufische Inschrift in dem vorliegenden Codex zurück, der in der südfranzösischen Benediktinerabtei Saint-Martial in Limoges geschrieben wurde. Der überwiegende Teil der Sammelhandschrift ist ein Autograph des als Chronist und Kopist tätigen Mönches Ademar von Chabannes (um 980–1034). So auch Faszikel XIV der Handschrift, der neben den mit Illustrationen versehenen Fabeln des Phaedrus (s. Thiele [1905]) eine Reihe von kürzeren Texten und flüchtig angelegten Federzeichnungen enthält, die ähnlich wie in einem Musterbuch ohne Bezug zum Text und in willkürlicher Anordnung eingefügt wurden. Auf Blatt 210v findet sich unterhalb einer lateinischen Eheformel (*Latores legis edicunt,...*) die dreizeilige kufische Inschrift. Die untere (linke) Zeile folgt dem kopierten Original soweit, daß die Schriftzeichen als *b-ismi Allah ar-rahman ar-rahim* (Im Namen Gottes des Mitleidvollen und Barmherzigen) gelesen werden konnten. In der auf den Kopf gestellten mittleren und in der oberen Zeile (rechts) sind dagegen nur einzelne Worte oder Wortteile zu entziffern, die ohne erkennbaren Sinn zusammengefügt wurden. *AF*
Lit.: Spittle (1955), S. 143 f; Meyier (1977), S. 31 ff.

**4/45 (Abb. 663)**
**Emailplatte mit Apostelfigur**
Limoges, 13. Jh.
Kupfer mit Email (Grubenschmelz), vergoldet, ca. 30 x 14 cm
Paris, Musée national des Thermes
et de l'Hôtel de Cluny (Cl. 943)

Diese Platte gehörte ursprünglich zu einem größeren Werk; vorstellbar ist etwa ein Ensemble der 12 Apostel in einem Altarretabel. Dargestellt ist ein auf einer Thronbank mit daraufgelegtem Kissen sitzender Apostel, aufgrund der hohen Stirn (Stirnglatze) und des langen Bartes ist er vielleicht mit Paulus zu identifizieren. Er ist mit einem langärmeligen Untergewand, einem bis zu den Füßen reichenden Obergewand und darübergelegtem Mantel bekleidet. Im linken Arm hält er ein mit Steinen geschmücktes Buch, die Rechte ist in einem schwer deutbaren Gestus vor der Brust erhoben [»*conjuration contre le Malin*«: Gauthier (1950)]. Die Figur des Heiligen ist gegossen und der Platte aufgenietet, eine Niete ist oberhalb der rechten Hand gut sichtbar; die Augen sind in Glas eingelegt. Der schon erwähnte Thron und der Nimbus sind auf der Platte dargestellt. Diese zeigt auf dunkelblauem Grund Kreise mit verschiedenartigen Rosetten- und Blumenmotiven, hauptsächlich in den Farben Hellblau, Gelb und Grün, Rot findet sich nur sparsam. Der Hintergrund wird von zwei türkisfarbigen Streifen mit pseudokufischen Schriftzeichen horizontal unterteilt.

Das Vorkommen arabischer Schriftzeichen auf Werken christlichen Inhalts ist eigenartig und bedarf einer Erklärung. Solche Schriftzeichen wurden, dem Bestand nach zu urteilen, etwa seit dem 11. Jahrhundert in der europäischen Kunst als Schmuckelemente verwendet. Sie waren allerdings sehr vereinfacht [dazu und zu dem Folgenden: Erdmann (1953)] und wurden – ohne Sinn – in Rapporten aneinandergereiht. Zwei Beobachtungen sind hier von Bedeutung. Zum einen sind diese Schriftzeichen z.T. mit lateinischen Inschriften vermengt oder erscheinen dort, wo sonst lateinische Schrift angebracht wäre. Der Schriftcharakter dieser pseudokufischen Zeichen muß also bekannt gewesen sein. Zum anderen geschah die Vermittlung der Schriftzeichen allem Anschein nach durch orientalische Werke, die über Spanien nach Frankreich gelangten. Wer vereinfachte diese Schrift dann zu der Form, die wir z. B. auf dieser Emailplatte vorfinden? Ganz sicherlich nicht die Emailleure in Limoges. Nach Kurt Erdmann (1953, S. 512/13) ist es wahrscheinlich, daß schon die vermittelnden orientalischen Werke, also etwa Stoffe, die um Reliquien gewickelt waren, und Elfenbeine, solche abgekürzten, vereinfachten Schriftzeichen zeigten. Auf orientalischen Werken finden sich besonders häufig die Worte ›Allah‹ und ›baraka‹ (= Segen) – in der Folge dann natürlich auch auf christlichen Werken! –, die, vielleicht von

663 (4/45)

schriftunkundigen Künstlern, auf schon für Orientalen schwer erkennbare Grundformen reduziert worden waren. In der abendländischen Kunst wurden sie dann vollends zum nicht mehr lesbaren Ornament. Innerhalb der europäischen Kunst wurden diese Schriftzeichen dann ohne erneute Rückgriffe auf die arabische Urform weitergegeben.

Auf Limousiner Emailwerken kommen im 13. Jahrhundert solche pseudokufischen Schriftzeichen relativ häufig vor. In Limoges blühte ja seit der zweiten Hälfte des 12. Jahrhunderts eine reiche Emailproduktion, die in quantitativer Hinsicht andere Zentren der Emailherstellung (etwa Lüttich und Köln) übertraf. Durch weitreichende Handelsbeziehungen fanden Emailwerke aus Limoges sehr große Verbreitung, was im Gegenzug sicherlich die Nachfrage anregte. Es entwickelte sich jedenfalls eine fast serienmäßige Produktion von liturgischen Geräten (Reliquiare, Kreuze, Leuchter etc.). Hauptkennzeichen der Limousiner Emails sind die leuchtende Farbigkeit mit vielen dekorativen Elementen, die mit Glas eingelegten Augen und die plastisch aufgenieteten, gegossenen Figuren (manchmal sind auch nur die Köpfe aufgenietet). Die Serienproduktion brachte es mit sich, daß die Darstellungen nicht immer eindeutig zu identifizieren sind, wie sich auch an der ausgestellten Platte zeigt. Durch allgemein gehaltene Attribute, Haltungen etc. konnten solche Platten jedoch relativ flexibel eingesetzt werden. *RM*

Lit.: Vosselot (1941); Gauthier (1950); Erdmann (1953).

**4/46**
**Emailplatte mit geflügelter (?) stehender Figur**

Limoges, 13. Jh.
Kupfer mit Email (Grubenschmelz), vergoldet, 23 x 10,7 cm
Paris, Musée national des Thermes et de l'Hôtel de Cluny (Cl 22 425)

Ursprünglich gehörte diese Platte zu einem größeren Ensemble (etwa einem Reliquienkasten oder Altarretabel) und war, wie die Löcher beweisen, auf einen Holzuntergrund genagelt.

Dargestellt ist eine völlig frontal stehende, nimbierte und gekrönte Figur – ob weiblich oder männlich, ist nicht zu entscheiden. Sie ist barfuß und trägt ein langes Gewand mit darübergelegtem Mantel, beide mit Musterborten verziert. Die Figur hält ein Buch in der Linken – deutlich sichtbar ist die Buchschließe – und legt die Rechte leicht daran. Die Augen sind wie der Schmuck der Krone aus Glassteinen eingelegt, der Nimbus ist auf der Hintergrundplatte emailliert, dagegen ist die gesamte Figur gegossen und dem Hintergrund aufgenietet.

Der Hintergrund ist emailliert. Auf dunkelblauem Grund entwickeln sich einfache Wellenranken in Gold, die Blüten sind sparsam in Gelb, Hellblau, Grün und Rot emailliert. Zwei türkisfarbige Bänder mit pseudokufischen Schriftzeichen durchziehen den Grund. In Höhe der Schultern der Figur verlaufen zwei sich verbreiternde Streifen in Gold schräg bis zum seitlichen Rand der Platte, vielleicht sind damit Flügel gemeint.

Trotz der fast überreichlich beigegebenen Attribute (Nimbus, Krone, Flügel (?), Buch) ist die Figur nicht zu identifizieren. Da in Limoges Emailwerke – nach dem Erhaltenen zu urteilen – in Serien hergestellt wurden, ist die mangelnde Präzision vielleicht jedoch erwünscht gewesen. Solche Platten konnten an den verschiedensten Geräten angebracht werden, der endgültige Sinn ergab sich dann erst aus dem Zusammenhang (vgl. 4/45). *RM*

Lit.: Gauthier (1950).

664 (4/47)

4/47 (Abb. 664)
**Krümme eines Bischofs- oder Abtsstabes**
Limoges, 13. Jh.
Kupfer mit Email (Grubenschmelz), vergoldet, 28,2 x 10,6 cm
Paris, Musée du Louvre, Département des Objets d'Art (OA 2023)

Ein Bischofsstab ist eine Amtsinsignie, er symbolisiert das bischöfliche Hirtenamt, d.h., zugleich Fürsorge und Herrschaft. Die ersten Erwähnungen finden sich im 7. Jahrhundert, allgemein gebräuchlich ist er seit etwa dem 10. Jahrhundert. Auch Äbte erhielten bei ihrer Weihe einen Stab, seine symbolische Bedeutung bezog sich freilich nur auf die dem Abt unterstehenden Mönche. Formal unterschieden sich dagegen Bischofs- und Abtsstab nicht voneinander, es kann also auch für die ausgestellte Krümme nicht gesagt werden, zu welcher Art Stab sie gehörte. Die Krümme wurde auf einen Holzstab aufgesteckt, der mit Metallplatten verkleidet und aufwendig mit Edelsteinen geschmückt sein kann; ein Nodus (Knauf) verbindet Krümme und Stab.

Den Mittelpunkt der hier ausgestellten Krümme bildet eine große, fünfblättrige Blüte, drei ihrer Blätter verbinden sie mit der äußeren Windung der Krümme. Die Krümme ist mit Email geschmückt, welches auf dunkelblauem Grund vielfältige Ranken mit stilisierten vegetabilen Motiven zeigt. Überschnitten wird dieses Email von türkisblauen, schmalen Bändern mit weiteren stilisierten Motiven; auf drei Bändern der inneren Rundung finden sich pseudokufische Schriftzeichen (vgl. 4/45). *RM*
Lit.: Vasselot (1941); Erdmann (1953).

4/48 (Abb. 181)
**Andrea Mantegna (Isola di Carturo/Padua 1431–1506 Mantua), Kopie?**
**Judith und das Haupt des Holofernes**
Kupfer, 38,5 x 24,5 cm
Krakau, Muzeum Narodowe w Krakowie (MNK-XII-331)

Schriftbänder mit arabischen Lettern sind in der europäischen Malerei seit dem Ausgang des 13. Jahrhunderts vermehrt anzutreffen. Man findet sie gleichermaßen bei Giotto wie bei der Schule des Duccio di Buoninsegna in Siena, bei den Florentinern bis hin zu Raffael wie bei dem Meister von Flémalle. Erst als um 1500 vor allem Venedig begann, Samte in den Vorderen Orient zu exportieren und der Handelsstrom sich umzukehren drohte, verschwand das Bedürfnis, die Stoffe durch ›arabische‹ Schrift als kostbare Orientware zu kennzeichnen. In der Folge wurden auch die Darstellungen der arabischen Schriftborten insbesondere an den Gewändern der Heiligen, aber auch an Vorhängen und Wandteppichen, zu Beginn des 16. Jahrhunderts selten und verschwanden schließlich. Aber nicht nur in der italienischen Malerei wurden die mit arabischen oder pseudo-arabischen Inschriften versehenen Borten ungebräuchlich, auch im islamischen Gebiet kamen sie – verursacht durch politische Umwälzungen – außer Mode. In erster Linie war die Darstellung von Schriftbändern am Mantel und Obergewand Heiligen vorbehalten, doch konnten bisweilen auch Gestalten in weltlicher Tracht damit ausgezeichnet werden. Indem diese zumeist mit der römischen Antike in Verbindung gebracht werden können, wäre zu überlegen, ob mit der Darstellung von arabischen Schriftbändern allein die kostbare Herkunft des Gewandes aus dem Orient bewiesen oder ob nicht so etwas wie ein historischer Abstand gekennzeichnet werden sollte, wobei es offenbar leichter fiel, solche Fremdheit in geographischer Distanz als in zeitlicher Erstreckung zu begreifen.

Am Ende dieser Entwicklung steht das vorliegende Gemälde, das dem italienischen Maler Andrea Mantegna zugeschrieben wird. Die pseudokufischen Schriftbänder, die das Zelt des Heerführers Holofernes schmücken, wie auch die Tracht der Magd Abra dienen nunmehr allein dazu, das orientalische Ambiente der Szene zu charakterisieren. Ausgenommen von dieser zeitgerechten Darstellung ist die hebräische Heldin Judith, die aufgrund der soeben vollzogenen Tat, der Enthauptung des Holofernes', der geschichtlichen Versenkung enthoben und deshalb antik gewandet ist. Ungefähr 19 verschiedene Versionen von Judithdarstellungen, die in Form von Zeichnungen, Stichen, Grisaillen und zwei Gemälden auf uns gekommen sind, lassen sich mit Andrea Mantegna in Verbindung bringen. Doch kann keine, mit Ausnahme vielleicht der signierten und auf 1491 datierten Zeichnung in den Uffizien, zweifelsfrei Mantegna zugeschrieben werden. Bei dem vorliegenden Gemälde auf Kupfer dürfte es sich um eine Kopie der Tafel aus Washington (National Gallery) handeln, die auf der Rückseite mit »An. Mantegna« signiert ist. Ein kleines Bild dieses Themas wurde 1492 in einer Besitzaufnahme des Lorenzo il Magnifico aufgeführt. Das Bild kann nicht länger in Florenz nachgewiesen werden und war selbst zu Vasaris Zeiten nicht dort, der es trotz seiner Vertrautheit mit den Kunstsammlungen der Medici nicht erwähnt. Verschiedentlich ist untersucht worden, dieses verlorene Bild mit der *Judith* auf Holz in Washington zu identifizieren. Im Katalog der Kunstsammlungen König Karls I. von England, von Vanderdoort verfaßt, war ebenfalls eine »Judith« erwähnt, allerdings Raffael zugeschrieben und später bei Lord Pembroke gegen einen ›Parmigianino‹ eingetauscht. Cavalcaselle und Kristeller sahen das jetzt in Washington befindliche Werk immer noch im Besitz des Lord Pembroke in Wilton House. Während die frühen Autoren die Zuschreibung an Mantegna verwarfen, widerrief B. Berenson 1918 ausdrücklich seine Ablehnung. Ihm folgten alle späteren Autoren, die sich über das Bild äußerten, ausgenommen R. Schwabe und E. Tietze-Conrat. Besondere Bedeutung sollte eines dieser beiden Bilder bei Rubens erlangen, der das Motiv in sein Bild *Juno und Argus* (Wallraf-Richartz Museum) übertrug. Auf Grund der Primärfarbentrias, die beiden Bildern von Mantegna zugrundeliegt, und die auch als farbtheoretisches Moment bei Rubens in dem genannten Bild nachgewiesen werden kann, sind die beiden Mantegnabilder verschiedentlich als flämische Kopien des späten 16. oder 17. Jahrhunderts angesehen worden. *KP*

Lit.: Shapley, S. 269f., Nr. 638; Parkhurst (1961), S. 35ff; Schuster-Walser (1978), S. 90–97.

**4/49 (Abb. 665)**
**Thronende Madonna**
Paris, um 1320
Elfenbein, zum Teil bemalt (13. und 19. Jh.), H 32,2 cm
London, The British Museum, Department of Medieval und Later Antiquities (1978,5-2,3)

Die Muttergottes sitzt auf einer Thronbank, den linken Fuß hat sie auf einen Drachen als Sinnbild des Bösen gesetzt. Sie neigt den Oberkörper etwas zurück, wie um das Kind, welches auf ihrem linken Knie steht, besser betrachten zu können. In der Rechten hält sie eine kurze Röhre, wahrscheinlich diente diese zum Einstecken einer Blume oder eines Zepters; mit der Linken umfaßt sie das Kind. Maria ist mit einem weich fallenden, langärmeligen Gewand bekleidet, welches mit einem schönen Gürtel zusammengehalten wird. Ein offener Mantel liegt um ihre Schultern und bedeckt beide Beine. Der Schleier über dem Haupt läßt vorn ihr gewelltes Haar frei; er wird von einem Kronreif, dessen Zacken abgebrochen sind, gehalten. Das Kind steht etwas instabil leicht der Mutter zugeneigt und legt die Rechte an ihre Brust. In der Linken hält es eine Frucht; da sie rot bemalt war, ist wohl ein Apfel gemeint. Die Gewandsäume beider sind mit pseudokufischen Schriftzeichen verziert.

Wie an anderer Stelle länger ausgeführt ist (4/45), finden sich pseudokufische Schriftzeichen im Mittelalter, ab etwa 11. Jahrhundert mit Schwerpunkt im 13./14. Jahrhundert, häufig an abendländischen Bildwerken. Dabei wurden inhaltliche Überlegungen völlig vernachlässigt, die Schrift wurde dekorativ vereinfacht und in Rapporten wiederholt. Paris war seit dem 13. Jahrhundert das wichtigste Zentrum der Elfenbeinschnitzkunst. Hier gab es eine ganze Reihe von kleineren Werkstätten, die sowohl Aufträge annahmen, als auch Stücke zum Verkauf anboten. Madonnen, wie die hier ausgestellte, gehörten ursprünglich in der Regel mit weiteren Figuren, etwa Engeln, zusammen. Die gebogene Haltung der Maria wie des Kindes geht wohl auf die Krümmung des Elefantenstoßzahnes zurück; andererseits entsprachen etwas manierierte Posen dem Silgefühl der Zeit. *RM*

Lit.: unveröffentlicht.

**4/50**
**Seidenstickereien mit geometrischer Ornamentik und pseudo-kufischen Inschriften**
Spanien, 15. Jh.
Leinengewebe mit Seide bestickt
Paris, Musée national des Thermes et de l'Hôtel de Cluny (Cl. 3165)

Gemäß der Überlieferung soll das Gewebe im 15. Jahrhundert von der Gräfin Ghisla für die Abtei Sankt Martin in Canigou (Spanien) hergestellt worden sein. Das hauptsächlich mit rot und blauer Seide bestickte Leinengewebe wirkt in seinem Muster wie ein Teppich, der in geometrische Felder aufgeteilt ist, wobei Bänder, Rauten und Quadrate als stark geometrische Motive gegenüber Knotenverschlingungen und Rosettengeflechten dominieren. In einer für die spanische Textilkunst typischen Weise

*665 (4/49)*

unterliegt die Musterbildung einem strengen Gliederungsprinzip, das sich auszeichnet durch die Aufteilung der Muster in Querzonen, durch die gleichmäßige Reihung sich wiederholender Motive und durch die achsensymmetrische Komposition der einzelnen Musterelemente. Diesem Verfahren werden auch die Bänder mit dekorativer kufischer Schrift – hier pseudo-kufisch – unterworfen, die, entsprechend, in spiegelbildlicher, d.h. rein dekorativer Reihenfolge wiederholt werden. Dieser in der spanisch-islamischen Kunst vorherrschende Stil geht auf die seit Mitte des 12. Jahrhunderts das Land beherrschenden Almohaden zurück, die als Vertreter der streng orthodoxen Richtung des Islams die figürlichen Dekorelemente mehr und mehr aus dem spanischen Musterschatz verdrängten. Was das vorliegende Gewebe jedoch von anderen islamischen Stoffen und Gewändern unterscheidet, die in kirchlichen Diensten Gebrauch fanden, ist der Umstand, daß es von einer christlichen Person für eine kirchliche Institution unter Verwendung islamischen Formengutes angefertigt wurde, zu einem Zeitpunkt als die Reconquista schon weitgehend abgeschlossen war. *KP*

Lit.: Ausst.Kat. Paris (1977), S. 221, Nr. 501 mit Abb.

**4/51 (Abb. 217)**
**Glasschale**
Iran (?), 9./10. Jh.,
Fassung europäisch 10.–15. (?) Jh.
Glas, Gold, vergoldetes Silber, Zellenschmelz, Steine (z. T. modern)
H. 6 cm, Dm 18,6 cm, Dm Fuß 7,4 cm
Venedig, Tesoro della Basilica di San Marco in Venezia (140)

Die Schale aus türkisblauem, opalem Glas hat einen leicht fünfpassigen Querschnitt. Die Wandungen sind – entsprechend dieser Form – mit fünf stilisierten, nach links laufenden Hasen geschmückt, welche an drei Seiten von einer schmalen, umlaufenden Leiste gerahmt sind. Die Darstellungen sind in Hochschnitt ausgeführt, d.h., der Grund wurde weggeschnitten, während der Dekor in Relief stehenblieb. Es ist bemerkenswert, daß die aufwendige Technik des Hochschnittes hier für farbiges Glas angewandt wurde, da im 9./10. Jahrhundert dafür farbloses Glas bevorzugt wurde. Die Schale steht auf einem niedrigen Fußring, der Boden zeigt die ebenfalls in Hochschnitt ausgeführte kufische Inschrift *»hurâsân«*, was auf die Landschaft Khorâsân zu beziehen ist. Khorâsân war für die dort gefundenen Türkise berühmt; die Herstellungsregion der Schale ist damit gleichwohl nicht angegeben, da die Schale ja nicht aus Türkis, der in solcher Größe wahrscheinlich auch gar nicht vorkommt, sondern aus Glas besteht. Es wurde vermutet, daß die Schale als Türkis gelten sollte; die Inschrift könnte dann angebracht worden sein, um diese Täuschung wahrscheinlicher zu machen.

Die Fassung zeigt verschiedene Stile. Der Innenrand der Schale ist mit fünf, der Paßform entsprechenden, Goldstreifen geschmückt. Diese zeigen in Gravur zwei miteinander verschlungene Bänder; in den Zwischenräumen sind stilisierte vegetabile Motive dargestellt. Die Goldstreifen sind wahrscheinlich in Byzanz im 10. Jahrhundert entstanden. Die Fassung des Außenrandes nimmt ebenfalls Bezug auf die Fünfpaßform: fünfmal wird ein Emailplättchen (émail cloisonné) von zwei Filigranplatten mit sieben Steinen flankiert. Die Emails gelten auch als byzantinisch und sind ins 10. Jahrhundert zu datieren. Ob sie ursprünglich für diese Schale geschaffen wurden, muß aber offen bleiben. Die Einordnung der Filigranplatten ist nicht präzise möglich. Sie sind jedenfalls abendländisch; wenn die Überlieferung richtig ist und die Schale 1472 vom persischen Schah der Stadt (Signoria) Venedig geschenkt worden ist, sind die Filigranplatten vielleicht erst aus diesem Anlaß geschaffen worden. Ein Stich von Aubry de La Mottraye aus dem Jahre 1727 (14/32) zeigt die Schale mit der Randfassung im heutigen Zustand. Der vergoldete Fußring und die davon ausgehenden Verbindungsstege zum oberen Rand sind auf dem Stich noch nicht vorhanden. *RM*

Lit.: Ausst.Kat. Köln (1984); Hahnloser (1971)

**4/52 (Abb. 211)**
**Trinkhorn**
Syrien (Damaskus?), 1250–1310, Fassung: Deutschland (Reval?), Mitte 16. Jh.
Glas, Emailmalerei, Montierung: Silber, vergoldet, getrieben, graviert und emailliert; H 29,5 cm
Leningrad, Staatliche Eremitage (V3 827)

Das Trinkhorn aus fast farblosem, leicht gelbstichigem Glas ist sparsam bemalt. Über einem Fries einfacher Linien und getrennt von ornamentalen Motiven, welche die Montierung verdeckt, sind vier mit faltenreichen, roten oder weißen Gewändern wiedergegebene Heilige dargestellt. Darüber befindet sich ein Fries mit goldener Inschrift auf blauem Grund, der einen Segenswunsch enthält. Die Schriftkonturen sind, wie auch die übrige Zeichnung, in Rot ausgeführt, und diese wie auch die Merkmale des Glases und der Emailmalerei weisen auf eine Herstellung in einem der Zentren islamischer Emailglasproduktion hin. Die christlichen Heiligen gehören zu einem Typus, der auch auf islamischen Metallarbeiten mit christlichen Darstellungen vorkommt. Derartige Werke wurden für die christliche Minorität innerhalb der islamischen Gesellschaft, für Kreuzfahrer, aber auch für Muslime angefertigt. Das Trinkhorn könnte also sehr wohl die Bestellung eines christlichen Auftraggebers gewesen sein, was in der Periode der Kreuzzüge nicht weiter ungewöhnlich wäre. Diese Annahme wird auch dadurch gestützt, daß Trinkhörner im islamischen Kulturbereich, nach den wenigen bislang bekannten Beispielen zu urteilen, offenbar recht selten waren, während sie in Europa eine lange Tradition haben und aus Glas ebenso wie aus anderen Materialien angefertigt wurden.

Auf nicht näher bekanntem Wege gelangte das kostbare Glas nach Europa und erhielt dort eine prunkvolle Fassung, die von Greifenklauen über Kugeln gestützt wird und somit ein sinnfälliger Hinweis dafür ist, daß derartige Trinkhörner im Mittelalter als ›Greifenklauen‹ bezeichnet wurden. Auf der Spitze des Horns steht über zweifach abgestufter Basis mit reichem Figurenprogramm, welches aus den zwölf Aposteln und anderen Darstellungen besteht, ein segensspendender Christus mit Strahlenkrone und Reichsapfel. Aus dem Inschriftfries darunter geht hervor, daß der livländische, einem westfälischen Geschlecht stammende Adelige Bruno v. Drolshagen das Trinkhorn 1551 seinem Sohne Jürgen, wahrscheinlich zu dessen Hochzeit, widmete. Das Brautpaar ist unter der Inschrift dargestellt. Das Wappen der Drolshagen aus zwei gekreuzten Schwerten und einem Halbmond befindet sich zwischen den Greifenbeinen. Der abschließende Fries um die Öffnung hat Jagdszenen zum Thema. Das Trinkhorn war wahrscheinlich zur Besiegelung des Ehevertrages gedacht und diente dem Umtrunk zu einem glückverheißenden Ehebund. Das umfangreiche Bildprogramm unterstützte die glückbringende Funktion des Füllhornes, und der Ursprung des Glases mit der arabischen Inschrift aus dem Heiligen Land wird die Bedeutung erhöht und zu einer besonderen Attraktivität beigetragen haben.

Aus dem Besitz derer v. Grolshagen gelangte das Trinkhorn in die Kunstkammer des Zaren Peter I. (1689–1725). Nach dessen Tod kam es in die Sammlung der kaiserlichen Akademie, und seit 1860 befindet es sich in den Sammlungen der Ermitage. Wie in einem Brennglas zeigt dieses Trinkhorn die Wechselwirkungen zwischen dem Orient und Europa. *JK*

Lit.: v. Foelkersam (1902); Birjukowa (1986); zum Thema christlicher Darstellungen im Islam: s. Baer (1989); zu europäischen Trinkhörnern: vgl. Dreier (1989).

**4/53 (Abb. 212)**
**Poloreiterflasche**
Syrien, 2. H. 13. Jh.
Glas, emailliert und vergoldet; H 28 cm, Dm 19 cm
Berlin, SMPK, Museum für Islamische Kunst (I. 2573)

Einen Höhepunkt der islamischen Glaskunst stellen die email- und golddekorierten Gläser des 13.–14. Jahrhunderts dar. Sie wurden vornehmlich in Syrien, aber wohl auch in Ägypten hergestellt und in europäischen Inventarien als »Damaskus-Gläser« bezeichnet. Einzigartig in Form, Dekor und Erhaltungszustand ist diese Flasche aus fast farblosem, leicht gelbem Glas. Der bauchige, auf einem kräftigen Ringfuß ruhende Flaschenkörper ist durch das Anblasen in einer Form vertikal gerippt und mündet in einen hohen, zylindrischen Hals. Zurückhaltend ist die rotdekorierte, entweder mit Emailfarben oder nur in Gold ausgeführte Bemalung. Sie besteht aus Flechtbändern, einem Fries von zwölf nach rechts sprengenden Reitern, von denen eigentümlicherweise nur einer einen Poloschläger hält, einem Tierfries und einem Schriftband mit lobpreisendem Inhalt um den Hals. Der Tierfries wurde von fünfblättrigen Rosetten unterbrochen, wie sie in dieser Zeit die Rasuliden-Herrscher des Yemen in ihren Wappen benutzten. Möglicherweise wurde die Flasche daher zusammen mit anderen Gläsern als Auftragsarbeit für den rasulidischen Sultan Da'ud (1296–1322) geblasen und bemalt. Sowohl der Poloreiterfries als auch die lobpreisende Inschrift weisen auf einen fürstlichen Auftraggeber hin. Wegen der sparsamen, aber harmonischen Verwendung der kostbaren Emailfarben, das dunkle Blau wurde aus feingemahlenem Lapislazuli gewonnen, des hervorragend gezeichneten Tierfrieses und der harmonischen Proportionen wird die Flasche noch im 13. Jahrhundert entstanden sein. Als Herstellungsort kommt Damaskus in Frage.

*666 (4/56)*

Einer Überlieferung zufolge soll die Flasche aus China stammen. Sie könnte daher als begehrtes Handelsobjekt, etwa im Austausch mit chinesischem Porzellan, aus dem Yemen nach China gelangt sein. Das Polospiel war in islamischer Zeit sehr beliebt, vereinte es doch militärische Übung und Spiel. Es wurde auf großen Plätzen und häufig in Anwesenheit des Herrschers gespielt. *JK*
Lit.: Lamm (1929–1930), Taf. 158,2.

**4/54 (Abb. 213)**
**Becher mit Reiterornament**
Syrien (Aleppo), um 1260
Emailliertes Glas, H 15 cm, Dm 10,5 cm
Musée du Louvre, Département des Antiques Orientales, Section Islamique (A.O. n° 6131)

Aus weißem Glas, schlank und nach oben hin glockenartig geschweift, stellt der Becher eine geläufige Form des 13. Jh. vor. In Gold und Email auf Goldrankengrund sind drei in Goldgewänder gekleidete, nach links galoppierende Reiter auf je einem roten, einem schwarzen und einem weißen Pferd dargestellt. Die figürliche Szene wird von schmalen Friesen mit eulogischen Inschriften in Gold auf Hinterglasrot gerahmt. Die Inschriften der Gefäße dieser Epoche geben in der Regel keinen Anhaltspunkt für die Datierung, da die Namen von Herrschern bzw. Würdenträgern fehlen. Die Hauptorte für die Glasindustrie Syriens im 13. Jh. waren Aleppo und Damaskus. Unter den Gefäßformen der Aleppo-Gruppe nimmt der Becher eine vorrangige Stellung ein. Stilistisch wirkt das Dekor der Aleppo-Gruppe zunächst einheitlich, ist jedoch eine Kombination von nordsyrischer Nationalkunst und iraqenischen, persischen und mesopotamischen Einflüssen. Der Becher mit Reiterornament wurde Ende des 19. Jhs. unter einem Altar der Kirche Santa Margherita zu Orvieto gefunden. *MD*
Lit.: Lamm (1929–30), Taf. 127,1; Ausst.Kat.Paris (1977), Kat.-Nr. 421.

**4/55 (Abb. 239)**
**Becher**
Syrien oder Ägypten (Aleppo?), zweite Hälfte 13. Jahrhundert
Farbloses Glas, bunte Emailfarben und Vergoldung, H 15,8 cm, Dm 10,4 cm
Kassel, Staatliche Kunstsammlungen, Hessisches Landesmuseum (Lö 90 A 57)

Der schlanke, nach oben hin glockenartig geschweifte Becher ist aus farblosem Glas mit rauchtopasfarbenem Stich. Der leicht hochgestochene Becherboden ist doppelt gearbeitet mit einem dazwischen befindlichen Hohlraum. Die breite Bildzone zeigt über einem schmalen Goldband in Gold und Email zwei kauernde Musikanten. Der Tamburinspieler trägt einen grünroten Turban, ein blau-weiß-rotgestreiftes Gewand und gelbe Schuhe. Der Lautenspieler ist mit einem blauen Gewand mit goldenen Schragenkreuzchen, roten Schuhen und einem weißen Turban bekleidet. Sein Instrument ist mit gelben und roten Streifen verziert. Die Gesichter, Nimben und Hände der Figuren sind vergoldet und weisen eine rote Binnenzeichnung auf. Zwischen den beiden Musikanten befinden sich verzweigte Pflanzen mit grünen, goldkonturierten Blättern, gelb-roten Blüten und goldenen Stengeln mit roter Kontur sowie Becher und Fruchtständer.

Über dem Hauptbildfeld werden zwischen goldkonturierten Horizontallinien sechs nach rechts fliegende Kraniche (oder Reiher) in Weiß, Blau und Rot mit goldenen Konturen gezeigt. Nach unten hin wird die figurale Szene durch drei den Becher umziehende, dünne rote Linien begrenzt, welche von noch schwach erkennbaren Goldlinien gerahmt werden. Entsprechende Darstellungen mit zechenden oder musizierenden Figuren und einem Vogelfries waren offenbar recht häufige Becherschmuckelemente innerhalb der ›Aleppogruppe‹ in der zweiten Hälfte des 13. Jahrhunderts. Der doppelte Boden scheint eine technische Besonderheit vieler dieser Goldemailbecher zu sein. Das Stück befand sich seit dem Mittelalter im Schatz des Landgrafen von Hessen-Kassel. Bereits vor 1800 gehörte der Becher zur Ausstattung der Löwenburg und wurde von dort in das Hessische Landesmusuem überwiesen. *MD*

Lit.: Ausst.kat. Bonn (1988), Nr. 65; Lamm (1929 bis 1930), Taf. 127,3.

**4/56 (Abb. 666)**
**Goldemailbecher der Damaskusgruppe (rekonstruiertes Fragment)**
Syrien oder Ägypten, 2. H. 13. Jh.
Farbloses Glas, bunte Emailfarben und Vergoldung, H 6,9 cm, Dm 10 cm
Lübeck, Museum für Kunst und Kulturgeschichte

Der hochgestochene Boden des glockenförmig geschweiften Bechers ist mit einer Standplatte untersetzt, die Wandung durchziehen optisch geblasene, senkrechte Riefelungen, eine damals sehr beliebte Technik. Über einem äußerlich aufgetragenen, golden-schwärzlichen Schaftfragment erhebt sich die Bildzone mit in orientalischer Weise hockenden Figuren, deren goldene Gewänder reich gemustert sind. Ursprünglich waren es wohl drei Figuren, von denen nur zwei erhalten sind. Einer der Männer hält einen Becher in der Hand, was auf die geläufige Darstellung eines Trinkgelages hindeutet, der andere hingegen trägt ein Saiteninstrument. Im oberen Bereich wird der Becher durch eine goldene Inschrift zwischen Goldbändern umgürtet. Ohne Namensnennung handelt es sich um Lobpreisungen eines Sultans. Darüber eine Zone mit nach links gerichteten, goldenen Fischen. Die Scherben des Bechers lagerten zusammen mit einheimischer Keramik in einem Lübecker Brunnenschacht aus dem 13. Jahrhundert, welcher seit der Mitte des 14.Jahrhunderts als Abfallgrube diente. Das Grundstück war zu dieser Zeit im Besitz der Ratsherren- und Bürgermeisterfamilie Plesko, wohl die damaligen Eigentümer des Bechers. *MD*

Lit.: Ausst.kat. Bonn (1988), Nr. 66.

**4/57**
**Goldemailbecher aus der Aleppogruppe (Fragment)**
Syrien oder Ägypten, zweite Hälfte 13. Jh.
Farbloses Glas, bunte Emailfarben und Vergoldung, H 14,9 cm, Dm 10,3 cm
Regensburg, Museen der Stadt Regensburg (K 1986/10)

Der Boden des glockenförmig geschwungenen Bechers ist hochgestochen, mit einem kleinen Loch in der Mitte. Zwischen dem Boden und der leicht hochgewölbten Standplatte ist ein Hohlraum. Den unteren und oberen ornamentalen Abschluß des Bechers bilden zwei Inschriftzonen (bisher nicht entziffert), die von rotkonturierten Goldbändern eingefaßt werden. In dem Hauptbildfeld werden kauernde Figuren in goldenen Gewändern dargestellt. Bei einer Figur ist der Nimbus erhalten. Weiterhin können Reste von goldenen Pflanzen nachgewiesen werden. Über dieser Szene wird ein zweisträhniges, (jetzt) braun-schwarzes Flechtband von roten Linien gerahmt. Dieser Becher ist besonders mit dem Stück im Musée du Louvre (4/54) zu vergleichen. In beiden Fällen ist ein entsprechendes Schema der Bemalung angewandt, wobei figürliche Darstellungen zwischen zwei Inschriftzonen gesetzt werden. Bei dem vorgestellten Stück ist die Bemalung jedoch außen aufgetragen, während der Pariser Becher farbig hinterlegt ist und außen lediglich das Gold aufgetragen wurde. *MD*

Lit.: Ausst.kat. Bonn (1988), Nr. 67.

**4/58 (Abb. 667)**
**Schachfigur (König)**
Skandinavien (?), Mitte 12. Jh.
Walroßzahn, H ca. 10 cm
London, The British Museum, Department of Medieval and Later Antiquities (1831, 11–1,7)

Der König gehört zu demselben Fund auf der Hebriden-Insel Lewis wie die in der folgenden Nummer beschriebene Königin. Der König sitzt frontal mit vorgebeugtem Kopf auf seinem Thron. Mit beiden Händen hält er ein Schwert auf seinen Knien. Er trägt, wie die Königin, eine Zinkenkrone. Er ist bartlos, sein Haar fällt in langen, spiralig gedrehten Haarsträhnen auf den Rücken. Er ist bekleidet mit einem langen Gewand, über dem ein Mantel auf seiner rechten Schulter zusammengehalten wird. Die Seitenflächen des Thrones sind mit Flechtbandmuster bedeckt, die Rückseite zeigt verschlungene Ranken und zwei Drachenköpfe, die aus den Rückenlehnenpfosten erwachsen und in die Ranken beißen. *RM*

Lit.: Goldschmidt (1926), Nr. 187.

**4/59 (Abb. 668)**
**Schachfigur, Königin**
Skandinavien (?), Mitte 12. Jh.
Walroßzahn, H ca. 9,5 cm
London, The British Museum, Department of Medieval and Later Antiquities (1831, 11–1,1)

Diese und die vorherige Schachfigur stammen aus einem Fund, der 1831 auf der Insel Lewis in den Hebriden gemacht wurde. In einem kleinen unterirdischen Raum wurden, nach einem Einbruch des Meeres, insgesamt 78 Schachfigu-

667 (4/58)

668 (4/59)

ren, eine Gürtelschnalle und 14 weitere Spielsteine gefunden (aufgeteilt zwischen British Museum, London, und Nationalmuseum Edinburgh). Aufgrund der Fundumstände muß angenommen werden, daß diese Objekte den Lagerbestand eines Händlers darstellten. Die Figuren ergeben vier fast vollständige Schachspiele.

Die Königin sitzt frontal auf einem reich beschnitzten Thron. Sie legt die rechte Hand an die Wange und stützt den Ellenbogen auf die Linke. Durch diese Geste und die weit geöffneten Augen macht sie einen erschreckten Eindruck. Über dem bis auf den Rücken fallenden und die Schultern umhüllenden Kopftuch trägt sie eine Zinkenkrone. Ihr Gewand reicht bis auf den Boden, der darübergelegte Mantel ist nicht verschlossen. Die Seitenflächen des Thrones zeigen geometrisch stilisierte Blütenmotive, die Rückseite ein symmetrisches Spiralrankenornament.

Charakteristisch für diese Schachfiguren von der Insel Lewis ist die Blockhaftigkeit mit der Verdickung zur Standfläche hin. Aufgrund dieser Eigenschaft vermutete Adolph Goldschmidt ([1926], S. 7) eine direkte Verbindung zum Orient, weil die erhaltenen arabischen Schachsteine häufig einfache Kegelform zeigen. Die Rankenornamentik des Thrones zeigt enge Verwandtschaft mit skandinavischen Rankendekoren, wie sie bei Holz-, aber auch Walroßschnitzereien vorkommen; zu nennen ist etwa ein Türbogen der Stabkirche in Hopperstad/Norwegen, um 1150 (Taylor [1978], Abb. 10) sowie das Fragment eines Thrones (?) im British Museum London (Ausst.kat. London [1984], Nr. 211, Inv.Nr. 11959, 12-2, 1).

Nach Skandinavien als Entstehungsort weist nicht zuletzt das verwendete Material. Walroßzahn, relativ leicht an der spröden Struktur zu erkennen, spielt das gesamte Mittelalter hindurch in den nordischen Ländern eine große Rolle als Material für Schnitzereien und Geräte; Elfenbein stand ja naturgemäß nicht zur Verfügung und konnte nur zu hohen Preisen im Fernhandel beschafft werden. *RM*

Lit.: Goldschmidt (1926); Gaborit-Chopin (1978); Taylor (1978); Ausst.Kat. London (1984).

**4/60 (Abb. 669)**
**Schachfigur, Springer**
Islamisch, 8./9. Jh.
Nashornbein, H 5,3 cm
München, Bayerisches Nationalmuseum
(MA 180)

Die Schachfigur stellt einen Springer in Gestalt eines Ritters zu Pferd vor. Der Ritter trägt einen Schuppenpanzer und einen Rundschild am linken Arm. Sowohl der ursprünglich eingesetzte Kopf als auch die rechte Hand fehlen. Der linke Vorderfuß des Pferdes ist zwischen Huf und Fußgelenk ausgebrochen. Das Schwert und die

Zügel waren wohl aus Kupfer. Das massig wirkende Pferd trägt eine glatte Satteldecke, die durch Absäumungen begrenzt ist. Die Figurengruppe steht auf einem geschnitzten, mit diamantiertem Reliefband verzierten Sockel. Aufgrund einer Inschrift ist der Springer als eine arabische Arbeit nach indischem Vorbild anzusehen. Wenige Schachfiguren aus dieser Zeit sind erhalten. Sie lassen jedoch den Schluß zu, daß sowohl figurale als auch nichtfigurale Spielsteine in dieser frühen Phase gleichzeitig hergestellt wurden.

Der Ursprung des Schachspiels liegt im Dunkeln. Es gehört aber zweifellos zu den ältesten Spielen, die heute noch bekannt und gebräuchlich sind. Mit größter Wahrscheinlichkeit ist Indien als Ursprungsland anzunehmen (6. Jh. n. Chr.), von wo es nach Persien (Iran) gelangte. Nach der Eroberung Persiens durch Omar I. (638–651) mit dem folgenden Anschluß an die islamische Welt erreichte das Schachsspiel die arabischen Länder. Über Nordafrika und Spanien gelangte es in das christliche Abendland. Der Weg des Spieles in die skandinavischen Länder führte wohl direkt über die Handelswege von Byzanz über Rußland nach Gotland. Der Name Schach ist abgeleitet von persischen Shâh (= Herrscher, König), und verweist so noch heute auf seine zweite Heimat. Eine große Bedeutung hatte das Schachspiel als Kriegsspiel, in dem es das Aufeienandfertreffen zweier gleichstarker Heere symbolisierte. So wurde es denn auch in Indien wie die Armee als ›chaturanga‹ bezeichnet. *MD/RM*

Lit.: Goldschmidt, (1926) IV, 263.

*669 (4/60)*

**4/61 (Abb. 670)**
**Schachfigur, Königin**
Um 1200
Walroßzahn, H 7,4 cm
Stockholm, Statens historiska museum
(SHM 893 f)

*670 (4/61)*

**4/62 (Abb. 672, 674)**
**Schachfigur (Turm)**
Französisch, 12. Jh.
Elfenbein, H 6,4 cm, L 6,8 cm, B 2,4 cm
Paris, Musée du Louvre, Département des Objets d'Art (OA 3297)

Als Turm ist diese Schachfigur durch die charakteristische Form zu identifizieren: Der rechteckige Block, der oben zinnenförmig gestaltet ist, erinnert unmittelbar an die arabische Figur des Kriegswagens, die dem Turm entspricht. Aufgrund des Verbotes von Darstellungen menschlicher Figuren im Koran waren arabische Schachsteine, im Gegensatz zu den indischen, unfigürlich abstrakt (Goldschmidt [1926, S. 4-8]).

Auf der einen Langseite des Steines ist ein Reiterkampf dargestellt: zwei Ritter zu Pferde, gerüstet mit Kettenhemd, Helm und Schild, greifen sich mit ihren Lanzen an. Auf der anderen Langseite ist der Sündenfall dargestellt. Eva steht rechts des Paradiesbaumes und nimmt aus dem Maul der Schlange die Frucht entgegen. Gleichzeitig pflückt sie eine weitere vom Baum. Adam, links vom Baum stehend, ißt bereits. Sie erscheinen auf den Schmalseiten noch einmal: links Eva beim Spinnen, rechts gräbt Adam mit dem Spaten; hier gehen sie also ihren Tätigkeiten nach der Vertreibung aus dem Paradies nach. Die Oberseite des Steines zeigt in sehr flachem Relief zwei Vierfüßler, auf den Randleisten ein Muster aus Augenkreisen.

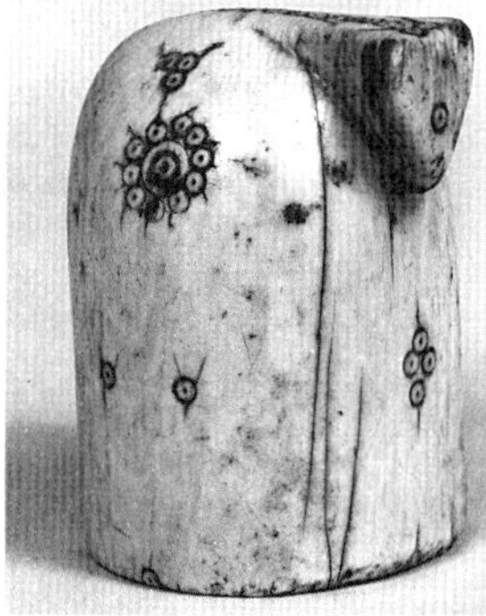

671 (4/64)

672 (4/62)

673 (4/65)

674 (4/62)

Die Verbildlichung der alttestamentlichen Geschichte des Sündenfalls auf einem Schachstein mag zunächst verwundern. Durch die Eindeutigkeit der Form, die die Funktion auf dem Spielbrett definiert, konnte jedoch auf Darstellungen, die diese Funktion erläutern, verzichtet werden. Da immer nur einzelne Stücke erhalten geblieben sind, ist es aber nicht mehr festzustellen, inwieweit in solchen Schachspielen ein einheitliches Thema verfolgt wurde. *RM*
Lit.: Goldschmidt (1926), Wichmann/Wichmann (1960).

**4/63 (Abb. 675)**
**Scharaf ad-Din Musa Firdausi (geb. 1453?)**
**Schatrandschname-i kebir (Das große Schachbuch)**
Türkei, erste Hälfte 16. Jh.
Papierhandschrift, 25 x 17,5 cm
München, Bayerische Staatsbibliothek
(Cod. turc. 250)

Der türkische Dichter Firdausi vollendete das Schachbuch im Jahre 1503 und widmete es dem osmanischen Sultan Bayazid II. (reg. 1481 bis 1512). In zahlreichen Schemata werden Schachprobleme dargestellt, außerdem enthält die am Ende unvollständige Handschrift Anekdoten, Gedichte und Schachlegenden, wobei sich Verse und Prosa abwechseln. Die Beschriftung erlaubt die gleichzeitige Nutzung zweier, sich gegenüber sitzender Spieler. Drei Miniaturen sind erhalten. Die erste zeigt die badende Schirin, die von dem Sasanidenprinzen Khusrau beobachtet wird. Khusrau gilt in der gesamten Schachliteratur als derjenige, der das Schachspiel aus Indien in den Westen gebracht hat.
Lit.: Ausst.kat. München (1982/83).

**4/64 (Abb. 671)**
**Schachfigur, Springer**
Vorderer Orient, 8./9. Jh.
Elfenbein, H 5,2 cm, Dm 3,8 cm
Paris, Musée du Louvre, Section Islamique
(A.O. no. 6264)

Den massiven, oben abgerundeten Block schmücken Verzierungen aus Doppelringen, welche teilweise zu Kreismustern zusammengesetzt sind. Auf der einen Seite des oberen Durchmessers führt ein Vorsprung dreieckig aus der Form heraus. Einfache, durch Kerben oder Vorsprünge charakterisierte Spielsteine der vorgestellten Art sind im Orient vor allem für das frühe Mittelalter sehr geläufig. Sehr ähnliche Elfenbeinsteine befinden sich in Berlin (4/65) und im Metropolitan Museum in New York.
Lit.: Kühnel (1971), Nr. 11, Taf. V.

**4/65 (Abb. 673)**
**Schachstein**
Syrien (?), 8./9. Jh.
Elfenbein, H 6,5 cm, Dm 6,2
Berlin, SMPK, Museum für Islamische Kunst
(I. 4670)

Kurzer, zylindrischer Block. In der oberen Partie zweigeteilt: die eine Hälfte flach mit knopfartigem Ansatz im Zentrum, die andere Hälfte kappenförmig abgearbeitet mit zwei profilierenden Rippen über die Mitte. Der ursprünglich mit Farbe (grün?) ausgefüllte Dekor besteht aus gravierten Kreisen mit Innenpunkt, die sich zu Perlstäben, Kandelabern und kreuzförmigen Motiven zusammensetzen. Auf der flachen Oberseite laufen konzentrische Rillen und ein plastischer Perlstab um den breiten Rand. In die Standfläche sind drei kreisförmige Stifte aus Blei eingelassen, deren Bedeutung noch unklar ist.

Indischen Ursprungs, gelangte das Schachspiel zur Zeit der sassanidischen Könige (224–654 n. Chr.) in den Iran (vgl. 4/60). Mit der islamischen Eroberung Irans verbreitete es sich dann schnell im gesamten islamischen Kulturbereich, in Spanien ist es bereits 848 n. Chr. be-

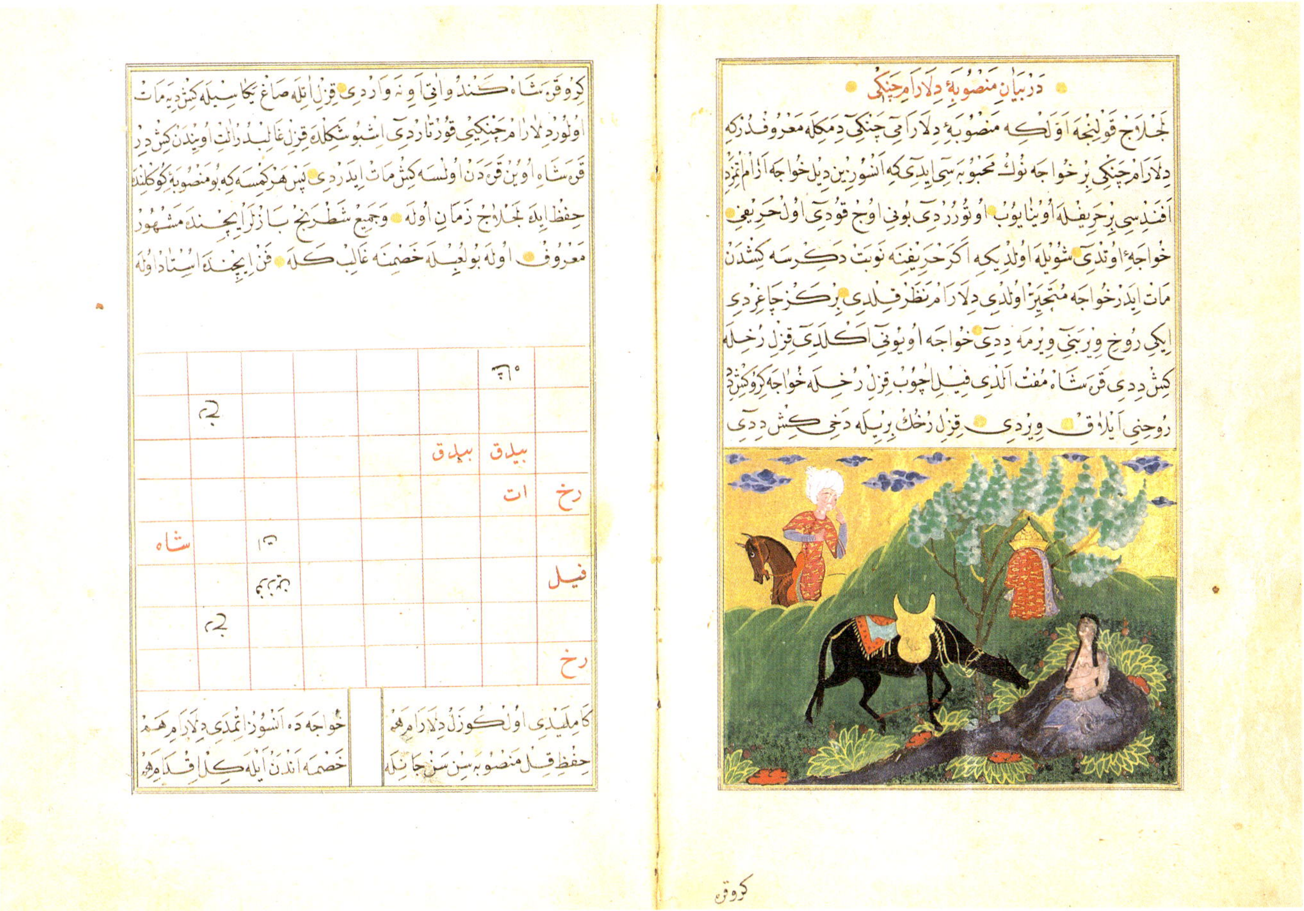

675 (4/63)

kannt, und das erste arabische Schachbuch scheint aus der 2. Hälfte des 9. Jahrhunderts zu stammen. In der Oberschicht war das Spiel sehr beliebt, während Quellen für eine Verbreitung im Volk fehlen.

Die europäischen Schachfiguren gingen zunächst auf die islamischen Vorbilder zurück. Außer figürlichen Spielsteinen, von denen sich allerdings nur wenige Beispiele erhalten haben (vgl. 4/60), waren in den islamischen Ländern besonders Spiele mit ungegenständlichen Figuren beliebt. Einfachste Grundformen mit charakteristischen Unterscheidungsmerkmalen sind typisch. Die Figuren König und Wesir (Dame) sind allerdings bis auf die Größe identisch, so daß nur eine farbige Kennzeichnung oder ein vollständiges Spiel eine Zuweisung erlauben. Der Elefant (Läufer) ist an zwei Hörnern erkennbar, der Reiter (Springer) erinnert an das Profil eines Pferdekopfes, der Kriegswagen (Turm) besteht aus einem rechteckigen Stein mit zwei Zinnen und der Fußsoldat (Bauer) schließlich hat die Form eines einfachen Kegels. Abgesehen von Elfenbein wurden Schachfiguren dieses ungegenständlichen Typs bis ins 13. Jahrhundert aus Bergkristall, Keramik und Metall hergestellt. *JK*

Lit.: Kühnel (1971), Nr. 9 Taf. V.

**4/66 (Abb. 676)**
**Schachfigur, König oder Rat**
Ägypten, 10./11. Jh.
Bergkristall, H 6 cm, Dm 5,5 cm
London, Victoria&Albert Museum, Department of Sculptures (669–1883)

Der Schachspielstein aus Bergkristall, wahrscheinlich König (sah) oder Rat (firzam, entspricht der Königin), stammt wahrscheinlich aus dem Schatz der Kirche zu Ager in Katalonien. Der ovale, oben halbrund geformte Stein ist mit einer Hohlkehle und einem ornamentalen Band mit horizontalen Schrägkreuzmustern eingefaßt. Der übrige, im Scharfschnitt ausgeführte Dekor besteht aus arabeskenartigen Palmettenmotiven. Auf der oberen, abgerundeten Seite sind zudem zwei einander zugewandte Vögel erkennbar. Die Kunst, Glas zu schneiden, entwickelte sich aus der Glyptik in hellenistischer Zeit. Bereits die Römer benutzten gläserne und kristallene Würfel als Spielsteine. Es ist davon auszugehen, daß eine von altersher in Ägypten hoch entwickelte Gewerbetradition zwischen antiker und fatimidischer Kristallschneidekunst vermittelte. *MD*

Lit.: Lamm (1929–30), S. 214, Taf. 76.2.

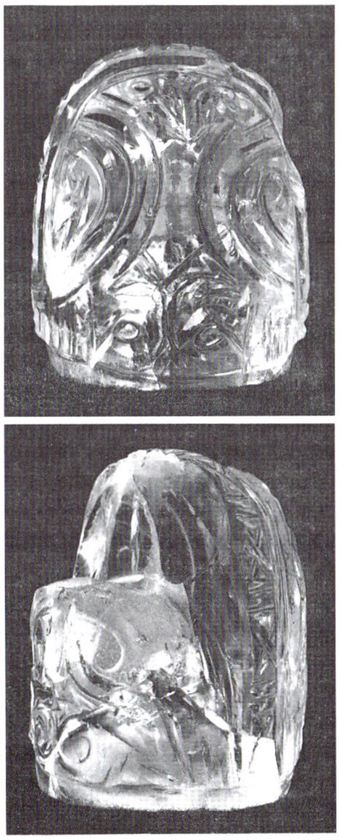

676 (4/66)

677 (4/67)

678 (4/68)

679 (4/69)

**4/67 (Abb. 677)**
**Schachfigur, Springer**
Skandinavien, 13. Jh.
Elfenbein, H 10 cm
Kopenhagen, The National Museum of Denmark, Department of Medieval and Later Antiquities (D 2474)

**4/68 (Abb. 678)**
**Drei Schachfiguren aus der Sammlung Ole Worm**
Um 1400
Elfenbein, H. 8 cm.
Kopenhagen, The National Museum of Denmark, Department of Medieval and Later Antiquities (6021, 9102, 9103)

Im 14. Jh. erreichte die Gestaltung der mittelalterlichen Schachfigur ihren Höhepunkt. Die Hauptfigur wird individualistisch dargestellt und überragt die beigeordneten Figuren, so, wie es die drei hier ausgestellten Spielsteine zeigen. Während die in der Mitte abgebildete, stark verriebene Königin bei Ausgrabungen in Randers Fjord gefunden wurde, befanden sich die beiden anderen Figuren, links eine weitere Königin, rechts ein König, bereits im 17. Jh. in der Sammlung Ole Worm.

Der Königin aus Randers Fjord sind zwei bewaffnete Soldaten und zwei Frauen, wohl Hofdamen, beigeordnet. Die zweite Königin, deren Umhang eine Perlenborte ziert, ist umgeben von einem Stallknecht, welcher die Zügel des Pferdes hält, und zwei mit Speeren bzw. Äxten bewaffneten Knechten. Der einen Schild tragende König wird zu seiner Rechten von einem knieenden Diener gestützt. Zur Linken lehnt sich ein Soldat, auf seine Armbrust gestützt, an die Standarte des Königs. Ein zweiter Soldat bläst das Horn. Die drei Schachfiguren sind nordeuropäischen Ursprungs, der Königsstein aus der Sammlung Ole Worm stammt möglicherweise aus Norwegen. *MD*
Lit.: Liebgott (1985).

**4/69 (Abb. 679)**
**Schachfigur: Springer**
Skandinavien, 14. Jh.
Elfenbein, H 14 cm
Kopenhagen, The National Museum of Denmark, Department of Medieval and Later Antiquities (D 620)

Die Schachfigur wurde im Jahre 1870 bei Ausgrabungen in Kopenhagen gefunden. Sie ist mit 14 cm außergewöhnlich groß. Der Typus des von wesentlich kleineren Armbrustschützen umgebenen Reiters ist zur Zeit um 1400 häufig zu finden. Vergleichbare Figuren sind im Germanischen Nationalmuseum, Nürnberg, und in den Staatlichen Museen Berlin (Ost) zu finden.
Lit.: Liebgott (1985).

**4/70 (Abb. 680, 681, 682)**
**Beatus-Apokalypse**
**Aufgeschlagen: Die Arche Noah** (fol. 15r)
Spanien, 12. Jh.
Illuminierte Pergamenthandschrift
Manchester, The John Rylands University of Manchester (Latin MS. 8)

Insgesamt 32 Beatushandschriften sind vollständig oder in Fragmenten erhalten geblieben. Sie entstanden alle in Spanien vom 9. bis zum 16. Jahrhundert, inbesondere im 10./11. Jahrhundert. Beatus von Liébana, gestorben nach 798, ein Mönch im Königreich Asturien, verfaßte im Jahre 776 einen Kommentar zur *Apokalypse des Johannes* in zwölf Büchern. Gerade zu Beatus' Zeit war die Apokalypse, die den Triumph der Gläubigen über falsche Propheten und Herrscher sowie das Endgericht zum Inhalt hat, höchst aktuell: Die Araber hatten weite Teile Spaniens erobert, außerdem war die Kirche durch dogmatische Streitigkeiten belastet. Bei diesen ging es um die Lehre des Adoptianismus, d. h. um die Frage, ob Jesus Christus als Mensch von Gott adoptiert worden sei. Befürworter dieser Lehre war Erzbischof Elipandus von Toledo, Beatus gehörte zu den entschiedenen Gegnern.

Beatus läßt in seinem Kommentar jeweils kurzen Passagen der Apokalypse darauf bezogene Interpretationen folgen. Diese fußen auf älteren exegetischen Texten, die Beatus in reicher Fülle zur Verfügung gestanden haben müssen, so daß er eher in der Rolle eines Kompilators denn als Urheber des Apokalypsekommentars gesehen werden muß. Schon zu Lebzeiten des Beatus wurde der Kommentar mit ca. 60 Illustrationen ausgestattet, die jeweils zwischen biblischem Text und Interpretation ihren Platz hatten. Im 10. Jahrhundert wurden dem Kommentar Bilder der vier Evangelisten, genealogische Tabellen (von Adam bis Christus) und eine illustrierte Version des Hieronymus-Kommentars zum Buch Daniel angefügt. Die Anzahl der Miniaturen erhöhte sich beträchtlich (auch Darstellungen des Lebens Jesu sind anzutreffen), in der vorliegenden Handschrift etwa finden sich 110 Miniaturen.

Die aufgeschlagene Miniatur (von lat. minium-roter Farbstoff, der in vielen Miniaturen vorkommt) zeigt auf Bl. 15r die Arche Noah (1. Mose 7.8). Die Arche galt den Kirchenvätern als Typus der Kirche, worauf Beatus in einem Exkurs eingeht: *»expositio septem ecclesiarum, qualiter et septem nominantur et spiritualiter per arcam Noe declarantur«*, zu deutsch etwa: ›Darlegung der sieben Kirchen, inwiefern sie sieben heißen und geistlich durch die Arche Noah verkündet werden‹.

Auf der Miniatur sind drei Elemente der Erzählung von der Sintflut vereinigt: die Arche selbst, die Taube auf dem Ölbaum und nach ihrer Rückkehr mit dem Zweig sowie drei Opfer der Flut. Die Arche ist als Haus mit sechs Geschossen zu je sieben Kammern und einem geräumigen Dachstuhl gebildet. In der Mitte des Dachstuhls steht Noah, der das Dach geöffnet hat und die Taube mit dem Ölzweig – sichtbares Zeichen für das Zurückgehen der Wassermassen – empfängt. Neben Noah seine Frau, drei Schwiegertöchter und drei Söhne. In den farbig ausgemalten Kammern (die Farben Rot, Dunkelgrün, Gelb und Blau sind diagonal angeordnet) sind in den oberen drei Geschossen Vogelpaare, fast durchgängig bei der Balz, dargestellt. In den drei unteren Stockwerken folgen Paare der verschiedensten Land- und Fabeltiere. Mit der Darstellung im zentralen Raum des obersten Stockwerkes ist wahrscheinlich ein Ziborium gemeint, welches die Arche über die oben angedeutete Auslegung hinaus auch bildlich als Kirche kennzeichnet. In den Feldern rechts und links daneben je ein einzelner Vogel. Rechts der Rabe, dessen Partner ja von Noah als Kundschafter ausgesandt worden war, der sich jedoch als unzuverlässig erwies. Er pickt auf der Miniatur einer der drei unter der Arche liegenden Leichen gerade die Augen aus. Links die Taube, deren Gegenstück sich als zuverlässige Kundschafterin erwies, sie ist rechts auf dem Baum, einen Ölzweig brechend, und bei ihrer Rückkehr in die Arche gezeigt. Die Eck-Räume links oben und rechts unten scheinen Küche bzw. Ankleide- und Toilettenraum zu sein (vgl. James [1921], S. 19).

Die Arche Noah ist in dem für die Beatus-Handschriften üblichen Schema dargestellt: als Haus, Noah und seine Familie im Dachstuhl, geöffnetes Dach für die zurückgekehrte Taube, die Tiere in Geschossen. Häufig findet sich auch die Darstellung der Sintflutopfer, während das Wasser selbst nicht dargestellt ist; seltener der Baum mit der Taube und vor allem die Kammeraufteilung der Stockwerke. Unter den Tieren sind viele zu erkennen, deren Erscheinen hier auf orientalischen Einfluß zurückzuführen ist. Im zweiten Geschoß etwa sind Paare von Greifen und Drachen zu sehen. (Im 12. Jahrhundert waren solche Fabelwesen zwar längst formales Allgemeingut geworden; ursprünglich gehen sie aber auf orientalische Seidenstoffe zurück, die durch Handel oder mit Reliquien ins Abendland gelangten. In vielen Kirchenschätzen haben sich solche Seidengewebe, z.T. als winzige Fragmente, erhalten, sie zeigen Jagden, Tierkämpfe oder auch nur gegenständige Fabelwesen (vgl. z.B. Ausst.kat. Köln [1985], Nr. E 48, 94, 103–106). Der orientalische Einfluß ist auch in anderen Miniaturen zu bemerken, so etwa bei der Darstellung des Untergangs von Babylon (Bl. 181v/182r). *RM*

Lit.: James (1921), Nr. 8, pl. 15–22; Neuss (1931), S. 50/51, zur Arche S. 71–73 mit Abb. 94; Ausst. kat. Brüssel (1985), Nr. 17 (mit weiterer Lit.).

*680 (4/70)*

**4/71 (Abb. 683)**
**Reliefplatte mit Fabelwesen**
Iran (Khal Tarkhan), 7./8. Jh
Stuck, 15,5 x 15,5 cm
Berlin, SMPK, Museum für Islamische Kunst (I. 6642)

Die kleine, quadratische Platte zeigt ein Fabelwesen, den Senmurw. Er ist nach links innerhalb eines an manchen Stellen überschnittenen Perlkreises dargestellt. Die Platte stammt aus einem in sassanidischer Zeit begonnenen, in frühislamischer Zeit weiterdekorierten Gebäude einer zoroastrischen Gemeinde in Nordostiran. Die Senmurwplatten waren innerhalb eines umfangreichen Bildprogrammes zu einem fortlaufenden Fries vereint. Der Senmurw ist ein zur Zeit der iranischen Dynastie der Sassaniden (224–651 n. Chr.) entstandenes Mischwesen, das aus unterschiedlichen Tieren geschaffen wurde. Kopf und Vorderpfoten stammen von einem Hund, Flügel und Schwanz sind hingegen von Pfauen übernommen. Dieser seltsame Hundevogel, häufig, wie auch in diesem Fall, mit ausgestreckter Zunge dargestellt, war für die Zoroastrier ein Wesen mit vielfältiger Bedeutung. Als Verteiler der Samen des Lebensbaumes sorgte er für die vom Regen abhängige Fruchtbarkeit der Erde. Daraus entstand für die Menschen Wohlstand und Glück. Sein wohltätiges Wesen war auch die Ursache für eine enge Verbindung mit den sassanidischen Königen, deren Erfolg in Kriegs- und Friedenszeiten er garantierte. Zudem war der Senmurw ein Sternbild.

Die unterschiedlichen Bedeutungsebenen waren ein Grund für das lange Weiterleben des

681 (4/70)

682 (4/70)

683 (4/71)

684 (4/72)

Senmurw in der islamischen als auch in der frühmittelalterlichen europäischen Kunst. Bei gleicher bildlicher Darstellung dieses Symbols war eine vielfache Deutung möglich. *JK*

Lit.: THOMPSON (1976), SCHMIDT (1980), 1–85.

**4/72 (Abb. 684)**
**Prunkplatte**

Mittelasien, 9./10. Jh
Silber, teilvergoldet, getrieben und graviert; H 3 cm, Dm 35, 8 cm
Berlin, SMPK, Museum für Islamische Kunst, (I. 4926)

Ostpersien und Mittelasien waren die silberreichsten Landschaften der islamischen Welt, in denen die Kunst der Silberschmiede blühte. Silbergeschirr gehörte zu den Statussymbolen der Oberschicht, und die literarischen Quellen bezeugen den Gebrauch bei höfischen Banketten. Zudem liefern sie eine Erklärung dafür, daß von den unbeschreiblichen Mengen an Silber nur ein geringer Prozentsatz erhalten geblieben ist: Silberwaren bildeten die klassischen Kapitalreserven für Krisenzeiten, in denen sie den Münzstätten zugeführt werden konnten.

Die Servierplatte, von ungewöhnlicher, achteckiger Form, zeigt eingepunzten Flechtbanddekor mit untereinander verbundenen Medaillons, die seit dem 10. Jahrhundert zur Gliederung der Metallwaren beitragen. Das Mittelmedaillon und die seitlichen, den Kanten zugeordneten Medaillons enthalten die sich wiederholenden Bilder eines Senmurv oder einer Pflanze. Die ornamental aufgefaßte und reich gemusterten Motive gehen auf unterschiedliche Traditionen zurück, die für die Lokalisierung der Werkstatt von Bedeutung sind. Die ungewöhnliche Pflanzenform scheint von der buddhistischen Lotusknospe abgeleitet zu sein, während in dem Senmurv ein vorislamisches, iranisches Motiv zur Darstellung gelangt, das den Sassanidenkönigen vorbehalten war und ihre Gewänder zierte. Das durch den Drachenkopf, Flügel und Schwanzgefieder gekennzeichnete Fabelwesen wurde von der frühislamischen Kunst Irans beibehalten, da es die Kultur der legendären Großmacht reflektierte, die man sich anzueignen suchte. Das Weiterleben war nicht nur auf lokale Repräsentationsgeräte und Prunkstoffe beschränkt, sondern weitete sich auf den vorderasiatischen Großraum aus, wo sich das ehemalige Machtsymbol auf den Luxusseiden bis in das 12. Jahrhundert halten konnte, wohl weil exotische Motive die Herkunft aus fernen Ländern suggerierte und den Wert der Ware steigerten.

Silbergeräte mit Senmurvdarstellungen waren zu dieser Zeit längst aus der Mode. Die Luxusindustrie, die sich in den Gebieten der ergiebigen Silberminen Ostpersiens und Mittelasiens entwickelt hatte und für festfreudige Hofhaltungen und den lukrativen Export arbeitete, hatte unter den politischen Krisen zu leiden, die das Samanidenreich im späten 10. Jahrhundert erschütterten, und ging unter dem Ansturm der Turkstämme zugrunde. *AVG*

Lit.: SARRE (1931), S. 99f.

**4/73 (Abb. 685)**
**Fragment eines Senmurv-Stoffes**
Iran (?), 8./9. Jh.
Seidenstoff, 31 x 28 cm
London, The Trustees of the Victoria & Albert Museum (761-1893)

Als ein unschätzbares Kompendium persischer Textilformen können die Felsenreliefs des Iwan von Tak-i-Bustan im persischen Kirmanschah bezeichnet werden, die sich ein sassanidischer König als Denkmal gesetzt hat. Einige der Gewandmuster haben sich auf Reliefs erhalten, so daß es möglich ist, gewisse Textilien bzw. Muster als eindeutig persisch zu identifizieren. Das Gewand des Königs auf dem Relief von Tak-i-Bustan zeigt ein phantastisches Tierornament im Kreismedaillon, welches sich nahezu identisch auf einer Seide in London (Victoria & Albert Museum) wiederfindet. Byzantinische Weber haben in späterer Zeit solche persischen Vorlagen imitiert. Aller Wahrscheinlichkeit nach liegt ein solcher Fall hier vor, denn die wohl als antikisches Fruchtgebinde aufzufassende Kreiseinfassung wäre ein Indiz dafür, daß der vorliegende Stoff in Byzanz hergestellt wurde. Der als Vogel ›Simurg‹ bzw. ›Senmurv‹ zu interpretierende hundeköpfige Pfauendrache ist erst in sassanidischer Zeit zu den bereits im Achämeniden-Reich bekannten Mischwesen in Persien hinzugekommen. Dieses Mischwesen erscheint fast ausschließlich in Medaillons und ist aus diesem Grunde wohl aus der Textilkunst hervorgegangen. Im ›Bun-Dahisn‹ wird der Senmurv eine Fledermaus genannt und besteht auch wie diese aus drei Bestandteilen. Diese drei Teilaspekte sind bei der Fledermaus die eines Hundes, eines Vogels und eines Moschustieres, denn sie kann fliegen wie ein Vogel, hat viele Zähne wie ein Hund und lebt in Löchern wie eine Moschus-(= Bisam-)ratte. Danach haben C. Trever und J. Orbeli den in der sassanidischen Kunst vorkommenden Pfauendrachen, der aus Hundekopf, Löwentatzen und Pfauenflügeln und -schwanz zusammengesetzt ist, mit dem Senmurv gleichgesetzt. *KP*

Lit.: Falke (1913), Bd. I Abb. 91-95, Bd. II, S. 11, Abb. 236; Harper (1961), S. 95ff; Trever (1938).

*685 (4/73)*

**4/74 (Abb. 201)**
**Greifenaquamanile**
Maasländisch oder deutsch, um 1150
Bronze, vergoldet, Silber und Niello,
H 18,3 cm
London, The Trustees of the Victoria & Albert Museum (1471–1870)

Das Aquamanile zeigt ein Mischwesen, das angesichts der vielen verschiedenen Elemente nicht eindeutig benannt werden kann. So erinnert der Kopf an einen Hund, die Beine zeigen Löwenpranken, die Schwanzfedern sind vom Umriß her mit einem Pfauenschwanz vergleichbar. Mit diesen Charakteristika ruft das Aquamanile den islamischen Senmurw, ein Mischwesen aus Hund und Vogel, in Erinnerung. Der Senmurw entstammt der iranischen, genauer der zoroastrischen Mythologie. In dem Awesta, dem Buch der Lehre des Zarathustra (wahrscheinlich 6. Jh. v. Chr.), wird der Senmurw mit einem wohltätigen Charakter erwähnt: Der Baum, den er bewohnt, birgt alle Samen in sich, der Senmurw läßt die reifen Samen mit dem Regen auf die Erde fallen. Dieses mythologische Wesen erscheint, wohl auch wegen seines positiven Charakters, häufig auf Stoffen, Metallgegenständen, Stuckfliesen (4/71–4/73).

Dargestellt wird der Senmurw schon seit dem 5. Jahrhundert. Durch die Vermittlung von Seidenstoffen oder Darstellungen auf Keramiken oder Silberwaren erreichte der Senmurw das Abendland. Das ausgestellte Aquamanile hat mit Darstellungen auf einigen Stoffen eine so große Ähnlichkeit (4/73), daß man geneigt ist, anzunehmen, der Künstler habe einen solchen gekannt; als Vorlagen könnten aber auch Silberteller gedient haben (vgl. Harper [1961], fig. 1, 2).

Nicht nur die Form dieses Aquamaniles, auch die technische Raffinesse ist bemerkenswert. So sind das Rautenmuster der Flügel und einige weitere Details nielliert – d.h., eine aus Silber, Blei, Schwefel u.a. bestehende Masse ist auf die vorher ausgehobene Fläche oder Zeichnung aufgebracht und eingeschmolzen; an Brust und Schwanz sind große Flächen mit Silber tauschiert. Unter den erhaltenen Aquamanilen sind nur wenige mit vergleichbarem Aufwand verziert. *RM*

Lit.: Ausst.Kat. Stuttgart (1977); Cruikshank Dodd (1969); Falke/Meyer (1935); Harper (1961); Medieval Treasury (1986).

**4/75 (Abb. 686)**
**Monogrammist h.w.**
**Moses führt die Kinder Israels nach Ägypten**
1481
Kupferstich, 18,8 x 24,5 cm
München, Staatliche Graphische Sammlung München (11120)

Das vorliegende Unikat ist eines von 17, dem Meister *h.w.* zugeschriebenen Kupfern, das auf Grund seiner festen, harten Stechweise dem bayrischen Goldschmied Hans von Windsheim zugeordnet wurde. Der ungewöhnlich hochgezogene Landschaftshorizont erlaubt eine Bildkomposition in zwei Ebenen. Während die Israeliten unter der Führung Moses' durch die im Bilde keineswegs öde Wüste ziehen, beherrschen zwei miteinander in Kampf stehende Fabeltiere den Vordergrund: Ein Greif und ein Drache. Der dem Mythos des Alten Orients entstammende Greif – halb Adler, halb Löwe von Gestalt – hat durch die Deutung des *Physiologus*, wo er zu den sieben Tieren der sogenannten byzantinischen Redaktion zählt, in der christlichen Kunst des Abendlandes allgemeine Verbreitung gefunden. Sein zweideutiges Wesen konnte in sich sowohl die Mächte des Guten wie auch des Bösen verkörpern. Im Zusammenhang eines antithetisch, bisweilen um einen Lebensbaum angeordneten Tierpaares erfüllt er zumeist dekorative Aufgaben. Als Goldschmied möchte sich der Meister etwa am Beispiel eines Aquamanile (vgl. 4/74) mit dem Aussehen eines Greifen vertraut gemacht haben, vielleicht aber auch anhand einer Medaille, wie der des Condottiere Niccolo Piccinino, eines Meisterwerks von Pisanello, deren Revers den Greifen als Stadtemblem der Perugianer zeigt.

Ist auf dem Blatt des Monogrammisten die Hieratik spiegelbildlicher Anordnung auch nicht völlig überwunden, so hat man den Kampf zweier in Greif und Drache vergegenwärtigter Prinzipien hier sicherlich als substantiell aufzufassen. Jene Mächte, deren Gegensatz die Epoche am entscheidendsten prägten, sind ohne Zweifel Kaiser und Papst. Der verdorrte Baum des Lebens gibt einen Hinweis auf die verheerenden Folgen ihres Streites. Aus einer von Verwüstung gezeichneten Lage weist Moses selbst den Weg. Eine Generation später wird der Protestantismus den Auszug der Kinder Israels aus Ägypten auf sich und sein Ziel, die Loslösung von Rom, beziehen. Der Monogrammist scheint einer solchen Auffassung in der verrätselten Form eines Visionsbildes vorzuarbeiten. *R/SB*

Lit.: Geisberg (1939); Lehrs (1932).

**4/76**
**Greifenaquamanile**
Niedersachsen, 13. Jh.
Bronze, gegossen und ziseliert,
H 25 cm, L 22,9 cm
Paris, Musée du Louvre, Département des Objets d'Art (OA 3049)

Mit breitem, rundem Körper ruht dieser Greif auf erstaunlich dünnen Beinchen, die nur in angedeuteten Klauen enden. Die Flügel sind gerade nach hinten gestreckt, kürzere Unterfedern als Stütze nach unten gestellt. Der Schwanz ist als Griff hochgebogen – sehr naturalistisch die Quetschfalten am Schwanzansatz –, zwei sich abteilende Stränge legen sich kreisförmig, die Schultern markierend, an die Flügel und enden in Blättern. Der Kopf mit der langen Nase und dem stumpfen Maul erinnert an einen Hundekopf. Die Eingußöffnung befindet sich unter dem Schwanz, der Ausguß im Maul.

Seit dem 12. Jahrhundert etwa haben sich solche oder ähnliche, zum großen Teil als Löwen gestaltete Aquamanilen (von lat. aqua: Wasser, manus: Hand, also Gefäße zur Handwaschung) in erstaunlicher Fülle erhalten. Sie lösen die sonst gebräuchlichen Kannen ab. Wahrscheinlich hat sich die Tierform der Aquamanilen aus islamischen Tierbronzen entwickelt, die als Räuchergefäße oder ebenfalls Aquamanilen in Gebrauch waren (vgl. Cruikshank Dodd [1969]); aber auch Seidenstoffe sind als Vermittler anzunehmen. Die islamischen Bronzen und Textilien gelangten überwiegend im Zeitalter der Kreuzzüge, durch Kreuzfahrer und Kaufleute, in das Abendland. Als Indiz dafür ist das Auftreten der Aquamanilen hier erst im 12. Jahrhundert, nach dem ersten Kreuzzug (1096), zu werten. Kostbare Stoffe gelangten auch als Umhüllung mit Reliquien ins Abendland.

Tieraquamanilen der islamischen Kunst haben sich in ungleich geringerer Zahl erhalten, detaillierte Ableitungen fallen deswegen außerordentlich schwer. Phantastische Fabelwesen, wie etwa das Hamburger Aquamanile (4/78) und Drachen wie hier kommen außerdem eher auf Metallgefäßen oder Textilien vor, bei den Tierbronzen überwiegen ›realistische‹ Formen (Enten, Rehe, Löwen). Bei den Tieraquamanilen ist wahrscheinlich in erster Linie die Idee weniger die genaue Gestaltung, von islamischen Tierbronzen herzuleiten. Allgemein wird angenommen, daß die z.T. recht phantastisch gestalteten abendländischen Tieraquamanilen im kirchlichen wie profanen Bereich gebräuchlich waren. Da die Darstellungen kaum eindeutig zu interpretieren sind, ist es nicht möglich, die eine oder andere Funktion genau bestimmen zu wollen. In Quellen werden Tiergefäße für die liturgische Handwaschung jedenfalls seit dem 12. Jahrhundert, für den profanen Gebrauch erst seit dem 14. Jahrhundert genannt. Eine Miniatur im Psalter von Bonmot (Falke/

*686 (4/75)*

Meyer [1935], Abb. 249) zeigt allerdings schon im 13. Jahrhundert ein Drachenaquamanile in profanem Gebrauch. Aquamanilen gelangten wohl auch als Schenkungen im Laufe der Zeit in kirchlichen Besitz. *RM*

Lit.: Falke / Meyer (1935); Mende (1980); Cruisshank Dodd (1969); Bloch (1981).

**4/77 (Abb. 203)**
**Drachenaquamanile**
Maasländisch, zweite Hälfte 12. Jh.
Bronze, vergoldet und ziseliert, H 13,7
Stuttgart, Württembergisches Landesmuseum (1960–350)

Dieser Drache ist im Originalbestand sehr fragmentiert erhalten, die Pranken, der Schnabel, der volutenartige Schwanz, auf den der Drache sich stützt, und eine kleine Volute an der Eingußtülle sind deswegen in Kunststoff ergänzt. Die Haltung des Tieres, der Griff und die verzierten Medaillons auf den Flügeln lassen die Verwandtschaft mit dem Drachenaquamanile in London (4/74) trotzdem erkennen. Beide Tiere zeigen auch den Musterstreifen, der über Hals und Brust vertikal verläuft, in London allerdings detailfreudiger ausgebildet. Wie bei dem Londoner Aquamanile sind bestimmte Details mit Silber eingelegt gewesen, etwa die Schwungfedern. Der Kopf ist jedoch eher von einem Vogelkopf abgeleitet. Stilistisch gehören beide Aquamanilen zusammen, obwohl das Londoner wegen größerer Detailfreudigkeit und größerer Plastizität als qualitätvoller anzusehen ist. *RM*

Lit.: Falke (1926/27), S. 6; Falke/Meyer (1935), Nr. 267.

**4/78 (Abb. 687)**
**Drachenaquamanile**
Niedersächsisch (?), erste Hälfte 13. Jh.
Bronze, Augen in Glas eingelegt, 34,3 x 34,9 cm
Hamburg, Museum für Kunst und Gewerbe (1959. 307)

Überaus reich in Form und Dekor ist dieser Drache gestaltet. Er sitzt hoch aufgereckt und stützt sich auf seine Löwenbeine und die nach unten gestellten Flügel. Die Augen sind weit geöffnet, der Blick geradezu lebendig durch das eingelegte rote Glas, und die Ohren sind flatternd aufgestellt. Der Schwanz ist eingerollt und endet in einer Palmette. Als Griff dient ein kopfloses Tier, an dem ein Männlein turnt.

Der Körper des Drachen ist gänzlich mit ornamentalen und vegetabilen Motiven geschmückt. Außerdem zeigen die beiden Flügel Medaillons mit einem Reiter, nach Erich Meyer (Meyer [1950], S. 103) Hinweis auf den Gebrauch in einem fürstlichen Haus, was jedoch hypothetisch bleiben muß. Drei weitere Figuren bewegen sich um den Hals des Drachen: ganz vorne an der Kehle ein Affe, der eine Frucht ißt und eine weitere in der Hand hält

*687 (4/78)*

(Sinnbild des Teufels oder der Sünde), links davon ein Mann, der anscheinend dem Affen eine Frucht nehmen will (Sinnbild der Unmäßigkeit). Diese drei Figuren läßt der Drache unbehelligt, während er einen Mönch gerade herunterschlucken will. Der Drache selbst repräsentiert also das Böse. Die Kapuze des Mönches dient als Ausguß, der Einguß befindet sich direkt auf dem Kopf des Drachen.

Das Drachenaquamanile mutet in seiner Phantastik sehr fremdländisch an; deswegen wurde es häufig als ein Beweis für den orientalischen Einfluß bei der Entwicklung der abendländischen Aquamanilen angeführt. Diese Einflüsse sind jedoch noch nicht genau erforscht. Häufig sind die islamischen Tierbronzen ebenfalls über und über verziert, der Tierkörper wird zur Folie für das Ornament. Allerdings sind die Muster auf den islamischen Bronzen oft kleinteiliger; bei dem Drachenaquamanile ist der Dekor dagegen recht willkürlich verteilt, nur die Flügel sind durch den Verlauf der Musterstreifen angedeutet. Die phantastische Form des Drachen ist ähnlich auf islamischen Keramiken anzutreffen (vgl. Dodd [1969] Abb. 12). *RM*

Lit.: Meyer (1950); Ausst.Kat. Hamburg (1962), Abtlg. III, Nr. 1; Meyer (1960), S. 12, Abb. 16/17; Ausst.Kat. Stuttgart (1977), Nr. 656.

**4/79 (Abb. 688)**
**Räuchergerät in Vogelform**
Mesopotamien, um 800
Bronze, kupfer- und silbertauschiert, H 34 cm
Berlin, SMPK, Museum für Islamische Kunst (I. 5623)

Die knapp und kraftvoll gestaltete Vogelfigur bildet einen Höhepunkt des figürlichen Bronzegusses. Sie entstand nach dem in der vorislamischen Antike praktizierten Wachsausschmelzverfahren, von dem die auf der Vogelbrust noch sichtbaren Reste von Kupferstiften herrühren, die den Gußkern mit dem Mantel verbunden hatten. Die Vogelfigur diente als Räuchergefäß und besaß am Bauch eine verschließbare Öffnung zur Einführung der aromatischen Substanzen, der Rauch entwich durch Öffnungen an Kopf, Schnabel und Brust. Die vier bekannten Bronzen dieser Form (Leningrad; Lucca, Chiesa di San Frediano; Sinai, Katharinenkloster) sind durch das inschriftlich auf das Jahr 180 H. (796/97 n. Chr.) datierte Stück der Ermitage in die frühe Abbasidenzeit datiert, in der das islamische Metallhandwerk zu bedeutenden Leistungen angeregt wurde. Allen Figuren gemeinsam ist ein großes, auf die Brust plaziertes Medaillon, während der weitere Dekor bis auf die Gestaltung des Gefieders durch Schuppen mit betonten Mittelpunkten uneinheitlich ist. Wie an dem datierten Beispiel wurde auch bei der ausgestellten Vogelfigur Tauschierung beobachtet, mit Silber sind die Konturen der leicht erhabenen Wirbelrosetten und entsprechender Halbrosetten auf Brust und Flügeln hervorgehoben, während die schuppenartigen Federn mit Kupferdraht gekennzeichnet werden. Eine schwarze Masse sorgt für die Fixierung der oberflächlich aufgebrachten Bleche und Drähte und steigert den Farbkontrast.

Wahrscheinlich waren einst große Teile des Medaillondekors, der die kraftvoll geschwungene und sicherlich in regelmäßigen Abständen auf Hochglanz polierte Vogelbrust bedeckt, durch Tauschierung hervorgehoben. In einigen der Medaillons und am Hals werden Tiere zur Darstellung gebracht, meist Vögel und Hasen, die von Rankenwerk mit charakteristischen fünfteiligen Weinblättern begleitet werden, das sich auch auf der Unterseite der Bronze fortsetzt. Einzelne Dekorelemente finden sich auf frühislamischen Prunkkannen wieder, die wie die sogenannte Marwan-Kanne eine Vogelfigur als Ausguß haben und am Henkel das Delphinmotiv verwenden, das in Verbindung mit einem Vierfüßler an der ausgestellten Bronze zu sehen ist. Auch die Tauschierung wird bei ihnen eingeführt.

Die lebensgroßen, auf den weitgespreizten, hier abgebrochenen, Krallen standfesten Vogelfiguren müssen in der führenden Bronzegießerei der Zeit entstanden sein. Die Erstellung des Gußmodells aus Ton und seine Umsetzung in Bronze waren Arbeitsgänge, die einen hohen Grad an Spezialisierung erforderten. Die folgende Verzierung, die bei den vier genannten Parallelen unterschiedliche Elemente und abweichende Verfahren zeigt, kann in verschiedenen Betrieben erfolgt sein. Auf dem Leningrader Gegenstück ist der Herstellungsort genannt und versuchsweise als Qasan (das iranische Kaschan) gelesen worden. Die eingeritzten Motive der Bronzen sind mit dem frühabbasidischen Dekorationsstil, der bisher vor allem in Mesopotamien erfaßt worden ist, gut zu verbinden. Als Räuchergeräte dienende Vogelfiguren gehörten über fünf Jahrhunderte zu den handwerklichen Spitzenerzeugnissen der islamischen Bronzegießer, die auch in Europa Anklang fanden. *AVG*

Lit.: Sarre (1930), 159ff.

**4/80 (Abb. 199)**
**Löwenaquamanile**
Ägypten oder Sizilien, 10./11. Jh.
Bronze, geritzt, H 29,5 cm L 31 cm
Kassel, Staatliche Kunstsammlungen, Hessisches Landesmuseum (B VIII 115)

Die Bronzefigur eines stehenden Löwen, die wahrscheinlich nach dem Wachsausschmelzverfahren gegossen wurde, gehörte zu einem der für islamische Palastanlagen typischen Brunnen. Die Kühle des fließenden und sprühenden Wassers war ein Luxus, den sich die Oberschicht zu allen Zeiten leistete. Neben löwenkopfförmigen Wasserspeiern, die auf antike Vorbilder zurückgehen, kamen in der frühislamischen Zeit Fontänen in Form von Löwen auf, die literarisch bezeugt und seit dem 11. Jahrhundert auch in Stein oder in Bronze erhalten sind. Die wasserspeienden Löwen erhoben sich auf dem Rand eines Wasserbeckens oder auf einer Säule in seiner Mitte. Gelegentlich dienten Löwenfiguren aber auch als Stützen, indem ein Bassin auf ihrem Rücken ruhte, aus dem Wasser durch Körper und Maul in Kanäle abgeleitet wurde.

Bei dem ausgestellten Löwen strömte das Wasser nicht nur aus dem zwischen den Zähnen sichtbaren Rohr, sondern es rieselte auch aus den Öffnungen von Augen, Ohren und Nase herab. Der Löwe ist mit einer Höhe von fast 30 cm beträchtlich größer als die beiden bronzenen Brunnenlöwen der Fatimidenzeit, welche die nächsten Parallelen bilden. Wie der eine von ihnen trägt er eine arabische Inschrift, die im Kufi-Duktus auf eine Seite des Rückens graviert wurde und den Namen des Meisters Abdallah überliefert.

Wasserspeiende Löwen wurden offensichtlich in verschiedenen Größen, auch in monumentalen Versionen hergestellt. Bekannt ist, daß Abd ar-Rahman III. im Jahre 941 einen vergoldeten Löwen am Endpunkt der Wasserleitung von Cordoba aufstellen ließ, der als Fontäne das große Auffangbecken überragte. Durch die Löwenfigur, die schon zu ihrer Zeit als Sehenswürdigkeit galt, wurde die Leistung des Emirs in das allgemeine Bewußtsein gerufen. Der Löwe, König der Tiere, war als Machtsymbol anerkannt, und das Bildmotiv des Herrschers auf dem Löwenthron führte somit dessen Stellung besonders anschaulich vor Augen.

Die ausgestellte Löwenfigur stammt wahrscheinlich aus einer der fatimidischen Werkstätten Ägyptens, da nach dem Guß keine weitere Verzierung durch eingravierte Motive erfolgte, wie es bei Tierbronzen aus anderen Regionen der islamischen Welt, vor allem aus Spanien, häufig der Fall ist. Neben Löwen sind Elefanten, Giraffen, Gazellen und Vögel als Brunnenfiguren literarisch bezeugt oder in Form von Bronzestatuetten überliefert. Die Vorstellung von wasserspeienden Tierfiguren war vor allem im östlichen Mittelmeerraum tief verwurzelt, wie die Beschreibung des Brunnens der Hagia Sophia in Konstantinopel mit seinen vielfältigen Brunnentieren erkennen läßt. Die fatimidischen Bronzen, darunter auch Gießgefäße in Tierform, dienten als Vorbilder für die abendländischen Tieraquamanilen. *AVG*

Lit.: Sarre/Mastin (1912), Nr,. 3122, Taf. 154.

**4/81**
**Aquamanile (Gießlöwe)**
Niederlothringen, 12. Jahrhundert
Bronze, gegossen, ziseliert, Spuren von Vergoldung; H 26,4 cm, L 30,1 cm
Wien, Österreichisches Museum für angewandte Kunst (KHM 561)

Mit dem walzenförmigen, ausladenden Körper, der mächtigen Brust und dem Hinterteil ist dieses Aquamanile dem fatimidischen Bronzelöwen aus Kassel erstaunlich gut vergleichbar (4/80) (vgl. Erich Meyer [1959]). Jedoch sind die angenommenen Einflüsse der islamischen Tierbronzen auf abendländische Aquamanilen bislang nicht im einzelnen belegt worden; insgesamt scheint eher die Idee als die formale Ausbildung von islamischer Tierplastik beeinflußt (vgl. 4/76). Die Lokalisierung dieses Stückes in Niederlothringen erfolgte über Verbindungen zu einem Aquamanile in Maastricht mit ähnlich gedrungenen, aber weitaus organischer gebildeten Körperformen. Der Löwenkopf allerdings findet seine nächsten Verwandten in Türziehern, die wohl in der Magdeburger Gußwerkstatt hergestellt wurden (Ursula Mende). In der zweiten Hälfte des 12. Jahrhunderts wurden in dieser Werkstatt mehrere großformatige, bedeutende Bronzen geschaffen. *RM*

Lit.: Falke/Erich (1935), Nr. 350; Mende (1984); Meyer (1959), S. 317–322; Mende (1984), S. 7–12; Ausst.kat. Aachen (1965); Fillitz (1954); Bildführer Wien (1987); Flemming/Lehmann (1974).

**4/82 (Abb. 202)**
**Löwenaquamanile**
Norddeutsch, Anfang 13. Jh.
Bronze, gegossen und ziseliert,
H 18,5 x 16,5 cm
Köln, Erzbischöfliches Diözesan-Museum
(H2–15)

Der Löwe steht ganz gerade und aufrecht mit hochgerecktem Kopf. Seine Mähne ist nur an der Brust mit breiten, in Kringeln endenden Locken angegeben; der in einer Blattform abschließende Schwanz ist um den rechten Oberschenkel gelegt. Die Beine mit angedeuteten Gelenken sind an den Rückseiten als behaart gekennzeichnet, während die Löwenpranken nicht angedeutet sind. Die Eingußöffnung für den Gebrauch als Wasserkanne befindet sich auf dem Kopf – der Deckel fehlt –, im Maul hält der Löwe eine Tülle als Ausguß. Den Griff bildet ein schlankes, stilisiertes Tier. Unabhängig von der Darstellung tierspezifischer Details sind die Oberschenkel von Vorder- und Hinterbeinen mit stilisierten Blattmotiven verziert. Solche rein ornamentalen Ziselierungen finden sich auf islamischen Tierbronzen recht häufig, z. B. bei einem Räuchergefäß in der Form eines Falken in Berlin (4/79). Bei diesen Tierbronzen ist allerdings oft das gesamte Tier mit Ornamenten überzogen, die z.T. Gefieder o.ä. nachahmen. Die Verzierung des ausgestellten Gießlöwen gibt also nur sehr verhaltene Hinweise auf die islamische Tradition. Metallgeräte in Löwenform waren in der islamischen Kunst sicher weit verbreitet und könnten als Vorlage für die Löwenaquamanilen gedient haben. *RM*
Lit.: Falke/Meyer (1935), Nr. 376; Schulten (1978), Nr. 205.

**4/83 (Abb. 195)**
**Greifenfigur**
Andalusien, um 1000
Bronze, 102 x 32 x 82 cm
Pisa, Museo dell'Opera del Duomo di Pisa (1/32)

Der Greif ist mit einer Höhe von einem Meter die größte Bronzestatue, die aus der islamischen Welt bekannt geworden ist. Bis zum Jahre 1828 erhob sie sich auf einem Giebel des Doms von Pisa und wurde als Kriegsbeute erklärt, die von einem der mittelalterlichen Eroberungszüge der Pisaner mitgebracht worden sei, wobei die Version vom Feldzug gegen Almería im Jahre 1089 am meisten einleuchtet.

Die Technik des figürlichen Bronzegusses, die von den Vorgängerkulturen übernommen worden war, wurde im islamischen Orient seit dem 8. Jahrhundert mit Meisterschaft praktiziert. Die durch den Kupferbergbau besonders begünstigten Landschaften Vorderasien und Spanien verfügten bald über die führenden Bronzegießereien, deren Spezialität Tierbronzen bildeten, die als Räuchergefäße oder Brunnenfiguren praktisch verwendbar waren. Im Iran bezeichnen die großen Räuchergeräte in Form von Raubkatzen, die nach inschriftlich überlieferten Daten im 12. Jahrhundert entstanden, den Höhepunkt einer langen Entwicklung. In Spanien wurden die Tierbronzen als Brunnenfiguren genutzt. Die frühe, unter östlichen Einflüssen einsetzende Blüte fiel in das 10. Jahrhundert, als mit den großen Bauvorhaben der Kalifen von Cordoba aufwendige Wasserbassins angelegt wurden, die nach den Berichten zeitgenössischer Chronisten den Hauptschmuck der Palaststädte bildeten und entsprechend aufwendig ausgestattet wurden.

Den erhaltenen Bronzen von Pferd, Reh und Löwe ist der Greif von Pisa in mancher Hinsicht überlegen. Die Großbronze ist von schlichter Monumentalität, die mit einer prägnanten Form und Gravierungen von besonderer Präzision korreliert. Unter der mit einem Schuppenmuster bedeckten Brust und an den mit Kreismustern versehenen Flanken verläuft eine mit Blattranken verbundene Inschrift, die formal an das blühende Kufi der Fatimidenzeit anknüpft und allgemeine Wünsche für den Auftraggeber des Greifen enthält. Daß dieser in den höchsten Regierungskreisen zu suchen ist, wird nicht nur durch das Sujet an sich deutlich, sondern auch durch die an den Keulen wiedergegebenen Motive von Löwen und Adlern, die wie der Greif selbst als königliche Tiere und Embleme politischer Macht aufgefaßt wurden.

Die Motive des steigenden Löwen und des Adlers mit ausgebreiteten Flügeln waren in der arabisch-spanischen Elfenbeinkunst sehr beliebt, die unter den Kalifen von Cordoba von der Mitte des 10. Jahrhunderts bis ins 11. Jahrhundert blühte, wobei sie den in das Metall eingravierten Bildern sehr nahe kommen. Auf den geschnitzten Elfenbeinbehältern werden häufig auch Greifen dargestellt, die den Großbronzen formal, vor allem in Hinblick auf die Proportionen, den ruhigen Stand und den Schwung der Flügel, völlig entsprechen. Daß das mysteriöse Fabelwesen auch in den Brunnenschmuck aufgenommen wurde, zeigt das im Jahre 988 entstandene, einst mit einer Wasserleitung verbundene Marmorbecken, das für die von al-Mansur, dem Kanzler Hischams II., erbaute Palaststadt Madina az-zahra bestimmt war. Neben den Greifen wurden hier Adler mit Löwen über den Flügeln und Gazellen in den Fängen ins Bild gerückt.

Unter den als Brunnenfiguren mehr oder weniger zufällig überlieferten Tierbronzen wird der Greif nicht genannt. Die im Auftrag des Kalifen Abd ar-Rahman in der königlichen Werkstatt von Cordoba gegossenen Bronzen, die an einem aus Byzanz importierten Marmorbecken angebracht wurden, umfaßten einen Löwen, einen Hirsch, ein Krokodil, einen Drachen, einen Adler, einen Falken, einen Habicht, einen Geier, eine Taube, eine Ente, einen Hahn und ein Huhn. In anderen Zusammenhängen werden Löwen, Elefanten und ein Adler beschrieben. Die im Kunsthandwerk der Zeit beliebten Tiermotive scheinen auch für die Bronzebildner verfügbar gewesen zu sein. Mit großer Wahrscheinlichkeit hat der Greif von Pisa den Blickpunkt einer der zahllosen Brunnenanlagen gebildet, die unter den Umayyaden von Cordoba im späten 10. und beginnenden 11. Jahrhundert entstanden. *AVG*

Lit.: Scerrato (1966), S. 83.

**4/84 (Abb. 196)**
**Sogenanntes Taufbecken Ludwigs des Heiligen**

Kairo, spätes 13. Jh.
Messing, gold- und silbertauschiert, H 30 cm, Dm 40 cm
Paris, Musée du Louvre, Section Islamique (A.O. no. LP 16)

Das Wasserbecken, das aus der im 14. Jahrhundert gegründeten Schatzkammer von Saint-Chapelle in Vincennes stammt, ist später mit dem französischen König Ludwig IX., dem Heiligen, in Verbindung gebracht worden, mit dem die Kreuzzugsbewegung in der Mitte des 13. Jahrhunderts einen letzten Höhepunkt erreicht hatte. Im Jahre 1249 war Ludwig mit seinem Heer in Ägypten eingefallen und hatte bis 1254 von Akkon aus das Heilige Land regiert, in dem er nicht nur als geschickter Politiker, sondern auch als Bauherr und Mäzen der Künste wirkte. Das wahrscheinlich erst nach dem Tod Ludwigs entstandene Becken ist ein Meisterwerk der Tauschierkunst aus der Mamlukenzeit, und die weitgehend intakten Edelmetalleinlagen lassen darauf schließen, daß es schon bald nach der Herstellung in eine abendländische Sammlung geriet.

Das Becken zeigt in dem an der Innenwand verlaufenden Fries zwei Rundmedaillons mit dem Wappen Frankreichs, die erst im 19. Jahrhundert eingelegt wurden. Die ursprünglichen Embleme, die den Besitzer näher gekennzeichnet hatten, waren wahrscheinlich abgenommen worden, Wappen möglicherweise, ebenfalls in abendländischer Schildform, wie die Rahmung durch entsprechend geführte Blütenranken nahelegt. Eine arabische Widmungs- oder auch nur Wunschinschrift, die auf Repräsentationsgeräten dieser Bedeutung, die bei höfischen Gelagen zum Händewaschen herumgereicht wurden, üblich ist, war nicht vorgesehen.

Das durch den Meister Muhammad Ibn az-Zain signierte Becken weist alle Merkmale der frühmamlukischen Tauschierkunst auf, die mit Hilfe der vor den Mongolen aus Mesopotamien flüchtenden Meister schon unter Sultan Baibars (1260–77) ein hohes Niveau erreichte. Im Inneren des Beckens gelangen mit Thronszenen, Kampf- und Jagdfriesen die beliebten Themen der Metallkunst zur Darstellung, die in dieser Zeit besonders stark von der politischen Elite geprägt wurden. In den Medaillons wird der Herrscher mit dem Weinbecher auf einem Löwenthron dargestellt, flankiert von

*688 (4/79)*

den höchsten Würdenträgern, dem Sekretär und dem Schwertträger. Die Kampf- und Jagdfriese beziehen sich auf die vorrangigen Aktivitäten der Oberschicht. Das Reiterthema findet auch auf der Außenseite Beachtung, an der in den Medaillons ein Polospieler und Fürsten im Kampf mit einem Löwen, einem Drachen und einem Bären wiedergegeben werden. Durch die oberhalb verlaufende Signatur des Meisters Muhammad Ibn az-Zain wird einer der zu mythischen Helden stilisierten Mächtigen besonders hervorgehoben, der zum Mittelpunkt der Darstellung wird, auf den sich die Prozessionen der Emire und der Palastdiener hinbewegen. Auszumachen sind der Mundschenk und der Vorkoster, der Vorsteher der Kleiderkammer, die Träger von Schwert, Bogen, Keule und Axt, der Polomeister und die Jagdmeister mit Falken, Gepard und Hund. Die dem höfischen Milieu entnommenen Szenen werden von Tierfriesen begleitet, und am Beckenboden bilden Wassertiere wie Fische, Krebse, Schildkröten, Frösche, Seeschlangen, Krokodile und Wasservögel eine exotische Versammlung, welche die frühe naturkundliche Forschung reflektiert und in diesem Zusammenhang einem magischen Zauber diente.

Die Entstehungsgeschichte des Beckens ist aus den Emblemen zu erschließen, die in den Medaillons, welche die Tierfriese unterteilen, vorgesehen waren. Es handelt sich um ein schlüsselartiges Motiv, eine als Stammeszeichen gedeutete sog. Tamgha, und um einen steigenden Löwen, das Wappen Baibars I. (1260–77) und seines Sohnes und Nachfolgers Baraka Khan (1277–80). Unter ihnen arbeitete die Werkstatt des Muhammad Ibn az-Zain, aus der ein weiteres, kleines Becken hervorging, das ebenfalls mongolische und mediterrane Elemente in die überkommene Ikonographie einbezieht und damit die Auseinandersetzungen mit Mongolen und Kreuzfahrern reflektiert, die in den 60er Jahren einen Höhepunkt erreichte. Die Embleme wurden auf Veranlassung eines neuen Besitzers abgelöst und einheitlich durch das goldtauschierte Emblem der dreiblättrigen Lilie ersetzt, die bei den Muslimen ebenso wie bei den Kreuzfahrern als herrscherliches Zeichen anerkannt wurde. Ob die Änderung der Embleme auf einen der Mamlukenherrscher, die seit Qala'un (1280–90) gelegentlich die Lilie verwendeten, zurückgeht, muß fraglich bleiben, weil neue Besitzverhältnisse allenfalls durch eine am Boden der Gefäße eingravierte Inschrift dokumentiert wurden. Insofern ist es nicht unwahrscheinlich, daß das Becken in den Besitz eines Kreuzfahrers überging, der noch im Orient auf der Änderung der Embleme und auf der Ausführung der heute das Wappen Frankreichs tragenden schildförmigen Wappenfelder bestand. *AVG*

Lit.: Rice (1953).

**4/85 (Abb. 234, 235)**

**Becken des Hugues IV. de Lusignan, König von Zypern und Jerusalem**

Syrien?, Mitte 14. Jh.

Messing, silber- und goldtauschiert, H 27,5 cm, Dm 57 cm

Paris, Musée du Louvre, Section Islamique (A.O. no. MAO 101)

Mit dem Tod des letzten Staufers Konradin im Jahre 1268 war die staufische Herrschaft über das Heilige Land beendet und die Krone von Jerusalem wieder an die aus Frankreich stammenden Lusignans gefallen, die schon im 12. Jahrhundert dort regiert hatten und inzwischen die politische Macht auf Zypern ausübten. Auch nachdem die Kreuzfahrerstaaten 1291 endgültig an die Mamluken gefallen waren und nur noch Zypern als Herrschaftsgebiet blieb, wurden die Lusignans in Famagusta weiterhin zu Königen von Jerusalem gekrönt. Zu dieser Zeit übernahm Famagusta eine führende Rolle im Ostwesthandel als Umschlagplatz von Luxuswaren, die aus dem Festland auf die Insel strömten. Die prunkvollen mamlukischen Metallwaren, die sich unter ihnen befanden, wurden auch am Hofe Famagusta geschätzt, wie zwei tauschierte Becken zeigen, die im Besitz von Hugo IV. (1324–59) waren.

Bei dem ausgestellten gold- und silbertauschierten Becken handelt es sich um eine Auftragsarbeit des Königs, die von einer der führenden mamlukischen Werkstätten Syriens oder Ägyptens ausgeführt wurde. Die arabischen Inschriften, die in majestätischer Kalligraphie gestaltet sind, beginnen mit der Formel *»Hergestellt im Auftrag seiner hohen Excellenz (...)*, die auch auf den Prunkgeräten der mamlukischen Emire überliefert ist. Der Name Ukm (Hugues) erscheint ohne die pompöse Herrschertitulatur. Der König wird als der Begünstigte Gottes bezeichnet, der an der Spitze des Kreuzfahrerheeres steht, und von der abschließenden Wunschformel mit ewigem Ruhm bedacht. Titel Hugos werden am Rand des Beckens in einem in lateinischer Schrift übermittelten französischen Text genannt: *»Très haute et puissant roi Hugue de Iherusalem et de Chipre que Dieu manteigne«*. Hier war eine Bordüre reserviert worden, in der der Schriftfries nachträglich, wahrscheinlich in Famagusta, ebenso wie die Embleme auf den Wappenschilden angebracht wurde, das Kreuz Jerusalems mit den vier kleineren Kreuzen in den Winkeln und das Malteserkreuz. Alle übrigen Darstellungen lassen die erfahrene Hand eines mamlukischen Meisters erkennen, der die motivische Überlieferung kannte und in den zeitgemäßen Stil umsetzte.

Am Boden des Beckens erscheinen die Bilder der Himmelsgestirne, die seit dem 12. Jahrhundert ein Thema der islamischen Metallkunst bilden. Die Sonne, die als Strahlenball in der Beckenmitte wiedergegeben wird, ist von Kreisen der sechs Planeten Mond, Mars, Jupiter, Saturn, Venus und Merkur sowie der zwölf Tierkreiszeichen umgeben, die nach antiker Art als Personen dargestellt werden: Der Mond thronend mit Mondsichel, Mars als Krieger mit dem abgetrennten Kopf eines Feindes, Saturn als Gelehrter, Jupiter thronend mit Fischen, Venus mit Laute, Merkur mit dem Geldbeutel. Die Tierkreiszeichen werden teils mit dem zugehörigen Planeten verbunden, teils werden sie ohne diesen wiedergegeben: Cancer als Krebs mit Mondsichel, Leo als Löwe mit Sonnenscheibe, Virgo mit Ähren, Libra mit Waage, Scorpio als Skorpion mit Mars, Sagittarius als Kentaur, Capricorn als Steinbock mit Saturn, Aquarius mit Brunnen, Pisces als Fischpaar, Aries als Widder mit Mars, Taurus als Stier mit Venus, Gemini als Menschenpaar.

Die Darstellungen reflektieren die blühende astronomische Forschung, zudem wurde die unwandelbare Ordnung des Sternenhimmels als Ausdruck der göttlichen Vorsehung aufgefaßt, und während der Gelehrte Qazwini in seiner in der Mitte des 13. Jahrhunderts entstandenen Kosmographie daran erinnerte, daß nach Meinung der Astrologen die Sonne dem König und die übrigen Sterne den Ministern und Heerführern entsprechen würden, gelangten die Gestirne auf den Repräsentationsgeräten der Machthaber, vor allem an den mächtigen Wasserbecken, häufiger ins Bild. Nicht nur die mamlukische Oberschicht, sondern auch die im Jemen regierenden Rasuliden bestellten Metallwaren mit dieser Thematik, die auch einen christlichen Staatsmann wie Hugo IV. fasziniert haben muß. An seinem Hofe in Famagusta begegneten sich Orient und Okzident. Boccaccio hat ihm sein Werk *De genealogiis deorum* gewidmet. *AVG*

Lit.: Rice (1956), S. 390ff.

**4/86 (Abb. 197)**
**Vase des Sultans al-Malik an-Nasir Salah ad-Din Yusuf (reg. 1237–1260)**
Damaskus, Mitte 13. Jh.
Messing, silbertauschiert, H 45 cm
Paris, Musée du Louvre, Section Islamique
(A.O. no 4090)

Die Ayyubiden, die fast ein Jahrhundert lang in Syrien und Ägypten regierten und Gegenspieler der Kreuzfahrer waren, leiteten eine Epoche der wirtschaftlichen und kulturellen Blüte ein, die das Kunsthandwerk zu außergewöhnlichen Leistungen anregte. Von den zahlreichen tauschierten Waren, die in den wenigen Jahrzehnten von der Einführung der Technik bis zum Rücktritt des letzten Ayyubidenherrschers an-Nasir Yusuf im Jahre 1260 in den Städten Syriens entstanden, um der Oberschicht als Repräsentationsgeräte zu dienen, tragen zehn Widmungsinschriften für ayyubidische Machthaber. Der Auftraggeber des ausgestellten Gefäßes ist an-Nasir Salah ad-Din Yusuf, ein Urenkel des berühmten Saladin, der zunächst von Aleppo aus in Nordsyrien regierte und im Jahre 1250 auch das übrige Syrien unter seine Herrschaft brachte. In einer der Gefäßinschriften wird er als Sultan tituliert, d. h., daß er die politische Macht ausübte, während er die Einsetzungsurkunde durch den Kalifen von Bagdad erst in den letzten Regierungsjahren erhielt. Er wird als Pfeiler des Islam und der Muslime bezeichnet und Kämpfer im Heiligen Land und Verteidiger der Grenzen genannt, doch wurden größere Aktionen gegen die Kreuzfahrer unter Ludwig dem Heiligen durch dringendere Maßnahmen gegen die in Ägypten aufsteigenden Mamluken und die aus Iran vorstoßenden Mongolen blockiert.

Nach 1250 verlegte an-Nasir Yusuf seine Residenz von Aleppo, wo sein Vater einen prachtvollen Palast erbaut hatte, nach Damaskus, das schon anderen Ayyubiden als Hauptstadt gedient hatte. Hier hatte sich in kurzer Zeit ein anspruchsvolles Metallhandwerk entwickelt, das tauschierte Waren für die Ayyubiden al-Adil II. und as-Salih Nadschm ad-Din lieferte und mit dem berühmten Metallbasar der nordirakischen Stadt Mossul konkurrierte, der nicht nur für den lokalen Fürstenhof, sondern auch für fremde Herrscher arbeitete. Der Glanz der Ayyubidenresidenzen veranlaßte allerdings auch Meister aus Mossul zur Abwanderung nach Syrien. Namentlich bekannt wurde Husain Ibn Muhammad, der im Jahre 657 H (1258

*689 (4/89)*

n. Chr.) für an-Nasir Yusuf eine silbertauschierte Wasserkanne herstellte, auf der der Herstellungsort Damaskus ausdrücklich vermerkt wurde.

Das ausgestellte Prunkgefäß stammt wahrscheinlich aus einer anderen, ebenfalls auf einen Mossulmeister zurückgehenden Damaszener Werkstatt, die auch schon die Vorgänger von an-Nasir Yusuf beliefert hatte. In der Form folgt es den zeitgenössischen Vorratsgefäßen aus Ton. Der Körper ist durch einen Wulst in zwei Zonen gegliedert. Die Medaillons, die hier zwischen dekorativ entfalteten Blattranken liegen, bieten Figurenszenen, die sich großenteils auf die Jagd beziehen, die den vorrangigen Zeitvertreib der höfischen Gesellschaft bildete. Vor einem mit Blattwerk bedeckten Hintergrund sind Jäger zu Pferde, auf einem Kamel oder zu Fuß wiedergegeben, die auf Vögel, Hase und Reh schießen oder Raubkatzen erlegen. Zu den Waffen gehört neben Lanze, Schwert und Pfeil und Bogen auch das Blasrohr, das regional bei der Vogeljagd benutzt wurde. Neben den Jagdszenen und einem Zweikampf, die zu den geläufigen Motiven des 13. Jahrhunderts gehören, wird in einem der Medaillons eine Frau auf einem Kamel wiedergegeben, in einer Sänfte, wie sie auf langen Reisen benutzt wurde. In den begleitenden Ehren- und Wunschinschriften taucht in regelmäßigen Abständen das Herrschaftssymbol des Greifvogels mit einem erbeuteten Vogel auf, das den Charakter der in majestätischer Kalligraphie gestalteten Texte unterstreicht.

Das Gefäß war unter den Schätzen, die der Mamlukensultan Baibars I. in Damaskus vorfand und in Besitz nahm, wie ein am Boden verlaufender Vermerk erkennen läßt: *»für das Schurbhani* (d. i. die Getränkekammer) *von al-Malik az-Zahir«.* Im 17. Jahrhundert gelangte es in die Sammlung von Papst Urban VIII. im Palazzo Barberini und wurde unter dem Namen Vaso Barberini geführt. Zahlreiche Meisterwerke aus dem islamischen Orient sind in der wissenschaftlichen Literatur unter italienischen Namen bekannt. Italien war das Land Europas, das jahrhundertelang über den Seehandel auf dem Mittelmeer engste Verbindungen zu der islamischen Welt Nordafrikas und Vorderasiens unterhalten und Luxuswaren aus der islamischen Welt in großem Stile importiert hatte. *AVG*

Lit.: Ausst.kat. Paris (1971), Nr. 151.

**4/87 (Abb. 228, 229)**
**Servierplatte**
Iran, 12. Jh.
Bronze, Dm 97 cm
Pisa, Museo dell'Opera del Duomo di Pisa (1/31)

Die sechzehnzackige Platte steht in der Tradition der großen Metallbecken, die im 12. Jahrhundert in führenden Werkstätten Mittelasiens hergestellt wurden und vor allem im Gebiet des heutigen Afghanistan verbreitet waren. Es handelt sich um Teller mit einem Durchmesser von meist mehr als 50 cm, deren Rand, leicht gebogen, hochgezogen ist oder zackig ausládt.

Neben der bewährten Gußtechnik hatte das Schmieden im 12. Jahrhundert an Bedeutung gewonnen, und Dekorelemente der seit langem im Treibverfahren hergestellten Silberwaren wurden jetzt auch von den Betrieben aufgegriffen, die Kupferlegierungen verarbeiteten. So wurde in dem großen Mittelmedaillon der Platte ein von den Silberschmieden Mittelasiens entwickeltes Flechtbandmotiv übernommen. Es besteht aus einem sechsstrahligen, aus zwei gleichseitigen Dreiecken gebildetem Stern und einer aus verschlungenen Kreisen zusammengesetzten sechsblättrigen Rosette, die mit dem Stern vielfach verzahnt ist. Das komplizierte, wahrscheinlich aus der Buchkunst abgeleitete Motiv wird von einem Medaillonkranz und einem Schriftfries umgeben, der Segenswünsche für den Besitzer enthält. Ein Silberteller mit einem nahezu identischen Flechtbandmedaillon, das in diesem Falle den hauptsächlichen Schmuck bildet, stammt aus einem in Bulgarien entdeckten Hortfund, der durch Goldmünzen der byzantinischen Kaiser Alexis I., Johannes II., und Manuel I., in die zweite Hälfte des 12. Jahrhunderts zu datieren ist. Mit dem Warenstrom aus Vorderasien gelangte seit dem 12. Jahrhundert auch die äußerst zerbrechliche Keramik in den nördlichen Mittelmerraum, darunter schwarzbemalte Schalen mit transparenten türkisblauen Glasuren, die in Italien auch für den Fassadenschmuck der Kirchen verwendet wurden. *AVG*

**4/88 (Abb. 198)**
**Coupe de Fano**
Syrien, Mitte 13. Jh., Fuß: Syrien, 14. Jh.
Bronze, tauschiert, H 17,7 cm, Dm 16,1 cm
Paris, Bibliothèque Nationale, Cabinet des Monnaies, Médailles et Antiques (Chabouillet no. 3192)

Metallschalen auf kurzem, profiliertem Fuß waren im 12. und 13. Jahrhundert in Vorderasien als Trinkgefäße verbreitet. Dieser Pokal besteht aus einer in der Mitte des 13. Jahrhunderts entstandenen Schale und einem säulenartigen Schaft, der im 14. Jahrhundert angefügt wurde. Aufgrund der besonders gut erhaltenen Tauschierung ist anzunehmen, daß er bald darauf nach Italien gelangte, wo er 1839 in dem Städtchen Fano zutage kam.

Trinkgefäße aus Edelmetall oder tauschierter Bronze gehörten zu den Repräsentationsgeräten der Höfe, an denen der Genuß von Wein, der der übrigen muslimischen Bevölkerung verboten war, seit der Zeit der Omayyadenkalifen nicht nur bei Banketten, sondern auch bei Audienzen üblich war und zu der feierlichen Stimmung beitrug. Dementsprechend wurde der Herrscher vor allem auf kostbaren Geräten meist mit dem Weinbecher als Statussymbol in der Hand dargestellt.

Der um den Gefäßrand geführte Fries zeigt eine von Musik, Tanz und Waffengeklirr begleitete Prozession, die der Abwehr der bösen Geister diente oder auch mit einem Fruchtbarkeitszauber in Zusammenhang stand. Den Mittelpunkt bildet das Bild des Mondes. Hinter den bewegten Gestalten, die menschliche Züge tragen und mit Tieren oder Tierköpfen verbunden sind, verbergen sich die Schriftzeichen einer allgemeinen Wunschformel. Diese phantasievolle Art der Kalligraphie, die auch auf die Ausstattung abendländischer Handschriften anregend wirkte, war auf Metallarbeiten des späten 12. und 13. Jahrhunderts beschränkt und blühte im Iran, im Nordirak und in Syrien. Hier erreichte sie auf den Repräsentationsgeräten der Ayyubidenherrscher einen Höhepunkt.

In den Medaillons werden verschiedene Versionen der Jagd zu Pferde vermittelt, die ein beliebtes Thema der höfischen Geräte bildete. Interessant ist die Wiedergabe des abgerichteten Geparden, der im Sprung neben einem der Reiter gezeigt wird. Der Einsatz von Jagdgeparden, der auch in den Jagdhandbüchern beschrieben wurde, war ein Luxus, den nur wenige Herrscher für sich in Anspruch nahmen. Die Bildmotive, die begleitenden Flechtbandsterne und das zwischen den Medaillons ausgebreitete Rankenwerk machen einen in Mosul geschulten Meister als Verfertiger der Schale wahrscheinlich, während der später angesetzte Schaft in den Lotosblüten, dem Blattwerk und den mit Ranken unterlegten Inschriften den üblichen Dekor mamlukischer Waren des 14. Jahrhunderts bietet. *AVG*

Lit.: Rice (1955), S. 14f

**4/89 (Abb. 689)**
**Kelch**
Ägyptisch (mamlukisch), um 1300
Bronze, gegossen und getrieben, graviert, mit Silberauflage, H 17,1 cm, Dm 10,6 cm
London, The Trustees of the Victoria & Albert Museum (761–1900)

Schwere runde Bronzekörperschale mit parallelen Seiten und stark gewulsteter Lippe, auf einem hohlen trompetenförmigen Schaft mit geformtem Zentralknauf und ausladendem rundem Fuß, mit erhöhter Rinne an der Kante. Auf dem Körper ist ein breiter, aus Bandwerk gebildeter Fries eingraviert, zu dem eine Inschrift in Arabisch und eine aus Vögeln und Laubwerk gebildete Rondelle gehören. Um die Lippe, den Schaft und den Fuß liegen schmale Bänder aus eingraviertem Volutenblattwerk. Alle eingravierten Muster hatten früher eine Silberauflage, von der noch Spuren geblieben sind; auf dem Grund des Musters finden sich Spuren einer schwarzen Masse. Die arabische Inschrift besagt, daß dieser Kelch für einen Priester aus dem ›Konvent des Heiligen Grabes‹ gemacht wurde, und beschwört Glück und gute Wünsche. Der Schaft ist nahe an der Schale gebrochen und repariert worden. Stilistische Merkmale wie die Form des Fußes und des Zentralknaufes finden sich auf westeuropäischen Kelchen, die aus der zweiten Hälfte des 13. Jahrhunderts stammen. Die Schalenform mit ihren vertikalen Seiten und dem wulstigen Rand ist jedoch der Form nach islamisch. Die bei der Silberauflage und den Rondellen mit Vögeln angewandte Technik ist ebenfalls ein Charakteristikum, das sich auf zeitgenössischen mamlukischen Metallarbeiten findet und daraufhin deutet, daß dieser Kelch in einer islamischen Werkstatt gefertigt wurde. Die Eigenart der Inschrift läßt vermuten, daß sie von einem islamischen Metallhandwerker für einen Priester der christlichen Gemeinde gefertigt wurde. *AN*

**4/90 (Abb. 230)**
**Becken mit den Wappen von Elisabeth von Habsburg-Kärnten, Gemahlin Peters II. von Sizilien.**
Damaskus/Syrien, 1337–42
Messing, graviert und (ursprünglich) eingelegt mit Silber und Gold, H 19,6 cm; Dm (Rand) 46,8 cm (Körper) 35 cm
Amsterdam, Rijksmuseum (NM 7474)

Großes Becken mit geschwungenem Rand. Das Äußere des Beckens ist undekoriert bis auf ein dünnes Band mit einer lateinischen Inschrift, die an etlichen Stellen durch ein Wappen unterbrochen ist, das als zugehörig zu Elisabeth von Habsburg-Kärnten, Gemahlin Peters II. von Sizilien (1337–42), identifiziert wurde. Um den oberen Teil des Beckeninneren zieht sich eine arabische Inschrift, in der sechs Rundfelder ausgespart sind, die entweder ein Wappenschild oder eine gekrönte und thronende Figur mit einem Glas in der Hand enthalten. Auf dem Innenboden ist ein großes Rundfeld eingraviert, das zahlreiche um den Mittelpunkt des Feldes schwimmende Fische darstellt. Das auffälligste Merkmal des Beckens ist die lateinische Inschrift um die Außenseite: *»MENTEM : SCA : SP / ONTANIE : ONOREM : D(?) / EI : PATREM : LIB / ERACIONIS«* (Er hat einen Heiligen Geist, gibt bereitwillig Gott die Ehre und ist der Vater der Befreiung.« Ter Kuile ([1986], S. 356–7) vermutet darin eine leicht abgeänderte Version der Inschrift, die sich nach der *Legenda Aurea* des Jacobus de Voragine auf dem Grab der 251 n. Chr. in Sizilien ermordeten heiligen Agatha befand.

Daß sowohl der lateinische Text wie das Wappenschild eine Beziehung zu Sizilien haben, kann kein Zufall sein. Die heraldischen Vorlagen müssen den Metallhandwerkern in Damaskus von Sizilien überbracht worden sein. Die alternative Möglichkeit, daß die Metallhandwerker das Äußere freigelassen haben, damit es in Sizilien vervollständigt werden könnte, ist deshalb unwahrscheinlich, weil die Wappenschilde im Inneren des Beckens vollständig in die arabeske Dekoration der Rundfelder integriert sind und keinerlei Zeichen tragen, daß sie später zugefügt wurden. Die übrige Dekoration folgt der mamlukischen Tradition. Doch gibt es einige Adaptationen, um die Dekoration dem Wunsch eines europäischen Auftraggebers anzupassen. Die arabische Inschrift, die normalerweise eine prominente Stelle an der Außenseite des Beckens einnähme, ist nach innen verlegt worden, um dem lateinischen Text Platz zu machen. Die Mamlukentitel, die man an einem Objekt aus dieser Herstellungszeit erwarten würde, sind zugunsten einer etwas verstümmelten Version von ›Glückwünschen‹ ersetzt worden, die im 13. Jahrhundert üblich waren. Das Becken ist besonders interessant als Beispiel für den verbotenen Handel zwischen Europa und dem Mamlukenreich, zu einer Zeit, da das Christentum offiziell im Krieg mit den Mamluken war und sich der päpstliche Bann gegen jeden Handel mit dem Mamlukenreich richtete. *RW*

Lit.: Ter Kuile (1986), S. 356.

**4/91 (Abb. 236)**
**Kleiner Kerzenhalter mit europäischem Wappenschild**
Damaskus/Syrien, um 1500
Messing, graviert und mit Silber und Gold eingelegt, H 12,4 cm
London, The British Museum, Department of Oriental Antiquities (78 12–30, 721)

Ein kleiner Kerzenhalter, für den Export nach Europa hergestellt, in zwei Stücken gegossen, mit einer geschwungenen Basis, breiter Schulter und schmalem Schaft. Die Basis des Kerzenhalters ist mit drei Szenen von Tierkämpfen dekoriert, die durch ein europäisches Wappenschild, einen Schrägbalken und im linken Hauptfeld eine Ente getrennt sind. Eine Blättervolute dekoriert die Schulter, dort finden sich auch Rosetten innerhalb diamantförmiger Teilungen auf dem Schaft. Kleine Kerzenhalter, die italienische Formen imitieren, wurden gegen Ende des 14. Jahrhunderts in das mamlukische Repertoire eingeführt. Sie tragen stets europäische Wappenschilde und wurden offensichtlich hergestellt, um die wachsende Nachfrage nach mamlukischer Metalleinlegearbeit von Seiten der Europäer zu befriedigen. Es gab zahlreiche venezianische Kaufleute, die regelmäßig mit den Mamluken Handel trieben und Beispiele europäischer Objekte mitbrachten, damit die Metallhandwerker sie kopieren konnten. Das Wappenschild ist von Mackay Thomas ([1942] S. 146) und Spallanzani ([1985] S. 470) als das Wappen der Familie Boldù in Venedig identifiziert worden. Eine mikroskopische Untersuchung des Kerzenhalters zeigte keine erkennbare Differenz zwischen den Punzspuren (um die Oberfläche für die Metalleinlage vorzubereiten) auf dem Schild und denen auf dem übrigen Objekt. Dies läßt vermuten, daß das Boldù-Wappen von dem syrischen Metallhandwerker eingraviert und eingelegt wurde, bevor der Kerzenhalter nach Europa exportiert wurde. *RW*

Lit.: Spallanzani (1985), Abb. 3; Thomas (1942), Taf. 1A.

**4/92 (Abb. 237)**
**Kerzenleuchter**
Kairo, Ende 14. Jh.
Messing, silber- und goldtauschiert, H 31 cm, Dm 23 cm
Berlin, SMPK, Museum für Islamische Kunst (I. 3594)

Die ägyptischen und syrischen Handwerksbetriebe produzierten die silber- und goldtauschierten Waren zunächst ausschließlich für die mamlukische Elite und für befreundete Dynastien wie die Rasuliden des Jemen. Die beiden Gefäße für Hugo IV. von Lusignan (4/85) bilden die ersten Beispiele für den Export an nichtmuslimische Staaten. Nachdem aber die südosteuropäischen Handelsstädte in der Mitte des 14. Jahrhunderts die Aufhebung des päpstlichen Handelsembargos gegen die Mamluken erreicht hatten, gelangten die orientalischen Waren ungehindert in den Westen.

In den Bazaren von Kairo und Damaskus stand ein breites Angebot an tauschierten Waren zur Verfügung, die für hohe Staatsbeamte bestimmt, aber auch fremden Kaufleuten zugänglich waren. Wie der Toskaner Simone Sigoli, der 1384/85 eine Beschreibung der silbertauschierten Gefäße des Basars von Damaskus gab, müssen sie von ihrer Schönheit und Perfektion beeindruckt gewesen sein. Beim Ankauf von tauschierten Waren durch italienische Kaufleute wurden die Wappenschilder ihrer Kunden, die zu den führenden Familien der Handelsstädte gehörten, gelegentlich eingraviert, so daß sie die ursprüngliche Zeichnung überlagerten. In den letzten Jahrzehnten des 14. Jahrhunderts, in denen mit Unterstützung durch Sultan Barquq die Aktivitäten der europäischen Kaufleute zunahmen, begannen die Meister auf die rege Nachfrage zu reagieren, indem sie die Wappenschilde von vorneherein in den Dekor einplanten. Sie konnten dann entsprechend den Vorstellungen des Interessenten mit Emblemen graviert, gegebenenfalls auch tauschiert werden. Daß auf Vorrat und im Vertrauen auf ungehemmten Absatz gearbeitet wurde, zeigen die zahlreichen Gegenstände mit ungenutzten, leeren Wappenschilden.

Bei dem ausgestellten Leuchter wurden die Wappenschilde, die einst durch eine breite Silberrahmung stärker hervorgehoben waren, schon im Orient mit dem Wappen der venezianischen Familie Suriano versehen, einem Kreuz mit aufgebogenen Enden, das nach den Abdrücken der Punzen wahrscheinlich mit Gold eingelegt worden war. Als Besitzer kommt Jacob Suriano in Betracht, der 1398 als Botschafter Venedigs am Hofe von Sultan Barquq weilte, um die Eröffnung eines Konsulats einzuleiten. An der Stelle der arabischen Ehreninschrift, die die mamlukischen Leuchter gewöhnlich aufweisen, zeigt die Basis üppig entfaltetes Blattwerk, das sich aus verzweigten Mittelpalmetten und seitlichen, das Lotusblütenmotiv variierenden Phantasieblumen zusammensetzt. Am Hals werden belaubte Bäume wiedergegeben. Der aufwendige Pflanzenstil, der auch das zweite, kleinere Becken für Hugo IV. von Lusignan bestimmt, entstand vor dem Hintergrund des eher förmlichen Blütendekors regulärer mamlukischer Waren und ist vielleicht als Zugeständnis an die fremde Kundschaft zu bewerten. Während er auf den Exportwaren im späten 14. Jahrhundert häufiger vorkommt, ist unter den Repräsentationsgeräten der mamlukischen Emire nur die 1371 entstandene Dose eines Gouverneurs von Aleppo zu nennen, die mit ihren tauschierten Phantasieblüten und Bäumen die beschriebenen Tendenzen vermittelt. *AVG*

Lit.: Kat. Islamische Kunst Berlin (1985), Nr. 300.

**4/93 (Abb. 232, 233)**
**Schale mit europäischem Wappenschild**
Damaskus/Syrien, 1400–1450
Messing, graviert und (ursprünglich) eingelegt mit Silber und Gold
H 11,5 cm, größter Dm 23,5 cm
Stockholm, Ehem. Sammlung Carl Robert Lamm (2072)

Die Schale, hergestellt für den Export nach Europa, hat eine bauchige Form, die sich am Rand und der Basis verjüngt. Am oberen Teil des Körpers alternieren Felder, die Lotos- und Päonienblüten enthalten, mit Feldern, die geflügelte Tiere innerhalb einer Volute enthalten. Die Felder werden durch vier Schilde mit europäischem Wappen, ein Schloß mit drei Türmen, getrennt. Der Boden des Körpers ist bis auf dreieckige Kartuschen mit fliegenden Enten über einem Blättergrund undekoriert. Auf der Innenseite der Schale sind auf dem Boden sechs Fische, die um einen Mittelpunkt schwimmen, eingraviert. Schalen mit gerundeter Wandung wurden im Mamlukenreich während des 14. Jahrhunderts beliebt. Diese Schale stammt wahrscheinlich aus der ersten Hälfte des 15. Jahrhunderts, da die Form weniger betont, der Durchmesser des Randes und des Bodens im Verhältnis zum Körper größer und die Seiten der Schale gerader geworden waren. Der Stil der Dekoration stützt das 15. Jahrhundert als Datum für die Schale. Obgleich die Motive selbst, die Chinoiserie-Blumen, ineinander verschlungene Tiere, fliegende Enten und schwimmende Fische alle schon früh im 14. Jahrhundert in das mamlukische Repertoire eingeführt wurden, blieben sie bis in das 15. Jahrhundert besonders auf Stücken für den Export nach Europa beliebt. Ein Schloß mit drei Türmen ist in der europäischen Heraldik sehr häufig. Die Familie Tiepolo in Venedig verwendete ein solches Wappen, aber es gibt noch zahlreiche andere Möglichkeiten, und ohne Farbe läßt sich das Wappen auf dieser Schale nicht identifizieren. *RW*

Lit.: Nicht veröffentlicht.

**4/94 (Abb. 690)**
**Schnabelschale mit europäischem Wappenschild**
Damaskus/Syrien, 1347–61
Messing, graviert und mit Silber eingelegt, L 23,5 cm
London, The British Museum, Department of Oriental Antiquities (81 8–2,22)

Die Schale, für den Export nach Europa hergestellt, hat einen bauchigen, am Rand und Boden sich verjüngenden Körper und einen langen geschwungenen Schnabel. Eine arabische Inschrift um den oberen Teil des Körpers wird dreimal durch ein europäisches Wappen, einen Schrägbalken, zwischen zwei Rosetten, unterbrochen. Das Wappen wird unterhalb des Schnabels, der auf beiden Seiten Felder mit Arabesken trägt, unterbrochen. Auf dem Innenboden sind sechs Fische, die um einen Mittelpunkt schwimmen, eingraviert. Eine Reihe von Gießgeräten dieser Form wurden seit der Mitte des 14. Jahrhunderts für die Mamlukensultane und ihre Beamten hergestellt. Die schwimmenden Fische in ihnen und in anderen Mamlukenschalen entsprechen ihrer Funktion als Behälter für Flüssigkeit; dieser Typus der Schnabelschale wurde wahrscheinlich zum Ausgießen von Wein verwendet.

Die arabische Inschrift enthält die Titel eines ungenannten Mamlukenbeamten von al-Malik am-Nasir: »*al-amaqarr al-ali al-mawlawi al-maliki a / al-adili al-amili al-alimi al-a / al-mudschahidi al-murabiti al-muthaghiri al-ma / liki al-adili al-maliki al-nasiri*« (Die erhabene Autorität, der Herrische, der Besitzende, der Gerechte, der Fleißige, der Gelehrte, der Heilige Krieger, der Beschützer der Grenzen, der von Gott Gerüstete, der Besitzer, der Gerechte, der Beamte des al-Malik al-Nasir.) Der Titel »*al-Malik an-Nasir*« wurde von verschiedenen Mamlukensultanen gebraucht, aber die Schale wurde wahrscheinlich nach der Lockerung des päpstlichen Embargos gegen den venezianisch-mamlukischen Handel im Jahr 1344 während einer der Regierungszeiten Sultan Hassans (erste: 1347–51, zweite: 1354–61) hergestellt. Das Wappenschild scheint von dem für die übrige Dekoration verantwortlichen Handwerker eingraviert und eingelegt zu sein. Dieselben Wappen erscheinen auf zwei anderen Mamluken-Messinggefäßen, die möglicherweise zur gleichen Zeit und von derselben Familie in Auftrag gegeben wurden. Leider lassen sich die Wappen, weil alle Farben fehlen, nicht identifizieren. *RW*

Lit.: Nicht veröffentlicht.

*690 (4/94)*

**4/95 (Abb. 231)**
**Halbkugelförmige Deckelschale mit einem europäischen Wappenschild**
Damaskus/Syrien, 1450–1500
Messing, mit Silber und Gold eingelegt, Dm 14 cm
London, The British Museum, Department of Oriental Antiquities (78 12–30 698)

Eine halbkugelförmige Schale. wohl für den Export nach Europa hergestellt, mit einem fla-

*691 (4/96)*

692 (4/97)

chen Deckel. Die Seiten der Schale sind mit vier Feldern durch pseudo-kufische Kalligraphie und geknotete oder verschlungene Hastae gegliedert. Die Paneele werden durch Rundfelder getrennt, die entweder Arabesken oder ein Palmetten-Muster enthalten, oder durch ein europäisches Wappenschild mit drei Schrägbalken. Die Basis und der Deckel der Schale sind beide mit einem ähnlichen Muster von dickem Flechtwerk innerhalb eines Rundfelds dekoriert. Das Wappenschild wird im Zentrum des Deckels wiederholt. Von diesem Typus wurden in der zweiten Hälfte des 15. Jahrhunderts zahlreiche Schalen hergestellt. Die meisten tragen europäische Wappen und zeigen dadurch an, daß sie für den Export bestimmt gewesen waren. Doch bleibt der Ursprung der Form ein Geheimnis; es gibt keinen Beleg, daß sie in Europa zu jener Zeit besonders beliebt war, oder gar, daß sie von dort eingeführt worden wäre. Die Schalen wurden neben anderen konventioneller geformten Schalen, kugeligen Weihrauchbrennern oder Handwärmern, Tellern und anderen Objekten hergestellt. Sie haben alle einen begrenzten und sich wiederholenden Vorrat von dekorativen Motiven gemeinsam. Viele Motive, wie die verknoteten pseudo-kufischen und verschlungenen Hastae, finden sich auch auf zeitgenössischen, für mamlukische Auftraggeber hergestellten Metallarbeiten. *RW*

Lit.: Nicht veröffentlicht.

**4/96 (Abb. 691)**
**Kästchen mit dem Wappen Karls des Kühnen**
Spanien (?), 3. Viertel 15. Jh.
Eisen, Gold und Silber tauschiert,
15 x 30 x 18 cm
München, Bayerisches Nationalmuseum
(Met 778)

Das rechteckige Metallkästchen mit Tauschierungen aus Gold und Silber ist auf dem Deckel, der Schloß- und der Scharnierseite mit Schmuckbändern zum Teil aus ornamental verwendeten, kufischen Schriftzeichen belegt. Die Seiten ziert eine Rundmedaille, welche in einen rechteckigen, von Blattsternen gefüllten Rahmen eingepaßt ist. Rechts und links davon wurden wohl später je zwei hervortretende Wappenschilde Karls des Kühnen von Burgund angebracht. Über den Deckel des Kästchens hin zur Scharnier- und Schloßseite führen fünf Bänder, von denen die drei mittleren durch Scharniere mit den Verschlußbändern verbunden sind, die zwei äußeren Verschlußbänder fehlen. Das Innere des Kästchens ist ebenfalls ornamental geschmückt. Während die Verschlußseiten glatt gehalten sind, zeigt der Boden eine Rundmedaille mit Blattrankenornament, welches auch die Rückwand überzieht, während die Langseiten mit wechselnd silbernen und schräg gestrichelten Bändern ornamentiert sind. Ein silbernes Netzwerk in Rhombenform überzieht die Innenseite des Deckels, darauf ein großes Mittelmedaillon und vier kleine Rundmedaillons in den Ecken. Metallarbeiten dieser Art kamen möglicherweise durch Maria von Burgund an das bayerische Herrscherhaus. *MD*

**4/97 (Abb. 692)**
**Kanne**
Gefäß: deutsch oder flämisch, Dekoration: islamische Werkstatt, zweite Hälfte 15. Jh.
Eingraviert auf der Vorderseite des Deckels das Wappen der Familie Molino aus Venedig
Bronze, gegossen und graviert, mit Silber überlegt, H 34,3 cm, Dm 12,7 cm
London, The Trustees of the Victoria & Albert Museum (M 32–1946)

Kugeliger Körper auf einer abgestuften hohlen runden Basis; der Körper geht in eine taillierte Sektion über, die von einem erhabenen horizontalen Wulst geteilt wird, das Oberteil ist zum Rundrand mit Wulstlippe geformt; gegossener Griff in Form eines Drachens mit Schwanz und Klauen; ein gewölbter Deckel mit wulstigem Rand ist an dem oberen Abschnitt des Handgriffes befestigt, in der Mitte des Deckels ein facettierter Knauf; an der Seite des Körpers ein großer Schnabel in der Form eines Greifen mit Klauen und angelegten Flügeln. In der Oberfläche des Gefäßes sind wiederkehrende Muster eingraviert, darunter geometrisches Flechtwerk, formalisierte Blumen, volutenförmiges Blattwerk und schmale Friese mit formalisierten Buchstaben; die erhabenen Muster hatten früher Silberauflage, Spuren davon sind geblieben; der Grund des Musters ist mit einer schwarzen wächsernen Masse gefüllt. An der Vorderseite des Deckels ein eingraviertes Wappen der Familie Molino aus Venedig. Unter der Basis und dem Deckel sind grob eingeschnittene Kaufmannszeichen, das Identifikationszeichen eines früheren Besitzers.

Kannen in dieser Form stammen aus der zweiten Hälfte des 15. Jahrhunderts und wurden in Deutschland und Flandern hergestellt. Wie andere Messingwaren wurden auch sie häufig exportiert. Die eingravierte Dekoration und die Silberauflage ist zweifellos die Arbeit einer islamischen Werkstatt. Es gibt enge Affinitäten zwischen der Dekoration auf dieser Kanne und einigen ägyptischen Mamlukenwaren aus dem 14. Jahrhundert. So findet sich zum Beispiel das zentrale Paneel der formalisierten Pflanzen auf einer ägyptischen Messingschale, welche die Titel eines ungenannten Emirs trägt und um etwa 1400 zu datieren ist, jetzt im Victoria & Albert Museum (539–1869). Auch die Verwendung von schwarzer Masse für den Grund des Musters und der Gravurstil verweisen für die Dekoration auf eine islamische Werkstatt. Das Gefäß könnte entweder von einem islamischen Handwerker in Venedig dekoriert worden sein, oder es wurde, was wahrscheinlich ist, in Ägypten für den venezianischen Markt dekoriert. *AN*

Lit.: Dexel (1973), Nr. 214; Haedecke (1970), Taf. 72; Kat. Victoria & Albert (1951); Scerrato (1967), Nr. 36.

**4/98 (Abb. 693)**
**Kessel**
Venedig, um 1500
Eingraviert arabische Inschriften auf der Innenseite der Flantschen: ›Dekoriert vom demütigen Diener Gottes Sain ad-Din‹
Bronze, vergoldet, graviert, mit Silberauflage, H 14 cm, Dm 27,4 cm
London, Victoria & Albert Museum, Department of Metalworks (1826–1888, aus der Sammlung Octavius Morgen)

Schwerer runder Bronzekessel mit vertikaler Wandung und flacher Basis: an hochgezogenen Flantschen an gegenüberliegenden Seiten des Randes ist ein gegossener Bronzehandgriff befestigt. Kessel und Handgriff sind schwer vergoldet, die Außenwandungen des Gefäßes sind durch schmale Wulste horizontal in eine Reihe von Friesen geteilt; die Basis wird durch ein großes Rundpaneel, umgeben von einer abgestuften Wulstung gebildet. Auf der Basis, dem Äußeren und dem oberen Teil des Inneren sind kleine verflochtene Voluten, die in Palmetten enden, eingraviert, mit kleinen Stellen von Kreuzschraffur, die in Intervallen um den Körper angeordnet sind. Die Bänder, die den Körper umziehen, haben Silberauflage mit einem breiten Muster, zu dem enges Bandwerk, Arabesken und Halbpalmetten gehören, die in Intervallen angeordneten Bandwerkpaneele einschließen; die Basis ist ähnlich dekoriert; die Muster sind innerhalb eines breiten runden Streifens angeordnet; ein breites Band mit einem ähnlichen Ornament füllt den oberen Abschnitt des Inneren; auf dem großen Bandhenkel sind als Muster zwei Drachen mit offenen Rachen und schuppigen Körpern eingraviert, er wird am Körper durch zwei gravierte runde Bronzeringe gehalten; im Zentrum der Basis ist ein großes rundes Paneel mit verschlungenen Palmetten und Arabesken; auf der Innenseite jeder Flantsche sind breit gravierte arabische Inschriften: ›Dekoriert vom demütigen Diener Gottes Sain ad-Din.‹

Der ausgestellte Kessel ist eines der besterhaltenen gravierten Bronzestücke dieses Meisters, dessen Signatur auf einer Reihe von anderen Stücken auftaucht. Dazu gehören eine Schale und Deckel im British Museum (91–6–23–3), ein Handwärmer in der Walters Art Gallery, Baltimore (54–2236), eine Dose im Musée du Louvre (8531), eine Schale mit Deckel (Inv. 317) in den Uffizien, von der belegt ist, daß sie sich bereits 1589 in der Sammlung Ferdinands I. befand, und Stücke im Museo Civico in Venedig. Sein Werk ist durch minuziöse Palmettenvoluten und sehr genaue, erhabene Arabesken mit Silberauflage charakterisiert. Es besteht eine enge Verbindung zwischen dem Werk von Sain ad-Din und einem anderen Metallhandwerker derselben Tradition, Mahmud al Kurde, der ebenfalls durch eine Reihe von signierten Stükken bekannt ist. Beide Künstler verwenden kleine Voluten und genaue erhabene Arabes-

*693 (4/98)*

ken als Teil ihrer Entwürfe. Das Gravurwerk und die Silberauflage stehen einander nahe genug, um die Vermutung zu stützen, daß beide von derselben Werkstatt in Venedig verarbeitet wurden. *AN*

Lit.: MAYER (1959), S. 91; KAT. METALLI ISLAMICI FLORENZ (1981), Nr. 4; ROBINSON (1967), S. 169; SCERRATO (1967), Nr. 27.

**4/99 (Abb. 694)**
**Weinschale**

Venedig, Ende 15. Jahrhundert
Eingraviert im Zentrum des Schalenbodens das Wappen der Familie Prioli
Bronze, graviert, mit Silberauflage, H 22,3 cm, Dm 29,5 cm
London, The Trustees of the Victoria & Albert Museum (311–1854)

Tiefe runde Schale mit gerader Wandung und einer flachen Basis, die auf einem runden, hohlen, abgestuften Fuß aufsitzt; der obere Abschnitt der Schale mit einer Reihe von Wülsten, die sich zu einem engen Rand erheben; auf jeder Seite der Schale sind zwei volutenförmige Kupferhandgriffe als spätere Zusätze angenietet. Im Inneren der Schale ist ein kleines rundes Paneel mit dem Wappen der Familie Prioli, umgeben von Voluten von Blattwerk, eingraviert. Auf der Außenseite der Schale und auf dem Fuß sind Paneele eingraviert, die verwobene Arabesken, Palmetten, formalisierte Blätter und Volutenblattwerk enthalten und die innerhalb von aus Bandwerk gebildeten Paneelen arrangiert sind; den Grund für das Muster in den Paneelen, die den Körper umgeben, bilden minuziös gravierte Voluten; zwei aus Bandwerk gebildete Paneele an gegenüberliegenden Seiten des Körpers enthalten Inschriften. Zwei erhabene Stellen des eingravierten Musters haben Silberauflage, von der noch Spuren geblieben sind. Es gibt auch Spuren der schwarzen Masse im Grund des Musters.

Der Form nach ähnelt die Schale einem islamischen Standardtyp mit gerader Wandung und flacher Basis, der Fuß mit seinen abgestuften Wülsten hat Parallelen in westlichen Formen wie bronzenen Kerzenhaltern und Kohlenpfannen. Das Wappen verweist auf einen wahrscheinlichen venezianischen Ursprung, und es ist vermutet worden, daß die Weinschale in einer der venezianischen Werkstätten hergestellt wurde, in denen islamische Handwerker beschäftigt waren. Die eingravierte Dekoration und die Inschrift lassen sich in Parallele zu ägyptischen Mamlukenmetallwaren setzen, die aus der zweiten Hälfte des 15. Jahrhunderts stammen. Die beiden arabischen Inschriften sind Verse aus dem Teil eines Gedichts, das auch auf anderen Mamlukenstücken gefunden wurde. *AN*

Lit.: Melikian-Chirvani (1975), Taf. 1.

*694 (4/99)*

**4/100 (Abb. 227)**
**Teller**
Venedig, um 1540–1550
Eingraviert auf der Rückseite ein deutsches Wappen, um 1640
Bronze, graviert, mit Silbereinlage, Dm 50,6 cm
London, The Trustees of the Victoria & Albert Museum (259–1894)

Runder Teller mit breitem Rand, flacher Basis mit herausgehobenem Mittelmotiv: auf dem Rand ist eine schmale erhöhte Kehlung angesetzt und durch Nieten befestigt. Auf der Oberseite sind verschlungene Arabesken, geometrische Muster: Bandwerkpaneele und florale Voluten eingraviert, wobei der Grund des Musters mit minuziös gravierten Voluten gefüllt ist. In der Mitte ist ein Muster von dicht verwobenem Bandwerk eingraviert, das von einem schmalen Rand umgeben ist.

Ein Großteil des Reliefornaments, besonders in der zentralen Vertiefung des Tellers, ist mit Silber eingelegt. An einigen wenigen Stellen des Musters ist anstelle der sonst gravierten Voluten einfache Schraffur verwendet worden.

Dieser Teller läßt sich auf Grundlage seiner Form auf etwa 1540-50 datieren. Für diese breitrandigen Teller gibt es in dieser Zeit viele europäische Parallelen, sowohl in Silber wie in unedlen Metallen. Obgleich die Gravierungen islamisch inspiriert sind, wurden sie doch sicherlich von einem europäischen Handwerker, der islamische Muster kopierte, ausgeführt. Den kleinen Voluten, die den Grund bilden, fehlt die Präzision der besten islamischen Stücke. Es finden sich keine Spuren der Schwärzungen, die auf islamischen Metallarbeiten oft vorkommen und dazu dienten, das Muster zu erhöhen.

*695 (4/101)*

*696 (4/102)*

Es ist nachgewiesen worden, daß feine gravierte Arabeskenmuster, wie die in Paris von Francisco Pellegrini 1530 publizierten, den Handwerkern im Westen zugänglich waren. *AN*
Lit.: Ward-Jackson (1967).

**4/101 (Abb. 695)**
**Teller**
Italienisch, Ende 16. Jh., spätere deutsche Nachgravuren
Messing, graviert, Dm 44,1 cm
London The Trustees of the Victoria & Albert Museum (M6–1932)

Runder Teller mit breitem Rand, der sich nach oben wölbt; flach gewendete Kante und konkave Vertiefung. Der Rand und der obere Teil sind grob mit Arabesken graviert, geometrisches Flechtwerk und Palmetten sind in Paneelen von engem Bandwerk enthalten. In die Hauptfläche des Tellers sind drei ovale Paneele eingraviert, die als Muster jagende Hunde inmitten von Blumen und Blattwerk enthalten. Sie werden getrennt von den drei Paneelen mit verflochtenen Arabesken. Im Zentrum ist ein großes rundes Paneel mit der Zeichnung eines Hirschs, der von einem Raubvogel verfolgt wird. Zwischen den Paneelen sind Arabesken eingraviert. Der Grund des Musters wird von tiefen schraffierten Linien gebildet.

Die beträchtlichen Unterschiede in Stil, Technik und Qualität zwischen den beiden Gravurfeldern zeigt, daß sie das Werk von verschiedenen Handwerkern sind. Das Muster auf dem äußeren Teil des Tellers ist sehr abgenutzt und schlecht eingraviert, wogegen die Gravuren in der zentralen Sektion tief und genau geschnitten, die Tiere fein gezeichnet sind. Die wahrscheinliche Erklärung dafür ist, daß ein islamischer Teller aus dem späten 16. Jahrhundert mit abgenutzter ›islamischer‹ Dekoration in der Folgezeit, wahrscheinlich im frühen 17. Jahrundert, von einem deutschen Stecher nachgraviert wurde. Form und Dekoration lassen vermuten, daß das Original italienisch war und aus dem späten 16. Jahrhundert stammte. Hammerspuren auf der Rückseite deuten darauf hin, daß der Teller erhöht worden ist. *AN*
Lit.: Nicht veröffentlicht.

**4/102 (Abb. 696)**
**Teller**
Venedig (?), um 1500
Messing, getrieben, graviert und geschwärzt; Dm 47 cm
Düsseldorf, Kunstmuseum Düsseldorf (17817)

Die Oberschicht Italiens legte großen Wert auf die aufwendigen orientalischen Metallwaren, wie frühe, aus dem 15. Jahrhundert stammende Inventare der Fürstenhöfe mit ihren seitenlangen Listen von Stücken aus Damaskus erkennen lassen. Syrien und Ägypten waren inzwischen auf regelmäßige Importe von europäischem Kupfer angewiesen, das in großen Mengen zur Herstellung von Gefäßen und für die Münzprägung gebraucht wurde. Nachdem der Warenfluß durch die osmanische Eroberung von Syrien und Ägypten in den Jahren 1516/17 eingedämmt worden war, kam es in Venedig und in anderen Adriastädten zur Gründung von Betrieben, die den orientalischen Stil imitierten. Ob zu diesem Zweck auch orientalische Meister abgeworben wurden, muß bei den knappen Signaturen offenbleiben, in denen allenfalls die Herkunft der Meister angesprochen wird.

Die wichtigste Gruppe der im 16. Jahrhundert anlaufenden Produktion bilden die schweren großen Teller mit weit ausladendem Rand, die als ›Piatti da elemosine‹ für die kirchliche Kollekte gedient haben sollen. Zum Teil wurden sie nach Art des Meisters Muhammad Badr durch silbertauschiertes Netzwerk mit ornamentalen Knotenmotiven verziert, wie sie bereits Leonardo inspiriert hatten, zum anderen Teil sind sie durch ausschließlich gravierte Arabeskensysteme gekennzeichnet. Die traditionellen epigraphischen Elemente islamischer Arbeiten fehlen, aber gelegentlich tauchen lateinische Inschriften auf.

Bei dem ausgestellten Teller hat das Mittelmedaillon einen schmalen Schriftrahmen mit einer noch ungedeuteten Buchstabenfolge, deren unklare Ausführung auf einen in dieser Beziehung weitgehend unerfahrenen Meister schließen läßt. Im Zentrum wird ein Pelikan wiedergegeben, und Vogelfiguren erscheinen auch in drei der sechs Medaillons des Tellerrands, darunter das Bild des Greifvogels über einer Gans oder Ente, das die motivische Tradition älterer islamischer Metallarbeiten fortsetzt. Wie bei den mamlukischen Tellern aus Syrien und Ägypten erfolgt die Gliederung durch konzentrische Kreise, die den Arabeskendekor aufnehmen. Vor allem der breite, am Tellerboden umlaufende Fries zeigt mit dem Wechsel von Rundmedaillons und Querkartuschen ein Schema, das im 15. Jahrhundert bei zahllosen orientalischen Kupferarbeiten zur Anwendung kam. Mit der Lotosblüte taucht in einem der Medaillons und in den Begleitstreifen ein Leitmotiv der mamlukischen Kunst auf und in den unendlichen Mustern und den geschwungenen Blattspitzen der Querkartuschen liegen künstlerische Lösungen vor, die sich in der spätmamlukischen Metallkunst bewährt hatten. Andere Blattkombinationen lassen sich von den tauschierten Metallwaren der Meister Zain ad-Din und Mahmud al-Kurdi herleiten, die ihre komplizierten Entwürfe wahrscheinlich bewußt auf den Geschmack der europäischen Abnehmer abstimmten. Der Meister des Tellers verfügte über eine detaillierte Kenntnis der unterschiedlichen orientalischen Metallwaren, deren Elemente in den Entwurf einflossen und zu der vielseitigen, stilistisch nicht ganz einheitlichen Flächenkomposition führten. *AVG*

**4/103 (Abb. 697)**
**Räucherkugel**
Italien (?), 1. Hälfte 16. Jh.
Messing, Dm 10 cm
Düsseldorf, Kunstmuseum Düsseldorf (11733)

Hohlkugeln aus Metall waren im Mittelalter in Europa wie im Orient verbreitet. Während sie in den kälteren Regionen als Handwärmer verwendet wurden, dienten sie in der islamischen Welt als Weihrauchbrenner. Der aus der arabischen Bevölkerung Siziliens stammende Dichter Ibn Hamdis (1056–1133) bezieht sich in einem Gedicht für den Herrscher von al-Mahdiyya (Tunesien) auf eine dieser Räucherkugeln, die mit Ambra und Sandelholz gefüllt ist und einen betörenden Duft verströmt, wenn sie über Seidenteppiche gerollt wird. Die Kugeln wurden bewegt und hatten deshalb im Inneren eine Vorrichtung, die das Schälchen mit Holzkohle und den Aromata in der Waagerechten hielt. Diese von Ibn Hamdis auch beschriebene und später nach dem Renaissance-Gelehrten Geronimo Cardano benannte Aufhängung des Schälchens in der Mitte zweier miteinander verbundener konzentrischer Ringe ist bereits in der Antike praktiziert worden. Bei der ausgestellten Kugel ist die kardanische Aufhängung nicht erhalten.

Räucherkugeln mit einem Durchmesser bis zu 18 cm gehörten zum Repräsentationsgerät hoher Würdenträger, die sich den verschwenderischem Gebrauch der teuren Duftstoffe leisten konnten. Frühe, aus dem 13. Jahrhundert stammende Beispiele entstanden in Persien, Syrien und Anatolien. Während sie in phantasievollen, auch figürlichen Motiven durchbrochen sind, ist die Wandung der ausgestellten Kugel mit runden Bohrlöchern versehen, die in Ab-

*697 (4/103)*

ständen aufeinanderfolgen. Die Gliederung der Halbkugeln erfolgt durch von den Polen ausgehende Bogenfolgen, die bei geschlossener Kugel gegeneinander versetzt erscheinen. Die Felder bieten teils Flechtwerk, teils von Lotosblüten und Gabelblättern bestimmtes Rankenwerk, das geläufige Motive des 14. Jahrhunderts variiert. Das Dekorschema ist in anderen Versionen auch bei den verzinnten Kupferwaren zu beobachten, die im 15. Jahrhundert im Auftrag mamlukischer Staatsbeamter hergestellt wurden. Im Gegensatz zu diesen Geräten war die Kugel einst reich mit Silber tauschiert, obwohl die aufwendige Technik wegen der drastischen Verknappung von Edelmetall zunehmend ins Abseits geriet. Wie jede Luxusindustrie war die Tauschierkunst von den politischen und wirtschaftlichen Krisen betroffen, die das Mamlukenreich in der ersten Hälfte des 15. Jahrhunderts erschütterten. Bald wurde das Verfahren nur noch in wenigen Handwerksbetrieben praktiziert, die im wesentlichen für den Export nach Europa arbeiteten. Als Hersteller von tauschierten Räucherkugeln sind Muhammad al-Kurdi und Zain ad-Din überliefert, in deren Werkstätten aber auch Dosen, Schalen, Teller, Kessel, Becken und Kannen entstanden. Sie zeigen gefälligen Arabeskendekor und gelegentlich auch exotisches Flechtbandkufi, während echte arabische Inschriften fehlen. Die Metallwaren gelangten in großen Mengen auf die italienischen Märkte, so daß trotz der gelegentlich vorhandenen arabischen Meistersignaturen lange Venedig als Herstellungsort angenommen wurde. Kolonien muslimischer Handwerker sind aber in den europäischen Städten wegen der Richtlinien des christlichen Zunftwesens recht unwahrscheinlich, und die Rolle der orientalischen Christen, die im 13. Jahrhundert an dem syrischen Metallhandwerk maßgeblich beteiligt gewesen waren, kann nicht ohne weiteres auf die Situation im 15. Jahrhundert übertragen werden. *AVG*

*698 (4/104)*

**4/104 (Abb. 698)**
**Kerzenhalter**
Nürnberg, um 1580, Gravuren auf der Basis: westiranische Handwerksarbeit
Eingeschlagen am Fuß Herstellermarke: SG (Sebald Gscheid)
Bronze, graviert, H 18,7 cm, Dm 14,9 cm (Basis)
London, The Trustees of the Victoria & Albert Museum (4301–1857)

Das Stück ist ein einzigartiges Beispiel für einen deutschen Kerzenhalter der Standardform, der durch einen westiranischen Handwerker dekoriert wurde. Die Gravur in der oberen Sektion ist von anderer, weniger geschickter Hand. Die eingravierte Dekoration auf der Basis ist ähnlich der auf einem Kerzenhalter mit typisch iranischer Form, datiert 1587–88 im Musée des Arts Decoratifs, Paris. Die Herstellermarke »SG« erscheint auch auf einem anderen deutschen Kerzenhalter im Victoria & Albert Museum (4857–1858) und ist dem Nürnberger Produzenten Sebald Gscheid, nachgewiesen 1567 und 1597, zugeschrieben worden. Deutsche Kerzenhalter wurden im 16. Jahrhundert vielfach exportiert, und es besteht durchaus die Möglichkeit, daß die Gravur auf der Basis in Isphahan ausgeführt wurde. Die Farbe, Härte, und das getriebene Innere sind typisch für deutsche Kerzenhalter aus der zweiten Hälfte des 16. Jahrhunderts *AN*
Lit.: Melikan-Chirvani (1982); Stengel (1918).

**4/105 (Abb. 238)**
**Kanne**
Venedig, um 1560
Messing, gegossen, graviert, mit Silberauflage, H 26 cm, Dm 9,9 cm (Basis)
London, The Trustees of the Victoria & Albert Museum (M 31–1946)

Vasenförmiger Körper, der sich zu einer engen wulstigen Basis verjüngt, getragen von einem runden gewölbten Fuß: der taillierte obere Abschnitt wird durch eine schmale horizontale Rinne geteilt; die ausladende Lippe ist auf jeder Seite scharf indentiert, so daß sich ein breiter Schnabel bildet; volutenförmiger Kupfergriff mit zentralem Wulst und blattförmigen Enden ist mit zwei Nieten am Körper befestigt.

Auf der gesamten Oberfläche sind Arabesken, Bandwerk und dreilappige Palmetten eingraviert, der Grund des Musters umfaßt minuziöse Voluten; Bandwerk und Arabesken hatten Silberauflage, Spuren davon sind auf den erhabenen Stellen noch geblieben. Der Form nach stellt diese Kanne einen in Italien im späten 16. Jahrhundert modischen Standardtyp dar. Das Muster ist den klassischen Prototypen verpflichtet, besonders in der Form des oberen Abschnitts. Die eingravierte Dekoration und die bei der Silberauflage verwendete Technik erinnert stark an islamische Metallhandwerkstechniken. Die eingravierten und überzogenen Teile sind wahrscheinlich die Arbeit eines islamischen Handwerkers oder eines in einer islamischen Werkstatt ausgebildeten Handwerkers. Das Gefäß ist umfassend restauriert worden, wahrscheinlich im 19. Jahrhundert. Im Körper ist ein großer Kupferfleck eingefügt worden; die Basis ist nahe am Fuß abgesägt und ein neuer Messingwulst eingefügt worden, der Fuß ist jetzt mit einer in den Körper eingesetzten Schraube befestigt. Der Kupferhandgriff, der Lötspuren aufweist, stammt ebenfalls aus dem 19. Jahrhundert.
Lit.: Haedeke (1970), S. 69.

**4/106 (Abb. 699)**
**Komposit-Kapitell**
Andalusien, 2. H. 10. Jh.
Marmor, 40 x 47 x 46 cm
Pisa, Museo dell'Opera del Duomo di Pisa (1/30)

Das meisterhaft ausgeführte Säulenkapitell verarbeitet Anregungen der antiken Bauornamentik. Der Aufbau mit Blattkränzen und betonten, diagonal gestellten Voluten variiert das römische Kompositkapitell, das in den Mittelmeerländern bis in die byzantinische Zeit immer wieder neu aufgelegt wurde und muslimischen Baumeistern als Spolie oder Vorlage diente. Die Akanthusblätter des Kapitells, deren gleichmäßig aufgebohrte Mittelrippen die vertikale Anlage auch in der Volutenzone unterstreichen, bilden mit den aneinanderstoßenden Zacken ein ornamentales Netzwerk, das Spuren

*699 (4/106)*

der einst maßgeblichen Tektonik verwischt. Die abstrakte Qualität verbindet das Kapitell, das durch die am Abakus hervortretende arabische Reliefinschrift für einen muslimischen Bau gesichert ist, mit byzantinischen Baugliedern.

Antikisierende Kapitelle erlebten in der frühislamischen Zeit, vor allem in Andalusien, eine beachtliche Entwicklung. Auch auf Sizilien bezeugen Kapitelle der Kirche San Giovanni dei Lebbrosi, die 1070 von Roger I. in Palermo gegründet wurde, die formale Ableitung von überkommenen Kapitelltypen, die unter arabischen Meistern erfolgte, wie die am Kalathos verlaufenden kufischen Inschriften zeigen. Doch ist die Zahl der durch islamische Formen gekennzeichneten Bauglieder auf Sizilien gering und umfaßt im wesentlichen Säulen mit umlaufenden Schriftbändern. In Andalusien belegen dagegen zahlreiche, aus Cordoba und der bei Cordoba gelegenen Palaststadt Madina az-zahra stammende Bauglieder, den im 10. Jahrhundert praktizierten Ornamentstil, der mit wenigen formalen Neuerungen die repräsentativen islamischen Typen festlegte. Die Kapitelle überliefern gelegentlich die Namen der als Bauherren hervortretenden Kalifen von Cordoba und nennen das Datum der Herstellung. Unter Abd ar-Rahman III. und al-Hakam II. wurde die zwischen 936 und 976 ausgebaute Residenz Madina az-zahra mit viertausend Säulen ausgestattet, die zum Teil aus Nordafrika und aus Konstantinopel herbeigeschafft wurden, allein 140 als Geschenk des byzantinischen Kaisers. Die importierten Kapitelle boten Orientierungshilfen für die lokalen Handwerker, die oft selbstbewußt ihren Namen in einer Inschrift am Abakus in Erinnerung brachten. Das aufgestellte Kapitell, das aufgrund stilistischer Merkmale mit den Baugliedern aus Madina az-zahra verbunden werden kann, überliefert den Namen des Meisters Fath. Das Kapitell ist sicher im Mittelalter als Spolie nach Pisa gelangt. *AVG*

## Keramische »Bacini« mittelalterlicher Kirchen Pisas aus islamischer und örtlicher Produktion

Erzeugnisse aus Keramik wie flache und tiefe Teller, Becher, Schüsseln, überzogen mit mehr oder weniger farbigen Glasuren, wurden, wenn auch für andere Zwecke produziert, zum Schmuck architektonischer Gliederungen zumeist an religiösen Gebäuden verwendet. Solche Keramiken werden gewöhnlich ›Bacini‹ genannt, ein seit der Mitte des 18. Jahrhunderts üblicher Terminus, der in sich selbst die Vorstellung des Gefäßes und seines Gebrauches einbezieht. Zeugnisse solcher Dekoration sind an vielen Orten erhalten. Man trifft auf sie an italienischen sowie auch an spanischen, französischen, jugoslawischen, griechischen, türkischen, georgianischen u.a. Gebäuden. Diese weite Verbreitung in verschiedenen architektonischen Stilen ist ein Faktum für sich, das die verfängliche Vermutung, daß sie als Kriegsbeute oder als große Taten heroischer Seefahrer usw. die Ausstattung dargestellt hätten, wertlos macht; besonders wenn man die zahlreichen Legenden betrachtet, die um das Auffinden dieser in Fassaden und Türme eingefügten ›Teller‹ entstanden. Sieht man die Architekturen im Ganzen an und den Geschmack, sie mit farbigen oder nichtfarbigen Elementen verschiedener Natur wie Fragmenten aus Grabplatten, klassischen oder hochmittelalterlichen Basreliefs, mehr oder weniger wertvollen Steinscheiben, Intarsien, Mosaiken und Verputz verschiedener Farbe zu schmücken, der, in die einzelnen Schichtungen zerlegt, gesonderten Aufwand zeigt, so scheint es ersichtlich genug, daß auch die ›Bacini‹ ein Ornament bildeten, das man als sorgfältig durchdachtes und teures ›Surrogat‹ einer Dekoration betrachten kann. Von den vielen Beispielen, die sich in dieser Hinsicht anführen lassen, genügt es hier an die Verwendung im musiven Zusammenhang an der berühmten Kanzel in S. Giovanni del Toro in Ravello zu erinnern.

Die ältesten Beispiele reichen bis in die Anfänge des 11. Jahrhunderts, in denen wir Keramikerzeugnisse in verschiedenen Gebieten der islamischen Welt verwendet sehen. Pisa, in den Grenzen seiner heutigen Kommune gemeint, ist das Zentrum, in dem sich, sei es von der Zahl der so geschmückten Bauten (25) oder auch der erhaltenen Stücke (600) her, das Meiste erhalten hat. Die Unterbringung und das Aufbewahren dieses Materials im Museum von Pisa und die daraus folgende Möglichkeit, es genauestens zu untersuchen, haben unsere Kenntnis erheblich voran gebracht. Es haben sich anhand der Kenntnisse über die Keramikproduktionen verschiedener islamischer Produktionsstätten feststellen lassen, daß diese Objekte schon beim Errichten der Bauwerke in die Mauern eingesetzt wurden. Diese Erkenntnis, die sich auch außerhalb des pisanischen Raumes geltend macht, gibt den ›Bacini‹ einen Wert, der über die keramischen Interessen hin-

700 (4/116)

701 (4/117)

ausgeht, da er uns einen bis heute nicht beachteten Hinweis auf die Geschichte einzelner Architekturen geben kann. Mit den zur Verfügung stehenden drei Grundlagen, der Keramik, den einzelnen architektonischen Teilen und den geschichtlichen Daten der Gebäude, ist für Pisa eine Stratigraphie der Bauten rekonstruiert worden, in der jedes Monument oder ein Teil davon mit seinem ornamentalen Schmuck eine präzise Stellung einnimmt und chronologische Hinweise über die Zeitspanne vom Anfang des 11. bis zum Anfang des 15. Jahrhunderts geben. Die mit Blei- oder Zinnglasur überzogenen Exemplare, die etwa ein Fünftel aller Beispiele ausmachen, sind zu 85% in Zentren der westlichen islamischen Welt (Maghreb, Sizilien, Mittelspanien, Mallorca) und zu 15% in ägyptischen Fabriken hergestellt. Die aus dem 12. Jahrhundert stammen zu 78% aus islamischer Produktion, zu den ägyptischen Lüsterwaren kommen die aus Andalusien in derselben Technik hinzu und zu diesen das glasierte Steingut aus Süditalien. Gegen Ende des 13. Jahrhunderts erscheinen auch einige byzantinische Stücke in der Technik des ›ingobbio‹, während sich gleichzeitig ein ausgeprägter Wechsel bemerkbar macht. Die Einflüsse aus der islamischen Welt sind unbedeutsam, die aus Süditalien (Sizilien inbegriffen) bleiben und werden als ›Protomajolica‹ bestimmt. Die Dominanz wird mit 40% aus den ›graffite arcaiche‹ aus ligurischer Produktion gebildet, denen sich mit ca. 30% die ersten Produkte aus Pisa aus der ›archaischen Majolica‹ zugesellen, die in der ersten Hälfte des 14. Jahrhunderts deutlich überwiegen. Die Importprodukte reduzieren sich auf vereinzelte spanische Stücke mit Lüsterdekor. Besondere Bedeutung kommt den zahlreichen Stücken aus dem 11. und 12. Jahrhundert zu, die wertvolle Einblicke hinsichtlich der Formgebung und Ikonographie der arabischen Keramikproduktion zulassen, und die Handelsbeziehungen, die zwischen der bedeutenden Seerepublik Pisa und der islamischen Welt bestanden, und die nur durch Kriege unterbrochen wurden, belegen. Die auf uns gekommenen schriftlichen Quellen sprechen von Warenlagern, wirtschaftlichen Vereinbarungen, Rechtskonzessionen und Privilegien, auch wenn in der Geschichtsschreibung dies alles vor den eindrucksvolleren Erzählungen epischer Heldentaten in Verteidigung der Christenheit nicht so wichtig genommen wird. Um 1200 werden die Importe glasierter Keramik beständiger und passen sich den Gebräuchen und Sitten des täglichen Lebens an. Diese durch Überzug wasserdichten Objekte nehmen nach und nach die Stelle von Holz- und Zinntellern ein. In dieser Zeit liegen auch die Anfänge einer örtlichen Keramikproduktion. Aus den islamischen Ländern werden die Techniken übernommen, um die Töpferware mit opakem Zinn ›Protomajolica‹ herzustellen und auch Pisa ist unter den Zentren, die als erste diese Errungenschaften kannten und zwischen 1230 und

1240 anfingen, glasiertes Steinzeug zu produzieren. Neueste Studien betonen überdies die Möglichkeit einer direkten Übernahme dieser Technik aus der islamischen Welt, in der schon im 11. Jahrundert Produkte entstehen, die sich auch in den Details als ›Vorläufer‹ des Pisaner Steinzeuges erweisen. Sie sind in Grün und Braun auf weißem Grunde über einer einfachen gelb-bräunlichen Bleiglasur dekoriert. Die Aktivität der Pisaner Töpfer setzt sich auch über das 14. Jahrhundert hinaus fort und die Pisaner Schiffe führen, wenn auch in reduzierter Form, ihren Handel weiter und verbreiten ihre Produkte des örtlichen Handwerkes wie es Funde in der Provence, Korsika und anderen Orten belegen. *GBE*

**4/107**
**Keramikschale aus der Kirche S. Zeno**
Sizilien oder Tunesien, Anf. 11. Jh.
Glasierte Keramik, Dm 40 cm
Pisa, Museo Nazionale di S. Matteo (5)

**4/108**
**Keramikschale aus der Fassadendekoration der Kirche S. Piero di Grado di Pisa**
Tunesien, 1. H. 11. Jh.
Glasierte Keramik, Dm 40 cm
Pisa, Museo Nazionale di S. Matteo (34)

**4/109**
**Ägyptische Keramikschale aus der Fassadendekoration der Kirche von S. Sisto di Pisa**
Ägypten, Ende 11. Jh.
Lüsterkeramik, Dm 22,5 cm
Pisa, Museo Nazionale di S. Matteo (130)

**4/110**
**Keramikschale aus der Fassadendekoration der Kirche S. Piero di Grado di Pisa**
Tunesien, 11. Jh.
Glasierte Keramik, Dm 50 cm
Pisa, Museo Nazionale di S. Matteo (29)

**4/111**
**Schale (Maiolica arcaia) vom Campanile der Kirche von S. Francesco**
Pisa, erste Hälfte 14. Jh.
Keramik, Dm 40 cm
Pisa, Museo Nazionale di S. Matteo (457)

**4/112**
**Schale mit Lüsterdekor**
Spanien, 12. Jh.
Lüsterkeramik, Dm 30 cm
Pisa, Museo Nazionale di S. Matteo (232)

**4/113**
**Keramikschale (Protomajolica) aus der Kirche S. Cecilia**
Sizilien (?), erste Hälfte 13. Jh.
Glasierte Keramik, Dm 15 cm
Pisa, Museo Nazionale di S. Matteo (332)

**4/114 (Abb. 243)**
**Schale**
Persien, Rayy, um 1200
Lüsterfayence, H 6,5 cm, Dm 23 cm
Berlin, SMPK, Museum für Islamische Kunst (I. 1506)

**4/115 (Abb. 207)**
**Schale**
Málaga, erste Hälfte 14. Jh.
Lüsterfayence, H 8,5 cm, Dm 23 cm
Berlin, SMPK, Museum für Islamische Kunst (I. 4181)

Eine mit feinen Linienzügen aufgetragene goldfarbene Malerei dekoriert die Fläche der dünnen Wandung dieser Schale. In der Innenwandung wurde die mit Pinsel gemalte und die Gesamfläche füllende Ornamentik auf eine gelblich weiße Glasur aufgetragen. Außen und im Fuß ist der goldfarbene Dekor auf einen blauen Grund gemalt. Die goldfarbene, zu einem Oliv- und Braunton ausgefallene Malerei resultiert aus der Verbindung der Metalle Silber, Kupfer und Eisen, die je nach Zusammensetzung verschiedene Farbtöne erzeugen. Der Ursprung der hier angewandten goldfarbenen Malerei in Goldlüstertechnik ist bis heute umstritten. In der Forschung wird aber öfter behauptet, Persien sei das Ursprungsland dieser Technik, woher sie später nach al-Andalus (Spanien) gelangte. Mehrere literarische Quellen berichten von der Auswanderung vieler Handwerker und Töpfer aus Persien (Raiy y Kashan) , nachdem das Land von den Mongolen zerstört worden war. Jene emigrierten dann in andere Länder und für die Keramik wichtige Produktionszentren. Vermutlich ließen sich einige in der Stadt Málaga nieder, die als ein Herstellungsort der Goldlüsterkeramik durch den an Fuß dieser Schale angebrachten Namen ›malik‹ (Málaga) inschriftlich bezeugt wurde. Die Aufteilung der zu dekorierenden Fläche in Zonen, wie es z. B. bei dieser Schale der Fall ist und schon im 13. Jahrhundert in Rakka und Mesopotamien gemacht wurde, ist ein weiterer Hinweis auf eine Zusammenarbeit zwischen persischen und spanisch-maurischen Handwerkern in den Töpfereien der Hafenstadt Málagas während der Nasriden-Dynastie (1238–1492).

In seinen zwischen 1350–1356 entstandenen Schriften berichtet Ibn Battuta über die Schönheit der in Málaga produzierten und weltweit exportierten Lüsterkeramik. Dagegen wird bei den Schriften des Granadiner Geographen Ibn al-Khatib (1313–1375), wahrscheinlich um 1368 entstanden, jeglicher Bezug auf die Goldlüster-Keramik seiner Heimatstadt ausgelassen, obwohl er ansonsten jede Sehenswürdigkeit dieser Stadt eingehend zu preisen weiß. Dies u. a. hat einige Forscher (Kühnel, Frothingham) zu der Vermutung veranlaßt, daß die Töpferwerkstätten eigentlich nur in Málaga bestanden haben und nicht in Granada, das als weiterer Produktionsort von Lüsterkeramik bis vor kurzem angenommen wurde.

Die goldfarbene wie die an einer anderen Stelle behandelte, mit blauer Farbe dekorierte Lüsterkeramik (4/119) machten die Keramik der Nasriden-Dynastie zu ihrer Zeit und auch später weltberühmt. Das Geheimnis dieser Technik, die die persischen Handwerker an die spanisch-maurischen Töpfer weitergaben, wurde später, nach der Verlagerung der Produktionsstätte von den maurischen auf die christlichen Zentren, von den ›mudéjares‹ (nach der christlichen Eroberung Spaniens im Land gebliebene Mauren) und ›moriscos‹ (zu der christlichen Religion bekehrte Mauren) bewahrt. Mit dem Gesetz der Vertreibung der ›moriscos‹ im Jahr 1610 (vgl. Abb. 439) verlor Spanien nicht nur die Arbeitskräfte, sondern mit ihnen auch die begehrte Technik. Diese wohl einzige vollständig erhaltene Schale mit Angabe des Produktionsortes wurde 1901 von Wilhelm von Bode in Italien erworben, wohin sie möglicherweise gleich nach ihrer Herstellung gelangte. *MO*

Lit.: Frothingham (1951); Gometzmoreno (1940); Kühnel (1924); Llubia (1967); Torres Balbas (1949).

**4/116 (Abb. 700)**
**Platte mit Löwenwappen**
Valencia, Manises, um 1500
Majolika, H 5,9 cm, Dm 45,3 cm
Berlin, SMPK, Kunstgewerbemuseum
(1969,23)

Das auf dieser großen Prunkplatte festgestellte Ornamentsystem aus Ringstreifen, die sich um das heraldisch verzierte Zentrum konzentrieren, läßt auf eine Nachahmung der Gestaltung von Silberschalen schließen, die seit dem letzten Viertel des 15. Jahrhunderts stark mit den Keramikarbeiten konkurrierten. Ebenfalls verweisen die auf dem Bord der Platte mit Modeln eingepreßten Motive auf den Wettstreit zwischen den Töpfern Valencias (vgl. 4/117) und spanischen Edelschmieden, deren Arbeiten sich immer größerer Beliebtheit erfreuten. Der auf dem Wappenschild gezeigte Löwe ist auch auf einem prächtigen Objekt aus der Sammlung der Hispanic Society (New York) zu finden. Dort ist es als Wappenschild des Priors von Poblet Payo Coello ausgegeben. Das Berliner Exemplar steht jedoch mit den fünf Zipfeln und den sechszackigen Blütenblättern im uns überlieferten Bestand an spanischer Lüsterkeramik vereinzelt da. Das Schriftband ist eine Verkürzung des Spruchs *»Exsurge Domine ad liberandum nos«* (Herr, erhebe dich, um uns zu befreien), der seit dem Anfang des 16. Jahrhunderts auch als Zierelement für Prunkplatten und Töpfergefäße häufig verwendet wurde. Trotz des religiösen Inhalts des Spruchs dienten diese Teller hauptsächlich zur Raumausschmückung, worauf die zwei Bohrlöcher nachdrücklich verweisen. *MO*

Lit.: Feothingham (1936); Hausmann (1972); Pinedo/Vizcaino (1977).

**4/117 (Abb. 701)**
**Teller mit dem Wappen von Maria von Kastillien**
Spanien (Valencia, Manises),
erste Hälfte 15. Jh.
Lüsterkeramik, H 7,8 cm, Dm 44 cm
Sèvres, Musée national de Céramique
(MNC 3107/2)

Die hier verwendete Technik der lüstrierten Keramik ist zum ersten Mal in der kleinen Stadt Samarra am Tigris, nahe der Stadt Bagdad, im IX. Jahrhundert dokumentarisch nachweisbar. Sie erreichte al-Andalus, den islamischen Teil Spaniens, ein Jahrhundert später. Nachdem das Emirat Granada (1238–1492), in dessen Städten Granada und besonders Málaga die lüstrierte Keramik ihren Höhepunkt fand, den Hafen von Algeciras verlor, war dieses darum bemüht, neue Häfen im Mittelmeerraum für den Export ihrer Ware zu erschließen. So trat es mit dem christlichen Königsreich Aragon in Kontakt, um sich die Häfen von Barcelona und Valencia zu öffnen. Pedro Boil, dessen Familie seit 1291 bzw. 1304 das kleine Lehnsgut von Manises (Valencia) gehörte, reiste als erster nach Granada, um sich dort mit dem Gouverneur (wali) Málagas zu treffen und den Wünschen der Mauren entsprechend Beziehungen zu den Töpferwerkstätten Málagas anzuknüpfen. Nach dem von ihm abgeschlossenen Vertrag wurde den maurischen Töpfern die Übersiedlung nach Manises ermöglicht. Später erhielt auch die Familie Boil das Recht, nicht nur die in Manises hergestellte, sondern auch die in Málaga produzierte Lüsterware zu exportieren. Obwohl es nicht viele Anhaltspunkte gibt, um von einer Produktion von Töpferware in dem kleinen Ort Manises im XIV. Jahrhundert auszugehen, mehren sich seit 1400 die schriftlichen Quellen, nach denen Manises im XV. und XVI. Jahrhundert als einer der bedeutendsten Produktionsorte von Lüsterkeramik wurde. So erhielt Pedro Boil 1454 einen Brief der Königin Maria von Kastilien mit dem Auftrag, ein Tafelservice für sie in den dortigen Töpferwerkstätten anfertigen zu lassen. Die Tatsache, daß der hier besprochene Teller mit dem Wappen der Königin Maria von Kastilien, Gattin des Königs Alphons V. von Aragon, zwischen 1430 und 1441 datiert wird, widerspricht aber der oft geäußerten Vermutung, daß dieser aus dem erwähnten Tafelservice stamme.

Aus der Zusammenarbeit christlicher und maurischer bzw. muslimischer Handwerker in den Töpfereien Manises lassen sich die für diesen Teller verwendeten Dekorationselemente erklären: um das christliche, im Zentrum dominierende Wappen sind Zierelemente angeordnet, die besonders auf Themen maurischer Herkunft, auf die Kufischrift, zurückzuführen sind. Gerade in den radial wie horizontal auf dem Teller gemalten Bändern sind die Anfangsbuchstaben eines arabischen Wortes zu erkennen, aus deren Wiederholung sich ein geometrisches Dekorationsmuster ergibt, das unter dem Namen ›alafia‹ (Gotteslob) bekannt ist. Der hier besprochene prachtvolle Teller korrespondiert mit einem in Form und Dekoration ähnlich ausgearbeiteten Stück. Es handelt sich um den sogenannten *»Teller mit dem Wappen der Königin Blanca von Navarra«*, der Gemahlin des Königs Johannes II. von Aragon. Dieser gehört ebenfalls zu der Sammlung des Musée National de Céramique de Sèvres (Garnier E., 1897, Nr. 17) und ist wahrscheinlich am selben Ort und zur gleichen Zeit hergestellt worden. *MO*

Lit.: AINAUD DE LASARTE (1952); DAVILLIER (1861); FROTHINGHAM (1951); GARNIER (1897); GONZALEZ MARTI (1944); LLUBIA (1967).

**4/118 (Abb. 205)**
**Albarello**
Spanien, Valencia (Manises), 15. Jh.
Lüsterkeramik, H 50 cm
London, The Trustees of the Victoria & Albert Museum (488-1864)

Dieses wie auch der Albarello aus Rotterdam (4/119) gehören zu der mit blauer Farbe dekorierten Lüsterkeramik. Eine Entsprechung der in beiden Gefäßen angewandten Technik läßt sich auch feststellen. Aus der auf eine weiße Glasur aufgetragenen blauen Farbe entsteht eine ähnliche Kontrastwirkung, wobei der Dekor bei dem hier behandelten Objekt anders ausfällt. Ein kalligraphisches Linienmuster aus Motiven der kufischen Schrift dient in zwei verschiedenen Zierformen als Dekor der bemalten Querbänder. Dem streng kalligraphischen Duktus des aus der Wiederholung sich ergebenden geometrischen Linienmuster der ›alafia‹ auf den schmalen Bändern wird auf den breiten Querbändern ein ornamentales Gegengewicht geschaffen. Obwohl bei beiden Ornament-Typen dem Gesetz der Wiederholung eines Buchstaben gefolgt wird, verkomplizieren sich bei den breiten Querbändern die Charaktere der kufischen Schrift durch Gäbelung der Rundungen und Verknotung der Endigungen. Wahrscheinlich bildet das *»fromme Wort«* aus dem Koran, dessen Anfangsbuchstabe zitiert wird, die Basis der beiden hier verwendeten Typen der Ornamentation. Durch den Gebrauch der heiligen Schrift als Schmuckform auf Objekten menschlicher Arbeit soll nach islamischem Glaube der Herr der Dinge in allem Menschenwerk gelobt werden, dieses zugleich eine höhere Würde gewinnen. Neben den dekorativen Möglichkeiten der arabischen Schrift, die hier mit großer Sorgfalt ausgebildet wurden, kann deren Einsetzung als Schriftornament auch als

*702 (4/119)*

Kompensation nicht vorhandener plastisch-figurativer Fähigkeiten interpretiert werden.

Die größte Teil der in Valencia im XV. Jahrhundert produzierte Lüsterkeramik scheint in dem kleinen Ort Manises hergestellt worden zu sein. Die unter dem Namen ›Albarello‹ bekannte Apothekenform war einer von zahlreichen Gefäßtypen, mit deren Herstellung die Töpfereien Manises sich beschäftigten. Der lange Hals dieses Gefäßes hat einen leicht überstehenden Rand, damit die im Behälter aufbe-

*703 (4/121)*

wahrten Balsame und Essenzen mit Leder, Pergament oder mit einem einfachen Tuch zugedeckt und das Gefäß verschnürt werden konnte. Die ältesten in Manises fabrizierten ›Albarellos‹ weisen große Ähnlichkeiten mit den in früheren Jahrhunderten in den Töpferwerkstätten Granadas bzw. Málagas hergestellten Gefäßen dieses Typus auf. Obwohl Form wie Dekor orientalischen Ursprungs sind, erlangte dieser Typus im Europa des 16. Jahrhunderts nicht nur in Spanien (Katalonien), sondern auch in Italien, in Venedig, Padua eine große Verbreitung und Beliebtheit. *MO*
Lit.: Ainaud de Lasarte (1952); Bonet Correa (1982); Camps Carzorla (1936); González Martí (1933); Kühnel (1924); Llubiá (1967); Vande Put (1938).

**4/119 (Abb. 702)**
**Albarello**
Valencia, 15. Jh.
Majolika, H ca. 45 cm
Rotterdam, Museum Boymans - van Beuningen (A 3702)

Das Gefäß gehört zu der Gruppe der mit tiefblauer Farbe, einer Mischung von Kobaltoxyd und Kieselerde, dekorierten Lüsterkeramik. Die Farbe wurde auf eine cremeweiße Glasur aufgetragen, die aus einer Verbindung von verglühtem Blei und Zinn mit geschmolzenem Sand und pulverisiertem Salz entwickelt wurde. Ursprünglich stammt diese Technik aus dem Fernen Orient (Persien), woher sie durch Araber in Spanien eingeführt wurde (4/117). Nach der Christianisierung des Landes sind die Mauren, die unter christlicher Herrschaft im Lande geblieben waren (›mudéjares‹ genannt), diejenigen gewesen, die diese Technik zuerst nach Murcia und dann nach Valencia brachten. Hier wurde sie schon im 14. Jh. verwendet, erlebte aber im 15. Jh. ihre volle Hochblüte.

Obwohl in den Botegen Valencias Christen mit Mohammedanern zusammenarbeiteten, überwiegen in der Dekoration der Gefäße der sogenannten ›blauen Gruppe‹ die Themen maurischer Herkunft: geometrische oder graphisch stilisierte Motive, die die kufische Schrift nachahmen - wie es auch bei den breiteren Querbändern dieses Gefäßes der Fall ist. Der Gefäßtyp des ›Albarello‹ ist ebenfalls orientalischer Herkunft. Ursprünglich wurde diese Topfform aus Holz (Bambus) gedrechselt und für den Export angefertigt. Der Name ›Albarello‹, wahrscheinlich vom italienischen ›alberello‹ (Bäumchen), bezeichnet in der Töpferkunst des 14. Jahrhunderts einen reinen Apothekentopf, der zur Aufbewahrung von Balsamen, Drogen und Konfitüre diente. In der spanischen Töpferkunst des 14. Jahrhunderts. wurde diese Apothekenform einfach als ›Topf‹ (tarro) bezeichnet. *MO*
Lit.: Ainaud (1952); Bonet (1982); Camps (1933); Kühnel (1924); Llubia (1967); Marti (1936).

**4/120 (Abb. 206)**
**Albarello**
Toskana (?), Ende 15. Jh.
Majolika, H 21,3 cm
Berlin, SMPK, Kunstgewerbemuseum (85, 830)

Um die Mitte des 15. Jahrhunderts begannen die toskanischen Töpfer sich von den Vorbildern (Spanien) abzuwenden und versuchten, ihr Farb- und Formrepertoire um neue farbenprächtige Dekorationen zu bereichern. Angeregt von östlichen Kunstwerken, nahmen sie das Pfauenfederaugen-Motiv in ihren Formenschatz auf. Dieses Motiv war von großer Beliebtheit bei den toskanischen Handwerkern und hatte ursprünglich eine symbolische Bedeutung, die in Italien jedoch nur bedingt und anfänglich mitgespielt haben soll. Wahrscheinlich verdankt es seine Verbreitung als schmückendes Element eher seiner ornamentalen Schönheit.

Der Apothekentopf ist in der Topfkunst seit dem XIV. Jahrhundert unter dem Namen ‹Albarello› bekannt. Nach der Brandaufschrift diente dieses Gefäß zur Aufbewahrung für die Latwerge Eleschof, eine konfitüreartige Arzneimittelmischung aus Drogenpulver und Honig oder Sirup. *MO*
Lit.: Hausmann (1972), Bd. 6.

**4/121 (Abb. 703)**
**Teller mit Flechtbanddekor**
Siena, um 1525
Majolika, Dm ca 20 cm
Amsterdam, Rijksmuseum (NM 13136)

Das Flechtbandornament dieses Tellers ahmt spanisch-maurische Ornamente nach. Sowohl der Dekor als auch die Technik der islamischen Töpferkunst beeinflußten die italienische Majolika und verhalfen ihr zu ihrem großen Aufschwung. Nachdem Anfang des 15. Jahrhunderts die Florentiner sich Zugang zum Meer verschafft hatten, wurde der Handel mit Spanien beträchtlich ausgeweitet. Die Goldlüster-Keramik aus den spanische-maurischen Töpferwerkstätten Valencias konnte somit über die toskanischen Häfen fast uneingeschränkt eingeführt werden. In der Toskana wurden sie in Dekor und Technik am Anfang nachgeahmt und später, besonders in der Stadt Faenza, technisch und künstlerisch weiterentwickelt. Wegen des wirtschaftlichen Niedergangs ihres Gewerbes verließen Faentiner Meister in den ersten zehn Jahren des 16. Jahrhunderts ihre Stadt und ließen sich u. a. in Siena nieder. Dort gründeten sie neue Botegen. Auffallend aber an der italienischen bzw. toskanischen Majolika ist ihre reiche Farbigkeit, die sie von der hauptsächlich mit Blau und Gold dekorierten Lüsterkeramik spanischer Provenienz deutlich unterscheidet. Dieser Teller ist ein repräsentatives Stück der toskanischen Majolika. *MO*

Lit.: Ballardini (1975); Conti (1973); Hausmann (1972).

4/122
**Vase**
Persien (?)
Fayence, H 12 cm
Sèvres, Musée national de Céramique (MNC12375)

Die einfarbig blau glasierte Vase hat einen breiten, ausladenden Bauch, Schulter und eingezogener Hals sind durch ein Profil abgesetzt. Die Vasenform ist für persische Keramik ungewöhnlich, es könnte sich auch um eine europäische Kopie handeln, denn in Europa war das intensive persische Blau berühmt und forderte zur Nachahmung heraus. In der persischen Keramikproduktion hat das Blau eine lange Tradition. In dem 1301 von Abu-l'Qasim geschriebenen *Buch der Edelssteine und Parfume* sind wichtige Informationen über keramische Rohstoffe und Techniken überliefert. Nach Abu-l'Qasim stammt die blaue Glasur von einem ursprünglich weißem Kobalt-Erz, das in der Umgebung des persischen Töpferzentrums Kasan gewonnen wurde. Das persische Blau wurde seit dem Mittelalter nach China exportiert, dort entstand im 16. Jahrhundert die Bezeichnung ›Mohammedaner-Blau‹ für die tiefes, fast violettes Blau. *KSC*

Lit.: Hetjens-Museum (1973), Sarre (1935), S. 57f.

4/123 (Abb. 704)
**Fayenceteller**
Nevers (Frankreich), um 1670
Fayence, Dm 23 cm
Sèvres, Musée National de Ceramique (1170 2)

*704 (4/123)*

*705 (4/124)*

Der tiefblau grundierte Teller ist opak-weiß bemalt. Der von Persien beeinflußte Zeitgeschmack zeigt sich hier nicht durch die Übernahme eines Ornaments, sondern durch die Abbildung einer orientalisch anmutenden Szene. Drei Figuren, mit Schleier bzw. Turban und faltenreichen Gewändern bekleidet, stehen in einer Landschaft mit Palme. Die mittlere Figur trägt einen Sonnenschirm. Der Teller gehört, wie die ovale Platte (4/124), zu der unter dem Namen ›style persan‹ bekannten Ware aus Nevers. *KSC*

Lit.: Honey (1952), S. 447; Segange (1863), S. 187–192; Taburet (1981).

706 (4/125)

707 (4/126)

708 (4/127)

**4/124 (Abb. 705)**
**Platte**
Nevers, 17. Jh
Fayence, L 43 cm
Sèvres, Musée National de Céramique (25869)

Die ovale Fayenceplatte ist mit einem Ornament aus Blumen, Laubwerk und Vögeln bedeckt. Sie gehört zu einer Gruppe von Keramiken, die, im 2. Viertel des 17. Jahrhundert hergestellt, unter den Namen ›style persan‹ bekannt sind. Die tiefblaue Glasur dieser Fayencen imitieren das berühmte Blau persischer Glasuren. Der blaue Grund ist entweder nur opak-weiß oder opak-weiß und gelb bemalt. Eine seltenere Form dieser Gruppe hat einen orangen Grund, die Zeichnungen darauf ist weiß, mit gelb oder blau kombiniert. In Persien wurde im 16. und 17. Jahrhundert eine Ware mit der Marke des Keramikzentrums Kirman hergestellt, die ebenfalls auf einfarbigen, oft blauem Grund eine weiße Zeichnung mit ähnlichen Motiven zeigt. Die ersten Fayencemanufakturen in Nevers wurden am Ende des 16. Jahrhunderts von eingewanderten Norditalienern betrieben. Die Italiener modifizierten ihre gewohnten Motive nur wenig. Ihr Stil blieb bis ins erste Drittel des 17. Jahrhunderts prägend.

*KSC*

Lit.: Broc de Segange (1863), S. 187–192; Honey (1952), S. 447; Lane (1948),S. 10–14; Lane (1957), S. 106; Taburet (1981).

**4/125 (Abb. 706)**
**Teller mit Sgrafitto-Dekor**
Beauvais (Frankreich), Ende 16. Jh.
Keramik, Dm 45 cm
Sèvres, Musée National de Ceramique (4100)

Der Teller vom Ende des 16. Jahrhunderts trägt eine doppelte Schicht aus rotbrauner und weißer Engobe, darauf liegt eine gelbe Glasur mit grünen Sprenkelungen. Die Zeichnung ist in Graffito-Technik eingeritzt. Das Motiv auf dem Spiegel des Tellers, eine Ranke aus stilisierten Blüten und Laubwerk, ist möglicherweise von den Blumenornamenten der türkischen Hofmanufakturen in Isnik angeregt. Die Werkstätten in der Gegend von Beauvais waren seit dem Mittelalter berühmt. In den zeitgenössischen Quellen wird besonders der gute Ton der Gegend gelobt. Neben den Keramiken mit Sgraffito-Dekor gibt es eine weitere, unter dem Namen »poteries azurées« bekannte Gruppe, die den Werkstätten aus der Gegend von Beauvais zugeschrieben wird. *KSC*

Lit.: Gasnault (1884), S. 5; Honey (1952), S. 62.

**4/126 (Abb. 707)**
**Majolika-Teller mit türkischem Reiter**
Deruta (Italien), ca 1530–50
Majolika
Dm 40 cm
Cambridge, The Syndics of the Fitzwilliam Museum (C 100–1927)

Der Teller ist blau, grün und orange-braun glasiert. Auf dem Spiegel ist ein Reiter mit Lanze auf einem sich aufbäumenden Pferd dargestellt. Durch Gewand und Kopfbedeckung ist der Reiter als Orientale gekennzeichnet. Die Ornamentik auf der Fahne des Tellers, durch radiale Streifen geteilte Felder, in denen sich ein Schuppenornament und eine elegant geschwungene Volutenranke abwechseln, ist typisch für die Ware aus Deruta. Die Rückseite des Tellers ist mit einem »M« das von einer Paraphe gekreuzt wird, markiert. Der Teller gehört zu der polychromen Ware ohne Lüsterglasur aus Deruta, die sich aber durch ihre großzügige Zeichnung, die strenge Trennung vom Ornament der Fahne und dem Bild des Spiegels und den dicken Wandungen stilistisch eng mit der Lüsterware (4/127) verbindet. *KSC*
Lit.: Honey (1952), S. 173f; Klesse (1966), S. 23f; Rackham (1935), Tafel 14.

**4/127 (Abb. 708)**
**Teller mit Darstellung Sultan Mehmeds II.(?)**
Deruta, um 1530–1540
Majolika, Dm 23 cm
London, Victoria & Albert Museum, Department of Ceramics (C 2185–1910)

Der Teller ist in Blau und einer gelblich-braunen Lüsterglasur bemalt. Auf dem Spiegel des Tellers ist das Brustbild eines Mannes mit Turban abgebildet, möglicherweise das idealisierte Porträt Mehmed II. Das nach rechts gewandte Profil schaut auf einen Blütenzweig. Über die Fahne des Tellers windet sich ein Band mit regelmäßigem, vegetabilem Muster. Die Rückseite des Tellers ist einfarbig glasiert. Der Teller gehört zu der bekanntesten Gruppe von Majoliken aus Deruta. Der kleine Ort in der Nähe von Perugia wendete, als erster in Italien, die aus Spanien bekannte und berühmte, metallisch schimmernde Lüsterglasur an. Das früheste Stück ist ein 1501 datiertes Lüsterrelief des hl. Sebastian, im Besitz des Victoria & Albert Museum in London. Ob die Kenntnis dieser Technik durch den Kontakt mit Cesare Borgia, der seit 1493 Erzbischof von Valencia, der Hauptstadt der spanischen Lüstermalerei, war und der Umbrien 1507 unterwarf, oder durch maurusische Töpfer direkt vermittelt wurde bleibt dahingestellt. *KSC*
Lit.: de-Mauri (1924), S. 35–41; Honey (1952), S. 173–178; Klesse (1966), S. 23f; Rackham (1940), S. 252.

*709 (4/129)*

**4/128 (Abb. 208)**
**Henkelkrug**
Krug: Iznik, Fassung: London
2. H. 15. Jh.
Keramik, H 15 cm
Cambridge, The Syndics of the Fitzwilliam Museum (M. 16–1948)

Auf dem bauchigen Henkelkrug winden sich Hyazinthe mit bolusroten Blüten um mit einer Blüte gefüllte Medaillons. die Stempel auf der vergoldeten Silberfassung verraten, daß diese 1592 montiert wurde. Deckel und Standring sind mit einem dem Henkel folgenden Band verbunden. Die Tatsache, daß man Krüge aus Iznik in Nordeuropa mit Zinn- oder Silberfassungen versah, beweist, daß man die türkischen Keramiken als wertvolle Raritäten schätzte. Auf dem silbernen Deckel eines solchen Humpens,

*710 (4/130)*

der nach einem Wappen zu urteilen dem ersten protestantischen Administrator des Erzstiftes Magdeburg, Joachim Friedrich v. Brandenburg gehörte, wurde eine Inschrift mit folgendem Wortlaut graviert: »ZU NICEA (d. i. Iznik) BIN ICH GEMACHT/UND NUN GEN HALLE IN SACHSEN BRACHT/ ANNO 1582« *KSC*
Lit.: READ (1908); SAUERLANDT (1929); OTTO-DORN (1957).

**4/129 (Abb. 709)**
**Henkelkrug**
Krug: Iznik (Türkei), Fassung: Englisch oder Dänisch um 1580
Krug: Keramik, Fassung: vergoldetes Silber, H 25 cm
London, Victoria & Albert Museum, Department of Metalworks (1561–1904)

Auf dem bauchigen Henkelkrug verteilen sich auf blauem Grund weiße Tulpen und gefiederte Blätter, die mit dicken, bolusroten Punkten besetzt sind. Die vergoldete Silberfassung, bestehend aus Deckel und Standring, wurde um 1580 angebracht; es ist unklar, ob es sich um eine englische oder dänische Schmiedearbeit handelt. (vgl. 4/128) *KSC*
Lit.: OTTO-DORN (1957), S. 136; READ (1908), S. 64; SARRE (1939), S. 341–344; SAUERLANDT (1929), S. 43–48).

**4/130 (Abb. 710)**
**Schale mit gezahntem Blatt**
Iznik, zweite Hälfte 16. Jh.
Keramik mit Unterglasurmalerei, Dm 34 cm
Berlin, SMPK, Kunstgewerbemuseum (82/130)

Mit der klaren, kräftigen Farbigkeit der Unterglasurmalerei auf reinweißer Engobe, die einen ebenso weißen, feinen Scherben bedeckt, zeugt die Schale von der Kunstfertigkeit der staatlich osmanischen Hofmanufakturen in Iznik. Sie trägt die Merkmale eines eigenständigen türkischen Kunstgewerbes, das sich im 16. Jahrhundert von ostasiatischen und persischen Vorbildern abwandte und die üppige Flora der türkischen Küstenregion zum prägenden Motiv des neuen Dekorationsstils machte. Die Bordüre auf der Fahne der Schale, die gegen die Felsen sprudelndes Wasser stilisiert, weist auf älteren chinesischen Einfluß hin. Aus Berichten von Reisenden und Chronisten läßt sich entnehmen, daß die Blüte der osmanischen Keramikindustrien vom ersten Drittel des 16. Jahrhunderts bis in die zweite Hälfte des 17. Jahrhunderts reichte. *KSC*
Lit.: KAT. HETJENS-MUSEUM (1973), S. 207ff; KLESSE (1966), S. 12ff; OTTO-DORN (1957), S. 134ff; ZICK-NISSEN (1985).

**4/131 (Abb. 711)**
**Runde Schale, alzata, mit niedrigem Fuß**
Padua, 1633
Majolika, H. 2cm, Durchm. 26cm
Sèvres, Musée National de Ceramique (4617)

Der Teller mit weißer Glasur gehört zu einer Gruppe von Majoliken, die, in der zweiten Hälfte des 17. Jahrhunderts in Padua hergestellt, ihr Dekor den damals begehrten Keramiken aus Iznik entlehnen. Im türkischen Duktus verzweigen sich, innerhalb eines doppelten blauen Randkreises, Ranken mit Nelkenblüten und Laubwerk, die von einem über die Tellermitte geführten, gezahntem Blatt überschnitten werden. Die blaue Umrißzeichnung ist mit einem dunklen Ocker-Gelb, Blau und Grün gefüllt. Auf der Rückseite des Tellers ist, innerhalb des Standrings, ein blaues Kreuz. Neben einem Ornament aus sich abwechselnden Wellenlinien und Voluten rund um den Standring, befindet sich am äußeren Rand der rückseitigen Fahne die ebenfalls blaue Inschrift »S. Chandiana 1633« und, eingeritzt, die Buchstaben »M.G.V.«. Man nimmt heute an, daß die blaue Inschrift den Namen einer Nonne (ital. Suore) wiedergibt, die wahrscheinlich Auftraggeberin war. Nach dieser Inschrift entstand die Bezeichnung ›Candiana-Majolika‹ für die gesamte Keramik mit Iznik-Dekor aus Padua. Die Buchstaben »M.G.V.« stammen vermutlich von einem späteren Besitzer. Türkische Keramik wurde über Venedig und Genua nach Italien eingeführt. Die Werkstatt in Padua machte sich, indem sie sich auf die Imitation der türkischen

Ware spezializierte, ein einmal erwachtes Bedürfnis zunutze. Sie erreichte aber weder in der Genauigkeit der Zeichnung, noch in der Leuchtkraft der Farben die Qualität der Vorbilder aus Iznik. *KS*

Lit.: Giacometti (1974), Kat.Nr. 1256; Hausmann (1972), S. 337; Honey (1952), S. 110f; Monschetti (1932), S. 137–144; Rackham (1936), S. 113f.

*711 (4/131)*

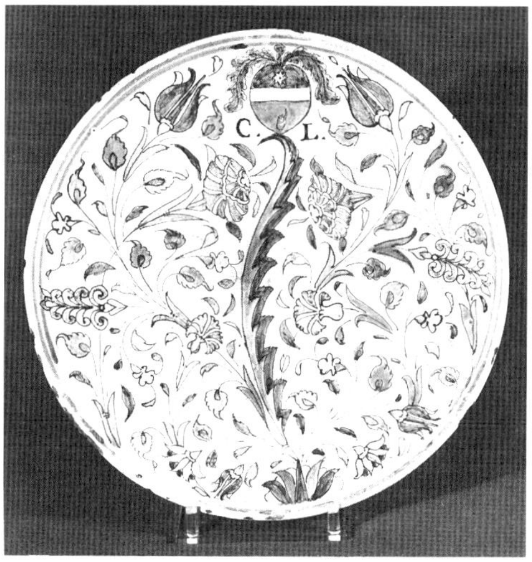

*712 (4/132)*

*713 (4/133)*

**4/132 (Abb. 712)**
**Schale**
Padua, um 1630–1640
Keramik, H 5,7 cm, Dm 35 cm
Sèvres, Musée national de Céramique (19209)

Dem Blumenornament der ›Candiana‹-Majoliken, die die türkische Iznik Ware imitieren (vgl. 4/131; 4/133; 4/134), ist hier ein Wappen hinzugefügt. Das Wappen steht auf dem über die Tellermitte geführten, gezahntem Blatt zwischen den Initialen »C.L«. Das Wappenschild hat in der oberen Hälfte einen Stern, in der Mitte einen hellen Streifen, in der unteren Hälfte eine Hand und auf beiden Seiten einen Schweif. Der Blütenteppich aus sich verzweigenden Hyazinten, Tulpen, Nelken und Rosen ist auf diesem Teller, links und rechts von dem gezahnten Blatt, fast symetrisch angeordnet. Unter weißer Glasur ist das violett gezeichnete Ornament mit blassen Farben, -Blau, Grün, Gelb und Rot, gefüllt. Auf der Rückseite des Tellers befindet sich ein blaues Ornament aus sich abwechselnden Ranken- und Wellenlinien. *KSC*

Lit.: Giacometti (1974), Kat.Nr. 1257; Hausmann (1972), S. 337; Honey (1952), S. 110f; Monschetti (1932), S. 1137–144; Rackham (1936), S. 113f.

**4/133 (Abb. 713)**
**Majolika-Teller**
Padua, zweites Viertel 17. Jh.
H 3,2 cm, Dm 27,1 cm
Berlin, SMPK, Kunstgewerbemuseum (80,58)

Der Teller aus gelbem Scherben mit grauweißer Glasur gehört zu einer Gruppe von Majoliken, die, in der zweiten Hälfte des 17. Jahrhunderts in Padua hergestellt, ihren Dekor den damals begehrten Keramiken aus Iznik entlehnen. Im türkischen Duktus verzweigen sich über den kleinen Spiegel und die breite flach ansteigende Fahne des Tellers stilisierte Blumen, die von einem über die Tellermitte geführten gezahnten Blatt überschnitten werden. Die manganviolette Umrißzeichnung ist mit Senfgelb, Blau, Rotbraun und einem auslaufenden Grün gefüllt. *KSC*

Lit.: Hausmann (1972), S. 337; Honey (1952), S. 110f; Monschetti (1932), S. 137–144; Rackham (1940), Nr. 1083.

*714 (4/135)*

*715 (4/136)*

**4/134**
**Teller**
Padua, um 1630
Majolika, Dm 25 cm
London, Victoria & Albert Museum, Department of Ceramics (2598–1856)

Der Teller bestätigt den engen Zusammenhang der Majoliken aus Padua, die unter dem Namen ›Candiana‹ zusammengefaßt werden. Während das Dekor auf Spiegel und Fahne, in Zeichnung und Farbigkeit, dem Teller aus dem Besitz des Berliner Kunstgewerbemuseums (4/133) sehr ähnlich ist, ist das Ornament auf der Rückseite, sich abwechselnde Voluten und Wellenlinien, identisch mit dem Ornament auf der Rückseite des Tellers aus Sevres (4/131), der die Bezeichnung »S. Chandiana 1633« trägt. *KS*
Lit.: Hausmann (1972), S. 337; Honey (1952), S. 110f; Monschetti (1932), S. 1137–144; Rackham (1940), Nr. 1083

**4/135 (Abb. 714)**
**Krug**
Türkei (Iznik), Anf. 17. Jh.
Quarz-Fritte-Keramik, H 25 cm, Dm 15,6 cm
Berlin, SMPK, Museum für Islamische Kunst (83,3)

Bauchiger Henkelkrug mit leicht ausgeweitetem Hals. Schwarze Konturzeichnung und ausgemalte Flächen in Gelb-Grün, Bolusrot und Dunkelblau unter einer farblosen Überglasur. Linien um den Ringfuß sowie schmale Friese, die den Hals des Kruges betonen, bilden den Rahmen für die Bemalung. Sie besteht aus drei Reihen Segelschiffen mit blau-weiß gestreiften Segeln. Dazwischen verteilte rote und grüne Gebilde scheinen stilisierte Inseln und Wellen anzugeben. Bei den Schiffen handelt es sich um eine bestimmte Art osmanischer Segelschiffe, sog. Feluken.

Anfang des 18. Jahrhunderts ahmte die Berliner Fayencefabrik von Cornelius Funcke dieses Segelschiffmuster auf Kürbis- und becherförmigen Vasen nach, so daß ein Gefäß wie dieser Krug als Vorlage gedient haben könnte. Da bis heute zahlreiche Gefäße mit dem Segelschiffmotiv erhalten geblieben sind, gehörte es in den Werkstätten der türkischen Stadt Iznik, dem Zentrum der Keramikherstellung, sicherlich zum Standardrepertoire. Durch zahlreiche Nachrichten ist bekannt, daß keramische Erzeugnisse aus Iznik in Europa besonders geschätzt waren, weil eine porzellanähnliche Keramik dieser Qualität noch nicht hergestellt wurde. In Europa erhielten Krüge oder Humpen häufig Edelmetallfassungen in Form eines Deckels (vgl. 4/128). *JK*
Lit.: Sarre (1939), 341–345, Otto-Dorn (1957), Abb. 79.

**4/136 (Abb. 715)**
**Deckelvase**
Berlin, Manufaktur Cornelius Funcke, um 1730
Fayence, H ca. 45 cm
Düsseldorf, Hetjens-Museum / Deutsches Keramik Museum (R 228)

Ein für die Berliner Fayence-Produktion singuläres Beispiel der Übernahme von Ornamenten der Izniker Keramikindustrie, die ihre Blüte hundert Jahre zuvor erreicht hatte, sind Vasen der Manufaktur Cornelius Funcke. Auf Deckel und Körper der ausgestellten achteckigen Vase gleiten, wie auf Keramiken der türkischen Vorbilder (4/135), Segelschiffe zwischen riffartigen Formen. Die weißen Segel sind gegen den wolkig auslaufenden türkis-grünen Grund ausgespart. Dieseals Fondmalereibezeichnete Technik war eine besondere Spezialität der Manufaktur des Holländers Cornelius Funcke, der, nachdem er sechs Jahre in der Wolbeerschen Fayence-Manufaktur als Dreher gearbeitet und 1699 die Meisterrechte erhalten hatte, neben der Wolbeerschen eine zweite Fayence-Manufaktur in Berlin gründete.

Funckes ornamentale Motive sind noch chinesisch-delftisch beeinflußt, es kam ihm aber weniger als bei den Wolbeerschen Produkten auf die Ähnlichkeit mit Delfter Keramiken an. Seine Blaumalerei ist kräftiger als die der Delfter Vorbilder, er gestaltete die an chinesischen Vorbildern orientierten Vasenformen ins barocke um und bereicherte den Motivschatz durch barocke, rein europäische Ornamente. So wie die Manufaktur Vasen unterschiedlicher Form mit dem Segelschiffmotiv bemalte, stellte sie andererseits auch dieselben achteckigen Deckelvasen mit chinesisch beeinflußten Ornamenten her. Nach Funckes Tod 1733 bestand die Werkstatt noch bis 1767, zwischen 1747–1755 war sie im Besitz von Johann Gottlieb Menicus.

*KSC*

Lit.: Falke (1923), S. 19ff.; Riesebieter (1921), S. 180; Klein (1975), S. 51ff.; Peibst (1978), S. 15f.

**4/137 (Abb. 191)**
**Remigius van Leemput**
**(1607–1675), nach Hans Holbein d. J.**
**Heinrich VII., Elisabeth von York,**
**Heinrich VIII. und Jane Seymour**
London, 1667
Leinwand, 88,9 x 98,7 cm
The Royal Collection, Hampton Court Palace

Bei dem Gemälde, auf dem Heinrich VII., seine Gemahlin Elisabeth von York und Heinrich VIII. mit seiner dritten Frau Jane Seymour dargestellt sind, handelt es sich um eine Kopie des Wandgemäldes, das Hans Holbein d.J. 1537 für die Privy Chamber im Whitehall Palace schuf. Die Privy Chamber gehörte zu einer Flucht von offiziellen Empfangsräumen des Königs, wobei dieser Raum dem privaten Aufenthalts des Königs diente. Hier gewährte er nur auserwählten, bevorzugten Personen Audienz. Das Fresko wurde durch ein Feuer, das 1698 den Palast verwüstete, zerstört. Die linke Hälfe des Orginalkartons Holbeins, genannt der ›Chatswort Cartoon‹ ist noch erhalten und befindet sich heute in der National Gallery, London. Ebenso überlebten zwei Kopien von Remigius Leemput, einem vermutlich niederländischen Meister, der von etwa 1632 bis zu seinem

*716 (4/139)*

Tode 1675 in London tätig war. Die spätere Kopie wurde im Jahre 1669 gefertigt und zeigt zusätzlich das Porträt Edward VI. Das vorliegende Gemälde wurde bereits 1667 im Auftrage Charles II. gefertigt und befindet sich heute in der Royal Collection, Hampton Court Palace.

In einer reich dekorierten Renaissance-Halle gruppieren sich die Figuren um ein zentrales, altarartiges Postament, das mit einer aus lateinischen Versen bestehenden Inschrift versehen ist. Die Inschrift spielt auf die Trennung Heinrich VIII. von Rom und auf die Gründung der

Anglikanischen Kirche, deren Oberhaupt der König war, an. Durch diesen Text und durch die Darstellung der Familienmitglieder sollten die Leistungen des Hauses Tudor propagiert und Jane Seymour, die dritte Frau Heinrich VIII., als Königin und Mutter des Thronfolgers Edward (VI.) in der dynastischen Tradition bestätigt werden.

Die prächtig gekleideten und mit Juwelen geschmückten Figuren stehen auf zwei Stufen, die von einem Teppich bedeckt sind. Es handelt sich um einen anatolischen Teppich, in der Fachliteratur als ›Holbein-Teppich‹ bezeichnet, obwohl es schon früher, auf Bildern anderer Meister, Darstellungen solcher Teppiche gibt. Man unterscheidet ›Kleine-‹ und ›Große Holbein-Teppiche‹, nach der Größe der achteckigen Medaillons in den Innenfeldern. Seit Beginn des 16. Jahrhunderts wird von der aufkommenden Mode, orientalische Teppiche zu sammeln, berichtet.

Von Heinrich VIII. ist bekannt, daß er eine der größten Sammlungen orientalischer Teppiche seiner Zeit in England besaß. In den Inventaren seiner persönlichen Güter und auch in den folgenden seiner Töchter Mary und Elisabeth werden mindestens 500, hauptsächlich türkische, Teppiche erwähnt. Es ist unbekannt, wie Heinrich VIII. die Teppiche erwarb, doch gelangten vermutlich allein 60 Teppiche aus der Sammlung des Kardinals Wolsey in seinem Besitz, als er 1529 dessen persönliche Güter übernahm.

Von dem dargestellten ›Großen Holbein-Teppich‹ sind nur die Enden links und rechts des Postaments zu sehen. Jedes von ihnen zeigt im Innenfeld auf rotem Grund einen achtstrahligen Stern. In der Felddekoration finden sich aus Rankenornamenten geflochtene Dreiecke, darin herzförmige Medaillons, aus denen Kelchvoluten wachsen. In der Hauptborte erscheint das eher für den kleingemusterten Holbein-Teppich typische, aus der kufischen Schrift hergeleitete Bandornament. Zwei Teppiche aus der ersten Hälfte des 16. Jahrhunderts mit ähnlicher Dekoration befinden sich heute im Hamburger Kunstgewerbemuseum und im Bayerischen Nationalmuseum. *RR*

Lit.: Erdmann (1962); King Sylvester (1983); King (1983); Rowlands (1985); Scheunemann (1954); Strong (1967).

**4/138 (Abb. 192)**
**Holbein-Teppich**
Türkei, 16. Jh
Wolle, 430 x 200 cm
Berlin, SMPK, Museum für Islamische Kunst (I. 5526)

Auf Gemälden Hans Holbeins d. J. (1497/8 bis 1543) kommen häufiger Knüpfteppiche vor, die so genau gemalt sind, daß sie sich leicht als türkische Erzeugnisse des 15.-16. Jahrhunderts einordnen lassen. Charakteristisch für diese Teppiche und daher besonderes Erkennungsmerkmal sind Bordüren, die sich gewöhnlich aus zwei unterschiedlichen, einfach gereihten weißen Elementen auf rotem Grund zusammensetzen. Trotz einer stärkeren Entfremdung ist unschwer eine Stilisierung arabischer Buchstaben erkennbar. Klein- oder großgemusterte Motive sind typisch für das Innenbild. Bei diesem Teppich nehmen in senkrechter Reihung vier identische Rechtecke mit eingeschriebenem Achteck das rotgrundige Innenfeld ein. Kleine, zu Reihen geordnete Achtecke füllen den Grund; nur zum oberen Ende des Innenfeldes wird das Thema durch Achtecke anderer Zeichnung und durch eine Rosette variiert.

Das Knüpfzentrum der Holbein-Teppiche scheint in der westlichen Türkei gelegen zu haben. Möglicherweise war es die Stadt Uschak, von der aus sie im 15.–16. Jahrhundert über Italien oder Ungarn nach Europa verschickt wurden. Da man dort ähnlich qualitätvolle Erzeugnisse nicht kannte, waren Knüpfteppiche aus der Türkei sehr geschätzt. Sie wurden auf dem Boden liegend, als Wandbehang oder als Decken für Truhen oder Tische verwendet. In Italien war es zudem bei besonderen Anlässen üblich, Teppiche auf Fensterbänke und Balkonbrüstungen zu legen. Nur wohlhabende Familien konnten es sich leisten, Teppiche mit eingeknüpften Wappen zu bestellen. Zahlreiche Persönlichkeiten ließen sich des öfteren mit Orientteppichen porträtieren; besonders bekannt ist das in der Berliner Gemäldegalerie gezeigte Bildnis des Kaufmanns Georg Gisze, das Hans Holbein d. J. 1532 in London malte. *JK*

Lit.: Spuhler (1987) Nr. 4.

**4/139 (Abb. 716)**
**Armlehnstuhl mit Bezug aus kleinmustrigen Holbein-Teppich-Fragmenten**
Italien, Teppichfragmente: Anatolien, zweite Hälfte 15. Jh.
Holz, Wolle, 164 x 66 x 55 cm
München, Fa. Konrad O. Bernheimer
(Bernheimer, 1959, no 143; Katalog London, 1982)

Sitzfläche als auch Rückenlehne des italienischen Armlehnenstuhls aus der Renaissance sind bezogen mit Fragmenten einer Varinante des kleingemusterten ›Holbein‹-Teppichs. Auf ungewöhnlich blauem Grund entwickelt sich ein Muster aus Sternen und Oktogonen. Letztere ähneln jenen auf den großgemusterten ›Holbein‹-Teppichen. Möglich, daß es sich hierbei um einen Vorläufer oder aber um eine weniger erfolgreiche Variante der kleingemusterten Teppiche handeln mag, die in Anatolien in der zweiten Hälfte des 15. Jahrhunderts. gearbeitet wurde. Ein Teppich mit vergleichbarer Binnenmusterung ist u.a. in einem Gemälde von Antellon da Messina in Venedig um 1476

717 (4/140)

dargestellt. Auch das Flechtbandmotiv erscheint in Gemälden mit kleingemusterten ›Holbein‹Teppichdarstellungen Lombardischer Künstler um 1490 und 1560.
Lit.: AUSST.KAT. CARPETS LONDON (1983), Nr. 12.

**4/140 (Abb. 717)**
**Vecellio Cesare**
**(Pieve di Cadora 1521–1601 Venedig)**
**Familienbild mit orientalischem Teppich**
Venedig, um 1560
Leinwand, 113 x 180 cm
Venedig, Museo Correr (N. 254)

Das aus der Sammlung Correr in Venedig stammende Gemälde dürfte ursprünglich eine Wand des Privatpalastes jener Familie geschmückt haben, deren Wappen sich in der Mitte des Hintergrundes hervorhebt. Mariacher (1957, S. 225) vermutet, daß es sich um eine venezianische Familie aus Belluno handelt. Dargestellt sind in konventioneller Halbfigur 17 elegant gekleidete Personen, wahrscheinlich Nachkommen, Schwiegertöchter und -söhne des Alten, wohl das Familienoberhaupt, den man in der linken unteren Ecke sieht. Versammelt sind sie, etwas steif, um einen viereckigen Tisch, dessen kostbare Bedeckung ein orientalisch anmutender Teppich bildet. Die Behandlung der Bordüre und das 18-strahlige, sternförmige Medaillon, das sich im Zentrum um ein Sechseck entfaltet, könnten für seine Herstellung in der Stadt Uschak in Westanatolien sprechen.

Möglicherweise kannte der Künstler den Teppich aus eigener Anschauung, denn aus diesem Gebiet wurden im 15.–16. Jahrhundert Teppiche in größerem Umfang nach Europa, vor allem Italien, exportiert, die auch häufig auf Gemälden anderer europäischer Künstler vorkommen. Wurden die Teppiche im 15. Jahrhundert noch hauptsächlich in Kirchen und bei festlichen Prozessionen benutzt, so zierten sie auch bald als Wandbehänge oder als Möbel- und Tischdecken private Räume. Schon zu Anfang des 16. Jahrhunderts war es in Venedig keinesfalls ungewöhnlich, wenn eine Familie zehn oder noch mehr orientalische Teppiche besaß.

Cesare Vecellio (1521 Pieve di Cadore–1601 Venedig), der dieses Gemälde um 1560 schuf, hat sich auch als Ornamentzeichner und mit beliebten, oft aufgelegten Musterbüchern hervorgetan, in denen er eine fast unerschöpfliche Vielfalt ornamentaler Einfälle vorweist. Darum muß es fraglich bleiben, ob die Zusammensetzung der Musterung und Motive dieses Teppichs nicht doch auf eigener Anordnung und Erfindung beruht. *GP*
Lit.: ERDMANN (1966); S. 529–545; G. MARIACHER (1957), S. 225f; VENTURI (1934), S. 85ff.

*718 (4/141)*

**4/141 (Abb. 718)**
**Polenteppich mit polnischem Wappenadler**
Polen, Brody, nach 1735
Wolle, 200 x 145 cm
Krakow, Muzeum Narodowe w Krakowie
(MNK-XIX-4452)

In der Mitte des cremefarbenen Knüpfteppiches aus natürlicher Wolle befindet sich ein achteckiges zweiteiliges Wappenschild. Das Wappenschild zeigt links das Wappen ›Pilawa‹ der Adelsfamilie Potocki, rechts dagegen das Wappen ›Mniszech‹ der Adelsfamilie Mniszech. Diese Wappen beziehen sich auf den Hetman Graf Józef Potocki (1673–1752) und seine Frau, Lukwika, geb. Mniszech. Die Hetmanswürde wird durch die das Schild umrahmenden militärischen Embleme betont: Feldherrnstäbe, Säbel, Kugeln, Pulverfässe und Fahnen, die den Hintergrund des Schildes ausmachen. In den Ecken sind Medaillenviertel sichtbar, die den auf den türkischen Teppichen von Typ Uschak auftretenden Medaillen formähnlich sind. Die übrigen Teile sind durch ›klassisch‹ stylisierte Palmetten und Blumen verziert. Die Bordüre besteht aus einem fortlaufenden Ornament, das sich aus geometrisierten Blumen und Blättern zusammensetzt. Der Hintergrund ist grün. Dieser Knüpfteppich gehört zu den vier auf eine fast identische Art und Weise komponierten Teppichen, die in den polnischen Sammlungen aufbewahrt werden. Aus der Verbindung der Wappen und der Feldherrnembleme kann man schließen, daß sie nach 1735 angefertigt wurden. Der Graf Józef Potocki wurde nämlich 1735 Hetman und vorher, 1732, fand seine Trauung mit Ludwika Mniszech statt. Alle diese Teppiche wurden höchstwahrscheinlich in derselben Manufaktur nach demselben Muster angefertigt. Es handelt sich wahrscheinlich um eine in den Gütern der Familie gelegene Manufaktur.

Die Autoren der einschlägigen Bearbeitungen äußerten die Vermutung daß diese Teppiche in Brody (Mankowski), Tulczyn und Niemirów (Stepowska) geknüpft wurden. Am wahrscheinlichsten scheint die Lokalisierung in Brody zu sein. Diese Manufaktur wurde in der ersten Hälfte des 17. Jh. vom Hetman Jakub Sobieski gegründet, und 1704 wurde sie von Józef Potocki erworben. Auf dem Gebiet des damaligen Polens gab es viele solcher Manufakturen. J. Salski nannte in seinem 1921 in Warschau veröffentlichten Buch *Sztuka i kultura polska na Litwie i Rusi* noch andere damals tätige Zentren der auf traditionelle Art und Weise durchgeführten Teppichherstellung. In diesen Manufakturen produzierte man Wandteppiche, Gürtel, seidene Kleidergewebe und schließlich Knüpfteppiche, die als Nachahmung der orientalischen Teppiche zu werten sind. Bei der Herstellung ahmte man sehr genau die Technik nach und auch die Muster, indem man diese getreu nachbildete bzw. sie interpretierte und mit den heimischen Formen verband. *BBS*

Lit.: Stepowska (1935), taf. 12; Biedronska-Slotowa (1980?).

**4/142 (Abb. 719)**
**Sog. Polenteppich**
**Wirkteppich mit polnischem Wappenadler**
Persien, Kaschan, 1601/02
Seide, 238 x 132 cm
München, Bayerische Verwaltung der staatlichen Schlösser, Gärten und Seen, Residenz (W-C-3)

In der Mitte der Tapisserie befindet sich ein Wappenschild. Das Wappenschild zeigt einen gekrönten Adler, der an der Brust ein kleines Schild mit dem Wappen der Familie Waza trägt. Das oben mit einer Krone abgeschlossene Wappenschild ist von knorpel – und muschelförmigen Ornamenten eingefaßt. Den Hintergrund des Schildes bildet ein symmetrisches Ornament, bestehend aus dünnen Arabeskenranken mit verschiedenartigen Palmetten sowie Formen der ›sprechenden Bäume wag-wag‹. In der Ecke sind Medaillenviertel sichtbar. Die Bordüre besteht aus einem fortlaufenden Ornament, das sich aus zwei Arten von Palmetten zusammensetzt. Der Wirkteppich wurde ohne Zweifel in Persien angefertigt, höchstwahrscheinlich in Kaschan. Davon zeugt die Anfertigungstechnik wie die Beschaffenheit der Ornamente im Gewebe. Das Gewebe entstand auf Bestellung des polnischen Königs Sigismund III. Waza – davon zeugt das Wappenschild –, und zwar durch Vermittlung eines armenischen Kaufmanns, Sefer Muratowicz, im Jahre 1601/02. Der Wirkteppich wurde 1642 mit der

Mitgift der Königstochter Anna Katarzyna Konstancja, der Ehefrau von Philipp Wilhelm Wittelsbach, später Kurfürst von Pfalz, nach München gebracht. Auf Grund des in den Teppich eingearbeiteten Wappens des damaligen polnischen Königs wird er den sog. Polengeweben zugeordnet. Diese Bezeichnung bezieht sich generell auf persische, mit Seidengarn geknüpfte und mit Gold und Silbergarn broschierte Teppiche. Die in Persien geknüpften Teppiche bezeichnete man zum ersten Mal als ›Polenteppiche‹ auf der Pariser Weltausstellung im Jahre 1878. Der Fürst Wladyslaw Czartoryski zeigte da im Polnischen Palast Trocadero sieben Teppiche aus seiner Privatsammlung, die mit Seidengarn geknüpft und mit Gold- und Silbergarn broschiert waren. Manche jener Teppiche zeigten das Familienwappen von Czartoryski in der Mitte, daher benannte man sie damals ›Polenteppiche‹. Unter den als polnisch bekannten Seidenteppichen mit Gold- und Silberbroschierungen, die sich heute in Weltsammlungen finden – es sind etwa 200 an der Zahl (Spuhler 1968), – weist ein einziger dieser Teppiche ein Wappen in seinem Muster auf. Es handelt sich jedoch nicht um ein polnisches Wappen. Im Nationalmuseum in Warschau erhielt sich dagegen eine gestickte dreigeteilte Kartusche mit mit dem Wappen ›Lis‹ des Fürsten Wladyslaw Józef Sapieha (1652–1732) und dem Wappen Gultz von Ludwika Gultz, der Tochter eines Marschalls auf dem Hofe des Kurfürsten von Bayern und zugleich Ehefrau von Wladyslaw J. Sapieha. Diese gestickte Kartusche wurde an den sog. Polenteppich angenäht und gelangte mit diesem Teppich in den Besitz des Nationalmuseums. Auch in München finden sich keine weiteren Teppiche dieser Art. Daraus kann man die Schlußfolgerung ziehen, daß auch an diese persischen Teppiche, die auf der Pariser Ausstellung gezeigt wurden, mitunter gestickte Wappen polnischer Adelsfamilien angenäht waren. Von den Teppichen, die in Kaschan durch Vermittlung von Muratowicz bestellt wurden sowie von anderen, früher oder später bezogenen Teppichen, erhielt sich mit Sicherheit nur ein einziger Wappenteppich, der z.Z. in München aufbewahrt wird. Die sog. Polenteppiche waren in Polen sehr populär wegen der sublimierten Schönheit der Farben und Ornamente sowie ihrer edlen Stoffe. Als Ausstattung fast aller Residenzen bildeten sie die Grundlage von deren Pracht. Verbreitet waren sie besonders im 17. Jahrhundert, in der Blütezeit Polens. Es ist daher durchaus wahrscheinlich, daß die Verbindung gestickter polnischer Wappen mit den in Persien geknüpften Seidenteppichen darauf zurückzuführen ist, daß man in der Zeit der Teilung Polens auf Traditionen vergangener Zeiten aufmerksam machen wollte. *BBS*

Lit.: Mankowski (1935); Pope (1939); Erdmann (1970); King (1983).

*719 (4/142)*

720 (4/143)

721 (4/144)

**4/143 (Abb. 720)**
**Seidengürtel**
Persien, Kashan, 2. H. 17. Jh.
Seide, Metallfäden, 433 x 30 cm
Krakau, Muzeum Narodowe w Krakowie
(MNK-XIX-4604)

**4/144 (Abb. 721)**
**Polnischer Seidengürtel nach persischer Vorlage**
Kobylka, 1787–1791
Seide, 408 x 39,5 cm
Krakau, Muzeum Narodowe w Krakowie
(MNK-XIX-2584)

## Kapitel 5

## Künstler der Renaissance: Bellini und Dürer

Vom 13. bis zum 16. Jahrhundert beherrschte Venedig den Handel mit der Levante. Vor allem Gewürze und Stoffe waren es, die vor der Entdeckung des Seeweges nach Indien über Venedig Europa erreichten, die Stadt war das Tor zum Orient. Händler und Reisende aus dem Morgenland werden häufig in Venedig gewesen sein, wo sie den Künstlern Gelegenheit zum Studium ihrer Moden boten. Bereits in den Werken von Malern des 13. und 14. Jahrhunderts, bei Giotto etwa, oder Lorenzetti, sind exotische Elemente zu erkennen, die auf Berichte von Kaufleuten und Missionaren zurückgehen mögen, die das mongolische Reich bereist hatten. Neues Interesse an Orientalen erwachte, als byzantinische Delegationen zum Konzil in Ferrara (1438) und Florenz (1439) zu Unionsverhandlungen eintrafen. Ihre exotischen Frisuren und ihre luxuriöse Kleidung riefen das Interesse der Künstler hervor. Der Fall von Konstantinopel, 1453, bewirkte eine zunehmend Beschäftigung der Künstler mit den Osmanen und ihren Kostümen. Eine osmanische Gesandtschaft mit einem Gefolge von 20 Personen wurde 1474, eine weitere fünf Jahre später, mit 22 Mitgliedern, in Venedig empfangen. 1489 bat Mehmed II., der Eroberer von Konstantinopel, die Signoria um Entsendung eines Porträtisten. Man betraute Gentile Bellini mit dieser Mission. Von seinem Aufenthalt in Konstantinopel haben sich wohl nur zwei Zeichnungen, eine Medaille und das Porträt Mehmeds II., das er nur wenige Monate vor dem Tod des Sultans vollendet hatte, erhalten. Dieses Porträt sollte zum Ausgangspunkt für eine Reihe von Sultansbildnissen späterer Zeit werden. Die wohl bedeutendsten venezianischen Gemälde mit orientalisierenden Elementen sind die um 1492 von der Scuola Grande di San Marco als Zyklus in Auftrag gegebenen Szenen aus dem Leben des hl. Markus. Diese fünf Gemälde sind von Gentile und seinem Bruder Giovanni Bellini sowie von deren Schülern Belliniano und Giovanni Mansueti ausgeführt worden, aber nur die orientalisch gekleideten Figuren auf diesen Gemälden geben Zeugnis von Gentile Bellinis Aufenthalt in Konstantinopel. Prospekte oder Bauwerke türkischer Städte, die einen Künstler wie Bellini, der sich auch durch Stadtveduten ausgezeichnet hatte, fasziniert haben müssen, fehlen erstaunlicherweise fast ganz, nur wenige Architekturelemente in seinem Gemälde *Die Predigt des hl. Markus in Alexandria* (Abb. 276) etwa lassen sich mit Konstantinopel in Verbindung bringen. Einige Details des Gemäldes, insbesondere die Darstellung mamlukischer Wappen, läßt jedoch die Vermutung zu, daß Gentile Bellini nach seinem Aufenthalt an der ›Pforte‹ eine Reise in das Heilige Land unternommen haben könnte. Ein weiterer Beleg für eine solche Reise scheint das mit dem Markus-Zyklus in Zusammenhang stehende Gemälde *Der Empfang einer venezianischen Gesandtschaft in einer orientalischen Stadt* (Abb. 273) zu sein. Die dargestellte Stadtansicht – es könnte sich um Damaskus handeln – ist so genau wiedergegeben, daß man annehmen kann, der Künstler habe sie selbst gesehen. Allerdings läßt sich dieses Gemälde aus stilistischen Gründen nur schwer als ein Werk Bellinis erkennen, es könnte aber nach einer Vorlage von seiner Hand kopiert sein. Neben Bellini haben aber auch andere venezianische Künstler zum Ende des 15. Jahrhunderts den Orient besucht, sie werden Skizzen zurückgebracht haben, die als Gemäldevorlagen gedient haben können.

Auch die Darstellung von Orientalen in Reisebeschreibungen und Pilgerberichten des 15. Jahrhunderts mag die Künstler jener Zeit beeinflußt haben. Vor allem die Holzschnittillustrationen Erhard Reuwichs in Bernhard von Breydenbachs Reise ins Heilige Land 1483 (Abb. 371) zeigen ethnographisch genaue Darstellungen von Orientalen und tatsächlich gesehene Stadtansichten und Gebäude.

Größeren Einfluß als die Illustrationen Reuwichs auf die Künstler nördlich der Alpen hatten graphische Blätter Albrecht Dürers, der sich zweimal, 1495/96 und 1505, in Venedig aufgehalten hat. Dürer war mit Gentile Bellini bekannt und wird Zugang zu seinem Atelier gehabt haben, denn einige von Dürer dargestellte Orientalen lassen sich auf Gemälden Bellinis wiederfinden, die erst nach Dürers Abreise aus Venedig beendet worden sind. Auch die Zeichnung eines orientalischen Reiters (5/24) geht vermutlich auf eine Werkstattzeichnung Bellinis zurück.

Die Darstellungen heidnischer Potentaten wie Pilatus oder Holofernes, werden von Dürer durch auffällige Turbane als Orientalen gekennzeichnet und übernehmen so die Rolle des ›Feindes der Christenheit‹, eine Sichtweise, die sich aus der Furcht vor den zu jener Zeit das westliche Europa bedrohenden Osmanen erklären läßt.

**5/1 (Abb. 722)**
**Tractatus de septem vitiis**
**Aufgeschlagen: Die Völlerei** (fol. 13)
Genua, Ende 14. Jh.
Illuminierte Pergamenthandschrift
London, The British Library, The Manuscript Collections (Add. MS 27695, f. 13)

Früheste bekannte europäische Kopie einer persischen Miniatur.

**5/2 (Abb. 724)**
**Gentile Bellini, zugeschrieben (1429–Venedig–1507)**
**Sultan Mehmed II. Fatih, »Der Eroberer«**
Konstantinopel, 1480
Leinwand, 69,9 x 52,1 cm
London, The Trustees of the National Gallery (3099)

Nach dem Friedensschluß 1479 zwischen der Regierung Venedigs und dem Sultan bat der Herrscher um die Übersendung einiger Künstler nach Konstantinopel. Die Signoria schickte unter anderen Gentile Bellini an den türkischen Hof. Seine Reise kann als künstlerische und diplomatische Mission angesehen werden. Obwohl es nicht ungewöhnlich war, in Venedig Orientalen anzutreffen, die sich dort geschäftlich aufhielten, muß das Leben in Konstantinopel und besonders am Hof des Sultans Bellini doch entscheidend beeindruckt haben. Es gibt zwar von Gentile Bellini keine überlieferten Aufzeichnungen und Skizzen über diesen Aufenthalt, jedoch wird er sich mit der fremden Kunstauffassung auseinandergesetzt haben. Sicher fertigte er Figur- und Kostümstudien an, die als Vorlagen für spätere Bilder dienen sollten. Dort entstand 1480 das Porträt von Mehmed II. Gentile zeigt den Sultan in einem Dreiviertelprofil bis zur Brust abgebildet. Das Porträt, wenige Monate vor Mehmeds Tod entstanden, läßt in dem ausgezehrten Gesicht bereits Anzeichen seiner Krankheit erkennen. Ihn zieren kein zusätzlicher Schmuck oder besonders kostbare Stoffe seiner Kleidung, lediglich der mächtige Pelzkragen des Gewandes und der ausladende Turban unterstreichen seine herrschaftliche Würde. Dieses zurückhaltende Porträt erfährt seine Inszenierung erst durch die Rahmung. Ein einzelner kleiner Rundbogen von zwei Pfeilern getragen, der auf einer Balustrade steht, umfaßt den Sultan. Fast eingezwängt wirkt der mächtige Mann hinter der Arkade, die jedoch nicht den begrenzenden Bildrahmen ausmacht. Die Pilasterspiegel sind mit einem floralem Ornament dekoriert und der Bogen mit einem Blattfries belegt. Eine kostbare Decke, mit Perlen und Edelsteinen verziert, liegt über dem Mäuerchen vor Mehmed. Diese reichen Formen heben sich vor dem dunklen Hintergrund ab. Die zum Teil beleuchtete und verschattete Soffitte kennzeichnet eine Lichtführung, die Mehmed in Blickrichtung entgegen scheint. Das Bild des Sultans ist nicht in diesen Aufbau eingefaßt, sondern es befindet sich hinter dieser Architektur. Durch diese errichtete Barriere wird Mehmed in einen unklaren Raum entrückt und somit vom Betrachter entfernt. Der Hintergrund deutet keinen Ort an, reale Bezüge sollen vermieden werden. Die in den oberen Bildecken vor dunklem Hintergrund gesetzten drei Kronen sind ein Symbol für die Eroberungen Mehmeds, Byzantinisches Reich, Kaiserreich von Trapezunt und Turkmenenreich. Möglicherweise hat Gentile Bellini in Anlehnung an islamische Bildtradition die Darstellung des Herrschers auf diese entrückte Weise angelegt (Meyer zur Capellen [1983]). *AR*

Lit.: Babinger (1953); Meyer zur Capellen (1983); Meyer zur Capellen (1985).

**5/3 (Abb. 723)**
**Gentile Bellini (Umkreis)**
**Studie eines türkischen Mannes**
Konstantinopel/Venedig, um 1495
Feder in Braun, 30,2 x 20,6 cm
Paris, Musée du Louvre, Cabinet des Dessins (4655)

Die Zeichnung zeigt die frontale Ansicht eines stehenden Orientalen. Die Gewand- und Kostümstudie scheint der Hauptzweck dieser leicht spröde wirkenden Abbildung zu sein. Capellen nimmt an, daß es sich bei diesem Blatt um eine Kopie nach einer Zeichnung von Gentile Bellini handelt, der während seiner Reise nach Konstantinopel viele solcher Studien anfertigte. Die Aufschrift, die den Bruder »*Giouan Bellin venetus*« benennt, scheint eine fälschliche Zuschreibung zu sein. Diese Studien waren sicher bekannt und haben als Vorlage für andere Künstler der Zeit gedient. Im Appartamento Borgia im Vatikan, ausgemalt von Pinturicchio, findet sich auf dem Fresko der Disputatio der Heiligen Katharina eine Übernahme dieses stehenden Mannes, seitenverkehrt und mit einem reicher geschmückten Gewand. Pinturicchio verwendete diesen Orientalen ein weiteres Mal in Siena bei der Ausstattung der Liberia Piccolomini. Es gibt Überlegungen, es könne sich bei diesem Mann um den Prinzen Bayazid Osman handeln, wohl ein Halbbruder Mehmeds II., der sich aus Furcht, von diesem Bruder ermordet zu werden, ins christliche Europa geflüchtet hatte. Dieser Annahme ist jedoch aufgrund der wenig individuellen Ausprägung des Porträts nicht eindeutig zu folgen (Babinger). *AR*

Lit.: Babinger (1951); Gronau (1909); Meyer zur Capellen (1985).

*722 (5/1)*

723 (5/3)

*724 (5/2)*

**5/4 (Abb. 725)**
**Gentile Bellini (1429–Venedig–1507)**
**Medaille des Sultans Mehmed II.**
Bezeichnung Obvers: »MAGNI SVLTANI MOHAMETI IMPERATORIS« und Revers: »GENTILIS BELLINVS VENETVS EQVES AVRATVS COMES Q. PALATINVS. F«
Um 1480–81
Bronze, Dm 9,5 cm
London, The British Museum, Department of Coins and Medals (Hill 432, 1883-3-31)

Der Maler Gentile Bellini war hauptsächlich in Venedig tätig, weilte jedoch von September 1479 bis Januar 1481 in Konstantinopel. Am Hofe Mehmeds II. entfaltete Bellini eine äußerst fruchtbare künstlerische Tätigkeit. Neben zahlreichen Gemälden und Zeichnungen ist eine Medaille mit dem Porträt des Sultans auf uns gekommen. Es ist bislang nicht überzeugend geklärt, ob die Schaumünze noch in Konstantinopel oder gleich nach der Rückkehr des Künstler nach Venedig im Jahre 1881 geprägt wurde.

In nüchterner und physiognomisch exakter Schilderung ist Mehmed II. im Brustbild mit dem Profil nach links zeigend auf der Vorderseite der Medaille dargestellt. Er trägt einen Turban und ein Gewand mit breitem Kragen. Offenbar versuchte sich der Maler Bellini nur ein einziges Mal an der Technik des Bronzegusses. So wird das Medaillenporträt allgemein als schwaches Werk des Künstlers erachtet. Die relativ trockene und flächige Gestaltung des Reliefs mag Ausdruck der mangelnden Erfahrung des Venezianers im Bronzguß sein. Auf dem Reverse der Medaille sind drei fünfzackige Kronen übereinandergestellt, die sinnbildlich für die drei Reiche Konstantinopel, Erzurum und Trapezunt stehen.
Lit.: AUSST.KAT. FRANKFURT (1985), I/6a,b; KARABACEK (1918), S. 48f; JACOBS (1927), S. 1ff.

**5/5 (Abb. 727)**
**Constanzo da Ferrara**
**(tätig in Neapel Ende 15. Jh.)**
**Medaille des Sultans Mehmed II.**
Bezeichnung Obvers: »SVLTAN MOHAMMETH OCTHOMANI VGLI BIZANTII IMPERATORIS 1481« und Revers: »MOHAMMETH ASIE ETGRETIE IMPERATORIS YMAGO EQVESTRIS INEXECITVS«
Konstantinopel, Ende 15. Jh.
Bronze, patiniert, Dm 15,5 cm
London, The British Museum, Department of Coins and Medals (Hill 322)

Constanzo da Ferrara hielt sich länger in Konstantinopel auf, um ein Porträt des Sultans auszuführen. Er kehrte erst nach dessen Tod im Jahre 1481 nach Italien zurück. Die ausgestellte Medaille ist wohl während dieses Aufenthaltes Constanzos noch vor 1881 entstanden.

Auf der Vorderseite ist der Sultan mit Turban im Profil nach links gegeben. Das Reverse zeigt den Sultan in voller körperlicher Kraft zu

*725 (5/4)*

*726 (5/6)*

Pferde nach links in einer Landschaft mit zwei entlaubten Bäumen und einem Kastell im Hintergrund.
Lit. AUSST.KAT. BERLIN, Kat.-Nr. 120.

**5/6 (Abb. 726)**
**Bertoldo di Giovanni (wohl in Florenz ca. 1440–1491 Poggio a Caiano)**
**Medaille des Sultans Mehmed II.**
Bezeichnung Obvers: »MAVMHET ASIE AC TRAPESVNZIS MAGNE QVE GRETIE IMPERAT« und Revers: »OPVS / BERTOLDI / FLORENTIN / SCVLTOR / IS. «
Konstantinopel, um 1480
Bronze, patiniert, Dm 9,4 cm
London, The British Museum, Department of Coins and Medals

Eine Medaille von Bertoldo di Giovanni wiederholt den Bildtypus der Schaumünze Bellinis. Wiederum ist der Sultan mit Turban und Büste nach links dargestellt. Auf dem Reverse führt

Mars einen von zwei Pferden gezogenen Triumphwagen mit einer männlichen allegorischen Figur darauf und drei weiblichen Figuren, von der Inschrift »GRETIE TRAPESVNTV« eingefaßt. Zwischen allegorischen Figuren von Meer und Erde »OPVS/BERTOLDI/FLORENTINI/SCVLTOR/IS« Diese Medaille ist wahrscheinlich um 1480/81 nach dem Vorbild derjenigen Bellinis ausgeführt worden.

Lit.: AUSST.KAT. BERLIN (1982), KAT.-Nr. 121; JACOBS (1927), S. 1ff

727 (5/5)

**5/7 (Abb. 275)**
**Giovanni Mansueti**
**(Erwähnung seit 1485–1572 Venedig)**
**Die Heiligen Drei Könige**
Italien, um 1500
Leinwand, 85 x 150 cm
Verona, Civico Museo Castelvecchio (276)

Ein einfaches Holzdach, auf Pfähle gestützt, dient der Heiligen Familie als schützende Scheune. Maria und Joseph zu Seiten der geflochtenen Krippe deuten auf das Kind; von rechts treten zwei Hirten heran, es anzubeten. Die Figuren sind nebeneinander aufgereiht und nur durch wenige sich voneinander unterscheidende Gesten variiert. Das Interessante seiner Bilder liegt in der Vielfalt des Dargestellten, das die Augen wandern läßt. Drei Engel schweben nah bei der Krippe über Ochs und Esel, zwei weitere mit Spruchbändern rahmen die Szene nach oben. Rechts im Hintergrund verkündet ein Engel einen Schäfer die frohe Botschaft. Tiere bevölkern den Vordergrund. Von links kommen die Heiligen Drei Könige mit ihrer Gefolgschaft heran, nur ihre ausladenden Kopfbedeckungen lassen sie als Orientalen erkennen. Der würdigste von ihnen ist der weißbärtige Alte mit dem hohen, muschelförmig gebundenen Turban auf einem weißen Pferd. Diesen herrschaftlichen Turban trifft man auch auf anderen Bildern Mansuetis, z. B. *Arrest des hl. Markus*, *Der hl. Markus heilt Anianus* und dem *Empfang der Botschafter in Damaskus*, jedoch wird diese Turbanart immer nur von einer hervorragenden Persönlichkeit getragen und kommt somit einer Bekrönung gleich. Der jüngere Reiter im blauen Gewand trägt einen ebenfalls kunstvoll gebundenen, nicht ganz so auffälligen Turban. Hinter ihnen, auf einem schwarzen Pferd, folgt der Mohr mit einem bescheideneren Turban, der Darstellungstradition gemäß der jüngste unter den drei Königen. Alle drei tragen goldene Pokale, die sie dem Kind schenken werden. Der Mann mit der hohen Pelzmütze am linken Bildrand gleicht in Tracht und Haltung den Figuren von Mansuetis Zeichnung *Drei mamlukische Würdenträger* (5/8) In San Martino auf Murano finden sich drei Bilder, die ebenfalls Mansueti zugeschrieben werden, darunter eine Epiphanie; ihr Aufbau ähnelt sehr dem hier gezeigten Bild. Sandra Miller weist auf den Zusammenhang mit den Skizzen des Jacopo Bellini hin. Mansueti gilt als ein Schüler Gentile Bellinis, wie die Inschrift eines Bildes für die Scuola Grande di San Giovanni Evangelista belegt. Das Interesse an den orientalischen Motiven wurde möglicherweise durch einen Lehrer Gentile Belini geweckt, der in Konstantinopel Zeichnungen anfertigte. Für Mansueti konnte eine Orientreise nicht nachgewiesen werden. *AR*

Lit.: MILLER (1978).

**5/8 (Abb. 729)**
**Giovanni Mansueti**
**(vor 1485–Venedig–um 1527)**
**Drei mamlukische Würdenträger**
Venedig, um 1500
Pinsel in Braun auf graugrünem Papier, 30,7 x 17,9 cm
Windsor Castle, Lent by Her Majesty Queen Elizabeth II (062)

Die Zeichnung zeigt, diagonal gestaffelt, drei stehende Orientalen, bekleidet mit langen Gewändern und mächtigen Pelzmützen. Dreiergruppen mit gleichartig gekleideten Orientalen, wenn auch mit anderer Gestik, finden sich auch auf den Bildern *Der heilige Markus predigt in Alexandria* von Gentile und Giovanni Bellini, heute in der Brera in Mailand, und dem *Empfang der Botschafter in Alexandria*. Auf beiden Bildern hält die mittlere Person ihre Arme ver-

728 (5/9)

schränkt, die Hände sind in den langen Ärmeln verborgen. Aufgrund ihrer Fellmützen werden sie von J. Raby als Mamluken bezeichnet. Im Bild *Verhaftung des Heiligen Markus* beobachtet in der vorderen rechten Bildhälfte ein Orientale das Geschehen. In Gesichtsausdruck und Gestik stimmt er mit dem Mamluken links im Hintergrund der Zeichnung überein, statt der Pelzmütze ziert ihn jedoch ein Turban. Allen dargestellten Orientalen ist eine sehr starke Schematisierung eigen. Ihre Gesichtszüge unterscheiden sich kaum voneinander, und auch die Gewänder sind sehr vereinheitlicht. Offensichtlich war es nicht Mansuetis Bestreben, die Orientalen durch eine intensive Hervorhebung der Physiognomie zu charakterisieren, hauptsächlich Kopfputz und Kleidung weisen auf ihre Herkunft hin. Es handelt sich hier kaum um eine Beobachtungsstudie oder um eine genaue Darstellung ihrer Individuen. Der Maler war vorrangig bestrebt, eine Kompositionszeichnung zu entwerfen (Capellen). *AR*

Lit.: Mayer zur Capellen (1985); Miller (1978); Raby (1982); Tietze (1944)

**5/9 (Abb. 728)**
**Jacopo Ligozzi**
**(Verona um 1547–1627 Florenz)**
**Türkischer Soldat mit Stachelschwein und Schlange**
Florenz, um 1576/77–1580
Miniatur, Tempera über schwarzem Stift auf Papier, 27,5 x 21,5 cm
Bez. o.l. in brauner Feder: ROM CASI, darunter kursiv: (S)onno gli braui soldati della Romella, darunter: (Po)rcho spin
Florenz, Gabinetto Disegni e Stampe degli Uffizi (2954 F)

Das Blatt gehört zusammen mit den beiden folgenden Darstellungen (5/10, 5/11) zu einer Serie von 21 Zeichnungen orientalischer Kostümfiguren. Jacopo Ligozzi, 1547 in Verona geboren, entstammte einer Familie von Künstlern bzw. Kunsthandwerkern. Über seine Ausbildung und Tätigkeit in der Heimatstadt ist wenig bekannt. Er verließ diese bereits in jungen Jahren und ging nach Florenz, wo er durch den mediceischen Hof mit dekorativen Entwürfen, etwa für Tapisserien, Steineinlegearbeiten oder Glasgegenstände, beauftragt wurde. Darüber hinaus war Ligozzi auf Miniaturmalerei spezialisiert und fertigte für die Großherzöge kunstvolle Andachts- und Erbauungsbilder, Bildnisse oder Kopien in kleinstem Format an. 1627 starb Ligozzi in Florenz.

Aufgrund seiner präzisen Zeichenweise wurde Ligozzi bei seinem Eintritt in den Hofdienst von dem naturwissenschaftlich interessierten Francesco I. de'Medici sogleich damit betraut, die Pflanzen und Tiere in den großherzoglichen Sammlungen systematisch und nach wissenschaftlichen Kriterien zu porträtieren. Vor allem auf die Tier- und Pflanzenzeichnungen gründet sich bis heute Ligozzis Ruhm. Während die zeitgenössischen Kunstschriftsteller seiner Person keine Beachtung schenkten, hebt der bedeutende Bologneser Arzt und Naturforscher Ulisse Aldrovandi Ligozzis Qualitäten bereits in Briefen der Jahre 1577/78 hervor. Mit Genehmigung des Großherzogs zog er ihn auch bei der Arbeit an seiner auf dem Prinzip naturgetreuer Abbildungen basierenden Universalgeschichte der Natur als Illustrator heran.

Ligozzis Kostümzeichnungen, die 1867 als Schenkung des Florentiner Bildhauers Niccolò Bazzanti in die Uffizien gelangten und dort einzeln auf größere Unterlagen aufgezogen wurden, bildeten ursprünglich mit dem ebenfalls in den Uffizien bewahrten Frontispiz ein zusammenhängendes Buch. Zu dem Florentiner Bestand gehörten noch weitere, heute verstreute Blätter, von denen in letzter Zeit sechs im Kunsthandel auftauchten (Sotheby's, New York, Sale 5424, 1986, Jan. 16, Nr. 52; Kunst & Antiquitäten, 1987, H. 6, S. 107; Christie's New York, Old Master Drawings, 1989, Jan. 11, S. 73, Nr. 110). Nicht nur in technischer, sondern

729 (5/8)

730 (5/10)

auch in thematischer Hinsicht sind die Kostümbilder mit den Naturstudien für Francesco I. und Ferdinando I. eng verbunden, zeigen sie doch die die verschiedenen gesellschaftlichen Stände repräsentierenden Figuren jeweils in Begleitung von Tieren. Diese werden ebenso wie die Figuren selbst in eigenhändigen Beischriften näher erläutert.

Das vorliegende Blatt stellt einen auf schmalem Bodenstreifen stehenden, frontal dem Betrachter zugewandten Orientalen vor, der durch seine Kleidung und die mitgeführten Waffen als Krieger gekennzeichnet ist. Er trägt flache, spitze Stiefel *»alla Turchesca«* aus gelbem Saffianleder, enganliegende rote Hosen und darüber einen violetten Mantel. Ein roter Stoffgürtel befestigt die in einem langen Zipfel auslaufende und nach oben geschlagene Mantelecke in der Taille, so daß über seinem linken Knie das hellrote Mantelfutter sichtbar wird. Seine rechte Hand stützt der Mann in die Hüfte, mit der linken hält er die über die Schulter gelegte sichelförmige Streitaxt. Ein Säbel in schwarzer Scheide hängt an einem Lederriemen von der Taille herab. Der in der Beischrift *»rumelisch«* genannte Krieger beeindruckt durch seinen Kopfputz, eine von einem Paar Vogelflügel bekrönte rote Fransenmütze, bei der Ligozzi sich allerdings an die Form des seit 1438 dem mameluckischen Militär vorbehaltenen »zamt« anlehnt. Seine Erscheinung entspricht ansonsten einer »ROMCASSI« bezeichneten Darstellung im Trachtenbuch des Cesare Vecellio (Vecellio [1590], fol. 400r, vgl. 12/14), dürfte aber, wie die gleichzeitigen Bezüge zu einer Figur im 1577 erschienen Kostümbuch Hans Weigels (Weigel [1577], Nr. 197) vermuten lassen, mit dieser auf eine gemeinsame Vorlage zurückgehen. In einem ausführlichen Erläuterungstext merkt Vecellio an, die türkischen Soldaten wollten mit den Flügeln die sie auszeichnende Wildheit und Schnelligkeit betonen.

Der Krieger wird von zwei Tieren begleitet. Rechts neben ihm liegt eine mehrfach gerollte Schlange, links hinter ihm steht in Seitenansicht nach rechts ein Stachelschwein. Die Schlange kommt vergleichbar auch unter den für Francesco I. ausgeführten Tierporträts der Uffizien vor (1973 Orn.). In der Beischrift zu einer Wiederholung der Zeichnung mit den von Aldrovandi »Cerastes« und »Ammondites« genannten Vipern, die der Großherzog ebenso wie die lebenden Schlangen selbst Aldrovandi geschenkt hatte (Bologna, Bibl. Universitaria), hebt Aldrovandi die Gefährlichkeit dieser Tiere hervor; in der Emblematik versinnbildlichen Schlangen List und Klugheit. Dagegen steht das Stachelschwein, von dem Plinius berichtet, daß es die Stacheln in Richtung seiner Verfolger abschießen könne, und das in diesem Sinne bereits Villard de Honnecourt abbildet, in den emblematischen Schriften für Kämpfertum und Stärke. Beide Tiere wären damit als Hinweis auf die Eigenschaften eines vorbildlichen Soldaten zu deuten. *KAS*

Lit.: BERTI (1967), S. 121 ff; FORLANI (1982); AUSST.-KAT. FLORENZ (1965); VECELLIO (1590); WEIGEL (1577).

**5/10 (Abb. 730)**
**Jacopo Ligozzi**
**(Verona um 1547–1627 Florenz)**
**Sitzende Türkin mit Hund**
Florenz, um 1576/77–1580
Miniatur, Tempera über schwarzem Stift auf Papier, 28 x 21,4 cm
Bez. o. in brauner Feder kursiv: Le Donne Turche sedono nelle loro case nel modo qui dissegnato, et uestono
Florenz, Gabinetto Disegni e Stampe degli Uffizi (2956 F)

Auf einem am Boden ausgebreiteten Teppich sitzt, schräg nach links gewendet, eine junge Orientalin in aufrechter Haltung. Den Kopf dreht die Frau nach rechts, während sich ihr Blick nach oben richtet. Ihre Beine sind ange-

731 (5/11)

winkelt, die Unterschenkel übereinandergeschlagen; ruhig liegen die Arme auf den Knien auf. Links neben dem Teppich, in der Nähe ihrer nackten Füße, steht ein Paar Holzpantinen, etwas weiter hinten sieht man einen sich kratzenden Hund.

Als Vorlage für die *»Türkin«* benutzte Ligozzi wohl eine Darstellung in den 1580 von Ziletti in Venedig verlegten *»Navigationi et viaggi, fatti nella Tvrchia«* des Nicolas de Nicolai (vgl. 12/22), die dort zur Illustration des folgenden Textes dient: *»Die türkischen Frauen pflegen im Haus auf Kissen zu sitzen, die mit einem Teppich bedeckt sind. Auf dem Kopf tragen sie eine Art Mütze aus Gold und Federn, und an ihrem Hals hängen Ketten und anderer Schmuck. Das Gewand, das bis zum Gürtel mit Knöpfen geschlossen ist, wird mit einem Seidenband zusammengehalten. Auf dem Teppich sind sie barfuß und stellen die Holzschuhe daneben.«* Bei dem Hund, der in Nicolais Abbildung nicht enthalten ist, handelt es sich um eine Zutat Ligozzis. Als Inbegriff des vom Menschen domestizierten Tieres und Symbol der Treue hilft er dem Künstler, die im Text beschriebene häusliche Atmosphäre auszudrücken und gleichzeitig auf die ehelichen Tugenden der türkischen Frau anzuspielen.

Der elegante, höfische Charakter dieser und der übrigen Kostümzeichnungen läßt den Gedanken naheliegend erscheinen, daß sie im Auftrag der Medici ausgeführt wurden. Vorwiegend zeigen sie Türken und weisen damit auf ein Land, das nach der Seeschlacht von Lepanto verstärkt in das politische und wirtschaftliche Blickfeld der Medici rückte. Im Gegensatz zu den sich in den großherzoglichen Sammlungen befindenden und häufig erwähnten Naturstudien sind jedoch die Kostümbilder in den alten Quellen nicht dokumentiert. Ebensowenig finden sich Nachrichten über ihr späteres Schicksal bis zum Zeitpunkt der Übergabe an die Uffizien. Für die Entstehung in der frühen Florentiner Zeit gibt es daher keinen eindeutigen Beweis. In diesem Zusammenhang sind die von Omodeo beobachteten mehrfachen Anlehnungen Ligozzis an die Holzschnitte bzw. Kupferstiche in Nicolais türkischer Reisebeschreibung von Bedeutung, ein Buch, das dem Künstler offenbar auch in der gegenüber der Antwerpener Edition von 1576 um einige Abbildungen vermehrten venezianischen Ausgabe vorgelegen hat. Die Kostümzeichnungen dürften somit nicht vor 1580 fertiggestellt worden sein, doch bleibt zu bedenken, daß die Illustrationen Nicolais schnell weite Verbreitung fanden und in zahlreiche Trachtenbücher, unter anderem das des Cesare Vecellio (1590), übernommen wurden. Für eine - im Vergleich zu den Ergebnissen Omodeos - späte Datierung sprechen die mit äußerster Delikatesse behandelte Farbigkeit ebenso wie Ligozzis bereits voll entwickelte Fertigkeit auf dem Gebiet der Wiedergabe unterschiedlicher stofflicher Qualitäten. *KAS*

Lit.: Ausst.kat. Florenz (1965); Forlani (1982).

**5/11 (Abb. 731)**
**Jacopo Ligozzi**
**(Verona um 1547–1627 Florenz)**
**Mufti mit sitzendem Monstrum**
Florenz, um 1576/77–1580
Miniatur, Tempera über schwarzem Stift auf Papier, 28 x 21,3 cm
Bez. in brauner Feder: MVFTI,
darunter kursiv :Il Papa delli Tvrchi,
darunter: Mostro Florenz, Gabinetto Disegni e Stampe degli Uffizi (2953 F)

Das Blatt zeigt auf einem Räumlichkeit andeutenden Bodenstreifen die stehende Figur eines bärtigen Mannes mit riesigem mamlukischen Turban. Der Mann trägt einen weiten gelben Mantel, den er mit seiner linken Hand an der dem Betrachter zugewandten Seite etwas aufschlägt und damit den Blick auf das purpurrote Untergewand freigibt. Den rechten Arm hält er wie in beschwörender Geste ausgestreckt. Die Darstellung stimmt weitgehend mit der *»MVSTI«* bezeichneten Figur im Trachtenbuch des Cesare Vecellio (1590, fol. 377 r., vgl. 12/23) überein. Es ist anzunehmen, daß beide von einer gemeinsamen Vorlage abhängen.

Im Gegensatz zu den übrigen Miniaturen der Serie ist dem *»Mufti«* kein real vorkommendes Tier zugeordnet. Links von ihm kauert, ein rotes Samtkissen mit Quaste im Rücken, ein als *»Mostro«* gekennzeichnetes Mischwesen mit maskenartigem, menschliche und tierische Züge vereinenden Löwengesicht. Auf seiner Stirn erhebt sich über einem Paar auffälliger Stirnlocken das Gehörn einer Gemse, das durch ein Schmuckstück an der das Haupthaar bedeckenden, goldgetriebenen Kappe befestigt zu sein scheint. Die rechte Schulter schützt ein runder Schild, der nach unten in stilisierte Vogelflügel übergeht; die Beine sind geschuppt, mit Federn ›gepanzert‹ und enden als Vogelfüße. Seinen dünnen rechten Arm legt das Ungeheuer um einen schweren, birnenförmigen Streitkolben mit metallenen Stacheln und kräftiger, aufrecht stehender Spitze, wie er unter dem Namen ›Morgenstern‹ bekannt ist, während von seinem Handgelenk ein großer, stahlfarbener Schlüssel herabhängt. Die Anwesenheit dieses »teuflischen« Wesens im Bild inspirierte mehrere Autoren dazu, die Person neben ihm als Zauberer mit magischen, wundertätigen Kräften zu interpretieren. Wie aus der Beschriftung deutlich wird, ging es Ligozzi aber um den Mufti, den er, dem Verständnis der Zeit entsprechend, für den *»Papst der Türken«* hielt. In Wirklichkeit ist der Mufti nicht der höchste Würdenträger der muslimischen Geistlichkeit, sondern derjenige Geistliche einer Gemeinde, der die das Rechtsleben betreffenden Stellen des Koran auslegt.

Ligozzi macht in seinen Trachtenbildern durch die seiner eigenen Vorstellungswelt entstammenden Begleittiere jeweils auf Eigenschaften und Tätigkeiten der Personen aufmerksam. Auch für die vorliegende Zeichnung

*732 (5/12)*

ist somit ein inhaltlicher Bezug zwischen Mufti und Monstrum vorauszusetzen. Offenbar charakterisiert der Künstler den Mufti durch einige auf das Petrusamt der katholischen Kirche verweisende Attribute. Zu ihnen gehören der Schlüssel, der auf den Hahn anspielende Federschmuck oder der Morgenstern, das noch vertretbare Verteidigungmittel des gemäß der Aufforderung Jesu an Petrus (Joh. 18, 11) unbewaffneten Priesters. Den weltlichen und geistlichen Machtanspruch des Papstes bringen die Löwenmaske sowie die Hörner der himmelsnah und unangreifbar auf den Gipfeln der Berge lebenden Gemse zum Ausdruck. Dabei wählte Ligozzi sicher nicht zufällig die drei Tiere mit dem *»stattlichen Gang«*, die nach den Sprüchen Salomonis (30, 29–31) mit dem stolzen Herrscher verglichen werden können. Erst die Kombination dieser zunächst unzusammenhängend erscheinenden Bestandteile macht das Wesen zu einem Monstrum. Als solches entlarvt es den Mufti gleichzeitig als ein nicht zu akzeptierendes, ja verabscheuungswürdiges Gegenbild für die katholische Christenheit. *KAS*

Lit.: Ausst.kat. Florenz (1965); Ausst.kat. Florenz (1982).

**5/12 (Abb. 732)**
**Jacopo Ligozzi (um 1547–1627)**
**Bildnis einer jungen Frau im türkischen Kostüm**
Florenz, 1614
Auf der Rückseite nach älterem Zeugnis ligiertes Monogramm »*IL*« mit dem Kreuz und die Beschriftung »Faccia(?) in Fiorenza 1614«
Pinsel in Grau und Braun, Wasserfarben, Deckfarben, Gold auf bräunlichem Papier, 17,5 x 14,2 cm
Berlin, SMPK, Kupferstichkabinett (KdZ 15237)

Das Blatt gibt in Halbfigur das Bildnis einer sitzenden jungen Frau im orientalischen Kostüm wieder. Den Körper schräg nach links gewandt, blickt die Frau bei leicht geneigtem Kopf den Betrachter fest an. Ihre vom Bildformat überschnittenen Arme scheinen wie bei Ligozzis Kostümfigur der »*Sitzenden Türkin mit Hund*« (5/10)auf den Oberschenkeln aufzuliegen. Bekleidet ist sie mit einem hellen Untergewand aus durchscheinender, gestickter Seide und einem geknöpften, kurzärmeligen Mantel, der mit breiten vertikalen Bänderungen und feinem Rankenwerk in Blau und Gold reich ornamentiert ist; den Halsausschnitt schmückt eine schwere Goldkette. Als wichtigster Bestandteil ihres Kostüms dürfte jedoch die kegelförmige, zu einer langen, abgerundeten Spitze auslaufende Kopfbedeckung anzusehen sein, eine Art Haube, die arabisch *turtûr* oder türkisch *taj* genannt wurde. Am unteren Rand ist diese mit einem edelsteinbesetzten goldenen Band eingefaßt, an dem links ein hoher Reiherstutz befestigt ist. Von ihrer Spitze hängt, der damaligen Sitte bei türkischen Frauen entsprechend, ein zarter Schleier herab.

Die Zeichnung, die als Geschenk des Berliner Kunsthistorikers und Begründers der islamischen Kunstgeschichtsforschung, Friedrich Sarre, in das Berliner Kupferstichkabinett gelangte, besitzt auf der gegenwärtig nicht sichtbaren Rückseite das von gesicherten Arbeiten Ligozzis her bekannte Zeichen der durch einen Querstrich verbundenen und von einem Kreuz bekrönten Buchstaben »*IL*«. Die irrtümliche Ausdeutung der einem *H* ähnlichen Buchstabenverbindung als das Monogramm des kaum bekannten niederländischen Künstlers Caspar Heuvick (Nagler [1858], Bd. 3, 1863, S. 166, Nr. 517) führte zunächst zu einer falschen Zuschreibung des vorliegenden Blattes, das Günter Arnolds 1949 als ›Ligozzi‹ erkannte. Gegenüber den frühen, wohl für Francesco I. de'Medici ausgeführten orientalischen Trachtenbildern fällt die unterschiedliche zeichnerische Behandlung der einzelnen Bereiche des Bildnisses auf: der miniaturhaft genauen Durchführung der Gesichtszüge und der Haare in feinster Strichelmanier steht die zusammenfassendere, aber noch immer sehr entschiedene Ausarbeitung der Haube und der Halskette gegenüber. Zum unteren Bildrand hin wird der Pinselstrich gröber und die Wirkung, besonders durch die großflächigen Lavierungen der Schattenpartien, zugleich malerischer, bis die Konturen in den Ärmeln des transparenten Untergewandes fast vollständig verfließen. Darüberhinaus hat sich Ligozzis Formensprache von dem eher kantigen, trockenen Stil der frühen Jahre insgesamt zu einer größeren Weichheit entwickelt, die an barocke Gestaltungsweisen denken läßt und im Einklang zu der sich aus der rückseitigen Beschriftung ergebenden späten Datierung ins zweite Jahrzehnt des 17. Jahrhunderts steht. *KAS*

Lit.: Götz (1938), S. 106; Arnolds (1949); Ausst.-Kat. Stuttgart (1987), S. 477, Nr. 1.127.

**5/13 (Abb. 733)**
**Thomas de Saluce, Meister der »Cité des Dames«**
**Chevalier errant**
**Aufgeschlagen: Die Fürsten des Orients**
(fols. 161v/162r)
Paris, um 1404
Miniatur auf Pergament, 34,5 x 54 cm
Paris, Bibliothèque Nationale, Département des Manuscrits (Fr. 12559)

Thomas de Saluce verfaßte während seiner Gefangenschaft bei Turin 1395 einen allegorischen Roman, dessen Held, ein umherirrender Ritter (Chevalier errant), drei ›Welten‹ durchwandert. Er gelangt an den *Hof der Liebe*, in das *Reich der Fortuna* und in das *Haus des Wissens*. Eine der wenigen erhaltenen Handschriften dieses Textes, der hier ausgestellte Codex der Bibliothèque Nationale, ist mit zahlreichen Miniaturen illustriert, die um 1404 im Pariser Atelier des Meisters der »*Cité des Dames*« angefertigt wurden. Im zweiten Abschnitt des Romanes werden die Fürsten des Abendlandes und die Fürsten des Orients beschrieben, die sich am Hofe der Fortuna (s. Blatt 118v, Meiss Abb. 49), des Symbols des unbeständigen Glücks, versammelt haben. Sie werden in zwei gegenüberliegenden Miniaturen (Bl 161v und 162r) dargestellt. Beide Figurengruppen sind auf einem Zeltplatz wiedergegeben, der durch den Fluß im Vordergrund, die Bäume und die weitgehend gleich gestalteten Zeltreihen als einheitlicher Schauplatz definiert ist. In der linken Miniatur sind Repräsentanten der geistlichen und weltlichen Stände des Abendlandes dargestellt: Ritter (ganz links), Kaiser und Könige, ein Ordensritter, Mönch, Kardinal, Bischof und Papst. Unter den Wappen, die die einzelnen Zelte zieren, ist rechts oben das des burgundischen Herzogs Philipp des Kühnen (1363–1404) zu erkennen. Im Lager der orientalischen Fürsten (Blatt 162r) ist das Genre entsprechend variiert. Die Fürsten haben sich auf prächtig gestalteten Teppichen niedergelassen; zu ihren Füßen lagern ein zahmer Leoparde und ein Löwe. Die Orientalen werden vor allem durch die Kopfbedeckung, ihre Kleidung, durch die

733 (5/13)

Waffen (Krummsäbel) und einige auch durch die Hautfarbe charakterisiert. In der Gegenüberstellung mit dem vertrauten höfischen Leben des Abendlandes wird dem Betrachter ein anschauliches Bild von einer fremden orientalischen Welt vermittelt. *AF*

Lit.: Jorga (1893); Meiss (1974), S. 14 ff, 157, 159, 381, Fig. 18, 47–49, 56; Sterling (1987), S. 287 ff.

**5/14 (Abb. 734)**
**Meister E. S.**
**Figurenalphabet: Der Buchstabe e**
Oberrhein, um 1466/67
Kupferstich, 13,5 x 8,2 cm (Blatt)
Berlin, SMPK, Kupferstichkabinett (182–1965)

Der nach seinen monogrammierten Blättern benannte Meister E.S. kann wohl als der bedeutendste und produktivste Kupferstecher in der Generation von Martin Schongauer bezeichnet werden. Gleichwohl ist über seine Person bis heute kaum etwas bekannt. Verschiedene Anzeichen deuten darauf hin, daß er etwa von 1450 bis 1467/68 am Oberrhein, vielleicht in Straßburg, tätig war und von dort mehrere Reisen unternommen hat. Von dem ehemals sehr viel größeren Gesamtwerk des Meisters haben sich 317 Kupferstiche erhalten, die unterschiedlichsten Bildthemen gewidmet sind und dabei in technischer und kompositioneller Hinsicht eine ungewöhnliche Variationsbreite entfalten. Neben den – beispielsweise auf dem Gebiet des Andachtsbildes – den Rahmen des Traditionellen verlassenden Darstellungen religiösen Inhalts enthält das Œuvre eine Reihe von profanen Illustrationen: ornamentale Vorlageblätter, Wappen, Liebespaare, Liebesgärten, zwei Serien von Kartenspielen sowie das Figurenalphabet.

Das vorliegende Blatt gehört zu dem aus 23 gotischen Minuskeln bestehenden Figurenalphabet. Jeder einzelne Buchstabe dieses Alphabets erhält seine Form durch die geschickte, teilweise handlungsbezogene Kombination menschlicher und tierischer Figuren. Die Tradition der Figurenalphabete entwickelte sich aus den durch Größe und bildlichen Schmuck aus dem übrigen Text hervorgehobenen Initialen der mittelalterlichen Handschriften. Vollständige Alphabete erschienen zuerst in Vorlagesammlungen des 13. und 14. Jahrhunderts. Aus dem 15. Jahrhundert sind außer der des Meisters E.S. noch drei weitere gedruckte Alphabetfolgen überliefert. Sie beweisen, daß das Thema Figurenalphabet sich inzwischen zu einer eigenständigen, vom früheren Zweck der Buchillustration abgetrennten Bildaufgabe entwickelt hatte.

Der Buchstabe »e« wird in seinem unteren Teil durch die Figur eines sitzenden Orientalen gebildet. Sein Unterkörper mit den angezogenen Beinen ist etwas aus der Körperachse heraus nach rechts gedreht wie der diagonal geführte Abstrich eines mit breiter Feder geschriebenen gotischen Buchstabens, während der Oberkörper mit den eng angelegten Armen den vertikalen Schaft markiert. Dieser setzt sich über dem Kopf des Orientalen in Gestalt eines scharfen Hundes fort, in dessen Rücken sich ein phantastischer Vogel mit langem spitzen Schnabel verkrallt hat. Die weit ausladende rechte Schwinge des Vogels stellt die schmale diagonale Verbindung zu einem weiteren, Bauch an Bauch mit einer Katze ringenden Hund her, während der lange Schwanz der Katze die eckig gebrochene Buchstabenschlinge schließt und das Gebilde als »e« erkennbar macht. Abgesehen von der an die Tradition der Judendarstellung anschließenden wilden Haartracht und dem Bart wird der unbewaffnete Orientale durch seine Kostümierung mit der nach vorn überhängenden, beutelartigen Kappe, dem von Blüten und Ranken ornamentierten und mit einer Schärpe zusammengehaltenen Überrock und den flachen Stiefeln aus weichem Leder charakterisiert.

Bei der Erfindung seines Figurenalphabets ist der Meister E.S. einem im 15. Jahrhundert geläufigen Typus gefolgt, dessen Entstehung auf die zweite Hälfte des 14. Jahrhunderts zurückgeführt werden kann und der gleichermaßen durch das Alphabet des in Bergamo aufbewahrten Musterbuchs des Giovanni de Grassi aus der Zeit kurz vor 1400 repräsentiert wird. Das Alphabet des Meisters E.S. weist daher zu dem de Grassis z. T. sehr enge Übereisntimmungen auf. Parallelen kommen auch bei den ›Türken‹-Buchstaben »a«, »e« und »f« vor. Sie sind dort vorwiegend auf die Gesamtkomposition und die Anordnung der Tiere zu beziehen, während die Personen, ein Wilder Mann (»a«), ein auf einem Teppich Sitzender (»e«) und ein Bewaffneter (»f«), vom Meister E.S. in Orientalen umgewandelt wurden. Demgegenüber enthält die Kampfszene zwischen Tieren und Türken des Buchstabens »p« keinerlei Beziehungen zu dem »p« des italienischen Alphabets, wo die Form des Schaftes und der Schlinge jeweils von einem Mann und einer Frau in vergleichsweise ruhiger Stellung ausgefüllt wird,

*734 (5/14)*

denen links ein Löwe und rechts ein Bär als Bekrönung beigegeben ist. Diese Abweichung macht die schon bei den anderen Buchstaben offensichtliche Tendenz des Meisters E.S. zu einer Dynamisierung und Konkretisierung des überlieferten Materials überdeutlich und ist darüberhinaus ein Beispiel für die künstlerische Unabhängigkeit, die dieser sich trotz Einbeziehung von Vorlagen der verschiedensten Herkunft über seine gesamte Schaffenszeit hinweg zu bewahren wußte. Dem additiven Nebeneinander der häufig nicht sehr ausgeprägten Figuren bei de Grassi antwortet der Meister durch den Versuch der stärkeren Charakterisierung und des Inbeziehungssetzens. Er wählt hierfür Kampf und Streit als die Tätigkeit, denen sich Mensch und Tier gleichermaßen hingeben und die ein Anlaß für die Darstellung von wilder Bewegung und Aggression, des Beißens und des ineinander Verkrallens sein können. Der Wunsch nach der Illustration von Streitbarkeit mag so den Ausschlag für die von Grassi abweichende Einbeziehung der orientalischen Krieger gegeben haben. *KAS*

Lit.: Kurth (1912); Jenni (1976), S. 65 ff; Ausst. kat. Berlin/München (1987).

**5/15**
**Phantasie-Bildnis des Sultans Mehmed II.**
Trient, um 1475
Einblattholzschnitt, gelb, braun und zinnober koloriert, 19 x 14,4 cm
München, Staatliche Graphische Sammlung München (118437)

Um 1475 entstanden einige Phantasie-Bildnisse des Sultans Mehmed II. Im Auftrag des Verlegers Hermann Schindelyp druckte um 1475 Albert Kunne eine Flugschrift, die aus dem Porträt und einem erdichteten Brief des türkischen Sultans bestand. Albert Kunne wurde in Duderstadt geboren und ist, vermutlich 1520, in Memmingen gestorben. In Trient war er 1475/76 mit der Herstellung von Flugschriften mit religiösen Motiven für den Verleger Schindelyp beschäftigt. Ab 1480 ist er in Memmingen nachweisbar, wo er u.a. Ablaßbriefe zur Verteidigung von Rhodos gegen die Türken druckte. In den Memminger Drucken verwendet er zunächst noch oberitalienischen, rundgotische Schrifttypen. Von ihm sind über 130 Drucke bekannt. Sultan Mehmed II. ist vor einem rautenförmigen Tapetenmuster im Brustbild und in einer Dreiviertelansicht dargestellt. Sein durch die ausgeprägte Hakennase und den geöffneten Mund mit dem umgebenden Vollbart hervorgehobenes Haupt ist mit einem edelsteinbesetzten Turban, der zipfelmützenartig ausläuft, bedeckt. Sein Kaftan ist mit Palmetten auf dunklem Grund verziert. Mehmed II. wurde 1432 in Adrainopel geboren und starb 1481 in Hunkarcayiri, in der Nähe Istanbuls. Bereits im Alter von zwölf Jahren wurde er, nach der Abdankung seines Vaters Murad II., Sultan. Nach einer Janitscharenrevolte kehrte dieser aber 1446 bis zu seinem Tod 1451 auf den Sultansthron zurück. Nach dem Antritt des Sultanats, 1451, beginnt Mehmed II. sofort mit den Vorbereitungen zur Eroberung Konstantinopels, die schließlich am 23. Mai 1453 gelingt. Die Belagerung Belgrads folgt in den folgenden Jahren. Bosnien, Serbien, die Herzogowina und Montenegro werden 1456 unterworfen. 1461 folgt Trapezunt mit der Schwarzmeerküste. Unter der Herrschaft Mehmeds II. stoßen die Türken im Westen bis nach Kärnten vor. Eine erste Belagerung von Rhodos bleibt 1479/80 erfolglos. Auf einem zweiten Zug gegen die Insel stirbt der Sultan 1481. In Europa ist er wegen seiner Grausamkeit gefürchtet. Dem Bild ist auf der Rückseite der Beginn eines fiktiven Briefes des Sultans an die Christen beigegeben, der mit den Worten *»turkischer Kaisser bin ich machametus bely võ chomani genat«* beginnt. Im Brief rühmt er sich seiner Taten, so daß die antitürkische Absicht fast satirischen Charakter erhält. Im strengen Sinn ist das Blatt kein Einblattholzschnitt, da auch die Rückseite bedruckt ist. *RL*

Lit.: Babinger (1953); Ritratto (1984), S. 14ff; Meyer zur Capellen (1983); Haebler (1914), Nr. 1464; Schreiber IV (1969), Nr. 2008 a.

**5/16 (Abb. 735)**
**Antonio Pollaiuolo (Florenz 1433–1498 Rom) zugeschr.**
**Phantasie-Bildnis Mehmeds II. (El Gran Turco) (regierte 1444–45 und 1451–81)**
Bez.: »EL GRAN TVRCO«
Florenz, um 1475
Kupferstich, 24 x 19,5 cm
Berlin, SMPK, Kupferstichkabinett (140–1879)

Der Kupferstich zeigt in Seitenansicht nach rechts das Brustbild eines älteren Mannes. Die in strengem Profil angelegte Darstellung läßt die markante Umrißlinie des knochigen Gesichts mit der langen, hakenförmigen Nase besonders hervortreten. Den unteren Teil des Gesichts bedeckt ein nur über der Oberlippe rasierter und auf der Brust spitz zusammenlaufender Vollbart. In gleichmäßigen Wellen fällt das dünne Kopfhaar über den Hals bis in den Nacken. Auffälligster Bestandteil im Bild ist die phantastische, an einen Helm erinnernde Kopfbedeckung des Mannes. In der Mitte wie ein gekrümmtes Horn gebildet, ist sie an der Vorderseite – in technischer Hinsicht wenig überzeugend – mit einem feuerspeienden Drachen besetzt; sie besteht weiterhin aus einer hinten aufgeschlagenen ›Krempe‹ mit zwei Federn, die nach vorn schirmartig herausragt und in einer nach oben gebogenen Spitze endet. Mit aufgesetzten Kügelchen, Ornamentleisten, Blüten und Rankenwerk ist die Krempe aufs reichste dekoriert. Als Gegengewicht zu dem prunkvollen Helm wurde, z. T. in Fortführung seiner Musterung, auch das im Ansatz sichtbare Gewand prächtig ornamentiert. Wegen seiner geschlossenen Form bleibt dieses in der Wirkung allerdings zurückhaltender. Von der gröber strukturierten Binnenzeichnung im Bereich des Helmes und des Gewandes unterscheidet sich die feinfühlige plastische Modellierung des Gesichtes. Sie wird durch zarteste, aus verschiedenen Richtungen aufeinandertreffende oder sich kreuzende Schraffurbündel erzielt. Ein schmaler Schattenrand aus kurzen Kreuzlagen hinterfängt in charakteristischer Weise den Kontur besonders des Gesichts und des Bartes. Er hilft, die Figur gegen den hellen Grund abzusetzen und damit die Körperhaftigkeit ihrer Erscheinung zu steigern.

Das Blatt wurde 1879 zusammen mit dem *Profilbildnis einer jungen Frau* (Hind [1910], S. 17f., Nr. 6) für das Berliner Kupferstichkabinett erworben. Ein zweiter Abdruck, seit alters in sultanischem Besitz, wird als Teil eines Sammelbandes in der Bibliothek des Topkapi Sarayi in Istambul aufbewahrt (Babinger [1959], S. 265). Die authentische Beschriftung »EL GRAN TVRCO« in beiden Exemplaren legt nahe, daß es sich bei dem in den siebziger Jahren des 15. Jahrhunderts entstandenen Bildnis um die Darstellung des osmanischen Sultans Mehmed II. handelt. Krasse Abweichungen von den bekannten zeitgenösssischen Porträtaufnahmen dieses Herrschers, etwa dem Ende

735 (5/16)

1480 ausgeführten Londoner Gemälde des Gentile Bellini, veranlaßten Lippmann 1881 zu der Annahme, der Künstler habe irrtümlich die – griechisch beschriftete – Pisanello-Medaille von 1438 auf den byzantinischen Kaiser Johannes VIII. Palaiologos (1392–1448) als Vorlagen für den ›Großtürken‹ benutzt. Aufgrund von Mißverständnissen bei der Lektüre des Lippmannschen Textes wurde der Berliner Kupferstich in der Nachfolge, mehrfach falsch als Bildnis Johannes VII. (!) Palaiologos gedeutet. Interpretationsversuche als Bildnis des albanischen Fürsten Gjergj Skanderberg (um 1405–1468) (vgl. Hind [1910]) oder Dschems (1459–1495), des 1482 in den Westen geflüchteten und ab 1489 im päpstlichen Gewahrsam in Rom lebenden Sohns Mehmeds II. (Babinger [1959]) konnten ebenfalls nicht standhalten. So trägt der Sultan keinen Turban, sondern einen Helm als Kopfschmuck, wie er von den florentiner Künstlern gern für die Kostümierung orientalischer Persönlichkeiten verwendet wurde. Seine detaillierte Ausgestaltung im Sinne einer kostbaren Goldschmiedearbeit macht es wahrscheinlich, daß die Platte nach einem Entwurf des als Goldschmied ausgebildeten Antonio Pollaiuolo (1431/32–1498) in der Florentiner Pollaiuolo-Werkstatt gestochen wurde. *KAS*

Lit.: Lippmann (1881); Kat. London (1910), S. 18f., Nr. 7; Babinger (1959); Babinger (1961).

5/17
**Tizian-Umkreis**
**Bildnis des Sultans Süleyman des Prächtigen**
Venedig (?), 1532
Holzschnitt, 52,5 x 36,1 cm (Blatt)
Berlin, SMPK, Kupferstichkabinett
(P. VI, 244, 102)

Der türkische Sultan Süleyman II. (auch: I.; Soliman; 1494/5–1533) trägt eine riesige, an eine päpstliche Tiara erinnernde Krone, die mit einem Nackenschutz versehen ist, und so als Helm betrachtet werden kann. Das Profilantlitz ist fast identisch mit der Darstellung bei Hieronymus Hopfer (7/33), wobei den Sultan hier ein beginnender Vollbart älter erscheinen läßt. Die Darstellung wurde vermutlich aus zwei Vorlagen zusammengestellt: Dem Porträt, das auch Hopfer nachgeahmt hat, und der Anschauung der 1532 in Venedig entstandenen Krone, die niemand auf des Sultans Haupt je sah. In den Werkstätten der Brüder Caorlini wurde sie im Auftrag mehrerer Personen, darunter den Söhnen des venezianischen Gesandten in Istanbul, Pietro Zen, angefertigt. Im März 1532 wurde sie nach Istanbul gebracht, nachdem die Bevölkerung von Venedig Gelegenheit bekam, sie zu besichtigen, und dort wurde sie für über 100.000 Dukaten an den Sultan oder den Großwesir Ibrahim Pascha verkauft. Im Juli 1532 sah sie eine österreichische Gesandtschaft neben dem Thron des Sultans stehen. Im einzelnen besteht die Krone aus einem diademartigen, mit spitzen Edelsteinen besetzten Ring, dem sich eine Borde anschließt. Vier Kronreifen symbolisieren die vier von Süleyman II. beherrschten Gebiete: Asien, Trapezunt, Griechenland und das von seinem Vater, Selim I., eroberte Ägypten. Mehmed II. hatte seine Bildnisse noch mit drei Kronen versehen lassen. Die Krone endet in einem langen Federbusch, wie er in einem bisher Melchior Lorch zugeschriebenen Holzschnitt (Berlin-W, SMPK, KK 131/88) zu sehen ist: Dieser 34,8 x 87 cm große Holzschnitt ist, wie ein entsprechender Stich im New Yorker Metropolitan Museum, aus drei Teilen zusammengesetzt. Dabei fehlt dem Berliner Exemplar das Spruchband, das den Sultan als den zehnten der Dynastie bezeichnet. Der rechte obere Teil des Berliner Holzschnittes könnte später angestückt worden sein. Weitere Holzschnitte befinden sich in London und Paris. Von Agostino Veneziano (Musi) wurde 1535 ein Stich

nach diesen Holzschnitten im Gegensinne angefertigt. *RL*
Lit.: KURZ (1969); AUSST.KAT. BERLIN (1988).

**5/18 (Abb. 736)**
**Martin Schongauer**
**(Colmar um 1450–1491 Breisach)**
**Die Jakobsschlacht von Clavijo**
Monogr. (falsch) : M + S
Colmar, um 1475
Kupferstich, 29 x 42,7 cm
Berlin, SMPK, Kupferstichkabinett (122–109)

Martin Schongauer, von den Zeitgenossen Martin Schön oder auch ›Hipsch Martin‹ genannt, wurde als Sohn des aus Augsburg stammenden Goldschmieds Caspar Schongauer um 1450 in Colmar geboren. Beim Vater absolvierte er zunächst eine Lehre als Goldschmied und erhielt dann eine Ausbildung in der Werkstatt des Malers Caspar Isenmann. Seine Gesellenreise führte ihn ab 1469/70 durch die Niederlande und Burgund, vermutlich bis Südspanien. Schongauer, der bereits 1491 in Breisach i. Br. starb, hatte sich während seines Lebens als Maler einen außerordentlichen Ruf erworben. Im Gegensatz zu seinen Gemälden, die die Zeiten nur sehr unvollständig überdauert haben, kennen wir mit 115 signierten Kupferstichen sein gesamtes druckgraphische Œuvre. Diese in zahlreichen Exemplaren weit verbreiteten Arbeiten waren es, die auf Dürer und andere Künstler der nachfolgenden Generation einen überwältigenden Eindruck machten und noch zu Beginn des 20. Jahrhunderts als der bedeutendere Teil seines Werkes gefeiert wurden.

Das vorliegende, mit einem fremden Schongauer-Monogramm bezeichnete Blatt galt lange als Werkstattarbeit. Seit seiner ausführlichen Diskussion durch Flechsig herrscht in der Forschung überwiegend Einigkeit darüber, es als eine frühe eigenständige Arbeit aus der Zeit kurz vor der *Großen Kreuztragung* (Lehrs 9) zu akzeptieren. Dieser ebenso wie die *Jakobsschlacht* ungewöhnlich großformatigen und figurenreichen Darstellung steht es in der Art der Gravur sowie in stilistischer und kompositioneller Hinsicht besonders nahe. Gewisse Unzulänglichkeiten der Technik und des Bildaufbaus, die später auch von den Kritikern gerügt wurden, scheint jedoch Schongauer schon während des Entstehungsprozesses als unkorrigierbar erkannt zu haben. Die Platte blieb daher – vor allem im Bereich des linken Bildrandes – unvollendet und unsigniert. Erst nach dem Tode des Künstlers ist sie in einzelnen Abdrukken bekannt geworden.

Der Kupferstich zeigt die in Kunst und Literatur des deutschen Sprachraums bis dahin völlig unbekannte Szene der sogenannten Jakobsschlacht von Clavijo (Rioja). Der spanischen Legende zufolge kam es dabei um 844 zu einer der erstaunlichsten Wundertaten des Apostels Jakobus Maior, des Schutzpatrons Spaniens.

736 (5/18)

Auf einem weißen Pferd soll der Heilige aus dem Himmel herab direkt zu den Truppen des christlichen asturischen Königs Ramiro I. (842–850) gestoßen sein und diese zu einem Sieg über die heidnischen Mauren unter Abd ar-Rahman II. (822–852) ermutigt haben. In einer gebirgigen Landschaft reitet der ›Maurentöter‹, erkennbar an der seinen Hut zierenden Jakobsmuschel, mit erhobenem Schwert an der Spitze einer kleinen Gruppe von Rittern und fällt einer von dem Angriff offensichtlich überraschten Gruppe von Heiden in den Rücken, deren Heer sich in Richtung der Felsen rechts im Hintergrund bewegt. Im Vordergrund liegen gestürzte Pferde, grausam verstümmelte Mauren und verlorene Waffen.

Schongauer wählt hier nicht nur einen speziell der spanischen Tradition eng verbundenen Stoff, sondern bringt auch bei der Darstellung der maurischen Soldaten eine Fülle kostümlicher Details, die über die damals gängigen Vorstellungen von der Beschaffenheit orientalischer Trachten bei weitem hinausgehen und für die eigene Beobachtungen vorausgesetzt werden müssen. Flechsig erwähnt in diesem Zusammenhang u.a. die Zopffrisuren, die in Form von Quasten auslaufenden Kappen, die in einem Stoffbausch endenden islamischen Sättel, den aus Plättchen, Schnüren, Perlen und Quasten bestehenden Kopfputz der Pferde sowie die Schilde. Die ›Adarga‹ genannten maurischen Lederschilde wurden von hinten mit einem Faustgriff gehalten und konnten tatsächlich die abgebildete Form zweier sich durchdringender Ovale haben. Auch von der leichten Panzerung der Orientalen zeichnet Schongauer ein zutreffendes Bild. Viele dieser Einzelheiten kommen vergleichbar auch in der *Großen Kreuztragung* vor. Beide Kupferstiche wurden daher ebenso wie die anscheinend auf

737 (5/19)

eingehende Naturstudien zurückgehende Wiedergabe mediterraner Flora und Fauna etwa in der *Flucht nach Ägypten* (Lehrs 7) als Argument für die Annahme eines längeren Spanienaufenthaltes des jungen Schongauer herangezogen, der nach Flechsig im Sommer 1470 stattgefunden haben könnte. *KAS*
Lit.: Lehrs (1925), S. 276ff, Flechsig (1951), S. 253ff, Minott (1971), S. 49ff.

**5/19 (Abb. 737)**
**Drei Halbfiguren von Orientalen**
Nach Martin Schongauer
Monogr. (falsch) : M + S
Deutschland, 16. Jh.
Kupferstich, 11,8 x 16,3 cm
Berlin, SMPK, Kupferstichkabinett (620–1)

Unter den wenigen erhaltenen Zeichnungen Martin Schongauers fällt eine Reihe von orientalischen Porträtköpfen auf, die sich in ihrer eindringlichen Realistik als Ergebnis intensiver Naturstudien zu erkennen geben. Verschiedene Anzeichen deuten darauf hin, daß sich Schongauer während seiner Gesellenreise durch Spanien einen Vorrat an vermutlich mit dem Silberstift gezeichneten Skizzen angelegt hat; Reinzeichnungen dieser Naturaufnahmen übertrug er später mit der Feder in ein ›Modellbüchlein‹, das durch einige noch vorhandene Blätter sowie verschiedene Kopien in Teilen rekonstruiert werden kann. Auch der vorliegende, mit einem falschen Schongauer-Monogramm gezeichnete Kupferstich, in der älteren Literatur *Die Kupplerin* betitelt und meist mit dem Schongauer-Stich *Zwei sich unterhaltende Mauren* (Lehrs 89) in Verbindung gebracht, ist als Reflex der in dem Musterbuch enthaltenen Bildnisse von Orientalen zu verstehen. Es handelt sich um ein Pasticcio, das drei solcher Brustbilder, erweitert zu halbfigurigen Darstellungen, miteinander kombiniert und in recht unbeholfener Manier besonders durch übertrieben wirkende Handbewegungen in einen szenischen Zusammenhang zu bringen versucht. Eine Zeichnung im Britischen Museum, London (Winzinger 70), gibt acht in ähnlicher Weise veränderte Orientalen nach dem Vorlagenbuch Schongauers wieder, darunter auch (gegensinnig) die Mittelfigur des Kupferstichs; sie ist vermutlich von derselben Hand. Die Kupferplatte der *Drei Orientalen*, die Lehrs wegen der zahlreich vorkommenden neuen Abdrucke für eine Fälschung des 18. Jahrhunderts hielt, befand sich in der Kunstsammlung des Nürnbergers Kaufmanns Paulus II. Praun (1548–1616), bis dieses Kabinett 1801 von den Nachkommen des Gründers aufgelöst wurde (Murr, 1797, S. 225). *KAS*
Lit.: Lehrs (1925), S. 375, Nr. 15; Winzinger (1962), S. 94, Nr. 68.

**5/20 (Abb. 282)**
**Albrecht Dürer (1471–Nürnberg–1528)**
**Thronender orientalischer Herrscher**
Nürnberg, um 1497
Eisenradierung, 29,6 x 23,4 cm
Amsterdam, Rijksprentenkabinet, Rijksmuseum (M. 91. P.219)

Die unvollendete Radierung Dürers wurde bereits im 19. Jahrhundert als Darstellung eines türkischen Herrschers identifiziert. Damals wurde sie aber noch Hans Baldung Grien zugeschrieben. Die Gestalt hält die Herrscherinsignien Schwert und Globus in den Händen und sitzt in einer Halbnische. Der Turban ist von einem mehrzackigen Aufsatz überragt. Die Radierung basiert auf einer Zeichnung, die sich in der National Gallery of Art in Washington befindet (W.77). Diese 1495 datierte Zeichnung, von Winkler als Kopie nach einer verschollenen Musterzeichnung Dürers, von Strauss aber als eigenhändig erkannt, zeigt die Figur noch auf einem Thron, der durch einen Baldachin überfangen ist. Auf der Rückseite befindet sich dieselbe Darstellung, im Spiegelbild, als Vorbereitung der Druckplatte. Gegenüber der Zeichnung weist die Radierung, abgesehen von denen der Thronform, noch einige Abänderungen im Gewand auf. *RL*
Lit.: Winkler (1936), Nr. 77; Strauss (1973), Nr. 15; Strauss I (1974), Nr. 1495/18, Nr. 1495/18a.

5/21
**Albrecht Dürer (1471–Nürnberg–1528)**
**Die Landsknechte und der türkische Reiter**
Monogr. u. Mitte: AD
um 1495
Kupferstich, 13,4 x 14,3 cm
Berlin SMPK, Kupferstichkabinett (4559–1877)

Der hinter der Landsknechtsgruppe vorbeireitende Türke wird nur von einem der Landsknechte eher nachlässig betrachtet. Der Reiter hat seine Hand vorsichtshalber am Schwert, während die beiden rechten Figuren Scherze treiben. Nur drei der fünf Figuren sind Landsknechte, sie tragen Lanzen, Hellebarden und Schwerter. Die beiden mittleren, im Gespräch befindlichen Figuren gehören einem höheren Stand an. Dürer hat das Bild harmonisch mit einer gewissen Symmetrie aufgebaut. Die mittlere Dreiergruppe wird durch die außenstehenden Landsknechte gerahmt, dabei sind alle Figuren sowohl in ihrer körperlichen als auch ihrer psychologischen Verschiedenheit herausgearbeitet. Die frühere Deutung, daß die Gruppe zu einer Kreuzigungsdarstellung gehöre, ist schon durch den Ort der Handlung, in Meeresnähe, unwahrscheinlich. *RL*
Lit.: Strauss (1973), Nr. 6; Anzelewsky (1980).

5/22 **(Abb. 738)**
**Albrecht Dürer (1471–Nürnberg–1528)**
**Die Marter der Zehntausend von Nikomedien**
um 1497/98
Holzschnitt, 38,7 x 28,4 cm
Berlin, SMPK, Kupferstichkabinett (185–2)

Die im 12. Jahrhundert entstandene Legende wurde 1343 ins Deutsche übertragen. Mit 9.000 Soldaten gewinnt der heidnische Fürst Achatius im Auftrag des Hadrian und Antonius eine Schlacht, nachdem er zu Christus gebetet hat. Die zum Christentum übergetretenen Soldaten läßt der Kaiser foltern und schließlich mit weiteren 1.000 Soldaten seiner eigenen Truppe vom Berge Ararat in ein Dornengestrüpp stürzen. Auf Dürers Holzschnitt wird im Vordergrund der als Bischof gekleidete Achatius mit einem Holzbohrer geblendet, links sehen dem Geschehen der Kaiser Hadrian und Sapor, der König von Persien, zu. 1508 hat Dürer das Thema in einem Gemälde dargestellt, das, im Gegensatz zu dem Holzschnitt, Sapor zu Pferde und mit einem viel voluminöseren Turban zeigt. *RL*
Lit.: Anzelewsky (1971), Nr. 105; Strauss (1980), Nr. 35; Raby (1982), Fig. 6.

*738 (5/22)*

5/23 **(Abb. 739)**
**Albrecht Dürer (1471–Nürnberg–1528)**
**Das Martyrium des Heiligen Johannes**
Monogr. u. Mitte: AD
um 1496/98
Holzschnitt, 39 x 27,9 cm
Berlin, SMPK, Kupferstichkabinett (120–1880)

Zwischen 1496 und 1498 hat Dürer die Illustrationen für eine Ausgabe der Apokalypse des Evangelisten Johannes geschaffen: 15 Holzschnitte behandeln das letzte Buch des Neuen Testaments, das die Visionen des Apostels von der künftigen Endzeitsgeschichte und dem Weltgericht darstellt. Nach der *Legenda Aurea*, die im 13. Jahrhundert durch den Dominikaner und späteren Erzbischof von Genua, Jacobus de Voragine, geschrieben wurde, wurde Johannes aus Asien, wo er viele Kirchen gegründet hatte, von dem Kaiser Domitian nach

739 (5/23)

Rom gerufen. Dort ließ ihn dieser vor der Porta Latina in einen Kessel mit siedendem Öl werfen. Dies schadete dem Jünger Christi jedoch nicht, da er als einziger ›jungfräulich‹ geblieben war. Domitian verbannte ihn anschließend nach Patmos, wo Johannes die Apokalypse verfaßt. In Dürers Apokalypse-Ausgabe eröffnet dieses Blatt die Serie. Der Text von Kobergers *Deutscher Bibel* ist dabei auf die Rückseite der Blätter gedruckt. Diese 1493 in Nürnberg erschienene Bibel wurde aus der *Vulgata* übersetzt, während die spätere Luther-Übersetzung aus dem Griechischen vorgenommen wurde. Die Koberger Bibel enthielt ebenso wie die 1479 in Köln erschienene Bibel-Ausgabe (H. Quentell) eine Darstellung des Johannesmartyriums, die auch den Apokalypsendarstellungen vorangesetzt ist. Dürer hat seine Szene in ein zeitgenössisches Umfeld gestellt: Der unter einem Sonnendach thronende Domitian ist als türkischer Sultan gekleidet, der auch als Mehmed II. interpretiert wird. Henkersknechte und Zuschauer tragen die Kleidung des beginnenden 16. Jahrhunderts. Im Hintergrund erscheinen Reminiszenzen an Dürers Aufenthalt in Venedig: über dem Kopf des Kaisers ist eine Säule des Markusplatzes erkennbar. *RL*

Lit.: Strauss (1980), Nr. 54; Voragine (1982), S. 45ff.

**5/24 (Abb. 284)**
**Albrecht Dürer (1471–Nürnberg–1528)**
**Orientalischer Reiter**

Monogr. und dat. oben in der Mitte von fremder Hand: AD 1509. Auf dem Verso die angefangene Federzeichnung eines Turbans
Venedig, 1494–95
Federzeichnung in Braun, farbig laviert, 30,4 x 20,7 cm
Wien, Graphische Sammlung Albertina (3196 D 171)

Das Blatt zeigt in Seitenansicht nach links die Kostümfigur eines kerzengerade auf einem Pferd sitzenden Orientalen, dessen Kopf von einem in zahlreichen Windungen um eine Kappe, den ›tadsch‹, gewickelten osmanischen Turban bedeckt ist. Wie ein Szepter hält der mit einem langen Mantel und enganliegenden Stiefeln bekleidete Mann in der Rechten eine Streitaxt mit vier Schlagblättern. Von seiner Taille hängt an einem Lederriemen ein Krummschwert in ornamentierter Scheide herab. Das Zaum- und das Sattelzeug des Pferdes mit der gestickten türkischen Satteldecke entsprechen etwa dem der Mailänder Zeichnung (W. 81) eines bogenschießenden Orientalen (Abb. 306).

An der Eigenhändigkeit des ›Orientalischen Reiters‹ wurde in der Vergangenheit mehrfach gezweifelt, so von den Tietzes, die das Blatt als die Wiederholung einer Dürerzeichnung *»in der Werkstätte zu Verkaufszwecken«* bezeichneten. Erst Winkler setzte sich entschieden für ihre Anerkennung ein. In der Tat wirkt die Darstellung auf den ersten Blick merkwürdig steif und disproportioniert. Insbesondere der gedrungene Kopf und der weit ausladende Turban scheinen auf dem Körper des Reiters zu lasten und ihn förmlich nach unten zu drücken, ein Gewicht, das durch den eher kleinen Fuß kaum aufgefangen werden kann. Dieses Mißverhältnis und die vorsichtige Zeichenweise dürfte jedoch daraus zu erklären sein, daß es sich um die Kopie einer fremden, venezianischen, Vorlage handelt. Dürer ist offensichtlich darum bemüht, diese an Ort und Stelle ebenso schnell wie genau zu übertragen, indem er die Einzelformen zunächst in ihren Umrissen und stark vereinfacht festlegt. Die ersten Andeutungen wurden dann in einem zweiten Durchgang an den entscheidenden Stellen differenziert und durch einige wenige Angaben zur Binnenstruktur und den Schattenpartien ergänzt. Dabei setzt Dürer sich vielfach, z. B. bei den Hinterbeinen des Pferdes, über den anfangs vorgegebenen Kontur hinweg. Überall dort, wo er Details genauer ausarbeitet, ist die Strichführung von überraschender Lebendigkeit, so bei den Sporen, den Pferdefüßen oder den vibrierende Gespanntheit ausdrückenden Ohren des Pferdes. Die im ganzen ungewöhnlich sparsame Durchführung setzt sich in Form einer großzügigen Lavierung fort, deren frische Farbigkeit noch heute von großem Reiz ist und den in Partien ängstlichen Vortrag der Federzeichnung in den Hintergrund treten läßt.

Das Blatt gehört zu einer Gruppe kopierter Orientalenzeichnungen Dürers (W. 78–81), die während seiner ersten venezianischen Reise 1494/95 entstanden sind. Abgesehen von dem motivischen Zusammenhang, sind diese Trachtenbilder durch Übereinstimmungen in der zeichnerischen Technik verbunden. 1883 erbrachte Janitsch den Nachweis, daß Dürers Londoner *Drei Orientalen* (Winkler 78) eine Gruppe in Gentile Bellinis Gemälde *Prozession auf dem Markusplatz in Venedig* (Venedig, Galleria dell'Accademia) wiedergeben, das allerdings erst 1496 vollendet war. Die Vermittlung muß also über das in der Werkstatt Bellinis lagernde Zeichnungsmaterial stattgefunden haben, unter dem sich auch die Vorlage für den Wiener ›Reiter‹ befunden haben wird. Die nach Vorlagen der Bellini-Werkstatt kopierten Orientalenzeichnungen zeigen ausschließlich osmanische bzw. Janitscharen-Kostüme. Dürer bezieht diese in den nachfolgenden Jahren bei der Darstellung von Orientalen in seine Druckgraphik ein, bis nach der zweiten venezianischen Reise auch die um 1505 in Venedig modischen mamlukischen Trachten in seinem Werk Aufnahme finden (Raby, 1983). *KAS*

Lit.: Tietze (1928), Nr. W.8; Winkler (1936), Nr. 79; Raby (1983), S. 22f.

**5/25 (Abb. 740)**
**Albrecht Dürer (1471–Nürnberg–1528)**
**Die Anbetung der Könige**
Monogr. u. r. auf dem Mauerstein: AD
um 1503
Holzschnitt, 30,3 x 21,5 cm
Berlin, SMPK, Kupferstichkabinett (4620–1877)

Die Anbetung gehört zu den zwanzig Holzschnitten, die das Marienleben darstellen und die Dürer zwischen 1502 und 1510 geschaffen hat. Die Serie erschien 1511. Eine Vorzeichnung zum Holzschnitt entstand 1502. Das Marienleben ist aus den Evangelien und mittelalterlichen Dichtungen entwickelt worden: in der *Legenda Aurea* beruft man sich bei der Schilderung der Geburt Christi auf die *Historia Scholastica*. Diese entstand im 12. Jahrhundert durch Petrus Comestor von Troyes und Paris. Nach der *Legenda Aurea* hat die Geburt in einem öffentlichen Durchgang (deversorium) stattgefunden. Drei *Magi* (zur Ikonographie der Magi vgl. Bockelberg) wären durch einen Stern, einer alten Prophetie folgend, auf schnellen Dromedaren mit großem Gefolge nach Jerusalem gekommen, um dem Kind zu huldigen. Nach der Darbringung ihrer Gaben hätte sie ein Engel zurückgeführt. Dürer hat der Maria das Antlitz seiner Frau Agnes gegeben. Der türkische Reiter ist einem Stich Martin Schongauers entnommen. *RL*

Lit.: Bockelberg (1940), Strauss (1980), Nr. 76; Voragine (1982).

*740 (5/25)*

741 (5/26)

**5/26 (Abb. 741)**
**Albrecht Dürer (1471–Nürnberg–1528)**
**Landschaft mit Kanone**
Dat. und monogr. o. l.: 1518 AD
Radierung, 21,9 x 32,3 cm
Berlin, SMPK, Kupferstichkabinett (4574–1877)

Wie in der Radierung *Landsknechte und der türkische Reiter* (5/21) hat Dürer sich ironisch mit der Konfrontation zwischen kaiserlichen Landsknechten und Türken auseinandergesetzt. Die große Kanone wird von einem Türken, dessen Anlitz ein Selbstbildnis Dürers ist, neugierig begutachtet, während sich der Landsknecht seiner überlegenen Waffe rühmt. Angriffs- oder abwehrbereit hat der Bogenschütze aus der rechts hinter dem Türken stehenden Gruppe seine Hand an sein Schwert gelegt. Die Szene spielt vor einer weiten Landschaft mit einem am Meer liegenden Dorf. Es handelt sich dabei vermutlich um das fränkische Dorf bei Kirchehrenbach bei Forchheim. *RL*
Lit.: Anzelewsky (1980), Nr. 177; Strauss (1973), Nr. 86.

**5/27 (Abb. 281)**
**Albrecht Dürer (1471–Nürnberg–1528)**
**Brustbild eines Orientalen**
Dat. o. l.: 1521
Federzeichnung in Braun, 10,7 x 5,7 cm
Berlin, SMPK, Kupferstichkabinett (KdZ 1285)

Für insgesamt sechzehn, zumeist 1520 und 1521 datierte, Federzeichnungen Albrecht Dürers (W. 744–760), deren größere Partie im Format annähernd übereinstimmt und in technischer, stilistischer und thematischer Hinsicht Verwandtschaft aufweist, wird im Anschluß an die Forschungen Flechsigs und Winklers allgemein der Zusammenhang eines hochformatigen Skizzenbuchs vermutet, das Dürer zusätzlich zu dem bekannten Silberstiftskizzenbuch während seiner niederländischen Reise geführt haben könnte. Tatsächlich zeigen einige Blätter die Porträts von Reisebekanntschaften, und eigenhändige Beschriftungen benennen Antwerpen, Brüssel oder den »rein« als Orte ihrer Entstehung. Gleichzeitig lassen sich aber gewichtige Gründe gegen die Konstruktion eines – im Tagebuch der niederländischen Reise im übrigen nicht erwähnten – gebundenen Federskizzenbuchs beibringen. So gibt Hans Mielke 1884 im Berliner Dürer-Katalog zu bedenken, daß die Blätter nur einseitig verwendet und fast durchgängig mit dem Namenszeichen versehen wurden. Zumindest im Silberstiftskizzenbuch ist Dürer in diesen Punkten anders verfahren. Auch das deutlich kleinere Format von einem Teil des oben genannten Bestandes, zu dem auch die vorliegende Darstellung eines turbantragenden Orientalen im Profil nach links gehört, ist nicht ohne weiteres erklärbar. Bereits Flechsig hatte die Meinung vertreten, daß die 1521 datierten Brustbilder dieser zweiten Gruppe nicht nach dem Leben gezeichnet seien; ein Vergleich mit den ›gesicherten‹ Feder-Bildnissen der Reisezeit scheint diese Ansicht zu bestätigen. Den ›Orientalen‹ und die übrigen kleinformatigen Skizzenblätter hat Dürer wohl aus der Vorstellung heraus im Hinblick auf die Weiterverwendung in größeren Kompositionen angefertigt, ungeachtet der Möglichkeit, entsprechende Typen in den Niederlanden vielleicht selbst zu sehen und abkonterfeien zu können. Gerade diese Tatsache macht aber nach Mielke die Zugehörigkeit der Arbeiten zu einem solchen Skizzenbuch eher unwahrscheinlich. *KAS*

Lit.: Flechsig (1931), Bd. 2, S. 209, 211; Winkler (1936–39), Bd. 4, S. 10,. Nr. 754; Kat. Berlin (1984), S. 104, Nr. 99.

*742 (5/28)*

**5/28 (Abb. 742)**
**Lucas van Leyden (1494–Leiden–1533)**
**Ecce Homo**
Monogr. und dat.: L, 1510
Leiden, 1510; Kupferstich, 28,2 x 44,7 cm
Berlin, SMPK, Kupferstichkabinett
(B. 71/H. 71–1 [558–13])

Die nach dem in der Vulgata überlieferten Ausspruch des Pilatus »Da ist der Mensch« (Joh. 19,5) benannte Szene der Zurschaustellung Christi vor dem Volk spielt Lucas van Leyden (1494–1533) vor den Kulissen einer spätmittelalterlichen niederländischen Stadt. Auf einem weiten, gegen den Hintergrund und nach links durch Gebäude abgeschlossenen Platz erhebt sich ein nur über eine Treppe zugängliches steinernes Podium. Dieser bühnenartige Aufbau im mittleren Bereich des Bildraums ist der Standort eines massiven viereckigen Turms, für dessen Gestaltung wohl das alte Leidener Gefängnis, der Gravesteen, vorbildlich war (Ausst.-Kat. Washington 1983). Vor seinem Eingang, in geraumer Entfernung vom Betrachter, ist die Gruppe um Pilatus und den mit Dornenkrone und Purpurmantel bekleideten Christus erschienen. Auf dem niedrigen Niveau im Vordergrund bietet sich Raum für die Schilderung einer neugierig und aufgebracht zusammengelaufenen Menschenmenge. Diese aus Einheimischen, Juden, Römern und Türken, aus Kriegern, Zivilisten, Frauen und Kindern in ihren verschiedenen Trachten bunt zusammengewürfelte Schar weckt Assoziationen mit dem orientalischen Schauplatz des historischen Geschehens. Das Theaterhafte der Situation, vielleicht ein Reflex zeitgenössischer Festspiele, wird noch betont durch zahlreiche Menschen, die von den umliegenden Fenstern und Balkons aus dem »Schauspiel« beiwohnen.

Lit.: Friedländer (1983); Ausst.kat. Amsterdam (1978); Ausst.kat. Washingtom (1983).

**5/29 (Abb. 309, 310)**
**Erhard Schön (nach 1491–1541/42), Entwurf**
**Peter Steinbach (nachweisbar 1572–1636), Druck**
**Heerzug mit dem Tod**
Nürnberg, 1532
Holzschnitt (vier Blätter, zu einem Leporello montiert), je Blatt ca. 30,5 x 40,1 cm
Berlin, SMPK, Kupferstichkabinett (862–4)

Der Holzschnitt war als Illustration zu dem heute verlorenen Gedicht von Hans Sachs *Der dros sampt dem dot* von 1532 vorgesehen. Von der ursprünglichen Ausgabe, die möglicherweise Hans Guldenmund veröffentlicht hat, ist kein Blatt überliefert; die Neuauflage von Peter Steinbach, der auch Guldenmunds Triumphzug Karls V. nachdruckte, ist in das letzte Viertel des 16. Jahrhunderts zu datieren. Wie die Beute zeigt, kehrt der Zug von einem Türkenfeldzug zurück; ein verwundeter Landsknecht trägt seinen Arm in der Schlinge. In dem von einem Weibel angeführten Troßzug folgen Landsknechte verschiedener Gattungen, wie Trommler, Pfeifer, Fähnrich, Steckenknechte, dazwischen, in buntem Gedränge, Marketenderinnen, Troßknechte, türkische Gefangene, ein Kamel und zwei Planwagen. Beim letzten Wagen schreiten zwei gefesselte Landsknechte. Den Schluß bildet ein berittener Tod, begleitet von zwei Sensen tragenden Skeletten, wovon eines einen Turban, das andere ein Barett trägt. Der berittene Tod, der ein Stundenglas in die Höhe hält, erinnert an die entsprechende Gestalt in Dürers *Ritter, Tod und Teufel*. Der Holzschnitt muß sich einiger Beliebtheit erfreut haben. Er ist nicht nur später neu aufgelegt, sondern auch von Jan Theodore de Bry spiegelverkehrt nachgestochen worden. *UT*

Lit.: Ausst.kat. Nürnberg (1976), Nr. 120; Hollstein Bd. 4, S. 35, Nr. 28

## Kapitel 6

## Die Wissenschaften im Mittelalter

*»Wohl kannte er den alten Äskulap*
*und Dioskurides und Rufus auch,*
*Hippokrates den Alten, Haly und Galen,*
*Serapion, Rhazes und Avicenna,*
*Averroes, Damascenus und Konstantin,*
*Bernard und Gatesden und Gilbertin.«*
Prolog zu Chaucers' Canterbury Tales

Eine kaum zu überschätzende Bedeutung im kulturellen Austausch zwischen Orient und Okzident kommt dem Einfluß arabischer Wissenschaften auf das europäische Geistesleben zu. Grundlage der arabischen Wissenschaften war griechisches Wissen, ergänzt um eigene Forschungen und Kommentare. Im 10. Jahrhundert waren fast alle wichtigen naturwissenschaftlichen griechischen Texte ins Arabische übertragen. Vermittelt durch jene arabischen Übersetzer gelangte dieses Wissen ›zurück‹ nach Europa. Die Herrschaft der Araber über Sizilien bis zum 11. Jahrhundert und die Handelstätigkeit von Städten wie Venedig, Neapel, Bari und Amalfi, von Pisa und Genua im östlichen Mittelmeer ließ das von den Arabern gesammelte und bewahrte Wissen auch nach Europa gelangen. Nachdem die Normannen 1090 Sizilien erobert hatten, bedienten sie sich des Wissens der unterlegenen Araber. Friedrich II. sollte an seinem Hof in Sizilien arabische Wissenschaft fördern, er selbst sprach arabisch.

In Salerno hatte im 12. Jahrhundert die erste medizinische Hochschule Europas ihre Blütezeit, nach einer regen Übersetzertätigkeit, insbesondere des Constantinus Africanus (1018–1087), im 11. Jahrhundert. Die in jener Zeit begonnene Rezeption arabisch-griechischer Medizin sollte, zusammen mit den in Spanien, in Toledo, im 12. Jahrhundert übertragenen Werken etwa des Avicenna, spätere Universitätsgründungen wie Montpellier und Bologna, aber auch die Wissenschaft der Medizin im gesamten Europa bis ins 17. Jahrhundert nachhaltig beeinflussen, das Hauptwerk des Avicenna, der *Canon medicinae*, sollte das wichtigste Lehrbuch der Medizin in jener Zeit sein.

In Spanien, in Toledo, in unmittelbarer Nähe zum Herrschaftsbereich der Araber in Spanien, entstand eine ›Übersetzerschule‹, an der sich Gelehrte aus ganz Europa trafen, um die von arabischen Gelehrten aus dem griechischen übersetzten Werke, aber auch ihre Kommentare und eigenen Werke, mit der Hilfe arabischer und jüdischer Gelehrter ins Lateinische oder Kastilische zu übertragen. Namen bekannter Übersetzer, die dort, unter anderem, die Werke des Aristoteles aus dem Arabischen übersetzen wollten, zeugen vom ›europäischen Geist‹ dieser Schule: Adelard von Bath, Robert von Chester, Plato von Tivoli, Jakob von Venedig, Eugen von Palermo, Michael Scotus. Gerhard von Cremona (1114–1187) war damals mit kaiserlichem Auftrag nach Toledo gereist, um den *Almagest* des Ptolemäus, eine Sternenkunde, zu holen. Er blieb fast zwanzig Jahre und übertrug nicht nur den Almagest sondern, wohl auch mit der Hilfe seiner Schüler, viele weitere Werke ins Lateinische, ehe er 1187 starb.

König Alfons X. von Kastilien, der Weise, war ein großer Bewunderer arabischen Wissens, beschäftigte sich mit Himmelskunde, ließ sich eine Sternwarte wie für einen arabischen Herrscher bauen. Sein so gewonnenes Wissen, formuliert in den ›alfonsinischen Sterntafeln‹, diente den europäischen Astronomen bis zum 16. Jahrhundert als Grundlage für ihre Berechnungen. Und er bediente sich der Hilfe und Erfahrung von arabischen und jüdischen Gelehrten, ließ arabische Künstler an seinem Hofe auftreten.

Zwar begannen bereits im 13. Jahrhundert europäische Gelehrte (Wilhelm von Moerbecke), direkt aus dem Griechischen zu übersetzen, insbesondere nachdem unter venezianischer Führung Kreuzfahrer im Jahre 1204 Konstantinopel erobert hatten und danach griechische Manuskripte und Gelehrte nach Italien kamen, doch sollten die aus dem Arabischen übertragenen Werke und auch die Werke der Kommentatoren des Aristoteles für lange Zeit ihre Wirkung im europäischen Geistesleben entfalten.

**6/1 (Abb. 126–131)**
**Liber de stellis fixarum**
**Aufgeschlagen ein Sternbild: Pegasos**
Spanien, Ende 13. Jh.
Illuminierte Pergamenthandschrift
Paris, Bibliothèque Nationale, Bibliothèque de l'Arsenal (Ms 1036)

Die bisher als eine dem Umkreis von Friedrich II. in Sizilien zugewiesene Handschrift, die die von as-Sufi (903–986) vorgenommene Ergänzung der 48 ptolemäischen Fixsternkonstellationen in lateinischer Übersetzung sei, wurde von Rodriguez (1985) als eine Kompilation der griechisch-islamischen Tradition der Ptolemäus-Überlieferung erkannt. Sie ist am Hofe des Königs von Kastillien, Alfons X. (des Weisen) entstanden. Alfons X. (1221–1284) hatte die Übersetzung zahlreicher Werke aus dem Arabischen ins Kastilianische und in die lateinische Sprache veranlaßt, u. a. die *Libros del saber de astronomia* (astrologia), dem als erstes Buch das Fixsternbuch des as-Sufi vorangestellt ist. Alfons X. beauftragte u. a. jüdische Gelehrte, wie Rabi Zag, Mose ha-Kohen u. a. mit der Übersetzung und Bearbeitung der wissenschaftlichen Werke. Seine relative Toleranz gegenüber den Juden bringt das Gesetzbuch *Siete Partidas* (7,24) zum Ausdruck. Die Abbildung zeigt das Sternbild, das ›Große geflügelte Pferd‹ (Pegasos), dessen zwanzig Sterne in ihren unterschiedlichen Größen angedeutet sind. Die graphische Darstellung geht auf orientalische Vorbilder zurück. *RL*

Lit.: Rodriguez (1985); Upton (1933); Carpenter (1986); Ausst.kat. Paris (1980), Nr. 80; Cardenas (1981); Rosen (1976); Vernet (1984); Kunitzsch (1965).

**6/2 (Abb. 132)**
**Claudius Ptolemaeus**
**Tabulae stellarum fixarum (Alfonsische Sterntafeln des Ptolemaeus)**
**Aufgeschlagen: Der Bogenschütze, ein Jüngling mit Pferdeleib und Haarbinde, nach rechts zielend** (fol 28v)
Oberitalien, Schule von Murano (?), 14. Jh.
Illuminierte Pergamenthandschrift
Berlin, SMPK, Kupferstichkabinett (78 D 12)

**6/3**
**Abu-l Husain Abdarrahman asch-Schirazi (lebte Mitte 12. Jh.)**
**Das Buch der Formen der Sterne (Kitab suwwar al-kawakib)**
**Aufgeschlagen: Sternbild des Löwen**
(fols. 54v/55)
Abschrift aus dem Jahr 630h / 1233
Berlin, Staatsbibliothek Preußischer Kulturbesitz, Orient-Abteilung (Landberg 71)

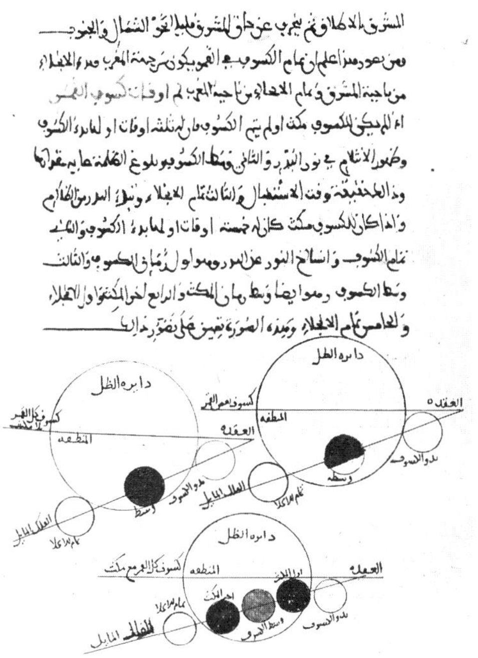

743 (6/5)

Schöne, aber wenig vokalisierte Schrift. Überschriften rot, Hauptüberschriften in schwarzem, kufischem Duktus. Abschrift von 1233 (630h), zurückgehend auf ein Exemplar eines Schülers des Verfassers. Beschreibung der Sternbilder und ihrer Einzelsterne. Aufgeschlagen: fol. 54r, Sternbild des Löwen. Die Einzelsterne golden mit rotem Rand.

**6/4 (Abb. 744)**
**al-Biruni (Khwarizm 973–1048)**
**Qanun mas'udi fil-Hai'a wa'n-nudschum (Mas'udischer Kanon)**
Überschriften rot, Zeichnungen rot und schwarz
Abschrift von 1250h/1834
Berlin, Staatsbibliothek Preußischer Kulturbesitz, Orient-Abteilung (Landberg 63)

Der 973 in einer Vorstadt von Kath (Khwarizm, a. Choresm) geborene Gelehrte stammte aus einer iranischen Familie und gehört wohl zu den bedeutendsten Naturwissenschaftlern des islamischen Mittelalters. Er war gleichermaßen versiert in Mathematik, Astronomie, Physik und Geographie. Im reiferen Mannesalter gelangte er nach Indien, das Mahmud von Ghazna kurz zuvor für den Islam erobert hatte. Hier lehrte er griechische Wissenschaften und machte sich zugleich mit den indischen vertraut. Aus Indien zurückgekehrt, ließ er sich am Hof von Ghazna nieder und widmete dem Sultan Mas'ud die hier ausgestellte Darstellung über die gesamte Astronomie, in der neben der Darlegung der bekannten Erkenntnisse eine beträchtliche selbständige Leistung liegt. Wie

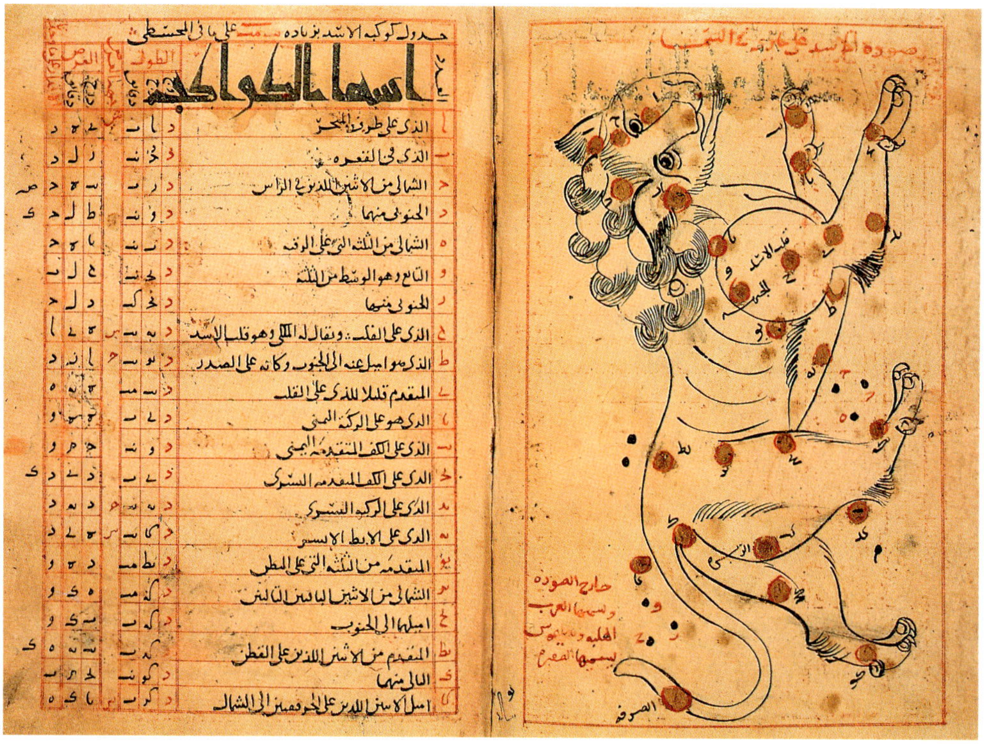

744 (6/3)

Ptolemäus in seinem Almagest, entwickelt auch Biruni am Anfang seines Werkes die erforderlichen Lehren der Trigonometrie.

Aufgeschlagen 10. Kapitel: »*Über Proportionen, die an der Transversalenfigur zwischen dem Sinus und den Tangenten bestehen.*« KS

Lit.: Schoy (1927).

**6/5 (Abb. 743)**
**Abu-r-Raihan al-Biruni (973–um 1050)**
**Unterweisung der Anfangsgründe der Kunst der Sternkunde (at-tafhim li-awa'il sina'at at-tandschim)**
**Aufgeschlagen: Über die Mondfinsternisse**
(Tafel 1)
Abschrift aus dem Jahr 635h / 1238
Berlin, Staatsbibliothek Preußischer Kulturbesitz, Orient-Abteilung (Landberg 63)

Es handelt sich bei diesem Werk um eine Art Lehrbuch, in dem in Frageform die Grundlagen der Geometrie, Arithmetik, Astronomie und Astrologie vermittelt werden. Im vorliegenden Exemplar fehlen die Kapitel über Geometrie und Arithmetik.

**6/6 (Abb. 745)**
**Ahmed Ibn Salih Ibn Abi Ridschal (1620–1681)**
**Arabische Astrologie**
Lateinische Übersetzung von Aly Abenragel filius
1298
Illuminierte Pergamenthandschrift
Cambridge, The Syndics of Cambridge University Library (Mm. 4. 43.)

**6/7 (Abb. 746)**
**Ahmad Ibn as-Sarradsch al-Hamawi**
**Abhandlung über das Astrolabium**
**Aufgeschlagen: Diagramm mit graphischer Darstellung der Sternhöhen und Schattenlängen** (fols. 49v-50r)
Aleppo (?), Anf. 14. Jh.
Handschrift
Dublin, Chester Beatty Library and Gallery of Oriental Art (Ms. 102)

**6/8 (Abb. 150)**
**Laurentius de Voltolina**
**Einzelblatt aus einem Liber ethicorum des Henricus de Allemania: Henricus de Allemania, gekleidet mit einem Turban, sitzt vor seinen Schülern dozierend an einem Pult**
Schule von Bologna, zweite Hälfte 14. Jh.
Deckfarben auf Pergament, 18 x 22 cm
Berlin, SMPK, Kupferstichkabinett (KdZ 1233)

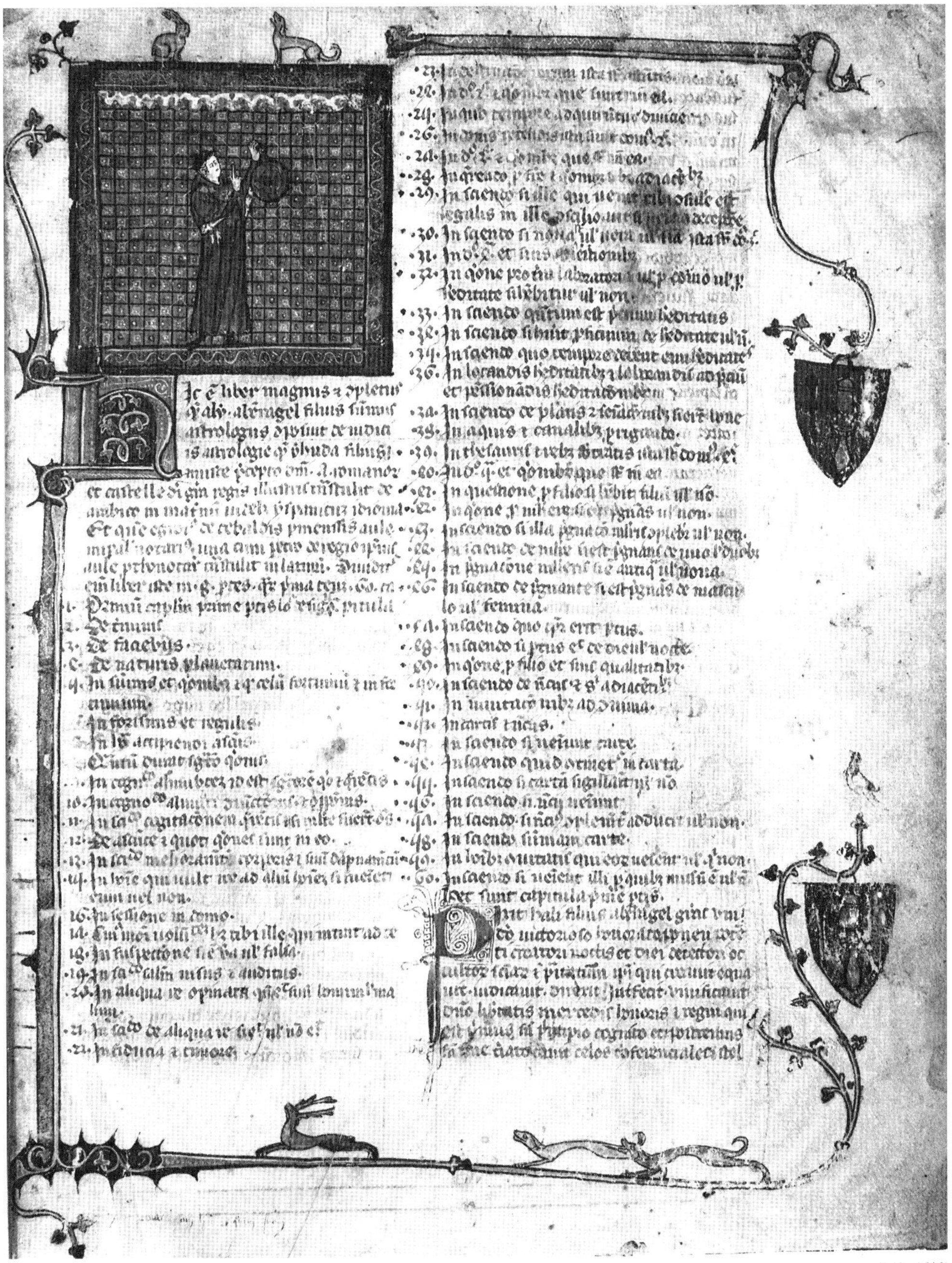

745 (6/6)

**6/9 (Abb. 125)**
**Astrolabium**
Spanien (Toledo), 1229
Bronze, graviert, Dm 13,5 cm
Berlin, Staatsbibliothek Preußischer Kulturbesitz (Sprenger 2050)

Das Astrolabium (arab. asturlab) gehörte zu den gebräuchlichsten astronomischen Instrumenten des Mittelalters (vgl. 6/10). Mit ihm wurde mittels unmittelbarer Beobachtung die Höhe jedes beliebigen Sternes und somit auch die Zeit, d. h. die Anzahl der vergangenen Tages- oder Nachtstunden festgestellt. Außerdem führte man damit geodätische Messungen durch, so z. B. die Messung der Entfernung zu einem unzugänglichen Ort oder die Höhe eines Gebäudes. Das Instrument selber besteht meist aus Metall und hat die Form einer Scheibe von 10–20 cm Durchmesser, an der ein Griff (urwa) befestigt ist, durch den zum senkrechten Aufhängen des Instrumentes ein Ring (halqa) geht.

*KS*

Lit.: Woepke (1858)

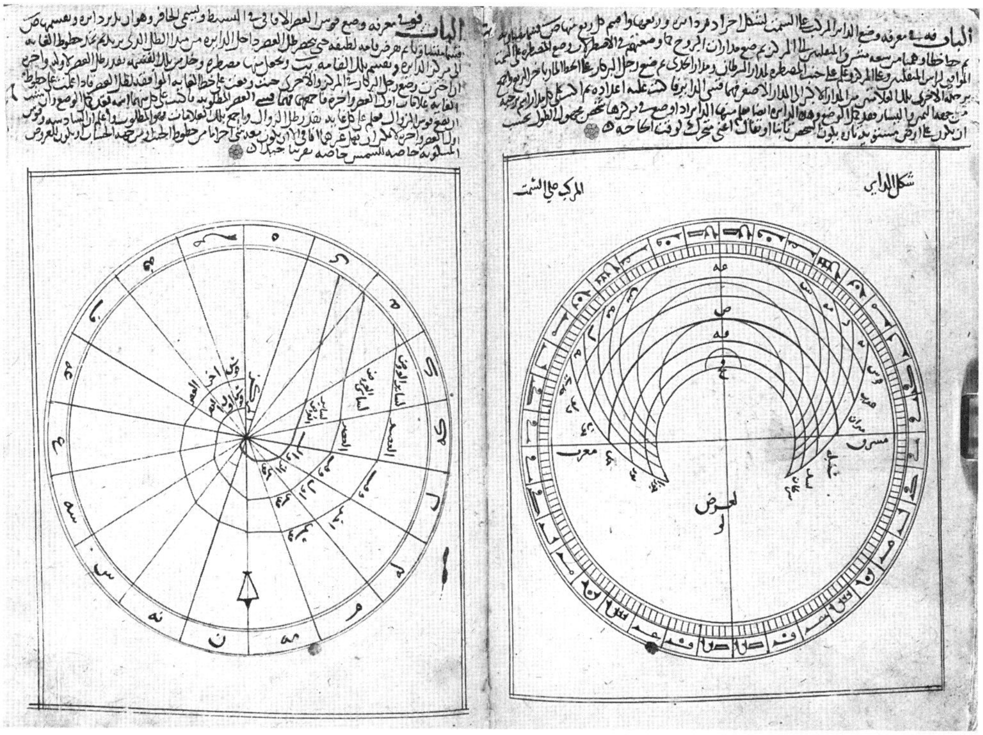

*746 (6/7)*

**6/10 (Abb. 124, 747)**
**Mascha Allah Ibn Athari, auch Ibn Sariya (754/5? – zuletzt erwähnt 809)**
**Sammlung mathematischer und astronomischer Traktate**
**Aufgeschlagen: Astronomisches Traktat des Maschallah über das Astrolabium**
(Seite 67v/68r), Paris, 1276–77
Pergamenthandschrift
Berlin, Staatsbibliothek Preußischer Kulturbesitz (Ms. lat. fol. 610)

**6/11 (Abb. 163)**
**Albumasar**
**Introductorium maius in astronomiam**
Oberitalien, Ende 13. Jh. und 15. Jh.
Pergamenthandschrift
Berlin, Staatsbibliothek Preußischer Kulturbesitz, Handschriftenabteilung (Ms. Ham. 16)

Einen wesentlichen Beitrag zur Vermittlung des arabischen Wissens in das Abendland leistete die spanische Übersetzerschule von Toledo. Neben Gerhard von Cremona (6/44) gehörte ihr als ein Hauptvertreter auch Johannes Hispalensis an. Dieser hatte 1133 eine wörtliche Übersetzung des vorliegenden astrologischen Traktates (*Introductorium maius*) des arabischen Gelehrten Abu Ma'schar, genannt Albumasar (787–886), angefertigt. Eine lateinische Übertragung in verkürzter Form besorgte in derselben toledanischen Übersetzterschule 1140 Hermann von Carinthia. Besonders die vollständige Textfassung, von der bislang etwa 30 Handschriften bekannt sind, fand im lateinischen Mittelalter eine weite Verbreitung.

Der in acht Bücher (maqala) unterteilte Traktat, der als das bedeutendste astrologische Werk der arabischen Astrologie gilt, behandelt neben den Tierkreiszeichen in der Hauptsache die Beschaffenheit und Bewegung der Planeten und ihren Einfluß auf das irdische Leben. Ein Schwerpunkt der Abhandlung liegt darin, Aufstieg und Niedergang politischer oder religiöser Schicksale mit den sogenannten *»großen Konjunktionen«* von Saturn und Jupiter in Verbindung zu bringen (H. Greive).

Die vorliegende Handschrift dieses Textes, die 1882 aus dem Besitz des berühmten Büchersammlers Alexander Douglas, Duke of Hamilton (1767–1852) an die Königliche Bibliothek Berlin gekommen war, wurde im späten 13. Jahrhundert in Oberitalien geschrieben und mit Fleuronnée- und Deckfarbeninitialen ausgestattet. Im 15. Jahrhundert wurde die erste Seite des Textes mit einem Zierrahmen versehen, der aus Vasen, Ranken und geflügelten Putti besteht. Das Wappen des bischöflichen Besitzers, das in die untere Leiste des Zierrahmens eingefügt wurde, konnte bislang noch nicht identifiziert werden. Zum ursprünglichen Ausstattungsprogramm der Handschrift gehören die figürlichen Darstellungen, die in die Initialen eingefügt sind. Am Beginn der Handschrift (*Laus Deo qui creavit coelum et terram [...]*) ist Gott als Weltenschöpfer mit der Erdscheibe wiedergegeben. Im weiteren dominieren Darstellungen des schreibenden arabischen Autors, der – in einer Nische mit dreibogigem Abschluß vor blauem Hintergrund – auch zu Beginn des 6. Buches (Blatt 73v) abgebildet ist. Darunter ist der durch den goldenen Nimbus bezeichnete thronende Christus wiedergegeben. Die zweizonige Nischenarchitektur wird von einem Atlanten getragen. Nach rechts und links ausgreifendes Rankenwerk und ein kauernder Löwe füllen den unteren Abschnitt der Seite. Die im Bildprogramm angedeutete Einbindung der astrologischen Wissenschaft in das christliche Weltbild findet in den schriftlichen Kommentaren zu dem *Introductorium* einen adäquaten Ausdruck. Insbesondere die im 2. Kapitel des 6. Buches von Albumasar beschriebenen Inhalte des Sternbildes der Jungfrau wurden im christlichen Abendland häufig kommentiert (Caesarius von Heisterbach, Roger Bacon, Albertus Magnus) und als Voraussage der Mariengeburt bzw. der Geburt Christi interpretiert. Die Absicht der christlichen Kommentatoren und Exegeten, das übernommene arabische Wissen mit der geltenden christlichen Lehre in Übereinstimmung zu bringen und sich damit dem Vorwurf der Häresie zu entziehen, hat bildliche Gestaltung und Textrezeption des Werkes mitbestimmt. *AF*

Lit.: LMA (1980)1, Sp. 1140 (H.Greive); HILDER (1972); AUSST.KAT. BERLIN (1975/76) Nr. 88.

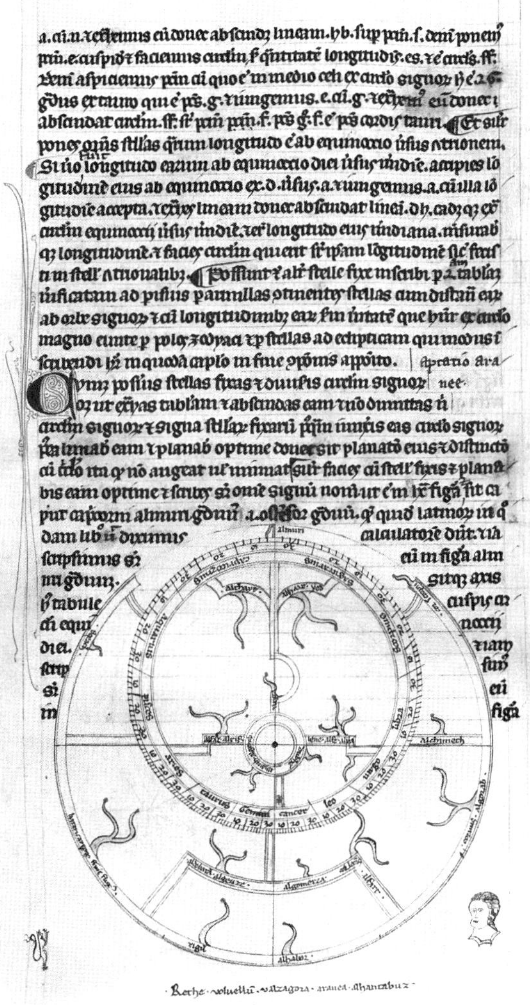

747 (6/10)

**6/12**
**Veronese-Schule**
**Allegorie der Kosmologie**
Venedig, 16. Jh.
Leinwand, 191 x 111 cm
Chartres, Musée des Beaux-Arts Chartes

Das Bild zeigt einen in langes Gewand und Mantel gekleideten Orientalen mit Turban, der in kontemplativer Haltung auf einen Felsen gestützt im Freien steht und versunken vor sich hin blickt. Mit den Händen umfaßt er eine Armillarsphäre. Zu seinen Füßen befindet sich über einem Globus ein aufgeschlagenes Buch. Das Gemälde gehört zu vier ›Allegorien‹ gleicher Größe, die in den 60er Jahren unseres Jahrhunderts aus der Privatsammlung des Marquis d'Aligre in das Museum von Chartres gelangten.

Ivanoff sah es als ein Werk Veroneses an und schloß seine Herkunft aus dem verlorengegangenen Bilderzyklus im Vestibül der Markusbibliothek in Venedig nicht aus. Naheliegender ist jedoch Pignattis Meinung, daß es auf ähnliche Darstellungen des Veronese, die sog. ›Astronomi‹, die sich heute in Los Angeles im County Museum befinden, zurückgeht. Ebenso wie diese wird das Bild ursprünglich zu einer zusammenhängenden Dekoration eines öffentlichen Gebäudes, eines Privatpalastes oder einer Villa gehört haben, in denen humanistisch gebildete Venezianer über die Wissenschaften und die ›artes liberales‹, die zumeist als Allegorien auf Bilder dargestellt waren, diskutierten.

Dabei haben die mathematischen Disziplinen des Quadriviums Arithmetik, Geometrie, Astronomie und Musik eine bedeutende Rolle gespielt, und Buch, Globus und Armillarsphäre, ein seit der Antike gebräuchliches astronomisches Meßgerät, deuten darauf hin, daß man sich, auf der Wissenschaft des im zweiten nachchristlichen Jahrhundert in Alexandria wirkenden Mathematikers, Astronomen und Geographen Ptolemäus fußend, auch mit der Kosmologie, der physikalisch-mathematischen Struktur der Welt als Ganzer und dem Einfluß der kosmischen Erscheinungen auf Vorgänge auf der Erde befaßt hat. Möglicherweise ist in dem Orientalen Ptolemäus selbst als nachzuahmendes gutes Vorbild dargestellt. Eine Kopie des vorliegenden Gemäldes, auf der der untere Teil mit Buch und Globus fehlt, befindet sich in Umtali (Zimbabwe) in der Major Stephen Courtauld Collection. *GP*

Lit.: IVANOFF (1968); PIGNATTI (1976), S. 128, 175, 211; LUCCHETTA (1980).

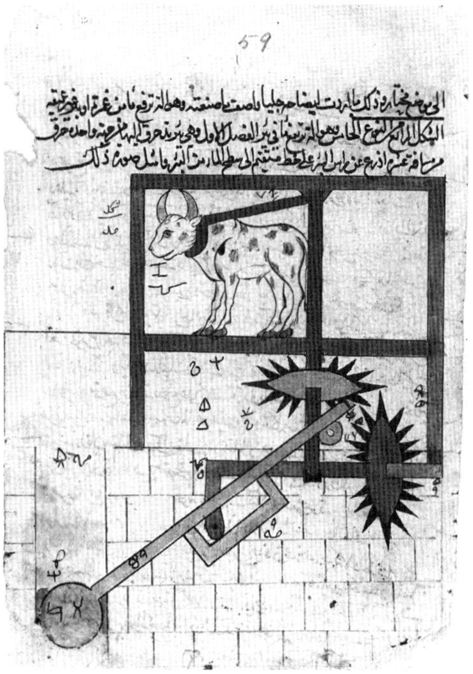

*748 (6/14)*

**6/13**
**Biruni (Khwarizm 973–1048)**
**Mas'udischer Kanon**
**(qanun mas'udi fi-l-hai'a wa-n-nudschum)**
**Aufgeschlagen: Über Proportionen, die an der Transversalenfigur zwischen dem Sinus und den Tangenten bestehen** (10. Kapitel)
Abschrift von 1250h / 1834
Berlin, Staatsbibliothek Preußischer Kulturbesitz, Orient-Abteilung (Ms. or. oct. 275)

Der bekannte timurdische Herrscher des Irans beschäftigte sich u.a. mit Mathematik und Astronomie. Im Jahre 1428 begann er in Samarkand den Bau eines Observatoriums. Als er feststellte, daß die Zeitberechnungen des Ptolemäus nicht mit seinen eigenen Beobachtungen übereinstimmten, entschloß er sich, sie zu verbessern. So entstanden die berühmten astronomische Tafeln des Herrschers, ›Zidsch‹ genannt. Sie wurden 1665 von Hyde ins Lateinische übersetzt.

**6/14 (Abb. 748)**
**Isma'il Ibn ar-Razzaz al-Dschazari**
**Das Buch der mechanischen Vorrichtungen**
Kairo oder Damaskus, 15. Jh.
Einzelblatt aus Handschrift
Dublin, Chester Beatty Library and Gallery of Oriental Art (Ms. 4187)

Al-Dschazari (oder Jazari) war als Ingenieur am Hof des Sultans von Diyarbakir tätig, einer der zahlreichen Vasallenstaaten des Zwischenstromlandes, die der Botmäßigkeit Saladins unterstanden. Sein *Buch der mechanischen Verrichtungen*, das er im Jahre 1206 vollendete, zeichnet sich durch den praktischen Sinn der darin gegebenen Anweisungen zum Bau von Automaten und Maschinen aus und hebt es von älteren Traktaten, etwa dem der Banu (Gebrüder) Musa, ab. In sechs Kapiteln werden 50 Inventionen vorgestellt: Uhren für Stunden und Temporalstunden, Gießgefäße für verschiedene Zwecke und Anlässe, Gelage, Aderlässe, rituelle Waschungen und dergleichen, Springbrunnen, Wasserflöten, automatisch sich öffnende Türen, Kombinationsschlösser etc. Kapitel V beschäftigt sich nur vordergründig mit Nützlicherem. Es stellt in fünf Abschnitten verschiedene Modelle eines Schöpfwerkes vor. Bei stehenden Gewässern bedarf es des Antriebs durch ein Zugtier, um mittels Achsen und Zahnrädern eine Schöpfkelle hochzuheben, durch deren hohlen Stiel sich das Naß in den Bewässerungskanal ergießt. Durch Reihen- und Sukzessivschaltung dieses einen Modells soll die Gleichmäßigkeit der Schöpfbewegung und die Verteilung des Elements auf verschiedene Kanäle erreicht werden. Fließendes Wasser erlaubt im dritten Abschnitt den Einsatz eines oberschlächtigen Wasserrades, das Dschazari dem Auge des Betrachters vorenthält. Den Esel aber, der in den vorhergehenden Beispielen das Werk in Gang hielt, tauscht er gegen einen Tierautomaten aus, der den Betrachter in der Illusion beläßt, das Ganze würde von Muskelkraft getrieben. Die restlichen Beispiele sind auf eine Perfektionierung des Grundmodells aus, mit Hilfe eines einfachen Hebelmechanismus', der die Kreisbewegung des Rades in Heben und Senken übersetzt, ein Mechanismus, der freilich in der Beschreibung durch den Autor weitgehend unverständlich bleibt. Seine Antropoiden präsentieren sich als ingeniöse Kunststücke, in denen die Überlistung der Natur geglückt scheint. Ein Anstrich mit Ölfarbe schützt sie vor Nässe und Wind und verleiht ihnen das bunte Äußere eines Wunders der Technik. In der Dubliner Handschrift nehmen die technischen Pläne Züge eines Ikons an. Die Qualität von Illustration und Textredaktion läßt die Schrift trotz ihrer Unvollständigkeit und ihres wenig guten Erhaltungszustandes von hohem Wert erscheinen. *RSB*

Lit.: Hill (1974).

**6/15 (Abb. 133)**
**Abu-l-Izz Isma'il Ibn ar-Razzaz al-Dschazari (2. H. 12. Jh.)**
**Traktat über mechanische Automaten**
**Aufgeschlagen: fol. 79v/80**
12./13. Jh.
Illuminierte Handschrift
Paris, Bibliothèque Nationale, Département des Manuscrits Orienteaux /Ms. Or. Arab. 2477)

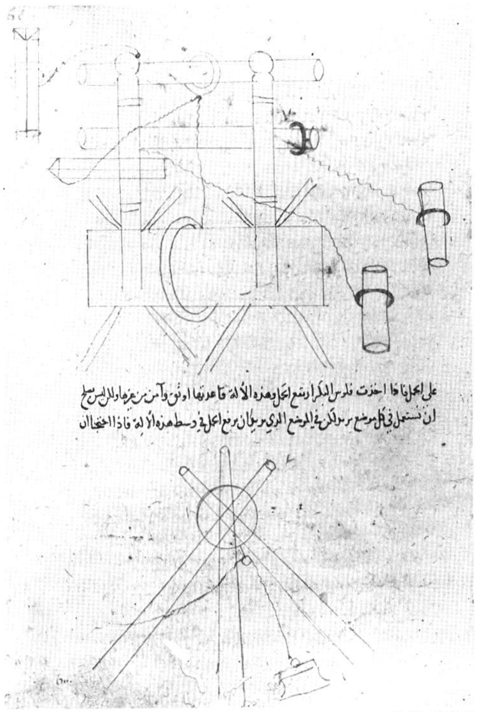

749 (6/16)

**6/16 (Abb. 749)**
**Heron von Alexandria**
**»Mechanica«, Über das Heben schwerer Objekte**
Arabische Übersetzung von Costa ben Luca
13. Jahrhundert
Illustrierte Handschrift, 24,4 x 18,5
Leiden, Universiteits Bibliotheek
(Cod. or. 51 Gol.)

Von den zahlreichen Abhandlungen des Heron von Alexandria, dem griechischen Mathematiker und Mechaniker aus der 2. Hälfte des 1. Jahrhunderts nach Chr., ist die *Mechanica* nur in arabischer Übersetzung von Costa Ben Luca, zwischen 862 und 866 geschrieben, auf uns gekommen. In drei Büchern werden Angaben über Form, Wirkweise und Anwendung einfacher Maschinen und deren Zusammensetzung, etwa in Kränen und Pressen, gegeben. Der Text wird durch erläuternde Zeichnungen illustriert. Die Abbildung zeigt die Konstruktionszeichnung eines Gerätes mit zwei Gewichten und einem Querbalken, auf dem ein Flaschenzug zum Heben schwerer Steine befestigt ist. Um den Gewichten Standfestigkeit zu verleihen, werden sie am Boden vertäut. Stark vereinfacht und voller Mißverständnisse des technischen Apparates, wurde auf perspektive Zeichnung verzichtet. Auch in den überlieferten griechischen Darstellungen des Heron von technischen Geräten fehlt die perspektivische Zeichnung, jedoch ist das Grundprinzip das der größtmöglichen Darstellung von Verständlichkeit eines jeden Details. In dem Leidener Manuskript wird die Methode der griechischen technischen Zeichnung reflektiert und vereinfacht umgesetzt. Es scheint gesichert, daß Costa ben Luca die Zeichnungen der griechischen Ausgabe kopierte, ohne deren Charakter im wesentlichen verändert zu haben.

Auch der Mittlerfunktion orientalischer Kopisten ist es zu verdanken, daß Einzelerfindungen und Entdeckungen der hellenistischen Welt der Nachwelt überliefert werden konnten.
Lit.: Weitzmann (1952)

**6/17 (Abb. 750)**
**Musa Ibn Schakir al-Munadschim (9. Jh.)**
**Das Buch der Kunststücke (kitab al-hiyal)**
**Aufgeschlagen Blatt: Anleitung zum Bau von Springbrunnen mit verschiedenen Figuren**
(fols. 58v/59r)
Abschrift aus dem Jahr 607h / 1210
Berlin, Staatsbibliothek Preußischer Kulturbesitz, Orient-Abteilung
(Ms. or. quart. 739)

Das Werk enthält Anweisungen zur Anfertigung von Vorrichtungen in Gefäßen, Geräten usw., um überraschende Wirkungen zu erzielen. So z. B. das Kunststück, einen Becher so einzurichten, daß, wenn er voll Wasser ist und man nur einen Tropfen Wasser hinzufügt, das ganze Wasser mit einem Schlag ausläuft. *KS*

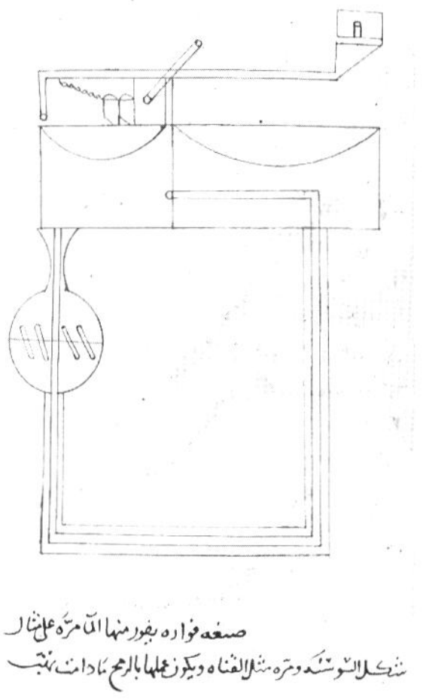

750 (6/17)

**6/18 (Abb. 135)**
**Al-Sigazi (um 951–1024)**
**Über die Eigenschaften der Senkrechten**
Bagdad, 1215
Handschrift
Dublin, Chester Beatty Library and Gallery of Oriental Art (Ms. 3652)

Ahmad Ibn Muhammad Ibn Abd al-Dschalil as-Sidschazi ist vielleicht Lehrer des al-Biruni gewesen oder stand diesem zumindest nahe. Er gehörte einer Mathematikergeneration an, die die Brüder Banu Musa und Ibn Khurra zu ihren Vorläufern zählte. Diese hatten durch ihre Übersetzungen die Werke des Archimedes und des Euklid neu erschlossen und so eine bedeutende Rolle in der Vermittlung der antiken Mathematik an das Abendland gespielt. Zu ihren Nachfolgern zählte at-Tusi, der die Trigonometrie zu einer eigenen Wissenschaft erhob. Diese war vor ihm ein Teil der Astronomie gewesen, wo sie vor allem bei der Bestimmung der Größe des Schattens, den ein Gnomon auf eine horizontale Fläche warf, zum Einsatz kam. as-Sidschazi ist Mittler zwischen diesen Generationen. Zu seinen eigenständigen Leistungen zählen die Methode, mittels eines vollkommenen oder konischen Zirkels Kegelschnitte zu zeichnen und ein Verfahren zur Dreiteilung des Winkels, indem er einen Kreis und eine gleichseitige Hyperbel zum Schnitt brachte. *R/SB*
Lit.: Wiedemann (1970); Ausst. Hamburg (1983).

**6/19 (Abb. 122)**
**Melchior Lorch**
**(Flensburg um 1527–nach 1583 Kopenhagen)**
**Bildnis des Aristoteles**
Monogr. und dat. Mitte r.: »15 FML (Monogramm) 61«; bez. in vier Zeilen in griechisch, lateinisch, arabisch und hebräisch: »ARISTOTELES STAGIRITES PHILOSOPHUS«
Kupferstich, 16,4 x 9,9 cm
München, Staatliche Graphische Sammlung München (150810)

Melchior Lorch hat den aus Stageira stammenden Philosophen Aristoteles (384–322 v. Chr.) nach dem Stich des Enea Vico (1523–1567) mit einigen Abänderungen kopiert. Vicos 1546 entstandenes Bildnis ist ebenfalls nach links gewendet; der Philosoph trägt die mittelalterliche Doktor-Mütze mit einem Ornamentstreifen (tiraz). Im ägyptischen Bereich trug das ›tiraz‹-Band den Namen und Titel des Herrschers. Auf einer Bronzetafel mit dem Bildnis des Aristoteles (in Braunschweig) ist das Band mit verschiedenen an kufische Schrift erinnernden Zeichen besetzt, die aber keinen Sinn ergeben. Unter dem Vico-Aristoteles befindet sich eine Inschriftentafel, die in Griechisch und Latein den Dargestellten bezeichnet. Lorch hat in vier Sprachen, Griechisch, Latein, Arabisch und Hebräisch, auf die frühen Aristoteles-Übersetzungen in diese Sprachen angespielt. Im Arabischen und Hebräischen hat er die lateinische Form übernommen. Vermutlich hat er nur die Schriftzeichen beherrscht. Der Philosoph ist entgegen der schriftlichen Überlieferung mit langem Haar und Bart dargestellt. Ein ›spöttischer Zug im Gesicht‹ wird durch antike Autoren überliefert. Die Adlernase erscheint auch auf anderen Aristoteles-Bildnissen aus der Antike. Bereits zu seinen Lebzeiten wurden Büsten von ihm angefertigt. In Rom wurden sie bevorzugt in Bibliotheken aufgestellt. Doch ist er meist nur mit kurzem Bart dargestellt. Philosophen mit langem Bart, wie Platon, könnten eher als Vorbild des Lorch-Bildnisses gedient haben.

Die gegenüber dem Vico-Bildnis graphischere Behandlung bei Lorch läßt auch vielleicht auf das Material des Vorbilds, wahrscheinlich ein Bronzerelief oder eine Bronzebüste, schließen. Michelangelo hat ihn um 1500/03 auch im Profil mit einer Mütze, die der Pisanello-Medaille von 1438 entspricht, gezeichnet. Das Blatt der Münchner Sammlung bildet die Vorstufe zu einem weiteren Stich, der vermutlich aus der gleichen Druckplatte entwikkelt wurde: in der späteren Fassung sind die Kleidungsstücke mit Ornamenten besetzt, die Härte der waagrechten Linien ist in ein punktartiges Raster aufgelöst.. *RL*

Lit.: Hehler (1962/3), Abb. 40/41, 16/17, 26/27; Bartsch 30 (1985), 253; Fischer (1964); Zemb (1961), S. 154; Turner (1986), Nr. 8; Hollstein XXII, Nr. 32; Bernoulli, II (1969).

**6/20 (Abb. 151)**
**Plakette mit dem Porträt des Aristoteles**
Nord-Italien, Anf. 16 Jh.
Majolika, ca 25 x 15 cm
Rotterdam, Museum Boymans-van Beuningen (A 3576)

Das Profilbildnis des Aristoteles ist von einem Stich des Enea Vico (s. 6/19) übernommen; gegenüber diesem ist es seitenverkehrt, besitzt aber den bei Lorich fehlenden Knopf am Mantelkragen. Die Tonplatte war schon mehrfach gebrochen. Sie ist den griechischen Pinakes nachempfunden. Diese antiken Bildträger besaßen an den Ecken Durchbohrungen, um sie an der Wand befestigen zu können. Die angesetzte Öse findet sich mit der abgeflachten Bogenform auch an Specksteinikonen des 13. Jahrhunderts. Der Philosoph trägt die Doktor-Mütze, die ihn als Lehrer kennzeichnet, dabei ist der Rundbaldachin als über dem Lehrerpult zu denken, wie man dies in Handschriften des 14. Jahrhunderts sehen kann. In Augenhöhe befinden sich die Lettern »A« (mit einem Adler?) und rechts »PH(i)O«, mit der Bedeutung: ›Aristoteles Ph(i)losophus‹. Der Adler als Attribut findet sich bei Jupiter, ist ein Symbol des Herrschers und steht innerhalb der fünf Sinne für das Sehen. Aristoteles hat ihn zudem in der Metaphysik IX, 32 mit dem Gedanken verglichen, der in die Höhe steigen muß, um eine bessere Übersicht zu erhalten. Falls das »A« nur mit Flügeln besetzt ist (und nicht mit einem Adler), bedeuten die Flügel das Symbol der Vernunft und des Geistes. Unter dem Porträt sind in einem eigenen predellenartigen Bildfeld die weiteren Attribute auf dem Schreibtisch bzw. dem Lehrerpult zusammengefaßt: Bücher, Brille, Glocke, Sanduhr und eine Armillarsphäre; diese können den Sieben Freien Künsten zugeordnet werden. Die Armillarsphäre, die zur Darstellung der Planetenbahnen dient, ist das Symbol der Astronomie und Astrologie. Sie ist auch das Attribut des Ptolomäus. Das aufgeschlagene Buch trägt die Inschrift: »ERE(C)/HO(A)/LAT/INO« (schlecht leserlich). Vermutlich sind damit die Werke des Philosophen in lateinischer Übersetzung gemeint. In einer illustrierten Handschrift von 1457 (Cod.phil.gr.64; Wien, ÖNB) sieht man den langbärtigen Aristoteles (wie in der schriftlichen Überlieferung glatzköpfig) beim Abfassen seiner naturwissenschaftlichen Schriften.

Die Verwendung von Stichvorlagen in der Majolikamalerei ist im 16. Jahrhundert verbreitet. Die seitenverkehrte Darstellung geht dabei meist auf eine entsprechende Kopie zurück. So wurden in den Werkstätten von Faenza Vorlagen Dürers verwendet. *RL*

Lit.: Cambridge History (1982), Cap. 2; Mészáros (1979), S. 47ff; RDK I; Bartsch 30 (1985), Abb. 253 a; Kalavrezon (1985), Nr. 106; Ausst.kat. Graz (1981), Abb. 11; Sherman (1977), S. 320ff; Jongkees (1960).

**6/21**
**Abu Ubaid al-Qasim Ibn Sallam**
**dscharib al-hadith**
Iraq, Bagdad (?), 866
Papierhandschrift, 28,5 x 18 cm
Leiden, Universiteits Bibliotheek (Cod. Or. 298)

Das in das Jahr 866 datierte Manuskript *dscharib al-hadith* zählt zu den ältesten erhaltenen Papierhandschriften des Orients. Das Papier ist relativ dick, von brauner Färbung und mit geglätteter Oberfläche. Die Handschrift ist etwa 100 Jahre nach Einführung der Papierherstellung durch chinesische Kriegsgefangene in den mittleren Osten entstanden. Die Araber griffen die wichtige Kunst des Papiermachens auf. Im 8. Jahrhundert wurde Samarqand ein Hauptplatz der arabischen Papierherstellung. Die Herstellung wurde durch die Einführung von Papiermühlen verfeinert – 794 wurde die erste in Bagdad gebaut –, wobei Lumpen als Herstellungsmaterial allen anderen Materialien vorgezogen wurde. So wurde die Unabhängigkeit von der Einfuhr des Papyrus aus Ägypten erreicht. Dem Vertrieb folgte die Herstellung bis in den äußersten arabischen Westen wie Fez und Marokko. Die erste europäische Papiermühle wurde in Fabriano in Italien im Jahre 1276, in Deutschland in der Gleismühle vor Nürnberg 1389/90 errichtet. Im 15. Jahrhundert setzte sich das Papier im Buchwesen weitgehend durch.
Lit.: Ausst.kat. Leiden (1988), Kat.Nr. 21; Ausst.-kat. Mailand (1988).

**6/22 (Abb. 152)**
**Averroes (Ibn Ruschd;**
**Córdoba 1126–1198 Marrakesch)**
**Kommentar und Umschreibung der zweiten Analytik des Aristoteles**
Aufgeschlagen: Blatt 41v/42r
13. Jahrhundert
Berlin, Staatsbibliothek Preußischer Kulturbesitz (Ms. or. fol. 3176)

**6/23**
**Averroes (Ibn Ruschd;**
**Córdoba 1126–1198 Marrakesch)**
**De Methaphysica**
Leiden, Universiteits Bibliotheek
(Cod. Or. 2074)

**6/24**
**Avicenna (Ibn Sina;**
**Afschana b. Bukhara 980–1038 Hamadhan)**
**Metaphysica**
Lateinische Übersetzung von Franciscus de Macerata und Antonius Francantius
Venedig, 1495
Inkunabel
Berlin, Staatsbibliothek Preußischer Kulturbesitz (Wgdr 18)

*751 (6/29)*

**6/25 (Abb. 121)**
**Aristoteles**
**Topica und Elenchi**
**Aufgeschlagen: Erste Seite der Topic, kunstvolle P-Initiale** (fol. 1r)
Paris, um 1280
Pergamenthandschrift, 18,5 x 14 cm
Berlin, Staatsbibliothek Preußischer Kulturbesitz (Ms. lat. qu. 304)

Vermittelt durch die Kreuzzüge im 11. und 12. Jahrhundert war am Ende des 13. Jahrhunderts das Werk des Aristoteles in lateinischer Übersetzung im Westen annähernd vollständig bekannt. Paläographische Gesichtspunkte lassen den Schluß zu, daß die vorliegende Handschrift um 1280 in Paris, deren Universität zu dieser Zeit Zentrum des Aristotelismus durch die Lehrtätigkeit des Thomas von Aquin und des Albertus Magnus war, entstanden sein muß. Für die scholastischen Disputationen lieferten die logischen Schriften des Aristoteles das eigentliche Arbeitsinstrument.

Der Topik, die insbesondere eine Darstellung der Figuren deduktiver Schlüsse bringt, liegt eine lateinische Übersetzung des spätrömischen Philosophen Boethius (um480–524) zugrunde, während interessanterweise die *Elenchi*, welche die Trugschlüsse abhandelt, wohl auf einer neuen Übertragung, die im 12. oder 13. Jahrhundert möglicherweise aus dem Arabischen angefertigt wurde, basierten.
Lit.: Ausst.kat. Berlin (1975), Nr.83.

**6/26 (Abb. 123)**
**Maimonides**
**Führer der Unschlüssigen**
Hebräische Übersetzung von Samuel Ibn Tibbon, Abschrift von Levy Ibn Ishaq Fijo Caro
Barcelona, 1348
Aufgeschlagen fol. 202v:
Illuminierte Handschrift
Kopenhagen, Det Kongelige Bilbliotek, Abt. der Hebraica und Judaica
(Cod. Hebr. XXXVII)

Maimónides (auch: Mose ben Maimon, oder: Abu Imran Musa Ibn Maimun Ibn Ubaod Allah, oder: RaMBaM = Rabbi Mose ben Maimon) floh mit seiner Familie 1149 wegen der rigoristischen Islamisierung der Almorawiden und Almohaden nach Marokko, schließlich nach Palästina (1160) und wurde Leibarzt des Saladin-Wesirs in Kairo (vgl. 6/54). Die Schrift *Führer der Verwirrten* (More newuchim) entstand zwischen 1190 und 1200. In arabischer Sprache geschrieben – mit hebräischen Schriftzeichen – richtet sie sich an seinen Schüler Jehudah b. Josef b. Simon Ibn Aquin, um ihm und allen anderen aus ihrer Verwirrung zu helfen, die sie mit der Kenntnis des aristotelischen Gedankenguts zu ihrem Glauben befallen hat. Da wo der wörtliche Sinn den wissenschaftlichen Erkenntnissen entgegensteht, läßt sich das Problem über eine allegorische Ausdeutung der heiligen Schriften lösen. Da die Gedanken über das, was sich jenseits der (aristotelischen) Mondsphäre befindet, nur Mutmaßungen sind, soll man sich damit auch nicht aufhalten. Das Werk wurde auf Betreiben der jüdischen Gemeinde von Lunel (Provence) durch Samuel Ibn Tibbon ins hebräische, noch zu Lebzeiten des Maimondes, übertragen (vollendet 1204). Dessen Handschrift wurde 1348 – wie sich einer Eintragung auf fol. 316 entnehmen läßt – in Barcelona kopiert. Die in ihr enthaltenen vier Miniaturen sind durch einen Künstler aus dem Umkreis des Meisters des heiligen Markus entstanden.
*RL*
Lit.: Ausst.kat. Cordoba (1986), Nr. 50; Ausst.-kat. München (1983), Nr. 18; M'Bow (1986), S. 4ff; Ausst.kat. Stockholm (1952), Nr. 193; Bohigas (1960/67), S. 122 ff; Wormald (1953), S. 75ff.

**6/27**
**Anonym**
**Sefer Ha-Bahir (Das Helle)**
Spanien (?), 1298
Papierhandschrift
München, Bayerische Staatsbibliothek München (Cod. hebr. 209)

Das Buch *Das Helle* umfaßt nur wenige Seiten der Sammelhandschrift von 1298 (fol. 2v-29v), während die übrigen Blätter kabbalistische Stücke u. a. enthalten. Das Buch ist in 141 Paragraphen unterteilt, die etwa dem Schema des § 1 folgen: *»Rabbi Nechunja ben Hakana sagte: Ein Schriftvers sagt ...: ›Nun aber sieht man nicht das Licht, leuchtet es in den Himmeln‹ und ein anderer Schriftvers sagt (...): ›Er macht Finsternis zu seiner Hüll‹» und ebenso heißt es (...): ›Gewölk und Nebel sind um ihn.‹ (Hier ist) ein Widerspruch, (aber) ein dritter Vers kommt und gleicht aus (...): ›Auch Finsternis ist vor dir nicht finster, und Nacht strahlt wie der Tag, Finsternis wie Licht.‹«* (Scholem [1970], S. 1). Als das früheste Werk der kabbalistischen Literatur benutzt es eine symbolische Sprache, die von den sprechenden Subjekten bei der Erklärung von Bibelversen, Diskussionen u. a. benutzt wird. Die mystische Ausdeutung einzelner Verse, der Gebrauch von heiligen Namen in der Magie u. a. sind Bestandteile der sich ab 1200 entwickelnden Kabbalistik. Ursprünglich bedeutete Kabbalistik alles, was in den heiligen Schriften nicht dem Pentateuch (fünf Bücher Mose) angehörte. Für die mystische Richtung wurde der Begriff erst ab 1200 gebraucht. In der Provence (Narbonne, Arles, Lunel u. a.), von wo aus Verbindungen zum Orient und nach Deutschland sowie zu den Zentren in Spanien (Gerona, Barcelona, Toledo) bestanden, findet sich eine mit dem Neuplatonismus gemischte Kabbalistik. Die Sprache ist eine Mischung aus Hebräisch und Aramäisch. Ein Besitzeintrag in arabischer Sprache – in hebräischen Schriftzeichen – aus dem Jahre 1352 findet sich auf dem letzten Blatt. *RL*
Lit.: EJ 4 (1971); EJ 9 (1932); Scholem (1970), Ausst.kat. München (1983), Nr. 16.

**6/28 (Abb. 160)**
**Johanis de Lond.**
**Tractatus des John of London**
Pergamenthandschrift
Glasgow, Glasgow University Library
(MS Hunter 253)

**6/29 (Abb. 751)**
**Friedrich II. von Hohenstaufen**
**Das Buch der Falknereikunst**
Flämisch, 1482
Pergament
Genf, Bibliothèque publique et universitaire
(Ms. fr. 170)

Das Falkenbuch Kaiser Friedrich II. der Genfer Universitätsbibliothek ist eine altfranzösische Übersetzung, die auf der vom Sohn des Kaisers, Manfred, redigierten lateinischen Fassung der zwei ersten Bände des insgesamt sechs Bücher umfassenden Originalwerks basiert. Es ist die Kopie eines Kodex' aus dem frühen 14. Jahrhundert, der sich heute in der Pariser Bibliothèque Nationale befindet. Mit zwei weiteren, in Cambridge und Stuttgart aufbewahrten Abschriften verdankt es seine Entstehung dem Mäzenatentum Ludwig von Brügges und seiner Umgebung.

Kenner der arabisch-persischen Literatur zur Falkenjagd haben bisher die Frage nach dem Beitrag des Orients zum Aufschwung der Beizkunst im Europa des 12. und 13. Jahrhunderts nicht zufriedenstellend beantworten können. Bekannt ist die Übersetzung der naturkundlichen Bücher des Aristoteles aus dem Arabischen, sowie der Falknereitraktate eines Moamyn und Gatriph. Kantorowitz betrachtet das Werk des Kaisers als geistesgeschichtliche Wende, indem er darin einen Durchbruch des *»gesichtigen Geistes«* diagnostizierte, dem er die *»gesichtige«* Seele in der Person Franz von Assisis an die Seite stellte.

Das 15. Jahrhundert behandelt die Beize im Rahmen der Jagdliteratur. Dem entspricht, daß die meisten französischen Übersetzungen des friderizianischen Traktas eine editorische Einheit mit dem bekanntesten Jagdbuch der damaligen Zeit, dem des Gaston Phöbus, eingehen. Illuminierte Handschriften, wie Guillaume Tardifs *Fauconnerie* und das *Livre du roy Modus* des Henri de Ferrière zeugen von der Wertschätzung, welche die Jagd mit dem Falken genießt. Diese war immer eine königliche Kunst gewesen. Erst das ausgehende Mittelalter macht den Falken zum *»höfischen Haustier«* (Peters) schlechthin.

Die Bilder des Genfer Kodex halten sich getreu an die Vorlage und deren charakteristische Form der Marginal-Illustration. Sie führen dem Weidmann vor, wie er ein Nest auszuheben hat, das sich auf dem Wipfel eines Baumes befindet oder an einem schroffen Felshang, wie er sich schwimmend den Brutplätzen der am Wasser lebenden Vögel nähern soll und dergleichen mehr. Von der übrigen Ausstattung der Handschrift setzt sich das ganzseitige Gemälde zu Anfang des Buches ab. Dabei handelt es sich um einen besonderen Auftrag, wohl im Anschluß an die Fertigstellung des Buches, an den sich die Absicht bindet, dieses optisch auf die Höhe seiner Zeit zu heben und der Situation des neuen Auftraggebers anzupassen.

*752 (6/32)*

Dessen Modernität tritt denn auch entschieden in Kontrast zu den ältlich güldenen Initialen des Schreibers.

Das Blatt wurde einem Künstler zugeschrieben, der den Notnamen Brügger Meister von 1482 trägt. Mit seinen Illustrationen zu Bartholomäus Anglicus' Buch von den Eigenschaften der Dinge, zu Petrus Crescentius' Traktat über den Landbau und zu Gaston Phöbus gibt der Meister seine Vorliebe für naturkundliche Werke zu erkennen. Das Frontispiz der Genfer Handschrift gehört zu den reifsten Leistungen des Malers wie denn auch der flämischen Buchkunst der 80er Jahre. Der weite Bogen, der darin von einer Kulturlandschaft vor den Mauern eines städtischen Gemeinwesens zur reinen Naturlandschaft geschlagen wird, erlaubt dem Künstler, was zu Wasser, Luft und Lande Flügel hat, anzuführen, sei es freilebend oder domestiziert. Dem Falkner erschließt sich ein wahres Paradies der Vögel unter dem einen Aspekt der Jagd. Sein Umgang mit dem lebenden Tier bereitet den Weg für eine wissenschaftliche Ornithologie. Die aufgeschlagene Titelseite zeigt den Hof, der sich zum Dedikationsakt eingefunden hat. Dem Regenten, wohl eher der burgundische Herzog Ludwig von Brügge als Friedrich II., wird ein Falke überreicht. *R/SB*

Lit.: Willemsen (1970); Peters (1973); Dogaer (1987).

**6/30**
**Michael Scotus (gest. 1235)**
**Book of Magic**
Deutschland, 16. Jh.
Pergamenthandschrift
Manchester, The John Rylands University of Manchester (Latin MS. 105)

Michael (gest. 1235), Schotte von Geburt, hatte sich in Spanien die Kenntnis der arabischen Sprache angeeignet und sich durch Übersetzungen der Werke des Aristoteles und dessen arabischen Kommentatoren, Avicenna und Averroes, sowie anderer arabischer Autoren einen Namen gemacht. Später war er als Astrologe am Hofe Friedrichs II. tätig, wo er eine bedeutende Rolle in der Vermittlung der arabischen Naturwissenschaften an den christlichen Kulturkreis spielte.

Seine Anmerkungen zur Magie finden sich in seinem in drei Teilen hinterlassenen Hauptwerk verstreut: dem *Liber Introductorius*, dem *Liber Particularis* und der *Physionomia*. Michael schenkt den ihm bekannten Zauberbüchern nicht wenig Beachtung. Dennoch ist sein Urteil über die magischen Künste von der für den Gelehrten leitgebenden Disziplin, der Astrologie, her bestimmt und relativiert. Erst die Nachwelt hat in ihm vornehmlich den Schwarzkünstler in Erinnerung behalten. Dante versetzt den Schotten in den achten Höllenkreis, wo er mit verrenktem Kopf, den Blick nach hinten, umherwandert, als Vergeltung seines irdischen Strebens, in die Zukunft zu sehen. Die nach ihm folgenden Jahrhunderte haben ihm verschiedene magische Schriften zugeschrieben.

Dieses Manuskript ist eine Arbeit des 16. Jahrhunderts, die im deutschen Sprachraum entstanden ist. Sie besteht aus zwei Teilen, einer in verschiedenfarbenen Tinten angefertigten pseudoarabischen Schrift, die mit zahlreichen Diagrammen versehen ist, sowie einem sich daran anschließenden lateinischen Kommentar. Einleitend erfährt der Leser, daß die arabische Vorlage sich im Besitz des Autors befunden habe, ehe sie dieser mit Hilfe eines Rabbiners ins Lateinische übersetzte. Schon der Titel des Büchleins läßt aufhören: *Compendium magiae innaturalis nigrae*. Wie Thorndike in seiner Biographie versichert, wäre dem Schotten der Begriff einer ›magia naturalis‹ völlig unbekannt gewesen. Als Autor des Traktats wird Michael Scotus ausdrücklich genannt, als Ort und Zeit seiner Entstehung Prag im Februar 1261. Nicht weniger phantastisch als dererlei Angaben ist der Inhalt der Schrift. Sie gibt sich als ein Handbuch der Zauberkunst zu erkennen, das den Adepten lehrt, wie man mit Hilfe eines magischen Kreises Geister herbeiruft und bannt. Ort und rechter Moment des Experiments werden besprochen, Habit, die wichtigsten Instrumente wie Stab und Siegel als auch die innere Verfassung, die ein solches Unterfangen voraussetzt, all dies unter dem steten Hinweis auf Formeln und Diagramme des ersten Teils. Auf letztere stützt sich die These, wonach das Exemplar aus Manchester eine korrumpierte Abschrift des *Liber Abaci* wäre, jenes Buches also, das der Mathematiker Leonardo Fibonacci aus Pisa in einer Neuauflage dem Scotus gewidmet hatte. *R/SB*

Lit.: Thorndike (1965).

**6/31**
**Atlas des al-Idrisi**
**(Ceuta 1100–1166 Kairo)**
Faksimile, 19. Jh.
Papier auf Leinwand, 133,4 x 323 cm
Paris, Bibliothèque Nationale, Département des Cartes et Plans (Ge.AA. 2004)

Mit den erdkundlichen Werken seiner Zeit unzufrieden, begann der Normannenkönig Roger II. systematisch Daten von Reisenden, Kaufleuten, Kreuzzüglern u.a. einzuholen. Er schickte eigene Kundschafter in die vier Weltgegenden aus, denen er je einen Zeichner zuwies mit der Order, das Erfahrene bildlich festzuhalten. Schließlich beauftragte er den arabischen Gelehrten al-Idrisi aus dem in 15 Jahren zusammengetragenen Material eine Landkarte anzufertigen. Al-Idrisi, ein direkter Nachkomme der arabischen Dynastie der Idrisiden, die ihr Reich an die Umayyaden verloren hatten, lebte als Emigrant am Hof zu Palermo. Er hatte in Cordoba studiert und zahlreiche Reisen unternommen, die ihn bis nach Frankreich und England führten. Seinen Entwurf hatte der König in eine 150 kg schwere, silbernen Tischplatte eingravieren lassen, die bald nach dem Tode des Königs ihres kostbaren Materials wegen zerstört wurde. Der dazugehörige Kommentar aus dem Jahre 1154, eine *»Unterhaltung für den, dem es nach Reisen über die Horizonte gelüstet«*, ist erhalten geblieben. Das Werk, kurz ›Rogerbuch‹ genannt, beinhaltet eine runde Weltkarte, die eine Orientierungsübersicht gewährt, sowie 70 Sektionen einer insgesamt 3,5 x 1,5 Meter großen Wandkarte, der frühesten in der Geschichte der Kartographie überhaupt.

Die Karte des al-Idrisi ist wie die meisten arabischen Landkarten gesüdet. Al-Idrisi hält sich an den Rahmen des ptolemäischen Vorbildes, das nicht die ganze Erde, sondern nur ihren zivilisierten Teil umfaßt. Doch stattet er diesen mit völlig neuem, zuverlässigerem Datenmaterial aus. Die Einteilung der Klimate bedeutet einen Rückschritt gegenüber dem Alexandriner, da sich Idrisi nicht mehr an den verschiedenen Tageslängen in den entsprechenden Breiten orientiert, sondern die Klimazonen mechanisch in gleiche Abschnitte trennt. *R/SB*

Lit.: Miller (1981); Wawrik (1981); Al Samman (1988).

**6/32 (Abb. 752)**
**Abu Ishaq Ibrahim Ibn Muhammad al-Istakhri (10. Jh.?)**
**Das Buch der Straßen und Königreiche (Kitab al-masalik wa-l-Mamalik)**
**Aufgeschlagen: Nordafrika und islamisches Spanien** (fols 29v–30r)
Handschrift
Dublin, Chester Beatty Library and Gallery of Oriental Art (Ms. 3007)

Der Typus des ›Islam-Atlas‹ ist als ein eigenständiger, typisch arabischer Beitrag zur Geschichte der nachantiken Geographie zu werten. Dieser war durch die entschiedene Abkehr von der durch Ptolemäus bestimmten Erdkunde der arabischen Frühzeit möglich geworden. Neu ist daran prinzipiell die Einteilung nach Ländern, welche die ptolemäische Ordnung der Klimate ersetzt, inhaltlich die Beschränkung des Atlasses auf die Geographie des islamischen Raumes und formal die radikale Abstrahierung der Länderumrisse, die in der Geschichte der Kartographie einmalig ist und wohl ihre Voraussetzung in der Bilderfeindlichkeit des Islam findet.

Darf al-Istakhri auch nicht als Erfinder der ›Islam-Atlas‹ angesehen werden, so ist seine Version doch die früheste, die erhalten ist. Sie enthält eine Welt-, drei Meeres- und 17 Länderkarten, die zu den ersten Beispielen arabischer Kartographie zählen. Auf der nach Westen orientierten Karte des Maghreb rückt mit der iberischen Halbinsel auch ein Stück Europa ins Blickfeld. Ost-Maghreb (d. i. die afrikanische Nordküste mit dem markanten Halbkreis der Oase Segelmasa) und West-Maghreb (d. i. das von sechs arabischen Provinzen umgebene Cordoba) liegen einander annähernd spiegelbildlich gegenüber. Nach unten hin schließen sich auf europäischer Seite die drei Territorien der Galizier, der Basken und Franken an.

Die ältere Fachliteratur läßt die Dubliner Handschrift unerwähnt. Kramers hatte die ihm bekannten Fassungen in zwei Klassen geteilt: al-Istakhri I. gibt Spanien in Form eines beschnittenen Kreises wieder, al-Istakhri II. in Form eines halben Herzens. Die Karte von Maghreb der Dubliner Handschrift nimmt gegenüber diesen beiden Gruppen eine Sonderstellung ein. Die Symmetrie der beiden Kontinente wird an Strenge nur noch von einer persischen Übersetzung des 16. Jahrhunderts (Wien, Österr. Nat. Bibl., Mixt. 344) übertroffen. Eine Ähnlichkeit der Signaturen ist mit Gotha 1 gegeben. Sämtliche Inseln sind fortgelassen und an der Küste von Afranga, dem Frankenland, ist ein Halbkreis ausgespart. Hingewiesen sei auf das Schlingenmuster des Meeres, das gleichfalls zu den Eigentümlichkeiten dieser Darstellung zählt. *R/SB*

Lit.: Kramers (1932); Miller (1927).

**6/33 (Abb. 753)**
**Edrisi (al-Idrisi)**
**De Geographia Universal:**
Rom, 1592
Aufgeschlagen: Titelseite
Berlin, Staatsbibliothek Preußischer Kulturbesitz (Pq 2300)

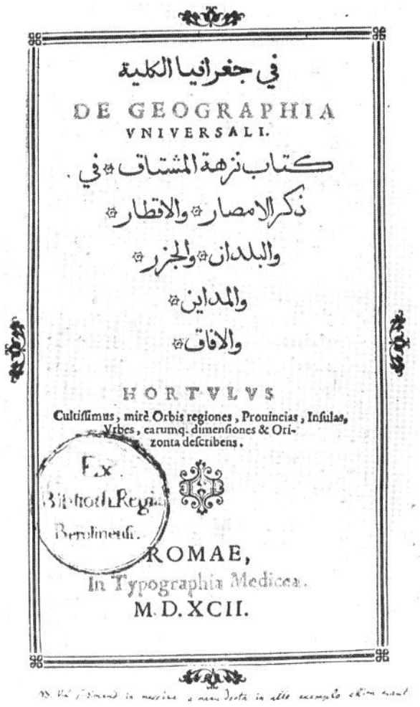
في جغرافيا الكلية
DE GEOGRAPHIA VNIVERSALI.
كتاب نزهة المشتاق في ذكر الامصار والاقطار والبلدان والجزر والمداين والافاق
HORTVLVS
Cultissimus, mirè Orbis regiones, Prouincias, Insulas, Vrbes, earumq. dimensiones & Orizonta describens.
Ex Biblioth. Regia Berolinensi.
ROMAE,
In Typographia Medicea.
M.D.XCII.

*753 (6/33)*

**6/34 (Abb. 754)**
**Antonio Vivarini**
**(Murano, um 1418/20–1484 Venedig)**
**Das Feuerwunder des hl. Petrus Martyr vor dem Sultan**
Italien, 1440–50
Pappelholz, 52 x 34 cm
Berlin, SMPK, Gemäldegalerie (66)

Petrus Martyr gehörte dem Dominikanerorden an. 1241 wurde er zum Inquisitor von Norditalien ernannt. Im Jahr, da Innozenz IV. die Folter einführte, fiel Petrus einem Meuchelmord zum Opfer, ein Inquisitorenschicksal, wie es vor ihm bereits Konrad von Marburg ereilt hatte. Die Kanonisierung des Ermorderten erfolgte umgehend.

Der *Legenda Aurea* nach besaß ein Jüngling aus Como ein Stück vom Gewand des Heiligen. Ein Ketzer forderte ihn auf, es ins Feuer zu werfen. Die Zeichen von Berührungszauber, die im Nachleben der Heiligen stets im Spiel waren, fügen sich hier dem rituellen Ablauf eines Gottesurteils. Dieses ist Teil eines Diskurses, in dem die Argumente der Vernunft und der Heiligen Schrift versagen, ein Argumentieren mit anderen Mitteln, aus dem, anders als im Falle eines Wunders, keinerlei unmittelbarer Nutzen erwächst. In spätmittelalterlichen Gemälden, die solche Gottesentscheide zum Thema haben, fällt der Diskutiergebärde denn auch ein entsprechendes Gewicht zu.

Johann Gualbertus, der Gründer der Vallombrosaner-Kongregation, war im Jahr 1063 Zeuge eines Feuerordals geworden, mit dem ein gewisser Petrus den gegen den Erzbischof von Florenz erhobenen Vorwurf der Simonie zu beweisen suchte. War hier das Verfahren Teil der Rechtsermittlung, so wurde es seit dem Ende des 12. Jahrhunderts vornehmlich zu religionspolitischen Zwecken eingesetzt. 1242 ging Rosa von Viterbo, Tertiarierin des Franziskaner-Ordens, der Legende nach durchs Feuer, um so vor Häretikern die Wahrheit der kirchlichen Lehre glaubhaft zu machen. Bei Dominikus de Guzman tritt an die Stelle des Leibes ein Buch.

Der Scheiterhaufen ist die Ultima ratio der Inquisition. Auf dem Bild der Berliner Gemäldegalerie legt der Heilige den Ordensmantel eigenhändig ins Feuer, ohne sich daran zu verbrennen. Das Gespräch weicht dem demonstrativen Akt, auf den der Zeigegestus des Häretikers die folgerichtige Anwort gibt. Die Geschichte trägt sich im christlichen Glaubensbereich zu, wie am Turmkreuz zu ersehen ist, das sich über dem Schauplatz erhebt. Umso mehr irritiert, die Häretiker in Orientalen-Art gekleidet zu sehen. Das in der innerkirchlichen Auseinandersetzung approbierte Mittel hatte Franz von Assisi in die Heidenmission eingeführt. 1291 schlug er in Damiette dem Sultan al-Malik die Feuerprobe vor, der, als ein weiser Monarch, gut daran tat, nicht darauf einzugehen.

*R/SB*

Lit.: KAT. BERLIN (1975).

**6/35**
**Wilhelm von Tripolis**
**Tractatus de statu Saracenorum et de Mahomete pseudopropheta et eorum lege et fide incipit**
**Aufgeschlagen: Initiale dédicace** (fol 131)
14. Jahrhundert
Pergamenthandschrift
Paris, Bibliothèque Nationale, Département des Manuscrits (Ms. lat. 7470)

1269 waren die Brüder Polo von ihrer ersten Chinareise mit einem Schreiben des Großkhans nach Akkon zurückgekehrt, in dem dieser den Papst aufforderte, weitere Gelehrte an seinen Hof zu senden. Den Brief überreichten die Brüder dem päpstlichen Legaten in Palästina, der sich 1270 dem Kreuzzug Edward I. angeschlossen hatte. Nachdem dieser im Jahr darauf als Gregor X. auf den Heiligen Stuhl gewählt worden war, ernannte er die Polos zu päpstlichen Gesandten am Hofe des Khans und hieß zwei Mönche aus dem Dominikanerkloster zu Akkon, sie zu begleiten. Der eine von ihnen, Wilhelm (um 1220–1273), stammte aus Tripoli, einem der drei Kreuzfahrerfürstentümer mit vorwiegend aquitanisch-provenzalischer Besatzung. Er hatte sich besonders in der Heidenmission hervorgetan. Bald freilich wurde den Mönchen die Unternehmung zu riskant, und sie machten in Kilikien kehrt. Schon vor der Abreise war Wilhelm von Gregor X. aufgefordert worden, ein Buch über die Religion der Sarazenen, ihre Sitten und Gesetze zu verfassen, das zur Anleitung der in die Mission gehenden Prediger gedacht war. Nach seiner Rückkehr machte sich Wilhelm ans Werk und vollendete es noch bevor der Papst zum Konzil nach Lyon aufrief, um in einer Situation, die nach dem Tode des hl. Ludwig vor Tunis immer hoffnungsloser erschien, einen neuerlichen Kreuzzug zur Befreiung der heiligen Stätten zu urgieren. Wilhelms Traktat *De statu saracenorum* ist ein Zeugnis des geistigen Lebens aus der Spätzeit des auf wenige Befestigungspunkte zusammengeschrumpften Kreuzfahrerstaates. Ohne Zweifel wächst sein Werk auf dem Boden der Missionsbestrebungen, welche die Dominikaner nach der Vernichtung des innerkirchlichen Feindes der Albigenser nachdrücklich verfolgten und deren Richtlinien in Thomas von Aquins *Summa contra gentiles* festgelegt worden waren. Die Aussichtslosigkeit einer militärischen Lösung vor Augen, zeichnet Wilhelm indessen ein voruteilsloseres Bild des Islam, als dies seinen Zeitgenossen möglich war. *R/SB*

Lit.: BALDWIN (1985).

**6/36 (Abb. 161)**
**Carlo Lasinio**
**Pitture a fresco del Campo Santo di Pisa intagliate dal Carlo Lasinio**
**Aufgeschlagen: Le Jugement Dernier**
(Tafel XIII)
Florenz, 1828
Berlin, Staatsbibliothek Preußischer Kulturbesitz (gr 2° Ns 2561)

**6/37**
**Theodorus Bibliandrus**
**Machumetis Saracenorum principis eiusque successorum vitae, ac doctrina, ipseque Alcoran (...) Opera et studio Theodori Bibliandri**
Basel, 1543
Berlin, Staatsbibliothek Preußischer Kulturbesitz (4° Zu 6051a)

Seit dem osmanischen Vordringen in Richtung Mitteleuropa unter Sultan Süleyman den Prächtigen (1520–1566) gab es Grund genug, sich mit den ›ideologischen Grundlagen‹ dieses mächtigen Gegners bekannt zu machen. So bemühte sich Luther um eine authentische Kenntnis des Korans als des wichtigsten Textes des Islams. Doch erst an Fastnacht 1542 gelangt Luther in den Besitz einer lateinischen Koranübersetzung, *»doch sehr ubel verdolmetscht«*, wie er bedauernd vermerkt.

So hat er entscheidend dazu beigetragen, daß das hier ausgestellte Werk, eine von Theodor Bibliander (gest. 1564) mit Traktaten verschiedenster Art herausgegebene lateinische Koranübersetzung, die man auch die erste europäische ›Islamenzyklopädie‹ genannt hat, erscheinen konnte. Theodor Bibliander war nach Zwinglis Tod (1531) dessen Nachfolger als ›Leser‹ für Septuaginta, d.h. Professor, in Zürich geworden. Biblianders Freund Johannes Oporinus, bis 1542 Professor für Griechisch an der Universität Basel, hatte eine Druckerei eröffnet, deren erstes Buch – ohne die in Basel übliche Zensur zu befragen – das hier ausgestellte Werk war. Als dies bekannt wurde, kam die Angelegenheit vor den Rat der Stadt, der

754 (6/34)

die Sache bis zur Einholung eines Gutachtens erst einmal stoppte.

Als Oporinus nicht mehr am Koran, so doch an den Confutationes (Widerlegungen) desselben weiterdruckte, kam er wenig später in Haft. Durch Kontakte über Straßburg erhielt man schließlich die Unterstützung der Wittenberger. Luther schickte ein Empfehlungsschreiben an den Rat der Stadt Basel und half damit den Basler Befürwortern einer Veröffentlichung des Korans. Diese trugen vor: man müsse die ›ketzerischen Lehren‹ des Koran, die man bekämpfen wolle, auch kennen. Um nun der Gefahr des falschen Gebrauchs durch ungeübte Leser vorzubeugen, erscheine der Koran ja zusammen mit seinen Widerlegungen etc. Luthers Autorität scheint schließlich den letzten Ausschlag gegeben zu haben. Seine Argumentation gipfelte in dem Satz, »*das man dem Mahmet oder Turcken nichts verdrieslicheres thun, noch mehr schaden zu fugen kan (mehr denn mit allen waffen), denn das man iren alcoran bey den Christen an den Tag bringe*«. *KS*

Lit.: Bobzin (1986); Bobzin (1985); Setton (1962).

**6/38**
**Alcoranus Mahometicus. Das ist: der Türcken Alcoran / Religion und Aberglauben (...) Erstlich auß der Arabischen in die Italianische: Jetzt aber inn die Teutsche Sprache gebracht, Durch Herrn Salomon Schweiggern (...)**
Nürnberg, 1616
Berlin, Staatsbibliothek Preußischer Kulturbesitz (Zu 6163 R)

**6/39**
**Liber precationum (Horologium, kitab salat as-sawa'i)**
Italien (Fano), 1514
16,5 x 11 cm
München, Bayerische Staatsbibliothek München (Rar. 1348)

Bei dem *Liber precationum* handelt es sich um den ersten arabischen Druck mit beweglichen Lettern. Es wurde in der Druckerei des Gregorio de'Gregorii in der kleinen italienischen Stadt Fano, zwischen Ancona und Rimini, hergestellt und am 12. September 1514 vollendet. Das Buch enthält Gebete und Psalmen für die einzelnen kirchlichen Tagzeiten.

Lit.: Ausst.kat. München (1982).

**6/40**
**Ibn al-Hadschib (gest. 1249 in Alexandrien) Grammatica arabica dicta Cafia**
Rom, 1592
Pergamenteinband, 22,3 x 14,6
München, Bayerische Staatsbibliothek München (4° A. or. 954)

Der erste Druck der arabischen Grammatik des Rechtsgelehrten und Grammatikers Ibn al-Hadschib (gest. 1249 in Alexandrien) erschien erstmals im Jahre 1592 in der mediceischen Druckerei in Rom. 1580 wurde die Druckerei von Ferdinando de'Medici eingerichtet. Giovanni Battista Raimondi (gest. 1614) aus Cremona, der sich längere Zeit im Orient aufgehalten hatte, leitete ab 1590 die Drucklegung mehrerer arabischer Texte, die sich sämtlich durch ein elegantes Schriftbild auszeichnen.

Lit.: Ausst.kat. München (1982), Nr 52.

**6/41 (Abb. 136)**
**Manfredo de Monte Imperiali (Anfang 14. Jahrhundert)**
**Liber de herbis**
**Aufgeschlagen: Miniatur mit zwei Dialog-Paaren** (fol. 1)
Italien, 14. Jh.
Pergamenthandschrift
Paris, Bibliothèque Nationale, Département des Manuscrits (Latin 6823)

Über das Leben von Manfredo de Monte Imperiali ist nichts bekannt. Manche halten ihn für einen Deutschen, andererseits weist seine Herkunft ›de Monte Imperiali‹ eher auf einen Ort in der Nähe von Siena. Man zieht indessen auch Castel del Monte in Erwägung, die Residenz des Hohenstaufers Friedrichs II., Königs von Sizilien (reg.1212.-1250), und seines Sohnes Manfred (reg. 1258–1266). Der *Liber de herbis* ist ein grundlegendes Werk, das nur in zwei Exemplaren existiert und ganz in der Tradition des Dioskurides (1. Jahrhundert) und der Familie Platearius in Salerno (12. Jahrhundert) steht.

Das Werk beginnt mit den Worten: »*Cum ego Manfredo de Monte Imperiali (...).*« Fol. 1v zeigt zwei Dialogpaare: Oben links ist Hippokrates (460–375 v. Chr.) mit den Anfangsworten der *Prognostikon* (›Krankheitsvorhersage‹) abgebildet, in einem imaginären Gespräch mit Jo(h)annitius (Hunain Ibn Ishaq, 9. Jahrhundert) vertieft, der durch die Anfangsworte seiner Einleitungsschrift erkennbar ist: »*Die Medizin ist in zwei Teile gegliedert, einen theoretischen und einen praktischen*«, möglicherweise in einer Übersetzung des Constantinus Africanus (11. Jahrhundert).

Darunter sitzt Hippokrates (Ypocras) mit dem aufgeschlagenen Buch seiner *Aphorismen*. Der erste Aphorismus lautet: »*Vita brevis, ars longa, tempus acutum, experimentum fallax, iudicium (difficile)*« (›Das Leben ist kurz, die Kunst lang, die Zeit drängt, der Versuch ist trügerisch, das Urteil [schwierig]‹). Kurioserweise befindet er sich in einer Disputation mit seinem Kommentator Galen (2. Jahrhundert), der eine Rolle entfaltet hält: *»Intendo enim manducare ut vivam, alii intendunt vivere ut manducent«* (›Ich beabsichtige zu essen, um leben [zu können], andere beansichtigen zu leben, um zu essen.‹) Dieses geflügelte Wort wird in ähnlicher Formulierung dem Sokrates (5. Jahrhundert v. Chr.) zugeschrieben.

Auf fol. 2 sehen wir den spanischen Aristotelesinterpreten Averroes (Ibn Ruschd, 1126 bis 1198 Cordoba) in einem imaginären Gespräch mit dem Neuplatoniker Porphyrios (3./4. Jahrhundert), dessen Einführung in die aristotelischen Kategorien in der lateinischen Übersetzung des Boethius (um 500) ein Standardwerk der Logik im Mittelalter gewesen ist. Die Herkunft dieser wichtigen Handschrift ist umstritten. Unbestritten ist die Tatsache, daß sich das Manuskript seit 1426 in Pavia, in der Bibliothek der Visconti, dann der Sforza befand; von dort hat es Ludwig XII. in seine Bibliothek nach Bois gebracht. Kurios ist die Attitüde, ein Kräuterbuch mit Philosophen verschiedener Zeiten, in Disputationen verstrickt, zu illustrieren, um ihm so einen philosophischen Anstrich zu verleihen. *FRH*

Lit.: Sarton I (1947), S. 770; Thorndike/Kibre (1963), S. 295.

**6/42 (Abb. 118)**
**Avicenna (Abu Ali al-Hussain Ibn Abdallah Ibn Sina, 980?–1037)**
**De medicina**
**Aufgeschlagen: Avicenna lehrend** (fol 1)
Lateinische Übersetzung von Ger(h)ard von Cremona
Flandern, 15. Jh
Illuminierte Pergamenthandschrift
Glasgow, Glasgow University Library
(MS Hunter 9)

Ger(h)ard von Cremona übersetzte den *Kitab al-Qanun fi-t-tibb* (›Richtschnur der Medizin‹) ins Lateinische und d. T. *Canon de medicina* in der damals berühmten Übersetzerschule in Toledo; hierher kamen im 12. Jahrhundert Studenten und Gelehrte zum Studium der Wissenschaften aus ganz Europa.

Die Initiale stellt eine Eule auf einem Block dar, an deren Ohren zwei Vögel ziehen. Das erste Buch des *Canon medicinae* beginnt mit den Worten: *»Dico quod medicina est scientia qua humani corporis dispositiones noscuntur.«* (›Ich sage, daß die Medizin eine Wissenschaft ist, durch die man die Struktur des menschlichen Körpers kennenlernen kann.‹)

Weiter unten heißt es: *»Medicina dividitur in theoricam et practicam«* (›Die Medizin wird in einen theoretischen und einen praktischen (Teil) eingeteilt.«‹. Das gibt die Anfangsworte der be) rühmten *Einleitungsschrift in die Viersäftelehre* Galens (2. Jahrhundert) durch Hunain ibn Ishaq (9. Jahrhundert) verkürzt wieder. In der nach ihm benannten ›Isagoge Jo(h)annitii‹ formulierte Hunain schon um die Mitte des 9. Jahrhunderts den Lehrsatz, der seine Gültigkeit bis in unsere Tage nicht eingebüßt hat: *»MEDICINA DIVIDITUR IN DUAS PARTES ID EST THEORICAM ET PRACTICAM.«* (›Die Medizin wird in 2 Teile gegliedert: einen theoretischen und einen praktischen.‹).

*FRH*

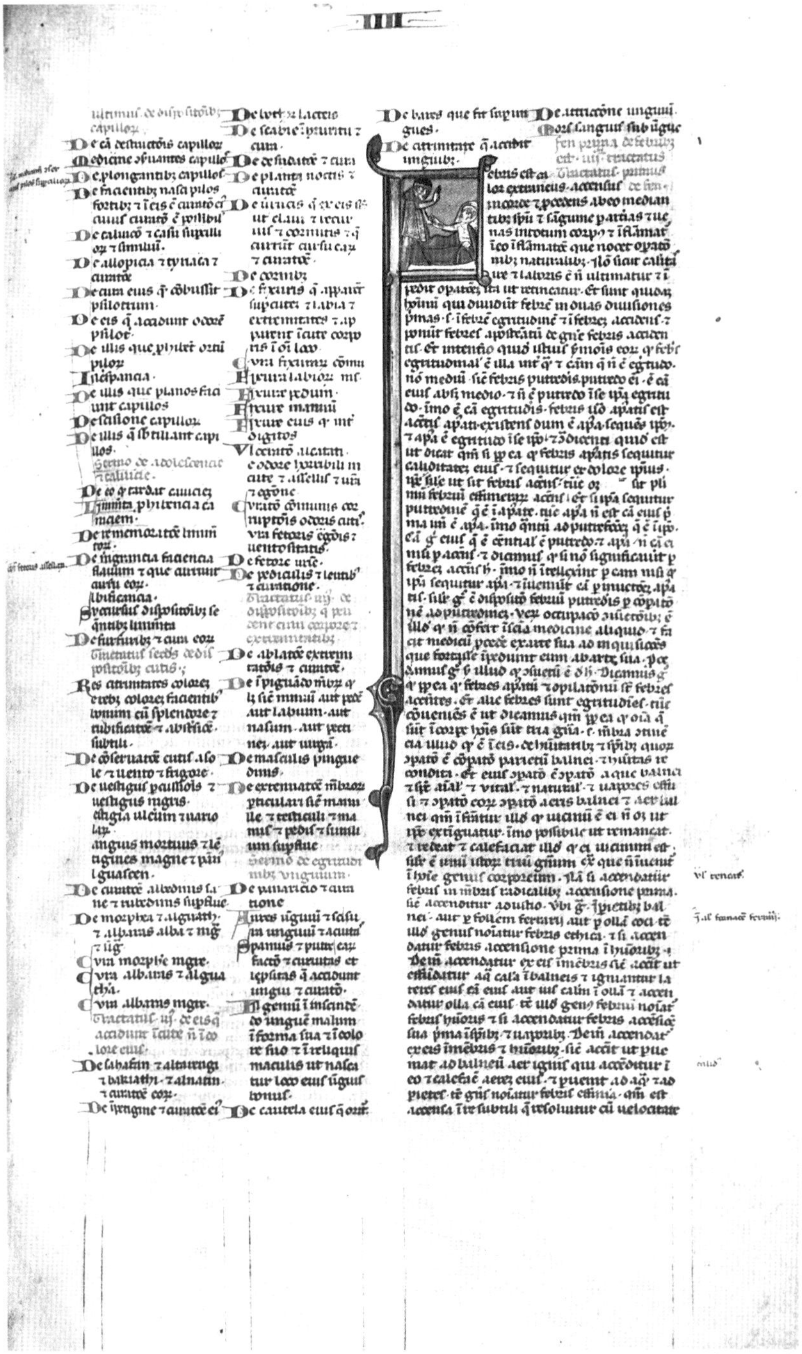

*755 (6/43)*

**6/43 (Abb. 755)**
**Avicenna (Abu Ali al-Hussain Ibn Abdallah Ibn Sina, 980?–1037)**
**Liber Canonis**
**Aufgeschlagen: Die Fieber-Lehre**
(Buch 4, fol. 298)
Lateinische Übersetzung von Ger(h)ard von Cremona
England, 13. Jh. (?)
Pergamenthandschrift
Edinburgh, Edinburgh University Library, Special Collection (MS 165)

Avicenna verfaßte den *qanun fi-t-tibb* (›Richtschnur der Medizin‹) in arabischer Sprache – der damaligen Wissenschaftssprache, dem mittelalterlichen Latein vergleichbar – zwischen den Jahren 1020–1027 in 5 Büchern. Die lateinische Übersetzung fertigte Ger(h)ard von Cremona (1114–1187) in Toledo an. Das hier aufgeschlagene 4. Buch behandelt die Fieber-Lehre mit Erörterungen über Prognose und Krise, Hauterkrankungen, Frakturen, Luxationen, Vergiftungen und zum Schluß über Kosmetik in insgesamt sieben Abteilungen (»*Fen*« genannt, vom arabischen Wort »*fann*«, ›Fach‹). Im ersten »*Fen*« des vierten Buches werden die Fieber definiert: Avicenna unterscheidet – wie seine antiken Vorgänger – einmal Fieber als Krankheit und zum anderen Fieber als ›Accidens‹ (Begleiterscheinung einer Krankheit) mit Apostema (entzündlicher Schwellung) oder mit oppilatio (Verstopfung).

Der erste Fen umfaßt vier Traktate: 1. Traktat über ephemere Fieber in 44 Kapiteln (auch aufgrund von verschiedenen Gemütszuständen). 2. Traktat über Faulfieber in 68 Kapiteln. 3. Traktat über hektische Fieber in 11 Kapiteln. 4. Traktat über Fieber bei Krankheiten wie Pokken, Masern und zusammengesetzte Fieber

Daneben gibt es folgende Differenzierung von Fiebern: a) akute und nicht akute Fieber; b) chronische und nicht chronische Fieber; c) tags und nachts auftretende Fieber; d) ›normale‹ Fieber und solche mit häßlichen Begleiterscheinungen; e) dimittierende und ›inseparable‹ Fieber (wohl ›kontinuierliche‹); f) heiße und kalte Fieber, wobei er weniger kalte vom Schüttelfrost unterscheidet; g) einfache und zusammengesetzte (kombinierte) Fieber. *FRH*

**6/44 (Abb. 147)**
**Avicenna (Ibn Sina, 980?–1037)**
**Canon medicinae**
**Aufgeschlagen: Textbeginn mit I-Initiale, Darstellungen des Autors, des Übersetzers und von Schülern** (fol 1r)
Übersetzung von Ger(h)ard von Cremona, Abschrift der lateinischen Fassung
Italien, frühes 14. Jh.
Illuminierte Pergamenthandschrift
Paris, Bibliothèque Nationale, Département des Manuscrits (Latin 6916)

Die hier vorliegende lateinische Übersetzung des arabischen, von Avicenna (980–1037) verfaßten *Canon medicinae* wurde in einem italienischen Skriptorium des 14. Jahrhunderts hergestellt. Aufgeschlagen ist der Beginn des Kanons, der nach dem rubrizierten Titel mit dem Vorwort des Avicenna *(In primis Deo gracias [...])* beginnt. Im folgenden erläutert der dreispaltig geschriebene Text die Gliederung des Werkes, das in Bücher (Kitab), Unterabschnitte (fann), Doktrinen (dschumla), Summen (ta'lim) u. a. unterteilt ist.

Die auf die ganze Seitenhöhe ausgedehnte I-Initiale des Textbeginns zeigt in vier übereinandergeordneten Arkaden den lehrenden Avicenna, am unteren Ende wohl den Übersetzter Ger(h)ard von Cremona (um 1114–1187). Bei den beiden mittleren Figuren, die Codices und Griffel bereithalten, handelt es sich vermutlich um Darstellungen von Schülern. Den unteren Blattrand nehmen – umspielt von der Drolerie-darstellung einer Vogeljagd – zwei Figurenmedaillons ein, in denen wohl die Auftraggeber bzw. Besitzer der Handschrift abgebildet sind.

Der Qanun (Kanon) ist das medizinische Hauptwerk des universal gelehrten arabischen Philosophen und Arztes Ibn Sina (latinisiert: Avicenna), in dem das griechisch-orientalische Heilwissen seiner Zeit zusammengefaßt wurde. In den fünf Büchern des *Kanon* erörtert Avicenna die Anatomie und Physiologie, führt die einfachen Arzneimitteln an und handelt schließlich die spezielle Pathologie, die Fieberlehre und die Composita (zusammengesetzte Heilmittel) ab. Nachdem das Werk in der arabischen Welt durch zahlreiche Glossen, Epitome (Auszüge) und Kommentare (Ibn an-Nafis) eine weite Verbreitung gefunden hatte, wurde der Kanon etwa ein Jahrhundert nach dem Tod Avicennas in der berühmten Übersetzerschule von Toledo durch Ger(h)ard von Cremona (um 1114-1187) in das Lateinische übertragen. Der Kanon des Avicenna galt seitdem auch im lateinischen Mittelalter als Hauptwerk der Medizin, das durch seine knappe und übersichtliche Darstellungsform bestens für didaktische Zwecke geeignet war. Inhaltlich unterscheidet sich der Qanun von gleichzeitigen medizinischen Schriften vor allem dadurch, daß trotz des naturphilosophischen Grundkonzeptes alles Metaphysische in den Hintergrund tritt (Schipperges 1976). Die nach arabischen Handschriften verbesserte Übersetzung des Andreas Alpago aus Belluno (gest. 1520) und die zahlreichen Druckausgaben des 15. und 16. Jahrhunderts zeigen, daß Avicennas Traktat sich auch Jahrhunderte nach seiner Niederschrift als Standardwerk der Medizin behaupten konnte. *AF*

Lit.: IMBAULT-HUART (1983) S. 44f; MACKINNEY (1965), S. 168; SCHIPPERGES (1976) bes. S. 104f.

**6/45**
**Avicenna (Ibn Sina, 980?–1037)**
**Liber canonis Avicennere uisus ab omni errore mendaque purgatus suma que cum viligentia Impressus**
Venedig, 1505
Berlin, Staatsbibliothek Preußischer Kulturbesitz (4°) Ic 1218 R)

Von der lateinischen Version der Übersetzung des Canon Medicinae in der Fassung des Ger(h)ard von Cremona (1114–1187) existieren allein 15 Inkunabeln; im 16. Jahrhundert ist der ›Canon‹ weitere 21mal gedruckt worden. Avicenna (Abu Ali al-Hussain Ibn Abdallah Ibn Sina) wurde im Jahre 980 in Afschana, einem Dorfe nahe Buchara, geboren. Über sein Leben gibt sein Schüler Abu Ubaid al-Dschauza dschani sozusagen aus erster Hand Auskunft, da ihm Avicenna persönlich die Jugendjahre bis zum 32. Lebensjahr diktiert hat; anschließend hat al-Dschauzadschani seinen Meister 25 Jahre lang auf Schritt und Tritt begleitet.

Er studierte Jurisprudenz und Philosophie. Nach der Logik studierte er Physik und Metaphysik, indem er sich die wichtigsten Texte und Kommentare einverleibte. *»Darauf bemühte ich mich um die ›theoretische‹ Medizin und begann, die darüber verfaßten Werke zu lesen. Die Medizin ist keine schwere Wissenschaft und ich zeichnete mich darin in der kürzesten Zeit so aus, daß die angesehensten Ärzte bei mir Medizin zu studieren begannen. Ich besuchte Kranke, und dabei gewann ich einen unbeschreiblichen tiefen Einblick in die Heilmethoden, die von der Erfahrung abgeleitet sind. Daneben hatte ich das Studium der Jurisprudenz nicht aufgegeben und hielt darüber Diskussionen ab. Damals war ich erst 16 Jahre alt. Dann las ich eineinhalb Jahre eine Menge. Ich wiederholte die Lektüre der Logik und aller Teile der Philosophie.«* Avicenna reiste als konsultierender Arzt von einem persischen Fürsten zum anderen und verschaffte sich so Zutritt zu den oft reichhaltigen Fürstenbibliotheken. *FRH*

Lit.: Choulant (1841), S. 359–368; DSB 15 (1978), S. 494–501; Kraus (1932), S. 1880–1884; Ullmann (1970), S. 152–156.

**6/46 (Abb. 756)**
**Avicenna (Abu Ali al-Hussain Ibn Abdallah Ibn Sina) (Afschana b. Bukhara 980?–1037 Hamadhan)**
**Libri quinque canonis medicinae**
**Rom, 1593, aus der »Typographia Medicea«**
Berlin, Staatsbibliothek Preußischer Kulturbesitz (4° Ic 1150), Reg.Nr. 2133

Dies ist der erste Druck von Avicennas *kitab al-qanun fi-t-tibb* in arabischen Lettern, in fünf Büchern, aus der Typographia Medicea in Rom 1593. In demselben Jahr wurde auch der Koran erstmals arabisch gedruckt. Im Jahr 1593 gab es bereits 27 Ausgaben der lateinischen Übersetzung des *Liber Canonis* durch Ger(h)ard von Cremona (1114–1187).

Avicennas *qanun fi-t-tibb* weist keine Neuerungen auf – das wäre dem Wissenschaftsverständnis der damaligen Zeit zuwider gelaufen -, vielmehr faßt Avicenna die Kenntnisse aufgrund der über 100 Übersetzungen Galenischer Schriften durch Hunain Ibn Ishaq (9. Jahrhundert) und seine Schule lediglich geordnet zusammen. Im Abendland waren bis zum 11. Jahrhundert *»die klassischen Säulen der praktischen Heilkunst: Chirurgie, Materia medica und Diaita«* (d. i. die Lebensweise!). Durch die *Isagoge Jo(h)annitii ad artem parvam Galeni* des Hunain Ibn Ishaq entstand eine Zweiteilung der Medizin in Theorie und Praxis, jeweils dreigeteilt, die bis ins 18. Jahrhundert seine Gültigkeit bewahrte. Zur *Theorie* gehörten Gesundheit (›res naturales‹: Elemente, Säftemischungen, Vermögen/Kräfte, Handlungen und ›spiritus‹), Krankheit (›res contra naturam‹: Krankheit, Krankheitsursache und ›Accidentia‹: Begleiterscheinungen) und als dritte Gruppe die ›Neutralitas‹ (›res non naturales‹: Luft, Bewegung und Ruhe, Speise und Trank, Schlaf und Wachsein, Leere und (Über-)Fülle und die ›accidentia animae‹: Seelenzustände).

Zur *Praxis* gehören Prophylaxe (Gesundheitsvorsorge: Regimen sanitatis), Heilen (potio = Trank) und ›Schwächen‹ (Greise, Kinder und Rekonvaleszenten) mit der Chirurgie als ›ultima ratio‹ (letzter Ausweg).

Die bereits Ende 11. Jahrhunderts vorhandenen lateinischen Versionen der arabischen klassischen medizinischen Lehrbücher wie der *Liber Pantegni* des Haly Abbas (Ali Ibn al-Abbas al-Madschusi, gest. 994), die ›Fieber-‹ und ›Urinschrift‹ des jüdischen Arztes Isaac Judaeus (Ishaq Ibn Sulaiman al-Isra'ili, gest. um 955 Kairuan) und die spezielle Pathologie des Ibn al-Dschazzar (gest. 979 Kairuan), das ›Viaticum‹ (auch ›Viaticus‹), fanden ihre Ergänzung in der lateinischen Übersetzung von Avicennas *Canon de medicinae* durch Ger(h)ard von Cremona. In der Praxis hielt der umfangreichere *Pantegni* des Haly Abbas nicht dem scholastischen *Liber Canonis* Avicennas stand; so verlor der *Pantegni* zunehmend an Bedeutung.

Im Abendland gab es im 11. Jahrhundert nur Rezeptbücher wie den *Hortulus* des Walafried Strabo (gest. 849 Mainau) oder das *Antidotarium Nicolai*, das in der ältesten Medizinschule Europas, in Salerno, um 1200 entstanden ist. Sie waren alphabetisch nach Pflanzen etc. oder nach dem Sitz der Krankheiten *»a capite ad calces«* (»Vom Kopf bis zu den Füßen«) wie der *Passionarius* des Gariopont (11. Jahrhundert) in Salerno geordnet.

Aber eine systematische spezielle Pathologie mit Therapie ist erst mit der ersten Übersetzungswelle im 11. Jahrhundert durch Constantinus Africanus (oder kurz ›After‹) aus dem Arabischen in die lateinische Sprache, konkret mit dem *Pantegni* des Haly Abbas, dem *Viaticum* des Ibn al-Dschazzar und dem *Liber Canonis* Avicennas dem Abendland geschenkt worden, wobei letzteres, von Ger(h)ard Cremona übersetzt,

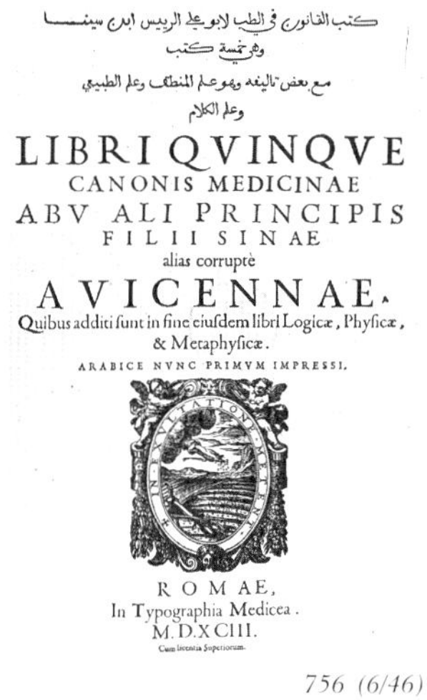
كتب القانون في الطب لابو علي الرييس ابن سينا
وهي خمسة كتب
مع بعض تاليفه وهو علم المنطق وعلم الطبيعي
وعلم الكلام
LIBRI QVINQVE
CANONIS MEDICINAE
ABV ALI PRINCIPIS
FILII SINAE
alias corruptè
AVICENNAE.
Quibus additi sunt in fine eiusdem libri Logicæ, Physicæ, & Metaphysicæ.
ARABICE NVNC PRIMVM IMPRESSI.
ROMAE,
In Typographia Medicea.
M.D.XCIII.
Cum licentia Superiorum.

*756 (6/46)*

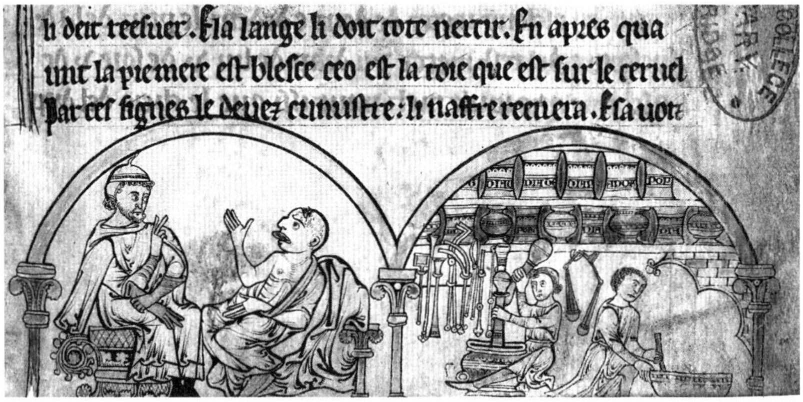

757 (6/48)

der zweiten Übersetzungswelle im 12. Jahrhundert an der Übersetzerschule in Toledo angehört. Hierzu zählt auch der sog. *Nonus Almansoris* (9. Buch des *Liber Almansoris*, einer Enzyklopädie der Medizin in 10 Büchern) des Abu Bakr Muhammad Ibn Zakariya ar-Razi (865–925). *FRH*
Lit.: SCHIPPERGES (1976), S. 26–33; BAADER (1978), S. 124–145; GOLTZ (1976).

**6/47 (Abb. 144, 145)**
**Medizinische Sammelhandschrift**
**Aufgeschlagen: Apotheke** (fol 4)
Südfrankreich, 1132
Illuminierte Pergamenthandschrift
Berlin, Staatsbibliothek Preußischer Kulturbesitz, Handschriftenabteilung (Ms. lat. qu. 198)

Die Handschrift, eine Sammlung von vorwiegend medizinischen Texten, enthält unter anderem die im 4. Jahrhundert n. Chr. verfaßte Heilmittellehre (*Euporista*) des Theodorus Priscianus. In diesen Text ist auf Seite 20 ein Autorenbild eingefügt, das drei disputierende Ärzte darstellt. Die medizinischen Autoritäten Hippokrates (*Ypocras*) und Galen (*Gallienus*) sind auf einem Faldistorium (Faltstuhl mit Löwenpranken und -köpfen) bzw. einem Thron sitzend dargestellt und ungewöhnlicherweise durch Heiligenscheine in ihrer Bedeutung hervorgehoben. Ein dritter Arzt, der wie Hippokrates und Galen durch seine ausgeprägte Barttracht auffällt, ist nicht bezeichnet. Dieser Typus des Autorenbildes, der offenbar auf Darstellungen in spätantiken und frühmittelalterlichen medizinischen Handschriften zurückgreift (Wiener Dioskurides, ÖNB Cod. med.gr.1), hat in einer Miniatur am Beginn einer Handschrift des *Liber viaticus* des Constantinus Africanus in Rom (Vatikanische Bibl. Cod.Pal.Lat.1158) eine auffällige Parallele. Exzerpte aus diesem Hauptwerk des Constantinus und andere Texte aus der Schule von Salerno (6/49) sind auch in der Berliner Handschrift enthalten.

Neben dem Autorenbild weist der Codex eine Apothekendarstellung auf (fol. 4), die den Meister und die mit einem Mörser und einer Handwaage hantierenden Gehilfen zeigt (vgl. 6/48). Im Anschluß an Exzerpte aus salernitanischen Fieberschriften folgt eine Reihe von Pflanzenbildern (S. 302–310), von denen die ganzseitige Darstellung zur Gewinnung der Mandragorawurzel hervorzuheben ist. Den Abschluß des reichen und vielfältigen Bildprogrammes, das naturwissenschaftliche und religiöse Inhalte verbindet, bilden auf S. 320 und 321 die Darstellungen einer Kreuzigung und des Tetramorph (vier Evangelistensymbole, in einer Gestalt verbunden). Der Charakter der Schrift, der Stil der Miniaturen und die Datierung der Handschrift auf Seite 259 in das Jahr 1170 der spanischen Ära (d. i. das Jahr 1132 unserer Zeitrechnung), legen es nahe, den Codex nach Südfrankreich zu lokalisieren. Dort, wahrscheinlich im Umkreis der medizinischen Schule von Montpellier, wird diese Handschrift entstanden sein. *AF*
Lit.: ACHTEN (1987) Nr. 19; GRAPE-ALBERS (1977), S. 55, 122 und 124; ZIMELIEN (1975/76) Nr. 85.

**6/48 (Abb. 757)**
**Roger Frugardi**
**Chirurgia**
**Aufgeschlagen: Apothekenszene** (fol. 265r)
Frankreich, erste Hälfte 13. Jh.
Pergamenthandschrift
Cambridge, The Master and Fellows, Trinity College (Ms. o.1.20)

Die Ende des 12. Jahrhunderts entstandene, vielgerühmte Chirurgia des Roger Frugardi (6/49) wurde bereits im 13. Jahrhundert in verschiedene Landessprachen übertragen. Die französischen Übersetzungen dieses Textes sind in einer ganzen Reihe von Handschriften erhalten, die sich durch eine reiche Illustrierung auszeichnen. Dies gilt auch für die vorliegende medizinische Sammelhandschrift aus Cambridge, die auf Blatt 239 bis 271 Rogers Chirurgie enthält. Neben chirurgischen und wundärztlichen Darstellungen, die diesen Text illustrieren, sind einige Apothekenszenen enthalten, die mit großer Präzision und Detailrealismus ausgeführt sind und dem Betrachter einen anschaulichen Eindruck von einer mittelalterlichen Apotheke vermitteln. Die für die Herstellung der Präparate nötigen Drogen, unter denen Pflanzen und Wurzeln zu erkennen sind, hängen, vor Mäusen und Wurmbefall geschützt, zusammengeschnürt oder in kleinen Fläschchen und Hörnern verwahrt, am obersten Regalbrett. Darunter sind die in Standgefäßen gelagerten Ingredienzien in Flaschen, Kannen und Krügen dargestellt. Am untersten Regalbrett sind schließlich in beschrifteten Büchsen vorrätig gehaltene, aus einfachen Arzneimitteln (Simplicia) zusammengesetzte Composita aufgestellt.

Die zur Arzneimittelherstellung nötigen Drogen sind vor dem Meister in einer flachen Schüssel ausgebreitet und werden mit einer Handwaage ausgewogen. Die führende Stellung des Apothekenmeisters wird durch seine Kleidung und den ähnlich einem korinthischen Kapitell gestalteten Thron angedeutet. Das Hündchen, das am Oberschenkel des Meisters hochklettert und dem mit erhobenem Finger Einhalt geboten wird, verleiht der Szene jenen komisch-grotesken Unterton, der in vielen hochmittelalterlichen Darstellungen – meist allerdings an den Bildrand verlegt – festzustellen ist. Die Gehilfen des Apothekers führen die handwerklichen Tätigkeiten aus. Einer hantiert mit zwei Pistillen und zerstößt die Ingredienzien in einem Mörser. Ein zweiter Geselle rührt eine Flüssigkeit, die in einem Kessel mit Dreibein über dem Feuer erhitzt wird. *AF*

Lit.: Dressendörfer (1980), S. 57 ff; Sudhoff (1914), S. 34–42; Hein (1981) S. 20f.

*758 (6/49)*

**6/49 (Abb. 142, 758)**
**Roger Frugardi**
**Chirurgia**
**Aufgeschlagen: Apotheke** (fol 49v)
Frankreich, 2. H. 13. Jh.
Illuminierte Pergamenthandschrift, 136 Blätter, 35 x 25 cm
London, The British Library, The Manuscript Collections (Sloane MS 1977)

Wie sehr selbst die mittelalterliche Medizin in eine theologische Weltsicht eingebunden war, führen die Illustrationen zu der *Chirurgia* des Roger Frugardi, die in dieser französischen Handschrift des 13. Jahrhunderts enthalten sind, deutlich vor Augen. So ist dem Manuskript aus dem British Museum eine Miniatur des von Mönchen angebeteten Christus in der Engelsglorie vorangestellt, und am Ende der Handschrift sind die Heiligen Cosmas und Damian in einer Szene am Krankenbett abgebildet. Schließlich sind auch die medizinischen Illustrationen auf den ganzseitigen Bildtafeln mit solchen christlichen Inhalts verbunden. Im oberen Register der Miniaturseiten ist fortlaufend ein Zyklus des Lebens Jesu dargestellt (von der Verkündigung bis zur Himmelfahrt Mariens), während die beiden unteren Bildreihen der Illustration des medizinischen Textes vorbehalten sind. Die Darstellung der Leiden Christi bei der Kreuztragung und der Kreuzigung werden dadurch auch inhaltlich den Leiden der von Verwundungen und Krankheiten gezeichneten Menschen gegenübergestellt. Bei der Verbindung dieser nur dem heutigen Betrachter heterogen erscheinenden Inhalte werden die Bilder der Passion Christi durch die Rahmung mit gotischen Dreipässen und goldenem bzw. gemustertem Grund hervorgehoben.

Das erste Bild in der Reihe der chirurgischen Darstellungen zeigt einen Patienten mit einer Rippenverletzung, die im Badezuber kuriert wird. Dem Text (*Chirurgia* III, 25) zufolge behandelt der Arzt die verwundete Rippe mit Honig, Terpentinöl oder Harz eingeölten Händen. Im nebenstehenden Bild sind Verletzungen gezeigt, die durch Pfeilschuß bzw. einen Lanzenstoß herbeigeführt wurden. Beide Geschoße stecken noch im Leib. Die folgenden vier Illustrationen zeigen Verwundungen des Brust- und Bauchraumes, die so schwerwiegend sind, daß die Eingeweide austreten. Am Ende der Bildtafel wird ein Patient mit einem Abszeß unterhalb der linken Achselhöhle vorgeführt, das der Arzt mit einer Salbe behandelt.

Die Chirurgia des in Parma praktizierenden und lehrenden Arztes Roger Frugardi, deren Schwerpunkte in der Schädelchirurgie, der Bauchwunden-Traumatologie, der Kropfbehandlung und Blutstillung liegen, wurde nach Vorlesungsmitschriften von Guido von Arezzo bearbeitet und 1180 ediert. In dem wohl bedeutendsten chirurgischen Werk der Zeit verband Roger seine praktische Erfahrung mit dem chirurgischen Wissen des 12. Jahrhunderts, das konzentriert in der sogenannten Schule von Salerno vorlag. In dieser Schule, dem ersten Ort in Europa, an dem sich eine der Universität vergleichbare medizinische Institution entwickelt hatte, wurden seit dem 10. Jahrhundert medizinische Studien betrieben. Durch die Übersetzertätigkeit des Constantinus Africanus, der um 1075 nach Salerno kam, wurde in dieser Schule nun erstmals auch das griechisch-arabische medizinische Wissen für das lateinische Mittelalter fruchtbar gemacht. Die Chirurgie des Roger hat seinerseits in der Salerner Schule große Beachtung gefunden und wurde dort mehrmals kommentiert. *AF*

Lit.: Baader (1978), S. 124 ff; Herrlinger (1967), S. 42, 44f und 169; MacKinney (1965), S. 96f und 142; Sudhoff (1914), S. 19-33.

**6/50 (Abb. 138)**
**Pedanios Dioskurides**
**De Materia medica**
**Aufgeschlagen: Ein Mann hält sich ein Malabathron-Blatt ans Auge** (fol 7v/8)
Arabische Übersetzung von Hunain Ibn Ishaq und Istifan Ibn Basil
1083
Illuminierte Handschrift
Leiden, Universiteits Bibliotheek (Cod. or. 289)

Zum ersten Mal wurde die *Arzneimittellehre* (›Perí hyle iatrikes‹) des Disokurides (zweite Hälfte des 1. Jahrhunderts) aus Anazarbos um die Mitte des 9. Jahrhunderts durch Hunain ibn Ishaq (808–873, n. a. 877 Bagdad) – und zwar die ersten vier Bücher – und einen Istifan ibn Basil (d.h. Stephan, Sohn eines Basileios, die Bücher 5–7, wobei die Bücher sechs und sieben Gifte behandeln und unecht sind) ins Arabische übersetzt. Da Hunain nach dem Sinn eines ganzen Satzes übersetzte, hatte seine arabische Fassung eine besonders gute Qualität; sie war klar und gut verständlich. Diese arabische Version wurde trotz zahlreicher nicht identifizierter Namen und einer Vielfalt weiterer Übersetzungen zum maßgeblichen Text in den islamischen Ländern. Hunain und Stephan versuchten, die griechischen Pflanzennamen mit arabischen, persischen, aramäischen oder in der Umgangssprache gebräuchlichen Namen wiederzugeben. Da schon aus klimatischen Gründen zahlreiche Pflanzen nicht identifiziert werden konnten, wurden die griechischen Namen einfach in der phonetischen Umschrift arabisch wiedergegeben.

Auf fol. 8r wird *»sadadsch«* – bei Dioskurides (Buch I, Kap. 11) – das *»Malabathron«* dargestellt. *»Sadadsch«* ist die arabisierte Form des persischen Wortes *»sadah«* (folium medicinale) (Steingrass [1864], 183 b). Die Übersetzung des arabischen Textes lautet: *»Es wächst an Orten im Land Indien, wo es Sumpf und Fieber gibt. Es ist ein Blatt, das auf der Oberfläche des Wassers schwimmt und keine Wurzel hat. Wenn sie es sammeln, ziehen sie es auf eine Schnur, trocknen und verwahren es. Man sagt: ›Es ist nicht da, wenn es im Sommer trokken ist, wobei der Boden verbrannt mit Brennholz* (bedeckt) *ist, so daß sie Feuer machen an diesen Stellen. Wenn man das gemacht hat, dann wachsen die Blätter nicht.‹«*

*»Das beste Malabathron ist das junge; seine Farbe tendiert zum Weißen, wenn es mehrmals eingeweicht wird, und es zerbröckelt nicht. Das echte Malabathron verbreitet einen Duft, zweitens ist er dem Duft der Narde ähnlich und nicht salzig. Was das schlaffe und zerbröckelnde Malabathron betrifft, dessen Duft muffig ist, so ist seine Kraft schlechter als die der Narde. Das Malabathron gleicht der indischen Narde, nur daß diese im ganzen keine solch starke Wirkung hat. Das Malabathron (sadadsch) ist harntreibend* (ein Diureticum) *und magenstärkend* (ein Stomachicum); *es ist bei warmen Schwellungen des Auges geeignet, wenn man es fein zerreibt und auf das Auge streicht.«* Auf die letzte Anwendung wird sich die Illustration beziehen, die einen Mann darstellt, der sich das Malabathron an sein Auge führt. Es ist dieses die früheste bekannte Darstellung einer menschlichen Figur in einem arabischen Dioskurides und könnte aus einer griechischen Handschrift übernommen worden sein.

Im Anschluß heißt es bei Dioskurides: *»Es wird aber auch unter die Zunge gelegt zum Wohlgeruch des Mundes und zwischen die Kleider, denn diese schützt es vor (Motten-)Fraß und macht sie wohlriechend.«* (Berendes [1902], S. 34). Als Stammpflanze ziehen sie einen Laurus Cassia L. (Laurinaceae), den Kassienlorbeer, heran, ein Baum Chinas, die anderen Lemna minor L., die Wasserlinse. Wieder andere nennen Cinnamomum cassia Nees (Ceylon) und Connamomum aromaticum Nees (China). *»Mit größter Wahrscheinlichkeit ist es Cinnamomum Tamala Nees (Ostindien), dessen Blätter noch heute in Indien gebraucht werden. Die Blätter sind groß, länglich und lanzettlich, zugespitzt, dreifach benervt, oberseits sattgrün, unterseits bogig fein geadert und seegrün. Auf die oben angegeben Weissfilzigkeit der Blätter könnte das ›beim Einweichen weisslich werden‹ des D*(ioskurides) *bezogen werden.«* (Berendes [1902], S. 35). Der Apotheker Nikolaus Myrespsos aus Byzanz (11. Jahrhundert) spricht in seinem *Dynameron* von Malabathronblättern (phylla malábathrou) oder ›indischen Blättern‹. *FRH*

Lit.: Weitzmann (1952), S. 252; Ausst.kat. Leiden 1987, Kat.Nr. 94.

**6/51 (Abb. 137)**
**Pedanios Dioskurides**
**De materia medica**
**Einzelblatt: Herstellung von gewaschenem Blei**
Arabische Übersetzung und Illustrationen von Ibn al-Fadl
Bagdad, 1222
Gouache auf Papier, 32,5 x 24,5 cm
Paris, Musée du Louvre, Palais du Louvre (A.O. no. K 3425)

Pedanios Dioskurides aus Anazarbos wirkte als griechischer Arzt in der zweiten Hälfte des 1. Jahrhunderts in Kilikien. Er verfaßte eine Arzneimittellehre *(»perí hyle iatrikes«)*, die in fünf Büchern alle drei Bereiche (Pflanzen, Tiere und Mineralien) umfaßt. Sie blieb mehr als eineinhalb Jahrtausende das maßgebliche Buch der Pharmakologie. Hier haben wir die arabische Übersetzung eines Ibn al-Fadl(!) vor uns, in einer illustrierten Handschrift, die in der Bagdader Schule angefertigt worden ist.

Es wird die ›Herstellung von gewaschenem Blei‹ dargestellt (vgl. Dioskurides Buch V, Kap. 95). Der arabische Text lautet: *»Man gießt Wasser hinzu und reibt es miteinander, bis das Wasser schwarz wird. Dann filtriert man es durch ein Tuch, tut dies ein zweitesmal und mehrmals, wenn dies nötig ist. Man wäscht es wie Kadmeia. Man verfährt auf diese Weise, bis im Wasser Schwärze entsteht. Daraus werden Pastillen geformt und aufgehoben.«* Bei Dioskurides steht über die Anwendung weiter unten: »*Es hat die Kraft zu kühlen, zu adstringieren, eine Haut zu bilden, zu erweichen, hohle Stellen auszufüllen, die Augenflüsse zu hemmen, ebenso die Fleischwucherungen in Geschwüren. Es stillt das Blut und ist mit Rosensalbe ein gutes Mittel bei Geschwüren am After, bei Geschwülsten, Hämorrhoiden und schwer vernarbenden Wunden. Das reine Blei hilft aufgerieben gegen den Biß des Seeskorpions und Seedrachens.*« *FRH*

**6/52 (Abb. 156)**
**Galen**
**Kommentar zu Hippokrates**
Arabische Übersetzung von Hunain Ibn Ishaq:
Kitab al-asabi'li-Buqrat
Magreb, 1079
Handschrift
München, Bayerische Staatsbibliothek, Handschriftenabteilung (Cod. arab. 802)

Hippokrates (460–375 v.Chr.) soll eine Schrift *perí hebdomádon* verfaßt und Galen (129–199) soll sie kommentiert haben. Es handelt sich jedoch um eine pseudohippokratische und pseudogalenische Schrift.

Hunain ibn Ishaq (9. Jahrhundert) hat sie ins Arabische unter dem Titel *Kitab al-asabi'* (›Buch der Siebenzahl‹) übersetzt. Gotthelf Bergsträsser edierte und übersetzte diese Schrift im Jahr 1914 unter dem Titel *Pseudogaleni in Hippocratis de Septimanis Commentarium ab Hunaino q.f. arabica versum, ex codoce Monacensi primum edidit et germanice vertit (CMG XI, 2, 1). Lipsiae et Berolini.*

Die Schrift ist aus zwei ganz heterogenen Stücken zusammengeschweißt: »*Der erste Teil behandelt die heptadische Kosmologie gleichsam als Einleitung*« (Kap. 1–11), der zweite Teil (Kap. 12–52) »*enthält die Pathologie der Fieberkrankheiten, die nach knidischer Manier in schematischer Weise nach drei Gesichtspunkten abgehandelt wird: Ätiologie* (c. 12–23), *Therapie* (c. 24–39) *und Semiotik* (c.40–53)«. Die Siebenzahl »*beherrscht die ganze Welt: sie zeigt sich in den 7 Sphären des Kosmos, in den 7 Winden* (eigentlich 8!), *den 7 Jahreszeiten, den 7 Lebensaltern, dem Verhältnis von Makrokosmos und Mikrokosmos, den 7 Teilen des menschlichen Körpers, den 7 Funktionen des Kopfes, den 7 Vokalen, den 7 Elementen alles Lebenden und endlich in den 7 Teilen der Erde*« (Wellmann [1935], S. 6f.).

Pythagoreisch ist »*die Theorie von den sieben natürlichen Prinzipien des menschlichen Körpers: Feuer, Wasser, Luft, Erde, Galle, Blut und Schleim (c.10)*« (Wellmann [1935], S. 7). Es steht somit außer Zweifel, daß der ärztliche Verfasser des kosmischen Abschnittes des Buches von der Siebenzahl unter dem Einfluß jungpythagoreischer Lehre gestanden hat. *FRH*

**6/53 (Abb. 143)**
**Ibn Dschazla (erwähnt 1074, gest. Juni 1100)**
**Tacuinum aegritudinum**
**13. Jh. (?)**
**Aufgeschlagen: Portraits von Aristoteles, Galen, Plato und al-Hakim** (fol. 3v)
Illuminierte Handschrift
Glasgow, Glasgow University Library (MS Hunter 40)

Der Christ Abu Ali Yahya Ibn Isa (d.h. Jesus) Ibn Dschazla konvertierte im Jahre 1074 zum Islam. Er praktizierte als Arzt in seiner Vaterstadt Bagdad, wo er im Jahre 1100 gestorben ist. Dem Abbasidenkalifen al-Muqtadi bi-amr Allah (reg. 1075–1094) hat Ibn Dschazla sein *kitab taqwim al-abdan fi tadbir al- // insan* (›Der Almanach der Körper über die Therapie des Menschen‹) gewidmet. Darin werden Fragen der Diätetik und Hygiene in Tabellenform (daher »*taqwim*«, latinisiert ›Tacuinum‹) dargestellt.

Da die arabische Medizin im Kern antike Medizin ist, diese aber ohne Philosophie überhaupt nicht verstanden werden kann, sind auf dem Bild als antike Autoritäten die Philosophen Plato (427–347 v.Chr.) und Aristoteles (384 – 322 v. Chr.) sowie der Arzt Galen (129–199) und ein vierter »*Hyfars(?)kyb*« dargestellt. Die untere der beiden übereinander gestellten, kleinen Figuren zeigt »*al-hakim*«, ›den weisen (arabischen!) Arzt‹. Aus dem Größenverhältnis läßt sich die – nicht nur – im islamischen Mittelalter herrschende Autoritätsgläubigkeit ablesen.

Vielleicht ist mit der vierten Autorität der griechische Astronom Hipparchos (Mitte des 2. Jahrhundert v. Chr.) gemeint. Er untersuchte die Bahnen von Sonne und Mond aufgrund babylonischer Beobachtungen, berechnete deren Größe und Entfernung von der Erde, bestimmte die Jahreslänge fast auf die Minute und legte einen Katalog von etwa 850 Fixsternen an. Die Sternbilder (= Tierkreiszeichen) wurden im Mittelalter den Körperregionen zugeordnet (vgl. Jo(h)annes de Ketham, d. i. Hans von Kirchheim in »*Fasciculus medicinae*«. Venedig 1573 gedruckt [6/60]). Im Krankheitsfall mußte dann der Aderlaß entsprechend vorgenommen werden.

Nach der herrschenden Humoralphysiologie mußten die vier Körpersäfte (Blut, Schleim, gelbe und schwarze Galle) im Gleichgewicht sein (d.h. Eukrasie), dann war der Mensch gesund. War ein Saft im Überschuß, mußte er abgeführt werden. Besonders beliebt, aber auch die drastischste Methode, war der Aderlaß; es gab sog. ›Aderlaß-Kalender‹. *FRH*

**6/54**
**Moses Maimonides (1135–1204)**
**Aphorismi secundum doctrinam Galeni**
**Aufgeschlagen: Titelseite**
Bologna, 1489
Wiegendruck
Berlin, Staatsbibliothek Preußischer Kulturbesitz (Wgdr 55)

Der jüdische Philosoph und Arzt Moses Maimonides (Abu Imran Musa Ibn Maimun Ibn Ubaid Allah, 1135–1204), geboren in Cordoba, studierte bei Averroes (Ibn Ruschd, 1226–1198) Philosophie und Medizin. Als ihn die Almohaden im Jahre 1049 zwangen, aus Glaubensgründen seine Heimat zu verlassen, siedelte er erst 15 Jahre nach Fez/Marokko und schließlich nach 1066 nach Ägypten über und diente Saladins ältestem Sohn, Alî, als Leibarzt. Diesem widmete er im Jahre 1198 seinen ›Kitâb as-sihha‹ (Regimen sanitatis: Gesundheitsbuch). Der dritte Abschnitt von insgesamt vier Teilen ist ein speziell für Ali gedachtes Regimen und ganz auf seine Symptome abgestellt.

Hier liegt uns Maimondes' Kommentar zu den *Aphorismen* des Hippokrates (460–375 v. Chr.) mit Galens (129–199) Kommentar vor. Dieses Buch darf nicht mit dem bekanntesten der medizinischen Bücher des Maimonides verwechselt werden, dem *Kitab al-fusal* (Buch der Aphorismen), das er vermutlich zwischen 1187 und 1190 verfaßt hat und in dem er 1500 Zitate aus Galens Schrift verarbeitet hat. Im letzten der 25 Abschnitte nimmt Maimonides kritische Stellung zu Galen. Er anerkennt die überragende Bedeutung Galens in der Medizin, rügt indessen, Galen habe sich in Fragen der Logik und in seiner Kritik an Aristoteles zu weit auf Gebiete vorgewagt, von denen er wenig verstünde. Der 25. Abschnitt ist überschrieben: *»Zweifel, die mir an einigen Stellen von Galens Werk gekommen sind«*, darin *»unternimmt Maimonides schließlich den Versuch, sachliche Widersprüche und Unstimmigkeiten im Werke Galens zu klären«*. *FRH*
Lit.: Ullmann (1970), S. 68, 168; EI Bd. 3 (1971), S. 876–878; Durling (1967), S. 421.

**6/55**
**Abu-l-Qasim Khalaf Ibn Abbas az-Zahrawi (gest. 1010).**
**Liber Theoricae rechon practicae Alsaharavii in prisco Arabum Medicorum conventu facile principis**
Augsburg, 1519
Berlin, Staatsbibliothek Preußischer Kulturbesitz (4° Ic 1120 R)

Abu-l-Qasim az-Zahrawi (latinisiert Albucasis, Sehravius, Abbucassa, Bulcaris, Abaharavius u.a.) lebte als Arzt in Andalusien und ist nach dem Jahre 1009 in Cordoba gestorben. Er hat ein großes Lehrbuch der gesamten Medizin in 30 Abhandlungen verfaßt, den *kitab at-tasrif (...)*. In der ersten Abhandlung wird die Humoralphysiologie (d.h. die Viersäftelehre: Blut, Schleim, gelbe und schwarze Galle) dargelegt, in der zweiten Abhandlung die Nosologie und Symptomatologie; in der 19. Abhandlung die Kosmetik, in der 27. Abhandlung die ›Materia medica‹, in der 28. Abhandlung die Zubereitung der einfachen Heilmittel, auch bekannt als ›Liber Servitoris‹, in der 29. Abhandlung die Synonyme und Substitute und in der 30. Abhandlung die Chirurgie. Die 1., 2. und 30. Abhandlung zusammen machen den halben Umfang des Werkes aus.

Der Augenarzt und Ärztebiograph Ibn Abi Usaibi'a (gest. 1270) *»rühmt ihn als einen trefflichen Arzt, beschlagen in den Medikamenten, geschickt in der Therapie; aber als einen großen Chirurgen bezeichnet er az-Zahrawi nicht«* (Sezgin [1970], Bd. 3, S. 323). Sein Ruhm als der Chirurg der Araber beruht wohl auf der Tatsache, daß Guy de Chauliac (1300-ca. 1368), der Medizin in Toulouse und Montpellier studierte und später in Bologna, Paris und Lyon als Anatom und Chirurg dozierte und praktizierte, die 30. Abhandlung über die Chirurgie des Abu-l-Qasim in seiner *Chirurgia Magna* (vollendet 1363) 200mal zitiert hat. So ist der *Tasrîf* schon vor dem Erstdruck in Basel 1541 bereits fünfmal im Anschluß an die *Chirurgia parva* des Guy de Chauliac gedruckt worden: Venedig 1497, 1499, 1500 durch Bonetus Locatellus, 1531 bei Junta und in Straßburg 1532. Die lateinische Version des Ger(h)ard von Cremona war weit verbreitet, so daß Abu-l-Qasim im Abendland fälschlicherweise als großer arabischer Chirurg gefeiert wurde, zumal in seinem Werk erstmals chirurgische Instrumente abgebildet worden sind.
*FRH*

**6/56 (Abb. 759)**
**Abu-l-Hassan al-Mukhtar Ibn Abdun Ibn Butlan (gest. 1066) (latinisiert: Elluchasen Alimithar)**
**Tacuinum Sanitatis (kitab taqwim as-sihha)**
Straßburg, 1531
Berlin, Staatsbibliothek Preußischer Kulturbesitz (4° Ic 1450 R)

Abu-l-Hassan al-Mukhtar Ibn Abdun war Christ und praktizierte als Arzt zunächst in seiner Vaterstadt Bagdad. Im Jahr 1049 begab er sich auf Reisen nach Aleppo, Antiochien, Jaffa, Kairo und Konstantinopel. Im Kairo traf er mit Ali Ibn Tidwan (ca. 988–1068) zusammen, mit dem er eine berühmte Kontroverse über philosophische und medizinische Fragen führte. Sein *kitab taqwim as-sihha* (›Tacuinum sanitatis‹ = Almanach der Gesundheit) behandelt Fragen der Diätik und Hygiene; er stellt den Stoff in Form von Tabellen dar (daher ›taqwim‹ = latinisiert: Tacuinum).

Die Tabellen des *Elluchasen* (d. i. Abu-l-Hassan) Alimithar (d. i. al-Mukhtar) *Medici de Baldath* sind zum Teil rot gedruckt und am unteren Rand mit vielen Holzschnitten versehen, die sich auf die oben behandelten Gegenstände des Alltags beziehen. Die sog. ›sechs nicht-natürlichen Dinge‹ gehörten zur theoretischen Medizin und bildeten neben ›Gesundheit‹ (res naturales) und ›Krankheit‹ (res non naturales) die 3. Gruppe der ›Neutralitas‹. Es sind dies: acer = Luft // cibus et potus = Speise und Trank // motus et quies = Bewegung und Ruhe // somnus et vigilia = Schlaf und Wachsein // inanitio et repletio = Leere und (Über-)Fülle // affectus animi = Geisteszustände.

Die Holzschnitte am unteren Rand (Seite 103) sprechen eigentlich für sich: Purgatio (Abführung), Constipatio (Verdauung), Coitus, Munificativa (Nahrungsmittel), Ebrietas (Trunkenheit, Rausch) und Foca (hat wohl mit Wasserlassen zu tun; das Wort geht auf arab. ›fuqa'a‹ = Blase zurück). *FRH*

Lit.: CHOULANT (1841), S. 368f; DSB XI (1975), S. 444f; EI III (1971), S. 740–742, S. 906f; DURLING (1967), S. 314.

**6/57 (Abb. 141)**
**Abu-l-Quasim az-Zahrawi**
**Liber practicae (XVIII – XXX)**
**Aufgeschlagen: Chirurgische Instrumente**
Hebräische Übersetzung von Schemtob ben Isaac de Torto
Marseille, 15. Jh.
Illuminierte Handschrift
Paris, Bibliothèque Nationale, Département des Manuscrits Orienteaux
(Hébreu 1163)

Schemtob ben Isaac aus Tortosa/Spanien (1196–1267) hat sich bereits 20 Jahre lang mit der Medizin beschäftigt, ehe er im Jahre 1254 begann, den *kitab at-tasrif* des Abu-l-Qasim ins Hebräische zu übersetzen, eine Arbeit, die er erst im Jahre 1264 abgeschlossen hatte. Hier liegt der zweite, der praktische Teil (der theoretische Teil umfaßt die Kapitel 1–15) vor, d. h. Kapitel 18–30, wobei in der Handschrift die Kapitel 16 und 17 fehlen.

Am bedeutendsten wurde das 30. Kapitel über die ›Chirurgie‹, aus der Kratzeisen, Schabeisen und kleine Sägen auch in der hebräischen Übersetzung abgebildet worden sind.

Das Novum dieses ›Chirurgie‹-Taktates des Abu-l-Qasim besteht in den Abbildungen der Instrumente, die von den antiken griechischen Ärzten wie Antyllos (2. Jahrhundert) oder dem Byzantiner Paulos von Aegina (1. Häfte des 7. Jahrhunderts) immer nur detailliert beschrieben worden sind.

Schemtob übersetzte nicht nach der Wort-für-Wort-Methode, sondern dem Sinn eines ganzen Satzes entsprechend, wie es schon Hunain ibn Ishaq in seiner Bagdader Übersetzerschule gehandhabt hatte.

Schemtob ben Isaac übersetzte noch ein anderes klassisches Lehrbuch der Medizin, den *kitab al-mansuri* (›Liber Almansoris‹) des Muhammad Ibn Zakariya ar-Razi (865–925) ins Hebräische. Erst kurz vor seinem Tod widmete

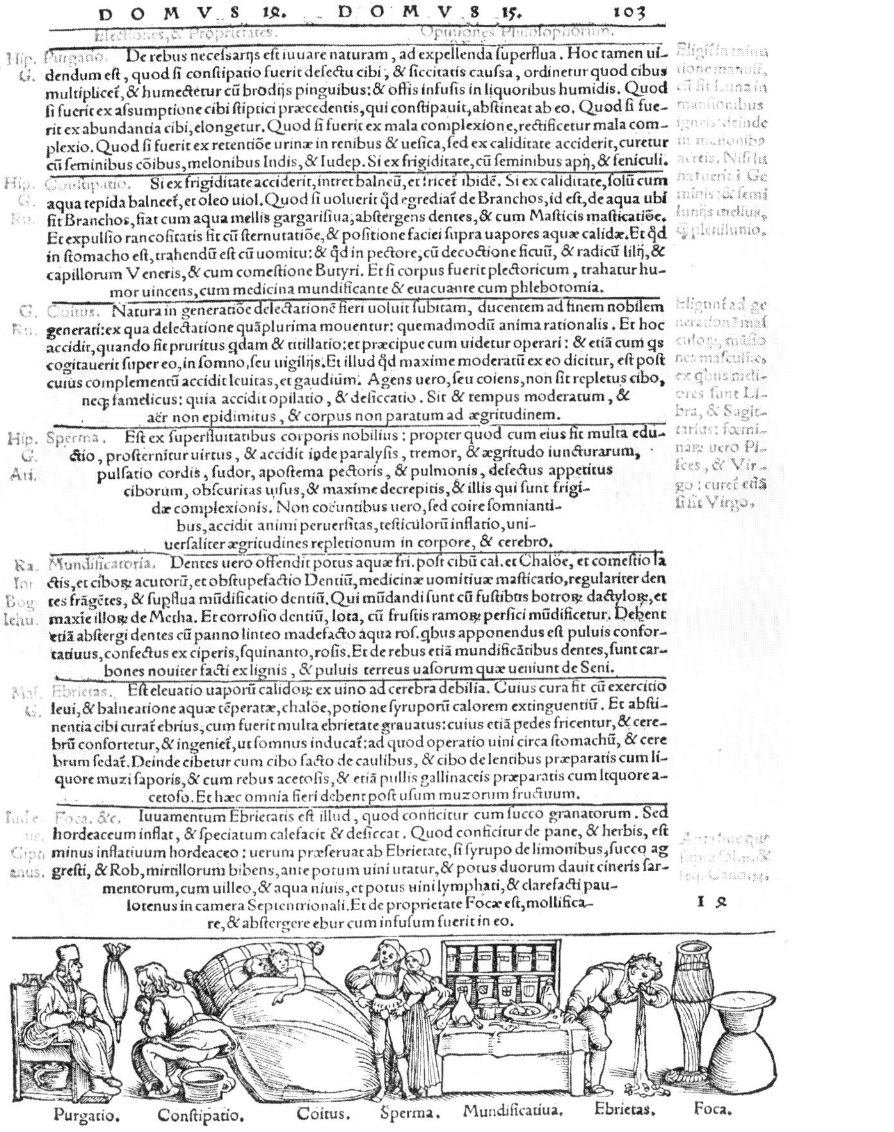
D O M V S 12. D O M V S 15. 103

Electiones, & Proprietates. Opiniones Philosophorum.

Hip. G. Purgatio. De rebus necessarijs est iuuare naturam, ad expellenda superflua. Hoc tamen uidendum est, quod si constipatio fuerit defectu cibi, & siccitatis caussa, ordinetur quod cibus multiplicet, & humectetur cũ brodijs pinguibus: & offis infusis in liquoribus humidis. Quod si fuerit ex assumptione cibi stiptici præcedentis, qui constipauit, abstineat ab eo. Quod si fuerit ex abundantia cibi, elongetur. Quod si fuerit ex mala complexione, rectificetur mala complexio. Quod si fuerit ex retentiõe urinæ in renibus & uesica, sed ex caliditate acciderit, curetur cũ seminibus cõibus, melonibus Indis, & Iudep. Si ex frigiditate, cũ seminibus apij, & feniculi.

Hip. G. Ru. Constipatio. Si ex frigiditate acciderit, intret balneũ, et fricet ibidẽ. Si ex caliditate, solũ cum aqua tepida balneet, et oleo uiol. Quod si uoluerit q̃d egrediat de Branchos, id est, de aqua ubi fit Branchos, fiat cum aqua mellis gargarisiua, abstergens dentes, & cum Masticis masticatiõe. Et expulsio rancositatis fit cũ sternutatiõe, & positione faciei supra uapores aquæ calidæ. Et q̃d in stomacho est, trahendũ est cũ uomitu: & q̃d in pectore, cũ decoctione ficuũ, & radicũ lilij, & capillorum Veneris, & cum comestione Butyri. Et si corpus fuerit plectoricum, trahatur humor uincens, cum medicina mundificante & euacuante cum phlebotomia.

G. Ru. Coitus. Natura in generatiõe delectationẽ fieri uoluit subitam, ducentem ad finem nobilem generati: ex qua delectatione quãplurima mouentur: quemadmodũ anima rationalis. Et hoc accidit, quando fit pruritus q̃dam & titillatio: et præcipue cum uidetur operari: & etiã cum qs cogitauerit super eo, in somno, seu uigilijs. Et illud q̃d maxime moderatũ ex eo dicitur, est post cuius complementũ accidit leuitas, et gaudium. Agens uero, seu coiens, non sit repletus cibo, neq; famelicus: quia accidit opilatio, & desiccatio. Sit & tempus moderatum, & aër non epidimitus, & corpus non paratum ad ægritudinem.

Hip. G. Ari. Sperma. Est ex superfluitatibus corporis nobilius: propter quod cum eius fit multa eductio, prosternitur uirtus, & accidit inde paralysis, tremor, & ægritudo iuncturarum, pulsatio cordis, sudor, apostema pectoris, & pulmonis, defectus appetitus ciborum, obscuritas uisus, & maxime decrepitis, & illis qui sunt frigidæ complexionis. Non coeuntibus uero, sed coire somniantibus, accidit animi peruersitas, testiculorũ inflatio, uniuersaliter ægritudines repletionum in corpore, & cerebro.

Ra. Ior. Bog. Iehu. Mundificatoria. Dentes uero offendit potus aquæ fri. post cibũ cal. et Chalõe, et comestio lactis, et cibor; acutorũ, et obstupefactio Dentiũ, medicinæ uomitiuæ masticatio, regulariter dentes frãgẽtes, & superflua mũdificatio dentiũ. Qui mũdandi sunt cũ fustibus botror; dactylor;, et maxie illor; de Metha. Et corrosio dentiũ, lota, cũ frustis ramor; persici mũdificetur. Debent etiã abstergi dentes cũ panno linteo madefacto aqua ros. q̃bus apponendus est puluis confortatiuus, confectus ex ciperis, squinanto, rosis. Et de rebus etiã mundificãtibus dentes, sunt carbones nouiter facti ex lignis, & puluis terreus uasorum quæ ueniunt de Seni.

Mas. G. Ebrietas. Est eleuatio uaporũ calidor; ex uino ad cerebra debilia. Cuius cura fit cũ exercitio leui, & balneatione aquæ tẽperatæ, chalõe, potione syruporũ calorem extinguentiũ. Et abstinentia cibi curat ebrius, cum fuerit multa ebrietate grauatus: cuius etiã pedes fricentur, & cerebrũ confortetur, & ingeniet, ut somnus inducat: ad quod operatio uini circa stomachũ, & cerebrum sedat. Deinde cibetur cum cibo facto de caulibus, & cibo de lentibus præparatis cum liquore muzi saporis, & cum rebus acetosis, & etiã pullis gallinaceis præparatis cum liquore acetoso. Et hæc omnia fieri debent post usum muzorum fructuum.

Iudeus. Cipri anus. Foca, &c. Iuuamentum Ebrietatis est illud, quod conficitur cum succo granatorum. Sed hordeaceum inflat, & speciatum calefacit & desiccat. Quod conficitur de pane, & herbis, est minus inflatiuum hordeaceo: uerum præseruat ab Ebrietate, si syrupo de limonibus, succo agresti, & Rob, mirtillorum bibens, ante potum uini utatur, & potus duorum dauit cineris sarmentorum, cum uilleo, & aqua niuis, et potus uini lymphati, & clarefacti paulotenus in camera Septentrionali. Et de proprietate Focæ est, mollificare, & abstergere ebur cum infusum fuerit in eo.

I 2


759 (6/56)

er sich den ›Aphorismen‹ des Hippokrates (460–375 v. Chr.), die damals sozusagen zum ›medizinischen Curriculum‹ gehörten. Seine hebräische Version ist sogar in der jüdischen Welt populär geworden.

Schemtob ben Isaac erläutert seine Übersetzungsmethode: *»Alle Krankheiten, Glieder, Mittel etc., für welche er einen Ausdruck in der Bibel, in der Sprache der Weisen oder in der Landessprache gefunden, habe er danach benannt, sonst den arabischen beibehalten, da sich durch das Exil die Kenntnis der hebr. Sprache vermindert habe.«* (Steinschneider [1893], S. 743).

Schemtob hebt die Vorzüge des *kitab at-tasrif* hervor, warnt die Ärzte vor Verwechslung ähnlicher Kräuter, wobei er die nach dem Abgad-alphabet (d. h. dem hebräischen Alphabet) angeordnete Synonymenliste (›scharh asma al-uqqar‹) des Maimonides (1193–1204) zitiert. Diese

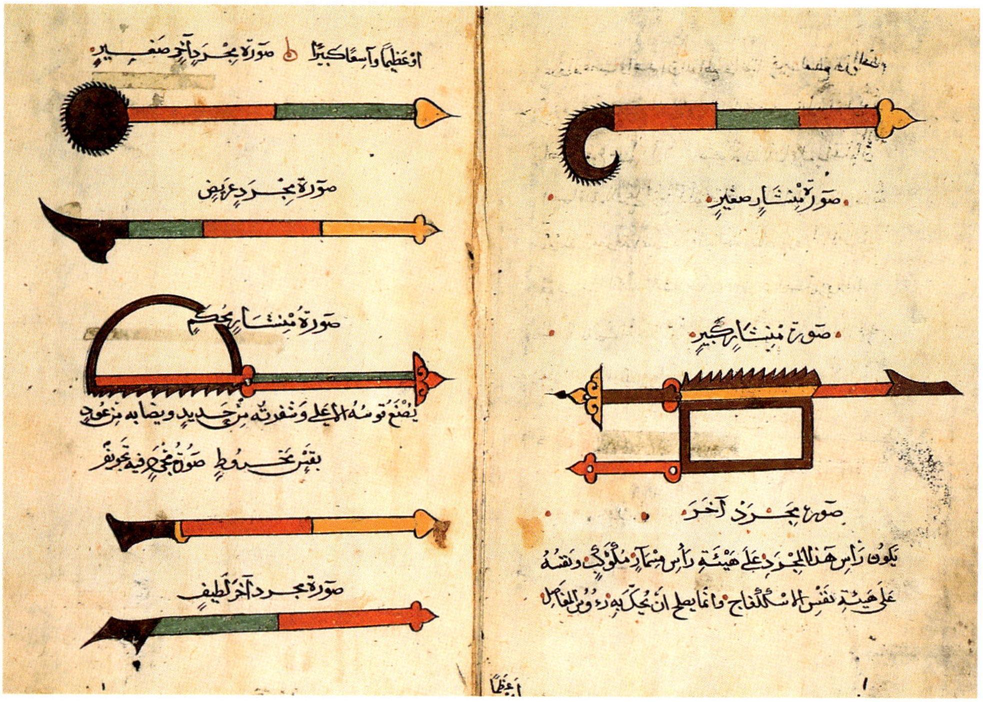

760 (6/58)

diente der Identifizierung der weniger bekannten Pflanzennamen; Maimonides stützte sich u.a. auf die *Materia medica* des Dioskurides (1. Jahrhundert). *FRH*

**6/58 (Abb. 760)**
**Abu-l-Qasim az-Zahrawi (gest. 1010)**
**Kitab at-tasrif**
**Aufgeschlagen: Kratzeisen (midschrad)**
(Blatt 153v/154)
Um 1495
Papierhandschrift
Berlin, Staatsbibliothek Preußischer Kulturbesitz (Ms. or. fol. 91)

Die 30. Abhandlung über die Chirurgie aus dem *kitab at-tasrif* (Buch des Zurverfügungstellens (...)) des Abu-l-Qasim (gest. nach 1009 als Leibarzt des Kalifen Abd ar-Rahman I., der sich 927 selbst zum Gegenkalifen im Westen proklamiert hatte) liegt hier in einer arabischen Handschrift des Jahre 1495 vor.

Die 30. Abhandlung ist in drei Abschnitte gegliedert: 1. Kauterisation mit glühenden Eisen und ätzenden Drogen (insgesamt 56 Kapitel); 2. chirurgische Erkrankungen und Verletzungen (mit Ausnahme der Frakturen und Luxationen), wie Schneiden und Öffnen der Tumoren, Zahnbehandlung (Zahnextraktion etc.), Verwundungen, Amputationen, Ausziehen von Pfeilen, Aderlaß und Schröpfen (insgesamt 97 Kap.) und 3. Frakturen (Brüche) und Luxationen (Verrenkungen).

Im ersten Kapitel des ersten Abschnitts behandelt Abu-l-Qasim bei der Kauterisation nicht nur Zustände, bei denen die Kauterisation erst nach vergeblicher anderweitiger Behandlung angewendet werden sollte (bei zahlreichen inneren Erkrankungen), sondern er beschreibt die anzuwendenden Instrumente und zeichnet sie, ein Novum im 10. Jahrhundert.

Im 56. Kapitel wird die Kauterisation bei arteriellen Blutungen erörtert. Im zweiten und dritten Kapitel des zweiten Abschnittes über Verletzungen wird das Durchschneiden der hinter dem Ohr gelegenen Arterien bei Augenfluxionen dargestellt. Die gleiche Operation oder das Ausschneiden eines Stückes aus der Arteria temporalis oder die doppelte Durchtrennung der Arteria temporalis wird mit einem dafür bestimmten Glüheisen bei chronischer Migräne oder Augen- und Kopffluxionen beschrieben. In der Regel wurden nur an Venen, nicht an Arterien, der Aderlaß vorgenommen, da nach damaliger Vorstellung in den Arterien außer Blut das Pneuma, der »Lebensodem« floß, während in den Venen, die von der Leber zentrifugal gespeist wurden, das nährende Blut zu den Körperteilen strömte und sie versorgte. Es gab also zwei Blutsysteme: Neben dem Venensystem das Arteriensystem: die Arterien kamen vom Herzen und brachten zentrifugal im Blut den Lebensodem zu den Körperteilen. Der Blutkreislauf wurde erst im Jahre 1628 durch William Harvey beschrieben; wider Erwarten erhielt durch diese Erfindung die Aderlaßpraxis einen ungeheuren Aufschwung.

Hier liegt das 86. Kapitel des 2. Abschnitts über die Behandlung von Ausflüssen und Fisteln aus. Seite 153 b. zeigt ein kleines und ein breites Kratzeisen (midschrad), das zum Ausschaben von Zwischenräumen oder zum Abschaben von breiten Knochen (Seite 154) benutzt wurde. Die Bogensäge hatte das Sägeblatt aus Eisen und den Bogen aus Holz. Das vorletzte Instrument ist ein rundes Kratzeisen, das innen hohl ist, so daß man damit absaugen konnte. *FRH*

Lit.: GURLT (1898) Bd. 1, S. 620–649; KAT. BETHESDA (1967); SARTON, Bd. 2, 1 (1931), S. 338–344.

**6/59** (Abb. 140, 761)
**Hyeronimo Brunschwick**
**Das buch der wund Artzeny. Handwirckung der Cirurgia**
**Aufgeschlagen: Des Cirugicus gezüg** (fol. 25v)
Straßburg, 1508
Berlin, Staatsbibliothek Preußischer Kulturbesitz (4° Jg 3482 R)

Hieronymus Brunschwig (auch Brunswig, etwa 1430–1512) war Wundarzt in Straßburg. Seine zwei Werke über die Destillierkunst gehören zu den ersten Werken, in denen die Technik der Destillation beschrieben wird (*Liber de arte distillando de simplicibus*, 1500 und *Liber de arte distillandi de compositis*, 1512 Straßburg).

Brunschwig ist der erste deutsche Wundarzt, der sein gesamtes chirurgisches Wissen im Zusammenhang dargestellt hat: *Dies ist das Buch der Chirurgia. Hantwirkung der wundarzney*, gedruckt in Straßburg 1497. Hier liegt ein späterer Druck aus dem Jahre 1508 vor.

Die Kunst der Wundarznei basiert auf der sog. ›arabischen Schule‹, also auf der 30. Abhandlung aus dem ›Kitab at-tarif‹ des Abu-l-Qasim (10. Jh.), der wiederum auf den griechischen Chirurg Antyll (2. Jahrhundert) und den byzantinischen Arzt Paulos von Aegina (Anfang 7. Jh.) zurückgeht.

Die Holzschnitte geben uns einen Einblick in die Arztpraxis: Wir sehen den Patienten, um den sich- bei Brunschwig – oft drei Ärzte bemühen, Arzneigefäße sowie Einrichtungsgegenstände. Brunschwigs Holzschnitte zählen zu den schönsten medizinischen Buchillustrationen. Das Werk behandelt in sieben Traktaten das Allgemeine der Chirurgie und der Wunden, die Wunden einzelner Teile, die Knochenbrüche und Verrenkungen und gibt zuletzt eine Aufzählung der Arzneien. Bemerkenswert ist, daß in der 1497 erschienenen *Chirurgie* die Syphilis noch nicht erwähnt wird, wohl aber in dem 1500 erschienenen *Liber pestilentialis de veneneis epidemie* (Trakt. I, Kap. 3, fol. 3): *»und sunderlichen als jetz wol sehen bist daz vil der menschen by VI. oder VII. iaren mit der kranckheyt der blattern beladen sint von den yetzigen doctors genant malefrancose oder malum mortuum«.*

In dem Kap. 22 des dritten Traktates über die Wunden des Bauches und der Därme ist bemerkenswert, daß statt der griechischen, latinisierten Ausdrücke für Epigastrium, Peritonaeum, Epiploon oder der entsprechen-

*761 (6/59)*

den deutschen die arabischen ›mirach‹, ›siphac‹, ›idel‹ oder ›zirbus‹ gebraucht werden, ferner ›spondulen‹ für Wirbel. Was die Bauchnaht betrifft, so werden die Verfahren von Galen (2. Jh.), Abu-l-Qasim (10. Jh.) und Henri de Mondville (14. Jh.) erwähnt.

Weiter unten heißt es in demselben Kapitel: *»Sollte die Reposition (der Gedärme bei einer Bauchwunde) nicht ohne Erweiterung der Wunde möglich sein, so geschieht dies mit einem Instrument ›genant sarmgatoria bicups krump wie ein sichel vornan in der krumen scheidenund nit spitz und die form beschreibt uns Albucasis‹. Man muß bei diesem Act auch haben ›ein vernünfftigen diener der yszwendig mit den henden truck und begriff die ganz wunde‹: die Wunde wird darauf genäht, Pulver, Pflaster und eine Binde darüber gelegt.«* Brunschwig hat seine *Chirurgie* in vorgerücktem Alter verfaßt, im Jahre 1497,

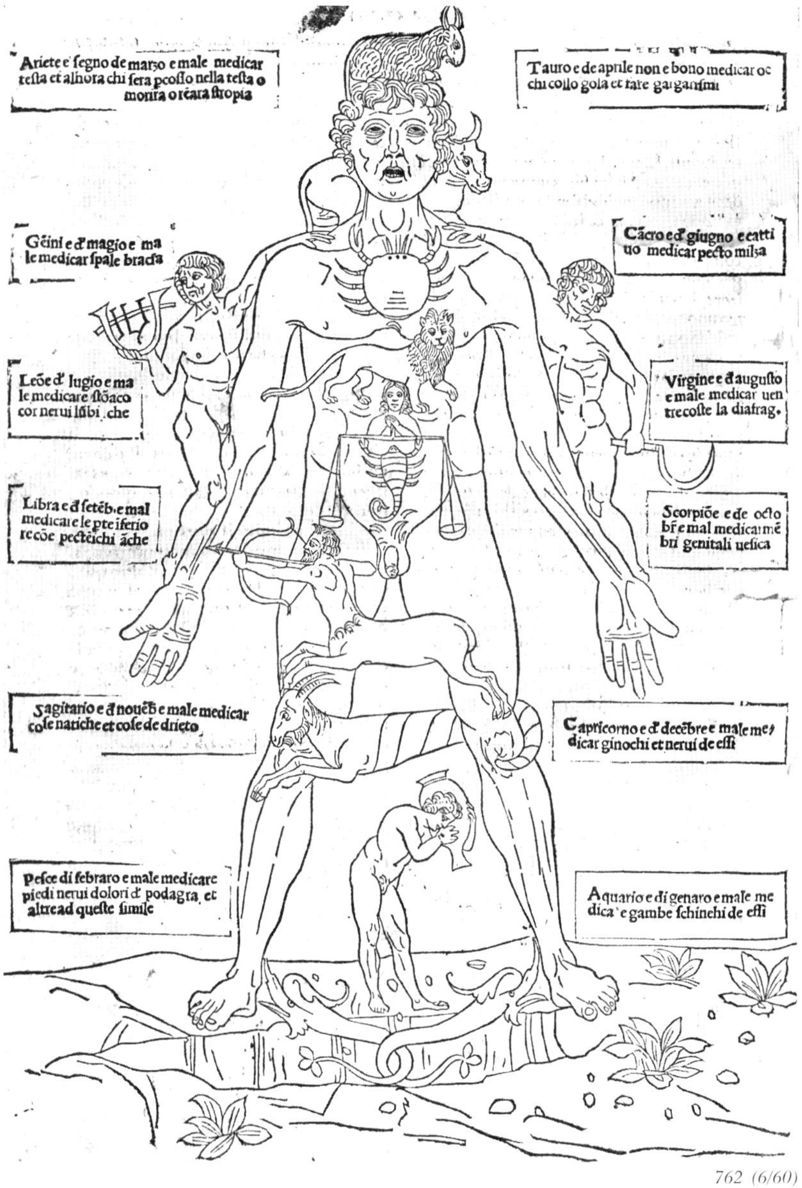

762 (6/60)

und erlebte im ganzen neun Ausgaben, davon fünf bereits 1497 in Straßburg und Augsburg, weitere in den Jahren 1508 und 1513 in Straßburg, und nach seinem Tode erschienen noch 1534 und 1539 in Augsburg Ausgaben im Quartformat. Es sind ferner zwei englische Übersetzungen (1525), eine holländische (Utrecht 1535) und eine böhmische (Olmütz 1559) erschienen.

*FRH*

Lit.: BL, Bd. 1 (1929), S. 740); Gurlt (1898), S. 201–221.

**6/60 (Abb. 762)**
**Jo(h)annes de Ketham (gest. um 1490)**
**Fasciculus medicinae oder Medical Compendium**
**Aufgeschlagen: »Fasciulus medicinae«**
(fol. 8v)
Venedig, 1522
Berlin, Staatsbibliothek Preußischer Kulturbesitz (4(F8) Ic 2006 R)

Jo(h)annes de Ketham (Johannes Kirchheimer, Hans von Kirchheim), schwäbischer, richtiger: alemannischer Herkunft, der erste deutsche Wundarzt, erlebte den Erstdruck seines Werkes am 26. Juli 1491 nicht mehr. Drucker waren die Brüder Johannes und Gregorius (genannt die ›Gregorii‹), die schon ein Jahrzehnt dieses Gewerbe (vornehmlich juristische Bücher) in Venedig betrieben. Sie hatten schon im Jahre 1490 die beiden führenden medizinischen Kompendien des Avenzoar (12. Jahrhundert) und des Averroes (12. Jahrhundert) gedruckt. Damals bot das dünne Buch größten Formats der Brüder Gregorii v.a. wegen der Größe seiner Holzschnittillustrationen Ungewöhnliches. Hier liegt eine italienische Übersetzung vor:

Karl Sudhoff (1853–1938), der Begründer der Medizingeschichte, hat nach einem Münchener Exemplar der ersten Auflage die sechs großformatigen Tafeln im Jahre 1923 erneut herausgegeben und ausführlich beschrieben.

Die Krankheiten wurden damals direkt am sog. ›Krankheitsmann‹ und der ›Krankheitsfrau‹ dargestellt. So wurden am Kopf Melancholie, Lethargie und Vergessen, Manie und ›Cephalica‹ (Migräne, Kopfschmerz) lokalisiert.

Der Fasciculus medicinae (fol. 8v) fungierte auch als Aderlaß-Kalender. Die ›Tierkreiszeichen‹ (Sternbilder) geben die Monate (eigentlich ›Monde‹) an, in denen man die Venen bei Erkrankung des jeweiligen Körperteils zur Ader lassen sollte. Es gab insgesamt 33 Aderlaßstellen: aries – Widder/von März an: Kopf // taurus – Stier/von April an: Hals und Kehlkopf // gemini – Zwillinge/von Mai an: Arme bis zu den Händen // cancer – Krebs/von Juni an: Brust und Lunge // leo – Löwe/von Juli an: Magen, Herz und Lumbalnerven // virgo – Jungfrau/von August an: Bauch, Rippen und Zwerchfell // libra – Waage/von September an: Nieren, Harnleiter // Skorpius – Skorpion/von Oktober an: Geschlechtsorgane und Harnblase // sagittarius – Schütze/von November an: Hüfte, Gesäß // capricornus – Steinbock/von Dezember an: Knie mit Nerven // aquarius – Wassermann/von Januar an: Schienbeine // pisces – Fische/von Februar an: Füße mit Nervenschmerzen und Podagra (Gicht). In der mittleren Körperregion differiert die italienische Ausgabe von dem lateinischen Erstdruck.

Der *Fasciculus medicinae Joannis de Ketham* erlebte 1493, 1495, 1500, 1523, 1522 und später neue Auflagen. Die Größe der Kethamschen Tafeln läßt einen didaktischen Zweck vermuten, zumal Jo(h)annes de Ketham (Hans von

Kirchheim) in Wien mindestens 25 Jahre lang (1445–1470) an der medizinischen Fakultät anatomische Demonstrationen durchgeführt hat; er wird in den Universitätsstatuten als ›doctor cyrurgie ac physice medicinarum‹ geführt. *FRH*
Lit.: Choulant (1841), S. 402–405; Osler (1969), Nr. 7448, S. 643; Sudhoff (1923), S. 39–43, 47–50.

**6/61 (Abb. 763)**
**Giovanni Andrea della Croce (1514–1575)**
**Della cirugia libri sette: ne quali si contiene la theoretica et la vera prattica, & si vedono (...) figure di stromenti necessarij in questa professione: et finalmente (...) si tratta tutto quello, che ad ottimo cirurgico nel curar' ogni sorte di ferite si conviene**
**Aufgeschlagen: Chirurgischer Eingriff eines türkischen Arztes** (Seite 272)
Venedig, 1574
Berlin, Staatsbibliothek Preußischer Kulturbesitz (4° Ig 3775)

Giovanni Andrea della Croce, in Venedig geboren, wurde im Jahre 1532 Mitglied des Collegium der Chirurgen. In Feltre hatte er eine Zeit lang eine Staatsanstellung. Über sein Leben ist weiter nichts bekannt.

Zwei Verdienste della Croces sind hervorzuheben: Überall führt er ausführlich Synonyme über die einzelnen Krankheitsnamen aus dem Griechischen, Arabischen und Lateinischen an (allerdings in der Orthographie oft verstümmelt), und zum zweiten weist er den chirurgischen Instrumenten, auch in historischer Beziehung, durch zahlreiche Abbildungen einen hervorragenden Platz zu. Am ausführlichsten wurden die Trepanations-Instrumente berücksichtigt, aber auch die für die Ausziehung von Pfeilen und Kugeln benötigten Instrumente sind reichlich vertreten.

In sieben Büchern beschäftigt er sich mit den Wunden des Körpers und hat Hippokrates (5. Jh. v. Chr.), Galen (2. Jh. ), Paulos von Aegina (7. Jh.), Abu-l-Qasim (10. Jh.) und Avicenna (10./11. Jh.) fleißig benutzt.

Sein ›allumfassendes Buch der Chirurgie‹ (›Chirurgiae universalis opus absolutum‹) wurde in Venedig bei Ziletti im Jahre 1574 gedruckt, ein Jahr später, 1574, ist es in italienischer Übersetzung gedruckt worden; diese Ausgabe liegt uns vor. Er gehört auch zu der sog. ›arabischen Schule‹.

Das 7. Buch behandelt die ›Kauterisation‹, d.h. das Brennen mit Kauteren (Brenneisen), wie auf der Abbildung der Titelseite deutlich zu sehen ist. Die Kauterisation ist eine Spezialität der Araber und wurde vom Abendland übernommen als therapeutische Maßnahme (auch bei inneren Krankheiten nach vergeblichen anderen Versuchen, sozusagen als ›Ableitungsmaßnahme‹) neben Aderlaß und Schröpfköpfen. So wurde bei Magenschmerzen auf dem Bauch in der Magengegend das Brenneisen angelegt. Daneben gab es auch die ›kalte Kauterisation‹: Man mischte verschiedene Ingredienzien, verätzte sie und applizierte sie mit einem nicht erhitzten, kalten Kauter, mitunter mehrmals, bis die Haut schwarz wurde und verschorfte. Dann wusch man die Stelle mit Wasser ab. *FRH*
Lit.: Gurlt (1898), S. 335–361; Kat. Bethesda (1967), S. 134 F.; BL, Bd. 2 (1930), S. 145.

*763 (6/61)*

**6/62 (Abb. 148)**
**Hartmann Schedel (1440–1514 Nürnberg)**
**Liber chronicarum**
**Aufgeschlagen: Das sechst alter der werlt**
(Blatt CCIV/CCII)
Nürnberg, 1493
Inkunabel
Berlin, Staatsbibliothek Preußischer Kulturbesitz (Wgdr 69)

Hartmann Schedel, ein Humanist und Geschichtsschreiber, war als Stadtarzt tätig. Er stellte eine ›Weltchronik‹ (*Liber chronicarum*) zusammen, die weite Verbreitung fand. Sie wurde von Koberger im Juli 1493 in Nürnberg gedruckt. Noch im Dezember desselben Jahres wurde die deutsche Übersetzung von Simon Alt ebenfalls von Koburger gedruckt.

Beide Ausgaben sind mit 2000 urkundlich von M. Wolgemut und Wilhelm Pleydenwurf stammenden Holzschnitten versehen. Hartmann Schedel sammelte eine für die Geschichte des Humanismus wichtige Bibliothek.

Rechts oben: ›Avicenna war der zu allen Zeiten der Welt namhafteste ›Doktor‹. Dann war er in Cordoba/Spanien *»ein Fürst«* und in der »Artzney« (d.h. Medizin) gut bewandert. In der Stadt gab es ein Spital mit unzählig vielen Kranken. Er war ein fröhlicher und wundersamer Mann; er machte ein Gesangbuch. Er ist jung gestorben, so sagt man, noch nicht 50 Jahre alt. Er hat außerhalb der Medizin *»in allen Künsten geschrieben«*, deshalb wird er ein Fürst genannt. Unzweifelhaft hat er nicht zur Zeit des heiligen Augustin gelebt, obwohl etliche behaupten, Avicenna habe mit dem heiligen Augustin ›Sendschreiben‹ gewechselt. Aber es ist wohl unglaubhaft wegen des Unterschieds der Zeit. Er ist ein *»hoch gelehrter und erfahrener Mann«*, der ein *»vortrefflich Buch gemacht«* hat über *»alle artzney in fünff buecher(n)«* und sonst vieles geschrieben hat.‹

Rechts Mitte: Averroes (Abu-l-Walid Muhammad Ibn Ahmad Ibn Muhammad Ibn Ruschd; latinisiert ›Averroes‹, 1126–1198) lebte in Cordoba und war eigentlich Jurist. Er beschäftigte sich hauptsächlich mit Philosophie und war der bedeutendste Aristotelesinterpret des islamischen Mittelalters. Er war auch Staatsmann und bekleidete Staatsämter in Cordoba und Marrakesch. Sein medizinisches Hauptwerk *kitab al-kulliyat*, lateinisch als *Colliget Averrois totam medicinam* bekannt, stellt die gesamte Medizin in gedrängter Form dar.

In der Anatomie folgt er den Lehren seiner Vorgänger, aber in der Humoralphysiologie nimmt er einen eigenen Standpunkt ein. Als eingeschworener Aristoteler verteidigt er die Lehren des Aristoteles gegen Galen, sucht aber divergierende Meinungen zu harmonisieren. Sein Buch war weit verbreitet und konnte so die Autorität Galens erschüttern (vgl. Ullmann [1970], S. 166f.).

Darunter: Avenzo(h)ar (Abd al-Malik Ibn Abi-l-Ala Zuhr, etwa 1192–1162?). Avenzo(h)ar war Arzt von Beruf und stand in hohem Ansehen. Er hat ein ›artzneybuch‹, den *Theysir* (d.i. *»kitab at-taisir«*) geschrieben und einem König gewidmet. Etliche Ratschläge und Arzneien hat er in einem weiteren Buch dargelegt. Avenzoar (Ibn Zuhr) war einige Zeit eingekerkert, später aber sogar Wezir unter dem Kalifen Abd al-Mu'min (reg. 1130–1163). Sein medizinisches Hauptwerk ist der *kitab at-taisir fi-l-muwadat wa-t-tadbir* (›Wegbereitung hinsichtlich der Therapie und Diätetik‹); es ist eine spezielle Pathologie, in der die Krankheiten mit Therapie in der damals üblichen Folge »a capite ad calces« (›Vom Kopf bis zu den Füßen‹) behandelt werden. Dieses für den Freund Averroes (Ibn Ruschd) verfaßte Werk wurde ins Hebräische von einem Anonymus und um 1260 aus dem Hebräischen ins Lateinische übersetzt von einem Johann von Capua (s. Steinschneider [1893], S. 748f.) unter dem Titel *Theiçrin* (oder *Theiçrifi dahalmodaua*); die lateinische Version wurde in Venedig 1490, 1496, 1514 und in Lyon 1531 gedruckt. Oft ist es zusammen mit Averroes' *Colliget* gedruckt worden, welches den allgemeinen Teil zu den ›Particular‹ des *Taisir* von Avenzoar und somit eine sinnvolle Ergänzung darstellt.

*FRH*

# Kapitel 7

## Feindbilder: Krieg und Kunst

Die Beziehungen zur islamischen Welt zwischen 800 und 1900 waren – auch – durch kriegerische Auseinandersetzungen bestimmt. Und die Agierenden dieser Schlachten verlangten nach repräsentativer Darstellung und so beschäftigten sie zu allen Zeiten Künstler, den Ruhm ihrer Taten, und nur die Siege, versteht sich, in Bilder umzusetzen.

Mit der Eroberung Jerusalems 1070 durch Seldschuken beginnt ein bis 1291 andauernder Kampf um eine militärische Eroberung der heiligen Stätten der Christenheit. Am 27. November 1095 rief Papst Urban II., in Südfrankreich, die Ritter Europas zu einer Beendigung ihrer Fehden, zu einer bewaffneten Wallfahrt in den Orient auf, obwohl zuvor unbewaffnete Pilger stets Zugang zu den heiligen Stätten der Christenheit in Palästina hatten. Die ersten drei Kreuzzüge zwischen 1096 und 1192 führten zur Errichtung von ›Kreuzfahrerstaaten‹. Venedig sollte mit der Organisation der Kreuzzüge reich werden. Impulse der damals kulturell überlegenen byzantinischen und arabischen Welt gelangten mit zurückkehrenden Kreuzfahrern nach Europa.

Die zweite große Kreuzzugsstrategie richtete sich gegen die Araber in Spanien. Und so ist denn die Entstehung des Rolandliedes im 11. Jahrhundert mit eben dieser ›Reconquista‹ in Verbindung zu sehen, die 1492, mit der Eroberung von Granada abgeschlossenen sein sollte.

Doch war zuvor im Osten ein neuer und mächtiger Gegner des christlichen Europa erwachsen, das Osmanische Reich. 1453 hatte Mehmed II. Konstantinopel erobert, das siechende oströmische Reich vernichtet. Suleyman II., der Prächtige genannt (1520–66), setzte die Angriffe der Osmanen fort. In der Schlacht bei Mohács 1526 besiegten türkische Truppen die Ungarn, 1529 belagerten sie zum ersten Mal Wien.

Die Osmanen wurden zu einer ›europäischen Macht‹, die in die Machtkämpfe zwischen Deutschland, Frankreich und dem Papsttum eingreifen konnten. Zur Zeit der Reformation gab es sogar Stimmen in lutherischen Gemeinden Brandenburgs, die meinten, es sei besser, von den Türken als von den Katholiken besiegt zu werden, da der Islam den Besiegten zumindest die Freiheit des Glaubens ließe.

Die Belagerung und die Entsatzschlacht um Wien 1532 fanden großes publizistisches Echo. Bildberichte kursierten bereits wenige Wochen nach der entscheidenden Schlacht: in literarischen Texten wie Illustrationen wurde die erfolgreiche Abwehr des türkischen Ansturms dargestellt. Der Mythos vom ›unbesiegbaren Türken‹ aber wurde in der Seeschlacht von Lepanto (1571) zerstört. Die Sieger ließen eine Auftragsflut über die Künstler ergehen, der Seesieg der vereinten christlichen Flotte sollte repräsentativ dargestellt werden.

Die militärischen Auseinandersetzungen Europas mit dem osmanischen Reich erreichte nach dem ›Türkenkrieg‹ von 1664 einen weiteren Höhepunkt in der zweiten – erfolglosen – Belagerung Wiens 1683. Kostbare Teppiche, Prunkwaffen, Pretiosen gelangten nach dem Sieg in fürstliche und bürgerliche Kuriositätenkabinette und gaben, wiewohl Trophäen des Sieges, zugleich Zeugnis von orientalischer Prachtentfaltung und Kunstfertigkeit.

Mit der europäischen Unterstützung des Befreiungskampfes der Griechen von türkischer Herrschaft im ersten Drittel des 19. Jahrhunderts sollte die Zeit der Konfrontationen zwischen Europa und dem, damals niedergehenden, Osmanischen Reich ein Ende finden. Wenig später beginnen europäische Mächte, Nordafrika zu kolonialisieren, Frankreich beginnt in Algerien. Die politische Romantik des 19. Jahrhunderts beschwört ›Kreuzzugsromantik‹, Legitimation für die europäische Expansion im Mittelmeerraum sollte bereitgestellt werden.

So will dieses Kapitel der Ausstellung skizzieren, wie die Künstler Europas die kriegerischen Konflikte mit dem mediterranen Orient in ihren Werken reflektierten und interpretierten.

**7/1**
**Albert von Aachen (tätig erste Hälfte 12. Jh.)**
**Historia Hierosolymitana**
**Aufgeschlagen: A-Initiale mit Ritter** (fol 64v)
Wahrscheinlich Gladbach, um 1140.
Pergamenthandschrift
Berlin, Staatsbibliothek Preußischer Kulturbesitz, Handschriftenabteilung (Ms. lat. fol. 677)

Der Aachener Kanonikus Albert verfaßte die ausführlichste zeitgenössische Schilderung des ersten Kreuzzuges (1096–1099), in dessen Verlauf nach Kämpfen in Kleinasien und vor Antiochia (s. u.) 1099 Jerusalem erobert wurde. Im Anschluß an die Darstellung dieser Periode (Buch I–VI) wird in den folgenden sechs Büchern die Geschichte des Königreiches Jerusalem bis zum Jahre 1119 geschildert. Wie Albert im Prolog erläutert (Buch I, 1), war es ihm nicht möglich, selbst das Heilige Land zu besuchen, weshalb er sich entschloß *»in kühnem Wagnis der Nachwelt einiges von dem zu retten, was mir aus den Erzählungen und Schilderungen solcher bekannt geworden ist, die an diesem Zug selber teilgenommen«* (übersetzt nach H. Hefele). Neben einer älteren Chronik die Albert vermutlich als Quelle benutzt hat, kompiliert er sein Werk vorwiegend aus Augenzeugenberichten, deren mitunter legendenhafter Charakter zwar die historische Zuverlässigkeit des Berichtes mindert, ihm aber andererseits Unmittelbarkeit und Lebendigkeit verleiht. Die Herkunft des Autors erklärt die Hervorhebung der Rolle der deutschstämmigen Kreuzfahrer, insbesondere des niederlothringischen Herzogs und späteren Herrschers von Jerusalem, Gottfried von Bouillon. Die *Hierosolymitana* Alberts wird in der Folgezeit selbst häufig als Quelle für die Schilderung der Kreuzzüge herangezogen (z. B. Wilhelm von Tyrus, vgl. 7,12).

Die Berliner Handschrift, eine von sechs erhaltenen Codices dieses Textes aus dem 12. Jahrhundert, wurde vermutlich in der Benediktinerabtei St. Vitus in Gladbach geschrieben und mit Federzeichnungsinitialen ausgestattet. Diese heben jeweils den Beginn der einzelnen Bücher hervor. Neben reinen Rankeninitialen enthält der Codex – jeweils in eine Initiale eingefügt – Darstellungen der Dedikation (Stiftung) des Buches an Christus (Blatt 1v) bzw. an den Gladbacher Patron Vitus (Blatt 152v). Außerdem ist in einer Reihe von figürlichen Initialen durch die Darstellung von Kreuzrittern (z. B. Blatt 12r) ein allgemeiner Bezug zum Text hergestellt. In diese Kategorie von Illustrationen gehört auch die hier aufgeschlagene Federzeichnungsinitiale. Am Beginn des V. Buches (*Accepta hac victoria*) ist in eine aus Drachenleibern und Spiralranken geformte A-Initiale am unteren Rand die Darstellung eines reitenden Kreuzritters eingefügt, der mit der Lanze eine am Boden kauernde Figur durchbohrt, die hinter dem Balken des Buchstabens Zuflucht gesucht hat. Die Darstellung spielt offenbar auf die im Text geschilderte Eroberung Antiochias (1097) und die Unterwerfung der türkischen (seldschukischen) Stadtherrn an. *AF*

Lit.: Fingernagel (im Druck), Nr. 12, dort die ältere Literatur; Hefele (1923).

**7/2 (Abb. 764)**
**Stadtplan von Jerusalem**
Flandern (?), 12. Jh.
Pergamentblatt aus einer Sammelhandschrift, 26 x 18 cm
London, The British Library, The Manuscript Collections (Add. MS 32343, fol 15b)

Nach der Eroberung der Stadt Jerusalem durch das erste Kreuzfahrerheer im Jahre 1099 besuchte eine große Anzahl von Reisenden und Pilgern die Stadt, die ihre Erfahrungen und Erlebnisse auch in Form von Reiseberichten und Reiseführern überliefert haben. Neben diesen literarischen Erzeugnissen spiegeln dieses neu entflammte Interesse an der Stadt auch die erhaltenen Karten und Pläne wieder, die freilich mehr ›Sinnbild‹ als ›Abbild‹ fern von heutiger topographischer Genauigkeit sind und vorrangig die Orte bezeichnen, an denen biblische Geschichte mit real existierenden Plätzen und Bauten zu verbinden war.

Dieser Plan von Jerusalem folgt der im 12. Jahrhundert weit verbreiteten schematischen Form eines annähernd viergeteilten Kreises. In den runden, zinnenbewehrten Mauerring sind fünf Tore eingetragen, die mit den Hauptstraßen verbunden sind. Vom westlich gelegenen Davidstor (auf der Karte unten) führt eine Straße, der *Vicus ad Templum Domini* nach Osten zur *Porta speciosa*, die den Zugang zu dem Bezirk des als *Templum Domini* bezeichneten Felsendomes (Omar-Moschee) bildet. Darinnen ist mit *Lapis* jener Felsen bezeichnet, an dem Abraham seinen Sohn Isaak zu opfern bereit war. Das linke obere Kartensegment wird von der Straße durchschnitten, die zum Josaphattor führt. In ihrer Nähe liegen die Kirche St. Anna und der als Piscina Bethsaida bezeichnete Teich, an dem Christus nach dem Johannesevangelium (5,1-9) einen Gelähmten geheilt hatte. Die Kreuzfahrer errichteten an dieser Stelle eine Kapelle. Südlich vom Felsendom ist als markantester Baukomplex der Tempel Salomonis (Aksa-Moschee), der Sitz des nach diesem Gebäude bezeichneten Templer Ordens eingetragen. Der Mauerring wird hier vom Goldenen Tor *(Porta aurea)* durchschnitten, durch das Christus auf dem Esel reitend nach Jerusalem einzog. Die Nordsüdachse wird von einer Straße gebildet, die das nördlich gelegene Stephanstor und das Sionstor verbindet. Im nordwestlichen Stadtteil ist der Turm Davids, die Kirche S. Maria latina *(ecclesia latina)*, der Kuppelbau mit dem Grab Christi *(Sepulchrum Domini)*, Golgota, die Hinrichtungsstätte Jesu und der Felsspalt *(Lapis scissus)* eingetragen, der sich beim Kreuzestod Christi auftat (Matthäus

27, 51). Ein kurzer Abriß der Geschichte Jerusalems und Angaben zu der Umgebung der Stadt ergänzen den Plan. Einen Hinweis auf den Entstehungsort bzw. die Entstehungszeit des in eine Sammelhandschrift eingefügten Einzelblattes gibt die auf der Rectoseite eingetragene Bulle Papst Calixtus II. von 1123, die Privilegien der Augustinerabtei Voormezeele in Flandern bestätigt (s. Holtzmann [1952], S. 109) *AF*

**7/3**
**Matthaeus Paris (um 1200-1259)**
**Historia Anglorum**
**Aufgeschlagen: Palästina-Karte** (fols 4v-5r)
England, St. Albans, nach 1250
Pergamenthandschrift
London, The British Library, The Manuscript Collections (Royal MS 14C VII)

Die *Historia Anglorum* des Matthaeus Paris behandelt die englische Geschichte von der normannischen Eroberung (1066) bis zum Jahre 1253. Dem Text vorangestellt sind kartographische Illustrationen für die Reise von London nach Apulien und die hier gezeigte Karte des lateinischen Königreiches in Palästina. Das Interesse, das besonders seit den Kreuzzügen für das Heilige Land bestanden hatte, förderte die Verbreitung von Reisebeschreibungen, die auf die Bedürfnisse der Pilger abgestimmt waren (z. B. *Les pélerinages pour aller en Jerusalem*, 1231) und Karten, die dem Reisenden eine ungefähre Vorstellung von den topographischen Verhältnissen im Königreich Jerusalem vermitteln konnten.

An die geostete Karte sind in der linken oberen Ecke zwei Pergamentstreifen mit der sehr schematischen Darstellung der Stadt Rom und Siziliens angefügt; als markantester Punkt der Insel ist der Vulkan Ätna eingezeichnet. Der sich auf zwei gegenüberliegende Seiten erstreckende Hauptteil der Karte stellt etwa das Gebiet vom heutigen Tripolis im Norden bis Gaza im Süden dar. Als nördlichster Ort (auf der Karte links unten) ist die Stadt Tyrus eingetragen. Die ehemalige phönizische Metropole war ursprünglich eine Insel und wurde von Alexander dem Großen mit dem Land verbunden. Balduin II. ließ die Stadt erobern (1124) und zu einer Festung ausbauen. (7/12) Dem Küstenverlauf folgend gelangt man über die Stadt Sidon (ohne Darstellung) zu dem nördlichen Vorort der Stadt Akkon, dem unter Ludwig IX. um 1250 mit Mauern versehenen Montmusard. Als wichtigste Gebäude sind in der Vorstadt die in Küstennähe gelegenen Domus militum sancti Lazari und ein in anderen Palästina-Karten als *Maisun de seint Thomas le martir* bezeichneter Bau eingetragen. Gegen die zinnenbewehrte, alte Stadtmauer hin ist der mit Türmen versehene große Komplex des Hospitals der Johanniter eingefügt. Im Inneren der an allen vier Seiten von Mauern umschlossenen Stadt Akkon, die ihrer Bedeutung gemäß im Maßstab deutlich

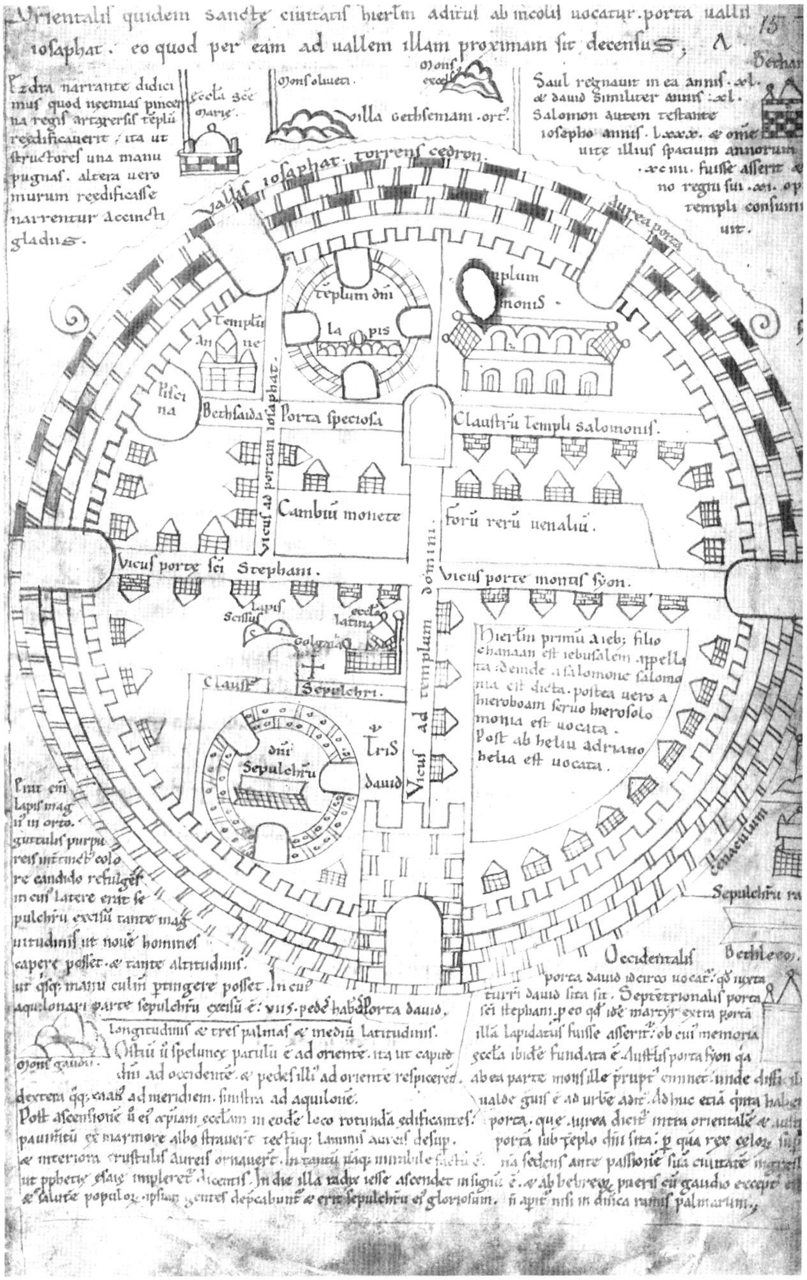

764 (7/2)

größer dargestellt ist als die übrigen Städte, markieren die Bauten die Unterteilung der Stadt in einzelne Viertel. So befand sich im südwestlichen Teil Akkons, dort wo der als *temple* bezeichnete Kuppelbau eingetragen ist, der Bezirk der Templer. Das Viertel der Genuesen, etwa im Zentrum der Stadt, ist durch den *tur de geneveis* ausgewiesen, und in der Nordostecke (rechts oben) wird das Quartier der Deutschordensritter durch das *hospital des alemans* bezeichnet. In der Nordostecke schließlich ist das mächtige Kreuzfahrerkastell *(le chastel le rei de acre)* dargestellt, das die gefährdete, landzugewandte Seite zu sichern hatte. Von Akkon aus, dessen hervorragende Bedeutung als Hafen die eingezeichneten Schiffe betonen, sind in dem schmalen, nach Süden verlaufenden Küstenstreifen die Städte Haifa, Atlit mit dem im 13. Jahrhundert neu errichteten Templer-Kastell *(Chastel pelerin)*, Caesarea, Jaffa Askalon und Darum eingetragen. Von Jaffa führt eine Straße in östlicher Richtung nach Jerusalem, das gegenüber Akkon als kleine, von einem Mauergeviert umgebene Stadt erscheint. Zur Zeit als Matthaeus die Chronik verfaßt hatte, gehörte das 1244 von den choresmischen Reiterhorden zerstörte Jerusalem bereits nicht mehr dem lateinischen Königreich an. Die Stadtbeschreibung beschränkt sich wohl deshalb auf die drei markantesten Punkte. In der Südwestecke ist der kreisförmige Grundriß des Heiligen Grabes eingezeichnet, in der Südostecke der Tempel Salomonis und ihm gegenüberliegend der Felsendom, der als *templum domini* bezeichnet ist. Östlich der Stadt liegt zwischen den Bergen das Tal Josaphat mit dem Grab der Maria. Am oberen Ende der rechten Kartenhälfte sind unter anderem die Städte Bethlehem (mit dem Stern) und Nazareth, das Tote Meer *(la mer morte)*, der Jordan, der sich aus den Nebenflüssen Jor und Dan speist und schließlich auf dem linken Blatt die Stadt Damaskus eingezeichnet, die der Karte nach von den Flüssen Albana und Farfar umflossen wird. *AF*

Lit.: Dichter (1973); Morgan (1982), S. 142–144; Lewis (1987), S. 321 ff. und 458 ff.

**7/4**

**Wilhelm von Tyrus (um 1130–1186)**
**Histoire d'outremer** (mit Nachträgen).
**Aufgeschlagen: Ludwig IX. und das Kreuzfahrerheer brechen nach Aigues Mortes auf und stechen in See** (fol 336v)
Akkon und Italien (Venedig?),
1290/91 bzw. um 1330
Illuminierte Pergamenthandschrift
Florenz, Biblioteca Medicea Laurenziana
(MS. Plu. LXI.10)

Die wichtigste lateinische Quelle für die Geschichte der Kreuzfahrerstaaten in den letzten Jahrzehnten vor der Eroberung Jerusalems durch Saladin (1187) stellt die *Historia rerum in partibus transmarinis gestarum* des Wilhelm von Tyrus (um 1130–1186) dar, die hier in einer altfranzösischen Übersetzung vorliegt (vgl. 7/12). Der Codex wurde in einem Skriptorium der Kreuzfahrerstadt Akkon begonnen und mit zahlreichen, den Text illustrierenden Miniaturen versehen. Die unmittelbar bevorstehende Eroberung von Akkon durch al-Aschraf Halil, dem mamlukischen Sultan von Ägypten, der mit einem großen Heer und zahlreichen Belagerungsmaschinen die Stadt bedrohte, setzte auch der Schreibschule ein jähes Ende. Der unbekannte Auftraggeber konnte aber offenbar mit der unvollendet liegengebliebenen Handschrift fliehen und sie rund vierzig Jahre später in Italien, vermutlich in Venedig, fertigstellen lassen. Die dort nachgetragene Miniatur wird am linken Rand von der hochgezogenen Oberlänge einer mit vegetabilen und zoomorphen Motiven versehenen L-Initiale gerahmt und ist in zwei übereinander geordnete Register unterteilt. Der obere Abschnitt zeigt den Aufbruch des Kreuzfahrerheeres nach der südfranzösischen Hafenstadt Aigues Mortes. Dem voranreitenden Ritter auf weißem Pferd mit steigenden Löwen auf der Pferdedecke folgt Ludwig der Heilige (1248–1254), der Initiator des Kreuzzuges. Als Zeichen seiner königlichen Würde trägt er eine goldene Krone. Die Tunika und die Pferdedecke sind mit heraldischen Lilien, dem Signum der französischen Könige verziert. Im August 1248 trat Ludwig IX. von Aigues Mortes aus die Fahrt in das Heilige Land an, während sich das Hauptheer mit der Kreuzfahrerhymne *veni creator spiritus* im Alten Hafen von Marseille einschiffte. Der Aufbruch der Flotte nach Zypern, wo das Kreuzfahrerheer vor der Überfahrt nach Ägypten überwintert hatte, ist im unteren Register dargestellt: die mit weißen Segeln bestückten Schiffe sind voll beladen mit Kreuzfahrern, die rot/weiße Banner mit sich führen. *AF*

Lit.: Folda (1976), S. 111–116, 139ff, 192–196 u. a.

**7/5 (Abb. 765)**

**»Chertsey Tiles«, Fußbodenfliesen mit der Darstellung des Kampfes zwischen König Richard I. und Sultan Saladin**
Chertsey Abbey, um 1290
Glasierte Keramik, 50 x 82,5 cm (gerahmt)
London, The British Museum, Department of Medieval and Later Antiquities (1885,11–13, Eames Cat. Design Nes. 466 and 467)

Die aus der Chertsey Abbey (Surrey) stammenden Fußbodenfliesen zeigen den Kampf zwischen dem englischen König Richard I. (Löwenherz) und dem Sultan von Ägypten und Syrien, Saladin. Richard I. (1157–1199) kam am 8. Juni 1191 an der Spitze seines Kreuzfahrerheeres nach Palästina, um das durch Saladin (Salaah ad-Din, 1138–1193) seit 1187 besetzte Jerusalem zurückzuerobern und die zweijährige Belagerung von Acre aufzuheben. Trotz einiger Siege bei Arsuf, Beitnuba und im Juli 1192 bei Jaffa gelang es ihm nicht, Jerusalem einzunehmen. Im September 1192 wurde mit Saladin ein Friedensvertrag abgeschlossen, der dessen Eroberungen akzeptierte, aber einen freien Zugang zum Heiligen Grab in Jerusalem ermöglichte. Richard I. kehrte nach Europa zurück, wo er in Wien gefangengenommen wurde, Saladin nach Damaskus, wo er 1193 starb. Richard I. ist auf der viergeteilten Rundfliese mit einem Kettenpanzer geschützt. Sein Helm ist mit einer Krone umgeben. Der Schild trägt die drei Leoparden, das königliche Wappen von England. Sein Pferd springt weit ausgreifend über niedrige Gewächse, die auch einen Wald an-

765 (7/5)

deuten können. Seine über den Kopf des Pferdes gelegte Lanze trifft auf der nächsten Rundfliese Saladin, der mit einem langen Schwert bewaffnet ist. Die Darstellung geht auf den mittelenglischen Versepos *Richard Coeur de Lion* zurück, der selbst aus anglo-normannischen Quellen, die um 1230/50 entstanden sind, abgeleitet ist. Im Versepos wird dem englischen König ein verzaubertes Pferd von Saladin geschenkt. Das Füllen sollte während der folgenden Schlacht zu seiner Mutter laufen, um so den Tod des Richard zu ermöglichen. Dem König wird dies in einer Engelsbotschaft überbracht, so daß er sich darauf einrichtet und dem Tier die Ohren mit Wachs verstopft, damit es nicht das Wiehern seiner Mutter hören kann.

Zur Schlacht am folgenden Tag rüstet sich Richard: »*Er selbst war reich angetan vom Helmbusche bis zur Zehe. Wunderbar war er bewaffnet, ganz mit guten Stahlplatten und darüber einen Harnisch; einen Speer hatte er, verläßlich gearbeitet, auf der Schulter einen Stahlschild mit drei schön ausgeführten Leoparden (...) Die Lanzenspitze vergaß er nicht. (...) Gottes hoher Name war darauf eingegraben.*« (Brunner [1913], Zeile 5700ff). So kommt es in der Schlacht zum Zusammenstoß mit dem Sultan von Damaskus, den er mit der Lanze trifft, wobei die Erzählung verschleiert, ob die Lanze ihn durchbohrt, oder nur den Schild trifft. Hervorgehoben ist im Saladin-Rundbild entsprechend der Dichtung die Lanzengröße. Da diese Szene phantastisch mit religiösem Bezug ausgeschmückt ist, läßt sich auch eine andere Versstelle zur Interpretation heranziehen: Die Schlacht von Arsuf wird von Saladin gefordert, der Richard »*Unter dem Walde von Arsuf*« (4590ff) treffen will. Dahin begibt sich der König auf seinem Pferd Favel: »*A launse in hys hand he helde, / He smot an amyral in þe scheelde. / þe dyynt smot þorwz þe he þene herte, / I vnderstande it gan hym smerte*« (Eine Lanze hielt er in der Hand, einen Emir traf er in den Schild, der Stoß ging durch des Heiden Herz; ich verstehe, daß er ihn schmerzte) (Brunner [1913], Zeile 5050ff).

Ursprünglich waren die Rundfliesen mit Segmentfliesen umgeben, die Inschriften trugen, um die Darstellung zu erklären. Fliesen mit den Inschriften ›REX‹ und ›RICARDUS‹ wurden auch im Grabungsgelände der Benedektinerabteil Chertsey gefunden. Diese im 10. Jahrhundert gegründete Abtei war nach 1537 abgebrochen worden, um als Baumaterial für den Palast in Oatland, den Heinrich VIII. für Anna von Cleve vorsah, zu dienen. Erst im ausgehenden 18. Jahrhundert wurden Ausgrabungen unternommen, die in der Mitte des 19. Jahrhunderts verstärkt fortgesetzt wurden, und die neben diesen beiden Richard-Saladin Rundbildern, die Tristan-Isolde Illustrationen zutage brachten. Die Richard-Rundfliesen haben einen Durchmessen von neun inches (ca. 24 cm) mit einer weißen Umgrenzungslinie. Die Rundfliese besteht aus vier Teilen. Die Fliesen lagen in Intervallen auf dem Boden, die dazwischenliegenden Räume waren mit kleineren Rundfliesen und mit Blattwerk verziert. *RL*

Lit.: Brunner (1913); Carette/Deroeux (1985), S. 29ff; Eames (1980), S. 141ff; Gardner/Eames (1954), S. 24ff.

**7/6**
**Albuinis Eremita**
**Liber de virtutibus**
**Aufgeschlagen: Brief Saladins an Kaiser Friedrich I. Barbarossa** (Blatt 77r)
Maria Laach, 13. Jh.
Pergamenthandschrift
Berlin, Staatsbibliothek Preußischer Kulturbesitz (Ms. theol. lat. qu. 190)

Von Saladin (Takrit 1137/1138–1193 Damaskus), Sultan von Syrien und Ägypten, sind insgesamt zwei Briefe bekannt, welche er in das Abendland sandte. Adressaten waren Papst Lucius III. und Kaiser Friedrich I. Der Brief an Friedrich I. (1151–1190) ist ein Beglaubigungsschreiben für einen Gesandten, welcher mündlich die eigentlichen Verhandlungen führen sollte. Der in einer lateinischen Übersetzung aus dem 13. Jahrhundert. vorliegende Brief wird in die Zeit zwischen 1180–1182 datiert, da sich der Sultan während dieser Jahre in Kairo aufhielt.

Nach einer den Kaiser würdigenden, viele Zeilen umfassenden Anrede heißt es:»*Den Brief Eurer Majestät, den ihr mir über euren ehrwürdigen weisen und diskreten Albricus, euren Soldaten und Januensischen Legaten übermittelt habt, habe ich mit größter Ehre in Gegenwart der Barone und Magnaten unseres Landes sehnsüchtig empfangen. Nachdem wir ihn mit größter Mühe verstanden haben, haben wir Tag und Nacht gemeinsam und getrennt unaufhörlich über seinen Inhalt und über das, was uns der Gesandte persönlich von eurer Seite mitgeteilt hat, beraten (...). Den Auftrag, den ihr uns zur Vergrößerung unserer Ehre übergeben habt, haben wir angenommen, weil wir glauben, daß dadurch die Könige, sowohl die christlichen als auch die sarazenischen, über alle herausragender sind.*« Um welchen Auftrag es sich hier handeln mag, läßt sich aus dem übrigen Inhalt des Briefes nicht erschließen. In der Folge wird jedoch einschränkend geäußert, daß gewisse Januenser, welche den Gesandten begleiteten, »*viel Übles*« über Friedrich I. zu berichten hatten. »*Deshalb gerieten wir in Zweifel und*

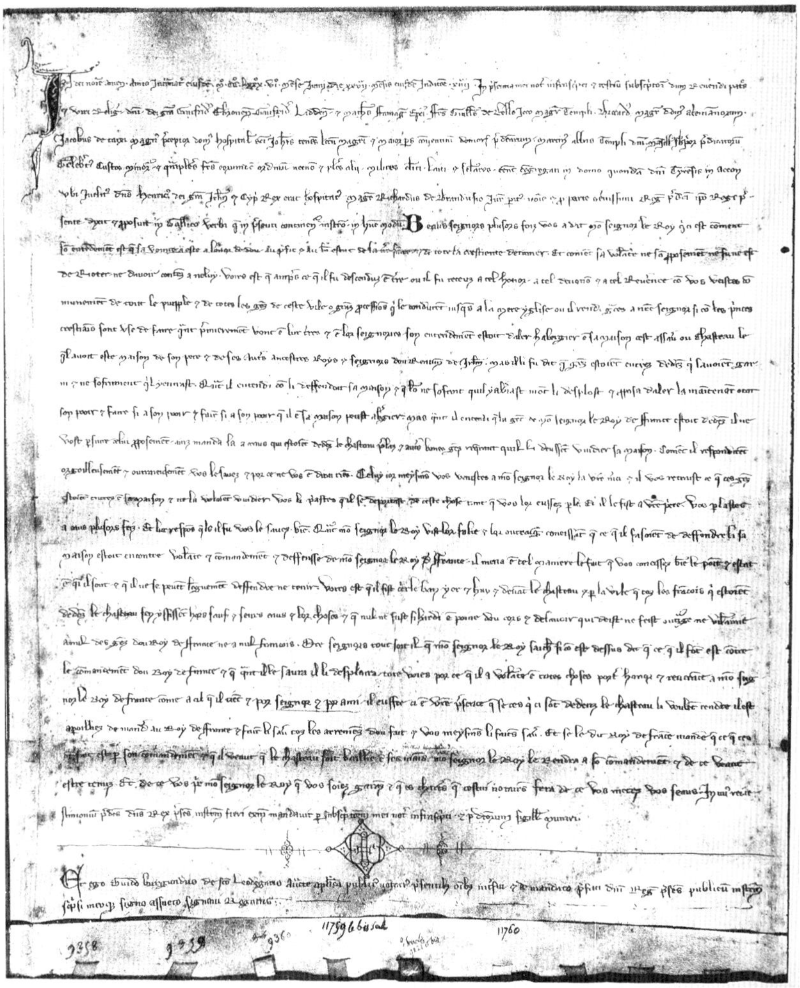

766 (7/7)

*haben es aufgeschoben, unseren Vorsatz und den Willen des Gesandten zu erfüllen.«* Saladin beteuerte weiterhin, er werde der Wahrheit nachgehen. *»Im übrigen, wenn es euch zusagt, zusammen mit dem oben genannten Gesandten euren Gesandten mit eurem Brief zu uns zu schicken, werden wir die Reihe des ganzen Geschäfts sofort, sobald wir die Wahrheit und Sicherheit daraus erkannt haben, neben eurer Ehre und eurem Willen zum Abschluß bringen (...).«* (Ü. a. d. Lat. C. Meckelnborg) *MD*

**7/7 (Abb. 766)**
**Protestnote des Königs von Zypern gegen die Besetzung seines Palastes in Akkon, Juni 1286**
Pergament, 45 cm x 37,5 cm
Paris, Archives nationales (J 456, no 27)

Die von Heinrich II. von Lusignan verfaßte Protestnote richtet sich an die französischen Kreuzfahrer, die seinen königlichen Palast in Akkon (Saint Jean-d'Acre) besetzt hielten. 1268 war nach dem Tode des letzten Staufers Konradin die Krone von Jerusalem an das Haus Lusignan gefallen, die schon im 12. Jahrhundert dort regiert hatten (vgl. 4/85). Auch nach der Eroberung Akkons durch die Mamluken 1291 und den anschließenden Untergang des fränkischen Königreiches im Heiligen Land ließen sich die Lusignans in der Kathedrale von Famagusta weiterhin zu Königen von Jerusalem krönen.
Lit.: Latrie (1855), S. 671ff.

**7/8 (Abb. 300)**
**Anonym**
**Les Status de l'ordre du Saint-Esprit par le Roys Loys de Sicile et de Hierusalem Aufgeschlagen: Die Einschiffung des Kreuzfahrerheeres** (fol. 6r)
Neapel (?), um 1355
Illuminierte Pergamenthandschrift
Paris, Bibliothèque Nationale, Département de Manuscrits (Ms. fr. 4274)

Ludwig von Tarent (1320–1362), der Gatte der Königin von Neapel, Giovanna (1343–1382), trug den Titel ›König von Sizilien und Neapel‹ und den Herzogstitel der Provence. Der im 14. Jahrhundert weiterwirkende Kreuzzugsplan drückt sich zudem im Anspruch, als ›König von Jerusalem‹ zu gelten, aus. Der Orden wurde 1352 durch ihn gegründet. Die Miniatur fol. 6r. zeigt die Einschiffung eines Kreuzfahrerheeres. Die um 1355 entstandene Handschrift wurde mit Miniaturen des Christophorus Orimina geschmückt. *RL*
Lit.: Salmi (1956), S. 36; Rotili (1976), S. 72; Fossier (1983), II, S. 433.

**7/9**
**Brief des mongolischen Khans Öltscheitü an König Philipp den Schönen, in dem die unter seinen Vorgängern geschlossene Freundschaft bekräftigt wird**
13./14. Mai 1305
Papierrolle, 50 x 302 cm
Paris, Archives nationales
(AE III 203 [J. 937 ní 9])

Bereits im 13. Jahrhundert glaubte Papst Honorius III., die Mongolen könnten verbündete Helfer bei der Befreiung der Heiligen Stätten vom Islam sein. Trotz mongolischer Verheerungen blieb der Todfeind der Christenheit der ›ungläubige‹ Muslim. An die gesandtschaftlichen Beziehungen seiner Vorgänger anknüpfend, sandte der Großkhan Öltscheitü (reg. 1304–1316) im Jahre 1305 einen Brief an Philipp den Schönen (1268–1314), um die Freundschaft zwischen dem mongolischen Reich und dem wichtigen Verbündeten neu zu bekräftigen. In der Allianz gegen die Perser war der Schutz der Christen immer ein stabiles Element in der mongolischen Politik gewesen.
Lit.: Paris (1972).

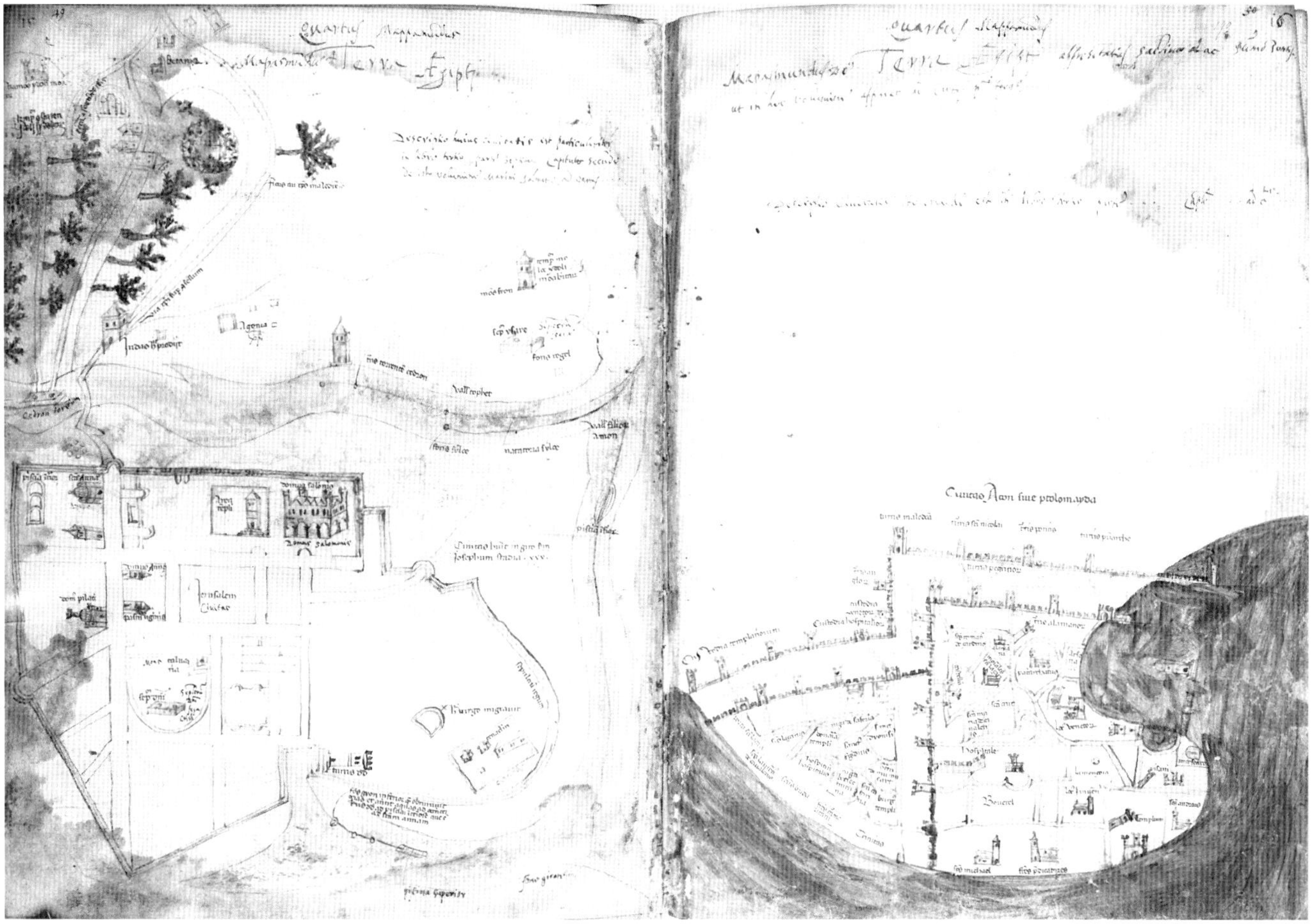

767 (7/10)

**7/10 (Abb. 767)**
**Pietro Vesconte (Werkstatt)**
**Stadtpläne von Jerusalem und Akkon**
**Miniatur in: Marino Sanudo**
**Liber secretorum fidelium crucis**
Venedig, um 1330.
35 x 25,5 cm
London, The British Library, The Manuscript Collections (Add. MS 27376)

Mit dem mehrmals aktualisierten *Liber secretorum fidelium crucis* propagierte der Venezianer Marino Sanudo (um 1260-1334) seinen Plan von der Rückeroberung des Heiligen Landes durch einen neuerlichen Kreuzzug. Um dieses Unternehmen zu verwirklichen, überreichte Sanudo den *Liber* einflußreichen Persönlichkeiten wie etwa Papst Johannes XXII. Als den Text illustrierendes Anschauungsmaterial waren der Schrift meist nautische Karten, Weltkarten, Landkarten und auch die Stadtpläne von Jerusalem und Akkon beigegeben. Das vorliegende Kartenkonvolut, das zu der Handschrift Add. 27376 gehört, wurde im Atelier des berühmten venezianischen Kartographen Pietro Vesconte angefertigt. Die Karten von Jerusalem und Akkon geben entsprechend der historischen Situation – die Städte waren 1244 bzw. 1291 an die Mohammedaner verlorengegangen – einen älteren, zur Zeit Sanudos und Vescontes nicht mehr bestehenden Zustand wieder.

Vescontes Plan von Jerusalem unterscheidet sich schon im Umriß deutlich von den älteren Plänen der Stadt. Den stark schematisierten quadratischen (7/3) bzw. runden Darstellungen (7/2) gegenüber, stimmt der Verlauf der Stadtmauern und die Führung der Straßen und Gassen im wesentlichen mit dem ergrabenen archäologischen Befund überein. In der Stadt selbst sind dann aber in erster Linie nur die Gebäude und Stätten eingetragen, die für den christlichen Pilger von Interesse sind. Im westlichen Teil der Stadt (auf der Karte unten) sind dies neben dem Davidsturm *(Turris David)* vor allem der Ort, an dem Maria gestorben war (Hic Virgo migravit), der Kalvarienberg *(Calvaria)* und das Grab Christi (Sepulcrum Domini). Im östlichen *(oberen)* Teil der Stadt sind unter anderem das Haus des Pilatus *(Domus Pilati)*, das Haus der Anna, der Mutter Mariens *(Domus Anne)*, der Tempelbezirk *(Area Templi)* und der Tempel Salomonis *(Domus Salomonis)* hervorgehoben. Verläßt man die Stadt durch das östliche Josaphattor, so gelangt man durch das Kidrontal zum Grab Mariens und zu der Stelle, wo Judas Christus verraten hatte, zur soge-

768 (7/11)

nannten Grotte des Verrates (*Judas hic prodidit*). Der Pilger konnte dann dem Weg folgen, den Christus auf dem Esel zurückgelegt hatte (Via Christi super asellum) und erreichte schließlich Bethanien (*Betania*), den Zielort der von Jerusalem ausgehenden Osterprozessionen.

Die gegenüberliegende Seite stellt den Plan von Akkon, der Hauptstadt des Königreiches Jerusalem dar, der im Grundriß weitgehend der fast hundert Jahre älteren Karte des Matthaeus Paris (7/3) entspricht, sie aber in der Eintragung von Details bei weitem übertrifft. Deutlicher als dort wird die Befestigungsanlage, die aus zwei mit Türmen versehenen Mauerzügen besteht, die auch die nördliche Vorstadt Montmusard einschließen, erkennbar. Die einzelnen Quartiere und Bauwerke sind durch die Bildlegenden bezeichnet, einzelne markante Punkte, wie das große Kreuzfahrerkastell (*Castellum*) an der inneren Nordmauer oder das westlich gelegene Spital der Johanniter (*Hospitale*) sind durch schematische Zeichnungen dargestellt. *AF*

Lit.: Degenhart-Schmitt (1973), S. 24f; Röhricht (1898), S. 84-126.

**7/11 (Abb. 768)**
**Marino Sanudo Torsello**
**Liber secretorum fidelum Crucis**
Italien, erste Hälfte 14. Jh.
Pergamenthandschrift
Brüssel, Koninklijke Bibliotheek Albert 1, Afdeling Handschriften (Hs. 9404–05)

Nach dem Fall der letzten Kreuzfahrerfestung Acre (Akkon) 1291 entstand im christlichen Europa eine umfangreiche Agitation für einen neuen Kreuzzug: So ließ Papst Nikolaus IV. Anfang August 1291 in allen Kirchen dafür beten. Eine Seebelagerung von Alexandria folgte. Erst die Exkommunikation von venezianischen Kaufleuten brachte deren schwunghaften Handel zwischen 1322–1344 zum Erliegen. Der aus einer venezianischen Patrizierfamilie stammende Marino Sanudo war vor 1291 mehrfach in geschäftlichen Dingen auf den griechischen Inseln und Acre. In einem neuen Kreuzzug wollte er seiner Stadt eine führende Rolle zubilligen. 1307 erschien von ihm eine Beschreibung des Heiligen Landes mit einer detaillierten Betrachtung der ägyptischen Ökonomie. 1312/13 wurde diesem Band ein zweites Buch hinzugefügt. Als Buch III war eine kurze Geschichte des Heiligen Landes angeschlossen.

Erst nach einer Überarbeitung waren die drei Bücher als *Liber secretorum fidelium Crucis* vollständig. In Avignon überreichte er 1321 das Buch Papst Johannes XXII. Dem französischen König Karl IV. übergab er es ein Jahr später in Paris. Ihm sollte er einige Zeit als Berater dienen. Von seinen zahlreich verteilten Kopien existieren heute noch 19 Manuskripte, denen in unterschiedlicher Zahl Karten beigefügt sind. Sie sind von dem genuesischen Kartographen Pietro Vesconte angefertigt. Mit diesen Karten konnte er z. B. seinen Plan der Totalblockade Ägyptens demonstrieren. Die Brüsseler Handschrift ist mit einer Widmung an Philipp VI., den französischen König, versehen, den Sanudo in Briefen von 1332 als zukünftigen Kreuzzugsführer betrachtet. *RL*

Lit.: Folda (1976), S. 139f.; Frankfort (1974); Inventaire (1971), Nr. 248.

**7/12 (Abb. 298, 299, 769)**
**Wilhelm von Tyrus (um 1130–1186)**
**Histoire d'outremer**
**Aufgeschlagen: Auszug der islamischen Bevölkerung aus Tyrus** (fol. 114v)
Nordfrankreich, um 1450
Illuminierte Pergamenthandschrift
Genf, Bibliothèque publique et universitaire (Ms. fr. 85)

Die von Wilhelm von Tyrus (um 1130–1186) verfaßte Geschichte der Kreuzfahrer und der Kreuzfahrerstaaten (*Historia rerum in partibus transmarinis gestarum*) (7/4) wurde im 12. bzw. im 13. Jahrhundert in das Altfranzösische übertragen und über den von Wilhelm beschriebenen Zeitraum (bis 1184) fortgesetzt. Die verschiedenen Textfassungen dieser Nachträge gehen im wesentlichen auf die im Original nicht erhaltene Chronik des Ernoul, eines lateinischen Barons in Syrien, zurück.

Im 13. Buch von Wilhelms Chronik der Kreuzzüge wird über die Belagerung und Eroberung der Stadt Tyrus (7/3), das heutige Sur an der libanesischen Küste, berichtet. König Balduin II. (1118–1131) von Jerusalem sah sich durch die Hilfe der herbeigerufenen venezianischen Flotte in der Lage, die letzten verbliebenen Festungen der Muslime an der Küste anzugreifen. Als Angriffsziel wählten die Kreuzfahrer Tyrus, das dem fatimidischen Kalifat unterstand. Die exponierte, inselartige Lage der Stadt, die durch einen unter Alexander dem Großen errichteten Damm mit dem Festland verbunden war, hat auch der Maler der Miniatur wiedergegeben. Nach einer mehrmonatigen Belagerung zu Lande und zu See mußten sich die Bewohner im Juli 1124 ergeben. Mit den fränkischen bzw. venezianischen Belagerern wurde ausgehandelt, daß die Einwohner, die die Stadt verlassen wollen, freies Geleit erhalten. Der Moment der Übergabe der Stadt, die bei allem Detailrealismus keine Stadtansicht im neuzeitlichen Sinne darstellt, ist in der Miniatur festgehalten. Die Muselmanen ziehen mit all ihrer Habe, die auf Karren, Kamele und Pferde geladen ist, unbehelligt von den fränkischen Rittern aus der Stadt. Die Belagerer, die Rüstungen tragen und mit Lanzen und Schwertern bewaffnet sind, beobachten abseits stehend den Auszug. Die Schiffe der venezianischen Flotte sind im Hintergrund dargestellt. *AF*

Lit.: Ausst.kat. Genf (1976), Nr. 69; Dogaer (1987), S. 112.

*769 (7/12)*

**7/13 (Abb. 772)**
**Hans Polhamer d. Ä. (1528–1566 in Innsbruck nachweisbar)**
**Entwurf zur Statue des Gottfried von Bouillon**
Bez.: gotfrid von bulion kunig zu Jerusalem (...) das soll ein lanng braitt Swert sin auff die (...)
Um 1530/32
Federzeichnung in Braun, aquarelliert, 28,8 x 21 cm
Innsbruck, Tiroler Landesmuseum Ferdinandeum (AD 32)

Gottfried von Bouillon, der ›Befreier‹ des Heiligen Grabes zu Jerusalem und Begründer des ersten lateinischen Kreuzfahrerstaates, hatte im 14. Jahrhundert als einer der ›neun guten Helden‹ in die profane Malerei Eingang gefunden, wo er zusammen mit Karl dem Großen und König Artus die Dreiheit christlichen Heldentums verkörperte. Zuvor hatte ihn Dante als einen von acht Glaubenskämpfern in den Marshimmel versetzt. Die Lektüre eines zur Erbauung und Belehrung für den angehenden Herrscher gedachten ›Fürstenspiegels‹ mochte den Habsburger Maximilian dazu bewogen haben, den Lothringer Gottfried in die ›Genealogie‹ und Hundertschaft der ›Heiligen aus der Sipp-, Mag- und Schwäherschaft des Kaisers‹ aufzunehmen. Als Ahnenstatue des Kaisers taucht Gottfried auf einem Festwagen auf, den Hans Springinklee für die Holzschnittfolge des von Maximilian in Auftrag gegebenen »Triumphzuges« in den Jahren 1512–1519 ausführte. Das Jerusalemer Kreuz auf dem Schild weist den gerüsteten Ritter als die bekannte Gestalt der Kreuzzugslegende aus. Er, der den Königstitel von Jerusalem ausgeschlagen hatte, ist nun mit nichts geringerem als dem Dornenkranz und den Leidenswerkzeugen Christi gekrönt.

Der Entwurf für eine der Bronzestatuen des Maximiliangrabes von der Hand des Innsbrukker Hofmalers Polhamer (tätig zwischen 1530 und 1566) hält sich weitgehend an diese Vorlage. Wie die Notizen auf dem Blatt beweisen, war man mit dem, was er zu Papier brachte, nicht zufrieden gewesen, so daß es in der endgültigen Ausführung zu einigen Änderungen kam. ›Gottfried von Bouillon‹ war als letzte der von Leonhard Magt und Stefan Godl verfertigten Statuen der sogenannten zweiten Mühlauer Gußwerkstatt nicht vor 1533 vollendet worden. Diese gelangte wie die übrigen 27 der ursprünglich 40 geplanten, überlebensgroßen Erzfiguren in der zu diesem Zweck errichteten Innsbrucker Hofkirche zur Aufstellung. *R/SB*

Lit.: Lechner (1974); Oettinger (1966).

770 (7/15)

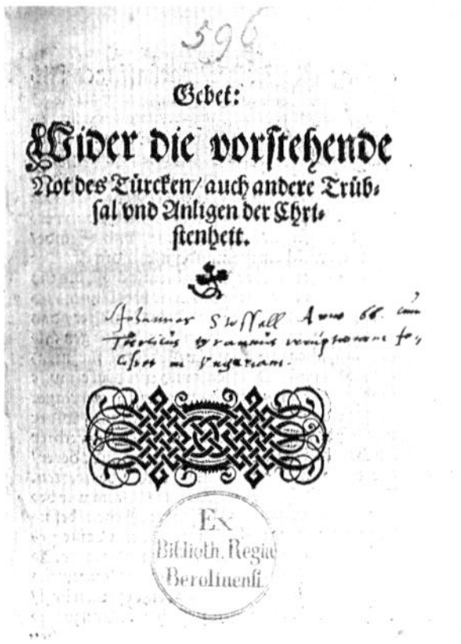

771 (7/16)

**7/14 (Abb. 302)**
**Guillaume Caoursin (1430–1501)**
**Histoire du siège de Rhodes par les Turcs (Kopie)**
**Aufgeschlagen: Vue de la Cité de Rhodes assiégée par le Turcs** (fol 55v)
15. Jahrhundert
Illuminierte Pergamenthandschrift,
23 x 16,3 cm
Paris, Bibliothèque Nationale, Département des Manuscrits (Latin 6067)

Guillaume Caoursin, in Douai als Sohn einer aus Rhodos stammenden Familie geboren, war Zeit seines Lebens vom Orden der Johanniter mit diplomatischen Aufgaben betraut gewesen. Als Sekretär, später als Vizekanzler des Ordens führten ihn seine Missionen mehrmals nach Rom, um die Unterstützung des Papstes im Kampf gegen das osmanische Reich zu erwirken. Seine Erhebung in den Rang eines Paladins durch Innozenz VIII., 1484, war freilich eher eine ratlose Geste denn ein ernsthafter Versuch der Hilfeleistung. Schließlich ist Caoursin maßgeblich bei den Verhandlungen zwischen der Kurie und dem König von Neapel, um den sich in Schutzhaft der Johanniter befindenden Bruder des Sultans, Dschem, beteiligt. Seine *»Obsidionis et urbis Rhodiae Descriptio«* ist eine der Hauptquellen zur erfolglosen Belagerung der Insel durch die Türken im Jahr 1480. Gegenüber den weite Verbreitung findenden gedruckten Fassungen zeichnet sich die illuminierte Handschrift der Bibliothèque Nationale durch ihre detailreichen Abbildungen aus.
*R/SB*

Lit.: Gabriel (1921–1923); Gerola (1937); Volkert (1949).

**7/15 (Abb. 770)**
**Guillaume Cahoursin**
**(Caoursin, um 1430 Douai–1501 Rhodos)**
**Historia von Rhodis**
Straßburg, 1531
Berlin-W, Staatsbibliothek Preußischer Kulturbesitz (2° Uk 9138 R)

Der Vizekanzler und Sekretär des ›Ordens des S. Johannes von Jerusalem‹, Guillaume Cahoursin, hat zehn Werke hinterlassen, die 1496 in Ulm zusammen herausgegeben wurden. Davon beschäftigen sich drei mit dem Stiefbruder des Bayazid II., Dschem-Sultan, der damals unter dem Namen Zyzmi bekannt wurde. Nach Auseinandersetzungen mit dem Nachfolger Mehmeds II. war er am 29. Juli 1482 nach Rhodos geflohen. 1489 kommt er nach Rom und bleibt bis 1495 in den vatikanischen Gemächern, bevor er nach Neapel flieht und dort am 25. Februar 1495 stirbt.

Lit.: Babinger (1959), S. 255ff

**7/16 (Abb. 771)**
**Flugschrift: Gebet wider die vorstehende Not des Türcken**
1566
Berlin, Staatsbibliothek Preußischer Kulturbesitz, Handschriftenabteilung (Flugschr. 1566/27)

Der türkische Angriff auf das Reich spielte sich nicht nur *»weit unten (...), wo die Völker aufeinanderschlagen«* ab, sondern war in jeder Pfarrgemeinde gegenwärtig. Man zahlte die ›Türkensteuer‹, die ›Türkenglocken‹ wurden geläutet, es wurden Bittgottesdienste abgehalten und entsprechende »Türkengebete» gesprochen. Gezeigt wird hier das Titelblatt einer Flugschrift aus dem Jahre 1566, als Sultan Süleyman wieder in Ungarn angreift und schließlich drei Tage vor der Eroberung der Festung Szigetvár stirbt. Das hier ausgestellte Gebet stammt wohl aus dem Sächsischen, denn die zwei Söhne des von Kaiser Karl V. in der Schlacht bei Mühlberg gefangengenommenen Kurfürsten Johann Friedrich I. (gest. 1554), Johann Friedrich (II.) der Mittlere (gest. 1595) und Johann Wilhelm (gest. 1573) werden als Obrigkeit erwähnt. So heißt es: *».(...) Zum andern bitten wir auch für alle weltliche Obrigkeit/heilsame Regiment und Ordnung/Und in sonderheit für unsere gnedige Landsfürsten/Hertzog Friederich den Mitlern/und Hertzog Johan Wilhelm/gebrüdere (...) Auch einen Erbarn weisen Raht dieser Stadt. Gib inen dein Gnade/das sie ire gantze Regierung dahin richten/auff das der König aller Könige Jhesus Christus über sie und ire Unterthanen regire/Und das das Reich des Teufels (...) zurstöret werde (...).«*

Darüberhinaus sieht man gut lutherisch im Papst eine fast noch größere Gefahr als in den Türken: *»(...) Letzlichen bitten wir/Du wollest die Tyranney des Bapsts/Türcken und Machomets durch deinen mechtigen Arm/gewaltiglich stürtzen/auch unserm Kriegsvolck/so itzund wider diesen grewlichen wüterich zu Felde lieget/Krafft und Sterck/Glück und Sieg umb deines Namens willen vorleien. Wollest auch die zugestandene trübsal mit Pestilentz/Teuerung/Hunger/und anderen Plagen/Krankheit und Anfechtungen gnediglich mildern und lindern/und uns nach solcher väterlichen Züchtigung (...) wiederumb durch deine Gnade und Güte erfreuen.«* KS

Lit.: Cosack (1871), Lamparter (1940).

**7/17 (Abb. 773)**
**Fragment de chronique des années 1449 á 1453**
**Aufgeschlagen: Belagerung von Konstantinopel durch Mehmed II.** (fol. 21)
15. Jahrhundert
Illuminierte Pergamenthandschrift
Paris, Bibliothèque Nationale, Département des Manuscrits (Ms. fr. 6487)

Auf dem Plan der Belagerung von Konstantinopel, einer anonymen Chronik der Jahre 1449 bis 1453. ist die Ansicht der Stadt nach Osten ge-

*772 (7/13)*

wandt, um so die Hauptfront des türkischen Angriffs vor den Landmauern des Theodosius besser ins Blickfeld zu bekommen. Den Türken gelingt es, ihre Schiffe vom Bosporus auf einer Rollbahn über Land in das Goldene Horn zu befördern und so die eiserne Kette, die diesen Meerarm schließt, zu umgehen. Deutlich hat der Illuminator die Positionen der Kanonen eingezeichnet, die auf türkischer Seite zu massiverem Einsatz gelangten, als dies bis dahin in Schlachten üblich gewesen war. Der Plan ist die Bezugsquelle für die gleichlautende Darstellung einer französischen Handschrift aus dem späten 15. Jahrhundert (Paris, Bibl.Nat., Ms. français 9087, fol. 207v.), welche die bescheidene Vorlage zu einem romanesken Schauplatz im Geschmack zeitgenössischer Ritterromane ausfabuliert. *R/SB*

773 (7/17)

**7/18 (Abb. 301)**
**Begegnung Mehmeds des Eroberers mit dem Patriarchen Gennadios**
Norditalien, um 1550
Leinwand, 83,8 x 152,4 cm
London, Privatsammlung

Das Gemälde wurde 1859 von Alexander Lindsay (1812–1880), dem späteren Earl of Crawford and Balcarres, auf einer Auktion in Cheltenham erworben. Es stellt die Begegnung des Sultans Mehmed II. nach der Eroberung Konstantinopels am 6. Januar 1454 mit dem von ihm eingesetzten Patriarchen Gennadios II. dar. Simultan ist im Hintergrund der Bosporus mit dem belagerten Konstantinopel zu sehen. Gennadios II. hieß eigentlich Georgios Scholarius (um 1405–nach 1472), der nach seiner Wahl durch die in der Stadt verbliebenen Laien und Priester den Namen eines Patriarchen des 5. Jahrhunderts annahm. Als einer der bedeutendsten Theologen seiner Zeit nahm er am Konzil von Florenz-Ferrara 1438 teil, wandte sich aber nach 1444 gegen die Kirchenunion und polemisierte gegen die ›Lateine‹. Während der Belagerung Konstantinopels hielt er sich außerhalb der Stadt auf, wurde gefangen, in die Sklaverei verkauft und schließlich von Mehmed II. ausgelöst. Von diesem erhielt er seine Amtsinsignien, Ornat, Bischofsstab und das neue vergoldete Brustkreuz, das der Patriarch im Bild in der Hand hält. Im Mittelgrund ist die Mißhandlung und Ertränkung eines Mönches zu sehen; dabei dürfte auch Gennadios gemeint sein, da eine fehlerhafte Überlieferung dessen Tod während der Belagerung berichtet. Das Gemälde vereinigt Stilelemente italienischer und deutsch-niederländischer Kunst: Mehmed II. ist in einen ornamentierten römischen Lederpanzer gehüllt, wie er bei Marten van Heemskerck vorkommt, die linke Sitzfigur und die dahinter stehende Puppe erinnern an die Figuren auf Raffaels *Transfiguration* von 1518/20 sowie an Sebastiano del Piombos Konkurrenzgemälde *Die Erweckung des Lazarus*. In Veronese's *Mariä Tempelgang* von 1552/53 kann man noch eine ähnliche Gestik entdecken. Jedoch finden sich im deutsch-niederländischen Kunstbereich (vom Hintergrund abgesehen, der flämischer Buchmalerei entnommen scheint) z. B. im *Cyriakus-Altar* des Bartholomäus Bruyn d. Ä. (um 1493–1555), bei Hans Burgkmairs (1475–1531) *Geschichte der Esther* (München, AP) und in Jörg Breus (1475–1537) *Ursula-Altar* von 1522/27, verwandte Motiv- und Stilelemente. Hinzufügen ließe sich noch ein Bruchstück aus einer *Anbetung der Könige* (Dresden, GG, AM) des Georg Pencz (1500–1550). Das Gemälde war ursprünglich Gentile Bellini zugeschrieben. Ein Künstler aus dessen Umkreis, Girolamo Galizzi da Santacroce (vor 1503 Bergamo–1556), der dafür bekannt ist, daß er Werke Raffaels, Titians, Bordones u.a. kopiert und paraphrasiert hat, könnte als Schöpfer des Werkes in Erwägung gezogen werden, da in seinen Bildern Details, die auch im ›Gennadios-Mehmed II.‹ Gemälde vorkommen, Verwendung finden, so der gestufte Fußboden und die Fließeneinteilung in einer *Verkündigung* (Kress Foundation, NY), die Mantelform des Gennadios mit der Ornamentierung *Hl. Agnes* (Lockinge House, Wantage). Den Landschaftshintergrund und den streifigen Himmel findet man im *Liberale* (Ermitage, Leningrad). Da das Gemälde auf Leinwand gemalt ist, im Gegensatz zu den auf Holztafeln gemalten der deutsch-niederländischen Künstler, darf eine Entstehung in Norditalien um 1550 angenommen werden. *RL*

Lit.: Berenson (1957), v.I., S. 153 ff; Brigstocke (1981), S. 287ff; Ausst.kat. Graz (1981), S. 217f; Babinger (1953), Abb.; Runsiman (1968); Kier (1976); Kat. Dresden (1979), S. 118/119, 253/254; Kat. München (1972), S. 41ff.

**7/19 (Abb. 774)**
**Sammelhandschrift**
**Aufgeschlagen: Gebet gegen die Türken**
(Blatt 62v)
Havelberg, 15. Jh.
Pergamenthandschrift
Berlin, Staatsbibliothek Preußischer Kulturbesitz (Ms. theo. lat. fol. 318)

**7/20 (Abb. 440)**
**Auguste de Forbin (Roque d'Antheron/Provence 1777–1841 Paris)**
**Die Einnahme der Alhambra von Granada am 2. Januar 1492**
1831
Leinwand, 255 x 206 cm
Aix-en-Provence, Musée Granet (836.2.1)

Könnte man zunächst glauben, ein hochdramatisches Landschaftsbild vor Augen zu haben, das von einer orientalischen Architekturkulisse wirkungssteigernd gerahmt wird, dann erweist nicht nur der Blick in alte Kataloge, sondern auch auf den Bildaufbau, daß die Menschengruppe nicht bloß eine belanglose Staffage bildet, sondern bedeutungsvoller Träger einer Handlung an einen historischen und topographisch keineswegs beliebigen Ort ist. Mit ziemlicher Sicherheit gibt de Forbin die Ansicht durch den Portikus des Nordpavillons des um 1319 gebauten Gerneralife-Palastes, der nordöstlich, oberhalb der Alhambra liegt, auf das langgestreckte Wasserbecken mit den Springbrunnen und den Gartenanlagen wieder. Die zu dunklen Silhouetten vereinheitlichten Figuren sind nur aus dem Zusammenhang insoweit bestimmbar, als wir in der Zentralfigur mit Helmbusch Gonzalvo de Córdoba erkennen können, dem Boabdil als Herrscher des letzten muslimischen Königreichs in Spanien Córdoba ausliefern muß. Doch de Forbin betonte weniger die politische Seite des Ereignisses, da Gonzalvo mit der Handbewegung den Muslim zum Kreuz leitet, dem er sich wie auch ein schwarzer Begleiter demütig nähert, während ein anderer die Flagge senkt. Hier siegt nicht irgendein Ritter über einen anderen, sondern das Christentum über den Islam. *»Durch ein magisches und kräftiges Colorit«, das de Forbin im Nekrolog des ›Kunstblattes‹* (Nr. 40, 20.5.1841, S. 172) generell nachgerühmt wird, erreicht er, daß die Natur selbst die welthistorische Dimension enthüllt. Während sich in der rechten Arkade der rote Himmel wie ein Höllenfeuer über der Beweinung der Mauren spannt, bricht in der Mitte über der Huldigungsszene das Licht historisch verheißungsvoll durch die Rauchwolken.

Und zwar auf Dauer: denn die Verschattung der Figuren im Gegenlicht, mit der zwangsläufig ein gewisses Maß an Entindividualisierung einhergeht, gibt dem ganzen Ereignis, nicht nur der Trauerszene rechts, etwas Genrehaftes, und damit Wiederholbares. De Forbin weist sich damit wie seine Mitschüler bei David, Richard und Révoil, als Vertreter des historischen Genres, der ›Peinture troubadour‹, aus. Diese Künstler suchten literarische, nicht antike, sondern oft religiöse Stoffe anekdotisch zu popularisieren, um eine sentimentalisierte christliche Renaissance zu befördern. Von daher erklärt sich de Forbins Interesse an den Ereignissen vom Januar 1492 in Córdoba, die er bereits zweimal zuvor darstellte, wenn die Datierung dieser Fassung jetzt als 1831 gelesen wird.

*774 (7/19)*

De Forbin kannte viele fremde Länder aus eigener Anschauung, weil er in seiner Militärzeit und seit 1816 als Direktor der königlichen Museen weit herumgekommen war und 1817/18 auch den Orient besucht hatte. Für die Wahl des Themas waren diese Erfahrungen sicher nicht so wichtig wie die Bedeutung, die er dem Ereignis für das Christentum beimaß, zumal die Alhambra und Córdoba als Orte des Geschehens damals farbigste Vorstellungen von Exotismus aufriefen. Erinnert sei nur an die Schriften Chateaubriands, Hugos, Irvings und später Gautiers, während de Marcellus Florians Schriften als Forbins direkte Quelle angibt. *WS*
Lit.: DE FORBIN (1819); DE MARCELLUS, 1843, S. 45f.; DELECLUZE, (1855), 1983), S. 64, 81f; GUILLIBERT (1905); AUDE (1921), S. 18; ANGRAND (1972); CHAUDONNERET (1980); AUSST.KAT. MARSEILLE (1982/83), S. 93f, Kat.Nr. 141; FOUCART (1987), S. 280f., 285f.

**7/21 (Abb. 314)**
**Urkunde (temlikname) mit der Tughra des osmanischen Sultans Murad II. (1421–1451) zur Übereignung von Grundbesitz in Bulgarien an Mevlana Fazlullah**
Erste Dekade des Schaban 845 h / 15.–24. Dezember 1441
Baumwollpapier, Tinte, Gummiarabicum, Streusand; 77 x 18,5 cm
Berlin, Staatsbibliothek Preußischer Kulturbesitz, Orient-Abteilung (Hs. or. 8178)

Gegenstand der Eigentumsübertragung durch den Sultan ist das Dorf Batkun, südwestlich von Pasardschik. Der Text lautet ab Zeile 2: »*(...) für den Inhaber des edlen Namenszuges (d.h. der Tughra), den Stolz der Großen und Starken, (Zeile 3) den Sammelpunkt von guten und edlen Eigenschaften, den Ratgeber der Herrscher und Sultane, der Essenz von Wasser und Lehm, den Ordner aller Angelegenheiten, den Berater des glanzvollen Reiches, Mevlana Fazlullah – möge sein hoher Rang andauern!* «. Entsprechend diesem langen Ehrentitel handelt es sich wahrscheinlich um den Wesir Fazlullah, der, wie der Geschichtsschreiber Dukas berichtet, um diese Zeit erster Wesir gewesen sein soll. Dafür spräche auch, daß weitere prominente Persönlichkeiten der Zeit am Schluß der Urkunde als Zeugen genannt werden. So ein Khalil Ibn Ibrahim, sehr wahrscheinlich der bekannte Wesir aus der Familie der andarli, dann al-Hadschdsch Schahin Ibn Abdallah ›Emir der Emire der Länder von Rum‹, also der Beglerbeg von Rumelien, sicher der bekannte Wesir und Prinzenerzieher Sultan Mehmeds II., des Eroberers. Dann folgt der Name »*Ishaq Ibn Abdallah, der Schatzmeister (khazin) seiner Majestät des Herrschers*« und darauf Murad Ibn Yahya »*bekannt als der Defterdar*«.

Sultan Murads II. Urkunde wird wie folgt fortgesetzt: »*(...), habe ich im Land der Saruhanbeglü's das Dorf mit Namen Batkun (...) mit allem, was innerhalb seiner vier Begrenzungen liegt, als angemessen und wert erachtet und zum Eigentum (mülk) gegeben (...) Wenn er will, möge er es verkaufen, (...) verschenken, (...) eine Stiftung errichten und über die sonst verbleibenden gesetzlichen Besitzrechte möge er verfügen, wie er will.*« Das Stück gehört zu den ältesten noch vorhandenen osmanischen Sultansurkunden überhaupt und ist gleichzeitig wohl die älteste, die außerhalb der Grenzen des ehemaligen Osmanischen Reiches aufbewahrt wird. *KS*

Lit.: Schwarz (1981), Inalcik (1971).

**7/22 (Abb. 441)**
**Sog. Boabdil Schwert**
Granada, Ende 15. Jh
Stahlklinge, unvollständige hölzerne Scheide mit Goldbronze und Emailverzierungen,
L 97 cm
Kassel, Staatliche Kunstsammlungen,
Hessisches Landesmuseum (B II 608)

Schwert mit zweischneidiger Stahlklinge, die in der Mitte mit einer Vertiefung (Rille) versehen ist. Der Handgriff ist mit Einfassungen aus Goldbronze und Emailverzierungen ausgestattet. Die Arme des Schwertkreuzes, die parallel zur Schwertklinge nach unten verlaufen, sind mit einer Goldfiligrane und Schlangen- oder Drachenköpfen dekoriert. Der runde Knauf läuft in einen kegelförmigen Zapfen aus. Die unvollständige hölzerne Scheide ist mit Leder umhüllt und mit den gleichen Dekorarbeiten wie der Handgriff geschmückt.

Dieses Stück entspricht einem bestimmten Reiterschwerttypus, der weniger für die Kriegsführung als für zeremonielle Anlässe verwendet wurde. In der Regel ist dieser Typus ungefähr einen Meter lang und kunstvoll verarbeitet. Nach einer Legende soll dieses Schwert, wie auch das im Madrider Armee-Museum aufgewahrte Stück, dem letzten König Granadas, Boabdil (Abu Abdallah Muhammad XI), gehört haben. Nachdem Boabdil bei der Schlacht von Lucena (1492) von den Christen besiegt und gefangen genommen wurde, hatten die Befehlshaber der christlichen Armee, der Gouverneur von Los Donceles und der Graf von Cabra, den Besitz Boabdils für sich beansprucht. Der Reitrock aus Samt, der Degen, Dolch und das Schwert Boabdils sollen sich gegen Ende des 19. Jahrhunderts im Besitz des Marquis von Villaseca, eines Nachfahren des Grafen von Cabra, in Madrid befunden haben. Der Besitz ging später in den Bestand des Armee-Museums von Madrid über. In das reicher und kunstvoller ausgearbeitete Madrider Schwert ist der Name Boabdils eingraviert. Seine Authentizität wird jedoch von dem Grafen Viudo Valencia de D. Juan in seinem Katalog des Armee-Museums von 1898 angezweifelt, da der Handgriff aus einer späteren Zeit und die Klinge aus dem Berbergebiet stamme. Ähnliches gilt vermutlich auch für das Kasseler Stück. *MO*

Lit.: Gomez Moreno (1947), Bd. 1.

**7/23 (Abb. 308)**
**Hans Sebald Beham (1500–1552), Entwurf**
**Niklas Meldeman, Herausgeber**
**Wiens erste Belagerung durch die Türken**
Nürnberg, 1530
Kolorierter Holzschnitt, Typendruck,
81,2 x 85,6 cm
Wien, Museen der Stadt Wien
(48.068)

Nach dem Tod des Ungarnkönigs Ludwig II. in der Schlacht gegen die Türken bei Mohács am 29. August 1526 war der nächstberechtigte Erbe der Erzherzog von Österreich, Ferdinand I. Dieser Erbanspruch führte einen direkten Interessenkonflikt zwischen Osmanen und Habsburgern herbei. Sultan Suleiman II. suchte durch die Wahl eines Gegenkönigs, Johann Zápolya, einen Vasallen in Ungarn einzusetzen. Die militärische Auseinandersetzung zwischen Zápolya und den Habsburgern begann mit einem Sieg für letztere in der Schlacht bei Tokai; Ferdinand wurde 1527 zum König von Ungarn gewählt und gekrönt. Nach dem zweiten Sieg Ferdinands in der Schlacht bei Sárospatak 1528 sah sich Süleyman veranlaßt, selbst einzugreifen und brach am 10. Mai 1529 zu einem Feldzug nach Ungarn auf. Gegen ihn wurde ein Reichsheer von knapp 10.000 Mann aufgestellt.

Am 8. September eroberte Suleiman Ofen und setzte Johann Zápolya wieder ein; am 21. September erreichten die Türken Wien. Das Belagererheer zählte etwa 120.000 Mann gegenüber nur 17.000 in der Stadt, darunter 5.000

Bürger. Die schwersten Stürme auf die Stadt am 11. und 14. Oktober konzentrierten sich auf das Kärntnertor (im Holzschnitt über dem Stephansdom), wobei Niclas von Salm schwer verwundet wurde; dennoch wurden die Angriffe so erfolgreich abgewehrt, daß die Türken am 15. Oktober die Belagerung aufgaben.

Die Nachricht von der gescheiterten Belagerung war am 22. Oktober in Nürnberg bekannt. Der Briefmaler Niklas Meldeman ließ sich drei Tage später vom Nürnberger Rat das Privileg erteilen, *»die belegerung Wienn aufzureissen und zu drucken, auch den andern verpieten, nit nachzudrukken in 1 jar.«* Er reiste persönlich nach Wien, wo er einem Maler, der die Kriegshandlungen vom Stephansturm aus bildlich festgehalten hatte, seine Zeichnung abkaufte. Er besorgte sich den Augenzeugenbericht des Kriegssekretärs Peter Stern von Labach, der in Erstauflage in Wien erschienen war. Am Jahresende gewährte der Rat der Stadt Nürnberg Meldeman einen Kredit, um nach der Zeichnung Holzschnitte anfertigen zu lassen. Im April 1530 waren die Holzschnitte fertig und wurden von Meldeman herausgegeben, zusammen mit einer Widmungsschrift an den Rat und dem überarbeiteten Bericht Peter Sterns von Labach.

Der Name des Malers auf dem Stephansdom ist nicht bekannt. Der Künstler, der die Vorzeichnungen in Nürnberg auf die Holzstöcke brachte, war vermutlich Hans Sebald Beham. Die etwas ungewöhnliche Darstellung der Historie in einem Rundprospekt, von erhöhtem Standpunkt aus, hatte in Nürnberg einen Vorgänger in der Illustration eines Berichts von Hernando Cortez, *Praeclara ed Nova maris Oceanis Hysania Narratio*, gedruckt bei Johann Petreius 1524, die die Aztekenstadt Tenochtitlan zeigt. Den Stephansdom, den der Maler von seinem Standpunkt aus nicht hatte darstellen können, ließ Meldeman nach einer Vorlage aus dem Wiener Heiligtumsbüchlein von 1502 einfügen. Ein andere Ausgabe des Holzschnitts befindet sich im Germanischen Nationalmuseum zu Nürnberg. *UT*

Lit.: Ausst.kat. Renaissance (1974), Nr. 664; Düriegl (1980); Kabbebo (1875).

**7/24 (Abb. 775)**
**Erhard Schön (nach 1491–1541/42), Entwurf**
**Hans Guldenmund, Herausgeber**
**Wiens erste Belagerung durch die Türken**
Nürnberg, 1530
Holzschnitt, 55,4 x 76,4 cm
Wien, Museen der Stadt Wien (31.089)

Die Belagerung Wiens, 1529, durch die Türken brachte zweifellos ein großes publizistisches Echo hervor. Es nimmt daher nicht wunder, daß auch andere Interessenten sich an einer bildlichen Darstellung der Belagerung versuchten. Dieser unbeschriftete und unbezeichnete Holzschnitt wird als die Konkurrenz-Ausgabe

*775 (7/24)*

Hans Guldenmunds zu dem Werk Niklas Meldemans (7/23) identifiziert. Während aber der Rat der Stadt Nürnberg Meldemans Projekt förderte, wurde Guldenmund im Februar 1530 verboten, sein Werk zu veröffentlichen; schließlich mußte er unter Strafandrohung die Holzstöcke an den Rat abgeben. Erst als Meldemans Werk fertig war, bekam Guldenmund seine Stöcke zurück, mit der Auflage, sie nicht vor Ablauf eines Jahres zu drucken.

Im Vergleich zu Meldemans Holzschnitt, wo die einzelnen Vorgänge während und kurz nach der Belagerung, mit Inschriften versehen, festgehalten sind, ist hier die Historie wesentlich allgemeiner ›nacherzählt‹, mit den Sturmversuchen der Türken, die sich auch in den zerstörten Vorstädten eingenistet hatten, und der sich heftig wehrenden Besatzung. Im Zeltring um die in leichter Aufsicht dargestellte Stadt sind als Staffage Szenen aus dem türkischen Lagerleben dargestellt; rechts erkennt man die Donau und den Kanal mit der großen Donau und der Schlagbrücke. Gegenüber Meldeman hat es sich Guldenmund einfach gemacht, indem er für die Darstellung Wiens auf einen Holzschnitt aus der Weltchronik Hartmann Schedels von 1493 zurückgriff. Die hohen Kosten, die Meldeman bei seinen Vorarbeiten entstanden waren, wurden vom Nürnberger Rat als Argument für sein Verbot angeführt. Auch der Zeitaufwand war für Guldenmund geringer, so daß sein Holzschnitt wesentlich früher fertig wurde.

Möglicherweise wurde durch die Restriktionen das Werk für den stets auf Aktualität bedachten Briefmaler Guldenmund geschäftlich uninteressant, so daß er von einer ordentlichen Publikation absah. Es sind nur Abdrücke der Holzstöcke ohne Beschriftung überliefert. Die vermutlich zu diesem Holzschnitt geschriebenen Verse des Hans Sachs *»Historia der türki-*

776 (7/25)

*schen belegerung der stat Wien (...)«* wurden zunächst ebenfalls nicht veröffentlicht. Allerdings hielt sich Guldenmund insofern schadlos, als er in dieser Zeit zahlreiche Blätter mit verschiedenen Figuren des türkischen Heeres (Sultan Süleyman und Hauptmann Sansaco) und über Greueltaten an der einheimischen Bevölkerung mit Hans-Sachs-Texten versehen herausgab. Ferner war bei ihm bereits 1529 eine Flugschrift *Warhafftiger Grundt und bericht von dem Thürckischen Krieg (...)* erschienen, in der die Belagerung Wiens in Tagebuchform beschrieben wurde. Göllner sieht in dieser Schrift die Erläuterung zu Guldenmunds Holzschnitt. *UT*

Lit.: Ausst.kat. Nürnberg (1976), Nr. 32; Göllner (1961), Nr. 348; Kabdebo (1875); Ausst.kat. Wien (1980), Nr. 149.

**7/25 (Abb. 776)**
**Hans Sebald Lautensack**
**(Bamberg 1524–1561/66 Wien)**
**Ansicht der Stadt Wien von Südwesten mit dem Untergang des Assyrerkönigs Sanherib**
Monogr. und dat. u. Mitte auf einem Stein: HSL 1559
Wien, 1559
Radierung (3 Platten), 2. Zustand, 29 x 109,5 cm
Wien, Museen der Stadt Wien (31.041)

Durch die Kombination eines biblischen Ereignisses (2. Könige II, Kap. 19, Vers 35) mit dem Geschehen in jüngster Vergangenheit erhält die gescheiterte Belagerung Wiens 1529 eine besondere Aufwertung als eine gottgewollte Wendung in der Menschheitsgeschichte, wobei die Stadt Wien mit Jerusalem gleichgesetzt wird. Ganz im Gegensatz zur Auffassung der Türken, die einst die Entscheidung zur Aufgabe der Belagerung damit begründet hatten, daß sie Erzherzog Ferdinand bei Wien gesucht, aber nicht gefunden hätten (Sendbrief Ibrahim Paschas an die Kriegskommissare zu Wien) und sich beim Abzug durchaus als Sieger sahen, tritt hier als entscheidende Kraft der von Gott gesandte Racheengel auf, der Sanheribs alias Sultan Süleymans II.(I.) Heer vernichtet und den Anführer vertreibt.

Auf Lautensacks *»wahrhafftige Contrafactur der weitberuemten haubtstatt Wienn in Oesterreich gegen Mittag, sambt der wunderbarlichen Niderlag des Khunigs Sannaharib aus Assiria (...)«* bezieht sich ein Text des Arztes Wolfgang Lazius, der ursprünglich unterhalb der Radierung angebracht werden sollte. Der Text geht dann auf die Parallelität der Jerusalemer und der Wiener Belagerung über und gibt schließlich einen mit Ortsbeschreibungen versehenen Abriß der Geschichte Wiens bis 1529. Das ausgestellte Blatt ist ein Abdruck im 2. Zustand von 1559; es ist stark beschnitten, so daß die Kartuschen, der Racheengel und z. T. die Turmspitzen fehlen; im Erstzustand ist das Blatt mit 1558 datiert. *UT*

Lit.: Aust.kat. Renaissance (1974), Nr. 670; Schmitt (1957), Nr. 92.

**7/26 (Abb. 303, 304, 305)**
**Giulio Clovio (Nachfolge)**
**Die Siege Kaiser Karls V.**
**Aufgeschlagen: Die Aufhebung der Belagerung von Wien** (fol. 9)
Italien, um 1556
Illuminierte Pergamenthandschrift
London, The British Library, The Manuscript Collections (Add. MS 33733)

Eine die linke untere Bildecke einnehmende und nach rechts schräg auslaufende Vordergrundschwelle ist der Standort der denkmalhaft aufgefaßten Reiterfigur Kaiser Karls V. Dicht am vorderen Bildrand und in Seitenansicht nach rechts erhebt sich sein kurbettierendes Pferd zu eindrucksvoller Größe. Mit Roßharnisch und ornamentierter Parsche ist es prachtvoll aufgeputzt. Der Herrscher, dessen Turnierlanze die Aufwärtsbewegung des Pferdes akzentuiert, trägt einen antikisierenden, mit Löwenmasken und dem Doppeladler verzierten Prunkharnisch; von heraldischem Charakter ist der Bügelhelm mit flatternder Helmdecke und Kaiserkrone. Hinter dem Kaiser und von dessen Pferd und dem linken Bildrand weitgehend überschnitten, reitet sein Bruder Ferdinand in einfacher Rüstung. Sein damaliger Rang als König von Böhmen und Ungarn ist durch eine Zackenkrone bezeichnet. Zu Fü-

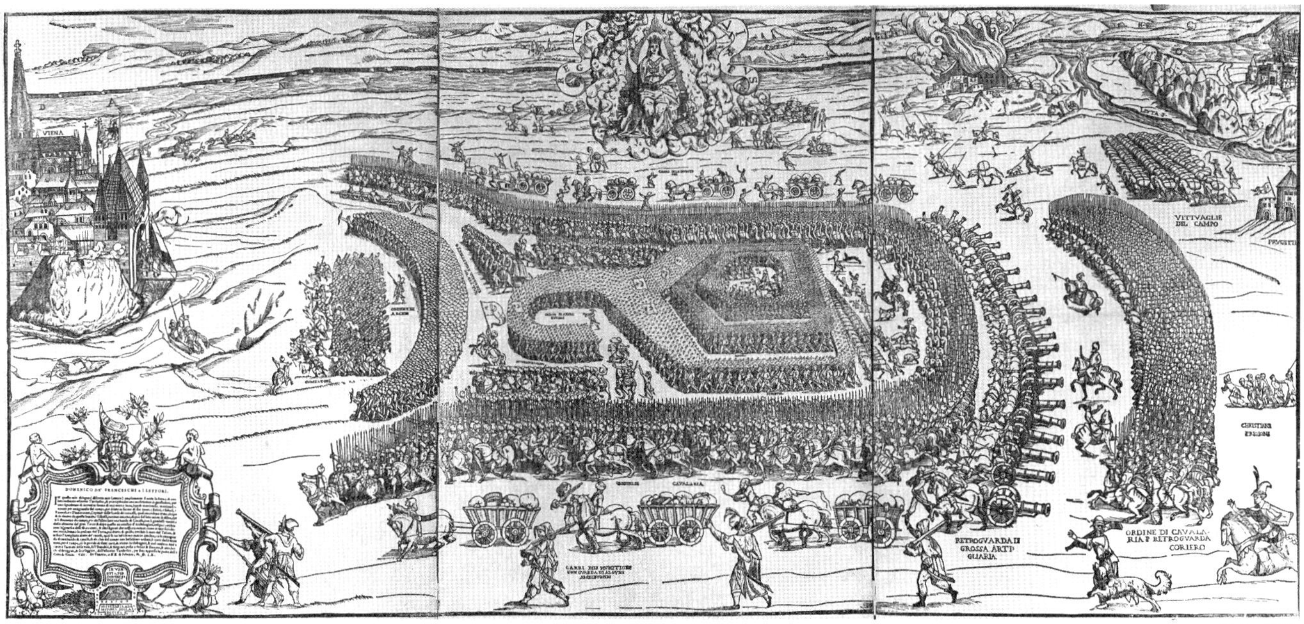

777 (7/27)

ßen des Kaisers lassen zwei gefallene Türken und ihre ebenfalls niedergemachten Pferde keinen Zweifel an dem für Habsburg glücklichen Ausgang der militärischen Auseinandersetzung.

Hinter der Vordergrundschwelle öffnet sich nach rechts eine weite Tiefebene, Schauplatz der eigentlichen Handlung. Auf der linken Seite wird diese, in Höhe des Kopfs Karls V., durch die Stadt Wien und ihre Befestigung begrenzt, rechts, wo sich im Hintergrund die osmanischen Truppen um den Sultan herum in dichten Reihen versammelt haben, durch eine unwirtliche Bergwelt. Von rechts vorn sprengen Kavalleristen durch die Ebene zu ihren bereits im Abzug begriffenen Kameraden.

Die überdeutliche Verherrlichung Karls V. im Zusammenhang mit der Aufhebung der Belagerung von Wien erscheint nicht unproblematisch. Der Konflikt mit den Türken hatte sich nach der ungarischen Krönung Ferdinands 1527 zugespitzt. Süleyman, der auf Seiten des Gegenkönigs Johann Zápolya stand, um die Befestigung der habsburgischen Macht in Ungarn zu verhindern, sah sich 1529 zu einem Feldzug gegen Wien genötigt. Da die Türkengefahr allgemein unterschätzt wurde und die Fürsten auf dem Reichstag zu Speyer für die Aufgabe Ungarns eintraten, gelang es Ferdinand nur unter größten Schwierigkeiten, ein Heer und *»eilende Türkenhilfe«* zusammenzubringen; um die Unterstützung Karls V. bemühte er sich vergeblich. Daß die Türken nach dem vierten erfolglosen Sturm auf Wien den Rückzug antraten, war daher - abgesehen von den für die Türken ungünstigen Witterungsbedingungen – allein dem Einsatz und taktischen Geschick Ferdinands und seiner Militärs zu verdanken.

Das Blatt gehört zu einer als Buch gebundenen Folge von zwölf Pergamentmalereien mit Darstellungen der Siege Karls V. Es handelt sich dabei um Kopien der ebenfalls zwölfteiligen Kupferstichserie des Dirk Volkertsz. Coonhert nach Vorlagen von Maarten van Heemskerck, die 1556, im Jahr der Abdankung Karls V., in erster Ausgabe bei Hieronymus Cock in Antwerpen verlegt wurde (Hollstein [o.J.], Bd. 4, S. 231, Nr. 216-227). Auf der Rückseite jeder Miniatur befindet sich eine Kartusche mit einer in Versform auf spanisch abgefaßten kurzen Erläuterung der Szene. Es ist wahrscheinlich, daß die kostbar ausgestattete Bilderhandschrift für Karls Sohn Philipp II. ausgeführt wurde, dem der Vater 1556 Spanien und die Kolonien abgetreten hatte. Stilistisch stehen die *Siege Karls V.* dem Werk des bedeutendsten italienischen Miniaturisten des 16. Jahrhunderts, Giulio Clovio (1498-1578) nahe, ohne Eigenhändigkeit für sich in Anspruch nehmen zu können. *KAS*

Lit.: Bradley (1891); Herbert (1912); Backhouse (1979).

**7/27 (Abb. 777)**
**Domenico de Franceschi**
**(1559–1564 nachweisbar in Venedig)**
**Die Armee der Türken vor Wien**
Venedig 1560
Holzschnitt, 53,6 x 118,5 cm (Blatt)
Wien, Graphische Sammlung Albertina (It HS, Bd. II, Bl. 39)

Die Lebensdaten des Domenico dei Franceschi sind nicht bekannt. Er kann nur anhand seiner Verlegertätigkeit in Venedig zwischen 1559 und 1587 nachgewiesen werden. Ob er auch als Holzschneider tätig war, ist zweifelhaft, da die bei ihm verlegten Holzschnitte das Monogramm eines bisher unbekannten Künstlers aufweisen. Das Monogramm (?) »C.V.F.« befindet sich auf dem vierten Blatt, des aus insgesamt sechs Blättern zusammengesetzten Holzschnittes, der die türkischen und kaiserlichen Heere mit der dazwischenliegenden Stadt Wien zeigt. Der Holzschnitt, von dem in der Ausstellung nur die drei rechten Blätter zu sehen sind, wurde von Domenico dei Franceschi am 1. Januar 1560 herausgegeben. In einer Kartusche (l. u.) befindet sich die Adresse des Herausgebers und eine Beschreibung der Darstellung: *»IN VENETIA PER DOMENICO DI FRACIS IN FREZARIA ALA INSEGNA DELLA REGINA«*. Nach der Beschreibung ist nicht die Belagerung Wiens von 1529, sondern der türkische Anmarsch von 1532 gegen Wien, der nur bis Güns kam, Gegenstand der Abbildung. Am 25. April 1532 war das türkische Heer von Istanbul aus aufgebrochen. Es bestand aus etwa 130.000 Mann mit über 300 Geschützen. Eine Gesandtschaft des Königs Ferdinand erhielt am 17. Juli 1532 die Nachricht, daß der Sultan gegen Karl V. ziehe, also den ›österreichischen König‹ als nicht ebenbürtig einstufe. Am 6. August wurde das etwa 150 km vor Wien liegende Güns (Köszeg, Ungarn) von den türkischen Truppen eingeschlossen, während sich die kaiserlichen Truppen zur Abwehr der Türken in der Umgebung Wiens sammelten. Nach der Übergabe von Güns zog sich das türkische Heer Ende August wieder zurück. Die Akindschi, die auch Renner und Brenner genannt wurden, waren bis über die Wiener Neustadt vorgestoßen und hatten bei Amstetten die Donau erreicht. Am 23. September 1532 kam Karl V. in Wien an, wo sich ein etwa 90.000 Mann starkes Heer gesammelt hatte. Dieses wurde nun teilweise aufgelöst. Auf dem Holzschnitt ist das türkische Heer zwischen der Leitha, dem ungarisch-österreichischen Grenzfluß, und der Stadt Wien, aus deren Häusermasse der Stephansdom herausragt, hufeisenförmig in zwei Flügeln angeordnet. Die Flügel werden durch von Pferden gezogene Munitionswagen begleitet. Der türkische Sultan befindet sich inmitten seiner keilförmig angeordneten, bogentragenden Fußtruppen, den ›Solaks‹. Am Ende der beiden Flügel folgen den Reitern Kamele, sowie die Nachhut der Reiter und die Artillerie. Verpflegungstransporte sind rechts oben sichtbar. Hinter der Reiternachhut werden christliche Gefangene herangeschleift, in der Ferne sind Greuelszenen erkennbar. Dem Heer voraus eilen die Akindschi, die bereits vor einem Stadttor Wiens zu sehen sind. Die Darstellung des türkischen Heeres weist, neben perspektivischen Ungenauigkeiten, einen betont ornamental-abstrakten Charakter auf, der nur bedingt der Realität entspricht. *RL*

Lit.: Ausst.kat. Wien (1987), Nr. 53; Kupelwieser (1899); Nagler (1966), Nr. 783; Passavant (1864), Nr. 91a.

**7/28 (Abb. 778)**
**Johannes Stradanus**
**Die Aufhebung der Belagerung von Wien**
Florenz, 1589
Federzeichnung in Braun, ockerbraun laviert, Deckweiß auf braun getöntem Papier, Korrekturen in Deckweiß und Schwarzbraun, 20,5 x 30,6 cm
Bez. und dat.: »IOA STRADANUS INVENTOR 1589«
Wien, Graphische Sammlung Albertina (23437)

Seitenverkehrte Vorzeichnung für den 1590 von Philipp Galle in Antwerpen verlegten Kupferstich des Adriaen Collaert (Hollstein, Bd. 4, S. 207, Nr. 705). Im Gegensatz zu der die erfolgreiche Abwehr des türkischen Ansturms auf Wien durch die Habsburger verherrlichenden Miniaturmalerei für Philipp II. (7/26) ist für Stradanus allein der Aufbruch des türkischen Heeres Thema der Darstellung. Auf einer vom übrigen Gelände abgesonderten Vordergrundschwelle reitet von rechts nach links eine dichtgedrängte Gruppe von türkischen Soldaten. Im Mittelgrund bewegen sich Fußsoldaten und Kavalleristen in dieselbe Richtung wie die Vordergrundgruppe. Offensichtlich entfernen sich die Türken von der rechts im Hintergrund sichtbaren Stadt Wien mit ihren Befestigungsanlagen. Vor der Stadt erstreckt sich nach links eine weite Ebene. Dort haben sich die Artillerie sowie die Karrees der mit Langspießen bewaffneten Fußtruppen aufgestellt, um den Rückzug anzutreten.

Die den Kupferstich Adriaen Collaerts erläuternde Inschrift weist darauf hin, daß die Komposition des Stradanus eine von diesem gemalte Festdekoration für den Einzug der Christina von Lothringen in Florenz wiedergebe. In der Tat gehörte der 1523 in Brügge geborene Jan van der Straet, auch Johannes Stradanus oder Giovanni Stradano genannt, zu den in Florenz tätigen Künstlern, die an der aufwendigen künstlerischen Ausgestaltung der Stadt zu Ehren der Braut Großherzog Ferdinandos I. von Toskana beteiligt waren. In seiner ausführlichen und reich illustrierten Beschreibung des Einzugs vom 30. April 1589 erwähnt Raffaello Gualterotti ([1589], S. 129ff) auch eine beidseitig der Straße Canto de Bischeri nach Entwürfen des Bildhauers Taddeo Landini errichtete *»gentile invenzione d'architettura«*. In Nischen und Rahmungen waren u.a. Kaiserstatuen und Gemälde untergebracht. Rechts befand sich, zu Landinis Standbild Kaiser Karls V. gehörig, die *Aufhebung der Belagerung Wiens* von der Hand des Stradanus, links korrespondierte die Figur Philipps II. von Spanien mit der Darstellung der Seeschlacht von Lepanto. Entgegen den tatsächlichen Gegebenheiten nahm man im 16. Jahrhundert an, daß Karl V. 1529 den Türken an der Spitze seines Heeres mutig entgegengetreten sei und sie in *»unglaublicher Tapferkeit«* besiegt und in die Flucht geschlagen habe. Stradanus bringt diese Ansicht zwar selbst nicht zum Ausdruck, sie wird jedoch aus dem Zusammen-

778 (7/28)

hang mit der Statue Karls V., aus der dem Gemälde beigefügten Schrifttafel und aus dem Kommentar Gualterottis deutlich. *KAS*
Lit.: Benesch (1928); Bertela/Tofani (1969); Gualterotti (1589).

**7/29**
**Michael Ostendorfer (um 1490–1559), Entwurf Stammbaum des osmanischen Herrscherhauses**
Ingolstadt, 1527
Holzschnitt, Typendruck, 29,3 x 27,4 cm
Berlin, SMPK, Kupferstichkabinett (371–7)

Der in der Art der Wurzel Jesse gezeichnete Stammbaum beginnt mit Osman I. und endet bei Sultan Süleyman II. Der zweispaltige Text beschreibt die Geschichte dieses Herrscherhauses bis ins Jahr 1527; die Lesart verläuft entsprechend der Anordnung des Stammbaums von unten nach oben. Autor des Textes ist offensichtlich, wie aus der untersten Zeile zu entnehmen ist, der Ingolstädter Theologe und Gegner Luthers Johann Eck. Der Holzschnitt ist unten rechts mit Michael Ostendorfers Monogramm signiert. Die links neben Ottomans Schild angebrachten Buchstaben G und A könnten sich auf Georg Apian beziehen, der 1526–1530 Johann Ecks Schriften in Ingolstadt gedruckt hat. Der Holzschnitt wurde 1566 von Hans Zimmermann, Augsburg, in einer Neuausgabe der Genealogie wiederverwendet. *UT*
Lit.: Erdmann (1936), Abb. 1; Strauss (1975), S. 1205.

**7/30**
**Michael Ostendorfer, Entwurf (um 1490–1559)**
**Hieronymus Andreae, Druck (ca. 1485–1556)**
**Lager bei Nußdorf**
Nürnberg, 1539
Holzschnitt, 34 x 49,5 cm
Nürnberg, Germanisches Nationalmuseum (MS 1811, Kapsel 1435)

Im Frühjahr 1532 brach Sultan Süleyman in die Steiermark ein und drang bis Niederösterreich vor. Die Belagerung von Güns mußte er zwar am 29. August aufgeben, doch verheerten seine Truppen weite Teile Niederösterreichs und des Burgenlandes. Ein Reichsheer unter Karl V. schützte den Raum Wien. Am 10. September besiegten die Sensenschmiede von Waidhofen an der Ybbs die bis vor die Stadt gelangten Türken. Am 19. September kam es zu schweren Gefechten zwischen dem von Pfalzgraf Friedrich geführten Reichsheer und den türkischen

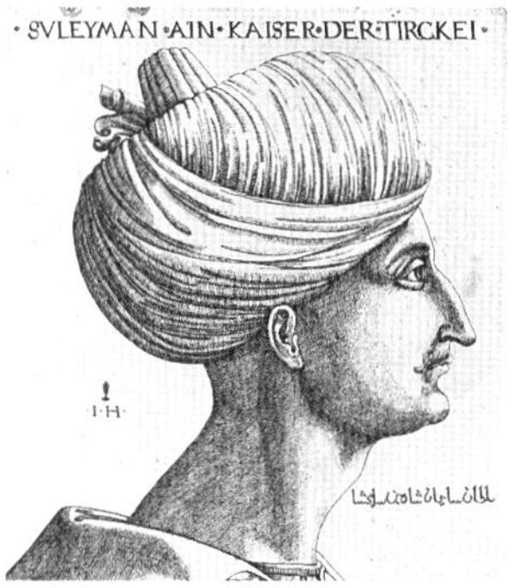

779 (7/33)

Streifscharen im Raum Leobersdorf – Enzesfeld – Wiener Neustadt – Neunkirchen. Sultan Süleyman mußte sich zurückziehen. Am 4. Oktober zog Karl V. in Wien ein, das Reichsheer lagerte am linken Ufer der Donau, im Raum bis Bisamberg. Am 30. Dezember schloß König Ferdinand mit Johann Zápolya einen viermonatigen Waffenstillstand. Im darauffolgenden Jahr kam es zu einem Friedensschluß mit Süleyman; Ungarn wurde zwischen den Habsburgern und Johann Zápolya geteilt, wobei letzterer unter türkischer Oberhoheit stand.

Der Holzschnitt zeigt das Lager des Reichsheeres bei Nußdorf und entstammt einer 17-blättrigen Flugschrift, die den Feldzug von 1532 beschreibt: »*Warhafftige beschreibung des andern Zugs in Oesterreich wider den Turcken gemeyner Christenheit Erbfeinde, vergangens funffzehnhundert zwey und dreissigsten jares, thatlich beschehen. Und itzund allererst in disem 1539 jar in druck gefertiget, mit lustigen abkonderfetten Figuren des landts gelegenheit, Schlachtordnungen etc. J. Formschneyder: Nürnberg 1539.*« Die dem Pfalzgrafen Friedrich gewidmete Schrift enthält weitere Holzschnitte, die dem Entwerfer Michael Ostendorfer zugeschrieben werden. Sie zeigen neben der hier gezeigten Abbildung den Heereszug bei Laxenburg, die Schlacht bei Wiener Neustadt und die Heeresaufstellung bei Wien, ferner ein Bildnis des Pfalzgrafen Friedrich und dessen Wappen. Der Drucker Hieronymus Andreae, der sich häufig »*Formschneider*« nannte, hatte 1515–18 als Holzschneider für Kaiser Maximilian I. gearbeitet und Stöcke zu dessen Triumphpforte (u. a. nach Dürers Entwürfen) und Triumphzug geschnitten. Möglicherweise hat er auch die Holzschnitte zu dieser Schrift angefertigt. *UT*

Lit.: Drugulin (1867), Nr. 70; Kleindel (1978), S. 119.

**7/31 (Abb. 258)**
**Daniel Hopfer**
**(Kaufbeuren um 1470–1536 Augsburg)**
**Türkische Militärmusiker**
Monogr.: D. H.
Radierung, 22 x 15,8 cm
Berlin, SMPK, Kupferstichkabinett
(107–1887 [B. 56])

**7/32 (Abb. 780)**
**Daniel Hopfer**
**(Kaufbeuren um 1470–1536 Augsburg)**
**»Solimanus Imperator Turcharum«**
Augsburg, um 1530
Eisenradierung, 22,4 x 15,6 cm
Monogr.: D.H. mit Pinienzapfen und: III
Berlin, SMPK, Kupferstichkabinett (107–1887)

Der Sultan sitzt auf einem mächtigen, mit Prachtdecken und edelsteinverziertem Zaumzeug geschmückten Pferd, das an statuarische Vorbilder erinnert. Der bestickte Kaftan Süleymans fällt in breiten Falten auf den Rücken des Pferdes. Der Oberkörper ist in eine Dreiviertelansicht gewendet, der Kopf dagegen im Profil gezeichnet. Gegenüber dem Profil Süleymans bei Hieronymus Hopfer (7/33) sind hier Wangen und Oberlippenbart plastischer ausgebildet. Hinter dem Pferd wird der Sultan von einem lanzenbewaffneten Mamluken begleitet. Als Mamluk ist er an der hohen Kopfbedekkung, dem *zamt* erkennbar. In der Regel war der Sultan jedoch von seiner bogentragenden Leibgarde, den Solaks, begleitet. Diese wurden aus dem Janitscharenkorps rekrutiert. 1575 waren aus dem etwa 12.000 Mann umfassenden Korps, das in *orta* (Regimenter) untergliedert war, etwa 2.000 Mann zu diesem Zweck ausgegliedert. Mit ihren Bögen mußten sie linkshändig umgehen können. Die Blockletterninschrift über der Darstellung »SOLIMANVS IMPERATOR TURCHARUM« (Süleyman, Kaiser der Türken) ist römischen Inschriften angenähert. *RL*

Lit.: Hollstein (1986).

**7/33 (Abb. 779)**
**Hieronymus Hopfer**
**(Augsburg um 1500–1561 Nürnberg)**
**»Svleyman ain Kaiser der Tirckei«**
Augsburg, um 1530
Eisenradierung, 22,7 x 15,3 cm
Monogr. m.l.: I.H. mit Pinienzapfen
Berlin, SMPK, Kupferstichkabinett (486–6)

Hieronymus Hopfer wurde um 1500 in Augsburg geboren. Seit 1531 war er in Nürnberg tätig, wo er 1561 starb. Nur Radierungen sind von ihm bekannt, davon sind die meisten Kopien nach italienischer und deutscher Graphik. Hopfer hat den türkischen Sultan Süleyman (I.) (1494–1566) in jugendlichem Alter und im Profil dargestellt. Charakteristisch sind der lange Hals mit deutlich hervortretendem Adamsapfel und die lange gebogene Nase sowie der Oberlippenbart, der bei Hopfer noch nicht sehr plastisch ausgebildet ist. Die Linien dominieren, und somit ist die Darstellung des Volumens zurückgenommen, nur angedeutet durch Schattierungen und Krümmungen. Der bestickte Kragen des Kaftans und die Falten des Turbans bleiben der Fläche verhaftet. Der Aufbau des Bildes entspricht der Form eines Emblems, das in der Renaissance entwickelt wurde und gewöhnlich aus der Überschrift (Motto), dem Bild (Ikon) und einem mehrzeiligen Sinnspruch (Lemma) besteht. Das Zusammenspiel der drei Teile ergibt ein vom Betrachter zu lösendes Rätsel. Die Überschrift benennt in blockhaften Lettern den Dargestellten: »*SVLEYMAN AIN KAISER DER TIRKEI*«. Unter dessen Porträt befindet sich eine von Blattvoluten eingefaßte Inschriftentafel, die sechs Bibelstellen des Alten Testaments aufführt: »*Omb unser und unserer vetter sind, seyen wir obergeben mit unsern bruedern/und unseren priestern, den küngen der erden, ind as schwert und in gefenrt/nur iij esra viij // Wann es sich wandert ain yeder nach der schnöidkait seines bösend hertzens, das er/mich nit höre, und ich wert euch auswerffen, von disem ertreich in ain land/das ir nit wißt, da selbs wert ir fremde götters dienen, tag und nacht, die euch/nit rue werden geben, hiermie xvj // Ich will in der rue ir boßhait haimführen, psalm lxxxviij // Dein zorn soll ruen, und sey friedlich über die böshait deins vlcks, exodi xxxij // Wir haben gesindt ind einem angesicht und daromb hastu uns geben in/die hendt unserer feindt, hester vij // Es wird eylentz kumen der zersterer über euch, hieremie vi.«* Die Zitate stammen aus einer vorlutherischen, deutschen Bibelübersetzung. In einer bei Sorg 1480 in Augsburg erschienenen Ausgabe findet man einen ähnlichen Satzduktus.

Auf dem dritten Vormarsch gegen Wien stirbt Süleyman 1566. In der rechten unteren Bildhäfte befindet sich eine arabische Inschrift. Diese lautet: *»al-khan süleyman padischah ibn selim schah«* (Sultan Süleyman, Sohn des Sultans Selim). Diese Inschrift findet sich auch auf einer Silberstiftzeichnung Dürers von 1526 (im Musée Bonnat, Bayonne). Hopfers Stich ist gegenüber der Zeichnung seitenverkehrt, aber bis auf geringe Details identisch. Links unten bezeichnet ihn eine Blockletterinschrift *»SVLEYMAN IMPERATOR«*, rechts oben eine verstümmelte arabische, zweizeilige Schrift, von unten nach oben zu lesen. Handschriftlich hat Dürer die Farbe des Gewandes und Körpers angegeben. Daher wurde vermutet, daß Dürer die Zeichnung nach einem Gemälde angefertigt hat. Möglicherweise diente ihm auch eine Medaille als Vorbild. Da Hopfer viele Werke Dürers kopiert hat, könnte man auch in diesem Fall eine Kopie der Dürerzeichnung von 1526 annehmen. Dem widerspricht, daß er im Gegensatz zu Dürer die arabische Inschrift korrekt wiedergegeben hat. Vermutlich gehen Dürers Zeichnung und Hopfers Stich auf ein gemeinsames Vorbild zurück. Die jugendliche Darstellung des Sultans, die Bibelzitate, die auf die Bedrohung Wiens von 1529 anspielen, und die Zeichnung Dürers von 1526 lassen die Datierung von Hopfers Stich auf um 1530 zu. *RL*

Lit.: Atil (1987); Clot (1983); Hollstein (1986); Bartsch (1981); Strauss (1974).

*780 (7/32)*

**7/34**
**Warhaffte anzaig / kömend von Constantinopel / Von dem mercklichen Schaden und nyderlag die der Türckische Kaiser vom Sophy / dem grossen Künig in Persia / im Jenner diß jars / an Lewten / Camelen / unnd seinem Schatz erlitten hatt**
1535; Flugschrift
Berlin, Staatsbibliothek Preußischer Kulturbesitz (Flugschr. 1535/10)

Schon seit dem ersten Vordringen der Osmanen in Europa versuchte man, *»die Feinde im Rücken der Türken aufzustacheln«* (›hostes a tergo Turcis excitaret‹), so der Geschichtsschreiber Katona (gest. 1811) über die Politik des Römisch-deutschen und ungarischen Königs Sigismund. Zur Zeit Süleymans (I.) des Prächtigen (1520–1566) war im Rücken der Osmanen nur mit dem von Schah Isma'il (gest. 1524) gegründeten Ordensstaat der Safawiden zu rechnen. Seine Wurzeln gingen weniger auf politische Bestrebungen, sondern vielmehr auf einen Derwisch-Orden zurück, der seine Entstehung auf einen gewissen Safi ad-Din zurückführte. Im Abendland setzte sich für den Herrscher dieses eigentümlichen Staatswesens, der nun zugleich Ordensmeister der Safawiya-Gemeinschaft und Schah von Persien war, die Bezeichnung ›Sophy‹ o.ä. durch. Freilich war Persien/persisch insofern keineswegs zutreffend, als sich der Orden vorwiegend aus türkischen Anhängern, ihrer roten Kopfbedeckung wegen ›Kizilbasch‹ (Rotköpfe) genannt, zusammensetzte, die vielfach aus Anatolien stammend

781 (7/37)

in Stammesverbänden organisiert zur Zeit Sultan Süleymans auch das militärische Rückgrat des Staates bildeten.

Im Juni 1534 brach Sultan Süleyman – nachdem die ersten fünf Feldzüge seiner Regentschaft christlichen Gegnern gegolten hatten (Belgrad, Rhodos, Ungarn/Mohács, Römisch-deutsches Reich/Wien, 1529 und 1532 nur bis Güns) – im Osten gegen die safawidischen ›Häretiker‹ auf. Dies gab nun in Deutschland zu allerlei Hoffnungen und Spekulationen Anlaß.

So erschien 1535 eine Flugschrift, welche über Siege des Sophy berichtet, eingeleitet mit dem Bibelzitat *»Weh dir der du beraubest / mainst nit du werdest auch beraubt. Jesaja 33«*. Nach einem Sieg habe der Sultan den Sophy verfolgt. Der Abradsch Bassa, das wird der Großwesir Ibrahim Pascha sein, habe die Stadt ›Tauris, die edle und alte Stadt Metropolis‹ mit dem Schatz des Sophys erobert, diese nun befestigt und dort unter starker Bedeckung Schatz und Material gelagert. Als die Hauptarmee im Januar bei starker Kälte über den Euphrat gegangen sei, hätten 60.000 ›Perser‹ das nördlich gelegene Tauris erobert. Die Hauptarmee habe daraufhin den Rückzug angetreten und habe von den nachsetzenden Persern schwere Verluste erlitten. Der Bericht schließt mit einem Stoßgebet, wann Kaiser und König doch mal gedächten, die Christen in Griechenland zu befreien:

Tatsächlich hatte das osmanische Heer auf dem Marsch von Täbriz nach Bagdad im herbstlich kalten Wetter des iranischen Hochlandes große Strapazen erlitten. Auch hatte der Schah seine Hauptstadt Täbriz vorübergehend zurückerobert und das nahe gelegene Van belagert, doch erfolglos. Aber was war das alles gegen die Eroberung einer ganzen Provinz. Der Irak war nun osmanisch und der Schah vor ihm davon gelaufen. Dies alles teilte der Sultan auch dem Römisch-deutschen König in Wien ebenso wie den Venezianern und seinem ›Freund‹, dem ›allerchristlichsten König Franz I. von Frankreich mit (7/48). *KS*

Lit.: Roemer (1953); Schaendlinger (1983); Palombini (1968).

**7/35**
**Fragment eines Schreibens Sultan Süleymans des Prächtigen an König Ferdinand I.**
Konstantinopel, Nov./Dez. 1530 (?)
Papierhandschrift mit der Tughra des Sultans, 202 x 35 cm
München, Bayerische Staatsbibliothek München (Cod. turc. 135/137)

Der größte Teil des Schreibens Sultan Süleymans (I.) des Prächtigen an König Ferdinand I. fehlt, ebenso die abschließende Datierung. Es ist jedoch wahrscheinlich, daß die Urkunde vor 1534/35 ausgestellt wurde, da in der Aufzählung der vom Sultan beherrschten Gebiete der Iraq mit der alten Kalifenresidenz Bagdad noch keine Erwähnung findet. In der Einleitung (Intitulatio) zum Hauptteil ist der Name des Sultans blau geschrieben. Die Urkunde ist mit einer Tughra, dem stilisierten Namenszeichen Süleymans, versehen, deren Herkunft und ursprüngliche Bedeutung bis heute umstritten ist. Rückschlüsse auf den Inhalt des Schreibens läßt der einzig, möglicherweise verwertbare Satz zu: *»(...) da der Inhalt deines (...) Schreibens mit den durch deine früher gekommenen Gesandten mitgeteilten Antworten nicht überein stimmt, (...)«*. Tatsächlich sollen Gesandte König Ferdinands I. während ihrer Audienz auf Widersprüche zwischen

ihrer Botschaft und der ihrer Vorgänger hingewiesen worden sein.
Lit.: AUSST.KAT.: MÜNCHEN (1982), Kat.-Nr.131.

**7/36 (Abb. 315)**
**Lukman Aschuri, geschrieben von Qasim al-Husaini al-Qazwini**
**Die Geschichte Sultan Süleymans I. (Tatimma-yi Ahwal-i Schahinschah huld-aschiyn Sultan Suleiman Han)**
**Aufgeschlagen: Sultan Süleyman I., der Prächtige, und sein Heer im Szigetvár-Feldzug**
(fol. 64v)
Konstantinopel, 1579
Illuminierte Handschrift
Dublin, Chester Beatty Library
(Ms. 413)

In persischer Sprache verfaßte ›Fortsetzung‹ der Geschichte Sultan Süleymans von Sayyid Lukman Aschuri. Das 987 h./1578 im Versmaß des berühmten *Schahnama* von Firdausi, dem mutaqarib, fertiggestellte Werk behandelt die Ereignisse von der Rebellion des Prinzen Bayazid bis zum Tode Süleymans 1566.
Lit.: SOHRWEIDE (1983).

**7/37 (Abb. 781)**
**Jan Cornelisz. Vermeyen**
**(Beverwyck 1500–1559 Brüssel)**
**Orientalisches Bankett**
Um 1545
Radierung, 33,5 x 54,3 cm
Wien, Graphische Sammlung Albertina
(1949/466)

Jan Cornelisz. Vermeyen, dessen Lehrer möglicherweise Jan Scorel (1495–1562) war, stand als Hofmaler im Dienst der Statthalterin der Niederlande, Margarete von Österreich (gest. 1530), in deren Auftrag er 1530 nach Augsburg ging, um Kaiser Karl V. und Maria von Ungarn zu porträtieren. Diese wurde Margaretes Nachfolgerin. Unter ihr behielt Vermeyen seine Stellung. 1535 nahm er am Tuniszug Karl V. teil. Zwischen 1546 und 1548 stellte er die Kartons für die Teppichserie des Tuniszuges her, die bis 1554 fertiggestellt wurde. Von seinen Gemälden ging ein Großteil im Laufe der Zeit zugrunde, so im Bildersturm von 1568 und beim Brand des Prado in Madrid 1608. Das *Orientalische Bankett* entstand wahrscheinlich während des Tuniszugs von 1535 und wurde später radiert. Auf einem Teppich sitzen in einem Zelt siebzehn männliche und weibliche Figuren zusammen, die der durch ihre Größe hervorgehobenen Hauptfigur, einem bärtigen Turbanträger, zugehören zu scheinen. Beleuchtet wird die nächtliche Szene durch drei in ihrer Mitte stehende Kerzen. Mehrere Platten und Teller mit Speisen befinden sich dort. Einige der Teilnehmer haben Trinkschalen in den Händen.

*782 (7/39)*

Die unterschiedliche Bekleidung läßt sie als Angehörige verschiedener Völkerschaften oder Stände erscheinen. Die meisten der Figuren tragen die Berberkleidung, den charakteristischen Mund- und Kopfschutz. Die Frauen dieses Volkes sind zudem unverschleiert. Durch die leichte Vogelperspektive, aus der die Szene aufgenommen ist, ergeben sich Proportionsverschiebungen der Figuren. Die plastische Hervorhebung der Kleidung wird durch die harten Hell-Dunkelkontraste noch verstärkt. Vermeyen könnte eine alltägliche Szene wiedergegeben, vielleicht aber auch den Herrscher von Tunis, Mulay Hassan, mit seinem Gefolge dargestellt haben. *RL*

Lit.: Benesch (1959); Popham (1927).

**7/38**
**Jan Cornelisz. Vermeyen**
**(Beverwyck 1500–1559 Brüssel)**
**Sitzende Orientalin**

1545
Radierung, 24,5 x 17,3 cm (Platte beschnitten)
Wien, Graphische Sammlung Albertina
(1949/470)

Zwischen der geöffneten Balkontür, die den Ausblick in eine Stadt zuläßt, und dem hochgelegenen Fenster sitzt auf dem Boden eine Frau im Schatten der Wand. Im linken Vordergrund sonnen sich zwei Katzen, rechts im Hintergrund lagert ein Hund vor einer Gitarre im Schatten. Auch stehen zwei hohe Schuhe im rechten Vordergrund. Auf dem Boden sind Blätter und Blumen verstreut. Die aus leichter Froschperspektive gezeichnete Frau trägt ein in Querfalten unterteiltes Kleid. Auf ihren Knien liegt ein Kissen, das von ihr anscheinend überzogen wird. Ihr Kopf ist mit einem bis auf die Schulter herabfallenden Schleier bedeckt. Die Benennung der Frau ist nicht einheitlich: sie wird als Orientalin, die ihre häusliche Arbeit verrichtet (Benesch [1959]) oder als spanische oder tunesische Frau (Popham [1927]) angesehen. Durch den Vergleich der Schuhe läßt sich das Problem lösen: diese sogenannten Stelzschuhe sind unter den Namen *Los Chopines* oder *Los tapines* in Spanien bereits im 15. Jahrhundert bekannt. Der Erzpriester von Talavera brachte sie in Verbindung zu *»lasterhaften Frauen«*. Die Schuhe bestehen aus einem Kork- oder Holzsockel, der mit Leder überzogen ist. Auf diesem können verschiedene Schmuckelemente angebracht sein. In Vermeyens Stich sind die Chopines mit Blütenformen verziert. Durch einen pantoffelartigen oberen Abschluß wurden die bis zu 13,5 cm hohen Schuhe am Fuß befestigt. Die Chopines haben sich aus den türkischen Holzstelzenschuhen (Kapkap) entwickelt. Diese Schuhmode ist auch auf Vermeyens XII. Karton zur Tuniszug-Teppichserie (zwischen 1546–1548) zu sehen: im Karton, der die Einschiffung des Heeres bei La Goleta zur Rückfahrt darstellt, wird eine Frau von zwei kaiserlichen Soldaten begleitet. Neben den Chopines trägt sie auch das in Horizontalstreifen unterteilte Kleid. Vermutlich ist sie eine von den 4.000 Spanierinnen, die das kaiserliche Heer nach Tunis begleitet haben. *RL*

Lit.: Anderson (1979); Benesch (1959); Popham (1927); Weber (1980).

**7/39 (Abb. 782)**
**Bildnis des Chaireddin Pascha**

Italien, um 1580
Leinwand, 221 x 100 cm
Wien, Kunsthistorisches Museum,
Sammlungen Schloß Ambras (8238)

Chaireddin (Khair ed-Din) wurde um 1480 auf Lesbos geboren. Mit seinem um vier Jahre älteren Bruder Arudsch wurde er um 1504 als Seeräuber tätig; unter anderem kaperten sie zwei päpstliche Galeeren vor Rom und brachten sie nach Tunis, wo sie die Besatzung als Sklaven an den dortigen Herrscher Mulay Hasan verkauften und einen Stützpunkt auf der Insel Dscherba erhielten. 1515 nahmen sie von dort aus die Stadt Algier in Besitz. Beim Kampf um die Stadt Tlemcen wurde Aruj 1518 von den Spaniern getötet. Khair ed-Din wandte sich nun an den türkischen Sultan Selim I., der gerade Ägypten erobert hatte. Von ihm zum *Beylerbey* Nordafrikas ernannt, unterstützten ihn jetzt türkische Truppen gegen die Spanier. 1519 wird ein spanischer Angriff auf Algier verhindert. Von Selims Nachfolger Süleyman wird er 1533 zum *Kapudan* (Admiral) der türkischen Flotte ernannt und mit deren weiterem Ausbau beauftragt. Bereits im folgenden Jahr erobert er Tunis, verliert die Stadt aber 1535 durch den Tuniszug Karl V. wieder an Mulai Hassan. Auf der Flucht nach Istanbul unternimmt er Raubzüge auf die Balearen und nach Unteritalien. Die türkische Flotte schlägt 1538 eine vereinte Armada der Heiligen Allianz (Papst, Venedig und Spanien) unter dem Kommando des Andrea Doria bei Preveza. Mit dem französischen König Franz I. verbündet, erscheint seine Flotte an der südfranzösischen Küste. 1547 stirbt Khair ed-Din in Istanbul. Als Ehrennamen trägt er seinen Namen mit der Bedeutung *»der Religion wohlgesonnen«* erst seit um 1520. Den Beinamen ›Barbarossa‹ trugen beide Brüder, von denen Aruj der ›Rotbart‹ war. Der latinisierte Name Ariadenus geht auf zeitgenössische Quellen zurück und spielt vielleicht auf den in der Schiffahrtssprache geläufigen Ausdruck des aus der Levante kommenden Windes an.

Die Gestalt des *Kapudan Barbarossa* ist in ein bestricktes Ehrengewand, den Kaftan mit Kragen, gehüllt. Seidene Armbekleidung wird unter dessen kurzen Ärmeln sichtbar. Der geknöpfte Kaftan öffnet sich ab dem Beinansatz in der ausgreifenden Schrittstellung. Bedeckt ist das bärtige, im Profil gezeigte Haupt mit einem in breiten Bahnen gewickelten Turban. Der rechte, nach vorn ausgreifende Arm hält einen Streitkolben, der auch als Herrschaftszeichen dient. Der linke Arm ist in die Seite gestützt. Durch eine Bogenarchitektur ist der Blick auf seine Flotte offen. Als Vorbild für die Darstellung des Chaireddin diente dem Künstler möglicherweise ein Stich der 1581 in A. Bruyn *Omnium pene Europae (...) gentium habitus* erschienen war. Dort ist der »*Aga bassa Ianizerorum primus ac summus dux*« (Führer der Janitscharen) neben anderen Würdenträgern des osmanischen Reiches dargestellt. Der Sultan ist dabei eine Kopie des Melchior-Lorch-Stiches von 1559. Die Figur des Aga bassa ist gegenüber dem Gemälde seitenverkehrt und durch eine leichte Kopfdrehung unterschieden. Das Gemälde befand sich bereits 1596 auf Schloß Ambras. Es ist im Nachlaßinventar als Pendant zu einem Gemälde des Andrea Doria (gest. 1560) aufgeführt. Dieses Gemälde ist zudem gleichgroß und wohl gleichzeitig entstanden. Da die beiden Kontrahenten sich bei Preveza gegenüberstanden, spielt der Hintergrund des Bildes vielleicht auf diese Schlacht an. *RL*

Lit.: Bradford (1968); Göllner (1978); Führer Nr. 30 (1981).

**7/40 (Abb. 783)**
**Wasserkesselchen in Form einer Schale**
Italienisch, 1. H. 16. Jh.
Vergoldetes Silber, emailliert;
H 8 cm, Dm 17 cm
Amsterdam, Rijksmuseum (9658)

Das kleine Kesselchen in Form einer Schüssel mit Tülle ist mit einem viereckig versetzten und gepunzten Ornament flächtig überzogen. Ein durch zwei Ringe am Kesselrand befestigter Henkel mündet nach oben hin in eine facettierte Kugel, an der ein eingefügter Ring der Aufhängung dient. Die äußere Wandung des Kesselchens umzieht ein vergoldetes, glattes Band, welches in Gold und Email das Wappen des Maximilian van Buren sowie eine eingravierte Inschrift ziert. Diese Inschrift lautet: »*dit kleynoet is by Maximiliaen ionckgreef tot Bueren van der ongelovige in aphrica gewonen en opte 28 desemb. a 1536 der stat graef gegonen*« (Dieses Kleinod hat Maximilian Junggraf von Buren von den Ungläubigen in Afrika erworben und am 28. Dezember 1536 der Stadt Graef geschenkt). Auf dem Boden des Gefäßes ragen gratig hochgezogene und facettierte Erhebungen empor. Im Jahre 1535 erbeutete Maximilian van Buren, der Schwiegervater des Prinzen Wilhelm I. von Oranien, bei der Eroberung von Tunis das Kesselchen – ein arabisches Beutestück aus Italien – und schenkte es im folgenden Jahr, wie die Inschrift besagt, der Stadt Grave.

783 (7/40)

**7/41 (Abb. 784)**
**Filippo Negroli (1503–Cosenza–1565)**
**Medusenschild Karls V.**
Mailand, 1541
Eisen, getrieben und dunkel brüniert,
Binnenzeichnung und
Musterstreifen in Goldtauschierung, Dm 61 cm
Wien, Kunsthistorisches Museum Wien,
Waffensammlung (A 693 a)

Aus einer lateinischen Inschrift auf dem Medusenschild geht hervor, daß Kaiser Karl V. den Prunkschild von seinem Bruder Ferdinand anläßlich seines Algerien-Feldzuges als Geschenk erhielt. Der Schild, dessen Mittelmedaillon ein geflügeltes Medusenhaupt im Hochrelief zeigt, besteht aus drei konzentrischen Kreiszonen. Im inneren Bereich wird das Gorgohaupt zunächst von feinen Arabesken in eingeschlagener Goldtauschierung gerahmt. Die zweite konzentrische Zone schmücken Allegorien mit Darstellungen von Krieg, Sieg, Ruhm sowie Frieden, zwischen denen jeweils alttestamentarische und mythologische Heroen in Gestalt von Judith, David, Samson und Herkules angeordnet sind. Den äußeren Rand des Schildes bilden vier Gruppen von reitenden, kämpfenden und musizierenden Tritonen bzw. Nereiden, die auf Stichvorlagen von Andrea Mantegna (1431 bis 1503) zurückgehen. Sie werden durch Rundmedaillons mit antiken Büsten römischer Feldherren und zugleich Eroberer Afrikas voneinander geschieden.

*784 (7/41)*

In dem Schild ›all'antica‹, mit dem Medusenhaupt als Zeichen der Unbesiegbarkeit des Kämpfers, werden programmatisch zahlreiche Interpretationsschichten miteinander verwoben. Karl V. wird nicht nur zum Eroberer Algiers gemacht, sondern auch als Nachfolger in die Reihe der antiken Helden und römischen Kaiser gestellt und somit als legitimer Erbe der antiken Weltherrschaft ausgewiesen. *MD*
Lit.: Ausst.kat. Symmetrie (1984), Kat.Nr.102; Ausst.kat. Wien (1987), Kat.Nr.18.

**7/42 (Abb. 785)**
**Reden auf dem Reichstag zu Augsburg 1530, Kroatiens Hilferuf**
**Aufgeschlagen: »Ain Oration oder Rede vor Römischer Kayserlicher und Künigklicher Mayestäten (...) durch den Wolgebornen Herrn Wolffgang (...) von Frangepan. Augsburg 1530«**
(Seite 2/3)
Berlin, Staatsbibliothek Preußischer Kulturbesitz, Handschriftenabteilung
(Ui 2096 R)

Um die Jahreswende 1526/27 hatten die kroatischen Stände den späteren Römisch-deutschen König und Kaiser Ferdinand I. zum König ausgerufen gegen das Versprechen, sofort militärische Hilfe gegen die Türken zu stellen! Schon früher, so etwa im Sommer 1522, hatten die Kroaten römisch-deutsche Reichstruppen zur Verteidigung ihres Landes gegen die Türken erhalten. Wenig später erbat Graf Bernhard Frankapan auf dem Reichstag in Nürnberg erneut Truppenhilfe.

Nach dem osmanischen Vorstoß bis Wien (1529) waren weitere Angriffe der Türken zu erwarten. Am 24. August 1530 hielt Graf Vuk (hier Wolfgang genannt) Frankapan vor dem Reichstag in Augsburg in Anwesenheit Kaiser Karls V. in lateinischer Sprache eine Rede, die bald darauf mit einem Vorwort auf Deutsch erschien, wo dem ›günstigen Leser‹ vor Augen gehalten wird, *»was für ein Unfal der gantzen Teutschen Nation sich ereignet/weyl wir den Türkischen Tyrannen/ unnsern grewlichen feynd/vor der Thür haben«*.

Vuk Frankapan trägt den versammelten Größen des Reiches vor, daß *»das armutselig Crabathen (...) von des Creutz Christi feinden/den Türcke-*

*n/on underlaß würt geängstigt und plagt. Welche nit allain irer erbgütter beraubt (...) vil in den aygnen hewsern von den Türcken/mit fewer verbrennt worden/etlich mit dem schwert grewlich erwürgt/die anderen in ewige dienstparkayt und gefengknuß wegk gefürt/und wie das vieh/auff die jarmärkt/on alle erbarmung getriben/zuvor aller gelyder gesundthayt beschauet und also gemustert/fayl gestellt zu verkauffen. Was aber für schand und unzucht mit dem weibliche geschlecht würt getrieben/Entsetze ich mich (...) auszusprechen. Denn gar offt seind die eefrawen iren (...) Männern, die Kinder von ihren Eltern wegk gefürt (...) vil haben iren aygnen tod begeeret/ja gesucht.«* Nach der Schilderung der türkischen Kriegsmacht erinnert er Kaiser und Reich an ihre Pflicht als Christen. *»seyt ir ja schuldig zu helfen, (...) anders müßten ir/umb das groß unserer seelen geferde schwere rechenschaft geben.«*

Kurfürst Joachim I. von Brandenburg (gest. 1535) – wegen seiner rhetorischen Begabung gerühmt und mit dem Beinahme ›Nestor‹ geehrt – hielt die Antwortrede, in der er seine Anteilnahme am Leide Kroatiens zum Ausdruck brachte und darauf verwies, daß man ja auch hier zusammen gekommen sei, um den Angreifern mit Heeresmacht entgegenzutreten. *KS*

Lit.: Guldescu (1970), Klaic (1911).

**7/43 (Abb. 307)**
**Erasmus von Rotterdam**
**Ausz Rathschlage Herren E. v. R., die Türcken zu bekriegen (...) Kriegsrüstung und behendigkeit der Türcken, durch Sabellicum beschrieben (...) Türckisch und Machometisch Glaub**
**Aufgeschlagen: Titelseite**
Frankfurt, 1531
Berlin, Staatsbibliothek Preußischer Kulturbesitz, Handschriftenabteilung
(Ui 2112 R)

Der große Humanist Erasmus von Rotterdam (gest. 1535) beschäftigte sich – seit 1529 hielt er sich in Freiburg/Breisgau auf – mit der Frage der Türkenabwehr. Er beklagt den allgemeinen Sittenverfall der Zeit: *»Ist dahin Kommen/das zu hoff/under den dapfferen/(...) höfflichen Leuten/ die Frantzosen /also die Syphilis nit hat/Beurisch/ unnd kein gut gesell gehalten sei (...) Jedermann hindergehet seinen nechsten mit listen und beschiß.«* Ob der vielen Sünden der Christenheit seien die Türken ein Werkzeug Gottes, die Christen zu strafen: Er habe sie über die Christen geschickt wie *»vor zeiten über die Ägypter die Frösche, Käfer und Heuschrecken«*.

Es helfe nicht viel, wie schon oft geschehen, gegen die Türken zu Felde zu ziehen. Man müsse *»zwei Wege beschreiten»*, aufhören mit Sünden Gott zu erzürnen und Krieg gegen die Türken zu führen! Nur beides zusammen helfe! Dann beschreibt er die türkische Armee und die osmanischen Lebensverhältnisse in Anlehnung an den damals sehr verbreiteten, um 1480/81 in Rom veröffentlichten Erlebnisbericht des aus Siebenbürgen stammenden Dominikaners Georg von Ungarn, der zwanzig Jahre in türkischer Sklaverei verbracht hatte. *KS*

Lit.: Klockow (1987), S. 57–78; Palmer (1951/52), S. 44–68.

**7/44**
**Türcken Büchlein**
Wittenberg, 1537
Berlin, Staatsbibliothek Preußischer Kulturbesitz, Handschriftenabteilung
(Ui 2134 R)

Der aus Württemberg stammende lutherische Theologe Johannes Brentz (gest. 1570) legte großen Wert auf eine Unterstützung auch des katholischen Kaisers bei der Türkenabwehr durch alle evangelischen Christen. Brentz bezieht sich wie Luther auf die Daniel-Prophezeiung und Interpretation, daß es vier große Reiche auf Erden gab. Das letzte sei das noch andauernde des ›Römischen Keisers‹, welche aus göttlicher Ordnung stamme und bis zum Ende aller Zeiten dauern werde. Deshalb sei jeder Reichsbewohner dem Kaiser, selbst wenn dieser Heide sei, Gehorsam schuldig. Die Prediger müssen nun, wo das wahre Evangelium offenbart ist, das Volk ermahnen, von den »›reulichen Sünden‹ abzulassen. Gleichzeitig müssen sie Kaiser und Fürsten ermahnen, ernsthaft mit dem Schwert gegen die Türken zu kämpfen, alle Untertanen sind ihnen dabei Gehorsam schuldig, *»mit leib und gut / iren herrn zu helffen / und ir sels / weib und Kinder zu retten (...) ob schon einer darin umbkommet / sol er nicht zweifeln / er sterbe um Gottes gehorsam / und so er sonst an Christum warhafftig gleubet / wird er zweimal selig (...)«*

Dann greift Brentz auf den Apostel Paulus zurück, der ja im Römerbrief lehre, jede Obrigkeit habe die Schuldigkeit und Pflicht, das Volk vor Unrecht und Mord zu schützen. Der Türke greife nun Deutschland ohne jedes Recht wie ein Mörder an. So wie die Obrigkeit schuldig ist, Diebe und Mörder zu strafen, müsse sie das Volk auch vor den Türken schützen. Am Schluß folgt ein ›Gebet wider den Türcken‹, in dem es heißt *» (...) Du wolltest deinen gerechten und grossen zorn von uns abwenden./und nicht ansehen unser und unseren Väter manchfeltige Sunde (...) uns auch fur dem grausamen furnemen des Türcken (...) gnediglich behüten.«* *KS*

**7/45 (Abb. 311)**
**Ulrichi Hutteni**
**Ad principes Germaniae ut bellum Turcis invehant exhortatoria**
Augsburg, 1518
Holzschnitt
Berlin, Staatsbibliothek Preußischer Kulturbesitz, Handschriftenabteilung
(Ui 1866 R)

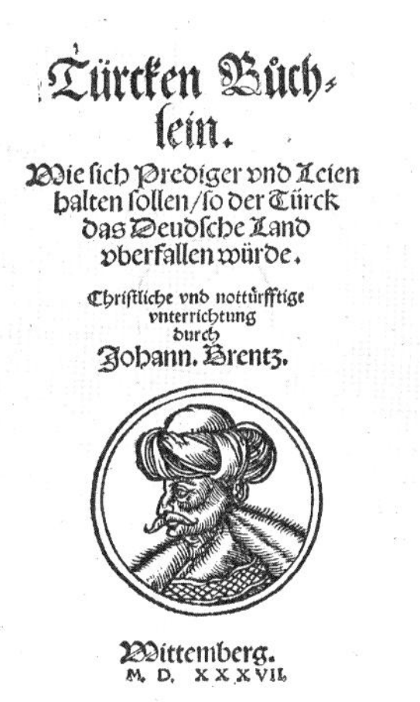

785 (7/42)

Das siben=
de Capitel Danielis/von
des Türcken Gottes
lesterüg und schreck=
licher mörderey/
mit unter=
richt.
Justi Jonae.

Wittemberg.
M. D. xxx.

786 (7/46)

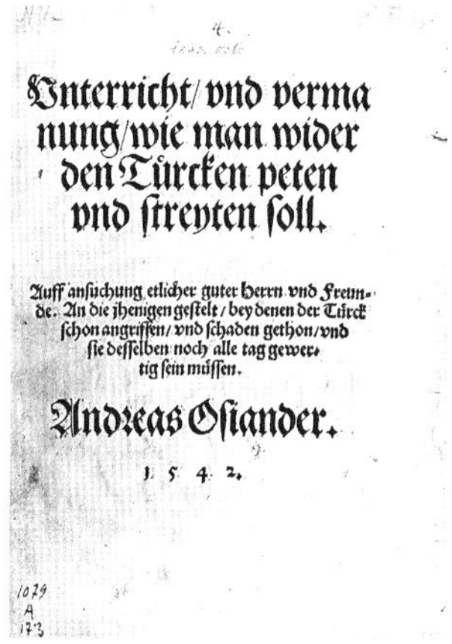
Unterricht/ und verma
nung/wie man wider
den Türcken peten
und streyten soll.

Auff ansuchung etlicher guter herrn und Freun-
de. An die jhenigen gestelt/ bey denen der Türck
schon angriffen/ und schaden gethon/ und
sie desselben noch alle tag gewer-
tig sein müssen.

Andreas Osiander.
1542.

787 (7/47)

Das türkische Vordringen in Europa war im Römisch-deutschen Reich überall mit Sorge verfolgt worden. Es fehlte nicht an Bemühungen, Vorkehrungen für die Verteidigung des Reiches (Nürnberger Reichsregiment, Türkengelder) zu treffen. Der Humanist und Reichsritter Ulrich von Hutten (gest. 1523) wendet sich in dieser bekannten Kampfschrift gegen die römische Kirche. Er wirft ihr vor, für sie sei die Türkengefahr nur ein Anlaß, aus Deutschland Geld herauszupressen, ohne selbst ernstlich an eine Bekämpfung der Türken zu denken. Der Papst solle sich überhaupt aus dem Türkenkrieg heraushalten und die dafür bestimmten Gelder nicht für seinen Hofstaat verschwenden. Martin Luther hat diese Anklagen ebenfalls des öfteren in scharfer Form vorgetragen. Hutten führt den deutschen Fürsten die türkische Kriegsmacht vor Augen. Noch waren Belgrad, Rhodos und Buda nicht gefallen, aber Sultan Selim I. (1512–1520) hatte gerade Syrien und Ägypten erobert und die Machtbasis seines Reiches somit erheblich erweitert. *KS*

Lit.: Göllner (1961), Lamparter (1940).

**7/46 (Abb. 786)**
**Justus Jonas**
**Das sibende Capitel Danielis**
Wittenberg, 1530
Berlin, Staatsbibliothek Preußischer Kulturbesitz, Handschriftenabteilung
(Ui 2117 R)

Justus Jonas (gest. 1555), seit 1521 Professor der Theologie in Wittenberg, gehört zu dem engeren Kreis um den Reformator Martin Luther. In seinem dem Landgrafen Philipp von Hessen, einem der Führer der Evangelischen, gewidmeten Schrift hat er *»auß der heyligen schrifft etliche sprüche im Teutschen lassen ausgehen / die da lehren, was von den Türcken zu halten sey / die selbigen mögen den Christen recht trösten / stercken / und wider die größten Macht der Türcken / das ist den Sathan / gerüst machen.«*

Außerdem will er dem *»gefährlichen Wahn«* entgegentreten, das Osmanenreich sei ein Staat wie jeder andere auch. Angesichts ungeheuerlicher Sünden der Christenheit habe Gott dem Satan gestattet, *»den Türken zu erwecken«*. Seit Anbeginn der Zeit habe es keinen größeren Irrtum gegeben, als *»der türkische mahometische gottlose verdampte glaube«* und keine größere Zerrüttung aller Ehre und Zucht als *»das gantz Türckische wesen und leben ist«*.

Nun kommt er zum Kern der Sache, der Auslegung einer Stelle der Bibel, der Prophezeiung bzw. dem Traum Daniels (Kapitel 7), die schon Luther in seiner *Heerpredigt wider den Türken*, die er Ende 1529 vorgenommen hatte, als er befürchtete, daß seine lieben Deutschen nach Süleymans Abzug von Wien *»sich widerumb niedersetzen / und mit gutem muth in aller Sicherheit zechen und wol leben«*.

Nach der Schrift seien die Türken das kleine Horn, das zwischen den zehn Hörnern des vierten der aus dem Meer entstiegenen Tiere hervorgetreten und die drei ersten Hörner abgestoßen habe. Mitten in der vierten, der letzten Weltmonarchie, dem Römischen Kaisertum, sitze der Türke, der große Reiche vor ihm vernichtet habe. Er werde eine Zeitlang siegen und dann nähere sich der Jüngste Tag.

Interessant sind seine Ausführungen über die Ordnung und Gerechtigkeitsliebe der Türken, welche immer so gerühmt werde. Was soll das, fragt er, wenn gleichzeitig *»der Mahomet in seinem Gesetz geboten das die Türcken sollen und müssen umb sich greyffen / und alle Landt uberziehen / ob sie schon nicht ursach darzu geben (...)?«* Im Koran sei ihnen geboten, die ganze Welt zu erobern. Das sei die Aufforderung zu öffentlichem Raub und Mord! *»Was hatte* (den Türken) *newlich Teutschlandt gethan / das er so eylend (...) mit so großer heereskraft eyngefallen / und mit brennen und morden / so großen Schaden in vier Wochen getan.«* Deshalb seien sie *»ein grosser hauffen mörder und bluthunde / ob sie wol in der Türckey unter sich etwas erbar leben / stelen und morden unter sich verbieten / Dann es yhe auch unter mördern und strassenraubern ein fride seyn / sie wurden es sonst nicht lange treyben.«* *KS*

Lit.: Cosack (1871).

**7/47 (Abb. 787)**
**Andreas Osiander**
**Unterricht / und vermanung / wie man wider die Türcken peten und streyten soll**
1542
Berlin, Staatsbibliothek Preußischer Kulturbesitz, Handschriftenabteilung
(Ui 2163 R)

Der bekannte evangelische Theologe Andreas Osiander (gest. 1552) wirkte lange Zeit in Nürnberg, widersetzte sich dort der Einführung des Interims und wurde von Herzog Albrecht an die neugegründete Universität Königsberg berufen. Im Jahre 1542 – als der Kurfürst Joachim II. von Brandenburg ein Reichsheer gegen die Türken führte – veröffentlichte er *»Auff ansuchung etlicher guten Herrn und Freunde, An diejenigen gestelt / bey denen der Türck schon angegriffen / und schaden gethan / und sie desselben noch alle tag gewertig sein müssen.«* sein *»unterricht und vermanung«*.

Nachdem er auf den ersten zehn Seiten die derzeitigen Sünden der Christenheit aufgeführt und Stellen des Alten und Neuen Testamentes aus der Geschichte des Volkes Gottes dazu in Beziehung gesetzt hat, kommt er zu dem Schluß *»Darumb wollen wir solchem Zorn und entlichen verderben entfliehen / und dem Türcken mit unserm gepet und waffen widerstand thun / so müssen wir ihn vorhin recht erkennen / und in nicht allein / als ein unglaublichen Wütrich und mörder ansehen / der auß anreytzung des Teuffels / wider Gott und seinen Christum tobt / und das heylig Evangelion mit allen die daran glauben / on alle unsere verschuldigung *gegen im / vertilgen und außreuten / und seins verzeyffelten Machmeds teuffelische Lügen an die stat setzten will.«* Diese Beurteilung der Lage reiche keinesfalls aus, man müsse auch erkennen, daß die Türken *»ein scharpffe / starcke / eysene Ruten / die Gott der Herr in seinem Zorn (...) ergriffen»* darstellen. *Was not tue, seien Buße und Besserung!«* KS

**7/48 (Abb. 312)**
**Schreiben Sultan Süleymans des Prächtigen an König Franz I. von Frankreich**
Konstantinopel, 1536
Handschriftenrolle mit Tughra, 204 x 35,5 cm
Paris, Bibliothèque Nationale, Département des Manuscrits Orienteaux (Suppl. turc 822)

Schreiben (name) Sultan Süleymans des Prächtigen an König Franz I, von Frankreich, in dem er nochmals seinen siegreich beendeten Feldzug gegen die Safawiden anzeigt und mitteilt, des Königs Botschafter sei von ihm empfangen worden, und könne in Istanbul seinen Aufenthalt nehmen.

Schon als Süleymans Truppen 1532 gegen das Römisch-deutsche Reich marschierten, hatte König Franz I. von Frankreich, der wie der Geschichtsschreiber Celalzade in seiner Chronik vermerkt, dem Sultan *»in aufrichtiger Treue verbunden ist«*, einen Gesandten geschickt. Auch auf dem *»Feldzug in die beiden Iraks (Irakeyn seteri)«* gegen die Safawiden war eine Gesandtschaft des französischen Königs erschienen. Von Täbris aus hatte der Sultan dann in einem ›Siegessschreiben‹ (fethname) an Franz I. ausführlich über seine Erfolge gegen die Safawiden und die Inbesitznahme des Iraks berichtet (Bibliothèque National, Paris, suppl. Turc 815).

Nach der Rückkehr nach Istanbul schickte Sultan Süleyman dieses hier ausgestellte Schreiben (name), welches das Datum 14. Schevval nach islamischer und 5. April nach christlicher Zeitrechnung trägt; sehr wahrscheinlich handelt es sich also um den 6. April 1536.

Nach einer umfangreichen Invocatio (da'vet) bzw. Devotionsformel (Anrufung Gottes, des Propheten Muhammad, der ersten vier Kalifen und aller Heiligen) folgt die Tughra des Sultans. Unter der Tughra folgt dann eine vier Zeilen lange Intitulatio, welche die Herrschaftsattribute und -titel mit der Aufzählung der beherrschten Länder aufführt. Dabei werden nun auch die im letzten Feldzug eroberten, teilweise aber tatsächlich nur vorübergehend besetzten Provinzen wie Aserbeidschan, Bagdad, Basra, das Gebiet der Muscha'scha (im südlichen Irak) und Luristan genannt. Dieser Abschnitt endet mit der in großen Schriftzügen ausgeführten Formel *»(...) der ich Sultan Süleyman Schah Chan bin«*.

Nun folgt die Inschrift (elkab): *»Du der Du der Ruhmvolle der Fürsten der christlichen Glaubensgemeinschaft, der Erwählte der Großen der christlichen Gemeinde, der König des Landes Frankreich bist (...)«*. Desweiteren teilt der Sultan nun mit, er

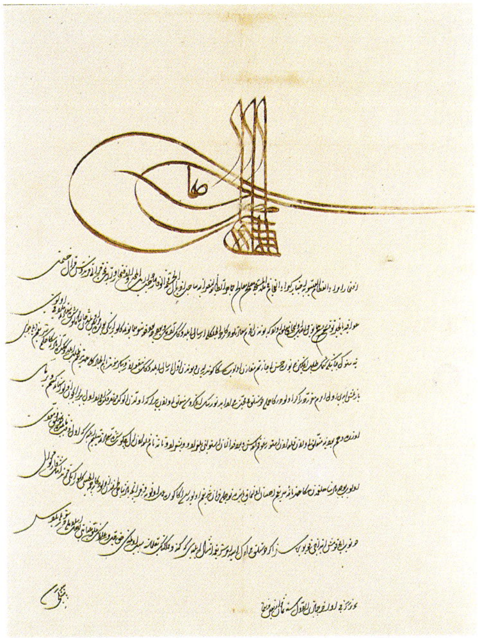
*788 (7/50)*

sei vor einiger Zeit mit seinen meeresgleichen Heerscharen nach Persien (acem diyarlarina) aufgebrochen, um die aufrührerischen, ketzerischen Kizilbasch in ihre Schranken zu verweisen ([...] qularun fitne ve fesadlarini def'etmek maslahatiçün [...]). Mit Gottes Hilfe hätte er viele Länder und Festungen erobert. Die ›elenden Kizilbasch‹ hätten nicht die Kraft gehabt, ihm zu widerstehen und seien vor ihm geflohen. Er sei daraufhin nach Bagdad gezogen, und, als nun diese Angelegenheiten zu seiner vollsten Zufriedenheit zum Abschluß gekommen seien ([...] ol taraflarun ahvali temam-i riza-i hümayunum üzere itmama erischmegin [...]), in die Hauptstadt zurückgekehrt. Der Botschafter Jean de la Forêt sei von ihm empfangen worden. Er sei auch im Reichsrat (Divan) erschienen und die Freundschaft sei bekräftigt worden. Wunschgemäß könne der Botschafter fortan seinen Aufenthalt in Istanbul nehmen. KS
Lit.: Gökbilgin (1971); Spuler (1987).

**7/49**
**Vertrag zwischen Süleyman dem Prächtigen und der Republik Venedig**
Konstantinopel, 1540
Papierrolle, Handschrift mit der Tughra des Sultans; 507 x 35,5 cm
Paris, Bibliothèque Nationale, Département des Manuscrits Orienteaux (Suppl. turc 727)

Urkunde Sultan Süleyman des Prächtigen für die Republik Venedig, mit der er den Krieg mit dieser für beendet erklärt und die Bedingungen dafür mitteilt.
Lit.: Gökbilgin (1979); Lehmann (1936).

**7/50 (Abb. 788)**
**Befehlsschreiben (hükm) Süleymans I. an König Ferdinand I.**
Ungarn, 1541
Handschrift mit der Tughra Süleymans I., 56,5 x 39 cm
Wien, Haus-, Hof- und Staatsarchiv (Türkische Urkunden, 1541 IX 12–21)

Spätestens per Schreiben (name) vom Dezember 1530 hatte der Großwesir Ibrahim Pascha (hingerichtet 15.3.1536) den *»König des Landes Österreich und seitens des Königs von Spanien in Deutschland eingesetzten Stellvertreter Ferendusch«* noch einmal daran erinnert, was eigentlich *»klar wie der helle Tag«* sei. Sultan Süleyman hatte das Königreich Ungarn erobert und dann dem Yanosch Kral (König Johann Zapolya), der sich ihm unterworfen hatte, *»gnädigst«* verliehen. Nun hatte sein Vasallenkönig Yanosch inzwischen insofern Verrat begangen, als er – kaum zu glauben – im Vertrag von Großwardin (1538), als er noch kinderlos war, dem Ferendusch/Ferdinand nach seinem Tode ganz Ungarn vermacht hatte. Nun hatte ihm aber seine Frau, die Tochter des Polen-Königs, kurz vor seinem Tode (22. Juli 1540) noch einen Sohn geboren! Als Ferdinand versuchte, Ungarn dann in Besitz zu nehmen, sah sich der Sultan gezwungen, ›reinen Tisch zu machen‹. Nach dem Verrat des Vasallen-Königs standen nun dessen Frau mit einem Säugling an der Spitze des Vasallen-Königreichs, das Ferdinand für sich beanspruchte. Süleyman erschien mit seinem Heer in Buda und annektierte das mittlere Ungarn mit Buda als Hauptstadt. Im Feldlager vor Buda erschienen nun Abgesandte des eingangs genannten Ferendusch/Ferdinand, bei dem es sich natürlich um niemand geringeren als den Römisch-deutschen König (seit 5.1.1531) und späteren Kaiser (ab 1556) handelt, der natürlich nie ›König von Österreich‹ war – ein Titel, der noch heute durch die türkische akademische Literatur geistert, den es aber nie gab. Süleymans despektierliche Anredeformen wirken so noch heutzutage! Ferdinands Truppen hatten kurz zuvor Pest, Waitzen/Vác, Visegrád und Stuhlweißenburg erobert. Ferdinands Gesandte Freiherr von Herberstein und Graf Salm hatten durchaus nicht ohne Erfolg verhandelt. Der Sultan gab ihnen ein ›hükm‹ – also eine mehr als Befehlsschreiben gehaltene Urkunde – mit, in der erst einmal lediglich von der Rückgabe der kurz zuvor eroberten Festungen und Tributzahlungen für die anderen Gebiete die Rede ist. Dann rückte Süleyman mit dem Heer wieder ab. Als er unterwegs Hieronymus Laski (Laszky), den Wojwoden von Siradien, Ferdinands Botschafter, entließ, gab er ihm diesen fast gleichlautenden, in Penteli (heute Dunapentele, ca. 50 km südlich von Buda) ausgestellten ›hükm‹ mit:*»Ruhmvoller der mächtigen christlichen Fürsten. Erwählter der geehrten Großen in der christlichen Glaubensgemeinschaft, Ordner der Angelegenheiten der christlichen Staaten, Träger der Schleppe von Ruhm und Würde, Inhaber der Zeichen der Majestät und der Ehre, König von Österreich Ferdinand, sein Leben möge im Guten enden.*

*Sobald das erhabene großherrliche Schreiben einlangt, möge bekannt werden (...) Als Du durch Deine Gesandten Niklas* (Graf Niklas II. v. Salm) *und Sigismund* (Sigismund Freiherr v. Herberstein), *die Du vorher geschickt hast, meinem erhabenen Vertrag verlangtest, wurde Dir durch sie mit meinem erhabenen Befehl eine Antwort geschrieben. Dieser mein Befehl steht fest: wenn Du nun mit meiner hohen Pforte Freundschaft und Zuneigung wünschst, so nimm Deine Hand von den Festungen Istolni Belgrad, Visegrád und Tata, die diesmal eingenommen wurden und gib* (sie) *und Usturgom, eine der zu Budin gehörenden Festungen, an meine glückhafte Schwelle zurück, um für die Orte, die zu Ungarn gehören und die* (schon) *vordem in Deiner Hand und Nutznießung gewesen sind, an meine hohe Schwelle Tribut zahlen, so daß dann zwischen uns Freundschaft und Zuneigung bestehen möge; und wenn mein großherrlicher Befehl in welcher Weise immer erfolgt, und Dir von meiner erhabenen Herrschaft ein großherrliches Vertragswerk gegeben wird, dann soll diesem gemäß gehandelt werden.*

*Ein Gesandter des Königs von Frankreich, der unterwegs zu meiner hohen Pforte war, wurde von Deinem Bruder, dem König Karl, gefangengenommen. Jenen Gesandten sollt Ihr ebenfalls entlassen; wenn Du den Wunsch nach Freundschaft hegst, so mußt Du meinem erhabenen Befehl entsprechen, damit Du nicht der Grund für den Niedergang Deines eigenen Landes wirst. Die Gnade Gottes des Gewaltigen und Erhabenen ist mit den Muslimen. So sollt Ihr es wissen (...)«* *KS*

Lit.: Schaendlinger (1983), Nr. 3; Schaendlinger (1984); Matuz (1974); Petritsch (1989); Babinger (1920).

**7/51 (Abb. 789)**
**Buch des Sieges über das Fürstentum Moldau (Fethname-i Kara Bogdan) des Matrakçi Nasuh 23. Cemazi II 946 / 5. November 1539 (Werk abgeschlossen)**
**Aufgeschlagen: Textanfang mit vergoldeter Zierleiste** (Blatt 1v)
Berlin, Staatsbibliothek Preußischer Kulturbesitz, Orient-Abteilung (Hs. or 9673)

Das Fürstentum Moldau war schon unter Sultan Mehmed II., dem Eroberer (1451–81), in osmanische Abhängigkeit geraten. Versuche des Woiwoden Stefan des Großen (1457–1504), die türkische Oberherrschaft abzuschütteln, hatte Sultan Mehmed II. mit einem Feldzug, bei dem die Hauptstadt Suceava 1476 zerstört wurde, beantwortet. Einer der Söhne und Nachfolger Stefans, Peter Raresch (1527–38, 1542–46), versuchte erneut, sich aus der Abhängigkeit von den Türken zu lösen. Im April 1535 unterwarf er sich dem Römisch-deutschen König Ferdinand I. und schloß mit ihm ein Schutz- und Trutzbündnis. Daraufhin zog Sultan Süleyman gegen ihn zu Felde.

Der Text (aufgeschlagen Bl. 1v / 2r) beginnt mit dem Lobpreise Sultan Süleymans des Prächtigen (1520–1566), der die muslimische Herrscherpflicht des Glaubenskrieges (dschihad) entsprechend der Koranstelle *»Gott zieht diejenigen, die den Glaubenskrieg führen, denjenigen, welche daheim bleiben, vor«* (Koran, Sure 4, 95) in vollem Umfang ausführe. Dann folgt: *»Der Woiwode des Landes Moldau, ein zum Volk der Polytheisten und der Schar der Teuflischen zählender Böswilliger namens Peter, gehörte schon seit der Zeit der erhabenen Ahnen und edlen Vorfahren des Schatten Gottes und Kalifen auf Erden, des Sultans, zu jenen Ungläubigen und lasterhaften Menschen, welche gemäß dem Koranvers: ›Bekämpft sie (...) bis sie die Kopfsteuer untertänig zahlen‹ mit dieser Unterwürfigkeit* (d. h. der Zahlung der Kopfsteuer) *gedemütigt worden waren. Während er sich bisher aus Furcht vor dem Niederprasseln der Pfeile der Muslime und der Berührung mit ihren flammenden Schwertern ruhig verhalten hatte, schenkte er nun den Irreleitungen und Verführungen des trügerischen Teufels Gehör und beschritt den Weg des Aufruhrs. Im Bündnis und im Einvernehmen mit der Gemeinschaft der böse handelnden Ungläubigen und dem geringen Häuflein der Feinde, welche (ja) im Höllenfeuer enden werden, trachtete er mittels List und Verstellung nach der Vernichtung der Religion des Islams (...) Während er so aus dem Hinterhalt des Hasses den Bogen der Rache spannte (...), kam dies dem Sultan zur Kenntnis, der die notwendigen Maßnahmen traf.«*

Dieser brach am 11. Safer 945/9. Juli 1538 mit dem Heer auf, erreichte am 20. August die Donau bei Ishakçi (rumän.: Isaccea), setzte auf einer von dem später berühmt gewordenen Architekten Sinan errichteten Schiffsbrücke über die Donau und dann bei Falçin/Falciu über den Pruth und rückte mit den inzwischen eingetroffenen Truppen des Khans der Krimtataren über Jassy/Iaschi nach Suceava vor. Hier setzte der Sultan einen Neffen des Peter Raresch, der bisher an seinem Hof in Istanbul gelebt hatte, den çetina, als neuen Woiwoden ein. Außerdem annektierte er den sogenannten Bucak, das Land zwischen Pruth und Dnestr (türk.: Turla) bis etwa zur Linie Falciu-Tighina (türk.: Bender, heute Bendery, UdSSR). Am 29. Oktober traf der Sultan wieder in Edirne ein. Der geflohene Woiwode Peter Raresch verstand es, im Jahre 1542 wieder das Vertrauen Sultan Süleymans zu gewinnen und wurde erneut als Woiwode der Moldau eingesetzt. Gleichzeitig hielt Peter Raresch weiterhin Verbindung zu den Feinden des Sultans. Als Kurfürst Joachim II. von Brandenburg (1535–71) 1542 ein Heer des Römisch-deutschen Reiches gegen die Türken nach Ungarn führte, lieh er dem Berliner Kurfürsten 200.000 ungarische Goldgulden. Im Geheimen Preußischen Staatsarchiv in Berlin fanden sich dazu eine Reihe lateinischer und deutscher Schriftstücke. Der Woiwode versorgte den Kurfürsten auch mit Nachrichten über die türkische Heeresstärke und riet ihm im September 1542, unbedingt Buda zu erobern, da

*789 (7/51)*

im nächsten Jahre mit einem Feldzug Süleymans nach Ungarn zu rechnen sei, was dann auch zutraf.
*KS*

Lit.: Guboglu (1986), Ursu (1908); Simionescu (1977).

**7/52**
**Musterungsbuch osmanischer Truppen in Oberungarn (defter-i yoklama...)**
**Aufgeschlagen: Visegrád** (Blatt 51v/50)
Um 960–962 / 1553–54
Berlin, Staatsbibliothek Preußischer Kulturbesitz, Orient-Abteilung (Ms. or. fol. 432)

Nachdem die Hauptstadt Buda 1541 von türkischen Truppen besetzt worden war, eroberte Sultan Süleyman nach dem erfolglosen Gegenfeldzug des Kurfürsten von Brandenburg Joachim II. (1542) im Jahre 1543 das wichtige Esztergom (deutsch Gran, türkisch Usturgun). Kurz darauf schob der Beglerbeg (Gouverneur) von Buda Yahyapaschaoglu Mehmed Pascha die Grenze noch weiter nach Norden, in dem er Visegrád und Nógrád (türkisch Novigrad) dem türkischen Reich einverleibte. Auch

790 (7/53)

Hatvan fiel. Die nächste Eroberungswelle folgte 1552, als König Ferdinand vergeblich versucht hatte, sich in den Besitz des östlichen ungarischen Königsreiches zu setzen. Der Beglerbeg von Buda, der Eunuch Ali Pascha (gest. 1557) konnte Drégely, Szécsen, Salgó, Hallókö, Ságh und zusammen mit dem von Süden anrückenden zweiten Wesir Kara Ahmed Pascha Szolnok erobern. Zur gleichen Zeit stand ein Reichsheer unter Kurfürst Moritz von Sachsen und seinem in der Spandauer Nikolaikirche begrabenen Feldmarschall Joachim von Rödel bei Raab (ungarisch Györ). Aus der Zeit kurz darauf stammt das hier ausgestellte Musterungsbuch, das die Personaldaten von etwa 3500 Soldaten der Festungen Esztergom, Nógrád, Hatvan, Visegrád, Csövar, Buják und weitere noch nicht identifizierte Festungen enthält. Am Schluß (69v) wird bereits der neue Beglerbeg von Buda Tuygun Pascha genannt. *KS*

**7/53** (**Abb. 790**)
**Mustafa Ibn Celal, gen. Koca Nischandschi (gest. 1567)**
**Geschichte der Regierungszeit Sultan Süleymans des Prächtigen (Tabakat el-memalik ve derecat el-mesalik)**
**Aufgeschlagen: Bericht über den Einmarsch des osmanischen Heeres in das römisch-deutsche Reich** (Blatt 188v/189r)
Berlin, Staatsbibliothek Preußischer Kulturbesitz, Orient-Abteilung
(Ms. or. quart 1961)

Der Verfasser, Sohn eines Kadis aus der anatolischen Provinz, begann seine Laufbahn 1516 als Sekretär in der Kanzlei des Reichsrates (divan-i hümayun). Neun Jahre später wurde er Chef dieser Kanzlei und wiederum neun Jahre später, während des Bagdad-Feldzuges im Dezember 1534, wurde ihm eines der höchsten Ämter, das des Nischandschi, übertragen. Somit hatte er besten Einblick in die Geschehnisse dieser Zeit und seine Darstellungen basieren auf Informationen aus erster Hand.

Die hier aufgeschlagene Stelle beschreibt den ersten Einmarsch eines von einem Sultan persönlich geführten osmanischen Heeres in das Römisch-deutsche Reich (Bl. 189 a): »*(...) am 18. Tage (des Monats Muharrem 936/22. September 1529) lagerte man nahe der wohlbebauten und belebten steinernen Festung Altenburg auf dem Gebiet der Ungläubigen, wo Ungarn aufhört und das Deutschland ohne (den rechten) Glauben beginnt. Seit dem Aufkommen des (rechten) Glaubens bis in unsere Zeit haben sich diese Länder noch nicht den Hufen muslimischer Reiter dargeboten. Das gänzlich aus unreiner Erde bestehende Land ist durch den Schein der Fakkeln des Unglaubens beschmutzt.*« Nachdem die Belagerung Wiens beschrieben wird, berichtet Celalzade Mustafa dann folgendes (Bl. 192 a): »*(...) das Heer des Glaubens hatte bisher Überfälle in das Land der Gottlosen (kafiristan) unternommen und keine der wohlbebauten Ortschaften ungeschoren gelassen. Mit loderndem Feuer verbrannten und verwüsteten sie alles. Einige der Kämpfer des (rechten) Glaubens streiften bis an die Alexander-Brücke genannte alte Brücke über die Donau, welche der zweigehörnte Alexander erbaut haben soll, plünderten die Gegend und kehrten das Unterste zuoberst. Die deutschen Gaue wurden durch loderndes Feuer geschwärzt und der Rauch und Qualm, den die schicksalsvollstreckenden Soldaten verursachten, tauchte die bebauten Landstriche in Finsternis. (...) Den Soldaten fehlte es nicht an Raub und Beute. In den Zeltlagern verkaufte man schöngesichtige (Menschenkinder) und im Heere und auf den Märkten solche mit einem Anlitz wie Jasmin, mit bogengleichen Augenbrauen, mit Gesichtern wie Engel und nach Rosen duftend. Der überreichen Beute war kein Ende! Die Wohnstätten der Ungläubigen waren niedergebrannt alle Gaue ausgeplündert und verwüstet.*«

Erst am 20. August hatte die eigens zu diesem Zweck berufene ›18-Fürsten-Kommission‹ den Einsatz jener Truppen genehmigt, die vom Reichstag in Speyer bereits im Frühjahr 1529 bewilligt worden waren. Über 100.000 Mann aus den verschiedenen Teilen des Römisch-deutschen Reiches – unter ihnen befanden sich auch die Brandenburger – wurden nun zur Rettung Wiens in Marsch gesetzt. Kurfürst Joachim I. von Brandenburg (gest. 1535) traf sich noch am Samstag den 9. Oktober – an diesem Tag hatten die Verteidiger von Wien den ersten schweren Sturm zu bestehen – mit Herzog Georg von Sachsen in Jüterbog, um weitere Truppen nach Wien in Marsch zu setzen. Doch eine Woche später hatte Süleyman bereits den Rückzug angetreten. *KS*

Lit.: Kappert (1981), Steglich (1972).

**7/54**
**Kopfsteuerregister der Bezirke Anad (ungar.: Csanád, heute Cenad/Rumänien) und Fildeak/heute ungar.: Földeák im Maroschtal. (Defter-i cizye-i gebran-i vilayet-i tetimme-i çanad, vacib 983) Verzeichnis der Kopfsteuer der Ungläubigen des Bezirks çanad, Fortsetzung, fällig für 983 h. / beg. am 12.April 1575**
Handschrift
Berlin, Staatsbibliothek Preußischer Kulturbesitz (Ms. or. fol. 474)

Sultan Süleyman hatte nach der Annexion des mittleren Teils des bisherigen Königsreichs Ungarn 1541 den östlich der Theiß gelegenen Teil mit Siebenbürgen (Erdel), also noch nahezu die Hälfte des ursprünglichen Reichsgebietes, dem Sohne König Johann Zápolyas, dem noch im Säuglingsalter stehenden Johann Sigismund Zápolya (1540–1571) als Vasallenkönigreich überlassen. Die Politik in diesem Königreich wurde von der Königin Isabella und dem aus Kroatien gebürtigen Bischof von Nagyvárad (Großwardein) Georg Martinuzzi bestimmt, der bald versuchte, der osmanischen Macht ein wiedervereinigtes Ungarn entgegenzusetzen. Falls

König Ferdinand militärisch in der Lage schien, das östliche Reich gegen die Türken zu halten, wollte er es dem Habsburger übergeben. Als Ferdinand 1551 eine allerdings nicht sehr große Armee schickte, versuchte Martinuzzi, um Zeit zu gewinnen, seinen Oberherrn Süleyman mit Verhandlungen hinzuhalten. Doch Süleyman durchschaute ihn und schickte den Beglerbeg von Rumelien, Sokollu Mehmed Pascha mit einer Armee nach Ungarn. Dieser überquerte den Theiß, eroberte u. a. Csanàd im Maroschtal und wenig später das flußaufwärts gelegene, noch von Markgraf Georg Brandenburg (gest. 1543), dem Erzieher König Ludwigs II., stark befestigte Lippa. Im Jahr darauf eroberte der zweite Wesir Kara Ahmed Pascha (hingerichtet 1555) Temesvar und das Banat. Aus diesen dem östlichen Königreich entrissenen Gebieten bildete man nun das zweite Beglerbeylik (Provinz) auf ungarischem Boden, Temeschvar, zu dem auch Csanád gehörte. Den türkischen Truppen folgten die Steuerkommissare. Wie unter islamischer Herrschaft üblich, hatten die unter staatlichem Schutz stehenden Andersgläubigen minderer Rechtsstellung eine dschizya/cizye genannte, was man gewöhnlich mit »Kopfsteuer« übersetzt, zusätzliche Steuer zu zahlen. Diese Steuer war schon im Koran festgelegt worden, wo es in Sure 9,29 heißt: *»Bekämpft sie bis sie die Kopfsteuer untertänigst zahlen«*. Die türkischen Steuerkommissare legten genaue Sonderverzeichnisse der nichtmuslimischen Reichsbevölkerung an, welche für die historische Forschung eine erstrangige Quelle darstellen. Das hier ausgestellte Verzeichnis beginnt mit Blatt 1 b mit der Überschrift *»Detailverzeichnis der Kopfsteuer der Ungläubigen. Fortsetzung des Bezirks Csanád sowie Földeák, fällig für das Jahr 983. Nahiye (Bezirk) Csanád/Çanad: Fortsetzung: Dorf Szent Lörencz (...)«* Es folgt nun die Aufzählung von 140 Haushalten (khane/hane). Aufgeschlagen, Blatt 4 b: Das Dorf Lele (etwa 4 km nördlich der Marosch, nordwestlich von Makó gelegen). Am Schluß des Verzeichnisses (Bl. 18b) folgt ein Beglaubigungsvermerk des Kadis von Csanád Hasan und das Datum 28. Juni 1576. *KS*

Lit.: Fekete (1955).

**7/55**
**Abrechnung für die Verpflegung der Gesandtschaft Kaiser Rudolf II. unter der Leitung des Freiherrn Bartholomäus Pezzen während ihres Aufenthaltes in Buda im Jahre 1590**
**Aufgeschlagen: Verzeichnis der Einzelposten der Ausgaben für die Verpflegung**
(Blatt 14v/15r)
Berlin, Staatsbibliothek Peußischer Kulturbesitz, Orient-Abteilung (Ms. or. fol. 112)

Nach klassischer islamischer Auffassung ist die Erde bekanntlich in zwei Teilen zu sehen, in dem Gebiet des Islam (dar al-Islam) und in dem Gebiet, das noch nicht dazugehört, Gebiet des Krieges (dar al-harb). Letzteres der Herrschaft des Islam zuzuführen, dessen erste Stufe eine Tributpflicht sein kann, ist unverzichtbare Pflicht der Muslime, insbesondere ihrer Herrscher. Nach der Schlacht bei Mohács (1526) betrachtete sich Sultan Süleyman der Prächtige als Herr des alten Königreiches Ungarn, welches nun aber auch von dem am 16.12.1526 von einer kleinen Zahl ungarischer Magnaten zum König gewählten Ferdinand aus dem Hause Habsburg für sich beansprucht wurde. Dieser konnte zudem noch als Schwager des kinderlos umgekommenen Ungarnkönigs aufgrund der mit den Jagiellonen abgeschlossenen Erbverträge den verwaisten Thron beanspruchen. In der Folgezeit vermochten es weder Ferdinand noch Süleyman bzw. dessen von einem Großteil des ungarischen Adels gewählten ungarischen Gegenkönig und Vasall (spätestens seit dem 19.8.1529) sich in den faktischen Besitz von ganz Ungarn zu setzen. Ferdinand – am 5.1.1531 im Kölner Dom auch zum Römisch-deutschen König gewählt – wies nun seine 1530 nach Istanbul geschickten Gesandten an, dem Sultan bis zu 100.000 Goldstücke jährlich für die Überlassung ganz Ungarns und bis zu 40.000 für den westlichen und nördlichen Teil, den Ferdinand tatsächlich in Besitz hatte, anzubieten.Im Jahre 1547 kam es zur Ausfertigung eines Schreibens (name) an den *»König der Römer und ihm gehörenden Gebiete, Ferdinand (romanlarin ...krali)«*, wo es heißt: *»(...) da er um die Gnade nachgesucht habe für die tatsächlich in den Händen der Christen befindlichen Gebiete Ungarns jährlich 30000 Goldstücke an meinen (...) Hof zu senden und mein edles Schutzversprechen (aman-i scherif) zu erhalten, habe ich ihm und dem erwähnten König von Spanien (gemeint ist Kaiser Karl V.) aus der Vollkommenheit meiner (...) Gnade für fünf Jahre (...) (diese) Gunst erwiesen«*. Ferdinand bezeichnete den Betrag als ›redemtitiam pensionem‹, was etwa ›Pachtzahlung‹ bedeutet. Je nachdem, ob dieser vorläufige Waffenstillstand andauerte, brachten die Abgesandten des Römisch-deutschen Königs bzw. Kaisers und Königs von Ungarn diesen um weitere ›Geschenke‹ für hohe Würdenträger vermehrten Betrag jährlich nach Istanbul. Trotz der schweren Kämpfe überall in Ungarn überbrachte der Freiherr Pezzen auch 1590 die vereinbarten Gelder und ›Geschenke‹. Das hier ausgestellte Rechnungsbuch, welches laut Vermerk auf der Innenseite am 23. August 1686 beim Kampf um Buda erbeutet wurde, enthält die Abrechnung ihrer Bewirtung, abgefaßt in der üblichen Kanzleisprache und Schrift: *»Verzeichnis der Einzelposten der Ausgaben für die Verpflegung der Gesandten, die den Tribut (harac) des Königs von Wien gebracht und an die Pforte der Glückseligkeit abgeliefert haben, auf Veranlassung des Beglerbegs (Gouverneur) von Budun, Ferhad Pascha (er wurde kurz darauf von Meuterern erschlagen) und Ibrahim Efendi, dem Finanzdirektor der Provinz durch die Hand des Tschausches Osman, dem Intendanten der staatlichen Lager der Festung*

791 (7/56)

*Buda, am 5. September 1590. 115 Personen, 80 Zugtiere.»* Der Speiseplan für das Abendessen am 6. September 1590 sieht u.a. Rind, Hammel, Hühnchen, Äpfel und Wein vor. *KS*

Lit.: PETRITSCH (1985), FEKETE (1955), MATUZ (1974).

**7/56 (Abb. 791)**
**Stiftungsurkunde des osmanischen Großwesirs Koca Sinan Pascha in Uzuncaova (heute Uzundzovo, Bulgarien) mit der Tughra des regierenden Sultans Mehmed III. (1595–1603)**
**Anfang der Urkunde mit der Tughra Sultans Mehmed III.**
Erste Dekade des Cemazi I 1004 h. /2.–11. Januar 1596
Berlin, Staatsbibliothek Preußischer Kulturbesitz, Orient-Abteilung (Hs. or. 8302)

Der steinreiche Sinan Pascha (gest. 4. 4. 1596) gehört zu den bedeutendsten Persönlichkeiten im Osmanenreich gegen Ende des 16. Jahrhunderts. Wahrscheinlich albanischer Abstammung und aus der ›Knabenlese‹ hervorgegangen, war er Statthalter in Ägypten, schlug 1596–71 den Aufstand im Jemen nieder, leitete 1574 das Flottenunternehmen zur Vertreibung der Spanier aus Tunesien und wurde 1580 während des Feldzuges gegen die Safawiden zum ersten Mal Großwesir. In einer Zeit sozio-ökonomischen Umbruchs verstand er es, sich in hohem Maße zu bereichern und das wie auch immer gewonnene Vermögen gezielt für seine Macht einzusetzen – so durch zahlreiche Stiftungen überall im Reich. Ende Januar 1593 nach einer Truppenmeuterei wegen schlechter Münze zum dritten Mal Großwesir geworden, soll er nach einem Bericht des Chronisten Selaniki gesagt haben: *»Mit knausrigen Wesiren ist nichts anzufangen!«* Der Chronist fügt hinzu: *»Er wollte damit sagen: ›Von jetzt an wird keiner mehr Wesir, der bei Soldzahlungsschwierigkeiten nicht genügend finanzielles Standvermögen zu deren Behebung hat‹«.* Schließlich überzog Sinan Pascha in seinem Ehrgeiz die Machtbasis des Reiches und brach den Krieg gegen den Römisch-deutschen Kaiser und ungarischen König Rudolf II. (1576–1608) vom Zaune, der eine Wende darstellen sollte. Nach einem Bericht des osmanischen Geschichtsschreibers Peçewi (7/77) soll er im Reichsrat (divan-i hümayun) erklärt haben, er wolle den *»König von Wien* – die übliche despektierliche Bezeichnung für den Kaiser – *gefesselt dem Sultan vorführen«.* Im Juli 1593 brach er mit der Armee nach Ungarn auf. Im August passierte er mit den Marschkolonnen seiner Truppen vor Filibe/Plovdiv im Gerichtsbezirk Hassköy/Haskovo am Paß bei Uzuncaova (= lange Ebene) eine Stelle der so wichtigen Reichsstraße nach Belgrad und Buda, wo es für Reisende noch an Bequemlichkeiten mangelte, die der Großwesir Sinan nun zu schaffen befahl: Ein Rasthauskomplex bestehend aus zwei großen Herbergen (Khan), zwei Badehäusern (hammam), Einkaufszentren (dükkan), Gasthaus (imaret) und Moschee. Die Baukosten trug er selber, das Land auf der Ebene von Uzuncaova hatte ihm der Sultan übereignet. Aus dem Ganzen errichtete er nun eine Stiftung, deren laufende Personal- und Sachkosten aus Erträgen von seinen in der Nähe liegenden verschiedenen Immobilien bestritten werden sollten. *KS*

Lit.: SCHWARZ/KURIO (1983), UMUR (1980); KÜHNEL (1955).

**7/57**
**Leonhardt Fronsperger**
**Kriegsbuch**
**aufgeschlagen: »Vermanung wider den Türcken», Holzschnitt zu der Überschrift »Wie die gefangnen Christen von den Türcken gehalten und verkaufft werden«** (CXLII)
Frankfurt/M, 1596
Berlin, Staatsbibliothek Preußischer Kulturbesitz, Handschriftenabteilung, (2° Gy 17514 a)

Der Landsknecht Leonhardt Fronsperger (gest. 1575) diente lange Zeit im kaiserlichen Heer und wurde 1548, nach seiner Heirat mit einer Ulmerin, Bürger von Ulm. Beim Angriff Sultan Süleymans des Prächtigen im Jahre 1566 war er Feldgerichtsschultheiß. Sein 1573 erstmals in Frankfurt erschienenes *Kriegsbuch* stellt eine erstrangige Quelle zum Kriegsgeschehen der damaligen Zeit dar. Den dritten Teil, der vielerlei Nachrichten über die Türken enthält, hat der evangelische Fronsperger Georg Friedrich, Markgrafen zu Brandenburg, gewidmet in Hinblick auf *»die stattliche hochberühmpte Heroes/so auß dem hochlöblichen Churfürstlichen Hauß Brandenburg erboren«.* Gleichwohl schildert er den 1542 unter Kurfürst Joachim II. mißlungenen Feldzug gegen die Türken als ›Exempel‹. (S. 146f). Davor finden sich Ausführungen über das vorbildliche türkische Feldlager vor Ofen 1541. Weitere Abschnitte widmen sich dem Krieg mit den Türken.

Aufgeschlagen ist Bl. 142 »*Wie die gefangenen Christen von den Türcken gehalten und verkaufft werden*«. Im Zuge der ständigen türkischen Angriffe wurden viele Gebiete im Südosten des Reiches verwüstet und ihre Bewohner in die Sklaverei geführt. Die türkischen Soldaten verkauften – auch der Staat hatte Anrecht auf seinen Anteil – die Gefangenen in der Regel gleich den ihnen folgenden Sklavenhändlern, die diese dann auf den Märkten feilboten. Man führte sie aneinandergekettet in Reihen bis zu 40, 50 Menschen von Markt zu Markt. Viele blieben für immer in der Türkei, auch nach ihrer Freilassung. Die Flucht war schwierig und wurde hart bestraft. Manche kamen erst nach langer Zeit wieder in die Heimat zurück. Reichere Gefangene konnten auf ihren Loskauf rechnen, wie Jacob von der Schulenburg aus der Altmark, der mehr als einmal freigekauft worden sein soll. *KS*

Lit.: Müller (1980); Georgijević (1558); Schildberger (1885).

**7/58**

**Hans Dietherich von Bry und Hans Israel von Bry**

**Außführlicher Bericht / von Ankunfft / Zunehmen / Gesatzen / Regirung vnd jämerlichen absterben Mechmeti I. Genealogia seiner Successorn / biß auf den jetztregirenden Mechmetem III. Aus vielen glaubwürdigen Autoribus fleissig zusammen getragen. II. Propheceyung. Keysers Seueri vn Leonis, sampt etlichen andern Weissagungen / vom Vndergang deß Türckischen Regiments bey jetzregirenden Mechmete III.**

Frankfurt, 1597

Berlin, SMPK, Kunstbibliothek (Lipp Lb 11)

**7/59 (Abb. 792)**

**Jan Muller (1571–1628)**

**Fama führt die Künste in den Olymp**

1597

Kupferstich (zwei Platten), 70,8 x 52,4 cm

Wien, Graphische Sammlung Albertina (H.I., 47, p.70)

Die Selbsteinschätzung der neuzeitlichen Künste war stets von widersprüchlichen Motiven geprägt. Armut und Verleumdung bedrängten sie. Der Hilfe bedürftig, trugen sie ihr Können den Vertretern weltlicher und geistlicher Macht an, in der Hoffnung, durch diese Förderung und Schutz zu erhalten. Hier begünstigt, dort bedroht, wünschten sich die Künste in eine Sphäre des Unerreichbaren versetzt, wo sie den Wechselfällen des Schicksals enthoben waren. Diese fanden sie in jener Gemeinschaft der Unsterblichen, der sie dank des seit Petrarca den Tod überwindenden Ruhms teilhaftig wurden.

Den Konflikt zwischen Selbstherrlichkeit und Bedürftigkeit der Künste thematisiert der am Prager Hof Rudolf II. tätige Maler Bartholomäus Spranger (1546–1611) in einer Komposition, die uns in dem Stich von Jan Muller erhalten ist. Spranger sieht die Künste in einen Kulturkampf verwickelt, der über das eigennützige Anliegen der Künstler nach sozialer Anerkennung und Wertschätzung entschieden hinausgeht. Unter den Bannern von Kaiser und Papst haben sich die christlichen Fürsten des Abendlandes versammelt, um ihr in die Zeit des Alten Ägypten zurückreichendes kulturelles Erbe zu sichern und es in den Dienst eines verständigen Mäzenatentums zu stellen. Dieses Unternehmen erscheint durch den Ansturm der Türken ernsthaft gefährdet. Den Anforderungen des Krieges, der stets als ein Feind der Künste galt, entziehen sich letztere, indem sie sich dem Schutz des fernen Antwerpen anvertrauen. Ihnen ebnet Fama den Weg. Sie wäre keine Dame von Welt, wüßte sie nicht aus der Not eine Tugend zu machen: Niemand außer ihr vermöchte als Apotheose der Künste auszugeben, was in Wahrheit bloß deren Flucht vor der Barbarei ist.

Der Türke, dem die Rolle des neuen Barbaren zufällt, ist hier nicht mehr jener Widersacher im Glauben, für den er bisher galt, sondern vornehmlich Feind des Schönen. Und doch richtet sich im Ansturm gegen die bildenden Künste seine Gebärde zugleich auch gegen die Götter. Einer jüdisch-arabischen Tradition zufolge hatte Nimrod in Auflehnung wider Gott einen Pfeil gegen den Himmel gesandt. Von ihm behauptet Luther, er wäre der erste Türke oder Papst – was offenbar ein und dasselbe ist – der postdiluvialen Geschichte gewesen (Vorl. 1. Mose, Kap. 10,7.8.). Das Motiv des Rebellen gegen Gott, der seine Pfeile an den Himmel verschießt, war im 12. Jahrhundert in die Erzählliteratur der romanischen Länder eingedrungen. Dem 16. Jahrhundert lag es in dem spätjüdischen Sagenbuch *Séfér Hajjaschar* vor, das nach seiner Drucklegung von 1544 zahlreiche Ausgaben erlebte. Herodot berichtet darüber hinaus von zwei vergleichbaren Fällen (IV,94,105). Einen Hinweis darauf, daß das Motiv auch in die bildende Kunst Einzug gefunden hat, gibt ein von Cornelis Cort nach einer Zeichnung des Frans Floris gestochenes Blatt. Die lästerliche Geste wird darin zum platonischen Eros verharmlost, der mit seinem Pfeil des Herz des durch den Himmel jagenden Pluto zu erweichen sucht. *R/SB*

Lit.: Aust.kat. Wien (1987).

**7/60 (Abb. 318)**
**Hans von Aachen (Köln 1552–1615 Prag)**
**Die Eroberung der Festung Raab**
Bez. o. r. im Himmel: »jehael«
Prag, um 1603
Feder in Grau, grau laviert über roter Kreide
22,8 x 24,3 cm
Berlin, SMPK, Kupferstichkabinett (KdZ 4722)

Die Zeichnung illustriert die Rückeroberung der 1594 an die Türken gefallenen Festung Raab (Györ) durch die von Adolph von Schwarzenberg und Nilolaus Pálffy angeführten Truppen Rudolfs II. im März 1598. Der eigentliche militärische Akt vollzieht sich im Mittelgrund, wo das kaiserliche Heer gegen die auf der rechten Bildseite erkennbare westlichste Grenzburg des osmanischen Reichs zieht. Der sich im Vordergrund ergebende bühnenartige Raum wird hingegen für eine das historische Ereignis überhöhende allegorische Darstellung genutzt. Drei Personifikationen von monumentaler Größe sind hier in einem Handlungszusammenhang verbunden. Die mittlere Figur hält eine von dem kaiserlichen Adler bekrönte korinthische Säule im Arm und stellt Hungaria, die Personifikation Ungarns, vor. Zu ihr tritt von links die bewegte Gestalt der Fortuna-Viktoria mit Füllhorn und Siegeskranz. Sie verkörpert das unbeständige Schicksal, das durch die herrscherliche Virtus in einen Sieg verwandelt werden konnte. Die beiden Frauen, um die in der Mittelachse des Bildes angeordnete Adlersäule gruppiert, bilden deutlich das Zentrum der Komposition. Gegenüber dieser Gruppe spielt die rechts am Boden kauernde Figur eines halb nackten und am unteren Teil des Kopfes kahlgeschorenen Türken kompositionell eine untergeordnete Rolle und macht die Unterlegenheit der geschlagenen Großmacht sinnfällig. Die Hungaria hält den Türken auf demütigende Weise an den Haaren fest, während dieser die siegreiche Hungaria von ihren Fußketten befreit. Beiden Parteien werden zudem am Boden liegende Gegenstände mit symbolischer Bedeutung zugewiesen. Die Peitsche rechts kennzeichnet die Türken als die ›Geißel‹ der Christenheit. Daneben spielen eine Sturmhaube und der Caduceus auf die hybride, im System der rudolfinischen Ikonographie bedeutsame Gottheit Hermathema an. Sie bringen damit die fruchtbare Verbindung der Weisheit (Athena) mit der Tat (Hermes), insbesondere mit dem die Zufälle Fortunas und die Unwissenheit überwindenden tugenhaften Kampf, zum Ausdruck. Auf der linken Seite stehen Feuersalamander und Petarde, die im Gefecht um Raab so erfolgreiche Sprengkapsel, für die überlegenen Kriegstechnik der habsburgischen Armee. In einer zentralen Himmelsöffnung zeigen sich über dem Geschehen auf Wolkenbänken die Göttinnen Diana und Juno. Die durch die Krone als Beschützerin Habsburgs hervorgehobene Juno Regina richtet ihren dunklen Mantel gegen die leuchtende Mondsichel, Attribut Dianas und Wahrzeichen der Osmanen gleichzeitig; das Ergebnis der Auseinandersetzung wird so auch auf mythologischer Ebene verdeutlicht.

Das Blatt ist als Vorzeichnung für die entsprechende, als Nachtstück angelegte Szene eines mit Ölfarben auf Pergament ausgeführten Zyklus von Türkenkriegsallegorien anzusehen (Budapest, Szépmüvészeti Múzeum, Inv. 6710). Dieser Zyklus, bei dessen Gestaltung Hans von Aachen (1551/52–1615), seit 1592 Kammermaler Rudolfs III., auch dezidierte Vorstellungen des Kaisers einbezog und der vielleicht zur Vorbereitung einer Serie von Tapisserien dienen sollte, umfaßte ursprünglich wohl 12 zu einem »Impresabuch« gebundene Ölskizzen im Format 34 x 42 cm. Hiervon haben sich insgesamt sieben Darstellungen in den Museen von Wien und Budapest erhalten. Weitere Kompositionen lassen sich durch eine nach Dresden gelangte, mit elf Federzeichnungen fast vollständige Werkstattkopie dieses Zyklus erschließen (Kupferstich-Kabinett, Inv. CA 172).

Wenn auch die Siegesallegorien in der Kunstkammer Rudolfs II. aufbewahrt wurden und dort nur eine beschränkte öffentliche Wirkung haben konnten, so spiegeln sie doch das Bestreben des Kaisers wieder, seine in Wirklichkeit längst angeschlagene Machtstellung durch die Selbstinszenierung als glänzender Triumphator und Erlöser der Christenheit herauszustreichen und zu festigen. Obwohl der 1593 neu entflammte und erst 1606 durch einen Friedensvertrag beigelegte ›lange‹ Türkenkrieg sich in einem zermürbenden Gerangel um einzelne Befestigungsanlagen erschöpfte, wurden kleinere Erfolge wie gerade die Befreiung des ungarischen Raab zu entscheidenden Schlägen gegen den türkischen Erzfeind aufgebauscht und mit aufwendigen Siegesfeiern begangen. Medaillen, die sogenannten Raaberkreuze, und zahlreiche Kunstwerke legen darüberhinaus von umfassenden Propagandamaßnahmen des Kaisers Zeugnis ab.

Während Aachen in der Ölskizze vor allem die Festung Raab in ihrer topographischen Situation sowie die Umstände ihrer Erstürmung mit wiedererkennbarer Genauigkeit darstellt, skizziert er diese Bereiche in der die Gesamtkomposition festlegenden und durch Überklebungen modifizierten Berliner Zeichnung nur flüchtig. Die Figuren und Gegenstände des Vordergrundes sind bereits genauer ausgearbeitet; in einigen Details weichen sie von der Ölskizze ab. Aachen baute die Zeichnung in der für ihn typischen Technik auf, die Konzeption zunächst in ihren Grundzügen in Rötel anzudeuten und die Einzelformen dann mit der Feder entschiedener zu formulieren. Schließlich vollendete er das Blatt mit großzügigen Lavierungen, die vor allem die kontrastreichen Licht- und Schattenwirkungen der im Mondlicht spielenden Szene entstehen lassen.

Zwei Bildhauer haben auf die *Eroberung der Festung Raab* Bezug genommen: Adrian de

B. Sprangers inuen.
Amplissimis prudentissimisq Reip: Antverpien. Consulibus et
Senatoribus, Dominis et Patronis suis plurimum colendis:
quò ergà Patriam et pueritiæ suæ altricem, et Artium
liberalium cultricem, aliquo modo gratum memoremq se
præstet, Bartholomeus Spranger. S. C. M. Pictor et
Senatûs deditissimus Cliens dicat consecratq. CIↃ.IↃ.XCVII.
Ioannes Mullerus sculpsit.
Postquam Barbaries tractus populata feracis
Florentes Asiæ, florentesq Helladis oras,
Africam et ardentem, magnam Europæq potentis
Inuasit partem, multo truculentior ausu:
Pictura, artifici Sculpturaq, aula Lysippo,
Arbi que tectura,
Tres Nymphæ, Comites indiuiduæq Sorores,
Contemptæ prorsus, per nubes Palladis almæ
Se suasu profugæ seruant: quas propria Fama
Detinet, ac astans Zephyrus, dum paret Amori,
Aura sustentat, donec diro hoste fugato,
Auspicijs Iouis, obtineant sua pristina Regna.
Haman Muller

Vries in seinem Bronzerelief mit Allegorien auf die Türkenkriege (Wien, Kunsthistorisches Museum, Inv. 5474) sowie Paulus van Vianen auf dem Verso einer ihm zugeschriebenen Medaille (ebd., Münzkabinett, Inv. 67 bß). Es ist denkbar, daß Vianen von der Berliner Vorzeichnung Kenntnis hatte, da er den in der ausgeführten Fassung bei Aachen fehlenden Merkurstab zu Füßen des Türken in die Medaille überträgt. *KAS*

Lit.: Peltzer (1911/12), S. 128, 169; Ludwig (1978); DaCosta Kaufmann (1985), S. 199, bei Nr. 1–51; Ausst.kat. Essen (1988), S. 331ff.

**7/61 (Abb. 793)**
**Mummenschanz, Versammlung von Bürgern und Narren am Burgberg in Nürnberg mit Feuerwerksfigur eines Türken**
Nürnberg, 2. Hälfte 16. Jh.
Aquarell, 30 x 39 cm
Nürnberg, Germanisches Nationalmuseum
(HB 23 49 Kapsel 1280)

Nach der Eroberung von Tunis durch Karl V. und der Vertreibung des Chaireddin Barbarossa fand in Nürnberg ein Freudenfeuerwerk statt, das auf einem Holzschnitt von Erhard Schön dokumentiert ist: Auf einem Turm der Burg stand die riesige Figur des Beylerbegs von Nordafrika, charakterisiert durch seinen langen Bart. Aus der Burg wurde Feuerwerk verschossen und zehn ›Türken‹ unters Volk geworfen. Das Aquarell zeigt eine ähnliche Figur wie in Erhard Schöns Holzschnitt *Barbarossa* (bei Hans Sachs wird er *turckiser keisser* genannt). Der Mann trägt einen langen Bart, einen Streitkolben in der linken Hand und stützt seine Rechte in die Seite (vgl. 7/39). Von den Mauern des künstlichen Schlosses stürzen zwei Figuren herunter, aus Kanonen wird Feuerwerk abgeschossen. Von den Zuschauern wird im Vordergrund einer der ›Türken‹ herangetragen. Nach der Kleidung der im Vordergrund stehenden Zuschauer zu urteilen, dürfte das Blatt, daß sich sicher am Holzschnitt Schöns orientiert, erst in der zweiten Hälfte des 16. Jahrhunderts ausgeführt worden sein. *RL*

Lit.: Sievernich/Budde (1987), Nr. 4/6; Geisberg IV (1974), S. 1266.

*793 (7/61)*

**7/62 (Abb. 794)**
**Veronese-Schule**
**Bildnis des Sultans Osman I.**
Bez.: OTOMANO. P° I
Venedig, letztes Viertel 16. Jh.
Leinwand, 68,5 x 58,5 cm
München, Bayerische Staatsgemäldesammlungen, Alte Pinakothek
(2242)

Das Gemälde mit dem Porträt des Begründers der Osmanen-Dynastie, Osman I. (1258–1324), gehört ebenso wie die Bildnisse (7/63, 7/64, 7/65) zu einer Serie, die insgesamt 14 Gemälde umfaßt. Diese befindet sich, noch vollständig, in der Alten Pinakothek München. Alle Gemälde gleichen sich sowohl in Größe (69 x 54 cm), als auch Material (Öl auf Leinwand), einige sind geringfügig beschnitten. Die Serie befand sich ursprünglich auf dem Heidelberger Schloß, von wo aus sie im Dreißigjährigen Krieg über Frankenthal nach München gelangte (1636). Seit 1958 hängen die Gemälde im sogenannten ›Türkengang‹ des Alten Residenztheaters in München. Die Serie, die mit Osman I. beginnt, endet mit Murad III. (1574–1595), in dessen Regierungszeit sie entstanden sein wird: Murad III. hatte 1578, wie aus einem Schreiben des venezianischen Gesandten in Istanbul, Nicolò Barbarigo, hervorgeht, einen Auftrag zur Herstellung von Sultansbildnissen erteilt. Die vermutlich 1579 in der Veronese-Werkstatt angefertigte Serie ging verloren. Die Gemälde in München sind vermutlich eine Kopie dieser Serie. Sie gelten seit 1885 als Werke aus der Veronese-Werkstatt. Paolo Veronese (Caliari) wurde 1528 in Veronese geboren. Seit 1553/54 arbeitete er in Venedig, wo er 1588 auch starb. Seine Werkstatt führten sein Bruder Benedetto, ein Neffe, und seine Söhne Carlo und Gabriele weiter.

Serien türkischer Sultane gab und gibt es in mehreren Sammlungen: Durch Chaireddin (Khair ed-Din) Barbarossa (1483–1546; 7/39) kam eine elf Blätter umfassende Porträtsammlung in den Besitz des französischen Flottenführers Virginio Orsini. Dieser gestattete das Kopieren dieser Bilder. Dann gelangten sie in den Besitz des Paolo Giovio (1483–1552) nach Como. Giovio hatte bereit 1521 mit dem Sammeln von Bildnissen berühmter Männer begonnen und seine Sammlung seit 1531 nach Como verlegt. Diese umfaßte schließlich über 400 Porträts, die in vier Gruppen unterteilt waren: Philosophen und Poeten, Künstler, Herrscher und Päpste sowie bekannte Krieger. Seine Sammlung wurde schließlich auch kopiert: Tobias Stimmer (1539–1584) fertigte 1570/71 eine Holzstichserie an, die in den Geschichtswerken des Paolo Giovio verwendet wurde. Christofano dell'Altissimo (gest. 1605 Florenz) kopierte für den florentinischen Herzog Cosimo I. die sich heute in den Uffizien, Florenz, befindende Serie. Auf Schloß Ambras bei Innsbruck, Erzherzog Ferdinand hatte mit dem Sammeln begon-

794 (7/62)

795 (7/64)

nen, gibt es eine Serien von 33 Gemälden, eine weitere Serie befindet sich auf Schloß Reinartshausen bei Erbach/Rheingau. Die Serien sind in ihrer gegenseitigen Beziehungen noch nicht eingehend untersucht worden.

Osman I. (auch Osman Ghazi) wurde 1258 geboren und starb 1324 in Sögüt. Dort hatte seine Vater Ertugal als Angehöriger der Oguz-Turkmenen ein Fürstentum errichtet, das auf Osman überging. Mit seinen Grenztruppen, den ›ghaziyan‹, unternahm er Vorstöße gegen byzantinische Besitzungen und eroberte mehrere Festungen. Schließlich nahm er auch die Städte Bursa und Nikäa (Iznik) ein. Er ist der eigentliche Begründer der Osmanen-Dynastie. Als erster hat sich jedoch sein Sohn (Orhan) Sultan benannt. Er selbst trug nur den Titel ›Emir‹ (= Befehlshaber). Der Sultanstitel wurde eigentlich von den Kalifen verliehen. Das Mamluken-Kalifat (nach 1258) wurde jedoch nicht mehr anerkannt, so daß sich Orhan (1326–1359) den Titel selbst verlieh. Nach der Eroberung Ägyptens übernahmen die Osmanen schließlich selbst das Kalifat. *RL*

Lit.: Ausst.kat Frankfurt (1985), I/1; Kenner (1898); Kultzen/Eikemeier (1971), S. 236ff., Abb. 129, Matuz (1985); Pavoni (1985); Ritratto (1984); S. 20ff, Nr. 21.

**7/63**
**Veronese-Schule**
**Bildnis Sultan Süleyman des Prächtigen**
Bez.: SOLIMANO. XII
Venedig, letztes Viertel 16. Jh.
Leinwand, 69 x 54 cm
München, Bayerische Staatsgemäldesammlungen, Alte Pinakothek (2249)

Süleyman I. (II.), der Prächtige, wird in der Münchener Serie als der zwölfte Sultan seit Errichtung der Herrschaft durch die Osmanen gezählt. In der Inschrift fehlt die Zählung des Namens. Sowohl das »PRI°.« (der ›erste‹), als auch das »SEC°« (der ›zweite‹ ist weggelassen und zeigt so die Unsicherheit des Malers bei der Beurteilung der in der türkischen Geschichte maßgebenden Gestalten. Der ›erste‹ Süleyman war einer der vier Söhne des Bayezid I. (7/64), die sich nach dessen Tod, 1403, um die Nachfolge stritten. Süleyman behauptete zunächst den europäischen Teil des osmanischen Reiches von 1402 bis 1410, bevor er seinem Bruder Mehmed weichen mußte. Dieser bestieg 1413 als Mehmed I. den Sultansthron. Innerhalb der Münchener Serie ist Süleyman I. nicht berücksichtigt. Die zahlreichen Darstellungen zeigen Süleyman I. in der Regel, wie im Münchner Bildnis, im Profil. Der Turban ist dabei hoch gestreckt und tief in die Stirn gezogen. Letzteres ist im Münchner Bild, das den vollbärtigen, in den letzten Lebensjahren stehenden Sultan zeigt, abgeändert. Das Profilporträt geht möglicherweise auf einen Stich des Niccolò Nelli (geb. um 1530 in Venedig) zurück, der in dem durch Bolognini Zalterij 1569 in Venedig erschienenen Band »*Imagines quorundam principum et illustrium virorum*« veröffentlicht wurde: Süleyman ist zu Pferde dargestellt, und durch eine Inschrift benannt. Der Stich ist mit »MF« signiert, was als NNF (N. Nelli Fecit) zu lesen ist. Süleyman hat nicht mehr wie in der Darstellung Hopfers (7/32), der ihn jugendlich zeigt, einen schlanken Körperwuchs, sondern ist durch Wassersucht aufgeschwemmt. *RL*

Lit.: Clot (1983); Kultzen/Eikemeier (1971); Abb. 2; Ritratto (1984), S. 34, Nr. 65.

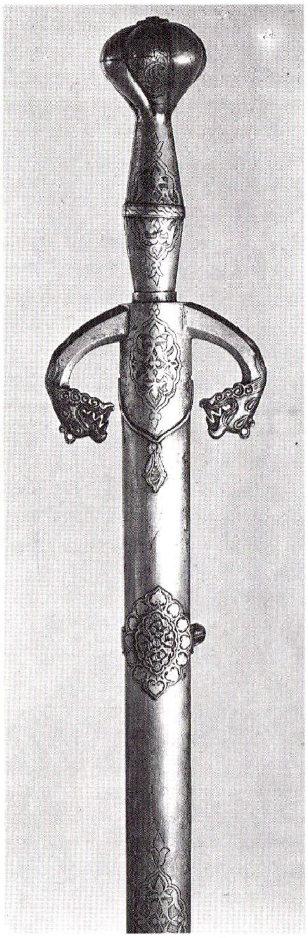

796 (7/66)

**7/64 (Abb. 795)**
**Veronese-Schule**
**Bildnis des Sultans Bayazid I.**
Bez.: BAIAZETH. P(F8) IIII
Venedig, letztes Viertel 16. Jh.
Leinwand, 68,5 x 54 cm
München, Bayerische Staatsgemäldesammlungen, Alte Pinakothek (2243)

Bayazid I. trug auch den Beinamen ›Yildirm‹ (der Blitz) wegen seiner raschen Kriegszüge. Er wurde 1360 geboren und erlangte 1389 das Sultanat. 1390 unterwarf er Serbien und blockierte zwischen 1391 und 1398 Konstantinopel, das schließlich die Ansiedlung einer mohammedanischen Gemeinde erlaubte. 1396 schlugen die Türken unter seiner Führung ein vereintes Kreuzzugsheer des deutschen Kaisers Sigismund und des französischen Königs Karl VI. bei Nikopolis, an der Donau. Nach einer Niederlage gegen die Tataren bei Ankara unter Timurlenk geriet er 1402 in dessen Gefangenschaft, wo er 1403 starb. In der Sultansserie wird er als einziger von hinten gezeigt. Er wendet dabei seinen Kopf nach links, so daß er in Dreiviertelansicht erscheint. Die Ansicht von hinten findet man auch bei Ammans Holzschnit zur *Türkischen Chronica* von 1577, wo dieser allerdings einen längeren Bart besitzt. Dieser lange, vorragende Bart ist wiederum beherrschendes Element in Paolo Giovios *Elogia* von 1575. Hier ist ihm noch ein Blitz als Attribut beigegeben. *RL*
Lit.: KENNER (1898); KULTZEN/EIKMEIER (1971); S. 236ff, Abb. 121, RITRATTO (1984), S. 30, Nr. 35.

**7/65 (Abb. 797)**
**Veronese-Schule**
**Bildnis des Sultans Mehmed II.**
Bez.: MAVMETO. SEC.° VIIII
Venedig, letztes Viertel 16. Jh.
Leinwand, 69 x 54 cm
München, Bayerische Staatsgemäldesammlungen, Alte Pinakothek (2247)

Mehmed II. wird in der Serie als neunter Sultan gezählt. Dabei wird Osman I. mitgezählt, obwohl dieser den Sultanstitel nicht innehatte, sondern sich Emir nennen ließ. Die beiden unter den Nummern V. und VI. gezählten Sultane Iriscelebei und Moise fallen in die Zeit zwischen 1402 und 1413, in der es um die Nachfolge des in Gefangenschaft geratenen Bayezid I. zu Streitigkeiten und vorläufigem Zerfall des osmanischen Reiches kam. Sultan Mehmed I. ist in einer beinahe Profilansicht gemalt. Mehmed II. trägt einen hohen, juwelengeschmückten Turban, dessen eine Bahn noch herabfällt. Die hohe Form des Turbans wurde jedoch erst unter Süleyman (1520–1566) entwickelt. Im 15. Jahrhundert ist die Kopfbedeckung noch eine hohe rote Filzmütze (külah), die über den um

797 (7/65)

sie gewundenen Turban herausschaut. Der Turban hat dabei eine flachere Form, wie er bis in die Zeit Süleymans getragen wurde. Während die frühesten Mehmed II.-Darstellungen phantastische Erfindungen mit einigen realistischen Zügen sind, verlieren sie im späten 16. Jahrhundert wieder den in der Zwischenzeit erlangten authentischen Charakter der Bildnisse und betonen das Exotische der Person, deren äußere Erscheinung zugleich sein grausame Taten reflektieren soll. Mehmed II. galt im zeitgenössischen Europa als *»Horribel, crudele, insano, gaino et maligno Turcho«*, als ›fürchterlicher, grausamer, kranker, brudermörderischer und bösartiger Türke‹ (Capellen [1983], S. 210). *RL*
Lit.: CAPELLEN (1983); KENNER (1898); S. 98ff., KULTZEN-EIKEMEIER (1971); S. 236ff., Abb. 126; RITRATTO (1984), S. 14ff., Nr. 14.

**7/66 (Abb. 796)**
**Panzerstecher des türkischen Heerführers Kasim Beg**
Türkei, um 1530
Eisen, Silber, vergoldet, Eisen, Holz; L 116, 4 cm (Gesamtlänge) L 105 cm (Scheide)
Wien, Kunsthistorisches Museum Wien, Waffensammlung (C 162)

Die Waffe gehörte dem Kasim Beg, dem Anführer der Streitscharen, die von den Kaiserlichen unter Schertlin von Burtenbach (1496–1577) 1532 nahe Baden bei Wien gestellt und aufgerieben wurden.
Lit.: KAT. WIEN (1894, 1898); GAMBER/SCHEDELMANN (1974), S. 253, Abb. 86.

**7/67 (Abb. 316)**
**Prunksäbel Suleymans**
Türkei, um 1550
Eisen, Silber, vergoldet und graviert, Holz, Leder
L 96 cm (Gesamtlänge), L 86 cm (Scheide)
Wien, Kunsthistorisches Museum Wien, Waffensammlung (A1341)

Die schwarz belederte Scheide ist mit einem vergoldeten Mundblech, zwei Medaillonzwingen samt Ringen und kurzes Schleppeisen. An den Vorderseiten der Beschläge sind dichte Rosenranken um eine Zypresse (auf einstigem Emailgrund) dargestellt. Aus der Türkenkammer des Erzherzogs Ferdinand, aus Schloß Ambras.
Lit.: AUSST.KAT. WASHINGTON (1987), S. 157, Abb. 90.

**7/68**
**Visierhelm zum Turnier**
Prag, Prager Hofplattnerei, um 1555
Eisen, geschwärzt, Leder, vertiefte Ränder, gelbe Nieten, Schnurbörtel.
Wien, Kunsthistorisches Museum Wien, Waffensammlung (A 1050 + B 65)

Beispiel für die Verwendung der Masken am Turnierhelm, welcher, ebenso wie der Harnisch, beim ›Huszarischen‹ Turnier durch orientalisches Kostüm verdeckt war. Diese Turniere dienten auch propangadistischen Zwekken und stellten den Kampf der christlichen Habsburger gegen den Islam in Osteuropa und Nordafrika dar.
Lit.: AUSST.KAT. WIEN (1984), S. 17, Nr. 4; AUSST. KAT. WIEN (1987), S. 218.

**7/69 (Abb. 319)**
**Sturmhaube (Schischak) des Großwesirs Mehmed Sokolowitsch**
Türkei, um 1560
Eisen, getrieben und tauschiert, Silber, Seide, rosettenförmige Nieten, glatte, z. T. vergoldete Silberbörtel; 44 x 22 x 30 cm
Wien, Kunsthistorisches Museum Wien, Waffensammlung (C159)

Den Prunkhelm trug Mehmed Sokolowitsch, ein zum Islam übergetretener, geraubter Christenknabe, der am Hofe Süleymans zu höchsten Ehren aufstieg. 1565 wurde er schließlich Großwezir und behielt dieses Amt auch bei zwei nachfolgenden Sultanen. Nach dem Tode Süleymans brachte er die Belagerung von Szigeth 1566 erfolgreich zu Ende, brach aber den Feldzug gegen Österreich ab.
Lit.: SACKEN (1862), S. 42, Taf. 35; BOEHEIM (1894), S. 25, Taf. 45/1; LUCHNER (1958), S. 68.

**7/70 (Abb. 798)**
**Gardebeil des Sultans Mehmed III.**
Türkei, um 1600
Stahl, goldtauschiert, Leder, geschnittenes und vergoldetes Silber; L 78 cm. (Schaft), B 27 cm (Blatt)
Wien, Kunsthistorisches Museum Wien, Waffensammlung (C 119)

Das geschwungene Beil ist beidseitig mit vergoldeten, arabischen Schriftzeichen geschmückt. In der Beschriftung werden in ungeordneter Folge die Sultane von Orhran bis Mehmed III. genannt, wobei ohne klar ersichtlichen Grund einige ausgelassen sind. Auf dem Hammer des Beiles findet sich der Name Sultan Mehmed III., für dessen Leibwache die Waffe wahrscheinlich angefertigt wurde. In den Medaillons in der Mitte des Beils wird der Name Allahs angerufen, dann verliert sich die Schrift in reine Zierformen. Aufgrund der Fehler, die dem Ätzer unterlaufen sind, nimmt Dr. Al Saman, dem diese Informationen zu danken sind, an, daß der Handwerker ein Analphabet war, der nach einer Vorlage arbeitete.

Wie das Gardebeil in kaiserlichen Besitz gelangt ist, weiß man nicht. Als Gardebeil eines Sultans, der nie ins Feld gezogen ist, kann es sich hier nicht um ein Beutestück handeln, andererseits ist auch die Annahme eines diplomatischen Geschenkes schwierig, regierte Sultan Mehmed (1595–1603) doch während des langen Türkenkrieges. Zwischen den einzelnen Feldzügen dieses langen Türkenkrieges gab es zwar immer wieder Verhandlungen zwischen Türken und Kaiserlichen, so daß das Beil vielleicht bei einer solchen Gelegenheit überreicht wurde. Möglich wäre jedoch auch eine Überbringung während der Friedensverhandlungen von Zitvatorok, da der Nachfolger Sultan Mehmeds keinen Bedarf mehr an den Gardebeilen seines Vorgängers hatte und diese daher als Geschenk zur Verfügung standen. *OG/CB*
Lit.: KAT. WIEN (1889), S. 172; KAT. WIEN (1936), S. 8, 4; THOMAS (1963/64).

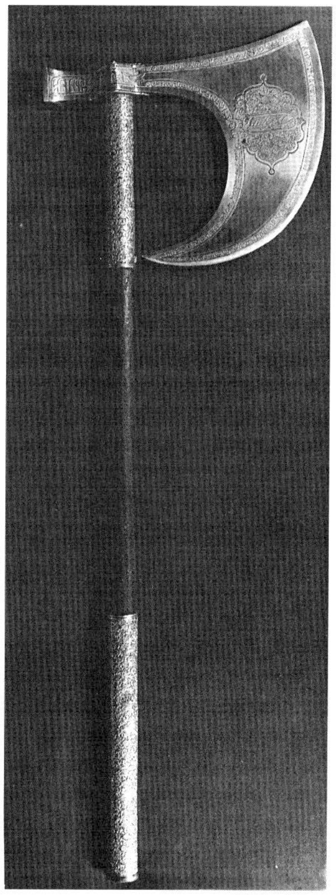
*798 (7/70)*

**7/71 (Abb. 799)**
**Jost Amman (Zürich 1539–1591 Nürnberg)**
**Seeschlacht bei Lepanto**
Nürnberg, 1571
Holzschnitt, koloriert mit Goldhöhungen, 35,7 x 56,5 cm
Berlin, SMPK, Kupferstichkabinett (848–10)

Es handelt sich um zwei in der Mitte zusammengesetzte Blätter, die früher einmal auf Leinwand aufgezogen waren und wahrscheinlich beschnitten sind. Zu einem weiteren Abzug dieses Holzschnittes (Andresen [1864], I, S. 222) gehört ein gedrucktes Beiblatt mit beschreibendem Text, dessen Ende lautet: *»Gedruckt zu Nürnberg, bey Hanns Weygel, Formschneider.«* Nach Angriff und Fall Zyperns hatte der entscheidende Sieg der ›Heiligen Liga‹ über die

799 (7/71)

Türken am 7.10.1571 bei Lepanto europaweite Begeisterung ausgelöst und zahlreiche Berichte wie graphische und gemalte Darstellungen der Schlacht, begannen sich einer großen Popularität zu erfreuen. Das sorgsam kolorierte Blatt des Jost Amman, der zu dieser Zeit in Nürnberg lebte, kann aufgrund eines am 26.10. aus Venedig eingetroffenen Berichtes über den Sieg einige Wochen nach dem Ereignis geschaffen sein. Es macht mit der Umgebung, Aufstellung der Schiffe und dem Ablauf der Schlacht bekannt: Links die Verbündeten, rechts die türkische Flotte, in der Mittellinie venezianische Galeassen. Im rechten Hintergrund ist die Küste zu sehen, in der rechten oberen Ecke die Bezeichnung des Festlandes *»Morea«*.

Das eigentliche Gefecht findet im mittleren Vordergrund statt, in dem die Schlachtordnung aufgebrochen ist. Ein türkisches halbversunkenes Schiff, von dem man nur noch das Heck sieht, und zahlreiche im Wasser schwimmende Türken zeigen deren Niederlage an. Der Künstler muß sehr gut instruiert gewesen sein, denn er hat nicht nur die einzelnen Namen der verbündeten und türkischen Persönlichkeiten aufgeführt, die an der Schlacht teilgenommen haben, sondern auch den Zeitpunkt des bald beendeten Kampfes durch die links oben untergehende Sonne angegeben und genauestens die Flaggen der verschiedenen Geschwader gekennzeichnet. Die Viktoria in der linken oberen Ecke, die den Markuslöwen krönt, läßt vermuten, daß Amman den Holzschnitt für einen venezianischen Auftraggeber angefertigt hat. *GP*

Lit.: Andresen (1864), S. 221; Hampe (Thieme-Becker I); Sporhan-Krempel (1968), S. 40, 165; Cessi (1968), S. 357ff.

**7/72**
**Hans Rogel d. Ä. (1532?–Augsburg–1592/93)**
**Die Insel Zypern**
Augsburg, 1570
Holzschnitt, kolorierter Einblattdruck,
35 x 40 cm
Nürnberg, Germanisches Nationalmuseum
(HB 2852, Kapsel 1340)

Die Insel, in Vogelperspektive wiedergegeben, erstreckt sich durch die Mitte des Blattes. Auf ihr sind einzelne Berge, Flüsse und über 150 Ortschaften mit italienischer Bezeichnung zu erkennen. Um sie herum sind mehrere Schiffe in einem anderen Maßstab dargestellt. Drei von ihnen feuern aus Kanonen. Wie der Titel sagt, soll das Blatt den Angriff der Türken auf Zypern im Jahre 1570 zeigen.

Hans Rogel, Formschneider, Briefmaler, Zeichner, Verleger und *»teutscher Schullehrer«* in

800 (7/74)

Augsburg, hat den Holzschnitt sicherlich kurze Zeit nach dem Landen der türkischen Flotte (1. Juni 1570) geschaffen. Er war nicht der einzige Künstler, der 1570 eine Karte von Zypern angefertigt hatte. Auch in anderen Städten, besonders Rom und Venedig, waren im selben Jahr zahlreiche Darstellungen der Insel erschienen, die als aktuelle ›Bildzeitungen‹ die westliche Welt über den Angriff der Türken und die Lage der Insel informieren sollten. Die meisten von ihnen sind Kopien der Karten von Matheo Pagano (Venedig 1538) und G.F. Camotio (Venedig 1566). Rogel hat sein Blatt nach der Vorlage des G.F. Camotio geschaffen. Darum führt er auch nicht die wirkliche Landung der türkischen Flotte auf, sondern hat lediglich einige schon von Camotio zur Belebung des Blattes verwendete Schiffe mit feuernden Kanonen versehen, um damit den Kampfbeginn anzuzeigen. *GP*
Lit.: Andresen (1874); Cessi (1968); Strauss (1975); Stylianou (1970).

**7/73**
**Hans Rogel d. Ä. (1532?–Augsburg–1592/93)**
**Die Schlacht bei Lepanto**
Augsburg, 1571
Holzschnitt, Einblattdruck, 41 x 37 cm
Nürnberg, Germanisches Nationalmuseum (HB 24845, Kapsel 1341)

Gezeigt ist die Niederlage der Türken bei Lepanto (7/74). Der Text berichtet über den Ablauf der Schlacht, die Anzahl, Art und Aufstellung der Schiffe, den Angriff, herausragende Personen, über untergegangene Galeeren, die Getöteten und über das göttliche »*Mirackel*«, plötzliche Windstille und die »*Sonnen zu ruck*«, das den Sieg der Christen begünstigte. Die Darstellung selbst zeigt die geordneten Schiffe mit Nennung einiger Namen ihrer Führer jeweils im Halbkreis. Hans Rogel d. Ä. hatte mit diesem Blatt wie schon mit seiner Darstellung des Angriffes auf Zypern (7/72) die aktuelle Berichterstattung zum Ziel und kann es aufgrund schneller Nachrichtenübermittlung einige Wochen nach der Schlacht geschaffen haben. Über dasselbe Geschehen verlegte er auch ein aus sechs Blatt bestehendes Oktavbüchlein mit Titelvignette in Holzschnitt. *GP*
Lit.: Andresen (1874); Strauss (1975).

**7/74 (Abb. 800)**
**Die Schlacht bei Lepanto**
Venedig (?), Ende 16. Jh.
Leinwand, 116 x 238 cm
Venedig, Museo Correr (2194)

Das Gemälde stellt die Seeschlacht von Lepanto im Golf von Patras im Ionischen Meer dar, in der Rom, Spanien, Venedig, Genua, das Großherzogtum Toskana und kleinere Stadtstaaten, in der ›Heiligen Liga‹ vereint, am 7. Oktober 1571 gegen die Türken kämpften. Die Flotte der Verbündeten unter dem Oberkommandierenden Don Juan d'Austria, Halbbruder Phillips II. von Spanien, stellte über 200 Galeeren, sechs Galeassen und mehrere kleinere Schiffe mit ca. 29.000 Mann an Bord, die Flotte der Türken unter dem Großadmiral Ali Pascha etwa 150 Galeeren und ebensoviel kleinere Schiffe mit einer höheren Gesamtzahl an Streitern.

Die Niederlage war für die türkische Flotte vernichtend, nach ca. vier Stunden Gefecht

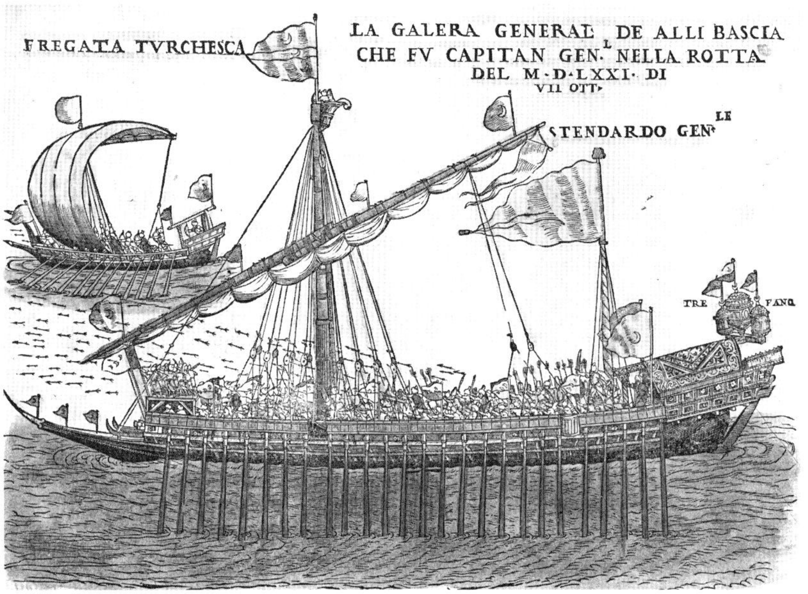


*801 (7/75)*

hatte sie zwei Drittel ihrer Schiffe verloren und 8.000–25.000 Tote und Verwundete, die zeitgenössischen Angaben schwanken, zu beklagen. Auch die ›Heilige Liga‹, insbesondere die Venezianer, büßten tausende von Menschen ein, darunter viele Angehörige der ersten Adelsfamilien. Doch jubelte die christliche Welt über den erlangten Sieg, mit dem zum ersten Mal die Macht der scheinbar unaufhaltsam vordringenden Türken gebrochen wurde, Dichter, Bildhauer und Maler wetteiferten in der Verherrlichung des Triumphes. Tintoretto, Tizian, Paolo Veronese, Giorgio Vasari, Andrea Vicentino u.a. haben ihn Zeitgenossen und Nachwelt in Gemälden verkündet, von denen einige, zu Votivbildern bestimmt, auf den Dank für die göttliche Unterstützung durch die Jungfrau Maria als Rosenkranzmadonna und andere Heilige weisen, die die römisch-katholische Christenheit als eigentliche Helfer des errungenen Sieges über die ›Ungläubigen‹ definierte.

Ein solches Votivbild stellt auch dieses Gemälde dar. Hier wird die göttliche Unterstützung der christlich-venezianischen Flotte durch die allegorische Szene in den Wolken im oberen Drittel des Bildes zur Anschauung gebracht, in der die Jungfrau Maria von der knienden Figur der Fides-Venezia, Stadtpatronin der Lagunenrepublik, umgeben von Heiligen und Engeln, angebetet wird. Daneben herandräuende dunkle Wolkenmassen heben die lichte himmlische Erscheinung deutlich hervor. Von ihr fällt ein heller Lichtstrahl auf die christliche Flotte, die den linken Teil des unteren Bildes einnimmt. Rechts befindet sich die türkische Flotte, hinter der die bergigen Inseln des Golfes in der Ferne aufleuchten.

Der eigentliche Zusammenstoß findet im mittleren Vordergrund statt, in dem die Admiralsschiffe der Türken, ausgezeichnet durch den Halbmond, im Nahkampf mit den Schiffen der Hauptkommandanten der christlichen Flotte liegen, auf denen die Entscheidung der Schlacht gefallen war. Sie sind durch die Beflaggung als die Schiffe des Sebastiano Venier, Don Juan d'Austria und Gianandrea Doria erkennbar (Mariacher [1957], S. 193). Die exakte Anordnung und Beflaggung der Schiffe kann der Künstler aufgrund der zahlreichen Darstellungen geschaffen haben, die nach der Schlacht in Venedig und anderen Orten erschienen waren, während die malerische Wiedergabe in der Lebendigkeit des Kolorits, der Art der aufgesetzten Lichter und der Aufteilung der Massen an Paolo Veronese und Tintoretto erinnert und das Bild in den engen Umkreis dieser venezianischen Künstler rückt. Es wird gegen Ende des 16. Jahrhunderts entstanden sein... *GP*

Lit.: Mariacher (1957), S. 193f; Mason (1986), S. 13–31; Sarre (1938), S. 233–246.

**7/75 (Abb. 801)**
**Unbekannter italienischer Holzschneider**
**Fregata Tvrchesca** (7. Oktober 1571)
Italien, um 1571
Kolorierter Holzschnitt, 27,9 x 40,6 cm
Berlin, SMPK, Kupferstichkabinett (398–7)

Dieser Holzschnitt wurde, fälschlich, oft Melchior Lorch zugeschrieben. Laut der italienischen Aufschrift handelt es ich um das türkische Admiralschiff *(Galera General)* des *Alli Bascia* (= Pascha), das in in der Seeschlacht von Lepanto (im Meerbusen von Lepanto, dem heutigen Meerbusen von Korinth) kämpfte. Der oben erwähnte Alli Bascia ist wohl mit dem türkischen Oberbefehlshaber, Admiral Muensisade-Ali identisch. Bei dem Holzschnitt wird es sich um ein populäres Flugblatt handeln, das unmittelbar nach der Schlacht entstanden sein wird. *EF*

Lit: Hollstein (1974), 10.

**7/76 (Abb. 325)**
**Mit Halbedelsteinen besetzter Schild**
Türkei, 17. Jh.
Schilfrohr, Silberblech, vergoldet, Baumwolle, Silberstickerei, Türkise, Smaragde, Nephrit; Dm 59 cm
Krakau, Muzeum Narodowe w Krakowie (MNK-XIV-381)

**7/77**
**Chronik (Tarih) des Ibrahim Peçevi**
**Aufgeschlagen: Die Belagerung der Festung Pest, der Tod des ›Schwarzen Herzogs‹ (des Kurfürsten Joachim II. von Brandenburg) und die Flucht des besiegten Ungläubigenheeres im Jahr 949 / 1542** (Blatt 44v)
Berlin, Staatsbibliothek Preußischer Kulturbesitz, Orient-Abteilung
(Ms. or. fol. 2698)

Der in Pécs (deutsch: Fünfkirchen) geborene Geschichtsschreiber berichtet besonders ausführlich über die Ereignisse im ungarischen Raum, wo er selbst viele Feldzüge mitgemacht hatte. Nachdem Sultan Süleyman im September 1541 den mittleren Teil Ungarns, *»welches ein vor Maur gegen Teutscher Nation gewesen«* seinem Reich angegliedert hatte, fürchtete man, daß er im Sommer 1542 *»alle andere anstossende Land Teutscher Nation (...) in seinen Tyrannischen Gewalt«* zu bringen beabsichtigte. So steht es im zum Abschluß des Reichstages in Speyer am 12. April 1542 erlassenen Mandat König Ferdinands I. *»Römischer zu Hungern und Behaim, Dalmatien, Croatien und Sclavonien (...) König«*. Der Reichstag des Römisch-deutschen Reiches hatte beschlossen, ein Reichsheer zur Vertreibung der Türken aus Ungarn zu entsenden und am 26. März 1542 den Kurfürsten Joachim II. von Brandenburg zum Oberbefehlshaber ernannt. Die Bauinschrift über dem Eingang des Jagdschlosses Grunewald erinnert noch heute daran. Peçevi weiß dazu folgendes zu berichten:

*»Obwohl dieser große Glaubensfeldzug zu den großen Glaubenskriegen der Muslime gehörte, haben die meisten Historiker nicht über ihn berichtet. (...) Lediglich Katib Mehmed Efendi hat in summarischer Form davon erzählt. Er überliefert einiges, was er von einem der damals eingeschlossenen Kommandeure, dem Sandschakbeg von Küstendil, dem Hizir Pascha (?) erfahren hatte«*. Peçevi selbst habe nun die Informationen von seinem mit den bosnischen Provinztruppen in Pest eingeschlossenen Großvater. Später habe er dann die wahren Zusammenhänge dieser totalen Niederlage der Ungläubigen aus ihren Chroniken in Erfahrung gebracht. Zusammenfassend war das etwa so: Sultan Süleyman habe die Bitte des ›Königs von Wien‹, ihm Ungarn gegen Tribut zu überlassen, abgelehnt. Daraufhin hätten all diese Herzöge, Fürsten und ›Hunde von Königen‹ in Speyer beschlossen, jeder nach seinem Vermögen Soldaten und Material zu schicken. Über 100.000 Mann hätten schließlich angegriffen. Katib Mehmed berichtete nun folgendes: *»(...) tags darauf gürtete der Oberbefehlshaber dieser Lasterhaften, der Sohn des schwarzen Herzogs* (Kara Hersekoglu), *in seinem Zelt zu erneutem Sturm sein Schwert um. Da erwischte den Verfluchten durch Gottes Ratschluß eine von der Burg Buda abgefeuerte Kugel an der Hüfte und beförderte seine schmutzige Seele in die flammende Hölle. Deshalb sagte man den Sturm ab (...).«*

Peçevi legt nun dar, was er in den *Chroniken der Ungläubigen* über den Feldzug gelesen habe, u. a., daß *»der Oberbefehlshaber der Liederlichen, der Herzog des Landes Brandeburski, dieser Hund«* - wobei sich Herzog und Hund (Hersek – seg) im türkischen Text reimen – wohlbehalten zurückgekehrt sei. Es sei ja wohl auch klar, daß die Ungläubigen das Zelt ihres Kommandeurs nicht in Reichweite türkischer Kanonen aufgestellt hätten. *KS*

Lit.: Peçevi (1981); Traut (1892); Schwarz (1988).

**7/78 (Abb. 326)**
**Diarium oder: Kurtze und wahrhaffte Erzehl= und Beschreibung alles dessen, was sich bey der Beläger= und glücklicher emportir- und Eroberung durch Ihro Kayserl. Majest. und dero hohen Allierten Waffen der Haupt= Vestung Ofen täglich begeben und zugetragen**
**Einzelblatt: »Prospect von Offen sambt der kayserl Attaque«**
1686
Berlin, Staatsbibliothek Preußischer Kulturbesitz, Orient-Abteilung
(Bibl. Diez II, 2538)

Nach der Abwehr des türkischen Angriffs vor Wien im Jahre 1683 formierten sich die Gegenkräfte. Kaiser Leopold I., Polen und die Republik Venedig schlossen am 5. März 1684 in Linz die ›Heilige Liga‹ gegen die Türken. Brandenburgs Truppen fochten in den folgenden Kämpfen sowohl unter der Fahne des Kaisers als auch der des Königs von Polen gegen die Türken. Am 27. April 1686 verabschiedete Kurfürst Friedrich Wilhelm, der ›Große Kurfürst‹, in Crossen (jetzt poln. Krosno Odrzánskie) das brandenburgische Kontingent zur Belagerung Budas (Ofen), welches der Generallieutnant Hans Adam von Schöning (1641–1696) befehligte. Die gut ausgerüsteten Truppen, 8269 Mann, also etwa ein Drittel der damaligen brandenburgischen Armee, überquerten am 4. Juli die Donau und rückten neben den anderen Reichstruppen in die ihnen angewiesenen Stellungen am Matthiasberg ein (auf der Abbildung mit »B« bezeichnet, weiter unter »M« die brandenburgische Artillerie). Nach verlustreichen Stürmen, bei denen sich die Brandenburger hervortaten – sie wurden auch bei der Abwehr des türkischen Ersatzheeres unter dem Befehl des Großwesirs Süleyman Pascha eingesetzt – wurde Buda am 2. September 1686 erobert. Der türkische Kommandant Budas Abdurrahman

Abdi Pascha hatte es abgelehnt, sich zu ergeben und fiel beim letzten Sturm. Nach knapp anderthalb Jahrhunderten osmanischer Herrschaft war Buda zurückerobert worden. Der hohe Kampfeinsatz der brandenburgischen Truppen war mit schweren Verlusten bezahlt worden. Die erschöpften siegreichen Truppen hatten ein allgemeines Blutbad angerichtet. Von der Berliner Garde waren von 260 Kommandierten nur 86 Mann zurückgekehrt. Einzelne Akten des türkischen Archivs von Buda gelangten auch in die Berliner Staatsbibliothek (so die hier ausgestellte 7/55). *KS*
Lit.: Ofen (1886); Jany (1967), S. 288–296.

**7/79**
**Het ellendigh leven der Turcken, Moscoviters en Chinesen, aende Christenheyt vertoont. Ofte Korte beschryvinge ban yder in't bysonder zijn regeringh, handel en wandel, (...) wat wreetheydt zy ontrent haer sells en andere natien gebruycken**
**Aufgeschlagen: Hier verkooptmen Mannen, Vrouwen en Kinderen na de outheyt der tanden** (Seite 58)
s'Gravenhage, 1664
Kupferstich
Berlin, Staatsbibliothek Preußischer Kulturbesitz (Ui 7660)

Szene auf dem Sklavenmarkt, wo die Menschen, wie der Autor des hier geschaffenen Werkes hervorhebt, »*nach dem Alter ihrer Zähne verkauft werden*«. Für die »*fachgerechte Beurteilung*« eines Sklaven, den man kaufen wollte, gab es eine eigene ›Handbuch-Literatur‹.
Lit.: Müller (1980).

**7/80 (Abb. 802)**
**Christophorus Boethius**
**Des Glantz-erhöheten und Triumphleuchtenden Kriegs-Helms (...), Bd 3**
**Aufgeschlagen : Abbildung der Stadt und Burg Athen** (nach Seite 306, Tafel 14)
Nürnberg, 1688
Berlin, Staatsbibliothek Preußischer Kulturbesitz, Handschriftenabteilung (Ui 3148–3 R)

Die drei in der ›Heiligen Liga‹ (1684) verbündeten Alliierten waren überall zum Angriff übergegangen. Die Polen kämpften weniger glücklich vor Kameniec in Podolien und in der Moldau, die Truppen Kaiser Leopolds I. rückten in Ungarn siegreich vor und die Venezianer hatten in Dalmatien den Krieg eröffnet, mit ihrer Flotte die Ionischen Inseln angegriffen und Lefkas (ital.: Santa Maura) sowie Preveza erobert. Im nächsten Jahr nahm der Generalkapitän Francesco Morosini die Eroberung der Morea in Angriff, zum großen Teil mit deutschen Miettruppen, so über 2000 Hannoveranern. Im Jahre 1686 brachte Morosinis Flotte wiederum eine starke Armee, zu beträchtlichen Teilen deutsche Truppen (Hannoveraner, Sachsen, Hessen u.a.) unter dem Oberfehl des Grafen O. W. von Königsmarck, der noch 1675 in schwedischen Diensten gegen Brandenburg gekämpft hatte, bei Navarino (türk.: Navarin, jetzt griech.: Pylos) an Land. Fast die ganze Halbinsel Morea fiel in venezianische Hände. Otto Friedrich von der Groeben, der Begründer der brandenburgischen Kolonie Groß-Friedrichsburg, hat diesen Feldzug, von Kurfürst Friedrich Wilhelm beurlaubt, als Beobachter begleitet und in seinem Tagebuch, das sich in der Staatsbibliothek befindet (Ms. germ. quart. 88), beschrieben. Im Jahre 1687 war die Morea erobert, und die Armee besetzte Athen, wo am 22.9. die Belagerung der stark befestigten, von 600 Türken verteidigten Akropolis begonnen wurde. Dabei erhielt – wie auf der Abbildung festgehalten – der Parthenon-Tempel einen Bombentreffer. Der hannoveranische Leutnant Zehe notierte am 22.9. in seinem Tagebuch »*früh morgens wurde wieder angefangen mit Cannonieren und Bombenwerfen. Doch wurden viele derselben fehl geworfen. Gegen Abend fiel eine in den schönen Tempel der Göttin Minervae, welche denn ihr Pulver und Munition, so sie daselbst gehabt, ergriffen, (...) daß durch einen Schlag das schöne Gebäude ganz ruinieret worden.*« *KS*
Lit.: Kohlhaas (1978), Zehe (1975), Schwarz (1989).

**7/81**
**von Sparr**
**Bericht über die türkische Belagerung von Candia 1669**
**Aufgeschlagen: Eigentliche Erzählungk** (fol. 1)
Papierhandschrift
Berlin, Staatsbibliothek Preußischer Kulturbesitz (Ms. germ. quart 86)

**7/82 (Abb. 322)**
**Johannes van Ghelen (Antwerpen 1645–1721 Wien)**
**Relation (...) de tout ce qui s'est passé pendant le siège de Vienne**
**Aufgeschlagen: Triumfante intree van S. K. M. inn te tent des grooten Vizirs** (Abb. Nr. 10)
Brüssel, 1684
Radierung
Berlin, SMPK, Kunstbibliothek (Lipp Qb 52)

Johannes van Ghelen (Geelen) stammt aus einer Buchdruckerfamilie. Zunächst hatte er dieses Handwerk auch in Brüssel und Ryssel ausgeübt, bevor er 1670 nach Wien ging und dort 1678 eine Konzession zum Druck einer Zeitung erwarb. 1683 nahm er aktiv an der Stadtverteidigung teil und verfaßte über die Ereignisse während der Belagerung Wiens eine *Kurtze doch warhaffte (...) Erzählung*», die 1684 in Venedig in italienischer Sprache erschien und in

*803 (7/83)*

Brüssel ins Französische übersetzt wurde. Der französische Text wurde mit Radierungen von Romeyn de Hooghe (1645–1708) illustriert. Dieser hatte bereits zuvor zahlreiche Buchillustrationen, u.a. zum ›Boccaccio‹ geschaffen. 1675 war er durch den polnischen König Johann III. Sobieski geadelt worden, da diesem seine Darstellungen der Siege über die Türken 1673 bei Chotin gefielen. In dekorativ-dramatischer Weise schildert er in der 10. Illustration die Besichtigung des Zeltes des Großwesirs Mustafa Pascha am 15. September nach der gewonnenen Entsatzschlacht um Wien am 12. September 1683 durch »S.K.M.« – das sich sowohl auf »Seine Kaiserliche Majestät« Leopold, als auch auf den König von Polen, die Kurfürsten von Sachsen und Bayern und den Herzog von Lothringen beziehen kann. Romeyn de Hooghe's Schlachtenbilder erweisen sich nur von geringem historischen Wert. *RL*

Lit.: Landwehr (1970), Nr. 60; NDB 6 (1971), Landwehr (1973).

**7/83 (Abb. 803)**
**Franz Geffels (Antwerpen 1625–1694 Mantua)**
**Die Entsatzschlacht vor Wien am 12. September 1683**
Mantua (?), um 1688
Leinwand, 184 x 272 cm
Sign.: »Fra. co Geffels fecit«
Wien, Museen der Stadt Wien (40.132)

Der 1625 in Antwerpen geborene Franz Geffels hielt sich seit 1651 in Mantua auf, wo er auch 1694 starb. 1663 wurde er zum Hofkünstler ernannt. Als Architekt arbeitete er am 1680 vollendeten Palazzo Scordi, dessen *Salone del Belgrado* von ihm mit fünf Schlachtenbildern ausgestattet wurde. Unter der Ausstattung befand sich ein 1688 datiertes Gemälde, das die Einnahme Belgrads darstellt. Unter den vier anderen Gemälden war auch ein *Entsatz Wiens*. Geffels war mehrere Male in Wien. Zuletzt läßt er sich dort 1668 nachweisen.

Man blickt von einem hohen Standpunkt auf die aus der Vogelschauperspektive dargestellte Stadt Wien. Vor der Türkenschanze, auf denen die Batterien der Türken postiert sind, toben die Kämpfe zwischen den vornehmlich polnischen Truppen und denen des Großwesirs Kara Mustafa. Hinter den Schanzen sind die zwischen der Löwenbastei und Burgbastei angelegten Laufgräben noch mit den an der Erstürmung der Stadt arbeitenden Janitscharen besetzt, wie die daraus ragenden Fahnen erkennen lassen. Nach der Flucht des türkischen Heeres wurden die sich noch dort befindenden Truppen leicht niedergemacht. Links ist der Kahlenberg zu erkennen, über den der linke Flügel unter Herzog Karl V. von Lothringen zuerst in das türkische Lager vorstieß. Noch jetzt kommen geschlossene Bataillone über den Berg herab. Im linken Vordergrund sieht man das Großzelt des Kara Mustafa, das Ziel des polnischen Königs Jan III. Sobieski, der gerade eine Fahne abbricht, die er für die Heilige Fahne hält. Es war jedoch die grün-rote Blut- oder Sturmfahne, die im Kampfe aufgezogen wurde. Die von Sobieski erbeutete Fahne wurde später Papst Innozenz XI. in Rom überreicht und 1684 nach Loreto gebracht. Im rechten vorderen Bildbereich werden vier Kamele erbeutet und weggebracht, da diese die Pferde scheu werden ließen. Die Polen hatten auf ihren glänzenden Rüstungen zum Teil aus Holz und Federn gefertigte Flügel oder auch ein Leopardenfell. Hinter den Kamelen ist ein türkisches Reiterheer mit roten Fahnen teils zur Flucht gewendet, teils dabei, mit ihren Krummsäbeln in den Kampf einzugreifen. Hinter der Stadt sind die Donauarme mit ihrem hohen Wasserstand zu erkennen: die Tage vor dem 12. September 1683 hatte es stark geregnet. Möglicherweise hat Geffels die Stadtansicht einer Vorlage des Folbert von Alten-Allen (1635–1715) entnommen, der kurz vor 1683 mehrere Vogelschauansichten gefertigt hat. So hat Geffels die Dächer der Stadthäuser in gedecktem Zustand belassen, während die Holzschindeldächer kurz nach Beginn der Belagerung abgenommen wurden, um die Feuergefahr zu mindern. In der linken unteren Bildecke befindet sich eine Legende, auf der die im Gemälde verzeichneten Punkte von 1–29 aufgeführt sind. Die Erklärungen in italienischer Sprache sind mit dem fälschlichen Datum »*A.D. 16 Julio 1683*« überschrieben. *RL*

Lit.: Broneck u.a. (1983); Düriegel (1982); Düriegel (1981); Gerhartl (1983); Harms (1987); Sturminger (1968); Waissenberger (1975).

**7/84 (Abb. 320)**
**Holländische Schule des 17. Jh.**
**Schlacht bei Wien 1683**
Leinwand, 92 x 142 cm
Kraków, Staatliche Kunstsammlungen auf dem Wawel, Depot der Akademie der Schönen Künste (Depot-Nr. 344)

Am 12. September 1683 wurden die Wien belagernden türkischen Truppen des Kara Mustafa von den zum Entsatz geeilten Koalitionstruppen geschlagen: kaiserliche, unter dem Befehl Herzog Karl V. von Lothringen, deutsche, angeführt von Georg Friedrich von Waldeck und polnische des Königs Jan III. Sobieski, dem eigentlichen Oberbefehlshaber des vereinten Heeres, der zusammen mit Herzog Karl V. die ›Ordre de bataille‹ entworfen hatte. Die Komposition zeigt aus der Vogelperspektive eine Rundansicht des Schlachten-Szenariums, das links durch die Anhöhe des Wiener Waldes und auf der rechten Seite von den Ufern der Donauarme begrenzt wird. In der Mitte des Hintergrundes liegt das von Befestigungsanlagen umgebene Wien mit dem sie überragenden St. Stephansdom, am Horizont sind die Donauwiesen zu erkennen. Die Kriegshandlungen finden sich auf der ganzen Breite des Bildes dargestellt. In der Mitte beschießen die Türken aus ihren Artilleriesstellungen die Stadt und graben Minentunnel in die gegnerischen Befestigungen; links, von der Anhöhe des Wienerwaldes, ziehen deutsche und kaiserliche Infanterie- und Kavallerie-Regimenter herunter, denen ein Teil der türkischen Streitkräfte entgegentritt, um den Rückzug seiner Armee zu decken; rechts entlang des Ufers der Wien eskortiert eine türkische Abteilung einen reich ausgeschmückten Wagen, der wahrscheinlich mit den Schätzen Kara Mustafas beladen ist; im Vordergrund links zwischen den geschmückten Zelten des türkischen Lagers, über dem die grüne Fahne des Propheten weht, toben letzte Kämpfe zwischen den türkischen Bewachern und der polnischen Kavallerie. In der Nähe der Zelte sind einige Reiter aus dem Schlachtengetümmel hervorgehoben. Es handelt sich wahrscheinlich um König Jan III. Sobieski auf dem weißen Pferd, vor dem ein Reiter das Befehlshaberzeichen – einen Spieß mit Falkenflügel – trägt, dahinter der Königssohn Jakub und Heerführer Mikolaj Hieronim Sieniawski.

Das unsignierte Gemälde wird in der Literatur entweder Philip Rugendas, Romney de Hooghe oder allgemein der österreichische Schule zugeschrieben. Entbehrt die Zuschreibung des Werkes an Rugendas einer sicheren Grundlage, so sind doch Zusammenhänge mit dem Werk Romney de Hooghe (1645–1708) festzustellen. J. Szablowski macht auf die Wechselbeziehung des Erzählstils und der Kompositionsdetails des Bildes mit einigen von de Hooghe radierten Schlachten aufmerksam, die ebenfalls Kämpfe mit Türken darstellen. Besonders die Schlacht bei Nagyharsányi von 1687 und Szalakeméni von 1691 sind nach einem vergleichbaren Kompositionsschema aufgebaut. Die bekannte Darstellung de Hooghes der Entsatzschlacht von Wien hat allerdings keine formalen Zusammenhänge mit dem ausgestellten Gemälde, es zeigt zudem die Schlacht von der entgegengesetzten Nordseite. Das Gemälde von Franz Geffels (7/83) scheint von dem Krakower Gemälde beeinflußt zu sein, erreicht aber nicht dessen künstlerische Qualität. Interessant ist die Frage nach dem Auftraggeber des Gemäldes. Keiner der vor Wien kämpfenden Befehlshabern des Koalitionsheeres ist besonders hervorgehoben, auf charakteristische Eigenschaften der Protagonisten ist verzichtet worden. Ein fürstlicher oder kaiserlicher Auftraggeber ist also nicht anzunehmen. Obwohl das Gemälde den Eindruck eines Augenzeugenberichts vermittelt, lassen fehlende Details – etwa Elemente der polnischen Kostüme und Ausrüstung – eine Teilnahme des Künstlers an der Schlacht als unwahrscheinlich erscheinen. Er wird sich vielmehr an Berichten von Beteiligten orientiert haben. *SK*

Lit.: Swierz-Zaleski (1933), Nr. 309; Kat. Warschau (1933), Nr. 66; Sammlungen Wawel (1975), S. 15.

*804 (7/86)*

**7/85 (Abb. 324)**
**Porzellanschälchen und -teller aus dem Besitz Kara Mustafas**
China, Ming-Zeit (1368–1645)
Goldauflagen und Edelsteinbesitz osmanisch, sp. 16.–fr. 17. Jh.
Maße: Schale H 8 cm (Standring), 9,5 cm (oberer Rand), Teller H 2,4 cm, Dm 13 cm
Krakau, Muzeum Narodowe w Krakowie (MNK-XIII-1682 ab)

**7/86 (Abb. 804)**
**Josse Bacor nach Entwürfen von Jean-Baptiste Martin u. a.**
**Die Entsatzschlacht bei Wien**
Tapisserie aus der Serie: »Siege Herzog Karls V. von Lothringen«
La Malgrange (Nancy), Herzoglich-Lothringische Manufaktur, 1724
Wolle und Seide, 405 x 560 cm
Wien, Kunsthistorisches Museum, Sammlung für Plastik und Kunstgewerbe (T IX/3a)

Der Teppich dient der Verherrlichung von Herzog Karl V. von Lothringen und zeigt daher nicht eine exakte, an der Geschichte orientierte Darstellung. Betont wird die Rolle des Herzogs beim Entsatz von Wien am 12. September 1683, als er die Belagerung der Stadt aufhob. Im rechten Bildfeld ziehen die Belagerer unter Zurücklassung ihrer großen Zeltstadt ab. Der türkische Großwesir Kara Mustapha dürfte dabei im mittleren Bildfeld zu erkennen sein. Im linken Bildfeld dominiert die siegreiche Gestalt des Feldherren, der auf einem Schimmel reitet und den Betrachter anschaut. Hinter ihm ist Max Emanuel von Bayern zu erkennen. Vor beiden heransprengend, ist der eigentliche Oberbefehlshaber der Schlacht, Jan III Sobieski, den Herzog grüßend dargestellt. Den historischen Tatsachen entspricht jedoch, daß sie sich erst nach der Schlacht, am folgenden Tag getroffen haben. Im rechten Hintergrund ist die befestigte Stadt mit dem Turm des Stephansdoms zu sehen. Vor der Stadt liegen die Laufgräben, die von den Türken angelegt worden sind und zur Annäherung an die Stadtmauer, zu deren Unterminierung und Sprengung dienen sollten. Hinter den türkischen Laufgräben stehen die Batterien, mit denen die Stadt beschossen wurde. Am linken Bildrand ist der Kahlenberg mit der davor fließenden Donau erkennbar. Über diesen Berg erfolgte der erste Vorstoß der kaiserlichen Truppen unter dem Befehl des Herzogs. Bataillonsweise marschieren von dort aus noch Truppen auf die türkische Zeltstadt zu. Die Heftigkeit der Kämpfe bekunden die in der Ferne aufsteigenden Rauchsäulen und die im Vordergrund

805 (7/89)

806 (7/88)

liegenden Gefallenen. Auf der Bordüre des Teppichs wechseln Waffentrophäen mit Kartuschen ab, die u.a. das Lothringerkreuz darstellen. Das gemeinsame Lothringer-Orléans-Wappen ist in der oberen Mitte vor ein Fahnen-Waffenbündel gesetzt. Der Auftraggeber des Teppichs, Herzog Leopold Karl (gestorben 1723), war mit einer Frau aus dem Hause Orlèans verheiratet. Im unteren Teil der Bordüre erklärt eine Inschrift das Dargestellte: *»CAROLUS. V./VIENNAM PENE TUENTEM LIEBERAT/ET INNUMERAS EAM OBSIDENTUM/TUCARUM PHALANGES/AD TURCEM FUGAM/12. SEPTEMBRIS 1683«* (Karl V. befreite Wien aus der rohen Gewalt und unzählige der sie belagernden türkischen Heere trieb er in die Schmach der Flucht).

Unterhalb der Bordüre gibt eine Inschrift die Herkunft und das Herstellungsjahr an: *»FAICT A LA MALGRANGE EN 1724«*. Mit dem Erwerb der lothringischen Herzogswürde durch den Sohn Karls V. im Rijkswijker Frieden von 1697 blühte die dortige Teppichindustrie noch einmal auf: Der 1698 angestellte Charles Mitè (gestorben 1736) wird 1705 beauftragt, eine erste Serie mit den *Siegen Karls V.* nach Vorlagen von Charles Herbel (1650–1702) anzufertigen. Eine zweite Serie von ebenfalls fünf Teppichen wird ab 1710 gearbeitet, darunter ein *Entsatz Wiens*, der 1713 abgeliefert wird. 1718 wird ein Teppich gleichen Themas durch Mitè abgeliefert. Dieser soll jedoch beim Brand des Schlosses von Lunéville 1719 verbrannt sein, so daß 1723 ein Auftrag an das nach La Malgrange verlegte Atelier ergeht, zwei weitere Teppiche anzufertigen. Josse Bacor leitete dieses Atelier und arbeitete nach Entwürfen von J.-B. Martin (1659–1735) und J. L. Guyon (1672–1743), sowie des Cl. Jacquards (1685–1735). Während der erste Teppich 1724 angefertigt wurde (IX/3 a), konnte der zweite (IX/3 n) erst 1725 vollendet werden. In einer älteren Aufhängung waren beide Teppiche durch eine Naht verbunden. Ein weiterer Teppich, der dasselbe Thema aufweist, befindet sich noch in Wien (IX/2); aber er besitzt eine Bordüre mit Atlanten-Darstellungen. *RL*

Lit.: AUSST.KAT. WIEN (1976); WIENER GOBELIN (1920); GÖBEL (1928), BAUER u.a. (1978); ANTOINE (1965).

**7/87**
**Migueletschloß-Büchse aus der Türkenbeute 1683–1699**
Türkei, 1683–1699
158,5 cm (Gesamtlänge)
Wien, Kunsthistorisches Museum Wien, Waffensammlung (C134)

**7/88 (Abb. 806)**
**Streitbeil**
Türkisch, vor 1691
Damaszierte Klinge, Holzstiel, Leder, teilvergoldetes Silberblech, Ziselierung und Niello; L 69 cm (Blatt17 x 8,5 cm)
Karlsruhe, Badisches Landesmuseum (D 56)

**7/89 (Abb. 805)**
**Dolch mit Scheide**
Türkisch, Ende 17. Jh.
Holz, Silber, Silbertauschierungen; L 28,3 cm (Klinge 18,2 cm)
Karlsruhe, Badisches Landesmuseum (D 269)

**7/90 (Abb. 807)**
**Kara Mustafa Pascha**
Nach 1683
Leinwand, 75 x 49 cm
Aufschrift: *»Chara Mustapha türkischer Großvezir welcher/Anno 1683 den 12. July die Kay. Residenz Statt Wien belagert/aber wieder den 12.7br. mit Verlust weckgeschlagen worden.«*
Wien, Museen der Stadt Wien (31.033)

Um 1635 ist Kara Mustafa als der Sohn eines Sipahi Hauptmannes geboren. Da dieser zum Freundeskreis des späteren Großwesirs Mehmed Koprülü (1596–1661) gehörte, kam Kara Mustafa in dessen Obhut, nachdem sein Vater gestorben war. Seine Karriere führte ihn über die Ämter des Schwertträgers, Stallmeisters, Statthalters, Quartiermeisters und Leibwächters der Sultanin-Mutter zum Großadmiral der türkischen Flotte und zur Statthalterschaft von Diarbekir. 1670 wird er der dritte Wesir im Divan (Reichsrat) und 1676 Großwesir. Als solcher ist er der unmittelbare Vertreter des Sultans mit der obersten politischen und militärischen Exekutivgewalt. Seine Feldzüge in die Ukraine gegen die Russen verlaufen 1677 für die Türken erfolglos. Die Niederlage vor Wien führt zu seiner Hinrichtung am 25. Dezember 1683 in Belgrad. Der Großwesir trägt volles Ornat, einen gestickten Kaftan und einen juwelenbesetzten Turban. Ein pelzbesetzter Purpurmantel betont seine Stellung in der türkischen Hierarchie. Das Brustbild in Dreiviertelansicht zeigt in Miene und Haltung die Reaktion auf die verlorene Schlacht um Wien. *R/SB*

Lit.: AUSST.KAT. WIEN (1983); WAISSENBERGER (1982).

**7/91 (Abb. 327)**
**Christophorus Boethius**
**Des Glantz-erhöheten und Triumphleuchtenden Kriegs-Helms (...), Bd 5**
**Aufgeschlagen: Schlacht von Slankamen**
(nach Seite 754)
Nürnberg, 1692
Berlin, Staatsbibliothek Preußischer Kulturbesitz, Handschriftenabteilung
(Ui 3148–5 R)

Nach dem siegreichen Vorrücken der Kaiserlichen Truppen in Ungarn – 1688 war Belgrad erobert worden – stießen sie im Jahre 1689 unter dem Oberkommando (seit 1689) des Markgrafen Ludwig Wilhelm von Baden (Türkenlouis) bis Nisch vor. Doch im folgenden Jahr gelangt den Türken unter dem neuen tatkräftigen Großwesir Köprülüzade Fazil Mustafa Pascha der Gegenschlag. Die Kaiserlichen verloren Belgrad und wurden wieder nach Ungarn zurückgeworfen. In dieser Lage erbat Kaiser Leopold I. wiederum ein größeres brandenburgisches Hilfskorps. Im Vertrag vom 24.12.1690 bewilligte Kurfürst Friedrich III. 6.100 Mann. Der Kaiser zahlte dafür 150.000 Thaler, sowie noch aus dem Einsatz von Buda 1686 ausstehende 200.000 Thaler; er garantierte Verpflegung und Winterquartiere sowie dem Kurfürsten die Anwartschaft auf Ostfriesland.

Die Truppen setzten sich am 4. Mai von Crossen aus unter dem Befehl des Generallieutnants Johann Albrecht von Barfus in Marsch, paradierten am 8. Juni bei Göding vor dem Kaiser und stießen am 22. Juli zur Kaiserlichen Armee in Slawonien. Schließlich kam es bei Slankamen, gegenüber der Mündung der Theiß in die Donau gelegen, zur Schlacht. In dem sehr dramatischen Kampfgeschehen fiel der Großwesir Mustafa Köprülü. Der Anteil der Brandenburger hat in der Literatur breiten Niederschlag gefunden. Als die Truppe zurückkehrte, hatte sie allerdings fast zwei Drittel ihrer Männer auf dem Schlachtfeld, in den Laufgräben und auf den Marschstraßen verloren. *KS*
Lit.: Jany (1967), Müller (1891), Brock (1891).

**7/92**
**Francesco Monti (Brescia 1646–1712 Parma), zugeschr.**
**La battaglia navale di Santa Pelagia**
Venedig, um 1700
Leinwand, 115 x 162 cm
Venedig, Museo Correr (1322)

Die Übersetzung der Inschrift auf dem Gemälde lautet: »*Francesco Morosini, zum zweiten Mal Kapitän zur See, läuft heimlich aus dem Hafen von Candia aus, das schon seit langem vom Großwesir mit starkem Heer angegriffen wurde, und erringt um Mitternacht in den Wassern von S. Pelagia, nach einem Kampf, der nach einigen Stunden unter dem Licht von Fackeln beendet wurde, über die türkische Armee den Sieg. Zur selben Zeit wird Morosini während der Schlacht auf seiner Galeere von drei feindlichen (Galeeren) angegriffen, schließlich besiegt er dort außer dem Admiralsschiff verschieden große Galeeren, befreit dort 1300 Christensklaven, macht selbst in größerer Zahl Sklaven, außerdem Tote und Verwundete in großer Menge durch den Tod des Oberbefehlshabers Durach Bassa.*«

*807 (7/90)*

Das Gemälde stammt aus dem Palazzo Morosini am Campo Santo Stefano in Venedig, wo es mit 47 weiteren Gemälden eine fortlaufende Bilderserie bildete, die in einzelnen Episoden die kriegerischen Erfolge des Morosini verherrlichen sollte, die er zu See und zu Lande unter verschiedenen militärischen Ämtern, besonders während der Verteidigung des 25 Jahre währenden Kreta-Krieges (1645–1669) im Kampf gegen die Türken errungen hat. (Vgl. 7/93). Francesco Morosini, der seit seinem 28. Lebensjahr alle militärischen Dienstgrade vom kleinen Befehlshaber bis zum ›capitano generale‹ (General zur See) mit den größten Befugnissen über die Flotte erfolgreich durchlaufen hat, wurde 1688 zum Dogen gewählt und ist 1694, mitten in seiner Amtszeit als Staatsoberhaupt und Oberbefehlshaber der Flotte, in Naupllia gestorben.

Das Gemälde stellt den Seesieg des Morosini in der 13 Kilometer von Candia entfernt gelegenen Bucht von Agia Pelagia dar, den er 1668 als ›capitano generale‹ gegen die Türken unter dem Großwesirat des Achmed Köprülü erfochten hat. Im Vordergrund sind türkische Schiffe zu sehen, dahinter die Galeere des Morosini, die durch das dreiflammige Positionslicht auf

dem Heck deutlich hervorgehoben ist. Auf Grund der hohen Qualität in Ausführung und Farbgebung schrieb Pignatti 1960 das Gemälde dem Francesco Monti (1646–1712) zu. Möglicherweise ist es noch zu Lebzeiten des Morosini in Auftrag gegeben worden. *GP*
Lit.: Gullino (1986), S. 146 und 182f; Pignatti (1960), S. 254–256; Schmidt di Simoni (1981), S. 234.

**7/93**
**Francesco Monti (Brescia 1646–1712 Parma), zugeschr.**
**La ritirata dei Turchi (Der Rückzug der Türken von Candia)**
Venedig, um 1700
Leinwand, 124 x 196 cm
Venedig, Museo Correr (1321)

Die Inschrift auf dem Gemälde lautet: »*Francesco Morsini, Befehlshaber einer Galeazze, dringt in Rethimnon, Scio, Nauplia die Romania, Milo, Cap Suso und zu anderen Zeiten weiter vor als alle anderen und verfolgt die türkische Armee, die sich, wenn auch immer beträchtlich stärker, ebenfalls zurückzieht oder flieht. In Cisme dringt er zum Ärger der feindlichen Truppen in den Hafen ein und erbeutet dort mehrere Schiffe. In Candia an Land gegangen, verteidigt er mit dem Schwert in der Hand die Bastion Matinengo, die von den Soldaten verlassen war, die sich jedoch im Oktober 1650 wieder einstellen.*«

1645 griffen die Türken Dalmatiens Grenzen und Kreta an. Nachdem große Teile der Insel in ihre Hände gefallen waren, setzte eine 21 Jahre dauernde Belagerung der Hauptstadt Candia, heute Herakleion, ein, in deren Verlauf es venezianische Strategie war, die Dardanellen zu blockieren, um türkische Nachschubgeschwader abzufangen. Dabei gab es wohl ruhmreiche, doch strategisch nutzlose Erfolge, in denen die Venezianer, unter ihnen Francesco Morosini, den Türken größere Niederlagen bereiteten. Doch konnten auch diese das Schicksal nicht wenden, und am 6.9.1669 mußte Venedig Kreta endgültig an die Türken abtreten. (Vgl. 7/92). Das vorliegende Gemälde kann als Darstellung des Rückzuges der Türken von Candia angesehen werden, das Morosini der Inschrift zufolge 1650 als ›governatore di galeazza‹ verteidigt hat. Wiedergegeben ist wahrscheinlich der Blick, den man von Candia aus auf Feldlager und Festung der Türken hatte, die sie seit 1647 ›drei Meilen‹ von Candia entfernt errichtet hatten. Im Vordergrund ziehen mehrere würdig und frontal dargestellte Türken die Aufmerksamkeit der Betrachters auf sich. Der Blick folgt dann den fliehenden, von hinten gesehenen Pferden und Reitern und trifft schließlich auf die im Hintergrund liegende Festung, die das Ziel der Türken zu sein scheint.

Pignatti schrieb das Werk auf Grund der ausgesuchten und düsteren Farbgebung, die stellenweise durch schlagkräftig aufgesetzte, sichere Pinselstriche und leuchtende Farbflecken aufgelockert wird, dem Francesco Monti (1646–1712) zu, einem bekannten Schlachtenmaler Oberitaliens. Es gehörte zu einer zwischen der zweiten Hälfte des 17. und dem Anfang des 18. Jahrhunderts entstandenen, 48 Gemälde umfassenden Bilderserie, die sich bis 1894 im Palazzo Morosini am Campo Santo Stefano befand (vgl. 7/92). Ob es noch vor dem Tod des Francesco Morosini im Jahre 1694 gemalt wurde, kann nicht mit Sicherheit entschieden werden. *GP*
Lit.: Cessi (1981); S. 625–634; Mason (1986), S. 182f; Pignatti (1960), S. 254–256.

**7/94** (Abb. 323)
**Johann Conrad Weiss**
**Accurater Abriss, von der Auswechslung Ihro Römischen Kayserle. Mayeste. Groß Bottschaffter**
**Aufgeschlagen: »Abriss der ersten Visite welche der Türckische Gross Bottschaffter Seiner Excellenz (...)«**
Augsburg, um 1720
Kolorierter Kupferstich
Berlin, SMPK, Kunstbibliothek (Lipp Sba 27)

Österreich führte zwischen 1716 und 1718 im Bündnis mit Venedig Krieg gegen die Türkei, der im Frieden von Passorowitz mit großen Landgewinnen für Österreich beendet wurde. Dazu gehörte auch Belgrad. Der Austausch von Groß-Botschaftern erfolgte 1719. Diese Bezeichnung blieb Gesandten des Kaisers vorbehalten, die nach Abschluß von Friedensverträgen die Ratifikationsurkunden überbrachten. An der österreichisch-türkischen Grenze wurden die Botschafter und ihr Gefolge ausgetauscht: Auf der österreichischen Seite war dies der Graf von Virmond, auf türkischer Seite Ibrahim Pascha, der mit großem Gefolge in Wien einzog. Die Auswechslung fand am 15. Juni 1719 an der Landstraße von Belgrad nach Nissa statt. Weiss schildert in der Illustration den Empfang des türkischen Großbotschafters durch den Kommandanten der inzwischen österreichischen Festung Belgrad am 27. Juni 1719. Ibrahim Pascha wurde außerhalb der Stadt mit seinem Gefolge empfangen. *RL*
Lit.: Müller (1976); Gutkas (1985); Nagler xxiv.

**7/95**
**Gerard Cornelius von den Driesch**
**Historische Nachricht von der Röm. Kayserl. Groß = Botschafft nach Constantinopel, welche auf allergnädigsten Befehl Sr. Röm. Kayserlichen und Catholischen Majestät Carl des Sechsten / nach glücklich vollendeten zweyjährigen Krieg, Der Hoch = und Wohlgebohrne des H. R. ReichsGraf Damian Hugo von Virmondt / rühmlichst verrichtet. Worinnen ganz besondere Nachrichten von der Türken Policey, Religion, Griechischen**

**Antiquitäten und andern merkwürdigen anderswo vergeblich gesuchten Sachen / zu finden; dabey vieles mit den accuratesten Kupfern erläutert ist.**
**Aufgeschlagen: Türkisches Bad**
Berlin, Staatsbibliothek Preußischer Kulturbesitz (Ui 6324 R)

Von den Driesch war an der Gesandschaftsreise des Groß-Botschafters Graf Damian Hugo von Virmondt 1719 selbst als Gesandschaftssekretär beteiligt. Nach dem Erhalt des kaiserlichen Creditiv-Schreibens am 26. April 1719 machte sich die umfangreiche Delegation auf den Weg nach Istanbul, wo sie am 3. August 1719 einzog. Von den Driechs Bericht erschien zunächst 1721 unter dem Titel *Historia magnae legationis Caesarae (...)*.

**7/96** (Abb. 321)
**Karte der Grenzgebiete des Osmanischen Reiches zu Polen und Rußland (Devlet-i aliyye-i osmaniyye ve Mosko ve Leh memaliki hududlarinin haritasidir)**
Um 1774
Aquarellierte Federzeichnung, 62 x 140 cm
Berlin, Staatsbibliothek Preußischer Kulturbesitz, Orient-Abteilung (Diez A. fol 58)

Die Karte zeigt den weiten Bereich vom Kaspischen Meer bis Podolien mit einer Ansicht der Festung Kamaniçe, heute Kamjenez-Podolski, wo auch brandenburgische Truppen zum Einsatz kamen. Im Bromberger Vertrag (1657) hatte sich der Kurfürst von Brandenburg verpflichtet, Polen Truppen zu stellen. Als 1672 die Türken in Podolien einrückten und Kamjenez eroberten, kämpften bis zum Friedensschluß von 1676, mit dem Podolien zum Osmanischen Reich kam, brandenburgische Truppen unter Graf Friedrich von Dönhoff im polnischen Heer gegen Türken und Tartaren. Der Khan der Krimtataren schickte ab 1677 wieder, wie schon früher, Gesandtschaften an den Hof des Kurfürsten von Brandenburg.

Nach der Abwehr der Türken vor Wien (1683) kämpfte das brandenburgische Kontingent im polnischen Heer bei Hotin und Kamjenez, das 1699 wieder zu Polen kam.

Die hier ausgestellte Karte stammt aus dem Besitz des Freiherrn von Diez, der seit Juli 1786 preußischer Gesandter in Istanbul war.

Die Karte scheint etwa um 1774, nach dem türkisch-russischen Friedensschluß von Küçük Kaynarca (21. Juli 1774) angefertigt worden zu sein. Die im Vertrag vom 5. Mai 1775 an Österreich abgetretene Bukowina ist nicht als solche eingezeichnet. Andererseits erscheint das schon 1772 im Zuge der ersten polnischen Teilung von Österreich annektierte Galizien ebenfalls nicht gekennzeichnet, während das Gebiet zwischen Özü/Dnepr, Göksu/Sinjusha und Turla/Dnestr, das bis 1793 polnisch war, auch als ›Polen‹ (Leh memleketi) ausgewiesen ist.

*808 (7/97)*

Rußlands Durchbruch zum Schwarzen Meer im Frieden von Küçük Kaynarca, nämlich der Zugewinn des Dreiecks zwischen Özü/Dnepr und Aksu/Bug mit der an der Dnepr-Mündung gelegenen Festung Kilburun ist bereits markiert, wenn auch noch nach Norden durch eine als *»hudud-i islamiyye«* (islamische Grenze) genannte Linie begrenzt. Nördlich davon am mittleren Lauf der Ingul schließt sich ›Neu-Serbien‹ (Sirb-i cedid) und daneben das Gebiet der Potkali-Kosaken an.

Südlich der ›islamischen Grenze‹ finden sich von West nach Ost die Bezeichnungen Bucak, Cedisan, Tataristan, memleket-i Kuban, memleket-i Kabartay-i sagir (kleine Kabardei) und memlektet-i Dagistan. Die als memleket-i çerakise (Tscherkessenland) und Kabartay-i kebir (Große Kabarday) bezeichneten Gebiete liegen beiderseits der Grenzlinie.

Bekanntlich wurden die Tataren der Krim, des Bucaks, Jedisans und des Kuban-Gebietes auf Druck der Russen 1774 für unabhängig erklärt, um diese Gebiete dann mit anderen 1783 umso leichter zu annektieren, was der Sultan am 8.1.1784 anzuerkennen gezwungen war. Die Festungen Azak/Asow und Taygan/Tagonrog erscheinen als russisch, während die 1774 Russland zugesprochenen Festungen Kerç/Kertsch und Yenikale am Ausgang des Asowschen Meeres nicht näher deklariert werden.

Im Osten an der Terek-Grenze sind «die Festungen der Moskowiter gegenüber den Dagistan-Tataren» eingezeichnet. Während der Tätigkeit des Freiherrn von Diez als Gesandter in Istanbul brach 1787 ein weiterer russisch-türkischer Krieg aus, mit dessen Ende im Frieden von Jassy/Iasch (1792) die Türkei die Dnestr/Turla-Grenze anerkennen mußte. *KS*

Lit.: Saring (1934); Saring (1937); Brandenburgisch-Polnische Türkenzüge (1884); Schwarz (1987).

809 (7/98)

**7/97 (Abb. 808)**
**Besuch Napoleons bei den Pestkranken in Jaffa am 11. März 1799**
**Radierung von Masson nach einer Zeichnung von Edouard Girardet nach einem Gemälde von Antoine-Jean Baron Gros (Paris 1771–1835 Bas-Meudon)**
Radierung, 23,6 x 33,7 cm
Paris, Bibliothèque Nationale, Cabinet des Estampes (Dc 57 a)

**7/98 (Abb. 809)**
**Francis B. Spilsbury**
**Pituresque scenery in the Holy Land and Syria**
**Aufgeschlagen: Das Zelt des Großwesir's**
(Tafel XVI)
London, 1803
Kolorierte Aquatinta
Berlin, SMPK, Kunstbibliotheek (Lipp Lc 7)

**7/99**
**J. A. Marchirie und Vivant Denon**
**Entwurfszeichnung eines Elefanten-Standbildes für die Place de la Bastille**
Um 1808–1810
42,8 x 34 cm
Paris, Bibliothèque Nationale, Cabinet des Estampes (Va 250a 2. / H 31670)

**7/100 (Abb. 810)**
**Horace-Emile-Jean Vernet (1789–Paris–1863)**
**Die erste Messe in Kabylia**
11854
Leinwand, 194 x 123 cm.
Lausanne, Musée Cantonal des Beaux-Arts (59–11)

Was die Eroberung Algeriens für die französische Malerei bedeutet, läßt sich unschwer am Werk Delacroix' ausmachen, der mit einem Mal von grausamen Türken und müßigen Odalisken zu heldenmütigen Berbern und Beduinen überwechselt. Während Maler wie Delacroix die Spuren europäischer Präsenz aus dem Morgenland ihrer Bilder tunlichst entfernen, betonte die offizielle Malerei der Julimonarchie eben dieses militärische Interesse Frankreichs an den Ländern der Berberie.

Das Gemälde Vernets gibt eine Gedenkfeier zum zwanzigsten Jahrestag der Landung französischer Truppen in Algerien wieder. Der Künstler, der an dem Akt teilnahm, hatte persönlich für den Aufbau des Festaltars Sorge getragen. Für ihn, den gefeierten Schlachtenmaler, handelte es sich zweifelsfrei um ein religiöses Ereignis. Es ins Bild zu setzen war ihm, wie er seinen Freunden anvertraute, ›Herzenssache‹: *»Ich möchte ein religiöses Bild malen. Gott hat mich als einen Schuldner zu sich gerufen. Für ihn möchte ich Messe und Meßopfer malen.«* Nur von seinen Interpreten ist Horace Vernet an Arglosigkeit überboten worden.

Das aus zwei rohen Stämmen gezimmerte Altarkreuz des Gemäldes indessen ist nicht allein das Werk eines frommen Pioniergeistes. Von immergrünem Efeu umgarnt, dem Symbol ewig währender Treue, appelliert es an die Loyalität derer, die sich an seinem Fuß eingefunden haben: Erst nach der Eroberung Algiers durch die Militärs hatte die Kirche mit der Entsendung ihrer Missionsorden nachgezogen. 1838 kam es zur Gründung einer eigenen Diözese, die dem Erzbistum von Aix unterstand. Der Klerus beabsichtigte, die Rechristianisierung der Kabylen durch die Ausgabe von Hypothekenwechseln zu finanzieren, doch blieb der erhoffte Erfolg aus.

Nicht ohne Grund war den Kreuzzugslegenden durch die Malerei der Romantik zu neuer Aktualität verholfen worden. Mehr als ein Mal des Glaubens ist das Kreuz auch in dem Gemälde Vernets. Es ist ein Hoheitszeichen, unter dessen Schutz das Mysterium der Transsubstantiation unbehelligt sich vollzieht. Ohne Zweifel gehörte die in der Wandlung symbolisch nachvollzogene Fleischwerdung des Gottessohnes zu den vom Islam am vehementesten angefochtenen Paradoxien biblischer Heilsoffenbarung. Feldmessen und parareligiöse Feiern erfreuten sich in militärischen Kreisen alsbald einer solchen Beliebtheit, daß selbst die Kirche sich veranlaßt fühlte, den Gottesdienst unter freiem Himmel deutlich von den allmählich überhand nehmenden Veteranenfeiern zu unterscheiden und den ausnahmsweisen und einmaligen Charakter desselben hervorzuheben. *R/SB*

Lit.: Vernet (1980); Ausst.kat. London (1984); Thiel (1987), S. 82–87.

**7/101 (Abb. 811)**
**Adrien Dauzalt (Bordeaux 1804–1868 Paris)**
**Le Passage des Portes de fer en Algérie, 28 octobre 1839**
Um 1840
Leinwand, 150 x 130 cm
Orléans, Musée des Beaux-Arts (76.10.1)

Adrien Dauzats hat sich vor allem als Landschafts- und Architekturmaler betätigt. Auf seinen zahlreichen Reisen (in Spanien, Portugal, Orient, Deutschland u.a.) fertigte er Studien an, die er als Lithographien in Reiseberichten mitherausgab. Ab 1828 war er Mitarbeiter an den *Voyages Pittoresques et romantiques dans l'ancienne France*. Seine Reise nach Syrien und Palästina hat er selbst unter dem Titel *Quinze Jours au Sinai* beschrieben. Wohl auf Veranlassung des Herzogs von Orléans (1810–1842), der eine Expeditionstruppe nach Algerien führte, beteiligte er sich im September und Oktober 1839 an dem Zug durch einen Teil Algeriens. Die bis 1830 dauernde Herrschaft der Osmanen wurde mit der Eroberung Algiers 1830 zurückgedrängt. Bis 1836 herrschte im östlichen Teil des Landes, mit der Hauptstadt Constantine, ein von den Türken eingesetzter Bey. Daneben hatte sich ein Lokalherrscher etabliert. Abd el-Qadir vereinigte im westlichen und südlichen Gebiet die Berber unter sich. Nach der Eroberung von Constantine (das durch ein Abkommen der Franzosen mit dem Emir Abd el-Qadir möglich wurde), wollten dieser die Verbindung mit Algier herstellen. Der Weg führte über das Gebiet des Emirs, der in der Folge, bis 1847, den Franzosen kriegerischen Widerstand leistete, bevor er geschlagen wurde. Der Weg führt südlich der Kabylen durch das Binban-Gebirge. Dazu mußte der ›Portes de Fer‹ (Eisernen Tore), ein längerer Engpaß, durch den der Biban fließt, überquert werden. Im Oktober 1839 erreichte das Heer, 3000 Soldaten stark, unter Führung des Marschalls Vallée den Gebirgszug. Während der Marschall mit seiner Truppe umkehrt, wird der Herzog von Orléans beauftragt, nach Algier weiterzuziehen. Die Scheichs von Beni-Abbas, welche die ›Portes de Fer‹ gegen die Türken verteidigt hatten, gingen zu Fuß als Führer an der Spitze des Heeres. Nach einem 10-stündigen Marsch drang die Truppe in die Schlucht ein, bevor sie nach kurzer Zeit die erste ›Pforte‹ erreichten: Diese ist nur acht Fuß breit, so daß die Soldaten hintereinander gehen mußten. Während des Durchmarsches spielten Regimentsmusiker. Zwischen der ersten und zweiten ›Pforte‹ ließ der Herzog durch seine Pioniere – wie in Dauzats Gemälde zu sehen – die Inschrift »*ARMEE FRANÇAISE 28 OCTOBRE*

*810 (7/100)*

*1839*« an einer Felswand anbringen. Im Gemälde sind die hohen überhängenden Felsen der Schlucht zu sehen, in welche die Franzosen mit Gepäck und Fahnen einziehen. Rechts vorn ist auf einem Schimmel der Herzog von Orléans zu sehen, während es sich bei dem hinter ihm in Zivilkleidung zu sehenden Zeichner um ein Selbstbildnid Dauzats handeln wird.

Dauzat hat auf dem Salon von 1840 in Paris das Bild ausgestellt (Nr. 377). Ab 1841 arbeitete er an den Illustrationen für das *Journal de l'Expedition des Portes de Fer*, das 1844 mit dem Text von Chrales Nodier erschien. Nach 83 Zeichnungen von Dauzat sind die Lithographien angefertigt. Auf einer dieser Lithographien ist die

*811 (7/101)*

im Paß angebrachte Inschrift deutlich zu sehen. Im Palais von Versailles befinden sich fünf Aquarelle, die zu diesem Themenkreis gehören. RL

Lit.: NODIER (1844); GUINARD (1967); MARTIN (1963).

**7/102 (Abb. 32)**
**François-Louis-Joseph Watteau (Valenciennes 1758–1823 Lille)**
**Die Schlacht bei den Pyramiden**
1798/1799
Leinwand, 94 x 120,4 cm
Valenciennes, Musée des Beaux-Arts
(P.46.1.211)

Zu den kriegsentscheidenden Schlachten der französischen Ägyptenexpedition gehörte diejenige bei den Pyramiden. Nach der Eroberung Alexandriens am 3. Juli 1798 besetzte ein großes Kontingent des 34.000 Mann zählenden französischen Heeres das Delta. General Bonaparte stieß mit 25.000 seiner Soldaten auf schnellstem Wege gegen die mamlukische Streitmacht vor. Diese hatte sich in dem kleinen Dorf Imbala am westlichen Nilufer nahe Kairo verschanzt. Das französische Heer schien Murad Bey, dem Oberbefehlshaber der 10.000 mamlukischen Reiter und der 50.000 Mann Infanterie, keine große Gefahr darzustellen, zumal die Franzosen kaum über eigene Kavallerie verfügten.

Am 21. Juli 1798 gingen die Truppen Bonapartes in Stellung. Um 14 Uhr begann die Schlacht. Sehr schnell stellte sich heraus, das die auf persönliche Tapferkeit ausgerichtete Gefechtstaktik der mamlukischen Reiterei den zahlenmäßig unterlegenen, dafür aber diszipliniert und vereint nach einer gemeinsamen Strategie kämpfenden europäischen Armee, mit ihrer trainierten und zielgenauen Artillerie hoffnungslos unterlegen war. Die *»beste Kavallerie des Morgenlandes, vielleicht der ganzen Erde«*, wie es Denon in seinem Schlachtenbericht vermerkte, zerbrach an den Bajonetten und Kanonaden der Infanteriekarrees und der Artillerie der Franzosen. Was als reguläre Schlacht begann, endete nach zwei Stunden in einem Gemetzel. Nur wenige Reiter der Mamluken gelang die Flucht nach Oberägypten. Sie führten in den folgenden Monaten einen durchaus erfolgreichen Partisanenkrieg gegen Bonapartes Invasionstruppen. Der Hauptteil des arabischen Heeres wurde jedoch in der Schlacht vernichtet oder ertrank auf der Flucht im Nil.

In die überlieferte Geschichte ging vor allem die kurze Ansprache General Bonapartes ein, mit der er seine Truppen motivierte. Auf die Pyramiden weisend, rief er aus: *»Geht nun, und denkt daran, daß 40 Jahrhunderte von der Höhe dieser Monumente auf Euch niederblicken!«*. Eines dieser weltberühmten ägyptischen Grabmonumente von Giza überragt auf dem Schlachtenbild François-Louis-Joseph Watteaus das Getümmel und wurde auch auf den meisten anderen Darstellungen des historischen Kriegsgeschehens, seien es Medaillen, Gemälde (Vincent, Hennequin, Lejeune, Gros, Géricault) oder Kupferstiche, nicht vergessen. Allerdings fand Napoleons ›Schlacht bei den Pyramiden‹ 15 km von diesen entfernt statt, und man erblickte sie höchstens als ungewöhnlich symmetrische Erhebungen am Horizont. Auch in anderen Details ist Watteaus Schilderung der Endphase des Gemetzels, in der das französische Heer die mamlukischen Soldaten in den Nil trieben, nicht sonderlich genau. Die Topographie des Schlachtfeldes läßt sich nicht logisch erschließen. Eher malerisch als real wirkt auch die im Vordergrund des Getümmels dargestellte Szene, in der französische Grenadiere prächtig gekleidete mamlukische Gefangene (Murad Bey) ihrem von den Angriffen der wilden arabischen Kavallerie unberührten Oberbefehlshaber Bonaparte zuführen, der von der Tricolore hinterfangen wird.

Am Ende seiner Schilderung der Ereignisse zog Denon das Fazit des ungleichen Kampfes. *»Ein kleiner Haufen Franzosen unter Führung eines Helden hatte soeben einen Erdteil erobert, ein Reich bekam einen anderen Herren; der Stolz der Mamluken scheiterte an den Bajonetten unserer Infanterie (...).«* Diese unangefochtene Herrschaft blieb nicht von langer Dauer. Zehn Tage nach der ›Schlacht bei den Pyramiden‹, in der Nacht des 1. August 1798, vernichtete Admiral Lord Nelson die französische Flotte auf der Reede von Abukir. Napoleon und seine Armee wurden seine Gefangenen in Ägypten. Der Schlachtenmaler François-Louis-Joseph Watteau schuf seine eher fikive Darstellung der ›Schlacht bei den Pyramiden‹ als Pendant zu einem weiteren Kriegsbild, das die Belagerung von Beauvais durch die Burgunder (1472) zum Thema hatte. Im Mittelpunkt dieses Bildes einer bedeutenden Schlacht der französischen Nationalgeschichte stehen die heldenhaften Taten der Heroin Jeanne Hachette, deren Bürgertugend damit mit der des General Bonaparte verglichen wurde. *DS*

Lit: AUSST.KAT. PARIS (1974/75), S. 670f; PONCHEVILLE (1926), S. 219–230.

*812 (7/103)*

**7/103 (Abb. 812)**
**Cornelia Scheffer-Lamme (Dordrecht 1769–1839 Reuil) nach Ary Scheffer (Dordrecht 1795–1858 Argenteuil)**
**Die Frauen von Souli**
Nach 1827
Leinwand, 95 x 112 cm
Niederlande, Dordrecht, Dordrechts Museum (DM/S/114)

Nach der Niederlage ihrer Männer gegen die Türken stürzten sich die Frauen von Souli (Griechenland) von einem Felsen in die Tiefe, eine Episode aus dem griechischen Befreiungskampf.

*813 (7/104)*

**7/104 (Abb. 813)**
**A. Berbrugger**
**Algérie historique pittoresque et monumental. Recueil de vues, monuments, cérémonies, costumes, armes et portraits, dessiné d'après nature**
**Aufgeschlagen: Conquête et Civilisation (Frontispiz)**
Paris, 1843
Lithographie von V. Adam
Berlin, SMPK, Kunstbibliothek (Lipp Ma 23)

**7/105 (Abb. 814)**
**Hermann August Theodor Tunica (1826–Braunschweig–1907)**
**Heinrich der Löwe trifft in Palästina mit Sultan Arslan zusammen**
1887
Leinwand, 152 x 230 cm
Braunschweig, Städtisches Museum (405)

1172 brach Herzog Heinrich der Löwe, zu seiner Zeit neben Kaiser Friedrich I. mächtigster Mann im Reich, zu einer Pilgerfahrt ins Heilige Land auf. Er wurde vom Kaiser von Byzanz und vom König von Jerusalem wie ein König empfangen. Doch all das wurde in den Schatten gestellt durch die Aufnahme, die er beim Seldschukensultan Kilidsch Arslan II. fand. Dieser sandte ihm ein Heer zum sicheren Geleit in die

*814 (7/105)*

Hauptstadt entgegen und empfing ihn dort mit sinnenbetäubender Pracht. Heinrich zu Ehren schenkte er allen christlichen Gefangenen die Freiheit. Er entließ Heinrich mit reichen Gastgeschenken, darunter vielen seidenen Prachtgewändern und zwei gezähmten Jagdleoparden. Das Leben Heinrich des Löwen war im 19. Jahrhundert Gegenstand reicher Legendenbildung. So wurde auch diese Begegnung in der Überlieferung stark verändert. Tunica verlegte die Begegnung, die sich entgegen des Bildtitels nicht in Palästina ereignete, vor eine Stadt, wo der Sultan mit großem Gefolge dem Herzog entgegenreitet. Er läßt in diesem Zug sogar die Kamelsänften der Gemahlinnen des Sultans mit hinaus in die staubige Wüste ziehen. Das Gemälde verrät Einflüsse von Horace Vernet (vgl. 7/100), dessen Werke Tunica während seines Studiums in Paris kopierte. *SD*

Lit.: Hunke (1978)

**7/106 (Abb. 815)**
**Louis Dupré (Versailles 1789–1837 Paris)**
**Voyage à Athènes et à Constantinople, ou Collection de portraits, de vues et de costumes grecs et ottomans. Peints sur les lieux, d'après nature**
**Aufgeschlagen: Nicolacki Mitropolos, arborant l'étendart de la Croix à Solôna, le jour de Pâques 1821** (Tafel 40)
Paris, 1825
Berlin, Staatsbibliothek Preußischer Kulturbesitz (gr 2° Ug 6170 R)

Der Schüler von Jacques-Louis David war von 1814–1816 in Neapel, dann in Rom. Von dort aus zog er auf Initiative von drei Engländern nach Griechenland, wo er sich bis 1824 aufhielt. Das im 18. Jahrhundert wiedererwachte Interesse an der griechischen Kultur des Altertums führte mit Beginn des griechischen Aufstandes gegen die Türken 1821 zu einer breiten europäischen Hilfe: In Frankreich bildete sich u.a. ein ›Comité philhellenique‹; Spenden, Freiwillige, Zeitungsberichte, Romane, Theaterstücke u.a. unterstützten die Aufständischen.

Lit.: Dimopoulos (1962); Hoffmeister (1983), S. 128ff.

*815 (7/106)*

## *Kapitel 8*

## *Niederländische Künstler und der Orient im 16. und 17. Jahrhundert*

Als europäische Seemacht, der 1602 von den Generalstaaten gegründeten Ostindien-Handelsgesellschaft war es gelungen, die spanisch-portugiesische Seeherrschaft zu brechen, hatten die Niederlande regen Kontakt mit orientalischen Ländern. Bereits 1612 entsandten die Generalsstaaten zum ersten Mal eine Gesandtschaft an die ›Pforte‹ und erwirkten Handelsrechte in den türkischen Gewässern des Mittelmeeres. 1626/27 hielt sich eine persische Gesandtschaft in den Niederlanden auf, die sehr viel Aufsehen erregte. Mit den Waren aus exotischen Ländern kamen auch orientalische Händler in die Hafenstädte. Für die phantasiereiche Vermengung von persischen, türkischen und indischen Elementen in den Werken niederländischer und flämischer Künstler, die Detailgenauigkeit suggerieren und oft zur Hervorbringung einer scheinbar authentischen orientalischen Atmosphäre beispielsweise in Bibelszenen genutzt wurden, könnte dies alles eine Erklärung sein. Rembrandt nutzte das orientalische Kostüm, um Personen aus ihrer Umgebung herauszuheben, somit ihren Charakter hervorzuheben. Der Rembrandtschüler Aert de Gelder pflegte seine Modelle und Porträtkunden sowohl in Phantasierequisiten als auch in nahezu authentischen orientalischen Gewänder wiederzugeben. Inspirationen für die meist phantastischen orientalischen Szenerien mögen niederländische und flämische Künstler auch aus illustrierten Reiseberichten bezogen haben, etwa denen eines Coecke van Aelst, der 1533 im Auftrage einer Brüsseler Teppichwirkerei Konstantinopel besuchte. Schon Carel van Mander rühmte in seinen Künstlerbiographien den erzählerischen Reichtum und die detailgenaue sachliche Schilderung seiner Stiche. Rembrandt und auch Rubens haben seine Arbeiten als Vorlagen genutzt, daneben auch graphische Blätter des Melchior Lorch und Nicolas de Nicolay (12/22), deren Reisberichte in Antwerpen verlegt worden waren. Von Rembrandt wissen wir zudem, daß er eine Sammlung persischer Miniaturen besaß, die er kopierte. So weist dieses Kapitel auf eine besondere Epoche niederländischer Kunst hin, die von einer intensiven Rezepiton des ›Orients‹ geprägt war.

**8/1 (Abb. 285)**
**Pieter Coecke van Aelst (1502–1550)**
**Sitten und Gebräuche der Türken**
1533–53
Holzschnitt in zehn Teilen, je ca. 30 x 51–82 cm
Wien, Graphische Sammlung Albertina
(1957/350–1–10)

Beschreibung siehe Seite 240 ff.

**8/2 (Abb. 313)**
**Hans Eworth**
**(Antwerpen Anf. 16. Jh. – nach 1574 London?)**
**Ein Türkischer Reiter, wohl Süleyman der Prächtige**
Sign. und dat.: HE 1549
Holz, 56 x 47 cm
Habrough, The Earl of Yarborough (39)
Inv.Nr. 39

Der in Antwerpen geborene Hans Eworth (tätig zw. 1540 und 1574) übersiedelte 1543, nachdem er Freimeister der Lukasgilde seiner Heimatstadt geworden war, nach London, wo er sich mit seinen Porträts einen Namen machte.

Das Gemälde eines Sultans zu Pferde stellt wohl Süleymann II. dar. Er könnte, wie auch die Frauen im Hintergrund, die der Vierzahl der vom Propheten gestatteten Gattinnen konform sind, freie Übernahme aus Coecke van Aelsts *Sitten und Gebräuche der Türken* sein (vgl. Abbildung 285). Diese freilich wurden erst vier Jahre nach Fertigstellung des Gemäldes durch die Witwe Coeckes der Öffentlichkeit zugänglich gemacht. Vorausgesetzt werden müßte also eine Reise Eworth's, auf der er in seiner Geburtsstadt seinen Gildengenossen aufsuchte. *R/SB*

**8/3 (Abb. 816)**
**Jan van Scorel (Schoorl 1495–1562 Utrecht), zugeschr.**
**Stadtansicht mit antiken Ruinen**
Bez.: MVH (ligiert) eemskerck In 1566
Federzeichnung in Braun, Spuren von Rot; 17,7 x 20,7 cm
Amsterdam, Rijksprentenkabinet, Rijksmuseum (1913:2)

An den Rücken eines sanft ansteigenden Hügels schmiegen sich die Häuser einer Stadt zwischen denen vereinzelt antike Ruinen und Obelisken aufragen. Im Vordergrund sind in lockerer Anordnung verschiedene Staffagefiguren verteilt, u. a. zwei Männer mit einem Kamel und ein Elefant mit seinem Reiter.

Das ringsum beschnittene Blatt war ursprünglich Teil einer größeren Komposition. Vergleichbare Stadtansichten finden sich auf zwei Zeichnungen Jan van Scorels mit der Darstellung des Turmbaus zu Babel (Paris, Fondation Custodia, Sammlung F. Lugt) bzw. einer Ansicht von Bethlehem (London, British Mu-

816 (8/3)

seum). Die stilistische Nähe zu diesen Blättern bildete – entgegen der alten, wenn auch nicht originalen Bezeichnung – die Grundlage für die vorbehaltliche Zuschreibung an den Künstler. Angesichts eng verwandter Motive, wie sie sich u.a. im rechten Hintergrund eines nach dem Entwurf Maarten van Heemskercks (1498–1574) von Dirck Volkertsz. Coornhert ausgeführten Stichs mit Bileam und der Eselin von 1554 finden, läßt sich jedoch die Autorschaft Heemskercks nicht ausschließen. Sein Zeichenstil orientierte sich zeitweise eng an dem Vorbild seines Lehrers Scorel. Beide hielten sich mehrere Jahre in Rom auf und gehörten somit zu den Begründern einer Tradition, die für nordniederländische Maler eine Studienreise nach Italien fast obligatorisch werden ließ. Scorel beteiligte sich sogar an einer Pilgertour in das Heilige Land, von der er 1522 nach Rom zurückkehrte, um für ein Jahr die Leitung der Kunstsammlungen von Papst Hadrian VI. zu übernehmen. *VM*

Lit.: Steinbart (1932), S. 282 mit Abb. 2 (Jan van Scorel); Boon (1955), S. 216; Kat. Utrecht (1955), S. 89, Nr. 104 mit Abb. 123; Boon (1978), Bd. 1, S. 150, Nr. 412, Bd. 2, S. 156, Abb. 412 (Jan van Scorel zugeschrieben).

**8/4 (Abb. 817)**
**Deodat Delmont**
**(St. Trond 1582–1644 Antwerpen)**
**Studienköpfe von 12 Männern im Turban, nach Jost Amman**
Antwerpen (?), um 1600
Federzeichnung in Braun, 20 x 30,3 cm
München, Staatliche Graphische Sammlung München (41635)

817 (8/4)

Deodat Delmont (Deodatus van der Mont) wurde vor 1600 ein Schüler von Rubens, den er auch auf der Reise nach Italien begleitete. Vermutlich kehrte er vor 1608 wieder nach Antwerpen zurück. In die dortige Lukasgilde wurde er als Meister 1608 aufgenommen. Als Architekt war er am Hofe des Herzogs von Pfalz-Neuburg zwischen 1612 bis 1620 tätig. In Kirchen Italiens und Belgiens sind von ihm Altarbilder überliefert. Auf dem Blatt, das ihm aufgrund eines handschriftlichen Vermerks auf der Rückseite zugeschrieben wurde, sind zwölf, in drei Reihen angeordnete Köpfe, die alle einen Turban tragen, aus verschiedenen Ansichten aufgenommen. Die Köpfe sind Kopien nach dem 1578 bei Sigmund Feyerabend in Frankfurt erschienenen *Enchiridion*. In diesem Band sind unter anderem zwölf türkische Köpfe von Jost Amman enthalten. Die *Türckische Chronica* von 1577 enthielt dreizehn Brustbilder, mit denen diese Köpfe übereinstimmen, die aber in einer anderen Anordnung den beschriebenen Sultanen zugeordnet sind. Das 1599 erschienene *Kunstbüchlin* mit über 293 Holzschnitten Ammans enthält auch die Kopfserie, die aber in der Reihenfolge der *Türckischen Chronica* gehalten ist. Mit Rubens wurde das Blatt, das durch sein Wasserzeichen zeitlich auf um 1600 eingegrenzt werden kann, früh in Verbindung gebracht. Dieser hatte schon zuvor Kopien nach Amman gezeichnet. Er verwendete dabei die 1580 erschienene Ausgabe des Josephus Flavius *De Antiquitatibus Judicis*. Weitere Studien nach älteren Meistern fertigte er von der 1576 erschienen Bibel mit Holzschnitten des Tobias Stimmer an. Im Braunschweiger Herzog-Anton-Ulrich-Museum befindet sich zudem ein gleichgroßes Blatt (Held [1959] Pl. 165, Nr. 162), das elf Frauenköpfe nach altniederländischen Gemälden enthält. Diese Zeichnungen sollen zwischen 1608–12 entstanden sein. Die Köpfe werden, wie auf Deodats Blatt, aus verschiedenen Ansichten gezeigt, sie sind jedoch leicht und dünn liniiert und zeigen teilweise einen Oberkörperansatz. Das Hauptinteresse liegt auch in der Darstellung der Kopftracht. Als Vorbild könnte Rubens hier das 1538 erschienene Werk des Heinrich Vogtherr *Ein frembds und wunderbar Kunstbüchlin (...)* gedient haben. Dieses Buch erschien zuerst in Straßburg und 1592 in Wien. Die Köpfe sind dort jedoch mit den unterschiedlichsten Kopfbedeckungen schematisch nebeneinandergesetzt. *RL*

Lit.: HELD (1959); MÜLLER-HOFSTEDE (1962); KAT. MÜNCHEN (1983), Nr. 518.

**8/5**
**Rembrandt Harmensz. van Rijn**
**(Leiden 1606–1669 Amsterdam)**
**Der Triumph des Mordecai**
Amsterdam, um 1641/42
Radierung mit Kaltnadel, 17,4 x 21,5 cm
Berlin, SMPK, Kupferstichkabinett
(B. 40 72–16)

Aus dem episch so reichhaltigen Buch Esther wählte Rembrandt für seine Radierung (Bartsch 40) die öffentliche Ehrung des nach Persien verschleppten Juden Mardochai durch dessen Gegenspieler Haman. Der persische König Ahasver (Xerxes) hatte den Triumphzug für den Adoptivvater seiner Gemahlin Esther als Dank für die Aufdeckung einer Verschwörung angeordnet. Mit der Durchführung beauftragte er seinen Günstling Haman, dessen

818 (8/6)

819 (8/8)

Komplott zur Tötung Mardochais und aller im persischen Großreich lebenden Juden Esther später verhindern kann (8/10). Haman fällt schließlich in Ungnade und wird an dem von ihm Mardochai zugedachten Galgen erhängt.

Die Darstellung folgt im wesentlichen dem biblischen Bericht nach Esther 6,11, wo es heißt: *»Da nahm Haman Kleid und Roß* (des Königs) *und zog Mardochai an und führte ihn über den Platz der Stadt und rief aus vor ihm her: So geschieht dem Mann, den der König gern ehren will.«* Rembrandt erweiterte die Szenerie durch das Volk der Residenzstadt Susa, das dem bereits mit den Insignien kommender Macht ausgestatteten Mardochai Ehre erweist. Von einem Balkon des Palastes aus beobachtet ein vornehm gekleidetes Paar das Geschehen. Daß Rembrandt sich hier in der Rolle Ahasvers und seine Frau Saskia als Esther dargestellt hat, ist, besonders angesichts der Haar- und Hutmode des Mannes, die dem Geschmack des 17. Jahrhunderts entspricht, wahrscheinlich.

Zum Zeitpunkt der Entstehung der Radierung hatte sich bereits eine Darstellungstradition für das Thema entwickelt. Als entscheidende Bildquellen, denen Rembrandt Anregungen für seine Formulierung des Themas verdankte, haben sich Lucas van Leydens Kupferstich von 1515 und Pieter Lastmans 1617 datiertes Gemälde erwiesen (Amsterdam, Rembrandthuis). Letzterer wählte für seine Darstellung ein stärker antikisierendes Ambiente, wobei er offensichtlich Erfahrungen seines Romaufenthaltes verarbeitete.

Den in Anlehnung an das römische Pantheon geschaffenen Zentralbau Lastmans übernahm Rembrandt in einer eigentümlichen Mischform aus antik-mittelalterlichen Architekturformen. Auffällige Unterschiede zum Gemälde seines Lehrers weisen u. a. die Kopfbedeckungen der beiden Antagonisten auf. Der Jude Mardochai trägt im Unterschied zu Haman keinen Turban, sondern ein übergroßes Barett. Offensichtlich wollte Rembrandt den im Exil lebenden Anhänger Jahwes deutlich von dem heidnischen Perser Haman abheben. Die Komposition des Triumphzuges mit dem auf den Betrachter ausgerichteten Haman nimmt bereits Grundzüge der 1642 datierten *Nachtwache* im Amsterdamer Rijksmuseum vorweg. *VM*

Lit.: Bartsch (1797); Münz (1952), Bd. 1, Raf. 198, Bd. 2, S. 87, Nr. 178; Forssman (1976), S. 297ff; Ausst.kat. Paris (1986), S. 149, Nr. 73 mit Abb.

**8/6 (Abb. 818)**
**Rembrandt Harmensz. van Rijn**
**(Leiden 1606–1669 Amsterdam)**
**Die Anbetung der Könige**
Bez.: 423°
Amsterdam, um 1636/38
Federzeichnung in Braun, 17,5 x 22,6 cm
Berlin, SMPK, Kupferstichkabinett (KdZ 5252)

Bis in die Zeit der Kirchenväter zurück reicht die Deutung der drei Weisen (Magier) aus dem Morgenland als Repräsentanten der Erdteile Europa, Asien und Afrika. Im Laufe der Zeit fand diese Vorstellung zunehmend auch in den Bildkünsten ihren Ausdruck. Durch charakteristische Gewandung und typische Physiognomien wurde die unterschiedliche Herkunft der drei Könige und ihres Gefolges verdeutlicht. Auch Rembrandt schließt sich mit seiner um 1636/1638 entstandenen Zeichnung (Benesch 160) dieser seit dem Spätmittelalter geläufigen Darstellungstradition an.

Die Mittelachse seiner Komposition wird betont durch die imposante Gestalt des mit einem Turban gekennzeichneten orientalischen Königs, der sich in Begleitung zweier schleppetragender Knaben befindet. Nicht leicht fällt die Benennung und Zuordnung der Figuren in seinem Rücken. Sehr wahrscheinlich handelt es sich bei den beiden Männern mit den federverzierten Kopfbedeckungen um Gefolgsleute des afrikanischen Königs, den sie flankieren, so daß sein Gesicht von dem Bogen eines Kriegers überschnitten wird. Für die Figur dieses Waffenträgers griff Rembrandt offenbar auf bereits um 1627 entstandene Skizzen zurück. Motivisch verwandt sind die Kreidestudien zweier Krieger, die sich in den Kupferstichkabinetten von Dresden und München befinden (Benesch 3 und 4). Der König mit Turban und den Pagen erweist sich dagegen als Variante des Königs Saul auf Rembrandt 1627 datiertem Gemälde des David mit Goliaths Haupt (Basel, Öffentliche Kunstsammlungen) und dürfte auf Rubens' Anbetung der Könige im Musée des Beaux-Arts in Lyon zurückgehen.

Von dem vielfigurigen Treiben und der exotischen Prachtentfaltung der rechten Bildhälfte hebt sich die Szene mit der stillen Verehrung des Kindes in den Armen der Mutter durch den barhäuptig knienden, greisen König eindrucksvoll ab. Angesichts des neugeborenen Herrschers, den er ehrfürchtig und geradezu scheu betrachtet, scheinen für ihn die Attribute und Symbole weltlicher Macht ihren Wert und ihre Bedeutung verloren zu haben. *VM*

Lit.: Bock/Rosenberg (1930), Bd. 1, S. 224, Nr. 5252; Benesch (1954–1957), Bd. 1, S. 44, Nr. 160 mit Abb. 175); Tümpel (1970), Nr. 47 mit Abb.; Schatborn (1985), S. 22f., Anm. 4 und Abb. 9b.

**8/7**
**Rembrandt Harmensz. van Rijn**
**(Leiden 1606–1669 Amsterdam)**
**Darab, geschützt vom ruinenhaften Bogen**
Bez.: Stempel SR und IR, Prägestempel B oder R (?)
Um 1639
Lavierte Federzeichnung in Braun, 22,7 x 18,7 cm
Berlin, SMPK, Kupferstichkabinett (5292)

820 (8/9)

**8/8 (Abb. 819)**
**Rembrandt Harmensz. van Rijn**
**(Leiden 1606–1669 Amsterdam)**
**Drei Orientalen im Gespräch**
Bez.: JCR (Sammlermonogr.) und R
Amsterdam, um 1641/42
Federzeichnung in Braun, 17,2 x 15,2 cm
Amsterdam, Rijksprentenkabinet, Rijksmuseum (1930:47)

Vertreter fremdländischer Völkergruppen gehörten im Laufe des 17. Jahrhunderts zum gewohnten Bestandteil des Straßenbildes der Handelsmetropole Amsterdam und inspirierten besonders die zahlreichen Künstler der Stadt.

Das Studienblatt (Benesch 682) zeigt drei stehende Orientalen, die sich gestikulierend unterhalten. Die ungleichmäßige Durcharbeitung und die nervöse Linienführung sprechen für die rasche Anfertigung der Skizze angesichts der Flüchtigkeit des beobachteten Augenblikkes. Dabei galt das Interesse des Zeichners pri-

*821 (8/10)*

mär dem Erscheinungsbild der dargestellten Typen, ihren Physiognomien und orientalischen Gewändern. Blätter dieser Art dienten als Motivvorrat für eine mögliche Wiederverwendung in Gemälden und in der Druckgraphik.

Die Autorschaft der Zeichnung ist umstritten. Bislang wurde sie den Rembrandtschülern Ferdinand Bol, Aert de Gelder und Lambert Doomer zugeschrieben, wobei sich enge Beziehungen besonders zu Werken Doomers ergeben, die allerdings rein motivischer Art sind, ohne daß sich stilistische Zusammenhänge mit Zeichnungen des Künstlers aufzeigen lassen. Neuerdings haben Vergleiche mit verwandten Studienblättern (u.a. in Warschau, Universitätsbibliothek; Benesch 667) zur Erneuerung der Zuschreibung an Rembrandt geführt, die allerdings umstritten ist. *VM*

Lit.: Valentiner (1934), S. XXXIIIf. mit Abb. 36 (A. de Gelder); Benesch (1954–1957), Bd. 4, S. 187, Nr. 682 mit Abb. 821 (Rembrandt); Sumowski (1979ff), Bd. 2, S. 784ff, Nr. 368 mit Abb. (L. Doomer); Schatborn (1985), S. 59f., Nr. 26 mit Abb. (Rembrandt).

**8/9 (Abb. 820)**
**Rembrandt Harmensz. van Rijn**
**(Leiden 1606–1669 Amsterdam)**
**Zwei Orientalen mit Turban**
Amsterdam, um 1633/34
Federzeichnung in Braun, 18,4 x 14,3 cm
Brüssel, Koninkijke Musea voor Schone Kunsten van Belgie (4060/3024 Coll. de Grez)

Gezeichnete Studienköpfe nach Orientalen finden sich häufig im Œuvre Rembrandts zu Beginn der 1630er Jahre. Der niederländische Maler und Künstlerbiograph Arnold Houbraken berichtet in seiner 1718 erschienenen *Groote Schouburgh*, Schüler von Rembrandt hätten ihm versichert, daß der Meister einen oder zwei Tage damit zubringen konnte, einen Turban in seiner *»angemessenen Sinnfälligkeit herzurichten«*. Eine gewisse Verwandtschaft zur Figur links im Vordergrund zeigt Abraham auf der 1637 datierten Radierung mit der Verstoßung von Hagar und Ismael, auch wenn Rembrandt dort auf die Aigrette des Turbans verzichtete. Weiterhin erinnert besonders die Wendung des Kopfes formal an den Belsazar des um 1635 entstandenen Gemäldes in der National Gallery London. Vergleiche mit etwa gleichzeitigen Studienköpfen, den sog. tronien, zeigen allerdings, daß Zeichnungen dieser Art nicht mehr ausschließlich vorbereitende Funktion für biblische Historien erfüllten. Vielmehr konnten sie bei Bedarf auch den Ausgangspunkt für gemalte oder radierte Brustbilder ›á la turc‹ oder ›á la persenne‹ bilden (vgl. 12/1). Da Rembrandt nur ausnahmsweise Vorstudien wörtlich in seinen Gemälden und Radierungen wiederverwendete, lassen sich Zeichnungen und danach ausgeführte Werke nur selten unmittelbar miteinander in Verbindung setzen. Ferner verzichtete er oftmals auf die Darstellung von Attributen, so daß die Identifizierung der Figuren nahezu unmöglich ist. *VM*

Lit.: Benesch (1943), S. 23, Abb. 3; Benesch (1954–57), Bd. 2, S. 58, Nr. 214 mit Abb. 231.

*822 (8/11)*

**8/10 (Abb. 821)**
**Rembrandt-Schule**
**Esther sinkt vor Ahasver in Ohnmacht**
Nördliche Niederlande, um 1646/1648
Federzeichnung in Braun, Pinsel in Weiß, 17,5 x 17,7 cm
Amsterdam, Rijksprentenkabinett, Rijksmuseum (A 2426)

Umgeben von Höflingen und Beratern hat sich der persische König Ahasver (Xerxes) von seinem Thron erhoben und geht auf die ohnmächtig zu Boden gesunkene, von einer Dienerin gestützte Esther zu. Die dargestellte Szene, in der Ester – ohne Rücksicht auf die hierfür übliche Todesstrafe – ungerufen vor dem König erscheint, um die Juden in Persien vor dem Komplott Hamans und damit vor dem sicheren Tod zu bewahren, wird im Bibeltext nur beiläufig erwähnt (Esther 5, 1–2). Das Motiv der Ohnmacht geht auf apokryphe Zusätze zum Buch Esther zurück (Stücke zu Esther 4, 5–11). Erst in jüngster Zeit wurde die lange umstrittene Zuschreibung der Zeichnung an Rembrandt aus verschiedenen Gründen bezweifelt. Dessen Schüler Samuel van Hoogstraten (1627–1678) wiederholte Grundzüge der Komposition in seiner themengleichen Zeichnung (Haarlem, Teylers Museum), was auf eine verlorene Zeichnung Rembrandts als Ausgangspunkt für beide Blätter deutet. Der Vergleich mit einer in Privatbesitz befindlichen Kopie zeigt, daß das Amsterdamer Blatt oben und an den Seiten beschnitten wurde.

Das Gewand und die Kopfbedeckung Ahasvers entsprechen der bei Rembrandt und sei-

*823 (8/12)*

nem Kreis üblichen Ikonographie für orientalische Herrscher des Alten Testaments. Charakteristisch hierfür ist die Vermischung europäisch weltlicher Herrschaftszeichen mit morgenländischen Kostümteilen. So kennzeichnet beispielsweise die mit einem Turban kombinierte Krone die Königswürde Ahasvers und Belsazars, aber auch die des ägyptischen Pharao. Der pelzbesetzte und mit einer Edelsteinschließe versehene Umhang Ahasvers erinnert an ähnlich kostbare Mäntel westlicher Herrscher. Durch die Kombination mit antikisierenden Architekturmotiven, wie sie auch im Hintergrund des Thronsaales zu erkennen sind, entsteht der für den Orientalismus in der niederländischen Historienmalerei des späten 16. und 17. Jahrhunderts typische Eindruck einer ohne Rücksicht auf historische Zusammenhänge und aus den unterschiedlichsten Quellen gespeisten phantastischen Rekonstruktion der alten orientalischen als Abbild der biblischen Welt. *VM*

Lit.: Valentiner (1925), Nr. 197; Kat. Amsterdam (1942), Nr. 51 mit Taf. 36; Benesch (1954–57), Bd. III, Nr. 634 mit Abb. 769; Schatborn (1985), Nr. 79 mit Abb. (unbek. Rembrandtschüler).

**8/11 (Abb. 822)**
**Ferdinand Bol (1616–Dordrecht–1680)**
**Jethro vor Moses**
Um 1650?
Federzeichnung in Braun, grau laviert, 67,5 x 46,7 cm
München, Staatliche Graphische Sammlung München (1741)

Nach der Errettung des Volkes Israel aus der ägyptischen Knechtschaft treffen Moses und Jethro in der Wüste zusammen. Auf Anraten seines Schwiegervaters ernennt Moses Richter aus dem versammelten Volk, die ihn bei der Rechtsprechung entlasten und über die Einhaltung der Gesetze wachen sollen (Exodus 18, 13–25). Obwohl die Bibel erst anschließend von der Errichtung der Stiftshütte berichtet (Ex. 40), veranschaulichte Ferdinand Bol den Ort der Handlung durch die Darstellung des aus Vorhängen und Teppichen bestehenden israelitischen Zeltheiligtums der Wüstenwanderungszeit. Auch die Wiedergabe der Gesetzestafeln, deren Konturen im Halbschatten des Zeltes zu erkennen sind, widerspricht zu diesem Zeitpunkt des Geschehens der Erzählabfolge des Buches Exodus.

Die Zeichnung diente zur Vorbereitung einer Ölskizze (Leningrad, Eremitage), mit der sich Bol an dem Wettbewerb des 1655 feierlich eingeweihten Amsterdamer Rathauses beteiligte. Offenbar fand seine Formulierung des vorgegebenen Themas nicht die Zustimmung der Amsterdamer Regenten, denn der Auftrag für das Gemälde – als Kaminschmuck für den Ratssaal bestimmt – erging 1658 an Jan Gerritsz. van Bronckhorst. Zu den Themenkreisen des komplexen politisch-theologischen Programms, mit dem die seit dem Tode des vorläufig letzten Statthalters aus dem Hause Oranien im Jahre 1650 wiedererstarkten Amsterdamer Regenten das Zentrum ihrer Macht ausstatteten, gehörten u. a. Szenen aus dem Alten Testament. Vor dem Hintergrund der seit dem Beginn des Freiheitskampfes gegen das katholische Spanien lebendigen Tradition der Identifizierung der Niederländer mit dem alttestamentlichen Volk Israel spielte die Figur des jüdischen Gesetzgebers Moses eine prominente Rolle. Mit ihm legitimierten die Stadtväter im Amsterdamer Rathaus ihren Machtanspruch gegenüber den orthodoxen Vertretern der reformierten Kirche, wobei sie sich auf die alttestamentliche Hierarchie beriefen, derzufolge Moses, nicht aber dem Priester Aaron die Führungsrolle zukam. *VM*

Lit.: Schneider (1926), S. 80f mit Abb. 10; Wegner (1973), Bd. 1, S. 51, Nr. 275, Bd. 2, Taf. 382); Sumowski (1979ff), Bd. 1, S. 250, Nr. 113 mit Abb.; Blankert (1982), S. 111, bei Nr. 48 und Taf. 199 A.

824 (8/13)

**8/12 (Abb. 823)**
**Leonaert Bramer (1596–Delft–1674)**
**Mann mit Pagen**
Tuschpinselzeichnung in Grau auf gelblichem Papier, 19,5 x 17,5 cm
München, Staatliche Graphische Sammlung München (1168)

Ein mit Turban bekleideter Orientale, der in der linken Hand einen Stab hält, erteilt mit leicht erhobenen Armen Anweisungen an drei Diener mit Speiseplatten. Obwohl sich der übergeordnete Handlungszusammenhang der Szene nicht benennen läßt, handelt es sich wahrscheinlich um die Wiedergabe einer Figurengruppe aus dem Kontext einer Darstellung mit biblischem Thema. Denkbar ist aber auch die Verbindung mit einem profanen Bildthema, wie bespielsweise dem Gastmahl Kleopatras für Antonius. Bramer kombinierte in seiner Zeichnung orientalisierende mit europäischen Kostümen. Besonders die Livree des Pagen am rechten Bildrand entspricht weitgehend der zeitgenössischen Mode, wie sie – französischem Einfluß folgend – seit ca. 1660 in vornehmen niederländischen Häusern von jugendlichen Bediensteten getragen wurde. Genrebilder Gerard ter Borchs und Eglon van der Neers bieten hierfür anschauliche Beispiele. Die Figur des Orientalen dürfte dagegen von Vorbildern Rembrandts angeregt worden sein, dessen Kunst den in Delft tätigen Maler zeitweise beinflußt hat. *VM*
Lit.: Wichmann (1923), Nr. Z 188; Wegner (1973), Bd. 1, S. 67, Nr. 471, Bd. 2, Taf. 226.

**8/13 (Abb. 824)**
**Aert de Gelder (1645–Dordrecht–1727)**
**Der Eingang des Tempels**
Sign. und dat.: ADe (ligiert) Gelder/f. 1679
Dordrecht, 1679
Leinwand, 70,7 x 91 cm
Den Haag, Mauritshuis (737)

Geschildert wird das bunte, geschäftige Treiben am Eingang eines monumentalen Gebäudes aus Steinquadern, dessen Innenraum hinter einem in das riesige Portal drapierten Vorhang nur schemenhaft zu erkennen ist. Das eigentliche Thema des Gemäldes ist unklar. Obwohl es sich augenscheinlich um eine religiöse Szene handelt, überzeugt keine der verschiedenen bislang vorgeschlagenen Identifizierungen als Darstellung aus der Bibel. So kann beispielsweise mit der Gruppe im rechten Mittelgrund schwerlich die Lahmenheilung durch Petrus und Johannes nach Apostelgeschichte 3,1–7 gemeint sein, was der Darstellungstradition der Apostel als barhäuptig widerspräche. Ob mit dem Paar mit Kind hinter dem alten Mann im Zentrum des Bildes der Tempelgang von Joseph, Maria und Christus gemeint ist, sei dahingestellt. Ungewöhnlich wäre in diesem Zusammenhang die wenig prominente Anordnung der Heiligen Familie. Bewußt ordnete offenbar der Künstler inhaltlich bedeutsame Elemente dem vielfältig-folkloristischen Gesamteindruck der Darstellung unter.

Aert de Gelder war Schüler Rembrandts seit etwa 1661/62. Er gehörte somit zu den letzten Schülern des Meisters, dessen Kunst ihm zeitlebens Vorbild und Maßstab blieb. Noch im frühen 18. Jahrhundert, als sich der Geschmack des niederländischen Publikums längst einer akademischen, glatten und allzu gefälligen Malerei zugewandt hatte, setzte de Gelder unbeirrt die Tradition rembrandtscher Malkunst fort. Das Interesse des Künstlers an Stoffen, Kostümen und fremdländischen Requisiten, mit denen er – auch hierin Rembrandt nacheifernd – sein Atelier, seine Modelle und Figuren, ja selbst Proträtkunden ausstattete, ist durch seinen Zeigenossen und ersten Biographen, Arnold Houbraken, gut belegt. Neben Phantasiekostümen stößt man in Gemälden de Gelders häufiger auf die nahezu authentische Wiedergabe orientalischer Gewänder, wie z.B. die weitgeschnittenen, knielangen persischen Beinkleider des Mannes mit spitzer Kopfbedeckung im Vordergrund des Bildes. Die Kenntnis derartiger Kostüme verdankte der Maler sehr wahrscheinlich seinen engen Kontakten zur weitgereisten und wohlhabenden Kaufmannsschicht in Dordrecht, mit der er als Sohn eines Direktors der Westindischen Kompanie schon frühzeitig in Berührung kam. *VM*

Lit.: Lilienfeld (1914), S. 171f, Nr. 111, Taf. 3; Goetz (1938), S. 289 mit Abb. 2; Bader (1970), S. 691f, Taf. 43, Sumowski (1983ff), Bd. II, S. 1160, Nr. 724, S. 1184 mit Abb.

**8/14 (Abb. 825)**
**Pieter Fransz. de Grebber**
**(um 1600–Haarlem–1652/53)**
**Elisa verweigert die Annahme der Geschenke Naemans**
Monogr. und dat.: P DG (ligiert) 1637
Haarlem, 1637
Leinwand, 120 x 185,5 cm
Haarlem, Frans Halsmuseum (I-103)

Das Thema des Gemäldes folgt der alttestamentlichen Überlieferung, die von Naeman, dem Heerführer des syrischen Königs, und Elisa berichtet (2. Könige 5). Der von Aussatz befallene Naeman badet seinen Körper auf Anraten des Propheten im Jordan und wird dadurch von seiner schweren Krankheit geheilt. Zum Dank bietet er Elisa kostbare Geschenke in Form von Silber und Festkleidern an, deren Annahme der Mann Gottes ablehnt (2. Könige 5,16). Als Elisas Diener Gehasi schließlich dem syrischen Heerführer nachreist, um im Namen seines Herren Geschenke für sich zu erbitten, und diese nach der Rückkehr zu verbergen versucht, straft ihn der Prophet mit dem Aussatz Naemans.

Dargestellt hat de Grebber den prächtig gekleideten Orientalen, der im Begriff ist, aus den Händen seiner Begleiter dem Propheten ein kostbares Gewand zu überreichen. In den ungläubig erstaunten Gesichtern der Gruppe spiegelt sich bereits das Unverständnis gegenüber der ablehnenden Haltung des Elisa, an dem rechten Bildrand erkennt man den jugendlichen Knecht Gehasi.

Das Gemälde entstand im Auftrag der Vorsteher des Haarlemer Leprozenhuis, einem nördlich der Stadt gelegenen Hospital für Aussätzige. Lebensnahe Physiognomien und die zeitgenössische Barttracht der Männer neben der Figur des Propheten machen es wahrscheinlich, daß der Künstler auf Wunsch seiner Auftraggeber eine Synthese von Gruppenbildnis und Historienbild, ein sog. Portrait historié, schuf. Charakteristisch für diesen seit dem späten 16. Jahrhundert besonders in den Niederlanden beliebten Typus ist die Wiedergabe der porträtmäßig Dargestellten in biblischer, mythologischer, historischer oder literarischer Gestalt.

Als Thema eines Gemäldes, das für das Beratungszimmer eines Leprozenhuis bestimmt war, eignete sich die von den 1637 amtierenden Vorstehern – Pieter Deymann, Dirck Schatter, Dr. Johann van Hofland und Johann van Claarenbeeck – gewählte Geschichte von Elisa und Naeman in besonderer Weise. Die Hilfsbereitschaft gegenüber einem Aussätzigen verbunden mit der strikten Ablehnung jeglicher Entlohnung machten Elisa in den Augen der ehrenamtlich tätigen Regenten zum verpflichtenden Ideal für ihr eigenes Wirken. Als Selbstermahnung zu unbestechlicher Amtsführung wird man den Umstand deuten müssen, daß sich die Auftraggeber in der Rolle Naemans und seiner Begleiter porträtieren ließen.

Der aufwendig verzierte Kaftan und die Form des Turbans, den der Heerführer trägt, weisen Übereinstimmungen mit typisch persischen Kostümen auf. Anregungen für die Wiedergabe von Stoffen und Gewändern persischer Herkunft verdankten nordniederländischen Künstler den weitreichenden Verbindungen der Handelsgesellschaften. Nachhaltige Wirkung hatte der erste Besuch ei-

825 (8/14)

ner persischen Gesandtschaft unter Musa Beg, die sich auf Veranlassung Schah Abbas 1626/27 in den Niederlanden aufhielt. Neben Amsterdam und Den Haag empfing auch Haarlem die orientalischen Gäste, deren exotische Aufmachung und verschwenderische Prachtentfaltung für Aufsehen sorgte und sehr wahrscheinlich auch Pieter de Grabber inspirierte. *VM*
Lit.: Goetz (1938), S. 287; Kat. Osaka (1988), S. 113, Nr. 4 mit Abb.; Ausst.kat. Atlanta (1985), Nr. 39, mit Farbabb.

**8/15 (Abb. 826)**
**Thomas de Keyser (1596/97–1667) nach Pieter Lastmann (1583–Amsterdam–1633)**
**Cyrus übergibt den Juden die geraubten Tempelgeräte**
Sign. und dat.: PL (ligiert) ASMAN INVENTOR / TDK (ligiert) EYSER PINXIT. 1660
Amsterdam, 1660
Leinwand, 118,8 x 92 cm
Paris, Fondation Custodia (coll. F. Lugt)
Institut Néerlandais (6781)

Im Buch Esra des Alten Testaments wird berichtet, daß der persische König Cyrus im ersten Jahr seiner Regentschaft die babylonische Gefangenschaft der Juden beendete und die ihnen durch Nebudkadnezar geraubten kostbaren Geräte zum Wiederaufbau des Tempels in Jerusalem aushändigen ließ (Esra 1,7–10). Thomas de Keysers Gemälde zeigt den Augenblick, in dem der mit Insignien königlicher Macht ausgestattete Cyrus seinem Schatzmeister Mithredath Anweisung erteilt, die herbeigetragenen goldenen und silbernen Becken und Kannen dem Fürsten von Juda zu übergeben, der ehrfürchtig neben ihm kniet (Esra 1,8).

Anläßlich der Einweihung der nach Plänen von Thomas de Keysers Vater Hendrik erbauten Amsterdamer Zuiderkerk am Pfingstfest 1611 stifteten die städtischen Gilden fünfzehn Glasgemälde, denen die Admiralität ein sechzehntes hinzufügte. Den Auftrag für den Entwurf des Fensters der Goldschmiede erhielt Pieter Lastman, der zu diesem Zweck eine 1611 datierte Skizze mit dem genannten Thema aus dem Buch Esra lieferte (Berlin, SMPK, Kupferstichkabinett; KdZ 3793). Da sämtliche Glasgemälde 1658 wieder aus der Zuiderkerk entfernt wurden, ging Thomas de Keyser für seine gemalte Kopie des nach Lastmans Entwurf angefertigten Fensters sehr wahrscheinlich bereits von einer Nachzeichnung aus.

In charakteristischer Art und Weise schilderte Lastman das biblische Geschehen in einem Ambiente, das geprägt ist von den Eindrücken eines mehrjährigen Aufenthaltes in Italien. Tambour, Kuppelkalotte und Laterne des mächtigen Zentralbaus im Hintergrund des Gemäldes zitieren sehr genau die von Michelangelo begonnene und 1593 von Giacomo della Porta vollendete Kuppel von St. Peter in Rom. Und die den Ausblick rahmende, tonnengewölbte Architektur mit Kassettendecke erinnert entfernt an Raffaels Fresko der Schule von Athen in der Stanza della Segnatura im Vatikan. Daß der Katholik Lastman in seinem für die Ausstattung eines calvinistischen Gotteshauses bestimmten Werk ausgerechnet den markantesten Teil der Hauptkirche der katholischen Christenheit dargestellt hatte, wurde offenbar toleriert. Auch für den Künstler dürfte der Hinweis auf St. Peter in Rom kaum den Charakter eines konfessionellen Bekenntnisses gehabt haben. Wie für viele seiner nordeuropäischen Kollegen war auch für Lastman Italien zu-

826 (8/15)

nächst gleichbedeutend mit der lebendigen und anschaulichen Überlieferung antiker und nachantiker Kunst und Kultur, in denen besonders die Maler biblischer Historien ein Spiegelbild der alten orientalischen Welt zu erkennen glaubten. *VM*

Lit.: OLDENBOURG (1911), S. 80, Nr. 67; SUMOWSKI (1975), S. 151f, mit Abb. 3.

**8/16 (Abb. 828)**
**Salomon Koninck (1609–Amsterdam–1656)**
**Pharao nach dem Tode seines Sohnes in Kreise der Ratgeber**
Dat. und (falsch) sign. u. r.: Rembrandt 1639
Tuschpinselzeichnung, 39 x 51 cm
München, Staatliche Graphische Sammlung München (1742)

Die Szene illustriert das Sterben der Erstgeburt zur Zeit der ägyptischen Gefangenschaft des Volkes Israel. Die letzte von insgesamt zehn Plagen, die Gott über Ägypten hatte kommen lassen, führte zur Entlassung der Isrealiten aus der Knechtschaft. In enger Anlehnung an den Bibeltext wird Pharao geschildert, der zu nächtlicher Stunde vor der Leiche seines erstgeborenen Sohnes steht (Exodus 12, 29–30). Entsetzen und Ratlosigkeit spiegeln sich in den Gesichtern der Ratgeber, von denen einige in alten Schriften nach möglichen Ursachen für das Geschehene zu suchen scheinen.

Die verschiedenen Kostüme und Kopfbedekkungen repräsentieren die bei Rembrandt und seinen Schülern üblichen Elemente zur Charakterisierung von Orientalen in biblischen Darstellungen. Mangelnde Kenntnisse über das historische Palästina und die angrenzenden Länder führten zu einer weitreichenden Gleichsetzung mit dem osmanischen Großreich zur Regierungszeit Süleymans des Prächtigen (1520–1566) und seiner Nachfolger. Allerdings lassen sich Einflüsse von authentischen Türkendarstellungen, wie sie beispielsweise Pieter Coecke van Aelst und Melchior Lorch bereits im 16. Jahrhundert schufen, auf die Historienmaler des Rembrandtkreises und ihre Werke nur ausnahmsweise belegen. Zur Schaffung biblischen Lokalkolorits beschränkten sie sich auf die Darstellung phantasievoll verfremdeter Kleidungs- und Ausstattungsstücke türkischer Prägung.

Grundzüge der Figurendisposition des Blattes verweisen auf die Kenntnis von Werken Rembrandts aus den 1630er Jahren. So setzt die Anordnung Pharaos und seiner Ratgeber um den bildparallel dargestellten Tisch Rembrandts Gemälde von 1638 mit der Hochzeit Simsons voraus (Dresden, Gemäldegalerie). Die Zuschreibung der Zeichnung, von der zwei Varianten existieren, bleibt mangels stilistischer Parallelen zu gesicherten Arbeiten Salomon Konincks fraglich. *VM*

Lit.: WEGNER (1973), Bd. 1, S. 98, Nr. 676, Bd. 2, Taf. 392.

*827 (8/18)*

**8/17 (Abb. 253)**
**Jan Pynas**
**(Haarlem 1583/84–1631 Amsterdam)**
**Musikantengruppe**
Nördliche Niederlande, um 1610
Federzeichnung in Braun über Skizze in schwarzer Kreide, 14 x 10,9 cm
Düsseldorf, Kunstmuseum Düsseldorf (F.P. 5036)

Gemeinsam singen drei Frauen aus einem aufgeschlagenen Buch, das zwei von ihnen halten, während sich die dritte über deren Schultern beugt. Begleitet werden sie von einem mit bodenlangem Gewand und Turban bekleideten Musikanten, der ein Blasinstrument spielt.

Den Gesamteindruck der Zeichnung bestimmt das mit schnellen und nervösen Strichen ausgeführte Linienwerk, das spontan, aber routiniert, vorrangig Haltungs- und Bewegungsmotive der Akteure festhält. Dabei rechnete der Zeichner besonders bei den Gewändern mit der Wirkung von gänzlich unbearbeitet gelassenenen Partien des Papiers, die ihrerseits im Kontrast zu nur flüchtig umschriebenen Faltenbahnen Transparenz und Leichtigkeit der Stoffe suggerieren. Die Kostümierung der Figuren spricht für die Bestimmung der Gruppe als Teil einer biblischen Szene. Musikanten in prozessionsartiger Reihung finden sich u.a. in Darstellungen mit Jephta und seiner Tochter nach dem Buch Richter 11,34 oder Davids Einzug in Jersualem nach Samuel 17,54. Beide Themen lassen sich für Amsterdamer Historienmaler aus der Generation Pieter Lastmans nachweisen, dem die Düsseldorfer Zeichnungen aufgrund entfernter motivischer Verwandtschaft zu dem 1618 datierten Gemälde mit Davids Lobgesang im Tempel (Braunschweig, Herzog-Anton-Ulrich-Museum) zugeschrieben wurde. Eingehende stilistische Vergleiche haben allerdings überzeugende Gründe für die Zuweisung des Blattes an Lastmans Malerkollegen Jan Pynas ergeben, dessen Zeichnung mit einer Gruppe klagender Frauen (Edinburgh, National Gallery of Scotland) eng verwandt ist. *VM*

Lit.: Kat. Düsseldorf (1930), Nr. 865, Taf. 183 (P. Lastman); Bauch (1935), S. 196, Abb. 5, S. 198 (Jan Pynas); Kat. Düsseldorf (1968), S. 29, Nr. 60 mit Abb. 33 (P. Lastman); Sumowski (1975), S. 166, S. 170, Abb. 22 (Jan Pynas).

**8/18 (Ab. 827)**
**Jan van Noordt (um 1620–nach 1676), nach Pieter Lastman (1583–Amsterdam–1633)**
**Juda und Thamar**
Amsterdam
Radierung, 21,4 x 17,6 cm
Düsseldorf, Kunstmuseum Düsseldorf
(FP 10284)

Jan van Noordts Radierung folgt einem Gemälde von Rembrandts Lehrer Pieter Lastman, das in mehreren Fassungen überliefert ist. Das Original muß schon frühzeitig in Amsterdamer Künstlerkreisen bekannt gewesen sein, denn auch der Kupferstecher und Verleger Pieter Nolpe wiederholte die Figurengruppe Lastmans in seinem themengleichen Stich, erweiterte die Szene aber rechts durch eine weitläufige Waldlandschaft. Dargestellt ist eine Szene aus dem Leben von Jakobs Sohn Juda, wie sie das Alte Testament im 1. Buch Mose (38, 14–18) überliefert. Judas verwitwete und kinderlos gebliebene Schwiegertochter Thamar provoziert als Hure verkleidet die Vereinigung mit ihrem Schwiegervater. Als Entgelt für ihre Dienste verspricht Juda ein Böckchen seiner Herde und überläßt Thamar bis zur Einlösung seiner Schuld Ring, Schnur und Stab als Pfand.

Lastman unterstreicht den erotischen Charakter der Begegnung durch das Sitzmotiv des Paares und den ungenierten Griff des in ein orientalisierendes Phantasiekostüm gekleideten Juda, der nach der Pfandübergabe sein Recht als akzeptierter Freier fordert. Durch die Kontrastierung von Thamars jugendlich schönem Profil mit dem bärtigen und vom Alter gezeichneten Gesicht des Juda verweist der Künstler moralisierend auf den Aspekt der traditionsreichen Konstellation ›ungleiches Liebespaar‹. Die Bedeutung des Themas begründet sich aus dem Umstand, daß aus der ›anstößigen‹ Beziehung der Stammeltern Juda und Thamar Perez hervorging, der nach Lukas 3, 33 Ahne Davids war und damit zu den Vorfahren Christi zu zählen ist. *VM*

Lit.: Freise (1911), S. 218f, Hollstein (1949ff), Bd. 10, S. 35, mit Abb.; Larsen (1957), S. 112, Abb. 1; Manuth (1987), S. 108–110, Abb. 60.

**8/19 (Abb. 829)**
**Jan Muller (1571–Amsterdam–1628)**
**Das Gastmahl des Belsazar**
Bez. u. l.: Johannes Muller: fecit;. u. r.: Harman Muller excudebat
Amsterdam (?), vor 1600
Kupferstich, 35,8 x 40,6 cm
Berlin, SMPK, Kupferstichkabinett (973–14)

Der Nachweis einer Lehrzeit Mullers bei Cornelis van Haarlem oder bei Goltzius 1588/89 fehlt noch. Zwischen 1594 und 1602 unternahm er eine Italienreise. Er stach Werke nach Goltzius, Bloemart, Lucas van Leyden, Cornelis van Haarlem, Adrian de Vries, Hans von Aachen Spranger u.a.. In seinen eigenen Werken blieb er zunächst dem Stil des Goltzius verhaftet, bevor er sich nach 1600 einer mehr an Lucas van Leyden erinnernden Art zuwandte. Von ihm sind keine Landschaftszeichnungen oder Porträts nach der Natur bekannt geworden. 58 Zeichnungen konnten ihm bis jetzt zugewiesen werden, nur wenige Gemälde werden ihm zugeschrieben. Der Stich Mullers ist nach seinem eigenen Entwurf entstanden: eine Vorzeichnung, die gegenüber dem Stich seitenverkehrt ist, befindet sich im Amsterdamer Rijksprentenkabinet. Muller hat eine Szene aus dem Alten Testament dargestellt. Im fünften Kapitel des Daniel-Buches ist das Gastmahl des babylonischen Königs Belsazar behandelt. Dieser hatte die Großen seines Reiches, Frauen und Nebenfrauen eingeladen. Nach dem Weingenuß läßt Belsazar die Anordnung ergehen, daß die von seinem Vater in Jerusalem geraubten Gefäße aus dem Tempel benutzt werden sollten. Die Festversammlung ergeht sich zudem im Lob der Götter aus Gold, Silber, Eisen, Holz und Stein. Eine göttliche Hand schrieb an die Wand die Worte *»mene, mene, tekel, upharsin«*, die später von dem herbeigeholten David entschlüsselt werden: Sie verkündet den Untergang des Königs, der befunden, seine Herrschaft an die Meder und Perser abgeben muß. In Mullers Stich ist der Augenblick wiedergegeben, in dem der auf einem Sphingenthron sitzende König die Schrift an der Wand entdeckt. Hier ist sie aber in eine latinisierte Form gebracht: *»MANE THETEL PHARES«*, durch zwei darüber angebrachte Kerzen beleuchtet. Rechts daneben spielen auf einer Sängerkanzel fünf Musikanten auf

*828 (8/16)*

*829 (8/19)*

830 (8/20)

Posaune, Harfe und drei Krummhörnern (Olifant). Dies ist eine Instrumentalkombination, die eher symbolischen Wert besitzt: Die Harfe ist das gewöhnliche Attribut des David, der Olifant wird, wegen seines wertvollen Materials, dem königlichen Bereich zugeordnet, und die Posaunen kommen als mauerbrechende Instrumente in einer anderen Bibelstelle vor. Beleuchtet wird der Raum durch Fackeln und einem über dem Festtisch hängenden Leuchter, der mit drei fackeltragenden Grazien bestückt ist. Der Baldachin, unter dem wohl die Frau des Königs sitzt, ist mit einer Venus-Amor-Gruppe bekrönt. Amor verschießt gerade seine Pfeile, so daß das Bankett in eine Orgie auszuarten beginnt. Die Teilnehmer tragen, wie der König auch, kaftanähnliche Kleidung und sind mit Turbanen bedeckt. Die biblische Szene wird so in die Gegenwart verlegt, wobei dem Osmanischen Reich ein ähnlicher Ausgang gewünscht wird. Der sechszeilige Text unter dem Bild unterstreicht diesen Sinngehalt neben einem allgemeinen moralischen Appell: *»Seht in diesem lebenden Bild den König der Chaldäer/Ich fürchte beim Berichten den göttlichen Zorn/So büßt der, der die Gottheit mit Hochmut verachtet/und in seiner Sprache die Götterbilder immer im Munde führt/Wer auf ähnliche Weise zu sündigen hofft/Lerne aus diesem Beispiel, damit nicht eine ähnliche Strafe folge.«* *RL*

Lit.: Ausst.kat. Berlin (1979); Kat. Wien (1968), Nr. 64; Plöger (1965); Reznicek (198?); Schapelhouman (1987); S. 104–106, Nr. 339.

**8/20 (Abb. 830)**
**Johannes Colaert (1621/22–1678), zugeschr.**
**Hathach zeigt Esther den Erlaß zur Vernichtung ihres Volkes**
Amsterdam, um 1559/60 (?)
Pinselzeichnung in Braun, laviert,
18,5 x 15,4 cm
Düsseldorf, Kunstmuseum Düsseldorf
(F.P. 5096)

Sehr wahrscheinlich handelt es sich bei der Szene um eine Darstellung aus dem Buch Esther (8/10). Wie erst jüngst erkannt wurde, dürfte mit der Männerfigur der Kämmerer des persischen Königs Ahasver, Hathach, gemeint sein, der Esther den Erlaß zur Tötung ihres Volkes vorlegt (Esther 4, 8–9). Das Thema gehört innerhalb der häufig von Rembrandt und einigen seiner Schüler behandelten Geschichte Esthers zu den extrem selten dargestellten Szenen. Die vorläufige Zuschreibung der Zeichnung an den Amsterdamer Maler, Weinhändler und Auktionator Johannes Colaert wurde aufgrund einer alten Bezeichnung auf der Rückseite des Blattes vorgeschlagen. Über Colaert als Zeichner ist bislang wenig bekannt. Als gesichert gilt eine Zeichnung mit einer Lagerszene in der Graphischen Sammlung des Wallraf-Richartz-Museums in Köln, die stilistisch allerdings keine Gemeinsamkeiten mit dem vorliegenden Blatt aufweist. Die Profilfigur des Mannes mit dem kunstvoll gewickelten hohen Turban belegt jedenfalls die enge Anlehnung an Figurentypen Rembrandts, dessen Einfluß in zwei von Colaert signierten Gemälden (Amsterdam, Sammlung W. Russell) deutlich erkennbar ist. *VM*

Lit.: Blankert (1982) S. 96, bei Nr. 15 (als Esther und Mardochai?); von Moltke (1965), S. 172, Nr. D 12, S. 173 mit Abb. (als Esther und Ahasver? von G. Flinck); Sumowski (1979ff), Bd. 2, S. 781f, Nr. 2 (als Hathach und Esther von Johannes Colaert?).

**8/21 (Abb. 831)**
**Gerbrandt van den Eeckhout (1621–Amsterdam–1676)**
**Sitzender Orientale (König David)**
Amsterdam, vor 1646
Kreidezeichnung in Schwarz und Weiß auf braunem Papier, 38,1 x 26,7 cm
Amsterdam, Rijksprentenkabinett, Rijksmuseum (A 2546)

Die Identifizierung des sitzenden Mannes als König David ergibt sich unzweifelhaft durch

*831 (8/21)*

832 (8/22)

den Vergleich mit Eeckhouts 1646 entstandenem Gemälde in Prag (Národni Galerie), in dem der alte König der vor ihm knieenden Bathseba verspricht, den gemeinsamen Sohn Salomo zu seinem Nachfolger zu ernennen (1. Könige 1, 30–31). Das bildmäßig durchgearbeitete Blatt ist eine Vorstudie für die Hauptfigur des Gemäldes. Eine weitere Fassung der Zeichnung, in der Linienführung deutlich weicher, bewahrt die Hamburger Kunsthalle (Inv.Nr. 21944). Vor allen Dingen die kräftige Modellierung und die sorgfältige Ausführung erinnern an Werke von Rembrandts Lehrer Pieter Lastman, dessen Kunst Eeckhout auch nach seiner Ausbildung bei Rembrandt verpflichtet blieb.

›Naar het leven‹ gezeichnete Studien orientalischer Typen bzw. orientalisierend kostümierte Modelle dienten niederländischen Historienmalern häufig zur Vorbereitung von Gemälden mit biblischem Thema. Vage Vorstellungen über das historische Milieu des alttestamentlichen Judentums waren bestimmend für eine Zeit, in der sich zunächst auf theologischer Seite das Interesse an biblischer Archäologie zu entwickeln begann. Da sich die in Amsterdam lebenden sephardischen Juden rein äußerlich weitestgehend assimiliert hatten, bestimmte zunehmend das exotische Erscheinungsbild der Angehörigen orientalischer Völkergruppen die Vorstellungen der Künstler über die Menschen zur Zeit des Alten und Neuen Testaments. *VM*

Lit.: Henkel (1942), S. 76, Nr. 8 mit Taf. 121; Sumowski (1962), S. 16f, mit Abb. 12; Sumowski (1979ff), Bd. 3, S. 1334, bei Nr. 612.

**8/22 (Abb. 832)**
**Anonymer Zeichner des 17. Jh. (?)**
**Drei Orientalen**
Nördliche Niederlande
Kreidezeichnung in Rot, 21 x 19,6 cm
Amsterdam, Rijksprentenkabinet, Rijksmuseum (1930:78)

Im Vergleich zu Rembrandts Studienblatt mit drei Orientalen im Gespräch (vgl. 8/8), das einen vom Künstler beobachteten Augenblick zeigt, erweisen sich die beiden stehenden Orientalen hier als seitenveränderte Kopien zweier Radierungen (Hollstein 19 u. 20) aus einer zwölf Blätter umfassenden Serie von Kostümdarstellungen mit Türken und Janitscharen des niederländischen Stechers Gillis van Scheyndel (um 1622 – vor 1679). Die Einzelfiguren der Radierungsfolge wurden in der Zeichnung zu einer Szene mit narrativem Charakter zusammengefügt, die scheinbar zufällig Beobachtetes festhält. Da individuelle Züge im Zeichenstil des anonymen Künstlers weitgehend hinter dem Bemühen um die getreuliche Wiedergabe des radierten Vorbildes zurücktreten, fällt eine begründete Zuschreibung der Zeichnung, die lange zu Unrecht Gerbrand van den Eeckhout (vgl. 8/21, 8/23) zugewiesen wurde, schwer. *VM*

Lit.: Henkel (1942), S. 75, Nr. 7 mit Abb. 121; Hollstein (1949ff.), Bd. 24, S. 205 mit Abb. (dort die Radierungen G. van Scheyndels); Schatborn (1985 a), S. 108, Anm. 30.

**8/23**
**Gerbrandt van den Eeckhout**
**(1621–Amsterdam–1676)**
**Boaz und Ruth**
Sign. und dat.: G.V.Eeckhout. fe. A(F8) 1655
Amsterdam, 1655
Leinwand, 75,2 x 82 cm
Rotterdam, Museum Boymans-van Beuningen (1192)

Die Szene der Begegnung zwischen Boas und der Moabiterin Ruth auf dem Feld gehörte zu den häufig behandelten alttestamentlichen Themen in Rembrandts Schülerkreis, zu dem in der zweiten Hälfte der 1630er Jahre auch Eeckhout zählte. Allein von ihm haben sich sechs verschiedene Fassungen des Themas – entstanden zwischen 1651 und 1672 – erhalten, mindestens eine weitere ist literarisch überliefert. Bereits 1663 illustrierte ein Kupferstich nach dem vorliegenden Gemälde eine in Leiden erschienene Bibelausgabe in niederländischer Sprache. Dargestellt ist der Moment, in dem der wohlhabende Boas zur Erntezeit den Aufseher über seine Schnitter nach der Identität der ihm unbekannten Ruth befragt, die sich auf Anraten ihrer Schwiegermutter Naemi, der Witwe eines entfernten Verwandten des Boas, in seine Obhut begeben will (Ruth 2,5).

Als Hintergrund wählte der Künstler eine baumbestandene hügelige Feldlandschaft, die ganz in der Tradition niederländischer Landschaftsmalerei der Zeit um 1640/50 steht. Das gedämpfte Kolorit, die Lichtführung und das Kostüm des Boas verweisen auf die enge Vertrautheit des Malers mit Rembrandts Kunst. Typisch für Eeckhouts Wiedergabe orientalisierender Gewänder ist die Authentizität suggerierende Detailgenauigkeit zur Schaffung vermeintlich biblischen Lokalkolorits. Dabei kam es häufig zu phantasievollen Kostümschöpfungen, in denen türkische, persische und auch indische Elemente so variiert und kombiniert wurden, daß eine zweifelsfreie Zuordnung nur ausnahmsweise gelingt. Nicht zuletzt diente die subtile Zusammenstellung kostbarer Stoffe mit anderen Materialien Eeckhout zur Darbietung virtuoser Stoffmalerei, deren Überzeugungskraft durch die Verwendung fremdländischer Requisiten gesteigert wurde. *VM*

Lit.: Roy (1972), S. 27f, S. 214, Nr. 25; Sumowski (1983ff), Bd. II, S. 731, Nr. 420, S. 783 mit Abb.; Jansen-van de Watering (1983), S. 140f, Nr. 25 mit Abb.; Giltaij-Jansen (1988), S. 28f, Nr. 4 mit Abb.

**8/24 (Abb. 833)**
**Jacopo da Ponte, gen. Bassano**
**(um 1510/18–Bassano–1592)**
**Anbetung der Könige**
Bassano, um 1562
Leinwand, 92,3 x 117,5 cm
Wien, Kunsthistorisches Museum Wien, Gemäldegalerie (361)

Maria sitzt mit dem Kind auf dem Schoß vor der geborstenen Architektur eines antiken Gebäudes. Über ihr recken sich Dachfragmente bizarr in den Abendhimmel. Links hinter Maria befindet sich Joseph. Im Vordergrund kniet vor ihr und dem Jesuskind demutsvoll der älteste König mit Bart und unbedecktem Kopf. Seine Krone liegt auf dem Boden vor dem Esel. Von rechts her erscheinen zwei weitere Könige mit Gefolge, die ihre Gaben darbringen. Der hintere trägt eine Krone aus Gold auf dem Kopf, während der vordere mit einer phantasievollen ›morgenländischen‹ Kopfbedeckung aus Stoff bekrönt ist. Dieses Detail und seine dunkle Hautfarbe kennzeichnen ihn deutlich als Mohrenkönig.

Die Geschichte der ›Heiligen Drei Könige‹, welche östliche Weisheit mit jüdischer Heilsgeschichte verbindet und die in der christlichen Kunst seit ihren Anfängen eine so große Rolle spielt, steht in der Form, wie sie hier in ikonographischer Tradition dargestellt ist, nicht im

*833 (8/24)*

Neuen Testament. Das Matthäus-Evangelium berichtet nicht von drei Königen, sondern von Weisen aus dem Morgenland in unbestimmter Anzahl, die einem Stern folgend nach Jerusalem gekommen sind, um den neugeborenen König der Juden anzubeten.

Spätere Legenden, Ausdeutungen und Kommentare erklärten sie dann in der Dreizahl – wohl weil bei Matthäus von drei Gaben, Gold, Myrrhe und Weihrauch, die Rede ist – zu Königen, Sterndeutern, Philosophen oder Magiern, den gelehrten Priestern der Religion Zarathustras', legten ihre Namen fest und erzählten ihr von Wundern erfülltes Leben.

Treten die Weisen aus dem Morgenland in früheren Kunstwerken, wie etwa auf einem Mosaik aus dem 6. Jahrhundert aus San Apollinare in Ravenna, noch als alterslose Gestalten mit phrygischen Mützen auf, die sie als Eingeweihte der orientalischen Mysterienreligion kennzeichnen, so wurden aus ihnen bald Könige mit Kronen, Turbanen und Gefolge, bis die Künstler seit dem 12. Jahrhundert den jungen, reifen und alten Mann zu differenzieren begannen. Als späteste Veränderung hat sich dann einer der drei in einen Mohren verwandelt, wobei der Mohrenkönig in Italien vor allem in Venedig dargestellt wurde.

Auf dem vorliegenden Gemälde hat Jacopo da Ponte (1518–1592), Bassano nach seinem Geburtsort in Venedig genannt, den Stern, den die Weisen aus dem Morgenland als erste astrologisch erforschten und richtig deuteten, nicht als überwältigende Lichterscheinung hoch oben am Himmel gemalt, sondern lediglich als dünne, aus den Wolken herabkommende Strahlen, die das Jesuskind mit Maria hell aufleuchten lassen und hervorheben.

835 (8/25)

Das Gemälde ist erstmals 1659 im Inventar der Kunstsammlungen des Erzherzogs von Österreich, Leopold Willhelm, nachweisbar, in dem es dem ›jungen Bassano‹ zugeschrieben wird. Zu Anfang unseres Jahrhunderts tauchte in der Fachliteratur als Künstler mitunter auch der Name des El Greco auf. Doch spricht sich die Forschung heute wieder ausnahmslos für die Zuordnung des Gemäldes an Bassano aus. *GP*
Lit.: Kehrer (1908); Hamilton (1900), S. 85; Arslan (1931), S. 196; Magagnato (1981), S. 177f.

**8/25 (Abb. 835)**
**Domenico Gargiulo gen. Micco Spadaro**
**(Neapel um 1609/12–um 1679)**
**Der Diener Abrahams trifft Rebecca am Brunnen**
Leinwand, 135cm x 154 cm
Kopenhagen, Statens Museum for Kunst

Der neapolitanische Künstler war bestrebt, die alttestamentarische Szene (Genesis 24,10ff) in ein morgenländisches Ambiente zu setzen. Obwohl die Landschaft nicht gerade sehr exotisch dargestellt ist, die Figuren zwar orientalisierende Gewänder tragen, in ihren Haltungen aber antikisch aufgefaßt sind, läßt das im Vordergrund an der Tränke stehende Kamel den Schauplatz der Handlung erfahren. An die Last des Kamels angebunden sind drei Metallgefäße, wie sie in der arabischen Welt in Gebrauch waren, sicher aber auch auf den Märkten Neapels zum Kauf angeboten wurden.So ähnelt die an der linken Seite herabhängende Schüssel an einige in der Ausstellung gezeigte Becken (4/87).
Lit.: Olsen (1961).

*Kapitel 9*

## *Moden aus dem Orient*

Kulturimporte‹ aus dem Orient hatten in Europa erheblichen Einfluß. Über Musik schreiben Gabriele Braune und Gunther Joppig in diesem Band ausführlich. Ein eher kurioser Kulturimport, die Tulpe kam Mitte des 16. Jahrhunderts durch den Gesandten Kaiser Ferdinands I., Busbeq, nach Europa. Pieter Biesboer hat den spekulativen Handel mit Tulpenzwiebeln in Holland, ebenfalls in diesem Band, ausführlich beschrieben. Die europäischen Vorstellungen vom orientalischen Leben als von Luxus und Wohlleben bestimmt, als einem Paradies, sind nicht zuletzt durch zahlreiche Reiseberichte, aber auch von den Erzählungen aus 1001 Nacht, die mit der Übersetzung Antoine Gallands im 18. Jahrhundert rasch in ganz Europa bekannt wurden, beeinflußt. Die literarische Auswirkung dieser Wechselbeziehung skizziert Karl Ulrich Syndram in diesem Katalog.

Die ersten orientalischen Gesandtschaften in Europa, eine persische kam 1715, zwei türkische 1721 und 1742 nach Paris, beeindruckten mit ihrer Pracht und lösten eine von Frankreich ausgehende Türkenmode aus. In einer kurzen Übersicht wird die ›Turquerie‹ in Malerei, Graphik und angewandter Kunst von Maria-Elisabeth Pape im Essayteil dieses Kataloges erläutert.

Die wichtigste Quelle für ›Türkendarstellungen‹ des 18. und 19. Jahrhundert war der sogenannte *Recueil Ferriol*, ein Stichwerk, das auf Anregung des französischen Botschafters, Marquis Charles de Ferriol, nach etwa einhundert Gemälden des Malers Jean Baptiste Van Mour, gestochen wurde. Die Stiche zeigen höchste Würdenträger ebenso wie Szenen aus dem Volk. In Nürnberg wurde das Werk 1719 von Christoph Weigel nachgestochen und fand Verwendung als Vorlage für zahlreiche Porzellanfiguren der verschiedenen ›Türkenserien‹ bekannter deutscher Manufakturen. In England nutzte Hogarth die französischen Stiche, um seinen Illustrationen Authentizität zu geben. Berühmt in der Nachfolge der *Recueil Ferriol* sind Zeichnungen Francois Bouchers. In der Malerei des 18. Jahrhundert waren Porträts und galante Szenen im türkischen Stil *en vogue*. Europäische Themen wurden in ein orientalisches Ambiente versetzt. Das ›türkische Thema‹ erschien in Literatur, Musik, Theater, im Ballett, aber etwa auch in der Oper, so in Mozarts *Entführung aus dem Serail*. Es scheint, nach den Kriegen des 17. Jahrhunderts war das europäische Bild vom Osmanischen Reich im 18. Jahrhundert eher von Moden als von Politik geprägt.

**9/1 (Abb. 836)**
**Valerius Cordus**
**Annotationes in Pedacii Dioscoridis Anazarbei De medica materia libros 5. Eiusd. Historiae Strorpium lib. 4. Sylva. De arteficiosis extractionibus liber. Compositiones medicinales aliquat, non vulgares. His accedunt: Stocc-Hornii et nessi in Bernatium Helvetiorum ditione montium & nascentium in eis stirpium Item Conradi Gesneri De hortis Germaniae liber recens, una cum descriptione tulipae Turcarum (...)**
**Aufgeschlagen : Tulipa Turcarum** (fol 213)
Straßburg, 1561
Berlin, Staatsbibliothek Preußischer Kulturbesitz, Handschriftenabteiling
(2° Lw 22 167 R)

Die erste Beschreibung einer blühenden Tulpe in Westeuropa, im Garten eines gewissen Johannes Heinrich Herwart in Augsburg, wird in der *Omnibus* Ausgabe des Valerius Cordus (des Jüngeren) *Annotationes in Pedacii Dioscoridis* , im zweiten Band (De Horto Germaniae Liber Recens; fol. 213) gegeben. Die Beschreibung wird von einer Illustration der ›Tulipa Turcarum‹ begleitet. Der Veröffentlichung dieses Buches verdanken wir die Legende, daß die Tulpe aus der Türkei stamme.

In diesem Buch, das 1561 von Conrad Gesner in Atraatsburg verlegt wurde, werden die von Cordus in Deutschland gesehenen Pflanzen behandelt. Valerius Cordus (geb. 1515 in Siemenshaven – gest. 1544 in Rom) hatte in Wittenberg Medizin studiert. Er unternahm botanische und mineralogische Forschungsfahrten in das Erzgebirge, den Thüringer Wald und den Harz. 1542 ging er nach Italien, wo er 1544 starb. Cordus beschrieb zahlreiche neu entdeckte Arten mit großer Sorgfalt und Klarheit. *PB*

**9/2 (Abb. 354, 837)**
**Carolus Clusius von Arras**
**(Charles de L'Escluse)**
**Rariorum plantarum historia, Bd 1**
**Aufgeschlagen: Drei Tulpen** (Seite 139)
Antwerpen, 1601
Berlin, Staatsbibliothek Preußischer Kulturbesitz, Handschriftenabteilung
(4° Lw 22461 R)

Das vorliegende Werk ist Band 1 der Gesammelten Werke von Clusius, die insgesamt als dreibändige Ausgabe publiziert wurden (Bd. 2, *Exoticorum Libri Decem*, Leiden 1605; und Bd. 3, *Curae Posteriores*, Leiden 1611). Der erste Band enthält einfache Stiche von vielen Knollengewächsen, die Clusius gesammelt und mit wissenschaftlichen Informationen versehen hatte. Das Buch galt als eines der ersten bahnbrechenden und einflußreichen Veröffentlichungen über Knollengewächse.

Dank der großen Menge Materialien, die Clusius im Dienst des Habsburger Kaisers in

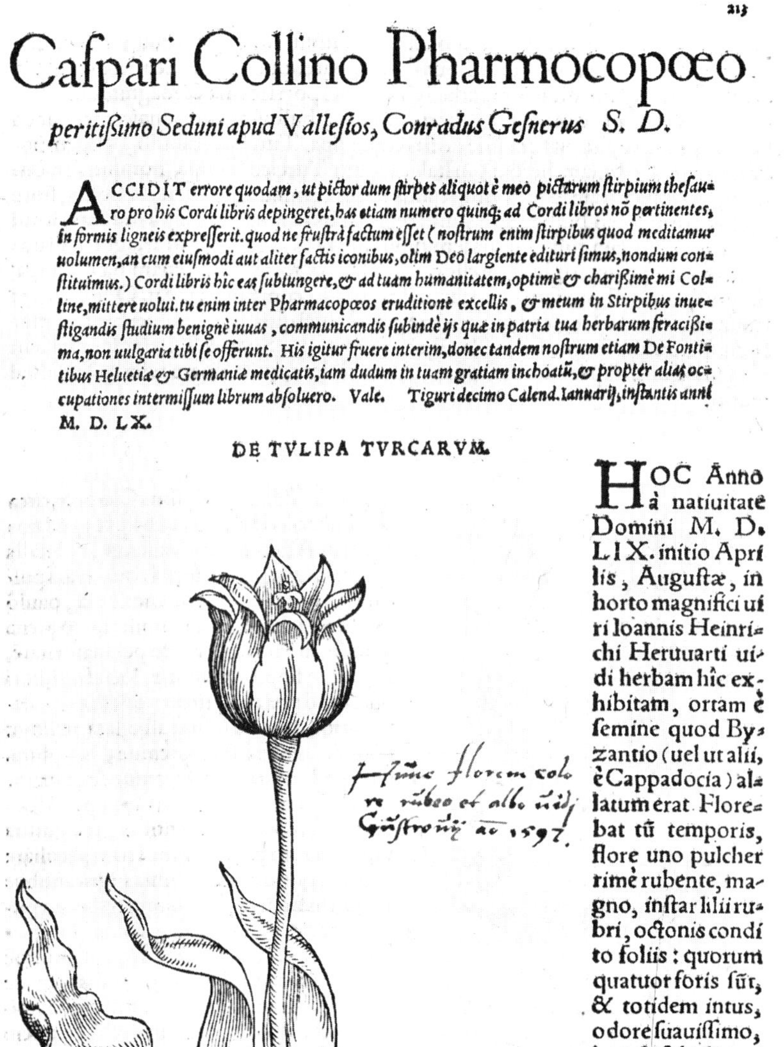

213

Caſpari Collino Pharmocopœo
*peritiſsimo Seduni apud Valleſios, Conradus Geſnerus S. D.*

ACCIDIT *errore quodam, ut pictor dum ſtirpes aliquot è meo pictarum ſtirpium theſauro pro his Cordi libris depingeret, has etiam numero quinq; ad Cordi libros nō pertinentes, in formis ligneis expreſſerit. quod ne fruſtrà factum eſſet (noſtrum enim ſtirpibus quod meditamur uolumen, an cum eiuſmodi aut aliter factis iconibus, olim* Deo *largiente edituri ſimus, nondum conſtituimus.)* Cordi *libris hîc eas ſubiungere, & ad tuam humanitatem, optimè & chariſsimè mi* Colline, *mittere uolui. tu enim inter* Pharmacopœos *eruditione excellis, & meum in* Stirpibus *inueſtigandis ſtudium benignè iuuas, communicandis ſubindè ijs quæ in patria tua herbarum feraciſsima, non uulgaria tibi ſe offerunt. His igitur fruere interim, donec tandem noſtrum etiam* De Fontibus Heluetiæ & Germaniæ *medicatis, iam dudum in tuam gratiam inchoatū, & propter alias occupationes intermiſſum librum abſoluero.* Vale. *Tiguri decimo Calend. Ianuarij, inſtantis anni* M. D. LX.

DE TVLIPA TVRCARVM.

HOC Anno à natiuitate Domini M. D. LIX. initio Aprilis, Auguſtæ, in horto magnifici uiri Ioannis Heinrichi Heruuarti uidi herbam hîc exhibitam, ortam è ſemine quod Byzantio (uel ut alii, è Cappadocia) allatum erat. Florebat tū temporis, flore uno pulcherrimè rubente, magno, inſtar Lilii rubri, octonis condito foliis: quorum quatuor foris ſūt, & totidem intus, odore ſuauiſſimo, leni, & ſubtili, qui breui euaneſcit. Color interius pallidus eſt aut ſubflauus: & ſtamina tanquam croci, in medio intercepta ceu geniculo, ipſa quoq; octona, ex quibus itidem alia exterius paulò ſunt, alia interius. Calix nullus. Caulis eſt circiter pedem altus. Folia in eo quaterna albicant, craſſiuſcula, ſolida, duos palmos (id eſt digitos octo) longa, Orcheωn ferè foliorum figura, modicè recuruato margine, (non adeò quidem ut pictura præ ſe fert, quam anteà expreſſam amicus quidam

Aa ij

*836 (9/1)*

Wien und während seiner zahlreichen Reisen gesammelt hatte, konnte er während seiner Leidener Periode (1563–1609) die Fakten verarbeiten, ergänzen und in drei Sammelbänden veröffentlichen. Clusius war seit 1593 von den Kuratoren der Universität Leiden angestellt, um die Anlage des Botanischen Gartens auszuführen. Der Botanische Garten wurde das Abbild des erneuerten Studiums der Botanik auf wissenschaftliche Weise, das durch Clusius den größten Impuls erhielt. Er hatte bei seiner Rückkehr in die Niederlande zahlreiche Knollengewächse mitgebracht und gab durch seine ausführliche Korrespondenz, die in der Universitätsbibliothek zu Leiden aufbewahrt wird, seine Erkenntnisse an zahlreiche Gelehrte weiter. In den Niederlanden wurden daraufhin schnell neue Varietäten gezüchtet.

Die *Rariorum Plantarum Historia* umfaßt sechs Bände und einen Appendix, in dem seine Monografie über die Pilze aufgenommen wurde *(Fungorum in Pannoniis Observatorum Brevis Historia)*. Des weiteren enthält dieser Band seine botanische Korrespondenz mit Honorio Belli, Arzt zu Cydonia (auf Kreta) und mit Tobias Roelsius, einem Arzt zu Middelburg, und schließlich die Ausgabe von Giovannis Ponas Beschreibung der Flora des Monte Baldo in Italien in der Nähe des Gardasees. Der erste Band seiner Gesammelten Werke ist mit einer Porträtgravur Clusius' im Alter von 75 Jahren versehen, der in eine allegorische, ornamentierte Umrahmung gefaßt ist und von Jacques de Gheyn ausgeführt wurde (Hollstein, Nr. 306). *PB*

Lit.: HUNGER (1927–1942); HENIGER (1973); S. 149–167.

**9/3**
**Basilius Besler**
**Hortus Eystettensis, sive diligens et accurata omnium plantarum, florum, stirpium, ex variis orbis terrae partibus, singulari studio collectarum, quae in celeberrmis, hoc tempore conspiciuntur delineatio et ad vivium repraesentatio**
**Aufgeschlagen: »Quartus Ordo, Collectarum Plantarum veralium: Celeberrini Eystettensis horti, Icones plantarum vernalium«** (fol. 1)
Eichstaedt, 1613
Berlin, Botanisches Museum

Der Fürstbischof von Eichstätt, Johann Conrad Freiherr von Gemmingen, ließ 1595–1612 von Basilius Besler, einem Apotheker und Botaniker, rund um die Willibaldburg an der Altmühl einen Garten anlegen. Der Garten bestand aus einem Botanischen Garten, einem Gemüsegarten und einem angelegten Garten, der dem Vergnügen diente. Der Fürstbischof erteilte Besler den Auftrag, die ausgefalleneren Pflanzen seines Gartens in Buchform zu publizieren. Der *Hortus Eystettensis* erschien 1613 in dreihundert Exemplaren. Das Buch enthält 367 Stiche, in denen 1084 Pflanzen abgebildet sind. Einige wenige Exemplare wurden mit der Hand koloriert. Von diesen sind noch zehn erhalten geblieben, u.a. im Teylers Museum in Haarlem. In Band vier sind die Tulpen abgebildet (fol. 70–82), die im Garten vorkamen. Beslers Porträt steht auf dem Titelblatt. Er wurde 1561 in Nürnberg geboren, dort besaß er einen eigenen schönen botanischen Garten. *PB*

Lit.: VOGELLEHNER/AYMONIN (1989).

**9/4**
**Willem Gerritsz. Verstraeten (tätig in Haarlem 1625–1655), zugeschr.**
**Schüssel mit Tulpendekor**
Haarlem, um 1630
Majolika, H 9,5 cm, Dm 32,9 cm
Haarlem, Frans Halsmuseum (88–75)

Diese tiefe Schüssel auf einem Standring ist an der Vorderseite mit einem Fond blaugefärbter Zinnglasur bedeckt. Auf diesem blauen Untergrund ist in den Boden eine gelbe Tulpe gemalt. Die Blätter sind in gelber, grüner und weißer Glasur angebracht. Am Rand ist in Schwarz ein Aigrettemotiv wiedergegeben, das mit weiß und gelb gemalten Blättchen abgewechselt wird. Die Rückseite der Schüssel ist mit einer grünlich-gelben Bleiglasur bedeckt.

Die Idee, Schüsseln mit einer blauen Deckglasur zu versehen, stammt aus Italien. Dieser Schüsseltyp dienten als Dekoration für das Interieur. Wiederholt wurde er mit einem Tulpendekor versehen (Korf [1981], S. 219, Abb. 621 und 622, sowie Farbabbildung S. 178]. Tulpen wurden übrigens, sei es in ihrer natürlichen Gestalt, sei es in stilisierter Form, auch als Dekorationsmotiv für Kacheln verwendet. Auf Grund von Haarlemer Bodenfunden nimmt man heute an, daß dieser Typus von Schüsseln in Haarlem hergestellt wurde (Korf [1981], S. 216). Um 1600 war Haarlem die bedeutendste Stadt für die Majolikaherstellung. Es waren Haarlemer Majolikatöpfer, die in anderen holländischen Städten wichtige Töpfereien gründeten. Haarlem besaß die weitaus größte Anzahl von Manufakturen. Daher ist es auch nicht unwahrscheinlich, daß diese Schüssel und damit verwandte Stücke in der Töpferei des Willem Gerritsz. Verstraeten hergestellt wurden, der bedeutendsten Majolikamanufaktur Haarlems seit 1625 (Geleyersgoet [1982/1983], S. 25–26). Zahlreiche den Betrieb Verstraetens betreffende Dokumente sind erhalten. Die meisten davon beziehen sich auf den Konflikt mit seinem Sohn Gerrit Willemsz. Verstraeten (Geleyersgoet [1982/83], S. 30–36). Sie beweisen, daß Willem Verstraeten von der zu dieser Zeit als altmodisch angesehenen Majolika- auf Fayencetechnik übergehen wollte. Er hatte aber 1642 mit seinem Sohn verabredet, keine Fayence mit chinesischem Dekor zu produzieren. Letzteres war zu einem vielgefragten Artikel geworden, der die altmodische Majolika verdrängte. Nach dem Tod Willem Verstraetens im Jahre 1655 und dem Tod seines Sohnes Gerrit im Jahr 1657 gab es in Haarlem keine Manufakturen mehr, die Luxus-Zierkeramik herstellten. Die Delfter Töpfer übernahmen die Hegemonie. Ein Fragment einer sog. Pfannkuchenschüssel zeigt das gleiche Dekor wie unsere Schüssel; eine Schüssel mit drei Tulpen auf einem dunkelblauen Fonds befindet sich in der Sammlung J. R. Ritman, Amsterdam. *PB*

Lit.: Korf (1981); Ausst.kat. Leeuwarden (1982/83).

*837 (9/2)*

**9/5**
**Clare ontdeckingh der Dwaesheydt der ghener die haer tegenwoordigh laten noemen Floristen. Gestelt in form van 't samensprekinge tussen de Bloemen ende Flora**
(Offenkundige Aufdeckung der Dummheit derjenigen, die sich gegenwärtig Floristen nennen lassen. Dargestellt in Form eines Gesprächs zwischen den Blumen und Flora)
Hoorn, 1636
Haarlem, Stadsbibliotheek Haarlem (1 B 105)

Dieses Werk erschien vor dem Zusammenbruch des Tulpenhandels am 5. Februar 1637. Es ist ein Gespräch in Versform, in Alexandrinern, zwischen Flora und den Blumen, versehen mit 55 Anmerkungen. Die Blumen beklagen sich bei Flora darüber, daß sie abgelehnt und verachtet würden. Womit hätten sie das verdient? Daraufhin preist Flora die Tulpe und verteidigt die Tulpenliebhaber, die sie gegen die ›Waan-floristen‹, die Wahn-Floristen, absetzt, die nur auf Gewinn aus seien und keine wahre Liebe zu Blumen kennten. Sie tadelt ebensosehr das geldgierige Volk, das als Spekulant aufträte und vorgebe, Flora zu ehren und Blumen zu lieben. Diejenigen, die ihren, Floras, Namen beschmutzen, wird sie aus ihren Diensten entlassen, unterstützt von den Richtern *»Die wel uyt sullen wanneer het kaf en al het quaet«*, die wohl erkennen werden, wann es Spreu und wann es das Böse ist. Diese Publikation ist die erste einer Reihe von Flugblättern und Schriften, die als Reaktion auf den spekulativen Tulpenhandel erschienen. Der Autor ist unbekannt. Der Ton ist auffällig kultiviert und ruhig, obwohl der Autor in den Randbemerkungen die Spekulation scharf verurteilt. Ob dadurch Spekulanten zur Einsicht gebracht wurden, ist zu bezweifeln. *PB*

Lit.: Krelage (1942), S. 68–87.

**9/6**
**Cornelis van der Woude**
**Toneel van Flora vertonende: Grondelycke Redensondersoekinge vanden Handel der Floristen ghespeeld op de Spreucke van Anthonius de Guevara: Een voorsichtlich eerlyck man, sal altyt meer ghedeulden, dan straffen**
**Aufgeschlagen: Die Blumengöttin Flora**
(Titelseite)
(Schauspiel von Flora darstellend: Eine tiefschürfende Untersuchung der Gründe des Handels der Floristen, gespielt nach dem Spruch von Anthonius de Guevara: Ein vorsichtiger, ehrlicher Mann wird immer mehr erdulden als strafen)
Amsterdam, 1637
Haarlem, Stadsbibliotheek Haarlem (76 B 12)

Diese Publikation erschien nach dem 24. Februar 1637, nach dem Zusammenbruch des spekulativen Tulpenhandels. Der Text stammt von Cornelis van der Woude (gest. 1645), Schulmeister in Alkmaar und Mitglied der Alkmaarer Rederijkerkammer ›de Luwerier‹ (der Lorbeerstrauch). Inhalt ist eine Apologie auf den Tulpenhandel. Im ersten Lobgedicht wird die Hoffnung ausgesprochen, daß das Büchlein die ›Bürgerruhe‹ ›durch die Bekämpfung der Mißgunst, die sich am Unglück anderer erfreut‹ fördern soll. In ihrem Monolog legt Flora dar, daß man sie aus Haß und Mißgunst verspottet und beschimpft und kein Auge für ›Gottes Wunderwerk‹ hat. Sie verteidigt gleichzeitig das Erwirtschaften von Gewinn. Im Kapitel ›Überlegung‹ spricht der Dichter seine Verwunderung darüber aus, daß noch niemand die Feder aufgenommen habe, ›um all dies Schelten ein wenig zum Stehen zu bringen.‹ Darauf folgt ein langer Vers über ›Die Dummheit der Spötterei der Spottdichter der Floristen‹, in dem die Gegener des Tulpenhandels wiederum des Neides und der Abgunst bezichtigt werden.

Der Kern des Büchleins besteht aus einem Prosateil, in dem neun Seiten lang aufs neue den Gegnern Floras Neid und Mißgunst vorgeworfen werden. Zitate von Bion (von Borystenes, erste Hälfte 3. Jh. v. Chr.), Antonio de Guevara y de Norona (1480?–1545), Sallust, Apostel Jakobus und Ovid dienen zur Erläuterung. Nicht der Handel, sondern die Mißbräuche im Tulpenhandel seien verwerflich (wie Alkoholmißbrauch). Der Autor erschöpft sich in Sophismen, um den Tulpenhandel zu rechtfertigen; über die ernsthaften Nachteile redet er hinweg. Im Kapitel ›Verdiente Pfennige‹ und im ›Liedchen zum Lobe Floras‹ wird wiederum der ›freigebige Neid‹ an den Pranger gestellt und es wird behauptet, daß die Tulpe zur Schöpfung gehöre. Der Autor fragt sich, warum ein Christ dann daraus keinen Profit ziehen dürfe.

Zum Schluß folgt eine Liste mit Tulpenpreisen der Alkmaarer Auktion vom 5. Februar 1637 und das ›Lobesgedicht van Calliope über die Göttin Flora und ihr bestes Prunkgeschmeide, die Tulpe‹ mit einer ›Ansprache Calliopes an den Händler.‹ Hinzugefügt ist noch eine Kopie der notariellen Übereinkunft zwischen den Tulpenhändlern und verschiedenen Städten. Mit dieser wird in ausschlaggebender Weise dargelegt, daß die Publikation nach dem 24. Februar 1637 erschienen ist. Der Autor hoffte, mit seiner Veröffentlichung zum Wiederaufleben des Tulpenhandels beizutragen. *PB*

Lit.: Krelage (1942), S. 228–265.

**9/7 (Abb. 348)**
**Hendrick Gerritsz. Pot**
**(Haarlem ca. 1585–1657 Amsterdam)**
**zugeschr.**
**Flora's Mallewagen, Allegorie auf die Tulpenspekulation**
Um 1640
Holz, 61 x 83 cm
Haarlem, Frans Halmuseum (I-286)

Das Gemälde ist eine Anspielung auf den spekulativen Tulpenhandel, der 1637 zusammenstürzte. Die Komposition beruht auf einem anonymen Spottbild mit dem Titel *De Mallewagen alias het valete der Bloemisten* (Der Narrenwagen alias der Abschied der Floristen), auf dem sich durch Aufschriften die abgebildeten Figuren erklären lassen. Flora sitzt auf einem Segelfahrzeug mit Tulpen im Arm und in der Hand. An der Rückseite des Segelfahrzeugs flattert eine Fahne, auf der eine Narrenkappe, in der vier Tulpen stecken, abgebildet ist. Zu Floras Füßen sitzt ein weintrinkender Mann mit einer Narrenkappe, in der zwei Tulpen stecken. Im Bild wird diese Figur *Leckebaerd* (Bartlecker) genannt. Neben ihm sitzt eine andere männliche Figur mit Narrenkappe und Tulpen, die einer Prozession von Leuten die Hand reicht, die hinter dem Fahrzeug herlaufen. Diese Figur wird im Bild *Liegwagen* (Lügewangen) genannt. Vor ihm sitzt ein alter Mann mit grauem Bart, ebenfalls mit Narrenkappe, in der Tulpen stecken. Zu seiner Linken steht eine Uhr, in der rechten Hand hält er einen großen Geldbeutel auf. Diese Figur heißt *Graegrijck* (Gernreich). Halb hinter dem Segel sitzt eine Frauengestalt mit Tulpenzwiebeln auf dem Schoß. In der rechten Hand hält sie eine Waage. Sie wird *Vergaer al* (die Sammlerin) genannt. Das Fahrzeug wird von einer Frau mit zwei Gesichtern gelenkt, *Ydel hope* (Eitle Hoffnung) genannt. Sie streckt die Hand nach einem Vogel aus, der in der Luft fliegt und *Ydel hope ontflogen* (die Eitle Hoffnung verschwunden) heißt. Im Hintergrund geht der Wagen in den Wellen unter. Links ist die Stadt Haarlem gemalt, erkennbar an der St. Bavokirche. Das Spottbild unterscheidet sich in einigen Punkten vom Gemälde. Im Hintergrund des Stiches sieht man die Silhouette von 's-Gravenhage. Im Vordergrund, vor dem Fahrzeug, liegen viele Tulpen, wobei der Titel als Aufschrift angebracht ist. Dieser Teil fehlt im Gebäude, ebenso der *Santvoor boer* (Zandvoorter Bauer), der auf dem Spottbild das Senken des Fahrzeuges betrachtet. Weiterhin werden in den vier Ecken noch vier Einzeldarstellungen gezeigt; links oben *Pottebackers hoff*, der Tulpengarten des Züchters Pottebacker; rechts oben die *Comparitie der Bloemisten tot Hove* (Versammlung der Floristen in Hove), ein Gruppe von Tulpenhändlern sitzt um einen Tisch mit Tulpenzwiebeln; links unten *»Die Versammlung der Floristen in Haarlem«*; rechts unten eine Darstellung mit der Aufschrift: *»al is geschiet een sotte daet // so wort gesocht een wysse raet«*. (wenn geschehen ist die törichte Tat/wird gesucht nach einem weisen Rat).

Genau wie im Spottbild sind im Gemälde den Figuren, die dem Fahrzeug folgen, Attribute hinzugefügt. Zu ihren Füßen liegen einige Attribute des Webstuhls (Haltestange, Haspel) für den Weber, und hinter ihnen Gesetzbücher für den Juristen, ein Hinweis darauf, daß Menschen aller Ränge und Stände mit der Tulpenspekulation ihr Glück versuchten. Wahrscheinlich war unter dem Gemälde einmal eine kleine Tafel mit erklärenden Aufschriften angebracht, die mit den Zahlen auf den Figuren im Gemälde korrespondierten. *PB*

Lit.: Muller (1970).

*838 (9/9)*

**9/8 (Abb. 351)**
**Jan Brueghel d. J. (1601–Antwerpen–1678)**
**Persiflage auf die Tulipomania**
Um 1640
Holz, 31 x 49 cm
Haarlem, Frans Halsmuseum (75–699)

Die Affen auf dieser Darstellung sind eine Persiflage auf den spekulativen Tulpenhandel, der 1637 zusammenbrach. Brueghel hat hier die ›verkehrte Welt‹ mit Affen dargestellt, die sich mit Tulpenzucht und dem Handel mit Tulpenzwiebeln befassen. Schon seit dem Mittelalter wird der Affe als Gegenbild des Menschen gesehen, ein Tier, das zum Lachen reizt, doch menschliche Eigenschaften besitzt und imstande ist, menschliche Handlungen zu verrichten, jedoch ohne Verstand. So illustrieren die Affen Habgier und Gewinnsucht der Menschen, die ihr Geld im spekulativen Tulpenhandel aufs Spiel setzten.

In diesem Gemälde werden verschiedene Handlungen bei Tulpenzucht und -handel gezeigt: links im Vordergrund finden die Verhandlungen zwischen dem Tulpenhändler und einem als Edelmann mit Schwert umgürteten Affen als Käufer statt. Der Kauf wird mit Handschlag besiegelt. Daneben steht ein Affe mit ei-

*839 (9/12)*

ner Eule auf der Schulter, der einen Kaufvertrag macht (eine Eule kann auch, anstatt für die Weisheit, für Dummheit stehen). Der Tulpenhandel ist anscheinend eine lukrative Tätigkeit, nach dem Affen zu urteilen, der mit dem Sack in der einen und einer Tulpe in der anderen Hand tanzend hinter der Gruppe steht. Links dahinter, auf einer überdeckten Terrasse, unter einer Fahne mit einer Abbildung der berühmten Viceroy-Tulpe, wird eine Anzahl von potentiellen Käufern zu einer voluminösen Mahlzeit eingeladen, um sie in die richtige Stimmung zu versetzen.

Vorne in der Mitte wiegt ein Affe die Zwiebeln, die per As (eine Maßeinheit) verkauft wurden. Dahinter trägt ein Affe einen Geldsack zu einem Tisch mit rotem Tischtuch, auf dem ein Berg Gold- und Silbermünzen liegt, die von zwei Affen gezählt werden – der Gewinn des lukrativen Handels. Anderen Affen geht es nicht so gut, einer sitzt schluchzend mit einem großen weißen Taschentuch hinter einer Hecke, ein anderer im Vordergrund pinkelt wütend auf einige auf den Boden geworfene Tulpenzwiebeln und hält demonstrativ ein Zertifikat mit rotem Lacksiegel hoch. Er fühlt sich wohl betrogen. Hinter ihm verabschiedet sich ein weinender Affe mit drei Tulpen unterm Arm. Seine Frau, in einen langen schwarzen Kapuzenmantel gekleidet, hat den Arm tröstend um seine Schulter gelegt. Im Hintergrund reiten einige Affen auf kostbaren Pferden. Daß der Tulpenhandel auch Tod und Verderben mit sich bringen konnte, wird an einem Überfall von Strauchdieben auf einen Affen dargestellt. In der Ferne ist ein Begräbniszug zu sehen, der einer Leichenbahre folgt. So illustriert Brueghel alle Untugenden des Tulpenspekulationsgeschäfts: Habsucht, Profitgier, Neid, Betrug, Diebstahl, Gewinnsucht. Dieses Bild kann, wenn man den Zusammenbruch des spekulativen Tulpenhandels 1637 berücksichtigt, um 1640 datiert werden. *PB*

**9/9 (Abb. 838)**
**Hans Gillisz. Bollongier**
**(um 1600–Haarlem–um 1675)**
**Blumenstück**
1644
Holz, 27,4 x 20,7 cm
Haarlem, Frans Halsmuseum (I–23)

Dieses Bild wurde sieben Jahre nach dem Zusammenbruch des Spekulationsgeschäfts mit Tulpen gemalt. Die Tulpe wird immer noch als eine schöne, kostbare Blume präsentiert. Bollonggier hat für dieses Bukett Blumen gewählt, die in verschiedenen Jahreszeiten blühen. Die Tulpen blühen im April/Mai, die Lilien Anfang Juli, die Rosen ebenfalls, die Zyklamen im Herbst. So war es bei den Malern von Blumenstilleben im 17. Jahrhundert gebräuchlich. Hans Bollongier wurde um 1600 geboren. Sein jüngerer Bruder, Horatius Bollongier, war auch Stillebenmaler. 1623 wurde Hans als Mitglied der Haarlemer St. Lukasgilde erwähnt. Als er seine Karriere als Stillebenmaler begann, hatten die Mitglieder der Familie Bosschaert, Roelant Saveriy und Jacques de Gheyn das Thema schon in seine Form gebracht. Bollongier malte in ihrer Tradition weiter, wenn er auch das Blumenstück eher als ein Ganzes darstellte, anstatt einer Aufzählung jeweils einzeln gemalter besonderer Blumen. Die Helldunkelwirkung ist stark akzentuiert. Das ist jedoch eine allgemeine Charakteristik der Haarlemer Malerei jener Zeit, wovon dieses Tafelbild des Jahres 1644 alle Merkmale besitzt. Das abgefallene Blatt und die Schnecke in ihrem Schneckenhaus können als Symbol der Vergänglichkeit interpretiert werden. *PB*
Lit.: BOL (1969), AUSST.KAT. HAARLEM (1974).

**9/10 (Abb. 353)**
**Georg Adam Eberhard**
**(1656–1688 nachweisbar in Eger)**
**Porträt der Prinzessin Franziska Sybilla Augusta von Sachsen-Lauenburg, Markgräfin von Baden-Baden (1675–1733), als Kind**
Sign. und dat.: GAE 1678
Leinwand, 140 x 100 cm
Privatbesitz

Ein kniender Mohrenpage überreicht der Prinzessin eine Tulpe. In ihrer anderen Hand hält sie eine Rose. Zu ihren Füßen liegen immer abwechselnd eine Tulpe und eine Rose, insgesamt drei Stück von jeder Sorte. Im Hintergrund rechts sieht man einen Rosenstrauch.

In der emblematischen Literatur steht die Rose als ›Maeghde-wapen‹, als Zeichen der Jungfräulichkeit und Symbol für die unverheiratete Frau. Das Emblem begleitet folgender Vierzeiler: »*Ey kyckt, o jonge dieren, kijckt / het ist een beelt dat u gelijckt / het is een bloemtje sooje ziet / dat noch geen open knopjen biet.*« (Ei schaut, oh junge Tiere, schaut, / es ist ein Bild, das euch gleicht, / es ist eine Blume, wie ihr seht, / die noch keine offene Knospe zeigt.)

Die Tulpen im Porträt der Franziska von Sachsen-Lauenburg sind ebensowenig als bereits erblühte dargestellt. Die Rosen und der Rosenstrauch sind ein Hinweis auf die Liebe. So begleiten zwei der wichtigsten Tugenden der Frau, Jungfräulichkeit und Liebe, die Prinzessin.

Im 17. Jahrhundert gab es auch in Deutschland Tulpenliebhaber. Der Tulpenhandel mit Holland lief zumeist über Frankfurt. In Chrispijn van der Passes *Een cort verhael van de Tulipaen* (Eine kurze Geschichte der Tulpen; Kat. Nr. 9/11) wird am Ende eine kurze Liste von Tulpenliebhabern genannt, von denen fünf in Frankfurt wohnen. So besaß der Markgraf Karl Wilhelm von Baden-Durlach (1709 bis 1738) eine Tulpensammlung mit gut 4.000 Varietäten. Er ließ jährlich einen Katalog herausgeben: *Catalogus über saemmtliche Ihro Hochfürstl. den regierenden Herrn Marggrafen zu Baden-Durchlach zu gehoerige, zu Carls-Ruhe und Basel florirende Tulpaenen*, 1733. *PB*

**9/11**
**Chrispijn de Passe**
**Een cort verhael van de tulipaenen ende haere oefeninghe, saeyinghe, plantinge ende daer by gevoecht de uytnemenste tulipaenen die nu teghenwoordich by de Liefhebber ghevonden worden en van grooten weerden zijn**
(Eine kurze Geschichte der Tulpen und ihres Anbaus, der Aussaat und des Pflanzens und dazu gefügt die außergewöhnlichsten Tulpen, die jetzt gegenwärtig bei Liebhabern zu finden und von großem Wert sind)
17. Jahrhundert
Haarlem, Stadsbibliotheek Haarlem (1 A 71)

*840 (9/13)*

Der Autor erzählt in kurzer Form in Prosa, manchmal in Versen von der Tulpenzucht: Von der Pflanzung und Bearbeitung der Tulpe und der Aussaat; der Band enthält ein Register der Tulpenfamilien, ein Sonnett an die Liebhaber der Tulpen und Liebhaber der edlen Flora, ein Register der Liebhaber, insofern sie in dem uns vorliegenden Register noch nicht bekannt

841 (9/14)

gewesen sind. Das Büchlein ist mit einer Illustration versehen, einem eingeklebten Stich, mit dem Titel: ›Instrument, wie man alle Blumen, vor allem die Tulpen, mit einer sehr kunstreichen Manier herausholen und verpflanzen kann, ohne daß sie Verletzungen oder Quetschungen davontragen.‹ Dieser Stich trägt weder Signatur noch Datierung, aber er könnte in der Werkstatt von Chrispijn de Passe in Utrecht hergestellt sein. Crispijn de Passe hatte schon früher den *Hortus floridus* veröffentlicht (1614), in dem man in den Illustrationen verschiedene Urheber unterscheiden kann. De Passe wurde nämlich von seinen Kindern Crispijn d. J., Magdalena und Willem unterstützt. *PB*

**9/12 (Abb. 839)**
**Französische Schule des 18. Jh.**
**Porträt einer orientalisch gekleideten Frau mit einer Tasse Kaffee**
Leinwand, 82 x 65 cm
Marseille, Musée des Beaux-Arts (242)

Der Kaffee wurde, ebenso wie Tee und Schokolade, im 17. Jahrhundert in Europa hoffähig, bereicherte die Alltagsrituale und bot Gelegenheit zur Selbstinszenierung. Das Genußmittel schuf eine Atmosphäre des Fremden, Exotischen und wurde als Sinnbild einer abenteuerlichen Welt begriffen. Das Kaffeetrinken wurde zu einer modischen Angelegenheit und zum Kultus der gehobenen Gesellschaftsschicht. Daß dieses Heißgetränk Bestandteil der europäischen Kultur geworden war, wird auch durch zahlreiche ›Kaffeeporträts‹ dokumentiert, welche im 18. und 19. Jahrhundert ein beliebtes Genre innerhalb der Malerei und Druckgraphik wurden.

Das vorgestellte Gemälde zeigt im Brustbild eine kostbar orientalisch bekleidete Dame, die den Blick dem Betrachter zuwendet. Vor ihr steht, wohl auf einem Tisch, eine Tasse Kaffee. Mit zierlicher Gebärde hält sie in der Rechten ein Löffelchen. Das exotische Kleid gehörte zu den beliebtesten Kostümen des 18. Jahrhunderts. Die noble Erscheinung wird durch das prachtvolle Gewand noch gesteigert und läßt eine größtmögliche Präsentation von Eleganz und Reichtum zu. Nicht nur durch die Kleidung, sondern auch durch den Kaffeegenuß, huldigt hier eine Europäerin der Mode der Zeit, zeigt sich dem Neuen gegenüber aufgeschlossen und weltoffen. *MD*
Lit.: Seling (1988); Pape (1987), S. 93ff.

**9/13 (Abb. 840)**
**Albumblatt mit Darstellung einer Kaffeehaus-Szene**
**Album (Türk. muraqq'a) mit zwölf Blättern: Miniatur fol. 9r**
Konstantinopel, Ende 16. Jh.
Malerei und Kalligraphie auf marmoriertem Papier, 41,5 x 27,2 cm
Dublin, Chester Beatty Library (Ms. 439)

**9/14 (Abb. 841)**
**A. Preziosi**
**Stamboul, Souvenir d'Orient**
**Aufgeschlagen: La tasse de café**
Paris, 1861
Farblithographie, 1857
Berlin, SMPK, Kunstbibliothek (Lipp Lb 62)

**9/15 (Abb. 842)**
**Anonym**
**Ein Elefant, der ein maurisches Kastell trägt, vor einer christlichen Festung; Entwurf für ein artilleristisches Feuerwerk**
Nürnberg, 1550
Aquarellierte Federzeichnung, 46 x 123 cm
Nürnberg, Staatsarchiv Nürnberg
(Rst. Nbg. Bildsammlung 36.1)

Im Jahre 1541 besuchte Karl V. auf dem Weg nach Augsburg die Reichsstadt Nürnberg, wo ihm zu Ehren am 17. Februar, zu Beginn der Dunkelheit, ein über zweistündiges Feuerwerk abgehalten wurde: auf der neuen Bastei am Tiergärtnertor waren zwei hölzerne Schlösser aufgebaut worden, deren Türme mit Geschützen besetzt waren. Durch Zündschnüre miteinander verbunden, wurde die gegenseitige Beschießung ausgelöst, die von einem anschließenden Feuerwerk mit über 20.000 Schuß und 3.000 freifliegenden Feuerwerkskörpern bekrönt wurde. Anschließend wurden die Schlösser verbrannt. Das für den Empfang ausgearbeitete Gutachten basierte auf einem früheren von 1539. Damals war der Besuch des Königs Ferdinand vorbereitet worden, der 1540 stattfand. Bei diesem Anlaß wurde das erste Feuerwerk zu Ehren eines Herrschers in Nürnberg abgehalten. Bei einem Besuch Philipps II. von Spanien, der für 1550 geplant war (Philipp II. war auf dem Weg nach Augsburg, wo die Thronfolge Karls V. geregelt werden sollte), wurden die Gutachten von 1541 benutzt. Jedoch sind die Entwürfe der Schlösser anders gehalten. Auch wurde die Halbmondfahne eingeführt. Der Besuch fand jedoch nicht statt, so daß die schon fertig vorbereiteten Feuerwerkskörper deponiert wurden. Zu einem dieser Entwürfe gehört ein feuerwerktragender Elefant. Auf einer vor 1539 entstandenen Zeichnung, die einen ›Schembartsläufer‹ zeigt, ist diesem ein Elefant als ›Hölle‹ beigegeben. Die ›Hölle‹ war eine mit Feuerwerkskörpern gefüllte ›Maschine‹, die zum Abschluß des Schembartslaufes gestürmt wurde, eines zunächst der Metzgerzunft vorbehaltenen Mummenschanzes. 1539 wurde er verboten. Erst gegen Ende des 15. Jahrhunderts beginnt sich eine realistischere Schilderung des Elefanten durchzusetzen. 1482/83 war ein Tier in Köln zu sehen, das vielleicht Schongauer zu seinem Stich angeregt hat. Auch dort ist es ein Kampfelefant. Als Sinnbild der Stärke repräsentiert er auch fremde Erdteile. *RL*

Lit.: Sievernich/Budde (1987), Abb. 4/11.1; RDK IV (1958); Kircher (1955).

*842 (9/15)*

*843 (9/17)*

*844 (9/16)*

**9/16 (Abb. 844)**
**Anonym**
**Mörser beschießen ein türkisches Feuerwerksschloß**
**Entwurf für ein artilleristisches Feuerwerk**
Nürnberg, 1550
Aquarellierte Federzeichnung, 63 x 46 cm
Nürnberg, Staatsarchiv Nürnberg
(Rst. Nbg. Bildsammlung 36.2)

Fünf Mörser, die mit Ornamenten und Masken verziert sind, beschießen eine einfache Festung, die aus vier Ecktürmen und einem Hauptturm besteht. Über diesem weht eine große Halbmondfahne. Die zeltartigen Hauben auf den Burgtürmen zeigt die Ableitung dieses Burgtyps aus den Zeltlagern der Türken: die Zelte der Großwesire hatten ein ähnliches Aussehen. Die Mörser sind kurze, auf einem Wagen beweglich angebrachte, dickwandige Rohre, die ihre Geschosse in große Höhen bringen konnten. *RL*

Lit.: Sievernich/Budde (1987), Abb. 4/11.2.

**9/17 (Abb. 843)**
**Artilleristischer Feuerwerkskampf**
Nürnberg, 1550
Handzeichnung
Aquarellierte Federzeichnung, 46 x 65 cm
Nürnberg, Staatsarchiv Nürnberg
(Rst.Nbg. Bildsammlung 36.3)

Der Entwurf für das zu Ehren des Besuchs von Philipp II. geplante Feuerwerk sah zwei auf

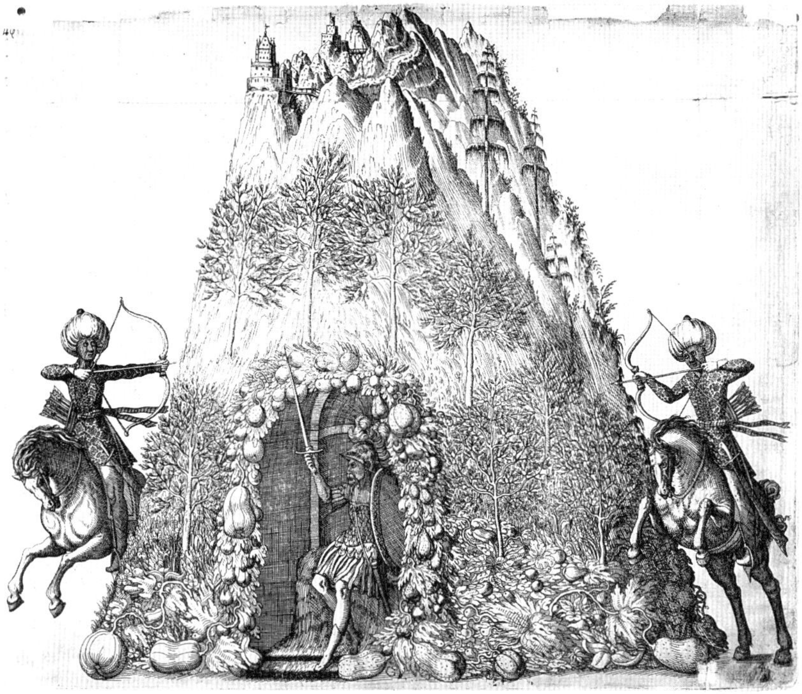

845 (9/19)

846 (9/19)

künstlichen Hügeln erbaute Burgen vor, die auf der neuen Bastei am Tiergärtnertor in Nürnberg errichtet werden sollten. Große, auf den Türmen aufgepflanzte Fahnen kennzeichnen die Burg auf der linken Seite als die der Habsburger (Doppelkopfadler), während die gegenüberliegende Burg allein schon durch die überkuppelten Türme neben der Halbmondfahne als osmanisch charakterisiert ist. Wie beim Feuerwerk, das 1541 zu Ehren Karl V. abgehalten wurde, sollten sich die Schlösser gegenseitig beschießen, bevor das eigentliche Feuerwerk begann, zu dem damals Böller verwendet wurden. Zum Schluß waren 1541 beide Burgen angezündet worden. Da der Besuch Philipp II. ausfiel, wurden die schon vorbereiteten Schlösser und Feuerwerkskörper erst zwanzig Jahre später, im Juni 1570, beim Besuch des Kaisers Maximilian II. benutzt: über 600 Feuerwerkskörper wurden abgebrannt, darunter eine eineinhalb Zentner schwere ›Regenkugel‹. Danach wurde erst das eigentliche Feuerwerk aus 16 Kanonen verschossen. *RL*

Lit: Kircher (1955); Sievernich/Budde (1987), Abb. 4/11.3.

**9/18**
**Entwurf von Ziarnko, gestochen von Meier**
**Das Feuerwerk an der Place Royale**
**am 7. April 1612**
Kupferstich, 24 x 32 cm
Paris, Musée Carnavalet (Topo P. C. 71 A)

**9/19 (Abb. 845, 846)**
**Balthasar Kuchler**
**Repraesantatio Der Fürstlichen Auffzug vnd Ritterspil. So bei des (...) Herrn Johann Friderichen Hertzogen zu Wurttenberg (...) Vnd (...) Frewlin Barbara Sophien geborne Marggranin Zu Brandenburg (...) Hochzeitlich. Ehrnfest den 6 Novemb. A°. 1609. In (...) Stutgarten mit grosser Solennitet gehalten worden (...)**
**Aufgeschlagen: Festdekoration aus dem Zug des Fürst und Markgrafen Christian zu Brandenburg** (Tafel 4)
Schwäbisch Gmünd, 1611
Kupferstich
Berlin, SMPK, Kunstbibliothek (Lipp Sbd 3)

**9/20 (Abb. 847)**
**Stefano della Bella (1610–Florenz–1664)**
**Entrata in Roma dell'Eccel mo Ambasciatore di Pollonia L Anno MDCXXXIII**
**Aufgeschlagen: Einzug der polnischen Gesandtschaft in Rom 1633** (Tafel 1)
Rom, 1633 (?)
Kupferstich
Berlin, SMPK, Kunstbibliothek (Lipp Si 21)

Stefano della Bella war zwischen 1633 und 1639 in Rom, wohin er mit einem Stipendium seines Gönners Lorenzo de'Medici geschickt worden war. Danach hielt er sich bis 1650 in Paris auf, um sich anschließend in Florenz niederzulassen. Seine Vorliebe sind figurenreiche Darstellungen. 1633 kommt in Rom der polnische

*847 (9/20)*

Botschafter Jerzy Ossolínski an, um beim Papst Urban VIII. die Obedienzleistung (Gehorsamsverpflichtung) zu erbringen und strittige Fragen zwischen der Kirche und Polen zu erörtern. Zu den Privilegien, die ein Botschafter im 17. Jahrhundert besaß, gehörte das Recht, als Vertreter seines Fürstens einen prachtvollen Einzug in der Stadt der Mission zu halten. Am 20. November 1633 kam Ossolínsky in Rom an; der feierliche Einzug fand aber erst am 27. November 1633 statt. Ein Troß mit über 300 Mann Begleitung, 20 Maultieren und 10 phantastisch aufgesäumten Kamelen zog an der Porta del Popolo in die Stadt ein. Der Stich zeigt die Spitze des Zuges, der mit einer Legende ›A-F‹ versehen ist. Auf dem linken Pfeiler, an dem ein Medici-Wappen angebracht ist, befindet sich eine Widmung an Lorenzo de'Medici. Der Stich beruht auf einer 27,2 x 173,7 cm großen Zeichnung, die sich im Louvre, Paris, befindet.

*RL*

Lit.: Viatte (1974), Nr. 12; Massar (1971), S. 43ff.; Jobert (1974); Vesme (1971), S. 100–103, Nr. 44–49.

**9/21 (Abb. 848)**
**Ch. Perrault**
**Festiva ad capita annulumque decursio, a rege Ludovico XIV. principibvs, summisque aulae proceribus (...)**
**Aufgeschlagen: Condaes Princeps, Turcarum Imperator** (Seite 59)
Paris, 1670
Kupferstich
Berlin, SMPK, Kunstbibliothek (Lipp Sg 12)

**9/22 (Abb. 249)**
**Moriskentänzer**
Deutschland, 15. Jh.
Bronze, H 25 cm
London, The Trustees of the Victoria & Albert Museum (4262–1857)

**9/23**
**Moriskentänzer**
Vergrößerte Nachschnitzung eines Moriskentänzers von Erasmus Grasser
Anf. 20. Jh.
Holz, H 114 cm
München, Münchner Stadtmuseum

Der Moriskentanz weist in seiner Darbietung einen wildgrotesken, bisweilen derb obszönen Charakter auf. Vermutlich in Spanien entstanden und als stilisierter maurischer Schwertkampf die Auseinandersetzungen zwischen Mohammedanern und Christen symbolisierend, erfuhr der Tanz im 15. Jahrhundert bei seiner Verbreitung in Europa einen Bedeutungswandel. Vor allem in Süddeutschland erfreute sich diese nunmehr zu einer exzentrischen, komödiantisch gewordenen Tanzdarbietung großer Beliebtheit, sei es als Intermezzo bei Tanzfesten oder Fasnachtsumzügen, wobei die ausgelassenen närrischen Hüpfbewegungen kontrastierend zu den von Rotten und Zünften organisiert vorgeführten Gruppentänzen standen.

Ausführende waren sogenannte ›Springer‹, Komödianten aus dem fahrenden Volk zu dem auch Artisten und Gaukler gehörten. Die musikalische Begleitung bildeten Flöte und Trommel. Der schnelle Dreierrythmus wurde durch die geräuschvollen Sprünge der Tänzer, die überdies Schellen am Körper trugen, akzentuiert.

Der Tanz stellte eine groteske Parodie des Liebeswerbens dar. Die Tänzer versuchten hierbei mit den exaltiertesten Sprüngen die

*848 (9/21)*

Gunst eines in ihrer Mitte posierenden Mädchens zu erwerben. Der Gewinner erhielt ein Liebespfand und galt zudem als Größter der Narren.

Zu den bekanntesten Darstellungen des Moriskentanzes gehören die Figuren des bayrischen Holzschnitzers Erasmus Grasser (um 1450–1526). Sein 1480 entstandener ›Münchner Zyklus‹ bestand aus 16 Figuren (von denen zehn erhalten sind), die im Alten Rathaus in München plaziert waren. Grasser verlieh den vornehmlich in Rot und Gold gehaltenen Schnitzereien durch eine in sich gedrehte Körperhaltung eine gewisse Grazie. Auch differenzierte er ausdrucksvoll die einzelnen Temperamente der Tänzer, von Schüchternheit bis zu hemmungsloser Eitelkeit. Die Typisierung der Figuren ist der Bildtradition festgelegter Figuren (Bauer, Hochzeiter, Narr etc.) verbunden. Ein wichtiger Teil der Kostümierung war der phantasievolle, orientalisch anmutende Kopfputz, der einen starken Kontrast zu den verschiedenen einheimischen Standestrachten (vom Bauer bis zum Höfling) bildete. Die Mißachtung der Kleiderordnung war nur zur Fasnachtszeit und den Narren erlaubt, zu denen auch die Moriskentänzer zählten. In Grassers Figuren wird der Bruch zwischen Sein und Erscheinung der Tänzer deutlich, so beispielsweise in der Figur des Hochzeiters: ein bürgerlicher, geckenhaft gekleideter Jüngling, der sich durch sein ältliches, vulgäres Gesicht als eine Person niederen Standes entlarvt – und sich damit in den Augen des Publikums lächerlich macht.

Grassers Figuren finden ihre Entsprechung in den Reliefs vom ›Goldenen Dachl‹ in Innsbruck, um 1500 von Niklas Türing geschaffen, und in den Kupferstichen des Israhel von Meckenem. *CZ*

Lit.: Müller-Meiningen (1984).

**9/24 (Abb. 252)**
**Israhel von Meckenem**
**(1430 oder 1445–1503 Bocholt)**
**Moriskentanz**
Monogr.: .I. M .
Um 1460
Kupferstich, Dm. 17,3 cm (Blatt)
Berlin, SMPK, Kupferstichkabinett (183–1881)

Israhel van Meckenem war nach der Lehre bei seinem gleichnamigen Vater als Goldschmied und Kupferstecher in der Werkstatt des Meisters E. S. tätig. Nach des Meisters Tod 1468 übernahm er dessen umfangreiches Plattenmaterial. Meckenems graphisches Werk umfaßt etwa 600 Blätter, die vorwiegend Variationen und Kopien nach anderen Meistern mit großen Namen waren, darunter Schongauer, Holbein d. Ä., dem Hausbuchmeister, Albrecht Dürer. Er versah eine große Anzahl der älteren Kupferstiche mit seinem Namen. Die Kopien verleihen jedoch in ihrer klaren, fast nüchternen Sachlichkeit der Darstellung eine eigene Note. Geschäftstüchtig schuf er sich nach Vorlagen aus den verschiedensten Kunstkreisen Bildkompositionen, die dem damaligen Geschmack entgegenkamen und infolgedessen reißenden Absatz fanden. In seinen ornamentalen Vorlageblättern ist Meckenem zu höchst eigenständigen Leistungen gelangt, die reiches, phantasievolles, dekoratives Formenrepertoire zeigen. Zudem sind seine Stiche von technischer Brillianz geprägt und besitzen eine starke Tiefen- und Schattenwirkung. Seine profanen Themen, zu denen neben Darstellungen des Alltags auch die des Moriskentanzes (vgl. 9/23) gehören, zeichnen sich durch Lebendigkeit und Humor aus. *CZ*

Lit.: Winter (1972).

**9/26 (Abb. 849)**
**Jean Barbault (1718–1762)**
**Der persische Gesandte**
Rom, 1748?
Leinwand, 63 x 44 cm
Beauvais, Musée départemental de l'Oise
(73.74)

Jean Barbault gehörte zu den Stipendiaten der Französischen Akademie in Rom, die den berühmten Maskenzug *La Caravane Sultan à la Mecque* während des römischen Karnevals im Jahr 1748 gestaltet haben. Er selbst hatte die Rolle des ›Porte-Enseigne‹ übernommen. Sein Gemälde des *Persischen Gesandten* stellt den Architekten Nicolas-Henri Jardin (1728–1799) in einem der Kostüme dar, die von den Akademieschülern entworfen worden waren. Die Zeichnung, die Joseph-Marie Vien von ihm gemacht hat (9/34), gibt eine genaue Vorstellung von der Eigenart des Kostüms. Barbault dagegen opferte die Detailtreue einer dramatischen Inszenierung von Modell und Robe. Seine Figur des *Gesandten* hebt sich kaum wahrnehmbar

849 (9/26)

von einem diffusen tiefblau-umbrafarbenen Hintergrund ab. Als sei sie nahe an eine Bühnenrampe getreten, leuchten nur die stark hervortretenden Teile der Figur hell farbig auf und geben ihr so eine statuenartige Plastizität. Obgleich mit mathematischer Genauigkeit in die Bildmitte gesetzt – vertikale und horizontale Achse bilden eine starre Kreuzform –, hat sie Spannung und Bewegung, vor allem durch reiche Farb- und Hell-Dunkelkontraste. Das Bild vermittelt ein Darstellungsmoment zwischen Realität und Fiktion, ein unbestimmtes Gleiten von der Wiedergabe einer Kostümfigur zur Darstellung eines Helden aus einem Mantel- und Degenstück. *GK*

Lit.: Barbault (1974), D'huart/Tazi (1980).

## Joseph-Marie Vien

Joseph-Marie Vien schuf anläßlich des berühmten Maskenzuges »*La caravane du Sultan à la Mecque*«, der von der Französichen Akademie während des römischen Karnevals im Jahr 1748 veranstaltet worden war, eine Serie von Zeichnungen und Ölskizzen. Seinen Memoiren zufolge war Vien als Pensionär der Akademie der Initiator des Umzugs. Er hatte das Thema vorgeschlagen und die Vorbereitungen organisiert. Die Akademieschüler übernahmen selbst nach Los die einzelnen Rollen in der Maskarade. Nach den Vorstellungen der Künstler konnten die Kostüme und der Umzugswagen aus kostbarem Material und in aller orientalischen Pracht gestaltet werden, da das Unternehmen von der ›Direction des Bâtiments du Roy‹ unterstützt wurde. Das Thema entsprach der damaligen Türkenmode und dem Exotismus, die in der ersten Hälfte des 18. Jahrhunderts eine geradezu unerschöpfliche Quelle für Kunst und Literatur, speziell in Frankreich, waren. Auch der große Förderer Viens, der Graf Anne-Claude-Philippe Caylus schrieb *Orientalische Erzählungen*. Freundschaftliche Beziehungen zwischen Frankreich und der Hohen Pforte bestanden seit den Türkenkriegen des 16. Jahrhunderts. Neben der diplomatischen Tradition war es aber auch ein neues Interesse an der physischen und moralischen Natur des Menschen und einer damit verbundenen Gesellschaftskritik, das die Türkei ähnlich wie China zu einem Phantasie- und Studienobjekt machte. Sie galt als ein Land hoher Kultur, in der Menschen luxuriös, sinnenfreudig und dennoch naturgemäß lebten. Über die Organisation und die Sitten der türkischen Gesellschaft war man durch Milieuschilderungen und historische Werke gut informiert. Viens Erinnerungen zufolge haben die Akademieschüler große Mühe aufgewendet, um die Kostüme realitätsgetreu zu gestalten. Im einzelnen haben sie sich vermutlich an Stichwerken orientiert, die in Rom vorhanden waren. So ist es durchaus wahrscheinlich, daß sie als Inspirationsquelle Ferriols Kostümbuch *Recueil de cent Estampes* (Paris 1714) benutzt haben (9/79). Jedenfalls kommen die Kostüme, Attribute und die Titel der Figuren, wie sie während der »*mascarade à la turque*« präsentiert wurden, den Stichen dieses Bandes sehr nahe. Es war nicht der erste Umzug dieser Art, den die Französische Akademie zum römischen Karneval veranstaltet hat. Beispielsweise hat es im Jahr 1735 eine chinesische Maskerade gegeben. Allerdings sind die früheren Festzüge nicht so gut rekonstruierbar. Von der *Karawane des Sultans nach Mekka* gibt es dagegen mehrere Serien von Zeichnungen verschiedener Künstler. Sie haben ihre kostümierten Studienkollegen aus unterschiedlichen Blickwinkeln gezeichnet. Die schönste und auch vollständigste der überlieferten Serien stammt von Vien. Es sind 23 Zeichnungen und 29 Kupferstiche von Kostümfiguren, dazu drei Kopfstudien in Öl auf Pa-

*850 (9/28)*

pier, außerdem eine Platte für ein Widmungsblatt an den Akademiedirektor und eine Platte mit einer Abbildung des Umzugswagens. Seine Zeichnungen sind der Ausdruck eines neuen Realismus, zu dem er während seines Romaufenthaltes als Stipendiat der Académie de France zwischen 1744 und 1750 gefunden hatte, nicht zuletzt durch Studien am lebenden Modell und nach der Natur.

Die *Karawane des Sultans nach Mekka* hatte einen überwältigenden Erfolg bei der römischen Bevölkerung, beim hohen Klerus, bei Diplomatie und Adel. Zahlreiche schriftliche Überlieferungen dokumentieren den Jubel in Rom während des Umzugs, aber auch den nachhaltigen Eindruck, den die Maskerade der französischen Akademieschüler in ganz Italien hinterlassen hatte. Noch 1776 inszenierte z. B. der König von Neapel ein ähnliches Schauspiel (9/41), in dem er selbst die Hauptrolle übernahm.

Gleichzeitig mit den Zeichnungen entstanden drei Kopfstudien von ›Sultaninnen‹ – zwei sind hier zu sehen –, die mit ihrem Haremsgefolge einen der Höhepunkte des Festzuges darstellten. Kunstvoll gewundene Turbane aus kostbaren Stoffen, geschmückt mit exotischen Federn, mit Juwelen und ornamental verschlungenen Perlenschnüren umrahmen die jugendlichen Gesichter der Künstler. Die *Sultane reine* (9/28) wird von dem Maler Louis Le Lorrain (1715–1759) gespielt, die *Sultane noire* (9/27) von dem Architekten Jean Moreau (1741–1814). Die Bildnisse der Stipendiaten zeigen feminine Weichheit und einen hoheitsvollen, herablassenden Blick, wie es ihrer Rolle zukam. Viens Porträtkunst führt uns ein Schauspiel vor, ohne den porträtierten Personen ihre natürliche Eigenart zu nehmen. Sie verkörpern ein Bild türkischer Kultur, wie es dem sympathisierenden Interesse an diesem Land entsprach. Durch ihre distanzierte Haltung und ihre zugleich verführerische sinnliche Schönheit entsprechen die ›Sultaninnen‹ den Vorstellungen von einer stolzen, hochsinnigen und gleichzeitig effeminierten Sinnlichkeit, sinnenfreudig und luxuriös. *GK*

Lit.: Gaethgens (1974; 1988), Orient Réel (1982), Huart/Tarzi (1980).

**9/25 (Abb. 857)**
**Joseph-Marie Vien**
**La Sultane grecque**
Modell ist der Maler Louis-Simon Tiersonnier (1713 oder 1718–1773)
Rom, 1748
Schwarze und weiße Kreide auf grauem Papier, 32,5 x 45,5 cm
Paris, Musée du Petit Palais (D.Dut. 1089)

**9/27 (Abb. 851)**
**Joseph-Marie Vien**
**La Sultane noire**
Modell ist der Architekt Jean Moreau (1741–1814)
Rom, 1748
Papier, 26 x 20 cm
Paris, Musée du Petit Palais (P.Dut. 1094)

**9/28 (Abb. 850)**
**Joseph-Marie Vien**
**La Sultane reine**
Modell ist der Maler Louis Le Lorrain (1715–1759)
Rom, 1748
Papier, 29,5 x 22,5 cm
Paris, Musée du Petit Palais (P.Dut. 1095)

**9/29 (Abb. 853)**
**Joseph-Marie Vien**
**Le Grand Visir**
Modell ist Michel-Ange Challes (1718–1778)
Rom, 1748
Schwarze und weiße Kreide auf grau-blauem Papier, 47,5 x 29 cm
Paris, Musée du Petit Palais (D.Dut. 1073)

**9/30 (Abb. 858)**
**Joseph-Marie Vien**
**Porte-Enseigne**
Modell ist der Maler Jean Barbault (1718–1762)
Rom, 1748
Schwarze und weiße Kreide auf grau-blauem
Paier, 47 x 32 cm
Paris, Musée du Petit Palais (D.Dut. 1071)

**9/31 (Abb. 854)**
**Joseph-Marie Vien**
**Eunuque blanc**
Modell ist der Maler Agostino Brunias
(gest. nach 1810), Rom, 1748
Schwarze und weiße Kreide auf grau-blauem
Papier, 42,5 x 28 cm
Paris, Musée du Petit Palais (D.Dut. 1086)

**9/32 (Abb. 852)**
**Joseph-Marie Vien**
**La Sultane reine**
Modell ist der Maler Louis Le Lorrain
(1715–1759),
Rom, 1748
Schwarze und weiße Kreide auf grau-blauem
Papier, 49,5 x 32 cm
Paris, Musée du Petit Palais (D.Dut. 1091)

**9/33 (Abb. 859)**
**Joseph-Marie Vien**
**Aga des Janissaires**
Modell ist der Bildhauer Nicolas-François
Gillet (1709–1791)
Rom, 1748
Schwarze und weiße Kreide auf grauem
Papier, 49,5 x 32,1 cm
Paris, Musée du Petit Palais (D.Dut. 1070)

**9/34 (Abb. 855)**
**Joseph-Marie Vien**
**Ambassadeur de la Perse**
Modell ist der Architekt Nicolas-Henri Jardin
(1728–1799)
Rom, 1748
Schwarze und weiße Kreide auf grauem
Papier, 47 x 32 cm
Paris, Musée du Petit Palais (D.Dut.1083)

**9/35 (Abb. 856)**
**Joseph-Marie Vien**
**La Sultane blanche**
(Modell unbekannt)
Rom, 1748
Schwarze und weiße Kreide auf grauem
Papier, 44,5 x 30 cm
Paris, Musée du Petit Palais (D.Dut. 1088)

**9/36 (Abb. 860)**
**Joseph-Marie Vien**
**Prestre de la Loy**
Modell ist der Maler Clément
Rom, 1748
Schwarze und weiße Kreide auf grauem
Papier, 47,5 x 32 cm
Paris, Musée du Petit Palais (D.Dut. 1076)

*851 (9/27)*

852 (9/32)

853 (9/29)

854 (9/31)

855 (9/34)

856 (9/35)

857 (9/25)

858 (9/30)

859 (9/33)

*860 (9/36)*

**9/37** (Abb. 263, 264)
**Madschmu'a-i musiqi**
**Aufgeschlagen: Drei Musikanten in einem Pavillon** (fol. 84)
Handschrift
Berlin, Staatsbibliothek Preußischer Kulturbesitz (Ms. or. fol. 3370)

**9/38**
**D'Antoine Houdar de la Motte**
**Scanderberg, Tragödie**
**Aufführung der l'Académie royale de musique am 27. Oktober 1735**
**Aufgeschlagen: Mademoiselle Vestris, Turquesse**
Kostümzeichnung der Louis Boquet Schule
Feder, aquarelliert, 23,5 x 15 cm
Paris, Bibliothèque Nationale, Bibliothèque et Musée de l'Opera (Rés. 216/VI. (pl. 93))

**9/39**
**Pierre-Luc-Charles Cicéri**
**(Saint-Cloud 1782–1868 Saint Chéron)**
**Galérie de palais exotique ornée de plantes**
Entwurf eines Bühnenbildes für die Oper ›Aladin ou La Lampe merveilleuses‹ von Charles Guillaume Etienne
Paris, 1822
Aquarell, 37,5 x 52,5 cm
Paris, Bibliothèque Nationale, Bibliothèque et Musée de l'Opéra (Esq. Ciceri 1)

**9/40**
**Charles-Simon Favart**
**Les Trois Sultanes, Komödie**
**Uraufführung durch die Comédiens Italiens am 9. April 1761**
**Aufgeschlagen: Madame Favart**
Bez. und dat.: Boquet J, D, 1760
Aquarell von Nicolas Boquet
Paris, Bibliothèque Nationale, Bibliothèque et Musée de l'Opéra (Mus. 270)

**9/41** (Abb. 861)
**Raphael Morghen**
**Celebre Mascherata fatta nella splendidissima citta di Napoli (...) nel Carnovalo dell'anno 1778 (...) rappresentante (...) il viaggio de Gran Signore alla Mecca**
**Aufgeschlagen: Ottaua Divisione** (Tafel R 9)
Neapel, 1778
Berlin, SMPK, Kunstbibliothek (Lipp Si 52)

**9/42**
**Wolfgang Amadeus Mozart**
**(Salzburg 1756–1791 Wien)**
**L'Oca del Cairo (Die Gans von Kairo)**
**Dramma giocoso in zwei Akten. KV 422**
**Textbuch des ersten Aktes, geschrieben von Giovanni Battista Varesco mit eigenhändigen Eintragungen Mozarts**
Berlin, Staatsbibliothek Preußischer Kulturbesitz, Musikabteilung
(Mus. ms. autogr. W. A. Mozart 422)

Nach dem Erfolg der ›Entführung‹ war Mozart bemüht, sich dem Wiener Publikum auch mit einer italienischen Oper vorzustellen. Nachdem er vom Grafen Orsini-Rosenberg, dem kaiserlichen ›General-Spektakel-Direktor‹, wegen einer ›welschen Opera‹ angesprochen worden war, entschied er sich nach langen, vergeblichen Bemühungen um ein geeignetes Opernbuch schließlich zu einer erneuten Zusammenarbeit mit dem Salzburger Hofkaplan Giovanni Battista Varesco (ca. 1736–1805). Der hatte schon den Text für den *Idomeneo* geschrieben und schlug nun eine Buffa-Oper vor: *L'oca del Cairo*. Mozart weilte im Sommer 1783 in seiner Vaterstadt, und während dieser Zeit dürfte die Textniederschrift des ersten Akts entstanden sein. In Wien hat er dann im Herbst mit der Komposition angefangen; dabei sind ihm allerdings zunehmend Zweifel an der theatergerechten Qualität des Stücks, der Dramaturgie und der Verse gekommen. Im Dezember bittet er den Vater, den Librettisten zu weitgehenden Änderungen des Textes zu bewegen – der aber führt sie nicht aus. Die Oper bleibt Fragment: der erste Akt liegt weitgehend fertig vor; die einzelnen Nummern sind in den Singstimmen und im Instrumentalbaß notiert, und zwar so sorgfältig, daß es zur Ausfüllung der in der Partitur-Notation leer gebliebenen Liniensysteme für die Orchesterstimmen nur noch weniger Tage bedurft hätte.

Der Inhalt des Werks entspricht den Topi der damaligen italienischen komischen Oper. Ein Vater hat als Schwiegersohn einen Bewerber ausgesucht, den die in einem Turm gefangen gehaltene Tochter aber ablehnt. Der Vater fühlt sich seiner Sache so sicher, daß er dem von der Tochter favorisierten Manne die Heirat verspricht, wenn es ihm gelingen sollte, in den Turm einzudringen – und ihm gelingt es tatsächlich: mit Hilfe einer großen künstlichen Gans, in der er sich versteckt und die vom nichts ahnenden Vater selbst der Tochter vorgeführt wird.

Das künstliche Tier wird von einer Mitspielerin gelenkt, die in arabischem Kleid auftritt und vorgibt, die Gans stamme aus Kairo. Kostüm und Herkunftsbezeichnung stehen für Exotisches, Fremdländisches schlechthin, und sind von keinem genau definierten ägyptischen Kolorit. Eine sprechende Gans – das gab es nach damaligem Verständnis nur im Orient, so z.B. im Lande am Nil. Das Textbuch des ersten Akts

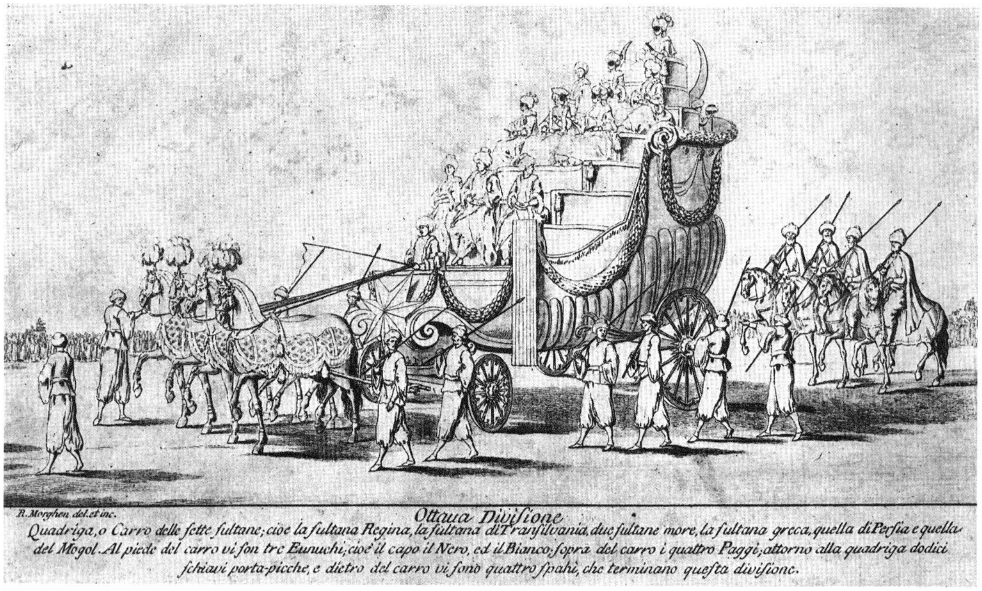


*861 (9/41)*

in der Handschrift Varescos ist erhalten: ein Libretto zum zweiten Akt wurde wohl nie fertiggestellt. Die auf dem Titelblatt notierten Zahleneintragungen stammen von Mozart selbst; wahrscheinlich betreffen sie *»kleine Ausgaben für Haushaltsgegenstände«*, wie von fremder Hand mit roter Tinte vermerkt ist. *HGK*

**9/43 (Abb. 862)**
**Wolfgang Amadeus Mozart**
**(Salzburg 1756–1791 Wien)**
**Thamos, König in Ägypten**
**Aufgeschlagen: Beginn der Musik nach dem ersten Akt** (Seite 95)
Chöre und Zwischenakte zu dem Drama von Tobias Philipp Freiherr von Gebler (1726–1786) (KV 345 [336 a]),
Partitur, Autograph
Berlin, Staatsbibliothek Preußischer Kulturbesitz, Musikabteilung
(Mus.ms.autogr. W. A. Mozart 345)

Das heroische Drama *Thamos, König in Ägypten* des Staatsrats und Vizekanzlers der böhmischen Hofkanzlei Tobias Philipp Freiherrn von Gebler (1726–1786) erschien 1773 im Druck. Der Dichter hatte die Komposition der Chorszenen einem gewissen Tobias Sattler zugedacht, war dann aber mit den gelieferten Stücken nicht zufrieden und bestellte eine neue Musik bei Mozart. Am 13. Dezember 1773 schrieb Gebler an Friedrich Nicolai nach Berlin wegen einer dortigen Aufführung, rühmte dabei die Stücke von Mozart und legte auch deren Noten bei. Ob dann allerdings bei der Aufführung am 1. Oktober 1786 in dem alten Theater an der Behrenstraße in Berlin auch Mozarts Musik gespielt wurde, ist nicht bekannt. Mozart hatte sich erneut seiner Komposition angenommen, als 1779/80 die Böhmische Schauspieltruppe in Salzburg gastierte und den *Thamos* aufführte. Er hat die einzelnen Stücke umgearbeitet, sofern er überhaupt nicht jetzt erst einzelne Nummern komponiert hat – die genauen Entstehungsdaten sind nicht für alle Teile der Schauspielmusik bekannt.

Die Handlung stellt eine Palastrevolte im alten Ägypten dar: Pheron, der Vertraute des Königs Thamos, will diesen vom Thron stürzen und wird dabei unterstützt von Mirza, der Priesterin der Sonnenjungfrauen. Der Anschlag aber mißlingt. Eigentliche Hauptperson ist Thamos' Vater, Menes, der selbst gestürzt worden war, aber überlebt hat und nun unter falschem Namen als Priester die Geschicke aus dem Hintergrund wesentlich beeinflußt – eine Art Präfiguration der Sarastro-Figur aus der *Zauberflöte*. Freimaurerische Gedanken sind auch im Drama Geblers von Bedeutung; sie sind aus der Vorlage übernommen, aus dem aufklärerischem Bildungsroman *Séthos* von Jean Terrasson (1731), auf dem auch Wielands *Dschinnistan*-Märchen beruhten, die für den Text der *Zauberflöte* wichtig werden sollten.

Die in der autographen Partitur überlieferte Musik Mozarts besteht aus drei Chören und vier instrumentalen Zwischenaktmusiken. Eine ursprünglich für den Schluß des Dramas komponierte Musik zu Pherons Gotteslästerung und Sturz war 1779 durch den dritten Chor ersetzt worden. Auf dem unteren Rand der Partitur zur ersten Überleitungsmusik hat Vater Leopold einen entsprechenden Hinweis auf die Handlung notiert: *»Der Erste Aufzug schließt mit dem genommen(en) Entschluß zwischen Pheron und Mirza, den Pheron auf den Thron zu setz(en)«*. Die Komposition beginnt mit drei Maestoso-Akkorden, die entfernt an die berühmten *Zauberflöten*-Akkorde erinnern. Das nachfolgende Allegro ist ein regelrechter Sinfonie-Satz in c-moll. *HGK*

**9/44 (Abb. 403)**
**Scharaf ad-Din Yazdi**
**Zafarnameh**
**Aufgeschlagen: Die Gefangennahme Bayazids I. durch Timur nach der Schlacht bei Ankara**
(fol. 269v)
Persische Übersetzung
Moghul, um 1600
Illuminierte Handschrift
London, The British Library, Oriental Collections (Or 1052)

Die Szene illustriert eine der Katastrophen des Osmanischen Reiches. Timur (1336–1405) hatte die Osmanen im Jahre 1402 bei Ankara geschlagen und Sultan Bayezid gefangen genommen, der in der Gefangenschaft verstarb. Timur galt einst als der ›Schrecken der Welt‹ und als die ›Geißel der Türken‹. In der Renaissance stand die historischen Gestalt Timurs, dessen Name zu Tamerlan umgebildet wurde, für den Drang, das Unerreichbare zu realisieren. Mit der Uraufführung von *Tamburlaine the Great*, einem Theaterstück des englischen Dramatikers Christopher Marlowe (1563–1593), hielt das beliebte Thema Einzug in die darstellende Kunst und auch in den folgenden Jahrhunderten ließ das Interesse für den mächtigen Tamerlan nicht nach. Eine neue Aktualität bekam das historische Ereignis der Gefangennahme des Sultans im 17. Jahrhundert, als das türkische Heer zum zweiten großen Vormarsch gegen Mitteleuropa antrat. Die Erniedrigung des Erbfeindes der westlichen Länder, der die Christenheit bedrohte, wurde in der bildenden Kunst zu einem beliebten Thema. *KS*
Lit.: DUVERGER (1984), S. 107ff.

**9/45 (Abb. 863)**
**Wolfgang Amadeus Mozart**
**(Salzburg 1756–1791 Wien)**
**Die Zauberflöte**
**Deutsche Oper in zwei Akten. KV 620**
**Clavier Auszug von Mozarts Zauberfloete. Fürs Clavier eingerichtet von Friedrich Eunike**
Bonn, 1793
Berlin, Staatsbibliothek Preußischer Kulturbesitz, Musikabteilung (N. Mus. 4400)

Mozart hatte Emanuel Schikaneder (1748–1812) schon in Salzburg kennengelernt, als der Prinzipal mit seiner wandernden Schauspieltruppe dort gastierte. Im Jahre 1789 kam Schikaneder nach Wien und übernahm die Direktion des Freihaus-Theaters in der Vorstadt Wieden, wo er Singspiele und deutsche Opern aufführte. Mozart besuchte diese Aufführungen und wurde hier auch mit den Märchenstücken nach Wielands *Dschinnistan* vertraut, die Schikaneder auf seine Bühne brachte. Den Erfolg einer solchen Zauberoper, Paul Wranitzkys *Oberon*, erlebte Mozart nicht nur in Schikaneders Theater, sondern auch in Frankfurt, wo er im Herbst 1790 zur Kaiserkrönung Leopolds II. weilte. Die Einzelheiten über die Entstehung der »Zauberflöte« sind nicht bekannt. Wahrscheinlich einigten sich Schikaneder und Mozart schon im Frühjahr 1790 auf dieses gemeinsame Projekt, und wahrscheinlich bildete Wranitzkys Oper den Ausgangspunkt für die eigenen Überlegungen. Sicher hat am Textbuch auch der Schauspieler Karl Ludwig Giesecke (1761–1833) mitgewirkt, der das Libretto zum Oberon Wranitzkys geschrieben hatte und als Freimaurer derselben Loge angehörte, der auch Mozart beigetreten war. Mozart komponierte die *Zauberflöte* im wesentlichen in den Monaten März bis Juli 1791. Die Uraufführung am 30. September 1791 – Mozart dirigierte selbst – war nur ein mäßiger Erfolg, der sich allerdings mit jeder Wiederholung steigerte.

Für die einzelnen Elemente der Handlung haben verschiedene Werke als Quelle gedient, nicht nur Wielands *Oberon*-Märchen sondern auch dessen Erzählung *Lulu* oder *Die Zauberflöte* aus dem letzten Band der *Dschinnistan*-Sammlung. Der *Séthos*-Roman von Jean Terrasson war 1777/78 in einer neuen Übersetzung von Matthias Claudius erschienen: aus ihm sind einzelne Stellen wortgetreu in den Text übernommen worden. Außerdem haben die Autoren Geblers Drama *Thamos, König in Ägypten* benutzt, ebenso den Aufsatz *Über die Mysterien der Ägypter* von Ignaz von Born: der war ein prominenter Freimaurer in Wien und auch nach seinem Austritt aus dem Orden eine hoch angesehene Persönlichkeit.

Die freimaurerische Welt der *Zauberflöte* changiert ins Ägyptische. Der Ort der Handlung ist im Libretto zwar nicht angegeben, doch enthält der Text eindeutige Hinweise. So verehren die Priester die ägyptischen Gottheiten Isis und Osiris, und dem entsprechen auch die Szenen-Hinweise: das zweite Bild des ersten Akts spielt in einem ›prächtigen ägyptischen Zimmer‹, und die Priester stimmen ihren berühmten Chor an Isis und Osiris in einem ›Gewölbe von Pyramiden‹ an. Orientalisches ist auch sonst allenthalben spürbar: Monostatos ist ein Mohr, und der Name Sarastro stellt eine andere Form von Zoroaster (Zarathustra) dar, dem altpersischen Religionsstifter. Mittelbar scheint seine Lehre vom Dualismus des Bösen und des Guten auch die Charakterzeichnung der beiden Gegenspieler (Königin der Nacht – Sarastro) beeinflußt zu haben. *HGK*

**9/46**
**Wolfgang Amadeus Mozart**
**(Salzburg 1756–1791 Wien)**
**Die Entführung aus dem Serail**
Komisches Singspiel in drei Akten (KV 384)
Klavierauszug mit deutschem und französischem Text
Bonn, Simrock 1799
Berlin, Staatsbibliothek Preußischer Kulturbesitz, Musikabteilung (N. Mus. 4339)

Als Mozart im April 1781 den Wiener Theater-Inspizienten Johann Gottlob Stephanie (1741–1800) wegen des Textes seiner noch unvollendeten Oper *Zaide* ansprach, hat der ihn davon überzeugt, das halbfertige Stück liegenzulassen und einen besseren Text zu komponieren, den er ihm liefern wollte, zumal Mozart auch den Auftrag erhielt, für das ›National-Singspiel‹ des Kaisers ein neues Singspiel zu schreiben. Stephanie blieb bei dem Sujet der *Zaide* und wählte als Vorlage die gerade als Textbuch gedruckte›Operette‹ von Christoph Friedrich Bretzner *Bellmont und Constanze, oder: die Entführung aus dem Serail*. Daß dieser Text schon von dem Singspiel-Komponisten Johann Anton André vertont worden war, schien die beiden Autoren nicht zu stören, ebensowenig die Konkurrenz zu Gluck, dessen Singspiel *Die unvermutete Zusammenkunft, oder: Die Pilgrime von Mekka* in Wien außerordentlich beliebt war: schon die französischsprachige Urfassung *La Rencontre imprévue*, 1764 in Wien uraufgeführt, war ein großer Erfolg gewesen; und die neue deutsche Fassung, seit 1780 im Spielplan, fand ebenfalls nachhaltigen Beifall.

Stoff und Handlung gehen auf das französische mittelalterliche Märchen von *Flos und Blancflos* zurück, das auch Boccaccio in seinen *Decamerone* aufgenommen hat. Als unmittelbares Vorbild diente Bretzner eine Oper von Joseph Schuster (*La schiava liberata*, Dresden 1777). Wie auch die Textgeschichte von Mozarts *Zaide* zeigt, handelt es sich hier um ein auf dem damaligen Theater allgegenwärtiges Sujet.

In seinen Briefen an den Vater hat Mozart mehrfach davon berichtet, was ihm besonders am Herzen lag und für den erwünschten Erfolg wichtig schien: die Verwendung sog. ›türkischer Musik‹. Darunter verstand man damals die Kombination verschiedener Schlagzeuginstrumente: große Trommel (Tamburo turco), Becken (Piatti) und Triangel – als Beethoven diese Kombination auch im Finale seiner 9. Sinfonie vorschrieb, dürfte ihre spezifische Bedeutung noch lebendig gewesen sein. Zusammen mit diesen Schlagzeuginstrumenten wird auch die Piccolo-Flöte eingesetzt, um einen ›türkischen Charakter‹ zu erzielen. Aber auch in der Musik selbst bedient sich Mozart entsprechender exotischer Elemente, die als eine ›orientalische Farbe‹ empfunden wurden: der rasche Dur-Moll-Wechsel, leiterfremde Töne (z. B. der Ton fis im C-Dur des Janitscharen-Chors Nr. 5) und Stimmführungen im unisono, wobei einzelne Stimmen gelegentlich auch mit Nebentönen umspielt werden (Imitation der Heterophonie). Die Uraufführung am 16. Juli 1782 wurde zu einem großen Erfolg für den Komponisten. Das Werk setzte sich auch außerhalb Wiens rasch durch und beeindruckte Goethe so stark, daß er seine eigenen Versuche mit Singspieltexten aufgab; denn, so seine eigenen Worte, *»Mozarts ›Entführung‹ schlug alles nieder«*.

*HGK*

**9/47**
**Wolfgang Amadeus Mozart**
**(Salzburg 1756–1791 Wien)**
**Zaide**
Oper in zwei Akten, Fragment (KV 344 [336 b])
Klavierauszug, Offenbach am Main, André 1838. Erstausgabe
Berlin, Staatsbibliothek Preußischer Kulturbesitz, Musikabteilung (N. Mus. 848)

Die sog. ›Türkenoper‹ war in der zweiten Hälfte des 18. Jahrhunderts ein überaus beliebtes Genre: zwischen Stockholm und Lissabon sind in diesem Zeitraum allein mehr als 25 verschiedene Werke über den Sultan Süleyman II. (Soliman) aufgeführt worden. Unter ihnen ist der 1753 in Dresden produzierte *Solimano* von Johann Adolf Hasse, vielleicht das bedeutendste Stück; in ihm wird das speziell türkische Element durch ein eigenes ›Janitscharen-Orchester‹ auf der Bühne betont.

Mozart beschäftigte sich mit dieser Gattung erstmals im Jahre 1779. Der Salzburger Trompeter Johann Andreas Schachtner (1731–1795) hatte ein Singspiel-Libretto verfaßt, als dessen Vorlage ihm wahrscheinlich ein 1779 in Bozen im Druck erschienenes Textbuch diente, in dem der Passauer Kapellmeister Joseph von Friebert als Komponist genannt ist: *Das Serail, oder: Die unvermittelte* (unvermutete) *Zusammenkunft in der Sklaverei zwischen Vater, Tochter und Sohn*. Dieser Text beruht auf einem Stück von Franz Joseph Sebastiani, dem Prinzipal einer Wandertruppe, der es spätestens seit 1765 in seinem Repertoire hatte und mit ihm durch die oberösterreichischen Lande zog. Mozart begann mit der Vertonung 1779 für die Böhmische Schauspielgruppe, die 1779/80 in Salzburg gastierte. Allerdings dachte er an eine Aufführung in Wien – auch dies war einer seiner mehr oder minder verzweifelten Versuche, außerhalb des verhaßten Salzburg Fuß zu fassen. Doch hat Mozart die Partitur nicht zu Ende geführt: im November 1970 reiste er zur Einstudierung seines *Idomeneo* nach München, dann starb die Kaiserin in Wien, und das Fragment blieb liegen. Als er 1781 in Wien seine Oper vollenden wollte, mußte er feststellen, daß sie für den dortigen Geschmack zu ernsthaft war. Gedruckt wurde die Oper, die im Text Schachtners wahrscheinlich *Das Serail* hieß, erst lange nach Mozarts Tod: Partitur und Klavierauszug erschienen unter dem Titel *Zaide* im Jahre 1838.

Die Handlung ist in ihren Grundzügen ähnlich der in Mozarts späterer Oper *Die Entführung aus dem Serail*. Hier heißt die Hauptfigur allerdings Soliman, die auch – dem Topos des Sujets entsprechend – als überaus streng gezeichnet wird. Mozart hat den Text bis zum Höhepunkt des zweiten Akts komponiert, auf dem der Sultan, nach der gescheiterten Flucht der Christen, das Todesurteil spricht. Da das Textbuch Schachtners verschollen ist, läßt sich nichts Definitives über den Schluß der Oper sagen: ob der Sultan sich nun als großherzig

862 (9/43)

erweist und seine Gefangenen in ihre Heimat entläßt oder den Befehl zur Vollstreckung des Urteils gibt. Die erste Lösung des Konflikts entspräche allerdings der Tradition der sog. ›Großmutsstücke‹, die auf Voltaires *Traité de la Tolerance* von 1763 basieren, und erscheint hier auch wahrscheinlich, da die Handlung in der Vorlage Schachtners ebenfalls glücklich endet – dort sind dem Sultan die belehrenden Schlußworte in dem Mund gelegt, daß *»nicht nur Europa, sondern auch Asien tugendhafte Seelen erzeugen kann.«* HGK

863 (9/45)

**9/48**
**Wolfgang Amadeus Mozart**
**(Salzburg 1756–1791 Wien)**
**Trois Duos pour deux Violons**
Herausgegeben durch N. Simrock,
Bonn, um 1800
Aufgeschlagen vom 1. Bündel Deckblatt, vom 2. Bündel letzte Seite
Privatbesitz

**9/49**
**Schellenbaum, mit Pferdeschwänzen**
Um 1800
Messing, Holz, H 193 cm, größter Dm 40 cm
München, Musikinstrumentenmuseum im Münchner Stadtmuseum (61–105)

**9/50**
**Schellenbaum**
Norddeutsche oder sächsische Arbeit (?), um 1850
Messing, Holz, H 225 cm, Breite 62,5 cm
München, Musikinstrumentenmuseum im Münchner Stadtmuseum (88–5)

**9/51**
**Schellenbaum**
Um 1800
Messing, Holz, H 140 cm (mit Stange)
München, Musikinstrumentenmuseum im Münchner Stadtmuseum (43–181)

**9/52 (Abb. 864)**
**Preistabelle der musikalischen Instrumente aus der eigenen Fabrik von B. Schott Söhne, Großherzoglich Hessische Hofmusikhandlung in Mainz mit einer Auflistung von Janitscharen-Instrumenten abgedruckt in einer Vacatseite der Klarinettenstimme eines Bläserquintetts aus Mozarts Werken**
Mainz, 1822
Privatbesitz

**9/53**
**D. Steibelt**
**Ouverture turque pour Piano-Fortè**
avec Violon et Violoncelle, composé par D. Steibelt. Oeuvre 7. / 2e. édition
Offenbach, um 1807
Privatbesitz

**9/54 (Abb. 369)**
**James Calkin**
**Divertimento à la Turque for the Piano Forte**
Composed and Inscribed to his Friend Mr. J. Jolly by James Calkin
London, um 1833
Privatbesitz

**9/55**
**Türke mit Gitarre**
Meißen, 1744
Porzellan, H 18 cm
Modell Peter Reinicke und Johann Friedrich Eberlein
Sèvres, Musée national de Céramique (MNC 19969/Dépôt du musée Carnavalet)

Neben dem weitverbreiteten Kostümwerk des *Recueil Ferriol* (9/79) bzw. dem deutschen Nachstichwerk von Christoph Weigel in Nürnberg dienten in den Manufakturen auch zahlreiche andere Druckgraphiken als Vorlage für türkische Figuren. Eine der bekanntesten ist der Meißener *Türke mit Gitarre*, dessen Modell Peter Reinicke und Johann Friedrich Eberlein 1744 schufen. Er geht zurück auf das Blatt *Le Turc amoureux* von Georg Friedrich Schmidt nach einem Gemälde von Nicolas Lancret. Dem *Türken mit Gitarre* wurden verschiedene weibliche Pendants zugeordnet, meist eine ›*Türkin mit Mandoline*‹, für deren diverse Varianten – sie ist bisweilen auch als Mohrin bemalt – sich keine eindeutige Vorlage feststellen läßt. In solch freier Vermischung fremdartiger Elemente drückt sich die Freude der Zeit am Dekorativen aus, die Suche nach einem exotischen Effekt. Die Figur des Türken wurde noch dreißig Jahre später in der Manufaktur von Kloster Veilsdorf kopiert. Dem dortigen Modelleur Pfränger sen. lag aber gleichzeitig noch der Stich von Schmidt vor, wie ein Vergleich der Details zeigt. Er nahm sich sogar die Freiheit, noch ein Schnupftuch hinzuzufügen und damit auf den vermeintlichen türkischen Brauch anzuspielen, wonach der Sultan der Dame seines Harems, die er zu seiner Geliebten auswählen wollte, ein Taschentuch zuwerfe. *MEP*
Lit.: Pape (1987), S. 160–162.

**9/56**
**Porzellanfigur: Schauspieler in türkischem Kostüm**
Bow, um 1765
Porzellan
London, Victoria & Albert Museum, Department of Ceramics (C.665–1925 / E.F. Broderip Gift)

**9/57 (Abb. 865)**
**Porzellanfigur: Schauspielerin in türkischem Kostüm**
Bow, um 1765
Porzellan
London, Victoria & Albert Museum, Department of Ceramics (C.664–1925 / E.F. Broderip Gift)

**9/58**
**Guillaume de Lorris und Jean de Meung**
**Roman de la rose**
Paris (?), um 1330–1340
Pergamenthandschrift
Berlin, Staatsbibliothek Preußischer Kulturbesitz (Ms. gall. qu. 80)

Der *Roman de la Rose* nahm im geistigen Leben des französischen Mittelalters eine hervorragende Stellung ein, allein vom 13. bis zum 16. Jahrhundert sind etwa dreihundert Hand-

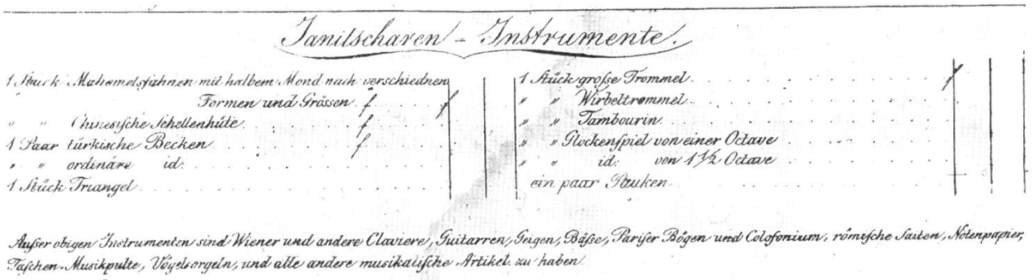

Janitscharen-Instrumente.

1 Stück Mahomedsfahnen mit halbem Mond nach verschiednen Formen und Grössen f
" " Chinesische Schellenhüte f
1 Paar türkische Becken f
" " ordinäre id.
1 Stück Triangel

1 Stück grosse Trommel
" " Wirbeltrommel
" " Tambourin
" " Glockenspiel von einer Octave
" " id. von 1½ Octave
ein paar Pauken

Ausser obigen Instrumenten sind Wiener und andere Claviere, Guitarren, Geigen, Bässe, Pariser Bögen und Colofonium, römische Saiten, Notenpapier, Taschen-Musikpulte, Vögelsorgeln, und alle andere musikalische Artikel zu haben.

864 (9/52)

schriften überliefert. Er wurde um 1236 von Guillaume de Lorris (um 1200/10 nach 1240) begonnen und von Jean de Meung (um 1240 – nach 1305) gegen 1270 fortgesetzt. Während die allegorische Versdichtung Guillaumes als eine rein höfische Liebeslehre in Form einer Traumerzählung, der eine christlich-moralische Betrachtungsweise zugrundeliegt, zu betrachten ist, behandelt Jean de Meung das Thema stärker kritisch-didaktisch und teils durchaus ironisch.

In einem abgeschlossenen Garten entwickelt sich ein Liebesspiel. Schauplatz ist wohl die Gegend um Paris. Während der Stoff der Erzählung ganz dem höfisch europäischen Zeremoniell verhaftet bleibt, werden in Einzelversen orientalische Bezugspunkte eingeflochten. In der viele Verse umspannenden Schilderung des Gartens, der als ›irdisches Paradies‹ beschrieben wird, heißt es, die dort gepflanzten Bäume seien aus dem Lande der Sarazenen. So fließt in die Dichtung die assoziative Vorstellung der mittelalterlichen Sicht des Orients ein.

Als weiteres Beispiel sei auf die allegorische Gestalt der Freigiebigkeit verwiesen, die ein Gewand aus orientalischem Purpur trägt, mit dem sich Reichtum und Glanz verband.

Lit.: LORRIS/MEUN (1976).

**9/59 (Abb. 866)**
**Wolfram von Eschenbach**
**Willehalm**
Ostschwaben, um 1300
Aufgeschlagen fol. 25v/26r
Pergamenthandschrift
Berlin, Staatsbibliothek Preußischer Kulturbesitz (Ms. germ. fol. 1063)

Es handelt sich um eine von 70 überlieferten Handschriften (12 vollständige Exemplare, 58 Fragmente) des Willehalm. Der Text selbst ist unvollendet geblieben. Über das Leben des mittelhochdeutschen Dichters Wolfram von Eschenbach (um 1170-nach 1220) ist wenig bekannt. Neben seinen Epen *Parzival* und *Titurel* (Fragmente) gehört der *Willehalm* zu den großen Literaturzeugnissen des deutschsprachigen Mittelalters. Insgesamt sind 467 Strophen zu je 30 Versen erhalten, die von späteren Herausgebern in neun Bücher gegliedert wurden.

Der vermutlich im zweiten Jahrzehnt des 13. Jahrhunderts auf Anregung des Landgrafen Hermann von Thüringen entstandene Text fand rasch eine weite Verbreitung. Als Quelle gelten französische Heldenepen des 12. Jahrhunderts (die sog. ›Chansons de geste‹) und die Titelgestalt, Graf Wilhelm von Toulouse, Enkel Karl Martells, ist historisch als Kämpfer gegen die in Südfrankreich eingefallenen Sarazenen verbürgt (Schlacht am Fluß Orbieu, 793; Heerfahrt in Spanien, 801). Wolframs Willehalm beginnt mit der Niederlage der Christen gegen die ›Heiden‹ in der Schlacht von ›Alischanz‹. Der Held der Dichtung versucht nun unter

865 (9/57)

*866 (9/59)*

Mühen, eine Streitmacht für die Revanche zu sammeln. Dazu muß er Gyburg, einst Frau des Heidenkönigs Tybalt, die er entführte, taufen ließ und heiratete, in Orange zurücklassen. Schließlich kommt es zu einer zweiten kriegerischen Begegnung, die die Christen diesmal für sich entscheiden können. Gyburg hatte bereits vorher gebeten, die ›Heiden‹ im Falle eines Sieges zu schonen, da auch sie Geschöpfe Gottes seien. Ihre in der Schlacht gefallenen Anführer werden feierlich aufgebahrt und an den Gegner übergeben. Im Rahmen des dualistischen Weltbildes des Mittelalters mit seiner Trennung zwischen Teufelsreich und Gottesreich (Heiden und Christen) findet sich im *Willehalm* in der dichterischen Bearbeitung einer kriegerischen Begegnung zwischen Orient und Okzident auf europäischem Boden, neben Kritik an der eigenen höfischen Gesellschaft, der Gedanke der Toleranz und des gegenseitigen Respekts. *KUS*

Lit.: Spies (1950/51); Bumke (1970) u. (1981); Kunitzsch (1985).

**9/60 (Abb. 867)**
**Fierrabras**
**Eyn schöne kurtzweilige Histori von eym machtigen Riesen auß Hispanien / Fierrabras gnant** (vgl. 3/6)
Siemmern, 1533
Berlin, SMPK, Kunstbibliothek (Lipp Cg 24)

**9/61 (Abb. 868)**
**La conqueste du grant roy Charlemaigne des Espaignes / & les vaillances des douze pers de France. Et celles du vaillant Fierabras** (vgl. 3/6)
Paris, 1530
Berlin, Staatsbibliothek Preußischer Kulturbesitz (Xx 960 R)

**9/62**
**Matteo Bandello**
**Novelle del Bandello**
**Aufgeschlagen: Maometto Imperator de Truchi** (76r)
Lucca, 1554
Berlin, Staatsbiboliothek Preußischer Kulturbesitz (Xr 3131 R)

**9/63 (Abb. 405)**
**Schaikh Muslih ad-Din Sa'di**
**(1193–Schiraz–1192)**
**Der persianische Rosenthal, Vor 400 Jahren von einem sinnreichen Poeten Schich Saadi in Persischer Sprach beschrieben. Jetzo aber von Adamo Oleario, mit zuziehung eines alten Persianers Namens Hakwirdi übersetzt**
**Aufgeschlagen: 26. Kapitel »Ein Knabe / soll umb zu erlangen des Königes Gesundheit getödtet werden«** (Seite 26/27)
Schleswig, 1654
Deutsche Übersetzung von Andreas Olearius
Berlin, Staatsbibliothek Preußischer Kulturbesitz (4(F8) Zv 1829)

**9/64**
**Abu-l-Faradsch al-Isfahani**
**(Isfahan 897–967 Bagdad) und**
**Edward Pocock**
**Historia compendiosa dynastiarum, authore Gregori Abul-Pharajio (...), historiam complectens universalem (...), res orientalium accuratissime describens (...)**
Oxford, 1663
Berlin, Staatsbibliothek Preußischer Kulturbesitz (Uk 1420)

**9/65 (Abb. 406)**
**Herzog Anton Ulrich von Braunschweig-Wolfenbüttel (1633–1714)**
**Mesopotamische Schaferei**
Nürnberg 1669–73 (5 Bde.)
Berlin, Staatsbibliothek Preußischer Kulturbesitz (Yu 6113 R)

Die Titelabbildung stammt aus dem fünfbändigen Roman *Die durchleuchtige Syrerinn Aramena* (1669–73) von Anton Ulrich, Herzog von Braunschweig-Wolfenbüttel, dem Sohn Herzog Augusts (Gründer der Wolfenbütteler Bibliothek). Anton Ulrich war einer der prominentesten Verfasser anspruchsvoller galanter Staatsromane des Barock. Typisch für diese Werke ist eine hochstilisierte, figurenreiche Komposition mit verwickelt konstruierter Handlung. *Die durchleutige Syrerinn* war als Bildungsroman für ein höfische Publikum gedacht, in dem am Schicksal der Titelfigur beispielhaftes Verhalten und seine Belohnung vorgeführt wird. Daneben zeigt sich die Handlung gleichermaßen unterhaltsam wie verwirrend. Insgesamt treten 34 Hauptpersonen auf, deren Schicksale kunstvoll miteinander verbunden sind, die kaum je unter ihrem richtigen Namen agieren, sich verkleiden, verstellen oder verwechselt werden, bis sie am Ende in 17 Paaren aufgehen. Die Titelheldin Aramena, scheinbar Tochter des assyrisch-babylonischen Tyrannen Beloch, entpuppt sich als dessen Nichte und wird von ihm nun zur Frau begehrt. Sie flieht, heiratet den Keltenfürsten Marsius, den sie (noch) nicht liebt, um das Leben Abimelechs zu retten, der später als leiblicher Bruder Aramenas erkannt wird. Syrien zur Zeit der alttestamentarischen Patriarchen bietet den Spielraum für eine nach barock-höfischen Moralvorstellungen konzipierte Geschichte. *KUS*
Lit.: Mahlerwein (1925); Hultsch (1983).

**9/66**
**Alf laila wa-laila**
**Tausend und eine Nacht**
**Aufgeschlagen Bd. 1**
Arabische Handschrift
Wohl 14. Jh.
Paris, Bibliothèque Nationale, Département des Manuscrits Orienteaux (Arabe 3609)

Die Handschrift stammt aus dem Besitz des ersten europäischen Übersetzers von *Tausendundeine Nacht*, Antoine Galland (1646–1715). Der bedeutende Orientalist hatte sich die Schrift, die etwa auf das 14. Jahrhundert datiert werden kann, für seine Studien aus Syrien beschaffen lassen. Die Handschrift, die nach der 282. Nacht abbricht, weist Arbeitsnotizen und andere Spuren dafür auf, daß Galland sie als eine Quelle seiner berühmten Fassung von *Les mille et une nuits, contes arabes traduits en français* (1704–17) verwendete. Die Sammlung der Märchen, Novellen, Anekdoten, Fabeln und Liebes-

*867 (9/60)*

geschichten (Alf laila wa-laila), die Scheherazade dem König Schehriyar vom Samarqand erzählt, um ihr Leben zu retten, da dieser seine Frauen üblicherweise nach der Hochzeitsnacht töten läßt, lag in arabischer Sprache bereits seit dem 10. Jahrhundert vor, wurde aber immer wieder abgewandelt und ergänzt, je nach den Kulturen, in denen sie Verbreitung fand. Die Grundlage der Geschichten von Tausendundeiner Nacht bildeten aus dem Indischen stammende Erzählungen, die nach und nach zusammengefaßt, ins Persische und dann in andere Sprachen übersetzt wurden. In der seit dem 18. Jahrhundert in Europa bekannten Form finden sich, durch die Rahmenerzählung verbunden, Stoffe und Motive, die aus den unterschiedlichsten geographischen Bereichen (Indien, Mittelmeerraum) und Zeiträumen (vorchristliche Epochen bis zum Mittelalter) stammen. *KUS*
Lit.: MacDonald (1932); Said (1978).

**9/67 (Abb. 396)**
**Alf laila wa-laila**
**Die Tausend und Eine Nacht, Worinnen Seltzame Arabische Historien und wunderbahre Begebenheiten / benebst artigen Liebes = Intriguen / auch Sitten und Gewohnheiten der Morgenlaender / auf sehr anmuthige Weise erzehlet werden, Teil 1/2**
**Aufgeschlagen: Liegender Pascha umgeben von zwei Frauen** (Titelseite)
Leipzig, 1711
Berlin, Staatsbibliothek Preußischer Kulturbesitz (Yv 1096 R)

Die vermutlich erste (noch unvollständige) Ausgabe der Erzählungen von Tausendundeine Nacht in deutscher Sprache (1711) steht in der Tradition der europäischen Barockdichtung. Der Titelkupfer zeigt einen liegenden Pascha umgeben von zwei Frauen. Übersetzer und

Verfasser eines Vorwortes war August Bohse (1661–1730), der auf dem Frontblatt mit seinem Pseudonym Talander genannt wird. Bei ihm handelte es sich um einen produktiven Autor ›galanter Romane‹ mit erotischem Inhalt, die etwa Titel wie *Alcestis aus Persien* (1689) trugen. Einerseits bot der orientalische Stoff von *Tausendundeine Nacht* publikumswirksame Reize. Entsprechend der zeitgenössischen Vorliebe für französische Sprache und Kultur kann andererseits auch die Angabe, daß das Buch auf Gallands epochemachender Übersetzung aus dem Arabischen basiere, als verkaufsförderndes Argument interpretiert werden. Mit *Les mille et une nuits, contes arabes traduits en français* (1704–17) war erstmals eine literarisch bedeutende und kundig zusammengestellte Ausgabe in einer europäischen Sprache erschienen. Diese Übersetzung, die von dem Orientalisten Antoine Galland (1646–1715) stammte, sollte das abendländische Orientbild bis zur Romantik entscheidend prägen und vielen weiteren Veröffentlichungen in anderen Sprachen als Vorbild dienen. Erst ab 1823 erschienen in Deutschland Fassungen, die das arabische Original berücksichtigten. *KUS*

Lit.: Macdonald (1932); Said (1978).

**9/68 (Abb. 398, 399)**
**Ibn al-Muqaffa**
**Kalila wa Dimna**
Syrien, um 1310
Illuminierte Papierhandschrift
München, Bayerische Staatsbibliothek München, Handschriftenabteilung
(Cod. arab. 616)

Die illustrierte arabische Handschrift aus dem frühen 14. Jahrhundert enthält eine Sammlung orientalischer Fabeln (auch bekannt als Fabeln des Bidpai), die bereits um 750 von Abdallah Ibn al-Mukaffa (um 724–759) aus dem Mittelpersischen übersetzt und in dieser Form zusammengestellt wurden. Ursprünglich handelte es sich dabei um Geschichten aus einem altindischen Fürstenspiegel (Pañcatantra, etwa 200–300 n. Chr.) mit erzieherisch-belehrenden Tiergleichnissen für junge Adlige, der in den folgenden Jahrhunderten in verschiedenen orientalischen Sprachen variiert und erweitert worden war. Die arabische Version al-Muqaffas bildete die Grundlage für eine weltweite Verbreitung des Stoffes. Sie gewann rasch Popularität, gelangte ins Abendland, wo schon früh Übertragungen und Bearbeitungen in den wichtigsten Kultursprachen erschienen. Bekannt ist eine um 1180 entstandene griechisch-byzantinische Ausgabe (Stephanites kai Ichnelates) in parodierender Form, die den didaktischen Charakter jedoch beibehielt und einer Anzahl slavischer Versionen (12.–15.Jh.) zur Grundlage diente. 1584 erschien eine neugriechische Fassung von Theodosios Zymalos. Johannes von Capua, ein getaufter Jude, war der Autor des weitverbreiteten mittellateinischen *Liber Kaliae et Dimnae / Directorium vitae humanae*, das Mitte des 13. Jahrhunderts vorgelegt wurde und auf der hebräischen Übersetzung von al-Mukaffas Original basierte. Wahrscheinlich auf Veranlassung des späteren Königs Alfons X. (von Spanien) entstand etwa zur gleichen Zeit mit *Kalila y Dimna* eine die arabische Quelle benutzende Ausgabe in spanischer Volkssprache. Die *Discorsi degli animai ragionanti tra loro* des Angelo Firenzuolo aus dem 16. Jahrhundert übertrugen den Schauplatz der Tierfabeln nach Italien und fügten in den folgenden Ausgaben neue Texte hinzu. Um 1570 gab es auch eine englische Fassung von Thomas North. Der Pfarrherr Antonius von Pforr zeichnete für die literarisch niveauvolle deutschsprachige Variante unter dem Titel *Das Buch der Beispiele der alten Weisen* (erstmals vermutlich um 1480/81 ersch.) verantwortlich, die sich in der Folge großer Beliebtheit erfreute und bis Ende des 16. Jahrhunderts rund 18 Druckausgaben erlebte. Das als eines der frühesten arabischen Prosawerke geltende *Kalila wa Dimna* war in Europa seit dem Mittelalter durchgehend in zahlreichen Fassungen verbreitet. Neben dem arabischen Text dienten vor allem spätere griechische, lateinische und hebräische Versionen als Vorlage. *KUS*

Lit.: Hertel (1914); Sourdel (1954).

**9/69 (Abb. 401)**
**Nizam ad-Din Abu-l-Ma'ali Nasr Allah (um 1144?) Ibn Muhammad Ibn Abd al-Hamid**
**Dimna und Schanzabeh, der Ochse (oben) und der Löwe mit Shanzabeh (unten)**
**Einzelblatt aus ›Kalila wa Dimna‹**
Schiraz/Inju, 1333
Miniatur, ca. 30 x 32 cm
London, The Trustees of the British Museum, Dept. of Oriental Antiquities (1948–12–11–01)

**9/70 (Abb. 400)**
**Nizam ad-Din Abu-l-Ma'ali Nasr Allah (um 1144?) Ibn Muhammad Ibn Abd al-Hamid**
**Der Zimmermann von Sarrandib und seine untreue Frau**
**Einzelblatt aus dem Manuskript ›Kalila wa Dimna‹**
Schiraz/Inju, 1333
Miniatur, ca. 34 x 20 cm
London, The Trustees of the British Museum, Dept. of Oriental Antiquities (1948–12–11–02)

**9/71**
**Dschalal ad-Din (Balkh 1207–1237 Konya)**
**Diwan**
1615
Berlin, Staatsbibliothek Preußischer Kulturbesitz (Petermann II., 86)

La conqueste du grāt roy Charlemaigne des Espaignes/& les vaillances des douze pers de France. Et celles du vaillant Fierabras. xv.



*868 (9/61)*

**9/72 (Abb. 402)**
**Schams ad-Din Mohammad Hafiz**
**Diwan**
Handschrift
Berlin, Staatsbibliothek Preußischer Kulturbesitz (Ms. or. oct. 952)

Der Diwan des im deutschen Sprachraum als ›Hafiz‹ bekannten persischen Dichters (etwa 1317/26–1389/90) ist eine der in Europa am meisten verbreiteten orientalischen Gedichtsammlungen. Die Bezeichnung ›diwan‹ stammt aus dem Persischen und bezieht sich auf Zusammenstellungen bzw. Zyklen von Liebesgedichten, Hymnen (usw.) einzelner Dichter. Derartige poetische Werke kursierten seit dem 6.-8. Jahrhundert im Vorderen Orient. Der Divan des Hafiz wurde erst nach dem Tod des Verfassers von seinem Freund Muhammad Golandam zusammengefügt. Die überlieferte Fassung enthält annähernd 600 Gedichte, davon die meisten in der orientalischen Ghazelen-Form. Der Bilderreichtum, die sprachliche Kraft und die Intensität der zum Ausdruck gebrachten Gefühle haben nicht nur die persische Poesie bis heute beeinflußt. Der *Diwan* des Hafiz zählt zu den großen Zeugnissen der Weltliteratur. 1812/13 wurde er erstmals vollständig von Joseph von Hammer-Purgstall (1774–1856), einem Orientalisten von Rang, in die deutsche Sprache übersetzt. Johann Wolfgang von Goethe ließ sich von dieser Ausgabe zu seinem *West-östlichen Divan* inspirieren. Friedrich Rückert, August von Platen und Friedrich von Bodenstedt legten im 19. Jahrhundert literarische Übersetzungen und Bearbeitungen des Diwan vor. *KUS*

**9/73 (Abb. 404)**
**Firdausi (um 932–1021), Schahnama**
**Kopie von Muhammad Zaman**
17. Jahrhundert
Illuminierte Handschrift, 45 x 26,2 cm
Dublin, Chester Beatty Library and Gallery of Oriental Art (Ms. 277)

Das bedeutendste Werk der persischen Epik ist Firdausis *Schahnama*. Auf dem Hintergrund der Geschichte der persischen Könige von der mythischen Urzeit bis zur Islamisierung Persiens im 7. Jahrhundert bilden Kriege, Schlachten und Heldentaten, unterbrochen von ausgedehnten Festen und Trinkgelagen, den größten Teil des Werkes. Die Handschrift ist mit 63 Illustrationen und einem doppelseitigen Titelblatt illuminiert. Die vorgestellte Miniatur ist aus einer Kopie des Werkes von Muhammad Zaman, welche dieser für Schah Abbas (1587–1629) anfertigte. In der zentralperspektivischen Bildauffassung verarbeitet Zaman die Erfahrung, die er während seines Studienaufenthaltes in Rom gemacht hat. Der bedeutende deutsche Übersetzer morgenländischer Dichtung, Friedrich Rückert (1788–1866), erkannte erstmals das Metrum des *Schahnama* und schuf so die Voraussetzungen für eine richtige Übersetzung. Er plante eine kritische Ausgabe des an die 60.000 Verse umfassenden Epos ebenso wie eine Übersetzung, die jedoch erst 1890–91 herausgegeben wurde.

**9/74 (Abb. 407)**
**Françoise Marie Arouet de Voltaire (1694–1778)**
**Zaïre**
**Œuvres de M. de Voltaire, Bd. 3**
Amsterdam, 1738
Berlin, Staatsbibliothek Preußischer Kulturbesitz (Ai 1809 R-3)

Das Titelblatt zeigt eine Szene aus der Tragödie *Zaïre* auf ihrem dramatischen Höhepunkt in einer Werkausgabe des 18. Jahrhunderts. Verfasser ist François-Marie Arouet, der als Voltaire bekannte Dichter, Philosoph und Historiker, einer der namhaftesten Vertreter der französischen Aufklärung. Das zur Zeit der Kreuzzüge spielende Drama in fünf Akten wurde in Paris am 13. August 1732 in der Comédie Française uraufgeführt. 1733 erschien eine erste Buchausgabe. Der Erfolg *Zaïres* festigte Voltaires Ruf als hervorragender Tragödienautor seiner Zeit. Die Titelgestalt ist eine Europäerin christlicher Herkunft, die als Kind von den Türken gefangen genommen wurde und im Serail in Jerusalem aufgewachsen ist. Sie erwidert die Liebe des jungen Sultans Orosmane, der sie zur Gemahlin nehmen möchte. Ihr früherer Mitgefangener Nérestan, der sich in Europa bemüht hatte, Lösegelder aufzubringen, trifft zur Hochzeit ein. Da seine Mittel nicht reichen, bietet er sich selbst zum Austausch an. Der großzügige Orosmane lehnt das Geld ab, gibt hundert Gefangene frei, nimmt jedoch Zaïre und den alten Lusignan, den letzten der französischen Könige von Jerusalem, davon aus. Als sich herausstellt, daß Nérestan und Zaïre Lusignans verloren geglaubte Kinder sind, beginnt die Tragödie ihren Lauf zu nehmen. Die Titelheldin verspricht ihrem sterbenden Vater, sich taufen zu lassen und die Hochzeit mit dem Sultan zu verschieben. Der verwirrte Orosmane interpretiert einen abgefangenen Brief Nérestans falsch, wird eifersüchtig und argwöhnisch; schließlich tötet er die Geliebte mit einem Dolch. Als er seinen Irrtum erkennt, nimmt auch er sich das Leben, nachdem er großmütig den Christen die Freiheit geschenkt hat. In orientalischer Kulisse wird neben den tragischen Folgen engstirniger Unvernunft eine beispielhafte Toleranz vorgeführt. Die Gegenüberstellung von Christen und Muslimen diente dabei vornehmlich der literarischen Formulierung einer aufklärerischen Kritik an europäischen Denkhaltungen. *KUS*

Lit.: BAADER (Hg.) (1980); DOUTRELANT (1972).

**9/75**
**Gotthold Ephraim Lessing (1729–1781)**
**Nathan der Weise. Ein Dramatisches Gedicht in fünf Aufzügen**
**Aufgeschlagen: Erster Aufzug**
Berlin, 1779
Berlin, Staatsbibliothek Preußischer Kulturbesitz (Yr 1613a R)

Die Erstausgabe des 1778 entstandenen Versdramas in fünf Akten von Gotthold Ephraim Lessing erschien bereits vier Jahre vor der Uraufführung im Berliner Theater in der Behrensstraße (14. 4. 1783). In seinem Plädoyer für Toleranz zwischen den Vertretern unterschiedlicher Religionen, Weltanschauungen und Kulturen, ist Nathan der Weise ein bedeutendes Zeugnis der deutschsprachigen Aufklärung. Das Stück spielt zur Zeit der Kreuzzüge in Jerusalem, der Stadt, wo die Weltreligionen Judentum, Christentum und Islam aufeinander treffen, dem Ort eines historisches Kulturkonfliktes zwischen Orient und Okzident. Ein junger Tempelherr, Angehöriger eines christlichen Ritterordens, rettet Recha, die Adoptivtochter eines reichen Juden, vor dem Feuertod, nachdem er in muslimische Gefangenschaft geraten und von Sultan Saladin vor dem Tode bewahrt und unerwartet freigelassen worden war. Nathan, dem Adoptivvater, gelingt es, mit dem Tempelherrn ein vorurteilsfreies Gespräch zu beginnen. Als dieser jedoch um die Hand Rechas bittet, zögert der Jude. Der junge Ritter, von der Dienerin Daja zu dem Glauben verleitet, Nathan habe Recha als getauftes Waisenkind zum Judentum verführt, will ihn nun im Zorn an den korrupten und intoleranten christlichen Patriarchen von Jerusalem verraten. Saladin, in finanziellen Nöten, ruft Nathan zu sich und fragt diesen, bemüht seine Freigiebigkeit und seine Vernunft zu testen, welche der drei großen Religionen die wahre sei. Der Jude antwortet mit der Parabel von den drei identischen Ringen (die Lessing von Boccaccio, Decameron, I.3 übernommen hat), und seine weise Toleranz gewinnt ihm Saladin zum Freund. Schließlich wird entdeckt, daß der Tempelherr und Recha Geschwister sind, Kinder von Saladins verstorbenem Bruder und seiner christlichen Frau. Die Verwandtheit der Religionen findet ihr Pendant in den menschlichen Verwandtschaftsverhältnissen, und Nathan wird von dem Tempelherrn und Recha als Vater in einem höheren, geistig-vorbildhaften Sinne anerkannt. *KUS*

Lit.: GUTHKE (1979); BARNER/REH (1985).

**9/76 (Abb. 408)**
**Jean Francois Marmontel**
**Œuvres complètes, Bd. 9**
**Aufgeschlagen: Szene aus dem Theaterstück Zémire et Azov** (Seite 409)
Paris, 1819
Comédie-Ballet
Berlin, Staatsbibliothek Preußischer Kulturbesitz (Ai 2582–9)

Die Buchillustration zeigt eine zentrale Szene aus *Zémire et Azov* in einer Textausgabe des 19. Jahrhunderts. Ursprünglich handelte es sich um eine Opéra-Comique mit Balletteinlagen, uraufgeführt in Paris 1771 und in der Folge sehr erfolgreich. Das Libretto stammte von Jean-François Marmontel (1723–99), einem Freund und Schüler Voltaires, Vertreter der Aufklärung, vielseitigem Schriftsteller, Mitarbeiter an der *Encyclopédie* für den Bereich Literatur und Mitglied der Académie Française seit 1763. Die Musik hatte André-Ernest-Modeste Grétry (1741–1813) komponiert, der für seine ›komischen Opern‹ berühmt war. Bei der Opéra-Comique handelt es sich um eine im 18. Jahrhundert in Frankreich entstandene Form, bei der, im Gegensatz zur großen Oper, Dialogpassagen mit Musik abwechseln. In *Zémire et Azov* bildet der Orient eine exotisch-fremdartige Kulisse. Variiert wird das Thema von der Schönen und der Bestie. Azor, ein persischer Prinz ist von einer bösen Fee seiner Schönheit beraubt und dazu verurteilt worden, die Gestalt eines Ungeheuers zu behalten, bis er von einer Frau trotz seiner Häßlichkeit geliebt wird. Die junge Zémire will sich zunächst nur aufopfern, um ihren Vater zu retten, entflammt jedoch in Liebe zu dem Prinzen und kann ihn erlösen. *KUS*

Lit.: SCHMITT (1935); BAUDOT (1978).

**9/77**
**Johann Wolfgang von Goethe**
**Mahomet. Trauerspiel in fünf Aufzügen nach Voltaire**
Tübingen, 1802
Berlin, Staatsbibliothek Preußischer Kulturbesitz (Yr 5791 R)

Die vorliegende Erstausgabe eines Trauerspiels von Johann Wolfgang von Goethe beruht auf Voltaires Verstragödie *Mahomet* (uraufgef. 1741). Es handelt sich hier um die recht freie Übersetzung (z.B. Blankvers statt Alexandriner) – auf Veranlassung des Herzogs Carl August von Sachsen-Weimar – und eigenständige Bearbeitung eines religionskritischen Dramas, in der Muhammad als Demagoge und skrupelloser Machtmensch dargestellt wurde. Der Aufklärer Voltaire (1694–1778) hatte den Vorderen Orient des frühen 7. Jahrhunderts benutzt, um in verfremdender Einkleidung christlich-europäischen Dogmatismus und seine Vertreter zu kritisieren. Unschwer war hier zu erkennen, daß Mekka für Rom stand. Goethe, der Voltaire verehrte, hatte zu Muhammad als historischer Gestalt eine erheblich positivere Einstellung. Das despotische Verhalten der Titelfigur wird in der am Weimarer Hoftheater am 30. Januar 1800 uraufgeführten Fassung stärker psychologisch gedeutet. Goethe konzentrierte sich mehr auf eine Idealisierung der tragischen Liebeshandlung zwischen Mahomet, seinem Sklaven Seïde und der von beiden geliebten Sklavin Palmire. Die Entwicklung des Dramas entspricht wesentlich der Vorlage Voltaires. Seïde und Palmire sind eigentlich Geschwister, Kinder Sopirs, des Scherifs von Mekka, der von Seïde infolge einer Intrige Mahomets getötet wird. Goethe hatte sich atmosphärisch von *Tausendundeiner Nacht* inspirieren lassen. Er befaßte sich mehrfach mit dem Mahomet-Stoff (Fragmente einer eigenen Mahomet-Tragödie 1772, Mahomets-Gesang 1774, Äußerungen in Dichtung und Wahrheit 1813), die Übertragung nach Voltaire ist jedoch seine einzige größere Arbeit dazu geblieben. *KUS*

Lit.: Staiger (1949); Abdel-Rahim (1969); Mommsen (1988).

**9/78 (Abb. 409)**
**Johann Wolfgang von Goethe**
**West=oestlicher Divan**
Stuttgart, 1819
Berlin, Staatsbibliothek Preußischer Kulturbesitz (Yl 9600 R)

Die Erstausgabe des *Westöstlichen Divan* von Johann Wolfgang von Goethe (1819, erw. Fassung 1827) ist das Dokument des dichterischen Versuches, einen Dialog zwischen zwei Kulturen unterschiedlicher Ausdrucksformen und Epochen zu führen. Der Diwan (pers., Bezeichnung für Gedichtsammlung) des als geistesverwandt empfundenen persischen Dichters Hafiz

*869 (9/80)*

(1317/25–1389/90) war sowohl ein inspirierendes Vorbild als auch ein literarisches Pendant für den Weimarer Klassiker. Auf der Suche nach den Ursprüngen abendländischer Kultur im Mittelmeerraum hatte er sich mit orientalischer Literatur gründlicher beschäftigt und die Gedichte des Hafiz bereits 1814 in der deutschen Übersetzung von Joseph Hammer-Purgstall kennengelernt. Goethes Sammlung von Gedichten und aphoristischen Bemerkungen, eingeteilt in zwölf Bücher, orientiert sich weniger an den strengen Aufbauprinzipien persischer Poesie, wohl aber an dem zyklischen Charakter des Vorbildes. Im *Westöstlichen Divan* wurde eine Annäherung im Ausdruck gesucht. Die stilistische und bildhafte Verknüpfung von Leidenschaft und Geist, der Wechsel von innerer Bewegung mit Ironie und intellektuellem Spiel, schien bei Hafiz beispielhaft ausgeführt und mit Goethes eigenen Neigungen und Anschauungen zu korrespondieren. Im ›Buch Timur‹ werden Analogien zwischen den Epochen beider kongenialer Dichter hergestellt. Vor allem im ›Buch Suleika‹, dem umfangreichsten des Zyklus, erfolgt eine Poetisierung eigener Liebeserlebnisse (Marianne von Willemer). In Goethes *Divan*, wie auch in den später hinzugefügten ›Noten und Abhandlungen‹ nimmt zudem die Thematisierung des prägenden Einflusses orientalischer Literatur und Geisteswelt auf das Abendland breiten Raum ein. *KUS*

Lit.: Mommsen (1962); Weilguny (1968); Mommsen (1988).

**9/79 (Abb. 266, 374, 375)**
**Charles Ferriol und Comte de Marquis d'Argental**
**Recueil de cent estampes representant differentes Nations du Levant, tirées sur les Tableaux peints d'après Nature et 1707, et 1708**
**Aufgeschlagen: »Fille Turque jouant du Tehe gour«** (Tafel 51; s. Seite 305 ff.)
Paris, 1714
Berlin, Staatsbibliothek Preußischer Kulturbesitz (2° Uk 7170 R)

**9/80 (Abb. 869)**
**Wahreste und neueste Abbildung Des Türkischen Hofes (...), Gedruckt beiy Adam Jonathan Felßecker**
**Aufgeschlagen: Der Groß-Sultan im Serrail** (Teil I, Abb. 2)
Nürnberg, 1719–1721
Kolorierter Kupferstich
Berlin, SMPK, Kunstbibliothek (Lipp Lb 28)

**9/81**
**Sultan**
Kloster Veilsdorf, 1769
Porzellan, H 13,1 cm
Modell: Friedrich Wilhelm Döll
Hamburg, Museum für Kunst und Gewerbe (1890. 513)

Die Vorliebe vieler Manufakturen des 18. Jahrhunderts, ganze Serien von Figuren zu einem bestimmten Thema herzustellen, ist ebenfalls in der thüringischen Manufaktur von Kloster Veilsdorf anzutreffen. Auch hier folgte man der Exotenmode mit vielen türkischen Figuren. Darunter befindet sich die Folge des *Türkischen Hofstaates*, die ursprünglich wohl einundzwanzig Modelle umfaßte. Sie wurde zwischen 1769 und 1771 von den Modelleuren Friedrich Wilhelm Döll und den Brüdern Pfränger sen. und jun. gefertigt und stellte die höchsten Würdenträger (einschließlich der Sultanin) dar. Im Unterschied zu anderen Manufakturen folgte Veilsdorf hierbei besonders treu der Vorlage, wahrscheinlich den Weigelschen Nachstichen des *Recueil Ferriol*. Jede Figur ist unter dem Sokkel mit ihrem Titel bezeichnet. *MEP*
Lit.: Pape (1987), S. 150–154.

**9/82**
**Sultanin mit Eunuch**
Kopenhagen, 1787
Porzellan, H 18 cm
Modell wohl Anton Carl Luplau
Hamburg, Museum für Kunst und Gewerbe (1903. 594)

Diese Gruppe der *Sultanin mit Eunuch* und das nicht ausgestellte Pendant *Großsultan mit seiner Bedienung* gehören zu den spätesten Ausläufern der Turquerie im Porzellan des 18. Jahrhunderts. Der Modelleur war vermutlich Anton Carl Luplau, der bereits während seiner Tätigkeit in der Manufaktur von Fürstenberg zwei verwandte Gruppen schuf: *Der Sultan mit seiner Bedienung* und *Eine Sultane mit der Sklavin* (um 1773/74). Allen Gruppen lagen die Blätter 2 und 3 der Weigelschen Nachstichausgabe des *Recueil Ferriol* zugrunde. In der späten Kopenhagener Komposition ist die Vorlage jedoch frei variiert worden. Aus der freundlichen Dienerin wurde ein schwarzer Eunuch, und die Sultanin selbst wurde auch verändert. Es entsteht der Eindruck einer Kostümierung, der durch die Mischung möglichst fremdartig wirkender Kleidungsstücke entsteht. So trägt die Sultanin zur europäischen, zeitgenössisch gepuderten Perücke als orientalisches Requisit einen Hennin. Wenn auch ihre Kleidung selbst noch türkisch ist, so waren doch Stiefel, wie sie sie trägt, weder in der Türkei noch in Europa weibliche Kleidungsstücke und wurden sonst nur von Soldaten getragen. Hier zeigt sich, daß der *Recueil Ferriol*, der über vierzig Jahre in den Manufakturen als Vorlage benutzt wurde, ausgeschöpft war. *MEP*
Lit.: Pape (1987), S. 156–159.

**9/83**
**Tartar (Figur aus der Nationalitätenserie)**
Meißen, Modell von Johann Joachim Kaendler und Peter Reinicke, um 1750
Vorlage war Blatt Nr. 84 des *Recueil Ferriol* (9/79)
Porzellan, H 20,5 cm
Düsseldorf, Hetjens-Museum/Deutsches Keramik-Museum (1940/153)

**9/84 (Abb. 870)**
**Sultanin**
Meißen, um 1750
Porzellan, H 21,7 cm
Modell Johann Joachim Kaendler und Peter Reinicke
Hamburg, Museum für Kunst und Gewerbe (1922. 137)

Pendant zum *Sultan* (9/85) aus der sog. Nationalitätenserie. Als Vorlage wurde das Blatt Nr. 3 des *Recueil Ferriol »Sultane Asseki«* benutzt. Die dort mitabgebildete Dienerin wurde im Porzellanmodell weggelassen. Die Modelleure Kaendler und Reinicke haben die würdevolle, aber etwas steife Sultanin der Vorlage in eine anmutige Europäerin im türkischen Kleid verwandelt. *MEP*

870 (9/84)

871 (9/85)

**9/85 (Abb. 871)**
**Sultan**
Meißen, um 1750
Porzellan, H 22,6 cm
Modell Johann Joachim Kaendler
und Peter Reinicke
Hamburg, Museum für Kunst
und Gewerbe (1922. 136)

Dieser *Sultan* gehört zu einer Serie von wohl zwölf Figuren, die als Paare die fremden Trachten der verschiedenen Nationen des türkischen Reiches zeigen. Es sind große elegante Figuren, die um 1750 von den Modelleuren Johann Joachim Kaendler und Peter Reinicke geschaffen wurden. Sie bedienten sich hierfür der damals neuesten und umfangreichsten Kostümdarstellung der verschiedenen Völker des osmanischen Reiches als Vorlage: des *Recueil Ferriol* (9/79). Da manche Figuren auch spiegelbildlich erscheinen, ist wohl ebenfalls das deutsche Nachstichwerk von Christoph Weigel in Nürnberg hinzugezogen worden. Wie andere Figuren aus der Meißener Manufaktur, die um 1750 entstanden sind, zeichnen sich die der Nationalitätenserie durch lebhafte, theatralische Gesten und durch reiche Drapierung aus. Die Vorlage für den *Sultan* war das Blatt Nr. 40 des *Recueil Ferriol: »Tschelebi, jeune seigneur turc«.* *MEP*
Lit.: Pape (1987) S. 140–144.

**9/86 (Abb. 875)**
**Tänzer**
Ansbach, vor 1767
Porzellan, H 13 cm
Modell Johann Friedrich Kaendler
und Carl Gottlob Laut
Hamburg, Museum für Kunst
und Gewerbe (1940. 47)

Auch in Ansbach huldigte man der Turquerie mit einer Figurenserie, die wohl von der Meißener angeregt wurde. (9/85) Dennoch ist sie keine Kopie der Meißener Modelle, sondern die kleinwüchsigen und rundlichen Figuren auf rocaillegeschmückten Sockeln sind eigenständige Ansbacher Kompositionen. Im ›Preiß-Courant‹ von 1767 tauchen sie als die *»türckischen Figuren, alle Trachten der Türcken vorstellend«* auf, ohne daß die ursprüngliche Zahl der Figuren genannt wird. Heute lassen sich noch einundzwanzig verschiedene Modelle nachweisen. *MEP*
Lit.: Pape (1987), S. 149–152.

872 (9/87)

**9/87 (Abb. 872)**
**Schale mit Groteskendekor**
Alcora, 18. Jh.
Fayence, emailliert, Dm 40 cm
Sèvres, Musée national de Cèramique (9717)

Im Jahr 1727 gründet der IX. Graf von Aranda in Alcora eine Königliche Fabrik – laut erster Verordnung von 1727 – »para loza, ó fayanza« (für Töpfer- und Fayenceware). Der kleine, im Königreich Valencias gelegene Ort Alcora, dessen Bevölkerung bis zum 14. Jahrhundert rein arabischer Abstammung war, hatte schon vor dem 18. Jahrhundert eine lange Töpfertradition aufzuweisen. Der Aufschwung Alcoras erklärt sich einerseits aus der Stagnation anderer Töpferwerkstätten (z. B. der Manises im 18. Jahrhundert), andererseits aus der Tatsache ihres neuen Formen- und Farbrepertoires. Die erste Phase in dem insgesamt kurzlebigen Bestand der Königlichen Fabrik war von dem starken Einfluß französischer Keramik aus der Provence geprägt. Insbesondere aus Moustier werden die ersten Handwerker und Maler eingestellt. Bis 1749 arbeiten in Alcora Künstler wie Berain, Edouard Roux oder Joseph Olerys. Ihr Einfluß schlägt sich in der Verwendung von Motiven nieder, die auch für die Ausschmükkung der hier besprochenen Schale verwendet worden sind: z. B. die Grotesken und Chinoiserien, d. h. orientalische Figuren, phantastische Tiere und Fabelwesen, die, kleine Szenen bildend, auf der ganzen Fläche der Schale verteilt sind. Diese orientalischen Motive, die seit Louis XIV. in die französische Mode eingeführt und von Louis XV. weitergepflegt werden, erleben in Alcora auch unter dem Einfluß des spanischen Künstlers Miguel Soliva eine Weiterentwicklung. Zusammen mit dem Motiv ›Dame mit dem Papagei‹ oder der ›ramitos‹ (kleine Blumensträuße) gehören sie zum festen Bestand der Dekoration von Alcora bis ca. 1749. *MO*

Lit.: Bonet Correa (1982), Escriva de Romani (1945), Sanchez Adell (1973).

873 (9/88)

**9/88 (Abb. 873)**
**Neun Wandfliesen**
Delft (?), Ende 17. Jh.
Fayence, 12 x 12 cm je Fliese
Hamburg, Museum für Kunst und Gewerbe (1880, 368)

Die neun Wandfliesen mit je einer Reiterdarstellung, darunter auch Türken in unterschiedlichen Kampfhaltungen, sind zu einer bewegten Szene zusammengestellt. Schwungvolle Reiterdarstellungen dieser Art mit wehenden Mänteln gehen möglicherweise auf Stichvorlagen zurück, welche die Schlacht bei Khotin (›Fürstenschlacht‹, 1683) zwischen Polen und Türken zum Thema haben. Mit den Ende des 17. Jh. vermutlich in Delft entstandenen Fliesen wird so der islamischen Mode als Folge der Türken-Kriege gehuldigt. Verbindendes Element der weiß-blauen Fayencefliesen sind die Eckfüllungen, hier das sogenannte ›Spinnenköpfchen‹ (holl. Spinnekopje), die neben dem ungerahmten Mittelmotiv den Bezug zu den seitlich angrenzenden Fliesen herstellen. Diese Eckfüllungen bieten Anhaltspunkte für die Datierung von Fliesen. Die Form des Spinnenköpfchens z. B. wurde ab der Mitte des 17. Jahrhunderts verwandt und hielt sich vereinfacht bis ins 19. Jahrhundert. *MD*

Lit.: Berckenhagen (1966); Poensgen (1983).

874 (9/89)

875 (9/86)

**9/89 (Abb. 874)**
**Asien**
Wien, 18. Jh.
Porzellan, H 23,5 cm
Sèvres, Musée national de Céramique
(MNC 14171)

Das formale Vorbild für diese Türkenfigur ist wieder im *Recueil Ferriol* (9/89) zu finden. Der Modelleur beabsichtigte allerdings, einen türkischen Kaufmann darzustellen, und fügte zur Verdeutlichung große verschnürte Gepäckballen hinzu. Seiner Bedeutung und seines Reichtums bewußt, legt dieser Kaufmann seine Linke in die Hüfte und hält bewachend seine Rechte auf eine mit Perlen und Juwelen überquellende Schatulle. Hier kommt die zeitgenössische Vorstellung vom Orient als dem Land des Luxus und der Pracht zum Ausdruck. Diese Figur ist denn auch als allegorische Darstellung ›Asiens‹ zu verstehen. *MEP*
Lit.: PAPE (1987), S. 130f.

**9/90**
**Pfeifenkopf in Form eines Türkenkopfes**
Meißen, Königlich Sächsische
Porzellan-Manufaktur, um 1740
Porzellan, L 6 cm
Düsseldorf, Hetjens-Museum / Deutsches
Keramik-Museum (1934–106)

## *Kapitel 10*

## *Ein Künstler am Bosporus: Melchior Lorch*

**10/1 (Abb. 286, 287, 288)**
**Melchior Lorch**
**(Flensburg 1526/27–nach 1583 Kopenhagen)**
**»Byzantium sive Constantinopolis«**
**Ansicht von Konstantinopel, aus Galata gegen Süden aufgenommen**
Bez. auf Blatt 11: »das ortt zu / Gallatta/oder/ Pera da ich / Melchior / Lorichs die Statt am/ meisten oder / den meisten / theil der Statt / ge Conterfeit/habe / Anno 1559«
Konstantinopel, 1559–1562 (?)
Federzeichnung in Braun und Schwarz, stellenweise rosa und grün aquarelliert, 21 Einzelblätter (ursprünglich ein zusammenhängender Fries); 45 x 1127,5 cm
Leiden, Universiteits Bibliotheek (BPL 1758)

Provenienz: Laut Oberhummer von Georg Douza (= van der Does) in seinen *De itinere suo Constantinopolitano epistola (...)*, (Leyden, 1599), S. 25 erwähnt, als im Besitz der Bibliothek der 1575 gegründeten Universität von Leiden, der Bibliothek von Douzas Schwiegersohn, Tentmeister der Universität, Nicolaas Stalpaert von der Wiele, geschenkt. In einem 1610 veröffentlichten Kupferstich des J.C. Woudanus sieht man den Prospekt als Fries gerahmt an der Wand des Bibliothekssaales aufgehängt (10/2). 1653 wurde der Saal geändert und der Prospekt abgenommen. 1856 erfuhr man, daß der Prospekt sich als Rolle im städtischen Archiv von Leiden befand. 1869 entdeckte man die stark beschädigte Rolle im Stadthaus zu Leiden wieder. Sie wurde dann in 21 Einzelblättern zerlegt und neu montiert. Die erste Gesamtpublikation unternahm Eugen Oberhummer: *Konstantinopel unter Sultan Süleyman dem Prächtigen* (München, 1902). Die 1869 konstatierten Schäden sind heute u.a. als recht umfassende Papierverluste erkennbar.

Entstehung: Laut eigener Aussage in seiner heute nur als Abschrift überlieferten, in Wien 1562 verfaßten Autobiographie, weilte Lorch *»vierthalb Jar«* in Konstantinopel, als Mitglied der berühmten, von Ogier Ghiselin de Busbeck geleiteten Botschaft. Lorch berichtet, seine Teilnahme sei ihm von Kaiser Ferdinand I. selbst befohlen worden. Datierungen der Arbeiten Lorchs deuten darauf hin, daß sein Aufenthalt in Konstantinopel in die Jahre 1555/56 bis 1559/60 fiel.

Im Vordergrund von Blatt 11 sieht man, wie Lorch die Entstehungssituation der riesigen Zeichnung postuliert: vom Rücken gesehen, den Kopf aber im Profil, hat er sich selbst in jugendlicher Eleganz dargestellt, mit der Feder auf einer umfangreichen Rolle zeichnend, die ihm von einem türkischen Diener gestützt wird, der ihm zugleich das raffinierte Tintenfaß reicht. Es läßt sich unmittelbar kaum entscheiden, ob diese Darstellung die reale Entstehungssituation des Prospektes schildert. Es ist nämlich auffällig, daß Lorch hier genau die Selbstdarstellung wiederholt, die sich Hans Mielich an vergleichbarer Stelle – ohne Dragoman! – in seinem das Feldlager vor Ingolstadt darstellenden Riesenholzschnitt des Jahres 1549 (Geisberg 905–20) gönnte. Tatsachen im heutigen Zustand des Prospektes, wie z.B. Zerschneidung autographer Beschriftungen, deuten freilich entscheidend darauf hin, daß der Prospekt vom Anfang an die Gestalt einer Rolle hatte. Hat Lorch aber tatsächlich an Ort und Stelle so überlegen und elegant posierend gearbeitet, wie diese Selbstdarstellung behauptet? Die Frage wirft die weitere Frage nach der Datierung des vorliegenden Prospektes auf.

Zunächst: das verwendete Papier ist nicht einheitlich, sondern trägt die Wasserzeichen von zumindesten drei verschiedenen Manufakturen (Blatt 1, 2, 3, (4?) und 5: Zonghi 1215–16; Blatt 6 (7 weitgehend zerstört), 8, 9 (10 ohne Wz., 11 undeutliches Wz.): nahe Briquet 2121; Blatt 12 bis 21 (13 und 16 Wz. undeutlich, 19 ohne Wz.): nahe Briquet 13165). Die beiden ersten Fabrikate, hat man konstatiert, wurden in den fünfziger und sechziger Jahren verwendet, letztgenannte nur in den sechziger Jahren. Da Wasserzeichen aber nur in seltenen Fällen genau datierbar sind und da manche Künstler altes Papier zum Zeichnen benutzten, ist es einleuchtend, daß eine ausschließlich auf Wasserzeichen basierende Datierungsargumentation nur von schwacher Beweiskraft sein kann. So befinden sich in der Königlichen Kupferstichsammlung zu Kopenhagen zwei Zeichnungen Lorchs, archäologische Monumente in Konstantinopel darstellend (Fischer: Melchior Lorch Drawings [Kopenhagen, 1962], Kat. Nr. 13 und 14), deren Papier das erwähnte Wasserzeichen Zonghi 1215 – 16 enthält, die aber 1561 datiert oder datierbar sind und deshalb erst in Wien gezeichnet wurden, als endgültige Bearbeitungen von in Konstantinopel gezeichneten Skizzen des Jahres 1559. Überhaupt muß darauf hingewiesen werden, daß scheinbar nur ganz wenige in Konstantinopel gemachte Zeichnungen Lorchs heute bekannt sind. Eine dieser seltenen Arbeiten ist die hier ausgestellte Aussicht über Dächer gegen die Arkadios–Säule in Konstantinopel (10/3), die unvollendet ist und gerade deshalb als an Ort und Stelle entstanden angesehen werden muß. Aber die meisten seiner Zeichnungen mit türkischen Sujets sind eben viel später entstandene Graphikvorlagen, auf in der Türkei gemachten Skizzen basierend, jedoch mit den Entstehungsjahren jener Skizzen datiert.

Der in der oben zitierten Signatur auf Blatt 11 verwendete Namensform Lorichs (statt Lorck / Lorch) bediente er sich erst nach seiner Rückkehr nach Wien. Auf seinem um 1562 datierbaren Brustbild Sultan Süleymans liest man links in der letzten Zeile der lateinischen Inschrift ›Lorichs‹ als Emendation eines vorher geschrie benen Lorck, wogegen in dem als Pendant gestalteten Brustbild des Fürsten Isma'il der Name von Anfang an ›Lorichs‹ geschrieben ist.

Eine Reihe kleiner Indizien scheinen somit anzudeuten, daß der Prospekt, wie er heute vorliegt, erst nach Lorchs Rückkehr nach Wien, auf Grundlage einer Reihe von Einzelskizzen, um 1561–62 gezeichnet wurde, also zu einem Zeitpunkt, zu dem er mit der Publikation seines türkischen Materials beschäftigt war. So schreibt er in seiner Selbstbiographie, in der Form eines vom 1. Januar 1563 datierten Briefes an den dänischen König Frederik II. – 1574 als Einleitung seines in Antwerpen erschienenen Buches *Soldan Soleyman* abgedruckt –, er habe in der Türkei *»viel lobwidrige Antiquitetten vnd andere furtreffliche Khunstwerck vnd sachen gesehen vnd erfahrn. Welliches alles ich (...) zusamen in ain Buech verfassen, vnd allen Khunstverständigen vnd Antiquitet liebenden, zu sonderer ergetzung, nutz, vnd guethem, durch den truckh ans liecht khomen zulassen bedacht bin (...).«* Die beiden erwähnten Zeichnungen der Kgl. Kupferstichsammlung zu Kopenhagen (Fischer [1962] 13 u. 14) sind wohl als Vorarbeiten für diese Publikation zu verstehen.

Es wäre fehlerhaft, Lorch einfach bloß im engeren Sinn als Künstler aufzufassen. Einer wohlhabenden, mit dem dänischen König Christian III. persönlich bekannten Flensburger Familie entstammend, wurde er zwar als Künstler ausgebildet, aber allmählich hatte er sich, zielbewußt und wohl nach italienischem Muster, humanistisch gebildet und konnte sich in seiner Signatur des Bildnis Ismails und anderswo als ›Antiquitatis studiosissimus‹ bezeichnen. Unter seinen Zeichnungen gibt es auch solche mit nordeuropäischen, altertumsgeschichtlichen Themen, wie z. B. die autograph als ›Lucus‹ bezeichnete (= heiliger Hain, bergl. Tacitus' Germania, z. B. die Beschreibung vom ›lucus‹ der Semnonen, cap. 39) in der National Gallery of Scotland, Edinburgh. In Antwerpen verkehrte er 1573–74 vertraulich mit Christophe Plantin und Humanisten wie Abraham Ortelius – dem Freund des verstorbenen Pieter Bruegel d. Ä. –, Hubert Goltzius und anderen; wie er in Wien auch dem Historiker Wolfgang Lazius nahestand. Sein 1574 in Antwerpen erschienenes Buch *Soldan Soleyman*, sowie die erst 1626 und also posthum erschienenen *Wolgerissenen vnd Geschnittenen Figuren* sind grundsätzlich als dokumentarisch-wissenschaftliche Publikationen zu verstehen.

Jenseits aller künstlerischen Werte muß das Prospekt von Konstantinopel auch als dokumentarisch-wissenschaftliche Tat von größter Bedeutung angesehen werden. In Anbetracht des bisherigen Mangels an zuverlässiger, visueller Dokumentation zur Topographie der Hauptstadt sowohl des alten oströmischen und später byzantinischen Reiches ist das Prospekt Lorchs schon als zeichnerisches Unikat von eminenter Bedeutung für Forscher und Machthaber des Westens gewesen, obschon sich Lorch anscheinend speziell für die vielen erhaltenen Monumente der Antike und die vielen Baudenkmäler neuerer Zeiten interessiert hat. Besonders in den rechten Teilen des Prospektes ist es aber auffällig, daß er ganze Areale des

*876 (10/6)*

Stadtbildes nur mit formelhaft hingezeichneten Häusermassen ausgefüllt hat. Überhaupt spürt man in den rechten Teilen ein gewisses Verblassen der zeichnerischen Qualität sowie der dokumentarischen Sorgfalt. So hört die rosafarbige Aquarellierung mit Blatt 6 auf.

Von sonderbar lebendiger Schönheit sind die Darstellungen der unendlich vielen Schiffe, Galeeren und Boote im noch von keinen Brücken überspannten Goldenen Horn. Einige sind annotiert: so *»Turckischen Kaysers Galehen«*, *»persianisch Bottschaft«*, *»Botschaft des Romanischen«* (alle Blatt 1); *»Romischen Kaysers Bottschafft, von Doppeladlern gekrönt«* (Blatt 2); *»Venedischer Balyo oder / Venediger Bottschafft«* (Blatt 4). Von Blatt 1 bis 6 erstreckt sich jenseit des Goldenen Hornes des *»turckischen Kaysers Schloss (...) da muss kein schiff sich setzen, / Lagern oder ancker werffen«*. Überall markieren Beschriftungen die wichtigeren Bauwerke und Antiken. Alle wurden von Oberhummer (1902) sorgfältig transskribiert und kommentiert. Nur einige Monumente sollen hier hervorgehoben werden. *»Alles überragt S. Sophia die fürnembste vnd greste Kirche der gantzen Christenhait / von dem Christlichen Kayser Justiniany gebauwet. es haben aber / die turcken viel gebeuw drum nider gebrochen«* (Blatt 6). Unmittelbar zur linken Seite der *»Aly pascha / kirche«* im Blatt 8 ahnt man die *»Rom: Kay: Matt. etc Bottschafft / herberg darin auch ich ML / mit Jnen gefangen gelegen«*. Zweitmächtigstes Bauwerk des ganzen Prospektes ist die Sultan Süleyman Kirche oder *»Moschea«*, mit deren relativen Proportionen innerhalb des Prospektes Lorch scheinbar nicht zufrieden war, denn er fügte hinzu: *»sol mit*

877 (10/7)

*sampt alles jhrer zugehörenden Gebewe etwas / grösser sein«* etc. (Blatt 10). Die vom albanischen Architekten Sinan erbaute Süleymaniye-Moschee war der sensationellste Neubau Konstantinopels, und Lorch hat sogar den Einweihungstag am 8. Oktober 1557 als Augenzeuge miterlebt.

Lorch hat sich aber nicht ausschließlich mit den Prachtbauten der großen Stadt beschäftigt, sondern interessierte sich auch für die bescheidenen Häuser, wo einfache Menschen wirken und leben. In dieser Hinsicht charakteristisch ist zum Beispiel seine Darstellung einer Feuersbrunst in einem Handwerkerviertel vor der Stadtmauer: *»hier wohnen Hafner oder Dopfer (= Töpfer), die / von Erden Krug vnd ander geschir / machen. ist bey meinen zeittenin eine Brunst komen«.* (Blatt 19); und der Rauch steigt über dem Stadtteil auf.

Überhaupt sind Lorchs Beschriftungen umfassend und inhaltsreich, und viele Notizen wurden erst später dem Prospekt hinzugefügt. Für diesen Zweck – oder vielleicht eher, um einen Unterschied zwischen den Papierformaten der ersten elf und der letzten zehn Blättern auszugleichen – wurde den ersten elf Blättern ein Streifen Papier oben angeklebt, der aber, mit seinen zu vermutenten Beschriftungen, zum Teil verlorengegangen ist. Es ist kaum vorstellbar, daß Lorch nicht den Gedanken gehegt hat, den gezeichneten Prospekt als Holzschnitt oder Kupferstich vervielfältigen zu lassen. Gegebenenfalls wäre es dann eines der umfangreichsten graphischen Blätter geworden, die je produziert wurden, nur mit Dürers Ehrenpforte vergleichbar. Die Kostspieligkeit mag die Verwirklichung verhindert haben. Und das wäre nicht das einzige gescheiterte Projekt im Leben Lorchs gewesen. *EF*

**10/2**
**J. C. Woudanus**
**Lesesaal der Bibliothek von Leiden mit einer Ansicht Konstantinopels von Melchior Lorch**
Kupferstich, 33 x 41 cm
Leiden, Universiteits Bibliotheek
(P 315 III N 22)

**10/3 (Abb. 297)**
**Melchior Lorch**
**(Flensburg um 1527–nach 1583 Kopenhagen)**
**Aussicht über Dächer gegen die Arkadios-Säule in Konstantinopel**
Um 1559
Federzeichnung, braune Tinte 20,8 x 32,6 cm
Kopenhagen, Den kgl. Kobberstiksamling, Statens Museum for Kunst (Td. 502,2.)

**10/4 (Abb. 290)**
**Türkische Frauen beim Gebet**
**Wohl Kopie nach einer unbekannten Zeichnung von Melchior Lorch**
Anf. 17. Jh.
Grau lavierte Federzeichnung, graue Tinte, 18,7 x 23,5 cm
Kopenhagen, Den kgl. Kobbersticksamling, Statens Museums for Kunst (1966–17)

**10/5 (Abb. 289)**
**Türkische Frauen beim Mahle**
**Wohl Kopie nach einer unbekannten Zeichnung von Melchior Lorch**
Anf. 17. Jahrhundert
Grau lavierte Pinselzeichnung, 19 x 22,7 cm
Kopenhagen, Den kgl. Kobbersticksamling, Statens Museum for Kunst (1966–15)

*878 (10/8)*

**10/6 (Abb. 876)**
**Eine von einem Orientalen geführte Giraffe**
Um 1600
Aquarell, 31,5 x 20,6 cm
Berlin, SMPK, Kupferstichkabinett (KdZ 3797)

Beschr.: »*Ein Seltsam Vnd Wunderbarlich Thier / Desgleichen Von Vns vor Nie ge/sehen wordten. / Diss Thier wird Surnappa genannt, Vnd ist von der Erdten / an, mit sambt dem Kopff, Höcher als Fünff Mann hoch, / hatt zwey Eissenfarbe Hörnle, glatt an seinem Leib, vonn / Schöner Farb, wie dann solches Alles Ordtenlich vnd Vleissig / Gecontereit Ist wordtenn, durch Melchior Lürig zue Constan/tinoppell, vnd einem guetem Freundt heruass Ins Teutsch/ lanndt, von Seltzamkeit wegen geschickt, wie es hie ent/gegensteht, Vnd ist dem Türkischen Kaiser da/ selbst verehrt wordtent. Im 1559. Jahr*«. Wahrscheinlich handelt es sich um eine Kopie nach einem Holzschnitt des Meisters MS (zwischen 1530 und 1572 in Nürnberg tätig) mit identischem Text, der in Nürnberg von Hans Adam gedruckt worden ist (Strauss [1975], III, S. 1290). Dieselbe Darstellung erscheint um 1600, spiegelverkehrt, in Neuausgaben von Conrad Gesners *Historia animalium*, deren Text zur Illustration weitgehend mit dem oben zitierten übereinstimmt.

Es bleibt aber unklar, ob diese Darstellung überhaupt mit Lorch zu tun haben kann. Die primitive Darstellungsweise unterscheidet sich erheblich von der seinigen. Mit dieser Darstellung nicht unverwandt ist ein von Hans Weigel d. Ä. (tätig in Nürnberg zwischen 1549 und 77) veröffentlichter Holzschnitt (Strauss [1975], III, S. 1123, Nr. 32). Urform dieser giraffologischen Ikonographie ist wohl ein anonymer italienischer Kupferstich aus dem späten 15. Jahrhundert (Unikat in der Biblioteca Vaticana, s. Hind [1948], V, S. 307, A.I. Add.97d), eine Giraffe darstellend, die am 11. November 1487 vom Sultan von Ägypten Lorenzo de'Medici geschenkt wurde. Auch die bekannte Giraffe im Holzschnitt Niclas Störs, von Wolfgang Resch in Nürnberg 1529 veröffentlichte (Geisberg 1359), mag auf dem italienischen Kupferstich basieren. Eine von Jost Amann konzipierte Giraffe wurde als Holzschnitt 1572 publiziert. Der Holzschnitt ist mit diesen Zeilen des Hans Sachs versehen: »*Das Wunder Thier. / Das Thier ist Ziraffo genandt / Das hat man im Türkischen Landt / Der gestalt eins hohem Hals gewiss / Als eines Lantzknecht langer Spiess.*« *EF*
Lit.: Hind (1948); Fischer (1974), S. 81f; Strauss (1975), III, S. 1123, Nr. 33.

**10/7 (Abb. 877)**
**Melchior Lorch**
**(Flensburg um 1527–nach 1583 Kopenhagen)**
**Oberer Teil der Arkadios-Säule in Konstantinopel**
Bez., dat. und monogr. u. r.: »Antiqua/zu Constan(tinopel)/gemacht/1559 MLF.(Melchior Lorichs Flensburgensis)«
Federzeichnung, braune Tinte, 29,2 x 21,7 cm
Kopenhagen, Den kgl. Kobberstiksamling, Statens Museum for Kunst (13.188)

**10/8 (Abb. 878)**
**Melchior Lorch**
**(Flensburg um 1527–nach 1583 Kopenhagen)**
**Exotische Landschaft mit einem Dolmen und einer alten Frau mit Kind**
1559 (?)
Federzeichnung, braune Tinte, 17,9 x 32 cm
Kopenhagen, Den kgl. Kobberstiksamling, Statens Museum for Kunst (Td. 501,8)

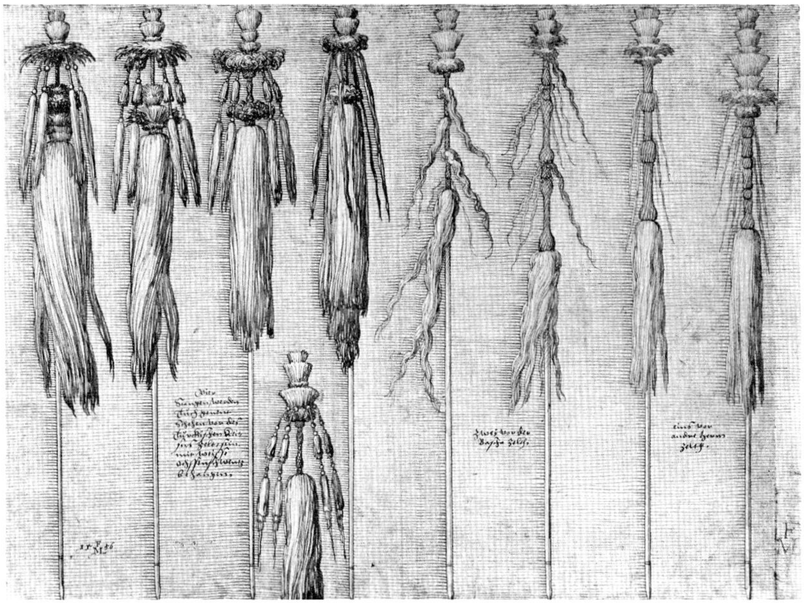

*879 (10/9)*

**10/9 (Abb. 879)**
**Melchior Lorch**
**(Flensburg um 1527–nach 1583 Kopenhagen)**
**Neun Türkische Rangabzeichen: Ochsenschwänze auf eine Stange montiert; nach einer 1556 gefertigten Skizze**
Federzeichnung in Braun, 33,7 x 47 cm
Kopenhagen, Den kgl. Kobberstiksamling, Statens Museum for Kunst (Td. 502,1)

**10/10 (Abb. 257)**
**Melchior Lorch**
**(Flensburg um 1527–nach 1583 Kopenhagen)**
**Ein beladenes Camelthier**
Antwerpen, 1576
Holzschnitt, 20,8 x 17,2 cm
monogr. und dat.: 1576 FML
Berlin, SMPK, Kupferstichkabinett
(20,66–1888)

Obiger Titel ist dem Register der 1646er Ausgabe (Nummer 103) entnommen. Die originale Vorlagezeichnung befindet sich im Cabinet des Dessins des Musée du Louvre. Sie trägt die autographe Beschriftung »*Camele die dess Türckischen Kaisers Schatz tragen*«, und ist mit den Jahreszahlen 1557 und 1561 datiert. D.h.: Vorzeichnung 1557 in Konstantinopel, ausgeführte Zeichnung 1561 in Wien; die Datierung 1576 auf dem Holzschnitt bedeutet, daß er von Lorch in Antwerpen geschnitten wurde. *EF*
Lit.: Harbeck (1911), 27.

**10/11 (Abb. 294)**
**Melchior Lorch**
**(Flensburg um 1527–nach 1583 Kopenhagen)**
**Fürst Isma'il, der Gesandte des Schah Tahmâsp I. bei Sultan Süleyman**
1573
Kupferstich, 39,5 x 26,9 cm
Berlin, SMPK, Kupferstichkabinett (390–7)

Fürst Isma'il steht im Vordergrund; im Hintergrund ist der Hippodrom-Obelisk zu sehen, zwischen 1457 und 1448 v. Chr vom ägyptischen König Tuthmosis III. für den Amon-Tempel in Theben in Auftrag gegeben, und wahrscheinlich im Jahr 390 in Konstantinopel errichtet. Wahrscheinlich stammt dieser Kupferstich (zweiter Zustand) aus der Buchausgabe *Soldan Soleyman (...)*, Antwerpen 1574. Nur im ersten Zustand, wohl als Einzeldruck publiziert, liest man oben rechts die Aufschrift: »*EFFIGIES ISMAELIS PERSA/RUM DUCIS, LEGATI REG: TECH/ME, CONSTANTINOPOLI A M/ELCHIORE LORICHS AD VIVV/M EXPRESSA, ANNO. M.D.LIX / 15 MLF 73..*« Im zweiten Zustand ist dieser Text getilgt, im dritten die Platte oben reduziert, mit der Hinzufügung an der Mauer oben rechts AMURATH IV. *EF*
Lit.: Hollstein (1986) 29.

**10/12 (Abb. 256)**
**Melchior Lorch**
**(Flensburg um 1527–nach 1583 Kopenhagen)**
**Türkische Harfenspielerin**
Dänemark, 1583
Holzschnitt, 25,5 x 17,5 cm
Berlin, SMPK, Kupferstichkabinett
(66–1888/90)

Die Datierung 1583 bedeutet, daß der Holzschnitt in Dänemark ausgeführt worden ist, wo Lorch zu jener Zeit wirkte.
Lit.: Harbeck (1911), 115

**10/13**
**Melchior Lorch**
**(Flensburg um 1527–nach 1583 Kopenhagen)**
**Des Kunstreichen vnd / weitberuhmten / Melchior Lorichs (...) Turckische Figuren Aufgeschlagen: Greif** (fol 82v)
Hamburg, 1641
Berlin, SMPK, Kunstbibliothek (Lipp Lb 14)

## *Kapitel 11*

## *Gesandtschaften aus dem Orient*

Seit der Zeit Karls des Großen und Harun ar-Raschids hat es immer auch diplomatische Beziehungen zur islamischen Welt gegeben. Zwar mußte ein Gesandter Ottos II., der Mönch Johann von Gorze, im 10. Jahrhundert einmal mehrere Jahre in Cordoba warten, bis der Kalif ihn zur Audienz empfing, doch zu späteren Zeiten waren Gesandtschaften eher durch ungewöhnliche Prunkentfaltung gekennzeichnet.

Seit 1536 unterhielt Frankreich, allen kriegerischen Konflikten zwischen einigen europäischen Mächten und dem Osmanischen Reich zum Trotz, eine ständige diplomatische Vertretung am Bosporus, bereits seit 1552 kamen Gesandtschaften von der Hohen Pforte nach Paris.

1715 kam eine prächtig ausgestattete persische Gesandtschaft unter Mehmed Riza Beg nach Paris und blieb dort ein halbes Jahr. Ein noch größeres Ereignis für Paris sollte jedoch der Besuch des türkischen Gesandten Celebi Mehmed Efendi sein, der 1721 in Paris eintraf. Sein Einzug und seine Abreise sind in zwei Gemälden festgehalten, die der französische Hof in Auftrag gegeben hatte. 1742 traf der Sohn Celebi Mehmed Efendis, Said Pascha, in Paris ein. Er ließ sich, für einen Muslim ungewöhnlich, porträtieren, von J.-A.-J. Aved und der französischen Mode entsprechend.

Am 9. November 1763 zog zum ersten Mal ein türkischer Gesandter, Ahmed Efendi, mit einem Gefolge von 71 Personen in Berlin ein. Für den preußischen König, der ein Bündnis mit dem osmanischen Reich gesucht hatte, kam diese Gesandtschaft zwar zu spät, doch unter großer Anteilnahme der Berliner Bevölkerung zog die Gesandtschaft in Berlin ein. Ahmed Efendi vermerkt in seinen Aufzeichnungen: *»Die Preußen, die zeitlebens keinen Moslem gesehen, und von solcher Pracht und Pomp eines Gesandten auch nie dem Namen nach gehört hatten, (...) kamen mit ihren Familien drei bis fünf Tagereisen herbei, und sammelten sich in den Märkten und Dörfern, wodurch unser Weg führte, gingen von der Stunde unserer Ankunft bis zur Stunde unseres Aufbruchs nicht von unserer Seite und gafften unaufhörlich jede unsrer Handlungen und Bewegungen an, so daß sie uns auf eine unaussprechliche Art bedrängten.«* Der türkische Gesandte besuchte in Berlin eine Realschule, hörte in einer Kirche Musik, besichtigte eine Zuckersiederei, eine Tuchfabrik und die Geschützgießerei wie auch die Porzellanmanufaktur und nahm an einer Sitzung der Akademie der Wissenschaften teil. Auch Berlin wird nach diesem Besuch, etwas verspätet, von der Türkenmode erfaßt, was den König nörgelnd bemerken läßt: *»Datteln essen gehört zum guten Tone in Berlin; die Gecken pflanzen sich einen Turban aufs Haupt.«*

**11/1**
**Witichindus Saxo, Rerum ad Henrico et Ottone I, Impp.(...)**
Basel, 1532
Berlin, Staatsbibliothek Preußischer Kulturbesitz (Rw 5792$^a$ R)

Wie die Karolinger pflegten auch die Ottonen diplomatische Beziehungen sowohl zum byzantinischen Kaiserreich als auch zur arabischen Welt. Die diplomatischen Berichte über Gesandschaftsreisen bieten wertvolles Quellenmaterial, um das Verhältnis des Okzidents zum Orient zu beleuchten. 953 entsandte Otto der Große den Benediktinermönch Johann von Gorze im Zuge eines Gesandtschaftsaustausches nach Cordoba. Die Beweggründe hierfür formuliert der Mönch in seinen Aufzeichnungen: *»da der spanische König, als Sarazene des wahren Glaubens verlustig, ein gottloser Frevler sei, da er zwar um die Freundschaft eines christlichen Königs geworben, gleichwohl aber sich nicht entblödet habe, in seinem übersandten Briefe manche Schmähungen gegen Christentum auszustoßen (...)«*, so sollten ihn Gesandte aufsuchen, um ihn *»von seinem gewissenlosen Verhalten abzuhalten«*.

Johann von Gorze erfüllte die Mission, seinen Herrn als Repräsentanten der lateinischen Christenheit am Hof des Kalifen zu vertreten, mußte sich jedoch mehrere Jahre in Geduld üben und vielerlei diplomatisches Geschick aufbringen, bis er zum spanischen König vorgelassen wurde. Dieser hatte nämlich von dem verhängnisvollen Inhalt des zu überbringenden Briefes Kenntnis gekommen, der einer Kränkung des Propheten nahekam. Erst als im Juni 959 ein neuer Gesandter mit dem Angebot eines Freundschafts- und Friedensvertrages in Cordoba eintraf, verlangte der Kalif, Johann von Gorze zu sehen, um diesen mit größten Gnadenbezeigungen zu empfangen.

Die Jahre des Aufenthaltes in Cordoba eröffneten der Gesandtschaft die Möglichkeit, die Atmosphäre der hochkultivierten ›Stadt der Städte‹ zu atmen, der größten und prächtigsten auf europäischem Boden der Zeit. Dieses eindrucksvolle Bild spiegelt sich in einem Preislied der Roswitha von Gandersheim wider, die ›Die Taten Kaiser Ottos I.‹ in lateinischer Sprache verfaßte: *»Die helle zierliche Welt / Die junge herrliche Stadt / Stolz auf ihre Wehrkraft / Berühmt durch ihre Wonnen, die sie umschließt / Strahlend im Vollbesitz aller Dinge«* *MD*

Lit.: Grundlach (1894).

**11/2 (Abb. 880)**
**Hieronymus Joachims**
**(in Gremmingen nachweisbar)**
**Johann Rudolph Schmid Freiherr von Schwarzenhorn beim Sultan im Jahre 1651**
Kupfer, 67,7 x 83 cm
Vaduz, Sammlungen des Fürsten von Liechtenstein, Schloß Vaduz (1007)

**11/3**
**Johann Rudolph Schmid Freiherr von Schwarzenhorn**
**Bericht der kaiserlichen Gesandtschaft an die Pforte im Jahre 1651**
1651
Handschrift
Vaduz, Sammlungen des Fürsten von Liechtenstein, Schloß Vaduz (Ms. 30)

**11/4 (Abb. 881)**
**Der Aufbruch des türkischen Gesandten aus den Tuilerien**
Entwurf von Charles Parrocel (1688–Paris–1752)
1733/34
Tapisserie, Wolle und Seide, 420 x 585 cm
Paris, Mobilier National (GMTT 184/2)

Der Teppich hat eines der beiden Gemälde zur Vorlage, die Ludwig XV. Charles Parrocel in Auftrag gab. Diese sollten dem König einen Eindruck des festlichen Hergangs draußen vor dem Schloß vermitteln, an dem er selbst nicht teilhaben konnte. 1734 war der Teppich mit seinem Gegenstück vollendet worden. Nicht lange zuvor hatte William Hogarth in einem Gemäldepaar auf unnachahmliche Weise demonstriert, wie ein Ereignis, in sein ›Davor und Danach‹ zerlegt, stets hinter die Erwartungen zurückfällt, die man hegt. Mit seinem *Aufbruch des türkischen Gesandten aus den Tuilerien* kann Parrocel nicht an das Gemälde des Einzuges anschließen. Der Zenit des Festes ist längst überschritten. Was wäre noch des Malens wert außer Pferde und Uniformen? Als Belebung der Komposition bietet sich jetzt eine Anekdote an, die um zwei scheuende Rappen spielt. Diese hatte der Plenipotentiär im Tausch gegen zwei Schimmel erhalten, die er beim Einzug mit sich führte. Ganz auf Kosten seines neuen Herrn geht das Vergnügen, das die widerspenstigen Tiere dem Betrachter bereiten. *R/SB*
Lit.: Gobelins (1966).

**11/5 (Abb. 882)**
**Pierre-Denis Martin (um 1663–1742)**
**Der Gesandte Mehmed Efendi beim Verlassen der königlichen Audienz im Jahre 1721**
um 1722
Leinwand, 80 x 115 cm
Paris, Musée Carnavalet (Acquis en 1912 de M. Petithuenin)

Die Parade hat den Tuileriengarten hinter sich gelassen. Der Botschafter und die ihn flankierenden Marschälle ziehen im Lärm der Pauken und Trompeten am Pavillon de Flore vorbei, über den Pont Royal in Richtung Faubourg St. Germain. Martin malte als ›Peintre ordinaire du Roi‹ Schlachtenbilder und Veduten. Die ersten öffentlichen Auftritte des jungen Monarchen boten seiner Vorliebe für Massenszenen genügend Malstoff. In seinen Gemälden bringt sich das Anciens Regime selbst zur Darstellung, nicht aber in der höfischen Atmosphäre Versailles', die Parrocel selbst da noch einzufangen verstand, wo es sich um das bescheidenere Ambiente des Tuilerienschlosses handelte, sondern im Umkreis von Stadt und Kirche. Die Gemälde Pierre-Denis Martins wiesen dadurch Züge auf, in denen sie den Kundgebungen der Revolutionszeit verwandt erscheinen. *R/SB*
Lit.: Ausst.kat. Marseille (1982).

**11/6**
**Leroux**
**Der persische Gesandte Mehmed Riza Beg in Paris im Jahre 1715**
um 1716
Kupferstich
Paris, Musée Carnavalet (Histoire P. C. 1ter C.)

In einer Zeit, da sich feste Botschaften erst allmählich zu etablieren begannen, schenkte man temporären Gesandtschaften die Beachtung eines Staatsbesuches. Einem solchen Ereignis entsprach der Einzug des Persers Mehmed Riza Bey in die französische Hauptstadt am 7. Februar 1715. Riza Beg war, wenn man dem Journal des Philippe de Dangeau Glauben schenken darf, ein persischer Kaufmann, der sich in Frankreich als Botschafter des Schahs ausgab und als solcher alle Ehrungen empfing, die seinem vorgeblichen Rang zustanden. Auf seinem Weg über die Faubourg St. Antoine in die innere Stadt kam der Konvoi an der Place des Vosges, alias P. Royale, vorbei. Der Künstler nutzte Ort und Augenblick zu einer Satire auf die Sensationslust der Pariser. Hinter dem eben erst errichteten Stabgitter der Gartenanlage haben sich Zaungäste eingefunden. Vorne drängen die Gendarmen die Allzuneugierigen barsch zurück, was nicht ohne das eine oder andere Malheur vonstatten geht. Der persische Gesandte nimmt davon so wenig Notiz wie von dem Unglück, das auf dem Banner seiner Delegation sich anbahnt. Die Sonne des ›roi soleil‹ ist gesunken und droht den Schweif des persischen Wappenlöwen zu erfassen.

Mehmed Riza Beg bleibt über ein halbes Jahr. Man führt ihn auf die Foire St. Germain, den in der Zeit des Osterfastens stattfindenden Jahrmarkt, lädt ihn ins Hôtel des Invalides, ins Tuilerienschloß und zeigt ihm die königliche Teppichweberei von Les Gobelins. Wie man von ihm erzählte, ritt er nie ohne seinen Pfeifenträger aus. Er liebte es, in Schauumzügen über die Boulevards zu ziehen und pflegte an Nachmittagen ein ›Assagai‹ genanntes Lanzenspiel zu Pferde. Ludwig XIV. gewährte dem Perser je eine Audienz zu seiner Begrüßung und zu seiner Verabschiedung. Die Audienz vom 13. August 1715 war der letzte Empfang überhaupt, den der Sonnenkönig, vom Tode gezeichnet, gab. Riza Beg reiste am 30. August ab. Den Tag darauf starb Ludwig. *R/SB*

*880 (11/2)*

11/7
**Louis Leroux**
**(1698–1703 als Peintre du Roi erwähnt)**
**Der persische Gesandte Mehemet Riza Bey in Paris im Jahre 1715**
Kupferstich
Paris, Musée Carnavalet (Histoire G. C. 2)

11/8
**Der türkische Gesandte Mehmed Efendi in Paris im Jahre 1721**
um 1725
Kupferstich, 21,5 x 31 cm
Paris, Musée Carnavalet

Ludwig XV. hatte sich zwischen 1715–22 in den Tuilerien eingerichtet, an der Seite seines im benachbarten Palais Royal residierenden Vormunds. Hier empfing er am 21. März 1721 die türkische Delegation, die in festlichem Gepränge vom Hügel des Etoile über die unbebauten Champs-Elysées und die Esplanade vor der Drehbrücke (der Place de la Concorde von heute) in den Tuileriengarten einritt. Einen lebendigen Eindruck von dem Ereignis vermittelt das Gemälde Charles Parrocels (vgl. 11/4). Der Garten mit seinen Parketts und Bassins, Rampen, Treppen und Terrassen, den leuchtenden Marmorskulpturen der Flußgötter sowie der Kuppel der Kirche ›de l'Assomption‹ bot ein prächtiges Ambiente, in dem sich Zuschauer und Mitwirkende kunstvoll verteilten. Ein dichter Kordon von französischen und Schweizer Garden säumte den Weg, der König hatte Einheiten seines Heeres in Paris zusammengezogen und neu einkleiden lassen. Der Stecher vermag nur einen blassen Eindruck von dem Schimmel zu geben. Zu sehr ist er in der Konvention der ›entrées solenelles‹ befangen. Einzig die 1719 aus Marly herbeigeschafften Reitergruppen von Merkur und Fama, die den Blick auf das hinter Bosketten auftauchende Schloß freigeben, verleihen dem Ganzen einen gewissen Akzent. *R/SB*

### 11/9
**Der türkische Gesandte Mehmed Efendi in Paris im Jahre 1721**
um 1722
Kupferstich, 27 x 34 cm
Paris, Musée Carnavalet

Die türkische Gesandtschaft des Celebi Mehmed Efendi von 1721 stellt in der traditionsreichen Geschichte der diplomatischen Beziehungen zwischen Frankreich und der Hohen Pforte einen Höhepunkt dar. Diesem voraus war die Umgestaltung der politischen Landschaft durch den Frieden von Passarowitz gegangen, der zu einem beträchtlichen Machtzuwachs des Hauses Österreich, dem politischen Gegner beider Staaten, geführt hatte. Mehmed Efendi war an den Verhandlungen maßgeblich beteiligt gewesen. Das glanzvolle Ereignis seines Einzugs erinnerte die Pariser noch lange an eine Zeit des Aufschwungs, in der Paris unter der Regentschaft des Philipp von Orleans wieder zum politischen Zentrum des Königreiches geworden war. Der besondere Ruf, dessen sich Mehmed Efendi erfreuen durfte, war zugleich der Verdienst eines Mannes, der einen neuen Typ von osmanischem Gesandten verkörperte. Er verfolgte das Leben in der Hauptstadt und die Einrichtungen der westlichen Welt mit wachen Augen und erwies sich darüber hinaus im Gespräch als äußerst umgänglich. Seine Eindrücke hat er in einem Buch mit dem vielsagenden Titel *Das Paradies der Ungläubigen* niedergeschrieben.

Der Empfang des türkischen Botschafters durch den französischen König ist die Kehrseite des in den Gemälden Van Mours so überaus anschaulichen Staatsaktes in den Gemächern des Neuen Serails. Hatte der Niederländer abkonterfeit, was er in einer fremden Umgebung wahrzunehmen vermochte, so bedienten sich die Künstler am Hofe Ludwigs XV. konventioneller Muster zur Überformung des Ereignisses im Sinne der barocken ›entrées solenelles‹. Der öffentliche Einzug stand dem Botschafter rechtens zu. Dem Künstler liegt nicht mehr daran, als diesem Recht formell Genüge zu tun. Für ihn macht es keinen wesentlichen Unterschied, ob das Kortege dem Leichnam Ludwig XIV., der zukünftigen Braut des Thronfolgers oder eben einem Plenipotentiär vom Schlage Mehmed Efendis gilt. Der Adventus vom 16. März 1721 ist in der Tat die Überarbeitung eines Entwurfs aus dem Jahre 1715. Am 12. September dieses Jahres war der Thronfolger, von Vincennes kommend, unter den Salutschüssen der nahen Bastille durch die Porte St. Antoine in die Stadt eingezogen. In dem über das offene Glacis sich windenden Zug hat der Künstler das realiter Aufeinanderfolgende parataktisch aufgezählt und in die Gleichzeitigkeit des Bildes übersetzt. Er gehorcht damit zugleich der barocken Tendenz, den Weg zum Thron durch das Zeremoniell zu verlängern. *R/SB*
Lit.: Gaxotte (1980).

### 11/10
**Der türkische Gesandte Mehmed Efendi in Paris im Jahre 1721**
um 1722
Kupferstich, 24,5 x 33,5 cm
Paris, Musée Carnavalet

Der 11jährige Ludwig XV. erwartete die Gesandtschaft auf seinem Thron am Ende der kleinen Galerie. Der Empfang von Emissären gehörte zu den politischen Aufgaben, die den jungen König auf sein Amt vorbereiteten, und in denen er bereits einige Erfahrungen hatte sammeln können. Nun war es an ihm, seinem Erzieher Villeroy und der versammelten Hofgesellschaft zu zeigen, daß er sein Pensum im Gesandtschaftsrecht auch beherrschte. Wie die Geschichte der diplomatischen Beziehungen zwischen den europäischen Staaten und der Hohen Pforte lehrte, konnte ein Fehler der Etikette das Gleichgewicht, welches zwischen der Banalität des formellen Aktes und der Erheblichkeit der auf dem Spiele stehenden Interessen bestand, empfindlich stören. Die ›L'Affaire du Sofa‹ zwischen dem französischen Botschafter und dem Groß-Vizier, die sich an der strittigen Frage der Sitzhöhe entzündet und beinahe zu einem Eklat geführt hatte, war noch nicht vergessen. Während also der König das Akkreditiv des Gesandten schweigend entgegennahm, regelte sein Vormund, ihm zur Seite, das übrige. Man übertraf einander förmlich im Lob des reizenden Monarchen und seines golden schimmernden Naturhaares und hieß diesen, einige Schritte auf- und abzugehen, damit der Botschafter den grazilen Gang des Königs bewundern könne. Neben den üblichen Geschenken tauschte man auch solche politischer Natur. Von türkischer Seite versprach man die Restaurierung der Grabeskirche zu Jerusalem sowie weitgehende Freiheiten im Levantehandel, von französischer Seite u. a. die Freilassung türkischer Galeerensklaven. Doch wird nicht fehlgehen, wer das eigentliche Motiv der Visite in dem Nutzen sieht, den die beiden Staaten sich durch ein Bündnis gegen Österreich und Rußland erhofften. *R/SB*

### 11/11
**Réception de l'ambassadeur de Turquie dans la Galerie des Glaces**
1742
Paris, Musée Carnavalet (Hist. P. C. 2 bis E.)

Man war versucht, Montesquieus *Lettres persanes* als direkte Folgeerscheinung der Gesandschaft von 1721 zu betrachten. Die Entstehungsgeschichte des Werkes verbietet dies ebenso wie im Falle des *Mahomet*, den Voltaire nicht erst im Jahr seiner Publikation verfaßt hat. Voltaires Tragödie ist also nicht einfach der instantane Reflex auf das politische Tagesereignis der türkischen Delegation des Said Efendi, der mit einem Gefolge von 150 Mann vom Septem-

881 (11/4)

ber 1741 bis August 1742 in Frankreich weilte. Anders als sein Vater, Celebi Mehmed, den er schon 1721 auf seiner Mission nach Paris begleitet hatte, konnte Said Efendi nach dem Frieden von Belgrad, der dem osmanischen Reich nicht unwesentliche Gebietsgewinne brachte, der Begegnung mit dem französischen König gestärkt entgegensehen. Charles Nicolas Cochin d. J. erhielt den Auftrag, die Audienz in der ›Galerie des Glaces‹ von Versailles im Bild zu verewigen. Der Saal war zu jener Zeit noch über die repräsentative ›Escalier des Ambassadeurs‹ zu erreichen, die 1752 Umbauten weichen mußte. Den Salon des Krieges mit dem des Friedens verbindend, gab der Spiegelsaal dem Staatsakt einen idealen architektonischen Rahmen und verlieh ihm programmatische Würde. Freilich, die sinnbildliche Theatralik eines solchen Ereignisses unterschied sich nicht grundsätzlich von einem Kostümfest, wie es sich wenige Jahre danach am selben Ort zutrug. Dabei kehrt das Bild der türkischen Gesandtschaft wieder in grotesker Übertreibung. Von Ludwig XV. erzählte man, daß er an diesem Abend in der Manier eines türkischen Sultans der zukünftigen Madame de Pompadour ein Tuch zu Füßen warf, um anzuzeigen, daß er sie zu seiner Favoritin erwählt habe. Offizieller und intimer Charakter des Hofes vereinigen sich hier zu einem barocken Serail-Versailles. *R/SB*

Lit.: Godard d'Ancour (1743).

**11/12 (Abb. 883)**
**Ignaz Preißler (geb. in Friedrichswalde, 1676)**
**Untertasse mit Ansicht des kurfürstlichen Schlosses in Berlin**
Wien oder Meißen, um 1720
Porzellan, bemalt, Dm 11,8 cm
Stuttgart, Württembergisches Landesmuseum (G 7, 809)

**11/13**
**Ahmed Asmi Efendi, außerordentlicher Türkischer Gesandte am Königl. Preußischen Hofe zu Berlin**
1791 (?)
Kolorierter Holzschnitt, 22,4 x 17,5 cm
Berlin, Staatsbibliothek Preußischer Kulturbesitz (YB 10794 kl)

882 (11/5)

Von dieser zweiten osmanischen Gesandtschaft nach Berlin unter Ahmed Asmi Efendi ist uns ein ausführlicher und etwas gehaltvollerer Bericht, als von der ersten des Ahmed Resmi Efendi erhalten geblieben. Er war wahrscheinlich ein Schwager des ersten Botschafters Ahmed Resmi Efendi und mit diesem 1763/64 schon in Berlin gewesen, 1787/88 schickte man ihn als Botschafter nach Marokko, dessen Herrscher durch ihn dem Sultan melden ließ, er sei mangels geeigneter Schiffe nicht imstande, die russische Flotte an der Durchfahrt durch die Straße von Gibraltar zu hindern. Am 11. November 1790, also knapp zwei Monate nach dem Waffenstillstand mit Österreich, verließ die Gesandtschaft Istanbul und zog über Bukarest, Budapest, Brünn und Breslau nach Berlin, wo sie am 17. Februar eintraf. Ahmed Asmi konnte sich fast ein Jahr in Berlin aufhalten und mit den hiesigen Verhältnissen vertraut machen. Erst am 14. Januar 1792 verließ die Gesandtschaft auf Drängen des Königs, der ihr die Tagegelder hatte entziehen lassen, wieder Berlin. Das Hauptziel, einen Krieg Preußens gegen Rußland, konnte sie nicht erreichen. Als dies auch in der Türkei immer klarer erkannt wurde, schlug die Stimmung im Lager des Großwesirs um und man gewann den Eindruck, daß die *»Preußen keine besseren Christenhunde seien als die Österreicher, denn sie versprächen fortwährend viel und täten doch nichts«*.

Ahmed Asmi Efendi berichtet in seinem zuletzt von Gümeç Karamuk ins Deutsche übersetzten und ausführlich kommentierten ›Gesandtschaftsbericht‹ (sefaretname) vieles über die damalige Zivil- und Militärverwaltung Preußens und die gesellschaftlichen und wirtschaftlichen Verhältnisse des Landes. Angesichts der in seiner Heimat herrschenden Zustände ist Ahmed Asmi Efendi beeindruckt von der Ordnung der Finanzgeschäfte, dem Funktionieren der Verwaltung und der Ehrlichkeit der Beamten in Preußen. Natürlich ist es an seine Landsleute gerichtet, wenn er vermerkt *»(...) zwölf Männer, Minister genannt (...) mit Treue und Ehrlichkeit ausgezeichnet, seit Kindesalter im Staate erzogen und fähig, das Gute und Schlechte an den ihrer Veranwortung übertragenen Diensten zu unterscheiden und in ihrem Handeln unabhängig voneinander (...)«* würden den Staat leiten. Aber es kommt noch härter! *»(...) ihnen untersteht eine genügende Anzahl von Schreibern, die ihrer Stellung, ihrer Ehre und ihrem Range entsprechend aus der Staatskasse ein jährliches Gehalt beziehen, so daß sie von niemandem einen Silberling als Bestechung, Geschenk oder etwas anderes annehmen dürfen (...)«*. KS

Lit.: Karamuk (1975); Müller (1918); Zinkeisen (1859); Beydilli (1984); Schwarz (1987).

**11/14 (Abb. 329)**
**Vorstellung der Audienz, welche seine Majestät der König von Preußen Friedrich Wilhelm II. den Türckischen Gesandten Ahmed Asmi Efendi den 21. Februar 1791 gegeben**
Kupferstich, 22,0 x 16,6 cm
Berlin, Staatsbibliothek Preußischer Kulturbesitz (YB 10798 kl)

König Friedrich Wilhelm II. (1786–1797) hatte kurz vor Ablauf der vereinbarten Frist am 20.

Juni 1790 die Offensiv- und Defensivallianz mit dem Osmanischen Reich ratifiziert. Die darin vorgesehenen weitreichenden Verpflichtungen Preußens entschärfte er mit dem Zusatz *»Soweit dies in unseren Kräften stehen wird, und es die Umstände erlauben, insbesondere in Bezug auf die Rückgewinnung der im gegenwärtigen Kriege seitens der Hohen Pforte verlorenen Gebiete«*. Damit war eine Garantie für die Krim, die im vorhergehenden russisch-türkischen Krieg verloren gegangen war, von der preußischen Garantie ausgeschlossen. Ansonsten trat Preußen nun durchaus zur Unterstützung der Türkei in Aktion. Österreich, durch Unruhen in den Niederlanden und Ungarn geschwächt, wurde unter militärischem Druck in der Konvention von Reichenbach am 27. Juli 1790 gezwungen mit der Türkei Frieden zu schließen. Die osmanische Führung erhielt von all dem erst am 16. August Kenntnis, als der zum Bevollmächtigten für das österreichisch-osmanische Waffenstillstandsabkommen bestimmte preußische Oberst Graf Spiridion von Luisi im türkischen Hauptquartier das ratifizierte Abkommen übergab. Am 19. September wurde dann zwischen Österreich und der Türkei ein Waffenstillstand für neun Monate abgeschlossen.

Inzwischen hatte auch das mit der Türkei verbündete Schweden mit Rußland einen Sonderfrieden geschlossen. Nun drängte die osmanische Führung Preußen um so mehr, endlich Rußland anzugreifen. Um dem mehr Nachdruck zu verleihen, entschloß sie sich, eine Gesandtschaft zu schicken. Diese traf Mitte Februar 1791 unter der Leitung des Ahmed Asmi Efendi in Berlin ein und überreichte dem König in der hier dargestellten Audienz das Schreiben Sultan Selims III., in dem er aufgefordert wurde, Rußland anzugreifen.

Der Zeichner dieses Blattes war vermutlich bei der Zeremonie nicht dabei. Jedenfalls entspricht das hier dargestellte Briefchen keinesfalls den Dimensionen eines ›großherrlichen Schreiben‹ (name-i hümayun), welches in Rollenform übergeben wurde. Friedrich Wilhelm II. legte in einem Antwortschreiben vom 2. März seine Sicht dar, insbesondere, warum er gegenwärtig keinen Krieg gegen Rußland zu eröffnen gedenke. Er habe seine vertraglichen Verpflichtungen durchaus erfüllt und müsse nun seinerseits an die Pforte folgende Forderungen richten: 1. Im April müßten 150.000 Mann schlagfertig an der Donau stehen. 2. Der gegenwärtige Großwesir müsse abgesetzt und am besten der kriegserprobte, fähige Yusuf Pascha an seiner Stelle den Oberbefehl der Armee übernehmen. 3. Die Türken müßten wieder Hilfsgelder an Schweden zahlen. Nur dann sei Schweden in der Lage, den Krieg gegen Rußland wieder aufzunehmen. Schließlich warnte er noch vor den Aktivitäten der Russen in der Ägäis, wo mit ihrer Hilfe griechische Aufstände zu befürchten seien. *KS*

Lit.: Zinkeisen (1859); Beydilli (1984); Karamuk (1975).

*883 (11/12)*

**11/15 (Abb. 328)**
**Der Einzug des Türckischen Gesandten Ahmed Efendi zu Berlin d. 9. Nov: 1763**
Berlin, 1763
Kupferstich, 21,5 x 48,8 cm
Berlin, Staatsbibliothek Preußischer Kulturbesitz (YB 9012 m)

Friedrich II. (1740–1786) war ständig bemüht gewesen, mit dem Osmanischen Reich ein Bündnis zu schließen. Die türkische Kriegsmacht sollte Österreich und Rußland im Süden bedrängen, während der Preußenkönig seine Pläne zu verwirklichen dachte. Besonders im ›Siebenjährigen Krieg‹ (1756–1763) war Friedrichs Abgesandter in Istanbul von Rexin (mit wirklichem Namen Haude) ständig bemüht, ein Bündnis zu erwirken. Doch er konnte 1761 lediglich einen Handels- und Freundschaftsvertrag erreichen. Im gleichen Jahr schickte Friedrich den Holländer Boskamp, den Rexin in Istanbul angeworben hatte, zum Khan der Krimtataren, einem osmanischen Vasallen. Dieser schickte im November 1761 eine Gesandtschaft nach Berlin, und der militärisch höchst bedrängte Preußenkönig konnte noch einmal davon träumen, wie tatarische Reiterscharen die österreichischen Länder verheerten und Rußland angriffen. Als militärischen Berater schickte er Karl Alexander von der Goltz auf die Krim. Zudem war die Pforte wegen des Baus neuer russischer Festungen in ›Neu-Serbien‹ zwischen Bug und Dnjepr gegen Rußland verstimmt, und nachdem Friedrich den Türken jährlich eine Million Subsidien angeboten hatte, sah es im Frühjahr 1762 so aus, als würden die Türken marschieren. Friedrich, der sich in einer verzweifelten Lage befand, soll sogar daran gedacht haben, sich umzubringen, falls die Türken nicht bis Ende Januar in den Krieg eintreten würden.

Aber dann kam das ›Mirakel des Hauses Brandenburg!‹. Mit dem Tode der Zarin Elisabeth kam es zu einer preußisch-russischen Annäherung. Auch die Türken waren nun zum Bündnis mit Preußen bereit, doch ein abermaliger Machtwechsel in Moskau, Katharina II. bestieg den Thron, veränderte die Lage, und die Türken lehnten wieder ab.

Um so erstaunter war der König, als ihm Rexin im Januar 1763 meldete, der Sultan wolle eine Gesandtschaft nach Berlin schicken. Nach dem Frieden von Hubertusburg (15.2.1763) war Preußen nur noch an einem Defensiv-Bündnis mit den Osmanen interessiert. Dies zu unterzeichnen hatte der Botschafter aber gar keine Vollmacht. Friedrich wies nun Rexin an, die geplante Gesandtschaft zu verhindern, und als dies mißlang, offiziell abzusagen. Doch Rexin hatte es, besonders weil man sonst den Sultan, der persönlich diese Gesandtschaft ins Werk gesetzt hatte, beleidigt hätte, für nötig gehalten, diese Anweisung des Königs nicht auszuführen.

Unter der Leitung des aus Kreta stammenden Ahmed Resmi Efendi brach die 73-köpfige Gesandtschaft am 14. Juli 1763 auf. In Hotin (heute Chotin/UdSSR) an der polnisch-türkischen Grenze war Ahmed Resmi *»wie vom Blitz erschrocken«*, weil er nur von einem Arzt, einem Dr. Hevelcke, nicht aber von preußischen Würdenträgern offiziell empfangen wurde. Friedrich hatte dies mit Hinweis auf die polnischen Souveränitätsrechte abgelehnt. Ahmed drohte nun, umzukehren, falls man ihm nicht die Reisegelder bis zur preußischen Grenze ersetzte, was der König später ablehnte. An der schlesischen Grenze wurden sie vom Flügeladjutanten Major von Pirch empfangen, mit dem Ahmed Resmi Efendi nun ein hartnäckiges Gefeilsche um die Tagegelder begann. Ahmed Efendi sagte dabei stets, gäbe man ihm wenig, so bliebe er lange, gäbe man ihm viel, so ginge er bald wieder. Über Breslau ging es dann nach Berlin. *KS*

Lit.: Volz (1907); Beydilli (1985).

**11/16**
**Ahmed Resmi Efendi**
**Des Türkischen Gesandten Resmi Ahmed Efendi Gesandtschaftliche Berichte von seinen Gesandtschaften in Wien im Jahre 1757, und in Berlin im Jahre 1763, übers. von J. v. Hammer**
Berlin, Stettin, 1809
Berlin, Staatsbibliothek Preußischer Kulturbesitz (Ui 3864)

Die Übersetzung stammt aus der Feder des bedeutenden Osmanisten Joseph von Hammer-Purgstall, dem Verfasser einer 1827–35 in Pest erschienenen zehnbändigen *Geschichte des Osmanischen Reiches, grossentheils aus bisher unbenützten Handschriften und Archiven*. Hammer, der als Erbe der Gräfin Purgstall seit 1835 diesen Doppelnamen führte, hatte selbst eine diplomatische Laufbahn begonnen. Ihm war aber nur ein kurzer Aufenthalt in Istanbul und Jassy/Lasch vergönnt. Wegen seines undiplomatischen Auftretens und wohl auch aus Mißgunst seiner Vorgesetzten wurde er nach Wien zurückbeordert, dort weiterhin in der Staatskanzlei beschäftigt, aber praktisch nicht zum Dienst herangezogen. So fand sein Betätigungsdrang in der Wissenschaft ein neues Arbeitsfeld.

Ahmed Resmi Efendi war auch 1757 als Botschafter am Kaiserhof in Wien gewesen. Sein Bericht über diese Gesandschaft, die mitten in die turbulenten Ereignisse des zweiten Jahres des ›Siebenjährigen Krieges‹ fiel (5. 5. preußischer Sieg bei Prag, 18. 6. Niederlage bei Kolin), ist hier mit abgedruckt.

Der Verleger Friedrich Nicolai (1733–1811), der selbst ein Vorwort zu dem Bändchen schrieb, erinnerte sich noch lebhaft *»des Ahmet Efendi und mancher mit ihm vorgefallenen Geschichte«*. Nicolai führt weiter aus, der Gesandte der Pforte berichte vielerlei schief, unrichtig, einseitig und falsch, aber eben diese *»Originalität seiner orientalischen falschen Ansichten kann uns gewissermaßen lehrreich seyn, und wenigstens zuweilen etwas belustigen.«* Im übrigen verdanke er einige erklärende Anmerkungen dem Königlich Preußischen Major Menu von Minutoli – wahrscheinlich handelt es sich um Johann Heinrich Freiherrn von Minutoli (1742–1846), dem bekannten Orientreisenden, von dem die Staatsbibliothek einige orientalische Handschriften in ihren Beständen hat.

Der Major Menu von Minutoli wiederum habe ihm nun seine Erklärungen *»in Gesellschaft eines gelehrten Mannes, der sich lange im Orient aufhielt«* vorgetragen. Mit letzterem ist vielleicht der ehemalige preußische Botschafter in Istanbul (1786–1790), Heinrich Friedrich von Diez, gemeint, der Hammer 1816 mit seiner Schrift *Unfug und Betrug in der morgenländischen Literatur, nebst vielen hundert Proben von der groben Unwissenheit des H.v. Hammer zu Wien (...)* angriff, worauf dieser mit dem Buch *Fug und Wahrheit in der morgenländischen Literatur nebst einigen wenigen Proben von der feinen Gelehrsamkeit des Herrn von Diez zu Berlin (...)* antwortete. *KS*

Lit.: Volz (1907); Beydilli (1985).

**11/17**
**Bericht über die Gesandtschaft nach Preußen 1763 (sefaratname-i Prusya) des ersten osmanischen Gesandten Ahmed Resmi Efendi**
**Aufgeschlagen: Der Einzug in Berlin**
(Blatt 12a)
Berlin, Staatsbibliothek Preußischer Kulturbesitz, Orient-Abteilung
(Ms. or quart 1676)

Der erste osmanische Gesandte Ahmed Resmi (d.h.: aus Resmo/griechisch Rethymnon auf Kreta stammend) Efendi, den Sultan Mustafa III. (1757–1774) geschickt hatte, faßte seine Beobachtungen während seines Aufenthaltes in Berlin (9. November 1763–2. Mai 1764) in einem längeren Bericht zusammen. Dieser Bericht, der sowohl in der Chronik des Reichshistoriographen Ahmed Wasif (gest. 1806), die im Jahre 1804 in Istanbul gedruckt wurde, wiedergegeben war, als auch in selbständiger Form, als Handschrift, umlief, ist eine wichtige Quelle der Zeit. Zeigt sie doch, was der Diplomat verstanden hat und nicht verstanden hat, in jener Zeit, als Europa in die Moderne aufbrach.

*»(...) so gelangten wir dann glücklich zu Anfang des Monats Cemazi ül-evvel (beginnt am 7. November 1763) in prächtigem Aufzug in die Stadt Berlin und konnten in einem in der Abgeschiedenheit des Westens der Stadt gelegenen für uns prächtig hergerichteten Schloß Einzug halten. Die Bevölkerung dieser Gegend hatte noch nie im Leben Muslime gesehen und noch nie vom Prunk und der Pracht einer solchen Gesandtschaft gehört. Da sie eher ärmliche Leute sind, kamen sie mit Kind und Kegel drei bis fünf Tagereisen angereist und versammelten sich in den Dörfern und Städten, die wir passierten. Es ist einfach unbeschreiblich, wie sie vom Augenblick unserer Ankunft bis zur letzten Sekunde unseres Aufbruchs nicht von unserer Seite wichen, all unser Benehmen und Auftreten beobachteten und uns bedrängten. Besonders an dem Tage, als wir in Berlin einzogen, stand groß und klein, jung und alt, zu beiden Seiten der Straße sowie hinter den Fenstern der drei bis fünfstöckigen Häuser hintereinander dicht gedrängt, um sich am Zuschauen zu ergötzen. Das war vielleicht ein unbeschreibliches Geschiebe und Gedränge! Ihre Freundlichkeit und Zuneigung, sowie die uns erwiesene Ehrerbietung und das Entgegenkommen waren unbeschreiblich (...).«* Graf Ernst Ahasver Heinrich von Lehndorff, der Kammerherr der Königin, sieht das alles etwas anders: *»(...) im übrigen finde ich den Aufzug nicht gerade prächtig (...) die türkische Musik ist entsetzlich, das ganze Auftreten der Leute und ihr Aussehen möchte man jüdisch (!) nennen.«* *KS*

Lit.: Volz (1907), Beydilli (1985), Lehndorff (1907).

**11/18**
**Schreiben des osmanischen Großwesirs an Friedrich II., um 1763/64**
**Aufgeschlagen: Blatt 19 a**
Handschrift
Berlin, Staatsbibliothek Preußischer Kulturbesitz, Orient-Abteilung
(Diez A. quart 91)

Der an Friedrich II. gerichtete Brief beginnt wie folgt: *»(...) Stolz der ausgezeichneten jesusgläubigen Fürsten, Auserwählter der ruhmreichen Edlen des Christenvolkes, Ordner der Angelegenheiten der Gemeinschaft der christlichen Völker, Träger der Schleppe von Majestät und Würde, Inhaber der Zeichen von Größe und Macht, König von Preußen, Markgraf von Brandenburg, Erzkämmerer des Römischen Kaisers etc. (...) unser Freund Fridericus – Gott gebe ihm ein Ende im Guten und in der Rechtleitung* [d.h., er möge Muslim werden, Anm.d.Verf.] *(...)«.*

Im folgenden bedankt sich der Großwesir für das Glückwunschschreiben zu seiner Ernennung, welches der preußische Gesandte von Rexin ihm zugeleitet habe. Der Großwesir werde der preußisch-osmanischen Freundschaft weiterhin große Aufmerksamkeit widmen. Vermutlich handelt es sich um Köse Bahir Mustafa Pascha, der am 1. November 1763, also eine Woche vor dem Eintreffen Ahmed Resmi Efendis in Berlin Großwesir wurde. Rexin hatte aus Istanbul gemeldet, daß für den Abschluß der Defensiv-Allianz weitere Bestechungsgelder nötig seien und der Großwesir sich gekränkt fühle, weil das preußische Kabinett seine Ernennung nicht zur Kenntnis genommen habe. Den ersten Ratschlag ließ der König – zu seinem Schaden – unberücksichtigt. Im zweiten Falle gingen zwei Glückwunschschreiben, eines vom König, eines von Finckenstein, an den Großwesir ab.

Das hier ausgestellte Dankschreiben des Großwesirs endet mit der für Nichtmuslime üblichen Grußformel: *»Frieden sei dem, der sich der Rechtleitung* (d.h. dem Islam) *unterstellt.«*

In diesem Bändchen aus der Sammlung des preußischen Gesandten in Istanbul F. H. von Diez findet sich außerdem noch der Text des 1675 dem englischen König Karl II. gewährten Vertrages sowie der für den ersten Minister Preußens, Karl Wilhelm Finck von Finckenstein, bestimmte Text einer Eingabe des preußischen Gesandten in Istanbul wegen des abenteuerlichen Schicksals dreier in Kirkkilise/bei Edirne festgehaltener Kriegsgefangenen, die preußische Untertanen sind. *KS*

Lit.: Scheel (1930); Beydilli (1985).

**11/19**
**Brief Sultan Mustafas III. (1757–1774) an Friedrich II.**
Erste Dekade des Zilhicce 1179/11. – 20. Mai 1766
Berlin, Staatsbibliothek Preußischer Kulturbesitz, Orient-Abteilung
(Diez A. quart 92)

Der Sultan läßt mitteilen, daß der *»Major eurer Leibgarde, das Vorbild der Offiziere der christlichen Nation«* – so die rangmäßige Zuweisung eines Ehrentitels (elkab) -, Johann Christoph von Zegelin, mit der Stellung eines ›mittleren Botschafters‹ (orta elçi) eingetroffen sei. Friedrich II. hatte Zegelin nach der kurzfristigen Besetzung Berlins durch russische und österreichische Truppen im Oktober 1760 zum Vizekommandanten von Berlin ernannt und dann zur Ablösung Rexins nach Istanbul geschickt. Weiter teilt der Sultan mit, daß die mitgebrachten erlesenen Geschenke von seinem Großwesir Muhsinzade Mehmed Pascha in Empfang genommen worden seien. Herrn von Zegelin sei entsprechend dem Ansuchen des Königs die Erlaubnis erteilt worden, als ›orta elçi‹ in Istanbul seinen Aufenthalt zu nehmen.

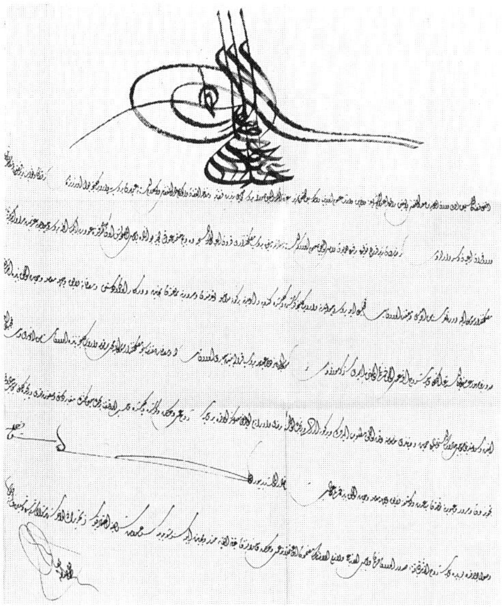

*884 (11/20)*

Dem scheidenden Botschafter Rexin, der seine Aufgaben bestens ausgeführt habe, sei nun dieses Schreiben mitgegeben worden. Der Sultan läßt nochmals bekräftigen, daß, solange der König die Bestimmungen des »großherrlichen Vertragsschreibens (ahdname-i hümayun) – gemeint ist das von 1761 – beachte, auch seinerseits alle Sorgfalt aufgewendet werden würde, die friedlichen Beziehungen und die angeknüpfte Freundschaft zu pflegen. In Sonderheit werde man sich weiterhin des Schutzes und der Sicherheit der Kaufleute und Reisenden annehmen.

Der Band aus dem Nachlaß des späteren Botschafters von Diez (1784–1790) enthält noch den Text zweier weiterer Schreiben in Abschrift und in italienischer Übersetzung. Ein Schreiben, soweit ersichtlich, wohl des Großwesirs, an Friedrich ist gleichen Inhalts wie das vorherige, allerdings mit der zusätzliche Mitteilung, Herrn von Zegelin sei der besonderen Ehre der Zeremonie der Boden-Kuß-Audienz (zemin-bus-i schehinschahane merasimi) teilhaftig geworden (Bl. 6a – 9b). Es folgt ein weiteres Schreiben des gleichen Inhalts an den ersten Minister von Finckenstein. *KS*

Lit.: Scheel (1930); Beydilli (1985).

**11/20 (Abb. 884)**
**Geleitschreiben für den preußischen Botschafter von Diez für eine Reise nach Bursa und zurück**
**Ferman (Erlaß) mit der Tughra Sultan Abdülhamids I. (1774–1789), an den Kadi von Bursa und die Kadis und Befehlshaber auf dem Wege von Istanbul nach Bursa**
Istanbul, letzte Dekade des S(ch)evval 1119/ 27. 8. – 4. 9. 1785
Berlin, Staatsbibliothek Preußischer Kulturbesitz (Diez A. quart 124,6)

Es wird befohlen, dem preußischen Geschäftsträger (Prusya maslahatgüzari) in Istanbul, Heinrich Friedrich von Diez (1751–1817), der fünf bis zehn Tage in Bursa und Umgebung zu tun hat, auf seiner Reise dorthin und zurück Schutz und Sicherheit zu gewähren. Der Geschäftsträger wird von vier weiteren Ausländern mit Aufenthaltsgenehmigung (mustamin) sowie osmanischem Personal (yasakçis) begleitet. Von Diez hatte 1784 Christian Friedrich von Gaffron abgelöst, den König Friedrich II. schon 1779 abberufen wollte, doch es hatte sich niemand gefunden, der den Posten für das karge Jahresgehalt übernehmen wollte. 1784 wurde Gaffron dann, um die Zarin Katharina II. während einer preußisch-russischen Verstimmung zu besänftigen, zurückberufen und wegen verschiedener Dinge in einem Geheimprozeß zu einem Jahr Festungshaft unter Aberkennung der bürgerlichen Ehrenrechte verurteilt. Friedrich II. konnte sich offenbar nicht richtig vorstellen, daß sein Diplomat zur Erfüllung seiner Aufgaben in Istanbul auch viel Geld brauchte, das ihm der König nicht zur Genüge zukommen ließ. Jedenfalls mußte sich der arme Gaffron beim russischen Botschafter Geld leihen, was ihm Friedrich dann wiederum besonders übel nahm.

In diesem Geleitschreiben des Sultans, eigentlich ein ad-hoc-Reisepaß, wird ausdrücklich der zwischen ›meinem erhabenen Staate und dem König von Preußen bestehende Frieden und die herrschende Freundschaft‹ (devlet-i aliyyemle Prusya Krali beyninde cari olan müsaleme ve musafat) erwähnt. *KS*

Lit.: Zinkeisen (1859); Pröhl (1986); Beydilli (1985).

**11/21**
**Buch aus der Sammlung F. H. von Diez**
**Aufgeschlagen: Schreiben an den Botschafter in Istanbul Heinrich Friedrich von Diez mit der Mitteilung, der Offensiv- und Defensiv-Vertrag könne unterzeichnet werden**
12. Gemazi I 1204/ 28. 1. 1790
Berlin, Staatsbibliothek Preußischer Kulturbesitz (Diez A. quart 126,29)

Im Unterschied zu der Zeit des ›Siebenjährigen Krieges‹, als Friedrich II. ständig bemüht war, die Türkei auf seiner Seite zum Kriegseintritt zu bewegen und – in der Sprache der Zeit – eine ›Diversion‹ zu unternehmen, war es später umgekehrt. Besonders nach dem Frieden von Küçük Kaynarca, mit dem die Krim verloren ging, waren es nun die Türken, die ein Bündnis mit Preußen gegen ihre Gegner Österreich und Rußland suchten.

Friedrich II. war jedoch stets sorgsam bemüht, sein Bündnis und gutes Einvernehmen mit Rußland nicht irgendwie durch seine Verbindungen zu den Türken zu gefährden. Unter seinem Nachfolger Friedrich Wilhelm II. (1786–1797) lagen die Dinge etwas anders.

Mitten in einem russisch-österreichischen Krieg gegen die Türkei (seit 1787/88) schloß Preußens Botschafter in Istanbul, von Diez, eine Offensiv- und Defensiv-Allianz mit den Türken, aus denen letztere mehr Vorteil ziehen konnten als die Preußen. Wie kam es dazu? Als Gaffron abberufen worden war, hatte Friedrich II. drei Kandidaten für den Posten zur Auswahl, den Direktor der Tabakregie, einen bei Kunersdorf verwundeten, dienstuntauglichen Dragoneroffizier und den Kanzleidirektor und Pronotarius bei der Regierung in Magdeburg Heinrich Friedrich Diez. Friedrich wählte letzteren aus, trotz eines nicht ganz positiv lautenden Gutachtens des im ›auswärtigen Department‹ tätigen Geheimrats von Dohm; später wurde die Einschätzung geäußert, Friedrich habe einen ›Mißgriff‹ getan. Diez trat nun für eine aktivere Rolle Preußens in der Türkei ein und wurde von Friedrich II. in seinen Aktivitäten, besonders hinsichtlich einer Allianz, gebremst. Mit dem Vertrag von 1790 hatte er seine Kompetenzen überschritten. Der Vertrag löste in Berlin große Bestürzung aus. Er sah nämlich im Artikel 1 noch für 1790 einen Kriegseintritt Preußens für den Fall vor, daß *»der Feind die Donau überschreite«*, noch im August 1789 hatten die Russen unter Suwarow, die zum österreichischen Korps unter dem Prinzen von Koburg gestoßen waren, die Türken bei Fokschani geschlagen. Im September war der Großwesir dann am Rimnic geschlagen worden – kaum 50 km Luftlinie von der Donau entfernt! Am 8. Oktober hatten die Österreicher unter Laudon Belgrad erobert. Artikel 3 verlangte eine Fortführung des Krieges *»bis (...) die in Feindeshand gefallenen Festungen und Länder insbesondere die Krim«* zurückgewonnen waren. In einer scharfen Depesche vom 12. März wurde Diez durch den ersten Minister Hertzberg getadelt. Da man aber an einem Bündnis mit den Türken durchaus interessiert war, hoffte man in den fünf Monaten, innerhalb welcher der Vertrag ratifiziert werden sollte, die Entwicklung abzuwarten und auf jeden Fall die Krim-Klausel wieder zu entfernen.

Im gleichen Bändchen aus dem Nachlaß Diez befindet sich neben weiteren Aktenstücken zum Geschehen der Zeit auch ein Schreiben des Admirals Gazi Hasan Pascha und des Großwesirs Yusuf Pascha an den Machthaber in Algerien mit der Bitte, preußische Handelsschiffe zu schützen. *KS*

Lit.: Beydilli (1985); Pröhl (1986).

## Mitglieder und Begleiter der türkischen Gesandtschaft von 1763

**Daniel Nikolaus Chodowiecki**
**(Danzig 1726–1801 Berlin)**
**Vier Handzeichnungen**
Rötel auf Papier, 11/22: 14,5 x 6,2 cm,
11/23: 14,5 x 6,0 cm,
11/26: 14,6 x 9,6 cm,
11/27: 14,4 x 7,5 cm,
Berlin, SMPK, Kupferstichkabinett

Der Gesandte Ahmed Efendi, der am 9. November 1763 seinen vielbeschriebenen Einzug in Berlin hielt, erschien mit großem Gefolge. Sein Troß bestand aus Offiziellen, Höflingen, Geistlichen, Jägern, Soldaten und deren Dienerschaft. In den folgenden Monaten sollten diese Personen die Straßen Berlins bevölkern und durch ihre exotische Erscheinung und ihr fremdes Gebaren großes Interesse bei der Berliner Bevölkerung hervorrufen. In verschiedenen Quellen wird von den Fremden berichtet und besonders der vertrauliche Umgang zwischen den Orientalen und der Berliner Jugend erwähnt. Während des Aufenthalts der Gesandtschaft in Berlin nutzte Daniel Chodowiecki die Zeit, um Skizzen ›nach der Natur‹ von den Fremden zu fertigen, die ihm als Vorlage für spätere Graphiken und Zeichnungen dienen sollten. Vier dieser Zeichnungen werden hier ausgestellt.

**11/22 (Abb. 337)**
**Daniel Nikolaus Chodowiecki**
**Türke mit Berliner Gassenjunge**
Berlin, 1763
Berlin, SMPK, Kupferstichkabinett (KdZ 4224)

Das erste Blatt (11/22) zeigt einen dem Betrachter frontal zugewandten Orientalen in einfacher Tracht mit Turban und Spitzbart, dessen Linke auf dem Kopf eines Berliner Gassenjungen ruht. Auch die Zeichnung (11/23) zeigt einen Türken, dargestellt in Seitenansicht mit einem barfüßigen Berliner Kind. Der Kleidung nach erscheint der zweite Mann von höherem Stande zu sein als der in dem ersten Blatt gezeigte, er trägt zu den üblichen weiten, gefälteten Hosen den zum Wulst gebundenen Gürtel, in dem der Dolch steckt, und einen über die Schultern gehängten Kaftan. Blatt Nr. 46 (11/27) zeigt einen einzelnen Mann, der sich auf einen Stock stützt. Auch er ist orientalisch gewandet mit Pantoffeln, weiten Hosen, Unterkleid und geknoteter Schärpe, in der man den Knauf seines Dolches erkennen kann. Darüber trägt er einen Kaftan und auf dem Kopf einen umfangreichen Turban, der um eine zylindrische Kappe gebunden ist. Das vierte Blatt zeigt eine Gruppe von drei in Tüchern gehüllte Orientalinnen in Rückenansicht, von denen die

885 (11/27)

886 (11/26)

erste stehend dargestellt wird, während die anderen Figuren, eine Frau und ein Kind, vor ihren nackten Füßen sitzen. *RR*
Lit.: Erdmann (1936); Gesandtschaft 1763 (1987).

**11/23 (Abb. 338)**
**Daniel Nikolaus Chodowiecki**
**Türke mit Berliner Gassenjunge**
Berlin, 1763
Berlin, SMPK, Kupferstichkabinett (KdZ 4225)

**11/24 (Abb. 336)**
**Daniel Nikolaus Chodowiecki**
**Türkische Reitergruppe**
Berlin, 1765
Aquarell, 11,2 x 17,2 cm (Blatt)
Berlin, SMPK, Kupferstichkabinett (KdZ 2905)

Neben den Gästen von der ›Hohen Pforte‹, die sich in den Straßen Berlins zu Fuß bewegten, erregten die berittenen Türken das künstlerische Interesse Chodowieckis. Bereits 1764 entstand eine Radierung, deren zentrales Motiv eine Gruppe von sechs türkischen Männern zu Pferde war (Bauer [1982], Nr. 27). Das hier ausgestellte, im darauffolgenden Jahr gefertigte Aquarell greift dieses Thema erneut auf. Im Bildmittelfeld erscheinen sechs Reiter unterschiedlichen Standes, würdevolle Efendis und Janitscharen mit Köchern, in denen Pfeile und Bögen stecken. Die Szene scheint auf der Kuppe eines Hügels angesiedelt zu sein, weitere kleinere Figuren befinden sich an den Seiten und werden zum Teil von der Bodenlinie überschnitten. Die Bewegungsrichtung der Figuren zeigt nach links, wobei die Pferde so angeordnet sind, daß sich dem Künstler Gelegenheit bot, verschiedene Ansichten der orientalischen Personen zu zeigen. In diesem Aquarell zeigt sich Chodowieckis Begabung, in Kürze und gekonnter Komposition, treffsicher und detailliert, Szenen zu schildern und künstlerisch zu fassen. Dabei legt er weniger Gewicht auf anatomisch akkurate Darstellung der Pferde und Menschen, sein Interesse wird erregt durch Besonderheiten des Habitus der Fremden. Er zeigt die Zäumung, die bunten, sehr langen Schabracken der Pferde, die kostbaren, pelzverbrämten Mäntel, die unterschiedlichen Kopfbedeckungen, Barttrachten und Waffen der Männer. *RR*
Lit.: Ausst.kat Berlin (1987).

*887 (11/28)*

**11/25 (Abb. 335)**
**Daniel Nikolaus Chodowiecki**
**Ein Mitglied der türkischen Gesandtschaft »die Statue Equestra auf der Langen Brücke ansehend«**
Berlin, 1764
Radierung, 10,8 x 8 cm
Berlin, SMPK, Kupferstichkabinett
(113, 208–1885)

Dieses Blatt zeigt, daß Chodowiecki auf der Straße entworfene Skizzen nutzte, um nach ihrem Vorbild Graphiken anzufertigen. Diese Radierung gehört zu einem Entwurf, den Chodowiecki mit leichten Veränderungen in mehreren Versionen ausgeführt hat. Unverändert bleibt die zentrale Figur, ein schnauzbärtiger Mann in osmanischer Tracht. Die Staffagefiguren werden oft verändert oder fallen ganz weg. Der Türke der Zeichnung betrachtet das Reiterdenkmal des Großen Kurfürsten nach dem Entwurf Andreas Schlüters, das sich vor dem Zweiten Weltkrieg auf der Langen Brücke am Stadtschloß in Berlin befand. Links im Hintergrund erscheint ein Reiter, der sich nach links hinten vom Pferd beugt, weitere Reiter mit Turbanen und Köchern findet man im Bildhintergrund rechts, die Figuren sind teilweise von der Bodenlinie überschnitten. Oben links erscheint auf diesem Blatt als ›Einfall‹ der Kopf eines älteren Mannes mit Turban und Bart, der für ein Porträt Ahmed Resmi Efendis gehalten werden könnte. *RR*

Lit.: Bauer (1982), Engelmann (1926/1).

**11/26 (Abb. 886)**
**Daniel Nikolaus Chodowiecki**
**Rückenansicht von drei verschleierten Orientalinnen**
Berlin, 1763
Berlin, SMPK, Kupferstichkabinett (KdZ 4227)

**11/27 (Abb. 885)**
**Daniel Nikolaus Chodowiecki**
**Mitglied der türkischen Gesandtschaft mit Stock**
Berlin (?), 1763
Berlin, SMPK, Kupferstichkabinett (KdZ 4226)

**11/28 (Abb. 887)**
**Christian Bernhard Rode (1725–Berlin–1797)**
**Ein Türke von der Gesandtschaft Ahmed Resmi Efendis 1763**
1763
Rötel, Aquarell und Deckfarben, 18,5 x 11 cm (Blatt)
Berlin, SMPK, Kupferstichkabinett
(KdZ 17 644)

Wie Daniel Chodowiecki beschäftigten sich auch andere Künstler mit dem Auftreten orientalischer Exotik in den Straßen Berlins. Zu ihnen gehörte Bernhard Rode, in dessen Privatakademie Chodowiecki Unterricht im Aktzeichnen genommen hatte. Wie bei den Zeichnungen Chodowieckis scheint es sich um Studien nach der Natur zu handeln, der Porträtierte wird in momentaner Situation erfaßt und skizziert. Bei Rode ist eine ähnlich liebenvolle Beachtung des Details wie bei Chodowiecki zu erkennen, doch fehlt seiner Zeichnung der kurze, präzise Schwung, der die Darstellungen Chodowieckis auszeichnet. *RR*

## *Kapitel 12*

## *Europäer und Orientalen im Portrait*

Sich auf Hoffesten orientalisch zu kleiden war bereits im 16. und 17. Jahrhundert Mode, sich im orientalischen Kostüm porträtieren zu lassen aber wurde erst in den Niederlanden des 17. Jahrhunderts modern. Zu einer ausgesprochenen Modewelle wurden Porträts ›en sultane‹ oder ›en honnête musulman‹ jedoch erst nach dem Besuch der zweiten türkischen Gesandtschaft, 1742, in Paris: Der weltoffene türkische Gesandte Said Pascha hatte während seines Aufenthaltes mehrere Malerateliers besucht, und zwei Bildnisse von sich – für einen Muslim ungewöhnlich – in Auftrag gegeben, eines bei Maurice Quentin de LaTour und ein weiteres bei Jacques-André-Joseph Aved; des letzteren Gemälde (12/16) wurde begeistert aufgenommen und Aved avancierte zu einem begehrten Porträtisten. Vor allem jene Persönlichkeiten, die Beziehungen zum Orient hatten, wollten sich modisch und orientalisch-prächtig gekleidet porträtieren lassen. Hoffähig wurden Bildnisse im türkischen Kleid durch die Marquise de Pompadour, die sich in den 1750er Jahren von Carle Vanloo in drei Gemälden für das Schlafzimmer ihres Schlosses Bellevue als Sultanin porträtieren ließ. In Frankreich ließen sich in den 1750er Jahren viele Schauspielerinnen und Tänzerinnen in türkischem Stil malen. Porträts in türkischem Kostüm wurden rasch in ganz Europa beliebt; von Lady Mary Wortley Montagu, Gattin des englischen Gesandten in Istanbul, die sich auch, vermutlich in Konstantinopel, von Van Mour hatte porträtieren lassen, existieren gleich mehrere Porträts in türkischem Gewand (12/4). Selbst Kaiserin Maria Theresia ließ sich in den Jahren zwischen 1743–45 in Wien von Jean-Etienne Liotard in türkischem Gewand malen. Liotard selbst nahm, nach einem Besuch in Konstantinopel als Begleiter eines Gesandten, türkische Lebensgewohnheiten an, trug Bart und Kleidung in türkischer Manier. Auf seinen Reisen durch europäische Hauptstädte führte er zahlreiche ›osmanische‹ Gewänder mit sich und konnte mit seinem großen Fundus von Zeichnungen und Pastellen rasch türkische Atmosphäre vermitteln.

**12/1 (Abb. I)**
**Govert Flinck (Kleve 1615–660 Amsterdam),** zugeschr.
**Morgenländischer Fürst**
Amsterdam, um 1642
Leinwand, 85,1 x 67,3 cm
Liverpool, National Museums & Galleries on Merseyside, Walker Art Gallery (960)

Govert Flincks Gemälde gehört zu einer Gruppe mit Darstellungen bärtiger Greise in orientalisierenden Phantasiekostümen. Zwei weitere Beispiele befinden sich in Privatbesitz und in Dublin (National Gallery of Ireland). Mit der lockeren, breiten Pinselführung, die in einigen Partien des pelzbesetzten Mantels geradezu skizzenhaften Charakter trägt, orientierte sich Flinck deutlich an der Malweise Rembrandts, dessen Schüler und Werkstattgehilfe er in den 1630er Jahren war. Auch für den Bildtypus wirkten Gemälde Rembrandts, beispielsweise der 1635 datierte Orientale im Amsterdamer Rijksmuseum, vorbildhaft.

Durch das im Gegensatz zu der in den Stoffgürtel greifenden Hand vergleichsweise dicht und sorgfältig ausgeführte Gesicht und den am Betrachter vorbei gerichteten Blick des Mannes erzielte Flinck einen Ausdruck, der über das porträthaft Abbildende hinausweist. Die für Darstellungen dieser Art üblichen Bildtitel verkennen den Umstand, daß es sich zumeist um Kopf- und Kostümstudien handelt, die ursprünglich eng mit biblischen Historiengemälden verbunden waren. Der Verzicht auf Attribute und die bildnishafte Isolierung aus dem ursprünglichen Erzählzusammenhang machen eine Identifzierung der Figuren nahezu unmöglich. Durch die im Rembrandtkreis gängige Verwendung von Modellen zur lebensnahen Wiedergabe der Gesichtszüge verstärkt sich der Eindruck, es handele sich um historisierende Porträts. Für die Benennung der Figur spielte letztlich aber das Assoziationsvermögen des zeitgenössischen Betrachters eine entscheidende Rolle. *VM*

Lit.: Van Dyke (1923), S. 109 (als S. Koninck); Ausst.kat. Leiden (1956), S. 35, Nr. 52; von Moltke (1965), S. 103, Nr. 183 mit Taf. 28; Sumowski (1983ff), Bd. 2, S. 1003, S. 1034, Nr. 677, S. 1109 mit Abb.

**12/2 (Abb. 888)**
**Cesare Dandini (um 1595–1658)**
**Frauenporträt als Diana**
Monogr.: CD
1639
Leinwand, 97 x 82,5 cm
Kopenhagen, Den kgl. Maleri- og Skulptursamling, Statens Museum for Kunst (Sp. 47)

Der Florentiner Cesare Dandini malte vorzugsweise Gemälde mythologischen Inhalts mit Halbfiguren wie dieses Bild der Göttin Diana mit einem Turban. Nach Olsen ist dieses Ge-

888 (12/2)

mälde möglicherweise identisch mit *»Et Contrafey Amazonis giort af een Italiensk Mester«* oder mit dem Bild *»Tyrckische Kaiserin mit ein turband auf dem kopf«*, die beide im Inventar der Königl. Dänischen Kunstkammer von 1690 erwähnt sind. Lit.: Olsen (1961), S. 55.

*889 (12/3)*

**12/3 (Abb. 889)**
**Giovanni Benedetto Castiglione**
**(Genua um 1610–um 1665 Mantua?)**
**Kopf eines bärtigen Orientalen**
Mantua, um 1655
Monotypie, überarbeitet mit Wasser- und Ölfarben, 31,7 x 23,6 cm
Bez. mit Bleistift: »43«
Windsor Castle, Lent by Her Majesty Queen Elizabeth II (3946 a)

Der Betrachter sieht den Kopf des nach rechts blickenden bärtigen Orientalen von der Seite, fast im reinen Profil. Es handelt sich um einen älteren Mann mit strengem Blick und herben, selbstbewußten Zügen. Sein über der geraden Nase wulstartig hervortretendes Stirnbein, die aufgeworfenen Lippen und das energische Kinn heben sich von dem an dieser Stelle hellen Hintergrund in ausdrucksvollem Kontur ab. Durch den um eine Kappe gewickelten, nach den Seiten weit ausladenden Turban wird der Dargestellte als Türke kenntlich. Unterhalb des Kopfes bleibt in dem hochrechteckigen Bildformat Raum für einen Teil der Schulterpartie. Dabei unterstützt der knappe Ausschnitt den Eindruck großer Nähe und trägt so zur Unmittelbarkeit der Wirkung bei. Die bewegten, gleichzeitig drahtartig hart scheinenden Barthaare finden ihre Entsprechung in den Haaren eines Pelzkragens, der den Hals des Mannes vollständig verdeckt.

Giovanni Benedetto Castiglione widmete sich nicht nur als Maler einer Fülle von Themen der verschiedensten Bereiche, wobei Landschaften, Stilleben, Bildnisse und Darstellungen des ländlichen Lebens sein besonderes Interesse fanden, sondern er trat, vor allem auf dem Gebiet der Handzeichnung und der Druckgraphik, immer wieder als Erfinder neuer Techniken hervor. So entwickelte er vermutlich die Monotypie, eine Mischform zwischen Handzeichnung und Radierung, deren Möglichkeiten er ab 1645 systematisch erkundete.

Das vorliegende Blatt, vermutlich ein blasserer zweiter Abzug, schließt in thematischer und formaler Hinsicht an den wiederum durch eine Radierung (B. 49) vorbereiteten *Kopf eines Orientalen* aus Holkham Hall an (Calabi, 1923, Nr. 6). Ende der vierziger Jahre hatte Castiglione hier bereits eine kombinierte Technik angewendet und etwa im Bereich der Haare und des Pelzkragens aus dem mit dem Pinsel aufgetragenen Dunkel kraftvolle weiße Linien als Akzente herausgearbeitet. Der *»Orientale«* aus Windsor zeigt demgegenüber eine noch freier Vorgehensweise, bei welcher der Künstler den Abdruck zusätzlich mit Wasser- und Ölfarben überging. Dieser gehört somit zu seinen spätesten Monotypien und ist nach Percy um 1655 zu datieren. *KAS*

Lit.: Blunt (1954); Ausst.kat. Philadelphia (1971); Percy (1975).

**12/4 (Abb. 890)**
**Charles Jervas (um 1675–1739)**
**Lady Mary Wortley Montagu (1689–1762)**
Nach 1716
Leinwand, 215,5 x 127,5 cm
Dublin, The National Gallery of Ireland (4341)

Das Porträt zeigt Lady Mary Wortley Montagu, vor einer Landschaft mit bewölktem Abendhimmel stehend. Sie ist dem Betrachter zugewandt, den Kopf leicht nach rechts geneigt. Sie trägt ein orientalisches Kostüm, die rechte Hand hängt locker an der Seite und faßt den Saum des Mantels, während sie ihre Linke in die Seite stützt. Am Horizont sind die Silhouette der Hagia Sophia und die Mauern Konstantinopels zu erkennen. Ob es sich bei dem Gewand um eines der Kostüme handelt, die Lady Mary in Konstantinopel anfertigen ließ, oder ob es sich um ein in England gefertigtes Kleid *à la turque* handelt, ist unbekannt.

Lady Mary trägt rote, weitgeschnittene Hosen, die bis auf die Füße fallen und mit Brokatstickerei verziert sind, darüber ein weißes Unterkleid mit offenem Stehkragen, das von einem Metallgürtel in Hüfthöhe gebunden ist. Das Obergewand ist ein dunkelblauer, am Oberkörper eng geschnittener Kaftan mit langen, anliegenden Ärmeln. Am Dekolleté wird der Kaftan mit einer Agraffe geschlossen, und der Rock des Kleides ist nach europäischer Manier, das heißt länger und weiter als in der Türkei üblich, geschnitten. An den Füßen trägt Lady Mary goldene Pantoffeln, auf dem Kopf einen Putz, wie sie ihn in einem Brief vom 1. April 1717 beschreibt: *»Der Kopfputz besteht aus einer Tolpock genannten Kappe. Diese ist im Winter aus feinem Samt und mit Perlen und Diamanten bestickt, im Sommer aus einem dünnen, schimmernden Stoff. Diese Kappe ist auf einer Seite des Kopfes befestigt, etwas herunterhängend mit einer Goldquaste. An den Seiten ist die Kappe (...) mit einem reich bestickten Tuch versehen. Auf der anderen Seite des Kopfes liegt das Haar flach und hier haben die Damen die Möglichkeit, Phantasie zu zeigen. Einige befestigen Blumen, andere Straußenfedern oder, kurz gesagt, was immer ihnen gefällt. Aber die verbreitetste Mode ist es, ein großes Bouquet aus Juwelen, gefaßt wie richtige Blumen, zu tragen.«*

Charles Jervas, geboren um 1675 in Irland, kam als junger Mann nach England, wo er Schüler bei Kellner wurde. Er ging für einige Jahre nach Italien und wurde nach seiner Rückkehr Hofmaler am Hofe Georg I., eine Stellung, die er auch unter Georg II. innebehielt. Jervas, der zu seiner Zeit als Porträtist berühmter Persönlichkeiten aus Aristokratie und Kunst bekannt war, wurde von seinen Zeitgenossen überschätzt, sein Erfolg läßt sich teilweise durch seine schriftstellerischen Ambitionen und seine Kontakte zu literarischen Kreisen in London erklären. Pope nahm zum Beispiel Malunterricht bei Jervas und ließ sich von ihm porträtieren. Schon zu dieser Zeit empfand man seine Porträts oft als langweilig, schätzte je-

890 (12/4)

doch seine Fähigkeit, Kleiderstoffe, Juwelen und andere Materialien wiederzugeben. Auch Lady Mary wußte um die künstlerischen Mängel des Meisters und äußert in einem weiteren Brief vom 1. April 1717, in dem sie den Besuch eines Frauenbades in Sofia schildert, den Wunsch, *»daß Herr Gervase unsichtbar hier sein möge. Es würde, dächte ich, seiner Kunst nicht wenig genutzt haben, so viele schöne Frauen in verschiedenen Stellungen nackend zu sehen.«* *RR*

Lit.: Halsband (1957); Ribiero (1975); Scarce (1987); Wynne (1981).

**12/5 (Abb. 891)**
**Jean-Baptiste Van Mour, zugeschr.**
**(Valenciennes 1671–1737 Konstantinopel)**
**Lady Mary Wortley Montagu mit ihrem Sohn**
Um 1717
Leinwand, 69 x 90 cm
London, National Portrait Gallery (3924)

Lady Mary Montagu (1689-1762) war in Begleitung ihres 1716 zum englischen Botschafter an die Hohe Pforte bestellten Ehemannes Edward für zwei Jahre nach Istanbul gekommen. Die Geschichte dieser Reise und ihre Beobachtungen der morgenländischen Sitten hielt sie in einer Reihe von Briefen fest. Diese ›Türkischen Briefe‹ fanden, posthum veröffentlicht, ein breites Lesepublikum. Zahlreiche Porträts belegen Montagus Hang zur Selbstdarstellung. Für Van Mour steht sie in einem türkischen Kostüm Modell, das sie in einem Brief an ihre Schwester ausführlich beschreiben hat: *»None of which would surprise you more than a sight of my person, as I am now in my Turkish habit, though I believe you would be of my opinion, that 'tis admirably becoming.«* Der Maler zeigte die Schriftstellerin mit ihrem vierjährigen Sohn inmitten eines offenen Interieurs mit Ausblick auf das entfernte Istanbul. Zwischen einer musizierenden Türkin und dem Postboten, der ihr einen Brief überbringt, füllt Lady Montagu ihren Platz als Botschaftergattin in der Atmosphäre halb privaten und halb öffentlichem Leben aus. *R/SB*

**12/6**
**Kaftan, vermutlich aus dem Besitz von Lady Mary Wortley Montagu**
Istanbul, um 1717
Seiden-Baumwoll-Gewebe, H 145 cm
London, The Trustees of the Victoria & Albert Museum (T 225-1958)

In ihrem Brief vom 1. April 1717 an Lady Mar berichtet Lady Mary von einem orientalischen Gewand, das für sie angefertigt worden sei. In der detaillierten Beschreibung ihres Kostümes schildert sie die Hosen, gefertigt aus ›rosenfarbenem‹ Damast und brokatbestickt mit goldenen Blumen. Darauf folgt eine Darstellung ihrer beiden Unterkleider, des *Gömlek* und des *Anteri*. Von ihrem Kaftan berichtet Lady Mary, daß er aus dem gleichen Material sei wie ihre Hosen, daß er genau ihren Körperformen angepaßt sei und bis an ihre Füße reiche.

Der hier ausgestellte Kaftan stammt wahrscheinlich aus dem Besitz der Lady Montagu und es wird allgemein angenommen, daß es sich um denselben Kaftan handelt, den Lady Mary in dem genannten Brief beschreibt. Der Kaftan besteht aus rosagefärbtem Seiden-Baumwoll-Damast, bestickt mit Metallfäden. Zwischen Längsstreifen von unregelmäßiger Stärke befindet sich ein in Bändern laufendes Blumenmuster. Am Oberkörper ist das Gewand knapp anliegend geschnitten, die Ärmel

*891 (12/5)*

sind eng, an den unteren Enden geschlitzt und ausgestellt, so daß sie sich wie Manschetten aufschlagen lassen. Auch der Rock ist an den Seiten bis in die Taille geschlitzt. Alle Säume sind mit Stickerei gefaßt und mit Ausnahme des Stehkragens in Wellenlinien geschnitten. Am Kaftan findet man keine Knöpfe, vermutlich wurde der Mantel offen getragen oder nur mit einer Schließe am Oberkörper zusammengehalten. *RR*

Lit.: Halsband (1957), Ribeiro (1979), Scarce (1987)

**12/7 (Abb. 397)**
**Letters of the Right Honorable Lady M-y w-y, M-y: Written during her Travels in Europe, Asia and Africa, To Persons of Distinction, Men of Letters, etc. in different Parts of Europe. Which contain, Among the other Curious Relations, Accounts of the Policy and Manners of the Turks. Drawn from Sources that have been inaccessible to other Travellers.**
**Aufgeschlagen: Lady Montagu im Türkischen Bad, Titelkupfer von Daniel Chodowiecki (Danzig 1726–1801 Berlin)**
Berlin, 1790
Berlin, Staatsbibliothek Preußischer Kulturbesitz (Ui 6281)

Während der Reise, die Lady Mary Wortley Montagu (1689–1762) mit der Gesandtschaft, der ihr Mann vorstand, 1716 nach Konstantinopel unternahm, führte sie ein Tagebuch, das später als Quelle für eine vielleicht von ihr nach

*892 (12/9)*

der Reise zusammengestellte Sammlung fiktiver Briefe diente. Diese Zusammenstellung wurde jedoch erst nach Lady Montagus Tod, 1763, erstmals verlegt. Die ›Letters‹ fanden so großen Anklang, so daß noch im selben Jahr Veröffentlichungen in Rotterdam und Leipzig folgten. 1781 wurde das Buch in Berlin durch August Mylius ediert, der die geheimnisvolle und leicht zu entschlüsselnde Verkürzung der Namen der Autorin auf die ersten und letzten Buchstaben übernahm. Das vorliegende Exemplar stammt aus einer Neuauflage der Schrift aus dem Jahre 1790.

Für die Titelseite schuf Daniel Chodowiecki einen Kupferstich, der Lady Mary, in ihr Reisekostüm gekleidet, bei einem Besuch im Frauenbad in Sofia zeigt. Lady Mary beschreibt diese pikante Begebenheit in einem Brief vom 1. April 1717 an eine unbekannte Dame: »*In einem geschlossenen Wagen fuhr ich, ungefähr um zehn Uhr, ins ›Bagino‹. Es war bereits gefüllt mit Frauen. Das Bad ist aus Stein gebaut in der Art einer Kuppel, ohne Fenster außer in einem Dach, das genügend Licht spendet. (...) Ich glaube, daß insgesamt 200 Frauen dort waren. (...) Die vorderen Sofas waren mit Kissen und prächtigen Teppichen bedeckt, darauf lagen die Damen, auf weiteren ihre Sklaven hinter ihnen, doch ohne, daß man ihren Rang an der Kleidung unterscheiden konnte, denn alle waren im Zustand der Natur, das heißt, (...), splitternackt, ohne daß irgendwo Schönheit oder Makel verborgen wurde. (...) Einige hielten Konversation, manche arbeiteten, andere tranken Kaffee oder Sherbet und viele von ihnen lagen lässig auf den Kissen, während ihre Sklaven (meist hübsche Mädchen zwischen 17 und 18 Jahren alt) damit beschäftigt waren, ihre Haare auf verschiedene hübsche Arten zu flechten.*« *RR*

Lit.: Halsband (1957).

**12/8 (Abb. 387)**
**Jean Etienne Liotard (1702–Genf–1789)**
**Maria Theresia und ihre Tochter Marianne in türkischer Tracht**
**Bez.: »Une Dame Franque de Pera à Constantinople recevant visite. Dessiné d'après nature à Constantinople par J. Etienne Liotard. Les Visages gravez à Vienne par lui meme, et les figures par Joseph Cameratta, und: Les têtes representent l'Imperatrice Reine et l'Archiduchesse Marie Anne sa Fille ainée a Vienne l'an 1745«**
Radierung, 30,6 x 23,7 cm
Wien, Graphische Sammlung Albertina
(HB 129 [6], p. 12)

**12/9 (Abb. 892)**
**Badischer Hofmaler (?)**
**Bildnis des Markgrafen Ludwig Wilhelm von Baden im türkischen Gewand**
Baden, 1. Viertel 18. Jh.
Tempera auf Pergament, auf Holz aufgezogen, 35 x 26,8 cm
Karlsruhe, Staatliche Schlösser und Gärten – OFD Karlsruhe, Schloß Favorite bei Rastatt
(G 2568)

Markgraf Ludwig Wilhelm I. von Baden (Paris 1655–1707 Rastatt) ging als ›Türkenlouis‹ in die europäische Geschichte ein. Ebenso wie sein berühmter jüngerer Vetter, Prinz Eugen von Savoyen, der edle Ritter, begründete er Ende des 17. Jahrhunderts in vielen Schlachten gegen die Osmanen seinen militärischen Ruhm. Kostbare Trophäen aus den Türkenkriegen unterschiedlicher Herkunft, trug Wilhelm von Baden als sogenannte ›Türkenbeute‹ zu einer umfangreichen Sammlung zusammen, die ursprünglich zum Residenzschloß in Rastatt gehörte. In diesem Schloß richtete sein Sohn Markgraf August

Georg gegen Ende des 18. Jh. die sogenannte ›Türckische Kammer‹ ein, doch konnte er wegen zahlreicher Verluste nur noch etwa dreihundert Beutestücke zusammenbringen.

Das gezeigte Porträt zählte zu einer Sammlung von ursprünglich 70 Kostümbildern aus der Sommerresidenz, dem Lustschloß Favorite bei Rastatt. Gemalt wurde es von einem badischen Hofmaler, möglicherweise Ivenet. In einem Inventar aus dem Jahre 1772 werden *»70 Stuck dito Gemählde mit Waßerfarbe in vielerley Masqueraten, Verkleydungen des Prinzen Louis, dero Frau Gemahlin und Prinzen«*, alle in ›indianischen Rahmen‹, aufgelistet, unter denen sich das hier gezeigte Bild befand. Dargestellt ist Markgraf Ludwig Wilhelm von Baden in einem türkischen Gewand vor einem nur skizzenhaft angedeuteten Hintergrund. Augenfällig ist ein kostbarer Krummsäbel, den er in seiner linken Hand hält, und der vermutlich zu der ›Türkenbeute‹ gehörte. Wahrscheinlich gaben höfische Festlichkeiten Anregungen zu diesen kleinen Gemälden, auf denen auch die Markgräfin dargestellt ist, u.a. als Bacchantin, Diana, Spanierin, Perserin und auch als Sklavin. Sie sind nicht zu den traditionellen höfischen Repräsentationsporträts dieser Zeit zu rechnen. *AP*

Lit.: Sillib (1914); Ausst.kat. Karlsruhe (1977); Ausst.kat. Karlsruhe (1955).

**12/10 (Abb. 893)**
**Jean Etienne Liotard (1702–Genf–1789)**
**Dame in türkischem Gewand**
Kohlestift und Rötel, 21,3 x 14,5 cm
Berlin, SMPK, Kupferstichkabinett (KdZ 1627)

**12/11 (Abb. 894)**
**Unbekannter Künstler**
**Bildnis der Maria Theresia Gräfin Kollonitz in türkischer Tracht**
Leinwand, 224 x 152 cm
Petronell, Otto Graf Abensperg-Traun

Dieses ganzfigurige Repräsentationsporträt zeigt die Gräfin Kollonitz vor einer zeltähnlichen Draperie auf einem Kissen sitzend. Sie lehnt sich leicht an einen Tisch, auf dem ein metallenes Räuchergefäß steht. Der Bruder der Gräfin, Maximilian Graf Kollnitz, erlangte in den Kämpfen gegen die Türken hohe militärische Ehren. In Anlehnung daran trägt diese die reiche Hauskleidung einer Türkin und hält einen Krummsäbel in der Hand. Im Vergleich zu anderen Porträtierten in türkischer Garderobe (vgl. 12/15) ist ihre Kleidung etwas variiert. Das lange Unterkleid ist gekürzt und wird in die Pumphose gesteckt. Statt des schweren Gürtels trägt sie eine Schärpe, wie es seit Mitte des 18. Jahrhundert Mode war. Als Kopfbedeckung gehört dazu eine kleine, mit Tüchern umwickelte Kappe, die mit Juwelen festgesteckt und geschmückt wird. *SD*

Lit.: Scarce (1987).

*893 (12/10)*

MARIA THERESIA GRAFIN
VON WRBNA, GEBOHRNE
GRAFIN VON KOLLONITZ

*894 (12/11)*

**12/12 (Abb. 413)**
**Porträt der Roxelane**
Bez.: »ROSA SOLYMANNI UXOR«
Venedig (?), 18. Jh.
Leinwand, 63,7 x 54,7 cm
Paris, Eric Grünberg

Über dieses Bild ist wenig bekannt. Folgt man der Inschrift, so handelt es sich um Roxelane, die zweite Frau Sultan Süleymans, des Prächtigen (1494–1566). Sie war wohl russischer Herkunft, kam als junges Mädchen als Sklavin an den Hof, konnte dort die Gunst des Sultans gewinnen, so daß er sie später freiließ und heiratete. Wahrscheinlich benutzte der Künstler eine ältere Stich- oder Bildvorlage aus dem 16. Jahrhundert. Ein anonymer venezianischer Holzschnitt um 1550 zeigt im Medaillon eine Frau mit aufwendigem Kopfputz mit Schleier, die Bildunterschrift weist sie als »*La piu bella e piu favorita donna del gran Turcho dita la Rosa*« aus. Ungeklärt sind Vorbilder und Hintergründe der Entstehung dieses Werkes, das die Frau eines orientalischen Herrschers in abendländischer Bildtradition zeigt. *AR*
Lit.: AUSST.KAT. LONDON (1988); AUSST.KAT. BERLIN (1988).

**12/13**
**Jean-Baptiste Van Mour (Valenciennes 1671–1737 Konstantinopel) Umkreis**
**Porträt einer Dame in türkischer Kleidung**
Anf. 17. Jh.
Leinwand, 181,5 x 95 cm
Kuzgunzuk-Istanbul, Koç Holding A. S.

**12/14 (Abb. 376)**
**Porträt einer Dame in türkischer Kleidung**
17. Jh. (?)
Leinwand, 189 x 102 cm
Kuzgunzuk-Istanbul, Koç Holding A. S.

**12/15 (Abb. 382)**
**Jens Juel (Fünen 1745–1802 Kopenhagen)**
**Bildnis der Herzogin Louisa von Schleswig-Holstein-Sonderburg-Augustenburg in türkischer Tracht**
Um 1780–90
Leinwand, 44,5 x 33,5 cm
Schleswig, Schleswig-Holsteinisches Landesmuseum, Schloß Gottorf (1980/349)

Juel malte die Herzogin Luisa von Schleswig-Holstein, die Schwester des Königs Friedrich VI. von Dänemark, in der vollständigen Hauskleidung einer vornehmen Türkin. Sie trägt einen gelben ›anteri‹, ein Kleid mit langen schmalen Ärmeln, das vorn geknöpft und an den Seiten hochgeschlitzt ist. Als Unterkleid gehört dazu ein knöchellanges Hemd, das die Pumphosen verdeckt. Über dem ›anteri‹ trägt die Herzogin einen blauen, kurzärmeligen und mit Hermelin gefütterten Mantel. Ihr wichtigstes Schmuckstück ist der schwere, reich verzierte Gürtel. Der lang über den Rücken fallende Schleier ist nicht orientalisch. Ebenso fällt der Brief in ihrer rechten Hand auf. Eventuell sind dies Hinweise darauf, daß es sich hier um ein Hochzeitsbildnis handelt. *SD*
Lit.: SCARCE (1987).

*895*

*895 Nicolas de Largillière, Der Goldschmied und Orientreisende Jean-Baptiste Tavernier (1605–1689), Lwd., Herzog Anton Ulrich-Museum, Braunschweig*

**12/16 (Abb. 896)**
**Jacques-André-Joseph-Camelot Aved**
**(Douai [?] 1702–1766 Paris)**
**Porträt des Sa'id Pascha**
Sign. und dat.: Aved 1742
Leinwand, 238 x 161 cm
Versailles, Musée National des Châteaux de Versailles (MV 3716)

Durch Jacques André Aved war das orientalische Kostümporträt in Frankreich zur Mode geworden. In seinen Gemälden hatte er Herren und Damen aus vornehmer Gesellschaft in Paschas und Odalisken verwandelt, ehe er mit Sa'id Pascha an einen echten Türken geriet. Sa'id Pascha (vgl. 11/11), der das Gemälde Ludwig XV. zum Geschenk machte, war an künstlerischen Dingen nicht uninteressiert. Bevor er den Auftrag an Aved vergab, hatte er mit La Tour Kontakt aufgenommen. Später suchte er das Atelier Jean-Baptiste Chardins auf, der mit Aved befreundet war. Aved malt ihn im Rang eines Botschafters, sein Beglaubigungsschreiben in der Linken, umgeben von Werken der Geographie und des Völkerrechts, und ist auch sonst bemüht, den Türken als einen gelehrten und in den Künsten bewanderten Mann hinzustellen. Der Orientalismus des Bildes wird am ehesten faßlich, wo dieses von der höfischen Porträtkonvention abweicht: Im beide Beine gleichmäßig belastenden Stand, der leichten Neigung des Kopfes, dem ›je ne sais quoi‹ der beiden Hände, deren eine zugleich zeigt und sich aufstützt, deren andere den Brief hält, als lehnte sie am Griff eines Galanteriedegens, und in dergleichen mehr. Das Gemälde wurde im Salon von 1642 ausgestellt, wo es um seiner raffinierten Farbigkeit willen Bewunderung fand. Es eröffnete dem Künstler den Weg an den Versailler Hof und begründete seinen Ruhm. Selbst der König verlangte nun nach einem Porträt. *R/SB*
Lit.: Wildenstein (1922).

**12/17**
**Carl Gustaf Pilo**
**(Runstuna um1712–1792 Stockholm)**
**Der erste tripolitanische Gesandte (Mahmud Agas), der im Jahr 1758 nach Kopenhagen kam**
1758
Leinwand, 78,5 x 63 cm
Kopenhagen, Den kgl. Maleri- og Skulptursamling, Statens Museum for Kunst (Sp. 853)

**12/18 (Abb. 377)**
**Carl von Steuben**
**(Bauerbach/Meiningen 1788–1856 Paris)**
**Porträt der Marquise de Béthisy als Orientalin**
Leinwand, 235 x 140 cm
Lille, Musée des Beaux-Arts (P. 458)
Öl auf Leinwand, 235 x 140 cm

Dieses Bildnis entspricht dem Typ des ganzfigurigen Repräsentationsporträts. Carl von Steuben, Nachkomme des deutsch-amerikanischen Generals Friedrich Wilhelm von Steuben, stellt die Marquise auf eine den Blick auf die Landschaft freigebenden Burgterrasse. Kleidung und Schmuck der Marquise entsprechen der Mode des Biedermeier. Sie präsentiert sich jedoch als Orientalin, denn als Kopfbedeckung trägt sie einen roten Turban, geschmückt mit Federbusch und Perlenanhänger. Auch die dargestellten Teppiche aus Persien und China sowie die Darstellung auf der Blumenvase sind Zeichen der Orientrezeption des frühen 19. Jahrhunderts.

**12/19**
**Robert Scott Lauder (1803–Edinburgh–1869)**
**Porträt David Roberts'**
1840
Leinwand, 133 x 101,5 cm
Edinburgh, Scottish National Portrait Gallery (PG 2466)

Der schottische Architekturmaler David Roberts hatte sich, nach zahlreichen Reisen auf dem Kontinent, in den Jahren 1838–39 in Ägypten und Syrien aufgehalten. Seine hier gewonnenen Eindrücke wirkten sich äußerst anregend auf seine Bilder aus. Auf dem ausge stellten Gemälde ist Roberts in einem orientalischen Gewand dargestellt, daß er von dieser Reise mitgebracht hatte. Auffällig ist der indifferent gehaltene Hintergrund, der jegliche Hinweise etwa durch Pyramiden oder Sphingen auf eine bestimmte Topographie vermissen läßt, wie es bei ähnlichen Darstellungen anderer Reisender durchaus üblich war. Bildnisse im Türkischen Kostüm waren in England im 18. Jh. und lange Zeit danach große Mode, ebenso wie in Frankreich. Im Gegensatz zu Roberts war der Maler Robert Scott Lauder aber nie im Nahen Osten gewesen. Seine ersten Anregungen, Künstler zu werden, soll er durch eine prachtvoll illustrierte Ausgabe von *Tausend und einer Nacht* erhalten haben. Das Bildnis Roberts gehört zu einer Serie von Porträts schottischer Künstler, die Robert Scott Lauder schuf und zählt mit zu seinen farbenprächtigsten Gemälden. *AP*
Lit.: Ausst.kat. Edinburgh (1983)

**12/20 (Abb.897)**
**Henry William Pickersgill**
**Bildnis James Silk Buckingham und seiner Frau**
1816–1825
Leinwand, 152,5 x 122 cm
London, Royal Geographical Society

Anläßlich des zehnten Hochzeitstages ließ sich der englische Journalist und Publizist James Silk Buckingham (1786-1855) im Jahre 1816 mit

896 (12/16)

*897 (12/20)*

seiner Frau Elizabeth porträtieren. Den Auftrag erhielt Henry William Pickersgill, ein in London tätiger Bildnismaler, der in seiner Zeit als Nachfolger von Thomas Lawrence galt. Im Stil der Rembrandt-Mode folgend, zeigt der Künstler das Ehepaar in einem arabischen Kostüm. Buckingham trägt das Gewand, mit dem er sich im selben Jahr ohne seine Frau auf die Reise nach Palästina, Syrien, Mesopotamien und Persien begeben hatte. Sein Weg führte ihn damals auch nach Bagdad, das er im Hintergrund seines Bildes festhalten ließ. Dort wurde er im Hause seines Landsmannes, des Gelehrten Claudius James Rich (1/196), freundschaftlich aufgenommen. Durch ihn lernte er die Ruinen der Stadt kennen, die Rich im Begriff war, archäologisch zu erforschen. Auf seinen Rat hin besuchte Buckingham Babylon, mit dessen Beschreibung er die Zeitgenossen über den Stand der Forschungen unterrichtete. Von dieser, wie von seinen anderen Unternehmungen brachte er ein Reisetagebuch mit, das er später veröffentlichte (1/202). Die Eindrücke und Erfahrungen, die Buckingham im Orient gewonnen hatte, verbreitete er in Vorträgen und versuchte sie mit sozialpolitischem Engagement zum Ausdruck zu bringen.

Anthonis van Dijk hatte mit den Bildnissen

von Sir Robert und Lady Shirley (Abb. 383) die ersten orientalischen Kostümbilder in der Geschichte der englischen Gattenprotrâts geschaffen. Der repräsentativen Exotik eines van Dijk gegenüber vermittelt Pickersgills Gemälde den Eindruck des Intimen. Der Maler stellt Lady Buckingham in den Mittelpunkt der Reisewelt ihres Mannes. Das warme Licht der fremden Farben und Gewänder stiftet hier eine Art Vertraulichkeit, die im Sinne ehelicher Treue nicht gerade typisch ist für das Bild, das man sich in Europa die Jahrhunderte über von türkischer Moral gemacht hatte. *R/SB*

Lit.: Buckingham (1827); Buckingham (1855), Turner (1934); Thornton (1985).

**12/21**

**Théodore Géricault (Rouen 1791–1824 Paris)**
**Porträt eines Orientalen**
Frankreich, nach 1817
Leinwand, 59 x 48 cm
Besançon, Musée des Beaux-Arts et d'Archéologie de Besançon (886.3.4)

**12/22 (Abb. 372, 373)**

**Nicolas de Nicolay (1517–Arfeuille–1583)**
**Vier Bücher von de Raisz und Schiffart in die Turckey**
**Aufgeschlagen: Ein Edle Turckische Frawe inn ihrer behausung** (fol. 113)
Antorff, 1576
Kolorierter Holzschnitt
Berlin, SMPK, Kunstbibliothek (Lipp Lb 6)

Nicolay's *Vier Bücher von de Raisz und Schiffart in die Turckey* erschienen zuerst 1568 in Lyon. Sie waren dem französischen König Karl IX. gewidmet, dem der Verfasser als Kammerdiener und ›ordentlicher Geograph‹ gedient hat. Das Privileg (Urheberrecht) hatte er bereits 1555 erhalten. Seine Reise in die Türkei hat zwischen 1546 und 1555 stattgefunden. Nach eigenem Bekunden hat er selbst 60 Zeichnungen als Illustrationen der Texte verfaßt, von denen in der Lyoner Ausgabe 48 mit den Initialen »L.D«. versehen sind. Über den Stecher, Louis Danet, ist weiter nichts bekannt. Das Werk erschien 1576/77 in Antwerpen in mehreren Übersetzungen. Eine deutsche Übersetzung war auch schon 1572 bei Gerlach in Nürnberg mit Kopien von Conrad Saldörffer erschienen. Zur Abbildung erwähnt Nicolay, daß er die Bekanntschaft mit einem Eunuchen des bereits verstorbenen Chaireddin (Khair ed-Din) Barbarossa, Zaferag Ragugeo, benutzt habe, um Informationen über die Kleidung der im Serail eingeschlossenen Frauen zu bekommen. Die Frau trägt die hohen Stelzenschuhe, Kapkap. *RL*

Lit.: Kat. Harvard (1964), Nr. 386; Nicolai (1580), S. 56.

**12/23 (Abb. 370)**

**Hans Waigel (Amberg?–vor 1578–Nürnberg)**
**Habitus praecipuorum populorum, tam virorum quam foeminarum Sungulari arte depicti**
**Aufgeschlagen: Turcica Mulier in Balneis** (Tafel 209)
Nürnberg, 1577
Berlin, SMPK, Kunstbibliothek (Lipp Aa 14)

Hans Waigel (Weigel, Weygel) wurde in Amberg geboren. 1549 wird der Formschneider, Briefmaler und Drucker Bürger Nürnbergs. Sein bekanntestes Werk ist das vorliegende Buch. Es enthält 219 Abbildungen, die die Tracht von Männern und Frauen diverser Stände und Völker vorführen. Auf Tafel 209 ist eine türkische Frau im Bad zu sehen (Turcica Mulier in Balneis). Die weibliche, mit einem dünnen durchsichtigen Stoff bekleidete Figur hat er jedoch nicht in einen Innenraum gestellt. *RL*

Lit.: Mayer (1836); Passavant IV (1864), S. 1 bis 311; Doege (1903).

**12/24**

**Cesare Vecellio**
**De gli habiti antichi, et di diverse parti del mondo**
**Aufgeschlagen: »Favorita del Turco«** (Seite 391)
Venedig, 1590
Berlin, Staatsbibliothek Preußischer Kulturbesitz (Pn 3142 R)

**12/25**

**William Hogarth (1697–London–1764)**
**Ein türkisches Bad**
London, 1727
Kupferstich, 25,7 x 17,5 cm
Berlin, SMPK, Kupferstichkabinett (817–68 / Dp. 215,3)

Der Stich ist ohne Signatur und befindet sich im ersten Band von La Motrayes *Travels (...)* von 1727 innerhalb der Tripolis-Beschreibung. Bei seinem Besuch in Tripolis äußerte sich La Motraye ausführlich über die dortigen türkischen Bäder, die wie überall in der Türkei *»les plus magnifiques«* (La Motraye, 1727, S. 106) seien. Das Bad sei quadratisch mit einer Kuppel, die durchlöchert sei, damit das Licht durch die eingesetzten Glasscheiben falle. Um in den Hauptraum des Bades mit der Marmorplatte, die als Ruhegelegenheit dient, zu gelangen, müsse man zwei Vorräume durchqueren, von denen der erste mit einem umlaufenden ›Sopha‹ ausgestattet sei. Dort könne man seine Kleider ablegen und bekomme ein großes Baumwolltuch, das »Esthimale«. In Hogarths Stich trägt dieses die schwarze Sklavin, die ›Tellekgis‹ genannt werden. Sie seift die Benutzerin ein und übergießt sie abwechselnd mit kaltem und warmem

*898 (12/27)*

Wasser, das aus zwei Leitungen in das muschelartige Becken fließt. Zuvor hatte diese sich im Bad massieren lassen, Gelegenheit zur Rasur gehabt u.a. Im ersten Vorraum nimmt man hinterher Erfrischungen zu sich und bezahlt die Benutzung. Hogarth hat sich auch in dieser Schilderung von einem Stich, der 1714 in den *Recueil (...)* nach Gemälden des J.B.van Mour (9/79) erschien (Abb.49), leiten lassen. Dort ist die Szene jedoch seitenverkehrt und nicht alle Figuren und Details sind identisch. Dem Baderaum fehlt zudem die Kuppel. Die graphische Gestaltung der Wand und des Beckens entspricht sich dagegen. Der Stich stellt den zweiten Zustand dar: Im ersten waren am oberen Rand die Bezeichnungen »T.I« links und »X« rechts angebracht. Im zweiten Zustand von 1727 sind sie ersetzt worden durch »T.1.N° X« auf der rechten oberen Seite. *RL*
Lit.: AUSST.KAT. BERLIN (1980), Nr.4, S. 17; PAULSEN (1970), Nr. 21, Pl. 24; La MOTRAYE (1727); RECUEIL (1714), Nr. 49, S. 106ff.

**12/26 (Abb. 381)**
**Le Barbier**
**Frauenbad**
18. Jh.
Kolorierter Kupferstich, 29,5 x 40,5 cm
Paris, Bibliothèque Nationale, Cabinet des Estampes (Dc 24 / 71 C 48585)

**12/27 (Abb. 898)**
**François Boucher (1703–Paris–1770)**
**Sultan mit zwei Frauen und einer Dienerin**
Paris, um 1750
Aquarell, Feder, Pinsel, Kreide; 36,8 x 28,4 cm
Wien, Graphische Sammlung Albertina (12152)

Die *Recueil Ferioll* (9/79) und Gallands Herausgabe der *Tausendundeinen Nacht* (9/67) regten auch Boucher, wie viele seiner Zeitgenossen, zu lebhaften Fantasien über den poetischen und erotischen Orient an.

Die sinnliche Darstellung des jungen Sultans mit seinen drei Gespielinnen und einer Dienerin hat kein Vorbild im *Recueil Ferriol*, in dessen direkter Nachfolge Boucher 1746/47 Vorlagen für 20 Tafeln der *Moeurs et Usages des Turcs* von J. A. Guer anfertigte. Die Szene ist vor einer durch Vorhänge zum größten Teil verdeckten europäischen Architektur angeordnet. *SD*
Lit.: PAPE (1987).

**12/28**
**Antoine de Favray**
**(Bagnolet 1706–1791 Malta)**
**Levantinerinnen in türkischer Tracht**
Frankreich, um 1760
Leinwand, 120 x 160 cm
Toulouse, Musée des Augustins

Favray war Schüler von Jean-François de Troy, einem Direktor der Académie de France in Rom. Ihn begleitete er 1738 nach Rom. 1744 fuhr er zusammen mit Malteserrittern in deren Heimat und blieb dort, 1751 selbst Ordensritter geworden, bis zu seinem Tode. Wie schon vor ihm Jean Baptiste Van Mour oder Jean-Etienne Liotard gehört Favray zu den Malern des 18. Jahrhunderts, die den Orient besuchten (1762–1771) und so fasziniert waren, daß sie über Jahre dort blieben. Favray malte überwiegend Porträts und Genreszenen aus seiner Umgebung auf Malta und in der Türkei. In Konstantinopel gehörte er zum Gefolge des französischen Botschafters Comte de Vergennnes; ihn und seine Gattin malte er in türkischen Kleidern. Die hier gezeigte Szene der in ein Gespräch vertieften Levantinerinnen wird während seines Türkeiaufenthaltes entstanden sein. Favrays Genreszenen entsprechen völlig den zeitgenössischen französischen Geschmack. Auch den dort beginnenden Geschmackswandel zu einer klassizistischen, geglätteten Malweise vollzieht er mit. *MEP*
Lit.: WATELET (1959), S. 44–51.

ANTONIO UND FRANCESCO GUARDI
TÜRKISCHE SZENEN
Venedig, 1742–43

Die hier gezeigten sechs Bilder entstammen einem Zyklus von ursprünglich 43 Gemälden, die um 1740 von Marschall Johannn Matthias von der Schulenburg in Auftrag gegeben worden waren. Der Anteil von Antonio (1698–1760) und Francesco Guardi (1712–1793) an den Bildern ist nicht immer eindeutig feststellbar. Aus diesem Zyklus sind heute noch zwanzig Bilder bekannt. Vier der hier gezeigten sechs Bilder zeigen höfische Szenen im Palast und im Garten des Herrschers, die beiden anderen stellen Mensch und Natur in den Vordergrund. Diese Bilder der Guardis zeigen alltägliche Begebenheiten, keine historischen Ereignisse.

In den Jahren von 1704–1717 erschien die erste Übersetzung der Erzählungen aus *Tausendundeiner Nacht* von Jean-Antoine Galland (9/66), die rasch Verbreitung in Europa fand und das Interesse für orientalische Themen anregte. *AR*

Lit.: BEAL (1988) S. 173–179; MORASSI (1973), S. 274–278; WATSON (1960), S. 3–13.

**13/1 (Abb. 899)**
**Antonio Guardi (1698–1760)**
**Tanz dreier türkischer Paare vor einem Feuer**
Venedig, 1742/43
Leinwand, 46 x 64 cm
Privatbesitz

Während das letzte Licht der Dämmerung am Horizont verschwindet, tanzt eine Gesellschaft an einem lodernden Feuer. Das Dunkel verhüllt die Umgebung, schemenhaft zeichnet sich ein Gebäude ab, dessen angedeutete Säulenarchitektur zur vornehm heiteren Stimmung beiträgt. Der Blick über das Wasser mit den Booten am Ufer öffnet die Szene in die Tiefe. Drei Paare in eleganter orientalischer Tracht tanzen in einer Reihe hinter dem Feuer, dessen warmes Licht sie aus der Dunkelheit heraushebt. Sie halten alle einander bei den Händen, das linke Paar ergreift ein Tuch. Gemeinsam sind die Tänzer im Schritt begriffen, sie haben das rechte Bein erhoben und schwingen es leicht angewinkelt vor das Standbein. Guardis Absicht war es wohl, ein ungezwungen-fröhliches Vergnügen auszudrücken, das er vielleicht besonders mit dem orientalischen Leben verband. *AR*

**13/2 (Abb. 900)**
**Antonio Guardi (1698–1760)**
**Kurtisane und Soldat**
Venedig, 1742/43
Leinwand, 46 x 64 cm, Privatbesitz

Gleich einem Capriccio schafft Guardi hier eine Szene, die durch die Kombination von Landschaft und Architektur belebt wird. Einfache kleine Häuser stehen auf der rechten Seite, davor ein ausgezehrter Baum, von der Kraft des Wetters geneigt. Ländlich wirkt diese Ansicht, hinter der sich ein hohes schmales Gebäude erhebt, vielleicht ein Aussichtsturm, der zum Stadttor gehört und von dem noch ein großer Bogen zu einem Wandaufriß mit zwei massiven Säulen hinüberführt. Durch diesen ruinösen Bogen sieht man eine Stadt, deren Gebäude jedoch keine genaue Ortsbestimmung zulassen. Die beiden Figuren, die dieses Bild mit Leben erfüllen, sind im Vordergrund angesiedelt. Hinter einem vergittertem Fenster schaut eine Frau heraus, sie blickt zu dem Mann hinüber. Seinen Turban hat er abgesetzt und hinter sich auf den Boden gelegt. Nun gibt ihm ein ausladender Schnurrbart das charakteristische orientalische Aussehen. Erhobenen Hauptes blickt er zu der Frau im Haus. Demonstrativ hält er ihr seinen linken Arm entgegen, während er ein Messer an sein Handgelenk führt; er will ihre Aufmerksamkeit erwecken. Als Vorlage diente Blatt Nr. 43 – *Amant Turc* – des *Recueil Ferriol* (9/79). *AR*

**13/3 (Abb. 903)**
**Giovanni Antonio Guardi**
**Szene in einem Harem**
Venedig, 1742/43
Leinwand, 46,5 x 64 cm
Lugano, Fondazione Thyssen-Bornemisza (1956.3)

Man schaut in einen kachelverkleideten Raum mit umlaufendem Diwan, der sich von den beiden Sultanszenen kaum unterscheidet. Der Fußboden ist mit einem üppigen Rokokomotiv dekoriert. Gewaltige Stoffmengen fallen faltenreich von der Decke, so scheint es, in den Raum hinein. Dadurch erhält die eher statische Szene nicht nur eine gewisse Dynamik, auch der Raum wird mit einem belebenden Effekt nach oben hin abgeschlossen. Zwischen den beiden Fenstern sitzt die Frau mit einem eigentümlich flachen Hut, die übereinandergeschlagenen Beine hält sie unter ihrem Kleid verborgen. Links von ihr steht ein kleines Tischchen mit einer Karaffe oder Vase und einer angelehnten langen Pfeife. Drei Frauen mit ähnlichen flachen Hüten stehen am rechten Bildrand. Morassi weist mehrfach darauf hin, daß Guardi für einige seiner Bilder auf französische Stiche zurückgriff. Direkter Einfluß, auch in diesem Bild feststellbar, ging von dem Werk Van Mours: *Recueil de cent estampes (...)*, Paris 1712/13 (9/79)aus. *AR*

**13/4 (Abb. 904)**
**Giovanni Antonio Guardi**
**Szene im Garten eines Serails**
Venedig, 1742/43
Leinwand, 46,5 x 64 cm
Lugano, Fondazione Thyssen-Bornemisza (1956.2)

Das vergnügliche Treiben im Garten des Serail wirkt phantastisch und erinnert stark an eine

899 (13/1)

900 (13/2)

901 (13/5)

902 (13/6)

903 (13/3)

Theaterlandschaft. Eine Brunnenarchitektur setzt den Hintergrund des Bildes. Auf ihren äußeren Voluten sitzen zwei Wasserspeier, die das Wasser zu einem feinen Schleier zerstäuben. Davor, auf einem Diwan, raucht der Sultan entspannt an einer langen Pfeife. Ihm zugewandt steht eine Frau, sie hat den Kopf zurückgeworfen. Mit der Linken rafft sie den Rock etwas, die Rechte erhebt sie leicht, als wolle sie einen Tanz beginnen. Von beiden Seiten eilen Diener mit Speisen heran, den Sultan zu erfreuen. Links und rechts ragen formenreiche Architekturen mit großen Voluten ins Bild, die eine größere Anlage andeuten sollen. Den vorderen Bildrand begrenzen Blumen und Sträucher, ein Knabe mit einem Affen an der Leine fügt sich bereichernd in das Bild ein. Der Bildaufbau gleicht einer Theaterbühne, auf der die Personen ihre zugewiesenen Rollen verkörpern. Man spürt auch hier den Einfluß des französischen Rokkoko. *AR*

**13/5 (Abb. 901)**
**Antonio Guardi (1698–1760)**
**Der Sultan empfängt eine Gesandtschaft, die ihm Geschenke überbringt**
Venedig, 1742/43
Leinwand, 46 x 64 cm
Privatbesitz

Der Empfang findet in einem Saal des Herrscherpalastes statt, die Szene beschränkt sich auf eine Ecke. Die großen Fenster durchbrechen die Wände, jedoch teilweise überdeckt von einem majestätisch herabfallenden Vorhang. Die beiden über Eck angelegten Fenster lenken den Blick in die Landschaft, und es entsteht der Eindruck der vorbeiziehenden Wolken. Vor diesem Ausblick sitzt der Sultan in der Ecke des Raumes ruhig in sich gekehrt auf dem umlaufenden Polster. Sein Blick scheint gesenkt. Er nimmt keine Notiz von den ihn umgebenden Personen und wendet sich weder dem nahe bei ihm stehenden Mann zu, der das Wort an ihn richtet, noch den vier ebenfalls würdig gekleideten Herren, die in einigem Abstand rechts von ihm Aufstellung genommen haben. Zwei Diener nähern sich dem Sultan, um ihm

904 (13/4)

Geschenke oder Speisen zu bringen; in den Händen halten sie lange Tücher und unterstreichen somit die Kostbarkeit und Wichtigkeit des Servierten. Sie stehen auf dem tieferliegenden Fußboden und nicht, wie die anderen Personen, auf dem umlaufenden Diwan. Das Desinteresse des Sultans an Besuchern verwundert, wenn man annimmt, daß es sich um eine hochgestellte Gesandtschaft handle. *AR*

**13/6 (Abb. 902)**
**Antonio Guardi (1698–1760)**
**Der Sultan empfängt eine Delegation von Würdenträgern**
Venedig, 1742/43
Leinwand, 46 x 64 cm
Privatbesitz

Der Blick in den Raum eröffnet sich dem Betrachter durch einen Vorhang, der von oben herab in das Bild fällt. Der Raum ist zurückhaltend, aber kostbar ausgestattet; der Fußboden in Intarsientechnik geschmückt, die Wände mit blauweißen Kacheln verkleidet. Um die Ecke herum an den Wänden zieht sich ein Diwan, ein heller Stoff bedeckt die Sitzfläche, wohingegen die Rückenpolster an goldgelben Brokat erinnern. Drei große vergitterte Fenster, die bis auf den Boden herabreichen, geben den Blick in die Landschaft frei. Eine majestätische Persönlichkeit in pelzbesetztem Umhang mit hohem Hut und weißem Vollbart sitzt in der Ecke zur Fensterseite hin ausgerichtet. Gebieterisch hebt er den rechten Arm und weist wohl auf die zwei Männer, die sich von links nähern. In angemessenem Abstand nimmt der erste in einem schwarzen Gewand eine leicht gebeugte, demutsvolle Haltung ein. Vielleicht deutet das kleine Tischchen auf einen offizellen Akt hin, es läßt sich Schreibzeug darauf erkennen. Die Gruppe am linken Bildrand nimmt keinen Anteil an dem Geschehen. Es findet sich kein eindeutiger Hinweis auf die Person des Sultans, möglicherweise handelt es sich auch um eine andere ranghohe Persönlichkeit. *AR*

**13/7 (Abb. 905)**
**Venezianische Schule des 18. Jh.**
**Die Ankunft des französischen Botschafters in Konstantinopel**
Leinwand, 95,5 x 129 cm
Privatsammlung

905 (13/7)

## Jean-Baptiste Van Mour

(Valenciennes 1671–1737 Konstantinopel)

Über die Ausbildung des aus Valenciennes stammenden Malers Jean Baptiste Van Mour ist wenig bekannt. Ob der Künstler bei dem späteren Lehrer Watteaus, Jean-Albert Gérin, in die Lehre ging, wie behauptet wurde, ist nicht verbürgt. 1699 schloß er sich von Paris aus dem französischen Botschafter Marquis Charles de Ferriol an, der in diplomatischen Diensten nach Istanbul entsandt worden war. Schon vor ihm hatten Maler wie Simon Vouet französische Gesandtschaften dorthin begleitet. Pflegte sich deren Aufenthalt auf einen bestimmten Zeitraum zu begrenzen, so kehrte Van Mour nicht mit seinem Gönner in die Heimat zurück, sondern ließ sich in der osmanischen Hauptstadt nieder, wo er einen Atelierbetrieb leitete. Wieder in Paris, brachte de Ferriol Zeichnungen Van Mours unter dem Titel *Recueil de Cent Estampes, représentant différentes nations du Levant, tirées d'après nature en 1707 et 1708* bei Le Hay 1712/13 (9/79) zur Veröffentlichung. Das in den folgenden Neuauflagen weite Verbreitung findende Kostümwerk übertraf in seiner Wirkung eine ähnlich konzipierte Publikation wie die George de la Chapelles aus der ersten Hälfte des 17. Jahrhunderts. Der Sammelband diente ebenso den Künstlern wie den Porzellanmanufakturen als Musterbuch und trug damit entscheidend zur Mode der Turquerien im 18. Jahrhundert bei. Durch den *Recueil* einer breiten Öffentlichkeit bekannt geworden, gewann Van Mour nach der Abreise seines Mäzens aus dem Kreise der europäischen Emissäre neue Auftraggeber, wie seine zahlreichen, zumeist querformatigen Gemälde belegen. Eine für das französische Marineministerium bestimmte Serie von Fischfangszenen brachte dem Künstler 1725 überdies den Titel eines *»peintre ordinaire du Roi en ›Levant‹«* ein. In seinen Empfangszenen, Porträts, Genredarstellungen und Veduten leistete Van Mour nicht allein den Anforderungen eines Protokollmalers genüge, sondern trug in gleichem Maße dem Wunsch der Auftraggeber nach repräsentativer und wohnlicher Ausschmückung ihrer Domizile als auch nach persönlicher Erinnerung Rechnung. Gerade die stereotypen Audienzbilder beim Sultan geben Van Mour als ei-

nen Souvenirmaler aus, der bei gleichbleibendem Kompositionsschema lediglich das Personal wechselte. Ohne Zweifel ist diesen Gemälden weniger künstlerische denn historische Bedeutung beizumessen. Unabhängig davon wirkten sie auf die türkische Malerei der Epoche stilbildend, wo ihr Einfluß bis hin auf die Schule von Smyrna reichte. *R/SB*
Lit.: Ausst.kat. London (1988); Ausst.kat. Ankara/Istanbul (1978); Lutterveld (1958);

**13/8 (Abb. 395)**
**Jean-Baptiste Van Mour**
**Empfang des französischen Gesandten**
Konstantinopel, 1699
Leinwand, 95 x 131 cm
Versailles, Musée National des Châteaux de Versailles (MV 5297)

Im Vergleich zu dem ersten Audienzbild zeigt Van Mour, daß ein offizieller Anlaß nicht immer steif wirken muß. In dem Gemälde für einen französischen Gesandten aus dem Jahr 1699 ist aus den ungelenken, nach Amt und Herkunft getrennten türkischen und europäischen Beamten eine gemischte Gesellschaft geworden, die dem feierlichen Ereignis eines Empfangs durch den Sultan beiwohnt. Der Maler hielt den eigentlichen Höhepunkt des Staatsakts fest, bei dem sich der Gesandte vor dem osmanischen Herrscher prosterniert. Mustafa II. thront im Hintergrund, ohne direkt in das Geschehen einzugreifen. Auf dem Kissen zu seiner Seite liegen der Säbel und zwei Turbane bereit.

Empfangsbilder dieser Art hat Van Mour mehrfach gemalt. Zweifellos lag die Repetition dieses Bildtypus' in dem formellen Protokoll angelegt, das größere Abweichungen von Seiten des Malers kaum zuließ, wie eine Gegenüberstellung mit den Werken des Malteserritters Antoine de Favrey deutlich macht. Dieser führte das von Van Mour geprägte Genre in den 1760er Jahren fort. Allgemeine Verbreitung fand die Szene in einer *Historischen Nachricht von der Röm. Kayserl. Gross-Botschaft nach Constantinopel* (7/95) des Historiographen Cornelius van der Driesch (Nürnberg 1723), das einen Kupferstich festhält, dem eines der Gemälde Van Mours zugrunde liegt. *R/SB*
Lit.: Koch (1988).

**13/9 (Abb. 389)**
**Venezianische Schule des 18. Jh.**
**Die Audienz beim Groswesir**
Leinwand, 95,5 x 129 cm
Privatsammlung

Das ausgestellte Gemälde schildert den ersten Empfang des französischen Botschafters im Diwan, dem Amtssitz des Großwesirs im Zypressenhof des neuen Serail. Im Gegenlicht der aufgehenden Sonne überreicht der Diplomat dem Wesir vor den anwesenden Bassen, Mutafaracas und Khatiren das Beglaubigungsschreiben. Der zweigeschossige Pavillon mit seinen Fensterfronten umfängt gleich einer diaphanen Folie den Staatsakt und verleiht der gezwungenen Gesprächsatmosphäre einen Anflug von Leichtigkeit.

**13/10 (Abb. 388)**
**Venezianische Schule des 18. Jh.**
**Festmahl beim Großwesirs für den Botschafter**
Leinwand, 95,5 x 129 cm
Privatsammlung

Vor der Audienz beim Sultan wurden die Gesandten vom Großwesir, ihm entspricht heute der Premierminister, zu einem Ehrenbankett in die Ratsstube, dem Diwan, eingeladen. Sowohl der Botschafter als auch der Wesir nutzten diese Gelegenheit zu einem eingehenden Meinungsaustausch unter Mithilfe von Übersetzern. Ihre Unterredung steht im Zentrum des Bildes. Zu beiden Seiten der Tafel und an den quergestellten Tischen haben die Beamten der ›Hohen Pforte‹ und die Sekretäre entsprechend ihrer Rangfolge Platz genommen. Von dem in die Lünette eingelassenen Fenster konnte der Sultan ungesehen an dem Verlauf der Beratung teilnehmen. Im Vordergrund leitet der Zeremonienmeister einen Stab von Bediensteten und sorgt für die Einhaltung der Speisenordnung. Der Künstler zeigt sich in dem Gemälde sichtlich bemüht, eine Vielzahl von Figuren im symmetrischen Raum zu verteilen, daß sie eine nach klassischen Vorbildern durchgestaltete Komposition ergeben. *R/SB*

**13/11 (Abb. 906)**
**Jean-Baptiste Van Mour**
**Der Gesandte Cornelis Calkoen begibt sich zur Audienz bei Sultan Ahmed III.**
Konstantinopel, 1727
Leinwand, 91,5 x 125 cm
Amsterdam, Rijksmuseum (A 4076)

Ein Botschafter wurde in der Regel zweimal vom Sultan empfangen: zum Amtsantritt und vor seiner Rückkehr. Der holländische Gesandte Cornelis Calkoen ließ Van Mour überdies ein Ereignis festhalten, das nicht jedem gegönnt war. Am 14. September 1727 hatte er die Ehre, Ahmet III. die Hand zu küssen. Van Mour zeigt Calkoen und dessen Gefolge nicht beim Devotionsakt der Ehrerbietung, zu welchem Anlaß der Botschafter von zwei Tschauschen an den Armen gepackt und vor dem Sultan in den Kniefall gebracht wurde, sondern auf dem Weg zur Audienz. Einen rechten Eindruck von der Macht des osmanischen Reichs gewinnt der Diplomat im zweiten Vorhof des Serail, wo er an einem Heer von Janitscharen vorbeidefiliert, die sich zur Besoldung eingefunden haben. Dieses Ereignis ist mit einer

906 (13/11)

Speisung der Soldaten verbunden. Im Leben der Janitscharen spielt die Küche eine existentielle Rolle. Die Hohe Pforte wertete ihre Verköstigung als Zeichen der Unterwerfung. Ihre Rangordnung leitete sich von den verschiedenen, im Küchendienst anfallenden Tätigkeiten ab. Und selbst die für die Janitscharen-Musik typischen Instrumente, Kesselpauke und Schläger, sollen sich aus dem Eßgeschirr entwickelt haben. Zusätzlich zu den bei Van Mour in Auftrag gegebenen Gemälden hatte Calkoen zahlreiche Werke aus dem Nachlaß des Künstlers erworben. Die Sammlung stellt heute mit den Bildern auf Schloß Biby, aus dem Besitz des schwedischen Gesandten Gustaf Celsing, den Grundstock des erhaltenen Œuvres dar. *R/SB*

**13/12 (Abb. 907)**
**Jean-Baptiste Van Mour**
**Die Kinder des Vicomte d'Andrezel, französischer Botschafter an der Hohen Pforte, werden dem Großwesir Ibrahim Pasha vorgestellt, 10. Oktober 1724**
Konstantinopel, erste Hälfte 18. Jh.
Leinwand, 90 x 118 cm,
Privatsammlung

**13/13 (Abb. 392)**
**Jean-Baptiste Van Mour**
**Der Großwesir auf dem At Meydan**
Konstantinopel, erste Hälfte 18. Jh.
Leinwand, 61 x 84,5 cm
Amsterdam, Rijksmuseum (A 1998)

Neben den offiziellen Empfängen bei der Hohen Pforte schilderte Van Mour auch das Leben in Istanbul. Eine Mischung aus Vedute und Genrebild ist das Gemälde, das sich den feierlichen Austritt des Großwesirs zum Thema nimmt, der auf dem Weg zum Diwan seinen am At Meydan gelegenen Palast verläßt. In einer großen Prozession zieht der Wesir zu Pferde an der Nordseite über den Platz, eskortiert von seinen Tschauschen-Bassen und Mutafaracas. Zwischen der von Ahmed I. errichteten Blauen Moschee, links im Bild, und dem Palais des Großwesirs Ibrahim Pascha öffnet sich das weitläufige Feld des ehemaligen Hippodroms mit seinen beiden Obelisken. Im Schnittpunkt des weltlichen und geistlichen Lebens der türkischen Hauptstadt gelegen, war es immer wieder Rahmen für bedeutende öffentli-

907 (13/12)

che Ereignisse. Hier fanden sowohl die beim Amtsantritt des Sultans übliche Largesse und die Feiern anläßlich der Beschneidung des Thronfolgers als auch die Reiterspiele statt, nach denen der Platz benannt ist. Wiederholt haben Künstler wie Pieter Coecke van Aelst (8/1) oder William Hogarth den Atemeydan zum Schauplatz für prächtige Umzüge gewählt.
*R/SB*

**13/14 (Abb. 908)**
**Jean-Baptiste Van Mour**
**Tanzende Derwische im Mewlewi-Kloster in Pera**
Konstantinopel, 1. H. 18. Jh.
Leinwand, 76 x 101 cm
Amsterdam, Rijksmuseum (A 4081)

Der erste Beleg von tanzenden Derwischen in Istanbul stammt aus der Mitte des 17. Jahrhunderts. Das gern- und vielbesuchte dhikr-Ritual des Mewlewi-Ordens ist seither von den Reisenden immer wieder beschrieben worden. Dieses fand nach dem Freitagsgebet statt, zu dem sich die Derwische in ihrem Kloster (Tekke) zu Pera versammelten, wo sie nach der Andacht ihren Rundtanz vorführten. Zu Beginn drehten sie zweimal im Saal die Runde und tanzten dann langsam auf Zehenspitzen im Kreis. Mit Verbeugungen vor dem Imam sowie voreinander wurde das bis zur Ekstase gesteigerte Herumwirbeln um die eigene Achse eingeleitet, zu der die Musiker auf dem Balkon mit ihren skandierten Melodien anfeuerten. Dieser Moment, der zum Höhepunkt der Zeremonie zählte, ist in dem Bild gegenwärtig. Noch in Ferriols *Recueil* hatte die Aufmerksamkeit auf dem Ausgang des Tanzes gelegen, bei dem die Derwische niedersanken und den Boden küßten, eine Komposition, die William Hogarth zur Illustration Aubry de la Motrayes Reisewerk herangezogen hat.
*R/SB*

**13/15 (Abb. 394)**
**Jean-Baptiste Van Mour**
**Türkische Hochzeit**
Konstantinopel, 1. H. 18. Jh.
Leinwand, 56 x 90 cm
Amsterdam, Rijksmuseum (A 2000)

908 (13/14)

Gleich drei Hochzeitsbilder, einen türkischen, einen griechischen und einen armenischen Brautzug, hat Van Mour im Auftrag Calkoens gemalt. Das hier ausgestellte Gemälde zeigt die türkische Version. An dem asiatischen Ufer des Bosporus und seiner engsten Stelle zieht die Prozession auf dem Weg zum Hause des Bräutigams vorüber, um dort das Fest zu eröffnen. Dem Brauch nach wird der Hochzeitszug von einem mit der Habe der Jungfrau beladenen Esel angeführt. Dieser Teil hat des Bildfeld passiert, so daß der Blick erst mit den Janitscharenknaben das Geschehen erfaßt, denen der Träger des Schellenbaums und die anderen Musikanten folgen. Unmittelbar vor der Sänfte, die die Braut verbirgt, schreitet der Vater einher, ihm voraus die Schar seiner Freunde. Die Mutter hat ihren Platz in der Regel hinter, hier neben der Sänfte. Den Schluß des Zuges bilden die Frauen aus dem Bekanntenkreis der Familie. Die Authentizität derartiger Festzüge an diesem Ort, unweit des verfallenen Anatolischen Schlosses, das der türkischen Gesellschaft als Ausflugsziel diente, ist nicht verbürgt. Es scheint, als habe Van Mour die Hochzeitsprozession vor dem Hintergrund der pittoresken Bosporuslandschaft mit der gewaltigen Festung Rumeli Hisari aus dem 15. Jahrhundert präsentieren wollen, um dem feierlichen Ergebnis einen angemessenen Rahmen zu geben. Nicht anders war er in dem Entwurf einer *Mariage Turc* verfahren, der in Ferriols *Recueil* publiziert wurde. Dort hat er den Zug durch ein osmanisches Arkadien geführt. Van Mour prägte mit seinen Kompositionen wie kein anderer Künstler das europäische Bild des türkischen Hochzeitsritus, das in den Variationen von Bernard Picart und William Hogarth allgemeine Gültigkeit erlangte. *R/SB*

**13/16 (Abb. 393)**
**Jean-Baptiste Van Mour**
**Die Ermordung der Minister während des Aufstands von Khalil Patrona**
Konstantinopel, um 1730
Leinwand, 75 x 101 cm
Amsterdam, Rijksmuseum (A 2012)

Ein historisches Ereignis ersten Rangen beschreibt *»Die Ermordung des Großwesirs Damad Ibrahim Pascha und seiner Minister«*, die sich während des Aufstands von Khalil Patrona im September 1730 ereignete. In der Folge einer Wirtschafts- und Regierungskrise gelang es einer Gruppe von Marinesoldaten gemeinsam im Bündnis mit den Janitscharen den Serail zu besetzen und Ahmed III. zur Auslieferung seines Großwesirs, dessen Leutnants und einiger anderer Offiziere zu zwingen. Van Mour zeigt jenen verhängnisvollen Augenblick, da Ibrahim Pascha in Begleitung des einen obersten Richters und des Schatzmeisters sowie der Admiral und der andere der beiden oberen Richter die Pforten des Weziratspalastes verlassen, um als die Letzten der Regierung den Sabelhieben der Aufständischen zum Opfer fallen. Die Revolutionäre erreichten die Abdankung Ahmed III. und verhalfen dessen Neffen Mahmud auf den Thron, von dem sie ihrerseits im Januar 1731 entmachtet wurden. *R/SB*

## Kapitel 14

## *Reisen in den Orient*

In zwei Abschnitten skizziert dieses Kapitel der Ausstellung, was Reisende und reisende Künstler, die den mediterranen Orient besuchten, vor dem 19. Jahrhundert und was sie nach dem 19. Jahrhundert beschäftigte. So sind Berichte von Pilgern und Kaufleuten, also auch Werke reisender Künstler mit wichtigen Beispielen ausgestellt. Auch die »Wiederentdekkung« der maurischen Kultur Spaniens, ein Ergebnis der Arbeiten reisender Künstler und Literaten des 19. Jahrhunderts, wird mit ausgewählten Gemälden, Reiseberichten, graphischen Blättern belegt. Und, kontrapunktisch zur Wiederentdeckung der antiken Welt im 18. und 19. Jahrhundert, stehen Bilder von Reisenden, die Athen (noch) als Teil einer orientalischen Welt zeigen.

Beispielhaft werden die hier ausgestellten Reiseberichte, graphischen Blätter und Gemälde für die große Zahl von Reise-Bildern gezeigt, Bilder, die in Europa im Laufe der Jahrhunderte zu einem ›Bild‹ vom Orient beitrugen.

**14/1 (Abb. 448)**
**Adolf Seel (Wiesbaden 1827–1907 Dillenburg)**
**Alhambra**
Bez. und dat.: Seel 1886
Leinwand, 55 x 35 cm
Düsseldorf, Kunstmuseum Düsseldorf (4115)

Adolf Seel besuchte bis zum Jahre 1848 die Düsseldorfer Kunstakademie. Angeregt durch einen Studienaufenthalt in Paris, spezialisierte er sich auf die Architekturmalerei und setzte sich bevorzugt mit der malerischen Schilderung orientalischer und maurischer Bauten auseinander. Ab 1870/71 führten ihn Reisen nach Spanien, Portugal, Nordafrika, 1873/74 in den vorderen Orient. Das aus dem Jahre 1886 datierte Gemälde *Alhambra* zeigt im Ausschnitt einen Innenhof der Alhambra mit Wasserbassin. Im Mittelgrung hat sich eine Gruppe von Orientalen niedergelassen. Sorgfältig studierte der Künstler die reiche Ornamentierung der maurischen Architektur. Das auf perspektivischen Blick, in sparsamen Grautönen angelegte Bild suggeriert in der sorgfältigen Beobachtung von Licht- und Schattenzonen die südliche Sonne und Hitze Granadas.
Lit. Ausst.kat. Düsseldorf (1979), Nr. 203.

**14/2 (Abb. 909)**
**Eduard Gerhardt**
**(Erfurt 1813–1888 München)**
**Ansicht eines maurischen Hofes in Spanien**
Um 1860
Bleistift und Aquarell, 31 x 21,5 cm
München, Staatliche Graphische Sammlung München (39155)

Mit seinen 1832 veröffentlichten und im selben Jahr ins Deutsche übersetzten *Tales of the Alhambra* hatte der in Europa lebende Amerikaner Washington Irving wie kein anderer zur Wiederentdeckung des maurischen Spanien beigetragen. Dem Präraffaelismus der deutschen Romantik freilich bot Spanien keinen guten Boden. Eine gewisse Vorliebe für die herbe Landschaft Iberiens macht sich erst im Münchner Kunstkreis bemerkbar, der sich um das Mäzenatentum Adolf Friedrich von Schacks formierte. Schack hatte seit 1838 auf zahlreichen Reisen die Halbinsel in Begleitung seiner Künstlerfreunde durchfahren. Frucht dieser Reisen war eine Reihe von historischen Arbeiten wie seine 1845/46 erschienene dreibändige *Geschichte der dramatischen Literatur und Kunst in Spanien* und seine *Poesie und Kunst der Araber in Spanien und Sicilien*. Eduard Gerhardt gehört mit Fritz Bamberger und Karl Peter Burnitz zu den Deutschen, die nach maurischen Motiven malten. Gerhardt war 1848 von König Friedrich Wilhelm IV. von Preußen ins politisch unruhige Spanien geschickt worden, von wo er gewissenhaft durchgeführte Architektur-Aquarelle mitbrachte. *R/SB*
Lit.: Kehrer (1953).

**14/3 (Abb. 449)**
**Owen Jones (1809–London–1847) und**
**M. Jules Goury (1803–1834)**
**Plans, elevations, sections and details of the Alhambra from drawings taken on the spot in 1834 by the late M. Jules Goury, in 1834 and 1837 by Owen Jones, Architect**
**Einzelblatt: Entrada del Patio de los Leones**
(Tafel 13), London, 1842
Berlin, Hochschule der Künste Berlin,
Hochschulbibliothek (B 1477 2°)

Diese Tafel biete einen Einblick in den Löwenhof der Alhambra, von der Sala de los Mocàrabes aus in östlicher Richtung aufgenommen. Die prachtvolle Illustration, nach Vorlage von Goury und Jones von T. T. Bury gestochen, thematisiert vorrangig die maurische Ornamentkunst, deren Darstellung gut dreiviertel der Bildfläche beansprucht. Von den differenzierten Fliesenmustern der Böden und Wandsockel, von stilisierten Schriftbändern an Bogenrahmungen und Friesen über die vielfältigen Arabeskenornamente der Wandflächen bis hin zu den dreidimensionalen Gebilden der Muqarnas in den Bogenlaibungen wird hier das Spektrum der Zierformen der islamischen Baukunst entfaltet. Jones leistet Pionierarbeit bei der Entschlüsselung des geometrischen Aufbaus der Muqarnas. Er beweist (Text zu Tafel X), daß es nur sieben verschiedene prismatische Grundkörper sind, die zu hochgradig komplexen fläche- oder raumfüllenden Strukturen zusammengesetzt werden. Trotz ihrer leichten Bauweise aus Stuck oder Holz bescheinigt ihnen Jones einen guten Erhaltungszustand.

Kaum weniger aufwendig als die Dekoration ist die architektonische Gliederung der Räumlichkeiten. Erst der Zusammenklang von Sichtachsen, alternierenden Säulenstellungen und Wandöffnungen, geschlossenen Räumen und Höfen mit dem Überfluß der Schmuckformen macht den beinahe schon dekadenten Reiz dieser Ausprägung der Blütezeit einer dahingeschiedenen Kultur aus. Auch Jones, sonst vornehmlich um wissenschaftliche Exaktheit bemüht, gestattet es sich angesichts dieser Pracht, eine nicht mehr vorhandene Belebtheit der Räume durch figürliche Darstellung morgenländisch gewandeter Benutzer samt orientalischen Attributen (Wasserpfeife etc.) in Erinnerung zu rufen. *JW*

**14/4 (Abb. 450)**
**Owen Jones (1809–London–1847) und**
**M. Jules Goury (1803–1834)**
**Plans, elevations, sections and details of the Alhambra from drawings taken on the spot in 1834 by the late M. Jules Goury, in 1834 and 1837 by Owen Jones, Architect**
**Einzelblatt: Divan, Patio de la Alberca** (Tafel 9)
London, 1842
Berlin, Hochschule der Künste Berlin,
Hochschulbibliothek (B 1477 2°)

Die *Plans (...)* von Owen Jones und Jules Goury setzten als erstes monographisches Stichwerk zur Alhambra hinsichtlich Umfang und Exaktheit neue Maßstäbe und können heute wissenschaftlichen Ansprüchen genügen. Jones, später als Architekt orientalisch anmutender Innendekorationen einem breiteren Publikum bekannt geworden, führte nach Gourys Tod die 1834 begonnene Arbeit fort und veröffentlichte 1842 und 1845 mit finanziellem Verlust die beiden Foliobände des Werks. Ein Großteil der 101 Abbildungen sind aufwendige Mehrfarbdrucke, mit denen Jones, der sich vehement für die Anwendung der Polychromie in der Baukunst eingesetzt hat, einen Eindruck von der ursprünglichen Farbigkeit der Innenräume der Alhambra geben wollte.

Bei der aufgeschlagenen Tafel handelt es sich um eine mehrfarbige Lithographie, die im Maßstab 1:10 eine von vier Nischen des Myrtenhofes abbildet. Der nicht sehr tiefe rechteckige Raum ist durch einen reichverzierten Nischenbogen vom umlaufenden Arkadengang des Hofes getrennt. Der vertikale Aufbau gliedert sich in eine breite Sockelzone, mit einem geometrischen Muster mehrfarbiger Fliesen, sogenannter Azulejos, verkleidet, darüber ein leicht vorkragender Fries aus übereinander gesetzten Reihen von Muqarnas, der die Basis einer umlaufenden Stellbank für Schmuckvasen bildet. Oberhalb dieser folgt eine glatte, mit Schriftband und Arabesken verzierte Wandfläche, über die sich eine flache Stalaktitenkuppel wölbt. Die schillernde Farbigkeit des kleinen Gemaches wird von der großzügigen Verwendung vergoldeter Flächen dominiert. *JW*
Lit.: Grabar (1978).

**14/5 (Abb. 910)**
**Ludwig Lange**
**(Darmstadt 1808–1868 München)**
**Westportal der Markthalle in Athen**
Um 1836 (?)
Aquarell, 39,5 x 55,8 cm
München, Staatliche Graphische Sammlung
München (35782)

**14/6**
**Ludwig Lange**
**(Darmstadt 1808–1868 München)**
**Athen**
Athen, 1836
Aquarell, 38 x 52,3 cm
München, Staatliche Graphische Sammlung
München (21845)

Ludwig Lange wurde 1808 in Darmstadt geboren. Bei dem Architekten Georg Moller ging er in die Lehre und wurde Zeichner und Architekt. Ab 1830 war er Herausgeber von deutschen Städteansichten. Seit 1830 lebte er in München, wo er sich mit Carl Rottmann befreundete. Mit diesem ging er im Auftrag des bayerischen Königs Ludwig I. nach Athen und wurde dessen Berater für Architekturzeichnungen. Rottmann sollte Griechenland studieren, um 38 Bilder im Nordtrakt der Hofgartenarkaden zu malen. Am königlichen Gymnasium in Athen arbeitete er bis 1838 als Zeichenlehrer. Die in dieser Zeit angefertigten Aquarelle führte er später teilweise in Öl aus. Nach seiner Rückkehr nach Deutschland wurde er 1847 Professor für Baukunst an der Akademie in München. Unter seinen zahlreichen Bauten war das Museum der Bildenden Künste in Leipzig, sein größter Bauauftrag. 1868 starb Lange in München.

In Griechenland hatte 1821 der Aufstand gegen die türkische Herrschaft begonnen, der von Frankreich, Großbritannien und Rußland unterstützt wurde und zur Unabhängigkeitserklärung von 1827 führte. 1829 wurde der Friede zu Adrianopel geschlossen. Nachdem der 1827 eingesetzte König Kapodistrias 1831 ermordet worden war, wurde 1832 der bayerische Wittelsbacher Otto zum König von Griechenland gewählt. Dieses Amt übte er bis 1862 aus.

Lange hat in seinem Aquarell Athen von Nordwesten aus aufgenommen. Im Zentrum liegt die Akropolis über der heutigen Plaka. Der Bereich der antiken Agora erstreckt sich von der Hadriansbibliothek, links, bis zum Theseion, rechts. Das heutige Ausgrabungsgelände ist noch wüstenhaft. Der weite Vorder- und Mittelgrund ist belebt durch einen europäischen und einen griechischen galoppierenden Reiter. Entlang eines Erdhügels bewegen sich zwei beladene Kamele, die von zwei Griechen geführt werden. Lange betont mit der Heraushebung dieser Szene deren exotischen Charakter. *RL*

Lit.: Bleyl (1983), Abb. 17.

**14/7 (Abb. 911)**
**Gaspare Fossati (1809–Morcote/Lugano–1883)**
**Blick in das Hauptschiff der Hagia Sophia gegen Osten**
1852
Lithographie, handkoloriert, 37 x 26,6 cm
London, Victoria & Albert Museum, Dep. of Designs, Prints and Drawings

**14/8 (Abb. 912)**
**Louis-François Cassas (1756–1827)**
**Ansicht der Süleyman-Moschee in Konstantinopel**
Um 1783
Feder, Tusche und Aquarell auf weißem Bütten, Zeichnung ausgeschnitten und auf den Untergrund wieder aufgeklebt, 59,2 x 100 cm
Tours, Musée des Beaux-Arts (62-18-1)

Diese, nach dem Aufenthalt in Konstantinopel entstandene Zeichnung wurde nach Skizzen ausgeführt, die nach dem Motiv gezeichnet waren. Das bestätigt auch die klassisch kompo-

*909 (14/2)*

*910 (14/5)*

911 (14/7)

nierte Bildaufteilung. Die Terrasse im Vordergrund ist für Cassas ein Mittel, ein Thema vorzustellen – hier alltägliche Betriebsamkeit in Konstantinopel – ein Thema, das sich zusammen mit der Architektur im Mittelgrund artikuliert, ohne ihr den Vorrang streitig zu machen.

Die Handlungskontraste sind das eigentliche Thema dieser Zeichnung: so stehen nebeneinander die Arbeit der Türken, die die Last ihrer Reittiere abladen, die Muße der drei die Stadt besichtigenden Europäer mit dem Zweispitz, das Vergnügen der Truppe junger, mit Krummsäbeln bewaffneter Männer auf ihren Pferden und das sich auf die Moschee zu bewegende Gefolge einer wichtigen Persönlichkeit. Dieser ganze Betrieb verleiht dem Werk etwas

912 (14/8)

Anekdotisches und einen eigenartigen köstlichen Reiz. Im Hintergrund nimmt die große, von Süleyman II. im Jahre 1566 erbaute Moschee von Konstantinopel mit dem alten Serail fast die gesamte Fläche des dritten Stadthügels ein. Die Kuppeln, Halbkuppeln und Minarette erheben sich über einer dichten Vegetation aus Zypressen und Platanen. Durch ihre eigenartige Technik offenbart diese Zeichnung das ›Geheimnis‹ einer in Cassas' Atelier komponierten Landschaft. Der Künstler hat den gesamten kolorierten Teil ausgeschnitten und auf Papier geklebt. Merkwürdigerweise sind auch zwei andere große Zeichnungen von Konstantinopel, gegenwärtig in Privatsammlungen, in dieser Technik ausgeführt: *Die Kämpfer* und *Der Aufzug Sultan Abdulhamids I. am Tag des großen Beiramfestes.* *AG*

**14/9 (Abb. 913)**
**Louis-François Cassas (1756–1827)**
**Ansicht von Jerusalem**
Um 1783
Aquarell, 227 x 64,5 cm
Tours, Musée des Beaux-Arts
(60-1-2/A.F. 2-123)

Kein Stich der *Voyage Pittoresque (...)* (1/60) entspricht diesem Aquarell, das immerhin dem Kupferstecher Varin anvertraut worden war, mit dem Auftrag, die Kupferplatte gegen eine Summe von 3400 Pfund herzustellen. Dagegen sind auf dem Stich 14 des III. Bandes der Gesamtplan des Bauwerks (der Dommoschee) und der aller innerhalb seiner Umfassung stehenden Bauten dargestellt. Diese längliche Ansicht der heiligen Stätten Jerusalems liegt innerhalb der Tempelumfassung und wurde von Cassas vom Pilatuspalast aus gezeichnet. Ein Band von Denkmälern zieht sich von links nach rechts. Man unterscheidet das Goldene Tor und zwei Säulengänge, deren Säulen aus Porphyr und Serpentin bestehen (Legende zum Plan: Stich 14, Band III). Der kleine, mit einer Kuppel versehene Bau im Hintergrund ist der Kettendom, der vor dem Ostportal des Heiligtums erbaut wurde. In der Mitte beherrscht der auf dem Tempel Salomons, auf dem Gipfel des Moriah-Berges errichtete Felsendom durch seine Lage und seine Größe alle Terrassen. Man beachte die phantasievolle Zeichnung der Kuppel, die fast gar nichts mehr gemein hat mit der von Cassas am 5. Oktober 1785 nach dem Motiv gezeichneten Skizze, die das Bauwerk getreu wiedergibt (heute in einer Privatsammlung). Vorn fällt der Blick auf die Priesterkammern und weit im Hintergrund auf die El-Aksa-Moschee. Das vor den westlichen Säulengängen stehende runde Bauwerk ist sicher die Himmelfahrtskapelle. Der Rundblick endet an der Mauer der Altstadt. Cassas hat diese Baudenkmäler zurückgesetzt, so daß sie sich im Mittelgrund von einem hellen Hintergrund abheben; im Vordergrund beließ er die große Plattform mit dem teilweise nackten Felsgestein und Bäu-

913 (14/9)

914 (14/10)

men und Rasen, wo sich die Türken zum Gebet versammeln. Die beiden kleinen, von der Vegetation geschützten Kioske bergen Brunnen. Dieses Blatt ist das Werk eines Vedutenmalers und illustriert ausgezeichnet Cassas' Manier. Man findet auch hier die Klarheit der Raumaufteilung, das tief stehende Licht, das die Schatten länger werden läßt, den leuchtenden Himmel und eine von den gruppierten Phantasiegestalten in orientalischer Tracht hier hervorgerufene heitere Atmosphäre in der Heiligen Stadt. Der Künstler hat seine ganze Aufmerksamkeit an die Zeichnung im eigentlichen Sinne und an das Studium der Lichtkontraste gewandt. *AG*

**14/10 (Abb. 914)**
**Jan van der Steen**
**Blick von der schwedischen Botschaft in Pera auf Konstantinopel**
zweite Hälfte 18. Jh.
Leinwand, 94 x 221 cm
Amsterdam, Rijksmuseum (A 2056)

Der holländische Maler Jan van der Steen war in Konstantinopel tätig, bevor er als Soldat in den Dienst der Englisch-Ostindischen Kompagnie eintrat. Er starb als Artillerieleutnant in Bengalen wohl vor 1784. Von ihm haben sich drei Ansichten Konstantinopels erhalten. Der Maler läßt den Blick über Bosporus, Marmara-Meer und Goldenes Horn gleiten, unweit jenen Standpunkts, den schon Van Mour für seine Vedute gewählt hatte: die niederländische Botschaft in Pera. Lady Montagu mokierte sich

*915 (14/11)*

über jenen Kreis von Europäern, der ganze Jahre in Pera zubrachte, *»ohne jemals in Konstantinopel gewesen zu sein, und doch wollen es alle beschreiben.«* Van der Steens Gemälde geht bis in Einzelheiten auf Van Mour zurück. Und dennoch unterscheiden sich deren Raumfassungen grundlegend. War dieser der Tradition der französischen Landschaftsmalerei verpflichtet gewesen, so übersetzt Steens Gemälde den Typus der flachen Panorama-Landschaft, als deren Erfinder Herkules Seghers gilt, in Monumentalformat. *R/SB*
Lit.: LUTTERVELT (1958)

**14/11 (Abb. 915)**
**David Roberts**
**(Stockbridge 1796–1864 London)**
**Ansicht der Stadt Kairo vom Tor von Sayeda Zeinab**
Bez. und dat.: Grand Cairo. Jany. 27th 1839
Aquarell und Deckfarben auf blaßgelbem Papier, 31,8 x 48,3 cm
London, Victoria & Albert Museum, The Searight Collection

Ende Dezember 1838 kehrte der schottische Landschaftsmaler David Roberts von seiner viermonatigen Reise in Oberägypten nach Kairo zurück. Dort mietete er ein Haus und setzte seine Zeichenstudien in der orientalischen Athmosphäre der ägyptischen Hauptstadt fort. Er erhielt die Erlaubnis, Moscheen zu besuchen und in ihnen auch zeichnen zu dürfen. Daneben arbeitete er aber auch viel in den belebten Straßen der Stadt. Das vorliegende Aquarell wurde nach einer Zeichnung geschaffen, die am 27. Januar 1839 zusammen mit zwei anderen entstand. Sie gehören zu den letzten Werken, die der Maler in dieser Stadt schuf, denn zum Ende des Januar verließ er Kairo.

Roberts Ansicht wurde von außerhalb der Stadtmauern aufgenommen und zeigt den Blick über die Stadt aus südlicher Richtung. Im Vordergrund erkennt man ein Tor, das zu Roberts Zeiten als Sitti Zainab bekannt war und heute Sayyida Zainab genannt wird. Es wird von dem Schotten etwas mißverständlich als ›gate of Citzenib‹ bezeichnet. Gleich hinter der Stadtmauer erhebt sich die Moschee as-Sayyida Zainab, die erst 1803 vollendet wurde. Das Innere dieses Gotteshauses birgt das Grabmal Zainabs, der Tochter des Imam Ali und Enkelin des Propheten. Im Hintergrund links erblickt man die bedeutendste Moschee der Stadt, die des Sultan Hassan, und rechts die auf den Ausläufern des Mokattams errichtete große Zitadelle von Kairo. Die Ansicht wurde von Roberts als Tafel 112 in seinem erfolgreichen Buch *Egypte & Nubia* veröffenlicht (vgl. 1/43). *DS*
Lit.: AUSST.KAT. MANCHESTER (1983) Kat.Nr. 285.

**14/12 (Abb. 916)**
**David Roberts**
**(Stockbridge bei Edinburgh 1796–1864 London)**
**Der Eingang zum Großen Tempel in Baalbeck**
1841
Holz, 74,9 x 62,2 cm
London, Royal Academy of Arts

David Roberts war einer der ersten unabhängigen britischen Künstler, der den Nahen Osten bereiste. Während der Jahre 1838 und 1839 verbrachte er insgesamt elf Monate in Ägypten, Sy-

916 (14/12)

rien, Palestina und dem Libanon. Am 2. Mai 1839 erreichte Roberts die libanesische Stadt Baalbek. Innerhalb des monumentalen Tempelkomplexes des Stadt liegt südlich der sog. Bacchustempel, ein korinthischer Peripteros aus dem 2. Jh., der sich durch ungewöhnlich reiche Bauformen und Schmuckelemente auszeichnet und im Laufe der Geschichte ein griechischer Tempel, eine christliche Kirche ebenso wie eine muslimische Festung war. Roberts machte zahlreiche Studien, die ihm als Grundlage für eine Ausführung in Öl dienten. Das Gemälde zeigt den Eingang zum Bacchustempel. Der scheinbar sich lösende mittlere Steinblock des Türsturzes, der später restauriert und wieder in seine ursprüngliche Position gebracht wurde, hängt bedrohlich über einer Gruppe von Männern, die teils miteinander disputieren oder auch scheinbar gelangweilt und die geschichtsträchtige Umgebung ignorierend die Bildszene bevölkern. Die Darstellung der Figuren verdeutlicht im Größenverhältnis die beeindruckende Monumentalität der Architektur, beinhaltet in der Charakterisierung aber auch die Kritik des Künstlers an der Gleichgültigkeit der arabischen Zeitgenossen hinsichtlich ihres kunst- und kulturhistorischen Gutes bis hin zum Verfall. *MD*

Lit.: AUSST.KAT. LONDON (1984), S. 224.

**14/13 (Abb. 917)**
**Brotain**
**Le Caire**
Einzelblatt (Tafel 66), Vorlage für:
›Description de l'Egypt‹
Zeichnung, 30 x 52,3 cm
Paris, Bibliothèque Nationale, Cabinet des Estampes (Ub 181b / planche 66)

**14/14 (Abb. 918)**
**Brotain**
**Le Caire, Mosquée de Touloun**
Einzelblatt (Tafel 31), Vorlage für:
›Description de l'Egypt‹
Zeichnung, 63 x 43,7 cm
Paris, Bibiothèque Nationale, Cabinet des Estampes (Ub 181c / planche 31)

**14/15 (Abb. 919)**
**Philippe-Auguste de Forbin**
**(Roque d'Antheron 1777–1841 Paris)**
**Blick auf Jerusalem**
Sign. u. dat.: A. Forbin 1830
Leinwand, 97 x 128 cm
Paris, Musée du Louvre, Département des Peintures (RF 4491)

Philippe-Auguste de Forbin gehörte zu jenen Vertretern des hohen Faches der Historienmalerei, die durch ihre Herkunft, ihre literarischen Kenntnisse wie ihre politischen Ambitionen nicht nur größte Aufträge erhielten, sondern auch in höchste Ämter berufen wurden. Seine Karriere ist exemplarisch für den Wandel jener Aristokraten, die sich zu Patrioten der Restaurationszeit mauserten.

Forbin war Schüler Jacques Louis Davids gewesen, ehe er in die Napoleonische Armee eintrat. 1808 ermöglichte ihm der Große Preis der Akademie die Reise nach Rom, von wo er erst 1816, anläßlich seiner Ernennung zum Direktor der ›Musées Nationaux‹ zurückkehrte. Als Ankaufskommissär bereiste er in den Jahren 1817–18 den Vorderen Orient. Eines der Ergebnisse dieser Reise war das reich illustrierte Prachtwerk *Voyage dans le Levant*, für das Forbin als Autor und Illustrator gleichermaßen verantwortlich zeichnet. Zu Recht erkannte Chateaubriand, der selbiges überaus wohlwollend rezensierte, den patriotischen Charakter eines solchen Unternehmens: Keinen Schritt konnte der echte Franzose auf diesem historischen Boden tun, ohne an das unsterbliche Andenken seiner Vorfahren und seines Geschlechtes zu rühren. Nüchterner beurteilte den Folianten der Weltenbummler Titus Tobler: Es sei zu be-

917 (14/13)

918 (14/14)

919 (14/15)

920 (14/16)

dauern, daß so viel Geld ausgegeben wurde für ein dermaßen fehlerhaftes Werk.

In seinem Gemälde von 1830 wirft Forbin einen ›Blick auf Jerusalem‹. Mit dem Berg Moria und dem Tempelplatz am Rand des jäh abfallenden Kidrontales zeigt er die Stadt von ihrer bekanntesten Seite. Das Kidrontal wurde nach altem Glauben mit dem Tal des Josaphat gleichgesetzt, wohin Gott, wie es die Schrift prophezeite, zum Weltgericht laden würde. Es ist, als habe Forbin die stürmisch bewegte Geschichte der Stadt im atmosphärischen Ringen der Elemente nachempfunden. Freilich fehlt es ihm an jenem Sinn für das Visionäre, dem, wie in Frederick Edwin Churchs Gemälde von 1870, die örtliche Ansicht zur Offenbarung wird. *R/SB*

Lit.: Ben-Arieh (1979).

**14/16 (Abb. 920)**
**Frederick Goodall (1822–1904)**
**Early Morning in the Wilderness of Shur**
1860
Leinwand, 106,7 x 304,8 cm
London, Guildhall Art Gallery, City of London (841)

Frederick Goodall erhielt in London bereits 14jährig für eine Zeichnung die ›Isis-Medaille‹ der Society of Arts. Seine frühen, zumeist ländlichen Genrebilder waren beeinflußt durch Studienreisen in die Normandie, die Bretagne, nach Wales und Irland. Später wandte er sich stärker der Britischen Historienmalerei zu. Im Jahre 1837 stellte er erstmalig in der Royal Academy aus, deren Mitglied er 1852 wurde.

Entscheidend für Goodalls künstlerische Entwicklung war seine Reise über Marseille nach Ägypten im Herbst 1858, welche sein Werk maßgeblich bestimmen sollte Er blieb in Cairo bis April 1859. Dort traf er mit dem Maler Carl Haag (1820–1915) zusammen, mit dem er zahlreiche Expeditionen zu den Pyramiden von Giza und nach Suez unternahm. Nach seiner Heimkehr nach London beschäftigten ihn neben biblischen Themenbereichen vordringlich die des Nahen Ostens. Er wurde einer der anerkanntesten Maler unter jenen, welche sich mit dem zeitgenössischen ägyptischen Leben beschäftigten. Allein 170 Gemälde mit eben diesem Sujet stammen von seiner Hand. Sein großer Erfolg veranlaßte Goodall, in den Jahren 1870/71 ein weiteres Mal nach Ägypten zu fahren, wo er u. a. drei Monate in einem Beduinenzeltlager weilte.

Ab 1868, bis zu seinem Tode, wohnte Frederick Goodall in der Avenue Road 62 in der Nähe des Regent's-Park. Dort war sein Atelier angefüllt mit ägyptischen Kunsterzeugnissen, welche er während seiner Reisen zusammengetragen hatte. Nach seiner Rückkehr von der ersten Ägyptenreise begann Goodall umgehend mit der Arbeit an dem Gemälde *Early Morning in the Wilderness of Shur*. Bereits ein Jahr später, 1860, wurde es in der Royal Academy ausgestellt. Der Künstler hatte in Ägypten zahlreiche ethnologische Studien und Skizzen gemacht und brachte Bekleidungsstücke der Beduinen mit nach London, die ihm hier als Anschauungsobjekte für seine Malerei dienten. Goodall gibt uns auf seinem Gemälde einen recht genauen Eindruck von der morgendlichen Szenerie eines arabischen Zeltlagers in der Wüste mit unterschiedlich lagernden und agierenden Beduinen, Kamelen und vielerlei Gerätschaften des alltäglichen Lebens der Araber. Der Blick des Betrachters wird im Hintergrund durch eine Hügelkette begrenzt, welche sich westlich des Roten Meeres bis hin nach Suez erstreckt.

In seiner 1902 erschienenen Autobiographie *Reminiscences of Frederick Goodall* beschreibt der Künstler, welch großen Erfolg er mit seinem ersten ›ägyptischen Bild‹ erntete. Mit besonderem Stolz erfüllte ihn, daß ihm zahlreiche der bekanntesten Maler der Royal Academy Bewunderung zollten. *MD*

Lit.: Ausst.kat. London (1984); Goodall (1902); Thornton (1985).

**14/17**
**Franz von Lenbach (1836–1904)**
**Gruppe von vier Arabern**
Kairo, 1876
Pappe, auf Karton aufgezogen, 51 x 41,5 cm
München, Städtische Galerie im Lenbachhaus (L87)

Als Franz von Lenbach im November 1875 in Begleitung mehrerer Freunde, unter ihnen die österreichischen Malerkollegen Hans Makart und Carl Leopold Müller, von Wien aus eine Reise nach Ägypten antrat, um dort den Winter zu verbringen, folgte er dem Trend seiner Zeit. Die obligatorische Bildungsreise eines Künstlers, die sogenannte Grand Tour, die im 17. und 18. Jahrhundert Italien, Frankreich oder die Schweiz zum Ziel hatte, wurde seit den napoleonischen Kriegen immer häufiger auch nach Kleinasien, Palästina und Ägypten unternommen.

Lenbachs Aufenthalt im maurischen Spanien oder in der nordafrikanischen Stadt Tanger hatte so gut wie keine Spuren in seinem Werk hinterlassen. Desgleichen dürfte auch die Exkursion nach Ägypten weniger künstlerischer Natur gewesen sein, als der Erholung dienlich. Weder führte ihn, wie Makart, die Suche nach exotischen Motiven nach Kairo, noch brachte er, wie Müller, ein ausgeprägtes Interesse für ethnologische Studien auf. Einmal in der Hauptstadt am Nil angelangt, war Lenbach gleichwohl von dem ›malerischen Museum‹, das sich ihm hier auftat, dem Volksleben und dem klaren Licht überwältigt, wie zahlreiche Brief belegen. Zusammen mit seinen Freunden konnte er sich dank der Beziehungen des ortskundigen Müller in dem leerstehenden Palast Mussafirchana ein Atelier einrichten. Von der Vielfalt ethnischer Gruppen, die Lenbach in

921 (14/18)

Kairo aufgefallen waren, legt sein Gemälde ein Zeugnis ab. Aus voyeuristischem Blickwinkel zeigt er einige Morgenländer als ins fliehende Profil gewendete Ganzfiguren. Durch den unmittelbaren Vergleich in Habitus und Haltung strebt er eine Systematisierung einzelner Beobachtungen an. *R/SB*

Lit.: MEHL (1980); AUSST.KAT. MÜNCHEN (1986).

**14/18 (Abb. 921)**
**John Frederick Lewis (1805–London–1876)**
**Courtyard of the Painter's House in Cairo**
Monogr.: JFL
Kairo, um 1851
Aquarell und Deckfarben, 97,5 x 126 cm
Birmingham, Birmingham City Museum and Art Gallery (P. 44'48)

John Frederick Lewis wohnte während seines zehnjährigen Aufenthaltes in Ägypten in einem herrschaftlichen Haus im nördlichen Teil von Kairo. Sowohl die Räumlichkeiten als auch, wie in der Abbildung gezeigt, der Innenhof dieses Hauses bildeten häufig das Ambiente für die künstlerische Auseinandersetzung mit dem orientalischen Leben. Hierbei stellte Lewis verschiedentlich Menschen mit unterschiedlichen Glaubensbekenntnissen einander gegenüber. In dem Aquarell *Courtyard of the Painter's House*, von dem es auch eine kleinere Öl-Version (Tate Gallery London) gibt, diktiert ein koptischer, auf einer reich geschnitzten Bank sitzender Patriarch seinem Sekretär ein Botschaft. Weitere Kopten schauen dem Geschehen zu, während Beduinen neben ihren Kamelen in getragener Ruhe auf das Schriftstück warten. Einer der Nomaden hat sich im Schneidersitz nierdergelassen und vermittelt so den Eindruck, daß bereits geraume Zeit seit der Ankunft verstrichen sein mag.

Das in mamlukischem Stil gebaute Haus wurde detailliert von dem Schriftsteller William Makepiece Thackeray (1811–1863) beschrieben, der Lewis im Jahre 1844 besuchte. Besonders beeindruckte Thackeray der lichtdurchflutete Innenhof, in dem ein Kamel, eine Gazelle und zahlreiche Vögel die Szenerie malerisch belebten. Das Aquarell ist offensichtlich eine recht wahrheitsgemäße Schilderung dieses Hausbe-

922 (14/19)

923 (14/20)

reiches. Ein anderes, gleichermaßen lokalisiertes Bild von Lewis trägt den Titel *The Hosh* (Courtyard) *of the House of a Coptic Patriarch*. Angereichert mit weiteren Figuren und Tiergruppen bleibt die zentrale, oben beschriebene Szenerie unverändert. Möglicherweise gehörte das von Lewis bewohnte Haus einem koptischen Patriarchen, was den Künstler wiederum thematisch inspiriert haben mag. *MD*
Lit.: Ausst.kat. London (1984); Thackeray (1845), 284f.

**14/19 (Abb. 922)**
**John Frederick Lewis (1805–London–1876)**
**The Noonday Halt**
London, 1853
Aquarell, 40,9 x 57 cm
Cambridge, The Syndics of the Fitzwilliam Museum (716)

Während seines langjährigen Aufenthaltes in Ägypten hatte John Frederick Lewis zahlreiche Studien gemacht, die das Leben der Beduinen in der Wüste thematisierten. Zurück in London, 1851, dienten ihm die Zeichnungen und Aquarelle neben einer Fülle von Trachten, Stoffen und kunstgewerblichen Gegenstände aus dem Nahen Osten als Grundlage für die bildnerische Umsetzung. Das Aquarell aus dem Jahre 1853 zeigt Beduinen mit ihrer Karawane während einer mittäglichen Rast in der gleißenden Wüstensonne. Im Zentrum des pyramidalen Bildaufbaus steht ein Kamel, über dessen Sattel ein prächtiger orientalischer Teppich gelegt ist. Gleich dahinter sitzt ein bärtiger Beduine mit Turban auf einem weiteren Kamel und schaut auf die in der linken Bildhälfte lagernden Menschen und Tiere. Während in diesem Bereich der Horizont durch eine Gebirgskette begrenzt wird, zeigt sich im übrigen die Wüste in ihrer unendlich anmutenden Weite. Lewis beschäftigten bei seiner künstlerischen Auseinandersetzung mit dem Thema ›Wüstenlandschaft‹ – ähnlich wie in seinen Interieurbildern – die intensiven und extremen Lichtverhältnisse des Orients. Zudem übten die Nomaden auf den gesellschaftsmüden Maler, wie auf viele den Nahen Osten bereisende Künstler, einen nachhaltigen Eindruck aus, zumal die Beduinen in deren Augen die letzten ›freien Männer‹ zu sein schienen. In der Beurteilung der meisterlichen Darstellung von Kamelen gingen manche zeitgenössische Kritiker soweit, Lewis als herausragendsten englischen Tiermaler zu klassifizieren. *MD*
Lit.: Jullian (1977); Lewis (1978).

**14/20 (Abb. 923)**
**John Frederick Lewis (1805–London–1876)**
**Sellers of the Antiques, Thebes**
1850 (?)
Aquarell, 53,9 x 36,2 cm
Cambridge, The Syndics of the Fitzwilliam Museum (1393)

Im Jahre 1850, ein Jahr bevor Lewis nach London zurückkehrte, unternahm er eine Exkursion nach Theben, wo möglicherweise die undatierte, kolorierte Handzeichnung entstanden sein mag. Der Bildtitel verrät, daß es sich hierbei um zwei arabische Antiquitätenhändler handelt. Die gesamte Marktszenerie außer acht lassend, liegt das Interesse des Künstlers ganz auf dem Studium der Personen, insbesondere auf der Physiognomie der Dargestellten. Von den etwa 600 Arbeiten, die Lewis während sei-

nes Aufenthaltes in Ägypten herstellte, sind etwa die Hälfte Figurenstudien. Viele dieser Studien dienten dem Künstler, der sich für den Rest seines Lebens auf Themenkreise des Nahen Ostens spezialisierte, in seinem Londoner Atelier als Anschauungsmaterial und Grundlage für seine Malerei. *MD*
Lit.: Lewis (1978).

**14/21 (Abb. 924)**
**William Holman Hunt (1827–London–1910)**
**Straßenszene in Kairo: Das Werben des Laternenmachers**
Bez.: Whh Cairo / 1854–61
Leinwand, 54,9 x 34,9 cm
Birmingham, Birmingham City Museum and Art Gallery (P.68'62)

William Holman Hunt (1827–1910), eines der Gründungsmitglieder der Präraffaelitischen Schule, setzte sich in seiner Malerei vornehmlich mit Themen des historischen und religiösen Genres auseinander. Zwischen 1854 und 1893 unternahm er zahlreiche Reisen u.a. nach Ägypten und Palästina. Ein Großteil seiner Gemälde brachte ihm das Renommee, Begründer eines neuen Stils der religiösen Malerei zu sein, welche auf landschaftlich genau beobachteten Studien biblischer Szenen beruhten.

Das hier gezeigt Bild wurde im Jahre 1861 in der Royal Academy ausgestellt. Den Blick in die Wirklichkeitsdichte einer orientalischen Gasse gerichtet, wird die zentrale Szene von einem jungen Paar im Vordergrund eingenommen. Vor einem auf seiner Bank sitzenden Laternenmacher, der von seinem Arbeitsmaterial umgeben ist, steht dessen Verlobte in einem langen, blauen Gewand. Die junge Frau wehrt in gemessener Haltung den Versuch ihres Freundes ab, ihr Gesicht zu enthüllen, denn der islamische Glauben verbot es den Frauen, ihr Antlitz dem zukünftigen Gatten vor der Heirat unverschleiert zu zeigen. Die ruhige Art, in der die Orientalin auf das Tun ihres Freundes reagiert, verdeutlicht, daß die Handlung eher von spielerischer und neckender Natur ist.

Während seiner ersten Reise nach Ägypten im Jahre 1854 machte Hunt mehrere Studien für das Gemälde mit der Intention, ein Bild des *»modernen ägyptischen Lebens«* zu zeichnen. Zunächst entstanden zwei Bleistiftzeichnungen mit Straßenszenen. Der jeweils nicht ausgeführte Vordergrund dieser Studien macht in Bezug auf die Endausführung deutlich, daß die Bildkomposition von einer Figurengruppe dominiert werden sollte. Als Hunt 1856 nach England zurückkehrte, war das Gemälde noch nicht fertiggestellt und wurde bis zur Ausstellung im Jahre 1861 mehrfach vom Künstler überarbeitet. *MD*
Lit.: Thornton (1985), S. 134; The Pre-Raphaelites (1984), Nr. 86.

*924 (14/21)*

**14/22**
**Henry Swinburne**
**Travels through Spain in the Years 1775 and 1776**
**Aufgeschlagen: Court of the Lions in the Alhambra or Moorish Palace of Granada**
(Klapptafel nach Seite 178)
London, 1779
Berlin, Staatsbibliothek Preußischer Kulturbesitz (4° Qt 1578)

Das 1779 erschienene Werk *Travels through Spain* war das erste in England publizierte

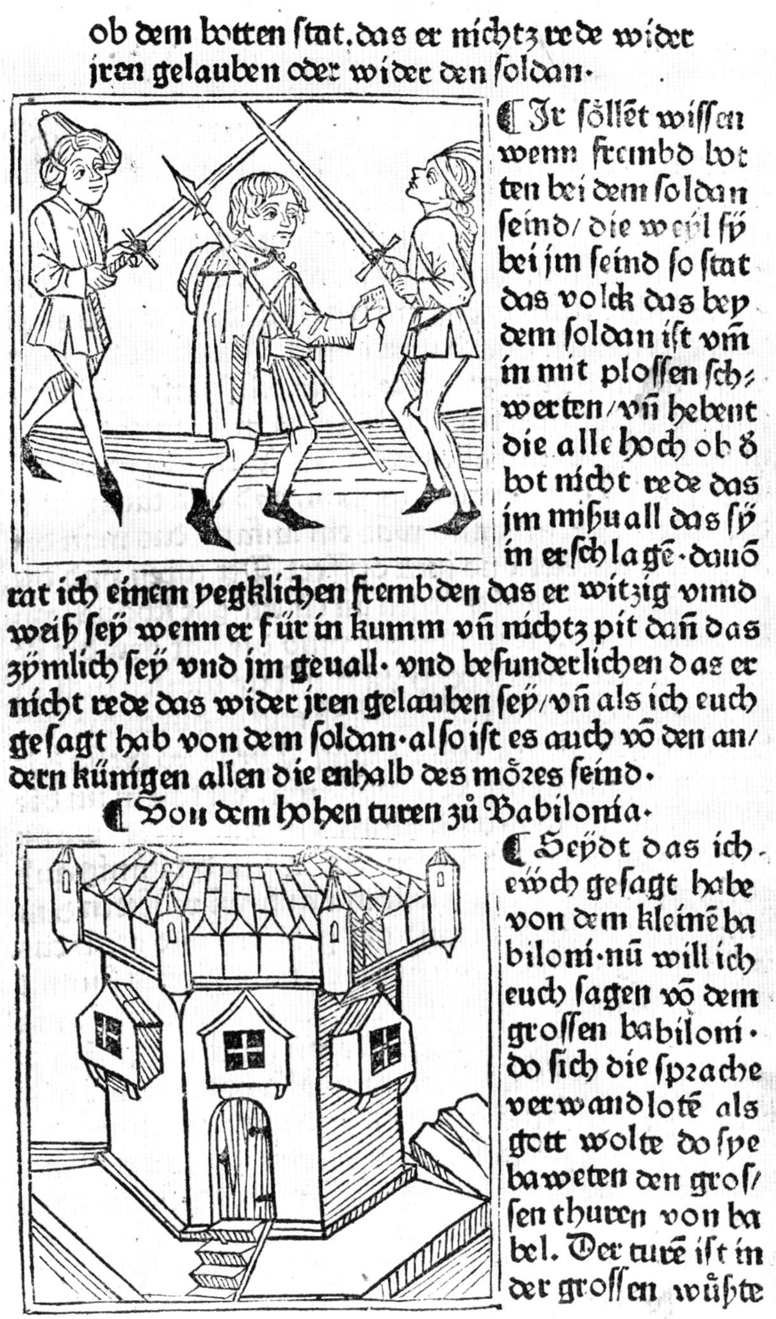
ob dem botten stat. das er nichtz rede wider
jren gelauben oder wider den soldan.
¶ Ir söllet wissen
wenn frembd bot
ten bei dem soldan
seind/ die weyl sy
bei jm seind so stat
das volck das bey
dem soldan ist vm
in mit plossen sch=
werten/ vñ hebent
die alle hoch ob d
bot nicht rede das
jm mißuall das sy
in erschlagẽ. darũ
rat ich einem yegklichen frembden das er witzig vnnd
weiß sey wenn er für in kumm vñ nichtz pit dañ das
zymlich sey vnd jm geuall. vnd besunderlichen das er
nicht rede das wider jren gelauben sey/vñ als ich euch
gesagt hab von dem soldan. also ist es auch võ den an/
dern künigen allen die enhalb des mözes seind.
¶ Von dem hohen turen zü Babilonia.
¶ Seydt das ich
ewch gesagt habe
von dem kleinẽ ba
biloni. nũ will ich
euch sagen võ dem
grossen babiloni.
do sich die sprache
verwandlotẽ als
gott wolte do sye
baweten den gros/
sen thuren von ba
bel. Der turẽ ist in
der grossen wüste

*925 (14/25)*

Buch, das sich in Text und Abbildungen näher mit den Überresten der untergegangenen islamischen Kultur in Spanien beschäftigte. Sein Autor Henry Swinburne (1743–1803) wurde durch zahlreiche Reisen in Europa und Übersee zu einer Art Kosmopolit des ausgehenden 18. Jahrhunderts und erfreute sich freundschaftlicher Beziehungen zu mehreren europäischen Fürstenhäusern.

Die aufgeschlagene Tafel, ein Stich von F. Giomignani nach Vorlage von Swinburne, zeigt eine Ansicht des Löwenhofes der Alhambra, neben dem Myrtenhof das zweite bauliche Zentrum der maurischen Palastanlage des 14. Jahrhunderts. Zu sehen sind Nord- und Ostseite des rechteckigen Hofes, der einen umlaufenden Arkadengang besitzt und an dessen Schmalseiten zwei Pavillons in ihn hineinragen. Zentrales Motiv ist der Löwenbrunnen, der von Zuläufen aus den vier Himmelsrichtungen gespeist wird. Diese symbolisieren die vier Flüsse des Paradieses des Koran, von denen Swinburne jedoch, da ihm diese ikonographische Bedeutung noch nicht bekannt war, nur zwei abbildet. Auch sonst läßt er der Architektur des Löwenhofes seine persönliche Interpretation widerfahren. So sind die Proportionen der Arkaden verändert, die Hufeisenbögen sind geweitet, die Säulenschäfte noch filigraner als sie ohnehin schon sind. Weniger noch als die späteren Arbeiten von J. C. Murphy (14/24) oder D. Roberts (The Tourist in Spain, 1835) erreichen die Abbildung bei Swinburne die Qualität wirklichkeitsgetreuer Bauaufnahmen. Dennoch ist die Detailfreudigkeit und atmosphärische Dichte der Zeichnungen erstaunlich, ihre Wirkung auf die Zeitgenossen als erste visuelle Zeugnisse einer ehemals hochentwickelten Kultur sicher nicht zu unterschätzen. *JW*

**14/23 (Abb. 447)**
**Antiguedades arábes des España**
**Aufgeschlagen: Alhambra-Vase** (Tafel XVIII)
Madrid, um 1780
Berlin, Ibero-Amerikanisches Institut
Preußischer Kulturbesitz (Span wd 300 2°)

Beschreibung vgl. S. 368ff.

**14/24 (Abb. 453–457)**
**James Cavanah Murphy**
**The Arabian Antiquities of Spain**
**Aufgeschlagen: Hall of the Two Sisters**
(Tafel 38)
London, 1813 (1815)
Stich von J. Roffe nach Zeichnungen von James Cavanah Murphy
Berlin, Staatsbibliothek Preußischer Kulturbesitz (gr 2° Qr 3549)

Bei der im wesentlichen von England ausgehenden Wiederentdeckung der maurischen Kultur in Spanien nimmt J. C. Murphys (1760–1814) erst 1815 komplett publiziertes Werk *The Arabian Antiquities of Spain* aufgrund der großen Anzahl (97) und der hohen Qualität der enthaltenen Stiche eine besondere Stellung ein. Murphy hielt sich ab 1802 für sieben Jahre in Südspanien auf und betrieb umfangreiche Studien der überlieferten maurischen Bauten besonders in Granada und Cordoba. Sein Werk basiert z. T. auf der von der Real Academia de San Fernando in Auftrag gegebenen und um 1780 veröffentlichten Stichsammlung *Antiguedadas árabes de Espana*, (14/23) ist jedoch beträchtlich erweitert und wissenschaftlich kommentiert.

Die aufgeschlagen Tafel zeigt die ›Sala de Dos Hermanas‹ in der Alhambra, von einem Durchgang zum Löwenhof aus in nördlicher Richtung gesehen. Die Sala, benannt nach zwei besonders auffälligen Marmorplatten im Bodenbelag, ist dargestellt als Raum mit rechteckigem Grundriß, den Trompen zur achteckigen Tamburzone überleiten, die von einer polygonalen Stalaktitenkuppel überwölbt ist. Der Raum ist beherrscht von seinem ornamentalen Reichtum, hinter den Struktur und Stofflichkeit der Architektur zurückgetreten und dem Murphy seine besondere Aufmerksamkeit widmet. Bei aller zeichnerischen Akkuratesse erreicht er hinsichtlich der Wiedergabegenauigkeit etwa der Raumproportionen noch nicht das Niveau von Owen Jones' 1842 erschienenen Standardwerk zur Alhambra (14/3; 14/4). Hingegen zeigt er sich als Meister im Skizzieren romantischer Stimmungsbilder, wenn er im Kommentar zu dieser Tafel die vergangene Atmosphäre des nunmehr leerstehenden Raumes wiederbelebt: »*The distribution of the various parts of this noble apartment is turly enchanting. The four balconies above were occupied by musicians; below sat the women; and a jet d'eau in the centre diffused a refreshing coolness through the hall*« (Murphy [1815], S. 13). *JW*

Lit.: Paquefo (1986), S. 555–563.

**14/25 (Abb. 925)**
**John Mandeville**
**Reis in das gelobte Land**
**Aufgeschlagen: Soldan mit vier Frauen/ Turm zu Babylon**
(Seite 2v/3)
Augsburg, 1481
Inkunabel
Berlin, Staatsbibliothek Preußischer Kulturbesitz (4° Inc. 123)

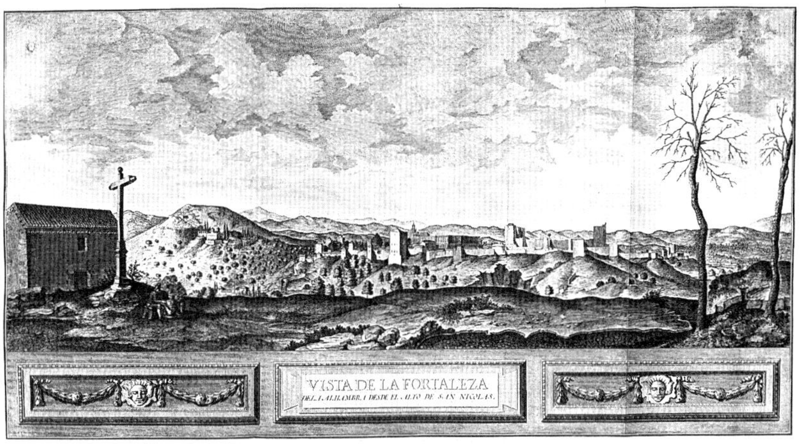


926 (14/23)

**14/26 (Abb. 926)**
**Cyriacus von Ancona (1391–1452)**
**Notizbuch**
**Aufgeschlagen: Sagundio dokumentiert das Treffen mit Cyriacus** (fol. 23v)
Griechenland, 1436
Papierhandschrift, zwei Vorsatzblätter aus Pergament
Berlin, Staatsbibliothek Preußischer Kulturbesitz (Ms. graec. quart 89)

Cyriaco dei Pizzicolli, gewöhnlich nach seiner Geburtsstadt Cyriacus von Ancona genannt, war ein Kaufmann, der auf wiederholten Reisen nach Dalmatien, Griechenland, Kleinasien, Syrien und Ägypten Zeugnisse des Altertums sammelte und in Notizen und Zeichnungen festhielt. Besonders berühmt wurde er durch seine Beschäftigung mit antiken Inschriften, die er an ihrem Ort abschrieb und damit zum Begründer der epigraphischen Wissenschaft wurde. Seine Sammlung von Epigrammen, der er den Titel *Commentaria* gab, ist 1514 bei einem

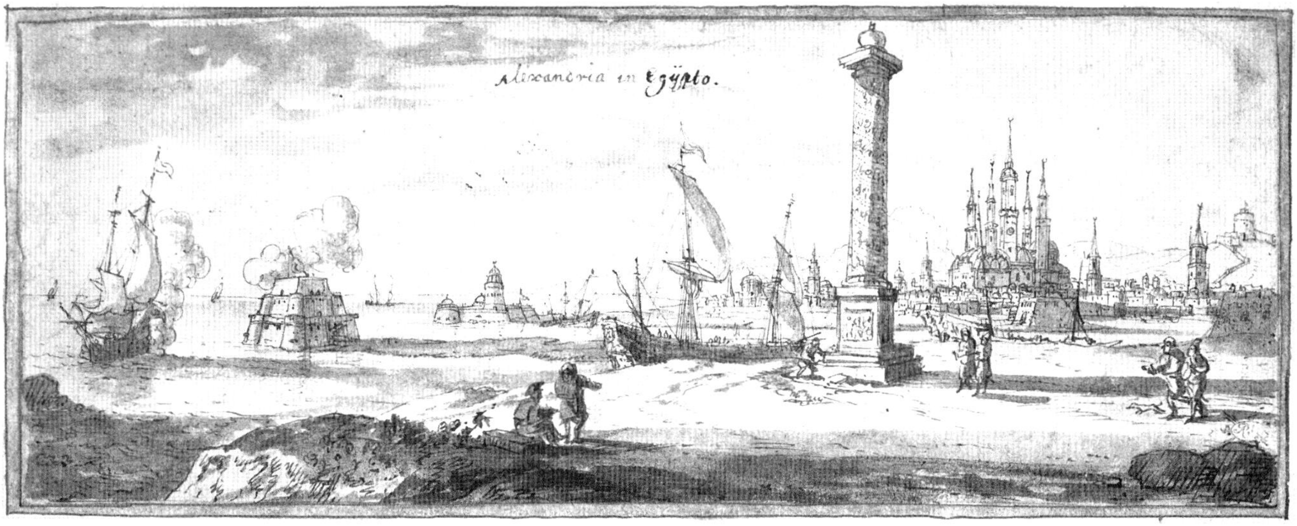


927 (14/29)

*928 (14/27)*

Brand bis auf einige Bruchstücke verloren gegangen, doch sind einige seiner Epigrammabschreibungen, die er an seine Freunde zu verschicken pflegte, und Kopien seiner Inschriften und Zeichnungen antiker Denkmäler, die das Erstaunen und die Bewunderung der Humanisten Italiens erregten, bis heute erhalten.

Vielen dieser Humanisten sowie Fürsten, Päpsten und Künstlern war Cyriacus eng verbunden. Doch war er auch am byzantinischen und türkischen Hofe ein gerngesehener Gast. So wurde er nicht nur mehrere Male in Mistra und Konstantinopel von den Palaiologen, sondern gleichermaßen von deren Feind, Sultan Murad II., 1444 in Adrianopel und 1446 in Magnisa willkommen geheißen und empfangen.

1452 und auch nach dem Fall Konstantinopels soll er sich noch unter den italienischen Humanisten befunden haben, die der lernbegierige und wissensdurstige Nachfolger Murads, Mehmed II., der den Helden des Altertums und den Taten Alexanders des Großen nachzueifern versuchte, um sich versammelt hatte, damit sie ihm aus antiken Werken vorläsen und das Wissen und die Bildung der westlichen Renaissance-Welt vermittelten. Dieser Aufenthalt des Cyriacus, der wohl auf einem ungenau überlieferten Bericht des Nicolò Sagundio beruht, wird jedoch inzwischen stark in Zweifel gezogen.

Sagundio, ein humanistisch gebildeter Grieche und Wahlvenezianer aus Negroponte, hatte sich 1453 für längere Zeit im Gefolge des venezianischen Botschafters Bartolomeo Marcello in Konstantinopel aufgehalten. Von ihm stammt das erste lateinische und höchst einflußreiche Werk über die Osmanen *De familie otumanorum*. Er ist ein Freund des Cyriacus gewesen, mit dem er sich 1436 in Chalkis getroffen hat. Fol. 23v trägt die eigenhändige Eintragung Sagundias dieses Treffens mit Cyriacus. Die Handschrift enthält neben einem lateinischen Schreiben an Leonardus Aretinus (fol. 6r-18v) griechische Texte und verschiedene Inschriften lateinischer und griechischer Sprache. *GP*

Lit.: Maas (1913); Babinger (1966); Weiss (1966); Raby (1980).

**14/27 (Abb. 928)**
**Conrad Grünenberg**
**Wappenbuch**
**Aufgeschlagen: Der persische ›Kaiser‹ mit seinen Hofleuten** (fol. 57)
Konstanz, um 1483
Illuminierte Pergamenthandschrift
München, Bayerische Staatsbibliothek, Handschriftenabteilung (Cod. Cgm. 145)

Grünenberg unternahm 1486 eine Pilgerfahrt ins Heilige Land. Ein Reisebericht wurde von ihm dazu 1487 verfaßt. Sein 1483 vollendetes Wappenbuch enthält etwa 2000 mit Legenden versehene Wappen. Die Reihe geht von römischen Königen, Kaisern über geistliche und weltliche Fürsten zu Bildern deutscher Städte, Burgen u.a. Dem schließen sich Turnierdarstellungen an. Die Münchner Pergamenthandschrift ist eine fast gleichzeitige Kopie des sich im Staatsarchiv von Merseburg/DDR befindenden Originals. Die Malereien der Münchner Kopie sind alle (bis auf S. 1) von einer Hand. Das Bl. 57 stellt den persischen ›Kaiser‹ inmitten seiner insignientragenden Hofleute dar. Die Legenden (von rechts oben nach links unten) lauten: *»Der großmachtigen kaiser kan wird genent in persischer zungen oder sprach chublicham das spricht ain her aller herzen (...) Der haydem so untterm kan sem hayssent biggany (...) Des grossn kaisers kan geschrifft umb seiner mayestat Pigill (...) Gottes stergckh und aller menschen kayser«*. Grünenberg hat sich, wie er an anderer Stelle schreibt, mit dem *»groß Landfarer Marcobolo«* und dem *»Landfahrer Hanns der von montavilla«* befaßt. Wahrscheinlich hat er dazu die 1477 erschienene Ausgabe des Reiseberichts des Marco Polo (1254–1327) benutzt: Das Titelblatt trägt die Umschrift: *»Das ist der edel Ritter Marcho polo von Venedig der grost Landtfahrer (...)«* und die 1481 aus dem franzöischen ins deutsche übertragene Fassung der *Voyage d'outremer* des Jean de Mandeville (gest. 1372 Lüttich, doch ist seine Identität umstritten). Um die Identität Mandevilles wird noch diskutiert, jedenfalls hat er die beschrieben Reise nie unternommen, sondern nur verfügbare Reiseliteratur benutzt. *RL*

Lit.: Petzet (1920); Verfasserlexikon 3 (1981); Röhricht (1880), S. 146ff.; Zrenner (1981), S. 80ff.; Ausst.kat. München (1970), Nr. 50.

**14/28**
**Bonaventura Peeters**
**(Antwerpen 1614–1652 Hoboken)**
**Eine Hafenstadt im Nahen Osten**
Bleistiftzeichnung, braune Tusche,
20,1 x 40,6 cm
Cambridge, The Syndics of the Fitzwilliam Museum (PD. 593–1963)

**14/29 (Abb. 927)**
**Bonaventura Peeters**
**(Antwerpen 1614–1652 Hoboken)**
**Blick auf Alexandria**
Tuschezeichnung, 10,2 x 27,5 cm
Cambridge, The Syndics of the Fitzwilliam Museum (PD. 592–1963)

**14/30**
**Bonaventura Peeters**
**(Antwerpen 1614–1652 Hoboken)**
**Safia in Barbaria im Gebiet der Mooren**
Tuschezeichnung, 12,9 x 40,8 cm
Cambridge, The Syndics of the Fitzwilliam Museum (PD. 587–1963)

**14/31 (Abb. 262, 929)**
**Aubry de la Motraye**
**Travels through Europe, Asia, and into Part of Africa; Containing a great variety of Geographical, Topographical, and Political Oberservations on those Parts of the World; especially on Italy, England, Turky, Greece, Crim, and Lapland, Bd. 2**
**Aufgeschlagen: Tafel XXXI**
London, 1732
Berlin, Staatsbibliothek Preußischer Kulturbesitz (2° Pu 1322–2)

Zu den frühen Reiseschriftstellern gehört Aubry de La Motraye (1674–1743 Paris), der zwischen 1696 und 1729 Europa, Afrika und Asien bereist hat. Ein dazu von ihm verfaßtes zweibändiges Werk erschien 1724 in London und 1727 in französischer Übersetzung in Paris. Eine zweite Auflage erschien 1732. Das Werk

*929 (14/31)*

mit dem Titel *Travel through Europe, Asia and into part of Africa* schildert in einzelnen, unverbundenen Kapiteln seine Aufenthalte und Beobachtungen. Im zweiten Band schildert er u.a. seinen Aufenthalt im Lager des schwedischen Königs Karl XII; in Bender, wo La Motraye als Freund eines Vertrauten des Königs drei Jahre lebte. Der schwedische König Karl XII: (1682–1718) hatte sich im zweiten Nordischen Krieg (1700–1721) auf seinem Kriegszug gegen die Russen bei Poltawa in der Ukraine eine Schlacht mit dem Heer Peter d. Gr. geliefert, die für ihn verlorenging. Noch vor dem Ende der Schlacht wechselte er in das türkische Gebiet über, wo er in Bender (heute Bendery, UdSSR) Zuflucht fand. Diese Stadt am Dnjestr wurde 1484 von den Türken erobert und zur

930 (14/33)

Festung ausgebaut. Hogarth, der einer von mehreren Illustratoren des Textes von La Motraye wurde, hat zwischen 15–19 Stiche geschaffen, die nicht alle signiert sind. Die erste Serie seiner Stiche ist 1723 entstanden, Veränderungen an den Stichen der französischen Übersetzung lassen eine zweite Serie 1726/27 annehmen. Zum zweiten Band der *»Travels (...)«* von La Motraye hat Hogarth den einzigen selbständig entworfenen Stich gefertigt. Er zeigt die Ankunft des schwedischen Königs Karl XII. vor Bender, wo er durch die Abgesandten des Sultans Ahmed III. (1673 bis 1736) empfangen wird. Dem König, der sich in Begleitung befindet, wird durch den Seraskier Yussuf Pascha ein geschmücktes Pferd überreicht. Im linken Teil ist die auf einer Anhöhe liegende Stadt Bender zu sehen, im Vordergrund sieht man den Fluß Dnjestr. Hogarth hat nur den oberen Teil des Stiches, der auch mit *»W. Hogarth Inv. et Sculp.«* signiert ist, geschaffen. Den unteren Teil mit dem Stadtplan von Bender und ihrer Umgebung sowie den beiden Lagern des Königs wurde von S. Parker ausgeführt. Bereits im Herbst 1709 (Karl XII. war am 1. Aug. 1709 eingetroffen) ließ der Sultan ein provisorisches Lager (A) einrichten, das später durch ein festes Lager im Dnjestr-Bogen abgelöst wurde (AA). Hier entstanden infolge seines langen Aufenthaltes Häuser und Nebengebäude außerhalb der Stadtmauern. Von hier aus versuchte Karl XII. die Türken für seine Zwecke in einen Krieg mit den Russen zu verwickeln, was schließlich 1713 zu seiner Festsetzung führte.

*RL*

Lit.: Ausst.kat. Berlin (1980), Nr. 8, S. 18; Scott (1977); La Motraye (1727),Bd. II, S. 110.

**14/32**
**Aubry de la Motraye**
**Travels through Europe, Asia, and into Part of Africa (. . .) Bd. 1**
**Aufgeschlagen: Der Atmeydan** (Tafel XV)
London, 1732
Berlin, Staatsbibliothek Preußischer Kulturbesitz (2° Pu 1322–1)n

Hogarths Stich befindet sich im ersten Band on La Motrayes *Travels through Europe* in der französichen Fassung von 1727 nach Seite 216. Die Beschreibung dazu findet sich auf S. 224ff. La Motraye war 1699 in Istanbul. Das Bild zeigt den Platz des antiken Hippodroms (Atmeidan) mit den ihn umgebenden Gebäuden. Das Hauptgeschehen bildet ein türkischer Hochzeitszug, der den Platz durchquert: Der unter einem Baldachin sich befindenden Braut, die verschleiert auf einem Pferd reitet, gehen die Eltern voraus. Dervische (3) blasen auf langen Flöten, während ein Trommler die auf dem Rücken getragenen Becken bearbeitet (4). Die Spitze des Zuges bilden Janitscharen die eine mehrstufige pyramidenförmige Trophäe tragen, auf der Hochzeitsgeschenke angehängt sind. Dem Baldachin folgen weitere Verwandte der Braut. Der Zug geht zum Haus des Bräutigams, der seine Frau zum erstenmal zu Gesicht bekommt. Die Hochzeiten wurden zwischen den Eltern vereinbart. Im Hintergrund sieht man Reiter (8) die sich im Spiel mit Stöcken (Dgirith) bewerfen. Hogarth hat den Hochzeitstag einem Gemälde des Jean-Baptiste Van Mour (Valenciennes 1671–1737 Konstantinopel) entnommen, das 1714 in Paris gestochen erschien: Im *Recueil de cent Estampes..par les Ordres de M.de Ferriol* ist die Abb. 100 eine von J. B.Scotin nach Van Mour gestochene *Mariage Turc*, die den Zug von links nach rechts ziehend in einer freien Landschaft zeigt. Die einzelnen Figuren sind jedoch identisch. Die im Stich zusehende Architektur muß Hogarth anderen Quellen entnommen haben. Am linken Bildrand befindet sich der gemauerte Obelisk, rechts daneben die Sultan Ahmet Camii, wo 1620 der Sultan und seine Nachfolger bestattet wurden. Den Hintergrund schließen verschiedene Wohngebäude ab, die zum Teil auf die alten Toranlagen des Hippodroms aufgesetzt sind. Die Plantane (9) dient der Zurschaustellung Hingerichteter. In der Platzmitte befindet sich der Obelisk aus Karnak, der unter Theodosius (379–395) errichtet wurde: Dessen zweistufiger Unterbau ist mit Reliefs geschmückt worden. Links daneben ist die dreiköpfige Schlangensäule (10) noch erhalten: Im Jahre 1700 verlor sie ihre Köpfe. Die Bevölkerung füllte den Hohlkörper der Bronzesäule mit kleinen Steinen auf. Die Dreischlangensäule wurde als Weihgeschenk der Griechen nach dem Sieg über die Perser 479 v. Chr. bei Plataiai in das Apollonheiligtum nach Delphi gestiftet, von wo aus sie durch Konstantin (313–337 n. Chr.) nach seiner neugegründeten Stadt an den Bosporus

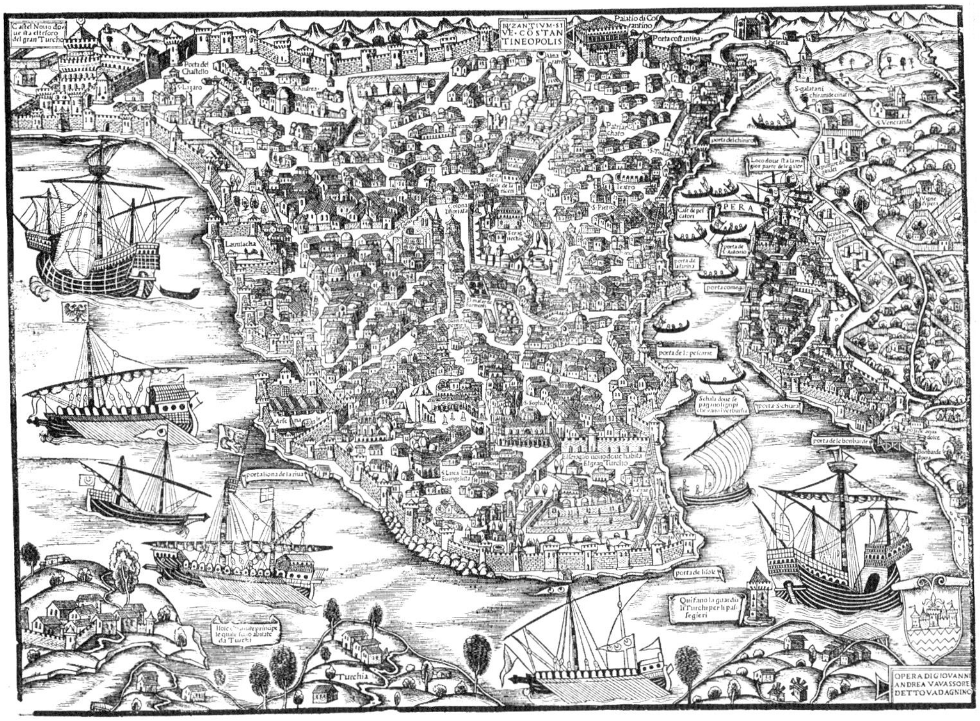


*931 (14/34)*

gebracht wurde. Auf der Säule waren die Namen der am Kampfe gegen die Perser beteiligten Städte eingraviert. Nach der Eroberung der Stadt durch die Türken 1453 wurde das Hippodrom längere Zeit als Steinbruch benutzt. Die alte Arena diente als Platz für Reiterspiele und sonstige Festlichkeiten. *RL*

Lit.: Müller-Wiener (1977); Ausst.kat. Berlin (1980), Nr.5/S. 17; Clair (1973), Nr.45; La Motraye (1727), Bd.I, S. 216f; Recueil (1714); Lutteryelt (1958), Pl. 5.

**14/33 (Abb. 930)**
**Christoforo Buondelmonte (1385–1430)**
**Liber Insularum Archipelago**
**Aufgeschlagen: Ansicht von Konstantinopel**
(fols 154v-155r)
1482
Illuminierte Pergamenthandschrift
40 x 53 cm
London, The British Library, The Manuscript Collections (Arundel MS 93)

Auf Grund seines Interesses für griechische Kultur ließ sich Christophoro Buondelmonte (1385-1430), der Sproß einer angesehenen Florentiner Familie, 1414 in Rhodos nieder, das er zum Ausgangspunkt seiner ausgedehnten Reisen durch die Ägäis wählte. Zwei seiner Schriften sind überliefert: Eine Beschreibung Kretas und der *Liber insularum Archipelag*, letzteres in einer längeren Fassung von 1420 und einer gekürzten von 1422, die er in Konstantinopel redigierte. Darin beschreibt er die jonischen und ägäischen Inseln sowie einzelne Küstenabschnitte. Von beiden Versionen haben sich Abschriften erhalten, sowie Übersetzungen ins Englische und Griechische. Mit seiner Schrift ist Buondelmont der Begründer eines neuen Typs von Reiseliteratur, des Insularium oder Inselbuchs. Von besonderem Interesse sind die darin enthaltenden 79 Karten und Ansichten. Der aufgeschlagene Plan von Konstantinopel ist der älteste überlieferte Plan der Stadt. Seine Genauigkeit ermißt sich im Vergleich mit einer äußerst summarischen Darstellung aus dem Jahre 1436 in einer Abschrift der sogenannten *Notita Dignitatum Spirensis«* (Oxford, Bodleian Library, MsCanon, Misc. 378, f. 84). G. Gerola hat zwei Varianten unterschieden. Die eine gibt bloß die große der beiden Landmauern des Theodosius wieder. Die andere läßt den Lykos nicht an der Porta vlanga ins Marmara-Meer münden, sonder östlich davon an der im Plan mit *»Receptaculum dictum Contiscali«* bezeichneten Stelle, dem Arsenal. Das Exemplar der British Library gehört der ersten Gruppe an. Sie zeigt sich direkt von der Fassung der Biblioteca Vaticana (Rossiano X, 702) abhängig und unterscheidet sich von dieser durch ihre malerisch-plastische Formgebung. Im Versuch, einzelne Monumente zu staffeln, gelangt sie zu einer strafferen Räumlichkeit, die freilich zu Lasten der Detailtreue geht. *R/SB*

Lit.: Weiss (1972); Gerola (1931).

**14/34 (Abb. 931)**
**Giovanni Andrea Vavassore, gen. Guadagnino (um 1495–nach 1572)**
**Byzantivm sive Constantinepopolis**
1520
Holzschnitt, 52,6 x 36,8 cm
Nürnberg, Germanisches Nationalmuseum
(SP 8190, Kapsel 1102)

Der seit 1510-1515 als Karthograph, Illustrator und ab 1530 auch als Buchdrucker tätige Giovanni Andrea Vavassore ist nach Giacomo Gastaldi der zweite große Landkartenkünstler, den Venedig in der zweiten Hälfte des 16. Jahrhunderts hervorbrachte. Im Unterschied zu dem in Kupfer stechenden Gastaldi fertigte Vavassore seine Karten in der Holzschneidetechnik an. »*Byzantivm sive Constantinepopolis*« ist nicht bloß die früheste erhaltene Gesamtansicht des von den Türken eroberten Konstantinopel, sondern der erste detaillierte Plan der Stadt im neuzeitlichen Sinn überhaupt. Sein Einfluß läßt sich bis ins 17. Jahrhundert geltend machen. Hatte Buondelmonte (14/33) die Stadt vom Marmara-Meer aus in ihrer Längsansicht festgehalten, entlang der alten *via triumphalis*, auf der die aus Europa ankommenden Reisenden einzogen, so wählt Vavassore den Blick von Scutari aus, womit er dem städtebaulichen Akzent des neuen Serail Rechnung trägt. An die Stelle Scutaris freilich rückt er die weiter im Südosten liegenden Prinzeninseln. Anhand der noch stehenden Theodosiussäule (colonia istoriata) am Rande des alten Serail sowie des noch genutzten Arsenals am Marmara-Meer ist eine Datierung des Blattes auf 1500 bis 1510 versucht worden. Sie ist nicht nur im Hinblick auf die nicht vor 1515 einsetzende Schaffensperiode Vavassores unwahrscheinlich. Einen brauchbaren Datierungshinweis liefert der als Residenz des Sultan ausgewiesene neue Serail, da der Herrschaftssitz erst durch Süleyman, d. h. nicht vor 1520, hierher verlegt wurde. *R/SB*
Lit.: FALASCHI (1975); BAGROW (1939; THIEME-BEKKER (1940).

**14/35**
**Byzantivm nunc Constantinopolis**
Um 1560/70
Holzschnitt, 33 x 49 cm
Nürnberg, Germanisches Nationalmuseum
(SP 1661, Kapsel 1103)

Sebastian Münsters *Cosmographia universalis* von 1544 bietet einen Nachstich der Karte Vavassores (14/34) von der Hand David Kandels. Dieser Nachstich dient einer modernisierten Fassung zur Vorlage, deren lockerer Duktus einer dekorativen Räumlichkeit zur Geltung verhilft. Mit schmückenden Ergänzungen wie einer Ahnengalerie und einigen zu einer Gruppe von Soldaten zusammengefaßten Kostümfiguren versehen, erscheint dieselbe in Braun/ Hogenbergs *Civitates orbis terrarum*. Davon unterscheidet sich das ausgestellte Blatt durch den Umstand, daß es das letzte Medaillon mit dem Bildnis Murads III. ausspart, ein Detail, das die zeitliche Bestimmung des Blattes erlaubt. An Neuem weiß die Karte nichts hinzuzufügen. Sie verzeichnet die Bauwerke der islamisch gewordene Stadt, den alten und neuen Serail, die Moschee Mehmed Fatih, den Staatstresor im Yedikule, den Friedhof von Karacaahmet in Pera, dazu die christlichen Kirchen einschließlich des Sitzes des durch Mehmed II. neu in sein Amt eingesetzten Patriarchen. *R/SB*
Lit.: AUSST.KAT. FRANKFURT (1985); MAYER (1943); OBERHUMMER (1902).

**14/36**
**Hans Rogel d. Ä.**
**(1532 ? – Augsburg – 1592/93)**
**Wahrhafftige Abcontrafeytung der Statt Constantinopel**
Augsburg, 1572
Einblattdruck, kolorierter Holzschnitt, 33 x 26,8 cm
Nürnberg, Germanisches Nationalmuseum
(HB 790 Kapsel 1204)

Die Prodigienliteratur der Antike war zu Beginn der Neuzeit wiederentdeckt worden. Anstatt von Wundern der Schrift, die für allemal unwiederholbar geworden waren, traten hier Zeichen und Anzeichen der Anwesenheit Gottes in der Natur. Darin offenbart sich Gott unter dem doppelten Aspekt eines mittels Katastrophen Strafenden und in Erscheinungen Drohenden. Mit dem Kometen am Himmel stand dem Leichtgläubigen zugleich der jüngste Tag vor der Tür.

Es waren vornehmlich Briefmaler, die dieser frühen Form von Tagesjournalismus nachgingen. Der Augsburger Schulmeister Hans Rogel d. Ä. (1532–1592/3) war nicht der erste, der mit Sensationsmeldungen aus Konstantinopel und dem osmanischen Reich aufhorchen ließ. Im Jahre 1543 kam aus Gallipoli die Nachricht, daß es zu Konstantinopel zwei Tage und Nächte völlig finster gewesen sei, und daß es eine Stunde lang Blut und Wasser geregnet habe. Später gab der Briefmaler Hermann Gall aus Nürnberg das »*erschreckliche Wunderzeichen von zwei Erdbeben*« wieder, »*welche geschehen sind zu Rossana und Constantinopel im 1556. Jahr*«. Rogel berichtet in seinem Flugblatt von gleich zwei wundersamen Ereignissen, die sich im Februar und März 1572 in Konstantinopel zugetragen haben sollen, und deren ersteres sich wie die Ankündigung des darauf folgenden zweiten liest. Über dem Alef der Hagia Sophia, den die ehedem christliche Kirche bekrönenden Halbmond der Türken, war ein großes weißes Kreuz erschienen, das nach drei Tagen zu den Kirchen S. Patriarcha und S. Andrea weiterzog. Einen Monat später ereignete sich ein von Hagel und Gewitter begleitetes Erdbeben, so daß die Türken glaubten, die Welt sei im Begriff, unter zugehen. Nachdem sich das Unwetter gelegt hatte, stieß man unter den Trümmern der Kirche ›S. Margaretha‹ auf einen marmornen Stein, in den das Bildnis des Türkenkaisers gehauen war. Darunter befand sich eine hebräische Inschrift mit der Prophezeiung: *»Dir gepeute Ich/das du dich lassest Tauffen/das ist der Ewig will.«* R/SB

**14/37 (Abb. 932)**
**Prophezeiungen über Konstantinopel**
**Aufgeschlagen: Straßenszene in Konstantinopel** (Blatt 12v)
16. Jahrhundert
Handschrift mit Federzeichnungen
Berlin, Staatsbibliothek Preußischer Kulturbesitz (Ms. graec. fol. 62)

**14/38 (Abb. 933)**
**Johann Friedrich Probst**
**Großansicht von Konstantinopel**
Augsburg, um 1700
Kupferstich, 39,1 x 105,7 cm
Nürnberg, Germanisches Nationalmuseum (SP 1666 Kapsel 1055e)

Die Panoramen des 16. Jahrhunderts hatten Konstantinopel vom Ufer des Goldenen Horns aus, gleichsam im Längsschnitt, erschlossen. Der in Dresden ansässige Wilhelm Dilich überwand in einer Ansicht von 1606 diese flachen, zur Monotonie neigenden Stadtfriese, indem er Konstantinopel, über Pera hinweg, von außen betrachtete, wodurch ein lockeres, räumlich differenziertes Stadtbild entstand. Der Blick, den Dilich auf die Stadt warf, war ein typisch europäischer. Nicht so sehr, weil er sie aus der Perspektive der in Pera wohnhaften Europäer schilderte, sondern weil der halbkreisförmige Mauerring Peras sich kaum von dem Anblick unterschied, den zahlreiche europäische Städte boten. Die natürliche, einmalige Lage Konstantinopels wurde darin weitgehend negiert.

Babinger hat die Adaptionen des Dilichschen Stiches in französischen, holländischen und spanischen Beispielen des 17. Jahrhunderts verfolgt. Der Stich des Augsburgers Johann Probst (1721–1781) schließt im wesentlichen an die Reihe dieser Vorlagen an. Gleichwohl wird darauf das Bemühen erkennbar, den Eindruck des allzu Europäischen durch eine Straffung der in die Breite gehenden Ansicht und die Forcierung ihrer vertikalen Elemente wettzumachen, wodurch die Stadt märchenhafte Züge eines Orients der 1001 Minarette annimmt.
*R/SB*

Lit.: Babinger (1962), 3, S. 81–90.

*932 (14/37)*

**14/39 (Abb. 934)**
**Entwurf von Philipp Ferdinand von Gudenus, gestochen von Johann Gottfried Thelott**
**Panorama von Konstantinopel**
Konstantinopel, um 1740
Kollorierte Radierung, 30 x 374 cm
Stockholm, Königliche Bibliothek, Karten- und Bilderabteilung (Kart & bild, Rulle 251)

Die Geschichte der Großansichten von Konstantinopel beginnt mit den friesartigen Zeichnungen und Mehrblattdrucken des 16. Jahrhunderts und reicht bis zu den gemalten Panoramen des Viktorianischen Zeitalters und den Photoramen der Jahrhundertwende. Schon der Sohn des Patentinhabers englischer Panoramen, Henry Aston Parker, hatte eine Reise

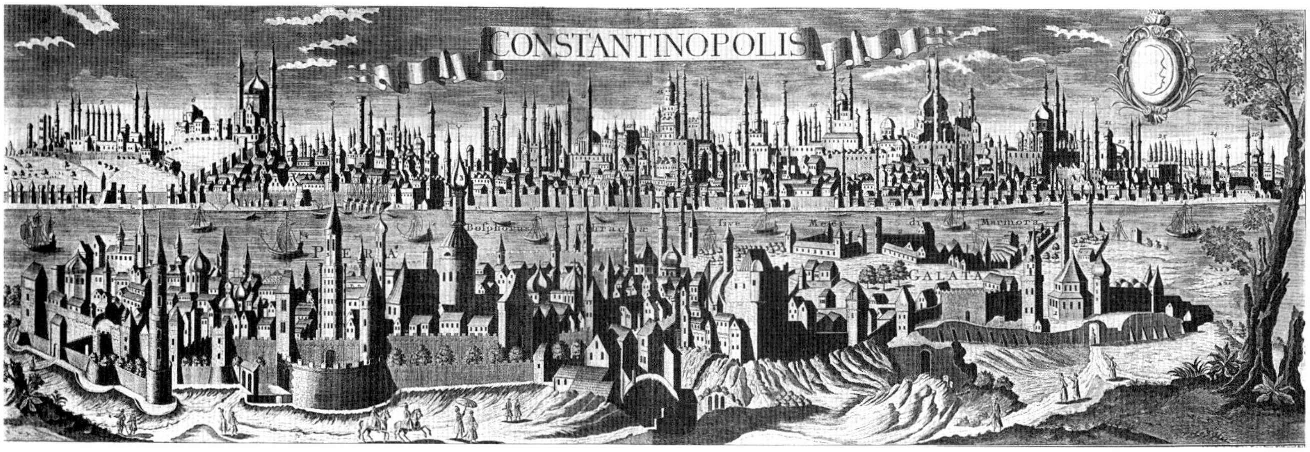


933 (14/38)

934 (14/39)

nach Konstantinopel im Jahr 1799 zu einer Rundansicht vermarktet. Der gestochene Prospekt des kurpfälzischen Generalmajors Philipp Ferdinand Gudenus darf als Vorstufe einer solchen Entwicklung betrachtet werden. Gudenus faßt Konstantinopel, Galata und Skutari von Pera aus, das mit dem Galataturm und seinen Terrassen sich als geeigneter Standpunkt anbot, in einer Ansicht zusammen und schafft damit eine Verbindung zwischen den stadtorientierten Friesen des 16. Jh. und den landschaftsorientierten Gemälden eines van Mour und van der Steen. Dem Betrachter liegt hier ein Gesichtskreis offen, der sich von Dohlmabahçe und dem Viertel, das nach der durch seine fünf Kuppeln hervorstechenden Geschützgießerei ›Top-Hana‹ heißt, bis Kasimpasa, dem Arsenal der türkischen Kriegsmarine, erstreckt.

Gudenus entwarf den Prospekt gelegentlich seines Aufenthaltes in Konstantinopel als Sekretär der kaiserlich-österreichischen Gesandtschaft von 1740. Sein in Paris unter Leitung von J. Ph. Le Bas auf drei Platten gestochener Plan erschien zugleich mit weiteren Ansichten von Konstantinopel und seinen Baulichkeiten, einschließlich einiger Kostümblätter unter dem Titel *Collection des Prospects et Habillemens en Turquie dessinés d'après nature*. R/SB

Lit.: Ausst.kat. Genf (1985)

## Kapitel 15

## »Cherchez la femme d'Orient«: Frauenbilder in der Malerei der Orientalisten des 19. Jahrhunderts

In Kunst und Literatur des 19. Jahrhunderts entstanden Imaginationen eines Frauenbildes, die eher gängige Erwartungen, Vorstellungen und Mißverständnisse der europäischen Welt spiegelten, als das vor Fremden strikt abgeschirmte private Leben islamischer Gesellschaften. »Orientalisten«, Künstler des 19. Jahrhunderts, in ihrer Phantasie beflügelt durch die strikte Abschirmung eben dieses privaten Lebens, entwarfen ein Bild von einer »orientalischen Welt«, imaginierten Themen wie »Harem«, »Odaliske«, »Türkisches Bad«, »Sklavenmarkt« und suchten so, dem an Bildern aus dem Orient interessierten europäischen Bürger des 19. Jahrhunderts ein auf Sinnlichkeit konzentriertes Bild zu entwerfen.

Die oft naturalistische, um Authentizität bemühte Malweise täuscht ein Bestreben um eine realistische Darstellung vor, verleiht vielen Bildern eine atmosphärische Gesamtwirkung, die zunächst die Künstlichkeit der geschilderten Situation in den Hintergrund treten läßt.

Nicht alle »Orientalisten« jener Zeit konnten auf eine unmittelbare Orienterfahrung zurückgreifen, und denjenigen, die den Orient bereist hatten, war zumeist keine Gelegenheit gegeben, einen Blick hinter die geschlossenen Türen der Frauengemächer zu werfen. So mußten etwa die Briefe der Lady Montagu ebenso wie die *Lettres persanes* Montesquieus als ikonographische Vorgabe der malerischen Auseinandersetzung herhalten, wobei Darstellung und Formenrepertoire der europäischen Tradition verhaftet blieben.

*935 (15/1)*

*936 (15/2)*

**15/1 (Abb. 935)**
**Horace Vernet (1789–Paris–1863)**
**Die Entführung**
1813
Aquarellierte Federzeichnung, 29,5 x 41 cm
Marseille, Musée Cantini Art Contemporain
(C 300)

**15/2 (Abb. 936)**
**Horace Vernet (1789–Paris–1863)**
**La captive**
1814
Aquarellierte Federzeichnung, 31 x 42 cm
Marseille, Musée Cantini Art Contemporain
(C 299)

**15/3 (Abb. 937)**
**Alfred Chataud (Marseille 1833–1908 Algier)**
**Dramatische Szene im Serail**
Bez.: Un drame dans le sérail, Lettres persanes CLIX
Leinwand, 200 x 100 cm
Marseille, Musée des Beaux-Art (910)

Mit diesem Gemälde illustriert Alfred Chataud eine Textstelle der von dem Staatstheoretiker und Historiographen Montesquieu (1689–1755) zwischen 1717 und 1721 verfaßten *Lettres persanes*, die aus insgesamt 160 fiktiven Briefen, einer zeit- und gesellschaftskritischen Korrespon-

937 (15/3)

denz zweier vornehmer persischer Frankreichreisender, Usbek und Rica, mit ihren Frauen und Freunden in Persien bestehen. Als Zeitsatire, mit Blick auf die politischen, kulturellen und religiösen Verhältnisse Frankreichs, zeichnete Montesquieu zugleich ein imaginäres Orientbild, das von erotischen Konstellationen und Intrigen, zumal innerhalb des Serails, geprägt war.

Im 159. Brief, den Solim an Usbek aus Persien schrieb, berichtet er seinem Freund vom Ehebruch Roxanes, der Frau Usbeks: *»Ihre Tugend war eine grausame Täuschung. Damit verhüllte sie ihre Frevel. Ich habe sie in den Armen eines jungen Mannes überrascht, der sich auf mich stürzte, als ich ihn entdeckt hatte. Er hat mir zwei Dolchstöße versetzt. Die Eunuchen eilten bei dem Lärm herbei und umringten ihn. Er hat sich lange verteidigt und mehrere verwundet, er wollte sogar in Roxanes Gemach zurück, um, so sagte er, vor ihren Augen zu sterben. Schließlich erlag er doch der Übermacht und brach vor unseren Füßen zusammen.«* *MD*

Lit.: MONTESQUIEU (1988), S. 270.

**15/4 (Abb. 938)**
**Charles Gleyre (Chevilly 1806–1874 Paris)**
**Die ägyptische Schamhaftigkeit**
Paris, 1838/39
Leinwand, 77,5 x 63,5 cm.
Lausanne, Musée Cantonal des Beaux-Arts (1361)

Dieses Bild scheint völlig aus der Phantasie des Europäers entwickelt zu sein, der den Orient mit Unterdrückung wie mit sexueller Freiheit identifiziert. Die offensichtliche Künstlichkeit der geschilderten Situation, die Differenz zur erfahrbaren Realität, ergibt sich nicht nur aus der perfekten Komposition und der in einem schönlinigen Kontur eingeschlossenen Einzelform, sondern aus der Unwahrscheinlichkeit, daß eine nackte Frau unter glühender Wüstensonne einem voll bekleideten und unbewaffneten Nubier am Brunnen Wasser reicht, während neben ihr eine nackte Gefährtin im Wüstensand lagert. Auch wenn die Figurengruppe durch Palmen, ein Lehmhaus mit Frauen und die weit sich erstreckende Wüste in Afrika lokalisiert wird, unterscheidet sie sich in nichts von traditionellen Haremsszenen. Denn die Ingres verpflichteten Akte sind bildflächenparallel aufgebaut, so daß sie für den Betrachter, nicht für den Nubier, optimal sichtbar sind. Während aber vor ihm die Stehende ihr Gesicht verhüllt, bietet sie, mit ihrer Schamhaftigkeit kokettierend, ihren nackten Körper dem Betrachter dar, sie ist ihm somit mehr ausgeliefert als dem Nubier, obwohl er, auf einem Pferd sitzend, die Frauen aufgrund seiner Position in der dreieckigen Bildfigur dominiert.

Gleyre wußte nur zu gut, daß die Phantasie der Europäer mit der Situation in Oasen nichts zu tun hatte. *»O, ihr betrügerischen Poeten, ihr habt nie eine Oase gesehen, Apoll möge euch davor bewahren, je eine sehen zu müsse!«* schrieb er in seinem Journal (Clément [1878], S. 100). Aber er wußte auch, daß diese Realität, von der seine Zeichnungen fast ganz verschleierter Frauen (z. B. Thévoz [1980], Abb. 12) zeugen, kaum den geheimen Schauer provoziert hätten, den der Bildaufbau vom Betrachter geradezu erzwingt: *»Es gibt keine Künstler ohne Publikum«* (zit. in Clément [1878], S. 107), urteilte er später, nachdem ihm – erstmals – auf dem Salon von 1843 der künstlerische Durchbruch geglückt war. *WS*

CLEMENT (1878), 133f., 395, Kat.Nr. 28; AUSST.KAT. GLEYRE (1974), Kat.Nr.7; JULLIAN (1977), Abb. S. 132; THEVOZ, 1980, 92ff., Abb. 14; AUSST.KAT STUTTGART (1987), Kat.Nr.3.58, Abb. S. 491.

**15/5 (Abb. 421)**
**Fernand Cormon (1845–Paris–1924)**
**Eifersucht im Serail**
Sign. und dat.: F.Cormon 1874
Leinwand, 160 x 220 cm
Besançon, Musée des Beaux-Arts et d'Archéologie de Besançon (D 875.2.1)

Auch auf dem Hintergrund der blutigen Geschichte des kaiserlichen türkischen Harems beflügelte die strikte Abschirmung des Privatlebens der islamischen Gesellschaft die Phantasie der Orientalisten und kulminierte in der Darstellung von Intrigen, Eifersüchteleien und bitteren Rivalitäten zwischen den Favoritinnen und den Konkubinen eines Harems.

Fernand Cormon hatte bis zum Jahre 1874, dem Entstehungsdatum des vorgestellten Gemäldes, den Orient nicht bereist. Das Thema ›Eifersucht im Serail‹ entspringt einer europäischen Männerphantasie, welche die Wirklichkeit jener islamischen Institution negiert, stattdessen die (todbringende) Konkurrenz um Herrschaft innerhalb der Frauengemeinschaft in den Mittelpunkt der Betrachtung stellt. Eine Odaliske betrachtet mit unheilvollem Frohlokken die Stichwunde ihrer getöteten Rivalin. Ein dunkelhäutiger Eunuch im Hintergrund, dessen Komplizenschaft für die Ausführung der Tat sicherlich vonnöten war, entblößt die Wunde der vom Tode gezeichneten Schönen, wie um den endgültigen Beweis der Tat sichtbar werden zu lassen. Durch das bewußte Gegeneinandersetzen von Licht und diffusem Dunkel, von porzellanfarbener und dunkler Haut, werden Bedeutungsebenen geschaffen, die das Klischee der unschuldigen blonden Schönheit, in diesem Falle der Getöteten, und das des satanischen Weibes mit schwarzen Haaren heraufbeschwören. *MD*

Lit.: Thornton (1985), S. 189.

**15/6 (Abb. 939)**
**Maurice Bompard**
**(Rodez 1857–1936 Paris)**
**Haremsszene**
Um 1900
Leinwand, 40 x 56 cm
Marseille, Musée des Beaux-Arts

1882 unternahm Bompard eine längere Reise, die ihn u.a. nach Tunis führte. Nach seiner Rückkehr nach Marseille malte er auch diese imaginäre Haremsszene mit der sehr erotischen Darstellung einer unbekleideten Frau, in den Armen eines Eunuchen liegend und unterhalten von einer singenden Musikantin. Die kostbaren Stoffe, die Musikinstrumente, das schimmernde Räuchergefäß und die Wasserpfeife unterstreichen die sinnliche Fantasievorstellung vom Leben im Harem, dessen Wirklichkeit viel nüchterner war.

Lit.: Ausst.kat. Marseille (1982). Thornton (1985).

*938 (15/4)*

**15/7**
**Edouard-Bernard Debat-Ponsan**
**(Toulouse 1847–1913 Paris)**
**Die Massage, Türkische Badeszene**
Sign. und dat.: E. Debat-Ponsan 1883
Leinwand, 125 x 207 cm
Toulouse, Musée des Augustins (RO 65)

Debat-Ponsan stellte regelmäßig in den Pariser Salons aus und machte sich schnell einen Namen als Porträtist und Maler ländlicher, biblischer und historischer Szenen. Im Jahre 1882 besuchte er Konstantinopel. Ein Jahr später entstand die türkische Badeszene, die noch im gleichen Jahr in Paris ausgestellt wurde. In einer idealisierten, orientalischen Badehausarchitektur, die der Vorstellung des Europäers im 19. Jahrhundert entsprach, setzt der Künstler das Moment der vollkommenen Entspannung dem der muskulösen Kraft entgegen. Die milchige Haut der Liegenden kontrastiert mit dem dunklen Teint der Masseuse. Östliche Motive werden mit westlichen, künstlerischen

939 (15/6)

Prinzipien verbunden, indem der exotisch anmutende Schauplatz mit der klassischen Schönheit kombiniert wird.

Die Frauen galten vielen reisenden Künstlern des 19. Jahrhunderts. als geheimer Schlüssel zur imaginären Welt des Orients. Das Türkische Bad geriet zur Traumwelt des Sinnengenusses und gehörte zu den ›Standardthemen‹ der Orientalisten. Die naturalistische und Authentizität vortäuschende Malweise läßt zunächst nicht die Vermutung zu, daß den Männern, wie auch heute noch, der Zutritt zu den Hammams in der Regel gänzlich untersagt war und so die meisten Maler nur ein imaginäres, mit eigenen Sehnsüchten ausgestattetes Bild des orientalischen Frauenbades zeichnen konnten. *MD*

Lit.: Ausst.kat. Stuttgart (1987), S. 373; Thornton (1985).

**15/8 (Abb. 940)**
**Mosè Bianchi (1840–Monza–1904)**
**Kleopatra**
Mailand, 1864/65
Leinwand, 137 x 112 cm
Mailand, Civica Galleria d'Arte Moderna di Milano (6456)M

Bianchi war, wie viele andere Orientalistenmaler, nie im Orient oder in Nordafrika. Er malte dieses Bild der Kleopatra nach den Vorstellungen, die auch im 19. Jahrhundert das Bild von der Orientalin beherrschten – vollständig hingegeben dem sinnenfreudigen Leben im Harem. Bianchi schmückte die Darstellung mit Stücken aus seiner umfangreichen Sammlung orientalischer Objekte wie dem Sessel im ägyptischen Stil und dem daran gelehnten Musikinstrument.

Lit.: Juler (1985).

**15/9**
**Luigi Mussini (Berlin 1813–1888 Siena)**
**Odaliske**
Sign. und dat.: L. Mussini 1862
Leinwand, 122 x 171 cm
Mailand, Civica Galleria d'Arte Moderna di Milano (603)

Luigi Mussini, ein Schüler Ingres', hatte niemals den Nahen Osten bereist. So greift seine malerische Imagination einer Odaliske die gängigen Erwartungen und Vorstellungen der Zeit auf. Im Bildzentrum lagert eine unbekleidete Haremsdame am Rande eines Marmorbades, eine gebauschte Draperie hinterfängt die Szene. Die Fülle unterschiedlichster Stoffqualitäten, die Kühle des Marmors, das plätschernde Wasser ebenso wie der Duft eines Räucherständers werden geradezu sinnlich erfahrbar gemacht und schaffen das orientalische Ambiente einer Traumwelt des Sinnesgenusses. Jedoch liegt dieser Orientalismus ausschließlich im Accessoir und Dekorum, während die weibliche Figur im Rückgriff auf die italienische Bildtradition der Renaissance in klassischer Darstellung und Haltung gegeben ist und somit der europäischen Bildersprache verhaftet bleibt. *MD*

Lit.: Juler (1985), S. 181.

**15/10 (Abb. 436)**
**Paul-Albert Rouffio**
**(Marseille 1847 oder 1855–1911 Viroflay)**
**Simson und Delila**
Sign. und dat.: Paul Rouffio 1874
Leinwand, 177 x 234 cm
Marseille, Musée des Beaux-Arts (470)

Das Gemälde von Paul-Albert Rouffio steht als Beispiel für die Salonmalerei, die Szenen der biblischen Geschichte mit erotisierenden Darstellungen in einem eklektisch-orientalisierenden Ambiente ansiedelte. Seit dem 16. Jahrhundert ist neben der Darstellung Simsons, der einen Löwen zerreißt, der Verrat der Delila innerhalb der Wirkungsgeschichte dieser biblischen Gestalt die häufigste Einzeldarstellung in Graphik und Malerei. Simson, der die Ehre seines Volkes gegen die Philister verteidigte, fiel der Leidenschaft zu Delila anheim und enthüllte ihr, nachdem sie ihn bedrängt hatte, das Geheimnis seiner Kraft. Als Gottgeweihter durfte kein Schermesser an sein Haar, Zeichen seiner Weihung und Born seiner Kraft, kommen. Mit der Preisgabe des Geheimnisses konnte Simson ausschließlich seiner Leidenschaft leben, beging aber Verrat an seinem Herrn.

Erschöpft durch den Verrat des Geheimnisses lehnt der zu Füßen Delilas lagernde Simson seinen Kopf an deren Schenkel. Seine üppige Lockenpracht versonnen betrachtend, greift ihre Linke nach einer Schere, welche ihr von einer hockenden schwarzen Dienerin gereicht

wird. Das Geschehen vollzieht sich in einem schwer erfaßbaren Phantasieraum, der durch die Kompilation von ägyptischer Architektur und Möblierung, einer die Szene hinterfangenden Stoffdraperie mit zeltartigem Charakter und dem gefliesten Fußboden auf den Orient verweist. Die Art der erotischen Wiedergabe des biblischen Themas, die laszive und zeitlos wirkende Gebärdensprache der Figuren und das ägyptisierend-phantastische Ambiente spiegeln Grundzüge der europäischen Haremsdarstellungen der Zeit. *MD*
Lit.: Ausst.kat. Marseille (1982), S. 178.

**15/11 (Abb. 941)**
**Jean Auguste Dominique Ingres**
**(Montauban 1780–1867 Paris)**
**Skizze und Manuskript zum Türkischen Bad**
15,4 x 24,6 cm
Montauban, Musée Ingres (867.1.184 C)

Ingres' Beziehung zum Orient dauerte sein ganzes Leben, um in *Le bain turc* 1859–63 (Camesasca, 1968, Kat.Nr. 167) zu gipfeln. Doch sie gründete sich nur auf der Imagination, da Ingres Europa nie verließ. Um aber trotzdem ein Bild von den Sitten zu bekommen und den gemalten Welten des Harems die Glaubwürdigkeit des Wahrscheinlichen zu geben, mußte er sich aus schriftlichen und bildlichen Quellen über orientalische Kostüme, Gesten und Lebensgewohnheiten informieren, wenngleich sein Darstellungsmodus und sein Formrepertoire tief in der europäischen Tradition wurzelt.

Nach Naef (1957) lassen sich als Bildlieferanten folgende Werke bestimmen: Stiche von J. Haussard für *Cent estampes qui représentant différentes nations du Levant*, Paris 1714/15, von G. Vitalba für Francis Smith: *Eastern costumes*, London 1769 und von Nicolas de Nocolay: *Les navigations, pérégrinations er voyages faicts en la turquie*, Antwerpen 1576. Im Cahier IX, fol. 47v. notierte er einen Text von einem bislang nicht ermittelten Autor, den er *»les bains du sérail de Mahomet«* betitelte, und auf fol. 34r. u. 37v. nach Delaborde (1870, S. 239) um 1819 zwei lange Passagen aus den *Lettres de Lady Montague*, die zwischen 1763 und 1853 in acht französischen Ausgaben verschiedener Übersetzer erschienen. Keine der Fassungen Ingres' entspricht allerdings exakt einer der bekannten Übersetzungen, zudem ließ er nicht nur Passagen aus, sondern veränderte auch die Satzfolge, selbst Städtenamen veränderte er (Toussaint, 1971, S. 51). Auf dem hier vorliegenden Blatt ergänzte er unter der Überschrift *»Les plaisirs du bain/chez les femmes turques/les plaisires du bain chez la Sultane«* die Angaben aus den Briefen der Lady Montague, wobei die Materialangaben zu den Ausstattungsstücken eigens unterstrichen sind. Am oberen Rand finden sich neben Farbangaben noch die Bezeichnung *»bassin Marcotte«*, womit Toussaint (1971, S. 32) einen Hinweis auf das für Marcotte gemalte Bild *Odaliske*

*940 (15/8)*

*und Sklavin* von 1839/40 (15/15) gegeben sieht, was als Beweis für die Wirkung der Montague-Briefe auf dessen Gestaltung des Innenraums zu gelten habe.

Da das Figurennotat links oben mit keiner der bekannten Gruppen Ingres' zu vergleichen ist, könnte man sich gerade wegen der Zentralfigur mit der engen Taille und dem Reifrock fragen, ob Ingres hier nicht auf die Szene in den Briefen der Montague anspielt (Cahier IX, fol. 37v), in der sie ihr Hemd öffnet und das den Orientalinnen unbekannte Korsett vorführt. *WS*
Lit.: Momméja (1905), Kat.Nr. 93; Momméja, (1906); Toussaint (1971), S. 32, Kat.Nr. 52.

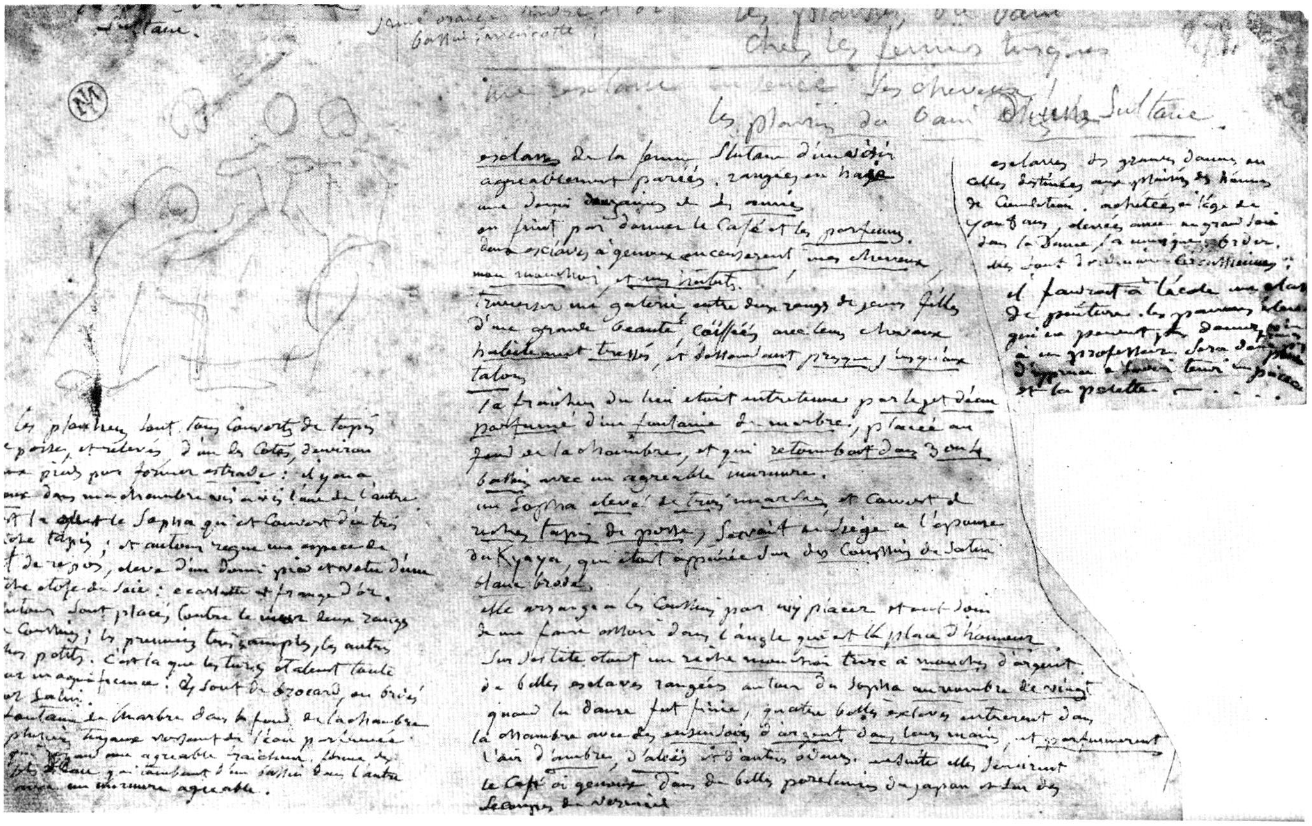

941 (15/11

**15/12 (Abb. 417)**
**Jean Auguste Dominique Ingres**
**(Montauban 1780–1867 Paris)**
**Badende vom Typus Valpinçon**
Bleimine auf Pauspapier, 38,1 x 18,3 cm
Montauban, Musée Ingres (867.1.180 D)

Das erste Bild, das in den Themenzusammenhang des Harems gehört, ist die sog. *Badende Valpinçon's* von 1808 (Camesasca, 1968, Kat.Nr. 49), zu dem hier eine Zeichnung vorliegt, in der Ingres bereits die endgültige Formulierung für den Akt gefunden hatte. Als Indizien für einen orientalischen Ort kann man höchstens das wie einen Turban um den Kopf geschlungene Tuch ansehen, bei dem, anders als bei allen anderen Objekten, sogar das Muster, die Streifen, angegeben ist und als Orientalismus durchgehen könnte, gerade weil Ingres die Frauen im Harem immer wieder mit diesem rot-weiß- oder gelb-weißgestreiften, turbanartig gewundenen Kopftuch wie mit einem Erkennungszeichen drapierte. Nur, dieses Streifentuch, das im Gemälde einen wunderbaren Farbakzent setzt, der in dem Pantoffel unten wiederaufgenommen ist, borgte sich der Künstler aus dem Werk seines künstlerischen Gottes, aus Raffaels Halbakt der Fornarina, um es fern allen Orientalismus', zum erstenmal in der ebenfalls als Halbakt gestalteten *Badenden* in Bayonne (Camesasca, 1968, Kat.Nr. 43) einzusetzen.

Ob Ingres diese Pause direkt für die Übertragung und Vergrößerung der Bildfigur auf die Leinwand nutzte oder ob es sich hier um die Pause von einer solchen Reinzeichnung handelt, muß offenbleiben. Ihre Figur ist nach den Innenmaßen größenidentisch mit der eines Aquarells im Fogg-Art-Museum, das sowohl als verkleinerte Wiederholung des Gemäldes von Schülerhand in den sechziger Jahren angesehen wurde wie als Ingres' eigene Reproduktion, die er sich aus Dokumentationsgründen anfertigte, als er das Gemälde 1808 von Rom nach Paris in den Salon schickte (Ausst.kat. Ingres, Harvard 1967, zu Kat.Nr. 114; Cohn/Siegfried, 1980, S. 34). Auffällig sind jedoch die Lineaturen neben dem rechten Arm, die nicht eine andere Position ausprobieren, sondern darauf hindeuten, daß der Künstler hier mit der Möglichkeit eines Mehrfigurenbildes spielte. Von daher erscheint es am wahrscheinlichsten, daß die Pause zumindest für die Übertragung des Aktes vom Typ Valpinçon in die beiden Fassungen der sog. *Kleinen Badenden* (15/14) Verwendung fand, wo dem Akt, um die Haremssituation zu betonen, Begleitfiguren beigegeben sind. *WS*

Lit.: Mommėja (1905), Kat.Nr. 88; Ausst.kat. Hamburg (1961), Kat.Nr. 40; Ausst.kat Paris (1976), Kat.Nr. 6.

**15/13 (Abb. 414)**
**Jean Auguste Dominique Ingres**
**(Montauban 1780–1867 Paris)**
**Odaliske vom Typus Pourtalès**
Bleimine auf Pauspapier, 32,5 x 49,5 cm
Montauban, Musée Ingres (867.1.197 E)

Während die liegende Frauengestalt völlig der der *Großen Odaliske* von 1814 (Camesasca, 1968, Kat.Nr.82a) im Louvre entspricht, liegt sie nicht auf einem Divan, sondern am Rande eines Bekkens, in das sich rechts Wasser ergießt. Von daher steht diese Zeichnung der Grisaille (Camesasca, 1968, Kat.Nr.82d) gleichen Themas im Metropolitan Museum näher, der aber alle dekorativen Elemente fehlen, an der diese Zeichnung reich ist. Auch das Stilleben fehlt dort, das in der Louvre-Fassung nicht einmal eine glaubhafte Standfläche hätte.

Die einzige Fassung der *Odaliske* vom Typus Portalès, die dieser Pause entspricht, ist die Lithographie (H. Schwarz, 1959, Abb.11) Jean-Pierre Sudre's (1783–1866) von 1827, der in den vierziger und fünfziger Jahren auch andere Werke Ingres' (Beraldi, 1892, S. 63) lithographierte. Diese Lithographie ist aber entgegen Schwarz (1959, S. 337,) keine lithographische Reproduktion nach der *Großen Odaliske*, sondern eine eigenständige Fassung mit Veränderungen, die sich ein professioneller Lithograph nicht erlaubt hätte, wenn er dazu nicht durch diese Pause oder eine ihr noch vorausgehende Zeichnung autorisiert gewesen wäre.

Deutlicher als das Gemälde und die mit Halbtönen arbeitende Lithographie von 1827 zeigt diese Zeichnung, weil sie ganz auf den Kontur gestellt ist, die Stilisierung der Frauengestalt. Sie erscheint eigentümlich gelängt und verdreht, so daß der Kopf und das Gesäß, das im Gemälde von einer Draperie verdeckt wird, in derselben Raumebene sich zu befinden scheinen. Die Figur verflacht sich zu einem völlig durchkalkulierten flächigen Muster, das den Ornamenten der Wand und im Vorhang ähnlich wird, zumal aufgrund der graphischen Mediums hier keine Raumdifferenzen durch Farbdifferenzen suggeriert werden.

Von daher ergibt sich gerade bei dieser Zeichnung nicht nur in der Dekoration des Umraums, durch den Räucherkessel, die Pfeife und den Pfauenfederfächer, ein Bezug zum Orient, sondern auch durch die Stilisierung der Bildfigur. Denn das, was die Kritiker dem Bild als Makel vorwarfen, erweist sich in dieser Hinsicht als Beweis tiefsten Verstehens orientalischer Kunst auf seiten Ingres'. Was nach den Worten von Ingres' Schüler Amaury Duval von 1878 die Kritiker des Bildes scharfsichtig erkannt haben: »*Dieses Werk ähnelt diesen kolorierten Zeichnungen, die manchmal arabische und indische Manuskripte schmücken*« (zit. n.: Courthion, Bd.2, 1948, S. 89), aber gegen das Bild wandten, erweist sich als hohes Lob, weil die Formkonstruktion selbst, nicht nur die dekorativen Objekte, mit Orientalismus getränkt ist. *WS*

*942 (15/14)*

**15/14 (Abb. 942)**
**Jean Auguste Dominique Ingres**
**(Montauban 1780–1867 Paris)**
**Badende mit Dienerin**
Bleimine auf Pauspapier, 15,2.x 16,8 cm
Montauban, Musée Ingres (867.1.183 B)

In dieser Pause hat Ingres bis in das Inventar des angedeuteten Raumes hinein die Tafel 49 von Haussard aus den »*Cent estampes (...)*« (15/17) übernommen. Wenn er auch die beiden Wasserbecken kopierte, so scheint ihm die Formulierung der Figuren viel wichtiger gewesen zu sein. Jedenfalls waren sie für ihn so authentisch orientalisch, daß er die Sitzende 1828 unverändert für den Hintergrund der *Kleinen Badenden* der Louvre-Fassung (Camesasca, 1968, Kat.Nr. 121a) übernahm, während er der zopfflechtenden schwarzen Dienerin eine weiße Gefährtin beigab. *WS*
Lit.: Momméja (1905), Kat.Nr.91.

**15/15 (Abb. 415)**
**Jean Auguste Dominique Ingres**
**(Montauban 1780–1867 Paris)**
**Zeichnung zum Thema Odaliske und Sklavin: Schlafende**
Bleimine, 15,2 x 27,3 cm
Montauban, Musée Ingres (867.2030 C)

Sein Bekenntnis »*Ich bin also ein Bewahrer guter Lehren und nicht ein Erneuerer*« (zit. in Delaborde,

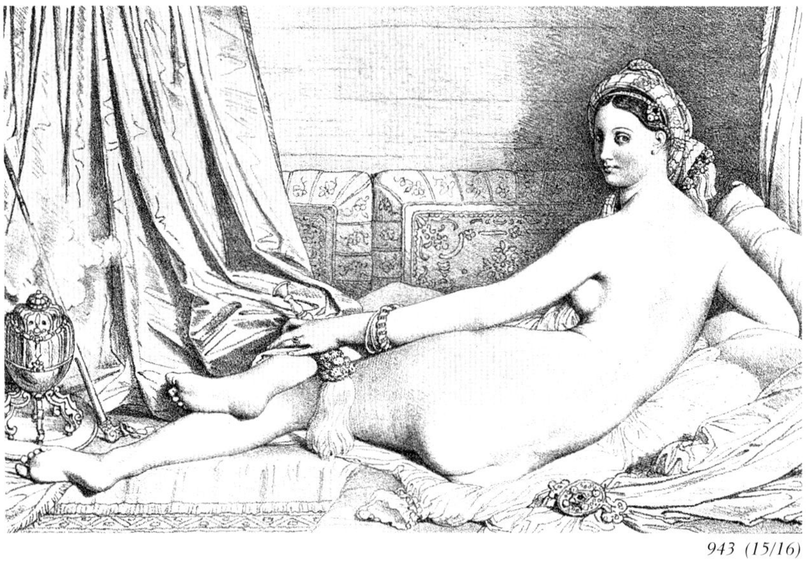

943 (15/16)

1870, S. 95) bestätigt diese Zeichnung, die sofort ein großes Thema der europäischen Kunstgeschichte erkennen läßt, für das nicht nur Giorgione und Tizian, dessen *Venus von Urbino* Ingres 1822 kopierte (Camesasca, 1968, Kat.Nr. 108), beispielhafte Modelle lieferten. Aber Ingres war das Naturstudium selbst für die Entwicklung der artifiziellsten Form unabdingbar (s. Delaborde, 1870, S. 113). Der tastende Strich, mit dem der Künstler den idealen Kontur zu finden suchte, und die Betonung der Dreidimensionalität durch sich rundende, den Körperrichtungen folgende Schraffuren lassen erkennen, selbst wenn Name und Adresse des Modells nicht oben notiert wären, daß dies eine Zeichnung nach der Natur ist.

Ingres könnte diese Zeichnung zum erstenmal 1808 für das Bild der sog. *Schlafenden von Neapel* benutzt haben, das nur durch eine Zeichnung (Naef, 1968) und kleine Fassungen (Camesasca, 1968, Kat.Nr. 56) bekannt ist. Wäre die *Große Odaliske* (15/13) tatsächlich, wie geplant, das Gegenstück geworden, dann hätte dieses Bild aufgrund seines formalen und thematischen Traditionsbezuges den Okzident als Gegensatz zum Orient benannt.

Erst 1839 fügte Ingres für *Odaliske und Sklavin* (Camesasca, 1968, Kat.Nr. 128) diesen liegenden Akt, arabeskenhaft durchstilisiert, in ein orientalisiertes Ambiente ein, für dessen Ausstattung er sich durch die Briefe der Lady Montague (12/7), durch türkische Miniaturen und türkische Objekte des 19. Jahrhunderts (Ternois im Ausst.Kat. Ingres, Paris 1967/68, S. 268) leiten ließ. Während in dieser Zeichnung Ingres noch schwankte, ob der rechte Arm der Frau auf der Hüfte liegen sollte oder der Körperkontur frei liegen sollte, indem der Kopf in die Armbeuge gelegt ist, zeigt der erste Entwurf für *Odaliske und Sklavin* (Ausst.Kat. Ingres, Paris 1967/68, Kat.Nr. 177) bereits die Lage in der Armbeuge, für die er sich aber in der *Schlafenden* entschieden hatte. Deshalb ist eine Frühdatierung plausibel, zumal Ingres in einem Brief von 7.12.1840 davon spricht, er habe das Bild *»in Abwesenheit eines lebenden Modells«* (zit. in Delaborde, 1870, S. 239) gemalt. *WS*

Lit.: Momméja (1905), Kat.Nr. 1255; Lapauze (1911), Abb.S. 27; Ausst.Kat. Montaubon (1953), Kat.Nr. 53; Ausst.Kat. Hamburg (1961), Kat. Nr. 42; Ausst.Kat. Paris (1967/68), Kat.Nr. 176; Ausst.Kat. Paris (1976), Kat.Nr. 6; Ausst.Kat. London (1979), Kat.Nr. 62.

**15/16 (Abb. 943)**
**Jean Auguste Dominique Ingres**
**(Montauban 1780–1867 Paris)**
**Odaliske vom Typus Pourtalès**
Bez. und dat.: Ingres 1825, I. lith. de Delpech und Odalisque
Lithographie, 12,9 x 20,8 cm
Berlin, SMPK, Kupferstichkabinett
(D.9/180–1905)

Die Lithographie, die Ingres 1825 für das im folgenden Jahr von Delpech herausgegebene *Album lithographique* zeichnete, unterscheidet sich nicht nur durch die Veränderung des orientalisierten Gegenstände, des Räucherkessels, der Pfeife und des Fliegenwedels, von der *Großen Odaliske* von 1814, sondern auch von der Lagerstatt. Denn die Frau liegt auf einer Eckbank. Von ihr sieht man, bei Umkehrung der Seiten durch den Druck, genausoviel wie vom Wasserbecken in der Pause zur Lithographie Sudres (s. 15/13). Allerdings sind im Vergleich mit ihr und dem Gemälde von 1814 die dekorativen Elemente zurückgenommen, offenbar wollte Ingres vor allem die arabeskenhafte Stilisierung der Liegenden reproduziert und verarbeitet sehen. Die Form des Fliegenwedels ist vereinfacht, die Blumenmuster fehlen im Vorhang, den Ingres mit der Kreide wesentlich gröber wiedergab als die weiblichen Körperpartien. Der Künstler verzichtete zwar nicht auf die Musterung der Kissen und der Liege, wohl aber noch auf das dekorative Stilleben, so daß insgesamt der Orientalismus gegenüber der Pause für Sudre eher zurückgenommen ist. *WS*

Lit.: Ph.Burty in Gazette des Beaux-Arts (1861), KS. 241; Delaborte(1870), S. 235, 316 Kat.Nr. 432; Delteil, Bd. 3, (9108), Kat.Nr.9; Lapauze (1911), S. 246; Delteil (1925), S. 105, Abb. n. S. 102; H. Schwarz (1926), S. 79; H. Schwarz (1959), S. 337–340, Abb.10; Naef (1966), S. 479.

**15/17 (Abb. 418)**
**Jean Auguste Dominique Ingres**
**(Montauban 1780–1867 Paris)**
**Zeichnung zum Thema Türkisches Bad: Studie für die Zentralfigur**
Schwarze Kreide und Rötel, 18,2 x 18,6 cm
Montauban, Musée Ingres (867.1.200 C)

**15/18 (Abb. 419)**
**Jean Auguste Dominique Ingres**
**(Montauban 1780–1867 Paris)**
**Zeichnung zum Thema Türkisches Bad: Studie für die Zentralgruppe**
Bleimine, 22 x 19 cm
Montauban, Musée Ingres (867.1.215 C)

Ingres, der den Orient nie mit eigenen Augen sah, türkische Bäder nur aus den Berichten der Lady Montague kennengelernt hatte, schuf 1858/63, als sich die meisten Künstler um den Schein wissenschaftlicher Genauigkeit in ihren Bildern nordafrikanischer Sujets bemühten, ein Konzentrat aller europäischen Haremsphantasien, deren Zeit damit zugleich zu Ende war. Nur als ästhetischer Weltentwurf auf höchstem Formniveau konnte dieser Orient mit all seiner imaginierten Sinnlichkeit noch einmal überzeugen.

Im Grunde arbeitete Ingres seit der *Badenden von Valpinçon* (15/12) an *Bain turc*. Wenn er sich dafür alter Formerfindungen bediente, dann im Bemühen, ihnen einen noch höheren Grad an Durchformung zu geben; sagte er doch 1859: *»Man hat mich darauf aufmerksam gemacht, und vielleicht auch mit Recht, daß ich meine Kompositionen zu oft wiederhole, anstatt neue Werke zu schaffen. Hier mein Grund dafür: die meisten dieser Werke, die ich wegen des Sujets schätze, scheinen mir wert zu sein, sie zu verbessern, indem ich sie wiederhole oder retouchiere, was oft gesch (...)«* (zit. in: Delaborde, 1870, S. 108).

Die hockende Einzelfigur ist aus der ›Badenden‹ vom Typus Valpinçon (15/12) entwickelt, wobei Beine und Bauchpartie wegen der veränderten Haltung neu zu gestalten waren, während für die Rückenkontur die bereits vollendete Form zunächst bewahrt werden konnte. Ein neuer Kontur für Hals, Schultern und Arme mußte Ingres in dem Moment suchen, als er sich darüber klar war, vielleicht angeregt durch G.Scotins Stich auf Tafel 51 aus den Cent estampe, (15/11), die Frau ein Instrument spielen zu lassen.

Während aber für die Entwicklung dieser Figur ein solches Vorbild, das Ingres dann wieder nur für die Körperhaltung, nicht aber für die türkische Tracht akzeptiert hätte, nicht notwendig vorausgesetzt werden muß, weil sie Ingres aus seinem eigenem Formenrepertoire entwikkeln konnte, scheint die Gestalt der ruhenden Türkin auf Tafel 46 (Toussaint, 1971, Kat.Nr.18, 12) dagegen als Modell für den halbliegenden Akt recht gerade zu zwingen. Vom Stich des 18. Jahrhunderts führt die Entwicklungsreihe über eine Pause Ingres' (Toussaint, 1971, Kat.Nr.26), wo noch die rechte Hand auf dem Knie liegt, über eine Ölstudie, die den Arm sowohl in dieser Stellung wie um den Kopf gewinkelt zeigt, bis zur Figur in der endgültigen Fassung, bei der dann auch die Lage der Beine verändert ist. Doch alle diese Modifikationen eines Formentwurfes dienen der Verbesserung der Einzelformen wie ihres syntaktischen Zusammenhanges,

*944 (15/22)*

nicht aber dazu, das orientalische Ambiente immer mehr zu präzisieren, ist doch der Orient von *Bain turc* ein Ort europäischer Imagination von Körpern, die von Raffael und den Griechen stammen, nicht von Abd-el Qader oder Abd-er-Rahman. *WS*

Lit.: Omméja (1905), Kat.Nr.2016 und Kat.Nr.2031; Momméja (1906), Abb.S. 191; Toussaint (1971)

**15/19 (Abb. 423)**
**Duplessi-Berteaux, Desmaisons und J. D. B. Dupréel nach einer Zeichnung von A. I. Melling**
**Blick in einen Teil des Harems**
Einzelblatt (Blatt 14) aus: Anton Ignaz Melling, Voyage pittoresque de Constantinople et des rives du Bosphore d'après les dessins de M. Melling, Architecte de l'Empereur Sélim III. et dessinateur de la Sultane Hadidgé, sa soeur (...) Paris, 1819
Radierung, 48,3 x 74,3 cm
Berlin, SMPK, Kunstbibliothek
(Lipp Lb 41, Blatt 14)

945 (15/21)

**15/20 (Abb. 424)**
**Duplessi-Berteaux, Desmaisons und J. D. B. Dupréel nach einer Zeichnung von A. I. Melling**
**Innenansicht eines Salons im Palais der Sultana Hadidgé, der Schwester Selims III.**
Einzelblatt (Blatt 15) aus: Anton Ignaz Melling, Voyage pittoresque de Constantinople et des rives du Bosphore d'après les dessins de M. Melling, Architecte de l'Empereur Sélim III. et dessinateur de la Sultane Hadidgé, sa soeur (...) Paris, 1819
Radierung, 48,3 x 74,3 cm
Berlin, SMPK, Kunstbibliothek
(Lipp Lb 41, Blatt 15)

**15/21 (Abb. 945)**
**Henri Pierre Louis Grevedon**
**(1776–Paris–1860)**
**Bildnis einer Odaliske**
Frankreich, erste 19. Jahrhundert
Farblithographie, 49,4 x 36,5 cm
Berlin, SMPK, Kunstbibliothek (Lipp 1654, 26)

Grevedon der, der sich längere Zeit in Petersburg, Stockholm und London aufgehalten hatte, beschäftigte sich ab 1816 fast ausschließlich mit der Lithographie. Besonders interessant sind seine Bildnislithographien berühmter Schauspielerinnen und Tänzerinnen der Zeit in ihren Kostümierungen, die im *Recueil de portraits d'Actrice de princip. Théâtre de Paris* 1830–33 in Paris erschienen.
Lit.: Béraldi (1888), S. 232ff.

**15/22 (Abb. 944)**
**Eugène Fromentin**
**(La Rochelle 1820–1876 Saint Maurice)**
**Souvenir d'Esneh**
Sign. und dat.: Fromentin 1876
Leinwand, 120 x 105 cm
Paris, Musée d'Orsay (RF 515)

1846 hielt sich Fromentin sechs Wochen in Algerien auf, um dann noch zweimal 1847/48 und 1852/53 für längere Zeit dorthin zurückzukehren, auf der Suche nach von der europäischen Zivilisation unberührten Gegenden und Sitten. Er schuf sich durch diese Reisen nicht nur einen immer wieder benutzten Motivvorrat für seine Bilder, sondern auch das Material für seine 1857 und 1859 erschienenen Bücher *Un été dans le Sahara* und *Une année dans le Sahel*. Dadurch verkörperte er wie sonst kaum jemand den Orientalisten des Second Empire, als Maler wie als Schriftsteller.

Auch dieses Bild geht auf eine unmittelbare Orienterfahrung zurück, nämlich auf Fromentins Aufenthalt in Ägypten von Oktober bis Dezember 1869, als der Maler Ehrengast bei der Eröffnung des Suez-Kanals war. In diesen Wochen hatte er kaum Zeit zu arbeiten. Neben einigen Skizzen entstand nur das Reisetagebuch, in dem er sich genau Rechenschaft gab über bestimmte Lichtwirkungen und Farbnuancen (Fromentin [1984], S. 1055, 1059ff). Nach der Rückkehr malte Fromentin von 1870 bis zu seinem Tode eine Reihe ägyptischer Landschaften und Figurenbilder, von denen besonders die Frauendarstellungen erwähnt seien. Davon wurden zu Lebzeiten Fromentins aber nur zwei Bilder im Salon von 1876 ausgestellt, darunter als Nummer 832 dieses Bild.

Für einige Bilder mit ägyptischen Motiven hat Fromentin, wie auch früher schon, als Anregung wie Kontrolle Photographien benutzt, obwohl er nie einem dokumentarischen Detailrealismus huldigte. Ethnographischer Dokumentarismus oder dessen Anschein interessierte Fromentin nicht (s. Fromentin [1984], S. 1227), er wollte zu einer generalisierenden Vision des Orients kommen, gefiltert durch die vereinfachende Kraft der Erinnerung des Malers. Die Detailstudien (Thompson/Wright [1987], Abb.S. 139) und Photographien waren ihm nur Hilfsmittel, die Erinnerung aufzufrischen, nicht aber Garanten seiner Kunst. So gehen denn auch hier die Details in der atmosphärischen Gesamtwirkung auf.

Das Bild ist wie bereits *Marabout dans l'oasis* von 1850 (Thompson/Wright [1987], Abb.S. 92) diagonal in eine helle und dunkle Zone so aufgeteilt, daß die Weite der Nillandschaft, deren Himmel und Wasser das Rund der untergehenden Sonne gold verfärbt, mit der Nähe der verschatteten Vordergrundbühne kontrastiert, welche die locker gesetzten Farbflecken des Buschwerks hinterfängt, aus dem als Zeichen für Orient ein Minarett auftaucht, während die Kuppel einer Moschee nur ahnbar bleibt. Der stilistische Einfluß der Maler von Barbizon ist hier unübersehbar. Der Eindruck eines zeltartigen, Intimität vermittelnden Raumes, in dem sich die Frauen und die Vegetation vereinigen, wird durch das Hochformat verstärkt. Fromentin nutzte sonst, um die Weite von Wüstenlandschaften fühlbar zu machen, das extreme Querformat.

Einer alten ikonographischen Tradition entsprechend, ordnete Fromentin die Frauen dem Fluß zu, und betonte dabei durch die dramaturgische, nicht naturalistische Lichtführung die erotische Ausstrahlung der negroiden Frauen. Dafür gibt es im Werk Fromentins, der die Stellung der Frau im Orient durchaus kannte (Fromentin [1984], S. 105, 205), sonst nur in *Femmes des Ouled-Nayls*, 1867 (Thompson/Wright [1987], Abb.S. 224) ein Beispiel.

Fromentin arbeitet hier den arkadischen Charakter eines exotischen Ortes heraus. Davon ist in seinem Carnet, wo er am 1.11.1869 Esneh erwähnt (Fromentin [1984], S. 1078f.), kaum die Rede, auch wenn er auf die Schönheiten der Stadt zu sprechen kommt. Die bildgewordene Erinnerung formt sich in Fromentins Perspektive zur ästhetischen Einheit. Dieser interessierte Blick auf die atmosphärischen Effekte läßt die ausschnitthaft wahrgenommene orientalische Realität Poesie werden; die aber hat die Wahrheit des Kunstwerks, nicht die des Dokumentarberichts. *WS*

Lit.: Gonse (1881), 97f.; Ausst.kat. Fromentin (1970); Marcos (1973), S. 156, 158, 168; Fromentin. (1984); Thompson/Wright (1987), S. 270f, Abb.S. 276.

**15/23 (Abb. 429)**
**Pierre Auguste Renoir**
**(Limoges 1841–1919 Cagnes bei Nizza)**
**L'Algérienne et l'enfant**
1882
Leinwand, 41 x 32 cm
Paris, Privatsammung Samir Traboulsi

Nachdem Renoir um 1870 sich in bewußter Nachfolge Delacroix' orientalisierender Themen bedient hatte (Daulte 1971, Kat. Nr. 47, 48, 84, 139), er also ausschließlich durch die kunstgeschichtliche Brille auf Nordafrika hatte blikken können, besuchte er Algerien im März und April 1881. Wie viele andere französische Maler vor ihm suchte er, im Vollbesitz der impressionistischen Darstellungsmittel, dort, wie wir aus einem Brief vom 4.3.1881 wissen, das Licht mit seiner intensiven Kraft (Alazar, 1946, 131), nicht den Exotismus. Während in diesen Wochen fast ausschließlich Landschaften entstehen (Fezzi, 1972, Kat.Nr.461–463), sucht er auf seiner zweiten Reise im März und April 1882, deren äußerer Anlaß die Rekonvaleszenz nach einer Lungenentzündung im Februar des Jahres war, möglicherweise aber auch die Auseinandersetzungen um Renoirs Teilnahme an der siebten Impressionistenausstellung, sich dem Figurenbild zuzuwenden, wie er in einem Brief an den Kunsthändler Durand-Ruel mitteilt (Venturi, Bd.I, 1939, S. 124). In dieser Zeit schuf Renoir eine Ölskizze (Daulte, 1971, Kat.Nr.404), die eine Algerierin mit Kind in verschiedenen Ansichten abbildet. Daraus isoliert er, möglicherweise noch in Algier, vielleicht aber auch erst nach seiner Rückreise in Paris, die Standfigur mit dem Kind und formte sie zu einem selbständigen Bild um, ohne etwas an ihrer Haltung zu verändern. Indem die Gestalt nun die Mittelachse definiert, erhält sie ein hohes Maß an Würde und Bedeutsamkeit, das durch die Farbanlage, die das Weiß der Landestracht besonders kostbar aufscheinen läßt, zusätzlich gesteigert wird.

Wenn das Bild nun den Charakter eines Madonnenbildes erhalten hat, dann entspricht das durchaus der Intention des Malers, dem sich aus dem Blickwinkel des Parisers die einheimische Bevölkerung Italiens, das Renoir im Herbst 1881 besuchte, und Algeriens zu biblischer Größe idealisierte, wenngleich er auch fürchtete, bei der Beschaffung von einheimischen Modellen übers Ohr gehauen zu werden (Venturi, 1939, Bd.I, S. 124): *»Der Gang einer Araberin, die ihren Krug auf dem Kopf trägt! Das ist Ruth, vom Brunnen kommend!«* (Renoir, 1962, 207).

Doch ist es nicht nur dieser Blick des Großstädters, dem sich die Algerierin durch die Kraft des Lichtes so verwandelt (vgl. Rivière, 1921, 190). Auch die Begegnung im vorausgehenden Herbst mit der monumentalen italienischen Kunst, die für ihn in Raffaels Werk kulminierte, trug dazu bei. Der einfache Bildaufbau, obwohl nicht einmalig in Renoirs Werk, mag in der Auseinandersetzung mit Raffael und der pompejanischen Malerei ihre Wurzeln haben. Zumindest hat sie ihn bestärkt, eine neue Klarheit der Form zu suchen, die unter den vibrierenden, lichtsuggerierenden impressionistischen Farbflecken sich aufzulösen drohte. In diesem Bild erreichte der Maler eine hohe Formkonsistenz, indem er das Weiß des Gewandes mit dunkleren und helleren farbigen Partien hinterfing. Das hieß, der Gestalt Distinktion, also Körperlichkeit geben. Dieses Weiß, in dem die Farbtöne gipfeln, ist aber nicht einfach Helligkeit, sondern war für Renoir auch ein Charakteristikum Algeriens: *»In Algerien habe ich das Weiß entdeckt«*, bekannte er einmal seinem Sohn. *»Alles ist weiß, die Burnusse, die Mauern, die Minaretts, die Straße«* (Renoir, 1962, 207). Somit war der Orient für Renoir nicht so sehr exotisches Paradies oder erotische Wunschwelt fremdartiger Lebensformen, sondern lediglich Ort höchster Intensität von Licht. Für seine Darstellung hatte der Künstler aber die Mittel bereits soweit entwickelt, daß er in Algerien zwar ein adäquates Modell fand, die Bilder sich gleichwohl nicht entscheidend von denen unterscheiden, die er in Paris malte; es sei denn durch die Kostümierung der Modelle, deren ethnische Besonderheit ihn gerade in

diesem Bild weit weniger interessierte als ihre allgemeinmenschliche Würde, die er zu biblischer Größe zu heben suchte. *WS*
Lit.: Alazar (1930), Abb.S. 130; Daulte (1971) Kat.Nr.402; Fezzi (1972), Kat.Nr.516; White (1984), Abb.S. 124; Ausst.kat. London (1985/86).

**15/24 (Abb. 269)**
**Jean Léon Gérôme (Vesoul 1824–1904 Paris)**
**Orientalische Frauen auf einer Terasse**
Sign. und dat. u. r.: J. L. Gerome 1843
Leinwand, 44 x 36,5 cm (oval)
Meaux, Musée Bossuet, Musée Municipal (219)

Gérôme war wie kaum ein anderer französischer Maler bemüht, seinen orientalischen Genredarstellungen den Anschein höchster Objektivität zu geben. Dazu unternahm er seit 1857 zahllose Reisen nach Ägypten, Syrien und in die Türkei, um mit Stift und Kamera ein minutiöses Naturstudium zu betreiben. Diese Skizzen nahm er dann zur Grundlage von sorgfältig geplanten Kompositionen, die durch ihre Darstellungsform behaupten, zeitgenössisches orientalischen Lebens wahrheitsgetreu zu dokumentieren. Anders als die meisten seiner Kollegen stellte er auch die islamischen Riten dar (z. B.: Ackerman, 1986, Kat. Nr. 151, 152, 155). Gérôme bemühte sich ernsthaft, die ethnischen Besonderheiten der einzelnen Völkergruppen herauszuarbeiten, die Körpersprache individuell und situativ zu differenzieren und nicht zuletzt die Kraft des alle Farben verzehrenden Lichtes so illusionistisch wie möglich wiederzugeben. So wenig subjektiv sich sein Blick auf die Wirklichkeit ausgibt, so sehr ist die Objektivität Fiktion, blendete Gérôme doch den Europäer als Teilhaber, ja Beherrscher dieser Welt bewußt aus, die sich geschichtslos gibt; war doch der Kanaldurchbruch oder die Eisenbahn, die der Künstler selbst 1868 auf seinem Weg nach Suez benutzte, für ihn kein Thema.

Voraussetzung für Gérômes Streben nach Authentizität des alltäglichen orientalischen Lebens, war jedoch auch, lange bevor er es selbst studieren konnte, der Mythos vom Orient, soweit er sich in den Vorstellungen vom Harem konkretisierte. Die Bildidee dieses Frühwerks, dessen orientalisches Thema noch nicht von seinem Lehrer Gleyre (vgl. 1/251, 15/4) abhängig sein konnte, dürfte Delacroix' *Frauen von Algier* (Bortolatto, 1972, Kat. Nr. 257) von 1834 gefördert haben, vielleicht aber auch Chasseriaus *Esther, sich für Ahasver schmückend* (Sandoz, 1974, Kat. Nr. 89), das Gérôme im Salon von 1842 hat sehen können. Dialogisch ist eine braunhäutige, würdevolle Frau mit einem geschlossenem Körperkontur einer weit in den Raum ausgreifenden schwarzen Tamburinspielerin gegenüber gesetzt. Die beiden Frauen sitzen in einer eher knapp bemessenen Balkonecke, während Stufen mit dem Teppich und anderem Hausrat das untere Ovalsegment füllen und die Szene dem Betrachter auf Distanz rückt. Hinter der linken, gelbgekleideten Sitzenden beugt sich eine dritte Frau vor, um ihrem auf der Mauer sitzenden Kind die Moschee zu zeigen, deren Minarettspitze und Kuppel rechts in den strahlend blauen Himmel ragen. Durch diese Mauerschau der Rückenfigur gelingt es Gérôme die Bildfigur ins Oval der Bildfläche optimal einzufügen, andererseits aber auch die Enge der Raumecke mit der Weite der Landschaft zu vermitteln. Gérôme läßt dadurch nicht den Verdacht aufkommen, die Szenerie sei nur eine Atelierdekoration, der tatsächliche Orient als ihr Ort wird bestätigt. Diesen Eindruck verstärkt das strahlende Weiß der Mauer, das die Körperdefinition der Figuren klärt, wozu die Lichtführung insgesamt beiträgt. Später sah sich Gérôme gedrängt, das Milieu der Orientalen viel weiträumiger zu beschreiben, somit genauer, weil mit den Menschen ihre Lebenswelt dokumentiert zu sein scheint. 1843 entsprach der Maler in diesem Bild der europäischen Vorstellungen vom Harem als Orienttraum. Von daher ist zu überlegen, ob nicht das kurz zuvor entstandene, kaum größere, aber ebenfalls ovale Bild *Forum bei Nacht* (Ackerman, 1986, Kat. Nr. 6) nicht als Gegenstück gedacht war, um dem im Dunkeln menschenleer daliegenden Abendland das im Licht strahlende Morgenland gegenüberzustellen. *WS*
Lit.: Gallichon (1868); Lenoir (1872); Timbal (1876); Boime (1971); Nochlin (1983), S. 119, 122; Ackerman (1986), Kat. Nr. 5.

**15/25**
**Frank Dillon (1823–London–1909)**
**Ein Raum im Harem von Scheich Sadat in Kairo**
1873
Aquarell mit Deckfarben auf blaßgelbem Papier, 75 x 60,7 cm
London, Victoria & Albert Museum, Department of Prints and Drawings

Den englischen Maler Frank Dillon (1823–1909) führten ab 1854 bis in die 70er Jahre des 19. Jahrhunderts mehrere Reisen nach Ägypten. *A Room in the Harem of Sheikh Sadat* zählt zu einer Serie von Aquarellen, die das Innere eines in mamlukischem Stil gebauten Hauses in Kairo zeigen. In dem Bild kommt das spezifische Interesse des Künstlers an orientalischen architektonischen Details zum Ausdruck, so daß die Personen, eine Haremsdame und ihr Diener, den Charakter von Staffagefiguren bekommen. Beeinflußt von J. F. Lewis (1805 bis 1875), studierte der Künstler den Einfall des Lichtes durch Maschrabiya, welche als luftdurchlässige und lichtdämpfende, holzgeschnitzte Gitter in geometrischer Musterung vor Fenstern oder Erkern angebracht waren. Sie befanden sich in der Regel im vorspringenden, oberen Geschoß vornehmer orientalischer Wohnhäuser und gestatteten den Frauen im Harem, die Umwelt ungesehen zu beobachten. *MD*
Lit.: Ausst.kat. London (1983).

*946 (15/28)*

**15/26 (Abb. 410)**
**Théodore Chassériau**
**(Samana/Santo Domingo 1819–1856 Paris)**
**Haremsszene, Femme Mauresque sortant du bain au sérail**
Sign. und dat.:
Th. Chassériau 1854
Leinwand, 67 x 54 cm
Strasbourg, Musée des Beaux-Arts
(M.B.A. n° 1429)

Die sehr einfache, fast symmetrische Komposition konzentriert das Bild auf die Badende, auf deren Körper sich alles Licht sammelt. Raffaels *Sixtinischer Madonna* gleich bildet sie die Mittelachse des Bildes und des Dreiecks, das die gesamte Figurengruppe zu einer Einheit zusammenfaßt. Chassériau bediente sich hier der seit dem 18. Jahrhundert gängigen, auf Montesquieus *Lettres persanes* (1721), fußender Ikonographie des orientalischen Bades, wo eine hellhäutige, halbentkleidete Frau von dunkelhäutigen Dienerinnen umgeben ist. Für deren Gestalten in orientalischer Tracht griff der Künstler auf Zeichnungen (Sandoz, Bd. 2, 1974, Abb. LXXXIX) zurück, die er während seines Aufenthalts in Algerien im Mai und Juni 1846 schuf; bereits 1847 hatte er diese Skizzen für das verlorene Gemälde *Der Sabbat bei den Juden von Constantine* (Sandoz, 1974, Kat.Nr. 107) genutzt, das den pittoresken Aspekt der Landessitten betont.

Wenn es Chassériau auch darum ging, in seinen orientalisierenden Bildern maghrebinisches Leben darzustellen, das er durch den französischen Kolonialismus bedroht sah und in seiner Ursprünglichkeit nur noch in Constantine zu finden glaubte (Bénédite, Bd. 2, 1932, S. 266f., 273), dann sah er diese Welt, obwohl selbst kreolischen Ursprungs, mit den Augen des Europäers und lebte von dessen Orientphantasien: Die Gestalt der Badenden ist aus der *Venus von Milo* entwickelt und der Angelique aus Ingres' Bild von 1819 (Camesasca, 1968, Kat.Nr. 99), was die manierierte Körperdrehung und die ausgestreckten Arme deutlich erkennen lassen. Zudem steht diese Badende in der Nachfolge von Chassériaus eigener *Venus marine* von 1938 (Sandoz, 1974, Kat.Nr. 44), während die Situation insgesamt literarische Quellen hat, bei de Vigny, de Banville und Larmatine vorgeformt ist (Sandoz, 1974, S. 290). Auch die Bilder Badender von Edouard Dubufe und Robert Fleury im Salon von 1841 und 1843 dürften von Chassériau nicht unbemerkt geblieben sein.

Dieses Bild, dem zwei weitere von 1849 und 1851/52 (Sandoz, 1974, Kat.Nr. 146, 147) mit demselben Motiv in sehr ähnlichem Aufbau vorausgehen, belegt exemplarisch Chassériaus Bemühen, die ganz aus der definierenden Linie entwickelten Formen Ingres' mit der Gestaltungsweise Delacroix' zu verbinden, welche die Form aus der lebhaften Farbe entstehen läßt. Sein Bild der *Frauen von Algier* von 1834 (Bortolatto 1972, Kat.Nr. 257) stellte auch für Chassériau hier noch eine Herausforderung dar. Durch dieses Bemühen um die Synthese zweier so gegensätzlicher Darstellungsverfahren erhalten die arabischen Dienerinnen, nicht weniger als die Badende, Würde und Festigkeit antiker Skulpturen, zugleich aber auch durch die kostbare, bernsteinartige Farbigkeit, die über die Accessoires hieraus eine orientalische Welt aufruft. Sie ist freilich, trotz aller Sehnsucht Chassériaus nach dem alten Arabien, aus Elementen der europäischen Kultur erbaut. Deren Frühzeit glaubte der Künstler aber in Nordafrika noch erfahren zu können, so daß in der knappen Zeit, die dem Maler noch blieb, dieser so ästhetisierte Orient für ihn zum idealen Ambiente für zahlreich Bilder wurde, insbesondere mit biblischer Thematik. Wenn Paul de

*947 (15/30)*

Saint-Viktor 1856 sagte, Chassériaus *»Frauen aus Constantine ähnelten griechischen Statuen in orientalischen Gewändern«* (zit in: Escholier, 1921, S. 105), dann war das nicht nur eine allgemeine Charakterisierung der Kunst Chassériaus, sondern unbeabsichtigt ein Urteil, das genau das Orientbild dieses Gemäldes bis in seine Formentstehung hinein beschreibt. *WS*

Ausst.kat. Paris 1930, Kat.Nr. 109; Bénédite (1932), Bd. 2, S. 260–314; Abb. S. 416; Escholier (1921); Alazar (1930), S. 94–116; Ausst.kat. München 1964/65, Kat.Nr. 32; Sandoz (1974), S. 54–59, Kat.Nr. 148; Ausst.kat. Marseille 1975, Kat.Nr. 20; Ausst.kat. Pau (1983), o. Kat.Nr.; Germer (1988), S. 277–185.

**15/27 (Abb. 435)**
**John Frederick Lewis**
**(London 1805–1876 Walton-on-Thames)**
**The Coffee Bearer**
London, 1857
Holz, 30,4 x 19 cm
Manchester, Manchester City Art Galleries (1977,2)

John Frederick Lewis verlegte sich seit etwa 1827 nahezu ausschließlich auf Aquarellmalerei, die kennzeichnend für sein gesamtes Œuvre werden sollte. Er war einer der ersten unter den englischen Malern, der den Orient bereitste, lange Zeit war er der einzige, der für einige Zeit in Kairo lebte.

In den Jahren 1832–1834 führte ihn seine erste große Reise nach Spanien und Marokko, 1840 verließ er wiederum sein Heimatland und reiste u.a. nach Italien und Griechenland. Er begab sich im folgenden Jahr nach Kairo, wo er über 10 Jahre blieb. Von dieser Dekade geben in der über 600 in dieser Stadt entstandene Bilder und Zeichnungen Zeugnis, ansonsten ist recht wenig über das Leben des Künstlers im Orient bekannt. Wir wissen allerdings durch William Makepiece Thackeray (1811–1863), der den Freund 1844 in Kairo besuchte, das Lewis in opulentem Stil das Leben eines orientalischen Edelmannes führte und sich gewöhnlich in türkischer Manier zu kleinden pflegte. Der Künstler machte in dieser Zeit zahlreiche Exkursionen, so in die Wüste von Sinai, nach Suez und Theben. 1851 kehrte Lewis nach London zurück und stellte noch im gleichen Jahr einige seiner in Ägypten entstandenen Aquarelle aus. Die Arbeiten wurden von den Kritikern mit großem Beifall aufgenommen. Lewis spezialisierte sich in den folgenden Jahren jedoch zunehmend auf Ölmalerei, auch, weil ihm hiermit größerer finanzieller Erfolg beschieden war. In vorgerücktem Alter stellte John Frederick Lewis zwar regelmäßig in der Royal Academy aus, lebte ansonsten aber zurückgezogen in seinem Haus in Walton-on-Thames.

Das Gemälde *The Coffee Bearer* entstand 1857; sechs Jahre nachdem Lewis aus Ägypten zurückgekehrt war. Neben dem sorgfältigen Studium von Licht und Schatten galt das besondere Interesse des Künstlers der minutiösen Gewandstudie. So scheint Lewis in Stoffqualitäten zu schwelgen und gibt dem Betrachter eine geradezu sinnliche Vorstellung von orientalischer Trahct. Die freundlichen, hellen Komplementärfarben, ein Charakteristikum der Palette des Künstlers, betonen und unterstreichen den Liebreiz der Dargestellten.

Beeinflußt durch die Malerei der italienischen Frührenaissance, die holländische und flämische Malerei, insbesondere aber auch durch Velazquez, verband Lewis europäische mit orientalischer Maltradition. In unserem Falle erinnern nicht nur die Bildkomposition und die Art der Lichtbehandlung an Jan Vermeer sondern auch die Wiederholung von Elementen, welche Teil des Künstler-Hauses waren. So sehen wir auf den Gemälden und Aquarellen von Lewis wiederholt das Sujet des überwölbten Tordurchganges, der gegen das Licht gesetzt ist (siehe auch *Life in the Harem*, 1858, Victoria & Albert Museum). Auch in der islamischen Miniaturmalerei, die Lewis studiert und die ihn inspiriert haben muß, finden wir neben der Bildstrukturierung durch Horizontale und Diagonale das Motiv der von einer Architektur gerahmten Figur. *MD*

Lit: Ausst.kat. London (1984); Lewis (1978); Thackeray (1846)

**15/28 (Abb. 946)**
**John Frederick Lewis (1805–1876)**
**Caged Doves, Cairo**
London, 1864
Aquarell, 32,6 x 22,7 cm
Cambridge, The Syndicsof the Fitzwilliam Museum (DP.6–1959)

Dieses Aquarell entstand 1864, 13 Jahre nachdem John Frederick Lewis aus Ägypten zurückgekehrt war. Die Szenerie ist aus anderen Gemälden und Aquarellen des Künstlers, wenn auch in abgewandelter Form, bekannt. Es wird der Ausschnitt eines Innenraumes vorgestellt, in dem eine in Seitenansicht dargestellte Haremsdame Tauben füttert. Ihr versunkener Blick fällt auf eine Taube, welche sich auf ihrer linken Hand niedergelassen hat. Eine zweite Taube befindet sich im Anflug auf ein in der linken unteren Bildhälfte befindliches Tischchen. Rechts im Bild ist im Anschnitt ein Diwan zu sehen, auf dem ein prächtiger Fächer aus Pfauenfedern liegt. Im Hintergrund konstrastiert die reich geschnitzte, braune Tür eines Wandschrankes mit der weiß gekalkten Wand und schafft zugleich einen Rahmen für die davor befindliche Person. Der Raum wird von rechts durch ein Fenster beleuchtet. Dessen luftdurchlässiges Holzschnitzwerk mit geometrischer Musterung läßt das Licht in schrägem Winkel gebrochen einfallen und bildet demateralistische Kreuzmuster auf dem Diwan und dem kostbaren Gewand, welches reich an Farben, Mustern und unterschiedlichen Stoffqualitäten ist. Die kurze Brokatjacke, welche die Haremsdame trägt, hat Lewis mehrfach dargestellt. Die strenge Strukturierung des Bildes durch Horizontale, Diagonale und Vertikale korrespondiert, typisch für Lewis, mit den sanften, in der Tracht schwelgerischen Linien der dargestellten Person. Szenen dieser Art, in der anmutige Frauen in kontemplativer Ruhe ihren kleinen Vergnügungen nachgehen, sind charakterstisch für das Bild der orientalischen Frau, wie es Lewis zeichnete. *MD*

*948 (15/29)*

**15/29**
**John Frederick Lewis (1805–1876)**
**Lilium Auratum**
London, 1871
Leinwand, 137,2 x 87,7 cm
Birmingham, Birmingham City Museum and Art Gallery (61'11)

Dieses Gemälde, von dem es eine kleinere Aquarellversion gibt, ist das letzte Bild, welches Lewis innerhalb einer Reihe von Garten-Bildern malte. Zwei kostbar orientalisch bekleidete Damen schreiten auf einen von Blumen umrankten Hauseingang in der linken Bildhälfte zu. Während die in der Mitte des Bildes hoch aufragende, gravitätisch wirkende Dame in die Betrachtung des wohl eben gepflückten Strauß weit aufgeblühter, üppiger Rosen und Lilien versunken ist, welchen sie zusammen mit einer bauchigen Vase in den Händen hält, schaut die hinter ihr stehende Begleiterin in leicht gebeugter Haltung mit schalkhaftem Blick dem Betrachter entgegen. Mit der Linken hält diese, auf der Schulter aufliegend, in fast burschikoster Manier einen noch ungeordneten Strauß aus weißen Lilien und langstieligem Mohn. Ein Teil ihres Gewandes ist an der Schärpe zu einer Schlaufe festgesteckt, in welcher Rosen und Vergißmeinnicht getragen werden. Unterhalb der Baumkronen im Hintergrund wird der Blick freigegeben auf die in durchscheinendem Tageslicht liegende Nil-

949 (15/31)

**15/30 (Abb. 917)**
**Jean Brindesi**
**Souvenirs de Constantinople**
**Aufgeschlagen: Les eaux douces d'Asie**
(Tafel 8)
Paris, um 1860
Farblithographie von A. Charpentier nach Jean Brindesi
Berlin, SMPK, Kunstbibliothek (Lipp Lb 63)

**15/31 (Abb. 270, 271, 949)**
**Henri de Mayr und Sébastien Fischer**
**Tableaux de genre recueillis pendant le voyage de (...) Monseigneur le Duc Maximilien de Bavière, et dessinés par Henri de Mayr avec un text explicativ par (...) Sébastien Fischer**
**Aufgeschlagen: Sklavenmarkt in Kairo**
(Tafel 4)
Stuttgart, 1846–49
Lithographie
Berlin, SMPK, Kunstbibliothek (Lipp Ma 28)

landschaft mit den rosa angehauchten Bergketten der Wüste.

Der Detailreichtum und die Pracht der Blumen, welche das Bild füllen, treten in Korrespondenz zu der sorgfältig studierten, an Farbe und Material reichen orientalischen Tracht. Die kostbare Brokatjacke der zentralen Figur hat Lewis auch in anderen Gemälden dargestellt. Sowohl durch die orientalischen Gewänder der beiden Figuren – wohl Haremsdamen – als auch durch die im Hintergrund befindliche Nillandschaft gibt Lewis einen Hinweis auf die Lokalisierung des Geschehens in den Orient. Einen auffälligen Kontrast dazu stellt die Pracht der Blumen dar, welche ebenso in einem ländlichen englischen Garten in dieser Form hätten wachsen können. Wie zahlreiche Künstler der Zeit hatte Lewis aus Ägypten Kunsthandwerk, Stoffe und orientalische Trachten mitgebracht, welche ihm in London als Studienobjekte dienten. Seine Frau Mirian stand ihm häufig Modell. In unserem Gemälde verbindet er die heimatliche Blumenvielfalt, u.a. mit der Exotik von Lilien angereichert, mit orientalischer Szenerie. *MD*

Lit.: Ausst.kat. London (1984); Lewis (1978); Thornton (1983).

# ANHANG

## *Anmerkungen*

Syndram, Ägypten:

1 Der Aufsatz geht auf die Dissertation des Autors *Ägypten-Faszination: Untersuchungen zum Ägyptenbild im europäischen Klassizismus bis 1800* zurück, die 1989 als Buch erscheinen wird. Weiterführende Literatur: Erich Hubala: *Egypten*, in: *Reallexikon zur deutschen Kunstgeschichte*, Bd. 4, 1958, Sp. 750–775. Erik Iversen: *The Myth of Egypt and its Hieroglyphics in European Tradition.* Kopenhagen 1961. Nicolaus Pevsner und Susan Lang: *The Egyptian Revival*, in: N. Pevsner: *Studies in Art, Architecture, Design*, New York 1968, Bd. 1, S. 213–235. Siegfried Morenz: *Die Begegnung Europas mit Ägypten.* Mit einem Beitrag von Martin Kaiser über H*erodots Begegnung mit Ägypten*, Zürich und Stuttgart 1969, S. 34–105. Richard G. Carrott: *The Egyptian Revival. Its sources, monuments and meaning 1808–1858*, Berkeley und Los Angeles 1978. James Stevens Curl: *The Egyptian Revival. An introductory study of a recurring theme in the history of taste.* London 1982.

2 Herodot: *Historien*, Buch 2 (Euterpe), Kapitel 2-182.

3 Vgl. insbesondere Platon: *Die Gesetze*, II S. 656f, V S. 747, XII S. 953 und *Kritias*, Kapitel 5, 113 a/b, Timaios 22.

4 Vgl. zum Mythos des Gottes Theut (Thot), Platon, *Phaidros*, S. 274ff.

5 Vgl. Hans Gerhard Evers: *Zum Nachleben der ägyptischen Löwendarstellungen*, in: *Zeitschrift für ägyptische Sprache und Altertumskunde (ZÄS)* 67, 1931, S. 31–33. Karl Noehles: *Die Kunst der Cosmaten und die Idee der Renovatio Romae*, in: *Festschrift Werner Haeger*, Recklinghausen 1966, S. 17–37.

6 Ludwig Volkmann: *Hieroglyphik und Emblematik bei Giorgio Vasari*, in: *Festschrift Karl Hirsemann. Werden und Wirken*, Leipzig 1924, S. 407–419. Ders.: *Bilderschriften der Renaissance*, Leipzig 1923 (Neudruck 1962). Liselotte Dreckmann: *Renaissance hieroglyphics*, in: *Comparative Literature* 9, 1957, S. 308–321. J. Vanuxem: *Les hiéroglyphes et les devises aux XVIe et XVIIe siècles*, in: *Bulletin de la Société nationale des antiquaires de France*, 1971, S. 243–255.

7 Pyramidengebäude Abb. 5, Obelisken Abb. 12, 33, 88, Hieroglyphen bes. Abb. 18, 89, 102.

8 Ernst H. Gombrich: *Hypnerotomachiana*, in: *Journal of the Warburg and Courtauld Institutes* 14, 1951. S. 120–125. E. Kretzulesco-Quaranta: *Les jardins de Songe. Poliphile et la Mystique de la Renaissance*, Rom 1976.

9 Randolph N. Parks: *On the Meaning of Pinturicchio's Sala dei Santi*, in: *Art History* 2, 1978 Nr. 3, S. 291–317.

10 Horst Bredekamp: *Vicino Orsini und der heilige Hain von Bomarzo*, Worms 1985, Bd. 1, S. 118–121, Bd. 2, Abb. 27, 28, 39.

11 Vgl. Frances A. Yates: *The Rosecrucian Enlightenment* London 31979.

12 Jozef Janssen: *Athanase Kircher. Égyptologue*, in: *Chronique d'Égypte* 18, 1943, S. 240ff.

13 William S. Heckscher: *Bernini's Elephant and Obelisk*, in: *The Art Bulletin* 29, 1947, S. 155–182. Rudolf Preimersberger: *Obeliscus pamphilius*, in: *Münchner Jahrbuch der bildenden Kunst* 25, 1974, S. 77–162.

14 Charles G. Dempsey: *Poussin and Egypte*, in: *The Art Bulletin* 46, 1963, S. 108–119. Paola Santucci: *Poussin. Tradizione Ermetica e Classicismo Gesuita*, Salerno 1985.

15 Das Bild befindet sich heute in Leningrad (Ermitage Inv.Nr.6741). Vgl. Anthony Blunt: *Nicolas Poussin*, London 1958, Textband S. 310ff, Abbildungsband Tfl. 231.

16 Besonders wichtig für die Rezeption des Nilmosaiks ist die Abhandlung des Abbé Jean-Jacques Barthelemy: *Explication de la mosaique de Palestrine*, Paris 1765.

17 Anthony Blunt: *The Hypnerotomachia Poliphili in 17th century France*, in: *Journal of the Warburg and Courtauld Institutes*, 1, 1937/38, S. 117–137. Jean Szenec: *La Fontaine Egyptologue*, in: *Journal of the Warburg and Courtauld Institutes*, 45, 1982, S. 248–250.

18 Vgl. besonders die Sphingen vor dem Schlößchen von Bagatelle bei Paris.

19 Paul Lucas: *Voyage faite en 1714 par ordre de Louis XIV dans Turquie, l'Asie, Haute et Basse Egypte*, 2 Teile, Rouen 1714, Amsterdam 1720 – sehr populär und in viele Sprachen übersetzt. Benoît Maillet: *Description de l'Egypte*, Paris 1735, Amsterdam 1737. Richard Pococke: *A Description of the East*, 2 Bde. 11743, 1745. fünf englische, drei deutsche, zwei französische, eine niederländische Auflagen. Frederick Ludwig Norden: *Voyage d'Egypte et de Nubie*, 2 Bde. Kopenhagen 1755. Als Stichwerk mehrfach aufgelegt und in verschiedene europäische Sprachen übersetzt.

20 Ragna Enking: *Der Apis-Altar Johann Melchior Dinglingers. Ein Beitrag zur Auseinandersetzung des Abendlandes mit Ägypten*, Glückstadt/Hamburg/New York 1939. Erna von Watzendorf: *Johann Melchior Dinglinger*, Berlin 1962, S. 266–286.

21 Die Bedeutung des Comte de Caylus und sein Antikenbild wird in der Dissertation des Autors dieses Aufsatzes eingehend behandelt. Weiterführende Literatur: Serge Rocheblave: *Essai sur le Comte de Caylus*, Paris 1889. Amilda-A. Pons: *Essai sur le Comte de Caylus*, in: Comte de Caylus: *Voyage d'Italie*, Paris 1914.

22 Jean Babelon: *The Comte de Caylus and the Cabinet de Médailles at the Bibliothèque National*, in: *Connoisseur*, 148, 1961, S. 92–99. Jacques Guillerme: *Caylus 'technologue', note sur les commencements problématiques d'une discipline*, in: *Revue de l'art*, 60, 1983, S. 47–66.

23 Comte de Caylus: *Recueil d'antiquités égyptiennes, étrusques, grecques, romaines et gauloises*, Paris, Bd. 1, 11752, 21761; Bd. 2, 1756; Bd. 3, 1759; Bd. 4, 1762; Bd. 5, 1764; Bd. 6, 1765; Bd. 7 (postum), 1767.

24 Edmund Burke: *A philosophical enquiry into the origins of our ideas on the sublime and beautiful*, London 1759. Vgl. auch Johannes Dobai: *Die Kunstliteratur des Klassizismus und der Romantik in England 1750–1790*, Bd. 2, Bern 1975, S. 56ff, bes. S. 99.

25 Ein Bildnis einer Pyramide (Öl auf Leinwand 64x95cm), datiert und signiert mit 'Rom 1760', befindet sich in Rochester, New York, Smlg. Fred W. Geib, vgl. Hubert Burda: *Die Ruine in den Bildern Hubert Roberts*, München 1967, S. 48, 59. Ein weiteres Pyramidenbild (Öl auf Leinwand, 61x71cm), befindet sich in Northampton, Mass. Smith College Museum, vgl. Fritz Baumgart: *Ägyptische und klassizistische Baukunst*, in: *Humanismus und Technik*, Bd. 1, Hft. 2, 1953, S. 76, Abb. 5 (S. 77). Das Ägyptische Capriccio (Öl auf Leinwand), signiert und datiert 'Rom 1760', befindet sich in London, Royal Academie of Arts.

26 Vgl. Jean de Cayeux: *Introduction au catalogue critique de Griffonis de Saint-Non*, in: *Bulletin de la Société d'histoire de l'art français*, 108, 1963, S. 336f (Grif. 60–69).

27 Vgl. zu Desprez: Nils G. Wollin: *Gravures originales de Desprez ou exécutés d'après ses dessins*, Malmö 1933, S. 56f, Kat.-Nr. 26–29. Katalog *Revolutionsarchitektur*, Baden-Baden 1970, Kat.-Nr. 126–128. Vgl. zu Vincent: Galerie Cailleux: *Rome 1760–1770. Fragonard, Hubert Robert et leurs Amis*, Paris 1983, Kat.-Nr. 58.

28 Darauf verweist schon Erich Hubala: *Diverse Maniere. Bemerkungen zu G. B. Piranesi's ägyptischen Kaminen*, in: *Festgabe für H. Sedelmayr*, München 1956. Masch.-geschr. im kunsthistorischen Seminar der Universität München.

29 Christian-Traugott Weinlig: *Briefe über Rom*, 3 Bde., Dresden 1782–87, Zitat aus Bd. 1, S. 17f, der Brief datiert Dezember 1767: *»Linker Hand der Treppe gegenüber (...) ist das Englische Kaffeehaus. Der Ort wo die vielen hier studierenden Engelländer gegen Abend zusammen zu kommen pflegen, und wo man am besten erfahren kann, wo dieser oder jener anzutreffen sey. (...) Es ist dieses Kaffeehaus nach dem Angeben und einer Zeichnung des berühmten Piranesi im Egyptischen Styl innwendig ausgemahlt. Eine Menge Egyptischer Glötzenbilder wunderbar zusammengestellt, erscheinen hier in verschiedenen Farben des Granits und anderer dunklen Steinarten. Sollten Sie seine Kamine in diesem Styl zu sehen bekommen, so würden Sie sich eine Idee davon machen können, außerdem aber wohl schwerlich.«* Vgl. auch die bisher einzige bekannte Textquelle: *Memoires of Thomas Jones*, in: *The Walpole Society*, 1946–48, S. 53f

30 Vgl. Steffi Röttgen: *Das Papyruskabinett von Mengs in der Biblioteca Vaticana. Ein Beitrag zur Idee und Geschichte des Museo Pio-Clementio*, in: *Münchner Jahrbuch der Kunstgeschichte*, 31, 1980, S. 189–246.

31 Die erste Fassung (1759, Öl auf Leinwand) befindet sich in Stourhead, Wiltshire, die zweite Fassung (Öl auf Leinwand, 59,5x45cm) in Wien, Galerie des Grafen Czernin. Vgl. dazu Thomas Pelzel: *Anton Raphael Mengs and Neoclassicism*, New York/London 1979, S. 91–107. Marianne Saabye: *Augustus og Cleopatra – Dokumentation omkring et Malerei af Rafael Mengs*, in: *Kunstmuseets Årsskrift* 63, 1976, S. 12–38.

32 Mauro Tesi: *Raccolta di disegni originale di Mauro Tesi estratti da diverse Collezioni*, Bologna o.J. (1787), Tafel 31, 32, 33, 39.

33 Vgl. Pierre Arrizzoli-Clémentel: *Charles Percier et la salle égyptienne de la villa Borghèse*, in: *Colloque Piranèse et les Français*, Rom 1978, S. 1–32.

34 Francesco Parisi: *Descrizione della Stanza Egizia nel Palazzo della Villa Pinciana in Roma*, Rom 1782, Nachdruck bei Arrizzoli-Clémentel, A.o. S. 13. Eneas Quirino Visconi: *Sculpture del Palazzo della Villa Borghese detta Pinciana*, Rom 1796, Nachdruck bei Arrizzoli-Clémentel, A.o. S. 18.

35 Jean-François Neufforge: *Recueil elémentaire d'architecture*, Paris 1768, Bd. 8, Teil 4 97.Lieferung Nr. 5 und Nr. 6.

36 Diese Tische werden nur noch durch den Auktionskatalog der Nachlaßversteigerung des Duc d'Aumont überliefert, abgedruckt bei Charles Davilier: *Le cabinet de duc d'Aumont*, Paris 1870, S. 26–30.

37 Pierre Lemoine: *La chambre de la Reine*, in: *Revue du Louvre et du Musée de France*, 3, 1976, S. 139. Die Planung der Ikonographie der Hochzeitsfeierlichkeit, in deren Folge auch die Stuckdekoration des *chambre de la reine* verändert wurde, sah auch an anderer Stelle der Festdekoration, so auch in der neuerrichteten Oper von Versailles, die ägyptische Sphinx vor. Sie ging sehr wahrscheinlich auf den Duc d'Aumont zurück.

38 Die Liege *(sultane)* befindet sich in New York, Metropolitan Museum, George Blumenthal bequeathed. Pierre Kjellberg: *Le mobilier français*, Paris 1980, Bd. 2, S. 64, Abb. 56. Der Lehnstuhl *(bergère)* befindet sich in London, Victoria and Albert Museum. Francis Watson: *Louis XVI. furniture*, London 1960, S. 140, Abb. 169.

39 Joseph Friedrich Freiherr zu Racknitz: *Darstellung und Geschichte des Geschmacks der vorzüglichsten Völker in Beziehung auf die innere Auszierung der Zimmer und auf die Baukunst*. Leipzig 1796, Bd. 1, S. 1–4, Tfl. I und II. Johann Gottfried Grohmann: *Ideenmagazin für Liebhaber der Gärten...*, Leizig 1796/97, Heft 9, Tfl. 1. Leo (Hrsg.): *Magazin für Freunde des guten Geschmacks der bildenden und mechanischen Künste...*, Leizig 1795, Band 1, Heft 4, Tafel III.

40 Der akademische Wettbewerb wurde von der Académie des inscriptions et belles lettres ausgeschrieben. Später publizierte Ergebnisse dieses Wettbewerbs sind: Quatremere de Quincy, *De l'architecture égyptienne considérée dans son origine, ses principes et son goût*, Paris 1803. Giuseppe del Rosso: *Untersuchungen über die Baukunst der Ägypter und das, was die Griechen von dieser Nation wahrscheinlich angenommen haben*, Chemnitz 1801. Unabhängig davon erschien das für die Theoriedebatte dieser Zeit sehr aufschlußreiche Werk von Jacopo Belgrado: *Dell'Architettura Egiziana*, Parma 1786.

41 Georges Poisson: *L'Art de la révolution à Paris. Architecture et Décors*, in: *Gazette des beaux-arts*, Dezember 1970, S. 343.

42 C.A.Böttiger: *Zustand der Künste* in Frankreich, Bd. 2, 1796, S. 130f.

43 Claude Savary: *Lettres sur l'Egypte*, Paris 1785, S. 286. Constantin-François Volney: *Voyage en Egypte et en Syrie*, 2 Bde., Paris 1787, zitiert nach der Neuausgabe Paris 1959, S. 156.

44 *London und Paris*, 2. Stück, 1801, S. 129f

45 Jean Humbert: *Les monuments égyptiens et égyptisants de Paris*, in: *Bulletin de la Societé Français d'Egyptologie* 62, 1971 (Oktober), S. 9-29. Denise Ledoux-Lebard: *The refurnishing of the Tuileries under the Consulate*, in: *Apollo* September 1964, S. 199–205.

46 Ernest de Gany: *Les Jardins de la Reine Hortense à Saint-Leu*, in: *Revue de l'Art* 1937, S. 256, Abb. 253.

47 Charles Truman: *The Sèvres egyptian service 1810–12*, London 1982. Denys Sutton: *A palace for a paragon – the hôtel de Beauharnais*, in: *Apollo* 103, 1976, S. 502–507.

48 Jacques Guilleaume Legrand: *Essai sur l'histoire générale de l'architecture pour servir de texte explicatif*, Paris 1809, nouvelle edition, S. 53.

## Leospo, Kircher

1 Taylor, René: *Hermetism and Mystical Architecture in the Society of Jesus*, in Rudolf Wittkower and Irma B. Jaffe (Hg.): *Baroque Art: the Jesuit Contribution*, New York 1972.

2 Zur Lebensgeschichte Kirchers s. *Biographica S. J.*, XXXVI (6) und *Notizie biografiche S. J.*, X (2): weiter das Stichwort Kircher, *Athanasius* in: *Enciclopedia italiana*, Instituto Enciclopedia Italiana Treccanim Bd. XX, 1950, S. 209, und in: *Meyers Enzyklopädisches Lexikon*, 9. Auflage, Bd. XIII, 1975, S. 713–714, mit der einschlägigen Bibliographie.

3 Eine vollständige Bibliographie der Werke Kirchers bietet C. Sommervogel; in: *Bibliothèque de la Compagnie de Jésus*, Bd. IV, Bruxelles-Paris 21893, Sp. 1046–1077. Zum Einfluß fremder Kulturen s. D. Pastine, Laxman P. Mishra, P. Beonio Brocchieri, G. Gliozzi, S. Zoli: *L'Europa cristiana nel rapporto con le altre culture nel secolo XVII* (Atti del Convegno di studio, S. Margherita Ligure, 19–21 maggio 1977), Serie Studi CNR, 12, Firenze 1978; zum Beitrag von Reisenden und Missionaren; s. weiter V. Rivosecchi: *Esotismo in Roma barocca*, Roma 1982, mit umfangreicher Bibliographie.

4 Erschienen wahrscheinlich nach 1607 in München, wie die Datumsangaben der Tafeln vermuten lassen. Das von Kircher eingesehene Werk, das Iversen aufgrund der eigenen Angaben Kirchers über die darin reproduzierten hieroglyphischen Inschriften der Obelisken als Hohenbergs *Thesaurus* identifiziert (s. E. Iversen, *Obelisks*, Bd. I, Kopenhagen 1968, S. 85, Anm. 1) wird im allgemeinen mit M. Mercati: *De gli obelischi di Roma*, Roma 1589, verwechselt, das jedoch keine Abbildungen enthält. Es könnte sich auch um D. Fontana: *Del modo tenuto nel trasportare l'obelisco vaticano e delle fabbriche fatte da Nostro Signore Sisto V.*, Roma 1589, handeln (s. dazu Hoefer: *Nouvelle Biographie générale*, Paris 1852–1866, Bd. XXVII, S. 769, der angibt, daß Kirchers Interesse an der Entzifferung der Hieroglyphen mit der Einsicht eines Werkes über die Aufrichtung eines Obelisken in Rom durch Sixtus V., d.h. des Vatikanischen Obelisken, seinen Anfang genommen habe).

5 S. S. A. Bedini: *Citadels of Learning. The Museo Kircheriano and Other Seventeenth Century Italian Science Collections, in: Enciclopedismo in Roma barocca* (Atti del Convegno kircheriano, Roma 1985), Venezia 1986, S. 258.

6 E. Iversen: *Egyptian and Hermetic Doctrine*, Opuscula Graecolatina 27, Kopenhagen 1984, S. 26ff.

7 E. Iversen: *The Hieroglyphs in Europe before Champollion, in: Textes et Langages de l'Egypte Pharaonique. Hommage à Jean-François Champollion à l'occasion du cent-cinquantième anniversaire du déchiffrement des hiéroglyphes (1822–1972)*, Bibl. d'Études IFAO, Bd. LXIV, 1, Le Caire 1972, S. 75.

8 A. Kircher: *Prodromus coptus sive aegyptiacus*, Roma 1636.

9 E. Iversen: *The Myth of Egypt and its Hieroglyphs in European Tradition*, Kopenhagen 1961, passim; R. Wittkower: *Allegoria e migrazione dei simboli*, Turin 1987, passim und bes. S. 223–249.

10 F. Cumont: *Le religioni orientali nel paganesimo romano*, Bari 1967, passim und bes. S. 101–129. Unter den zahlreichen Bänden der Reihe *Etudes Préliminaires aux Religions Orientales dans l'Empire Romain* (EPRO), die Zeugnisse über die Verbreitung orientalischer Kulte in der römischen Welt sammeln, s. besonders J. Leclant: *Inventaire Bibliographique des Isiaca* (IBIS), EPRO 18, 2 Bde., Leiden 1972 und 1974; A. Roullet: *The Egyptian and Egyptianizing Monuments of Imperial Rome*, EPRO 20, Leiden 1972; M. Malaise: *Inventaire préliminaire des documents égyptiens découverts en Italie*, EPRO 21, Leiden 1972; id.: *Conditions de pénétration et de diffusion des cultes égyptiens hors de l'Egypte*, EPRO 22, Leiden 1972. Des weiteren s. F. Dunand: *Cultes égyptiens hors de l'Égypte. Nouvelles voies d'approche et d'interprétation*, in: *Egypt and the Hellenistic World* (Studia Hellenistica 27), Louvain 1983, S. 75ff.

11 S. E. Iversen: *The Myth of Egypt ...*, passim.

12 Vgl. E. Scamuzzi: *La Mensa Isiaca del Regio Museo di Antichità di Torino*, Roma 1939 und E. Leospo: *La Mensa Isiaca di Torino*, EPRO 70, Leiden 1978, mit einschlägiger Bibliographie. Neuere Literatur findet sich im Abschnitt über die Mensa in: *Cultura figurativa e architettonica negli Stati del Re di Sardegna 1773–1861*, hg. v. E. Castelnuovo und M. Rosci, Turin 1980, S. 309–310. Zuletzt ist die Mensa behandelt worden von Ph. Derchain: *Über die Turiner »Mensa Isiaca«. ein Deutungsversuch*, in: *Das Römisch-byzantinische Ägypten*,

Akten des internationalen Symposions 26–30. September in Trier, Aegyptiaca Treverensia 2, Mainz 1983, S. 61–66.

13 Vgl. S. Curto: *Storia di un falso celebre*, in: *Bolletino della Società Piemontese di Archeologia e Belle Arti*, XVI-XVII, Turin 1962, S. 5ff und den einschlägigen Abschnitt in: *Cultura figurativa e architettonica negli Stati del Re di Sardegna 1773–1861*, I, S. 309.

14 Vgl. *Enciclopedismo in Roma barocca*, ...

15 Vgl. S. Curto: *Storia del Museo Egizio di Torino*, Turin 1979, S. 53 und 107–110. Verf. bereitet einen Katalog der ägyptischen Sammlung des Museo Kircheriano vor, der in der Reihe *Cataloghi di Musei e Gallerie d'Italia* des Istituto Centrale per il Catalogo e la Documentazione erscheinen wird. Zu erwähnen ist weiterhin die unveröffentlichte Dissertation von L. Paganotto Scarpone: *La preegittologia e il Museo Kircheriano*, Università di Torino, Facoltà di Lettere, Akad. Jahr 1977–1978.

16 Fast alle Stücke, Götterstatuetten aus Terrakotta oder Bronze, Skarabäen, Lampen, Architekturfragmente, Mosaiken, sind in ägyptisierendem, wenn nicht direkt hellenistischem Stil gehalten; s. E. de Ruggiero: *Catalogo del Museo Kircheriano*, Roma 1878, sowie W. Helbig: *Führer durch die öffentlichen Sammlungen klassischer Altertümer in Rom*, Leipzig 1913.

17 Der Ankauf einiger Funde durch die Vatikanischen Museen fällt möglicherweise in die Zeit des Verbots des Jesuitenordens zwischen 1773 und 1823; vgl. E. de Ruggiero: op. cit., S. XVIII; weiter G. Botti, P. Romanelli: *Le sculture del Museo Gregoriano Egizio*, Città del Vaticano 1951, S. 126, Anm. 210 und Ch. Sturtewagen, R. S. Bianchi: *Museo Gregoriano Egizio* in: *The Vatican Collections. The Papacy and Art*, The Metropolitan Museum of Art, New York 1983, S. 175–176.

18 *Oed. Aeg.*, Bd. IV, Abt. III, S. 384, wo die Wasseruhr als *Nilgefäß* bezeichnet wird.

19 *Oed. Aeg.*, Bd. IV, Abt. III, S. 502–503 und 507, und *Ad Alexandrum VII*, S. 118. Die Möglichkeit einer Verbindung der beiden Fragmente ist von Prof. H. de Meulenaere (Musées Royaux d'Art et d'Histoire, Bruxelles) angeregt und durch das Zusammenfügen des Turiner Torsos mit einem Abklatsch des Florentiner Stückes, ermöglicht durch den Einsatz von Dr. P. R. Del Francia und Dr. M. C. Guidotti von der Soprintendenza Archeologica per la Toscana, überprüft worden. Prof. L Kákosy von der Universität Budapest bereitet ein Corpus der magischen Statuen vor.

20 Inv. 18478; vgl. N. Genaille: *Le sistre Strozzi (à propos des objets cultuels isiaques en Italie)*, in: *Bull. de la Société Française d'Egyptologie*, 77–78, 1976–1977, S. 64.

21 Bonanni: S. 34, Tf. XIX, 1. Zur Typologie vgl. Raven: *Papyrus-sheaths and Ptah-Sokar-Osiris Statues*, in: *OMRO* 59–60, 1978–1979, S. 267.

22 S. S. Curto: *L'Egitto antico nelle collezioni dell'Italia settentrionale*, Bologna 1961, S. 90, Anm. 73 und Tf. 41. Zur Typologie und zum Stil der ›Porträts‹ vgl. A. Adriani: *Ritratti dell'Egitto greco-romano*, MDAI, Röm. Abt., Bd. 77, Heidelberg 1970, S. 72–109, der die Verwandtschaft der Vorbilder und der stilistischen Ausdrucksformen von spätägyptischen und römischen Porträts aus republikanischer Zeit unterstreicht.

## Fox, Kleopatras Nadel:

1 *Athenaeum*, Nr. 2604, 22. September 1877, S. 370–71, hier wird eine Denkschrift vom 8. März 1841 zitiert. Mr. Walter de Gray Birch von der Handschriftenabteilung des Britischen Museum hat diese Zeitschriftennummer zutage gefördert. Die Denkschrift selbst wurde wahrscheinlich von General Sir John Macdonald verfaßt, der zur Zeit des ägyptischen Feldzugs Leutnant gewesen war. In ihr finden sich möglicherweise genauere Hinweise darauf, welche Gründe dazu führten, daß das Projekt auf Befehl von Lord Keith und General Fox fallen gelassen wurde. Sie war weder in der Abteilung für Ägyptische Altertümer des British Museum noch in der Handschriftenabteilung der British Library auffindbar.

2 Privatsammlung, London.

3 Hansard, 3. Serie, CXVIII, 1. Juli 1851, S. 103–04

## Beyer, Khorsabad:

Auswahlbibliographie: ALBENDA, P.: *The Palace of Sargon, King of Assyria. Le Palais de Sargon d'Assyrie*, Paris 1986. BERGAMINI, G.: *Paolo Emilio Botta e la scoperta della civiltà assira*, in: *Bolletino della Societa Piemontese di Archeologia e Belle Arti*, Nuova serie 38–41, 1984–1987, S. 1–19. BOTTA, P.-E. und E. FLANDIN: *Monument de Ninive découvert et décrit par M. P.-E. Botta, mesuré et dessiné par M. E. Flandin*, Paris, Imprimerie nationale, 5 Bde., 1849–1850. FLANDIN, E.: *Voyage en Mésopotamie*, Le Tour du Monde, 2. Sem., 1861, S. 49–80. PARROT, A.: *Archéologie mésopotamienne I, Les étapes*, Paris 1946. PILLET, M.: *Khorsabad, les découvertes de Victor Place en Assyrie*, Paris 1918. DERS.: *Un pionnier de l'Assyriologie, Victor Place*, in: *Cahiers de la Société asiatique*, 16, Paris 1962. PLACE, V.: *Ninive et l'Assyrie avec des essais de restauration par Félix Thomas*, Paris, Imprimerie nationale, 3 Bde., 1867-1870.

## Crombie, Naturwissenschaften:

Die ausführliche Literaturangaben zu diesem Auszug aus Alistair Crombies Buch *»Von Augustinus bis Galilei: Die Emanzipation der Naturwissenschaft«*, Köln 1959, finden sich ebendort. Hier sind nur einige der Titel aufgeführt: A. MIELI: *Panorama general de historia de la ciencia II: La época medieval, Mundo islámico y occidente christiano*, Buenos Aires 1946. H. J. J. WINTER: *Eastern Science*, London 1952; C. BROCKELMANN: *Geschichte der arabischen Literatur*, Weimar u. Berlin 1898–1902, 2 Bde., Supplement, Leiden 1937–1942, 3 Bde., 2. Aufl. Leiden ab 1943; S. M. AFNAN: *Avicenna: his life and works*, London 1958; A. J. ARBERRY (Hrsg.): *The Legacy of Persia*, Oxford 1953; SIR T. ARNOLD and A. GUILLAUME (Hrsg.): *The Legacy of Islam*, Oxford 1931; *The Encyclopaedia of Islam*, Hrsg. von M.T. HOUTSMA *et alii*, Leiden und London 1908–1938, 4 vols. und Supplement, neu hrsg. von J. H. KRAMERS, H. A. R. GIBB, E. LÉVI-PROVENÇAL und J. SCHACHT, ab 1954; P.K. HITTI: *History of the Arabs*, 4th ed. London 1949; M. MEYERHOF: *Von Alexandrien nach Bagdad*, in: *Sitzungsberichte der preußischen Akademie der Wissenschaften zu Berlin*, philos.-hist. Klasse, 1930; DE LACY O'LEARY: *How Greek Science Passed to the Arabs*, London 1948; G. LACOMBE: *Aristoteles Latinus*, Rom 1939; D. J. ALLAN: *Mediaeval versions of Aristotele, De Caelo, and of the Commentary of Simplicius*, in: *Medieval and Renaissance Studies* II (1950); A. BIRKENMAJER: *Le rôle joué par les médecins et les naturalistes dans la réception d'Aristote au XIIe et XIIIe siècles*, in: *La Pologne au VIe congrès international des sciences historiques*, Oslo 1928, Warschau 1930; D.A. CALLUS: *Introduction of Aristotelean Learning to Oxford*, in: *Proceedings of the British Academy* XXIX (1943); M. GRABMANN: *Forschungen über die lateinischen Aristoteles-Übersetzungen des III. Jahrhunderts* (Beitr. Ges. Philos. Mittelalt. XVII, 5–6), Münster 1916; C. H. HASKINS: *Studies in the History of Mediaeval Science*, 2nd ed. Cambridge, Mass., 1927; T. SILVERSTEIN: *Daniel of Morley, English cosmologist and student of Arabic science*, in: *Mediaeval Studies* (1948); G. THÉRY: *Notes indicatrices pour s'orienter dans l'étude des traductions médiévales*, in: *Mélanges Joseph Maréchal*, Brüssel 1950, II; J. W. THOMPSON: *The introduction of Arabic science into Lorraine in the tenths century*, in: *Isis* XII (1929); F. VAN STEENBERGHEN: *Aristote en Occident. Les Origines de l'Aristotélisme parisien*, Löwen 1946 (Engl. Übers. Löwen 1955); M. STEINSCHNEIDER: *Die europäischen Übersetzungen aus dem Arabischen, bis Mitte des 17. Jahrhunderts* (Sitzungsberichte der kaiserlichen Akademie der Wissenschaften, Wien, philos.-hist. Klasse CXLIX, 4, CLI, 1), Wien 1904/5; R. DE VAUX: *La première entrée d'Averroes chez les Latins*, in: *Revue des sciences philosophiques et théologiques XII* (1933); R. WALZER: *Arabic transmission of Greek thought to mediaeval Europe*, in: *Bulletin of the John Rylands Library*, Manchester XXIX (1945); M. C. WELBORN: *Lotharingia as a center of Arabic and scientific influence in the XI. Century*, in: *Isis* XVI (1931); S. D. WINGATE: *The Mediaeval Latin Versions of the Aristotelian Scientific Corpus*, London 1931; F. WÜSTENFELD, *Die Übersetzungen arabischer Werke in das Lateinische seit dem XI. Jahrhundert* (Abhandlungen der Königlichen Gesellschaft der Wissenschaften zu Göttingen XXII, 3), Göttingen 1877.

Ettinghausen, Malerei

1 Diese Polemiken beschreibt N. Daniel: *Islam an the West, the Making of an Image*, Edinburg 1960; s. auch G. E. von Grunebaum: *Der Islam im Mittelalter*, Zürich 1963, S. 62 ff. sowie M. Rodinson: *Das Bild im Westen und westliche Islamstudien*, in: J. Schacht, C. E. Bosworth (Hg.): *Das Vermächtnis des Islam* Bd. 1, Zürich, München 1980.
2 G.C. Miles: *Bonnom de Barcelone*, in: *Etudes d'orientalisme dédiées à la mémoire de Lévi-Provençal* II, Paris 1962, S. 683–693 (mit vollständiger Bibliographie); s. ders.: *The Coinage of the Umayyads of Spain*, New York 1950, S. 539f.; *Corpus Nummorum Italicorum* XVIII, 2 ff., Taf. 1 (Amalfi); 307 ff., Taf. XVIII-XIX, Salerno; D. Spinelli: *Monete Cufiche battute da principi Longobardi, Normanni e Suevi nel regno delle due Sicilie*, Neapel 1844; B. M. Lagumina: *Catalogo delle monete esistenti nella Biblioteca Communale di Palermo*, Virzi 1892, die beiden letzteren für die Normannen in Sizilien.
3 M. Stenberger: *Die Schatzfunde Gotlands der Wikingerzeit* I, Kungl. Vitterhets, Historie och Antikvitets Akademien, Stockholm. 1958, S. 247, 250–254, 351f.
4 A. Geijer: *Oriental Textiles in Scandinavian Versions, aus der Welt der islamischen Kunst. Festschrift für Ernst Kühnel zum 75. Geburtstag am 26.10.1957*, Berlin 1959, S. 323–335.
5 Am nächsten kommt einem solchen Survey in neuerer Zeit noch R. A. Jairazbhoy: *Oriental Influences in Western Art*, Bombay, Kalkutta usw., 1965. (Siehe aber auch in neuer Zeit die Dissotation von Maria Elisabeth Pape: *Die Turquoise in der Bildenden Kunst des 18. Jahrhunderts, Köln 1987.)*
6 A. de Longperier: *L'Emploi des caractères arabes dans l'ornementation chez les peuples chrétiens de l'occident*, in: *Revue archéologique* II (1845), S. 696–706; neuere Literatur wird behandelt von K.Erdmann: *Arabische Schriftzeichen als Ornamente in der abendländischen Kunst des Mittelalters*, in: *Abhandlungen der geistes- und sozialwissenschaftlichen Klasse, Akademie der Wissenschaften und der Literatur*, Wiesbaden 1953, Nr. 9, S. 467–513; G. C. Miles: *Byzantium an the Arabs: Relations in crete and the Aegean Area*, in: *Dumbarton Oaks Papers* XVIII (1964), S. 20–32; nur sehr selten ist die Schrift nicht »küfisierend«, wie Miles die bedeutungslose Nachahmung ornamentaler Küfi-Zeichen nannte (*»kufesque«* oder *»nakhesque«*), sondern stellt eine verständliche Inschrift dar; zu einem Beispiel aus dem fünfzehnten Jahrhundert s. S. Reich: *Une inscription mamlouke sur un dessin italien du quinzième siècle*, in: *Bulletin de l'Institut d'Egypte* XXIV (1940), S. 127.
7 K. Erdmann: *Europa und der Orientteppich*, Berlin, Mainz 1962, S. 57 und Abb. 33.
8 H. Harbeck, *Melchior Lorichs*, Hamburg 1911; R. von Luttervelt: *De »Turkse« schilderijen van J. B. Vanmour en zijn school*, Istanbul 1958.
9 D. G. Shepherd and W. B. Henning: *Zandaniji Identified?*, in: *Aus der Welt der islamischen Kunst*, Festschrift für Ernst Kühnel, S. 15–40.
10 Y. Delaporte: *Le Voile de Notre Dame*, Chartres 1927, 13 Taf. VI und VII; R. Ettinghausen: *Islamic Art and Archaeology, Near Eastern Culture and Society*, hrsg. v. T. Cuyler Young, Princeton 1951, S. 18, Abb. 4.
11 G. Marçaise: *Le ›Voile de Sainte Anne‹ d'Apt*, in: *Monuments et Mémoires Fondation Piot* XXXIV (1934), S. 177–194; H. A. Elsberg and R. Guest: *The Veil of Saint Anne*, in: *The Burlington Magazine* LXVIII (1936), S. 140–145.
12 A. F. Kendrick and R. Guest: *A Silk Fabric Woven at Baghdad*, in: *The Burlington Magazine* XLIX (1926), S. 261–267; F. L. May: *Silk Textiles of Spain. Eighth of Fefteenth Century*, New York 1957, S. 24f.
13 May: a.a. O., S. 14–17; D. G. Shepherd: *A Dated Hispano-Islamic Sild*, in: *Ars Orientalis* II (1957), S. 373–382.
14 H. Eillitz, *Die Insignien und Kleinodien des Heiligen Römischen Reiches* (Wien/München, 1954), Taf. 23f. und Abb. gegenüber von S. 9.
15 D. S. Rice: *The Fermo Chasuble of St. Thomas-à-Becket*, in: *The Illustrated London News* CCXXXV (3. Okt. 1959), S. 356–358; M. Dreger: *Die Stoffe*; F. Sarre und F. R. Martin: *Die Ausstellung von Meisterwerken muhammedanischer Kunst in München 1910 III*, München 1912, Taf. 182, 195, 201f., 219; A. H. Christie: *Islamic Minor Arts and Their Influence upon European Work*, in: *The Legacy of Islam*, 1. Aufl., Abb. 48.
16 O. v. Falke: *Kunstgeschichte der Seidenweberei* II, Berlin 1913, Abb. 261–274, 293–296 (Italien), 308–316 (Regensburg), 371–379 (Spanien), 351f, 354f (chinesischer Einfluß).
17 A.a.O., zu vergl. Abb. 501, 522, 528, 531, 549 mit Abb. 604, 605, 607.
18 T. Mankowski: *Influence of Islamic Art in Poland*, in: *Ars Islamica* II (1935), S. 105–113.
19 L. F. Day: *William Morris and his Art*, London 1899, Abb. S. 20, 25; R. Watkinson: *William Morris as Designer*, London 1967, Abb. 6, 53, 63, 71.
20 K. Erdmann: *Europa und der Orientteppich*, S. 11–17.
21 Ders.: *Siebenhundert Jahre Orientteppich. Zu seiner Geschichte und Erforschung*, Herford 1966, 220f.
22 Ebd. S. 69, 227–232.
23 Ders.: *Europa und der Orientteppich*, 63f.
24 Mankowski, a. a. O., S. 98–105.
25 K. Erdmann: *Siebenhundert Jahre Orientteppich*, 240–245.
26 G. H. Crow, *William Morris, Designer*, London 1934, Abb. S. 81; Watkinson: a. a. O., Abb. 58 (ein als Webarbeit ausgeführtes Teppichmuster).
27 D.S. Rice: *Le Baptistère de Laint Louis*, Paris 1953, S. 9.
28 M. van Berchem: *Arabische Inschriften*; F. Sarre und F. R. Martin: *Die Ausstellung von Meisterwerken muhammedanischer Kunst*, I, 6–8.
29 O. von Falke und E. Meyer: *Bronzegeräte des Mittelalters*, Berlin 1935; K. Erdmann: *Islamische Gießgefäße des II. Jahrhunderts*, in: *Pantheon* XXII (1938), 251; E. Meyer: *Romanische Bronzen und ihre islamischen Vorbilder*, in: Aus der Welt der islamischen Kunst. Festschrift für Ernst Kühnel, *S*. 317–322.
30 H. Buchthal: *A Note on Islamic Enamelled Metalwork and its Influence in the Latin West*, in: *Ars Islamica* XI/XII (1946), S. 195–198.
31 R. W. Gunther: *The Astrolabes of the World*, Oxford 1932; D. J. Price: *An International Checklist of Astrolabes*, in: *Archives Internationales d'Histoire des Sciences* XXXII/XXXIII (1955), S. 243–263, 363–381; L. A. Mayer: *Islamic Astrolabists and their Works*, Genf 1956; ders.: *Islamic Astrolabists: Some New Material*, in: Aus der Welt der islamischen Kunst, Festschrift für Ernst Kühnel, S. 293–296.
32 L. A. Mayer: *Islamic Metalworkers and their Works*,Genf 1959: s.v. Ala al-Din al-Birjandi, Muhammad badr, Mahmud al-Kurdi, Muhammad, Qasim, Umar und Zayn al-Sin; Eine neue kritische Behandlung des Problems in H. Huth: *Lacquer of the West*, Chicago 1969; ders.: *Sarazenen in Venedig*, in: Festschrift für Heinz Ladendorf, Köln, Wien 1970, S. 58–68.
33 B. W. Robinson: *Oriental Metalwork in the Gambier-Perry Collection*, in: *The Burlington Magazine* CIX (1967), S. 170f.
34 A. M. Hind: *Two Unpublished Plates of the Series of Six ›Knots‹ Engraved after Designs by Leonardo da Vinci*, in: *The Burlington Magazine* XII (1908), 41; Berliner Ornamentale Vorlageblätter des 15. bis 18. Jahrhunderts, Leipzig 1926, Taf. 23.2 und Text S. 12.
35 V. Scherer, *Dürer*, Klassiker der Kunst, IV; Stuttgart/Leipzig, 1906, 2. Aufl., Taf. 223–225; E. Panofsky: *Albrecht Dürer*, Princeton 1943, I 121, II 44, Nr. 360.
36 P. Jessen: *Der Ornamentstich. Geschichte der Vorlagen des Kunsthandwerksseit dem Mittelalter*, Berlin 1920, S. 63; ders.: *Meister des Ornamentstichs* I, Berlin o.J., Taf. 134f.; R. Berliner: *Ornamentale Vorlageblätter* I, 79–82, II, 34.
37 Jessen: Ornamentstich, 63–66, 95, 103; ders.: Meister I, Taf. 83–85, 91, 98, 136f, 170–173; Berliner: a.a.O., I Taf. 83–99, III, 35–38.
38 G. B(allardine): *Pomposa e i suoi bacini*, in: *Faenza* XXIV (1936), 121–128 (meist ägyptische); E. Biavati: *Bacini di Pisa*, in: *Faenza* XXXVIII (1952), S. 92–94, (meist byzantinische, mindestens eine persische).
39 W. F. Volbach: *Reliquie e reliquiari orientali in Roma*, in: *Bolletino d'Arte* XXX, serie III (1937), 347f. Der Vatikan besitzt ein zweites Keramikobjekt, das einmal ein Reliquiar darstellte, ursprünglich aber eine ägyptische Kopie chinesischer ›Überlauf‹-Ware des neunten oder zehnten Jahrhunderts ist, a. a. O., S. 348 und Abb. 12.
40 A. W. Frothingham: *Lustre Ware of Spain*, New York 1951, Abb. 58, 69, 82, 88, 109, 120, 123.
41 B. Rackham: *Guide to Italian Maiolica*, London 1933, If., 8, 82; ders.: *Catalogue of Italian Maiolica*, London 1940, vgl. mit Frothingham, a.a.O., passim und José Martinez Ortiz und Jaime de Scals Aracil: *Colecciónceràmica del Museo Histórico Muni-*

*cipal de Valencia*, Ciclo Paterna-Manises, Valencia 1962.

42 C. J. Lamm: *Mittelalterliche Gläser*, Berlin 1930, I, Taf. 274 Nr. I, 275 Nr. 2, 329 Nr. 1, II, Taf. 96 Nr. 1 und 3, 127 Nr.1.

43 A.a.O., I Taf. 368 Nr. 3, II, Taf. 158 Nr. 3; G. Schmoranz: *Altorientalische Glasgefäße*, Wien 1898 S. 29f., Taf. 4, 4a.

44 Lamm: *Mittelalterliche Gläser* I, Taf. 329, Nr. 2, II 127 Nr. 2.

45 A.a.O., II, Taf. 494 Nr. 68, 495 Nr. 71.

46 A.a.O., I, Taf. 326 Nr. 12, II, 126 Nr. 12.

47 Lamm: a. a. O., I, S. 246, 278f., II, Taf. 99.

48 E. Kühnel: *Die sarazenischen Olifanthörner*, in: *Jahrbuch der Berliner Museen* I, 1959 S. 33, Anm. I; ders.: *Die islamischen Elfenbeinskulpturen*. Berlin 1971.

49 M. Meiss: *Light as Form and Symbol in some Fifteenth Century Paintings*, in: *The Art Bulletin* XXVII (1945), S. 177.

50 R. Ettinghausen: *Near Eastern Book Covers and Their Influence on European Bindings*, in: *Ars Orientalis* III (1959), S. 121f; A. R. A. Hobson: *Two Renaissance Bindings*, in: *The Book Collector* VII (1958), S. 265f,

51 Y. Hackenbroch: *A Royal Gift*, in: *The Connoisseur* CLXXIV (1970), S. 152–157.

52 F. Sarre: *Rembrandts Zeichnungen nach indisch-islamischen Miniaturen*, in: *Jahrbuch der Königl. Preußischen Kunstsammlungen* XXV (1904), S. 143–158; ders.: *Ein neues Blatt von Rembrandts indischen Zeichnungen*, ebd. XXX (1909), S. 283–290; kürzlich ist eine weitere der noch fehlenden sieben Kopien indischer Miniaturen aufgetaucht: *Sotheby's 217th Season, Oct., 1960-July, 1961*, London,New York 1961, 138; dort wurde es als *»Schah Gahan spricht zu seinem Falkner«* betitelt, obgleich der Kaiser und der Falkner, offensichtlich ein kaiserlicher Prinz, zwei voneinander unabhängige auf einem Blatt vereinigte Skizzen sind.

53 R. Escholier: *Eugène Delacroix*, Paris 1963, Farbtaf. bei S. 192; J. Meier-Graefe: *Eugène Delacroix, Beiträge zu seiner Analyse*, München o.J., S. 162, Kopien nach indischen Miniaturen; R. Huyghe: *Delacroix*, New York, London 1963, Abb. 100f, Kopien nach persischen Miniaturen.

54 W. Born: *Early European Automatons I*, in: *The Connoisseur* (1937), S. 123–129.

55 Erdmann: *Europa und der Orientteppich*, s. S. 112f, 117.

WARD, METALLARBEITEN:

Bibliographie (in Auswahl): ADLER: *Jewish Travellers*, New York 1931; ALLAN, J. W.: *Sha'ban, Barquq, and the Decline of the Mamluk Metalworking Industry*, in: *Muqarnas*, Bd. 2, New Haven und London 1984, S. 85-95; ALLAN, J. W.: *Metalwork of the Islamic World. The Aron Collection*. London 1986; ASHTOR, E.: *Levant Trade in the Later Middle Ages*. Princeton 1983. BONGI, S.: *Di Paolo Guinigi e delle sue ricchezze*, Lucca 1871; Christie's Verkaufskatalog, London, Montag 23. März 1966; GAUDEFROY-DEMOMBYNES, M.: *La Syrie à l'époque des Mamelouks*. Paris 1923; GUCCI, G.: *Pilgrimage of Giorgio Gucci to the Holy Places*, (übersetzt von T. Bellorini und E. Hoade), in: *Publication of the Studium Biblicum Franciscanum* Nr. 6, 1948, S. 91–156; GUIFFREY, J. J.: *Inventaires de Jean, duc de Berry 1401–16*, 2 Bde., Paris 1894, 1896; HUTH, H.: Sarazenen in Venedig?, in: *Festschrift für Heinz Ladendorf*, Köln 1970, S. 58–68; KUILE, O. TER.: *Koper & Brons*, Rijksmuseum Amsterdam 1986; LABARTE, J.: *Inventaire du mobilier de Charles V, roi de France*. Paris 1879; LABIB, S.: *Egyptian Commercial Policy in the Middle Ages*, in: *Studies in the Economic History of the Middle East* (hrsg. von M. A. Cook), London 1970, S. 63–78; LANCI, M.: *Trattato delle Simboliche Rappresentanze Arabiche*, Paris 1845/6; LANE, F. C.: *The Venetian Galleys to Alexandria, 1344*, in: *Wirtschaftskräfte und Wirtschaftswege: Festschrift für Hermann Kellenbenz*, Bd. 1: *Mittelmeer und Kontinent*, hrsg. von J. Schneider (Beiträge zur Wirtschaftsgeschichte, Bd. 4), Stuttgart 1978, S. 431–440; LAVOIX, H.: *De l'Ornamentation Arabe dans les Oeuvres des Maitres Italiens*, in: *Gazette des Beaux Arts* XVI, Paris 1877, S. 25–29; LE STRANGE, G.: *Palestine under the Moslems*. London 1890. LEWIS, B.: *A Jewish source on Damascus just after the Ottoman Conquest*, in: *Bulletin of the School of Oriental and African Studies* X, 1939, S. 179–84; AL-MAQRIZI, *al-Mawa'iz wa'l-i tibar bi dhikr al-khitat wa'l athar*, Bulaq 1854; MELIKIAN-CHIRVANI, A. S.: *Cuivres inédits de l'époque de Qa'itbay*, in: *Kunst des Orients*, Bd. VI, 1969, S. 99–133; MELIKIAN-CHIRVANI, A. S.: *Venise, entre l'Orient et l'Occident*, in: *Bulletin d'Etudes Orientales*, 1974, S. 109–126; MIGNANELLI, B. DE: *Vita Tamerlane – A new Latin source on Tamerlane's conquest of Damascus* (hrsg. und übersetzt von W. J. Fischel), in: *Oriens* IX, 1956, S. 201–32; POPPER, WILLIAM: *Egypt and Syria under the Circassian Sultans*, University of California Publications in Semitic Philology, Bd. XVI, 1957; REINAUD, M.: *Monuments Arabes, Persans et Turcs*. Paris 1828; RICE, D. S.: *Arabic inscriptions on a brass basin made for Hugh IV of Lusignan*, in: *Studi Orientalistici in onore di Giorgio Levi Della Vida*, Rom 1956, Bd. II, S. 392–402; SAUVAGET, J. (Übers.): *Le chronique de Damas d'al-Jazari*. Paris 1949; SIGOLI, S.: *Viaggio al Monte Sinai*, Parma 1843; SIGOLI, S.: *Pilgrimage of Simone Sigoli to the Holy Land*,(übersetzt von T. Bellorini und E. Hoade), in: *Publication of the Studium Biblicum Franciscanum* Nr. 6, 1948, S. 157–201; SPALLANZANI, M.: *Metalli islamici nelle racolte medicee da Cosimo I a Ferdinando I*, in: *Le arti del Principato Mediceo*, Florenz 1980, S. 95–115; ders.: *Metalli Islamici dalle Collezioni Granducali. Museo Nazionale del Bargello*. Florenz 1981; ders.: *Il Piatto Islamico Venier-Molin del Bargello*, in: *Renaissance Studies in Honor of Craig Hugh Smyth II*., Florenz 1985, S. 465–472; VIDIER, A.: *Le trésor de la Saint-Chapelle (Inventaire et Documents)*, in: *Societé de l'Histoire de Paris et l'Ile de France, Mémoires* 34-37, (1907-10).

1 Lane (1978).

2 Das sog. Taufbecken Ludwigs des Heiligen ist das berühmteste, in einem religiösen Kontext verwendete Mamlukenobjekt. Manchmal wird die neue Funktion dieser Importgegenstände in Inventaren erwähnt. So wird zum Beispiel eine Messingkanne oder eine Schnabelschale, die zuerst in einem zwischen 1363 und 1377 erstellten Inventar der Sainte Chapelle in Paris auftauchen, in einem späteren Inventar von 1573 ausführlicher beschrieben: *»Un grand pot de cuyvre de Damas, qui à un grand biberon droict, avec son couvercle, lequel sert a mettre l'eau des fondz pour baptizer les enfans«*. (Vidier: 1970, S. 256, 266; 1908, S. 237 Nr. 98.).

3 Christies (1966), Los 134. Zu anderen Metallgefäßen mit derselben Inschrift, siehe Reinaud (1828) S. 422 und Lanci (1845/6) Bd. II, S. 93.

4 Rice (1956).

5 Lane (1978).

6 Sigoli (1948) S. 182f.

7 Zum Niedergang des Inlandsmarktes, einer Darstellung der Ursachen und zu den einschlägigen Zitaten aus Maqrizi und anderen Historikern des 15. Jahrhunderts, siehe Allan (1984).

8 Um 1400 hatten italienische Dukaten und Florinen die Mamlukenmärkte überschwemmt und waren im Mamlukenreich die meistgesuchte Währung. Zu einer Darstellung des Verhaltens der italienischen Währung, die sich auf Ibn Taghribirdi stützt, siehe Popper (1957), S. 47.

9 Die Kontroverse über die sogenannten *»veneto-sarazenischen«* Metallarbeiten ist länger als einhundert Jahre ausgetragen worden. Siehe Allan (1986) S. 48–61 zur neuesten Darstellung des Problems und für eine relevante Bibliographie. Er vermutet für diese Gruppe syrische Herkunft.

10 Melikian-Chirvani (1969).

11 Huth (1970).

12 Eg. Ibn Battuta: Le Strange (1890), S. 270-1. Al-Umari: Gaudefroy-Demombynes (1923) S. 45.

13 Sauvaget (1949) S. 28; Maqrizi (1854) Bd. II, S. 112.

14 Labib (1970) S. 71.

15 Sigoli (1948) S. 182–3.

16 Gucci (1948) S. 140 & 142–3.

17 Siehe Anm. 8 oben.

18 Allan (1986) S. 59–60, vermutet, daß das syrische Metallhandwerk deshalb überlebte, weil Syrien weniger von der Metallknappheit und dem Bevölkerungsrückgang betroffen war als Kairo.

19 Adler (1931) S. 189–9.

20 Lewis (1939) S. 178–84.

21 Labarte (1879) Bd. II, S. 252.

22 Guiffrey (1894/6) Nr. 254.

23 Spallanzani (1980).

24 Bongi (1871) S. 65–107.

25 Auch wenn man solche Zuschreibungen in mittelalterlichen Quellen vorsichtig behandeln muß, so wird doch von vielen Objekten gesagt, sie trügen arabische Inschriften, was vermuten läßt, daß diese im allgemeinen einen zuverlässigen Herkunftsort für die Objekte angeben.

BRAUNE, MUSIK:

1 Vgl. D. B. Macdonald: *Emotional Religion in Islam as affected by Music and Singing*, in: *JRAS*, London (1901) S. 195–252; G. Braune: *Die Qasida im Gesang von Umm Kulthum*, Hamburg 1987, vf.

2 Zu den arabischen Übersetzungen aus dem Griechischen: M. Steinschneider: *Die arabischen Übersetzungen aus dem Griechischen*, 1886–96; B. Dodge (Hrsg): *Fihrist an-Nadim*, London 1970.

3 Vgl. Steinschneider (1889), op.cit., S. 29–90; F. Sezgin: *Geschichte des arabischen Schrifttums*, Leiden 1967/79, Bd. III, S. 49–51; Brockelmann: *Geschichte der arabischen Literatur*, Weimar und Berlin 1898/1902, GI S. 201–14; Fihrist an-Nadim II, S. 594–605; H. G. Farmer: *Historical Facts for the Arabian Musical Influence*, London 1929 S. 290–94.

4 M. Steinschneider (1889), op. cit., S. 97; Brockelmann op. cit., S. 365, 841; Fihrist an-Nadim, op.cit.II, S. 598, 603, 606, 610.

5 M. Steinschneider (1889), op.cit., S. 106; Brockelmann, op. cit., SI S. 382, 384, 388, 404, 932; Fihrist an-Nadim, op. cit., S. 614; Zu Ptolemaios: I. Düring: *Harmonik*, Göteborg 1930, S. 932 ; B. Anderson: *The Textual Remarks on Ptolemy's Harmonica and Pophy's Commentary*,Stockholm 1969.

6 Vgl. Farmer, op.cit. S. 64–67, 286–89, 298–301.

7 Laut Fihrist an-Nadim II, S. 644, sind die Rhythmus- und Harmonielehre des Aristoxenos ins Arabische übersetzt worden; Vgl. Farmer, op.cit. S. 299; E. Perkuhn: *Die Theorien zum arabischen Einfluß auf die europäische Musik des Mittelalters*, Walldorf-Hessen 1976, S. 38–45.

8 Zu den lateinischen und hebräischen Übersetzungen vgl. M. Steinschneider: *Die europäischen Übersetzungen aus dem Arabischen bis Mitte des 17. Jhdts.*, Graz 1976; ders.:, *Die hebräischen Übersetzungen aus dem Mittelalter und die Juden als Dolmetscher*, Graz 1976; F. Wüstenfeld: *Die europäischen Übersetzungen aus dem Arabischen*, in: *Abhandlungen der königlichen Gesellschaft zu Göttingen* Bd. 22 (1877).

9 Der Titel des verschollenen al-Kindi Manuskriptes lautet: Risalat fi qismat al-qanun, vgl. H. G. Farmer: *Sources of Arabian Music*, Leiden 1965, Nr. 52, S. 102, 207: zitiert auch eine hebräische Übersetzung, Al haqanun des Rabbi Isaiah Ibn Isaac.

10 Der arabische Titel der Übersetzung lautet *Kitab assawt*, vgl. Farmer, Sources Nr. 105.

11 Der arabische Titel der Übersetzung lautet *Kitab annafs*, vgl. Farmer, *Sources* Nr. 87; Perkuhn, S. 35.

12 aus Perkuhn 18, S. 37.

13 Vgl. Perkuhn S. 37.

14 hierzu C. Brockelmann: *Geschichte der Islamischen Völker und Staaten*, München/Berlin 1943; Perkuhn S. 37.

15 zur Aristoteles-Vermittlung durch die Araber, vgl. F.E. Peters: *Aristoteles arabus*, New York 1968.

16 Vgl. Perkuhn S. 37.

17 Zu Gerhard von Cremona: vgl. F. Wüstenfeld: *Die europäischen Übersetzungen aus dem Arabischen II*, 1877, S. 55–81.

18 Zu Johannes Hispanus, bzw. Hispalensis: vgl. M. Steinschneider: Al-Farabi, 1869 S. 89.

19 Zu Domingo Gundissalvi, bzw. Domenicus Gundissalinus: vgl. F. Wüstenfeld: *Die europ. Übersetzungen (. . .)*, S. 39.

20 Ibn Falaquera, Shemtob Ben Yoseph (1225–95), vgl. I. Adler: *Hebrew Writings Concerning Music*, in: RISM, München 1975, S. 166.

21 Zu Kalonymus (Qalonymus) Ben Kalonymus, vgl. I. Adler, op.cit., S. 201.

22 Vgl. Perkuhn, S. 38.

23 Vgl. Perkuhn, S. 39f.

24 zu Moses Ben Isaac Rieti (1388–1460): vgl. I. Adler, op. cit., S. 284.

25 hierzu A. v. Thimus: *Die harmonische Symbolik des Altertums, 2 Bde, Köln 1868; H.G. Farmer: The Influence of Music from Arabic Sources*, London 1926, S. 8; H. Hickmann: *Über die ägyptische Sphärenharmonie*, in: *Die Musikforschung* 10 (1957), S. 403f; De Goeje: *Über die mesopotamische Sphärenharmonie*, in: *Actes du Sizième congrès International des Orientalistes II* (1883), S. 291f.

26 hierzu Perkuhn, S. 74f, 80f.

27 Vgl. Nykl, op. cit., S. 375–77.

28 Die Texte und Melodien der Troubadours sind in verschiedenen Manuskripten und Codices enthalten. Erstmals veröffentlicht im Jahr 1895: A. Restori: *De la storia Musica dei Trovatori*, in: *Rivista Musicale Italiana 2*, 1895 und 3, 1896; J. Beck, *Les chansonniers des troubadourest des trouvères*, Paris 1927; F. Gennrich: *Der musikalische Nachlaß der Troubadours*, in: *Trouvères et Minnesänger, hrsg. von I. Frank und W. Müller-Blattau, in: Schriften der Universität des Saarlandes 1–2*, Saarbrücken (1952 bis 56); H. van der Werf: *The chansons of the Troubadours and Trouvères*, Utrecht 1972.

29 Die Kreuzzüge und die Begegnung mit den Arabern ist auch Gegenstand des altfranzösischen Heldenepos, des Chanson de geste, vgl. W.-D. Lange, in: MGG.

30 Nuba (Nawba) lit.: Wechsel. Eine musikalische Suite aus vokalen und instrumentalen Stücken.

31 Vgl. Perkuhn, S. 89.

32 Vgl. Nykl, S. 389f; Perkuhn, S. 89.

33 Vgl. Nykl, S. 389f.

34 Vgl. Nykl, S. 383.

35 Vgl.Nykl, S. 381; K. Lewent, *Das altprovenzalische Kreuzlied*, Berlin 1905.

36 Vgl. Nykl, S. 376f.

37 Vgl. Nykl, S. 383.

38 Vgl. Perkuhn, S. 90.

39 Vgl. Nykl, S. 386.

40 Vgl. Perkuhn, S. 91ff.

41 Vgl. Perkuhn, S. 110f.

42 Vgl. Perkuhn, S. 95; vgl. Thr. Georgiades, in: *Sprache, Musik, schriftliche Musikdarstellung*, in: *Archiv für Musikwissenschaft* 14 (1957), S. 225, 229.

43 M. Bahgat al-Atari (Hrsg.): Ibn al-Munadschdschim, Kitab an-nagham, London 1950, S. 853, S. 868–70; H.G. Farmer in: *New Oxford History of Music*, 1957, I, S. 448; O. Wright: *Modal Systems*, 1978, 41.

44 L.I. al-Faruqi: *An Annotated Glossary of Arabic Musical Terms*, Connecticut 1981, S. 397.

45 Ziryab: Spitzname des Abu-l-Hasan Ali b.Nafi, vgl. al-Faruqi, S. 403.

46 Codex Toletanus in der Biblioteca Nacional, Madrid (faks. und repr. v. Beer); ein zweiter mozarabischer Codex mit arabischen Glossen ist im Escurial-Codex Escurialensis I, S. 14.

47 In seiner Abhandlung Risalat khubr ta'lif al-alhan, hrsg. u.übers. R.Lachmann und M. el-Hefni in: *Veröffentlichungen der Gesellschaft zur Erforschung der Musik des Orients I*, Leipzig 1931.

48 H.G. Farmer: *Hist. Facts*, S. 889ff, S. 304ff; Perkuhn, S. 46–61.

49 Luis de Milan: *Libro de Musica de Vihuela de Mano*, Valencia 1535; vgl. Perkuhn, S. 59.

50 Zu Barbat: vgl. St. Sadie (Hrsg): *The New Grove. Dictionary of Musical Instruments*, New York 1984; al-Faruqi, S. 30.

51 al-Faruqi, S. 377.

52 G. Kinsky: *Katalog des Musikhistorischen Museums von Wilhelm Heyer*, 2 Bde, Köln 1910, II: S. 77ff.

53 Kinsky, op.cit., S. 101ff.

54 Ibn Khurdadhbih: *Mukhtar min kitab al-lahw wa-l-malahi, Ighnatyus abduh Khalif al-Yasu i*, Beirut 1969; al-Mas udi: *Murudsch adh-dhahab*, hrsg. u. übers. von C. Barbier de Meynard (Les Prairies d'Or), Paris 1874, VIII, S. 89.

55 C. Schmidt-Colinet: *Die Musikinstrumente in der Kunst des Alten Orient*, Bonn 1981, S. 13f.

56 H. Hickmann: *Ägypten, in: Musikgeschichte in Bildern* II, Leipzig 1961, S. 42.

57 al-Faruqi 372f.

58 Zu Colascione: vgl. D. Gill, in: *The New Grove, Musical Instruments*.

59 Kaschf al-ghumum, Ms.Anonymus XVII, Topkapi Sarayi A.3465, S. 262.

60 W. Bachmann: *Die Anfänge des Streichinstrumentenspiels*, Leipzig 1964.

61 Kinsky, op.cit., S. 330ff.

62 Kinsky, op.cit., S. 287ff.

MÜLLER-HAAS, LORCH:

Erik Fischer: Melchior Lorck, in: Dansk biografisk Lexikon. Bd. 9, Kopenhagen 1981, S. 112-115. Erik Fischer: Melchior Lorck, Der Lebenslauf eines dänischen Vaganten im 16. Jahrhundert, in: Fund og Forskning idet Kgl. Biblioteks Samlings, XI. Kopenhagen 1964. Hans Harbeck: Melchior Lorich, 1911.

SCHWARZ, VOM KRIEG:

1 H. E. Mayer: *Geschichte der Kreuzzüge*. 6. Aufl. Stuttgart 1985. S. 48ff.

2 Mayer, *Kreuzzüge*, S. 129. Dazu ausführlich E. Eickhoff: *Friedrich Barbarossa im Orient*, Tübingen 1977, S. 130ff und 156ff

3 S. Buchholz: *Versuch einer Geschichte der Churmark Brandenburg*. T.1-6. Berlin 1765–71, T.V., S. 148.

4 *Codex diplomaticus brandenburgensis*. Sammlung der Urkunden, Chroniken und sonstigen Quellenschriften für die

Mark Brandenburg, hrsg. von Adolph Friedrich Riedel. Berlin 1838–69. Suppl.-Band S. 248.

5 J. von Aschbach: *Geschichte Kaiser Sigmunds.* Bd. 1–4. Hamburg 1835–45. Bd.1, S. 91f.

6 H. Schildberger: *Reisebuch.* Nach der Nürnberger Handschrift hrsg. von Valentin Langmantel. Tübingen 1885. S. 4 und J.von Hammer: *Geschichte des Osmanischen Reiches.* Bd. 1–9. Pest 1827–1833. Bd.1, S. 238-44, (Hammer, GOR).

7 L. Kupelwieser: *Die Kämpfe Ungarns mit den Osmanen bis zur Schlacht bei Mohács,* 1526. Wien 1895. S. 17ff.

8 Schildberger, *Reisebuch,* S. 4, Kissling, H.J.: *Türkenfurcht und Türkenhoffnung im 15./16. Jahrhundert: Zur Geschichte eines ›Komplexes‹,* in: *Südostforschungen* 23 (1964), S. 1-18, S. 6.

9 Hierzu ausführlich E.Brandenburg: *König Sigmund und der Kurfürst Friedrich I. von Brandenburg, 1409–1426.* Diss. Berlin 1890.

10 J.G. Droysen: *Geschichte der preußischen Politik.* Leipzig 1855. Bd.1, S. 292f.

11 Die in Buda / deutsch: Ofen ausgestellte Urkunde findet sich bei Buchholz, *Brandenburg,* Bd.V, S. 1 74.

12 G. Beckmann: *Der Kampf Kaiser Sigmunds gegen die werdende Weltmacht der Osmanen, 1392–1437.* Gotha 1902.

13 Johannes von Thuroczy: *Chronica hungarorum ab origine gentis...* Wien 1746. S. 92f.

14 Hammer, *GOR,* I, S. 372f.

15 Aschbach, *Geschichte,* III, S. 272f.

16 Die Urkunde findet sich im Codex diplomaticus, II, 4, S. 103f.

17 Aschbach, *Geschichte,* IV, 278. J. Voigt: *Geschichte Preussens, von den ältesten Zeiten bis zum Untergange der Herrschaft des deutschen Ordens.* Königsberg 1827–1839. Bd.VIII, S. 534.

18 Aschbach, *Geschichte,* IV, S. 256.

19 C. Höfler: *Das kaiserliche Buch des Markgrafen Albrecht Achilles.* Vorkurfürstliche Periode 1440–1470. Bayreuth 1850. S. 4–6. Hier findet sich eine zeitgenössische deutsche Übersetzung eines Schreibens des Kara Yülük Osman an König Sigismund. Hierzu ausführlich die Artikel von Wolfgang Freiherr Stromer von Reichenbach: *König Siegmunds Gesandte in den Orient,* in: *Festschrift für Hermann Heimpel.* Göttingen 1972. Bd. II, S. 591–609.

20 B. Spuler: *Die goldene Horde.* Die Mongolen in Rußland, 1223–1502. 2. Auflage Wiesbaden 1965. S. 149.

21 Beckmann, *Weltmacht,* S. 67f.

22 Hammer, *GOR,* I, S. 445 und 647. Aschbach, *Geschichte,* IV, S. 268.

23 Hammer, *GOR,* I. S. 444f.

24 W. Wostry: *König Albrecht II.* (1437 bis 1439). Prag 1907. Bd II, S. 125–132.

25 *Codex diplomaticus,* IV, 224.

26 *Quellen zur Geschichte Afrikas, Asiens und Ozeaniens im österreichischen Staatsarchiv bis 1918.* Hrsg. von der Generaldirektion d. österr. Staatsarchivs. München 1986. S. 154.

27 Höfler, *Albrecht Achilles,* S. 30–37.

28 *Codex diplomaticus,* IV, S. 230.

29 Hammer, *GOR,* II, S. 198f.

30 Hammer, *GOR,* II, S. 197.

31 *Codex diplomaticus,* I, S. 6, 70.

32 *Codex diplomaticus,* I, a.a.o. und E. Opgenoorth: *Die Ballei Brandenburg des Johanniterordens im Zeitalter der Reformation und Gegenreformation.* Würzburg 1963. S. 32f., 48.

33 A. Priebatsch: *Politische Correspondenz des Kurfürsten Albrecht Achilles.* Leipzig 1984. Bd. III, S. 98.

34 *Codex diplomaticus,* III, S. 1, 465, 560, III, 2, 373.

35 Hierzu ausführlich W. Steglich: *Die Reichstürkenhilfe in der Zeit Karls V.,* in: *Militärgeschichtliche Mitteilungen* 11, 1 (1972), S. 8–55.

36 *Deutsche Reichstagsakten.* Jüngere Reihe. Bd. II. Gotha 1896. S. 427f (im Text als RTA).

37 *Deutsche Reichstagsakten.* Jüngere Reihe. Bd. III. Gotha 1901. S. 172f.

38 N. Leuthinger: *Scriptorum de rebus marchiae Brandenburgis.* Frankfurt/Oder 1729. S. 45–47.

39 Droysen, *Geschichte,* II, 198.

40 L. Neustadt: *Markgraf Georg von Brandenburg als Erzieher am ungarischen Hofe.* Phil. Diss. Breslau 1883.

41 Neustadt, a.a.o., S. 2.

42 F.B. von Bucholtz: *Geschichte der Regierung Ferdinand des Ersten.* Wien 1831 f, Bd. III. S. 156.

43 *Codex diplomaticus Brandenburgis continuatus.* Sammlung ungedruckter Urkunden zur Brandenburgischen Geschichte. Hrg. von Georg Wilhelm von Raumer. Berlin 1831. Bd. II, S. 292.

44 E. Fidicin: *Berlinische Chronik.* Berlin 1868. S. 405.

45 Bucholtz, *Ferdinand I.,* Bd. III, S. 206 f.

46 S. Katona: *Historia critica regum Hungariae.* Buda 1779–1817. Bd. 19, S. 706.

47 Hänlein und Kretschmann: *Kurze diplomatische Nachricht von den Herrschaften, Schlössern...,* in: *Staatsarchiv für die kgl.-preuss. Fürstentümer in Franken* 2 (1797), S. 121–128.

48 *Deutsche Reichsakten.* Jüngere Reihe. Bd. VIII. T. 2, S. 873.

49 Celalzade Mustafa: *Geschichte Sultan Süleyman Kanunis von 1520 bis 1557,* hrsg. von Petra Kappert. Wiesbaden 1981. S. 189a.

50 *Deutsche Reichstagsakten.* Jüngere Reihe. Bd. VIII, T. 2, Göttingen 1971. S. 898.

51 *Deutsche Reichstagssakten unter Kaiser Karl V..* Bd. VIII,. T. 2, S. 929.

52 *Deutsche Reichstagsakten.* a.a.o. S. 942.

53 Bucholtz, *Ferdinand I.,* IX (Urkundenband), S. 19f.

54 Ausführlich beschrieben bei A. Westermann; *Die Türkenhilfe und die politisch kirchlichen Parteien auf dem Reichstag zu Regensburg 1532.* Heidelberg 1910. S. 103ff.

55 Chr. Turetschek: *Die Türkenpolitik Ferdinands I. von 1529–1532.* Wien 1968. S. 205f, 213.

56 A. Neukirch: *Der niedersächsische Kreis und die Kreisverfassung bis 1542.* Leipzig 1909. S. 90ff.

57 D. F. Schulze: *Zur Beschreibung und Ge schichte von Spandow.* Hrsg. von Recke. Spandau 1913. Bd. II., S. 44.

58 Bostan (bisher dem Ferdi zugeschrieben): *Gazavat-i Sultan Süleyman.* Nach den Handschriften »Hist. Osm. 42« der Österreichischen Nationalbibliothek Wien und »Hs.or.1142« der Staatsbibliothek Preußischer Kulturbesitz, Berlin/West.

59 Leuthinger, *Brandenburg,* S. 115f sowie J. Schultze: *Die Mark Brandenburg.* Berlin 1961–1964. Bd. III, S. 224.

60 Bucholtz, *Ferdinand I.,* Bd V, S. 159.

61 *Des heyligen Römischen Reichs beharrliche hilff/und Christenliche Kriegszrüstung wider den Türcken. 1542.* (Staatsbibliothek P.K., Signatur: Ui 2158).

62 Zum Feldzug H. Traut: *Kurfürst Joachim II. von Brandenburg und der Türkenfeldzug vom Jahre 1542. Gummersbach 1892,* Chr. Meyer: *Die Feldhauptmannschaft Joachims II. im Türkenkriege von 1542,* in: *Zeitschrift für preussische Geschichte und Landeskunde* 16 (1879), S. 480–538 sowie O. Clemen: *Zum Türkenfeldzug des Kurfürsten Joachim II. von Brandenburg 1542,* in: Jahrbuch für Brandenburgische Kirchengeschichte 34 (1939), 88–96.

63 Heinrich Knaust: *Mahometische Genealogia. Das ist vom Beschreibung/herkommen unnd Absterben Machometis/darinnen der gantzen Türckey mit ihren Prouinzen/ Völckern...* Berlin 1542.

64 Sebastian von Schertlin: *Leben und Taten.* Hrsg. von O. Schönhuth. Münster 1858. S. 23f.

65 Mehmed Za'im: *Cami' et-tevarih.* Handschrift Hs. or. 5961 der Staatsbibliothek Preussischer Kulturbesitz, Berlin/West.

66 Ibrahim Peçevi: *Tarih.* Handschrift Ms.or.fol. 2698 der Staatsbibliothek Preußischer Kulturbesitz.

67 E.D. Petritsch: *Der habsburgisch-osmanische Friedensvertrag des Jahres 1547,* in: *Mitteilungen des österreichischen Staatsarchivs* 38 (1985), S. 4–80.

68 D.W Schulenburg und H. Wätjen: *Geschichte des Geschlechts von der Schulenburg 1237–1983.* Wolfsburg 1984. S. 149.

69 Schulenburg-Wätjen. a.a.o.

70 C.F. Pauli: *Allgemeine preußische Staats-Geschichte.* Bd. III. Halle 1962. S. 168.

71 *Warhaffte zeytungen auß der Röm. Kays. May. Feldleger zwischen Rab und Comora vom ersten Septembris Anno 1566.*

72 Der Brief befindet sich im Haus-, Hof- und Staatsarchiv in Wien. Für diesen Hinweis danke ich Herrn Dr. E.D. Petritsch.

73 Ibrahim Peçevi: *Tarih.* Istanbul 1866. II, 133.

74 G. Tessin: *Niedersachsen im Türkenkrieg 1594–1597,* in: *Niedersächsisches Jahrbuch für Landesgeschichte* 36(1964), 66-106, S. 92f. und H. Ortelius: *Cronologia und historische Beschreibung...* Nürnberg 1620. S. 338.

75 Hans Saring: *Tatarische Gesandtschaften an Kurfürst Friedrich Wilhelm während des ersten Nordischen Krieges,* in: *Forschungen zur Brandenburgischen und Preußischen Geschichte* 46 (1934), S. 374–380.

76 Joseph von Hammer: *Geschichte der Chane der Krim unter osmanischer Herrschaft.* Wien 1856, S. 147–149.

77 J.W. Zinkeisen: *Geschichte des osmanischen Reiches in Europa.* Bd. 4. Gotha 1856, S. 922.

78 J. G. Droysen: *Geschichte der Preußischen Politik.* Bd. 3, 3. 1856. S. 64ff.

79 C.O. Mylius: *Corpus Constitutiorum Marchiarum. oder Königl. Preußisch... ergangene*

*Ordnungen.* Teil 1, Abt. 2. Berlin 1737. S. 82.

80 D.F. Schulze: *Zur Beschreibung und Geschichte von Spandow.* Bd. 2 Spandau 1913. S. 221 f.

81 Evliya Çelebi: *Seyahatname.* Bd. 1–10. Istanbul 1896ff. Bd. 6. S. 313.

82 Johann Dietz: *Meister Johann Dietz, des Großen Kurfürsten Feldscher. Mein Lebenslauf.* München 1966. S. 37–72. Kürzlich wurden Zweifel an der Echtheit dieser Erinnerungen vorgebracht.

83 L. Brock: *Die Brandenburger bei Szlankamen und im Türkenkriege 1691 bis 1697.* Rathenow 1891.

84 Silahdar Findiklili Mehmed Aga: *Nusretname.* Istanbul 1962. S. 51, 282, 289.

85 K.L. Feckl: *Preußen im Spanischen Erbfolgekrieg.* Bern 1979. S. 30.

86 Und zwar von Kemal Beydilli in einer Handschrift der Istanbuler Topkapi-Sarayi-Bibliothek.

87 Ahmed Refik: *Osmanlilar ve Büyük Frederik.* Istanbul 1914. S. 9–11.

88 H. Scheel: *Die Schreiben der türkischen Sultane an die preußischen Könige in der Zeit von 1721 bis 1774 und die ersten preußischen Kapitulationen vom Jahre 1761, in: Mitteilungen des Seminars für orientalische Sprachen,* 2. Abt. Westasiatische Studien, XXXIII Berlin 1930, S. 5.

89 Mustafa Sami, Hüseyin Şakir und Mehmed Subhi: *Tarih* Istanbul 1783. S. 149b.

90 Kemal Beydilli: *Ilk-Prusya-Osmanli münasebetleri hakkinda bazi kayitlar ve düzeltmeler.* Jurgowsky-Sattler-Seewald, in: *Serta Balcanica-Orientalia Monacensia.* In honorem Rudolphi Trofenik Septuagenarii. München 1981. S. 219–232. S. 219.

91 Dazu ausführlich Kemal Beydilli: *Büyük Friederich ve Osmanlilar. XVII yüzyilda Osmanli-Prusya münasebetleri.* Istanbul 1985.

92 Dazu Kemal Beydilli: *1790 Osmanli-Prusya ittifaki, meydana gelişi-tahlili-tatbiki.* Istanbul 1984.

93 Gümec Karamuk: *Ahmed Azmi Efendis Gesandtschaftsbericht als Zeugnis des osmanischen Machtverfalls und der beginnenden Reformära unter Selim III.* Frankfurt a. M. 1975.

## GILET, CASSAS:

1 *Pittoreske und historische Reise durch Istrien und Dalmatien, verfaßt nach der Route von L.-F. Cassas* (A.d.Ü.).

2 *Pittoreske Reise oder Beschreibung der Königreiche Neapel und Sizilien* (A.d.Ü.).

3 Dacier, 1819, S. 11.

4 Dacier, 1819, S. 15.

5 Brief aus Konstantinopel von 24. Oktober 1784.

6 Bd. 3, Nr. 3.

7 Zitiert nach J. W. von Goethe: *Ges. Werke in 8 Bdn.*, hrsg. v. Bernt von Heiseler, Neuausg. o. J., Gütersloh, Band 7, S. 434 und S. 438 (A.d.Ü.).

Bibliographischer Hinweis: Dacier: Notice sur la vie et les ouvrages de M. Le comte de Choiseul-Gouffier, Paris 1819.

## BIESBOER, TULIPA TURCARUM:

1 A. Süheyl Ümver: *The History of Tulipa in Turkey, Daffodil and Tulip Yearbook,* 1969. M.H. Hoog: *On the Origin of Tulipa, Lilies and other Liliaceae,* 1973.

2 Carolus Clusius (Charles de l'Ecluse, Utrecht 1526 – Leiden 1609) war einer der berühmtesten Botaniker seiner Zeit. Er reiste einen Großteil seines Lebens durch Europa und publizierte als Resultate dieser Reisen die ersten Werke über die lokale Flora Spaniens, Portugals und Pannoniens (das ehemalige Österreich-Ungarn). Er führte eine verbesserte Methode zur Beschreibung der Pflanzen ein. Der größte Teil seiner wissenschaftlichen Korrespondenz befindet sich in der Universitätsbibliothek Leiden.

3 Conrad Gesner: *De Hortis Germaniae Liber Recens,* 1561 in *de Omnibus,* Ausgabe von Valerius Cordus': *Annotations in Pedacii Dioscoridis.*

4 M. Hairs: *Les peintres flamands de fleurs au 17e siècle,* Bruxelles. G. Winkelmann-Rhein: *Blumen-Brueghel,* Köln, 1968

5 L.J. Bol: *Holländische Maler des 17. Jahrhunderts nahe den großen Meistern,* Braunschweig, 1969, S. 43. I. Bergström: *Dutch Still-life Painting in the seventeenth Century,* London, 1956, S. 43–52, Abb. 38, 39, 40, bilden Stilleben ab, die signiert und datiert sind 1612, 1613 und 1615. J. Q. van Regteren Altena, Jacques de Gheyn: *Three Generations,* 3 Bde., The Hague, 1983; II S. 40 (1613), III Abb. 9; II S. 31, Abb. 1; II S. 39 (1612); III Abb. 8; III S. 41 (1615); II Abb. 10; II S. 42; II Abb. 20–22; III S. 43, mit Abb. De Gheyn unternahm auch Blumenstudien, u.a. von Tulpen: *Van Regteren Altena,* III, no 910; II Abb. 173; III no 913; II Abb. 176; III no 914; II Abb. 177; III no 915, Abb. 178; III no 928; II Abb 191. Das Album, das diese Blumenstudien enthält, befindet sich in Paris, Fondation Custodia.

6 L. J. Bol: *The Bosschaert Dynasty, painters of flowers and fruits,* Leigh-on-Sea (reprint 1980). L. J. Bol: *Goede onbekenden, IX: Schilders van het vroege Nederlandse bloemstuk met kleingedierte als bijwerk (vervolg) Roelant Savery (1576–1639),* Tableau 3 (1980/81) S. 753–59.

7 Blumenstilleben (Kupfer 29 x 19 cm) signiert und datiert ROELANT, SAVERY, 1603 (auf dem Nischenvorsprung in Grau), Utrecht, Centraal Museum, Inv.Nr. 6316.

8 Dirck van Deelen (Heusden 1605–1671, Arnemuiden), Tafelbild 38,3 x 29 cm. signiert und datiert rechts unten DVDELEN/ 1637 (DVD in monogram), Rotterdam, Museum Boymans-van Beuningen, Inv.Nr. 2887.

9 Hans Bollongier: *Blumenstilleben,* Tafelbild 44,5 x 31 cm., signiert und datiert H. Bollongier. 1627 (rechts oben auf dem Nischenvorsprung) abgebildet in L.J. Bol: *Goede onbekenden, Invloed van Jacques de Gheyn II als schilder van bloemstukken,* Tableau 4 (3) (1982) S. 263, fig. 10.

10 Jean Franceau: *Jardin d'Hyver ou Cabinet des Fleurs, Douai,* 1616; Tulpen werden einzeln in seinem Lied besungen, wie z.B. die Duc-Tulpe, (rot mit gelbem Rand: *D'un grand prince ou d'un duc le riche manteau taille, L'étoffe est sang caillé alentour elle émaille Et brode richement un magnifique bord.*

11 Verlegt in Haarlem bei Adriaen Roman 1637. Insgesamt wurden in diesem Jahr drei *Samenspraecken* herausgegeben, die alle 1637 veröffentlicht wurden. Die letzte und dritte *Samenspraeck* enthält ein Register der Preise der Blumen.

12 E.H. Krelage: *Bloemenspeculatie in Nederland, De Tulpomanie van 1636–37 en de Hyacintenhandel 1720–36,* Amsterdam, 1942, S. 49; Preisliste (per As, in holl. Gulden): Admirael van Enckhuysen: 28,-// Semper Augustus: 27,50// Schilder: 15,-// Admirael Liefken: 11,80// Bruyn purper: 10,30// Gouda: 7,50// Viceroi: 7,30// Sjery Katolyn: 4,70// Admirael van der Eyck: 4,50// Fama: 4,40// Vroeg Blyenburgher: 3,50// Grebber: 2,60// Paragon Liefkens: 2,20// Paragon van Delft: 2,20// Troyaen: 1,80// Violet ghevlamt Rotgans: 1,37// Wit en purper van Buscher: 0,70// Gheel en Root van Leyde: 0,58// Witte Croon: 0,27// Gele Croon: 0,09

13 Krelage, 1942, S. 51; Preis pro Stück (erster Preis// späterer Preis, in holl. Gulden):
Gheel en root van Leyde (515 as): 45,-// 550,-
Gouda (4 as): 20,-// 225,-
Admirael de Man (130 as): 15,-// 175,-
Generalissimo (10 as): 95,-// 900,-
per pond:
Gheel Croon: 20;-// 1200,-
Switsers: 60,-// 1800,-
Witte Croon: 125,-// 3600,-
Der Zusammenbruch des Marktes wird sehr plastisch in der Wechselrede zwischen Waermondt und Gaergoedt beschrieben. Gaergoedt berichtet, daß er in vier Monaten 60.000 Gulden gewonnen hatte. Als Waermondt fragt, ob er das Geld schon bekommen habe, mußte er verneinen, er habe es aber schriftlich! Waermondt traut der Sache nicht ganz. Da kommt Gaergoedts Frau Christientje mit dem unheilverkündenden Gerücht nach Hause, der Markt stehe vor dem Zusammenbruch.

14 Krelage, 1942, S. 65.

15 Am 24. Februar 1637 trafen sich die Delegierten der Floristen in Amsterdam. Von dieser Versammlung erstellte der Notar P. Barchmann einen Bericht, aus dem hervorgeht, daß Delegierte aus Haarlem, Delft, Leiden, Gouda, Vianen, Alkmaar, Utrecht, Enkhuizen, Medemblik, Hoorn und Umgebung zusammen kamen. Es wurde vorgeschlagen, daß alle Käufe, abgeschlossen bis 30. November 1636, eingehalten werden und daß die Käufer von danach abgeschlossenen Vereinbarungen zurücktreten könnten, wenn sie dem Verkäufer zehn Prozent des Kaufpreises bezahlten, und im Monat März dem Verkäufer mitteilten, ob sie den Kaufvertrag einhielten oder nicht. Man konnte sich nicht einigen. Die Generalstaaten und das Gericht wurden um Hilfe ersucht,

aber das Gericht fand erst am 25. April sein Urteil. Die durch die Verkäufer verkauften Tulpenzwiebeln mußte man liefern. In den meisten Fällen besaßen die Verkäufer jedoch keine Zwiebeln zur Lieferung, nur auf dem Papier waren sie Eigentümer! Hatte er die Zwiebeln doch, dann durfte er den Käufer nicht zwingen, die verkauften Zwiebeln zu übernehmen. Er durfte sie laut dieser Resolution behalten. Die Interessenten mußten selbst sehen, wie sich sich untereinander einigten. S. Krelage, 1942, S. 93–99.

16 Amsterdam, Rijksprentenkabinet. Dieses Tulpenbuch enthält 170 Abbildungen.

17 Tulpen von Anthony Claesz, eine Ausstellung von 56 Tulpenzeichnungen des 17. Jahrhunderts von Anthony Claesz, 13.–22. November 1987. Pictura en Antiquairs National, RAI gebouw, Amsterdam, 26. November – 18. Dezember 1987, London, Kunsthandel Noortman Ltd.

## Joppig, Alla Turca:

1 *Türckischer Vagant / Oder: Umschweiffend Türckischer Handelsmann / Welcher eine Reise mit zweyen Calogeris (oder Griechischen München) und drey Griechischen Kauff-Leuthen in Constantinopeln angetretten / und durch Aegypten / das Gelobte Land: item, auf dem Euphrath durch die sandigte Wüsten Arabiae / und andere viel Türckische Oerther mehr kommen. Endlich auch nach drey Jahren wiederum in die Christenheit gelanget. Um wunderlichen Begebenheiten begierig und nutzlich zu lesen.* Gedruckt / im Jahr Christi 1683 (Ohne Ort), S. 39, 40. Ich bin Herrn Dr. Hans Haase von der Herzog August Bibliothek Wolfenbüttel für die Überlassung eines Mikrofilmes sehr verbunden.

2 Vergl. Peter Gradenwitz: *Musik zwischen Orient und Okzident. Eine Kulturgeschichte der Wechselbeziehungen*, Wilhelmshaven, Hamburg 1977, S. 206.

3 Michael Praetorius: *Syntagma musicum*, Band II: *De Organographia*, Wolfenbüttel 1619; Faksimile-Nachdruck, hrsg. Wilibald Gurlitt, Kassel 1964, S. 6; (= Documenta Musicologica Erste Reihe: Druckschriften-Faksimiles XIV).

4 Christian Friedrich Daniel Schubart: *Ideen zu einer Ästhetik der Tonkunst*, hrsg. von Jürgen Mainka, Leipzig o. J., S. 253/254 (= Reclams Universal-Bibliothek Band 673)

5 Bibliothèque Nationale Paris, Ms. arabe 5847, fol. 19r.

6 Ignaz Reiffenstuel: *Kurtz Lesens-würdige Erinnerung (...) als um die kayserliche Haubt; und Residenz-Stadt Wien... von deroselben letzt Türkischer Beläger: und frohen Entsätzung*, Wien 1702; zitiert nach: *Die Türken vor Wien. Europa und die Entscheidung an der Donau 1683*. Katalog der 82. Sonderausstellung des Historischen Museums der Stadt Wien vom 5. Mai bis 30. Oktober 1983, Wien 1983, S. 82. Herrn Dr. Peter Schiemerl, München danke ich für die Überlassung des Kataloges und für Hinweise zur türkischen Kunstgeschichte.

7 Peter Panoff: *Militärmusik in Geschichte und Gegenwart*, Berlin 1938, S. 74.

8 Johannes Reschke: *Studie zur Geschichte der brandenburgisch-preußischen Heeresmusik*, Inaugural-Dissertation, Berlin 1936, S. 26; zitiert nach: *Österr. Erbfolgekrieg*, Bd. VII, S. 146.

9 Atlantis Heft 11, 1938.

10 *Katalog der Lipperheidischen Kostümbibliothek*. Band I: A–Q. Neubearbeitet von Eva Nienholt und Gretel Wagner-Neumann. – Berlin 1965, S. 343. Freundlicher Hinweis von Herrn Dr. Andreas Ley, München.

11 Vergl. Peter Jaeckel: *Ausrüstung und Bewaffnung der türkischen Heere*, in: *Kurfürst Max Emanuel, Bayern und Europa um 1700*, Band 1: *Zur Geschichte und Kunstgeschichte der Max-Emanuel-Zeit*. Hrsg. Glaser, München 1976, S. 382.

12 Johannes Reschke, a. a. O., S. 13/16.

13 Chretien Rummel: *Quintuor pour Hautbois, Clarinette, Cor, Cor de Baßette et Basson tiré des Oevres de Mozart composé et dedié á son ami F. Volke*, Chef de musique de la 9ieme Division d'infantrie de Pays-bas, Oeuv. 41, Schott-Verlag, Mainz 1820.:

14 Mozart: *Briefe und Aufzeichnungen*, Gesamtausgabe, hrsg. von der internationalen Stiftung Mozarteum Salzburg; gesammelt und erläutert von Wilhelm A. Bauer und Otto Erich Deutsch. Band II: 1777–1779, Kassel 1962, S. 36.

15 dass.: Band III: 1780–1786, S. 163.

16 Vergl. Constantin Floros: *Mozartstudien I. Zu Mozarts Sinfonik, Opern- und Kirchenmusik*, Wiesbaden 1979, S. 46ff. Anke Schmitt: *Der Exotismus in der deutschen Oper zwischen Mozart und Spohr*, Hamburg 1988, S. 301–365 (= Hamburger Beiträge zur Musikwissenschaft, hrsg. von Constantin Floros, Bd.36).

17 Johann Ferdinand von Schönfeld: *Jahrbuch der Tonkunst von Wien und Prag*, Faksimile-Nachdruck der Ausgabe Wien 1796, mit Nachwort und Register von Otto Biba, München, Salzburg 1976, S. 98f.

19 Mozart, op. cit., Band III S. 355f.

## Pape, Turquerie:

Der vorliegende Essay greift in Ergebnissen und Formulierungen auf einen Teilaspekt meiner Dissertation zurück: *Die Turquerie in der Bildenden Kunst des 18. Jahrhunderts*, Köln 1987. Dort sind auch die einzelnen Quellen und weiterführende Literatur verzeichnet.

1 Jean de La Fontaine: *Oeuvres diverses*. Texte établi et annoté par Pierre Clarac. Paris 1958 (Bibliothèque de la Pléiade. 72), S. 26–27.

2 Über die Entwicklung des Türkenbildes bis ins 19. Jahrhundert vgl. Alexandrine N. St. Clair: *The Image of the Turk*. (Zur Ausstellung des Metropolitan Museum of Art, New York, 1973) New York 1973.

3 Zu Liotard, der auf seinen Reisen durch Europa viele seiner adeligen Modelle im originalen türkischen Kleidern malte, vgl. Pape: *Turquerie*, S. 101–108, 115–116.

4 Über den Einfluß der Literatur und des Theaters als Wegbereiter der Turquerie in der bildenden Kunst siehe den ausführlichen Abschnitt ebenda S. 11–28.

5 Zur Chinoiserie siehe den Artikel von Erich Köllmmann in: *Reallexikon zur deutschen Kunstgeschichte*. Bd. 3. (1954), Sp. 439–481.

6 Es war Auguste Boppe, der zu Beginn unseres Jahrhunderts auf die ›türkischen Maler‹ aufmerksam machte; vgl. dazu besonders sein materialreiches Buch: *Les peintres du Bosphore au dix-huitième siècle*. Paris 1911.

7 Ausführlich dazu siehe ebenda sowie die Monographie von Remmet van Luttervеld: *De ›Turkse‹ Schilderijen van J. B. Vanmour en zijn School*. Istanbul 1958 (Uitgaven van het Nederlands Historisch-Archeologisch Instituut te Istanbul. 3).

8 Vgl. Horst Gerson: *Rembrandts Paintings*. Translated by Heinz Norden. Ed. by Gary Schwartz. London 1968, S. 32.

9 Der heutige Standort ist unbekannt. – Florence Ingelsoll-Smouse: *Pater*. Paris 1928, Nr. 558 und 561.

10 Zur Bedeutung der beiden Bilder und zur Tradition von *Le Pacha faisant peindre sa maitresse*, das die Ikonographie von Alexander dem Großen wiederaufnimmt, der seine Geliebte Campaspe malen läßt, vgl. Pape, *Turquerie*: S. 75–77.

11 Vgl. dazu: F.J.B. Watson: *A series of ›Turqueries‹ by Francesco Guardi*, in: *The Baltimore Museum of Art News* 24 (1960), No.1, S. 3–13; ferner Antonio Morassi: *Guardi. Antonio e Francesco Guardi*. Bd.1, Venedig 1973, S. 114–117.

12 Edward G. Said: *Orientalismus*. Übersetzt von Liliane Weissberg. Frankfurt a. M. 1981, S. 8.

13 Siehe dazu Pape, *Turquerie* S. 93–95.

14 Die Entstehungsgeschichte der Pompadour-Bildnisse im türkischen Kostüm, die sie als *Sultane favorite* im Harem zeigen, scheint eng verknüpft mit ihrer seit 1750 geänderten Position zum König; siehe Pape, *Turquerie* S. 81–85.

15 Vgl. ebenda S. 104–105.

16 Lady Mary Wortley Montagu (1698 bis 1762) hielt sich 1717–1718 als Gattin des englischen Botschafters in Konstantinopel auf. Ihre Erlebnisse und Eindrücke aus der Türkei schildert sie – eine der berühmtesten Reisenden und Briefeschreiberinnen des 18. Jahrhunderts – in zahlreichen Briefen an ihre Freunde in Europa; sie wurden erst nach ihrem Tode 1763 veröffentlicht: *The Complete Letters*. Ed. by Robert Halsband, Bd.1–3, Oxford 1965–1967. Vgl. Robert Halsband: *The Life of Lady Mary Wortley Montagu*, Oxford 1956. Außerdem Peter Michelsen: *Die Reisen der Lady. Zu den türkischen Briefen der Lady Mary Wortley Montagu*, in: *arcadia* 16 (1981), S. 242–265.

K. U. Syndram, Orient:

1 Die hier angesprochenen ästhetischen bzw. literarischen *›Bilder vom anderen Land‹*, seinen Menschen und seiner Kultur, werden auf vergleichend literaturwissenschaftlicher Ebene von der Komparatistischen Imagologie erforscht und analysiert. Vgl. zu den methodischen Grundlagen und Möglichkeiten: Hugo Dyserinck: *Komparatistik. Eine Einführung*, Bonn 1977 (2. durchges. Auflage 1981); ders.: *Komparatistische Imagologie jenseits von Werkimmanenz und Werktranszendenz.*, in: *Synthesis* IX (1982), S. 27–40; ders.: *Komparatistische Imagologie. Zur politischen Tragweite einer europäischen Wissenschaft von der Literatur*, in: H.D./K.U. Syndram (Hrsg.): *Europa und das nationale Selbstverständnis. Imagologische Probleme in Literatur, Kunst und Kultur des 19. und 20. Jahrhunderts*, Bonn 1988, S. 13–37; ders.: *Zur Entwicklung der komparatistischen Imagologie*, in: *Colloquium Helveticum* 7 (1988), S. 19–42; sowie Karl Ulrich Syndram: *Ästhetische und nationale Urteile. Zur Problematik des Verhältnisses von künstlerischem Wert und nationaler Eigenart*, in: Hugo Dyserinck/K.U.S. (Hrsg.): *Europa und das nationale Selbstverständnis*, a.a.O., S. 229–239. Die im Titel verwendete Bezeichnung *imagerie* für eine kulturelle Vorstellungswelt geht auf E. Marc Lipiansky: *L'imagerie de l'identité: le couple FRANCE – ALLEMAGNE*. In: *Ethnopsychologie*. 34 (1979), S. 273–282; und den von Daniel-Henri Pageaux geprägten Terminus einer *imagerie culturelle* zurück, vgl. etwa: *L'imagerie culturelle: de la littérature comparée à l'anthropologie culturelle*, in: *Synthesis* X (1983), S. 79–88, oder: *Image/Imaginaire*, in: Dyserinck/Syndram(Hrsg.): *Europa und das nationale Selbstverständnis*. – a.a.O., S. 367–379.

2 *»Dort liegt der Orient des Geistes.«*, Paul Valéry: *Orientem versus*. (1938), in: P.V.: *Oeuvres II*, Paris 1960., S. 1041, 1044.

3 Vgl. im folgenden die vorzügliche Untersuchung zu europäischen Orientvorstellungen von Edward W. Said: *Orientalism*, London, Henley-on-Thamse 1978.

4 Vgl. Joseph Th. Leerssen: *Montesquieu's corresponding images: cultural and sexual alterity in pseudo-oriental letters*, in: *Comparative Criticism* 9 (1987), S. 135–154.

5 Charles de Montesquieu: *Perserbriefe*. Aus dem Französischen von Jürgen von Stakkelberg. Frankfurt a.M. 1988, S. 50–52.

6 Immanuel Kant: *Anthropologie in pragmatischer Hinsicht*, Hamburg 1980 (7. Aufl.), S. 262 f.

7 Voltaire: *Zadig oder das Geschick*. Eine morgenländische Geschichte, Saarbrükken o. J., S. 56.

8 Zur Literatur über die Entwicklung der europäischen Orientalistik im hier behandelten Zeitraum vgl.: Arthur John Arberry: *British orientalists*, London 1943; James Darmesteter: *De la part de la France dans les grandes découvertes de l'orientalisme moderne*. (1879), in: J.D.: *Essais orientaux*, Paris 1883., S. 1–103; Gustave Dugat: *Histoire des orientalistes de l'Europe du XIIe au XIXe siècle*. Précédé par une esquisse des études orientales, 2 Bde., Paris 1868; Johann Fück: *Die arabischen Studien in Europa bis in den Anfang des 20. Jahrhunderts*, Leipzig 1955; Maxime Rodinson: *Die Faszination des Islam*, München 1985; Raymond Schwab: *La renaissance orientale*, Paris 1950; Jean-Jacques Waardenburg: *L'Islam dans le miroir de l'occident. Comment quelques occidentaux se sont penchés sur l'Islam et se sont formé une image de cette religion*, Paris, La Haye 1963.

9 Johann Georg Hamann: *Sämtliche Werke*. Bd. II: *Schriften über Philosophie/Philologie/Kritik* 1758–1763, Wien 1950, S. 211.

10 J. G. Herder: *Ideen zur Philosophie der Geschichte der Menschheit*, (1784), in: *Sämtliche Werke*. (Berlin 1887), Bd. XIV, Hildesheim 1967, S. 75. Vgl. im folgenden auch S. 76–81.

11 J.G. Herder: *Ideen*..., a.a.O., S. 440.

12 J.G. Herder: *Vorrede zu ›Zerstreute Blätter‹*. Vierte Sammlung (1792), in: Sämtliche Werke, Bd. XXVI, a.a.O., S. 309.

13 J.G. Herder: *Vorrede zu ›Zerstreute Blätter‹*, Dritte Sammlung (1787), in: a.a.O., S. 308.

14 J.G. Herder: *Ideen*..., a.a.O., S. 444.

15 Vgl. im Zusammenhang der hier angesprochenen europäischen Ägyptenmode des 18. Jhs. im Bereich der Künste die Studie von Dirk Syndram: *Ägypten – Faszinationen. Untersuchungen zum Ägyptenbild im europäischen Klassizismus bis 1800*, Bern, Frankfurt a.M., New York 1989, sowie den Beitrag desselben Autors im vorliegenden Band.

16 Zit. nach der Ausgabe: William Beckford: *Vathek. Eine orientalische Erzählung*, Aus dem Englischen von Wolfram Benda, München 1988, S. 5f.

17 a.a.O., S. 47f.

18 Friedrich Schlegel: *Gespräch über Poesie*. (Rede über die Mythologie, 1800), in: *Kritische Friedrich-Schlegel-Ausgabe*, Hrsg. v. E. Behler, 2. Bd. München, Paderborn, Wien, Zürich 1967., S. 319f.

19 Beide Zitate: F.S.: *Philosophie der Geschichte*, in: *Achtzehn Vorlesungen gehalten zu Wien im Jahre 1828*, 5. Vorl., in: a.a.O., 9. Bd., 1971, S. 111.

20 Vgl. a.a.O., S. 112f.

21 G.W.F. Hegel: *Vorlesungen über die Ästhetik*, in: Werke in 20 Bänden. 13. Bd., Frankfurt a.M. 1970., S. 461.

22 a.a.O., S. 475. Zu den im Text zitierten Stellen vgl. auch S. 474.

23 Johann Wolfgang von Goethe: *Westöstlicher Divan*, Buch der Sprüche, in: *Werke*. Hamburger Ausgabe. Bd. 2, München 1982, S. 53.

24 a.a.O., S. 57.

25 *Westöstlicher Divan:* Allgemeinstes, a.a.O., S. 165.

26 *Westöstlicher Divan:* Noten und Abhandlungen: Neuere, Neueste, a.a.O., S. 168. Vgl. zu Goethes Orientvorstellungen auch die Studie von Katharina Mommsen: *Goethe und die arabische Welt*, Frankfurt a.M. 1988.

27 George Gorden Noël Byron: *Die Braut von Abydos. Eine türkische Geschichte*, in: *Lord Byron's Werke*, übersetzt von Otto Goldemeister, 1. Bd., Berlin 1888 (4. Aufl.), S. 49. Im englischen Original klingt die Passage allerdings wesentlich poetischer.

28 Vgl. dazu etwa: Henry Bordeaux: *Voyageurs d'Orient: Lamartine – Michaud – Barrès*, Paris 1926; Jean-Marie Carré: *Voyageurs et écrivains français en Egypte*, 2 Bde., Paris 1932; Hassan El-Nouty: *Le proche-orient dans la littérature française de Nerval à Barrès*, Le Caire 1958.

29 François-René de Chateaubriand: *Itinéraire de Paris à Jérusalem et de Jérusalem à Paris*, in: *Chateaubriand: Oeuvres romanesques et voyages II*, Paris 1969, S. 1145 (Übers. vom Verf.).

30 a.a.O., S. 1014 (Übers. vom Verf.).

31 a.a.O., S. 1148f (Übers. vom Verf.).

32 Gérard de Nerval: *Reise in den Orient*, Werke I. Deutsch von Anjuta Aigner-Dünnwald, München 1986, S. 141.

33 a.a.O., S. 166f.

34 Gustave Flaubert: *Tagebuch aus Ägypten*, in: G.F.: *Tagebücher*, Gesamtausgabe in drei Bänden, 2. Bd. Potsdam 1919, S. 55.

35 a.a.O., S. 236f.

36 Victor Hugo: *Les Orientales*, Préface (1829), Paris 1841, S. 6. (Übers. vom Verf.).

37 Théophile Gautier: *Der Roman der Mumie*, Leipzig 1925, S. 68f.

38 Oskar Wilde: *Salomé*. – 1. Szene (Übers. vom Verf.).

39 Karl May: *Durch die Wüste* (1892), 11. Kapitel.

40 Hugo von Hofmannsthal: *Einleitung zur Insel Ausgabe von Tausendundeine Nacht* (1908), in: H. v. H.: *Gesammelte Werke in Einzelausgaben*, Prosa II, Frankfurt a.M. 1959, S. 271.

Kohl, Femme:

1 Grimm, Jakob und Wilhelm: *Deutsches Wörterbuch*, Bd. 3, Leipzig 1862, S. 506.

2 Vgl. Lange, Claudio: *Die unendliche Entdeckung*, Ms. 1982.

3 Vgl. Kohl, Karl-Heinz (Hrsg.): *Mythen der Neuen Welt*. Zur Entdeckungsgeschichte Lateinamerikas, Berlin 1982, S. 326–334.

4 Vgl. Weigel, Sigrid: *Die nahe Fremde – das Territorium des ›Weiblichen‹*. Zum Verhältnis von ›Wilden‹ und ›Frauen‹ im Diskurs der Aufklärung, in: Koebner, Thomas, und Pickerodt, Gerhardt (Hrsg.): *Die andere Welt*. Studien zum Exotismus, Frankfurt a. M. 1987, S. 171–199.

5 Vgl. Brie, Friedrich: *Exotismus der Sinne*. Sitzungsberichte der Heidelberger Akademie der Wissenschaften, 3. Abhandlung, Heidelberg 1920.

6 Vgl. Nochlin, Linda: *The Imaginary Orient*, in: *Exotische Welten – Europäische Phantasien*. Ausstellung des Instituts für Auslandsbeziehungen und des Württembergischen Kunstvereins, Stuttgart 1987, S. 172–179.

7 Said, Edward W.: Orientalismus, Frankfurt a. M., Berlin, Wien 1981, S. 233.

8 Vgl. Emge, R. Martinus: *Saint-Simon*. Eine Einführung in ein Leben und Werk, eine Schule, Sekte und Wirkungsgeschichte, München, Wien 1987, S. 181.

9 Bosse, Monika, und Stoll, André: *Nachwort*, in: Flaubert, Gustave: *Salammbô*, Frankfurt a. M , 2. Aufl. 1981, S. 427.

10 Flaubert, Gustave: *Die Versuchung des heiligen Antonius*, Frankfurt a. M. 1971, S. 41.
11 Vgl. Brie, Friedrich: a.a.O., S. 58.
12 Weigel, Sigrid: a.a.O., S. 173.
13 Vgl. Zinser, Hartmut: *Der Mythos des Mutterrechts*. Verhandlung von drei aktuellen Theorien des Geschlechterkampfes, Frankfurt a.M., Berlin, Wien 1981, S. 28ff.
14 Vgl. a.a.O.
15 Bruckner, Pascal: *Das Schluchzen des weißen Mannes*. Europa und die Dritte Welt – eine Polemik, Berlin 1984, S. 44f.

SCHOLZ-HÄNSEL, SPANIEN:

1 Vgl. hierzu Juan Vernet: *Die spanisch-arabisch Kultur in Orient und Okzident*, Zürich und München 1984, S. 30–50 und S. 290–293.
2 Thomas Roscoe: *Ansichten von Spanien*, Bd. 2: Andalusien
3 Werner Brüggemann, *Die Spanienberichte des 18. und 19. Jahrhunderts und ihre Bedeutung für die Formung und Wandlung des deutschen Spanienbildes*, in: *Spanische Forschungen der Görresgesellschaft*, Gesammelte Aufsätze zur Kulturgeschichte Spaniens, Bd. 12, Münster 1956, S. 1–146
4 Zum europäischen Spanienbild vgl. die Textanthologie von Hans Hinterhäuser (Hrsg.): *Spanien und Europa*, München 1979.
5 Zu Baretti vgl. Giuseppe Baretti: *Scritti*, hrsg. v. Ettore Bonora, Turin 1976.
6 Tonia Paquejo: *The »Arab Cathedrals«. Moorish Architecture as seen by British Travellers*, in: *The Burlington Magazine*, Bd. 1001, H. 8, 1986, S. 555–563.
7 Washington Irving, *Die Alhambra*, hrsg. v. Georg A. Narciss, Stuttgart 1963, S. 243.
8 Zur Vorgeschichte des Werkes vgl. die Einleitung zu: James Cavanah Murphy: *The Arabian Antiquities of Spain*, London 1815.
9 *Antiguedades árabes de Espana*, Madrid um 1780, o. S.
10 Kat. der Ausstellung Karl Friedrich Schinkel 1781–1841, Altes Museum, Berlin 23. Oktober 1980 – 29. März 1981, Abb. S. 65.
11 Paquejo (wie Anm. 6).
12 Richard Ford: *Granada. Escritos con dibujos inéditos del autor*, hrsg. v. Alfonso Gámir, Granada 1955; Vgl. zu Ford auch Richard Ford: *A Handbook for Travellers in Spain and Readers at Home* 3 Bde., hrsg. v. Ian Robertson, Carbondale 1966.
13 Jules Goury und Owen Jones: *Plans. Elevations. Sections and Details of the Alhambra* 2 Bde., London 1842 und 1845.
14 Ford: *Granada* (wie Anm. 12), Abb. S. 2.
15 William Stirling Maxwell of Keir, *Biografía de Richard Ford*, in: Ford: *Granada* (wie Anm. 12), S. 1–9.
16 Paquejo (wie Anm. 6), Abb. 14.
17 Andrés Soria: *La Alhambra de Victor Hugo*, in: Cuadernos Alhambra, Bd.1, 1965, S. 120.
18 Thomas Rescoe: Ansichten von Spanien, 3 Bde., Wien 1835–37.
19 Vgl. zu dem Begriff »maurische Kultur« s. Titus Burckhardt: *Die maurische Kultur in Spanien*, München 1980. S. 7.
20 Thomas Roscoe: *Ansichten von Spanien*. Bd. 1: *Granada und das Alhambra*, Wien 1835, S. 8–9.
21 Ebenda, S. 16.
22 Zur Alhambra vgl. Oleg Grabar: *Die Alhambra*, Köln 1981.
23 Soria (wie Anm. 17), S. 119.
24 *Goury (wie Anm. 13).*
25 Stefan Koppelkamm: *Exotische Architekturen im 18. und 19. Jahrhundert*, Berlin 1987, S. 61–76.
26 Adolf Friedrich von Schack: *Ein halbes Jahrhundert*, Stuttgart 1889, S. 123–24.
27 Klaus Brisch: *Eine Kuppel aus der Alhambra in Granada*, in: Jahrbuch Preussischer Kulturbesitz, Bd. 16 (1979 / ersch. 1980), S. 169–176.
28 Murphy (wie Anm. 8), o. S.
29 Brüggemann (wie Anm. 3), S. 29–34.
30 Hinterhäuser (wie Anm. 4), S. 108.
31 Hierfür und für das Folgende siehe Brüggemann (wie Anm. 3), S. 33 und S. 70.
32 Brüggemann (wie Anm. 3), S. 102–110.
33 Adolf Friedrich von Schack: *Poesie und Kunst der Araber*, Stuttgart 1877, Bd. 1, S. III–IV.
34 Adolf Friedrich von Schack: *Gemäldegalerie*. Prachtausgabe, o.O. o.J., zitiert nach: Sonja Mehl, *Franz von Lenbach in der Städtischen Galerie im Lenbachhaus*, München 1980, S. 84.
35 Kat. der Ausstellung Franz von Lenbach 1836–1904, Lenbachhaus, München 14. Dezember 1986 – 3. Mai 1987, Nr. 94 und 95.
36 Franz von Lenbach: *Gespräche und Erinnerungen*, Stuttgart und Leipzig 1904, S. 59.
37 Adolf Friedrich von Schack: *Meine Gemäldesammlung*, Stuttgart 1884, S. 220.
38 Zu Gerhardt vgl.: *Bruckmanns Lexikon der Münchner Kunst, Münchner Maler im 19. Jahrhundert*. Bd. 2, München 1982, S. 23; Friedrich von Boetticher: *Malerwerke des Neunzehnten Jahrhunderts*, Bd. 1, Leipzig 1948, S. 400–401.
39 Zu Gail vgl.: *Bruckmanns Lexikon* (wie Anm. 38), Bd. 2, S. 385–387; Boetticher (wie Anm. 38), S. 370–371.
40 Kat. der Ausstellung Düsseldorfer Malerschule, Kunstmuseum Düsseldorf 13. Mai – 8. Juli 1979, S. 438f; Friedrich von Boetticher: Malerwerke des Neunzehnten Jahrhunderts, Bd. 2, Leipzig 1944.
41 Rainer Maria Rilke und Marie von Thurn und Taxis: *Briefwechsel*, Bd. 1, Zürich 1951, S. 245.
42 Werner Herzog: *Spanien*, Badenweiler 1988, S. 41–47.

# *Bibliographie (in Auswahl)*


Aamiry, M. A: Jerusalem. Arab Origin and Heritage, 1978.

Abbott, Nabia: A 9th. Century Fragment of ›Thousand Nights‹. New Light on the Early History of the ›Arabian Nights‹, in: Journal of the Near Eastern Studies, 8.3 (1949), S. 129–164.

AbdeL-Halim, M.: Antoine Galland, sa vie et son oeuvre, Paris 1964.

Abdel-Rahim, Said Hafiz: Goethe und der Islam, Berlin 1969.

Abdullah, Muhammad S. : Geschichte des Islam in Deutschland, Graz/Wien/Köln 1981.

Abelard, P. A.: Dialogue of a Philosopher with a Jew and a Christian, übers. v. P. Payer, 1979.

Aboussouan, Camille: Frühdrucke arabischer Texte in gekürzter Fassung, in: Le Livre et le Liban jusqu' à 1900, Ausst.-Kat. Paris 1982b.

Abulafia, D.: The Pisan ›Bacini‹ and the Medieval Mediterranean Economy. A Historian's Viewpoint, in: Papers in Italian Archeology 4. The Cambridge Conference: Part 4. Classical and Medieval Archeology, 1985, S. 287–302.

Achten, G.: Das christliche Gebetbuch im Mittelalter, Berlin 1987.

Ackerman, Phyllis: A Gold-Woven Byzantine Silk of the 10th Century, in: Revue des Arts Asiatiques, 10 (1936), S. 86ff.

Ackermann, Gerald M.: Drawings of a Famous Teacher. Charles Gleyre, in: Master Drawings, Bd. 13, 2 (1975), S. 161–169.

-: La vie et l'oeuvre de Jean-Léon Gérôme, Courbevois 1986.

Adel, Kurt: Die Türken in der österreichischen Literatur, in: Die Türken und was von ihnen blieb, Wien 1978.

Adelardus of Bath: Die Quaestiones naturales des Adelardus von Bath, hg. v. Martin Müller, Münster 1934.

Aebischer, Paul (Hg.): Le voyage de Charlemagne à Jerusalem et à Contantinople, Genf 1965.

Aharoni, Yohanan: Das Land der Bibel. Eine historische Geographie, Neukirchen-Vluyn 1984.

Ahlwardt, Wilhelm: Verzeichnis der arabischen Handschriften, 10 Bde., 1887–99, Neudr. Berlin 1979.

Ainaud de lasarte, J.: Cerámica y vidrio, in: Ars Hispaniae. Historia universal del arte hispánico, Bd. 10, Madrid 1952, S. 44.

Al-ahmedi, Sami: Wieland und 1001 Nacht, Leipzig 1969.

Alarcon y santos, Maximiliano / garcia de linares, Ramon: Los documentos árabes del archive de la Corona de Aragón, Madrid 1940.

Alavrezon-maxeiner, T.: Byzantine Icon in Steatite, 1985.

Alazard, Jean: Les sejours d'Auguste Renoir à Alger, in: Études d'Art, 2 (1946), S. 125–131.

Albrecht, Edelgard: Das Türkenbild in der ragusanisch-dalmatinischen Literatur des 16. Jh, München 1965.

Alcouffe, Daniel: Die islamische Steinschneidekunst in: Der Schatz von San Marco in Venedig, Ausst.-Kat., Köln, Römisch-Germanisches Museum der Stadt Köln 1984, S. 215f.

Alexander, Robert L.: Courbet and Assyrian sculpture, in: Art Bulletin 47, 1965, S. 447 bis 452.

Alföldi, A.: A Festival of Isis in Rome, Budapest 1937.


* Literatur zu S. 19–381 siehe Anmerkungen zu den Aufsätzen.


Allan, James: Metallarbeiten. Kupfer, Messing und Stahl, in: Yanni Petsopoulos (Hg.), Kunst und Kunsthandwerk unter den Osmanen, München 1982, S. 33–41.

Allen, Harold: Egyptian Influences in Wedgwood Design, in: 4th Wedgwood International Seminar. Chicago 1962, S. 65–88.

Allgemeine Historie der Reisen zu Wasser und Lande oder Sammlung aller Reisebeschreibungen, welche bis itzo in verschiedenen Sprachen von allen Völkern herausgegeben worden ... Mit nöthigen Landkarten Nach d. neuesten ... astronomischen Wahrnehmungen ... versehen. Durch e. Gesellschaft gelehrter Männer im Englischen zusammengetragen und demselben ins Deutsche übersetzt, 21 Bde., Leipzig 1747–1774.

Allmendinger, Karl-Heinz: Die Beziehungen zwischen der Kommune Pisa und Ägypten im hohen Mittelalter. Eine rechts- und wirtschaftshist. Untersuchung, Frankfurt 1966.

Allom, Thomas: Istanbul und der Bosporus. Die Metropole am Goldenen Horn und ihre Nachbarorte nach Stahlstichen von den Zeichnungen Thomas Allom's, Hamburg 1986.

Altaner, Berthold: Die fremdsprachliche Ausbildung der Dominikanermissionare während des 13. und 14. Jhdts., in: Zeitschrift für Missionswissenschaft und Religionswissenschaft, 23 (1933), S. 233–241.

Alverny, Marie Thérese d'. Suvivance et renaissance d'Avicenne à Venise et à Padoue, in: Venezia e l'oriente fra tardo e rinascimento, hg. v. A. Pertusi, Florenz 1966, S. 75–102.

Alverny, Marie Thérese d': La connaissance de l'islam en occident du IXe au milieu du XIIe siecle, in: L'occidente e l'islam.nell 'alto medioevo, Settimane di studio del centro italiano di studi sull 'alto medioevo, 2- 8 aprile 1964, 2 Bde., Spoleto 1965. S. 577–602.

Alazard, Jean: L'Orient et la peinture française au XIXe siecle d'Eugene Delacroix à Auguste Renoire, Paris 1930.

Amari, Michele: Bibliotheca arabo-sicula ossia raccolta di testi arabici che toccana la geografia, la storia, le biografie e la bibliografia della Sicilia. Neudruck der Ausgabe 1856–57. Appedice, con nuove annotazioni critiche del Prof. Fleischer, aggiunte e varianti notate dall'editore e correzioni d'entrambi. Neudruck der Ausgabe 1875. Seconda appendice. Neudruck der Ausgabe 1887. Torino.

Ammari, Ghassan (Hg.): Das Buch der sexuellen Stimulantien und königlichen Mixturen (Kitab albab al-bahiya wa-t-tarakib as-sultaniya) d. Muhammad Ibn Muhammad Ibn al-Hassan Abu Gafar Nasir ad-Din at-Tusi, Berlin 1974.

Ancona, Alessandro d': Studi di critica e storia letteraria, Bologna 1880.

And, Metin: Turkish Miniature Painting. The Ottoman Period, Istanbul 1982.

Andel, Horst J.: Die Araber – Europas Nachbarn, Frankfurt a. M. 1978.

Andresen, A.: Der deutsche Peintre-Graveur, Bd. 1, Leipzig 1864, Bd. 4, 1874.

Angrand, Pierre: Le comte de Forbin et le Louvre, Paris 1972.

Angulo iniguez, D. / Perez Sanchez, A.E.: Historia de la pintura española. Escuela madrilena del primer tercio del siglo XVII, Madrid 1969.

-: Historia de la pintura española.Escuela toledana de la primera mitad del siglo XVII, Madrid 1972.

-: Historia de la pintura española. Escuela madrileña del segundo tercio del siglo XVII, Madrid 1983.

Anis, M.: The First Egyptian Society in London (1741–1743), in: Bulletin de l'Institut français d'archéologie orientale, 50 (1952), S. 99–105.

Anonyme de Cordue: Chronique rimée des derniers rois de Tolède et de la conquête de l'Espagne par les Arabes, hg. u. komm. v. P. J. Tailhan, Paris 1885.

Antoine, M.: Les Manufactures des Tapisserie des Ducs de Lorraine au XVIIIe siecle (1698–1737), Nancy 1965.

Anzelewsky, Fedja.: Albrecht Dürer. Das malerische Werk, Berlin1971.

-: Albrecht Dürer. Werk und Wirkung, Berlin 1980.

-: Die Türkenfamilie in: Fedja Anzelewsky, Dürer Studien, Berlin 1983, S. 57–65.

Appuhn, Horst / Heusinger, Chr.: Der Fund kleiner Andachtsbilder des 13.–17. Jhs. in Kloster Wienhausen, in: Niederdeutsche Beiträge zur Kunstgeschichte,4 (1965), S. 157–178.

Appuhn, Horst: Der Fund vom Nonnenchor, Wienhausen 1973.

-: Schatzkammern in Deutschland, Österreich und der Schweiz. Führer zu kirchlichen und weltlichen Kostbarkeiten, Düsseldorf 1984.

Arberry, Arthur John: British Orientalists, London 1943.

-: Classical Persian Literature, London 1958.

– (Hg.): The Legacy of Persia, Oxford 1953.

Arbmann, Holger: Birka 1: Die Gräber, Stockholm 1943.

Arduini, Ffranesco: Il problema delle sete esotiche Scaligere e il dato ornamentale, in: Le stoffe di Cangrande. Ritrovamenti e ricerche sul 300 veronese, hg. v. L. Magagnato, Ausst.-Kat., Florenz/Castelvecchio 1983

Arne, T. J.: La Suede et l'Orient, in: Archives d'Etudes Orientales, 8 (1914), S. 232–243.

Arnold, Günter, La turca fiorentina, in: Arte Veneta, 3 (1949), S . 163ff.

Arnold, Thomas / Guillaume, Alfred (Hg.): The Legacy of Islam. Oxford 1965.

Arnold, Thomas: Islamic Art and its Influence on Painting in Europe, in: The Legacy of Islam, hg. v. Th. Arnold / A. Guillaume, Oxford 1931, S. 151–154.

Arrhenius, Birgit: Ein Amethystanhänger aus Haithabu, in: Das archäologische Fundmaterial 3 der Ausgrabung Haithabu. Berichte über die Ausgrabungen in Haithabu 12, hg. v. Kurt Schietzel, S. 9–23.

Arslan, W.: I Bassano, Bologna 1931.

Atiya, Aziz Suryal: Egypt and Aragon. Embassies and Diplomatic Correspondence between 1300 and 1330 A. D., in: Abhandlungen für die Kunde des Morgenlandes, Bd 23, Leipzig 1938.

Aubarède, Gabriel d': Makéda, reine de Saba, in: Historia, 468, Dezember (1985), S. 36–41.

Aude, Edouard: Le musée d'Aix en Provence, Paris 1921.

Auld, S. : Kuficising Inscriptions in the Work of Gentile da Fabriano, in: Oriental Art, 32 (1986), S. 246ff.

Aussere, Carl: Zur Frühgeschichte der osmanischen Studien, in: Der Islam, 12 (1922), S. 226–231.

Ausstellungskataloge

– Aachen 1965: Karl der Große. Werk und Wirkung, Aachen, 1965.

– Aachen 1968: Große Kunst aus tausend Jahren. Kirchenschätze aus dem Bistum Aachen, Aachen, Rathaus 1968.

– Amsterdam 1978: Lucas van Leyden – Grafiek (1489 of 1494–1533), met een complete Œuvre-catalogus van zijn gravures, etsen en houtsneden, bearb. v. J. P. Fildedt Kok, Amsterdam 1978.

– Ankara/Istanbul 1978: Jean Baptiste Vanmour un Tabloari (1671–1737). Les peintures ›turques‹ de Jean Baptiste Vanmour (1671–1737). Conservées au Rijksmuseum à Amsterdam, Ankara/ Istanbul 1978.

– Atlanta 1985 : Masterpieces of the Dutch Golden Age, Atlanta, High Museum of Art, Atlanta 1983.

– Augsburg 1973: Suevia Sacra. Frühe Kunst in Schwaben, Augsburg, Rathaus 1973.

– Avignon 1985–1986: Égypte et Provence, Avignon, Musée Calvet 1985–1986.

– Baden-Baden 1971: Revolutionsarchitektur. Boullée – Ledoux – Lequeu, Baden-Baden 1971.

- Berlin 1963: Jubiläumsausstellung des Kunstgewerbemuseums zum 200. Bestehen der staatlichen Porzellanmanufaktur Berlin, Berlin 1963.
- Berlin 1966: Barock in Deutschlands Residenzen, bearb. v. Ekhart Berckenhagen, Berlin, SMPK, Kunstbibliothek 1966
- Berlin 1968: Le Salon Imaginaire, Berlin, Deutsche Gesellschaft für Bildende Kunst/ Akademie der Künste 1968.
- Berlin 1975/1976: Zimelien. Abendländische Handschriften des Mittelalters aus der Sammlung der Stiftung Preußischer Kulturbesitz Berlin, Berlin, Staatliche Museen 1975.
- Berlin 1978: Brandenburgische Fayencen des 17. und 18. Jhs., bearb. v. Swantje Peibst, Berlin, Märkisches Museum 1978.
- Berlin 1978/1979: Kostbare Handschriften und Drucke, Berlin, Staatsbibliothek Preußischer Kulturbesitz 1978.
- Berlin 1979: Manierismus in Holland, Berlin 1979.
- Berlin 1980a: Islamische Buchkunst aus 1000 Jahren. Berlin, Staatsbibliothek Preußischer Kulturbesitz 1980.
- Berlin 1980b: Karl Friedrich Schinkel. Ausstellung Staatliche Museen zu Berlin, Berlin, Altes Museum 1980.
- Berlin 1980c: William Hogarth (1697–1764), Berlin, Neue Gesellschaft für Bildende Kunst 1980.
- Berlin 1982a: Die Pferde von San Marco. Berlin, Martin-Gropius-Bau 1982.
- Berlin 1982b: Hegel in Berlin. Preußische Kulturpolitik und idealistische Ästhetik. Zum 150. Todestag des Philosophen, Berlin, Staatsbibliothek Preußischer Kulturbesitz/ Düsseldorf, Goethe-Museum 1982.
- Berlin 1982c: Islamische Kunst. Meisterwerke aus dem Metropolitan Museum of Art New York. Berlin, SMPK, Museum für Islamische Kunst 1982.
- Berlin 1987a: Carl Daniel Freydanck 1811–1887. Ein Vedutenmaler der Königlichen Porzellan-Manufaktur Berlin KPM, bearb. v. Marlise Hoff/ Ilse Baer/Winfried Baer/Helmuth Börsch-Supan, Berlin, Schloß Charlottenburg, 1987.
- Berlin 1987b: Die erste türkische Gesandtschaft in Berlin 1763, Berlin, Staatliche Museen, Islamisches Museum,1987.
- Berlin 1988: Schätze aus dem Top Kapi Serail, Berlin 1988.
- Bern 1949: Die Kunst des frühen Mittelalters, bearb. v. Albert Boeckler, Bern, Kunstmuseum 1949.
- Bielefeld 1981: Der Orient zur Zeit Flauberts. Dokumente der frühen Reisefotografie (1839–1860). Französische Druckgraphik von Delacroix bis Redon, bearb. v. A. Stoll, Bielefeld, Zentrum für Interdisziplinäre Forschung der Universität Bielefeld 1981.
- Bologna 1979: Architettura, Scenografia, Pittura di Paesaggio. 10e Biennale d'Arte Antica, Bologna, Museo Civico 1979.
- Bonn 1982: Gemälde bis 1900, bearb. v. Fritz Goldkuhle / Ingeborg Krueger / Hans M. Schmidt, Bonn,Rheinisches Landesmuseum, Bonn/Köln 1982.
- Bordeaux 1960: L'Europa et la Decouverte du Monde, bearb. v. Gilberte Martin-Méry, Bordeaux,1960.
- Bremen 1964: Eugene Delacroix (1798–1863), Bremen, Kunsthalle 1964.
- Brüssel 1975: De Watteau à David, Brüssel 1975.
- Brüssel 1982: Bijoux Moghols (Mogul Juwelen, Mughal Jewels), bearb. v. Momin Latif, Brüssel, Société Générale de Banque e Musées Royaux d'Art et d'Histoire1982.
- Brüssel 1985: Los Beatos, Brüssel, Bibliothèque Royale Albert Ier (Europalia 85 España) 1985.
- Cordoba 1986: Cordova Maimonides y su Época, Cordoba 1986.
- Darmstadt 1976: Elfenbeinarbeiten von der Spätantike bis zum Hohen Mittelalter. Aus der Sammlung Hüpsch des Hessischen Landesmuseums Darmstadt, Liebighaus, Frankfurt 1976.
- Dresden 1983: Lucas van Leyden. Das graphische Werk im Kupferstichkabinett zu Dresden, bearb. v. Christian Dittrich, Dresden 1983.
- Düsseldorf 1973: Islamische Keramik, Düsseldorf, Hetjens Museum 1973.
- Düsseldorf 1979: Die Düsseldorfer Malerschule, Düsseldorf 1979.
- Düsseldorf 1983: Niederländische Fliesen (18.–19. Jh.), Düsseldorf 1983.
- Edinburgh 1958: Masterpieces of Byzantine Art, Edinburgh 1958.
- Edinburgh 1983: Master Class. Robert Scott Lauder and his Pupils, bearb. v. Lindsay Errington, Edinburgh, National Galleries of Scotland, 1983.
- Essen 1956: Werdendes Abendland an Rhein und Ruhr, Essen, Villa Hügel 1956.
- Essen 1988: Prag um 1600. Kunst und Kultur am Hof Rudolf II., Essen, Villa Hügel, 1988.
- Florenz 1965: Mostra di Stampe Popolari Venete del '500, bearb. v. Anna Omodeo, Florenz, Gabinetto disegni e stampe degli Uffizi 1965.
- Florenz 1969: Feste e Apparati Medicei da Cosimo I. A Cosimo II., Florenz, Gabinetto Disegni e Stampe degli Uffizi 1969.
- Florenz 1972: Il Tesoro di Lorenzo de Medici detto il Magnifico, bearb. v. Detlef Heikamp, Florenz 1972.
- Florenz 1980: Firenze e la Toscani dei Medici nell' Europa del Cinquecento. La Corte il Mare i Mercanti. La Rinascita della Scienza, Florenz 1980.
- Frankfurt a. M. 1976: Elfenbeinarbeiten von der Spätantike bis zum hohen Mittelalter. Aus der Sammlung Hüpsch des Hessischen Landesmuseums Darmstadt, Frankfurt a. M., Liebighaus 1976.
- Frankfurt a. M. 1985: Türkische Kunst und Kultur aus osmanischer Zeit, 2 Bde., Frankfurt a. M., Museum für Kunsthandwerk 1985.
- Genf 1976: L'enluminure de Charlemagne à François I. Manuscrits de la Bibliothèque publique et universitaire de Genève, Genf, Musée Rath 1976.
- Genf 1985: Trésors de L'Islam, bearb. v. P. Wilson, Genf, Musée d'Art et d'Histoire 1985.
- Graz 1981: Byzanz und das Abendland. Graz 1981.
- Haarlem 1974: Tulipomania, Haarlem 1974.
- Hamburg 1961: Zeichnungen aus dem Ingres-Museum in Montauban, Hamburg, Kunsthalle 1961.
- Hamburg 1962: Bestiarium. Tiere in der Kunst der letzten fünf Jahrtausende, Hamburg, Museum für Kunst und Gewerbe 1962.
- Hamburg 1976: William Turner und die Landschaft seiner Zeit, Hamburg, Hamburger Kunsthalle 1976.
- Hamburg 1981: Goya. Das Zeitalter der Revolution (1789–1830), bearb. v. Werner Hofmann, Hamburg, Kunsthalle 1981.
- Hamburg 1983: Das arabische Buch. Eine Ausstellung arabischer Handschriften der Chester Beatty Library, Dublin, bearb. v. David James, Hamburg, Museum für Kunst und Gewerbe 1983.
- Harvard 1967: Centinnial Exhibition (1867 to 1967). Drawings, Watercolors and Oil Sketches from American Collections, Harvard, Fogg Art Museum Harvard University 1967.
- Heidelberg 1986: Die Renaissance im deutschen Südwesten zwischen Reformation und Dreißigjährigem Krieg, Heidelberg, Schloß 1986.
- Hildesheim 1982: Ägypten – Faszination und Abenteuer, Hildesheim 1982.
- Innsbruck 1984: Höfische Feste, bearb. v. A. Auer / E. Scheicher, Innsbruck, Kunsthistorisches Museum - Schloß Ambras 1984.
- Istanbul 1983: The Anatolian Civilisation, 3 Bde., 1. Prehistoric / Hittite / Early Iron Age, 2. Greek / Roman / Byzantine, 3. Seljuk / Osman,Ausstellung des Europarats, Istanbul 1983.
- Istanbul 1985: Chinese Ceramics in the Topkapi Saray Museum, hg, v, J. Ayers, 3 Bde., Istanbul 1985.
- Karlsruhe 1955: Der Türkenlouis. Zum 300. Geburtstag des Markgrafen Ludwig Wilhelm von Baden, Karlsruhe, Badisches Landesmuseum 1955.
- Karlsruhe 1977: Die Türkenbeute, bearb. von Ernst Petrasch, Karlsruhe, Badisches Landesmuseum Karlsruhe 1977.
- Klosterneuburg 1985: Der Heilige Leopold. Landesfürst und Staatssymbol, Niederösterreichische Landesausstellung, Stift Klosterneuburg, Wien 1985.
- Köln 1972: Rhein und Maas, Kunst und Kultur 800–1400, Köln 1972.
- Köln 1975: Monumenta Annonis. Weltbild und Kunst im hohen Mittelalter, Köln, Schnütgen-Museum der Stadt Köln 1975.
- Köln 1981: Albertus Magnus-Ausstellung zum 700.Todestag. Köln, Historisches Archiv der Stadt Köln, 1981.
- Köln 1983: Ornamenta Ecclesiae. Kunst und Künstler der Romanik, 3 Bde., Köln, Schnütgen-Museum 1983.
- Köln 1984: Der Schatz von San Marco in Venedig, Köln, Römisch-Germanisches Museum der Stadt Köln 1984.
- Köln 1985: Ornamenta Ecclesiarum Colonensium, Köln 1985.
- Köln/Siegburg 1975: Monumenta Annonis. Weltbild und Kunst im Hohen Mittelalter, Köln, Schnütgen-Museum 1975.
- Kopenhagen 1962: Melchior Lorck. Drawings from the Evelyn Collection at Stonor Park England and from the Department of Prints and Drawings, Kopenhagen, The Royal Museum of Fine Arts 1962.
- La Rochelle 1970: Fromentin. Le Peintre et l'Écrivain, La Rochelle, Bibliothèque Municipale et Musée des Beaux-Arts 1970.
- Leeuwarden, Haarlem 1982/1983: Geleyersgoet en Hollands Porceleyn, Ontwickelung in de Nederlandse Aardewerk-Industrie (1560 tot 1660), Leeuwarden, Museum Het Princessehof, Haarlem, Frans Hals Museum 1982/1983.
- Leeuwarden, Harlem 1982/1983: Geleyersgoet en Hollands Porceleyn, Ontwickelung in de Nederlandse Aardewerk-Industrie (1560 tot 1660), Leeuwarden, Museum Het Princessehof, Haarlem, Frans Hals-Museum, 1982/1983.
- Leiden 1956: Rembrandt als Leermeester, Leiden, Stedelijk Museum de Lakenhal 1956.
- Leiden 1987: Goed Gezien. Tien eeuwen wetenschap in handschrift en druk. Leiden, Universitätsbibliothek 1987.
- Lindau 1988: Kostbarkeiten der Reichsstädtischen Bibliothek Lindau. Handschriften, Wiegendrucke, Erstausgaben und Buchillustrationen. 450 Jahre ehemals Reichsstädtische Bibliothek (1583–1988), bearb. v. Angela Heilman / Werner Dobras, Lindau 1988.
- London 1908: Exhibition of the Faience of Persia and the nearer East, bearb. v. Charles Hercules Read; London, The Burlingten Fine Arts Club 1908.
- London 1976a: Science and Technology in Islam, bearb. v. L. Harrow / P.L. Wilson, London, Science Museum 1976.
- London 1976b: The Art of Islam, London, Hayward Gallery 1976.
- London 1978: Eastern Encounters. Orientalist Painters of the Nineteenth Century, London, The Fine Art Society 1978.
- London 1980: The Vikings, bearb. v. James Graham-Campbell / Dafydd Kidd, London, British Museum 1980.

- London 1981: Masterpieces of the Chester Beatty Library, bearb. v. D. James, London 1981.
- London 1982.: The Indian Heritage. Court Life & Arts under Mughal Rule. London, Victoria and Albert Museum 1982.
- London 1982: India Observed. India as viewed by British Artists 1760–1860, bearb. v. Mildred Archer / Ronald Lightbown, London, Victoria and Albert Museum 1982.
- London 1983a: The Eastern Carpet in the Western World from the 15th to the 17th century, bearb. v. Donald King / David Sylvester, London, Hayward Gallery 1983.
- London 1983b: The Islamic Perspective. An Aspect of British Architecture and Design in the 19th century, bearb. v. M. Darby, London, The World of Islamic Festival Trust, Leighton House Gallery 1983.
- London 1984a: The Orientalists. Delacroix to Matisse. European painters in North Africa and the Near East, bearb. v. Mary Anne Stevens, London, Royal Academy of Art 1984.
- London 1984b: English Romanesque Art (1066 - 1200), London 1984.
- London 1984c: The Pre-Raphaelities, London, Tate Gallery 1984.
- London 1987a: Europeans in Egypt, London, The Schuster Gallery 1987.
- London 1987b: David Robert's Egypt and the Holy Land, London, The Schuster Gallery 1987.
- London 1988a: At the Sublime Porte. Ambassadors to the Ottoman Empire (1550–1800), London 1988.
- London 1988b: Four Centuries of Ottoman Taste, London, The Kyburg Gallery 1988.
- London/Paris/Boston 1985/1986: Renoir, London, Hayward Gallery / Paris, Grand Palais / Boston, Museum of Fine Arts 1985–1986.
- London: Ingres. Drawings from the Musèe Ingres and other Collections, London, Victoria & Albert Museum 1979.
- Maastricht 1976: Kunstschatten uit de St.-Servaas Heiligdoms vaart jaar 1976, Maastricht 1976.
- Mailand 1988: Charta. Dal papiro al computer, Mailand, Palazzo Reale, 1988.
- Manchester 1983: The Inspiration of Egypt: Its Influence on British Artists, Travellers and Designers. 1700–1900. Brighton Museum, Manchester City Art Gallery, bearb. v. P. Conner, 1983.
- Marseille 1975: L'Orient en question (1825–1875). De Missolonghi à Suez on l'Orientalisme de Delacroix à Flaubert, Marseille, Musée Cantini 1975.
- Marseille 1982a: L'Orient des Provençaux. L'Orient des Provençaux dans l'histoire, Marseille, Archives départementales/Chambre de commerce et d'industrie/Archives de la ville 1982.
- Marseille 1982b: L'Orient des Provençaux. Les expositions colonailes, Marseilles, Vieille Charité 1982.
- Marseille 1982c: L'Orient des Provençaux. Les Orientalistes Provençaux, Marseilles, Musée des Beaux-Arts 1982.
- Marseille 1982d: L'Orient des Provençaux. Memoires de nos quais, Marseille, Musée du Vieux-Marseille,1982.
- Marseille 1982e: L'Orient des Provençaux. Orient réel et mythique, Marseille, Musée Borély 1982.
- Marseilles 1987: Sublime Indigo, Marseille, Musées de Marseille 1987.
- Marseille/Jerusalem 1987: Peindre dans la Lumiere de la Méditerranée, bearb. v. Jean-Louis Andral/Yona Fischer, Marseille, Musée Cantini/Jerusalem, Musée d'Israel 1987.
- Montauban 1953: Les Dessins d'Ingres, Montauban 1953.
- München 1955: Sakrale Gewänder des Mittelalters, bearb. v. Sigrid Müller-Christensen u.a., München, Bayerisches Nationalmuseum 1955.
- München 1964/1965: Französische Malerei des 19. Jahrhunderts von David bis Cézanne, München, Haus der Kunst 1964/1965.
- München 1970a: Cimelia Monacensia, München, Bayerische Staatsbibliothek 1970.
- München 1970b: Die Frühzeit des Holzschnitts, München, Staatliche Graphische Sammlung München 1970.
- München 1976: Kurfürst Max Emanuel. Bayern und Europa um 1700. München, Altes und Neues Schloß Schleißheim 1976.
- München 1982/83: Das Buch im Orient. Handschriften und kostbare Drucke aus zwei Jahrtausenden. München, Bayerische Staatsbibliothek 1982.
- München 1986/87: Franz von Lenbach, München, Städtische Galerie im Lenbachhaus, 1986/87.
- München/Berlin 1987: Meister A.S.. Ein oberrheinischer Kupferstecher der Spätgotik, bearb. v. Holm Bevers, München – Berlin 1987.
- New York / Cambridge 1986: Akbar's India. Art from the Mughal City of Victory, bearb. v. Michael Brand / Glenn D.: Lowry, New York, The Asia Society Galleries / Cambridge, Mass., Harvard University Art Museums, 1986.
- New York 1958: Three great Centuries of Venetian Glass, New York, The Corning Museum of Glass 1958.
- New York 1973: The Image of the Turks in Europe, bearb. v. A. N. St. Clair, New York, The Metropolitan Museum of Art 1973.
- New York 1975: Islam and the Medieval West, bearb. v. Stanley Ferber, New York, State University at Binghampton (Annual Conference of the Center for Medieval and Early Renaissance Studies 9) 1975.
- New York 1980: Charles Gleyre 1806–1874, New York, New York University, Grey Art Gallery and Study Center 1980.
- Nice/Clermont-Ferrand/Nancy 1977: Carle Vanloo. Premier peintre du Roi (Nice, 1705-Paris, 1765),.bearb. v. Marie-Catherine Sahut, Nice/Clermont-Ferrand/Nancy 1977.
- Nürnberg 1958: Aus dem Danziger Paramentenschatz und dem Schatz der Schwarzhäupter zu Riga, bearb. v. Leonie v. Wilckens, Nürnberg 1958.
- Osaka 1988: The Golden Age of seventeenth Century Dutch Painting from the Collection of the Frans Hals Museum, Osaka, The National Museum of Art Osaka 1988.
- Oxford 1981: Doctrina Arabum. Science and Philosophy in Medieval Islam & thier Transmission to Europe, bearb. v. C. Wakefield, Oxford, Bodleian Library 1981.
- Paris 1925: Catalogue de l'Exposition Orientale, Paris, Bibliothèque National 1925.
- Paris 1930: Exposition du centenaire de la conquete de l'Algerie (1830–1930), Paris, Petite Palais 1930.
- Paris 1931: Quatre siècles de colonisation française, Paris, Bibliothéque Nationale 1931.
- Paris 1963: Centenaire d'Eugene Delacroix (1798–1863), bearb. v. Maurice Serullaz, Paris, Musée du Louvre 1963.
- Paris 1965: Les Tresors des Eglises de France, Paris, Musée des Arts Décoratifs 1965.
- Paris 1966: Les Gobelins. Trois siècles de tapisserie, Paris, Mobilier National 1966.
- Paris 1968: Ingres, Paris, Petit Palais 1968.
- Paris 1969: Napoleon, Paris, Grand Palais 1969.
- Paris 1971: Arts de l'Islam, Paris 1971.
- Paris 1972: Le Perse et la France. Relations diplomatiques et culturelles du XVIIe au XIXe siècle, Paris, Museé Cernuschi 1972.
- Paris 1973: Trésors d'Orient, Paris, Bibliothèque Nationale 1973.
- Paris 1974: Le Musée du Luxembourg en 1874. Peintures, Paris, Grand Palais 1974.
- Paris 1974–1975: Le Néoclassicisme français, bearb. v. Guillaume Boichot, Paris, Grand Palais 1974.
- Paris 1975: Le Néoclassisisme français. Dessins des Musées de province, Paris 1975.
- Paris 1975: Mahmal et Attatichs. Peintres et voyageurs en Turquis, en Egypte et en Afrique du nord, bearb. v. Jean Soustiel/Lynne Thornton, Paris, Galerie Jean Soustiel 1975.
- Paris 1976: Cinquante dessins de nus par Ingres, Paris, Musée Bourdelle 1976.
- Paris 1977a: Jardins en france (1760–1820). Pays d'illusion, Terre d'expériences. Paris, Hôtel Sully 1977.
- Paris 1977b: L'Islam dans les collections nationales, Paris 1977.
- Paris 1978: Collections de Louis XIV. Dessins albums, manuscripts Paris, Orangerie des Tuileries 1978.
- Paris 1980: Trésors de la bibliothèque de l'arsenal, Paris 1980.
- Paris 1982a: Naissance de l'écriture. cuneiformes et hierogylphes, Paris, Galeries nationales du Grand Palais 1982.
- Paris 1982b:.Le Livre et le Liban jusqu' à 1900, Paris 1982.
- Paris 1986a: A la cour du grand Moghol. Paris, Bibliothèque Nationale 1986.
- Paris 1986b: L'Institut dans le Monde actuel, Paris, Musée Jacquemard André 1986.
- Paris 1986c: Miniatures orientales de l'Inde, bearb. v. Marie-Christine David/Jean Soustiel, Paris, Galerie Soustiel 1986.
- Paris 1986d: Rembrandt eaux-fortes, Paris, Musee du Petit Palais 1986.
- Paris/Ottava 1977: Puvis de Chavannes (1824–1898), Paris, Grand Palais/Ottava, Galerie Nationale du Canada 1977.
- Pau / Dunkerque / Douai 1983: Les peintres orientalistes (1850–1914), Pau, Musée de Beaux-Arts / Dunkerque, Musée de Beaux-Arts / Douai, Musée de la Chartreuse 1983.
- Perchtoldsdorf 1983: Was von den Türken blieb, bearb. v. K. Gutkas, Perchtoldsdorf 1983.
- Pfäffikon/Genf 1978: Venezianische Kunst in der Schweiz und in Liechtenstein, Pfäffikon/Genf 1978.
- Philadelphia 1971:Giovanni Benedetto Castiglione. Master Draughtsman of the Italian Baroque, bearb. v. Ann Percy, Philadelphia 1971.
- Rastatt 1981: Universale Bildung. Der gelernte Athanasius Kircher, bearb. v. Reinhard Dieterle u.a., Rastatt/Karlsruhe 1981.
- Rom 1976: Piranese et les français (1740 bis 1790), Rom 1976.
- Rom 1980: Horace Vernet (1789–1863), Rom, Accademia di Francia a Roma 1980.
- Schallaburg 1982: Matthias Corvinus und die Renaissance in Ungarn (1458–1541), Schallaburg 1982.
- Sèvres 1951: Les grandes services de Sèvres, Sèvres, Musée de Céramique de Sèvres 1951.
- Sèvres 1975: Porcelaines de fines au 19's, Sèvres, Musée de Céramique de Sèvres 1975.
- Stockholm 1952: Gyllene Böcker, National.-Museet, Stockholm 1952
- Stockholm 1985: Islamische Konst ovh kultur, Stockholm, Statens Historika Museum 1985.
- Stuttgart 1977: Die Zeit der Staufer. Geschichte, Kunst, Kultur, Stuttgart, Württembergisches Landesmuseum 1977.
- Stuttgart 1984: Osiris, Kreuz und Halbmond. Die drei Religionen Ägyptens, bearb. v. Emma Brunner-Traut / Hellmut Brunner / Johanna Zick-Nissen, Stuttgart/Hannover, 1984.
- Stuttgart 1987: Exotische Welten – Europäische Phantasien, Stuttgart, Kunstgebäude am Schloßplatz 1987.
- Toledo 1975: Arte Mozarabe, Toledo, Museo Palacio de Fuensalida 1975.
- Toronto / Houston / Richmond / Glasgow 1988/1989: The glory of the page. Medieval & Renaissance illuminated manuscripts from Glasgow University Library, bearb. v. N. Thorp, Toronto / Houston / Richmond / Glasgow 1988.

- Tours 1980: L'Orientalisme dans les collections des Musées de Tours, Tours, Musée des Beaux-Arts 1980.
- Utrecht 1955. Jan van Scorel, Utrecht, Centraal Museum 1955.
- Utrecht 1985: Schatkamers uit het zuiden, Utrecht, Rijksmuseum Het Catharijneconvent 1985.
- Venedig 1974: Venezia e Bisanzio, Venedig, Palazzo Ducale 1974.
- Venedig 1986: Venezia e la difesa del Levante. Da Lepanto a candia (1570–1670), Venedig, Palazzo Ducale 1986.
- Washington 1978: Victor Carlson – Hubert Robert. Drawings and watercolours, Washington, National Gallery of Art 1978.
- Washington 1983: The prints of Lucas van Leyden & his contemporaries, bearb. v. Ellen S. Jacobowitz / Stephanie Loeb Stepanek, Washington 1983.
- Washington 1987a: The age of Sultan Suleyman the Magnificent, bearb. v. E. Atil, Washington, National Gallery of Art 1987.
- Washington 1987b: The Age of Bruegel, Washington 1987.
- Washington D. C. 1975: Art of the Arab World, bearb. v. Esin Atil, Washington D.C., Smithsonian Institut, Freer Gallery of Art, 1975.
- Wien 1959: Neuerwerbungen (1949–1959). Katalog der Eröffnungsausstellung des Historischen Museums der Stadt Wien, Wien 1959.
- Wien 1976: Historische Schlachten auf Tapisserien aus dem Besitz des Kunsthistorischen Museums Wien, Wien, Schloss Halbthurn 1976.
- Wien 1979: Wien 1529. Die erste Türkenbelagerung, bearb. v. Günter Düriegl / u. a.,Wien, Historisches Museum der Stadt Wien 1979.
- Wien 1980a: Maria Theresia und ihre Zeit, Wien, Schönbrunn 1980.
- Wien 1980b: Wissenschaft im Mittelalter, Wien, Österreichische Nationalbibliothek 1980/2.
- Wien 1983: Die Türken vor Wien. Europa und die Entscheidung an der Donau 1683, Wien, Historisches Museum der Stadt Wien 1983.
- Wien 1987: Der Zauber der Medusa. Europäische Manierismen, hg. v. Werner Hofmann, Wien, Wiener Festwoche, Künstlerhaus 1987.
- Winterthur 1974: Charles Gleyre ou les illusions perdues, Winterthur 1974.
- Wolfenbüttel 1983: Die Welt der Araber in Büchern einer alten Bibliothek, bearb. v. Wulf Piper, Wolfenbüttel, Herzog August Bibliothek 1983.
- Wolfenbüttel 1984: Architekt und Ingenieur, Baumeister in Krieg und Frieden, Wolfenbüttel, Herzog August Bibliothek 1984.
- Würzburg 1982: Kostbare Handschriften, Würzburg, Universitätsbibliothek 1982.
- Zürich/Frankfurt a.M.: Eug 128ene Delacroix, Zürich, Kunsthaus/Frankfurt a. M., Städtische Galerie im Städelschen Kunstinstitut 1987/1988.

Avennes, Prisse 'd / Bourgoin: L'Art arabe d'après les monuments du Kaire depuis le 7e siècle jusqu' à la fin du 18e. Paris 1877, Neudr. New York 1978

Azmi, Malaha: Graf Adolf Friedrich von Schack und der Orient, Berlin 1934.

Baader, Gerhard / Keil, Gundolf (Hg): Medizin im mittelalterlichen Abendland, Wege der Forschung, Bd 363, Darmstadt 1982.

Baader, Gerhard: Die Schule von Salerno, in: Medizinhistorisches Journal 13 (1978), S. 124–145.

–: Handschriften und Inkunabeln in der Überlieferung der medizinischen Literatur in: Medizin im mittelalterlichen Abendland, Darmstadt 1982, S. 359–387.

Baader, Horst (Hg): Voltaire, Darmstadt 1980.

Baban, Naman Mahmoud: The Arab World in the Novels of Desmond Stewart and James Aldridge, Berlin 1968.

Babinger, Franz: Die älteste türkische Urkunde des deutsch-osmanischen Staatsverkehrs, in: Islam, 10 (1920), S. 134–146.

–: Bajezid Osman (Calixtus Ottomanus), ein Vorläufer und Gegenspieler Dschem-Sultâns., in: La Nouvelle Clio, 3 (1951), S. 349–388.

–: Ja'qûb-Pascha, ein Leibarzt Mehmed's II – Leben und Schicksale des Maestro Jacopo aus Gaeta, in: Rivista degli Studi Orientali, XXVI (1951), S. 87–113.

–: Mehmed der Eroberer und seine Zeit. Weltenstürmer einer Zeitwende. München 1953.

–: Reliquienschacher am Osmanenhof im XV. Jh.. Zugleich ein Beitrag zur Geschichte der osmanischen Goldprägung unter Mehmed II., dem Eroberer, hg. v. d. Bayerischen Akademie der Wissenschaften. Pholosophisch-Historische Klasse, Sitzungsberichte, 2 (1956), S. 3–47.

–: Die Aufzeichnungen des Genuesen Iacopo de Promontorio de Campis über den Osmanenstaat um 1475, hg. v. d. Bayerischen Akademie der Wissenschaften, Philos.-Hist. Kl., Sitzungsberichte, H. 8 (1956), S. 3–95.

–: Die Rätsel um die Goldbeute von Byzanz (1453), in: Zeitschrift der Deutschen Morgenländischen Gesellschaft,107. 2 (Sonderheft) N.F. Bd. 32 (1957), S. 539–550.

–: Ein Jahrhundert morgenländische Studien an der Universität München.in: Zeitschrift der Deutschen Morgenländischen Gesellschaft, 107, 2 (Sonderheft) N.F. Bd 32 (1957), S. 241.

–: Dschem-Sultân im Bilde des Abendlands, in: Aus der Welt der islamischen Kunst. Festschrift für Ernst Kühnel zum 75. Geburtstag, Berlin 1959, S. 252–266.

–: Drei Stadtansichten von Konstantinopel, Galata (›Pera‹) und Skutari aus dem Ende des 16. Jh., hg. v. d. Österreichischen Akademie der Wissenschaften, Phil.-Hist. Kl., 77 (1959.)

–: Die Schlacht von Lepanto, in: DU, 3.4, April (1962), S. 17–22.

–: Ein weiteres Sultansbild von Gentile Bellini? Hg. v. d. Österreichischen Akademie der Wissenschaften, Phil.-Hist. Kl., 237/3, (1961).

–: Johannes Darius (1414–1494) Sachwalter Venedigs im Morgenland, und sein griechischer Umkreis, München 1961.

–: Die Schlacht von Lepanto, in: DU, 3. 4, April (1962), S. 17–22.

–: Eine unbemerkte holländische Großansicht von Konstantinopel (um 1665), hg. v. d. Akademie der Wissenschaften in Göttingen, I. Philologisch-Historische Klasse, Nachrichten, Göttingen 1962.

–: Notes on Cyriac of Ancona and some of his Friends, in: Journal of the Warburg and Courtauld Institutes, XXV (1962), S. 321ff.

–: Lorenzo de Medici und der Osmanenhof, in: Spätmittelalterliche fränkische Briefschaften aus dem großherrlichen Seraj in Stambul, (Südeuropäische Arbeiten, 61). München 1963.

–: Relazioni visconteo-sforzesche con la Corte Ottomana durante il secolo 15, in: Atti del Convegno di studi su ›La Lombardia e l'Oriente‹, Mailand 1963.

–: Maometto il conquistatore e gli umanisti d'Italia, in: Venezia e l'oriente fra tardo medioevo e rinascimento, hg. v. A. Pertusi (Civiltà europea e civiltà veneziana. Aspetti e problemi, 4), Florenz 1966, S. 433–449.

Bachmann, F.: Johann Ludwig Gottfried und Johann Philipp Abele. Zwei verschiedene Schriftsteller im ersten Drittel des 17. Jahrhunderts, in: Zentralblatt für Bibliothekswesen, 56 (1939), S. 418–424.

Backhouse, Janet: The Illuminated Manuscript, Oxford 1979.

Bader, Alfred R.: Aert de Gelder's ›Forecourt of a Temple‹, in: Burlington Magazine, 112 (1970)

Baer, E.: Ayyubid Metalwork with Christian Images, Leiden 1989.

–: Sphinxes and Harpies in Mediaeval Islamic Art. An Iconographical Study, Jerusalem 1965.

Bagrow, Leo: Giovanni Andreas di Vavassore. A Venitian Cartographer of the 16th Century. A Descriptive List of His Maps, Jenkintown 1939.

Balagna, Josée: L'imprimerie arabe en Occident, Paris 1984.

Baldass, L.: Die Wiener Gobelin Sammlung, 1920.

Balducci Pegolotti, Francesco: La practica della mercatura, hg. v. A. Evans, Cambridge/Mass. 1936.

Baldwin, Marshall W.: Missions to the East in the 13th and 14th Centuries, in: A History of the Crusades, hg. v. Kenneth M. Setton, Bd. 5, Madison-Wisc. 1985, S. 452–518.

Ballantine, James: David Roberts, o. O. 1866.

Ballardini, G.: Pomposa e i suoi bacini, in: Faenza 24 (1936), S. 121–128.

–: La maiolica italiana dalla origini alla fine del Cinquecento, Faenza 1975.

Baltrusaitis, Jurgis: Das phantastische Mittelalter übers. von Peter Hahlbrock, Berlin 1985.

–: Eighteenth-Century Gardens and Fanciful Landscapes, in: Magazine of Art (1952), S. 172–181.

–: La quete d'Isis. Introduction a l'égyptomanie, Paris 1967.

Bär, Erika: Bibliographie zur deutschsprachigen Islamwissenschaft und Semitistik vom Anfang des 19. Jhs. bis heute, Wiesbaden 1985.

Barbaro, Giosafat / Contarini, Ambrogio: I viaggi in Persia degli ambasciatori veneti Barbaro e Contarini, hg. v. L. Lockhart / R. Morozzo della Rocca / M.F. Tiepolo, Rom 1973.

Barker, Ernest: The Crusades, in: The Legacy of Islam, Oxford 1965, S. 40–79.

Barner, Wilfried / Reh, Albert M. (Hg.): Nation und Gelehrtenrepublik. Lessing im internationalen Zusammenhang, Detroit/München 1985.

Barnett, R.D. / Wiseman, D.J.: Fifty Masterpieces of Ancient Near Eastern Art in the Department of Western Asiatic Antiquities, 1969.

Baron, Salo wittmayer / Baron, Jeanette M.: Palestinian Messengers in America 1849–1879. A Record of Four Journeys, New York 1943, Nachdr. 1977.

Barre starensier, Adele la: An Art History Study of the Byzantine Silk Industry, 2 Bde., (Diss.) Columbia 1982.

Bartoli, Lando: I rapporti tra la Firenze dei Medici e l'India nella prima metà del 17. secolo. Analisi di due culture, in: Europa und die Kunst des Islam, Wien/Köln/Graz 1985, S. 57–71.

Bartsch, Adam: Toute les Estampes qui forment l'œuvre de Rembrandt et ceux de ses principaux imitateurs ..., Wien 1797.

Bashir-hecht, Herma: Der Mensch als Pilger. Albrecht Dürer und die Esoterik der Akademien seiner Zeit, Stuttgart 1985.

Bassano, Luigi: Costumi et i modi particolari della vita de'turchi, hg. v. Franz Babinger, München 1963.

Bataillon, Marcel: Mythe et connaissance de la Turquie en Occident au milieu du XVIe siècle, in: Venezia e l'oriente fra tardo medioevo e rinascimento, hg. v. A. Pertusi, Florenz 1966, S. 451–470.

Batta, Ernst: Obelisken. Ägyptische Obelisken und ihre Geschichte in Rom, Frankfurt/M 1986

Bauch, Kurt: Beiträge zum Werk der Vorläufer Rembrandts, II. – Zeichnungen von Jan Pynas, in: Oud Holland, 52 (1935), S. 193–204.

Bauer, Jens-Heiner: Danzig 1726 - Berlin 1801. Daniel Nikolaus Chodowiecki. Das druckgraphische Werk, Hannover 1982.

Baumann, Walter / Gosebruch, Martin: Stift Gandersheim, Königstein o.J.

Baumgart, Fritz: Ägyptische und klassizistische Baukunst. Ein Beitrag zu den Wandlungen architektonischen Denkens in Europa, in: Humanismus und Technik, 1.2 (1953), S. 70–90.
Bausani, Alessandro: Islam as an Essential Part of Western Culture, in: Studies on Islam. A Symposium on Islamic Studies organized in cooperation with the Accademia dei Lincei in Rome, Amsterdam 1973, S. 19–36.
Bautier, R.-H.: La Campagne de Charlemagne en Espagne (778), in: Societé des Sciences Lettres et Arts de Bayonne, No special: Actes du Collocque de Saint-Jean-Pied-de-Port 1978, La Bataille de Roncevaux, 1979, S. 1–47.
Baxandall, Michael: Die Wirklichkeit der Bilder, Frankfurt a. M. 1980.
Beal, Mary: An Ambassador's Reception at the Sublime Porte. Rediscovered Painting by Antonio Guardi and his Studio, in: Apollo 1988, S. 173–179.
Beato di Liébana: Miniature del Beato de Fernando I y Sancha (Codice B.N. Madrid Vit. 14–2). Beschreibung der Illustration von Umberto Eco, Parma 1973.
Beazley, Charles Raymond: Prince Henry of Portugal and the African Crusade of the Fifteenth Century, in: American Historical Review, 16 (1910), S. 11–23.
Beck, M.: Vor und nach Lepanto, in: DU, 3.4, April (1962), S. 7–16 u. 49.
Becker, C. H.: Der Islam im Rahmen einer allgemeinen Kulturgeschichte, in: Zeitschrift der Morgenländischen Gesellschaft, Bd. 76, 1 (1922), S. 18–35.
Becker, C.: Jobst Amman, Leipzig 1854.
Beckmann, Johann, History of Invention and Discoveries, übers. v. W. Johnston, 4 Bde., London 1814.
–: Litteratur der älteren Reisebeschreibungen. Nachrichten von ihren Verfassern, von ihrem Inhalte, von ihren Ausgaben und Uebersetzungen. Nebst eingestreueten Anmerkungen über mancherley gelehrte Gegenstände, 2 Bde., Göttingen 1807/1809, Nachdr. 1971.
Beckwith, John: Byzantine Tissues, in: Actes du 14e Congrès International des Etudes Byzantines, 6.–12. Sept. 1971, Bukarest 1974, S. 343ff.
–: The Influence of Islamic Art on Western Medieval Art, in: Apollo, 103 (1976), S. 270–281.
Beer, G. (Hg.): Misna, Faks. Ausg. des Mischnacodex Kaufmann, 2 Bde., Haag 1974.
Behzad, Faramarz: Adam Olearius' ›Persianischer Rosenthal‹. Untersuchungen zur Übersetzung von Saadis ›Golestan‹ im 17. Jh., Göttingen 1970.
Belting, Hans: Die Reaktion der Kunst des 13. Jh. auf den Import von Reliquien und Ikonen, in: Ornamenta Ecclesiae, Bd. 3, Ausst.-Kat., Köln 1985, S. 173–183.
Ben-Arieh, Yehoshua: The Rediscovery of the Holy Land in the Nineteenth Century, Jerusalem/Detroit 1979.
Bendiner, Kenneth: David Roberts in the Near East: Social and Religious Themes, in: Art History, 6.1 (1983), S. 67–81.
Benedite, Leonce: Théodore Chasseriau, sa vie et son œuvre, hg. v. A. Dezarois, 2 Bde., Paris 1931.
Benesch, Otto: The Rembrandt Paintings in the National Gallery of Art (Washington), in: Art Quarterly, 6 (1943), S. 21–33.
–: The Drawings of Rembrandt, 6 Bde., London 1954–57.
–: The Orient as a Source of Inspiration of the Graphic Arts of the Renaissance, in: Festschrift für Friedrich Winkler, Berlin 1959, S. 242–253.
–: The Orient as a Source of Inspiration of the Graphik Arts of the Renaissance, in: Otto Benesch, Collected Writing, Vol. II, hg. v. E. Benesch, New York 1971, S. 56ff.
Benjacob, J.A.: Thesaurus librorum hebraicorum tam impressorum quam manuscriptorum, Berlin 1880.
Bennett, Bruce (Hg.): Ibn Khaldun and Islamic Ideology, Leiden 1984.
Benziger, Karl J.: Parzival in der deutschen Handschriftenillustration des Mittelalters, Straßburg 1914.
Beraldi, H.: Les Graveurs du 19e Siècle, Bd. 7, Paris 1888.
Berchem, M. van / Strzygowski, J.: Amida, 1910.
Berckenhagen, Ekhart: Hängende Gärten in Nürnberg, Urbino und Potsdam, in: Gartenamt, 3 (1956), S. 42–46.
–: Die französischen Zeichnungen der Kunstbibliothek Berlin, Berlin 1970.
–: Exotisches in Mode, Interieur und angewandter Kunst, in: Exotische Welten – Europäische Phantasien, Ausst.-Kat., Stuttgart 1987, S. 180–191.
Berenson, Bernhard: Italian Pictures of the Renaissance: Venetian School, Bd. I., 1957.
Bergerhof, K. / Dietrich, M. / Loretz, O. (Hg.): Orient und Occident, Kevelaer/Neukirchen-Vluyn 1973.
Bergamini, G.: Sigilli a cilindro mesopotamici (nn. 70001–44). Catalogo del Museo Egizio di Torino, Mailand.
Bergsträsser, Gotthelf: Die bisher veröffentlichten arabischen Hippokrates- und Galen-Übersetzungen. Sprach- und Literaturgeschichtliche Untersuchungen, Leiden 1912.
Berko, Patrick / Berko, Viviane: Peinture Orientaliste, Brüssel 1982.
Bernhart, Joseph: Die philosophische Mystik des Mittelalters von ihren antiken Ursprüngen bis zur Renaissance, München 1922.
Bernhart, Max: Die Türken im Wandel des historischen Urteils. Eine medaillengeschichtliche Betrachtung, in: Monatshefte für Kunstwissenschaften, 8 (1915), S. 69–80.
Bernoulli, J. J.: Griechische Ikonographie, Bd. 2, 1901 Nachdr. 1969.
Berti, Luciano: Il Principe dello Studiolo. Francesco I dei Medici e la fine del Rinascimento fiorentino, Florenz 1967.
Beydilli, Kemal: 1790 Osmanli-Prusya ittifaik. Meydana gelisi-tahlili-tatbiki, Istanbul 1984.
–: Büyük Friedrich ve Osmanlilar, XVIII, yüzyilda Osmanli-Prusya münsabetleri, Istanbul 1985.
Beyer, Rolf: Die Königin von Saba. Engel und Dämon. Der Mythos einer Frau, Köln 1987.
Bezombes, Roger: L'Exotisme dans l'art et la pensée, Paris 1953.
Biavati, E.: Bacini di Pisa, in: Faenza 38 (1952), S. 92–94.
Bierbaum, Angelika: Exotische Klangwelten – Europäische Klangphantasien. Musikalischer Exotismus, in: Exotische Welten – Europäische Phantasien, Ausst.-Kat., Stuttgart 1987, S. 270–277.
Bierbrier, M. L.: Hieroglyphic Texts from Egyptian Stelae (...), T. 11, London 1987.
Bildführer Wien: Kunsthistorisches Museum Wien. Weltliche und Geistliche Schatzkammer, Wien 1987.
Biniok, Ingrid: Osmanische Stoffe und Kostüme, in: Türkische Kunst und Kultur aus osmanischer Zeit, Bd. 2, Ausst.-Kat., Frankfurt a. M., 1985, S. 240–273.
Binjamin ben-Jona aus Tudela: The Itinery of Rabbi (...) in: Contemporaries of Marco Polo, hg. v. M. Komroff, London 1928.
Birjukowa, N.: Angewandte Kunst in der Ermitage, Leningrad 1986.
Björkman, Walther: Karl und der Islam, in: Karl der Große, Lebenswerk und Nachleben, hg. v. Wolfgang Braunfels, Bd. 1, Düsseldorf 1965, S. 672–682.
BL = Biographisches Lexikon der hervorragenden Ärzte aller Zeiten und Völker, hg. v. E. Gurlt, A. Wernich, A. Hirsch u.a., 5 Bde., Berlin/Wien 1929–1934.
Blankert, Albert: Ferdinand Bol (1616–1680) – Rembrandt's Pupil, Doornspijk 1982.
Bleyl, Matthias: Carl Rottmann und Ludwig Lange. Zwei Beiträge zur Griechenlandrezeption im 19. Jh., in: Pantheon, 41 (1983), S. 183–193.
Bloch, Marc: Slavery and Serfdom in the Middle Ages, Berkeley 1975.
Bloch, Peter: Aquamanilien. Mittelalterliche Bronzen für sakralen und profanen Gebrauch, Mailand/Genf 1981.
Blücher, Wipert von: Deutsch-persische Beziehungen im Laufe der Geschichte, in: Mitteilungen des Instituts für Auslandsbeziehungen, 10 (1960), S. 235–239.
Blunt, Anthony: The Drawings oft G.B. Castiglione and Stefano della Bella in the Collection of Her Majesty the Queen at Windsor Castle, London 1954.
Blunt, C.E.: The Coinage of Offa, in: Anglo-Saxon Coins. Studies presented to F. M. Stenton, hg. v. R. H. M. Dolley, 1961, S. 39ff.
Blunt, Wilfrid: Tulipomania, London 1950.
Blunt, Wilfrid / Raphael, Sandra: The Illustrated Herbal, London o.J. (1979).
Boas, G.: The Hieroglyphics of Horapollo, New York 1950.
Bobzin, Hartmut: Martin Luthers Beitrag zur Kenntnis und Kritik des Islams, in: Neue Zeitschrift für systematische Theologie und Religionsphilosophie, 27 (1985), S. 262–289.
Bobzin, Hartmut: Über Theodor Biblianders Arbeit am Koran (1542/3), in: Zeitschrift der deutschen morgenländischen Gesellschaft, 136 (1986), S. 347–363.
Boccia, L.G. / Coelho, E.T: L'arte dell'armatura in Italia, Mailand 1967.
Bock, E. / Rosenberg, J.: Staatliche Museen zu Berlin. Die Zeichnungen alter Meister im Kupferstichkabinett - Die Niederländischen Meister, 2 Bde., Berlin 1930.
Bockelberg, Otto Heinrich von: Das Morgenländische in der Anbetung der Könige. Ein Beitrag zu ihrer Ikonographie, in: Deutschland-Italien. Beiträge zu den Kulturbeziehungen zwischen Norden und Süden, Festschrift für Wilhelm Waetzoldt zu seinem 60. Geburtstag 1940, Berlin 1941, S. 91–134.
Bodnar, E. W. / Mitchell, C. (Hg.): Cyriacus of Ancona's Journey in the Propontis and the Northern Aegean (1444–1445), Philadelphia 1976.
Boeheim, W.: Album hervorragender Gegenstände aus der Waffensammlung des Allerhöchsten Kaiserhauses, Bd. 1, Wien 1894.
–: Führer durch die Waffensammlung, Wien 1889.
–: Werke Mailändischer Waffenschmiede in den kaiserlichen Sammlungen, in: Jahrbuch der Kunsthistorischen Sammlungen des Allerhöchsten Kaiserhauses, Wien 1889, S. 395–399.
Boeynaems, Pieter: Der Einfluß Salernos auf die Niederlande vor der Gründung der Universität von Löwen (1425), in: Medizin im mittelalterlichen Abendland, Darmstadt 1982, S. 177–190.
Bogdanow, Fanni: The Romance of the Grail. A Study of the Structure and Genesis of a Thirteen-Century Arthurian Prose Romance, Manchester/New York 1966.
Bohigas, P.: La Illustración y la decoración del libro manuscrito en cataluna, 2 Bde., 1960/1967.
Böhme, Max: Die großen Reisesammlungen des 16. Jh. und ihre Bedeutung, Straßburg 1904.
Bohnstedt, J.W.: The Infidel Scourge of God: The Turkish Menace as Seen by German Pamphleteers of the Reformation Era, in: Trans. Amer. Philos. Soc., 58 (1968), S. 1–58.
Boime, Albert: The Academy & French Painting in the Nineteenth Century, London 1971.
Bol, L.J: Holländische Maler des 17. Jahrhunderts nahe den großen Meistern. Landschaften und Stilleben, Braunschweig 1969.

BOLIN, STURE: Mohammed, Charlemagne and Ruric, in: Bedeutung und Rolle des Islam beim Übergang vom Altertum zum Mittelalter, hg. v. P.E. Hübinger, Darmstadt 1968, S. 223–266.
BOLL, FRANZ: Sternglaube und Sterndeutung. Die Geschichte und das Wesen der Astrologie, Berlin/Leipzig 1918.
BONET CORREA, A. (Hg.): Historia de las artes aplicadas e industriales en España, Madrid 1982.
BONNAFFÉ, EDMOND: Les Amateurs de lancienne France. Le surrintendant Foucquet, Paris 1882.
BOON, KAREL G.: Tekeningen van en naar Scorel, in: Oud Holland, 70 (1955), S. 207–218.
BOPPE, A.: Les peintres du Bosphore au dixhuitième siècle, Paris 1911.
BORDONA, J. DOMINGUEZ: Die spanische Buchmalerei vom 7. bis 17. Jh., 2 Bde., Florenz/München 1930.
BORGOLTE, MICHAEL: Der Gesandtenaustausch der Karolinger mit den Abbasiden und mit den Patriarchen von Jerusalem, München 1975.
BÖRNER, KLAUS H.: Formen europäisch-asiatischer Begegnung, Duisburg 1976.
BOROLEVI, ALBERTO: Sumakh, Florenz 1986.
BÖRSCH-SUPAN, HELMUT: Die Kunst in Brandenburg-Preußen. Ihre Geschichte von der Renaissance bis zum Biedermeier dargestellt am Kunstbesitz der Berliner Schlösser, Berlin 1980.
BOSSERT, HELMUTH THEODOR: Janus und der Mann mit der Adler- oder Greifenmaske, Istanbul 1959.
BOSSONG, GEORG: Probleme der Übersetzung wissenschaftlicher Werke aus dem Arabischen in das Altspanische zur Zeit Alfons des Weisen, Tübingen 1979.
BOSSUAT, R.: Vasque de Lucène. Traducteur de Quinte Curce, in: Bibliothèque d'Humanisme et Renaissance, 8 (1948), S. 197–245.
BOSWORTH, EDMUND: Die Heere des Propheten. Waffen, Strategie und Taktik der islamischen Kriegführung, in: Welt des Islam. Geschichte und Kultur im Zeichen des Propheten, hg. v. B. Lewis, Braunschweig 1976, S. 201–224.
BOTHMER, HANS-CASPAR GRAF VON: Ein abendländischer Türkendolch? Zur Rezeption abendländischer Stilformen in der osmanischen Goldschmiedkunst des 17. Jh., in: Florilegium Artis, Festschrift für Wolfgang Götz, Saarbrücken 1984, S. 18–23.
BOTT, GERHARD (Hg.): Führer durch die Sammlungen des Germanischen Nationalmuseums, München 1985.
BÖTTIGER, JOHN: En Vasco da Gama-Tapet i Nationalmuseum, in: Nationalmuseit Aarsbok, Stockholm 1921, S. 2–15.
BOUHDIBA, ABDELWAHAB: Islam et Sexualité, Paris 1973.
BOUSSET, WILHELM: Der Antichrist in der Überlieferung des Judentums, des neuen Testaments und der alten Kirche. Ein Beitrag zur Auslegung der Apocalypse, Göttingen 1895.
BOVENSCHEN, ALBERT: Untersuchungen über Johann von Mandeville und die Quellen seiner Reisebeschreibung, in: Zeitschrift der Gesellschaft für Erdkunde zu Berlin, 23 (1888), S. 177–306.
BOWIE, THEODORE / THIMME, DIETHER (Hg.): The Carrey Drawings of the Parthenon Sculptures, Bloomington, Indiana/London 1971.
BOWIE, THEODORE R.A (Rez.): Jairazbhoy, Oriental Influences in Western Art, New York 1965, in: Art Bulletin, 49 (1967), S. 350–351.
BRADFORT, E.: The Sultan's Admiral. The Life of Barbarossa, 1968.
BRADLEY, JOHN W.: The Life and Works of Giorgio Giulio Clovio. Miniaturist (1498–1578), London 1891, Nachdr. Amsterdam 1971.
BRAHIMI, DENISE: Voyageurs francais du XVIIIe siècle en Barbarie, (Diss.) Paris 1976.
Brandenburgisch-polnische Türkenzüge von 1671–1688, hg. v großen Generalstabe, Abt. Kriegsgeschichte (Kriegsgeschichtliche Einzelschriften 5), Berlin 1884.
BRATTON: A History of Egyptian Archeology, New York 1968.
BRAUN, JOSEPH: Die liturgische Gewandung in Occident und Orient. Nach Ursprung und Entwicklung, Verwendung und Symbolik, Darmstadt 1964.
–: Die Reliquiare des christlichen Kultes und ihre Entwicklung, Freiburg i. Br. 1940, Nachdr. Osnabrück 1971.
BRECKENRIDGE, JAMES D.: The Two Siciles, in: Islam and the Medieval West, Ausst.-Kat., New York 1975, S. 39–60.
BRÉHIER, LOUIS: Les Colonies d'Orientaux en Occident au commencement du moyen-âge, in: Byzantinische Zeitschrift, 12 (1903), S. 1–39.
–: Les thèmes décoratifs des tissus d'orient et leur imitiation dans la sculpture romaine, in: Etudes d'Arts (le Musée National des Beaux Arts d'Alger), 1 (1945), S. 27–62.
BREMER, NATASCHA: Das Bild der Juden in den Passionsspielen und in der Bildenden Kunst des Mittelalters, Frankfurt a. M /Bern/New York 1986.
BRENK, BEAT / PRAWER, JOSHUA: Heiliges Land, 2 Bde., Bern/Stuttgart 1977.
BRENNER, HARTMUT: Protestantische Orthodoxie und Islam. Die Herausforderung der türkischen Religion im Spiegel evangelischer Theologen des ausgehenden 16. und des 17. Jh., 2 Bde., Heidelberg 1968.
BRENTJES, BURCHARD u. A.: Kunst des Mittelalters in Armenien, Berlin 1981.
BRETT, MICHAEL/(FORMAN, WERNER).: Die Mauren. Islamische Kultur in Nordafrika und Spanien, Freiburg/Basel/Wien 1981.
BRIGGS, MARTIN S. : Gothic Architecture and Persian Origins, in: Burlington Magazine, 62 (1933), S. 183–189.
BRIGSTOCKE, H.: Lord Lindsay as a Collector, in: Bulletin of the John Rylands University Library of Manchester, 64 (1981/1982), S. 287ff.
BRINCKMANN, A.E.: Orientalisch-normannische Ornamentik in Südwest-Frankreich. Ein Berliner Relief, in: Sitzungsberichte der kunstgeschichtlichen Gesellschaft, Berlin, 1933/1934, S. 6–8.
BROC DE SEGANGE, L. DU: La faience, les faienciers et les emailleurs de Nevers, Nevers 1863.
BROCK, LEOPOLD: Die Brandenburger bei Szlankámen und im Türkenkriege (1691–1697), Rathenow 1891.
BROCKELMANN, CARL: Die morgenländischen Studien in Deutschland, in: Zeitschrift der Morgenländischen Gesellschaft, 76.1 (1922), S. 1–17.
–: Deutschland und der Orient, Breslau 1932.
BROWNING, ROBERT: A Note of a Capture of Constantinopel in 1453, in: Byzantion 22 (1952), S. 379–387.
BRUMMACK, JÜRGEN: Die Darstellung des Orients in den deutschen Alexandergeschichten des Mittelalters, Tübingen 1966.
BRUNET, M. / PRIAUD, T: Sèvres, 1978.
BRUNNER, HERBERT: Die Kunstschätze der Münchner Residenz, München 1977.
BRUNNER, K.: Der mittelalterliche Versroman über Richard Löwenherz, Wien/Leipzig 1913.
BRUYN, CORNEILLE DE: Voyages de Corneille de Bruyn, 5 Bde., 1732.
–: Reizen Van Cornelis de Bruyn, Door de vermaardste Deelen van Klein Asia, De Eylanden Scio, Rhodus, Cyprus, Metelino, Stanchio & c. mitsgaders de voornaamste Steden van Aegypten, Syrien en Palestina, Delft 1698.
–: Cornelis de Bruins Reizen over Moscovie door Persie en Indie, verrijkt met Driehondert konstplaten ... Alles door den Auteur zelf met groote naeukeurigheit na't leven afgetekent, en noit voor dezen in't ligt gebragt, Amsterdam 1711.
–: Cornelis de Bruins Reizen over Moskowie door Persie en Indie: Verrykt met Driehondert Kunstplaten ..., Amsterdam 1714.
–: Voyage to the Levant and Travels into Moscovy, Persia, and the East Indies, London 1720.
BRYSON, NORMAN: Tradition and Devise. From David to Delacroix, Cambridge u.a.O. 1984.
BUCH, WILFRIED: Goethes ›Weissagungen des Bakis‹, o.O. o.J.
BUCHTHAL, HUGO: A Note on Islamic Enamelled Metalwork and its Influence in the Latin West, in: Ars Islamica, 11 (1946), S. 195ff.
BUCHTHAL, HUGO: The ›Musterbuch‹ of Wolfenbüttel and its Position in the Art of the 13th Century, Wien 1979.
–: Art of the Mediterranean World ( A.D. 100 to 1400), Washington 1983.
BUCK, J.D.: Symbolism of Freemasonry or Mystic. Masonry and the Greater Mysteries of Antiquity, Chicago 1946.
BUCKINGHAM, JAMES SILK: Travels in Mesopotamia. Including a journey from Aleppo to Bagdad, 2 Bde., London 1827.
–: Travels in Mesopotamia. Including a journey from Aleppo to Bagdad, 2 Bde., London 1855.
BUCKLER, FRANCIS WILLIAM: Harunu 'L-Rashid and Charles the Great, Cambridge-Mass. 1931.
BUDDE, HENDRIK: Studien zum ›Thesaurus Brandenburgicus‹, (M.A.-Arb.masch.) Berlin 1981.
BUDGE, ERNEST ALFRED WALLIS (Hg.): The Alexander Book in Ethiopia. The Ethiopic Versions of Pseudo-Callisthenes, the Chronicle of Al-Makin, the Narrative of Joseph ben Gorion, and a Christian Romance of Alexander, New York 1976.
–: The Rise and Progress of Assyriology, London 1925.
–: The Rosetta Stone, London 1935.
BUDISCHOVSKY, MARIE CHRISTINE: La Diffusion des cultes isiatiques autour de la mère adriatique, Bd. I: Inscriptions et monuments, Paris (Diss), Leiden 1977.
BUHL, MARIE-LOUISE: The Late Egyptian Anthrapoid Stone Sarcophagi, Kopenhagen 1959.
BULLOUGH, G.: Polygamy among the Reformers, in: Renaissance and Modern Essays. In Honor of Vivian de Sola Pinto, London 1966, S. 5–23.
BUMKE, JOACHIM: Die Wolfram von Eschenbach Forschung seit 1945. Bericht und Bibliographie, München 1970.
BURCKHARDT, J. L.: Travels in Arabia. Comprehending an Account of those Territories in Hedjaz which the Mohammedans Regard as Sacred, Weimar 1830.
BURCKHARDT, TITUS: Die maurische Kultur in Spanien, 1970.
BURDACH, KONRAD: Der Gral. Forschungen über seinen Ursprung und Zusammenhang mit der Longinuslegende, hg. v. H. Bork, Stuttgart 1938.
BÜRGEL, JOHANN CHRISTOPH (Hg.): Iqbal und Europa. Vier Vorträge von A. Bausani, J.C. Bürgel, J. Marek und A. Schimmel, Bern/Frankfurt a. M. 1980.
BURKERT, WALTER: Die orientalisierende Epoche in der griechischen Religion und Literatur. Vorgetragen am 8. Mai 1982, Heidelberg 1984.
BURNS, R. I.: The World of Alfonso the Learned and James the Conqueror. Intellect an Force in the Middle Ages, 1985.
BUSINK, TH. A.: Der Tempel von Jerusalem von Salomo bis Herodes. Eine archäologisch-historische Studie unter Berücksichtigung des westsemitischen Tempelbaus, Bd. 1: Der Tempel Salomos, Leiden 1970.
BUTLER, KYRA S. : Türkenfiguren der Porzellanmanufaktur Closter Veilsdorf, Ansbach und Meissen in der Sammlung der Ermitage Leningrad, in: Keramos, 52 (1971), S. 22–39.
BUTTERWORTH, C. E. (Hg.): Averroes' Three Short Commentaries on Aristotle's Topics, Rethoric and Poetics, hg. u. übers. v. C. E. Butterworth, 1977.
CAHEN, CLAUDE: Der Islam. Vom Ursprung bis zu den Anfängen des Osmanenreiches, Frankfurt a.M. 1968.

–: Quelques problèmes concernant l'expansion économique e l'islam ..., 1965, S. 391–432.

Calabi, Augusto: The Monotypes of Giovanni Benedetto Castigilione, in: Print Collector's Quarterly, 10 (1923), S. 223–253.

Calderon de la barca, Pedro: La sibila del oriente y gran reina de Saba, in: Engelbert Günter, Pedro Calderon de la Barca, Größte Dramen religiösen Inhalts, übers. v. Franz Lorinser, Bd. 5, Freiburg 1907.

–: La sibila del oriente y gran reina de Saba, in: Juan Eugenio Hartzenbusch, Pedro Calderon de la Barca, Comedias, Bd. 4, 1918.

Cambridge History: The Cambridge History of Later Medieval Philosophy, 1982.

Campbell, Marian: An Introduction to Medieval Enamels, London 1983.

Camps Cazorla, E: Cerámica española, Madrid 1936.

Canard, Marius: L'expansion arabe: Le problème militaire, in: L'occidente e l'islam nell alto medioevo. Settimane di studio del centro italiano di studi sull'alto medioevo, 2–8 aprile 1964, 2 Bde., Spoleto (1965), S. 37–63.

Caorsin, Gulielmus: The Siege of Rhodes (1482), Faks., Amsterdam/New York 1970.

Cardenas, A.J.: The complete Libro del saber de astrologio and cod. Vat. lat. 8174, in: Manuscripta, Jg. 25, 1 (1981), S. 14ff.

Carlos, Alfonso de: Armas y trofeos de Lepanto en la Real Armeria, in: Reales Sitios. Revista del Patrimonio Nacional, Ano VIII, núm. 29, tercer trimestre 1971, Madrid 1971, S. 29–32.

Carmody, Francis J.: Arabic Astronomical and Astrological Sciences in Latin Translation. A Critical Bibliography, Berkeley/Los Angeles 1956.

Carpenter, D.E.: Alfonso X. and the Jews: An Edition of and Commentary on Siete Partidas 7.24 ›De los judios‹, 1986.

Carra de Vaux, Baron: Astronomy and Mathematics, in: The Legacy of Islam, Oxford 1931, Nachdr. 1965, S. 376–399.

Carré, J.M.: Voyageurs et écrivains francais en Egypte, Cairo 1932 (1956).

Carette, M. / Deroeux, D.: Carraux de Pavement Médiévaux de Flandre et d'Artois, Arras 1985.

Carrott, Richard G.: The Egyptian Revival. Its Sources, Monuments, and Meaning (1808–1858), Berkeley/Los Angeles/ London 1978.

Cassas, L. F.: Voyage pittoresque de la Syrie, de la Phénicie, de la Palestine et de la Basse Egypte, gravé sur les dessins de Cassas, Paris 1799.

Ceram, C. W.: Götter, Gräber und Gelehrte, Hamburg o. J.

Cerulli, Enrico: L'islam nella storia dell'alto medioevo, in: L'occidente e l'islam nell alto medioevo. Settimane di studio del centro italiano di studi sull'alto medioevo, 2–8 aprile 1964, 2 Bde., Spoleto (1965), S. 985–1007.

Cessi, R.: Storia della republica di Venezia, Venedig 1968, S. 357ff.

Chakhachiro, Omar: Proche et Moyen Orient dans loeuvre de Victor Hugo, Genf 1950.

Chambers, William: A Dissertation on Oriental Gardening, London 1772, Nachdr. 1971.

Champollion, Jean Francois: Monuments de l'Égypte et de la Nubie, 4 Bde., Paris 1835–1845.

Chapel, Jeannie / Gere, Charlotte (Hg.): The Fine and Decorative Art Collections of Britain and Ireland, London 1985.

Chardin, Jean: Journal du Chevalier Chardin en Perse, et aux Indes-Orientales, par la Mer-Noire et par la Colchide, London 1686.

Charriere, Ernest: Négociations de la France dans le Levant, ou Correspondance mémoires etacte diplomatiques des ambassadeurs de France à Constantinopel, Bd. 1–4, Collection de documents inédits sur l'histoire de France, Serie 1, 1848–1860.

Chastel, André: La légende de la Reine de Saba, in: Revue de l'histoire des Religions (Annales de Musée Guimet), 16, S. 204ff.

–: La recontre de Saloman et de la reine de Saba dans l'iconographie médiévale, in: Gazette des Beaux-Arts, 35 (1949), S. 99–114.

Chauvin, V.: Bibliographie des ouvrages arabes ou relatifs aux Arabes publiés dans l'Europe Chrétienne de 1810 à 1885, Bd. 4–9, Liège/ Leipzig 1892–1907.

Chehabi, Issa: Friedrich Bodenstedts Verdeutschung der Hafisischen Lieder, Köln 1967.

Chejne, Anwar George: Islam and the West. The Moriscos, a Cultural and Social History, Albanien/New York 1983.

Chellis, E.: From the Nile to the Trent, in: Antiques, Jg. 56, 4 (1949), S. 260–263.

Choiseul-Gouffier, Marie-Gabriel-Florent-Augúst Comte de: Voyage pittoresque de la Gréce, 2 Bde., Paris 1782–1809.

ChoulanT, Ludwig: Handbuch der Bücherkunde für die ältere Medicin, Leipzig 1841.

Christ, Karl (HG.): Hannibal, Darmstadt 1974.

Christie, Archibald H.: Islamic Minor Arts and Their Influence upon European Work, in: The Legacy of Islam, Oxford 1931, Nachdr. 1965, S. 108–151.

–: The Development of Ornament from Arabic Script, in: Burlington Magazine, 40 (1922), S. 287–292.

Cimmino, Franco: Giovanni Miani: alle sorgenti del Nilo, in: Viaggiatori Veneti alla scoperta dell'Egitto, Ausst.-Kat., Venedig 1985, S. 117–122.

–: Girolamo Segato, in: Viaggiatori Veneti alla scoperta dell'Egitto, Ausst.-Kat., Venedig 1985, S. 113–116.

Clavijo, Gonzalez de: Historia del Gran Tamorlan ..., Sevilla 1582.

Clayton, Peter A.: Das wiederentdeckte Ägypten, Bergisch Gladbach 1983.

Clement, Charles: Gleyre, étude biographique et critique avec catalogue raisonné, Paris 1878.

Clot, A: Soliman le Manifique, 1983.

–: Harun al-Raschid. Kalif von Bagdad, übers. v. Sylvia Höfer, München/Zürich 1988

Coles, Paul: The Ottoman Impact on Europe, London 1968.

Colloque international sur l'histoire du Caire 1969, Kairo 1972.

Comfort, William Wistar: The Literary Role of the Saracens in the French Epic, in: Publications of the Modern Language Association of America, 60. 2 (1940), S. 628–659.

Connolly, John L. jr.: Ingres and the Erotic Intellect, in: Woman as Sex Object. Studies in Erotic Art (1730–1970), New York 1972, S. 17–31.

Conti, G.: L'Arte dalla Maiolica in Italia, Mailand 1973.

Conway, W. Martin: The Abbey of Saint-Denis and its Ancient Treasures, in: Archeaologia, 66 (1915), S. 158.

Cosack, C.J: Zur Literatur der Türkengebete im 16. und 17. Jahrhundert, in: Zur Geschichte der evangelischen estetischen Literatur in Deutschland, Basel 1871.

Cossar, C.D.M: The German Translation of Niccolò da Poggibonsi's Libro d'oltramare, 1985.

Cott, Perry Blythe: Siculo-Arabic Ivories, Princeton 1939.

Coulin Weibel, Adele: Two Thousand Years of Textiles, New York 1952.

– (Rez.): Wilhelm von Bode / Ernst Kühnel, Vorderasiatische Knüpfteppiche aus alter Zeit, 4. Aufl., Braunschweig 1955, in: Ars Orientalis. The Arts of Islam and the East, 3 (1959), S. 226–229.

Cox, Edward Godfrey: A Reference Guide to the Literature of Travel, Bd. 1: The Old World, Seattle (Washington) 1935.

Crespi, G: Die Araber in Europa, Stuttgart/Zürich 1983.

Crombie, Alistair: Von Augustinus bis Galilei, München 1977.

Crozet, M.R: Louis Gauffier (1762–1801), in: Bulletin de la Société de l'histoire de l'art français (1941–1944), 1947, S. 100–113.

Cruikshank Dodd, Erica: On the Origins of Medieval Dinanderie: The Equestrian Statue in Islam, in: Art Bulletin, 51 (1969), S. 220–232.

Csendes, Peter: Erinnerungen an Wiens Türkenjahre, Wien 1983.

CSM, I.= Corpus Scriptorium Muzarabicorum, I, 1973.

Curl, James Steven: The Egyptian Revival, London 1983.

Curto, Silvio / Leospo, Enrichetta: Antichità egizie di Verona, in: Viaggiatori Veneti alla scoperta dell'Egitto, Ausst.-Kat., Venedig 1985, S. 145–157.

Curto, Silvio: Vitaliano Donati, in: Viaggiatori Veneti alla scoperta dell'Egitto, Ausst.-Kat., Venedig 1985, S. 69–72.

DaCosta Kaufmann, Thomas: L'Ecole de Prague. La peinture à la cour de de Rodolphe II, Paris 1985.

Dagron, G.: La romanité chrétienne en orient: Héritage et mutations, Neudr. London 1985.

Damiani, Anita: Enlightened Observers. British Travellers to the Near East (1715–1850), Beirut 1979.

Daniel, Glyn E. A.: Hundred Years of Archeology, London 1950.

Daniel, Norman: Islam and the West. The Making of an Image, Edingburgh 1962.

–: The Arabs and Mediaeval Europe, London 1975.

Danielsson, Kristina: Glas och halvädelstenar, in: Ambrosiani / u. a., Birka. Svaarta Jordens hamnområde. Arkeologisk undersökning 1970 - 1971, Stockholm 1973.

Dannenfeldt, Karl H.: Egypt and Egyptian Antiquities in the Renaissance, in: Studies in the Renaissance, 6 (1959), S. 7–27.

–: Leonhard Rauwolf, 1968.

Darby, Michael: The Islamic Perspective. An Aspect of British Architecture and Design in the19th Century, London 1983.

Das deutsche Kaiserpaar im heiligen Lande im Herbst 1898 mit allerhöchster Ermächtigung Seiner Majestät des Kaisers und Königs nach authentischen Berichten und Akten, Berlin 1899.

Dastoorzadeh, Feridoon: Kritik der These vom iranischen Einfluß auf Wolframs Parzival, o.O. 1956.

Daulte, Franois: Auguste Renoir, catalogue raisonné de l'œuvre peint, Bd. 1: Figures 1860–1890, Lausanne 1971.

David, Madeleine: Le Début sur les écritures et l'hiéroglyphe aux 17e et 18e siècles, et lapplication de la notion de déchiffrement aux écritures mortes, Paris 1965.

David, R.: Kunstschätze Ägyptens. Entdeckungen am Nil, Hamburg 1981.

Davillier, M. J.-C.: Historie de Faiences Hispano-Moresques a reflets métalliques, Paris 1861.

Dawson, Warren R. / Uphill, Eric P.: Who Was Who in Egyptology, London 1951/1972–2.

Degenhard, Ursula: Entdeckungs- und Forschungsreisen im Spiegel alter Bücher, in: Exotische Welten - Europäische Phantasien, Ausst.-Kat., Stuttgart 1987.

Degenhart, Bernhard: Pisanello in Mantua, in: Pantheon, 31 (1973), S. 364–411.

Delaborde, Henri: Ingres, sa vie, ses travaux, sa doctrine, Paris 1870.

Delaisse, L.M.J. / Marrow, James / Wit, John de: Iluminated Manuscripts: The James a Rothschild Collection at Waddesdon Manor, London 1977.

Delitzsch, Friedrich: Babel und Bibel, Leipzig 1903.

Della Valle, Pietro. (...) Reiss-Beschreibung in unterschiedliche Theile der Welt / nemlich in Türckey / Egypten / Palestina / Persien / Ost-Indien / und andere weit entlegene Landschaften (...) Erstlich von dem Authore selbst / der diese reisen gethan / in Italienische Sprach beschrieben / und (...) in vier Theile verfasset (...). Genf: Johann Hermann Widerhold 1674.

–: Voyages de Pietro Della Valle dans la Turquie, l'Egypte, la Palestine, la Perse, les Indes orientales & autres lieux, Paris 1745.
Della Vida, Giorgio levi: I mozarabi tra occidente e islam, in: L'occidente e l'islam nell alto medioevo. Settimane di studo del centro italiano di studi sull'alto medioevo, 2–8 aprile 1964, 2 Bde., Spoleto 1965, S. 667–695.
Delteil, Loys: La peintre graveur illustré au 19e siecle, Bd. 3: Ingres-Delacroix, Paris 1908.
–: Manuel d'amateur d'estampes des XIXe et XXe siècles 1801–1924, Paris 1925.
Demisch, Heinz: Die Sphinx. Geschichte ihrer Darstellung von den Anfängen bis zur Gegenwart, Stuttgart 1977.
Dempsey, Charles G.: Representations of Egypt in the Paintings of Nicolas Poussin, in: Art Bulletin, 45. 2 (1963).
–: Poussin and Egypt, in: Art Bulletin, 46 (1963), S. 108–119.
Denis, Ferdinand: Le monde enchanté. Cosmographie et Histoire naturelle fantastiques du moyen âge, Paris 1843.
Denny, Walter: Textilien, in: Kunst und Kunsthandwerk unter den Osmanen, hg. v. Yanni. Petsopoulos, München 1982, S. 121–139.
Dernschwam, Hans: Hans Derschwam's Tagebuch einer Reise nach Konstantinopel und Kleinasien (1553/55). Nach der Urschrift im Fugger-Archiv, hg. v. F. Babinger, München/Leipzig 1923.
Deroche, Francois: Catalogue des manuscriptes arabes, Paris 1983.
Description de l'Egypte ou recueil des observations et des recherches qui ont été faites en Egypte pendant l'expédition de l'armée francaise, Paris 1809–1828.
Devisse, Jean: L'image du noir dans l'art occidental, Bd. 2.1, 2.2., Freiburg 1979.
Dewachter, Michel: L'Egypte ancienne dans les cabinets de raretez du sud-est de la France aux 17e et 18e siècles. Hommages à Francois Dumas, Montpellier 1986, S. 181–206.
Dexel, W.: Das Hausgerät Mitteleuropas, Berlin 1973.
Dichter, B.: The Maps of Acre, Acre 1973.
Diehl, Charles: Les Peintres orientalistes en Italie au Temps de la Renaissance, in: Revue d'Art ancien et moderne, 19 (1906), S. 5–16.
Diercks, Gustav: Die Araber im Mittelalter und ihr Einfluß auf die Cultur Europa's, Leipzig 1882.
Dietrich, Albert: Arabische Papyri aus der Hamburger Staats- und Universitätsbibliothek, Leipzig 1937.
–: Arabische Briefe aus der Papyrussammlung der Hamburger Staats- und Universitätsbibliothek, Heidelberg 1949.
– T. Buchbesprechung: Abu Raihan Muhammed b. Ahmad al-Biruni: al-Qanunu'l-Mas'udi (Canon Masudicus), Bd. I: Hyderabad-Deccan, 1954, in: Zeitschrift der Deutschen Morgenländischen Gesellschaft, 107. 2 (Sonderheft), N.F. Bd. 32 (1957), S. 200–203.
–: Islam und Abendland, Göttingen 1964.
–: Hippokrates bei den Arabern, in: Europa und die Kunst des Islam, Wien u.a. 1985, S. 27–30.
Diez, Heinrich Friedrich von: Denkwürdigkeiten von Asien, in Künsten und Wissenschaften, Sitten, Gebräuchen und Altertümern, Religion und Regierungsverfassung, Berlin 1811.
–: Unfug und Betrug in der morgenländischen Literatur, nebst vielen hundert Proben von der groben Unwissenheit des H.v. Hammer zu Wien, in: Sprachen und Wissenschaften, Berlin 1816.
Dihle, A.: Antike und Orient. Gesammelte Aufsätze, hg. v. V. Pöschl / H. Petermann, Heidelberger Akademie der Wissenschaften, Philos.-Hist. Kl., Supplemente zu den Sitzungsberichten, Jg. 1983, Heidelberg 1984.
Dimand, Maurice S.: Mughal Painting under Akbar the Great, in: The Metropolitan Museum of Art Bulletin, Bd. 12.2 (1953), S. 46–51.
Dimopoulos, A.G.: L'Opinion publique française et la revolution grècque (1821–1827), 1962.
Dioskurides: Des Pedanios Dioskurides aus Anazarbos. Arzneimittellehre in fünf Büchern, übers. v. Johannes Berendes, Stuttgart 1902.
Djait, Hichem: L'Europe et l'Islam, Paris 1978.
Doege, Heinrich: Die Trachtenbücher des 16. Jh., in: Beiträge zur Bücherkunde und Philologie. August Wilmans zum 25. März 1903 gewidmet, Leipzig 1903, S. 429–444.
Dogaer, Georges: Flemish Miniature Painting in the 15th and 16th century, Amsterdam 1987.
Dolzani, Claudia: Antichità egizie di Padova, in: Viaggiatori Veneti alla scoperta dell'Egitto, Ausst.-Kat., Venedig 1985, S. 175–183.
Dondelinger, Edmund: Der Obelisk. Ein Steinmal ägyptischer Weltanschauung, Graz 1977
Donner, Herbert: Pilgerfahrten ins Heilige Land. Die ältesten Berichte christlicher Palästinerpilger (4. - 7. Jh.), Stuttgart 1979.
Dontschewa, Bistra: Der Türke im Spiegelbild der deutschen Literatur und des Theaters im 18. Jh., München 1944.
Dörflinger, Johannes: Arabische Reisende des Mittelalters, in: Kultur des Islam, Wien 1981, S. 123–135.
Doukas (Ducas): Decline and Fall of Byzantium to the Ottoman Turks, übers. u. hg. v. H. J. Magoulias, Detroit 1975.
Doutrelant, Jean-Luc: L'orient tragique au XVIIIe siécle, in: Revue des sciences humaines, 37 (1972), S. 283–300.
Dozy, R: Recherches sur l'Histoire et la Litteratur de l'Espagne, T. 1, 1881.
Dreesbach, Emil: Der Orient in der altfranzösischen Kreuzzugslitteratur, Breslau 1901.
Dressendörfer, W.: Französische Apothekendarstellungen aus dem 13. Jahrhundert, in: Beiträge zur Geschichte der Pharmazie, 31, 1980.
Driesch, Gerard Cornelius von den: Historische Nachricht von der Röm. Kayserl. Großbotschafft nach Constantinopel(...), 1723.
Drugulin, W.: Verzeichniss einer Sammlung von Einzelblättern zur Cultur- und Staatengeschichte. Vom 15. bis in das 19., Jh. T. 2: Chronik in Flugblätter, Leipzig. 1867.
DSB = Dictionary of Scientific biography, Vol. 1–15, New York 1970–1978.
Dury, Carel J.: Die Welt des Islam, Baden-Baden 1979.
Duda, Dorothea: Islamische Kunst und der Westen am Beispiel Wien (14.-18. Jh.), in: Europa und die Kunst des Islam, Wien u.a.O. 1985, S. 43–56.
Durian-Ress, Saskia: Die Ornate aus der Alten Kapelle in Regensburg, in: Momenti die vita nobiliare nel tardo medievo, Ausst.-Kat., Haus der Bayerischen Geschichte München, Verona 1986.
Düriegel, G.: Wien 1683. Die zweite Türkenbelagerung, 1981.
–: Geschichte der Belagerung Wiens, in: Die Türken vor Wien, Ausst.-Kat., Historisches Museum Wien, Wien 1982.
Eames, E. S.: Catalogue of Medieval Lead – Glazed Earthenware Tiles in the Departement of Med. and later Antiquities in the British Museum, 1980.
Gardner, J. S. / Eames, E. S.: A Tile Kiln at Chertsey Abbey, in: Journal of the British Archeological Association, 17 (1954), S. 43 ff.
Ebermann, Richard: Die Türkenfurcht, ein Beitrag zur Geschichte der öffentlichen Meinung in Deutschland während der Reformationszeit, Halle a.d. Saale 1904.
Ebersolt, Jean: Orient et Occident. Recherches sur les influences byzantines et orientales en France avant et pendant les croisades, 2. Aufl., Paris 1954.
Ebersolt, Jean: Sanctuaires de Byzance. Recherches sur les anciens trésors des églises de Constantinople, Paris 1921.
Ebling, H: Prosopographie der Amtsträger des Merowingerreiches, 1974.
Ebulo, Petrus Ansolini de: De rebus siculus carmen, hg. v. E. Roto, in: Rerum italicarum. Raccolta degli Storici Italiani dal 500 all 1500, Citta di Castello 1904.
Eckels, C.W.: The Egyptian Revival in America, in: Archaeology, 3 (1950).
Ecker, Lawrence: Arabischer, provenzialischer und deutscher Minnesang. Eine motivgeschichtliche Untersuchung, Bern/ Leipzig 1934, Nachdr. Genf/Slatkine 1978.
Eco, Umberto: Il nome della rosa, Mailand 1980.
Eggebrecht, Eva: Ägypten. Faszination und Abenteuer, Mainz 1982.
Eggeling, Tilo: Bühnendekorationen nach 1815, in: Karl Friedrich Schinkel. Architektur. Malerei. Kunstgewerbe, Berlin 1981.
Ehrenfried, Hermann: Türke und Osmanenreich in der Vorstellung der Zeitgenossen Luthers. Ein Beitrag zur Untersuchung des deutschen Türkenschrifttums, (Diss.) Freiburg/Br. 1961.
Ehrlich, Henry: Lost and Found. Twelve Magnificent Zurbaráns are Hanging in a Most Unlikely Place, in: Connoisseur, Dezember (1987), S. 144–147.
EI = Encyclopaedia of Islam, New Edition, Bd. 1ff., London 1960ff.
Eickhoff, Ekkehard: Seekrieg und Seepolitik zwischen Islam und Abendland. Das Mittelmeer unter byzantinischer und arabischer Hegemonie (650–1040), Berlin 1966.
–: Venedig, Wien und die Osmanen. Umbruch in Südosteuropa (1645–1700), München 1970.
–: Friedrich Barbarossa im Orient. Kreuzzug und Tod Friedrichs I., Tübingen 1977.
Eigl, Kurt: Tagebuch eines Augenzeugen (1683). Die Aufzeichnungen des Freiherren von P., Wien 1983.
Eisele, P.: Babylon. Die archäologische Biographie der größten, berühmtesten und verrufensten Metropole des Altertums. Zugleich ›Pforte der Götter‹ und ›Große Hure‹, München 1980.
EJ 4 = Encyclopedia Judaica, 1971.
EJ 9 = Encyclopedia Judaica, 1932.
Elgohary, Baher Mohamed: Die Rezeption der arabischen Welt in der österreichischen Literatur des 19. Jh., unter Berücks. d. Rezeption durch Hammer-Purgstall, Wien 1974.
Elgood, Cyril: A Medical History of Persia and the Eastern Caliphate. The Development of Persian and Arabic Medical Sciences from the Earliest Times until the Year A. D. 1332, Cambridge 1951.
Emre, Gültekin: 300 Jahre Türken an der Spree. Ein vergessenes Kapitel Berliner Kulturgeschichte, Berlin 1983.
Endress, Gerhard: Die arabischen Übersetzungen von Aristoteles' Schrift De caelo, Frankfurt a M 1965.
Engelmann, Wilhelm: Daniel Chodowiecki. Sämmtliche Kupferstiche. Beschrieben mit historischen, literarischen und bibliographischen Nachweisungen, der Lebensbeschreibung des Künstlers und Registern versehen, Berlin 1926.
Erbida, Ingeborg: Orientalische Gestalten, Motive und Lehnwörter in den serbokroatischen und bulgarischen Hajdukenliedern, Graz 1950.
Erbstösser, Martin: Die Kreuzzüge. Eine Kulturgeschichte, Gütersloh 1980.
Erdmann, Hanna: Die historische Entwicklung des türkischen Teppichs, in: Türkische Kunst und Kultur aus osmanischer Zeit, Ausst.-Kat., Frankfurt/M., Museum für Kunsthandwerk, Bd. 2, 1985, S. 193–201.
Erdmann, Kurt: Europäische Darstellungen aus dem Orient, in: Berliner Museen. Berichte aus den preußischen Kunstsammlungen, 57 (1936), S. 2–7.
–: Europäische Darstellungen aus dem Orient, in: Atlantis, 8 (1936), S. 314–319.
–: Islamische Giessgefässe des 11. Jhs., in: Pantheon 22 (1938), S. 251–254.

–: Arabische Schriftzeichen als Ornamente in der abendländischen Kunst des Mittelalters, hg. v. d. Akademie der Wissenschaften und der Literatur Mainz, Geistes- und Sozialwissenschaftliche Klasse, Abhandlungen, 9 (1953), S. 467–513.
- (Rez.): Wilhelm von Bode und Ernst Kühnel, Vorderasiatische Knüpfteppiche aus alter Zeit, Braunschweig 1955, in: Zeitschrift der Deutschen Morgenländischen Gesellschaft, 107. 2 (Sonderheft), N. F. Bd. 32 (1957), S. 652–654.
–: Neue islamische Bergkristalle, in: Ars Orientalis, The Arts of Islam and the East, Notes, 3 (1959), S. 200–205.
–: Europa und der Orientteppich, Berlin/Mainz 1962.
–: Siebenhundert Jahre Orientteppich. Zu seiner Geschichte und Erforschung, Herford 1966a.
–: Venezia e il tappeto orientale, in: Venezia e l'oriente fra tardo medioevo e rinascimento, hg. v. A. Pertusi, Florenz 1966b, S. 529–545.
–: Die Kunst Irans zur Zeit der Sassaniden, Mainz 1969.
–: Seven Hundred Years of Oriental Carpets, 1970.
–: Der türkische Teppich des 15. Jh.. Die Geschichte des frühen türkischen Teppichs, London/Mannheim 1977.
Erkmann, Rudolf: Der Einfluß der arabisch-spanischen Kultur auf die Entwicklung des Minnesangs, Darmstadt 1933.
Ernstberger, Anton: Europas Widerstand gegen Hollands erste Gesandtschaft bei der Pforte (1612), hg. v. d. Bayerischen Akademie der Wissenschaften, Philos.-Hist. Kl., Sitzungsberichte, 7 (1956), S. 3–34.
Die Eroberung von Ofen und der Feldzug gegen die Türken in Ungarm in Jahre 1686. Dargestellt nach den Acten der Wiener Archive und anderer authentischer Quellen, Mittheilungen des k.k. Kriegs-Archivs, 1886.
Ertz, Klaus: Jan Brueghel d. Ä. Die Gemälde mit kritischem Oeuvre-Katalog, Bd. 1, Köln 1987.
Escriva de Romani, M.: Historia de la cerámica de Alcora, Madrid 1945.
Escholier, Raymond: L'Orientalisme de Chasseriau, in: Gazette des Beaux-Arts, 1921, S. 89–108.
Ettinghausen, Richard: Islamic Art and Archaeology, in: Near Eastern Culture and Society, hg.v. I. Cuyler Young, Princeton (New Jersey)1951, S. 17–47.
– (Rez.): D. Rice. The baptistère de Saint Louis, a Masterpiece of Islamic Metalwork, Paris 1951, in: Ars Orientalis,1 (1954), S. 245–249.
–: Notes on the Lusterware of Spain, in: Ars Orientalis, 1 (1954), S. 133–156.
–: Neareastern Book Covers and their Influence on European Bindings, in: Ars Orientalis, 3 (1959), S. 113–131.
–: An Early Ottoman Textile, in: First International Congress of Turkish Arts, Ankara 1959, Communications presented to the Congress, Ankara 1961, S. 134–140.
–: Jean-Léon Gérôme (1824–1904) as a Painter of Near Eastern Life, In: Jean-Léon Gérôme, an Exhibition, organized by Bruce H. Evans, with Introduction and Commentaries by Gerald M. Ackerman at the Dayton Art Institute, The Minneapolis Institute of Arts and The Walters Art Gallery, Dayton, Ohio, 1972, S. 16–26.
–: Muslim Decorative Arts and Painting. Their Nature and Impact on the Mediaeval West, in: Islam and the Medieval West, Ausst.-Kat., New York 1975, S. 5–27.
–: Des Menschen Werk. Islamische Kunst und Architektur, in: Welt des Islam. Geschichte und Kultur im Zeichen des Propheten, hg. v. B. Lewis, Braunschweig 1976, S. 57–88.
–: Der Einfluß der angewandten Künste und der Malerei des Islam auf die Künste Europas, in: Das Vermächtnis des Islam, hg. v. J. Schlacht und C.E. Bosworth, 2 Bde., München 1983.
–: Die angewandten Künste und die Malerei. Merkmale und Wirkungsbereich, in: Das Vermächtnis des Islam, hg. v. J. Schacht und C.E. Bosworth, Bd. 2, München 1983, S. 41–61.
–: Islamic Art and Archaeology. Collected Papers, Berlin 1984.
–: Hilal in Islamic Art, in: The Encyclopaedia of Islam, New edition, S. 381–385.
Ettinghausen, Richard / Hartner, Willy: The Conquering Lion, the Life Cycle of a Symbol, in: Oriens, Vol. 17 (1964), S. 161–171.
Ettinghausen, Richard / Grabar, André Oleg: The Art and Architecture of Islam (650–1250), Middlesex 1987.
Ettinghausen, Richard / Macdougall, Elisabeth B. (Hg.): The Islamic Garden,Washington 1976.
Ettmayer, Karl R. von: Der Rosenroman, T. 1 (Repetitorien zu altfranzösischen Literaturdenkmälern, 1), Heidelberg 1919, S. 1–41.
Europa und die Kunst des Islam, 15. bis 18. Jh., Akten des 25. Internationalen Kongresses für Kunstgeschichte, Wien 1983, Bd. 5 (Leitung der Sektion Oleg Grabar), Wien/Köln/Graz 1985.
Euw, Anton: Imago mundi, in: Monumenta Annonis, Ausst.-Kat., Köln 1975, S. 89–99.
Evans, Joan: Pattern in Western Europe. A Study of Ornament in Western Europe from 1180 to 1900, Oxford 1931.
Eyssen, Ed.: Daniel Hopfer von Kaufbeuren, (Diss.) Heidelberg 1904.
Faber, Felix: Evagatorium in Terrae Sanctae, Arabiae et Egypti Peregrinationem, hg. v. Cunradus Dietericus Hassler, Stuttgart 1843.
Falaschi, Enid T: Valvassori's 1553 Illustrations of ›Orlando furioso‹: The Development of Multi-Narrative Technique in Venice and its Links with Cartography, in: La Bibliofilia, 77 (1975), S. 227–251.
Falke, Otto von: Kunstgeschichte der Seidenweberei, 2 Bde., Berlin 1913–1921.
–: Altberliner Fayencen, Berlin 1923.
–: Romanische Drachenleuchter, in: Zeitschrift für bildende Kunst, 60 (1926/27), S. 3–8.
–: Elfenbeinhörner II. Byzanz, in: Pantheon, 5 (1930), S. 39–44.
–: Gotisch oder Fatimidisch? In: Pantheon, 3 (1930), München.
–: Regensburger Brokatgewebe, in: Pantheon 8 (1931), S. 371–73.
Falke, Otto von / Meyer, Erich: Bronzegeräte des Mittelalters, Bd. 1: Romanische Leuchter und Gefäße, Gießgefäße der Gothik, Berlin 1935.
Farabi, Abu-Nasr Muhammad Ibn-Muhammad al: Abhandlung der Musterstaat. Aus Londoner und Oxforder Handschriften, hg. v. F. Dieterici, Leiden 1895, Nachdr. Osnabrück 1985.
Fares, Bishr: Un herbier arabe illustré du XIVe siècle, in: Archaeologica orientalia in memoriam Ernst Herzfeld, hg. v. G.C. Miles, New York 1952, S. 84–88.
Farmer, Henry George: Music, in: The Legacy of Islam, hg. v. T. Arnold / A. Guillaume, Oxford 1931, S. 356–375.
–: Historical Facts for the Arabian Musical Influence, London 1970.
Farwell, Beatrice: Sources for Delacroix's ›Death of Sardanapalus‹, in: Art Bulletin, 40 (1958), S. 66–71.
Fattah, Abdul Razzak Abdul: Wilhelm Hauff und ›1001 Nacht‹, Leipzig 1970.
Fehér, Geza: Türkisches und Balkanisches Kunsthandwerk, Corvina 1975.
Feist, Peter H.: Untersuchungen zur Bedeutung orientalischer Einflüsse für die Kunst des frühen Mittelalters, in: Wissenschaftliche Zeitschrift der Martin-Luther-Universität Halle-Wittenberg, 2. 2 (1952/53), Gesellschafts- und Sprachwissenschaftliche Reihe 1, S. 27–79.
Fekete, Ludwig: Die Siyaçat-Schrift in der türkischen Finanzverwaltung, 2 Bde., Budapest 1955.
Feldhaus, F.M.: Die Technik. Ein Lexikon der Vorzeit, der geschichtlichen Zeit und der Naturvölker 1914, Neudr. München 1970.
Ferber, Stanley: Islamic Art and the Medieval West. The State of the Question, in: Islam and the Medieval West, Ausst.-Kat., New York 1975, S. 67–75.
Ferrato, Piero: Il Marchesato di Mantova e lImpero Ottomano alla fine secolo XV. Documenti inediti tratti dellArchivio storico dei Gonzaga, Mantua 1876.
Fezzi, Elda: L'opera complete di Renoir, Mailand 1972.
Filgueira Valverde, Jose: Historias de Compostela, Santiago de Compostela 1970.
Fillitz, Hermann: Zwei Elfenbeinplatten aus Süditalien, Bern 1967.
–: Das Mittelalter,Propyläen Kunstgeschichte, Bd. 5, Berlin 1969.
Fillitz, Hermann / Pippal, Martina: Schatzkunst. Die Goldschmiede- und Elfenbeinarbeiten aus österreichischen Schatzkammern des Hochmittelalters, Salzburg/Wien 1987.
Finberg. J.: The Life of J. M. Turner, Oxford 1964.
Fiore, Silvestro: Über die Beziehungen zwischen der arabischen und der frühitalienischen Lyrik, Köln 1956.
Firouz, Mariam: L'Iran et le dixhuitième siècle. Influence de la culture iranienne dans l'œuvre de Voltaire, Montesquieu et Diderot, Leipzig 1963.
Fischel, Walter: Ibn Khaldun in Egypt. His Public Functions and His Historical Research (1382–1406). A Study in Islamic Historiography, Berkeley/Los Angeles 1967.
Fischer, Erik: Melchior Lorck, en dansk vagants levnedsløb i det 16. aarhundrede, in: Fund og Forskning i det Kgl. Biblioteks Samlinger 11, Kopenhagen 1964, S. 33–72.
–: Von weiteren Kopien nach Melchior Lorck nebst einem Exkurs über die Protoikonographie der Giraffe, in: Nordelbingen, 43 (1974), S. 81–92.
Fischer von Erlach, J. B.: Entwurf einer historischen Architektur, mit e. Nachw. v. Harald Keller, Düsseldorf 1978.
Flagge, Ingeborg: Unntersuchungen zur Bedeutung des Greifen, Sankt August 1975.
Flandin, Eugene / Coste, Pascal: Voyage en Perse, entrepris par ordre de M. le Ministre des affaires étrangères, d'après les instructions dressées par l'Institut pendant les années 1840 et 1841, 6 Bde., Paris 1843–1854.
Flechsig, Eduard: Martin Schongauer, Straßburg 1951.
Fleck, Konrad: Flore und Blanchefleur, hg. v. W. Golther, Deutsche National-Litteratur. Historisch kritische Ausgabe, 4.2, Berlin/Stuttgart 1888.
–: Tristan und Isolde, hg. v. W. Golther, Deutsche National-Litteratur. Historisch kritische Ausgabe, 4.1, Berlin/Stuttgart 1888.
Flemming, Johanna / Lehmann, Edgar / Schubert, Ernst: Dom und Domschatz zu Halberstadt, Wien/Köln 1974.
Fletcher, John: Athanasius Kircher und seine Beziehungen zum gelehrten Europa seiner Zeit, Wiesbaden 1988.
Flügel, Gustav: Die arabischen, persischen, türkischen Handschriften der K. .K. Hofbibliothek zu Wien, 3 Bde., 1865–1867, Nachdr. 1977.
Foelkersam, A. von: Ein Alt-Livländisches Trinkhorn, in: Jahrbuch für Genealogie, Heraldik und Saphragistik 1900, Mitau 1902.
Folda, Jaroslav: Crusader Manuscript Illumination at Saint-Jean d'Acre (1275 - 1291), Princeton, New Jersey 1976.
Folnesics, J. / Braun, E. W.: Geschichte der K. K. Wiener Porzellan-Manufaktur, Wien 1907.
Forbin, L. N. P. A.: Travels in Egypt (1817–1818), London 1819.
Forlani, Anna: Jacopo Ligozzi nel Gran Serraglio, in: FMR, 1 (1982), S. 72–103.

FORSSMAN, ERIK: Rembrandts Radierung ›Der Triumph des Mardochai‹, in: Zeitschrift für Kunstgeschichte, 39 (1976), S. 297ff.
FOSSIER, ROBERT: Le Moyen Age, 3 Bde., Paris 1982/1983.
FRAEHN, CH. M.: Beleuchtung der merkwürdigen Notiz eines Arabers aus dem 11. Jahrhundert über die Stadt Maynz, Mémoires de l'Académie Impériale de Sciences de Saint-Pétersbourg, 6. Serie, 2, 1834.
FRANCESCH MOYA, FEDERICO: Museos de España. Barcelona. León. Valladolid. Cuenca, León 1984.
FRANCOVICH, GÉZA DE: Persia, Siria, Bisanzio nel Medioevo artistico europeo, Neapel 1984.
FRANKE, FRANZ RICHARD: Die freiwilligen Märtyrer von Cordova und das Verhältnis der Mozaraber zum Islam. Nach den Schriften des Speraindes, Eulogius und Alvar, Münster i.W. 1958.
FRANKFORT, F.: Marino Sanudo Torsello. A Social Biography, 1974.
FRANKFORT, H.: The Art and Architecture, 1977.
FRANZ, HEINRICH GERHARD: Niederländische Landschaftsmalerei im Zeitalter des Manierismus, 2 Bde., Graz 1969.
FRATTAROLI, PAOLA: Esame dei tessuti provenienti dalla Tomba di Cangrande I. della Scala., in: Le stoffe di Cangrande. Ritrovamenti e ricerche sul 300 veronese, hg. v. L. Magagnato, Ausst.-Kat., Florenz/Castelvecchio 1983, S. 75–109.
FREETHA, ZAHRA / WINSTONE, V.: Explorers of Arabia. From the Renaissance to the V. Era, New York 1978.
FREISE, KURT: Pieter Lastman, sein Leben und seine Kunst, Leipzig 1911.
FRIEDLÄNDER, MAX J.: Lucas van Leyden, Berlin 1963.
FRODL, GERBERT: Hans Makart. Monographie und Werkverzeichnis, Salzburg 1974.
FROMENTIN, EUGENE: Œuvres complètes, hg. v. G. Sagens, Paris 1984.
FRONSBERGER, L.: Von Keyserlichen Kriegsrechten, Malefiz und Schuldthändlen / Ordnung und Regiment, Frankfurt 1596.
FROTHINGHAM, ALICE WILSON: Lustreware of Spain, New York 1951.
FÜCK, JOHANN: Arabische Kultur und Islam im Mittelalter. Ausgewählte Schriften, Weimar 1981.
– : Die arabischen Studien in Europa bis in den Anfang des 20. Jhs., Leipzig 1955.
FUESS, RODERICH: Ansichten vom Orient. Eine Anmerkung zum Royal Pavilion in Brighton, in: Daidalos, 19 (1986).
Führer durch das Kunsthistorische Museum Wien Nr. 30: Die Rüstkammern. Schloß Ambras, Wien 1981.
GABORIT-CHOPIN, DANIELLE: Elfenbeinkunst im Mittelalter, Berlin 1978.
GABRIEL, ALBERT: La Cité de Rhodos, 2 Bde., Paris 1921–1923.
GABRIEL, ERICH: Die Türkenbeute in Österreich, in: Die Türken und was von ihnen blieb, Wien 1978.
GABRIELI, FRANCESCO: L'islam e l'occidente nell'alto medioevo, in: L'occidente e l'islam nell'alto medioevo. Settimane di studio del centro italiano di studi sullàlto medioevo, 2–8 aprile 1964, 2 Bde., Spoleto 1965, S. 15–35.
– : Venezia e i mamelucchi, in: Venezia e l'oriente fra tardo medievo e rinascimento, hg. v. A. Pertusi, Florenz 1966, S. 417–432.
– (Hg.): Die Kreuzzüge aus arabischer Sicht. Aus den arabischen Quellen ausgewählt und übers. v. F. Gabrieli, Zürich/München 1973.
– (Hg.): Die Kreuzzüge aus arabischer Sicht, München 1975.
– (Hg.): Mohammed in Europa. 1300 Jahre Geschichte, Kunst, Kultur, übers. v. Johann Strauß, München 1983.
–: Der Islam in der Mittelmeerwelt, in: Das Vermächtnis des Islam, hg. v. J. Schacht / C.E. Bosworth, Bd. 1, München 1983, S. 83–133.
GADD, C. J: Stones of Assyria, 1936.
GAETHGENS, THOMAS: La Mascarade de 1747, in: Ausst.-Kat., Jean Barbault (1718–1762), bearb. v. N. Noll u. P. Rosenberg, Beauvais/Angers/ Valence 1974, S. 25–30.
GAETHGENS, THOMAS / LUGAND, JAQUES: Joseph-Marie Vien (1716–1809), Paris 1988.
Gah Inventar Leprehaus (1656)
Fol. 1: ›op de moers damer: een schilderij van Naman van Syrien uytgebeelt door 4 regenten van P. de Grebber‹ (im Regentenzimmer: ein Gemäle von Naaman dem Syrier dargestellt durch 4 Regenten von P. de Grebber)
GALEN, HANS / DETHLEFS, GERD: Türkenbeute aus Westfalen, in: Türkische Kunst und Kultur aus osmanischer Zeit, Bd. 1, Ausst.-Kat., Frankfurt a. M. 1985, S. 255.
GALLICHON, EMILE: Gérôme, peintre ethnographe, in: Gazette des Beaux-Arts, 24 (1868), S. 147–151.
GAMER-WALLERT, INGRID: Ägyptische und ägyptisierende Funde von der iberischen Halbinsel, Wiesbaden 1978.
GANIAGE, JEAN: Les Origines du protectorat français en Tunisie (1861–1881), Paris 1959.
GARBERS, KARL / WEYER, JOST (Hg.): Quellengeschichtliches Lesebuch zur Chemie und Alchemie der Araber im Mittelalter, Hamburg 1980.
GARCIA GOMEZ, EMILIO: Maurisches Spanien. Das goldene Zeitalter von Córdoba und Granada. in: Welt des Islam. Geschichte und Kultur im Zeichen des Propheten, hg. v. B. Lewis, Braunschweig 1976, S. 225–244.
GARDNER, J. S. / EAMES, E. S.: A Tile Kiln at Chertsey Abbey, in: The Journal of the British Archaeological Association, 17 (1954), S. 43ff.
GARNIER, E.: Catalogue du Musée Céramique, o.O. 1897, Nr. 16, S. 8.
GARZELLI, ANNAROSA (Hg.): Miniatura Fiorenti del Rinascimento (1440 - 1525), Florenz 1985.
GASNAULT, PAUL / GARNIER, EDUARD: French Pottery. South Kensington Art Handbooks, London 1884, S. 5.
GASPARETTO, ASTONE: Il Vetro di Murano dalle origini ad oggi, Venedig 1958.
GASPARRINI, LAURA SITRAN: L'Egitto nella rappresentzione cartografica, in: Viaggiatori Veneti alla scoperta dell'Egitto, Ausst.-Kat., Venedig 1985, S. 17–42.
GASTFREUND, J: Mohamed nach Talmud und Midrasch, Kritisch-hist. bearb., Berlin 1875.
GAU, F. C.: Antiquités de la Nubie, ou Monuments inédits des bords du Nil, entre la première et la deuxième cataracte, Paris 1824.
GAUTHIER, MARIE-MADELEINE: Emaux limousins champlevés des XIIe, XIIIe et XIVe siècles, Paris 1950.
GAXOTTE, PIERRE: Louis XV, Paris 1980.
GEIGER, ABRAHAM: Was hat Mohammed aus dem Judentum aufgenommen, Leipzig 1902, Nachdr. 1981.
GEIJER, AGNES: Oriental Textiles in Scandinavian Versions, in: Aus der Welt der islamischen Kunst. Festschrift für Ernst Kühnel zum 75. Geburtstag, Berlin 1959, S. 323–335.
– : A History of Textile Art, London 1979.
GEISBERG, MAX: The German Single-Leaf Woodcut (1500–1550), 4, 1974.
– : Geschichte und kritischer Katalog des deutschen, niederländischen und französischen Kupferstichs im 15. Jh., Bd. 8, Wien 1932.
– : Geschichte der deutschen Graphik vor Dürer, Berlin 1939.
GELFER-JØRGENSEN, MIRJAM: The Islamic Paintings in Cefabì Cathedral, Sicily, in: Hafnia 5 (1978), S. 107–168.
– : On Insular Miniatures and Islamic Textiles, in: Hafnia, 6 (1979), S. 50–80.
GEORGIJEVIC, BARTHOLOMEJ: Türcken Büchlin: Gantz warhaftige unnd aber erbärmliche Beschreibung, von der pein, marter, schmertzen und Tyranney, so die Türcken, den gefangenen Christen, mann und weib, jungen und alten anthun, Straßburg 1558.
GERHARTL, G.: Belagerung und Entsatz von Wien 1683, Militärhistorische Schriftenreihe, 46, Wien 1983.
GERMER, STEFAN: Historizität und Autonomie. Studien zu Wandbildern im Frankreich des 19. Jhs., Hildesheim/Zürich/New York 1988.
GEROLA, GIUSEPPE: Le vedute di constantinopoli di Cristoforo Buondelmonti, in: Studi bizantini e neoellenici, Bd. 3, Rom 1931, S. 249–270.
– : Di un raro opuscolo su Rodi della Biblioteca di Trento, in: Maso Finiguerra, Jg. 2, (1937), S. 15–20.
GERSDORF, M. HILDEGARD: Drei österreichische Orientreisende des 19. Jh. und ihr schriftstellerisches Werk, Wien 1940.
GIBB, H.A.R.: Literature, in: The Legacy of Islam, hg, v. T. Arnold / A. Guillaume, Oxford 1931, S. 180–209.
GIEHLOW, K.: Die Hieroglyphenkunde des Humanismus in der Allegorie der Renaissance, in: Jahrbuch der Kunsthistorischen Sammlungen des Allerhöchsten Kaiserhauses, Jg. 32, Wien 1915.
GILET, ANNIE: Le temple de Neptune a Palmyre dessine par Louis-Francois Cassas (1756–1827), (L'antiquité gréco-romaine vue par le siècle des lumières, collection Caesarodunum XXII bis, hg. v. R. Chevallier), Tours 1987.
GILLES DE LA TOURETTE, F.: L'Orient et les peintres de Venise, Paris 1924.
GILTAIJ, J. / JANSEN, G.: Een gloeiend palet - Schilderijen van Rembrandt en zijn school, Rotterdam 1988.
GINGERICH, OWEN: Die islamische Periode der Astronomie, in: Spektrum der Wissenschaft, April (1986), S. 100–109.
GLÜCK, HEINRICH: Kunst und Künstler an den Höfen des 16. bis 18. Jhs. und die Bedeutung der Osmanen für die europäische Kunst, in: Historische Blätter, 1 (1921), S. 303–325.
GODARD D'ANCOUR: Mémoires turcs avec l'histoire galante de leur séjour en France, Amsterdam 1743.
GODWIN, JOCELYN: Athanasius Kircher. A Renaissance Man and the Quest for Lost Knowledge, London 1979.
– : Robert Fludd: Hermetic Philosopher and Surveyor of Two Worlds, London 1979.
GÖBEL, HEINRICH: Wandteppiche, 6 Bde., Leipzig 1923–1933.
GOETZ, HERMANN: Oriental Types and Scenes in Renaissance and Baroque Painting, in: Burlington Magazine, 83 (1938a), S. 50–62, 105–115.
– : Persians and Persian Costumes in Dutch Paintings of the Seventeenth Century, in: Art Bulletin, 20 (1938b), S. 280–280.
GOGUEL, T. N.: Some Turcoman Carpets and their Ornamentation, in: Burlington Magazine, 50 (1927), S. 251–254.
GÖKBILGIN, MEHMED TAYYIB: Venedik Devlet Ars ch ivindeki Türkçe Belgeler Kolleksiyonu ve bizimle ilgili diger belgeler, in: Belgeler: Türk Tarih Belgeleri Dergisi, V-VIII, 1968–71, S. 9–12, 1–51.
GÖKBILGIN, TAYYIB: Le relazioni veneto-turche nell'età di Solimano il Magnifico, in: Il Veltro Jg. 23, 2–4 (1979), S. 277–292.
GOLDSCHMIDT, ADOLPH / WEITZMANN, KURT: Die byzantinischen Elfenbeinskulpturen des 10. bis 13. Jahrhunderts, Bd. I: Kästen, Berlin 1930.
GOLDSCHMIDT, ADOLPH: Die Elfenbeinskulpturen aus der romanischen Zeit, 11.–13. Jahrhundert, Bd. 4, Berlin 1926.
GOLDSCHMIDT, ERNST PHILIP: Hieronymus Münzer, London 1938.
GOLDSTEIN, DAVID: Hebrew Manuscript Painting, London 1985.
GÖLLNER, CARL: Turcica. Die europäischen Türkendrucke des 16. Jhs., 3 Bde., Bukarest/Berlin 1961–1968.
GOLTZ, DIETLINDE: Mittelalterliche Pharmazie und Medizin, dargestellt an Geschichte und Inhalt des Antidotarium Nicolai, 1471, Veröffentlichungen der Internationalen Gesell-

schaft für Geschichte der Pharmazie, Bd. 44, 1976.
Golvin, L.: L'Olifant de Toulouse, in: Archèologia, 124, Nov.(1978), S. 54–63.
Gomez Moreno, Maria Elena: La loza dorada primitiva de la Málaga, in: Al-Andalus, Revista de las Escuelas árabes de madrid y Granada, Fasc. 2, Vol. V, Madrid/Granada 1940, S. 383–398.
–: Mil joyas del arte español. Piezas selectas. Monumentos magistrales, Barcelona 1947.
Gonse, Louis: Fromentin, peintre et écrivain, Paris 1881.
Gonzales marti, M.: Cerámica española, Madrid 1933.
– : Céramica del Levantge español. Siglos medievales, 3 Bde., Barcelona 1944–1952.
– : La cerámica verde y morado de Paterna. La ›picaresca‹ en sus decoraciones, in: Anales del Centro de Cultura Valenciana. Tomo Jubilas I, Valencia 1965, S. 129–133.
Goodall, Frederick: The Reminiscences of Frederick Goodall, R.A., London 1902.
Goodwin, Godfrey: Das Osmanische Milieu, in: Kunst und Kunsthandwerk unter den Osmanen, hg. v. Yanni Petsopoulos, München 1982, S. 10–15.
Grabar, Oleg Andre: Le Succès des Arts Orientaux à la Cour Byzantine sous les Macédoniens, in: Münchner Jahrbuch für bildende Kunst, 3.2 (1951), S. 32–60.
Grabar, Oleg André: L'essor des arts inspirés par les cours princières à la fin du premier millénaire: Princes musulmans et princes chrétiens, in: L'occidente e l'islam...(1965), S. 845–892.
– : Städte und Städter. Aufstieg und Kultur des urbanen Islam, in: Welt des Islam. Geschichte und Kultur im Zeichen des Propheten, hg. v. B. Lewis, Braunschweig 1976, S. 89–116.
– : Architektur, in: Das Vermächtnis des Islam, hg. v. J. Schacht und C.E. Bosworth, Bd. 2, München 1983, S. 7–40.
Gradenwitz, Peter (Hg.): Das Heilige Land in Augenzeugenberichten. Aus Reiseberichten deutscher Pilger, Kaufleute und Abenteurer vom 10. bis zum 19. Jh., München 1984.
– : Musik zwischen Orient und Okzident. Eine Kulturgeschichte der Wechselbeziehungen, Hamburg 1977.
Graf, Georg: Die christlich-arabische Literatur bis zur fränkischen Zeit (Ende des 11. Jhs.). Eine literaturhistorische Skizze, Freiburg i.B. 1905.
Grafton, A.T.: Rhetoric, Philology and Egyptomanie in the 1570s: J.J. Scaliger Invective Against M. Giulandinis Papyrus, in: Journal of the Warburg and Courtauld Institutes, 42 (1979), S. 167–174.
Grandjean, S.: L'Influence Egyptienne a Sèvres', Het Genootschap voor Napoleonische Studien, 8, 1955.
Grape-Albers, H.: Spätantike Bilder aus der Welt des Arztes, Wiesbaden 1977.
Gray, Basil: An Album of Designs for Persian Textiles, in: Aus der Welt der islamischen Kunst. Festschrift für Ernst Kühnel zum 75. Geburtstag, Berlin 1959, S. 219–225.
– : Thoughts on the Origin of ›Hedwig‹ Glasses, in: Colloque international sur l'histoire du Caire 1969, Kairo 1972, S. 191–194.
– : Islamic Art in the Burlington, in: Burlington Magazine, Juli (1986), S. 484–487.
Greener, Leslie: The Discovery of Egypt, London 1966.
Grelot, GuillaumE, Joseph: Relation nouvelle d'un voyage de Constantinople, Paris 1680.
Gröben, Otto Friedrich von der: Orientalische Reise-Beschreibung des Brandenburgischen Adelichen Pilgers Otto Friedrich von der Gröben Anno 1694.
Grobert, J. F. L.: Description des pyramides de Ghizé ..., Paris 1801.
Groenewegen-Frankfort, H.A.: Arrest and Movement. An Essay on Space and Time in the Representational Art of the Ancient Near East, London 1951.
Grönwoldt, Ruth: Miszellen zur Textilkunst der Stauferzeit, in: Die Zeit der Staufer, Ausst.-Kat., Stuttgart 1979, Bd. 5, S. 389–418.
Gronau, G.: Die Künstlerfamilie Bellini, 1909.
Grosrichard, Alain: Structures du Sérail. La fiction du despotisme asiatique dans l'Occident classique, Paris 1979.
Grössing, Helmuth: Arabische Kosmologie im Früh- und Hochmittelalter, in: Kultur des Islam, Wien 1981, S. 105–123.
Grosz, A: Vorlagen der Werkstätten des Lucio Piccinio, in: Jahrbuch der Kunsthistorischen Sammlungen 26, Wien 1923–1925, S. 123–131.
Grousset, René: Das Heldenlied der Kreuzzüge, Stuttgart 1951.
– Orient und Okzident im geistigen Austausch, Stuttgart 1955.
Grube, Ernst J.: Materialien zum Dioskurides Arabicus, in: Aus der Welt der islamischen Kunst. Festschrift für Ernst Kühnel, Berlin 1959, S. 163–194.
– : Malerei, in: Kunst und Kunsthandwerk unter den Osmanen, hg. v. Yanni Petsopoulos, München 1982, S. 193–211.
– : Il problema delle stoffe di Cangrande, in: Ausst.-Kat., Le stoffe di Cangrande. Ritrovamenti e ricerche sul 300 veronese, hg. v. L. Magagnato, Florenz/Castelvecchio 1983, S. 41–46.
Gruber, A.C.: Les grandes fêtes et leurs décors à l'époque de Louis XIV., Genf 1972.
Grunebaum, Gustav Edmund von: Der Islam im Mittelalter, Zürich/Stuttgart 1963.
–: L'espansione dell'islam: La struttura della nuova fede, in: L'occidente e l'islam ..., (1965), S. 65–91.
–: Islam and Mediaeval Hellenism. Social and Cultural Perspectives, London 1976.
Guboglu, Mihail: Kanuni Sultan Süleyman'in Bogdan seferi ve zaferi (1538 M. 945 h.), Belleten 50 (1986), S. 727–805.
Guer, Jean-Antoine: Moeurs et usages des Turcs, leur religion, leur gouvernement civil, militaire, et politique, avec un abregé de l'Histoire Ottomane. Ouvrage enrichi de Figures, entailles Douces, T. 1–2, Amsterdam/Paris 1747.
Guérin, Victor: Voyage dans l'île de Rhodes et description de cette île, Paris 1856.
Guiffrey, Jules: Inventaires de Jean Duc de Berry (1401–1416), Paris 1894.
–: La ›Mort de Sardanapale‹ d'Eugène Delacroix, in: Gazette des Beaux-Arts, 63.4 (1921), S. 193–202.
Guillaume, Alfred: Philosophy and Theology, in: The Legacy of Islam, hg. v. T. Arnold / A.: Guillaume, Oxford 1931, S. 239–282.
Guillibert, Hippolyte Baron: Le comte A. de Forbin (1777 - 1841). Documents inédits, Paris 1905.
Guinard, P: Dauzats et Blanchard. Peintres de l'Espagne romantique, Paris 1967.
Guirguis, Fawzy D.: Bild und Funktion des Orients in Werken der deutschen Literatur des 17. und 18. Jhs., Berlin 1972.
Gutterman, Helen: David Roberts R.A. (1796–1864), London 1978.
Guldescu, Stanco: The Croatian-Slavnonian Kingdom (1526–1792), Den Haag 1970.
Gullino, G. / Rinaldi, S. Mason: Tradimento e Ragion di Stato nella Caduta di Candia, in: Venezia e la difesa di Levante. Da Lepanto a Candia (1570–1670), Ausst.-Kat., Venedig 1986, S. 146, S. 182f.
Gundlach, Wilhelm: Heldenlieder der deutschen Kaiserzeit, 1, Hrotsvith von Gandersheim, Otto-Lied, Innsbruck 1894.
Gunther, Robert Theodore: The Astrolabes of the World, Oxford 1932.
Gurlt, Ernst Julius: Geschichte der Chirurgie, 3 Bde., Berlin 1898–1902.
Guthke, Karl: Gotthold Ephraim Lessing, Stuttgart 1979.
Gutkas, K. (Hg.): Prinz Eugen und das barocke Österreich, 1985.
Guy, Henry: La Chronique Française de Maitre Guillaume Cretin, in: Revue des Langues Romanes, 47 (1904) / 48 (1905).
Habachi, Labib: Elephantine 4. The Sanctuary of Heqaib, Mainz 1985.
Habermann, Johann: Maimonides and Aquinas. A Contemporary Appraisal, New York 1979.
Hachicho, Mohamad Ali: English Travel Books About the Arab Near East in the Eighteenth Century, Bonn 1963.
Haebler, K. (Hg.): Einblattdrucke des 15. Jhs., Halle 1914.
Haedecke, H.V.: Metalwork, London 1970.
Hämel, A.: Der Pseudo-Turpin von Compostela, hg. v. André de Mandach, München 1965.
Haevernick, Thea Elisabeth / Grimm, Günter: Die Überfangglasscherbe in Cameotechnik von Walldürn, in: Jahrbuch des Römisch-Germanischen Zentralmuseums Mainz, 10 (1963), Mainz 1965, S. 204–215.
Hagenau, G.: Jan Sobieski, Wien/München 1983.
Hahnloser, Hans R. (Hg.): Il Tesoro di San Marco, Bd. 2: Il Tesoro e il Museo, Florenz 1971.
Hall, Manly Palmer: The Secret Teachings of All Ages: An Encyclopedic Outline of Masonic, Hermetic, Qobbalistic and Rosicrucian Philosophy, Los Angeles 1928–1975.
Halm, Philipp Maria / Berliner, Rudolf (Hg.): Das Hallesche Heiltum. Man., Aschaffenb. 14., Berlin 1931.
Halsband, Robert: The Life of Lady Mary Wortley Montagu, Oxford 1957.
Hamilton Gibb: The Influence of Islamic Culture on Mediaeval Europe, in: Bulletin on the John Rylands Library Manchester, 38 (1955–56), S. 82–98.
Hamilton, N.: Die Darstellung der Anbetung der hl. drei Könige in der Toskanischen Malerei von Giotto bis Lionardo, Straßburg 1900.
Hammer, Joseph von: Fug und Wahrheit in der morgenländischen Literatur, nebst einigen wenigen Proben von der feinen Gelehrsamkeit des Herrn von Diez zu Berlin, in: Sprachen und Wissenschaften, Wien 1816.
Hammo, Ahmed: Die Bedeutung des Orients bei Rückert und Platen, Freiburg 1971.
Hammond, Lincoln Davis (Hg.): Travellers in Disguise: Narratives of Eastern Travel by Poggio Bracciolini and Ludovico de Varthema, Cambridge, Mass. 1963.
Hanson, Bernard / Griffith, D. W.: Some Sources, in: Art Bulletin, 54 (1972, 4), S. 493–515.
Harbeck, Hans: Melchior Lorichs, Hamburg 1911.
Harff, Arnold von: The Pilgramage of Arnold von Harff Knight From Cologne, Through Italy, Syria, Egypt, Arabia, Ethiopia, Nubia, Palestine,Turkey, France and Spain, which he Accomplished in the Years 1496 to 1499, übers. u. hg. v. Malcolm Letts., London 1946.
Harms: Deutsche Illustrierte Flugblätter des 16. und 17. Jahrhunderts, Bd. 4, 1987.
Harper, Prudence Oliver: The Senmurv, in: The Metropolitan Museum of Art Bulletin, N.S. 20 (1961), S. 95–101.
Harten, Ulrike: Die Bühnenbilder (1798 bis 1834), (Diss.) Kiel 1974.
Harten, Uwe: ›Alla turca‹. Türkisches in der Musik, in: Die Türken, und was von ihnen blieb, Wien 1978.
Hartleben, H.: Champollion, Bd. II., Berlin 1906.
Hartmann, Johannes: Die Persönlichkeit des Sultan Saladin im Urteil der abendländischen Quellen, Berlin 1933.
Hartner, Willy: Oriens-Occidens. Ausgewählte Schriften zur Wissenschafts- und Kulturgeschichte, Bd. 2., Hildesheim/Zürich/New York 1984.
–: Spätislamische Astronomen und Kopernikus, in: Islam und Abendland, Bern/Frankfurt a. M. 1976, S. 59–87.

HARTNER, WILLY / ETTINGHAUSEN, RICHARD: The Conquering Lion. The Life Cycle of a Symbol, in: Richard Ettinghausen, Islamic Art and Archeology. Coll. Papers, Berlin 1984, S. 693ff.
HASSLER, G. (Hg.): Fratris Felicis Fabri evagatorium, 1566, 3 Bde., Stuttgart 1843–9.
HATTON, RAGNHILD MARIE: Charles XII of Sweden, London 1968.
HATZ, VERA / WELIN, ULLA S. LINDER: Deutsche Münzen des 11. Jhs. nach byzantinisch-arabischem Vorbild in den schwedischen Funden der Wikingerzeit, in: Commentationes de Nummis saeculorum IX-XI in Suecia repertis (Kungl. Vitterhets historie och antikvitets Akademiens handlingar. Antikvariska Serien 19), P. 2, Stockholm 1968, S. 2–38.
HAU, FRIEDRUN R.: Rhazes und Avicenna. Arztphilosophen des islamischen Mittelalters, in: Deutsches Ärzteblatt 77, 44 (1980), S. 2644–2646 / 45 (1980), S. 2699–2701.
HAUPT, BARBARA: Die Vzrüstünge dez herczaugen Gotfrides von Bullion. Eine dt. Übers. d. Historia Hierosolymitana d. Robertus Monachus, Berlin 1971.
HAUPTMAN, WILLIAM: Gleyre, il maestro di Renoir, in: FMR, 8.36 (1985), S. 135–152.
HAUSMANN, TJARK: Majolika. Spanische und italienische Keramik vom 14. bis zum 18. Jahrhundert, Berlin 1972.
HAVERKAMP, ALFRED (Hg.): Zur Geschichte der Juden in Deutschland des späten Mittelalters und der frühen Neuzeit, Stuttgart 1981.
HAYDAR, AHMAD: Mittelalterliche Vorstellungen von dem Propheten der Sarazenen. Mit bes. Berücks. d. Reisebeschreibung d. Bernhard von Breidenbach (1483), Berlin 1971.
HAYES, JOHN R. (Hg.): The Genius of Arab Civilasation. Source of Renaissance, Oxford 1976, Nachdr. 1978.
HAYWARD, R. A. : Cleopatra's Needles, Buxton-Derbyshire 1978.
HdEG: Handbuch der Europäischen Geschichte, hg. v. Th. Schieder, Bd. 1, 1976.
HECKSCHER, WILLIAM S. : Bernini's Elephant and Obelisk, in: Art Bulletin, 29 (1947), S. 155–182.
HEFELE, H.: Albert von Aachen. Geschichte des ersten Kreuzzugs, Jena 1923.
HEHLER, A.: Bildnisse berühmter Griechen, 1962/1963.
HEHN, VICTOR: Kulturpflanzen und Haustiere in ihrem Übergang aus Asien nach Griechenland und Italien, hg.v. O. Schrader, Berlin 1911, Neudr. Darmstadt 1963.
HEIN, W.-H. / WITTOP KONING, D. A.: Die Apotheke in der Buchmalerei, Frankfurt a. M. 1981.
HEINZ, DORA: Europäische Wandteppiche, Bd. I. Von den Anfängen der Bildwirkerei bis zum Ende des 16. Jhs., Braunschweig 1963.
HEISS, GERNOT / KLINGENSTEIN, GRETE (Hg.): Das Osmanische Reich und Europa 1683–1789: Konflikt, Entspannung und Austausch, München 1983.
HELD, J. S. : Rubens. Selected Drawings, Bd. 1, 1959.
HELFFRICH, JOHANN: Kurtzer und warhafftiger Bericht/ Von der Reis aus Venedig nach Hierusalem/ Von dannen in Aegypten/ auff den Berg Sinai, Alcair/ Alexandria und folgends widerumbb gen Venedig, Leipzig 1580.
HELM, KARIN: Goethes Verskunst im Weštöstlichen Divan, Göttingen 1955.
HENGEL, MARTIN: Achilleus in Jerusalem. Eine spätantike Messingkanne mit Achilleus-Darstellungen aus Jerusalem, Heidelberg 1982.
HENIGER, J.: Festschrift . Carolus Clusius (Charles de l'Ecluse) im pannonischen Raum, Eisenstadt 1973, S. 149–167.
HENNEBO, DIETER: Die Gärten des Mittelalters, München/Zürich 1987.
HERALD, J. CHRISTOPHER: Bonaparte in Egypt, New York/Evason/ London 1962.
HERBERT, J. A.: Clovio Giulio, in: Thieme-Bekker, Allgemeines Lexikon der bildenden Künstler, Bd. 7, Leipzig 1912, S. 122–124.
HERBETTE, MAURICE: Une ambassade persane sous Louis XIV., Paris 1907.
HERES, GERALD: Museum Bellorianum. Zu e. Ausst. der Berliner Antiken-Sammlung, in: Das Altertum, 20 (1974), S. 326ff.
– : Die Anfänge der Berliner Antiken-Sammlung. Zur Geschichte des Antikenkabinetts (1640– 1830), in: Forschung und Berichte, 18 (1977), S. 93ff.
– : Addenda, 1980.
HERRLINGER, ROBERT: Geschichte der medizinischen Abbildung, 2 Bde., Bd. 1, Von der Antike bis zum Jahr 1600, München 1967.
HERRMANN, EHRENFRIED: Türke und Osmanenreich in der Vorstellung der Zeitgenossen Luthers, Freiburg i. B. 1961.
HERTEL, J.: Das Pañcatrantra, seine Geschichte und seine Verbreitung, Leipzig/Berlin 1914.
HERTZ, WILHELM: Gesammelte Abhandlungen, Stuttgart/Berlin 1905.
HERZSOHN, IS. JOS. H. PAUL: Der Überfall Alexandriens durch Peter I., König von Jerusalem und Cypern, aus einer ungedruckten arabischen Quelle mit historischen und kritischen Anmerkungen dargestellt, 1, Bonn 1886.
HESS, ANDREW C.: Piri Reis and the Ottoman Response to the Voyage of Discovery, in: Terrae Incognitae, 6 (1974), S. 19–37.
HESS, THOMAS B. / NOCHLIN, LINDA (Hg.): Woman as Sex Object. Studies in Erotic Art (1730–1970), in: Art News Annual, 38, New York 1972.
HEYD, URIEL (Rez.): Franz Babinger, Reliquienschacher am Osmanenhof im XV. Jh.. Zugleich ein Beitrag zur Geschichte der osmanischen Goldprägung unter Mehmed II., dem Eroberer, München 1956, in: Zeitschrift der Deutschen Morgenländischen Gesellschaft, Bd. 107. 2 (Sonderheft), N.F. Bd. 32 (1957), S. 654–656.
HEYD, WILHELM: Beiträge des Levantehandels im 14. Jhdt, in: Festschrift zur 4. Säcular-Feier der Eberhard-Karls-Universität zu Tübingen, Stuttgart 1877.
–: Geschichte des Levantehandels im Mittelalter, 2 Bde., Stuttgart 1879.
–: Le colonie commerciali degli italiani in oriente nel medioevo, 2 Bde., Venedig 1866–68.
HEYOB, SHARON KELLY: The Cult of Isis Among Women in the Graeco-Roman World, in: Etudes Préliminaires aux Religions Orientales dans lEmpire Romain 51, Leiden 1957.
HILDER, G.: Abu Ma'shars ›Introductorium in astronomian‹ und der altfranzösische ›Roman de la rose‹, in: Zeitschrift für romanische Philologie, 88 (1972), S. 13–33.
HILL, DONALD R.: The Book of Knowledge of Ingenius Mechanical Devises by Ibn al-Rizzaz al-Jazari, Dortrecht, Boston 1974.
HIND, ARTHUR: Giovanni Battista Piranesi. A Critical Study, London 1967.
–: Early Italian Engraving, V., London 1948.
HINSKE, N. (Hg.): Alexandrien. Kulturbegegnungen dreier Jahrtausende im Schmelztiegel einer mediterranen Großstadt, Mainz 1981.
HINZ, WALTHER: Ein orientalisches Handelsunternehmen im 15. Jh., in: Die Welt des Orients, 4 (1949), S. 313–340.
–: Die ersten Iraner in Deutschland, in: Mitteilungen des Instituts für Auslandsbeziehungen, 10 (1960), S. 242–245.
HOENERBACH, WILHELM: Deutschland und seine Nachbarländer nach der großen Geographie des Idrisi. Stuttgart 1938.
HOFF, MARLISE: Carl Daniel Freydanck. Ansichten und Aussichten, in: Carl Daniel Freydanck (1811–1887), Ausst.-Kat., Berlin 1987.
HOFFMEISTER, GERHART: Byron und der europäische Byronismus, Darmstadt 1983.
HOFMANN, FRIEDRICH H.: Das Porzellan der europäischen Manufakturen. Propyläen Kunstgeschichte, Sonderbd. 1, Frankfurt a. M. u.a. O. 1980.
HOFSTEDE DE GROT, CORNELIUS: Rembrandt onderwijst aan zijne leerlingen, in: Teest-Bundel Dr. Abraham Bredius aangeboden den achttienden April 1915.
HOFSTETTER, JOSEF: Die Griechen in Persien. Prosographie der Griechen im Persischen Reich vor Alexander, Berlin 1978.
HÖLBL, GÜNTER: Beziehungen der ägyptischen Kultur zu Altitalien, 2 Bde., Leiden 1979.
HOLLSTEIN, F. W. H.: Dutch and Flemish Etchings, Engravings and Woodcuts (ca. 1450–1700), Bd. 1ff., Amsterdam 194ff.
–: Dutch Etchings, Engravings and Woodcuts (ca. 1400–1700), Amsterdam 1954ff.
–: German Engravings, Etchings and Woodcuts, Bd. 16, 1974.
HOLME, BRYAN: Medieval Pageant, London 1987.
HOLTER, KURT: Die islamischen Miniaturhandschriften in der Österreichischen Nationalbibliothek, in: Kultur des Islam, Wien 1981.
HOMAYOUN, GHOLAM ALI: Iran in europäischen Bildzeugnissen vom Ausgang des Mittelalters bis ins 18. Jh., Köln 1967.
–: Iran in historisch-geographischen Werken europäischer Gelehrter im 16. Jh., in: Archaeologische Mitteilungen aus Iran, N.F. 3 (1970), S. 309–316.
HONEY, WILLIAM BOWYER: European Ceramic Art from the End of the Middle Ages to about 1815, 2 Bde., London 1952.
HONOUR, HUGH: The Egyptian Taste, in: Connoisseur, 135 (1955).
–: Curiosities of the Egyptian Hall, in: Country Life, 115 (1954). S 242–45.
HOPE, THOMAS: Household Furniture and Interior Decoration, London 1807, Nachdr. New York 1971.
HÖRNER, KARIN: Zur Orientreiseliteratur des 19. Jhs., in: Thomas Allom, Istanbul und der Bosporus, Hamburg 1986.
HORNSTEIN, LILLIAN HERLANDS: The Historical Background of the King of Tars, in: Speculum, 16 (1941), S. 404–414.
HOTZ, A.: Over afbeeldingen van Persepolis en Palmyra door Nederlanders (Philip Angel – Jan Jansz. Struys – Herbert de Jager – Cornelis de Bruyn – C. Hofsted van Essen), in: Oud Holland, 29 (1911), S. 1–34.
HROTSVITHA: Gedicht ueber Gandresheims Gruendung und die Taten Kaiser Oddos des Ersten. Nach d. Ausg. d. Monumentae Germaniae Historica Scriptores Perum Germanicarum, übers. v. Th. G. Pfund 1860.
Hrotsvithae Opera, hg.v. Paulus de Winterfeld. Monumentae Germaniae Historica Scriptores Perum Germanicarum, 34., Berlin 1902.
HUART, ANNABELLE D' / TARZI, NADIA: Harems, Paris 1980.
HUBALA, ERICH: Diverse Maniere. Bemerkungen zu G. B. Piranesi's ägyptischen Kaminen, in: Festgabe für Hans Sedlmayr, (masch. Kunstgesch. Seminar Univ. München), München 1956.
–: ›Égypten‹, in: Reallexikon zur deutschen Kunstgeschichte, Bd. 4, 1958, S. 750–775.
HUGHES, J. CALEB: Die Lagardes Ausgabe der arabischen Übersetzung des Pentateuchs cod. Leiden Arab. 377 nachgeprüft, Leipzig 1914.
HUGHES, PETER: Eighteenth Century France and the East, London 1981.
HULTSCH, PAUL: Der Orient in der deutschen Barockliteratur, (Diss.) Breslau 1936.
HUMBOLDT, ALEXANDER VON: Kosmos. Entwurf einer physischen Weltbeschreibung, Bd. 1–5, Stuttgart 1845–1862.
HUNGER, F. W. T.: Charles de l'Ecluse (Carolus Clusius), Nederlandsch Kruidkundige (1526–1609), 's-Gravenhage 1927–1942.
HUNKE, SIGRID: Allahs Sonne über dem Abendland. Unser arabisches Erbe, Stuttgart 1984.
–: Kamele auf dem Kaisermantel. Deutsch-arabische Begegnungen seit Karl dem Großen, Augsburg 1978.
HUSSEIN, MOHAMMED THA: Mamlukische Kunstformen in der Seidenweberei des 13. bis 15. Jhs. Ein Beitrag zur islamischen und europäischen Kunst, (Diss. ) Köln 1963.

Huth, Hans: ›Sarazenen‹ in Venedig? In: Festschrift für Heinz Ladendorf, Köln/Wien 1970, S. 58–68.
Hutter, Irmgard (Hg.): Byzanz und der Westen. Studien zur Kunst des europäischen Mittelalters, Wien 1984.
Huyghe, René: Delacroix , übers. v. H. Jobst / I. Lent, München 1967.
Ibn Abi Usaibi'a: Uyûn al-anbâ' fî tabaqât al-atibbâ', 2 Bde., hg. v. August Müller, Kairo/Königsberg 1882/1884.
Ibn Butlan, Abu' l-Hasan al-Muhtar Ibn Abdun: Das Ärztebankett. Aus arabischen Handschriften übers. u. komm. v. F. Klein-Franke, Stuttgart 1984.
Ibn Qutaiba, Abu M. Abdallah ibn Musalim: Handbuch der Geschichte. Aus den Hss. der K. K. Hofbibliothek zu Gotha und der Universitätsbibliothek zu Leyden, hg. v. F. Wüstenfeld, Göttingen 1850.
Ibn Rusd: Multiple Averroès. Actes du Colloque International de Paris organisé pour le 8e Centenaire de la naissance dAverroès, Paris 1979.
Ibn Sina: Remarks and Admonitions, 1: Logic, übers. v. S. C. Inati, Toronto 1984.
Ihekweazu, Edith: Goethes West-östlicher Divan. Untersuchungen zur Struktur des Zyklus, Hamburg 1971.
Ikonographie V: Lexikon der christlichen Ikonographie, Bd. 5, 1973.
Ilg, A. / Boeheim, W.: Das K.u.K. Schlosz Ambras in Tirol. Führer durch die Gebäude und die Sammlungen, Wien 1903.
Imbault-Huart, Marie-José: La médicine au moyen age à travers les manuscripts de la Bibliothèque Nationale, Paris 1983.
Incalik, Halil: ›Murad‹, Islam Ansiklopedisi, Bd. 8, Istanbul 1971, S. 598–615.
Intze, Ottokar: Tamerlan und Bajazet in den Literaturen des Abendlandes, Erlangen 1912.
Inventaire du Ms Scientifique de la Biliothéque Royal Albert Brüssel, II, 1971.
Irblich, Eva: Die Chirurgie des az Zahrawi. Ein Beispiel für die Bedeutung der arabischen Medizin und ihre Rezeption in Europa, in: Kultur des Islam, Wien 1981, S. 185–212.
Irby, CH. L. / Mangles, J.: Travels in Egypt and Nubia, Syria and the Holy Land, London 1868.
Irrgarten der Lust. 1001 Nacht. Aufsätze, Stimmen, Illustrationen, Frankfurt a. M. 1968.
Irtenkauf, Wolfgang: Stuttgarter Zimelien. Württembergische Landesbibliothek, Stuttgart 1985.
Irwin, John: Origins of the ›Oriental Style‹ in English Decorative Art, in: Burlington Magazine, 97 (1955), S. 106–114.
Iskandar, A. Z.: A Descriptive List of Arabic Manuscripts on Medicine and Science at the University of California, Los Angeles 1984.
Itzkowitz, Norman: Das osmanische Reich. Aufstieg und Fall der türkischen Herrschaft, in: Welt des Islam. Geschichte und Kultur im Zeichen des Propheten, hg. v. B. Lewis, Braunschweig 1976, S. 273–300.
Ivanoff, N.: La Libreria Marciana. Arte e Iconologia, in: Saggi e memorie di Storia dell'Arte, 4 (1968), S. 78ff.
Iversen, Erik: Obelisks in Exile, Kopenhagen 1968.
–: The Myth of Egypt and its Hieroglyphs in European Tradition, Kopenhagen 1961.
Jacob, Georg: Arabische Berichte von Gesandten an germanischen Fürstenhöfen aus dem 9. und 10. Jh., Berlin/Leipzig 1927.
–: Der Einfluß des Morgenlands auf das Abendland vornehmlich während des Mittelalters, Hannover 1924.
–: Ein arabischer Berichterstatter aus dem 10. Jahrhundert über Fulda, Schleswig, Soest, Paderborn und andere deutsche Städte, Berlin 1927.
Jacobs, Emil: Die Mehemmed-Medaille des Bertoldo, in: Jahrbuch der Preußischen Kunstsammlungen, 3 (1927), S. 1ff.
–: Mehemmed II, der Eroberer. Seine Beziehungen zur Renaissance und seine Büchersammlung, in: Oriens, 2 (1949), S. 6–30.
Jaeckel, Peter: Ausrüstung und Bewaffnung der türkischen Heere, in: Max Emanuel. Bayern und Europa um 1700, Bd. 1, München 1976, S. 373–384.
Jahn, Karl: Die Frankengeschichte des Rasid-ad-Din: Gami-at-tavarih, hg. v. d. Iranischen Kommission 4. d. Österreichischen Akademie der Wissenschaften, Philos.-Hist. Kl., Denkschriften, 129 (1977).
–: Die Geschichte der Oguzen des Rasid Ad-din, hg. v. d. Österreichischen Akademie der Wissenschaften, Philos.-Hist. Kl., Denkschriften, 100.4 (1969).
Jairazbhoy, R.A.: Oriental Influences in Western Art, London 1965.
James, D.: Islamic Masterpieces of the Chester Beatty Library, London 1981.
James, T. G. H.: Egyptian Painting and Drawing in the British Museum, London 1985.
James, Montague Rhodes: A Descriptive Catalogue of the Latin Manuscripts in the John Rylands University Library, Bd. 1, Manchester/London 1921, Nachdr. München 1980.
Jansen G. / Watering, W. van de: The Impact of a Genius – Rembrandt. His Pupils and Followers in the Seventeenth Century, Amsterdam 1983.
Janssen, Jozef: Athanase Kircher ›Egyptologue‹, in: Chronique dEgypte, Bd.18., Brüssel 1943.
Jany, Curt: Geschichte der Preußischen Armee vom 15. Jahrhundert bis 1914, Bd. 1, Osnabrück 1967.
Jaques, Renate / Wencker, Ruth: Die Textilien im Besitz der Schatzkammer der Kirche St. Servatius in Siegburg, in: Heimatbuch der Stadt Siegburg, Bd. 2, Siegburg 1967.
Jarry, Madeleine: La tapisserie des origines à nos jours, o.O 1968.
Jauss, Hans Robert: Entstehung und Strukturwandel der allegorischen Dichtung, in: Grundriß der romanischen Literatur des Mittelalters, Bd. 6: La littérature didactique, allégorique et satirique, Heidelberg 1968, S. 146–224.
Jenni, Ukrike: Das Skizzenbuch der internationalen Gotik in den Uffizien. Der Übergang vom Musterbuch zum Skizzenbuch, Wien 1976.
Jerichau-Baumann, Elisabeth.: Brogede Reisebilleder, Kopenhagen 1881.
Joannides, Paul: Colin, Delacroix, Byron and the Greek War of Independence, in: Burlington Magazine, 1983, S. 495–500.
Jobert, A.: De Luther a Mohila, Paris 1974.
Johansen, Baber: Muhammad Husain Haikal. Europa und der Orient im Weltbild eines ägyptischen Liberalen, Berlin 1965.
Johnson, J. Stewart: Egyptian Revival in the Decorative Arts, in: Antiques, 90 (1966).
Johnson, Lee: The Etruscian Sources of Delacroix's Sardanapalus, in: Art Bulletin, 42. 4 Dezember (1960), S. 296–300.
–: Two Sources of Oriental Motifs Copied by Delacroix, in: Gazette des Beaux-Arts, 65 (1965), S. 163–168.
–: Towards Delacroix's Oriental Sources, in: Burlington Magazine, 120. 900 (1978), S. 144–151.
–: The Paintings of Eugène Delacroix, 4 Bde., Oxford 1981–1986.
Jolowicz, H: Bibliotheca Aegyptica, Leipzig 1858
Jomard, E.F.: Beiträge zur ›Description de l'Egypte‹, Paris 1809.
Jones, Dalu: Romanesque, East and West, in: Connoisseur, 191 (1976), S. 280–285.
Jones, Owen: Plans, Elevations, Sections, and Details of the Alhambra from Drawings Taken on the Spot in 1834 by the Late M. Jules Goury, in 1834 and 1837 by Owen Jones, Architect, 2 Bde., London 1842–1845.
Jongkees, H. J.: Fulvio Orsini's Imagines and the Portrait of Aristotle, in: Archaeologica Traiectina, 4 (1960).
Joranson, Einar: The Pilgrimage of Henry the Lion, in: Medieval and Historiographical Essays in Honor of James Westfall Thompson, Chicago 1938, S. 146–225.
Joubert, Fabienne: La tapisserie au moyen âge, Rennes 1981.
Jubinal, Achille: Recherche sur lusage et lorigine des tapisseries à personnages, dites historiées, depuis lantiquité jusquau 16e siècle inclusivement, Paris 1840.
Juler, Caroline: Les Orientalistes de l'Ecole Italienne, Paris 1985.
Jullian, Philippe: Delacroix et le thème de Sardanapale, in: Connaissance des arts, April (1963), S. 82–89.
–: La vision de l'orient, Fribourg/Paris 1977.
–: Les Orientalistes. La vision de l'Orient par les peintres européens au 19e siècle, Paris 1977.
Junquera, Paulina: La batalla de Lepanto en el arte de su tiempo, in: Reales Sitios. Revista del Patrimonio Nacional. Ano 8, núm. 29, tercor trimestre 1971, Madrid 1971, S. 17–24.
Kábdebo, Heinrich: Der Antheil der Nürnberger Briefmaler Meldemann und Guldenmundt an der Literatur der ersten Wiener Türkenbelagerung, in: Berichte und Mitteilungen des Alterthums-Vereins zu Wien, Bd. 10, Wien 1875, S. 99ff.
Kalavrezon-Maxeiner, T.: Byzantine Icon in Steatite, 1985.
Kaldy-Nagy,Gy.: Suleimans Angriff auf Europa, in: Acta Orientalia Acad. Sc. Hungaricae, 26 (1973), S. 163–212.
Kamil, Burhan-ad-Din: Die Türken in der deutschen Literatur bis zum Barock und die Sultansgestalten in den Türkendramen Lohensteins, Kiel 1935.
Kaplan, Paul Henry Daniel: Sicily, Venice and the East. Titian's Fabricius Salvaresius with the Black Page, in: Europa und die Kunst des Islam, Wien/Köln/Graz 1985, S. 127–135.
–: Ruler, Saint and Servant: Blacks in European Art to 1520, 2 Bde., (Diss. masch.) Boston 1983.
–: The Rise of the Black Magus in Western Art, Ann. Arbor 1985.
Kappert, Petra: Die Geschichte Sultan Süleyman Kanunis von 1520 bis 1557 oder Tabakat ül-Memalik ve Derecat ül-Mesalik von Celalzade Mustafa ..., Wiesbaden 1981.
Karabacek, Josef von: Spanisch-arabisch-deutsche Nachprägungen für Polen, in: Numismatische Zeitschrift, 1 (1869), S. 135–148.
– : Aegyptische Urkunden aus den Kgl. Museen zu Berlin, in: Wiener Zeitschrift für die Kunde des Morgenlandes, 11 (1897), S. 1–21.
Karabacek, Josef von: Abendländische Künstler zu Konstantinopel im 15. und 16. Jh., Wien 1918.
Karamuk, Gümec: Ahmed Azmi Efendis Gesandtschaftsbericht als Zeugnis des osmanischen Machtverfalls und der beginnenden Reformära unter Selim III., Bern/Frankfurt a.M. 1975.
Kataloge
– Amsterdam 1942: Tekeningen van Rembrandt en zijn school (Catalogus van de Nederlandse tekeningen in het Rijksmuseum te Amsterdam I), bearb. v. M. D. Henkel, Amsterdam 1942.
– Amsterdam 1978: Netherlandish Drawings of the fifteenth and sixteenth Centuries, bearb. v. Karel G. Boon, Amsterdam 1978.
– Berlin 1931: Beschreibendes Verzeichnis der Miniaturen und Einzelblätter d. Staatlichen. Museen, Berlin, bearb. v. Paul Wäscher, Berlin 1931.
– Berlin 1972: Majolika. Spanische und italienische Keramik vom 14. bis zum 18. Jh., bearb. v. Tjark Hausmann, Berlin, Kunstgewerbemuseum Berlin 1972.
– Berlin 1975: Gemäldegalerie Berlin, Berlin, SMPK 1975.
Berlin, SMPK Museum für Islamische Kunst 1979.

- Berlin 1984: Albrecht Dürer. Kritischer Katalog der Zeichnungen, bearb. v. Fedja Anzelewsky / Hans Mielke, Berlin, SMPK, Kupferstichkabinett 1984.
- Berlin 1985: Islamische Kunst Berlin. Loseblattkatalog 2, Berlin 1985.
- Berlin 1989: Venezianische Gläser und ›Faon de Venise‹, bearb. v. F. A. Dreier, Berlin, SMPK, Kunstgewerbemuseums, Berlin 1989.
- Berlin 1990: Die illuminierten lateinischen Handschriften deutscher Provenienz (8.-12. Jh.), Kataloge der Handschriftenabteilung., bearb. v. A. Fingernagel, Berlin, Staatsbibliothek Preußischer Kulturbesitz 1990, i.Druck.
- Bethesda 1967: Catalogue of 16th Century printed Books in the National Library of Medicine, bearb. v. Richard J. Durling, Bethesda 1967.
- Bonn 1982: Gemälde bis 1900, bearb. v. Fritz Goldkuhle / Ingeborg Krueger / Hans M. Schmidt, Bonn, Rheinisches Landesmuseum, Köln 1982.
- Brüssel 1971: Inventaire du Ms. Scientifique de la Bibliotheque Royal Albert, 19.2, Brüssel 1971.
- Dresden 1979: Gemäldegalerie Alte Meister, Dresden 1979.
- Dublin 1958: The Chester Beatty Library. A Catalogue of the Turkish Manuscripts and Miniatures, bearb. v. Vladimir Minorsky, Dublin 1958.
- Düsseldorf 1930: Beschreibender Katalog der Handzeichnungen in der Staatlichen Kunstakademie Düsseldorf, bearb. v. Illa Budde, Düsseldorf 1930.
- Düsseldorf 1968: Niederländische Handzeichnungen (1500–1800) aus dem Kunstmuseum Düssledorf, bearb. v. E. Schaar, Düsseldorf, Städtische Kunsthalle Düsseldorf 1968.
- Florenz 1898: Catalogo del Regio Museo Nazionale di Firenze, Florenz, Palazzo del Potestà, Florenz 1898.
- Florenz 1981: Metalli islamici dalle collezioni granducali, bearb. v. Giovanni Curatola / Marco Spallazani, Florenz, Museo Nazionale del Bargello 1981.
- Frankfurt a. M. 1983: Ornament und Entwurf. Ornamentstiche und Vorzeichnungen für das Kunsthandwerk vom 16. bis zum 19. Jh. Aus der Linel-Sammlung für Buch und Schriftkunst, bearb. von Eva -Maria Hanebutt-Benz, Museum für Kunsthandwerk, Frankfurt a. M. 1983.
- Gießen 1986: William Hogarth (1697–1764). Das vollständige graphische Werk, Gießen 1982–2.
- Harvard 1964: Catalogue of Books 2. Harvard College Library Department of Printing and Graphic Art, Catalogue of Books and Manuscripts, Part 1: French 16th. Century Books, Bd. 2, 1964.
- Harvard 1974: Catalogue of Books and Manuscripts, Part II: Italian 16th Century Books, bearb. v. R. Mortimer, Harvard College Library Department of Printing and Graphic Arts, Harvard 1974.
- Köln 1966: Majolika, bearb. v. Brigitte Klesse, Köln, Kunstgewerbemuseum der Stadt Köln 1966.
- Köln 1973. Glas, bearb. v. Brigitte Klesse / Gisela Reineking - von Bock, Köln, Kunstgewerbemuseum der Stadt Köln 1973.
- Kopenhagen 1980: Etnografiske genstande i det kongelige danske Kunstkammer (1650–1800) (Ethnographic Objects in the Royal Danish Kunstkammer 1650–1800), bearb. v. Bente Dam-Mikkelsen / Torben Lundbäk, Kopenhagen, Nationalmuseum 1980.
- Krakau 1975: Die Sammlungen des Königsschlosses auf dem Wawel, Einleitung Jerzy Szablowski, Herrsching 1975.
- Krefeld 1984: Italienische Seidengewebe des 13., 14. und 15. Jhs., bearb. v. Brigitte Tietzel, Krefeld, Deutsches Textilmuseum, Krefeld 1984.
- London 1910: Catalogue of Early Italian Engravings Preserved in the Department of Prints and Drawings in the British Museum, bearb. v. Arthur M. Hind, London 1910.
- London 1930: A General Introductory Guide to the Egyptian Collections in the British Museum, London 1930.
- London 1940: Catalogue of Italien Maiolica, bearb. v. Bernhard Rackham, London, Victoria & Albert Museum 1940.
- London 1980: A Descriptive Catalogue of the Latin Manuscripts in the John Rylands University Library, bearb. v. Montagne R. James, Bd. 1,Manchester/London 1921, Nachdr. München 1980.
- London 1986: The Medieval Treasury. The Art of the Middle Ages in the Victoria & Albert Museum, hg. v. Paul Williamson, London 1986.
- Lyon 1986: Musée Historique des Tissus. Soieries sassanides, coptes et byzantines 5e-11e siecle. Inventaire des collections publiques françaises, Bd. 30, bearb. v. Marielle Martiniani-Reber, Lyon, Musée Historique des Tissus, Paris 1986.
- Madrid 1898: Catalogo historico-descriptivo de la real Almeria de Madrid, bearb. v. Juan Crooke y Navarrot, Madrid 1898.
- Madrid 1986: Catalogo de Tapices des Patrimonio Nacional, Bd. 1, Siglo 16, bearb. v. Pauline Junquera de Vega / Concha Herrero Carretero, Madrid 1986.
- München 1971: Venezianische Gemälde des 15. und 16. Jhs.. Gemäldekataloge der Bayerischen Staatsgemäldesammlung, bearb. v. R. Kultzen / P. Eikemeier, München, Alte Pinakothek 1971.
- München 1972: Gemäldekataloge Bayerische Staatsgemäldesammlungen, Bd. 14, München 1972.
- München 1973: Die Niederländischen Handzeichnungen des 15.-18. Jhs., Katalog der Staatlichen Graphischen Sammlung München, bearb. v. Wolfgang Wegner, 2 Bde., Berlin 1973.
- München 1980: Franz von Lenbach in der Städtischen Galerie München, bearb. v. Sonja Mehl, München 1980.
- New York 1936: Catalogue of Hispano-Morrsque Pottery in the Collection of the Hispanic Society America, bearb. v. Alice Wilson Frothingham, New York 1936.
- Osaka 1988: The National Museum of Art, 1988.
- Paris 1974a: Catalogue des majoliques des Musées Nationaux, bearb. v. Jeanne Giacometti, Paris 1974.
- Paris 1974b: Dessins de Stefano della Bella (1610–1664), Musée du Lóuvre. Cabinet de Dessins: Inventaire Général des Dessins Italiens. 2, bearb. v. F. Viatte, Paris 1974.
- Tübingen 1839: Verzeichnis der orientalischen Handschriften der Universitätsbibliothek zu Tübingen, bearb. v. Heinrich Ewald, Tübingen 1839.
- Turin 1978: La mensa isiaca di Torino, catalogo del Museo Egizio di Torino, Bd. 4, Leiden 1978.
- Venedig 1957: Il museo correr di Venezia. Dipinti dal 14e al 16e secolo, bearb. v. G. Mariacher, Venedig 1957.
- Warschau 1933: Katalog wystawy jubileuszowej zabytkow z czasow krela Stefana Batorego i Jana III. w czterechsetlecie urodzin Stefana Batorego i dwiesciepie dcziesieciolecie odsieczy wiedenskiej, Warschau 1933.
- Wien 1936: Katalog der Waffensammlung der Neuen Burg, bearb. v. A. Grosz / B. Thomas, Wien 1936.
- Wien 1954: Katalog der weltlichen und geistlichen Schatzkammer, bearb. v. Hermann Fillitz, Wien, Kunsthistorisches Museum Wien 1954/1971.
- Wien 1968: Die Kunst der Graphik zwischen Renaissance und Barock, Wien, Graphische Sammlung Albertina 1968.
- Washington: Catalogue of the Italian Paintings I., bearb. v. F. R. Shapley, Washington, National Gallery of Art.

Kaufmann, Emil: Three Revolutionary Architects. Boullée, Ledoux and Lequeu, in: Transactions of the American Philosophical Society, 62. 3., Philadelphia 1952.

Kaufmann, Max Rudolf: Bosporusmaler, in: Der Neue Orient, Bd. 1, (1917), S. 342–345.

Kehrer, Hugo: Die heiligen drei Könige in Literatur und Kunst, Leipzig 1908.

–: Die ›Heiligen Drei Könige‹ in der Legende und in der deutschen Kunst bis Albrecht Dürer, Straßburg 1904.

–: Deutschland in Spanien. Beziehungen, Einfluß und Abhängigkeit, München 1953.

Keller, Ferdinand: Der Einfall der Sarazenen in die Schweiz um die Mitte des 10. Jhs., in: Mitteilungen der Antiquarischen Gesellschaft in Zürich, Bd. 2, 1 (1856), S. 26–30.

Kenner, F.: Die Porträtsammlung des Erzherzogs Ferdinand von Tirol, in: Jahrbuch der kunsthist. Sammlung des Allerhöchsten Kaiserhauses, 19 (1898), S. 98ff.

Kier, H.:Schmuckfußböden in der Renaissance und Barock, 1976.

Kiesewetter, Rafael Georg: Die Musik der Araber nach Originalquellen dargestellt, 1842, Nachdr. Wiesbaden 1968.

Kindleben, Christian Wilhelm: Galanterien der Türken von Ch. W. Kindleben der Weltweisheit Doktor und der freyen Künste Magister, T. 1–2, Frankfurt/Leipzig 1782/1783.

King, David A.: Osmanische astronomische Handschriften und Instrumente, in: Türkische Kunst und Kultur aus osmanischer Zeit, Bd. 1, Ausst.-Kat., Frankfurt a. M. 1985, S. 373–378.

King, Donald: Patterned Silks in the Carolingian Empire, in: Bulletin de Liaison du C. I. E. T. A., 23 (1966), S. 4ff.

–: Some Unrecognized Venetian Woven Fabrics, in: Victoria & Albert Yearbook, 1969, S. 5ff.

King, Donald: The Inventories of Carpets of King Henry VIII., in: Hali, 5 (1983), S. 287–296.

Kinkead, Ducan Theobald: Juan de Valdés Leal (1622–1690), New York 1978.

Kircher, A.: Deutsche Kaiser in Nürnberg, 1955

Kirsch, W. (Hg.): Historien von Alexander dem Großen, Frankfurt a.M. 1984.

Kissling, Hans-Joachim: Sultan Bâjezids II. Beziehungen zu Markgraf Francesco II. von Gonzaga, München 1965.

Kittel, Rudolf: Die orientalischen Ausgrabungen, Leipzig 1908.

Kjellberg, Pierre: Les bronzes du XIXe siècle. Dictionnaire des sculpteurs, Paris 1987.

Kjølsen, Frits Hammer: Capitain F. L. Norden ey hans rejse til Aegypten (1737–1738), Kopenhagen 1965.

Klaic, Vjekoslav: Povjest Hrvata, Bd. 3, Zagreb 1911.

Klein, Adalbert: Deutsche Fayencen, Braunschweig 1975.

Klein-Franke, Felix: Die klassische Antike in der Tradition des Islam, Darmstadt 1980.

Kleindel, Walter: Österreich. Daten zur Geschichte und Kultur, Wien/Heidelberg 1978.

Klengel-Brandt, E.: Der Turm von Babylon, 1982.

Klesse, Brigitte: Die Darstellung von Seidenstoffen auf italienischen Bildern des 14. Jhs., (Diss.) Köln 1958.

–: Seidenstoffe in der italienischen Malerei des 14. Jhs., Bern 1967.

Klessmann, Ekhart: Der Mohr in der Literatur der Aufklärung, in: Exotische Welten – Europäische Phantasien, Ausst.-Kat., Stuttgart 1987, S. 236–241.

Klever, Ulrich: Das Weltreich der Türken. Vom Steppenvolk zur modernen Nation, Bayreuth 1978.

Klockow, Reinhard: Die Erstausgabe des ›Tractatus de moribus, condicionibus et nequitia Turcorum‹, in: Südostforschungen, 46 (1987), S. 57–78.

Klose, Christine: Ein anatolischer Sternteppich des 16. Jhs., in: Weltkunst, 1986, S. 2178–2183.

–: Einige Teppichdarstellungen in französischen Stundenbüchern des 15. und 16. Jhs., in: HALI, International Journal of Oriental Carpets an Textiles – Notes, Comments and Letters, II, 1 (1979), S. 81–82.

Knappe, Emil: Die Geschichte der Türkenpredigt in Wien. Ein Beitrag zur Kulturgeschichte einer Stadt während der Türkenzeit, Wien 1949.

Knauer, Elfriede Regina: Einige trachtgeschichtliche Beobachtungen am Werke Giottos, in: Scritti di storia dell'arte in onore di Roberto Salvini, Florenz 1984, S. 173–181.

Knipp, C.: The Arabian Nights in England: Gallands Translation and its Successors, in: Journal of Arabic Literature, 5 (1974), S. 44–54.

Köberlein, Ernst: Caligula und die ägyptischen Kulte, Erlangen/Nürnberg 1962.

Kobert, R.: Ueber das älteste in Deutschland befindliche echte Papier, in: Der Papier-Fabrikant, 9, (1911), S. 44–48.

Koch, A. Ulrich: Australien und zurück. Begleitet von Vicomte d'Andrezel, in: Kunst und Antiquitäten, 1 (1988), S. 70–73.

Koch, Ebba: The Baluster Column – A European Motif in Mughal Architecture and its Meaning, in: Journal of the Warburg and Courtauld Institutes, 45 (1982), S. 251–262.

Kochwasser, Friedrich: Die holsteinische Gesandtschaftsreise 1633/1639, in: Mitteilungen des Inst. für Auslandsbeziehungen, 10 (1960), S. 246–255.

–: Johann Schiltbergers erster deutscher Augenzeugenbericht über Persien, in: Mitteilungen des Instituts für Auslandsbeziehungen, 10 (1960), S. 239–243.

Koechlin, Raymond: Les ivoires gothiques français, 3 Bde, Paris 1924.

Köhbach, Markus: Das Osmanische Reich und der Westen. Zur Rezeption europäischer Kultur durch die Osmanen, in: Türkische Kunst und Kultur aus osmanischer Zeit, Bd. 1, Ausst.-Kat., Frankfurt a. M. 1985, S. 105–107.

Kohl, Karl-Heinz: Im Gewand des Orients. Sir Richard Francis Burton (1821–1890), eine biographische Skizze, in: Exotische Welten –Europäische Phantasien, Ausst.-Kat., Stuttgart 1987, S. 72–77.

Köhler, Wolfgang W. A.: Hugo von Hofmannsthal und ›Tausendundeine Nacht‹. Untersuchungen zur Rezeption des Orients im epischen und essayistischen Werk mit einem einleitenden Überblick über den Einfluß von ›Tausendundeine Nacht‹ auf die deutsche Literatur, Frankfurt a. M. 1969.

Köllmann, Erich / Jarchow, Margarethe: Berliner Porzellan, München 1987.

Kohlhaas, Wilhelm: Candia (1645–1669). Die Tragödie einer abendländischen Verteidigung mit dem Nachspiel Athen 1687, Osnabrück 1978.

Kohlhausen, Heinrich: Die Minne in der deutschen Kunst des Mittelalters, in: Zeitschrift des Deutschen Vereins für Kunstwissenschaft, 9 (1942), S. 145–172.

Koldeweij, A.M.: Der gude Sente Servas, De Servatiuslegende en de Servatiana: een onderzoek naar de beeldvorming rond een heilige in de middeleeuwen. De geschiedenis van de kerkschat van het Sint-Servaas-Kapittel te Maastricht, 1, Assen/Maastricht 1985.

Koldewey, Robert: Das wiedererstehende Babylon, Leipzig 1914.

Die Königin von Saba. Kunst, Legende und Archäologie zwischen Morgenland und Abendland, hg. v. Werner Daum Stuttgart/Zürich 1988

Koppelkamm, Stefan: Orientalisierende Architektur des 18. und 19. Jhs., in: Exotische Welten – Europäische Phantasien, Ausst.-Kat., Stuttgart, 1987, S. 164–171.

Kopplin, Monika: Turcica und Turquerien. Zur Entwicklung des Türkenbildes und Rezeption osmanischer Motive vom 16. bis 18. Jh., in: Exotische Welten – Europäische Phantasien, Ausst.-Kat., Stuttgart 1987, S. 150–163.

–: ›Amoenitates exoticae‹. Exotische Köstlichkeiten im Zeitalter des Barocks, in: Exotische Welten – Europäische Phantasien, Ausst.-Kat., Stuttgart 1987, S. 318–329.

–: ›Was fremd und seltsam ist‹. Exotica in Kunst- und Wunderkammern, in: Exotische Welten – Europäische Phantasien, Ausst.-Kat., Stuttgart 1987, S. 296–303.

Korf, Dingemann: Nederlandse Majolica, Bussum 1981.

Kötting, Bernhard: Peregrinato Religiosa. Wallfahrten in der Antike und das Pilgerwesen in der alten Kirche, Regensburg/Münster 1950.

Kraemer, Jörg: Der Sturz des Königreichs Jerusalem (583/1187) in der Darstellung des Imad ad-Din al-Katib al-Isfahani. Nach dem 1. Buch des ›fath al-qudsi fil-fath al-qudsi‹, o.O. 1948.

Kramer, Ernst: Veilsdorfer Türken, in: Keramos, 53/54 (1971), S. 77–96.

Kramers, T. H.: Geography and Commerce, in: The Legacy of Islam, hg. v. T. Arnold / A. Guillaume, Oxford 1931, S. 79–106.

Kraus, Paul: Eine arabische Biographie Avicennas, in: Klinische Wochenschrift, 11, 45 (1932), S. 1880–1884.

Kreidt, Dietrich: ›Kann uns zum Vaterland die Fremde werden?‹ Exotismus im Schauspieltheater, in: Exotische Welten – Europäische Phantasien, Ausst.-Kat., Stuttgart 1987, S. 248–255.

Krelage, E.H.: De pamfletten van den Tulpenwindhandel (1636–1637), 's-Gravenhage 1942.

Krieg, Wera: Griechenland und der Orient. Reiseeindrücke im 19. Jh., Würzburg 1935.

Krinsky, Carol Herselle: Representations of the Temple of Jerusalem Before 1500, in: Journal of the Warburg and Courtauld Institutes, 33 (1970), S. 1–19.

Kristeller, Paul Oskar: Neue Quellen zur Salernitaner Medizin des 12. Jhs., in: Medizin im mittelalterlichen Abendland, Darmstadt 1982, S. 191–208.

Kroos, Renate: Niedersächsische Bildstickereien des Mittelalters, Berlin 1970.

–: Vom Umgang mit Reliquien, in: Ornamenta Ecclesiae, Bd. 3, Ausst.-Kat., Köln 1985, S. 25ff.

Krupp, Edwin. C.: Astronomen, Priester, Pyramiden. Das Abenteuer Archäastronomie, übers. v. W. Petri, München 1980.

Kubie, Nora Benjamin: Road to Niniveh. The Adventures and Excavations of Sir Austen Henry Layard, New York 1964.

Kuhn, Herbert: Volney und Savary als Wegbereiter des romantischen Orienterlebnisses in Frankreich, Leipzig 1938.

Kühnel, Ernst: Sizilien und die islamische Elfenbeinmalerei, in: Zeitschrift für bildende Kunst, N.F. 25 (1913/14), S. 162–170.

–: Maurische Kunst, in: Kunst des Ostens, hg v. William Cohn, Berlin 1924.

–: Islamische Stoffe aus ägyptischen Gräbern in der islamischen Kunstabteilung und in der Stoffsammlung des Schloßmuseum, Berlin 1927.

–: Kunst und Kultur der arabischen Welt, Heidelberg/Berlin/Magdeburg 1943.

–: Erinnerungen an eine Episode in der Türkenpolitik Friedrichs der Großen, in: Oriens, 5. 1 (1952), S. 70–81.

–: Kunstwerke des Orients in deutschen Kirchenschätzen, in: Sitzungsberichte der Deutschen Kunstgeschichtlichen Gesellschaft zu Berlin, N.F. 1, Februar 1952 bis Mai 1953, S. 12–14.

–: Die osmanische Tughra, in: Kunst des Orients, 2 (1955), S. 69–82.

–: Die Sarazenischen Olifanthörner, in: Jb. der Berliner Museen, 1 (1959), S. 33–50.

–: Aus der Welt der islamischen Kunst. Festschrift für Ernst Kühnel, Berlin 1959.

–: Die Kunst des Islam, Stuttgart 1962.

–: Islamische Kleinkunst, Braunschweig 1963.

–: Die Islamischen Elfenbeinskulpturen (8.-13. Jh.), in: Adolph Goldschmidt, Die Elfenbeinskulpturen, 7, Berlin 1971.

–: Die Arabeske. Sinn und Wandlung eines Ornaments, Graz 1977.

Kultur des Islam. Referate einer Vortragsreihe an der Österreichischen Nationalbibliothek, Juni 1980, Wien 1981.

Kulturaustausch zwischen Orient und Okzident. Über die Beziehungen zwischen islamisch-arabischer Kultur und Europa (12.-16. Jh.), Bonn o.J.

Kultzen, Rolf: Ein Turmbau zu Babel von Paul Bril als jüngste Leihgabe in der Alten Pinakothek, in: Pantheon, 26.3 (1968), S. 208–218.

Kunitsch, Paul: Sufi Latinus, in: Zeitschrift der Deutschen Morgenländischen Gesellschaft, CXV (1965), S. 65–74.

–: ›Dodekin‹ und andere türkisch-arabische Namen in den Chansons de geste, in: Zeitschrift für romanische Philologie, 88 (1972), S. 34–44.

–: Der Almagest. Die Syntaxis mathematica des Claudius Ptolemäus in arabisch-lateinischer Überlieferung, (Habil. München 16), Wiesbaden 1974.

–: Mittelalterliche astronomisch-astrologische Glossare mit arabischen Fachausdrücken, hg. v. d. Bayerischen Akademie der Wissenschaften, Philos.-Hist. Kl., Sitzungsberichte, 5 (1977).

–: Der Orient bei Wolfram von Eschenbach – Phantasie und Wirklichkeit, in: Albert Zimmermann / Ingrid Craemer-Ruegenberg (Hg.), Orientalische Kultur und europäisches Mittelalter, Berlin/New York 1985, S. 112 bis 122.

–: Peter Apian und Azophi: Arabische Sternbilder in Ingolstadt im frühen 16. Jh., hg. v. d. Bayerischen Akademie der Wissenschaften, Philos.-Hist. Kl., Sitzungsberichte, 3 (1986).

Kunst, Hans-Joachim: Der Afrikaner in der europäischen Kunst, Bad Godesberg 1967.

Künzl, Hannelore: Der Einfluß des alten Orients auf die europäische Kunst besonders im 19. und 20. Jh., (Diss.) Köln 1973.

–: Islamische Stilelemente im Synagogenbau des 19. und frühen 20. Jhs, Frankfurt a. M./ u.a. O. 1984.

Küppers, Leonhard: Die Heiligen Drei Könige, Recklinghausen 1964.

Kunoth, George: Die Historische Architektur Fischers von Erlach, Düsseldorf 1956.

Kupelwieser, L.: Die Kämpfe Österreichs mit den Osmanen vom Jahre 1526 bis 1537, Wien 1899.

Kurth, Betty: Ein gotisches Figurenalphabet aus dem Ende des 14. Jahrhunderts und der Meister E.S. , in: Die Graphischen Künste, 35 (1912), S. 45–60.

Kurz, Hilde / Kurz, Otto: The Turkisch Dresses in the Costume-Book of Rubens, in: Nederlands Kunsthistorisch Jaarboek, 23 (1972), S. 275–290.

Kurz, Otto: A Gold Helmet Made in Venice for Sultan Sulayman the Magnificent, in: Gazette des Beaux-Arts, 74 (1969), S. 249ff.

–: A Gold Helmet Made in Venice for Sultan Sulayman the Magnificent, in: Otto Kurz, The Decorative Arts of Europe and the Islamic East, London 1977, S. 249–258.

–: A Volume of Mughal Drawings and Miniatures, in: Otto Kurz, The Decorative Arts of Europe and the Islamic East, London 1977, S. 251–271.

–: Künstlerische Beziehungen zwischen Prag und Persien zur Zeit Rudolfs II. und Beiträge zur Geschichte seiner Sammlung, in: Otto Kurz, The Decorative Arts of Europe and the Islamic East, London 1977, S. 1–22.

–: Pictorial Records of Favart's Comedy ›Les Trois Sultanes‹, in: Otto Kurz, The Decorative Arts of Europe and the Islamic East, London 1977, S. 311–317.

–: The Decorative Arts of Europe and the Islamic East. Selected Studies, London 1977.

–: The Strange History of an Alhambra Vase, in: Otto Kurz, The Decorative Arts of Europe and the Islamic East, London 1977, S. 205–212.

Kyhlberg, Ola: Vikt och värde. Arkeologiska studier i värdemätming ... under yngre järnalder, Stockholm 1980.

L'occidente e l'islam nell'alto medioevo. Settimane di studio del centro italiano di studi sull'alto medioevo, 2–8 aprile 1964, 2 Bde., Spoleto 1965.

Laborde, Alexandre de: Les manuscrits à peinture de la Cité de Dieu de Saint-Augustin, 3 Bde., Paris 1909.

Laborde, Léon de.: Voyage pittoresque et historique de l'Espagne, Paris 1806/1820.

–: Voyage de l'Asie Mineure, Paris 1838.

Lacroix, Paul (Hg.): Ballets et Mascarades de Cour de Henri III á Louis XIV (1581–1652), Genf 1868–1870, T. 1–6, Neudr. Genf 1968.

Lamm, Carl Johan: Mittelalterliche Gläser und Steinschnittarbeiten aus dem Nahen Osten, 2 Bde, Berlin 1929/1930.

–: Oriental Glass of Mediaeval Date Found in Sweden and the Early History of Lustre – Painting, Stockholm 1941.

La Motraye, Aubry de: Voyages du SR. A. de la Motraye en Europe, en Asie et en Afrique, La Haye 1727.

Lamparter, Helmut: Luthers Stellung zum Türkenkrieg, Fürstenfeldbruck 1940.

Lancaster, Clay: Oriental Forms in American Architecture (1800–1870), in: Art Bulletin, 29 (1947).

–: The Egyptian Style and Mrs. Trollopes Bazaar, in: Magazine of Art, 43 (1950).

Landucci, Luca: Florentinisches Tagebuch (1450–1516), nebst einer anonymen Fortsetzung (1516–1542), hg. v. Marie Herzfeld, Neudr. Düsseldorf/Köln 1978.

Landwehr, John: Romey de Hooghe (1645–1708) as Book Illustrator, 1970.

–: Romey de Hooghe the Etcher, 1973.

Lane, Arthur: French Fayence, London 1948.

–: Early Islamic Pottery. Mesopotamia, Egypt and Persia, London 1958.

–: Later Islamic Pottery, London 1957.

Lane, Edward Wiliam: Sitten und Gebräuche des heutigen Aegypten, übers. v. J. T. Zenker, Bd. 1–3., 1852.

Langmantel, Valentin: Hans Schiltbergers Reisebuch nach der Nürenberger Handschrift, Stuttgart 1885.

Lapauze, Henry: Ingres. Sa vie et son oeuvre d'après documents inédits, Paris 1911.

Larsen, Erik: The Original ›Judah and Tamar‹ by Pieter Lastman, in: Oud Holland, 72 (1957) S 111–114.

Lattimore, Owen / Lattimore, Eleonor (Hg.): Silks, Spices and Empire, USA 1968.

Lawrence, Bruce Bennett (Hg.): Ibn Khaldun and Islamic Ideology, Leiden 1984.

Layard, Austen Henry: Discoveries in Nineveh and Babylon, 1951.

–: Autobiography and Letters, o.O. 1903.

–: Discoveries in the Ruins of Nineveh and Babylon, with Travels in Armenia, Kurdistan and the Desert. Being the Result of a Second Expedition, Undertaken for the Trustees of The British Museum, London 1853.

Leandro di S. Cecilia: Palestina ovvero primo viaggio di F. Leandro di Santa Cecilia Carmelitano scalzo in Oriente, Rom 1753.

Lechevallier-Chevignard, C.: La manufacture de porcelaine des Sèvres, 1908.

–: M. Saureaux, Biscuit de Sèvres, Directoire, Consulat et Ier Empire, Paris 1923.

Lechner, Martin: Gottfried von Bouillon, in: Lexikon der christlichen Ikonographie, Bd. 6, Freiburg 1974, S. 423f.

Leclant, Jean: De l'égyptophilie à l'égyyptologie: érudits, voyageurs, collectioineurs et mécènes, in: Comptes rendus de l'Académie des inscriptions et belles-lettres, 4 (1985), S. 3–20.

–: En quête de l'égyptomanie, in: Revue de lart, 5 (1969), S. 82–88.

Lefebre, C.: Informations, in: Revue des sociétés savantes des départements, 8 (1862), S. 500–504.

Lehmann, P.W.: Cyriacus of Ancona's Egyptian Visit and its Reflections in Gentile Bellini and Hieronymus Bosch, New York 1977.

Lehmann, Wilhelm: Der Friedensvertrag zwischen Venedig und der Türkei vom 2. Oktober 1540, (Diss) Bonn 1936.

Lehndorff, Graf E. A. H. von: Dreißig Jahre am Hofe Friedrichs des Großen, hg. v. Schmidt-Lötzen, Gotha 1907.

Lehrs, Max: Geschichte und kritischer Katalog des deutschen, niederländischen und französischen Kupferstichs im 15. Jahrhundert, Bd. 5, Wien 1925.

Leibnitz, Gottfried Wilhelm: Werke, Bd. 2, Berlin 1963.

Leitzmann, Hilda: Das Neugebäude in Wien. Sultan Süleymans Zelt – Kaiser Maximilians II. Lustschloß, München/Berlin 1987.

Lejeune, Rita / Stiennon, Jacques: Die Rolandssage in der mittelalterlichen Kunst, 2 Bde., Brüssel 1966.

Lenoir, Paul: Le Fayoum, le Sinai et Pétra, Paris 1872.

Leospo, Enrichetta: Antichità egizie in Venezia, in: Viaggiatori Veneti alla scoperta dell'Egitto, Ausst.-Kat., Venedig 1985, S. 197–210.

Lepsius, Bernhard: Das Haus Lepsius. Vom geistigen Aufstieg Berlins zur Reichshauptstadt, Berlin

Lepsius, Richard: Denkmäler aus Aegypten und Aethiopien, 12 Bde., Berlin 1849–1859.

Lesage, Alain-René: Le Théatre de la Foire, ou L'Opéra-comique. Contenant les meilleurs Pièces qui ont été représentées aux Foires de S. Germain & de S. Laurant, 10 Bde., Amsterdam/Paris 1722–1737.

–: Charles de Tournemine. Peintre Orientalists, Aix-en-Provence 1986.

Lessing, Julius: Altorientalische Teppichmuster nach Bildern des 15.-16. Jhs., Berlin 1877.

Lévêque, Jean-Jacques: Piranèse, Paris 1980.

Levey, Michael: The World of Ottoman Art, New York 1975.

Lewicki, Tadeusz: L'apport des sources arabes médiévales (9e-10e siècles) à la connaissance de l'Europe centrale et orientale, in: L'occidente e l'islam nell 'alto medioevo, Settimane di studio del centro italiano di studi sull àlto medioevo, 2 - 8 aprile 1964, 2 Bde., Spoleto 1965, S. 461–485.

Lewis, Bernard: Die Welt der Ungläubigen, Berlin 1983.

Lewis, Bernard (Hg.): Welt des Islam. Geschichte und Kultur im Zeichen des Propheten, Braunschweig 1976.

Lewis, Michael: CBE. John Frederick Lewis, R. A., (1805 1876), Leigh-on-Sea 1978.

Lieb, N.: Hans Rogel, in: Thieme-Becker, Bd. 28, S. 510.

Liebgott, Niels-Knut: Elfenben – fra Danmarks Middelalder, Kopenhagen 1985.

Ligthbown, R.W.: Oriental Art and the Orient in Late Renaissance and Baroque Italy, in: Journal of the Warburg and Courtauld Institutes, 32 (1969), S. 228–279.

Lilienfeld, K.: Arent de Gelder, Den Haag 1914.

Lincoln, Henry Baigent, Michael / Leigh, Richard: Der Heilige Gral und seine Erben. Ursprung und Gegenwart eines geheimen Ordens. Sein Wissen und seine Macht, Bergisch-Gladbach 1984.

Lind, Richard: Luthers Stellung zum Kreuz-und Türkenkrieg, Gießen 1940.

Linde, Antonius van der: Geschichte und Literatur des Schachspiels, 2 Bde., Berlin 1874.

Lindner, Erich J.: Die Königliche Kunst im Bild. Beiträge zur Ikonographie der Freimaurerei, Graz 1976.

Lippmann, Friedrich: Unbeschriebene Blätter des 15. bis 17. Jahrhunderts im Kupferstichkabinett, in: Jahrbuch der Preußischen Kunstsammlungen, 2 (1881), S. 215–219.

Lisola, François Paul de: Tuerkische Rats = Stube, worinnen des Tuerkischen Kaiser Mahamets (IV.) ... Kriegs-Beratschlagungen wegen des aufs Fruehjahr gegen Ungarn und andere Laender vorhandenen grossen Feldzugs entdeckt und ... vorgestellt werden, Leipzig 1684.

Littmann, Enno: Abendland und Morgenland, in: Tübinger Universitätsreden, Reden bei der Rektoratsübergabe am 30. April 1930, Tübingen 1930, S. 13–29.

Llewelly, Briony: Oriente e pittura, in: FMR, 23 (1984), S. 130–155.

Lloyd, Suton: Foundations in the Dust, 1980.

Llubia, Luis M.: Cerámica medieval española, Barcelona 1967.

LMA: Lexikon des Mittelalters, Bd. 1, München/Zürich 1980.

Löfgren, Oscar (Hg.): Ambrosian Fragments of an Illuminated Manuscript Containing the Zoology of AL-Gahiz, in: Uppsala Universitets Årsskrift 5, Uppsala 1946.

–: Ambrosian Fragments of an Illuminated Manuscript Containing the Zoology of AL-Gahiz, in: Uppsala Universitets Årsskrift 5, 1946.

Loisel, Gustave: Histoire des Menageries de l'Antiquité à nos Jours, 3 Bde., Paris 1912.

Lokys, Georg: Die Kämpfe der Araber mit den Karolingern bis zum Tode Ludwig II., Heidelberg 1906.

Longhurst, M.H.: An Eleventh-Century Oliphant, in: Burlington Magazine, 62 (1933), S. 195.

Lopez Serrano, Matilde: Iconografía de Santiago en los libros y grabados de la Biblioteca de Palacio, in: Sitios reales. Revista del Patrimonio Nacional, Ano 8, núm. 28, Segundo Trimestre 1971, Madrid 1971.

Lopez, Roberto: Mohammed and Charlemagne: A Revision, in: Bedeutung und Rolle des Islam beim Übergang vom Altertum zum Mittelalter, Darmstadt 1968, S. 65–105.

–: L'importanza del mondo islamico nella vita economica Europea, in: L'occidente e l'islam nell'alto medioevo. Settimane di studio del centro italiano di studi sull'alto medioevo, 2–8 aprile 1964, 2 Bde., 1965, S. 433–460.

Loring, John: Egyptomania. The Nile Style, in: Connoisseur, 200. Februar (1979), S. 114–121.

Lorris, Guillaume de / Meun, Jean de.: Der Rosenroman, 3 Bde., übers. v. Karl August Ott, München 1976–1979.

Losty, J.P.: The 'Bute Hafiz' and the Development of Border Decoration in the Manuscript Studio of the Mughals, in: Burlington Magazine, 1985, S. 855–870.

Lubenau, Reinhold: Beschreibung der Reisen, hg. v. W. Sahns, in: Mitteilungen der Stadtbibliothek zu Königsberg in Preußen 4–5, Königsberg 1914.

Lucchetta, Giuliano: Giovanni Battista Ramusio e la storia della geografia, in: Storia della cultura veneta , Bd 3.2, Vicenza 1980, S. 484f.

–: I viaggiatori veneti dal Medioevo all'età moderna, in: Viaggiatori Veneti alla scoperta dell'Egitto, Ausst.-Kat., Venedig 1985, S. 43–68.

Luchner, L.: Denkmal eines Renaissancefürsten - Versuch einer Rekonstruktion des Ambraser Museums von 1583, Wien 1958.

Luckenbill, D. D.: Ancient Records of Assyria and Babylonie, Bd. 2, 1927.

Lüders, Anneliese: Die Kreuzzüge im Urteil syrischer und armenischer Quellen, Hamburg 1952.

Ludwig, Hans-Jochen: Die Türken-Krieg-Skizzen des Hans von Aachen für Rudolf II., (Diss.) Frankfurt a. M. 1977.

Lunzer, Marianne: Die Relation des Peter Stern von Labach über die erste Wiener Türkenbelagerung, in: Die Türken und was von ihnen blieb, Wien 1978.

Luria, Maxwell: A Reader's Guide to the ›Roman de la Rose‹, Hamden-Conn. 1982.

Lutterveld, Remmet van: De ›Turkse‹ schilderijen van J.B. Vanmour en zijn school. De verzameling van Cornelius Calkoen, ambassadeur bij de Hoge Porte (1725–1743), Istanbul 1958.

Luz, Christiane: Das exotische Tier in der europäischen Kunst, in: Exotische Welten - Europäische Phantasien, Ausst.-Kat., Stuttgart 1987.

M'bow, A.-M.: Maimonides. Führer der Unschlüssigen, in: Unesco-Kurier, 9 (1986), S. 4ff.

Maalouf, Amin: The Crusades through Arab Eyes, London 1984.

Maas, P.: Ein Notizbuch des Cyriacus von Ancona aus dem Jahre 1436, in: Beiträge zur Forschung. Studien und Mitteilungen aus dem Antiquariat Jacques Rosenthal, München, 1.(1913), S. 5–15.

Macdonald, D. B.: A Bibliographical and Literary Study on the First Appearance of the ›Arabian Nights‹ in Europe, in: Library Quarterly, 2 (1932), S. 387–402.

Mackay, Charles: The Tulipomania, in: Extraordinary Popular Delusions and the Madness of Crowds, 1841, Neudr. New York o. J., S. 89–97.

Mackendrick, Paul: A Renaissance Odyssey. The Life of Cyriac of Ancona, in: Classica et mediaevalia, 13 (1952), S. 131–145.

Mackinney, Loren: Medical Illustrations in Medieval Manuscripts, Berkeley/Los Angeles 1965.

Mackinnon Ebitz, David: Fatimid Style and Byzantine Model in al Venetian Ivory Carving Workshop, in: The Meeting of Two Worlds. Cultural Exchange between East and West During the Periodes of the Crusades, hg. v. Vladimir P. Goss, Michigan 1986, S. 309–329.

Maddison, Francis: Al-Jazari's Combination Look: Two Contemporary Examples, in: The Art of Syria and the Jazira (1100–1250), hg. v. Julian Raby, Oxford 1985, S. 141–157.

Magagnato, Licisco: Le arti a Verona al tempo di Cangrande, in: Le stoffe di Cangrande. Ritrovamenti e ricerche sul 300 veronese, hg. v. L. Magagnato, Ausst.-Kat., Florenz/Castelvecchio 1983, S. 7–15.

Maher, Ali Ragheb Moustafa: Das Motiv der orientalischen Landschaft in der deutschen Dichtung von Klopstocks Messias bis zu Goethes Divan, Köln 1962.

Mahlberg, Paul: Schinkels Theater-Dekorationen, (Diss.) Greifswald/Düsseldorf 1916.

Mahlerwein, F.: Die Romane des Herzogs Ulrich von Braunschweig- Wolfenbüttel, (Diss.) Frankfurt a. M. 1925.

Majer, Hans Georg: Die Türken – Gegner des Westens am Ende des 17. Jhs., in: Max Emanuel. Bayern und Europa um 1700, Bd. 1, Ausst.-Kat., München 1976, S. 363–372.

Malmer, Brita: Nordiska mynt före ar 1000, Lund 1966.

Maltzan, Heinrich Freiherr von: Meine Wallfahrt nach Mekka. Reise in der Küstengegend und im Innern von Hedschas, 2 Bde., Leipzig 1865.

–: Sittenbilder aus Tunis und Algerien, Leipzig 1869.

–: Reise nach Südarabien und geographische Forschungen im und über den südwestlichen Theil Arabiens, Braunschweig 1873.

Mankowitz, Wolf: Wedgwood, London 1980.

Mankowski, Tadeusz: Influence of Islamic Art in Poland, in: Ars Islamica, 2. 1 (1935), S. 93–117.

Mannowsky, Walter: Der Danziger Paramentenschatz, Kirchliche Gewänder und Stickereien aus der Marienkirche, 4 Bde., Berlin 1931f., Erg.-Bd Leipzig 1938.

Mansel, Philip: Fausto Zonaro – Court Painter of Sultan Abdul Hamid II, in: Apollo 1987, S. 334–336.

Manselli, Raoul: La res publica christiana e l'islam, in: L'occidente e l'islam.nell 'alto medioevo. Settimane di studio del centro italiano di studi sull 'alto medioevo, 2–8 aprile 1964, 2 Bde., Spoleto 1965, S. 115–147.

Mansoor, Ali Yahya: Die arabische Theorie. Studien zur Entwicklingsgeschichte des abendländischen Minnesangs, Heidelberg 1966.

Mantz, Paul: Charles Gleyre, in: Gazette des Beaux-Arts, Jg. 16, 11 (1875), S. 233–244, S. 404–414.

Manuth, Volker: Ikonographische Studien zu den Historien des Alten Testaments bei Rembrandt und seiner frühen Amsterdamer Schule, (Diss. masch.) Berlin 1987.

Marani, E. / Perina, C.: Mantova, in: Le Arti, 3 (1965).

Marcellus, Comte de: Portefeuille de Comte de Forbin contenant ses tableaux, dessins et esquisses les plus remarquables, Paris 1843.

Marcos, Fouad: Fromentin et l'Afrique, Montreal 1973.

Marinis, Tammaro de: L'influsso orientale sull'arte della legatura a Venezia, in: Venezia e l'oriente fra tardo medioevo e rinascimento, hg. v. A. Pertusi, Florenz 1966, S. 547–555.

Marlier, Georges: La Renaissance Flammande. Pierre Coeck d'Alost, Brüssel 1966.

–: Pieter Brueghel le Jeune, Brüssel 1969.

Marquart, Alfred: Der Mond an Nil und Euphrat, in: Exotische Welten – Europäische Phantasien, Ausst.-Kat., Stuttgart 1987, S. 256–261.

Martin, Ch.: Histoire de l'Algérie Française (1830–1962), Paris 1963.

Martinez Caviro, Balbina: Catálogo de cerámica espanola. Paterna-Aragón-Caraluna-Cuerda seca-Talavera de la Reina-Alcora-Manises, Madrid 1968.

Martinez Ortiz, José: La cerámica de Paterna-Manises y la cerámica de Teruel, in: Teruel, Organo Oficial de la Institución. Instituto de Estudios Turolenses de la excma. Diputación Privincial de Teruel, 29 (1963), S. 221–228.

Martino, Pierre: L'Orient dans la littérature française au 17e et au 18e siècle, Paris 1906.

Mas Latrie, M.L.: Chronique d'Ernoul, Paris 1871.

Mas, Albert: Les Turcs dans la littérature documentaire en Espagne avant le 16e siècle, in: Hommage des hispanistes français a Noel Salomon, Barcelona 1979, S. 563–577.

Mason Rinaldi, S. : Le virtù della repubblica e le gesta dei capitani. Dipinti votivi, ritratti, pietà, in: Venezia e la difesa del Levante, Ausst.-Kat., Venedig 1986, S. 13–31.

Massar, Ph. D.: Presenting Stefano della Bella, New York 1971.

Matthews, Donald: Atlas of Medieval Europe, Oxford 1983.

Matthews, John: The Grail – Quest for the Eternal, London 1981.

Matuz, Josef: Der Verzicht Süleymans des Prächtigen auf die Annexion Ungarns, in: Ungarn-Jahrbuch, 6 (1974), S. 38–46

–: Das osmanische Reich, 1985.

May, Florence Lewis: Silk Textiles of Spain (8th-15th Century), New York 1957.

Mayer, Hans Eberhardt: Geschichte der Kreuzzüge, Stuttgart/u. a. O. 1976.

–: Ursachen und Wirkung der Kreuzzüge, in: Islam und Abendland, Bern/Frankfurt a. M. 1976, S. 87–111.

Mayer, L. A.: Three Heraldic Bronzes from Palermo, in: Ars Islamica, 3 (1936), S. 180–186.

–: Mamluck Costume, Genf 1952.

–: Islamic Metalworkers and their Works, Genf 1959.

–: Islamic Astrolabists and their Works, Genf 1956.

Mayer, L.: Views in Egypt, London 1804.

Mayer, M. M.: Nürnbergisches Trachtenmuseum 1, Nürnberg 1836.

Mayer, Robert: Byzantion Konstantinopolis Istanbul. Eine genetische Stadtgeographie, hg. v. d. Akademie der Wissenschaften in Wien, Philos.-Hist. Kl., Denkschriften, Bd.71. 3., Wien/Leipzig 1943.

Mayes, Stanley: The Great Belzoni, New York 1961.

Mazal, Otto: Byzanz und das Abendland, Graz 1981.

–: Byzanz und der Islam, in: Kultur des Islam, Wien 1981, S. 165–185.

Meester, Marie de: Oriental Influences of the 19th-Century English Literature, Heidelberg 1915.

Megenberg, Konrad von: Das Buch der Natur. Die erste Naturgeschichte in deutscher Sprache, hg. v. F. Pfeiffer, Stuttgart 1861.

Mehl, Sonja: Franz von Lenbach in der Städtischen Galerie im Lenbachhaus, München 1980.

Meienberger, Peter: Johann Rudolf Schmid zum Schwarzenhorn als kaiserlicher Resident in Konstantinopel in den Jahren 1629–1643. Ein Beitrag zur Geschichte der diplomatischen Beziehungen zwischen Österreich und der Türkei in der ersten Hälfte des 17. Jhs., Zürich 1973.

Meier, Fritz: Der mystische Weg. Die Sufi-Tradition, in: Welt des Islam. Geschichte und Kultur im Zeichen des Propheten, hg. v. B. Lewis, Braunschweig 1976, S. 117–140.

Meister, Peter Wilhelm / Reber, Horst: Europäisches Porzellan, Stuttgart 1980.

Melchior-Bonnet, Bernadine: La Révolution 1789–1799, Paris 1984.

Melikian-Chirvani, A.S. : Le bronze iranien, 1973.

Mellini, Gian Lorenzo: Verona e l'Oriente in epoca gotica, in: Le stoffe di Cangrande. Ritrovamenti e ricerche sul 300 veronese, hg. v. L. Magagnato, Ausst.-Kat., Florenz/Castelvecchio 1983, S. 49–69.

Melvinger, A.: Madjus, in: Encyclopedia of Islam, Bd. 2, 1988.

Mély, F.: De. Vases de Cana, in: Monuments et Mémoires de la Fondation Eugène Piot, 10 (1903), S. 145ff., S. 166.

Menadier, J.: Die Mankusen des Königs Offa von Mercia, in: Berliner Münzblätter, 53 (1933), S. 4–10, S. 17, S. 41–49.

Mende, Ursula: Art. Aquamanile, in: Lexikon des Mittelalters, Bd. 1, München/Zürich 1980, Sp. 825/26.

–: Romanische Gießlöwen in Nürnberg und Wien und ihre Zuordnung zur Magdeburger Gießhütte, in: Anzeiger des Germanischen Nationalmuseums, (1984), S. 7–12.

Mercier, André (Hg.): Islam und Abendland. Geschichte und Gegenwart, Kulturhist. Vorlesungen (1974/1975) Universität Bern, Frankfurt a. M. 1976.

Mertz, Barbara: Temples, Tombs and Hieroglyphs, in: The Story of Egyptology, New York 1964.

Meszaros, L.: Italienische Majoliken und ihre Beziehung zur deutschen Druckgraphik des 16. Jahrhunderts, in: Kunstspiegel, Jg. 1, 3 (1979), S. 47ff.

Metken, Günter: ›Alle diese Aufregungen des Abenteuerlebens‹. Eugène Delacroix 1832 in Marokko. Eine Chronik, in: Kunst & Antiquitäten, 6 (1987), S. 76–86.

Metzger, Othmar: Januarius Zick. Datierte und datierbare Gemälde, München 1981.

Meyer zur Capellen, Jürg: Das Bild Sultan Mehmed des Eroberers, in: Pantheon, 3 (1983), S. 208ff.

–: Gentile Bellini im Orient, in: Europa und die Kunst des Islam. 15.–18. Jh., Wien/u.a.O. 1985, S. 137–145.

–: Gentile Bellini, Stuttgart 1985.

Meyer, Erich: A Romanesque Aquamanile in the Form of a Dragon, in: Burlington Magazine, 92 (1950), S. 102–104.

–: Mittelalterliche Bronzen, Hamburg 1960.

–: Romanische Bronzen und ihre islamischen Vorbilder, in: Aus der Welt der islamischen Kunst. Festschrift Ernst Kühnel zum 75. Geburtstag 1957, Berlin 1959, S. 317–322.

Meyerhof, Max: Science and Medicine, in: The Legacy of Islam, Oxford 1931, Neudr. 1965, S. 311–356.

–: Studies on Medievel Arabic Medicine. Theory an Practice, hg. v. P. Johnstone, London 1984.

Mez, Adam: Die Renaissance des Islams, Heidelberg 1922.

MGH = Monumenta Germaniae Historica

Michaelis, Adolf: Die archäologischen Entdekkungen des 19. Jhs., Leipzig 1906.

Michaud 40: Biographie Universelle, Bd. 40, 1856 ff.

Michelsen, Peter: Die Reisen der Lady. Zu den türkischen Briefen der Lady Mary Wortley Montagu, in: arcadia, 16 (1981), S. 242–265.

Middeldorf, Ulrich: Medici Pottery of the Fifteenth Century, in: Bulletin of the Detroit Institute of Arts, 16 (1937), S. 91–96.

Midell, Eike: Goethes West-östlicher Divan. Die Dichtung in der geschichtlichen Wirklichkeit, Leipzig 1962.

Mieli, Aldo: La science arabe et son rôle dans levolution scientifique mondiale, Leiden 1938.

Miguel Egea, Pilar de: Carlos Luis de Ribera pintor romántico madrileno, Madrid 1983.

Miller, Konrad: Weltkarte des Arabers Idrisi vom Jahr 1154, Stuttgart 1927, Nachdr. Stuttgart 1981.

Miller, Norbert: Vivant Denons Reisen ins Unheimliche oder die Entdeckung des Fremden im Eigenen, in: Daidalos, 19 (1986), S. 39–52.

Miller, Sanda: Giovanni Mansueti. A Little Master of the Venetian Quattrocento, in: Revue Roumaine, 15 (1978), S. 77–115.

Minio-Paluello, Lorenzo: Aristotele dal mondo arabo a quello latino, in: L'occidente e l'islam nell 'alto medioevo. Settimane di studio del centro italiano di studi sull 'alto medioevo, 2–8 aprile 1964, 2 Bde., Spoleto 1965, S. 603–636.

Minkowski, Helmut: Aus dem Nebel der Vergangenheit steigt der Turm zu Babel. Bilder aus 1000 Jahren, Berlin 1959.

Minott, Charles Ilsley: Martin Schongauer, New York 1971.

Mirimonde, Antione-Pomme de: La Musique Orientale dans les Oeuvres de l'École Française du 18e siècle, in: La Revue du Louvre et des Musées de France, 19 (1969), S. 231–246.

Mittelalterliche Miniaturen von der Burgundischen Bibliothek zum Handschriftenkabinett der Kgl. Belgischen Bibliothek, Köln 1960.

Moehsen, J. C. W.: Leben Leonhard Thurneissers zum Thurn. Ein Beitrag zur Geschichte der Alchemie, wie auch der Wissenschaften und Künste in der Mark Brandenburg gegen Ende des 16. Jhs., Berlin/Leipzig 1783, Nachdr. München 1976.

Mohring, Hannes: Saladin und der dritte Kreuzzug. Aiyubid Strategie und Diplomatie im Vergleich vornehmlich der arabischen mit den lateinischen Quellen, Wiesbaden 1980.

Möller, Detlef: Studien zur mittelalterlichen arabischen Falknerliteratur, Berlin 1965.

Moisy, Pieere: Les Vases d'or des Egyptiens, in: Meander, Jg. 3, (1948), S. 275–278.

Moltke, J. W. von: Govaert Flinck (1615–1660), Amsterdam 1965.

Momigliano, Arnaldo: Ancient History and the Antiquarian, in: Journal of the Warburg and Courtauld Institute, 13 (1950), S. 285–315.

Momméja, Jules: Collection Ingres au Musée de Montauban, in: Inventaire général des richesse d'art de la France. Provence: Monuments civils, Bd. 7, Paris 1905.

–: Le ›Bain turc‹ d'Ingres, in: Gazette des Beaux-Arts, 36 September (1906), S. 179–198.

Mommsen, Katharina: Goethe und die arabische Welt, Frankfurt a. M. 1988.

Mommsen, Momme: Studien zum West-östlichen Divan, Berlin 1962.

Mommsen, Theodor: Über die Berliner-Excerptenhandschrift des Petrus Donatus, in: Jahrbuch der Königlich Preussischen Kunstsammlungen, IV (1883), S. 76.

Monroe, J.T.: Islam and the Arabs in Spanish Scholarship (16th Century to the Present), Leiden 1970, Neudr. 1982.

Monschetti, A.: Le ceramiche di Candiana, in: Faenza, 10 (1932), S. 137–144.

Montabez, Pedro Martinez: Relation diplomatiques entre l'Egypte et la Castille au 13e siècle. Resume, in: Colloque international sur l'histoire du Caire, Kairo 1972, S. 331 f.

Montesquieu, Charles de Secondat, Baron de: Perserbriefe, Aus dem Französischen von Jürgen von Stackelberg, Frankfurt a. M. 1988.

Morassi, A.: Four Newly Discovered Turkish scenes by Antonio Guardi, in: Apollo, April (1974), S. 274–278.

–: Guardi, in: Apollo, März (1988), S. 173–179.

Moraux, Paul (Hg.): Aristoteles in der neueren Forschung, Darmstadt 1968.

Morenz, Siegfried: Die Begegnung Europas mit Ägypten, hg. v. d. Sächsischen Akademie der Wissenschaften zu Leipzig, Phil.-Hist. Kl., Sitzungsberichte, Bd. 113. 5, Berlin (1968).

Morgan, N.: Early Gothic Manuscripts (1190 bis 1250), Oxford 1982.

Morier, James: A Journey through Persia, Armenia, and Asia Minor, to Constantinople, in the Years 1808 and 1809; in which is Included, Some Account of the Proceedings of His Majestys Mission under Sir Harford Jones, Bart. K.C. to the Court of the King of Persia, London 1812.

–: A Second Journey through Persia, Armenia and Asia Minor to Constantinople, between the Years 1810 and 1816. With a Journal of the Voyage by the Brazils and Bombay to the Persian Gulf;..., London 1818.

Mortensen, Erik: Eine arabische Familie in Kopenhagen, in: Hafnia, 8 (1981), S. 34–50.

Moryson, Fynes: Itinerary, Containing his Ten Yeeres Travell through the Twelve Dominions of Germany, Bohmerland, Sweitzerland, Netherland, Denmarke, Poland, Jtaly, Turky, France, England, Scotland, and Ireland, London 1617.

Moubarac, Y.: Le Coran et la critique occidentale, Beirut 1972/73.

–: Les chrétiens et le monde arabe, Beirut 1972/73.

Mourey, Gabriel: Le livre des fêtes françaises, Paris 1930.

Müller, Carolus (Karl) (Hg.): Fragmenta historicorum Graecorum, Bd. 1–5, 1841–1938, Neudr. Frankfurt a.M. 1975.

Müller, Franz Walter: Der Rosenroman und der lateinische Averroismus des 13. Jhs., Frankfurt a.M. 1947.

Müller, Hans: Die Kunst des Sklavenkaufs, nach arabischen, persischen und türkischen Ratgebern vom 10. bis zum 18. Jahrhundert, Berlin 1980.

Müller, K.: Das kaiserliche Gesandtschaftswesen im Jahrhundert nach dem westfälischen Frieden (1648–1740), Bonn 1976.

Müller, Kaspar Detlef Gustav: Grundzüge des christlich-islamischen Ägypten von der Ptolemäerzeit bis zur Gegenwart, Darmstadt 1969.

Müller, Kurt / Krönert, Gisela (Bearb.): Leben und Werk von G. W. Leibniz. Eine Chronik, Frankfurt a. M. 1969.

Müller, Otto: Azmi Efendis Gesandtschaftsreise an den preussischen Hof. Ein Beitrag zur Geschichte der diplomatischen Beziehungen Preußens zur Hohen Pforte unter Friedrich Wilhelm II., Berlin 1918.

Muller, F: Beredeneerde beschrijvning van Nederlandsche historieplaten, zinneprenten en historische kaarten, Amsterdam 1863–1882, Neudr. Amsterdam 1970

Müller-Hofstede, Justus: Zur Antwerpener Frühzeit von Peter Paul Rubens, in: Münchner Jahrbücher der bildenden Kunst, XII (1962).

Müller-Meiningen, Johanna: Die Moriskentänzer und andere Arbeiten des Erasmus Grasser für das Alte Rathaus in München, München/Zürich 1984.

Müller-Wiener, W.: Bildlexikon zur Topographie Istanbuls, 1977.

Müller: Brandenburgische Hülfskorps unter dem Markgrafen Ludwig Wilhelm von Baden in der Schlacht bei Slankámen am 19. August 1691, in: Militär-Wochenblatt, 72/73 (1891).

Münz, Ludwig: Rembrandts Etchings, 2 Bde., London 1952.

Murr, Christoph Gottlieb von: Description du Cabinet de Monsieur Paul de Praun a Nuremberg, Nürnberg 1797.

Muthesius, Anna: De zijden stoffen in de Schatkamer van de Sint Servaaskerk te Maastricht, in: Publications de la Soc. Historique et Archéology dans le Duché de Limbourg, Maastricht, 60 (1974), S. 325–360.

Nachricht von einer Reise in Persien im Jahre 1787 von Herrn Beauchamp, in: Minerva 3 (1792), S. 396–413.

Naef, Hans: Ingres as Lithographer, in: Burlington Magazine, 108. 762 (1966), S. 476–479.

–: La Dormeuse de Naples, in: Revue de l'Art, 1–2 (1968), S. 102 f.

–: Monsieur Ingres et ses muses, in: L'Oeil, 25 (1957), S. 48–51.

Nagler, Georg Kaspar: Die Monogrammisten, 5 Bd., München 1958–1979.

Nallino, Maria: L'Ègypte dans les Diari de Marin Sanudo, in: Colloque international sur l'histoire du Caire 1969, Kairo 1972, S. 335 f.

Nasr, S. Husain: Knowledge and the Sacred, Edingbourgh 1981.

Nasr, Seyyed Hossein: Science and Civilization in Islam, Cambridge 1968.

–: Three Muslim Sages. Avicenna - Suhrawardi – Ibn 'Arabi, New York 1969.

–: Islamic Science, London 1976.

–: An Introduction to Islamic Cosmological Doctrines. Conception of Nature and Methods Used for its Study by the Ikhwan al-Safa, Al-Biruni, and Ibn Sina, London 1978.

Navagero, Andrea: Viaje a Espana del magnifico senor Andrés Navagero (1524–1526) embajador de la República de Venecia ante el Emperador Carlos V. Traducción y estudio preliminar de José Maria Alonso Gamo, Valencia 1951.

Nettl, Paul: Die Moresca, in: Archiv für Musikwissenschaft, 14 (1957), S. 165–174.

Neubauer, Eckhard: Zur Rolle der Araber in der Musikgeschichte des europäischen Mittelalters, in: Islam und Abendland, Bern/Frankfurt a. M. 1976, S. 111–131.

Neuss, Wilhelm: Die Apokalypse des Hl. Johannes in der altspanischen und altchristlichen Bibel-Illustration, 2 Bde., Münster 1931.

Newhall, Beaumont: Delacroix and Photography, in: Magazine of Art, (1952), S. 300–303.

Nicolai, Nicolo de: Le navigation et viaggi fatti nelle Turchia, Venetia 1580.

Niebuhr, Carsten: Carsten Niebuhrs Reisebeschreibung nach Arabien und anderen umliegenden Ländern, 2 Bde., Kopenhagen 1774/1778.

–: Entdeckungen im Orient, neubearb. und hg. von R. Grün, 1973.

Niehoff, Franz: Umbilicus mundi - Der Nabel der Welt Jerusalem und das Heilige Grab im Spiegel von Pilgerberichten und -karten, Kreuzzügen und Reliquiaren, in: Ornamenta Ecclesiae, Bd. 3, Ausst.-Kat., Köln 1985, S. 53–72.

Nochlin, Linda: The Imaginary Orient, in: Art in America, 71. Mai (1983), S. 118–130, S. 187–191.

–: The Imaginary Orient, in: Exotische Welten – Europäische Phantasien, Ausst.-Kat., Stuttgart 1987, S. 172–179.

Nodier, Ch.: Journal de l'Expedition des Portes des Fer, Paris 1844.

Nottebohm, Theodor: Die preußisch-türkische Defensivallianz (1763–65). Ein Beitrag zu Friedrich des Großen orientalischer Politik, in: Festschrift zu der zweiten Säcularfeier des Friedrich-Werderschen Gymnasiums zu Berlin, Berlin 1881.

Nouruzi-Azar, Hossein: Studien über das morgenländische Sprachgut im Deutschen. Ein Beitrag zur deutschen Lehngutforschung, Leipzig 1968.
Nowinski, Judith: Baron Dominique Vivant Denon, Rutherford/Madison/Teaneck 1970.
Oberhummer, Eugen. Konstantinopel unter Sultan Suleiman dem Großen aufgenommen im Jahre 1559 durch Melchior Lorich aus Flensburg nach der Handzeichnung des Künstlers in der Universitäts-Bibliothek zu Leiden, München 1902.
Oechslin, Werner: Das Geschichtsbild in der Architektur in Deutschland: Jerusalem-Idee und Weltwunder-Architektur, in: Architekt und Ingenieur. Baumeister in Krieg und Frieden, Ausst.-Kat., Wolfenbüttel 1984.
–: Pyramide et Sphère. Notes sur l'Architecture Révolutionnaire du 13e Siècle et ses Sources Italiennes, in: Gazette des Beaux-Arts, April (1971).
Oettinger, Karl: Die Bildhauer Maximilians am Innsbrucker Kaisergrabmal, 1966.
Ohnsorge, Werner: Abendland und Byzanz. Gesammelte Aufsätze zur Geschichte der byzantinisch-abendländischen Beziehungen und des Kaisertums, Weimar 1958.
–: Konstantinopel und der Okzident. Gesammelte Aufsätze zur Geschichte der byzantinisch-abendländischen Beziehungen und des Kaisertums, Darmstadt 1966.
–: Ost-Rom und der Westen. Gesammelte Aufsätze zur Geschichte der byzantinisch-abendländischen Beziehungen und des Kaisertums, Darmstadt 1983.
Oldenbourg, R.: Thomas de Keysers Tätigkeit als Maler, Leipzig 1911.
Olschki, Leonardo: Asiatic Exotism in Italian Art of the Early Renaissance, in: Art Bulletin, 26.1 (1944), S. 95–106.
–: Marco Polo, Dante Alighieri e la cosmografia medievale, in: Oriente Poliano, Rom 1957, S. 45–65.
Olsen, H.: Italian Paintings and Sculpture in Denmark, Kopenhagen 1961.
Omer, M.: Turner: Die Landschaften der Bibel, Wien 1985.
Omont, Henri: Missions archéologiques françaises en Orient aux XVIIe et XVIIIe siècles, 2 Bde., Paris 1902.
Önen, Yassar: Das Bild der Türkei in deutschen Reisebeschreibungen des 16. Jhs., in: Geistesgeschichtliche Perspektiven. Festschrift für Rudolf Fahrner, Bonn 1969, S. 129–145.
Oriens Christianus. Hefte für die Kunde des christlichen Orients, Rom 1953–1957, Nachdr. 1980.
Oriente Poliano. Studi e conferenze tenute all Is. M. E. O., in: Occasione del VII centenario della nascita di Marco Polo (1254–1954), Rom 1957.
Ormond, Richard: Holman Hunt's Egyptian Chairs, in: Apollo, Juli (1965), S. 55–58.
Orthmann, W.: Der Alte Orient, Propyläen Kunstgeschichte Bd. 14, 1975.
Osler, William: Bibliotheca Osleriana. A Catalogue of Books Illustrating the History of Medicine and Science, Montreal/London 1969.
Ott, Karl August: Der Rosenroman, Darmstadt 1980.
Otto-Dorn, Katharina: Türkische Keramik, Anakara 1957.
Ouseley, William: Travels in Various Countries of the East; More Particularly Persia. A Work wherein the Author has Described, as Far as His Own Observations Extended, in State of those Countries in 1810, 1811, and 1812;..., 3 Bde., London 1819–1823.
Özyurt, Senol: Die Türkenlieder und das Türkenbild in der deutschen Volksüberlieferung vom 16. bis zum 20. Jh., München 1972.
Pächt, Otto / Alexander, J. J. G.: Illuminated Manuscripts in the Bodleian Library, Oxford, 3 Bde., Oxford 1966/1973.
Pächt, Otto: Buchmalerei des Mittelalters, München 1984.
Palmer, J.B.: Fr. Georgius de Hungaria, O.P., and the ›Tractatus de moribus, condicionibus et nequitia Turcorum‹, in: Bulletin of the John Rylands Library, 34 (1951/52), S. 44–68.
Palombini, Barbara von: Bündniswerben abendländischer Mächte um Persien (1453–1600), Wiesbaden 1968.
Pape, Maria Elisabeth: Die Turquerie in der bildenden Kunst des 18. Jhs., (Diss) Köln 1987.
Paquejo, Tonia: The ›Arab Cathedrals‹, Moorish Architecture as seen by British Travellers, in: The Burlington Magazine, Bd. 1001, 1986, S. 555–563.
Parkhurst, Charles: Aguilonius' Optics and Rubens' Colors, in: Nederlands Kunsthistorisch Jaarboek, 12 (1961).
Passavant, J. D.: Le Peintre – Graveur, Bd. 6, 1864.
Patzelt, Erna: Die fränkische Kultur und der Islam, Baden/u.a. O. 1932.
Paulsen, Ronald (Hg.): Hogarth's Graphic Works. First Complete Edition, New Haven/London 1965.
Pavoni, R.: Paolo Giovo et son Musée de Portraits. A propos d'une exposition, in: Gazette des Beaux Arts, 105 (1985), S. 109 ff.
Peirce, Hayford / Tyler, Royall: The Prague Rider-Silk and the Persian-Byzantine Problem, in: Burlington Magazine, 68 (1936), S. 213–220.
Pellat, Charles: Goldschmiede des Wortes. Das Erbe der islamischen Literatur, in: Welt des Islam. Geschichte und Kultur im Zeichen des Propheten, hg. v. B. Lewis, Braunschweig 1976, S. 141–160.
Peltzer, Rudolf Arthur: Der Hofmaler Hans von Aachen. Seine Schule und seine Zeit, in: Jahrbuch der Kunsthistorischen Sammlungen des Allerhöchsten Kaiserhauses, Bd. 30, (1911/1912), S. 59–182.
–: Hans Rottenhammer, in: Jahrbuch der Kunsthistorischen Sammlungen des Allerhöchsten Kaiserhauses, Bd. 33. 5, Wien 1916.
Pena, A.C.: Santiago, Patrón de Espana y del ejército. In: Reales sitios. Revista del Patrimonio acional. Ano 8, núm. 28, Segundo Trimestre 1971, Madrid 1971. S. 65–70.
Pendered, Mary L: John Martin, Painter. His Life and Times, New York 1924.
Penzer, Normah Mosley: The Harem. An Account of the Institution as it Existed in the Palace of the Turkish Sultans with a History of the Grand Seraglio from its Foundations to Modern Times, London 1936.
Percy, Ann: Notes on Castiglione's Monotypes, in: Print Collector, 29 (1975), S. 73–78.
Perkuhn, Eva Ruth: Die Theorien zum arabischen Einfluß auf die europäische Musik des Mittelalters, Alldorf-Hessen 1976.
Pernoud, Régine (Hg.): Die Kreuzzüge in Augenzeugenberichten, München 1971.
Pertusi, A. (Hg.): Venezia e l'oriente fra tardo medioevo e rinascimento, Florenz 1966.
Peschel, Inge: Die Darstellung des Osmanischen Reiches in der deutschsprachigen Reiseliteratur des 16. Jhs., Wien 1977.
Peters, F.E.: Aristoteles Arabus. The Oriental Translations and Commentaries on the Aristotelian 'Corpus', Leiden 1968.
Peters, Heinz: Falke, Falkenjagd, Falkner und Falkenbuch, in: Reallexikon zur deutschen Kunstgeschichte, München 1973, S. 1251 bis 1366.
Peters, Rudolph (Hg.): Proceedings of the Ninth Congress of Union Euroéenne des Arabisants et Islamisants (Amsterdam 1978), Leiden 1981.
Petrasch, Ernst: Die Geschichte der türkischen Trophäensammlung des Markgrafen Ludwig Wilhelm von Baden, in: Zeitschrift für die Geschichte des Oberrheins, 100, N.F., 61 (1952), S. 565–691.
–: Die Türkenbeute. Eine Auswahl aus der türkischen Trophäensammlung des Markgrafen Ludwig Wilhelm von Baden, Karlsruhe 1977.
Petritsch, Ernst Dieter: Der habsburgisch-romanische Friedensvertrag des Jahres 1547, in: Mitteilungen des Österreichischen Staatsarchivs, 38 (1985), S. 49–80.
–: Die diplomatischen Beziehungen Ferdinands I. mit den Osmanen. Techniken und Probleme, in: Siegmund von Herberstein. Kaiserlicher Gesandter und Begründer der Rußlandkunde und die europäische Diplomatie, hg. von Gerhard Pferschy, Graz 1989.
Petsopoulos, Yanni (Hg.): Kunst und Kunsthandwerk unter den Osmanen, München 1982.
Petzet, E.: Die deutschen Pergament-Handschriften der Staatsbibliothek in München (Nr. 1–200), 1920.
Pevsner, Nikolaus: Architektur und Design, München 1971.
Pevsner, Nikolaus / Lang, S. : The Egyptian Revival, in: Architectural Review, 119 (1956), S. 242–54.
Pfeffermann, Hans: Die Zusammenarbeit der Renaissancepäpste mit den Türken, Winterthur 1946.
Pfeiler, Hasso: Das Türkenbild in den deutschen Chroniken des 15. Jhs., o.O. 1956.
Pielen, Christhelm: Die Regensburger Halbseidenstoffe, (Diss.) Köln 1961.
Pieper, Jan: Sezincote. Ein west-östlicher Divan, in: Daidalos, 19 (1986), S. 54–73.
Pieper, Paul: Der Domschatz zu Münster, Münster 1981.
Pietsch, Edeltraud: Die zeitgenössische Publizistik über die Türken im 16. Jh., Wien 1967.
Pignatti, T.: Veronese, Bd. I, Venedig 1976.
Pinedo, C. / Vizcaino, E.: La cerámica de Manises en la historia, León 1977.
Pingree, David: Between the Ghaya and Picatrix. I: The Spanisch Version, in: Journal of the Warburg and Courtauld Institutes, 44 (1981), S. 27 ff.
–: Some of the Sources of the Ghayat Al-Hamin, in: Journal of the Warburg and Courtauld Institutes, 43 (1980), S. 1–15.
Pinto, Olga: Viaggiatori veneti in oriente dal secolo 13. al 16., in: Venezia e l'oriente fra tardo medioevo e rinascimento, hg. v. A. Pertusi, Florenz 1966, S. 389–401.
Pirenne, Henri: Mahomet et Charlemagne, in: Revue Belge de Philologie et d'Histoire, 1 (1922), S. 77–86
–: Mahomet et Charlemagne, in: Bedeutung und Rolle des Islam beim Übergang vom Altertum zum Mittelalter, hg. v. P.E. Hübinger, Darmstadt 1968, S. 1–10.
Pirenne, Henri / u. A.: Mohammed und Karl der Große. Untergang der Antike am Mittelmeer und Aufstieg des germanischen Mittelalters, Frankfurt a. M 1985.
Piwocka, M: The Orient in the Wawel Collection, Krakau 1977.
Plessner, Martin: Die Bedeutung der Wissenschaftsgeschichte für das Verständnis der geistigen Welt des Islam, Tübingen 1966.
Plöger, O.: Das Buch Daniel, 1965.
Pochat, Götz: Der Exotismus während des Mittelalters und der Renaissance. Voraussetzungen, Entwicklung und Wandel eines bildnerischen Vokabulars, Stockholm 1970.
Poensgen, Albert: Niederländische Fliesen (16.–19. Jahrhundert), Düsseldorf 1983.
Poggio Bracciolini, Giovanni Francesco / DE Varthema, Ludovico: Travelers in Disguise. Narratives of Eastern Travel, übers. v. J. W. Jones, neubearb. v. L.D. Hammond, Cambridge, Mass. 1963.
Polkehn, Klaus: Palästina. Reisen im 18. und 19. Jh., Berlin 1986.
Pollig, Hermann: Exotische Welten – Europäische Phantasien, in: Exotische Welten – Europäische Phantasien, Ausst.-Kat., Stuttgart 1987, S. 16–25.

Polzer, Joseph: Aristotele, Mohammed and Nicholas V in Hell, in: Art Bulletin, 46 (1964), S. 457–69.
Poncheville, André M. de: Les peintres Louis et François Watteau dits ›Watteau de Lille‹, in: Gazette des Beaux-Arts, 13 (1926), S. 219–230.
Pope, Arthur Upham: A Survey of Persian Art, London/New York 1939.
–: Masterpieces of Persian Art, New York 1945.
Popham, A.E.: Catalogue of Etchings by Jan Cornelisz Vermeyen; in: Oud Holland, 44 (1927), S. 174ff.
Poppe, Nikolaus: Eine mongolische Fassung der Alexandersage, in: Zeitschrift der Deutschen Morgenländischen Gesellschaft, 107. 2 (Sonderheft) N.F. Bd. 32, S. 105ff.
Porter, Robert Ker: Travels in Georgia, Persia, Armenia, Ancient Babylonia, during the years 1817, 1818, 1819 and 1820, 2 Bde., London 1821–1822.
Posner, Oskar: Bilder zur Geschichte der Freimaurerei, Reichenberg 1927.
Prawer, Joshua: Die Welt der Kreuzfahrer, Wiesbaden 1974.
Preger, TH. (Rez.): Konstantinopel unter Sultan Suleiman dem Großen, hg. v. Eugen Oberhummer, München 1902, in: Byzantinische Zeitschrift, 12 (1903), S. 340–343.
Preibisch, Walter: Quellenstudien zu Mozart's ›Entführung aus dem Serail‹. Ein Beitrag zu der Geschichte der Türkenoper, in: Sammelbände der Internationalen Musik-Gesellschaft 10, 1908–1909.
Prelog, J.: Die Chronik Alfons III., 1980.
Prescott, William H.: History of the Reign of Ferdinand and Isabella the Catholic, London 1886.
Primer lapidario del rey Alfonso X. el Sabio: edicion facsimil del codice h. l. 15 de la Bibliotheca de San Lorenzo el Real de El Escorial, Madrid 1982.
Primisser, A.: Die kaiserlich-königliche Ambraser Sammlung, Wien 1819.
Pröhl, Karl: Die Bedeutung preußischer Politik in den Phasen der orientalischen Frage. Ein Beitrag zur Entwicklung deutsch-türkischer Beziehungen von 1606–1871, Frankfurt a. M. 1986.
Quadflieg, Ralph: Zur Rezeption islamischer Krankenhausarchitektur in der italienischen Frührenaissance, in: Europa und die Kunst des Islam, Wien/u.a. O. 1985, S. 73–81.
Quellen zur Karolingischen Reichsgeschichte, T. 1 : Die Reichsannalen, Einhard: Leben Karls des Großen, T. 2: Leben Ludwigs, Nithard Geschichten, Darmstadt 1962.
Raby, Julian: Cyriacus of Ancona and the Ottoman Sultan Mehmed II., in: Journal of the Warburg and Courtauld Institutes, 43 (1980), S. 242–246.
–: Metallarbeiten. Silber und Gold, in: Kunst und Kunsthandwerk unter den Osmanen, hg. v. Yanni Pestopoulos, München 1982, S. 17–33.
–: Venice, Dürer and the Oriental Mode, London/Totoxa-New Jersey 1982.
–: Venice, Dürer and the Oriental Mode, Florenz 1983.
Rackham, Bernard: Paduan Maiolica of the So-Called ›Candiana‹-Type, in: Burlington Magazine, 68 (1936), S. 113f.
Radjai-Bockarai, Ali: Die Bedeutung der Poesie des Orients bei Johann Gottfried Herder, Teheran 1973.
Rashid al-din: The Succesors of Gehghis Khan, übers. v. J. A. Boyle, New York/London 1971.
Rashid, Adnan Mohamed: Die literarische Darstellung des Propheten Mohammed in der deutschen Literatur unter Berücksichtigung des Zeitraumes von 1917 bis 1967, Hannover 1973.
Rauwolf, Leonhard: Leonard Rauwolf. Ein schwäbischer Arzt, Botaniker und Entdekkungsreisender des 16. Jh., hg. v. F. Junginger, Heidenheim an der Brenz 1969.
Raven, Maarten J.: Alma Tadema als amateur-egyptoloog, in: Bulletin van het Rijksmuseum, (1980), S. 103–117.
Rawson, Jessica: Chinese Ornament. The Lotus and the Dragon, London 1984.
RDK: Reallexikon der deutschen Kunstgeschichte.
RE: Real-Encyclopädie der Classischen Altertumswissenschaft
Reade, J.: Assyrian Sculpture, British Museum Publications, 1983.
Real Alcazar: La conquista de Túnez. Tapices, Sevilla 1929.
Receuil de cent Estampes ... d'apres Nature en 1707 et 1708 par les ordres de M. de Ferriol, gravées en 1712 et 1713, Paris 1714.
Reichel, Friedrich: Die Türkenmode in der sächsischen Kunst, in: Beiträge und Berichte der Staatlichen Kunstsammlung Dresden, 1972–1975, S. 143–155.
Reichel, Otto: Zur Geschichte der ehemaligen Berliner Kunstkammer, in: Jahrbuch der Preußischen Kunstsammlungen, 51 (1930), S. 223ff.
Rena, Ary: La peinture orientaliste, in: Gazette des Beaux-Arts, Jg. 35, 11 (1984), S. 43–53.
Renda, Günsel: Europa and the Ottomans, in: Europa und die Kunst des Islam, Wien/Köln/Graz 1985, S. 9–33.
Renoir, Jean: Mein Vater Auguste Renoir, übers. v. S. Stahlmann, München 1962.
Repton, Humphrey: Designs for the Pavilion at Brighton, London 1808.
Restle, Marcell: Bauplanung und Baugesinnung unter Mehmet II. Fâtih Filarete in Konstantinopel, in: Pantheon, 39 (1981), S. 361–367.
Reuther, Hans: Das Modell des salomonischen Tempels im Museum für Hamburgische Geschichte, München/Berlin 1980, S. 161ff.
Reynolds, L. D. / Wilson, N. G.: Scribes and Scholars. A Guide to the Transmission of Greek and Latin Literature, Oxford 1975.
Reznicek, E. K. J.: Jan Harmensz. Muller as Draughtsman. Addenda, in: Master Drawings, 18 (1980), S. 115ff.
Ribeiro, Aileen: The King of Denmark's Masquerade, in: History Today, 27 (1977), S. 385–389.
–: Turquerie. Turkish Dress and English Fashion in the Eighteenth Century, in: Conoisseur, 201 Mai (1975), S. 16–23.
Riboud, Krishna / Vial, Gabriel: Quelques considérations techniques concernant quatre soieries connues, in: Documenta Textilia. Festschrift für Sigrid Müller Christensen, München 1980, S. 129–155.
Ricci, Corrado: La scenografia Italiana, Mailand 1930.
Rice, D.S. : The Baptistère de Saint Louis, 1953.
–: The Wade Cup, 1955.
–: in: Studi orientalistici in onore di Giorgio Levi della Vida, Bd. 2, 1956.
–: The Fermo Chasuble of St Thomas a Becket, Revealed als the Earliest Fully Dated and Localised Major Islamic Embroidery Known, in: The illustrated London News, 3 oct. 1959, S. 356–358.
Rice, David Talbot: Islamic Art, London 1975.
Richard, Jean: Les relations entre l'Orient et l'Occident au Moyen Age. Etudes et documents, London 1977.
Rieger, Gerhard: Die Einbeziehung der Osmanen in das abendländische Staatensystem. König Franz I. von Frankreich, Sultan Soliman der Prächtige und die Habsburger, Nordhausen a. H. 1928.
Rieger, Renate: Islamische Einflüsse auf die mittelalterliche Profanarchitektur. Prof. K. M. Swoboda zum 65. Geburtstag, in: Alte und neue Kunst, Jg 4 (1955), S. 1–23.
Riesebieter, Otto: Die deutschen Fayencen des 17. und 18. Jhs., Leipzig 1921, S. 180.
Rijsing, Anne: The Fate of Henri Pirenne's Thesis on the Consequenses of the Islamic Expansion, in: Bedeutung und Rolle des Islam beim Übergang vom Altertum zum Mittelalter, hg. v. P. E. Hübinger, Darmstadt 1968, S. 178 bis 223.
Ringbom, Lars-Ivar: Graltempel und Paradies, in: Kungl. Vitterhets Historie och Antikvitetsakademiens Handlingar, 73, Stockholm 1951.
Riviere, George: Renoir et ses amis, Paris 1921.
Rizzitano, Umberto: Gli arabi in Italia, in: L'occidente d l'islam nell alto medioevo. Settimane di studio del centro italiano di studi sull'alto medioevo 2- 8 aprile 1964, 2 Bde., Spoleto 1965, S. 93–114.
Robaut, Alfred: L'Oeuvre complet d'Eugène Delacroix, Paris 1885.
Roberts, David: Egypt and Nubia, 3 Bde., 1846–1850.
–: Picturesque Sketches in Spain Taken During the Years 1832 and 1833, London 1837.
Robinson, B.W.: Oriental Metalwork in the Gambier-Parry Collection, in: Burlington Magazine, März (1967), S. 169.
Roccati, Alessandro: I viaggiatori veneti, in: Viaggiatori Veneti, Venedig 1985, S. 13–16.
Rocoles, Louis Baptiste de: La vie du Sultan Gemes, frère unique de Bajazet II. du nom Empereur les Turcs, Leiden 1683.
Rodinson, Maxime: Die Faszination des Islam, übers. v. I. Riesen, München 1985.
Rodriguez, Ana Doninguez: La pervivencia de la astrología islámica en el arte cortesano europeo de los siglos 13 al 15, in: Europa und die Kunst des Islam, Wien/Köln/Graz 1985, S. 109 bis 119.
Roemer, Hans Robert: Die Safawiden. Ein orientalischer Bundesgenosse des Abendlandes im Türkenkampf, in: Saeculum, 4 (1953), S. 27–44.
–: Die islamische Welt zwischen Mittelalter und Neuzeit. Festschrift für H. R. Roemer zum 65. Geburtstag, hg. v. U. Haarmann / P. Bachmann, Wiesbaden 1979.
Römer, Karl: Der Codex Arabicus Monacensis Aumer 238. Eine spanisch-arabische Evangelienhandschrift, Leipzig 1905.
Roethlisberger, Marcel: Bartholomeus Breenbergh. The Paintings, Berlin/New York 1981.
Rogers, Michael J.: Osmanische Kunst. In: Türkische Kunst und Kultur aus osmanischer Zeit, Bd. 1, Ausst.-Kat., Frankfurt a. M. 1985, S. 19–38.
–: A Group of Ottoman Pottery in the Godman Bequest, in: Burlington Magazine, 1985, S. 134–144.
–: Evidence for Mamluk-Mongol Relations (1260–1360), in: Colloque international sur l'histoire du Caire 1969, Kairo 1972, S. 385–403.
Röhricht, Reinhold / Meisner, Heinrich: Deutsche Pilgerreisen nach dem Heiligen Lande, Berlin 1880.
–: Zur Geschichte der Kreuzzüge, in: Neues Archiv der Gesellschaft für ältere deutsche Geschichtkunde, 11. 3 (1886), S. 571–579.
Roloff, G.: Die Schlacht bei Angora (1402), in: Historische Zeitschrift, 161 (1940), S. 244–266.
Roos, Frank J.: The Egyptian Style, in: Magazine of Art 33 (1940).
Rosen, E.: The Alfonsine Tables and Copernicus, in: Manuscripta, 20.3 (1976), S. 163ff.
Rosenberg, Manfred: Gerhard Veltwyck. Orientalist, Theologe und Staatsmann, Wiesbaden 1935.
Rosenthal, Donald A.: A Mughal Portrait Copied by Delacroix, in: Burlington Magazine, 119. 892 Juli (1972), S. 505f.
Rosenthal, Erwin: Der Plan eines Bündnisses zwischen Karl dem Großen und Abdurrahmen in der arabischen Überlieferung, in: Neues Archiv für sächsische Geschichte und Altertumskunde, 48 (1929).
Rosenthal, Franz: Das Fortleben der Antike im Islam, Zürich/Stuttgart 1965.
Ross, D. J. A.: Nectanebus in his Palace: A Problem of Alexander Iconography, in: Journal of the Warburg and Courtauld Institutes, 15 (1952), 67–87.

–: Alexander Historiatus. A Guide to Medieval Illustrated Alexander Literature, London 1963.
–: Illustrated Medieval Alexander-Books in Germany and the Netherlands, Cambridge 1971.
Roth, Erwin: Preußens Gloria im Heiligen Land. Die Deutschen und Jerusalem, München 1973.
Rotili, M.: La Miniatura nella Badia di Cava, Bd. 1, 1976.
Rotter, Gernot (Hg.): Usama ibn Munqid. Ein Leben im Kampf gegen Kreuzritterheere, Tübingen/Basel 1978.
Rouche, M.: Les Aquitains ont ils trahi avant la bataille de Portiers ?, in: Le Moyen Age, 74 (1968), S. 5 ff.
Rouillard, Clarence Dana: The Turk in French History, Thought and Literature (1520–1660), Paris 1941.
Roullet, Anne: The Egyptian and Egyptianizing Monuments of Imperial Rome, Leiden 1972.
Rouillard, Clarence Dana: A Reconsideration of ›La réception de l'ambassadeur Domenico Trevisano au Caire. Ecole de Gentile Bellini‹ at the Louvre, as an ›audience de vénetiens a Damas‹, in: Gazette des Beaux-Arts, November (1973), S. 297–304.
Rousseau, Louis: Les relations diplomatiques de la France et de la Turquie au 18e siècle (1700–1716), Paris 1908.
Rowlands, John: Holbein. The Paintings of Hans Holbein the Younger, Oxford 1985.
Roy, J.-H. / Deviosse, J.: La Bataille de Portiers, 1966.
Roy, Rainer: Studien zu Gerbrand van den Eeckhout, (Diss. masch.) Wien 1972.
Rozmital, Leo of (Freiherr Löw von Rozmital und Blatna): The Travels of Leo of Rozmital through Germany, Flanders, England, France, Spain, Portugal and Italy (1465 bis 1467), hg. v. Malcom Letts, Cambridge 1955.
Rudolph, Stella: La ›Voga Turca‹ nella pittura fiorentina dopo la vittoria sugli Ottomani nel 1683, in: Kunst des Barocks in der Toskana. Studien zur Kunst unter den letzten Medici, München 1976, S. 321–332.
Runciman, Steven: Das Patriarchat von Konstantinopel, 1968.
Runciman, Steven: Der Erste Kreuzzug, München 1981.
Rupp, Heinz: Wolfram von Eschenbach, Darmstadt 1966.
Ruska, Julius: L-Bîrûnî als Quelle für das Leben und die Schriften al-Râzis, in: Isis, 5 (1923), S. 26–50.
Russell, John Malcolm: Bulls for the Palace and Order in the Empire. The Sculptural Program of Sennacheribs Court VI at Nineveh, in: Art Bulletin, 69, Dezember (1987) S. 520–539.
Ryan, W. F. / Schmitt, C. B. (Hg.): Pseudo-Aristotle. The Secret of Secrets. Sources and Influences, London 1982.
Ryszkiewicz, Andrzej: Van Loo et Pierre. Sur quelques tableaux avec 'Turqueries' dans les collections polonaises, in: Bulletin du Musée National de Varsovie, 16. 1 (1975), S. 13–27.
Sabbe, E.: Limportation des tissus orientaux en Europe occidentale au haut moyen-âge, in: Revue Belge de Philologie et dHistoire, 14 (1935), S. 811–848, 1261–88.
Sabra, A.I.: Philosophie und Naturwissenschaften. Der islamische Beitrag zur Entwicklung der Wissenschaft, in: Welt des Islam. Geschichte und Kultur im Zeichen des Propheten, hg. v. B. Lewis, Braunschweig 1976, S. 181–200.
Sacken, E.v.: Die vorzüglichsten Rüstungen und Waffen der k.k. Ambraser Sammlung, Bd. 1, Wien 1859
Safrai, Semuel: Die Wallfahrt im Zeitalter des Zweiten Tempels, Neukirchen/Vluyn 1981.
Said, Edward w.: Orientalism, New York 1978.
Said, Mohammed: Traditional Graeco-Arabic and Modern Western Medicine. Conflict or Symbiosis, in: Islam und Abendland. Geschichte und Gegenwart, hg. v. A. Mercier, Bern/Frankfurt a. M. 1976, S. 121–163.
Salmi, M.: Italienische Buchmalerei, 1956.
Al Samman, Tarif: Arabische Geographie, in: Ausst.-Kat., Nationalbibliothek, Wien 1988, S. 387ff.
–: Geschichte der damaszenischen Bibliotheken vom 12.-16. Jh. Ein Beitrag zur islamischen Bibliotheksgeschichte, Wien 1974.
Sammer, Alfred: Der Türkenpapst. Innozenz XI. und die Wiener Türkenbelagerung von 1683, Wien/München 1982.
Sammlungen des Königsschlosses auf dem Wawel, Die Einleitung Jerzy Szablowski, Herrsching 1975.
Sanchez adell, J.: Primeros años de la fábrica de cerámica de Alcora (Nuevos datos para su historia), Madrid 1973.
Sanchez-Albornoz, Claudio: El islam de España y el occidente, in: L'occidente d l'islam nell alto medioevo. Settimane di studio del centro italiano di studi sull'alto medioevo 2 - 8 aprile 1964, 2 Bde., Spoleto 1965, S. 149–308.
Sandoz, Marc: Théodore Chasseriau (1819 – 1856). Catalogue raisonné des peintures et estampes, Paris 1974.
Sandys, George: A Relation of a Journey Begun An: Dom: 1610, London 1615, Neudr. Amsterdam 1973.
Saring, Hans: Tatarische Gesandtschaften an Kurfürst Friedrich Wilhelm während des ersten Nordischen Krieges, in: Forschungen zur Brandenburgischen und Preußischen Geschichte 46 (1934), S. 374–378.
–: Tatarische Gesandtschaften an den kurbrandenburgischen Hof nach dem ersten Nordischen Krieg bis zum Ende der Regierungszeit des Großen Kurfürsten, in: Forschungen zur Brandenburgischen und Preußischen Geschichte 49 (1937), S. 115–124.
Sarre, Friedrich : Die spanisch-maurischen Lüsterfayencen des Mittelalters und ihre Herstellung in Malaga, Jahrbuch der K. Preußischen Kunstsammlungen 24, 1903.
–: in: Jahrbuch der Preußischen Kunstsammlungen 51, 1930.
–: Berliner Museen 52, 1931, S. 99f.
–: Orientalische Kunst in Italien, in: Sitzungsberichte der Kunstgeschichtlichen Gesellschaft Berlin, 1933–1934, S. 4–6.
–: Die Seeschlacht von Lepanto. Ein unbekanntes Bild aus der Werkstatt Tintorettos. Mit e. Anhang über seine hist. Bedeutung von Ottfried Neubecker, in: Jahrbuch der Preußischen Kunstsammlungen, 59 (1938), S. 233 bis 246.
–: Die Fayencen von Nicae und ihr Export nach dem Abendland, in: Pantheon 23 (1939), S. 341–345.
Sarre, F./Martin, F.R.: Meisterwerke mohammedanischer Kunst, 1912.
Sarre, Friedrich / u.a.: Orientalische Steinbücher und persische Fayencen, Istanbul 1935.
Sarton, Georges: Introduction to the History of Science, Vol. I, II, III (5 Bde), Baltimore 1947–1950.
Satzinger, Helmut: Ägyptische Kunst in Wien, Wien 1986.
Sauerlandt, Max: Edelmetallfassungen in der Keramik, Berlin 1929.
Savory, Roger M.: Land des Löwen und der Sonne. Die Blüte der iranischen Kultur, in: Welt des Islam. Geschichte und Kultur im Zeichen des Propheten, hg. v. B. Lewis, Braunschweig 1976, S. 245–272.
Saxl, Franz: Beiträge zu einer Geschichte der Planetendarstellung im Orient und im Okzident, in: Der Islam, 3 (1912), S. 151–177.
–: The Revival of Late Antique Astrology, in: Fritz Saxl, A Heritage of Images. A Selection of Lectures by Fritz Saxl, hg. v. E. H. Gombrich, Middlesex 1970, S. 27–40.
Scarce, Jennifer: Women's Costume of the Near and Middle East, London 1987.
Scerrato, Umberto: Metalli islamici, 1966.
–: Arte Islamica a Napoli, Neapel 1967.
Schacht, Joseph / Bosworth, C.E. (Hg.): Das Vermächtnis des Islams, Bd. 2., München 1983.
Schack, Adolf Friedrich V.: Poesie und Kunst der Araber in Spanien und Sicilien, Bd 1, Stuttgart 1877.
Schack, Dietlind: Die Araber im Reich Rogers II., Berlin 1969.
Schaeder, Hans Heinrich: Der Mensch in Orient und Okzident. Grundzüge einer eurasiatischen Geschichte, München 1960.
Schaendlinger, Anton C.: Der diplomatische Verkehr zwischen Österreich und der Hohen Pforte in der Regierungszeit Suleymans des Prächtigen, in: Kultur des Islam, Wien 1981, S. 91–105.
–: Die Schreiben Suleymans des Prächtigen an Karl V., Ferdinand I. und Maximilian II., unter Mitarbeit von Claudia Römer, T. 1.2, Wien 1983.
–: Die osmanisch-habsburgerische Diplomatie in der ersten Hälfte des 16. Jahrhunderts, in: Osmanli Aras(ch)tirmalari IV, 1984, S. 181–196.
–: Die Schreiben Suleymans des Prächtigen an Vasallen, Militärbeamte, Beamte und Richter aus dem Haus-, Hof und Staatsarchiv zu Wien, 2 Bde., Wien 1986.
Schapelhouman, M.: Nederlandse Tekeningen in het Rijksmuseum, 1987.
Schatborn, Peter: Tekeningen van Rembrandts leerlingen, in: Bulletin van het Rijksmuseum 33, 1985.
Schaube, Adolf: Handelsgeschichte der romanischen Völker des Mittelmeergebietes bis zum Ende der Kreuzzüge, München/Berlin 1906.
Scheel, Helmuth: Die Schreiben der türkischen Sultane an die preußischen Könige in der Zeit von 1721 bis 1774 und die ersten preußischen Kapitulationen vom Jahre 1761. Zum ersten Mal auf Grund der im Preußischen Geheimen Staatsarchiv zu Berlin-Dahlem aufbewahrten Originalurkunden bearbeitet, in: Mitteilungen des Seminars für Orientalische Sprachen zu Berlin, 2. Abteilung, Westasisatische Studien 33, 1930, S. 1–82.
Schefold, C.: Orient, Hellas und Rom, Bern 1949.
Scheicher, Elisabeth: Die Kunst- und Wunderkammern der Habsburger, Wien/München/Zürich/Innsbruck 1979.
Scheunemann, Brigitte: Anatolische Teppiche auf abendländischen Gemälden, (Diss.) Berlin 1954.
Schippergers, Heinrich: Arabische Medizin im lateinischen Mittelalter, Sitzungsberichte der Heidelberger Akademie der Wiss., Mathematisch-Naturwissenschaftliche Kl., Jg. 1976, 2. Abt., Berlin u.a. 1976.
–: Zur Rezeption und Assimilation arabischer Medizin im frühen Toledo, in: Medizin im mittelalterlichen Abendland, 1982, S. 151 bis 176.
Schissel, Otmar: Der byzantinische Garten, hg. v. d. Akademie der Wissenschaften in Wien, Sitzungsberichte, Bd. 221. 2. (1942), S. 5–67.
Schlosser, Ignaz: Das alte Glas, München 1984.
Schlunk, Helmut: Die Auseinandersetzung der christlichen und der islamischen Kunst auf dem Gebiete der iberischen Halbinsel bis zum Jahre 1000, in: L'occidente d l'islam nell alto medioevo. Settimane di studio del centro italiano di studi sull'alto medioevo 2- 8 aprile 1964, 2 Bde., Spoleto 1965, S. 903–931.
Schmidberger, Ekkehard: Keramikmanufakturen in Kassel. Fayence, Porzellan, Steingut, in: Keramik an Weser, Werra und Fulda, 1981, S. 22–52.
Schmidt, E. F.: Persepolis, 3, 1970.
Schmidt, H.-P.: The Senmurw, Persica, 9 (1980).
Schmidt, J. Heinrich: Alte Seidenstoffe, Braunschweig 1958.
–: Rembrandt, der islamische Orient und die Antike, in: Aus der Welt der islamischen Kunst. Festschrift für Ernst Kühnel zum 75. Geburtstag, Berlin 1959, S. 336–349.

–: Persian Silks of the Early Middle Ages, in: Burlington Magazine, 57 (1930), S. 284ff.
–: Turkisch Brocades and Italian Imitations, in: Art Bulletin, 15 (1933), S. 374–383.
–: Persische Seidenstoffe der Seldjukenzeit, in: Ars Islamica, 2. 1 (1935), S. 84–90.
Schmidt, Robert: Die Hedwigsgläser und verwandte fatimidische Glas- und Kristallschnittarbeiten, in: Schlesiens Vorzeit in Bild und Schrift. Jahrbuch des Schlesischen Museums für Kunstgewerbe und Altertümer, Breslau, N. F., 6 (1912), S. 53–78.
Schmidt di Simoni, M. L.: Kreta, Köln 1981.
Schmidtke, Dietrich: Geistliche Tierinterpretation in der deutschsprachigen Literatur des Mittelalters (1100–1500), (Diss.) Berlin 1968.
Schmitt, Annegret: Hans Lautensack, Nürnberg 1957.
Schmitt, Eberhard: Anfänge, Einfallstore, in: Exotische Welten – Europäische Phantasien, Ausst.-Kat., Stuttgart 1987, S. 280–287.
Schmitt, G. O.: Marmontel, (Diss.) Fribourg 1935.
Schnapper, Antoine: Le géant, la licorne et la tulipe. Collections et collectionneurs dans la France du XVIIe siècle, Paris 1988
Schneider, H.: Ferdinand Bol als Monumentalmaler im Amsterdamer Stadthaus, in: Jahrbuch der Preussischen Kunstsammlungen 47, 1926.
Schneider, Helmut: Verfremdende Spiegelungen. Europas Dialog mit der Kunst der Welt, in: Exotische Welten - Europäische Phantasien, Ausst.-Kat., Stuttgart 1987, S. 142–149.
Schneider, Jenny: Schweizerische Bildstickereien des 16. und 17. Jhs., Zürich 1959.
Schneider, Wolfgang Christian: Mit Alexander in den Orient, in: Exotische Welten - Europäische Phantasien, Ausst.-Kat., Stuttgart 1987, S. 230–236.
Schnitzler, Heinrich: Rheinische Schatzkammer, Bd. 1, Düsseldorf 1957.
Schnyder, Rudolf: Die Keramik von Paterna und die hispano-mauresken Fayencen des 14. Jhs., in: Ars Orientalis. The Arts of Islam and the East, 4 (1961), S. 113–136.
–: Islamic Ceramics. A Source of Inspiration for Medieval European Art, in: Islam and the Medieval West, Ausst. Kat., New York 1975, S. 27–39.
Die Schöpfungsmythen. Ägypter, Sumerer, Hurriter, Hethiter, Kanaaniter und Israeliten, übers. v. E. Klein, unter Mitarb. v. W. Schenkel / O. Roessler, Einsiedeln/Zürich/Köln 1964.
Schoser, Gustav / Renz-Rathfelde, Sofia: Osmanische Blumen. Der Weg einiger osmanischer Pflanzen nach Mitteleuropa und ihre Geschichte im 16. Jh., in: Türkische Kunst und Kultur aus osmanischer Zeit, Bd. 1, Ausst.-Kat., Frankfurt a. M. 1985, S. 152–154.
Schoske, Sylvia / Wildung, Dietrich: Ägyptische Kunst München, München 1985.
Schoy, Karl: Die trigonometrischen Lehren des persischen Astronomen al-Biruni, 1927.
Schreiber, Georg: Auf den Spuren der Türken, München 1980.
Schreiber, W. L.: Handbuch der Holz- und Metallschnitte des 15. Jhs., Bd. 4, 1927, Nachdr. 1969.
Schreiner, Stefan (Hg.): Die Osmanen in Europa. Erinnerungen und Berichte türkischer Geschichtsschreiber, Graz/Wien/Köln 1985.
Schubert, Kurt: Die Kultur der Juden im Altertum, Wiesbaden 1980.
Schubring, Paul: Das Blutbad von Otranto in der Malerei des Quattrocento, in: Monatshefte für Kunstwissenschaft, 1 (1908), S. 593 bis 601.
Schuette, Marie / Müller-Christensen, Sigrid: Das Stickereiwerk, Tübingen 1963.
Schule, Wolfgang: Bibliographie der Übersetzungen griechisch-byzantinischer Quellen, Wiesbaden 1982.
Schulin, Ernst: Die weltgeschichtliche Erfassung des Orients bei Hegel und Ranke, Göttingen 1958.
Schulten, Walter: Kostbarkeiten in Köln, Erzbischöfliches Diözesean-Museum, Köln 1978.
Schulze, Winfried: Reich und Türkengefahr im späten 16. Jh., (Habil.) München 1987.
Schuster-Walser, Sibylla: Arabische Schriftzeichen in der Renaissancemalerei, in: Zeitschrift der Deutschen Morgenländischen Gesellschaft, 128 (1978), S. 90–97.
–: Das safawidische Persien im Spiegel europäischer Reiseberichte (1502–1722). Untersuchungen zur Wirtschafts- und Handelspolitik, Baden-Baden 1970
Schütz, Karl: Allegorie und Historienbild. Die Türken in der bildenden Kunst, in: Die Türken, und was von ihnen blieb, Wien 1978.
Schwarz, Heinrich: Die Lithographien J. A. D. Ingres, in: Mitteilungen d. Gesellschaft f. vervielfältigende Kunst, 49 (1926), S. 74–79.
–: Ingres Graveur, in: Gazette des Beaux-Arts, 54 (1959), S. 329–342.
Schwarz, Klaus: Eine Herrscherurkunde Sultan Murads II. für den Wesir Fazlullah, Journal of Turkish Studies 5 (1981), S. 45–60.
–: Das Osmanische Reich – Historischer Überblick, in: Türkische Kunst und Kultur aus osmanischer Zeit, Ausst.-Kat., Bd. 1, Frankfurt a. M. 1985, S. 45–56.
–: Zu den frühen Beziehungen Branden-Preußens zu Türken und Tataren, in: Jahrbuch Preußischer Kulturbesitz 24, 1987, S. 151–172.
–: 15.–ve 16. yüzyilda Berlin, Brandenburg ve Türkler II. Türkleri ... Prens II. Joachim, in: Tarih ve Toplum 50, 1988, S. 99–104.
–: Otto Friedrich von der Gröben'in maceralari II. Venediklilerin Mora seferi gözlemcisi, in: Tarih ve Toplum 62, 1989, S. 73–77.
Schwarz, Klaus / Kurio, Hars: Die Stiftungen des osmanischen Großwesirs Koga Sinan Pascha (gest. 1596) in Uzungaova (Bulgarien), Islamkundliche Untersuchungen 80, Berlin 1983.
Schwarzenberg, Erkinger: The Portraiture of Alexander, Alexandre le Grand. Image et réalité, Vandoevres-Genève, 1975, Genf 1976, S. 223–267.
Schwarzlose, Karl: Die Quellen in geschichtsphilosophischer Würdigung zu Herders Stellung zur Kultur des mittelalterlichen Islam. Entwickelt aus den ›Ideen zur Philosophie der Geschichte der Menschheit‹ (1784–1791), den ›Zerstreuten Blättern‹ und den ›Persepolitanischen Briefen‹ (1787–1798), Dritte Sammlung, Borna-Leipzig 1918.
Schweizer, Gerhard: Die Janitscharen. Geheime Macht des Türkenreiches, Salzburg 1979.
Schwerthelm, Elmar: Die Denkmäler orientalischer Gottheiten im römischen Deutschland, Leiden 1974.
Schwinges, Rainer Christoph: Kreuzzugsideologie und Toleranz. Studien zu Wilhelm von Tyrus, Stuttgart 1977.
Schwobel, Robert: The Shadow of the Crescent: The Renaissance Image of the Turk (1453–1517), Nieuwkoop 1967.
Scott, F. D.: Sweden. The Nations History, 1977.
Scottish Arts Council (Hg.): Artist Adventurer. David Roberts (1796–1864), Edinburgh 1981.
Searight, Sarah: The British in the Middle East, London 1979.
Sedelmayr, Hans: Johann Bernhard Fischer von Erlach, Wien 1956.
Seebas, Tilman: Musikdarstellungen und Psalterillustrationen im frühen Mittelalter. Studien ausgehend von einer Ikonologie der Handschrift Paris Bibliothèque National Fonds Latin 1118, Bern 1973.
Seetzen, U. J.: Reisen durch Syrien, Palästina, Phönicien, die Transjordan-Länder, Arabia Petraea und Unter-Ägypten, hg. v. F. Kruse, Berlin 1855.
Seidl, W.: Die Babylonischen Kudurru Reliefs, in: Baghdader Mitteilungen, 4 (1968), S. 47ff.
Seling, Helmut W.: Kulturgeschichte des Kaffees, Die Sammlung Jacobs Suchard in Zürich, in: Kunst und Antiquitäten, 2 (1988), S. 64ff.
Sergeant, R. B.: Material for a History of Islamic Textiles up to the Mongol Conquest, in: Ars Islamica, 9 (1942), S. 61.
Serrulaz, Maurice: Memorial de l'exposition Eugène Delacroix à l'occasion de la mort de l'artiste, Paris 1963.
Settgast, Jürgen: Aegyptica im Kurfürstlichen Brandenburgischen Besitz. Ein Beitrag zur Vorgeschichte des Ägyptischen Museums Berlin, Berlin 1982.
Setton, Kenneth M.: Lutheranism and the Turkish peril, in: Balkan Studies, 3 (1962), S. 133–168.
Sevimcan, Hasan: Hammer-Purgstall und der Orient, Wien 1955.
Seybold, Christian: Verzeichnis der arabischen Handschriften der Königlichen Universitätsbibliothek zu Tübingen, Bd. 1, Tübingen 1907.
Sezgin, Fuat: Geschichte des arabischen Schrifttums, Bd. 3, Leiden: Brill 1970.
Seznec, Jean: La Fontaine Egyptologue a Odette de Mourges, in: Journal of the Warburg and Courtauld Institutes, 45 (1982), S. 248–250.
Shapley, F.R.: Catalogue of the Italian Paintings I., Washington, National Gallery of Art.
Sharif, Ghazi: Die Gestalt Mohammeds bei Klabund, Friedrich Wolf und Johannes Tralow, Leipzig 1970.
Shepherd, Dorothy / Henning, W.: Zandaniji identified?, in: Aus der Welt der islamischen Kunst. Festschrift für Ernst Kühnel, Berlin 1959, S. 15–45.
Shepherd, Dorothy: Mediaeval Persian Silks in Fact and Fancy, in: Bulletin de Liaison du Centre International dEtude des Textiles Anciens, 39/40 (1974), S. 1–137.
–: Zandaniji Revisted, in: Documenta Textilia. Festschrift für Sigrid Müller Christensen, München 1980, S. 129–155.
Sievernich, Gereon / Budde, Hendrik (Hrsg.): Das Buch der Feuerwerkskunst, Nördlingen 1987.
Silberschmidt, Max: Das orientalische Problem zur Zeit der Entstehung des türkischen Reiches nach venezianischen Quellen. Ein Beitrag zur Geschichte der Beziehungen Venedigs zu Sultan Bajezid I., zu Byzanz, Ungarn und Genua und zum Reich von Kiptschak, Zürich 1923.
Siliotti, Alberto: Felice Antonio Beato: le prime immagini dell'Egitto, in: Viaggiatori Veneti, Venedig 1985, S. 123–144.
Sillib, R.: Schloß Favorite, Neujahrsblätter der Badischen Historischen Kommission/NF A (1914), Heidelberg 1914, S. 38.
Siloah, Amnon: Die islamische Musik. Islamische Musik - Philosophie, Theorie und Praxis, in: Welt des Islam. Geschichte und Kultur im Zeichen des Propheten, hg. v. B. Lewis, Braunschweig 1976, S. 161–180.
–: The Theory of Music in Arabic Writings (c. 900–1900). Descriptive Catalogue of Manuscripts in Libraries of Europe and the U.S. A, München 1979.
Simionescu, Stefana: Le relations de Moldavie avec les Habsbourg pendant le règne de Petru Rares (1527–1538, 1541–1546), in: Revue Roumaine d'Histoire, 16.3., 1977, S. 455–467.
Simon, Karl: Zum Moriskentanz, in: Zeitschrift des Vereins für Kunstwissenschaft, 5 (1938), S. 25–27.
Simson, Otto von: Das Mittelalter, 2: Das hohe Mittelalter, Propyläen Kunstgeschichte, Bd.6, Berlin 1972.
Smalley, Beryl: The Study of the Bible in the Middle Ages, Notre Dame 1978.
Smith, Christine: Cyriacus of Ancona's Seven Drawings of Hagia Sophia, in: Art Bulletin,1987, S. 16–32.
Smith, G.: Assyrian Discoveries. An Account of Explorations and Discoveries on the Site of Nineveh, 1975.
Smith, G.A.: Jerusalem up to 70 A.D., 2 Bde., London 1907.

SMYSER, H.M.: The Pseudo-Turpin, Cambridge 1937.
SODEN, W. VON (Hg.): Das Gilgamesch Epos, übers. und mit Anm. versehen von A. Schott, 1982.
SOHRWEIDE, HANNA: «Lukman b. Sayyid Husayn», in: Encyclopaedia of Islam, 2, 1983.
SOLMS, WILHELM: Goethes Vorarbeiten zum Divan, München 1976.
SOULIER, GUSTAVE: Les influences orientales dans la peinture toscane, Paris 1924.
SOURDEL, D.: La biographie d'Ibn al-Muqaffa' d'après les sources anciennes, in: Asiatica, 1 (1954), S. 307–313.
SOURDEL-THOMINE / SPULER, BERTOLD: Die Kunst des Islam, Propyläen Kunstgeschichte, Bd. 4, Berlin 1973.
SOUTHERN, RICHARD W: Das Islambild des Mittelalters, Stuttgart u.a.O. 1981.
SOYSAL, ISMAIL: Türk-fransiz diplomasi münasebetlerinin ilk devresi, in: Tarih Dergisi III, 1953, S. 63–93.
SPALDING, FRANCIS: Magnificent Dreams. Burne-Jones and the Late Victorians, Oxford 1978.
SPALLANZANI, MARCO: Oriental Ceramics in Renaissance Florence, Florenz 1981.
SPECTOR, JACK J.: Delacroix: The Death of Sardanapalus, London 1974.
SPIES, OTTO: Der Orient in der deutschen Literatur. Die unmittelbaren Einflüsse während des Mittelalters, Kevelaer 1949.
SPORHAN-KREMPEL, L.: Nürnberg als Nachrichtenzentrum zwischen 1400 und 1700, Nürnberg 1968.
SPRINGER, Peter: Kreuzfüße. Ikonographie und Typologie eines hochmittelalterlichen Gerätes (= Bronzegeräte des Mittelalters, Bd. 3), Berlin 1981.
SPUHLER, F.: Die Orientteppiche im Museum für Islamische Kunst, Berlin 1987.
SPUHLER, FRIEDRICH KARL / VOLKMANN, MARTIN / KÖNIG, HANS: Alte Orientteppiche - Old Eastern Carpets. Meisterstücke aus deutschen Privatsammlungen, München 1978.
SPULER, Bertold: Die europäische Diplomatie in Konstantinopel bis zum Frieden von Belgrad (1739), in: Jahrbücher für Kultur und Geschichte der Slaven, N.F. XI, 1935, S. 53–115 u.w.
–: Die Goldene Horde, Wiesbaden 1965.
–: Die Mongolen in Iran. Politik, Verwaltung und Kultur der Ilchanzeit (1220–1350), Leiden 1985.
STACHEL, BRIGITTA: Aufbau und Stilmittel in Jakob Philipp Fallmerayers ›Fragmente aus dem Orient‹. Ein Beitrag zur Literatur der Restaurationszeit, Wien 1971.
STAIGER, EMIL: Goethes Mahomet, in: Trivium, 7 (1949), S. 187–199.
STECHOW, WOLFGANG: Bartholomeus Breenbergh, Landschafts- und Historienmaler, in: Jahrbuch der Preussischen Kunstsammlungen 51, 1930.
STEGLICH, WOLFGANG: Die Reichstürkenhilfe in der Zeit Karls V., Militärgeschichtliche Mitteilungen 11,1 (1972), S. 8–55.
STEIBICH, AUGUST: Mustapha und Zeangir. Die beiden Söhne Solimans des Großen, in: Geschichte und Dichtung, Stuttgart 1903.
STEIGER, CHRISTOPH VON / HOMBURGER, OTTO (Hg.): Physiologus Bernensis, Faks. Cod Bongarsianus 318, Basel 1964.
STEIN, HEIDI: Zum deutschen Orientbild im 16. Jh., in: Mitteilungen aus dem Museum für Völkerkunde 50, Leipzig 1985, S. 20–26.
STEIN, SIEGFRIED: Die Ungläubigen in der mittelhochdeutschen Literatur von 1050 bis 1250, Berlin 1933.
STEINBART, K.: Unveröffentlichte Zeichnungen und Holzschnitte des Jan van Scorel, in: Dud Holland 49, 1932.
STEINER, RUDOLF: Isis und Madonna, Dornach 1980.
STEINSCHNEIDER, MORITZ: Die arabischen Übersetzungen aus dem Griechischen, Nachdruck, Graz 1960
STEINSCHNEIDER, MORITZ: Die hebräischen Übersetzungen des Mittelalters und die Juden als Dolmetscher, Nachdruck Graz 1956.
STELZER, BRITA: Kaiser Friedrich II. als König von Jerusalem, Wien 1977.
STEMPER, ANNELISE: Die Wandteppiche, in: Ruperto-Carola, Sonderbd.: Ottheinrich. Gedenkschrift zur 400. Wiederkehr seiner Kurfürstenzeit in der Pfalz (1556–1559), hg. v. G. Poensgen, Heidelberg 1956, S. 141–172.
STENBERGER, MÅRTEN: Die Schatzfunde Gotlands der Wikingerzeit, Stockholm 1947–1958.
STENGEL, W.: Die Merkzeichen der Nürnberger Rotschmiede. Festschrift für Gustav von Bezold, Nürnberg 1918.
STENTON, F.M.: Anglo-Saxon England, 1950 bis 1952.
STEPOWSKA, K.: Polskie dywany welniane, Krakau 1912.
STIRNIMANN OP, H. VON: Die Schlacht im Glauben, in: DU, 3. 4, April (1962), S. 31–48.
STOLL, ANDRÉ: Der Orient zur Zeit Flauberts. Dokumente der frühen Reisefotografie (1839–1860), in: Französische Druckgraphik von Delacroix bis Redon, Ausst.-Kat., Bielefeld, Zentrum f. Interdisziplinäre Forschung d. Universität Bielefeld, 1981.
STRAUSS, WALTER L.: The complete Engravings, Etchings and Drypoints of Albrecht Dürer, New York 1973.
–: The German Single-Leaf-Woodcut 1550 bis 1600, Bd. II, New York 1975.
–: Albrecht Dürer. Woodcuts and Woodblocks, 1980.
–: The complete Drawings of Albrecht Dürer, Bd. I, 1974.
STRONG, Roy: Holbein and Henry VIII, London 1967.
STRUNZ, FRANZ: Albertus Magnus. Weisheit und Naturforschung im Mittelalter, Wien/Leipzig 1926.
STUEWE, F.: Die Handelszüge der Araber unter den Abbassiden durch Afrika, Asien und Osteuropa, Berlin 1836, Nachdr. o.J.
STURMINGER, WALTER: Die Türken vor Wien in Augenzeugenberichten, 1968.
–: Bibliographie und Ikonographie der Türkenbelagerungen Wiens (1529 und 1683), Graz/Köln 1955.
STYLIANOU, A. u. J.: An Important Venetian Map of Cyprus in the Map-room of the British Museum, London, in: ›Kypriakai Spoudai‹ (Zyprische Studien), Bd. 34, Nicosia 1970.
SUCKALE-REDLEFSEN, GUDE: Mauritius. Der heilige Mohr (The Black Saint Maurice), München/Zürich 1987.
SUDHOFF, KARL: Der Fasciculus medicinae des Johannes de Ketham Alemannus, Facs. des Venezianer Erstdrucks 1491, hrsg. v. K.S., Monumenta medica Bd. 1.
–: Aufgaben und Forschungswege für die Medizingeschichte des Mittelalters im Abendlande, in: Medizin im mittelalterlichen Abendland, Darmstadt 1982, S. 73–76.
SUMOWSKI, WERNER: Gerbrand van den Eeckhout als Zeichner, in: Oud Holland, 77 (1962).
–: Zeichnungen von Lastman und aus dem Lastman-Kreis, in: Giessener Beiträge zur Kunstgeschichte 3, 1975.
–: Drawings of the Rembrandt School, New York 1979ff., bisher erschienen Bd. 1–9.
–: Gemälde der Rembrandtschüler, Landau/Pfalz 1983ff., bislang erschienen Bd. 1–3.
SUNDERMEYER, KURT: F. Bodenstedt und die ›Lieder des Mirza Schaffy‹, Wilhelmshaven 1930.
SUTER, HEINRICH: Die Mathematiker und Astronomen der Araber und ihre Werke, Nachdruck Amsterdam 1981
SUTER, HEINRICH: Die Araber als Vermittler der Wissenschaften in deren Übergang vom Orient in den Occident, in: Die Mathematiker und Astronomen der Araber und ihre Werke. Bio-bibliographische Übersicht von Wissenschaftlern der arabischen Welt vom 8. bis zum 17. Jh., Amsterdam 1894, S. 1–32.
SUTHERMAN, C.R.: Some Visual Definitions in the Illustrations of Aristotle's Nicomachean Ethics and Politics in the French Translations of Nicore Oresme, in: The Art Bulletin 1977, S. 320ff.
SUTTER FICHTNER, P.: Ferdinand I. (1503–1564). Wider Türkennot und Glaubensspaltung, Graz 1986.
SUTTON, D.: From Ottley to Eastlake, in: Apollo 122 (1985), S. 84ff.
SVILAR, M. / KUNZE, S. (Hg.): Antike und europäische Welt. Aspekte der Auseinandersetzung mit der Antike, Bern/Frankfurt a. M. 1984.
SWARZENSKI, HANNS: Monuments of Romanesques Art. The Art of Church Treasures in North-Western Europe, Chicago 1954.
–: Les Olifants, in: Les Monuments Historiques de la France, Bd. 12, 1966, S. 7–11.
SWEETMAN, JOHN: The Oriental Obsession. Islamic Inspiration in British and American Art and Architecture (1500–1920), Cambridge 1988.
SWIERZ-ZALESKI, S.: Przewodnik po jubileuszowej wystawie epoli Krola Jana III w zamku krolewskim na Wawelu od dnia 15 lipca do 30 wrzesnia 1933 w dwustupiedziesieciolecie odsieczy wiedenskiej, Krakow 1933.
SWINBURNE, HENRY: Travels through Spain in the Years 1775 and 1776, London 1779.
SWOBODA, KARL M.: Berührungen der christlich-abendländischen Kunst mit der des Islam, in: Alte und neue Kunst, Jg. 1, 1 (1952), S. 7–33.
SYNDRAM, DIRK: Ruinenromantik und Antikensehnsucht, Berlin 1986.
–: Rätselhafte Hieroglyphen. Porzellane des 18. Jahrhunderts mit ägyptisierendem Dekor, in: Jahrbuch des Museums für Kunst und Gewerbe in Hamburg, Bd. 6/7, 1988.
–: Ägypten-Faszinationen. Untersuchungen zum Ägyptenbild im europäischen Klassizismus bis 1800, Frankfurt a. M./u.a. O. 1989.
SZAKALY, FERENC: Hungaria eliberata. Budavár visszavétele és magyarország felszabadítása a török uralom alól 1683–1718, Budapest 1986.
SZKLENAR, HANS: Studien zum Bild des Orients, in vorhöfischen deutschen Epen, Berlin 1964.
TAILHAN, P.J.: Anonyme de Cordoue. Chronique rimée des derniers Rois de Tolède et de Conquete de l'Espagne par les Arabes, 1885.
TAMISIER, MAURICE: Voyage en Arabie. Sejour dans le Hadjaz, Paris 1840.
TAUER, F: Tausendundeine Nacht im Weltschrifttum als Gegenstand der Lektüre und der Forschung. Auslese der Bibliographie, in: Irrgarten der Lust. 1001 Nacht, Aufsätze, Stimmen, Illustrationen, Frankfurt a. M 1968, S. 122–135.
›Tausendundeiner Nacht‹, Darmstadt 1984.
TAYLOR, MICHAEL: The Lewis Chessmen, British Museum Publications Limited, London 1978, Nachdr. 1984.
TELFER, J. BUCHAN: The Bondage and Travels of Johann Schiltberger in Europa, Asia and Africa (1396–1427), London 1879.
TEPLY, KARL: Kaiserliche Gesandtschaften ans Goldene Horn, Stuttgart 1968.
TETZNER, JOACHIM: Heinrich Wilhelm Ludolf, der Kenner des petrinischen Rußlands und des Vorderen Orients, o.O. 1954.
THACKERAY, WILLIAM MAKEPIECE: Notes of a Journey from Cornhill to Grand Cairo, London 1846.
THEVENOT, JEAN: Relation d'un voyage du Levant ..., Amsterdam 1705–1729.
THÉVOZ, MICHEL: L'académisme et ses fantasmes. Le Réalisme imaginaire de Charles Gleyre, Paris 1980.
THIEL, JOSEPH FRANZ: Der Exotismus in bezug auf Mission und Kolonialismus, in: Ausst.-Kat., Exotische Welten – Europäische Phantasien, Stuttgart 1987, S. 82–87.
THIERSCH, HERMANN: Pharos, Antike, Islam und Occident, Leipzig/Berlin 1909.
THOMAS, B.: Aus der Waffensammlung in der Neuen Burg zu Wien, in: Zs. Bustan, 4/5, Wien 1963/64, S. 123.

–: Die Waffen Kaiser Karls V. in Wien, in: Alte und Moderne Kunst, Bd. 11, Mailand 1958, S. 765.

Thomas, B./Gamber, H./Schedelmann, H.: Die schönsten Waffen und Rüstungen, Heidelberg 1963.

–: Armi e armature europee, Mailand (2. Aufl.) 1974.

Thomas, B./Gamber, O.: L'arte milanese dell'armatura milanese, in: Storia die Milano, Bd. 11, Mailand 1958, S. 20–24.

Thompson, D.: Stucco from Chal Tarkhan-Eshqabad near Rayy, Warminster 1976.

Thompson, James / Wright, Barbara: La vie et l'oeuvre d'Eugène Fromentin. (Les Orientalistes Bd. 6), Paris 1987.

Thon, Theresia: Die Türken vor Wien 1683 in der Belletristik, Wien 1947.

Thorndike, Lynn / Kibre, Pearl: A Catalogue of Incipits of mediaeval scientific writings in Latin, Rec. and Augment, London 1965.

Thornton, Lynne: La Femme Dans la Peinture Orientaliste, Paris 1985.

–: Les Orientalistes. Peintres voyageurs (1828–1908), Paris 1983.

–: Women in Orientalistic Paintin, Paris 1985.

Thuasne, Louis: Djem-Sultan, fils de Mohammed II, frère de Bayezid II (1459–1495). Etudes sur la Question d'Orient a la fin du 15e siècle, Paris 1892.

–: Gentile Bellini et Sultan Mohammed II. Notes sur le séjour du peintre venitien a Constantinople (1479–1480) daprés les documents originaux en partie inédits, Paris 1888.

Thurneisser, Leonhard: Naturbeschreibung Portugals, 1555–56.

Tibbetts, G. R.: Arabia in Early Maps. A Bibliography, New York/Cambridge 1978.

Tietze, Hans/Tietze-Conrat, Erika: Der junge Dürer. Verzeichnis seiner Werke bis zur venezianischen Reise im Jahre 1505, Augsburg 1928.

–: The Drawings of the Venetian Painters of the 15th and 16th Centuries, New York 1944.

Tietzel, Brigitte: Geschichte der Webkunst. Technische Grundlagen und künstlerische Tradition, Köln 1988.

–: siehe Katalog Krefeld 1984.

Timbal, CH.: Gérôme, in: Gazette des Beaux-Arts, Jg. 18, 14 (1876), S. 218–231, S. 334–346.

Titley, Norah M.: Miniatures from Persian Manuscripts. A.Catalogue and Subject Index of Paintings from Persia, India and Turkey in The British Library and The British Museum, London 1977.

Toll, Christopher: Arabische Wissenschaft und hellenistisches Erbe. Die Rezeption der griechischen Antike und die Blüte der Wisssenschaft in der klassischen Epoche des Islam, in: Islam und Abendland, Geschichte und Gegenwart, hg. v. André Mercier, Bern/Frankfurt a.M. 1976.

Torabla Soriano, Federico: Los tapices de Zaragoza: Piezas góticas de la Colleción del Cabildo, Zaragoza 1953.

Tormo Monzo, Elias: Los tapices de la Casa del Rey N. S., Madrid 1919.

Torres Balbas, Leopoldo: Arte almohade. Arte narzarí. Arte mudéjar, in: Ars hispaniae, Vol. IV, Madrid 1949, Abb. 231, S. 213.

–: Arte almohade - Arte nazarí – Arte muddéjar, in: Ars hispaniae, Bd. 4, Madrid 1949.

–: Leonardo da Vinci y las bóvedas hispanomusulmanas, in: Al-Andalus, 17 (1952), S. 438–441.

Toussaint, Hélene. Le Bain turc d'Ingres, Paris 1971.

Traunecker, Claude / Jean-Claude Golvin: Karnak, Résurrection d'un site, Paris 1984.

Traut, Hermann: Kurfürst Joachim II. von Brandenburg und der Türkenfeldzug vom Jahre 1542, Gummersbach 1892.

Travel in Aquatint and Lithography 1770–1860 from the Library of J.R. Abbey, Bd. 2: Asia, Oceania, Antartica, America, a Bibliographical Catalogue, London 1972.

Trend, B.: Spain and Portugal. in: The Legacy of Islam, Oxford 1931, Neudr. 1965, S. 1–40.

Treue, W.: Die Einfuhr ostasiatischen Porzellans im 16. Jh. nach Europa und Amerika, in: Zeitschrift der Gesellschaft für Keramikfreunde, 1955, S. 24ff.

Trivas, Numa S.: Une miniature de J.-E. Liotard: portrait de Marie-Thérèse d'Autriche en costume oriental, in: Genava. Bulletin du Musée d'Art et d'Histoire de Genève, 16 (1938), S. 169–170.

Truman, C.: The Sèvres Egyptian Service 1810–12, Victoria and Albert Museum, London 1982.

Tuchman, Barbara: Bibel und Schwert. Palästina und der Westen vom frühen Mittelalter bis zur Belfour-Declaration (1917), Frankfurt a.M. 1983.

Tuerkenbuechlein. Unterrede und anschlaege zu kriegsordnung widder die Tüerken (geendet ym 1522).

Tuerkische, tartarische, persianische, griechische und venetianische Chronika. Oder Außführlich und warhefftige Beschreibung / von der türkischen Reichs Stiffter dem Mahomet ... umbständl. auß vielen glau. 1665.

Tümpel, Christoph: Rembrandt legt die Bibel aus. Zeichnungen und Radierungen aus dem Kupferstichkabinett der Staatlichen Museen Preußischer Kulturbesitz Berlin, bearb. von Chr. Tümpel unter Mithilfe von A. Tümpel, Berlin 1970.

Turbet-Delof, Guy: L'Afrique barbaresque dans la littérature française aux 16e et 17e siècles, Genf 1973.

Turckenpuechlein. Ein nutzlich Gesprech oder Underrede etlicher personen zu besserung christlicher ordenung und lebens gedichtet, o.O. 1522.

Die europäische Türkei, geographisch und historisch in alphabetischer Ordnung beschrieben. Ein unentbehrliches Handbuch zur Erleichterung der Übersicht und Beurtheilung des jetzigen Krieges mit der Pf. Halberstadt, 1829.

Die Türken und was von ihnen blieb, Wien 1978.

Die Türken vor Wien. Europa und die Entscheidung an der Donau, 1683, hg. v. Historischen Museum der Stadt Wien unter der Leitung v. Robert Waissenberger, Salzburg/Wien 1982.

Der Türkenkalender. ›Eyn manung der christenheit widder die turken‹. Mainz 1454. Das älteste vollst. erhaltene gedruckte Buch, Rar. 1 d. Bayer. Staatsbibliothek. In Faks. hg. v. Ferdinand Geldner, Wiesbaden 1975.

Turner, Ralph E.: Florentine Drawings of the sixteenth century, 1986.

–: James Silk Buckingham 1786–1855. A social biography, London 1934.

Tu Ma Aduan Gawadat. Al: Die arabischen Handschriften der Universitätsbibliothek Marburg, Marburg 1979.

Ullmann, Manfred: Die Medizin im Islam, Handbuch der Orientalistik, 1. Abt., Erg.Bd. IV, 1. Abschnitt, Leiden/Köln 1970.

Umur, Suha: Osmanli padis(ch)a tugralari, Istanbul 1980.

Unterkircher, Franz: Die Buchmalerei, Wien/München 1974.

Upton, J.M: A Manuscript of «The Book of the Fixed Stars» by Abd Ar-Rahman As-Sufi, in: Metropolitan Museum Studies, 4,2 (1933), S. 179ff.

Ursu, Ion: Die auswärtige Politik des Peter Raresch, Fürst von Moldau (1527–1538), Wien 1908.

–: La politique orientale des François Ier (1515–1547), Paris 1908.

Valdivieso, E. / Serrera, J. M.: Historia de la pintura española. Escuela sevillana del siglo 17, Madrid 1985.

Valentiner, Wilhelm R.: Rembrandt. Des Meisters Handzeichnungen (Klassiker der Kunst 31), I, Stuttgart/Berlin/Leipzig 1925.

–: Rembrandt. Des Meisters Handzeichnungen II, Stuttgart/Berlin 1934.

Van de Put, A.: The Valencian Styles of the Hispano-Moresque Pottery 1404–1454, etc., New York 1938.

Van Dyke, J.C.: Rembrandt and his School. A Critical Study of the Master and his Pupils, New York 1923.

Van Mour, Melchior: Recuil de cent estampes représentant differentes nations du Levant tirées sur les Tablaux peints d'après Nature en 1707 et 1708 per ordre de M. de Ferrial Ambassadeur du Roi à la Porte et gravèes en 1712 et 1713 par les soins de M. le Hay.

Vandal, A.: Lodyssèe dun ambassadeur. Les voyages du Marquis de Nointel (1670–1680), Paris 1900.

Vandier, Jacques: Les antiqités égyptiennes au Musée du Louvre, Paris 1973.

Vasselot, Jean Joseph Marquet de: Les Crosses limousines du XIIIe siècle, Paris 1941.

Vaughan, Dorothy M.: Europe and the Turk. A Pattern of Alliances (1350–1700), Liverpool 1954.

Vaughan, William: Romantic Art, London 1978.

Vaydoyer, Jean-Louis: L'Orientalisme en Europe au 18e Siècle, in: Gazette des Beaux Arts, 1911, S. 89–102.

Vecellio, Cesare: De gli Habiti antichi, et moderni di Diverse Parti del Mondo libri due, Venedig 1590.

Vekemann, Herman / Müller Hofstede, Justus (Hg.): Wort und Bild in der niederländischen Kunst und Literatur des 16. und 17. Jhs., Erfstadt 1984.

Venezia centro di mediazione tra oriente e occidente (secoli 15 - 16). Aspetti e problemi. Atti del il convegno internationale di storia della civiltà Veneziana promosso e organizzato dalla fondazione Giorgio Cini dal Centro Tedesco di studi Veneziani dall'Istituto Ellinico di studio bizantini e post-bizantini, Venedig 1973, 2 Bde., Florenz 1977.

Venezia e i Turchi. Scontri e confronti di due civiltà, Mailand 1985.

Venezia e il Levante fino al secolo 15. Atti del i convegno internationale di storia della civiltá Veneziana promosse e organizzato dalla fondazione Giorgio Cini, Venedig 1968, Florenz 1974.

Venturi, A.: Storia dell'arte italiana. La pittura del Cinquecento, Bd. 9., T. 7, Mailand 1934.

Venturi, Lionello (Hg.): Les archives de l'Impressionisme, 2 Bde., Paris/New York 1939, Nachdr. New York 1968.

Verfasserlexikon: Die deutsche Literatur des Mittelalters, Verfasserlexikon, hg. v.. K. Ruh.

Vernet, Juan: Die spanisch-arabische Kultur in Orient und Okzident, Zürich/München 1984.

Vernet, Juan: La ciencia en el islam y occidente, in: Loccidente e lislam.nell' alto medioevo. Settimane di studio del centro italiano di studi sull' alto medioevo, 2 - 8 aprile 1964, 2 Bde. Spoleto 1965, S. 537–572.

Vernet, Juan / Martin, Leonor Martinez: Al-Andalus. El Islam en España, Barcelona/Madrid o. J.

Vesme, A. DE: Le Peintre Graveur (Italien), Milano 1906 (Nachdruck: Turino 1971).

Viatte, F.: Dessins de Stefano della Bella 1610–1664 (= Mus. du Lóuvre, Cab. d. Dessins: Inventare Général des Dessins Italiens II), Paris 1974.

Vickers, Michael: Mantegna and Constantinople, in: Burlington Magazine, (1976), S. 680–687.

Vielau, Helmut-Wolfhardt: Luther und der Türke, Berlin 1936.

Villard, Ugo Monneret de: Le legende orientali sui Magi Evangelici, Città del Vaticano 1952.

–: Lo studio dell'Islam in Europa nel 12 nel 13 Secolo, Città del Vaticano 1944.

Villehardouin, Gottfried von: Die Eroberung von Konstantinopel durch die Kreuzfahrer im Jahre 1204, übers. u. hg. v. F. Getz, Leipzig (o.J.).

Voekle, William (Hg.): Masterpieces of Medieval Painting. The Art of Illumination, Chicago 1980.

Vogel, H.: Aegyptisierende Baukunst des Klassizismus, in: Zeitschrift für Bildende Kunst, 42 (1928–1929), S. 160–65.

Vogel, J. Ph.: Ptolemy's Topography of India: His Sources, in: Archeologica orientalia in memoriam Ernst Herzfeld, hg. v. G. C. Miles, New York 1952, S. 226–234.

Vogel, Karl / Hunger, Herbert (Hg.): Ein byzantinisches Rechenbuch des 15. Jhs. 100 Aufgaben aus dem Codex Vindobonensis Phil. Gr 65., Text, übers. u. komm., Graz/Wien/Köln 1963.

Vogellehner, D. / Aymonin, G. G.: Der Garten von Eichstätt. Das große Herbarium des Basilius Besler, München 1989.

Vogt, Adolf Max: Boullées Newton-Denkmal, Stuttgart 1969.

Vogt-Göcknil, Ulya: Islamische Baukunst – Einflüsse und Ausstrahlung, in: Islam und Abendland, Bern/Frankfurt a. M. 1976, S. 159–181.

–: Frühislamische Bogenwände. Ihre Bedeutung zwischen der Antike und dem westlichen Mittelalter, Graz 1982.

Volbach, Wolfgang Fritz: Oriental Influences in the Animal Sculpture of Campania, in: Art Bulletin, 24 (1942), S. 172–180.

–: Reliquie et reliquiari orientali in Roma, in: Bolletino d'Arte 30, serie 3 (1937), S. 337–350.

–: Die Elfenbeinwerke, Berlin / Leipzig 1923.

Volkert, Peter: Die Städteansichten in den großen Druckwerken vornehmlich des 15. Jhs., (Diss. masch.) Marburg 1949.

Volkmann, L.: Bilderschriften der Renaissance. Hieroglyphic und Emblematik in ihren Beziehungen und Fortwirkungen, Leipzig 1923.

Volkoff, Oleg V.: 1000 Jahre Kairo. Die Geschichte einer verzauberten Stadt, Mainz 1984.

Volz, Gustav Berthold: Eine türkische Gesandtschaft am Hofe Friedrichs des Großen im Winter 1763/64, in: Hohenzollern-Jahrbuch, 11 (1907), S. 17–54.

Voragine, Jacobus de: Legenda Aurea,, dte. Übers., Zürich 1982.

Vovelle, Michel: La Revolution Française. Images et recit (1789 - 1799), 5 Bde., Paris 1986.

Vries, F. B. de: Egypte, bereisd, beroofd, bewaard, beschreven, in: Phoenix, 29 (1983), S. 108 ff.

Waas, Adolf: Geschichte der Kreuzzüge, 2 Bde., Freiburg 1956.

Wace, J. B / Clayton, M.: A Tapestry at Powis Castle, in: Burlington Magazine, 83 (1938), S. 65–69.

Wagner, E. (Hg.): Arabische Handschriften, Bd. 1, unter Mitarb. v. F.-J. Dahlmanns / P. Dressendörfer / G. Schoeler / P. Schulz, Wiesbaden 1976.

Waissenberger, R.: Führer durch die Schausammlung des Historischen Museums der Stadt Wien, Wien 1975.

Wann, Louis: The Oriental in Elisabethan Drama, in: Modern Philology, 12 (1915), S. 163–187.

Wappäus, Johann Eduard: Untersuchungen über die Negerländer der Araber und über den Seehandel der Italiener, Spanier und Portugisen im Mittelalter, Göttingen 1842, Nachdr. Amsterdam 1966.

Ward-Jackson, Peter: Some Main Streams and Tributaries in European Ornament (1500 to 1750). The Arabesque, in: Victoria and Albert Museum Bulletin, Bd. 3, 3 (1967), S. 90 bis 103.

Warnecke, Friedrich: Goethes Mahomet-Problem, Halle 1907.

Wäscher, Paul: Beschreibendes Verzeichnis der Miniaturen und Einzelblätter d. Staatl. Mus., Berlin, Leipzig 1931.

Watelet, Jean: L'Orient dans l'art français (1650 bis 1800), in: Etudes d'Art, 14 (1959).

Watkin, David: Thomas Hope (1769 –1831) and the Neo-Classical Idea, London 1968.

Watson, F. J. B.: A series of ›Turqueries‹ by Francesco Guardi, in: The Baltimore Museum of Art News, 24. 1 (1960),, S. 3–13.

Wawrik, Franz: Die islamische Kartograhie des Mittelalters, in: Kultur des Islams, Wien 1981, S. 135–163.

Wegner, Wolfgang: Die niederländischen Handzeichnungen des 15.-18. Jahrhunderts (Katalog der Staatlichen Graphischen Sammlung München, Bd. 1), 2 Bde., Berlin 1973.

Weidner, E.F.: Die Reliefs der assyrischen Könige, AOF, Beiheft 4, (1939), S. 56f.

Weigel, Hans: Habitus praecipuorum populorum, tam virorum quam foeminarum Singulari arte depicti.Trachtenbuch: Darin fast allerley und der fürnembsten Nationen / die heutigs tags bekandt sein / Kleidungen / beyde wie es bey Manns und Weibspersonen gebreuchlich / mit allem vleiß abgerissen sein / sehr lustig und kurtzweilig zusehen, Nürnberg 1577.

Weilguny, H.: Ex oriente lux. Die humanistischen Beziehungen der Deutschen zum Vorderen Orient, dargestellt am Beispiel Goethes, in: Goethe-Almanach auf das Jahr 1968, Berlin/Weimar 1967, S. 108–134.

Weinlig, Christian Traugott: Briefe über Rom, 3 Bde., Dresden 1782–1787.

Weischer, Bernd Manuel: Raimundus Lullus und die islamische Mystik, in: Islam und Abendland. Geschichte und Gegenwart, hg. v. André Mercier, Bern/Frankfurt a. M. 1976, S. 131–159.

Weiss, R.: Christophoro Buondelmonti, in: Dizionario Biografico degli Italiani, Bd. 15, Rom 1972, S. 198–200.

–: Ciriaco d'Ancona and the Sultan Mehmed II, in: Journal of the Warburg and Courtauld Institutes, 43, 1980, S. 242–246.

Weiss, Roberto: Ciriaco d'Ancona in Oriente, in: Venezia e l'oriente fra tardo medioevo e rinascimento, hg. v. A. Pertusi, Florenz 1966, S. 323–337.

–: Die Übersetzer griechischer Texte am angevinischen Hof in Neapel, in: Medizin im mittelalterlichen Abendland, Darmstadt 1982, S. 95–124.

Weisweiler, Max: Der islamische Bucheinband des Mittelalters, Wiesbaden 1962.

Weitzmann, Kurt: Art in the Medieval West and its Contact with Byzantium, London 1982.

–: The Greek Sources of Islamic Scientific Illustrations, in: Archeologica orientalia in memoriam Ernst Herzfeld, hg. v. G. C. Miles, New York 1952, S. 244–266.

–: Illustrations in Roll and Codex. A Study of the Origin and Method of Text Illustrations, Princeton 1947.

Wellensiek, Hertha: Hundert alte Tassen aus Porzellan, München 1983.

Wellesz, Emmy: An Early Al-sufi Manuscript in the Bodleian Library in Oxford. A Study in Islamic Constellation Images, in: Ars Orientalis. The Arts of Islam and the East, 3 (1959), S. 1–26.

Die Welt des Hans Sachs. 400 Holzschnitte des 16. Jhs., Nürnberg 1976.

Wendt, Heinrich: Schlesien und der Orient. Ein geschichtlicher Rückblick, Breslau 1916.

Wentzel, Hans: Das byzantinische Erbe der ottonischen Kaiser. Hypothesen über den Brautschatz der Theophano, in: Aachener Kunstblätter 43, 1972 (1972/1), S. 11–96.

–: Bergkristall, in: RDK, 2 (1948), S. 275–298.

–: Das byzantinische Erbe der ottonischen Kaiser. Hypothesen über den Brautschatz der Theophano, in: Aachener Kunstblätter, 40 (1971), S. 15–39.

-: Alte und altertümliche Kunstwerke der Kaiserin Theophano, in: Pantheon, 30 (1972), S. 3–18.

Werckmeister, O. K.: Islamische Formen in spanischen Miniaturen des 10. Jhs. und das Problem der mozarabischen Buchmalerei, in: L'occidente e l'islam nell'alto medioevo. Settimane di studio del centro italiano di studi sull'alto medioevo, 2–8 aprile 1964, 2 Bde., Spoleto 1965, S. 933–967.

Wertheim, Ursula: Probleme der Hafis-Aneignung und Versuch einer Genre-Bestimmung der Noten und Abhandlungen zum West-östlichen Divan, Jena 1963.

Westcott, W. Wynn: The Isiac Tablet or the Bembine Table of Isis, Los Angeles 1976.

Westholm, Alfred: Cornelius Loos. Teckningar från en expedition till Främre Orienten (1710–1711), Stockholm 1985.

White, Barbara Ehrlich: Renoir. His Life and Letters, New York 1984.

Wichmann, Georg / Wichmann, Siegfried: Schach. Ursprung und Wandlung der Spielfigur in zwölf Jhn., München 1960.

Wichmann, Hans: Leonaert Bramer, Leipzig 1923.

Wiedemann, Eiland / Frank, Josef: Aufsätze zur arabischen Wissenschaftsgeschichte, 1.2., Hildesheim 1970.

Wiesner, W.: The Tower of Babel, 1959.

Wildenstein, George: Le peintre Aved. Sa vie et son Œuvre, 1702–1766, 2 Bde, Paris 1922.

Wilkinson, John: Jerusalem Pilgrims befor the Crusades, Warminster 1977.

Willemsen, Carl A.: Kaiser Friedrich d. Zweite. Über die Kunst zu jagen, Frankfurt 1970.

Willyams, C.: A Selection of Views in Egypt, Palestine, Rhodes, Italy, Minorca, and Gibralter, London 1822.

Wilpert, P. (Hg.): Judentum im Mittelalter. Beiträge zum christlich-jüdischen Gespräch, Berlin 1966.

Wilson, J.: Little Gifts Keep Friendship Alive, Apollo, July (1975).

Wilton-Ely, John: The Mind and Art of Giovanni Battista Piranesi, London 1978.

Winkler, Emil: Das Rolandslied, Heidelberg 1919.

Winkler, Friedrich: Die Zeichnungen Albrecht Dürers, 4 Bde., Berlin 1936ff.

Winter, Annemarie: Zu einigen Ornamentblättern und den Darstellungen des Moriskentanzes im Werk Israhel von Meckenems, in: Israhel von Meckenem und der deutsche Kupferstich des 15. Jhs., Ausst.-Kat., Bocholt 1972.

Winzinger, Franz: Die Zeichnungen Martin Schongauers, Berlin 1962.

Wischnitzer, R.: The Egyptian Revival in Synagogue Architecture, in: Publications of the American Jewish Historical Society, 41 (1951–1952).

Wisniewski, Roswitha: Kreuzzugsdichtung. Idealität in der Wirklichkeit, Darmstadt 1984.

Witkam, J. J.: Catalogue of Arabic Manuscripts in the Library of the University of Leiden and Other Collections in the Netherlands, Leiden 1982.

Witte, Fritz: Die liturgischen Geräte und andere Werke der Metallkunst in der Sammlung Schnütgen in Cöln, Berlin 1913.

Wittkower, Rudolf: Marco Polo and the Pictorial Tradition of the Marvels of the East, in: Oriente Poliano, S. 155–172.

Wittmann, Michael: Die Stellung des hl. Thomas von Aquin zu Avencebrol (Ibn Gebirol), Aschendorff 1899.

Witzman, Kurt: Art in the Medieval West and its Contact with Byzantium, London 1982.

Woepke, F.: Extrait du Fakhri. Traité d'algèbre par A. B. M. Ben Alhacan Alkarkhi, Paris 1858, Nachdr. 1982.

Wolf, Gunther (Hg.): Stupor Mundi. Zur Geschichte Friedrichs II. von Hohenstaufen, Darmstadt 1966.

Wolf-Crome, Editha (Hg.): Pilger und Forscher im heiligen Land. Reiseberichte aus Palästina, Syrien und Mesopotamien in Briefen und Tagebüchern, Gießen 1977.

Wolf-Heidegger, G. / Chetto, Anna Maria: Die anatomische Sektion in der bildlichen Darstellung, Basel/ New York 1967.

WOLFF, FRITZ: Glossar zur Firdosis Schahname. Festgabe des Deutschen Reiches zur Jahrtausendfeier für den persischen Dichterfürsten, Berlin 1935, Nachdr. 1965.
WOLFF, HELLMUTH CHRISTIAN: Oper. Szene und Darstellung von 1600 bis 1900, Leipzig 1968.
WOLLE, HELMUT: Götter, Mumien und Hetären, Berlin 1983.
WOLLIN, NILS GUSTAF: Les Gravures originales de Desprez, Malmö 1933.
WOOD, ALFRED C.: The English Embassy at Constantinople (1660–1762), in: English Historical Review, 40 (1925), S. 533–561.
WOOD, ALFRED C.: History of the Levant Company, London 1964.
WOODS, G.B.: Egyptian Temple at Leeds, in: Country Life, 128 (1960).
WORMALD, F.: Afterthoughts on the Stockholm Exhibition, in: Konsthistorisk Tidskrift 22, 1953, S. 75 ff.
WUNDERLI, PETER: Etudes sur le livre de l'Echiele Mahomet. Prolegomenes a une nouvelle ed. de la version francaise dune traduction alphonsin, Zürich 1965.
WÜRTZ, ROLAND: Das Türkische im Singspiel des 18. Jhs., in: Das deutsche Singspiel im 18. Jh., 5 (1981), S. 125–137.
WURZBACH, ALFRED VON: Niederländisches Künstlerlexikon, 3 Bde., Wien/Leipzig 1906–1911, Nachdr. Amsterdam 1974.
WÜSTENFELD, FERDINAND (Hg.): Die Chroniken der Stadt Mekka, 2 Bde., Leipzig 1857–61.
-: Die Übersetzungen arabischer Werke in das Lateinische seit dem 11. Jh., hg. v. d. Königlichen Gesellschaft der Wissenschaften zu Göttingen, Abhandlungen, 22. 3, Göttingen 1877.
–: Zakarija Ben Muhammed el-Cazwini's Kosmographie. Erster Theil: Die Wunder der Schöpfung. Zweiter Theil: Die Denkmäler der Länder, Göttingen 1848, 1849.
WYNNE, MICHAEL: National Gallery of Ireland, Recent Acquisitions 1980–1981, Dublin 1981.
YATES, FRANCES A.: Giordano Bruno and the Hermetic Tradition, London 1964.
ZANGHERI, LUIGI: I rapporti tra la Firenze dei Medici e l'India nella prima metà del 17. secolo. Ragguagli documentari e ipotesi, in: Europa und die Kunst des Islam, Wien/Köln/Graz 1985, S. 109–119.
ZARNCKE, FRIEDRICH: Der Priester Johannes, Leipzig 1879.
ZAUZICK, KARL THEODOR: Hieroglyphen ohne Geheimnis. Eine Einführung in die altägyptische Schrift für Museumsbesucher und Ägyptentouristen, Mainz 1980.
ZBINDEN, NICOLAS: Abendländische Ritter, Griechen und Türken im Ersten Kreuzzug, Zürich 1975.
ZEHE, JOACHIM DIETRICH: Hannoversche Rotröcke in Griechenland. Das Tagebuch des Fähnrichs Zehe in den Türkenkriegen 1685–1688, Hrsg. von H. Röhrig, Hildesheim 1975.
ZEMB, J.M.: Aristoteles in Selbstzeugnissen und Bilddokumenten, 1961.
ZICK, GISELA: Die russische Wahrsagerin. Ein Tisch von Martin Carlin für Königin Marie Karoline von Neapel, in: Kunst & Antiquitäten, 4 (1984), S. 36–47 und 5 (1984) S. 48–52.
ZICK-NISSEN, JOHANNA: Keramik, in: Türkische Kunst und Kultur in osmanischer Zeit, Bd. II, hg. v. : Museum für Kunsthandwerk im Auftrag der Stadt Frankfurt, Recklinghausen 1985, S. 129–134.
–: Der ›türckische‹ Teppich im bayerischen Land, in: Weltkunst, 1986, S. 2184–2186.
–: Osmanisches Kunsthandwerk, in: Türkische Kunst und Kultur aus osmanischer Zeit, Bd. 2, Ausst.-Kat., Frankfurt a. M. 1985, S. 7–15.
ZINKEISEN, JOHANN WILHELM: Geschichte des osmanischen Reiches in Europa, Bd. VI, Gotha 1859.
ZRENNER, C.: Die Berichte der europäischen Jerusalempilger (1475–1500), 1981
ZULL, GERTRAUD: Die höfischen Feste, in: Die Renaissance im deutschen Südwesten, Ausst.-Kat., Heidelberg 1986, S. 913–925.

# Index

# *Abbildungsnachweis*

Anne Gold, Aachen: 622. François Couget, Aix-en-Provence: 440. Rijksmuseum Amsterdam: 230, 392–394, 703, 783, 906, 908, 914. Rijksmuseum-Stichting Amsterdam: 282, 816, 819, 821. Cliché Musées d'Angers: 22, 504, 507, 831, 832. The Walters Art Gallery, Baltimore, Maryland: 272. The Wedgewood Museum Trust Ltd. Barlaston: 518–520. Service photographique de l'Oise, Beauvais: 849. Rainer Gaertner, Photograph DGPh, Bergisch Gladbach: 204. Freie Universität Berlin, Universitätsbibliothek: 6, 63, 68, 72, 74, 77, 79, 80, 465, 467, 468, 469. Bernd Gallandi, Berlin: 526. Knud Peter Petersen, Berlin (West): 16, 45–51, 97, 369, 449, 450, 501, 864. Ägyptisches Museum, Staatliche Museen Preußischer Kulturbesitz, Berlin (West), Foto: Margarete Büsing: 18, 21, 38 – 42, 56, 57, 241, 481–485, 497, 498, 511, 530, 532, 534, 549–552. Bildarchiv Preußischer Kulturbesitz, Berlin (West): 125. Gemäldegalerie, Staatliche Museen Preußischer Kulturbesitz, Berlin (West), Foto: Jörg P. Anders: 190, 279, 754. Iberoamerikanisches Institut Preußischer Kulturbesitz, Berlin (West): 447. Kunstbibliothek, Staatliche Museen Preußischer Kulturbesitz, Berlin (West): 10, 11, 19, 20, 26–28, 54, 99, 270, 271, 322, 323, 370, 372, 373, 423, 424, 444, 446, 486, 487, 527, 540, 541, 809, 813, 841, 845–848, 861, 867, 869, 917, 945, 949. Kunstgewerbemuseum, Staatliche Museen Preußischer Kulturbesitz, Berlin (West), Foto: H.-J. Bartsch: 189, 206, 225, 524, 525, 644, 700, 710, 713. Kupferstichkabinett, Staatliche Museen Preußischer Kulturbesitz, Berlin (West), Foto: Jörg P. Anders: 12, 13, 15, 91, 132, 150, 252, 256–258, 281, 291–295, 309, 310, 318, 330 – 338, 362, 437, 506, 557, 558, 610, 611, 732, 734–742, 779, 780, 799, 801, 818, 829, 876, 885–887, 893, 943. Museum für Islamische Kunst, Staatliche Museen Preußischer Kulturbesitz, Berlin (West), Foto: Jörg P. Anders: 192; Foto: J. Liepe: 212, 224, 237, 243, 642, 646, 673, 683, 684, 688, 714; Foto: K. H. Paulmann: 207, 242, 259–261; Foto Friedrich: 458. Skulpturengalerie, Staatliche Museen Preußischer Kulturbesitz, Berlin (West), Foto: Jörg P. Anders: 631. Staatsbibliothek Preußischer Kulturbesitz, Berlin (West): 78, 108, 111 114, 116, 117, 148, 161, 262, 340–345, 397, 405, 408, 453–457, 488, 491, 496, 499, 500, 531, 533, 539, 563–565, 573, 574, 581, 588, 589, 594, 602, 753, 756, 764, 929. Staatsbibliothek Preußischer Kulturbesitz, Berlin (West), Handschriftenabteilung: 65–67, 95, 104, 124, 121, 140, 144–146, 163, 208, 209, 226, 266, 307, 311, 327–329, 354, 374, 375, 396, 406, 407, 409, 475–480, 490, 492, 493, 495, 590, 597, 598, 747, 759, 761–763, 770, 771, 774, 785–787, 802, 815, 836, 837, 866, 868, 925, 926, 932. Staatsbibliothek Preußischer Kulturbesitz, Berlin (West), Musikabteilung: 862, 863. Staatsbibliothek Preußischer Kulturbesitz, Berlin (West), Orientabteilung: 152, 263, 264, 314, 321, 326, 402, 743, 744, 750, 760, 789–791, 884. Burgerbibliothek Bern: 119, 120, 247, 627. Charles Choffet, Besançon: 421. The Barber Institute, University of Birmingham: 14. Birmingham City Museum and Art Gallery: 59, 921, 924. Musée des Beaux-Arts de Bordeaux: 390, 391. Russell Cotes Art Gallery & Museum, Bournemouth: 60. Herzog-Anton-Ulrich-Museum, Braunschweig (Museumsfoto: B. P. Keiser): 895. Institut für Kunstgeschichte der Technischen Universität Braunschweig: 636. Städtisches Museum Braunschweig: 814. City of Bristol, Museum and Art Gallery: 58, 528, 529. Bibliothèque Royle Albert 1er: 768. Musées Royaux d'Art et Histoire, Bruxelles: Musées Royaux des Beaux-Arts de Belgique, Musée d'Art Ancien, Bruxelles: 820. Fitzwilliam Museum, Cambridge: 36, 208, 538, 707, 922, 923, 927, 946. Trinity College Library, Cambridge: 757. Cambridge University Library: 745. Dienst voor Schone Kunsten der Gemeente 's-Gravenhage: 350. Stichting Vrienden van het Mauritshuis 's-Gravenhage: 824. Dordrechts-Museum, Foto: M de Nood: 812. Pieterse Davison International Ltd.: 135, 315, 603, 612, 746, 748, 752, 840. The National Gallery of Ireland: 890. Hetjens-Museum, Düsseldorf: 715. Walter Klein, Düsseldorf: 899–902. Kunstmuseum Düsseldorf, Bibliothek: 448, 696. Landesbildstelle Rheinland, Düsseldorf: 253, 697, 827, 830. Edinburgh University Library: 755. The Faringdon Collection Trust, Faringdon, Oxon: 508. Archivi Alinari, Firenze: 154, 155, 162. G. Maremmi & F. Fibbi, Firenze: 317, 728, 730, 731. Museo delle Capelle Medicee, Foto: Marcello Bertoni: 219. Soprintendenza alle antichità, Gabinetto Fotografico, Firenze: 55. Länsmuseet i Gävlesborgslän, Gävle: 614. Muzeum Historii M. Gdanska, Foto: Karol Nowalinski: 94. Bibliothèque publique et universitaire, Genève, Foto: François Martin: 298, 299, 751, 769. Musée d'Art et d'Histoire, Genève: 96, 385, 386. Cassa di Risparmio di Genova e Imperia: 502. Glasgow University Library: 118, 143, 160. Museo Nacional de Arte Hispano-Musulmán, Granada, Foto: Velascolor: 452. Frans Halsmuseum – De Hallen, Haarlem: 348, 350, 351, 825, 838. The Earl of Yarborough, Habrough, Lincolnshire: 313. Foto Kral, Hainburg / D.: 894. Kiemer & Kiemer, Hamburg: 185–187, 687, 870, 871, 873, 875. Hamburger Kunsthalle, Fotowerkstatt Elke Walford: 425. Wilhem Albrecht, Innsbruck: 782. Tiroler Landesmuseum Ferdinandeum, Innsbruck: 595, 607, 772. Badische Landesbibliothek, Karlsruhe: 164–175. Badisches Landesmuseum, Bildarchiv, Karlsruhe: 805, 806. Landesbildstelle Baden, Karlsruhe: 892. Staatliche Kunstsammlungen Kassel: 30, 199, 239, 441. Henryk Pieczul, Kielce: 181, 324, 325, 718, 720, 721. Inge Klitschka, Klosterneuburg: 220, 221. Det Kongelige Bibliotek, København, Fotografisk Atelier: 123, 624, 625, 934. Lennart Larsen, København: 677–679. Statens Museum for Kunst, København, Foto: Hans Petersen: 289, 290, 297, 503, 835, 877–879, 888. Rheinisches Bildarchiv, Köln: 202, 640, 642, 650, 657, 658. Stanislaw Michta, Kraków: 320. Rahmi M. Koç, Kuzguncuk-Istanbul: 376. Musée des Beaux-Arts, La Rochelle: 5. Musée Cantonal des Beaux-Arts, Lausanne: 606, 810, 928. Bibliotheek der Rijksuniversiteit, Leiden: 138, 182, 286–288, 296, 749. Staatliche Eremitage, Leningrad: 209, 211. Musée d'Art religieux et d'Art mosan, Liège: 2. National Museums and Galleries on Merseyside, Walker Art Gallery, Liverpool: I. The National Trust, Llandudno, Gwynnedd: 274. Thos.Agnew & Sons, Ltd., Foto: Prudence Cuming Associates Ltd.: 384. The Bridgeman Art Library, London: 61, 430 (mit freundlicher Genehmigung von The Royal Holloway & Bedford New College, Egham). The British Library, Photographic Service, London: 142, 303–305, 403, 489, 604, 605, 626, 722, 758, 764, 767, 930. The British Museum, London, Photographic Service: 37, 52, 53, 105, 107, 231, 236, 400, 401, 461, 542–548, 576–580, 618, 619, 630, 654, 665, 667, 668, 690, 725–727, 765. A. C. Cooper Ltd., London: 301. The Thomas Coram Foundation For Children, London: 29. Christopher Gibbs Ltd., London: 276. Godfrey New Photographics, London: 920. Hazlitt, Gooden & Fox, London: 388, 389, 905, 907. The Museum of London: 82–90, 556. The National Gallery, London: 724. National Portrait Gallery, London: 194, 891. The National Trust Photographic Library, London: 383. Photographic Records Ltd., London (mit freundlicher Genehmigung von The Duke of Westminster DL, Grosvenor Estate): 438a. The Royal Academy of Arts, London: 916. The Royal Collection, London: 191. The Royal Geographical Society, London: 897. Courtauld Institute of Art, University of London (mit freundlicher Genehmigung des Lord Bishop of Durham, the Church Commissioners for England): 438b. Victoria & Albert Museum, Picture Library: Umschlagrückseite, 188, 201, 216, 205, 227, 238, 249, 510, 512, 516, 521, 535–537, 554. 555, 599–601, 635, 637, 651, 676, 685, 689, 692–695, 698, 708, 709, 865, 911, 915. The Trustees, The Wallace Collection, London: 378, 432. Museum für Kunst und Kulturgeschichte der Hansestadt Lübeck: 666. Thyssen-Bornemisza Foundation, Lugano: 903, 904. Musée Historique des Tissus, Lyon: 184, 649, 655, 659, 660. Stichting Schatkamer Sint Servaas, Maastricht, Foto: C. L. van Straaten, Hoensbroek: 222, 223, 652. Manchester City Art Galleries: 435. The John Rylands University Library of Manchester: 1, 680–682. Ville de Marseille, Musée des Beaux-Arts: 436, 839, 935–937, 939. Gaetan Marteau, Meaux: 269. Bayer. Landesamt für Denkmalpflege, Schloß Seehof, Memmelsdorf, Foto: Hannelore Herrmann: 662. Biblioteca Ambrosiana, Servizio di riproduzioni, Mailand 306. M. Carrieri, Milano: 214, 215. Electa editrice (mit freundlicher Genehmigung von Elemond), Milano: 276, 278. Marcello Saporetti, Milano: 505, 940. S. Hartmann, Mindelheim: 98. Roumagnac Photographe, Montauban: 414–419, 941, 942. Musée des beaux-arts de Montréal, Services photographiques, Foto: Brian Merrett: 81. Bayerisches Nationalmuseum, München: 669, 691. Bayerische Staatsgemäldesammlungen, München: 445. Bayerische Staatsbibliothek Müchen: 156–159, 389, 399, 675, 928. Bayerische Verwaltung der Staatlichen Schösser, Gärten und Seen: 210, 719. Foto Himpsl: 716. Münchner Stadtmuseum: 250, 251. Münchner Stadtmuseum, Musikinstrumentenmuseum: 356 (mit freundl. Genehmigung des Schott-Verlags, Mainz); 365, 366, 368a, (Foto: W. Pulver); 368b (Foto: M. Franke); 367 (Foto: Schaubaum–Partl); 306, 357, 358, 359, 360. Staatliche Graphische Sammlung; München: 122, 686, 817, 822, 823, 828, 909, 910. Staatliche Sammlung Ägyptischer Kunst, München, Foto: D. Wildung: 8. Rudolf Wakonigg, Münster: 638, 656. Laing Art Gallery, Tyne and Wear Museums Service, Newcastle upon Tyne: 44, 100. Germanisches Nationalmuseum, Nürnberg: 643, 793, 931, 933. Staatsarchiv Nürnberg: 842–844. Patrice Delatouche, Orléans: 811. The Bodleian Library; Oxford: 134. Administration

Général du Mobilier National, Paris: 881. Archives de France, Paris: 766. Bibliothèque Nationale, Service photographique, Paris: 24, 101, 126, 127–131, 133, 136, 141, 147, 198, 300, 302, 312, 381, 494, 513, 514, 608, 621, 623, 629, 733, 773, 917, 918. Photo Bulloz, Paris: 106, 110, 115, 582–584, 808, 850–860. Fondation Custodia (Coll. F. Lugt), Institut Néerlandais, Paris: 826. Photographie Giraudon, Paris: 32, 178, 377, 639, 882. Eric Grunberg Fine Arts, Paris: 413. Service photographique de la Réunion des Musées nationaux, Paris: 7, 9, 31, 35, 43, 102, 103, 109, 137, 153, 196, 197, 213, 243, 235, 273, 395, 416, 420, 422, 427, 431, 517, 523, 591, 633, 647, 648, 653, 663, 664, 671, 672, 674, 701, 704–706, 711, 712, 723, 872, 874, 896, 919, 944. Samir Traboulsi, Paris, Foto: Serge Carrié: 429. Union des Arts Décoratifs, Service photographique, Foto: L. S. Joulames: 379. Opera della Primaziale Pisana, Foto: Aldo Mela, Firenze:195, 228, 229, 699. Artothek, Planegg, Kunstdia-Archiv, Aufnahme: Gnamm / Blauel: 17, 93, 98, 99, 442, 443, 794, 795, 797 (mit freundlicher Genehmigung der Bayerischen Staatsgemäldesammlungen, München). Musée de la Ville de Poitiers et de la Societé des Antiquaires de l'Ouest: 23, 25. Harris Museum and Art Gallery, Preston (Lancashire): 240. The Art Museum, Princeton University. Museum purchase, John Maclean Magie and Gertrude Magie Fund., Princeton, New Jersey: 34. Museum Boymans-van Beuningen, Rotterdam: 151, 352, 702. The Harrowby Manuscript Trust, Sandon Hall, Staffordshire: 380. Markgräflich Badische Museen, Salem: 353. Courtesy, Hearst Monument, San Simeon, California: 33. Schleswig-Holsteinisches Landesmuseum, Schleswig: 382. G. Lovera, Settimo, Torinese: 62, 64, 69–71, 73, 75, 76, 470 bis 474, 585–587. Southampton City Art Gallery: 428. Riksantikvarieämbetet och Statens Historiska Museer: 193, 613 (Foto: Sören Hallgren); 615–617, 620, 670 (Foto: Gunnel Janson); 632 (Foto: Bengt Lundberg). Jan Peder Lamm, Stockholm: 232, 233. Nationalmuseum Stockholm, Statens Kunstmuseer: 451. Musée de Strasbourg: 410. Württembergische Landesbibliothek, Stuttgart: 92 (Foto: H. Siener). Württembergisches Landesmuseum Stuttgart: 203, 645, 883. Musée Paul Dupuy, Toulouse: 628 (Photographie Giraudon). Musées de la Ville de Tours, Foto: M. Arsicaud: 339, 346, 912, 913. Centraal Museum Utrecht: 349. Sammlungen des Regierenden Fürsten von Liechtenstein, Vaduz: 277, 880. Osvaldo Böhm, Venezia: 717, 800. Procuratoria di San Marco, Venezia (mit freundlicher Genehmigung von Olivetti), Foto: Mario Carrieri, Milano: 214, 215, 217, 218. Walter Campara, Verona: 275. National Gallery of Art, Alisa Mellon Bruce Fund, Washington D. C.: 280. National Gallery of Art, Chester Dale Collection, Washington D. C.: 280, 433. Alex Heck, Wasserburg: 661. Graphische Sammlung Albertina, Wien: 284, 285, 387, 777, 778, 781, 792, 898. Kunsthistorisches Museum, Wien: 183, 200, 283, 316, 319, 460, 462 – 464, 596, 782, 784, 796, 798, 804, 833. Lichtbildwerkstätte »Alpenland«, Wien: 788. Museen der Stadt Wien: 308, 775, 776, 803, 807. Österreichisches Museum für angewandte Kunst, Wien: 522. Bildarchiv und Portätsammlung der Österreichischen Nationalbibliothek, Wien: 139, 149, 177, 179, 180, 361, 363, 411, 412. Sterling and Francine Clark Art Institute, Williamstown, Massachusetts: 434. The Royal Library, Windsor Castle: 729, 889.

## *Textnachweis*

Alle Beiträge sind für diesen Katalog geschrieben außer: Gerhard Stamm: Für diesen Katalog leicht veränderte Fassung eines Vortrages, gehalten am 20. 10. 1988 aus Anlaß der Eröffnung der Ausstellung »Das Raimundus-Lullus-Breviculum«, Handschrift St. Peter perg. 92 und Faksimile, in der Badischen Landesbibliothek Karlsruhe. Alistair C. Crombie: aus A. C. Crombie, *Von Augustinus bis Galilei,* Köln 1959; mit freundlicher Genehmigung des Verlages Kiepenheuer und Witsch Köln. Richard Ettinghausen: aus *Das Vermächtnis des Islams,* herausgegeben von Joseph Schacht und C. E. Bosworth Band 2, S. 61–84; mit freundlicher Genehmigung des Artemis Verlages, Zürich.

# *Erläuterungen zur Umschrift und Aussprache der Arabischen Sprache*

| Arabisches Alphabet | | Lateinische Umschrift | Aussprachehilfe |
|---|---|---|---|
| آ | ا | a | |
| ب | بـ | b | |
| ت | تـ | t | |
| ث | ثـ | th | wie in englisch »three« |
| ج | جـ | dsch | wie in »Dschungel« |
| ح | حـ | h | stimmloser Kehlpreßlaut |
| خ | خـ | kh | wie in »Bach« |
| د | د | d | |
| ذ | ذ | dh | wie in englisch »this« |
| ر | ر | r | rollendes Zungen-r |
| ز | ز | z | wie in »Sand« |
| س | سـ | s | |
| ش | شـ | sch | wie in »Schule« |
| ص | صـ | s | emphatisches s |
| ض | ضـ | d | emphatisches d |
| ط | طـ | t | emphatisches t |
| ظ | ظـ | z | emphatisches z |
| ع | عـ | ' (nur im Wort wiedergegeben) | sogenanntes »'Ain«, stimmhafter Kehlpreßlaut |
| غ | غـ | gh | wie im hochdeutsch »Rand« |
| ف | فـ | f | |
| ق | قـ | q | kehliges k |
| ك | كـ | k | |
| ل | لـ | l | |
| م | مـ | m | |
| ن | نـ | n | |
| ه | هـ | h | konsonantischer Hauchlaut, kein Dehnungszeichen |
| و | و | w oder u | persisch/osmanisch-türkisch: v |
| ي | يـ | y oder i | wie das deutsche »j« |
| ئ | ء | ' (nur im Wort wiedergegeben) | wie in »be'enden« |

Die »emphatischen«, d. h. dumpfen, am Obergaumen bzw. an Schneidezähnen und Obergaumen gebildeten Laute sind ebenso wie q ( ق قـ ), h ( ح حـ ) und ' ( ع عـ ) den semitischen Sprachen eigentümlich.

In den arabischen Namen ist »Ibn« gleich »Sohn des ...« und »Abu« gleich »Vater des ...«.

In das Türkische betreffenden Texten wurde die moderne türkische Schreibweise (seit 1928 in Gebrauch) verwandt.

Der Kultur auf der Spur
Engagement bis ins kleinste Sandkorn heißt die Philosophie, die Kaiser's mit Herz und Verstand verfolgt. Denn Kaiser's geht weiter, um die Berliner zu erreichen. Nicht nur was Qualität, Frische und Preis betrifft – auch geistige Nahrung muß kultiviert werden. So hat sich Kaiser's auch der kulturellen Schätze angenommen und ist für seine Berliner Kunden der Kultur auf der Spur.
KAISER'S